lonely planet

Indien

Abigail Blasi, Lindsay Brown, Anirban Mahapatra, Isabella Noble, John Noble, Kevin Raub, Sarina Singh, Michael Benanav, Mark Elliott, Paul Harding, Anna Kaminski, Bradley Mayhew, Iain Stewart

REISEPLANUNG

INSTANTS / GETTY IMAGES ©

TEEPLANTAGE, MUNNAR S. 1069

SUTTIPONG SUTIRATANACHAI/ GETTY IMAGES ©

PANGONG TSO S. 275

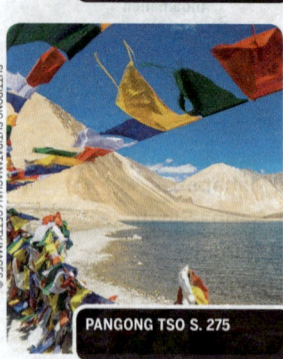

REISEZIELE IN INDIEN

Inhalt

REISEZIELE IN INDIEN

Inhalt

VERSTEHEN

PRAKTISCHE INFORMATIONEN

SONDER-SEITEN

Willkommen in Indien

Indien beeindruckt mit uralten Traditionen, einem künstlerischen Erbe, prachtvoller Natur und kulinarischen Kreationen – es entfacht die Neugier, schüttelt alle Sinne durch und wärmt die Seele.

Natürliche Herrlichkeit

Indien ist von atemberaubenden Landschaften geprägt – von gewaltigen eisbedeckten Gipfeln der Berge im Norden bis zu sonnenverwöhnten Stränden an der Südküste. Zu den opulenten Naturschönheiten kommen prachtvolle Tempel, die sich majestätisch aus der Wüste erheben, und verfallene alte Forts, die über steilen Schluchten thronen. Naturfreunde können sich bei Regenwaldsafaris an große Katzen heranpirschen, an herrlichen Strände im schimmernden Wasser paddeln, anspruchsvolle Wanderungen im Himalaja machen oder einfach nur bei einem Waldspaziergang den würzigen Kiefernduft genießen.

Hervorragende Gastronomie

Aufgepasst: Indien verspricht die vielfältigsten kulinarischen Erlebnisse, die auf Reisen überhaupt möglich sind. Ein köstliches, vielgestaltiges Repertoire von gebratenen, gesottenen und gedämpften Gerichten wartet darauf, gekostet zu werden. Hungrige Traveller dürfen sich auf viele regionale Spezialitäten in unzähligen traditionellen Zubereitungsformen und Darreichungen freuen – von meisterhaft mariniertem Fleisch und *thalis* bis hin zu schlichten, aber wundervollen vegetarischen Currys und Köstlichkeiten aus dem Meer.

Unerwartetes entdecken

Man sollte immer auf Überraschungen gefasst sein. Das kann anstrengend werden, gerade wenn man das Land zum ersten Mal besucht: Es gibt entsetzliche Armut, die Bürokratie kann einen verzweifeln lassen, und im Gedränge wird die kleinste Besorgung zu einem Abenteuer. Selbst erfahrene Traveller werden irgendwann die Nerven verlieren, aber das gehört einfach zu einer Indienreise. Das Land ist zugleich inspirierend, frustrierend, spannend und verwirrend: Wer nicht verrückt werden will, schwimmt hier besser mit dem Strom. Ob man die Unberechenbarkeit Indiens nun liebt oder hasst (die meisten Traveller schwanken da) – wer sich auf sie einlässt, versteht das Wesen des Landes.

Heilige Feste

Spiritualität ist das typische Bild, das man in dem riesigen, vielseitigen Gefüge des zeitgenössischen Indiens findet. Die vielen heiligen Stätten und Rituale zeugen von der alten, bunten und manchmal stürmischen religiösen Geschichte des Landes. Und dann sind da noch die Feste: Hier finden einige der weltweit eindruckvollsten religiösen Feste statt – von großen Umzügen durch die Städte anlässlich wichtiger Ereignisse im religiösen Kalender bis hin zu einfachen dörflichen Erntefesten zu Ehren einer Lokalgottheit.

Warum ich Indien so liebe

von Sarina Singh, Autorin

Immer wenn ich glaube, ich stünde kurz davor, eines der tiefsten Geheimnisse Indiens zu entschlüsseln, belehrt mich das Land auf unheimliche Weise, dass man dafür mehrere Leben brauchte. Indien zu enträtseln, bleibt eine nie endende Aufgabe. Und das macht für mich den größten Reiz des Landes aus: das ständige Erkunden, die ausgelassene Unberechenbarkeit. Wenn man das weiß, kann man hier gerade in Augenblicken, in denen man nicht damit rechnet, Erfahrungen machen, die die Sicht auf die Welt und auf sich selbst grundlegend verändern.

Mehr Infos über unsere Autoren gibt's auf S. 1378

Oben: Taj Mahal (S. 388)

Indien

0 — 500 km

Die hier gezeigten Außengrenzen entsprechen den Angaben der indischen Regierung.

HÖHENSTUFEN

6000 m
5000 m
4000 m
3000 m
2000 m
1000 m
0

Delhi
Antike Ruinen, Magie, Chaos und Street Food (S. 60)

Ladakh
Schneebedeckte Gipfel und Trekking-Nervenkitzel (S. 246)

Agra
Der Taj Mahal – ein architektonisches Meisterwerk (S. 386)

Khajuraho
Sinnliche Skulpturen an zauberhaften Tempeln (S. 700)

Amritsar
Standort des herrlichen Goldenen Tempels (S. 229)

Varanasi
Heilige Rituale am am heiligen Ganges (S. 413)

Darjeeling
Berühmte Hill Station mit viel frischer Luft und Tee (S. 547)

Jaisalmer
Eine Sandburg als Festung und Wüstensafaris (S. 199)

Höhlen von Ajanta
Alte Höhlen in einem hufeisenförmigen Felsen (S. 865)
Mumbai
Bollywood, Hexenkessel und grandiose Architektur (S. 806)
Goas Strände
Goldener Sand am Arabischen Meer (S. 889)
Hampi
Ruinen inmitten einer Felsenlandschaft (S. 984)
Backwaters von Kerala
Hausboote auf von Palmen gesäumten Flüssen (S. 1035)
MYANMAR (BIRMA)
Mizoram
(Kalkutta)
Jabalpur
Bhopal
Ahmedabad
Ujjain
Dewas
Indore
Mandu
Dindori
Jamshedpur
Kharagpur
Sunderbans Tiger Reserve
Digha
Balasore
Similipal National Park
Kanha National Park
Chhattisgarh
Bilaspur
Sambalpur
Raipur
Seoni
Nagpur
Odisha (Orissa)
Cuttack
Paradip
Bhubaneswar
Konark
Puri
Berhampur
Ranipur-Jharial
Wildlife Sanctuary
Jamnagar
Rajkot
Dwarka
Porbandar
Bhavnagar
Junagadh
Sasan Gir Wildlife Sanctuary
Diu
Porbandar Coast
Vadodara (Baroda)
Khandwa
Surat
Dhule
Jalgaon
Maharashtra
Daman
Dahanu
Ajanta
Aurangabad
Nasik
Kalyan
Oberes Godavari-Tal
Mumbai (Bombay)
Pune
Telangana
Mahabaleshwar
Sholapur
Warangal
Bheemunipatnam
Visakhapatnam
Konkan
Vijapura (Bijapur)
Hyderabad
Kakinada
Belgaum (Belagavi)
Vijayawada
Machilipatnam
Arabisches Meer
Panaji (Panjim)
Gadag
Hampi
Andhra Pradesh
Eastern Ghats
Ongole
Goa
Hubli (Hubballi)
Hospet (Hosapete)
Golf von Bengalen
Karnataka
Nellore
Nandi Hills
Chittoor
Chennai (Madras)
Hassan
Andamanen
Mangaluru (Mangalore)
Mysuru (Mysore)
Bengaluru (Bangalore)
Mamallapuram
Puducherry (Pondicherry)
Udhagamandalam (Ooty)
Thalasseri (Tellicherry)
Port Blair
Andamanensee
Kozhikode (Calicut)
Chidambaram
Coimbatore
Lakshadweep-Inseln
Tamil Nadu
Tiruchirappalli (Trichy)
Lakkadivensee
Kochi (Cochin)
Madurai
Western Ghats
Periyar Wildlife Sanctuary
Kerala
Rameswaram
Kollam
Thiruvananthapuram (Trivandrum)
Kovalam
Kanyakumari
Golf von Mannar
SRI LANKA
Nikobaren
Colombo
INDISCHER OZEAN

Indiens Top 17

1

Taj Mahal

1 Ein herrliches Grabmal, das nicht nur ein Monument des Todes, sondern auch der Liebe ist: Der Taj Mahal (S. 388) ist das vielleicht schönste Bauwerk auf Erden und wurde von Schriftstellern wie Tagore oder Kipling gerühmt. Der Großmogul Shah Jahan ließ das schneeweiße Marmormausoleum für seine geliebte dritte Frau Mumtaz Mahal errichten. Mit seinen eingelegten Kalligrafien, Edel- und Halbedelsteinen und den feinen Blumenmustern, die das Paradies symbolisieren, ist der Taj Mahal der Höhepunkt der Mogularchitektur und einer romantischen Liebe.

Traumhaftes Hampi

2 In einer smaragdgrünen und rostroten Landschaft liegt das auch als Ruinenstätte prächtige Hampi (S. 984), das einst das kosmopolitische Vijayanagar, die Hauptstadt eines mächtigen hinduistischen Königreichs, war. Die Tempel und Herrscherpaläste passen sich erhaben in die Umgebung ein: Nahe einem alten Elefantenstall balancieren Felsbrocken auf schmalen Sockeln, Tempel verstecken sich in den Klüften zwischen den Felsen, und Weidenboote ziehen an Reisfeldern und badenden Büffeln neben der riesigen Badewanne einer Königin vorbei. Wenn der Sonnenuntergang die Landschaft in rosigen Schimmer taucht, fühlt man sich auf einen anderen Planeten versetzt.

ELENA-STUDIO / GETTY IMAGES ©

2

PIKOSO.KZ / SHUTTERSTOCK ©

Ladakhs Mondlandschaften

3 Auf dem Weg nach Norden wird die Luft frischer. Man erreicht idyllische historische Hill Stations, von schneebedeckten Gipfeln umringte Sommerdomizile. Kulturelle Einflüsse gelangten nicht über die Küsten, sondern über Pässe nach Ladakh (S. 246). Das Land ist vom tibetischen Buddhismus geprägt: Klöster erheben sich so poetisch über Wälder und Klippen wie die aufgehende Sonne über dem Kangchendzönga. Im Schatten des Himalaja flattern Gebetsfahnen im Wind, und der beruhigende Gesang der Mönche erklingt in Meditationshallen. Shanti Stupa (S. 250)

Höhlen von Ajanta

4 Die Mönche, die ab dem 2. Jh. v. Chr. diese Höhlen (S. 865) schufen, waren Asketen, hatten aber Sinn fürs Dramatische. Die 30 Grotten wurden in eine hufeisenförmige Felswand geschlagen und hatten einst Treppen, die zum Fluss führten. Dank ihrer Architektur und hoher Stupas wurden die Höhlen inspirierende Orte zum Meditieren, doch ihren eigentlichen Glanz erhielten sie Jahrhunderte später in Form herrlicher Reliefs und Malereien, die Szenen aus den Leben des Buddha darstellten. Nirgendwo zeigt sich die Abkehr vom irdischen Leben heiterer und kunstvoller.

3

4

SNEHAL JEEVAN PAILKAR / SHUTTERSTOCK ©

VINOD V CHANDRAN / SHUTTERSTOCK ©

Keralas Backwaters

5 Geruhsam durch die tropisch leuchtenden Backwaters in Kerala (S. 1060) zu schippern, ist traumhaft: Indiens entspanntester Bundesstaat verfügt über ein 900 km langes Netz miteinander verbundener Flüsse, Seen, Kanäle und Lagunen, gesäumt von den wogenden Palmen dichter Kokoshaine und malerischen Dörfern. Besonders schön lässt sich die Gegend auf einem Hausboot aus Teakholz und Palmblättern erkunden. Man treibt auf der Wasserstraße, sieht, wie die Sonne versinkt, genießt keralesisches Seafood und vergisst eine Zeit lang das Leben an Land.

Mumbais Architektur

6 Auf typisch indische Art absorbiert Mumbai (S. 806) äußere Einflüsse und macht sie sich auf erfinderische Art zu eigen. So entstehen faszinierende Gebäude, die von einer berauschenden Melange der Stile geprägt sind. Cool wirkt die Stadt durch Art-déco-Türme und Hochhäuser, aber einen großen Teil ihrer Magie verdankt sie historistischen Bauten aus viktorianischer Zeit, die sich mal neugotisch, mal indo-sarazenisch präsentieren. Die Spitztürme, Giebel, Bögen und Kuppeln zwischen Palmen und Banyanbäumen stehen der Bollywood-Hochburg gut zu Gesicht.

Safaris

7 Tiger- oder Leopardensichtungen hängen in Indien von Zufall und Timing ab, dennoch haben Tausende dieses Glück. Selbst wenn man nicht zu jenen Glücklichen gehört, lohnt es, durch eines der schönen Waldreservate (S. 1295) zu streifen und Axishirsche, Pfauen und Languren zu beobachten, während bunte Vögel und Schmetterlinge umherflattern. Ein anderes Safari-Erlebnis verspricht ein Trek auf einem „Wüstenschiff". In Städten wie Jaisalmer oder Bikaner kann man auf einem Kamel durch die Wüste reiten und inmitten der Dünen unter den Sternen schlafen. Axishirsch im Bandipur National Park (S. 965)

8

JANE SWEENEY / GETTY IMAGES ©

9

10

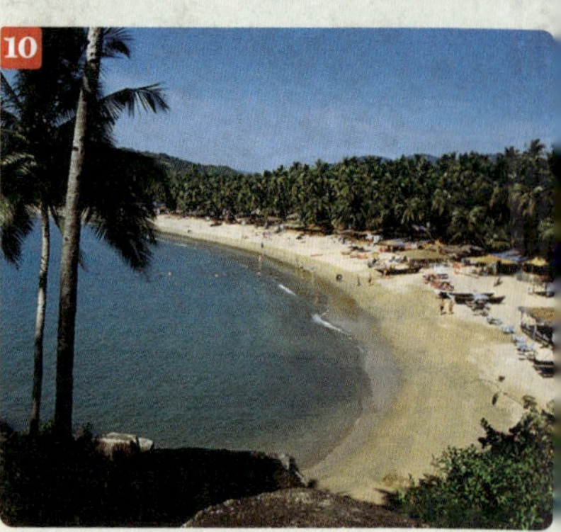

Coole Hill Stations

8 Indiens Täler, Wüsten und palmengesäumte Strände sind wundervoll, aber im Sommer wird es drückend heiß. Indiens Fürsten und die britischen Kolonialherren zogen sich vor der Hitze in kühle Gebirgsdomizile wie Darjeeling (S. 547; Bild oben links) zurück. Auch heute haben die Hill Stations üppige Wälder und klare Bergluft zu bieten. Man packt sich mit einer Tasse heißen Tees aus der Region unter eine Decke, blickt auf die Vögel, die über den Hängen kreisen, zu den düsteren Wolken über den Teesträuchern und schaut den Dorfkindern zu, die im Gebirgsnebel über blühende Wiesen rennen.

Heiliges Varanasi

9 Varanasi (S. 413) ist eine Stadt des Lebens und des Todes und einer der heiligsten Orte Indiens. Pilger strömen hierher, um zu beten, im heiligen Ganges rituell zu baden oder um ihre Toten einzuäschern. Hindus glauben, dass das Wasser des Ganges von Sünden reinigt. Wer hier stirbt, hat besonders gute Aussichten, dem mühseligen Kreislauf der Wiedergeburten zu entkommen. Varanasi reißt Besucher schnell in einen atemberaubenden spirituellen Strom – also tief Atem holen und nachsinnen über die Bedeutung von Leben, Tod und Jenseits! Dashashwamedh Ghat (S. 418)

Goas Strände

10 Sich im Wind wiegende Palmen, puderweißer Sand und sanft plätschernde blaue Wellen: Goas Küste ist gesäumt von wunderschönen Stränden (S. 889) und besitzt eine entspannt-hedonistische Atmosphäre wie sonst nirgendwo in Indien. Doch die Strände sind kein unentdecktes Paradies – hier drängen sich Traveller, Verkäufer und Strandimbisse. Goa ist also genau das richtige für gesellige Traveller, die auf Komfort bedacht sind, frische Meeresfrüchte lieben und in den Ferien gern relaxen. Strand von Palolem (S. 929)

Zauberhaftes Jaisalmer

11 Als gigantische, goldene Sandburg ragt Jaisalmers aus dem 12. Jh. stammende romantisch-pittoreske Festung (S. 200; Bild unten) aus der Wüste Rajasthans, des „Landes der Könige", auf wie eine Fata Morgana. Die Sandsteinfestung mit ihren Wällen und Türmen ist ein fantastisches Bauwerk, das elegant mit den goldenen Farben der Wüste verschmilzt. In der Festung sorgen ein Palast, alte *havelis* (traditionelle Wohnhäuser), fein gemeißelte Jain-Tempel und schmale Gassen für ein malerisches Stadtbild, in dem man sich gern verliert.

Sexy Khajuraho

12 Wer eine Neun-Personen-Orgie, fantasievoll verschlungene Paare oder scharfe Nymphen sehen will, ist in Khajuraho am richtigen Ort. Manche glauben, dass die sinnlichen Reliefs an Khajurahos Tempeln (S. 700) das Kamasutra bebildern oder tantrische Praktiken darstellen, Anschauungsmaterial für Kinder oder Allegorien für Gläubige sein sollen. Doch man entdeckt in ihnen auch manches Neckische. Aber schnell merkt man auch, dass die Architektur und Bildhauerarbeiten dieser Tempel bemerkenswert kunstvoll und facettenreich sind.

11

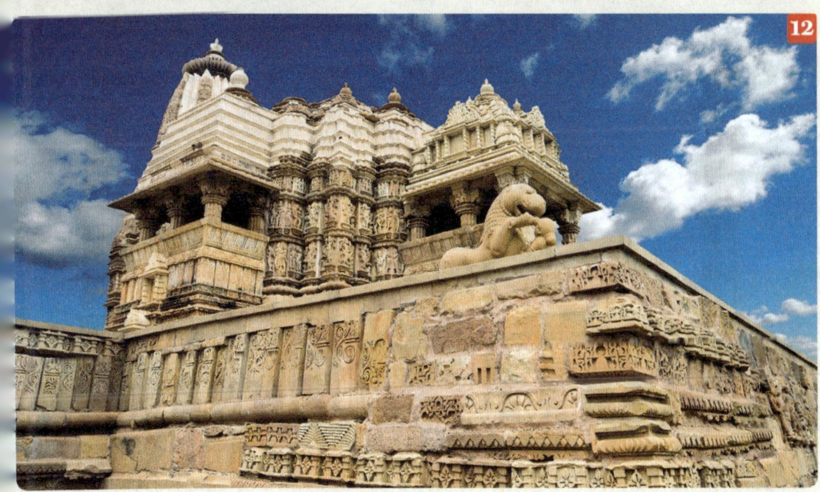
12

Fantastische Zugfahrten

13 Eine Bahnreise (S. 36) durch Indien, von sonnenverbrannten Ebenen bis zu limettengrünen Reisfeldern, ist ein einziges Abenteuer. Flüge werden zwar beliebter, aber die vielfältige Landschaft kann man – wie die schätzungsweise 25 Mio. Menschen, die täglich mit dem Zug fahren, bestätigen werden – vom Flugzeug aus nicht würdigen und auch nicht mit so vielen Menschen in Kontakt kommen. Im Zug plaudert man bei einem Chai, blickt auf die vorüberfliegende Gegend und lauscht dem Klickklack des fahrenden Zuges. Nilgiri Mountain Railway (S. 1194)

Delhi

14 Indiens Hauptstadt (S. 60) birgt mächtige Zeugnisse früherer Imperien, von Mogulgräbern bis hin zu pompösen Villen aus der Zeit der britischen Herrschaft. Es gibt viel zu sehen: die zerfallende Pracht von Old Delhi mit der Jama Masjid, dem Red Fort und seinen Havelis, die Forts Tughlabad und Purana Qila, die Wunder des Qutb Minar und des Mehrauli Archaeological Park. Hinzu kommen die tollen Restaurants der Stadt, von Imbissen bis hin zu moderner Küche, erstklassige Museen und prima Läden. Kein Wunder also, dass Delhi fasziniert. Jama Masjid (S. 71)

13

NILGIRI MOUNTAIN RAILWAY WELCOMES YOU

14

MARTCHAN / SHUTTERSTOCK ©

SAIKO3P / SHUTTERSTOCK ©

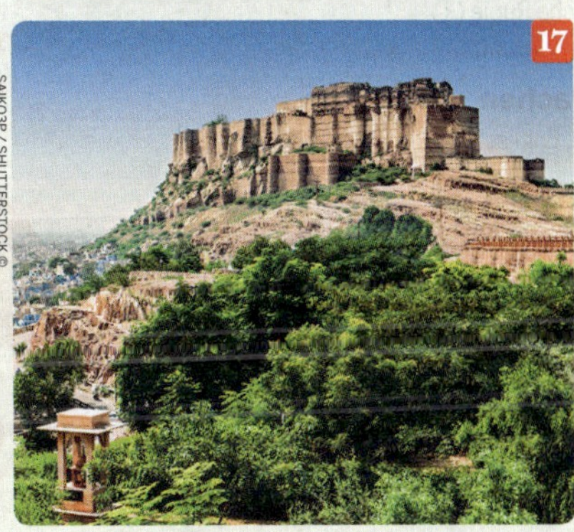

Amritsars Goldener Tempel

15 Der Goldene Tempel (S. 229) in Amritsar ist der heiligste Schrein der Sikhs und besitzt magisches Flair. Er scheint auf dem funkelnden Teich zu schweben, der „Nektar der Unsterblichkeit" genannt wird. Dieser Tempel ist wirklich golden, denn die lotusförmige Kuppel ist mit echtem Gold bedeckt. Selbst wenn viele Pilger kommen, herrscht eine freundliche Ruhe: Man hört den *kirtan* (die Andachtsgesänge der Sikhs), die zwitschernden Vögel und blickt auf den schimmernden heiligen Teich um den Tempel.

Puducherrys französisches Erbe

16 Eine Stadt, die Yoga, *pain au chocolat*, Hindu-Götter und koloniale Architektur zu bieten hat, ist schon mal *très bien*. Obendrein stehen in der ehemaligen französischen Kolonie (S. 1142) gelbe Häuser, die großen Kirchen zeigen europäischen Architekturschmuck, und die Croissants schmecken prima. Puducherry ist aber auch eine tamilische Stadt mit Geschichte, Tempeln und dem typischen Trubel und überdies ein klassisches Ziel für Meditationsklausuren, deren Mittelpunkt der Sri Aurobindo Ashram bildet. Notre Dame des Anges (S. 1143)

Mächtiges Mehrangarh

17 Indien besitzt viele prächtige Festungen, aber das auf einem Felsvorsprung thronende Fort Mehrangarh (S. 189) in Jodhpur zählt zu den schönsten. Die Tore wurden so gewaltig dimensioniert, dass auch Elefanten hindurchpassen, und die Zugänge so gestaltet, dass Eindringlinge verwirrt wurden. Damit steht Mehrangarh zwar nicht allein, das Fort gehört aber zu den imposantesten Anlagen dieser Art. Indische Forts ragen meist wie Traumbilder aus dem Märchen empor, aber das Fort Mehrangarh bietet zudem den Blick auf Jodhpur, die blaue Stadt Rajasthans.

Gut zu wissen

Weitere Infos gibt's im Abschnitt „Praktische Informationen" (S. 1301)

Währung
Indische Rupie (₹)

Sprachen
Hindi, Englisch

Visa
EU-Bürger und Schweizer brauchen ein 30 Tage gültiges elektronisches Touristenvisum (S. 1320); reguläre Touristenvisa sind normalerweise sechs Monate gültig.

Geld
In den meisten Städten gibt es Geldautomaten; etwas Cash sollte man immer dabeihaben. Mastercard und Visa sind die am häufigsten akzeptierten Kreditkarten.

Handys
In städtischen Gebieten ist der Empfang sehr gut, auf dem Land und im Himalaja schlecht. Prepaid-SIM-Karten sind überall erhältlich; die Überprüfungen, die dann noch fällig sind, dauern bis zu 24 Stunden.

Zeit
Indian Standard Time (MEZ +4½ Std.)

Reisezeit

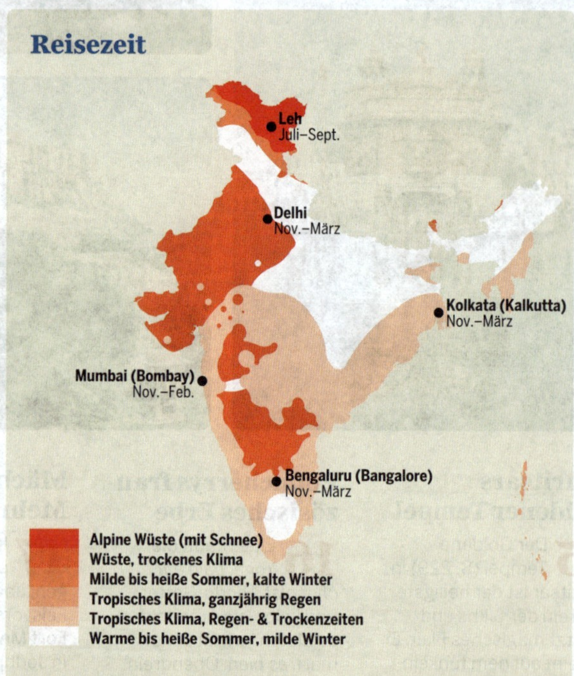

Hauptsaison
(Dez.–März)

- Angenehmes Wetter – warme Tage, kühle Nächte. Viele Touristen, die höchsten Preise.
- Im Dezember und Januar sind die Nächte im Norden kalt.
- Ab Februar steigen die Temperaturen stetig.

Zwischensaison
(Juli–Nov.)

- Die Pässe nach Ladakh und in den Himalaja sind von Juli bis September offen.
- Der Monsunregen hält den September über an.
- An der Südostküste und in Süd-Kerala regnet es von Oktober bis Anfang Dezember heftig.

Nebensaison
(April–Juni)

- Der April ist heiß; im Mai und Juni herrscht Affenhitze. Niedrige Hotelpreise.
- Ab Juni rückt der Monsun von Süden nach Norden vor und bringt Regen mit.
- Der Hitze (aber nicht den Menschenmassen) entkommt man in den Hügeln.

Infos im Internet

Lonely Planet (www.lonelyplanet.de/reiseziele/indien) Infos zu Indien, Forum und mehr.

Incredible India (www.incredibleindia.org) Offizielle indische Tourismuswebsite.

Templenet (www.templenet.com) Tempelgeflüster.

Rediff News (www.rediff.com/news) Portal für Nachrichten aus ganz Indien.

World Newspapers (www.world-newspapers.com) Links zu Indiens englischsprachigen Publikationen.

Wichtige Telefonnummern

Von außerhalb Indiens wählt man ☎00, Indiens Landesvorwahl (☎91) und dann die Nummer (ohne die „0" am Anfang, die nur bei Inlandsgesprächen benutzt wird).

Landesvorwahl	☎91
Vorwahl für internationale Gespräche	☎00
Notruf (Krankenwagen/Feuerwehr/Polizei)	☎112

Wechselkurse

Eurozone	1 €	77,22 ₹
	10 ₹	0,13 €
Schweiz	1 SFr	66,72 ₹
	10 ₹	0,15 SFr

Aktuelle Wechselkurse sind unter www.xe.com abrufbar.

Tagesbudget

Günstig – weniger als 3000 ₹

- B: 400–600 ₹
- DZ in einem Budgethotel: 400–700 ₹
- *All-you-can-eat*-Thalis (Platten): 120–300 ₹
- Bus- und Zugtickets: 300–500 ₹

Mittelteuer – 4000–9000 ₹

- DZ im Hotel: 1500–5000 ₹
- Mahlzeit im Mittelklasserestaurant: 600–1500 ₹
- Eintritt zu Sehenswürdigkeiten und Museen: 500–1000 ₹
- Lokale Taxis/Autorikschas: 500–2000 ₹

Teuer – mehr als 9000 ₹

- Zi. im Luxushotel: 5000–22000 ₹
- Mahlzeit im Spitzenklasserestaurant: 2000–5000 ₹
- Bahnreise 1. Klasse: 1000–8000 ₹
- Mietwagen mit Fahrer: ab 1800 ₹/Tag

Öffnungzeiten

Die Geschäftszeiten von Banken, Büros und Restaurants sind ganzjährig gleich; viele Attraktionen haben aber Sommer- und Winteröffnungszeiten.

Banken (staatlich) Mo–Fr 10–14/16, Sa bis 12/13/16 Uhr; am 2. & 4. Sa des Monats geschl.

Bars & Clubs 12–0.30 Uhr

Geschäfte 10–19 od.20 Uhr, manche sind So geschl.

Restaurants 8–22 Uhr od. mittags 12–15, abends 19–22 od. 23 Uhr

Ankunft am ...

Indira Gandhi International Airport (S. 1323) Prepaid-Taxis zum Zentrum kosten ab 450 ₹; Expressbusse fahren alle 20 Min. (100 ₹); die Airport-Express-Metrolinie (So/Mo–Sa 60/100 ₹) ist ans Metrosystem angeschlossen. Von Terminal 1 nach 3 müssen min. 3 Std. eingeplant werden; der Shuttle braucht bis zu 1 Std.

Chhatrapati Shivaji International Airport (S. 1323) Fürs Prepaid-Taxi nach Colaba und Fort zahlt man 680/820 ₹(ohne/mit Klimaanlage), nach Bandra 400/480 ₹. Ab Colaba kostet eine Fahrt mit UberGo außerhalb der Spitzenzeiten rund 385 ₹.

Kempegowda International Airport (S. 1323) Klimatisierte Taxis mit Taxameter zum Zentrum kosten 750 bis 1000 ₹. Klimatisierte Vayu-Vajra-Busse pendeln zwischen Flughafen und Zielen in der Stadt (ab 180 ₹).

Chennai International Airport (S. 1323) Vorstadtzüge ins Zentrum fahren von 4.53 bis 23.43 alle 15 Min. (10 ₹) ab Tirusulam am Flughafen. Prepaid-Taxi kosten 450 bis 600 ₹.

Unterwegs vor Ort

Der Nahverkehr ist günstig und regelmäßig verfügbar, wenn auch nicht immer flott. Inlandsflüge und Schlafwagen können Alternativen zu Busfahrten sein.

Flugzeug Flüge zu Groß- und Bundeshauptstädten; günstig wird's mit Billigfliegern.

Zug Anbindung an die meisten Ziele; günstige Tickets gibt es sogar für Nachtzüge.

Bus Busse fahren überallhin; manche Ziel werden rund um die Uhr angefahren, aber auf längeren Strecken verkehren oft nur ein oder zwei Busse pro Tag.

Mehr zu **Verkehrsmitteln & -wegen** gibt's auf S. 1323.

Wie wär's mit ...

Radfahren

Bengaluru & Karnataka Eine entspannende Tour um die Ruinen der Festung von Bidar und die nahegelegenen Gräber der Bahmani-Sultane. (S. 935)

Odisha Mit dem Rad durch die Umgebung von Koraput fahren – über gute Straßen mit kaum Verkehr, umgeben von der schönen Landschaft Odishas. (S. 655)

Padum Valley Über ZAP in Zanskar kann man jetzt auch Mountainbikes mieten. (S. 287)

Forts & Paläste

Indiens Architektur zeugt von Eroberung, Vorherrschaft und großem Reichtum.

Rajasthan Dank Jaisalmer, Jodhpur, Amber und dem skurrilen Udaipur kann kaum eine andere Gegend es mit der romantischen Kraft des „Lands der Könige" aufnehmen. (S. 112)

Maharashtra Das Land des Shivaji bietet imposante Forts wie Daulatabad und Janjira, eine Inselfestung. (S. 848)

Hyderabad Das schroffe Golconda Fort ergänzt die vielen himmlischen Paläste in der Stadt der Perlen. (S. 1003)

Delhi In dieser einst strategisch wichtigen Stadt gibt's so viele Kaiserforts wie woanders Verkehrsinseln. (S. 60)

Ladakh Die Paläste von Leh und Stok ähneln Miniaturversionen des märchenhaften Potala-Palasts in Tibet. (S. 246)

Mysore (Mysuru) In dem majestätischen Palast lebten früher die Maharadschas von Mysore. (S. 953)

Prächtige Tempel

Indien hat einzigartige Tempel – von psychedelisch bunten hinduistischen Türmen über erhaben-stille buddhistische Höhlen bis hin zu Amritsars märchenhaft vergoldetem Sikh-Schrein.

Tamil Nadu Ein Tempelparadies: An fantastischen hohen Bauten wölben sich hier Regenbogen aus bunten Götterfiguren Richtung Himmel. (S. 1102)

Goldener Tempel Der König der Sikh-Tempel schimmert wie ein Juwel über einem Wasserbecken in Amritsar. (S. 229)

Rajasthan Die jainistischen Tempel in Jaisalmer, Ranakpur und am Mt. Abu betören mit aufwendigen Reliefs. (S. 112)

Khajuraho Hier gibt's herrliche Darstellungen von Gottheiten, Geistern, Musikern, Fabeltieren und Menschen zu sehen – plus jede Menge Sex. (S. 700)

Tawang Gompa Das zweitgrößte buddhistische Kloster der Welt steht vor Arunachal Pradeshs verschneiten Gipfeln. (S. 638)

Südliches Sikkim Gewaltige buddhistische und hinduistische Skulpturen erheben sich eindrucksvoll vor den weißen Gipfeln des Himalaja am Horizont über drei bewaldete Vorgebirgskämme bei Namchi (S. 605) und Ravangla (S. 606).

Ajanta Die uralten Höhlen sind mit Reliefs verziert, denn auch Mönche mögen wunderschöne Bildhauerkunst. (S. 865)

Delhi Das fast psychedelisch wirkende Gebäude Akshardham steht in krassem Gegensatz zur Schlichtheit des Bahai House of Worship. (S. 60)

Odisha Der Sonnentempel von Konark ähnelt einem steinernen Triumpfwagen des Sonnengottes Surya – und spart nicht mit detailreichen Darstellungen erotischer Posen. (S. 671)

Uralte Ruinen

Fünf Jahrtausende Zivilisation – da kommt schon so einiges an Ruinen zusammen. Die architektonischen Spuren zahlloser Kulturen und Reiche erlauben „Zeitreisen".

Hampi Die rosa Tempel und Paläste der einstigen Hauptstadt

Oben: Buddhistischer Stupa in Padum (S. 286)

Unten: Kailasa-Tempel (S. 861), Ellora

Vijayanagar verteilen sich zwischen außerirdisch anmutenden Felsen und Hügeln. (S. 984)

Mandu Viele der Grabmale, Paläste, Monumente und Moscheen auf dem 20 km² großen und grünen Plateau von Mandu gehören zu Indiens schönsten Beispielen für afghanische Architektur. (S. 732)

Nalanda An der 1600 Jahre alten Universität studierten einst 10 000 Wissbegierige und Mönche. Die Klöster, Tempel und Stupas wirken auch als Ruinen noch elegant. (S. 584)

Delhi Nach Eroberungen und mehrmaligem Wiederaufbau in den letzten 3000 Jahren ähnelt Delhi mit seinen zahlreichen Ruinen einem subkontinentalen Rom. (S. 60)

Fatehpur Sikri Eine geisterhaft wirkende Mogul-Stadt in der Nähe von Agra und dem Taj Mahal. (S. 406)

Maharashtra Großartige, aus den Felsen geschlagene buddhistische Tempel. (S. 848)

Stadtkultur

Das Leben in Indiens Städten hat kaum etwas mit dem auf dem Land oder in Kleinstädten gemeinsam. Dank einer boomenden Wirtschaft und einer Traditon, die über Jahrtausenden hinweg reicht, bieten Indiens Städte eine lebendige Kunstszene, ausgezeichnete Restaurants und jede Menge Stil.

Mumbai (Bombay) Die Heimat Bollywoods bietet Mode, Filmstars, unglaubliche Restaurants, glamouröse Lounges und (neben Delhi) die besten Kunstgalerien des Landes. (S . 806)

Delhi Vielfältiges kulturelles Leben, regelmäßige Festivals, außergewöhnliche Einkaufsmöglichkeiten, Museen, Imbisse und

Spitzenrestaurants sorgen für urbanen Lifestyle. (S. 60)

Kolkata (Kalkutta) Die Stadt ist seit Langem für ihren poetischen und politischen Touch bekannt. Hinzu kommen prächtige Gebäude aus der Kolonialzeit und eine lebendige Kunstszene. (S. 496)

Bengaluru (Bangalore) Das IT-Zentrum hat mit seinen Kleinbrauereien, Gastropubs, Rock-Bars und vielen Feierwütigen ein feuchtfröhliches Nachtleben zu bieten. (S. 937)

Chennai (Madras) Boomende Stadt mit in den Himmel ragenden Tempeln, eleganten Bars, schicken Hotels, tollem Shopping-Angebot und einer großartiger Restaurantszene. (S. 1105)

Basare

In Indien schießen riesige Shopping Malls wie Pilze aus dem Boden. Dennoch sind die traditionellen Basare mit all den Gewürzen, dem Gold, dem Trödel und den Blumen nicht zu toppen.

Old Delhi Auf den Basaren aus der Mogulzeit gibt's so ziemlich alles – u. a. auch einige von Indiens besten Straßenimbissen. (S. 64)

Goa An der Nordküste gibt's viele touristische Flohmärkte. Die Basare von Panaji (Panjim) und Margao sind dagegen super zum Bummeln. (S. 889)

Mumbai (Bombay) Die stimmungsvollen, alten Märkte der Mega-Metropole sind praktischerweise thematisch getrennt: Mangaldas (Stoffe), Zaveri (Schmuck), Crawford (Agrarprodukte) und Chor (Antiquitäten aller Art). (S. 806)

Hyderabad In den geschäftigen Straßen rund um das Charminar kann man Armreifen, Vögel, Gemüse, Hochzeitssaris, Antiquitäten und noch viel mehr kaufen. (S. 1003)

Mysuru (Mysore) Auf dem etwa 125 Jahre alten Devaraja-Markt gibt's neben Obst und Gemüse ca. 125 Mio. Blumen. (S. 953)

Ahmedabad In den Märkten um Manek Chowk gibt's bei Tag frisches Gemüse, Obst, Blumen, und nach Sonnenuntergang Kupferwaren und Textilien. (S. 756)

Strände

Indien verfügt über einige atemberaubende und paradiesische Küstenabschnitte, mit hohen Palmen und pulvrig-weißem Sand. Anderswo laden schickere Küstenabschnitte zum Bummeln zwischen Imbissständen ein.

Kerala Varkala wartet mit spektakulären Klippen und einer lebendigen Backpackerszene auf. Kovalam (S. 1043) mit seiner goldenen Bucht ist ein Traum. (S. 1048)

Goa Trotz der vielen Touristen sind die Strände noch immer reizvoll. Mandrem und Palolem gehören zu den schönsten. (S. 889)

Havelock Island Diese Insel der Andamanen hat mit die großartigsten Strände der Welt: Klares, aquamarinblaues Wasser schwappt an weißen Pulversand. (S. 1208)

Gokarna Die tollen Strände des heiligen Dorfes sollten ursprünglich nur als eine Alternative zum überlaufenen Goa dienen. (S. 981)

Bootstouren

Indiens Gewässer sind ein großartiger Rückzugsort, ob mit Kanu, Dampfer oder Hausboot: Die nasse Seite des Landes kann man auf viele Arten kennenlernen.

Kerala Träges Schippern auf den Backwaters um Alappuzha (Alleppey; S. 1056), Kanutouren ab Kollam (Quilon; S. 1053) und Bambusfloßtrips im **Periyar Wildlife Sanctuary** (S. 1065).

Goa Bei einer Tour auf dem Mandovi kann man Delfine und Krokodile beobachten; auf Auslegerfischerbooten erreicht man einsame Strände. (S. 889)

Andamanen Im Mahatma Gandhi Marine National Park lassen sich Mangroven, Regenwälder und Riffe mit 50 Korallenarten bewundern. (S. 1198)

Uttar Pradesh Abendliche Törns zu Varanasis Ghats und Fahrten auf dem heiligen Fluss bei Chitrakut, Mathura oder Allahabad eignen sich prima, um das religiöse Durcheinander der Region zu erleben. (S. 412)

Assam Auf seinem kurvigen Weg nach Nordosten bietet der mächtige Brahmaputra Gelegenheit zu vier- bis zehntägigen Dampferkreuzfahrten. (S. 619)

Odisha Irawadidelfine bei einer Tour zum Chilika-See, Asiens größte brackige Lagune, entdecken. (S. 673)

Traveller-Enklaven

Manchmal will man einfach nur noch Reisegefährten finden, Erfahrungen austauschen und über Darmprobleme diskutieren. Dafür sind die folgenden Orte genau das Richtige.

Hampi Mit seiner herrlichen Landschaft und Architektur verleitet Hampi jeden zu einem längeren Aufenthalt. (S. 984)

Goa Strandparadies und riesige Traveller-Enklave; Palolem

Elefant am Strand, Havelock Island (S. 1208)

(S. 929) und das preiswertere Arambol (S. 921) sind derzeit die Epizentren.

Rishikesh Große, in den Bergen gelegene, internationale Yoga-Zentren für Neulinge und langjährige Verehrer gleichermaßen. (S. 454)

Sudder St, Kolkata (Kalkutta) Die Unterkünfte an Kolkatas Touristenmeile sind zwar schäbig, aber ideal um andere Traveller zu treffen. (S. 496)

McLeod Ganj Wer will nicht in der Nähe des Dalai Lama sein? (S. 351)

Pushkar Traveller, Pilger, Kamele: in dieser Stadt in Rajasthan trifft sich so ziemlich alles auf dem Kamelmarkt, aber auch sonst ist die Stadt ein beliebter Treffpunkt. Das gilt besonders für den hübschen See. (S. 147)

Delhi Diese Stadt liebt man oder hasst man. Fast jeder Indienreisende besucht früher oder später Paharganj. Die Hostels der Hauptstadt sind die neuesten Hot Spots für Traveller. (S. 60)

Puducherry (Pondicherry) Dank seiner französischen Vergangenheit überrascht dieser beliebte Yoga-Treffpunkt mit europäischem Ambiente, schönen Boutiquen und entspannenden Cafés. (S. 1142)

Parvati-Tal Nicht Wenige bleiben gleich mehrere Wochen oder gar Monate hier und genießen die ruhigen Freuden und die ätherische Schönheit dieses Himalaja-Tals. (S. 330)

Yoga, Ayurveda & Spirituelles

Bihar Bodhgaya ist der Ort der Erleuchtung Buddhas, mit Tempeln aus aller Welt und buddhistischen Meditationskursen. (S. 570)

Kerala Der südliche Staat ist der Ursprungsort des Ayurveda; auf Kräuteröl basierende Behandlungen gibt's also an fast jeder Ecke. (S. 1035)

Rishikesh Einer der beliebtesten Orte Indiens, um der Sonne zu huldigen, mit Unterricht für jedes Level. (S. 454)

McLeod Ganj Heimat des Dalai Lama und Indiens Hauptstadt des tibetischen Buddhismus, mit vielen Angeboten für Meditation, Yoga, Philosophie und ganzheitlichen Medizin. (S. 351)

Mysuru (Mysore) Hier entwickelte K. Pattabhi Jois einst das Ashtanga Yoga: Egal, wie viel Erfahrung man mitbringt, hier findet man immer großartige Kurse jeder Dauer. (S. 953)

Puducherry (Pondicherry) Großes Yoga- und Ashram-Zentrum, mit diversen Schulen, Ausbildungsangeboten für Lehrer und einem Yoga-Festival. (S. 1142)

Ladakh Viele Orte bieten Meditationskurse an oder ermöglichen das Leben in einem buddhistischen Kloster. (S. 246)

Kunsthandwerk

Praktisch jede Stadt, jeder Ort und jede Nachbarschaft pflegt eigene Traditionen der religiösen Malerei, Seidenweberei, Pailettenstickerei oder Kamelhaut-Verzierung. Manches findet man nirgendwo sonst.

Gujarat In den Dörfern von Kachchh sind einige der feinsten Textilien und Stickereien Indiens zu finden. Das traditionelle Handwerk wird hier seit Jahrhunderten gepflegt. (S. 754)

Rajasthan In Indien gibt es was Kleidung und Stoffe angeht, unzählige lokale Traditionen. Die Näher in den Dörfer in Rajasthan haben sich auf Stickerei mit kleinen Pailetten spezialisiert ... auf Schmuck für Kleidung sozusagen. (S. 112)

Bihar Mithila sind Folkloremalereien von Dorfszenen und tatsächlich leichter in Delhi zu bekommen als direkt vor Ort. (S. 570)

Tamil Nadu Seit 1000 Jahren werden hier traditionell Bronzefiguren des kosmischen Tänzers Nataraja hergestellt. Auch die Seiden und Saris aus Kanchipuram haben sich einen guten Ruf erworben. (S. 1102)

Kashmir Berühmt für seine handgewebten Teppiche und sein wunderschön funkelndes Pappmaschee. (S. 243)

Monat für Monat

TOP-EVENTS

Holi, Feb. oder März

Ganesh Chaturthi, Aug. oder Sept.

Onam, Aug. oder Sept.

Navratri & Dussehra, Sept. oder Okt.

Diwali, Okt. oder Nov.

Januar

Nach dem Monsun ist es im ganzen Land kühl (und in den Bergen richtig kalt). Das angenehme Klima und verschiedene Feste machen den Januar zu einem beliebten Reisemonat; in Delhi finden die Feierlichkeiten zum Tag der Republik statt.

Freies Indien

Am Tag der Republik gedenkt man der Gründung der Republik Indien am 26. Januar 1950. Das größte Fest gibt es in Delhi, wo eine gigantische Militärparade auf dem Rajpath und drei Tage später das zeremonielle Beating of the Retreat stattfinden. In Old Delhi werden Taubenrennen veranstaltet. (S. 61)

Drachenfestival

Das hinduistische Fest Sankranti (14. oder 15. Jan.) ist dem Übergang der Sonne ins Tierkreiszeichen des Steinbocks gewidmet und wird in Indien auf vielfältige Weise gefeiert, von Bananen-Gaben bis hin zu Hahnenkämpfen. Doch das Massen-Drachensteigenlassen in Gujarat, Andhra Pradesh, Uttar Pradesh und Maharashtra übertrifft alles.

Erntefest im Süden

Das Pongalfest ist das Pendant der Tamilen zum Sankranti und wird zum Ende der Erntezeit gefeiert. Familien bereiten Töpfe voller *pongal* (Mix aus Reis, Zucker, *dhal* und Milch) zu, ein Symbol für Reichtum und Überfluss, und verfüttern es dann an die festlich geschmückten Kühe.

Kumbh Mela

Die riesige hinduistische Wallfahrt Kumbh Mela findet alle drei Jahre abwechselnd an vier verschiedenen Orten statt – und lockt zig Millionen Gläubige an. Das nächste rituelle Gruppenbaden gibt's in Prayag (2019) und Haridwar (2021/22). (S. 1247)

Februar

Ein geeigneter Monat, um Indien zu besuchen. In den meisten nicht gebirgigen Regionen herrscht gutes Wetter. Es ist noch immer Hauptreisezeit; man kann sowohl Sonnenbaden als auch Skifahren.

Ehrung von Saraswati

Zu Vasant Panchami tragen die Hindus gelbe Kleidung und legen Bücher, Musikinstrumente und andere Bildung symbolisierende Gegenstände vor den Abbildern Saraswatis, der Göttin des Lernens, nieder, um ihren Segen zu erhalten. Der Festtag kann auch in den Januar fallen.

Tibetisches Neujahrsfest

Losar wird von tantrischen Buddhisten in ganz Indien gefeiert, vor allem in Himachal Pradesh, Sikkim, Ladakh und Zanskar. Das Neujahrsfest dauert 15 Tage und liegt meist im Februar oder März, kann je nach Region aber im Datum variieren.

Skifahren auf den Pisten des Nordens

In Jammu und Kaschmir, Himachal Pradesh und Uttarakhand kommen Ski- und Snowboard-Fans jeden Levels auf ihre Kosten. Die Saison geht üblicherweise von Januar bis März; im Februar ist man also auf der sicheren Seite.

 Shivaratri

Der hinduistische Fastentag erinnert an den *tandava* (Siegestanz) Shivas. Nach Tempelprozessionen werden Mantras gesungen und Salbungen von Lingams (phallische Shiva-Symbole) vorgenommen. Shivaratri kann auch in den März fallen.

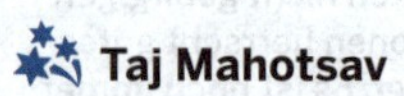 Taj Mahotsav

Der zehntägige Karneval der Kultur, der Kochkunst und des Kunsthandwerks ist die größte und beste Party Agras. Auf dem Fest in Shilpgram bieten über 400 Kunsthandwerker aus ganz Indien ihre Arbeiten feil. Zu hören und zu sehen sind auch eine bunte Mischung aus Volks- und klassischer Musik sowie Tänze aus verschiedenen Regionen. Es gibt ebenfalls genügend indisches Essen, um danach in ein Curry-Koma zu fallen.

März

Im letzten Monat der Reisesaison ist es im größten Teil des Landes schon richtig heiß und im Nordosten beginnt es zu regnen. Der März ist eine gute Zeit zur Tierbeobachtung, denn viele Tiere begeben sich auf die Suche nach Wasser.

 Holi

Eines der ekstatischsten Feste Nordindiens: Im Februar oder März feiern die Hindus den Frühlingsanfang nach dem Mondkalender, indem sie sich gegenseitig mit Wasser und *gulal* (Farbpulver) überschütten. Freudenfeuer in der Nacht zuvor symbolisieren den Tod der Dämonin Holika. Termine: 2. März 2018, 21. März 2019 und 10. März 2020.

Tierbeobachtung

Wenn es wärmer wird, trocknen viele Wasserstellen aus und die Tiere wagen sich ins offene Gelände – eine gute Chance, um Elefanten und Rotwild oder, mit etwas Glück, Tiger und Leoparden zu sehen. Infos gibt es auf www.sanctuaryasia.com.

Ramas Geburtstag

Zu Ramanavami, das einen bis neun Tage dauern kann, feiern Hindus die Geburt Ramas mit Prozessionen, Musik, Fasten, Schlemmerei und Szenen aus dem Ramayana. In einigen Tempeln werden „Hochzeiten" von Rama und Sita gefeiert. Termine: 26. März 2018, 14. April 2019 und 2. April 2020.

Mahavirs Geburtstag

Mahavir Jayanti erinnert an die Geburt des 24. und bedeutendsten *tirthankar* (Lehrer und erleuchtetes Wesen) des Jainismus. Tempel werden geschmückt und besucht, Mahavir-Statuen werden rituell gebadet, es gibt Umzüge und Spenden für die Armen. Termine: 29. März 2018, 17. April 2019 und 6. April 2020.

April

Nun ist es fast überall heiß. Traveller können jetzt Schnäppchen machen und das Land ohne Touristengedränge besuchen. Im Nordosten ist es nass, doch für Sikkim und das Westbengalische Bergland ist dies die beste Reisezeit.

Ostern

Der christliche Feiertag, der der Kreuzigung und Auferstehung Jesu Christi gedenkt, wird in christlichen Gemeinden schlicht und mit Gebeten und gutem Essen gefeiert. Termine: 1. April 2018, 21. April 2019, 12. April 2020.

Mai

Im größten Teil des Landes herrscht jetzt Hitze – richtige Hitze. Es gibt immer weniger Feste, denn mit zunehmender Luftfeuchtigkeit kündigt sich der Regen an. In den Hill Stations wird es lebhaft, und in den Bergen hat die Vormonsun-Trekkingsaison begonnen.

MONDKALENDER

Viele Feste richten sich nach dem indischen Mondkalender (ein komplexes astrologisches System) oder dem islamischen Kalender (der jedes Jahr etwa um elf Tage vorrutscht), weshalb sich ihr Datum im gregorianischen Kalender jedes Jahr ändert. Die genauen Daten der Feiertage lassen sich in den Touristeninformationen vor Ort erfragen.

Buddhas Geburtstag

Buddha Jayanti, das Fest zu Buddhas Geburt, Nirwana (Erleuchtung) und *parinirwana* (totale Befreiung vom Kreislauf der Existenz), ist still, aber bewegend: Die Gläubigen kleiden sich schlicht, essen vegetarisch, lauschen Vorträgen und besuchen Klöster und Tempel. Termine: 22. Mai 2018, 12. Mai 2019, 30. April 2020.

Ramadan (Ramazan)

Im neunten Monat des islamischen Kalenders wird 30 Tage lang von Sonnenaufgang bis Sonnenuntergang gefastet. Die Muslime richten ihre Aufmerksamkeit auf Gott, dem sie durch Gebete und Enthaltsamkeit Ehre erweisen. Der Ramadan beginnt um den 16. Mai 2018, um den 6. Mai 2019 und um den 24. April 2020.

Trekking im Norden

Mai und Juni, die Monate vor dem Regen in den Bergen Nordindiens, sind eine gute Zeit zum Trekken – mit viel Sonnenschein und gemäßigtem Klima. Himachal Pradesh, Kaschmir (aber nicht Ladakh) und Uttarakhand bieten sich hierfür an.

Überall Mangos

Mangos kommen ursprünglich aus Indien, weshalb sie hier so unfassbar lecker sind (ernsthaft, sie schmecken in Indien wirklich köstlich!). Die Saison beginnt im März; im Mai ist die Frucht süß, saftig und einfach überall zu haben.

Juni

Der Juni bietet sich nur zum Trekking im Norden an. Die Regenzeit bzw. die extreme Hitze vor dem Monsun breitet sich nun überall sonst aus.

Eid al-Fitr

Muslime feiern das Ende des Ramadans mit einem dreitägigen Fest, zu dem Gebete, Shopping, Geschenke und für die Mädchen und Frauen *mehndi* (Hennamalereien) gehören können. Termine: 15. Juni 2018, 5. Juni 2019 und 24. Mai 2020.

Juli

Meistens regnet es nun überall und viele abgelegene Straßen sind überspült. Am besten besucht man Ladakh, wo das Wetter überraschend gut ist, oder geht, wie nach uralter indischer Tradition, in ein Meditationsrefugium.

Wagenfest in Odisha

Während des Rath Yatra (Wagenfest) werden riesige, bunte Wagen mit Abbildern Jagannaths (Vishnus Inkarnation als Herrscher der Welt) und seiner Geschwister durch die Straßen gezogen. Am berühmtesten sind die Feiern in Puri im Bundesstaat Odisha, die Millionen Menschen anlocken. Termine: 14. Juli 2018, 4. Juli 2019 und 23. Juni 2020.

August

Die Monsunzeit ist noch nicht vorbei, aber dies ist die beste Zeit für einen Besuch Ladakhs. Mancher liebt die tropischen Gebiete wie Kerala oder Goa gerade jetzt, wenn die grünen, üppigen Wälder im Regen funkeln – der Regen fällt zudem manchmal nur für ein paar Stunden am Tag.

Unabhängigkeitstag

Dieser allgemeine Feiertag, der 15. August, ist der Jahrestag der Unabhängigkeit Indiens von Großbritannien (1947). Der Tag wird landesweit mit Zeremonien des Fahnenhissens und Paraden begangen. Die größten Feierlichkeiten finden in Delhi statt, wo sich der Premierminister vom Red Fort aus ans Volk wendet. In Old Delhi werden Taubenrennen veranstaltet und Drachen steigen in die Lüfte.

Krishnas Geburtstag

In Krishnas Geburtsort Mathura kann Janmastami eine Woche dauern. Anderswo beinhalten die Feierlichkeiten Fasten, *puja* (Gebete), die Gabe von Süßigkeiten und das Zeichnen kunstvoller *rangoli* (Muster aus Reismehlpaste). Janmastami wird im August/September gefeiert. Termine: 25. August 2018, 3. September 2019 und 23. August 2020. (S. 449)

Parsisches Neujahrsfest

Besonders in Mumbai (Bombay) feiern die Parsen Pateti, das zoroastrische Neujahrsfest. Die Häuser werden geputzt und mit Blumen und *rangoli* geschmückt. Die Familien kleiden sich festlich, essen spezielle Fischgerichte und Süßigkeiten, und bringen Opfergaben zum Feuertempel.

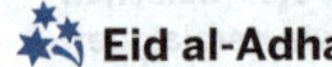

Eid al-Adha

Muslime gedenken Ibrahim (Abraham), der bereit war, Gott seinen Sohn zu opfern. Sie schlachten eine Ziege oder ein Schaf und teilen das Fleisch mit ihrer Familie, der Gemeinde und den Armen. Termine: 22. August 2018, 12. August 2019, 31. Juli 2020.

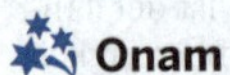

Onam

Im August oder September feiert ganz Kerala 10 Tage lang das goldene Zeitalter des mythischen Königs Mahabali. Termine: 24. August 2018, 10. September 2019, 30. August 2020.

Schlangenfest

Das Hindu-Fest Naag Panchami verehrt die Schlangen, die als Totem gegen Überschwemmungen und anderem Bösen gelten. Das Fest ist der Schlange Ananta gewidmet, auf der Vishnu zwischen den Universen ruhte. Frauen kehren in ihr Elternhaus zurück und fasten. Termine: 15. August 2018, 5. August 2019, 25. Juli 2020.

Brüder & Schwester

Am Raksha Bandhan (Narial Purnima – „schützende Verbindung") binden Mädchen *rakhis* (Amulette) um die Handgelenke ihrer Brüder und engen, männlichen Freunde, um sie im kommenden Jahr vor Unglück zu bewahren. Die Brüder machen Geschenke und versprechen, sich um ihre Schwester zu kümmern. Termine: 26. August 2018, 15. August 2019, 3. August 2020.

September

Der Regen lässt bei immer noch recht hohen Temperaturen nach, und Gebiete wie Rajasthan haben den Monsun fast hinter sich. Mitte September beginnt im Himalaja die zweite Trekkingsaison, sie dauert bis Ende Oktober.

Ganesh Chaturthi

Hindus feiern im August oder September Ganesh Chaturthi, den Geburtstag des von vielen geliebten Gottes mit dem Elefantenkopf. Besonders hoch her geht es in Mumbai, Hyderabad und Chennai (Madras). Lehmfiguren von Ganesha werden bei Paraden durch die Straßen getragen und dann in Flüsse, Reservoirs oder das Meer getaucht. Termine: 13. September 2018, 2. September 2019, 2. August 2020.

Muharram

In diesem Monat der Trauer und Erinnerung gedenken die schiitischen Muslime mit Prozessionen dem Martyrium (Ashura) von Imam Hussain, dem Enkel des Propheten Mohammed. Sunnitische Muslime begehen diesen Tag ebenfalls. Sie erinnern sich mit Fasten und Festen an die Fastenzeit von Moses, der Speise und Trank entsagte, weil Allah die Israeliten von ihrem Feind in Ägypten gerettet hatte. Termine: 21. September 2018, 10. September 2019, 29. August 2020.

Oktober

Jetzt fängt die Reisesaison an. Im Oktober, der Zwischensaison, gibt es Feste, meist gutes Wetter mit angenehmen Temperaturen – und alles blüht und gedeiht.

Gandhis Geburtstag

Gandhi Jayanti ist eine würdevolle Feier des Geburtstags von Mahatma Gandhi am 2. Oktober. Am Ort seiner Einäscherung in Delhi (Raj Ghat; S. 71) finden Gebetstreffen statt.

Ab ins Wasser

Die Gewässer sind nach dem vielen Regen gefüllt und es gibt spektakuläre Wasserfälle – die beste Zeit zum Rafting in einigen Gebieten. Infos gibt's unter www.indiarafting.com.

Durga Puja

Der Sieg der Göttin Durga über den Büffel-Dämon Mahishasura steht für die Bezwingung des Bösen durch das Gute. Das Fest findet in der Zeit um Dussehra (s. u.) statt und wird ganz besonders in Kolkata aufwendig begangen. Dabei werden Tausende von Abbilder der Göttin zur Schau gestellt und anschließend in Flüsse und Wasserbecken geworfen.

Navratri

Das überschwängliche hinduistische „Fest der neun Nächte" im Vorfeld von Dussehra gilt der Göttin Durga in all ihren Inkarnationen. Die Festivitäten sind besonders lebendig in Westbengalen, Maharashtra und Gujarat. In Kolkata werden die Durga-Bilder in Flüsse und Wassertanks getaucht. Termine: 9. Oktober 2018, 29. September 2019, 17. Oktober 2020. (S. 762)

Snowboarden in Gulmarg (S. 301), Kaschmir

Dussehra

Dussehra feiert den Sieg des Hindu-Gottes Rama über den Dämonenkönig Ravana und den Triumph des Guten über das Böse. Groß gefeiert wird Dussehra in Kullu, wo über 200 Dorfgottheiten auf Sänften durch den Ort getragen werden und die Feierlichkeiten eine Woche andauern. Termine: 19. Oktober 2018, 8. Oktober 2019, 25. Oktober 2020. (S. 335)

Pushkars Kamelmarkt

Im Monat Kartika, dem achten Mondmonat (normalerweise im Okt. oder Nov.), zieht der Markt rund 200 000 Besucher an, und mit ihnen ca. 50 000 Kamele, Pferde und Kühe. Es ist ein Wirbel aus Farbe, Zauber und Chaos, mit Musikern, Mystikern, Travellern, Kamerateams, Händlern, Fans und Tieren. (S. 150)

November

Fast überall ist das Wetter herrlich, zwar heiß, aber nicht unangenehm heiß – doch über Tamil Nadu und Kerala fegt der südliche Monsun.

Diwali

Im Mondkalender-Monat Kartika feiern Hindus nach großer Vorfreude endlich das fünftägige Diwali (Lichterfest). Mit Geschenken, kleineren Feuerwerken und Butter- und Öllampen oder Laternen begleiten sie Rama auf dem Heimweg aus dem Exil. Eines der lautesten und schönsten Feste Indiens. Termine: 7. November 2018, 27. Oktober 2019, 14. November 2020.

Guru Nanaks Geburtstag

Nanak Jayanti, der Geburtstag des Gründers der Sikh-Religion Guru Nanak, wird drei Tage lang mit Gebeten, *kirtan* (religiöse Gesänge der Sikh) und Prozessionen gefeiert, vor allem im Punjab und Haryana. Das Fest kann auch am 14. April stattfinden, der als tatsächlicher Geburtstag Nanaks im Jahre 1469 gilt.

Dezember

Jetzt ist die touristische Hauptsaison, denn das Wetter ist toll (außer in den kühlen Bergen), die Luftfeuchtigkeit niedrig, die Atmosphäre feierlich und am Strand ist es herrlich.

Geburtstag des Propheten Mohammed

Beim islamischen Fest Eid-Milad-un-Nabi wird die Geburt Mohammeds mit

Gebeten und Prozessionen gefeiert, vor allem in Jammu and Kaschmir. Termine: jeweils um den 1. Dezember 2018, 21. November 2019 und 10. November 2019.

Vogelbeobachtung

Viele der über 1250 indischen Vogelarten begeben sich von November bis Januar oder Februar auf den winterlichen Vogelzug, dann gibt es im ganzen Land tolle Möglichkeiten zur Vogelbeobachtung. Viele Infos unter: www.birding.in.

Kamelsafaris in Rajasthan

Der kühle Winter (Nov.–Feb.) ist die richtige Zeit, um von Jaisalmer oder Bikaner aus auf einem Kamel durch die Wüste Rajasthans zu reiten. Beim Beobachten von Gazellen, beim Kochen am offenen Feuer und beim Campen in den Dünen kann man die Thar-Wüste ganz neu erleben. (S. 216)

Weihnachten

Im christlichen Goa gibt es am 24. Dezember Mitternachtsmessen und am 1. Weihnachtsfeiertag Feste und Feuerwerke.

Reiserouten

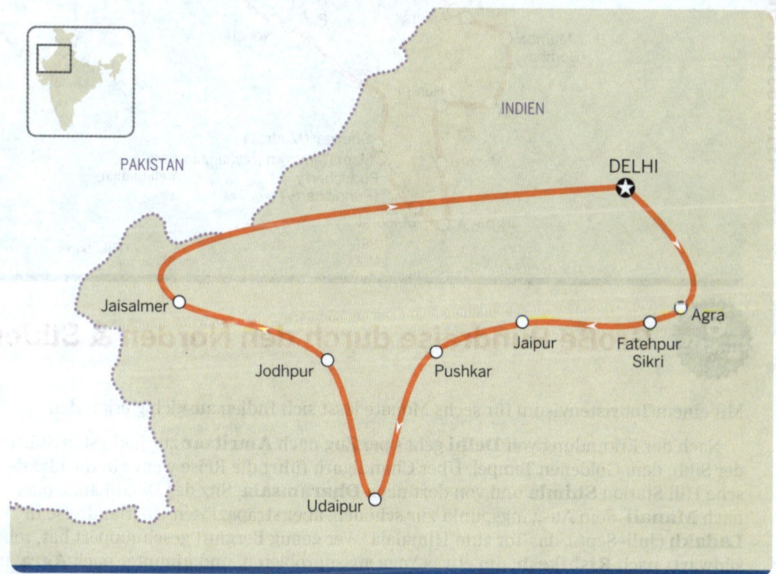

2 WOCHEN Goldenes Dreieck & das Land der Könige

Die Route mag zwar abgedroschen sein, aber das hat seinen Grund: Das Goldene Dreieck – Delhi, Agra und Jaipur – umfasst einige der atemberaubendsten Attraktionen Indiens.

Den Anfang macht **Delhi** mit den Sehenswürdigkeiten aus der Mogulzeit wie dem Red Fort und der Jama Masjid mitten im Old Delhi, gefolgt von einem Besuch der Lodi Gardens und des Humayun-Mausoleums. Dann geht's mit dem Zug nach **Agra**, wo man den Taj Mahal und das Agra Fort bestaunt. Die nahegelegene, geisterhafte Mogulstadt **Fatehpur Sikri** verdient einen weiteren Tag. Nun geht's für mehrere Tage in die „Rosa Stadt" **Jaipur** mit Basartrubel, dem City Palace, dem Hawa Mahal und dem Amber Fort.

Dann reist man zurück nach Delhi oder weiter nach **Pushkar**, wo man am Seeufer mit den Tempeln einige Tage verbringt. Anschließend erkundet man ausgiebig **Udaipur**, steigt am See ab und unternimmt Bootstouren. Die Bergfestung Kumbhalgarh und der Tempel von Ranakpur liegen auf dem Weg nach **Jodhpur**, wo die Mauern des Mehrangarh den besten Blick auf die „Blaue Stadt" bieten. Den Abschluss bilden **Jaisalmer** und eine Kamelsafari durch die Dünen mit Übernachtung. Zurück in Delhi steht eine Radtour durch Old Delhi, die Qutb Minar und ein Bummel durch Kaufhäuser, Märkte und Boutiquen an.

Große Rundreise durch den Norden & Süden

Mit einem Touristenvisum für sechs Monate lässt sich Indien ausgiebig erkunden.

Nach der Erkundung von **Delhi** geht's per Zug nach **Amritsar** zur heiligsten Stätte der Sikh, dem Goldenen Tempel. Über Chandigarh führt die Reise weiter in die klassische Hill Station **Shimla** und von dort nach **Dharamsala**, Sitz des Dalai Lama, oder nach **Manali**, dem Ausgangspunkt zur schönen, aber strapaziösen Überlandreise in **Ladakh** (Juli–Sept.), das Tor zum Himalaja. Wer genug Bergluft geschnuppert hat, reist südwärts nach **Rishikesh**, um etwas Yoga auszuprobieren, und hinunter nach **Agra**, um den Taj Mahal zu erkunden. Als nächstes geht's südwärts nach **Khajuraho** mit seinen Tempeln und zum **Bandhavgarh National Park**, wo man im Urwald Ausschau nach Tigern halten kann. Nun folgt eine Bootsfahrt auf dem heiligen Ganges in **Varanasi**.

Auf dem Weg nach Osten per Zug Richtung **Kolkata**, der Hauptstadt Westbengalens, bieten sich diverse Abstecher an. In **Darjeeling** oder **Sikkim** lockt ein weiter Blick auf den Himalaja; die Küste hinunter warten die Tempelstädte **Konark** und **Puri** in Odisha. Nach dem Flug in den Süden erlebt man in **Chennai** (Madras) ein völlig anderes Indien.

Von hier kann man den Süden kennenlernen: die Tempelreliefs von **Mamallapuram** (Mahabalipuram), das kolonialzeitliche, charmante **Puducherry** (Pondicherry) und die mit Gottheiten verzierten Tempeltürme von **Madurai**. Nach einem längeren Aufenthalt an **Keralas** Stränden, geht es nach **Mysuru**, um zu sehen, wie die Maharadschas lebten.

Danach geht's nordwärts nach **Hampi**, wo sich Tempel und Ruinenstädte zwischen den Felsen verstecken, und an die Küste von **Goa**. Wein, Essen und Bollywood-Vernarrtheit erlebt man in **Mumbai** (Bombay), der schnelllebigen Hauptstadt der Westküste. Und in **Ajanta** und **Ellora** bewundert man die herrlichen Höhlenmalereien und Reliefs.

Zum Schluss geht's nach Rajasthan zu den drei bunten Städten **Jaipur** (rosa), **Jodhpur** (blau) und **Udaipur** (weiß). Vielleicht bleibt auch noch Zeit für einen Abstecher zu den faszinierenden Tempeln, den für ihre Stickereien berühmten Dörfern und den Naturschutzgebieten von **Gujarat**. Die Rundreise endet mit einer letzten Zugfahrt zurück nach Delhi.

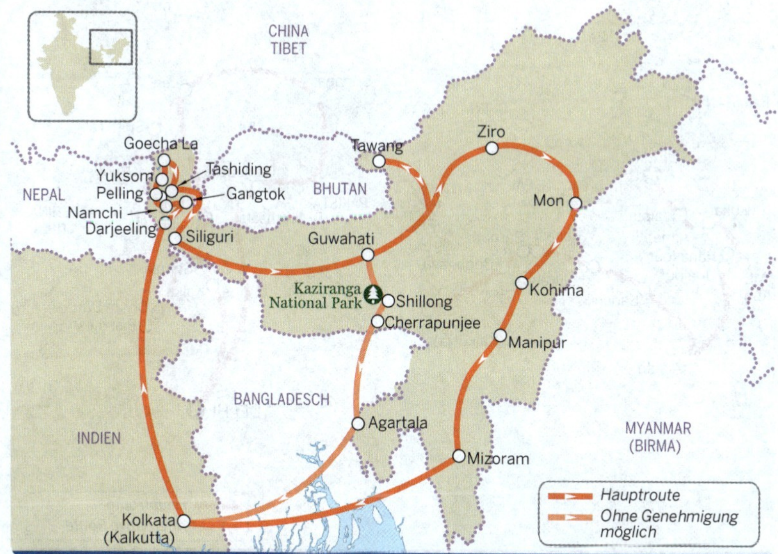

Berge & Stammeskultur

Sikkim und die Nordoststaaten sind trotz ihrer unglaublichen Berglandschaft für viele Traveller noch ein gut gehütetes Geheimnis. Aufstände und Genehmigungsauflagen haben lange Zeit Besucher ferngehalten, doch langsam öffnet sich die letzte Grenzregion Indiens wieder der Außenwelt. Von Kolkata aus kann man nach Darjeeling reisen, in Sikkim den Blick auf den Himalaja genießen und dann in die Welt der Bergvölker Indiens eintauchen. Wegen der Genehmigungen und der Sicherheitsrisiken muss man gut vorausplanen.

Nach dem Start in **Kolkata** ist **Darjeeling** der erste Stopp: Hier probiert man Indiens feinste Tees und holt sich eine Genehmigung für das ruhige Sikkim. In der Hauptstadt **Gangtok** beginnen Jeeptouren zu buddhistischen Tempeln. In **Namchi** stehen die riesigen Statuen von Shiva und Padmasambhava, und **Pelling** punktet mit dem Blick auf den Gipfel des Kangchendzönga und mit der Pemayangtse-Gompa, die von Gärten und Mönchshütten umringt ist. Ein einwöchiger Trek führt von **Yuksom** zum 4940 m hohen Pass **Goecha La** mit toller Aussicht. Hinaus aus Sikkim geht's über **Tashiding**, wo noch mehr Ausblicke und eine Gompa warten. Die Reise geht über **Siliguri** weiter nach Osten.

Touren durch die Nordoststaaten sowie Genehmigungen für Arunachal Pradesh gibt's in **Guwahati** oder online. Von Guwahati geht's weiter nach **Arunachal Pradesh**, wo man das buddhistische Kloster in **Tawang** und rund um **Ziro** die Dörfer der Bergvölker erkundet, in denen die Ältesten Gesichtstätowierungen und Piercings tragen. Ein Besuch in Nagaland gewährt Zugang zu den Bergdörfern rund um **Mon** und zur Hauptstadt **Kohima** mit ihren Relikten aus dem Zweiten Weltkrieg. Noch weiter südlich kann man in **Manipur** und in **Mizoram** die Kultur der Meitei bzw. der Mizo kennenlernen, bevor es per Flugzeug zurück nach Kolkata geht.

Eine Alternative ist die klassische Rundreise von Guwahati zum **Kaziranga National Park**, wo man Nashörner beobachten kann (eine Arunachal-Genehmigung ist nicht nötig). Man kann einen Abstecher nach **Shillong** machen und zu den Wasserfällen und den Brücken aus Wurzeln in **Cherrapunjee** wandern. Die Fahrt führt weiter zu Tripuras Hauptstadt **Agartala** und per Flugzeug oder auf dem Landweg über Bangladesch nach Kolkata.

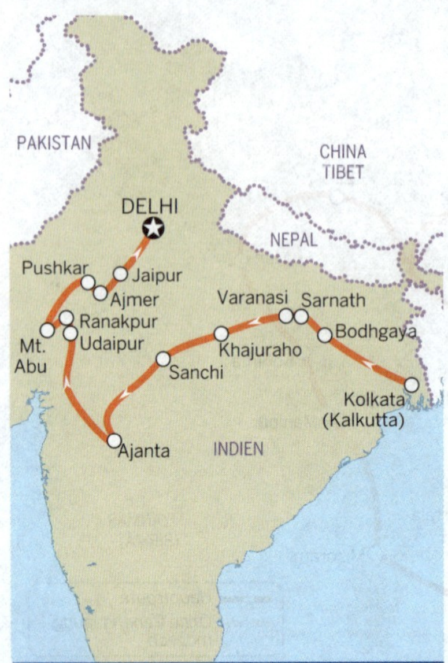

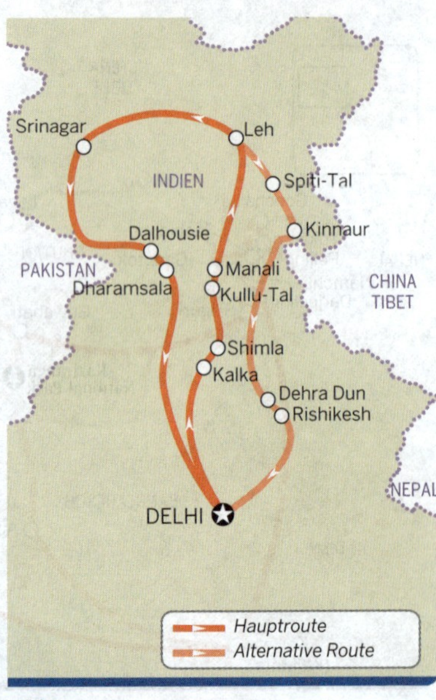

3 WOCHEN Tempeltour

Diese Tour durch die Ebenen führt zu einigen der sagenumwobensten Tempel Indiens.

Nach dem Start mitten im kulturell reichen **Kolkata** weicht das Großstadtchaos der Ruhe in Buddhas Erleuchtungsort **Bodhgaya**. Dann geht's quer durch die Ebenen nach **Sarnath**, wo Buddha erstmals das Dharma lehrte.

Nach den Ritualen am Gangesufer in der heiligen Stadt **Varanasi**, widmet man sich den Hindu-Tempeln von **Khajuraho** mit ihren erotischen Reliefs. Im südwestlich gelegenen **Sanchi** fand Kaiser Ashoka zum Buddhismus. Über Bhopal geht's nach Jalgaon, dem Sprungbrett zu den mit Reliefs übersäten Höhlen von **Ajanta**.

Nächste Station ist Rajasthan: Im skurrilen **Udaipur** gibt's Seen und Paläste, dann folgen die jainistischen Tempel in **Ranakpur** oder **Mt. Abu**. Weiter geht's nach **Pushkar** an einem heiligen See und zur nahe gelegenen islamischen Pilgerhochburg **Ajmer**. Letzter Zwischenstopp ist das stimmungsvolle **Jaipur**, bevor der Trip in **Delhi** mit seinen prächtigen muslimischen Ruinen und dem Hazrat-Nizamuddin-Schrein endet.

4 WOCHEN Himalaja-Abenteuer

Die Rundreise durch die Berge punktet mit tollen Blicken auf die Gipfel des Himalaja.

Per Zug geht's von **Delhi** nach **Kalka**, wo die Schmalspurbahn zum kolonialen **Shimla** abfährt. Von hier macht man einen Streifzug durch die Berge und schließt sich dann der Traveller-Wallfahrt nach Norden ins **Kullu-Tal** für einige Bergabenteuer an.

Im Gebirgsresort **Manali** beginnt die zweitägige Reise nach **Leh** in Ladakh (Juli–Sept.), wo man zu buddhistischen Klöstern wandert und Gipfel erklimmt. Für eine kleinere Runde fährt man von Leh nach Kargil und weiter nach Kaschmir (vorher Sicherheitslage checken). In **Srinagar** übernachtet man in einem Hausboot, dann geht's über Jammu ins elegante **Dalhousie**, wo man vor der Rückkehr nach Delhi im nahegelegenen **Dharamsala** in die buddhistische Kultur eintaucht.

Wer mehr Zeit hat, fährt von Leh nach Südosten ins **Spiti-Tal**, wo uralte Klöster mit der trockenen Landschaft verschmelzen. Mit dem klapprigen Bus geht's nach **Kinnaur** mit Stopps in **Dehra Dun** und **Rishikesh**, wo man die Hindu-Kultur kennenlernt. Die Tour endet wieder in Delhi.

Strände im Süden

Der Trip führt zu einigen der besten Strände und schönsten Küstenorte in Indien.

Los geht's in **Mumbai** mit einer Portion *bhelpuri* (knackiger Nudelsalat) am Strand Girgaum Chowpatty, wo man Leute beobachten und umherschlendern kann. Danach fährt man mit dem Boot zu den Tempeln auf der Insel Elephanta und mit dem Zug nach Süden ins Strandparadies **Goa**.

Strand pur findet man in **Arambol**, **Vagator** und **Palolem**. Dann geht's an der Küste weiter zur heiligen Stadt **Gokarna**. Zur Abwechslung kommt nun das Binnenland: **Hampi** punktet mit den Ruinen von Vijayanagar, und die Hoysala-Tempel von **Belur** und **Halebid** verkörpern mittelalterliche Steinmetzkunst. Mit dem Zug geht's zurück nach **Mangaluru**, genießt dort Seafood und tuckert südwärts nach **Kochi** (Cochin), einem Schmelztiegel mit Einflüssen aus China und dem Nahen Osten.

Ab **Alappuzha** (Alleppey) macht man eine Bootsfahrt auf Keralas Backwaters, bevor man in **Varkala** oder **Kovalam** die Zehen ins Wasser taucht. Letzter Stopp vor dem Flug nach Mumbai ist **Thiruvananthapuram** (Trivandrum) mit den Museen.

Rundreise durch den Süden

Chennai ist der einfachste Ausgangspunkt für die Erkundung von Indiens Südspitze. Die ideale Reisezeit ist von Oktober bis Februar – milde Temperaturen, kein Monsun.

Den Anfang macht **Chennai** mit seinen feurigen Thalis, gefolgt von kunstvollen Tempelreliefs in **Mamallapuram**, wo einst die Pallava-Könige residierten.

Als nächstes geht's ins französisch geprägte **Puducherry**, bevor man landeinwärts zu den Tempelstädten von Tamil Nadu reist, wo **Trichy** (Tiruchirappalli) mit seinen Felsen und **Madurai** mit seinen hohen, von Gottheiten bedeckten *gopurams* (Tempeltürmen) warten. Von hier ist es einfach nach **Kanyakumari**, den südlichsten Punkt Indiens, zu kommen.

Nach dem Relaxen an der Küste in **Kovalam** oder **Varkala**, tauscht man den Strand gegen wilde Tiere im **Periyar Wildlife Sanctuary**. Möglich ist auch ein Abstecher nach **Munnar** für einen Streifzug in den Hügeln in diesem Zentrum der Teeplantagen Keralas. Auf dem Weg zurück nach Chennai besucht man das bunte **Mysuru** mit dem Maharadschapalast und dem riesigen steinernen Nandi (Shivas Reitbulle).

Reiseplanung

Zugtickets buchen

Indien mit dem Zug zu erkunden, hat seinen ganz besonderen Reiz. Indische Züge schlängeln sich so ziemlich durch das ganze Land, sie fahren fast zu jeder Zeit und haben Plätze für jeden Geldbeutel. Aber das Buchen kann recht mühsam sein – am besten bucht man online.

Klassen

Air-Conditioned 1st Class (1AC)

Abteile mit abschließbaren Türen und zwei oder vier Schlafwagenplätzen; Mahlzeiten inklusive.

Air-Conditioned 2-Tier (2AC)

Zu Vierer- und Zweiergruppen zusammengefasste doppelstöckige Schlafkojen, keine abgegrenzten Abteile; die Kojen werden tagsüber zu Sitzen umgebaut, Vorhänge sorgen für Privatsphäre.

Air-Conditioned 3-Tier (3AC)

Dreistöckige Schlafkojen in Sechsergruppen, keine abgegrenzten Abteile, keine Vorhänge; beliebt bei indischen Familien.

AC Executive Chair (ECC)

Hauptsächlich in Shatabdi-Expresszügen; bequeme Liegesitze mit viel Platz.

AC Chair (CC)

Ähnlich wie AC Executive Chair, aber weniger luxuriöse Sitze.

Sleeper Class (sl)

Dreistöckige Kojen, keine abgegrenzten Abteile, keine Klimaanlage; offene Fenster mit Aussicht.

2. Klasse ohne/mit Reservierung (II/SS oder 2S)

Holz- oder Plastiksitze und Gedränge – aber sehr preiswert!

Onlinebuchung

Fernzüge können üblicherweise ab 120 Tage vor Abreise (das soll sich aber ändern) gebucht werden, Kurzstrecken manchmal nicht ganz so früh. Da die Plätze schnell vergeben sind, sollte man – wenn möglich – mindestens eine Woche im Voraus buchen, Kurzstrecken stellen meistens kein allzu großes Problem dar.

Express- und Postzüge bilden das Rückgrat des indischen Bahnverkehrs. Nicht in allen Zügen findet man alle Klassen, aber in den meisten Fernzügen gibt's Abteile der 2. Klasse ohne Reservierung und komfortablere Abteile mit Reservierung. Nachtzüge verfügen im Allgemeinen über Liegewagen. In Zügen mit Schlafwagen kann man große Entfernungen zurücklegen und zahlt kaum mehr als für ein Zimmer in einem Mittelklassehotel.

Die nur tagsüber verkehrenden Shatabdi-Expresszüge haben nur Sitzplätze. Die Rajdhani-Expresszüge sind Fernzüge, die nachts zwischen Delhi und den Hauptstädten der Bundesstaaten verkehren. In diesen Zügen hat man die Wahl zwischen den Klassen 1AC, 2AC, 3AC und 2. Klasse. In den teureren Schlafwagenklassen wird Bettzeug gestellt. Man sollte sein Gepäck mit einer mitgebrachten Kette und einem Schloss an der Gepäckablage befestigen, egal in welcher Klasse man reist.

Die folgenden Websites sind für internationale Onlinebuchungen recht hilfreich.

Cleartrip (www.cleartrip.com) Diese zuverlässige Privatagentur akzeptiert internationale

ZUGREISEN MIT STIL

Bei Touren mit einem indischen Luxuszug kann man sich wie ein Maharadscha fühlen: Man wohnt an Bord, Ausflüge, Eintrittsgelder und Mahlzeiten sind im Ticketpreis enthalten.

Palace on Wheels (www.palaceonwheels.net) Die acht- bis zehntägigen Luxusreisen durch Rajasthan beginnen in Delhi. Die Züge fahren von September bis April an festen Terminen. Die Fahrt kostet pro Person für sieben Nächte ab 6500/4890/4325 US$ (1er-/2er-/3er-Abteil). Möglichst zehn Monate im Voraus buchen.

Royal Rajasthan on Wheels (www.royalrajasthanonwheels.co.in) Die großartigen einwöchigen Fahrten beginnen und enden in Delhi. Sie werden von Oktober bis März angeboten. Die Fahrt kostet pro Person und Nacht ab 875/625 US$ (1er-/2er-Deluxe-Suite).

Deccan Odyssey (www.deccan-odyssey-india.com) Tour mit sieben Übernachtungen zu den wichtigsten Touristenzielen in Maharashtra und Goa. Die Preise pro Person beginnen bei 5810/4190 US$ (indische Touristen 371900/268360 ₹) für 1er-/2er-Abteil. Es werden auch mehrere kürzere Luxustrips angeboten.

Golden Chariot (www.goldenchariottrain.com) Luxuriöse Tour durch den Süden mit sieben Übernachtungen (Okt.–März). Los geht's in Bengaluru (Bangalore). Die Preise pro Person beginnen bei 5530/4130 US$ (indische Touristen 182000/154000 ₹).

Mahaparinirvan Express (auch bekannt als Buddhist Circuit Special; www.railtourismindia.com) Die achttägige Tour zu buddhistischen Stätten wird von September bis März angeboten. Start ist in Delhi, übernachtet wird in Hotels. Die Preise pro Person beginnen bei 1155/945 US$ für die 1. Klasse/2AC. Die Fahrt geht auch nach Nepal (Visagebühren sind nicht im Preis enthalten).

Master- und Visakarten – es ist die einfachste Art, eine Reservierung vorzunehmen. Es können nur Direktverbindungen gebucht werden. Wenn man noch nicht in Indien ist und noch keine indische Handy-Nummer hat, kann man hilfsweise irgendeine beliebige Nummer angeben; zur Kommunikation verwendet man dann nur die E-Mail-Adresse.

IRCTC (www.irctc.co.in) Auf dieser vom Staat verwalteten Website kann man reguläre Züge und Touristen-Luxuszüge buchen; Mastercard und Visa werden akzeptiert.

Make My Trip (www.makemytrip.com) Die seriöse private Agentur Make My Trip akzeptiert ebenfalls internationale Karten. Auch hier benötigt man eine indische Handy-Nummer. Außerdem muss man sich eine IRCTC User ID erstellen: Dafür wählt man einfach eine User ID (Nutzername) und gibt Name, Geburtsdatum und Anschrift ein. Als „Pincode" (Postcode) funktioniert auch „123456". Bei der Angabe des Bundesstaates „Other" angeben.

Yatra (www.yatra.com) Auf dieser Website kann man Flug- und Zugbuchungen vornehmen; internationale Karten werden akzeptiert.

Reservierung

Für alle Waggons der Klassen Chair, Executive Chair, Sleeper Class, 1AC, 2AC und 3AC ist eine Reservierung nötig. Bei Fahrten in Abteilen der 2. Klasse gilt das nicht. Fahrten in Nachtzügen sowie während Feiertagen und Festen sollte man weit im Voraus buchen. Mit der Buchung nicht bis zum Reisetag warten!

Zugpässe

IndRail-Pässe erlauben unbegrenzte Zugreisen in einem bestimmten Zeitraum (½–90 Tage), aber man spart nicht viel und muss immer noch reservieren. Preisbeispiele liegen bei 19/43/95 US$ (Sleeper Class/2AC, 3AC & Chair/1AC) für 24 Stunden. Am leichtesten lassen sich die Zugpässe über das IndRail-Büro im Heimatland buchen – weitere Details finden sich unter „Passenger Info/Tourist Information" auf der Website www.indianrailways.gov.in/railway-board.

Reiseplanung

Trekking

Indien bietet tolle Wandermöglichkeiten, besonders im Himalaja, wo schneebedeckte Berge, Stammesdörfer, heilige Hindu-Stätten, buddhistische Klöster und Wildblumenfelder nur einige der Highlights sind. Also die Wanderstiefel schnüren und auf geht's – ob nun zu einfachen Halbtagesausflügen oder zu anstrengenden mehrwöchigen Expeditionen.

Beste Wanderungen

Himalaja

Jammu & Kaschmir Die hohen, zerklüfteten Bergzüge in Ladakh bergen unglaubliche Wanderwege, u. a. durch das Markha-Tal und durch die schöne Region Zanskar (S. 280).

Himachal Pradesh Das Gebirge ist gut erreichbar; es gibt u. a. Wege von McLeod Ganj nach Bharmour (S. 362), zwischen Parvati-Tal und Pin-Tal (S. 333) sowie den buddhistisch geprägten Homestay Trail in der Region Spiti (S. 381).

Uttarakhand Man kann die Einsamkeit am Kauri-Pass, am Milam-Gletscher und am Har-ki-Dun (S. 476) genießen oder sich Pilgern auf dem Weg zu religiösen Stätten wie dem Kedarnath-Tempel (S. 476) oder Hem Kund (S. 481) anschließen.

Sikkim Auf der Tour zum Goecha La (S. 613) sieht man den Kangchendzönga (8598 m), den dritthöchsten Berg der Welt.

Südindien

Karnataka Die beschaulichen Hügel und Wälder von Kodagu (S. 967) laden zur Erkundung ein.

Kerala Im Periyar Wildlife Sanctuary (S. 1065) sieht man Tiger, Elefanten und Hirsche.

Tamil Nadu Kodaikanal (S. 1182) mit einigen hübschen Wanderwegen durch neblige Wälder ist im Vergleich zu Udagamandalam die hübschere und entspanntere Hill Station.

Wandertipps

Anders als im benachbarten Nepal ist der Trekkingtourismus in Indien weniger kommerzialisiert. Deshalb wirken viele Regionen wild und unberührt. Ungeachtet dessen kann man auf den meisten Routen zum Schleppen der Ausrüstung Träger oder Lasttiere anheuern. Alternativ kann man sich einem Veranstalter anvertrauen, der meist auch einen Teil der Ausrüstung stellt. Vor Vertragsunterzeichnung alle Wünsche deutlich machen und möglichst schriftlich festhalten!

Egal, wohin es gehen soll – vor Aufbruch sollte man immer prüfen, ob man alle nötigen Genehmigungen eingeholt hat.

Insbesondere sollte man die Gesundheit im Auge behalten – in Höhen über 3000 m ist die Höhenkrankheit (S. 1341) eine ernst zu nehmende Gefahr.

Vorsicht vor Hirtenhunden – sie sind berühmt für ihr aggressives Verhalten!

Routenplanung

Detaillierte Karten zum indischen Himalaja sind im Land kaum zu bekommen. Online kann man Karten heraussuchen, die für die Planung ausreichend sind und mit denen man sich – mit Erfahrung im Kartenlesen – auch zurechtfindet. Für Ladakh kann man in Leh teure Karten im Maßstab 1:300000 kaufen; einige Karten aus der Leomann-Reihe (Maßstab 1:200000) sind in Manali und McLeod Ganj erhältlich.

Auf beliebten Pilgerstrecken ist es praktisch unmöglich, sich zu verlaufen, aber weniger genutzte Wege können sich gabeln oder auch einfach im Nichts enden, sodass es sich empfiehlt, einen ortskundigen Führer zu engagieren.

Infos zum Klettern im Himalaja in Höhen von über 6000 m gibt's auf der Website der Indian Mountaineering Foundation (www.indmount.org).

Sicherheit in großen Höhen

Beim Wandern im Himalaja sollte man in größeren Höhen immer ein paar zusätzliche Tage einplanen, damit sich der Körper akklimatisieren kann. Dieses Gebirge verdient Respekt – niemals die körperlichen oder technischen Grenzen überschreiten!

Gipfelstürmer

Bergsteiger brauchen für die meisten Gipfel über einer Höhe von 6000 m eine Genehmigung der **Indian Mountaineering Foundation** (☎011-24111211; www.indmount.org; 6 Benito Juarez Rd, New Delhi) in Delhi. Die Preise für Klettertouren sind unterschiedlich und richten sich nach Höhe des Gipfels und Anzahl der Personen im Team. Zum Glück kostet die Genehmigung für einige wirklich hoch gelegene Ziele von Bergwanderungen nur 30 bis 100 US$, vor allem in Ladakh, Lahaul, Spiti und Sikkim. Dazu gehört auch der aber lohnende Aufstieg auf den Stok Kangri (6120 m), der einen Einblick ins Hochgebirgsbergsteigen gewährt.

Ausrüstung

- Ausrüstung und Kleidung entsprechend der erwarteten Wetterlage mitbringen!
- Auf oft genutzten Wanderwegen sind Wanderschuhe zu viel des Guten, aber auf abgelegenen Gebirgspfaden können sie lebensrettend sein.
- Erste-Hilfe-Ausrüstung und Wasserfilterutensilien sind oft unerlässlich.
- Regenausrüstung mitbringen! In höheren Regionen ist warme Kleidung unverzichtbar.
- Sonnenschutzmittel nicht vergessen!

Verhaltensregeln

- „Sanften" Umgang mit der Umwelt pflegen (die Leitsätze sind bekannt: nur Fotos mitnehmen und nur Fußspuren zurücklassen!).
- Nur Gaskocher verwenden; die Einheimischen sind auf das wenige Brennholz angewiesen.
- Man sollte Respekt und Sensibilität gegenüber der einheimischen Kultur zeigen: sich angemessen kleiden, bei Schnappschüssen von Einheimischen diese zuvor um Erlaubnis fragen, daran denken, dass Lebensmittel bei den Einheimischen vielleicht knapp sein könnten, auch wenn die Menschen noch so gastfreundlich sind, und Kindern nicht gönnerhaft Geschenke machen.

ABENTEUER PUR

Nur die kühnsten Abenteurer wagen sich auf das schwierige Gelände im abgelegenen gebirgigen Bundesstaat Arunachal Pradesh im Nordosten. Eines der Highlights hier ist der Namdapha National Park (S. 633) mit seiner atemberaubenden Artenvielfalt.

Reisezeit

Da Indiens Topografie sehr vielfältig ist, ist die beste Zeit für Trekkingtouren abhängig von der Region.

Mai–Juni Gute Zeit zum Wandern in Gebirgsregionen. In dieser Zeit kommen aber auch die meisten indischen Touristen. Deshalb sind die Wege zu den heiligen hinduistischen Stätten vielleicht überfüllt.

Mitte Juli–Mitte September In der Monsunzeit kann Trekking am falschen Ort ungemütlich, ja sogar tödlich sein. In Ladakh und Spiti bleibt's recht trocken. Der berühmte Valley of Flowers National Park (S. 481) in Uttarakhand entfaltet einen überwältigenden Blumenteppich.

Mitte September–Mitte November Nach der Monsunzeit spannt sich über dem Himalaja normalerweise ein strahlend blauer Himmel. Während nachts die Temperaturen bis unter den Gefrierpunkt sinken können, ist es tagsüber in der Regel sonnig und warm. Im Winter sind die Einrichtungen oft geschlossen; deshalb vorher prüfen, was geöffnet ist.

Dezember–März Der Februar ist der einzige Monat, in dem man den gefährlichen Chadar Trek (S. 288) in Angriff nehmen und über einen zugefrorenen Fluss zur Region Zanskar wandern kann.

April Im Tiefland ist es glühend heiß, und im Hochland liegt auf den Bergen für gewöhnlich noch eine Menge Schnee. Daher hält man sich am besten an die Hill Stations.

Reiseplanung

Yoga, Spas & Spirituelles

In Indien können religiös Veranlagte spirituelle Erbauung erfahren – und Skeptische nutzen einfach die Spas und Yogazentren.

Angebote

Ashrams

In Indien gibt es Hunderte Ashrams – Kommunen, in denen sich alles um die Philosophie eines Gurus (spiritueller Führer oder Lehrer) dreht. Es ist übrigens möglich, über einen längeren Zeitraum in einem Ashram (nach den dort jeweils geltenden Regeln) zu leben.

Ayurveda

Die uralte Wissenschaft basiert auf indischer Naturmedizin und ganzheitlicher Heilung; behandelt werden Körper und Geist mit natürlichen Pflanzenextrakten, Massagen und anderen Therapien.

Buddhistische Meditation

Viele Zentren in buddhistischen Regionen lehren *vipassana* (Achtsamkeitsmeditation) und buddhistische Philosophie; oft wird ein Schweigegelübde nebst Verzicht auf Alkohol, Tabak und Sex verlangt.

Spa-Behandlungen

Indiens Spas punkten mit einem reizvollen Mix aus international bekannten Anwendungen und örtlichen Methoden auf Basis uralter Ayurveda-Traditionen.

Yoga

Yoga ist Indien entstanden, entsprechend gibt es hier Hunderte Schulen für jedes Level, die den unterschiedlichsten Richtungen folgen.

Yoga

Yoga kann man in Indien fast überall praktizieren, in Strandresorts ist es ebenso möglich wie in Bergrefugien. Auf Indiens Initiative hin wurde der 21. Juni von der UN 2014 zum Internationalen Tag des Yogas erklärt.

Karnataka

Mysuru (Mysore; S. 960) Hier wurde das Ashtanga-Yoga entwickelt. Yogazentren finden sich im gesamten Bundesstaat.

Kerala

Sivananda Yoga Vedanta Dhanwantari Ashram (S. 1043) Der Ashram ist bekannt für längere Kurse; liegt unweit von Thiruvananthapuram (Trivandrum).

Maharashtra

Kaivalyadhama Yoga Hospital (S. 877) Yogische Heilung in Lonavla.

Ramamani Iyengar Memorial Yoga Institute (S. 881) Kurse für Fortgeschrittene in Pune.

Mumbai

Yoga Institute (S. 823) Tageskurse sowie längere Programme.

Yoga House (S. 823) Hatha-Yoga in einem bezaubernden Ambiente.

Yogacara (S. 823) Vorwiegend Hatha-Yoga.

Tamil Nadu

International Centre for Yoga Education & Research (S. 1145) Zehntägige Einführungskurse und Übungseinheiten für Fortgeschrittene in Puducherry.

Krishnamacharya Yoga Mandiram (S. 1113) In Chennai finden hier Yogakurse, Therapien und Übungseinheiten statt.

Andamanen

Flying Elephant (S. 1211) Yoga und Meditationen in tropischer Umgebung auf Havelock Island.

Goa

Himalaya Yoga Valley (S. 920) Beliebte Yoga-Schule in Mandrem.

Swan Yoga Retreat (S. 915) Rückzugsort in beruhigendem Urwaldambiente in Assagao.

Himalayan Iyengar Yoga Centre (S. 921) Kurse in Arambol.

Bamboo Yoga Retreat (S. 934) In Parnem gibt's Yoga direkt am Strand.

Uttarkhand

Rishikesh (S. 457) Hier gibt's Yogazentren und Ashrams für Teilnehmer mit und ohne Vorkenntnisse.

Ashrams

Viele Ashrams („Orte des Strebens") werden von charismatischen Gurus geleitet. Häufig ist das Ganze eine Gratwanderung zwischen spiritueller Gemeinschaft und Personenkult. Viele Gurus haben sich im großen Stil an ihren Anhängern bereichert, andere wurden der sexuellen Ausbeutung bezichtigt. Vor der Teilnahme an einem Programm ist es daher ratsam, den Ruf des Ashrams genau zu prüfen.

Die meisten bieten Philosophie-, Yoga- oder Meditationskurse an, und Besucher müssen sich üblicherweise an strenge Regeln halten. Normalerweise ist eine Spende angemessen, die die Kosten des eigenen Aufenthalts deckt.

Kerala

Matha Amrithanandamayi Mission (S. 1056) Berühmt wegen des weiblichen Gurus Amma, der „Umarmenden Mutter"; in Amrithapuri.

Maharashtra

Brahmavidya Mandir Ashram (☎07152-288388; B 150 ₹; ⏲6–12 & 14–19 Uhr) Gegründet vom Gandhi-Schüler Vinoba Bhave; in Sevagram.

Sevagram Ashram (S. 871) Von Gandhi selbst gegründet; ebenfalls in Sevagram.

Osho International Meditation Resort (S. 880) Befolgt die teilweise umstrittenen Lehren Oshos; in Pune.

Tamil Nadu

Sri Aurobindo Ashram (S. 1142) Ashram in Puducherry. Gegründet von Sri Aurobindo.

Sri Ramana Ashram (S. 1139) Der Ashram wurde von Sri Ramana Maharshi gegründet; in Tiruvannamalai.

Kolkata (Kalkutta)

Belur Math (S. 509) Die Zentrale der Ramakrishna-Mission, die von Swami Vivekananda ins Leben gerufen wurde.

Ayurveda

Ayurveda – indische Pflanzenheilkunde – zielt darauf ab, das Gleichgewicht des Körpers wiederherzustellen.

Goa

Shanti Ayurvedic Massage Centre (S. 920) Ein Zentrum in Mandrem.

Karnataka

Ayurvedagram (S. 942; Bengaluru) Inmitten eines Gartens.

Soukya (S. 942; Bengaluru) Ayurveda und Yoga.

Indus Valley Ayurvedic Centre (S. 955; Mysuru) Therapien aus uralten Schriften.

Swaasthya (S. 969; Coorg) Therapien und Meditationsaufenthalte.

Kerala

Dr. Franklin's Panchakarma Institute (S. 1047; Chowara) Südlich von Kovalam.

Eden Garden (S. 1050; Varkala) Pauschalangebote und Einzelbehandlungen.

Santhigiri Ayurveda Centre (S. 1053; Kollam) Ein- bis dreiwöchige Behandlungen sowie Einzelbehandlungen. Außenstelle in Kumily (S. 1066).

Ayur Dara (S. 1078; Kochi) Ein- bis dreiwöchige Behandlungen.

Himachal Pradesh

Men-Tsee-Khang (Tibetan Medical & Astrological Institute; S. 354) Das Institut ist führend auf dem Gebiet der tibetischen Medizin. Der Hauptsitz und zwei zusätzliche Zentren befinden sich in McLeod Ganj, weitere 50 Kliniken im ganzen Land.

Ayuskama Ayurvedic Clinic (S. 362; Bhagsu) Dr. Arun Sharmas Behandlungen haben den besten Ruf; Kurse für angehende Therapeuten.

Tamil Nadu

Sita (S. 1144; Puducherry) Ayurveda und Yoga.

Sivananda Yoga Vedanta Centre (S. 1169; Madurai) Kurse und Schulungen in Madurai sowie Kurse und Lehrerausbildung im angeschlossenen Ashram.

Mamallapuram (S. 1129) Jede Menge Yogakurse (von unterschiedlicher Qualität). Im nahen Kovalam gibt's Strandyoga und ein jährliches Surf-und Yoga-Fest (S. 1128).

Uttar Pradesh

Swasthya Vardhak (S. 422; Varanasi) Ayurveda.

Madhya Pradesh

Kairali Spa (S. 697) Ayurveda in Orchha.

Ayur Arogyam (S. 707) Fachmännische ayurvedische Behandlungen in Khajuraho.

Maharashtra

Yogacara (S. 823) Ayurveda und Massagen.

Buddhistische Meditation

Überall in Indien gibt es Kurse und Meditationszentren, in denen von Einführungen bis hin zu tiefgründigen Studien alles geboten wird. McLeod Ganj ist der Hotspot in Sachen tibetischer Buddhismus. Sowohl der Dalai Lama, als auch der 17. Karmapa halten hier Vorträge und geben Audienzen.

Himachal Pradesh

Library of Tibetan Works & Archives (S. 356) Intensivkurse in buddhistischer Philosophie in McLeod Ganj.

Himachal Vipassana Centre (Karte S. 350; ☎9218414051; www.sikhara.dhamma.org; Dharamkot; ⏲April–Mitte Nov.) Strenge zehntägige Klausuren in Dharamkot, unweit von McLeod Ganj.

Tushita Meditation Centre (S. 362) Zehntägige Schweigeexerzitien sowie Meditationssitzungen ohne Anmeldung; in Dharamkot.

Deer Park Institute (S. 366) Anfänger- und Fortgeschrittenenkurse in buddhistischer und indischer Philosophie, sowie Meditationsexerzitien unter Führung buddhistischer Gelehrter; in Bir.

Jammu & Kashmir

Mahabodhi Centre (S. 251) Diverse Kurse in *vipassana*-Meditation mit und ohne Anmeldung in Leh.

Bihar

Root Institute for Wisdom Culture (S. 580) Kurse von zwei bis 21 Tagen; in Bodhgaya.

International Meditation Centre (Karte S. 578; ☎0631-2200707; bsatyapala@gmail.com; Unterkunft & Verpflegung 500 ₹/Tag) Ungezwungene zehntägige Kurse in Bodhgaya.

Mumbai (Bombay)

Global Pagoda (S. 819) *Vipassana*-Kurse mit einer Länge zwischen einem und zehn Tagen auf Gorai Island.

Maharashtra

Vipassana International Academy (S. 855) Bietet zehntägige Kurse in *vipassana* an; befindet sich in Igatpuri.

Andhra Pradesh

Es werden viele birmanische *vipassana*-Kurse angeboten, etwa im Vipassana International Meditation Centre (S. 1011) nahe Hyderabad, in Dhamma Vijaya (S. 1026) nahe Eluru oder in Dhamma Nagajjuna (S. 1027; Nagarjuna Sagar).

Spa-Behandlungen

Das landesweite Spa-Spektrum reicht von Einzelpraxen bis hin zu opulenten Wellness-Tempeln. Vorsicht sollte man bei (oft unqualifizierten) Privatanbietern von fragwürdigen Massagen walten lassen – immer zuerst Empfehlungen einholen und den gesunden Menschenverstand einschalten!

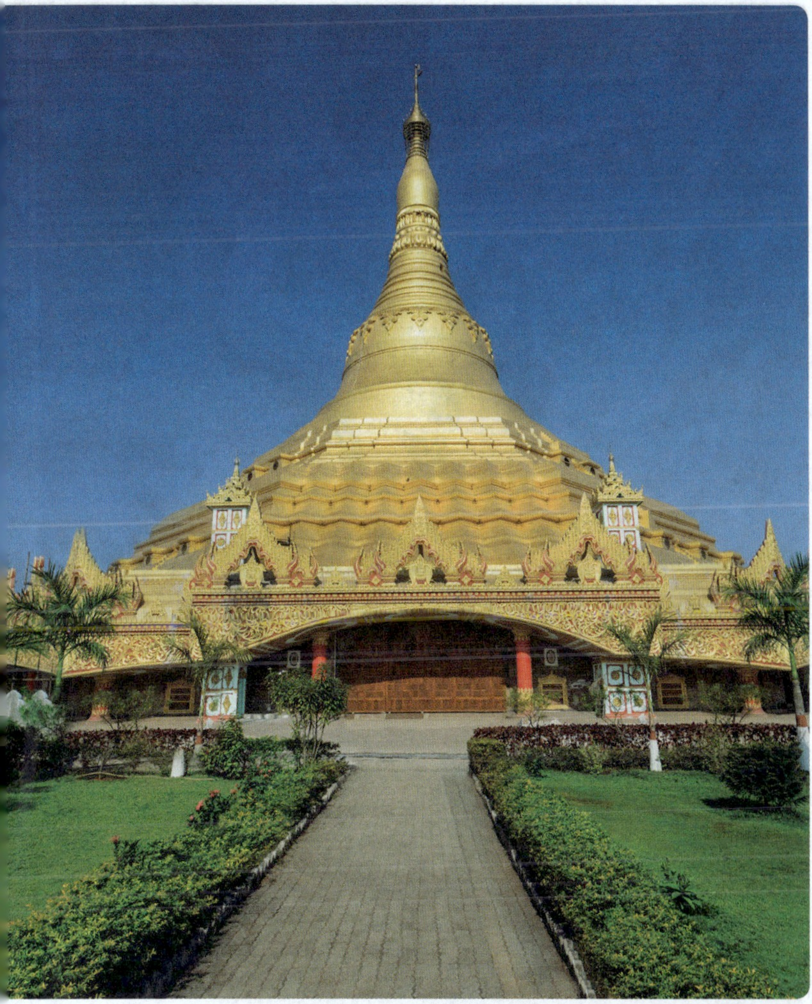

Oben: Global Pagoda (S. 819), Mumbai

Unten: Ayurveda-Anwendung

MILA SUPINSKAYA GLASHCHENKO / SHUTTERSTOCK ©

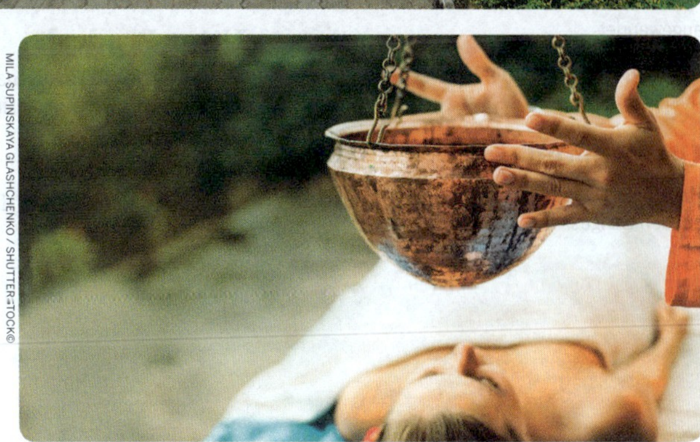

Yoga-Übung

Madhya Pradesh & Chhattisgarh

Jiva Spa (S. 693) In diesem Spa können Besucher sich in schönem Ambiente in Gwalior verwöhnende Massagen, Peelings, Wickel und Ähnliches verpassen lassen.

Mumbai

Antara Spa (☎022-66939999; www.theclubmumbai.com; 197 DN Nagar, Andheri West; Massage 2975–3320 ₹/1 St.; ⏲10–19.30 Uhr) Hier werden Behandlungsmethoden aus aller Welt angewendet.

Palms Spa (S. 823) Renommiertes Spa in Colaba.

Uttarkhand

Haveli Hari Ganga (S. 464) In Haridwar, mit Blick auf den Ganges.

Kolkata

Vedic Village (S. 537) Gilt als bestes medizinisches Spa Indiens; in der Nähe von Kolkata.

Karnataka

Emerge Spa (S. 955) Anwendungen auf Basis asiatischer Traditionen nahe Mysuru (Mysore).

Goa

Humming Bird Spa (S. 929) Allerlei Verwöhnanwendungen; in Palolem.

Uttar Pradesh

Aarna Spa (S. 422) Ayurveda, Aromatherapien und Verwöhnanwendungen; in Varanasi.

Kerala

Neeleshwar Hermitage (S. 1100) Ökoresort direkt am Strand.

Reiseplanung

Freiwilligenarbeit

Neben all der Schönheit, Geschichtsträchtigkeit und kulturellen Vielfalt prägen auch Armut und Elend unübersehbar das Leben in Indien. Viele Traveller möchten gern helfen; landesweit freuen sich Wohltätigkeits- und Hilfsorganisationen über engagierte Freiwillige.

Hilfsprogramme

Freiwillige haben viele Möglichkeiten, in Indien zu helfen. In einigen Fällen kann man auch nach der Ankunft im Land spontan eine Stelle finden, die meisten Wohltätigkeits- und Nichtregierungsorganisationen (NGOs) bevorzugen jedoch Menschen, die sich im Voraus beworben und ihre Eignung für die jeweilige Arbeit nachgewiesen haben. Manche seriöse Organisationen verlangen ein polizeiliches Führungszeugnis, wenn Freiwillige sich für die Arbeit mit Kindern bewerben. Die nützlichen Richtlinien von **Ethical Volunteering** (www.ethicalvolunteering.org) helfen bei der Wahl einer ethisch korrekten Vermittlungsagentur.

Neben großen Organisationen bieten auch lokale Einrichtungen und NGOs Arbeit für Freiwillige an; allerdings lassen sich diese schwerer beurteilen. Verzeichnisse der Agenturen gibt's beispielsweise unter www.indianngos.com oder bei **Concern India Foundation** (Karte S. 82; ☎011-64598584; www.concernindiafoundation.org; A-52 Amar Colony, Lajpat Nagar IV; Ⓜ Lajpat Nagar) mit Sitz in Delhi.

Die folgenden Programme und Projekte stellen nur einen Bruchteil aller Möglichkeiten für Freiwillige dar. Man sollte also am besten selbst gründlich recherchieren bevor man sich zur freiwilligen Arbeit mit einer Organisation verpflichtet.

Pflege & Betreuung

Wer Erfahrung im pflegerischen oder medizinischen Bereich hat, kann die

Freiwilliger werden

Eine Organisation auswählen

Man sollte eine Organisation auswählen, die von den eigenen Fähigkeiten profitieren kann.

Zeitaufwand

Wie viel Zeit kann man einem Projekt widmen? Wirklich effektiv wird Hilfe oft erst bei mindestens einmonatiger (besser längerer) Mitarbeit.

Arbeitszeiten

Vor einer konkreten Verpflichtung muss man genau wissen, worauf man sich einlässt: Viele Anbieter erwarten ein Vollzeit-Engagement (5 Tage/Woche 9–17 Uhr).

Geld

Unbezahlte Zeit ist oft nicht genug: Meist wird von Freiwilligen erwartet, dass sie ihre Unterkunfts-, Verpflegungs- und Anreisekosten selbst tragen.

Transparenz

Interessenten sollten unbedingt sicherstellen, dass die gewählte Organisation einen guten Ruf hat und Geldmittel transparent einsetzt! Idealerweise holt man sich hierzu Feedback von früheren Freiwilligen.

Schwächsten Indiens auf vielerlei Art unterstützen und gesundheitlich betreuen.

Kolkata (Kalkutta)

Missionaries of Charity (S. 511) Mutter Theresas Ordenszentrum (Mutterhaus der MissionarInnen der Nächstenliebe) beschäftigt Freiwillige in Krankenhäusern und Heimen für verarmte Kinder oder Erwachsene.

Calcutta Rescue (☎033-22175675; www.calcutarescue.org; 4. Stock, 85 Collin St) Setzt Ehrenamtliche mit Fachausbildung im Bereich Medizin und Gesundheit in Kolkata und anderen Teilen Westbengalens ein.

Maharashtra

Sadhana Village (☎020-25380792; www.sadhana-village.org; 1, Priyankit, Lokmanya Colony, Paud Rd) Einrichtung für behinderte Erwachsene in der Nähe von Pune; Freiwillige müssen sich hier für mindestens zwei Monate zur Mitarbeit verpflichten.

Rajasthan

Marwar Medical & Relief Society (☎0291-2545210; www.mandore.com; Dadwari Lane, c/o Mandore Guesthouse) NGO mit Bildungs-, Gesundheits-, Umwelt- und anderen Projekten in Dörfern im Bezirk Jodhpur – für Kurz- oder Langzeit-Freiwillige.

Gemeindeprojekte

Viele Projekte auf Gemeindeebene bringen Bildung und medizinische Hilfe in die Dörfer.

Bihar & Jiharkhand

Root Institute for Wisdom Culture (S. 580) Gelegentlich Möglichkeiten zur Schulung einheimischer Gesundheitshelfer in Bodhgaya.

> **FREIWILLIGENARBEIT FÜR TIBETISCHE FLÜCHTLINGE**
>
> Seit dem Jahr 1959 sind mehr als 100 000 Tibeter vor Verfolgung nach Indien geflohen. Neu angekommene Flüchtlinge erfordern umfangreiche Unterstützung, und es gibt oft Einsatzmöglichkeiten für Freiwillige in McLeod Ganj und anderen Gebieten mit hohem tibetischen Bevölkerungsanteil.

Delhi

Hope Project (S. 85) Breit angelegtes Gemeindeprojekt, das Helfer für kurze oder längerfristige Einsätze sucht, die sich mit Kinderbetreuung, Medizin, Englischunterricht, IT oder in anderen Bereichen auskennen.

Karnataka

Kishkinda Trust (S. 992) Nachhaltige Gemeindeentwicklung in Hampi sucht Freiwillige, die mit anpacken.

Madhya Pradesh & Chhattisgarh

Orchha Home-Stay (S. 698) Verbessert unter Einsatz von Freiwilligen in diversen Funktionen die Lebensgrundlage von Dorfbewohnern.

Mumbai (Bombay)

Slum Aid (www.slumaid.org) Verbessert die Lebensumstände der Slumbewohner in Mumbai; Freiwillige werden zwischen zwei Wochen und sechs Monaten eingesetzt.

Rajasthan

URMUL Trust (☎0151-2523093; www.urmul.org; Ganganagar Rd, Urmul Bhawan, Bikaner) Bietet den Bewohnern der Wüsten im trockenen westlichen Rajasthan primäre Gesundheitsversorgung und Bildung. Freiwillige, die sich für mindestens einen Monat verpflichten, arbeiten u. a. als Englischlehrer oder im Gesundheitswesen.

Seva Mandir (☎0294-2451041; www.sevamandir.org; Old Fatehpura, Udaipur) NGO, die sich im südlichen Rajasthan mit verschiedenen Projekten engagiert, wie zum Beispiel Aufforstung, Wasserressourcen, Gesundheit, aber auch Bildung, Gleichstellung der Frau oder bei der Entwicklung von Gemeindeinstitutionen.

Himachal Pradesh

Lha (S. 355) Vermittelt Einsätze bei einer Vielzahl Projekten mit der tibetischen Gemeinschaft, auch für Sprachlehrer und Gesundheits- oder IT-Fachleute; in McLeod Ganj.

West Bengal

Human Wave (☎033-26854904; www.humanwaveindia.org; Mankundu) Kurzzeit-Engagements bei Gemeindeentwicklungs- und Gesundheitsprogrammen.

Makaibari Tea Estate (S. 546) Freiwillige helfen im Grundschulunterricht, bei der Gesundheitsfürsorge und in der nachhaltigen Landwirtschaft; in Kuresong.

Unterrichten

Buddhistische Schulen benötigen oft Englischlehrer (Erfahrung erwünscht) für längere Zeiträume. Interessenten fragen am besten direkt vor Ort in Sikkim, Himachal Pradesh, Westbengalen oder Ladakh nach. Organisationen, die keine Sicherheitsüberprüfungen von erwachsenen Freiwilligen verlangen, die mit Kindern arbeiten wollen, sollten jeden Interessenten stutzig machen und zu Fragen veranlassen.

Himachal Pradesh

Learning & Ideas for Tibet (S. 356) Gegenwärtig werden Freiwillige mit Deutsch-, Englisch-, Französisch-, Mandarin-, Japanisch- und Computerkenntnissen für die Arbeit mit tibetischen Flüchtlingen in McLeod Ganj gesucht.

West Bengal & Darjeeling

Hayden Hall (S. 556) Möglichkeiten in Darjeeling für Freiwillige mit medizinischer, pädagogischer oder kaufmännischer Berufserfahrung (Einsatzdauer: min. 2 Monate).

Jammu & Kashmir

Druk Padma Karpo School (S. 267) Buddhistische Klosterschule in Ladakh (Shey), die Englischlehrer für längere Zeiträume sucht (nur Mai–Sept.).

Phuktal Gompa (S. 289) Beschäftigt Freiwillige, die Englisch als Fremdsprache lehren können; Zanskar.

Csoma's Room (http://csomasroom.kibu.hu) Diese ungarische Organisation setzt Lehrer (und Restaurateure) in Zangla ein.

Arbeiten mit Kindern

Diverse karitative Einrichtungen helfen benachteiligten Kindern. Wie gesagt: Organisationen, die erwachsene Freiwillige, die mit Kindern arbeiten, nicht genau überprüfen, sollten jeden Interessenten stutzig machen und zu Fragen veranlassen.

Delhi

Salaam Baalak Trust (S. 84) Unterrichtet und unterstützt Straßenkinder, etwa mithilfe von ehrenamtlichen Englischlehrern, Ärzten, Beratern oder IT-Fachleuten.

Reality Tours & Travel (S. 83) Slum-Bildungsprojekte; Freiwillige (min. 3 Monate) sollten über entsprechende berufliche oder akademische Qualifikationen verfügen.

Torch (Karte S. 76; torchdelhi.wixsite.com/torch; 30D Nizamuddin Basti, Nizamuddin West; Ⓜ JLN Stadium) Arbeitet mit obdachlosen Kindern und sucht Freiwillige, die verschiedene Aktivitäten betreuen (Kunst, Musik, Schreiben).

Goa

Mango Tree Goa (S. 903) Einsatzmöglichkeiten für Krankenschwestern und Hilfslehrer, die mit verarmten Kindern arbeiten möchten.

El Shaddai (S. 915) Betreuung verarmter und obdachloser Kinder in Assagao (min. 1 Monat).

Uttar Pradesh

Learn for Life Society (S. 422) Freiwilligenjobs an einer kleinen Schule in Varanasi für benachteiligte Kinder.

Himachal Pradesh

Kullu Project (☎9418102083; www.kulluproject.org) Stellt den Kontakt zwischen Langzeit-Freiwilligen und den Schulen, Waisenheimen und anderen Organisationen im Kullu-Tal her, die mit benachteiligten Kindern arbeiten.

Rogpa (Karte S. 352; ☎9857973026; www.tibetrogpa.org; Mithanala Rd, abseits Bhagsu Rd; ⏲Mo–Sa 9–17 Uhr) Betreuung der Kinder tibetischer Familien durch Freiwillige; in McLeod Ganj.

Frauenprojekte

In Indien arbeiten viele lokale Wohltätigkeitsorganisationen, die sich für die Gleichstellung und Bildung von Frauen einsetzen.

Rajasthan

Sambhali Trust (S. 196) Sucht Lehrer und Organisatoren für Workshops für benachteiligte Frauen.

Tamil Nadu

RIDE (S. 1135) Setzt sich unter Mithilfe von Freiwilligen für die Gleichstellung von Frauen auf dem Land ein; in Kanchipuram.

Umwelt- & Naturschutz

Eine ganze Reihe gemeinnütziger Organisationen fördern Umweltbildung und nachhaltige Entwicklung.

Andamanen

ANET (S. 1207) Freiwillige helfen bei verschiedenen Umweltschutzmaßnahmen mit, von Projekten vor Ort bis zu allgemeinen Arbeiten zum Erhalt der Natur.

VERMITTLUNGEN IM AUSLAND

Angesichts der verwirrend großen Zahl internationaler Freiwilligenagenturen lässt sich mitunter nur schwer feststellen, welche davon empfehlenswert sind. Manchmal kann man Tätigkeit und Ort beliebig auswählen. Statt das Personal speziell für die zu verrichtende Arbeit auszusuchen, sind die Projekte in solchen Fällen fast immer auf die Freiwilligen selbst zugeschnitten. Am besten sucht man sich Aufgaben, die einen Einsatz der eigenen Fähigkeiten erlauben. Vermittlungen finden sich z. B. in dem Lonely Planet Band *Volunteer: A Traveller's Guide*. Weitere Optionen:

Himalayan Education Lifeline Programme (HELP; www.help-education.org) Britische Wohlfahrtseinrichtung, die ehrenamtliche Lehrer in Schulen in Sikkim schickt.

Indicorps (www.indicorps.org) Bringt geeignete Freiwillige bei Projekten in ganz Indien unter; der Schwerpunkt liegt auf sozialer Entwicklung.

Jamyang Foundation (www.jamyang.org) Vermittelt ehrenamtlichen Lehrern mit Berufserfahrung Stellen in buddhistischen Nonnenklöstern in Zanskar und Himachal Pradesh.

Voluntary Service Overseas (VSO; www.vso.org.uk) Britische Organisation, die qualifizierten Berufstätigen Langzeit-Engagements in Indien und aller Welt anbietet.

Workaway (www.workaway.info) Stellt den Kontakt zu Hotels, Pensionen, Biobauernhöfen, Restaurants und anderen Anlaufstellen her, bei denen Traveller als Gegenleistung für fünf Tage Arbeit die Woche freie Kost und Logis erhalten.

Reef Watch Marine Conservation (S. 1207) Diese Meeresschutz-NGO bietet Freiwilligen diverse Möglichkeiten – von Strandsäuberungen bis zu Untersuchung der Fischbestände. Unter www.reefwatchindia.org kann man Kontakt mit der Organisation aufnehmen und Einsatzmöglichkeiten erfragen.

Himachal Pradesh

Ecosphere (S. 348) Eine vielfältige NGO in Kaza mit Schwerpunkt auf nachhaltiger Entwicklung; Kurz- und Langzeit-Freiwillige werden u. a. in Cafés, für Übersetzungen, in der Landwirtschaft oder bei Projekten rund um erneuerbare Energien eingesetzt.

Kullu Project Freiwillige arbeiten in Community-Gruppen im Great Himalayan National Park und helfen dort die Bio-Landwirtschaft und lokale Produkte voranzubringen.

Karnataka

Rainforest Retreat (S. 969) Biologische und nachhaltige Landwirtschaft und Abfallmanagement sind die Schlagwörter in diesem üppig grünen Refugium inmitten von Gewürzplantagen in Coorg; auf der Website erfährt man mehr über Optionen für freiwillige Helfer.

Maharashtra

Nimbkar Agricultural Research Institute (☎02166-220945; www.nariphaltan.org; Phaltan-Lonand Rd, Tambmal, Phaltan) Bietet zwei- bis sechsmonatige Praktika in der lokalen nachhaltigen Landwirtschaft an – für Landwirtschafts-, Ingenieurs- und Wissenschaftsabsolventen.

Tamil Nadu

Keystone Foundation (S. 1189) Gelegentlich wird hier die Möglichkeit geboten, zusammen mit indigenen Gemeinden etwas für die Verbesserung der Umweltbedingungen zu tun; in Kotagiri.

Tierschutz

Der Anblick all der streunenden Hunde wecken den Tierschützer in vielen Travellern; Einsatzmöglichkeiten gibt's reichlich.

Andhra Pradesh

Blue Cross of Hyderabad (S. 1010) Freiwillige betreuen die über 1300 Bewohner des Tierheims oder arbeiten im Büro.

Goa

International Animal Rescue (S. 915) Rettet und kümmert sich um Hunde, Katzen und andere Tiere, mit Jobs für Freiwillige (Nachweis einer Tollwutimpfung erforderlich).

Mumbai

Welfare of Stray Dogs (☎022-64222838; www.wsdindia.org; Yeshwant Chambers, B Bharucha

Marg, Kala Ghoda) Volunteers arbeiten bei Schulprojekten zur Aufklärung über Straßenhunde, in der Verwaltung oder bei der Tierbetreuung mit.

Rajasthan

Animal Aid Unlimited (S. 169) In Udaipur können Freiwillige bei der Versorgung verletzter, ausgesetzter oder streunender Tiere helfen.

Tamil Nadu

Madras Crocodile Bank (S. 1127) Freiwilligenjobs in einem Schutzzentrum für Reptilien in Vadanemmeli (min. 2 Wochen).

Arunachala Animal Sanctuary (S. 1140) Die Mithilfe von Travellern ist hier gern gesehen; einfach vorbeischauen! Auch für längerfristige Verpflichtungen; in Tiruvannamalai.

Denkmalschutz & Sanierung

In diesem Bereich gibt es Einsatzmöglichkeiten für Menschen mit Fertigkeiten in Architektur und Bauwesen.

Tamil Nadu

ArcHeS (S. 1166) Bemüht sich um die Bewahrung des architektonischen und kulturellen Erbes von Chettinadu – ideal für Historiker, Geografen und Architekten. Freiwilligeneinsätze dauern üblicherweise rund drei bis vier Monate; in Kothamangalam.

Jammu & Kashmir

Csoma's Room (S. 47) Setzt Freiwillige bei der Restaurierung und Erhaltung von Zanskars historischer Architektur ein.

Reiseplanung

Mit Kindern reisen

Faszinierend und spannend – Indien kann für Kinder genauso aufregend sein wie für ihre staunenden Eltern. Was es in diesem Land zu sehen, zu hören und zu schmecken gibt, wird die meisten Kinder begeistern. Mit der richtigen Vorbereitung und Neugierde wird ein Indienurlaub zu einer lebenslangen Erinnerung.

Top-Regionen für Kids

Rajasthan

Muntere Feste, Forts, Märchenpaläste, Kamelritte über Wüstendünen und eine ausgebaute touristische Infrastruktur, die sorgloses Reisen erlaubt. Für die älteren Kinder gibt's Nervenkitzel mit der unglaublichen Flying Fox (Seilrutsche) in Jodhpur.

Goa

Von Palmen gesäumte weiße Strände und günstiges exotisches Essen – in allen Preisklassen eine ideale Option für Ferien mit der Familie.

Uttar Pradesh

Der wundervolle Taj Mahal und die verlassene Stadt Fatehpur Sikri regen die Fantasien an.

Kerala

Kanu- und Hausbootabenteuer, Surfstrände, Sonnenuntergänge über dem Arabischen Meer, Schlangenbootrennen, Tierbeobachtung und Elefantenfeste.

Himachal Pradesh

Pony- und Yakausritte rund um kolonialzeitliche Hill Stations, Rafting, Reiten, Tandemparagleiten (auch was für Kinder), Wandern und Canyoning rund um Manali.

Indien mit Kindern

In vielerlei Hinsicht ist das Reisen mit Kindern in Indien ein Vergnügen. Familien werden oft herzlich empfangen. Einheimische lassen sich gern mit den Babys von Travellern fotografieren. Das ist toll für Kids, die aufgeschlossen sind, kann aber für kleinere, schüchternere Kinder auch ermüdend und sogar beängstigend sein. Allerdings kann man ja immer höflich ablehnen.

Eltern sollten die Bedürfnisse des Nachwuchses im Auge behalten und sich bemühen, diese zu befriedigen, selbst wenn sie den Eindruck haben, sie könnten wohlmeinende Einheimische vor den Kopf stoßen. Fast überall sind Kinder gern gesehen – schließlich stehen sie bei vielen indischen Familien im Mittelpunkt, und auch fremde Kinder werden entsprechend behandelt. Hotels bieten fast immer ein, zwei Beistellbetten, und auch in den Lokalen sind kindgerechte Speisen und Portionen kein Problem.

Highlights für Kinder

Die schönsten Märchen

Jaisalmer In einer Pracht wie aus 1001 Nacht schwelgt man in Jaisalmers jahrhundertealtem

Fort (S. 200); die Wüste Thar kann vom Rücken eines Kamels aus entdeckt werden.

Delhi Beim Besuch wunderbarer Festungsanlagen lassen sich die epischen Schlachten vergegenwärtigen, Lodi Gardens (S. 75) und Mehrauli (S. 109) harren der Erkundung, und das National Rail Museum (S. 80) lässt sich mit einem Spielzeugzug entdecken.

Ranthambhore National Park Hier wird das Dschungelbuch lebendig: Neben dem Affenkönigreich kann man sich in einem Jeep auf die Suche nach Shir Khan begeben. (S. 153)

Udaipur Man kann Paläste erforschen, ausreiten oder mit den Kids in einem Boot über den See schippern. (S. 164)

Orchha Im wenig bekannten Orchha wandert man durch zerfallende Paläste und Festungsanlagen. (S. 694)

Madhya Pradesh Das Land von Rudyard Kiplings *Dschungelbuch* mit grünen Dschungeln und Safaris, bei denen man nach Tigern Ausschau hält. (S. 724)

Die schönsten Naturerlebnisse

Tiger Reserves, Madhya Pradesh In den Tigerparks von Kanha (S. 743), Pench (S. 748) oder Bandhavgarh (S. 746) kann man tief in den Dschungel vordringen oder über die weiten Ebenen streifen. Vielleicht sieht man keine Tiger, aber es gibt andere Wildtiere zu beobachten.

Elefanten, Kerala Im Periyar Sanctuary gibt's für Kinder wilde Elefanten zu erspähen. (S. 1065)

Delfine, Goa Von fast jedem Strand in Goa aus kann man zu einer Bootstour mit Delfinbeobachtung aufbrechen und den Tieren beim Springen durch die Wellen zusehen. (S. 904)

Affen in den Hill Stations In Shimla (S. 314; Himachal Pradesh) oder Matheran (S. 876; Maharashtra) kommt man Affen nahe – aber nicht zu nah ... sie können bösartig sein.

Löwen, Gujarat In der Abend- oder Morgendämmerung lassen sich auf Safari im Gir National Park (mit etwas Glück) die einzigen noch lebenden asiatischen Löwen aufspüren. (S. 784)

Keoladeo National Park, Rajasthan Bei einer Radtour durch dieses Naturschutzgebiet gibt's unzählige Vogelarten zu entdecken. (S. 137)

Mudumalai Tiger Reserve, Tamil Nadu Hier lohnt sich der Besuch eines Elefanten-Camps, in dem die Arbeitselefanten des Parks (viele davon sind gerettete Tiere, die leider nicht mehr in die Wildnis zurückkehren können) gefüttert und gewaschen werden. (S. 1195)

Die lustigsten Verkehrsmittel

Autoricksha, überall Mit diesen Vehikeln in Kindergröße kann man in höchster Geschwindigkeit herumsausen. (S. 1331)

Fahrrad, Delhi Mit Kindern, die gute Radler sind, oder Kleinkindern in Kindersitzen kann man eine DelhiByCycle-Tour (S. 84) machen.

Toy Train, Darjeeling Der supersüße Dampfzug verkehrt zwischen Kurseong und Darjeeling, vorbei an wunderschönen Bergdörfern und Wasserfällen. (S. 558)

Handgezogene Rickscha, Matheran Von dieser von Affen belagerten Hill Station aus können die Kids den Weg zum Dorf auf einem Pferd oder in einer handgezogenen Rikscha zurücklegen. (S. 876)

Houseboat, Alappuzha (Alleppey) Mit einem Hausboot ist man luxuriös auf Keralas Gewässern unterwegs. (S. 1056) Wer zufällig am zweiten Samstag im August in der Stadt ist, kann sich mit den Kindern das spektakuläre Nehru-Trophy-Bootsrennen anschauen.

Die besten Strände

Palolem, Goa In der mit Palmwedeln bedeckten Hütte kann man sich verkriechen und den Kindern beim Umhertollen am schönen Strand von Palolem zuschauen, dem sichersten Gewässer von Goa. (S. 929)

Patnem, Goa Im friedlichen Patnem mit seinem herrlichen Sandstrand und den kühlen, ruhigen, kinderfreundlichen Strandrestaurants lässt es sich wunderbar entspannen. (S. 933)

Havelock Island, Adamanen Im Flachwasser vor Havelock Island kann man planschen; ältere Kinder können währenddessen das sensationelle Tauchangebot in Anspruch nehmen. (S. 1208)

Reiseplanung

Bevor es losgeht

➡ Klimatabellen einsehen: Die Reise so legen, dass extreme Temperaturen vermieden werden, die für kleinere Kinder riskant sein könnten!

➡ Weit im Vorfeld mit dem Hausarzt Impfungen und Gesundheitsfragen besprechen!

➡ Weitere Tipps zu Indienreisen mit Kindern sowie Berichte aus erster Hand von Travellern finden sich in *Travel with Children* von Lonely Planet sowie im Forum unter www.lonelyplanet.de.

Nicht vergessen!

Die genannten Artikel bekommt man auch in vielen Teilen Indiens:

➡ Für Babys und Kleinkinder: Windeln, Cremes gegen Windelausschlag (Calendula-Creme wirkt auch gut gegen Hitzeausschlag), Ersatzfläschchen, Feuchttücher, Säuglingsnahrung und Essen in Dosen und Flaschen oder als lösliche Trockennahrung.

➡ Ein Baby-Klappbett oder das leichteste Reisebett, das sich finden lässt (Firmen wie KidCo bieten tolle Bettchen an, die sich wie ein Wurfzelt aufstellen lassen), da die Hotelbetten eventuell nicht sicher genug sind. Auf einen Kinderwagen sollte man verzichten, da Gehsteige rar sind. Für Kleinere ist eine Tragehilfe die bessere Wahl, so sitzen sie hoch über dem beängstigenden Gewühl und haben eine ausgezeichnete Aussicht.

➡ Nicht ganz so geliebtes Spielzeug, das nicht beweint wird, wenn es verloren oder kaputt geht.

➡ Eine Schwimmhilfe für das Meer oder den Pool.

➡ Festes Schuhwerk.

➡ Hörbücher für lange Fahrten.

➡ Insektensprays, Moskitonetze, Hüte und Sonnencreme.

Essen

➡ Bei Reisen in Gegenden wie Rajasthan, Himachal Pradesh, Goa, Kerala oder in den Großstädten wird man kaum Probleme haben, die Kleinen zufriedenzustellen, weil es hier vertraute westliche Gerichte in Hülle und Fülle gibt.

➡ Als Snacks für unterwegs bieten sich Bananen, Samosas, *puri* (knusprige Teigtaschen), Sandwiches und abgepackte Kekse an (die Marke Parle G ist der Hit).

➡ Viele Kinder werden Gerichte mit *paneer* (Frischkäse), schlichte Dhals (milde Linsen-Currys), sahnige Kormas, buttrige Naans (Brote aus dem Tandur), Pilaws (Reisgerichte) und tibetische *momos* (gedämpfte oder gebratene Klöße) zu schätzen wissen.

➡ Nur wenige Kinder werden den großen südindischen *dosas* (hauchdünnen Pfannkuchen aus Linsenmehl) widerstehen können, die es dort zum Frühstück gibt.

Unterkunft

➡ Indien bietet eine so große Auswahl von Unterkünften – von Strandhütten bis hin zu Fünf-Sterne-Träumen –, dass man problemlos etwas findet, was der ganzen Familie gefällt.

➡ Die schicken teuren Hotels sind fast durchweg kinderfreundlich, das gilt aber auch für viele gehobene Mittelklassehotels, dessen Personal in aller Regel gern ein, zwei zusätzliche Matratzen im Zimmer bereitstellt. Manche Hotels stören sich nicht daran, wenn in dem Doppelzimmer neben den Eltern noch mehrere Kinder übernachten.

➡ Die besten Fünf-Sterne-Hotels sind mit Kinderpool, Spielzimmer oder sogar einem Kinderclub ausgestattet; ein Abend mit einem warmen Blubberbad, Zimmerservice, Käsemakkaroni und einer großen Auswahl an Satellitenprogrammen wird auch sehr missmutige Kinder wieder mit der Reise versöhnen.

Unterwegs

➡ Das Reisen in Indien, ob mit Taxi, den lokalen Bussen, Zug oder Flugzeug, kann für die gesamte Familie zur Strapaze werden. Saubere öffentliche Toiletten, Umkleidekabinen und sichere Spielplätze sind in vielen Teilen des Landes rar. Öffentliche Transportmittel sind häufig extrem überfüllt, deswegen sollten Reisende mit Kindern nach längeren Bus- oder Zugfahrten unbedingt ein paar Tage zur Entspannung einlegen.

➡ Viele Dinge mitnehmen, die für Abwechslung sorgen (Tablets oder Laptops mit heruntergeladenen Filmen sind unverzichtbare Reisebegleiter, nicht anders als Hörbücher, die guten, alten Bilderbücher, billige Spielsachen und Spiele, die man überall in Indien leicht erhält)!

➡ Wenn man ein Auto mit Fahrer chartert – eine vernünftige Option, die für Flexibilität sorgt – muss man dem Vermieter sofort und ganz klar sagen, wenn man einen Kindersitz benötigt oder man bringt ihn selbst mit. Und die sind nicht leicht zu finden! Man sollte sich nicht scheuen, den Fahrer nötigenfalls aufzufordern, langsamer und umsichtiger zu fahren.

Gesundheit

➡ Das Niveau der medizinischen Versorgung ist in Indien sehr unterschiedlich. Man sollte seinem Hausarzt sagen, wohin man zu reisen gedenkt, um zu erfahren, welche Impfungen sinnvoll sind und was man zur Ersten Hilfe dabeihaben sollte.

- In Gebieten des Landes, die viel von Travellern besucht werden, ist der Zugang zu medizinischer Versorgung besser als anderswo. In solchen Gebieten lässt sich fast immer schnell ein Arzt auftreiben (die meisten Hotels werden einem einen verlässlichen empfehlen können).
- Ärztlich verschriebene Arzneien erhält man schnell und billig in zahlreichen Apotheken, die sich oft in der Nähe von Hospitälern befinden.
- Durchfall kann für kleine Kinder sehr gefährlich werden; bei anhaltendem oder von Fieber begleitetem Durchfall unbedingt ärztliche Hilfe suchen! Entscheidend ist es, den Flüssigkeitsverlust auszugleichen. Hitzeausschläge, Hautreizungen wie Eiterflechten und Insektenstiche lassen sich mittels einer gut ausgestatteten Reiseapotheke oder den Mitteln von einheimischen Apotheken auch selbst behandeln.

Indien im Überblick

Von modernem Chic des 21. Jhs. bis zu abgelegenen Stammesdörfern, von palmengesäumten Backwaters bis zu messerscharfen Gebirgsketten und von uralten Tempeln bis zu Festungen mitten im Urwald bieten Indiens Regionen eine überwältigende Mischung aus Kontrasten, Farben und Erlebnissen.

Delhi

Küche
Shoppen
Ruinen

Delhi ist eine Stadt, in der man Zeitreisen erleben kann – von den prächtigen Ruinen einstiger Imperien bis zur futuristischen Satellitenstadt Gurgaon. Und dabei kann man sich der modernen Straßenküche hingeben und in Delhis Basaren und Kaufhäusern nach Herzenslust shoppen.

S. 60

Rajasthan

Paläste & Festungen
Kunst & Kunsthandwerk
Tiere & Pflanzen

Rajasthans Festungen und Paläste bilden den Reichtum dieses „Landes der Könige". Die Jagdreviere der Radschas sind heute Nationalparks. Fürstliche Schätze – von Miniaturen bis zu Marionetten – entdeckt man auch auf den Basaren.

S. 112

Punjab & Haryana

Architektur
Küche
Grenzen

Neben dem hinreißenden Goldenen Tempel prunkt der Punjab mit Palästen und Zierbauten. Die Region ist die Heimat des Butterhuhns, des Basmatireis, des Naan, des Tarka Dhal und des Tandur (Lehmofen). Am Grenzübergang Attari–Wagah kann man die pompöse Grenzzeremonie bestaunen.

S. 217

Jammu & Kaschmir (mit Ladakh)

Landschaften
Trekken
Religion

Von den Bergen Kaschmirs bis zu den Landschaften von Ladakh und Zanskar ist die Natur grandios. Treks führen durch buddhistische Dörfer, Mantras füllen die Gompas von Ladakh, Pilger strömen zum Eis-Lingam in Amarnath, und Sufi-Spiritualität prägt Srinagar.

S. 243

Himachal Pradesh

Abenteuer
Landschaft
Kulturen

Die hohen Himalaja-Pässe und die tiefen Täler sind wunderbar zum Trekken, Bergsteigen, Motorradfahren, Gleitschirmfliegen und Skifahren. Die Landschaft ist unglaublich, hinzu kommt eine große kulturelle Vielfalt, von der z. B. Hindu-Feste und alte buddhistische Klöster zeugen.

S. 308

Agra & Taj Mahal

Architektur
Grabmäler
Festungen

Agras Mogul-Architektur stammt aus der Zeit der größten Prachtentfaltung der Mogulkaiser. Den Taj Mahal kennt wohl jeder von Bildern, doch von Angesicht zu Angesicht ist er einfach atemberaubend. Auch andere Meisterwerke, z. B. das Akbar-Mausoleum oder das Agra Fort begeistern.

S. 386

Uttar Pradesh

Architektur
Religion
Ghats

In Uttar Pradesh gibt es alte islamische Städte, zwei der heiligsten Pilgerzentren des Buddhismus und zwei der sieben heiligen Städte des Hinduismus. Durch den Bundesstaat fließen der Ganges und seine Nebenflüsse; die Ufer sind mit heiligen Ghats (zeremoniellen Badestellen) gesäumt.

S. 412

Uttarakhand

Trekken
Yoga
Tiere & Pflanzen

Trekker stoßen auf Tempel, heilige Seen, entlegene Gletscher und hügelige Gebirgswiesen. Spirituelle Erleuchtung verspricht Rishikesh, während in den Nationalparks Schneeleoparden, Kragenbären, Braunbären und Blauschafe entdeckt sein wollen.

S. 452

Kolkata (Kalkutta)

Kultur
Architektur
Essen

Als einstige Hauptstadt von Britisch-Indien hat Kolkata viele Bauten aus der Kolonialzeit, aber in der modernen Stadt ergeben Chaos und Kultur eine aufregende Mischung. Die hiesige Küche mit Schwerpunkt auf frischem Fisch und Garnelen ist auf dem ganzen Subkontinent bekannt.

S. 496

Westbengalen & Darjeeling

Hill Stations
Tiere & Pflanzen
Hotels

Darjeeling ist der Inbegriff einer indischen Hill Station mit spektakulärem Himalaja-Blick und historischen Unterkünften. Ein Ausflug nach Westbengalen wird mit einem Blick auf ehrfurchtgebietende Bengalische Königstiger belohnt.

S. 531

Bihar & Jharkhand

Religion
Ruinen
Tiere & Pflanzen

Bodhgaya, wo Buddha zur Erleuchtung fand, lockt viele Pilger an. Zu den Zeugnissen des frühen Buddhismus gehört auch die antike Universität Nalanda. Der friedliche Betla (Palamau) National Park in Jharkhand ist berühmt für seine wilden Elefanten.

S. 568

Sikkim

Aussicht
Klöster
Trekken

Sikkims bewaldete Hänge sind übersät mit buddhistischen Klöstern, hinduistischen Tempeln und vereinzelten Riesenstatuen. Dahinter bilden die Berge des Himalaja ein faszinierendes Panorama – allen voran der Kangchendzönga, der magisch Fotografen und Trekker anzieht.

S. 589

Nordoststaaten

Stammesvölker
Tiere & Pflanzen
Abenteuer

Diese Region ist das Kernland der indischen Stammesvölker. Außerdem ist das einhornige Panzernashorn nur eines von vielen exotischen Tieren in dieser abgelegenen Grenzregion.

S. 617

Odisha (Orissa)

Tempel
Stammesvölker
Tiere & Pflanzen

Odishas Tempel künden von Herrschern, die bei ihrer Götterverehrung keine Kosten scheuten. Auf den Märkten von Stammesvölkern in Onkadelli und Chatikona kann man sich unters Volk mischen. Außerdem gibt es Tigerreservate, Mangrovenwälder und Feuchtgebiete an der Küste.

S. 655

Madhya Pradesh & Chhattisgarh

Tiere & Pflanzen
Denkmäler
Stammesvölker

In Madhya befinden sich einige der wichtigsten Tiger-Habitate Indiens. Da stehen die Chancen, einen Tiger zu sichten, recht gut. Und während man den Tigern nachspürt, bekommt man auch jede Menge andere Tiere zu Gesicht.

S. 685

Gujarat

Tiere & Pflanzen
Kunsthandwerk
Treks

Hier finden sich die einzigen wild lebenden Löwen in Asien und Indiens einzige Wildesel. Die Sticker, Weber, Drucker und Färber aus Gujarat produzieren Textilien, die zu den besten im Land gehören. Auf Treks zu von Tempeln gekrönten Gipfeln kann man sich Hindus und Jains anschließen.

S. 754

Mumbai (Bombay)

Architektur
Küche
Nachtleben

Britische Pracht und indische Extravaganz prägen Mumbais Architektur und kulinarisch vermischen sich die Einflüsse diverser Küchen aus dem In- und Ausland. Beim Tanzen in schicken Bars und Nachtclubs entdeckt man auch Bollywood-Stars und die indische Schickeria.

S. 806

Maharashtra

Höhlen
Strände
Wein

Ajanta und Ellora bieten exquisite Höhlenmalereien und Felsskulpturen, und an der Konkanküste finden sich einige der abgeschiedensten Strände in Indien. Nasik ist das Epizentrum der aufkeimenden indischen Weinindustrie; die hinreißenden Jahrgänge sorgen immer mehr für Aufsehen.

S. 848

Goa

Strände
Küche
Architektur

Goas Strände sind zwar kein Geheimtipp mehr, aber wenn der Sand durch die Zehen rinnt, stört einen das nicht. Zudem gibt es noch immer Stellen, an denen man den Menschenmassen entfliehen kann. Meeresfrüchte und eine schöne kolonialzeitliche Architektur runden das Ganze ab.

S. 889

Karnataka & Bengaluru

Tempel
Wildnis
Essen

Die Tempel Karnatakas sind mit zahllosen Reliefs verziert, im Nilgiri-Biosphärenreservat lebt eine der größten Elefantenpopulationen Asiens und das kulinarische Angebot reicht von Thalis aus Udupi bis zu Meeresfrüchten aus Mangaluru.

S. 935

Telangana & Andhra Pradesh

Essen
Strände
Religionen

Hyderabad ist eine der spannendsten Städte Indiens, und seine Küche ist für Biryanis und stark gewürzte vegetarische Gerichte bekannt. Buddhistische Relikte finden sich überall, Tirumala ist eine bedeutende Pilgerstätte.

S. 1001

Kerala

Backwaters
Küche
Tiere & Pflanzen

Die Meeresarme und Seen von Keralas Backwaters bieten eine friedliche Zuflucht vor der Moderne. Zurück an Land findet man schöne Nationalparks mit vielen Tieren, während Keralas Küche köstliche Gerichte mit Kokos und Gewürzen auf den Tisch bringt.

S. 1035

Tamil Nadu & Chennai

Tempel
Hill Stations
Stadtleben

Uralte Traditionen mischen sich ins kosmopolitische Flair von Chennai, und in Tamil Nadu locken bunte Tempel Pilger aus ganz Indien an. Zur Abkühlung kann man sich in die Hill Stations der Western Ghats oder ins Französische Viertel von Puducherry flüchten.

S. 1102

Andamanen

Tauchen
Strände
Stammesvölker

Mit ihren unberührten Gewässern und der goldenen Küste sind die Andamanen hervorragend zum Relaxen am Strand geeignet. Das Schnorchel- und Tauchparadies ist exzellent für Anfänger und alte Hasen. Auch kulturell ist die von vielen Stammesvölkern geprägte Region faszinierend.

S. 1198

Reiseziele in Indien

Delhi

011 / 25,7 MIO. EW. / 293 M

Inhalt ➡

Gut essen

- Bukhara (S. 96)
- Indian Accent (S. 97)
- Masala Library (S. 94)
- Cafe Lota (S. 95)
- Andhra Pradesh Bhawan Canteen (S. 95)

Schön übernachten

- Lodhi (S. 89)
- Manor (S. 91)
- Madpackers Hostel (S. 90)
- Stops @ The President (S. 86)

Auf nach Delhi!

Delhi ist eine Stadt, die Zeitreisen möglich macht. Die Zeitmaschine – die elegante und effiziente Metro – startet in Old Delhi, wo Arbeiter Säcke voller Gewürze schleppen und Schmuckhändler auf staubigen Waagen Gold abwiegen. Nächste Station ist das moderne New Delhi mit seinen Parlamentsgebäuden aus der Kolonialära und seiner Vorliebe für britische Gepflogenheiten. Und weiter geht's in die Zukunft in die moderne Satellitenstadt Gurgaon.

Die pulsierende Metropole hat mehr Einwohner als die Niederlande und hat wie kaum eine andere Stadt mit der Luftverschmutzung zu kämpfen. Und dennoch warten an jeder Ecke Momente purer Schönheit: ein alter Mann, der Blumen für den Tempel auf eine Schnur aufzieht, fromme Sufi-Gesänge oder ein Junge, der einen Drachen steigen lässt.

Man darf sich also nicht abschrecken lassen: Delhi ist eine Stadt, die schon viele Male zerstört wurde und wieder auferstanden ist. Und die so viele Erlebnisse und Eindrücke bietet wie anderswo ein ganzes Land.

Reisezeit

Delhi

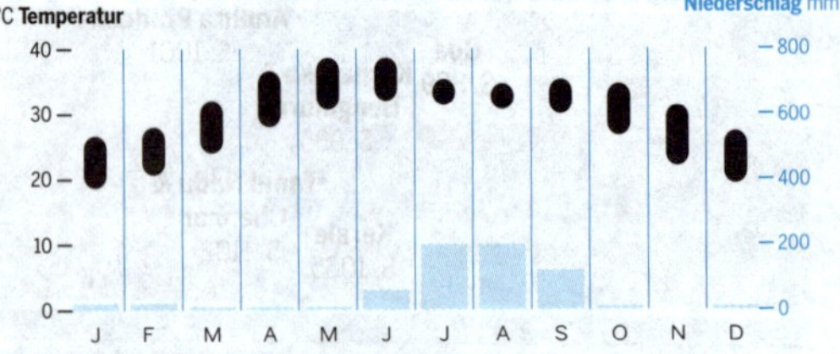

Okt.–März Beste Jahreszeit: Es ist warm, sonnig. Der Morgennebel kann Flugverspätungen verursachen.

Mai–Aug. Diese Monate sollte man meiden: Es ist heiß, feucht und ungemütlich.

Juni–Sept. Monsun mit hohen Temperaturen und ständigem Regen – ein schwüler Mix.

Geschichte

Nach Meinung der Hindus befindet sich Delhi angeblich an der Stelle des antiken Indraprastha, der Heimat der Pandavas (Söhne des Königs Pandu) im Epos Mahabharata. Ausgrabungen bei Purana Qila bestätigen, dass hier schon vor 3000 Jahren Menschen gelebt haben. Der Name Delhi ist eng verbunden mit dem Maurya-König Dhilu, der hier im 1. Jh. v. Chr. herrschte. Die Stadt war unter vielen Namen bekannt, die ihr von den verschiedenen Eroberern verpasst wurden.

Die erste Stadt, deren Existenz eindeutig durch archäologische Funde bewiesen ist, war Lal Kot oder Qila Rai Pithora. Sie wurde im 12. Jh. unter dem Hindu-König Prithvi Raj Chauhan errichtet. 1191 fiel die Stadt in die Hände afghanischer Invasoren, was dazu führte, dass in den nächsten 600 Jahren muslimische Sultane und Mogule in der Stadt herrschten. Der Erste von ihnen, Qutub-ud-din Aibak (ein Sklave aus Turkistan), schleifte die Hindu-Stadt und benutzte die Steine für den Bau des Viertels Mehrauli und des hoch aufragenden Qutb Minar.

Qutub-ud-din Aibaks „Sklavendynastie" wurde nach einem Putsch bald von der Khilji-Dynastie abgelöst. Unter dieser entstand eine neue Hauptstadt in Siri, nordöstlich von Mehrauli. Das Wasser bezog diese Stadt aus den königlichen Wasserbecken in Hauz Khas. Nach einem weiteren Putsch übernahmen die Tughlaq-Sultane die Zügel und schufen die neue befestigte Stadt Tughlaqabad und als Zugabe gleich noch zwei weitere Städte – Jahanpurah und Firozabad.

Die Tughlaq-Dynastie endete 1398, als Tamerlan (Timur) die Stadt erstürmte und den Weg freimachte für die Sayyid-Dynastie und die Lodi- (Lodhi-)Dynastie, die letzten Sultanate in Delhi. Die Gräber befinden sich rund um die Lodi-Gärten. Dann begann die Zeit der Mogulen: Babur besetzte Delhi 1526. Bei Shergarh (dem heutigen Purana Qila) entstand in der Folge eine neue Hauptstadt, die von seinem Sohn Humayun regiert wurde.

Unter den Moguln wurde fieberhaft weitergebaut. 1627 bestieg Shah Jahan den Pfauenthron und ließ eine neue Stadt, Shahjahanabad, rund um das Red Fort errichten. Die Mogulstadt fiel 1739 in die Hände des Persers Nadir Sha und die Dynastie fand ein schnelles Ende. Der letzte Großmogul, Badahur Shah Zafar, wurde von den Briten ins Exil nach Birma geschickt. Grund war seine Rolle im Sepoy-Aufstand von 1857. Die Stadt lag nun in den Händen neuer Machthaber.

Als die Briten 1911 ihre Hauptstadt vom rebellischer werdenden Kalkutta nach Delhi verlegten, gab es erneut einen Bau-Boom. Der Architekt Edwin Lutyens plante eine neue Stadt mit breiten Boulevards und stattlichen Verwaltungsgebäuden für die Kolonialregierung – New Delhi war geboren.

Die Teilung Britisch-Indiens in Indien und Pakistan 1947 spaltete Delhi. Viele Einwohner flohen in den Norden, unzählige Einwanderer drängten in die Stadt. Bis heute hat sich Delhi von diesem Trauma nicht erholt. Die moderne Metropole sieht sich darüber hinaus noch anderen Herausforderungen gegenüber: Verkehr, Überbevölkerung, Kriminalität und die größer werdende Kluft zwischen Arm und Reich. Die Stadt an der Yamuna blüht jedoch weiter auf und durch ihre neuen Satellitenstädte dehnt sie sich weiter und weiter aus.

DELHIS TOP-FESTIVALS

Genaue Termine erfährt man bei India Tourism Delhi (S. 104).

Tag der Republik (26. Jan.) Spektakuläre Militärparade auf dem Rajpath.

Beating of the Retreat (29. Jan.) Noch mehr militärischer Pomp auf dem Rajpath.

St.Art (Dez.–März) Straßenkunstfest.

Unabhängigkeitstag (15. Aug.) Indien feiert seine Unabhängigkeit von Großbritannien.

Dussehra (Durga Puja; Sept./Okt.) Hindus feiern mit Umzügen und bunten Bildnissen den Sieg des Guten über das Böse.

Qutb Festival (Okt./Nov.) Der Qutb-Minar-Komplex ist von Sufi-Gesang, klassischer indischer Musik und Tanz erfüllt.

Diwali (Fest des Lichts; Okt./Nov.) In ganz Delhi wird Diwali mit Feuerwerk gefeiert.

Delhi International Arts Festival (DIAF; www.diaf.in; Nov./Dez.) Ausstellungen, Theater, Filme, Literatur und kulinarische Events.

Highlights

❶ **Red Fort** (S. 64) Bei der Erkundung dieses Meisterwerks der Moguln über seine frühere Pracht und Leidensgeschichte sinnieren

❷ **Humayuns Grabmal** (S. 74) Die architektonische Virtuosität und perfekt gespiegelten Gärten der spektakulärsten letzten Ruhestätte in Delhi bewundern

❸ **Jama Masjid** (S. 71) Die Ruhe der „Freitagsmoschee" mit ihrem großen Hof genießen

❹ **Qutb-Minar-Komplex** (S. 108) Das erste islamische Delhi bei Sonnenuntergang besuchen

❺ **Hazrat Nizam-ud-din Dargah** (S. 75) Beim Lauschen der *qawwali*-Gesänge (islamische Andachtslieder) die mystische und magische Atmosphäre des

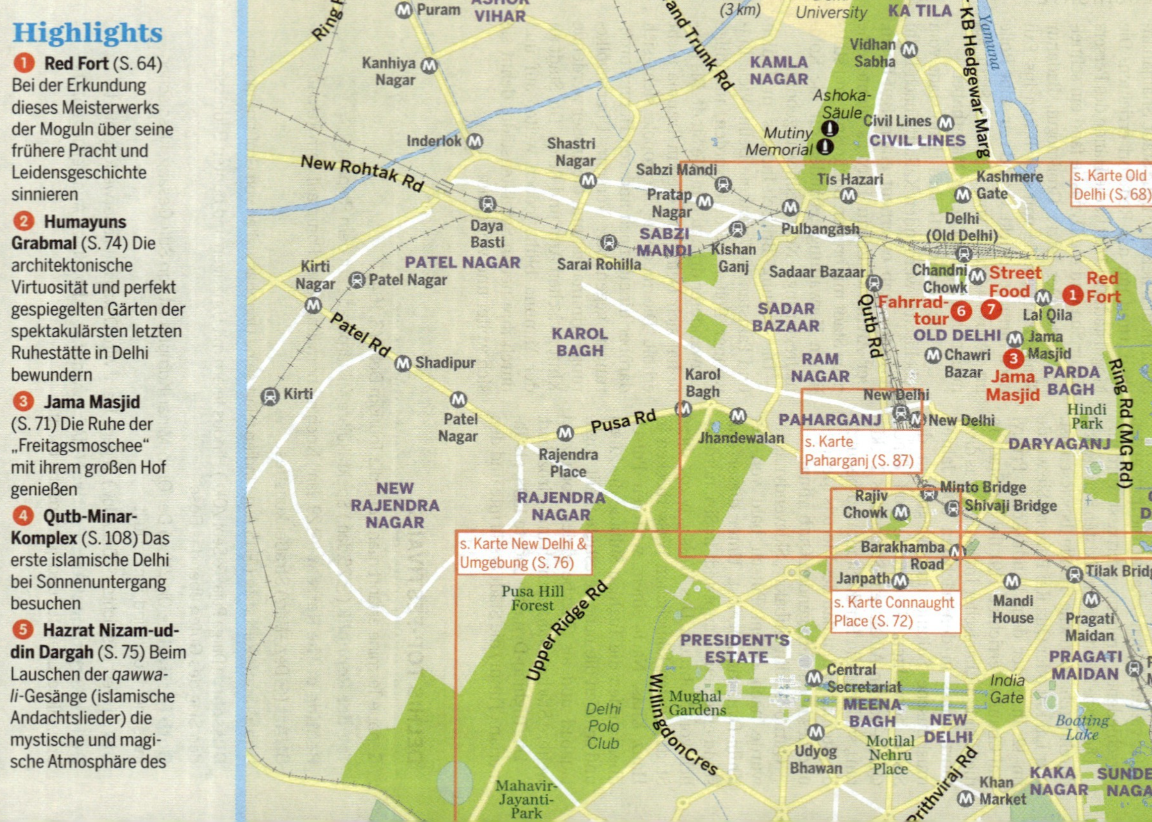

heiligen Sufi-Schreins auf sich wirken lassen

6 Fahrradtour (S. 84) Bei Sonnenaufgang einen fröhlichen wie aufschlussreichen Radausflug durch Old Delhi unternehmen

7 Street Food (S. 91) Einige der leckersten Straßensnacks in Old Delhi kosten, z. B. die gefüllten Fladenbrote in der Gali Paratha Wali

8 Lodi Gardens (S. 75) Durch Delhis beliebtesten Park schlendern, vorbei an seinen vielen Bäumen und Grabstätten

9 Shahpur Jat (S. 103) Sich in diesem gegen den Strom schwimmenden Dorf durch moderne indische Mode wühlen

Sehenswertes

Die meisten Attraktionen Delhis sind einfach mit der Metro zu erreichen, für manche muss man von der Haltestelle allerdings noch eine Rikscha oder ein Taxi nehmen, obwohl diese den gleichen oder einen ähnlichen Namen trägt wie die Attraktion selbst. Viele Sehenswürdigkeiten sind montags geschlossen.

Old Delhi

Das „Alte Delhi" hat in etwa die Ausmaße der alten Mogulstadt Shahjahanabad. Hauptverkehrsader ist der Chandni Chowk. Er führt vom Red Fort zur Fatehpuri Masjid und ist ein Mix aus Lärm, Farben und Verkehr. Von der Straße führen mehrere kleinere Gassen mit farbenprächtigen Basaren ab. Am einfachsten bewältigt man dieses Straßennetz mit einer Fahrradrikscha oder zu Fuß.

★ Red Fort FESTUNG

(Karte S. 68; Inder/Ausländer 30/500 ₹, mit Museumsticket 35/500 ₹, Video 25 ₹, Audioguide Englisch 115 ₹; ⌚ Di–So Sonnenaufgang–Sonnenuntergang, Museen 10–17 Uhr; Ⓜ Chandni Chowk) Die Rote Festung wurde vom Herrscher Shah Jahan gegründet. Es ist nur einige Jahrzehnte älter als das Schloss von Versailles in Frankreich; sein Bau dauerte zehn Jahre (1638–1648). Shah Jahan konnte sich im Fort jedoch nie richtig niederlassen, da sein abtrünniger Sohn Aurangzeb ihn im Fort Agra gefangen setzte.

Als angeblicher Glücksbringer wurden die sterblichen Überreste enthaupteter Gefangener für die Grundmauern der Festung verwendet, die in ihrer Gesamtheit von einer 18 m hohen Mauer umgeben ist. Früher lag das Fort direkt oberhalb der Yamuna, mittlerweile aber ist der Fluss etwas weiter entfernt. Außerdem verlief einst durch die Anlage ein als *nahr-i-bihisht* (Paradiesstrom) bekannter, von Bäumen gesäumter kleiner Wasserlauf, der von der Yamuna gespeist wurde und weiter am Chandni Chowk entlangfloss.

Der letzte Großmogul von Delhi, Bahadur Shah Zafar, wurde 1857 aus der Roten Festung gejagt und wegen seiner Rolle beim Sepoy-Aufstand von 1857 nach Birma verbannt. Die Briten zerstörten die Gebäude und Gärten innerhalb der Festungsmauern und errichteten hässliche Kasernen für ihre Armee.

Auf dem Areal findet abends eine **Sound-&-Light-Show** (Karte S. 68; www.theashokgroup.com; Di–Fr 60 ₹, Sa & So 80 ₹; ⌚ englisch Feb.–April, Sept. & Okt. 20.30 Uhr, Mai–Aug. 21 Uhr, Nov.–Jan. 19.30 Uhr) statt, deren Text vom Schauspieler Amitabh Bachchan gesprochen wird.

Die Audioguide-Führung des renommierten Unternehmens Narrowcasters lohnt sich allemal, da sie es schafft, den Ort zum Leben zu erwecken.

➡ Lahore Gate

(Karte S. 64) Das Haupttor verbirgt sich hinter einem Verteidigungsbollwerk, das von Shah Jahans Sohn Aurangzeb in Auftrag gegeben wurde. Während des Sepoy-Aufstandes versprachen die Nationalisten, dass früher oder später die indische Flagge über dem Tor wehen würde. Dieser Traum ging am 15. August 1947 in Erfüllung. Jedes Jahr am Unabhängigkeitstag hält der Premierminister hier eine Rede.

➡ Chatta Chowk

(Überdachter Basar) Auf diesem königlichen Basar wurden einst schillernde Seide und Schmuck an Damen des Herrscherhauses verkauft. Heute bekommt man hier vor allem banale Souvenirs.

➡ Naubat Khana

(Trommelhaus) Am Ostende des Chatta Chowk steht das gewölbte „Trommelhaus", in dem einst die Musiker des Herrschers wohnten und das als Stellplatz für die Pferde und Elefanten des königlichen Hofes diente.

➡ Indian War Memorial Museum

(⌚ Di–So 10–17 Uhr) Im oberen Stockwerk des Naubat Khana zeigt das Indian War Memorial Museum eine furchterregende und faszinierende Sammlung historischer Waffen.

➡ Museum on India's Struggle for Freedom

(⌚ Di–So 10–17 Uhr) In den hässlichen, von den Briten erbauten Baracken ist das Museum on India's Struggle for Freedom untergebracht. Es erzählt die Geschichte des indischen Unabhängigkeitskampfes.

➡ Salimgarh

(Karte S. 68; ⌚ Di–So 10–17 Uhr) Diese Festung wurde 1546 unter Salim Shah Suri errichtet und ist somit älter als sein großer Nachbar. Später wurde Salimgarh als Gefängnis genutzt – zuerst von Aurangzeb, später auch von den Briten. Besucher können die Ruinen der Moschee und das kleine Museum besichtigen.

➡ Diwan-i-Am

Dieser Bogengang aus Sandsteinsäulen war die öffentliche Audienzhalle, in der der Herrscher Gäste und Würdenträger von einem Balkon aus Marmor begrüßte. Dieser war mit Pietra-dura-Intarsien überdeckt, die – etwas unpassend – Orpheus abbilden und als florentinisch gelten.

➡ Diwan-i-Khas

In der privaten Audienzhalle konnten Bittsteller und Speichellecker ihre Anliegen vor dem Herrscher vortragen. Oberhalb der Eckbögen an der Nord- und Südseite steht auf Urdu: „Wenn es ein Paradies auf Erden gibt, so ist es dieses hier, dieses hier, dieses hier." Der sagenumwobene, mit Juwelen verzierte Pfauenthron wurde 1739 von Nadir Shah aus dem Pavillon geraubt. Im Mai 1857 wurde Bahadar Shah Zafar hier zum letzten Großmogul ernannt, nur um sieben Monate später am selben Ort von den Briten abgesetzt und ins Exil verbannt zu werden.

Südlich der Diwan-i-Khas steht der elegante **Khas Mahal** (Besonderer Palast) mit den Privatgemächern des Herrschers. Er ist vor neugierigen Blicken durch an Spitzen erinnernde Marmorblenden geschützt. Ein künstlich angelegter Bach, der *nahr-i-bihisht* (Paradiesstrom), floss einst durch die Gemächer zu dem benachbarten **Rang Mahal** (Palast der Farbe), in dem die Hauptfrau des Herrschers lebte. Der Außenbereich des Palasts war einst aufwendig bemalt. Drinnen findet sich ein eleganter, lotusförmiger Brunnen.

➡ Mumtaz Mahal

Man nimmt an, dass der Pavillon südlich vom Rang Mahal ursprünglich für Arjumand Banu Begum (auch bekannt als Mumtaz Mahal) erbaut wurde – das Taj Mahal ist ihr Mausoleum. Heute ist hier das **Museum of Archaeology** (⏲Di–So 10–17 Uhr) untergebracht, in dem man Gegenstände aus dem Besitz der Herrscher bestaunen kann, von Besitztümern Akbars bis hin zu Rosenwasserzerstäubern und Kalligrafien des letzten Großmoguls Badapur Shah.

➡ Königliche Bäder

Die königlichen Hamams sind der Öffentlichkeit nicht zugänglich. Sie bestanden aus einer Sauna und heißen Bädern für die Herrscherfamilie.

➡ Moti Masjid

(Perlenmoschee) Diese kleine weiße Moschee wurde von Aurangzeb als privates Gotteshaus errichtet. Seine Außenwände orientieren sich exakt an den Palastmauern, die inneren Wände hingegen sind schräg und nach Mekka ausgerichtet. Besucher haben keinen Zugang.

➡ Shahi Burj

Das Shahi Burj ist ein dreistöckiger, achteckiger Turm und war der liebste Arbeitsplatz von Shah Jahan. Hier traf er Entscheidungen, die die Zukunft seines Imperiums veränderten. Vor dem Turm befinden sich die Überreste eines schön angelegten Gartens mit dem Zafar Mahal in der Mitte. Dieser Pavillon aus Sandstein ist von einem tiefen, leeren Wasserbecken umgeben.

Chandni Chowk AREAL

(Karte S. 68; Ⓜ Chandni Chowk) Hindu-, Sikh- und jainistische Tempel sowie eine Kirche säumen diese Hauptverkehrsader von Old Delhi, deren Ende die Fatehpuri Masjid markiert. Das Drehkreuz, das zu Mogulzeiten von Bäumen gesäumt war und Eleganz verströmte, ist heute eine chaotische Shoppingmeile voller kleiner, alter Basare, die von ihr abgehen. Zur Zeit Shah Jahans befand sich in der Mitte des Chandni Chowk ein Becken, in dem sich der Mond spiegelte: daher auch der Name Chandni Chowk – „Mondscheinplatz". Mit den ganzen Autos, Straßenverkäufern, Motorradfahren, Rik-

DIE TAUBEN VON OLD DELHI

Für alle, die es sich leisten können, ist die Taubenzucht *(kabootar bazi)* in Old Delhi ein weit verbreitetes Hobby – pro Tier werden mindestens 5000 ₹ fällig. Einige Tauben werden zum Kämpfen abgerichtet, einige sind sehr schnell, andere wiederum sind für ihre Widerstandsfähigkeit bekannt. Diese Tätigkeit erlangte erstmals während des Mogulreichs Beliebtheit, als die Vögel zu Kommunikationszwecken eingesetzt wurden; als Shahjahanabad erbaut wurde, gab es überall in der Stadt rivalisierende Taubenzüchtervereine. Es heißt, dass ein Streit zwischen einem Soldaten und einem einheimischen Kenner über den Verkauf einer Taube Auslöser für das von Nadir Shah veranlasste Massaker an den Bewohnern Delhis war. Es gibt heute immer noch so viele Züchter, dass die Tiere nur nach bestimmten Zeitplänen fliegen dürfen, damit die Taubenscharen nicht zusammenstoßen. Unter den Besitzern gibt es in jedem Bezirk Hierarchien und es dauert 20 Jahre, bis man zum Khalifa (Taubenzuchtmeister) aufsteigt. Am spektakulärsten ist der Taubenwettbewerb *(haqaana)* am Tag der Republik.

Red Fort

HIGHLIGHTS

Der Haupteingang zum Red Fort wird durch das **1 Lahore Gate** markiert. Die davor stehende Bastion wurde von Aurangzeb in Auftrag gegeben. Noch immer kann man im Tor die Einschusslöcher aus dem Indischen Aufstand (Sepoy-Aufstand) von 1857 sehen, als sich indische Truppen gegen die Briten auflehnten.

Im Anschluss durchquert man den Chatta Chowk (überdachter Basar), wo einst Seide und Schmuck an Adelige verkauft wurden. Dahinter steht das rostbraune **2 Naubat Khana** mit dem Hathi Pol (Elefantentor), an dem Besucher einst als Zeichen ihres Respekts von ihren Pferden oder Elefanten kletterten. Weiter geht es zur **3 Diwan-i-Am**, der öffentlichen Audienzhalle. Dahinter liegen die privaten Paläste, der **4 Khas Mahal** und die **5 Diwan-i-Khas**. Der Zutritt zu dieser privaten Audienzhalle, dem teuersten Gebäude im Fort, war nur Staatsvertretern vorbehalten. Der künstlich angelegte Fluss Nahr-i-Behisht (Paradiesstrom) sorgte einst für einen erfrischenden Wasserlauf, der durch all diese Gebäude floss. Ganz in der Nähe steht die **6 Moti Masjid (Perlenmoschee)**, südlich davon befindet sich der **7 Mumtaz Mahal** mit dem Archäologischen Museum. Wer sich nach Norden wendet, sieht die Gärten des Red Fort, wo überall Palastpavillons und alte Kasernengebäude der Briten stehen. Hier findet sich auch der **8 Baoli**, ein gespenstisch leeres Wasserbecken. Nach einem fünfminütigen Spaziergang – über die Straße und eine Eisenbahnbrücke – erreicht man die Inselfestung **9 Salimgarh**.

TOP-TIPPS

- Um nicht in die Besuchermassen zu geraten, sollte man frühmorgens oder recht spät kommen und Wochenenden und Feiertage meiden.
- Stimmungsvoll ist das Red Fort bei Nacht: Man kann es sich auch bei den abendlichen Sound-&-Light-Shows anschauen.

Salimgarh
Die Festung Salimgarh wurde im 16. Jh. unter Salim Shah Sur auf einer Insel in der Yamuna erbaut und ist erst seit Kurzem öffentlich zugänglich. Teilweise wird sie noch immer von der indischen Armee genutzt.

Lahore Gate
Das Lahore Gate ist besonders bedeutsam, da Jawaharlal Nehru hier erstmals die dreifarbige Flagge des unabhängigen Indiens hisste (1947).

Naubat Khana
Das Naubat Khana (Trommelhaus) wurde mit floralen Mustern verziert; einst spielten Musiker auf der oberen Galerie. Das Haus barg das Hathi Po (Elefantentor), wo Besucher von ihren Pferden oder Elefanten zu steigen hatten.

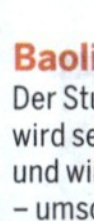

Baoli

Der Stufenbrunnen wird selten besucht und wirkt gruselig – umso mehr, wenn man bedenkt, dass die Briten in den Kammern hier ab August 1942 ihre Gefangenen untergebracht haben.

Moti Masjid

Die Moti Masjid (Perlmoschee) wurde 1662 für Aurangzeb gebaut. Die Kuppeln waren einst mit Kupfer verkleidet, das aber von den Briten abgenommen und verkauft wurde.

Diwan-i-Khas

Das teuerste Gebäude der Festung. Es besteht aus weißem Marmor, der mit Intarsien aus Karneol und anderen Steinen verziert war. Aus den Fenstern mit den bunten Scheiben schaute man auf den Fluss (heute verläuft hier die Ringstraße).

Baidon Pavilion

Zafar Mahal

Hamam

Rang Mahal

Mumtaz Mahal

6

5

4

7

3

2

Delhi Gate

NORDEN

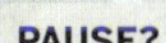

PAUSE?

Wer auftanken muss, geht zur Gali Paratha Wali, einer Straße mit Imbissen abseits des Chandni Chowk. Hier gibt's diverses frisches *paratha* (traditionelles Brot).

Diwan-i-Am

Diese roten Sandsteinsäulen waren einst verputzt und so blank poliert und glatt wie Elfenbein. Wenn es heiß war, hingen schwere rote Vorhänge vor den Säulen, um die Sonne abzuhalten. Man vermutet, dass die Rückwand hinter dem Thron vom Juwelier Austin de Bordeaux stammte.

Khas Mahal

Im Apartment des Herrschers ist der herrliche Marmorraumteiler am Nordende der Räumlichkeiten das Highlight; darüber ist die „Waage der Gerechtigkeit" über einem Halbmond eingemeißelt. Sie ist von Sternen und Wolken umgeben.

Old Delhi

A
B
C
D
1
2
3
4
5
6
7
Mutiny Memorial (200 m); Ashoka-Säule (300 m)
Sabzi Mandi
Pratap Nagar
Tis Hazari
Rani Jhansi Rd
Pulbangash
SABZI MANDI
Kishan Ganj
Rhani Jhansi Rd
SADAR BAZAAR
Sadar Bazaar
Khari Baoli
33
New Rohtak Rd
Ajmal Khan Rd
Sri Krishan Dass Marg
Idgah Rd
Qutab Rd
Dr Ram Manohar Lohia Marg
Desh Bandhu Gutpta Rd
M M Marg
RAM NAGAR
57
Bikanervala Angan (100 m); Roshan di Kulfi (300 m)
63
Faiz Marg
Karol Bagh
Arakashan Rd
Rajguru Rd
Desh Bandhu Gutpta Rd
New Delhi
15
61
Jhandewalan
Chitragupta Rd
Rajguru Rd
Sang Trashan Rd
New Delhi
Panchkuina Marg
Main Bazaar
Chelmsford Rd
State Entry Rd
PAHARGANJ
RK Ashram Marg
s. Karte Paharganj (S. 87)
Basant Rd
Basant La
Master Guest House (1 km)
Mandir Marg
s. Karte Connaught (S. 72)
Rajiv Chowk (Connaught Place)
Shivaji Stadium
Central Park
18
s. Karte New Delhi & Umgebung (S. 76)

Sham Nath Marg
Lala Hardev Sahai Marg
Boulevard Rd
Kashmere Gate
Gokhale Marg
Nicholson Rd
Tilak Gali
Ring Rd (MG Rd)
Yamuna
Shastri Park
Zorawar Singh Marg
Delhi (Old Delhi)
Lothian Cemetery
Shyama Prasad (SP) Mukherjee Marg
Mahatma Gandhi Park
Chandni Chowk
HC Sen Rd
Church Mission Rd
Baoli
Red Fort
Lal Qila
Kinari Bazaar
Nai Sarak
Esplanade Rd
Jama Masjid
Meena Bazaar
Netaji Subhash Park
s. Detailplan
Vijay Ghat
OLD DELHI
La'Kuan Bazaar Rd
Chawri Bazaar
Chawri Bazar
Lambi Gali
Car Parts Bazaar
Matya Mahal
Shanti Vana Rd
Shanti Vana
PARDA BAGH
Dakhni Rai St
Chitli Qabar Rd
Makhaan La
Netaji Subhash Marg
Shakti Sthal
Ajmeri Gate
Arya Samaj Rd
Prem Narain
Sitaram Bazaar
DARYAGANJ
Daya Nand Rd
Ansari Rd
Hindi Park
Asaf Ali Rd
Ramlila Grounds
Jawaharlal Nehru Marg
Delhi Gate
Radial Rd 5
Bhavbuti Rd
Turkman Rd
GANDHI DARSHAN
Bahadur Shah Zafar Marg
Minto Bridge
Shankar Market
Shivaji Bridge
Deen Dayal Upadhyaya Marg
Kotla Marg
Barakhamba Road
0 — 1 km
0 — 50 m

Old Delhi

Highlights
1 Jama Masjid ... F4
2 Red Fort ... G3

Sehenswertes
3 Vogelhospital ... F3
4 Chandni Chowk ... F3
5 Chatta Chowk ... G3
6 Digambara-Jain-Tempel ... F3
7 Diwan-i-Am ... G3
8 Diwan-i-Khas ... H2
9 Fatehpuri Masjid ... E3
10 Feroz Shah Kotla ... H6
11 Gandhi Darshan ... H6
12 Gandhi Memorial ... H6
13 Hawa Mahal ... H6
14 Indian War Memorial Museum ... G3
15 Jhandewalan-Hanuman-Tempel ... A5
16 Khas Mahal ... H2
17 Lahore Gate ... G3
18 Lakshmi-Narayan-Tempel ... A7
19 Moti Masjid ... H1
20 Mumtaz Mahal ... H2
21 Museum of Archaeology ... H2
22 Museum on India's Struggle for Freedom ... G3
23 National Bal Bhavan ... G7
24 National Gandhi Museum ... H6
Naubat Khana ... (siehe 14)
25 Nicholson Cemetery ... E1
26 Raj Ghat ... H5
27 Rang Mahal ... H2
28 Königliche Bäder ... H1
29 Salimgarh ... G2
30 Shahi Burj ... G3
31 Shankar's International Dolls Museum ... G7
32 Sisganj Gurdwara ... F3
33 Gewürzmarkt ... D3
34 Sunehri Masjid ... G4

Schlafen
35 Haveli Dharampura ... F3
36 Hotel Bombay Orient ... F4
37 Hotel Broadway ... G5
38 Hotel New City Palace ... F4
39 Maidens Hotel ... E1
40 Stops @ The President ... G5

Essen
41 Al-Jawahar ... F4
Chor Bizarre ... (siehe 37)
42 Gali Paratha Wali ... F3
43 Haldiram's ... F3
44 Jalebiwala ... F3
45 Karim's ... F4
Lakhori ... (siehe 35)
46 Moti Mahal ... G5
47 Natraj Dahi Balle Wala ... F3

Ausgehen & Nachtleben
48 24/7 ... E7

Unterhaltung
49 Delite Cinema ... F5
50 Sound-&-Light-Show ... G3

Shoppen
51 Aap Ki Pasand (San Cha) ... G5
52 Ballimaran ... E3
53 Chandni Chowk ... F3
54 Chawri Bazaar ... E4
55 Dariba Kalan ... F3
56 Daryaganj Kitab Bazaar ... G5
57 Karol Bagh Market ... A4
58 Kinari Bazaar ... F3
59 Musikläden ... G5
60 Nai Sarak ... E3

Transport
Delhi Transport Corporation ... (siehe 62)
Haryana Roadways ... (siehe 62)
61 Jhandewalan Cycle Market ... B5
62 Kashmere Gate Inter State Bus Terminal ... F1
63 Lalli Motorbike Exports ... A4
64 Prepaid- Autorikschas ... E2
Punjab Roadways ... (siehe 62)
Rajasthan Roadways ... (siehe 62)
Rajasthan State Road Transport Corporation ... (siehe 62)
Uttar Pradesh Roadways ... (siehe 62)
Uttar Pradesh State Road Transport Corporation ... (siehe 62)

schas und Trägern ist es fast ein Ding der Unmöglichkeit, den Platz zu überqueren.

Digambara-Jain-Tempel JAINISTISCHER TEMPEL
(Karte S. 68; Chandni Chowk; ⌚6–12 & 18–21 Uhr; Ⓜ Chandni Chowk) Gegenüber dem Red Fort befindet sich der 1658 aus Buntsandstein erbaute Digambara-Jain-Tempel, zu dem auch ein faszinierendes **Vogelhospital** (Karte S. 68; Spenden willkommen; ⌚10–17 Uhr) gehört. Dieses wurde 1956 basierend auf den jainistischen Grundsätzen zur Erhaltung allen Lebens eingerichtet und behandelt jährlich 30 000 Tiere. Es nimmt nur Pflanzenfresser und Eichhörnchen auf, Raubvögel werden ambulant behandelt. Vor dem Betreten des Tempels Schuhe ausziehen und alle Ledersachen ablegen.

Sunehri Masjid MOSCHEE
(Goldene Moschee; Karte S. 68; ⌚Sonnenaufgang–Sonnenuntergang; Ⓜ Chandni Chowk) Die Moschee wurde 1721 erbaut und verdankt ihren Namen den goldenen Kuppeln. Der persische

Eindringling Nadir Shah stand 1739 auf ihrem Dach und beobachtete das Massaker seiner Soldaten an den Einwohnern Delhis.

Sisganj Gurdwara SIKH-TEMPEL
(Karte S. 68; Chandni Chowk) Der strahlend weiße Sisganj Gurdwara aus dem 18. Jh. gedenkt des Martyriums des neuen Sikh-Gurus Tegh Bahadur, der 1675 von Aurangzeb hingerichtet wurde, weil er sich weigerte, zum Islam zu konvertieren. Ein Banyanbaum markiert den Ort seiner Hinrichtung.

Fatehpuri Masjid MOSCHEE
(Karte S. 68; Chandni Chowk; 5–21.30 Uhr; M Chandni Chowk) Die von Fatehpuri Begum, einer von Shah Jahans Ehefrauen, in Auftrag gegebene Moschee aus dem 17. Jh. ist eine Oase der Ruhe abseits der Hektik der Straßen. Das Becken in seiner Mitte stammt aus dem Haus eines Adeligen – daher seine aufwendige Ausarbeitung. Nach dem Sepoy-Aufstand 1857 wurde sie von den Briten für 19 000 ₹ an einen Hindu-Adligen verkauft und erst 20 Jahre später im Austausch gegen vier Dörfer wieder an die muslimische Gemeinde zurückgegeben.

★ **Jama Masjid** MOSCHEE
(Freitagsmoschee; Karte S. 68; Foto & Video je 300 ₹, Turm 100 ₹; Nicht-Muslime 8 Uhr–1 Std. vor Sonnenuntergang, Minarett 9–17.30 Uhr; M Chawri Bazaar) Die größte Moschee Indiens ist eine Oase der Ruhe inmitten des Chaos rundherum und bietet 25 000 Menschen Platz. Die auf einer 10 m hohen Anhöhe erbaute „Freitagsmoschee" wurde 1644 bis 1658 aus Buntsandstein und weißem Marmor erbaut und war das letzte architektonische Großprojekt von Shah Jahan. Die vier Wachtürme dienten ihrer Sicherheit. Außerdem hat sie zwei 40 m hohe Minarette, von denen eines erklommen werden kann und einen wunderbaren Ausblick bietet. Man kann die Moschee durch alle drei Tore betreten.

Das Osttor wurde früher nur von der Herrscherfamilie genutzt. Mit einer Eintrittskarte (am Eingang erhältlich) kann man die 121 Stufen des schmalen, südlichen Minaretts erklimmen – laut der Aushänge haben Frauen ohne Begleitung keinen Zutritt. Von oben kann man erkennen, wie der Architekt Edwin Lutyens die Moschee in seine Planung von New Delhi integriert hat: Jama Masjid, Connaught Place und Sansad Bhavan (Parlamentsgebäude) bilden eine Linie.

Besucher müssen oben am Ende des Treppenaufgangs ihre Schuhe ausziehen. Für die Moschee selbst wird kein Eintritt erhoben, allerdings muss man eine Gebühr fürs Fotografieren zahlen, selbst wenn man seine Kamera gar nicht benutzt.

Raj Ghat DENKMAL
(Karte S. 68; 10–20 Uhr; M Jama Masjid) GRATIS In dem friedlichen Park am Ufer der Yamuna befindet sich eine schlichte Plattform aus schwarzem Marmor. Hier wurde Mahatma Gandhi nach seiner Ermordung 1948 eingeäschert. Das **Denkmal** (Karte S. 68) ist ein nachdenklich stimmender Ort. Auf der Plattform stehen Gandhis angeblich letzte Worte „hai ram" (Oh Gott!). Hier werden jeden Freitag (der Wochentag, an dem er starb) sowie am 2. Oktober und 30. Januar (Geburts- bzw. Todestag) Gebete zu seinem Gedenken gesprochen.

Auf der anderen Seite der Kisan Ghat Rd sind im Pavillon **Gandhi Darshan** (Karte S. 68; Mo–Sa 10–17 Uhr; M Indraprastha) GRATIS Fotos des Mahatma ausgestellt. In der Nähe kennzeichnen weitere Denkmäler die Orte, an denen Jawaharlal Nehru, Indira Gandhi und Rajiv Gandhi eingeäschert wurden.

National Gandhi Museum MUSEUM
(Karte S. 68; 011-23310168; http://gandhimuseum.org; Raj Ghat; Di–So 9.30–17.30 Uhr; M Jama Masjid) GRATIS Das interessante Museum zeigt einige persönliche Gegenstände Gandhis, u. a. seine Brille und zwei seiner Zähne. Bewegend, wenn auch vielleicht etwas makaber, sind sein *dhoti* (Umhang) und seine Uhr, die er bei seiner Ermordung trug, sowie eine der Kugeln, die ihn töteten.

Feroz Shah Kotla HISTORISCHE STÄTTE
(Karte S. 68; Bahadur Shah Zafar Marg; Inder/Ausländer 15/200 ₹, Video 25 ₹; Sonnenaufgang–Sonnenuntergang; M ITO) Firozabad, das fünfte Delhi und die erste am Fluss erbaute Stadt, wurde 1354 unter Firoz Shah Tughlaq errichtet. Zu sehen sind hier nur noch die Festung, ihre zerfallenen Befestigungsanlagen, die Jama Masjid (Freitagsmoschee), ein *baoli* (Stufenbrunnen) und der pyramidenartige **Hawa Mahal** (Karte S. 68) mit seiner 13 m hohen **Ashoka-Säule** aus Sandstein, in die die buddhistischen Erlasse aus dem 3. Jh. v. Chr. eingraviert sind. In der Ruinenstätte herrscht eine besondere Stimmung.

Jeden Donnerstagnachmittag kommen zahlreiche Menschen in die Moschee, zünden Kerzen und Räucherstäbchen an und stellen Schüsseln mit Milch ab. Damit wollen sie die Dschinns (unsichtbare Geister) von Delhi beschwichtigen, die die unterirdi-

Connaught Place

schen Kammern unter der Moschee bevölkern sollen. Schuhe vor dem Betreten der Moschee und des Hawa Mahal ausziehen!

Shankar's International Dolls Museum MUSEUM

(Karte S. 68; ☎ 011-3316970; www.childrensbooktrust.com; Nehru House, 4 Bahadur Shah Zafar Marg; Erw./Kind 17/6 ₹; Di–So 10–18 Uhr; Ⓜ ITO) Das internationale Puppenmuseum wurde von dem Karikaturisten K. Shankar Pillai gegründet, der seit 1950 Puppen sammelt. Die etwas skurrile Ausstellung ist durchaus beeindruckend – sie umfasst 6500 kostümierte Puppen aus 85 Ländern!

National Bal Bhavan MUSEUM

(Karte S. 68; www.nationalbalbhavan.nic.in; Kotla Marg; Erw./Kind 20 ₹/frei; ⏲ Di–Sa 9–17.30 Uhr; Ⓜ Mandi House) Delhis Kindermuseum beherbergt ein bezauberndes Sammelsurium, zu dem u. a. eine bunte Miniatureisenbahn, Papageien, Meerschweinchen, Hasen und ein kleines Aquarium gehören.

Nicholson Cemetery FRIEDHOF

(Karte S. 68; Lala Hardev Sahai Marg; ⏲ April–Sept. 8–18 Uhr, Okt.–März 9–17 Uhr; Ⓜ Kashmere Gate) Der faszinierende, vergessene Friedhof nahe dem Kaschmir Gate ist die letzte Ruhestätte Hunderter kolonialzeitlicher Bewohner Del-

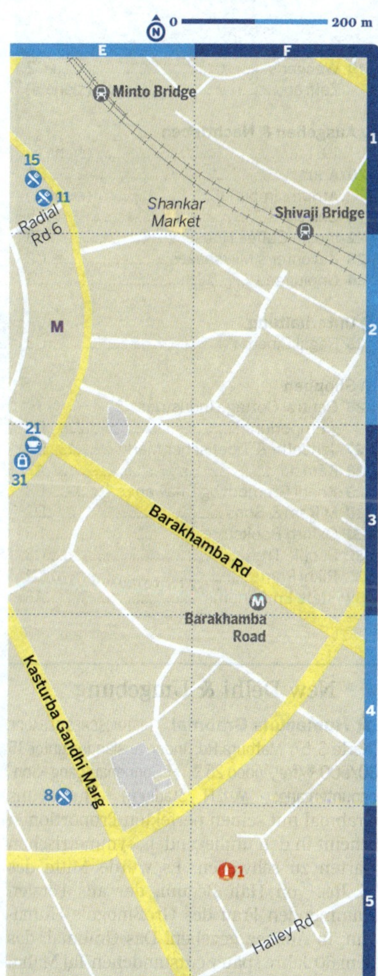

his, von denen viele bereits im Kindesalter starben. Ein berühmter „Bewohner" des Friedhofs ist Brigadegeneral John Nicholson, der an seinen während des Sepoy-Aufstands erlittenen Verletzungen starb. Er hatte einen exzellenten Ruf. Einige Soldaten bewunderten ihn so sehr, dass es sogar einen Reliquienkult um ihn gab. Allerdings behandelte er die „Ureinwohner" herablassend und seine Gegner fast schon sadistisch gewalttätig.

Mit der Metro geht es weiter zum von den Briten erbauten **Mutiny Memorial** (Rani Jhansi Rd; Ⓜ Pulbangash) und zu einer **Ashoka-Säule** (Rani Jhansi Rd; Ⓜ Kashmere Gate), die Feroz Shah hierher bringen ließ.

Coronation Durbar Site DENKMAL
(Shanti Swaroop Tyagi Marg; Ⓜ Model Town) Wer sich gerne auch die vergessenen Ecken einer Stadt anschaut, wird den Besuch dieser historischen Kuriosität nicht bereuen. Der einsame Obelisk steht etwa 10 km nördlich von Old Delhi. An diesem Ort wurde König Georg V. 1911 zum Kaiser von Indien ernannt. Und 1877 bzw. 1903 fanden hier die großen *durbars* (Messen) zu Ehren der britischen Oberherren Indiens statt. Im nahe gelegenen Park stehen einige Marmorbüsten von britischen Amtsträgern und eine riesige Statue von Georg V. Hin kommt man mit einer Autorikscha ab der Metrostation.

Lakshmi-Narayan-Tempel HINDU-TEMPEL
(Birla Mandir; Karte S. 68; Mandir Marg; ⏲ 4.30–13.30 & 14.30–21 Uhr; Ⓜ Ramakrishna Ashram Marg) Der im Orissa-Stil erbaute Tempel wurde 1939 von dem Industriellen B. D. Birla in Auftrag gegeben und ist Lakshmi, der Göttin des Wohlstands, gewidmet. Gandhi weihte den Komplex als Tempel für alle Kasten ein; am Tor hängt ein Schild mit den Worten: „Jeder ist willkommen".

Jhandewalan-Hanuman-Tempel HINDU-TEMPEL
(Karte S. 68; Link Rd, Jhandewalan; ⏲ Sonnenaufgang–Sonnenuntergang; Ⓜ Jhandewalan) Wenn man schon in Karol Bagh ist, sollte man diesen Tempel nicht verpassen – übersehen kann man ihn auf jeden Fall nicht. Nimmt man einen winzigen Umweg auf sich, kann man die 31 m hohe Hanuman-Statue sehen, die über den Gleisen emporragt. Durch die Münder der Dämonen führen mehrere Gänge zu einer Reihe atmosphärischer Kammern voller Götterstatuen.

Rund um den Connaught Place

Connaught Place AREAL
(Karte S. 72; Ⓜ Rajiv Chowk) Der verwirrende, runde Einkaufsbezirk wurde nach dem Herzog von Connaught, dem Onkel Georges V., benannt und nach dem Vorbild der palladianischen Kolonnaden in Bath gestaltet. Die gekalkten, graustichigen Straßen sind von Säulen gesäumt und führen strahlenförmig von der Rotunde auf dem zentralen Rajiv Chowk weg. Der äußere Kreis ist in die Blocks G bis N unterteilt, der innere in die Blocks A bis F. Heute finden sich hier überwiegend kesse, größtenteils austauschbare, aber beliebte Bars und internationale Ladenketten sowie einige gute Hotels und Restaurants. Auch Schlepper gibt es leider im Überfluss.

Connaught Place

Sehenswertes
1 Agrasen ki Baoli F5
2 Connaught Place D2
3 Jantar Mantar C5

Aktivitäten, Kurse & Touren
4 Schalter der Delhi Tourism & Transport Development Corporation B3

Schlafen
5 Hotel Palace Heights D2
6 Imperial C5
7 Radisson Blu Marina C1

Essen
8 Caara Cafe E4
9 Coffee Home B3
10 Farzi Cafe D2
11 Haldiram's E1
12 Hotel Saravana Bhavan D5
13 Hotel Saravana Bhavan B2
14 Kerala House B5
15 Naturals E1
16 Nizam's Kathi Kabab D1
17 Rajdhani D3
18 Sagar Ratna D1
19 Wenger's C2
Zäffrān .... (siehe 5)

Ausgehen & Nachtleben
1911 .... (siehe 6)
20 Aqua B4
Atrium, Imperial .... (siehe 6)
21 Cha Bar E3
22 Indian Coffee House B3
23 Keventer's Milkshakes C2
24 Unplugged D1

Unterhaltung
25 Regal Cinema C3

Shoppen
26 Central Cottage Industries Emporium D5
27 Janpath- & Tibetischer Markt D4
28 Kamala A3
29 Khadi Gramodyog Bhawan B3
30 M Ram & Sons D2
31 Oxford Bookstore E3
32 People Tree C3
33 Rikhi Ram C1
34 State Emporiums A3

Jantar Mantar HISTORISCHE STÄTTE

(Karte S. 72; Sansad Marg; Inder/Ausländer 25/200 ₹, Video 25 ₹; ⌚ Sonnenaufgang–Sonnenuntergang; Ⓜ Patel Chowk) Dies ist eine von fünf Sternwarten, die unter Maharadscha Jai Singh II., dem Herrscher von Jaipur, erbaut wurden. Der Name des 1725 errichteten Observatoriums ist von dem Sanskritwort für „Instrument" abgeleitet, das sich auf Hindi jedoch auch zu einem Synonym für „Abrakadabra" entwickelt hat. Es ist eine Ansammlung von kurvenreichen, geometrischen Bauten, die sorgsam ausgerichtet sind, um die Bewegung der Sterne und Planeten zu beobachten.

Agrasen ki Baoli DENKMAL

(Karte S. 72; Hailey Lane; ⌚ Sonnenaufgang–Sonnenuntergang; Ⓜ Janpath) Der stimmungsvolle Stufenbrunnen aus dem 14. Jh. stand einst mitten auf dem Land, bis die sich ausbreitende Stadt ihn überwucherte. Über 103 Stufen gelangt man hinunter zu seinem Grund, der von gewölbten Nischen flankiert ist – inmitten der Bürotürme südöstlich des Connaught Place eine recht bemerkenswerte Entdeckung. Seit er im 2015 erschienenen Film *PK – Andere Sterne, Andere Sitten* Aamir Khan als Unterschlupf diente, wird dem *baoli* etwas mehr Aufmerksamkeit zuteil.

New Delhi & Umgebung

★ **Humayuns Grabmal** HISTORISCHES GEBÄUDE

(Karte S. 67; Mathura Rd; Inder/Ausländer/unter 15 30/500 ₹/frei, Video 25 ₹; ⌚ Sonnenaufgang–Sonnenuntergang; Ⓜ JLN Stadium) Humayuns Grabmal mit seinen perfekten Proportionen scheint in den umliegenden, symmetrischen Gärten zu schweben. Es wurde Mitte des 16. Jhs. von Haji Begum, der aus Persien stammenden Frau des Großmoguls Humayun, in Auftrag gegeben. Das Grabmal, das dem 60 Jahre später entstandenen Taj Mahal als Inspiration gedient haben soll, vereint Elemente der persischen und der Mogularchitektur, die weniger auf Dekoration setzte und damit das Bauwerk an sich hervorhob. Die Fassade mit ihren Bögen ist zweifarbig: aus weißem Marmor und Buntsandstein. Das Gebäude selbst folgt den strengen Regeln islamischer Geometrie, wobei die Zahl Acht eine bedeutende Rolle spielt.

Das Grab wurde sechs Jahre lang restauriert und bald soll noch ein neues Besucherzentrum eröffnet werden. In dem zugehörigen Garten befinden sich weitere Grabmäler, u. a. das von Haji Begum sowie des Lieblingsbarbiers des Herrschers – eine mit viel Vertrauen verbundene Position, in der die Rasierklinge gefährlich nahe an die kaiserliche Kehle kam. Hierher flüchtete der letzte Großmogul Bahadur Shah Zafar, bevor er 1857 von den Briten gefangen genommen und in die Verbannung geschickt wurde.

Rechts hinter dem Eingang zum Komplex befindet sich das **Grabmal Isa Khans** (Karte S. 76; ⏲ Sonnenaufgang–Sonnenuntergang), ein schönes Beispiel der Lodi-Architektur aus dem 16. Jh. Weiter südlich liegt das monumentale Grabmal von Khan-i-Khanan (S. 80), das in Mogulzeiten geplündert wurde, um Safdarjangs Grab anlegen zu können.

★ Hazrat Nizam-ud-din Dargah — SCHREIN

(Karte S. 76; abseits der Lodi Rd; ⏲ 24 Std.; Ⓜ JLN Stadium) Ein Besuch des Marmorschreins für den muslimischen Sufi-Heiligen Nizam-ud-din Auliya ist die geheimnisvollste und zauberhafteste Erfahrung in ganz Delhi. Er versteckt sich in einem Wirrwarr von Basaren, auf denen Rosenblütenblätter, *attars* (Parfüme) und Opfergaben zum Verkauf angeboten werden. Und jeden Donnerstagabend kann man ab Sonnenuntergang Sufis inmitten von zahlreichen Anhängern *qawwali* (islamische religiöse Lieder) singen hören. Der Asket Nizam-ud-din starb 1325 im hohen Alter von 92 Jahren. Seine Lehren von Toleranz machten ihn nicht nur bei Muslimen, sondern auch bei Hindus, Sikhs und Buddhisten beliebt.

Später wollten Herrscher und Adlige in der Nähe von Nizam-ud-din begraben werden – daher befinden sich in der Gegend so viele Mogulgräber. Weitere letzte Ruhestätten auf dem Gelände sind u. a. das Grab Jahanaras (einer Tochter von Shah Jahan) und das Grab des bekannten Urdu-Dichters Amir Khuysru. In den umliegenden Gassen befinden sich noch weitere Grabmäler und ein riesiger *baoli* (Stufenbrunnen). Der Eintritt ist frei, Besucher werden aber eventuell um eine Spende gebeten.

Für Hintergrundinformationen lohnt sich eine Tour mit Hope Project (S. 85), die an dem Schrein endet.

Lodi Gardens — PARK

(Karte S. 76; Lodi Rd; ⏲ Okt.–März 6–20 Uhr, April–Sept. 5–20 Uhr; Ⓜ Khan Market oder Jor Bagh) Das reizendste Refugium Delhis ist bei der Elite der Stadt und turtelnden Pärchen ein äußerst beliebtes Plätzchen. Es trug ursprünglich den Namen von Lady Willingdon, der Frau des britischen Residenten. Dieser ließ 1936 zwei Dörfer räumen, um einen Park anlegen zu lassen, der sie an ihre Heimat erinnern würde. Heute ist er nach seinen Grabmälern aus der Lodi-Ära benannt. Außer dem **Bara-Gumbad**-Grabmal (Karte S. 76) aus dem 15. Jh. mit einer Moschee und die völlig unterschiedlichen Grabmäler von **Mohammed Shah** und **Sikander Lodi** (Karte S. 76; Ⓜ JLN Stadium) findet sich hier noch ein See, über den die Athpula-Brücke (mit acht Brückenpfeilern) aus der Zeit des Großmoguls Akbar führt.

Rajpath — AREAL

(Karte S. 76; Ⓜ Central Secretariat) Der Rajpath (Königsweg) ist eine prachtvolle Straße zwischen dem India Gate und den Bürogebäuden der indischen Regierung. Die zwischen 1914 und 1931 erbauten, prächtigen öffentlichen Gebäude wurden von Edwin Lutyens und Herbert Baker entworfen und sollten ein eindrucksvolles Symbol für die Vormachtstellung der britischen Herrscher sein. Nur 16 Jahre später wurden die Briten jedoch verjagt und indische Politiker zogen in die Korridore der Macht ein.

Am Westende des Rajpath befindet sich das Rashtrapati Bhavan (s. unten), der offizielle Wohnsitz des indischen Präsidenten, der heute der Öffentlichkeit im Rahmen einer Führung teilweise zugänglich ist. Es wird von zwei symmetrisch gestalteten Gebäuden mit Kuppeln flankiert, dem **North Secretariat** (Karte S. 76) und dem **South Secretariat** (Karte S. 76), in denen Ministerien untergebracht sind. Das indische Parlament tritt im nahe gelegenen **Sansad Bhavan** (Parlamentsgebäude; Karte S. 76; Sansard Marg) zusammen, einem runden Gebäude mit Säulengang am Ende der Sansad Marg.

Am Ostende des Rajpath steht das majestätische **India Gate** (Karte S. 76; ⏲ 24 Std.). Der 42 m hohe, von Lutyens entworfene Triumphbogen erinnert an die rund 90 000 indischen Soldaten, die im Ersten Weltkrieg, bei den Operationen an der Nordwestgrenze und im Anglo-Afghanischen Krieg von 1919 ums Leben kamen.

Rashtrapati Bhavan — HISTORISCHES GEBÄUDE

(Präsidentenhaus; Karte S. 76; ☎ 011-23015321; www.presidentofindia.nic.in/visit-to-rashtrapati-bhavan.htm; 50 ₹, nur Online-Reservierung; ⏲ Fr–So 9–16 Uhr; Ⓜ Central Secretariat) Es ist schon faszinierend, einen Blick in das prächtige Präsidentenhaus zu werfen. Der ehemalige Wohnsitz des britischen Vizekönigs umfasst 340 Räume und 2,5 km Korridore. Bei der Führung bekommt man die überkuppelte Durbar Hall, die persönliche Präsidentenbibliothek und die vergoldete Ashoka Hall zu sehen.

New Delhi & Umgebung

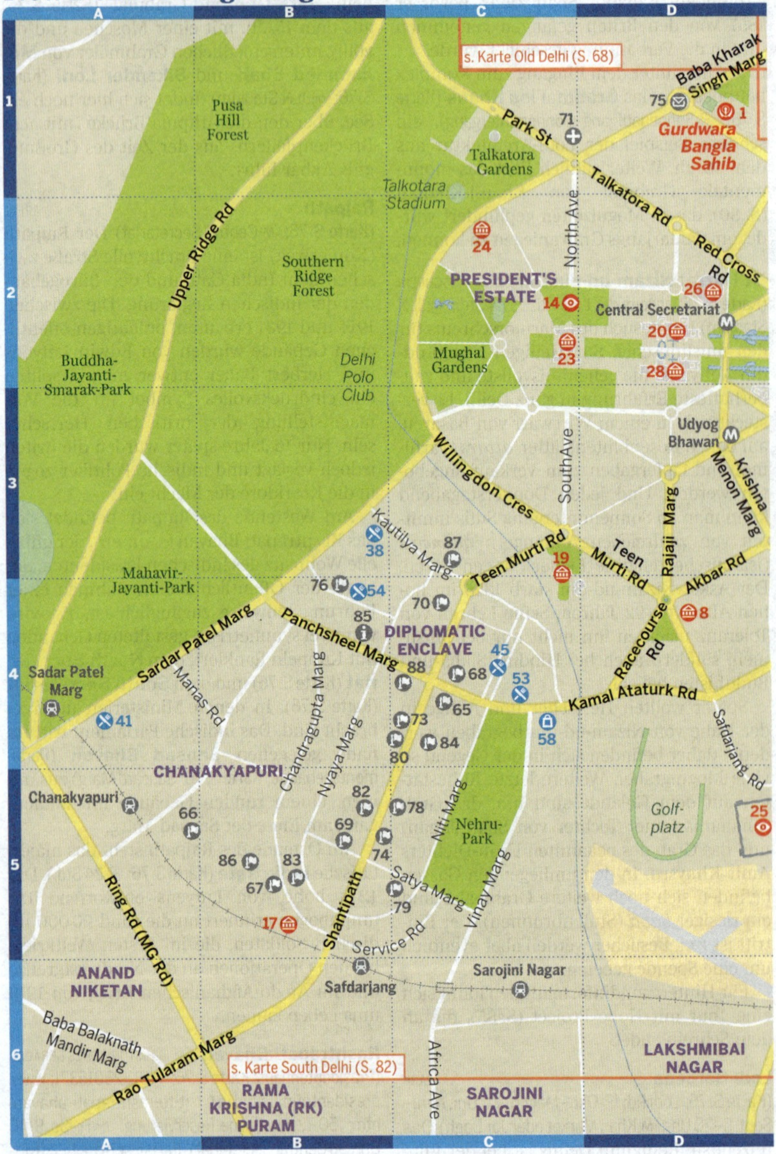

s. Karte Old Delhi (S. 68)

s. Karte South Delhi (S. 82)

Rashtrapati Bhavan Museum MUSEUM

(Karte S. 76; ☎ 011-23792177; www.presidentofindia.nic.in; Gate 30, Mother Theresa Crescent Rd; Führung 50 ₹; ⏲ Fr–So 9–16 Uhr; Ⓜ Patel Chowk) Das schicke Museum in den präsidentiellen Stallungen und Werkstätten ist sehr modern. So kann man sich z. B. einem virtuellen Rundgang anschließen, gemeinsam mit Gandhi und 3D-Bilder von Präsidentenreden. Ausgestellt sind auch einige Fahrzeuge, darunter ein Mercedes, den Rajiv Gandhi vom jordanischen König als Geschenk erhielt. Vorab online buchen.

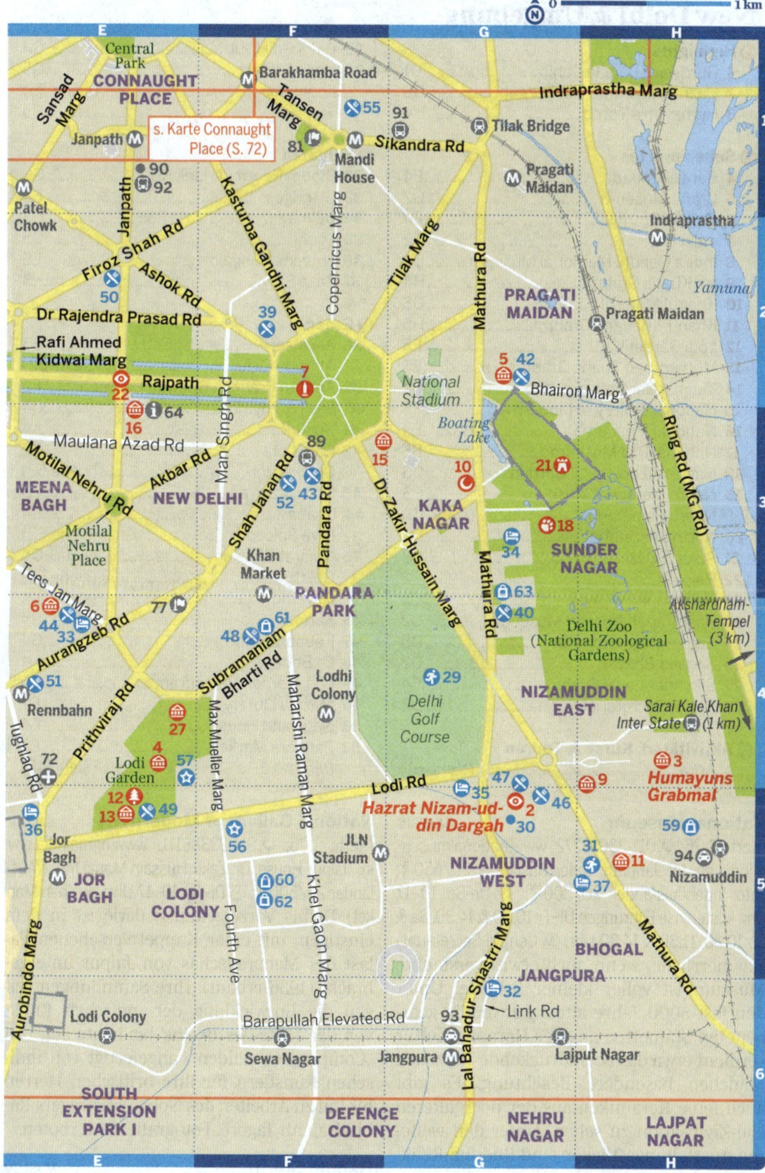

Mughal Gardens GARTEN

(Karte S. 76; normalerweise Mitte Feb.–Mitte März Di–So 9.30–16 Uhr; M Central Secretariat) GRATIS Dieser prächtige Garten ist so extravagant, dass Louis Mountbatten, der 1. Earl Mountbatten of Burma und letzte Vizekönig Indiens, angeblich 418 Gärtner beschäftigt haben soll, die die Brunnen, Zypressen, Bougainvilleen, Kletterrosen und symmetrisch getrimmten Rasen hegten und pflegten. Der Garten, durch den Pfaue stolzieren, ist nur dann geöffnet, wenn alles in voller Blüte steht. Wer zu dieser Zeit in Delhi ist, sollte den Garten nicht versäumen!

New Delhi & Umgebung

Highlights
1 Gurdwara Bangla Sahib D1
2 Hazrat Nizam-ud-din Dargah G5
3 Humayun's Tomb H4

Sehenswertes
4 Bara Gumbad E4
5 Crafts Museum G2
6 Gandhi Smriti E4
7 India Gate F2
8 Indira Gandhi Memorial Museum D4
9 Isa Khans Grabmal H4
10 Khairul Manazil G3
11 Khan-i-Khanans Grabmal H5
12 Lodi Gardens E5
13 Mohammed Shahs Grabmal E5
14 Mughal Gardens C2
15 National Gallery of Modern Art F3
16 National Museum E3
17 National Rail Museum B5
18 National Zoological Gardens G3
19 Nehru Memorial Museum C3
Nehru Planetarium .... (siehe 19)
20 North Secretariat D2
21 Purana Qila G3
22 Rajpath E2
23 Rashtrapati Bhavan C2
24 Rashtrapati Bhavan Museum C2
25 Safdarjungs Grabmal D5
26 Sansad Bhavan D2
27 Sikander Lodis Grabmal E4
28 South Secretariat D2

Aktivitäten, Kurse & Touren
Aura .... (siehe 61)
29 Delhi Golf Club G4
30 Hope Project G5
Lodhi Spa .... (siehe 35)
31 Torch H5

Schlafen
32 Bloom Rooms @ Link Rd G6
33 Claridges E4
34 Devna G3
35 Lodhi G5
36 Lutyens Bungalow E5
37 Zaza Stay H5

Essen
38 Alkauser B3
Altitude Cafe .... (siehe 62)
39 Andhra Pradesh Bhawan Canteen F2
40 Basil & Thyme G4
41 Bukhara A4
42 Cafe Lota G2
Chicken Inn .... (siehe 52)
43 Chor Bizarre F3
44 Dhaba E4
Diva Spiced .... (siehe 62)
45 Gujarat Bhawan C4
Gulati .... (siehe 52)
Havemore .... (siehe 52)
46 Karim's G5
47 Kebab-Stände G4
48 La Bodega F4
49 Lodi Garden Restaurant E5
50 Masala Library E2
51 Nagaland House E4
52 Pandara Market F3
Perch .... (siehe 48)

National Museum MUSEUM

(Karte S. 76; ☎ 011-23019272; www.nationalmuseumindia.gov.in; Janpath; Inder/Ausländer 20/650 ₹, Foto Inder/Ausländer 20/300 ₹; ⏲ Di–So 10–17 Uhr, kostenlose Führungen Di–Fr 10.30 & 14.30, Sa & So 10.30, 11.30 & 14.30 Uhr; Ⓜ Central Secretariat) Das herrliche, wenn auch etwas verstaubte Museum ist voller kleiner Schätze. Unter den fast 5000 Jahre alten, aufwendig gearbeiteten Statuetten aus der Harappa-Kultur verdient etwa das beeindruckende Tanzende Mädchen besondere Beachtung. Es gibt auch feine Keramiken aus der noch älteren Nal-Zivilisation zu sehen. Unter den weiteren Ausstellungsstücken sind Buddha-Relikte, exquisiter Schmuck, Miniaturmalereien, mittelalterliche Holzschnitzereien, Textilien und Musikinstrumente.

Man sollte sich mindestens zwei Stunden Zeit nehmen. Zum Ausleihen eines Audioguides (im Ticket für Ausländer enthalten) muss als Pfand ein Ausweisdokument hinterlegt werden. Es gibt auch ein Café.

National Gallery of Modern Art GALERIE

(Karte S. 76; ☎ 011-23386111; www.ngmaindia.gov.in; Jaipur House, Dr. Zakir Hussain Marg; Inder/Ausländer 20/500 ₹; ⏲ Di–So 10–17 Uhr; Ⓜ Khan Market) Delhis Vorzeigekunstgalerie ist in dem einstigen, mit einer Kuppel versehenen Palast des Maharadschas von Jaipur untergebracht (1936 erbaut). Ihre Sammlungen zeigen die Entwicklung der indischen Kunst von der Mitte des 19. Jhs. bis heute auf, von „Company-Gemälden", angefertigt von indischen Künstlern für ihre britischen Herren bis hin zu Arbeiten des Nobelpreisträgers Rabindranath Tagore. Fotografieren verboten.

Gandhi Smriti MUSEUM

(Karte S. 76; ☎ 011-23012843; 5 Tees Jan Marg; ⏲ Di–So 10–17 Uhr, 2. Sa des Monats geschl.; Ⓜ Racecourse) GRATIS Das bewegende Mahnmal zu Ehren Mahatma Gandhis ist im Birla House an der Stelle zu sehen, an der Gandhi am 30. Januar 1948 von einem fanatischen Hindu erschossen wurde, nachdem er im indisch-

Pindi ....(siehe 52)
53 Sagar Ratna C4
54 Sana-di-ge B4
Sodabottleopenerwala..............(siehe 61)
55 Triveni Terrace Cafe F1

Ausgehen & Nachtleben
Café Turtle ....(siehe 59)
Café Turtle ....(siehe 61)

Unterhaltung
56 Habitat World F5
57 India International Centre.........................E4

Shoppen
58 Aap Ki Pasand (San Cha) C4
Anand Stationers ....(siehe 61)
Anokhi ....(siehe 58)
Anokhi .... (siehe 61)
59 Anokhi H5
Bahrisons...................................... (siehe 61)
Fabindia....................................... (siehe 61)
60 Fabindia F5
Full Circle Bookstore .... (siehe 61)
Kama .... (siehe 61)
61 Khan Market F4
62 Meharchand Market F5
Mehra Bros .... (siehe 61)
OCM Suitings............................... (siehe 61)
63 Sunder Nagar Market............................. G3
The Shop .... (siehe 60)

Praktisches
64 Archaeological Survey of India E3
65 Hochkommissariat von Australien C4
66 Hochkommissariat von Bangladesch ..A5
67 Bhutanische Botschaft B5
68 Britisches Hochkommissariat C4
69 Kanadisches Hochkommissariat B5
70 Chinesische Botschaft..........................C4
71 Dr Ram Manohar Lohia Hospital C1
72 East West Medical Centre E4
73 Französische Botschaft.........................C4
74 Deutsche Botschaft B5
75 India Post..D1
76 Irische Botschaft.....................................B4
77 Israelische Botschaft E4
78 Japanische Botschaft C5
79 Malaysisches Hochkommissariat C5
80 Myanmarische Botschaft C4
81 Nepalesische Botschaft.........................F1
82 Niederländische Botschaft...................B5
83 Neuseeländiesches Hochkommissariat..B5
84 Pakistanische Botschaft........................C4
85 Sikkim House B4
86 Singapurisches Hochkommissariat......B5
87 Sri-Lankisches Hochkommissariat.......C3
88 US-Botschaft...C4

Transport
89 Bikaner House F3
90 Chanderlok House E1
91 Himachal Bhawan G1
92 Himachal Pradesh Tourism
Development Corporation E1
93 Metropole Tourist Service G6
94 Prepaid-Autorikschas H5
Rajasthan Tourism ....(siehe 89)

pakistanischen Konflikt zum Gewaltverzicht aufgerufen hatte.

In dem Haus selbst verbrachte Gandhi die letzten 144 Tage seines Lebens. Einige Zimmer wurden so belassen, wie er sie verlassen hat. Außerdem sind ein ausführlicher Bericht über Gandhis letzte 24 Stunden und anschauliche Miniaturdioramen mit Szenen aus Gandhis Leben zu sehen.

Indira Gandhi Memorial Museum MUSEUM
(Karte S. 76; ☎011-23010094; 1 Safdarjang Rd; ⏲Di–So 9.30–16.45 Uhr; Ⓜ Racecourse) GRATIS Die frühere Residenz der ehemaligen umstrittenen Premierministerin Indira Gandhi ist heute ein Museum, das sich dem Leben und der Familie der „indischen Kennedys" widmet. Ausgestellt sind persönliche Dinge, u. a. der blutgetränkte Sari, den sie am Tag ihrer Ermordung 1984 trug. Viele Räume sind im Originalzustand erhalten und gewähren einen Blick in ihr Familienleben. Eine Ausstellung im hinteren Bereich beleuchtet das Leben von Indiras Sohn Rajiv, der 1991 ebenfalls durch ein Attentat ums Leben kam.

Nehru Memorial Museum MUSEUM
(Karte S. 76; ☎011-23016734; www.nehrumemorial.nic.in; Teen Murti Rd; ⏲Di–So 9–17.30 Uhr; Ⓜ Udyog Bhawan) GRATIS Das stattliche Teen Murti Bhavan diente Jawaharlal Nehru, dem ersten Premierminister Indiens, als offizielle Residenz. Ursprünglich wurde es für den britischen Oberbefehlshaber erbaut und trug den Namen „Flagstaff House". Heute ist es ein Museum, das sich dem Leben und Werk Nehrus widmet. Die Schlaf-, Arbeits- und Gesellschaftszimmer sind so erhalten, wie er sie verlassen hat.

Auf dem Gelände befinden sich auch ein Jagdschlösschen aus dem 14. Jh., das von Feroz Shah in Auftrag gegeben wurde, sowie ein neueres **Planetarium** (Karte S. 76; ☎011-23014504; www.nehruplanetarium.org; 45-minütige Vorführung Erw./Kind 60/40 ₹; ⏲Vorführungen

Englisch 11.30 & 15 Uhr, Hindi 13.30 & 16 Uhr), in dem astronomische Vorführungen auch auf Englisch angeboten werden.

Purana Qila FESTUNG

(Alte Festung; Karte S. 76; ☎ 011-24353178; Mathura Rd; Inder/Ausländer 5/200 ₹, Video 25 ₹, Sound & Light Show Erw./Kind 100/50 ₹; ⏲ Sonnenaufgang–Sonnenuntergang; Ⓜ Pragati Maidan) In der nicht sehr einfallsreich benannten „Alten Festung" fand das Leben des Großmoguls Humayun 1556 ein jähes Ende, als er die Treppen des **Sher Mandal**, das er als Bibliothek nutzte, hinunterstürzte. Die Festung wurde vom afghanischen Herrscher Sher Shah (1538–1545) erbaut, der Humayun für kurze Zeit verdrängt hatte. Ein Besuch lohnt schon allein wegen des friedlichen Gartens mit den gut erhaltenen alten Denkmälern aus Buntsandstein, darunter auch die kunstvoll verzierte **Qila-i-Kuhran-Moschee** (Sher-Shah-Moschee).

Der ehemalige Festungsgraben wurde zu einem beliebten See umgewandelt, an dem Tretboote ausgeliehen werden können.

Auf der anderen Seite der belebten Mathura Rd finden sich weitere Überbleibsel aus der Stadt Shergarh, darunter die wunderschöne **Khairul-Manazil-Moschee** (Karte S. 76), die noch immer von den hier lebenden Muslimen genutzt wird und Heerscharen von Tauben anzieht.

Crafts Museum MUSEUM

(Karte S. 76; ☎ 011-23371641; Bhairon Marg; ⏲ Di–So 10–17 Uhr; Ⓜ Pragati Maidan) GRATIS Ein Großteil dieses reizenden Museums befindet sich im Freien, darunter auch im Schatten von Bäumen liegende Steinreliefs und Gebäude. Drinnen widmet es sich der Erhaltung des traditionellen Kunsthandwerks in Indien mit einigen wunderschönen Textilien wie Stickereien aus Kaschmir und Kreuzstichstickereien aus dem Punjab. Zu den Highlights zählt ein hervorragendes Modell eines Gujarat-*haveli* (traditionelles Haus). Im hinteren Hof verkaufen Kunsthandwerker ihre Arbeiten. Zum Museum gehören auch das ausgezeichnete Café Lota (S. 95) und ein sehr guter Laden.

National Rail Museum MUSEUM

(Karte S. 76; ☎ 011-26881816; Service Rd, Chanakyapuri; Erw./Kind 20/10 ₹, Video 100 ₹; ⏲ Di–So 10–17 Uhr; Ⓜ Safdarjung) Der Anwärter auf den Titel als bestes Museum Delhis (und das mit dem besten Preis-Leistungs-Verhältnis) zeigt auf seinem 4,5 ha großen Gelände eine Sammlung von Dampfloks und Waggons. Zu den altehrwürdigen Vierachsern gehören der frühere Speisewagen des Vizekönigs und der Salonwagen des Maharadschas von Mysore. Im neuen Ausstellungsraum finden sich interaktive Ausstellungsstücke, eine Miniatureisenbahn und drei Simulatoren (nur am Wochenende). Eine Kleinbahn (Erw./Kind 20/10 ₹) tuckert über das Gelände.

National Zoological Gardens ZOO

(Karte S. 76; ☎ 011-24359825; www.nzpnewdelhi.gov.in; Mathura Rd; Erw./Kind Inder 40/20 ₹, Ausländer 200/100 ₹, Foto/Video 50/200 ₹, akkubetriebenes Fahrzeug Erw./Kind 67/34 ₹; ⏲ Sa–Do 9–16.30 Uhr, Okt.–März bis 16 Uhr; Ⓜ Pragati Maidan) Diese riesige, 86 ha große und grüne Anlage mitten in der Stadt wurde 1952 gegründet und beheimatet Löwen, Tiger, Elefanten, Flusspferde und Nashörner, hübsche Vögel und Affen unter annehmbaren artgerechten Bedingungen. Als Fortbewegungsmittel können akkubetriebene Fahrzeuge gemietet werden.

Safdarjungs Grabmal GRABGMAL

(Karte S. 76; Aurobindo Marg; Inder/Ausländer 15/200 ₹, Video 25 ₹; ⏲ Sonnenaufgang–Sonnenuntergang; Ⓜ Jor Bagh) Der Nawab von Avadh ließ dieses prachtvolle, aufwendig verzierte Grabmal Mitte des 18. Jhs. für seinen Vater Safdarjung errichten. Es vermittelt einen Einblick in die Architektur der späten Mogulzeit. Da das Geld fehlte, um den Marmor für das ganze Gebäude zu bezahlen, wurde das Baumaterial für die Kuppel kurzerhand von dem nahe gelegenen Mausoleum des Khan-i-Khanan geholt. Der Rest des Gebäudes ist deshalb aus Buntsandstein erbaut.

Khan-i-Khanans Grabmal HISTORISCHES GEBÄUDE

(Karte S. 76; Inder/Ausländer 15/200 ₹; ⏲ Sonnenaufgang–Sonnenuntergang; Ⓜ Jangpura) Das monumentale Grabmal wurde 1598 von Khan-i-Khanan, Dichter und Minister an Akbars Hof, für seine Frau erbaut; 1627 ließ er sich selbst hier begraben. Es wurde später geplündert, um das in der Nähe stehende Grabmal Safardjungs zu bauen. Im 19. Jh. wurden weitere Verzierungen abgenommen.

★ **Gurdwara Bangla Sahib** SIKH-TEMPEL

(Karte S. 76; Ashoka Rd; ⏲ 4–21 Uhr; Ⓜ Patel Chowk) Der wunderschöne, riesige *gurdwara* wurde aus weißem Marmor und mit funkelnden goldenen Zwiebelkuppeln an der Stelle errichtet, an der sich der achte Sikh-Guru Harkrishan Dev vor seinem Tod 1664 aufhielt. Schon im zarten Alter von nur sechs Jahren kümmerte sich der Guru in

Delhi um Cholera- und Pockenkranke. Das Wasser des Tempelbeckens soll heilende Kräfte haben. Das Gelände ist bunt und voller Leben und doch beschaulich und überall sind Andachtslieder zu hören.

South Delhi

Hauz Khas AREAL

(Karte S. 76; Sonnenaufgang–Sonnenuntergang; M Green Park) Das Hauz Khas („nobles Becken") wurde im 13. Jh. im Auftrag von Sultan Ala-ud-din Khilji angelegt. Der Wasserspeicher nahm einst eine Fläche von 28 ha ein. Während des Monsuns konnte hier genügend Wasser gesammelt werden, um das Fort Siri durch die Trockenzeit zu bringen. Heute ist das Becken viel kleiner, aber immer noch ein schöner Ort inmitten eines Parks, in dem sich viele Vögel tummeln. Gegenüber befinden sich die Ruinen der Medrese (Koranschule) von Feroz Shah aus dem 14. Jh. und sein **Grabmal** (Karte S. 82), das er vor seinem Tod 1388 erbauen ließ.

Zum Seeufer gelangt man durch den benachbarten **Deer Park** (nur tagsüber), in dem es weitere verfallene Gräber und ein Wildgehege mit vielen Tieren gibt. Zahlreiche Gräber aus der Lodi-Zeit finden sich an der Zufahrt zum Hauz Khas und im nahen Green Park.

Bahai House of Worship TEMPEL

(Lotus-Temple; Karte S. 82; 011-26444029; www.bahaihouseofworship.in; Kalkaji; April–Sept. Di–So 9–19 Uhr., Okt.–März bis 17.30 Uhr; M Kalkaji Mandir) Delhis wunderschöner Lotus-Tempel ist ein Ort der stillen Andacht und somit eine wunderbar friedliche Oase der Ruhe, wie sie in Delhi ziemlich selten zu finden ist. Das architektonische Meisterwerk wurde 1986 von dem iranisch-kanadischen Architekten Fariburz Sahba entworfen und ist einer Lotosblüte nachempfunden: An dem Bahai-Tempels mit seinen 27 zierlichen Blütenblättern aus Marmor sollen sich Anhänger aller Glaubensrichtungen versammeln. Besucher sind herzlich dazu eingeladen, nach ihrem jeweils eigenen Ritual in aller Stille zu beten oder zu meditieren. In dem dazugehörigen Besucherzentrum erfahren Interessierte alles über die Geschichte der Bahai-Philosophie. Im Tempelinneren ist Fotografieren verboten.

Chhatarpur Mandir HINDUTEMPEL

(Shri Adya Katyayani Shakti Peeth Mandir; 011-26802360; www.chhattarpurmandir.org; Main Chhatarpur Rd; 4–24 Uhr; M Chhatarpur) Indiens zweitgrößter Tempel (nach dem Akshardham-Tempel) ist ein beeindruckender Komplex aus Sandstein und Marmor. Er wurde 1974 erbaut und ist der Göttin Katyayani (einer der neun Formen der Parvati) geweiht. Es gibt mehrere Dutzend Schreine mit emporragenden südindischen *gopurams* (Tempeltürme) und eine gewaltige Hanuman-Statue, die über das Gelände wacht. Während es hier werktags recht ruhig zugeht, strömen an Wochenenden und rund um die Navratri-Festivitäten im September bzw. Oktober die Massen herbei.

Andere Viertel

★ **Akshardham-Tempel** HINDUTEMPEL

(011-43442344; www.akshardham.com; National Hwy 24, Ausfahrt Noida; Tempel Eintritt frei, Ausstellungen 170 ₹, Wasserspiel 80 ₹; Tempel Di–So 9.30–18.30 Uhr, Ausstellungen 9.30–17 Uhr, Wasserspiel nach Sonnenuntergang; M Akshardham) Der am östlichen Stadtrand aufragende, atemberaubend pompöse Akshardham-Tempel der Hindu-Sekte Swaminarayan aus Gujarat wurde 2005 erbaut. Die Kunsthandwerker verwendeten zur Bearbeitung des blassen Buntsandsteins traditionelle Techniken und schufen aufwendige Reliefs, die u. a. 20 000 Gottheiten, Heilige und Fabelwesen darstellen. Herzstück ist eine 3 m hohe, goldene Statue des Bhagwan Shri Swaminarayan.

Man kann auch eine Bootsfahrt durch 10 000 Jahre indischer Geschichte unternehmen. Es gibt animatronische Figuren, die Geschichten aus dem Leben Swaminarayans erzählen, und musikalische Wasserspiele.

Sulabh International Museum of Toilets MUSEUM

(011-25031518; www.sulabhtoiletmuseum.org; Sulabh Complex, Mahavir Enclave, Palam Dabri Rd; April–Sept. 10–17 Uhr, Okt.–März 10.30–17 Uhr; M Janakpuri West) GRATIS Mehr als die Hälfte der 1,2 Mrd. Menschen in Indien hat zu Hause keine Toilette. Die gemeinnützige Organisation Sulabh widmet sich diesem sanitären Missstand bereits seit 1970: Sie hat seither neue öffentliche Toiletten gebaut und Spülklosetts entwickelt, die ohne Latrinenreiniger auskommen. Diese Arbeit ist zwar schon seit Langem illegal, ist aber in vielen Gebieten noch weit verbreitet und wird nur von bestimmten Kasten ausgeführt. Die Organisation leistet auch Aufklärungsarbeit und in ihrem kleinen skurrilen Museum wird die Geschichte des Wasserklosetts von 2500 v. Chr. bis heute nacherzählt. Am besten mit

South Delhi

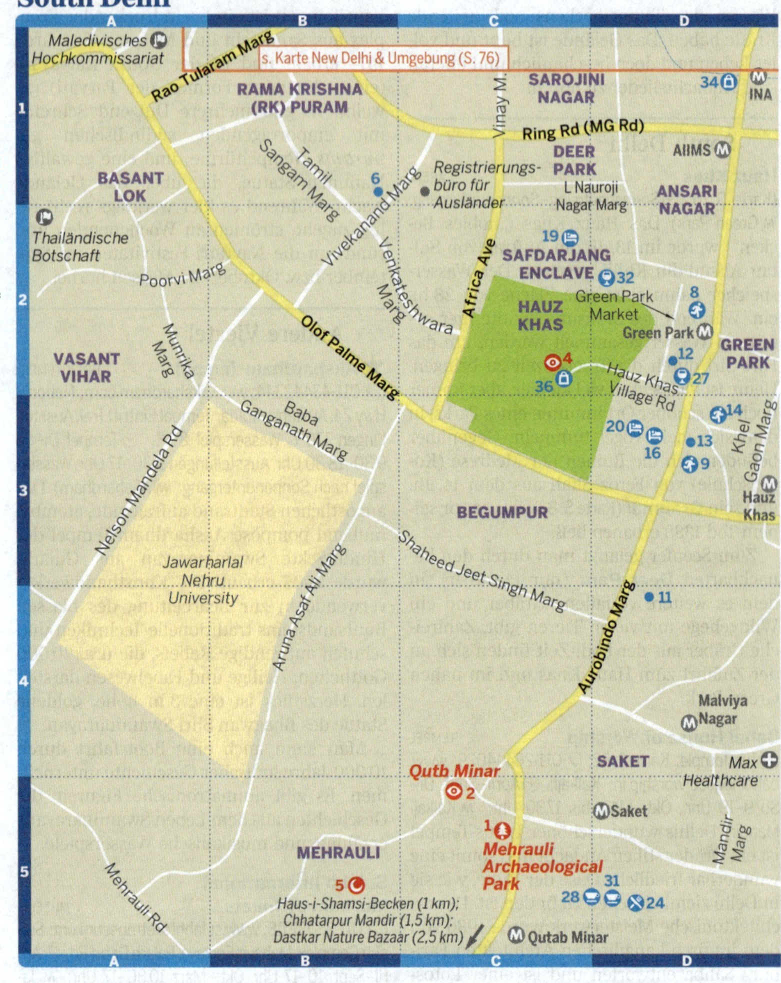

der Metro nach Janakpuri West fahren und dann eine Rikscha nehmen.

Sanskriti Museums MUSEUM
(www.sanskritifoundation.org; Anandagram, Mehrauli Gurgaon Rd; Di–Fr 10–17 Uhr; M Arjangarh) GRATIS Auf dem Weg nach Gurgaon liegt dieser wenig bekannte, aber gut geführte Museumskomplex, der sich der Alltagskunst sowie Terrakotta-Arbeiten und Textilien aus Indien widmet. Der Großteil davon spielt sich auf einer 2,8 ha großen Fläche im Freien ab. Die Küchenutensilien und Wasserpfeifen sind wahre Kunstwerke; Beachtung verdienen auch die ausdrucksstarken Terrakotta-Skulpturen und die aufwendigen Textilien aus Gujarat, Rajasthan, Kaschmir und Bengalen.

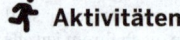

Aktivitäten

Delhi Golf Club GOLF
(Karte S. 76; 011-24307100; www.delhigolfclub.org; Dr. Zakir Hussain Marg; 18 Loch werktags/Wochenende Inder 6000/8000 ₹, Ausländer 100/150 US$; Sonnenaufgang–Sonnenuntergang; M Khan Market) Der im Jahr 1931 gegründete Golfclub ist fast 90 ha groß, wunderschön gelegen und hat großartig gepflegte Fairways und Greens. Pfauen und alte Mogul-Grabstätten sorgen für Extravaganz. Am Wochenende ist extrem viel los.

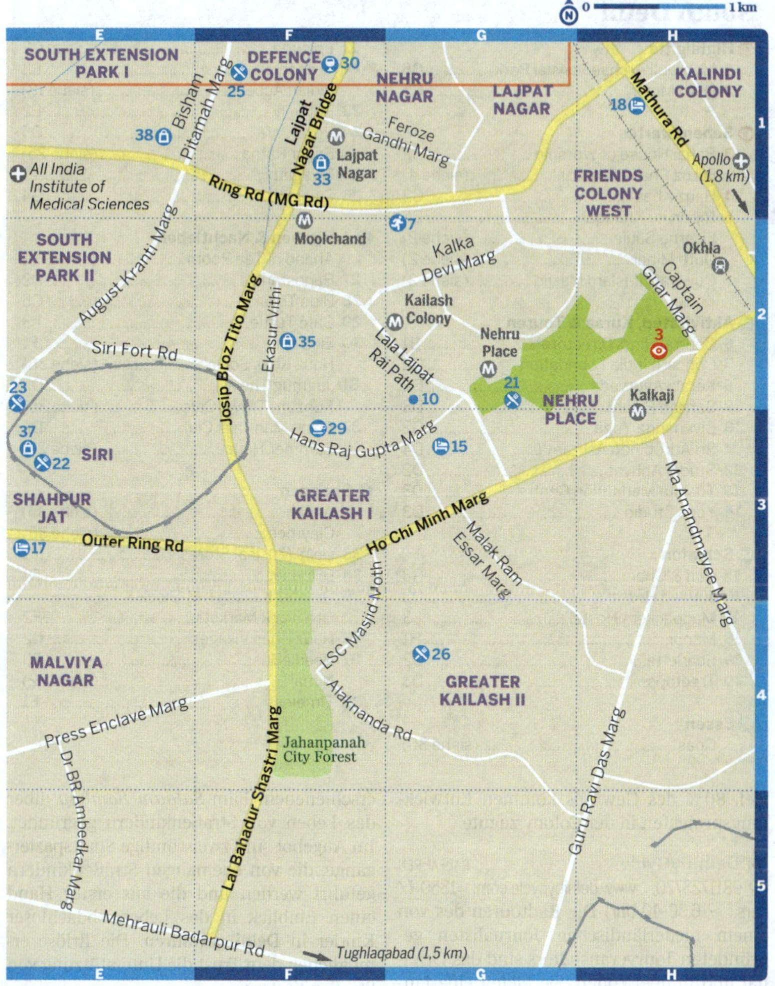

Kerala Ayurveda AYURVEDA

(Karte S. 76; ☎011-41754888; www.ayurvedancr.com; E-2 Green Park Extn.; 1 Std. Synchron-Dampfmassage 1500 ₹, Shirodhara 3000 ₹; ⏲8–20 Uhr; Ⓜ Green Park) Andwendungen von *Sarvang ksheerdhara* (Buttermilchmassage) bis hin zu *sirodhara* (warmes Öl, das einem auf die Stirn gegossen wird).

Aura SPA

(Karte S. 76; ☎8800621206; www.aurathaispa.com; Middle Lane, Khan Market; 1 Std. Trocken-/Öl-massage 1400/2800 ₹; ⏲10–21 Uhr; Ⓜ Khan Market) Schickes Spa mit thailändisch inspirierten Massagen und Anwendungen. Weitere Filialen finden sich in Karol Bagh, GK1, GK2 und Green Park.

Geführte Touren

★ **Reality Tours & Travel** TOUR

(☎9818227975; http://realitytoursandtravel.com; 2-stündige Tour 850 ₹; ⏲10–18 Uhr) In Mumbai ist dieser hochprofessionelle Anbieter schon lange vertreten, nun hat Reality Tours auch Touren durch Delhi im Angebot, u. a. die hervorragende Sanjay Colony Tour in die Slums von Delhi (aus Respekt gegenüber den Anwohnern sind keine Fotos gestattet). Die freundlichen Tour-Guides wissen sehr

South Delhi

Highlights
1 Mehrauli Archaeological Park C5
2 Qutb Minar C5

Sehenswertes
3 Bahai House of Worship H2
Feroz Shahs Grabmal .... (siehe 4)
4 Hauz Khas C2
5 Hijron ka Khanqah B5
Eiserne Säule .... (siehe 2)
Qutb Minar .... (siehe 2)
Quwwat-ul-Islam Masjid .... (siehe 2)

Aktivitäten, Kurse & Touren
6 Central Hindi Directorate B1
7 Concern India Foundation G2
8 Kerala Ayurveda D2
9 Saffron Palate D3
10 Sivananda Yoga G2
11 Sri Aurobindo Ashram D4
12 Studio Abhyas D2
13 Tushita Meditation Centre D3
14 Yoga Studio D3

Schlafen
15 Bed & Chai G3
16 Jugaad Hostel D3
17 Madpackers Hostel E3
18 Manor H1
19 Scarlette C2
20 Treetops D3

Essen
Coast .... (siehe 36)
21 Epicuria G2
22 Greenr E3
Indian Accent .... (siehe 18)
23 Potbelly E2
24 Rose Cafe D5
Sagar Ratna .... (siehe 25)
25 Swagath F1
26 Swagath G4

Ausgehen & Nachtleben
Anandini Tea Room .... (siehe 37)
27 Bandstand D2
28 Blue Tokai C5
29 Café Turtle F3
30 Ek Bar F1
Hauz Khas Social .... (siehe 36)
31 Jugmug Thela D5
Kunzum Travel Cafe .... (siehe 36)
32 Piano Man Jazz Club D2
Summer House .... (siehe 27)

Shoppen
Anokhi .... (siehe 35)
Claymen .... (siehe 36)
33 Delhi Musical Stores F1
34 Dilli Haat D1
35 Greater Kailash I: M-Block & N-Block Markets F2
36 Hauz Khas Village C2
37 NeedleDust E3
Nimai .... (siehe 22)
38 Timeless E1

viel. 80 % des Gewinns kommen Entwicklungsprojekten in der Colony zugute.

★ **DelhiByCycle** RADFAHREN
(☎ 9811723720; www.delhibycycle.com; 1850 ₹/ Pers.; ⏲ 6.30–10 Uhr) Die Radtouren des von einem niederländischen Journalisten gegründeten Tourveranstalters sind das Original und unübertroffen. Sie bieten eine fantastische Möglichkeit zur Erkundung Delhis. Die Touren konzentrieren sich auf bestimmte Viertel – Old Delhi, New Delhi, Nizamuddin und das Ufer der Yamuna – und beginnen schon früh am Tag, um dem schlimmsten Verkehr aus dem Weg zu gehen. Im Preis inbegriffen sind Chai und ein Mogul-Frühstück. Kindersitze sind verfügbar.

★ **Salaam Baalak Trust** STADTSPAZIERGANG
(SBT; Karte S. 87; ☎ 011-23584164; www.salaambaalaktrust.com; Gali Chandiwali, Paharganj; empfohlene Spende 200 ₹; Ⓜ Ramakrishna Ashram Marg) Die Wohltätigkeitsorganisation wurde mit dem Erlös aus Mira Nairs 1988 erschienenem Film *Salaam Bombay!* über das Leben von Straßenkindern gegründet. Im Angebot sind zweistündige Stadtspaziergänge, die von ehemaligen Straßenkindern geführt werden und die aus erster Hand einen Einblick in das Leben obdachloser Kinder in Delhi gewähren. Die Erlöse ermöglichen dem Trust die Unterstützung von Straßenkindern.

Intach STADTSPAZIERGANG
(☎ 011-41035557; www.intachdelhichapter.org; Tour 200 ₹) Intach bietet Stadtspaziergänge mit erfahrenen Guides zur Erkundung verschiedener Gebiete an, darunter Chandni Chowk, Nizamuddin, Hauz Khas oder Mehrauli. Auf Wunsch werden Touren auch individuell organisiert.

Delhi Heritage Walks STADTSPAZIERGANG
(www.delhiheritagewalks.com; 3-stündiger Spaziergang 500 ₹) Faszinierende Stadtspaziergänge unter Führung erfahrener Guides durch Mehrauli, Old Delhi, Tughlaqabad und andere Viertel.

Delhi Metro Walks STADTSPAZIERGANG
(www.delhimetrowalks.com; halb- bis ganztägige Gruppentouren 300–600 ₹/Pers.) Bei den sehr empfehlenswerten Gruppentouren und privaten Führungen teilt Delhi-Kennerin Surekha Nurain ihr umfangreiches Wissen zur Architektur, Geschichte und Kultur der Stadt gerne mit anderen. Dabei werden sowohl die typischen als auch abgelegenere Attraktionen abgeklappert. Surekha hat auch mehrere, speziell auf Familien ausgerichtete Spaziergänge im Angebot.

Street Connections STADTSPAZIERGANG
(www.walk.streetconnections.co.uk; 3-stündiger Spaziergang 500 ₹; ⊙Mo–Sa 9–12 Uhr) Der faszinierende Rundgang durch Old Delhi wird von ehemaligen Straßenkindern geleitet, denen der Salaam Baalak Trust (S. 84) auf die Beine geholfen hat. Man erkundet gemeinsam die versteckten Ecken Old Delhis; Start ist an der Jama Masjid, Ende an einem der SBT-Häuschen.

Hope Project STADTSPAZIERGANG
(Karte S. 76; ☎011-24357081; www.hopeprojectindia.org; 127 Hazrat Nizamuddin; empfohlene Spende 1½-stündiger Spaziergang 300 ₹; Ⓜ JLN Stadium) Das Hope Project veranstaltet interessante Spaziergänge in den muslimischen *basti* (Slums) von Nizamuddin. Die Nachmittagstour endet mit dem *qawwali* (islamischer religiöser Gesang) am Hazrat Nizam-ud-din Dargah oder freitags bei einer intimeren Session im Schrein Hazrat Inayat Khan. Angemessen kleiden.

Peteindia STADTSPAZIERGANG
(www.peteindia.org; 2-stündige Tour 750 ₹) Die NGO veranstaltet geführte Stadtspaziergänge durch das Gebiet im Zentrum, in dem Delhis Zauberkünstler, Puppenspieler und Zirkusleute leben und das auch als „Flitter-Slum" (Kathputli Colony) bekannt ist. Die Tour ist nicht gerade topp organisiert, es ist jedoch eine einzigartige Möglichkeit, einige der Künstler zu sehen, um die es in dem Dokumentarfilm *Tomorrow We Disappear* von 2015 geht. Dabei wird man auch mehr über ihre Gemeinschaften erfahren.

Ho Ho Bus Service TOUR
(Hop-on, Hop-off; ☎1280; http://hohodelhi.com; Inder/Ausländer 350/700 ₹, 2-Tages-Ticket 600/1200 ₹; ⊙Abfahrt Di–So 8.30–14.40 Uhr) Die Delhi Tourism & Transport Development Corporation veranstaltet diese Rundfahrten in klimatisierten Bussen, die zwischen 8.30 Uhr und 18.30 Uhr etwa alle 45 Minuten die großen Sehenswürdigkeiten Delhis ansteuern. Letzter Stopp ist der Jantar Mantar um 18.45 Uhr (letzte Abfahrt 14.40 Uhr). Tickets gibt's am **Schalter** (Karte S. 72) nahe dem DTTDC-Büro.

Kurse

Sivananda Yoga GESUNDHEIT & WOHLBEFINDEN
(Karte S. 82; www.sivananda.org.in; A41 Kailash Colony; empfohlene Spende 400 ₹/Unterrichtsstunde; Ⓜ Kailash Colony) Exzellenter Yoga-Aschram mit Kursen und Workshops für Anfänger und Fortgeschrittene. Man kann auch nur für ein bis zwei Stunden teilnehmen. Sonntags wird ein kostenloser Kurs ohne Anmeldung angeboten.

Yoga Studio YOGA
(Seema Sondhi; Karte S. 82; www.theyogastudio.info; 43 D-Block Hauz Khas; 4/8/12 Unterrichtsstunden 2200/3200/3700 ₹, ohne Anmeldung 800 ₹; Ⓜ Hauz Khas) In Seema Sondnis 75-minütigen Kursen werden verschiedene Formen des Ashtanga Vinyasa praktiziert. Ob Anfänger oder Fortgeschrittene: Am besten vorab anrufen, um auch im passenden Kurs zu landen.

Studio Abhyas MEDITATION, YOGA
(Karte S. 82; ☎011-26962757; www.abhyastrust.org; F-27 Green Park; Ⓜ Green Park) Yoga- und Meditationskurse sowie Kurse in vedischem Gesang für alle Erfahrungsstufen; bietet auch Kinderkurse an.

Sri Aurobindo Ashram MEDITATION, YOGA
(Karte S. 82; ☎011-26567863; www.sriaurobindoashram.net; Aurobindo Marg; Ⓜ Hauz Khas) Ashram mit kostenlosen Yoga- und Meditationskursen für alle, die dies ernsthaft betreiben wollen.

Tushita Meditation Centre MEDITATION
(Karte S. 82; ☎011-26513400; www.tushitadelhi.com; 9 Padmini Enclave; gegen Spende; ⊙Mo & Do 18.30–19.30 Uhr; Ⓜ Hauz Khas) Tibetische/buddhistische Meditationssitzungen mit Anleitung.

Saffron Palate KOCHEN
(Karte S. 82; ☎9971389993; www.saffronpalate.com; R21 Hauz Khas Enclave; Kochkurs ohne/mit Marktbesuch 6000/8000 ₹; ⊙variiert; Ⓜ Hauz Khas) Neha Gupta bietet bei sich zu Hause diesen empfehlenswerten zweieinhalbstündigen Kochkurs an, bei dem die eigenen Kreationen hinterher auch verspeist werden. Bei der viereinhalbstündigen Variante ist noch ein Marktbesuch dabei.

Central Hindi Directorate SPRACHE
(Karte S. 82; ☎ 011-26178454; http://hindinideshalaya.nic.in/english; West Block VII, RK Puram, Vivekanand Marg; Grundkurs 60 Std. 6000 ₹) Veranstaltet Hindi-Kurse mit Abschlusszertifikat und Diplom. Der Grundkurs dauert insgesamt 60 Stunden bei jeweils drei Sitzungen pro Woche.

Schlafen

Das Hotelangebot in Delhi reicht von dem Reisebudget schmeichelnden Absteigen bis zu extravaganten Fünf-Sterne-Hotels. Grundsätzlich empfiehlt es sich immer, zu reservieren und sich die Buchung 24 Stunden vor Ankunft bestätigen zu lassen. Die meisten Hotels bieten bei Voranmeldung einen Abholservice vom Flughafen an.

Hotels mit Preisen von über 1500 ₹ pro Nacht erheben eine Servicesteuer von 8,4 % und eine Luxussteuer von 15 % sowie die nominalen Sondersteuern Krishi Kalyan Cess (eine nationale Landwirtschaftsinitiative) und Swaccha Bharat Abhiyan Cess (eine nationale Initiative für Sanitäranlagen und Infrastruktur) von jeweils 0,05 %.

Old Delhi

★ **Stops @ The President** HOSTEL $
(Karte S. 68; ☎ 011-41056226; www.gostops.com; 4/23B Asaf Ali Rd; B 500–800 ₹, DZ 3000 ₹; ❄ @ 📶; Ⓜ New Delhi) Eine der besten Optionen einer neuen Hostel-Generation. Es befindet sich in toller Lage am Rand von Old Delhi und hat eine helle, geflieste Küche, Lounge-Bereiche, drei freundliche Hunde und komfortable und sauber Schlafsäle und Zimmer.

Hotel New City Palace HOTEL $
(Karte S. 68; ☎ 011-23279548; www.hotelnewcitypalace.in; 726 Jama Masjid; Zi. 700 ₹; ❄; Ⓜ Chawri Bazaar) O. k., ein Palast ist es nicht, aber die Lage des labyrinthisch anmutenden Hotels mit Blick auf die Jama Masjid ist umwerfend. Die Zimmer sind nicht groß und haben kleine, harte Betten mit grauer Bettwäsche. Einige punkten dafür mit Fenstern mit Aussicht. Die Bäder (mit Hocktoiletten) könnten eine Grundreinigung vertragen, das Personal ist jedoch freundlich.

PREISKATEGORIEN: SCHLAFEN

Die folgenden Preiskategorien beziehen sich auf ein Doppelzimmer mit eigenem Bad inklusive Steuern.

$ unter 1500 ₹

$$ 1500–5000 ₹

$$$ über 5000 ₹

Hotel Bombay Orient HOTEL $$
(Karte S. 68; ☎ 011-43101717; Matya Mahal; EZ/DZ ab 970/1430 ₹, mit Klimaanlage 1370/1830 ₹; ❄; Ⓜ Jama Masjid) Gegenüber dem berühmten Restaurant Karim's in Old Delhi befindet sich diese freundliche Unterkunft, in der man mitten im Geschehen ist. Die Zimmer sind sauber und ordentlich; bevor man sich entscheidet, sollte man sich allerdings erst ein paar ansehen. Reservierung empfohlen.

Hotel Broadway HOTEL $$
(Karte S. 68; ☎ 011-43663600; www.hotelbroadwaydelhi.com; 4/15 Asaf Ali Rd; EZ/DZ inkl. Frühstück ab 3250/4805 ₹; ❄ @ 📶; Ⓜ New Delhi) Das Broadway war bei seiner Eröffnung 1956 das erste Hochhaus in Delhi. Heute kombiniert es Komfort mit Exzentrik und einer tollen Lage. Schon allein das Restaurant Chor Bizarre (S. 92) und die Bar (Thugs) lohnen den Aufenthalt hier. Einige Zimmer haben eine altmodische Holzvertäfelung an den Wänden, andere wurden skurril von der französischen Innenarchitektin Catherine Lévy eingerichtet. Am besten bittet man um ein Zimmer mit Blick auf Old Delhi.

★ **Haveli Dharampura** HERITAGE HOTEL $$$
(Karte S. 68; ☎ 011-23263000; www.havelidharampura.com; 2293 Gali Guliyan; DZ ab 13 640 ₹; ❄ 📶; Ⓜ Jama Masjid) Das wunderschön restaurierte *haveli* ist um einen Hof angeordnet und versprüht jede Menge Mogul-Flair. Die Zimmer haben großartige Betten aus poliertem Holz. Der Aufpreis für ein größeres Zimmer lohnt, sind doch die kleinsten Varianten etwas beengt. Das exzellente Restaurant Lakhori (S. 92) serviert traditionelle Mogul-Speisen und freitags und sonntags wird abends *kathak* getanzt.

Maidens Hotel HOTEL $$$
(Karte S. 68; ☎ 011-23975464; www.maidenshotel.com; 7 Sham Nath Marg; Zi. ab 19 840 ₹; ❄ @ 📶 🏊; Ⓜ Civil Lines) Das 1903 erbaute, großartige Traditionshaus Maidens (Teil der Oberoi-Kette) ist ein cremefarbener, neoklassischer Traum vor einem tadellos gepflegten Rasen. Lutyens überwachte von hier aus die Erbauung von New Delhi. Die hohen Zimmer strahlen einen gewissen kolonialzeitlichen Charme aus – und sind doch mit modernem Komfort ausgestattet. Es gibt zwei Restaurants, einen Pool und eine Bar.

Paharganj

Paharganj

Aktivitäten, Kurse & Touren

1 Salaam Baalak Trust C2

Schlafen

2 Backpacker Panda A3
3 Bloom Rooms @ New Delhi C1
4 Cottage Ganga Inn B2
5 Diya A2
6 Hotel Amax Inn B1
7 Hotel Godwin Deluxe B1
8 Hotel Hari Piorko B2
9 Hotel Namaskar B2
10 Hotel Rak International B2
11 Metropolis Tourist Home A2
12 Zostel C1

Essen

13 Brown Bread Bakery B2
Cafe Fresh .... (siehe 11)
14 Everest Bakery C2
Malhotra .... (siehe 11)
15 Narula Bakery B3
16 Shimtur B2
17 Sita Ram Dewan Chand A2
18 Tadka B3

Ausgehen & Nachtleben

19 Gem C2
20 Karen Cafe B1
21 Metro Bar A3
22 My Bar A3
23 Sam's Bar B2

Shoppen

24 Main Bazaar C2

Paharganj & Umgebung

Der hektische Traveller-Treffpunkt ist gewiss keine Oase der Ruhe und nicht unbedingt jedermanns Sache. Auf der Habenseite stehen jedoch zahllose Hotels, Souvenirläden und Restaurants jeder Couleur und die praktische Lage nahe dem Bahnhof New Delhi bzw. der Flughafen-Metro.

Rund um den Main Bazaar und die Arakashan Rd ist auf den Straßen so viel los, dass sich sogar die Taxifahrer mitunter weigern, ihre Fahrgäste direkt bis vors Hotel zu fahren. Wer Probleme hat, lässt sich einfach am Tooti Chowk absetzen und geht den Rest zu Fuß.

Von der Metrostation Ramakrishna Ashram Marg ist man zu Fuß in wenigen Minuten am Main Bazaar. Wer in die Arakashan Rd muss, für den ist die Station New Delhi praktischer; von dort sind es zu Fuß zehn Minuten über eine Brücke.

★ **Backpacker Panda** HOSTEL $
(Karte S. 87; http://backpackerpanda.com; B im Schlafsaal mit 6/8 Betten 450/400 ₹; ; Ⓜ Ramakrishna Ashram Marg) Eine tolle Alternative zu den heruntergekommenen Billighotels in Paharganj. Das Panda hat helle, saubere Schlafsäle (einer nur für Frauen) mit angeschlossenen Bädern, Ladestationen, Schließfächern, Fenstern, sauberer Bettwäsche und bequemen Matratzen. In der Nähe der Metro. Ein unschlagbarer Deal!

★ **Hotel Amax Inn** HOTEL $
(Karte S. 87; ☎ 011-23543813; www.hotelamax.com; 8145/6 Arakashan Rd; EZ/DZ/3BZ ab 850/950/1350 ₹; ; Ⓜ New Delhi) Das etwas abseits der chaotischen Arakashan Rd gelegene Amax Inn ist schon seit Langem bei Travellern sehr beliebt. Es hat saubere, teilweise etwas muffige Zimmer mit gutem Preis-Leistungs-Verhältnis. Das Personal ist freundlich und kümmert sich gerne um die Anliegen seiner Gäste. Die kleine Terrasse ist schön begrünt. Das Drei-Bett-Zimmer (Nr. 403) geht aufs Dach hinaus und punktet zusätzlich mit einem Fenster und einer schönen, mit Schablonen bemalten Wand.

Zostel HOSTEL $
(Karte S. 87; ☎ 011-39589005; www.zostel.com/zostel/Delhi; 5 Arakashan Rd; B im Schlafsaal mit 6–8 Betten 549 ₹, DZ 1499 ₹; ; Ⓜ New Delhi) Dieses Hostel gehört zur Zostel-Kette und ist etwas schäbiger als andere Backpacker-Hostels in Delhi. Es verfügt aber über die obligatorischen bunten Wandbilder, die Schlafsäle sind recht günstig und es ist ein toller Ort, um andere Backpacker zu treffen.

Hotel Namaskar HOTEL $
(Karte S. 87; ☎ 011-23583456; www.namaskarhotel.com; 917 Chandiwalan, Main Bazaar; Zi. 400–650 ₹, mit Klimaanlage 700 ₹;) Der alteingesessene Klassiker in einer Gasse gegenüber vom Dayal Boot House wird von zwei liebenswürdigen Brüdern geführt. Zwar ist es feucht und laut, die Zimmer bekommen aber jedes Jahr einen rosa Anstrich, weshalb es frischer erscheint als viele seiner Konkurrenten.

Cottage Ganga Inn HOTEL $
(Karte S. 87; ☎ 011-23561516; www.cottagegangainn.com; 1532 Bazar Sangtrashan; EZ/DZ ab 1000/1300 ₹; ; Ⓜ Ramakrishna Ashram Marg) Dieses Hotel ist ruhiger als die meisten anderen Optionen in Paharganj und versteckt sich in einem Hof abseits vom Main Bazaar neben einem Kindergarten. Die Zimmer vorne haben Fenster und sind teurer.

Hotel Rak International HOTEL $
(Karte S. 87; ☎ 011-23562478; www.hotelrakinternational.com; 820 Main Bazaar, Chowk Bawli; EZ/DZ 650/750 ₹, mit Klimaanlage 850/950 ₹; ; Ⓜ Ramakrishna Ashram Marg) Das beliebte Hotel liegt abseits des Main Bazaar (ist also ruhiger!) und blickt auf einen kleinen Hof und einen Tempel. Die bescheidenen Zimmer sind eine gute Wahl und haben Böden und Bäder aus Marmor. Es gibt auch Zwei-Bett-Zimmer – eine Seltenheit – und sogar Fenster! Aus den teureren Zimmern blickt man auf den Platz.

★ **Bloom Rooms @ New Delhi** HOTEL $$
(Karte S. 87; ☎ 011-40174017; http://bloomrooms.com; 8591 Arakashan Rd; EZ/DZ inkl. Frühstück ab 2200/2900 ₹; ; Ⓜ New Delhi) Das in Weiß und Gelb gehaltene Designerschmuckstück Bloom Rooms hebt sich deutlich von der Konkurrenz in Paharganj ab. Es bietet weiche Kissen, bequeme Betten, gutes WLAN und kostenloses Mineralwasser. Das Restaurant ist etwas düster, serviert aber leckeres Essen.

Diya B&B $$
(Karte S. 87; ☎ 9811682348; http://stay.streetconnections.co.uk; Tilak St; EZ/DZ inkl. Frühstück 2000/2750 ₹; ; Ⓜ Ramakrishna Ashram Marg) Das Diya ist ein Ort, von dem man hofft, dass er ein Geheimtipp bleibt. Es fühlt sich an wie eine Pension in South Delhi, liegt aber in einer Seitenstraße in Paharganj. Es hat drei hübsche, gut gepflegte Zimmer, eines davon mit Balkon. Auch eine Gemeinschaftsküche ist vorhanden. Betrieben wird das Diya von Street Connections; Personal und Management sind ehemalige Straßenkinder aus dem Salaam Baalak Trust. Reservierung nötig. Gute Adresse für alleinreisende Frauen.

Hotel Hari Piorko HOTEL $$
(Karte S. 87; Main Bazaar; Zi. 1450–1850 ₹; ; Ⓜ Ramakrishna Ashram Marg) Der kleine Aufpreis, den man hier für ein Zimmer mit Aquarium bezahlt, ist gut angelegt. Es dürfte auch das einzige Hotel in Delhi mit dieser Option sein. Aber selbst ohne Aquarium ist das Hari Piorko eine gute Wahl; die teureren Zimmer bieten mehr Platz. Hier ist auch das Fire & Ice Restaurant zu Hause, von dessen Balkon man auf den Main Bazaar blickt.

Hotel Godwin Deluxe HOTEL $$
(Karte S. 87; ☎ 011-23613797; www.godwinhotels.com; 8501 Arakashan Rd; EZ/DZ inkl. Frühstück 3000/3250 ₹; ; Ⓜ New Delhi) Hat dieselben Besitzer wie das Grand Godwin nebenan. Das Godwin Deluxe bietet einen ähnlich

guten Service sowie komfortable, geräumige und saubere Zimmer.

Metropolis Tourist Home HOTEL $$
(Karte S. 87; ☎ 011-23561794; www.metropolistouristhome.com; 1634-5 Main Bazaar; Zi. ab 2000 ₹; ❄@📶; Ⓜ Ramakrishna Ashram Marg) Ein Langzeitfavorit im Backpacker-Distrikt. Das Hotel ist komfortabel und vermietet renovierte Zimmer, die in unzähligen verschiedenen Brauntönen gehalten sind. Das etwas zu teure Dachterrassenrestaurant mutet mit seinen Pflanzen, gedämpften Lichtern und der ausländischen Klientel fast schon europäisch an.

Connaught Place & Umgebung

★ **Imperial** HOTEL $$$
(Karte S. 72; ☎ 011-23341234; www.theimperialindia.com; Janpath; Zi. ab 24 300 ₹; ❄@📶🏊; Ⓜ Janpath) Im Imperial wird kolonialzeitlicher Klassizismus mit Art-déco kombiniert. Das 1931 erbaute Hotel wurde von F. B. Blomfield, einem Mitarbeiter Lutyens, entworfen. Hohe Decken, wehende Vorhänge, französische Bettwäsche und Marmorbäder prägen die Zimmer. Zum Hotel gehören auch das tempelartige Thai-Restaurant Spice Route, die sehr empfehlenswerte Bar 1911 (S. 98) sowie das Café Atrium (S. 97), das einen perfekten High Tea serviert.

In den Fluren und Atriums hängen Exemplare der großartigen Kunstsammlung des Hotels mit Werken aus dem 18. und 19. Jh.

Hotel Palace Heights HOTEL $$$
(Karte S. 72; ☎ 011-43582610; www.hotelpalaceheights.com; 26-28 D-Block; EZ/DZ 8100/8650 ₹; ❄@📶; Ⓜ Rajiv Chowk) Das gemütliche Boutiquehotel bietet einige der hübschesten Zimmer am geschäftigen Connaught Place: Sie bieten blütenweiße Bettwäsche und Karamell- und Bernsteintöne. Hier findet sich auch das ausgezeichnete Restaurant **Zäffrän** (Karte S. 72; ☎ 011-43582610; Hotel Palace Heights, 26–28 D-Block; Hauptgerichte 350–650 ₹; ⏲ 12–15.30 & 18.30–23.30 Uhr; Ⓜ Rajiv Chowk).

Radisson Blu Marina HOTEL $$$
(Karte S. 72; ☎ 011-46909090; www.radisson.com/hotels/indnedl; 59 G-Block; EZ/DZ 10 000/11 000 ₹; ❄@📶; Ⓜ Rajiv Chowk) Die schickste Option am Connaught Place. Die eleganten, stilvollen und mit allen Extras ausgestatteten Zimmer versprühen luxuriöses Flair. Dazu tragen auch die Great Kebab Factory und die coole Bar Connaught bei, in der man unter roten Lampen seine Drinks schlürfen kann.

West Delhi

Master Guest House PENSION $$
(☎ 011-28741089; www.master-guesthouse.com; R-500 New Rajendra Nagar; EZ/DZ inkl. Frühstück ab 2071/3270 ₹; ❄@📶; Ⓜ Rajendra Place) In einer ruhigen Vorstadtgegend führen die kompetenten Betreiber Ushi und Avnish diese schicke und auf Hochglanz polierte Pension mit drei geschmackvoll eingerichteten Zimmer mit blitzblanken Bädern und einer grünen Dachterrasse.

Shanti Home HOTEL $$$
(☎ 011-41573366; www.shantihome.com; A-1/300 Janakpuri; EZ/DZ inkl. Frühstück ab 5500/6500 ₹; ❄@📶; Ⓜ Uttam Nagar East) Das kleine Boutiquehotel in West Delhi liegt nahe der Metro und hat schön dekorierte Zimmer – je mehr man auszugeben bereit ist, desto schicker wird's. Pluspunkte sammeln die Lounge-Bereiche, das exzellente, von Laternen erleuchtete Dachrestaurant sowie der Fitnessraum, die Kochkurse und die Spa-Anwendungen.

New Delhi

Bloom Rooms @ Link Rd HOTEL $$
(Karte S. 76; ☎ 011-41261400; bloomrooms.com; 7 Link Rd; EZ/DZ inkl. Frühstück ab 2900/3700 ₹; ❄@📶; Ⓜ Jangpura) Ein paar Gehminuten von der Metro entfernt liegt dieses ruhige Hotel in praktischer Lage für die Erkundung des Khan Market, Humayuns Grabmals und der Lodi Gardens. Das weiß-gelbe Design des Bloom Rooms erinnert auf angenehme Weise an Skandinavien. Die Kissen sind weich, das WLAN schnell und vor Ort gibt's auch einen Ableger des angesehenen hiesigen italienischen Restaurants Amici.

★ **Lodhi** HOTEL $$$
(Karte S. 76; ☎ 011-43633333; www.thelodhi.com; Lodi Rd; Zi. ab 21 800 ₹; ❄📶🏊; Ⓜ JLN Stadium) Das Lodhi ist eines der feinsten Luxushotels in Delhi. Es bietet riesige, hübsche Zimmer und Suiten und jede Menge Platz. Jedes Zimmer hat seinen eigenen Balkon mit Minipool. Die Zimmer in den oberen Etagen verfügen über einen schönen Blick, z. B. auf Humayuns Grabmal. Das Lodhi zeichnet eine bestechende Liebe zum Detail aus. Es gibt ein erstklassiges **Spa** (Karte S. 76; ☎ 011-43633333; www.thelodhi.com; Lodhi Hotel, Lodi Rd, Massage 1 Std. ab 3800 ₹; Ⓜ JLN Stadium).

Claridges HOTEL $$$
(Karte S. 76; ☎ 011-39555000; www.claridges.com; 12 Aurangzeb Rd; DZ ab 13 050 ₹; ❄@📶🏊;

MAJNU-KA-TILLA

Seit 1960 ist Majnu-ka-Tilla eine Enklave der tibetischen Flüchtlinge in Delhi. Das Viertel ist eine beliebte Alternative für Traveller, denen die Hektik in Paharganj zu viel wird – da kommt die relaxte Atmosphäre von „Little Lhasa" genau richtig. Seinen Namen Majnu-ka-Tilla verdankt es einem einheimischen Bootsführer, der abgeschieden lebte und den Spitznamen „der Verrückte" (= *majnu*) trug. Er begegnete hier auf einem kleinen Hügel (= *tilla*) Guru Nanak, dem Gründer des Sikhismus. Das nahe gelegene Gurdwara Majnu-ka-Tilla aus dem 18. Jh. wurde im Gedenken an den Aufenthalt des Gurus errichtet.

Die Straßen des Viertels, das nicht weit von der Yamuna entfernt liegt, sind zu schmal für herkömmliche Verkehrsmittel. Es beheimatet ein Kloster und man trifft an jeder Ecke auf rot-braun gekleidete buddhistische Mönche und Tibeter. Zwar sind auch ziemlich viele Bettler aktiv, doch es herrscht eine sichere Kleinstadtatmosphäre vor.

Die Budgetunterkunft **Ga-Kyegu House** (011-23815196; gakyeguhouse@hotmail.com; H-158, Block 7, Tibetan Colony; Zi. 700 ₹, ohne Bad 550 ₹; ; Vidhan Sabha) bietet einige günstige Zimmer mit Blick auf die Yamuna. Im freundlichen **Wongdhen House** (011-23816689; 15-A New Tibetan Colony; Zi. 800–1000 ₹, ohne Bad 500 ₹; ; Vidhan Sabha) gibt's einfache, abgewohnte Zimmer und ein gutes Restaurant. Gleich nebenan verspricht das **Lhasa House** (011-23939888; lhasahouse@rediffmail.com; 16 New Aruna Nagar; Zi. 500–1000 ₹; Vidhan Sabha) ein besseres Preis-Leistungs-Verhältnis. Das **Ama** (H40, New Aruna Nagar; 7–21.30 Uhr; ; Vidhan Sabha) und das **Kham Cafe** (New Aruna Nagar; 7–19.30 Uhr; Vidhan Sabha) sind wunderbare Anlaufstellen, um sich bei einem Kaffee zurückzulehnen. Unterhalb vom Ama ist das preiswerte **Akama** (9–19.30 Uhr; Vidhan Sabha) untergebracht, das tibetisches Kunsthandwerk verkauft. Gute Optionen für eine Stärkung sind das **Tee Dee** (32 New Aruna Nagar; Gerichte 60–210 ₹; 8.30–22.30 Uhr; Vidhan Sabha) und das alteingesessene und beliebte **Dolma House** (Block 10, New Tibetan Colony; Gerichte 70–180 ₹; 7–22 Uhr). Und falls es mal was anderes sein soll, wäre da noch das koreanische Restaurant **Kori's** (Tsampa Café; Tsampa House, 18–19 New Camp; Gerichte 80–290 ₹; 7.30–22 Uhr;).

Anfahrt: mit der Metro nach Vidhan Sabha und dann eine Sammelrikscha (Fahrrad/Auto 20/40 ₹) bis zu dieser Enklave an der KB Hedgewar Marg nehmen; nach der „wrong side" fragen!

Racecourse) Das elegante Claridges wurde 1952 erbaut und hat vor seiner Tür einen hübsch gepflegten grünen Rasen. Die Zimmer im Kolonialstil verfügen über allen Komfort. Es gibt einige hervorragende Restaurants, darunter das romantische Sevilla, das mediterrane Küche serviert und in dem man unter von Vorhängen abgeschirmten Pavillons speist, und das rustikaler eingerichtete **Dhaba** (Karte S. 76; 011-39555000; The Claridges, 12 Aurangzeb Rd; Gerichte 700–2000 ₹; 12.30–14.30 & 19–23.30 Uhr; Racecourse) mit traditioneller Punjab-Küche.

Zaza Stay PENSION **$$$**

(Karte S. 76; 011-47373450; www.zaza.co.in; G54, Nizamuddin West; EZ/DZ inkl. Frühstück 4000/5000 ₹) Die Besitzer eines Unternehmens für Haushaltswaren betreiben auch diese Pension. Sie bietet hübsch dekorierte Zimmer mit Ausblick ins Grüne in Nizamuddin, eine ruhige, friedliche Gegend, die aber dennoch nicht weit vom Dargah und Humayuns Grabmal entfernt liegt.

Lutyens Bungalow PENSION **$$$**

(Karte S. 76; 011-24611341; www.lutyensbungalow.co.in; 39 Prithviraj Rd; EZ/DZ inkl. Frühstück ab 6500/8000 ₹; ; Racecourse) Die familiengeführte Pension besteht aus einem riesigen Bungalow mit einer Veranda und Hängelampen ringsum und bietet einen wunderbaren Garten mit Rasen, Blumen und herumflatternden Sittichen. Die Zimmer sind angenehm, haben Holzmöbel und ein altmodisches Flair. Dank des ungewöhnlich großen Geländes eine besonders gute Adresse für Familien.

South Delhi

★ **Madpackers Hostel** HOSTEL **$**

(Karte S. 82; S39-A 3. Stock, Panchsheel Park Sth; B im Schlafsaal mit 6–14 Betten 650–850 ₹; ; Hauz Khas) Ein freundliches, relaxtes Hostel in einer grünen Ecke von South Delhi mit einem hellen und luftigen Aufenthaltsraum – einer der besten Orte der Stadt, um abzuhängen und Gleichgesinnte zu treffen. Es gibt gemischte Schlafsäle (einer ist nur für Frauen) und mit Graffitis verzierte Wände.

Jugaad Hostel HOSTEL $
(Karte S. 82; Mohamed Pur; B 600–800 ₹, Zi. 2400 ₹) In einer angenehm touristisch unerschlossenen – um nicht zu sagen abgelegenen – Gegend der Stadt liegt dieses tolle Hostel nahe einem riesigen Markt, der freitags abgehalten wird. Es gibt Schlafsäle (auch nur für Frauen), Privatzimmer und Hängesessel auf einer Dachterrasse. Und einen freundlichen und hilfsbereiten Empfang.

Bed & Chai HOSTEL $$
(Karte S. 82; www.bedandchai.com; R55 Hans Raj Gupta Marg; B 850 ₹, DZ ohne/mit Bad ab 2500/3100 ₹) Die von Franzosen betriebene Pension hat schlichte, farbenfroh dekorierte Zimmer mit skurrilen, aber originellen Designelementen. Es gibt auch einen Schlafsaal, eine Dachterrasse und selbstverständlich ausgezeichneten Chai.

Treetops PENSION $$
(Karte S. 82; ☎9899555704; baig.murad@gmail.com; R-8B Hauz Khas Enclave; EZ/DZ ab 2500/3500 ₹; ❄📶; Ⓜ Hauz Khas) Der Motorjournalist/Autor/Philosoph Murad und seine als Hobbyköchin tätige Frau Tannie haben ein elegantes Haus, in dem man sich wie zu Besuch bei schrecklich vornehmen Verwandten fühlt. Es gibt zwei große Zimmer, die auf eine grüne Dachterrasse mit Blick auf den Park führen. Die kleineren Zimmer im Erdgeschoss sind günstiger und bieten vielleicht weniger Privatsphäre. Auf Wunsch bekommt man auch Abendessen.

★ **Manor** HOTEL $$$
(Karte S. 82; ☎011-26925151; www.themanordelhi.com; 77 Friends Colony (West); DZ inkl. Frühstück ab 11 000 ₹; ❄@📶) Das elegante, diskrete Boutiquehotel mit seinen 16 Zimmern liegt inmitten gepflegter Grünanlagen unweit der Mathura Rd. Es hat große Zimmer mit moderner Einrichtung in sanften Erdtönen und höchsten Komfort. Das Restaurant Indian Accent (S. 97) gehört zu den besten Delhis.

★ **Devna** PENSION $$$
(Karte S. 76; ☎011-41507176; www.tensundernagar.com; 10 Sunder Nagar; EZ/DZ 5450/5800 ₹; ❄@📶) Das Devna versprüht jede Menge Charme. Es ist mit alten Holzmöbeln, Kunstwerken und Fotos von Maharadschas dekoriert. Die Zimmer im Obergeschoss haben kleine Terrassen mit Ausblick auf einen hübschen Garten im Hof. Nicht weit vom riesigen Zoo Delhis entfernt.

Scarlette PENSION $$$
(Karte S. 82; ☎011-41023764; www.scarlettenewdelhi.com; B2/139 Safdarjung Enclave; DZ ab 7000 ₹; ❄📶) Das Scarlette in der ruhigen, grünen Safdarjung Enclave nahe dem Hauz Khas Village und dem Deer Park ist eine *maison d'hôtes* (Pension) mit nur vier Zimmern und einem Apartment, das von seinem Besitzer, einem französischen Textildesigner, mit jeder Menge künstlerischem Flair eingerichtet ist. Eine gute Option für alleinreisende Frauen.

Flughafen & Umgebung

Delhis Aerocity ist eine praktisch gelegene Ansammlung großer Hotels, nur 4 km vom Flughafen entfernt – perfekt, wenn man nur eine Nacht in der Stadt ist. Für eine gute Anbindung sorgt die Metrostation Delhi Aerocity. Zur Auswahl stehen Hotelketten wie Hotel Pullman und Lemon Tree sowie das superluxuriöse, von Hilton betriebene Andaz Delhi. Die billigste Option ist das Hotel Delhi Aerocity. Ein paar weitere Hotels gibt's im nahe gelegenen Vasant Kunj.

Infos zu den verschiedenen Übernachtungsoptionen am Flughafen finden sich unter www.newdelhiairport.in.

Essen

Old Delhi

★ **Jalebiwala** SÜSSIGKEITEN $
(Karte S. 68; Dariba Corner, Chandni Chowk; jalebis 50 ₹/100 g; ⏲8–22 Uhr; Ⓜ Lal Qila) Seit 100 Jahren bekommt man bei Jalebiwala die wahrscheinlich besten *jalebis* (frittierte, mit Sirup getränkte Donuts) in ganz Delhi – wenn nicht sogar in ganz Indien. Hier heißt es hemmungslos zuschlagen – über die Kalorien kann man sich später noch Gedanken machen.

★ **Gali Paratha Wali** STRASSENSNACKS $
(Karte S. 68; Gali Paratha Wali; Parathas 15–35 ₹; ⏲7–23 Uhr; Ⓜ Jama Masjid) In dieser Seitenstraße des Chandni Chowk gibt es schon seit Generationen köstliche *parathas* (traditionelles Fladenbrot) frisch von der *tawa* (Herdplatte). Zu Zeiten der Großmoguln wurden hier Pilger versorgt. Zur Auswahl steht eine große Palette an Füllungen: grüner Chili, Frischkäse, Zitrone, Banane u. v. m.

Natraj Dahi Balle Wala STREET FOOD $

(Karte S. 68; 1396 Chandni Chowk; Portion 50 ₹; ⌚10.30–23 Uhr; Ⓜ Chandni Chowk) Der winzige Imbiss mit großem rotem Schild und langer Warteschlange ist berühmt für *dahi bhalle* (gebratene Linsenbällchen mit Joghurt und Chutney) und köstliche, knusprige *aloo tikki* (scharfe Kartoffelpuffer).

Haldiram's FAST FOOD $

(Karte S. 68; 1454/2 Chandni Chowk; Hauptgerichte 70–180 ₹; ⌚10–22.30 Uhr; Ⓜ Chandni Chowk) Die saubere, helle Cafeteria mit Süßwarenladen ist für ihre erstklassigen *dosas* (große, herzhafte, südindische Crêpes) und Thalis beliebt und verkauft auch köstliche *namkin* und *mithai* (herzhafte und süße Snacks) zum Mitnehmen. Es gibt noch eine weitere beliebte Filiale am **Connaught Place** (Karte S. 72; 6 L-Block, Connaught Place; Snacks 70–230 ₹; ⌚8.30–22.30 Uhr; Ⓜ Rajiv Chowk).

★ **Karim's** MOGUL-KÜCHE $$

(Karte S. 68; Gali Kababyan; Hauptgerichte 120–400 ₹; ⌚9–0.30 Uhr; Ⓜ Jama Masjid) In der kleinen Gasse gleich südlich der Jama Masjid sorgt das Karim's seit 1913 fürs leibliche Wohl von Fleisch-Liebhabern. Auf der Speisekarte stehen hauptsächlich fleischlastige Mogul-Gerichte wie Hammel-*burrah* (marinierte Koteletts), köstliches Hammel-*mughlai* und zum Frühstück *nahari* (Hammel mit Brot). Weitere Filialen finden sich überall in der Stadt, eine davon in **Nizamuddin West** (Karte S. 76; 168/2 Jha House Basti; Gerichte 120–400 ₹; ⌚Di–Sa 8–22 Uhr; Ⓜ JLN Stadium); diese Filiale hier in Old Delhi ist jedoch die älteste und die beste.

STEUERN FÜR ESSEN & GETRÄNKE

Die Steuern für Getränke lassen eine Rechnung schnell um bis zu 20 % (alkoholische Getränke) bzw. 12,5 % (nicht alkoholische Getränke) in die Höhe schnellen. Restaurants erheben auf ihr Essen zudem 12,5 % Mehrwertsteuer und in klimatisierten Lokalen müssen noch einmal 14 % Servicesteuern auf den Dienstleistungsanteil der Rechnung addiert werden. Viele erheben schließlich eine Servicegebühr von 10 %. Man muss also in Restaurants bedenken, dass man mit all diesen Zuschlägen gut und gern 30 % und mehr zahlen muss als auf der Speisekarte angegeben.

Al-Jawahar MOGUL-KÜCHE $$

(Karte S. 68; Matya Mahal; Hauptgerichte 60–350 ₹; ⌚7–24 Uhr; Ⓜ Jama Masjid) Das Al-Jawahar liegt zwar im Schatten seines berühmten Nachbarn Karim's (S. 92), ist aber auch eine fantastische Option und serviert Schmackhaftes aus der Mogul-Küche an Resopaltischen in einem ordentlichen Speisesaal. Von manchen Tischen kann man beobachten, wie das Brot frisch hergestellt wird. Auf der Speisekarte stehen vorwiegend Kebabs und Hammelcurrys, es gibt aber auch gutes Butter Chicken und Korma.

Lakhori INDISCH $$$

(Karte S. 68; Haveli Dharampura, 2293 Gali Guliyan; Probiermenü vegetarisch/nicht vegetarisch 1800/2200 ₹, sonstige Gerichte etwa 400–600 ₹; ⌚10–22.30 Uhr; 📶; Ⓜ Jama Masjid) Das alte *haveli* wurde von dem Politiker Vijay Goel mit viel Herzblut restauriert und verspricht eine gänzlich andere Old-Delhi-Erfahrung – es ist einfach schön zu sehen, wie das Gebäude mit Liebe zum Detail zu neuem Leben erweckt wurde. Das Restaurant mit Tischen im Hof sowie Mogul-Küche und lokalen Spezialitäten auf der Speisekarte ist besonders abends sehr stimmungsvoll.

Moti Mahal MOGUL-KÜCHE $$$

(Karte S. 68; ☎011-23273661; 3704 Netaji Subhash Marg; Hauptgerichte 290–620 ₹; ⌚12–24 Uhr) Es gibt nur ein echtes Moti Mahal – und das schon seit sechs Generationen. Mit seiner altmodischen Atmosphäre versprüht es einen einnehmenden Charme und wäre der perfekte Drehort für einen Film von Wes Anderson. Die Einwohner Delhis lieben diesen Laden wegen des erstklassigen Butter Chicken und des *dhal makhani*. Mittwochs bis montags (20–23.30 Uhr) gibt's hier live *qawwali* (islamische Andachtslieder).

Chor Bizarre KASCHMIR-KÜCHE $$$

(Karte S. 68; ☎011-23273821; Hotel Broadway, 4/15 Asaf Ali Rd; Hauptgerichte 325–500 ₹; ⌚12–15 & 19.30–23 Uhr; Ⓜ New Delhi) Das Chor Bizarre („Markt der Diebe") ist eine schummrig beleuchtete Höhle voller Krimskrams – hier steht sogar ein Oldtimer rum! In dem Laden gibt es köstliche, authentische Kaschmir-Gerichte, z. B. *wazwan*, ein traditionelles Festessen, wie es in Kaschmir serviert wird.

Paharganj & West Delhi

In der Backpacker-Hochburg Paharganj wartet eine vielfältige Gastroszene mit globalen Gerichten von Pizza bis Bananenpfannkuchen. In den Basaren von Karol Bagh gibt's weitere preiswerte Lokale.

★ **Sita Ram Dewan Chand** INDISCH $
(Karte S. 87; 2243 Chuna Mandi; halbe/ganze Portion 30/55 ₹; ⌚8–17 Uhr; Ⓜ Ramakrishna Ashram Marg) Der winzige, familienbetriebene Laden serviert preiswerte Portionen eines einzigen Gerichts: *chole bhature* (scharf gewürzte Kichererbsen) mit köstlich frischem, luftigem Röstbrot. Traditionellerweise gibt's das zum Frühstück, aber es schmeckt auch zu jeder anderen Tageszeit.

Narula Bakery BÄCKEREI $
(Karte S. 87; Sandwiches 15–25 ₹; ⌚9–22 Uhr; Ⓜ Ramakrishna Ashram Marg) Wer ein günstiges Mittagessen sucht, ist in dieser tollen Bäckerei genau richtig. Hier gibt's vegetarische, Mais- oder Panir-Sandwiches mit *kulcha* (Fladenbrot) zum Mitnehmen.

Everest Bakery NEPALESISCH $
(Karte S. 87; Chandiwalan; Gerichte 50–250 ₹; ⌚8–23 Uhr; Ⓜ Ramakrishna Ashram Marg) Ein entspannter, mit Ventilatoren gekühlter Laden abseits der Hauptstraße in Paharganj. Neben dem üblich breit gefächerten Angebot gibt's auch *momos* und tolle Salate. Die Everest Bakery hat eine echte italienische Kaffeemaschine – eine Rarität in Paharganj.

Brown Bread Bakery BÄCKEREI $
(Karte S. 87; Ajay Guest House, 5084-A, Main Bazaar; Snacks 65–150 ₹; ⌚7–23 Uhr; 📶; Ⓜ Ramakrishna Ashram Marg) Die Bio-Bäckerei mit ihrem rustikalen, von Korbwaren geprägten Ambiente ist ein beliebter Treffpunkt für Backpacker. Ihre einfachen Gerichte sind ein Volltreffer: Omeletts, Pizza, viele verschiedene Brotsorten und super Pommes Frites.

Bikanervala Angan FAST FOOD $
(82 Arya Samaj Rd, Karol Bagh; Hauptgerichte 35–170 ₹; ⌚11–22.30 Uhr; Ⓜ Karol Bagh) In dem kleinen, gut besuchten Schnellrestaurant in Karol Bagh bekommt man gute südindische Gerichte und Snacks. Thalis ab 165 ₹.

Roshan di Kulfi EISCREME $
(Ajmal Khan Rd, Karol Bagh; Kulfi etwa 70 ₹; ⌚8.30–21.30 Uhr; Ⓜ Karol Bagh) Der Laden in Karol Bagh ist für tolles *pista badam kulfi* (Milchеisdessert mit Pistazien, Mandeln und Kardamom) bekannt. Er liegt ca. 500 m nordöstlich der Metrostation Karol Bagh.

★ **Shimtur** KOREANISCH $$
(Karte S. 87; 3. Stock, Navrang Guesthouse, Tooti Galli; Gerichte 240–500 ₹; ⌚10–23 Uhr; Ⓜ Ramakrishna Ashram Marg) Es braucht schon etwas Durchhaltevermögen, um diesen Laden ausfindig zu machen. Man nimmt die Abzweigung zum Hotel Rak International, dem gegenüber das schäbige Navrang Guest House liegt. Steigt man die Treppen ein paar Etagen hinauf, gelangt man zu einer nett beleuchteten kleinen, von Bambus gesäumten Dachterrasse. Das frische koreanische Essen ist köstlich. Besonders lecker ist das *bibimbap* (Schüssel Reis mit gemischtem und eingemachtem Gemüse und Eiern; 240 ₹). Auch Bier ist erhältlich (170 ₹).

Cafe Fresh VEGETARISCH $$
(Karte S. 87; Laxmi Narayan St; Gerichte 115–240 ₹; ⌚8–23 Uhr; 📶; Ⓜ Ramakrishna Ashram Marg) Das stimmungsvolle vegetarische Café ist bei Indern und Ausländern beliebt. Ein paar Stufen führen hinunter zu dem angenehm ruhigen Fleckchen, an dem man der Hektik der Straße entkommen kann.

Tadka INDISCH $$
(Karte S. 87; 4986 Ramdwara Rd; Hauptgerichte 150–190 ₹; ⌚8.30–22.30 Uhr; Ⓜ Ramakrishna Ashram Marg) Seinen Namen verdankt dieses zuverlässige vegetarische Restaurant dem allseits beliebten *dhal*. Unter den surrenden Ventilatoren serviert es leckere Panir-Gerichte und andere vegetarische Speisen (Thali normal/spezial 200/280 ₹).

Malhotra INTERNATIONAL $$
(Karte S. 87; 1833 Laxmi Narayan St; Hauptgerichte 80–425 ₹; ⌚7–23 Uhr; 📶) Das Malhotra in einer Straße hinter dem Main Bazaar ist eine zuverlässige, bei Einheimischen wie Ausländern beliebte Option. Es serviert eine gute Auswahl an Frühstücksmenüs und nordindischen Klassikern, z. B. *mattar paneer* (Curry mit Erbsen und Frischkäse).

Connaught Place

★ **Naturals** EISCREME $
(Karte S. 72; 8 L-Block, Connaught Place; Becher/Waffel 65 ₹, zwei Kugeln 130 ₹; ⌚11–24 Uhr; Ⓜ Rajiv Chowk) Der Vater des Gründers Mr. Kamath verkaufte Mangos in Bangalore, was ihn offensichtlich dazu inspirierte, diese Frucht zu lieben. Er eröffnete das Naturals und verkauft heute traumhaft cremiges, frisches Eis in Sorten wie Wassermelone, Kokos (yummi!), Mango und geröstete Mandeln.

★ **Hotel Saravana Bhavan** SÜDINDISCH $$
(Karte S. 72; 46 Janpath; Gerichte 95–210 ₹, Thali 210 ₹; ⌚8–23 Uhr; Ⓜ Janpath) Hier gibt's lecke-

re *dosas*, *idlis* und andere südindische Klassiker. In der Filiale – der größten und besten in Delhi – kann man dabei zuschauen, wie die *dosas* entstehen. Es gibt auch südindischen Kaffee.

Kerala House SÜDINDISCH $

(Karte S. 72; 3 Jantar Mantar Rd; Gerichte 50 ₹; 8–10, 12.30–15 & 19–21.45 Uhr; M Patel Chowk) Die Mitarbeiterkantine des Kerala ist öffentlich zugänglich und hat leckere Gerichte zum Schnäppchenpreis, darunter Fisch-Curry, frittierter Fisch, *sambar*, einige vegetarische Optionen und eingelegtes Gemüse. Reisnachschlag gibt es kostenlos.

Coffee Home INDISCH $

(Karte S. 72; Baba Kharak Singh Marg; Gerichte 50–150 ₹; 11–20 Uhr; M Shivaji Stadium) Mit seinen schattigen Tischen im Garten und dem geräumigen Innenbereich mit surrenden Ventilatoren ist das Coffee Home bei Büroangestellten sehr beliebt, die sich hier einen Chai und südindische Snacks wie *masala dosa* schmecken lassen. Zudem befindet es sich in praktischer Lage neben den staatlichen Einkaufszentren.

Hotel Saravana Bhavan SÜDINDISCH $

(Karte S. 72; 15 P-Block, Connaught Place; Hauptgerichte 95–210 ₹; 8–23 Uhr; M Rajiv Chowk) Delhis beste Thalis werden in anspruchslosem Ambiente serviert: in einem einfachen tamilischen Schnellrestaurant am Rand des Connaught Place. Zur Essenszeit bilden sich hier lange Schlangen. Die Thalis kommen mit wunderbar gewürzten vegetarischen Currys, Dips, Broten und Beilagen auf den Tisch.

Wenger's BÄCKEREI $

(Karte S. 72; 16 A-Block, Connaught Place; Snacks 30–100 ₹; 10.45–19.45 Uhr; M Rajiv Chowk) Das legendäre Wenger's wurde 1926 von einem Schweizer Paar eröffnet und produziert seitdem Backwaren, was das Zeug hält. Hier gibt's Kuchen, Sandwiches, Gebäck und herzhafte Teigtaschen.

Nizam's Kathi Kabab FAST FOOD $

(Karte S. 72; 5 H-Block, Connaught Place; Kebabs 80–270 ₹; 11.30–23 Uhr; M Rajiv Chowk) Imbiss mit meisterhaften Kebabs, Biryani und *kati*-Wraps (Kebabs in heißem *paratha*). Hier drängen sich vor allem Fleischfans, es gibt aber auch Gerichte mit Panir, Pilzen und Ei, die auch Vegetarier glücklich machen.

★ **Masala Library** MODERN-INDISCH $$$

(Karte S. 76; 21A Janpath; Probiermenü 2600 ₹; 12–14.45 & 19–1 Uhr; M Janpath) Der Restaurateur Zorawar Kalra hat seine Masala Library nach Delhi gebracht (die erste eröffnete er in Mumbai). Seinen Gästen serviert er eine kreative Küche mit einem Schuss Magie. Es gibt Gerichte der Molekularküche und Kreationen wie ein Amuse-Bouche mit Kokos und Mango, das als Vogelnest angerichtet ist, oder schwebende Schokoladenbällchen. Wer genügend Hunger mitbringt, kann das 19-gängige Probiermenü bestellen.

★ **Rajdhani** INDISCH $$$

(Karte S. 72; ☎ 011-43501200; 1/90 P-Block, Connaught Place; Thalis 475 ₹; 12–15.30 & 19–23 Uhr; M Rajiv Chowk) Die Thalis im Tajdhani wären eines Königs würdig! Die köstlichen vegetarischen Klassiker bestehen aus einer fantastischen Auswahl an Speisen aus Gujarat und Rajasthan.

Farzi Cafe MODERN-INDISCH $$$

(Karte S. 72; ☎ 9599889700; 38 E-Block, Connaught Place; Hauptgerichte 360–560 ₹; 12–0.30 Uhr; M Rajiv Chowk) Das gut besuchte Restaurant am CP spiegelt den Hang von Delhis Gourmet-Gemeinde zu allerlei Kuriosem wider. Es gibt jede Menge Molekular- und ungewöhnliche Fusion-Küche wie Butter Chicken *bao* (im Brötchen). Ein Kingfisher-Bier kostet nur 85 ₹ und es gibt auch Cocktails mit *banta* (traditioneller, hausgemachter Softdrink mit Kohlensäure). Freitags und samstags wird abends ab 22 Uhr Sufi-, Hindi- und Popmusik live gespielt.

Chor Bizarre KASCHMIR-KÜCHE $$

(Karte S. 76; ☎ 011-23071574; Bikaner House, Pandara Rd; Hauptgerichte 325–500 ₹; 12.30–15 & 19.30–23 Uhr; M Khan Market) In dem wunderschön restaurierten, kolonialzeitlichen Bikaner House ist diese neue Filiale des berühmten Restaurants in Old Delhi untergebracht. Das Innere des Chor Bizarre („Markt der Diebe") versprüht einen altmodischen Charme. Auf der Speisekarte stehen authentische, köstliche Gerichte wie das aus Kaschmir stammende *haaq* (Spinat mit Chili).

New Delhi & Umgebung

Mondän und unglaublich abwechslungsreich speist man in New Delhi mit seinen überwältigenden und opulenten Hotels, den Malls und den vornehmen Enklaven rund um den Khan Market, die Lodi Rd und die Mathura Rd.

★ **Andhra Pradesh Bhawan Canteen** SÜDINDISCH $
(Karte S. 76; 1 Ashoka Rd; Gerichte 130–160 ₹, Thalis 110 ₹; ⏲8–10.30, 12–15 & 19.30–22 Uhr; Ⓜ Patel Chowk) Ein super Deal: In diesem Lokal im Andhra Pradesh State House scheint der Strom der Stammgäste nie abzureißen. Hier gibt's günstige und leckere südindische „All you can eat"-Thalis. Sonntags kommt Biryani nach Hyderabad-Art auf den Tisch (200 ₹).

★ **Triveni Terrace Cafe** CAFÉ $
(Karte S. 76; 205 Tansen Marg, Mandi House; Gerichte 55–220 ₹; ⏲10–19.30 Uhr; Ⓜ Mandi House) Die Betreiber des Cafe Lota im Craft Museum schmeißen auch dieses Boheme-Café mit günstigen indischen Gerichten und Snacks (z. B. Chili-Toast). Auf einer grünen Terrasse mit Blick auf ein grasbewachsenes Amphitheater gibt es einen netten Sitzbereich. Oder man nimmt drinnen Platz, wo ein Ventilator für etwas kühle Luft sorgt.

Gujarat Bhawan GUJARAT-KÜCHE $
(Karte S. 76; 11 Kautilya Marg, Chanakyapuri; Frühstück 60 ₹, Thali 110–140 ₹; ⏲8–10, 12.30 14.30 & 19.30–22 Uhr; Ⓜ Racecourse) Die vom Bundesstaat Gujarat betriebene Kantine ist weit davon entfernt, elegant zu sein. Dafür serviert sie traditionelle, spottbillige und sättigende vegetarische Thalis nach Gujarat-Art.

Kebab-Stände STRASSENSNACKS $
(Karte S. 76; Hazrat Nizam-ud-din Dargah; Kebabs ab 30 ₹; ⏲12–23 Uhr; Ⓜ JLN Stadium) Die Gasse vor dem Hazrat Nizam-ud-din Dargah verwandelt sich jeden Abend in einen Bienenstock, wenn Gläubige den Schrein verlassen und sich auf Nahrungssuche begeben. Dann verkaufen zahlreiche Kebab-Imbisse Gerichte mit Rind, Lamm und Hähnchen zu unschlagbaren Preisen und mit Biryani und Roti als sättigende Beilagen.

Nagaland House INDISCH $
(Karte S. 76; 29 Dr. APJ Abdul Kalam Rd; Thalis 120–200 ₹; ⏲12–14 & 19.30–22 Uhr; Ⓜ Racecourse) Die Nagaland-Kantine ist ein einfacher Raum mit Blick auf ein paar Palmen. Ein Besuch hier lohnt wegen der leckeren Gerichte mit Schweinefleisch wie etwa mit Bambussprossen oder Schweinefleisch-Thali nach Naga-Art. Die Thalis gibt's auch vegetarisch oder mit Hühnchen.

★ **Cafe Lota** MODERN-INDISCH $$
(Karte S. 76; Crafts Museum; Gerichte 215–415 ₹; ⏲8–22 Uhr; Ⓜ Pragati Maidan) Durch Bambus-Matten dringt das Licht in flatternden Streifen in dieses Open-Air-Restaurant, das leckere Gerichte mit Pfiff serviert. Probieren sollte man die Interpretation von Fish & Chips mit Süßkartoffelpommes, das *palak patta chaat* (knuspriger Spinat, Kartoffeln und Kichererbsen mit Joghurt und Chutneys) oder die tollen Desserts und Frühstücksangebote. Ein toller Ort für Kinder.

Caara Cafe CAFÉ $$
(Karte S. 72; ☎1204569000; British Council, 17, Kasturba Gandhi Marg; Hauptgerichte 160–350 ₹; ⏲Mo–Sa 8–20, So 8–18 Uhr) Im British Council befindet sich dieses äußerst ruhige, lichtdurchflutete Café mit britischer Kunst aus der eigenen Sammlung an den Wänden. So kann man also vor dem Hintergrund eines Damian Hirsts Tee und Kaffee und gesund anmutende Kuchen, vegetarische Currys und Salate genießen.

★ **Sodabottleopenerwala** PARSISCH $$
(Karte S. 76; Khan Market; Gerichte 85–900 ₹; ⏲12–23 Uhr; Ⓜ Khan Market) Das Restaurant mit dem vermeintlich typisch parsischen Namen (der von einem Gewerbe abgeleitet ist) eifert den iranischen Cafés von Mumbai nach und bereitet authentisches persisches Essen zu, darunter vegetarisches Beeren-*pulav*, gemischtes Beeren-Trifle und *lagan nu custer* (parsische Hochzeits-Creme).

★ **Alkauser** SNACKS $$
(Karte S. 76; www.alkausermughlaifood.com; Kautilya Marg; Kebabs ab 170 ₹, Biryani ab 280 ₹; ⏲18–22.30 Uhr) Die Familie hinter diesem winzigen Take-away hat sich bereits in den 1890er-Jahren ihre Sporen mit der Zubereitung von Kebabs für die Nawabs von Lucknow verdient. Die Spezialität des Hauses ist *kakori*-Kebab, eine weiche Pastete aus Lamm und Gewürzen. Weitere Leckereien sind u. a. Biryani, perfekte Lamm-*burra* (Koteletts) und *murg malai tikka* (Hähnchen mit Gewürzen und Panir).

Epicuria FOOD COURT $$
(Karte S. 82; Nehru Place; Fast-Food-Gerichte 100–300 ₹; Ⓜ Nehru Place) Hier kann man aus einer großen Auswahl an Fast-Food-Ständen wählen, darunter Karim's, Khanchacha, Sagar Ratna etc. Man muss eine Karte mit 500 ₹ aufladen und kann danach in jedem Laden im Einkaufszentrum damit bezahlen. Wenn Guthaben übrig bleibt, bekommt man das an der Kasse zurück. Es gibt auch einige formellere Restaurants wie etwa das italienische Fio oder das Dhaba by Claridges.

Sagar Ratna SÜDINDISCH $$
(Karte S. 76; The Ashok, 50B, Diplomatic Enclave; Gerichte 240–350 ₹; ⏲8–23 Uhr) Die beste Filiale von Sagar Ratna in der Stadt. Das altehrwürdige südindische Restaurant ist immer voller Familien, Pärchen und feiernder Kinder. Es gibt eine tolle Auswahl an *dosas, idlis, uttapams* (herzhafte Reispfannkuchen) und Thalis. Weitere Filialen finden sich am **Connaught Place** (Karte S. 72; 15-K Block, Connaught Place; Gerichte 115–170 ₹; ⏲8–23 Uhr; Ⓜ Rajiv Chowk) und in der **Defence Colony** (Karte S. 72; Defence Colony Market; Gerichte 115–170 ₹; ⏲8–23 Uhr; Ⓜ Lajpat Nagar).

★ **Sana-di-ge** MANGALORE-KÜCHE $$$
(Karte S. 76; ☎011-405077777; 24/48 Commercial Centre, Malcha Marg; Hauptgerichte 345–900 ₹; ⏲12–15.45 & 19–23.30 Uhr) Das gut besuchte Restaurant im Diplomatenviertel wird täglich mit frisch eingeflogenem Fisch aus Mangalore beliefert. Die gemütlichen drei Etagen sind mit geometrischen Blenden dekoriert und es gibt neben einer Bar auch eine Terrasse. Das sehr authentische Essen ist ein Traum. Unser Tipp: frittierter *anjal*, frittierte Pfefferkrabben, *marvai* (Muscheln) oder das Aushängeschild *elaneer payasam*.

★ **Bukhara** INDISCH $$$
(Karte S. 76; ☎011-26112233; ITC Maurya, Sardar Patel Marg; Hauptgerichte 800–2600 ₹; ⏲12.30–14.45 & 19–23.45 Uhr) Das Hotelrestaurant gilt als eines der besten Restaurants Delhis. An den niedrigen Tischen neben mosaikgepflasterten Wänden werden Gerichte aus den Grenzprovinzen im Nordwesten serviert, die einen umhauen werden, darunter auf der Zunge zergehende Kebabs und das berühmte Bukhara-*dhal*. Reservierung erforderlich.

Perch INTERNATIONAL $$$
(Karte S. 76; Khan Market; Snacks & Gerichte 110–950 ₹, offener Wein 300–650 ₹, Cocktails 450–650 ₹; ⏲11.30–1 Uhr; 📶; Ⓜ Khan Market) Das gehobene Shopping-Mekka Khan Market ist der Inbegriff von Coolness – ebenso wie das Perch. Das Café mit Weinbar setzt auf Minimalästhetik, Kellner in grauen Hemden, beruhigende Musik und internationale Weine gepaart mit leckeren internationalen Snacks wie walisischen Käsetoast und Riesengarnelen mit Soba-Nudeln.

La Bodega MEXIKANISCH $$$
(Karte S. 76; ☎011-43105777; 29, 1. Stock, Middle Lane, Khan Market; Gerichte 325–925 ₹; ⏲12–24 Uhr; Ⓜ Khan Market) Das schicke, aber dennoch coole Restaurant hat große Fenster mit Blick ins Grüne und serviert überraschende mexikanische Straßensnacks auf kleinen Tellern, z. B. Enten-Tacos mit Bohnenmus, *pico de gallo* und Guacamole sowie Quesadillas oder Burritos mit Hähnchen und interessanten Salaten.

Basil & Thyme ITALIENISCH $$$
(Karte S. 76; Sundar Nagar Market; Hauptgerichte 465–745 ₹; ⏲11–23 Uhr; Ⓜ Khan Market) Das elegante Kultrestaurant hat die Location gewechselt, ist aber immer noch gut besucht von Expats und Einheimischen, die sich hier in einem ruhigen, grünen Ambiente an feinen mediterranen Speisen laben (kein Alkohol).

Lodi Garden Restaurant MEDITERRAN $$$
(Karte S. 76; ☎011-24652808; Lodi Rd; Hauptgerichte 600–1400 ₹; ⏲12.30–0.30; Ⓜ Jor Bagh) Das Gartenrestaurant besticht vor allem durch seine Atmosphäre: Bäume mit Laternen, Tische in von Vorhängen abgeschirmten Pavillons und Holzkarren. Die Speisekarte kann zwar nicht ganz mit dem beeindruckenden Ambiente mithalten, hat aber europäische und nahöstliche Küche im Angebot. Der Sonntags-Brunch ist sehr beliebt.

Pandara Market INDISCH $$$
(Karte S. 76; Pandara Rd; Hauptgerichte 400–800 ₹; ⏲12–1 Uhr; Ⓜ Khan Market) Der Ort schlechthin, wenn man exzellente Mogul- und Punjab-Gerichte kosten will. Preise und Atmosphäre sind in allen Läden mehr oder weniger gleich. Qualitativ hochwertige Speisen bekommt man im **Gulati** (Karte S. 76; Pandara Market; Hauptgerichte 385–685 ₹; ⏲12–24 Uhr; Ⓜ Khan Market), **Havemore** (Karte S. 76; Pandara Market; Hauptgerichte 375–725 ₹; ⏲12–2 Uhr; Ⓜ Khan Market), **Pindi** (Karte S. 76; Pandara Market; Hauptgerichte 330–570 ₹; ⏲12–24 Uhr; Ⓜ Khan Market) oder **Chicken Inn** (Karte S. 76; Pandara Market; Hauptgerichte 380–700 ₹; ⏲12–24 Uhr; Ⓜ Khan Market).

South Delhi

Einige fantastische unabhängige Lokale befinden sich in den südlichen Vororten Hauz Khas, Shahpur Jat, Saket und Mehrauli.

Potbelly NORDINDISCH $$
(Karte S. 82; 116C Shahpur Jat Village; Hauptgerichte 250–420 ₹, Thalis 250 ₹; ⏲12.30–23 Uhr; Ⓜ Hauz Khas) Selten hat man in Delhi das Vergnügen ein Bihar-Restaurant zu entde-

cken. Das künstlerisch angehauchte, schäbig-schicke Potbelly mit fabelhaftem Ausblick hat authentische Thalis und Gerichte wie *litti* Chicken (Vollkornbällchen gefüllt mit *sattu* und mit *khada masala* Chicken).

★ Indian Accent INDISCH $$$
(Karte S. 82; ☎ 011-26925151; Manor, 77 Friends Colony West; Gerichte 725–1425 ₹, Probiermenü nicht veg./veg. 2995/3095 ₹) In diesem Restaurant im Boutiquehotel Manor (S. 91) bereitet Chefkoch Manish Mehrotra ausgefeilte modern-indische Gerichte zu. Er kombiniert dabei saisonale Zutaten zu überraschenden und wunderbaren Kreationen. Das Probiermenü ist sehr zu empfehlen. Es umfasst so unglaubliche Kombinationen wie Tanduri-Speck-Garnelen oder „Paper Dosa" gefüllt mit Waldpilzen und Wasserkastanien. Rechtzeitig reservieren.

Rose Cafe CAFÉ $$$
(Karte S. 82; ☎ 011-29533186; 2 Westend Marg, Saidullajab; Gerichte 299–520 ₹; ⏲ 12–21 Uhr; Ⓜ Saket) Fast direkt gegenüber vom unechten Dilli Haat Market („Delhi Haat") steht ein unansehnliches Gebäude, in dem das in hübschem Babyrosa und -blau gehaltene Rose Cafe untergebracht ist. Überall stehen Vitrinen mit Kuchen und es gibt frisch zubereitete mediterrane Gerichte und Hausmannskost – echtes Futter für die Seele also mit Shepherd's Pie, Pfannkuchen und ganztätigem Frühstück.

Swagath SÜDINDISCH $$$
(Karte S. 82; M9 M-Block Market; Gerichte 300–1300 ₹; ⏲ 12–23.45 Uhr; Ⓜ Kailash Colony) Mit seinen extrem leckeren indischen Meeresfrüchten (vor allem Krebse, Garnelen, Hummer und Fisch) führt das Swagath seine Gäste in einem schicken, authentischen Ambiente auf eine kulinarische Reise durch die Fischerdörfer Südindiens. Es gibt mehrere Filialen, u. a. im **Defence Colony Market** (Karte S. 82; 14 Defence Colony Market; Gerichte 365–1300 ₹; ⏲ 11.30–23.30 Uhr; Ⓜ Lajpat Nagar).

Coast SÜDINDISCH $$$
(Karte S. 82; über dem Ogaan, Hauz Khas; Gerichte 360–580 ₹; ⏲ 12–24 Uhr; Ⓜ Green Park) Ein helles, fröhliches Restaurant auf mehreren Etagen mit herrlichem Blick auf das Parkgelände des Hauz Khas. Das schicke Coast serviert leichte südindische Gerichte wie *avial* (Gemüsecurry) mit Kürbis-*erisheri* (mit schwarzen Linsen) sowie Tacos, Salate und die perfekten Pommes mit Senf.

Ausgehen & Nachtleben

Delhis Café-Szene wächst und wächst und wächst. So gibt es auch ein paar Newcomer mit kunstvoll veredelten Kaffeebohnen, umfangreichen Kaffeekarten und süßem Gebäck. Auch das Angebot an Bars und Livemusik wird größer, wobei die meisten Lokale um 0.30 Uhr schließen müssen. Infos zu den angesagtesten Ausgehlocations finden sich auf der Website des coolen und gut informierten Little Black Book (http://littleblackbookdelhi.com) oder bei Brown Paper Bag (http://bpbweekend.com/delhi). Über Konzerte weiß Wild City (thewildcity.com) Bescheid.

Cafés

★ Blue Tokai CAFÉ
(Karte S. 82; Khasra 258, Lane 3 West End Marg, Saidulajab; ⏲ 9–20.30 Uhr; Ⓜ Saket) In einer unscheinbaren, winzigen Gasse hinter dem gefakten Dilli Haat Markt („Delhi Haat") verbirgt sich das Blue Tokai, das seinen eigenen, großartigen Kaffee herstellt und mahlt. Hier bekommt man echte Koffein-Schocks, z. B. einen mit Stickstoff versetzten „kalten Kaffee". Sogar ein Probiermenü wird angeboten. Snacks wie z. B. „Salat ohne Blätter mit Kürbis" gibt's auch.

Man wähnt sich hier eher in San Francisco als in einer staubigen Gasse in Mehrauli. Hier trifft sich Delhis Hipster-Gemeinde und sagt Dinge wie „that is so millennial!"

★ Atrium im Imperial CAFÉ
(Karte S. 72; Janpath; ⏲ 8–23.30 Uhr; Ⓜ Janpath) Ein High Tea im Imperial ist wohl die vornehmste Erfahrung, die Delhi zu bieten hat. Man genießt seinen Tee in kleinen Schlückchen aus feinsten Porzellantassen, bedient sich an den göttlichen Sandwichs und Kuchen, die auf Etageren präsentiert werden, und plaudert über das Neueste in Shimla und Dalhousie. Der High Tea wird täglich von 15 bis 18 Uhr im Atrium serviert (werktags/Wochenende 1200/1500 ₹ zzgl. Steuern).

Indian Coffee House CAFÉ
(Karte S. 72; 2. Stock, Mohan Singh Place, Baba Kharak Singh Marg; ⏲ 9–21 Uhr; Ⓜ Rajiv Chowk) Das Indian Coffee House versprüht einen – wenn auch sehr stark verblassten – Charme. Die Kellner tragen gefiederte Hüte und Uniformen, in denen sie flott umherstolzieren. Pommes und Sandwichs schmecken hier wie im Jahr 1952. Die Dachterrasse ist ein ruhiger Ort zum Abhängen.

Jugmug Thela TEEHAUS
(Karte S. 82; Khasra 258, Westend Marg, Saidulajab; ⌚10–20.30 Uhr; Ⓜ Saket) Das Schatzkästchen versteckt sich in einer winzigen Seitenstraße. Der Teespezialist hat sich als normaler Straßenstand getarnt und hat über 180 Kräuter und Gewürze, mit denen er arbeitet. Serviert werden köstliche ayurvedische Tees, feine Mischungen wie Kinnow und Rose Earl Grey sowie Eistee, Kaffee – auch Bio-Kaffee – und hausgemachtes Gebäck.

Keventer's Milkshakes CAFÉ
(Karte S. 72; 17 A-Block, Connaught Place; ⌚9–23 Uhr; Ⓜ Rajiv Chowk) Keventer's hat Kultstatus und serviert cremige Milchshakes (100 ₹), die vor dem Stand aus Milchflaschen geschlürft werden.

Café Turtle CAFÉ
(Karte S. 76; Full Circle Bookstore, Khan Market; ⌚9.30–20.30 Uhr; Ⓜ Khan Market) Das an den Full Circle Bookstore angeschlossene, farbenfrohe Künstlercafé ist gut besucht und zieht schwatzende Leseratten an. Es ist eine gute Adresse, wenn man Lust auf Kaffee, Kuchen und ein nettes Ambiente wie die begrünte Terrasse hat. Weitere Filialen gibt's im **N-Block Market** (Karte S. 82; N-Block Market, Greater Kailash I; ⌚8.30–20.30 Uhr; Ⓜ Kailash Colony) und in **Nizamuddin East** (Karte S. 76; 8 Nizamuddin East Market, Full Circle Bookstore; ⌚8.30–20.30 Uhr; Ⓜ Jangpura).

Kunzum Travel Cafe CAFÉ
(Karte S. 82; www.kunzum.com; T49 Hauz Khas Village; ⌚Di–So 11–19.30 Uhr; 📶; Ⓜ Green Park) 🍃 Im schrulligen Kunzum zahlt man so viel, wie man für angemessen hält – dafür ist bei Kaffee aus der Cafetière und Tee Selbstbedienung angesagt. Zu kaufen gibt's auch Delhi-Reiseführer ihrer Eigenmarke. WLAN ist kostenlos. Wer will, kann auch in Büchern und Magazinen schmökern.

Bars

★1911 BAR
(Karte S. 72; Imperial Hotel, Janpath; ⌚11–12.45 Uhr; Ⓜ Janpath) Das aus den 1930er-Jahren stammende Imperial ist der Inbegriff einer Pracht aus längst vergangener Zeit. Die Bar wurde kürzlich erst hinzugefügt, bedient sich aber auch allerlei royaler Elemente. Hier sitzt man inmitten einer in Designerklamotten gehüllten Klientel, nippt an perfekt zubereiteten Cocktails (rund 900 ₹) und blickt auf verblichene Fotografien und Wandgemälde von Maharadschas.

★Piano Man Jazz Club CLUB
(Karte S. 82; http://thepianoman.in; B 6 Commercial Complex, Safdarjung Enclave; ⌚12–15 & 19.30–0.30 Uhr) An diesem sehr authentischen, beliebten und stimmungsvollen Ort treten Musiker aus Fleisch und Blut auf! In der spärlich beleuchteten Kneipe gibt's teilweise exzellente Jazzkonzerte.

★Bandstand BAR
(Karte S. 82; Aurobindo Market; ⌚12–1 Uhr; 📶; Ⓜ Green Park) Eine beliebte Adresse nicht weit von Hauz Khas mit einer großen Glasterrasse, von der aus man auf die Grabmäler des Green Park blickt. Sie gehört auch zu den wenigen Veranstaltungsstätten für Livemusik in Delhi (Auftritte Do & So ab 21 Uhr).

★Ek Bar BAR
(Karte S. 82; D17, 1. Stock, Defence Colony; ⌚12–15.30 & 18–0.30 Uhr; Ⓜ Lajpat Nagar) In einem der oberen Stockwerke eines Gebäudes in der exklusiven Defence Colony befindet sich diese Bar mit ihrer stylishen, abgefahrenen, in Erd- und Juwelentönen gehaltenen Deko. Es gibt vorzügliche, indisch inspirierte Drinks (250–800 ₹) – wie wär's mit einem Gin-Tonic mit Kurkuma? –, dazu modern-indische Kneipensnacks, allabendlich auftretende DJs und eine Klientel, bei der es darum geht, zu sehen und gesehen zu werden.

★Unplugged BAR
(Karte S. 72; ☎011-33107701; 23 L-Block, Connaught Place; ⌚12–24 Uhr; Ⓜ Rajiv Chowk) Ein einzigartiger Ort am Connaught Place. Man könnte fast vergessen, wo man ist: In dem großen Garten stehen im Schatten eines gewaltigen, mit Korblaternen geschmückten Banyanbaums schmiedeeiserne Stühle und Tische sowie Hollywoodschaukeln. Abends finden häufig Livekonzerte statt, bei denen alles dabei ist, von Alternative Rock bis Electrofusion. Ein Kingfisher kostet 100 ₹.

Hauz Khas Social BAR
(Karte S. 82; 9A & 12 Hauz Khas Village; ⌚10.30–24 Uhr; Ⓜ Green Park) Die entspannte Bar ist ein beliebter Treffpunkt in Hauz Khas. Sie besteht aus mehreren großen Räumen mit Spiegelglasfenstern und Blick auf den üppigen Park. Es gibt Cocktails und Snacks und eine Raucherterrasse, auf der viel Betrieb herrscht. Regelmäßig wird Livemusik gespielt und es legen DJs auf.

Summer House BAR
(Karte S. 82; 1. Stock, Aurobindo Place Market; ⌚11–1 Uhr; Ⓜ Green Park) Nicht weit von Hauz

Khas entfernt befindet sich diese geräumige, rustikale Bar mit großer Terrasse, die abends sowohl bei Frauen wie Männern sehr beliebt ist. Regelmäßig wird auch Livemusik gespielt. Ein Kingfisher kostet 175 ₹.

24/7 BAR
(Karte S. 68; Lalit Hotel, Maharaja Rajit Singh Marg; ⌚24 Std.; Ⓜ Barakhamba Rd) Die rund um die Uhr geöffnete Bar in der Lobby des Lalit Hotel ist der perfekte Ort, um sich nach einem langen Flug seinen persönlichen „Willkommen in Delhi"-Drink zu genehmigen.

Aqua BAR
(Karte S. 72; Park Hotel, 15 Sansad Marg; ⌚11–24 Uhr; 📶; Ⓜ Janpath) Wer nach dem Besuch des Jantar Mantar oder nach einer Einkaufstour am Connaught Place eine Fünf-Sterne-Erholung braucht, ist im Aqua goldrichtig. Hier kann man sich vollkommen fallen lassen, die Welt da draußen vergessen und am Pool genüsslich Cocktails schlürfen.

Karen Cafe BAR
(Karte S. 87; Arakashan Rd; ⌚9–23 Uhr; Ⓜ New Delhi) In dem winzigen Dachterrassen-Café kann man der Hektik der Stadt entkommen und sich an einem der wenigen Tische strategisch mit Blick auf die Straße positionieren. Die Deko besteht aus Postern von Bob Marley, Korbstühlen und Hängelampen, der Service ist etwas langsam, das Essen einfach – eine entspanntere Atmosphäre findet man in dieser Gegend aber kaum.

Sam's Bar BAR
(Karte S. 87; Main Bazaar; ⌚11–1 Uhr; Ⓜ Ramakrishna Ashram Marg) Die Bar bietet im Gegensatz zu anderen Adressen in Paharganj einen größeren Chill-Faktor und ist somit eine gute Wahl für einen Drink und einen Plausch inmitten eines gemischten Publikums aus Männern und Frauen, Einheimischen und Ausländern. Auf der Karte findet man jede Menge Snacks und eine Auswahl an Alkoholika und Bieren aus dem In- und Ausland (Kingfisher 150 ₹).

Gem BAR
(Karte S. 87; 1050 Main Bazaar, Paharganj; ⌚11–0.30 Uhr; Ⓜ Ramakrishna Ashram Marg) Das alteingesessene Gem ist eine dunkle, mit Holz getäfelte Kneipe in Paharganj, in der man schon mal vergisst, welche Tageszeit gerade ist. Sie ist bei einheimischen Männern und Travellern sehr beliebt. Indisches Bier gibt's ab 140 ₹ pro Flasche. Der Bereich im oberen Stock hat etwas mehr Atmosphäre.

My Bar BAR
(Karte S. 87; Main Bazaar, Paharganj; ⌚11–0.30 Uhr; Ⓜ Ramakrishna Ashram Marg) Düstere und schmuddelige Bar, in der es lebhaft, laut und sehr lustig zugeht. Das heitere, gemischte Publikum besteht aus Backpackern und Einheimischen, die sogar manchmal das Tanzbein schwingen. Es gibt noch einige andere Filialen, z. B. in CP und Hauz Khas. Für einen Drink bezahlt man 70 bis 300 ₹ (Bier ab 85 ₹).

Metro Bar BAR
(Karte S. 87; 19 Panchkuian Rd; ⌚11–1 Uhr; Ⓜ Ramakrishna Ashram Marg) Bei der Metrostation Ramakrishna Ashram Marg gleich um die Ecke säumen einige fast identische Bars die Straße, die vor allem von einheimischen Geschäftsleuten frequentiert werden. Mehr oder weniger talentierte Sängerinnen schmettern hier die Lieder, die sich die Gäste wünschen. Die beste Option davon ist die Metro Bar – fröhlich und freundlich und mit gutem indischem Essen.

☆ Unterhaltung

Musik- & Kulturveranstaltungen

Habitat World LIVEAUFTRITTE
(Karte S. 76; ☎011-43663333; www.habitatworld.com; India Habitat Centre, Lodi Rd; Ⓜ Jor Bagh) Die Kunstausstellungen, Aufführungen und Konzerte, die in dieser wichtigen Kulturstätte stattfinden, sind meist kostenlos. Regelmäßig werden auch Stadtspaziergänge durch Delhi angeboten.

India International Centre LIVEAUFTRITTE
(Karte S. 76; ☎011-24619431; www.iicdelhi.nic.in; 40 Max Mueller Marg; Ⓜ Khan Market) Das IIC ist für einen kleinen Teil der Gesellschaft, vorwiegend für ältere Intellektuelle, eine wichtige Adresse. Eigentlich muss man hier Clubmitglied sein, regelmäßig werden aber sehr gute Ausstellungen, Gesprächsrunden und Konzerte angeboten, die kostenlos und frei zugänglich sind.

Kinos

Delite Cinema KINO
(Karte S. 68; ☎011-23272903; www.delitecinemas.com; 4/1 Asaf Ali Rd; Ⓜ New Delhi) Das 1954 gegründete Delite war zu seiner Zeit das höchste Gebäude Delhis. Es wurde 2006 renoviert und ist mit seiner bemalten Kuppel und den tschechischen Kronleuchtern alles andere als ein gewöhnliches Kino. Ein prima Ort, um sich Masala-Filme (fulminante Bollywood-Streifen mit einem Mix aus Acti-

on, Komödie, Romantik und Drama) anzuschauen und in der Pause eines der berühmten extra-großen Samosas zu essen.

Regal Cinema KINO
(Karte S. 72; Parkett vorne/hinten 80/100 ₹, Galerie 100/120 ₹; Ⓜ Rajiv Chowk) Das seit 1932 bestehende und bei der Bollywood-Fangemeinde sehr beliebt Kino am CP zeigt Klassiker, aber auch Neuveröffentlichungen. Seit 2017 ist hier auch der Delhi-Ableger von Madame Tussauds untergebracht.

Shoppen

Meharchand Market MARKT
(Karte S. 76; Lodi Colony; Ⓜ Lodhi Colony) Gegenüber den Wohnanlagen der Regierungsangestellten der Lodi Colony befindet sich diese lange Reihe kleiner Boutiquen, die Haushaltswaren und Kleidung verkaufen. Zu den Läden gehören **Fabindia** (Karte S. 76; ⏲ 11–20 Uhr), **the Shop** (Karte S. 76; ⏲ Mo–Sa 10–20, So 11–18 Uhr) sowie herausragende Lokale wie das Biocafé **Altitude Cafe** (Karte S. 76; Hauptgerichte 340–580 ₹; ⏲ 8–17 Uhr; 📶) und das asiatische Tapas-Restaurant **Diva Spiced** (Karte S. 76; Tapas 320–560 ₹, Hauptgerichte 390–1200 ₹; ⏲ 11.30–23.30 Uhr).

Timeless BUCHLADEN
(Karte S. 82; ☎ 011-46056198; 46 Housing Society, Part I, South Extension; ⏲ Mo–Sa 10–19 Uhr) Diese Bücherei versteckt sich in einer Seitenstraße (am besten fragt man sich durch). Dank ihrer hochwertigen Bildbände zu Themen von indischen Textilien bis hin zu Architektur hat sie eine treue Fangemeinde.

Delhi Musical Stores MUSIK
(Karte S. 82; ☎ 23276909; www.indianmusicalinstruments.com; C99 Lajpat Nagar; ⏲ Mo–Sa 11–20 Uhr; Ⓜ Lajpat Nagar) Delhi Musical Stores hat eine hochwertige Auswahl an Tablas, Harmonien, Sitars und mehr im Angebot.

Aap Ki Pasand (San Cha) GETRÄNKE
(Karte S. 72; 15 Netaji Subhash Marg; ⏲ Mo–Sa 10–19 Uhr) Der Laden ist ein Spezialist für feine indische Teesorten, von Darjeeling und Assam bis Nilgiri und Kangra. Vor dem Kauf kann man auch kosten. Die Tees sind in hübsche Zugbeutel verpackt. Eine weitere Filiale findet sich im **Santushti Shopping Complex** (Karte S. 76; ☎ 011-264530374; www.sanchatea.com; Racecourse Rd; ⏲ Mo–Sa 10–18.30 Uhr; Ⓜ Racecourse).

Daryaganj Kitab Bazaar MARKT
(Büchermarkt; Karte S. 68; ⏲ So 8–18 Uhr) Kaum ist Sonntag, breiten Händler auf dem riesigen Markt ihre Bücher aus. Vom Delhi Gate erstreckt er sich entlang der Straße etwa 2 km nordwärts Richtung Red Fort und auf einem etwas kürzeren Stück nach Westen an der Jawaharlal Nehru Marg. Hier lässt es

KUSHTI

Wer in Old Delhi durch die Gegend nördlich des Kashmere Gate schlendert, wird auf unverhältnismäßig viele Muskelmänner treffen. Nein, das ist keine Einbildung. Dieses staubige Viertel ist ein beliebter Tummelplatz von Delhis traditionellen Schlammringern. *Kushti* – auch *pehlwani* genannt – ist ein Vollkontaktkampfsport, in dem Elemente aus Yoga und Philosophie mit Kampf und intensivem Körpertraining verschmelzen.

Junge Männer schreiben sich im Teenageralter in *akharas* (Trainingzentren) ein und befolgen einen strengen Trainingsplan. Jeden Tag hangeln sie sich an Seilen hoch, stemmen Gewichte und ziehen Baumstämme, um die für diesen Sport erforderliche Muskelmasse aufzubauen. Auch Ernährung und Lebensweise werden streng überwacht – Sex, Tabak und Alkohol sind absolut tabu. Die Ringer leben unter der Aufsicht eines Trainers, der gleichzeitig auch als geistlicher Führer fungiert, in sehr einfachen Unterkünften zusammen.

Die Kämpfe finden auf frisch aufgeschütteter Erde statt, was dem Ganzen noch einen gewissen Extrakick verleiht. Wie bei anderen Formen des Ringens besteht das Ziel darin, den Gegner zu Boden zu werfen. Oft wird aber so lange gekämpft, bis ein Ringer aufgibt oder vor Erschöpfung umfällt. Bei regionalen Meisterschaften wird um goldene *gadas* (zeremonielle Keulen) gekämpft – als Zeichen der Verehrung von Hanuman, dem Schutzgott der Ringer, dessen Lieblingswaffe die Keule ist.

In den meisten *akharas* sind Besucher bei den täglich im Morgengrauen und in der Abenddämmerung stattfindenden Trainingseinheiten willkommen – solange sie das Training nicht stören. Um die Muskelprotze nicht zu kränken, sollte man zuerst um Erlaubnis bitten. Der Blog http://kushtiwrestling.blogspot.com ist eine gute Einführung in diesen Sport und beschreibt die wichtigsten *akharas*.

DIE BASARE VON OLD DELHI

Die Basare von Old Delhi sind ein schwindelerregender Angriff auf alle Sinne – ein Potpourri aus Räucherstäbchen, Gewürzen, Rikscha-Abgasen, kräftigen Farben und winzigen Läden voller leuchtender und glitzernder Waren. Shoppingspaß ist das nicht, eher knallharte Realität. Am besten schlendert man durch die Basare am späten Vormittag oder nachmittags, wenn das Gedränge in den Straßen erträglicher ist.

Ganze Straßenzüge sind hier einzelnen Artikeln gewidmet. Auf dem **Chandni Chowk** (Karte S. 68; ⌚Mo–Sa 10–19 Uhr; Ⓜ Chandni Chowk) gibt's Klamotten, Elektrogeräte und Neuheiten, die kaum gekauft, schon wieder kaputt sind. Silberschmuck bekommt man in der **Dariba Kalan** (Karte S. 68; ⌚ca. 10–20 Uhr; Ⓜ Chawri Bazaar), der Gasse nahe dem Sisganj-Gurdwara. In einer Seitenstraße liegt der **Kinari Bazaar** (Karte S. 68; ⌚11–20 Uhr; Ⓜ Jama Masjid), der „Markt der Verzierungen", der berühmt für seine *zardozi* (Goldstickereien), Tempelkleidung und Hochzeitsturbane ist. Südlich des alten Rathauses erstreckt sich die **Nai Sarak** (Karte S. 68; ⌚ca. 10–20 Uhr; Ⓜ Jama Masjid) mit Ständen, die Saris, Umhängetücher, Chiffons und *lehanga* verkaufen. In der nahe gelegenen **Ballimaran** (Karte S. 68; ⌚10–20 Uhr; Ⓜ Chandni Chowk) bekommt man paillettenbesetzte Pantoffeln sowie extravagante *jootis* (traditionelle Slipper) mit aufgerollten Spitzen. Wunderschönes Geschenkpapier und hübsche Hochzeitskarten gibt's schließlich auf dem **Chawri Bazaar** (Karte S. 68; ⌚10–19 Uhr), westlich der Jama Masjid.

Neben der Fatehpuri Masjid liegt am Khari Baoli der aromatisch duftende **Gewürzmarkt** (Gadodia-Markt; Karte S. 68; Khari Baoli; Ⓜ Chandni Chowk) mit zu riesigen Bergen aufgehäuftem rotem Chilipulver, Ingwer- und Kurkumawurzeln, Pfefferkörnern, Kreuzkümmel, Koriandersamen, Kardamom, Dörrobst und Nüssen. Arbeiter schleppen auf ihren Köpfen pausenlos riesige Säcke herbei. Der Geruch der Gewürze ist so intensiv, dass man als Westler kaum ein Niesen unterdrücken kann.

sich wunderbar nach Schätzen stöbern, nach Büchern von Mills & Boon ebenso wie nach alten Kinderbüchern. Es ist viel los – am besten gleich morgens kommen!

Anokhi KLEIDUNG
(Karte S. 76; www.anokhi.com; 32 Khan Market; ⌚10–20 Uhr; Ⓜ Khan Market) Die Spezialität des Anokhi sind im Blockdruckverfahren bedruckte Bekleidung und Haushaltwaren mit traditionellen Mustern und einem modernen Touch. Filialen finden sich im **Santushti Shopping Complex** (Karte S. 76; ⌚Mo–Sa 10–19 Uhr; Ⓜ Racecourse) und im **N-Block Market** (Karte S. 82; Greater Kailash I; ⌚10–20 Uhr; Ⓜ Kailash Colony); im **Nizamuddin East** (Karte S. 76; ⌚Mo–Sa 10–20 Uhr) gibt's auch ein Outlet.

OCM Suitings KLEIDUNG
(Karte S. 76; ☎011-24618937; Khan Market; ⌚Mo–Sa 11–20 Uhr; Ⓜ Khan Market) Hier bekommt man Wollanzüge für Männer ab 9500 ₹ (inkl. Material) und knöchellange Röcke ab 550 ₹ (ohne Material). Ein Anzug wird in sieben bis zehn Tagen geschneidert.

Musikläden MUSIKINSTRUMENTE
(Karte S. 68; Netaji Subhash Marg; ⌚Mo–Sa ca. 10–20 Uhr) Preiswerte Instrumente findet man in den Läden entlang der Netaji Subhash Marg in Daryaganj.

Rikhi Ram MUSIK
(Karte S. 72; ☎011-23327685; www.rikhiram.com; 8A G-Block, Connaught Place; ⌚Mo–Sa 12–20 Uhr; Ⓜ Rajiv Chowk) Wunderschöner alter Laden mit professionellen klassischen und elektrischen Sitars, Tablas u. v. m.

Old Delhi

Main Bazaar KUNSTHANDWERK, KLEIDUNG
(Karte S. 87; Paharganj; ⌚Di–So 10–21 Uhr; Ⓜ Ramakrishna Ashram Marg) Auf dem auf Backpacker ausgerichteten Basar an der Hauptverkehrsstraße von Paharganj bekommt man so ziemlich alles, was man braucht – und noch jede Menge mehr. Eine tolle Anlaufstelle für Souvenirs, Kleidung, günstigen Schmuck und Taschen, um alles für die Heimreise zu verpacken. Dabei wird man die bunten Hippie-Klamotten, die man hier bekommt, wohl nur auf seiner Reise tragen können. Es ist beharrliches Feilschen angesagt.

Karol Bagh Market MARKT
(Karte S. 68; ⌚Di–So ca. 10–19 Uhr; Ⓜ Karol Bagh) Auf dem vor allem für Kleidung und Hochzeitseinkäufe beliebten Markt funkelt und glitzert es, was das Zeug hält. Man bekommt hier alles vom schicken *lehanga choli* (Set aus Rock und Bluse) bis zu Schuhen im Prin-

zessinnen-Look. Der Gaffar-Markt hat auch Elektrogeräte (die richtige Adresse, wenn das Smartphone-Display kaputt ist) und verchromte Ersatzteile fürs Motorrad.

Connaught Place

★ Central Cottage Industries Emporium KUNST & KUNSTHANDWERK
(Karte S. 72; ☎ 011-23326790; Janpath; ⏲ 10–19 Uhr; Ⓜ Janpath) Das staatlich betriebene Kaufhaus mit Handwerksprodukten zu Festpreisen aus ganz Indien ist eine wahre Schatztruhe. Die Preise sind hier zwar höher als in den staatlichen Geschäften, dafür ist die Auswahl an Holzschnitzereien, Schmuck, Töpferwaren, Pappmaché, Schreibwaren, Messingartikeln, Stoffen (auch Schals), Spielzeugen, Teppichen, Pflegeprodukten und Miniaturen aber einfach umwerfend. Außerdem bekommt man hier wunderschönes Kunsthandwerk aus einer Hand. Im Untergeschoss gibt's ein Café der Kette Smoothie Factory.

★ Kamala KUNST & KUNSTHANDWERK
(Karte S. 72; Baba Kharak Singh Marg; ⏲ Mo–Sa 10–19 Uhr; Ⓜ Rajiv Chowk) Kunsthandwerk, Kuriositäten, Textilien und Einrichtungsgegenstände des Crafts Council of India. Alle Artikel versprühen ihr eigenes Flair und wurden mit traditionellen Techniken hergestellt, verfügen aber auch über moderne, ausgefallene Designs.

★ People Tree KUNSTHANDWERK, KLEIDUNG
(Karte S. 72; Regal Bldg, Sansad Marg; ⏲ 11–19 Uhr; Ⓜ Rajiv Chowk) Der winzige Laden mit Festpreisen verkauft coole Fair-Trade-T-Shirts mit flippig-indischen und urban-modernen Designs sowie Taschen, Schmuck und Kissen mit indischen Gottheiten.

★ State Emporiums KUNSTHANDWERK, KLEIDUNG
(Karte S. 72; Baba Kharak Singh Marg; ⏲ Mo–Sa 11–13.30 & 14–18.30 Uhr; Ⓜ Shivaji Stadium) Die zu verschiedenen Bundesstaaten gehörenden, prall mit Schätzen gefüllten Warenhäuser liegen praktischerweise alle nebeneinander. Wie viele staatliche Unternehmen wirken auch sie mitunter etwas steif, shoppen hier ist aber wie eine Reise durch ganz Indien – ein Muss sind die Läden von Kaschmir (Pappmaché, Teppiche), Rajasthan (Miniaturen, Puppen), Uttar Pradesh (Marmorintarsien), Karnataka (Skulpturen aus Sandelholz), Tamil Nadu (Metallstatuen) und Odisha (Steinmetzarbeiten).

Janpath-Markt & Tibetischer Markt KUNST & KUNSTHANDWERK
(Karte S. 72; Janpath; ⏲ Mo–Sa 11.30–19 Uhr; Ⓜ Rajiv Chowk) Auf den beiden Zwillings-Märkten werden schimmernde, mit kleinen Spiegeln bestickte Stoffe, bunte Schals, tibetischer Nippes, Om-Schriftzeichen aus Messing und Ohrringe feilgeboten. Wer den ganzen Kram hartnäckig durchforstet, kann einige schöne Dinge finden. Und wer das Feilschen beherrscht, macht auch manch gutes Schnäppchen.

Khadi Gramodyog Bhawan KLEIDUNG
(Karte S. 72; Baba Kharak Singh Marg; ⏲ 10.30–20 Uhr; Ⓜ Rajiv Chowk) Dieser Laden ist vor allem für seine ausgezeichneten *khadi* (handgesponnene Tücher, darunter auch günstige Schals) bekannt. Es werden aber auch handgeschöpftes Papier, Räucherstäbchen, Gewürze, Henna und tolle Bioseifen angeboten.

M Ram & Sons KLEIDUNG
(Karte S. 72; ☎ 011-23416558; 21 E-Block, Connaught Place; ⏲ 10.30–20 Uhr; Ⓜ Rajiv Chowk) Der beliebte Schneider fertigt Anzüge ab 8000 ₹ an. In eiligen Fällen ist das gute Stück in 24 Stunden fertig.

Oxford Bookstore BÜCHER
(Karte S. 72; N81 Connaught Place; ⏲ Mo–Sa 10–21.30, So 11–21.30 Uhr; Ⓜ Rajiv Chowk) Ein todschicker, aber irgendwie charakterloser Buchladen, in dem man dennoch einige Stunden verbringen könnte. Die Angestellten kennen sich nicht so gut aus wie in anderen Buchläden Delhis, es gibt aber gute Geschenkideen wie handgemachte Notizbücher. Die angeschlossene **Cha Bar** (Karte S. 72; Oxford Bookstore, N81 Connaught Place; ⏲ Mo–Sa 10–21.30, So 11–21.30 Uhr; Ⓜ Rajiv Chowk) ist ein gut besuchter Treffpunkt.

New Delhi

★ Khan Market MARKT
(Karte S. 76; ⏲ Mo–Sa ca. 10.30–20 Uhr; Ⓜ Khan Market) Der Khan Market ist die vornehmste Einkaufsadresse Delhis. Nirgendwo in Indien liegen die Ladenmieten höher und man wird vor allem Expats und Delhis Oberschicht beim Shoppen treffen. In den Boutiquen hier dreht sich alles um Mode, Bücher und Einrichtungsgegenstände. Außerdem kann man hier gut essen und etwas trinken gehen.

Handgeschöpftes Papier bekommt man bei **Anand Stationers** (Karte S. 76; ⏲ Mo–Sa

10–20, So 12–18 Uhr), bei **Mehra Bros** (Karte S. 76; ⌚ Mo–Do & Sa 10–19, Fr 10–20, So 11–18 Uhr) gibt's coolen Pappmaché-Zierrat. Leseratten kommen im **Full Circle Bookstore** (Karte S. 76; www.fullcirclebooks.in; ⌚ 9.30–20.30 Uhr) und im **Bahrisons** (Karte S. 76; www.booksatbahri.com; ⌚ Mo–Sa 10.30–19.30, So 11.30–19.30 Uhr) auf ihre Kosten. Indische Kleidung und Einrichtungsgegenstände erhält man bei **Fabindia** (Karte S. 76; ⌚ 10.30–21.30 Uhr) und Anokhi (S. 101) und hübsch verpackte Ayurveda-Produkte im **Kama** (Karte S. 76; ⌚ 10.30–20.30 Uhr).

Sunder Nagar Market KUNST & KUNSTHANDWERK
(Karte S. 76; Mathura Rd; ⌚ Mo–Sa ca. 10.30–19.30 Uhr) Der alteingesessene noble, etwas verschlafene Markt wird immer schicker. Er hat sich auf indisches und nepalesisches Kunsthandwerk, gefakte Antiquitäten, Möbel und feine indische Tees spezialisiert. Vor Kurzem kam noch das sehr beliebte Restaurant Basil & Thyme (S. 96) hinzu. Auch die Bar No 8 ist sehr gut besucht.

South Delhi

★ Dilli Haat KUNST & KUNSTHANDWERK
(Karte S. 82; Aurobindo Marg; Ausländer/Inder 100/20 ₹; ⌚ 10.30–22 Uhr; Ⓜ INA) Auf diesem farbenfrohen Freiluftmarkt für Lebensmittel und regionales Kunsthandwerk aus ganz Indien ist kräftiges Feilschen das Gebot der Stunde. Mit seinen vielen Lebensmittelständen ist es ein guter Ort, um preiswerte, köstliche regionale Spezialitäten zu probieren. Wie wär's z. B. mit Gerichten aus Nagaland oder Tamil Nadu (70–100 ₹)?

★ Hauz Khas Village KUNSTHANDWERK, KLEIDUNG
(Karte S. 82; ⌚ Mo–Sa 11–19 Uhr; Ⓜ Green Park) Nicht mehr ganz so angesagt wie noch vor ein paar Jahren, ein Besuch lohnt aber dennoch. Die schmalen Gassen der kleinen Künstlerenklave sind vollgestopft mit Boutiquen, die indische Designerkleidung, Kunsthandwerk, moderne Keramiken, handgemachte Möbel und alte Bollywood-Plakate verkaufen. Lohnende Läden sind u. a. **Claymen** (Karte S. 82; ⌚ variiert), Maarti, Ogaan und Bodice.

Dastkar Nature Bazaar MARKT
(http://dastkar.org; Andheria Modh; ⌚ Di–So 10–19 Uhr; Ⓜ Chhatarpur) Die gemeinnützige NGO Dastkar unterstützt Kunsthandwerker aus der Region und veranstaltet einen Freiluftbasar, der jeden Monat andere Themen in den Mittelpunkt stellt und so der regionalen Kunst-, Kunsthandwerks- und Kulinarikszene eine Bühne bietet.

ABSTECHER

SHAHPUR JAT

Eine 1 km lange Rikschafahrt nordöstlich der Metrostation Hauz Khas liegt das Viertel Shahpur Jat, einer der besten Orte in Delhi, um sich hochwertige Designerklamotten zuzulegen. Zu den Läden, denen man unbedingt einen Besuch abstatten sollte, gehören **Nimai** (Karte S. 82; ☎ 011-64300113; 416 Shahpur Jat Village; ⌚ 11–19.30 Uhr; Ⓜ Hauz Khas) mit einzigartigem Modeschmuck und **NeedleDust** (Karte S. 82; www.needledust.com; 40B, EG, Shahpur Jat; ⌚ Mo–Sa 10.30–19.30, So 11–18.30 Uhr; Ⓜ Hauz Khas), wo es bestickte Lederschuhe gibt. Außerdem finden sich hier auch einige sehr gute unabhängige Restaurants wie etwa das künstlerisch angehauchte Bihari Potbelly (S. 96) oder das vegane Bio-Restaurant **Greenr** (Karte S. 82; ☎ 7042575339; Hauptgerichte 250–375 ₹; ⌚ 11–19.30 Uhr; 📶; Ⓜ Hauz Khas). Hervorragenden Tee bekommt man im **Anandini Tea Room** (Karte S. 82; 12A, DDA Flats; ⌚ 11–19 Uhr; Ⓜ Hauz Khas).

Greater Kailash I: M-Block & N-Block Markets MARKT
(Karte S. 82; ⌚ Mi–Mo ca. 10–20 Uhr; Ⓜ Kailash Colony) Die aus zwei Teilen bestehende Einkaufsmeile hat elegante Boutiquen im mittleren Preissegment und schicke Lokale, darunter auch mehrere Filialen von Fabindia. Auch das Bekleidungsgeschäft Anokhi lohnt einen Besuch.

ℹ Praktische Informationen

GEFAHREN & ÄRGERNISSE

Delhi ist in puncto Kleinkriminalität eigentlich ein recht sicheres Pflaster. Allerdings treiben Taschendiebe vor allem dort ihr Unwesen, wo viele Menschen zusammenkommen. Wertsachen also immer sicher verstauen!

Abzocke am Bahnhof

Am Bahnhof New Delhi treiben sich Schlepper herum, um Traveller vom seriösen International Tourist Bureau weg zu privaten Reisebüros zu lotsen, von denen sie dann eine Provision erhalten. Oft versuchen sie, den Leuten weiszumachen, dass ihre Tickets ungültig sind, es ein

Problem mit den Zügen gibt oder sie keine Zugangsberechtigung für den Bahnsteig haben, um ihnen dann als Alternative ein teures Taxi oder ein vermeintlich hochwertiges 3.-Klasse-Ticket anzudrehen. Besonders „verwundbar" sind Reisende, die nachts ankommen. Als Faustregel gilt: Niemandem glauben, der einen am Bahnhof anspricht, selbst wenn sie eine Uniform tragen oder einen offiziell anmutenden Ausweis vorzeigen.

Frauen unterwegs

Delhi hat – leider zu Recht – den Ruf, für Frauen nicht sicher zu sein. Vorsichtshalber gilt, dass man sich niemals an abgelegenen, menschenleeren Orten aufhalten sollte, selbst tagsüber nicht, und sich auf keinen Fall verlaufen sollte (einen Stadtplan herunterladen, den man auch offline verwenden kann). Besonders nach Einbruch der Dunkelheit ist Vorsicht angebracht. Außerdem sollte man unbedingt stets darauf achten, für den Nachhauseweg ein sicheres Transportmittel zu wählen, etwa ein namhaftes Taxiunternehmen oder einen seriösen Fahrer.

Schlepper

Taxifahrer am Flughafen und rund um Touristenattraktionen verdingen sich oft als Schlepper für Hotels. Sie versuchen, Traveller zu überzeugen, dass das gebuchte Hotel leider voll, überteuert, gefährlich, abgebrannt oder geschlossen ist. Teilweise erzählen sie sogar, dass es in Delhi gerade Aufstände gibt. Damit bezwecken sie, die Fahrgäste zu einem Hotel zu bringen, in dem sie eine Provision kassieren können. Man sollte darauf bestehen, an das ursprünglich geplante Ziel gefahren zu werden. Es kann helfen, wenn man allzu hartnäckige Fahrer bittet, anzuhalten, um das Kennzeichen zu notieren und die Autorikscha-/Taxi-Hotline anzurufen. Am Connaught Place wird man oft von Männern angesprochen, die auf ähnliche Art versuchen, Touristen zu Geschäften und Reisebüros zu lotsen. Voller „Hilfsbereitschaft" teilen sie einem mit, dass das Ziel, das man anpeilt, geschlossen hat.

INTERNETZUGANG

Fast alle Hotels und viele Cafés bieten inzwischen kostenloses WLAN.

MEDIEN

➡ Einen Veranstaltungskalender in gedruckter Form findet man in der wöchentlichen Beilage des *Delhi Diary* (30 ₹), der überall in den Buchläden erhältlich ist. *Motherland* (www.motherlandmagazine.com) ist ein angesagtes, zweimonatlich erscheinendes Kulturmagazin.

➡ Was in der Stadt gerade los ist, erfährt man auf der Website des coolen *Little Black Book* (www.littleblackbookdelhi.com) oder des *Brown Paper Bag* (www.bpbweekend.com/delhi). Auf jeden Fall sollte man einen Blick in den *Delhi-Walla-Blog* (www.thedelhiwalla.com) werfen, der einen tollen Einblick in Delhis Alltag gewährt.

MEDIZINISCHE VERSORGUNG

Apotheken sind problemlos in den meisten Einkaufsstraßen und auf fast allen Vorortmärkten zu finden. Krankenhäuser:

All India Institute of Medical Sciences (AIIMS; Karte S. 82; ☎ 011-65900669; www.aiims.edu; Ansari Nagar; Ⓜ AIIMS)

Apollo Hospital (☎ 011-29871090; www.apollohospdelhi.com; Mathura Rd, Sarita Vihar; Ⓜ Sarita Vihar)

Dr. Ram Manohar Lohia Hospital (Karte S. 76; ☎ 011-23365525; www.rmlh.nic.in; Baba Kharak Singh Marg; Ⓜ Patel Chowk)

East West Medical Centre (Karte S. 76; ☎ 011-24690429; www.eastwestrescue.com; 37 Prithviraj Rd; Ⓜ Racecourse)

Max Healthcare (Karte S. 82; ☎ 011-26515050; Press Enclave Rd, Saket; Ⓜ Saket)

POST

Überall in Delhi gibt's Postämter, die Briefe und Pakete annehmen (und oft sind Anbieter, die das Verpacken übernehmen, nicht weit). Postlagernde Sendungen kann man an die Filiale der **India Post** (Karte S. 76; ☎ 011-23743602; Gole Dakhana, Baba Kharak Singh Marg; ⏲ Mo–Sa 10–17 Uhr) in New Delhi schicken lassen; die korrekte Anschrift muss lauten: GPO, New Delhi – 110001. Am **Connaught Place** (Karte S. 72; 6 A-Block, Connaught Place; ⏲ Mo–Sa 8–19.30 Uhr; Ⓜ Rajiv Chowk) gibt's eine praktische India-Post-Filiale.

Kurierdienste und Paketsendungen ins Ausland übernimmt zuverlässig die **DHL** (Karte S. 72; ☎ 011-23737587; EG, Mercantile Bldg, Tolstoy Marg; ⏲ Mo–Sa 8–20 Uhr; Ⓜ Rajiv Chowk) am Connaught Place.

TOURISTENINFORMATION

Archaeological Survey of India (Karte S. 76; ☎ 011-23010822; www.asi.nic.in; Janpath; ⏲ Mo–Fr 9.30–13 & 14–18 Uhr; Ⓜ Central Secretariat) Neben dem National Museum. Hier findet man Publikationen über die wichtigsten archäologischen Stätten Indiens.

India Tourism Delhi (Government of India; Karte S. 72; ☎ 011-23320005, 011-23320008; www.incredibleindia.org; 88 Janpath; ⏲ Mo–Fr 9–18, Sa bis 14 Uhr; Ⓜ Janpath) Die einzige offizielle Touristeninformation außerhalb des Flughafens. Schlepper, die fälschlicherweise behaupten, für die Touristeninformation zu arbeiten, ignoriert man am besten. Die Touristeninformation ist eine nützliche Infoquelle für Delhi, für Touren außerhalb von Delhi und für Ausflüge in die umliegenden Bundesstaaten. Hier gibt's einen kostenlosen Stadtplan von Delhi und Broschüren sowie eine Liste mit empfehlenswerten Reisebüros und B&Bs. Das Personal kümmert sich auch um Beschwerden, die touristische Einrichtungen und Dienstleistungen betreffen.

An- & Weiterreise

BUS

Die meisten Traveller nutzen für die An- und Weiterreise nach bzw. ab Delhi den Zug. Doch auch Busse sind ganz nützlich für einige Reiseziele und wenn die Züge ausgebucht sind.

Die meisten staatlichen Busse nutzen das großen **Kashmere Gate Inter State Bus Terminal** (ISBT; Karte S. 68; ☎ 011-23860290; Ⓜ Kashmere Gate) in Old Delhi, das mit der Metro erreichbar ist. Am Busbahnhof haben folgende Unternehmen ihre Büros:

Delhi Transport Corporation (Karte S. 68; ☎ 011-23370210; www.dtc.nic.in)

Haryana Roadways (Karte S. 68; ☎ 011-23868271; www.hartrans.gov.in)

Punjab Roadways (Karte S. 68; ☎ 011-44820000; www.punbusonline.com)

Rajasthan Roadways (Karte S. 68; ☎ 011-23386658, 011-23864470; Schalter 36, Kashmere Gate Inter State Bus Terminal)

Rajasthan State Road Transport Corporation (Karte S. 68; ☎ 011-23864470; http://rsrtc.rajasthan.gov.in)

Uttar Pradesh Roadways (Karte S. 68; ☎ 011-23868709)

Uttar Pradesh State Road Transport Corporation (Karte S. 68; ☎ 011-2622363; www.upsrtc.com)

Vom **Anand Vihar Inter State Bus Terminal** (ISBT) gibt es einige Busverbindungen nach Nainital und Kumaun in Uttarakhand. Einige billigere Busse zu Zielen in Uttar Pradesh, Madhya Pradesh und Rajasthan starten am **Sarai Kale Khan Inter State Bus Terminal** (ISBT) an der Ringstraße nahe dem Bahnhof Nizamuddin.

Traveller sollten mindestens 30 Minuten vor Abfahrt am Busbahnhof sein. Man kann das Chaos dort umgehen, wenn man ein paar Rupien für einen der Privatbusse drauflegt, die von Stationen im Zentrum Delhis abfahren – einfach im Reisebüro oder im Hotel nachfragen! Tickets und Infos gibt es auch bei **Cleartrip** (www.cleartrip.com), **Make My Trip** (www.makemytrip.com) oder **Goibibo** (www.goibibo.com).

Es fahren zwar auch Busse nach Agra, doch angesichts der Staus in beiden Städten ist man mit dem Zug besser bedient. Die **Himachal Pradesh Tourism Development Corporation** (HPTDC; Karte S. 76; hptdc.gov.in; Chanderlok Building, 36 Janpath; Ⓜ Janpath) schickt um 18.30 Uhr Busse vom **Himachal Bhawan** (Karte S. 76; ☎ 011-23716689; Sikandra Rd; Ⓜ Mandi House) nach Manali (1300 ₹, 9 Std.) und Shimla (900 ₹, 10 Std.). Fahrkarten werden am Himachal Bhawan und im **Chanderlok House** (Karte S. 76; ☎ 011-23325320; 36 Janpath) verkauft. Die **Himachal Road Transport Corporation** (HRTC; ☎ 011-23868694; www.hrtc.gov.in) hat auch klimatisierte Busse, die vom Himachal Bhawan nach Shimla (935 ₹, 7-mal tgl.) und Manali (1430 ₹, 19 Uhr) fahren. Diese Busse halten eine Stunde später am ISBT Kashmere Gate.

Rajasthan Tourism (Karte S. 76; ☎ 011-23381884; www.rtdc.com; Bikaner House, Pandara Rd; Ⓜ Khan Market) betreibt Luxusbusse ab dem **Bikaner House** (Karte S. 76; ☎ 011-23383469; Pandara Rd; Ⓜ Khan Market) nahe dem India Gate zu folgenden Zielen:

Ajmer Volvo 1200 ₹, 9 Std., 3-mal tgl.

Jaipur ohne Klimaanlage/Super Deluxe/Volvo 400/625/900 ₹, 6 Std., alle 1–2 Std.

Jodhpur Volvo 1625 ₹, 11 Std., 2-mal tgl.

Udaipur Volvo 1800 ₹, 15 Std., 1-mal tgl.

Frauen erhalten bei allen Fahrten mit Rajasthan Tourism einen Rabatt von 30 %.

FLUGZEUG

Der **Indira Gandhi International Airport** (S. 1323) liegt rund 14 km südwestlich vom Zentrum. In- wie Auslandsflüge nutzen das nagelneue Terminal 3, während das Terminal 1 nur noch von Billigfliegern genutzt wird. Kostenlose Shuttle-Busse (Boarding-Pass und Anschlussticket vorzeigen!) verkehren alle 20 Minuten zwischen beiden Terminals; die Fahrt kann jedoch deutlich länger dauern. Um sicherzugehen, sollte man für den Transfer mindestens drei Stunden einplanen!

In den Ankunftshallen am Terminal 3 gibt es Service-Einrichtungen wie rund um die Uhr zugängliche Wechselstuben, Geldautomaten, Prepaid-Taxi-Stände, Autovermietungen, eine Touristeninformation, eine Apotheke, Buchläden, Cafés und eine **Plaza Premium Lounge** (☎ 011-61233922; EZ/DZ 3 Std. 37/52 US$, 6 Std. 52/66 US$) mit Zimmern für einen Kurzaufenthalt (eine weitere gibt's im Ankunftsbereich von Terminal 1).

Beim Betreten des Terminals muss man seinen Boarding-Pass vorzeigen. Beim Check-in unbedingt an die Anhänger fürs Handgepäck denken und sicherstellen, dass sie an der Sicherheitsschleuse abgestempelt werden!

Zwischen November und Januar ist der Flughafen Delhis oft in dichten Nebel gehüllt (was nicht selten die Flugpläne durcheinanderwürfelt). Es ist ratsam, in diesem Zeitraum für Anschlussflüge einen Tag Puffer einzuplanen.

Air India (☎ 1800 1801407; www.airindia.com)

Jagson Airlines (Karte S. 72; ☎ 011-23721593; www.jagsongroup.in; Vandana Bldg, 11 Tolstoy Marg; ⏲ Mo–Sa 10–18 Uhr; Ⓜ Janpath)

Jet Airways (Karte S. 72; ☎ 011-39893333; www.jetairways.com; 11/12 G-Block, Connaught Place; ⏲ Mo–Sa 9.30–18 Uhr; Ⓜ Rajiv Chowk)

SpiceJet (☎ 1800 1803333; www.spicejet.com)

ZUG

In Delhi gibt es drei große Bahnhöfe: den Bahnhof (Old) Delhi (auch Delhi Junction genannt) in Old Delhi, den Bahnhof New Delhi nahe Paharganj und den Bahnhof Nizamuddin südlich von Sunder Nagar – also immer darauf achten, von welchem Bahnhof der eigene Zug abfährt!

Ausländische Reisende steuern am besten das hilfsbereite **International Tourist Bureau** (ITB; Karte S. 87; ☎ 011-23405156; 1. Stock, New Delhi Train Station; ⏲ 24 Std.) an. Der Eingang zum ITB befindet sich vor dem Bahnsteig 1 (auf der Paharganj-Seite des Bahnhofs New Delhi) und ist über eine Treppe unmittelbar rechts neben dem Zugang zum Bahnsteig zu erreichen. Niemandem glauben, der einem weismachen will, die Touristeninformation sei umgezogen, geschlossen oder abgebrannt! Es handelt sich um Schlepper, die leichtgläubige Opfer zu Reisebüros locken wollen. Einfach mit fester Überzeugung weitergehen und alle vermeintlich hilfsbereiten oder offiziellen Leute ignorieren, die einen ansprechen. Das ITB ist ein großer Raum mit rund zehn Computerterminals – nicht mit anderen offiziell aussehenden Büros verwechseln.

Wenn man hier eine Zugreservierung vornimmt, kann man nur bar mit Rupien bezahlen. Pass mitbringen.

Wenn man ankommt, zieht man zuerst eine Nummer an dem Automaten, der einem den Platz in der Warteschlange zuweist. Dann füllt man ein Reservierungsformular aus und sollte am Infoschalter die Platzverfügbarkeit nachprüfen lassen. Danach wartet man, bis man an der Reihe ist, und bezahlt am entsprechenden Schalter seine Reservierung. Hier lassen sich am besten in letzter Minute Reservierungen aus den Kontingenten für Züge ergattern, die beliebte Ziele ansteuern. Man muss sich aber auf lange Warteschlangen einstellen.

Es gibt auch ein öffentliches **Reservierungsbüro für Zugtickets** (Karte S. 87; Chelmsford Rd; ⏲ Mo–Sa 8–20, So bis 14 Uhr), das näher am Connaught Place liegt. Die Schlepper sind hier aber besonders nervig und hartnäckig.

ℹ Unterwegs vor Ort

AUTORIKSCHA & TAXI

Die örtlichen Taxis (erkennbar an der schwarzgelben Lackierung) und Autorikschas sind mit Taxametern ausgestattet. Leider sind diese oft nur Zierde, da die meisten Fahrer sich weigern, sie anzuschalten. Die Verkehrspolizei von Delhi betreibt ein Netzwerk von Prepaid-Autorikscha-Ständen, an denen man einen Festpreis zahlt. Solche rund um die Uhr zugänglichen Stände findet man u. a. an den Bahnhöfen von New Delhi, **Old Delhi** (Karte S. 68; ⏲ 24 Std.) und **Nizamuddin** (Karte S. 76). Andernorts muss man vor der Abfahrt den Preis aushandeln.

Weitere Stände befinden sich **vor dem Büro von India Tourism** (Karte S. 72; 88 Janpath; ⏲ 11–20.30 Uhr) und am **Central Park** (Karte S. 72) am Connaught Place.

Die Preise sind eigentlich immer zu hoch – besonders für Ausländer. Da muss man hart feilschen. Erscheint einem der Preis übertrieben, sucht man sich am besten ein anderes Taxi. Eine Autorikscha vom Connaught Place kostet bis nach Paharganj normalerweise rund 30 ₹, bis zum Red Fort 60 ₹, bis zu Humayuns Grabmal 70 ₹ und bis nach Hauz Khas 100 ₹. Allerdings wird man unnachgiebig verhandeln müssen, um diese Preise durchzusetzen. Unter www.taxiautofare.com kann man sich informieren, welche Preise für diese und andere Fahrten angemessen sind. Wer Beschwerden über überteuerte Preise, Schikanen oder andere Probleme loswerden will, sollte sich die Autonummer notieren und die Auto Complaint Line (Beschwerde-Hotline) unter 011-42400400/25844444 informieren.

Eine Taxifahrt kostet normalerweise das Doppelte einer Autorikschafahrt. Achtung: Die Preise steigen und fallen mit den Benzinpreisen. Und von 23 bis 5 Uhr gilt für Autorikschas und Taxis ein Aufpreis von 25 %.

Kumar Tourist Taxi Service (Karte S. 72; ☎ 011-23415930; www.kumarindiatours.com; 14/1 K-Block, Connaught Place; ⏲ 9–21 Uhr) Zuverlässiges Unternehmen. Preise für einen Tag Sightseeing in Delhi beginnen bei 2000 ₹ (für eine Tour von 8 Std. und max. 80 km).

Metropole Tourist Service (Karte S. 76; ☎ 011-24310313; www.metrovista.co.in; 224 Defence Colony Flyover Market; ⏲ 7–19 Uhr) Ein weiteres sicheres und alteingesessenes Taxiunternehmen, das günstige Fahrten anbietet: Rund 1500 ₹ kostet ein Auto mit Fahrer für einen Tag und bis zu 80 km; danach fallen pro Stunde/Kilometer 100/15 ₹ an.

Eine weitere Option sind Sammelrikschas mit Elektroantrieb. Sie sind günstiger, sofern man in dieselbe Richtung möchte wie andere Passagiere.

BUS

Seitdem die Metro in Betrieb genommen wurde, benutzen Traveller nur noch selten die öffentlichen Busse, da diese oft überfüllt sind. Es gibt aber auch einige nützliche Strecken, darunter der Airport Express Bus (75 ₹) und Bus GL-23, der zwischen den Busbahnhöfen Kashmere Gate und Anand Vihar verkehrt. Für eine Fahrt im klimatisierten Bus bezahlt man 10 bis 25 ₹.

FAHRRADRIKSCHA

Fahrradrikschas sind nützlich, um in Old Delhi und in den Vororten voranzukommen, sind aber vielerorts in New Delhi verboten, darunter auch am Connaught Place. Den Preis vor Abfahrt verhandeln – die Fahrt kostet etwa 10 ₹ pro km.

WICHTIGE ZÜGE AB DELHI

ZIEL	ZUG-NR. & NAME	PREIS (₹)	DAUER (STD.)	HÄUFIGKEIT	ABFAHRT & BAHNHOF
Agra	12280 Taj Exp	100/370 (A)	3	1-mal tgl.	7 Uhr NZM
	12002 Bhopal Shatabdi	515/1010 (B)	2	1-mal tgl.	6 Uhr NDLS
Amritsar	12029/12013 Swarna/Amritsar Shatabdi	790/1620 (B)	6	1–2-mal tgl.	7.20/16.30 NDLS
Bengaluru	22692 Bangalore Rajdhani	2960/4095/6775 (C)	34	4-mal wöchentl.	20.50 Uhr NZM
Chennai	12434 Chennai Rajdhani	2795/3860/6355 (C)	28	2-mal wöchentl.	15.55 Uhr NZM
	12622 Tamil Nadu Exp	780/2040/2990 (D)	33	1-mal tgl.	22.30 Uhr NDLS
Goa (Madgaon)	12432 Trivandrum Rajdhani	3385/4730/7815 (C)	26	3-mal wöchentl.	10.55 Uhr NZM
	12780 Goa Exp	170/540/740 (D)	27	1-mal tgl.	15 Uhr NZM
Haridwar	12017 Dehradun Shatabdi	595/1190 (B)	4½	1-mal tgl.	6.45 Uhr NDLS
Jaipur	12958 ADI Swarna Jayanti Rajdani	1210/1660/2755 (C)	4½	1-mal tgl.	19.55 Uhr NDLS
	12916 Ashram Exp	235/590/825 (D)	5	1-mal tgl.	15.20 Uhr DLI
	12015 Ajmer Shatabdi	355/740 (B)	4½	1-mal tgl.	6.05 Uhr NDLS
Kalka (nach Shimla)	12011 Kalka Shatabdi	640/1295 (B)	4	2-mal tgl.	7.40 Uhr NDLS
Khajuraho	12448 UP Sampark Kranti Exp	365/955/1350 (D)	10½	1-mal tgl.	20.10 Uhr NZM
Lucknow	12004 Lucknow Swran Shatabdi	885/1850 (B)	6½	1-mal tgl.	6.10 Uhr NDLS
Mumbai	12952 Mumbai Rajdhani	2085/2870/4755 (C)	16	1-mal tgl.	16.45 Uhr NDLS
	12954 August Kranti Rajdani	2085/2870/4755 (C)	17½	1-mal tgl.	16.50 Uhr NZM
Udaipur	12963 Mewar Exp	415/1095/1555 (D)	12½	1-mal tgl.	19 Uhr NZM
Varanasi	12560 Shivganga Exp	415/1100//1565 (D)	12½	1-mal tgl.	18.55 Uhr NDLS

Bahnhöfe: NDLS – New Delhi; DLI – Old Delhi; NZM – Hazrat Nizamuddin

Preise: (A) 2. Klasse/Chair Class; (B) Chair Class/1. Klasse AC; (C) 3AC/2AC/1AC; (D) Sleeper/3AC/2AC

VOM/ZUM FLUGHAFEN

Egal, zu welcher Uhrzeit man in Delhi landet, es empfiehlt sich immer, schon im Voraus ein Hotel zu buchen und dem Personal rechtzeitig die voraussichtliche Ankunftszeit mitzuteilen. Manchmal kann man dann früher einchecken. Verbindungen zwischen Flughafen und Stadt werden bei Terminal 3 angeboten; zwischen Terminal 3 und Terminal 1 verkehrt alle 20 Minuten ein kostenloser Shuttle-Bus.

Vorab vereinbarter Abholservice Hotels bieten oft einen Abholservice vom Flughafen an. Dieser ist zwar oft teurer, als sich am Flughafen selbst ein Taxi zu organisieren, mag sich aber dennoch lohnen, wenn man seine Ankunft so stressfrei wie möglich gestalten will. Wer den Service in Anspruch nimmt, muss auch das Parkticket (bis zu 220 ₹) am Flughafen sowie die Gebühr bezahlen, die der Fahrer für das Betreten der Ankunftshalle entrichten muss (100 ₹). Um diese zu sparen, warten sie manchmal draußen an den Gates 4 bis 6.

Bus Klimatisierte Busse fahren alle zehn Minuten von Terminal 3 via Red Fort, LNJP Hospital, Bahnhof New Delhi Gate 2, Connaught Place, Parliament St und Ashoka Rd zum Busbahnhof ISBT Kashmere Gate.

Metro Die Airport Express Line (www.delhimetrorail.com) verkehrt von 5.15 bis 23.40 Uhr alle zehn bis 15 Minuten. Die Fahrt von Terminal 3 zum Bahnhof New Delhi dauert etwa 20 Minuten (internationales/nationales Terminal–New Delhi 60/50 ₹). Die Metro ist in der Regel leer, weil sie nicht ans restliche Metronetz angeschlossen ist. Eine Smart Card oder einen Jeton für die anderen Linien erhält man an der Metrostation am Flughafen; bei der Fahrgastinformation nachfragen.

Taxi Vor den Ankunftshallen von Terminal 3 und Terminal 1 befinden sich **Prepaid-Taxi-Schalter der Verkehrspolizei Delhi** (☎ Beschwerden 56767, Frauen-Notrufnummer 1091; www.delhitrafficpolice.nic.in), an denen es Taxis zu Festpreisen gibt. Für die Fahrt in einem ziemlich mitgenommenen, alten, schwarz-weißen Taxi nach New oder Old Delhi zahlt man rund 350 ₹, zu den südlichen Vororten 450 ₹. In der Zeit zwischen 23 und 5 Uhr gilt der um 25 % teurere Nachttarif. Traveller berichten davon, dass Taxifahrer Schwierigkeiten machten, sie zum angegebenen Ziel zu fahren. Man sollte darauf bestehen, zu seinem ursprünglichen Ziel gebracht zu werden, und dem Fahrer erst dort den Zahlbeleg aushändigen.

Ein Prepaid-Taxi bekommt man auch am **Megacabs-Schalter** (☎ 011-41414141; www.megacabs.com) am Inlands- sowie am internationalen Terminal. Die Fahrt ins Zentrum kostet zwar 600 bis 700 ₹, dafür bekommt man aber auch ein sauberes Auto mit Klimaanlage.

Funktaxi

Um ein Funktaxi zu rufen, benötigt man eine indische Handynummer. Alternativ bittet man in einem Laden oder Hotel, dies für einen zu übernehmen. Funktaxis sind klimatisiert, sauber, effizient und rechnen nach verlässlichen Taxametern ab (Grundgebühr 23 ₹, dann 23 ₹/km). Anbieter sind z. B. **Easycabs** (☎ 011-43434343; www.easycabs.com) oder **Quickcabs** (☎ 011-45333333; www.quickcabs.in).

METRO

Delhis vorbildliche **Metro** (☎ 011-23417910; www.delhimetrorail.com) ist schnell und effizient. Ankunfts- und Abfahrtszeiten werden auch auf Englisch durchgesagt und sind zweisprachig angeschrieben. Die Züge verkehren etwa von 6 bis 23 Uhr. Der erste Wagen in Fahrtrichtung ist ausschließlich für Frauen reserviert. Achtung: Die Züge können vor allem während der Rushhour (ca. 9–10 & 17–18 Uhr) extrem voll sein! In diesen Zeiten sollte man die Metro möglichst meiden, vor allem mit Gepäck (der Airport Express ist allerdings immer leer, da er nicht direkt an die anderen Linien angeschlossen ist).

Jetons (8–50 ₹) sind an den Stationen erhältlich. Außerdem gibt es „Touristenkarten" für beliebig viele Kurzstreckenfahrten (1/3 Tage 150/300 ₹; Pfand 50 ₹, 30 ₹ davon werden bei Rückgabe erstattet) und die Smart Card (150 ₹, Pfand 50 ₹, 30 ₹ davon werden bei Rückgabe erstattet), die mit Beträgen von 200 bis 1000 ₹ aufgeladen werden können. Mit dieser Karte sind Fahrten 10 % billiger als bei Bezahlung mit Jeton.

Aus Sicherheitsgründen werden alle Taschen durchleuchtet und die Fahrgäste müssen wie am Flughafen eine Art Scanner passieren.

Taxi- & Auto-Apps

Carsharing-Angebote wie **Uber** (www.uber.com) und **Ola Autos & Cabs** (www.olacabs.com) haben die Art der Fortbewegung in Delhi komplett verändert. Wer eine indische Nummer und ein Smartphone besitzt, kann sich die Apps herunterladen und sich von seiner exakten Position abholen lassen (auch wenn das Taxi/Auto manchmal ein kleines bisschen weiter entfernt hält). Bezahlt wird die elektronisch errechnete Gebühr am Ende der Fahrt in bar, wodurch man sich das Handeln spart. Uber wurde 2014 infolge eines Übergriffs durch einen Fahrer verboten, seither sind die Überprüfungen aber strenger geworden.

GROSSRAUM DELHI

★ **Qutb-Minar-Komplex** HISTORISCHE STÄTTE

(Karte S. 82; ☎ 011-26643856; Inder/Ausländer 30/500 ₹, Video 25 ₹, Lightshow Inder/Ausländer 20/250 ₹, Audioguide 100 ₹; ⏲ Sonnenaufgang–Sonnenuntergang; Ⓜ Qutab Minar) Wer es zeitlich nur zu einer der alten Ruinen Delhis schafft, sollte sich für diese hier entscheiden. Die ersten Bauten wurden von den Sultanen von Mehrauli errichtet, spätere Herrscher ließen sie dann erweitern. Sie beschäftigten erstklassige Handwerker und Kunsthandwerker und setzten so ein steinernes Zeichen, mit dem an den Sieg der muslimischen Herrscher erinnert werden sollte.

Alljährlich im Oktober/November dient die Stätte als Veranstaltungsort des Qutb-Festival (S. 61) mit klassischer indischer Musik und Tanz. Die Anlage erreicht man mit der Metro nach Qutab Minar. An der Metrostation nimmt man sich dann eine Autoriksсha für den letzten Kilometer zu den Ruinen.

➡ Qutb Minar

(Karte S. 82) Der Qutb Minar selbst, der der gesamten Anlage ihren Namen gibt, ist ein hoch aufragender, nicht zu übersehender Siegesturm mit Minarett im afghanischen Stil. Sultan Qutb-ud-din ließ ihn 1193 errichten, um seine Macht über die besiegten hinduistischen Herrscher von Qila Rai Pithora zu verkünden. Die Sandsteinbänder des fast 73 m hohen Turms sind mit eingemeißelten Versen aus dem Koran verziert. Der sich nach oben verjüngende Turm hat am Sockel einen Durchmesser von 15 m, an der Spitze sind es nur noch 2,5 m.

➡ Quwwat-ul-Islam Masjid

(Macht-des-Islam-Moschee; Karte S. 82) Am Fuß des Qutb Minar steht die erste in Indien erbaute Moschee. Eine Inschrift über dem Osttor besagt, dass sie aus dem Material von 27 zerstörten „Götzentempeln" errichtet wurde. Aufwendige Steinreliefs weisen auf die erkennbare Verschmelzung islamischer und präislamischer Stile hin. Die Mauern der Moschee sind übersät mit Sonnenscheiben, *shikharas* und weiteren Elementen hinduistischer und jainistischer Steinmetzarbeiten. Das Gotteshaus war bis 1360 die wichtigste Moschee in Delhi.

➡ Eiserne Säule

(Karte S. 82) Im Innenhof der Quwwat-ul-Islam Masjid steht diese 6,7 m hohe Säule, die wesentlich älter ist als alle Bauwerke, die sie umgeben. Dank der trockenen Luft und des edlen Materials weist sie selbst nach 1600 Jahren keine Rostspuren auf. Eine sechszeilige Inschrift auf Sanskrit besagt, dass sie ursprünglich außerhalb eines Vishnu-Tempels, möglicherweise in Bihar, stand und zu Ehren von Chandragupta II. errichtet wurde, der von 375 bis 413 n. Chr. herrschte. Wissenschaftler haben bis heute nicht herausgefunden, wie das Eisen mit der damaligen Technik gegossen werden konnte.

★ Mehrauli Archaeological Park PARK

(Karte S. 82; ⏲ Sonnenaufgang–Sonnenuntergang; Ⓜ Qutab Minar) GRATIS Mehrauli beherbergt mit seinen über 440 Monumenten aus der Zeit vom 10. Jh. bis in die Kolonialära ganz außergewöhnliche Reichtümer, die im Wald und im Ort selbst verstreut liegen. Die eindrucksvollsten Stätten im Wald sind die vom Alter gezeichneten Gräber von Balban und seinem Sohn Quli Khan sowie die Jamali-Khamali-Moschee, die an das Grabmal des Sufi-Dichters Jamali angeschlossen ist. Weiter westlich liegt der Rajon-ki Baoli, der schönste Stufenbrunnen Delhis mit einer monumentalen Treppe.

Am Nordrand des Dorfs Mehrauli steht das Adham-Khan-Mausoleum, das einst als britische Residenz und später als Polizeiwache und Postamt genutzt wurde. Weiter nördlich des Grabes stehen die präislamischen Mauern von Lal Kot.

Südlich des Dorfs finden sich die Überreste des Mogul-Palastes Zafar Mahal, der einst mitten im Dschungel lag. Gleich nebenan steht ein Sufi-Schrein, die Dargah von Qutb Sahib. Es gibt eine kleine Begräbnisstätte mit einem leeren Platz, der für den letzten Großmogul von Delhi, Bahadur Shah Zafar, vorgesehen war, der 1862 im Exil in Birma starb. Südlich von hier befindet sich eine Begräbnisstätte für *hijras* (Transvestiten und Eunuchen) aus der Lodi-Ära, der **Hijron ka Khanqah** (Karte S. 82; Kalka das Marg; ⏲ Sonnenaufgang–Sonnenuntergang). Die Identität der hier Bestatteten ist unbekannt, der schön gepflegte, friedliche Ort wird aber von der hiesigen *hijra*-Gemeinde verehrt. Noch etwas weiter südlich befinden sich schließlich der Jahaz Mahal („Schiffspalast", ebenfalls aus der Mogul-Zeit) und das **Haus-i-Shamsi-Becken** (abseits der Mehrauli-Gurgaon Rd).

Um den bewaldeten Teil des Parks zu erreichen, biegt man an der Metrostation rechts in die Anuvrat Marg ein und läuft 500 m geradeaus. Geführte Spaziergänge sind eine gute Möglichkeit, den Park zu erkunden.

★ Tughlaqabad FESTUNG

(Inder/Ausländer 15/200 ₹, Video 25 ₹; ⏲ Sonnenaufgang–Sonnenuntergang; Ⓜ Tughlakabad) Diese großartige Ruine aus dem 14. Jh., das „dritte Delhi", das im 14. Jh. von Ghiyus-ud-din Tughlaq in Auftrag gegeben wurde, ist mittlerweile halb vom Dschungel überwuchert und teilweise von den umliegenden Dörfern vereinnahmt. Für den Bau hatte der Herrscher Arbeiter vom Sufi-Heiligen Nizam-ud-din abgeworben, der ihn darauf mit einem Fluch belegte, nach dem Tughlaqabad nur von Hirten bewohnt werden würde. Heute ist die Festung aber weniger in der Hand von Hirten als von Affen. Der Blick auf die smaragdgrüne Umgebung ist umwerfend. Miteinander verbundene unterirdische Räume wurden als Lager genutzt. Um zur Festung zu gelangen, nimmt man von der Metrostation Tughlaqabad eine Autoriksсha (einfache Strecke/hin & zurück 80/160 ₹).

Gurgaon (Gurugram)

Es heißt, das Gebiet rund um Gurgaon (Gurugram) sei dem Guru Dronacharaya von den Herrschern Kaurava und Pandava als Dank für seine Lehren als Geschenk übergeben worden. Dies erklärt auch seine jüngste, durch das Mahabharata inspirierte Namensänderung in Gurugram. Delhis wichtigste Satellitenstadt war einst eine einfache Ansammlung von Dörfern und landwirtschaftlichen Nutzflächen. Als allerdings in den 1970er-Jahren das Automobilunternehmen Maruti Suzuki India Limited hier einen Produktionsstandort aufbaute, wendete sich das Blatt. Der Wandel nahm in den 1990er-Jahren noch einmal an Fahrt auf und machte Gurgaon zu der boomenden Retortenstadt von heute: ein zubetoniertes Gebiet mit IT-Unternehmen, Call-Centern, Malls, Bürogebäuden und Hotels, das das dritthöchste Pro-Kopf-Einkommen Indiens aufweist.

Sehenswertes

Sultanpur National Park NATIONALPARK

(http://haryanaforest.gov.in/SultanpurNationalPark.aspx; Sultanpur; Ausländer/Inder 40/5 ₹, Foto/Video 25/500 ₹; 7–16.30 Uhr) Unglaublich, dass Gurgaon nur 15 km vom Sultanpur National Park entfernt liegt. Dieses Sumpfgebiet wimmelt nur so von heimischen Stand- und Zugvögeln, darunter Eisvögel, Flamingos, Gänse, Krickenten und Störche. Am besten kommt man schon frühmorgens her. Die Nacht kann man dann im staatlich geführten **Rosy Pelican Tourist Complex** (0120-4355020; Zi. ab 2175 ₹) verbringen. Am einfachsten erfolgt die Anfahrt mit einem Taxi von Gurgaon aus.

Museo Camera MUSEUM

(9810009099; www.indiaphotoarchive.org; T-23/5, DLF Phase III; gegen eine Spende von 300 ₹/Pers.; Rapid Metro Phase III) Das wunderbare Museum hat sich aus der Sammlung des indischen Fotografen Aditya Arya entwickelt. Das älteste Foto hier stammt aus den 1880er-Jahren. Ausgestellt sind auch eine Sinar – der Rolls-Royce unter den Kameras – und das gleiche Modell einer Hasselblad, das auch auf dem Mond dabei war.

Schlafen

Überall in Gurgaon gibt es Fünf-Sterne- und luxuriöse Business-Hotels. Sie zielen auf die vielen Geschäftsleute ab, die zum Arbeiten hier sind, sowie auf Urlauber, die hübsche Luxusunterkünfte und vor allem die im Vergleich zu Delhis Stadtzentrum günstigeren Preise bevorzugen. Außerdem sind auch die zahlreichen edlen Einkaufszentren nicht weit. Nichtsdestotrotz gibt es auch einige wenige Pensionen und einfache Hotels.

Harry's Bed & Breakfast B&B $$

(987169996, 9810158515; www.harrysbedandbreakfast.com; Plot 40, Silver Oaks Avenue, DLF 1; EZ/DZ 2300/2800 ₹; M Sikanderpur) Beim Betreten dieses tamilisch geführten B&Bs steigt einem sofort das unverkennbare Aroma südindischer Gewürze in die Nase. Es liegt in einer ruhigen Ecke Gurgaons und bietet geräumige, gut beleuchtete Zimmer mit exklusiver Einrichtung und eigenen Bädern. WLAN ist kostenlos, das Frühstück mehr als üppig. Eines der Zimmer hat seinen eigenen kleinen Garten. Auf Vorbestellung bereiten die Gastgeber gerne ein komplettes tamilisches Gericht zu.

★ **Tikli Bottom** HOTEL $$$

(www.tiklibottom.com; Manender Farm, Gairatpur Bas; EZ/DZ inkl. Vollpension 12 000/21 000 ₹;) Rund 50 km südlich von Delhis Zentrum steht dieser prachtvolle, im Stil Lutyens' erbaute Bungalow inmitten bewaldeter Hügel. Geführt wird er von einem britischen Paar, das aus einer anderen Zeit zu stammen scheint: einer Zeit, in der getoastete Teacakes, gepflegte Rasenflächen und Baumwollstoffen gang und gäbe waren. Es vermietet vier hohe Gästezimmer mit großen Sitzbereichen; der wunderschöne Pool mit Blick auf die Berge und eine Pagode ist ein nettes Extra.

Man kann auch nur tagsüber vorbeischauen, zu Mittag essen (Erw./12–18 Jahre/unter 12 Jahren 1750/800/300 ₹) und die Umgebung mit ihren freilaufenden Hühnern und Emus erkunden. Tagesgäste, die den Pool nutzen wollen, bezahlen den Tagestarif für ein Zimmer (4500 ₹).

Trident HOTEL $$$

(www.tridenthotels.com; 443, Udyog Vihar, Phase V, Sector 19; Zi. ab 15 500 ₹; ; M IFFCO Chowk) Der moderne Palast mit Türmen und Reflexionsbecken im Mogul-Stil verfügt über riesige Zimmer und alle Einrichtungen, die man sich nur wünschen kann. Im Vergleich zu den Fünf-Sterne-Optionen im Stadtzentrum bietet das Trident ein gutes Preis-Leistungs-Verhältnis. Die Restaurants sind hervorragend; sonntagmorgens gibt es einen speziellen Brunch für Kinder und für Erwachsene.

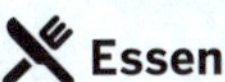

Essen

In Gurgaon gibt es jede Menge tolle Restaurants, die allerdings alle im mittleren bis oberen Preissegment liegen. Da alles noch so neu ist, mangelt es manchen Lokalen an Charakter. Es gibt nicht nur tolle Hotelrestaurants, sondern auch den DLF Cyber Hub, der ein einziges Gastronomieparadies ist.

Fat Lulu's PIZZA **$$**
(☎ 0124-4245497; Cross Point DLF City IV, DLF Galleria Rd, Gurgaon; Pizza ab 425 ₹; ⏲ 11.30–23 Uhr) Ein nettes kleines Lokal gegenüber dem beliebten Galleria Market. Fat Lulu's serviert großzügig belegte Pizzas mit dünner Kruste von der klassischen italienischen Variante bis zu solchen mit indischer Note (Chicken Tikka Masala). Der Speisesaal ist bunt und etwas skurril, wird aber allen gefallen, denen es auch aufs Ambiente ankommt.

DLF Cyber Hub INTERNATIONAL **$$**
(www.dlfcyberhub.com; DLF Cyber City, Phase II, NH8; Hauptgerichte ab 200 ₹; ⏲ die meisten Restaurants 11–24 Uhr; Rapid Metro DLF Cyber City) Hierbei handelt es sich um einen Food Court der Extraklasse. Man wird wirklich immer etwas finden, worauf man gerade Lust hat. Besonders gut sind u.a. das **Sodabottleopenerwala** für Parsi-Küche, das coole **Gurgaon Social** mit Privatzimmern, das **Farzi Cafe** mit Molekular-Küche und billigem Bier, das **People & Co** für Live-Comedy, das **Yum Yum Cha** für ein abgefahrenes Dekor und das **Sion 7** mit vor Ort gebrautem Craft Beer.

★ **Amaranta** MEERESFRÜCHTE, INDISCH **$$$**
(☎ 0124-2451234; The Oberoi, 443 Udyog Vihar, Phase V; Hauptgerichte 1900–2100 ₹; ⏲ 12.30–15 & 19–24 Uhr; Ⓜ IFFCO Chowk) Das todschicke Restaurant des Oberoi Gurgaon erhält für seine kreativen indischen Gerichte viel Anerkennung. Die Meeresfrüchte sind preisverdächtig und werden täglich frisch von der Küste eingeflogen. Die Erfahrung schlechthin ist ein Sieben- oder Neun-Gänge-Probiermenü (veg./nicht veg. 4000/5900 ₹).

Ausgehen

Gurgaon bietet viele Ausgehoptionen und ein aktives Nachtleben, besonders im DLF Cyber Hub und entlang der Golf Course Rd, wo auch Einheimische der Mittelschicht gerne ausgehen; zahlreiche Bars und Restaurants bieten Livemusik. Im DLF Cyber Hub gibt's zudem einen beliebten Comedy-Club, das People & Co. Wie auch in Delhi schließen die meisten Locations um 0.30 Uhr.

Unterhaltung

Kingdom of Dreams THEATER
(☎ 0124-4528000; www.kingdomofdreams.in; Auditorium Complex, Sector 29; Culture Gully 599 ₹, mit Verzehr verrechenbar, Vorstellungen Di–Fr ab 1099 ₹, Sa & So ab 1199 ₹; ⏲ Di–Fr 12.30–24, Sa & So 12–24 Uhr, Vorstellungszeiten variieren; Ⓜ IFFCO Chowk) Das Kingdom of Dreams bietet opulente Unterhaltung für Bollywood-Fans und ist ein wahrlich Angriff auf die Sinne. Im Nautanka Mahal kann man sich eines der drei Musicals anschauen, die von Techno-Musik von Weltklasse begleitet werden, während die Schauspieler zwischen den Dachbalken schwingen und singen. Von der Metrostation fährt alle 15 Minuten ein kostenloser Shuttle hin.

Shoppen

Gurgaon ist ein Einkaufsparadies aus mehreren Straßenzügen, gesäumt von glitzernden Einkaufszentren, in denen die großen Marken und Ketten ihre Produkte anbieten. Ein paar einheimische unabhängige Läden sorgen für die richtige Mischung, darunter das **Atelier Mon** (www.ateliermon.com; 27/4, Deodar Marg, Block A, Sector 26A; ⏲ Mo–Sa 11–18 Uhr; Ⓜ Sikanderpur).

Öffentliche Verkehrsmittel

Rapid Metrorail Gurgaon (http://rapidmetrogurgaon.com/home; Ticket 20 ₹) Die Züge auf dieser 5 km langen Rundstrecke verkehren alle fünf Minuten und verbinden Sikanderpur mit DLF Cyber City.

Rajasthan

Inhalt ➡

Schönste Forts & Paläste

- Jaisalmer (S. 199)
- Jodhpur (S. 188)
- Bundi (S. 155)
- Chittorgarh (S. 161)

Schönste historische Hotels

- Rambagh Palace (S. 126)
- Pal Haveli (S. 194)
- Taj Lake Palace (S. 171)
- Bundi Vilas (S. 158
- Laxmi Niwas Palace (S. 214)

Auf nach Rajasthan!

Rajasthan hat mehr Geschichte als das übrige Indien zusammen: Dies ist das Land der Könige, das sagenhafte Reich der Maharadschas mit Forts und Palästen. Indien ist übersät mit prachtvoller Architektur, doch nirgendwo findet man so prächtige Forts wie in Rajasthan: Sie erheben sich aus der Landschaft wie märchenhafte Fata Morganen oder Filmkulissen von Abenteuerfilmen.

So bezaubernd die Festungen sind, die Region hat noch mehr zu bieten als diese Wunder. Denn Rajasthan ist auch das Land der Dünen und Dschungel, der Kamelkarawanen und Tiger, der glitzernden Juwelen, bunten Farben und einer lebendigen Kultur. Es gibt jede Menge bunte Feste, und auch die Küche und die Shoppingoptionen sind großartig. Rajasthan hat alles – von Indien ist es der Bundesstaat, den man sich auf keinen Fall entgehen lassen darf, und er ist voller anregender, nachdenklich stimmender und unvergesslicher Attraktionen.

Reisezeit

Jaipur

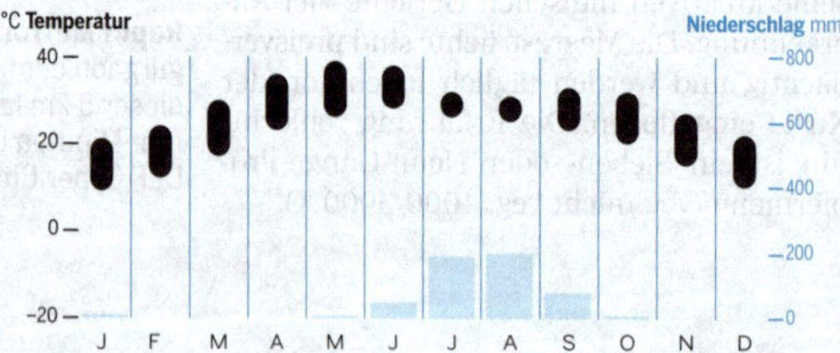

Dez.–Feb. Tagsüber angenehme Temperaturen, nachts kann's aber kalt werden. Hauptsaison!

Sept.–Nov., Feb. & März Warme Nächte treiben viele Besucher in kühlere Gebiete.

April–Aug. April und Juni sind sehr heiß; der Monsun steht bevor und bringt im Juli und August Regen.

Geschichte

Rajasthan ist die alte Heimat der Rajputen, der Kriegerclans, die behaupten, von Sonne, Mond und Feuer abzustammen. Sie beherrschten diesen Teil Indiens über 1000 Jahre lang, schlossen Zweckehen und schmiedeten Bündnisse auf Zeit, waren aber immer so auf ihren Stolz und ihre Unabhängigkeit bedacht, dass sie in Folge ihrer Uneinigkeit schließlich zu Vasallen des Mogulreichs wurden.

Die Mogul-Herrschaft über Rajasthan war geprägt von Rebellion, Aufständen und Tragödien. Ganze Städte verübten lieber *jauhar* (rituellen Massenselbstmord) als sich den Moguln zu unterwerfen. Als das Mogulreich zerfiel, erkämpften sich die Rajputen ihre Unabhängigkeit zurück und unterzeichneten Verträge mit den Briten, nach denen die einzelnen Rajputenstaaten als unabhängige Fürstenstaaten unter britischer Schirmherrschaft weiterexistieren konnten.

Mit der Unabhängigkeit durften Rajasthans viele Maharadschas ihre Titel und ihre Besitztümer behalten und erhielten eine ihrem Status entsprechende jährliche Apanage, damit sie nicht auf separatistische Gedanken kamen. Diese Sonderrechte wurden allerdings in den 1970er-Jahren abgeschafft, und Rajasthan wurde vollständig unter zentrale Kontrolle gestellt.

ÖSTLICHES RAJASTHAN

Jaipur

0141 / 3,05 MIO. EW.

Das spannende, geschichtsträchtige Jaipur, die Hauptstadt Rajasthans, ist das Tor zu Indiens extravagantestem Bundesstaat.

Eine berauschende Mischung aus Alt und Neu beherrscht die chaotischen Straßenzüge. In waghalsigem Tempo weichen Busse gemütlich dahinschaukelnden Kamelen aus, Rollerfahrer regen sich über die „lahmen" Fahrradrikschas auf, und überall lauern Besitzer von Autorikschas auf leichte Beute. Inmitten dieses verrückten Chaos stellen die Überbleibsel aus Jaipurs königlicher Vergangenheit kleine Inseln der Ruhe dar (zumindest ansatzweise) und erinnern an eine Zeit, in der das Tempo geruhsamer war.

Der City Palace bildet das Zentrum von Jaipur und ist nach wie vor der Wohnsitz der ehemaligen Königsfamilie, das Jantar Mantar, das königliche Observatorium, hat etwas unverändert „Himmlisches", und der Hawa Mahal mit der wabenartigen Fassade ragt stolz über dem Basar auf. Gerade außerhalb der Sichtweite, in den trockenen Hügeln rund um die Stadt, liegt das märchenhafte Amber Fort – Jaipurs größte Attraktion.

Geschichte

Jaipur ist nach seinem Gründer benannt, dem bedeutenden Krieger und Astronomen Jai Singh II. (1688–1743). Er kam im Alter von elf Jahren, nach dem Tod seines Vaters Maharadscha Bishan Singh, an die Macht. Jai Singh stammt von den Kachwaha, einem Rajputen-Clan ab, der seine Macht im 12. Jh. verstärken hatte können. Die Hauptstadt der Kachwaha war Amber („Ämer" gesprochen), ca. 11 km nordöstlich des heutigen Jaipur. Dort errichteten sie das beeindruckende Amber Fort.

Das Königreich häufte im Lauf der Zeit immer mehr Reichtum an. So konnte der Maharadscha mit dem Bau einer neuen Stadt – nämlich Jaipur – 1727 beginnen, was notwendig geworden war, denn in der alten Hauptstadt Amber herrschte Wassermangel, während die Einwohnerzahl beständig weiter anstieg. Jaipur war die erste Stadt vom Reißbrett im Norden Indiens. Singh hatte sie erdacht, und sein herausragender Baumeister, Vidyadhar Bhattacharya, ließ die Vision Wirklichkeit werden. Dass Jai Singh gute Kenntnisse in den Naturwissenschaften hatte, erkennt man an der präzisen Symmetrie seiner neuen Stadt.

1876 ließ Maharadscha Ram Singh die ganze Altstadt anlässlich eines Besuchs des Prinzen von Wales (der spätere König Eduard VII.) in Rosa streichen, der traditionellen Farbe der Gastfreundschaft. Noch heute sind die Bewohner der Altstadt per Gesetz dazu verpflichtet, die rosafarbenen Fassaden zu erhalten.

Sehenswertes

Old City (Pink City)

Die Altstadt (oft auch als Pink City bezeichnet) ist ein Wunder des Städtebaus des 18. Jhs. Man könnte Tage mit der Erkundung der Stadt, des schlagenden Herzens Jaipurs, verbringen.

Alleen unterteilen die „Rosa Stadt" in ordentliche Gevierte, in denen jeweils ein bestimmtes Handwerk angesiedelt ist, wie es die Shilpa Shastra (antike hinduistische Tex-

Highlights

1. Die wimmelnden Gassen der honigfarbenen Sandsteinfestung **Jaisalmer** (S. 199) erkunden und dann auf einem Kamel in die Wüstendünen hinausreiten
2. An den See von Rajasthans heiligster Stadt **Pushkar** (S. 147) pilgern
3. In den Wäldern und Schluchten des **Ranthambhore National Park** (S. 153) nach Tigern spähen
4. Von den imposanten Wällen der mächtigen Festung **Mehrangarh** (S. 189) die Blaue Stadt Jodhpur bewundern
5. Im von Palästen und einem malerischen See geprägten romantischen **Udaipur** (S. 164) entspannen
6. In den bunten Basaren von Jaipur, der **Pink City** (S. 113) herumstöbern und das hinreißende Amber Fort erkunden
7. Die entspannte Backpacker-Atmosphäre, den märchenhaften Palast und das ehrwürdige Fort in **Bundi** (S. 155) genießen
8. In **Shekhawati** (S. 187) die skurrilen Fresken an verfallenden *havelis* bestaunen

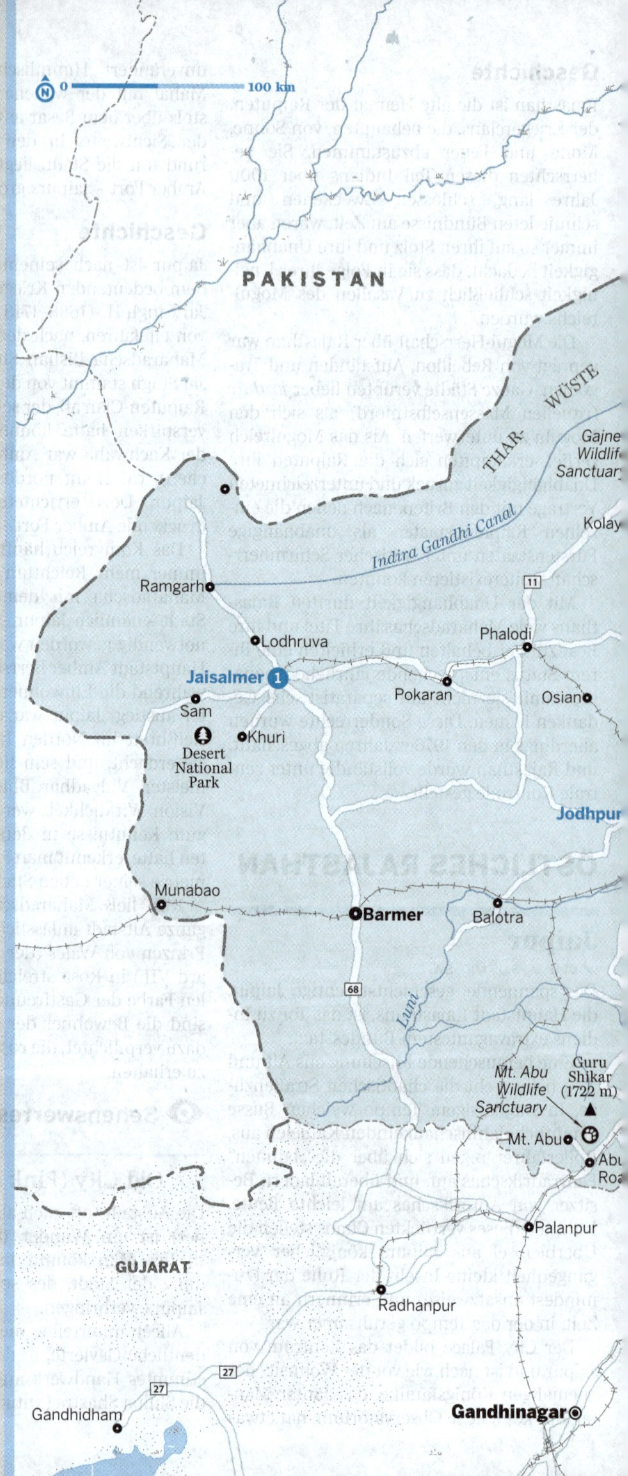

Ganganagar
Sirsa
HARYANA
UTTAR PRADESH
Suratgarh
Anupgarh
Hisar
Rajgarh
DELHI
Churu
Shekhawati
8
Rewari
Ratangarh
Ramgarh
Jhunjhunu
Bikaner
Mandawa
Fatehpur
Neemrana
Tal Chhapar Wildlife Sanctuary
Nawalgarh
Patan
Deshnok
Udaipurvati
Kotputli
Nokha
Sikar
Alwar
Deeg
Mathura
Shahpura
Sariska Tiger Reserve & National Park
Bharatpur
Agra
Nagaur
Amber
Abhaneri
Fatehpur Sikri
Jaipur
6
Dausa
Sambhar Salzsee
Bagru
Sanganer
Dholpur
Pushkar
2
Kishangarh
Ajmer
Karauli
Ranthambhore National Park
3
Tonk
Beawar
Sawai Madhopur
Kekri
Pali
Deoli
Deogarh
7
Bundi
Shivpuri
Bhilwara
Kumbhalgarh
Rajsamand
Bijolia
Kota
Saira
Baroli
Chittorgarh
Bijaipur
Jhalawar
Jhalrapatan
5
Gandhi Sagar
Jaisamand-See
MADHYA PRADESH
Dungarpur
Banswara
Ratlam
Ujjain
Bhopal

Jaipur

te) vorschreibt. Die Haupt-Basare in der Altstadt sind u.a. der Johari Bazaar, der Tripolia Bazaar, der Bapu Bazaar und der Chandpol Bazaar.

Die Altstadt ist teilweise von einer zinnenbewehrten Mauer umschlossen, in die in Abständen prächtige Tore eingelassen sind. Die wichtigsten Tore sind Chandpol (*pol* bedeutet „Tor"), das Ajmer Gate und das Sanganeri Gate.

★ City Palace — PALAST

(☎0141-4088888; www.royaljaipur.in; Inder/Ausländer inkl. Foto 130/500 ₹, Führer ab 300 ₹, Audio-

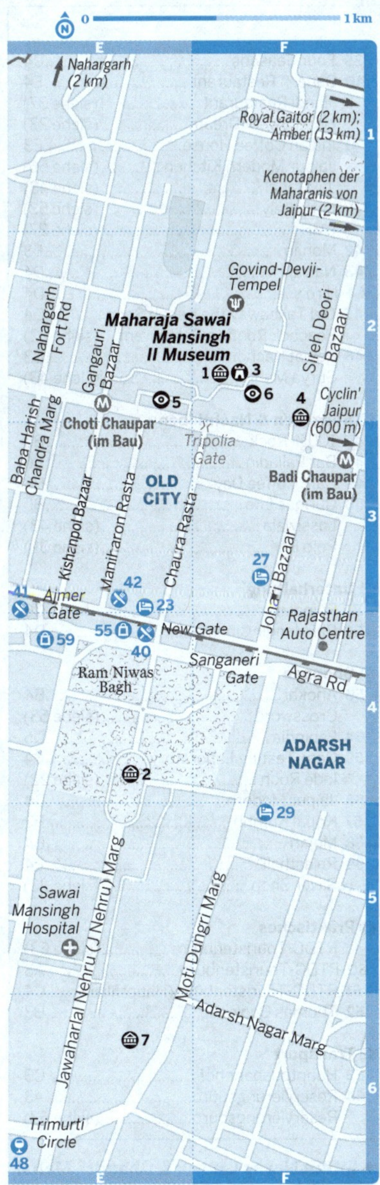

guide frei, Royal-Grandeur-Führung Inder/Ausländer 2000/2500 ₹; ⌚9.30–17 Uhr) Der eindrucksvolle Palast im Zentrum der Altstadt ist ein Komplex aus Gebäuden, Höfen und Gärten. Die Außenmauer ließ Jai Singh II. errichten, im Inneren ist der Palast im Laufe der Jahrhunderte aber erweitert und umgebaut worden. So stammen die Palastgebäude aus verschiedenen Epochen, die jüngsten erst aus dem frühen 20. Jh. Das Ganze präsentiert sich als eine beeindruckende Mischung aus rajasthanischer und Mogul-Architektur.

Im Eintrittspreis inbegriffen ist der Zugang zum Royal Gaitor und zu den Kenotaphen der Maharanis sowie zum Fort Jaigarh, hoch über dem Amber Fort. Das Kombiticket ist zwei Tage lang gültig und kostet für Inder 60 ₹ zusätzlich zum Stadtpalast (für Ausländer bleibt der Preis gleich).

➡ Mubarak Mahal

Hat man das Virendra Pol passiert, blickt man auf den Mubarak Mahal (Willkommenspalast). Er wurde im späten 19. Jh. für Maharadscha Madho Singh II. erbaut und diente als Empfangsbereich für hochrangige Besucher. Das Bauwerk mit den vielen Bogen und Säulen wurde von Sir Swinton Jacob entworfen und vereint islamische, rajputische und europäische Elemente. Mittlerweile ist es Teil des **Maharaja Sawai Mansingh II Museum**, das eine Sammlung königlicher Gewänder und prächtiger Schals beherbergt, darunter auch Kaschmir-*pashminas*. Besonders sehenswert sind die großen, weiten Kleidungsstücke von Sawai Madho Singh I. Es wird berichtet, dass er „knuddelige" 2 m groß und 1,2 m breit gewesen sein und ganze 250 kg gewogen haben soll.

➡ Waffenkammer

Die Waffenkammer befindet sich im Anand Mahal Sileg Khana, dem Maharani-Palast. Die hiesige Waffensammlung ist eine der besten in ganz Indien. Feine Gravuren und Einlegearbeiten lenken vom eigentlichen Zweck der zeremoniellen Gegenstände ab.

➡ Diwan-i-Khas (Sarvatobhadra)

Zwischen der Waffenkammer und der Diwan-i-Am-Kunstgalerie erstreckt sich ein Hof, der auf Sanskrit als Sarvatobhadra bezeichnet wird. In der Mitte befindet sich eine rosa-weiße mit Marmor gepflasterte Galerie, die als Diwan-i-Khas (Saal für Privataudienzen) genutzt wurde. Dort berieten sich die Maharadschas mit ihren Ministern. Die beiden riesigen Gefäße (jedes 1,6 m hoch) hier sind angeblich die größten Gegenstände aus Silber weltweit.

➡ Diwan-i-Am Art Gallery

Im verschwenderisch ausgestatteten Diwan-i-Am (Saal für Öffentliche Audienzen) ist

Jaipur

Highlights
1 Maharaja Sawai Mansingh II Museum F2

Sehenswertes
2 Central Museum E4
3 City Palace F2
4 Hawa Mahal F2
5 Iswari Minar Swarga Sal E2
6 Jantar Mantar F2
7 SRC Museum of Indology E6

Aktivitäten, Kurse & Touren
8 Charak Ayurveda B2
9 Kerala Ayurveda Kendra A1
10 Kripal Kumbh B2
11 Madhavanand Girls College A2
12 Mansingh Hotel C3
RTDC ..... (siehe 60)
Vintage Jeep Tour ..... (siehe 31)

Schlafen
13 All Seasons Homestay B4
14 Alsisar Haveli C3
15 Atithi Guest House B3
16 Dera Rawatsar C2
17 Hotel Anuraag Villa A2
18 Hotel Arya Niwas C3
19 Hotel Bissau Palace D1
20 Hotel Diggi Palace D5
21 Hotel Meghniwas A2
22 Hotel Pearl Palace B4
23 Hotel Sweet Dream E3
24 Jaipur Inn B2
25 Jas Vilas A2
26 Karni Niwas C3
27 LMB Hotel F3
28 Madhuban A2
29 Nana-ki-Haveli F5
30 Narain Niwas Palace Hotel D6
31 Pearl Palace Heritage B4
32 Rambagh Palace D6
33 Roadhouse Hostel Jaipur B4
34 Shahpura House A2
35 Tony Guest House B3
36 Vinayak Guest House A3

Essen
Anokhi Café ..... (siehe 53)
37 Copper Chimney C4
38 Dāsaprakash D4
39 Four Seasons C4
40 Ganesh Restaurant E4
Handi Restaurant ..... (siehe 37)
Hotel Sweet Dream ..... (siehe 23)
41 Indian Coffee House E3
Jaipur Modern Kitchen ..... (siehe 56)
Jal Mahal ..... (siehe 43)
Little Italy ..... (siehe 53)
LMB ..... (siehe 27)
42 Mohan E3
43 Natraj D4
44 Niro's D4
45 Old Takeaway the Kebab Shop C4
Peacock Rooftop Restaurant ..... (siehe 22)
46 Rawat Kachori B3
Surya Mahal ..... (siehe 43)

Ausgehen & Nachtleben
47 100% Rock B5
48 Bar Palladio E6
49 Café Coffee Day B3
50 Curious Life B5
Lassiwala ..... (siehe 43)
Polo Bar ..... (siehe 32)

Unterhaltung
51 Poloplatz C6
52 Raj Mandir Cinema D4

Shoppen
53 Anokhi B4
Crossword ..... (siehe 53)
54 Fabindia D5
55 Gem-Testing Laboratory E4
Inde Rooh ..... (siehe 22)
56 Jaipur Modern B4
57 Kripal Kumbh B2
58 Mojari B4
59 Rajasthali E4
Silver Shop ..... (siehe 22)

Praktisches
RTDC-Touristenbüro ..... (siehe 63)
60 RTDC-Touristenbüro A3
61 RTDC-Touristenbüro (Hauptfiliale) C4
62 Thomas Cook B3

Transport
63 Hauptbusbahnhof C3
64 Reservierungsbüro A3
Reservierungsbüro ..... (siehe 63)

diese Kunstgalerie untergebracht. Die Ausstellungen zeigen u.a. eine Kopie des gesamten (in kleinster Handschrift verfassten) Bhagavad Gita (heilige Schrift) und kleinformatige Nachahmungen anderer Hindu-Schriften, die man schnell verstecken konnte für den Fall, dass die Armeen des fanatischen Moguls jemals versuchen sollten, die heiligen Texte zu zerstören.

➡ Pitam Niwas Chowk & Chandra Mahal

Beim Innenhof des Palasts befindet sich der Pitam Niwas Chowk. Die vier prächtigen Tore stehen für die vier Jahreszeiten: das **Pfauentor** für den Herbst, das **Lotostor** für den Sommer, das **Grüne Tor** für den Frühling und das **Rosentor** für den Winter.

Hinter diesem *chowk* (Platz) steht der private Palast Chandra Mahal, der auch heute noch Wohnsitz der Nachkommen der Herrscherfamilie ist. Bei der 45-minütigen **Royal-Grandeur-Führung** werden Besuchern ausgewählte Bereiche gezeigt.

★ Jantar Mantar HISTORISCHE STÄTTE
(Inder/Ausländer 50/200 ₹, Führer 200 ₹, Audioguide 100 ₹; ⌚9–16.30 Uhr) Neben dem City Palace steht das Jantar Mantar. Das Observatorium, das an eine Reihe riesiger, bizarrer Skulpturen erinnert, wurde ab 1728 von Jai Singh II. aufgebaut. Der Name der Einrichtung, die der Vermessung des Himmels diente, ist vom Sanskritwort *yanta mantr* abgeleitet, das „Messinstrument" bedeutet. 2010 wurde das Observatorium zur UNESCO-Welterbestätte. Wer erfahren will, wie die faszinierenden Instrumente genau funktionieren, engagiert am besten einen Führer.

Jai Singh II. lag die Astronomie sogar noch mehr am Herzen als Kriegsführung und Städtebau. Bevor er das Observatorium errichtete, sandte er Gelehrte ins Ausland, um dort neue Gerätschaften zu studieren. Insgesamt errichtete der Maharadscha fünf Observatorien, von denen dieses – das 1901 restauriert wurde – das größte und besterhaltene ist. Weitere stehen in Delhi, Varanasi und Ujjain, während von dem fünften in Mathura keine Spur mehr geblieben ist.

Mit einem gültigen Ticket für das Amber Fort/Hawa Mahal kann man auch das Jantar Mantar besichtigen.

★ Hawa Mahal HISTORISCHES GEBÄUDE
(Sireh Deori Bazaar; Inder/Ausländer inkl. Foto 50/200 ₹, Führer 200 ₹, Audioguide Hindi/Englisch 115/170 ₹; ⌚9–17.30 Uhr) Jaipurs auffälligstes Wahrzeichen ist ein fünfstöckiges Märchenschloss aus rosa Sandstein, dessen Fassade mit Balkonen übersät ist, die an Bienenwaben erinnern. Der außergewöhnliche „Palast der Winde" wurde 1799 von Maharadscha Sawai Pratap Singh erbaut, um den weiblichen Mitgliedern seines Hofs die Gelegenheit zu bieten, das Leben und die Prozessionen in der Stadt zu beobachten. Von oben bietet sich in die eine Richtung ein atemberaubender Blick auf das Jantar Mantar und den Stadtpalast und in die andere Richtung auf den Sireh Deori Bazaar.

Ein kleines **Museum** (geöffnet Sa–Do) zeigt Miniaturmalereien und prunkvolle Relikte wie zeremonielle Rüstungen als Zeugnisse der einstigen fürstlichen Pracht.

Wer unter Platzangst leidet, sollte sich von den schmalen, manchmal sehr beengten und überfüllten Gängen im Hawa Mahal fernhalten.

Der Eingang befindet sich an der Rückseite des Komplexes. An der Kreuzung links neben der Hauptfassade wendet man sich nach rechts und nimmt dann die erste Querstraße rechts durch den Torbogen. Fragt man die Ladeninhaber nach dem Weg, werden die einem vermutlich einen anderen Weg zeigen – natürlich an ihren Läden vorbei!

Mit einem gültigen Kombiticket für das Amber Fort kann man auch das Hawa Mahal besichtigen.

NICHT VERSÄUMEN

HIMMELHOHES MINARETT

Nahe dem Stadtpalast ragt das außergewöhnliche Minarett des **Iswari Minar Swarga Sal** (Himmelhohes Minarett; Inder/Ausländer 50/200 ₹; ⌚9–16.30 Uhr) in den Himmel, das in den 1740er-Jahren von Iswari, dem Sohn und Nachfolger von Jai Singh II., errichtet wurde. Der Eingang befindet sich hinter einer Reihe von Läden am Chandpol Bazaar – die Gasse 50 m westlich vom Minarett am Chandpol Bazaar oder den Atishpol-Eingang zum Stadtpalast-Gelände 150 m östlich vom Minarett nehmen! Eine Wendeltreppe führt hinauf zur Spitze des Minaretts, von dem man eine herrliche Aussicht genießt.

Iswari wählte später schändlicherweise (im Chandra Mahal) den Selbstmord durch Schlangenbiss, statt sich der vorrückenden Armee der Marathen entgegenzustellen – seine 21 Frauen und Konkubinen verhielten sich, wie es die Tradition gebot, und begingen *jauhar* (rituelle Massenselbstverbrennung), indem sie sich in die Flammen seines Scheiterhaufens stürzten.

Ein Kombiticket für das Amber Fort und den Hawa Mahal gilt auch für das Minarett.

New City

Mitte des 19. Jhs. platzte die sorgsam geplante Stadt aus den Nähten. Unter der Herrschaft von Maharadscha Ram Singh II. (1835–1880) sprengte sie die Stadtmauern, und Infrastruktureinrichtungen wie das Postwesen und Wasserleitungen wurden geschaffen. In dieser Zeit entstand ein Stadtteil, der sich deutlich von den Basaren der Altstadt unterschied – mit weiten Boulevards, landschaftsgärtnerischen Anlagen und großartigen, europäisch beeinflussten Gebäuden.

Central Museum MUSEUM

(Albert Hall; J. Nehru Marg; Inder/Ausländer 40/300 ₹, Audioguide Hindi/Englisch 115/175 ₹; ⌚9–18 Uhr) Das Museum befindet sich in der spektakulär überladenen Albert Hall südlich der Altstadt. Das Gebäude wurde von Sir Swinton Jacob entworfen; es verbindet Elemente der englischen und der nordindischen Architektur und verherrlicht mit großen Friesen die bedeutenden Weltkulturen. Als es 1887 eröffnet wurde, war es der ganze Stolz des neuen Jaipur. In dem prachtvollen alten Gebäude sind heute Stammeskostüme, Dioramen, Skulpturen, Miniaturmalereien, Teppiche, Musikinstrumente und sogar eine ägyptische Mumie zu sehen.

SRC Museum of Indology MUSEUM

(24 Gangwell Park, Prachyavidya Path, Inder/Ausländer inkl. Führer 40/100 ₹; ⌚8–18 Uhr) Dieses marode und eingestaubte Schatzkistchen von einem Museum wartet mit einer beeindruckenden Privatsammlung auf. Es beherbergt volkstümliche Kunst, ein Manuskript Aurangzebs, eine 200 Jahre alte Schaukel mit Spiegelverzierung aus Bikaner, ein Glasbett (für eine kleine Königin) und vieles mehr. In einer Seitenstraße der J. Nehru Barg weist ein Schild Besuchern den Weg.

Stadtrand

Rund um die Stadt findet man verschiedene historische Stätten, darunter Festungen, Tempel, Paläste und Gärten. Einige davon kann man auf dem Weg zum Amber Fort besuchen.

Nahargarh FORT

(Tigerfort; Inder/Ausländer 50/200 ₹; ⌚10–17 Uhr) Das 1734 erbaute und 1868 erweiterte trutzige Fort blickt von einer kahlen Klippe im Norden hinunter auf die Stadt. Angeblich wurde das Fort nach Nahar Singh benannt, einem verstorbenen Prinzen, dessen ruheloser Geist die Bauarbeiten gestört haben soll: Was tagsüber aufgebaut wurde, stürzte nachts wieder ein. Das Gespenst versprach, Ruhe zu geben, wenn man die Festung nach ihm benenne. Die Aussicht ist sagenhaft und im Restaurant kann man prima ein Bier trinken.

Am besten geht man zu Fuß oder nimmt eine Fahrradrikscha (50 ₹ ab MI Rd) bis zum Ende der Nahargarh Fort Rd und erklimmt dann den steilen, gewundenen 2 km langen Pfad zum Gipfel. Mit dem Auto muss man den hin und zurück 8 km langen Umweg über die Amber-Gegend machen.

Das Kombiticket für das Amber Fort und das Hawa Mahal gilt auch hier.

Royal Gaitor HISTORISCHE STÄTTE

(Gatore ki Chhatriyan; Inder/Ausländer 40/100 ₹; ⌚9–17 Uhr) Die königlichen Kenotaphe (Ehrengräber) liegen angenehm ruhig gleich außerhalb der Stadtmauern unterhalb vom Nahargarh. Das Gelände wirkt völlig unberührt. Die Steindenkmäler sind mit wunderschönen, detaillierten Reliefs versehen. Die Maharadschas Pratap Singh, Madho Singh II., Jai Singh II. und andere werden hier geehrt. Das Marmorkenotaph von Jai Singh II. ist besonders eindrucksvoll; seine Kuppel wird von 20 verzierten Säulen getragen.

Jal Mahal HISTORISCHES GEBÄUDE

(Wasserpalast; ⌚für die Öffentlichkeit geschl.) Nahe der Kenotaphen der Maharanis von Jaipur steht inmitten der weiten Wasserfläche des Man Sagar der traumhaft schöne Jal Mahal. Seine Entstehungsgeschichte ist nicht ganz klar, allerdings soll Jai Singh II. den Palast 1734 zumindest umfangreich restauriert, wenn nicht sogar erbaut haben. Erreichbar ist er über einen Damm an der Rückseite. Zur Zeit wird der Palast unter der Federführung des Projekts Jal Tarang (www.jaltarang.in) restauriert.

Kenotaphen der Maharanis von Jaipur HISTORISCHE STÄTTE

(Maharani ki Chhatri; Amber Rd; Inder/Ausländer 40/100 ₹; ⌚9–17 Uhr) Die 5 km vom Zentrum entfernt zwischen Jaipur und Amber gelegenen Kenotaphen lohnen den Besuch auf einm kleinen Spaziergang.

Galta HINDUISTISCHER TEMPEL

Das zwischen Klippen in einem felsigen Tal eingequetschte Galta ist ein einsamer, aber stimmungsvoller Ort. Im Tempelbezirk befinden sich mehrere heilige Wasserbecken, in die Wagemutige einfach von den angrenzenden Klippen springen. Das Wasser soll mehrere Elefanten tief sein; die Becken werden von einer Quelle gespeist, die aus dem Maul einer Kuhskulptur herausströmt.

In der Kammer am Ende des unteren Beckens gibt's ein paar originale Fresken in recht gutem Zustand. Einige davon zeigen athletische Leistungen, den Maharadscha

TOP-FESTIVALS

Jaisalmer Desert Festival (Jan./Feb.) Schnurrbartträger konkurrieren um den Titel des Mr. Desert.

Gangaur (März/April) Das Fest zu Ehren der Liebe von Shiva und Parvati wird landesweit gefeiert, besonders eifrig in Jaipur.

Mewar Festival (S. 169) Udaipurs Version des Gangaur-Fests bringt kostenlose Kultur-Events und eine farbenprächtige Prozession hinunter zum See.

Teej (Juli/Aug.) Jaipur und Bundi feiern die Ankunft des Monsuns und die Hochzeit von Shiva und Parvati.

Dussehra Mela (Okt./Nov.) Das Fest feiert den Sieg Ramas über Ravana (den Dämonenkönig von Lanka). In Kota werden dabei 22 m hohe, mit Feuerwerkskörpern gefüllte Figuren zur Schau gestellt.

Marwar Festival (S. 192) Die Helden Rajasthans werden mit Musik und Tanz gefeiert – einen Tag in Jodhpur und einen in Osian.

Kamelmarkt in Pushkar (S. 150 Das berühmteste Fest im Bundesstaat: eine riesige Zusammenkunft von Kamelen, Pferden und Vieh, Pilgern und Touristen.

beim Polospielen sowie die Heldentaten von Krishna und den *gopis* (Milchmädchen).

Die Anlage ist auch als Affentempel bekannt, weil hier Hunderte von Affen leben – die aufdringlichen, aggressiven Makaken und die anmutigeren, erträglicheren Languren. Wer die Affen füttern will, kann am Eingangstor Erdnüsse kaufen. Allerdings muss man dann auch damit rechnen, von zähnefletschenden Primaten umzingelt zu werden.

Galta liegt nur einige Kilometer östlich des Stadtpalasts rund 10 km Fahrweg vom zentralen Jaipur entfernt. Eine Autorikscha kostet hin und zurück inklusive Wartezeit etwa 300 ₹, ein Taxi mindestens 600 ₹.

Auf dem Kamm oberhalb von Galta thront der **Surya Mandir** (Tempel des Sonnengotts) 100 m über Jaipur. Er ist von der Ostseite der Stadt aus zu sehen. Ein 2,5 km langer Wanderweg führt vom Suraj Pol zum Tempel hinauf; man kann aber auch von der Galta-Seite hinauflaufen. Oben bietet sich ein dunstiger Blick auf das Treiben unten in der Stadt.

Aktivitäten

Mehrere Hotels erlauben gegen eine Tagesgebühr die Nutzung ihrer Swimmingpools. Zu empfehlen sind die Pools im Narain Niwas Palace Hotel (S. 126) und im **Mansingh Hotel** (Sansar Chandra Marg; Nichtgäste 350 ₹; 7–20 Uhr).

Kerala Ayurveda Kendra AYURVEDA
(0141-4022446; www.keralaayurvedakendra.com; 32 Indra Colony, Bani Park; 8–21 Uhr) Jaipur schlägt auf die Nerven? Da helfen ayurvedische Massagen und Therapien. Zu den Behandlungen gehört *sirodhara* (1500/2400 ₹ für 50/90 Min.), wobei den Patienten medizinisches Öl über den Kopf gegossen wird, um Stress abzubauen, das Gehirn zu stimulieren und Schlafstörungen zu beseitigen. Massagen (von Therapeuten für Männer und von Therapeutinnen für Frauen) kosten ab 500 ₹ (55 Min.). Man wird kostenlos vom Hotel abgeholt und wieder zurückgebracht.

Charak Ayurveda AYURVEDA
(0141-2205628; www.charakayurveda.com; E-7 Kantichandra Marg, Bani Park; Mo–Sa 9–14 & 15–19, So 9–13 Uhr) Hier gibt's die ganze Palette an Ayurveda-Anwendungen. Massagen ab 500 ₹.

Yog Sadhna Ashram YOGA
(9314011884; www.yogsadhnaindia.org; Bapu Nagar; Mi–Mo) Bietet kostenlose Yogastunden unter Bäumen abseits der University Rd (nahe der Rajasthan University) inklusive Atemübungen, Yoga-Asanas (Figuren) und Übungen. Die meisten der Kurse finden auf Hindi statt, aber im Kurs von 7.30 bis 9.30 Uhr wird auch etwas Englisch gesprochen. Man kann einzelne Sitzungen besuchen oder sich für einen längeren Kurs einschreiben.

Madhavanand Girls College YOGA
(C19 Behari Marg, Bani Park; 6–7 Uhr) Dieses College veranstaltet täglich kostenlos zwanglose Yogastunden sowohl auf Hindi als auch auf Englisch. Das College befindet

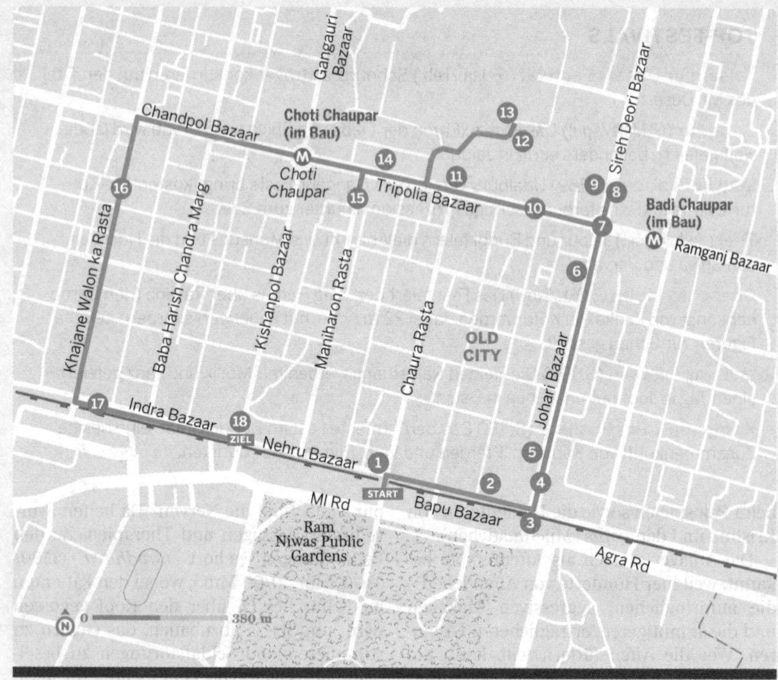

Stadtspaziergang Old City

START NEW GATE
ZIEL AJMER GATE
LÄNGE/DAUER 4,5 KM; 3–5 STD.

Nach dem Betreten der Altstadt durch das 1 **New Gate** biegt man hinter der Stadtmauer in den 2 **Bapu Bazaar** ein. Die Straße ist wegen ihrer bunten Stoffballen, *jootis* (traditionellen Schuhe) und Parfümen vor allem bei Jaipurs Frauen beliebt. An ihrem Ende erreicht man das 3 **Sanganeri Gate**. Links geht's in den 4 **Johari Bazaar**, den Juwelenmarkt mit Juwelieren, Goldschmieden und Kunsthandwerkern, die *meenakari* (Emaillearbeiten) herstellen, eine Spezialität Jaipurs.

Weiter nördlich kommt man am 5 **LMB Hotel**, der 6 **Jama Masjid** und dem 7 **Badi Chaupar** vorbei. Nördlich davon liegt der 8 **Sireh Deori Bazaar**, der auch als Hawa Mahal Bazaar bekannt ist, benannt nach dem 9 **Hawa Mahal** (S. 119) ein kurzes Stück weiter nördlich. Geht man nach links in den 10 **Tripolia Bazaar**, erblickt man die Seitengasse zum Eingang des Hawa Mahal.

Ein paar Hundert Meter weiter westlich befindet sich das 11 **Tripolia Gate**, der Haupteingang zum 12 **Jantar Mantar** (S. 119) und dem 13 **City Palace** (S. 116), den aber nur die Maharadscha-Familie benutzen darf. Das Publikum hat nur ein Stück weiter durch das Atishpol (Stalltor) Zugang.

Nach dem Besuch des City-Palace-Komplexes geht's zurück zum Tripolia Bazaar und vorbei am 14 **Iswari Minar Swarga Sal** (S. 119). Man überquert den Basar am Minarett und geht nach Westen. Die nächste Gasse links ist die 15 **Maniharon Rasta**, die beste Stelle, um bunte Armreifen aus *lac* (Harz) zu kaufen.

Wieder zurück am Tripolia Bazaar geht's nach Westen über die Choti Chaupar zum Chandpol Bazaar, bis man eine Verkehrsampel erreicht. Hier biegt man nach links in die 16 **Khajane Walon ka Rasta**, wo Kunsthandwerker Arbeiten aus Marmor und Stein produzieren. Nun läuft man gen Süden weiter bis zum 17 **Indra Bazaar** gleich an der Stadtmauer. Richtung Osten erreicht man schließlich das 18 **Ajmer Gate**.

sich neben dem Hotel Madhuban – sehr praktisch für alle, die in Bani Park abgestiegen sind.

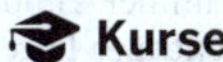

Kurse

Jaipur Cooking Classes KOCHEN

(☎9928097288; www.jaipurcookingclasses.com; 33 Gyan Vihar, Nirman Nagar, nahe der Ajmer Rd; Kurs Vegetarier/Nichtvegetarier ab 200/3700 ₹) Beliebte Kochkurse mit Chefkoch Lokesh Mathur, der mehr als 25 Jahre Erfahrung im Restaurant- und Hotelgewerbe hat. Die Kurse (sowohl vegetarisch als auch nichtvegetarisch) behandeln klassische Gerichte und Speisen aus Rajasthan. Nach dem dreistündigen Kurs verzehrt man die zubereiteten Gerichte zum Mittag- oder Abendessen. Lokeshs Küche liegt vor dem westlichen Stadtrand von Jaipur.

Telefonisch nach dem genauen Weg für den Autoricksha-Fahrer fragen.

Kripal Kumbh KUNST

(☎0141-2201127; B18A Shiv Marg, Bani Park) Für diese kostenlosen Kurse für Blaue Keramik ist Voranmeldung unerlässlich. Die Kurse finden während der Monsunzeit von Ende Juni bis Mitte September nicht statt. Es gibt hier auch einen **Verkaufsraum** (www.kripalkumbh.com; ⏲Mo–Sa 9.30–18 Uhr).

Dhamma Thali Vipassana Meditation Centre FITNESS & WELLNESS

(☎0141-2680220; www.thali.dhamma.org; Kurse gegen Spende) Das heitere *vipassana*-Meditationszentrum versteckt sich in der hügeligen Landschaft nahe dem Tempel Galta, eine 12 km lange Fahrt vom Zentrum Richtung Osten. Es bietet das ganze Jahr über Meditationskurse für Anfänger und Fortgeschrittene, die normalerweise zehn Tage laufen. In dieser Zeit gilt ein absolutes Schweigegebot – also keine Gespräche mit anderen!

Geführte Touren

Cyclin' Jaipur RADFAHREN

(☎7728060956; www.cyclinjaipur.com; 4-stündige Radtour 2000 ₹; ⏲Tour 6.45 Uhr) Um die Pink City, ihre versteckten Gassen, Tempel, Märkte und Imbissstände per Rad zu erkunden, ohne vom Verkehr ausgebremst zu werden, muss man früh aufstehen. Dafür erhält man einen einmaligen Einblick in die Kultur und das Leben der Stadt. In der Tour enthalten sind Frühstück und Erfrischungen; Helme werden auf Anfrage gestellt.

Die Radtouren beginnen am Karnot Mahal an der Ramganj Chaupar in der Old City. Es gibt auch auf Kundenwünsche zugeschnittene Spaziergänge und kulinarische Touren durch die Stadt.

Vintage Jeep Tour SIGHTSEEING

(☎9829404055, 0141-2373700; www.pearlpalaceheritage.com/exclusive-vintage-jeep-tour-jaipur; Lane 2, 54 Gopal Bari; 2500 ₹/Pers.; ⏲9–17.30 Uhr) Es macht viel Spaß, die größeren Sehenswürdigkeiten Jaipurs (auch das Amber Fort und den City Palace) mit einem echten Ford-Jeep der US-Army von 1942 zu erkunden. Mit einem Fahrer und einem Führer an Bord ist man nur in einer Kleingruppe (max. 3 Pers.) unterwegs, was große Flexibilität garantiert. Eintrittspreise und Kosten fürs Mittagessen sind nicht inbegriffen.

RTDC GEFÜHRTE TOUREN

(☎2200778; tours@rtdc.in; RTDC-Touristeninformation, Bahnsteig 1, Bahnhof Jaipur; halb-/ganztägige Tour 400/500 ₹; ⏲Mo–Sa 8–18.30 Uhr) Bei den ganztägigen Touren (9–18 Uhr) werden alle größeren Sehenswürdigkeiten Jaipurs (auch das Amber Fort) berücksichtigt. Die Mittagspauses im Nahargarh kann allerdings auch einmal erst um 15 Uhr stattfinden – also: besser gut frühstücken! Die hastigen Halbtagestouren (8–13, 11.30–16.30 & 13.30–18.30 Uhr) schaffen es auch irgendwie, das Amber Fort noch mit ins Programm zu quetschen. Die Eintrittsgelder sind im Preis nicht enthalten.

Die **Pink City by Night Tour** (700 ₹, ab 18.30 Uhr) führt zu mehreren berühmten Sehenswürdigkeiten und beinhaltet ein Abendessen im Fort Nahargarh.

Die Führungen starten an der Touristeninformation im Bahnhof; das Unternehmen holt Interessierte auch vom RTDC Hotel Teej, vom RTDC Hotel Gangaur sowie von der Touristeninformation im Hauptbusbahnhof ab. An allen diesen Stellen kann man die Tour auch buchen.

Schlafen

Die Unterkünfte in Jaipur erfüllen so ziemlich alle Grundanforderungen, und die Traveller haben in allen Preisklassen die Qual der Wahl. Von Mai bis September bieten die meisten Mittel- und Spitzenklassehotels um 25 bis 50 % reduzierte Preise an.

Rund um die MI Road

★**Hotel Pearl Palace** HOTEL $

(☎0141-2373700, 9414236323; www.hotelpearlpalace.com; Hari Kishan Somani Marg, Hathroi Fort; B

400 ₹, Zi. mit Klimaanlage 1310–1910 ₹;) Das zuverlässige Pearl Palace überrascht weiterhin. Dank der anhaltenden Renovierung gibt's hier viele exzellente Zimmer zum Normalpreis. Zur Wahl stehen eine Reihe von durchweg makellosen Zimmern – kleine, große, mit Klimaanlage oder mit Ventilator. Das Serviceangebot umfasst Geldwechsel, Stadtführungen und Hilfe bei der Reiseplanung. Außerdem hat das Hotel das hervorragende Peacock Rooftop Restaurant (S. 127). Reservierung dringend empfohlen.

Karni Niwas PENSION $

(☎ 0141-2365433, 9929777488; www.hotelkarniniwas.com; C5 Motilal Atal Marg; Zi. 1000 ₹, mit Klimaanlage 1500 ₹;) Das freundliche Hotel hat saubere, kühle und komfortable Zimmer, oft mit Balkon. Es gibt hier zwar kein Restaurant, dafür aber entspannende, mit Pflanzen übersäte Terrassen, auf denen man den Zimmerservice genießen kann. Und wegen der zentralen Lage ist's auch nicht so weit bis zu einem Restaurant. Der Betreiber spart sich die Kommission an Rikschafahrer und holt die Gäste stattdessen kostenlos vom Busbahnhof oder Bahnhof ab.

Roadhouse Hostel Jaipur HOSTEL $

(☎ 9945522299; www.roadhousehostels.com; D-76 Shiv Heera Path; B/EZ/DZ 300/1000/1200 ₹;) Das helle, freundliche Hostel liegt zwar in einer ruhigen Wohngegend, ist aber nicht allzu weit von den Restaurants an der MI Rd entfernt. Die Sechs- und Achtbettschlafsäle sind blitzblank, und es gibt noch ein paar private Zimmer. Es gibt eine Gästeküche und ein Spielezimmer; die Betreiber helfen bei der Fahrkartenbeschaffung.

Der Rikschastand am Ende der Straße ist äußerst praktisch.

Tony Guest House PENSION $

(☎ 9928871717; www.facebook.com/tonyguesthousejaipur; 11 Station Road; B/EZ/DZ 180/280/340 ₹, Zi. mit Bad 600 ₹;) Die freundliche Pension an einer stark befahrenen Straße ist eine gute Wahl für Traveller und Backpacker mit knappem Budget. Es gibt einen Dachgarten, ehrliche Reisetipps, Internet und kostenlosen Chai. Die Zimmer sind sehr schlicht, einige haben Sperrholz-Trennwände, und nur eines hat ein eigenes Bad (allerdings mit Kaltwasserdusche). Die Gemeinschaftsdusche hat warmes Wasser.

★ **Atithi Guest House** PENSION $$

(☎ 0141-2378679; www.atithijaipur.com; 1 Park House Scheme Rd; EZ/DZ 1200/1310 ₹, mit Klimaanlage 1530/1750 ₹;) Die hübsch aufgemachte Pension in praktischer Lage zwischen der MI Rd und der Station Rd bietet makellos saubere, schlichte Zimmer rund um einen ruhigen Hof. Trotz zentraler Lage ist das Haus ruhig; das Personal ist freundlich und hilfsbereit. Es gibt Mahlzeiten (das Thali ist besonders zu empfehlen), und auf der sehr hübschen Dachterrasse kann man einen Drink nehmen.

Pearl Palace Heritage HOTEL $$

(☎ 0141-4106599, 9772558855; www.pearlpalaceheritage.com; Lane 2, 54 Gopal Bari; Zi. 3260–3815 ₹;) Das zweite Haus des erfolgreichen Pearl-Palace-Teams ist dieses Mittelklassehotel mit ein paar sehr besonderen Merkmalen. Steinreliefs zieren die Flure, und alle Zimmer sind groß und thematisch gestaltet, z. B. als Dorfhütte, als Sandsteinfestung oder als Spiegelpalast-Boudoir. Moderne Luxuselemente und Einrichtungen wurden sorgsam in das traditionelle Erscheinungsbild integriert.

Dera Rawatsar HOTEL $$

(☎ 0141-2200770; www.derarawatsar.com; D194 Vijay Path; Zi. mit Frühstück 4500–5500 ₹, Suite 8000 ₹;) Das friedliche Hotel in einer ruhigen Wohnstraße und in relativer Nähe zum Busbahnhof wird von Frauen dreier Generationen einer netten Adelsfamilie aus Bikaner geleitet. Es bietet eine Reihe liebevoll dekorierter Zimmer, sonnige Höfe und authentische indische Gerichte. Eine exzellente Wahl für junge Familien und alleinreisende Frauen.

All Seasons Homestay HOMESTAY $$

(☎ 0141-2369443, 9460387055; www.allseasonshomestayjaipur.com; 63 Hathroi Fort; EZ/DZ ab 1600/1700 ₹, Deluxe 2000 ₹;) Ranjana und ihr Mann Dinesh heißen in ihrem hübschen Bungalow in einer ruhigen Seitenstraße hinter dem Hathroi Fort Gäste herzlich willkommen. Es gibt hier zehn tadellose Gästezimmer, zwei davon mit einer kleinen Küche für längere Aufenthalte, und außerdem einen netten Rasen, hausgemachtes Essen und Kochkurse. Reservierung dringend empfohlen!

Nana-ki-Haveli HISTORISCHES HOTEL $$

(☎ 0141-2615502; www.nanakihaveli.com; Fateh Tiba; Zi. 1800–3000 ₹;) Versteckt abseits der Moti Dungri Marg liegt dieses friedliche Hotel mit attraktiven, komfortablen Zimmern, die mit traditionellen Elementen (dezente Wandgemälde, Holzmöbel) dekoriert sind. Es wird von einer netten Familie betrieben und ist eine gute Wahl für alleinreisende Frauen. Außerdem gibt's einen Rasen vor dem Haus, authentische Gerichte und im Sommer preisreduzierte Zimmer.

Hotel Arya Niwas HOTEL **$$**
(☎0141-4073456; www.aryaniwas.com; Sansar Chandra Marg; EZ 1635–2725 ₹, DZ 2350–3110 ₹; ❄@📶) Der beliebte Travellertreff gleich abseits der Sansar Chandra Marg hinter einem Hochhausturm bietet auch ein Reisebüro, einen Buchladen und Yogakurse. Für ein Hotel mit 92 Zimmern ist es sehr gut geführt, wenn auch wegen der Größe etwas unpersönlicher als kleinere Herbergen. Die makellosen Zimmer unterscheiden sich nach Schnitt und Größe – man sollte sich also erst einmal ein paar zeigen lassen.

Zur Entspannung gibt's eine große Terrasse mit beschaulichem Blick auf eine weite Rasenfläche. Das vegetarische Selbstbedienungslokal hat kein Bier; man kann aber welches mitbringen.

Alsisar Haveli HISTORISCHES HOTEL **$$$**
(☎0141-2368290; www.alsisar.com; Sansar Chandra Marg; EZ/DZ ab 7605/10 530 ₹; ❄@📶🏊) Das echte historische Hotel in einem prächtigen Anwesen aus dem 19. Jh. in schöner grüner Gartenlandschaft punktet mit einem hübschen Swimmingpool und beeindruckendem Speisesaal. Auch die Schlafzimmer mit eleganten Rajputen-Bögen und alten Möbeln können sich sehen lassen. Das Hotel ist zwar – wohl wegen der vielen Reisegruppen – ein wenig unpersönlich, bietet aber bei direkter Onlinebuchung hin und wieder Ermäßigungen.

Hotel Diggi Palace HISTORISCHES HOTEL **$$$**
(☎0141-2373091; www.hoteldiggipalace.com; abseits der Sawai Ram Singh Rd; EZ/DZ mit Frühstück ab 4000/5000 ₹; ❄@) Die rund 1 km südlich vom Ajmer-Tor gelegene ehemalige Residenz des *thakur* (Lehensmanns) von Diggi ist von weiten schattigen Rasenflächen umgeben. Früher ein Budgethotel bietet das Diggi heute auch teurere Zimmer, die entschieden besser sind als die billigeren. Die Hotelleitung ist stolz darauf, im Restaurant Bio-Produkte aus den eigenen Gärten und Farmen zu verwenden.

Bani Park

Das vergleichsweise ruhige Viertel liegt abseits der Hauptstraßen, rund 2 km westlich der Altstadt (nordwestlich der MI Rd).

Vinayak Guest House HOTEL **$**
(☎0141-2205260; vinayakguesthouse@yahoo.co.in; 4 Kabir Marg, Bani Park; Zi. 500–1100 ₹; ❄📶) Die einladende Pension liegt in einer kleinen, ruhigen Straßen hinter der geschäftigen Kabir Marg in praktischer Nähe zum Bahnhof. Es gibt eine Auswahl unterschiedlicher Zimmer zu verschiedenen Preisen; die mit Klimaanlage haben auch ein tolles renoviertes Bad und sind die beste Option. Das vegetarische Restaurant auf der Dachterrasse erhält gute Kritiken.

★ **Madhuban** HOTEL **$$**
(☎0141-2200033; www.madhuban.net; D237 Behari Marg; EZ/DZ/Suite ab 2290/2615/3865 ₹; ❄@📶🏊) Das Madhuban hat helle, mit Antiquitäten eingerichtete, blitzblanke Zimmer und einen privaten umzäunten Garten, wo im Freien gegessen werden kann. Das mit lebhaften Fresken bestückte Restaurant neben dem Pool im Hof serviert außer europäischen und nordindischen Gerichten auch Spezialitäten aus Rajasthan. Die relativ ruhige Lage in Bani Park macht das Hotel zu einer komfortablen Bleibe. Auf Wunsch werden Gäste vom Busbahnhof oder vom Bahnhof abgeholt.

Hotel Anuraag Villa HOTEL **$$**
(☎0141-2201679; www.anuraagvilla.com; D249 Devi Marg; EZ/DZ 1080/1310 ₹, mit Klimaanlage ab 1800/1970 ₹; ❄@📶) Das ruhige und komfortable Hotel bietet geräumige Zimmer ohne Schnickschnack und einen großen Rasen, auf dem man sich von der Hektik des Sightseeings etwas erholen kann. Das sehr zu empfehlende vegetarische Restaurant hat eine offene Küche und effizientes, hilfsbereites Personal.

Jaipur Inn HOTEL **$$**
(☎9829013660, 0141-2201121; www.jaipurinn.com; B17 Shiv Marg, Bani Park; Zi. ab 1500–2000 ₹; ❄@📶) Der einstige Budgettraveller-Liebling ist heute ein Mittelklassehotel mit einer Reihe bunt eingerichteter, individuell gestalteter Zimmer. Man lässt sich am besten erst einmal einige zeigen. Pluspunkte gibt's für den hilfsbereiten Manager und die diversen Gemeinschaftsbereiche, wo Traveller Kaffee kochen, über WLAN ins Internet gehen oder etwas essen können. Auf der Dachterrasse kann man sich Yoga- und Bollywood-Tanzstunden anschließen.

Hotel Meghniwas PENSION **$$$**
(☎0141-4060100; www.meghniwas.com; C9 Sawai Jai Singh Hwy; Zi./Suite 5760/8220 ₹; ❄@📶🏊)

In einem Gebäude, das Brigadier Singh 1950 erbaute, betreiben seine netten Nachkommen dieses sehr einladende Hotel mit komfortablen, blitzsauberen Zimmern, die mit traditionellen Schnitzmöbeln eingerichtet sind und einen Blick ins Grüne bieten. Die Standardzimmer sind geräumig. Das Haus liegt zwar an einer Hauptstraße, allerdings zurückgesetzt hinter einem grünen Garten. Es gibt hier auch ein erstklassiges Restaurant und einen tollen Pool.

Jas Vilas PENSION $$$
(☎0141-2204638; www.jasvilas.com; C9 Sawai Jai Singh Hwy; EZ/DZ inkl. Frühstück 6250/6960 ₹; ❄@📶🏊) Das kleine, aber eindrucksvolle Hotel wurde 1950 errichtet und wird immer noch von der gleichen charmanten Familie geführt. Es bietet elf geräumige Zimmer, meist mit Blick auf den Pool im romantischen Innenhof. Die drei Zimmer Richtung Garten haben einen Zugang für Rollstuhlfahrer. Der Hof und der Garten laden zur Entspannung ein, und es gibt einen gemütlichen Speisesaal. Das Management ist hilfsbereit.

Shahpura House HISTORISCHES HOTEL $$$
(☎0141-2203069; www.shahpura.com; D257 Devi Marg; EZ/DZ/Suite ab 7140/8330/9520 ₹; ❄@📶🏊) Das aufwändig gebaute, traditionell dekorierte historische Hotel hat makellose Zimmer, teilweise mit Balkon, die mit Wandmalereien, Buntglaslampen, Flachbild-TVs und sogar mit kleinen Spiegeln überzogenen Decken (in den Suiten) bestückt sind. Der weitläufige Palast prunkt zudem mit einer Durbar Hall (einem fürstlichen Audienzsaal) mit riesigem Kronleuchter und einer gemütlichen Cocktailbar.

Es gibt hier auch einen einladenden Pool und ein elegantes Dachterrassenrestaurant, wo kulturelle Darbietungen stattfinden.

Old City

Hotel Sweet Dream HOTEL $
(☎0141-2314409; www.hotelsweetdreamjaipur.in; Nehru Bazaar; EZ/DZ 900/1150 ₹, mit Klimaanlage ab 1600/1850 ₹; ❄📶) Die wohl beste Option direkt in der Altstadt und eines der besseren Budgethotels von Jaipur. Mehrere der Zimmer wurden renoviert und (auf Kosten der Zimmeranzahl) vergrößert. Je höher der Preis (und je länger die Fahrt mit dem klapprigen Aufzug), desto mehr Annehmlichkeiten bietet das Zimmer. Es gibt auch eine Bar und ein hervorragendes Restaurant auf der Dachterrasse.

Hotel Bissau Palace HISTORISCHES HOTEL $$
(☎0141-2304391; www.bissaupalace.com; vor dem Chandpol; Zi. 3270–6540 ₹; ❄@📶🏊) Eine lohnende Bleibe für alle, die zum Niedrigpreis in einem Palast wohnen wollen. Das Hotel liegt direkt vor der Stadtmauer, weniger als zehn Gehminuten vom Chandpol (einem Altstadttor) entfernt. Es gibt hier einen Swimmingpool, eine schmucke, holzvertäfelte Bibliothek und drei Restaurants. Das Hotel bietet mit seinem alten Mobiliar und Andenken jede Menge historische Atmosphäre.

Rund um Rambagh

Rambagh Palace HISTORISCHES HOTEL $$$
(☎0141-2385700; www.tajhotels.com; Bhawani Singh Marg; Zi. ab 43 560 ₹; ❄@📶🏊) Der opulente Palast war einst die Residenz von Maharadscha Man Singh II. in Jaipur, in der auch seine glamouröse Frau Gayatri Devi gerne Hof hielt. Das in einem großen gepflegten Park stehende Hotel – das von der Luxuskette Taj Group betrieben wird – bietet einen fantastischen Ausblick auf den gepflegten Rasen. Die teureren Zimmer sind natürlich auch die mit dem größten Luxus.

Nichtgäste können an der Pracht teilhaben, indem sie in den verschwenderisch gestalteten Restaurants zu Abend essen oder auf der anmutigen Veranda Tee trinken. Zumindest aber sollte man sich einen Drink in der schicken Polo Bar (S. 129) leisten.

Narain Niwas Palace Hotel HISTORISCHES HOTEL $$$
(☎0141-2561291; www.hotelnarainniwas.com; Narain Singh Rd; EZ/DZ mit Frühstück ab 8425/10 530 ₹, Deluxe-DZ 13 455 ₹; ❄@📶🏊) In Kanota Bagh, gleich südlich der Altstadt, präsentiert sich dieses wirklich historische Hotel in wunderbar verfallener Pracht. Es gibt einen opulenten Speisesaal mit Kellnern in Livree, eine altmodische Veranda, auf der man Tee trinken kann, und jede Menge Antiquitäten. Die Standardzimmer liegen im Gartenflügel und sind nicht so groß wie die mit hohen Decken bestückten Deluxe-Zimmer, die sich aber in puncto Atmosphäre und Ausstattung unterscheiden.

Hinter dem Hotel gibt's einen großen abgeschiedenen Swimmingpool (für Nichtgäste 300 ₹ für 2 Std. zwischen 8 und 16 Uhr), ein himmlisches Spa und einen weitläufigen Garten, in dem Pfaue herumstolzieren.

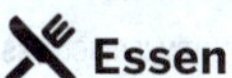

Essen

Rund um die MI Rd

Indian Coffee House CAFÉ $
(MI Rd; Kaffee 20–40 ₹, Snacks 35–60 ₹; ⌚6–21 Uhr) Von der Straße zurückgesetzt, liefert dieses traditionelle Kaffeehaus (das zu einer altehrwürdigen genossenschaftlichen Institution gehört) in einer leicht zu übersehenden Gasse ordentlichen Filterkaffee in einem sehr entspannten Umfeld. Fans der indischen Kaffeehauskette werden vom blassgrünen Ambiente mit Deckenventilator nicht enttäuscht sein. Auf der Karte stehen auch preiswerte *pakoras* (frittiertes, paniertes Gemüse) und Dosas.

Jal Mahal EISDIELE $
(MI Rd; Eisbecher & Eistüte 30–120 ₹; ⌚10–23 Uhr) Die tolle kleine Eisdiele gibt's schon seit 1952. Zur Auswahl stehen rund 50 Eissorten. Bei Hitze ist Mango allerdings kaum zu toppen. Es gibt auch viele andere Eisspezialitäten, darunter Eisbecher und Bananensplits, oft mit fantasievollen Namen.

Old Takeaway the Kebab Shop KEBAB $
(151 MI Rd; Kebabs 90–180 ₹; ⌚18–23 Uhr) Einer von mehreren Kebab-Imbissen ähnlichen Namens in diesem Abschnitt der MI Road. Dieser Laden (neben der Moschee) soll der originale (so heißt es) und der beste (so ist es) sein. Er macht hervorragende Tandoori-Kebabs, darunter Schisch-Kebab mit Paneer-Käse, Hammelfleisch-Schisch-Kebab und Tandoori-Hühnchen. Genau wie das Schild verspricht: köstliches nichtvegetarisches Essen!

Rawat Kachori SÜSSWAREN $
(Station Rd; Kachori 30 ₹, Lassi 50 ₹, Süßwaren 350–850 ₹/kg; ⌚6–22 Uhr) In dem beliebten Laden mit angeschlossenem Restaurant gibt's köstliche indische Süßigkeiten und natürlich die berühmten *kachori* (Kartoffel-Masala im frittierten Teigmantel), ein leckerer herzhafter Snack. Ein gesalzener oder süßer Lassi oder eine köstliche „Milk Crown" (lockerer Teig mit Sahne) macht einen für den ganzen Nachmittag satt.

★ Peacock Rooftop Restaurant INTERNATIONAL $$
(☎0141-2373700; Hotel Pearl Palace, Hari Kishan Somani Marg; Hauptgerichte 175–340 ₹; ⌚7–23 Uhr) Das mehrstöckige Dachrestaurant des Hotels Pearl Palace wird für seine ausgezeichneten und trotzdem preiswerten (indischen, chinesischen und westlichen) Gerichte und das entspannte Ambiente gefeiert. Der aufmerksame Service, die launige Einrichtung und der romantische Blick aufs Fort Hathroi machen es zu einem erstklassigen Restaurant. Neben dem Abendmenü gibt's auch gesunde Frühstücksgerichte und mittags hervorragende und preisgünstige Burger, Pizzas und Thalis.

Wer klug ist, reserviert abends besser einen Tisch.

Four Seasons INTERNATIONAL $$
(☎0141-2375450; D43A Subhash Marg; Hauptgerichte 125–295 ₹; ⌚11–15.30 & 18.30–23 Uhr; ❄✎) Das zweistöckige und sehr beliebte Four Seasons ist eines der besten vegetarischen Restaurants von Jaipur. Durch die Glaswand kann man das Treiben in den Küchen beobachten. Es gibt eine große Auswahl an Gerichten, darunter sehr leckere Spezialitäten aus Rajasthan, südindische Dosas, chinesische Speisen und diverse Thalis und Pizzas. Kein Alkoholausschank.

Anokhi Café INTERNATIONAL $$
(☎0141-4007245; 2. OG, KK Square, C-11 Prithviraj Marg; Hauptgerichte 250–350 ₹; ⌚10–19.30 Uhr; 📶✎) Das entspannte Café mit modischem Öko-Flair ist ideal, wenn man Lust auf knackige, gut angemachte Salate, Quiches oder dick belegte Sandwiches hat – oder sich einfach nur bei einem Latte oder einem Eistee von der Hektik erholen will. Das leckere Bio-Brot wird auf Bestellung gebacken und kann separat gekauft werden.

Handi Restaurant NORDINDISCH $$
(MI Rd; Hauptgerichte 220–440 ₹; ⌚12–15.30 & 18–23 Uhr) Mit leckeren Tandoori- und Grillgerichten sowie reichhaltigen Mughlai-Currys stellt das Handi schon seit 1967 seine Kundschaft zufrieden. Abends wird ein rauchender Kebab-Stand am Eingang des Restaurants aufgebaut. Es gibt auch gute vegetarische Gerichte, aber kein Bier.

Das Restaurant befindet sich gegenüber der Hauptpost, versteckt an der Rückseite der Maya Mansions.

Surya Mahal SÜDINDISCH $$
(☎0141-2362811; MI Rd; Hauptgerichte 130–310 ₹, Thalis 240–350 ₹; ⌚8–23 Uhr; ❄✎) Das beliebte Lokal nahe Panch Batti hat sich auf südindische vegetarische Küche spezialisiert – zu empfehlen sind das köstliche *masala dosa* und das schmackhafte *dhal makhani* (schwarze Linsen und rote Kidneybohnen). Es gibt auch chinesische und italienische

Gerichte, gute Eiscreme, Eisbecher und kühle Getränke.

Natraj INDISCH $$
(☎0141-2375804; MI Rd; Hauptgerichte 150–250 ₹, Thalis 250–520 ₹; ⏱9–23 Uhr; ❄✍) Nicht weit von Panch Batti entfernt liegt dieses erstklassige vegetarische Lokal mit umfangreicher Karte voller nordindischer, westlicher und chinesischer Gerichte. Alle begeistert das von Kartoffeln eingefasste „Gemüsebomben"-Curry. Darüber hinaus gibt's eine gute Auswahl an Thalis und südindischen Gerichten – das *paper masala dosa* ist köstlich – sowie indische Süßspeisen.

Dāsaprakash SÜDINDISCH $$
(☎0141-2371313; 5 Kamal Mansions, MI Rd; Hauptgerichte 115–240 ₹, Thalis 310–345 ₹; ⏱9–22.30 Uhr; ❄✍) Das auf die südindische vegetarische Küche spezialisierte Dāsaprakash gehört zu einer bekannten, 1921 gegründeten Restaurantkette. Es gibt u.a. Thalis und diverse Dosas und *idli* (schwammiger, runder Kuchen aus fermentiertem Reis) sowie eine wunderbare Auswahl an kalten Getränken und himmlische Eisbecher.

★ **Niro's** INDISCH $$$
(☎0141-2374493; MI Rd; Hauptgerichte 250–500 ₹; ⏱10–23 Uhr; ❄) Das 1949 gegründete Niro ist ein alteingesessener Favorit an der MI Rd, der – wie Rotwein – mit den Jahren immer besser wird. In dem kühlen, sauberen Speisesaal mit Spiegeldecke und professionellem Service entkommt man dem Chaos auf den Straßen und genießt vegetarische und nichtvegetarische indische Gerichte. Es gibt auch chinesische und westliche Klassiker, aber die indischen sind entschieden besser.

Sogar die Einheimischen schwärmen vom Butterhühnchen und vom Rogan Josh. Es werden auch Bier und Wein serviert.

Copper Chimney INDISCH $$$
(☎0141-2372275; Maya Mansions, MI Rd; Hauptgerichte 300–475 ₹, Thali vegetarisch/nichtvegetarisch 490/575 ₹; ⏱12–15.30 & 18.30–23 Uhr; ❄) In dem zwanglosen, fast eleganten und einladenden Restaurant steht das Kellnergeschwader schon bereit – ebenso der Kühlschrank mit kühlem Bier. Angeboten werden exzellente vegetarische und nichtvegetarische indische Gerichte (in großen Portionen), darunter auch aromatische Spezialitäten aus Rajasthan. Es gibt auch westliche und chinesische Gerichte sowie eine kleine Auswahl indischer Weine – aber die Kombi Curry und Bier ist eigentlich kaum zu schlagen.

Little Italy ITALIENISCH $$$
(☎0141-4022444; 3.OG, KK Square, Prithviraj Marg; Hauptgerichte 300–500 ₹; ⏱12–22 Uhr; ❄) Das beste italienische Restaurant in Jaipur gehört zu einer kleinen landesweiten Kette, die in coolem, modernem Ambiente hervorragende vegetarische Pasta, Risotto und Holzofenpizza serviert. Auf der umfangreichen Karte stehen auch ein paar mexikanische Gerichte sowie erstklassige italienische Desserts. Das Restaurant hat eine Alkohollizenz und ein angeschlossenes Schwesterlokal, das Little India mit einer indischen und chinesischen Speisekarte.

Jaipur Modern Kitchen MEDITERRAN $$$
(☎0141-4113000; www.jaipurmodern.com; 51 Sardar Patel Marg, C-Scheme; Hauptgerichte 300–550 ₹; ⏱11–23 Uhr; ❄✍) Neben Haushaltswaren und Modeartikeln punktet das Jaipur Modern mit diesem tollen mediterranen Café, das ganz auf Bio setzt und die regionale nachhaltige Landwirtschaft unterstützt. Die leckeren Pizzas, Pastas, *momos* und Wraps sind alle hausgemacht. Besonderes Interesse erhält dabei Quinoa aus lokalem Anbau; auf der Q-Karte stehen Suppen, Vorspeisen, Hauptgerichte und Desserts aus den vielseitigen Samen.

Old City

Ganesh Restaurant NORDINDISCH $
(Nehru Bazaar; Hauptgerichte 100–160 ₹; ⏱9–23.30 Uhr; ✍) Das kleine Freiluftrestaurant hat eine tolle Lage auf der Altstadtmauer nahe dem New Gate. Der Koch sitzt in einer Grube an einer Seite der Mauer, sodass man zusehen kann, wie das rein vegetarische Essen zubereitet wird. Wer ein Lokal mit frischen, schmackhaften ortstypischen Gerichten wie *paneer butter masala* sucht, der wird dieses lieben. Der Wegweiser zum Lokal ist leicht zu übersehen, aber einer der Standinhaber zeigt einem sicher die schmale Treppe.

Mohan INDISCH $
(144-5 Nehru Bazaar; Hauptgerichte 25–150 ₹, Thali 80 ₹; ⏱9–22.30 Uhr; ✍) Das winzige Mohan ist leicht zu übersehen: Vom Fußweg an der Kreuzung führen ein paar Stufen hinunter zu diesem Lokal. Es ist schlicht, billig und etwas schmuddelig, aber die Thalis, Curries (halbe und ganze Portion) und Snacks sind frisch zubereitet und ungeheuer beliebt.

LMB INDISCH $$
(☎0141-2560845; Johari Bazaar; Hauptgerichte 210–320 ₹; ⏱8–23 Uhr; ❄✍) Das Laxmi Mis-

than Bhandar, allgemein kurz LMB genannt, ist ein vegetarisches Restaurant in der Altstadt, das schon seit 1954 großen Zulauf hat. Die einladende, klimatisierte Zuflucht vom hektischen Johari Bazaar ist eine Institution mit einmaligem Dekor, aufmerksamen Kellnern und einer großen Süßspeisentheke. Inzwischen ist das Lokal nicht mehr *sattvik* (strikt ayurvedisch ausgerichtet), sodass man auch Gerichte mit Zwiebeln und Knoblauch bekommt. Sehr zu empfehlen ist das bei in- und ausländischen Reisenden beliebte Rajasthan-Thali (540 ₹), gefolgt von der Spezialität des Hauses *kulfa* (100 ₹, eine Mischung aus *kulfi* und *falooda* mit Trockenobst und Safran).

Hotel Sweet Dream INTERNATIONAL $$
(☎0141-2314409; www.hotelsweetdreamjaipur.in; Nehru Bazaar; Hauptgerichte 130–285 ₹; ❄) Das Hotel in der Altstadt hat ein fantastisches Restaurant auf dem Dach mit tollem Blick auf den quirligen Nehru Bazaar. Hier kann man prima eine Shoppingpause einlegen, um ein leichtes Mittagessen oder einen erfrischenden *makhania*-Lassi (140 ₹) aus frischem Obst und Joghurt zu genießen. Auf der Karte stehen auch Pizza und chinesische Gerichte, aber die indischen sind besser.

Ausgehen & Nachtleben

★Lassiwala CAFÉ
(MI Rd; Lassi klein/groß 25/50 ₹; ⌚7.30 Uhr–alles ausverkauft ist) Die berühmte, oft imitierte Institution ist ein schlichtes Lokal, in dem hervorragende, cremige Lassis in Tonkrügen serviert werden. Wer keine Enttäuschung erleben will, kommt frühzeitig her! Nur welches ist das echte Lassiwala? Den richtigen Laden erkennt man an den Aufschriften „Shop 312“ und „seit 1944“ direkt neben einer Gasse. Die Nachahmer finden sich rechts davon.

★Curious Life CAFÉ
(☎0141-2229877; www.facebook.com/curiouslifecoffeeroasters; P25 Yudhisthira Marg, C-Scheme; Kaffees ab 75 ₹; ⌚9–22 Uhr; 📶) Die neuesten Kaffeetrends präsentiert dieses Vorzeigeprojekt der indischen Hipster-Szene. Sortenreiner Kaffee, Espresso, Kaffee aus der Presskanne, aus dem Kaffeebereiter AeroPress, V60-Filterkaffee – hier gibt's das alles, ganz zur Freude der Kundschaft, die vorwiegend aus Twens besteht. Daneben bekommt man hier auch kalte Getränke, Smoothies, Shakes und Muffins, während im Hintergrund seltsame Retro-Musik dudelt.

★Bar Palladio BAR
(☎0141-2565556; www.bar-palladio.com; Narain Niwas Palace Hotel, Narain Singh Rd; Cocktails 500–700 ₹; ⌚18–23 Uhr) Das coole Bar-Restaurant punktet mit einer umfangreichen Getränkekarte und einer italienischen Speisekarte (Hauptgerichte 350–400 ₹). Das lebendige blaue Motiv der romantisch-orientalischen Inneneinrichtung setzt sich auch in dem mit Kerzen beleuchteten Sitzbereich im Freien fort, was die Bar zu einem entspannenden Plätzchen macht, wo man an seinem Drink nippen, Bruschetta knabbern und sich prima unterhalten kann. Ab und zu gibt's in der Bar die Livemusikveranstaltung Il Teatro – Termine findet man auf der Website.

100 % Rock BAR
(Hotel Shikha, Yudhishthir Marg, C-Scheme; Bier/Cocktails ab 190/300 ₹; ⌚11–0.30 Uhr; 📶) Die Bar ist zwar an das Hotel Shikha angeschlossen, gehört aber nicht dazu. Der Laden kommt in Jaipur einem Biergarten noch am nächsten. Es gibt hier viele Sitzplätze im Freien, klimatisierte Nebenräume und in der Mitte einen nachtclubartigen Hauptbereich mit einer kleinen Tanzfläche. Da oft zwei Bier zum Preis von einem angeboten werden, ist die Bar gerade bei einheimischen Jugendlichen sehr beliebt.

Polo Bar BAR
(Rambagh Palace Hotel, Bhawan Singh Marg; ⌚12–24 Uhr) Die todschicke Bar ist mit Polo-Andenken dekoriert, die Fenster mit Bogenabschluss blicken auf den gepflegten Rasen. Eine Flasche Bier kostet je nach Marke ab 400 ₹, ein Glas Wein ab 550 ₹ und Cocktails ab 600 ₹. Tagsüber gibt's auch leckere Snacks.

Café Coffee Day CAFÉ
(Country Inn & Suites, MI Rd; Kaffees 80–150 ₹; ⌚10–22 Uhr) Die Kette, die Kaffee-Junkies mit Espresso, Caffè Crema, anderen Kaffees und Muffins versorgt, hat mehrere Filialen in Jaipur. Neben der hier genannten gibt es z. B. eine in Paris Point am Sawai Jai Singh Hwy (alias Collectorate Rd), am Zentralmuseum und nahe dem Ausgang des Amber Fort.

☆ Unterhaltung

Jaipur ist nicht gerade eine Partystadt, auch wenn viele Hotels abends irgendeine Art von Musik, Tanz oder Marionettentheater veranstalten. In einigen Kinos werden gelegentlich Filme in englischer Sprache gezeigt – Infos erhält man in den Kinos und aus der örtlichen Presse.

Raj Mandir Cinema KINO

(☎ 0141-2379372; www.therajmandir.com; Baghwandas Marg; Tickets 120–400 ₹; ⌚ Reservierung 10–18 Uhr, Vorführungen 12.30, 15, 18.30 & 22 Uhr) Das gleich abseits der MI Rd gelegene Raj Mandir ist das Kino der Wahl, wenn man sich in Indien einen Hindi-Film anschauen will. Das opulente Lichtspielhaus wirkt wie eine riesige rosa Sahnetorte mit einem Zuschauersaal wie ein Baiser und einem Foyer, das irgendwo zwischen einem Tempel und Disneyland rangiert. Reservieren kann man eine Stunde bis sieben Tage im Voraus an den Schaltern 9 und 10.

Wer vorher reserviert, hat die besten Chancen, eine Karte zu ergattern – allerdings wohl kaum bei und kurz nach der Filmpremiere. Alternativ kann man sein Glück auch mit ausgefahrenen Ellenbogen in der Schlange versuchen, wenn 45 Minuten vor Vorstellungsbeginn die Kasse öffnet. Nicht die billigen Tickets nehmen – die Plätze sind ganz nah an der Leinwand.

EDELSTEINE KAUFEN

Jaipur ist berühmt für Edel- und Halbedelsteine. Viele Läden bieten Schnäppchenpreise, aber man muss sich mit den Steinen schon auskennen. Das Hauptgebiet des Edelsteinhandels liegt rund um das muslimische Viertel Pahar Ganj in der südöstlichen Ecke der Old City. Hier kann man in den Werkstätten, die sich in den engen Seitengassen verstecken, zusehen, wie die Steine zugeschnitten und geschliffen werden.

Zu den ältesten Bauernfängereien in Indien gehört der Schwindel mit Edelsteinen, bei dem man Touristen einredet, sie bekämen die Steine besonders günstig und könnten sie anderswo mit Profit weiterverkaufen. Um ein Echtheitszertifikat zu erhalten, kann man seine Steine im **Gem-Testing Laboratory** (Edelstein-Prüflabor; ☎ 0141-2568221; www.gtljaipur.info; Rajasthan Chamber Bhawan, MI Rd; ⌚ Mo–Sa 10–16 Uhr) zwischen 10 und 16 Uhr einreichen und sich am Folgetag zwischen 16 und 17 Uhr sein Echtheitszertifikat abholen. Der Service kostet 1050 ₹ pro Stein, wenn man seine Steine bis um 13 Uhr einreicht, kann man das Zertifikat auch noch am gleichen Tag für 1650 ₹ erhalten.

Chokhi Dhani LIVE-PERFORMANCE

(☎ 0141-5165000; www.chokhidhani.com; Tonk Rd; Erw./Kind inkl. Rajasthan-Thali ab 600/350 ₹; ⌚ 18–23 Uhr) Das 20 km südlich von Jaipur gelegene Chokhi Dhani („besonderes Dorf") ist ein nachgebautes rajasthanisches Dorf und verspricht vor allem für Kinder viel Spaß. Es gibt hier Freiluftrestaurants, wo man leckere Rajasthan-Thalis genießen kann, viel traditionelle Unterhaltungskunst (Tänzer, Akrobaten, Imbissbuden) sowie Abenteuerpark-ähnliche Angebote für Kids zum Schaukeln, Rutschen und Verstecken.

Es gibt auch teurere Tickets je nachdem, für welches Restauranterlebnis man sich entscheidet. Ein Taxi ab Jaipur kostet hin und zurück inklusive Wartezeit rund 800 ₹.

Poloplatz ZUSCHAUERSPORT

(☎ Ticketinfo 0141-2385380; Ambedkar Circle, Bhawan Singh Marg) Der Maharadscha Man Singh II. frönte seiner Leidenschaft für den Polosport mit dem Bau eines riesigen Poloplatzes neben dem Rambagh Palace. Dieser Platz ist noch heute ein Zentrum für Polo. Mit einer Karte für ein Spiel kann man sich auch die Lounge ansehen, die mit historischen Fotos und Andenken geschmückt ist. Die Polo-Saison erstreckt sich über den ganzen Winter. Infos zu Eintrittskarten gibt's im Rajasthan Polo Club.

Shoppen

Jaipur ist ein Shoppingparadies! Händler aus aller Welt strömen in die Stadt, um sich mit Juwelen, Edelsteinen, Textilien sowie Kunst und Kunsthandwerk einzudecken, die sich aus ganz Rajasthan stammend hier in bemerkenswerten Mengen sammeln. Hier muss man ordentlich feilschen, vor allem rund um die touristischen Sehenswürdigkeiten.

Viele Läden bieten ihren Kunden den Paketversand der Waren an – das ist oft billiger, als dies selber zu tun.

Noch immer teilt sich die Stadt lose in traditionelle Künstlerviertel auf. Auf dem **Bapu Bazaar** reihen sich Saris und Stoffe, und man kann gut billigen Schmuck kaufen. Auf dem **Johari Bazaar** und dem **Sireh Deori Bazaar** konzentrieren sich viele Juweliere, die Gold, Silber und *meenakari* (Emaille-Arbeiten, eine Spezialität aus Jaipur) anbieten. Wer Stoffe kaufen will, wird vielleicht bei den Baumwollhändlern auf dem Johari Bazaar ein paar gute Schnäppchen machen.

Berühmt für Textilien, vor allem für *bandhani* (Batikstoffe) ist der **Kishanpol Bazaar**. Stoffe bekommt man auch auf dem

Nehru Bazaar, darüber hinaus aber auch *jootis* (traditionelle Schuhe), Schmuck und Parfüm. Die beste Adresse für Armreifen ist Maniharon Rasta.

Viele Werkstätten und Verkaufsräume säumen die Straße zum Amber Fort zwischen dem Zorawar Singh Gate und dem Park Regis Hotel, um die Touristenströme abzupassen. In den riesigen Warenhäusern werden Blockdrucke, blaue Tonwaren, Teppiche und Antiquitäten verkauft. Hier sollte man hart verhandeln, denn meist werden diese Läden von Reisegruppen angesteuert, die bereitwillig tief in die Taschen greifen.

Rikscha-Wallahs, Hotel- und Reisebüroangestellte kassieren fette Provisionen von Ladenbesitzern, wenn sie Traveller in deren Geschäfte führen. Achtung, Abzocke: Oft werden Ausländer so lange beschwatzt, bis sie überteuerte Waren (vor allem Edelsteine) zum Weiterverkauf erstehen – aber schnell und einfach reich werden, ist leider nicht!

Jaipur Modern MODE & ACCESSOIRES
(☎0141-4112000; www.jaipurmodern.com; 51 Sardar Patel Marg, C-Scheme; ⏱11–23 Uhr) In dem modernen Verkaufsraum werden Kunst und Kunsthandwerk lokaler Künstler, Bekleidung, Haushaltswaren, Schreibwaren und Mode-Accessoires angeboten. Die Angestellten sind recht locker (und wollen nicht um jeden Preis etwas verkaufen), und wer keine Lust zum Shoppen hat, lässt sich einfach in dem tollen Café nieder, das Lavazza-Kaffee und mediterrane Snacks serviert.

Inde Rooh KLEIDUNG
(☎9829404055, 9929442022; www.inderooh.com; Hotel Pearl Palace, Hari Kishan Somani Marg; ⏱10.30–22.30 Uhr) Das winzige Outlet im Hotel Pearl Palace präsentiert das Können der traditionellen Blockdrucker Jaipurs, die moderne Designelemente in ihre Arbeiten einfließen lassen. Die handgemachten und bestickten Kleidungsstücke für Frauen und Männer können sich in Qualität und Preis-Leistungs-Verhältnis mit den berühmteren Modehäusern Jaipurs messen. Es gibt auch Haushaltswaren.

Rajasthali KUNST & KUNSTHANDWERK
(MI Rd; ⏱Mo–Sa 11–19.30 Uhr) Das staatliche Warenhaus gegenüber dem Ajmer Gate ist vollgestopft mit hochwertiger Kunst und Kunsthandwerk aus Rajasthan, darunter Emaille-Arbeiten, Stickereien, Töpferwaren, Holzschnitzereien, Schmuck, Marionetten, Blockdruck-Decken, Miniaturen, Messingwaren, Spiegel und vielem mehr. Es ist sinnvoll, sich erst hier über die Preise zu informieren, ehe man sich auf dem Basar umschaut. Die Stücke können auf den Märkten billiger sein, aber in dem staatlichen Warenhaus ist die Qualität oft viel besser, ohne dass man viel mehr bezahlen muss.

Anokhi KLEIDUNG, TEXTILIEN
(www.anokhi.com; 2. OG, KK Square, C-11 Prithviraj Marg; ⏱Mo–Sa 9.30–20, So 11–19 Uhr) Die stilvolle, teure Boutique verkauft hinreißende hochwertige Textilien wie Blockdruck-Stoffe, Tischdecken, Tagesdecken, Kosmetiktaschen und Schals sowie gut entworfene und gearbeitete Kleidung, deren Stil indische und westliche Einflüsse verbindet. Auf dem Gelände gibt's auch ein schönes kleines Café und im selben Gebäude einen exzellenten Buchladen.

Fabindia KLEIDUNG
(☎0141-4015279; www.fabindia.com; B-4-E Prithviraj Road; ⏱11–21 Uhr) Ein toller Laden für die richtige Kombination von Farben und Stoffen sowie für Möbel und Heim-Accessoires. Darüber hinaus findet man hier Kleidung mit Öko-Siegel, Kosmetikprodukte und Gewürze. Liegt gegenüber vom Central Park, Tor Nr. 4.

Silver Shop SCHMUCK
(Hotel Pearl Palace, Hari Kishan Somani Marg; ⏱18–22 Uhr) Der vertrauenswürdige Juwelier, hinter dem die Hotelleitung steht, der der Laden gehört, gewährt auf alle Stücke eine Geld-zurück-Garantie. Befindet sich unter dem Pfauen-Baldachin des hoteleigenen Peacock Rooftop Restaurant.

Crossword BÜCHER
(1. OG, KK Square, Prithvirag Marg; ⏱11–21 Uhr) Der exzellente Buchladen hat alle Arten an Belletristik und Sachbücher, darunter die neuesten Bestseller, Bildbände und Bücher zur Geschichte Indiens und darüber hinaus auch Musik-CDs und DVDs. Im selben Gebäude gibt's auch ein Café und Restaurant.

Mojari KLEIDUNG
(☎0141-2377037; D-67 Shiv Heera Marg; ⏱10–18.30 Uhr) Das nach den traditionellen verzierten Schuhen Rajasthans benannte Mojari ist ein von der UNO gefördertes Projekt, das Lederarbeiter vom Land, die traditionell zu den Ärmsten in Indien gehören, unterstützen soll. Man findet hier eine große Auswahl an Schuhen (300–1000 ₹), darunter bestickte, mit Applikationen versehene oder vorne offene Schuhe, Pantoletten und Sandalen. Vor allem für Frauen ist die Auswahl

sehr groß. Daneben gibt's noch eine kleine Auswahl an handgemachten Ledertaschen und Geldbörsen.

Praktische Informationen

GELD

Es gibt viele Stellen, an denen man Geld tauschen kann, z. B. in zahlreichen Hotels. Es gibt viele Geldautomaten, von denen die meisten auch ausländische Karten akzeptieren.

Thomas Cook (0141-2360940; Jaipur Towers, MI Rd; 9.30–18 Uhr) Wechseln Bargeld und Travellerschecks.

INTERNETZUGANG

Internetcafés sind dünn gesät, aber fast alle Hotels und Pensionen bieten WLAN und/oder Internetzugang.

Mewar Cyber Café (Station Rd; 30 ₹/Std.; 7–23 Uhr) Nahe dem Hauptbusbahnhof.

MEDIZINISCHE VERSORGUNG

Das Personal der meisten Hotels kann einen Arzt rufen.

Santokba Durlabhji Memorial Hospital (SDMH; 0141-2566251; www.sdmh.in; Bhawan Singh Marg) Privates Hospital mit rund um die Uhr geöffneter Notfallstation, hilfreichem Personal und eindeutiger zweisprachiger Ausschilderung. Arztkonsultation 400 ₹.

Sawai Mansingh Hospital (SMS Hospital; 0141-2518222, 0141-2518597; Sawai Ram Singh Rd) Staatlich geführtes Hospital, das aber zur Soni Hospitals Group (www.sonihospitals.com) gehört. Ambulante Patienten wenden sich vor 15 Uhr an das CT & MRI Centre, ab 15 Uhr an die angrenzende Notfallstation.

POST

DHL Express (0141-2361159; www.dhl.co.in; G8, Geeta Enclave, Vinobha Marg; 10–20 Uhr) Neben der Zweigstelle an der MI Rd führt eine Gasse zur Hauptfiliale. Bei Paketen sind die ersten 1000 g teuer, aber jede weiteren 500 g billig. Das Verpackungsmaterial ist im Preis enthalten. Kreditkarten und Bargeld werden akzeptiert.

Hauptpost (0141-2368740; MI Rd; Mo–Fr 8–19.45, Sa 10–17.45 Uhr) Kostengünstig und effizient (allerdings kann das Hin und Her nerven). Zunächst verpackt, vernäht und versiegelt der Packdienst im Foyer das Paket gegen eine kleine Gebühr, erst dann kann man es absenden.

TOURISTENINFORMATION

Jaipur Vision und *Jaipur City Guide* sind zwei praktische, preiswerte Bändchen, die in Buchläden und in den Foyers einiger Hotels erhältlich sind (in letzteren sogar gratis). Sie enthalten aktuelle Auflistungen, Karten, Anzeigen örtlicher Unternehmen und Artikel.

RTDC-Touristeninformation (0141-5155137; www.rajasthantourism.gov.in; ehemaliges RTDC Tourist Hotel, MI Rd; Mo–Fr 9.30–18 Uhr) Hat Karten und Broschüren zu Jaipur und Rajasthan. Weitere Filialen gibt's am **Flughafen** (0141-2722647; Mo–Fr 9–17 Uhr), im **Amber Fort** (0141-2530264; Mo–Fr 9.30–17 Uhr), am **Bahnhof Jaipur** (0141-2200778; Bahnsteig 1; 24 Std.) und am **Hauptbusbahnhof** (0141-5064102; Bahnsteig 3; Mo–Fr 10–17 Uhr).

An- & Weiterreise

AUTO & MOTORRAD

Die meisten Hotels und die RTDC-Touristeninformation können einen Wagen mit Fahrer organisieren. Je nach Fahrzeugtyp liegt der Preis bei 9 bis 12 ₹ pro Kilometer, bei einem Mindestmietpreis, der 250 km pro Tag entspricht. Bei Fahrten über Nacht zahlt man einen Aufpreis von 200 ₹, außerdem muss der Fahrer für die Rückfahrt nach Jaipur bezahlt werden, auch wenn man selber nicht dorthin zurückkehrt.

Rajasthan Auto Centre (S. 1330) Royal Enfield Bullets (und kleinere Maschinen) kann man im Rajasthan Auto Centre, der saubersten kleinen Motorradwerkstatt in ganz Indien, kaufen, mieten und reparieren lassen. Eine 350-cm3-Bullet zu mieten, kostet innerhalb Jaipurs 600 ₹ pro Tag (mit Helm).

BUS

Die Busse der Rajasthan State Road Transport Corporation (RSRTC oder Rajasthan Roadways) fahren vom **Hauptbusbahnhof** (Station Rd; Gepäckschließfächer 10 ₹/Gepäckstück für 24 Std.), an dem es eine Gepäckaufbewahrung sowie einen Halteplatz für Prepaid-Autorikschas gibt. Fahrgäste werden auch am Narain Singh Circle aufgenommen (wo man auch sein Ticket kaufen kann).

Die gewöhnlichen Busse werden als „Expressbusse" bezeichnet, es gibt aber auch „Deluxe-Busse". Letztere sind sehr unterschiedlich, aber in der Regel viel teurer und komfortabler (meist, aber nicht immer, mit Klimaanlage) als die normalen Expressbusse. Die Deluxe-Busse fahren von Plattform 3, die sich in der rechten Ecke des Busbahnhofs versteckt. Anders als bei den gewöhnlichen Expressbussen können die Plätze vorab im hiesigen **Reservierungsbüro** (0141-5116032; Hauptbahnhof) reserviert werden.

Deluxe-Busse fahren viel seltener als gewöhnliche, mit Ausnahme jener nach Delhi (halbstündlich).

FLUGZEUG

Der **Jaipur International Airport** (0141-2550623; www.jaipurairport.com) liegt 12 km südöstlich der Stadt.

Es lassen sich Flüge aus Europa, den USA und anderen Orten über Delhi nach Jaipur organisieren. Es gibt auch einige Direktflüge nach Bangkok und Singapur und in die Golfstaaten.

Air India (☎ 0141-2743500, Flughafen 0141-2721333; www.airindia.com; Nehru Place, Tonk Rd) Hat täglich Flüge nach Delhi und Mumbai.

IndiGo (☎ 9212783838; www.goindigo.in; Terminal 2, Jaipur International Airport) Fliegt nach Ahmedabad, Bengaluru (Bangalore), Chennai (Madras), Delhi, Hyderabad, Kolkata (Kalkutta), Mumbai und Pune.

Jet Airways (☎ 0141-2725025, 1800 225522; www.jetairways.com; ⏱ 5.30–21 Uhr) Fliegt nach Delhi und Mumbai.

SpiceJet (☎ 9871803333; www.spicejet.com; Terminal 2, Jaipur International Airport; ⏱ 6–19 Uhr) Hat täglich Flüge nach Delhi.

Scoot (☎ 8000016354; www.scoot.com) Bietet drei Flüge pro Woche nach Singapur.

Thai Smile (☎ Thailand +662-1188888; www.thaismileair.com) Fliegt dreimal pro Woche nach Bangkok.

ZUG

Das **Reservierungsbüro** (☎ Auskunft 131, Reservierungen 135; ⏱ 8–14 & 15–20 Uhr) liegt am Eingang des Bahnhofs Jaipur auf der linken Seite. Er ist nur für Vorabreservierungen geöffnet (mehr als 5 Std. vor Abfahrt). Am Schalter „Freedom Fighters and Foreign Tourists" (Schalter 769) anstellen.

Für Zugfahrten am gleichen Tag kauft man die Fahrkarten am nördlichen Ende des Bahnhofs am Bahnsteig 1, Schalter 10 (6–6.30, 14–14.30 & 22–22.30 Uhr geschl.).

Am Bahnsteig 1 findet man auch die RTDC-Touristeninformation, die Tourism Assistance Force (Touristenpolizei), eine Gepäckaufbewahrung (16 ₹/Gepäckstück für 24 Std.), Toiletten, Restaurants und klimatisierte Wartesäle für Passagiere mit Tickets der 1. Klasse und der Klasse 2AC.

Vor dem Eingang zum Bahnhof gibt's an der Straße einen Stand für Prepaid-Autorikschas und örtliche Taxis.

Es gibt u. a. folgende Zugverbindungen:

Agra Sleeper 185 ₹, 3½–4½ Std., tgl. 9-mal

Ahmedabad Sleeper 350 ₹, 9–13 Std., tgl. 7-mal (0.30, 2.20, 4.25, 8.40, 11.45, 14.20 & 20.35 Uhr)

Ajmer (für Pushkar) Sleeper 90 ₹, 2 Std., tgl. 21-mal

Bikaner Sleeper 275 ₹, 6½–7½ Std., tgl. 3-mal (0.45, 16.15 & 21.45 Uhr)

Delhi Sleeper 245 ₹, 4½–6 Std., tgl. mind. 9-mal (1, 2.50, 4.40, 5, 6, 14.35, 16.25, 17.50 & 23.15 Uhr), an bestimmten Tagen auch mehr

Jaisalmer Sleeper 350 ₹, 12 Std., tgl. 3-mal (11.10, 16.15 & 23.45 Uhr)

Jodhpur Sleeper 250 ₹, 4½–6 Std., tgl. 10-mal (0.45, 2.45, 6, 9.25, 11.10, 11.25, 12.20, 17, 22.40 & 23.45 Uhr)

Ranthambhore-Nationalpark (Sawai Madhopur) Sleeper 180 ₹, 2–3 Std., tgl. mind. 9-mal (0.30, 5.40, 6.40, 11.05, 14, 16.50, 17.35, 19.35 & 20.45 Uhr), an bestimmten Tagen auch öfter

Udaipur Sleeper 270 ₹, 7–8 Std., tgl. 3-mal (6.15, 14 & 23 Uhr)

Unterwegs vor Ort

AUTORIKSCHA

Die Autorikschafahrer am Bahnhof und am Busbahnhof sind wohl die unerbittlichsten Verhand-

WICHTIGE BUSSE AB JAIPUR

ZIEL	PREIS (₹)	DAUER (STD.)	HÄUFIGKEIT
Agra	261–289, AC 470–573	5½	11-mal tgl.
Ajmer	150, AC 316	2½	mind. stündl.
Bharatpur	195, AC 410	4½	mind. stündl.
Bikaner	334, AC 596	5½–7	stündl.
Bundi	216	5	5-mal tgl.
Chittorgarh	339, AC 585	7	6-mal tgl.
Delhi	273, AC 800	5½	mind. stündl.
Jaisalmer	593	14	2-mal tgl.
Jhunjhunu	181, AC 321	3½–5	halbstündl.
Jodhpur	340, AC 741	5½–7	alle 2 Std.
Kota	252	5	stündl.
Mt. Abu (Abu Road)	486, AC 866	10½–13	6-mal tgl.
Nawalgarh	145, AC 258	2½–4	stündl.
Pushkar	161	3	tgl.
Udaipur	420, AC 914	10	6-mal tgl.

WICHTIGE ZÜGE AB JAIPUR

ZIEL	ZUG	ABFAHRT	ANKUNFT	PREIS (₹)
Agra (Cantonment)	*19666 Udaipur-Kurj Exp*	6.15 Uhr	11 Uhr	185/510 (A)
Agra (Fort)	*12035 Jaipur-AF Shatabdi*	7.05 Uhr	10.35 Uhr	505/1050 (D)
Ahmedabad	*12958 Adi Sj Rajdhani*	0.30 Uhr	9.40 Uhr	1130/1580 (B)
Ajmer (für Pushkar)	*12195 Ajmer-AF Intercity*	9.40 Uhr	11.50 Uhr	100/325 (C)
Bikaner	*12307 Howrah-Jodhpur Exp*	0.45 Uhr	8.15 Uhr	275/705 (A)
Delhi (New Delhi)	*12016 Ajmer Shatabdi*	17.50 Uhr	22.40 Uhr	570/1205 (D)
Delhi (S Rohilla)	*12985 Dee Double Decker*	6 Uhr	10.30 Uhr	505/1205 (D)
Jaisalmer	*14659 Delhi-JSM Exp*	23.45 Uhr	11.40 Uhr	350/935 (A)
Jodhpur	*22478 Jaipur-Jodhpur SF Exp*	6 Uhr	10.30 Uhr	515/625 (E)
Sawai Madhopur	*12466 Intercity Exp*	11.05 Uhr	13.15 Uhr	180/325/560 (F)
Udaipur	*19665 Jaipur–Udaipur Exp*	23 Uhr	6.45 Uhr	270/715 (A)

Fahrpreise: (A) Sleeper/3AC, (B) 3AC/2AC, (C) Sitzplatz 2. Klasse/AC Chair, (D) AC Chair/1AC, (E) AC Chair/3AC, (F) Sleeper/AC Chair/3AC

ler in Rajasthan. Daher hält man sich besser an die Prepaid-Autorikschastände. Den Zahlbeleg unbedingt aufbewahren – den erhält der Fahrer am Ende der Fahrt. Wer keine Prepaid-Rikscha nimmt, muss hart verhandeln und zahlt vom Bahnhof wie vom Busbahnhof für die Fahrt zur Altstadt mindestens 80 ₹.

FAHRRADRIKSCHA

Wer etwas für die Umwelt tun will, kann auch einen Fahrradrikschafahrer heranwinken. Man fühlt sich vielleicht unbehaglich beim Zusehen, wie sich der magere Mann für einen abstrampelt, aber er verdient sich damit seinen Lebensunterhalt. Eine kurze Fahrt kostet etwa 50 ₹.

VOM/ZUM FLUGHAFEN

Am Flughafen gibt's keine Busverbindungen. Die Fahrt in die Stadt kostet mit einer Autorikscha/Taxi mindestens 350/450 ₹. Einen Kiosk für Prepaid-Taxis gibt's im Flughafen.

ÖFFENTLICHE VERKEHRSMITTEL

Jaipur Metro (☎ 0141-2385790; www.jaipurmetrorail.info) Die U-Bahn von Jaipur verfügt über eine rund 10 km lange Strecke (die sog. Pink Line) mit neun Stationen. Die Linie beginnt südwestlich der Pink City in Mansarovar, fährt durch Civil Lines und endet derzeit am Chandpol. Zum Zeitpunkt der Recherchen waren die Bauarbeiten an der Fortsetzung dieser Linie durch die Pink City vom Chandpol bis Badi Chaupar noch in vollem Gange. Die Fahrt kostet 5 bis 15 ₹.

TAXI

Bei Taxis ohne Taxameter muss man den Fahrpreis aushandeln.

Metro Cabs (☎ 0414-4244444; www.metrocabs.in; Grundpreis inkl. 2 km 50 ₹, danach 10–12 ₹/km, zzgl. 1 ₹/Min., 22–6 Uhr Nachtzuschlag von 25 %; ⏲ 24 Std.) Taxis können auch zum Sightseeing (4/8 Std. 700/1350 ₹) gebucht werden.

Rund um Jaipur

Amber

Das umwerfend schöne, großartige, honigfarbene Amber Fort (sprich „Amer") ist ein traumhaftes Beispiel rajputischer Architektur. Die Festung ragt etwa 11 km nordöstlich von Jaipur auf einem Felshang empor und ist das Highlight aller Sehenswürdigkeiten der Stadt.

Amber ist die ehemalige Hauptstadt des Fürstenstaats Jaipur und wurde von den Kachhwaha-Rajputen errichtet, die aus Gwalior im heutigen Madhya Pradesh kamen, wo sie mehr als 800 Jahre geherrscht hatten. Der Bau der Festung begann 1592; Maharadscha Man Singh, der rajputische Befehlshaber von Akbars Armee, finanzierte ihn mit Kriegsbeute. Später wurde das Fort erweitert und von den Jai Singhs vollendet, bevor sie hinunter in die Ebene nach Jaipur umsiedelten.

Die unterhalb des Forts gelegene Ortschaft Amber lohnt ebenfalls einen Besuch. Vor allem das Anokhi Museum of Hand Printing ist sehenswert. Vom Museum kann man einen Bummel durch die alte Stadt machen und das restaurierte **Panna Meena Baori** (Stufenbrunnen) und den **Jagat-Siromani-Tempel** (auch Meera-Tempel genannt) besichtigen.

Sehenswertes

★ Amber Fort FORT

(Inder/Ausländer 100/500 ₹, Abendeinlass 100 ₹, Führer 200 ₹, Audioguide 200–250 ₹; ⊙ 8–18 Uhr, letzter Einlass 17.30 Uhr, Abendeinlass 19–21 Uhr) Das prachtvolle Fort umfasst einen weitläufigen Palastkomplex, der aus blassgelbem und rosafarbenem Sandstein sowie weißem Marmor erbaut wurde und in vier Hauptbereiche unterteilt ist, die jeweils einen eigenen Hof haben. Es gibt die Möglichkeit, die Festung auf dem Rücken eines Elefanten zu besichtigen. Doch aufgrund von Berichten über Misshandlungen der Dickhäuter und weil das Tragen von Personen bleibende Schäden bei den Tieren hinterlassen kann, kritisieren Tierschützer die Haltung der Elefanten in Amber.

Alternativ kann man von der Straße aus in zehn Minuten zum Fort hinaufmarschieren oder nimmt sich für Hin- und Rückfahrt einen Jeep (für bis zu 5 Pers. 400 ₹ inkl. 1 Std. Wartezeit). Beim Abendeinlass zahlen Ausländer genauso viel wie Inder.

Wie auch immer Besucher hierher kommen, sie betreten das Fort durch das **Suraj Pol** (Sonnentor), das in den **Jaleb Chowk** (Haupthof) führt, wo einst die heimkehrenden Armeen dem Volk die Kriegsbeute präsentierten – die Frauen sahen dem Schauspiel durch die Vorhänge hinter den Fenstern des Palastes zu. Die Eintrittskarten gibt es direkt gegenüber dem Suraj Pol auf der anderen Seite des Hofs. Wer mit dem Auto kommt, gelangt über das **Chand Pol** (Mondtor) am anderen Ende des Jaleb Chowk ins Fort. Es lohnt sich, einen Führer zu nehmen oder sich einen Audioguide zu schnappen, weil die Ausschilderung dürftig ist und es viele Sackgassen gibt.

Vom Jaleb Chowk führt eine imposante Treppe hinauf zum Hauptpalast, doch zunächst einmal sollte man die Stufen rechts zum kleinen **Siladevi-Tempel** nehmen, dessen prächtige Silbertüren mit Reliefs in Treibarbeit geschmückt sind.

Zurück an der Haupttreppe, führt einen diese hinauf zum zweiten Hof und dem **Diwan-i-Am** (öffentlichen Audienzsaal) mit einer doppelten Säulenreihe (die Säulen sind von Elefantenkapitellen bekrönt) und mit Gitterwerk verzierten Emporen.

Die Wohngemächer des Maharadschas erstrecken sich um den dritten Hof – man betritt ihn durch das sagenhafte **Ganesh Pol**, dessen Bögen mit schönen Fresken verziert sind. Der **Jai Mandir** (Siegessaal) besticht mit Einlegearbeiten und einer Spiegeldecke. Die Marmorreliefs sind unglaublich fein gearbeitet und recht skurril: Sie zeigen verschlungene Blüten und Insekten wie aus einem Comic. Gegenüber dem Jai Mandir befindet sich der **Sukh Niwas** (Saal der Freude), dessen Sandelholzportal mit Elfenbeinintarsien verziert ist. In dem Kanal floss einst kühlendes Wasser direkt durch den Raum. Im Jai Mandir hat man von den Palastwällen aus einen schönen Blick hinunter auf den malerischen **Maota-See**.

Die **Zenana** (Frauengemächer) liegen rund um den vierten Hof. Die Räume wurden so geplant, dass der Maharadscha das Schlafzimmer jeder seiner Frauen und Konkubinen betreten konnte, ohne dass die anderen dies erfuhren – die voneinander abgetrennten Zimmer haben Eingänge zu einem gemeinsamen Korridor.

Die **Amber Sound & Light Show** (☎ 0141-2530844; Kesar Kiyari Komplex; Inder/Ausländer 100/200 ₹; ⊙ Englisch 19.30 Uhr, Hindi 20.30 Uhr) findet unterhalb des Forts in dem Komplex nahe dem Maota-See statt.

ABSTECHER

ABHANERI

In Abhaneri befindet sich einer der spektakulärsten Stufenbrunnen Rajasthans. Mit rund elf sichtbaren Ebenen (je nach Höhe des Grundwasserspiegels) zickzackförmig angelegter Stufen ist der aus dem 10. Jh. stammende **Chand Baori** (⊙ Sonnenaufgang–Sonnenuntergang) GRATIS ein unglaubliches Wunder der Geometrie. Am Brunnen steht ein kleiner, verfallender Palast, in dem die Herrscher mit ihrem Gefolge einst picknickten und in Privatgemächern badeten – das Wasser wurde mittels Ochsen herauf gefördert.

Abhaneri ist rund 95 km von Jaipur und etwa 10 km vom National Hwy 21, der Hauptschnellstraße von Agra nach Jaipur, entfernt. Von Jaipur bringt einen ein Bus nach Sikandra (70 ₹, 1½ Std.), von wo überfüllte Sammeltaxis (10 ₹) 5 km weit nach Gular fahren. In Gular nimmt man ein Sammeltaxi oder einen Minibus nach Abhaneri (5 km; 10 ₹). Für alle, die mit dem Auto unterwegs sind, ist Abhaneri mit seinem Stufenbrunnen ein lohnender Zwischenstopp zwischen Jaipur und Agra/Bharatpur.

Jaigarh FORT
(Inder/Ausländer 50/100 ₹, Auto 50 ₹, Führer Hindi/Englisch 200/300 ₹; 9–17 Uhr) Über Amber thront auf einem mit Gestrüpp überwachsenen grünen Hügel die imposante Festung Jaigarh, deren Bau 1726 unter Jai Singh begann. Die trutzige Festung mit ihren Wachttürmen, die von seltsamen Hauben bekrönt werden, wurde nie eingenommen und blieb durch die Jahrhunderte intakt erhalten. Von Amber führt ein rund 1 km langer Weg hinauf. Oben bietet sich vom Wachtturm Diwa Burj ein toller Blick auf die Umgebung. Im Fort gibt es Wasserbecken, Wohnbereiche, ein Marionettentheater und die Jaya Vana, die weltweit größte Kanone auf Rädern.

In der Zeit des Mogulreichs war Jaipur eine wichtige Waffenschmiede für die Großmoguln und Rajputen. Die Jaya Vana ist ein besonders eindrucksvolles Beispiel. Die Kanone wurde 1720 in der aus der Mogul-Zeit stammenden Gießerei des Forts gefertigt. Die riesige Waffe mit einem rund 6 m langen Kanonenrohr besteht aus einer Mischung aus acht verschiedenen Metallen und wiegt 50 t. Um sie abzufeuern, benötigt man 100 kg Schießpulver bei einer Reichweite von 30 km. Wie oft der Koloss dann tatsächlich zum Einsatz kam, ist allerdings umstritten.

Ein raffiniertes Netz aus Bewässerungskanälen speist drei große Wasserbecken, die all die Soldaten, Bewohner und Nutztiere im Fort mit Wasser versorgten. Das größte Becken hat ein Aufnahmevermögen von 22,8 Mio. l Wasser. Die Festung diente als Schatzkammer der Kachhwahas, und lange Zeit glaubten die Leute, dass zumindest ein Teil des Fürstenschatzes noch in dem großen Wasserbecken versteckt sein müsste. Sogar die indische Regierung machte sich auf die Suche, fand aber nichts.

Im Fort gibt es eine Waffenkammer samt Museum, dessen Sammlung totbringender Waffen mit allerlei fürstlichem Schnickschnack garniert ist, z. B. interessanten Fotos, Karten des Jaigarh, Spucknäpfen und kreisrunden Spielkarten aus dem 18. Jh. In dem Komplex befinden sich auch diverse offene Hallen, darunter der Shubhat Niwas (Versammlungshalle der Krieger), in der ein paar verwitterte Sänften und Trommeln herumliegen.

Der Eintritt ist mit einem Ticket für den Jaipur City Palace, das weniger als zwei Tage alt ist, kostenlos.

Anokhi Museum of Hand Printing MUSEUM
(0141-2530226; Anokhi Haveli, Kheri Gate; Erw./Kind 80/25 ₹; Di–Sa 10.30–16.30, So 11–16.30 Uhr, Mai–Mitte Juli geschl.) Das interessante Museum in einem restaurierten *haveli* dokumentiert die Kunst des Blockdrucks von überlieferten bis hin zu ganz modernen Entwürfen. Man kann den Künstlern dabei zusehen, wie sie unglaublich feine Holzdruckstöcke schnitzen und kann sogar einen eigenen Schal oder ein eigenes T-Shirt bedrucken. Auf dem Gelände gibt's auch ein Café und einen Souvenirladen.

Schlafen

★ **Mosaics Guesthouse** PENSION $$
(0141-2530031, 8875430000; www.mosaicsguesthouse.com; Siyaram Ki Doongri; EZ/DZ mit Frühstück 3300/3800 ₹;) In dem prächtigen, kunstsinnigen Refugium (der französische Eigentümer ist ein Mosaikkünstler, der stolz sein Atelier präsentiert) mit vier hübschen Zimmern und einer Dachterrasse samt tollem Blick auf das Fort kann man prima abschalten. Französisch-indische Menüs gibt's zum Festpreis (veg./nichtveg. 800/1000 ₹). Das Haus befindet sich rund 1 km hinter dem Fort nahe dem Dorf Kunda – einfach der Ausschilderung zum Siyaram Ki Doongri folgen.

Bharatpur & Keoladeo National Park

05644 / 252 350 EW.

Bharatpur ist bekannt für seinen wundervollen Keoladeo-Nationalpark, ein Feuchtgebiet und bedeutendes Vogelschutzreservat, das zum UNESCO-Welterbe gehört. Abgesehen vom Nationalpark besitzt Bharatpur noch ein paar historische Überreste, die für sich allein aber keinen Besuch wert wären. Die Stadt ist staubig, laut und nicht besonders besucherfreundlich. Unmittelbar vor dem Holi-Fest findet in Bharatpur das ausgelassene und farbenprächtige **Brij Festival** statt.

Sehenswertes

Lohagarh FORT
GRATIS Das immer noch bewohnte Fort Lohagarh aus dem 18. Jh., die „Eiserne Festung", erhielt ihren Namen wegen der massigen Befestigungsanlagen. Obwohl die von einem Graben umgebene Festung im Zentrum der Stadt etwas verloren und verfallen wirkt, ist sie immer noch eindrucksvoll. Es gibt einen

Bharatpur

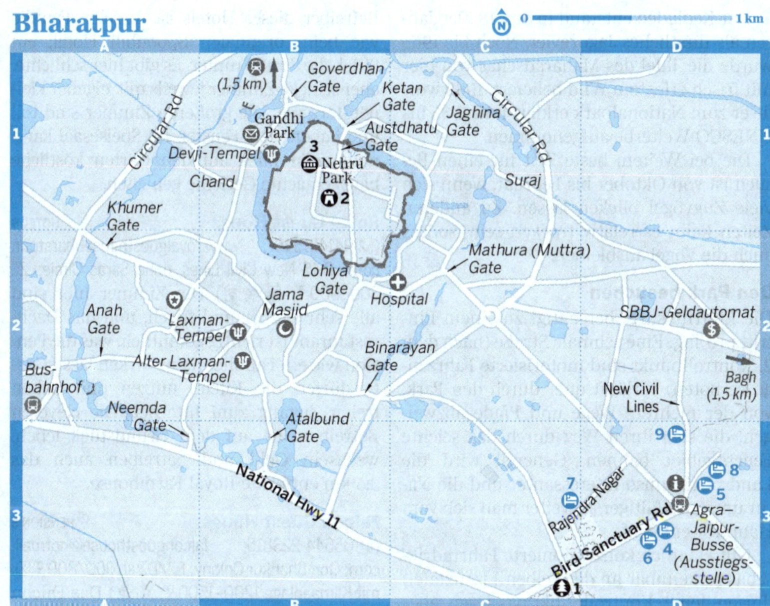

Nordzugang am **Austdhatu Gate (Tor der acht Metalle)** – die Stacheln auf dem Tor bestehen aus acht verschiedenen Metallen – und einen Südzugang am **Lohiya Gate**.

Maharadscha Suraj Mahl, der das Fort und die Stadt Bharatpur gründete, ließ in der Festung zwei Türme – den **Jawahar Burj** und den **Fateh Burj** – zum Gedenken an seine Siege über die Moguln und die Briten errichten. In dem Festungsgelände befinden sich außerdem drei stark verfallene Paläste.

Einer der Paläste, in dessen Mitte sich ein ruhiger Hof befindet, beherbergt ein **Museum** (Inder/Ausländer 20/100 ₹, Fotografieren verboten; ⏲ Di–So 9.45–17.15 Uhr). Im oberen Stockwerk gibt es eine bunt zusammengewürfelte Ausstellung herrschaftlicher Artefakte, u.a. auch Waffen. Eindrucksvoller ist der Saal mit jainistischen Skulpturen, zu denen einige schöne Stücke aus dem 7. bis 10. Jh. gehören. Die Hauptattraktion des Museums ist jedoch der originale *hammam* (Badehaus) des Palasts, in dem noch einige feine Reliefs und Fresken erhalten sind.

Bharatpur

Highlights
1 Keoladeo National Park C3

Sehenswertes
2 Lohagarh B1
3 Museum B1

Schlafen
4 Birder's Inn D3
5 Falcon Guest House D3
6 Hotel Sunbird D3
7 Kiran Guest House C3
8 New Spoonbill Guesthouse D3
9 Royal Guest House D3

Praktisches
State-Bank-of-India-Geldaut.... (siehe 5)

Keoladeo National Park

Das herrliche Vogelschutzgebiet ist ein **Nationalpark** (Inder/Ausländer 75/500 ₹, Video 600/900 ₹, Führer 150 ₹/Std., Fahrrad-/Mountainbike-/Fernglas-Verleih 25/40/100 ₹ pro Tag; ⏲ April–Sept. 6–18 Uhr, Okt.–März 6.30–17 Uhr) und seit langem als einer der weltweit wichtigsten Brut- und Futterplätze anerkannt. Bei einem ergiebigen Monsun ist mehr als ein Drittel des Parks überschwemmt. Dann tummeln sich mehr als 360 Vogelarten auf dem 29 km² großen Gelände. In dem Sumpfgebiet überwintern Wasservögel, darunter auch Zugvögel aus Afghanistan, Turkmenistan, China und Sibirien. Außerdem leben im Park auch Rehe, Nilgauantilopen und Wildschweine, die leicht zu erspähen sind.

Der Keoladeo entstand in den 1850er Jahren als fürstliches Jagdrevier. Noch bis 1965 wurde die Tafel des Maharadschas von hier mit frisch erlegtem Wild beliefert. 1982 wurde er zum Nationalpark erklärt und 1985 ins UNESCO-Welterbe aufgenommen.

Die bei Weitem beste Zeit für einen Besuch ist von Oktober bis Februar, wenn sich viele Zugvögel blicken lassen. Zu anderen Zeiten kann es relativ trocken sein, sodass auch die Vögel ausbleiben.

Den Park besuchen

Die Eintrittskarte berechtigt zu einem Eintritt pro Tag. Eine schmale Straße (nach dem 2. Kontrollpunkt sind motorisierte Fahrzeuge verboten) verläuft quer durch den Park, von der mehrere Wege und Pfade abzweigen, die sich ihren Weg durch das seichte Feuchtgebiet bahnen. Generell wird die Landschaft umso interessanter und die Natur umso vielfältiger, je weiter man sich vom Haupttor entfernt.

Nur staatlich konzessionierte Fahrradrikschas (erkennbar an der gelben Lizenztafel) dürfen den 2. Kontrollpunkt passieren, aber dann auch nur die größeren Wege im Park befahren. Für die Fahrer braucht man keinen Eintritt zu zahlen, allerdings verlangen diese 100 ₹ pro Stunde fürs Strampeln. Manche Fahrer sind sehr kundig.

Eine ausgezeichnete Möglichkeit, den Park zu erkunden, besteht darin, am Parkeingang ein Fahrrad zu mieten. Mit dem Drahtesel ist man wunderbar leise unterwegs, vermeidet Engpässe und genießt die Idylle für sich allein. Alleinreisende Frauen sollten aber für eine Fahrradtour einen Führer engagieren (der dann mitradelt), da es in den letzten Jahren in mehr als nur einem Fall zu Belästigungen von Frauen durch junge Männer gekommen ist.

Mit der Eintrittskarte erhält man einen kleinen Lageplan des Parks – der Park ist aber ohnehin nicht so groß, dass man sich hier verirren könnte.

Schlafen

In der Nähe des Parks an der Bird Sanctuary Rd gibt's viele Unterkünfte aller Preisklassen – man kann also die Schlepper am Busbahnhof oder Bahnhof von Bharatpur getrost stehen lassen.

New Spoonbill Guesthouse HOTEL $
(☎05644-223571, 7597412553; www.hotelspoonbill.com; Gori Shankur Colony; EZ/DZ 700/800 ₹, mit Klimaanlage 1100/1200 ₹; ❄@📶) Besitzer und Betreiber dieses Hotels ist dieselbe Familie wie beim originalen Spoonbill Hotel, ein Stück die Straße runter. Es gibt hier schlichte, aber schicke Zimmer jeweils mit eigener kleiner Terrasse. Die größeren Zimmer sind toll und haben viele Fenster. Im Speisesaal kann man beim Blick auf den Garten köstliche hausgemachte Gerichte genießen.

Royal Guest House HOTEL $
(☎9414315457; www.royalguesthousebharatpur.com; B-15 New Civil Lines, nahe Saras Circle; Zi. 300–900 ₹; ❄@📶) Die Zimmer hier sind alle sehr sauber und frisch, und das Dachrestaurant ist richtig gemütlich, was die Pension wie ein Familienheim wirken lässt. Gäste dürfen die Küche nutzen und haben freien Zugang zum Internet. Die cleveren Betreiber, die auf dem Grundstück leben, wechseln Geld und betreiben auch das 3,5 km entfernte Royal Farmhouse.

Falcon Guest House PENSION $
(☎05644-223815; falconguesthouse@hotmail.com; Gori Shankur Colony; EZ/DZ ab 600/800 ₹, Zi. mit Klimaanlage 1200–1500 ₹; ❄@) Das Falcon ist wohl das beste unter den Hotels, die alle nebeneinander stehen und von derselben Großfamilie geführt werden. Das gepflegte, anheimelnde Haus wird von der freundlichen Mrs. Rajni Singh geleitet. Zur Wahl stehen komfortable, recht große Zimmer zu unterschiedlichen Preisen und ein Familienzimmer. Die besten Zimmer haben Balkone.

Kiran Guest House PENSION $
(☎05644-223845; www.kiranguesthouse.com; 364 Rajendra Nagar; Zi. 400–800 ₹, mit Klimaanlage 1100 ₹; ❄) Die von beflissenen Brüdern geleitete Pension mit tollem Preis-Leistungs-Verhältnis hat sieben schlichte, saubere und geräumige Zimmer und eine hübsche Dachterrasse, auf der man das leckere hausgemachte Essen genießen kann. Das Haus liegt an einer ruhigen Straße nicht weit vom Keoladeo National Park. Angeboten werden auch geführte Touren durch die Natur und die kostenlose Abholung vom Busbahnhof bzw. Bahnhof Bharatpurs.

★ **Hotel Sunbird** HOTEL $$
(☎05644-225701; www.hotelsunbird.com; Bird Sanctuary Rd; EZ/DZ ab 2100/2550 ₹, Suite 2950 ₹; ❄📶) Das gut geführte und beliebte Hotel liegt nahe dem Eingang zum Keoladeo National Park. Von der Straße aus wirkt es recht bescheiden, punktet aber mit einem hübschen Garten (samt Bar) hinter dem Haus und geräumigen Zimmern mit Balkonen. Die

Zimmer sind sauber und komfortabel, und das Restaurant bietet eine gute Auswahl an köstlichen vegetarischen und nichtvegetarischen Gerichten. Lunchpakete und geführte Touren durch den Park sind verfügbar.

★ **Birder's Inn** HOTEL $$
(☎05644-227346; www.birdersinn.com; Bird Sanctuary Rd; Zi. mit Frühstück ab 3500 ₹;) Das alteingesessene Birder's Inn ist ein beliebtes Standquartier zur Erkundung des Nationalparks. Es gibt hier ein Restaurant mit internationaler Küche und einen kleinen Swimmingpool, in dem man sich abkühlen kann. Die Zimmer sind luftig, geräumig und hübsch dekoriert und liegen abgesetzt von der Straße in gepflegten Gartenanlagen. Im Hotel bekommt man Führer für den Keoladeo-Park.

Praktische Informationen

Hauptpost (Mo–Sa 10–13 & 14–17 Uhr) Nahe dem Gandhi-Park.

Touristeninformation (☎05644-222542; Saras Circle; 9–17 Uhr) An der Kreuzung rund 700 m vom Eingang zum Nationalpark, hat eine kostenlose Karte von Bharatpur und dem Keoladeo National Park.

An- & Weiterreise

BUS

Die Busse, die zwischen Agra und Jaipur unterwegs sind, setzen einen auf Anfrage an der Touristeninformation oder vor dem Eingang zum Keoladeo National Park ab.

Vom **Busbahnhof** in Bharatpur fahren Busse u. a. nach:

Agra ohne/mit Klimaanlage 68/171 ₹, 1½ Std., rund um die Uhr halbstündl.

Alwar 136 ₹, 4 Std., bis 20 Uhr stündl.

Deeg 39 ₹, 1 Std., bis 20 Uhr stündl.

Delhi 192 ₹, 5 Std., 6–19 Uhr halbstündl., dann bis 23 Uhr stündl.

Fatehpur Sikri 28 ₹, 45 Min., rund um die Uhr halbstündl.

Jaipur 195 ₹, 4½ Std., rund um die Uhr halbstündl.

ZUG

Der **Bahnhof** liegt rund 4 km vom Keoladeo National Park und dem Hotelviertel entfernt; eine Rikscha kostet etwa 70 ₹.

Agra Sitzplatz 2. Klasse/Sleeper/3AC 60/150/510 ₹, 1½–2 Std., tgl. 4.45–20.10 Uhr 9-mal

Delhi Sitzplatz 2. Klasse/Sleeper/3AC 95/180/510 ₹, 3–4 Std., tgl. 12-mal, an bestimmten Tagen 3 mehr

Jaipur Sitzplatz 2. Klasse/Sleeper/3AC 110/150/510 ₹, 3–4 Std., tgl. 2–22 Uhr 9-mal

Ranthambhore-Nationalpark (Sawai Madhopur) Sitzplatz 2. Klasse/Sleeper/3AC 135/180/560 ₹, 2–3 Std., tgl. 1–21.40 Uhr 10-mal. Diese Züge fahren alle weiter nach Kota (4 Std.), wo man Anschluss an die Busse nach Bundi hat.

Unterwegs vor Ort

Eine Fahrrad- oder Autorikscha vom Busbahnhof zum Hotelviertel kostet rund 40 ₹ (vom Bahnhof ca. 30 ₹ mehr).

Alwar

☎0144 / 341 430 EW.

Alwar ist möglicherweise das älteste der Fürstentümer Rajasthans; es deckt sich teilweise mit dem Königreich Matsya, das um seine Hauptstadt Viratnagar (heute Bairat) gegen 1500 v. Chr. blühte. Geschichtlich trat das Fürstentum im 18. Jh. erneut hervor, als es Pratap Singh gelang, die Herrscher von Jaipur nach Süden und die Jats von Bharatpur nach Osten zu verdrängen und sich zugleich erfolgreich den Marathen zu widersetzen. Alwar war einer der ersten Rajputenstaaten, die sich mit dem entstehenden britischen Kolonialreich verbundeten. Da die Briten sich aber auch in die inneren Angelegenheiten Alwars einmischten, waren die Beziehungen nicht immer freundschaftlich.

Alwar ist die Stadt, die dem Sariska Tiger Reserve & National Park am nächsten liegt. Die Stadt hat ein faszinierendes Museum, aber nur relativ wenige Touristen.

WICHTIGE ZÜGE AB BHARATPUR

ZIEL	ZUG	ABFAHRT	ANKUNFT	PREIS (₹)
Agra (Cantonment)	*19666 Udz-Kurj Exp*	9.16 Uhr	10.55 Uhr	150/510 (A)
Delhi (Hazrat Nizamuddin)	*12059 Kota-Jan Shatabdi*	9.25 Uhr	12.30 Uhr	135/415 (B)
Jaipur	*19665 Kurj-Udaipr Exp*	18.55 Uhr	22.50 Uhr	150/510 (A)
Sawai Madhopur	*12904 Golden Temple Mail*	10.30 Uhr	12.55 Uhr	180/560 (A)

Fahrpreise: (A) Sleeper/3AC, (B) 2. Klasse/AC Chair

ABSTECHER

SURAJ MAHL'S PALACE, DEEG

Im Zentrum von Deeg – einem kleinen, selten besuchten, wuseligen und staubigen Ort rund 35 km nördlich von Bharatpur – erhebt sich inmitten von stattlichen formalen Gartenanlage der hier deplatziert wirkende, prächtige **Suraj Mahl's Palace** (Inder/Ausländer 15/200 ₹; ⏲ Sa–Do 9.30–17.30 Uhr). Er ist einer der schönsten und am besten proportionierten Palastkomplexe in Indien. Am Eingang erhält man einen Lageplan und eine Broschüre; das Fotografieren ist in einigen *bhavans* (Gebäuden) nicht gestattet.

Imposante Bögen, die morgens im Sonnenlicht erstrahlen, stehen vor dem im 18. Jh. in einer Mischung aus rajputischem und Mogulstil errichteten **Gopal Bhavan**. Unten befindet sich ein Tiefgeschoss, das während des Monsuns überflutet wird, wenn der Wasserspiegel im angrenzenden Wasserbecken **Gopal Sagar** steigt. Es wurde von den Maharadschas bis in die frühen 1950er-Jahre genutzt und enthält viele originale Einrichtungsgegenstände, darunter verblasste Sofas, riesige, mehr als 200 Jahre alte *punkas* (Stofffächer), Chaiselongues, einen ausgestopften Tiger, Ständer mit Elefantenfüßen und feines Porzellan aus China und Frankreich.

In einem Raum im Obergeschoss an der Rückseite des Palasts findet sich ein marmorner Esstisch indischer Art: ein riesiger ovaler Tisch, der gerade einmal eine Höhe von 20 cm hat. Die Gäste setzten sich drum herum auf den Boden, und in der Mitte wurde aufgetragen. Im Schlafzimmer des Maharadschas steht ein gewaltiges, 3,6 m langes und 2,4 m breites Holzbett mit Beinen aus Silber.

Zwei große Wasserbecken befinden sich neben dem Palast, der schon erwähnte Gopal Sagar im Osten und der **Rup Sagar** im Westen. Die gepflegten Gärten und Blumenbeete werden von den Wasserbecken versorgt. Das Thema Wasser findet mit mehr als 2000 Springbrunnen einen extravaganten Ausdruck. Viele dieser Brunnen sind noch funktionstüchtig; während des Monsunfests im August spritzt gefärbtes Wasser aus ihnen.

Der **Keshav Bhavan** (Sommer- oder Monsun-Pavillon) ist ein einstöckiges Gebäude mit fünf Bögen an allen Seiten. Winzige Düsen sprühen Wasser aus den Bögen, und Metallkugeln rumpeln in einem Wasserkanal herum, um den Monsundonner zu imitieren. Die massiven Mauern von Deeg, die bis zu 28 m hoch und mit zwölf mächtigen Bastionen bewehrt sind, auf denen teilweise noch Kanonen stehen, lohnen ebenfalls eine Erkundung. Vom Palast aus kann man auf die Krone der Wälle hinaufgelangen.

Zu den weiteren Gebäuden (die teils mehr, teils weniger restauriert wurden) gehören der aus Marmor errichtete **Suraj Bhavan**, der angeblich aus Delhi stammt und hier wiederaufgebaut wurde, der **Kishan Bhavan** und der **Nand Bhavan** an der nördlichen Seite des Palastgeländes.

Von Bharatpur oder Alwar ist Deeg mit dem Auto ein leichter Tagesausflug (übernachten kann man hier sowieso nicht gut). Alle Straßen nach Deeg sind rau, und die Busse überfüllt. Busse fahren oft von/nach Alwar (60 ₹, 2½ Std.) und Bharatpur (28 ₹, 1 Std.).

Sehenswertes

City Palace HISTORISCHES GEBÄUDE
(Vinay Vilas Mahal) Unterhalb des Bala Quila erstreckt sich der farbenfrohe und verschachtelte Stadtpalastkomplex mit seinen massiven Toren und einem Wasserbecken, in dem sich eine symmetrisch aufgebaute Reihe von Ghats und Pavillons spiegelt. Heute ist der größte Teil des Palasts von Amtsstuben belegt, in denen sich staubige Papiere stapeln, und von Taubendreck und ausgespucktem *paan* (Kautabak mit Betelnuss) verunziert.

Im Palast verbirgt sich das ausgezeichnete **Alwar Museum** (Inder/Ausländer 50/100 ₹; ⏲ Di–So 9.45–17.15 Uhr).

Die bunt zusammengewürfelte Ausstellung zeigt den extravaganten Lebensstil der Maharadschas: Man sieht hier eindrucksvolle Waffen, ausgestopfte schottische Fasane, elegante Elfenbein-Pantoffeln, erotische Miniaturen, Herrschergewänder, einen Tisch aus massivem Silber sowie Steinskulpturen, darunter einen Vishnu aus dem 11. Jh.

In dem kafkaesken Amtsstubenlabyrinth ist das Museum etwas schwer zu finden: Es befindet sich im obersten Stock des Palasts, zu erreichen vom Haupthof über eine Rampe. Es laufen aber genug Leute herum, die einem die Richtung weisen können, und irgendwann kann man der Ausschilderung folgen.

Kenotaph des Maharadschas Bakhtawar Singh HISTORISCHES GEBÄUDE
Das zweistöckige, auf einem Sandsteinsockel ruhende Gebäude wurde 1815 von Maharadscha Vinay Singh zum Andenken an seinen Vater errichtet. Zum Kenotaph führt eine Treppe hinauf (ganz links, wenn man Richtung Palast blickt). Der Kenotaph wird auch als das Chhatri der Moosi Rani bezeichnet nach einer der Konkubinen von Bakhtawar Singh, die auf seinem Scheiterhaufen *sati* (Selbstverbrennung) beging und dafür postum zur legitimen Ehefrau erhoben wurde.

Bala Qila FORT
Die Festung thront 300 m über Alwar, und die Befestigungsanlagen schmiegen sich an die steilen Hügel am östlichen Stadtrand. Das Fort reicht in die Zeit vor Pratap Singh zurück und ist eine der wenigen Festungen in Rajasthan, die schon vor dem Aufstieg der Moguln errichtet wurden, die sie als Ausgangspunkt für ihren Angriff auf Ranthambhore nutzten. Die Mogulkaiser Babur und Akbar übernachteten hier, und Prinz Salim (der spätere Kaiser Jahangir) verbrachte drei Jahre in Verbannung im Salim Mahal.

Das Fort liegt heute in Ruinen. In ihm ist eine Rundfunksendestation untergebracht und Teile der Anlage können nur mit einer Genehmigung des Polizeipräsidenten besucht werden. Sie ist aber leicht zu erhalten, man muss nur in seinem Büro im Stadtpalast-Komplex nachfragen. Zum Fort hinauf führt ein sehr steiler, einige Kilometer langer Fußweg. Man kann aber auch eine Rikscha zum Eingang (7 km) nehmen.

Schlafen & Essen

★ Aravali Clarks Inn HOTEL $$
(☎ 0144-2332316; www.clarksinn.in; Nehru Rd; EZ/DZ mit Frühstück ab 2500/3000 ₹, Suite 6000 ₹; ❄ @ 📶 🏊) Das Hotel in praktischer Lage gehört zu den besten vor Ort. Es wurde kürzlich von Clarks Inn übernommen und wird derzeit renoviert. Die Zimmer sind groß, gut eingerichtet und haben große Badezimmer. Das Restaurant The Bridge ist mit seiner internationalen Küche eines der besten in der Stadt. Es gibt hier auch eine Bar und einen Pool, der aber nur im Sommer benutzbar ist.

Am Ausgang des Bahnhofs die Straße nach links nehmen und 300 m laufen.

Hotel Hill View HOTEL $$
(☎ 0144-2700989; www.hillviewalwar.com; 19 Moti Dungri Rd; Zi. ab 2100 ₹; ❄ 📶) Die Zimmer in diesem zentral gelegenen Hotel unterscheiden sich so stark, dass man vielleicht lieber ein billigeres „Deluxe"-Zimmer als ein teureres „Super-Deluxe"-Zimmer nehmen will; daher lässt man sich besser erst ein paar zeigen. Die Hotelleitung betreibt auch drei Inderlok Restaurants in der Stadt, eines davon hier im Hotel, sodass man davon ausgehen kann, dass das Essen gut ist. Die angeschlossene Bar ist – je nach Sichtweise – ein Plus- oder ein Minuspunkt. Das Hotel liegt südlich vom Zentrum an der Straße, die rund um den Moti Dungri führt.

RTDC Hotel Meenal HOTEL $$
(☎ 0144-2347352; meenal@rtdc.in; Topsingh Circle; EZ/DZ 900/1100 ₹, mit Klimaanlage 1100/1300 ₹; ❄) Ein respektables Hotel mit ordentlichen, aber nichtssagenden Zimmern, die typisch für diese Hotelkette sind. Es steht rund 1 km südlich der Stadt am Weg nach Sariska und hat eine ruhige Lage im Grünen, fernab der Action.

Prem Pavitra Bhojnalaya INDISCH $
(☎ 9314055521; nahe Hope Circle; Hauptgerichte 75–100 ₹; ⏱ 10.30–16 & 18.30–22 Uhr; 🌿) Alwars renommiertestes Restaurant gibt's schon seit 1957. Im Herzen der Altstadt serviert es frische, schmackhafte, rein vegetarische Speisen – empfehlenswert sind das köstliche *aloo parathas* (Brot gefüllt mit gewürzten Kartoffeln) sowie *palak paneer* (Frischkäsewürfel in Spinatbrei). Die Portionen sind groß, man kann aber auch halbe Portionen bestellen. Zum Schluss sollte man sich den berühmten *kheer* (cremigen Reispudding) nicht entgehen lassen.

Wer im klimatisierten Bereich sitzen will, zahlt 10 % mehr, aber das lohnt sich. Vom Busbahnhof nach rechts und dann die erste Straße nach links (Richtung Hope Circle). Nach 100 m liegt das Restaurant links.

Praktische Informationen

State Bank of Bikaner & Jaipur (Company Bagh Rd; ⏱ Mo–Fr 9.30–16, Sa bis 12.30 Uhr) Wechselt verbreitete Währungen, löst Reiseschecks ein und hat einen Geldautomaten. Nahe dem Busbahnhof.

Touristeninformation (☎ 0144-2347348; Nehru Rd; ⏱ Mo–Sa 10–17 Uhr) Hilfreiches Zentrum (wenn es denn wirklich geöffnet ist) mit einem Stadtplan von Alwar und Infos zum Tigerreservat Sariska. Nahe dem Bahnhof.

Anreise & Unterwegs vor Ort

Eine Fahrradrikscha zwischen dem Bahnhof und dem Busbahnhof kostet 80 ₹. Sammeltaxis

(10 ₹/Pers., weiße Kleinbusse mit dem Wort „Vahini" auf den Seitentüren) fahren auf festen Routen durch die Stadt. Eine praktische Route führt am Aravali Clarks Inn, der Touristeninformation und dem Bahnhof vorbei zum Busbahnhof und endet in kurzer Gehentfernung vom City-Palace-Komplex.

Die Taxifahrt zum Sariska Tiger Reserve und zurück kostet rund 1500 ₹.

BUS

Der Busbahnhof Alwar ist an der Old Bus Stand Rd, in der Nähe der Manu Marg:

Bharatpur 128 ₹, 4 Std., 5–20.30 Uhr stündl.
Deeg 87 ₹, 2½ Std., 5–20.30 Uhr stündl.
Delhi 176 ₹, 4 Std., 5–21 Uhr alle 20 Min.
Jaipur 160 ₹, 4 Std., 6–22.30 Uhr halbstündl.
Sariska 35 ₹, 1 Std., 6–22.30 Uhr halbstündl.

ZUG

Der **Bahnhof** liegt recht zentral an der Naru Marg. Über den Tag verteilt fahren täglich etwa ein Dutzend Züge nach Delhi (Sleeper/3AC 180/560 ₹, 3–4 Std.).

Von hier sind es ebenfalls drei bis vier Stunden bis nach Jaipur (Sleeper/3AC 180/510 ₹), wohin täglich 16 Züge mehr oder weniger zum selben Preis wie nach Delhi fahren.

Sariska Tiger Reserve & National Park

☎ 0144

Eingeschlossen in den spektakulären Falten des Aravalligebirges besteht der **Sariska Tiger Reserve & National Park** (☎ 0144-2841333; www.rajasthanwildlife.in; Inder/Ausländer 105/570 ₹, Fahrzeug 250 ₹; ⏲ Nov.–Feb. Morgensafari 7–10.30 Uhr, Abendsafari 14–17.30 Uhr, März–Juni & Okt. Safaris um 30 Min. versetzt, Juli–Sept. keine Safaris, Ticketverkauf beginnt 1 Std. vor Einlass) aus einem Überrest Mischwalddschungel und zerklüfteten, grünen Schluchten voller Bäche. In dem 866 km² großen Gesamtgebiet (einschließlich des Kerngebiets von 498 km²) leben Pfaue, Affen, majestätische Sambarhirsche, Nilgauantilopen, Axishirsche, Wildschweine und Schakale.

Trotz des Namens wird man in Sariska wohl kaum einen Tiger zu Gesicht bekommen. Aber auch so ist es ein faszinierendes Schutzgebiet. Die beste Zeit für Tierbeobachtungen sind die Monate von November bis März; die meisten Tiere sieht man in den Abendstunden. Der Park ist vom 1. Juli bis 30. September für Safaris gesperrt und nur für Pilgerfahrten zum Tempel geöffnet. Ohnehin lassen sich in dieser Zeit kaum Tiere blicken.

Sehenswertes

Neben der Natur hat Sariska in und rund um das Reservat einige fantastische Sehenswürdigkeiten zu bieten, die einen Besuch lohnen. Macht man eine längere Tour, kann man darum bitten, einige oder mehrere davon zu berücksichtigen – einige sind auch mit öffentlichen Bussen erreichbar.

Kankwari Fort FORT

Tief im Schutzgebiet liegt 22 km von Sariska entfernt diese imposante kleine Dschungelfestung mit atemberaubendem Blick über die Ebenen des Nationalparks mit verstreuten roten Lehmziegeldörfern. Die vier- bis fünfstündige Jeepsafari (1–5 Pers. plus Führer) zum Kankwari Fort startet am Forest Reception Office nahe dem Eingang zum Schutzgebiet und kostet 2600 ₹, zuzüglich 300 ₹ Gebühr für den Führer.

An diesem unzugänglichen Ort hielt Aurangzeb seinen Bruder Dara Shikoh, den Shah Jahan zum Erben seines Mogul-Throns auserkoren hatte, mehrere Jahre lang gefangen, bevor er ihn enthaupten ließ.

Bhangarh HISTORISCHE STÄTTE

Rund 55 km vom Sariska Tiger Reserve entfernt liegt außerhalb des engeren Schutzgebiets in offenem Gelände diese verlassene, gut erhaltene Stadt, in der es spuken soll. Sie wurde 1631 von Madho Singh gegründet und umfasste 10 000 Häuser, wurde aber aus bis heute mysteriösen Gründen vor rund 300 Jahren plötzlich verlassen. Bhangarh ist mit dem Bus (39 ₹) erreichbar, der zweimal täglich durch das Gebiet zum nahe gelegenen Dorf Golaka fährt. Man sollte unbedingt nachprüfen, wann der Bus zurückfährt, sonst riskiert man zu stranden.

Geführte Touren

Privatautos und Taxis dürfen nur auf den asphaltierten, zum Tempel führenden Straßen fahren – und das auch nur am Dienstag und am Samstag. Zur Erkundung des Parks eignen sich am besten offene Jeeps („Gypsys" für 6 Pers.), die auch abseits der Hauptstraßen vorankommen. Jeepsafaris starten am Parkeingang. Ein Fahrzeug samt Fahrer kostet für eine dreistündige Safari 2100 ₹; darin haben bis zu fünf Personen (inkl. Fahrer) Platz. Die größeren Canter mit 20-Sitzen kosten inklusive Fahrer 5000 ₹, sind aber nicht so wendig wie die kleinen. Führer sind obligatorisch (300 ₹ für 3 Std.).

Die Safaris bucht man im **Forest Reception Office** (☎ 0144-2841333; www.rajasthan

wildlife.in; Jaipur Rd; ⏲ Ticketverkauf Nov.–Jan. 6.55–7.30 & 13–15 Uhr, März–Juni & Okt. um 30 Min. versetzt), wo die Busse halten.

Schlafen

RTDC Hotel Tiger Den HOTEL **$$**
(☎ 0144-2841342; tigerden@rtdc.in; EZ/DZ mit Frühstück 1860/2645 ₹, mit Klimaanlage 2505/3290 ₹, Suite 4780 ₹; ❄) Das Hotel ist nicht schön – ein hässlicher Block mit einem Rasen vor und einem wuchernden Garten hinter dem Haus. Das beste daran ist die Nähe zum Eingang des Tigerschutzgebiets. Weitere positive Aspekte sind das freundliche Management, die Bar und die Balkone der Zimmer mit hübschem Ausblick. Moskitonetz oder Insektenschutzmittel mitbringen!

Hotel Sariska Palace HISTORISCHES HOTEL **$$$**
(☎ 7073474870; www.thesariskapalace.in; Zi. mit Frühstück 8400 ₹, Suite ab 13 500 ₹; ❄📶🏊) Nahe dem Eingang zum Schutzgebiet befindet sich die imposante ehemalige Jagdhütte des Maharadschas von Alwar mit einer Zufahrt, die gegenüber dem Forest Reception Office beginnt. Die Zimmer haben hohe Decken und weiche Matratzen, die im Anbau neben dem Pool zudem auch einen hübschen Ausblick. Das hiesige Fusion Restaurant serviert teure indische und europäische Gerichte und hat ein tolles Buffet (Mittag-/Abendessen 750/900 ₹).

Sariska Tiger Heaven HOTEL **$$$**
(☎ 9251016312; www.sariskatigerheaven.com; Zi. inkl. aller Mahlzeiten ab 7500 ₹; ❄📶🏊) Die abgelegene Bleibe liegt rund 3 km westlich der Bushaltestelle im Dorf Thanagazi, von wo Gäste kostenlos abgeholt werden. Die Zimmer sind Cottages aus Natur- und Backstein, ausgestattet mit großen Betten und Fenstererkern – kurz: ruhige, wenn auch überteuerte Unterkünfte. Das Personal kann Jeeps und Führer für das Reserve organisieren.

An- & Weiterreise

Sariska liegt 35 km von Alwar entfernt und ist ein recht bequemer Ausgangspunkt zur Erkundung des Schutzgebiets. Häufig fahren (überfüllte) Busse von Alwar nach Sariska (35 ₹, 1–1½ Std., mindestens stündl.) und weiter nach Jaipur (129 ₹, 4 Std.). Die Busse halten vor dem Forest Reception Office.

Ajmer

☎ 0145 / 542 330 EW.

Ajmer ist eine wuselige, chaotische Stadt, 130 km südwestlich von Jaipur und nur 13 km vom Hindu-Pilgerort Pushkar ent-

WO SIND DIE TIGER?

Das Sariska Tiger Reserve stand im Mittelpunkt eines Naturschutzdramas, das in Indien ungewöhnlich starke Beachtung fand. 2005 platzte ein indischer Journalist mit der Nachricht heraus, dass die dortige Tigerpopulation ausgelöscht sei; eine Notfallzählung, die daraufhin angestellt wurde, bestätigte später seinen Bericht.

Die Kommission, die den Vorfall untersuchte, empfahl grundsätzliche Veränderungen in der Verwaltung des Parks, ehe wieder Tiger in dem Reservat ausgewildert werden sollten. Zusätzliches Geld sollte bereitgestellt werden, um Dörfer innerhalb des Parks auszusiedeln und die Zahl der Wildhüter zu erhöhen. Doch trotz der großen Medienaufmerksamkeit und des starken Interesses der indischen Öffentlichkeit erfolgte die Umsetzung der Empfehlungen nur schleppend und unvollständig.

Trotzdem wurde 2008 ein Tigerpaar aus dem Ranthambhore National Park per Helikopter ins Sariska Tiger Reserve umgesiedelt. Bis 2010 waren es schon fünf Tiger. Im November 2010 wurde jedoch das männliche Tier des ersten umgesiedelten Paares tot aufgefunden, vergiftet von Dorfbewohnern, die die Wiederansiedlung von Tigern ablehnen. Das Grundproblem – die unvermeidliche Auseinandersetzung zwischen den Interessen der armen, immer weiter wachsenden dörflichen Bevölkerung und der seltenen, unendlich wertvollen Natur vor ihrer Türschwelle – bleibt trotz offizieller Pläne zur Umsiedlung und Entschädigung der Dorfbewohner ungelöst, und auch der illegale Marmorabbau und Zusammenstöße zwischen Viehzüchtern und Wildhütern sind weiter ein Problem.

Anfang 2012 wurden die ersten Tigerjungen gesichtet. Zum Zeitpunkt der Recherche war die Tigerpopulation im Reservat auf 14 Tiere gewachsen.

Derzeit ist Sariska – trotz aller Erfolge des Project Tiger (www.projecttiger.nic.in) auf landesweiter Ebene – ein trauriger Hinweis auf die Missstände beim Tigerschutz in Indien – von den Beamten an der Verwaltungsspitze bis zu den unterbezahlten Wildhütern.

Ajmer

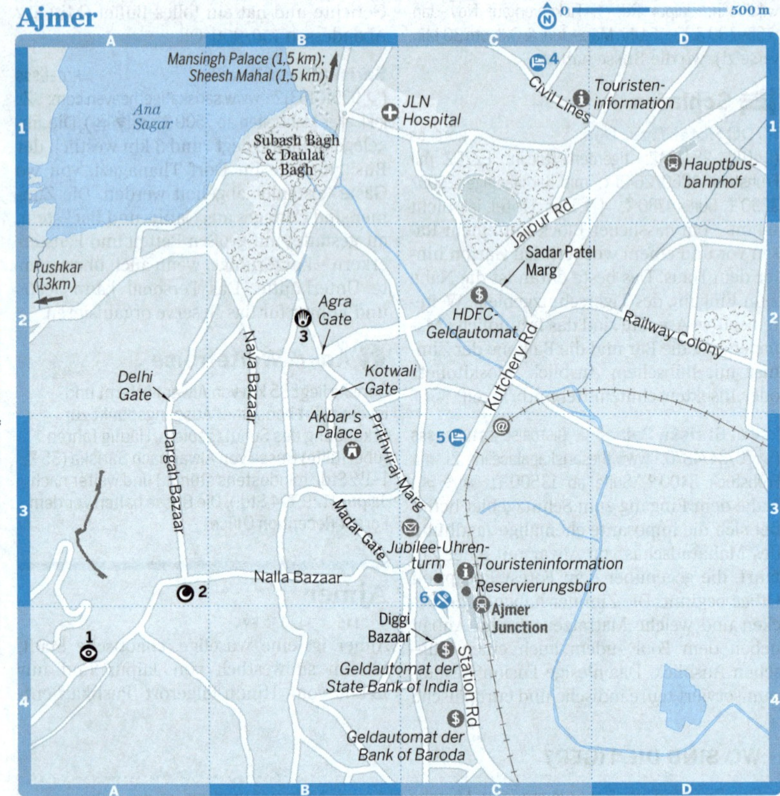

Ajmer

Sehenswertes
1 Adhai-din-ka-Jhonpra A4
2 Dargah von Khwaja Muin-ud-din Chishti A3
3 Nasiyan-Tempel (Roter Tempel) B2

Schlafen
4 Badnor House C1
5 Haveli Heritage Inn C3

Essen
6 Madina Hotel C3

fernt. Die Stadt liegt am großen Ana-Sagar-See und wird vom zerklüfteten Aravalligebirge umrahmt. Ajmer ist Rajasthans wichtigste Stätte im Hinblick auf das muslimische Erbe. Hier findet man eine der bedeutendsten muslimischen Pilgerstätten Indiens – den Schrein des Khwaja Muin-ud-din Chishti, der Indiens bedeutendsten Sufi-Orden (den Chishtiyya-Orden) gründete – sowie einige schöne Beispiele früher muslimischer Architektur. Außerdem ist Ajmer ein bedeutendes Zentrum des Jainismus und besitzt einen bewundernswerten goldenen jainistischen Tempel. Angesichts der Menschenmassen und des Verkehrs in Ajmer – vor allem während des Ramadan und dem Todestag des Heiligen – nutzen die meisten Traveller Ajmer nur als Sprungbrett ins entspannte Pushkar.

Sehenswertes

Dargah von Khwaja Muin-ud-din Chishti

ISLAMISCHER SCHREIN

(www.dargahajmer.com; Sommer 4–21 Uhr, Winter 5–21 Uhr) Dies ist das Grab des heiligen Sufi Khwaja Muin-ud-din Chishti, der 1192 aus Persien nach Ajmer kam und hier 1236 starb. Seit der Zeit der Moguln ist der Dargah eine bedeutende Stätte. Diverse Herrscher bauten die Gebäude aus und um. Der Bau des Schreins wurde unter Humayun abgeschlossen, das Tor fügte der Nizam von

Hyderabad hinzu. Der Mogul Akbar unternahm jedes Jahr von Agra aus eine Pilgerfahrt zum Dargah.

In manchen Bereichen des Schreins muss man den Kopf bedecken, man braucht also einen Schal oder eine Kappe. Kopfbedeckungen (sowie Blumen als Opfergaben und köstliche Süßigkeiten) werden auf dem bunten Basar auf dem Weg zum Dargah verkauft.

Der Haupteingang ist das **Nizam Gate** (1915). Im Inneren liegt die grün-weiße Moschee **Akbari Masjid**, die im Jahr 1571 errichtet wurde; die Moschee dient heute als arabisch-persische Schule für religiöse Erziehung. Das nächste Tor ist das von Shah Jahan errichtete **Shahjahani Gate**. Es wird oft auch „Nakkarkhana" genannt, da oben zwei große *nakkharas* (Trommeln) befestigt sind.

Ein drittes Tor, das **Buland Darwaza** (16. Jh.), führt in den Hof des Dargah. Der Eingang zum Hof wird von den *degs* (zwei große Eisenkessel) für Opfergaben für die Armen flankiert. Einen stiftete Akbar 1567, den anderen Jehangir 1631.

Auf dem Gelände des Innenhofs befindet sich das Grabmal des Heiligen, das von einer silbernen Plattform umgeben ist. Die Pilger glauben, dass der Geist des Heiligen für sie eintritt, wenn sie krank werden sollten oder berufliche bzw. persönliche Probleme haben. Bei den Zetteln und heiligen Ketten an den Geländern ringsum handelt es sich um Bittgesuche und Dankbarkeitsbekundungen.

Pilger und Sufis aus aller Welt kommen anlässlich des Todestags (Urs) des Heiligen im siebten Monat des islamischen Mondkalenders. Die Menschenmassen können auf einen beklemmend wirken. Taschen müssen an der Garderobe am Haupteingang abgegeben werden (pro Tasche/mit Foto 10/20 ₹).

Nasiyan-Tempel (Roter Tempel) JAINISTISCHER TEMPEL

(Prithviraj Marg; 10 ₹; 8.30–17.30 Uhr) Der 1865 erbaute prächtige Tempel wird wegen der blendenden Fülle jenes Edelmetalls in der zweigeschossigen Tempelhalle auch Goldener Tempel genannt. Die Halle füllt ein kunstvolles Diorama, das die jainistische Vorstellung der Urzeit mit ihren Ozeanen und 13 Kontinenten, die goldene Stadt Ayodhya, fliegende Pfauen, Elefanten mit Traggondeln und vergoldete Elefanten mit vielen Stoßzähnen zeigt. Die ganze Halle ist darüber hinaus mit Gold, Silber und Edelsteinen verziert. Der Tempel unterscheidet sich deutlich von anderen in Rajasthan und lohnt auf jeden Fall einen Besuch.

Adhai-din-ka-Jhonpra-Moschee HISTORISCHE STÄTTE

(Zweieinhalb-Tage-Gebäude; Sonnenaufgang–Sonnenuntergang) Am Stadtrand hinter dem Dargah von Khwaja Muin-ud-din Chishti erheben sich die bedeutenden Ruinen der Adhai-din-ka-Jhonpra-Moschee. Der Legende nach wurde ihr Bau 1153 in 2½ Tagen fertiggestellt. Andere behaupten, das Gebäude sei nach einem Fest benannt worden, das 2½ Tage dauerte. Die Anlage wurde als Sanskrit-Hochschule erbaut, aber 1198 eroberte Muizz ad-Din Muhammad von Ghur Ajmer und wandelte sie in eine Moschee um. Vor der Säulenhalle wurde dabei eine Mauer mit sieben Bögen errichtet, die über und über mit islamischer Kalligrafie geschmückt wurde.

Schlafen & Essen

Haveli Heritage Inn HOTEL $$

(0145-2621607; www.haveliheritageinn.com; Kutchery Rd; Zi. 1340–3000 ₹;) Das in einem 140 Jahre alten *haveli* untergebrachte Hotel ist eine einladende Oase im Zentrum und zweifellos die beste Mittelklasseoption vor Ort. Die geräumigen Zimmer (manche sind fast schon Suiten) haben hohe Decken, eine schlichte Dekoration sowie Klimaanlagen und sind von der stark befahrenen Straße zurückgesetzt. Es gibt einen hübschen, grasbewachsenen Hof sowie im Haus zubereitete Mahlzeiten. Die Atmosphäre ist familiär.

Badnor House PENSION $$

(0145-2627579; www.badnorhouse.com; Savitri Girl's College Rd, Civil Lines; EZ/DZ mit Frühstück 2600/3000 ₹;) Die Pension bietet eine ausgezeichnete Gelegenheit, bei einer freundlichen Familie zu wohnen und bodenständige Gastlichkeit zu erfahren. Es gibt hier drei historisch aufgemachte Doppelzimmer und eine in sich abgeschlossene geräumige und komfortable Suite mit eigenem Hof. Der Gastgeber ist manchmal als Reisefotograf tätig.

Mansingh Palace HOTEL $$$

(0145-2425956; www.mansinghhotels.com; Circular Rd; Zi. ab 4200 ₹, Suite 7000 ₹;) Das moderne Hotel am Ufer des Ana-Sagar-Sees, rund 3 km vom Zentrum entfernt, ist zwar recht abgelegen, hat aber attraktive, komfortable Zimmer, teilweise mit Aussicht und Balkon. Außerdem gibt's hier einen schattigen Garten, eine Bar und ein gutes Restaurant, das Sheesh Mahal.

Madina Hotel NORDINDISCH $

(Station Rd; Hauptgerichte 30–100 ₹; ⌚9–23 Uhr) Das einfache, zur Straße hin offene Lokal ist praktisch, wenn man auf seinen Zug wartet (es liegt gegenüber vom Bahnhof). Es gibt billige vegetarische und nichtvegetarische Speisen und Spezialitäten wie *chicken mughlai* und *rumali roti* (riesige dünne Chapati).

Sheesh Mahal INTERNATIONAL $$

(Circular Rd; Hauptgerichte 150–375 ₹; ⌚12–15 & 19–22.30 Uhr) Das raffinierte Restaurant in Ajmers Top-Hotel, dem Mansingh Palace (S. 145), bietet exzellente indische, westliche und chinesische Gerichte sowie ein Buffet, wenn Reisegruppen vorbeikommen. Der Service kann sich sehen lassen, die Klimaanlage ist voll aufgedreht, und das Essen ist sehr gut. Es gibt auch eine Bar.

ℹ Praktische Informationen

JLN Hospital (☎0145-2625500; Daulat Bagh; ⌚24 Std.)

Hauptpost (Prithviraj Marg; ⌚Mo–Sa 10–13 & 13.30–18 Uhr) Weniger als 500 m vom Bahnhof.

Satguru's Internet (60–61 Kutchery Rd; 30 ₹/Std.; ⌚9–22 Uhr)

Touristeninformation Bahnhof Ajmer Junction (⌚9–17 Uhr); RTDC Hotel Khadim (☎0145-2627426; ⌚Mo–Fr 9–17 Uhr)

ℹ An- & Weiterreise

Wer nach Pushkar ein Taxi nehmen will, sollte hart feilschen – 350 ₹ wäre ein guter Preis.

BUS

Vom **Hauptbusbahnhof** in Ajmer fahren staatliche Busse. Tagsüber gibt's von dort auch Busse nach Pushkar (14 ₹, 30 Min.). Daneben fahren weniger häufig „Deluxe"-Busse zu wichtigen Zielen wie Delhi und Jaipur. Am Busbahnhof gibt's eine rund um die Uhr geöffnete Gepäckaufbewahrung (10 ₹/Gepäckstück & Tag).

ZIEL	PREIS (₹)	DAUER (STD.)
Agra	392	10
Ahmedabad	543	13
Bharatpur	330	7
Bikaner	267	7
Bundi	184	5
Chittorgarh	195, AC 348	5
Delhi	404, AC 1096	8½
Jaipur	148, AC 314	2½
Jaisalmer	458	11
Jodhpur	205, AC 445	6
Udaipur	285, AC 542	9

ZUG

Ajmer ist ein viel benutzter Bahnknoten. Fahrkarten bucht man am Schalter 5 des **Reservierungsbüros** (⌚Mo–Sa 8–20, So bis 14 Uhr) im Bahnhof. Busse fahren u. a. nach:

Agra (Bahnhof Agra Fort) Sleeper/AC Chair 275/570 ₹, 6½ Std., tgl. 3-mal (2.10, 12.50 & 15 Uhr)

Chittorgarh Sleeper/3AC 180/560 ₹, 3 Std., tgl. mindestens 6-mal (1.25, 2.15, 13, 16.10, 20.30 & 21.05 Uhr)

Delhi (meist zu den Bahnhöfen Old Delhi oder New Delhi) Sitzplatz 2. Klasse/Sleeper 165/300 ₹, 8 Std., tgl. rund um die Uhr 11-mal

Jaipur Sitzplatz 2. Klasse/Sleeper/AC Chair 100/150/325 ₹, 2 Std., über den Tag verteilt mind.24-mal

Jodhpur Sleeper/3AC 185/510 ₹, 4–5 Std., tgl. 2-mal direkt (13.40 & 14.25 Uhr)

Mt. Abu (Abu Road) Sleeper 245 ₹, 5 Std., tgl. 12-mal

Mumbai Sleeper 495 ₹, rund 19 Std., tgl. 3-mal (6.35, 9.20 & 12.40 Uhr)

Udaipur Sleeper 245 ₹, 5 Std., tgl. 4-mal (1.25, 2.15, 8.25 & 16.10 Uhr)

WICHTIGE ZÜGE AB AJMER

ZIEL	ZUG	ABFAHRT	ANKUNFT	PREIS (₹)
Agra (Bahnhof Agra Fort)	*12988 Ajmer-SDAH Exp*	12.50 Uhr	18.50 Uhr	275/695 (A)
Delhi (New Delhi)	*12016 Ajmer Shatabdi*	14.05 Uhr	22 Uhr	720/1530 (B)
Jaipur	*12991 Udaipur-Jaipur Exp*	11.30 Uhr	13.30 Uhr	100/325/440 (C)
Jodhpur	*15014 Ranighat Exp*	13.40 Uhr	17.35 Uhr	185/510 (A)
Udaipur	*09721 Jaipur-Udaipur SF SPL*	8.25 Uhr	13.15 Uhr	140/245/490/560 (D)

Fahrpreise: (A) Sleeper/3AC, (B) AC Chair/1AC, (C) Sitzplatz 2. Klasse/AC Chair/1AC, (D) Sitzplatz 2. Klasse/Sleeper/AC Chair/3AC

Pushkar

0145 / 21630 EW.

Pushkar wirkt anziehend wie ein Magnet und ist ganz anders als das übrige Rajasthan. Die Stadt liegt an einem heiligen See, der angeblich dort entstanden ist, wo Brahma eine Lotusblüte fallen ließ. Es ist eine berühmte Pilgerstätte – gläubige Hindus sollen wenigstens einmal im Leben hierher kommen. Pushkar wartet zudem mit einem der wenigen Brahma-Tempel weltweit auf. Außerdem kann man hier 52 Ghats und 400 milchig-blaue Tempel bewundern; allenthalben wird man das leise Summen hören, das durch die *puja* (Gebete) entsteht. Dieser „Soundtrack" mit Gesängen, Trommelklängen und Gongs sowie religiösen Liedern ist typisch für Pushkar.

Unter die gläubigen Hindus mischen sich zahllose Touristen, und die Hauptstraße gleicht einem einzigen langen Basar, auf dem alles verkauft wird, was Touris eben so mögen – von Batikkleidung bis hin zu Didgeridoos. All dem Kommerz und dem Übermaß an Bananenpfannkuchen zum Trotz ist die Stadt nach wie vor überschaubar, zauberhaft und authentisch.

Pushkar ist nur 11 km von Ajmer entfernt, dazwischen liegt jedoch der raue Nag Pahar (Schlangenberg).

Sehenswertes

52 Bade-Ghats umgeben den See. An ihnen baden Pilger in dem heiligen Gewässer. Wer sich ihnen anschließen möchte, sollte sich dabei so respektvoll wie möglich verhalten. Es handelt sich um einen heiligen Ort – daher Schuhe ausziehen, nicht rauchen, nicht herumalbern und nicht fotografieren!

Einige Ghats haben eine besonders große Bedeutung: Vishnu erschien am **Varah Ghat** in Gestalt eines Ebers, Brahma badete im **Brahma Ghat**, und Gandhis Asche wurde am **Gandhi Ghat** (früher Gau Ghat) mit Wasser besprengt.

Pushkar punktet mit Hunderten von Tempeln. Nur wenige sind allerdings besonders alt, da die meisten Tempel von Aurangzeb entweiht und später wieder aufgebaut wurden.

Alter Rangji-Tempel HINDUISTISCHER TEMPEL

Der alte Rangji-Tempel liegt in der Nähe des Basars und ist oft voller Gläubiger.

Savitri-Mata-Tempel HINDUISTISCHER TEMPEL

(Saraswati-Tempel; Seilbahn hin & zurück 92 ₹; Seilbahn 9.30–19.30 Uhr) Dank der Seilbahn ist der Aufstieg zu diesem Tempel auf dem Hügel eine luftig-leichte Angelegenheit. Der Blick auf den See ist zu jeder Zeit des Tages einfach fantastisch! Alternativ wagt man vor Sonnenaufgang den einstündigen Aufstieg zu Fuß; dann entgeht man der Hitze und kann die Aussicht im besten Licht genießen.

Brahma-Tempel HINDUISTISCHER TEMPEL

Pushkars berühmtester Tempel ist einer der weltweit wenigen Brahma geweihten Tempel – dass es nur so wenige davon gibt, ist angeblich die Folge eines Fluchs von Brahmas Frau Saraswati. Den Tempel krönt eine rote Spitze, und über dem Eingangstor befindet sich das *hans* (Gans-Symbol) des Brahma. Drinnen sind in die Wände und den Boden Wünsche für die Toten eingeritzt.

Pap-Mochani-Tempel (Gayatri-Tempel) HINDUISTISCHER TEMPEL

Der Blick von diesem Tempel auf die im Sonnenaufgang darunterliegende Stadt lohnt den 30-minütigen Aufstieg. Hinter dem Marwar-Busbahnhof führt ein Pfad hinauf.

Aktivitäten

Government Homeopathic Hospital AYURVEDA

(Ajmer Rd; 1-stündige Ganzkörpermassage 500 ₹; 9–13 & 14–16 Uhr) Unkommerzielle Massagen bietet die Ayurveda-Abteilung des kleinen und einfachen Government Homeopathic Hospital.

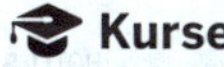

Roshi Hiralal Verma REIKI, YOGA

(9829895906; Ambika Guest House, Laxmi Market) Reiki, Yoga und Shiatsu. Die Preise hängen von Dauer und Art der Sitzung ab.

Kurse

Saraswati Music School MUSIK

(Birju 9828297784, Hemant 9829333548; saraswati_music@hotmail.com; Mainon ka Chowk) Hier lernt man das Spiel auf der Tabla, der Flöte, Harmonium und außerdem Singen sowie *kathak* (klassischen Tanz) und Bollywood- Tanz. Wegen Musikunterricht einfach mit Birju Kontakt aufnehmen, der seit rund 20 Jahren musiziert! Zwei Stunden kosten ab 350 ₹. Er leitet abends auch oft Konzerte (19–20 Uhr) und verkauft Musikinstrumente. Wegen Tanzunterricht wendet man sich an Hemant.

Cooking Bahar KOCHEN

(0145-2773124; www.cookingbahar.com; Mainon ka Chowk; 2–3-stündiger Kurs 1100 ₹) Deepa, die der Familie angehört, die die Saraswati Music School betreibt, veranstaltet dreistündige

Pushkar

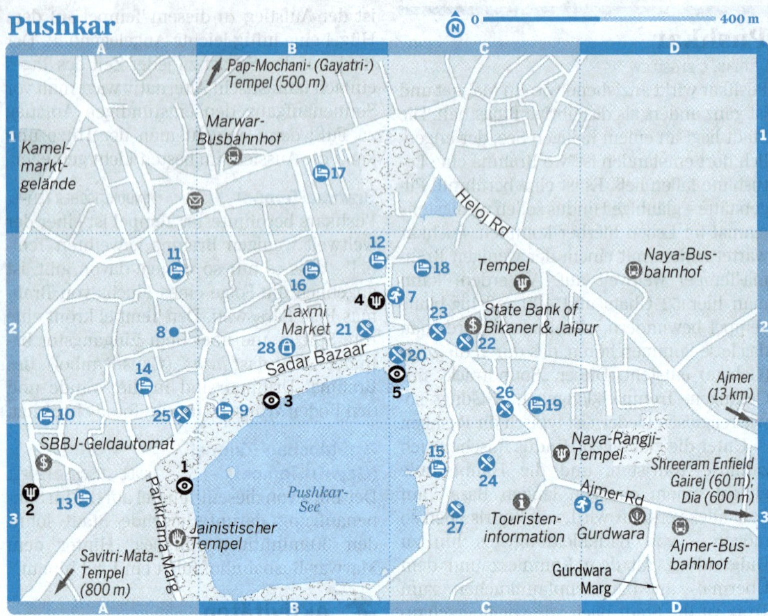

Kochkurse, bei denen drei vegetarische Gerichte zubereitet werden.

Schlafen

Da Pushkar bei Backpackern Kult ist, gibt es hier viel mehr Budgetunterkünfte als Mittelklassehotels. Allerdings bieten viele Budget-Anwesen auch eine Auswahl an Zimmern der mittleren Preisklasse an. Während des Kamelmarkts steigen die Preise auf das Dreifache und mehr an; dann unbedingt mehrere Wochen im Voraus buchen.

★ **Hotel Everest** HOTEL $
(☎9414666958, 0145-2773417; www.pushkarhoteleverest.com; abseits vom Sadar Bazaar; Zi. 300–850 ₹, mit Klimaanlage 1000–1150 ₹;) Das einladende Budgethotel versteckt sich in den ruhigen Gassen nördlich des Sadar Bazaar. Es wird von einem freundlichen Vater-Sohn-Gespann geführt, das sich für ihre geschätzten Gäste förmlich überschlagen. Die Zimmer unterscheiden sich in der Größe, sind aber alle farbenfroh, makellos und mit bequemen Betten ausgestattet. Auf dem Dach kann man prima etwas essen oder einfach mit einem Buch entspannen.

Hotel Tulsi Palace HOTEL $
(☎8947074663; www.hoteltulsipalacepushkar.com; VIP Rd, Holika Chowk; Zi. 500–700 ₹, mit Klimaanlage 1000–1500 ₹;) Eine tollte Budgetoption mit unterschiedlichen hellen und luftigen Zimmern rund um einen Innenhof. Das angeschlossene Little Prince Café auf der Veranda im ersten Stock serviert westliches Frühstück und indisches Mittag- und Abendessen und bietet überdies einen erstklassigen Blick auf das Straßenleben. Die freundlichen Angestellten helfen gern bei der Organisierung von Transportmitteln.

Hotel White House PENSION $
(☎0145-2772147; www.pushkarwhitehouse.com; abseits der Heloj Rd; Zi. 350–950 ₹, mit Klimaanlage 1000–1500 ₹;) Dies ist tatsächlich ein weißes Haus mit blitzblanken Zimmern. Einige sind zwar eher klein, aber die schönsten sind großzügig und haben einen begehbaren Balkon. Im mit Pflanzen bestückten Restaurant auf der Dachterrasse gibt's gute Travellerkost und einen Blick ins Grüne. Das Haus wird effizient von einer Frau und ihren zwei Söhnen geführt. Sie bieten auch Yoga an und heißen jeden Gast mit einem Mangotee willkommen.

Hotel Akash HOTEL $
(☎0145-2772498; filterboy21@yahoo.com; Badi Basti; DZ 600 ₹, EZ/DZ ohne Bad 300/500 ₹;) Schlichte Budgetherberge mit jungem, eifrigen Management und einem großen Baum im Hof, der der Dachterrasse Schatten spen-

Pushkar

Sehenswertes
1 Brahma Ghat ... A3
2 Brahma-Tempel ... A3
3 Gandhi Ghat ... B2
4 Alter Rangji-Tempel ... B2
5 Varah Ghat ... C2

Aktivitäten, Kurse & Touren
Cooking Bahar ... (siehe 8)
6 Government Homeopathic Hospital ... D3
7 Roshi Hiralal Verma ... C2
8 Saraswati Music School ... A2

Schlafen
9 Bharatpur Palace ... B2
10 Hotel Akash ... A2
11 Hotel Everest ... A2
12 Hotel Kanhaia Haveli ... B2
13 Hotel Navaratan Palace ... A3
14 Hotel Paramount Palace ... A2
15 Hotel Pushkar Palace ... C3
16 Hotel Tulsi Palace ... B2
17 Hotel White House ... B1
18 Inn Seventh Heaven ... C2
19 Shyam Krishna Guesthouse ... C2

Essen
20 Falafel-Wrap-Stände ... C2
21 Honey & Spice ... B2
22 Naryan Café ... C2
23 Om Baba Restaurant ... C2
24 Om Shiva Garden Restaurant ... C3
25 Out of the Blue ... A2
26 Shri Vankatesh ... C2
Sixth Sense ... (siehe 18)
27 Sunset Café ... C3

Shoppen
28 Sadar Bazaar ... B2

det. Die mit Ventilator bestückten Zimmer sind einfach und öffnen sich zu einem Restaurantbalkon, von wo man gut das Treiben auf der Straße darunter beobachten kann.

Bharatpur Palace HOTEL $
(☎ 0145-2772320; bharatpurpalace_pushkar@yahoo.co.in; Sadar Bazaar; Zi. 400–1000 ₹, ohne Bad 250–600 ₹; ❄) Das weitläufige Gebäude hat eine der besten Lagen in Pushkar; die oberen Stockwerke grenzen an das Gandhi Ghat. Hier herrscht blau getünchte Schlichtheit: die kahlen Zimmer haben einen unvergleichlichen Blick auf den heiligen See. Von der Dachterrasse (und ihrem Restaurant) hat man eine herrliche Sicht, aber der Respekt für die badenden Pilger wird durchgängig gewahrt.

Am romantischsten ist Zimmer 1, das an drei Seiten vom See umgeben ist. Auch die Zimmer 9, 12, 13 und 16 sind gut.

Shyam Krishna Guesthouse PENSION $
(☎ 0145-2772461; skguesthouse@yahoo.com; Sadar Bazaar; EZ/DZ 400/700 ₹, ohne Bad 300/500 ₹; 📶) Die Pension residiert in einem hübschen alten, blau getünchten Gebäude mit Rasenflächen und Gartenanlagen. Sie ist spartanisch wie ein Ashram, aber die Betreiber sind wirklich freundlich. Einige der preiswerteren Zimmer erinnern an Zellen, aber alle teilen das schlichte, authentische Ambiente. Die offene Küche im Garten ist prima für ein entspanntes Essen mit herzhaften, vegetarischen Gerichten, man muss sich dabei aber vor vorbeiziehenden Affenhorden hüten.

Hotel Paramount Palace HOTEL $
(☎ 0145-2772428; www.pushkarparamount.com; Zi. 200–1000 ₹; 📶) Das einladende Hotel thront auf dem höchsten Punkt in Pushkar und blickt auf einen alten Tempel. Vom Hotel hat man einen ausgezeichneten Blick auf die Stadt und den See, muss aber viele Stufen überwinden. Die Zimmer sind sehr unterschiedlich. Die besten (106, 108 & 109) haben hübsche Balkone sowie Buntglasfenster und bieten ein gutes Preis-Leistungs-Verhältnis, die kleineren können schmuddelig sein. Das Hotel besitzt eine zauberhafte, schwindelerregende Dachterrasse.

Hotel Navaratan Palace HOTEL $
(☎ 0145-2772145; www.navratanpalace.com; EZ/DZ inkl. Frühstück 800/900 ₹, mit Klimaanlage 1000/1200 ₹; ❄📶🏊) Das Hotel in der Nähe des Brahma-Tempels besitzt einen hübschen, eingefriedeten Garten mit einem fabelhaften Pool (für Nichtgäste 100 ₹), einem Kinderspielplatz und als Haustiere gehaltenen kleinen Schildkröten. Die Zimmer sind klein, sauber, gemütlich und mit Schnitzmöbeln vollgestopft.

★ **Inn Seventh Heaven** HISTORISCHES HOTEL $$
(☎ 0145-5105455; www.inn-seventh-heaven.com; Choti Basti; Zi. 1350–3300 ₹; ❄@📶) Beim Betreten dieses liebevoll umgebauten *haveli* gelangt man durch schwere Holztüren in einen nach Weihrauch duftenden Hof mit Weinranken und einem Marmorbrunnen in der Mitte. Die 12 individuell gestalteten Zimmer verteilen sich auf drei Stockwerke und sind mit traditionell gearbeiteten Möbeln

KAMELMARKT IN PUSHKAR

Im heiligen Monat Kartika, dem achten Monat im hinduistischen Mondkalender, schmücken die Kameltreiber in der Thar-Wüste ihre Tiere und machen sich auf die lange Reise nach Pushkar, um rechtzeitig zum Kartik Purnima (Vollmond) anzukommen. Jedes Jahr zieht der **Kamelmarkt in Pushkar** (Okt./Nov.) ungefähr 200 000 Besucher an, die um die 50 000 Kamele, Pferde und Kühe mitbringen.

Pushkar verwandelt sich dadurch in ein lautes und wuseliges Farbenmeer, in dem sich Musikanten, Mystiker, Touristen, Händler, Tiere, Gläubige und Kamerateams drängen.

Der Handel beginnt eine Woche vor dem offiziellen Markt (ein Besuch zu dieser Zeit ist interessant, wenn man erleben will, wie die Einheimischen ihre Geschäfte abwickeln), denn wenn die RTDC-*mela* (Jahrmarkt) so richtig anläuft, treten die Geschäfte in den Hintergrund und die bizarren Nebendarsteller (Schlangenbeschwörer, Kinder, die auf Pfählen balancieren etc.) erobern die Hauptbühne. Auch das begleitende „Kulturprogramm" ist mit Wettbewerben um den schönsten Schnurrbart oder das am prächtigsten aufgezäumte Kamel eher bizarr. Besucher sind zum Mitmachen eingeladen: Im RTDC-Büro bekommt man ein Programm und kann sich dann entscheiden, ob man z. B. an dem kostümierten Hochzeits-Umzug oder an sportlichen Wettkämpfen teilnehmen möchte, bei denen Einheimische gegen die Besucher beispielsweise im traditionellen rajasthanischen Ringkampf antreten.

Es ist kaum zu glauben, aber eigentlich ist die ganze Messe nur ein Nebenschauplatz. Im Grunde ist Kartik Purnima ein religiöses Fest, bei dem Hindu-Pilger nach Pushkar kommen, um im heiligen Wasser zu baden. In Kombination mit dem Kamelmarkt ergibt sich ein wildes, magisches Crescendo mit jeder Menge Weihrauch, Gesang und Prozessionen, das am letzten Abend seinen Höhepunkt erreicht, wenn Tausende Gläubige ihre Sünden abwaschen und brennende Kerzen auf dem heiligen See schwimmen lassen.

Das Fest ist fantastisch, mystisch und einmalig, aber auch überfüllt, touristisch, laut (leichte Schläfer brauchen Ohrstöpsel) und zuweilen kitschig. Wer gegen Staub oder Tierhaare allergisch ist, sollte seine Medikamente nicht vergessen. Trotzdem: Das ist ganz großes Kino, das man sich keinesfalls entgehen lassen sollte!

Der Kamelmarkt findet meist im November statt, der genaue Termin variiert aber entsprechend dem Mondkalender.

und komfortablen Betten ausgestattet. Die Zimmer unterscheiden sich in der Größe von den Budgetzimmern im Erdgeschoss bis zur geräumigen Suite Asana.

Auf dem Dach finden sich das tolle Restaurant Sixth Sense (S. 151) sowie Sofas und Schaukelstühle, auf denen man sich mit einem Buch entspannen kann. Es empfiehlt sich, früh zu buchen (Mindestaufenthalt 2 Nächte, keine Kreditkartenzahlung).

Hotel Kanhaia Haveli HOTEL **$$**
(0145-2772146; www.pushkarhotelkanhaia.com; Choti Basti; Zi. 400–600 ₹, mit Klimaanlage 1500–1800 ₹;) Es gibt hier eine große Auswahl an Zimmern von billigen Buden bis hin zu Suiten, sodass jeder etwas Passendes zum angemessenen Preis findet. Je mehr man zu bezahlen bereit ist, desto größer und heller werden die Zimmer, weil sie natürlich auch mehr Fenster haben. Alle sind mit Kabel-TV ausgestattet, manche auch mit Balkon. Auf dem Dach gibt's ein Restaurant mit internationaler Küche und toller Aussicht.

Dia B&B **$$**
(0145-5105455; www.diahomestay.com; Panch Kund Marg; Zi. mit Frühstück 3550–4950 ₹;) Das von den Leuten des Inn Seventh Heaven hübsch gestaltete B&B in kurzer Gehweite zur Stadt bietet fünf sehr private Doppelzimmer, die aussehen, als würden sie aus einem Designmagazin stammen (und einen länger bleiben lassen). Man kann hier im gemütlichen Dachrestaurant essen oder zum Sixth Sense Restaurant im Inn Seventh Heaven gehen.

Hotel Pushkar Palace HISTORISCHES HOTEL **$$$**
(0145-2772001; www.hotelpushkarpalace.com; EZ/DZ/Suite mit Frühstück 7715/8310/17 805 ₹;) Der einst dem Maharadscha von Kishangarh gehörende Palast in romantischer Lage am See ist heute ein Spitzenklassehotel. Die Zimmer sind mit geschnitzten Holzmöbeln und -betten bestückt, und alle Zimmer oberhalb des Erdgeschosses sowie alle Suiten blicken direkt auf den See – kein Hotel in Pushkar hat eine bessere Aussicht!

Auch vom hübschen Essbereich im Freien blickt man auf den See.

Ananta Spa & Resort RESORT $$$
(☎ 0145-3054000; www.anantahotels.com; Leela Sevri, Ajmer Rd; Zi. mit Frühstück ab 6000 ₹; ❄@📶🏊) Die Eröffnung des Ananta, eines (fast) Fünf-Sterne-Resorts auf einem 3,5 ha großen Gelände in den zerklüfteten Berghängen 4 km außerhalb von Pushkar, läutete eine neue Ära der Pilgerreisen ein. Glückliche Wallfahrer surren in Golf-Buggys von der Rezeption zu den balinesischen Hütten. Die Zimmer sind geräumig und komplett ausgestattet. Die meisten Gäste werden aber von Luxuspool, Spa, Spielezimmer, Restaurant, Lounge oder Bar angezogen.

Essen

Pushkar hat viele stimmungsvolle Restaurants mit Blick auf den See und Speisekarten, die die Vorlieben der Backpacker widerspiegeln. Eine rein vegetarische Küche, bei der sogar Eier verpönt sind, ist hier schwer angesagt.

Naryan Café CAFÉ $
(Mahadev Chowk, Sadar Bazaar; Frühstück ab 100 ₹; ⏲7.30–22 Uhr) In dem Café ist den ganzen Tag etwas los, besonders beliebt ist es aber als Frühstücksadresse. Bei frischem Kaffee (ab 40 ₹) oder Saft (ab 80 ₹) und einer riesigen Schale hausgemachtem Müsli mit einem Berg an Früchten lässt man die Welt an sich vorbeiziehen.

Shri Vankatesh INDISCH $
(Choti Basti; Hauptgerichte 60–100 ₹; ⏲9–22 Uhr) In dem bei Einheimischen beliebten Restaurant ohne jeden Schnickschnack stürzt man sich auf *dhal*, *paneer* oder *kofta*, tunkt die Sauce mit frisch gebackenem Chapati auf und spült mit gutem, alten Chai nach. Auch die Thalis (70–150 ₹) sind hervorragend und preiswert. Entweder man bleibt unten und schaut bei der Zubereitung des Essens zu, oder geht nach oben und beobachtet beim Essen die Leute auf der Straße unten.

Falafel-Wrap-Stände NAHÖSTLICH $
(Sadar Bazaar; Wraps 70–130 ₹; ⏲7.30–22.30 Uhr) Die beiden nebeneinanderliegenden Straßenimbisse, die eine gute Auswahl an sättigenden Falafel- und Hummus-Varianten bieten, sind ideal für den kleinen Hunger und bei israelischen Touristen sehr beliebt. Es gibt hier auch kleine Stühle, auf die man sich setzen kann, oder man verputzt die Falafel beim Weitergehen.

Out of the Blue INTERNATIONAL $$
(Sadar Bazaar; Hauptgerichte 170–280 ₹; ⏲8–23 Uhr; 📶) Das verlässliche Restaurant fällt in dieser himmelblauen Stadt durch sein dunkleres Blau auf. Die Karte reicht von Nudeln und *momos* (tibetische Teigtaschen) bis zu Pizza, Pasta, Falafeln und Pfannkuchen. Nett ist die Espresso-Bar (Kaffee 60–80 ₹) auf Straßenhöhe mit einer deutschen Bäckerei.

Sixth Sense INTERNATIONAL $$
(Inn Seventh Heaven, Choti Basti; Hauptgerichte 100–200 ₹; ⏲8.30–16 & 18–22 Uhr; 📶) Das coole Dachterrassenrestaurant lohnt einen Besuch, auch wenn man nicht in dem beliebten Hotel wohnt. Die Pizza, das indische saisonale Gemüse und die Reisgerichte sind alle gut, ebenso der Filterkaffee und die frischen Säfte. Das Ambiente wirkt sofort entspannt, und der Speiseaufzug, mit dem das Essen aus der Küche im Erdgeschoss herangeschafft wird, ist schlau ausgedacht.

Platz für den Nachtisch lassen, z. B. die ausgezeichneten hausgemachten Tartes!

Om Shiva Garden Restaurant INTERNATIONAL $$
(☎ 0145-2772305; www.omshivagardenrestaurant.com; Hauptgerichte 140–250 ₹; ⏲8–23 Uhr; 📶) Dieser Traveller-Favorit nahe dem Naya-Rangji-Tempel erfreut seine Gäste nach wie vor mit Holzofenpizza und Espresso auf seiner überwiegend italienisch und nordindisch geprägten Karte. An den Pizzas kommt man kaum vorbei, aber es gibt auch ein paar mexikanische und chinesische Gerichte sowie Waren aus der „Deutschen Bäckerei“.

Honey & Spice INTERNATIONAL $$
(Laxmi Market, abseits des Sadar Bazaar; Hauptgerichte 90–250 ₹; ⏲8–17.30 Uhr; 🚭) 🌿 Das winzige, von einer freundlichen Familie geführte Frühstücks- und Mittagslokal bietet Vollwertkost, leckeren südindischen Kaffee und hausgemachten Kuchen. Noch besser sind die Salate und herzhaften vegetarischen Eintöpfe mit braunem Reis. Die köstlichen Vollwertgerichte sind eine willkommene Abwechslung zu dem oft so ölreichen indischen Essen.

Sunset Café INTERNATIONAL $$
(Hauptgerichte 80–250 ₹; ⏲7.30–24 Uhr; 📶) Von dem direkt an den östlichen Ghats gelegenen Café haben Gäste einen tollen Blick auf den See. Es bietet die üblichen Gerichte für Traveller, darunter Currys, Pizzas und Pasta. Die deutsche Bäckerei liefert ordentlichen Kuchen. Die Lage am See ist ideal beim

Sonnenuntergang, und entsprechend viele Gäste kommen dann.

Om Baba Restaurant INTERNATIONAL $$
(☎0145-2772858; abseits vom Sadar Bazaar; Hauptgerichte 130–220 ₹; ⏰8.30–23 Uhr) Das Dachrestaurant serviert all die von Travellern bevorzugten und in dem Viertel üblichen Gerichte (Pizza, Pasta, Falafel, Hummus), aber das wahre Highlight ist der Ausblick von der Dachterrasse.

Shoppen

Sadar Bazaar MARKT
Pushkars Sadar Bazaar ist von bezaubernden kleinen Läden gesäumt und ein guter Ort, um sich mit Geschenken zu versorgen. Viele der farbenfrohen rajasthanischen Textilien stammen aus dem Distrikt Barmer südlich von Jaisalmer. Es gibt hier viel auf den Geschmack von Indern und Ausländern abgestimmten Silber- und Perlenschmuck sowie einige schwere Stücke der Stammesvölker. Pushkar ist sehr touristisch – man muss also hart feilschen!

Wer auf der Suche nach indischer Musik ist, findet hier eine große Auswahl an CDs.

Praktische Informationen

Geldautomaten, die auch ausländische Karten annehmen, und inoffizielle Geldwechsler verteilen sich über den Sadar Bazaar.

Post (abseits der Heloj Rd; ⏰Mo–Fr 9.30–17 Uhr) Nahe dem Marwar-Busbahnhof.

State Bank of Bikaner & Jaipur (SBBJ; Sadar Bazaar; ⏰Mo–Fr 10–16, Sa bis 12.30 Uhr) Löst Reiseschecks ein und wechselt Bargeld. Der SBBJ-Geldautomat akzeptiert auch ausländische Karten.

Touristeninformation (☎0145-2772040; Hotel Sarovar; ⏰10–17 Uhr) Verteilt kostenlose Stadtpläne und das Programm der Kamelmesse.

GEFAHREN & ÄRGERNISSE

Vorsicht vor allen, die Blumen als *puja* (Opfergabe) verhökern: Ehe man sich's versieht, wird man routiniert zu den Ghats gedrängt und dort um eine persönliche Spende von bis zu 1000 ₹ „gebeten". Manche Priester leben wirklich von mildtätigen Gaben – diese Tradition reicht Jahrhunderte zurück. Wenn man sich aber bedrängt fühlt, einfach weggehen, und nie Blumen oder ein rotes Band (den „Pushkar-Pass") annehmen, ehe man sich auf einen Preis geeinigt hat!

Während der Kamelmesse ist Pushkar ein Tummelplatz von Taschendieben, die sich auf den überfüllten Basaren herumtreiben. Beutelschneidern entgeht man, indem man keine dünnwandigen Taschen verwendet und den Rucksack immer nach vorn trägt. Auf dem Basar gilt zu jeder Zeit des Jahres: Achtung vor rücksichtslosen jugendlichen Motorradfahrern!

An- & Weiterreise

Pushkars winziger Bahnhof ist so schlecht ans übrige Bahnnetz angebunden, dass sich die Mühe nicht lohnt. Stattdessen den Bahnhof Ajmer Junction benutzen.

Ein privates Taxi nach Ajmer kostet rund 300 ₹ (in entgegengesetzter Richtung ist es immer teurer!). Bei der Einfahrt nach Pushkar mit dem Auto wird eine Gebühr von 20 ₹ pro Person fällig.

BUS

Busse von/nach Ajmer (14 ₹, 30 Min.) nutzen häufig den **Naya-Busbahnhof**, aber auch den **Ajmer-Busbahnhof** an der ostwärts aus der Stadt herausführenden Straße. Die meisten anderen Busse starten am Naya-Busbahnhof, einige auch den alten **Marwar-Busbahnhof** (allerdings nicht die RSRTC-Busse).

Die Reisebüros vor Ort verkaufen Tickets privater Busunternehmen – unbedingt die Preise vergleichen. Diese Busse starten meist von Ajmer (S. 146) aus; die Büros sollten aber den kostenlosen Transport dorthin zur Verfügung stellen. Prüfen sollte man außerdem, ob es sich um einen Direktbus handelt, denn viele Busse ab Pushkar sind es nicht. Aber selbst wenn es sich um einen Direktbus handelt, kann er trotzdem einen Zwischenstopp in Ajmer haben, sodass es oft schneller geht, wenn man zunächst nach Ajmer fährt und dort einen anderen Bus nimmt.

Unterwegs vor Ort

Es gibt keine Autorikschas im Zentrum von Pushkar, aber man kommt auch prima zu Fuß herum. Wer das Umland erkunden will, kann sich einen Motorroller (400 ₹/Tag) von einem der vielen Anbieter in der Stadt mieten. Will

BUSSE AB PUSHKAR (NAYA-BUSBAHNHOF)

ZIEL	PREIS (₹)	DAUER (STD.)	HÄUFIGKEIT
Bikaner	225	6	stündl.
Bundi	200	6	tgl. (11 Uhr)
Jaipur	160	4	7-mal tgl. (7.15, 7.45, 8, 8.30, 9.30, 14 & 16 Uhr)
Jodhpur	185	5	3-mal tgl. (8, 10.30 & 12.30 Uhr)

man eine größere Maschine, empfiehlt sich **Shreeram Enfield Gairej** (Ajmer Rd; Enfield-Motorrad 700 ₹/Tag, Kaution 50 000 ₹), der Enfield Bullets vermietet und verkauft.

Ranthambhore National Park

☎07462

Der berühmte **Nationalpark** (www.rajasthanwildlife.in; ⏲Okt.–Juni) ist der beste Ort, um in Rajasthan Tiger in freier Natur zu sichten. Im Zentrum des 1334 km² großen, von wilden Dschungelbüschen geprägten und von felsigen Bergkämmen begrenzten Parks steht das aus dem 10. Jh. stammende Ranthambhore Fort. Verstreut rund um die Festung liegen alte Tempel und Moscheen, Jagdpavillons, Seen voller Krokodile und mit Weinranken überwucherte *chhatris* (Grabmäler). Der Park war bis 1970 das Jagdrevier eines Maharadschas, obwohl das Gebiet schon 15 Jahre zuvor zu einem Schutzgebiet erklärt worden war.

Ob man einen Tiger (2016 lebten etwa 52 bis 55 hier) zu Gesicht bekommt, ist Glückssache. Am besten nimmt man sich Zeit für zwei oder drei Safaris, um die Chancen zu verbessern. Und schließlich gibt es auch noch viele andere Tiere im Park, darunter mehr als 300 Vogelarten.

Von Sawai Madhopur (der Stadt vor dem Ranthambhore National Park) sind es 10 km bis zum ersten Tor des Nationalparks und dann noch weitere 3 km bis zum Haupttor und zum Ranthambhore Fort.

Sehenswertes

Ranthambhore Fort FORT

(⏲6–18 Uhr) GRATIS Von fern hebt sich die zauberhafte, auf einem Berg thronende Festung aus dem 10. Jh. kaum von ihrer Umgebung ab, aber je näher man kommt, desto mehr scheint sie aus den Felsen herauszuwachsen. Das insgesamt eine Fläche von 4,5 km² einnehmende Fort bietet von den verfallenden Mauern des Badal Mahal (Wolkenpalasts) auf der Nordseite einen unvergleichlichen Ausblick. Die Festungsmauern erstrecken sich über mehr als 7 km, und sieben imposante Tore sind noch immer intakt.

Um das Fort preisgünstig zu besuchen, schließt man sich den Einheimischen an, die den Ganesha-Tempel besuchen wollen. Sammeljeeps (40 ₹/Pers.) fahren vom Bahnhof zum Parkeingang – einfach „National Park" sagen, und die Fahrer wissen, was gemeint ist. Von dort pendeln andere Sammeljeeps (20 ₹/Pers.) zum Fort, das sich im Park befindet, und zurück. Alternativ mietet man über das Hotel einen eigenen Gypsy mit Fahrer (1000 ₹ für 3 Std.).

Aktivitäten

Safaris starten am frühen Morgen und am späten Nachmittag (je nach Jahreszeit zw. 6 und 7 Uhr bzw. zwischen 14 und 15.30 Uhr) und dauern jeweils etwa drei Stunden. Morgens friert man in den offenen Fahrzeugen manchmal ziemlich, also warme Kleidung mitbringen!

Die beste Safari-Variante ist die mit einem **Gypsy** (oben offener Jeep für 6 Pers.; Inder/Ausländer 730/1470 ₹). Auch bei der Fahrt mit einem **Canter** (offener Truck mit 20 Plätzen; 510/1250 ₹) hat man noch Chancen, einen Tiger zu erspähen; allerdings machen andere Teilnehmer manchmal zu viel Lärm.

Achtung: Die Regeln für die Buchung von Safaris (und die Preise) ändern sich oft. Derzeit kann man online über die offizielle Website des Parks (www.rajasthanwildlife.in) buchen oder persönlich im Safaribuchungsbüro vorstellig werden, das sehr unpraktisch 1,5 km vom Hammir Circle entfernt, in entgegengesetzter Richtung zum Park liegt. Und um sich einen Platz in einem Fahrzeug zu sichern, muss man sich mindestens eine (wenn nicht gar 2) Stunden vor Safaristart in die Schlange stellen – bei den Morgensafaris heißt es also sehr früh aufstehen! Die Buchung über das Hotel geht viel einfacher, allerdings fällt dann vielleicht noch eine Servicegebühr an.

Schlafen

Hotel Aditya Resort HOTEL $

(☎9414728468; www.hoteladityaresort.com; Ranthambhore Rd; Zi. 400–700 ₹, mit Klimaanlage 900 ₹; ❄@📶) Das freundliche Hotel ist eines der besseren unter den Billigbleiben an der Ranthambhore Rd. Es gibt hier nur sechs schlichte, schmucklose Zimmer (man lässt sich besser eines mit Außenfenster geben, da nur wenige eine Klimaanlage haben) und ein einfaches Restaurant auf dem Dach. Die Angestellten helfen bei der Buchung von Safaris – unbedingt aber nachfragen, wie viel sie für den Service oben drauf schlagen!

★ **Hotel Ranthambhore Regency** HOTEL $$

(☎07462-221176; www.ranthambhor.com; Ranthambhore Rd; EZ/DZ inkl. aller Mahlzeiten ab 6500/7500 ₹; ❄@📶🏊) Sehr professionelles Ho-

RAJASTHAN RANTHAMBHORE NATIONAL PARK

tel, das zwar auf Reisegruppen ausgerichtet ist, aber trotzdem einen großartigen Service für unabhängige Traveller bietet. Es hat makellose, gut eingerichtete Zimmer (mit Marmorboden, Flachbild-TV usw.), die in den meisten Hotels als Suiten durchgehen würden. Der zentrale Garten mit einem einladenden Pool ist eine echte Oase, und gleich neben dem Restaurant kann man sich im Spa verwöhnen lassen.

Tiger Safari Resort HOTEL $$
(☎07462-221137; www.tigersafariresort.com; Ranthambhore Rd; Zi. mit Frühstück 1800–2200 ₹; ❄@📶🏊) Vernünftiges Mittelklassehotel mit geräumigen Doppelzimmern und sogenannten „Cottages" (eigentlich größere Zimmer mit größeren Badezimmern) vor einem Garten samt kleinem Pool. Das Management ist erfahren im Organisieren von Safaris samt Weckruf und frühem Frühstück vor der Morgensafari. Wie andere Hotels nimmt auch dieses eine Gebühr für den Service – also vorher nach dem Preis fragen.

Ankur Resort HOTEL $$
(☎07462-220792; www.ankurresorts.com; Ranthambhore Rd; EZ/DZ inkl. aller Mahlzeiten 3500/4000 ₹, Cottages 4000/5000 ₹; ❄@📶🏊) Auch das Ankur ist gut im Organisieren von Safaris samt Weckruf und frühem Frühstück für Tigerbeobachter. Die Standardzimmer sind recht schmucklos, aber sauber und komfortabel mit TVs ausgestattet. Die Cottages haben bessere Betten, einen Kühlschrank und eine Sitzbank mit Blick auf den umliegenden Garten und den Pool.

★ **Khem Villas** BOUTIQUEHOTEL $$$
(☎07462-252099; www.khemvillas.com; Khem Villas Rd; EZ/DZ inkl. aller Mahlzeiten 12 000/14 000 ₹, Zelt 19 000/23 000 ₹, Cottages 21 000/25 000 ₹; ❄@📶) Die fantastische Ökolodge auf einem wieder aufgeforsteten 9 ha großen Bio-Farmgelände wurde von der Familie Singh Rathore aufgebaut, die die treibende Kraft dahinter war, die Tiger im Ranthambhore-Nationalpark unter Schutz zu stellen. Die Unterkünfte reichen von Bungalowzimmern im Kolonialstil bis zu Luxuszelten und üppigen Stein-Cottages. Privatsphäre ist garantiert – man kann sogar ein Bad unter den Sternen nehmen.

Zusätzlich zu den Dschungelsafaris werden hier auch Flusssafaris (5000 ₹/2 Pers.) auf dem Chambal angeboten, wo man Gangesgaviale und Sumpfkrokodile sowie zahlreiche Vogelarten zu Gesicht bekommt.

Praktische Informationen

Es gibt einen Geldautomaten gleich am Hammir Circle und weitere am Bahnhof.

Ranthambore Adventure Tours
(☎9414214460; ranthambhoretours@rediff.mail.com; Ranthambhore Rd) Gut bewertete Safari-Agentur.

Touristeninformation (☎07462-220808; Bahnhof; ⏲Mo–Fr 9.30–18 Uhr) Hat Stadtpläne von Sawai Madhopur und Tipps für Safarifahrer auf Lager.

Safari-Buchungsbüro (www.rajasthanwildlife.com; ⏲5.30–15.30 Uhr) Plätze in Gypsys und Canter können zwar auf der Website reserviert werden, ein Gypsy (zum Premium-Preis) und fünf Canter bleiben aber der direkten Buchung im Forest Office vorbehalten. Das Buchungsbüro liegt etwa 500 m vom Bahnhof entfernt.

An- & Weiterreise

Es gibt nur sehr wenige Direktbusse zu Zielen von Interesse. Daher ist es immer besser, den Zug zu nehmen.

ZUG

Der Bahnhof Sawai Madhopur Junction befindet sich in der Nähe des Hammir Circle, der zur Ranthambhore Rd führt.

Agra (Bahnhof Agra Fort) Sleeper 210 ₹, 6 Std., tgl. 3-mal (11.10, 16.10 & 23.15 Uhr)

Delhi 2. Klasse/Sleeper/3AC 190/260/660 ₹, 5½–8 Std., tgl. 13-mal

Jaipur Sitzplatz 2. Klasse/Sleeper/3AC 100/180/560 ₹, 2 Std., tgl. 11–13-mal

Keoladeo-Nationalpark (Bharatpur) 2. Klasse/Sleeper/3AC 95/180/560 ₹, 2½ Std., tgl. 12–13-mal

Kota (wo man Anschluss an die Busse nach Bundi hat) 2. Klasse/Sleeper/3AC 90/180/560 ₹, 1–2 Std., stündl.

Unterwegs vor Ort

Im Hauptbasar gibt's einen Fahrradverleih (rund 40 ₹/Tag). Autorikschas bekommt man am Bahnhof; die Fahrt vom Bahnhof zur Ranthambhore Rd kostet 50 bis 100 ₹, je nachdem, wo man aussteigt. Viele Hotels holen ihre Gäste gratis vom Bahnhof ab, wenn man vorher Bescheid gibt.

Wer zu Fuß gehen will, verlässt den Bahnhof nach links und folgt der Straße bis zur Überführung (200 m). Links abbiegen und die Brücke über die Gleise überqueren, um zum Kreisverkehr (nach 200 m) zu gelangen, der als Hammir Circle bekannt ist. Geht man hier nach rechts, erreicht man nach 1,5 km das Safari-Buchungsbüro; geht man nach links, findet man die Unterkünfte.

UDAIPUR & SÜDLICHES RAJASTHAN

Bundi

0747 / 103 290 EW.

Bundi ist bezaubernd: Die blau gestrichenen Häuser der Brahmanen säumen enge Gassen, man wird Seen, Hügel und Basare sowie an fast jeder Straßenecke einen Tempel entdecken, und die Krönung des Ganzen bildet ein fantastischer Palast, dessen Kuppeln und Loggias an einem Hang oberhalb der Stadt aufragen. Obwohl Bundi ein begehrtes Reiseziel ist, sind hier längst nicht so viele Traveller unterwegs wie in Jaipur oder Udaipur. Es gibt kaum Orte in Rajasthan, in denen die magische Atmosphäre längst vergangener Zeiten noch so allgegenwärtig ist wie hier.

Eine Gruppe von Chauhan-Fürsten aus Ajmer, die im 12. Jh. von Mohammed von Ghor Richtung Süden zurückgedrängt worden war, entriss den Mina und Bhil die Vorherrschaft über die Region und machten Bundi zur Hauptstadt ihres Königreichs, das als Hadoti bekannt wurde. Bundi war vom späten 16. Jh. an meistens loyal gegenüber den Mogul-Herrschern, behielt seine Unabhängigkeit aber trotzdem bis 1947, als es in den Bundesstaat Rajasthan eingegliedert wurde.

Sehenswertes

In Bundi gibt es rund 60 schöne *baoris* (Stufenbrunnen), einige davon direkt im Zentrum. Die Pracht vieler dieser Anlagen wird allerdings dadurch getrübt, dass sie kein Wasser mehr enthalten (weil der Grundwasserspiegel gesunken ist) und sich stattdessen Müll in ihnen ansammelt, den niemand wegräumt. Der eindrucksvollste dieser Brunnen ist der **Raniji-ki-Baori** (Stufenbrunnen der Herrscherin; Inder/Ausländer 50/200 ₹; 9.30–17 Uhr). Er ist 46 m tief und mit verschlungenen Reliefs verziert, darunter mit Darstellungen von Inkarnationen Vishnus. Der **Nagar Sagar Kund** besteht aus zwei gleichförmigen Stufenbrunnen direkt vor dem Chogan Gate zur Altstadt.

Mit einem Kombiticket (Inder/Ausländer 75/350 ₹) kann man drei Sehenswürdigkeiten in der Stadt, den Raniji-ki-Baori, den **84-Säulen-Kenotaphen** (Inder/Ausländer 50/200 ₹; 9.30–17 Uhr) und den Sukh Mahal (S. 156), besichtigen – eine große Ersparnis, falls man ohnehin zwei oder mehr dieser Attraktionen besuchen wollte.

Bundi Palace PALAST

(Garh Palace; Inder Palast/Fort/Foto 80/100/50 ₹, Ausländer Palast, Fort & Foto 500 ₹; 8–18 Uhr) Dieses außergewöhnliche, teilweise verfallene Bauwerk scheint aus dem Gestein des Hangs, an den es sich schmiegt, herauszuwachsen – als ob es „eher von Kobolden als von Menschen geschaffen" wurde, wie Rudyard Kipling schrieb. Große Bereiche sind zwar noch immer gesperrt und wurden den Fledermäusen überlassen, doch die begehbaren Räume beherbergen einige faszinierende Wandbilder in verblassendem Türkis und Gold – dies sind die kostbarsten Schätze auf dem Gelände. Am besten erkundet man den Palast mit einem örtlichen Führer (halber Tag 700 ₹ zzgl. 100 ₹ Eintritt für den Führer).

Der Palast entstand unter Rao Raja Ratan Singh (reg. 1607–1631); seine Nachfolger bauten das Gebäude aus und um. Noch bis 1948 wurden Teile der Anlage von den Bundi-Herrschern bewohnt.

Wer die Festung Taragarh und den Palast besichtigen will, sollte am Palasteingang Tickets für beide Sehenswürdigkeiten kaufen. Hat man das **Hathi Pol** (Elefantentor) passiert, folgt man den Stufen zum Ratan Daulat oder **Diwan-e-Aam** (Saal für öffentliche Audienzen) mit dem Thron aus weißem Marmor. Dann gelangt man in den **Chhatra Mahal**, den Rao Radscha Chhatra Shabji 1644 errichten ließ. Dort sind ein paar schöne, aber ziemlich verwitterte Wandbilder zu bewundern. Über eine Treppe erreicht man den 1607 erbauten **Phool Mahal**; die dortigen Wandmalereien zeigen eine riesige königliche Prozession. Als nächstes betritt man den **Badal Mahal** (Wolkenpalast; ebenfalls 1607 erbaut) mit den mit Abstand schönsten Wandbildern. Man beachte die wundervolle Decke (nach chinesischem Vorbild gestaltet); sie ist in Blütenblattformen unterteilt und mit Pfauen und Krishnas verziert!

★**Chitrasala** PALAST

(Umaid Mahal; 8–18 Uhr) Innerhalb des Bundi-Palastkomplexes befindet sich auch der von Rao Ummed Singh erbaute kleine Palast Chitrasala aus dem 18. Jh. Um ihn zu finden, muss man das Hathi Pol (Elefantentor) des Palasts passieren und um die Ecke bergauf gehen. Oberhalb des Gartenhofs des Palasts kann man in mehreren Räumen schöne Wandmalereien bewundern. Es gibt ein paar großartige Krishna-Bilder, darunter auch eines, das ihn zeigt, wie er unter einem Baum sitzend Flöte spielt, nachdem er den *gopis* (Milchmädchen) ihre Kleider gestohlen hat.

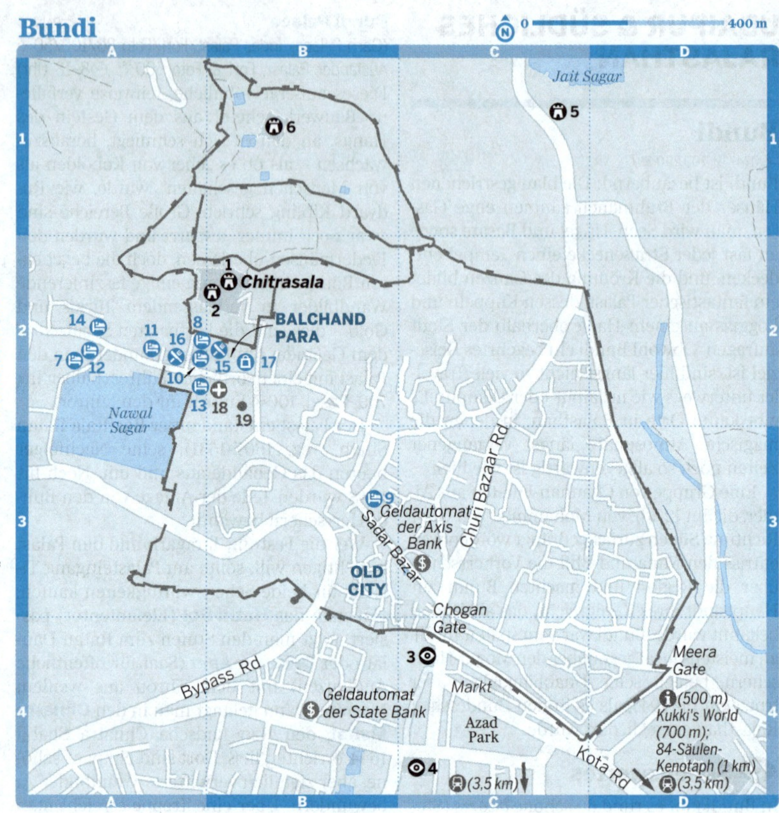

Der Raum hinten rechts ist der **Sheesh Mahal**, der zwar stark beschädigt ist, aber noch immer einige schöne Einlegearbeiten aus Glas beherbergt. Hinten im Vorderraum zeigt ein Bild das Bundi des 18. Jhs.

Taragarh FESTUNG

(Sternfestung; 100 ₹, Foto/Video 50/100 ₹; ⏲8–17 Uhr) Die marode, teilweise zugewachsene Festung aus dem 14. Jh. steht auf einem Hügel oberhalb des Bundi Palace. Der Abstecher dorthin lohnt sich, man sollte aber einen Stock mitnehmen, um sich einen Weg durch die dichte Vegetation bahnen zu können – außerdem entlastet dieser die Knie beim steilen Auf- und Abstieg und kann notfalls als Waffe gegen die testosterongeladenen Makaken eingesetzt werden! Um den Taragarh zu erreichen, einfach den Weg hinter der Chitrasala nach oben weitergehen!

Jait Sagar SEE

Hinter dem Taragarh-Hügel liegt ca. 2 km nördlich vom Zentrum dieser malerische, 1,5 km lange von Hügeln eingefasste See, der in der Monsunzeit und in den Wintermonaten mit Lotosblüten bedeckt ist. An seinem der Stadt nächsten Ende steht der **Sukh Mahal** (Inder/Ausländer 50/200 ₹, ⏲9.30–17 Uhr), ein kleiner, von Gartenterrassen umgebener Sommerpalast, in dem einst Rudyard Kipling wohnte und dort Teile von *Kim* schrieb.

☞ Geführte Touren

Keshav Bhati TOUREN

(☎9414394241; bharat_bhati@yahoo.com) Keshav Bhati ist ein pensionierter Offizier der indischen Luftwaffe mit einer Leidenschaft für Bundi. Als offizieller Reiseführer und Tourveranstalter ist er mit seinem umfassenden Wissen über die Region sehr gefragt. Die Tourpreise sind verhandelbar.

Kukki's World TOUREN

(☎9828404527; www.kukkisworld.com; 43 New Colony; halb-/ganztägige Tour für 2 Pers. 56/78 US$) Der leidenschaftliche Amateurarchäologe O.

Bundi

Highlights
1 Chitrasala ... B2

Sehenswertes
2 Bundi Palace ... B2
3 Nagar Sagar Kund ... C4
4 Raniji-ki-Baori ... C4
5 Sukh Mahal ... C1
6 Taragarh ... B1

Schlafen
7 Annpurna Haveli ... A2
8 Bundi Vilas ... A2
9 Dev Niwas ... B3
10 Haveli Braj Bhushanjee ... A2
11 Haveli Katkoun ... A2
12 Hotel Bundi Haveli ... A2
13 Kasera Heritage View ... A2
14 Shivam Tourist Guest House ... A2

Essen
Bundi Vilas ... (siehe 8)
15 Morgan's Place ... B2
16 Rainbow Cafe ... A2

Shoppen
17 Yug Art ... B2

Praktisches
18 Ayurvedic Hospital ... B2
19 Roshan Tour & Travel ... B2

P. „Kukki" Sharma hat rund um Bundi etwa 70 Stätten mit prähistorischen Felsmalereien entdeckt. Seine Touren führen hinaus in die Dörfer und aufs Land, das er wie seine Westentasche kennt. Man kann sich die Sammlung seiner Fundstücke anschauen und bei ihm daheim (ca. 300 m südlich der Touristeninformation) am Laptop die Stellen auswählen, die besucht werden sollen.

Schlafen

Shivam Tourist Guest House PENSION **$**
(☎9460300272, 0747-2447892; Balchand Para; EZ/DZ 450/500 ₹, Zi. mit Klimaanlage 800–1000 ₹) Die Pension wird von einem energiegeladenen jungen Pärchen geführt, die Travellern gern helfen, das Beste aus ihrem Aufenthalt in Bundi zu machen. Die beiden helfen beim Buchen von Verkehrsmitteln. Die Zimmer sind schlicht, aber komfortabel und blitzblank, die besseren sind oben. Es gibt hier auch ein vegetarisches Restaurant auf dem Dach sowie Koch- und Henna-Tattookurse.

Annpurna Haveli PENSION **$**
(☎0747-2447055, 9602805455; www.annpurnahavelibundi.com; Balchand Para; Zi. 800 ₹, Zi. mit Frühstück & Klimaanlage 1200 ₹; ❄📶) Die von einer Familie geführte Pension gegenüber dem Nawal Sagar ist sehr friedlich. Die sechs schlichten und sauberen Zimmer sind eine tolle Budgetoption; die besten blicken auf den See. Das hausgemachte Essen kann man entweder im Speiseraum oder bei schönem Wetter auf dem Dach genießen.

★ **Haveli Braj Bhushanjee** HISTORISCHES HOTEL **$$**
(☎0747-2442322, 9783355866; www.kiplingsbundi.com; Balchand Para; Zi. 1500–6000 ₹; ❄📶) Die weitläufige, 200 Jahre alte *haveli* wird von der Familie des sehr hilfsbereiten und kundigen Braj Bhushanjee, Nachkommen der früheren Premierminister von Bundi, geführt. Dies war das erste Gasthaus in Bundi und ist noch heute ein bezauberndes Haus mit originalen Stein-Interieurs, Garten, herrlichem Blick vom Dach, schönen, gut erhaltenen Wandgemälden sowie historischen und wertvollen Artefakten aller Art.

Es gibt eine unglaublich große Auswahl an Zimmern, darunter ein paar hübsch modernisierte Räume, deren traditioneller Stil beibehalten wurde. Das Ganze präsentiert sich als ein faszinierendes lebendiges Museum, das einem eine Ahnung von Bundis historischem Erbe vermittelt. Das *haveli* liegt gegenüber vom Ayurvedic Hospital, der Haupteingang befindet sich aber um die Ecke.

★ **Hotel Bundi Haveli** HOTEL **$$**
(☎9929291552, 0747-2447861; www.hotelbundihaveli.com; Balchand Para; Zi. 1300–4750 ₹; ❄📶) Das exquisit renovierte Hotel ist in Sachen topmoderner Stil und Eleganz seiner Konkurrenz weit voraus. Geräumige Zimmer, weiße Wände, Steinböden, deutliche Farbakzente und gerahmte Kunst, außerdem aber auch moderne, sanitäre Anlagen und elektrische Installationen machen das Bundi Haveli aus. Sehr komfortabel und entspannt! Es gibt noch ein hübsches Restaurant auf dem Dach mit großartigem Blick auf den Palast und einer großen, vor allem indisch geprägten Speisekarte (Hauptgerichte 100–280 ₹).

Dev Niwas HISTORISCHES HOTEL **$$**
(☎0747-2442928, 8233345394; www.jagatcollection.com; Maaji Sahib-ki-Haveli; Zi. 870–1300 ₹, mit Klimaanlage 3050 ₹, Suite 4350 ₹; ❄📶) 🌿 Ein

hübsches *haveli* gleich vor dem quirligen Sadar Bazaar. Drinnen findet man eine friedliche Oase mit Höfen und Pavillons vor. Die Zimmer sind sehr unterschiedlich, aber immer gemütlich und mit modernem Bad ausgestattet. Das seitlich offene Restaurant hat Sitzkissen und einen tollen Blick auf das Fort.

Bundi Vilas HISTORISCHES HOTEL **$$**
(0747-2444614, 9214803556; www.bundivilas.com; Zi. mit Frühstück 4000–5000 ₹;) Das 300 Jahre alte *haveli* in einer Seitengasse wurde geschmackvoll mit golden schimmerndem Sandstein aus Jaisalmer, erdfarbenen Wänden und schöner Innengestaltung renoviert. Die fünf Deluxe-Zimmer und zwei Suiten versprühen das Flair alter Zeiten, punkten aber auch mit tollen Bädern. Das Haus liegt im Windschatten der Palastmauern, und vom Restaurant auf der Dachterrasse bietet sich ein herrlicher Blick auf die darunterliegende Stadt und den Palast.

Kasera Heritage View PENSION **$$**
(9983790314, 0747-2444679; www.kaseraheritageview.com; EZ/DZ ab 800/1000 ₹, Zi. mit Frühstück & Klimaanlage ab 2000 ₹;) Das *haveli* wurde umfassend renoviert, wobei das Foyer unpassend modern ausgefallen ist, während die Zimmer authentischer wirken. Gäste werden freundlich empfangen, das Haus ist nett dekoriert, und vom Restaurant auf dem Dach hat man einen tollen Blick. Im Sommer werden Rabatte von 20 bis 30 % angeboten. Die Besitzer leiten auch noch das *haveli* Kasera Paradise, gleich unterhalb des Palasts; Preise und Kontaktadresse sind gleich.

Haveli Katkoun PENSION **$$**
(0747-2444311, 9414539146; www.katkounhavelibundi.com; EZ/DZ 700/1200 ₹, Zi. mit Frühstück & Klimaanlage 2400 ₹;) Das gleich vor dem westlichen Stadttor gelegene Katkoun ist ein komplett renoviertes *haveli* unter der Leitung einer freundlichen Familie, die die untere Etage bewohnt. Es punktet mit großen, blitzblanken Zimmern, die zu beiden Seiten einen tollen Blick entweder zum See oder zum Palast freigeben, und einem guten Restaurant (Hauptgerichte 65–200 ₹) auf dem Dach, das für seine nichtvegetarischen indischen Gerichte bekannt ist.

Essen

★ **Bundi Vilas** INDISCH **$$**
(0747-2444614; www.bundivilas.com; Balchand Para; Hauptgerichte 210–250 ₹, Abendmenü 700 ₹; 7.30–10, 13–15 & 19–22 Uhr;) Das romantischste Restaurant in Bundi heißt auch Gäste aus anderen Hotels willkommen. Hier speist man auf der geschützten, aber seitlich offenen Terrasse oder auf dem Dach mit Blick aufs Fort. Abends empfiehlt sich eine Reservierung, zumal die Anzahl der mit Kerzen beleuchteten Tische unterhalb des angestrahlten Palasts begrenzt ist. Angeboten wird auch ein Abendmenü aus mehreren hervorragenden Gängen und Wein.

Bundi Vilas hat eine eigene Farm am Stadtrand von Bundi, von der es den Großteil seines frischen Obst und Gemüses bezieht. Wer kann, sollte die hausgemachten Konfitüren probieren.

Morgan's Place INTERNATIONAL **$$**
(Kasera Paradise Hotel; Hauptgerichte 130–240 ₹; 9–22 Uhr;) Ein entspanntes (vielleicht sogar *zu* entspanntes) Dachrestaurant mit gutem Espresso (Kaffees 60–100 ₹). Wer Lust auf Kaffee hat, sollte vor den vielen Stufen nicht zurückschrecken und es nicht eilig haben. Es gibt auch frisch gepressten Saft, ordentliche Pizza und Pasta sowie Falafel.

Rainbow Cafe INTERNATIONAL **$$**
(9887210334; Hauptgerichte 120–260 ₹, Thalis 250–500 ₹; 7–23 Uhr;) Das Café bietet ein Bohème-Ambiente mit Entspannungsmusik, Sitzkissen, guten Snacks und ganz besonderen Lassis. Man braucht etwas Geduld, bis das Essen aus der winzigen Küche kommt. Das Café befindet sich auf dem Dach des westlichen Stadttors und ist durch ein Bambusgitter vor den räuberischen Makaken geschützt.

Shoppen

Yug Art KUNST
(www.yugartbundi.com; nahe Surang Gate; Porträt-Postkarte 800–1600 ₹, Comics ab 3000 ₹; 10–19.30 Uhr) Viele Läden verkaufen Miniaturen im Rajasthan-Stil, aber hier kann man sich selbst in einer verewigen lassen. Man hinterlässt einfach ein Foto, und der Künstler versetzt einen auf den Rücken eines Elefanten oder in eine typische Szene der Miniaturmalerei. Alternativ setzt Yug die Indien-Reise seiner Kunden auch gern in einen Comic um – man liefert das Skript, und er kümmert sich um die zeichnerische Umsetzung. Ein einzigartiges Andenken!

Praktische Informationen

Geldautomaten findet man am Sadar Bazaar.

Ayurvedic Hospital (0747-2443708; Balchand Para; Mo–Sa 9–13 & 16–18, So 9–11

Uhr) Das karitative Hospital verordnet natürliche pflanzliche Mittel. Es gibt Heilmittel für alle Arten von Leiden – von Bauchschmerzen bis zu Arthritis –, und viele davon sind kostenlos.

Roshan Tour & Travel (Internet 40 ₹/Std.; ⌚8–22 Uhr) Das Reisebüro 300 m südlich des Palasts bucht Zugfahrkarten, wechselt Geld und hat ein Internetcafé.

Touristeninformation (☎0747-2443697; Kota Rd; ⌚Mo–Fr 9.30–18 Uhr) Hat Bus- und Zugfahrpläne, kostenlose Stadtpläne und hilfreiche Ratschläge.

An- & Weiterreise

BUS

Nach Ranthambhore geht's schneller, wenn man mit dem Zug oder Bus nach Kota fahrt und dort den Zug nach Sawai Madhopur nimmt.

Direktbusse ab dem **Busbahnhof Bundi**:

Ajmer 186 ₹, 4 Std., stündl.

Jaipur 216 ₹, 5 Std., stündl.

Jodhpur 376 ₹, 8 Std., 5-mal tgl.

Kota 39 ₹, 40 Min., alle 15 Min.

Pushkar 200 ₹, 4½ Std., 2-mal tgl.

Sawai Madhoper 120 ₹, 5 Std., 3-mal tgl.

ZUG

Der Bahnhof Bundi liegt 4 km südlich der Altstadt. Es gibt keine täglichen Zugverbindungen nach Jaipur, Ajmer und Jodhpur. Dorthin fährt man besser mit dem Bus oder nimmt den Zug ab Kota oder Chittorgarh.

Agra (Bahnhof Agra Fort) Sleeper 160 ₹, 12½ Std., tgl. (17.35 Uhr)

Chittorgarh Sleeper 180 ₹, 2½–3½ Std., tgl. 3–5-mal (2.08, 2.24, 7.05, 9.16 & 23 Uhr)

Delhi (Hazrat Nizamuddin) Sleeper 325 ₹, 8–12 Std., tgl. 2-mal (17.48 & 22.35 Uhr)

Sawai Madhopur Sleeper 180 ₹, 2½–5 Std., tgl. 3-mal (17.35, 17.48 & 22.35 Uhr; der letzte Zug ist der schnellste)

Udaipur Sleeper 220 ₹, 5 Std., tgl. (12963 Mewar Express; 2.08 Uhr)

Unterwegs vor Ort

Eine Autorikscha von der Stadt zum Bahnhof kostet tagsüber 70 ₹ und nachts 100 bis 120 ₹.

Kota

☎0744 / 1 MIO. EW.

Das von Bundi aus im Rahmen eines Tagesausflugs leicht erreichbare Kota ist eine ungeschminkte Industrie- und Handelsstadt am Chambal, Rajasthans einzigem ständig Wasser führendem Fluss. Man kann hier Bootsausflüge auf dem Fluss unternehmen, um Vögel und Krokodile zu beobachten, und den alten Palast der Stadt erkunden.

Sehenswertes

City Palace PALAST, MUSEUM

(Kotah Garh; www.kotahfort.com; Inder/Ausländer 100/300 ₹; ⌚Sa–Do 10–16.30 Uhr) Der City Palace und das Fort, das den Palast umschließt, gehören zu den größten derartigen Komplexen in Rajasthan. Es diente als Herrscherresidenz und bildete das Zentrum der Macht; die Schätze, der Hof, die Waffen, die Streitkräfte und die Verwaltung des Fürstenstaats Kota waren hier untergebracht. Der Palast,

MINIATURMALEREIEN AUS KOTA & BUNDI

Einige der schönsten Miniatur- und Wandmalereien Rajasthans entstanden rund um Bundi und Kota, da die herrschenden Hada-Rajputen eifrige Kunstmäzene waren. Der Stil kombinierte die Merkmale der volkstümlichen Malerei – starke Farben und kräftige Formen – mit dem Streben der Mogulmalerei nach naturalistischer Wiedergabe.

Die Schulen von Bundi und Kota standen sich anfangs nahe, entwickelten dann aber einen jeweils eigenen Stil. Beiden gemein ist jedoch in der Regel ein Hintergrund mit dichtem Blattwerk, der Himmel mit Wolken und Szenen im Licht der untergehenden Sonne. Sind Architekturstaffagen vorhanden, werden die Gebäude liebevoll in allen Details wiedergegeben. Die gertenschlanken Frauen mit runden Gesichtern, großen, blütenblattförmigen Augen und kleinen Nasen sind gewissermaßen Vorläufer von Bollywood-Starlets.

Die Bundi-Schule zeichnet sich vor allem durch ihre Blautöne aus; die Palette von Türkis bis Azur ist sonst kaum irgendwo zu finden. Wunderschöne Beispiele dieser Malerei kann man im Bundi Palace (S. 155) sehen.

In Kota herrschte hingegen eine Vorliebe für Jagdszenen mit Tieren und dichtem Blattwerk – lebensvolle, detaillierte Schilderungen von Jagdausflügen in die einst dicht bewaldete Umgebung von Kota. Kotas City Palace (S. 159) besitzt einige der am besten erhaltenen Wandmalereien im gesamten Bundesstaat.

den man durch ein Tor betritt, auf dem oben wilde Elefanten zu sehen sind, befindet sich das ausgezeichnete **Rao Madho Singh Museum**, das all die Dinge zeigt, die der Maharao (Fürst) von Kota für ein respektables Leben benötigte, von Silbermöbeln bis zu Waffen. Hinzu kommt noch die wohl mottenzerfressenste Sammlung als Jagdtrophäen ausgestopfter Tiere in ganz Indien.

Der älteste Teil des Palastes stammt von 1624. Unten befindet sich ein Durbar (Audienzsaal) mit wunderschönem Spiegelwerk; die eleganten, kleineren Wohngemächer in den oberen Stockwerken beherbergen schöne, wunderbar erhaltene Gemälde, darunter auch Jagdszenen, für die Kota berühmt ist.

Die Fahrt mit der Autorikscha vom Busbahnhof kostet 40 ₹, vom Bahnhof mindestens 70 ₹.

Aktivitäten

Bootstouren BOOTSTOUR
(5 Min./1 Std. 60/1300 ₹/Pers.; max. 6 Pers.; ⏲10.30 Uhr–Sonnenuntergang) Eine hübsche Abwechslung ist ein Bootsausflug auf dem Chambal. Stromaufwärts von Kota gehört der Fluss zum Darrah National Park; sobald man aus der Stadt heraus ist, präsentieren sich seine Ufer mit üppiger Vegetation und zerklüfteten Klippen. Die Boote legen etwa 1,5 km südlich des Forts an den **Chambal Gardens** (Inder/Ausländer 2/5 ₹) am östlichen Flussufer ab.

Die Tour bietet die Möglichkeit jede Menge Vögel sowie Gangesgaviale (langschnautzige, Fische fressende Krokodile) und Sumpfkrokodile (bei denen es sich absolut nicht empfiehlt, Arme oder Beine über die Bordkante baumeln zu lassen) zu beobachten.

Schlafen

Palkiya Haveli HISTORISCHES HOTEL $$
(☎0744-2387497; www.palkiyahaveli.com; Mokha Para; EZ/DZ 2725/3315 ₹; ❄📶) Das exquisite *haveli* ist schon seit 200 Jahren in Besitz derselben Familie. Es liegt in einer herrlich friedlichen Ecke der Altstadt, rund 800 m östlich des Stadtpalasts, und ist eine hübsche, entspannte Bleibe mit herzlichen Gastgebern, einem hoch umzäunten Garten und einem Hof samt anmutigem Niembaum.

Es gibt hier eindrucksvolle Wandgemälde und ansprechende historische Zimmer. Das Essen ist erste Klasse!

Praktische Informationen

Touristeninformation (☎0744-2327695; RTDC Hotel Chambal; ⏲Mo–Sa 9.30–18 Uhr) Hat kostenlose Stadtpläne von Kota und hilfsbereite Angestellte. Vom Ausgang des Busbahnhofs nach links und am zweiten Kreisverkehr nach rechts, dann findet man das Büro auf der rechten Seite.

An- & Weiterreise

BUS

Vom Hauptbusbahnhof (an der Bundi Rd, östlich der Brücke über den Chambal) fahren Busse u.a. nach:

Ajmer (für Pushkar) 230 ₹, 4–5 Std., mind. 10-mal tgl.

Bundi 35 ₹, 40 Min., tagsüber alle 15 Min.

Chittorgarh 184 ₹, 4 Std., ab 6 Uhr halbstündl.

Jaipur 240 ₹, 5 Std., ab 5 Uhr stündl.

Udaipur 350–400 ₹, 6–7 Std., mind. 10-mal tgl.

ZUG

Kota liegt an der Hauptstrecke Mumbai–Delhi über Sawai Madhopur. Daher kommen hier so viele Züge durch, wenn auch nicht immer zu bequemen Abfahrtszeiten.

WICHTIGE ZÜGE AB KOTA

ZIEL	ZUG	ABFAHRT	ANKUNFT	PREIS (₹)
Agra	*19037/19039 Avadh Exp*	14.40 Uhr	21.50 Uhr	225/600/850 (A)
Chittorgarh	*29020 Dehradun Exp*	8.45 Uhr	11.35 Uhr	150/715/1180 (C)
Delhi (Hazrat Nizamuddin)	*12903 Golden Temple Mail*	11.05 Uhr	18.45 Uhr	315/805/1115/1855 (E)
Jaipur	*12955 Mumbai–Jaipur Exp*	8.55 Uhr	12.40 Uhr	225/580/780/1275 (E)
Mumbai	*12904 Golden Temple Mail*	14.25 Uhr	5.20 Uhr	490/1275/1805/3035 (E)
Sawai Madhopur	*12059 Shatabdi*	5.55 Uhr	7.03 Uhr	125/370 (D)
Udaipur	*12963 Mewar Exp*	1.25 Uhr	7.15 Uhr	245/580/780/1275 (E)

Fahrpreise: (A) Sleeper/3AC/2AC, (B) Sleeper, (C) Sleeper/2AC/1AC, (D) 2. Klasse/AC Chair, (E) Sleeper/3AC/2AC/1AC

Agra (Fort) Sleeper 225 ₹, 5–9 Std., tgl. 3–4-mal (7.30, 9.50, 14.40 & 21 Uhr)

Chittorgarh Sleeper 150 ₹, 3–4 Std., tgl. 3–4-mal (1.10, 1.25, 6.05 & 8.45 Uhr)

Delhi (New Delhi oder Hazrat Nizamuddin) Sleeper 315 ₹, 5–8 Std., fast stündl.

Jaipur Sleeper 225 ₹, 4 Std., tgl. 6-mal (2.55, 7.40, 8.55, 12.35, 17.35 & 23.50 Uhr), an bestimmten Tagen häufiger

Mumbai Sleeper 490 ₹, 14 Std., tgl. 5 Schnellzüge (7.45, 14.25, 17.30, 21.05 & 23.45 Uhr)

Sawai Madhopur Sitzplatz 2. Klasse/Sleeper 125/180 ₹, 1–2 Std., tgl. mehr als 24-mal

Udaipur Sleeper 245 ₹, 6 Std., tgl. 1- oder 2-mal (1.10 & 1.25 Uhr)

Unterwegs vor Ort

Minibusse und Sammel-Autorikschas verkehren zwischen Bahnhof und Hauptbusbahnhof (10 ₹/Pers.). Eine private Autorikscha kostet rund 50 ₹.

Chittorgarh (Chittor)

☎ 01472 / 116 410 EW.

Chittorgarh (das Fort, *garh*, Chittor) ist der größte Festungskomplex Indiens und ein faszinierender Ort. Es erhebt sich wie eine riesige Felsinsel aus der Ebene, ist fast 6 km lang und an allen Seiten von mehr als 150 m abfallenden Klippen umgeben.

Die Geschichte des Ortes ist der Inbegriff der Rajputen-Romantik, voller Edelmut und Tragik und daher heute noch für viele Rajputen besonders anrührend. Dreimal (1303, 1535 & 1568) wurde Chittorgarh von einem übermächtigen Feind angegriffen, und jedes Mal wählten die Bewohner den Tod statt der Ehrlosigkeit und begingen *jauhar*. Die Männer zogen safranfarbene Märtyrergewänder an und ritten aus der Festung in den sicheren Tod, die Frauen und Kinder stürzten sich in riesige Scheiterhaufen. Nach der letzten Plünderung floh Rana Udai Singh II. nach Udaipur und errichtete dort die neue Hauptstadt von Mewar. 1616 gab Jahangir Chittor an die Rajputen zurück. Es gab keinen Versuch einer Neubesiedlung, doch 1905 wurde die Anlage restauriert.

Sehenswertes

★ Chittorgarh FORT

(Inder/Ausländer 15/200 ₹, Sound-&-Light-Show (in Hindi) 100 ₹; ⏲ Sonnenaufgang–Sonnenuntergang, Sound-&-Light-Show zum Sonnenuntergang) Der mehr als 1 km lange, zickzackförmige Aufstieg beginnt am **Padal Pol** und führt durch sechs äußere Tore zum Haupttor auf der Westseite, dem **Ram Pol** (dem früheren Hintereingang). Durch das Tor kommt man in ein immer noch bewohntes Dorf. (Wer zum Ticketbüro will, biegt nach dem Ram Pol rechts ab). Der Rest des Plateaus ist verlassen; geblieben als Zeugen einstigen Glanzes sind nur die wundervollen Paläste, Türme und Tempel, zu denen noch ein paar neuere Tempel hinzugekommen sind. Eine Straße führt rund um das Plateau herum.

Die normale Erkundung des Forts mit einem Fahrzeug dauert zwei bis drei Stunden. Lizensierte Führer nehmen für eine bis zu vierstündige Tour – zu Fuß oder per Autorikscha – rund 400 ₹; man findet sie normalerweise am Ticketbüro.

➡ Meera-Tempel & Kumbha-Shyam-Tempel

Die beiden Tempel stehen südöstlich des **Rana Kumbha Palace**. Rana Kumbha ließ sie im überladenen indogermanischen Stil bauen – charakteristisch sind die hohen *sikharas* (Türme). Der kleinere **Meera-Tempel** ist der Mystikerin und Dichterin Meerabai gewidmet, die dem Mewar-Königsgeschlecht angehörte und im 16. Jh. lebte. Ihr Schwager versuchte, sie zu vergiften, doch sie überlebte, weil sie unter Krishnas Schutz stand. Der **Kumbha-Shyam-Tempel** ist Vishnu geweiht. Die Reliefs illustrieren das Leben in Mewar im 15. Jh.

➡ Jaya Stambha (Siegesturm)

In den 1440er-Jahren gab Rana Kumbha den Bau des prächtigen **Siegesturms** (Jaya Stambha) in Auftrag. Das Wahrzeichen von Chittorgarh soll wahrscheinlich an den Sieg über Mahmud Khilji von Malwa erinnern. Es ist Vishnu geweiht, hat neun kunstvoll verzierte Stockwerke und ragt 37 m in die Höhe. Über 157 schmale Stufen gelangt man in den 8. Stock (das Innere des Turmes ist ebenfalls mit Reliefs versehen). Dort bietet sich ein schöner Ausblick.

Unterhalb des Turmes, Richtung Südwesten, befindet sich das **Mahasati**-Areal mit zahlreichen *sati*-Steinen (Selbstverbrennung). Hier fanden einst die königlichen Feuerbestattungen statt – und 1535 begingen hier 13 000 Frauen *jauhar*. Der im 6. Jh. erbaute und 1427 restaurierte **Samidheshwar-Tempel** ist ganz in der Nähe. Er weist meisterhafte Reliefs auf; besonders auffällig ist die Trimurti- („drei Gesichter") Figur von Shiva.

➡ Gaumukh Reservoir

Wer hinter dem Samidheshwar-Tempel bergab geht, wird am Rand des Abhangs ein tiefes Wasserbecken vorfinden, das Gau-

Chittorgarh (Chittor)

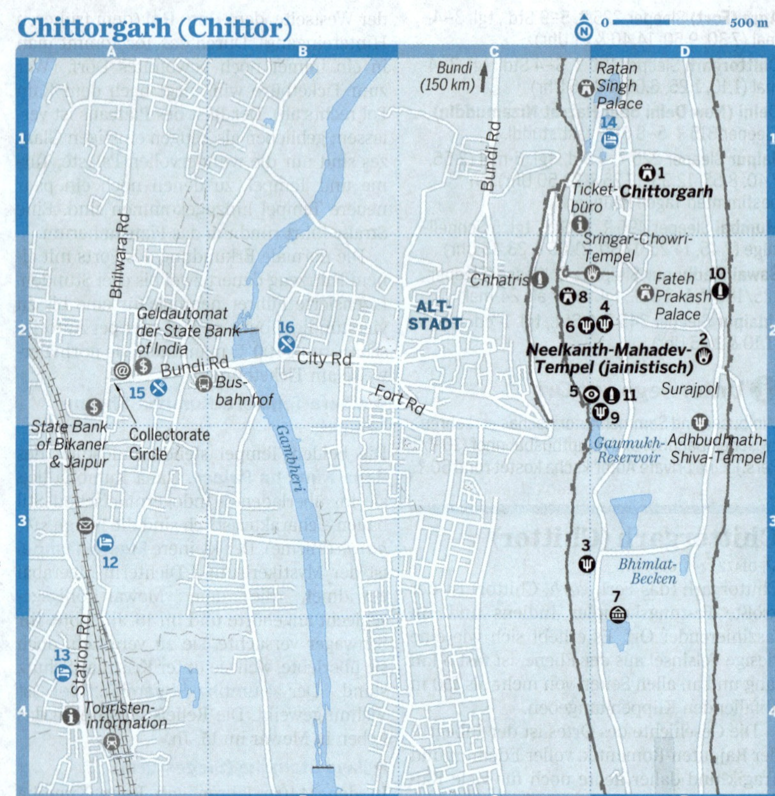

mukh Reservoir – Fische füttern ist erlaubt! Das Becken wird von einer Quelle gespeist; deren Wasser strömt durch ein *gaumukh* (Kuhmaul), das in den Fels gehauen wurde.

➡ **Padmini's Palace**

Weiter südlich erreicht man den **Kalika-Mata-Tempel**. Der aus dem 8. Jh. stammende Tempel war ursprünglich dem Sonnengott Surya geweiht. Er wurde bei der ersten Eroberung Chittorgarhs beschädigt und schließlich im 14. Jh. zu einem Tempel der Göttin Kali umgewandelt. **Padmini's Palace** steht rund 250 m weiter südlich an einem kleinen Teich, in dessen Mitte sich ein Pavillon befindet. Die Bronzetüren des Pavillons wurden von Akbar als Beute geraubt und sind heute im Agra Fort zu sehen.

➡ **Surajpol & Kirtti Stambha (Ruhmesturm)**

Das Surajpol an der Ostseite der Festung war früher das Haupttor. Von dort hat man einen tollen Blick über die kultivierte Ebene. Gegenüber befindet sich der **jainistische Meelkanth-Mahadev-Tempel**. Weiter nördlich ragt der 24 m hohe **Ruhmesturm** (Kirtti Stambha) auf. Er wurde 1301 erbaut und ist kleiner als der Siegesturm. Der Turm wurde von einem Händler und Anhänger des Jainismus zu Ehren von Adinath errichtet, dem ersten *tirthankar* (einer von 24 verehrten jainistischen Lehrern). Darstellungen anderer nackter *tirthankar* zieren das Bauwerk, was darauf hindeutet, dass es sich um ein Denkmal des Digambara- („im Luftkleid") Ordens handelt. Eine schmale Treppe führt die sieben Stockwerke hinauf. Daneben steht ein jainistischer Tempel aus dem 14. Jh.

Schlafen & Essen

★ **Padmini Haveli** HISTORISCHES HOTEL $$
(☎ 9414734497, 9414110090; www.thepadminihaveli.com; Annapoorna Temple Rd, Shah Chowk, Village, Chittorgarh Fort; Zi./Suite mit Frühstück 4000/5000 ₹; ❄@📶) Das fabelhafte Gäste-

Chittorgarh (Chittor)

haus mit charmanten, enthusiastischen und kundigen Gastgebern ist die einzige Unterkunft innerhalb der Festung. Die stilvollen Zimmer prunken mit Granit-Bädern und traditioneller Dekoration und öffnen sich zu dem gemeinschaftlich genutzten Hof des *haveli*. Die Besitzer sind offizielle Chittorgarh-Führer; sie leben auf dem Gelände und versorgen ihre Gäste mit italienischem Kaffee sowie hausgemachten Mahlzeiten und Konfitüren.

Es gibt hier nur sechs Zimmer – drei Standardzimmer und drei Suiten; daher empfiehlt es sich, vorab zu buchen. Das weiß verputzte *haveli* mit der großen schwarzen Tür ist in dem Gassenlabyrinth des Dorfs schwer zu finden – besser, man ruft vorher an.

Hotel Shree Ji HOTEL $$
(☎ 9413670931, 01472-249131; hotelshreeji@gmail.com; Station Rd; EZ/DZ ab 1800/2000 ₹; ❄ ☎) Das heitere und effizient geführte Businesshotel liegt nur 300 m vom Bahnhof entfernt, ist aber um Vieles besser als die lustlosen Hotels am Busbahnhof. Die Zimmer sind hell und blitzblank, morgens bekommt man gratis einen Tee, die Zeitung und eine Flasche Wasser aufs Zimmer. Das Restaurant serviert abends ein preiswertes Thali.

Hotel Pratap Palace HOTEL $$
(☎ 01472-240099; www.hotelpratappalacechittaurgarh.com; abseits der Maharana Pratap Setu Marg; Zi. 1500 ₹, mit Klimaanlage 1800–4500 ₹; ❄ @ ☎) Das Hotel hat eine breite Palette an Zimmern, allerdings scheint das Geschäft, als Mittagslokal für Reisegruppen zu fungieren, Vorrang vor dem Hotelgewerbe zu genießen. Selbst die teureren Zimmer leiden unter schlechter Pflege, und die Sauberkeit lässt auch zu wünschen übrig. Das große Restaurant mit internationaler Küche fährt Buffets für Reisegruppen auf. Wer kann, sollte probieren und dann à la carte bestellen.

Die Inhaber betreiben auch das gehobene Hotel Castle Bijaipur außerhalb der Stadt und bieten Führungen durch das Dorf und Ausritte mit Pferden an.

Hotel Castle Bijaipur HISTORISCHES HOTEL $$$
(☎ 01472-240099; www.castlebijaipur.co.in; Zi. ab 8700 ₹; ❄ ☎ ≋) Der Palast aus dem 16. Jh. in fantastischer Lage, 41 km östlich von Chittorgarh, ist das ideale Refugium auf dem Lande. Hier kann man sich prima mit einem guten Buch niederlassen, ein Märchen zusammenträumen oder einfach nur faulenzen. Die Zimmer sind romantisch und luxuriös, es gibt einen schönen Gartenhof und ein luftiges Restaurant, in dem Gerichte der Rajasthan-Küche serviert werden. Das Hotel ist bei Reisegruppen sehr beliebt.

Reserviert wird am besten über die Website oder direkt über das Hotel Pratap Palace in Chittorgarh. Die Besitzer organisieren gern die Anfahrt aus Chittor und bieten darüber hinaus Safaris hoch zu Ross oder im Jeep, Vogelbeobachtungen, Kochkurse, Massagen und Yoga an.

Chokhi Dhani Garden Family Restaurant INDISCH $
(☎ 9413716593; Bundi Rd; Hauptgerichte 80–150 ₹, Thalis 110–290 ₹; ⏲ 9–22.30 Uhr; ❄ ✎) Das *dhaba* (Imbiss) am Straßenrand hat Ventilatoren zur Kühlung und zusätzliche Sitzplätze hinten. Hier gibt's gute und günstige vegetarische Gerichte, darunter sättigende Thalis und eine Reihe nord- und südindischer Gerichte.

Saffire Garden Restaurant INTERNATIONAL $
(City Rd; Hauptgerichte 100–170 ₹; ⏲ 8–22 Uhr; ❄) Man sitzt an Tischen auf dem kleinen, von Bäumen beschatteten Rasen oder drinnen in dem hinten gelegenen Raum mit Klimaanlage und stürzt sich auf die üblichen, aber recht schmackhaften indischen und chinesischen Gerichte.

Praktische Informationen

Geldautomaten gibt's beim Collectorate Circle.

State Bank of Bikaner & Jaipur (SBBJ; Bhilwara Rd; ⏲ Mo–Fr 9.30–16, Sa bis 12 Uhr) Geldautomat und Geldwechsel.

Mahavir Cyber Cafe (Collectorate Circle; 40 ₹/ Std.; ⏲ 8–22 Uhr)

Touristeninformation (☎ 01472-241089; Station Rd; ⏲ Mo–Sa 10–13.30 & 14–17 Uhr) Hier gibt's einen Stadtplan und eine Broschüre.

An- & Weiterreise

BUS

Es gibt keine Direktbusse nach Bundi; stattdessen den Zug nehmen. Vom **Busbahnhof** Chittorgarh fahren Busse u. a. nach:

Ajmer (für Pushkar) 197 ₹, AC 350 ₹, 4 Std., bis frühen Nachmittag stündl.

Jaipur 339 ₹, AC 667 ₹, 7 Std., etwa alle 1½ Std.

Kota 184 ₹, 4 Std., halbstündl.

Udaipur 120 ₹, AC 255 ₹, 2½ Std., halbstündl.

ZUG

Ajmer (für Pushkar) Sleeper 150 ₹, 3 Std., tgl. 5–7-mal (0.35, 2.50, 8.20, 10.10, 17.30, 19.45 & 23.30 Uhr)

Bundi Sleeper 150 ₹, 2–3½ Std., tgl. 3-mal (13.50, 15.35 & 20.50 Uhr)

Delhi (Delhi Sarai Rohilla oder Hazrat Nizamuddin) Sleeper 380 ₹, 10 Std., tgl. 2 Schnellzüge (19.30 & 20.50 Uhr)

Jaipur Sleeper 220 ₹, 5½ Std., tgl. 4-mal (0.35, 2.45, 8.20 & 8.35 Uhr)

Sawai Madhopur Sleeper 210 ₹, 4–9 Std., tgl. 3-mal (13.50, 15.35 & 20.50 Uhr; der letzte ist der schnellste)

Udaipur Sleeper 150 ₹, 2 Std., tgl. 6-mal (4.25, 5.05, 5.33, 6.35, 16.50 & 19.25 Uhr)

Unterwegs vor Ort

Eine komplette Tour durch die Festung mit einer Autorikscha kostet hin und zurück etwa 400 ₹ und kann auf eigene Faust vor Ort arrangiert werden.

Udaipur

☎ 0294 / 451735 EW.

Keine Stadt in Rajasthan, vielleicht sogar in ganz Indien, liegt ähnlich traumhaft wie Udaipur: Ringsum ragen die ocker- und purpurfarben bewaldeten Kämme des Aravalligebirges auf, und zu ihren Füßen schimmert der Pichola-See. Fantastische Paläste, Tempel, *havelis* und zahllose schmale, krumme und zeitlose Gassen bilden das menschengemachte Pendant zur natürlichen Schönheit der Stadt. Besucher finden hier ruhige Bootsfahrten auf dem See, farbenprächtige, wimmelnde alte Basare, eine lebhafte Kunstszene, eine idyllische, altmodisch anmutende Atmosphäre in den besseren Hotels, jede Menge verlockender Läden und in der Umgebung einige hübsche ländliche Gegenden, die sich zu Fuß, mit dem Rad oder hoch zu Ross erkunden lassen.

Das Etikett „romantischstes Fleckchen Erde auf dem indischen Subkontinent" erhielt Udaipur 1829 von Colonel James Tod, dem ersten politischen Beauftragten der Ostindien-Kompanie in der Region. Heute ist es mit der Romantik nicht mehr ganz so weit her, da immer höhere Hotels um die beste Aussicht konkurrieren und sich der Verkehr in den alten Straßen staut.

Udaipur wurde 1568, nach der letzten Eroberung Chittorgarhs durch Großmogul Akbar, von Maharana Udai Singh II. gegründet. Die neue Hauptstadt von Mewar war aufgrund ihrer Lage leichter zu verteidigen als Chittorgarh. Mewar hatte dennoch mit wiederholten Angriffen der Großmoguln und später auch der Marathen zu kämpfen, ehe im frühen 19. Jh. die Briten auf den Plan tra-

WICHTIGE ZÜGE AB CHITTORGARH

ZIEL	ZUG	ABFAHRT	ANKUNFT	PREIS (₹)
Ajmer (für Pushkar)	*12991 Udaipur-Jaipur Exp*	8.20 Uhr	11.25 Uhr	120/410/550 (A)
Bundi	*29019 MDS-Kota Exp*	15.35 Uhr	17.45 Uhr	160/735/1200 (B)
Delhi (Hazrat Nizamuddin)	*12964 Mewar Exp*	20.50 Uhr	6.35 Uhr	370/975/1380/2325 (C)
Jaipur	*12991 Udaipur-Jaipur Exp*	8.20 Uhr	13.30 Uhr	160/545/750 (A)
Sawai Madhopur	*29019 MDS-Kota Exp*	15.35 Uhr	21.25 Uhr	210/735/1200 (B)
Udaipur	*19329 Udaipur City Exp*	16.50 Uhr	19.15 Uhr	160/530/735/1200 (C)

Fahrpreise: (A) Sitzplatz 2. Klasse/AC Chair/Sitzplatz 1. Klasse, (B) Sleeper/2AC/1AC, (C) Sleeper/3AC/2AC/1AC

ten. Ein Vertrag sicherte Mewars Herrschern britischen Schutz vor Angriffen auf ihre Hauptstadt Udaipur und gleichzeitig den Fortbestand ihrer absoluten Macht in inneren Angelegenheiten zu. Die ehemalige Herrscherfamilie genießt weiterhin hohen Einfluss und war in den letzten Jahrzehnten auch die treibende Kraft hinter der Entwicklung Udaipurs als Touristenziel.

Sehenswertes

★City Palace PALAST

(www.eternalmewar.in; Erw./Kind 30/15 ₹; ⌚9–23 Uhr) Seine Balkone, Türme und Kuppeln thronen stolz über dem See, die Fassade ist 244 m lang und 30,4 m hoch – der imposante Stadtpalast von Udaipur ist der größte Palast Rajasthans. Der Stadtgründer Maharana Udai Singh II. gab seinen Bau 1599 in Auftrag, und spätere Maharanas steuerten weitere Teile bei (einschließlich 11 separate kleine Paläste) – der Palast wurde um- und ausgebaut, doch überraschenderweise wirkt das Design dennoch stimmig und harmonisch.

Man kann den Komplex durch das **Badi Pol** (Großes Tor) am Nordende betreten, oder durch das **Sheetla Mata Gate** Richtung Süden. Man muss die 30 ₹ Eintrittsgebühr für den City Palace bezahlen, um im Süden durch das **Candra Chowk Gate** Richtung Crystal Gallery oder Rameshwar Ghat (für die Bootstouren auf dem Pichola-See) zu dürfen – und das, auch wenn man ein Ticket für das City Palace Museum hat!

Im Badi Pol erinnern links acht Bogen an acht Gelegenheiten, bei denen Maharanas in Gold oder Silber aufgewogen wurden. Dann schreitet man durch das **Tripolia Gate** mit seinen drei Bogen und kommt in einen großen Hof, den **Manek Chowk**. Dort stehen eine große Falle für Tiger und eine für Leoparden (die kleinere) – der Tigerkäfig funktioniert wie eine überdimensionale Mausefalle!

★City Palace Museum MUSEUM

(Erw./Kind 250/100 ₹, Foto od. Video 250 ₹, Führer 250 ₹, Audioguide 200 ₹; ⌚9.30–17.30, letzter Eintritt 16.30 Uhr) Der zentrale Bereich des City Palace ist öffentlich zugänglich; dort ist das City Palace Museum untergebracht. Die Räume haben ein extravagantes Dekor (Spiegel, Fliesen, Malereien) und beherbergen eine große, abwechslungsreiche Sammlung. Zugang hat man über den **Ganesh Chowk**, den man wiederum über den Manek Chowk erreicht.

Die erste Station im City Palace Museum ist der **Rai Angan** (Königlicher Hof). Dort traf Udai Singh den Weisen, der ihn anwies, an dieser Stelle eine Stadt zu errichten. Auf einer Seite des Hofs geht es in Räume mit Malereien, die u.a. die Schlacht von Haldighati (1576) zeigen; in dieser Schlacht kämpften Mewar-Streitkräfte unter Maharana Pratap, einem der großen rajputischen Helden, gegen die Armee des Großmoguls Akbar.

Weitere Highlights auf dem Palastgelände sind der **Baadi Mahal** (1699) mit seinem hübschen zentralen Garten (Top-Aussicht auf die Stadt!). Der **Kishan (Krishna) Vilas** wartet mit einer bemerkenswerten Sammlung von Miniaturen aus der Zeit von Maharana Bhim Singh (1778–1828) auf. Es heißt, dass Bhim Singhs Tochter Krishna Kumari sich hier mit einem Gifttrank das Leben nahm, um ihre Heimat zu schützen: Zwei Fürsten aus Jaipur und Jodhpur hatten um ihre Hand angehalten und drohten, Mewar anzugreifen, wenn sie ihre Anträge ablehnte. Das **Surya Choupad** besticht durch eine riesige, verzierte Sonne – das Symbol der von der Sonne abstammenden Mewar-Dynastie – und führt auf den **Mor Chowk** (Pfauenhof) mit prächtigen Pfauenmosaiken hinaus.

Am Südende des Museums erhebt sich der **Zenana Mahal**; die Gemächer der königlichen Frauen entstanden im 17. Jh. Heute umfassen sie eine lange Bildergalerie mit jeder Menge Jagdszenen (man sollte sich die einem Comic ähnelnde Handlung auf jedem Bild genau ansehen). Im zentralen Hof des Zenana Mahal, dem **Laxmi Chowk**, stehen ein traumhaft schöner, weißer Pavillon und diverse Howdahs, Sänften usw.

Crystal Gallery GALLERY

(im City-Palace-Komplex; Erw./Kind inkl. Audio-guide & Getränk 550/350 ₹, Fotografieren verboten; ⌚9–19 Uhr) In der Crystal Gallery sind seltene Stücke aus Kristallglas ausgestellt, die der Maharana Sajjan Singh 1877 bei F&C Osler & Co. in England bestellte. Er starb noch bevor die Lieferung eintraf, und so standen die Waren 110 Jahre lang in Kisten verpackt herum. Zur extravaganten Sammlung gehören Stühle, Sofas, Tische und sogar Betten aus Kristallglas. Der heftige Eintrittspreis gilt auch für die imposante **Durbar Hall**. Das Ticket gibt's an den Toren des City Palace oder direkt am Eingang der Crystal Gallery.

Government Museum MUSEUM

(Inder/Ausländer 209/100 ₹; ⌚Di–So 10–17 Uhr) Der Eingang des Museums befindet sich am

Udaipur

Ganesh Chowk. Es zeigt eine exquisite Sammlung feiner Miniaturmalereien der Mewar-Schule und einen Turban, der Shah Jahan, dem Schöpfer des Taj Mahal, gehörte. Zu den skurrileren Ausstellungsstücken gehört ein ausgestopfter Affe, der eine Lampe hält. An der Reihe der Profilporträts der Maharanas von Mewar wird deutlich, wie sich die Bartmode im Lauf der Zeit änderte.

★ Pichola-See — SEE

Im klaren Wasser des riesigen Pichola-Sees spiegeln sich die graublauen Berge ringsum. Nachdem Maharana Udai Singh II. die Stadt gegründet hatte, vergrößerte er den See, indem er das Dorf Picholi überfluten ließ – so erhielt das Gewässer seinen Namen. Der See ist heute 4 km lang, 3 km breit und sehr flach; während starker Dürren trocknet er aus. Das Gelände des City Palace zusammen mit dem Park am südlichen Ende erstreckt sich fast 1 km entlang des östlichen Ufers.

Etwa stündlich beginnen **Bootstouren** (Erw./Kind 10–14 Uhr; 700/400 ₹; 15–17 Uhr 650/350 ₹; ⏲10–17 Uhr) am Rameshwar Ghat im City-Palace-Komplex (City Palace Eintritt 30 ₹). Bei den Fahrten wird ein Stopp auf der Insel Jagmandir eingelegt. Dort kann man so lange verweilen, wie man möchte, bevor man ein Boot zurück nimmt. Eigene Verpflegung mitnehmen, da die Snacks auf der Insel ziemlich überteuert sind! Man kann den ganzen Tag über auch eine 25-minütige Bootstour (250 ₹/Pers.) vom **Lal Ghat** machen, ohne den City-Palace-Komplex betreten zu müssen; man sollte sich im Voraus erkundigen, wann die beliebten Sonnenuntergangs-Touren ablegen.

Insel Jagmandir — INSEL

Der Palast auf der rund 800 m südlich von Jagniwas gelegenen Insel Jagmandir entstand 1620 unter Maharana Karan Singh II. Sein Nachfolger Maharana Jagat Singh baute ihn noch aus. Danach änderte sich nicht

Udaipur

Sehenswertes

- **1** Badi Pol B2
- **2** Bagore-ki-Haveli B2
- **3** City Palace B3
- **4** City Palace Museum B3
- **5** Crystal Gallery B3
- **6** Durbar Hall B4
- **7** Government Museum B3
- **8** Jagdish-Tempel B2
- **9** Lal Ghat B2
- **10** Sheetla Mata Gate C4
- **11** Tripolia Gate B3

Aktivitäten, Kurse & Touren

- Art of Bicycle Trips .... (siehe 14)
- Ashoka Arts .... (siehe 21)
- **12** Ayurvedic Body Care B2
- **13** Bootstouren auf dem Pichola-See B4
- Millets of Mewar .... (siehe 36)
- **14** Prakash Yoga B1
- **15** Prem Musical Instruments B1
- **16** Shashi Cooking Classes B1
- Sushma's Cooking Classes .... (siehe 22)

Schlafen

- **17** Amet Haveli A2
- **18** Dream Heaven A1
- **19** Fateh Prakash Palace Hotel B4
- **20** Hotel Baba Palace C1
- **21** Hotel Gangaur Palace B1
- **22** Hotel Krishna Niwas B2
- **23** Jagat Niwas Palace Hotel B2
- **24** Jaiwana Haveli B2
- **25** Lal Ghat Guest House B2
- **26** Nukkad Guest House B1
- Poonam Haveli .... (siehe 22)
- **27** Pratap Bhawan B2
- **28** Rangniwas Palace Hotel D4
- **29** Shiv Niwas Palace Hotel B4
- **30** Taj Lake Palace A4
- **31** Udai Garh B2
- **32** Udai Kothi A2

Essen

- **33** Ambrai A2
- **34** Cafe Edelweiss B1
- Charcoal .... (siehe 27)
- Jagat Niwas Palace Hotel .... (siehe 23)
- **35** Little Prince A1
- Mayur Rooftop Cafe .... (siehe 20)
- **36** Millets of Mewar A1
- **37** Queen Cafe A1

Ausgehen & Nachtleben

- Jaiwana Bistro Lounge .... (siehe 24)
- **38** Jheel's Ginger Coffee Bar B1
- **39** Paps Juices B1
- **40** Sunset Terrace B4

Unterhaltung

- **41** Dharohar B2
- **42** Mewar Sound & Light Show C3

Shoppen

- **43** Sadhna C1

mehr viel, bis Teile der Palastanlage vor ein paar Jahren in ein – welch Überraschung – kleineres Hotel umgewandelt wurden. Wenn es abends angestrahlt wird, hat es mehr romantischen Glanz als der Palast am See. Neben den sieben Hotelzimmern bietet die Insel auch ein Restaurant, eine Bar und ein Spa, die für Besucher zugänglich sind.

Auf der Insel gibt es einen prachtvoll verzierten Turm aus dem 17. Jh., den aus Blaustein gebauten **Gol Mahal**, dessen Eingang von riesigen Steinelefanten flankiert ist. Der Turm beherbergt eine kleine Ausstellung zur Geschichte Jagmandirs und hat noch einen Garten und einen tollen Ausblick auf den See.

Etwa stündlich beginnen Bootsfahrten (S. 166) am Rameshwar Ghat innerhalb der Stadtpalastanlage (Eintritt 30 ₹). Bei den Fahrten wird ein Stopp auf der Insel Jagmandir eingelegt. Dort kann man so lange verweilen, wie man möchte, bevor man ein Boot zurück nimmt. Getränke und Verpflegung mitnehmen, da die Snacks auf der Insel ziemlich überteuert sind!

Jagdish-Tempel HINDU-TEMPEL

(⌚5.30–14 & 16–22 Uhr) 150 m nördlich des Badi Pol (City Palace) führt eine steile, von Elefanten gesäumte Treppe zu dem indo-arischen Tempel hinauf. Maharana Jagat Singh ließ ihn 1651 errichten. Das mit kunstvollen Reliefs versehene Hauptgebäude beherbergt eine Darstellung von Vishnu als Jagannath (Herr des Universums) aus schwarzem Stein. Im Schrein gegenüber ist das Messingbildnis des Garuda (Vishnus halb mensch-, halb adlergestaltiges Reittier) untergebracht.

Bagore-ki-Haveli MUSEUM

(Inder/Ausländer 40/80 ₹, Foto 50 ₹; ⌚9.30–17.30 Uhr) Das elegante, sorgsam restaurierte *haveli* am Ufer nahe dem Gangaur Ghat ließ ein Premierminister von Mewar im 18. Jh. erbauen. 138 Zimmer verteilen sich um die Höfe. Die Einrichtung mancher Zimmer erinnert an die Zeit, als das Gebäude noch bewohnt wurde, andere dienen als Ausstellungsfläche – bewundern kann man hier u. a. den größten Turban der Welt.

Ferner befinden sich in dem *haveli* eine Galerie mit faszinierenden historischen Fotos aus Udaipur sowie eine surreale Sammlung von Styropornachbildungen weltberühmter Denkmäler.

Sajjan Garh PALAST
(Monsun-Palast) Auf einem Berg in der Ferne thront wie ein Märchenschloss dieser melancholisch stimmende, vernachlässigte Palast, den Maharana Sajjan Singh im späten 19. Jh. erbaute. Ursprünglich war das Gebäude als Sternwarte und Ort zum Beobachten der Monsunwolken (daher „Monsun-Palast") geplant, später diente es auch als Jagdschloss des Herrschers. Mittlerweile befindet es sich in Staatsbesitz, ist aber in einem traurig-verfallenen Zustand. Trotzdem strömen Besucher hinauf, um die fabelhafte Aussicht, insbesondere bei Sonnenuntergang, zu genießen. Der Sajjan Garh liegt 5 km westlich der Altstadt (Luftlinie), auf der kurvenreichen Zufahrtsstraße sind es aber rund 9 km.

Am Fuß des Hügels betritt man das Gelände des 5 km² großen **Sajjan Garh Wildlife Sanctuary** (Inder/Ausländer 50/300 ₹, Auto 200 ₹). Eine gute Möglichkeit, das Gelände zu besuchen, sind die Exkursionen, die ein geschäftstüchtiger Taxifahrer jeden Abend veranstaltet – er sammelt die Interessenten um 17 Uhr am Eingang zum Bagore-ki-Haveli am Gangaur Ghat mit seinem Kleinbus auf, an dessen Front „Monsoon Palace-Sajjangarh Fort" steht. Die Fahrt kostet hin und zurück 300 ₹ pro Person, inklusive Wartezeit (aber nicht die Gebühr fürs Schutzgebiet). Alternativ kostet die Fahrt mit einer Autorikscha zum Tor des Reservats (weiter dürfen sie nicht) und zurück 400 ₹ inklusive Wartezeit. Die letzten 4 km bis zum Palast muss man ein Taxi nehmen (150 ₹/Pers.).

Vintage & Classic Car Collection MUSEUM
(Garden Hotel, Lake Palace Rd; Erw./Kind 250/150 ₹, Mittag- oder Abendessen 230 ₹; ⊙9–21 Uhr) Die Autosammlung des Maharanas ist eine faszinierende Abwechslung: Sie verrät viel über den Lebensstil der damaligen Elite, ist aber allein schon wegen der alten Autos sehenswert. In der früheren Staatsgarage stehen 22 wundervolle Fahrzeuge, darunter ein siebensitziger Cadillac von 1938 mit eingebauten Parda-Vorhängen, der schöne Rolls-Royce Phantom (1934), der im Bond-Streifen *Octopussy* zu sehen war, und das Cadillac-Cabrio, mit dem Königin Elisabeth II. 1961 zum Flughafen kutschiert wurde. Das Museum befindet sich 10 Gehminuten die Lake Palace Rd nach Osten.

Aktivitäten

Krishna Ranch REITEN
(☎9828059505; www.krishnaranch.com; ganztägig inkl. Mittagessen 1200 ₹) Die Ranch liegt in einer schönen Landschaft nahe dem Dorf Badi, 7 km nordwestlich von Udaipur, und wird von den Inhabern der Pension Kumbha Palace geführt. Die meisten Trips, bei den man auf örtlichen Marwari-Pferden über die Hügel reitet, leitet der Führer und Mitinhaber Dinesh Jain persönlich. Auf der Ranch gibt es auch hübsche Cottages (S. 168).

Prakash Yoga YOGA
(☎0294-2524872; im Chandpol; Sitzung gegen Spende; ⊙Sitzungen 8 & 19 Uhr) Ein freundliches Hatha-Yoga-Zentrum mit einstündigen Sitzungen. Der Lehrer hat mehr als 20 Jahre Erfahrung. Das Zentrum versteckt sich im Chandpol nahe der Fußgängerbrücke, ist aber gut ausgeschildert.

Ayurvedic Body Care AYURVEDA, MASSAGE
(☎0294-2413816; www.ayurvedicbodycare.com; 38 Lal Ghat; ⊙9.30–20.30 Uhr) Der kleine und beliebte Betrieb in der Altstadt bietet ayurvedische Massagen zu vernünftigen Preisen an, z. B. eine 20-minütige Kopf- oder Rückenmassage (350 ₹) oder eine 50-minütige Ganzkörpermassage (850 ₹). Man kann hier auch Ayurveda-Produkte wie Öle, Feuchtigkeitslotionen, Shampoos und Seifen kaufen.

Kurse

Shashi Cooking Classes KOCHEN
(☎9929303511; www.shashicookingclasses.blogspot.com; Sunrise Restaurant, 18 Gangaur Ghat Rd; 4-Std.-Kurs 1500 ₹; ⊙Kurse 10.30 & 17.30 Uhr) Leser schwärmen von den anregenden Kursen des Shashi, wo man die Zubereitung vieler typisch indischer Gerichte lernt. Ein Kochkurs dauert 3½ bis vier Stunden; Teilnehmer erhalten gratis noch ein Rezeptbüchlein.

Sushma's Cooking Classes KOCHEN
(☎7665852163; www.cookingclassesinudaipur.com; Hotel Krishna Niwas, 35 Lal Ghat; 2-Std.-Kurs 1000 ₹) Der Kochkurs der engagierten Sushma ist sehr zu empfehlen. Man erfährt z. B. etwas über traditionelle Gerichte der Rajasthan-Küche, Gewürzmischungen, das Brotbacken oder das Brauen einer guten Tasse Chai.

Prem Musical Instruments MUSIK
(☎9414343583; 28 Gadiya Devra; 700 ₹/Std.; ⊙10.30–18 Uhr) Rajesh Prajapati (Bablu) ist

ein erfolgreicher örtlicher Musiker, der Studen auf der Sitar, Tabla und Flöte gibt. Er verkauft und repariert auch Musikinstrumente und kann Konzerte organisieren.

Ashoka Arts KUNST
(Hotel Gangaur Palace, Ashoka Haveli, Gangaur Ghat Rd; 200 ₹/Std.) Ein örtlicher Meister vermittelt die Grundlagen der klassischen indischen Miniaturmalerei.

Geführte Touren

Art of Bicycle Trips RADFAHREN
(☎8769822745; www.artofbicycletrips.com; 27 Gadiya Devra, im Chandpol; halbtägige Tour 1950 ₹) Mit diesem gut geführten Veranstalter lässt sich die Stadt auf dem Drahtesel erkunden. Der Lakecity Loop ist eine 30 km lange halbtägige Radtour, bei der man Udaipur schnell hinter sich lässt und durch Dörfer und Farmland bis zu den Seen Fateh Sagar und Badi radelt. Zu den weiteren Optionen zählen auch längere Touren (mit Begleitfahrzeug) bis nach Kumbhalgarh und Ranakpur. Die Räder sind gut gepflegt und werden samt Helm verliehen.

Millets of Mewar STADTSPAZIERGANG
(☎8890419048; www.milletsofmewar.com; Hanuman Ghat; 1000 ₹/Pers., mind. 2 Pers.) Millets of Mewar (S. 172), der Spezialist für gesundes Essen, organisiert 2½-stündige Stadtführungen, bei denen man Künstler trifft, die in Udaipur leben und arbeiten. Die Rundgänge starten um 10 Uhr vor dem Restaurant; einen Tag vorher buchen.

Feste & Events

Holi RELIGION
(Feb./März) Das Holi-Fest wird in Udaipur mächtig und farbenfroh gefeiert.

Mewar Festival RELIGION
(März/April) Nach dem Holi-Fest folgt das von Umzügen geprägte Mewar Festival, Udaipurs eigene Version des Gangaur-Frühlingsfests.

Schlafen

Viele Unterkünfte der Budget- und Mittelklasse ballen sich in der Nähe des Sees, insbesondere an der Ostseite am Lal Ghat. Das Gebiet ist ein Gewirr von Straßen und Gassen um den Stadtpalast. Hier im touristischen Zentrum von Udaipur finden sich auch zahllose Restaurants und Läden. Direkt gegenüber vom Lal Ghat gibt's am Hanuman Ghat am gegenüberliegenden Ufer etwas mehr Lokalkolorit und oft auch eine bessere Aussicht, obwohl man sich auch hier noch in der touristischen Zone bewegt.

Lal Ghat

Lal Ghat Guest House PENSION $
(☎0294-2525301; lalghat@hotmail.com; 33 Lal Ghat; B 200 ₹, Zi. 1000 ₹, ohne Bad 750 ₹, mit Klimaanlage 2000 ₹;) Das freundliche Gästehaus am See ist eines der ältesten in Udaipur und mit seiner großen Auswahl an älteren und neueren Zimmern immer noch eine solide Wahl. Die Auswahlmöglichkeiten bei den Zimmern reichen von einem adretten Nichtraucher-Schlafsaal (mit durch Vorhänge abgeschirmten Betten und Schließfächern unter den Matratzen) bis zum besten Zimmer mit Steinwänden, Klimaanlage, einem großen Bett und einem großen Spiegel.

Die meisten Zimmer haben Seeblick, jene im älteren Teil des Gebäudes sind generell stimmungsvoller. Es gibt auch eine kleine Küche für Selbstversorger.

Nukkad Guest House PENSION $
(☎0294-2411403; nukkad_raju@yahoo.com; 56 Ganesh Ghati; EZ/DZ ohne Bad 100/200 ₹, Zi. 300–500 ₹;) Das Nukkad hat schlichte, saubere Zimmer mit Ventilatoren und gutem Preis-Leistungs-Verhältnis. Oben befindet sich ein geselliges und luftiges Restaurant mit sehr guten indischen und internationalen Gerichten. Man kann nachmittags an

ANIMAL AID UNLIMITED

In dem geräumigen Tierschutzzentrum **Animal Aid Unlimited** (☎9352511435, 9602055895; www.animalaidunlimited.com; Badi Village) werden pro Tag rund 200 Straßentiere (hauptsächlich Hunde, Esel und Kühe) versorgt und mehr als 3000 Tiere betreffende Notrufe im Jahr entgegengenommen. Besucher und freiwillige Helfer sind willkommen; man kann zwischen 9 und 16 Uhr ohne Voranmeldung vorbeikommen, besser aber nicht in der Mittagspause (13–14 Uhr). Das Zentrum befindet sich im Dorf Badi 7 km nordwestlich von Udaipur.

Die Fahrt mit einer Autorikscha kostet hin und zurück inklusive Wartezeit rund 350 bis 400 ₹ Wer ein verletztes oder krankes Tier in den Straßen von Udaipur sieht, sollte Animal Aid Unlimited anrufen.

Kochkursen und morgens an Yoga-Sitzungen (gegen Spende) teilnehmen, ohne das Haus verlassen zu müssen – die Sperrstunde beachten und sich nicht beim Wäschewaschen im Badezimmer erwischen lassen!

★ **Jagat Niwas Palace Hotel** HISTORISCHES HOTEL $$
(☎ 0294-2420133, 0294-2422860; www.jagatniwaspalace.com; 23–25 Lal Ghat; Zi. 2000–3185 ₹, mit Seeblick 4860–8100 ₹; ❄@📶) Das führende Mittelklassehotel erstreckt sich über zwei umgebaute *havelis* am Seeufer, bietet die beste Aussicht, und hat immer höfliche und effiziente Angestellte. Die Zimmer mit Seeblick sind charmant mit geschnitzten Holzmöbeln, gepolsterten Fenstersitzen und hübschen Drucken ausgestattet, die Zimmer ohne Seeblick sind fast genauso komfortabel und attraktiv, aber deutlich preiswerter.

Die ganze Anlage ist mit ihren vielen angenehmen Sitzbereichen, Terrassen und Höfen sehr stimmungsvoll und weiß die vorzügliche Lage mit dem bilderbuchartigen Dachrestaurant bestens zu nutzen.

Jaiwana Haveli HOTEL $$
(☎ 0294-2411103, 9829005859; www.jaiwanahaveli.com; 14 Lal Ghat; Zi. ab 3265 ₹; ❄@📶) Das von zwei hilfsbereiten, effizient arbeitenden Brüdern professionell geführte schicke Mittelklassehotel hat blitzblanke, schnörkellose Zimmer mit guten Betten, TVs und hübschen im Blockdruckverfahren bedruckten Stoffen. Einen hübschen Ausblick hat man von den Eckzimmern aus. Das Dachrestaurant bietet einen tollen Blick auf den See und indische Gerichte (Hauptgerichte 140–300 ₹). Außerdem gibt's noch ein modernes Café (S. 173) im Erdgeschoss.

Hotel Baba Palace HOTEL $$
(☎ 0294-2427126; www.hotelbabapalace.com; Jagdish Chowk; Zi./Deluxe-Zi. mit Frühstück 2250/2750 ₹; ❄📶) Das schicke Hotel hat glänzende, frische Zimmer mit ordentlichen Betten und soliden Türen. Es gibt auch einen Aufzug. Es blickt direkt auf den Jagdish-Tempel, sodass sich von vielen Zimmern eine interessante Aussicht bietet. Darüber hinaus haben alle Zimmer Klimaanlage und TVs, manche auch ein Himmelbett. Auf dem Dach ist das beliebte Mayur Rooftop Café (S. 172) untergebracht. Gäste werden auf Wunsch kostenlos vom Bahnhof oder Flughafen abgeholt.

Hotel Krishna Niwas HOTEL $$
(☎ 0294-2420163, 9414167341; www.hotelkrishnaniwas.com; 35 Lal Ghat; DZ 1500–2000 ₹; ❄@📶) Das von einer Künstlerfamilie geführte Hotel hat schicke, saubere und klimatisierte Zimmer. Die mit Ausblick sind etwas kleiner, manche haben auch einen Balkon. Von der Dachterrasse bietet sich ein prächtiger Ausblick. Es gibt hier auch ein ordentliches Restaurant. Nach der Teilnahme an dem beliebten hiesigen Kochkurs (S. 168) kann man das Gelernte gleich selber beim Kochen anwenden.

Pratap Bhawan HOTEL $$
(☎ 0294-2560566; www.pratapbhawanudaipur.com; 12 Lal Ghat; Zi. 1450–2250 ₹; ❄📶) Eine geschwungene Marmortreppe führt aus dem weiten Foyer hinauf zu den großen Zimmern, zu denen gute, große Bäder und oft auch gepolsterte Sitze am Fenster gehören. Das Haus ist zu Recht sehr beliebt, auch wenn es nach der letzten Preiserhöhung nicht mehr in die Budgetkategorie fällt. Abends kann man schön auf der Dachterrasse im Restaurant Charcoal sitzen.

Poonam Haveli HOTEL $$
(☎ 0294-2410303; www.hotelpoonamhaveli.com; 39 Lal Ghat; Zi. mit Frühstück 3215 ₹; ❄@📶) Das freundliche, recht moderne, aber im traditionellen Stil dekorierte Hotel hat 16 geräumige, makellos saubere Zimmer mit Marmorböden, großen Betten, TVs, sparsamem, aber geschmackvollem Dekor und netten Sitzbereichen. Aus den Zimmern hat man keinen Blick auf den See, wohl aber vom Restaurant auf der Dachterrasse, in dem es neben den üblichen indischen und touristenspezifischen Gerichten auch Holzofenpizza gibt.

Hotel Gangaur Palace HISTORISCHES HOTEL $
(☎ 0294-2422303; www.ashokahaveli.com; Ashoka Haveli, 339 Gangaur Ghat Rd; EZ 400–2000 ₹, DZ 500–2500 ₹; ❄@📶) Das prächtige, verfallene *haveli* rund um einen von Steinsäulen eingefassten Hof bietet eine breite Palette an Zimmern auf mehreren Etagen. Das Haus wird langsam aufgebessert. So findet man hier sowohl fensterlose Kammern mit abblätternder Farbe als auch helle, erst kürzlich renovierte Zimmer mit Seeblick. Viele haben auch Wandmalereien und Fensterbänke.

Das Hotel hat einen hauseigenen aus der Hand lesenden Wahrsager, eine Kunsthandlung, eine Kunstschule (S. 169) und ein Dachrestaurant.

Udai Garh HOTEL $$
(☎ 9660055500, 0294-2421239; www.udaigarhudaipur.in; 21 Lal Ghat; Zi. mit Frühstück 2600–

3400 ₹; ❄📶🏊) Das etwas vom Ufer zurückgesetzte Hotel mit Innenhof und großen Zimmern ist eine Oase der Ruhe. Leider blicken die Zimmer nicht wirklich auf den See, aber die wundervolle Dachterrasse mit nettem Pool und tollem Restaurant schon.

Hanuman Ghat

Dream Heaven PENSION $
(☎0294-2431038; www.dreamheaven.co.in; Hanuman Ghat; Zi. 400–1200 ₹; ❄@📶) Die kunterbunte Pension punktet mit sauberen Zimmern samt Wandteppichen und Wandgemälden. Die Badezimmer sind zwar recht klein, dafür haben einige Zimmer einen ordentlichen Balkon und/oder einen hübschen Ausblick. Das Restaurant (Gerichte 100–150 ₹) auf der Dachterrasse mit Blick auf den See serviert frisches und köstliches Essen – der ideale Platz, um es sich auf einem Stapel von Kissen gemütlich zu machen, und der einzige, an dem man ein WLAN-Signal empfängt.

Amet Haveli HISTORISCHES HOTEL $$$
(☎0294-2431085; www.amethaveliudaipur.com; Hanuman Ghat; EZ/DZ ab 4165/4760 ₹; ❄@📶🏊) In dem 350 Jahre alten historischen Gebäude am Seeufer wohnen die Gäste in angenehmen Zimmern mit gepolsterten Fensterbänken, Buntglas und kleinen Sonnenblenden. Die Zimmer liegen rund um einen hübschen, kleinen Hof mit einem Teich. Man sollte ruhig etwas mehr für ein Zimmer mit Balkon oder einer riesigen Badewanne ausgeben. Zum Hotel gehört das Ambrai (S. 173), eines der romantischsten Restaurants von Udaipur.

Udai Kothi HOTEL $$$
(☎0294-2432810; www.udaikothi.com; Hanuman Ghat; Zi. 6500–10 000 ₹; ❄@📶🏊) Das Hotel sieht ein bisschen aus wie eine fünfstöckige Hochzeitstorte: Das glitzernde, moderne Gebäude (mit Aufzug) besitzt viele traditionelle Elemente – Kuppeln, interessante Kunstwerke und Stoffe, in einigen Zimmern Fensterbänke, in anderen Marmorbäder oder beschnitzte Holztüren. Hinzu kommen nette Deko-Details wie überall im Haus aufgestellte Schalen mit schwimmenden Blüten. Die Zimmer sind schön, individuell gestaltet und gut ausgestattet.

Das Highlight ist die Dachterrasse, auf der man im Restaurant fein speisen und in Udaipurs bestem Dachterrassenpool (Nichtgäste 500 ₹) baden kann.

City Palace

Shiv Niwas Palace Hotel HISTORISCHES HOTEL $$$
(☎0294-2528016; www.hrhhotels.com; im City-Palace-Komplex; Zi. 18 000–103 000 ₹; ❄@📶🏊) Das Hotel in den früheren Gästequartieren des City Palace hat opulente Gemeinschaftsbereiche, z. B. einen Hof mit Pool, eine Bar und eine hübsche Rasenfläche. Einige der Suiten sind wirklich fürstlich (sie enthalten Springbrunnen und Silberverzierungen), aber die Standardzimmer sind überteuert. Wenn man sich keine Suite leisten will, begnügt man sich am besten mit einem Drink, einem Essen oder einer Massage. Zwischen April und September sinken die Preise drastisch.

Fateh Prakash Palace Hotel HISTORISCHES HOTEL $$$
(☎0294-2528016; www.hrhhotels.com; im City-Palace-Komplex; Zi./Premier Suite 23 000/45 000 ₹; ❄@📶🏊) Der zu Beginn des vorigen Jahrhunderts zu Repräsentationszwecken errichtete Palast bietet luxuriöse Zimmer und prächtige Suiten, die üppig ausgestattet sind und fast alle direkt auf den Pichola-See blicken. Abgesehen vom Ausblick ist das Ambiente generell etwas weniger fürstlich als im Shiv Niwas Palace Hotel, aber die Bar Sunset Terrace (S. 173) ist wundervoll für einen Drink am Abend.

Taj Lake Palace HISTORISCHES HOTEL $$$
(☎0294-2428800; www.tajhotels.com; Zi. ab 38 250 ₹; ❄@📶🏊) Das Wahrzeichen von Udaipur ist dieser romantische Palast aus weißem Marmor, der auf dem See zu schwimmen scheint. Zu dem außergewöhnlichen Hotel gehören noch offene Höfe, Lotusteiche und ein kleiner Pool im Schatten von Mangobäumen. Die Zimmer sind mit luftiger Seide behängt und mit geschnitzten Möbeln ausgestattet. Einige der billigsten Zimmer blicken statt auf den See „nur“ auf den Seerosenteich. Und in der mit Wandgemälden bedeckten Suite fühlt man sich wie ein echter Maharadscha.

Andere Gebiete

★**Krishna Ranch** COTTAGES $$
(☎9828059505, 9828059506; www.krishnaranch.com; EZ/DZ inkl. Mahlzeiten ab 2000/2500 ₹; 📶) 🍃 Das nette Refugium auf dem Land umfasst fünf Cottages auf dem Gelände einer kleinen Farm. All haben angeschlossene Bäder (mit solar beheizten Warmwasserdu-

schen), ein geschmackvolles Dekor und Blick auf die Farm. Die Mahlzeiten sind im Preis inbegriffen und werden mit Bio-Produkten von der Farm zubereitet. Die Ranch liegt 7 km außerhalb der Stadt nahe dem Dorf Badi, Gäste werden aber kostenlos aus Udaipur abgeholt.

Die Anlage ist die ideale Ausgangsbasis für die Wanderungen und Ausritte (S. 168), die die Betreiber – ein niederländisch-indisches Ehepaar – von hier aus veranstalten. Man muss aber keine Wanderungen oder Ausritte buchen, um hier übernachten zu können.

Rangniwas Palace Hotel HISTORISCHES HOTEL **$$**
(0294-2523890; www.rangniwaspalace.com; Lake Palace Rd; EZ 1090–1420 ₹, DZ 1310–1635 ₹, Suite 3050–4360 ₹;) Dieser Palast aus dem 19. Jh. prunkt mit viel historischem Charme und einem friedlichen zentralen Garten samt kleinem Pool im Schatten großer Palmen. Die ruhigen Zimmer im älteren Abschnitt haben den größten Reiz, während die mit geschnitzten Holzmöbeln ausgestatteten Suiten mit Schaukelstühlen auf der Terrasse oder Sitzbänken auf dem Balkon und Blick auf den Garten einfach herrlich sind.

Essen

Udaipur hat jede Menge sonniger Dachterrassenrestaurants, viele davon mit atemberaubendem Seeblick. Das Essen ist nicht immer inspirierend oder abwechslungsreich, doch die Konkurrenz sorgt dafür, dass sich die meisten Lokale anstrengen.

Lal Ghat

Cafe Edelweiss CAFÉ **$**
(73 Gangaur Ghat Rd; Kaffee ab 60 ₹, Sandwich ab 140 ₹; 8–20 Uhr;) Die Leute vom Restaurant Savage Garden betreiben auch dieses kleine Café mit Backwaren und Kaffee. Hier gibt's u. a. klebrige Zimtröllchen, Blaubeer-Schoko-Kuchen, Quiche mit Spinat und Pilzen, Apfelstrudel, Frühstück mit Müsli oder Eiern sowie diverse Sandwiches.

★ **Jagat Niwas Palace Hotel** INDISCH **$$**
(0294-2420133; 23–25 Lal Ghat; Hauptgerichte 250–325 ₹; 7–10, 12–15 & 18–22 Uhr) Das wundervolle, erstklassige Dachrestaurant mit herrlichem Seeblick hat köstliche indische Gerichte und einen hervorragenden Service. Es gibt eine große Auswahl an deliziösen (auf westliche Gaumen abgestimmte) Currys – mit Lamm, Hühnchen, Fisch oder Gemüse – und klassischen Tandoori-Gerichten, darüber hinaus noch eine verführerische Cocktailkarte, indische Weine und eiskaltes Bier. Abends vorab reservieren.

Charcoal INTERNATIONAL **$$**
(8769160106; www.charcoalpb.com; Pratap Bhawan, 12 Lal Ghat; Hauptgerichte 140–480 ₹; 8–23 Uhr;) Wie der Name schon vermuten lässt, widmet sich dieses innovative Dachrestaurant vor allem Grill- und Tandoori-Spezialitäten. Es gibt aber auch viele vegetarische und saftige Fleischgerichte und die zu Recht beliebten hausgemachten, weichen Mais-Tacos mit diversen Füllungen.

Mayur Rooftop Cafe INTERNATIONAL **$$**
(Hotel Baba Palace, Jagdish Chowk; Hauptgerichte 150–290 ₹; 7–22 Uhr;) Das tolle Dachrestaurant bietet eine wunderbare Aussicht auf den bunt angestrahlten Jagdish-Tempel. Man sitzt entweder im klimatisierten Innenraum oder in dem luftig offenen Bereich. Auf der Karte finden sich die üblichen internationalen Speisen, die Qualität ist hervorragend. Das Thali ist gut und preiswert, und Vegetarier erfreuen sich an den neun verschiedenen Paneer-Käse-Gerichten.

Savage Garden MEDITERRAN **$$$**
(8890627181; nahe Chandpol; Hauptgerichte 280–520 ₹; 11–23 Uhr) Das Restaurant liegt versteckt in den Gassen nahe dem Chandpol und zeichnet sich durch seine Suppen, Hühnchen- und hausgemachten Pastagerichte aus. Sehr zu empfehlen sind die Ravioli mit Lamm-Ragout sowie die süß-scharf gefüllte Hühnerbrust mit Nüssen, Käse und Karottenreis. Das Savage Garden befindet sich in einem 250 Jahre alten weiß getünchten *haveli* mit Blumenschalen, Tischen in Alkoven und einem hübschen Hof. Es wird auch indischer Wein serviert.

Hanuman Ghat

Millets of Mewar INDISCH **$**
(www.milletsofmewar.com; Hanuman Ghat; Hauptgerichte 110–180 ₹; 8.30–22.30 Uhr;) Wo immer möglich, wird in diesem Slow-Food-Restaurant statt auf Weizen und Reis auf die ökologisch sinnvolle Alternative, nämlich Hirse aus regionalem Anbau, zurückgegriffen. Es gibt vegane Speisen, glutenfreie Gerichte, frische Salate, Säfte und Kräutertees. Auf der Karte stehen auch Mehrkorn-Sandwiches und Hirse-Pizza, aber auch die üblichen Currys, indische Snacks, Pasta und Pfannkuchen.

Little Prince INTERNATIONAL $
(Daiji-Fußgängerbrücke; Hauptgerichte 100–160 ₹; ⌚8.30–23 Uhr) Das Freiluftlokal mit Blick auf die Daiji-Fußgängerbrücke tischt köstliche vegetarische und nichtvegetarische Speisen auf. Es gibt viele indische Gerichte, aber auch Pizza, Pasta und über das übliche internationale Angebot hinaus sogar koreanische und israelische Gerichte. Das Ambiente ist super-entspannt und der Service freundlich.

Queen Cafe INDISCH $
(14 Bajrang Marg; Hauptgerichte 70–80 ₹; ⌚8–22 Uhr) Das wie das Wohnzimmer einer Familie wirkende Restaurant serviert gute indische vegetarische Gerichte. Empfehlenswert sind das Kürbis-Curry mit Minze und Kokos sowie das Kaschmir-*pulao* mit Früchten, Gemüse und Kokos. Gastgeberin Meenu veranstaltet auch Kochkurse und Stadtrundgänge, die mit einem hausgemachten Frühstück beginnen.

★ **Ambrai** NORDINDISCH $$$
(☎0294-2431085; www.amethaveliudaipur.com; Amet Haveli, Hanuman Ghat; Hauptgerichte 315–515 ₹; ⌚12.30–15 & 19.30–22.30 Uhr) Das Ambrai liegt am Seeufer und blickt übers Wasser bis zum angestrahlten City Palace auf der einen Seite und bis nach Jagniwas auf der anderen. Kein Wunder, dass es hier abends mit stimmungsvollem Kerzenlicht und weiß gedeckten Tischen unter riesigen Bäumen sehr romantisch zugeht. Sowohl der Service als auch die Küche können mit der malerischen Lage mithalten: Es gibt himmlische Tandooris und Currys sowie eine hervorragende Bar als Ergänzung zum Essen.

Ausgehen & Nachtleben

Jaiwana Bistro Lounge CAFÉ
(☎9829005859; Jaiwana Haveli, 14 Lal Ghat; Kaffee ab 100 ₹; ⌚7–22.30 Uhr; 📶) Das moderne, kühle und saubere Café hat guten Espresso und frisch gepresste gesunde Säfte, mit denen man die leckeren Backwaren oder andere Hauptgerichte runterspülen kann.

Paps Juices SAFTBAR
(im Chandpol; Säfte 60–180 ₹; ⌚9–20 Uhr) Das knallrote Lokal ist winzig, aber sehr einladend und genau das Richtige, um sich tagsüber mit einem der köstlichen Saft-Cocktails eine Ladung Vitamin C abzuholen. Wer etwas Substantielleres braucht, wählt die sehr gute Müsli-Mischung.

Jheel's Ginger Coffee Bar CAFÉ
(Jheel Palace Guest House, 56 Gangaur Ghat Rd; Kaffee 80–110 ₹; ⌚8–20 Uhr; 📶) Das kleine, aber schicke Café ist im Erdgeschoss des Jheel Palace Guest House, direkt am Seeufer. Durch die Fenster hat man einen guten Blick auf den See, und der Kaffee ist exzellent. Es gibt auch eine gute Auswahl an Kuchen und Snacks. Man kann seinen Kaffee auch ins offene Dachrestaurant mitnehmen.

Sunset Terrace BAR
(Fateh Prakash Palace Hotel; Bier/Cocktail ab 400/650 ₹; ⌚7–22.30 Uhr) Die Bar auf einer Terrasse mit Blick auf den Pichola-See ist ideal für einen Gin-Tonic zum Sonnenuntergang. Die Terrasse fungiert auch als Restaurant (Hauptgerichte 400–950 ₹), in dem es jeden Abend Livemusik gibt.

Unterhaltung

Dharohar TANZ
(☎0294-2523858; Bagore-ki-Haveli; Inder/Ausländer 90/150 ₹, Foto 150 ₹; ⌚19–20 Uhr) Das schöne Bagore-ki-Haveli (S. 167) bietet die beste (und bequemste) Gelegenheit, Volkstänze aus Rajasthan zu erleben. Bei den Vorführungen am Abend sieht man farbenfrohe, energiegeladene Tänze aus Marwari, des Stammes der Bhil und aus dem westlichen Rajasthan sowie traditionelles rajasthanisches Puppentheater.

Mewar Sound-&-Light-Show LIVE-PERFORMANCE
(Manek Chowk, City Palace; Erw./Kind 150/100 ₹; ⌚Sept.–März 19 Uhr, April 19.30 Uhr, Mai–Aug. 20 Uhr) In einer Stunde werden stimmungsvoll 15 Jahrhunderte der Geschichte Mewars durch Erzählungen und Lichteffekte versinnbildlicht. Die Show findet von September bis April in Englisch, ansonsten in Hindi statt.

Shoppen

Touristische Läden, die Miniaturmalereien, Holzschnitzereien, Silberschmuck, Armreifen, Gewürze, Schachteln aus Kamelknochen und eine große Auswahl an Textilien verkaufen, säumen die vom Jagdish Chowk ausgehenden Straßen. Udaipur ist bekannt für sein Kunsthandwerk, vor allem für Miniaturmalereien im rajputischen Mogulstil, sowie für zeitgenössische Kunst.

Das örtliche Marktareal erstreckt sich vom alten Uhrenturm am nördlichen Ende der Jagdish Temple Rd in Richtung Osten. Besonders viel Trubel herrscht am Abend. Der Markt ist nicht nur faszinierend, wenn man etwas kaufen, sondern auch, wenn man nur herumstöbern und Lokalkolorit schnuppern will. Auf dem Bara Bazar gleich östlich vom alten Uhrenturm gibt's Silber und Gold, während in der engsten Seitenstraße, der Maldas St, Saris und Stoffe feilgeboten werden. Ein Stück weiter östlich gibt's traditionelles Schuhwerk an der Mochiwada.

Die Stände mit Nahrungsmitteln und Gewürzen konzentrieren sich vor allem am Ostende des Basars rund um den neuen Uhrenturm sowie auf dem Mandi Market, 200 m nördlich des Turms.

Sadhna KLEIDUNG
(☎0294-2454655; www.sadhna.org; Jagdish Temple Rd; ⌚10–19 Uhr) Der Laden ist eine Verkaufsstelle von Seva Mandir, einer seit langem bestehenden Nichtregierungsorganisation zur Unterstützung der Land- und Stammesbevölkerung. Der kleine, leicht zu übersehende Laden verkauft schöne Textilien zu Festpreisen. Die Gewinne gehen an die Handwerkerinnen und an kommunale Entwicklungsprojekte.

ℹ Praktische Informationen

GELD

Es gibt jede Menge Geldautomaten – an der City Palace Rd nahe dem Jagdish-Tempel, am Busbahnhof und vor dem Bahnhof.

Thomas Cook (Lake Palace Rd; ⌚Mo–Sa 9.30–18.30 Uhr) Wechselt Geld und löst Reiseschecks ein.

INTERNETZUGANG

Es gibt viele Internetcafés, vor allem rund um den Lal Ghat, wo man für 40 ₹ pro Stunde online gehen kann. Viele dieser Internetläden fungieren auch als Reisebüros, Buchläden, Kunstgewerbegeschäfte usw.

MEDIZINISCHE VERSORGUNG

GBH American Hospital (☎24 Std. Auskunft 0294-2426000, Notfall 9352304050; www.gbhamericanhospital.com; Meera Girls College Rd, 101 Kothi Bagh, Bhatt Ji Ki Bari) Das moderne, von Lesern empfohlene private Krankenhaus mit rund um die Uhr geöffnetem Notdienst liegt ca. 2 km nordöstlich der Altstadt.

NOTFALL

Polizei (☎0294-2414600, Notfall 100) Polizeiposten gibt's am Surajpol, Hatipol und Delhi Gate, drei der Tore in der Mauer um die Altstadt.

POST

DHL (1 Town Hall Rd; ⌚Mo–Sa 10–19 Uhr) Hat einen kostenlosen Abholdienst innerhalb von Udaipur.

DHL Express (☎0294-2525301; Lal Ghat Guesthouse, Lal Ghat) Günstige Lage im Lal Ghat Guesthouse.

Hauptpost (Chetak Circle; ⌚Mo–Sa 10–13 & 13.30–18 Uhr) Nördlich der Altstadt.

Post (City Palace Rd; ⌚Mo–Sa 10–16 Uhr) Das winzige Postamt neben dem Badi-Pol-Ticketbüro des Stadtpalasts verpackt und verschickt Pakete. Hier gibt's fast nie Warteschlangen.

TOURISTENINFORMATION

Die kleinen Touristeninformationsschalter am Bahnhof und am Flughafen sind sporadisch geöffnet.

Touristeninformation (☎0294-2411535; Fateh Memorial Bldg; ⌚Mo–Sa 10–17 Uhr) Das Büro, 1,5 km östlich des Jagdish-Tempels (aber nur etwa 500 m vom Busbahnhof entfernt), liegt nicht gerade praktisch. Hier gibt's Infos, außerdem steht ein begrenzter Vorrat an Broschüren zur Verfügung.

ℹ An- & Weiterreise

BUS

RSRTC- und Privatbusse nutzen den **Hauptbusbahnhof**, 1,5 km östlich vom Stadtpalast. Am Ende der Lake Palace Rd nach links abbiegen, dann die erste Straße nach rechts nehmen und am Ende, gleich nach dem verfallenen alten Surajpol-Tor, die Hauptstraße überqueren. Die Fahrt mit der Autorikscha kostet rund 40 ₹.

RSRTC-BUSSE AB UDAIPUR

ZIEL	PREIS (₹)	DAUER (STD.)	HÄUFIGKEIT
Ahmedabad	236, AC 585	5	ab 5.30 Uhr stündl.
Ajmer (für Pushkar)	296	7	ab 5 Uhr stündl.
Bundi	328	6	tgl. (7.45 Uhr)
Chittorgarh	120	2½	ab 5.15 Uhr halbstündl.
Delhi	672, AC 1685	15	4-mal tgl.
Jaipur	424, AC 903	9	stündl.
Jodhpur	273, AC 604	6–8	stündl.
Kota	291	7	stündl.
Mt. Abu (Abu Road)	166	4	ab 5.30 Uhr 10-mal tgl.

WICHTIGE ZÜGE AB UDAIPUR

ZIEL	ZUG	ABFAHRT	ANKUNFT	PREIS (₹)
Agra (Cantonment)	*19666 Udaipur-Kurj Exp*	22.20 Uhr	11 Uhr	370/995 (A)
Ajmer (für Pushkar)	*Udaipur-Jaipur SF SPL*	15.05 Uhr	20 Uhr	140/490 (B)
Bundi	*12964 Mewar Exp*	18.15 Uhr	22.33 Uhr	220/560 (A)
Chittorgarh	*12982 Chetak Exp*	17.15 Uhr	19.10 Uhr	180/560 (A)
Delhi (Hazrat Nizamuddin)	*12964 Mewar Exp*	18.15 Uhr	6.35 Uhr	425/1115 (A)
Jaipur	*12991 Udaipur-Jaipur Exp*	6 Uhr	13.30 Uhr	180/625 (B)

Fahrpreise: (A) Sleeper/3AC, (B) Sitzplatz 2. Klasse/AC Chair

Wer mit dem Bus ankommt, verlässt den Busbahnhof auf der linken Seite, überquert die Hauptstraße, geht durch das Surajpol-Tor, wendet sich am Ende der Straße nach links und dann gleich die erste Querstraße rechts, die in die Lake Palace Rd mündet.

Fahrkarten für Privatbusse bekommt man auch in den vielen Reisebüros an der Straße vom Jagdish-Tempel zur Daiji-Fußgängerbrücke.

FLUGZEUG

Udaipurs Flughafen liegt 25 km östlich der Stadt und wird aus Delhi, Mumbai und anderen Zentren angeflogen. Ein Prepaid-Taxi vom Flughafen zur Lal-Ghat-Gegend kostet 450 ₹.

Air India (☎0294-2410999, Flughafenbüro 0294-2655453; www.airindia.com; 222/16 Mumal Towers, Saheli Rd) Fliegt täglich nach Mumbai und Delhi (über Jodhpur).

IndiGo (☎9212783838; www.goindigo.in) Täglich drei Flüge nach Delhi und zwei nach Mumbai.

Jet Airways (☎0294-5134000; www.jetairways.com; Maharana Pratap Airport, Dabok) Hat täglich Direktflüge nach Delhi und Mumbai.

Spice Jet (☎9871803333; www.spicejet.com) Fliegt zweimal am Tag nach Delhi und jeden Tag nach Mumbai.

ZUG

Der Bahnhof liegt rund 2,5 km südöstlich des City Palace und 1 km genau südlich des Hauptbusbahnhofs. Die Fahrt mit der Autorikscha zwischen Bahnhof und Jagdish Chowk kostet rund 50 ₹. Am Bahnhof gibt's einen Stand für Prepaid-Autorikschas.

Es gibt keine Direktzüge nach Abu Road, Jodhpur und Jaisalmer.

Agra Sleeper 370 ₹, 13 Std., tgl. (22.20 Uhr)

Ajmer (für Pushkar) Sitzplatz/Sleeper 145/215 ₹, 5 Std., 4-mal tgl. (6, 15.05, 17.15 & 22.20 Uhr), über Chittorgarh (Sitzplatz/Sleeper 95/150 ₹, 2 Std.)

Bundi Sleeper 220 ₹, 4½ Std., tgl. (18.15 Uhr)

Delhi Sleeper 425 ₹, 12 Std., 2-mal tgl. (17.15 & 18.15 Uhr)

Jaipur Sitzplatz/Sleeper 180/270 ₹, rund 7 Std., 3-mal tgl. (6, 15.05 & 22.20 Uhr)

ℹ Unterwegs vor Ort

AUTORIKSCHA

Da die Autorikschas keine Taxameter haben, sollte man sich vor der Fahrt über den Preis einigen – normalerweise kostet eine Fahrt innerhalb der Stadt etwa 40 ₹. Meist muss man erst den ganzen Zirkus des Feilschens mitmachen, um endlich diesen Preis zu bekommen. Manche Fahrer verlangen von Touristen sogar 100 ₹ oder mehr. Dabei kostet es rund 350 ₹, eine Autorikscha für einen ganzen Tag zum Sightseeing anzuheuern.

Die Fahrer arbeiten auch als Schlepper; daher unbedingt darauf bestehen, dass sie einen ans gewünschte Ziel bringen und nicht an der Unterkunft abladen, von der sie Kommission erhalten.

FAHRRAD & MOTORRAD

Mit einem Fahrrad (rund 200 ₹/Tag) kommt man preiswert und umweltfreundlich durch die Stadt. Allerdings machen die Motorradfahrer und die Abgase im Straßenverkehr das Radfahren sehr mühsam, wenn nicht sogar gefährlich. Motorroller und Motorräder sind jedoch prima zur Erkundung des Umlands.

Heera Cycle Store (☎9950611973; abseits der Gangaur Ghat Rd; ⌚7.30–20 Uhr) Verleiht Fahrräder/Motorroller/Bullets für 200/500/800 ₹ pro Tag (zzgl. einer Kaution von 200/400/500 US$); man muss seinen Pass und seinen Führerschein vorlegen.

Rund um Udaipur

Kumbhalgarh

☎02954

Rund 80 km nördlich von Udaipur liegt die fantastische, einsame Festung Kumbhalgarh, die alle romantischen Klischees bedient und die ritterlich-kriegerische Rajputen-Ära wieder lebendig werden lässt.

Vom Kumbhalgarh aus kann man auch das große und zerklüftete Kumbhalgarh Wildlife Sanctuary besuchen.

ABSEITS DER ÜBLICHEN PFADE

KUMBHALGARH WILDLIFE SANCTUARY

Ranakpur ist ein großartiger Ausgangspunkt zur Erkundung des hügeligen, dicht bewaldeten **Kumbhalgarh Wildlife Sanctuary** (Inder/Ausländer 50/300 ₹, Jeep oder Auto 200 ₹, Foto/Video frei/400 ₹; ⌚Safaris 6–9 & 15–16.30 Uhr), das sich über rund 600 km² erstreckt. Das Reservat ist für seine Leoparden und Wölfe bekannt, obwohl – vor allem zwischen März und Juni – die Chancen besser stehen, Antilopen, Gazellen, Hirsche und vielleicht auch Lippenbären zu erspähen. Auf alle Fälle wird man auch viele verschiedene Vögel zu Gesicht bekommen – im Schutzgebiet leben mehr als 200 Vogelarten.

Neben dem Parkbüro nahe dem jainistischen Tempel von Ranakpur hat der empfehlenswerte Tourveranstalter **Evergreen Safari** (☎7568830065; Gypsy-Safari 2500 ₹) seinen Sitz. Es gibt auch mehrere Safariveranstalter an der Straße hinauf zum Kumbhalgarh Fort, darunter **A-one Tour & Safari** (☎8003854293; Pratap Circle; 2/6 Pers. 3000/4500 ₹; ⌚Safaris 6–9 & 15–16.30 Uhr). Die meisten Hotels greifen auf diese und ähnliche Veranstalter zurück, wenn sie Safaris für ihre Gäste organisieren.

Ein Ticketbüro für das Schutzgebiet befindet sich direkt neben der Stelle, wo die Busse Fahrgäste zum jainistischen Tempel absetzen – der nächste der vier Eingänge zum Schutzgebiet ist von dort aber noch 2 km entfernt.

Sehenswertes

Kumbhalgarh FORT

(Inder/Ausländer 15/200 ₹, Light-&-Sound-Show (in Hindi) 100/200 ₹; ⌚9–18 Uhr, Light-&-Sound-Show 18.30 Uhr) Das Bauwerk ist eines von vielen, die von Rana Kumbha (reg. 1433–1468) in Auftrag gegeben wurden. Während seiner Herrschaft erreichte Mewar seine größten Ausmaße. Die isolierte Festung liegt 1100 m über dem Meeresspiegel und bietet einen endlos weiten Blick bis zum Horizont. Bereits die Reise zur Festung entlang gewundener Straßen durch das Aravalligebirge ist ein echtes Highlight.

Kumbhalgarh war nach Chittorgarh die zweitwichtigste Festung in Mewar; die findigen Herrscher zogen sich in stürmischen Zeiten hierher zurück. Es überrascht kaum, dass Kumbhalgarh nur ein einziges Mal in der Geschichte eingenommen wurde – und in diesem Fall auch nur, weil sich die Armeen Amers, Marwars und des Moguls Akbar zusammengetan hatten. Doch die mächtige Allianz konnte Kumbhalgarh gerade mal zwei Tage halten.

Die dicken Mauern der Festung sind etwa 36 km lang – und an manchen Stellen so breit, dass acht Pferde nebeneinander Platz hatten. Sie können rundherum abgelaufen werden (an 2 Tagen möglich) und umschließen ca. 360 noch intakte und verfallene Tempel. Einige davon stammen aus der Maurya-Zeit (2. Jh. v.Chr.). Darüber hinaus können Paläste, Gärten, Stufenbrunnen und 700 Kanonenbunker besichtigt werden. Wer hier übernachtet und mit seiner Wanderung an der Mauer entlang früh anfangen will, kann zwar bereits vor 9 Uhr in das Fort kommen, allerdings ist niemand da, der ein Ticket verkaufen würde.

Im Fort gibt's jeden Abend eine **Light-&-Sound-Show** (in Hindi).

Schlafen

Kumbhal Castle HOTEL $$

(☎02954-242171; www.thekumbhalcastle.com; Fort Rd; Zi. ab 3130 ₹; ❄📶🏊) Das moderne Kumbhal Castle, 2 km vom Fort entfernt, hat schlichte, aber angenehme weiße Zimmer mit verzierten Eisenbetten, bunten Bettdecken, Fensterbänken und Gemeinschaftsbalkonen mit gutem Ausblick. Die Super-Deluxe-Zimmer sind erheblich größer und lohnen die paar hundert Rupien mehr. Im Haus gibt's ein Restaurant.

Aodhi HOTEL $$$

(☎8003722333, 02954-242341; www.eternalmewar.in; Zi. ab 8775 ₹; ❄@📶🏊) Nur knapp 2 km vom Fort entfernt, liegt dieses luxuriöse und erfreulich ruhige Hotel mit einladendem Swimmingpool, großer Gartenanlage und Lagerfeuern (im Winter). Die geräumigen Zimmer befinden sich in Steingebäuden, die jeweils eigene, mit Palmblättern gedeckte Terrassen, Balkone oder Pavillons besitzen und mit Fotos und Kunstwerken aus Tierwelt und Botanik geschmückt sind.

Nichtgäste können im Restaurant speisen, wo die indischen Standardgerichte die beste Wahl sind, oder in der gemütlichen Chowpal Bar etwas trinken. Von April bis September sind die Zimmerpreise niedriger.

An- & Weiterreise

Vom Hauptbusbahnhof in Udaipur nimmt man den Bus nach Ranakpur und fährt mit diesem bis Saira (78 ₹, 2¼ Std., stündl.). Dort steigt man dann in den Bus zum Kumbhalgarh (41 ₹, 1 Std., stündl.) um. Dieser Bus, dessen Ziel Kelwara ist, setzt einen am Beginn der Zufahrtsstraße zur Festung ab, sodass einem noch ein Marsch von 1,5 km bis zum Zugang bevorsteht.

Der letzte Bus zurück nach Saira kommt um 17.30 Uhr vorbei (und ist stets vollgestopft). Der letzte Bus von Saira zurück nach Udaipur fährt gegen 20 Uhr.

Um vom Kumbhalgarh nach Ranakpur zu kommen, fährt man zuerst nach Saira und steigt dort nach Ranakpur um (20 ₹, 40 Min., mind. stündl.).

Eine eintägige Fahrt in einem Privatwagen von Udaipur zum Kumbhalgarh und nach Ranakpur sowie zurück kostet rund 2000 ₹ pro Auto.

Ranakpur

☎ 02934

An den westlichen Hängen des Aravalligebirges, 75 km nordwestlich von Udaipur und Luftlinie 12 km westlich vom Kumbhalgarh (auf der Straße über Saira sind es 50 km), liegt das Dorf Ranakpur mit einer der größten und wichtigsten jainistischen Tempelanlagen Indiens. Das Dorf ist auch ein hervorragender Standort zur Erkundung des beeindruckenden Kumbhalgarh Wildlife Sanctuary (S.176) oder für einen Tagesausflug zum Kumbhalgarh (S. 176).

Sehenswertes

Ranakpur JAINISTISCHER TEMPEL

(Inder/Ausländer inkl. Audioguide frei/200 ₹, Foto/Tablet 100/200 ₹; ⏲ Gläubige 6–19 Uhr, Besucher 12–17 Uhr) Der im 15. Jh. aus milchweißem Marmor erbaute Haupttempel von Ranakpur, der **Chaumukha Mandir** (Viergesichtiger Tempel) ist Adinath geweiht, dem ersten jainistischen *tirthankar* (die vielen Buddha ähnelnden Darstellungen im Tempel zeigen ihn). Die ganze Anlage ist ein Symbol tiefer Gläubigkeit: Das komplexe Bauwerk umfasst 29 Säle, 80 Kuppeln und 1444 unterschiedlich verzierte Säulen. Drinnen ist alles mit verschlungenen, liebevoll ausgeführten, sehr detaillierten Reliefs verziert. Das ganze Bauwerk strahlt in seinen Dimensionen eine wunderbar beruhigende Harmonie aus.

Schuhe, Zigaretten, Essen und alle Gegenstände aus Leder müssen am Eingang zurückgelassen werden, und Frauen, die gerade ihre Regelblutung haben, dürfen den Tempel nicht betreten.

Ebenfalls mit kunstvollen Ornamenten bestückt und sehr sehenswert sind zwei weitere jainistische Tempel auf dem Gelände, die dem 22. *tirthankar* **Neminath** und dem 23. *tirthankar* **Parasnath** gewidmet sind, sowie ein nahe gelegener **Sonnentempel**. Rund 1 km vom Hauptkomplex entfernt steht der **Amba-Mata-Tempel**.

Schlafen

★ **Aranyawas** HOTEL $$

(☎ 02956-293029; www.aranyawas.com; Zi. mit Abendessen & Frühstück 5000 ₹; ❄@≋) Auf einem abgeschiedenen, 12 km südlich vom Tempel, abseits vom Hwy 32 gelegenen und von Bäumen beschatteten Gelände bietet das Hotel 28 hübsche Zimmer in zweistöckigen Stein-Cottages. Sie sind nichts Besonderes, dafür aber geräumig, ordentlich und geschmackvoll mit Kiefernmöbeln eingerichtet und haben meist auch einen Balkon mit Blick auf den Fluss und die urwaldbedeckten Hügel. Es gibt hier noch einen großen, vom Bäumen gesäumten *baori*-artigen Pool und ein Lagerfeuer für abendliche Drinks im Winter.

Das hübsche Restaurant (Hauptgerichte 150–250 ₹, Buffet mittags/abends 450/500 ₹) eignet sich gut als Zwischenstopp für ein stärkendes Mahl, auch wenn man nicht hier übernachtet.

Ranakpur Hill Resort HOTEL $$$

(☎ 02934-286411; www.ranakpurhillresort.com; Ranakpur Rd; EZ/DZ ab 5850/6435 ₹; ❄@📶≋) Das gut geführte Hotel hat einen hübschen Pool und einen Garten, um den attraktive Cottages mit Marmorböden, Buntglasfenstern, Wandmalereien mit Blumenmotiven und Spiegelbrucharbeiten angeordnet sind. Auf dem Gelände gibt's ein gutes Restaurant mit internationaler Küche. Das Hotel arrangiert auch Ausritte. Auf der Website werden manchmal Ermäßigungen angeboten. Die Anlage befindet sich 3,5 km nördlich des Tempelkomplexes am Hwy 32.

An- & Weiterreise

Direktbusse nach Ranakpur fahren etwa stündlich von den Hauptbusbahnhöfen in Udaipur (93 ₹, 3 Std.) und Jodhpur (189 ₹, 4–5 Std.). Normalerweise wird man vor dem Tempelkomplex abgesetzt, wenn man keinen anderen Wunsch äußert. Die Busse für die Rückfahrt fahren bis gegen 19 Uhr. Die Busse nach Udaipur können einen in Saira (20 ₹, 40 Min., stündl.), rund 25 km südlich von Ranakpur, absetzen, wo man in einen Bus zum Kumbhalgarh (41 ₹, 1 Std., stündl.) umsteigen kann.

Ein Tagesausflug in einem Privatauto von Udaipur nach Ranakpur und zum Kumbhalgarh und zurück kostet rund 2000 ₹.

Mt. Abu

☎02974 / 22 950 EW. / 1200 M

Rajasthans einzige Hill Station liegt zwischen grünen Wäldern auf dem höchsten Berg des Bundesstaats am südwestlichen Ausläufer des Aravalligebirges, unweit der Grenze zu Gujarat. Anders als das übrige Rajasthan lockt Mt. Abu sowohl Rajasthanis, Gujaratis als auch einen steten Strom ausländischer Besucher an, die den sengend heißen Temperaturen und dem ewig trockenen, beigefarbenen Terrain für eine Weile entfliehen wollen. Besonders beliebt ist es bei Pärchen auf Hochzeitsreise und Mittelschichtfamilien aus Gujarat.

Mt. Abu liegt nahe dem südwestlichen Ende des wie ein Plateau beschaffenen oberen Teils des Berges, der etwa 19 km lang ist und von Ost nach West 6 km misst. Die Stadt ist umgeben von dem 289 km² großen Mt Abu Wildlife Sanctuary, das den Großteil des Berges einnimmt.

Der Berg ist für Hindus und Anhänger des Jainismus von großer spiritueller Bedeutung: Hier stehen mehr als 80 Tempel und Schreine. Bemerkenswert sind vor allem die zwischen 400 und 1000 Jahre alten jainistischen Tempel in Dilwara.

Während des Diwali-Fests (Okt. oder Nov.) und in den darauffolgenden zwei Wochen schießen die Preise in die Höhe, und die Stadt ist völlig überlaufen. Voll wird's in Mt. Abu auch von Mitte Mai bis Mitte Juni, vor dem Monsun. In den kühleren Monaten wickeln sich alle in Schals und tragen Mützen; man sollte also etwas Warmes einpacken, damit man in den schlecht beheizten Hotelzimmern nicht friert.

Sehenswertes

Die in Weiß gekleideten Menschen, die überall in der Stadt herumlaufen, gehören zur **Brahma Kumaris World Spiritual University** (www.bkwsu.com), einer internationale Organisation, die ihren Hauptsitz in Mt. Abu

NICHT VERSÄUMEN

DILWARA-TEMPEL

Die **Dilwara-Tempel** (Spende erbeten; ⌚Jains 6–18 Uhr, Andere 12–18 Uhr) sind *die* Attraktion von Mt. Abu. Die Tempel, deren Verzierungen zu den schönsten in Indien zählen, sind viele Jahrhunderte älter als die Stadt Mt. Abu. Sie wurden gebaut, als hier noch nichts war als gebirgige Einöde. Es heißt, die Künstler wurden nach der Menge an Staub bezahlt, den sie sammelten, was sie veranlasste, den Stein äußerst intensiv zu bearbeiten. Auf alle Fälle sind die Marmorreliefs an zwei Tempeln hier besonders fantastisch gelungen.

Der ältere der beiden ist der **Vimal Vasahi**. Die Bauarbeiten an diesem Tempel begannen 1031 und wurden von einem Minister aus Gujarat namens Vimal finanziert. Der Tempel ist Adinath geweiht, dem ersten *tirthankara*. 1500 Steinmetze und 1200 Helfer arbeiteten 14 Jahre lang an diesem Projekt, das angeblich 185,3 Mio. ₹ verschlang. Vor dem Eingang befindet sich das **House of Elephants** mit einer Prozession von Steinelefanten, die zum Tempel marschieren. Manche wurden vor langer Zeit von marodierenden Moguln beschädigt. Drinnen umgibt ein Wald von wunderschön verzierten Pfeilern den zentralen Schrein mit dem Bild Adinaths.

Der **Luna-Vasahi-Tempel** ist Neminatha geweiht, dem 22. *tirthankara*. Er wurde 1230 von den Brüdern Tejpal und Vastupal für nur 125,3 Mio. ₹ erbaut. Wie Vimal waren die beiden Brüder Minister der Regierung von Gujarat. Mit der Bearbeitung des Marmors waren 2500 Werkleute 15 Jahre lang beschäftigt. Die Verzierungen sind unglaublich fein, an manchen Stellen wirkt der Marmor fast durchsichtig. Die vielblätterige Lotosblume im Zentrum der Kuppel ist ein besonders erstaunliches Kunstwerk.

Wie in anderen jainistischen Tempeln müssen Gegenstände aus Leder (auch Gürtel und Schuhe), Fotoapparate und Handys am Eingang zurückgelassen werden. Menstruierende Frauen sind aufgefordert, den Tempel nicht zu betreten.

Dilwara liegt ca. 3 km nördlich des Zentrums von Mt. Abu: Man kann in weniger als einer Stunde hinlaufen oder in der Straße gegenüber dem Chacha Cafe ein Sammeltaxi nehmen (10 ₹/Pers.). Die Fahrt mit einem Taxi kostet 200 ₹ hin und zurück inklusive eine Stunde Aufenthalt.

hat. Die zur Universität gehörende **Universal Peace Hall** (Om Shanti Bhawan; ⌚8–18 Uhr) liegt gleich nördlich des Nakki-Sees. Dort werden kostenlose 30-minütige Führungen angeboten – inklusive einer Einführung in Brahma Kumaris Philosophie (man muss auf Bekehrungsversuche gefasst sein). Die Organisation betreibt auch das **World Renewal Spiritual Museum** (⌚8–20 Uhr) GRATIS im Zentrum.

Nakki-See SEE

Der malerische Nakki-See ist das Herz von Mt. Abu. Manche Hindus betrachten den See als heilig, denn der Legende nach hob ein Gott das Bett des Gewässers mithilfe seiner *nakh* (Nägel) aus – daher der Name. Wer den See zu Fuß umrundet (45 Min.), passiert Hügel, Parks und eigenartige Felsformationen. Am bekanntesten ist der **Toad Rock** (Krötenfels). Er erinnert an eine Kröte, die gleich ins Wasser springen wird.

Sunset Point AUSSICHTSPUNKT

Viele suchen den Sunset Point bei Sonnenuntergang auf, um den ausklingenden Tag gebührend zu feiern. Hier ist jeden Abend eine Menge los – es gibt Imbissstände und ein für Hill Stations typisches Unterhaltungsprogramm. Um dort hinzugelangen muss man stadtauswärts der Sunset Point Rd westlich vom Polo-Gelände folgen.

Mt. Abu Wildlife Sanctuary SCHUTZGEBIET

(Inder/Ausländer 50/300 ₹, Fahrzeug 200 ₹; ⌚8–17 Uhr) Das 289 km² große Schutzgebiet rund um Mt. Abu umfasst den Großteil des Gebirgsplateaus. Hier leben Leoparden, Hirsche, Füchse und Bären. Übernachtungen arrangiert Mt. Abu Treks.

Guru Shikhar BERG

Am nordöstlichen Ende des Mt.-Abu-Plateaus, über die gewundene Straße 17 km von der Stadt entfernt, erhebt sich der 1722 m hohe Guru Shikhar, Rajasthans höchster Berg. Eine Straße führt fast den ganzen Weg bis zum Gipfel hinauf und zum **Atri-Rishi-Tempel**, zu dem ein Priester gehört. Von hier oben aus bietet sich ein fantastischer weiter Rundumblick! Der Tempel ist ein beliebtes Ziel und ein Highlight der RSRTC-Tour. Wer auf eigene Faust hierher fahren will, nimmt sich in Mt. Abu einen Jeep (hin & zurück 600 ₹).

WANDERUNGEN RUND UM MT. ABU

Es ist eine Offenbarung, wenn man in Mt. Abu die ausgetretenen Touristenpfade verlässt und sich in die Wälder und Hügel aufmacht. Man gelangt in eine Welt voll von einsamen Schreinen und Seen, seltsamen Felsformationen, fantastischen Rundblicken, nomadisch lebenden Landbewohnern, Orchideen, wilden Früchte, von Pflanzen, die in der Ayurveda-Medizin genutzt werden, von (häufig vorkommenden) Lippenbären, Wildschweinen, Languren und 150 Vogelarten. Sogar den einen oder anderen Leoparden gibt es hier.

Warnung: Die Einheimischen raten dringend, nicht ohne Führer durch die Hügel zu wandern. Traveller wurden hier schon von Bären angefallen und noch viel öfter von Banditen ausgeplündert oder sogar ermordet.

☞ Geführte Touren

Mt. Abu Treks TREKKING

(☎9414154854; www.mount-abu-treks.blogspot.com; Hotel Lake Palace; 3–4stündiger Trek 500 ₹/Pers., ganzer Tag inkl. Mittagessen 1200 ₹) Mahendra „Charles" Dan arrangiert auf Kundenwünsche zugeschnittene Trekkingtouren von einfachen Dorfbesuchen bis zu längeren Expeditionen in die Wildnis des Mt. Abu Wildlife Sanctuary. Er ist ein leidenschaftlicher Führer und kennt sich mit der hiesigen Flora und Fauna bestens aus. Zur Auswahl stehen auch kürzere Wanderungen sowie längere Touren inklusive Verpflegung und Übernachtung in einem Dorf (2000 ₹). Der Eintritt ins Schutzgebiet (Inder/Ausländer 50/300 ₹) ist nicht inbegriffen.

Shri Ganesh Hotel TREKKING

(☎02974-237292; lalit_ganesh@yahoo.co.in; 1/4 Std. 200/1000 ₹ pro Pers.) Organisiert kürzere Wanderungen mit Start um 7 bzw. 16 Uhr.

RSRTC TOUREN

(Tour halber/ganzer Tag 50/110 ₹; ⌚Halbtagstour 13 Uhr, Tagestour 9.30 Uhr) Die RSRTC veranstaltet Busrundfahrten zu den wichtigsten Sehenswürdigkeiten von Mt. Abu. Die Touren beginnen am Busbahnhof, wo man vorab auch Plätze reservieren kann. Beide Rundfahrten führen zum Fort Achalgarh sowie zum Guru-Shikhar-Tempel und zu den Dilwara-Tempeln und enden am Sunset Point. Bei der Ganztagstour stehen darüber hinaus auch Adhar Devi, die Brahma Kumaris Peace Hall und Honeymoon Point auf dem Programm. Die Gebühren für Eintritt

Mt. Abu

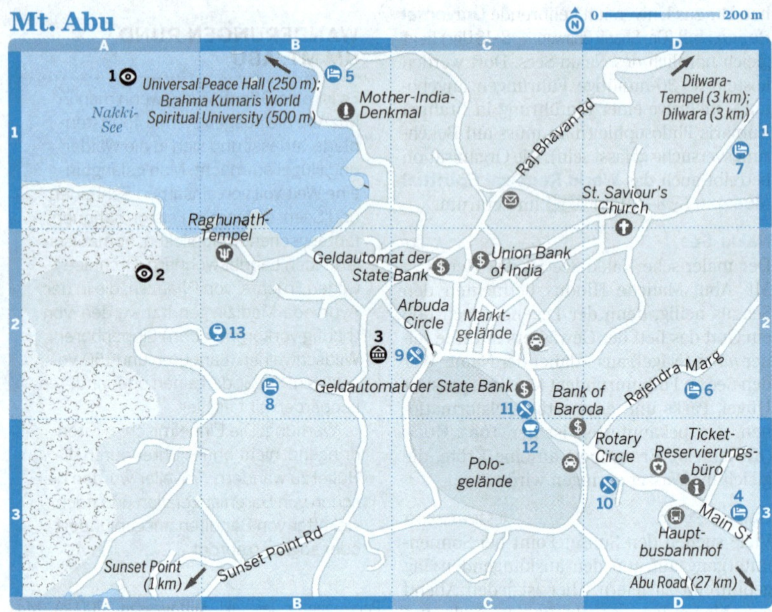

und Fotoerlaubnis sowie für den Führer (20 ₹) sind im Preis nicht enthalten.

Schlafen

In der Hauptsaison (Mitte Mai–Mitte Juni, Diwali & Weihnachten/Neujahr) können sich die Zimmerpreise verdoppeln oder sogar verdreifachen, aber zu anderen Zeiten erhält man in Mittel- und Spitzenklassehotels oft großzügige Rabatte. Wer zu Diwali hier sein will, muss unbedingt vorab reservieren und wird den Massen nicht entfliehen können. Viele Hotels verlangen von ihren Gästen, dass sie bis 9 Uhr auschecken.

Shri Ganesh Hotel HOTEL $

(☎ 02974-237292; lalit_ganesh@yahoo.co.in; B 250 ₹, EZ/DZ 500/600 ₹, Zi. mit Bad 700–1500 ₹; @ 📶) Das recht zentral gelegene und beliebte Budgethotel ist mit einem günstigen Café und vielen hilfreichen Reiseinfos gut auf Traveller eingestellt. Die Zimmer sind nicht neu, aber sauber. Einige haben Hocktoiletten und nur zu bestimmten Zeiten Warmwasser. Täglich werden Waldwanderungen und Kochkurse angeboten.

Mushkil Aasan PENSION $

(☎ 9426057837, 02974-235150, 9429409660; mushkilaasan.abu@gmail.com; EZ/DZ/4BZ 1000/1300/1650 ₹; ❄ 📶) Die nette Pension versteckt sich in einem ruhigen Tal im Norden der Stadt (nahe dem Global Hospital) und bietet neun heimelig eingerichtete Zimmer und einen schön bepflanzten Garten. Zu essen gibt's Hausmannskost aus Gujarat. Auschecken kann man erfreulicherweise rund um die Uhr. Die Zimmer neben der Rezeption können Lärm abbekommen.

Hotel Lake Palace HOTEL $$

(☎ 02974-237154; www.savshantihotels.com; Zi. mit Frühstück ab 4165 ₹; ❄ 📶) Das große und freundliche Hotel hat eine exzellente Lage und einen kleinen Rasen mit Blick auf den See. Die Zimmer sind schlicht, nicht vollgestopft, hell und sauber. Alle haben Klimaanlagen und einige halb private Terrassen mit Seeblick. Auf dem Dach und im Garten gibt's Restaurants mit internationaler Küche.

Kishangarh House HISTORISCHES HOTEL $$$

(☎ 02974-238092; Rajendra Marg; Cottage mit Frühstück 4950 ₹, Zi. mit Frühstück ab 6500 ₹; ❄ 📶) Die ehemalige Sommerresidenz des Maharadschas von Kishangarh ist heute ein vornehmes historisches Hotel. Die Deluxe-Zimmer im Haupthaus sind groß und haben extra-hohe Decken. Die Cottagezimmer hinten auf dem Gelände sind kleiner, aber gemütlicher. Es gibt hier noch einen hübschen, sonnigen Salon und einen schönen terrassierten Garten.

Mt. Abu

Hotel Hilltone HOTEL $$$
(02974-238391; www.hotelhilltone.com; Main St; EZ/DZ mit Frühstück ab 5355/6545 ₹; P ❄ 📶 🏊) Das moderne, gut geführte Hotel liegt auf einem großen Grundstück und schneidet sich mit stilvoll-komfortablen, modernen Zimmern, die sogar noch mehr bieten, als der Preis verspricht, eine Scheibe von der berühmten Hotelkette ab, auf die der Name anspielt. Das Mulberry Tree Restaurant im Haus serviert Alkohol und nichtvegetarische indische Gerichte – eine Seltenheit in Mt. Abu.

Essen

Kanak Dining Hall INDISCH $
(Lake Rd; Thali-Gujarat/-Punjab 110/140 ₹; 8.30–15.30 & 19–23 Uhr) Die ausgezeichneten All-You-Can-Eat-Thalis können um den Preis der besten Mahlzeit in Mt. Abu konkurrieren. Es gibt Sitzbereiche drinnen in dem geschäftigen Speisesaal und draußen unter einem Vordach. Das Lokal liegt sehr praktisch in der Nähe des Busbahnhofs; die ganztägige RSRTC-Busrundfahrt legt hier die Mittagspause ein.

Arbuda INDISCH $
(Arbuda Circle; Hauptgerichte 100–150 ₹; 7–22.30 Uhr; ✍) Das große Restaurant hat eine weite, offene Terrasse mit Chromstühlen. Es ist beliebt wegen seiner vegetarischen Gerichte aus Gujarat, dem Punjab und Südindien, bietet aber auch ein gutes europäisches Frühstück und frische Säfte.

Sankalp SÜDINDISCH $$
(Hotel Maharaja, Lake Rd; Hauptgerichte 90–250 ₹; 9–23 Uhr) Die Filiale einer guten Kette aus Gujarat serviert ausgezeichnete südindische vegetarische Gerichte. Ihre geschätzten *dosas* und *uttapams* (herzhafte südindische Reispfannkuchen) gibt's mit ungewöhnlichen Füllungen wie Ananas oder Spinat, Käse und Knoblauch und mit vielen Saucen und Würzen. Als schmackhafte Vorspeise *masala pappad* (Waffel mit würzigem Belag) bestellen!

Mulberry Tree Restaurant INTERNATIONAL $$
(Hilltone Hotel, Main St; Hauptgerichte 250–350 ₹) Wegen der Touristen aus Gujarat sind in Mt. Abu vegetarische Thalis der Renner. Wer Appetit auf etwas Nichtvegetarisches hat, hält sich an das smarte Mulberry Tree Restaurant im Hilltone Hotel. Dort stehen viele indische Fleischgerichte auf der Karte, und oft wird auch Alkohol ausgeschenkt.

Ausgehen & Nachtleben

Polo Bar BAR
(02974-235176; Jaipur House; 11.30–15.30 & 19.30–23 Uhr) Die Terrasse des Jaipur Hotel, des früheren Sommerpalasts des Maharadschas von Jaipur, ist ein traumhafter Ort für einen abendlichen Drink: Man hat einen himmlischen Blick über die Hügel auf den See und die funkelnden Lichter der Stadt.

Cafe Coffee Day CAFÉ
(Main St; Kaffee ab 110 ₹; 9–23 Uhr) Die Filiale der beliebten Kaffeehauskette hat auch guten Tee und Kuchen.

Praktische Informationen

Geldautomaten gibt's an der Raj Bhavan Rd, darunter auch vor der Touristeninformation, sowie an der Lake Rd.

Bank of Baroda (Main St; Mo–Fr 10–15, Sa bis 12.30 Uhr) Wechselt Geld, löst Reiseschecks ein und tätigt Auszahlungen auf Kreditkarten.

Union Bank of India (Main Market; Mo–Fr 10–15 Uhr, Sa bis 12.30 Uhr) Löst Reiseschecks ein und wechselt Geld.

Hauptpost (Raj Bhavan Rd; ⏲ Mo–Sa 9–17 Uhr)

Touristeninformation (⏲ Mo–Fr 9–17.30 Uhr) Das Zentrum gegenüber vom Hauptbusbahnhof hat kostenlose Stadtpläne.

ℹ An- & Weiterreise

Nach Mount Abu gelangt man über eine spektakuläre, 28 km lange Straße, die sich von der Ortschaft Abu Road, wo sich auch der nächstgelegene Bahnhof befindet, ihren kurvenreichen Weg über dicht bewaldete Hügel nach oben bahnt. Einige Busse aus anderen Städten fahren den ganzen Weg hinauf bis nach Mt. Abu, andere aber nur bis Abu Road. Zwischen Abu Road und Mt. Abu verkehren zwischen ca. 6 und 19 Uhr halbstündlich Busse (30 ₹, 1 Std.). Ein Taxi von Abu Road nach Mt. Abu kostet tagsüber 350 ₹, nachts 450 ₹. Am Ortseingang von Mt. Abu wird auf alle Fahrzeuge eine Einfahrtsgebühr erhoben (kleines/großes Auto 100/200 ₹).

BUS

Vom **Hauptbusbahnhof** Mt. Abu fahren u. a. folgende Busse:

Ahmedabad 182 ₹, 7 Std., 4-mal tgl. (6, 7.30, 10.15 & 14.45 Uhr)

Jaipur AC 924 ₹, 11 Std., tgl. (18.30 Uhr)

Udaipur 198 ₹, 4½ Std., 4-mal tgl. (8, 9.15, 12.45 & 19 Uhr)

ZUG

Der Bahnhof Abu Road liegt an der Strecke von Delhi über Ahmedabad nach Mumbai. Eine Autorikscha vom Bahnhof Abu Road zum Busbahnhof Abu Road kostet 20 ₹. In Mt. Abu gibt's oberhalb der Touristeninformation ein **Reservierungsbüro für Zugfahrkarten** (⏲ Mo–Sa 8–14 Uhr), das Kontingente für die meisten Expresszüge hat.

ℹ Unterwegs vor Ort

Wer will, kann zum Sightseeing einen Jeep oder ein Taxi anheuern (halber/ganzer Tag 650/1200 ₹). Viele Hotels können einen Wagen arrangieren; im Stadtzentrum kann man sich aber auch selbst ein Auto samt Fahrer besorgen.

NÖRDLICHES RAJASTHAN (SHEKHAWATI)

Die im Vergleich zu anderen Teilen Rajasthans weitaus weniger von Touristen besuchte Region Shekhawati ist berühmt für seine außergewöhnlich bemalten *havelis* (kunstvoll dekorierte Wohnhäuser rund um einen oder mehrere Höfe), die mit fantastischen, oftmals skurrilen Wandmalereien verziert sind. Die Region verdankt ihren Reiz u.a. auch dem Umstand, dass diese Kunstwerke in winzigen Ortschaften zu finden sind, die miteinander nur durch einspurige Straßen verbunden sind, welche durch die einsame, trockene Landschaft nördlich von Jaipur führen. Heute mag man sich darüber wundern, dass so viel Mühe, Sorgfalt und Geld in diese abgelegenen Häuser investiert wurde, aber früher war dies die Heimat wohlhabender Händler und Kaufleute.

Ab dem 14. Jh. waren die Orte in der Region Shekhawati wichtige Handelsstationen für die Karawanen aus den Hafenstädten Gujarats auf dem Weg in die fruchtbaren, boomenden Städte in der Ganges-Ebene. Der Ausbau der britischen Häfen in Kalkutta (heute Kolkata) und Bombay (Mumbai) im 19. Jh. hätte für Shekhawati der Todesstoß sein können, doch die Kaufläute verlegten ihren Sitz in diese Städte, kamen zu Wohlstand und schickten Gelder nach Hause, mit denen sie ihre außergewöhnlichen Häuser bauen und ausschmücken ließen.

Nawalgarh

☎ 01594 / 63950 EW.

Nawalgarh ist eine kleine, untouristische Stadt fast genau in der Mitte der Region und dadurch eine ideale Basis, um diese zu erkunden. Im Ort gibt es mehrere schöne *havelis,* einen bunten, überwiegend autofreien Basar und ein paar ausgezeichnete Unterkünfte.

WICHTIGE ZÜGE AB ABU ROAD

ZIEL	ZUG	ABFAHRT	ANKUNFT	PREIS (₹)
Ahmedabad	*19224 Jammu Tawi-Ahmedabad Exp*	10.50 Uhr	15 Uhr	150/510 (A)
Delhi (New Delhi)	*12957 Swarna J Raj Exp*	20.50 Uhr	7.30 Uhr	1265/1775 (B)
Jaipur	*19707 Aravali Exp*	10.07 Uhr	18.55 Uhr	270/715 (A)
Jodhpur	*19223 Ahmedabad-Jammu Tawi Exp*	15.30 Uhr	19.55 Uhr	195/510 (A)
Mumbai	*19708 Aravali Exp*	16.50 Uhr	6.35 Uhr	365/985 (A)

Fahrpreise: (A) Sleeper/3AC, (B) 3AC/2AC

Shekhawati

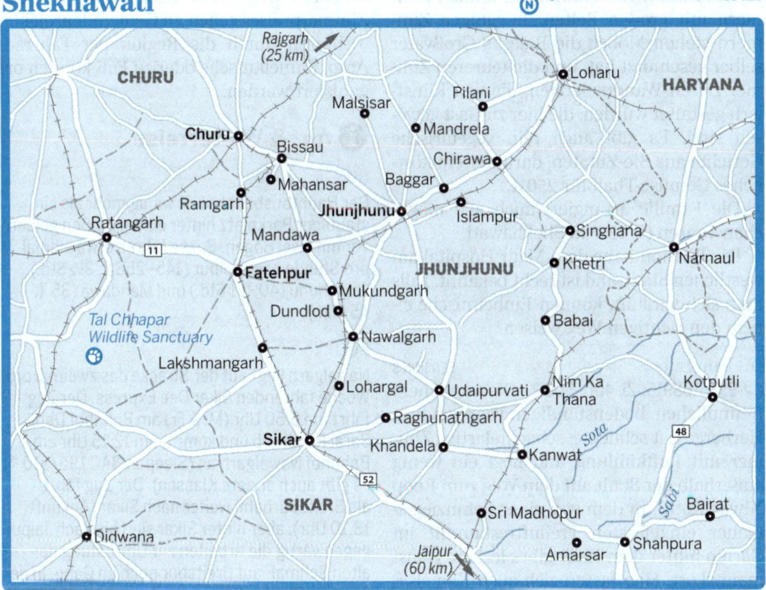

Sehenswertes

Dr. Ramnath A. Podar Haveli Museum MUSEUM

(www.podarhavelimuseum.org; Inder/Ausländer 75/100 ₹, Foto 30 ₹; 8.30–18.30 Uhr) Das 1902 im Osten der Stadt erbaute und von den Einheimischen nur „Podar Haveli" genannte Gebäude gehört zu den wenigen in der Region, die gründlich restauriert wurden. Die Malereien in diesem *haveli* sind in leuchtenden Farben gehalten und wirken von allen in der Stadt am lebendigsten, doch Puristen bemängeln, dass sie nicht restauriert, sondern nur neu übermalt wurden. Im Erdgeschoss gibt es Säle zur Kultur Rajasthans. Zu sehen sind hier u.a. Trachten, Turbane, Musikinstrumente und Modelle der Forts in Rajasthan.

Morarka Haveli Museum MUSEUM

(70 ₹; 8–19 Uhr) Das Museum präsentiert Originalmalereien, die jahrzehntelang hinter mit Beton vermauerten Zugängen erhalten geblieben sind. Im Innenhof finden sich einige Szenen aus dem Ramayana; sehenswert ist auch das etwas deplatziert wirkende Jesusbild am obersten Stockwerk unter dem Traufgesims an der Südostecke des Hofs.

Bhagton ki Choti Haveli HISTORISCHES GEBÄUDE

(Bhagat Haveli; 70 ₹) Die Malereien auf der äußeren westlichen Mauer des Bhagton ki Choti Haveli zeigen eine Lokomotive und ein Dampfschiff und darüber tanzende *gopis* (Milchmädchen) mit Elefantenkörpern. Daneben erblickt man tanzende Frauen beim Holi-Fest. Drinnen gibt es sehr viele weitere Wandmalereien, darunter (in einem Zimmer im Westflügel) das seltsame Bild eines europäischen Mannes mit Spazierstock und Pfeife, der einen kleinen Hund auf der Schulter trägt.

Geführte Touren

Ramesh Jangid's Tourist Pension TOUREN

(01594-224060; www.touristpension.com; geführte Wanderung 2–3 Tage ab 2250 ₹/Pers.) Ramesh Jangid organisiert geführte Wanderungen, Kamelwagenfahrten (halber Tag 2000 ₹ für 2 Pers.) zu entlegenen Dörfern sowie Autotouren (ganzer Tag 3500 ₹ für bis zu 4 Pers.) in andere Städte in der Region. Es werden auch Hindi-, Tabla- und Kochkurse sowie Unterricht in örtlichem Kunsthandwerk, z.B. *bandhani* (Schnurbatik) vermittelt.

Schlafen

Ramesh Jangid's Tourist Pension PENSION $

(01594-224060; www.touristpension.com; EZ/DZ/3BZ ab 800/1050/1350 ₹; @) Diese Pension wird von dem umgänglichen Rajesh, dem Sohn von Ramesh vom Apani Dhani, geführt und bietet heimelige, saubere Unterkunft in geräumigen, kühlen Zimmern mit großen Betten. In einigen Zimmern stehen Möbel, die Rajeshs Großvater selber geschnitzt hat, und die teureren Zimmer zieren Wandmalereien, die von Künstlern gestaltet wurden, die hier zu Gast gewesen sind. Es gibt auch rein vegetarische Gerichte aus Bio-Zutaten, darunter ein köstliches Gemüse-Thali für 250 ₹.

Die Familie arrangiert auch alle möglichen Touren (S. 183) in Shekhawati.

Die Pension nahe dem Maur Hospital am westlichen Stadtrand ist recht bekannt. Falls man sich verläuft, können Einheimische einem den richtigen Weg weisen.

DS Bungalow PENSION $
(☎9983168916; Zi. 400–500 ₹) Die von einem freundlichen, bodenständigen Paar geführte Herberge hat schlichte, schachtelartige Zimmer mit Luftkühlung und liegt ein wenig außerhalb der Stadt auf dem Weg zum Roop Niwas Kothi. In dem von einer Lehmziegelmauer eingefassten Freiluftrestaurant im Garten hinter dem Haus gibt's leckere Hausmannskost. Hier lassen sich auch Kamelsafaris arrangieren.

Shekhawati Guesthouse PENSION $
(☎01594-224658; www.shekhawatiguesthouse.com; Zi. inkl. Frühstück 600/800 ₹, mit Klimaanlage 1000–1500 ₹; ❄@📶) Dieses Stück ländliche Beschaulichkeit weckt Gefühle wie bei einem Gastaufenthalt bei einem sehr freundlichen Ehepaar. Es gibt sechs Zimmer im Hauptgebäude und fünf hübsche Lehmziegelhütten mit Strohdach im Garten. Die meisten Lebensmittel für die Hotelküche kommen aus dem Bio-Garten; man isst im netten Freiluftrestaurant.

Die Herberge befindet sich 4 km östlich vom Busbahnhof (mit dem Taxi 70 ₹). Die Abholung vom Busbahnhof oder dem Bahnhof lässt sich vereinbaren. Kochkurse werden ebenfalls angeboten.

★ **Apani Dhani** PENSION $$
(☎01594-222239; www.apanidhani.com; EZ/DZ ab 1080/1420 ₹, Zi. mit Klimaanlage ab 2500 ₹; ❄📶) Die preisgekrönte Ökotourismus-Unterkunft ist angenehm und entspannend. Man wohnt in Lehmziegelbungalows mit Strohdach, die rund um einen von Bougainvilleen beschatteten Hof stehen und mit bequemen Betten ausgestattet sind. Das Essen kommt von der angrenzenden Bio-Farm, und im Haus gibt's Solarstrom, Wasserboiler und Komposttoiletten. Die Anlage steht an der Westseite der Straße nach Jaipur. 5 % des Zimmerpreises gehen an Gemeindeprojekte.

Touren durch die Region per Fahrrad, Auto, Kamelkutsche oder zu Fuß können organisiert werden.

An- & Weiterreise

BUS

Der Hauptbusbahnhof ist wenig mehr als ein staubiger Parkplatz hinter einem großen gelben Tor mit zwei Bögen. Busse fahren etwa einmal pro Stunde nach Jaipur (145–258 ₹, 3½ Std.), Jhunjhunu (40 ₹, 1 Std.) und Mandawa (35 ₹, 45 Min.).

ZUG

Nawalgarh liegt auf der Strecke des zweimal pro Woche fahrenden Sikar Dee Express. Der Zug fährt um 6.50 Uhr (Mi & Fr) am Bahnhof Dehli Sarai Rohilla ab und kommt um 12.15 Uhr am Bahnhof Nawalgarh an (Sleeper/3AC 195/510 ₹; es gibt auch andere Klassen). Der Zug fährt als Breitspurbahn weiter nach Sikar (Ankunft 13.10 Uhr), aber hinter Sikar sind bis nach Jaipur gegenwärtig die Arbeiten zur Umrüstung der alten Schmal- auf Breitspur noch im Gang. In der anderen Richtung fährt der Zug um 14.45 Uhr (auch Mi & Fr) in Nawalgarh ab und erreicht Delhi um 21 Uhr (über Jhunjhunu; 2. Klasse 55 ₹).

Jhunjhunu

☎01592 / 118 470 EW.

In Shekhawatis bedeutendstem Wirtschaftszentrum herrscht eine andere Atmosphäre als in den kleineren Städten. Es gibt viel Verkehr, Beton und Hektik, wie dies in einer Distrikthauptstadt nun einmal zu erwarten ist. Die Stadt besitzt aber auch ein paar schöne *havelis* und einen bunten Basar.

Sehenswertes

Mohanlal Ishwardas Modi Haveli HISTORISCHES GEBÄUDE
(Nehru Bazaar; 50 ₹) An der Nordseite des Nehru Bazaar steht dieses 1896 erbaute *haveli*. Die Wandmalereien auf der Frontfassade zeigen einen Zug in voller Fahrt. Über dem Eingang zum äußeren Hof erblickt man Szenen aus Krishnas Leben. Auf einem kleineren Bogen in der Nähe sind Figuren der britischen Kolonialherren zu finden, darunter Monarchen und Richter in Roben. Ihnen gegenüber stehen indische Herrscher, Maharadschas und Nawabs.

Im Durchgang zwischen dem inneren und dem äußeren Hof finden sich ein paar schöne Porträtminiaturen hinter Glas sowie schöne Fliesenarbeiten mit Spiegel- und Glasstückchen.

Khetri Mahal HISTORISCHES GEBÄUDE

(50 ₹) Eine Reihe von kleinen Gassen am Westende des Nehru Bazaar (eine kurze Rikschafahrt nördlich vom Busbahnhof) führen zum eindrucksvollen Khetri Mahal, einem kleinen, gegen 1770 errichteten Palast, der zu den elegantesten und schönsten Gebäuden in Shekhawati zählt. Man glaubt, dass er von Bhopal Singh errichtet wurde, dem Enkel Sardul Singhs, der Khetri gegründet hat. Leider wirkt der Palast heute trist und verwahrlost; nur die herrliche Architektur mit feinen Säulen und Bögen ist geblieben.

Modi-Havelis HISTORISCHE GEBÄUDE

(Nehru Bazaar; 50 ₹) Die Modi-Havelis stehen sich gegenüber und beherbergen einige der schönsten Wandmalereien und Holzschnitzereien in Jhunjhunu. Im *haveli* an der östlichen Seite findet sich das Gemälde einer Frau in einem blauen Sari, die vor einem Grammofon sitzt; ein Fries zeigt einen Zug, neben dem Reiter entlangpreschen. Oben sieht man in den Zwischenräumen zwischen den Konsolen Szenen aus der Krishna-Legende. Im *haveli* auf der westlichen Seite sind einige komische Bilder mit lustigen Grimassen und Schnurrbärten zu entdecken.

Schlafen

Hotel Jamuna Resort HOTEL **$$**

(☎ 9414255035, 01592-232871; www; www.hoteljamunaresort.in; nahe Nath Ka Tilla; Zi. 1500–3500 ₹; ❄@📶🏊) Das Hotel Jamuna Resort bietet alles, was ein Reisender braucht. Die Zimmer im älteren Flügel sind entweder mit farbenfrohen Wandmalereien oder mit traditionellem Spiegelwerk geschmückt, während sich die Zimmer im neueren Flügel modern und luftig präsentieren. Es gibt in dem heiteren Garten einen einladenden Pool (100 ₹ für Nichtgäste) und improvisierte Küchen für die angebotenen Kochkurse.

Der freundliche Betreiber Laxmi Kant Jangid weiß alles über die Dörfer in Shekhawati. Auch Touren können hier organisiert werden. Man kann sich kostenlos vom Bahnhof oder der Bushaltestelle abholen lassen.

An- & Weiterreise

BUS

Es gibt hier zwei Busbahnhöfe: den **Hauptbusbahnhof** und den **Privatbusbahnhof**. Beide haben ähnliche Busverbindungen und Preise, allerdings fahren die staatlichen Busse vom Hauptbusbahnhof wesentlich häufiger. Sammel-Autorikschas verkehren zwischen beiden Busbahnhöfen (8 ₹/Pers.).

Vom Hauptbusbahnhof fahren Busse u. a. nach:

Bikaner 226 ₹, 5–6 Std., stündl.

Delhi 230 ₹, 5–6 Std., stündl.

Fatehpur 45 ₹, 1 Std., halbstündl.

Jaipur 183 ₹, 4 Std., halbstündl.

Mandawa 25 ₹, 1 Std., halbstündl.

Nawalgarh 40 ₹, 1 Std., halbstündl.

ZUG

Jhunjhunu liegt an der Strecke des zweimal wöchentlich fahrenden Sikar Dee Express. Der Zug startet vom Bahnhof Delhi Sarai Rohilla um 6.50 Uhr (Mi & Fr) und kommt in Jhunjhunu um 11.30 Uhr an (Sleeper/3AC 180/510 ₹, es gibt noch weitere Zugklassen). In entgegengesetzter Richtung startet der Zug (ebenfalls Mi & Fr) um 15.30 Uhr in Jhunjhunu und erreicht Delhi um 21 Uhr. Die Bahnstrecke nach Sikar über Nawalgarh (2. Klasse 55 ₹) ist als Breitspurbahn ausgebaut, hinter Sikar sind die Arbeiten noch im Gang, die alte Schmalspurstrecke nach Jaipur auf Breitspur umzurüsten.

Fatehpur

☎ 01571 / 92 600 EW.

Fatehpur wurde 1451 als Hauptstadt muslimischer Nawabs (Fürsten) gegründet und blieb jahrhundertelang deren Bastion, ehe es schließlich im 18. Jh. in die Hände der Shekhawati-Rajputen fiel. In der geschäftigen kleinen Stadt gibt es eine Vielzahl von *havelis*. Viele davon sind stark verfallen, es finden sich aber auch ein paar bemerkenswerte Ausnahmen.

Sehenswertes

Neben dem prächtigen Haveli Nadine Le Prince lohnen u. a. der nahegelegene **Chauhan-Brunnen**, das **Jagannath Singhania Haveli**, das (oft geschlossene) **Mahavir Prasad Goenka Haveli** mit schönen Malereien, das **Geori Shankar Haveli** mit Spiegelmosaiken an der Decke des Vorzimmers sowie südlich des privaten Busbahnhofs das **Vishnunath Keria Haveli** und das **Harikrishnan Das Saraogi Haveli** mit farbenfroher Fassade und eisernen Ziergittern den Besuch.

Le Prince Haveli HISTORISCHES GEBÄUDE

(☎ 01571-233024; www.cultural-centre.com; inkl. Führung 200 ₹; ⏲ 9–18 Uhr) Das 1802 erbaute *haveli* wurde von der französischen Künstlerin Nadine Le Prince wundervoll restauriert und ist heute eines der schönsten in

Shekhawati. Nadines Familie und eingeladene Künstler helfen bei der Verwaltung des Gebäudes und veranstalten ausführliche Führungen (30–45 Min.). Es gibt ein Restaurant (Reservieren erforderlich) sowie eine kleine Galerie. Viele Räume wurden in schön dekorierte Gästezimmer verwandelt.

Das *haveli* befindet sich rund 2 km nördlich der beiden Hauptbusbahnhöfe in einer Gasse abseits der Hauptstraße. Von den Busbahnhöfen wendet man sich nach rechts, dann folgt irgendwann die Abzweigung nach rechts. Man kann aber auch eine Autorikscha nehmen.

Geführte Touren

Shekhawati Bikers TOUR
(☎01571-233024; ab 3600 ₹/Pers. & Tag) Das Le Prince Haveli kann geführte Touren auf einer klassischen Royal Enfield Bullet über die relativ leeren Straßen Shekhawatis organisieren.

Schlafen

★ **Le Prince Haveli** BOUTIQUEHOTEL $$
(☎8094880977, 01571-233024; www.leprincehaveli.com; nahe Chauhan-Brunnen; Zi. ab 1500 ₹, mit Bad ab 2200 ₹, mit Klimaanlage 3500–6000 ₹; ❄📶🏊) Das schön restaurierte Le Prince Haveli hat seine Künstlerzimmer auch für Traveller geöffnet. Es handelt sich um 18 sehr unterschiedliche Zimmer im traditionellen Stil, die auf den zentralen Innenhof blicken. In der Freiluftbar und dem Poolbereich kann man hervorragend entspannen, und das angrenzende Restaurant auf der Terrasse serviert Buffet-Gerichte der indischen und französischen Küche sowie italienischen Kaffee.

Im Sommer gibt's 20 % Rabatt.

An- & Weiterreise

Vom **Privatbusbahnhof** an der Straße von Churu nach Sikar fahren den ganzen Tag über Busse, sobald sie voll besetzt sind, zu folgenden Zielen in Shekhawati:

Churu 39 ₹, 1 Std.
Jhunjhunu 45 ₹, 1 Std.
Mandawa 34 ₹, 1 Std.
Ramgarh 25 ₹, 45 Min.

Vom weiter südlich an derselben Straße gelegenen **RSRTC-Busbahnhof** fahren Busse zu folgenden Zielen:

Bikaner 195 ₹, 3½ Std., stündl.
Delhi 288 ₹, 7 Std., tgl. 5-mal
Jaipur 157 ₹, 3½ Std., tgl. 2-mal

Mandawa

☎01592 / 23 350 EW.

Von allen Orten in der Region Shekhawati ist Mandawa eindeutig am besten auf Reisende eingestellt. Die Stadt besitzt eine Vielzahl von Unterkünften und einige ordentliche Restaurants. Das Städtchen aus dem 18. Jh. ist zwar etwas touristisch (aber nicht so sehr wie Städte in anderen Teilen Rajasthans), aber ein angenehmes Standquartier zur Erkundung der *havelis* in der Region.

Es gibt nur eine Hauptstraße. Von dieser zweigen enge Seitengassen ab. Das einfach zu findende Hotel Mandawa Haveli liegt etwa auf halber Höhe der Hauptstraße und ist ein praktischer Orientierungspunkt in Mandawa. Die meisten Busse setzen ihre Passagiere an der Hauptstraße und auch am Busbahnhof ab.

Sehenswertes

Binsidhar Newatia Haveli HISTORISCHES GEBÄUDE
Das *haveli* aus den 1920er-Jahren steht an der Nordseite der Fatehpur–Jhunjhunu Rd und ist heute Sitz der State Bank of Bikaner & Jaipur. Skurrile Bilder zieren die östliche Außenwand: Man sieht eine Europäerin in einem Auto mit Chauffeur, den Flug der Gebrüder Wright, dem Frauen in Saris zuschauen, einen Muskelprotz, der ein Auto zieht, und einen Vogelmann in einem seltsamen Flugapparat.

Murmuria Haveli HISTORISCHES GEBÄUDE
Von dem sandigen Vorhof des Murmuria Haveli aus den 1930er-Jahren bietet sich einem ein guter Blick auf die südliche Außenwand des angrenzenden Doppel-*haveli:* Ein langer Fries zeigt einen Zug und einen Bahnübergang. Man erblickt Nehru zu Pferd, die indische Fahne schwingend. Über den Bögen an der Südseite des Hofs zeigen zwei Malereien Gondeln auf Venedigs Kanälen.

Schlafen

Hotel Shekhawati HOTEL $
(☎01592-223036, 9314698079; www.hotelshekhawati.com; r Zi. 400–2800 ₹; ❄@📶) Die einzige wirkliche Budgetunterkunft vor Ort befindet sich in der Nähe der Mukundgarh Rd. Das Haus wird von einem pensionierten Bankangestellten und dessen Sohn (einem lizenzierten Touristenführer) geleitet. Bunte, derb komische Malereien, die künstlerisch begabte frühere Gäste an den Wänden hin-

SHEKHAWATIS GALERIEN UNTER FREIEM HIMMEL

Im 18. und 19. Jh. lebten kluge, bescheidene Marwari-Kaufleute fern von zu Hause in den aufstrebenden neuen Wirtschaftszentren Indiens. Den Großteil des Vermögens, das sie so verdienten, sandten sie ihren Familien in Shekhawati, um prächtige *havelis* (traditionelle, kunstvoll dekorierte Wohnhäuser) errichten zu lassen, die einerseits die Familien für ihre lange Abwesenheit entschädigen und andererseits den Nachbarn zeigen sollten, wie erfolgreich die Händler waren. So konkurrierten die Kaufleute auch untereineinander und bauten immer prächtigere Gebäude – Wohnhäuser, Tempel, Stufenbrunnen –, die innen und außen reich mit Wandmalereien verziert wurden.

Die Künstler, die für diese unzähligen Quadratmeter an Dekorationen verantwortlich waren, gehörten meist der Kaste der *kumhars* (Töpfer) an und waren sowohl die Baumeister wie auch die Maler der *havelis*. Sie wurden als *chajeras* (Steinmetze) bezeichnet, und viele wurden von jenseits Shekhawati herangezogen– insbesondere aus Jaipur, wo sie an der Dekoration der Paläste der neuen Hauptstadt mitgewirkt hatten – während andere von noch weiter her kamen, um ihre Dienste anzubieten. Bald kam es zu einem regen Austausch der Ideen und Techniken, und die einheimischen Künstler griffen die Anregungen der neu Hinzugekommenen auf.

Die frühen Malereien zeigten mit floralen Arabesken und geometrischen Mustern einen starken Einfluss des dekorativen Stils der Mogulkunst. Der nächste bedeutende Einfluss kam von den Fürstenhöfen der Rajputen. Szenen aus der Hindu-Mythologie herrschen vor, besonders beliebt waren Krishna-Darstellungen.

Mit der Ankunft der Europäer wurden die Mauern dann mit Gemälden der neuen technischen Wunder geschmückt, die die Kaufleute aus Shekhawati in Zentren wie Kolkata kennengelernt hatten. Man sieht Darstellungen von Zügen, Flugzeugen, Telefonen, Grammophonen und Fahrrädern, wobei die Künstler oft ohne Vorlage rein mit ihrer Fantasie arbeiteten. So erblickt man Krishna und Radha in fliegenden Autos, während die Briten unweigerlich als Soldaten dargestellt werden, in Begleitung von Hunden oder mit Schnapsflaschen.

Heute gehören die meisten *havelis* immer noch Nachkommen der ursprünglichen Besitzer, die aber dort nicht mehr wohnen, weil die Kleinstädte Rajasthans für sie ihren Reiz verloren haben. In vielen lebt nur ein einziger *chowkidar* (Hausmeister), in anderen irgendeine Familie aus der Gegend. Obwohl sie nur noch verblasste Erinnerungen an die Zeit in sich tragen, als die großen Haushalte der Marwari-Kaufleute hier residierten, bleiben die *havelis* ein faszinierendes Zeugnis der Epochen, in denen sie entstanden. Nur ein paar wurden restauriert; viel mehr sind verfallen und schwinden langsam dahin.

Wer alles über die Geschichte, die Menschen, die Städte und Gebäude in der Region erfahren möchte, sollte zum hervorragenden *The Painted Towns of Shekhawati* von Ilay Cooper greifen, das in den Buchhandlungen in der Region und in Jaipur erhältlich ist.

terließen, geben den Zimmern etwas Farbe. Auf der friedlichen Dachterrasse werden schmackhafte Mahlzeiten serviert.

Außerdem lassen sich günstige Jeeptouren und Ausritte auf Kamelen oder Pferden organisieren.

Hotel Mandawa Haveli HISTORISCHES HOTEL **$$**
(☎01592-223088, 8890841088; www.hotelmandawahaveli.com; EZ/Suite ab 1750/5500 ₹, DZ 2200–2800 ₹;) Das Hotel residiert an der Hauptstraße nahe dem Sonathia-Tor in einem prächtigen, restaurierten *haveli* aus den 1890er-Jahren. Die Zimmer verteilen sich um einen mit Malereien geschmückten Hof. Die billigsten sind klein; es lohnt sich, mehr für eine Suite voller Bögen, Fensterbänke und vieler kleiner Fenster auszugeben. Das Restaurant auf der Dachterrasse serviert gutes Essen – besonders romantisch ist hier ein Abendessen (Abendmenü 450 ₹), wenn unten die Lichter der Stadt funkeln.

Das Restaurant auf der Dachterrasse serviert gutes Essen – besonders romantisch ist hier ein Abendessen (Abendmenü 550 ₹), wenn unten die Lichter der Stadt funkeln.

Hotel Radhika Haveli Mandawa HISTORISCHES HOTEL **$$**
(☎01592-223045, 9784673645; www.hotelradhikahavelimandawa.com; EZ/DZ/Suite mit Frühstück 1800/2800/3600 ₹;) Das hübsch restaurierte *haveli* liegt in einem ruhigen Teil der Stadt und besitzt eine Rasenfläche (mit Ka-

ninchen als Haustieren). Die Zimmer sind komfortabel, geschmackvoll und traditionell, auch wenn sie keine bunten Wandmalereien haben. Im Haus gibt's ein gutes vegetarisches Restaurant; wen es nach einem Hähnchengericht gelüstet, begibt sich zum Dachterrassenrestaurant Monica ganz in der Nähe.

Hotel Heritage Mandawa HISTORISCHES HOTEL **$$**
(☎01592-223742, 9414647922; www.hotelheritagemandawa.com; Zi. 1635–6215 ₹; ❄📶) Südlich des Subash Chowk steht dieses anmutige alte *haveli* mit traditionell dekorierten Zimmern. Die vielfältigen Suiten haben kleine Zwischengeschosse, in denen entweder das Bett oder das Badezimmer untergebracht ist. Die Zimmer sind sehr unterschiedlich, man sollte sich also ein paar anschauen. In dem kleinen Garten gibt's Konzerte und Puppentheater.

Hotel Castle Mandawa HISTORISCHES HOTEL **$$$**
(☎01592-223124; www.castlemandawa.com; Zi. mit Frühstück ab 10 230 ₹; ❄@📶🏊) Mandawas großes Spitzenklassehotel im umgebauten Fort der Stadt ist eine schicke und im Allgemeinen komfortable Option. Einige Zimmer sind aber weit besser eingerichtet als andere (am besten sind die Suiten mit ausschwenkbaren Himmelbetten im Turm) – man sollte sich also unbedingt erst einige anschauen. Im Gartengelände gibt's Restaurants, ein Kaffeehaus und eine Cocktailbar, einen Pool und ein Ayurveda-Spa.

Essen

Monica Rooftop Restaurant INDISCH **$$**
(☎01592-224178; Hauptgerichte 180–400 ₹; ⏲8–21 Uhr) Das nette Dachterrassenrestaurant auf halber Strecke zwischen Festungstor und Hauptbasar serviert schmackhafte indische und chinesische Gerichte sowie kaltes Bier. Es befindet sich in einem umgebauten *haveli*, Fresken gibt es aber leider nur an der Fassade, nicht im Restaurant.

Bungli Restaurant INDISCH **$$**
(☎9929439846; Goenka Chowk; Hauptgerichte 140–220 ₹, Thalis 260–360 ₹; ⏲5–23 Uhr) Das beliebte Freiluftlokal nahe dem Bikaner-Busbahnhof serviert in einer verwahrlosten Umgebung heiße Gerichte aus dem Tandur und kaltes Bier. Das Essen wird frisch von einem Koch zubereitet, der aus dem Hotel Castle Mandawa stammt. Frühaufsteher bekommen hier ein indisches Frühstück samt Yoga-Sitzung (5.30, 6 & 6.30 Uhr) für gerade einmal 400 ₹.

An- & Weiterreise

Vom **Hauptbusbahnhof**, der manchmal auch als Bikaner-Busbahnhof bezeichnet wird, fahren zahlreiche Busse (ungefähr halbstündl.) u. a. zu den unten genannten Zielen. Achtung: Es gibt einen separaten **Nawalgarh-Busbahnhof** gleich abseits der Hauptstraße, von dem Busse ausschließlich nach Nawalgarh fahren. Beide Busbahnhöfe sind so klein, dass sie als solche nur zu erkennen sind, wenn gerade ein Bus dort steht. Am besten orientiert man sich an den vielen Chai-Ständen um sie herum. Der Hauptbusbahnhof befindet sich an einem Ende der Hauptstraße auf der linken Seite, wo die Straße nach rechts abknickt.

Bikaner 223 ₹, 5 Std.
Fatehpur 34 ₹, 1 Std.
Jhunjhunu 25 ₹, 1 Std.
Nawalgarh 35 ₹, 45 Min.

JAISALMER, JODHPUR & WESTLICHES RAJASTHAN

Jodhpur

☎0291 / 1 033 900 EW.

Die imposante Festung Mehrangarh wacht über die „Blaue Stadt" Jodhpur und ist eine echte Augenweide. Zu Füßen des architektonischen Meisterwerks liegt die Altstadt, ein Wirrwarr aus blauen Brahmanen-Häuschen, das sich bis zur 10 km langen, im 16. Jh. erbauten Stadtmauer ausdehnt. Die Blue City ist wirklich blau! Und zwischen den Häusern verlaufen verschlungene, mittelalterliche Straßen, die immer irgendwo anders hinführen als man gedacht hat. Es riecht nach Räucherstäbchen, Rosen und Abwasser, und in den Geschäften und auf den Basaren kann man seinen Vorrat an Tempeldekorationen, Schnupftabak, Saris und Trompeten (!) aufstocken.

Jodhpur ist mittlerweile ein gutes Stück über die Stadtmauern hinausgewachsen, doch die Besuchermagneten sind ohne Zweifel das Fort und das spontane, brummende Leben in der Altstadt. Dieses überfüllte, hektische Viertel ist die interessanteste Gegend für Besucher. Weiter westlich gelegene Teile der Altstadt wie Navchokiya sind genauso stimmungsvoll, aber viel entspannter.

Geschichte

Um 1200 mussten die Rathore-Rajputen ihre Heimat Kannauj, östlich von Agra, verlassen. Sie flohen vor den Afghanen, die Mohammed von Ghor dienten, nach Westen, in die Gegend um Pali, 70 km südöstlich von Jodhpur. Dort entwickelte sich ihre Zivilisation derart prächtig, dass sie 1381 die Pratihara-Dynastie aus Mandore, 9 km nördlich des heutigen Jodhpur, vertreiben konnten. 1459 wählte der Rathore-Anführer Rao Jodha einen felsigen Grat in der Nähe als Standort für eine neue Festung mit fantastischen Dimensionen aus: Mehrangarh. Und rund um dieses Fort wuchs Jodhas Stadt, Jodhpur.

Jodhpur lag an einer wichtigen Handelsroute zwischen Delhi und Gujarat, und das Rathore-Königreich gedieh prächtig dank der Gewinne aus dem Opium-, Sandelholz-, Dattel- und Kupferverkauf. Die Rajputen kontrollierten ein großes Gebiet, das den reizenden Namen Marwar, Land des Todes, trug (Terrain und Klima sind auch heute noch sehr ungastlich) und sich im Westen bis zur heutigen Grenze zu Pakistan erstreckte. Im Süden grenzte es an Mewar (Udaipur), im Nordwesten an Jaisalmer, im Norden an Bikaner und im Osten an Jaipur und Ajmer.

Sehenswertes & Aktivitäten

★ Mehrangarh — FORT

(www.mehrangarh.org) Steil und uneinnehmbar thront die Festung auf einem felsigen Hügel, der selbst schon Jodhpurs Skyline um 120 m überragt. Mehrangarh ist eines der imposantesten Forts in Indien. Die Festungsmauern sind zwischen 6 und 36 m hoch, und da das Baumaterial aus dem Fels herausgeschlagen wurde, auf dem das Fort steht, scheint es mit seinem Untergrund zu verschmelzen. Das Fort gehört immer noch der früheren Herrscherfamilie von Jodhpur, und viele Legenden ranken sich um diesen geschichtsträchtigen Ort. Zum Betreten des Forts braucht man kein Eintrittsticket, sondern nur für den musealen Teil.

Den Haupteingang bildet das nordöstliche Tor, das **Jai Pol**. Von der Altstadt führt ein 300 m langer Weg bergauf zum Eingang, Autorikschas nehmen die kurvenreiche, 5 km lange Straße (ca. 120 ₹).

Das Jai Pol wurde 1808 von Maharadscha Man Singh errichtet, nachdem er eingefallene Truppen aus Jaipur besiegt hatte. Hinter der Museumskasse und einem kleinen Café erreicht man das aus dem 16. Jh. stammende **Dodh Kangra Pol**, das vor dem Bau des Jai Pol ein Außentor war und immer noch die Spuren der Kanonenkugeln zeigt, mit denen es 1808 beschossen wurde. Dahinter führt die Hauptroute nach links hinauf durch das ebenfalls aus dem 16. Jh. stammende **Imritia Pol** und dann durch das **Loha Pol**, den ursprünglichen Eingang zur Festung. Dieses Tor ist mit Eisenstacheln gegen das Durchbrechen feindlicher Elefanten bewehrt. Gleich dahinter erinnern mehrere kleine Handabdrücke an die *sati* (Selbstverbrennung) von Herrscherwitwen, die sich in den Scheiterhaufen ihrer Maharadschas stürzten – zuletzt taten dies 1843 die Witwen von Maharadscha Man Singh.

Hinter dem Loha Pol befinden sich ein Restaurant und das **Suraj Pol**, der Zugang zum Museum. Nach der Besichtigung des Museums geht's von hier auf die **Festungswälle** mit Panoramablick und beeindruckenden alten Geschützen. Die Festungsmauern wurden nach einem tödlichen Selfie-Unfall im Jahr 2016 gesperrt. Hoffentlich bleibt das eine zeitweilige Maßnahme, denn der Ausblick ist wirklich spektakulär.

Ebenfalls lohnend ist die rechte Abzweigung am Jai Pol. Dort windet sich ein Pfad hinunter zum **Chokelao Bagh**, einem restaurierten, prächtigen Rajputen-Garten aus dem 18. Jh., wo man einen ganzen Nachmittag lang im Schatten der Bäume sitzen und ein Buch lesen kann, sowie zum **Fateh Pol** (Siegestor). Durch dieses Tor geht es hinaus ins Altstadtviertel Navchokiya.

★ Mehrangarh Museum — MUSEUM

(www.mehrangarh.org; Inder/Ausländer inkl. Audioguide 100/600 ₹, Foto/Video 100/200 ₹, Führer Inder/Ausländer 170/225 ₹; ⌚ 9–17 Uhr) Das Museum des Forts befindet sich in dessen früheren Palast, der ein hervorragendes Beispiel rajputischer Architektur ist. In den Höfen und Hallen findet sich so fein behauenes steinernes Gitterwerk, das man glauben kann, es wäre aus Sandelholz geschnitzt und nicht aus Sandstein gefertigt. In den Galerien rund um den **Shringar Chowk** (den Hof der Ernennungen) sind Indiens beste Sammlung von Elefanten-*howdahs* und die Sänften von Jodhpurs Herrschern zu sehen. Der (in 11 Sprachen erhältliche) hervorragende Audioguide ist im Museumseintritt enthalten, man braucht aber seinen Pass oder eine Kreditkarte, um sie als Sicherheit für den Guide zu hinterlegen.

Eine der beiden Galerien beim **Daulat Khana Chowk** beherbergt Textilien, Malereien, Manuskripte, Kopfschmuck und das

Jodhpur

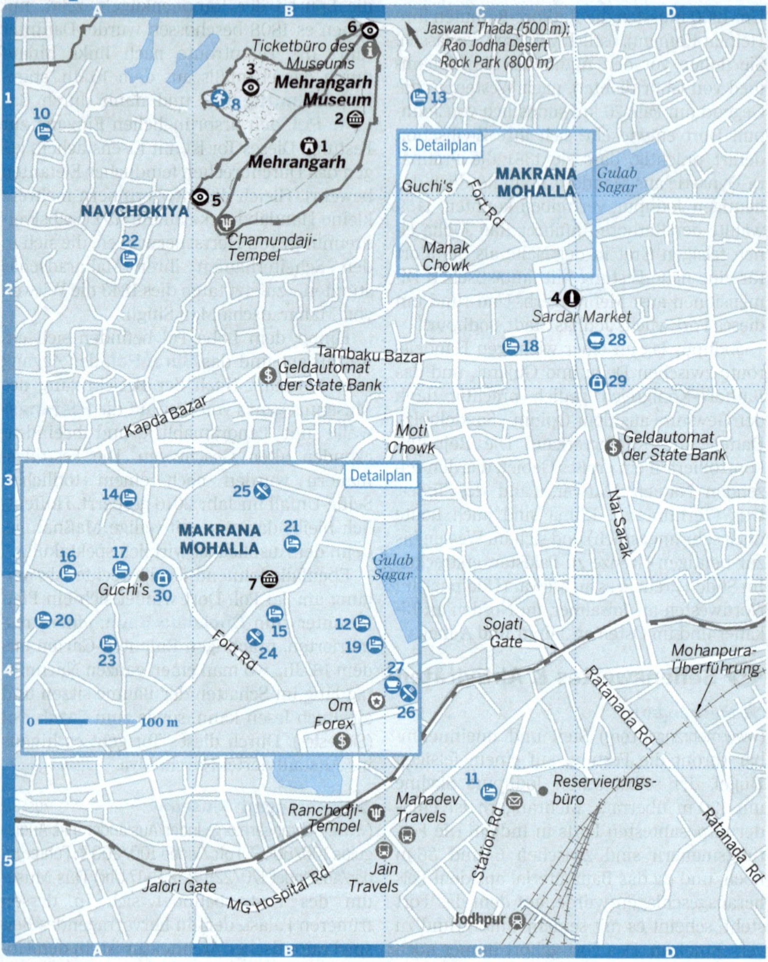

gebogene Schwert von Akbar, bei der anderen handelt es sich um die Waffenkammer. Oben können eine großartige **Galerie mit Miniaturmalereien** der bekannten Marwar-Schule und der schöne **Phul Mahal** („Blumenpalast"; 18. Jh.) besichtigt werden. Letzterer beherbergt Wandmalereien aus dem 19. Jh., die die 36 Stimmungen der klassischen Ragas sowie Porträts der Könige zeigen. Zehn Jahre lang arbeitete der Künstler an diesem Werk. Er verwendete eine ungewöhnliche Mischung aus Blattgold, Klebstoff und Kuh-Urin.

Das **Takhat Vilas** war das Schlafgemach von Maharadscha Takhat Singh (reg. 1843–1873). Er hatte „nur" 30 Maharanis, aber zahllose Konkubinen. Die aufwendig gestaltete Decke ist über und über mit Christbaumkugeln verziert. Als nächstes gelangt man in die weitläufigen *zenana* (Frauengemächer), mit hübschen Gitterfenstern, die angeblich mit mehr als 250 unterschiedlichen Designs aufwarten (durch die die Frauen das Treiben in den Höfen beobachten konnten). Man kann die **Cradle Gallery** („Wiegengalerie") mit den prächtigen Wiegen der kleinen Prinzen und den aus dem 17. Jh. stammenden **Moti Mahal** („Perlenpalast") besichtigen; Letzterer war der Haupt-Durbar (Audienzsaal) für offizielle

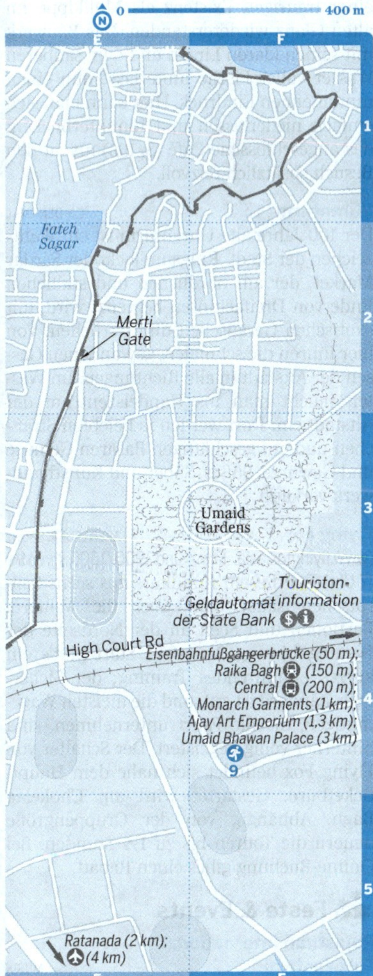

Jodhpur

Highlights

1 Mehrangarh B1
2 Mehrangarh Museum B1

Sehenswertes

3 Chokelao Bagh B1
4 Uhrenturm C2
5 Fateh Pol B2
6 Jai Pol B1
7 Tunwarji ka Jhalra B4

Aktivitäten, Kurse & Touren

8 Flying Fox B1
9 Sambhali Trust F4

Schlafen

10 Cosy Guest House A1
11 Govind Hotel C5
12 Haveli Inn Pal B4
13 Hill View Guest House C1
14 HosteLavie A3
15 Hotel Haveli B4
16 Kesar Heritage Hotel A3
17 Krishna Prakash Heritage Haveli A3
18 Nirvana Home C2
19 Pal Haveli B4
20 Pushp Paying Guest House A4
21 Raas B3
22 Singhvi's Haveli A2
23 Yogi Guest House A4

Essen

Indique .... (siehe 19)
24 Jhankar Choti Haveli B4
25 Jharokha B3
Nirvana .... (siehe 18)
26 Omelett-Stände C4

Ausgehen & Nachtleben

27 Cafe Sheesh Mahal C4
Govind Hotel .... (siehe 11)
28 Shri Mishrilal Hotel D2
Stepwell Cafe .... (siehe 7)

Shoppen

29 MV Spices D2
30 Sambhali Boutique A4

Treffen und Empfänge. Das Buntglas ist traumhaft schön.

Rao Jodha Desert Rock Park PARK

(☎9571271000; www.raojodhapark.com; Mehrangarh; 100 ₹, Führer 200 ₹; ⊙April–Sept. 7–19 Uhr, Okt.–März 8–18 Uhr) Der 72 ha große Park – ein Musterbeispiel für Ökotourismus – liegt im Windschatten des Forts. Er wurde liebevoll restauriert und mit endemischen Arten bepflanzt, um die natürliche Vielfalt der Region zu demonstrieren. Der Park ist kreuz und quer von Wanderwegen durchzogen, die einen hinauf zu den Stadtmauern und rund um den Devkund-See führen. Dabei kann man einheimische Vögel, Schmetterlinge und Reptilien beobachten. Um Genaueres über die örtliche Flora und Fauna zu erfahren, sollte man einen der ausgezeichneten Führer engagieren.

Ein Spaziergang in diesem Park ist die ideale Erholung von dem atemlosen Gedränge und der Hektik in der Stadt. Die angenehmsten Temperaturen herrschen am Morgen oder am späten Nachmittag. Es gibt ein klug aufgebautes Besucherzentrum und ein kleines Café.

Jaswant Thada HISTORISCHES GEBÄUDE

(Inder/Ausländer 15/50 ₹, Foto/Video 25/50 ₹, Guide 50 ₹; 9–17 Uhr) Das milchweiße Marmordenkmal für Maharadscha Jaswant Singh II. thront oberhalb eines kleinen Sees 1 km nordöstlich vom Mehrangarh. Es besticht durch viele skurrile Kuppeln und ist ein angenehmer, friedlicher Ort fernab der hektischen Stadt. Apropos: Der Blick auf selbige sowie das Fort ist super! Der Kenotaph mit den schönen *jalis* (teilende Bauelemente, hier aus bearbeitetem Marmor gefertigt) entstand 1899. Porträts von Rathore-Herrschern ab dem 13. Jh. zieren die Wände.

Man sollte sich unbedingt das Denkmal eines Pfaus, der in einen Scheiterhaufen flog, ansehen.

Umaid Bhawan Palace PALAST

(Museum Inder/Ausländer 50/100 ₹; Museum 9–17 Uhr) Für den Weg zu diesem auf einem Hügel 3 km südöstlich der Altstadt stehenden Palast kann man eine Autorikscha nehmen. Der Thronprätendent von Marwar, Gaj Singh II. bewohnt immer noch Teile des Palasts. Das 365 Räume umfassende Bauwerk wurde 1929 von dem britischen Architekten Henry Lanchester für Maharadscha Umaid Singh entworfen. Mehr als 3000 Arbeiter waren 15 Jahre lang mit der Fertigstellung beschäftigt, die Kosten betrugen rund 11 Mio. ₹.

Das Gebäude wurde ohne Mörtel errichtet; mehr als 100 Waggonladungen Makrana-Marmor und birmanischen Teakholzes wurden für den Innenausbau herangeschafft. Offenkundig war der Palast in einer Zeit schwerer Dürren zunächst eine vom Herrscher geplante Beschäftigungsmaßnahme. Große Teile des Gebäudes bilden heute ein prächtiges Grandhotel.

Zufällige Besucher sind weder in der Wohnung des Fürsten noch im Hotel willkommen, können aber das **Museum** besuchen, das in einem Teil des Gebäudes untergebracht ist. Dort zeigen Fotos das elegante Art-déco-Interieur des Palastes, außerdem findet sich hier eine exzentrische Sammlung ausgefallener Uhren. Auch die auf Hochglanz polierten Oldtimer des Maharadschas sollte man sich nicht entgehen lassen; die Wagen stehen vor dem Museum am Eingangstor.

Tunwarji ka Jhalra HISTORISCHES GEBÄUDE

(Stufenbrunnen; Makrana Mohalla) GRATIS Der schöne, geometrisch geformte Stufenbrunnen (*baori* oder *wav*) ist nach Jahrzehnten einer traurigen Existenz als Müllkippe im alten Glanz wiedererstanden. Das Bauwerk mit seinen klaren Linien und dem sauberen Wasser voller Fische hinterlässt nun einen hinreißenden Eindruck. Hier kann man sich einfach niederlassen und hinunterblicken; das angeschlossene Café (S. 195) macht den Besuch zusätzlich reizvoll.

Uhrenturm DENKMAL

Der 100 Jahre alte Uhrenturm ist ein Wahrzeichen der Stadt. Ringsum lockt der Sardar Market, der am nördlichen und südlichen Ende von Dreifachtoren begrenzt wird, mit exotischen Geräuschen und Gerüchen. Von hier führen die schmalen, gewundenen Gassen der Altstadt in alle Richtungen. Im Westen taucht man ins Handelszentrum der Altstadt ein: Dort werden in belebten Sträßchen und auf geschäftigen Basaren Gemüse und Gewürze, Süßes, Silber und Kunsthandwerk verkauft.

Flying Fox ABENTEUER, SPORT

(www.flyingfox.asia; Erw./Kind 1900/1600 ₹; 9–17 Uhr) Bei diesem Rundkurs aus sechs Seilrutschen saust man über die Mauern, Bastionen und Seen an der Nordseite der Festung hinweg. Vor dem Start gibt's ein kurzes einführendes Training; der Sicherheitsstandard ist gut, und die meisten Wagemutigen, die die Fahrt unternehmen, sind hinterher völlig begeistert. Der Schalter von Flying Fox befindet sich nahe dem Hauptticketbüro. Gestartet wird am Chokelao Bagh. Abhängig von der Gruppengröße dauern die Touren bis zu 1½ Stunden. Bei Online-Buchung gibt's einen Rabatt.

Feste & Events

Rajasthan International Folk Festival MUSIK

(www.jodhpurriff.org; Sept./Okt.) Bei dem ausgezeichneten Festival gibt's fünf Tage lang Konzerte indischer und internationaler Künstler im Fort Mehrangarh.

Jodhpur Flamenco & Gypsy Festival MUSIK

(www.jfgfestival.com; Mehrangarh; April) In der spektakulären Kulisse des Forts Mehrangarh steigt im April das Jodhpur Flamenco & Gypsy Festival.

Marwar Festival DARSTELLENDE KUNST

(Sept./Okt.) Im September oder Oktober richtet Jodhpur das farbenfrohe Festival aus, bei dem Polospiele und ein Musikumzug mit Kamelen auf dem Programm stehen.

Schlafen

In der Altstadt gibt es um die 100 Pension, von denen die meisten um Gäste buhlen, sobald man sich im Dunstkreis des Sardar Market befindet.

Viele Unterkünfte können, wenn man vorab Bescheid sagt, selbst nachts eine Abholung vom Bahnhof oder den Busbahnhöfen organisieren. Um nicht Fahrern auf den Leim zu gehen, die als Schlepper arbeiten, ist bei den meisten Unterkünften ansonsten die beste Lösung, sich am Uhrenturm absetzen zu lassen und von dort zu laufen.

Old City (Sadar Market)

HosteLavie HOSTEL $
(☎0291-2611001; www.hostelavie.com; Killi Khana, Fort Rd; B 400–450 ₹, Zi. 1600 ₹; 📶) Das Hostel europäischen Stils hat saubere Schlafsäle mit Klimaanlage; für jedes Bett gibt's ein Schließfach und eine Ladestation fürs Handy. Die Schlafsäle haben vier bzw. sechs Betten, und jeder verfügt über ein eigenes Bad. Durch seine Doppelzimmer ist das Haus zwischen Fort und Uhrenturm auch eine gute Budgetoption. Und auf das übliche Dachterrassenrestaurant braucht man ebenfalls nicht zu verzichten.

Die Zimmer sind schlicht und die nach innen gerichteten dunkler, aber ruhiger als die luftigeren Zimmer mit Blick auf eine vielbefahrene Durchgangsstraße.

Hill View Guest House PENSION $
(☎0291-2441763; hill_view2004@yahoo.com; Makrana Mohalla; B 150 ₹, Zi. 300–700 ₹; 📶) Die Herberge hoch über der Stadt und gleich unterhalb der Festungsmauern wird von einer freundlichen engagierten muslimischen Familie geführt, die dafür sorgt, dass man sich gleich wie zu Hause fühlt. Die Zimmer sind schlicht, einfach und sauber, alle haben ein eigenes Bad, aber nicht alle ein ordentliches Fenster. Von der Terrasse hat man einen tollen Blick auf die Stadt. Zu essen gibt's gute vegetarische und nichtvegetarische Hausmannskost. Hier lassen sich auch Dorfbesuche und Kameltouren vereinbaren.

Kesar Heritage Hotel PENSION $
(☎9983216625; www.kesarheritage.com; Makrana Mohalla; Zi. 900–1800 ₹; ❄📶) Die beliebte Budgetunterkunft punktet mit großen, luftigen Zimmern (einige wenige auch mit Balkon, Klimaanlage und Flachbild-TV), einem freundlichen, hilfsbereiten Management und der Lage in einer Seitenstraße, in der leichte Schläfer nicht von hektisch tuckernden Autorikschas gestört werden. Vom Dachterrassenrestaurant hat man einen Blick hinauf zum Fort.

Pushp Paying Guest House PENSION $
(☎0291-2648494; www.pushpguesthouse.com; Pipli-ki-Gali, Naya Bass, Manak Chowk; Zi. 600 ₹, mit Klimaanlage 900 ₹; ❄@📶) Das kleine, von einer Familie geführte Gästehaus hat fünf saubere, farbenfrohe Zimmer mit Fenstern. Es versteckt sich in einer sehr schmalen Gasse, aber vom Dachterrassenrestaurant, wo Inhaber Nikhil tolle vegetarische Speisen auftischt (Gerichte 30–90 ₹), sieht man das Fort Mehrangarh ganz aus der Nähe. Nikhil schickt eine Rikscha, um einen vom Bahnhof abzuholen (60–100 ₹).

Yogi Guest House PENSION $
(☎0291-2643436; www.yogiguesthouse.com; Zi. 800 ₹, mit Klimaanlage 1500–1900 ₹; ❄📶) Das Yogi ist ein altehrwürdiger Traveller-Treff mit Zimmern der Budget- und mittelteuren Preisklasse in einem 500 Jahre alten, blau getünchten *haveli* gleich unterhalb der Festungswälle. Es ist eine freundliche Unterkunft mit gepflegten, sauberen Zimmern. Auch ein hübsches Dachterrassenrestaurant mit toller Aussicht ist vorhanden.

★ Krishna Prakash Heritage Haveli HISTORISCHES HOTEL $$
(☎0291-2633448; www.kpheritage.com; Nayabas; Zi. mit Frühstück 1550–3850 ₹; ❄@📶🏊) Das mehrstöckige historische Hotel direkt unter den Festungswällen ist ein friedlicher Ort mit tollem Preis-Leistungs-Verhältnis. Es bietet verzierte Schnitzmöbel und farbenfrohe Wandmalereien in den gut proportionierten Zimmern; die Deluxe-Zimmer sind etwas prächtiger und meist auch größer sowie luftiger, weil sie sich in den oberen Geschossen befinden. Es gibt einen Pool mit Schatten und auf der Terrasse ein entspanntes Restaurant.

Man kann sich kostenlos vom Busbahnhof oder Bahnhof abholen lassen und es gibt auch Parkplätze.

Haveli Inn Pal HISTORISCHES HOTEL $$
(☎0291-2612519; www.haveliinnpal.com; Gulab Sagar; Zi. mit Frühstück 3500–4680 ₹; ❄@📶) Dieser kleine umfassenden Ableger des Pal Haveli erreicht man durch denselben prächtigen Eingang, er befindet sich aber rechts um die Ecke in einem Flügel des großen *haveli*. Das historische Element ist hier weniger opulent, aber die Zimmer sind komfortabel und von den teureren bietet sich ein Blick auf den See

oder das Fort. Das Hotel hat sein eigenes sehr gutes Dachterrassenrestaurant, mit Rundum-Panorama, das nur einen Chapati-Wurf vom Indique entfernt ist.

Gäste werden vom Bahnhof oder Busbahnhof in Jodhpur kostenlos abgeholt, und Einzelgäste erhalten oft Rabatt.

Hotel Haveli HOTEL **$$**
(Haveli Guesthouse; ☎ 0291-2614615; www.hotelhaveli.net; Makrana Mohalla; EZ/DZ ab 1465/1815 ₹; ❄ @ 📶) Das 250 Jahre alte Gebäude innerhalb der Festungsmauern ist ein beliebtes, effizientes und freundliches Hotel. Die Zimmer sind sehr unterschiedlich und individuell in verschiedenen Farben und mit Gemälden ausgestaltet; viele haben Fenstertüren mit Blick auf das Fort. Das Dachterrassenrestaurant Jharokha (S. 195) bietet eine ausgezeichnete Aussicht und abends Unterhaltung. Das Hotel liegt gegenüber dem restaurierten, wunderschönen Stufenbrunnen Tunwarji ka Jhalra

Nirvana Home HOTEL **$$**
(☎ 0291-5106280; www.nirvana-home.com; 1. OG, Tija Mata ka Mandir, Tambaku Bazaar; EZ/DZ ab 1200/1600 ₹, Suite 3000 ₹; ❄ 📶) Man hat nicht oft die Gelegenheit, in einem umgebauten Hindu-Tempel zu übernachten. Das Hotel befindet sich mitten in einem geschäftigen Basar, aber die Zimmer liegen um einen hübschen Hof voller Topfpflanzen. Die Fenster gehen zwar nach innen, aber dafür erblickt man hier originale, 300 Jahre alte Tempelfresken (die Installationen sind aber erfreulicherweise neueren Datums).

★ **Pal Haveli** HISTORISCHES HOTEL **$$$**
(☎ 0291-3293328; www.palhaveli.com; Gulab Sagar; Zi. mit Frühstück 5935–11 115 ₹; ❄ @ 📶) Dieses hinreißende *haveli*, das schönste in der Altstadt, wurde 1847 vom Thakur von Pal errichtet. Es gibt 21 charmante, geräumige Zimmer, die überwiegend aufwändig im traditionellen Stil dekoriert sind und rund um einen zentralen Hof liegen. Die Familie betreibt hier auch ein kleines Museum. Das Dachterrassenrestaurant Indique (S. 195) ist eines der besten der Stadt und prunkt mit einer unschlagbaren Aussicht.

Raas BOUTIQUEHOTEL **$$$**
(☎ 0291-2636455; www.raasjodhpur.com; Tunwarji ka Jhalara; Zi. mit Frühstück 19 000–41 000 ₹; ❄ @ 📶 🏊) Das aus einem Stadthaus des 19. Jhs. umgebaute erste moderne Boutiquehotel in Jodhpur ist ein luxuriöses Refugium in einem sauberen, schnörkellosen Stil und versteckt sich hinter burgartigen Toren. Die mit rotem Sandstein und Terrazzo verkleideten Zimmer bieten viel Luxus; die meisten haben Balkone mit einem tollen Blick auf die Festung. Eine ebenso tolle Aussicht hat man von dem hübschen Pool in dem gepflegten Gartenhof. Es gibt zwei Restaurants und ein Spa, in dem man sich richtig verwöhnen lassen kann.

Altstadt (Navchokiya)

Cosy Guest House PENSION **$**
(☎ 9829023390, 0291-2612066; www.cosyguesthouse.com; Chuna Ki Choki, Navchokiya; Zi. 400–1550 ₹, ohne Bad 250 ₹; @ 📶) Eine freundliche Unterkunft in bezaubernder Lage: Das 500 Jahre alte, leuchtend blaue Haus ist aus mehreren Gebäudeteilen zusammengewürfelt, hat Dachterrassen auf verschiedenen Ebenen und Zimmer, von denen einige spartanisch, andere komfortabel sind. Man lässt sich von einer Autorikscha bis zur Navchokiya Rd bringen, von der aus das Gästehaus ausgeschildert ist, oder ruft einfach den freundlichen Inhaber Mr. Joshi an.

★ **Singhvi's Haveli** PENSION **$$**
(☎ 0291-2624293; www.singhvihaveli.com; Ramdevji-ka-Chowk, Navchokiya; Zi. 700–2800 ₹; ❄ @ 📶) Das von einer Familie geführte, um die 500 Jahre alte *haveli*, ein rotes Sandsteingebäude, ist ein zurückhaltend aufgemachtes Schmuckstück. Das von zwei freundlichen Brüdern geleitete Gästehaus wartet mit 13 individuell gestalteten Zimmern auf – von schlichten bis hin zur prächtigen Maharani Suite mit zehn Fenstern und Blick auf die Festung. Das entspannte vegetarische Restaurant ist mit seinen Sari-Vorhängen und Bodenkissen ein stimmungsvoller Ort für ein Rajasthan-Thali.

Bahnhof & Umgebung

Govind Hotel HOTEL, HOSTEL **$**
(☎ 0291-2622758; www.govindhotel.com; Station Rd; B 250 ₹, EZ/DZ ab 800/900 ₹, EZ/DZ mit Klimaanlage ab 1400/1600 ₹; ❄ @ 📶) Mit hilfsbereitem Management, einem Internetcafé und einer Lage in bequemer Nähe zum Bahnhof ist dieses Haus gut auf Traveller eingestellt. Alle Zimmer sind sauber und gefliest, die Badezimmer sind recht schick. Es gibt ein Dachterrassenrestaurant und ein **Kaffeehaus** (Govind Hotel, Station Rd; ⏲ 10–22 Uhr) mit Kuchen und ausgezeichnetem Espresso.

Essen

Omelett-Stände
IMBISS $

(Omeletts ab 25 ₹; ⏲10–22 Uhr) Verlässt man den Sadar Market durch das Nordtor, erblickt man links und rechts diese beiden Omelett-Stände, die sich durch ein scheinbar unendliches Angebot köstlicher und preiswerter Omeletts in vielen Varianten gegenseitig Konkurrenz machen. Beide machen ihre Sache gut und werden von Originalen geführt, denen man ruhig ein paar Minuten widmen kann.

Drei sehr lecker gewürzte gekochte Eier kosten 15 ₹, ein Masala- und Käseomelett aus zwei Eiern und mit vier Stück Brot 30 ₹.

★Indique
INDISCH $$

(☎0291-3293328; Pal Haveli Hotel; Hauptgerichte 250–400 ₹; ⏲11–23 Uhr) Das im Kerzenschein liegende Dachrestaurant im Hotel Pal Haveli ist der ideale Ort für ein romantisches Abendessen mit großartigem Blick auf das Fort, den Uhrenturm und den Umaid Bhawan Auf der Speisekarte stehen traditionelle Tandoori-Gerichte, Biryanis und nordindische Currys, aber besonders gut ist das *laal maas* (Lammcurry aus Rajasthan). Vor dem Essen kann einem der Barmann auch einen Gin Tonic mixen.

Nirvana
INDISCH $$

(☎0291-5106280; 1. OG, Tija Mata ka Mandir, Tambaku Bazar; Hauptgerichte 130–200 ₹; ⏲9–22 Uhr) Das Nirvana teilt sich das Gelände mit einem Rama-Tempel und einem Hotel. Es besteht aus einem überdachten Café sehr alten Wandmalereien, die Szenen aus dem Ramayana zeigen, und einem Restaurant auf dem Dach mit Panoramablick. Die vegetarischen indischen Gerichte gehören zu den leckersten in Rajasthan. Das Spezial-Thali ist riesig und reicht problemlos für zwei. Im Café gibt's indisches und europäisches Frühstück.

Jhankar Choti Haveli
INTERNATIONAL $$

(☎9828031291; Makrana Mohalla; Hauptgerichte 130–360 ₹; ⏲8–22 Uhr; ❄📶) Steinmauern und große Rohrstühle in einem grünen Hof sowie hübsch angestrichenes Holz und surrende Ventilatoren bestimmen das Ambiente in diesem bei Travellern beliebten, halb offenen Lokal. Serviert werden gute indische vegetarische Gerichte sowie Pizzas, Burger und mit Käse überbackene Speisen. Es gibt auch einen klimatisierten Bereich und eine Dachterrasse für ein Essen mit schöner Aussicht.

On the Rocks
NORDINDISCH $$

(☎0291-5102701; Circuit House Rd; Hauptgerichte 130–375 ₹; ⏲12.30–15.30 & 19.30–23 Uhr) Das grüne Gartenrestaurant 2 km südöstlich der Altstadt ist sehr beliebt bei Einheimischen und Reisegruppen. Es gibt schmackhafte indische Küche, darunter viele Grillspeisen und reichhaltige, sahnige Currys, einen kleinen Spielplatz und eine Kellerbar (11–23 Uhr) mit Tanzfläche (nur für Ehepaare).

Jharokha
INDISCH $$$

(☎0291-2614615; www.hotelhaveli.net; Hotel Haveli, Makrana Mohalla; Hauptgerichte 225–355 ₹; ⏲8–23 Uhr) Auf der Dachterrasse des Hotel Haveli findet sich dieses noble Restaurant mit uniformierten Kellnern, indischem Wein und spanischer *cerveza*. Zu den ausgezeichneten vegetarischen und nichtvegetarischen Spezialitäten zählen Rajasthan-Gerichte wie *govind gatta* (Hüttenkäse und Kichererbsenmehlklöße in Joghurt-Curry) sowie weitere nordindische Currys; zu empfehlen ist das *aloo Simla mirch* (grüne Paprikaschoten und Kartoffeln mit würziger Bratensauce).

Ausgehen & Nachtleben

★Shri Mishrilal Hotel
CAFÉ

(Sardar Market; Lassi 30 ₹; ⏲8.30–22 Uhr) Gleich hinter dem Südtor zum Sardar Market mixt dieses unscheinbare Lokal die köstlichsten *makhania*-Lassis der Stadt, ja ganz Rajasthans und vielleicht sogar ganz Indiens.

★Cafe Sheesh Mahal
CAFÉ

(Pal Haveli Hotel; Kaffee ab 100 ₹; ⏲9.30–21 Uhr) Kaffeetrinker lieben die kostbaren Bohnen und die Sorgfalt, mit der sie in diesem Café mit guter Klimaanlage verarbeitet werden. Falls der Hunger kommt: Die hiesigen Pfannkuchen sind legendär.

Stepwell Cafe
CAFÉ

(☎0291-2636455; Tunwarji ka Jhalra; Kaffee ab 120 ₹; ⏲12–22.30 Uhr; 📶) Das nette moderne Café mit Espresso, Kuchen und italienischen Gerichten befindet sich an einer Seite des wunderschön restaurierten Stufenbrunnens Tunwarji ka Jhalra. Hier kann man prima entspannen und über die Zeit nachdenken, als derartige Stufenbrunnen die Stadt am Leben hielten. Oder man schaut den Kindern zu, die mit lautem Platschen hinunter ins Wasser springen.

Shoppen

In Jodhpur findet man viel Kunsthandwerk aus Rajasthan in den Läden rund um den

JODHPURS AUS JODHPUR

Jodhpurhosen sind ein modisches Muss für Reitbegeisterte in aller Welt. Die meist cremefarbenen Hosen sind über dem Knie weiter und vom Knie bis zu den Knöcheln konisch zulaufend. Sir Pratap Singh, ein legendärer Staatsmann, Soldat und Reiter, soll die Jodhpur Lancers ursprünglich entworfen haben. Als er für das Polo-Team von Jodhpur 1897 an der Spitze seiner Mannschaft nach England kam, machte der Entwurf in London Furore und verbreitete sich von dort in der ganzen Welt.

Wer eine authentische Jodhpurhose aus der Stadt mit nach Hause nehmen möchte, in der sie erfunden wurde, sollte zu **Monarch Garments** (☎ 9352353768; www.monarch-garments.com; A-13 Palace Rd; ⏲ 10.30–20.45 Uhr) gehen. Der Laden befindet sich gegenüber dem Beginn der Zufahrtsstraße zum Umaid Bhawan Palace und verkauft die Hosen von der Stange oder schneidert sie nach Kundenmaß innerhalb von nur zwei Tagen. Die Preise passen zu einem Polo-Club und beginnen bei ungefähr 9000 ₹.

Sardar Market und an der Nai Sarak, die Textilien und andere Waren verkaufen. Man muss sich auf hartes Feilschen einstellen. Die Stadt ist bekannt für ihre Antiquitäten.

MV Spices ESSEN
(www.mvspices.com; 107 Nai Sarak; ⏲ 9–21 Uhr) Der berühmteste Gewürzladen in Jodhpur (und es gibt wahrlich viele Konkurrenten!) hat mehrere kleine, über die Stadt verteilte Filialen, inklusive eine in Meherangarh, die von den sieben Töchtern des Ladengründers geführt werden. Ein 100-g-Beutel Gewürze kostet zwischen 100 und 500 ₹, und die Inhaberinnen senden einem per E-Mail auch Rezepte zu, damit man weiß, wie man die Gewürze zu Hause richtig verwendet.

Sambhali Boutique FASHION & ACCESSOIRES
(Killi Khana; ⏲ 10–19 Uhr) Der kleine, aber interessante Laden verkauft zu Festpreisen farbenfrohe Kleidung und Kunsthandwerk von Frauen, die ihr Handwerk beim **Sambhali Trust** (☎ 0291-2512385; www.sambhali-trust.org; c/o Durag Niwas Guest House, 1st Old Public Park, Raika Bagh, Jodhpur) gelernt haben, der benachteiligten Frauen und Mädchen berufliche Fertigkeiten vermittelt. Man findet hier z. B. attraktive *salwar*-Hosen, niedliche Elefanten und Pferde aus Seide und Stoff, Armreifen aus Keramikperlen, Seidentaschen und im Blockdruckverfahren verzierte Musselin-Vorhänge und Schals.

Ajay Art Emporium ANTIQUITÄTEN
(Palace Rd; ⏲ 10–19 Uhr) Hochwertige Kopien von Antiquitäten und Möbeln aus Rajasthan.

ℹ Praktische Informationen

Geldautomaten, die auch ausländische Karten akzeptieren, finden sich überall in der Stadt, seltener jedoch in der Altstadt.

Om Forex (Sardar Market; Internet 30 ₹/Std.; ⏲ 9–22 Uhr) Wechselstube mit Internetcafé.

Guchi's (Killikhana, Naya Bass, Makrana Mohalla; Internet 50 ₹/Std.; ⏲ 8–22 Uhr) Neben dem Verkauf von Tickets und der Vermietung von Fahrzeugen, hat Guchi's Breitband-Internet und jede Menge Infos zur Region, darunter auch zu Ausflügen nach Osian.

Hauptpost (Station Rd; ⏲ Mo–Fr 9–16, Sa bis 15 Uhr, Briefmarkenverkauf nur So 10–15 Uhr)

Touristeninformation (☎ 0291-2545083; High Court Rd; ⏲ Mo–Fr 9–18 Uhr) Verteilt einen kostenlosen Stadtplan und beantwortet bereitwillig alle Fragen.

An- & Weiterreise

BUS

Die staatlichen Busse nutzen den **Zentralen Busbahnhof** (Raika Bagh) direkt gegenüber dem Bahnhof Raika Bagh. Man geht in östlicher Richtung die High Court Rd hinunter und biegt unter einem kleinen Tunnel nach rechts ab.

Busse fahren u. a. nach:

Ajmer (für Pushkar) 207 ₹, AC 447 ₹, 5 Std., stündl. bis 18.30 Uhr

Bikaner 243 ₹, 5½ Std., 5–18 Uhr häufig

Jaipur 336 ₹, AC 730 ₹, 7 Std., 4.45–24 Uhr häufig

Jaisalmer 266 ₹, 5½ Std., tgl. 10-mal

Mt. Abu (Abu Road) 271 ₹, 7½ Std., bis 21.30 Uhr 9-mal tgl.

Osian 62 ₹, 1½ Std., bis 22 Uhr halbstündl.

Rohet 47 ₹, 1 Std., alle 15 Min.

Udaipur 273 ₹, AC 604 ₹, 7 Std., bis 18.30 Uhr 10-mal tgl.

Private Busse kann man über sein Hotel buchen, allerdings ist es billiger, direkt bei den Busbetreibern an der Straße vor dem Bahnhof Jodhpur zu kaufen. **Jain Travels** (☎ 0291-2643832; www.jaintravels.com; MG Hospital Rd; ⏲ 7–23 Uhr) und **Mahadev Travels** (☎ 0291-2633927; MG Hospital Rd; ⏲ 7–22 Uhr) sind verlässliche Anbieter. Die Busse starten von Halteplätzen außerhalb der Stadt, aber die Betreiber sollten einen kostenlosen Transport dorthin von ihren Ticketbüros zur Verfügung stellen können (üblicherweise eine Sammel-Autorikscha). Private Busse fahren z. B. nach:

Ajmer (für Pushkar) 180 ₹, 5 Std., mind. 6-mal tgl.

Bikaner Sitz-/Liegeplatz 220/320 ₹, 5 Std., mind. 5-mal tgl.

Jaipur Sitz-/Liegeplatz 260/380 ₹, 7½ Std., 5-mal tgl.

Jaisalmer 300 ₹, 5½ Std., stündl.

Mt. Abu (direkt) Sitz-/Liegeplatz 315/550 ₹, 7½ Std., tgl.

FLUGZEUG

Der Flughafen befindet sich 5 km südlich vom Zentrum (per Taxi/Autorikscha ca. 400/150 ₹).

Jet Airways (☎ 0291-2515551; www.jetairways.com; Jodhpur Airport) und **Indian Airlines** (☎ 0291-2510758; www.indian-airlines.nic.in; 2 West Patel Nagar, Circuit House Rd, Ratanader) fliegen beide täglich nach Delhi und Mumbai.

TAXI

Über die meisten Unterkünfte lassen sich Taxis zu Fahrten in andere Städte oder für längere Touren organisieren, man kann aber auch direkt mit den Fahrern verhandeln. Ein Taxistand befindet sich vor dem Bahnhof Jodhpur. Ein vernünftiger Preis ist 12 ₹ pro Kilometer (für ein Auto ohne Klimaanlage) bei mindestens 250 km pro Tag. Der Fahrer wird mindestens 100 ₹ für seine Übernachtungskosten und die Bezahlung seiner Rückfahrt verlangen.

ZUG

Das computergestützte **Reservierungsbüro** (Station Rd; ⌚ Mo–Sa 8–20, So bis 13.45 Uhr) befindet sich 300 m nordöstlich vom Bahnhof Jodhpur. Das Touristenkontingent wird an Schalter 786 verkauft. Züge fahren nach:

Ajmer (für Pushkar) Sleeper/3AC 185/510 ₹, 5½ Std., 2-mal tgl. (6.35 & 7 Uhr)

Bikaner Sleeper/3AC 210/530 ₹, 5½–7 Std., 5–8-mal tgl. (7.25, 7.40, 9.50, 10.30, 10.55, 14.25, 16.35 & 20.10 Uhr)

Delhi Sleeper/3AC 380/986 ₹, 11–14 Std., 4-mal tgl. (6.35, 11.15, 19.50 & 21.15 Uhr)

Jaipur Sleeper/3AC 250/625 ₹, 5–6 Std., 6.10–24 Uhr 6–12-mal tgl.

Jaisalmer Sleeper/3AC 215/565 ₹, 5–7 Std., 3-mal tgl. (5.20, 7.25, 17.50 & 23 Uhr)

Mumbai Sleeper/3AC 485/1270 ₹, 16–19 Std., 2–6-mal tgl. (5.35, 14.45, 18.20, 18.45, 19.20 & 23.55 Uhr); alle Züge fahren über den Bahnhof Abu Road mit Anschluss nach Mt. Abu (4½ Std.)

Udaipur Es gibt keine direkten Zugverbindungen, sondern man muss in Marwar Junction umsteigen.

ℹ Unterwegs vor Ort

Trotz der absurden Forderungen mancher Autorikschafahrer sollte die Fahrt zwischen dem Areal um den Uhrenturm und den Bahnhöfen oder dem Zentralen Busbahnhof nicht mehr als 60 bis 80 ₹ kosten. Ein paar Unternehmen haben verlässliche Festpreistaxis, die man vorab buchen kann.

Rund um Jodhpur

Südliche Dörfer

Einige traditionelle Dörfer liegen an und abseits der Straße nach Pali südöstlich von Jodhpur. Die meisten Hotels und Pensionen in Jodhpur bieten Touren zu diesen Dörfern an, oft unter der Bezeichnung „Bishnoi Village Safaris". Die Bishnoi gehören einer vom Hinduismus abstammenden Sekte an, die den 500 Jahre alten Lehren des Guru Jambheshwar folgt, der die Wichtigkeit des Umweltschutzes schon lange betonte. Viele Besucher sind überrascht, wie viele Tiere – darunter Hirschziegenantilopen, Nilgauantilopen, Indische Gazellen und Rotfüchse – rund um die Dörfer der Bishnoi leben, ohne Furcht vor den Menschen zu haben.

Im September wird im Dorf Khejarli des Martyriums der 363 Dorfbewohner gedacht,

WICHTIGE ZÜGE AB JODHPUR

ZIEL	ZUG	ABFAHRT	ANKUNFT	PREIS (₹)
Ajmer (für Pushkar)	*54801 Jodhpur-Ajmer Fast Passenger*	7 Uhr	12.35 Uhr	185/510
Bikaner	*14708 Ranakpur Exp*	9.50 Uhr	15.35 Uhr	210/530
Delhi	*12462 Mandor Exp*	19.50 Uhr	6.10 Uhr	380/986
Jaipur	*14854 Marudhar Exp*	9.45 Uhr	15.30 Uhr	250/625
Jaisalmer	*14810 Jodhpur-Jaisalmer Exp*	23 Uhr	6 Uhr	215/565
Mumbai	*14707 Ranakpur Exp*	14.45 Uhr	9.40 Uhr	485/1270

Fahrpreise: Sleeper/3AC

GRENZÜBERGANG: VON JODHPUR NACH KARATSCHI

Vom Bahnhof Bhagat Ki Kothi, 4 km südlich vom Bahnhof Jodhpur, startet nur samstags um 1 Uhr der *14889 Thar Express* (auch *Jodhpur–Munabao Link Express* genannt) nach Karatschi in Pakistan. Man muss sechs Stunden vor Abfahrt am Bahnhof sein – die gleiche Menge an Zeit, die der Zug für die Fahrt bis zum Grenzbahnhof Munabao benötigt (Ankunft gegen 7 Uhr). Nach Absolvieren der langwierigen Grenzprozeduren kann man (sofern man ein pakistanisches Visum hat) die Fahrt nach Karatschi in einem pakistanischen Zug fortsetzen; die Ankunft ist sonntags gegen 2 Uhr. Der Zug führt nur die Sleeper Class, der Preis für die gesamte Reise von Jodhpur nach Karatschi beträgt rund 500 ₹. In der entgegengesetzten Richtung startet der pakistanische Zug freitags gegen 23 Uhr in Karatschi, der indische Zug 14890 verlässt Munabao samstags um 19 Uhr und erreicht Jodhpur um 23.50 Uhr. Derzeit kann man diesen Zug nicht online, sondern nur am Bahnhof buchen.

die 1730 beim Versuch, die Abholzung von Khejri-Bäumen zu verhindern, zu Tode kamen. Im Dorf gibt es ein Denkmal und davor einen kleinen Hain aus Khejri-Bäumen.

Die Einheimischen in **Guda Bishnoi** sind traditionell Viehzüchter. Es gibt einen kleinen See (der nach einem ergiebigen Monsun mit Wasser gefüllt ist), an dem man Zugvögel wie Jungfernkraniche sowie Säugetiere wie Hirschziegenantilopen und Indische Gazellen sehen kann, vor allem in der Abenddämmerung, wenn sie zum Trinken kommen.

Das Dorf **Salawas** ist ein Zentrum für das Weben schöner *dhurries* (Vorleger); dieses Kunsthandwerk wird aber auch in vielen anderen Dörfern praktiziert. Eine Genossenschaft von 42 Familien betreibt **Roopraj Dhurry Udyog** (☎0291-2896658; rooprajdurry@sify.com; ⏲Sonnenaufgang–Sonnenuntergang), das alle Profite an die Kunsthandwerker verteilt. Ein *dhurrie* von 3 auf 5 Fuß (ca. 90 x 150 cm) kostet mindestens 3000 ₹, ein Preis, der davon ausgeht, dass zwei Weberinnen einen Monat lang mehrere Stunden täglich bei einem Tageslohn von 50 ₹ pro Person daran arbeiten. Andere Familien widmen sich dem Blockdruck.

Touren zu den Bishnoi-Dörfern dauern in der Regel vier Stunden und kosten rund 800 ₹ pro Person. Die Touren, die Deepak Dhanraj von **Bishnoi Village Safari** (☎9829126398; www.bishnoivillagesafari.com, Halbtagestouren 800 ₹/Pers.) leitet, werden von Teilnehmern gut bewertet, es gibt aber noch viele andere Anbieter.

Osian

☎02922 / 12 550 EW.

Die alte Stadt in der Thar-Wüste, 65 km nördlich von Jodhpur, war zwischen dem 8. und 12. Jh. ein wichtiges Handelszentrum. Hier herrschten wohlhabende Jains vor, die ein Erbe fein gearbeiteter, wohlerhaltener Tempel hinterließen. Im **Mahavira-Tempel** (Inder/Ausländer frei/10 ₹, Foto 100 ₹; ⏲6–20.30 Uhr) befindet sich ein Bild des 24. *tirthankaras* (großer geistiger Führer des Jainismus) aus Sand und Milch. Der **Sachiya-Mata-Tempel** (⏲6–19.15 Uhr) ist ein eindrucksvoller, von einer Mauer umgebener Komplex, in dem sowohl Hindus als auch Jains beten.

Osian ist neben Jodhpur Gastgeber des Marwar Festival (S. 198), einem farbenfrohen Fest der Kultur Rajasthans mit Volksmusik, Tänzen und Kostümen, das jedes Jahr im September oder Oktober stattfindet.

Prakash Bhanu Sharma, ein umgänglicher brahmanischer Priester, führt gegenüber dem Mahavira-Tempel eine auf Pilger ausgerichtete, hallige **Pension** (☎9414440479, 02922-274331; EZ/DZ ohne Bad 400/600 ₹). Das **Safari Camp Osian** (☎9928311435; www.safaricamposian.com; DZ-Zelt mit Abendessen, Frühstück & Kamelritt ab 9000 ₹) ist eine schickere Unterkunft in einem Zeltlager.

Geführte Touren

Gemar Singh SAFARI

(☎9460585154; www.hacra.org; rund 2050 ₹/Pers. & Tag, mind. 2 Pers.) Gemar Singh arrangiert beliebte Kamelsafaris, Unterkunft bei Gastfamilien, Campingtouren, Wanderungen durch die Wüste und Jeeptouren in die Wüste rund um Osian und zu den rajputischen und Bishnoi-Dörfern. Die Abholung vom Busbahnhof in Osian oder aus Jodhpur ist möglich.

An- & Weiterreise

Von Jodhpur nach Osian fahren häufige Busse (62 ₹, 1½ Std.). Busse fahren auch aus Phalodi (83 ₹, 2 Std.). Die Züge zwischen Jodhpur und Jaisalmer halten in Osian. Ein Taxi ab Jodhpur kostet hin und zurück rund 1500 ₹.

Jaisalmer

☎02992 / 64 480 EW.

Das Fort von Jaisalmer bietet einen atemberaubenden Anblick: Das gewaltige Bauwerk in der sandigen Ebene sieht aus wie eine Fata Morgana und scheint einer längst vergangenen Zeit anzugehören. Kein anderer Ort steht so sehr für exotische Karawanenrouten und die Geheimnisse der Wüste. 99 Bastionen umgeben die nach wie vor bewohnten, gewundenen Gassen auf dem Festungsgelände.

Zu diesem Gelände gehören ein Königspalast, Geschäfte, die förmlich überquellen vor bunten Stickarbeiten, und andere Läden, in denen man nach den Rupien der Besucher trachtet. Abgesehen davon fällt es leicht, sich in die Wüstenzitadelle zu verlieben: Vor allem im Norden, in den Gassen der Altstadt unterhalb der Festungsmauern, stehen stattliche *havelis,* die aus demselben goldenen Sandstein errichtet wurden wie das Fort – daher auch Jaisalmers Spitzname „Golden City".

Jaisalmer ist in den letzten 50 Jahren gewissermaßen wieder von den Toten auferstanden. Die Stadt ist zwar entlegen, aber ganz sicher nicht in Vergessenheit geraten. Tatsächlich ist dies einer der beliebtesten Touristenmagneten Rajasthans.

Geschichte

Jaisalmer wurde 1156 von einem Anführer des Bhati-Rajputen-Clans namens Jaisal gegründet. Die Bhatis, die behaupten, von Krishna abzustammen, regierten ununterbrochen bis zur Unabhängigkeit von Großbritannien im Jahr 1947.

Die ersten Jahrhunderte der Stadtgeschichte waren stürmisch. Das hatte u.a. auch damit zu tun, dass die Anführer sich durch Plünderungen bereicherten, doch ab dem 16. Jh. erwarb man sein Geld in Jaisalmer wieder ehrenhaft – dank der günstigen Lage an den Karawanenrouten zwischen Indien und Zentralasien. Die Stadt florierte und pflegte gute Beziehungen zu den Moguln. Unter Maharawal Sabal Singh (Mitte des 17. Jhs.) erreichte das Fürstentum Jaisalmer seine größte Ausdehnung; der Herrscher annektierte Ländereien, die heute zu den Verwaltungsbezirken Bikaner und Jodhpur gehören.

Während der britischen Herrschaft rückte dann allerdings der Handel auf dem Schienen- und Seeweg in den Vordergrund (wovon vor allem Mumbai profitierte) und Jaisalmer geriet ins Abseits; die Einwohnerzahl sank. Durch die Teilung im Jahre 1947 wurden die Handelsrouten nach Pakistan gekappt und Jaisalmers Schicksal schien besiegelt. Doch die indisch-pakistanischen Kriege 1965 und 1971 gaben der Stadt eine neue strategische Bedeutung, und seit den 1960er-Jahren versorgt der Indira-Gandhi-Kanal im Norden die Wüste mit Wasser.

Heute sind der Tourismus, Windkraftanlagen und das Militär die Säulen der lokalen Wirtschaft.

ANKUNFT IN JAISALMER

Schlepper haben die Busse von Jodhpur nach Jaisalmer im Visier. Sie versuchen, Neuankömmlinge in Pensionen oder Hotels zu locken, die ihnen eine Provision zahlen. Einige sprechen einen vielleicht schon an, bevor der Bus Jodhpur verlässt; andere fahren die ganze Strecke ab Jodhpur oder einen Teil der Strecke mit oder steigen eine Stunde vor Jaisalmer zu. Wenn die Busse in Jaisalmer ankommen, sind sie oft sofort von Schleppern umringt, die sich förmlich auf die Passagiere stürzen. Man sollte niemandem glauben, der verspricht, einen für wenige Rupien „überallhin" zu bringen, „wohin man will". Auch Behauptungen, das gewünschte Hotel sei „komplett belegt", „geschlossen" oder „nicht mehr gut", sollte man nicht für bare Münze nehmen. Viele Hotels bieten die Abholung vom Bahnhof oder Busbahnhof an.

Ebenfalls mit großer Vorsicht zu genießen sind Angebote von Zimmern für 100 ₹ oder einen ähnlich absurden Preis. Unterkünfte, die solche Preise anbieten, gehören fast immer zur Gruppe der Kamelsafari-Schlepper. Das Ziel besteht darin, einen so schnell wie möglich aus dem Zimmer heraus und auf den Rücken eines Kamels zu bringen. Schlägt man die Kamelsafari aus, steigt der Zimmerpreis urplötzlich oder man erfährt, dass gerade jetzt kein Zimmer mehr frei ist.

In den Zügen treten Schlepper nicht so geballt auf, doch nach der Ankunft erwartet einen vor dem Bahnhof die gleiche Meute, die auch die Busse belagert.

Jaisalmer

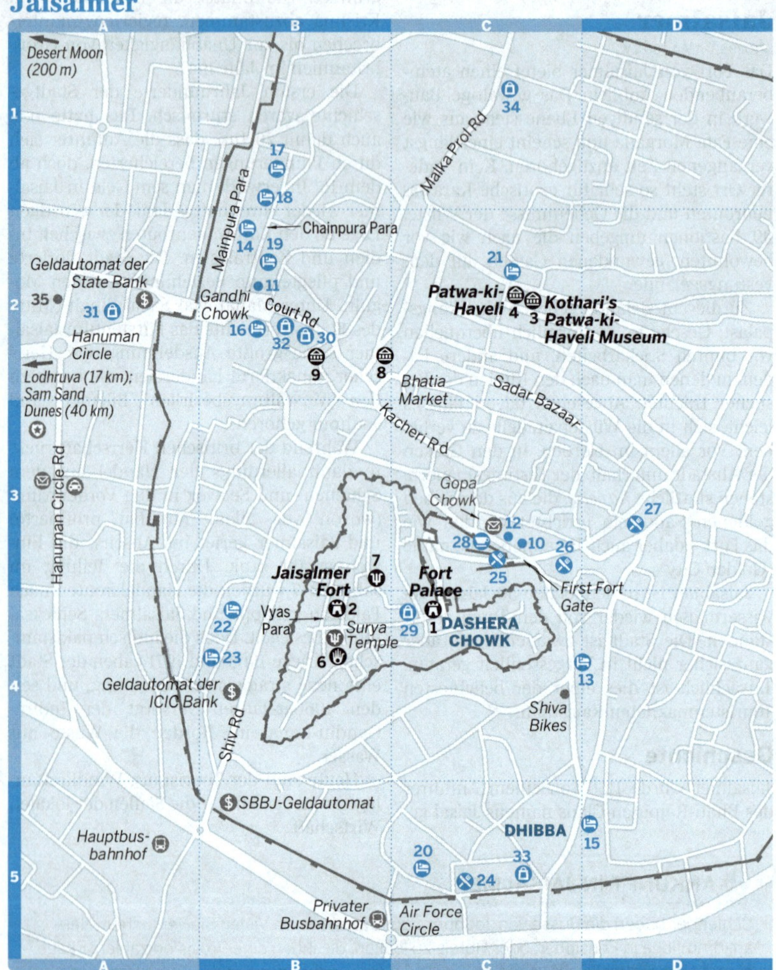

Sehenswertes

Jaisalmer Fort FORT

Jaisalmers Festung ist eine lebendige Stadt, in deren Mauern ca. 3000 Menschen leben. Dieser Bienenstock wird von engen, krummen Gassen durchzogen, an denen Häuser und Tempel stehen – und nicht zu vergessen eine große Menge an Kunsthandwerksläden, Pensionen und Restaurants. Man betritt das Fort von der Ostseite her, nahe beim Gopa Chowk, und passiert auf dem Zickzackweg zum oberen Teil vier imposante Tore. Das letzte öffnet sich zum **Dashera Chowk**, dem Platz im Zentrum der Anlage.

Die Festung wurde 1156 von dem Rajputen-Fürsten Rawal Jaisal gegründet und von späteren Herrschern verstärkt. Sie stand im Zentrum zahlreicher Schlachten zwischen den Bhatis, den Moguln aus Delhi und den Rathore-Rajputen aus Jodhpur. In den letzten Jahren zeigen sich im Fort zunehmend konservatorische Probleme, die auf den unbegrenzten Wasserverbrauch, in den meisten Fällen, durch die vielen Touristen zurückzuführen sind.

Fort Palace PALAST

(Inder/Ausländer inkl. Audioguide 100/500 ₹, Foto 100 ₹; April–Okt. 8–18 Uhr, Nov.–März 9–18 Uhr)

Jaisalmer

Highlights

- 1 Fort Palace ... C4
- 2 Jaisalmer Fort ... B4
- 3 Kothari's Patwa-ki-Haveli Museum ... C2
- 4 Patwa-ki-Haveli ... C2

Sehenswertes

- 5 Desert Cultural Centre & Museum ... E4
- 6 Jainistische Tempel ... B4
- 7 Laxminarayan-Tempel ... B3
- 8 Nathmal-ki-Haveli ... B2
- 9 Thar Heritage Museum ... B2

Aktivitäten, Kurse & Touren

- 10 Sahara Travels ... C3
- 11 Thar Desert Tours ... B2
- 12 Trotters ... C3

Schlafen

- 13 1st Gate Home Fusion ... D4
- 14 Arya Haveli ... B2
- 15 Hotel Gorakh Haveli ... D5
- 16 Hotel Nachana Haveli ... B2
- 17 Hotel Pleasant Haveli ... B1
- 18 Hotel Renuka ... B1
- 19 Hotel Swastika ... B2
- 20 Hotel Tokyo Palace ... C5
- 21 Killa Bhawan Lodge ... C2
- 22 Roop Mahal ... B4
- 23 Shahi Palace ... B4

Essen

- 1st Gate Home Fusion ... (siehe 13)
- 24 Desert Boy's Dhani ... C5
- 25 Jaisal Italy ... C3
- 26 Monica Restaurant ... C3
- 27 Natraj Restaurant ... D3
- Saffron ... (siehe 16)

Ausgehen & Nachtleben

- 28 Bhang Shop ... C3

Shoppen

- 29 Bellissima ... C4
- 30 Desert Handicrafts Emporium ... B2
- 31 Gandhi Darshan Emporium ... A2
- 32 Jaisalmer Handloom ... B2
- 33 Khadi Gramodyog Bhavan ... C5
- 34 Zila Khadi Gramodan Parishad ... C1

Transport

- 35 Hanuman Travels ... A2
- Swagat Travels ... (siehe 35)

Über dem Hauptplatz des Forts erhebt sich der elegante, siebenstöckige Palast der ehemaligen Herrscher, der teilweise auf dem Hawa Pol (dem vierten Festungstor) errichtet wurde. Zu den Highlights der Führung gehören der mit Spiegeln versehene und bemalte Rang Mahal (das Schlafzimmer des Fürsten Mulraj II. aus dem 18. Jh.), eine Galerie mit fein gearbeiteten Skulpturen aus dem 15. Jh., die die Erbauer der Tempel des Forts den Herrschern schenkten, und der spektakuläre Panoramablick vom Dach.

In einem Raum findet sich eine interessante Ausstellung von Briefmarken der früheren indischen Rajputen-Staaten. An der Ostseite des Palasts entdeckt man einen wie ein Pavillon gestalteten Balkon. Von ihm aus schlugen Trommler Alarm, wenn die Festung belagert wurde. Oben auf Zinnen erblickt man runde Felsbrocken, die bereit lagen, um auf vordringende Feinde hinuntergestürzt zu werden. Große Teile des Palastes sind öffentlich zugänglich. Stockwerk auf Stockwerk finden sich kleine Zimmer, die einen faszinierenden Einblick erlauben und einen begreifen lassen, wie solche Gebäude entworfen wurden, um einen verstohlenen Blick nach draußen zu gewähren. Die Türdurchgänge zwischen den Zimmern des Palastes sind äußerst niedrig. Das hat nichts mit der Körpergröße der Rajputen zu tun, sondern sollte die Eintretenden zwingen, eine demutsvolle, gebeugte Haltung einzunehmen – für den Fall, dass sich in dem Zimmer gerade der Maharawal (Fürst von Jaisalmer) aufhalten sollte.

Der letzte Teil der Führung widmet sich nach dem Herrscherpalast (Raja-ka-Mahal) dem der Herrscherin (Rani-ka-Mahal). Hier gibt's eine interessante Ausstellung zu den alljährlich im Frühjahr in Jaisalmer stattfindenden Gangaur-Umzügen. Der lohnende 1½-stündige Audioguide (erhältlich in 6 Sprachen) ist im Eintrittspreis enthalten, man muss aber eine Kaution in Höhe von 2000 ₹, seinen Pass, seinen Führerschein oder eine Kreditkarte hinterlegen.

Jainistische Tempel JAINISTISCHE TEMPEL

(Inder/Ausländer 50/200 ₹, Foto 70 ₹; ⏲Chandraprabhu, Rikhabdev & Gyan Bhandar 8–12 Uhr, andere Tempel 11–12 Uhr) Innerhalb der Festungsmauern liegen sieben wunderschöne jainistische Tempel aus gelbem Sandstein, die im 15. und 16. Jh. erbaut wurden. Die Öffnungszeiten variieren, man sollte die Wächter danach fragen. Die aufwendigen Reliefs erinnern an die marmornen jainistischen Tempel von Ranakpur und Mt. Abu. Das Besondere hier ist das weich und warm wirkende Baumaterial – der Sandstein. Vor dem Betreten des Tempels muss man die Schuhe ausziehen und sämtliche Gegenstände aus Leder ablegen.

Der erste Tempel, zu dem man kommt, ist **Chandraprabhu**, und hier findet man auch den Ticketschalter. Der Tempel ist dem achten *tirthankar* geweiht (sein Symbol ist der Mond) und wurde 1509 errichtet. Die *mandapa* beherbergt fein gearbeitete Skulpturen; die kunstvoll verzierten Säulen der *mandapa* bilden eine Reihe von *toranas*. Rechts neben diesem Tempel steht der ruhige **Rikhabdev-Tempel**. Er ist ebenfalls mit schönen Skulpturen (geschützt hinter Glas) versehen, und die Säulen sind mit *apsaras* und Gottheiten verziert.

Hinter dem Chandraprabhu befindet sich der **Parasnath-Tempel**, den man durch ein prächtiges *torana* betritt, dessen Höhepunkt die Darstellung eines jainistischen *tirthankar* an der Spitze ist. Eine Tür weiter südlich führt zum kleinen **Shitalnath-Tempel**, der dem 10. *tirthankar* geweiht ist. Dessen Abbild besteht aus acht kostbaren Metallen. Eine Tür in der Nordmauer führt in den zauberhaften, schummerigen Raum des **Sambhavanth-Tempels** – im vorderen Hof zermahlen jainistische Priester zu religiösen Zwecken Sandelholz in Mörsern. Stufen führen hinunter zur **Gyan Bhandar**, einer winzigen, unterirdischen Bibliothek (um 1500), die viele alte illustrierte Manuskripte beherbergt. Die verbleibenden zwei Tempel, **Shantinath** und **Kunthunath**, wurden 1536 errichtet und warten mit zahlreichen sinnlichen Verzierungen auf. Man muss beachten, dass die eingeschränkten Besuchszeiten für Nicht-Jains gelten. Für Gläubige sind die Tempel den ganzen Tag geöffnet.

Laxminarayan-Tempel HINDU-TEMPEL

Der hinduistische Laxminarayan-Tempel im Zentrum des Forts ist schlichter als die janistischen Tempel in der Anlage und hat eine bunt verzierte Kuppel. Die Gläubigen bringen Getreide als Opfergabe dar, das vor dem Tempel verteilt wird. Rund um den Eingang zum innersten Heiligtum prunkt ein Architrav aus getriebenem Silber; dahinter findet man ein über und über mit Girlanden geschmücktes Götterbild.

★ **Patwa-ki-Haveli** HISTORISCHES GEBÄUDE

(Bereiche in Staatsbesitz Inder/Ausländer 50/200 ₹; ⏲9–18 Uhr) Der größte Fisch im *haveli*-Teich ist das Patwa-ki-Haveli, das eine schmale Gasse überragt und dessen feine Steinverzierungen wie honigfarbene Spitze wirken. Die in fünf Bereiche unterteilte Anlage wurde zwischen 1800 und 1860 von fünf jainistischen Brüdern erbaut, die als Händler mit Brokat und Schmuck ein Vermögen erwarben. Von außen wirkt der gesamte Komplex sehr eindrucksvoll; aber nur der erste Bereich, das in Privatbesitz befindliche **Kothari's Patwa-ki-Haveli Museum** (Inder/Ausländer 100/250 ₹; ⏲9–18 Uhr), vermittelt einen Eindruck vom Leben im 19. Jh. und lohnt wirklich den Eintrittspreis.

Zwei weitere Bereiche bestehen aus weitgehend leeren staatlichen „Museen"; die beiden letzten schließlich enthalten private Läden.

Nathmal-ki-Haveli HISTORISCHES GEBÄUDE

(Eintritt gegen Spende; ⏲8–19 Uhr) Dieses *haveli* aus dem späten 19. Jh. diente einst als

Wohnsitz des Premierministers und ist teilweise immer noch bewohnt. Die aufwändige Fassade strotzt vor Reliefs, und im 1. Stock können einige schöne Malereien bestaunt werden, für die 1,5 kg Blattgold verwendet wurden. Der linke und der rechte Flügel gehen auf das Konto zweier Brüder, die sich offensichtlich gegenseitig übertrumpfen wollten. Das Ergebnis ist ein virtuoses Meisterwerk – die Flügel ähneln einander, sind aber nicht identisch. Sandsteinelefanten bewachen den Eingang.

Desert Cultural Centre & Museum MUSEUM
(Gadi Sagar Rd; Museum 50 ₹, Foto 50 ₹, Kombiticket Museum & Puppen-Show 100 ₹; ⏲ Museum 10–18 Uhr, Puppen-Show 18.30 & 20.30 Uhr) Das interessante kleine Museum widmet sich der Geschichte der Fürstenstaaten Rajasthans und zeigt Ausstellungen zur traditionellen Kultur des Bundesstaats. Highlights sind die Musik Rajasthans (mit Video), die Textilien, ein *kavad* (mobiler Tempel) und ein Rollbild *(phad)*, auf dem die Geschichte des rajasthanischen Volkshelden Pabuji dargestellt ist. Fahrende Sänger nutzten solche Bilder, wenn sie Pabujis Taten besangen. Abends gibt's hier auch halbstündige **Marionettentheater-Vorstellungen** mit englischem Kommentar. Das Eintrittsticket gilt auch für das Jaisalmer Folklore Museum.

Thar Heritage Museum MUSEUM
(abseits der Court Rd; 40 ₹, Foto 20 ₹; ⏲ 10–20 Uhr) Das private Museum präsentiert ein interessantes Sammelsurium an Artefakten aus Jaisalmer, darunter Turbane, Musikinstrumente, Fossilien, Küchengeräte und Ausstellungsstücke, die mit den Bräuchen bei Geburt, Hochzeit und Tod oder mit dem Opiumgebrauch zu tun haben. Das Ganze wird bei den Führungen lebendig, die L.N. Khatri, der Gründer des Museums, ein lokaler Historiker und Volkskundler, persönlich veranstaltet. Das Schlangen-und-Leiterspiel, das die spirituelle Reise des Hinduismus veranschaulicht, nicht verpassen. Falls das Museum geschlossen ist, findet man Herrn Khatri in seinem Laden, dem Desert Handicrafts Emporium, in der nahegelegenen Court Rd.

Geführte Touren

Die Touristeninformation (S. 208) bietet Sonnenuntergangstouren zu den Sam Sand Dunes (200 ₹/Pers., mind. 4 Pers.). Für 100 ₹ mehr gibt's auch noch einen kurzen Kamelritt. Weitere Touren führen mit dem Auto nach Amar Sagar, Lodhruva und Bada Bagh.

Schlafen

Innerhalb des Forts zu wohnen, mag die stimmungsvollste Option in Jaisalmer sein, der Tourismus strapaziert aber die Infrastruktur der Anlage gewaltig. Deswegen raten wir davon ab. Glücklicherweise gibt es auch eine große Auswahl guter Unterkünfte außerhalb des Forts. Von April bis August bekommt man gewaltigen Rabatt, denn dann ist es in Jaisalmer brüllend heiß.

Einige Budgethotels setzen ihre Gäste mächtig unter Druck, um Kamelsafaris zu buchen, und werden unangenehm, wenn man auf die Angebote nicht eingeht. Wenn der Zimmerpreis zu schön klingt, um wahr zu sein, ist dies fast immer der Haken.

Arya Haveli PENSION $
(☎ 9782585337; www.aryahaveli.com; Mainpura Para; B 175 ₹, mit Klimaanlage 275 ₹, Zi. mit Frühstück 450–1500 ₹; ❄📶) Das hilfreiche Personal in dieser herausgeputzten Pension macht den Aufenthalt angenehm. Die Zimmer sind gepflegt und gut ausgestattet, die preiswerteren blicken auf den Innenhof, die besten haben einen eigenen Balkon. Das Blues Cafe im obersten Stockwerk ist ein netter Ort, um bei guter Musik und schmackhaftem Essen zu relaxen.

Hotel Tokyo Palace HOTEL $
(☎ 02992-255483; www.tokyopalace.net; Dhibba Para; B 150–200 ₹, EZ mit Frühstück 500–2000 ₹, DZ mit Frühstück 900–3000 ₹; ❄@📶🏊) Das von einem ehrlichen, travellerfreundlichen Management gut geführte Hotel hat saubere Mittelklassezimmer, einige mit hübschen Fensterbänken, sowie viele Budgetoptionen, darunter separate Schlafsäle für Männer und Frauen im Untergeschoss (die Bäder liegen einen Stock darüber). Große Pluspunkte sind der glitzernde Pool und das Dachterrassenrestaurant.

Roop Mahal HOTEL $
(☎ 02992-251700; www.hotelroopmahal.com; abseits der Shiv Rd; Zi. 600–1500 ₹; ❄📶) Das solide Budgethotel hat saubere, geräumige Zimmer, eine vertrauenswürdige Leitung, kostenloses WLAN im ganzen Haus und von dem Café auf der Dachterrasse einen Ausblick aufs Fort. Die billigeren Zimmer verfügen nur über einen Ventilator und blicken nach innen; die teureren haben Klimaanlage und eine Aussicht.

Desert Moon PENSION $
(☎9414149350, 02992-250116; www.desertmoonguesthouse.com; Achalvansi Colony; EZ 600–1200 ₹, DZ 900–1800 ₹; ❄@📶) Das 1 km vom Gandhi Chowk entfernte Hotel liegt nahezu abgeschieden am nordwestlichen Stadtrand unterhalb des Vyas-Chhatari-Aussichtspunkts. Die Pension wird von einem freundlichen indisch-neuseeländischen Paar geführt, das Gäste kostenlos vom Bahnhof oder Busbahnhof abholt. Die elf kühlen, sauberen und komfortablen Zimmer haben polierte Steinböden, geschmackvolle Dekoration und blitzblanke Bäder.

Hotel Renuka HOTEL $
(☎02992-252757; www.hotelrenuka.net; Chainpura Para; EZ/DZ 450/550 ₹, mit Klimaanlage 850/950 ₹; ❄@📶) Das über drei Stockwerke verteilte Hotel hat blitzsaubere Zimmer, die besten mit Balkon, eigenem Bad und Klimaanlage. Gäste werden hier schon seit 1988 freundlich empfangen, man versteht sich also auf ihre Bedürfnisse. Auf der Dachterrasse gibt's ein gutes Restaurant und einen tollen Blick aufs Fort. Gäste werden kostenlos vom Bahnhof oder Busbahnhof abgeholt.

Hotel Swastika HOTEL $
(☎02992-252483; swastikahotel@yahoo.com; Chainpura Para; B 100 ₹, EZ/DZ/3BZ 200/300/400 ₹, Zi. mit Klimaanlage 600 ₹; ❄📶) Das einzige, wozu man in diesem gut geführten Hotel gedrängt wird, ist zu relaxen. Die Zimmer sind schlicht, ruhig, sauber und für ihren Preis wirklich sehr gut, einige haben auch einen kleinen Balkon. In der Nähe liegen viele Restaurants.

★ **Hotel Nachana Haveli** HISTORISCHES HOTEL $$
(☎02992-252110; www.nachanahaveli.com; Goverdhan Chowk; Zi./Suite mit Frühstück 3950/4950 ₹; ❄@📶) Das 280 Jahre alte, herrschaftliche *haveli* ist eine Anlage rund um drei Höfe, von denen einer über einen Springbrunnen verfügt. Zu dem faszinierenden Hotel gehört auch das angesehene Restaurant Saffron. Die Zimmer mit unverputzten Sandsteinwänden und gewölbten Steindecken haben die Anmutung einer mittelalterlichen Burg und sind üppig und stimmungsvoll ausgeschmückt. Die Gemeinschaftsbereiche bieten alle Bequemlichkeiten, auf die die Rajputen Wert legen, auch Schaukelstühle und Bärenfelle.

Das Hotel liegt zwar zentral, aber von der Straße zurückgesetzt. Die dicken Steinmauern garantieren einen ruhigen Schlaf.

Hotel Gorakh Haveli HOTEL $$
(☎02992-252978; www.hotelgorakhhaveli.com; Dhibba Para; EZ/DZ 1000/1500 ₹, mit Klimaanlage 1500/2500 ₹; ❄📶) Das nette, bescheidene Hotel südlich des Forts ist ein modernes Gebäude aus traditionellem Sandstein mit einigen hübschen Reliefs. Die Zimmer sind gemütlich und geräumig, die Angestellten sind freundlich, und es gibt ein ordentliches Dachterrassenrestaurant mit internationaler Küche (Hauptgerichte 30–150 ₹) sowie, natürlich, Blick aufs Fort. Im Sommer bekommt man 30 % Rabatt auf den Zimmerpreis.

Hotel Pleasant Haveli HOTEL $$
(☎02992-253253; www.pleasanthaveli.com; Chainpura Para; Zi. ab 2450 ₹; ❄📶) Das einladende Hotel besitzt viele hübsche Steinreliefs, eine schöne Dachterrasse (mit Restaurant) und nur eine Handvoll geräumige, attraktive, farblich differenzierte Zimmer, die alle über eine Klimaanlage und moderne, gut ausgestattete Bäder verfügen. Das Trinkwasser in Flaschen ist gratis, und Gäste werden kostenlos vom Bahnhof oder Busbahnhof abgeholt.

Shahi Palace HOTEL $$
(☎02992-255920; www.shahipalacehotel.com; abseits der Shiv Rd; Zi. 350–2000 ₹; ❄@📶) Das zu Recht beliebte Shahi Palace ist ein modernes Gebäude im traditionellen Stil mit Sandsteinreliefs. Es besitzt attraktive Zimmer mit unverputzten Sandsteinwänden, bunten Stickereien und Betten aus Stein oder Holz. Die preiswerteren Zimmer liegen überwiegend in den beiden Dependancen in derselben Straße, dem **Star Haveli** und dem **Oasis Haveli**. Im ausgezeichneten Restaurant auf der Dachterrasse (Hauptgerichte 80–200 ₹) gibt's indische vegetarische und nichtvegetarische sowie einige europäische Gerichte, kaltes Bier und einen herrlichen Blick aufs Fort.

★ **1st Gate Home Fusion** BOUTIQUE HOTEL $$$
(☎02992-254462, 9462554462; www.1stgate.in; First Fort Gate; Zi. mit Frühstück ab 8190 ₹; ❄@📶) Das von Italienern entworfene Hotel ist superschick und zweifellos Jaisalmers elegantestes modernes Hotel. Es ist rundum schön und kombiniert topmoderne und Wüsten-Atmosphäre. Dank seiner Lage bietet es einen besonders spektakulären Blick auf das Fort, vor allem von dem offenen, terrassierten Restaurantcafé aus. Die Zimmer sind makellos, dazu kommen kostenlos eine Minibar (mit alkoholfreien Getränken), ein

Obstkorb und der täglich nachgefüllte Trinkwasserspender.

Killa Bhawan Lodge HOTEL $$$
(☎ 02992-253833; www.killabhawan.com; Patwa-ki-haveli Chowk; Zi. mit Frühstück ab 4165 ₹; ❄📶) Das kleine Hotel nahe dem Patwa-ki-Haveli ist eine wahre Freude. Es besitzt fünf große, schön dekorierte Zimmer und ein hübsches Dachterrassenrestaurant (das KB Cafe) mit Ausblick aufs Fort. Den ganzen Tag wird kostenlos Tee und Kaffee ausgeschenkt.

★ **Suryagarh** HOTEL $$$
(☎ 02992-269269; www.suryagarh.com; Kahala Fata, Sam Rd; Zi./Suite mit Frühstück ab 18 000/23 000 ₹; ❄@📶🏊) Als unumstrittener König in seiner Kategorie thront das Suryagarh wie eine Festung 14 km westlich der Stadt an der Straße nach Sam. Das brandneue Gebäude im traditionellen Jaisalmer-Stil ist rund um einen riesigen, mit schönen Steinreliefs verzierten Hof erbaut, der eines Palasts würdig wäre. Zu den besonderen Extras zählen das fabelhafte Hallenbad und das internationale Restaurant Nosh (Hauptgerichte 650–800 ₹; Nicht-Hotelgäste sind willkommen). Die Zimmer spielen mit der Kombination traditioneller und topmoderner Details.

Das Hotel ist also spektakulär – aber das ist noch nicht alles, denn hinzu kommen jede Menge Aktivitäten und Ausflüge sowie Unterhaltung an jedem Abend.

Essen & Ausgehen

★ **1st Gate Home Fusion** ITALIENISCH, INDISCH $$
(☎ 02992-254462, 9462554462; First Fort Gate; Hauptgerichte 220–460 ₹; ⏲ 7.30–10.30, 12–15 & 19–23 Uhr; 📶🖉) Das Restaurant auf der gestaffelt angeordneten Freiluftterrasse über dem gleichnamigen Boutiquehotel bietet einen spektakulären Blick aufs Fort und leckere, authentische, vegetarische italienische und indische Gerichte. Außerdem gibt's ausgezeichnete Holzofenpizzas und guten, starken italienischen Kaffee. Außerhalb der Küchenzeiten bekommt man Snacks und Getränke (7.30–23 Uhr).

★ **Saffron** INTERNATIONAL $$
(Hotel Nachana Haveli, Goverdhan Chowk; Hauptgerichte 195–415 ₹; ⏲ 7–23 Uhr) Das Restaurant auf der geräumigen Dachterrasse des Hotel Nachana Haveli serviert ausgezeichnete vegetarische und nichtvegetarische Speisen. Am Abend ist das Lokal mit seinen intimen sowie gemeinschaftlichen Loungebereichen und eleganten Platzarrangements besonders stimmungsvoll. Die indischen Gerichte sind kaum zu übertreffen, aber auch die italienischen sind ganz ordentlich. Alkohol ist erhältlich.

Monica Restaurant INTERNATIONAL $$
(Amar Sagar Pol; Hauptgerichte 100–300 ₹, veg./nichtveg. Thali 175/375 ₹; ⏲ 8–15 & 18–23 Uhr) Der luftige, offene Speiseraum bekommt nur wenig freie Sicht aufs Fort ab. Wer an einem Tisch ohne Aussicht landet, kann sich aber mit den ausgezeichneten vegetarischen und nichtvegetarischen Gerichten trösten. Die Fleischgerichte aus dem Tandur sind sehr gut gewürzt und saftig, die Thalis abwechslungsreich und die Salate frisch und gesund.

Jaisal Italy ITALIENISCH $$
(First Fort Gate; Hauptgerichte 180–290 ₹; ⏲ 7.30–23 Uhr; ❄📶) Das im ersten Festungstor untergebrachte Lokal hat ordentliche vegetarische italienische Gerichte, darunter Bruschetta, Antipasti, Pasta, Pizza, Salate und Desserts sowie spanische Omeletts. Alle Speisen werden in einem exotisch dekorierten (im Winter gemütlichen, im Sommer dank Klimaanlage angenehm kühlen) Innenraum oder auf einer schönen Terrasse über den unteren Festungswällen serviert, von der man einen filmreifen Ausblick genießt. Alkohol ist erhältlich.

Desert Boy's Dhani INDISCH $$
(Dhibba Para; Hauptgerichte 120–250 ₹, Thali 400 ₹; ⏲ 11–16 & 19–23 Uhr; ❄📶🖉) In dem von einer Mauer umgebenen Gartenrestaurant stehen die Tische auf einem ausgedehnten, steingepflasterten Hof mit einem großen Baum. Drinnen sitzt man traditionell auf Sitzkissen in einem Raum mit Klimaanlage. Abends gibt's Musik und Tänze aus Rajasthan (20–22 Uhr). Ein sehr angenehmes Lokal für ausgezeichnete vegetarische Gerichte aus Rajasthan und anderen Regionen Indiens, die ihren Preis wert sind.

Natraj Restaurant INTERNATIONAL $$
(Aasani Rd; Hauptgerichte 120–180 ₹; ⏲ 10–22 Uhr; 📶🖉) Von der Dachterrasse hat man einen recht guten Blick auf den oberen Teil des Salim Singh-ki-Haveli gleich nebenan. Das rein vegetarische Essen ist stets ausgezeichnet und der Service erstklassig. Die köstlichen südindischen *dosas* (große, scharf gewürzte Fladen) sind hervorragend und ihren Preis mehr als nur wert.

KAMELSAFARIS IN JAISALMER

Wenn man die Thar-Wüste kennenlernen will, schwingt man sich am besten auf den Rücken eines Kamels. Wer aber ein Meer von Sanddünen erwartet, wird enttäuscht sein: Die Thar umfasst vor allem trockenes Buschland mit vereinzelten Dörfern und Windrädern. Nur hin und wieder tauchen ein paar Dünen auf. Oft begegnet man Hirsefeldern und Kindern, die Herden von Schafen oder Ziegen hüten. Die Tiere tragen Glöckchen um den Hals, die in der Stille der Wüste bimmeln.

Bei den meisten Touren fährt man heute ein Stück im Jeep, um zu entlegeneren Gebieten zu kommen. Die Kamelsafari besteht dann aus zwei zweistündigen Etappen: eine vor und eine nach dem Mittagessen. Das kann man kaum noch als Kamelwanderung bezeichnen, aber Spaß macht's trotzdem. Eine preiswertere Alternative zu Jaisalmer bietet sich in dem 48 km weiter südwestlich gelegenen kleinen Dorf Khuri (S. 209). Dort werden ähnliche Kamelsafaris angeboten, aber man befindet sich schon beim Start in der Wüste.

Bevor es losgeht

Der Wettbewerb zwischen den Anbietern ist hart und der Standard variiert stark. Hotel- und Pensionsbetreiber organisieren sehr gern Kameltouren für Touristen, die meist auch wirklich gut sind, doch es gibt auch ein paar schwarze Schafe. In manchen Billigunterkünften werden die Gäste förmlich dazu genötigt, „ihre" Safari zu buchen, andere Unterkünfte distanzieren sich explizit von aggressiven Verkaufsmethoden dieser Art.

Wer mag, kann sich direkt an einen der namhaften Safariveranstalter in Jaisalmer wenden. Die spezialisierten Agenturen haben natürlich ein besonderes Interesse daran, ihre Kunden zufriedenzustellen. Es ist sicher keine schlechte Idee, sich mit anderen Reisenden zu unterhalten und die Angebote mehrerer Anbieter zu vergleichen.

Wer ein Gespür für die Wüste bekommen will, sollte wenigstens eine Nacht in den Dünen verbringen (sprich: Abfahrt in Jaisalmer am Nachmittag und Rückkehr am nächsten Morgen; in diesem Fall wird man vermutlich 1½–2 Std./Tag auf dem Kamel sitzen). Natürlich gibt es auch mehrtägige (oder gar -wöchige) Touren für die, die das Leben in der Wüste und in den Oasen sowie die Fauna und den Alltag der Menschen hautnah erleben wollen.

Die bekanntesten Dünen befinden sich in Sam (S. 209), 40 km westlich von Jaisalmer. Abends ist dort immer der Teufel los – zurück zur Natur? Fehlanzeige! Auf den Sanddünen in der Nähe von Khuri ist bei Sonnenuntergang ebenfalls viel los, aber sonst geht es vorwiegend ruhig zu. Alle Anbieter verkaufen heute Ausflüge zu „untouristischen" oder „noch nicht entdeckten" Stellen. Dadurch ist es in Khuri wieder stiller geworden, während in Sam immer noch viele Tagesausflügler unterwegs sind.

Inklusive Jeeptransport liegen die Preise für eine Tour mit Übernachtung (Abfahrt am Morgen, Rückkehr am folgenden Morgen) üblicherweise zwischen 1200 und 2500 ₹ pro Person. Darin enthalten sein sollten die Mahlzeiten, Mineralwasser und Decken, vielleicht auch eine dünne Matratze. Unbedingt nachprüfen, ob für jeden Teilnehmer ein Kamel zur Verfügung steht! Mehr Bequemlichkeit (z. B. Zelte, besseres Essen) gibt's für mehr Geld, man sollte aber alles schriftlich festhalten lassen.

Günstiger wird es (1000–1500 ₹/Pers.), wenn man Jaisalmer am Nachmittag verlässt und am folgenden Morgen zurückkehrt. Ein schneller Ritt bei Sonnenuntergang in die Dünen bei Sam kostet inklusive Jeep-Transport rund 600 ₹ pro Person. Am anderen Ende der Preisskala läge der 20-tägige Trek nach Bikaner. Für mehrtägige Touren zahlt man zwischen 1200 und 2000 ₹ pro Person und Tag, abhängig von den eingesetzten Hilfsmitteln (Jeeps, Kamelwagen etc.).

Bhang Shop CAFÉ

(Gopa Chowk; Lassi ab 150 ₹) Jaisalmers lizenzierter Bhang Shop ist ein schlichtes, winziges Lokal. Die Zutat zu den Lassis ist *bhang*: Hanfblüten und -blätter, die mit Honig, Ghee und Gewürzen zu einer Paste vermischt werden. Angeboten werden auch mit *bhang* versetzte Kekse und Kuchen. *Bhang* ist hier legal, aber nicht jeder verträgt die Droge, also Vorsicht!

Shoppen

Jaisalmer ist berühmt für Stickereien, Tagesdecken, mit Spiegelstückchen besetzte Wandbehänge, Steinarbeiten und Antiquitä-

Was mitnehmen?

Zu empfehlen sind ein Hut mit breiter Krempe (oder ein Turban à la Lawrence von Arabien), lange Hosen, langärmelige Hemden, Insektenschutzmittel, Toilettenpapier, eine Taschenlampe, Sonnenmilch, eine Wasserflasche (zum Umhängen) und etwas Bargeld (zumindest Trinkgeld für die Kameltreiber). Frauen sollten besser einen Sport-BH tragen, denn auf einem Kamel zu reiten, ist eine holprige Angelegenheit. Nachts kann es kalt werden – einen Schlafsack (so vorhanden) mitnehmen, auch wenn einem gesagt wird, Decken würden gestellt. Im Sommer regnet es manchmal, auch darauf sollte man vorbereitet sein.

Welche Safari?

Diese Hinweise hier können die eigene Recherche nicht ersetzen. Welchem Anbieter man sich auch anschließt, man sollte darauf bestehen, dass alle Abfälle wieder zurück nach Jaisalmer geschafft werden.

Sahara Travels (☎02992-252609; www.saharatravelsjaisalmer.com; Gopa Chowk; ⌚6–20 Uhr) Das vom Sohn des verstorbenen L. N. Bissa (alias „Mr. Desert") geführte Unternehmen arbeitet sehr professionell und transparent. Die Touren führen nur in „untouristische" Gebiete. Der Preis für eine Tour mit Übernachtung (9–11 Uhr am Folgetag) beträgt 1500 ₹ pro Person, alles inklusive. Eine preiswertere Alternative mit Übernachtung, bei der man der Mittagssonne entgeht, startet um 14 Uhr und endet gegen 11 Uhr (1500 ₹).

Trotters (☎9828929974; www.trottersjaisalmer.net; Gopa Chowk; ⌚5.30–21 Uhr) Das Unternehmen ist ebenfalls sehr transparent: Auf der Preisliste stehen alle Angebote. Es gibt Touren in „untouristische" Gebiete und preiswertere Ausflüge nach Sam oder Khuri. Eine Tour mit Übernachtung (6.30–11 Uhr am Folgetag) kostet 1950 bis 2150 ₹ pro Person, alles inklusive.

Thar Desert Tours (☎91-9414365333; www.tharcamelsafarijaisalmer.com; Gandhi Chowk; ⌚8.30–19.30 Uhr) Dieser gut geführte Veranstalter nimmt 1200 ₹ pro Person und Tag inklusive Wasser und Mahlzeiten und passt seine Preise an die Dauer des Trips an. Die Touren sind auf maximal fünf Personen begrenzt und werden von Teilnehmern empfohlen. Wer teilnehmen will, zahlt 80 % als Vorschuss vor der Tour.

In der Wüste

Draußen zu lagern, sich um ein winziges Feuer unter dem Sternenzelt zu drängen und dem Gesang der Kameltreiber zu lauschen ist wirklich ein magisches Erlebnis.

Während der heißesten Zeit des Tages wird stets eine lange Mittagspause eingelegt. Dann werden die Kamele abgesattelt und angepflockt. Oft nehmen die Tiere ein Sandbad, bevor sie sich an den Sträuchern gütlich tun. Die Kameltreiber kochen inzwischen Chai oder bereiten das Essen zu. Die gesamte Mannschaft ruht sich im Schatten der dornigen Bäume aus.

Man sollte gut auf seine Habseligkeiten achten, insbesondere bei der Rückreise. Wer etwas zu beanstanden hat, sollte sich an das Büro des **Superintendent of Police** (☎02992-252233), die Touristeninformation (S. 208) oder an die nicht durchgängig besetzten Posten der **Tourist Assistance Force** (Gadi Sagar Rd) hinter dem First Fort Gate und an der Zufahrtsstraße zum Gadi Sagar wenden.

Die Kameltreiber erwarten am Ende der Tour ein Trinkgeld (100 ₹/Tag wird erwartet) – und das haben sie auch verdient!

ten. Vorsicht beim Kauf von Silberwaren: Das Silber ist manchmal mit Bronze versetzt!

Es mehrere gute *khadi* (einfache Stoffe) Läden, in denen man Tischwäsche, Vorleger und Kleidungsstücke zu Festpreisen erhält, teils bestickt, teils gebatikt oder auch im Blockdruckverfahren gemustert. Einen Besuch lohnen **Zila Khadi Gramodan Parishad** (Malka Prol Rd; ⌚Mo–Sa 10–18 Uhr), **Khadi Gramodyog Bhavan** (Dhibba; ⌚Mo–Sa 10–18 Uhr) oder das **Gandhi Darshan Emporium** (nahe dem Hanuman Circle; ⌚Fr–Mi 11–19 Uhr).

Bellissima KUNST & KUNSTHANDWERK

(Dashera Chowk; ⌚8–21 Uhr) Der kleine Laden nahe dem Hauptplatz des Forts verkauft schöne Patchworkarbeiten, Stickereien, Gemälde, Taschen, Vorleger, Kissenbezüge und alle mögliche Kunst aus Rajasthan. Die Erlöse kommen unterprivilegierten Frauen aus den umliegenden Dörfern zugute, darunter Geschiedene und Witwen.

Jaisalmer Handloom KUNST & KUNSTHANDWERK
(www.jaisalmerhandloom.com; Court Rd; ⌚9–22 Uhr) Dieser Laden hat eine große Auswahl an Tagesdecken, Wandbehängen, Kleidung (von der Stange und maßgefertigt, auch aus Seide) und anderen Textilien. Die Ware stammt zum Teil von eigenen Mitarbeitern. Wer eine bestickte Kamelsatteldecke benötigt (soll ja vorkommen), ist hier richtig.

Desert Handicrafts Emporium KUNST & KUNSTHANDWERK
(Court Rd; ⌚9.30–21.30 Uhr) Mit einem Angebot an ungewöhnlichem Schmuck, Malereien und allen Arten von Textilien ist dieser Laden einer der interessantesten unter den zahlreichen Kunstgewerbeläden der Stadt.

ℹ Praktische Informationen

GELD

Geldautomaten gibt's nahe dem Hanuman Circle, an der Shiv Rd und vor dem Bahnhof. Viele lizenzierte Geldwechsler finden sich am und rund um den Gandhi Chowk.

POST

Hauptpost (Hanuman Circle Rd; ⌚Mo–Sa 10–17 Uhr) Westlich des Forts.

Post (Gopa Chowk; ⌚Mo–Fr 10–17, Sa bis 13 Uhr) Gleich vor dem Festungstor; verkauft Briefmarken und nimmt Postkartensendungen an.

TOURISTENINFORMATION

Touristeninformation (☎02992-252406; Gadi Sagar Rd; ⌚9.30–18 Uhr) Freundliches Büro mit kostenlosem Stadtplan.

ℹ An- & Weiterreise

BUS

Die RSRTC-Busse fahren vom **Hauptbusbahnhof** (Shiv Rd) u. a. ganztägig nach Ajmer (430 ₹, 9½ Std.) und Jodhpur (266 ₹, 5½ Std.). Die Busse nach Khuri (39 ₹, 1 Std.) fahren von einer **Bushaltestelle** an der Barmer Rd gleich abseits der Gadi Sagar Rd.

Eine Reihe privater Busunternehmen haben Ticketbüros am Hanuman Circle, darunter **Hanuman Travels** (☎9413362367) und **Swagat Travels** (☎02992-252557). Die Busse fahren alle vom **Privatbusbahnhof** (Air Force Circle). Busse fahren z. B. nach:

Ajmer (für Pushkar) Sitzplatz/Sleeper 300/450 ₹, 9 Std., 2- oder 3-mal tgl.

Bikaner Sitzplatz/Sleeper 200/400 ₹, 5½ Std., 3–4-mal tgl.

Jaipur Sitzplatz/Sleeper 400/500 ₹, 11 Std., 2- oder 3-mal tgl.

Jodhpur Sitzplatz/Sleeper 200/400 ₹, 5 Std., 6–22 Uhr halbstündl.

Udaipur Sleeper 350/450 ₹, 12 Std., 1- oder 2-mal tgl.

FLUGZEUG

Jaisalmers neuer Flughafen 5 km südlich der Stadt war einige Jahre eingemottet, es gab aber zuletzt Anzeichen, dass ein regelmäßiger Inlandsflugbetrieb bald wieder aufgenommen werden könnte. Gleichzeitig plant **Supreme Airlines** (☎9820588749; www.supremeairlines.com) Flüge mit einer kleinen Maschine von Delhi nach Jaisalmer mit Zwischenlandung in Bikaner. Vor Ort kann man prüfen, ob diese Verbindung aktuell angeboten wird.

TAXI

Taxipreise (einfache Fahrt): rund 4500 ₹ nach Jodhpur, 5000 ₹ nach Bikaner und 8000 ₹ nach Udaipur. Es gibt einen **Taxistand** an der Hanuman Circle Rd.

ZUG

Der **Bahnhof** (⌚Ticketbüro Mo–Sa 8–20, So bis 13.45 Uhr) liegt am östlichen Stadtrand, gleich abseits der Straße nach Jodhpur. Es gibt einen besonderen Ticketreservierungsschalter für Ausländer.

Bikaner Sleeper/3AC 250/625 ₹, rund 6 Std., 1- oder 2-mal tgl. (1.10 & 23.55 Uhr)

Delhi Sleeper/3AC 450/1205 ₹, 18 Std., 2- oder 3-mal tgl. (0.45, 1.10 & 17 Uhr) über Jaipur (12 Std.)

WICHTIGE ZÜGE AB JAISALMERR

ZIEL	ZUG	ABFAHRT	ANKUNFT	PREIS (₹)
Bikaner	*12467 Leelan Exp*	23.55 Uhr	5.20 Uhr	250/625
Delhi	*14660 Jaisalmer-Delhi Exp*	17 Uhr	10.55 Uhr	450/1205
Jaipur	*14660 Jaisalmer-Delhi Exp*	17 Uhr	4.50 Uhr	350/935
Jodhpur	*14809 Jaisalmer-Jodhpur Exp*	6.45 Uhr	13 Uhr	215/565

Fahrpreise: Sleeper/3AC

Jaipur Sleeper/3AC 350/935 ₹, 12 Std., 3-mal tgl. (0.45, 17 & 23.55 Uhr)
Jodhpur Sleeper/3AC 215/565 ₹, 5–6 Std., 3-mal tgl. (0.45, 6.45 & 17 Uhr)

Unterwegs vor Ort

AUTO & MOTORRAD

Taxis oder Jeeps kann man am Stand an der Hanuman Circle Rd mieten. Für die Fahrt nach Khuri, zu den Sam Sand Dunes oder nach Lodhruva zahlt man 1000 bis 1200 ₹ hin und zurück, inklusive eine Stunde Wartezeit oder so.

Shiva Bikes (First Fort Gate; Motorrad 500–2000 ₹/Tag; ⌚8–21 Uhr) Ein lizenziertes Geschäft für die Vermietung von Motorrädern (auch Royal Enfield Bullets) und Motorrollern zur Erkundung der Stadt und der Sehenswürdigkeiten in ihrer Nähe. Schutzhelm und Straßenkarten sind inbegriffen.

AUTORIKSCHA

Die Fahrt vom Bahnhof zum Gandhi Chowk kostet rund 40 ₹.

Rund um Jaisalmer

Sam Sand Dunes

Sam Sand Dunes GEBIET

(Auto/Kamel 50/80 ₹) Einer der beliebtesten Tagesausflüge führt zu den seidig schimmernden Sam Sand Dunes. Sie liegen ungefähr 41 km westlich von Jaisalmer und sind über eine befestigte Straße zu erreichen (die Straße wird von der indischen Armee instand gehalten). Der Dünenstreifen ist etwa 2 km lang und ohne Zweifel einer der schönsten in der Region. Manche Safari-Gruppen campen hier, aber noch viel mehr Leute fahren bei Sonnenuntergang vor und werden anschließen von beharrlichen Kameltreibern bedrängt, unbedingt noch eine Runde auf einem ihrer Tiere zu drehen. Und noch weit mehr Besucher übernachten in den vielen „Zeltstädten“ unweit der Dünen.

Das Ganze erinnert vom späten Nachmittag bis zum Morgen ein wenig an einen Zirkus oder einen Zoo – wer sich auf einen ruhigen, romantischen Abend in der Wüste gefreut hat, wird sich höchstwahrscheinlich schwarz ärgern.

Ein vor Ort organisierter abendlicher Ausflug auf dem Kamelrücken kostet 300 ₹ (1 Std.). Achtung: Manch gerissener Kameltreiber wird unterwegs urplötzlich mehr Geld verlangen!

Khuri

☎03014

Beim Dorf Khuri, 48 km südwestlich von Jaisalmer, liegen ausgedehnte Dünengebiete, zu denen bei Sonnenuntergang viele Besucher strömen. Außerdem gibt es hier eine Reihe von, meist recht kleinen „Resorts“, die ähnliche Übernachtungspauschalangebote haben wie bei den Sam Sand Dunes. Darüber hinaus finden sich einige bescheidene Pensionen, in denen man beschaulich in einer traditionellen Hütte mit Wänden aus Lehm und Dung sowie einem Strohdach wohnt und interessante Kameltouren in die relativ abgelegene und einsame Umgebung machen kann.

Khuri liegt im **Desert National Park**, der sich über 3162 km² südwestlich von Jaisalmer erstreckt und Teile des Ökosystems der Thar-Wüste schützt. In der Wüste leben u. a. Rotfüchse, Wildkatzen, Indische Gazellen, die großen Nilgauantilopen und einige ungewöhnliche Vogelarten, darunter die gefährdete Hindutrappe.

Man muss sich darüber im Klaren sein, dass das Schleppergewerbe bei den größeren Unterkünften in Khuri seine Hände mit im Spiel hat. Für einen kurzen Kamelritt durch die Sanddünen zahlt man ungefähr 150 ₹ pro Person.

Schlafen

★ **Badal House** PRIVATUNTERKUNFT $

(☎8107339097; Zi. oder Hütte mit VP 400 ₹/Pers.) Hier wohnt man in einem Familienheim mitten im Zentrum des Dorfes. Zur Wahl stehen ein paar makellos saubere Hütten mit Lehmwänden und Strohdach sowie gleichermaßen pieksaubere Zimmer (eines mit eigener Hocktoilette). Zu essen gibt's gute Hausmannskost. Der freundliche und höfliche Badal Singh, ein früherer Kameltreiber, berechnet für einen Kamelritt mit einer Nacht in den Dünen 600 ₹. Er zahlt übrigens Schleppern keine Provision, deswegen sollte man „Warnungen“ solcher Leute keinen Glauben schenken.

An- & Weiterreise

Die Regionalbusse von Jaisalmer nach Khuri (30 ₹, 1 Std.) fahren durch eine Nebenstraße der Gadi Sagar Rd. Geht man vom Fort Jaisalmer kommend in Richtung Bahnhof, nimmt man die zweite Querstraße hinter der Touristeninformation und wartet an dem Baum auf der linken Straßenseite, neben dem sich ein Schrein befindet. Die Busse kommen hier gegen 10, 11.30, 15.30 und 16 Uhr vorbei.

Die Busse von Khuri nach Jaisalmer fahren ungefähr um 8, 9, 10.30, 11.30 und 14.30 Uhr ab.

Die Anfahrt per Taxi aus Jaisalmer kostet mindestens 1200 bis 1500 ₹. Selbst wenn man in Khuri bleiben und nicht zurückfahren will, muss man den Preis für eine Hin- und Rückfahrt bezahlen.

Bikaner

☎0151 / 644400 EW.

Bikaner ist eine lebendige Wüstenstadt mit einem sagenhaften Fort und einem energiegeladenen Flair. Die Stadt ist weniger stark vom Tourismus geprägt als viele andere in Rajasthan, trotzdem gibt es auch hier viele Hotels und Anbieter von Kamelsafaris. Traveller, die der Hektik in Jaisalmer aus dem Weg gehen wollen, kommen gern nach Bikaner.

Geschichte

Die Stadt wurde 1488 von Rao Bika gegründet, einem Sohn von Rao Jodha, dem Gründer von Jodhpur. Später entspann sich ein schwerer Disput zwischen den beiden Rathore-Herrscherhäusern bezüglich der Frage, wer denn nun das Anrecht auf das Familienerbe habe. Vom späten 16. Jh. an mauserte sich Bikaner sehr schnell zu einem wichtigen Stützpunkt an den Karawanenrouten und gedieh dank guter Beziehungen zu den Moguln prächtig. Während des Niedergangs der Moguln im 18. Jh. schwand auch der Glanz Bikaners: Im 19. Jh. war die Gegend bereits deutlich rückständig. Das Blatt wendete sich, als man begann, während des ersten Anglo-Afghanischen Krieges Kamele an die Briten zu verleihen. Bikaner war 1886 das erste Wüstenfürstentum mit Elektrizität.

Sehenswertes

★Junagarh FORT

(Inder/Ausländer 50/300 ₹, Foto 150 ₹, Audioguide 50 ₹, Ausweis erforderlich; ⌚10–17.30 Uhr, letzter Einlass 16.30 Uhr) Diese unglaublich beeindruckende Festung wurde zwischen 1589 und 1593 von Radscha Rai Singh gegründet, der Herrscher von Bikaner und ein General in der Armee des Mogulkaisers Akbar war. Man betritt das Fort durch das Tor **Karan Prole** an der Ostseite und passiert drei weitere Tore auf dem Weg zum Ticketbüro für das Palastmuseum. Der Audioguide (für den man ein Personaldokument als Pfand hinterlegen muss) ist auf Englisch, Französisch, Deutsch und Hindi erhältlich und sehr informativ.

Der schön dekorierte **Karan Mahal** aus dem 17. und 18. Jh. war der Diwan-i-Am (öffentliche Audienzsaal) des Palastes. Der im späten 17. Jh. von Maharadscha Anup Mahal in Auftrag gegebene **Anup Mahal Chowk** zeichnet sich durch schön dekorierte *jarokhas* (Balkonfenster) und *jali*-Gitter aus. Zu den von hier abgehenden Räumen gehören das aufwendige **Anup Mahal**, ein Saal für Privataudienzen mit rot und goldfarben lackierten Wänden, sowie das **Badal Mahal** (Wolkenpalast), dessen Wände schön mit blauen Wolkenmotiven und roten und goldfarbenen Blitzen verziert sind.

Der **Gaj Mandir**, die Gemächer von Maharadscha Gaj Singh (reg. 1745–1787) und seiner zwei Hauptfrauen, ist eine fantastische Sinfonie aus Goldfarbe, bunten Wandmalereien, Sandelholz, Elfenbein, Spiegeln, Nischen und Buntglas. Von hier geht es hinauf aufs Palastdach, um die Aussicht zu genießen, und dann hinunter in die herrliche **Ganga Durbar Hall** von 1896, deren rosa Steinwände mit faszinierenden Reliefs geschmückt sind. Weiter geht's zum **Büro von Maharadscha Ganga Singh** und schließlich zur **Vikram Vilas Durbar Hall**, deren Highlight ein De-Havilland-DH-9-Doppeldecker-Bomber aus dem Ersten Weltkrieg ist. General Maharadscha Sir Ganga Singh kommandierte das Bikaner Camel Corps und war das einzige Mitglied des britischen Imperial War Cabinet, das weder Brite noch Spross europäischer Einwanderer aus den britischen Kolonien war.

Prachina Cultural Centre & Museum MUSEUM

(Junagarh; Inder/Ausländer 30/100 ₹; ⌚9–18 Uhr) Das vom Palasteingang schräg gegenüber dem Haupthof gelegene Museum ist faszinierend und gut beschriftet. Es konzentriert sich auf die westlichen Einflüsse auf die Herrscher von Bikaner vor der Unabhängigkeit Indiens. Zu sehen sind u.a. Tafelgeschirr aus England und Frankreich, Speisekarten von 1936, einige exquisite Kostüme, Schmuck und Textilien sowie zeitgenössisches Kunsthandwerk aus Bikaner.

Altstadt VIERTEL

Trotz der Motorräder und Autorikschas wirkt die Altstadt mittelalterlich. Im Labyrinth der schmalen, krummen Gassen verbergen sich eine Reihe schöner *havelis* und ein paar bemerkenswerte jainistische Tempel gleich hinter der südlichen Stadtmauer, 1,5 km südwestlich vom Bahnhof Bikaner Junction. Die Altstadt verspricht einen interessanten Spaziergang – man verirrt sich dabei auf jeden Fall. Das Areal ist von einer 7 km langen, aus dem 18. Jh. stammenden Mauer mit fünf Eingangstoren umgeben – den Haupteingang bildet das dreibogige Kothe-Tor.

★ **Bhandasar-Tempel** JAINISTISCHER TEMPEL

(5–13 & 17.30–23.30 Uhr) Von Bikaners beiden jainistischen Tempeln ist dieser mit seinen Reliefs aus gelbem Stein und bunten Malereien besonders schön. Das Innere des Tempels ist einfach überwältigend. Die Pfeiler sind mit Pflanzen-Arabesken und Darstellungen aus den Lebensgeschichten der 24 *tirthankaras* (großer geistiger Führer des Jainismus) geschmückt. Für den Mörtel sollen statt Wasser 40 000 kg Ghee benutzt worden sein – die Einheimischen behaupten, an heißen Tagen sickere das Ghee aus den Fußboden. Möglicherweise verlangt der Priester für den Eintritt eine Spende, obwohl eine Stiftung für den Unterhalt des Tempels bezahlt.

Geführte Touren

Camel Man TOUREN

(9799911117, 9829217331, 0151-2231244; www.camelman.com; Vijay Guest House, Jaipur Rd; halb-/ganz-/mehrtägige Tour ab 800/1200/1800 ₹ pro Pers. & Tag) Der in Qualität, Verlässlichkeit und Transparenz in Bezug auf das Angebotene beste Safariveranstalter in Bikaner ist Vijay Singh Rathore, der „Camel Man", der seinen Sitz im Vijay Guest House hat.

Vino Desert Safari TOUREN

(0151-2270445, 9414139245; www.vinodesertsafari.com; Vino Paying Guest House; Tagestour mit Übernachtung 2500 ₹/Pers., mehrtägiger Trek 1500–2000 ₹/Pers. & Tag) Das alteingesessene, beliebte Unternehmen wird von Vinod Bhojak vom Vino Paying Guest House geführt.

Vinayak Desert Safari TOUREN

(0151-2202634, 9414430948; www.vinayakdesertsafari.com; Vinayak Guest House; halbtägige Jeepsafari 500 ₹/Pers., ganz- oder mehrtägige Jeepsafari 900–2000 ₹/Pers.) Vinayak Desert Safari veranstaltet Jeepsafaris mit dem Zoologen Jitu Solanki. Die Safari konzentriert sich auf Tiere und Vögel der Wüste, darunter den eindrucksvollen Mönchsgeier, der eine Flügelspannweite von 3 m besitzt und die Region in großen Scharen von November bis März aufsucht.

Gouri Guide TOUREN

(0151-2543306, 9461159796; gouriguide@yahoo.in; Shanti House, New Well, Altstadt; 50 ₹/Pers. & Std.) Gouri ist ein kenntnisreicher und umgänglicher Fremdenführer mit Sitz in der Altstadt, der Besuchern alle bekannten und viele der weniger bekannten Sehenswürdig-

KAMELSAFARIS IN BIKANER

Wenn man eine Kamelsafari unternehmen möchte, ist Bikaner eine ausgezeichnete Alternative zu Jaisalmer. Weil das Angebot überschaubarer ist, hält sich der Stress in Grenzen. Die Kameltouren führen in der Regel in die Gebiete östlich und südlich der Stadt und konzentrieren sich auf die einsamen Wüstendörfer der Jat, Bishnoi, Meghwal und Rajputen. Man kann interessante Tiere beobachten, z. B. Nilgauantilopen, Indische Gazellen, Rotfüchse, Dornschwanzagamen und viele Vögel, darunter von September bis März auch Jungfernkraniche.

Kamelsafaris von drei Tagen und zwei Nächten sind üblich, es gibt aber auch Halbtagestouren, Tagestouren und Kurztrips mit nur einer Übernachtung. Wer eine richtige Safari machen will, kann auch die Safari nach Jaisalmer (2 Wochen) buchen. Die besten Monate für das Wüstenabenteuer sind von Oktober bis Februar. Die Zeit zwischen Mitte April und Mitte Juli sollte man vermeiden, denn dann ist es brüllend heiß.

Der typische Preis liegt bei 1800 bis 2500 ₹ pro Person und Tag inklusive Übernachtung im Zelt, Matratzen, Decken, Mahlzeiten, Mineralwasser, einem Kamel pro Person, einem Kamelkarren zum Befördern der Ausrüstung (und manchmal eines müden Reiters), der Kameltreiber und eines Führers.

Viele Touren starten in Raisar, rund 8 km östlich von Bikaner, oder in Deshnok, 30 km südlich. Zum Startpunkt statt eines Jeeps einen Bus zu nehmen, hilft, die Kosten zu begrenzen.

Bikaner

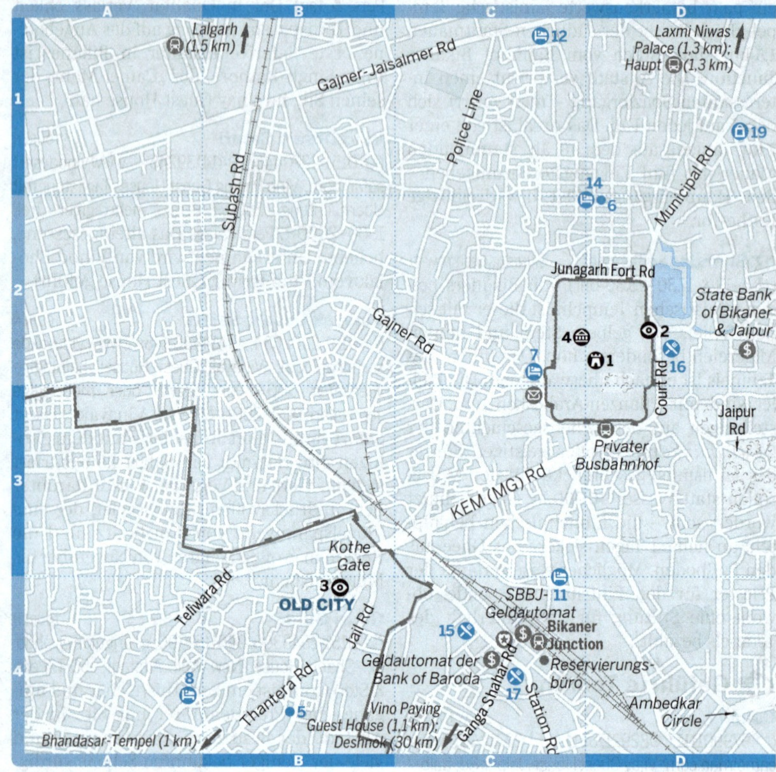

keiten von Bikaner zeigt. Er betreibt auch ein kleines Gästehaus.

Schlafen

★ Vijay Guest House PENSION $
(☎0151-2231244, 9829217331; www.camelman.com; Jaipur Rd; Zi. 500–1000 ₹, mit Klimaanlage 1200–1500 ₹, Suite 1800 ₹;) Die anheimelnde Pension 4 km östlich des Zentrums bietet geräumige, lichtdurchflutete Zimmer, einen herzlichen Empfang und gute Hausmannskost. Inhaber Vijay ist ein Kamelexperte und empfehlenswerter Safariveranstalter (S. 211). Für Gäste gibt's einen kostenlosen Transfer vom/zum Bahnhof und Busbahnhof.

Neben Kamelsafaris werden auch Jeeptouren zu Sehenswürdigkeiten rund um Bikaner und Touren zum Haus des Inhabers im Dorf Thelasar in Shekhawati angeboten.

Vino Paying Guest House PENSION $
(☎9414139245, 0151-2270445; www.vinodesertsafari.com; Ganga Shahar; EZ 250–300 ₹, DZ 350–400 ₹;) Das Gästehaus in einem Familienheim 3 km südlich des Hauptbahnhofs ist eine gemütliche Wahl und Sitz eines guten Kamelsafari-Veranstalters (S. 211). Es gibt sechs Zimmer im Haus und im Garten weitere sechs in kühlen Lehmziegelhütten. Im Garten befindet sich auch ein Tauchbecken. Das Preis-Leistungs-Verhältnis ist ausgezeichnet und die Familie hilfsbereit und einladend.

Serviert wird Hausmannskost, Kochkurse werden ebenfalls veranstaltet. Das Haus steht gegenüber dem Gopeshwar-Tempel; Gäste werden kostenlos abgeholt.

Vinayak Guest House PENSION $
(☎0151-2202634, 9414430948; vinayakguesthouse@gmail.com; Zi. 400–800 ₹, mit Klimaanlage 1000 ₹;) Diese Pension vermietet sechs unterschiedliche, saubere Zimmer in einem ruhigen Familienhaus mit einem kleinen, sandigen Garten (in einigen Zimmern gibt's Warmwasser nur im Eimer). Zu den

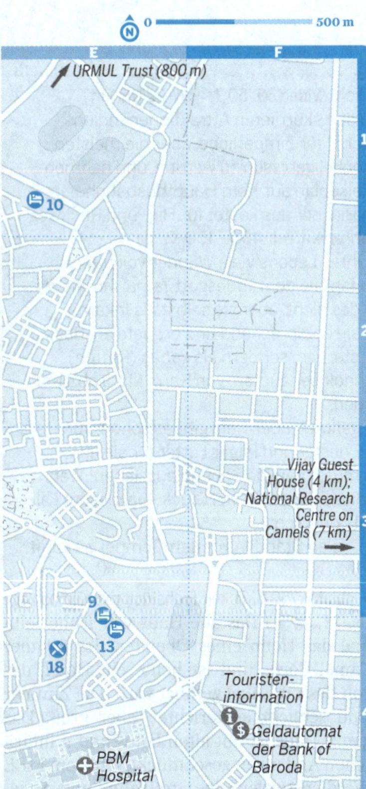

Bikaner

Extras gehören ein kostenloser Abhol-Service, gute Hausmannskost, Kochkurse, Leihfahrräder (25 ₹/Tag) sowie Kamelsafaris und Ausflüge in die Natur mit Vinayak Desert Safari (S. 211). Das Haus liegt rund 500 m nördlich vom Junagarh.

Chandra Niwas Guest House HOTEL $

(0151-2200796, 9413659711; chandraniwas@yahoo.in; Rangmanch Rd, Civil Lines; Zi. 500 ₹, mit Klimaanlage 800–1500 ₹;) Das kleine, einladende Gästehaus hat eine recht ruhige Lage, befindet sich aber immer noch in praktischer Nähe zu den Sehenswürdigkeiten von Bikaner. Die Zimmer sind sauber, komfortabel und ordentlich. Es gibt eine hübsche Restaurantterrasse (veg./nichtveg. Thali 180/250 ₹) und gleich nebenan ein Kaffeehaus.

Hotel Jaswant Bhawan HOTEL $

(9001554746, 0151-2548848; www.hoteljaswantbhawan.com; Alakh Sagar Rd; Zi. 1000–1600 ₹; @) Das ruhige, einladende Hotel wird von Nachfahren der Premierminister von Bikaner geführt. Es besitzt einen kleinen Garten und ein gemütliches, altmodisches Wohnzimmer mit historischen Familienfotos. Die Zimmer sind geräumig, klar und luftig und haben eine Klimaanlage. Im Haus gibt's gutes Essen (und Kochkurse). Das Hotel ist zwei Gehminuten vom Hauptbahnhof entfernt, zu erreichen über die Fußgängerüberführung.

★ **Bhairon Vilas** HISTORISCHES HOTEL $$

(9928312283, 0151-2544751; www.bhaironvilas.com; Zi. ab 1500–2000 ₹; @) Das Hotel an der Westseite des Junagarh wird vom Urenkel eines früheren Premierministers von Bikaner geführt. Die Zimmer sind meist groß und bunt mit Antiquitäten, golddurchwirkten Vorhängen und alten Familienfotos dekoriert. Es gibt eine Bar, die der Addams Family gehören könnte, ein Gartenrestaurant, ein Kaffeehaus und eine auf schöne, echte Hochzeitssaris spezialisierte Boutique.

NICHT VERSÄUMEN

DER RATTENTEMPEL

Der außergewöhnliche **Karni-Mata-Tempel** (Foto/Video 30/50 ₹; ⏲4–22 Uhr) in Deshnok, 30 km südlich von Bikaner, gehört zu den skurrileren Attraktionen Indiens. Die hier lebende Masse heiliger Nagetiere ist nichts für Zimperliche, aber die meisten Bikaner-Besucher trotzen der Gefahr, in die Knöchel gebissen zu werden, und nehmen den halbtägigen Ausflug zum Tempel in ihren Reiseplan auf. Vom Hauptbusbahnhof in Bikaner fahren oft Busse. Eine Autorikscha von Bikaner aus kostet für Hin- und Rückweg samt einstündigem Aufenthalt, während der Fahrer wartet, 400–450 ₹.

Karni Mata lebte im 14. Jh. und soll während ihres Lebens viele Wunder vollbracht haben. Als ihr jüngster Sohn Lakhan ertrank, befahl sie dem Todesgott Yama, ihn wieder zum Leben zu erwecken. Yama sagte, er könne das nicht, aber sie selbst als Inkarnation Durgas sei dazu in der Lage. Also handelte sie entsprechend und ordnete an, dass zukünftig die Mitglieder ihrer Sippe nicht mehr sterben, sondern als *kabas* (Ratten) reinkarniert würden. Rund 600 Familien in Deshnok behaupten, von Karni Mata abzustammen und als *kabas* wiedergeboren zu werden.

Der Tempel ist zwar nicht gerade mit Ratten geflutet, aber viele gibt es schon, vor allem in den Ecken und Winkeln sowie dort, wo Priester und Pilger Futter für sie auslegen. Achtung: Ja, beim Betreten des Tempels muss man die Schuhe ausziehen! Wenn einem eine *kaba* über die Füße läuft, bedeutet dies besonders viel Glück – in diesem Fall ist man besonders gesegnet, ob man es nun will oder nicht.

Essen und Getränke zur Stärkung werden an vielen Ständen vor dem Tempel verkauft.

Kamelsafaris und ortskundige Führer lassen sich hier organisieren.

Hotel Harasar Haveli HOTEL $$
(☎0151-2209891; www.harasar.com; Zi. 1800–2800 ₹; ❄📶) Die Unterkunft in diesem modernen Hotel hinter der Sandsteinfassade eines alten *haveli* ist unerwartet prächtig. Das Dekor ist verschwenderisch: Im Zimmer prunkt nicht einfach eine modische blau-goldene Tapete, sondern es handelt sich wirklich um exquisit von Hand gemalte Blumenmuster. Auch die alten, dunklen Holzmöbel künden von Klasse. Der Service ist erstklassig, und im Restaurant auf der Terrasse wird auch Alkohol serviert. Das Hotel liegt gegenüber dem Karni Singh Stadium fast 1 km nordöstlich vom Junargarh.

Udai Niwas PRIVATUNTERKUNFT $$
(☎9971795447, 0151-2223447; Rangmanch Rd, Civil Lines; EZ/DZ 2000/2500 ₹; ❄) Die freundliche und entspannte Privatunterkunft liegt hinter dem zugehörigen, fröhlichen Café Indra. Die Zimmer sind groß und komfortabel, und man hat die Wahl, ob man die köstliche Hausmannskost gemeinsam mit der Familie im Speisezimmer essen möchte oder nicht. Es gibt sogar eine Waschküche, in der man seine Wäsche waschen kann.

Hotel Kishan Palace HOTEL $$
(☎9829512610, 0151-2527762; www.hotelkishanpalaceheritage.com; 8B Gajner-Jaisalmer Rd; Zi. mit Ventilator 750 ₹, Zi. mit Frühstück mit Klimaanlage 1500 ₹; ❄📶) Das alte Haus war früher einmal das Heim eines Obersten des Bikaner Camel Corps und ist heute ein Hotel, das von dessen Enkel geführt wird. Die Zimmer sind schlicht eingerichtet, aber groß. Das ganze Haus ist mit alten Fotos und militärischen Andenken geschmückt, z. B. dem MBE (Verdienstorden) des Großvaters und Aquarellen von japanischen Kriegsgefangenen, die er einst bewachte. Am besten nimmt man ein Zimmer nach hinten und nicht nach vorn zur Hauptstraße.

Laxmi Niwas Palace HISTORISCHES HOTEL $$$
(☎0151-2202777; www.laxminiwaspalace.com; Zi. 10 500–14 500 ₹, Suite 22 000–31 000 ₹; ❄@📶🏊) Das Hotel aus rosa Sandstein 2 km nordöstlich vom Stadtzentrum stammt aus dem Jahr 1902 und ist ein Teil des Herrscherpalasts. Im Innern gibt's opulente Steinreliefs, und das Haus steht auf einem ausgedehnten, gepflegten Gelände. Die Zimmer sind meistens groß, elegant und stimmungsvoll. In der Bar und im Billardzimmer findet man mehr Tigerfelle als Jagdtrophäen als es wahrscheinlich noch lebende Tiger in Rajasthan gibt.

Bhanwar Niwas HISTORISCHES HOTEL $$$
(☎0151-2529323; www.bhanwarniwas.com; Rampuria St; Zi. 6000 ₹; ❄@📶) Das wunderbare Hotel befindet sich im schönen Rampuria Haveli, einem Schmuckstück der Altstadt

300 m südwestlich der Polizeiwache City Kotwali. Es hat 26 verschieden gestaltete, geräumige, hübsch dekorierte Zimmer mit Tapeten in Schablonenmalerei, Marmor- oder Mosaikböden und alten Möbeln. Komfortable Gemeinschaftsbereiche voller Antiquitäten verteilen sich um einen großen Hof.

Essen & Ausgehen

Café Indra CAFÉ $

(☎ 8287895446; Rangmanch Rd, Civil Lines; Hauptgerichte 120–170 ₹; ⏲ 11.30–22.30 Uhr; ❄) Das helle, saubere Café ist ein prima Ort, um sich mit einem Kaffee oder einem kalten Getränk zu erholen und dank der Auswahl an Pizzas, Burgern und Wraps auch gut für ein Mittag- oder Abendessen geeignet.

Amberwalla INTERNATIONAL $

(☎ 0151-2220333; Station Rd; Hauptgerichte 60–120 ₹, Thalis 190–200 ₹; ⏲ 7–23 Uhr; ❄ ✎) Das große, helle und luftige „Diner" versorgt seine Kundschaft mit westlichen, chinesischen, nord- und südindischen Gerichten, außerdem mit Süßspeisen, Eiscreme und Backwaren aus seiner großen Bäckerei.

★ **Gallops** INTERNATIONAL $$

(☎ 0151-3200833; www.gallopsbikaner.com; Court Rd; Hauptgerichte 200–350 ₹; ⏲ 10–22 Uhr; ❄ 📶) Das topmoderne Caférestaurant, das Rikschafahrern schlicht als „Glops" bekannt ist, liegt nahe dem Eingang zum Junagarh. Man bekommt hier Snacks wie Pizza, Wraps und Sandwiches sowie eine gute Auswahl indischer und chinesischer Gerichte – vegetarisch und nichtvegetarisch. Die Gäste sitzen draußen oder im klimatisierten Innenraum auf Sesseln und trinken ein kaltes Bier oder einen Espresso (Kaffeespezialitäten ab 100 ₹).

Shakti Dining INDISCH $$

(☎ 9928900422; Prithvi Niwas, Civil Lines; Hauptgerichte 150–260 ₹; ⏲ 11–23 Uhr; ❄ 📶) Das zentral gelegene, moderne Shakti serviert gut zubereitete indische Klassiker draußen im Garten oder drinnen in einem Raum mit Klimaanlage. Zwangloser essen kann man im ebenfalls hier befindlichen schrillen **Road Runner Cafe** (☎ 0151-2545033, 9928900422; Hauptgerichte 150–260 ₹; ⏲ 11–23 Uhr; ❄ 📶).

Heeralal's INTERNATIONAL $$

(☎ 0151-2205551; Station Rd; Hauptgerichte 150–210 ₹, Thalis 165–270 ₹; ⏲ 7.30–22.30 Uhr; ❄ ✎) Das helle, ungemein populäre Restaurant im Obergeschoss serviert ziemlich gute indische vegetarische und daneben auch ein paar chinesische Gerichte sowie Pizza; Bier gibt's aber leider nicht. Hier kann man gut ausruhen, wenn man auf einen Zug wartet. Man sitzt zwischen großen Trögen mit Plastikblumen. Die Fast-Food-Abteilung im Erdgeschoss ist weniger ansprechend, hier gibt es aber eine gute Süßwarentheke.

Shoppen

Bikaner Miniature Arts KUNST

(☎ 9829291431; www.bikanerminiturearts.com; Municipal Rd; ⏲ 9–20 Uhr) Die Familie Swami widmet sich in Bikaner seit vier Generationen der Miniaturmalerei und betreibt jetzt diese Kunstschule und Galerie. Die Qualität der Arbeiten ist erstaunlich, und zudem sind sie günstiger als in manchen der größeren Touristenzentren. Kunstkurse können vereinbart werden.

Praktische Informationen

Hauptpost (⏲ Mo–Fr 9–16, Sa bis 14 Uhr) Nahe dem Hotel Bhairon Vilas.

PBM Hospital (☎ 0151-2525312; Hospital Rd) Eines der besten staatlichen Krankenhäuser Rajasthans mit rund um die Uhr besetzter Notfallstation.

Touristeninformation (☎ 0151-2226701; ⏲ Mo–Fr 9.30–18 Uhr) Das freundliche Büro nahe dem Pooran Singh Circle kann die meisten Fragen von Travellern beantworten und hat Fahrpläne und Stadtpläne.

An- & Weiterreise

BUS

Vor der Südmauer des Junagarh befindet sich ein **privater Busbahnhof**, von dem Busse zu den gleichen Zielen (wenn auch etwas teurer und weniger häufig) fahren wie die staatlichen Busse, die den **Hauptbusbahnhof** 2 km direkt nördlich der Festung nutzen (Autorikscha 20 ₹).

Vom Hauptbusbahnhof fahren Busse u. a. nach:

Ajmer (für Pushkar) 269 ₹, 6 Std., bis 18 Uhr halbstündl.

Delhi 445 ₹, 11 Std., mind. 4-mal tgl.

Deshnok 35 ₹, 1 Std., bis 16.30 Uhr halbstündl.

Fatehpur 136 ₹, 3½ Std., bis 17.45 Uhr halbstündl.

Jaipur 331 ₹, AC 596 ₹, 7 Std., bis 17.45 Uhr stündl.

Jaisalmer 309 ₹, 7½ Std., tgl. 12 Uhr

Jhunjhunu 226 ₹, 5 Std., 4-mal tgl. (7.30, 8.30, 12.20 & 18.30 Uhr)

Jodhpur 243 ₹, 5 Std., bis 18.30 Uhr halbstündl.

WICHTIGE ZÜGE AB BIKANER JUNCTION

ZIEL	ZUG	ABFAHRT	ANKUNFT	PREIS (₹)
Delhi (Sarai Rohilla)	*22471 Dee Intercity SF Exp*	9.30 Uhr	17.25 Uhr	305/785
Jaipur	*12467 Leelan Exp*	6 Uhr	12.35 Uhr	275/705
Jaisalmer	*12468 Leelan Exp*	23.15 Uhr	4.50 Uhr	250/625
Jodhpur	*14887 KLK-BME Exp*	11 Uhr	16 Uhr	200/510

Fahrpreise: Sleeper/3AC

Pokaran 211 ₹, 5 Std., bis 12.45 Uhr stündl.

Nach Jaisalmer geht's manchmal schneller, einen Bus nach Pokaran (wo es mehr Verbindungen gibt) zu nehmen und dort umzusteigen.

FLUGZEUG

Supreme Airlines (S. 208) fliegt mit einer kleinen Maschine (einfache Strecke ab 560 ₹) montags bis samstags von Jaipur nach Bikaner (Abflug 7 Uhr) und von Bikaner nach Jaipur (Abflug 8.45 Uhr). Der Flugplan kann sich immer mal wieder ändern.

ZUG

Der Hauptbahnhof Bikaner Junction besitzt ein computergestütztes **Reservierungsbüro** (⌚ Mo–Sa 8–22, So bis 14 Uhr) in einem separaten Gebäude gleich östlich des Hauptbahnhofsgebäudes. Der Schalter für Ausländer trägt die Nummer 2931. Ein paar nützliche Züge fahren auch vom Bahnhof Lalgarh im Norden der Stadt (Autorikscha 50 ₹).

Delhi (Delhi Sarai Rohilla) Sleeper/3AC 305/785 ₹, 8–14 Std., 3–5-mal tgl. (6.30, 9.30, 16.45, 17.05 & 23.30 Uhr)

Jaipur Sleeper/3AC 275/705 ₹, 6½ Std., 5-mal tgl. (0.05, 6, 18.45, 23.05 & 23.55 Uhr)

Jaisalmer Sleeper/3AC 250/625 ₹, 5½ Std., 1- oder 2-mal tgl. (18.30 & 23.15 Uhr)

Jodhpur Sleeper/3AC 200/510 ₹, 5 Std., 6–7-mal tgl. (0.45, 6.35, 9.30, 11, 13.40, 21.40 & 22.10 Uhr)

Nach Ajmer (mit Anschluss nach Pushkar) besteht keine direkte Zugverbindung.

Unterwegs vor Ort

Die Fahrt mit einer Autorikscha vom Bahnhof zum Palast des Junagarh sollte 30 ₹ kosten, die Fahrer fordern aber wahrscheinlich mehr.

Rund um Bikaner

National Research Centre on Camels

MUSEUM

(☎ 0151-2230183; www.nrccamel.res.in; Inder/Ausländer 30/100 ₹, Foto 50 ₹, Kamelritt 50 ₹; ⌚ 14–18 Uhr) Das National Research Centre on Camels befindet sich 8 km südöstlich des Zentrums von Bikaner, neben der Jodhpur–Jaipur-Umgehungsstraße. Man kann hier Kamelfohlen besuchen, einen kurzen Ausritt unternehmen und sich das kleine Museum anschauen. In der Einrichtung leben ca. 400 Kamele aus vier verschiedenen Zuchtlinien. In der britischen Armee diente im Ersten Weltkrieg ein Kamelkorps aus Bikaner. Ein Führer kostet 50 ₹ und mehr. In der Camel Milk Parlour vor Ort kann man Kamelmilch probieren und *kulfi* und Lassis trinken.

Die Fahrt kostet mit der Autorikscha/dem Taxi hin und zurück inklusive halbstündigem Aufenthalt rund 150/400 ₹.

Punjab & Haryana

Inhalt ➡

Gut essen

- Kesar Da Dhaba (S. 234)
- Bharawan Da Dhaba (S. 234)
- Makhan Fish (S. 234)
- Virgin Courtyard (S. 224)
- Gopal's (S. 224)

Schön übernachten

- Baradari Palace (S. 237)
- Ramada Amritsar (S. 234)
- Mrs Bhandari's Guesthouse (S. 233)
- Vivanta By Taj (S. 242)
- Hotel Icon (S. 223)

Auf nach Haryana & in den Punjab!

Die benachbarten Staaten Punjab und Haryana wurden 1947 nach der Teilung aus dem indischen Teil der Provinz Punjab gegründet. Seitdem hat sich der Punjab als Heimat von Indiens unglaublich gastfreundlichen Sikhs profiliert, während aus Haryana eine dynamische Geschäfts- und Industrieregion geworden ist. Beide Staaten haben dieselbe Hauptstadt: Chandigarh, das geografisch gesehen zwischen den zwei Staaten liegt.

Viele glänzende Gurdwaras (Sikh-Tempel) wie der sehenswerte Goldene Tempel in Amritsar machen den Punjab zu einem wichtigen Touristenziel. Haryana ist dagegen eher ein Geheimtipp. Im Hinterland beider Regionen zeugen faszinierende, kaum besuchte historische Orte von sich bekriegenden Imperien und vergnügungssüchtigen Maharadschas. Hier finden sich auch einige der schönsten, verlassenen Forts Indiens, versteckt inmitten von staubigen Basaren.

Reisezeit

Chandigarh

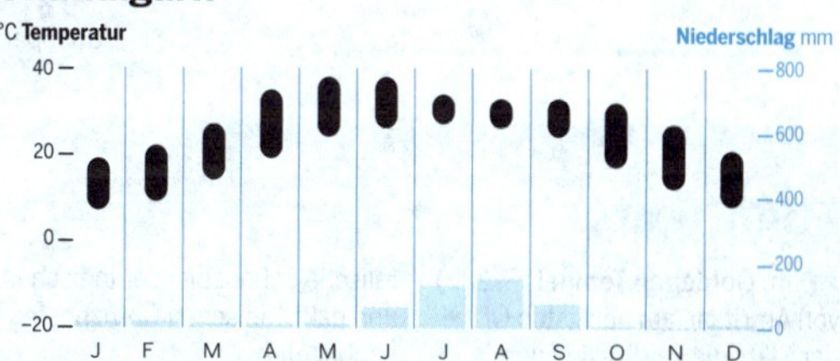

März Drei Tage lang feiern die Sikhs das Holla Mohalla in Anandpur Sahib.

April Mit dem Fest Baisakhi feiern die Sikhs im Punjab ihr Neujahr und die Gründung der Khalsa.

Oktober Diwali wird mit Lichtern und Feuerwerk und besonders magisch am Goldenen Tempel gefeiert.

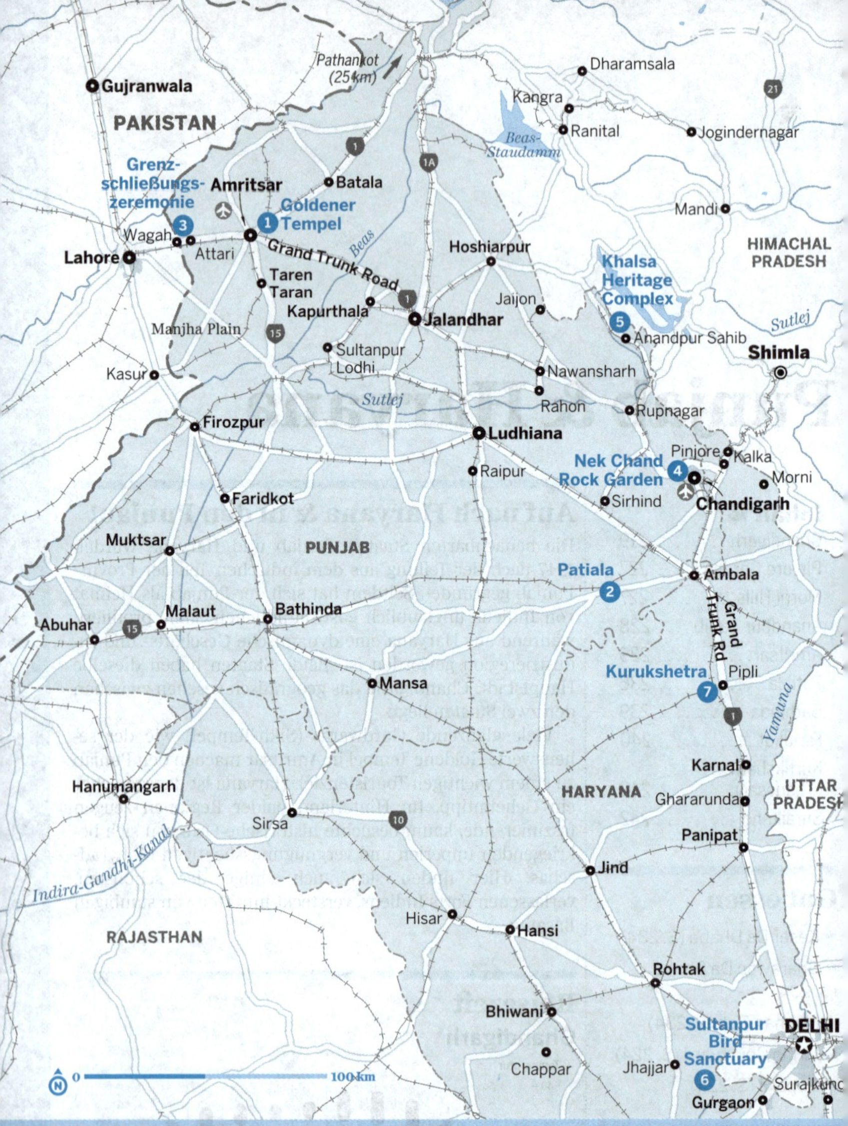

Highlights

1 Im **Goldenen Tempel** (S. 229) von Amritsar, am heiligsten Ort der Sikh, die spirituelle Energie des Glaubens spüren

2 Das unglaublich charmante Fort **Qila Mubarak** (S. 237) aus dem 18. Jh. in Patiala erkunden

3 Bei der **Grenzschließungszeremonie** (S. 238) am Attari-Wagah-Grenzübergang das theatralische Schauspiel der indischen und pakistanischen Grenzposten beobachten

4 In Chandigarhs einmaligem **Nek Chand Rock Garden** (S. 219) in eine faszinierende Art alternativer Realität eintauchen

5 Im lotusblütenförmigen Museum **Khalsa Heritage Complex** (S. 228) die Geschichte der Sikh kennenlernen

6 Im **Sultanpur Bird Sanctuary** (S. 241) Zugvögel beobachten, die in diesem Naturschutzgebiet ihr Quartier aufschlagen

7 Im **Brahmasarovar** (S. 241) in Kurukshetra Indiens epische und mythologische Geschichte verfolgen

CHANDIGARH

☎0172 / 1055000 EW.

In Chandigarh präsentiert sich Indien den Reisenden größtenteils so, wie es selbst wahrgenommen werden will: wohlhabend, komfortabel und kosmopolitisch. Die gemeinsame Hauptstadt von Haryana und dem Punjab ist offiziell ein Unionsterritorium unter Verwaltung der Zentralregierung. Chandigarh ist die erste auf dem Reißbrett geplante Stadt des unabhängigen Indiens.

Als der Schweizer Architekt Le Corbusier 1950 mit der Planung der Stadt beauftragt wurde, konzipierte er eine bürgerorientierte Metropole mit breiten Boulevards, Seen, Gärten und prächtigen öffentlichen Gebäuden, erbaut aus Stahlbeton, seinem Lieblingsmaterial. So erblickte Chandigarh das Licht der Welt. Auch heute sind seine Parks, Monumente und öffentlichen Plätze immer noch da, wenn auch etwas in die Jahre gekommen.

Jeder Sektor der Stadt ist in sich abgeschlossen und fußgängerfreundlich. Die meisten Besucher konzentrieren ihr Interesse auf den Sektor 17 (wegen der Geschäfte und Restaurants) und den Sektor 22 (wegen der Hotels).

Sehenswertes

★Nek Chand Rock Garden GARTEN
(www.nekchand.com; Sector 1; Erw./Kind 20/10 ₹; ⏲Okt.–März 9–18 Uhr, April–Sept. bis 19.30 Uhr) Der Nek Chand Rock Garden ist einzigartig: Er ist die surreale Fantasie eines örtlichen Verkehrsbeamten, der ab 1957 fast 20 Jahre damit verbrachte, aus Steinen, Schutt und anderem Gerümpel aus den rund 50 Dörfern, die für den Bau der Stadt Chandigarh plattgemacht wurden, mehr als 2000 Skulpturen zu kreieren. Beim Betreten des 10 ha großen Skulpturengartens fühlt man sich, als würde man durch ein Kaninchenloch in eine labyrinthartige Fantasiewelt purzeln.

★Hauptstadtkomplex SEHENSWERTE GEBÄUDE
(⏲Mo–Fr 10–17 Uhr) GRATIS Den Mittelpunkt der Planstadt bildet der imposante Betonkomplex bestehend aus dem **Obersten Gerichtshof**, dem **Sekretariat** und dem **Vidhan Sabha** (der Gesetzgebenden Versammlung) für den Punjab und Haryana. Alle Gebäude sind klassische Beispiele für den Proto-Brutalismus-Architekturstil der 1950er-Jahre mit klaren geometrischen Linien und mächtigen Gussbetonelementen. Für den Besuch muss man sich zunächst mit seinem Pass im **High Court Tourist Office** (High Court Complex; ⏲Mo–Sa 10–18 Uhr) registrieren. Dann kann man an einer Gratis-Führung teilnehmen, die etwa eineinhalb Stunden dauert.

Sukhna-See SEE
(Sektor 1; ⏲8–22 Uhr) Der künstlich angelegte See erfüllt den Freizeitaspekt von Le Corbusiers Masterplan und ist bei heimischen Familien ein beliebtes Freizeitziel. Es gibt hier einen Ziergarten, Picknickplätze und Tretboote (S. 223) zum Ausleihen. Elektrowa-

TOP-FESTIVALS

Kila Raipur Sports Festival (Landolympiade; www.ruralolympic.net; ⏲Feb.) Drei Tage ist das in der Nähe von Ludhiana gelegene Kila Raipur von traditionellen Spielen und Wettbewerben wie Ochsenkarrenrennen, Kabaddi, Kraftsport und Volkstänzen geprägt.

Surajkund Crafts Mela (⏲1.–15. Feb.) Auf diesem beliebten Volksfest in Surajkund versammeln sich Volkskünstler, Kunsthandwerker, Musiker und Tänzer aus ganz Nordindien (S. 242).

Holla Mohalla (⏲März) In Anandpur Sahib feiern die Sikhs mit Kampfsportvorführungen und nachgestellten Schlachten die Gründung der Khalsa (Sikh-Bruderschaft).

Baisakhi (⏲13.–14. April) Im ganzen Bundesstaat strömen die Sikhs in die Gurdwaras, um mit farbenfrohen Zeremonien, Musik, Tanz und Essen das Neujahr des Punjab zu begehen.

Pinjore Heritage Festival (⏲Ende Dez.) Das zweitägige Kulturfest mit Musik, Tanz, Kunsthandwerk und Imbissständen findet in den Pinjore Gardens nahe Chandigarh statt.

Harballabh Sangeet Sammelan (www.harballabh.org; ⏲Ende Dez.) Das 140 Jahre alte Musikfest in Jalandhar präsentiert drei Tage lang klassische indische Musik.

Gita Jayanti (⏲Nov./Dez.) Zum Jubiläum der Bhagavad Gita, wie sie im Mahabharata niedergeschrieben sind, gibt's in Kurukshetra eine Woche lang Kulturveranstaltungen.

Chandigarh

gen (10 ₹/Pers.) befördern die Leute von hier zum Nek Chand Rock Garden.

Le Corbusier Centre MUSEUM

(Madhya Marg, Sektor 19-B; ⏲ Di–Sa 10–17 Uhr) GRATIS Top für Fans von Architektur und Design aus dem 20. Jh.: Dieses tolle Museum stellt Dokumente, Skizzen und Fotos von Le Corbusier aus. Zudem erklären Briefe den politischen Hintergrund des Projekts. In einem empfiehlt Jawaharlal Nehru dem Obersten Minister des Punjab Corbusier für das Projekt. Ebenfalls interessant sind ein paar Skizzen, Zeichnungen und ein Model

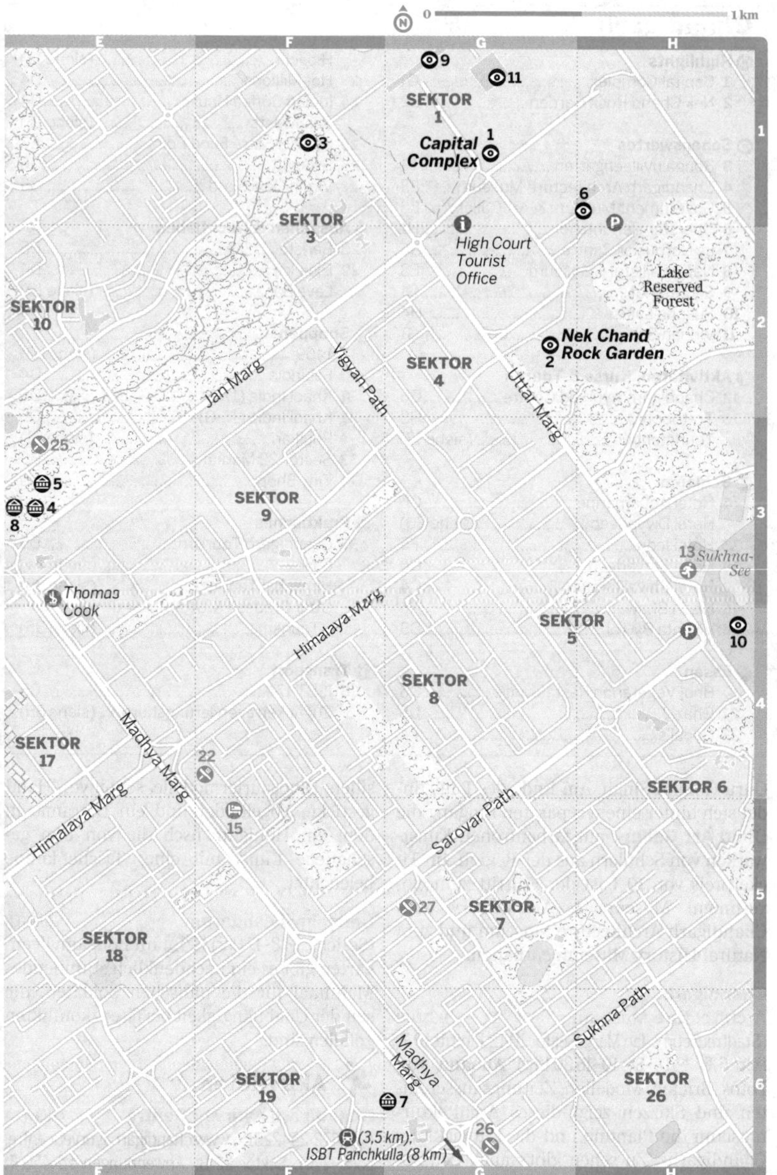

eines vorgeschlagenen Regierungssitzes, der aber letzten Endes von Nehru abgelehnt wurde, weil er ihn zu extravagant fand.

Government Museum & Art Gallery GALERIE (Jan Marg, Sektor 10-C; Eintritt 10 ₹, Foto 5 ₹; ⏲ Di–So 10–16.30 Uhr) Das beeindruckende staatliche Museum hat eine faszinierende Sammlung von Kunstgegenständen und Schätzen, u. a. psychedelische Himalaja-Gemälde des russischen Künstlers Nicholas Roerich, elegante Schnitzereien der buddhistischen Ghandara-Kultur, *phulkari* (Stickereien) und Sobha Singhs oft kopiertes Porträt von

Chandigarh

Highlights
1 Capital Complex G1
2 Nek Chand Rock Garden G2

Sehenswertes
3 Bougainvilleengarten F1
4 Chandigarh Architecture Museum E3
5 Government Museum & Art Gallery E3
6 Oberster Gerichtshof H1
7 Le Corbusier Centre G6
8 Natural History Museum E3
9 Secretariat G1
10 Sukhna Lake H4
11 Vidhan Sabha G1

Aktivitäten, Kurse & Touren
12 Chandigarh Ayurved Centre C6
13 Tretboote H3
Touristenbus .... (siehe 17)

Schlafen
14 Hotel Aquamarine C6
Hotel Divyadeep .... (siehe 20)
15 Hotel Icon F5
16 Hotel Satyadeep C6
17 Hotel Shivalikview C4
18 Kisan Bhawan A6
19 Vivanta By Taj D3

Essen
20 Bhoj Vegetarian Restaurant C6
21 Ghazal D5
22 Gopal's F4
Hibachi .... (siehe 15)
23 Hot Millions D4
24 Indian Coffee House D4
Sai Sweets .... (siehe 16)
25 Stop 'N Stare Food Point E3
26 Swagath G6
27 Virgin Courtyard G5

Ausgehen & Nachtleben
28 Barista D5
29 Blue Ice D4
Lava Bar .... (siehe 19)

Shoppen
1469 .... (siehe 23)
30 Fabindia D4
31 Khadi India (17-E) D5
32 Khadi India (17-G) D5
Phulkari .... (siehe 31)
33 Sector 22 Market B6
34 Tiny Shop D5

Praktisches
35 Chandigarh Tourism D5
E-Net .... (siehe 24)
Himachal Tourism .... (siehe 35)
Uttar Pradesh & Uttarakhand Tourism .... (siehe 35)

Transport
36 ISBT 17 .... C5
Zugticketreservierungsbüro .... (siehe 35)

Guru Gobind Singh. Am Ende des Baus findet sich hinter einem separaten Eingang die **Child Art Gallery** mit farbenfrohen Kunstwerken von Schülern aus der Region. Im Ticketpreis von 10 ₹ ist der Eintritt zum Government Museum & Art Gallery, zum Chandigarh Architecture Museum und zum Natural History Museum enthalten.

Chandigarh Architecture Museum MUSEUM
(Stadtmuseum; Jan Marg, Sektor 10-C; Eintritt 10 ₹, Foto 5 ₹; Di–So 10–16.30 Uhr) Anhand von Fotos, Briefen, Modellen, Zeitungsausschnitten und Skizzen zeigt dieses Architekturmuseum die Planung und die Entwicklung Chandigarhs. Zu sehen gibt's auch den abgelehnten Erstentwurf von Albert Mayer und Matthew Nowicki. Es ist eines der Hauptgebäude von Chandigarhs Museumskomplex.

Natural History Museum MUSEUM
(Jan Marg, Sektor 10-C; Eintritt 10 ₹, Foto 5 ₹; Di–So 10–16.30 Uhr) Dieses Museum ist ein Muss für jeden, der mit Kindern reist. Es zeigt Fossilien, Dinosauriermodelle, schön von Hand gestickte Vogelbilder und ein Diorama, in dem ein Höhlenmensch die von ihm geschaffene Kunst mit einer Taschenlampe beleuchtet.

Bougainvilleengarten GÄRTEN
(Sektor 3; 8–17 Uhr) GRATIS Im Bougainvilleengarten gibt es ein nachdenklich stimmendes Mahnmal für die indischen Soldaten, die seit der Unabhängigkeit bei Grenzkonflikten gefallen sind.

Aktivitäten

Chandigarh Ayurved Centre AYURVEDA
(0172-2542231; www.chandigarhayurvedcentre.com; 1701, Sektor 22-B; Anwendungen ab 450 ₹; 8.30–13.30 & 16–20 Uhr) Das kleine, einladende Zentrum für Ayurveda-Anwendungen bietet auch diverse Entspannungstherapien für Tagesgäste. Eine 40-minütige Ganzkörpermassage kostet 900 ₹. Die 20-minütige *takradhara*, bei der einem unablässig Buttermilch über die Stirn gegossen wird, kostet 500 ₹.

Tretboote BOOTSFAHRTEN
(Sukhna-See; 2-/4-Sitzer 100/200 ₹ pro 30 Min.; ⌚8.30–17.30 Uhr) In den bunten Booten kann man tagsüber sorglos über den ruhigen Sukhna-See (S. 219) schippern. Der Ticketschalter liegt auf dem Weg zum Kai, gegenüber einem kleinen Hof, in dem ein paar Snack- und Saftbuden stehen.

Geführte Touren

Touristenbus BUS
(☎0172-2703839; 1 Halt 10 ₹, Halbtagestour 50 ₹; ⌚10 & 14.30 Uhr) Chandigarh Tourism betreibt einen Doppeldeckertouristenbus mit offenem Deck. Abfahrt ist vor dem Hotel Shivalikview; die Fahrkarte bekommt man an Bord. Es gibt täglich zwei halbtägige Stadtrundfahrten, bei denen man den Rosengarten, das Government Museum & Art Gallery, den Nek Chand Rock Garden und den Sukhna-See besucht.

Schlafen

Die Hotels in Chandigarh sind teurer als anderswo im Punjab und in Haryana. Es gibt nur sehr wenige Budgetunterkünfte, die ausländische Touristen aufnehmen.

Kisan Bhawan HERBERGE $
(☎0172-5039153; Dakshin Marg, Sektor 35-A; B/DZ 80/1200 ₹; ❄) Das große, kaum übersehbare Kisan Bhawan ist eine solide Unterkunft, wenn man hineinkommt. Es ist eigentlich eine subventionierte Herberge für Arbeiter in der Landwirtschaft, die zu Besuch in Chandigarh sind, nimmt aber auch andere Gäste auf. Die einfachen, aber gepflegten Zimmer haben Klimaanlage, und die Betten in den Schlafsälen eignen sich für Reisende mit kleinerem Budget.

Hotel Satyadeep HOTEL $
(☎0172-2703103; hddeepsdeep@yahoo.com; SCO 1102-3, Sektor 22-B; DZ ab 1750 ₹; ❄@) Zuvorkommende Sai-Baba-Anhänger leiten das Satyadeep, dessen holzvertäfelte Korridore zu einfachen, gepflegten, hellen und luftigen Zimmern mit Gemeinschaftsbalkon führen. Es liegt über dem Sai Sweets, in dem das Verlangen nach abendlichen Süßspeisen gestillt werden kann.

Hotel Shivalikview HOTEL $$
(☎0172-4672222; www.citcochandigarh.com/shivalikview; Sektor 17-E; DZ mit Frühstück & Abendessen 4550 ₹; ❄@📶🏊) Das von der staatlichen Tourismusbehörde betriebene mächtige Gebäude ist innen viel angenehmer, als es von außen scheint. Die Zimmer sind nicht spektakulär, aber groß, sauber und komfortabel. Das Hotel hat nette Angestellte, einen Außenpool, einen Fitnessraum, ein indisches und auf dem Dach ein chinesisches Restaurant. Es liegt zu Fuß fünf Minuten vom Einkaufsviertel des Sektor 17 entfernt.

★ **Hotel Icon** BOUTIQUEHOTEL $$$
(☎9501113920; www.iconhotels.asia; SCO 58-61, Madhya Marg, Sektor 8-C; DZ mit Frühstück ab 5200 ₹; ❄@📶) Das Icon ist zweifellos eines der besten Boutiquehotels von Chandigarh und ist jeden Cent wert. Die eleganten Zimmer sind mit Holzböden und Satinmöbeln ausgestattet, es gibt eine Bäckerei mit gutem Kaffee, und das dazugehörige Restaurant ist

JUNK-ART-GENIE

So überraschend es klingen mag, aber Chandigarhs beliebteste Touristenattraktion, der Nek Chand Rock Garden (S. 219), sollte ursprünglich nie für die Öffentlichkeit zugänglich gemacht werden. Als der Straßenbauer Nek Chand Saini, ein Flüchtling von der pakistanischen Seite des Punjab, anfing, seinen surrealen Steingarten aus wiederverwertetem Material, das beim Bau von Le Corbusiers Musterstadt übriggeblieben war, zu errichten, war es nur ein Hobby. Schon bald wurde es aber zu seiner Obsession, heimlich und meist nachts auf einem Stück Brachland zu arbeiten. Chand ließ Legionen von getöpferten Mosaiktieren und Armeen von tanzenden Figürchen mit Armbändern los. Steincanyons sind aus dem Nichts entstanden, und rauschende Wasserfälle sprudelten aus dem Dschungel. 15 Jahre nachdem er mit seiner Arbeit begonnen hatte, wurden Chands Bemühungen von der Regierung entdeckt und wären fast zerstört werden. Aber glücklicherweise erkannte der Stadtrat den kulturellen Wert des Steingartens, und Chand bekam Geld von der Regierung und eine eigene Arbeitercrew, um sein Projekt zu vollenden. Heute erstreckt sich der Nek Chand Rock Garden über mehr als 10 ha und beinhaltet fast 5000 Figuren von Menschen, Tieren und Fabelwesen. Mehr zur Geschichte von Nek Chand, der 2015 gestorben ist, gibt es auf www.nekchand.com.

PREISKATEGORIEN: SCHLAFEN

Die Preiskategorien beziehen sich auf ein Doppelzimmer mit Bad und verstehen sich inklusive Mehrwertsteuer:

$ bis 2000 ₹

$$ 2000–4000 ₹

$$$ über 4000 ₹

eines der besten in der Stadt. Im Einkaufskomplex gibt es auch ein paar Spas, für die man an der Rezeption Anwendungen buchen kann.

Hotel Divyadeep HOTEL **$$**
(☎ 0172-2705191; hddeepsdeep@yahoo.com; SCO 1090-1, Sektor 22-B; DZ 3100 ₹; ❄) Das Divyadeep wird von einer Gruppe von Sai-Baba-Anhängern betrieben und hat elegante, aber nüchterne Zimmer und freundliches Personal. Es liegt über dem Bhoj Vegetarian Restaurant.

Vivanta By Taj HOTEL **$$$**
(Taj Chandigarh; ☎ 0172-6613000; www.vivanta.tajhotels.com; Sektor 17-A; DZ ab 10 600 ₹; ❄@📶🏊) Dieses Hotel ist nicht so groß wie einige andere der Taj-Kette, bietet aber trotzdem luxuriösen, einwandfreien Service und Zimmer mit hohen Fenstern, Minibar, Flachbild-TV, elektronischem Safe und allen anderen Annehmlichkeiten, die man bei dem Preis erwarten kann. Es gibt mehrere Restaurants, einen schönen Pool, die schicke Lava Bar (S. 225), ein Spa und ein 24-Stunden-Geschäftszentrum.

Hotel Aquamarine BOUTIQUEHOTEL **$$$**
(☎ 0172-5014000; www.hotelaquamarine.com; Himalaya Marg, Sektor 22-C; DZ mit Frühstück ab 5200 ₹; ❄@📶) Ein richtiges Boutiquehotel, durch eine grüne Terrasse von der Straße abgeschirmt und voller sinnlicher Stoffe und eingerahmter Bilder in den Zimmern. Es gibt hier auch ein gutes Restaurant und ein Café, aber keinen Pool und keinen Fitnessraum.

Essen

Chandigarh hat für Feinschmecker jede Menge zu bieten. Jahr für Jahr werden es neben den zahlreichen Fast-Food-Läden auch immer mehr feine Restaurants, die den Gaumen verwöhnen.

★ **Gopal's** NORDINDISCH **$**
(SCO 20-21, Sektor 8-C; Snacks 80–100 ₹; ⏲ 8–23 Uhr; ❄🖉) In jeder indischen Stadt oder Ortschaft sollte es ein Restaurant wie das Gopal's geben – mit Klimaanlage, sauber, elegant, aber trotzdem preiswert. Den ganzen Tag über werden den hungrigen Gästen unglaublich köstliche Gerichte wie Dosas, *puris* und *Chhole bhature* (frittiertes Fladenbrot mit würzigem Kichererbsen-Curry) serviert. Im Erdgeschoss gibt es einen Süßwarenladen, in dem man leckere indische Nachtische zum Mitnehmen kaufen kann.

Sai Sweets SÜSSWAREN **$**
(SCO 1102-3, Sektor 22-B; Snacks 60–80 ₹; ⏲ 7.30–20.30 Uhr; 🖉) Der saubere und gesunde Süßwarenladen unter dem Hotel Satyadeep serviert leckere *mithai* (indische Süßwaren) pro Kilo. Es gibt auch herzhaftere Snacks wie *tikki chaat* (Kartoffelkroketten), *panipuri* (kross frittiertes, rundes, hohles *puri* gefüllt mit einer Mischung aus Chutney, Chili, Kartoffeln, Zwiebeln und Kichererbsen) und *pav bhaji* (auf Tomaten basierendes Gericht mit Brötchen).

Stop 'N Stare Food Point CAFÉ **$**
(Sektor 10, hinter dem Government Museum & Art Gallery; Snacks 40–60 ₹; ⏲ 10–18 Uhr; 🖉) Nach einer Tour durch die Museen von Chandigarh eignet sich dieses einfache Café mit schattigen Plätzen im Garten hervorragend für einen Zwischenstopp. Hier gibt es Lassi, Tee und Instantkaffee sowie indische Snacks wie Bratlinge, *paratha* (indisches Blätterteigbrot) und *kulcha* (Sauerteigbrot, das mit Kichererbsen-Masala gegessen wird).

★ **Virgin Courtyard** ITALIENISCH **$$**
(☎ 0172-5070045; SCO 1A, Sektor 7; Hauptgerichte 250–400 ₹; ⏲ 11.30–23.30 Uhr; ❄📶) Dieses fantastische Restaurant in einer elfenbeinfarbenen Villa mit schattigem Garten ist das italienischste Lokal, das man in Chandigarh findet wird – wenn auch mit indischen Einflüssen. Besonders gut sind die Arancini, serviert mit einer Tomatensauce und Rettich-Streuseln, oder die delikate Pannacotta mit Baiser als Beilage. Es gibt auch kühles Bier (300 ₹).

★ **Hibachi** MULTICUISINE **$$**
(SCO 58-61, Madhya Marg, Sektor 8-C; Hauptgerichte 250–400 ₹; ⏲ 11.30 – 23.30 Uhr; ❄📶) Im Erdgeschoss des Hotels Icon befindet sich das Hibachi, in dem japanische und südostasiatische Gerichte serviert werden. Hier bekommt man auch einfallsreiches Sushi, burmesisches *khao suey*, *pad thai*, chinesisches *kung pao*-Hühnchen mit Erdnüssen und sogar *laksa*-Masala. An der gut ausge-

statteten Bar werden kühles Bier (250 ₹) und schottische Malts serviert.

Indian Coffee House SÜDINDISCH $

(SCO 12, Sektor 17; Hauptgerichte 40–60 ₹; ⌚9–22 Uhr; 🖉) Dieses 40 Jahre alte Café ist immer voller Einheimischer. Zum Frühstück gibt's hier Eier, Toast und köstlichen, preiswerten Filterkaffee (30 ₹) und zum Mittagessen südindische Klassiker wie *idli* (lockere, fermentierte Reisküchlein), *vada* (Donut-förmige, frittierte Linsenhäppchen) und *dosa* (große, herzhafte Crêpes). Es gibt hier auch gutes, indisches Kaffeepulver zu kaufen (700 ₹/kg).

Bhoj Vegetarian Restaurant INDISCH $

(SCO 1090-1, Sektor 22-B; Thali 140–170 ₹; ⌚7.30–22.30 Uhr; ❄🖉) Das gemütliche Lokal grenzt direkt ans Hotel Divyadeep und wird von Sai-Baba-Anhängern betrieben. Hier erhält man hausgemachtes Thali mit raffiniert gewürzten Currys, die im Laufe des Tages wechseln. Thalis gibt's in großen und kleinen Portionen. Eine große Auswahl von indischen Desserts wird ebenfalls angeboten.

Hot Millions MULTICUISINE $$

(SCO 73-4, Sektor 17-D; Snacks 100–150 ₹, Hauptgerichte 200–300 ₹; ⌚11.30–23 Uhr; ❄) Dieses beliebte Lokal liegt im Shopping-Bezirk von Chandigarh und serviert im Erdgeschoss Fast Food, und oben kann man sich zum Essen gemütlich hinsetzen (durch eine Tür an der Seite des Gebäudes zugänglich). Die Pizzas im indischen Stil scheinen viele Anhänger zu haben. Es gibt in der ganzen Stadt Filialen dieser Restaurantkette.

★Ghazal MUGHLAI $$$

(☎0172-2704448; SCO 189-91, Sektor 17-C; Hauptgerichte 350–550 ₹; ⌚11.30–23.30 Uhr; ❄) Das Restaurant gibt's schon ziemlich lange in Chandigarh. Es hat eine würdevolle Atmosphäre und läuft immer noch gut. Auf der tollen Speisekarte stehen Klassiker aus der Mughlai-Küche, z. B. Hühnchen- und Hammelfleisch sowie europäische und chinesische Gerichte. Das vegetarische *jalfrezi* (275 ₹) ist eine feurige Sensation. Im hinteren Teil des Restaurants wacht ein Barkeeper im Anzug über eine Reihe importierter Single Malts und Biere (300 ₹).

Swagath INDISCH $$$

(☎0172-5002626; SCO 128, Madhya Marg, Sektor 26; Hauptgerichte 250–550 ₹; ⌚11–24 Uhr; ❄) Das südindische Lokal ist eines von vielen schicken Restaurants entlang des Madhya Marg im Sektor 26 und hat sich auf Seafood aus Mangalore und Chettinad spezialisiert – hier gibt's alles von Garnelen, Tintenfisch und Krabben über Seebrassen-Tandoori bis hin zu Fisch-*gassi* (Kokos-Curry). Auf der Karte steht aber auch eine beachtliche Auswahl an nordindischen Gerichten, wie ein paar Mughlai- und Punjab-Köstlichkeiten aus dem Tandur.

Ausgehen & Nachtleben

Die vielen Wein- und Alkoholläden von Chandigarh verwandeln sich jeden Abend in Bars mit Straßenverkauf, aber es gibt auch jede Menge richtige, gehobenere Lokale. Frauen werden wesentlich seltener belästigt, wenn sie in männlicher Begleitung unterwegs sind.

Lava Bar BAR

(Vivanta By Taj, Sektor 17-A; Bier/Cocktail 450/600 ₹; ⌚12 – 23.30 Uhr) Die kleine Bar befindet sich zwar in dem eleganten Taj Hotel, hat aber trotzdem eine entspannte Atmosphäre und an den meisten Nächten sorgen Livebands oder DJs für Unterhaltung. Abgesehen von den stolzen Preisen ist es ein netter Ort für einen Drink, besonders für Alleinreisende und Frauen.

Blue Ice BAR

(SCO 7, Sektor 17-E; Bier/Cocktail 400/500 ₹; ⌚12–24 Uhr) Schicke Restaurantbar mit mehreren Stockwerken und überwiegend gut gekleideten Gästen. Auf der Karte stehen ordentliche Snacks, und am Wochenende gibt es Livemusik zu den Drinks dazu.

Barista CAFE

(1. Stock, SCO 63-4, Sektor 17; Kaffee 90 ₹, Snacks 90–200 ₹; ⌚9–22 Uhr) Diese Filiale einer Kaffeehauskette ist eine willkommene Möglichkeit, um sich vom Kaufrausch in Sektor 17 zu erholen. Neben gutem, starken Lavazza-Kaffee gibt's auch ein paar Sandwiches, Flips und Muffins.

Shoppen

Die große Fußgängermeile im Zentrum von Sektor 17 ist ein wahrer Konsumtempel. Sie bietet schon fast einen Grund, noch einen Tag länger in Chandigarh zu verweilen.

★1469 BEKLEIDUNG & SOUVENIRS

(www.1469workshop.com; SCO 81, Sektor 17-D; ⌚11–20 Uhr) Der witzige, unabhängige Bekleidungsladen ist nach dem Geburtsdatum von Guru Nanak (dem Begründer des

Sikh-Glaubens) benannt und verkauft bunte Tücher, Schals und traditionelle Punjab-Bekleidung sowie modern T-Shirts mit Punjab-Touch. Es gibt auch Schmuck, darunter solche *kara*-Stahlarmbänder, wie die Sikhs sie tragen.

Fabindia BEKLEIDUNG
(www.fabindia.com; SCO 50-1, Sektor 17-A; ⌚11–20 Uhr) In der Filiale dieser indischen Ladenkette werden tolle Klamotten im indisch-westlichen Design und mit gemischten Motiven verkauft. Es gibt auch eine tolle Auswahl an Haushaltswaren wie Tischuntersetzer, Kissenbezüge, Bettdecken und Teppiche, die gute Geschenke und Mitbringsel abgeben.

Khadi India (17-E) BEKLEIDUNG
(SCO 28, Sektor 17-E; ⌚Mo–Sa 10–19 Uhr) Dieser nichtstaatliche Betrieb verkauft preiswerte, selbsthergestellte Textilien und pflanzliche Kosmetikprodukte von höchster Qualität. Der Erlös geht direkt an Produzenten kleiner Gemeinden auf dem Land. Es gibt noch eine **Filiale** (SCO 192-193, Sektor 17-G; ⌚Mo–Sa 10–19 Uhr), ein paar Gehminuten östlich.

Phulkari KUNSTHANDWERK
(SCO 27, Sektor 17-E; ⌚Mo–Sa 11–20 Uhr) Dieses staatlich geführte Kaufhaus bietet alles Mögliche – vom Holztisch mit Intarsien über farbenfroh bestickte *phulkari*-Stoffe bis hin zu *dupattas* (Damenschals) und *jootis* (traditionell gestickte Slipper).

Sector 22 Market MARKT
(abseits der Sektor 22 Market Rd; ⌚10–22 Uhr) Auf dem quirligen, weitläufigen Straßenmarkt werden jede Menge Haushaltswaren und Kleidung verkauft. An jeder Ecke stehen Imbissbuden mit einheimischen Köstlichkeiten.

Tiny Shop KUNSTHANDWERK
(Untergeschoss SCO 186-188, Sektor 17-C; ⌚Mo–Sa 11–20 Uhr) Der Kellerladen, der 1980 eröffnet wurde, ist so nett, wie der Name vermuten lässt. Er versteckt sich unter einer Laden- und Restaurantzeile im belebten Marktviertel des Sektor 17 und verkauft Künstler-Schnickschnack und Haushaltswaren, die sich gut als ungewöhnliche Souvenirs machen.

ℹ Praktische Informationen

GELD

In den meisten Sektoren gibt es Geldautomaten, sehr viele in Sektor 17, wo auch einige einheimische Bankfilialen zu finden sind.

Thomas Cook (☎0173-6610901; SCO 17, Sektor 9-D; ⌚Mo–Fr 10–19, Sa bis 16 Uhr) wechselt Bargeld.

INTERNETZUGANG

Auf jedem Markt der zentral gelegenen Sektoren gibt es mindestens ein Internetcafé mit zuverlässiger und schneller Verbindung. Eine Stunde kostet um die 30 ₹, und die Cafés haben normalerweise zwischen 10 und 19 Uhr geöffnet; außer sonntags.

E-Net (2. OG, SCO-12, Sektor 17; 30 ₹/Std.; ⌚10.30–20 Uhr) Die Stufen neben dem Indian Coffee House hinauf liegt dieses Internetcafé mit sehr schneller Verbindung. Für den Internetzugang ist ein Lichtbildausweis nötig.

MEDIZINISCHE VERSORGUNG

Silver Oaks Hospital (☎0172-5097112; www.silveroakshospital.com; Phase 9, Sektor 63, Mohali) Das moderne, erstklassige Krankenhaus liegt 7 km südwestlich vom Zentrum von Chandigarh und ist gut auf die Versorgung von Ausländern eingestellt.

POST

Die **Hauptpost** von Chandigarh (Sektor 17; ⌚Mo–Sa 10–16 Uhr) bietet internationale Paket- und Expressdienste an.

TOURISTENINFORMATION

In den meisten Buchläden und Kiosken gibt es die überdurchschnittlich gute *Chandigarh Tourist & Road Map* (50 ₹) von Vardhman.

Chandigarh Tourism (☎0172-2703839; 1. OG, ISBT 17; ⌚Mo–Sa 9–17 Uhr)

Himachal Tourism (☎0172-2708569; 1. OG, ISBT 17; ⌚Mo–Sa 10–17 Uhr, jeden 2. Sa im Monat geschl.)

Uttar Pradesh & Uttarakhand Tourism (☎0172-2713988; 2. OG, ISBT 17; ⌚Mo–Sa 10–17 Uhr, jeden 2. Sa im Monat geschl.)

ℹ An- & Weiterreise

BUS

Chandigarh hat zwei große Fernbusbahnhöfe (ISBT) – einer befindet sich in Sektor 17 und einer in Sektor 43. Zahlreiche rote Busse mit Klimaanlage verkehren zwischen beiden Busbahnhöfen (20 ₹).

Der Busbahnhof Panchkulla ist weiter vom Zentrum entfernt und hat Verbindungen nach Morni. Die Ortsbusse 2F und 30B verbinden den Busbahnhof ISBT 17 und den Busbahnhof Panchkulla (30 ₹).

FLUGZEUG

Der Flughafen von Chandigarh liegt rund 9 km südöstlich vom Zentrum. Der klimatisierte Bus 201 (30 ₹) fährt von 7.30 bis 18 Uhr von beiden Busbahnhöfen zum Flughafen. Man kann auch eine Autorikscha (etwa 200 ₹) oder ein Taxi (etwa 500 ₹) nehmen.

Air India (☎1800-1801407; www.airindia.in), **GoAir** (☎9223222111; www.goair.in), **IndiGo** (☎9910383838; www.goindigo.in), **Jet Airways** (☎1800-225522; www.jetairways.com) und **SpiceJet** (☎9654003333; www.spicejet.com) bieten täglich Flüge nach Delhi, Mumbai, Bengaluru und Srinagar an.

Air India und IndiGo fliegen zweimal täglich nach Dubai.

ZUG

Der Bahnhof liegt etwa 7 km südöstlich vom Stadtzentrum. Es existiert aber ein praktisches **Zugticketreservierungsbüro** (⏲Mo–Sa 8–20, So bis 14 Uhr) im 1. Stock des Busbahnhofs ISBT 17. Es gibt keine Prepaid-Gebühr für Autorikschas für die Fahrt vom Zentrum zum Bahnhof; man muss aber mit ungefähr 100 ₹ rechnen.

Mehrere Schnellzüge fahren täglich nach Neu-Delhi. Die schnellste und beste Verbindung ist der zweimal täglich verkehrende *Kalka Shatabdi* (AC Chair Class/1AC 605/1205 ₹, 3½ Std.) mit Abfahrt um 6.53 und 18.23 Uhr. Wer billiger nach Delhi will, kreuzt einfach am Bahnhof auf, kauft ein „normales" Ticket (110 ₹) ohne Reservierung und steigt dann in den nächstbesten Zug in einen Waggon der 2. Klasse.

Mehr als ein halbes Dutzend Züge fährt täglich nach Kalka (2 Klasse 45 ₹, 35 Min.), wo man Anschluss an die Schmalspurbahn über die Hügel nach Shimla hat.

Zwei Züge fahren täglich nach Amritsar (2 Klasse/AC Chair Class 120/435 ₹, 4½ Std.) um 7 und 17.10 Uhr.

ℹ Unterwegs vor Ort

Für eine kurze Fahrt mit einer Autorikscha bezahlt man etwa 50 ₹. Man kann auch eine für einen halben Tag (bis zu 4 Std.; rund 500 ₹) anmieten und beispielsweise zum Nek Chand Rock Garden und zum Sukhna-See fahren. Mieträder (200 ₹/8 Std., 500 ₹ Kaution) gibt's am Sukhna-See.

Zahlreiche Regionalbusse verkehren zwischen dem Busbahnhof ISBT 17 und dem Bahnhof (10 ₹), darunter der Bus 203 und 22. Es gibt einen Prepaid-Autorikschastand vor dem Busbahnhof ISBT 17, aber die Preise gelten nur für Fahrten innerhalb des Stadtzentrums, z. B. bis zum Busbahnhof ISBT 43 (60 ₹). Wer zu weiter entfernten Zielen will, z. B. zum Bahnhof (etwa 100 ₹) oder zum Flughafen (etwa 200 ₹), muss den Preis mit dem Fahrer aushandeln.

Der **RK-Taxistand** befindet sich hinter dem Busbahnhof ISBT 17. Ein Taxi zum Flughafen kostet 500 ₹, nach Morni hin und zurück 1500 ₹ und 1000/1500 ₹ für eine halb-, bzw. ganztägige Stadtrundfahrt.

RUND UM CHANDIGARH

Pinjore Gardens

Die schön restaurierten **Pinjore Gardens** (Yadavindra Gardens; ☎01733-230759; Pinjore; 20 ₹; ⏲7–22 Uhr) stammen aus der Mugal-Ära des 17 Jhs. und liegen am Rand des kleinen Örtchens Pinjore. Sie wurden auf sieben Ebenen errichtet und warten mit Wasserspielen und einer idyllischen Aussicht auf die Shivalik Hills auf.

Auf dem Gelände gibt's ein **Restaurant** (Hauptgerichte 80–180 ₹; ⏲10–19 Uhr; ❄) im Rang-Mahal-Pavillon, das auch eine Bar hat. Wer im Dezember hier ist, der wird beim Pinjore Heritage Festival (S. 219) mit regionalen Delikatessen und kulturellen Vorführungen belohnt.

Wer hier übernachten will, findet hübsche Zimmer mit Elementen im Mogul-Stil und hübschem Blick auf den Garten im **Budgerigar Motel** (☎01733-231877; pinjore@hry.nic.in; DZ ab 2350 ₹; ❄). Der Haupteingang ist gleich vor den Mauern, rechts vom Eingang zum Garten. Es gibt auch einen Zugang vom Garten aus: durch das Restaurant.

In der Nähe befindet sich das **Bhima Devi Museum** (⏲10–17 Uhr) GRATIS. Es besteht aus einer Sammlung kleiner Artefakte auf dem Gelände der verfallenen Ruinen des kunstvollen **Bhima-Devi-Tempels** aus dem 10. Jh., der abgerissen wurde, um Platz für die Gärten zu schaffen. Um hierher zu gelangen, geht man am Ausgang des Gartens nach links und dann am Wasserpark vorbei.

Vom Busbahnhof ISBT 43 in Chandigarh fahren häufig Busse nach Pinjore (30 ₹, 1 Std.). Der Garten liegt gleich am Ortseingang auf der linken Seite. Vom Busbahnhof ISBT 17 fahren seltener Busse hierher.

Morni Hills

Auf 1220 m Höhe liegt Haryanas einzige Hill Station **Morni Hills** inmitten von Wäldern voller Affen auf einem westlichen Ausläufer der Shivalik Hills. Neben einer Handvoll rustikaler Resorts findet man hier das Dorf Morni und – 7 km bergabwärts vom Dorf – die beiden hübschen **Tikkar-Taal-Seen** mit Mietbooten (ab 200 ₹).

In schöner Lage am Ufer des zweiten Sees bietet der **Tikkar Taal Tourist Complex** (☎01733-250166; Tikkar Taal; DZ 3500 ₹; ❄) saubere, komfortable Zimmer mit eigenem Bad und Blick auf den See. Es gibt auch ein Restaurant mit Terrasse und Garten zum See hin. Ansonsten gibt's hier nicht viel zu tun, aber es ist ein wundervoll friedlicher Ort, um für einen oder zwei Tage der Hektik der Stadt zu entfliehen.

Täglich fahren Busse von Chandigarhs Busbahnhof **ISBT Panchkulla** nach Morni (30 ₹, 2 Std.). Vom Dorf aus fahren drei Kleinbusse zu den Tikka Taal (20 ₹; 6.30, 7.30 und 15.30 Uhr). Sie fahren um 7.30, 8.30 und 16.15 Uhr vom Tikkar Taal Tourist Complex wieder zurück. Der 16.15 Uhr-Bus hat Anschluss an den letzten Bus zurück nach Chandigarh, der in Morni um 17 Uhr abfährt.

Es gibt auch Privatleute, die Besucher für rund 700 ₹ von Morni zu den Tikka Taal und zurück fahren (inkl. Wartezeit). Die Alternative ist eine schöne, zweistündige Wanderung 7 km bergab. Zurück geht's auf der Straße bergauf Richtung Chandigarh, und wenn die Straße eine scharfe Rechtskurve macht (nach weniger als 1 km), biegt man links ab.

PUNJAB

Nach der Teilung Indiens ging der Punjab – Heimat der indischen Sikhs – aus der ehemaligen Provinz Punjab hervor. Das weitläufige, fruchtbare Land wird von mächtigen Himalaja-Flüssen wie dem Beas, dem Ravi und dem Sutlej durchzogen und stellt den Großteil von Indiens Bedarf an Weizen und Reis. Gleichzeitig ist der Punjab das Zentrum von Indiens Textil- und Produktionsindustrie. Dank der guten Beziehungen zu Großbritannien und Kanada ist der Punjab äußerst touristenfreundlich und bietet eine hervorragende Möglichkeit, das Hinterland von Nordindien besser kennenzulernen.

Was man im Punjab auf jeden Fall probieren sollte: *kulcha* (frittiertes Brot), *chhole* (würziges Kichererbsen-Curry), auf Holzkohle gegrilltes Hammelfleisch-Tandoori, *dhal makhani* (schwarze Linsen und rote Bohnen in einer Sahne-Butter-Sauce), *tandoori chicken, rajma chawal* (Kidneybohnen-Curry mit Basmatireis), panierten Fisch à la Amritsari und das typische Butterhähnchen, das die Vorlage zum Chicken Tikka Masala bildet.

Anandpur Sahib

☎ 01887 / 16 500 EW.

Anandpur Sahib ist nach dem Goldenen Tempel in Amritsar die zweitwichtigste Pilgerstätte der Sikhs. Der neunte Sikh-Guru Tegh Bahadur gründete die Stadt 1664, ein paar Jahre, bevor er vom Mogulherrscher Aurangzeb enthauptet wurde. Zum Kampf gegen die Verfolgung der Sikh rief Bahadurs Sohn Guru Gobind Singh hier 1699 die Sikh-Bruderschaft der Khalsa ins Leben. Dies wird jedes Jahr mit dem Fest Holla Mohalla (S. 219) gefeiert.

Sehenswertes

Kesgarh Sahib SIKH-TEMPEL

Der größte und spektakulärste Gurdwara in Anandpur Sahib ist der Kesgarh Sahib, der am Rand der Altstadt steht und etwas von der Hauptfernstraße zurückgesetzt ist. Das elegante weiße Gebäude mit dem Kuppelturm markiert den Ort, an dem die Khalsa gegründet wurde, und beherbergt ein Arsenal heiliger Sikh-Waffen.

Anandpur Sahib Fort FORT

(Kesgarh; ⏲ Sonnenaufgang–Sonnenuntergang) GRATIS Hinter dem Kesgarh-Sahib-Gurdwara führt ein breiter gepflasterter Weg den Hügel hinauf zum kleinen Kesgarh-Fort. Von dort bietet sich ein herrlicher Blick auf ein Meer aus Gurdwara-Kuppeln. Kesgarh ist das bekannteste der fünf Forts von Anandpur Sahib, die alle von Guru Gobind Singh als Verteidigungswall errichtet wurden.

Khalsa Heritage Complex MUSEUM

(Virasat-e-Khalsa; www.virasat-e-khalsa.net; ⏲ Di–So 8–20 Uhr) GRATIS Der Khalsa Heritage Complex mit einer von den fünf Kriegerheiligen der Khalsa inspirierten Form wurde 2011 eröffnet und ist eines der beeindruckendsten modernen Gebäude Indiens. Der faszinierende Museumskomplex erweckt mit kunstvollen Wandbildern und Friesen die Geschichte der Sikh wieder zum Leben.

Schlafen & Essen

Hotel Holy City Paradise HOTEL $

(☎ 9815135800; Academy Rd; DZ 1780 ₹; ❄ 📶) Das kleine, aber gut geführte Hotel ist zweifellos das beste der wenigen Unterkünfte von Anandpur Sahib und hat saubere, gemütliche Zimmer, ein gutes Restaurant mit einheimischem Essen und eine ausgezeichnete Lage im Herzen der Stadt.

Hotel Paramount Residency HOTEL $

(☎ 01887-233619; Academy Rd; Zi. ab 1050 ₹; ❄) Oberhalb der Verbindungsstraße zwischen dem Kesgarh Sahib und dem Fort bietet dieses Hotel karge, spartanische Zimmer, aber einen freundlichen Empfang und eine gute Lage nahe dem Khalsa Heritage Complex.

Pal Restaurant INDISCH $
(Hauptgerichte 50–100 ₹; ⏲7.30–23 Uhr) Das Restaurant über dem Pal Sweetshop liegt nahe am Busbahnhof und bietet gute, preiswerte indische Küche mit regionalen Thalis. Vom Busbahnhof nach links gehen, dann wieder links, dann liegt es auf der linken Seite!

Praktische Informationen

Rund 2 km vom Zentrum entfernt befindet sich das kleine, aber angesehene allgemeine Krankenhaus **Mata Nanki Charitable Hospital** (☎01887-230284; Ropar Rd, in der Nähe des Khalsa Colleges), das von einer britischen karitativen Organisation betrieben wird.

An- & Weiterreise

Busbahnhof und Bahnhof liegen 300 m voneinander entfernt an der Hauptstraße außerhalb der Stadt. Es fahren regelmäßig Busse nach Chandigarh (100 ₹, 2 Std.), Amritsar (190 ₹, 4½ Std.) und Patiala (120 ₹, 3 Std.).

Fünfmal täglich fährt ein Zug zwischen 5.45 und 16.40 Uhr nach Chandigarh (2. Klasse/Schlafwagen/3AC 95/170/540 ₹, 2–3 Std.). Der Nachtzug *14554 Himachal Express* (Schlafwagen/3AC 215/580 ₹, 7 ½ Std., 22.05 Uhr) fährt nach Neu-Delhi.

Amritsar

☎0183 / 1,13 MIO. EW.

Amritsar wurde 1577 vom vierten Sikh-Guru Guru Ram Das gegründet und beheimatet den heiligsten Schrein der Sikhs: Der spektakuläre Goldene Tempel gehört zu Indiens idyllischsten und ehrwürdigsten Sehenswürdigkeiten. Für die völlig verstopften Straßen um den Tempel herum gilt das leider nicht. Aber es macht schon fast Spaß, durch sie hindurch zu schlendern und die Hülle und Fülle an Eindrücken, Geräuschen und Gerüchen in sich aufzunehmen.

Sehenswertes

★ **Goldener Tempel** SIKH-TEMPEL
(Goldener-Tempel-Komplex; ⏲24 Std.) GRATIS Der legendäre Goldene Tempel ist in Wirklichkeit nur ein kleiner Teil des riesigen Gurdwara-Komplexes, den die Sikhs als Harmandir Sahib bezeichnen. Den spirituellen Mittelpunkt bildet das Wasserbecken, das den schimmernden Zentralschrein umgibt: Das **Amrit Sarovar** (Nektarbecken; Goldener-Tempel-Komplex) wurde 1577 vom vierten Sikh-Guru Ram Das angelegt und gab Amritsar seinen Namen. Es ist von einer Promenade aus Marmor umgeben und soll heilende Kräfte besitzen; in seinem heiligen Wasser baden Pilger aus der ganzen Welt.

Der eigentliche Goldene Tempel liegt am Ende eines langen Damms und zeigt einen faszinierenden Stilmix aus hinduistischer und islamischer Architektur. Die unteren Teile der Marmorwände sind mit Blumen- und Tiermotiven im *pietra-dura*-Stil (diesen Stil findet man auch im Taj Mahal) verziert. Der Teil darüber ist mit kunstvoll gravierten Goldplatten verkleidet und wird von einer mit 750 kg Gold überzogenen Kuppel abgeschlossen. Im schimmernden Innern des Allerheiligsten (Fotografieren verboten!) rezitieren Priester und Musiker Gesänge aus dem Guru Granth Sahib (dem heiligen Buch der Sikhs), was die ergreifende Atmosphäre noch intensiver macht. In Anbetracht der vielen Anhänger kann man nicht mehr als ein paar Minuten innerhalb des Heiligtums bleiben, bevor man wieder höflich zum Ausgang gebeten wird, um den anderen Besuchern Platz zu machen. Ein- und Ausgang liegen beide am Damm.

Das **Guru Granth Sahib** wird jeden Morgen (Sommer/Winter 4/5 Uhr) in den Tempel gebracht und abends wieder zurück (Sommer/Winter 22.30/21.30 Uhr) in den **Akal Takhat** (Thron des zeitlosen Einen). Er

VERHALTENSREGELN FÜR DEN GOLDENEN TEMPEL

Vor dem Betreten der Anlage Schuhe und Socken ausziehen – an den Eingängen gibt es *chappal*-Stände (Sandalen). Dann die Füße in einem der flachen Fußbecken waschen und den Kopf bedecken. Kopftücher kann man sich gratis ausleihen oder für 10 ₹ bei einem der Souvenirhändler kaufen. Tabak und Alkohol sind in der Anlage strikt verboten. Wer sich an den Beckenrand setzen möchte, sollte dies nur im Schneidersitz tun und keinesfalls die Füße ins Wasser hängen. Fotografieren ist nur auf dem Gang rund um das Becken, nicht aber im Goldenen Tempel selbst erlaubt. Die Anlage wird rund um die Uhr von blau gekleideten Tempelwächtern bewacht. Wer eine Frage hat oder sich nicht sicher ist, wie die Regeln sind, kann sich an sie wenden.

Amritsar

ist der weltliche Sitz der Khalsa-Bruderschaft und beherbergt eine Ausstellung mit heiligen **Sikh-Waffen**. Das Gebäude wurde 1984 schwer beschädigt, als es im Rahmen der Operation Blue Star von der indischen Armee gestürmt wurde. Obwohl die Regierung den Turm reparieren ließ, wollten die Sikhs den entweihten Bau nicht mehr nutzen und errichteten einen neuen Turm.

Am Rand des Tempelkomplexes findet man weitere Schreine und Monumente. Das **Sikh Museum** (Sommer 7–19 Uhr, Winter 8–18 Uhr) GRATIS im Uhrenturm am Haupteingang zeigt die Verfolgung der Sikhs durch die Mo-

Amritsar

Highlights
1 Goldener Tempel ... C6
2 Guru-Ka-Langar ... D6

Sehenswertes
3 Akal Takhat ... C6
4 Amrit Sarovar ... C6
5 Jallianwala Bagh ... D5
6 Ram Bagh ... D1
7 Ramgarhia Bunga ... D6
8 Sikh Museum ... C6
9 Rathaus ... D4

Schlafen
10 Grand Hotel ... A1
11 Hotel Golden Tower ... D5
12 Hotel Grace ... D6
13 Hotel Indus ... D6
14 Lucky Guest House ... D6
15 MK Sood Guesthouse ... D6
16 Ramada Amritsar ... D3
17 Sri Guru Ram Das Niwas ... D6
18 Tourist Guesthouse ... C2

Essen
Bharawan Da Dhaba ... (siehe 19)
19 Brothers' Dhaba ... C4
20 Crystal Restaurant ... C1
21 Gurdas Ram ... D5
22 Kesar Da Dhaba ... B5
23 Neelam's ... D5

Ausgehen & Nachtleben
Bottoms Up Pub ... (siehe 10)
24 Café Coffee Day ... D5

Shoppen
25 Booklovers Retreat ... C3
26 Kathian Bazaar ... C5
27 Katra Jaimal Singh Bazaar ... C4
28 Shashtri Bazaar ... C5
29 Tahali Sahib Bazaar ... C4

Praktisches
30 HDFC Bank ... D4
ICICI Bank ... (siehe 30)

Transport
31 Kostenlose gelbe Busse ... D6
Prepaid-Taxi-Schalter ... (siehe 31)

guln, Briten und Indira Gandhi. Am südöstlichen Ende des Beckens steht die Verteidigungsfestung **Ramgarhia Bunga** mit zwei Minaretten im islamischen Stil. Im Inneren befindet sich eine Steinplatte, die einst für mogulische Krönungen benutzt und 1783 von Ranjit Singh aus Delhi geraubt wurde.

★ Guru-Ka-Langar — SIKH-STÄTTE

(Golden Temple Complex; 24 Std.) GRATIS Am südöstlichen Ende des Goldenen-Tempel-Komplexes liegt der Guru-Ka-Langar, ein riesiger Speisesaal, wo jeden Tag geschätzte 100 000 Pilger essen, nachdem sie im Goldenen Tempel gebetet haben. Das Essen hier kostet nichts, aber um eine Spende wird gebeten – und wer beim Abwasch helfen will, der ist herzlich willkommen. Hier essen Arme und Millionäre gleichermaßen, was die Prinzipien der Sikhs demonstriert: Gastfreundschaft, Gemeinschaftssinn und Wohltätigkeit.

Jallianwala Bagh — HISTORISCHE STÄTTE

(Golden Temple Rd; Sommer 6–21 Uhr, Winter 7–20 Uhr) GRATIS Durch ein enges Torhaus, das in einen Innenhof führt, gelangt man in diesen ergreifenden Park, der an 1500 Inder erinnert, die 1919 getötet oder verwundet wurden, als ein britischer Offizier seine Soldaten auf unbewaffnete Demonstranten schießen ließ. Bis heute sind noch immer einige Einschusslöcher in den Mauern sichtbar – ebenso wie der Brunnen, in den Hunderte hineinsprangen bei ihrer verzweifelten Flucht vor den Kugeln. Zum Gedenken an die Opfer brennt hier rund um die Uhr eine ewige Flamme, und es gibt eine Ausstellung mit Berichten der Opfer und eine Märtyrer-Galerie mit Bildern der Helden der Unabhängigkeitsbewegung.

Ram Bagh — PARK

(MMM Rd; Sonnenaufgang–Sonnenuntergang) GRATIS Der Ram Bagh liegt 1 km östlich des Bahnhofs und war die ehemalige Palastanlage des Maharadscha Ranjit Singh. Heute ist es ein sehr gepflegter öffentlicher Park, in dessen Mitte sich der **Sommerpalast** des damaligen Maharadschas befindet, der zwischen 1818 und 1837 genutzt wurde. Im Vergleich zu vielen anderen Bauwerken Indiens ist der Palast ein eher bescheidenes, aber trotzdem äußerst stimmungsvolles Gebäude.

Baba Atal-Turm — SIKH-TEMPEL

GRATIS Direkt vor der Anlage des Goldenen Tempels liegt der achteckige Baba-Atal-Turm, der 1784 zum Gedenken an Atal Rai errichtet wurde. Er war der Sohn des sechsten Sikh-Gurus Har Gobind, der der Legende nach einen Spielkameraden von den Toten erweckt und dann sein eigenes Leben gab, weil er sich in Gottes Angelegenheiten eingemischt hatte. Die neun Stockwerke repräsentieren jeweils ein Lebensjahr von Atals kurzem Leben.

Khalsa College HISTORISCHES GEBÄUDE
(www.khalsacollegeamritsar.org; GT Rd; ⌚ Sonnenaufgang–Sonnenuntergang) GRATIS Die Uni ist eine riesige und sehr weitläufige Burg (rechts, wenn man die GT Rd gen Westen entlanggeht) und wurde 1890 als Bildungsstätte für die gesellschaftliche Elite des Punjab gegründet. Sie ist ein hervorragendes Beispiel für den indo-sarazenischen Architekturstil: Die eindrucksvolle, rote Sandsteinfassade mit dem Kuppeldach kommt vor dem grünen Hintergrund wunderbar zur Geltung. Die akademischen und verwaltungstechnischen Bereiche der Uni sind nicht für die Öffentlichkeit zugänglich, aber der Campus kann problemlos erkundet werden.

Rathaus HISTORISCHES GEBÄUDE
(Golden Temple Rd) Das Rathaus ist ein wunderschönes Herrenhaus aus dem 19. Jh. nördlich des Goldenen Tempels und dient auch oft als Veranstaltungsort für Kunstausstellungen, Treffen und öffentliche Events. Seit 2017 findet man hier eine Dauerausstellung, die die turbulente Geschichte von Amritsar und dem Punjab in der Zeit seit der Teilung Indiens darstellt.

Geführte Touren

Das Grand Hotel veranstaltet Tagestouren zu den größten Sehenswürdigkeiten (500 ₹/Pers.) und Abendtouren (800 ₹/Pers., ab 15 Uhr) zur Schließungszeremonie am Grenzübergang Attari-Wagah, zum Mata-Tempel und zum Goldenen Tempel.

Die Touristeninformation (S. 236) bietet täglich interessante zweistündige historische Spaziergänge (Inder/Ausländer 25/75 ₹) zu den Altstadtbasaren. Start ist um 8 Uhr am Rathaus (Dez.–Feb. 9 Uhr), Ende am Goldenen Tempel. Einfach zehn Minuten vorher am Rathaus aufkreuzen!

Schlafen

Die meisten Budgetunterkünfte in Amritsar leiden unter ohrenbetäubendem Verkehrslärm – auf jeden Fall an Ohrstöpsel denken. Die angenehmeren Unterkünfte sind entweder teurer oder sehr weit vom Geschehen entfernt.

Grand Hotel HOTEL $
(☎ 0183-2562424; www.hotelgrand.in; Queen's Rd; DZ ab 1510 ₹; ❄@📶) Gegenüber der Straße vom Bahnhof gelegen, aber alles andere als schmuddelig, ist das Grand eine Oase der Ruhe inmitten einer ansonsten chaotischen Gegend. Die Zimmer sind geräumig – wenn auch nicht riesig – und umgeben von einem wundervoll charmanten Garten im Innenhof. Auch das Restaurant mit Sitzbereich mit Blick auf den Garten und die einladende Bar, in der kühles Bier serviert wird, sind zu empfehlen. Der Hotelmanager organisiert Touren.

Sri Guru Ram Das Niwas PENSION $
(Goldener-Tempel-Komplex; B gegen angemessene Spende, DZ ohne/mit Klimaanlage 300/₹500 ₹; ❄@) In diesem *niwas* (Pilgerherberge) am südöstlichen Ende des Komplexes um den Goldenen Tempel gibt es sehr preiswerte Zimmer. Ausländische Gäste werden meist im Schlafsaal des Sri Guru Ram Das Niwas oder in den Zimmern der anderen Gebäude in der Nähe untergebracht. Im nahe gelegenen Guru Arjan Dev Niwas kann man erfahren, wo etwas frei ist.

Ein Aufenthalt (max. 3 Tage) hier ist faszinierend, aber die Zimmer und Schlafsäle mit Gemeinschaftsbad sind schlicht. In den Schlafsälen erhält jeder ein Schließfach – das Vorhängeschloss selbst mitbringen.

Tourist Guesthouse PENSION $
(☎ 9356003219; www.touristguesthouse.com; 1355 GT Rd; B/DZ 200/600 ₹; @📶) Die Backpacker-Institution bietet ein gutes Preis-Leistungs-Verhältnis: erschwingliche Preise und schlichte Zimmer mit hohen Decken und Ventilatoren. Es gibt ein Gartenrestaurant, eine Dachterrasse und eine travellerfreundliche Atmosphäre. Andererseits ist dies eine der wenigen Unterkünfte im Ort, wo man für die WLAN-Nutzung bezahlen muss (100 ₹/Tag), und auch die Lage zwischen einer befahrenen Hochstraße und einer Bahnlinie ist sicher nicht die ruhigste.

MK Sood Guesthouse HOTEL $
(☎ 0183-5093376; Braham Buta Bazaar; Zi. 1100 ₹; ❄📶) Das kleine, malerische und saubere Hotel profitiert von einer ruhigeren Lage als die meisten Altstadthotels in der Nähe des Goldenen Tempels. In allen Zimmern gibt es Klimaanlage, aber einige sind geräumiger und komfortabler als die anderen. Also vorher lieber ein paar Zimmer anschauen. Kostenloses WLAN ist allerdings nur in der Lobby verfügbar.

★ **Mrs Bhandari's Guesthouse** PENSION $$
(☎0183-2228509; www.bhandariguesthouse.wordpress.com; 10 Cantonment; DZ ab 2570 ₹; ❄@📶🏊) Die leicht veraltete, aber freundliche Pension der schmerzlich vermissten Mrs. Bhandari (1906–2007) liegt auf einem weitläufigen Grundstück in Amritsar Cantonment, rund 2 km vom Stadtzentrum entfernt. Man wird hier herzlich empfangen, und die großen Zimmer verströmen die Atmosphäre von kolonialzeitlichen Bungalows. Im großen, gepflegten Garten gibt es Schaukeln, Wippen, jede Menge Sitzgelegenheiten und einen kleinen Pool.

Budgettraveller können hier für 300 ₹ auch campen, wenn sie ihre eigene Ausrüstung mitbringen. Die Abholung vom Bahnhof ist gratis, und auch für Verpflegung ist gesorgt (Frühstück/Mittag-/Abendessen 350/600/600 ₹). Die Fahrt mit einer Fahrradrikscha von der Altstadt hierher kostet rund 70 ₹. Die Tür wird um 21 Uhr abgeschlossen. Wer später nach Hause kommt, sollte vorher Bescheid geben.

Hotel Grace HOTEL $
(☎0183-2559355; www.hotelgrace.net; 35 Braham Buta Bazaar; DZ ohne/mit Klimaanlage ab 800/1200 ₹; ❄@📶) Das bescheidene Hotel in einer Marktgegend östlich vom Goldenen Tempel bietet ein breites Spektrum an günstigen Zimmern. Die besten liegen vorn und bekommen viel Sonnenlicht ab, dafür sind die kleineren und bescheideneren Zimmer im hinteren Bereich um einiges günstiger.

Hotel Golden Tower HOTEL $
(☎0183-2534446; abseits der Golden Temple Rd, Fuwara Chowk; DZ ab 1650 ₹; ❄@📶) Dieses anständige Hotel in guter Lage wirkt von außen glamouröser als von innen. Die sparsam dekorierten, aber großen und sauberen Zimmer bieten TV, Kühlschrank und WLAN. Ein guter Ausgangspunkt für einen sehr späten oder sehr frühen Besuch des Goldenen Tempels.

Lucky Guest House HOTEL $
(☎0183-2542175; Mahna Singh Rd; Zi. ab 650 ₹; ❄) Das solide Budgethotel in der Altstadt hat schlichte, leicht beengte Zimmer, aber die Lage ist gut, und der nahe Markt bietet jede Menge Shopping- und Sightseeing-Möglichkeiten. Nicht alle Zimmer haben ein Fenster – am besten lässt man sich erst einmal ein paar zeigen.

DAS JALLIANWALA-BAGH-MASSAKER

Der 1919 verabschiedete *Rowlatt Act* erlaubte der britischen Regierung im kolonialen Indien, jeden des Separatismus verdächtigen Inder ohne Gerichtsverfahren einzusperren. Infolgedessen entwickelte sich Amritsar zu einem Zentrum der Unabhängigkeitsbewegung. Nachdem bei einer Reihe von *hartals* (Streiks) viele Demonstranten und drei britische Bankmanager getötet worden waren, sollte Brigadegeneral Reginald Dyer die Ruhe in der Stadt wiederherstellen.

Am 13. April 1919 (Baisakhi-Tag) hatten sich über 5000 Inder zu friedlichen Protesten im Jallianwala Bagh (S. 231) versammelt, einem öffentlichen Hof, der von hohen Mauern umgeben ist. Es gab nur einen schmalen Gang auf der Nordseite, durch den man hinein und hinaus kam. Um befehlsgemäß ein Exempel zu statuieren, rückte Dyer mit 150 Soldaten an und ließ diese das Feuer eröffnen. Als der Kugelhagel endete, waren laut den Angaben der britischen Behörden fast 400 Demonstranten (der Indische Nationalkongress sprach jedoch von mehr als 1000) tot und etwa 1500 weitere verwundet – darunter viele Frauen und Kinder.

Dyers Aktion wurde vom britischen Establishment unterstützt. Trotzdem nannte Winston Churchill sie „ein monströses Ereignis" und Sir Edwin Montagu, der damalige Staatssekretär für Indien, eine „brutale und unangemessene Dummheit", während der Dichter und Literaturnobelpreisträger Rabindranath Tagore aus Protest gegen das Massaker seinen durch den Ritterschlag erlangten Adelstitel zurückgab. Das Ereignis stachelte den indischen Nationalismus an. Gandhi antwortete mit seinem Programm des zivilen Ungehorsams, indem er verkündete: „Jede Art oder Form der Kooperation mit dieser teuflischen Regierung ist Sünde."

Reginald Dyer starb 1927 als Pensionär in England. Michael O'Dwyer, der Gouverneur des Punjab zum Zeitpunkt des Massakers, wurde 1940 von dem Sikh-Freiheitskämpfer Udham Singh in London erschossen. Richard Attenboroughs gefeierter Film *Gandhi* (1982) stellt die Geschehnisse auf dem Jallianwala Bagh dramatisch nach.

Hotel Indus HOTEL $$
(☎ 0183-2535900; www.hotelindus.com; 211/3 Sri Hamandir Sahib Marg; DZ ab 2100 ₹; ❄@📶) Der traumhafte Blick auf den Goldenen Tempel vom Dach des Hotels ist schon Grund genug, in dem modernen Hotel mit den gemütlichen und kompakten Zimmern, die ihren Preis wert sind, zu übernachten. Wer eines der zwei Zimmer mit Tempelblick möchte, sollte weit im Voraus reservieren.

★ **Ramada Amritsar** HOTEL $$$
(☎ 0183-5025555; www.ramadaamritsar.com; Hall Bazaar; DZ mit Frühstück ab 4700 ₹; ❄@📶🏊) Das prachtvolle Hotel ist das beste (und einzige) Spitzenklassehotel in der Altstadt. Die Lobby wirkt kitschig, aber die Zimmer sind schick und modern, und der Service ist ausgezeichnet. Der Goldene Tempel liegt nur einen kurzen Spaziergang entfernt, und von den Zimmern mit Glaswänden bietet sich ein traumhafter Blick auf die Altstadt. Auf der Terrasse befindet sich ein kleiner, aber gemütlicher Pool.

Essen

Amritsar ist berühmt für seine *dhabas* (Snackbars), die Punjab-Köstlichkeiten wie *kulcha* (frittiertes Fladenbrot), gefüllte *parathas*, würzige Bohnenvarianten und frittierte Fisch-Tikkas mit Zitrone, Chili, Knoblauch und Ingwer à la Amritsari servieren. In den Hotels und Restaurants rund um den Goldenen Tempel gibt es nur vegetarische Gerichte und keinen Alkohol.

★ **Kesar Da Dhaba** PUNJAB-KÜCHE $
(Shastri Market, Chowk Passian; Hauptgerichte 70–130 ₹; ⏲ 11–17 & 19–23 Uhr; 🖉) Das 100 Jahre alte Lokal wurde ursprünglich in der Provinz Punjab von Pakistan gegründet und wurde erst nach der Teilung Indiens nach Amritsar verlegt. Seitdem werden hier köstliche *paratha*-Thalis (200–250 ₹) und mit Blattsilber garnierte *firni* oder Reispudding (20 ₹) in kleinen Tonschüsseln serviert. Außerdem ist hier das beste Lassi (50 ₹) der Stadt erhältlich. Wer zum Abendessen herkommt, kann am Empfang nach einer Führung durch die Küche fragen.

★ **Bharawan Da Dhaba** PUNJAB-KÜCHE $$
(Town Hall Chowk; Gerichte 160–190 ₹; ⏲ 8–24 Uhr; ❄🖉) Seit 1912 serviert diese bodenständige Institution Amritsars leckere Punjab-Köstlichkeiten. Wer hier einen regionalen Thali bestellt, bekommt eine opulente Platte mit *dhal* und *paneer* (Hüttenkäse), serviert mit Naan, Roti oder Reis (oder alles zusammen). Durch die Glasfront hat man einen tollen Ausblick auf das Rathaus.

Kanha Sweets NORDINDISCH $
(Lawrence Rd; Süßigkeiten 20–40 ₹; ⏲ Frühstück 8–22 Uhr; 🖉) Abgesehen davon, dass dieser kleine, aber unglaublich beliebte Imbiss ausgezeichnete Süßwaren anbietet, ist er auch bekannt für die besten *puri*-Teller (70 ₹) in Amritsar. Sie bestehen aus ballonartigen *puris*, scharfem Kartoffelcurry und Essiggurken. Die *puris* werden nur zwischen 8 und 14 Uhr verkauft, aber die Süßwarentheke hat bis 22 Uhr geöffnet.

Gurdas Ram INDIAN $
(Jalebiwala Chowk; Jalebi 20 ₹/Portion; ⏲ 9.30 – 22.30 Uhr; 🖉) In dem 60 Jahre alten *jalebi*-Lokal macht man sich gern die Finger klebrig. Hier gibt es dieses köstliche indische Dessert, das aus safranfarbenen Teigkringeln in Zuckersirup besteht. Das Lokal ist so berühmt, dass sogar die Kreuzung danach benannt wurde (Jalebiwala Chowk).

Neelam's MULTICUISINE $
(Golden Temple Rd, Jallianwala Bagh; Hauptgerichte 70–170 ₹; ⏲ 9–23 Uhr; ❄🖉) Dieses winzige, zweifarbige Lokal nicht weit vom Goldenen Tempel hat eine ideale Lage für eine Stärkung zwischendurch. Es gibt schnelle und einfache internationale Gerichte wie das Backpacker-Frühstück, sowie südindische Klassiker. Am besten ist dennoch das *kulcha* (50 ₹) mit Kichererbsen und scharfem Chutney als Beilage.

★ **Makhan Fish** PUNJAB-KÜCHE $$
(Old Jail Rd, nahe der Trillium Mall; Hauptgerichte 150–350 ₹; ⏲ 11–23 Uhr; ❄) In diesem unauffälligen Restaurant gibt es die ultimative Version von Amritsars legendärem frittiertem Fisch und den ofengebackenen Fisch-Tikkas. Außerdem werden auch noch andere einheimische Hühnchen-, Hammel- und Fischgerichte serviert. Die Fischgerichte werden nach Gewicht zubereitet und serviert – 250 g reichen ungefähr für zwei Personen. Seltsamerweise stehen auch noch typisch chinesische Gerichte auf der Speisekarte.

Brothers' Dhaba PUNJAB-KÜCHE $$
(Bade Bhai Ka; Town Hall Chowk; Gerichte 140–180 ₹; ⏲ 8–24 Uhr; ❄🖉) Die freundliche, gehobene *dhaba* mit schnellem Service serviert in ganz Amritsar die wohl leckersten

AMRITSARS BASARE

Der Goldene Tempel steht am Rand eines faszinierenden Labyrinths von belebten Marktstraßen, in denen man alles bekommt – von Zeremonialschwertern bis zu Hochzeitskleidern. Der Rundgang beginnt am Haupteingang zum Goldenen Tempel. Von dort wendet man sich nach Nordwesten (d. h. nach links, wenn man dem Goldenen Tempel den Rücken zukehrt), geht bis zum Ende der Tempelanlage und taucht in den stimmungsvollen **Kathian Bazaar** ein, in dem es Decken, Schreibwaren, Zinnbecher und Hochzeitsarmreifen in Rot und Silber gibt. Am Ende läuft man rechts in die belebte Guru Bazaar Rd, vorbei an Läden voller Glitzerkleider, nimmt die erste Straße links zum **Shashtri Bazaar**, wo *dupattas* und schicke Wollschals zu finden sind. Am Ende des Basars biegt man rechts ab und geht an Imbiss- und Obstständen vorbei zum hektischen **Katra Jaimal Singh Bazaar**, wo sich Schneider und Modeläden drängen. An der T-Kreuzung geht's nach links zum **Tahali Sahib Bazaar**, in dem sich glitzernde *juttis* (Schuhe) und Satin-*dupattas* (Schals) stapeln.

Wer es nicht so chaotisch mag und lieber in Ruhe einkauft, der findet in der Passage zwischen Rathaus und Goldenem Tempel zahlreiche Läden mit qualitativ hochwertigen Souvenirs zu verhandelbaren Preisen.

parathas, gefüllt mit Kräutern, Kartoffeln und Granatapfelkernen, die auf dem Gaumen wie ein kleines Geschmacksfeuerwerk explodieren. Es gibt auch scharfe und leckere Frühstücksteller mit Kartoffelcurry und frittierter *kulcha*.

Crystal Restaurant MULTICUISINE $$$
(Crystal Chowk; Hauptgerichte 300–450 ₹; ⏲ 11–23.30 Uhr; ❄) Das Top-Restaurant im Erdgeschoss mit dem Fin-de-Siècle-Flair, verspiegelten Wänden und verschnörkelter Stuckverzierung lohnt die Ausgabe. Die Speisekarte wird von Gerichten aus der Mogul-Küche dominiert. Die Spezialität des Hauses ist das köstliche *murgh tawa frontier* (390 ₹) – Hühnchen in sämiger Zwiebelsauce. Es gibt auch gute europäische Gerichte mit Gegrilltem, Steaks, Gebratenem und Gebackenem.

Ausgehen & Nachtleben

Bottoms Up Pub BAR
(Queen's Rd, Grand Hotel; Bier 120 ₹; ⏲ 11–23 Uhr) Die sympathische Bar im Grand Hotel serviert eiskaltes, glyzerinfreies und frischgezapftes Kingfisher-Bier und gutes Essen aus der Hotelküche.

Café Coffee Day CAFÉ
(Golden Temple Rd; Kaffee ab 80 ₹; ⏲ 9–23 Uhr) Dieses Café einer Kette ist eine klimatisierte Oase mit frischem Kaffee und praktischer Lage in der Nähe des Goldenen Tempels. Es gibt leckere Kuchen, Muffins, Wraps und Plätze mit Blick auf die Straße, auf denen man einen Latte Macchiato oder einen Espresso genießen kann.

Shoppen

Booklovers Retreat BÜCHER
(Hall Bazaar; ⏲ Mo–Sa 9–20 Uhr) Altmodischer Buchladen voller interessanter Wälzer aus verschiedenen Genres, darunter auch die neuesten indischen und internationalen Bestseller auf Englisch.

Praktische Informationen

GELD

In Amritsar gibt's immer mehr Geldautomaten, aber keine Wechselstuben am Flughafen. **Mannat Travels** (☎ 0183-5006006; 5 Dharam Singh Market, Fuwara Chowk; ⏲ Mo–Sa 10–19 Uhr) ist eine gute Wechselstube in der Altstadt.

HDFC (EG, RS Towers, Hall Bazaar; ⏲ Mo–Sa 10–16 Uhr) und **ICICI** (EG, RS Towers, Hall Bazaar; ⏲ Mo–Sa 9–18 Uhr) wechseln ausländisches Geld und haben Geldautomaten, die ausländische Karten akzeptieren.

INTERNETZUGANG

Die meisten Hotels in Amritsar bieten Gratis-WLAN auf dem Zimmer.

Guru Arjun Dev Niwas Net Cafe (Guru Arjun Dev Niwas; 30 ₹/Std.; ⏲ 6–13 Uhr) Praktisches Internetcafé in der Nähe des Goldenen Tempels.

MEDIZINISCHE VERSORGUNG

Fortis Escorts Hospital (☎ 0183-3012222, 9915133330; www.fortishealthcare.com; Majitha Verka Bypass) Krankenhaus auf internationalem Niveau am Stadtrand von Amritsar, 7 km nordöstlich der Altstadt.

POST

An der Kreuzung Court Rd und Albert Rd befindet sich die **Hauptpost** (Court Rd; ⏲ Mo–Fr

10–16, Sa bis 14 Uhr) mit schnellem Service und Paketdienst. Es gibt auch eine gute **Postfiliale** (Golden Temple Rd, Fuwara Chowk; ⌚ Mo–Fr 10–16, Sa bis 14 Uhr) in der Nähe des Goldenen Tempels mit ähnlichem Service.

TOURISTENINFORMATION

Am Bahnhofseingang ist eine **Touristeninformation** (☎ 0183-2402452; www.punjabtourism.gov.in; Ausgang Bahnhof, Queen's Rd; ⌚ Di–So 10–17 Uhr) mit Broschüren und kostenlosen Karten aus dem Punjab, darunter auch Straßenkarten von Amritsar, Patiala und Kapurthala.

An & Weiterreise

BUS

Die Busse privater Unternehmen starten in der Nähe des **Gandhi-Tors** und an der **Cooper Rd** in der Nähe des Bahnhofs. Klimatisierte Nachtbusse fahren nach Delhi (800 ₹, 10 Std.) und Jaipur (Sitzplatz/Schlafwagen 700/900 ₹, 16 Std.), nicht klimatisierte Busse nach Jammu (250 ₹, 4 Std.). Tagsüber fahren klimatisierte Busse nach Chandigarh (600 ₹, 4 Std.).

Der **Hauptfernbusbahnhof** (ISBT; GT Rd) befindet sich etwa 3 km nördlich vom Goldenen Tempel nahe dem Mahan-Singh-Tor. Mindestens ein Bus am Tag fährt nach Chamba (260 ₹, 6 Std.), Dharamsala (280 ₹, 7 Std.) und Manali (600 ₹, 12 Std.).

Häufige Busverbindungen gibt es nach Attari (30 ₹, 1 Std.), Faridkot (120 ₹, 3 Std.), Pathankot (120 ₹, 3 Std.) und Patiala (230 ₹, 5 Std.).

FLUGZEUG

Amritsars internationaler Flughafen Sri Guru Ram Dass Jee liegt etwa 11 km nordwestlich vom Zentrum und bietet Verbindungen zu großen indischen Städten wie Delhi und Mumbai mit **Air India** (☎ 0183-2214062; www.airindia.in; ⌚ 10–17 Uhr), **Jet Airways** (☎ 1800-225522; www.jetairways.com) und **SpiceJet** (☎ 1800-1803333; www.spicejet.com). Es gibt auch ein paar internationale Verbindungen (vor allem in den Nahen Osten, aber Air India fliegt auch nach Birmingham).

ZUG

Zugtickets gibt's am Bahnhof und beim weniger geschäftigen **Reservierungsbüro** (Goldener Temple; ⌚ Mo–Sa 8–20, So bis 14 Uhr) am Goldenen Tempel.

Die schnellste Zugverbindung nach Delhi ist der zweimal täglich verkehrende *Amritsar Shatabdi* (AC Chair Class/1AC 790/1620 ₹, 6 Std., 5 und 16.50 Uhr). Vom Bahnhof New Delhi fährt der gleiche Zug um 7.20 und 16.30 Uhr wieder zurück. Es gibt täglich noch etwa ein Dutzend anderer Züge nach Delhi (Schlafwagen/3AC/2AC 290/760/1060 ₹),die zwischen sieben und neun Stunden brauchen.

Es verkehren täglich zwischen 5.15 und 17.50 Uhr vier Züge nach Chandigarh (2. Klasse/AC Chair Class 120/440 ₹, 5 Std.). Zwischen 4.40 und 20.30 Uhr fahren täglich zehn Züge nach Pathankot (Schlafwagen/3AC 140/490 ₹, 3 Std.).

Der täglich verkehrende *Amritsar-Howrah Mail* um 18.40 Uhr verbindet Amritsar mit Varanasi (Schlafwagen/3AC/2AC 500/1350/1965 ₹, 22 Std.) und dem Bahnhof Howrah in Kolkata (Schlafwagen/3AC/2AC 695/1860/2740 ₹, 37 Std.).

Unterwegs vor Ort

Zwischen Bahnhof und Goldenem Tempel pendeln von 4 bis 21 Uhr **kostenlose gelbe Busse** (Sri Harmandir Sahib Marg). Man kann aber auch mit einer Rikscha oder Autorikscha für rund 50 bzw. 100 ₹ vom Bahnhof zum Goldenen Tempel fahren – allerdings muss man hart verhandeln, um einen fairen Preis zu bekommen. Rund um den Bahnhof stehen Taxis. Östlich vom Goldenen Tempel gibt es auch einen **Prepaid-Taxi-Schalter** (Sri Harmandir Sahib Marg). **Ola Cabs** (☎ 0183-3355335) hat rund um die Uhr gepflegte und schnelle Radiotaxis, die durch Amritsar fahren. Eine Autorikscha zum Flughafen kostet etwa 250 ₹, die Taxifahrt etwa das Doppelte.

Die Taxis zum Goldenen-Tempel-Komplex lassen ihre Fahrgäste häufig am Fuwara Chowk (Brunnen) oder beim Rathaus aussteigen. Von dort kann man die letzten Hundert Meter durch eine Fußgängerzone mit Souvenirständen laufen, die auf beiden Seiten von eleganten roten Sandsteinarkaden gesäumt sind.

Patiala

☎ 0175 / 405 200 EW.

Punjabs Geheimtipp Patiala war früher einmal die Hauptstadt eines unabhängigen Sikh-Staats unter der Herrschaft einer verschwenderischen Maharadscha-Dynastie. Als das Mogulreich zerfiel, biederten sich die Herrscher von Patiala bei den Briten an und statteten die Stadt mit Spielereien wie opulenten Palästen aus. Nach der Teilung Indiens und der darauffolgenden Abschaffung von Privatschatullen begann der royale Glanz allmählich zu schwinden und die einst so majestätische Stadt war nur noch ein Schatten ihrer selbst. Heute zerfallen die Prachtbauten langsam alle, aber die Altstadt, die von zehn historischen Toren umgeben ist, verströmt immer noch eine tolle Atmosphäre. Mitte Januar erweckt das Basant-Drachenfestival den Himmel über Patiala zum Leben.

Sehenswertes

Qila Mubarak FORT

(Adalat Bazar; Museum 10 ₹; Museum Di–So 10.15–16.45 Uhr) Das reich verzierte, aber verfallene Fort aus dem 18. Jh. ist der Stammsitz der Maharadschas von Patiala. Mit seinen hohen Stützpfeilern und den vergitterten Balkonen wirkt es wie ein Traum aus *Tausendundeiner Nacht.* Ins Fort selbst kommt man nicht hinein, aber Besucher können zwischen den mächtigen Innen- und Außenmauern umherlaufen, umgeben von smaragdgrünen Sittichen auf bröckelndem Gemäuer. Gleich rechts hinter dem Eingang befindet sich das **Durbar-Hall-Museum** von 1859 mit einer wundervollen Waffensammlung, königlichen Portraits ausgefallenen Kronleuchtern und anderen Schätzen aus den verfallenen Palästen.

Sheesh Mahal MUSEUM

(Sheesh Mahal Rd; 10 ₹; Di–So 10.30–17 Uhr) Der übertrieben opulente Sheesh Mahal, den zwei wie Hochzeitstorten verzierte Türme und eine verschnörkelte Hängebrücke zieren, gehört ohne Zweifel zu den schönsten Bauwerken im Punjab. In dem üppig dekorierten Palast zeigt eine Galerie königliche Schätze wie Gemälde, Münzen, Medaillons und verschiedene raffiniert gearbeitete Kunstwerke. Im schattigen Park vor dem Gebäude stehen ein paar wundervolle Statuen von Königen und Königinnen, darunter auch eine lebensgroße Statue der Königin Victoria von 1903, die von dem berühmten britischen Bildhauer Franis Derwent Wood geschaffen wurde.

Schlafen & Essen

★ **Baradari Palace** HISTORISCHES HOTEL $$$

(0175-2304433; www.neemranahotels.com; Baradari Gardens; DZ ab 6440 ₹;) Das nostalgische, historische Hotel wurde als Gartenpalast für den Maharadscha Rajinder Singh erbaut und ist zweifellos die prächtigste Unterkunft im Punjab. Die aufwändig restaurierten Zimmer schäumen nur so über vor Luxus und eleganter Ästhetik, und die stattlichen Terrassen und Veranden des Gebäudes bieten Blick auf den schönen Garten. Das Hotel liegt 20 Gehminuten von der Bushaltestelle entfernt, die Fahrt mit der Fahrradrikscha kostet 50 ₹.

Gopal's NORDINDISCH $

(Lower Mall Rd; Hauptgerichte 60–120 ₹; 8–22 Uhr;) Das beliebte, vegetarische Restaurant rühmt sich selbst mit seinen köstlichen *chhole bhature*, Thalis und Süßspeisen, die den ganzen Tag über von den hungrigen Gästen verputzt werden. Es stehen auch ein paar chinesische und andere internationale Gerichte auf der Speisekarte, aber man ist besser bedient, wenn man sich an das typische Essen hält.

An- & Weiterreise

Von Patiala fahren häufig Busse nach Chandigarh (70 ₹, 2 Std.), Amritsar (230 ₹, 5 Std.), Sirhind (40 ₹, 1 Std.) und Anandpur Sahib (120 ₹, 3 Std.). Für 2500 ₹ kann man mit dem Taxi einen Tagesausflug von Amritsar nach Patiala unternehmen.

Sirhind

Einen gut zu bewältigenden Tagesausflug von Chandigarh entfernt liegt Sirhind, bekannt für den **Gurdwara Fatehgarh Sahib**, der den beiden jüngsten Söhnen des zehnten Sikh-Guru Gobind Singh gedenkt, die 1704 lebendig von den Moguln begraben wurden, weil sie sich geweigert hatten, zum Islam zu konvertieren. In dem Gurdwara findet im Dezember das dreitägige Fest **Shaheedi Jor Mela** statt. Besucher müssen die Schuhe ausziehen und ihre Haare bedecken.

Sirhind hat auch ein paar verlassene Relikte aus Zeiten des Mogulreichs zu bieten. Das **Rauza Sharif**, Mausoleum des Sufi-Heiligen Shaikh Ahmad Faruqi Sirhindi, zieht während des **Urs**-Festivals im August jede Menge Pilger an. An einer Straße in der Nähe der Bushaltestelle befindet sich der verfallene **Aam Khas Bagh**, einst ein prächtiger Mogul-Garten mit einem riesigen *baoli* (Stufenbrunnen) und einigen interessanten Fotomotiven sowie der Möglichkeit, Einheimische kennenzulernen.

An- & Weiterreise

Von Sirhind fahren Busse nach Patiala (40 ₹, 1 Std.) und Chandigarh (50 ₹, 1½ Std.), wenn auch aus verschiedenen Teilen der Stadt. Sammel-Autorikschas fahren in Sirhind vom Gurdwara Fatehgarh Sahib zu den Bushaltestellen Richtung Chandigarh (10 ₹/Pers.) und Richtung Patiala (10 ₹/Pers.).

Indisch-Pakistanische Grenze bei Attari-Wagah

Wegen der angespannten Beziehungen zwischen Indien und Pakistan überqueren nur

GRENZÜBERGANG – VON INDIEN NACH PAKISTAN

Grenzöffnungszeiten

Trotz der offiziellen Öffnungszeiten sollte man vor der Abfahrt in Amritsar sichergehen, dass die **Grenze** (Attari-Wagah; ⌚10–15.30 Uhr) überhaupt offen ist. Und auf jeden Fall eine Stunde vor Grenzschließung da sein.

Geldwechsel

Auf beiden Seiten der Grenze gibt es Geldwechselstuben und Automaten, aber es ist ratsam, bereits in Amritsar etwas Geld zu wechseln.

Weitertransport

Von Wagah in Pakistan fahren regelmäßig Busse und Taxis ins 30 km entfernte Lahore.

Visa

Visa können zwar theoretisch in der pakistanischen Botschaft in Delhi beantragt werden, aber es ist besser, man lässt sie sich schon in seinem Heimatland ausstellen.

wenige ausländische Reisende die Grenze zwischen Attari und Wagah, 30 km westlich von Amritsar. Allerdings kommen jeden Abend viele Leute hierher, um die seltsame Zeremonie zu bestaunen, die bei der abendlichen Grenzschließung am Grenzposten Attari-Wagah abläuft.

Sehenswertes

Grenzschließungszeremonie TOR
(Attari-Wagah) Jeden Abend kurz vor Sonnenuntergang treffen sich Mitglieder der indischen und pakistanischen Grenzsoldaten am Grenzposten zwischen Attari und Wagah, um an einer dreißigminütigen Militärzeremonie teilzunehmen, die wie eine Theatervorführung wirkt. Der offizielle Sinn dieser Zeremonie ist es, die Nationalflagge einzuholen und die Grenze für die Nacht zu schließen. Heraus kommt dabei allerdings eine ziemlich bizarre Mischung: Die Soldaten marschieren eher pseudo-formal und konkurrierend, halten die Flaggen nach oben, klopfen sich auf die Brust, stampfen mit den Füßen auf dem Boden auf und machen schon fast komisch hohe Schritte.

An- & Weiterreise

Von Amritsar aus fahren Busse nach Attari (30 ₹), dann ist es nur noch ein 2 km langer Spaziergang zum Grenzposten (oder man zahlt 10 ₹ für eine Fahrt mit der Autorikscha). Die Grenzzeremonie findet ein paar Hundert Meter hinter dem Grenzposten statt. Besucher dürfen Kameras bei sich tragen, aber keine Taschen, egal wie groß. Neben dem Eingangstor stehen Schließfächer zur Verfügung (50 ₹).

Die meisten Leute lassen sich von ihrem Hotel in Amritsar ein Taxi organisieren, das für 1500 ₹ gemietet werden kann. Man kann aber auch ein Sammeltaxi vom südöstlichen Tor des Goldenen Tempels nehmen (250 ₹/Pers.). Wer sich vor 15 Uhr am Prepaid-Taxistand aufhält, der bekommt auf jeden Fall eins.

Pathankot

☎0186 / 148 500 EW.

Die staubige Grenzstadt Pathankot ist ein Verkehrsknotenpunkt für die benachbarten Bundesstaaten Himachal Pradesh und Jammu & Kashmir, aber ansonsten ist hier kaum etwas zu sehen.

Am Busbahnhof von Pathankot gibt es eine **Pension** (Zi. 500 ₹) mit sehr einfachen Zimmern und einer Gemeinschaftsdusche. Unmittelbar vor dem Busbahnhof ist das **Hotel Comfort** (☎0186-2226403; Gurdaspur Rd; DZ ab 1890 ₹; ❄) die wahrscheinlich beste Übernachtungsmöglichkeit, wenn man vorhat, Pathankot am nächsten Morgen schnell und problemlos zu verlassen.

Am Busbahnhof von Pathankot gibt es ein paar einfache Restaurants für Durchreisende, die auf der Suche nach günstigem aber leckerem indischen Essen sind. Ein Snack kostet zwischen 60 und 100 ₹.

Am Bahnhof Pathankot Junction gibt es einen Kiosk von **Himachal Tourism** (☎0186-2220316; ⌚Mo–Sa 10–17 Uhr), an dem man wichtige Informationen über den Nachbarstaat Himachal bekommen kann.

An- & Weiterreise

Vom Bahnhof Pathankot Junction an der Gurdaspur Rd fahren von 4.15 bis 23.50 Uhr zwölf Züge pro Tag nach Amritsar (2. Klasse/ AC Chair Class 65/260 ₹, 2–3 Std.). Zehnmal am Tag fährt zwischen 2.20 und 20.05 Uhr ein Zug nach New Delhi (Schlafwagen/3AC/2AC 285/765/1095 ₹, 8 Std.).

Nach Dharamsala und McLeod Ganj gibt es tagsüber vier Fahrten mit der Schmalspurbahn zum Kangra Mandir (Sitzplatz 35 ₹, 5 Std.) mit Abfahrt um 6.45, 10, 13.20 und 15.50 Uhr.

Vom ebenfalls an der Gurdaspur Rd gelegenen Busbahnhof fahren jeden Morgen drei oder vier Direktbusse nach McLeod Ganj (170 ₹, 4 ½ Std.); ansonsten fährt man über Dharamsala (150 ₹, 4 Std.). Tagsüber gibt es häufige Busverbindungen nach Amritsar (100 ₹, 3 Std.), Chandigarh (280 ₹, 6 Std.), Dalhousie (110 ₹, 3 ½ Std.), Delhi (normal/Volvo mit Klimaanlage 520/1140 ₹, 11 Std.), Jammu (100 ₹, 3 Std.) und Manali (390 ₹, 11 Std.).

Bathinda

0164 / 218 000 EW.

Bathinda ist eine ruhige, freundliche Stadt, in die sich nur wenige ausländische Touristen verirren (ganz zu schweigen von indischen Touristen). Die Basare rund um den Busbahnhof lohnen einen Bummel, und man kann auch bei den Auktionsständen vorbeischauen, an denen die Bauern an bestimmten Tagen ihre landwirtschaftlichen Produkte feilbieten.

Sehenswertes

Govindgarh FORT

(Sonnenaufgang–Sonnenuntergang) GRATIS Unter all den verfallenen Festungen im Punjab ist Govindgarh in Bathinda die mächtigste und eindrucksvollste. Sie ist auch eine der ältesten: Ihre Geschichte reicht zurück bis ins 7. Jh., allerdings wurde sie in ihrer heutigen Form mit roten Backsteinen im 12. Jh. neu aufgebaut. Der gewaltige Bau mitten in der Stadt ist ein Highlight beim Besuch dieser Region. Die 36 m hohen und 6 m dicken Mauern thronen über den Basaren der Altstadt. Das Beste daran: Man kann die Festung kostenlos erkunden.

Anders als andere alte Forts in der Region, gibt es auf dem Gelände dieser Festung zwei Gurdwaras, weshalb sie auch öffentlich zugänglich ist. Man kann die Gurdwaras besichtigen, über das Rasengelände innerhalb der Mauern schlendern und sogar an einer Stelle bis zur Spitze der Festung hinaufklettern und den herrlichen Blick auf die Stadt bewundern. Unbedingt lohnt sich auch ein Bummel entlang der Außenseite des Forts. Die gewaltigen Außenmauern an der Westfront sind am eindrucksvollsten und ragen hoch über den *dhobi-wallahs* (Kleiderwäschern) und Baumwollwebern auf, die unten in den staubigen Straßen arbeiten.

Am Busbahnhof nach links gehen, am Kreisverkehr wieder links und dann ca. 1 km geradeaus laufen.

Schlafen

Hotel Appreciate HOTEL $

(0164-3201875; DZ ab 1650 ₹; ❄) Das Hotel Appreciate hat das beste Preis-Leistungs-Verhältnis unter den vielen Hotels in der Nähe des Busbahnhofs. Hinter der an Legosteine erinnernden Fassade des Hotels verbergen sich einfache Zimmer mit Klimaanlage, warmer Dusche und sauberen Bettdecken.

Hotel Stella BUSINESSHOTEL $$$

(0164-5015000; Barnala Bypass Rd; DZ mit Frühstück ab 4600 ₹; ❄ 📶 🏊) Für Bathindas Standards ist dieses schicke Businesshotel sehr gehoben. Die elegant eingerichteten Zimmer sind mit modernen Annehmlichkeiten versehen, und der Pool und die Bar auf der Terrasse sind genau das Richtige für faule Abende. Es gibt ein gutes Restaurant, in dem köstliche Gerichte aus dem Punjab und aus ganz Indien serviert werden. Das Hotel befindet sich etwa 2 km nördlich vom Busbahnhof.

Essen

Sagar Ratna SÜDINDISCH $

(GT Rd; Hauptgerichte 80–120 ₹; 11–22 Uhr; ❄ 🌱) Wer mal Abwechslung braucht vom Essen aus dem Punjab, der sollte in diesem authentischen südindischen Restaurant eine der vielen Dosas probieren. Es liegt direkt an der Hauptstraße. Zum Essen gibt's auch guten südindischen Kaffee.

Yellow Chilli MODERN INDISCH $$

(Barnala Bypass Rd; Hauptgerichte 150–300 ₹; 12–15 & 19–23 Uhr; ❄) In diesem stilvollen Restaurant kommt die moderne indische Küche in Form von kreativen Gerichten eines Starkochs nach Bathinda. Ein guter Ort zum Fisch- und Fleischessen.

An- & Weiterreise

Zehnmal täglich fährt ein Zug nach New Delhi (Schlafwagen/3AC 200/490 ₹, 5½–7 Std.). Zwischen 6.30 und 17.50 Uhr fahren jeden Tag fünf Züge nach Patiala (2. Klasse/AC Chair Class 80/260 ₹, 3 Std.).

Es gibt häufige Busverbindungen nach Amritsar (180 ₹, 4 Std.), Chandigarh (ohne/mit

Klimaanlage 250/480 ₹, 5 Std.), Faridkot (70 ₹, 1½ Std.) und Patiala (170 ₹, 3 Std.).

Faridkot

Faridkot war die Hauptstadt eines einst prächtigen Sikh-Staats, der im Laufe der Zeit untergegangen ist. Es ist eines der am wenigsten besuchten Städtchens im Punjab und ist weitgehend von Touristen unentdeckt.

Heute stolzieren hier Pfauen durch die alten Wehranlagen des einstmals gewaltigen **Qila Mubarak**. Das von einer 15 m hohen Mauer geschützte Fort war der Stammsitz der Maharadschas von Faridkot. In der Nähe befindet sich das vor Kurzem wieder aufgebaute **Tilla Baba Farid Ji**, ein alter Gurdwara, der dem aus dem 13. Jh. stammenden Sufi-Dichter Baba Sheikh Farid gewidmet ist, dessen Gedichte Guru Nanak, den Gründer der Sikh-Religion, inspirierten. In der Stadt liegen auch das **Raj Mahal**, die derzeitige Residenz der ehemaligen Königsfamilie, die in den 1880er-Jahren vom Fort hierher gezogen ist, der wunderschöne, 30 m hohe **Victoria Clock Tower** (erbaut 1902) eines französischen Architekten sowie die hübsche, hellgrüne **District Library**.

750 m vom Busbahnhof entfernt liegen ein paar Hotels. Vom Busbahnhof geht's nach links, am Kreisverkehr wieder links, dann die erste Straße nach rechts, und schon bald ist man da.

In den belebten Straßen rund um den Busbahnhof befinden sich ein paar rund um die Uhr geöffnete Lokale, in denen *parathas* und einheimische Gerichte serviert werden. Im **Hotel Trump Plaza** (☎9216800789; Kotkapura Rd; DZ ab 1650 ₹; ❄) und im **Sangam Hotel & Restaurant** (☎01639-252144; Kotkapura Rd; DZ ab 1420 ₹; ❄) gibt es gute Restaurants.

Das Hotel Trump Plaza bietet auch eine nette Bier-Bar.

ℹ An- & Weiterreise

Vom Faridkot fahren regelmäßig Busse nach Amritsar (120 ₹, 3 Std.), Bathinda (70 ₹, 1½ Std.), Chandigarh (240 ₹, 5 Std.) und Patiala (120 ₹, 2 Std.).

Kapurthala

Das ungewöhnliche Kapurthala war einst die Hauptstadt eines reichen, unabhängigen Staates. Der hiesige Maharadscha Jagatjit Singh war reisesüchtig. Er heiratete die spanische Flamencotänzerin Anita Delgado und ließ eine Vielzahl von Bauten errichten, die von seinen Reiseeindrücken inspiriert wurden.

Der **Jagatjit-Palast** (in dem heute die exklusive Sainik School untergebracht ist) wurde nach dem Vorbild von Versailles gestaltet, und die **Maurische Moschee** kopiert die Große Moschee von Marrakesch (Marokko). Weitere bemerkenswerte Bauwerke sind u.a. der **Jagatjit Club** und die **Jubilee Hall** im britischen Stil und die **Shalimar Gardens** (mit den Kenotaphen der Kapurthala-Dynastie).

Das **Hotel Ramneek** (☎9781322478; Sultanpur Rd; DZ ab 1650 ₹) in der Sultanpur Rd ist etwas gehobener als die anderen Budgetunterkünfte von Kapurthala. Im **Hotel Royal** (☎01822-505110; Jallandhar Rd; DZ ab 1100 ₹; ❄), 200 m vom Busbahnhof entfernt, gibt es auch ordentliche Zimmer mit Klimaanlage.

Im Ort findet man auch zahlreiche bodenständige Lokale, die zum Frühstück leckeren *paratha*-Joghurt und Gerichte aus eingelegtem *dhal-roti* servieren. Im Hotel Ramneek und im Hotel Royal gibt es gute Restaurants und im Hotel Ramneek auch noch eine nette Bar.

ℹ An- & Weiterreise

Um von Kapurthala nach Amritsar zu kommen, nimmt man einen Bus bis Subhanpur (10 ₹, 30 Min.) und steigt dort Richtung Amritsar (60 ₹, 1½ Std.) um. Zwischen 6 und 10.30 Uhr fahren vier Busse nach Faridkot (120 ₹, 2½ Std.).

HARYANA

Das im Westen und Nordwesten an Indiens Hauptstadt Delhi angrenzende, aufkeimende Haryana war im Lauf der Geschichte Nordindiens das Zentrum vieler wichtiger Ereignisse. Trotz der landschaftlichen Weiten und den boomenden Industrie-Hotspots gibt es im heutigen Haryana nur wenige Sehenswürdigkeiten, die ausländische Reisende anziehen. Außer einiger weniger interessanter Orte ist der Staat nicht sehr touristisch.

Kurukshetra (Thanesar)

☎01744 / 964 200 EW.

Laut der hinduistischen Lehre schuf Brahma das Universum in Kurukshetra (ehemals Thanesar). Zudem soll Krishna hier vor der

18-tägigen Schlacht von Mahabharata die Bhagavad Gita verkündet haben. An dieses Ereignis erinnert jedes Jahr das Festival Gita Jayanti (S. 219). Aufgrund der religiösen und mythologischen Bedeutung ist die Stadt voll von Pilgern, Sadhus und Studiengruppen, die die Zahl der anderen Besucher bei weitem übersteigen.

Englischsprachige Karten dieses Gebiets findet man am Eingang zum Sri Krishna Museum. Es gibt sie beim Kauf einer Eintrittskarte für das Museum umsonst dazu.

Sehenswertes

Brahmasarovar HISTORISCHE STÄTTE

GRATIS In Kurukshetra dreht sich alles um das heilige Brahmasarovar, Indiens größtes Zeremonienbecken. Den heiligen Hindu-Texten zufolge wurde das von Ghats gesäumte Becken von Brahma erschaffen. Tagsüber bevölkern Sadhus die Ghats, während die benachbarten Ashrams Szenen aus den Hindu-Epen und begehbare Modelle heiliger Stätten zeigen. In einem zentral gelegenen Park vor dem Komplex steht eine riesige, moderne Skulptur, die Krishna zeigt, wie er Arjuna in der Mahabharata die Bhagavad-Gita-Predigt hält.

Sheikh Chehlis Mausoleum MAUSOLEUM

(Inder/Ausländer 5/100 ₹; ⏲9–17 Uhr) Das beeindruckende Mausoleum aus dem 17. Jh. des Sufi-Mystikers Sheikh Chehli, der dem Mogulprinzen Dara Shikoh mit spirituellem Rat zur Seite stand, liegt in einem schönen Viertel, 2 km nordwestlich vom Stadtzentrum. Hinter dem Grabmal aus Back- und Sandstein erhebt sich ein Erdwall, der **Harsh Ka Tilla** genannt wird und über tausend Jahre älter ist als das Grabmal. Dort kann man Ruinen aus dem historischen Thanesar (7. Jh.) besichtigen, die sich über 1 km erstrecken.

Sri Krishna Museum MUSEUM

(Pehowa Rd; 30 ₹; ⏲10–17 Uhr) Das Sri Krishna Museum beherbergt eine eindrucksvolle Sammlung an Skulpturen, Reliefs und Gemälden sowie eine technisch nicht sehr fortschrittliche Multimedia-Ausstellung mit Dioramen, riesigen Statuen, surrealen Klängen und einem Labyrinth. Man findet hier auch einige seltene Ausstellungsstücke wie Palmblatt-Radierungen aus Orissa und Ausgrabungsstücke aus uralten Siedlungen des Indus-Tals. Es gibt eine einfache Kantine (vegetarisches Thali 80 ₹, Chai 10 ₹) mit einer Terrasse im Museumsgarten.

Schlafen & Essen

Yatri Niwas HOTEL $$

(☎01744-291615; Pipli-Jyotisar Rd; DZ ab 1750 ₹; ❄) Diese weiß getünchte Standardunterkunft der Regierung mit Rasen im Eingangsbereich verfügt über einfallslose, aber gut ausgestattete Zimmer mit gutem Preis-Leistungs-Verhältnis, Zimmerservice und Sicherheitskräften. Das Essen (vegetarische Thalis 130 ₹) im hauseigenen Restaurant, in dem auch Tagesgäste willkommen sind, ist sehr zu empfehlen. Das Anwesen liegt zu Fuß fünf Minuten vom Brahmasarovar entfernt.

Anreise & Unterwegs vor Ort

Die Busse zwischen Chandigarh (90 ₹, 2 Std.) und Delhi (160 ₹, 4 Std.) halten am National Highway bei Pipli, rund 6 km außerhalb von Kurukshetra. Sammelrikschas (20 ₹) befördern Besucher zwischen Bushaltestelle und Brahmasarovar.

Für rund 300 ₹ kann man sich eine private Rikscha mieten, die einen zu den Sehenswürdigkeiten der Stadt fährt.

Sultanpur Bird Sanctuary

48 km südwestlich von Delhi liegt das Sultanpur Bird Sanctuary inmitten verstreuter Feuchtgebiete. Der 145 ha große Nationalpark beheimatet über 250 einheimische und Zugvogelarten.

Sehenswertes

Sultanpur Bird Sanctuary NATURSCHUTZGEBIET

(Inder/Ausländer 5/40 ₹, Foto/Video 25/500 ₹; ⏲Mi–Mo 7–16.30 Uhr) Viele der Vogelarten, die in diesem Park ansässig sind, stammen aus weit entfernten Ländern wie Russland, China und Afghanistan. Zu den bekannteren gehören der Schneekranich, der Bunt- und Riesenstorch, der Rosa- und Zwergflamingo, die Krickente, der Springsittich und der Schwarzkopfibis. Am besten kann man diese gefiederten Wesen zwischen Oktober und März beobachten. Eine entspannte Tour durch den ganzen Park kann bis zu drei Stunden dauern.

Schlafen

Bird Sanctuary Tourist Complex HOTEL $$

(☎0124-2375242; DZ ab 1750 ₹; ❄) Der Touristenkomplex von Haryana Tourism grenzt direkt an den Park und liegt in einem Wäldchen. Hier gibt's ein paar ordentliche bis nette Zimmer, in denen man eine ruhige und entspannte Nacht verbringen kann. Im hauseigenen Restaurant bekommt man Snacks und größere Gerichte, die nach Absprache auch an Tagesgäste serviert werden.

Anreise & Unterwegs vor Ort

In dieser Gegend gibt es nur beschränkt öffentliche Verkehrsmittel. Es ist einfacher, sich von Delhi aus ein Taxi für einen Tagesausflug zu mieten (um die 1800 ₹). Wer nicht in die Staus der Rush Hour geraten möchte sollte früh losfahren.

Surajkund

20 km südlich von Delhis Zentrum liegt Surajkund, das nach dem **Sonnenbecken** aus dem 10. Jh. benannt wurde, das von Raja Surajpal, dem Anführer des sonnenanbetenden Tomar-Clans, errichtet wurde. Während des zweiwöchigen Festivals Surajkund Crafts Mela im Februar ist das Dorf gerammelt voll, aber sonst verirren sich kaum Besucher hierher.

Feste & Events

Surajkund Crafts Mela VOLKSFEST

(1.–15. Feb.) Eine bunte Zusammenkunft von Volkskünstlern, Kunsthandwerkern, Musikern und Tänzern aus ganz Nordindien: Auf diesem lebendigen Volksfest kann man sich bestens mit den künstlerischen und Volkstraditionen der Region vertraut machen. Hier werden Kunsthandwerk und andere Souvenirs von guter Qualität verkauft. Essensstände und kulturelle Vorführungen vervollständigen die Vielfalt der Unterhaltungsangebote.

Schlafen

★ **Vivanta By Taj** HOTEL $$$

(0129-4190000; www.vivanta.tajhotels.com; Shooting Range Rd; DZ ab 8400 ₹;) Ohne Zweifel der Favorit unter den wenigen Luxusunterkünften in unmittelbarer Nähe des Surajkund-Volksfests. Das elegante und stilvolle Hotel verfügt über sehr komfortable Zimmer mit Blick auf die gepflegten Gärten. Der Infinity Pool gehört zu den besten in Indien, und der großzügige Wellnessbereich ist der perfekte Ort für einen faulen Nachmittag.

Anreise & Unterwegs vor Ort

Spezielle Busse von **Haryana Tourism** (011-23324911; www.haryanatourism.gov.in; 36 Chander Lok Building, Janpath) fahren während des Volksfests von Delhi nach Surajkund. Sonst fahren Busse von Badarpur (10 ₹) hierher, wo man von Delhi aus mit der Metro hinkommt. Eine Tagestour von Delhi aus mit dem Taxi kostet um die 1000 ₹.

Jammu & Kaschmir (mit Ladakh)

Inhalt ➡

Gut essen

- Alchi Kitchen (S. 279)
- Bon Appetit (S. 260)
- Food Planet (S. 259)
- Falak (S. 305)
- Café Cloud (S. 268)

Schön übernachten

- Stok Palace Heritage Hotel (S. 265)
- Srinagar Houseboats (S. 294)
- Nimmu House (S. 278)
- Khyber Himalayan Resort & Spa (S. 301)
- Hidden North Guest House (S. 277)

Auf nach Jammu & Kaschmir!

In Jammu & Kaschmir (J&K) vereinen sich drei unterschiedliche Welten in einem Bundesstaat. Das hinduistische Jammu und Katra im Süden sind die Eisenbahnknotenpunkte des Staates und der Hauptanziehungspunkt für indische Pilger. Das muslimische Kaschmir ist die Schweiz Indiens: kühle Sommerluft, alpine Landschaften und romantische Hausbootunterkünfte in Srinagar locken unzählige einheimische Touristen. Für die meisten Ausländer ist die größte Attraktion aber die Himalajaregion Ladakh mit ihrer freundlichen, tibetisch geprägten Bevölkerung, die überwiegend buddhistisch ist. Klöster stehen in trockenen Schluchten und auf hohen Gipfeln, smaragdgrüne Dörfer liegen malerisch im Hochland.

Im politisch instabilen Kaschmir gibt's im Juli und August oft „saisonale" Schließungen, Demonstrationen und Ausgangssperren – der Streit um Kaschmir hat im 20. Jh. zu drei Kriegen geführt. In Ladakh hingegen ist es ausgesprochen ruhig und das einzige Problem, das man hier hat, ist die große Höhe, an die man sich langsam gewöhnen muss.

Reisezeit

Leh

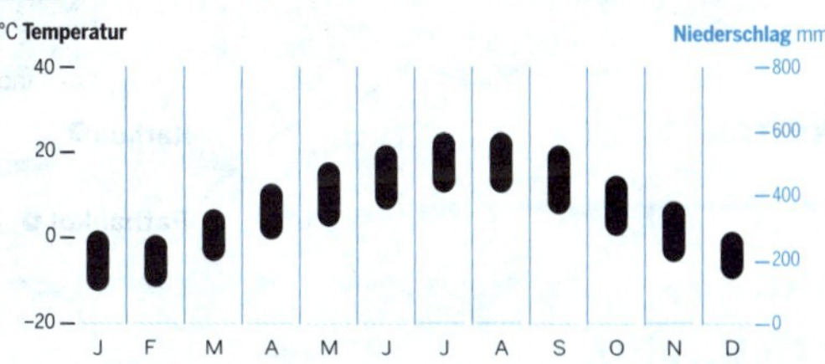

April–Juni Kaschmir blüht, ist aber voller indischer Touristen. Jetzt ist es hier am teuersten.

Juli–Aug. Perfekt für Ladakh; Regengüsse in Jammu. Pilger strömen nach Amarnath.

Dez.–März Skisaison in Gulmarg. In Ladakh finden Feste statt, es gibt aber keinen Zugang per Straße.

Highlights

1 In den mit Wandmalereien geschmückten **Gompas** (tibetisch-buddhistische Klöster) **im Indus-Tal** (S. 267) meditative Mantras murmeln

2 Auf einer stress- und autofreien Trekkingtour mit Übernachtung in Privatunterkünften im **Markha-Tal** (S. 269) die schroffe Schönheit Ladakhs bewundern

3 Auf einem Luxushausboot auf dem Dal-See in **Srinagar** (S. 294) relaxen und sich auf amüsante Art in die Raj-Ära zurückversetzt fühlen

4 Die beeindruckende Bergkulisse am surreal blauen See **Pangong Tso** (S. 275) bestaunen

5 Auf dem Weg zum atemberaubenden Sengge La die aufregend dramatische **Yapola-Schlucht** (S. 281) entdecken

6 Im Traveller-Ort **Leh** (S. 247) mit seinen mittelalterlichen Gassen und seinem Palast im Potala-Stil der indischen Sommerhitze entfliehen

7 Zwischen Kishtwar und Keylong die **K3** (S. 306), die „gefährlichste Straße der Welt", befahren

LADAKH

Spektakulär gezackte, karge Berge rahmen dieses magische buddhistische Ex-Königreich ein. Postkartenreife Gompas (tibetische buddhistische Klöster) thronen auf rauen Felsvorsprüngen zwischen weiß getünchten Stupas und *mani*-Mauern. Überall flattern bunte Gebetsfahnen im Wind und senden sinnbildlich spirituelle Botschaften aus. Gebetsmühlen, die im Uhrzeigersinn gedreht werden, erzeugen Mantras, die bei der Erlangung spiritueller Verdienste helfen sollen. Das Innere der Gompas ist mit bunten Wandgemälden und unzähligen Bodhisattva-Statuen geschmückt.

Trotz einer schnell steigenden Besucherzahl kann Ladakh dem Westen – was das ökologische Bewusstsein betrifft – viel beibringen. Obwohl die meisten Menschen in Ladakh in sehr ärmlichen Verhältnissen leben, sind ihre traditionellen Lehmziegelhäuser recht groß. Sie versorgen sich buchstäblich autark mit Benzin und Milchprodukten, Gemüse und Gerste, aus der *tsampa* (geröstetes Gerstenmehl) und *chhang* (Gerstenbier) gemacht werden.

Ladakh ist von dramatisch steilen Bergketten umgeben, die eine unvergessliche Landschaft bilden. Man darf aber nicht vergessen, dass die Fahrt nach Ladakh über hohe kurvenreiche Pässe führt, die von Oktober bis Mai (bei viel Schnee auch länger) komplett gesperrt sind.

Geschichte

Die Dynastie der (mittlerweile entthronten) Königsfamilie Ladakhs lässt sich über 39 Generationen bis ins Jahr 975 n. Chr. zurückverfolgen. 1470 eroberte ihr Stammvater Lhachen Bhagan, der von Basgo (S. 278) aus regierte, ein verfeindetes Ladakhi-Königreich, das seinen Sitz in Shey (S. 267) hatte. Die Familie nannte sich daraufhin Namgyal (siegreich). Obwohl Ladakh im 9. Jh. – kulturell gesehen – „tibetisiert“ wurde, gelangte der Buddhismus ursprünglich in einer indischen Form in die Region, was noch heute in der alten Handwerkskunst der Tempel in Alchi (S. 279) erkennbar ist. Lange Zeit kämpften die einzelnen buddhistischen Sekten um die Vorherrschaft; letztlich setzte sich als mehrheitliche Philosophie die tibetische Gelug-Schule durch, die im 14. Jh. vom tibetischen Pilger Tsongkhapa eingeführt worden war. Tsongkhapa hat in Spituk (S. 250) eine kuriose Reliquie hinterlassen.

Ladakhs bedeutender „Löwenkönig“ Sengge Namgyal (reg. 1616–1642) erlangte Reichtum, indem er die Goldschätze in Westtibet plünderte. Er verlegte die Hauptstadt wieder nach Leh. Bis in die 1840er-Jahre blieb Ladakh ein unabhängiges Königreich, dann wurde die Region von den Maharadschas von Jammu annektiert. Letztendlich übergaben die Namgyals den Palast von Leh an die Archaeological Survey of India und zogen sich auf ihren Sommerpalast in Stok (S. 264) zurück.

Heute besteht Ladakh aus zwei Verwaltungsdistrikten, die zu Jammu und Kaschmir gehören. Für das „kleine Tibet“, eine der letzten tantrisch-buddhistischen Gesellschaften der Welt, ist dies eine kulturell eigenartige Situation. Als 1974 erstmals der Besuch von Touristen gestattet wurde, gab es Befürchtungen, dass die Region schnell ihre Identität verlieren würde. Aber der seit Jahrzehnten bestehende traditionelle Lebensstil der Ladakhis erwies sich fremden Einflüssen gegenüber als erstaunlich robust, was teilweise auch darauf zurückzuführen ist, dass die Gegend saisonal unzugänglich ist. Inzwischen haben sinnvolle Technologien wie Solarenergie und Trombe-Wände zur thermischen Energiespeicherung dazu beigetragen, den Lebensstandard auf dem Land zu verbessern.

Mit dem Bau von Straßen und der sich daraus ergebenden Erreichbarkeit einst abgelegener Dörfer ging der Wandel in den letzten zehn Jahren jedoch schneller voran. 2010 wurde Ladakh von einem für die Jahreszeit ungewöhnlichen Wolkenbruch heimgesucht. Flutartige Überschwemmungen haben ganze Bereiche von Leh unterspült, was darauf hinweist, wie anfällig Ladakh auf den Klimawandel reagiert.

Klima

In Ladakhs kurzer touristischer Saison (Juli–Anfang Sept.) herrscht tagsüber meist mildes bis heißes T-Shirt-Wetter, es bleibt aber angenehm. Nachts kann es jedoch scheußlich kalt werden. Anfang Juli kann man hier Blumen und noch immer verschneite Berggipfel sehen, aber um höhere Pässe zu besteigen, ist der August geeigneter, da hier oft bis Mitte Juli Schnee liegt. In höheren Regionen kann die Temperatur selbst im Hochsommer bis auf 0 °C sinken. Im September ist Schnee in Höhenlagen keine Seltenheit, die Hauptpässe bleiben aber dennoch meist bis Oktober geöffnet. Im

TOP-FESTIVALS

Im westlichen J&K gibt es zahlreiche hinduistische Wallfahrtsorte. In Ladakh und Zanskar finden unzählige buddhistische Tempelfeste statt. Termine und detaillierte Informationen gibt's unter www.reachladakh.com.

Dosmoche (Feb.–Anfang März; Leh, Diskit, Likir) Buddhistisches Neujahr mit Maskentänzen; Bilder böser Geister des Vorjahres werden verbrannt oder in die Wüste verbannt.

Matho Nagrang (S. 267; Feb.–März; Matho) Die Orakel des Klosters führen mit verbundenen Augen Kunststücke auf und nehmen rituelle Verstümmelungen vor.

Amarnathji Yatra (S. 303; Juli–Mitte Aug.; Amarnath) Hindu-Pilger ziehen hinauf nach Amarnath.

Ladakh Festival (20.–24. Sept.; Leh) Karnevalartige Eröffnungsparade, buddhistische Tänze, Polo, Musik und Bogenschießen.

Losar (Dez.; Ladakh, Zanskar) Das tibetische Neujahrsfest wird in Ladakh zwei Monate früher gefeiert.

Chandi Mata Yatra (Aug.) Zehntausende unternehmen die landschaftlich schöne, zweitägige Wanderung (oder den 7-minütigen Hubschrauberflug) nach Machail.

Winter fallen die Temperaturen auf unter -20 °C – Straßen und die meisten touristischen Einrichtungen sind dann geschlossen.

Man kann in Ladakh oft die Sonne genießen (im Durchschnitt gibt es 300 Tage Sonnenschein pro Jahr), aber Stürme können sehr schnell aufziehen.

Sprache

Obwohl sich die Schriftsprachen Tibets und Ladakhs der gleichen Buchstaben bedienen, sind die beiden Sprachen grundlegend unterschiedlich. Das wunderbare Allzweckwort *jule* (*dschuh*-lej ausgesprochen) bedeutet „hallo", „auf Wiedersehen", „bitte" und „danke". Auf die Begrüßung *khamzang* antwortet man einfach mit *khamzang*. *Zhimpo-rak* bedeutet „das ist köstlich".

Wer noch weitere Redewendungen lernen möchte, dem sei Rebecca Normans ausgezeichnetes Buch *Getting Started in Ladakhi* (200 ₹) empfohlen, das auch noch viele hilfreiche Kulturtipps enthält.

Leh

01982 / 46 300 EW. / 3520 M

Nur wenige Orte in Indien sind so touristenfreundlich und zugleich so bezaubernd und stressfrei wie das von Bergen umrahmte Leh. Die Altstadt mit ihren Stupas und bröckelnden Lehmziegelhäusern wird beherrscht von steilen Felsgraten, die von einem imposanten Palast und einer Festung im tibetischen Stil gekrönt sind. Unterhalb davon befindet sich das wuselige Marktviertel mit seinen unzähligen Reisebüros, Andenkenläden und Tandur-Pizza-Restaurants. Doch das Netz aus engen Gassen weicht schnell den grünen Vororten mit einem Patchworkteppich aus bewässerten Gerstenfeldern. Hier führen rauschende Bäche und schmale Gassen zu den traditionellen Ladakh-Häusern und Hotels mit Flachdächern, massiven Mauern und verschnörkelten Holzfensterrahmen. Leh ist ein Ort, in den man sich nur allzu schnell verliebt – aber man sollte es sachte angehen lassen. Direkt nach der Ankunft fordert die Höhe ihr Tribut. Man sollte ein paar Tage zum Akklimatisieren einplanen, bevor man sich in die vielen Abenteuer stürzt, die diese Gegend zu bieten hat.

Sehenswertes

Zentrum von Leh

★ Leh-Palast PALAST

(Karte S. 248; Inder/Ausländer 10/200 ₹; Sonnenaufgang–Sonnenuntergang) Der neunstöckige, graubraune Palast, der ein wenig an den Potala-Palast in Lhasa (Tibet) erinnert, ist das dominierende Bauwerk und die architektonische Ikone Lehs. Er wurde im 17. Jh. unter König Singge Namgyal errichtet, war aber weitgehend unbewohnt, seit die königliche Familie Ladakhs entmachtet wurde und 1846 nach Stok umzog. Heute befinden sich hinter den massiven Mauern ein paar Ausstellungsräume und ein kleiner Gebetsraum. Am schönsten ist es aber, den Weg hinauf auf die obersten Dächer in Angriff zu

Leh Zentrum

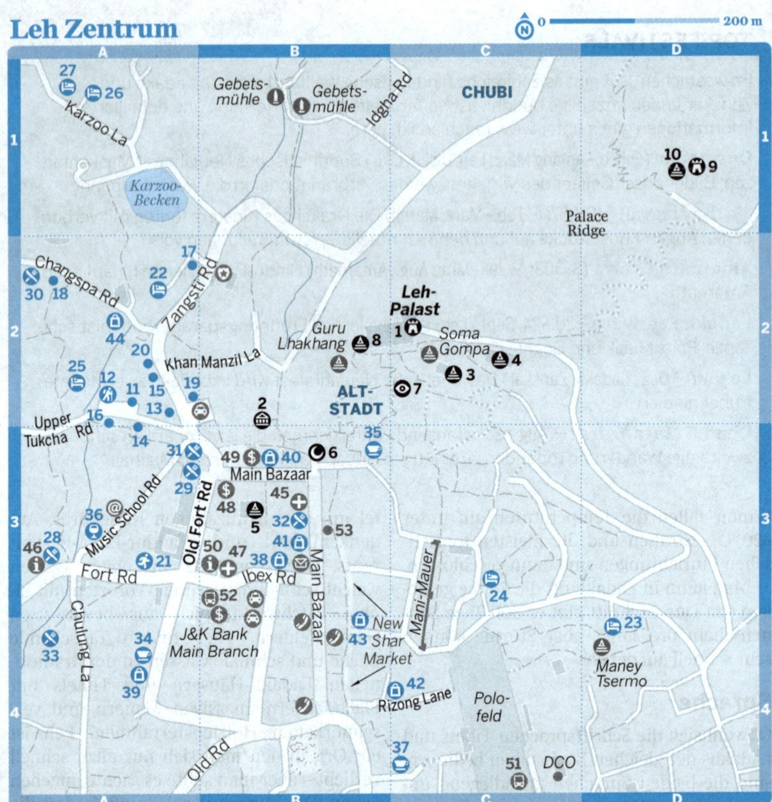

nehmen, um von dort oben die Aussicht zu genießen.

Zu den interessanten Bauten rund um den Palast gehören der markante **Namgyal Stupa** (Karte S. 248), die mit farbenfrohen Wandbildern geschmückte **Chandazik Gompa** (Chenrezi Lhakhang; Karte S. 248; 30 ₹; ca. 8–18 Uhr) und der 1430 erbaute **Chamba Lhakhang** (Karte S. 248) mit Fragmenten mittelalterlicher Wandgemälde zwischen den Innen- und Außenmauern. Man kann sich allerdings nicht darauf verlassen, dass diese Gebäude geöffnet sind.

Altstadt von Leh STADTVIERTEL

Hinter der fantasievoll gestalteten **Jamia Masjid** (Karte S. 248; Main Bazaar), einer sunnitischen Moschee nur für Männer, winden sich Gassen und Treppen unter und zwischen vielen alten, für Ladakh typischen Lehmziegelhäusern und verwitterten *chorten* hindurch. Die Gassen sind schon eine Attraktion für sich, aber auch einige Gebäude wurden besonders schön restauriert, darunter zwei Villen aus dem 17. Jh., die heute das Kunst- und Kulturzentrum **LAMO** (Ladakh Arts & Media Organisation; Karte S. 248; 01982-251554; www.lamo.org.in; mit/ohne Führung 100/50 ₹; Mo–Sa 11–17 Uhr) beherbergen.

Central Asian Museum MUSEUM

(Karte S. 248; www.tibetheritagefund.org; empfohlene Spende 50 ₹; wechselnde Öffnungszeiten) Der spitz zulaufende, vierstöckige Steinturm gehört zu Lehs bemerkenswertesten Gebäuden. Er wurde im 21. Jh. errichtet, sein Design basiert aber auf einer historischen Lhasa-Villa mit einer Zugbrücke, wie sie für Festungen üblich sind. Die Ausstellung ist recht überschaubar, doch die kleinen Foto-Essays *Faces of Ladakh* im obersten Stockwerk stimmen nachdenklich.

Chokhang Vihara BUDDHISTISCHER TEMPEL

(Karte S. 248; Main Bazaar; ca. 5–20 Uhr) Obwohl dieser Tempel aus dem 20. Jh. nur we-

Leh Zentrum

nige Schritte vom Gewusel auf dem Main Bazaar entfernt ist, bietet er mit seinem großen Hof und den gestutzten Weiden doch eine Oase relativ meditativer Ruhe. Im Inneren begrüßt ein Mönch mit seinem schnellen Sprechgesang eintretende Bittsteller und segnet ihre Gebetsfahnen und Wimpel.

Tsemo-Fort FESTUNG

(Karte S. 248; 20 ₹; ⏲10–18 Uhr) Das wirklich von jedem Punkt in Leh aus zu sehende Tsemo-(Sieges-)Fort aus dem 16. Jh. ist ein sehr markantes Wahrzeichen, das hoch oben auf dem Grat über dem Palast thront. Innen ist allerdings außer einem winzigen buddhistischen Schrein nicht viel zu sehen. Die direkt darunter liegende **Tsemo Gompa** (Karte S. 248; 30 ₹; ⏲7.30–18 Uhr) besteht aus zwei kleinen Tempelgebäuden aus dem 15. Jh. In einem der Tempel befindet sich ein 8 m großer Maitreya-Buddha mit vergoldetem Gesicht, in dem anderen ein stimmungsvoller *gonkhang*-Raum mit Schutzgottheiten.

Großraum Leh

Gomang Stupa BUDDHISTISCHE STÄTTE

(Karte S. 252) Dieser weiß getünchte Stupa aus dem 9. Jh. erhebt sich in konzentrischen, gezackten Schichten in die Höhe und wird von zahlreichen *chorten* flankiert. Die vor Kurzem erfolgte Restaurierung schmälert die altertümliche Aura ein wenig, doch die friedliche, schattige Lage sorgt noch immer für eine erfrischend spirituelle Auszeit vom touristisch geprägten Trubel Changspas rundherum.

Shanti Stupa BUDDHISTISCHE STÄTTE, AUSSICHTSPUNKT

(Karte S. 252; ⏲ Sonnenaufgang–21 Uhr) Dieser gigantische, weiße, hoch oben auf einem felsigen Grat thronende Stupa mit Spitze wurde zwischen 1983 und 1991 von japanischen Mönchen zur Förderung des Weltfriedens errichtet.

Sankar STADTVIERTEL

(Karte S. 252) Wer Lust auf einen netten Spaziergang hat, folgt den Kanälen in das faszinierende und relativ gut zugängliche Gebiet rund um die kleine **Sankar Gompa** (30 ₹) und das aus einem Raum bestehende **geologische Museum** (☎ 9419178704; www.ladakhrocksminerals.com; 50 ₹; ⏲ Mai–Aug. 10.30–13 & 14–19 Uhr). Wer in den Genuss einer schönen Aussicht kommen möchte, geht 1 km weiter bergauf zum lobenswerten **Donkey Sanctuary** (☎ Tsering Motup 8492812133; www.donkeysanctuary.in; Korean Temple Rd) oder zum in der Nähe gelegenen **Tisseru Stupa** (Tisuru Rd, Upper Leh) GRATIS aus dem 11. Jh., einer gedrungenen, teilweise restaurierten Lehmziegelruine, die wie eine halbfertige *ziggurat* (Stufenpyramide) aussieht.

Außerhalb der Stadt

Spituk Gompa BUDDHISTISCHES KLOSTER

(Pethub-Galdan-Targailing-Kloster; ☎ 01982-260036; www.spitukmonastery.org; Spituk; empfohlene Spende 30–50 ₹; ⏲ 7–18.30 Uhr) Die imposante Spituk Gompa wurde im späten 14. Jh. als See-Thub („beispielhaftes") Kloster gegründet und bietet einen schönen Blick auf das Indus-Tal mit seinen diversen Lehmbauten, die sich malerisch über einen steilen Hügel in Richtung Spituk verteilen. Lohnenswert ist auch der Anstieg über die Außentreppe hinauf zum dreistöckigen *latho* (Seelenschrein) und zum **gonkhang** (⏲ 7–18.30 Uhr), in dem die Schutzgötter des Klosters aufbewahrt werden.

Hall of Fame MUSEUM

(Leh-Spituk Hwy km 428; Inder/Ausländer/Foto 25/50/50 ₹; ⏲ 9–13 & 14–19 Uhr) Zwei Räume dieses großen, schön gestalteten Museums sind der Geschichte und Kultur Ladakhs gewidmet. Die Hall of Fame gedenkt aber vorwiegend der Rolle der indischen Armee in Ladakh, von der Hilfe nach Unwettern im Jahr 2010 bis zu den Kriegen mit Pakistan im Hochgebirge im 20. Jh. Gezeigt wird auch ein 30-minütiger Film über den Kargil-Krieg von 1999.

3D-Mandala BUDDHISTISCHE STÄTTE

(Trans Himalayan Cultural Centre) Ein wahrhaft riesiges Mandala-Lebensrad von der Größe eines Fußballfelds wird zurzeit mit Unterbrechungen am Nordrand der Stadt errichtet. Zugang ist von der Straße, die zum netten, urwüchsigen Dorf Gonpa (S. 250) führt. Einen besseren Blick auf das Mandala hat man aber vom Nubra Hwy, etwa bei Km 6.

Gonpa DORF

Das von Touristen nur sehr selten besuchte Dorf liegt ca. 4 km nördlich vom Zentrum Lehs. Es ist ein postkartenreifes Fleckchen mit traditionellen Häusern und kleinen buddhistischen Gedenkstätten. Eine kleine *gompa* steht oberhalb des Fernmeldeturms und darüber ein *chorten* auf einem steinigen Bergrücken. Herrliche Aussicht.

Aktivitäten

Bergsteigen

In Ladakh gibt's 118 „offene" Sechstausender, von denen kaum einer in Schwierigkeitsgrade eingestuft ist (Liste s. unter www.indmount.org/openpeaksjandk.aspx). Ein beliebter Gipfel ist der 6121 m hohe **Stok Kangri** (Kanglha-jhal; ⏲ Juni–Aug.), der dreieckige, schneebedeckte „Trekking-Gipfel", der von Leh aus fast immer direkt auf der anderen Seite des Tals zu sehen ist. Er kann zwar auch mit wenig Bergsteigererfahrung bestiegen werden, doch für die obersten Hänge benötigt man Eisäxte, Seile, Steigeisen, gute Kondition und einen erfahrenen Führer. Außerdem ist es unbedingt notwendig, sich vor der Tour zu akklimatisieren, denn akute Höhenkrankheit ist hier schon allzu oft zu einem schwerwiegenden Problem geworden. Auch Genehmigungen sind erforderlich (Inder/Ausländer frei/50 US$). Von Stok aus betreibt die gut organisierte Agentur **Ladakh Mitra** (Karte S. 250; ☎ 9419999830, 9596929195; www.ladakhmitra.com; 1. OG, Unit 17, Hemis Complex, Upper Tukcha Rd; ⏲ Mai–Mitte Okt. 10–19 Uhr) eine Reihe von Zeltlagern an der Strecke, sodass man sich mit nur wenig Gepäck auf den Weg nach oben machen kann. Wenn die Gruppe aus mindestens vier Teilnehmern besteht, muss man für das Sechs-Tages-Paket mit mindestens 16 000/19 000 ₹ für Inder/Ausländer rechnen, inklusive Genehmigungen, Essen, Übernachtung, Kletterausrüstung und Transport. Eine Klettertour allein mit einem privaten Führer kostet 27 000/30 000 ₹, eine Gruppe aus zwei oder drei Teilnehmern kostet nicht viel weniger. Auf keinen Fall

Handschuhe, Stirnlampe und Sonnenbrille vergessen.

Ein guter Ort, um andere Bergsteiger zu treffen oder seine Griffe zu üben, ist das kleine Boulder-Café **GraviT** (Karte S. 248; www.facebook.com/GraviT.Leh; 2. OG, Raku Complex, Fort Rd; Kletterwand 80 ₹/Std., Exkursionen 2000 ₹/Tag; ⌚16–20.30 Uhr), das sonntags auch Expeditionen zu Kletterplätzen in der Nähe von Shey und das alljährlich stattfindende **Suru Boulder Fest** (www.facebook.com/Suru.boulder; ⌚Ende Aug.) organisiert.

Meditation & Yoga

Im Sommer bieten verschiedene Einrichtungen Yoga, Reiki und Meditation an. In der Changspa Rd Ausschau halten nach Flyern. Das alteingesessene **Mahabodhi Centre** (Karte S. 252; ☎01982-251162; www.mahabodhi-ladakh.org; Changspa Rd; ⌚Mai–Mitte Sept. Mo–Sa) bietet eine Reihe von Sitzungen an, an denen man ohne Voranmeldung teilnehmen kann. Das Mahabodhi Centre und **Open Ladakh** (Karte S. 248; ☎9419983126, 9906981026; www.openladakh.com; Unit 23-24, Hemis Complex, Upper Tukcha Rd) haben auch längere Aufenthalte in Choglamsar bzw. Stok im Angebot.

Radfahren

Wer Lust hat, die grandiose Landschaft rund um Leh auf aufregende und fast mühelose Art zu genießen, kann den **Khardung La** hinunterrasen. Ein Jeep bringt Gäste und ihre Fahrräder hinauf auf den „höchsten Straßenpass der Welt" und die Schwerkraft sorgt dafür, dass man wieder hinunterkommt. Die ersten 14 km (oberhalb des Militärcamps South Pullu) sind aber von Schlaglöchern und Wasserläufen übersät, sodass es (vielleicht) besser ist, den oberen Abschnitt nicht in Angriff zu nehmen und einfach nur die letzten 25 km auf der neu asphaltierten Straße nach Leh hinunterzurollen. Je nach Teilnehmerzahl kostet der Spaß zwischen 1000 und 1500 ₹ pro Person inklusive Fahrrad und Begleitfahrzeug.

Eigentlich ist für den oberen Abschnitt des Passes eine Genehmigung erforderlich, manchmal verzichten die Veranstalter aber darauf. Wir wurden noch nie nach Papieren gefragt. Buchen kann man einen Tag im Voraus bei **Summer Holidays** (Karte S. 248; ☎9906985822; www.mtbladakh.com; Zangsti Rd) oder bei **Himalayan Bikers** (Karte S. 252; ☎9469049270, 9906989109; www.himalayanbikers.com; Changspa; ⌚Ende Mai–Mitte Sept. 7.30–21.30 Uhr). Beide verleihen auch Mountainbikes (500–700 ₹/Tag).

Rafting & Kajakfahren

Im Sommer organisieren zahlreiche Veranstalter täglich Raftingexkursionen durch die grandiose Canyonlandschaft. Erfahrene Paddler können gegen einen Aufpreis von ca. 50 % in einem Kajak folgen. Man sollte darauf gefasst sein, klatschnass zu werden. Die relativ einfache Fahrt von Phey nach Nimmu (Grad II, Anfänger, Mitte Juli–Ende Aug.) kostet in der Regel 1200 ₹; die anspruchsvollere und malerischere Fahrt von Chilling nach Nimmu (Grad III, Ende Juni–Anfang Sept.) kostet normalerweise um die 1600 ₹ inkl. Ausrüstung und Mittagessen

WASSER- & UMWELTSCHUTZ IN LEH

Wasser ist kostbar – die Bäche, die buchstäblich neben jeder Straße sprudeln, sind kein Zeichen dafür, dass es Wasser im Überfluss gibt. Sie sind vielmehr Teil eines ausgeklügelten Systems aus Bewässerungskanälen, das Leh davor bewahrt, sich wieder in eine staubige Bergwüste zu verwandeln. Jeder Versuch, Wasser zu sparen, ist ein Schritt in die richtige Richtung. Wer sich mittels eines Eimers mit warmem Wasser wäscht, verbraucht viel weniger Wasser als beim Duschen, und in einigen Pensionen gibt es traditionelle ladakhische Plumpsklos, die ganz ohne Wasser auskommen und menschliche Fäkalien in Kompost umwandeln. Man darf aber nichts in das Loch werfen, was nicht biologisch abbaubar ist, denn ein oder zwei Jahre später landet alles auf den Feldern der Bauern.

In den Pensionen gibt es nur selten Toilettenpapier (man muss es sich selbst kaufen) und es darf in der Regel nicht runtergespült werden: wenn vorhanden, bitte den Plastikeimer benutzen.

Damit Leh nicht in einem Meer aus Plastikflaschen erstickt, sollte man gereinigtes, unter Hochdruck gekochtes Wasser nachfüllen, das von der Umweltorganisation **Dzomsa** (S. 261) für 7 ₹ pro Liter zur Verfügung gestellt wird. Außerdem gibt es dort eine umweltfreundliche Wäscherei (95 ₹/kg) sowie *tsestalulu-* (Sanddorn-) und Aprikosensäfte aus der Region, die ohne Verpackung auskommen.

Leh

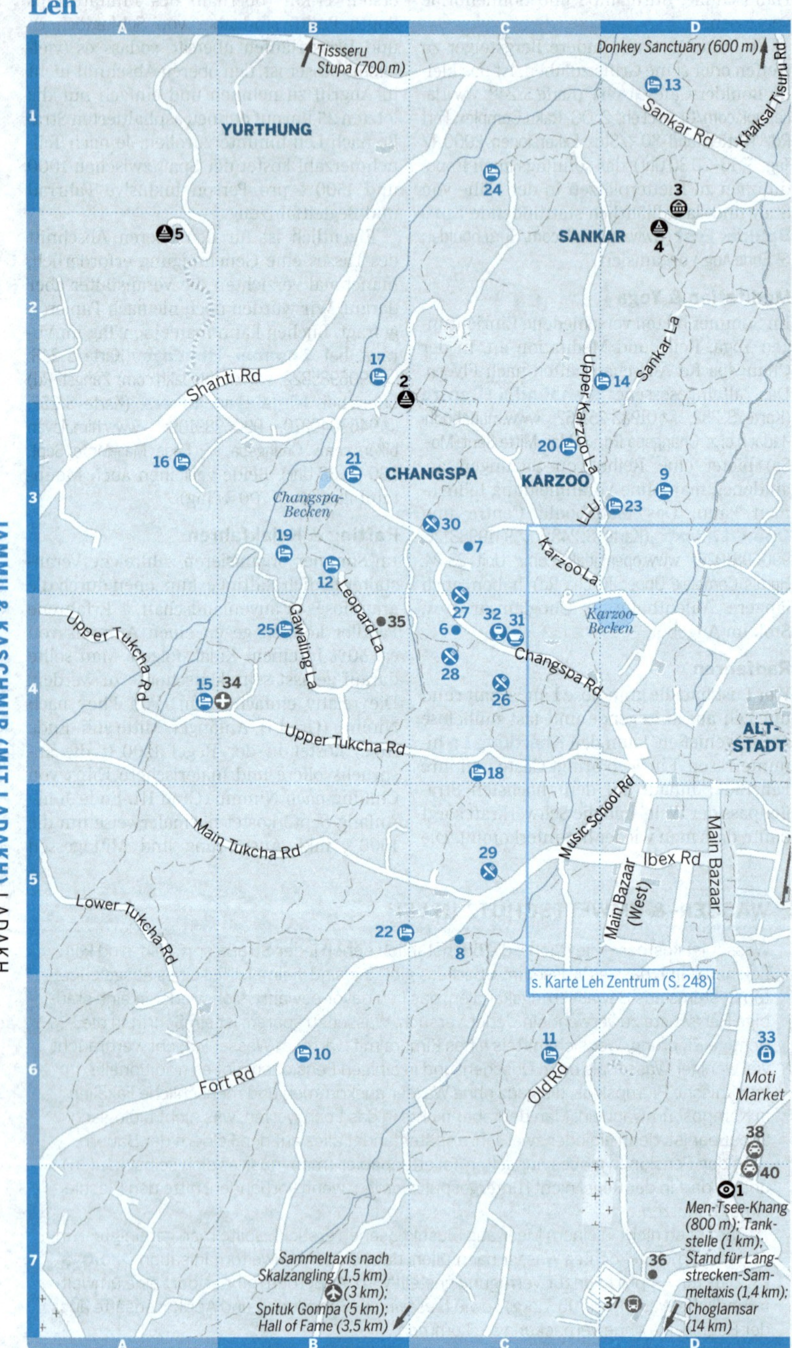

Tissseru Stupa (700 m)
Donkey Sanctuary (600 m)
Khaksal Tisuru Rd
Sankar Rd
YURTHUNG
SANKAR
CHANGSPA
KARZOO
Shanti Rd
Upper Karzoo La
Sankar La
Changspa-Becken
Karzoo La
Karzoo-Becken
Leopard La
Gawalling La
Upper Tukcha Rd
Changspa Rd
ALT-STADT
Music School Rd
Main Tukcha Rd
Ibex Rd
Main Bazaar
Main Bazaar (West)
Lower Tukcha Rd
s. Karte Leh Zentrum (S. 248)
Fort Rd
Old Rd
Moti Market
Men-Tsee-Khang (800 m); Tankstelle (1 km); Stand für Langstrecken-Sammeltaxis (1,4 km); Choglamsar (14 km)
Sammeltaxis nach Skalzangling (1,5 km)
(3 km);
Spituk Gompa (5 km);
Hall of Fame (3,5 km)

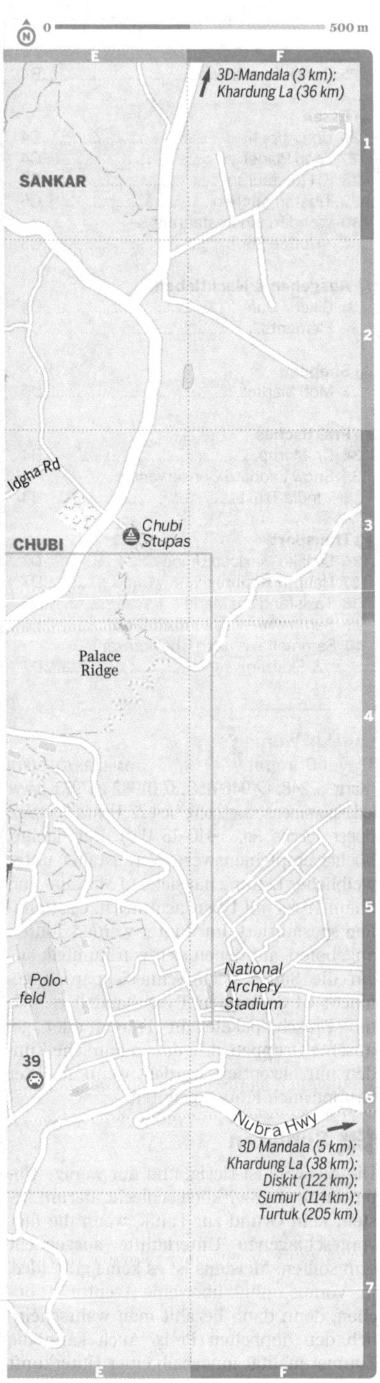

(Extra-Trinkwasser nicht vergessen). Zu den vertrauenswürdigen Spezialisten gehören **Rimo** (Karte S. 248; ☎01982-253348; www.rimoriverexpeditions.com; Zangsti Rd; ⌚Juli & Aug. 5.30–21 Uhr, Mai, Juni & Sept. 9–17 Uhr), **Wet'n'Wild** (Karte S. 248; ☎01982-255122, 9419819721 9622967631; www.wetnwildexplorations.com; Fort Rd; ⌚Mitte Mai–Ende Sept.) und **Splash Adventures** (Karte S. 248; ☎9622965941; www.splashladakh.com; Zangsti Parking). **Luna Ladakh** (Karte S. 248; ☎9419977732; www.lunaladakh.com; Zangsti Rd; ⌚Juni–Aug.) bietet Rafting als Abschluss einer Kombitour an, die Mountainbiken (von Spituk nach Zingchen) und Trekken (von Zingchen nach Chilling mit Übernachtung in Gastfamilien) umfasst und für zwei Personen bei drei/vier Tagen 16 000/20 000 ₹ kostet. Bei mehr Teilnehmern wird es billiger.

Wenn sich genug Interessenten finden, bieten Wet'n'wild und Rimo Gruppenexpeditionen an, die den Fluss Zanskar von Zangla nach Nimmu hinunter führen (3 Tage Rafting, 3 Tage Reisen). Der bekannte Brite und Himalaja-Fluss-Veteran, Darren Clarkson-King, veranstaltet mit **Pureland Expeditions** (www.purelandexpeditions.com) Rafting-Pakete den ganzen Zanskar hinunter.

Trekking & Jeepsafaris

Die Auswahl an möglichen Treks ist phänomenal. Der klassische mehrtägige Trek führt durch das straßenlose, wunderschöne Markha-Tal (S. 269). Eine eintägige, kaum zu übertreffende Schnuppertour ist der Rumbak-Yurutse-Trek. Beide Touren sind problemlos ohne Führer machbar und man braucht auch nur wenig Gepäck.

Die beliebtesten Jeepsafaris führen hinauf zum Bergsee Pangong Tso (S. 275) und durch das schöne Nubra-Tal. Man benötigt die Hilfe einer Agentur, auch wenn es nur für die Beschaffung der Genehmigung ist, die Ausländer für viele Gebiete in Nordladakh brauchen.

Unzählige Agenturen bieten Trekkingpakete, Jeeptouren, Rafting, Radtouren und die Beschaffung von Genehmigungen an. Nur wenige scheinen durchweg schlecht zu sein, aber viele sind nicht sehr zuverlässig. Ein entscheidender Faktor ist oft, welche Agentur gerade am gewünschten Tag mit einer Gruppe startet. Man sollte Gleichgesinnte um aktuelle Empfehlungen bitten und sich in der Changspa Rd und am östlichen Ende der Upper Tukcha Rd umsehen, denn dort gibt es viele Agenturen. Wir fanden die kleinen Veranstalter **Higher Himalaya** (Karte

Leh

Sehenswertes

1 Friendship Gate ... D7
2 Gomang Stupa ... B2
3 Ladakh Rocks & Minerals Museum ... D1
4 Sankar Gompa ... D2
5 Shanti Stupa ... A2

Aktivitäten, Kurse & Touren

6 Himalayan Bikers ... C4
7 Mahabodhi Centre ... C3
8 Yama Adventures ... C5

Schlafen

9 All View ... D3
10 Almighty Guesthouse ... B6
11 Chonjor Residency ... C6
12 Chow Guest House ... B3
13 Deskit Villa ... D1
14 Destination Guesthouse ... D2
15 Gangs-Shun ... A4
16 Goba Guest House ... A3
17 Gomang Boutique Hotel ... B2
18 Haldupa Guest House ... C4
19 Kunzang ... B3
20 Kurja Garden House ... C3
21 Ladakh Residency ... B3
22 Lha-Ri-Mo ... B5
23 Lotus Hotel ... D3
24 Tsetan Guest House ... C1
25 Zaltak Guesthouse ... B4

Essen

26 Bon Appetit ... C4
27 Food Planet ... C4
28 KH Restaurant ... C4
29 Tibetan Kitchen ... C5
30 Wonderland Restaurant & Coffee Shop ... C3

Ausgehen & Nachtleben

31 Bikers' Café ... C4
32 Elements ... C4

Shoppen

33 Moti Market ... D6

Praktisches

34 Dr. Morup ... B4
35 Snow Leopard Conservancy India Trust ... B4

Transport

36 Ladakh Maxicab Union ... D7
37 Hauptbusbahnhof ... D7
38 Taxistand am Markt ... D6
39 Sammeljeep-Taxis nach Diskit ... E6
40 Sammeltaxis nach Choglamsar & Skalzangling ... D7

S. 248; ☎9419333393; www.higherhimalaya.com; Zangsti Rd), **Hidden North** und **Shayok** (Karte S. 248; ☎9419342346, 9419888902; www.shayoktours.com; Changspa Rd) besonders ehrlich, konkurrenzfähig und hilfreich was Trekkinginfos und die kurzfristige Organisation von Jeeptouren angeht. Wer für Gruppen im Voraus Buchungen vornehmen will, sollte sich an zuverlässige, alteingesessene, etwas teurere Agenturen wenden, z.B. an **Yama** (Karte S. 252; ☎01982-257833, 9419178763, 9406228456; www.yamatreks.com; Fort Rd), **Wild East** (Karte S. 248; ☎01982-257939; www.wildeastadventure.com; Hemis Complex, Upper Tukcha Rd) oder **Gesar** (Karte S. 248; ☎01982-251684; Hemis Complex 16, Upper Tukcha Rd).

Hidden North Adventures WANDERN & TREKKEN

(Karte S. 248; ☎01982-258844, 9419218055; www.hiddennorth.com; LBA Shopping Complex, Zangsti Rd DB2; ⏲Mitte März–Mitte Okt.) Tashi hat zwei Jahrzehnte Erfahrung als Guide und jede Menge interessante Trekkingalternativen auf Lager, wenn man mal etwas anderes als die typischen Routen unternehmen möchte. Einige Touren beginnen an seiner eigenen Pension in Phyang.

Ladakhi Women's Travel Company WANDERN & TREKKEN

(Karte S. 248; ☎9469158137, 01982-257973; www.ladakhiwomenstravel.com; Unit 22, Hemis Complex, Upper Tukcha Rd; ⏲10–18 Uhr) Der kleine, höchst empfehlenswerte Veranstalter unter weiblicher Leitung hat sich auf Markha- und Sham-Treks mit Übernachtung in Gastfamilien spezialisiert. Im Winter werden Touren angeboten, auf denen sich von Rumbak aus auf die Suche nach Schneeleoparden gemacht wird. Bei den Treks handelt es sich um Pauschalpakete für Frauen oder gemischte Gruppen, d.h. dass männliche Kunden nur akzeptiert werden, wenn zu ihrer Gruppe auch Frauen gehören.

Schlafen

Die Auswahl ist riesig, und nur wenige Unterkünfte sind wirklich schlecht, darum besteht kein Grund zur Panik, wenn die hier vorgeschlagenen Unterkünfte ausgebucht sein sollten. Meistens ist es keine gute Idee, im Voraus online über eine Agentur zu buchen, denn dann bezahlt man wahrscheinlich den doppelten Preis. Auch kann die Zimmerqualität innerhalb einer Unterkunft beträchtlich schwanken. Wenn möglich, sollte man sich ein paar Zimmer vor dem Einchecken anschauen.

Die meisten Unterkünfte sind im Winter geschlossen.

Die allerbilligsten Bleiben findet man in den Seitengassen von Upper Changspa, Privatunterkünfte/Pensionen mit Garten gibt's für ca. 800 ₹ in Upper Karzoo und in den etwas schickeren Familienpensionen in Upper Tukcha kostet ein Zimmer mit Bad 1200 ₹. In vielen Gegenden gibt es jetzt eine Reihe neuer Hotels. Sie sind alle recht ähnlich und beherbergen vorwiegend indische Reisegruppen. Die Zimmer kosten hier zwischen 3500 und 5000 ₹, sind aber – abgesehen von der Bereitstellung von Handtüchern und Toilettenpapier – in vielen Fällen nicht viel besser als die in einer guten Pension. Einige dieser Hotels befinden sich am Ende der staubigen Fort Rd oder außerhalb in Skara ca. 3 km vom Zentrum entfernt.

Weiter draußen in Sankar und Yurthung kann man idyllisch und ruhig übernachten, hat aber abends einen recht langen, dunklen Weg aus der Stadt vor sich. Taxis kosten tagsüber 150 bis 200 ₹, später am Abend verschwinden sie allerdings von der Bildfläche.

Zentrum von Leh

Saiman Guest House PENSION $

(Karte S. 248; unweit Upper Tukcha Rd; Zi. 700–1200 ₹, ohne Bad 600–700 ₹; WLAN) Diese von außen unscheinbare Familienunterkunft ist dank der geräumigen, blitzeblanken Zimmer eine hervorragende Wahl. Auf der von Blumen eingerahmten Wiese stehen Tische mit Sonnenschirmen, es gibt eine kleine Gäste-Lounge, in der sich die Traveller bei einer Tasse Kardamom-Tee austauschen und WLAN benutzen können. Die Gastgeberin Shahida spricht Englisch und hält jede Menge Infos bereit.

Namgyal Guest House PENSION $

(Karte S. 248; ☎01982-253307, 9906973364; Zi. 700 ₹, ohne Bad 400–500 ₹) Die äußerst angenehme Budgetpension, die hinten an die geheimnisvolle buddhistische Stätte Maney Tsermo grenzt, wird von der stets lachenden Dolkar betrieben. Sie wohnt in dem neuen Nebengebäude, in dem sich drei Zimmer mit Bad, Sitztoiletten und Boiler befinden. Die Zimmer im Obergeschoss des traditionellen ladakhischen Haupthauses sind den Aufpreis von 100 ₹ unbedingt wert, denn sie haben höhere Decken und sind heller. Alle Zimmer teilen sich drei Toiletten. Eine davon ist eine Sitztoilette, die allerdings keine Klobrille hat.

Travellers' House PENSION $

(Karte S. 248; ☎01982-252048; thetravellershouse@gmail.com; Karzoo Lane; DZ 900–1200 ₹; ⏲Mai–Anfang Okt.; WLAN) Die acht gepflegten, schlichten Gästezimmer haben mit Boilern ausgestattete Bäder und sind mit schönen Kunstfotos dekoriert. Sie befinden sich gegenüber vom Wohnhaus der äußerst weltoffenen Gastfamilie, zu der auch ein niedlicher Pudel gehört. Ladakhisches Frühstück mit hausgemachtem *khambir* (Brot) gibt's auf Wunsch ab 150 ₹.

Saser PENSION $

(Karte S. 248; ☎9596967447, 01982-250162; Karzoo Lane; DZ 600–800 ₹; ⏲April–Okt.) Die Zimmer in der hübschen, preiswerten Pension haben Holzbalken und punkten mit gerahmten Fotos. Die besseren Zimmer im Obergeschoss teilen sich einen Balkon, von dem aus man einen tollen Blick über eine hübsche kleine von Blumen umrandete Wiese zum Tsemo Fort hat. Im Frühstücksraum steht ein kunstvoll verzierter tibetischer Schrank mit einer kleinen Sammlung englischer Bücher.

Palace View Guest House PENSION $

(Karte S. 248; ☎01982-257773, Wasim 9906991786; palace.view@hotmail.com; DZ 500–1000 ₹; WLAN) Dieser Familienbetrieb mit guten Preis-Leistungs-Verhältnis befindet sich direkt nördlich des Polofelds und hält sein Versprechen, denn der Blick über die Altstadt und den Palast von den Sitzbereichen auf dem Dach und von einigen der ordentlichen Zimmer mit Bad ist einfach grandios. Ein weiteres Plus: Aus den Duschen kommt richtig heißes Wasser.

Kang-Lha-Chen HOTEL $$

(Karte S. 248; ☎01982-252144, 01982-202289; www.hotelkanglhachen.com; Zangsti; EZ/DZ 2950/4150 ₹; ⏲Mai–Mitte Okt.; P WLAN) Das seit vielen Jahren beliebte Hotel in zentraler Lage hat einen friedlichen Hofgarten mit Sitzgelegenheiten unter Aprikosenbäumen. Die altmodischen, aber gepflegten Zimmer haben ausgezeichnete Boxspringmatratzen, Nachttische im tibetischen Stil und Decken aus Weidengeflecht. Das Restaurant erinnert irgendwie an einen Tempel, das Highlight ist aber der wunderschöne Aufenthaltsraum, der einer traditionellen ladakhischen Küche nachempfunden ist.

Almighty Guesthouse PENSION $$
(Karte S. 252; ☎ 9419179501, 9419345817; www.almightyladakh.com; Shagaran Leh; 1000–3000 ₹; ⏲ Mitte April–Okt.;) Die luxuriöse Familienpension hat recht geräumige Zimmer, die besser sind als die meisten Hotelzimmer. Rundum stehen größere Gebäude, aber dennoch kann man von der Dachterrasse den Stok Kangri, den Palast und den Shanti Stupa sehen. Auch in dem kleinen Hof gibt's ein paar Sitzgelegenheiten. Die Unterkunft befindet sind in der Nähe des Pangong Hotel.

Großraum Leh

★ **Destination Guesthouse** PENSION $
(Karte S. 252; ☎ 9419179922; phuntsog.angmo@yahoo.com; Upper Karzoo Lane; DZ 800–1000 ₹; ⏲ Juni–Mitte Okt.;) Moderne Unterkunft mit sehr gutem Preis-Leistungs-Verhältnis, Chinoiserien und traditionellen Decken. Der halbrunde Gemeinschaftsbalkon vor der Gäste-Lounge bietet einen Traumblick. In der Lounge gibt's Tee und Infobroschüren.

All View PENSION $
(Karte S. 252; ☎ 9419178854, 01982-252761; Chubi; DZ 500 ₹) Die Zimmer mit Bad und Gemeinschaftsbalkonen sind rund um eine schöne Wiese mit Schatten spendenden Apfelbäumen angeordnet und haben ein bemerkenswertes Preis-Leistungs-Verhältnis. Die Pension versteckt sich am Ende einer ruhigen Sackgasse. Viele Gäste würden am liebsten die ganze Saison hier verbringen.

Tsetan Guest House PENSION $
(Karte S. 252; ☎ 9469049131, 9622249125; http://tsetanguesthouse.com; Upper Changspa; DZ 1000–1200 ₹, EZ/DZ ohne Bad 300/600 ₹; ⏲ Mai–Okt.) Der junge Besitzer und Namensgeber Tsetan hat die einfache, in einer ruhigen Nebenstraße gelegene Pension mit seinem freundlichen, aber hartnäckigen Enthusiasmus in einen Travellertreff verwandelt, in dem ein sehr kameradschaftlicher Ton herrscht. Die drei neuen Zimmer mit Bad sind wirklich beeindruckend. Man kann sich ein Bio-Abendessen im Garten bestellen, manchmal besteht auch die Möglichkeit, der Familie bei der Zubereitung von *momos* (tibetische Teigtaschen) zuzuschauen.

Zaltak Guesthouse PENSION $
(Karte S. 252; Gawaling Rd; DZ 1200 ₹, Zi. ohne Bad 400–600 ₹, B 250 ₹; P) Der alte Block ist ein modernisiertes für Ladakh typisches Haus und bietet mit die saubersten Budgetzimmer in Leh. In dem neuen hinteren Gebäude befinden sich Zimmer mit Sitzbereichen, großen Betten und Bädern mit Hotelstandard. Ausgezeichnetes Preis-Leistungs-Verhältnis.

Chow Guest House PENSION $
(Karte S. 252; ☎ 01982-252399; DZ 600–800 ₹, ohne Bad 400–500 ₹;) Die familiengeführte Pension mit ausgezeichnetem Preis-Leistungs-Verhältnis hat blitzsaubere, luftige Budgetzimmer mit Balkendecken. Die Unterkunft liegt in einem ummauerten Garten voller Blumen und ist mit dem Auto über die Upper Tukcha Rd oder zu Fuß über eine schmale Gasse, die von der Changspa Rd abgeht, zu erreichen.

Gangs-Shun GASTFAMILIE $
(Karte S. 252; ☎ 9419218657, 9858060706, 01982-252603; www.gangsshunhomestay.com; Upper Tukcha Rd; DZ/3BZ 1200/1500 ₹;) Die vorwiegend geräumigen Zimmer mit Boxspringmatratzen und Handtüchern sind komfortabler als so manch ein Zimmer in Mittelklassehotels. Da der Englisch sprechende Arzt ein Gastgeber ist, der Wert auf echte interaktive Erfahrungen legt, gibt's in diesem Haus keine TVs.

Kurja Garden House PENSION, HOTEL $
(Karte S. 252; ☎ 01982-251134, 9419177344; kurjagarden@gmail.com; Upper Karzoo Lane; Pension DZ 800–1200 ₹, ohne Bad 500 ₹, Hotel EZ/DZ 2300/2700 ₹; ⏲ Mitte Mai–Okt.; P) Die sechs meist großen, supersauberen Zimmer befinden sich oben im Wohnhaus einer freundlichen Gastfamilie. Von der Dachterrasse hat man einen unvergesslichen Blick, hier werden gelegentlich auch Tai-Chi-Kurse angeboten. Auf der anderen Seite des von Chrysanthemen gesäumten Gemüsegartens befindet sich ein Hotelbereich mit acht Zimmern und schicken neuen Annehmlichkeiten (aber ohne den tollen Blick, den die Pension bietet). Ausgezeichnetes Preis-Leistungs-Verhältnis.

Haldupa Guest House PENSION $
(Karte S. 252; ☎ 01982-251374; Upper Tukcha Rd; Zi. oben/unten 1200/1000 ₹, ohne Bad 400–800 ₹;) In dem wunderbar authentischen und von einem grandiosen Schreinraum dominierten Originalhaus der bezaubernden Besitzer gibt es ein paar preiswertere Zimmer. Die anderen Zimmer befinden sich in einem separaten Block mit Blick auf den friedlichen Gemüsegarten. Sie sind modern, haben ordentliche Bäder, warme Duschen und Decken aus Weidengeflecht.

Goba Guest House PENSION $

(Karte S. 252; ☎ 01982-253670; gobaguesthouse@gmail.com; Goba Lane; Zi. 1000 ₹, EZ/DZ ohne Bad ab 300/500 ₹; P ☕ 📶) 🌿 Im ganzjährig geöffneten, traditionellen Haupthaus mit Gebetsraum und schönem Blick von der Dachterrasse herrscht eine tolle Atmosphäre. Im neutraleren hotelähnlichen Block (geöffnet April–Sept.) gibt's 15 geräumige Zimmer mit Bad. Der Garten ist riesig. Das Bio-Gemüse aus eigener Ernte bildet den Hauptbestandteil des von der Familie zubereiteten Abendessens (bis 16 Uhr bestellen).

★ **Deskit Villa** BOUTIQUEHOTEL $$

(Karte S. 252; ☎ 9622988836, 9419178998, 01982-253498; www.deskit-villa.com; Sankar; Pension EZ/DZ 1750/2000 ₹, Hotel 3400/3700 ₹; ❄ 📶) Hinter einer sehr schönen Familienpension mit Garten versteckt sich dieses „geheime" Boutiquehotel mit acht Zimmern, die zu den besten der Stadt gehören. Geboten werden superbequeme Betten, ein grandioses Panorama von der Dachterrasse und viele Gemeinschaftsbereiche zum Relaxen. Der Speiseraum ist im Stil einer traditionellen ladakhischen Küche gestaltet.

★ **Chonjor Residency** HOTEL $$

(Karte S. 252; ☎ 01982-253165, 9906977774; chonjorresidencyleh@gmail.com; Old Rd; EZ/DZ 2500/3100 ₹; 📶) Das stylische, 2016 eröffnete Hotel versteckt sich diskret in der Old Rd. Es bietet elegante Kiefernholzmöbel, schwere Stoffe, hauseigene Toilettenartikel, Kaffeemaschinen und hervorragende Betten – all dies einen Tick besser als in den meisten Hotels dieser Preisklasse. Mit einem Fahrstuhl gelangt man in den mit Kunstrasen ausgelegten Dachgarten, der einen tollen Blick auf das Tsemo Fort bietet.

Lotus Hotel HOTEL $$

(Karte S. 252; ☎ 01982-257265; www.lotushotel.in; Upper Karzoo Lane; EZ/DZ 4000/4100 ₹; ⏲ März–Nov.; 📶) Lässt man die Tische mit Sonnenschirmen draußen mal außer Acht, könnte man beim Betreten dieses fotogenen, zweistöckigen Schmuckkästchens, das mit vielen ortstypischen Details ausgestattet ist, meinen, man befände sich in einem farbenfrohen tibetischen Kloster.

In den entsprechend dekorierten Zimmern stehen Betten mit kunstvoll geschnitzten Kopfteilen und *chokse* (niedrige, bunt bemalte Tische). Die Matratzen sind bequem, aber einige Bäder sind etwas klein. In der Dusche mit Duschvorhang läuft das Wasser aus den neuen, großen Duschköpfen direkt auf einen kleinen Fußbodenbereich. Besonders schön ist es, in dem angelegten Garten inmitten von Rosenbüschen und Apfelbäumen eine Tasse Tee und den tollen Blick auf das Tsemo Fort zu genießen.

Sehr begrenzte Abstellmöglichkeiten für Autos.

PREISKATEGORIEN: SCHLAFEN

Übernachtungspreise in Kaschmir und Ladakh:

$ bis 1500 ₹

$$ 1500–5000 ₹

$$$ über 5000 ₹

In beinahe jeder Unterkunft bezahlt man bei vorheriger Buchung weitaus mehr, als wenn man unangemeldet auftaucht. Außerhalb der Saison (Mai & Juni) sind fast immer Zimmer frei.

Kunzang BOUTIQUEHOTEL $$

(Karte S. 252; ☎ 9419657123; www.hotelkunzangleh.com; Western Changspa; EZ/DZ 2750/3500 ₹; P 📶) Die zwölf unaufdringlichen Boutiquezimmer im Kunzang bieten ein frisch-blasses Dekor, große Duschköpfe, ausgezeichnete Betten, hochwertiges Bettzeug und unzählige Kissen mit stilisierten Baummotiven. Von den Balkonen reicht der Blick über den Gemüsegarten, der die Restaurantküche mit Bio-Produkten versorgt, bis hinüber zu dem einfachen Kunzang Guesthouse, das in einem der urtypischsten alten Bauernhäuser von Changspa untergebracht ist.

Lha-Ri-Mo HOTEL $$

(Karte S. 252; ☎ 01982-252101, 9419178233; www.lharimo.com; Fort Rd; EZ/DZ 2670/3690 ₹; ⏲ Mai–Mitte Okt.; P 📶) Mit den lila Fensterrahmen und den weiß getünchten Wänden wirkt das Hotel, das um einen Garten mit Rasenflächen und Schatten spendenden Weiden herum gebaut ist, wie ein magisches Kloster. Auch das Restaurant und die neotibetische Lounge sind beeindruckend. Die Gästezimmer sind nicht ganz so hinreißend, aber mit hübschen Messinglampen und schmiedeeisernen Spiegeln ausgestattet.

★ **Gomang Boutique Hotel** BOUTIQUEHOTEL $$$

(Karte S. 252; ☎ 01982-253536; www.gomanghotelleh.com; Upper Changspa; EZ/DZ/Suite 10 000/10 500/13 000 ₹; ⏲ Mitte März–Mitte Nov.; P 📶)

In Leh wimmelt es nur so von neuen Hotels, doch das preisgekrönte Gomang hebt sich mit der liebevollen Sorgfalt des Managements, dem reibungslosen Service und dem Sinn fürs Detail ab. Extras, die für Boutiquehotels typisch sind, sind hauseigene Toilettenartikel, besonders gefaltetes Toilettenpapier und hübsche Zierdecken auf den Betten. Doch wirklich beeindruckend sind die eleganten, aber dennoch gemütlichen Aufenthaltsbereiche mit unzähligen bunten Kissen auf den schwarzen Ledersofas.

★ Ladakh Residency HOTEL $$$
(Karte S. 252; ☎ 01982-254111, 9419178039; www.ladakhresidency.com; Changspa Rd; EZ/DZ/Suite 5120/6590/8785 ₹; ⊙ Mitte April–Mitte Okt.; 📶) Das mehrstöckige Haus mit Holzbalkons und Marmorböden ist mit *thangkas* (tibetische Textilbilder) und Nicholas-Roerich-Drucken verziert. Die Zimmer haben große Doppelbetten, Bäder mit hauseigenen Toilettenartikeln und viele auch einen wunderbaren Blick auf den Stok Kangri. Die Einrichtung ist klassisch schlicht, es gibt Wasserkessel in den Zimmern und einen funktionierenden Fahrstuhl. Das Management kümmert sich perfekt und mit professioneller Aufmerksamkeit um die Gäste.

Essen

Von Juni bis September gibt es jede Menge Travellercafés, europäische, israelische und chinesische Restaurants sowie Lokale, die Currys, Bananenpfannkuchen, Tandoori-Pizzas und beliebte tibetische Gerichte servieren. Wegen der starken Konkurrenz ist die Qualität vor allem in den Garten- und Dachterrassenrestaurants Changspas sehr hoch. Die Bewertungen des Essens rund um den Main Bazaar sind unterschiedlich.

In der Touristensaison schließen die meisten Lokale um 23 Uhr. Von Oktober bis Mai sind fast alle rund um die Uhr geschlossen.

Zentrum von Leh

Ladakhi Food LADAKHISCH $
(Karte S. 248; Unit 34, Hemis Complex, Upper Tukcha Rd; Hauptgerichte 70–100 ₹, Tee 10 ₹; ⊙ 6–22.30 Uhr) Wem es nichts ausmacht, in einem kleinen kahlen Raum auf unlackierten Bretterbänken zu sitzen, der sollte in diesem zentral gelegenen Lokal in Leh die authentischen ladakhischen Speisen probieren, die hier hauptsächlich für Einheimische zubereitet werden. Die Mittagsplatte ist ein echtes Schnäppchen, dazu wird Salzbuttertee getrunken.

Ladakh Café VEGAN $
(Karte S. 248; Music School Lane; Hauptgerichte 80–160 ₹, Säfte 150 ₹; ⊙ April–Nov. 8.30–21 Uhr; 📶) Lehs erstes veganes Café liegt an einer netten kleinen Ecke und zeichnet sich durch an Ketten baumelnde Bananen und Karaffen mit kostenlosem Trinkwasser mit Minzgeschmack auf den Tischen aus. Die würzige „power bowl" ist ein leckeres Mittagessen. Die traditionellen ladakhischen *skyu* (flache Gersten-„Gnocchi" in Gemüseeintopf) kosten nur 80 ₹. Zudem gibt es eine große Auswahl an frisch gepressten Säften.

Neha Snacks INDISCH $
(Karte S. 248; Main Bazaar; Snacks 15–80 ₹, Thalis 200 ₹; ⊙ 9.30–21 Uhr) In dem ansprechenden, wenn auch minimalistisch eingerichteten Lokal muss man sich mit Fremden an eine Handvoll Tische quetschen. Hier gibt's Fast Food nach Art des Punjab mit besonders gutem *samosa chaat* (60 ₹) – *dhal*, Joghurt und scharfe Sauce auf zerbröckelten Samosas.

Penguin Garden MULTICUISINE $$
(Karte S. 248; www.penguin.co.in; Chulung Lane; Hauptgerichte 110–280 ₹, halbes/ganzes Tandoori-Hühnchen 270/540 ₹, Reis 60 ₹, Bier 150 ₹; ⊙ 8–22.30 Uhr; 📶) Es lohnt sich, das versteckt gelegene Gartenrestaurant mit dezenter Beleuchtung und Dekomasken zu suchen. Hier speist man unter Aprikosenbäumen mit einem plätschernden Fluss als Geräuschkulisse. Wenn das frisch zubereitete Tandoori-Hühnchen ausverkauft ist (was Mitte des Abends oft vorkommt), hat man noch immer die Qual der Wahl zwischen den vielen anderen leckeren Gerichten.

Chopsticks ASIATISCH $$
(Karte S. 248; ☎ 9622378764; Raku Complex, Fort Rd; Hauptgerichte 190–385 ₹, Reis 77 ₹; ⊙ 12–22.30 Uhr) Dieses moderne panasiatische Restaurant, das wegen seiner ausgezeichneten Wok-Gerichte und Thai-Currys einen guten Ruf genießt, serviert auch Currys und traditionelle ladakhische *skyu* (flache Gersten-„Gnocchi" in Gemüseeintopf). Hinein kommt man über die Terrasse über dem Gewühl der Fort Rd.

La Piazzetta MULTICUISINE $$
(Karte S. 248; ☎ 9419046476; Changspa Rd; Hauptgerichte 170–350 ₹, Reis 90 ₹, Pizza 270–380 ₹; ⊙ Mitte April–Ende Sept. 9.30–23.30 Uhr;

(WLAN) Kerzen, Laternen, Wandgemälde und (an kühleren Abenden) offenes Feuer sorgen für ein angenehmes, dezent beleuchtetes Ambiente in diesem Gartenrestaurant, das auch dann noch gut besucht ist, wenn die meisten anderen Restaurants schon geschlossen haben. Es ist eines der wenigen Lokale, in denen man nach 23 Uhr noch etwas zu essen bekommt. Auf der Speisekarte stehen indische, ladakhische, kaschmirische und europäische Speisen sowie Tandoori-Gerichte und ein gutes, wenn auch ziemlich untypisches thailändisches grünes Curry.

Tibetan Kitchen ASIATISCH $$

(Karte S. 252; ☎9622273505; abseits der Fort Rd; Hauptgerichte 140–350 ₹, halbes/ganzes Tandoori-Huhn 250/500 ₹) Einheimische Familien essen gern zu Hause. Wenn sie aber Appetit auf etwas Besonderes haben, besuchen sie wahrscheinlich dieses in der Touristengegend gelegene Restaurant, denn hier gibt es stets zuverlässige chinesische, indische und vor allem tibetische Speisen sowie Tandoori-Gerichte. Das *thukpa*-Hähnchen (tibetische Nudelsuppe) ist wunderbar schmackhaft. Probieren sollte man *sabagleb*, eine in der Regel knusprige runde Pastete mit *momo*-Füllung.

Il Forno ITALIENISCH, INDISCH $$

(Karte S. 248; Zangsti Rd; Hauptgerichte 170–300 ₹, Reis 100 ₹, Bier 200 ₹; ⌚8.30–23.30 Uhr; WLAN) Die Dachterrasse des Il Fornos ist teils umzäunt, teils schattig, teils offen und bietet einen bemerkenswerten Blick über den Main Bazaar zum Leh-Palast und zum Tsemo Fort. Die Spezialität in dem seit Jahren zuverlässig guten Lokal sind knusprig-dünne Käse-Pizzas aus den Holzkohleofen (250–300 ₹; 12–23 Uhr). Auch kaltes Bier ist fast immer erhältlich.

Changspa

★ Food Planet MULTICUISINE $$

(Karte S. 252; ☎9837943385; Changspa Rd; Hauptgerichte 100–260 ₹, Tee/Kaffee 15/45 ₹, Bier/Wasserpfeife 180/250 ₹; ⌚8–23 Uhr) Das russisch-indische Paar hat eine Speisekarte mit Gerichten aus aller Welt kreiert. Obwohl es einige der weniger traditionellen Speisen (Guacamole, usbekische *shurpa*-Suppe, gefüllte Pilze) bei unserem Besuch nicht gab, so gab es doch noch immer neben dem Üblichen eine große Auswahl an Neuem wie Hawaii-Salat, Tom-Yam-Suppe und absolut göttliche Hühnerbrust mit Mangosauce.

LADAKHISCHES ESSEN

Zu Ladakhs beliebten tibetischen Köstlichkeiten gehören *momos* (aus Nudelteig hergestellte Teigtaschen im Stil von Ravioli) und *thukpa* (Nudelsuppe). Ein authentischeres ladakhisches Gericht ist *skyu*, ein Gemüseeintopf mit aus Gersten zubereiteten *orecchiette* (Nudel-„Ohren"). Seltener zu finden ist *paba*, ein Erbsen-Gerste-Gericht, das man in *tangtur* (gekochtes Gemüse in Quark) tunkt. Ebenfalls zum Eintauchen sind *tingmo* (sprich tie-mo), gedämpfte, ungesüßte Brötchen meist in Blumenform mit brotartigen „Blättchen". *Namthuk* ist eine Gersten-„Suppe", die dünnflüssigem Haferbrei ähnelt und manchmal zu Mahlzeiten getrunken wird. Das ladakhische Gerstenbier, *chhang*, bekommt man in ländlichen Privatunterkünften, ist aber im Handel nicht erhältlich. *Namkin chai* (*nun chai* auf kaschmirisch) ist rosafarbener, gesalzener Milchtee *(nimak chai)* mit Yak-Butter. Traditionell wird die Butter unter Verwendung eines Stößels in einem langen zylindrischen Butterfass namens *gurgur* mit dem Tee vermischt. Deshalb hat der Tee auch den Spitznamen *gurgur chai*.

Wonderland Restaurant & Coffee Shop MULTICUISINE $$

(Karte S. 252; ☎9622972826; pemawangchen67@gmail.com; Changspa Rd; Hauptgerichte 110–300 ₹; ⌚6.30–22.30 Uhr) Von den vielen alteingesessenen Dachterrassenrestaurants in der Changspa Rd bietet das seit eh und je beliebte Wonderland weder den besten Blick, noch die schickste Einrichtung, aber dafür ist das Essen immer gut (insbesondere die indischen und tibetischen Speisen). Der Kaffee ist ausgezeichnet und hat ein gutes Preis-Leistungs-Verhältnis. Da das Lokal früher als die meisten anderen öffnet, ist es ein idealer Ort zum Frühstücken, wenn man früh am Morgen etwas vor hat.

KH Restaurant MULTICUISINE, KOREANISCH $$

(Karte S. 252; Changspa Rd; Hauptgerichte 150–500 ₹, Reis 90 ₹, Bier 180 ₹; ⌚ca. 10–23 Uhr; WLAN) Dies ist das ungezwungenste Gartenlokal in Changspa und der Ort, an dem man am häufigsten auf Leute trifft, die gern am Lagerfeuer sitzen, Musik machen und sich Zigaretten aus gemischten Kräutern drehen. Die

Spezialität hier sind koreanische Speisen, aber es gibt auch die in Leh ansonsten üblichen Gerichte.

★ **Bon Appetit** MULTICUISINE $$$

(Karte S. 252; 01982-251533; Hauptgerichte 220–440 ₹, Bier/Cocktails ab 200/250 ₹; 11–23 Uhr;) Das Bon Appetit versteckt sich am Ende kleiner Pfade südlich der Changspa Rd und bietet eine Küche, die in Leh ihresgleichen sucht (Reservierung nicht vergessen!). Vieles auf der ungewöhnlichen Speisekarte hat einen italienischen Touch, aber es gibt auch köstliches Gemüse-Tempura, leckeres Hähnchen mit Cashew-Nüssen und saftige Tandoori-Gerichte vom Grill. Auf Wunsch bekommt man hier auch Wein und Cocktails.

Ausgehen & Nachtleben

Das vor Kurzem umgestaltete **Lehchen** (Karte S. 248; Music School Rd; Cocktails 300–330 ₹, kleines/großes Bier 180/250 ₹, Wein 600 ₹; 12–23 Uhr;) ist Lehs erste wirklich ansprechende Cocktailbar. Im klassischen Bon Appetit (S. 260) wird ganz legal Bier ausgeschenkt, die Schanklizenz für Cocktails wurde bereits beantragt. Viele Dachterrassen- und Gartenlokale in Changspa servieren auf Wunsch inoffiziell *pop juice* (Bier). Auch im La Piazzetta (S. 258), im **Bikers' Café** (Karte S. 252; Changspa Rd; kleines Bier 150 ₹; 8–2 Uhr, Küche 8–24Uhr) und im Il Forno (S. 259) sind die Chancen diesbezüglich gut. Das **Elements** (Karte S. 252; Changspa Rd; Bier/Rum ab 150/180 ₹; 11 Uhr–open end) ist normalerweise sehr viel länger auf als die meisten anderen Lokale. Wie lange das aber noch erlaubt sein wird, weiß keiner so genau. Alkohol zum Mitnehmen gibt's im **Indus Wine Shop** (Karte S. 248; Ibex Rd; Bier/Wein 105/850 ₹; 10–13 & 15–21.30 Uhr), der genau wie die legalen Bars an den „trockenen Tagen" (8. und 15. des Monats und an den letzten Tagen des Monats laut tibetischem Kalender) geschlossen hat.

Obwohl Barista-Kaffee in Leh erst seit Kurzem im Angebot ist, gibt es schon eine gute und große Auswahl. Zu den Top-Adressen gehören Lehling, ein Buchladen mit Café, das alte zuverlässige Wonderland Restaurant und das ausgezeichnete, wenn auch schwer zu findende **Ja Khang** (Karte S. 248; Main Bazaar, West; Kaffee 60–90 ₹; 8.30–21 Uhr;), in dem man in einem sehr speziellen Interieur einen fantastischen Macchiato genießen kann.

Wer Appetit auf eine gute, preiswerte Tasse ladakhischen *nimak chai* (Salztee) hat, sollte ins Ladakhi Food (S. 258) gehen oder sich an den schlichten **Teeständen** (Karte S. 248; Chandu Market; Tee/Brot 10/10 ₹; 6–19 Uhr) im staubigen Chandu Market unter die Einheimischen mischen.

★ **Lala's Art Cafe** CAFÉ

(Leh Heritage House; Karte S. 248; www.tibetheritagefund.org; Altstadt; Kaffee ab 50 ₹; Mo–Sa 9.30–19 Uhr) Der Eingang in dieses winzige Lehmziegelhaus mit einem historischen Schrein im Erdgeschoß befindet sich neben einer 2000 Jahre alten Buddha-Stele. Das Haus konnte vor dem Abriss bewahrt werden und wurde 2006 wunderschön restauriert. Eine Steintreppe führt in ein Café mit Sitzgelegenheiten auf dem Fußboden und einer kleinen Kunstausstellung. Von dort erreicht man über eine Leiter die offene Dachterrasse. Hier werden in einer Cafetière zubereiteter Kaffee (50 ₹), *khambir*-Sandwiches (ladakhisches Brot) (70 ₹), Aprikosenpudding (60 ₹), Säfte und Obst- oder Minzlassis serviert.

Shoppen

Dutzende farbenfroher, kleiner Läden, Straßenhändler und **Märkte tibetischer Flüchtlinge** (Karte S. 248; Mai–Sept. 10–21 Uhr) verkaufen eine große Auswahl an *thangkas*, ladakhische Hüte, „Antiquitäten" und schweren Türkisschmuck sowie Kaschmirschals und diversen nepalesischen, tibetischen und chinesischen Krimkrams. Die Preise vergleichen kann man in dem interessanten, sehr auf Einheimische ausgerichteten **Moti Market** (Karte S. 252), in den kleinen Familiengeschäften des **Nowshera Bazaar** (New Shar Market; Karte S. 248) oder in dem Outlet des exklusiven tibetischen **Norbulingka** (Karte S. 248; www.norbulingkashop.org; Rizong Complex; Juli–Sept. 9–19 Uhr). Das nette modern-traditionelle **Jigmat Couture** (Karte S. 248; 9697000344, 01982-255065; www.jigmat.com; Tsaskan Complex, Main Bazaar, West; Mo–Sa 10.30–19.30, So 15.30–19.30 Uhr) ist Lehs erste Boutique mit Designermode.

Lehling (Karte S. 248; Main Bazaar; 9–22 Uhr;) und der Ladakh Bookshop bieten ihren Kunden ein besonders gutes Sortiment an Postkarten, Romanen, spirituellen Schriften und Büchern über Ladakh, Kaschmir und Tibet.

In der Old Fort Rd, dem Main Bazaar und der Changspa Rd gibt's mehrere Geschäfte für Outdoor-Ausrüstung, von denen einige, u.a. **Venture Ladakh** (Karte S. 248;

PROBLEME MIT DER HÖHE

Leh liegt auf über 3500 m Höhe und das bedeutet, dass viele Besucher direkt nach der Ankunft unter Kopfschmerzen und Schwindelgefühl leiden. Leichte Symptome kann man behandeln, indem man sich ausruht und vor allem viel trinkt. Wenn das nicht hilft oder wenn man sich versehentlich überanstrengt hat, kann man entweder Sauerstoff in einer Sauerstoffbar atmen oder – in Verbindung mit Ruhe – drei Tage lang morgens und abends eine Diamox-Tablette einnehmen. Diese Tabletten bekommt man in der **Het Ram Vinay Kumar Pharmacy** (Karte S. 248; ☎ 01982-252160; Main Bazaar; ⌚ 10–21 Uhr). Sollten die Symptome trotzdem schlimmer werden, muss man aufpassen, dass man nicht die manchmal sogar tödlich verlaufende Acute Mountain Sickness (AMS) bekommt, die aber bei sofortiger Behandlung heilbar ist. Am besten wendet man sich an den Englisch sprechenden Spezialisten **Dr. Morup** (Karte S. 252; ☎ 9419883851; Upper Tukcha Rd; Konsultation 1000 ₹; ⌚ Rufbereitschaft), der Erkrankte im Hotel behandelt und/oder eine geeignete Behandlung veranlassen kann.

☎ 9858323091; www.ventureladakh.in; Changspa Rd; ⌚ Juni–Sept. 9–21 Uhr), auch Kletter- und Trekking-Equipment vermieten.

★ **Dzomsa** ESSEN & TRINKEN
(Karte S. 248; Zangsti; ⌚ 8.30–21.30 Uhr) Hier kann man Flaschen mit Trinkwasser auffüllen (7 ₹/l). Dzomsa bietet außerdem auch noch einen umweltfreundlichen Wäschedienst (95 ₹/kg) an sowie frische Aprikosen- und Sanddornsäfte (20/80 ₹ pro Glas/l) und eine Reihe lokaler Produkte und gebrauchte Bücher.

Ladakh Bookshop BÜCHER
(Karte S. 248; ☎ 9868111112; hanishbooks@yahoo.co.in; Main Bazaar; ⌚ 9–21 Uhr) Dieser hervorragende Buchladen versteckt sich im Obergeschoss gegenüber vom Eingang in den Chokhang Vihara. Er veröffentlicht Bücher, die für die Region von Bedeutung sind, und hat die 2013 aktualisierte Fassung der unentbehrlichen *Ladakh Trekking Maps* von Olizane vorrätig (1500 ₹/Blatt).

Praktische Informationen

GELD

In der Changspa Rd, der Upper Fort Rd und rund um den Main Bazaar gibt's zahlreiche Geldwechsler. **Paul Merchant** (Karte S. 248; Main Bazaar; ⌚ 9.30–20 Uhr) bietet sowohl für Bargeld als auch für Reiseschecks zuverlässig gute Kurse.

Es ist allgemein bekannt, dass fast alle Geldautomaten in Leh von Zeit zu Zeit nicht funktionieren. Es ist also ratsam, immer eine gewisse Summe Bargeld zur Verfügung zu haben.

INTERNETZUGANG

Das beste WLAN in ganz Leh gibt's in der **Mantra Travel Lounge** (S. 262) – Bezahlung gegen Spende.

MEDIZINISCHE VERSORGUNG

Oxygen Bar (Karte S. 248; Touristenbüro, Ibex Rd; Untersuchung 10 ₹, Sauerstoff 50 ₹/30 Min.; ⌚ Mo–Sa 10.30–19, So 10.30–16 Uhr) Wer Angst hat, an Höhenkrankheit zu leiden, kann sich in diesem behaglichen Raum über dem Touristenbüro kurz untersuchen lassen, und dann – falls erforderlich – fast reinen Sauerstoff als Notbehelf atmen.

Men-Tsee-Khang (☎ 01982-253566; www.men-tsee-khang.org; Konsultation 100 ₹; ⌚ Mo–Fr plus 1. & 3. Sa im Monat 9–13 & 14–17 Uhr) Gemeinnützige Stiftung mit Zentrum für *amchi* (tibetische Kräutermedizin) und Apotheke. Für Konsultationen ist keine Terminvereinbarung nötig. Es werden auch physiotherapeutische Massagen angeboten.

TELEFON

AirCel (Karte S. 248; Main Bazaar; ⌚ 10–18 Uhr) und **AirTel** (Karte S. 248; unweit Main Bazaar; ⌚ 10–17.30 Uhr) verkaufen preiswerte Prepaid-SIM-Karten, die im Kaschmir-Tal, in Jammu, Kishtwar, Bhadarwah und im Umkreis von 20 km von Leh, funktionieren. Man benötigt vier Passbilder sowie Fotokopien des Reisepasses und des Visums.

In einigen Internetcafés, u. a. bei **Sky Cyber** (Karte S. 248; Samkar Complex, Main Bazaar; Auslandsgespräche 14–24 ₹/Min., Internet 60 ₹/Std.; ⌚ 9–21.30 Uhr) und **Peace Internet** (Karte S. 248; Music School Rd; 90 ₹/Std.; ⌚ 9.30–21 Uhr), kann man aus kleinen Zellen Festnetzgespräche ins In- und Ausland führen.

TOURISTENINFORMATION

Touristenbüro (Karte S. 248; ☎ 01982-257788; Ibex Rd; ⌚ Mo–Sa 9–20, So 10–16 Uhr) Das vor Kurzem neu gestaltete Büro informiert Besucher über Festivaltermine und Busfahrpläne. Es werden auch ein paar interessante Ausstellungen geboten. Die kostenlosen Stadtpläne sind allerdings kaum zu gebrauchen.

ANREISE NACH LADAKH

Nur zwei Straßen, beide schön, aber nur saisonal geöffnet, verbinden Ladakh mit dem Rest Indiens. Die Straße nach Manali (S. 271) ist spektakulär, aber lang und ziemlich anstrengend. Die Straße nach Srinagar überquert den gefährlichen **Zoji La** (Srinagar–Kargil Rd; ⌚ April–Mitte Nov. Mo–Sa 11–15 Uhr oft wegen Wartungsarbeiten geschl.) und treibt vielen Reisenden, die hier zum ersten Mal fahren, den Angstschweiß auf die Stirn. Beide Straßen sind von Oktober oder November bis Mai komplett gesperrt. Dann ist das Flugzeug die einzige Möglichkeit, nach Leh zu kommen. Man sollte für den Fall von Verzögerungen immer ein paar Tage zusätzlich einplanen.

Mantra Travel Lounge (Karte S. 248; ☎ 9419219783; www.facebook.com/mantrathetravellounge; Raku Complex, Fort Rd; ⌚ 10–21.30 Uhr; 📶) Eine neue Alternative im Stil eines Cafés ist als Info- und Wechselzentrum ausgewiesen. Hier kann man sich mit Gleichgesinnten austauschen. Gratis-WLAN.

An den Schwarzen Brettern bei Mantra, vor **Dzomsa**, in Agenturen und überall in der Stadt wird für Touren, Treks und andere Aktivitäten geworben. Es gibt ein Online-Forum für Ladakh-Traveller unter www.indiamike.com.

An- & Weiterreise

BUS

Hauptbusbahnhof (Karte S. 252) Der Hauptbusbahnhof liegt 700 m südlich des Stadtzentrums und ist vom Friendship Gate über den Kigu-Tak-Basar zu erreichen. Das große Gelände ist in Bereiche für lokale Minibusse, private (LBOC-)Busse und staatliche Fahrzeuge (J&K SRTC) unterteilt.

FLUGZEUG

Flüge sind aufgrund der Landschaft spektakulär, können aber wegen der Witterungsverhältnisse kurzfristig gestrichen werden. **Jet Airways** (Karte S. 248; ☎ 01982-251512, 01982-257444; www.jetairways.com; Main Bazaar; ⌚ 10–13.30 & 14–16 Uhr, Sommer bis 17 Uhr), **Air India** (☎ 01982-252076; Flughafen; ⌚ 6–12 Uhr) und **GoAir** (☎ 01982-253940; Flughafen) fliegen nach Delhi. GoAir benutzt in Delhi den alten Terminal 1; wer einen schnellen Transfer zu/von einem internationalen Anschlussflug benötigt, sollte lieber mit Air India fliegen.

Im Rahmen der Rundflüge Mumbai–Leh–Srinagar–Mumbai und Delhi–Leh–Jammu–Delhi fliegt GoAir täglich nach Jammu und Srinagar, aber nicht wieder zurück.

Air India fliegt (Mi) nach Srinagar und (3-mal wöchentlich) nach Jammu und zurück. Wer nach Dharamsala will, muss über Jammu fliegen.

Fast alle Flüge sind am frühen Morgen, der Flughafen schließt gegen 10 Uhr.

MOTORRAD

Ladakh mit dem Motorrad zu erkunden, ist in den letzten Jahren schon fast zur Marotte geworden. In Leh gibt es unzählige Motorradvermieter, vor allem in der Music School Rd und der Changspa Rd. Obwohl schätzungsweise 8000 Motorräder zur Verfügung stehen, reicht dies im Juni (Höhepunkt der Ferienzeit in Indien) manchmal nicht aus. Enfield-Bullet-Motorräder kosten zwischen 1000 und 1500 ₹ pro Tag, „Scootys" (Mopeds) gibt's für 700 ₹.

Unbedingt die Technik und vor allem die Bremsen gewissenhaft checken und prüfen, ob eine Versicherung besteht (sie ist nur selten im Preis enthalten, oft kann man nicht mal eine abschließen). Man muss seinen Führerschein zeigen (einige Agenturen verleihen die Motorräder aber auch ganz unbesorgt an Kunden ohne Führerschein) und ein Ausweispapier hinterlegen.

Für längere Fahrten ist ein Ersatzkanister mit Benzin zu empfehlen, denn die einzigen Tankstellen Ladakhs sind in Leh, Choglamsar, Serthi (bei Karu; NH1, Km 440,5), Diskit (wechselnde Öffnungszeiten), Spituk, Padum (wechselnde Öffnungszeiten), Phyang Junction, Khalsi (NH1, Km 338,7), Wakha und Kargil (2 Tankstellen).

SAMMELJEEP & -TAXI

Vom **Stand für Langstrecken-Sammeltaxis** (Leh-Choglamsar Rd), 400 m südlich der Haupttankstelle, geht's nach:

Kargil (900–1000 ₹/Sitzplatz, 7 Std.) Den ganzen Vormittag über, hauptsächlich aber zwischen 8 und 10 Uhr.

Manali (Sitzplatz vorn/Mitte/hinten 3000/2500/2000 ₹, 19–22 Std.) Abfahrten ca. 16 bis 18 Uhr.

Srinagar (Sitzplatz vorn/hinten 2500/2000 ₹, 15 Std.) Abfahrten ca. 16 bis 18 Uhr.

Vom Zaika Restaurant (Karte S. 252) am Eingang zum Poloplatz (Reservierung nicht möglich):

Nubra-Tal Die meisten Jeeps nach Diskit (400 ₹) fahren vor 8 Uhr los; aber auch um 15 Uhr standen hier noch Fahrzeuge. Achtung: Ausländer benötigen eine Genehmigung. Eventuell fahren von hier auch Jeeps nach Sumur oder zu anderen Orten im Nubra-Tal.

Vom **Old Bus Stand** (Karte S. 252; Old Bus Stand; 20 ₹) (Südende des Moti Market):

Indus-Tal Sammeltaxis starten relativ häufig nach Choglamsar (20 ₹). Wer nach Thiksey,

BUSSE AB LEH

Wenn nicht anders angegeben, starten alle Busse vom Hauptbusbahnhof. Im Winter fahren einige Busse früher ab. Die Fahrzeiten sind geschätzt.

ZIEL	PREIS (₹)	DAUER	ABFAHRT
Alchi	107	2¼ Std.	16 Uhr (Rückfahrt 7.30 Uhr)
Chemrey	60	1½ Std.	Busse nach Sakti nehmen
Chiktan (A)	278	8 Std.	Di, Do, So 8 Uhr (Rückfahrt Mi, Sa, Mo)
Chilling	100	2½ Std.	So 9 Uhr (Rückfahrt 13 Uhr)
Choglamsar (E)	20	25 Min.	wenn voll
Dha (A)	245	7 Std.	9 Uhr, Fr abweichende Route nach Hanu Gongma.
Fokha über Shargol & Mulbekh (A)	384	8 Std.	Sa 7 Uhr
Hemis Shukpachan (A)	131	4 Std.	jeden 2. Tag 14 Uhr (Rückfahrt 8.30 Uhr)
Kargil (C)	400	8–10 Std.	5 Uhr
Keylong (D)	550	14 Std.	5 Uhr
Hanle (B) [keine Ausländer]	495	11 Std.	Sa 6.30 Uhr
Lamayuru	195	5 Std.	im Sommer 9 Uhr. Oder Busse nach Chiktan, Fokha, Kargil oder Srinagar nehmen.
Likir Gompa	80	2 Std.	16 Uhr (Rückfahrt 7.30 Uhr)
Manali			je nach Saison (S. 271)
Manggyu (A)	128	3 Std.	Mi 13 Uhr
Matho	30	50 Min.	16.40 Uhr
Ney (über Basgo)	95	2 Std.	16 Uhr (Rückfahrt 7.30 Uhr)
Phyang	35	45 Min.	7.30 Uhr, 14 Uhr
Sakti	50	1¾ Std.	8.30, 13.30, 15.30, 16.30 Uhr (Rückfahrt 7.30, 8, 9, 15 Uhr)
Saspol	90	2 Std.	15 Uhr (Rückfahrt 7.30 Uhr)
Shey (E)			Sammeltaxis nehmen, in Choglamsar umsteigen
Spangmik (Pangong Tso)	270	8 Std.	Di, Do, Sa 6.30 Uhr (Rückfahrt am nächsten Tag 8 Uhr)
Spituk (E)			Sammeltaxis nehmen, in Skalzangling umsteigen
Srinagar (B)	1060	18–20 Std.	14 Uhr
Stakna	41	40 Min.	16.30 Uhr (Rückfahrt 8.45 Uhr)
Stok			Sammeltaxis nehmen, in Choglamsar umsteigen
Tangtse (B)	118	4 Std.	Mi, Sa, So 6.30 Uhr
Thiksey	30	40 Min.	8.30 Uhr
Tia & Timishgan (A)	143	4 Std.	13 Uhr (Rückfahrt 8 Uhr)
Turtuk (B)	370	10–11 Std.	Sa 6 Uhr (Rückfahrt So)
Zanskar	800		9469562036 anrufen

(A) LBOC Bus (01982-252792); (B) J&K SRTC (01982-252085); (C) Kargil Bus Operators Union; Abfahrt vom **Polofeld** (Karte S. 248); Tickets am Nachmittag des Vortages beim Fahrer kaufen; (D) HRTC; (E) Sammeltaxi vom alten Busbahnhof.

Alle anderen Busse (außer nach Manali) sind lokale Minibusse, die vorwiegend der **Mazda Bus Operators' Cooperative** (Karte S. 252; ✆9906995889, 01982-253262) angehören; keine Reservierung notwendig.

Shey, Karu, Matho und Stok will, muss dort umsteigen.

Spituk Mit einem Sammel-Minibus (10 ₹) bis nach **Skalzangling** (NH1) beim Flughafen fahren und dort umsteigen.

TAXI & CHARTERJEEP

Angesichts der unregelmäßigen Busverbindungen ist es im ländlichen Ladakh wirklich sinnvoll, ein Fahrzeug zu chartern. Die von der **Ladakh Taxi Operator Cooperative** (Karte S. 248; Ibex Rd; ⌚10–13 & 14–16 Uhr) festgesetzten Preise werden in einem jährlich aktualisierten Büchlein (25 ₹) veröffentlicht und sind im dortigen Büro erhältlich. So entfällt das Feilschen. Manchmal bekommt man aber einen geringen Rabatt (und einen zuverlässigen Fahrer), wenn man über eine kleine lokale Agentur bucht.

Die genannten Preise sind die Mindeststandardpreise, z. B. für Taxi-Vans oder gecharterte Sumo-Jeeps. Die Preise für Xylo-, Scorpio- und Qualis-Fahrzeuge sind 5 % höher, für Innova- und Aria-Fahrzeuge 10 %. Unterwegs werden ausreichend Foto- und Besichtigungspausen eingelegt, längere Unterbrechungen werden zusätzlich berechnet (Std./halber/ganzer Tag 286/1195/2391 ₹). Zusätzliche Übernachtungen kosten 350 ₹.

Ungeplante Abweichungen von der vereinbarten Route können unerwartete Schwierigkeiten verursachen. Eine sorgfältige Planung ist also sinnvoll.

Unterwegs vor Ort

VOM/ZUM FLUGHAFEN

Der Flughafen (Leh–Spituk Hwy, Km 430) liegt 4 km südlich des Zentrums. Die Taxifahrt ins Zentrum von Leh/Changspa kostet 230/300 ₹.

TAXI

Lehs kleine Minivan-Taxis kosten ab 100 ₹ pro Fahrt. Ein Taxi per Handzeichen zu ergattern, klappt nur selten. Man muss an einen Taxistand gehen und dort alles regeln. Zentral liegen die Taxistände **Zangsti** (Karte S. 248; Zangsti Parking), **Moti-Markt** (Karte S. 252; Old Bus Stand) und der **Zentrale Taxistand** (Karte S. 248; Ibex Rd) in der Nähe der Touristeninformation.

Rund um Leh – Südosten

☎01982

Die besten Tagesausflüge rund um Leh führen in die Kloster- und Palastdörfer im Indus-Tal. Einige Ziele kann man gut im Rahmen einer Tagestour mit dem Taxi kombinieren oder man besucht ein oder zwei davon als Teil einer längeren Jeepexkursion nach Pangong, zum Tso Moriri oder zum Nubra über den Wari La.

Am beliebtesten sind Shey, Thiksey und Hemis. Wer aber die Touristenmassen umgehen will, sollte in weniger bekannte Dörfer wie Matho und Sakti (S. 69) fahren. Einige Dörfer sind Ausgangspunkt für tolle Wanderungen, vor allem ins Markha-Tal, wo man mehrere Tage von Dorf zu Dorf und von Gastfamilie zu Gastfamilie laufen kann.

Stok

1640 EW. / 3490 M

Stoks Hauptattraktionen auf der anderen Seite des Tals von Leh aus sind der königliche Palast aus dem 19. Jh., die Ansammlung alter ladadkischer Häuser und die Rolle als möglicher Ausgangspunkt für Wanderungen nach Rumbak (S. 269) und ins Markha-Tal (S. 296) sowie für die Besteigung des Stok Kangri (S. 250). Dank der kleinen aber hervorragenden Auswahl an Unterkünften ist Stok auch eine gute Alternative zu Leh als Startpunkt für Touren durch Ladakh.

Sehenswertes

Stoks Hauptattraktion ist der dreistöckige **Palast** (☎01982-242003; 70 ₹; ⌚Mai–Sept. 8–13 & 14–18 Uhr). Die kleinere und intimere Variante des Leh-Palasts ist die Sommerresidenz der früheren königlichen Familie von Ladakh. Er beherbergt ein Museum und eine der exklusivsten Unterkünfte der Region.

Für die Besichtigung des **Stok Abagon** (☎9906988325; empfohlene Spende 50 ₹) sollte man eine Taschenlampe mitbringen. Das 350 Jahre alte, recht baufällige Haus mit Küche befindet sich in einer kurzen Gasse unterhalb vom Stok-Palast. Wer an einem vollständigeren und besser aufbereiteten historischen Haus interessiert ist, geht durch den Ort zum **Gyab-Thago Heritage House** (☎9622966413, 9797310988, 9419218421; Village Rd; empfohlene Spende 100 ₹; ⌚Mai–Sept. 10–17 Uhr), in dem ein Großteil der Inneneinrichtung und des Zubehörs von den ursprünglichen, nebenan wohnenden Besitzern sorgfältig instand gehalten wird.

Vom Stok Abagon zum Gyab-Thago Heritage House kommt man am einfachsten über eine 5 km lange Schleife über den sogenannten Trekking Point und vorbei an der bescheidenen Stok Gompa, die sich unterhalb einer meilenweit sichtbaren, goldenen Buddha-Statue befindet.

Auf dem Spaziergang gibt es noch viele alte Gebäude und ganz unterschiedliche Stupas zu bewundern.

Schlafen & Essen

Gyab-Thago Homestay PENSION $
(☎9419218421; www.ladakhmitra.com; Zi. ohne Bad inkl. HP 1000 ₹/Pers.; ⏲Mai–Sept.) Durch und durch traditionelle Unterkunft, die aber weitaus komfortabler ist als viele andere Privatunterkünfte. Die luftigen, sauberen Zimmer teilen sich ein blitzblankes Bad. Die Mahlzeiten in der beeindruckenden ladakhischen Wohnküche sind so authentisch, dass Gruppen aus Leh deshalb hierher kommen. Wer den Standardpreis für die Unterkunft bezahlt, wird allerdings nicht in den Genuss des ganzen Angebots kommen.

Stok Palace Heritage Hotel HISTORISCHES HOTEL $$$
(☎9650207467; www.stokpalaceheritage.com; Stok Palace; Suite 16100–34000 ₹, Cottage 32000 ₹) Hier schläft man in einem echten, noch bewohnten ladakhischen Königspalast. Obwohl die alten Suiten renoviert wurden (und jetzt beeindruckende Bäder haben), blieb doch viel Traditionelles erhalten. In dem sehr speziellen „Queen's Room" sind noch die dunklen, fast 200 Jahre alten, nachdenklich stimmenden Originalwandgemälde vorhanden. Außerdem gibt es im Aprikosengarten in der Nähe drei neue komfortable Cottages im ladakh-üblichen Stil.

Jedes Cottage bietet Platz für vier Personen und hat eine komplett eingerichtete Küche sowie Bäder mit Fußbodenheizung. Im Winter werden sie mit Holzöfen geheizt. In den Preisen der Suiten ist das Abendessen enthalten. Wahrscheinlich wird man mindestens einmal während seines Aufenthalts hier mit der königlichen Familie speisen.

Woody Vu BOUTIQUEHOTEL $$$
(☎9797643532; www.woodyvu.com; Village Rd; Zi. 10000 ₹; ⏲Mitte Feb.–Okt.) Das Woody Vu hat fünf rustikale, schön eingerichtete Luxuszimmer mit ausgesprochen guten Matratzen. Der Geist eines alten ladakhischen Hauses wurde beibehalten. Die Mahlzeiten werden in einer traditionellen Wohnküche eingenommen. Die Aussicht ist grandios, vor allem aus dem Khardungla Room mit seinem Himmelbett. Reservierung (aus Delhi) erforderlich. WLAN ist vorhanden, aber da man hier soziale Kontakte fördern möchte, gibt es keine TVs.

An- & Weiterreise

Von Lehs altem Busbahnhof fahren Sammeltaxis nach Choglamsar, wo man in einen Minivan nach Stok umsteigen kann (30–50 ₹/Sitzplatz, 300 ₹/Fahrzeug). Die Vans nach Leh starten, wenn sie voll besetzt sind, d. h. normalerweise ein- oder zweimal pro Stunde. Los geht's am Trekking Point über die Main Rd.

Ein Taxi von Leh kostet 574/744 ₹ einfache Fahrt/hin & zurück.

DER GEHEIMNISVOLLE SCHNEELEOPARD

Die viel gerühmten Schneeleoparden, die zu Ladakhs Säugetieren mit Kultcharakter gehören, bekommt man nur äußerst selten zu Gesicht. Angeblich gibt es noch rund 300 von ihnen, wahrscheinlich sind es aber nur noch 100. Die Hoteliers berichten noch immer von einem amerikanischen Fotografen, der einen Sommer lang durch die Berge gezogen ist und vergeblich gehofft hat, auch nur ein einziges Foto von einem Leoparden machen zu können – er hat die falsche Jahreszeit gewählt. Im Februar und März folgen die großen Katzen ihrer Beute (Steinböcke und Blauschafe) in niedriger gelegene Gebiete. In dieser Zeit ist alles verschneit und so sind ihre Spuren leichter auszumachen.

In den letzten zehn Jahren waren Kampagnen zum Schutz der Schneeleoparden und ihres Ökosystems relativ erfolgreich, denn die Dorfbewohner konnten davon überzeugt werden, dass die Leoparden viel mehr ein Segen für ihr Leben als eine Bedrohung sind. Dies gelang teilweise dadurch, dass man die Besitzer von Privatunterkünften ermutigte, Leoparden-Beobachtungstouren anzubieten, z. B. in **Rumbak** (S. 269) (1500 ₹; **Genehmigung für den Hemis-Nationalpark** (S. 269) erforderlich), Phyang, Uley (9 km von **Yangthang** entfernt) und in der Rong-Region (zwischen Upshi und dem Tso Moriri). Solche Touren werden u. a. von der **Ladakhi Women's Travel Company** (S. 254) und **Hidden North** (S. 254) organisiert.

Das **Snow Leopard Conservancy Office** (Karte S. 252; ☎01982-257953; www.snowleopardhimalayas.in; Leopard Lane, Leh; ⏲Fr 16 Uhr oder nach Vereinbarung) zeigt freitagnachmittags einen Dokumentarfilm; ohne Termin sollte man zu einer anderen Zeit aber dort nicht auftauchen, denn das Personal hat nur wenig Zeit.

Rund um Leh

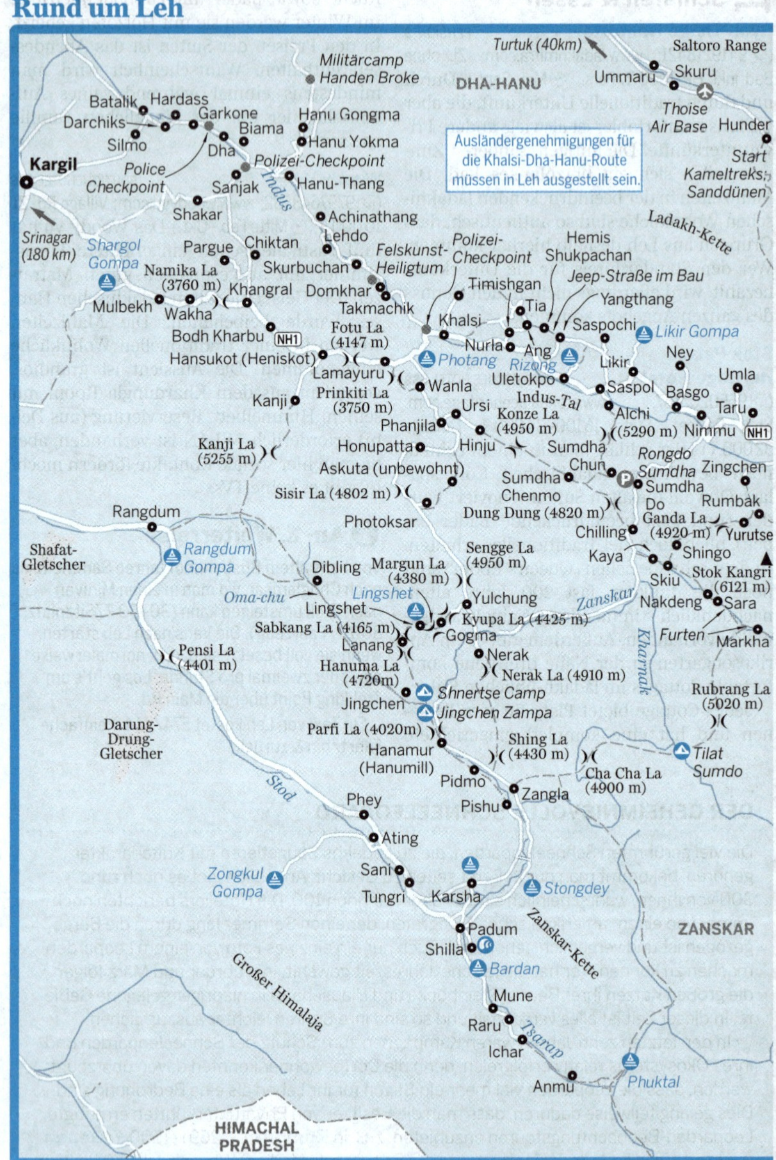

Matho

1240 EW. / 3485 M

Mathos großes sakya-buddhistisches **Kloster** (☎01982-246085; www.mathomuseumproject.com) thront über dem idyllischen Dorf und bietet einen unbeschreiblichen Blick über das Indus-Tal mit seinen smaragdgrünen Feldern, Sandwüsten und Bergen am Horizont. Die Gompa mit ihrer beeindruckenden Architektur bekommt demnächst ein neues Museum. Auch das Atelier, in dem *thangkas* restauriert werden, ist sehr interessant.

Matho Nagrang RELIGION

(Matho Gompa; ⌚ Feb.–März) Während des berühmten Festivals nehmen Mönche des Matho-Klosters, die als Orakel fungieren, wagemutige körperliche Herausforderungen an. Ihre Augen sind verbunden, und sie „sehen" nur durch die furchterregenden „Augen", die auf ihren Brustkorb gemalt sind. Sie nehmen rituelle Selbstverstümmelungen vor und treffen Vorhersagen für das kommende Jahr.

Shey

2490 EW. / 3240 M

Shey ist eine schöne, von Teichen gesprenkelte Oase vor einem öden Felskamm. Dominiert wird der Ort von weitläufigen Festungsruinen und einem ehemaligen Palast, in dem sich Ladakhs am meisten verehrte Buddhastatue befindet. Über das ganze Dorf sind etwa 700 weiß getünchte Stupas verteilt, von denen einige aus dem 11. Jh. stammen. Die größte Touristenattraktion Sheys ist aber etwas ganz anderes: Indische Touristen kommen hierher, um die Schule (S. 267) zu sehen, die 2009 in dem Bollywood-Film *3 Idiots* zu sehen war.

Naropa Royal Palace PALAST

Auf dem Bergkamm von Shey stehen einige Festungsruinen rechts und links von dem dreistöckigen Naropa-Königspalast aus dem 17. Jh., der in den letzten Jahren umfassend restauriert wurde. Der **Palasttempel** (20 ₹; ⌚ 8–18 Uhr) beherbergt einen 7,5 m großen, vergoldeten Kupfer-Buddha von 1645. Im oberen Stockwerk führt eine Tür zu seinem unergründlich lächelnden Gesicht.

Druk Padma Karpo School DREHORT

(Druk White Lotus School; www.dwls.org; Leh-Karu Hwy, Km 457,9; Spende erwünscht; ⌚ April–Aug. 9–13 & 14–18 Uhr; P) Diese durch ihren Gastauftritt in *3 Idiots* bekannt gewordene Schule wird von mehr als 700 Schülern besucht. Die preisgekrönten modernen Gebäude auf dem faszinierenden Campus sind mit neuesten nachhaltigen Techniken ausgestattet. Sie wurde im August 2010 durch ein Unwetter zerstört und danach wieder aufgebaut. In der Saison finden mehrmals stündlich „Briefings" und anschließende Führungen statt.

Thiksey

2490 EW. / 3260 M

Die prächtige **Thiksey Gompa** (☎ 01982-267011; www.thiksey-monastery.org; Eintritt 30 ₹, Video 100 ₹; ⌚ 6–13 & 13.30–18 Uhr, Festival Okt./Nov.) gehört zu den größten und imposantesten Klöstern Ladakhs. Die fotogenen Gebäude im tibetischen Stil stehen auf einem großen Felsvorsprung. Das Herzstück der Gompa ist der vor Atmosphäre nur so triefende *dukhang* (Hauptgebetshalle). In einem Maitreya-Tempel befindet sich ein riesiger „Zukunfts"-Buddha, der zugleich friedvoll, hämisch und etwas bedrohlich dreinzuschauen scheint. Kleiner, aber offensichtlich auch älter sind der *gonkhang* und die kleine Bibliothek auf dem Dach (oft geschlossen).

Im Preis des Thiksey-Tickets ist der Eintritt in ein faszinierendes **Museum** (⌚wechselnde Öffnungszeiten) enthalten – es muss natürlich jemand vor Ort sein, der aufschließen kann. Das Museum versteckt sich unterhalb des Klosterrestaurants.

In buchstäblich jedem ladakhischen Kloster wird der Tag mit dem Singen des Morgengebets begonnen. Respektvolle Besucher sind gern gesehen. Thikseys beeindruckende Gebetshalle und die vielen Mönche, die jeden Morgen am Gebet teilnehmen, wird man wohl so schnell nicht wieder vergessen. Aber das Ganze ist mittlerweile so populär geworden, dass die Besucher in der Überzahl sind. Die Gebete finden an den meisten Tagen zwischen 6 und 7.30 Uhr statt.

Schlafen & Essen

Einige Besucher, die pünktlich zum Morgengebet vor Ort sein möchten, übernachten in den einfachen Gästezimmern des Klosters oder im komfortableren **Chamba Hotel** (☎01982-267385, 9419178381; www.thiksay.org; Leh-Karu Hwy, Km 454,2; EZ/DZ 2760/3640 ₹) am Fuß des Gompa-Hügels. Wer einen längeren, meditativeren Aufenthalt plant, kann in der netten Pension **Nyerma Nunnery** (The Taras; ☎9906985911; www.ladakhnuns.com; Zi. inkl. HP 950 ₹/Pers.; ⌚Mai–Sept.) unterkommen.

★**Café Cloud** MULTICUISINE $$$

(☎9419983021, 01982-267100; Leh-Karu Hwy, Km 453,3; Hauptgerichte 250–575 ₹; ⌚Mitte Mai–Sept. 9–20 Uhr; 📶) Das elegante Gartenrestaurant versteckt sich hinter Lehmmauern. Östlich von Leh ist dies der einzige Ort, an dem es gutes europäisches Essen gibt. Eine ausgezeichnete Wahl ist der in der Pfanne sautierte Wolfsbarsch (599 ₹), der auf nach Senf duftenden Kartoffeln mit knackigem Gemüse serviert wird. Mittags gibt's auch ein hervorragendes indisches Veggie-Büffet und ein vegetarisches/nicht-vegetarisches Tagesgericht (390/435 ₹).

Hemis

350 EW. / 3670 M

Anders als die meisten Klöster in Ladakh ist die **Hemis Gompa** (www.drukpa-hemis.org; 100 ₹; ⌚8–13 & 14–18 Uhr) aus dem 17. Jh. das spirituelle Zentrum der Drukpa-Buddhisten Ladakhs. Der wohl berühmteste buddhistische Tempelkomplex Ladakhs versteckt sich in einem von Klippen gesäumten Tal und thront nicht wie andere oben auf einem Felsen. Der zentrale Innenhof und die Hauptgebäude des Tempels erstrahlen in vielen Farben, das **Museum** (Hemis Gompa; im Eintrittspreis des Klosters enthalten; ⌚Mitte April–Mitte Okt. 8–13 & 14–18 Uhr) ist faszinierend und zwischen den stimmungsvollen Schreinen im oberen Teil gibt es noch so einiges mehr zu entdecken.

Wer den Touristenmassen entkommen will, läuft am Schulneubau vorbei, nimmt den schönen Weg am Bach und steigt die Betontreppe hinauf zur **Gotsang Hermitage** (⌚Sonnenaufgang–Sonnenuntergang) mit ihren beiden ansprechenden Tempelgebäuden und der Höhle, in der der Tantra-Meister Gyalwang Gotsang (1189–1258) meditierte. Der Tantra-Meister, der auch unter dem Namen Golsangapa bekannt ist, war der erleuchtete tibetische Lama, der den Pilgerweg um den Kailash festlegte und auf den die Drukpa-Buddhisten ihre Abstammung zurückführen. Für den Weg nach oben sollte man eine, für den Rückweg eine halbe Stunde einplanen.

In der Nähe des Hauptklosters liegt das kleine, zeitlose Dorf **Hemis**. Es lohnt sich, durch diesen Ort mit seinen engen Gassen und dicht an dicht stehenden Häusern zu bummeln.

Das beliebte alljährlich stattfindende **Tse-Chu-Festival** (Hemis Gompa; ⌚Juli) wird drei Tage lang mit Maskentänzen gefeiert, die die Geschichte von Padmasambhavas Leben erzählen.

Von Choglamsar fährt man mit einem Sammeltaxi nach Karu (50 ₹), und von dort führt eine kurvige Straße ins 7 km entfernt gelegene Hemis (Taxi einfache Strecke/hin & zurück 300/500 ₹).

Chemrey & Takthog

6920 EW. / 3660 M

Die **Thekchhok Gompa** (Chemrey-Kloster; Karu-Pangong Rd, Km 7,3; Museum 50 ₹; ⌚Museum 8.30–13 & 14–18 Uhr, Fest im Nov.) hoch oben auf einem Hügel inmitten von Gerstenfeldern ist bei Travellern zwar nicht so beliebt wie die Thiksey Gompa, steht ihr in puncto Grandiosität aber in nichts nach. Sie bietet einen atemberaubenden Anblick. Etwa 3 km weiter nördlich an der dritten der drei Kreuzungen (Km 10,4) führt eine Straße zum Wari La durch **Sakti**. Der bezaubernde Ort ist umgeben von schönen, terrassenartig angelegten Feldern, bewässertem Weideland und Steinmauern. Die Straße führt weiter zu den zerfallenen **Festungsruinen** des Orts (Wari La Rd, Km 1,5, Sakti) GRATIS und zu mehreren buddhistischen Stätten, von denen die bekannteste die **Takthog (Dakthok) Gompa** (Wari La Rd, Km 4,6, Sakti; angemessene Spende; ⏲ Fest Juli) ist.

Die nette, 2 km von der Takthog Gompa entfernte Privatunterkunft **Solpon** (☎ 9906304067; Wari La Rd, Km 2,3; 800 ₹/Pers. mit HP; 📶) bietet einen tollen Blick auf die Sakti-Burg. Das beste Hotel der ganzen Gegend ist **Sakti Villa** (☎ 01982-251063; www.saktivilla.com; Wari La Rd, Km 4,3; EZ/DZ 2600/2900 ₹), 300 m vor der Takthog Gompa.

Chemrey und Takthog sind nur kurze Abstecher von der Straße Karu–Pangong und werden im Allgemeinen im Rahmen einer zweitägigen Pangong-Jeep-Exkursion besucht. Alternativ kann man von Leh aus einen Tagesausflug zu den beiden Klöstern unternehmen (Taxi hin & zurück ca. 2500 ₹).

Markha-Tal & Rumbak

Ladakhs berühmteste Trekkingtouren folgen einer recht unkomplizierten, aber landschaftlich traumhaften Route durch das straßenlose Markha-Tal mit seinen verschlafenen Dörfern und führen anschließend auf den Kongmaru La (5260 m). Es gibt unzählige Privatunterkünfte, sodass man weder viel Ausrüstung noch Proviant mitnehmen muss. Einen Führer anzuheuern, ist keine schlechte Idee, aber nicht unbedingt erforderlich, wenn man eine vernünftige Landkarte und einen guten Orientierungssinn hat.

Für den Standardtrek von Chilling nach Shang Sumdo benötigt man im Allgemeinen vier oder fünf Tage. In Shang Sumdo warten Taxis auf Fahrgäste, um sie zurück nach Leh zu bringen (2500 ₹/Auto oder 600 ₹/Pers., je nachdem was mehr Geld bringt).

Yurutse, Rumbak und das gesamte Markha-Tal sind Teil des **Hemis National Park** (20 ₹/Pers. & Tag), für den in **Chilling**, **Shang Sumdo** oder am **Trekking Point in Stok** in der Regel eine kleine Eintrittsgebühr verlangt wird.

Man sollte ein zusätzliches Paar Sandalen mitnehmen, um durch die manchmal knöcheltiefen Flüsse zu waten. Zum Zeitpunkt der Recherche gab es zwei solche Stellen (an jedem Ende von Markha), das kann sich aber durch den Bau von Brücken in der nächsten Zeit ändern.

Fitte Wanderer, die ihren Trek 4 km südlich von **Chilling** (Nimmu-Nerak Rd, Km 28) an der schaukelnden Brücke über den Fluss beginnen, sollten bis nach Shang Sumdo vier Tage mit grob sieben Stunden Gehzeit und Übernachtung in Sara oder Nakdeng, Hankar und Nimaling einplanen. Wer in kürzeren Etappen wandern möchte, benötigt fünf oder sechs Tage und übernachtet unterwegs in Skiu oder Kaya, Markha, Umlung oder Hankar und Nimaling und am letzten Tag vielleicht in Chokdo, um während des langen Abstiegs eine Pause zu haben.

Auf der Tour von Chilling oder Kaya bis nach Hankar stößt man alle zwei oder drei Stunden auf Dörfer, die wie Oasen in Gerstenfeldern liegen und einen fotogenen Kontrast zu den schroffen, trockenen, zackigen Bergen ringsum bilden. Zu den Highlights gehören die winzige **Tacha Gompa**, 25 Minuten vor Umlung (Umblung), und die verstreuten **Festungsruinen** bei Upper Hankar. Beide liegen dramatisch auf unglaublich schmalen Felsgraten.

Da es an den ersten beiden Tagen nur leicht bergauf geht, kann man sich unterwegs auf dem Markha-Trek akklimatisieren. Aber trotzdem sollte man nicht zu früh nach der Ankunft in Ladakh loswandern.

Gastfamilien nehmen zurzeit 1000 ₹ pro Person inkl. Frühstück, Abendessen und Lunchpaket. In Nimaling gibt es kein Dorf, dafür aber ein Zeltcamp (unbedingt an warme Kleidung denken!). Hier kostet die Übernachtung 1200 ₹ pro Person inkl. Mahlzeiten.

Wer bereits gut akklimatisiert ist, kann sich zwei oder drei schöne Extratage gönnen und Zingchen (Taxi ab Leh 1650 ₹, eine Übernachtung bei einer Familie und eine im Zeltcamp) als Ausgangspunkt für die Wanderung nehmen. Von dort ist es ein drei- bis vierstündiger Marsch zur einzigen einsamen Privatunterkunft in Yurutse; wenn es dort voll ist, muss man zurück nach Rumbak. Am nächsten Tag startet man frühmorgens und wandert über den Ganda La (4920 m) nach Shingo (6–7 Std.), wo es drei Privatunterkünfte gibt.

Rumbak DORF

Rumbaks kompakter alter Kern ist architektonisch derart stimmig, dass der Ort zu den schönsten straßenlosen Dörfern Ladakhs gehört. Perfektioniert wird das Ganze noch

VON LEH NACH MANALI

Diese absolut traumhafte, aber mächtig die Knochen durchrüttelnde Fahrt ist ein unvergessliches Erlebnis. Auf dem Abschnitt zwischen Upshi und Keylong passiert man vier Pässe über 4900 m, und vor Manali folgt dann noch der berühmt-berüchtigte, unberechenbare Rohtang La. Obwohl die Straße „normalerweise" von Juni bis Ende September geöffnet ist, kann sie aufgrund von Sommerschneefällen oder größeren Erdrutschen außerplanmäßig für Tage (oder gar Wochen) gesperrt sein. BCM (www.bcmtouring.com), LAHDC (http://leh.nic.in) und High Road (http://vistet.wordpress.com) informieren über den aktuellen Straßenzustand.

Mögliche Transportmittel

BUS & MINIBUS

Am preiswertesten ist es, mit dem HRTC-Bus um 5 Uhr nach Keylong (540 ₹, 14 Std.) zu fahren und dort umzusteigen. Fahrkarten kauft man am Vorabend beim Assistenten des Fahrers. Der Bus sollte gegen 19 Uhr eintreffen (man erkennt ihn an dem HP-Nummernschild).

Die geringfügig bequemeren Busse (2700 ₹, 2 Tage) von **HPTDC** (Karte S. 248; ☎ 9418691215, 9906229196; Fort Rd; ⊙ Juli–Anfang Sept. 10–13.30 & 14.30–19 Uhr) fahren im Juli und August jeden zweiten Tag und Anfang September ein paar Mal. Los geht's um 5 Uhr gegenüber der **Touristeninformation** (Karte S.248; Ibex Rd). Plätze reserviert man im Obergeschoss des kleinen Büros neben Wet'n'Wild (S. 253). Im Preis enthalten sind die Übernachtung in Schlafsälen sowie ein Frühstück und ein Abendessen.

Tempo-Minibusse mit elf Sitzplätzen, die ohne Zwischenstopp durchfahren, starten gegen 1 Uhr (15–21 Std.). Die Tickets kosten bei Agenturen 2000 ₹, direkt bei der **Ladakh Maxicab Union** (Karte S. 252; ☎ 01982-253192) 1800 ₹. Man sollte zwei Tage vorher buchen, damit man einen guten Sitzplatz bekommt und checken, wo es los geht, denn oft fahren die Minibusse am Taxistand Zangsti (S. 264) ab. Wenn der Rohtang Tunnel fertig ist, was hoffentlich 2018 der Fall sein wird, wird man sehr viel schneller am Ziel sein.

JEEP

HP-registrierte Jeeps, die am Stand für Langstrecken-Sammeltaxis (S. 262) auf Fahrgäste warten, verlangen für die Fahrt nach Manali 2000/2500/3000 ₹ für Sitzplatz hinten/

durch die gezackte Bergkulisse. Rumbak (und auch Yurutse) erreicht man von Zingchen aus nach einem knapp dreistündigen Marsch (und von Leh nach einer schnellen Taxifahrt). Wer der Hauptstadt den Rücken kehren will, kann sich in Rumbak gut ein oder zwei Tage in einer der neun Privatunterkünfte einquartieren und schöne Spaziergänge machen.

Im März ist Rumbak ein beliebter Ausgangspunkt für Wanderungen, auf denen man Schneeleoparden beobachten kann. Im Sommer kann man auch nach Stok laufen. Die anstrengende sieben- bis achtstündige Wanderung führt über den 4900 m hohen Stok La (Namling La): links abbiegen und am zweiten Mini-Pass runterlaufen (wenn der Pass in Wolken liegt, sollte man auf keinen Fall ohne Führer losmarschieren). Rumbak kann man auch für die Besteigung des 6121 m hohen Stok Kangri oder für den längeren Markha Valley Trail als Ausgangsbasis nehmen.

Tageswanderung Rumbak & Yurutse WANDERUNG

Wer eine schöne eintägige Wanderung unternehmen will, sollte vorab ein Taxi für die Fahrt von und nach **Zingchen** (Jingchan) (ca. 3000 ₹ für bis zu 6 Pers.) reservieren. Start ist gegen 7 Uhr, zurück geht's um 17.30 Uhr. Man wandert dreieinhalb bis vier Stunden in einem schönen Flusstal bis zu dem geheimnisvollen, aus nur einem Haus bestehenden Dorf **Yurutse**. Unterwegs kommt man (etwa auf halber Strecke) an einem Fallschirmzelt vorbei, in dem man ein aus Maggie-Nudeln bestehendes Frühstück bekommt. Zurück geht's über das traumhafte, scheinbar aus einer anderen Welt entsprungene Dorf Rumbak (1¼ Std.) und über eine Abkürzung mit toller Aussicht. Wer Lust hat, kann in einem traditionellen Haus auch noch ein Glas *chhang* (Gerstenbier) probieren, bevor es zurück nach Zingchen geht.

Obwohl die Strecke nach Yurutse ständig bergauf geht, so ist sie doch nie wirklich steil

Mitte/vorn. Los geht's in der Regel zwischen 16 und 18 Uhr. Die Fahrer wollen manchmal schnell losfahren, sodass man vielleicht ein ganzes Fahrzeug für einen erheblich geringeren Preis als den offiziellen Preis (ab 19500 ₹ inkl. einer Übernachtung) mieten kann.

AUTO & MOTORRAD

Zwischen Karu und Tandi (8 km südlich von Keylong) gibt's auf einer Strecke von 365 km keine Tankstelle. Wer nach Norden fährt, benötigt eine Genehmigung für den Rohtang-Pass (S. 274). Dienstags ist die Strecke in Richtung Norden nach 6 Uhr ab Gulaba zum Pass für Privatfahrzeuge gesperrt. Der Verkehr in Richtung Süden ist davon nicht betroffen.

Wo übernachten?

Die Fahrt von Leh nach Manali kann um die 15 bis 22 Stunden dauern. Eine Übernachtung in Sarchu unterteilt die Fahrt praktischerweise in zwei mehr oder weniger gleich große Abschnitte, allerdings kann die Höhe (ca. 4000 m) Probleme bereiten (vor allem, wenn man nach Norden fährt, da man dann höchstwahrscheinlich noch nicht akklimatisiert ist). Achtung: Es gibt eigentlich zwei Sarchus! Einen 500 m langen Streifen mit preiswerten, hässlichen Cafés in Metallhütten direkt an der Brücke bei Km 222, und ein Dutzend Zeltcamps mit Betten zwischen Km 214 und Km 217,4 auf einem schönen Plateau am Flussufer. Mehrere Metallhütten stehen auch bei Km 205,8.

In Keylong, Jispa (Km 138–139) und Gemur (Km 134) gibt es komfortablere Übernachtungsmöglichkeiten in nicht so extremer Höhe, dafür ist die Strecke Leh–Keylong aber eine sehr lange Tagestour.

Wer sich für die Fahrt von Leh nach Manali drei Tage Zeit lässt, könnte außer in Keylong auch noch in Pang (Km 298) übernachten. Pang liegt auf 4634 m, und wer noch nicht akklimatisiert ist, muss vielleicht den kostenlosen Sauerstoff am Militärcamp in Anspruch nehmen, wenn die Höhenkrankheit zuschlägt. Pangs Parachute-Cafés und die Zimmer in den Lehmhäusern sind allerdings sehr einfach.

Ein paar einsame Parachute-Cafés gibt's auch in Debring (Km 343 & Km 340), Whisky Nallah (Km 270), Bharatpur (Km 197), Zingzingbar (Km 174) und Darcha Bridge (Km 143). Am Taglang La steht in der Regel auch ein Mittsommerzelt.

und führt über keine hohen Pässe. Dem Weg ist leicht zu folgen, außer direkt hinter dem Fallschirmzelt: Dort hält man sich im Wesentlichen am linken (in Fließrichtung rechten) Ufer bis zum nächsten Seitental, wo man den Hauptfluss über eine doppelte Baumstamm-„Brücke" überquert. Gegenüber vom nächsten Seitental muss man sich rechts halten und den nach oben führenden Weg (nicht den am Fluss) nach Yurutse nehmen.

Der Weg zurück nach Rumbak ist nicht zu verfehlen. Direkt nachdem man die doppelte Baumstamm-„Brücke" überquert hat, führt er rund um den Hügel.

Freundliche Familien in Yurutse und Rumbak servieren Besuchern Tee, erwarten dafür aber einen Obolus.

Nubra-Tal

☎ 01980

Die tiefen Täler der Flüsse Shayok und Nubra zeichnen sich durch eine atemberaubende Landschaft mit in grünen Oasen liegenden Dörfern aus, die von faszinierenden kargen Geröllhängen, Steinfeldern und schroffen, trockenen Bergen umgeben sind. Hier warten Sanddünen, Klöster, die Ruinen eines Palasts und – in Turtuk und Bogdang – eine ganz andere Kultur (die der Balti) darauf, entdeckt zu werden. Ausländer benötigen eine Genehmigung.

An- & Weiterreise

Die meisten Besucher kommen im Charterjeep aus Leh ins Nubra-Tal. Es gibt mehrere Varianten. Die zweitägige Tour Leh–Diskit–Hunder und zurück kostet ab 7800 ₹ pro Fahrzeug. Ein Tag ist viel zu kurz, um den Ausflug wirklich genießen zu können. Die dreitägige Tour Leh–Turtuk und zurück kostet 13872 ₹, will man auch Sumur/Panamik sehen, muss man einen Aufpreis von ca. 1500/2500 ₹ zahlen.

Wer über eine Nubra-Genehmigung verfügt, kann alternativ im Sammeljeep nach Diskit fahren, wo man an einem Taxistand Exkursionen in die Umgebung organisieren kann. Hier starten auch Busse nach Turtuk (tgl. außer So). Es ist auch möglich, auf dem Rückweg von Turtuk Hunder zu besuchen, indem man nach der Besichtigungstour ein preiswertes Taxi zurück nach Diskit nimmt.

Die meisten Besucher kommen über den Khardung La ins Nubra-Tal. Inzwischen wurde eine schmale Straße über den entlegenen Wari La asphaltiert, sodass eine Rundtour über Agham und Shakti/Takthog möglich ist.

Von Leh nach Diskit

Die Nubra-Straße führt etwa eineinhalb Stunden im Zickzack die kargen Berge hinauf bis zum **Khardung La** (Leh-Diskit Rd, Km 39), der mit 5602 m der höchste befahrbare Pass der Welt sein soll (was nicht unumstritten ist). Bei der Abfahrt sollte man rund um den schönen Teich, der etwas irreführend **Tsolding Buddha Park** (Leh-Diskit Rd, Km 50,5) genannt wird, nach Murmeltieren und *dzos* (eine Kreuzung aus Kuh und Yak) Ausschau halten. Die Armee kontrolliert Genehmigungen und Pässe bei Km 24 und Km 53. Hinter dem Dorf **Khardung** (Km 71 bis Km 72) erreicht die Landschaft eine Erhabenheit, die an den Grand Canyon erinnert. Bei Km 86 öffnet sich ein grandioser Blick auf das Shayok-Tal mit den grünen Feldern des von grau-weißem Flusssand umgebenen Dorfes **Tsati** tief unten. Obwohl **Khalsar** (Km 95) 2015 von Überschwemmungen heimgesucht wurde, gibt es hier noch ein paar kleine Restaurants, von denen eines, das 2 km außerhalb von Khalsar liegt, kostenloses Bogenschießen und verschiedene **Raftingmöglichkeiten** (☎ 9419300811, 9818983983; rsrkhalsar@gmail.com; Khalsar-Diskit Rd, Km 3,5; 800–1800 ₹/Pers.; ⊙ Mai–Mitte Sept.) auf dem Shayok anbietet. Etwa 10 km hinter Khalsar bietet die Flussebene mehrere bescheidene Sanddünen, auf denen man mit **Quads** rumfahren kann (☎ 9419834983; Leh-Diskit Rd, Km 103,5, Khalsar-Sanddünen; 1200 ₹; ⊙ Mai–Sept. 7.30–19 Uhr).

Diskit

1850 EW. / 3125 M

Diskit erstreckt sich rund um eine geschäftige Basarstraße, die von der einzigen Bus- und Taxihaltestelle der Gegend an der Straße von Leh nach Turtuk im rechten Winkel bergab führt. Vom unteren Ende des Basars geht es rechts am Spangla Guesthouse vorbei in einen freundlicheren Teil Diskits. Hier führt eine 1,5 km lange Gasse nach Alt-Diskit mit seinen Stupas, einer großen *mani*-Mauer und einer langsam zerfallenden, alten ladakhischen Villa. Wo die Gasse durch die Altstadt wieder auf die Leh-Hunder-Straße stößt, windet sich eine schmale, 2 km lange Straße voller Haarnadelkurven hinauf zu der grandiosen **Diskit Gompa** (Ganden Tashi Chosling Gompa; 30 ₹; ⊙ 7–19 Uhr) vorbei an einer gigantischen (32 m hohen), farbenfrohen, auf einem Hügel stehenden **Chamba-(Maitreya Buddha)-Statue** (Diskit Gompa Rd).

Von den sechs Unterkünften in der Umgebung des Basars hat das **Sand Dune Hotel** (☎ 01980-220022, 9419568208; Zi. Standard/Luxus 1200/2000 ₹, EZ/DZ ohne Bad 400/500 ₹) den schönsten Garten. Wer auf Schnäppchenjagd ist, sollte sich am unteren Ende der Zufahrtsstraße zur Diskit Gompa umsehen. Das **Kharyok Deluxe Guest House** (☎ 9469176131, 01980-220050, 9419538846; kharyokguesthouse@gmail.com; Diskit Umgehungsstraße; Zi. unten/oben 600/800 ₹; P 📶) bietet im Obergeschoss Zimmer, in denen man vom Rauschen des Bachs in den Schlaf begleitet wird. Die neuesten Zimmer gibt's im altehrwürdigen **Sunrise Guest House** (☎ 01980-220011, 9469261853; sunrise.guest66@gmail.com; Alt-Diskit; EZ/DZ 500/600 ₹, DZ/3BZ ohne Bad 300/350 ₹; ⊙ Mai–Sept.). Aber es gibt auch noch einige andere Unterkünfte mit ganz unterschiedlichen Preisen.

ℹ An- & Weiterreise

Sammeljeeps nach Leh (400 ₹, 4½ Std.) fahren – wenn sie voll sind – zwischen 6.45 und ca. 9 Uhr von der Bushaltestelle in Diskit ab. Überladene Minibusse starten nachmittags und steuern so ziemlich jedes größere Dorf im Nubra-Tal an (darunter Panamik um 15 Uhr und Turtuk um 14.30 Uhr, außer So); zurück geht's am frühen Morgen.

Charterjeeps bekommt man bei der **Nubra Taxi Union** (☎ 9469727786, 01980-220339; ⊙ 7–18 Uhr). Nachstehend die Preise:

Diskit Gompa 200 ₹ hin & zurück

Hunder direkt/über den Camel Point 300/400 ₹

Tegar & Sumur 2000 ₹ hin & zurück

Turtuk 3474/4517 ₹ einfache Fahrt/hin & zurück

Spangmik (Pangong Tso) über Agham 8900 ₹

Auf der letztgenannten Strecke gibt es des Öfteren größere Erdrutsche, außerdem führt sie über mehrere Furten (bei Km 20,6, Km 25,5 und Km 28,3 von Agham aus), deren Durchquerung im Sommer nachmittags sehr hart sein kann, weshalb man besser frühmorgens starten sollte.

Hunder

1240 EW. / 3085 M

Hunder liegt etwas verloren inmitten von herrlichem Grün und vor hoch aufragenden Bergklippen. Für indische Touristen, die in den relativ komfortablen Pensionen und Zeltcamps übernachten, ist Hunder die Attraktion im Nubra-Tal. Nachmittags reiten sie auf dem Rücken von **zweihöckrigen Kamelen** (Hunder-Sanddünen; 15 Min./Std. 200/600 ₹; ⏲ Mai–Sept.) durch eine Reihe von fotogenen Sanddünen. Der Ausgangspunkt der Touren ist fast 3 km von Alt-Hunder entfernt. Hier erhebt sich in gewagter Lage auf einem Bergkamm eine **Festungsruine** oberhalb der Hauptstraße. Ganz in der Nähe liegen auch eine bescheidene **Gompa** (⏲ 6–8 Uhr) und mehrere faszinierende *mani*-Mauern, Stupas und kleine Schreine.

Immer mehr ausländische Backpacker, die den relativen Komfort der Unterkünfte in Hunder nicht benötigen, fahren ins weniger kommerzielle Turtuk oder besichtigen Hunder vom nahen Diskit aus, denn dort sind die Verkehrsanbindungen besser.

Etwa 20 Gartenpensionen, eine Handvoll etwas größerer „Hotels", ein Cottage-Resort und ein Dutzend „Luxus"-Camps verstecken sich in der schönen, fast ländlichen Gegend. Die meisten Luxus-Camps sind überteuert, aber das **Kora Valley** (☎ 9469517223, 01980-221339; www.thakora.in; Umbey Rd; Doppelzelt 2000 ₹, inkl. VP 3000 ₹; ⏲ Mai–Sept.; P 📶) 🍃 bietet ein recht angemessenes Preis-Leistungs-Verhältnis. Wer nicht zu wählerisch ist, findet auch eine Unterkunft ohne vorherige Reservierung. In der Hauptsaison muss man aber damit rechnen, etwas länger suchen zu müssen.

Die meisten Pensionen in Hunder verlangen Preise zwischen 1000 und 1500 ₹, so auch das nette **Goba Guest House** (☎ 01980-221083, 9419827912; rkkhadka2805@gmail.com; DZ 1000–1200 ₹; ⏲ April–Sept.). Das Angebot in der Preisklasse unter 600 ₹ ist klein, aber Gulams stets zuvorkommendes **Himalayan Guest House** (☎ 01980-221131, Ghulam 9469177470; www.facebook.com/himalayanhunder; DZ/3BZ ab 600/800 ₹, EZ/DZ/3BZ ohne Bad 400/450/500 ₹; ⏲ April–Okt.) (Achtung: *nicht* mit dem Himalayan Eco Resort verwechseln) ist noch immer eine zuverlässige Backpacker-Unterkunft, und auch das kleine, familiäre **Galaxy Guest House** (☎ 01980-221054, 9419585450; B/DZ/4BZ 300/1000/1200 ₹, inkl. HP 500/1500/2000 ₹; ⏲ April–Nov.; P 📶) 🍃 hat einen Schlafsaal für vier Personen und sehr saubere Zimmer mit Bad. Gutes Preis-Leistungs-Verhältnis.

Turtuk

3750 EW. / 2790 M

Das oft windgepeitschte Shayok-Tal zwischen Hunder und Turtuk bietet 80 km landschaftlicher Pracht, die nur ab und zu mal von Militäranlagen unterbrochen wird. Das grandiose Tal, das von rauem Gestein umgeben ist, verengt sich für kurze Zeit in der Nähe des winzigen **Changmar**, der westlichen Grenze der ladakhisch-buddhistischen Kultur. Die wenigen grünen Farbtupfer der Dörfer, die dahinter liegen, gehören kulturell und sprachlich zum muslimischen Baltistan. Die Hauptzentren, Turtuk und das selten besuchte Dorf **Bogdang**, bestehen aus einem erhöht liegenden Flickenteppich aus Feldern und Häusern auf Terrassenstreifen oberhalb der Hauptstraße. Im Sommer laufen die Einheimischen mit großen Bündeln Gerstenstroh auf dem Rücken zwischen den Aprikosenbäumen umher. Vom oberen Teil Turtuks hat man einen unvergesslichen Blick auf die zerklüfteten Gipfel in Pakistan, dessen Grenzlinie nur 7 km entfernt ist. Tatsächlich war Turtuk bis zum Krieg 1971 Teil von Pakistan.

Für viele Traveller ist Turtuk ein Highlight in Ladakh, andere sind jedoch der Meinung, dass die Ruhe und Einfachheit des Orts die lange Anreise nicht wirklich rechtfertigen.

Der Ort ist in drei Bereiche unterteilt. Die Hauptstraße führt durch den unteren Teil, der als Turtuk Chutang bekannt ist. Die meisten Pensionen und Unterkünfte befinden sich in dem hübschen Dorfbereich auf dem Hochplateau. Dieser wiederum wird durch einen Nebenfluss in das ältere Turtuk Youl und das offenere, grünere Turtuk Farol geteilt. Eine Fußgänger-Hängebrücke verbindet diese beiden Viertel miteinander.

Ein besonderes Vergnügen ist es, das Dorfleben in Turtuk zu beobachten und zu den einzelnen, von wunderschönen Feldern umgebenen Aussichtspunkten zu wandern. Die alten Häuser in Turtuk Youl werden schnell modernisiert, viele der „Kühlboxen" – winzige Gebäude aus Steinblöcken, durch die eiskaltes Wasser geleitet wird und die so als natürliche Kühlschränke fungieren – blieben aber erhalten.

Die **Alte Moschee** (Turtuk Youl) des Orts besitzt ein markantes Holzminarett mit Wendeltreppe. Der bescheidene, kleine „Pa-

GENEHMIGUNGEN FÜR LADAKH

Ausländer, die das Nubra-Tal, den Pangong Tso, Dha Hanu, den Tso Moriri und den oberen Indus (hinter Upshi) besuchen wollen, benötigen eine Genehmigung (indische Staatsangehörige müssen nur einen Vordruck für Selbsterklärungen ausfüllen). Die Anträge müssen bei einem offiziell anerkannten Reisebüro gestellt werden – 2016 konnte man das ganze Verfahren allerdings schon online einleiten. Für Alleinreisende gibt es aber einen kleinen Haken: Theoretisch dürfen nur mindestens zwei Personen gemeinsam eine Genehmigung beantragen, doch die Reisebüros bekommen das irgendwie hin. Und wenn man erst einmal die Genehmigung hat, scheint das Reisen allein – zumindest im Moment – völlig o.k. zu sein.

Anträge müssen spätestens am Tag vor der Tour bis 18 Uhr (So bis 16 Uhr) gestellt werden. Es ist aber ratsam einige Stunden als Spielraum einzuplanen. Auch ist es eine gute Idee, sich vor der Abfahrt ein paar Fotokopien der Genehmigung zu machen.

Die Genehmigungen sind bis zu sieben Tagen gültig. Die Kosten für die Genehmigung setzen sich zusätzlich zu den unterschiedlichen Agenturgebühren (meist zwischen 150 und 200 ₹) aus drei Bestandteilen zusammen: 100 ₹ für das Rote Kreuz, 20 ₹/Tag „Tierweltgebühr" (nicht für Dha-Hanu-Genehmigungen) und 300 ₹ Öko-Steuer. Die Öko-Steuer gilt für ein Jahr, sodass man – sollte man später noch einmal eine Genehmigung beantragen – sie kein zweites Mal bezahlen muss, allerdings nur, wenn man den Antrag bei der gleichen Agentur stellt.

Ausländer dürfen im Allgemeinen weder das Dorf Hanle besuchen noch die Straße zwischen Pangong und dem Tso Moriri via Chushul, Loma und Mahe befahren. Für Inder scheint sich die Lage von Jahr zu Jahr zu ändern. Zum Zeitpunkt der Recherche bekam man Genehmigungen für Hanle relativ einfach und in weniger als einer Stunde im **DCO** (Deputy Commissioner's Office; Karte S. 248; Polofeld; ⌚Mo–Sa 10–15 Uhr) in Leh.

last" **Pon Khar** (Yabgo Royal House; ☎01980-248114; Turtuk Youl; Spende erwünscht; ⌚19–21.30 Uhr, wechselnde Öffnungszeiten) gehört noch immer dem Radscha, der in diesem aus einem Zimmer bestehenden Museum die Geschichte der einst prachtvollen Dynastie der königlichen Familie nachzeichnet.

Wer eine etwas längere Wanderung unternehmen möchte, kann zu dem kleinen buddhistischen Kloster am Bogdang-Ende von Farol spazieren.

Schlafen & Essen

In Turtuk Farol gibt's die schönste Aussicht. Die bei Langzeit-Travellern beliebteste Unterkunft ist das **Kharmang Guest House** (☎9596476308, 9469006200, 01980-248104; www.kharmangguesthouse.yolasite.com; Turtuk Farol; DZ inkl. HP im Sommer/Winter 1800/3000 ₹, Zi. ohne Bad 400–700 ₹/Pers.). Auch das **Khan Guest House** (☎9469232578, 01980-248130; Turtuk Farol; Zi. Inkl. HP 500 ₹/Pers.) liegt schön. Die billigsten Betten Turtuks stehen im recht schäbigen **Kashmiri Homestay** (☎01980-248117; Turtuk Farol; Zi. Inkl. HP 300 ₹/Pers.). Das **Ashoor Guest House** (☎9419800776, 01980-248153; ashoor.turtuk@yahoo.com; Main Rd, Turtuk Chutang; Zi. 700–1200 ₹, ohne Bad ab 600 ₹; ⌚April–Okt.; Ⓟ) in der Hauptstraße bietet ein sehr gutes Preis-Leistungs-Verhältnis. Das **Turtuk Holiday** (☎9906993123; www.turtukholiday.com; Main Rd, Turtuk; Doppelzelt inkl. HP 4350 ₹; ⌚April–Okt.; Ⓟ) ist derzeit noch ein Zeltcamp im Garten, es soll hier aber bald ein richtiges Hotel entstehen.

Balti Farm (☎01980-248103; www.turtukholiday.com; Turtuk Holiday, Main Rd, Turtuk; Hauptgerichte 200 ₹; ⌚8–22 Uhr) im Turtuk Holiday bereitet fantasievolle Balti-Gerichte, die draußen im Garten oder drinnen serviert werden. Das **Ashoor Restaurant** (Main Rd, Turtuk Chutang; Hauptgerichte 80–200 ₹, Reis 90 ₹; ⌚7.30–23 Uhr; 🌶) ist lange geöffnet und serviert überraschend viele köstliche vegetarische Currys. Die meisten anderen „Restaurants" haben kaum mehr als Chow mein oder Maggi-Instant-Nudeln im Angebot. Wem das reicht oder wer einfach nur einen Pfefferminztee und das Plätschern des Flusses genießen möchte, für den ist das **Friends' Cafe** (Turtuk Farol; Hauptgerichte 100 ₹, Tee 20 ₹; ⌚7–21 Uhr Mai–Sept.) eine gute Wahl.

An- & Weiterreise

Man sollte mehrere Fotokopien der Genehmigung im Gepäck haben.

Sammeljeeps (200 ₹, 3 Std.) und überfüllte Minibusse (100 ₹, 4 Std.) fahren um 6 Uhr auf einer meistens gut asphaltierten Straße nach Diskit (Rückfahrt um 14.30 Uhr, außer So). Samstagsfrüh machen sich Busse um 6 Uhr in Leh auf den Weg nach Turtuk (370 ₹, 10–11 Std.), von Turtuk geht's am nächsten Morgen um 6 Uhr zurück nach Leh.

Sumur, Tegar & Panamik

3240 EW. / 3130 M

Wer ein eigenes Fahrzeug zur Verfügung hat, sollte Sumur-Tegar mit den Schatten spendenden Obstplantagen als entspannte Basis im Nubra-Tal in Betracht ziehen. Wie die lebendigere Alternative Hunder, so hat auch **Sumur** seine eigenen Sanddünen, die sich für einen Kamelritt (Khalsar-Panamik Rd, Km22; 200 ₹/15 Min; Mai–Sept.) anbieten. Von **Panamik** (Km 44) sollte man nicht allzu viel erwarten, die dortigen oft übermäßig angepriesenen Thermalquellen sind enttäuschend. Sehr viel interessanter ist das Dorf **Tegar** (Tiger) mit seinem **Zimskang Museum** (empfohlene Spende 50 ₹; auf Anfrage, am besten abends), einem nicht gekennzeichneten historischen Haus. Man findet es, indem man von der alten kleinen Manekhang Gompa einen Fußweg vorbei an *chorten* und einer *mani*-Mauer hinuntergeht. Oberhalb der Gompa am Hang thront die dreistöckige Hülle des **Zamskhang-Palasts** (Khalsar-Panamik Rd, Km 25) über den zerfallenen Resten der früheren königlichen Zitadelle (Km 25) Nubras. Ein schöner, wenn auch steiler Weg führt vorbei an der bunten, umfangreich erneuerten **Samstemling Gompa** (Spende erwünscht; 6–12 & 13.30–18 Uhr) zurück nach Sumur.

Schlafen

AO Guesthouse PENSION $

(9469731976, 9469263966; Sumur Link Rd; Zi. 500–1000 ₹; Mai–Okt.) Die freundliche Pension punktet mit einem schönen Hofgarten, einer Gemeinschaftsterrasse und einem tollen Blick von den besten Zimmern im Obergeschoss. Der hilfsbereite Besitzer hat ein Fahrzeug, falls man einen Transfer benötigt. Aufgrund der Nähe der Pension zur Hauptkreuzung (Km 99,7) ist diese Unterkunft besser als die meisten anderen in Sumur.

Yarab Tso HOTEL $$

(9419977123, 01980 220544, www.hotelyarabtso.com; Main Rd, Km 24,5, Tegar; DZ 1800–2600 ₹, inkl. HP 3100–4300 ₹; P) Von außen ist es ein beeindruckendes Gebäude im traditionellen ladakhischen Stil auf einem großen Grundstück. Das Wohnzimmer der Familie ist recht ansprechend, aber die Gästezimmer sind sehr unterschiedlich – einige sind entsetzlich grellrosa gestrichen. Man sollte sich ein paar Zimmer anschauen, bevor man sich für eines entscheidet (die Zimmer im Obergeschoss sind am besten).

An- & Weiterreise

Busse nach Diskit starten zwischen 8 und 8.30 Uhr, gegen 15 Uhr geht's zurück. Ein Sammeljeep nach Leh fährt an den meisten Tagen morgens um 7.30 Uhr los.

Pangong Tso

4250 M

Der etwa 150 km lange See (die beiden östlichen Drittel liegen in China) fasziniert mit einer surrealen Palette intensiver Blautöne, die einen magischen Kontrast zu den farbigen Gesteinsschichten der kargen, mit Schneefeldern bedeckten Berge ringsum bilden. Außerdem gibt es hier fast gar keine Siedlungen, sodass beim Anblick des türkisfarbenen Wassers schon mal Karibik-Feeling aufkommen kann. Viel zu tun gibt es hier nicht, außer den sich immer wieder verändernden See zu bestaunen. Eine „Sehenswürdigkeit" gibt es aber sehr wohl: Die Sandbank, die den Spitznamen **Shooting Point** trägt, seit hier 2009 der Bollywood-Hit *3 Idiots* gedreht wurde.

Eine Jeeptour von Leh nach Pangong ist für sich schon ein tolles Erlebnis, denn sie führt durch eine fantastische und sich ständig verändernde Landschaft, vorbei an zerklüfteten Gipfeln, leise vor sich hin tröpfelnden Bächen, Weiden voller Pferde, Teichen, in denen sich das Panorama spiegelt, Wanderdünen und über einen 5369 m hohen Pass. Die Fahrt ist sehr lang, sodass man mindestens eine Übernachtung (idealerweise in Spangmik oder Man) einplanen sollte. Am nächsten Morgen fährt man dann auf unbefestigten Pisten am See entlang nach Merak, wo man den Eindruck hat, am Ende der Welt angekommen zu sein. Ausländer benötigen eine Genehmigung (S. 274) und dürfen nicht über Loma Bend zum Tso Moriri fahren (Indern mit Chushul-Genehmigung ist das erlaubt).

Schlafen

Spangmik

Das nette Spangmik wurde zum Opfer seines eigenen Erfolgs, denn die vielen Zeltcamps (3000–5600 ₹, unangemeldet ab 1500 ₹), die im Sommer hier entstehen, verschandeln die einst malerischen, von Trockenmauern umgebenen Wiesen. Man kann den Menschenmassen aber relativ leicht entkommen, indem man sich ein Zimmer in einer der altmodischen, einfachen Privatunterkünfte (meist etwa 500 ₹ inkl. HP) oben im Dorf sucht. Besonders empfehlenswert ist die Unterkunft **Gongma** (☎9469534270; Zi. Inkl. HP 500–600 ₹/Pers.) mit ihren drei Zimmern.

Das mitten in Spangmik gelegene überteuerte **Ser Bhum Tso Resort** (☎9419176660, 9469718862; serbhumtso@gmail.com; EZ/DZ 3543/3665 ₹, inkl. HP 4130/4720 ₹; ⏲Mitte April–Ende Okt.) mit seinen staubigen Fluren und klappernden Panoramafenstern, dafür aber mit guten Betten und Sanitäranlagen, ähnelt am ehesten einem Hotel. Die Kiefernbungalows des **Changla Queen** (☎01981-201122, 99419818253; changlaqueen17580@gmail.com; EZ/DZ 2800/3000 ₹, inkl. HP 5000/3500 ₹; ⏲März–Ende Okt.) sind zwar etwas luxuriöser, stehen aber abgelegen 3 km westlich in einer recht öden Gegend.

Man

Man mit seinem Labyrinth aus Trockensteinmauern und vor sich hin tröpfelnden Bächen ist ein ruhiges bewohntes Dorf. Der zuvorkommende, Englisch sprechende **Naga Nurbu** (☎9469587150; Zi. Inkl. HP 500 ₹/ Pers.) betreibt ein kleines Parachute-Café und vermietet ein Privatzimmer (mit 4 Matratzen auf dem Fußboden). Es gibt mehrere einfache Privatunterkünfte, u. a. das **Yokma** (Zi. inkl. HP 500–700 ₹/Pers.) mit einer tollen Aussicht von dem kleinen Sitzbereich im Garten. Am anderen Ende der Preisskala gibt's die acht kreisrunden Wohneinheiten im **Pangong Hermitage** (☎9419863755; www.wildexp.com; DZ inkl. VP 10 000–15 000 ₹; ⏲Mai–Okt.). Für einen derart abgelegenen Ort ist diese Unterkunft erstaunlich luxuriös – aber auch teuer.

An- & Weiterreise

Im Sommer fährt dienstags, donnerstags und samstags um 6.30 Uhr (270 ₹) ein Bus von Leh nach Spangmik, zurück geht's am nächsten Morgen um 8 Uhr.

Ein-/zweitägige Jeeptouren ab Leh kosten nach Spangmik 6811/8108 ₹, nach Man und Merak 7867/9636 ₹. Die Straße bis Spangmik ist asphaltiert, die folgenden 10 km nach Man sind recht holprig. Die Fahrt nach Merak ist im Sommer nachmittags quasi unmöglich, denn dann sind die Furten unpassierbar.

Es ist auch möglich, Nubra und Pangong miteinander zu kombinieren. Die Rundfahrt Leh–Diskit–Pangong–Leh dauert drei Tage (ab 20 476 ₹). Aber vor der Buchung muss man unbedingt checken, ob die Straße von Agham nach Shayok aufgrund eines Erdrutschs vielleicht gesperrt ist, denn das ist nicht selten der Fall.

Tso-Moriri-Rundfahrt

4540 M (TSO MORIRI)

Einer der magischsten Seen Ladakhs ist der große **Tso Moriri**, der mit dem wechselnden Farbenspiel seines kristallklaren Wassers fasziniert. Aber die Fahrt von Leh ist lang. Und obwohl es ein paar beeindruckende Fleckchen an der Strecke gibt, so ist sie doch weder so abwechslungsreich noch so fotogen wie die Pangong-Route (S. 275).

Dafür kommen aber kaum Reisende an den Tso Moriri. Außerdem hat man hier eine reelle Chance, Wanderschäfer zu treffen. Am einfachsten besucht man den See im Rahmen einer zwei- oder dreitägigen Rundfahrt von Leh aus mit Übernachtung in **Korzok**.

Die Trips zurück nach Leh führen vorbei an Pugas kleinen, vom Salz verkrusteten Quellen und Mini-Geysiren und an dem großen, salzhaltigen **Tso Kar**, eine Hauptattraktion für Vogelfreunde, die hier die seltenen Schwarzhalskraniche beobachten können. Übernachten kann man in der Saison im nahegelegenen **Thukye**, einem winzigen Weiler für Schäfer.

Ausländer, die zum Tso Moriri und ins Indus-Tal hinter Upshi wollen, benötigen mindestens drei Kopien der jeweiligen in Leh ausgestellten Genehmigung. Sie müssen in Upshi, an der Mahe Bridge und in Korzok gezeigt werden. Indische Staatsangehörige benötigen drei Formulare für Selbsterklärungen. Wenn man vom Manali-Highway aus anreist, werden für den Tso Kar keine Genehmigungen benötigt.

Schlafen & Essen

Korzok

Am besten übernachtet man in einfachen, aber akzeptablen Privatunterkünften. Zu den preiswertesten Optionen gehören das **Rosefinch** (DZ ohne Bad 500–700 ₹) und das schöner gelegene **Goose** (☎9469591231; 3BZ mit/ohne Bad 1200/700 ₹). Von den beiden besten Zimmern genießt man einen tollen Blick auf den See. Geringfügig komfortabler ist das **Dolphin** mit einfachen Bädern (☎9419856244, 9906995628; DZ mit/ohne Bad 1500/1000 ₹) und das **Crane** (☎9469534654, 9419673332; DZ 1500 ₹, inkl. HP 2000 ₹), das eine nette Aussicht und einen Englisch sprechenden Gastgeber zu bieten hat.

Die Zimmer im **Hotel Lake View** (☎9419345362, 9469457025; www.tsomoririhotellakeview.com; Korzok; EZ/DZ 2992/3850 ₹; ⏲Mai–Mitte Okt.) sind nett eingerichtet, aber die öffentlichen Bereiche sind schäbig.

In Korzok gibt's ein halbes Dutzend Lokale, darunter auch ein aus einem Raum bestehendes „Bio-Café", in dem man seine Wasserflasche für 10 ₹ auffüllen lassen kann.

Thukye (Tso Kar)

Von den Zimmern 107 bis 112 des motelähnlichen **Tsokar Eco Resort** (☎Leh 9419643478; tsokarresort@yahoo.com; EZ/DZ/3BZ 2200/2850/3000 ₹, EZ/DZ ohne Bad 1600/1800 ₹) in Thukye kann man den Bereich sehen, wo die Kraniche brüten. Es ist die einzige Unterkunft in der Gegend, die Zimmer mit Bad im Angebot hat. Im **Lotus Camp** (☎9419819078; chotsering100@yahoo.com; DZ inkl. HP 4650 ₹; ⏲Juni–Mitte Sept.) nebenan gibt es mit Betten ausgestattete Zelte mit angeschlossenem Bad, ebenso in dem preiswerteren, einfacheren aus zwei Zelten bestehenden **Tsepal Guest House** (☎9419851995; Zelt/Zi. 1500/1000 ₹; ⏲Juni–Sept.).

An- & Weiterreise

Wenn man nicht auf den (3-mal im Monat fahrenden) öffentlichen Bus nach Korzok warten will, muss man sich in Leh, wo man auch die entsprechende Genehmigung beantragen muss, einen Charterjeep zum Tso Moriri organisieren. Alternativ kann man weiter nach Kibber in Spiti (Himachal Pradesh; eine Woche mit Überquerung eines 5500 m hohen Passes und einiger Gletscher) wandern oder nach Manali fahren (2 Nächte, 3 Tage).

Eine zweitägige Rundfahrt im Charterjeep von Leh nach Korzok und Thukye und über den Taglang La zurück nach Leh kostet im Sumo 12 890 ₹ und im Innova 14 283 ₹. Für eine dreitägige Fahrt ohne Rückfahrt auf derselben Route und dann weiter Richtung Süden nach Keylong und Manali zahlt man ab 22 347 ₹ bzw. 26 223 ₹.

Von Leh nach Kargil

In der Nähe der Straße von Leh nach Srinagar liegen viele faszinierende Sehenswürdigkeiten. Für die meisten der zahlreichen kurzen Abstecher – z. B. nach Basgo, Likir und Alchi – benötigt man ein eigenes Fahrzeug. Die beliebtesten Stopps an der Strecke sind Mulbekh (mit seiner Burg und der alten geschnitzten Buddha-Statue) und das Dorf Lamayuru mit dem unvergesslichen Kloster und der sonderbaren durch Erosionen entstandenen „Mondlandschaft". Wer mehr Zeit hat, sollte einen Abstecher in die Schluchtenlandschaft von Chilling (30 km) und/oder nach Wanla-Honupatta in Erwägung ziehen.

Mit öffentlichen Verkehrsmitteln kommt man nur langsam voran. Abgesehen von den Direktbussen zwischen Leh und Kargil sowie Leh und Srinagar sind die einzigen Verkehrsmittel westlich von Khalsi die Busse von Leh nach Dha (tgl.), von Leh nach Lamayuru (nur im Sommer) und vier andere Busse pro Woche nach Chiktan oder Fokha. In Lamayuru und Khalsi gibt's ein paar Taxis. Sie ausfindig zu machen, könnte sich aber als schwierig erweisen. Von Khalsi aus fährt ein Bus täglich nach Wanla.

Es ist sinnvoll in Leh eine Gruppe zu bilden und einen Sammeljeep (inkl. Abstecher) mindestens bis Mulbekh oder Shargol zu organisieren, von wo aus Busse nach Kargil fahren.

Phyang

☎01982 / 2160 EW. / 3580 M

Das hübsche Dorf Phyang befindet sich 20 km von Leh entfernt im nächsten westlich gelegenen Paralleltal inmitten grüner, von Bäumen gesäumter Gestenfelder. Obwohl es hier eine große **Gompa**, die **Ruinen einer Festung** und einen alten **Guru Lakhang** (Guru Gonpa; ☎Lobsang Chospal 9596834460, Tsering Norboo 9469728179; gurulakhang@gmail.com; Spende erwünscht; ⏲auf Anfrage) gibt, ist der Ort doch so gut wie nicht kommerzialisiert. Es gibt weder Hotels noch Restaurants. Hierher kommt man wahrscheinlich um im Hidden North Guest House die Seele baumeln zu lassen. Es gibt aber auch mehrere Privatunterkünfte auf **Bauernhöfen** (☎01982-226117; www.icestupa.org/farmstays; ca. 750 ₹/Tag).

★ **Hidden North Guest House** PENSION $
(☎01982-226007, 9419218055; www.hiddennorth.com; Phyang Tsakma; Zi. 1000 ₹, ohne Bad 600–800 ₹; ⏲Mai–Sept. oder nach Vereinbarung; P 📶)
Eine junge ladakhisch-italienische Familie hat diese wunderbar geruhsame Oase ge-

schaffen. Inmitten einer grünen terrassenartigen Landschaft sieht man von hier aus rundum einen eindrucksvollen Horizont voller spitzer Gipfel und Phyangs große, restaurierte Gompa. Es werden Mahlzeiten, geführte Treks und **Tierbeobachtungstouren** (Feb. & März) angeboten. Gefiltertes Wasser bekommt man umsonst. WLAN gibt's nach 18 Uhr.

Anreise & Unterwegs vor Ort

Um 8 und um 14.30 Uhr fahren Busse von Leh in die Nähe der Gompa. Wer zum Hidden North Guest House will, muss nach Phyang Tsakma fragen. Außerdem fährt um 9 Uhr ein „Teachers Bus" und samstags um 16.30 Uhr ein Minibus von Leh nach Murabak, der montags um 8 Uhr wieder zurückfährt.

Wer das Dorf ohne eigenes Fahrzeug erkunden will, muss wirklich lange Strecken zu Fuß gehen. Glücklicherweise verleiht **Hidden North** (S. 277) ein paar Mountainbikes, was die Sache doch ziemlich erleichtert.

Nimmu & Chilling

Westlich von Phyang, kurz hinter dem Zusammenfluss von Indus und Zanskar, erreicht man das nette Dorf Nimmu mit mehreren älteren Bauernhäusern und ansprechenden Unterkünften.

Von Nimmu aus etwa 30 km den Zanskar flussaufwärts erreicht man das idyllische Chilling, das für seine Kupferhandwerker bekannt ist. Der Ort dient hauptsächlich als Ausgangspunkt für Raftingtouren (S. 251) zurück nach Nimmu oder als Startpunkt für den Markha Valley Trek (S. 269), der 4 km südlich des Orts auf der anderen Seite des Flusses, den man über eine wackelige Flechtkonstruktion überqueren muss, beginnt.

Die 90-minütige Fahrt von Nimmu nach Chilling durch die Schlucht ist allein schon wegen der Aussicht über den Zusammenfluss des olivgrünen Indus und des schlammig braunen Zanskar die Anstrengung wert. Auf den ersten Blick scheint Chilling nur aus einem Teehaus (Km 28,6) zu bestehen. Dabei ist das Dorf, das sich darüber versteckt und auf einem fruchtbaren grünen Plateau liegt, sehr faszinierend. Leichter erreicht man es über einen Weg mit geringer Steigung, der bei Km 27,9 beginnt.

Schlafen & Essen

Überraschenderweise gibt es mehrere ausgezeichnete Unterkünfte in Nimmu, vor allem das stimmungsvolle Nimmu House. Erschwinglicher sind das an der Straße gelegene **Nilza Guest House** (01982-225654, 9622971571; raftanimo@gmail.com; Kargil-Leh Hwy, Km 387,4, Nimmu; Zi. 1200 ₹, ohne Bad 600–800 ₹; Juni–Mitte Sept.) mit seinem guten Preis-Leistungs-Verhältnis und das ähnliche **Takshos Hotel** (01982-225064, 9419815233; Leh-Srinagar Hwy, Nimmu; Zi. 1500–2000 ₹; Juni–Sept.; P, WLAN).

In Chilling kann man bei fünf Familien für 1000 ₹ pro Person übernachten.

★ **Nimmu House** HISTORISCHES HOTEL $$$
(8826293261; http://ladakh.nimmu-house.com; NH1, Km 387,6, Nimmu; EZ/DZ inkl. VP 10 950/12 100 ₹; Ende April–Ende Sept.; P, WLAN) Das grandiose dreistöckige wie ein Palast anmutende Herrenhaus gehörte früher den Cousins der ladakhischen Königsfamilie. Diese superkomfortable Unterkunft bietet Memory-Schaummatratzen und ein dezentes Interieur. Aber auch der Geist des alten Gebäudes blieb erhalten – wackelige Fußböden, alte Säulen und mehrere nicht restaurierte Elemente wie z. B. die Schrein-Räume im Obergeschoss, die die 80-jährige Besitzerin fast jeden Abend zum Gebet aufsucht.

An- & Weiterreise

Chilling liegt 28 km südlich von Nimmu und wird von einem Bus aus Leh angefahren, der sonntags (im Winter auch Mi) um 9 Uhr in Leh startet und bis zum Markha Valley Trekking Point fährt. Am gleichen Nachmittag geht's dann gegen 13 Uhr wieder zurück.

Basgo & Ney

1680 EW. / 3650 M

Basgo war früher die Hauptstadt des unteren Ladakh. Die verfallenen Überbleibsel der **Zitadelle** und des **Palasts** (Basgo; 30 ₹/Tempel) bieten einen beeindruckenden Anblick oberhalb des Highway NH1. Der 1,6 km lange Umweg hinauf zur befestigten Ruine lohnt sich allein schon wegen der ungewöhnlichen Aussicht. Außerdem kann man hier zwei zweistöckige Maitreya-Statuen aus dem Mittelalter bewundern, eine ist aus Bronze, die andere aus angemaltem Ton. 8 km weiter nördlich erreicht man die grüne Oase des Dorfs Ney mit der glänzenden neuen Statue eines **gigantischen Buddhas**. Er soll fast 26 m groß sein, allerdings einschließlich des dreistöckigen Gebäudes, das seinen „Sitz" bildet.

Sham (Likir, Yangthang, Hemis Shukpachan & Timishgan)

☎ 01982

Der dreitägige „Sham-Babytrek" ist eine beliebte Wanderung zum Akklimatisieren und Eingewöhnen. Die großen Vorteile dieser Strecke sind die fehlenden hohen Pässe, die vielen Privatunterkünfte und die Tatsache, dass man überall abbrechen kann und relativ schmerzlos zurück nach Leh kommt. Die Nachteile sind, dass es keinen Schatten gibt und die Tatsache, dass die Strecke parallel zur Straße von Likir über Yangthang nach Hemis Shukpachan verläuft und einige Abschnitte sogar der Straße folgen. Normalerweise geht's in Likir los, aber das längere Teilstück Likir-Yangthang kann man ohne großen Verlust auslassen. Eine interessante Alternative ist die Strecke Timishgan-Hemis Shukpachan-Yangthang und weiter bergab über die **Rizong Gompa** (⏲ 7–13 & 13.30–18 Uhr) nach Uletokpo am NH1.

In **Likir** gibt's das komfortable, ansprechende **Hotel Lhukhil** (☎ 9419214715; sonam.yasmin@yahoo.com; EZ/DZ 1530/2060 ₹, inkl. HP 2190/2700 ₹; ⏲ Mitte Mai–Mitte Sept.; P) und ein paar preiswerte, wenn auch sehr einfache Budgetunterkünfte. Die idyllische Landschaft hat die fotogene **Likir Gompa** (Upper Likir; Museum 20 ₹; ⏲ 8–13 & 14–18 Uhr) und eine riesige, glänzende, goldfarbene Maitreya-Statue aus dem 20. Jh. zu bieten.

In dem zauberhaften kleinen Weiler **Yangthang** gibt es vier traditionelle, einfache Privatunterkünfte; Matratzen auf dem Fußboden und Mahlzeiten sind im Preis enthalten. In **Hemis Shukpachan** stehen fast ein Dutzend weit verstreuter Privatunterkünfte und ein kleines Zeltresort/Gästehaus zur Verfügung.

In **Timishgan**, der früheren ladakhischen Hauptstadt, die den Besuch wirklich lohnt, gibt's mehrere Privatunterkünfte (bei einigen kann man im Hof im Zelt übernachten) und das **Namra Hotel** (☎ 9419178324, 01982-229033; www.namrahotel.com; Ang Rd; EZ/DZ/Suite 2915/3465/4785 ₹, inkl. HP 4015/4565/5885 ₹). Nach dem Trek eine wahre Oase des Komforts. **Tia**, eines der schönsten Dörfer in Ladakh, ist 5 km vom Zentrum Timishgans entfernt.

An- & Weiterreise

Um 13 Uhr fährt täglich ein Bus von Leh nach Timishgan und Tia, zurück geht's um 8 Uhr. Jeden zweiten Tag fährt in etwa um die gleiche Zeit ein Bus von Leh nach Hemis Shukpachan über Likir und Yangthang. Es gibt auch einen Bus pro Tag von Leh nach Likir. Der täglich von Likir Gompa nach Leh fahrende Bus startet ca. um 7.30 Uhr. Wer später abfahren möchte, muss runter zum NH1 (ca. 1,5 km von Lower Likir) laufen und dort in einen von Lamayuru kommenden Bus (nur im Sommer) steigen, der zwischen 16 und 17.30 Uhr hier langfährt.

Alchi & Saspol

2380 EW. / 3100 M

Das Bauerndorf Alchi hat sich dank der berühmten **Choskhor-Tempelanlage** (Ausländer/Inder 50/20 ₹; ⏲ 8–13 & 14–18 Uhr) mit ihren Wandgemälden und Schnitzereien zu einem regionalen Tourismusmagneten entwickelt. Sie wurde im frühen 11. Jh. von dem „Großen Übersetzer" Lotsava Ringchen Zangpo gegründet. Die Anlage besteht aus vier Haupttempelgebäuden. Von außen sind sie klein und unauffällig, doch die jahrtausendealten Wandgemälde im Innern sind seltene Originale von Ladakhs erster Periode indo-tibetischer buddhistischer Kunst.

Wer Ähnliches sehen möchte, sollte sich die **Triple Chamba** (Chamchen Choskorling; NH1, Km 371,5) im nahegelegenen Saspol anschauen. Hier kann man **Höhlenmalereien** (Gon Nila-Phuk) aus der Zangpo-Ära bewundern, die in den Fels unterhalb der in Ruinen liegenden Festung geritzt sind. Die **Tempelanlage** (Manggyu) in Manggyu, etwa 15 km von der Alchi Bridge entfernt, kann man ganz ohne Menschenmassen genießen.

In Alchi gibt es in der Gegend um den Tempel ca. ein Dutzend Unterkünfte, von denen einige aber langweilige Zimmer hinter verlockenden Fassaden anbieten. Wer unangemeldet auftaucht, kommt manchmal in den Genuss von Preisnachlässen. 800 m zurück in Richtung Leh steht das freundliche **Choskor Guest House** (☎ 9419826363; Alchi; EZ 300–500 ₹, DZ 500–700 ₹; P 📶) mit seinem recht großen Garten. Hier werden für die einfachen, älteren Zimmer Preise berechnet, die sonst für Privatunterkünfte gelten. Eine andere Alternative ist Saspol auf der anderen Seite des Flusses, wo es drei Privatunterkünfte gibt, von denen das zuvorkommende **Thongyok** (☎ 9419001904, 9419177523; thongyok.guesthouse@gmail.com; NH1, Km 371,3; B 300 ₹, Zi. mit/ohne Bad 1500/700 ₹; P 📶) besonders empfehlenswert ist.

★ **Alchi Kitchen** LADAKHISCH $
(☎ 9419438642; alchikitchen@gmail.com; Alchi; Hauptgerichte 100–250 ₹; ⏲ Mai–Sept. 7.30–22

TREKKING IN LADAKH & ZANSKAR

Bezahlbare, landschaftlich aufregende Touren führen in magische Dörfer ohne Straßen, durch zerklüftete Schluchten und über schroffe, hohe Pässe mit wehenden Gebetsfahnen.

Saison

Die Haupttrekkingsaison ist von Ende Juni bis Ende August. In den Gegenden um Markha und Sham können die Routen aber von Mai bis Anfang Oktober begehbar sein. Wanderungen, die nennenswerte Flüsse überqueren, unternimmt man am besten Ende August, da der Wasserstand dann niedriger ist.

Vorbereitung

Die meisten Trekkingrouten beginnen auf ca. 3500 m und führen oft auf Höhen von über 5000 m. Daher ist es ausgesprochen wichtig, dass man sich vorher richtig akklimatisiert, um nicht an akuter Höhenkrankheit (AMS) zu erkranken. Man kann sich auf „Babytreks" eingewöhnen oder auf der Hauptwanderung ein paar (wenn auch weniger interessante) Extratage einlegen, indem man etwa in Lamayuru oder Martselang statt in Hinju/Photoksar oder Shang Sumdo loswandert – das bedeutet aber oft, dass man über Straßen oder Jeeppisten laufen muss. Weitere Tipps:

- Es ist eine gute Idee, die Rückfahrt im Jeep vom Endpunkt im Voraus zu buchen.
- Man sollte einen Wanderstock und Sandalen zum Durchqueren von Flüssen mitnehmen.
- Wasserfilterflaschen sind sehr nützlich.

Pferde-Treks

In diesen Höhen schwere Rucksäcke zu schleppen, ist sehr viel anstrengender, als manch einer erwarten würde. Auf raueren Routen erleichtern Packpferde die Last, und der Pferdeführer kann oft auch als Guide fungieren. Agenturen organisieren sehr gern Komplettpakete inklusive Pferden, Führer, Essen und (oft alter) Campingausrüstung. Wer sehr unabhängig und geduldig ist, kann oft selbst einen Pferdeführer für ab ca. 700 ₹ pro Pferd oder Esel pro Tag anheuern. In der Regel benötigt man mehr als ein Pferd, denn die Tiere brauchen „Gesellschaft" und der Pferdeführer will keine Tiere zurücklassen. Außerdem muss man für die Tage bezahlen, die für die Rückführung zum Ausgangspunkt benötigt werden. In der Erntezeit (Aug.) stehen weniger Pferde zur Verfügung und die Preise steigen.

Treks mit Übernachtung in Privatunterkünften

In fast allen Dörfern entlang beliebter Trekkingrouten gibt es sehr einfache, aber wunderbar authentische Privatunterkünfte. Der Festpreis pro Person liegt normalerweise bei 1000 ₹ (in Zanskar weniger) inklusive einfacher Mahlzeiten, die oft in der traditionellen Küche der Familie eingenommen werden. Die Zimmer haben Lehmziegelwände und sind in der Regel mit Teppichen, Decken und Solarlampen ausgestattet.

In kleineren Dörfern kann es schon mal passieren, dass alle Betten in Privatunterkünften belegt sind, doch selbst dann findet man meist einen Platz auf dem Boden in der Küche oder im Speisezimmer. In größeren Orten wie Rumbak, Hinju und Skiu/Kaya kommen im Normalfall alle Besucher problemlos unter, dort wird aber ein Rotationsprinzip benutzt, sodass eine Unterkunft komplett voll sein kann, währen andere total leer sind.

Uhr, Mi & Sa 11–14 Uhr geschl.) Wer meint, dass ladakhisches Essen fade sei, irrt. Die hier servierten leckeren *skyu* und *chhutagi* (beides sind flache Gersten-Gnocchi in Gemüseeintopf) werden auf Bestellung in der offenen Küche zubereitet, in der mittwoch- und samstagmittags auch Kochkurse angeboten werden (30 Min./ 300 ₹; einen Tag vorher anrufen). Aus der Küche des bemerkenswerten, modern-traditionellen Restaurants kommen auch würzige Chutneys, Salate, Frühstücksgerichte und Aprikosendesserts.

An- & Weiterreise

Das Zentrum Alchis liegt am Ende einer 4 km langen kleinen Sackgasse, die bei Km 370 von der Straße Leh–Kargil abzweigt und gleich danach über eine Brücke über den Indus führt.

Mancherorts gibt es auch saisonal betriebene Parachute-Cafés. Ihren Namen verdanken sie der Tatsache, dass die Zelte aus alten Fallschirmen der Armee angefertigt wurden. Dort bekommt man Tee und einfache Snacks und manchmal auch sehr einfache Übernachtungsplätze.

Ein erfahrener, ortskundiger Führer ist nicht nur hilfreich, um den Weg zu finden, er trägt außerdem auch dazu bei, besseren sozialen Kontakt zu den Einheimischen in den Privatunterkünften zu bekommen. Einen Führer kann man mit einem Vorlauf von ein paar Tagen über **Hemis National Park Guide Service** (Karte S. 248; ✆9906975427; hemis_npark@yahoo.co.in; 1. OG, Unit 11, Hemis Complex, Upper Tukcha Rd, Leh; ⏲1–18 Uhr) oder über Trekking-Agenturen engagieren. Die Kosten belaufen sich im Durchschnitt auf ca. 2000 ₹ pro Tag inklusive Essen.

Welche Trekkingtour darf es sein?

Beliebte Routen:

TAGE	ROUTE	PRIVAT-UNTERKÜNFTE	PÄSSE/ PASSHÖHE
2	Zingchen–Rumbak–Stok	viele	4900 m
2 (3)	Hinju–Sumdha Chenmo–(Sumdha Chun)–Sumdha Do	wenige	4950 m
2	Anmu–Phuktal–Anmu	ja	nein
3	Zingchen–Yurutse–Skiu–Chilling	ja	4920 m
4+	Chilling–Kaya–Markha–Hankar–Nimaling–Shang Sumdu	ja (oder Zeltcamp)	5260 m
5 (8)	(Rumtse)–Tso Kar–Korzok	nein	4 (7)
5 (8)	(Padum)–Anmu–Phuktal–Ramjak (Darcha)	an einigen Tagen	5090 m
4 (9)	(Lamayuru–Photoksar)–Kyupa La–Lingshet–Pidmo–(Padum)	wenige	2 (5)

Als Schnuppertour von Leh aus eignet sich der relativ einfache Ein- oder Zweitagestrek von Zingchen über Rumbak und Yurutse und zurück nach Zingchen.

Wer Lust auf einen Abstecher nach Spiti hat, kann den Trek von Korzok nach Kibber mit sechs Übernachtungen in Angriff nehmen. Er führt nur über einen Pass und auch nur durch einen Fluss.

Noch mehr Infos

➡ *Trekking in the Indian Himalaya* von Lonely Planet

➡ *Ladakh Zanskar* (http://ladak.free.fr) von Jean Louis Taillefer ist hervorragend, wenn man Französisch kann.

➡ *Trekking in Ladakh* von Cicerone

➡ My Himalayas (www.myhimalayas.com/travelogues/ladakh.htm) Infos über Trekkingrouten in Ladakh vorwiegend von 2006 und 2007, aber noch immer hilfreich.

Direktbusse nach Leh fahren täglich um 7.30 Uhr sowohl von Alchi (100 ₹, 2¼ Std.) als auch von Saspol (90 ₹, 2 Std.) ab, zurück geht's um 16 bzw. 15 Uhr. Ein Taxi von Alchi zurück nach Mangyyu kostet um die 2500 ₹ – wenn man eines findet.

Yapola-Tal

Die Straße, die an Km 317,8 des NH1 (8 km östlich von Lamayuru) nach Süden führt, verbindet mehrere faszinierende, unberührte Dörfer, verläuft durch eine grandiose Schlucht und vorbei an einigen der beeindruckendsten Berglandschaften Ladakhs. Allein **Wanla** lohnt schon einen kurzen Abstecher, wenn man auf der Straße von Leh nach Kargil unterwegs ist. Die kleine mittelalterliche **Gompa** (www.achiassociation.org; 20 ₹; ⏲Sonnenaufgang–Sonnenuntergang) steht auf einem schmalen Grat oberhalb des Ortes. Im winzigen **Phanjila** zweigt eine Piste ins schöne **Hinju** ab. Dort können die Inhaber von Privatunterkünften Pferde für den Trek nach Sumdha Do (2 Tage) und Chilling (3 Tage) über den (anstrengenden) 4950 m hohen **Konze La** organisieren.

Südlich von Phanjila führt eine vor Kurzem ausgebaute Straße durch die spektakuläre **Yapola-Schlucht**. Dahinter liegt dicht gedrängt das traditionelle Dorf **Honupatta**. Danach geht's weiter über die herrlichen Pässe **Sisir La** und **Sengge La** (holprig, nur im Sommer) und hinunter nach **Photoksar**, einem kleinen Ort auf über 4100 m. Jeeps können jetzt bis zum 4425 m hohen **Kyupa La** weiterfahren. Von dort ist Lingshet, der Ausgangspunkt für Trekkingtouren nach Zanskar, noch einen Halbtagesmarsch entfernt.

In Wanla gibt's vier Privatunterkünfte und Pensionen, wobei das **Rongstak** (☎9419982366, 9419371005; Phanjila Rd, Km 6,3, Wanla; inkl. VP 1100 ₹/Pers.; ⏲Mai–Okt.) am Nordrand des Orts am verlockendsten ist. Hier und in Phanjila kann man auch zelten, in Ursi gibt's eine, in Hinju viele Privatunterkünfte. Auch in Honupatta und Photoksar kann man privat übernachten.

Mittelgroße Busse fahren jeden Morgen von Wanla nach Khalsi, zurück geht's um 15.30 Uhr.

Lamayuru

☎01982 / 700 EW. / 3390 M

Das verschlafene Lamayuru, das inmitten eines von Bergen eingerahmten Ödlands liegt, gehört zu Ladakhs beeindruckendsten Dörfern und ist der ideale Ort, die Reise von Kargil nach Leh zu unterbrechen. Pittoreske Häuschen drängen sich um eine steinige Bergkuppe, die wie ein Schweizer Käse von Höhlen und durch Erosion entstandenen Säulen durchzogen ist und von einer fotogenen Gompa gekrönt wird.

Yungdrung Gompa BUDDHISTISCHES KLOSTER
(Lamayuru-Kloster; NH1, Km 310,1; 50 ₹; ⏲7–13 & 13.30–18 Uhr) Lamayurus Gompa gehört zu den fotogensten buddhistischen Klöstern Ladakhs. Sie thront mitten im Dorf oben auf dem Hügel mit seinen ausgewaschenen Hängen, an denen sich malerische Häuschen und Höhlen aneinander drängen.

Schlafen & Essen

In Lamayuru gibt's etwa ein Dutzend kleine Budgetpensionen.

Tharpaling Guest House PENSION $
(☎9419343917, 01982-224516; NH1, Km 310,9; DZ 500 ₹) Die stets lächelnde Matriarchin Tsiring Yandol sorgt in dieser Unterkunft an der Straße für eine heitere, familiäre Atmosphäre. Das gemeinschaftliche Abendessen wird in dem ausgesprochen gemütlichen Speiseraum serviert. Bis auf zwei Zimmer haben alle ein eigenes Bad.

Lion's Den PENSION $
(☎9419880499, 01982-224542; liondenhouse@gmail.com; NH1, Km 311,7; DZ 900–1000 ₹, Zi. ohne Bad 600 ₹; 📶) Am äußersten Ostrand (in Richtung Leh) bietet das Lion's Den Standardzimmer mit einem guten Preis-Leistungs-Verhältnis. Die beste Wahl ist das Zimmer 101 mit seinen Kastenfenstern und seinem offenen Balkon. Außerdem bietet es einen Traumblick auf die „Mondlandschaft" der Erosionszone. Handtücher und Toilettenpapier stehen zur Verfügung. Im Erdgeschoss befindet sich ein ansprechender ladakhischer Speiseraum.

Dragon Hotel PENSION $$
(Tashi Homestay; ☎01982-224501, 9469294037; https://dragonhotellamayuru.wordpress.com; Zi. 2000 ₹, EZ/DZ ohne Bad 400/500 ₹; ⏲Hotel Mai–Sept., Privatunterkunft ganzjährig; 📶) Das Dragon Hotel betritt man durch ein Gartenrestaurant, das sich direkt hinter der Bushaltestelle befindet. Die schönen Zimmer (103, 104, 107 und 108) im Obergeschoss haben neue Bäder mit Warmwasserboiler. Die sauberen Zimmer in der Privatunterkunft sind dagegen spartanisch eingerichtet. Von der Dachterrasse hat man einen tollen Blick.

Hotel Moonland HOTEL $$
(☎9419888508, 01982-224576; www.hotelmoonland.in; NH1, Km 310,5; EZ/DZ 1200/1500 ₹; ⏲Ende April–Sept.; 📶) Das Moonland liegt 400 m hinter der Bushaltestelle an der ersten Haarnadelkurve in einem schönen Garten. Die Zimmer mit den schlaff herunterhängenden Gardinen haben in puncto Dekor nicht viel zu bieten, doch alle haben geflieste Bäder mit warmen Duschen. Das ansprechende Restaurant bietet einen Postkartenblick über die Gerstenfelder auf die Klosteranlage. Das Abendessen kostet 330 ₹, Bier gibt's für 200 ₹.

An- & Weiterreise

Die meisten vorbeifahrenden Busse legen hier einen kurzen Zwischenstopp ein, die Abfahrt kann bis zu einer Stunde früher oder später erfolgen:

Chiktan Abfahrt Di, Do und So gegen 13 Uhr.

Fokha via Shargol und Mulbekh Abfahrt Sa um die Mittagszeit.

Kargil Abfahrt zwischen 9 und 10 Uhr.

Leh Im Sommer Abfahrt tgl. um 14 Uhr. Der Kargil–Leh-Bus fährt tgl. zwischen 8.30 & 9.30 Uhr durch, ist aber bei Ankunft oft voll. Weitere Abfahrten 4-mal wöchentlich gegen 11 Uhr.

Srinagar Am frühen Abend. Hoffentlich.

Mulbekh, Wakha & Shargol

☎01985 / 4060 EW. / 3270 M

Das Wakha-Mulbekh-Tal sieht aus wie ein ruhiger grasgrüner See, über dem jeden Moment ein riesiger Tsunami roter Berge hereinbricht. Bei Sonnenuntergang ist der Anblick vor allem von der Stelle, wo die Burg stand, atemberaubend.

Es ist die letzte überwiegend buddhistische Gegend westlich von Leh. Mulbekh ist in erster Linie für sein Buddha-Relief direkt an der Straße und seine zwei kleinen aber schönen Klöster, die Rgyal Gompa unweit Wakha und die Shargol Gompa ca. 10 km westlich, bekannt.

Die beste Unterkunft der Gegend ist das **Horizon Camp** (☎9469045459; horizonladakhcamp@gmail.com; NH1, Km 245, Wakha; DZ 1500 ₹, inkl. HP 2300 ₹; ⏲ Mai–Sept.; 🅿), ein Camp mit Zeltbetten und ungewöhnlich fairen Preisen in einem schönen Blumengarten am Straßenrand, 150 m von der Tankstelle Wakhas entfernt. Im Zentrum von Mulbekh gibt's mehrere günstige, freundliche Privatunterkünfte/Pensionen.

Mulbekh Chamba BUDDHISTISCHES DENKMAL

(NH1, Km 243,3) Die bedeutendste Sehenswürdigkeit Mulbekhs ist ein 8 m hohes Relief des Maitreya-Buddha, das vor 1000 Jahren in eine Felswand geschlagen wurde. Das Relief liegt direkt an der Straße, ragt durch die Mitte der winzigen Chamba Gompa und steht teilweise im Schatten eines mit Gebetsfahnen geschmückten Baums.

Burg von Mulbekh AUSSICHTSPUNKT

Hoch über Mulbekh thront die unbezwingbare Burg von König Tashi Namgyal aus dem 18. Jh. 1835 brannte sie während eines Angriffs nieder, nur die Reste von zwei Türmen sind erhalten. Auf dem Gelände steht aber noch eine kleine Gompa, zudem wird gerade eine neue gebaut. Die Aussicht über das grüne Tal bis zu den dahinter liegenden bizarren Bergen ist überwältigend.

ℹ An- & Weiterreise

Täglich kommen hier zwischen 7 und 8.30 Uhr mehrere überfüllte Busse aus Chiktan, Shakar usw. auf dem Weg nach Kargil vorbei und kehren gegen 15 Uhr aus Kargil zurück. Nachmittags fährt ein J&K-SRTC-Bus um 15 Uhr von Shargol nach Kargil (Rückfahrt um 7 Uhr).

Der Bus von Kargil nach Fokha startet um 14.30 Uhr und fährt am nächsten Morgen zurück. Samstags fährt ein Bus von Leh nach Fokha, zurück geht's am Sonntagmorgen.

Der Kargil-Bus in Richtung Lamayuru fährt zwischen 6 und 7 Uhr durch Mulbekh, in der Regel wird in Wakha eine Frühstückspause eingelegt. Einen Platz reserviert man, indem man am Vortag den Leh–Kargil-Bus per Handzeichen anhält und eine Anzahlung leistet.

KARGIL & ZANSKAR

Ladakhs seltener besuchte „zweite Hälfte" umfasst das abgeschiedene, dünn besiedelte buddhistische Zanskar und das etwas grünere Suru-Tal. Die Menschen im Suru-Tal und die Bewohner der regionalen Hauptstadt Kargil sind meist Anhänger des schiitischen Islams. Die Landschaft hat hier ein paar ausgesprochen majestätische Berggipfel zu bieten.

Kargil

☎01985 / 18 200 EW. / 2690 M

Wenn man aus Srinagar kommt, wirkt die stolze muslimische, zweite Stadt Ladakhs mit ihren Werkstätten und alten Kaufmannsläden, die sich im kleinen, klapprigen Stadtzentrum drängen, angenehm altmodisch. Wer aber aus Padum oder Leh kommt, wird Kargil eher als schmuddelig, von Männern dominiert und etwas chaotisch empfinden.

Die Stadt liegt tief unten in einem Flusstal. Die Landschaft sieht viel reizvoller aus, wenn man zu dem kleinen **Zentralasiatischen Museum** (Munshi Aziz Bhat Museum; ☎9419289275, 9469730109; www.kargilmuseum.org; 147 Munshi Enclave; Eintritt/Foto 50/50 ₹; ⏲ April–Nov. 8–20 Uhr, Dez.–März 10–17 Uhr) hinaufsteigt, das Kargils frühere Bedeutung als Handelsposten an Karawanenrouten feiert. Hin kommt man über eine Treppe, die man nach einem etwa drei minütigen Spaziergang vom Roots Cafe (S. 285), über den Main Bazaar erreicht. Das Roots Cafe ist die travellerfreundlichste Adresse in Kargil. Es ist ein empfehlenswerter erster Stopp, um

Infos über Treks, Exkursionen, Rafting-Touren und andere Aktivitäten in der faszinierenden, aber wenig besuchten Gegend rund um die Stadt zu bekommen. Eine Exkursion nach Hundarman sollte unbedingt auf dem Programm stehen.

Kargils Hauptkreuzung ist der Lal Chowk. Dort treffen die von Norden nach Süden verlaufende Straße Main Market und die Hospital Rd etwa 300 m oberhalb der Poyen Bridge aufeinander.

★ **Hundarman** DORF

(www.rootscollectiveindia.org; Eintritt ohne/mit Führer 100/250 ₹; ⏲ Sa–Do 10–17 Uhr oder nach Vereinbarung) Das 11 km von Kargil entfernte, in einer engen Bergschlucht gelegene Geisterdorf Hundarman ist ein bemerkenswerter Ort. Oben Felsspitzen, unten steil abfallende Steinterrassen und dazwischen buchstäblich übereinandergestapelte Häuschen – ein faszinierendes Gebilde, das aus einer anderen Welt zu sein scheint.

Eine über das Roots Cafe organisierte Tour (250 ₹/Pers. plus 700 ₹ für die Hin- und Rückfahrt im Taxi) ist empfehlenswert, denn so kommt man in zwei Museumsräume mit alten Gerätschaften, bewegenden persönlichen Andenken der früheren Bewohner und Geschossen aus den verschiedenen Indisch-Pakistanischen Kriegen. Unterwegs überquert man kurioserweise das Minenfeld, das einst die indisch-pakistanische Grenze bildete. Eine abgeschieden gelegene Teebude (Km 7) verleiht Ferngläser (20 ₹), damit man die jetzige Kontrolllinie an dem in Ruinen liegenden Dorf Brolma besser in Augenschein nehmen kann.

Ein Teil der früheren Einwohner von Hundarman lebt jetzt in Pakistan. Der obere Dorfteil, 1 km weiter, ist aber noch bewohnt. Es ist ein faszinierender Ort für einen Spaziergang, allerdings kommt man ohne Führer und Reisepass nicht am Armee-Kontrollpunkt vorbei.

Schlafen

Wer wirklich knapp bei Kasse ist, kann in dem schäbigen, aber erträglichen **Tourist Bungalow II** (DZ 400 ₹), der sich hinter den Hussaini Park versteckt, oder in dem düsteren **Kacho Guesthouse** (☎ 9469562070; Hospital Rd; DZ 500 ₹) mit seinem schönen Aprikosengarten übernachten. In Zeiten mit geringer Auslastung reduzieren weitaus bessere Hotels ihre Preise drastisch, sodass man für ca. 1000 ₹ eine gute Unterkunft finden kann.

Mehrere Hotels werben mit WLAN. Die Erfahrung hat aber gezeigt, dass dies nie funktioniert (der Main Bazaar bietet mehrere Internetcafés, die diesbezüglich etwas zuverlässiger sind).

New International Guest House PENSION $

(☎ 01985-233044, 9419176568; 73murtaza@gmail.com; Hussaini Park; Zi. 1200–1500 ₹, unangemeldet 800–1200 ₹; ⏲ Mai–Okt.) Ganz im Gegensatz zu den meisten anderen Unterkünften am Busbahnhof bietet diese Pension Zimmer, die ungewöhnlich luftig und gepflegt sind, und das trotz der nur schwer zu reinigenden Teppichböden. Mohammad Murtaza, der Betreiber, ist charmant und zuvorkommend.

Tourist Facilitation Centre PENSION $

(TFC; ☎ Manzoor 9469464964; DZ/Suite 820/1500 ₹; ⏲ April–Okt.) Über eine abenteuerliche Wendeltreppe in einem noch neuen Gebäude von 2012 erreicht man die Doppelzimmer. Sie entsprechen Hotelstandard, bieten ein gutes Preis-Leistungs-Verhältnis, sind mit Ventilator und Boiler sowie schnitzereiverzierten Holzbetten ausgestattet, viele haben auch Flussblick. Die „VIP"-Zimmer haben absurd große Wohnbereiche, in denen bis zu zwölf Sofas stehen.

Das Hotel befindet sich in Bemathangs Park am Fluss, 1,5 km südlich des Zentrums in Richtung Baroo. Zimmer sind über das Tourist Reception Centre (S. 285) buchbar.

★ **Hotel Jan Palace** HOTEL $$

(☎ 9419504904, 01985-234135; www.janpalacekargil.com; Bus Station Approach; Zi. 2300–4000 ₹, unangemeldet 1000–1500 ₹, Hauptgerichte 165–430 ₹) Seit 2016 hat das Jan Palace ein neues Management. Die geräumigen Zimmer gehören noch immer zu den hellsten und saubersten im Zentrum von Kargil. Sie haben moderne Bäder, es gibt Handtücher, Toilettenartikel und superheiße Solar-Duschen. Interessanter Blick von der Dachterrasse.

★ **Zojila Residency** HOTEL $$

(☎ 9419176249, 01985-232281; www.zojilaresidency.com; Bemathang; EZ/DZ/Suite 2420/3260/5860 ₹; ⏲ April–Okt.; 📶) Durch eine professionell aufgemachte Lobby erreicht man die frischen, in Weiß-, Olivgrün- und Lilatönen gehaltenen Zimmer mit hohen Decken und Holzmöbeln im Art-déco-Stil. Viele Zimmer bieten einen schönen Blick auf den Garten mit seinen großzügigen Sitzgelegenheiten (aber leider ohne Schatten) und auf den Fluss.

Diese Unterkunft, die 300 m auf der anderen Seite der Iqbal- (Bardo-) Brücke liegt, ist die beste mehrerer Unterkünfte im Bemathang-Viertel, 1 km südlich des Zentrums von Kargil.

Essen

Das nette, kleine **Roots Cafe** (☎9419289275; www.rootscollectiveindia.org; Main Bazaar; ⌚8–22 Uhr) ist eine beliebte Adresse für Snacks. Von den vielen Optionen im Main Bazaar ist das **PC Palace Restaurant** (PC Palace Hotel, Main Bazaar; Hauptgerichte 110–385 ₹; ⌚7.30–22 Uhr) empfehlenswert. An der Gasse, die vom Lal Chowk hinunter zur Poyen-Brücke führt, stehen ab dem frühen Nachmittag einige Imbisswagen. Im Stadtzentrum gibt es mindestens vier Bäckereien.

Praktische Informationen

Tourist Reception Centre (☎01985-232721; ⌚Mo–Sa 10–16 Uhr) Im Obergeschoß des vom Main Bazaar ausgeschilderten und mit Kletterpflanzen bewachsenen Regierungsgebäudes ist eine sehr nützliche, kostenlose Kopie der Broschüre *Exploring Kargil* erhältlich. Hier kann man auch Touristen-Bungalows im Suru-Tal buchen.

An- & Weiterreise

Charter- und Sammeljeeps nach Leh und Srinagar fahren an der **Jeep Drivers' Cooperative** (☎01985-232079; Lal Chowk) beim Hauptmarkt ab.

Sammeljeeps nach Zanskar starten am „alten Busbahnhof", der jetzt „Hussaini Park" heißt. Er liegt direkt östlich vom Khomeini Chowk, einen Block südlich vom Lal Chowk. In dem **Fahrkartenbüro** (Hussaini Park; ⌚7–19 Uhr) bekommt man Tickets für Privatbusse nach Leh und Srinagar, die vor dem Büro abfahren.

Ein Schalter für **J&K-SRTC-Bustickets** (☎9469530271; Hussaini Park; ⌚9–16 Uhr) versteckt sich an der hinteren Seite des Hussaini Park. Privatfahrzeuge mit Zielen in der Region Kargil benutzen in der Regel den großen **Regionalbusbahnhof**, ca. 1 km südöstlich.

Leh Busse (private/J&K SRTC 400/550 ₹, 10 Std., 1- bis 2-mal tgl.) fahren gegen 4.30 Uhr über Mulbekh (2 Std.) und Lamayuru (5 Std.) am Hussaini Park ab. Bis 7 Uhr findet man vielleicht auch noch einen Sammeljeep (900–1000 ₹). Charterjeeps kosten 7100 ₹.

Mulbekh Minibusse (60 ₹) fahren um 14 und um 15 Uhr vom Busbahnhof für Lokalbusse ab und kehren am nächsten Morgen zurück.

Srinagar Privatbusse (400 ₹, 10 Std., 1- bis 2-mal tgl.) starten um 22 Uhr am Hussaini Park und fahren über Nacht, um rechtzeitig den haarsträubenden Pass Zoji La zu erreichen, ehe ihn große Fahrzeuge nur noch in der Gegenrichtung befahren dürfen. Sammeljeeps (900 ₹, 7 Std.) können jederzeit fahren. Wenn die Straßenbedingungen gut sind, lohnt es sich, ein eigenes Taxi (6400 ₹) anzuheuern, um die Landschaft zu genießen, die vor allem zwischen Drass und Kangan unvergesslich ist.

Suru-Tal Nach Sanku und in näher gelegene Dörfer starten rot-weiße Minibusse sporadisch vom Regionalbusbahnhof. Der J&K SRTC-Bus, der um 7.30 Uhr nach Panikhar (80 ₹) abfährt, lädt seine Fahrgäste auf dem Main Bazaar beim Lal Chowk ein. Der 11.30-Uhr-Bus nach Parkachik und der 12.30-Uhr-Bus nach Barsoo (Khartse Khar) fahren an einem kleinen Platz zwischen dem Hussaini Park und dem Fluss ab. Von der Poyen-Brücke fahren zwischen 12 und 14 Uhr manchmal Omni-Minivans nach Panikhar. Ein Charterfahrzeug nach Panikhar/Parkachik kostet 2100/2800 ₹.

Zanskar Busse von Kargil nach Padum fahren nur sporadisch. Sammeljeeps (1000–2000 ₹, 10–12 Std.) parken am alten Busbahnhof und starten bei Sonnenaufgang oder früher. Ein Charterfahrzeug kostet 13 400 ₹ und einen Aufpreis von 2275 ₹, wenn man unterwegs in Rangdum oder Parkachik übernachten will. Buchbar über die zentrale Jeep Drivers' Cooperative oder über das **Roots Cafe** (S. 285).

Unterwegs vor Ort

Tagsüber fahren Minivans (10 ₹) zwischen der Poyen-Brücke am Fluss entlang über den Hauptbusbahnhof nach Bemathang und Baroo hin und her.

Suru-Tal

☎01985

Das Suru-Tal mit seinen schon fast alpin wirkenden muslimischen Dörfern in weiten Tälern unterhalb fantastischer schneebedeckter Berge könnte sogar eine größere Attraktion sein als das bekanntere Zanskar, zu dem die Hauptstraße durch das Tal führt. Dies zeigt sich vor allem zwischen **Purtikchay** und **Damsna** und auch hinter **Parkachik**. Wer mit dem Auto unterwegs ist, sollte östlich von dem geschäftigen kleinen Sanku einen 5 km langen Abstecher nach Barsoo/Bartoo machen und sich die Schnitzereien des **Khartse Khar Buddhas** (Barsoo Rd, Khartse Khar) anschauen.

Im Tal gibt es kaum touristische Infrastruktur. Gulam Ali, ein Guide der Englisch spricht, ist ein nützlicher Kontakt für mögliche Trekking-Touren. Er betreibt das ähnlich einer Privatunterkunft geführte Hotel

Khayoul, das sich in der Nähe des Touristenbungalows im oberen westlichen Bereich von **Panikhar** versteckt. Vorher anrufen, da er auch in Kargil arbeitet.

Schlafen

Gute Budgetunterkünfte sind die unscheinbaren, aber gepflegten J&K Tourist Bungalows an verschiedenen Orten in Suru. Die besten sind in Purtikchay, Tangole und Parkachik, aber es gibt auch Bungalows in Sanku, Panikhar und Rangdum. Buchen muss man diese Unterkünfte über das Tourist Reception Centre in Kargil. Zwischen Sanku und Panikhar gibt's vier Pensionen/Privatunterkünfte, von denen das interessanteste das **Hotel Khayoul** (✆9469192810, 9419864611; khayoulhotel@gmail.com; Panikhar; Zi. 500–600 ₹) ist.

An- & Weiterreise

Privatbusse verkehren relativ regelmäßig zwischen Kargil und Sanku. J&K-SRTC-Busse nach Kargil starten gegen 8 und 12 Uhr in Panikhar (80 ₹) und gegen 7 Uhr in Parkachik (112 ₹).

Sammeltaxis (100 ₹) warten gelegentlich an der Strecke Panikhar–Kargil auf Fahrgäste. Die Weiterfahrt nach Zanskar beschränkt sich meist auf äußerst ungewisse Mitfahrgelegenheiten. Das **Hotel Khayoul** (S. 286) in Panikhar kann bei rechtzeitiger Bestellung Fahrzeuge organisieren.

Zanskar

✆01983

Die größte Attraktion dieses majestätischen, von ladakhischen Buddhisten bewohnten und von schroffen Berggipfeln umzingelten Tals ist der Weg dorthin, idealerweise auf einer Trekkingtour. Wie in Ladakh sind die Hauptsehenswürdigkeiten zeitlose Klöster, insbesondere in Karsha, Stongdey, Sani und Phuktal, wobei Letzteres nur zu Fuß zu erreichen ist. Padum, die winzige Hauptstadt der Region, ist nicht viel mehr als ein Dorf mit ein paar Geschäften. Sie selbst hat nicht viel zu bieten, ist aber ein bedeutender Durchgangspunkt, wenn man die noch befahrbare Zufahrtstraße (über Kargil) in Angriff nehmen will. Tagsüber kann es brütend heiß werden, doch die Nächte sind selbst im Sommer kühl.

Rangdum

280 EW. / 3980 M

Im windigen kleinen Rangdum legen die Sammeljeepfahrer in der Regel eine Essenspause auf der elfstündigen Fahrt von Kargil nach Padum ein. Wenn das Wetter gut, die Zeit aber knapp ist, lohnt es sich, auf das Essen zu verzichten oder nur einen schnellen Snack zu sich zu nehmen und stattdessen die hässliche Restaurantgegend zu verlassen, durch das **Dorf** zu spazieren und Fotos zu machen. Die **Rangdum Gompa** (50 ₹) ist 5 km entfernt, das malerische **Shakmak Kharpo** ist ein Foto wert.

Das relativ neu aussehende **La Himalaya 3800** (✆9469735834, 9419177627; Zi. ohne/mit Bad 1000/1500 ₹, Hauptgerichte 40–120 ₹; ⊙Mai–Aug.) mit seiner Terrasse versorgt viele Durchreisende mit Mittagessen. Die Gästezimmer sind die saubersten, die man in Rangdum bekommen kann. Dahinter versteckt sich die von außen schmuddelig aussehende Alpine Hut, in der es aber ein sehr gutes, preiswertes *aloo mattar* (Kartoffel-Erbsen-Curry) gibt.

Padum

✆01983 / 1710 EW. / 3570 M

Zanskars staubige, kleine Hauptstadt mit ihrer imposanten Bergkulisse ist zwar ein wichtiger Verkehrsknotenpunkt, hat aber architektonisch nicht viel zu bieten. Im Umkreis von einem Block von der Hauptkreuzung findet man die Bus-/Sammeltaxihaltestelle, Geschäfte, ein unzuverlässiges Telefon-/Internetcafé, die meisten der etwa ein Dutzend Hotels, Pensionen und Restaurants sowie den **Hubschrauberlandeplatz**. Älter und stimmungsvoller sind **Pibiting**, **Padum Khar** (Alt-Padum) und die andere Talseite bei Karsha (S. 289). Das Zentrum von Padum ist ein guter Ort, an dem man einen Trek organisieren oder sich nach einer langen Trekkingtour ausruhen kann. Die Café-Agentur ZAP (S. 287) eignet sich perfekt, um Gleichgesinnte zu treffen oder Exkursionen zu organisieren.

Anders als im größten Teil von Zanskar gibt es im Zentrum von Padum Stromleitungen, die besseren Hotels haben für den Fall der Fälle aber auch Generatoren.

Aktivitäten

Mehrtägige Trekkingtouren ins Yapola-Tal (im Norden) oder nach Ramjak (im Süden) mit Verbindung nach Lamayuru bzw. Keylong sind noch immer beliebt. Für einige Abschnitte benötigt man Zelte und Proviant, Führer/Pferde kann man manchmal direkt vor Ort organisieren. Am besten erkundigt man sich in der Unterkunft, in einer der Agenturen oder im ZAP, wo man ungewöhnlich aktiv ist, wenn es darum geht, Kontakt zwischen Travellern herzustellen.

★ **ZAP** ABENTEURSPORT
(Zanskar Adventure Point; www.zapladakh.com; Main Bazaar; ⌚8.30–22 Uhr) Das ZAP ist das Zentrum in Padum für Reiseinfos über Zanskar. Hier bekommt man auch Hilfe bei der Organisation von Trekkingtouren und Transportmitteln (Anmeldelisten für Pidmo, Ichar usw.) – und manchmal funktioniert sogar das WLAN via Satellit (4 ₹/Min.). Es ist der beste Ort in Padum, um sich qualitativ hochwertige Mountainbikes (demnächst wahrscheinlich auch Motorräder) auszuleihen. Auf Wunsch können nach Voranmeldung auch Kajak- und Raftingtrips organisiert werden.

Schlafen & Essen

Die meisten Hotels schließen von Ende Oktober bis Juni, wenn sie nicht im Voraus von Gruppen gebucht werden, die im Winter trekken.

Mont-Blanc Guest House GASTFAMILIE $
(☎9469239376, 9419177627; tenzinpalkit@yahoo.co.in; EZ/DZ 700/1000 ₹, ohne Bad 500/800 ₹) Die freundliche Unterkunft liegt etwas abseits des Hauptmarkts, 200 m vor der Moschee und bietet die am schönsten eingerichteten Zimmer in Padum. Vor allem von der Dachterrasse und von den Zimmern nach vorne hinaus hat man einen wunderschönen Blick. Eine kleine Trekkingagentur gehört ebenfalls zu der Unterkunft.

Hotel Ibex PENSION $
(☎9419803731, 01983-245214; ibexpadumzanskar@gmail.com; Main Market; EZ 600–1000 ₹, DZ 1000–1300 ₹, Hauptgerichte 80–240 ₹) Die rund um einen Hofgarten angeordneten Zimmer der im Zentrum von Padum gelegenen und seit eh und je bei Backpackern beliebten Unterkunft sind zwar schon etwas in die Jahre gekommen, bieten aber ein gutes Preis-Leistungs-Verhältnis sowie Solarduschen. Das rücksichtslose Fällen der Bäume und die neu gedeckten Dächer haben den Charme zwar geschmälert, aber dennoch ist diese Unterkunft eine Oase der Ruhe unweit der Marktstraße.

Zambala Hotel HOTEL 0
(☎9469658121, 9469629336; Zambala Rd; Zi. 800–1000 ₹, mit Reservierung 3800 ₹) Das nur zwei Gehminuten vom Basar entfernte Zambala hat 13 nette Zimmer, die um einen kleinen grünen Platz angeordnet sind. Es gibt keine richtige Rezeption. Hilfe bekommt man im Speiseraum im Obergeschoß. Gekocht wird hier nur für Hotelgäste.

Chumathang Restaurant MULTICUISINE $
(Main Market; Hauptgerichte 70–160 ₹; ⌚9–22.30 Uhr) Das nette Lokal im Obergeschoss, das mit chinesischen Lampen und robusten Möbeln eingerichtet ist, bietet eine lange Speisekarte. Alle Gerichte werden mit Geschick zubereitet, dazu kann man sich gutes Naan (indisches Fladenbrot) und Bier 200 ₹ bestellen.

Praktische Informationen

In der J&K Bank (10–17 Uhr) gibt's Geldautomaten. Da die aber nicht immer funktionieren, sollte man ein dickes Bündel Rupien mit nach Zanskar bringen. Im Notfall tauscht **ZAP** (S. 287) zu verständlicherweise schlechten Kursen kleinere Euro- und US-Dollar-Beträge (bis zu ca. 100 US$).

An- & Weiterreise

Transportmöglichkeiten nach Padum sind noch immer beschränkt, alle fahren über Kargil und auch nur im Sommer.

Ein paar Mal im Monat fährt ein Bus von **KT Dorje** (☎9419513392) nach Leh (800 ₹), los geht's gegen 3.30 Uhr, übernachtet wird in Kargil (550 ₹).

Jeeps fahren nach Kargil (Pers./Fahrzeug 1500/13 400 ₹, ca. 12 Std.). Mit Fahrern, die nach Kargil zurückkehren, ist der Preis vielleicht verhandelbar. Die Fahrt nach Leh im Sammeljeep kostet auf einem Sitzplatz vorn/hinten 3000/2500 ₹ (fast 24 Std.). Man sollte am Vorabend mit den Fahrern Kontakt aufnehmen – die Fahrzeuge stehen in der Regel in der Zambala Rd, in den Fenstern stehen Schilder mit den Zielorten.

Weitere Preise für die einfache Strecke/Hin- & Rückfahrt ab Padum:

Anmu 3000/3500 ₹
Ichar 2000/2700 ₹
Karsha 1200/1500 ₹
Pidmo-Brücke 2500/3000 ₹
Rangdum 7000/9000 ₹
Stongdey Gompa 1000/1500 ₹
Zangla 2000/2700 ₹

Infos über Fahrten in Sammelfahrzeugen zu diesen Orten und besonders zu den Ausgangspunkten der Trekkingrouten bekommt man bei **ZAP** (S. 287).

Die einzige Tankstelle in Zanskar befindet sich an der Padum–Karsha-Straße bei Km 3,3. Im Sommer bekommt man dort meistens Benzin, wirklich verlassen kann man sich darauf aber nicht.

TREKKING NACH ZANSKAR

Die Trekkingtour von Ladakh nach Zanskar wird oft als von Agenturen organisierte Gruppenexkursion mit Packpferden und kompletter Campingausrüstung angeboten. Ausgangspunkt ist Photoksar, am anderen Ende wartet ein Fahrzeug an der Pidmo-Brücke.

Wer seine Tour lieber allein organisiert, sollte wissen, dass die Jeepstraße jetzt bis zum Kyupa La reicht. Die Strecke kostet im Chartertaxi von Leh aus ca. 9000 ₹. Wenn man Einheimische findet, die in Richtung Lingshet fahren, bezahlt man etwa 2000 ₹ pro Sitzplatz (Jeeps fahren mehrmals wöchentlich, los geht's in Leh gegen 2 Uhr, so ist man vormittags am Ende der Straße).

Pferde oder Esel und ortskundige Führer kann man in der Regel in Lingshet kurzfristig anheuern. Mit ein paar Tagen Vorlauf kann Tundup (☎ 9469731079) in **Lala's Art Cafe** (S. 260) in Leh organisieren, dass der Pferdeführer einen am Kyupa La in Empfang nimmt.

Im Hochsommer kann man die Strecke eigentlich ohne im Zelt übernachten zu müssen in Angriff nehmen, aber Privatunterkünfte und Teezelte sind rar gesät, sodass es empfehlenswert ist, für den Notfall Zelt und Schlafsack mitzunehmen.

Tag 1 Fahrt zum Kyupa La (Abfahrt in Leh gegen 2 Uhr oder in Lamayuru vor Tagesanbruch). Fünfstündige Wanderung zum weitläufigen Dorf Lingshet mit seiner großen, einladenden Gompa am Nordrand des Orts. In Lingshet gibt es zahlreiche verstreut liegende Privatunterkünfte (die meisten an teilweise abgeschiedenen Nebenkämmen), die aber alle nicht ausgeschildert sind, sodass man sich durchfragen muss. Wer noch genügend Energie hat, kann drei Stunden weiter laufen zu einem Campingplatz in Lanang. Das einzige Gebäude dort hat zwei kleine, ultra-einfache Zimmer, in denen man für 300 ₹ übernachten kann, aber nur wenn sich der Hausmeister blicken lässt. Wenn das nicht der Fall ist, muss man mit dem türlosen Unterstand Vorlieb nehmen und – wenn das Zelt nicht dicht sein sollte – die ganze Nacht bibbern.

Tag 2 Zehnstündige Wanderung von Lingshet oder siebenstündige von Lanang, davon drei anstrengende Stunden mit steilem Aufstieg zum Hanuma La (4720 m). Übernachtung in Shnertse, wo es einen Campingplatz und ein Teezelt mit festem Boden gibt. Man kann auch noch ca. zwei Stunden weiter zur Brücke runter laufen, wo es einen Campingplatz und eine einzige Hütte gibt, die von Gruppen oft als Küche benutzt wird. Wer ein Bett in einer Privatunterkunft vorzieht, geht nach Jingchen. Dort gibt es ein einsames Bauernhaus, das man nach einem 40-minütigen Marsch durch das Nebental erreicht.

Tage 3 und 4 Siebenstündige Wanderung über den steilen Parfila La ins Dorf Hanamur (Hanumil) (eine Privatunterkunft, zwei Camps). Hier schlafen die meisten Leute. Das weniger attraktive Pidmo (mit einer sehr einfachen Privatunterkunft) ist nur zwei Stunden entfernt. An der Pidmo-Brücke kann man sich von einem vorher gebuchten Fahrzeug abholen lassen. Alternativ kann man zwei Stunden weiter nach Zangla laufen.

Winter: Der Chadar Trek

Im Winter ist Zanskar durch den Schnee von der Außenwelt abgeschnitten. Aber im Februar ist es möglich, von Chilling aus hierher zu laufen. Man nimmt einen alten saisonalen Handelsweg, der im Wesentlichen dem zugefrorenen Fluss Zanskar folgt – oft verläuft er auf dem Eis und führt auf gefährlichen Schneebrücken über Seitenflüsse. Übernachtet wird in Felshöhlen. Der gefährliche „Chadar Trek" galt früher als das „ultimative Abenteuer". Obwohl die Strecke noch immer gefährlich ist (man sollte sie nur mit guter Ausrüstung und erfahrenen Führern in Angriff nehmen), erfreut sie sich doch bei indischen Touristen immer größerer Beliebtheit, sodass die Strecke früher oder später überlaufen sein könnte. Auch der Klimawandel hat dazu beigetragen, dass das Eis nicht mehr so tragfähig ist wie in früheren Jahrzehnten, wodurch das Risiko, einzubrechen und in eisiges Wasser zu fallen, größer wird. Pro Strecke benötigt man etwa sechs Tage. Bei der Wahl des den Trek organisierenden Unternehmens sollte man sich nicht für das preisgünstigste Angebot entscheiden (da diese nur allzu oft zu wenige Führer und Träger pro Kunde haben).

Karsha

1080 EW. / 3663 M

Auf der anderen Seite des Tals von Padum liegt Karsha, Zanskars eindrucksvollstes Dorf mit unzähligen fotogenen alten Häusern, Gerstenfeldern und Dreschkreisen, die mit Hilfe von *dzos* (eine Kreuzung zwischen Yak und Rind) gezogen werden. Direkt über dem Ort erheben sich fast senkrechte rote Felsen, die durch eine tiefe Schlucht zweigeteilt werden. Auf der einen Seite stapeln sich weiß getünchte Klostergebäude. Sie gehören zu Zanskars größter buddhistischer **Klosteranlage** mit einer **oberen Gebetshalle** (Karsha Gompa; 100 ₹), in der sich der mumifizierte Körper des Gründers aus dem 14. Jh. befindet. Auf der anderen Seite der Schlucht steht ein buddhistisches **Nonnenkloster**, eine alte **Zitadelle** und ein bemerkenswerter, wenn auch kaum besuchter **Tempel** (⌚auf Wunsch) im Alchi-Stil mit einer wunderschön geschnitzten Figur aus dem 11. Jh.

In Karsha gibt es drei Campingplätze und mehrere Familienunterkünfte/Pensionen. Letztere sind einfache Zimmer in schönen traditionellen Gebäuden. Das **Grand Leopard** (☎9469290976; schosgyalpali@yahoomail.co.in; 800 ₹/Pers. inkl. VP) ist besonders empfehlenswert wegen des guten Essens und der gut informierten, gastfreundlichen Inhaber. Das **Theiur** (☎9469407411, 9469846715; Zi. 600 ₹, Gerichte 150 ₹) hat einen großen Garten und Toiletten im Haus.

Zangla

1070 EW. / 3500 M

Zangla mit seinen traditionellen Häuschen rund um einen großen Kreis terrassenförmig angelegter Gerstenfelder, ist der letzte östlich von Padum gelegene Ort in Zanskar, der über eine Straße zu erreichen ist. Auf einem nackten Felsen am Südwestrand steht ein kleiner **Festungspalast**. Am anderen Ende des Orts befindet sich ein kleines, nettes buddhistisches Nonnenkloster, von wo aus ein Weg gen Norden zu Km 33 der Straße zur Pidmo-Brücke (5 km weiter) führt.

Von Padum aus ist Zangla ein schöner, wenn auch holpriger Halbtagesausflug im Jeep. Unterwegs kann man Gesteinsschichten bewundern. Lohnenswert ist auch die 2,6 km lange kurvige Fahrt hinauf zur **Stongdey Gompa** (Padum-Zangla Rd, Km 13,3), von wo aus man morgens einen tollen Blick über die schroffen Berge am Horizont hat.

Im oberen Dorfteil gibt es in der Nähe der Kreuzung mit der Straße zum Palast ein paar Privatunterkünfte. Das gut geführte Pami Homestay ist leicht an den lavendelfarbenen Fensterrahmen zu erkennen.

Südlich von Padum

Die Straße südlich von Padum kommt an der **Bardan Gompa** (Padum-Raru Rd, Km 10,4; 50 ₹) vorbei, die spektakulär auf einem Felsvorsprung hoch über dem Fluss thront. Etwa 7 km weiter steht die **Muney Gompa**, die trotz ihrer Lage auf einer Klippe nicht ganz so spektakulär ist. In dem dazugehörigen stimmungsvollen **Shanti Guesthouse** (www.shanti-house.net; Muney Gompa, Padum-Raru Rd, Km 17; Zi. pro Pers. für 2 Nächte/1 Woche inkl. VP 50/170 €) mit seinen fünf Zimmern kann man gut ein paar Tage relaxen und die hiesige Klosterkultur genießen. **Ichar** gehört zu den faszinierendsten Dörfern des Tals. Es besitzt ebenfalls eine Gompa, etwas weiter oben einen kleinen Teich und eine kleine Altstadt mit sehr stimmungsvollen alten Häusern.

WANDERUNG VON ANMU NACH PHUKTAL

Die Überflutungen 2015 haben die Straße von Ichar nach Anmu für Fahrzeuge unpassierbar gemacht. In der Zwischenzeit müsste **Anmu** aber wieder als Ausgangspunkt für den landschaftlich beeindruckenden fünfstündigen (von Ichar aus achtstündigen) Marsch zur Phuktal Gompa nutzbar sein.

Die Wanderung von Anmu folgt zunächst dem einfachen, leicht hügeligen Weg nach Cha (2½ Std.). Weiter geht's durch das Zentrum dieses relativ großen Orts entlang der Mauerbögen und rund um das große grüne Gebiet zum Weg nach Phuktal. Der Weg führt langsam hinauf über einen niedrigen Pass und dann wieder stetig hinunter zum Fluss (bis zu einer Brücke, die man aber nicht überquert). Gerae einmal zwei Minuten nach einem letzten kurzen Anstieg erreicht man die **Pension** des Klosters Phuktal (Phuktal; 400 ₹/Pers.). Die von hier schon zu sehende, beeindruckende, wie aus einer Felshöhle fallende **Phuktal Gompa** (http://phuktalmonastery.com; ⌚Gebete im Sommer um 4.30, 12 & 19 Uhr) ist nur 15 Gehminuten entfernt.

Wenn die vier Zimmer in der Pension belegt sind, befinden sich die nächsten Unterkunft-Möglichkeiten im Dorf **Purney**, das man erreicht, wenn man die Brücke überquert und eineinhalb Stunden weiterläuft. Alle drei Gehöfte verfügen über Zimmer und Zeltstellplätze und betreiben zwei einfache Geschäfte mit Teehaus.

Direkt unter dem unteren Teil von Purney, wo die beiden Flüsse zusammenfließen, überquert man eine weitere Brücke. Geht man dort nach links, kommt man irgendwann nach Darcha in Himachal Pradesh. (Das geht aber nur nach vorheriger Planung, denn für den viertägigen Trip benötigt man einen Guide und die richtige Ausrüstung, um den 5090 m hohen Shingo La zu überqueren). Geht man nach rechts, kommt man in etwa drei Stunden zurück nach Anmu, vorbei am hübschen, mit Blumen übersäten Dorf **Gyalbok** (1¼ Std.).

Wenn man eine gute Karte und Trekking-Erfahrung hat, braucht man für die Route von Anmu nach Phuktal keinen Führer. Man sollte sich vorab aber unbedingt über den Zustand der Wege und Brücken informieren.

WANDERUNG VON ZANSKAR NACH DARCHA

Wer auf dem Phuktal-Trek in Purney weiter nach Süden wandert, trifft in Darcha nördlich von Keylong auf die Hauptverbindung von Leh nach Manali. Früher braucht man für die Strecke ca. eine Woche – heute muss man aber die letzten zwei oder drei Tage nicht mehr wandern, da zweimal täglich ein Bus von Chika nach Keylong (60 ₹, 2 Std.) fährt. Die Straße führt in der Tat noch viel weiter gen Norden – zum Zeitpunkt der Recherche bis auf den Shingo La, wo man sich von einem Taxi abholen lassen kann. Bis 2018 soll die Straße bis zum Dorf **Kargyak** gehen, wodurch der Trek auf eine drei oder vier Tage dauernde Wanderung mit Übernachtung in Privatunterkünften verkürzt wird. Im Tal zwischen Purney und Kargyak gibt es mehrere winzige Siedlungen.

KASCHMIR-TAL

Umgeben von einer Reihe von Berggipfeln, breitet sich das 140 km lange Kaschmir-Tal als riesiger, flacher Hochlandkessel mit Seen und Obstgärten aus. Dörfer aus Häuschen mit Blechdächern wachen über Reisterrassen, die von Apfelplantagen und schnurgeraden Pappelalleen gesäumt sind. Die meisten der stolzen, freigeistigen Bewohner Kaschmirs sind Anhänger des sufistischen Islams. Sie praktizieren ihren Glauben in unverwechselbaren schachtelartigen Moscheen mit Türmen in der Mitte. Die Region ist auch für seine Amarnathji Yatra (S. 303) bekannt.

Geschichte

Geologen und hinduistische Mystiker sind sich einig, dass das Kaschmir-Tal einst ein riesiger See war. Worin sie sich hingegen uneinig sind, ist die Frage, wie er austrocknete: War der Grund ein Erdbeben nach der Eiszeit oder waren es doch eher Vishnu und seine Freunde, die einen Wasserdämon töteten?

Im 3. Jh. v. Chr. verwandelte Kaiser Ashoka das hinduistische Königreich Kaschmir in ein bedeutendes Zentrum der buddhistischen Lehre. Im 13. und 14. Jh. hielt der islamische Glaube, von der friedlichen Mystik des Sufismus inspiriert, in Kaschmir Einzug. Später zerstörten muslimische Regenten wie Sultan Sikandar „Butshikan" (reg. 1389–1413) hinduistische Tempel sowie buddhistische Klöster, während andere, z. B. der große Zain-ul-Abidin (reg. 1423–1474), religiöse und kulturelle Toleranz walten ließen. In Reiseberichten aus dem Mittelalter heißt es, dass Hindus nur schwer von den Muslimen zu unterscheiden seien. Mogulherrscher, u. a. auch Akbar (1556–1605), dessen Truppen Kaschmir 1586 eroberten, betrachteten Kaschmir als ihr Xanadu und schufen rund um Srinagar herum eine Reihe prächtiger Gärten.

Als die Briten in Indien eintrafen, waren Jammu und Kaschmir zwei locker verbundene, unabhängige Königreiche, die von den Sikh-Führern in Jammu kontrolliert wurden. Nachdem die Briten die Sikhs besiegt hatten, traten sie Kaschmir 1846 an den Maharadscha Gulab Singh ab und erhielten dafür jährlich sechs Umhängetücher, zwölf Ziegen und ein Pferd. Singhs autokratisch hinduistische Dogra-Dynastie blieb bis zur Unabhängigkeit Indiens an der Macht, doch sie zeigte keinerlei Interesse am Wohlergehen der muslimischen Mehrheit.

Teilung & Konflikt

Als sich 1947 die Teilung des Landes abzeichnete, befürwortete Maharadscha Hari Singh zwar eher die Unabhängigkeit Kaschmirs als den Anschluss an Indien oder Pakistan, er war aber nicht in der Lage, eine endgültige Entscheidung zu treffen. Um die Angelegenheit schließlich voranzutreiben, versuchten Paschtunen mit Unterstützung der neuen pakistanischen Regierung, den Staat gewaltsam zu übernehmen, was den ersten Indisch-Pakistanischen Krieg auslöste. Die Eindringlinge wurden aus dem Kaschmir-Tal vertrieben, doch Pakistan behielt die Kontrolle über Baltistan, Muzaffarabad sowie die Hauptzugangsstraßen des Tales. Seither ist Kaschmir durch eine ziemlich vage UN-Demarkationslinie – die sogenannte Line of Control – geteilt. Ein geplanter Volksentscheid über die Zugehörigkeit zu Indien oder Pakistan fand nie statt, weshalb Pakistan 1965 erneut in Kaschmir einrückte und einen weiteren langwierigen Konflikt auslöste.

In den 1970er-Jahren haben Traveller Kaschmir als ein idyllisches Sommerziel wiederentdeckt. Aber eine militante Randgruppe setzte Ende der 1980er-Jahre einen Aufstand in Gang, und Kaschmir wurde 1990 der Regierung in Delhi unterstellt, worauf die blutigsten Jahre der Unruhe folgten. Auf die Massaker und Bombenanschläge antwortete die indische Armee mit überaus brutalen Vergeltungstaten. Auf beiden Seiten wurden die Menschenrechte mit Füßen getreten.

Nach dem kurzen indisch-pakistanischen Kargil-Krieg im Jahr 1999 erlangte Kaschmir nach einem Waffenstillstand mehr Autonomie – was mit einer gewissen Entspannung einherging. Auch die Hilfsmaßnahmen nach dem tragischen Erdbeben 2005 brachten die indische und die pakistanische Regierung etwas näher zusammen. Militante Übergriffe wurden seltener, die Zahl der inländischen Touristen erhöhte sich ungeachtet der neuen Unruhen in den Jahren 2008 (ausgelöst durch einen Streit über ein Stück Land in Amarnath) und 2010 (nach einer Schießerei mit jugendlichen Steinewerfern).

Im Juli 2016 entfachte die Ermordung von Burhan Wani durch die Armee monatelange Unruhen. Wani war ein bedeutender, für die Unabhängigkeit kämpfender Social-Media-Aktivist und „Kommandeur" der Hizbul Mujahideen, die als Terrororganisation angesehen wird. Dutzende Menschen starben, Tausende wurden verletzt und viele erblindeten durch Geschosse aus Luftgewehren.

Srinagar

0194 / 1405000 EW. / 1583 M

Der Hauptanziehungspunkt der von grünen Bergen umgebenen Stadt Srinagar ist der hypnotisch ruhige Dal-See mit seinen vielen bunten Hausbooten, die für ein farbenfrohes Bild und Romantik pur sorgen. Die berühmten Mogulgärten erstrecken sich über mehrere Kilometer am weniger urbanen Ostufer des Sees und bilden einen faszinierenden Kontrast zur chaotischen Altstadt mit ihrer Festung und ihrer historischen Holzmoscheen. Und nicht zu vergessen das milde Klima im Sommer, die einzigartige Küche Kaschmirs und das (heftig umstrittene) Grab von Jesus Christus – all das zusammen macht Srinagar zu einem der beliebtesten Reiseziele für indischer Touristen.

Allerdings nur, wenn die Stadt nicht gerade durch Spannungen unter den Bevölkerungsgruppen lahm gelegt wird, was leider nur allzu oft passiert. So läuft man Gefahr, aufgrund von Streiks, Demonstrationen für die Unabhängigkeit und Ausgangssperren festzusitzen. Obwohl ausländische Touristen nie Zielscheibe waren, sollte man sich vor dem Besuch trotzdem nach dem aktuellsten Stand der Dinge erkundigen.

SICHERHEIT IN KASCHMIR

Bevor man sich auf den Weg ins Kaschmir-Tal macht, sollte man sich genau über die Sicherheitslage informieren: ernsthafte Unruhen können urplötzlich in Srinagar und Anantnag aufflammen. Aber selbst wenn es im Tal Spannungen gibt, sollte man sich nicht abschrecken lassen, in Ladakh ist es immer ruhig.

Gute Infos vor der Reise nach Jammu und Kaschmir bekommt beim Traveller-Forum Jammu und Kaschmir unter www.indiamike.com. Auch sollte man sich regelmäßig auf mindestens einer der folgenden Nachrichten-Websites informieren: *Greater Kashmir* (www.greaterkashmir.com), *Daily Excelsior* (www.dailyexcelsior.com), *Kashmir Monitor* (www.kashmirmonitor.in) oder *Kashmir Times* (www.kashmirtimes.com).

Sehenswertes

Rund um den Dal-See

★Dal-See SEE

Der Dal-See mit einer Uferlänge von über 15 km ist Srinagars Juwel. In der riesigen Wasserfläche spiegeln sich die geschnitzten Holzbalkone der Hausboote und die im Dunst liegenden Gipfel der Pir-Panjal-Kette. Ganze Flottillen fröhlich bemalter *shikaras* (gondelartige Taxiboote) gleiten über den

Srinagar

See, bringen Waren zum Markt, Kinder in die Schule und Touristen zu den schönen Hausbooten, die den Originalbooten aus der Ära der britischen Herrschaft nachempfunden sind.

Wer früh genug aus den Federn kommt, kann sich zu dem schwimmenden Blumen- und **Gemüsemarkt** (⏲5–6.30 Uhr) paddeln lassen. Auf dem farbenfrohen Spektakel schenken Souvenirverkäufer leider Travellern etwas zu viel Aufmerksamkeit.

Der preisgekrönte Film *Valley of Saints – Ein Tal in Kaschmir* aus dem Jahr 2012 zeigt ein Panorama des Lebens auf dem Dal-See.

Erste Hausbootreihe AREAL

(Dal-See) Die erste Hausbootreihe kann sich für Gäste als laut und mit nur wenig Privatsphäre erweisen. Die Boote in dieser Reihe sind aber die Attraktion und charakteristisch für Srinagar.

Schwimmende Gärten & Dörfer GÄRTEN

Große Teile des Dal-Sees sind mit dichter Vegetation, Lotusblumen und großen Gemüsegärten bedeckt, die durch Kanäle verbunden sind und zu denen von den Dörfern lange Stege führen. Vor dem Hochwasser 2014 konnte man diese Gegend wunderbar

Srinagar

Highlights
1 Dal-See ... D2
2 Khanqah Shah-i-Hamadan ... A2

Sehenswertes
3 Badshah-Grab ... A2
4 Bund ... A5
5 Chetipacha Gurdwara ... B1
6 Erste Hausbootreihe ... C3
7 Schwimmende Gärten & Dörfer ... D1
8 Schwimmender Gemüsemarkt ... D2
9 Hari-Parbat-Fort ... B1
10 Jama Masjid ... A2
11 Kathi Darwaza ... B1
12 Makhdoom-Sahib-Schrein ... A1
13 Mirzabagh (Gemüsebootsanleger) ... B2
14 Moschee von Akhund Mulla Shah ... B1
15 Naagar-Nagar Interpretation Centre ... B1
16 Naqshband Sahib ... A2
17 Shankaracharya Mandir ... D4
18 Sri Pratap Singh Museum ... A5

Schlafen
19 Chicago-Hausboote ... C3
20 Chocolate Box ... D3
21 Comrade Inn ... B5
22 Green Acre ... B5
23 Hotel Swiss ... D3
24 John Friends Guesthouse ... C3
25 Moon of Kashmir ... C3
26 Noor Guest House ... C4
27 Young Beauty Star ... C3

Essen
28 Crescent Lake View Restaurant ... C3
29 Mughal Darbar ... B5
30 New Krishna Vaishno Bhojnalay ... C4
31 Stream ... C4

Shoppen
32 Weinladen ... C3

Transport
33 J&K-SRTC-Busbahnhof ... C4
34 Khona-Khon-New-Rd-Shikaras ... C3
35 Lal-Chowk-Stadtminibusstand ... A5
36 Makhdoom Sahib Ropeway ... B1
37 Touristentaxistand 1 ... C4
38 Touristentaxistand 7 (Anantnag-Sumos) ... C4

zu Fuß erkunden, indem man durch den Chowdhary Bagh bis zu einer Fußgängerbrücke und einem Damm lief, der zu einem Pumpwerk in der Nähe des Mogulgartens Nishat Bagh führte. Die Strecke muss aber völlig überarbeitet werden, sodass man sich über den Stand der Dinge informieren sollte, bevor man sich auf den Weg macht.

Mirzabagh-Bootsanleger HAFEN

Ein Großteil von Srinagars Obst und Gemüse aus den „schwimmenden Gärten" wird an diesem winzigen Anleger von den Booten abgeladen. Tolle Fotomotive.

Shankaracharya Mandir HINDU-TEMPEL

Auf dem Gipfel des dicht bewaldeten Shankaracharya Hill steht dieser kleine Shiva-Tempel, der aus großen Blöcken sichtlich alten grauen Steins erbaut ist. Früher nannte man ihn Takht-i-Sulaiman (Thron des Salomon), heute heißt er nach einem Weisen, der hier 750 n. Chr. Erleuchtung erlangte; es gibt allerdings auch Hinweise darauf, dass das achteckige Bauwerk aus dem 5. Jh. stammt und die ganze Stätte sogar noch älter ist. Manche vertreten gar die sehr umstrittene Theorie, dass ein früherer Tempel hier einst von Jesus und dem hl. Thomas renoviert wurde.

Den Tempel erreicht man über eine kurvenreiche, 5,5 km lange Straße von einem Kontrollpunkt unweit des Nehru Parks (Autorikscha hin & zurück 300 ₹). Zu Fuß hinaufzugehen ist nicht ratsam, da in dem dazwischen liegenden Wald Bären leben. Die Straße endet an einem weiteren Kontrollpunkt, an dem man Handy und Kamera abgeben muss. Von dort führt eine Treppe in fünf Minuten hinauf zum Tempel, von wo aus man einen schönen Rundumblick über Srinagar und den Dal-See hat.

Mogulgärten

Srinagars berühmte Gärten stammen aus der Mogulzeit. Die meisten ähneln sich im Großen und Ganzen im Aussehen: Rasenterrassen, Wasserbecken mit Springbrunnen und sorgfältig gepflegte Blumenbeete, die von mächtigen *chinar*-Bäumen (Platanen), Pavillons und nachgebauten Festungsfassaden gesäumt werden. Der berühmteste Garten ist der **Shalimar Bagh** (Erw./Kind 20/10 ₹; 10–19 Uhr), den Jehangir für seine Gemahlin Nur Jahan bauen ließ. Beeindruckender ist jedoch der **Nishat Bagh** (Erw./Kind 20/10 ₹; 9 Uhr–Sonnenuntergang) mit seinen steileren Terrassen und Blick auf den See.

Der **Pari Mahal** (Erw./Kind 20/10 ₹; 9–19.30 Uhr) liegt hoch über dem Seeufer inmitten von Palastruinen. Am faszinierendsten ist der Anblick abends aus der Ferne. Auf

HAUSBOOTE

Die für Srinagar so charakteristischen Hausboote kamen erstmals in der Kolonialzeit auf, als es den Briten verboten war, Land zu besitzen. Die besten „Deluxe"-Boote gleichen Palästen und sind mit Kronleuchtern, Paneelen aus Walnussholz mit Schnitzereien, *khatamband*-Decken (Decken mit facettenartiger Holzverkleidung) und kitschigen Wohnzimmern im Stil der britischen Raj-Ära ausgestattet. Die Boote der Kategorie A sind ebenfalls komfortabel, aber nicht ganz so prächtig. Die unteren Kategorien (C, D) können leicht schäbig sein und haben möglicherweise keinen Sitzbereich unter Deck.

Anders als die Hausboote in Kerala fahren diese Boote nie. Die Hausboote in Srinagar gleichen eher einer romantischen, schwimmenden Mini-Pension mit Koch und Kellner. Die meisten sind in größeren Gruppen festgemacht, sodass man wunderbar Leute beobachten kann, andererseits darf man aber keine ruhige Abgeschiedenheit erwarten, es sei denn man wählt ein Boot außerhalb des Zentrums.

Auf den besseren Booten gibt es in der Regel drei oder vier Doppelzimmer mit Bad, von denen das hintere Zimmer meist größer und manchmal besser ausgestattet ist als der Rest.

Unter den 1400 Booten das Passende zu finden, ist schwer. Einige Besitzer sind nette Familien, andere Gauner – am besten fragt man vor Ort andere Traveller nach Empfehlungen. Außerhalb der Hauptsaison (Mai, Juni & Okt.) und wenn die politische Lage die Touristen vertreibt, ist es am besten, sich in Ruhe ein paar Boote anzusehen und dann auszuwählen. Viele Besitzer bieten unverbindlich und kostenlos an, potenzielle Gäste in einer *shikara* (gondelähnliches Boot) zu ihrem Hausboot zu fahren, damit sie es sich anschauen können.

Tipps fürs Hausboot

Für die meisten Besucher ist der Aufenthalt auf einem Hausboot ein entspanntes Highlight in Srinagar. Einige haben jedoch berichtet, dass sie sich betrogen fühlten, regelrecht als Geisel genommen wurden oder von Mitarbeitern des Hausboots angemacht wurden.

Einige Tipps:

- Vorsicht vor Pauschalpaketen; niemals in Delhi buchen!
- Hausboote persönlich oder auf einer vertrauenswürdigen Website anschauen, ehe man in irgendetwas einwilligt!
- Eine klare, möglichst schriftliche Erklärung verlangen, was im Preis enthalten ist (z. B. Tee? Trinkwasser? *shikara*-Transfer? Kanu-Nutzung? Nachschlag beim Essen?).
- Kontrollieren, ob das Boot wirklich zu der vom Besitzer genannten Kategorie gehört (Zertifikate!), sonst riskiert man, Deluxe-Preise für ein zweitklassiges Boot zu zahlen.
- Sich nicht drängen lassen, für „wohltätige Zwecke" zu spenden oder überteuerte Trekkingtouren zu buchen.
- Wertsachen nie unbeaufsichtigt lassen: Diebe, die auf Boote kommen, sind sehr schnell.
- Den Pass niemals dem Hausbootseigner aushändigen.
- Einem Freund oder vertrauenswürdigen Hotelier mitteilen, wo man übernachtet.
- Sich aufs Bauchgefühl verlassen.

Die Gegend auswählen

Die meisten Boote liegen auf dem Dal-See und dem Nagin-See, aber auch am Ufer des Flusses Jhelum. Der Nagin-See ist ruhiger als der Dal-See, aber dafür auch recht weit vom Zentrum entfernt. Fast überall sind Besuche von Andenkenverkäufern in *shikaras* die Regel.

dem Weg zum Pari Mahal kommt man an dem kleinen **Cheshmashahi-Garten** (Pari Mahal Rd; Erw./Kind 20/10 ₹; ⏲8.30–19.30 Uhr) und dem weitläufigeren, weniger formellen **Botanischen Garten** (Erw./Kind 20/10 ₹; ⏲8.30–16.30 Uhr) vorbei, hinter dem im März und April ein 12 ha großer **Tulpengarten** (Erw./Kind 100/50 ₹; ⏲März & April) wunderschön anzusehen ist.

Altstadt

Das Interessanteste in Old Srinagar sind die unverkennbaren kaschmirischen Moscheen.

Dal-See erste Reihe (S. 292) Gegenüber vom Boulevard, man kommt leicht mit einem *shikara* (gondelähnliches Boot; 50 ₹/Fahrt) zum und vom Boot, in der Hauptsaison ist es aber laut hier. Viele der Boote schaut man sich lieber an, als dass man auf ihnen wohnt.

Dal-See zweite Reihe (Golden Dal Lake) Die Boote liegen nur etwas weiter hinten, sind vom Boulevard aus nicht zu sehen und bieten einen besseren Blick auf den Sonnenuntergang. Viel farbenfrohes Leben und Treiben, und die *shikara*-Fahrt kostet von den Ghats 9 oder 12 nur 80 ₹. Die Lage bietet genau die richtige Mischung aus Trubel und Ruhe. Unser Lieblingsboot ist die **Young Beauty Star** (☎ 9419060790; www.dallakehouseboat-raga.com; EZ 2000–2250 ₹, DZ 3000–3700 ₹; Ghat 9), die an einer Kreuzung liegt, an der man das Geschehen auf dem See gut beobachten kann. Ähnlich komfortabel, aber nicht so perfekt gelegen, sind die drei Boote von **Chicago** (☎ 0194-2502558, Ajaz Khar 9419061430; chicago houseboats.com; EZ/DZ Mitte April–Mitte Okt. 2250/3300 ₹, Mitte Okt.–Mitte April 1800/2700 ₹). Die freundlichen Besitzer können Englisch, und auch Indira Gandhi wohnte hier schon.

Dal Lake Garden-Village Viele Boote liegen in dorfähnlichen Gruppen weiter hinten. Hier ist es außer zu den Gebetszeiten recht friedlich, aber man kommt auch schwerer weg, wenn einem die Decke auf den Kopf fällt. Die unscheinbare **Moon of Kashmir** (☎ 9906686454; www.moonofkashmir.com; Dal Lake Garden Village; DZ 1200–1800 ₹, inkl. HP 2000–3500 ₹; Ghat 7) ist sehr einladend.

Foreshore Road Leichter Zugang, aber nicht so romantisch wie die Boote auf dem offenen See. Die Boote sind oft sehr einfach, aber auch günstig (unter 1000 ₹). Die Sicherheit ist hier ein kleines Problem, denn Diebe können problemlos an Bord kommen.

Bulls Clermont (☎ 9419056761, 0194-2415325, www.bullsclermonthouseboat.com; Naseem Bagh, Hazratbal; DZ ab 6000 ₹) Die Boote sind weit oberhalb von Hazratbal neben ihrem eigenen Mogulgarten festgemacht. Sie waren lange die Lieblingsadresse von VIPs, sind den hohen Preis aber nicht wert.

Nagin-See Ostufer Man erreicht die Boote gut von der Straße aus, zudem bieten sie einen schönen Blick auf den Hari Parbat. Die Hausbootgruppe **Majestic & Ritz** (☎ 9906874747, 9858004462; http://majestichouseboat.com; südlich vom Nagin Club; EZ/DZ ab 3100/3500 ₹) ist freundlich und verlässlich, **Butterfly** (☎ 0194-2429889, 0194-2420212; Zi. 3000–5000 ₹) ist funkig. Bei mehreren Booten sind Schnäppchen möglich, wenn man unangemeldet auftaucht.

Nagin-See Westufer Von den Booten hat man einen tollen Blick auf den Sonnenuntergang mit der Kulisse bewaldeter Berge, die sich im See spiegeln. Normalerweise erreicht man sie vom Ostufer mit dem *shikara*, doch die meisten sind auch über Gassen durch ein wohlhabendes, offensichtlich sehr religiöses Wohnviertel zu erreichen. Es ist mühsam, in die Stadt zu kommen, darum ist dies nur dann die richtige Wahl, wenn man vorhat, seine Tage geruhsam an Bord zu verbringen. **New Jacquline** (☎ 0194-2421425, 9419001785; www.newjacqulinehouse boats.com; DZ 3400–8000 ₹) ist in dieser Gegend eine besonders komfortable Unterkunft.

Preise

Offiziell werden die Preise von der Houseboat Owners Association „festgesetzt" und betragen für ein EZ/DZ der Kategorie D 600/800 ₹ und für ein Deluxe-EZ/DZ 3800/4800 ₹ (bzw. 900/1300 ₹ oder 5000/6500 ₹ inkl. HP). In der Praxis ist das aber nur ein grober Leitfaden. Einige Boote verlangen offen mehr, andere weniger, und wenn die Auslastung gering ist, kann man tolle Schnäppchen machen.

Wer eine Moschee besucht, sollte die üblichen islamischen Regeln befolgen (angemessene Kleidung, Schuhe ausziehen) und um Erlaubnis bitten, bevor man eintritt oder im Inneren Fotos machen will. Von Frauen wird im Allgemeinen erwartet, dass sie ihr Haar bedecken und einen separaten Eingang benutzen. Am **Bund** (Jhelum Riverfront) südlich des Altstadtgebiets stehen noch ein paar Gebäude aus der Kolonialzeit.

★ **Khanqah Shah-i-Hamadan** MOSCHEE
(Khanqah-e-Muala; Gegend um den Khawaja Bazaar; ⏲ 4.30–21 Uhr) Die muslimische Ver-

sammlungshalle aus den 1730er-Jahren mit ihrem charakteristischen Turm gehört zu Srinagars schönsten Moscheen. Für den Bau wurde kein einziger Nagel verwendet, die Fassade und das Innere sind mit Reliefs aus Pappmaché verziert und die *khatamband* (Facetten-Holzvertäfelung) ist aufwendig bemalt. Nichtmuslime dürfen einen Blick durch die Tür werfen, aber das Innere nicht betreten.

★ Badshah-Grab ARCHITEKTUR

(Altstadt; ⏲9–18 Uhr) Das mit seinen Kuppeln eher bulgarisch als kaschmirisch anmutende Ziegelgrabmal der Mutter von König Zeinalabdin aus dem 15. Jh. wurde auf dem Sockel eines viel älteren buddhistischen Tempels erbaut. Es befindet sich auf einem uralten Friedhof, der sich im Gadu Bazaar zwischen unzähligen Läden, die Kupferwaren, Gewürze und Kleidungsstücke verkaufen, versteckt. Wer hinein will, muss den Hausmeister ausfindig machen; am ehesten weiterhelfen kann das Personal der Geschäfte vor dem Friedhof.

★ Jama Masjid MOSCHEE

(Nowhatta; ⏲8–21 Uhr) Die imposante Moschee aus dem Jahr 1672 sieht aus wie die Filmkulisse einer imaginären zentralasiatischen Festung. Sie bildet ein Viereck um einen grünen Innenhof mit großem Springbrunnen. Die monumentalen, mit Spitzen versehenen Torhäuschen markieren die vier Himmelsrichtungen. Die Moschee bietet Tausenden Gläubigen Platz. Jede der 378 Säulen, die das Dach stützen, wurde aus einem einzigen Stamm einer Himalaja-Zeder gefertigt.

Naqshband Sahib HEILIGE STÄTTE

(Gegend um den Khanyar Chowk; ⏲6.30–20.30 Uhr) Der wundervoll proportionierte, aber unbemalte Schrein aus dem 17. Jh. wurde im Stil Himachal Pradeshs errichtet. Man hat abwechselnd Holz und Backstein aufeinander geschichtet, damit er den zerstörerischen Kräften eines Erdbebens standhalten kann.

Hari-Parbat-Hügel

Diese Hügelkuppe, die früher eine Insel in einem gigantischen See war, ist praktisch von jedem Punkt in Srinagar aus zu sehen. Heute befinden sich dort der **Sri-Sharika-Tempel** (Chakreshwar; www.hariparbat.org; Hari Parbat) und das Hari-Parbat-Fort, das man über eine Gasse erreicht, die nördlich der Badamvaer-Gärten beginnt. Im **Naagar-Nagar Interpretation Centre** (Ropeway Gardens; ⏲Sa–Do 10–16 Uhr) erhält man interessante historische Hintergrundinformationen über die Gegend. Daneben fährt eine Seilbahn zur Mittelstation am Südhang in der Nähe der Ruinen der **Moschee von Akhund Mulla Shah** und des **Makhdoom-Sahib-Schreins**. Es führen auch drei Wege hinauf. Der östlichste Weg beginnt in der Nähe vom **Kathi Darwaza**, einem historischen Tor unweit des **Chetipacha Gurdwara** (Chattipatshahi Gurudwara).

Hari-Parbat-Fort FESTUNG

(Koh-e-Maran Fort; Genehmigung für Ausländer/Inder 100/50 ₹; ⏲Sa–Do 10–15 Uhr) Die Festung auf dem strategisch und spirituell wichtigen Hari Parbat nördlich des Zentrums stammt aus dem 6. Jh. Der Hügel wurde 1590 von dem Großmogul Akbar befestigt. Der obere Teil der Festung stammt vorwiegend aus dem Jahr 1808 und wurde von Atta Mohammad Khan, dem Gouverneur der Paschtunen, erbaut. Vor der Besichtigung muss man sich beim TRC (S. 298) oder im Naagar-Nagar Interpretation Centre eine abgestempelte Genehmigung besorgen (Kopie des Reisepasses nicht vergessen).

Badamvaer GÄRTEN

(Badanwari; Hari Parbat Rd; Erw./Kind 10/5 ₹; ⏲8–20.30 Uhr) Der im 16. Jh. geschaffene und 1876 mit Mandelbäumen bepflanzte Obstgarten fiel den Unruhen in den 1990er-Jahren zum Opfer, wurde nach 2007 aber wunderschön neu angelegt. Neben der Baumblüte im Frühjahr und den im Sommer Schatten spendenden Obstbäumen ist die Hauptattraktion das kreisrunde Wariskhanshah-Brunnenhaus in der Parkmitte.

Zentrum von Srinagar

Sri Pratap Singh Museum MUSEUM

(☎0194-2312859; SPS Rd; Inder/Ausländer 10/50 ₹, Foto pro Galerie 100/200 ₹; ⏲Di–So 10–16 Uhr) Es lohnt sich, das üppig ausgestattete Museum zu besuchen, das Pappmaché-Arbeiten aus der Mogulzeit, Fliesen aus dem 4. Jh., Götterstatuen aus dem 8. Jh., ausgestopfte Vögel, Mammutknochen, Waffen und traditionelle kaschmirische Trachten zeigt. Die Sammlung wird nach und nach aus dem anrührend verwahrlosten Lalmandi-Palast von 1872 des Maharadschas Pratap Singh in ein neues, extra als Museum entworfenes Gebäude dahinter verlegt.

Aktivitäten

Die Bergseen, Wiesen und Hochebenen Kaschmirs bieten ein paar tolle Wandermöglichkeiten, doch im Gegensatz zu Ladakh kann es hier schwierig sein, Mitwanderer zu finden, um eine Gruppe zu bilden. Praktisch jeder Hausbootbesitzer hat einen „Bruder", der Touristen führen kann, und immer mehr Websites bieten Trekking-Pakete an. Günstiger wird es aber wahrscheinlich, wenn man nach Aru, Pahalgam, Sonamarg oder Naranag fährt und seine Wanderung dort selbst organisiert. Wer das vorhat, sollte vorher seine Campingausrüstung im Mountaineering Information Office neben dem TRC (S. 298) in Srinagar ausleihen.

Schlafen

Auf einem Hausboot (S. 294) zu übernachten, gehört zweifelsohne zu den Highlights eines Aufenthalts in Srinagar. Die Wahl des richtigen Boots ist dabei eine wichtige Sache. Die Auswahl an Budgetunterkünften ist relativ begrenzt (man kann es in Dalgate oder in der Old Gagribal Rd versuchen). Mittelklassehotels gibt's hingegen in Hülle und Fülle. Viele sind jedoch nicht sehr gepflegt und zielen auf große, lärmende Gruppen ab. Man sollte sich ein paar Zimmer zeigen lassen, ehe man sich entscheidet. Achtung: Wenn keine Bürgerunruhen sind, schnellen die Preise in der indischen Ferienzeit (Mai, Juni und Okt.) steil in die Höhe.

John Friends Guesthouse PENSION $

(☎0194-2458342; abseits der Foreshore Rd; B 200 ₹, DZ ohne/mit Bad 300/500 ₹; 📶) Die Pension erreicht man über einen Holzsteg auf Pfeilern. John Friends Markenzeichen sind ein Apfelgarten und der direkte Zugang zu den Kanälen (die hier aber etwas abgestanden und folglich voller Moskitos sind). Die zwölf preisgünstigen Zimmer wurden nach der Überflutung 2014 wieder aufgebaut, zudem gibt's einen Schlafsaal mit Matratzen auf dem Boden. Wer selbst paddeln will, bekommt hier Paddelboote für 30 ₹ pro Stunde.

Noor Guest House PENSION $

(☎9491034268, 0194-2450872; noorguesthouse@ymail.com; abseits Dalgate; DZ 500–1000 ₹; 📶) Die beliebte, wenn auch recht beengte Backpackerunterkunft wurde 2015 umfassend renoviert. Es gibt einen kleinen Hof, zwei schmale Gemeinschaftsbalkone teilweise mit Seeblick und nützliche Extras wie eine Gemeinschaftsküche, Wäschedienst und Fahrradverleih. WLAN kostet 100 ₹ pro Tag.

★Hotel Swiss PENSION $$

(☎0194-2500115, Rouf 9906519745; www.swisshotelkashmir.com; 172 Old Gagribal Rd; DZ 850–3000 ₹; @📶) Das Swiss ist wahrscheinlich eine der freundlichsten Familienpensionen Indiens. Es sieht zwar eher unscheinbar aus, bietet aber hochwertige Hotelzimmer mit frisch lackierten Kiefernholzwänden, und das zu Preisen, die für unangemeldete Ausländer sehr viel niedriger sind als die Online-Preise. Zum See liegt es günstig, aber dennoch weit genug entfernt, um vom Straßenlärm verschont zu bleiben. Außerdem ist diese Gegend auch in Zeiten von Unruhen sicher.

★Green Acre HOTEL $$

(☎9419213145, 0194-2453859; www.wazirhotels.com; Rajbagh; EZ/DZ 4500/5500 ₹, Suite 9500–40 000 ₹; ❄📶) Das Green Acre steht mitten in einem prächtigen Rosengarten. Sein Herzstück ist eine klassische, 1942 erbaute Villa aus dem British Raj mit einem Gemeinschaftsbalkon im ersten Stock, auf dem man es sich wunderbar mit einem Buch gemütlich machen kann. Das Anwesen wurde 2014 nach den Fluten sorgfältig saniert, in den historischen Zimmern konnte viel aus der damaligen Zeit erhalten werden.

Chocolate Box BOUTIQUEHOTEL $$

(☎0194-2500298, 9796577334; www.chocolateboxsrinagar.com; Boulevard; DZ 5000–6500 ₹, unangemeldet 3500–4500 ₹) Mit den sorgfältig ausgewählten Designelementen gehört dieses Boutiquehotel mit seinen 13 Zimmern zu dem schönsten am Boulevard. Die Zimmer 107 und 108 haben Privatbalkone mit Seeblick. Wer unangemeldet kommt, zahlt deutlich weniger.

Comrade Inn HOTEL $$$

(☎0194-2313440; www.comradeinn.com; Rajbagh; DZ 6000 ₹, unangemeldet 4000 ₹; ❄📶) Das gut ausgebildete Personal führt die Gäste durch die geschmackvoll mit moderner Kunst geschmückten Flure zu den schön ausgestatteten Zimmern mit ausgezeichneten Sprungfedermatrazen, frischen Baumwolllaken, Regenduschen, großen Duschköpfen, Kühlschrank, Wasserkessel und stilvoller Beleuchtung.

Lalit Grand Palace Hotel HISTORISCHES HOTEL $$$

(☎0194-2501001; www.thelalit.com; Gupkar Rd; Zi./Suite ab 20 500/24 150 ₹; 📶🏊) Der 1910 erbaute Maharadscha-Palast steht mitten auf einer großen, gepflegten Wiese und bietet viele historische Überbleibsel. Nur die Suiten befinden sich im originalen Palastgebäude, aber auch die Zimmer in dem langen, neuen Flügel können sich sehen lassen. Die Zimmer im Erdgeschoss haben zum Garten hin offene Balkone.

Essen & Ausgehen

Da Srinagars Bevölkerung überwiegend muslimisch ist, wird in Restaurants außer in den Bars einiger Luxushotels kein Alkohol ausgeschenkt. Alkohol kaufen kann man in einem nur schwer zu findenden **Weinladen** (Boulevard, Heemal Hotel Shopping Complex; ⏲ Sa–Do 10–20 Uhr, während des Ramadan geschl.) in der Nähe des Boulevard. Alkoholfreie Erfrischungsgetränke bekommt man in mehreren witzigen Teeläden am Bund (S. 295).

New Krishna Vaishno Bhojnalay DHABA $
(Durganag Rd; Hauptgerichte 50–100 ₹; ⏲ 8–16 & 19–22.30 Uhr) Die Leute sind verrückt nach den schmackhaften, preiswerten vegetarischen Gerichten, *dosas* und dem südindischen Frühstück in Srinagars kleiner „Original"-*dhaba* (lockeres Lokal, in dem Snacks und einfache Gerichte serviert werden). Man zahlt vorher an der Theke.

Crescent Lake View Restaurant MULTICUISINE $$
(Ama Tours; Foreshore Rd; Hauptgerichte 120–250 ₹; ⏲ 8–22.30 Uhr; 📶) Das auf Backpacker ausgerichtete Restaurant mit vier modernen Tischen mit Sitzbänken, Computern für Gäste, Geldwechsel und einer angeschlossenen Tour-/Trekking-Agentur bietet für fast jeden Geschmack etwas. Guter Filterkaffee. Die Gerichte reichen von Bananen-Pfannkuchen bis hin zu *wazwan* (traditionelles kaschmirisches Mehrgängemenü).

Stream MULTICUISINE $$
(Boulevard; Hauptgerichte 170–350 ₹; ⏲ 11–22 Uhr; ❄) Das gemütliche, klimatisierte, zuverlässige, etwas elegantere Lokal liegt zurückversetzt vom Boulevard und hat ein besonders gutes Sortiment an indischen Gerichten sowie Pizza, Kaffee und Eis.

Mughal Darbar KASCHMIRISCH $$$
(☎ 0194-2476998; Residency Rd; Hauptgerichte 105–340 ₹, Wazwan für 1-/4-Pers. 640/2875 ₹; ⏲ 10.30–22.30 Uhr; ❄) In diesem Restaurant im Obergeschoss kann man wunderbar die gesamte Palette der kaschmirischen auf Hammelfleisch basierenden Küche probieren. Indische vegetarische Gerichte werden ebenfalls serviert. Wenn man ein komplettes *wazwan* (traditionelles kaschmirisches Mehrgängemenü) vorbestellt, sitzt man in einem speziellen Raum auf Teppichen und bekommt das Essen auf Kupfergeschirr serviert. Den Hauptspeiseraum ziert das großartige orientalische Wandbild „Wo ist der Himmel?".

Shoppen

Auf dem Boulevard gibt es mehrere Geschäfte, die Kaschmir-Souvenirs verkaufen, u.a. elegant bemalte Pappmaché-Schachteln und Schnitzarbeiten aus Walnussholz sowie Kaschmir- und Pashminaschals. *Gabbas* (kaschmirische Teppiche mit Applikationen) im Kettenstich, Stickereien oder geblümte *namdas* (gefilzte Wollteppiche) sind ebenfalls schöne Souvenirs. Safran, Kricketschläger und Trockenobst werden rund um den Lal Chowk verkauft.

ℹ Praktische Informationen

TRC (Tourism Reception Centre; ☎ 0194-2502270, 0194-2456291; www.jktourism.org; TRC Rd; ⏲ 24 Std., Beantragung von Genehmigungen 10–15 Uhr) Man sollte sich auf eine Mischung aus Hilfe und wortkarger Grübelei gefasst machen. Wenn die Bauarbeiten wie geplant verlaufen, wird das Info-Büro demnächst in ein großes neo-traditionelles Gebäude umziehen. Hier beantragt man die Genehmigungen für die Besichtigung des Hari-Parbat-Forts und den Naranag-Sonamarg-Trek über die Sieben-Seen-Route. Die „Erholungsabteilung" verleiht Camping- und Wanderausrüstung.

KASCHMIRISCHES ESSEN

Kaschmir hat eine sehr markante eigene Küche. Ein komplettes *wazwan* (Festmahl) kann aus Dutzenden Gängen bestehenden, darunter vor allem Gerichte wie *goshtaba* (Hackfleischbällchen aus Hammelfleisch in einem Safran-Joghurt-Curry), *tabak maaz* (gebratene Lammrippchen) und *rogan josh* (gehaltvolles, pikantes Lammfleischcurry). Die kaschmirischen Köche bereiten zudem köstliche aromatische Currys auf Käsebasis und saisonal *nadir* (Lotusstengel) zu, in der Regel serviert in *yakhni* (mit Fenchel aromatisierte Sauce auf Quarkbasis). Kaschmirischer *kahwa* ist ein luxuriöser golden schimmernder Tee, der mit Safran, Zimt und gehackten Mandeln gewürzt ist.

UAE Exchange (Boulevard; ⌚Mo–Fr 9.30–13.30 & 14–18, Sa 10–14 Uhr) Diese Wechselstube versteckt sich unten in der Auffahrt direkt östlich vom Hotel Sunshine. Sie bietet gute Kurse für Bargeld und löst Reiseschecks gegen Provision ein.

ℹ An- & Weiterreise

BUS & JEEP

Anantnag Sammel-Sumos (80 ₹, 90 Min.) fahren vom **Touristentaxistand 7** (Dalgate). Wer nach Pahalgam und Vailoo will, muss in Anantnag umsteigen.

Jammu Die gut asphaltierte Straße Srinagar–Jammu bietet viele idyllische Aussichtspunkte und wird ganzjährig schneefrei gehalten. Staus, Erdrutsche und Streiks können Verzögerungen zur Folge haben.

Private Busse (meistens Nachtbusse) fahren 8 km südlich des Stadtzentrums vom Busbahnhof Panthachowk ab. Klapprige J&K-SRTC-Busse (Klasse B/A/Bus mit 18 Sitzplätzen 300/420/510 ₹, 10–13 Std.) starten um 6.30, 7.30 und an manchen Tagen um 19.30 Uhr vom viel günstiger gelegenen **J&K-SRTC-Busbahnhof** (☎0194-2455107; TRC Rd). Sammeljeeps (pro Pers./Fahrzeug 700/4950 ₹) fahren von der gegenüberliegenden Straßenseite ab. Am günstigsten ist die Zeit zwischen 6.30 und 9 Uhr.

Kargil Sammeljeeps (pro Pers./Fahrzeug 900/6400 ₹) starten vor 9 Uhr am **Touristentaxistand 1** (TRC Rd) und von Kaksarai in der Nähe des SMHS Hospital in Karan Nagar (West-Srinagar), wo gegen 5 Uhr auch private Busse abfahren (400 ₹).

Kishtwar Angeblich gibt es täglich einen Direktbus, in der Regel nimmt man die Strecke aber in mehreren Etappen über Anantnag und Vailoo in Angriff. In Vailoo (oder im nahe gelegenen Kokernag) muss man übernachten. Sammeljeeps nach Kishtwar (pro Pers./Fahrzeug 300/3500 ₹, 6 Std.) starten dort zwischen 6 und 10 Uhr.

Leh Der J&K-SRTC-Bus fährt in der Regel um 7.30 Uhr los (1060 ₹, 2 Tage), übernachtet wird in Kargil. Einen Tag im Voraus buchen. Wenn Unruhen herrschen, startet der Bus – wenn überhaupt – um 23.30 Uhr, um Ärger zu vermeiden.

Die meisten Sammeljeeps (2100 ₹/Pers., 14 Std.) fahren vom Touristentaxistand 1 vor 7 Uhr los. Wer einen guten Sitzplatz möchte, muss mindestens einen Tag im Voraus buchen.

Delhi J&K SRTC (Sitzplatz/Sleeper 1490/1670 ₹, ca. 24 Std., 7.30 Uhr).

J&K SRTC wirbt auch mit Ausflugsbussen für 420 ₹ hin & zurück in Touristenziele wie Sonamarg, Gulmarg, Yusmarg und Pahalgam. Los geht's zwischen 7.30 und 9 Uhr. Außerhalb der Hauptsaison im Mai und Juni fahren aber nur wenige Busse. Ehe man ein Ticket kauft, sollte man andere potenzielle Fahrgäste fragen, ob man sich nicht lieber ein Sumo vom Taxistand gegenüber teilen will.

Vom Batmaloo-Busbahnhof westlich vom Stadtzentrum fahren Busse nach Kangan mit Verbindung nach Sonamarg oder Naranag und Sumos häufig nach Tangmarg mit Verbindung nach Gulmarg.

An Dutzenden von Ständen werden Jeeps angeboten. Der Circapreis hin & zurück beträgt nach Pahalgam 3000 ₹, nach Sonamarg 2700 ₹ und nach Gulmarg 2500 ₹. Im Hotel bekommt man vielleicht einen günstigeren Preis.

FLUGZEUG

Srinagars Flughafen wird mehrmals täglich von Delhi und Jammu sowie mindestens einmal von Mumbai und Leh aus (von GoAir) angeflogen. Er befindet sich 1,2 km hinter einer Sicherheitsschranke, an der sich lange Schlangen bei der Gepäck- und Fluggastkontrolle bilden können. Um reinzukommen, muss man sein Flugticket oder die ausgedruckte Bestätigung eines elektronischen Tickets vorzeigen. Man sollte mindestens einen Spielraum von zwei Stunden einkalkulieren. In Zeiten von Unruhen könnte es erforderlich sein, schon vor Tagesanbruch zum Flughafen zu fahren, um Ausgangssperren zu umgehen. Der Flughafen ist in Betrieb, es kann aber sein, dass die Zufahrtstraße den ganzen Tag über gesperrt ist.

Ausländer müssen bei der Ankunft am Flughafen ein J&K-Einreiseformular ausfüllen, in dem auch der Name des Hotels angegeben werden muss. Wer den noch nicht weiß, schreibt einfach „TRC" (Tourist Reception Centre).

ZUG

Der nächste Bahnhof befindet sich in Nowgam, etwa 10 km südlich der Altstadt. Züge fahren derzeit nur auf der Strecke Banihal–Qazigund–Anantnag–Nowgam–Baramulla. Theoretisch soll die ganze Strecke Jammu–Katra–Nowgam–Baramulla 2018 fertig sein. Vielleicht klappt's, vielleicht nicht.

ℹ Unterwegs vor Ort

Kurze Fahrten mit der Autorikscha kosten 50 ₹, längere Touren etwa 250 ₹ pro Stunde.

Offiziell kosten *shikaras* (bunte gondelähnliche Boote) 500 ₹ pro Stunde bzw. kurze Fahrten vom Ufer zu den Hausbooten in der mittleren Reihe 50/80 ₹. Tatsächlich akzeptieren einige *shikara*-Fahrer (vor allem an der **Khona Khon New Rd**) auch 200 ₹ pro Stunde, aber je weniger man zahlt, umso größer ist die Wahrscheinlichkeit, dass irgendein anderer Kaufzwang ausgeübt wird. Für den Sprung von dem dichtesten **Anleger** hinüber zum Nehru Park sollte man nur 20 ₹ zahlen.

Auf den Hauptrouten, u.a. auf der von Lal Chowk nach Hazratbal und von Lal Chowk nach Shalimar Bagh über das Südufer des Dal-Sees, verkehren überfüllte Minibusse.

Wer mit dem chaotischen Verkehr klarkommt, kann die relativ flache Altstadt und die Uferbereiche am See gut mit dem Fahrrad erkunden. Die Möglichkeiten, ein Fahrrad auszuleihen, sind eher rar, aber ein paar Leihräder (meist nur für Gäste) gibt es gelegentlich im **Hotel Swiss** (S. 297) und im **Noor Guest House** (S. 297) (250 ₹/Tag).

VOM/ZUM FLUGHAFEN

Srinagar International Airport Prepaid-Taxis vom Flughafen nach Lal Chowk/Dalgate/Nehru Park kosten 610/710/710 ₹. Alternativ läuft man (1,2 km) oder nimmt den kostenlosen Shuttlebus bis zum äußeren Sicherheitstor und versucht, dort ein Auto zu bekommen. Eigentlich sollte der Shuttlebus alle 20 Minuten fahren, er fährt tatsächlich aber nur unregelmäßig.

Bei Ausgangssperre kostet die Fahrt zum Flughafen 1000 ₹, dann sollte man schon im Morgengrauen hinfahren, egal wann der Flug geht. Ins Terminal kommen Fluggäste erst drei Stunden vor der geplanten Abflugzeit, sodass man möglicherweise draußen warten muss.

Pahalgam & Aru

☎ 01936 / 10 300 EW. / 2150 M

Von hohen Berggipfeln umrahmt, rauschen die Flüsse Lidder und Seshnag durch malerische, tief eingeschnittene Bergtäler, in denen gigantische Koniferen wachsen. In den umliegenden Bergen gibt's viele wunderschöne Fleckchen und mehr als 20 Seen – und zahlreiche Guides und Pferdeführer brennen darauf, sie Besuchern zu zeigen.

Pahalgam fügt sich halbwegs gut in die fantastische Natur ein. Der große, etwa 4 km lange Ferienort, der sich rund um die Flusskreuzung ausbreitet, bietet Golf und Rafting und ist ein Sammelpunkt auf der Mittsommer-Pilgerwanderung nach Amarnathji.

Die Hotels werden versuchen, ihre Gäste zu einer Eselwanderung oder einer großen Trekkingtour zu überreden. Die besten Wanderungen beginnen oft im 12 km entfernten **Aru**, einem winzigen Dorf in einem märchenhaften Hochland inmitten von Gebirgsausläufern. Immer mehr Backpacker lassen Pahalgam links liegen und fahren mit einmaligem Umsteigen direkt nach Aru (2440 m).

In Pahalgam gibt's über 200 Hotels. Die Palette reicht vom skandinavisch angehauchten **Himalaya House** (☎ 01936-243072; www.himalayahouse.in; Laripora Rd, Pahalgam; Zi. 3750–5625 ₹; 📶) und dem stilbewussten **Pine Spring** (☎ 01936-243386; http://pahalgam.hotelpinespring.com; Laripora Rd, Pahalgam; EZ/DZ/Suite 6500/7500/11 000 ₹) bis zum altmodischen **Alpine Inn** (☎ 9906756030, 01936-243065; www.alpineinnpahalgam.com; Heevan Link Rd, Pahalgam; EZ/DZ 2800/4200 ₹; 📶) im Stil einer Berghütte und dem einfachen, in die Jahre gekommenen, aber friedlichen abgelegenen **Ramba Palace** (Bentes Lodge; ☎ 01936-243296, 9419727379; rambapalace@yahoo.com; Mamal; DZ 500–1000 ₹, ohne Bad 400–600 ₹) mit atemberaubender Aussicht.

Die Preise können um bis zu 600 % schwanken, am höchsten sind sie im Mai und Juni. Bessere Konditionen bekommt man wahrscheinlich an der Uferstraße, die hinter dem Golfplatz zur „zweiten Brücke" in der Nähe der Bushaltestelle Laripura führt.

Ausländische Besucher, die auf Luxus verzichten können, ignorieren den Urlaubstrubel in Pahalgam oft und reisen direkt nach Aru weiter. Hier gibt's vorwiegend Budgetunterkünfte, u.a. das einladende **Friends Guesthouse** (☎ 01936-210928; www.friendsguesthousepahalgam.com; Aru; DZ 500–1400 ₹), das **Rohella Guesthouse** (☎ 01936-211339, 9622761355; www.rohella.brinkster.net; Aru; EZ/DZ 500/600 ₹; ⏲ April–Okt.), ein Dauerbrenner der Dreadlock-Szene, und das **Milky Way Hotel** (☎ 01936-210899, 9419435832; www.milkywaykashmir.com; Aru; Zi. 2500–3200 ₹, ohne Bad 800₹), das einen Tick besser ist und ein ordentliches Restaurant hat.

ℹ Anreise & Unterwegs vor Ort

In der Hauptsaison fahren J&K-SRTC-Busse einmal täglich nach Srinagar und zurück (420 ₹, 2½ Std.), los geht's in Srinagar gegen 7.30 Uhr, in Pahalgam um 16.30 Uhr. Die Busse können aber kurzfristig gestrichen werden.

Alternativ fährt man von Srinagar zunächst im Sammeljeep (80 ₹, 1 Std.) oder in einem (der selten fahrenden) lokalen Busse (50 ₹, 1½ Std.) nach Anantnag und steigt dort am Sumo-Stand um.

Die einzigen Fahrzeuge, die nach Aru (ab 600 ₹) und Chandawari (ab 700 ₹, 19 km) fahren, starten am **Touristentaxistand** (☎ 01936-243126; www.taxistandpahalgam.com; Pahalgam), von der **Jeep- & Bushaltestelle** in Pahalgam (Pahalgam Bazaar) 10 Minuten zu Fuß die Hauptstraße bergauf. Die Preise richten sich nach der Wahl des Fahrzeugs (vier unterschiedliche Klassen).

Gulmarg

☎01954 / TAL-/BERGSTATION 2600/3750 M

Ausländer, die Berggipfel und Schnee schon kennen, sind von Gulmargs zweiteiliger **Seilbahn** (www.gulmarggondola.com; Seilbahn 1. Abschnitt/beide Abschnitte 700/1600 ₹, Skipass Tag/Woche für Ausländer 1800/9050 ₹, für Inder 1150/6800 ₹; ⏲9–15 Uhr, letzte Talfahrt ca. 17 Uhr) angesichts der langen Schlangen wahrscheinlich weniger begeistert.

Doch im Winter zeigt Gulmarg, was es wirklich drauf hat und verwandelt sich in ein Skizentrum, das für seinen perfekten Hochgebirgspulverschnee berühmt ist. Ein Sessellift, der parallel zum zweiten Abschnitt der Seilbahn verläuft, bietet zwar eine einfache Möglichkeit, nach oben zu kommen, doch eigentlich ist dies das Terrain von Extremskifahrern. Das Becken, das sich unterhalb der Seilbahn erstreckt, wird patrouilliert, und zur Vermeidung von Lawinen werden kontrollierte Sprengungen vorgenommen, doch die große Mehrheit der Pisten und Waldrouten ist ungesichert. Daher sollte man sich mit Schnee auskennen und die Bedingungen sorgfältig prüfen. **Gulmarg Avalanche Advisory** (http://gulmarg-avalanche-advisory.com) veröffentlicht in der gesamten Saison (Dez.–März) detaillierte und aktualisierte Meldungen. Am besten sind die Bedingungen von Mitte Januar bis Ende Februar.

GM Ahanger (☎9596295371, 9697767268; ahangergm@gmail.com) wurde als Skiführer empfohlen. Mehrere Läden verleihen ordentliche Skiausrüstung. Das Schweizer **FSH** (Free Ski Himalaya; ☎+41-33-5349301; www.freeskihimalaya.com) und das in Australien ansässige **Bills Trips** (☎+61-409-161978; www.billstrips.com) bieten komplette Skipakete an, **Kashmir Heli-Ski** (www.kashmirheliski.in) bringt Skifahrer in Tiefschneegebiete abseits der Pisten.

Gulmarg ist nur eineinhalb Autostunden von Srinagar entfernt, doch wer hier übernachtet, kann morgens als Erster auf der Piste sein. Die bescheidene, aber lebendige **Raja Hut** (☎9797297908, 9596245006; rk5536058@gmail.com; DZ ab 2500 ₹) wird von einem netten Snowboarder geführt und ist bei vielen preisbewussten internationalen Abenteuertypen beliebt. Weitere ordentliche Unterkünfte sind das freundliche, wenn auch leicht abgenutzte **Heevan Retreat** (☎01954-254455; www.ahadhotelsandresorts.com; Zi./Suite ab 6700/14 375 ₹; 📶), das mit viel Kiefernholz eingerichtet ist, die einfache Familienunterkunft **Shaw Inn** (☎01954-254532; EZ/DZ 7000/7500 ₹) und das gewaltige Palasthotel Khyber Himalayan (S. 301).

Khyber Himalayan Resort & Spa HOTEL **$$$**
(☎9596780653; www.khyberhotels.com; Khyber Rd; DZ 13 500–21 500 ₹, Cottage 40 000–150 000 ₹; 📶🏊) Gulmargs einziges echtes Luxushotel ist fast schon von einschüchternder Pracht. In den Gemeinschaftsbereichen fühlt man sich wie im Palast eines Emirs, jedoch mit den Annehmlichkeiten des 21. Jhs. Hallenschwimmbad und Spa fehlen natürlich auch nicht, und von der Teeladen-Terrasse hinten hat man einen unerwartet beeindruckenden Blick.

ℹ An- & Weiterreise

Ein Charterjeep für einen Tagesausflug von Srinagar aus kostet 2200 ₹ pro Fahrzeug (ca. 2 Std. je Strecke). Eine Alternative sind Sammeljeeps vom Busbahnhof Batmaloo in Srinagar nach Tangmarg (80 ₹), wo man umsteigen muss, um die letzten 13 km voller Haarnadelkurven nach Gulmarg (40 ₹) zurückzulegen

Im Sommer versperrt eine Schranke neben der **Jeephaltestelle** die Straße, sodass man die letzten 15 Minuten zur Seilbahn zu Fuß gehen muss.

Naranag & Gangabal-See

☎01942 / 450 EW. / NARANAG/GANGABAL 2280/3575 M

Der kleine Ort Naranag, Heimat der halbnomadisch lebenden Guiar, liegt in einem tief eingeschnittenen Flusstal voller alter Kiefernwälder und wartet mit ein paar bemerkenswerten **Shiva-Tempelruinen** (Naranag) aus dem 8. Jh. auf. Die meisten Besucher benutzen den Ort hauptsächlich als Ausgangspunkt für mehrtägige Trekkingtouren in Kaschmirs „Great Lakes"-Hochland.

Das Highlight einer zweitägigen Tour ist der wunderschöne **Gangabal-See**, den man nach einer etwa siebenstündigen, anstrengenden Wanderung von Naranag aus erreicht.

Es ist möglich, in fünf oder sechs Tagen die klassische **„Sieben Seen"-Route** zwischen Naranag and Sonamarg in Angriff zu nehmen. Aber Achtung: einige Pässe können wegen Schnee bis Ende Juli unpassierbar sein. Es gibt mehrere Routen, aber für alle ist eine Genehmigung erforderlich, die man in der Nähe des Vishansar-See vorlegen muss. Einige Führer behaupten, dass sie dieses Erfordernis umgehen oder die Genehmigung im Manigal-Camp in der Nähe von Kangan beantragen können. Man sollte aber auf Nummer sicher gehen und den Papierkram im TRC (S. 298) in Srinagar erledigen, wo das Ganze nur eine schnelle Formalität sein dürfte (Kopie vom Visum/Reisepass, Foto und Beschreibung der geplanten Tour nicht vergessen).

Potenzielle Führer finden einen wahrscheinlich schon bei der Ankunft in Naranag und kümmern sich gern um Packpferde, allerdings sprechen die meisten sehr wenig Englisch, und die Preisgestaltung ist oft nur schwer nachvollziehbar. Die meisten lokalen Führer haben Zelte und Schlafsäcke. Da die Qualität oft schlecht ist, sollte man seine eigene Ausrüstung mitbringen – man kann sie sich in Srinagar beim TRC ausleihen.

Das hübsche **Swiss Retreat** (swissretreat kashmir@gmail.com; Naranag; Zi. 850–1350 ₹) wird wohl Naranags schönste Unterkunft werden. Bis zur Fertigstellung hat man die Wahl zwischen acht ungepflegten Privatunterkünften/Pensionen, von denen sich die meisten in einem beklagenswerten Zustand befinden. Die besten der schlechten Unterkünfte sind das **Khan Guesthouse** (☎ Imtiaz 9697559256; DZ ohne Bad 400–600 ₹) und die **Gulshan Lodge** (Naranag; Zi. 500–1200 ₹). Auf den Hochlandweiden von Gangabal steht eine Touristenhütte, die aber so gut wie nie mit Personal besetzt ist. Wenn sie nicht verschlossen ist, kann man sie aber bei schlechtem Wetter als Unterschlupf nutzen.

An- & Weiterreise

Täglich um 8 Uhr fährt ein Buch von Naranag nach Kangan (20 ₹, 80 Min.), um 15 Uhr geht's zurück nach Naranag. Sammel-Sumos fahren von Kangan nach Srinagar (70 ₹, 1 Std.), preiswertere Busse fahren zur Bushaltestelle Batmaloo in Srinagar.

Ein Charterjeep von Srinagar kostet 2500 ₹ (2 Std.).

Sonamarg

☎ 0194 / 800 EW. (NUR IM SOMMER) / 2670 M

Sonamarg ist ein beliebter Essen-Stopp auf der Strecke zwischen Kargil und Srinagar, allerdings nicht so sehr wegen des guten Essens, sondern vielmehr um sich von dem bisherigen Trek zu erholen und sich auf die nervenaufreibende Überquerung des 3529 m hohen Passes Zoji La (S. 262) vorzubereiten. Am Main Bazaar gibt's viele *dhabas*, an denen man einen Zwischenstopp einlegen kann. An der hinteren Seite der Sumo-Haltestelle befindet sich eine Tandoori-Bäckerei.

Der Name Sonamarg bedeutet „Goldene Wiese". Das ist ein angemessener Name für ein Hochlandtal, das von hohen, scharfkantigen Gipfeln und idyllischen Berglandschaften umgeben ist. Die nur saisonal bewohnte Hauptsiedlung liegt an der uninteressanten Schnellstraße von Srinagar nach Leh (Km 85) und hat ein paar Hotels und einfache Restaurants zu bieten. Dem kann man aber schnell entkommen, indem man ungefähr eine Stunde ins parallel verlaufende Tal wandert, von wo aus man die verschiedenen Ausläufer des **Thajiwas-Gletschers** bewundern kann. Wer viel weiter wandern will, für den ist Sonamarg das Ende (oder auch der Anfang) des **Sieben-Seen-Treks** von Narang. In der entsprechenden Jahreszeit und mit den passenden Unterlagen kann man sich auch unter die Pilger auf der Amarnathji-Yatra-Wanderung mischen, die nur 15 km östlich von Sonamarg in Baltal beginnt.

Schlafen

Die ungepflegten Zimmer über Sonamargs schlodrig gebauten Restaurants kosten im Mai und Juni zwischen 1500 und 4000 ₹, in den anderen Monaten nur 400 ₹. Am besten ist hier das **Hotel Royal** (Sonamarg Bazaar; Zi. 1500–2000 ₹; ⏲ Mai–Okt.). Zu den besseren Unterkünften auf der anderen Straßenseite gehört das **Hotel Kongposh** (Zi. 4000 ₹). Die altersschwachen, aber schön gelegenen **Tourist Dormitories** (Thajiwas Meadow; B 200 ₹) und die **Alpine Hut** (Thajiwas Meadow; Zi. 3000 ₹) sind 15 Gehminuten von Km 83 in Richtung Thajiwas-Gletscher entfernt. Viele der besseren Hotels befinden sich zwischen Km 83 und Km 84.

An- & Weiterreise

Srinagar Die Direktbusse sind entsetzlich langsam (120 ₹, über 5 Std.), sodass die meisten Einheimischen es vorziehen, mit dem Sammel-Sumo nach Kangan (80 ₹, 90 Min.) und von dort mit einem anderen weiter nach Srinagar (70 ₹, 1 Std.) zu fahren.

Kargil Charterjeeps verlangen 6000 ₹. Busse nach Kargil und Leh kommen gegen 8 bzw. 10.30 Uhr durch den Ort, sind dann aber oft schon voll, ebenso wie die meisten Sammeljeeps, die aus Srinagar kommen. Es lohnt sich aber, auf Fahrzeuge mit einem JK07-Nummernschild zu achten, die an der Restaurantmeile

DIE AMARNATHJI YATRA

Amarnaths einzigartige Attraktion ist ein natürlicher Stein-Lingam, der als Symbol für den Gott Shiva gilt und sich in einer heiligen Berghöhle auf einer Höhe von 3888 m versteckt. Es ist ein unvergessliches Erlebnis, sich zwischen Mitte Juli und Mitte August den Pilgern auf ihrer idyllischen *yatra* (Pilgerreise) anzuschließen. Doch bei ungefähr 20 000 Pilgern pro Tag darf man mit Sicherheit keine meditative Wanderung durch die Natur erwarten.

Es gibt zwei mögliche Routen. Vom riesigen **Baltal Camp**, das 15 km östlich von Sonamarg liegt, sind es nur noch 14 km nach Amarnath (2 Tage, 1 Nacht). Wohlhabendere Pilger beenden die Reise auf einem Pony, in einer *dandy* (Sänfte) oder im Helikopter. Die längere Route beginnt mit einer 16 km langen Taxifahrt von Pahalgam nach Chandanwari (700 ₹), gefolgt von einer 36 km langen Wanderung (3 Tage, 2 Nächte). Auf beiden Wegen findet man alles Lebensnotwendige in den Camps, sodass man außer warmer Kleidung zum Wechseln kaum etwas mitnehmen muss.

In der Vergangenheit kamen Pilger in Schneestürmen und durch militante Kaschmiris ums Leben, daher müssen alle *yatri* (Pilger) eine Genehmigung bei der offiziellen Pilgerorganisation **Sri Amarnath Shrine Board** (SASB; ☎ 0194-2468250, 0194-2501679, Anfragen im Winter 0191-2503399; www.shriamarnathjishrine.com; ⌚ Mitte Juli–Mitte Aug.) beantragen. Das Formular kann man sich online herunterladen, muss es dann aber persönlich zusammen mit Fotos, Kopien vom Reisepass und Visum, einem medizinischen Attest und 150 ₹ entweder in Jammu oder beim TRC in Nowgam, 12 km von Srinagar entfernt, einreichen. Personen unter 13 oder über 75 Jahren dürfen an der *yatra* nicht teilnehmen.

oder an der Bushaltestelle stehen. Wenn Plätze frei sind, kostet die Fahrt nach Kargil 600 ₹ pro Person. Alternativ kann man auch einen freundlichen Mitarbeiter im Hotel bitten, telefonisch einen Sitzplatz in einem aus Srinagar kommenden Jeep zu reservieren. Den Fahrpreis muss man allerdings im Hotel (zusammen mit der Provision) hinterlegen.

JAMMU & SÜDLICHES KASCHMIR

Jammu, der Knotenpunkt von J&K, liegt im heißen, vorwiegend hinduistischen Süden am Rand der Ebenen. Jammu nennt sich selbst „Stadt der Tempel", was etwas hochtrabend ist, und die vielen *yatri* (hinduistische Pilger), die den Großteil der Reisenden in dieser Region ausmachen, kommen auf dem Weg nach Katra (April–Juni und Okt.–Dez.), Gulabgarh (Aug.) oder Amarnath (Juli) via Pahalgam nur kurz in die Stadt.

Die Gegend hat auch ein paar weniger bekannte Attraktionen zu bieten, darunter bei Kishtwar den Ausgangspunkt der außergewöhnlichen K3-Route. Die Straße führt über Killar nach Keylong in Himachal Pradesh, folgt den dramatischen Schluchten des Flusses Chenab und führt über einen Abschnitt der schmalen Jeep-Straße, die auch als „gefährlichste Straße der Welt" bezeichnet wird.

Jammu

☎ 0191 / 560 000 EW. / 330 M

In Jammu, der Winterhauptstadt von J&K, herrschen im Vergleich zum restlichen Bundesstaat dampfend heiße Temperaturen. Vor der Unabhängigkeit war die Stadt Sitz der mächtigen Dogra-Dynastie, deren Paläste noch immer die reizvollsten Sehenswürdigkeiten der Stadt sind. Die hinduistische Stadt bezeichnet sich selbst als „Stadt der Tempel", doch nur wenige dieser Tempel sind historisch von Bedeutung, und für ausländische Besucher gibt es kaum einen Grund, länger hierzubleiben als bis zum nächsten Anschluss nach Amritsar, Srinagar oder Dharamsala.

Wer aber Zeit bis zur Weiterfahrt hat, könnte an einer der drei- bis vierstündigen Sightseeing-Touren teilnehmen, die einige Autorikschafahrer anbieten (350–500 ₹) und die in der Regel unweit des zentral gelegenen, von der Armee befestigten Raghunath Mandir losgehen.

Sehenswertes

Raghunath Mandir HINDUTEMPEL
(Raghunath Bazaar; Spende erbeten; ⌚ 6–20.30 Uhr) Der große Raghunath Mandir aus dem 19. Jh. bildet das Herzstück des älteren Teils von Jammu. Die Anlage ist voller Pavillons, und es scheint so, als seien in den Beton Tau-

Jammu

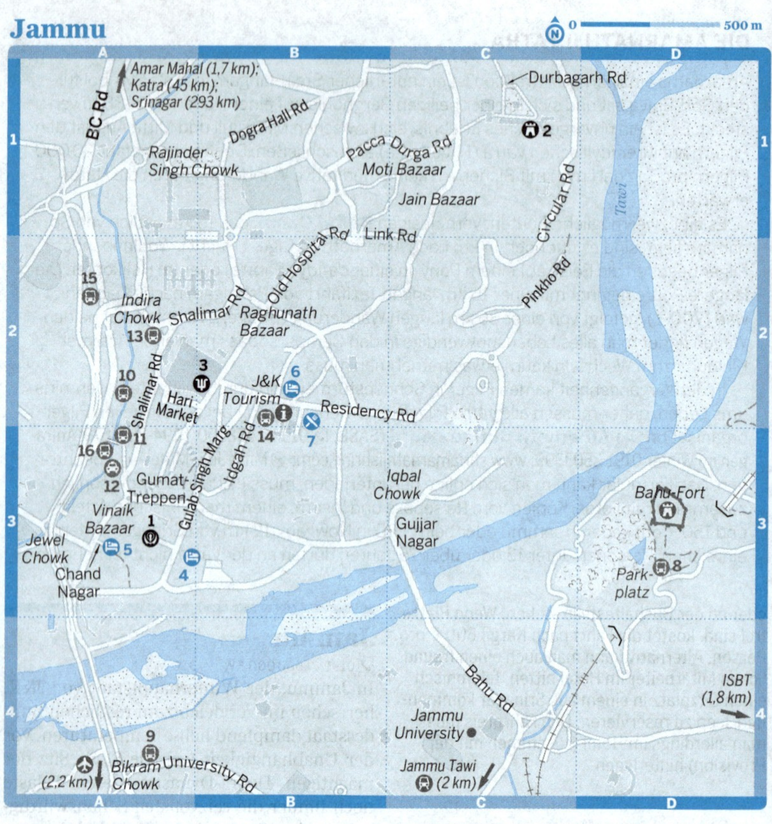

sende grauer Kieselsteine eingelassen – tatsächlich sind es aber *saligramme* (Ammoniten), die die unzähligen Gottheiten des hinduistischen Pantheons repräsentieren.

Zentral-Gurdwara SIKH-TEMPEL

Dieser große, neue Sikh-Komplex in klassischem Design hat den unteren Bereich des Stadtzentrums neu definiert. Mit seinen leichten, luftig erscheinenden, vergoldeten Kuppeln sieht er für viele ausländische Besucher wie der Inbegriff eines indischen Tempels aus.

Mubarak Mandi PALAST

(Durbagarh Rd) Der weitläufige Komplex von Palastgebäuden, mit dessen Bau 1710 begonnen wurde und den die Dogra-Dynastie nach 1824 großzügig erweiterte, besticht sowohl durch seine Größe als auch durch seinen halbverfallenen Zustand. Der einzige Teil, den man noch betreten darf, ist der ehemalige Audienzsaal mit der **Dogra Art Gallery** (☎0191-2561846; kirpal_308@rediffmail.com; Ausländer/Inder 50/10 ₹, Foto 240/120 ₹; ⏲Di–So 10–17 Uhr).

Amar Mahal PALAST

(Regulärer Eintritt/Spezialticket 20/200 ₹, Foto 50 ₹; ⏲April–Sept. Di–So 9–13 & 14–18 Uhr, Okt.–März bis 17 Uhr) In den 1890er-Jahren zogen die Dogra-Maharadschas vom Mubarak Mandi (S. 304) in diese sehr europäisch anmutende, ein paar Kilometer außerhalb der Stadt gelegene Ziegelsteinvilla mit kleinen burgähnlichen Türmchen und schönem Blick über die Hügel. Das Prachtstück des jetzt hier beherbergten Museums ist ein überdachter Königsthron aus über 100 kg Gold. Die anderen Räume machen mit den einst hier lebenden Personen bekannt, und die Besucher, die ein „Spezialticket" gekauft haben, dürfen sich im Obergeschoss die Kammern der Maharani mit einem Porträt von Königin Victoria und ein Badezimmer mitsamt Parfümsammlung ansehen.

Jammu

Sehenswertes
1 Zentral-Gurdwara A3
Dogra Art Gallery .... (siehe 2)
2 Mubarak Mandi C1
3 Raghunath Mandir B2

Schlafen
4 Fortune Riviera A3
5 Green View Hotel A3
6 Hotel Natraj B2

Essen
7 Falak B2

Transport
Air India .... (siehe 14)
8 Bahu-Fort-Matador-Haltestelle D3
9 Bikram-Chowk-Matador-Haltestelle A4
10 Ticketschalter der Busgesellschaft A2
11 Busbahnhof A3
12 Zufahrtsrampe zum Busbahnhof (Jeeps nach Srinagar) A3
13 Indira Chowk A2
14 J&K-SRTC-Buchungsbüro für Busse nach Srinagar B2
15 Matadors nach Nagrota & Busse nach Udhampur A2
16 Büros für Privatbusse A3

Schlafen

Green View Hotel PENSION $

(0191-2573906, 9419198639; 69 Chand Nagar; EZ/DZ/3BZ/4BZ 200/600/800/1000 ₹, mit Klimaanlage 1000/1200/1600/1800 ₹;) Die Backpacker-Bleibe versteckt sich in einer unscheinbaren Gasse in der Nähe vom Vinaik Bazaar und hat frisch gestrichene Zimmer, die weit besser sind, als man angesichts der mit Vorhängeschlössern versehenen grauen Türen vermutet. Die winzigen, schuhkartonartigen Einzelzimmer teilen sich annehmbare Bäder und sind wohl die billigsten Zimmer für Ausländer in Jammu. Von der Dachterrasse hat man einen schönen Blick auf den Gurdwara-Komplex.

Hotel Natraj HOTEL $$

(0191-2547450; www.natrajhoteljammu.com; Residency Rd; EZ/DZ 1400/1800 ₹, mit Ausblick 2000/2500 ₹;) Die schicken in Schokoladenbraun- und Cremetönen gehaltenen Zimmer haben gute Klimaanlagen und kleine Bäder mit kochend heißem Wasser. Die Rezeption befindet sich in dem kleinen, vegetarischen Restaurant in der Panj Bakhtar Rd. Von ein paar Zimmern blickt man auf die Residency Rd, die auch die offizielle Anschrift der Unterkunft ist.

Auf der Website zeigen nur die Fotos unter „Gallery" das Hotel.

Fortune Riviera HOTEL $$$

(0191-2561415; www.fortunehotels.in; Gulab Singh Marg; EZ/DZ ab 6600/7150 ₹;) Das stilvollste Businesshotel im Zentrum Jammus wartet auch mit dem aufmerksamsten Personal auf. Es hat einen gläsernen Fahrstuhl in dem vierstöckigen Atrium, zwei Restaurants, einen Coffeeshop, eine Bar – all das für die Gäste der 29 in sanften Beigetönen gehaltenen Zimmer.

Essen

In der Gegend um die Residency Rd befinden sich viele Lokale, u.a. vegetarische Restaurants, Fast-Food-Läden, ein Café Coffee Day gegenüber der KC Plaza und gute preiswerte Imbissstände vor dem Hotel Natraj.

★ **Falak** INDISCH $$$

(0191-2520770; www.kcresidency.com; 7. OG, KC Residency Hotel, Residency Rd, Hauptgerichte veg./nicht-veg. ab 455/630 ₹; 12–23 Uhr) In diesem Drehrestaurant gibt's ausgezeichnete Speisen aus ganz Indien und dazu einen Rundumblick über die geschäftige Stadt Jammu. Empfehlenswert ist *khatta gosht dhoonidar* (geräuchertes Lammfleisch mit Granatapfelpaste), eine Spezialität aus Jammu.

Praktische Informationen

J&K Tourism (0191-2548172; www.jktdc.org; Residency Rd; Mai–Sept. Mo–Sa 8–20 Uhr, Okt.–April verkürzte Öffnungszeiten) Zum J&K Tourism Complex gehören ein angenehm klimatisiertes Empfangszentrum (Stadtpläne 10 ₹), ein Touristenjeepstand und ein muffiges, anstaltsmäßiges Hotel (Zi. ab 500 ₹) mit nettem Kaschmir-Restaurant und einer typischen traditionellen indischen Bar.

An- & Weiterreise

BUS & JEEP

Die meisten öffentlichen Busse benutzen noch immer den großen **Busbahnhof** (General Bus Stand; BC Rd), einen vergammelten Betonkomplex mit Dutzenden von Büros und Agenturen für Privatbusse an dem chaotischen Abschnitt der BC Rd bei der Schnellstraßenüberführung. Viele private Busse warten eher an dieser Straße auf Fahrgäste, als an dem großen neuen **ISBT** (New Interstate Bus Terminal; Transport Nagar Rd, Narwal) – zumindest zum Zeitpunkt der Recherchen.

DIE K3-ROUTE: KISHTWAR-KILLAR-KEYLONG

Auf der Landkarte sieht alles ganz einfach aus: eine Straße, die brav den Flüssen Chenab, Chandra und Bhaga von Kishtwar in Südkaschmir nach Keylong in Lahaul (Himachal Pradesh) folgt. Aber in der Realität ist das Befahren der K3 sehr viel mehr: es ist eine wunderbar fotogene, aber auch adrenalinlastige Fahrt. Sie führt achterbahnmäßig hoch hinauf, vorbei an beängstigend schmalen Felsvorsprüngen, die kaum breit genug für ein Auto sind – unten der Fluss, darüber wie Dolche anmutende Felsüberhänge.

Die ganze Strecke ist grandios, am aufregendsten ist aber der 5 km lange Abschnitt zwischen Tayari und dem unglaublich gelegenen Dorf Ishtiyari (zwischen Gulabgarh und Killar). Viele nennen diesen Abschnitt „die gefährlichste Straße der Welt". Ein weiteres, wenn auch weniger spannendes Highlight ist das schöne Zusammenspiel enormer Felsen und alter Bäume in der etwa 50 km westlich von Kishtwar gelegenen Schlucht.

Für die Fahrt von Kishtwar nach Keylong sollte man mindestens zwei ganze Tage mit einer Übernachtung in **Killar** (S. 376) einplanen. Idealerweise nimmt man sich noch etwas mehr Zeit und verbringt die erste Nacht in **Gulabgarh**, wo die Gebiete der Religionen von J&K aufeinandertreffen. In der Stadt gibt es ein buddhistisches Kloster, mehrere Hindu-Tempel im Paddari-Stil und eine imposante Moschee.

Die nächsten Tankstellen sind in Bhadarwah und Kishtwar, man kann in der Regel aber auch an einem Haus in Tayari Benzin in Flaschen kaufen. Die Strecke ist nur im Sommer befahrbar, von November bis April ist Killar durch heftige Schneefälle mehr oder weniger von der Außenwelt abgeschnitten.

Von Srinagar aus erreicht man Kishtwar über die landschaftlich schöne „Mughal Road", die über den Pass Sinthan Top (3800 m; geöffnet Mitte Juni–Okt.) führt. Es geht in Sammeljeeps von Srinagar nach Anantnag (S. 299), von Anantnag nach Vailoo („Waiyil"; 40 ₹) und von Vailoo nach Kishtwar (Pers./Fahrzeug 300/3500 ₹, 6 Std., Abfahrt zwischen 6 und 10 Uhr). In Vailoo gibt es einfache Hotels, es ist aber weitaus netter im 6 km entfernten Hotel Alpine mitten in den schönen botanischen Gärten von Kokernag zu übernachten.

Von Jammu aus fahren Busse nach Kishtwar und Gulabgarh. Auch Sammeljeeps, los geht's, wenn sie voll sind, verkehren zwischen Kishtwar und Gulabgarh (100–150 ₹/Sitzplatz, 3 Std.), in der Gegend um die Bushaltestelle. Wenn die Straße offen ist, bedienen Jeeps an den meisten Tagen auch die Strecke Gulabgarh-Killar (4–5 Std.). Ausschau halten nach Fahrzeugen mit Himachal-Pradesh-Nummernschild oder einfach einen Sumo für ca. 3000 ₹ chartern. Von Killar fahren täglich zwei Busse nach Keylong (210 ₹, 10 Std.).

Amritsar Mehrere Busse täglich (175 ₹, 6 Std., häufig) via Pathankot im Punjab (90 ₹, 2½ Std.).

Bani (240 ₹, 8½ Std., 4-mal tgl.) via Basohli.

Chamba HRTC-Bus (280 ₹, 1-mal tgl. vormittags).

Chandigarh Private Busse (Sitzplatz/AC/Sleeper ab 350/450/600 ₹, 8 Std., häufig frühmorgens und spätabends).

Delhi Öffentliche Busse (580 ₹, 13 Std., 13-mal tgl.) und private Busse (Sitzplatz/Sleeper/Schlafplatz ab 800/1000/1500 ₹, mehrere am Abend). Die Busse starten vor dem (alten) Busbahnhof, ziehen aber vielleicht bald zum ISBT um. Bei der Buchung unbedingt checken, wo die jeweiligen Busse abfahren.

Dharamsala Ein Direktbus (260 ₹, 6 Std., 1-mal vormittags); ansonsten muss man in Pathankot umsteigen. Mehrere private Busgesellschaften sagen, dass sie nach Dharamsala fahren, lassen ihre Fahrgäste aber in Gaggal (AC 750 ₹) raus.

Gulabgarh Mit „Paddar" gekennzeichnete Busse (350 ₹, 10 Std.) starten vor Tagesanbruch am **Indira Chowk**.

Katra Busse (50 ₹, 1¾ Std., halbstündl.) fahren sowohl vom Busbahnhof als auch vom Bahnhof ab. Auch Minibusse und Taxis fahren in der Pilgersaison häufig.

Kishtwar Busse (260 ₹, 7 Std., 9-mal tgl. frühmorgens) fahren an der Nordostecke des Busbahnhofs oder vom Indira Chowk ab.

Manali Private Busse (AC 850 ₹, 12 Std.) bedienen diese Route abends und einmal morgens. Infos gibt's beim **Ticketschalter der Busgesellschaft** nördlich vom Lords Inn.

Srinagar Wenn in Kaschmir Unruhen sind, fahren keine Busse. Die planmäßige Fahrzeit beträgt elf Stunden, doch wegen Staus kann sie erheblich länger sein. Man sollte sich die Fahrkarte für J&K-SRTC-Busse (untere/obere Klasse 418/520 ₹, 1-mal morgens) in einem **speziellen Buchungsbüro** (Idgah Rd) im

Voraus kaufen. Mehrere private Gesellschaften in der Gegend um den Busbahnhof bieten Nachtfahrten an. Jeeps bieten Sammelfahrten (600–800 ₹, je nach Belegung) an und sammeln ihre Fahrgäste an der **Zufahrtsrampe zum Busbahnhof** (Shalimar Rd) und in der Nähe des Jewel Chowk auf. Sie sind zwar schneller als Busse, dafür sind aber die Abfahrtszeiten äußerst unsicher.

FLUGZEUG

Von Jammu starten nur Inlandsflüge:

Air India (☎ 0191-2456086; www.airindia.com; J&K Tourism Complex; ⌚ Mo–Sa 10–13 & 14–16.45 Uhr) Delhi, Srinagar, Leh (Mo & Fr).

GoAir (www.goair.in) Delhi, Srinagar, Mumbai (via Delhi).

IndiGo (☎ 0191-2430439; www.goindigo.in) Delhi, Mumbai (via Srinagar).

Jet Airways (☎ 0191-2453888; www.jetairways.com) Delhi, Srinagar.

SpiceJet (www.spicejet.com) Delhi, Srinagar.

Vistara (www.airvistara.com) Srinagar

ZUG

Jammu Tawi, Jammus Hauptbahnhof, befindet sich südlich des Flusses, 5 km vom Busbahnhof entfernt. Mit der neuen Bahn in Richtung Norden sollte man Srinagar in einem Tag erreichen können.

Amritsar *Jat TataMuri Express* (18110; Sleeper/3AC/2AC 184/485/690 ₹, 5 Std., 14.20 Uhr).

Delhi *Uttar Sampark Kranti Express* (12446; Sleeper/3AC/2AC 355/920/1300 ₹, 10 Std., 21 Uhr). Der langsamere *Jhelum Express* (11078) startet um 21.45 Uhr und fährt weiter nach Agra (Sleeper/3AC/2AC 395/1060/1498 ₹, 14 Std.).

ℹ Unterwegs vor Ort

Wer vom Flughafen in die Stadt will, geht am Ausgang nach links und wartet an der Durga-Tankstelle. Autorikschas/Taxis kosten von der Residency Rd zum Flughafen ca. 150/250 ₹, man kann aber auch die Minibusse mit Fahrziel „Satwari" nehmen.

Die Einheimischen nennen die kleinen lokalen Busse „Matador" (der Markenname der Fahrzeuge, die ursprünglich als lokale Busse eingesetzt wurden). Die meisten Fahrten im Matador kosten 10 ₹, Kurzstrecken sind billiger.

Obwohl es einen besonderen Service zwischen dem Busbahnhof und dem Bahnhof gibt, fahren die Fahrzeuge mit dem Ziel „Panjtirthi Railway Station" doch häufiger; außerdem bedienen sie die gleiche Strecke mit der Endhaltestelle in der Nähe vom **Indira Chowk** (S. 306).

Vom Busbahnhof fahren Matadors mit dem Ziel „Janipur Fort" über die BC Rd zum **Bikram Chowk** und zum **Bahu-Fort**. **„Nagrota"-Matadors** (BC Rd) fahren 300 m am Amar Mahal vorbei.

Kurze Fahrten mit der Autorikscha beginnen bei 50 ₹.

Rund um Jammu

Nur eine Busstunde von Jammu entfernt befindet sich das reizvolle **Akhnoor** mit einer massiven Festungsruine, einem *gurdwara* (Sikh-Tempel) und einem am westlichen Flussufer des Chenab in den Himmel ragenden Hindutempel mit drei *viharas*. Am Fuß der Festung führt ein Arkadenweg zu der Stelle, an der der Dogra-Herrscher Gulab Singh 1822 gekrönt wurde.

Den **Vaishno-Devi-Schrein**, der zu Indiens meistbesuchten Wallfahrtsorten gehört, erreicht man zu Fuß, in einer Sänfte oder per Hubschrauber von **Katra** aus. Er zieht Millionen indische Besucher an, ist aber für die meisten Nicht-Hindus kaum von Interesse.

Etwas weiter entfernt ist die Festungsstadt **Bhadarwah** (sprich Badra-wa), die sich selbst als Chota Kashmir (Klein-Kaschmir) verkauft. Sie liegt inmitten eines breiten, fruchtbaren Tals, das von schönen bewaldeten Hängen und verstreut liegenden Dörfern gesäumt wird. Etwa 1 km nördlich des Stadtzentrums steht der grellrosa Chandi-Mata-Tempel, er ist der Ausgangspunkt der alljährlich stattfindenden Pilgerreise nach **Machail** in Paddar (über das leichter zu erreichende Gulabgarh). **Gulabgarh** hat klassische Paddari-Schreine zu bieten und ist eine gute Ausgangsbasis für den aufregendsten Abschnitt der **K3-Route** nach Killar in Himachal Pradesh.

Himachal Pradesh

Inhalt ➡

Gut essen

- La Plage (S. 345)
- Cecil Restaurant (S. 316)
- Hotel Deyzor Restaurant (S. 379)
- Moonpeak (S. 359)
- Evergreen (S. 333)

Schön übernachten

- Orchard Hut (S. 370)
- Wildflower Hall (S. 318)
- Hotel Deyzor (S. 378)
- Alliance Guesthouse (S. 338)
- Tashi Khangsar Hotel (S. 384)

Auf nach Himachal Pradesh!

Mit seinen spektakulären schneebedeckten Gipfeln und tiefen Flusstälern ist das schöne Himachal Indiens Abenteuerspielplatz. Von Wandern und Klettern bis hin zu Rafting, Gleitschirmfliegen und Skifahren ist hier jeder Bergsport möglich. Die Topografie aus ineinander verschränkten Gebirgsketten macht Himachal zu einer Region, deren Erkundung per Bus, Auto, Motorrad oder zu Fuß spektakulär ist. Nach in jedem neuen Tal erschließt sich eine andere Welt mit eigener Kultur, eigenen Göttern und Sprachen. Dörfer auf Steilhängen verzaubern Besucher mit einer Architektur wie aus dem Märchenbuch und freundlichen, aufgeschlossenen Menschen. Hill Stations locken mit Ferienstimmung und dem Echo der Kolonialzeit, Backpackerzentren, schöner Gebirgslandschaft und glückseliger Stimmung. Die Vielfalt des Himachal-Puzzles ist so groß, dass man in McLeod Ganj, dem Exilsitz des Dalai Lama, und in Lahaul und Spiti mit ihrer jahrhundertealten buddhistischen Kultur sogar glauben könnte, man sei plötzlich nach Tibet gelangt.

Reisezeit

Manali

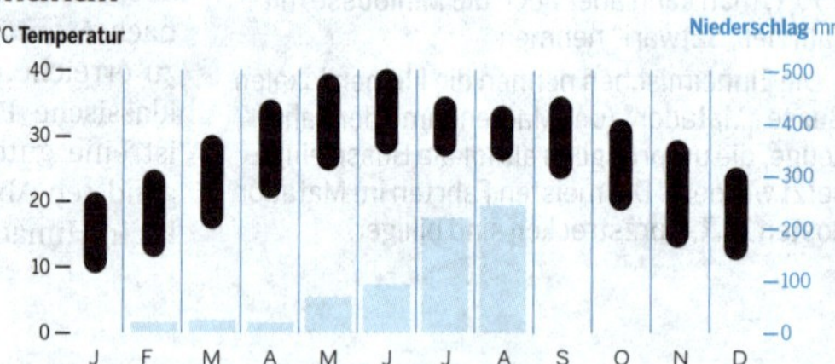

Mai–Juni & Sept.–Okt. Außerhalb des Monsuns; ideal zum Wandern und für andere Aktivitäten.

Mitte Juli–Anf. Sept. In der Monsunzeit kann man Lahaul und Spiti besuchen, wo es trocken bleibt.

Nov.–April Toll zum Skifahren, aber Schnee blockiert die Hochpässe nach Lahaul und Spiti.

SÜDLICHES HIMACHAL PRADESH

Sobald man von Haryana aus die Staatsgrenze nach Himachal Pradesh überquert, faltet sich die Landschaft zu steilen, von Wald bedeckten Kämmen auf – diese Ausläufer kündigen die Himalaja-Ketten weiter im Norden an. Das Hauptreiseziel im Süden ist die beliebte Bergstation Shimla, die ehemalige Sommerhauptstadt Britisch-Indiens.

Shimla

☎0177 / 170 000 EW. / 2205 M

Die Hauptstadt von Himachal erstreckt sich über einen 12 km langen Kamm, von dem nach allen Seiten steile, bewaldete Hänge abfallen. Die Landschaft macht Lust auf die ehrfurchtgebietenden Gebirgszüge im Inneren des Bundesstaats. Shimla ist einer der beliebtesten indischen Ferienorte im Gebirge, vielbesucht von indischen Urlaubern und voller Erinnerungen an seine vergangene Rolle als Sommerhauptstadt von Britisch-Indien. Kraftfahrzeuge sind aus dem zentralen Bereich der Stadt verbannt, man kann also ungestört zu Fuß gehen, auch wenn man hügelauf ganz schön außer Atem gerät. Die lange, gewundene Hauptstraße, die Mall, verläuft in Ost-West-Richtung gleich unterhalb des Hügelgrats. Südlich der Mall zieht sich das Gassenlabyrinth des wimmelnden Basars hinunter bis zur vielbefahrenen Cart Rd.

Von Mitte Juli bis Mitte September ist Shimla oft in Wolken gehüllt, und im Winter liegt die Stadt oft unter einer Schneedecke.

Geschichte

Bis zur Ankunft der Briten gab es in Shimla nichts als eine verschlafene Lichtung namens Shyamala (ein lokaler Name für Kali – die Hindu-Göttin, die das Böse vernichtet). Dann baute sich 1822 Charles Pratt Kennedy, ein britischer Kolonialoffizier in den Hill States, in Shimla ein Sommerhaus, und alles änderte sich. Im Jahr 1864 war Simla (so der Name während der Kolonialzeit) zur offiziellen Sommerhauptstadt von Britisch-Indien geworden. Bis ins Jahr 1939 floh die gesamte Regierung Indiens jedes Jahr sechs Monate lang vor der glühenden Hitze der Ebenen hierher und schaffte Hunderte Wagenladungen an Akten, Formularen und allem, was zu einer Regierung gehört, in den Ort.

Als 1906 die Bahnstrecke Kalka–Shimla eröffnet wurde, war Shimlas Status als wichtigste Hill Station Indiens gesichert. Die Stadt wurde zum Zentrum nicht nur der Regierung, sondern auch der geselligen Eskapaden der Elite des British Raj. Maharadschas und hohe Kolonialbeamte bauten hier Villen. Während der Saison gab es prächtige Bälle in der Residenz des Vizekönigs, Picknicks in den Wäldern, Amateurtheater im Gaiety Theatre und viel Frivolität. Rudyard Kipling, der mehrere Sommer hier verbrachte, nutzte den Ort als Kulisse für *Kim* und seine Kurzgeschichtensammlung *Plain Tales from the Hills*.

Sehenswertes

★ The Ridge STRASSE

Die breite Promenade, die sich vom Scandal Point nach Osten erstreckt, heißt The Ridge

TOP-FESTIVALS

Losar (Tibetisches Neujahr; zw. Ende Jan. und Anf. März) Überall in Himachal, z. B. in McLeod Ganj und Spiti, feiern Tibeter ihr Neujahrsfest mit Umzügen, Musik, Tanz und *chaams* (rituellen Maskentänzen der Mönche).

Minjar Festival (letzter So im Juli–1. So im Aug.) Eine Woche voller Umzüge, Musik, Tanz und Märkten in Chamba.

Ki Chaam Festival (Juli/Aug.) Eine Woche voller Rituale in der Ki Gompa kulminiert in einem Tag, an dem bunt kostümierte und maskierte Lamas wirbelnde Tänze aufführen.

Manimahesh Yatra (Ende Aug./Anf. Sept.) Hunderttausende Anhänger Shivas pilgern hinauf zum 4200 m hoch gelegenen Manimahesh-See in der Nähe von Bharmour, einem der mythischen Aufenthaltsorte Shivas, um in dem heiligen See zu baden.

Phulech Festival (Sept./Okt.) Die Dorfbewohner in Kalpa und dem ganzen Distrikt Kinnaur füllen die Tempelhöfe mit Blumen; Orakelpriester führen Opfer durch und verkünden Prophezeiungen für das kommende Jahr.

Dussehra (Okt.; unterschiedliche Termine) Eine Woche lang wird in Kullu intensiv und spektakulär der Sieg über den Dämon Ravana gefeiert (S. 335).

Highlights

1. Auf der Schleife **Kinnaur–Spiti** (S. 377) über spektakuläre Pässe, durch tiefe Schluchten und auf Straßen hoch am Klippenrand fahren
2. Aus Dutzenden spektakulärer Gebirgspässe die schönsten zum **Trekken** (S. 361) auswählen – es gibt leichte, anspruchsvolle oder mittelschwere wie den Indrahar La
3. Sich in **McLeod Ganj** (S. 351) in tibetische Kultur oder Yoga versenken, Freiwilligenarbeit für Flüchtlinge leisten oder einfach nur in den Bergen Entspannung finden
4. Von der Backpacker-Spielwiese **Manali** (S. 338) aus Ski fahren, wandern, klettern, Gleitschirm fliegen, raften oder einfach nur die Traveller-Szene beobachten
5. In **Spiti** (S. 377) auf Felsen thronende alte buddhistische Klöster, hochgelegene Bergdörfer und die spektakulären, schroffen Landschaften dieser erstaunlich schönen, abgelegenen Region erkunden
6. Mit der Schmalspurbahn aus den Ebenen hinauf nach **Shimla** (S. 309) fahren, um in der früheren Sommerhauptstadt von Britisch-Indien, die immer noch eine der beliebtesten Hill Stations des Landes ist, Relikte aus der Kolonialzeit zu entdecken
7. Im berückend schönen **Parvati-Tal** (S. 330) entspannen – wie es schon die Hippies taten

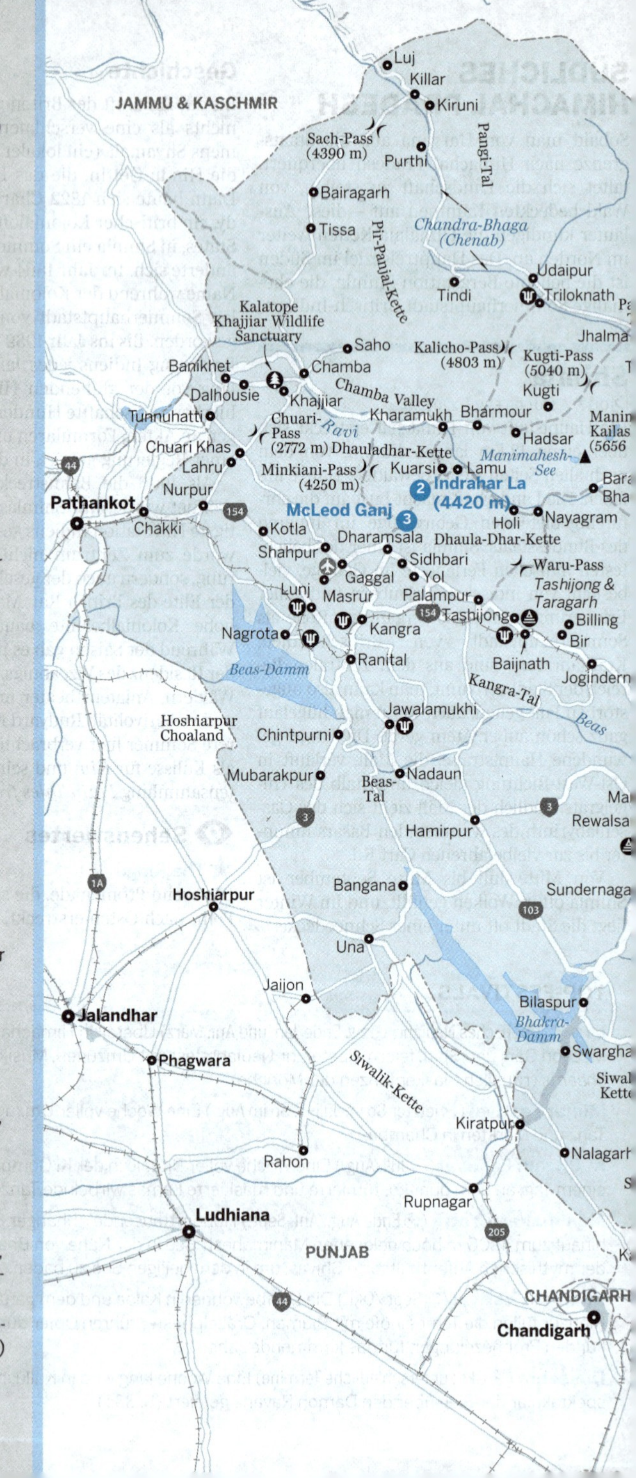

JAMMU & KASHMIR
Tsarap
Shingo (Shinkun) La (5090 m)
Sarchu
Tso Moriri
Zingzingbar
Bharatphur
Baralacha La North (4950 m)
Baralacha La South (5100 m)
Himalaja
Bhaga
Darcha
Jispa
LAHAUL
gcha La (4405 m)
Chandratal
Sissu
Chandra
Khoksar
Losar
Spiti
Parang La (5578 m)
Shilla (6132 m)
Kunzum La (4551 m)
Pangmo
Kibber
g-Pass
Gramphu
Chatru
Hamta-Pass (4270 m)
Batal
Morang
Ki
Langza
Komic
Lingti-Tal
CHINA TIBET
Kaza
Demul
Spiti Valley
Lhalung
Spiti
Jagatsukh
Deo Tibba (6001 m)
Bara Shigri Glacier
Dhankar
Tabo
Gue
Naggar
SPITI
Sumdo
Malana
Himalaja
Gulling
Sichling
Manikaran
Sagnam
Hangrang-Tal
Reo Purgyal (6791 m)
Kasol
Jari
Barsheni
Parvati
Chango
Manirang (6593 m)
Parvati-Tal
Pin Valley National Park
Pin-Tal
Pin
Nako
KINNAUR
Tashigang
Bhuntar
Parvati-Tal
High Camp
Mantalai-See
Mudh
Kinnaur-Spiti-Schleife
Shipki La (5669 m)
Prashar-See
Great Himalayan National Park
Saini
Aut
Sainj
Larji
Pin-Parvati (5319 m)
Bhaba-Pass (4850 m)
Pooh
Khanum
Pir Parbati (5773 m)
Jangi
Tirthan
Kaphnu
Banjar
Gushaini
Rekong Peo
Akpa
Jalori-Pass (3223 m)
Sarahan
Sutlej
Tapri
Lambar
Kalpa
Jeori
Wangtu
Karcham
Khanag
Kinnaur Kailash (6050 m)
Rampur
Sarahan
Sangla
Sangla-Tal
Ani
Sutlej-Tal
Chitkul
Baspa
Karsog
Shali Tibba (2872 m)
Narkanda
Khadrala
Bagi
Pabar-Tal
Seema
Rohru
hasu-Tal
Naldehra
Hattu Peak
Hatkoti
Shimla
Theog
Jubbal
Kufri
Pabbar
Chail
Solan
UTTARAKHAND
arog
arampur
Siwalik Hills
Giri
Tons
Renuka Lake
Dadahu/ Dosarka
Nahan
ANA
0
50 km

Shimla

Shimla

Highlights
1 The Ridge D4

Sehenswertes
2 Bantony B3
3 Christ Church F2
4 Gaiety Theatre D4
5 Gorton Castle B2
6 Railway Board Building C2
7 Rathaus C4

Aktivitäten, Kurse & Touren
8 Great Escape Routes G2

Schlafen
9 Ballyhack Cottage G2
10 Chapslee G1
11 Hotel City View G3
12 Hotel White G1
13 YMCA G2

Essen
14 Ashiana D4
15 Baljee's C4
16 Café Simla Times F3
17 Indian Coffee House B3
18 Wake & Bake C4

Shoppen
19 Asia Book House D4
20 Himachal Emporium B3

Praktisches
21 Additional District Magistrate B3
22 HPTDC-Touristeninformation C3

Transport
23 HPTDC-Bushaltestelle B2
HRTC-Kiosk .... (siehe 25)
24 Alter Busbahnhof D3
25 Zugticketbüro C3
26 Bushaltestelle Rivoli D3

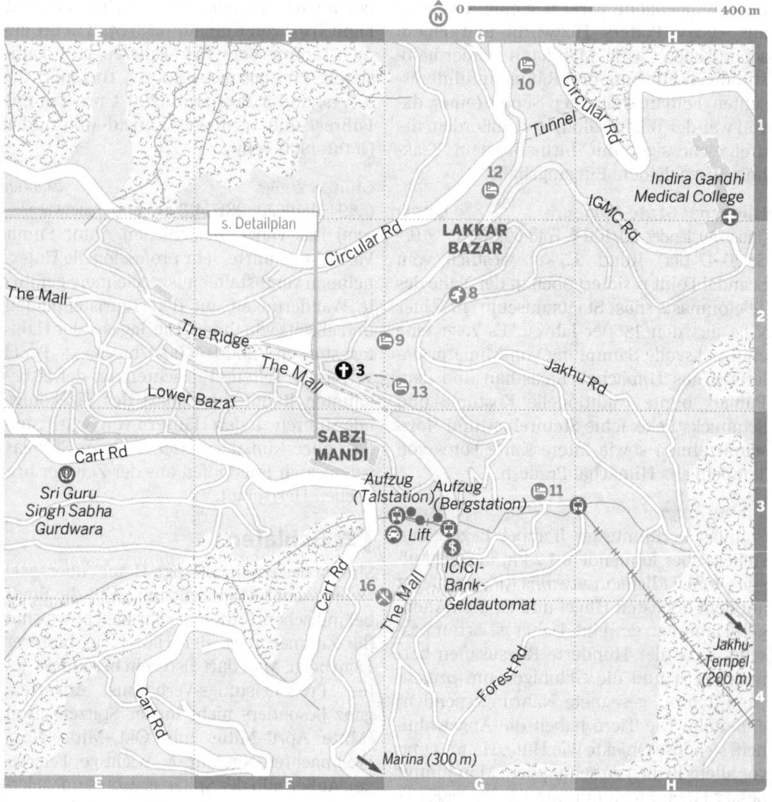

und ist den ganzen Tag voller spazierengehender Einheimischer und Touristen. Bei klarem Wetter zeichnet sich im Norden deutlich die zerklüftete Kette der fernen, schneebedeckten Gipfel ab.

Christ Church KIRCHE

(☎0177-2652953; the Ridge; ⏲10.30–13 & 14–17.30 Uhr, Gottesdienst in englischer Sprache So 9 Uhr) Diese sehr englische Kirche am östlichen Ende des Ridge wurde 1846 errichtet und ist eine der ältesten erhaltenen Kirchen in Nordindien und Shimlas berühmtestes Wahrzeichen. Drinnen finden sich einige bewegende Zeugnisse aus der Zeit Britisch-Indiens sowie viktorianische Buntglasfenster.

Gaiety Theatre HISTORISCHES GEBÄUDE

(☎0177 2650173; www.gaiety.in; The Mall; Inder/Ausländer 10/25 ₹, Foto 15/25 ₹; ⏲Führungen Di–So 11–13.30 & 14–17.30 Uhr) Das schöne, glanzvoll restaurierte viktorianische Theater wurde 1877 eröffnet und steht schon lange im Zentrum des gesellschaftlichen Lebens von Shimla. Rudyard Kipling, Shashi Kapoor und diverse Vizekönige ließen sich auf dem Parkett aus birmanischem Teakholz sehen. Heute gibt es hier Gastspiele von Theaterkompanien und Aufführungen von 15 ortsansässigen Theatervereinen, außerdem Konzerte und Ausstellungen. Mr. R. Gautam veranstaltet ausgezeichnete Führungen, bei denen man viel von der Geschichte des Theaters erfährt, während man den Ausblick aus der Privatloge des Vizekönigs genießt.

★**Viceregal Lodge** HISTORISCHES GEBÄUDE

(Indian Institute of Advanced Study; www.iias.org; tour Inder/Ausländer 40/85 ₹, nur Gelände 20 ₹; ⏲Di–So 9.30–17.30 Uhr, Mitte Mai–Mitte Juli bis 19 Uhr, Führungen 10–16.45 Uhr alle 45 Min.) Die offizielle Sommerresidenz der britischen Vizekönige wurde 1888 fertiggestellt, und von da an wurde der indische Subkontinent bis zum Zweiten Weltkrieg das halbe Jahr über (meist Anf. April–Ende Okt.) von hier aus regiert. Henry Irwins prächtiges graues

Sandsteingebäude wirkt wie eine Kreuzung aus Harry Potters Hogwarts und einem schottischen Castle. Man kann bei der halbstündigen Führung drei Räume mit interessanten Fotoausstellungen sehen (einer davon war der Billardsalon) und außerdem die dreigeschossige, mit birmanischem Teakholz ausgekleidete Eingangshalle.

Himachal State Museum MUSEUM

(Inder/Ausländer 20/100 ₹, Foto 50/100 ₹; ⌚Di–So 10–17 Uhr) Rund 2,5 km westlich vom Scandal Point residiert oben in der Nähe des Telefonmasts das Staatsmuseum in einer Villa aus den 1860er-Jahren. Es zeigt eine eindrucksvolle Sammlung von Miniaturmalereien aus Himachal, Rajasthan und dem Punjab, bunte traditionelle Kostüme und Schmuckstücke, feine Steinreliefs und Holzschnitzereien sowie interessante Fotos von Tempeln aus Himachal Pradesh.

Jakhu-Tempel HINDUTEMPEL

Shimlas berühmtester Tempel liegt einen steilen, aber lohnenden, 1,2 km langen Aufstieg vom östlichen Ende des Ridge entfernt auf dem höchsten Hügel und ist dem Affengott Hanuman geweiht. Daher ist es nur passend, dass hier Hunderte Rhesusaffen herumlungern und die Gläubigen um *prasad* (vom Tempel gesegnete Nahrungsspenden) anbetteln. Die Tiere haben die Angewohnheit, sich lose Objekte wie Hüte, Handys und vor allem Brillen zu schnappen. Man nimmt besser einen Stock mit, um die Plagegeister auf Distanz zu halten, oder leiht sich einen (10 ₹) am Tempeltor.

Aktivitäten

Great Escape Routes OUTDOORAKTIVITÄTEN

(☎0177-6533037, 9418012500; www.greatescaperoutes.com; 6 Andhi Bhavan; ⌚9–20 Uhr) Das Unternehmen ist auf Wanderungen und Abenteuertouren, darunter Mountainbike- und Motorradtouren sowie Naturwanderungen, im ganzen Bundesstaat und darüber hinaus spezialisiert. Das Unternehmen kann Trips von Kinnaur nach Spiti in bequemen Innova- oder Xylo-Fahrzeugen organisieren (Preisbeispiel: 18 000 ₹ Transport für 5 Pers. und 5 Tage zzgl. 1200 ₹ pro Tag mit Führer) und vermietet Enfield-Motorräder (1600–1800 ₹/Tag).

Shimla Walks WANDERN

(☎9459519620, 9817141099; http://shimlawalks.com) Das von dem örtlichen Autor Sumit Vashisht geführte, sehr professionelle Unternehmen veranstaltet ausgezeichnete geführte Wanderungen auf den Touristenpfaden und abseits von ihnen. Die Tages- oder Halbtagestouren (2000–3500 ₹/bis zu 4 Pers.) vermitteln seltene Einsichten auf der altbekannten Route zum Palast des Vizekönigs oder führen zu den Häusern von Schriftstellern oder Künstlern oder auch zu Shimlas versteckten Friedhöfen aus der Zeit der britischen Herrschaft.

Schlafen

Shimla besitzt eine Menge Hotels, aber viele liegen weitab vom Zentrum. Weil die Stadt bei indischen Touristen sehr beliebt ist, sind die Zimmerpreise der Häuser in besserer Lage hoch. Man darf also kein besonders gutes Preis-Leistungs-Verhältnis erwarten, ganz besonders nicht in der Spitzensaison (Mitte April–Mitte Juli, Okt.–Mitte Nov., Weihnachten/Neujahr & wichtige Feiertage). Außerhalb der Spitzensaison sind vielerorts Rabatte von 30 bis 40 % möglich.

YMCA HOSTEL $

(☎0177-2650021; ymcashimla@yahoo.co.in; The Ridge; Zi. mit Frühstück 1500 ₹, EZ/DZ ohne Bad 600/800 ₹; 📶) Das leuchtend rote YMCA ist über die Treppe neben dem Ritz Cineplex hinter der Christ Church zu erreichen und nimmt alle Gäste ungeachtet ihres Alter, der Religion oder des Geschlechts auf. Die Zimmer sind ordentlich und nett, die Gemeinschaftsbäder makellos, es gibt eine hübsche Terrasse zum Genießen des Sonnenuntergangs und man kann Billard oder Tischtennis spielen.

Hotel City View HOTEL $

(☎0177-2811666; jagdishthakur80@gmail.com; US Club Rd; Zi. 700–1500 ₹; 📶) Das freundliche Hotel hat zehn unterschiedliche, recht gepflegte Zimmer; die besten liegen nach vorn und haben einen schönen Ausblick. Im obersten Stock gibt's eine kleine Gemeinschaftsterrasse. Außerhalb der Spitzensaison gibt's gute Rabatte. Insgesamt bietet

PREISKATEGORIEN SCHLAFEN

Die Preiskategorien für Unterkünfte in diesem Kapitel (bezogen auf Unterkunft für zwei Personen mit Steuern, ohne Mahlzeiten):

$ bis 1200 ₹

$$ 1200–3500 ₹

$$$ mehr als 3500 ₹

DIE MALL: SHIMLAS 7 KM LANGE PROMENADE

Die weitgehend verkehrsberuhigte Straße bildet mit ihren Hotels, Läden, Restaurants und (verfallenen und wieder aufgemöbelten) kolonialzeitlichen Bauten das Zentrum des Lebens in Shimla und ist immer voller Menschen. Die Straße erstreckt sich von Chotta Shimla, südöstlich des Zentrums, zum Scandal Point, dem offiziellen Zentrum der Stadt, und dann westwärts weiter zur Residenz des Vizekönigs.

Zu den größten Wahrzeichen, denen man bei einem Spaziergang in Ost-West-Richtung auf der Mall begegnet, zählen das schöne, im Fachwerkstil erbaute **Clarkes Hotel** aus den 1890er-Jahren, das 1877 eröffnete Gaiety Theatre (S. 313) und das **Rathaus**, fast genau am Scandal Point, das von 1910 stammt und erstaunlich einem Herrenhaus aus den Horrorfilmen von Hammer Productions ähnelt.

Westlich vom Scandal Point residiert gleich oberhalb der Mall in einem hübschen Gartenhäuschen das 1883 im Tudor-Stil errichtete Postamt (S. 317). Ebenfalls gleich über der Mall steht das wunderbar verspielte **Bantony** (Kali Bari Rd), eine mit Türmchen besetzte rote Backsteinvilla von 1880, in der einst der Maharadscha von Sirmur wohnte. Der augenblickliche Zustand des Gebäudes ist ein Beispiel für den malerisch anmutenden Verfall in Shimla.

Weitere 500 m westlich folgt das 1897 aus feuerbeständigem Gusseisen und Stahl errrichtete, mit Türmchen bestückte **Railway Board Building**, in dem heute Büros der staatlichen Verwaltung und der Polizei untergebracht sind. Gleich dahinter erhebt sich das aus grauem Stein errichtete, abweisende **Gorton Castle** von 1904, das früher die Hauptverwaltung der Kolonialregierung war und in dem heute das Schatzamt von Himachal Pradesh seinen Sitz hat. (Besucher können sich das Gebäude nur von außen anschauen.) Nach einem weiteren Kilometer gelangt man zu Shimlas berühmtestem Luxushotel, dem Oberoi Cecil, das 1902 erbaut und in den 1990er-Jahren radikal umgebaut wurde, aber an seinem westlichen Ende noch hundert Jahre altes Fachwerk besitzt. Vom Oberoi sind es noch 1,4 km nach Westen bis zum verschwenderischsten aller kolonialen Gebäude in Shimla, der Viceregal Lodge (Residenz des Vizekönigs; S. 313).

das Hotel für Shimla ein solides Preis-Leistungs-Verhältnis.

Spars Lodge PENSION **$$**

(☎0177-2657908; www.sparslodge.com; Museum Rd; EZ/DZ 1200/1700 ₹, Suite 2200–2700 ₹; 📶) Obschon die Pension 2 km westlich vom Scandal Point an der Straße hinauf zum State Museum liegt, lohnt sich der Anmarsch wegen der Atmosphäre, der netten Inhaber, der hellen, sauberen Zimmer und dem sonnigen Speise- und Gemeinschaftsraum im Obergeschoss. Das Restaurant (Hauptgerichte 160–420 ₹) serviert großartiges Essen, darunter Forelle aus der Region und ganztägig englisches Frühstück; hier gibt's auch WLAN.

Hotel White HOTEL **$$**

(☎0177-2656136; www.hotelwhitesimla.com; Lakkar Bazar; DZ 2150–2740 ₹, Suite 3570–5360 ₹; 📶) Das gut geführte Hotel mit Preisen, die das ganze Jahr über gleich bleiben, liegt nordöstlich vom Ridge, zu erreichen über einen hektischen Basar. Die Zimmer sind sauber, groß und gepflegt, und fast alle haben eine Terrasse oder einen Balkon mit Blick hinunter ins Tal.

★**Sunnymead** B&B **$$$**

(☎9736584045, 0177-2801436; http://sunnymeadestate.com; Sunnymead Estate, unterhalb der Cart Rd, nahe Old MLA Quarters & Hotel Blossom; EZ/DZ mit Frühstück 5000/6500 ₹; 📶) In diesem wunderbar anheimelnden Cottage aus den 1890er-Jahren mit interessanter Kunst, Büchern und Möbeln, ein paar Hunden, einer Katze und einem hübschen Blumengarten fühlt man sich aufs englische Land versetzt. Die vier Zimmer sind komfortabel und stimmungsvoll, es gibt gutes indisches oder englisches Abendessen (1200 ₹) und ein ausgezeichnetes, großzügiges Frühstück.

Das Sunnymead liegt zwar 3 km westlich vom Zentrum einen kurzen Weg von der geschäftigen Cart Rd entfernt, aber dafür nur 10 Gehminuten unterhalb der Viceregal Lodge, die mit dem Zentrum über die verkehrsberuhigte Mall verbunden ist. Die ursprüngliche, mit Lehm verputzte Holz- und Steinkonstruktion blieb erhalten, als das Haus vor einigen Jahren renoviert wurde.

Ballyhack Cottage B&B **$$$**

(☎8091300076; www.ballyhackcottage.com; Sidhowal Lodge Estate, The Ridge; DZ mit Frühstück

4500 ₹;) Das neue Gebäude auf einem der älteren Anwesen von Shimla hat eine erstklassig zentrale Lage gleich abseits des Ridge und vereint in seinen fünf Zimmern ein stimmungsvolles koloniales Ambiente (Holzdielen und Holzmöbel, alte Drucke, geflieste Böden und Teppiche) mit modernen Annehmlichkeiten wie komfortablen Betten, Tee-/Kaffeezubereitern und guten topmodernen Bädern. Von den Gartenterrassen hat man bei gutem Wetter einen Ausblick auf den fernen Himalaja.

Oberoi Cecil HOTEL $$$
(0177-2804848; www.oberoicecil.com; The Mall, Chaura Maidan; EZ/DZ mit Frühstück & WLAN ab 16 000/17 250 ₹;) Das prächtige Hochhaus, Shimlas glanzvollstes Hotel, erhebt sich 2 km westlich vom Scandal Point. Diskreter, kolonialzeitlicher Charme verbindet sich mit modernem, holzverkleidetem Luxus in geräumigen Gemeinschaftsbereichen und üppigen Zimmern mit geschmackvoller traditioneller Möblierung. Im Hotel gibt es einen hübschen Pool und ein nobles Restaurant. Der Service ist formvollendet und freundlich.

Chapslee HISTORISCHES HOTEL $$$
(0177-2658663; www.chapslee.com; Elysium Hill; Zi. mit HP 20 800–30 200 ₹, B&B 14 250 ₹;) Üppig wohnen wie zur Zeit der britischen Kolonialherrschaft kann man in dieser Villa, in der der Enkel des Radschas von Kapurthala liebevoll den Lebensstil längst vergangener Zeiten pflegt. Vom großen, in Goldtönen gestalteten Salon bis hin zu den fünf superkomfortablen Gästezimmern ist das exklusive Refugium vollgestopft mit Kronleuchtern, Gobelins, Antiquitäten und Familienporträts. Der formvollendete Service und das gute Essen sind weitere Bausteine eines denkwürdigen Aufenthalts.

Essen

Baljee's INDISCH $
(26 The Mall; Snacks & Hauptgerichte 85–235 ₹; 9–22.30 Uhr) Das saubere und gemütliche Lokal hat eine Klimaanlage und Kellner mit Fliege. Das Lokal ist immer voller indischer Familien, von denen viele wegen der Snacks und der südindischen Spezialitäten kommen. Auch die Frühstücksgerichte (Omeletts, Toast & Dosas) sind gut.

Indian Coffee House CAFÉ $
(The Mall; Gerichte 25–80 ₹; 8–20.30 Uhr) Diese Institution der Stadt wirkt mit ihren betagten Ledersitzen, uniformierten Kellnern und der Kreidetafel mit dem Speisenangebot wie ein Altherrenclub. Das Café, in dem sich plaudernde Einheimische (nicht nur Männer) fast den ganzen Tag drängen, ist das stimmungsvollste vor Ort, und man kann hier frühstücken, billige *dosas* essen und Kaffee (keinen Tee!) trinken.

Wake & Bake INTERNATIONAL $$
(34/1 The Mall; Gerichte 120–320 ₹; 9.30–22 Uhr;) Das Café im Obergeschoss ist das hippste Speiselokal in Shimla (was an sich noch nicht viel heißen will). Man bekommt hier südindischen Bio-Kaffee, Frühstück, Pizzastücke, Hummus, Falafel, Toasts, vegetarische Pfannengerichte, Pasta und exzellente Crêpes. Kostenloses WLAN.

Ashiana INDISCH $$
(The Ridge; Hauptgerichte 115–275 ₹; 9–22 Uhr) In einem fantasievollen Rundbau residiert dieses fast schon elegant zu nennende Restaurant mit einer schönen Sonnenterrasse, von der aus man gut die Leute beobachten kann. Neben schmackhaften nordindischen Gerichten gibt es auch chinesische und ein paar thailändische und südindische.

Cecil Restaurant INTERNATIONAL $$$
(0177-2804848; Oberoi Cecil, The Mall, Chaura Maidan; Hauptgerichte 1000–1700 ₹; 19.30–22.30 Uhr) Wer abends schick dinieren will, hat mit der kolonialen Eleganz des Restaurants im Oberoi die richtige Wahl getroffen. Auf der Karte stehen vor allem indische und auch thailändische Currys, aber es gibt auch viele westliche Gerichte, darunter Forelle (aus dem Kullu-Tal). In der Hauptsaison vorab reservieren!

Ausgehen & Nachtleben

Die stilvollsten Orte für einen Drink sind die Loungebars von Spitzenklassehotels wie dem Oberoi Cecil (S. 316) oder (wenn man mit DJ-Berieselung leben kann) dem **Marina** (0177-6629999; www.marinashimla.com; The Mall). Günstigere Drinks gibt's in Restaurants wie dem Ashiana oder dem **Café Simla Times** (The Mall; Hauptgerichte 245–445 ₹; 12–22.30 Uhr;) – beide haben auch Aussichtsterrassen.

Shoppen

Indische Urlauber eilen zu den modischen Läden an der Mall, um sich mit Schals aus Himachal und Kaschmir sowie weiteren Kleidungsstücken einzudecken. Will man etwas traditionelleres indisches Markttreiben sehen, bietet sich das labyrinthische Basarviertel unterhalb der Mall an. Hier kann man alles von Pfauenfedern über Hennafarben bis hin zu Armreifen und Fahrrädern kaufen. Es ist faszinierend sich in den einzelnen Bereichen umzuschauen, z. B. für Obst und Gemüse (Sabzi Mandi), für Gewürze oder für Stoffe.

Asia Book House BÜCHER
(The Mall; ⌚ Mo–Sa 10.30–20.30, So 13–19.30 Uhr) Romane, Reiseführer und weitere Bücher über Indien.

Himachal Emporium KUNSTHANDWERK
(☎ 0177-2011234; www.himcrafts.com; The Mall; ⌚ Mo–Sa 10–13 & 14.30–19.30 Uhr) Schals aus Kullu und Kinnaur, dicke Wollsocken aus Lahaul und andere ansprechende Handwerksprodukte aus Himachal werden in diesem staatlichen Kunsthandwerks-Kaufhaus zu vernünftigen Preisen angeboten.

Praktische Informationen

HPTDC-Touristeninformation (Himachal Pradesh Tourist Development Corporation, Himachal Tourism; ☎ 0177-2652561; www.hptdc.gov.in; Scandal Point; ⌚ 9–19 Uhr, Mitte April–Juni & Mitte Sept.–Mitte Nov. bis 20 Uhr) Das sehr hilfreiche Personal gibt Ratschläge und Infos zum Ort. Auch HPTDC-Busse, Hotels und Touren können hier gebucht werden.

ICICI Bank (Scandal Point; ⌚ Mo–Sa 10–16 Uhr, jeden 2. & 4. Sa im Monat geschl.) Tauscht ausländische Währungen und hat einen rund um die Uhr arbeitenden Geldautomaten.

Indira Gandhi Medical College (☎ 0177-2803073; IGMC Rd) Großes öffentliches Krankenhaus mit rund um die Uhr geöffneter Ambulanz.

An- & Weiterreise

BUS

Die Himachal Road Transport Corporation (HRTC) betreibt täglich sieben komfortable Volvo-AC-Busse nach Delhi (915 ₹, 10 Std.), dazu noch zehn billigere Verbindungen mit AC sowie Busse ohne Klimaanlage (414–684 ₹). HRTC-AC-Busse fahren über Mandi und Kullu nach Manali (9 Std.) um 9.30 (544 ₹, kein Volvo) und 19.30 Uhr (871 ₹, Volvo). Um 16.30 Uhr fährt ein Bus nach Dharamsala (475 ₹, 8 Std., kein Volvo). Alle HRTC-Busse nutzen den **ISBT** (Inter State Bus Terminus, New Bus Station; Tutikandi) 5 km westlich vom Stadtzentrum; reservieren kann man am **HRTC-Kiosk** (Scandal Point; ⌚ 8–19.30 Uhr) am Scandal Point oder in der **Hauptpost** (Scandal Point; ⌚ Mo–Sa 9.30–17.30, So 10–17 Uhr).

Die Himachal Pradesh Tourism Development Corporation (HPTDC) betreibt einen Volvo-AC-Bus nach Delhi (900 ₹, 10 Std., 20.30 Uhr) und einen nichtklimatisierten Deluxe-Bus nach Manali (550 ₹, 9 Std., 8.30 Uhr); beide Busse starten von einer **Haltestelle** (Cart Rd) an der Cart Rd westlich des Victory Tunnel – die Tickets erhält man in der HPTDC-Touristeninformation.

TAXI

Die **Kalka-Shimla Himachal Taxi Union** (☎ 0177-2658225; Cart Rd) hat ihr Büro nahe dem Alten Busbahnhof, die **Vishal Himachal Taxi Operators Union** (☎ 0177-2805164; Cart Rd) hat ihres am unteren Ausgang des Personenaufzugs. Die meisten Hotels und Reisebüros können Autos für Fahrten in andere Orte oder Autos mit Fahrer für ausgedehnte Touren beschaffen. Ein Taxi ohne Klimaanlage für bis zu 4 Personen kostet nach Manali rund 5200 ₹, nach Chandigarh 2100 ₹ und nach Delhi rund 6200 ₹. Für ein Taxi mit Klimaanlage zahlt man je nach Entfernung zwischen 300 und 1000 ₹ mehr.

BUSSE VOM ISBT IN SHIMLA

ZIEL	PREIS (₹)	DAUER (STD.)	HÄUFIGKEIT
Chandigarh	172–229	4	4–22 Uhr alle 15–30 Min.
Dehra Dun	322–517	8	3-mal tgl.
Delhi	414–915	10	17-mal tgl.
Dharamsala	360–497	8–10	7-mal tgl.
Kalpa	400	11	6.15 Uhr
Kullu	319–740	7–8	8-mal tgl.
Manali	377–871	8–9	7-mal tgl.
Mandi	218–502	6	15-mal tgl.
Rekong Peo	355	10	4–11.15 & 18.30–23.15 Uhr ungefähr stündl.
Sangla	350	10	7.15 Uhr
Sarahan	300	7	9.30 & 10.30 Uhr

FAHRPLAN DES HIMALAYAN QUEEN EXPRESS

ABFAHRT	ANKUNFT/ ABFAHRT KALKA	ANKUNFT	ZUG-NR.
Delhi Sarai Rohilla 5.35 Uhr	11.10/12.10 Uhr	Shimla 17.30 Uhr	14095 & 52455
Shimla 10.25 Uhr	16.10/16.55Uhr	Delhi Sarai Rohilla 22.40 Uhr	52456 & 14096

Vishal berechnet 1550 ₹ für Tagestouren von bis zu 80 km, zuzüglich 12 ₹ für jeden zusätzlichen Kilometer.

ZUG

Eine der kleinen Freuden in Shimla ist die An- oder Abreise mit der Schmalspurbahn, die den Ort mit dem gleich nördlich von Chandigarh gelegenen Kalka verbindet. Sie existiert seit 1906 und gehört zu den indischen Bergbahnen, die als UNESCO-Welterbestätte gelistet sind. Obschon Dampfzüge längst der Vergangenheit angehören, ist die fünf- bis sechsstündige Fahrt malerisch; die kurvenreiche Strecke passiert auf ihrem 96 km langen Weg 102 Tunnels und 988 Brücken. Der Bahnhof Shimla befindet sich 1,5 km westlich vom Scandal Point an der Cart Rd – bis in die Stadt ein 20- bis 30-minütiger Marsch den Hügel hinauf.

Die Züge nach Shimla fahren in Kalka um 4, 5.10, 5.30, 6 und 12.10 Uhr ab und treten die Rückfahrt um 10.35, 14.25, 16.25, 17.40 und 18.15 Uhr an. Die komfortabelste Option ist der Shivalik Express (Zug 52451 ab Kalka 5.30 Uhr, Zug 52452 ab Shimla 17.40 Uhr). Dieser hat nur die AC Chair Class (nach Shimla/nach Kalka 415/500 ₹ inkl. Verpflegung). Alle übrigen Züge haben 2.-Klasse- (ohne Reservierung 25 ₹, mit Reservierung 40–65 ₹) und recht spartanische 1.-Klasse-Abteile (255–315 ₹).

Die Züge nach Shimla fahren in Kalka um 3.30, 5, 5.20, 6 und 12.10 ab und treten die Rückfahrt um 10.25, 14.25, 16.55, 17.50 und 18.30 Uhr an. Die komfortabelste Option ist der Shivalik Express (Zug 52451 ab Kalka 5.20 Uhr, Zug 52452 ab Shimla 17.50 Uhr). Dieser beinhaltet nur die AC Chair Class (nach Shimla/nach Kalka 420/510 ₹ inkl. Verpflegung). Die anderen Züge haben recht spartanische 1.-Klasse-Abteile (270–320 ₹) und in der Regel auch 2.-Klasse-Abteile (ohne Reservierung 25 ₹, mit Reservierung 40–65 ₹).

Der **Himalayan Queen**-Express vom/zum Bahnhof Delhi Sarai Rohilla bietet in Kalka bequemen Anschluss. Der Gesamtpreis für die Strecke Delhi-Shimla beträgt (in beide Richtungen) 700/135 ₹ (AC Chair Class/2. Klasse). Eine schnellere Alternative für den Abschnitt Delhi–Kalka (oder umgekehrt) ist der Kalka Shatabdi: Der Zug 12011 fährt um 7.40 Uhr vom Bhf. New Delhi nach Kalka (AC Chair Class 640 ₹), der Zug 12012 um 17.45 von Kalka zum Bhf. New Delhi (725 ₹).

Es gibt ein **Zugticketbüro** (Scandal Point; ⌚ Mo–Sa 9–13 & 14–16 Uhr).

ℹ Unterwegs vor Ort

Durchs Zentrum von Shimla kommt man nur zu Fuß. Autos und auch Taxis sind vom Ridge und von weiten Teilen der Mall verbannt. Glücklicherweise verbindet rund 600 m östlich vom Scandal Point ein zweiteiliger **Aufzug** (10 ₹/Pers.; ⌚ Juli–April 8–21 Uhr, Mai & Juni bis 22 Uhr) die **Cart Rd** mit der Mall. Ein Taxi vom Bahnhof/ISBT zum unteren Ende des Aufzugs kostet 150/250 ₹. Grün-weiße Nahverkehrsbusse (7 ₹) fahren alle paar Minuten auf der Cart Rd zwischen dem ISBT und dem **Alten Busbahnhof** (Old Bus Station; ☎ 0177-2656326; Cart Rd).

Träger bringen Gepäck den Hügel hinauf (von der Cart Rd zur Mall rund 100 ₹), viele sind aber zugleich Schlepper für bestimmte Hotels.

Naldehra & Umgebung

☎ 0177

Das Hügelland rund um Shimla ist schön – die tief abfallenden grünen Flusstäler und den Ausblick über ferne Gebirgsketten genießt man am besten abseits der verkehrsreichen Hauptstraßen. Einige schäbige Städte locken Massen von Tagesausflüglern mit Vergnügungsparks, Ponyreiten oder – im Fall von Narkanda – mit bescheidenen Wintersportmöglichkeiten. Über die Region verteilen sich aber auch ein paar ungewöhnliche Orte, wo sich das Verweilen lohnt.

Der **Naldehra Golf Club** (☎ 0177-2747656; http://naldehragolfclub.com; Platzgebühr Inder/Ausländer 575/863 ₹, Schlägerverleih 288 ₹; ⌚ April–Sept. 7–19 Uhr, Okt.–März 9–17 Uhr), 25 km nordöstlich von Shimla, wurde 1905 von dem Vizekönig Lord Curzon gegründet (der Naldehra so liebte, dass er seine Tochter nach diesem Ort benannte). Der unter hohen Zedern angelegte Parcours ist äußerst anspruchsvoll – mit der zusätzlichen Tücke, dass sich viele Löcher den gleichen Fairway teilen, indem sie ihn einfach in verschiedenen Winkeln schneiden. Wer keinen Caddy (150 ₹/9 Löcher) mietet, findet sich nicht zurecht. Im Clubhaus bekommt man Getränke, gleichgültig ob man spielt oder nicht.

★ **Wildflower Hall** HISTORISCHES HOTEL **$$$**
(☎ 0177-2648585; www.oberoihotels.com; EZ/DZ ab 28 560/29 750 ₹; ❄@📶🏊) Die herrschaft-

lichste Unterkunft in Himachal Pradesh thront 14 km östlich von Shimla über dem Dörfchen Chharabra und strahlt von dem mit Teakholz getäfelten Foyer über den mit Kronleuchtern erhellten Hallenpool bis hin zu den opulenten, im Kolonialstil eingerichteten Zimmern mit Marmorbädern sagenhaften Reichtum aus. Die Preise schwanken gewaltig.

Das **Restaurant** (☎ 0177-2648686; Hauptgerichte 1150–2700 ₹; ⏲ 12.30–15.30 & 19–22.30 Uhr) hat eine hübsche Terrasse mit Panoramablick und eine täglich wechselnde Karte mit indischen, europäischen und asiatischen Gerichten. Auch Traveller, die nicht im Hotel wohnen, können hier speisen.

ℹ Anreise & Unterwegs vor Ort

Von Shimla aus gibt es Busverbindungen zu den meisten halbwegs nennenswerten Orten, darunter täglich elf Busse nach Naldehra (34 ₹, 1 Std.), die von Shimlas kleinem **Rivoli-Busbahnhof** (Circular Rd) starten. Die Taxiunternehmen von Shimla (S. 317) bieten Transporte und Tagesausflüge zu vernünftigen Preisen.

KINNAUR

Der Distrikt Kinnaur, der sich im südöstlichen Himachal bis hinauf an die tibetische Grenze erstreckt, ist mit einer hinreißenden Gebirgs- und Täler-Landschaft gesegnet und von einer kulturellen und ethnischen Mischung geprägt, die schrittweise von indo-arischen zu tibetisch-buddhistischen Einflüssen übergeht, je weiter man nach Osten vordringt. Der Hwy 05 (früher Hwy 22 und an manchen Stellen immer noch so ausgeschildert) führt auf einer spektakulären Route hinauf ins Satluj-Tal und folgt dabei auf langen Abschnitten dem Verlauf der historischen Hindustan-Tibet Road, die die Briten im 19. Jh. anlegten, um einen Zugang nach Tibet zu schaffen. Die Kinnauris sind stolze, aber freundliche Leute, die man in ganz Indien an ihren grünen *basheri*-Filzhüten erkennt.

Der Hwy 05 (früher Hwy 22) führt auf einer spektakulären Route hinauf ins Satluj-Tal und folgt dabei oder verläuft parallel zu der Route der historischen Hindustan-Tibet Road, die die Briten im 19. Jh. anlegten, um einen Zugang nach Tibet zu schaffen. Das Haupttal ist von zahlreichen Staudammprojekten zerrissen, die den mächtigen Satluj in einen Stromgenerator verwandeln. Um Kinnaur richtig kennenzulernen, sollte man sich in die Hügel und die Seitentäler aufmachen.

Vor Antritt der Fahrt sollte man sich über den Straßenzustand informieren, weil Erdrutsche während des Monsuns, Überflutungen oder im Winter starke Schneefälle die Straßen für Tage oder sogar Wochen unpassierbar machen können.

Hinter Kinnaur liegt das abgeschiedene Spiti. Kombiniert man beide Gebiete zu einer Schleife von Shimla nach Manali oder Keylong (Kyelang), erlebt man auf spektakulären Straßen eine unendliche Abfolge atemberaubender Landschaften.

Das untere Kinnaur empfängt im Juli und August die Regenfälle des Monsuns, aber östlich von Rekong Peo, wo man eine Lücke in der Himalajakette passiert, wird die Landschaft schnell viel trockner, weil sie nun im Regenschatten des Himalajas liegt. Während Kinnaurs touristischer Spitzensaison (Mitte April–Juni & Mitte Sept.–Mitte Okt.) empfiehlt es sich, in beliebten Zielen wie Sarahan, dem Sangla-Tal, in Kalpa oder Nako, sein Zimmer vorab zu reservieren. Zu anderen Zeiten sind durchaus Rabatte möglich.

Rampur

☎ 01782 / 10 300 EW. / 1005 M

Das muntere Basarstädtchen, das Tor nach Kinnaur, war einst die Winterhauptstadt der Radschas von Bashahr, die Kinnaur vom 18. bis zur Mitte des 20. Jhs. beherrschten. Die meisten Traveller aus Shimla fahren hier auf dem Weg nach Sarahan und weiter lediglich durch, falls man aber einen Aufenthalt hat, sollte man sich den sehr schönen **Padam-Palast** anschauen, den sich der Radscha von Bashahr in den 1920er-Jahren errichten ließ. Zwar ist nur der Garten für Besucher geöffnet, aber von dort aus kann man die Steinbögen des Bauwerks, das aus Holz geschnitzte obere Stockwerk, die vielen Türmchen und den Musikpavillon mit seinen vielen Giebeln gehörig bewundern. Das **Lavi Fair**, ein großes Handels- und Kulturereignis, lockt in der zweiten Novemberwoche Händler und Pilger aus dem gesamten Nordwesten Indiens nach Rampur.

Mit dem **Nau Nabh** (☎ 01782-234405; www.hotelnaunabh.com; Zi. 2975–6545 ₹; ❄ 📶) verfügt Rampur jetzt über eines der besten Hotels in Kinnaur. Es bietet recht große, schön gepflegte Zimmer in einem renovierten, 200 Jahre alten Teil des Padam-Palasts und das mit Abstand beste **Restaurant** (Hauptgerichte 180–350 ₹; ⌚7–23 Uhr) des Ortes. Zu den billigeren Unterkünften im Ortszentrum zählt das **Hotel Satluj View** (☎01782-233924; hotelsatlujview@yahoo.in; Zi. 550–2380 ₹; ❄📶), dessen billigste Zimmer schäbig, aber sauber, und dessen beste groß sind und über eine Klimaanlage verfügen.

ℹ An- & Weiterreise

Rampurs Busbahnhof liegt 2 km östlich vom Zentrum, aber viele Leute nehmen durchfahrende Busse vom chaotischen Alten Busbahnhof im Zentrum. Vom Busbahnhof fahren bis 16.30 Uhr mindestens stündlich Busse nach Rekong Peo (160 ₹, 5 Std.), bis 21.30 Uhr halbstündlich Busse nach Shimla (205 ₹, 5 Std.) sowie bis 17.45 Uhr ungefähr alle 20 Minuten Busse nach Sarahan (65 ₹, 2 Std.). Täglich gibt's außerdem zwei Busse nach Sangla (160 ₹, 4 Std., 6 & 12.30 Uhr) und um 9.40 Uhr einen Bus zum Jalori-Pass (123 ₹, 4 Std.), nach Banjar (157 ₹, 6 Std.) und Kullu (237 ₹, 10 Std.).

Sarahan

☎01782 / 1700 EW. / 1920M

Das Wahrzeichen der ehemaligen Sommerhauptstadt des Fürstenstaats Bashahr ist der sagenhafte zweitürmige **Bhima-Kali-Tempel** (⌚6–20 Uhr), der einer örtlichen Version der Göttin Kali geweiht und – wie für die traditionelle Bauweise in Kinnaur üblich – schichtenweise aus Stein und Holz errichtet wurde, um Erdbeben besser zu widerstehen.

Der (vom Eingang aus gesehen) rechte Turm wurde kürzlich neu gebaut, nachdem das Original aus dem 12. Jh. eingestürzt war. Im linken Turm, der aus den 1920er-Jahren stammt, befindet sich im obersten Geschoss der hochverehrte Bhima-Kali-Schrein unter einem schönen, filigranen Silberbaldachin.

Die kurvenförmigen Spitzdächer der Türme verraten den tibetischen Einfluss auf die Architektur von Kinnaur, der sich weiter hinten im Tal noch deutlicher zeigt.

Männliche Besucher können den innersten Hof mit den Türmen betreten, wenn sie eine Kappe (die man vor Ort erhält) aufsetzen. Fotoapparate, Handys und Kleidungsstücke aus Leder müssen in Schließfächern zurückgelassen werden.

Die meisten Unterkünfte bieten Mahlzeiten an, ansonsten gibt's ein paar *dhabas* im Basarbereich unterhalb des Tempels.

Ein Geldautomat der **State Bank** (Main Bazar) befindet sich gegenüber dem Civil Hospital.

Temple Resthouse PENSION $

(☎01782-274248; B 70 ₹, Zi. 350–550 ₹) Die Zimmer in dem alten Tempelbezirk sind einfach und schlicht, aber anders als in vielen Tempelherbergen nicht düster. Insbesondere die Zimmer in der oberen Etage sind hell, geräumig und luftig und bieten sogar Warmwasser.

ℹ INNER LINE PERMITS

Ausländer, die die spektakuläre Rundreise von Kinnaur nach Spiti (oder umgekehrt) unternehmen wollen, benötigen eine Genehmigung – die „Inner Line Permit" – für den Abschnitt zwischen Rekong Peo in Kinnaur und Sumdo in Spiti. Außer sonntags und am zweiten Samstag im Monat ist diese leicht und schnell in Rekong Peo (S. 322) oder Kaza (S. 378) zu erhalten. Falls nötig, kann man die Genehmigung auch im Büro des **Additional District Magistrate** (ADM; ☎0177-2657005; Room 207/208, Block B, Collectorate Building; ⌚Mo–Sa 10–13.30 & 14–17 Uhr, 2. Sa im Monat geschl.) in Shimla (in einer Seitengasse der Mall 300 m westlich vom Scandal Point) erhalten, obwohl sich der Vorgang hier etwas komplizierter gestaltet: Mindestens zwei Personen müssen den Antrag auf die Genehmigung gemeinsam stellen und man benötigt zuerst ein befürwortendes Schreiben eines autorisierten Reiseveranstalters (kostet bis zu 200 ₹). Mit diesem Schreiben und Kopien der Personendaten- und der Visaseiten seines Passes marschiert man dann in das ADM-Büro. Von dort wird man in das Sugam Centre im gleichen Verwaltungskomplex geschickt, um ein Formular auszufüllen, sich fotografieren zu lassen und 300 ₹ pro Person zu bezahlen. Danach geht's wieder zurück ins ADM-Büro, wo die Genehmigung für gewöhnlich innerhalb von ungefähr 30 Minuten ausgestellt wird.

Nur Bürger einiger weniger asiatischer Staaten, darunter der VR China und der Republik China auf Taiwan, erhalten keine Inner Line Permits, sondern müssen eine Sondergenehmigung beim indischen Innenministerium in Delhi beantragen.

Hotel Trehan's HOTEL $

(☎ 9816687605; www.hoteltrehansarahan.com; Zi. 600–1000 ₹; 📶) Das von einer freundlichen Familie geführte große Budgethotel besitzt mit verzierten Decken, großen Fenstern und kitschigen Wandteppichen, die Szenen aus indischen Epen darstellen, einen gewissen Reiz. Von den Gemeinschaftsterrassen hat man einen tollen Blick über das Tal. Das Restaurant ist zu allen Mahlzeiten geöffnet.

Hotel Srikhand HOTEL $$

(☎ 01782-274234; www.hptdc.gov.in; EZ 1430–2860 ₹, DZ 1900–3810 ₹) Das beliebteste Hotel der Stadt war zum Zeitpunkt der Recherche auch das beste, was an sich allerdings noch kein besonderes Lob ist. Die Zimmer sind mit Teppichen ausgelegt und haben einen Ausblick in die Berge und meist auch einen Balkon, aber sie sind dringend renovierungsbedürftig. Es gibt auch ein ordentliches **Restaurant** (Hauptgerichte 100–275 ₹; 🕗 7.30–22 Uhr), aber das Beste an dem Haus ist die Panoramaterrasse der Bar.

An- & Weiterreise

Um 4, 6.30 und 12 Uhr fahren Busse nach Shimla (300 ₹, 7 Std.), man kann aber auch einen der häufigen Busse nach Rampur (65 ₹, 2 Std.) nehmen und dort umsteigen. Um ostwärts weiter hinein nach Kinnaur zu gelangen, kann man jeden Bus bis Jeori (30 ₹, 45 Min.), das am Highway 05 unterhalb von Sarahan liegt, nehmen und dort in einen Bus Richtung Osten umsteigen. Der letzte Bus von Jeori hinauf nach Sarahan fährt gegen 18.30 Uhr. Ein Taxi kostet rund 350 ₹.

Sangla-Tal

Das Sangla- oder Baspa-Tal ist eine tief eingeschnittene Kluft zwischen stattlichen Berghängen, an denen immergrüne Wälder in Almwiesen übergehen, die von schneebedeckten Gipfeln bekrönt sind. Die Dörfer bestehen aus Häusern und Tempeln in der traditionellen Holz- und Steinbauweise der Kinnauri. Die Straße ins Tal zweigt bei Karcham vom Hwy 05 ab, vorbei an den sprudelnden Abflussleitungen eines Wasserkraftwerks. Die ersten 15 km der Straße bis zu dem Damm unterhalb von Sangla, der einzigen Ortschaft im Tal, sind haarsträubend.

Sangla & Umgebung

☎ 01786

Die größte Siedlung im Tal ist das kleine Sangla, ein Ort, wo man eine Mittagspause einlegen, in einen anderen Bus umsteigen oder übernachten kann, wenn man kein Anschlussverkehrsmittel mehr findet. Hier gibt es ein paar Internetcafés und an der Hauptstraße einen Geldautomaten der State Bank.

Kamru Fort FORT

(🕗 5–18 Uhr) Auf einem Felssporn 2 km nördlich von Sangla (zu Fuß ungefähr 30 Min.) liegt das Dorf Kamru, der erste Hauptort des Fürstentums Bashahr. Vom Dorf führen 329 Stufen hinauf zum alten Kamru Fort, in dem sich mehrere schöne, aus Stein und Holz errichtete Gebäude mit gekrümmten Spitzdächern befinden. Besonders bedeutsam ist der Hauptturm mit dem Schrein für die Göttin Kamakhya Devi. An dem Weg hinauf zum Fort steht der **Badrinath-Tempel**, der mit seinen hinduistischen und buddhistischen Schreinen ein typisches Beispiel für den religiösen Synkretismus der Kinnauri ist.

Baspa Guest House PENSION $

(☎ 9816385065; Sangla; DZ 600–700 ₹, 3BZ & 4BZ 1200–1400 ₹) Die sehr schlichte, aber angemessen saubere, beliebte Budgetpension liegt vom Busbahnhof einfach die Straße hinunter. Die Zimmer sind unterschiedlich, man sollte sich also zuerst einige anschauen: Die im obersten Stock haben Bäder mit Duschen, in den übrigen muss man sich mit Warmwasserhahn, Eimer und Schöpfkelle behelfen.

★ **Banjara Camps** ZELTLAGER $$$

(☎ 011-65152334; www.banjaracamps.com; Batseri; EZ/DZ mit VP 7000–11 500/8000–12 500 ₹; 🕗 Nov–Mitte März geschl.) Die komfortablen, großen Zelte mit Betten, Möbeln und richtigen Bäder stehen in einem Apfelhain mit Blumen an einer malerischen Flussbiegung 6 km hinter Sangla. Es gibt auch zwei Cottages am Flussufer und 14 schön gestaltete Zimmer in einem hübschen Steingebäude, dem Retreat. In der ausgezeichneten Unterkunft in fast idyllischer Lage gibt's auch gutes internationales Essen.

An- & Weiterreise

Busse fahren von Sangla nach (ungefähre Abfahrt):

Chitkul (35 ₹, 1½ Std.) 11, 13.30 & 17.30 Uhr

Rampur (160 ₹, 4 Std.) 6.30, 11.30, 12.30 & 17.30 Uhr

Rekong Peo (65 ₹, 2½ Std.) 7, 13 & 14.45 Uhr

Shimla (350 ₹, 10 Std.) 6.30 & 17.30 Uhr (oder einen Bus nach Rampur nehmen und dort umsteigen)

Taxis kosten 1500 ₹ nach Chitkul und 800 ₹ nach Karcham.

Chitkul

600 EW. / 3450 M

Chitkul, der letzte Halt an der alten Handelsroute nach Tibet und Schnittpunkt mehrerer Wanderstrecken, ist mit Abstand die malerischste Siedlung im Sangla-Tal. Der Ort erlebt zwar einen beständigen Strom ausländischer und indischer Touristen, aber die Dorfbewohner halten an einem ziemlich traditionellen Lebensstil fest und begegnen Fremden mit einer gewissen Reserve.

Sehenswertes & Aktivitäten

Trotz des Vordringens von Beton und Wellblech sind eine ganze Reihe für Kinnaur typischer traditioneller Holzhäuser mit Schieferdach erhalten. Der **Mohatmin Mandir** in der Dorfmitte ist ein der Lokalgottheit Mathi geweihter Tempel mit schönen Steinreliefs und Holzschnitzereien.

Wandern & Trekken

Nur eine kurze Wanderung den Hügel hinauf hat man über dem Dorf einen tollen Ausblick. Noch besser ist der 3 km lange Weg das schöne Tal hinauf bis zum **Indisch-Tibetischen Polizeigrenzposten** bei Nagasti. Der hohe weiße Gipfel des Thol-la liegt verlockend da, aber Zivilisten dürfen hinter dem Grenzposten nicht weiter, auch wenn Tibet noch rund 40 km entfernt ist. Längere Tageswanderungen kann man in die Seitentäler des Baspa unternehmen.

Chitkul ist auch der Ort, wo der dreitägige Wanderweg um den Kinnaur Kailash in das Sangla-Tal hinunterführt. An der Südseite des Tals führen Wanderwege über Pässe in das Pabbar-Tal und in die Garhwal-Region des Bundesstaats Uttarakhand (bis Harsil in der Nähe von Gangotri braucht man acht bis zehn Tage).

Banjara Camps und andere Veranstalter organisieren Treks in der Region. Baabe von der Pension Kinner Heights kann beim Beschaffen von Führern, Trägern, Verpflegung und Ausrüstung helfen.

Schlafen & Essen

Mehrere Pensionen und ein paar größere, aber nicht sehr einladende Hotels liegen unten im Dorf. Zu den besten Pensionen zählt das **Kinner Heights** (☎8988238129; EZ 500–550 ₹, DZ 750–1200 ₹; ⌚Dez.–März geschl.) mit guten, sauberen Zimmern. Die Inhaberin Baabe bereitet gute Mahlzeiten zu und kann Tipps zu Wanderstrecken geben. Ebenfalls verlässlich ist das alteingesessene **Thakur Guest House** (☎8988209604; Zi. 500–900 ₹; ⌚Nov.–März geschl.) mit ordentlichen, sauberen Zimmern und einem Restaurant im Obergeschoss.

An- & Weiterreise

Busse fahren von Chitkul über Sangla nach Rekong Peo (100 ₹, 4 Std., um etwa 6 & 13.30 Uhr) und Shimla (380 ₹, 11 Std., 15.30 Uhr).

Rekong Peo

☎01786 / 2400 EW. / 2290 M

Rekong Peo ist der Verwaltungssitz des Distrikts Kinnaur, dessen wirtschaftliches Zentrum und ein Verkehrsknotenpunkt. Aber vor allem wird der Ort als Sprungbrett zu dem hübschen Dorf Kalpa genutzt oder, um sich die Inner Line Permit (Genehmigung) zur Weiterreise ins obere Kinnaur und nach Spiti zu beschaffen. Die vor Ort nur „Peo" genannte Stadt erstreckt sich an einer 10 km langen Rundstraße über dem Hwy 05. Die meisten Hotels stehen am Hauptbasar unterhalb des Busbahnhofs. Am Hauptbasar gibt's auch einen Geldautomaten der SBI.

Das **Hotel Fairyland** (☎9459700037; Hauptbasar; Zi. 550–650 ₹) ist das beste der schäbigen, billigen Hotels am Hauptbasar.

Ins **Little Chef's Restaurant** (Hauptbasar; Hauptgerichte 130–260 ₹; ⌚8–22 Uhr) geht man wegen der sehr tollen Umgebung und der guten indische Gerichte.

Praktische Informationen

Mehrere Reiseveranstalter im Gebäude des Tourist Information Centre (vom Kreisverkehr auf dem Hauptbasar 200 m die Hauptstraße hinunter) können die Inner Line Permits organisieren. **Monk Travels** (☎9805530056; www.themonktravels.com; Office 201, TIC Bldg) beschafft die Erlaubnis für 400 ₹ innerhalb etwa einer Stunde, wenn man seinen Pass zwischen 10 und 16 Uhr (je früher, je besser) vorbeibringt – aber nicht sonntags und jeden zweiten Samstag im Monat, weil dann das Büro, das die Genehmigungen ausstellt, geschlossen ist. Alle Traveller müssen persönlich erscheinen, um sich fotografieren zu lassen. Die ausgestellten Genehmigungen sind 14 Tage gültig.

An- & Weiterreise

Der Busbahnhof liegt bergauf über dem Hauptbasar – auf der Straße sind's 2 km, aber nur 500 m, wenn man die Treppe nimmt, die neben dem Polizeigelände am oberen Ende der ITBP Rd beginnt (die beim Restaurant Little Chef vom Hauptbasar abgeht).

Busse fahren von 4.30 Uhr bis 18.30 Uhr ungefähr stündlich nach Shimla (355 ₹, 10 Std.), Deluxe-Busse nach Shimla (435 ₹) gibt's um 5.30 und 13.30 Uhr. Um nach Sarahan zu kommen, steigt man in Jeori um (135 ₹, 3½ Std.). Busse nach Sangla (65 ₹, 2½ Std.) und Chitkul (100 ₹, 4 Std.) starten um 9.30 und 14.30 Uhr, um 12 und um 16 Uhr fahren Busse nur bis Sangla.

Nach Spiti gibt's um 7 Uhr einen Bus über Nako (175 ₹, 5 Std.) und Tabo (270 ₹, 8 Std.) nach Kaza (355 ₹, 11 Std.). Ein zweiter Bus fährt um 12 Uhr nach Nako. Von November bis März fahren beide Busse in Rekong Peo 30 Minuten früher ab.

Taxis kosten für die Fahrt nach Chitkul 3500 ₹, nach Shimla 7000 ₹ und nach Kaza 8000 ₹.

Kalpa

☎ 01786 / 1250 EW. / 2960M

Das von Rekong Peo aus über eine 7 km lange, kurvenreiche Straße durch Kiefernwald und Apfelplantagen zu erreichende Kalpa ist ein kleines Schmuckstück. Von dem hoch gelegenen Dorf hat man einen fesselnden Blick auf das Kinnaur-Kailash-Massiv, insbesondere den Kinnaur Kailash (6050 m) und den Jorkanden (6473 m).

Kalpas zentrale Tempelgruppe umfasst das farbenfrohe buddhistische Kloster **Lochawa La-Khang** (Samdub Choeling), ein kürzlich wiederaufgebautes, turmartiges **Fort** gleich darüber und den hinduistischen **Narayan-Nagini-Tempel**, der an einem Weg rund 50 m hinter dem Lochawa La-Khang steht. Die prächtigen Skulpturen des Narayan-Nagini-Tempels zeigen u.a. Tiger (ein Reittier der Durga, der der Tempel geweiht ist) und – ein Zeichen für den starken tibetischen Einfluss auf die Region – auch Drachen.

Eine anspruchsvolle ganztägige Wanderung führt hinauf zu den Wiesen und Teichen von **Chakkha.** Den Startpunkt des Wegs am Hotel Kinner Kailash an der Roghi Rd kann man sich von Einheimischen zeigen lassen.

Schlafen & Essen

Kalpa hat eine ganze Menge Unterkünfte, darunter mehrere Pensionen in Chini, dem Hauptteil des Dorfs, sowie einige moderne Hotels an der Roghi Rd oberhalb des Ortskerns (zu Fuß 500 m; Anfahrt länger).

Hotel Blue Lotus HOTEL $
(☎ 01786-226001; khokanroy.bluelotus@gmail.com; Zi. 800–1200 ₹; Wi-Fi) Das freundliche, aus Beton errichtete Hotel ist nur 100 m vom Busbahnhof entfernt und hat damit eine besonders praktische Lage. Die Zimmer sind etwas schäbig, aber für den Preis nicht schlecht; die breiten, sonnigen Terrassen blicken direkt auf die Berge – ideal für ein Essen mit Aussicht (Hauptgerichte 60–250 ₹).

Chini Bungalow Guest House PENSION $
(☎ 9805495656; Zi. 1200 ₹) Vom Zentrum von Kalpa nur 100 m einen Pfad hinauf, bietet diese freundliche kleine Pension fünf saubere, gemütliche Zimmer und von den Balkonen und aus dem Blumengarten einen tollen Ausblick auf den Tempel und in die Berge. Die beiden Zimmer im Obergeschoss sind die besten, aber eigentlich sind alle nett. Im Haus gibt's keine Mahlzeiten, man kann aber im nahegelegenen Hotel Blue Lotus essen. In der Nebensaison gibt's einen Rabatt von rund 50 %.

★ **Grand Shamba-La** HOTEL $$$
(Grand Shangri-La; ☎ 9805695423, 01786-226134; http://thegrandshambala.com; Roghi Rd; Zi. 3850–4950 ₹; Wi-Fi) Die sehr komfortablen Zimmer sind schön mit Kiefernholz vertäfelt und mit Stoffen in tibetischen Mustern dekoriert. Aus den Panoramafenstern der besten hat man eine hinreißende Aussicht. Die Betten sind weich, die Badezimmer haben tolle Warmwasserduschen, und das indische, tibetische und chinesische Essen (Hauptgerichte 120–300 ₹) ist exzellent. Im Haus gibt es auch eine gute Bibliothek mit Büchern über Indien und Tibet.

An- & Weiterreise

Busse pendeln zwischen 7 und 19 Uhr mindestens stündlich zwischen dem Kreisverkehr an Rekong Peos Hauptbasar und Kalpa (15 ₹, 30 Min.), alternativ nimmt man ein Taxi (400/500 ₹ von Rekong Peo zum unteren/oberen Ortsteil von Kalpa). Der erste Bus ab Kalpa fährt um 6.30 Uhr. Für Fußgänger ist die ausgetretene Treppe (rund 3 km) eine deutliche Abkürzung gegenüber der kurvenreichen Straße (7 km).

Busse fahren um 6.30, 10.30 und 14.30 Uhr nach Shimla (400 ₹, 11 Std.); gegen 8.30 Uhr fährt auch ein Bus nach Sangla (60 ₹, 3 Std.) und Chitkul (90 ₹, 4½ Std.). Mehr Busverbindungen gibt's ab Rekong Peo.

Von Rekong Peo nach Sumdo

Die Straße von Kinnaur nach Spiti präsentiert sich als eine ununterbrochene Folge hinreißender Landschaften. Oft schmiegt sich die Straße gefährlich nah an den Rand der Klippen, während Hunderte Meter tiefer der Fluss rauscht. Ausländer müssen ihre Inner Line Permits am **Akpa Checkpoint** am Hwy 05, 17 km östlich des Abzweigs nach Rekong Peo vorzeigen.

In der Nähe von Khab führt der Hwy 05 hinauf zur chinesischen Grenze auf dem Pass Shipki La (für Ausländer gesperrt). Die Talstraße (jetzt Hwy 505) setzt sich fort bis zum Zusammenfluss des Satluj mit dem Spiti (2 km weiter) und folgt dann der Spiti-Schlucht stromaufwärts. Das hoch über dem Fluss Spiti gelegene Dorf Nako ist ein interessanter Ort, wo man eine Pause einlegen kann. Nördlich von Nako führt die Straße bei Chango wieder zum Fluss hinunter. Sumdo, 14 km weiter, markiert die Grenze zwischen Kinnaur und Spiti: Ausländer müssen hier wieder ihre Inner Line Permits vorzeigen.

Nako

570 EW. / 3660M

Hoch über dem Hangrang-Tal (wie das untere Spiti-Tal genannt wird) ist dieses idyllische mittelalterliche Dorf mit Stein- und Lehmziegelhäusern ein toller Ort, um die Fahrt für ein, zwei Tage zu unterbrechen. Administrativ gehört es zu Kinnaur, kulturell aber zum buddhistischen Spiti, Nako, das administrativ zu Kinnaur, kulturell aber zum buddhistischen Spiti gehört, liegt rund um einen kleinen heiligen See, hinter dem sich hohe, mit Felsbrocken übersäte und mit Chörten bebaute Berge auftürmen.

Am westlichen Rand von Nako befinden sich die vier aus dem 11. Jh. stammenden Kapellen der **Nako Gompa** mit einigen schönen Wandmalereien und Skulpturen, die stilistisch denen in Spitis berühmter Tabo Gompa ähneln.

Aktivitäten

Um die schöne Aussicht zu genießen, kann man bis zu dem **Gebetsrad** auf dem Hügel über dem See (vom Dorfzentrum rund 500 m) laufen. Noch schöner wird die Aussicht, wenn man rund 800 m weiter (steiler aufwärts) bis zu dem 3900 m hohen **Nako-Pass** vordringt, einer deutlich erkennbaren Kluft in dem Felskamm nach Süden.

Hinter dem Pass führt ein malerischer, ziemlich ebener Pilger- und Wanderweg zu dem abgelegenen Weiler **Tashigang** (ca. 3 Std.), wo der Guru Padmasambhava meditiert und gelehrt haben soll. Hartgesottene Wanderer können von dort noch zwei Stunden weiter bis zu den Höhlen und einem winzigen Kloster bei Tsomang (oder Somang) marschieren.

Im Kloster Tashigang kann man übernachten und etwas zu essen bekommen; dazu sollte man für die Mönche eine Spende mitbringen (Zucker wird von ihnen sehr geschätzt). Die Behörden in Nako sehen es gerne, wenn Touristen einen Guide engagieren (500–1500 ₹), aber der Weg ist übersichtlich, und viele Leute ziehen auch alleine los.

Schlafen

Nako besitzt schlichte Pensionen und Homestays, z. B. das **Amar Home Stay** (☎ 9418629453; EZ/DZ 500/550 ₹), dessen Schild 20 m von der Bushaltestelle eine Treppe hinunterweist; die sauberen Zimmer öffnen sich zu einem hübschen Garten und verfügen über Bäder mit Warmwasser. Besser, aber manchmal von Reisegruppen ausgebucht, sind das ausgezeichnete **Knaygoh Kinner Camps** (☎ 9418440767; www.knaygohkinnercamps.com; DZ-Zelt mit HP 4500–5500 ₹, Zi. 3500 ₹; ⌚ Ende April–Ende Okt.), das einen kurzen Marsch oberhalb des Sees gemütliche Zelte mit angeschlossenem Bad sowie vier saubere Zimmer bietet, und das hässliche, aber recht komfortable **Hotel Reo Purguil** (☎ 9459494111; vjneginawa69@gmail.com; Zi. 700–2000 ₹; ⌚ Mai–Okt.) neben der Bushaltestelle.

An- & Weiterreise

Busse nach Rekong Peo (175 ₹, 5 Std.) verlassen Nako gegen 8 und 12 Uhr. Busse nach Tabo (105 ₹, 3 Std.) und Kaza (177 ₹, 5½ Std.) halten hier um die Mittagszeit, und um 16 oder 17 Uhr fährt ein Bus nach Sumdo.

ZENTRALES HIMACHAL PRADESH

Den Mittelpunkt des zentralen Himachal bildet das Kullu-Tal, eine grüne Senke zwischen hohen Bergen, die vom Fluss Beas, der vom Rohtang-Pass nach Süden fließt, bewässert wird. Manali, unterhalb des Rohtang-Passes, ist eines der beliebtesten Reiseziele in Nordindien, ein Zentrum von indischen und ausländischen Travellern aller Art: Hippies, Flitterwöchnern, Wanderern und Adrenalinjunkies.

Das Kullu-Tal ist bekannt als Dev Bhumi (Tal der Götter), entweder wegen seiner vielen heiligen Stätten oder schlicht wegen seiner außerordentlichen Schönheit. Bekannt ist es außerdem auch für warme Wollschals und den Anbau von *charas* (Haschisch). Seitentäler wie das Parvati- und das Tirthan-Tal sind sogar noch schöner. In den Hunderten von Bergdörfern geht das Leben immer noch seinen traditionellen Gang. Man sollte sich die Chance nicht entgehen lassen, außerhalb der Ortschaften die spektakuläre Landschaft zu genießen.

Mandi

☎01905 / 26 500 EW. / 800 M

Die wuselige Basarstadt Mandi (der Name bedeutet „Markt"), wo sich die Hauptstraßen aus Kullu, Shimla und Dharamsala treffen, ist kein Touristenort, zumal das schwüle Klima an die Ebenen erinnert. Dafür finden sich hier (laut offizieller Zählung) 81 Tempel, darunter viele alte shivaistische Schreine – es macht Spaß, sie in den Basargassen und an den Ufern des Flusses Beas aufzuspüren.

Das Zentrum Mandis bildet ein abgesenkter Park mit Einkaufskomplex, der sogenannte Indira Market. An der Nordseite führen Stufen hinauf zum Raj-Mahal-Palast. Östlich von Mandi führt der Hwy 3 in eine dramatische Schlucht am Fluss Beas, ehe er nach Norden ins Kullu-Tal abschwenkt.

Sehenswertes

Bhootnath Mandir HINDUTEMPEL

Der Tempel aus dem 16. Jh. steht am Eingang zum Bhootnath Bazar, 100 m nordwestlich des Indira Market. Seit der grellbunte Anstrich entfernt wurde, kommen die Steinreliefs viel besser zur Wirkung. Im Februar/März steht der Tempel im Mittelpunkt des munteren Shivaratri-Fests zu Ehren Shivas.

Tempel am Fluss

Folgt man dem Bhootnath Bazar zum Fluss Beas, entdeckt man den sehr farbenfrohen **Ekardash Rudra Mandir**, die von den Briten erbaute Victoria Bridge, einige Einäscherungs-Ghats sowie mehrere mit Reliefs bedeckte Stein-*sikharas* (Tempel in Maiskolben- oder Bienenkorbform). Am eindrucksvollsten sind der **Panchvaktra Mandir** (im Süden) und der **Triloknath Mandir** (im Norden), zwei fein gearbeitete, jahrhundertealte Tempel, die sich 150 m östlich der Ghats an den beiden Ufern des Beas gegenüberstehen.

Schlafen & Essen

Hotel Krishna HOTEL $

(☎01905-223088; gegenüber Indira Market; EZ/DZ 400/550 ₹) Das Krishna hat akzeptable, mittelgroße und recht saubere Zimmer mit Deckenventilator. Hier könnte noch etwas frei sein, wenn andere Hotels an dieser Straße ausgebucht sind.

Raj Mahal Palace HISTORISCHES HOTEL $$

(☎01905-222401; www.rajmahalpalace.com; District Court Gate; Zi. 1600–4300 ₹; ❄📶) Das Raj Mahal nimmt einen Teil des Palasts von Mandis ehemaliger Herrscherfamilie ein, die immer noch hier wohnt. Das Haus hat altmodischen Charme, ist aber nicht sonderlich gepflegt. Die Standardzimmer sind nichts Besonderes, aber die großen Deluxe- und Superdeluxe-Zimmer wirken immer noch aristokratisch.

Das zugehörige **Copacabana Bar & Restaurant** (Hauptgerichte 160–350 ₹; ⏰7–22 Uhr) im Haus macht mit seinen Tischen auf dem großen, von Bäumen beschatteten Rasen einen Teil des Reizes aus: Zum Frühstück geht es hier friedlich, beim Abendessen lebhaft zu.

An- & Weiterreise

Der Busbahnhof befindet sich 500 m östlich des Zentrums jenseits des Bachs Suketi Khad; die Fahrt mit einer Autoriksha kostet 30 ₹. Wenn es

BUSSE AB MANDI

ZIEL	PREIS (₹)	DAUER (STD.)	HÄUFIGKEIT
Delhi	525–1072	13	20-mal tgl.
Dharamsala	197	6	5 -mal tgl.
Kullu	106	2½	halbstündl.
Manali	170–340	4	halbstündl.
Palampur	160	4	stündl.
Rekong Peo	218–295	12	7-mal tgl.
Shimla	218–250	6	16-mal tgl.

nach Dharamsala keinen direkten Bus gibt, fährt man bis Palampur und steigt dort um.

Rewalsar-See

☎01905 / 1350 M

Versteckt in den Hügeln liegt 24 km südwestlich von Mandi der Rewalsar-See, der Buddhisten, Hindus und Sikhs gleichermaßen heilig ist. Die tibetischen Buddhisten kennen den See als Tso-Pema (Lotussee) und glauben, er sei entstanden, als der König von Mandi versuchte, den verehrten buddhistischen Weisen Padmasambhava (Guru Rinpoche) lebendig zu verbrennen, weil er verhindern wollte, dass seine Tochter Mandarava mit dem langhaarigen Tantra-Meister durchbrennt. Heute ist das 800 m lange Ufer des Sees von einer Reihe meist modernder Tempel, Klöster und Denkmäler umgeben, bei denen alle drei Religionen vertreten sind.

Sehenswertes & Aktivitäten

Unmittelbar vor dem Eingangsbogen an der Ostseite des Sees befindet sich die **Fischfütterungsstelle**, wo eine brodelnde Masse heiliger Karpfen sich die Mehlbällchen und den Puffreis schnappt, die Besucher ins Wasser werfen. Unmittelbar rechts davon befindet sich die tibetische **Drikung Kagyu Gompa** (www.dk-petsek.org) mit ihrem Institut für tibetische Mönche. Der Tempel zeigt in der Mitte eine große Statue des Buddha Shakyamuni mit Padmasambhava zu seiner Linken.

Geht man im Uhrzeigersinn um den See, kommt man an einem am Ufer stehenden, farbenfrohen **Padmasambhava-Schrein** und dann an der **Tso-Pema Ogyen Heruka Nyingmapa Gompa** vorbei, die kunstvolle Wandmalereien zieren und in der es morgens und nachmittags stimmungsvolle *pujas* (Gebete) gibt. Ein paar Minuten vom See hügelaufwärts kommt man, vorbei am **Zigar Drukpa Kargyud Institute**, in dessen Tempel überlebensgroße Statuen tantrischer Schutzgeister zu finden sind, zu Rewalsars Wahrzeichen, der spektakulären, 12 m hohen **Padmasambhava-Statue** mit den typischen starrenden Augen und der im Abwehrgestus *(mudra)* erhobenen rechten Hand. Die Statue wurde 2012 vom Dalai Lama eingeweiht; von ihr bietet sich ein grandioser Ausblick über den See.

Geht man weiter im Uhrzeigersinn um den See herum, passiert man eine kleine Gruppe von **Hindu-Tempeln** und gelangt zu einem grasbewachsenen kleinen **Uferpark** mit ein paar Bänken, wo man die Aussicht und die Atmosphäre genießen kann. Auf der entgegengesetzten Seite des Sees befindet sich der mit einer goldenen Kuppel versehene **Guru Gobind Singh Gurdwara**, ein Sikh-Tempel aus den 1930er-Jahren. Rewalsar ist für Sikhs von besonderer Bedeutung, weil hier Guru Gobind Singh, der 10. Sikh-Guru, im Jahr 1701 die hinduistischen Rajas der damals zum Punjab gezählten Hügelstaaten (vergeblich) zum Widerstand gegen die Mogulherrschaft aufrief.

Die zweite wichtige buddhistische Stätte ist die hoch über dem See zu findende **Padmasambhava-Höhle**, in der Padmasambhava meditiert haben soll. Dorthin marschiert man hinter der großen Padmasambhava-Statue rund 1,5 km bergauf, nimmt ein Taxi (einfache Strecke/hin & zurück 500/600 ₹) oder einen der Busse, die täglich um 9.30, 10.30, 11.30, 14 und 17 Uhr von Rewalsars Busbahnhhof zum Naina-Devi-Tempel fahren (30 ₹), und steigt 1 km vor dem Tempel aus.

Schlafen & Essen

Hotel Lotus Lake HOTEL $
(☎01905-240239; hlotuslake@yahoo.com; Zi. 500–700 ₹) Die besten Zimmer in diesem von Buddhisten geführten Hotel nahe dem Padmasambhava-Schrein am Seeufer sind hell und haben einen Ausblick auf den See. Die billigsten sind schäbiger und haben keine Aussicht. Alle Zimmer sind recht sauber und haben Badezimmer mit Warmwasser.

Drikung Kagyu Gompa Guesthouse GÄSTEHAUS $
(☎01905-240243; www.dk-petsek.org; Zi. 500 ₹, ohne Bad 200 ₹) Unter mehreren Kloster-Gästehäusern ist dieses wohl das beste. Es hat eine Gemeinschaftsterrasse mit Blick auf den beschaulichen See.

Emaho Bistro CAFÉ $
(Drikung Kagyu Gompa; Gerichte 40–120 ₹, Frühstück 150 ₹; ⏲8–20 Uhr; 📶) Das Café hat guten Kaffee, gutes WLAN, Blick über den See, ausgezeichnetes Frühstück den ganzen Tag über sowie Kuchen, Säfte, Tee, Snacks und kleine Gerichte. Was will man mehr?

An- & Weiterreise

Bis in den späten Nachmittag hinein starten von der Straße zwischen dem Indira Market und der Suketi-Khad-Brücke in Mandi häufig Busse nach Rewalsar (35 ₹, 1¼ Std.), der letzte fährt gegen

18 Uhr zurück. Die Taxifahrt kostet einfache Strecke/hin und zurück 600/1000 ₹.

Tirthan- & Banjar-Tal

Vom südlichen Ende des Kullu-Tals führt das Tirthan-Tal nach Südosten hinauf in die als Inner Seraj bekannte Region, die eine spektakuläre Tal- und Berglandschaft, unberührte Dörfer und Natur, tolle Wanderungen und einladende Gästehäuser zu bieten hat. Unter Indern, die ein entspanntes Refugium suchen, wird sie immer bekannter, den meisten Ausländern sagt sie aber nichts. Die Region ist das Tor zu dem zum UNESCO-Weltnaturerbe zählenden, spektakulären Great Himalayan National Park. Der urtümliche, 754 km² große Park erstreckt sich ostwärts über steil abfallende Flusstäler und Berge bis zu den 6000-er-Gipfeln des Himalaja-Hauptkamms.

Inner Seraj umfasst zwei Haupttäler – das Tal des Flusses Tirthan sowie das Banjar-Tal südlich der Kleinstadt Banjar. Das Banjar-Tal steigt bis zum Jalori-Pass in 3132 m Höhe an, über den man ins Satluj-Tal gelangt und der damit die direkteste Verbindung zwischen dem Kullu-Tal und Kinnaur darstellt.

Sehenswertes & Aktivitäten

Der Zugang zur Kernzone des Great Himalayan National Park erfordert einige Vorbereitung und einigen Papierkram, der sich nur lohnt, wenn man mindestens zwei volle Tage und besser noch einige mehr zur Verfügung hat. Es gibt aber auch gute Wandermöglichkeiten in der Pufferzone am westlichen Rand des Parks, der sogenannten „Ecozone“, und sogar ganz außerhalb des Parks, z. B. vom Jalori-Pass aus. Das Tirthan-Tal ist auch ideal zum Vogelbeobachten (vor allem im April, Mai, Okt. & Nov.) und zum Forellenangeln (beste Zeit April–Juni & Aug.–Okt.).

★ Jalori-Pass AUSSICHTSPUNKT

Am oberen Ende des Banjar-Tals überquert der Hwy 305 den malerischen, 3223 m hohen Jalori-Pass, wo es ein paar *dhabas* und einen Mahakali-Tempel gibt. Bei ruhigem Wetter kann man hier gut Schneegeier beobachten, die größten Vögel im indischen Himalaja. Vom Pass kann man durch immergrünen Eichenwald 6 km (auf meist ebener Strecke) nach Osten bis zum kleinen, heiligen **Saryolsar-See** oder 3 km (hügelaufwärts) nach Westen bis zu den kaum noch auszumachenden Ruinen des **Raghupur Fort** wandern.

Ein Taxi ab Jibhi zum Pass kostet 1800 ₹ hin und zurück, inklusive der Wartezeit für eine Wanderung zum Saryolsar-See oder zum Raghupur Fort. Die Straße über den Pass ist auf dem 16 km langen Abschnitt

TOP-WANDERUNGEN GREAT HIMALAYAN NATIONAL PARK

Ecozone

VON GUSHAINI ZUM PARKTOR

Die nette Tageswanderung führt auf 8 km von der Brücke in Gushaini zum Tor der Kernzone des Nationalparks. Man wandert dabei durch das dicht bewaldete, von Steilhängen eingefasste Tirthan-Tal, durch das tief unten der Fluss fließt. Auf dem Weg kommt man an mehreren schönen Wasserfällen vorbei. Auf dem Weg bewältigt man einen Aufstieg von insgesamt rund 500 m; für den Hinweg braucht man rund drei Stunden, für den Rückweg etwas weniger.

RANGTHAR-TREK

Der zwei- bis dreitägige mittelschwere Trek in einer Höhe zwischen ca. 2100 und 2800 m verspricht großartige Ausblicke in die Berge und startet in dem mit Geländewagen erreichbaren Dorf Pekhri nördlich von Gushaini.

Kernzone

RAKHUNDI-TREK

Der leichte bis mittelschwere Trek führt zu Bergwiesen mit toller Fernsicht in einer Höhe von etwa 3600 m an der Nordseite des Tirthan-Tals in der Kernzone des Nationalparks; für den Rundweg ab Gushaini braucht man hin und zurück vier oder fünf Tage.

THIRAT- (TIRTH-) TREK

Eine der schönsten Wanderungen in der Kernzone führt von Gushaini zur Quelle des Tirthan River in etwa 4000 m Höhe und zurück; für den mittelschweren bis anspruchsvollen Trek braucht man sechs bis neun Tage.

Kullu-Tal, Parvati-Tal & Tirthan-Tal

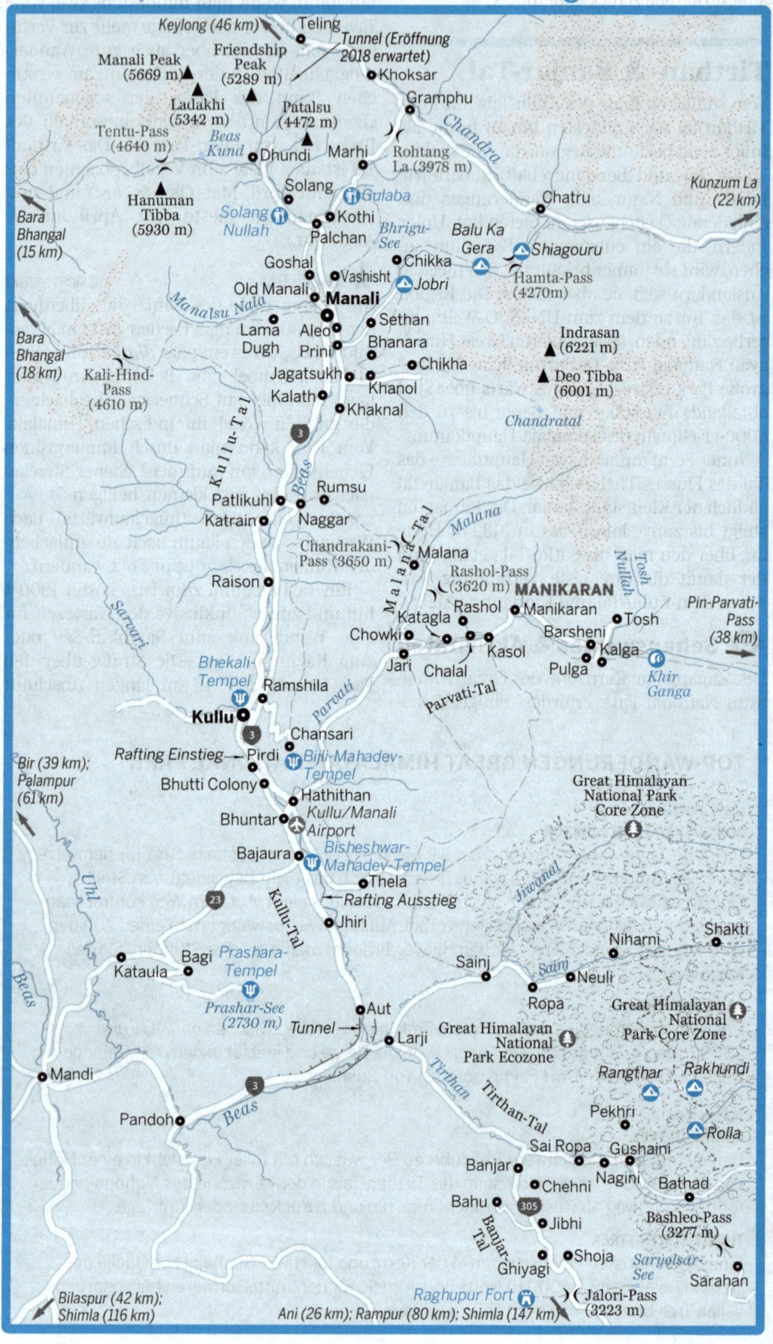

N 0 10 km

Keylong (46 km)
Teling
Tunnel (Eröffnung 2018 erwartet)
Manali Peak (5669 m)
Friendship Peak (5289 m)
Khoksar
Ladakhi (5342 m)
Gramphu
Patalsu (4472 m)
Chandra
Tentu-Pass (4640 m)
Beas Kund
Dhundi
Marhi
Rohtang La (3978 m)
Hanuman Tibba (5930 m)
Solang
Gulaba
Kunzum La (22 km)
Chatru
Bara Bhangal (15 km)
Solang Nullah
Kothi
Palchan
Bhrigu-See
Balu Ka Gera
Shiagouru
Goshal
Chikka
Hamta-Pass (4270m)
Vashisht
Jobri
Old Manali
Manali
Manalsu Nala
Sethan
Lama Dugh
Aleo
Bara Bhangal (18 km)
Prini
Bhanara
Indrasan (6221 m)
Chikha
Kali-Hind-Pass (4610 m)
Jagatsukh
Khanol
Deo Tibba (6001 m)
Kalath
Khaknal
Chandratal
Kullu-Tal
3
Beas
Rumsu
Patlikuhl
Naggar
Katrain
Malana
Malana-Tal
Chandrakani-Pass (3650 m)
Malana
Tosh Nullah
Raison
Rashol-Pass (3620 m)
MANIKARAN
Rashol
Manikaran
Pin-Parvati-Pass (38 km)
Katagla
Tosh
Sarvari
Chowki
Barsheni
Kalga
Kasol
Jari
Chalal
Pulga
Bhekali-Tempel
Khir Ganga
Ramshila
Parvati
Parvati-Tal
Kullu
3
Chansari
Rafting Einstieg
Pirdi
Bijli-Mahadev-Tempel
Bir (39 km); Palampur (61 km)
Bhutti Colony
Great Himalayan National Park Core Zone
Hathithan
Kullu/Manali Airport
Bhuntar
Bisheshwar-Mahadev-Tempel
Bajaura
Thela
Jiwanal
Uhl
23
Rafting Ausstieg
Kullu-Tal
Jhiri
Shakti
Niharni
Bagi
Prashara-Tempel
Sainj
Kataula
Sainj
Neuli
Beas
Ropa
Prashar-See (2730 m)
Aut
Great Himalayan National Park Core Zone
Tunnel
Larji
Great Himalayan National Park Ecozone
Mandi
Rangthar
Rakhundi
3
Tirthan
Tirthan-Tal
Pekhri
Pandoh
Beas
Rolla
Sai Ropa
Gushaini
Banjar
Nagini
Chehni
Bathad
Bahu
305
Jibhi
Bashleo-Pass (3277 m)
Banjar-Tal
Shoja
Sarjolsar-See
Ghiyagi
Sarahan
Raghupur Fort
Jalori-Pass (3223 m)
Bilaspur (42 km); Shimla (116 km)
Ani (26 km); Rampur (80 km); Shimla (147 km)

zwischen Ghiyagi auf der Nord- und Khanag auf der Südseite nicht befestigt. Von Mitte Dezember bis Anfang März ist der Pass normalerweise wegen Schnees gesperrt.

Vom Saryolsar-See können Trekker bis nach Lambhari (oder Lambri) Top weitermarschieren, einem Felsgrat in rund 3600 m Höhe mit einem spektakulären Ausblick in die Berge (hin & zurück 2–3 Tage).

Great Himalayan National Park

Der **Park** (GHNP; www.greathimalayannationalpark.org) umfasst vier Flusstäler, die nach Westen vom Himalaja-Hauptkamm ausgehen. Das bei Weitem meistbesuchte davon ist das Tirthan-Tal. Kommt man von Westen hinauf in das Tal, erreicht man beim Dorf Gushaini die Ecozone und 8 km weiter stromaufwärts die Kernzone des Parks. Die Gletscher, der Schnee und die Bergwiesen in den höheren Lagen des Parks weichen tiefer unten üppigen Wäldern; der Park ist Lebensraum für viele Wildtierarten, darunter Schneeleoparden, Bären und mehr als 200 Vogelspezies.

Für eine Übernachtung in der Kernzone braucht man eine Genehmigung (Inder/Ausländer 100/400 ₹ pro Tag) und muss einen zertifizierten örtlichen Guide sowie Träger engagieren. Am leichtesten lässt sich alles mit der Hilfe eines örtlichen Veranstalters organisieren, z. B. mit **Sunshine Himalayan Adventures** (☎01902-225182, 9418102083; www.sunshineadventure.com; Akhara Bazar, Kullu), das seinen Sitz in der Nähe von Gushaini hat, oder mit **Himalayan Ecotourism** (☎9816091093; http://himalayanecotourism.in; Banjar) aus Banjar. Beide Unternehmen sind eng mit der örtlichen Gemeinde verbunden und bieten Vogel- und Tierbeobachtungstouren sowie Treks an. Die Kosten für eine geführte Tour inklusive Ausrüstung und Personal liegen zwischen ca. 2000 und 4000 ₹ pro Person und Tag und hängen von der Größe der Gruppe, der Länge der Wanderung und anderen Variablen ab.

Die besten Monate zum Wandern sind April bis Juni und September bis November. Viele Routen sind wegen Schnees zwischen Dezember und März gesperrt.

Schlafen & Essen

Doli Guest House — PENSION $

(Rana Swiss Cottage; ☎01903-228234; www.kshatra.com; Jibhi; EZ/DZ/3BZ 660/770/880 ₹, Cottages DZ/3BZ 1650/2200 ₹; WLAN) Das seit 1992 bestehende Doli gehört zu den Unterkünften mit dem besten Preis-Leistungs-Verhältnis in der Gegend. Das 50 Jahre alte Holzhaus bietet sechs schlichte Zimmer mit farbenfrohen Stoffen und angeschlossenen Bädern. Das Café, das sich zu einem hübschen Garten mit Blick auf den Bach Jibhi Nala hin öffnet, serviert indische, europäische und israelische Kost mit einem Fokus auf Bio-Zutaten (Hauptgerichte 100–250 ₹, Thalis 200 ₹).

★ **Raju Bharti's Guest House** — PENSION $$

(☎9459833124; www.facebook.com/Rajubhartiguesthouse; Gushaini; mit VP 1800 ₹/Pers.) Das bekannteste Gasthaus im Tirthan-Tal ist diese aus Holz erbaute Bleibe in perfekter Uferlage 400 m stromabwärts der Brücke von Gushaini. Um hinzukommen, wird man in einem an einem Seil hängenden Korb über den rauschenden Strom gezogen – ein aufregendes Erlebnis! Die zwei Doppelzimmer und sechs „Familiensuiten" (je ein Doppel- und ein Zweibettzimmer) sind gemütlich und sauber. Das Haus ist sehr beliebt und in der Saison (April–Juni) rund drei Monate im Voraus ausgebucht.

Leena's Place — PENSION $$

(☎9816057101; www.jibhiadventure.com; Jibhi; DZ mit Frühstück 1600–2500 ₹; WLAN) Die freundliche und gut geführte Unterkunft liegt im Banjar-Tal am Hwy 305 etwa 500 m hinter dem Dorf Jibhi. Sie hat fünf helle, komfortable Zimmer aus Kiefernholz und mit Lehm verputztem Backstein. Vegetarische Mahlzeiten werden angeboten, aber Gäste können auch selber kochen, wenn sie das vorziehen.

Der Inhaber Lalit veranstaltet Wanderungen, Radtouren und andere Aktivitäten.

Bisht Niwas Home Stay — HOMESTAY $$

(☎9816650262; http://tirthanstay.com; Nagini; DZ 1200 ₹, mit Frühstück 1500 ₹) Mit sechs fast neuen und makellos sauberen Zimmern und einer großartigen Lage am Flussufer bietet das Bisht mit das beste Preis-Leistungs-Verhältnis in der Gegend. Es befindet sich 2,7 km westlich von Gushaini die Straße hinunter.

Khem Bharti Guest House — PENSION $$

(Hotel Trout Valley; ☎9459101113; www.troutvalley.co.in; Nagini; Zi. mit VP 2800–3800 ₹) Die Pension bietet gute holzgetäfelte Zimmer, tolle Hausmannskost und hilfreiche Tipps zur Gegend. Das hübsche, 50 Jahre alte Haus befindet sich 2,8 km von Gushaini die Straße runter.

An- & Weiterreise

Die Straße hinauf ins Tirthan-Tal (Hwy 305) trennt sich von der Straße Kullu–Mandi (Hwy 3) am südlichen Ausgang des 3 km langen Aut-Tunnels südlich der Ortschaft Aut. Busse, die zwischen Mandi und Kullu unterwegs sind, können einen in Aut absetzen. Ein Taxi von Aut nach Gushaini oder Jibhi kostet 1000 ₹; um eines zu bestellen, kann man den in Aut lebenden Fahrer **Bharat** (☎ 9816610023) anrufen, der Englisch spricht.

Von Aut nach Banjar fahren von 8 bis 16 Uhr oder auch später mindestens stündlich Busse (37 ₹, 1½ Std.), von denen einige aus Kullu kommen. Der letzte Bus von Banjar nach Aut fährt um 17.30 Uhr. Von Banjar fahren zwischen 7.30 und 17 Uhr neun Busse nach Gushaini (7 ₹, 30 Min.) und Bathad (15 ₹, 1 Std.). In umgekehrter Richtung startet der erste Bus in Bathad um 7.30 und der letzte gegen 16.30 Uhr. Die Busse um 7.30, 8 und 15 Uhr fahren weiter nach Aut und Kullu.

Zwischen 7.30 und 12.30 Uhr starten mindestens vier und danach bis gegen 16.30 Uhr noch einige weitere Busse von Banjar nach Jibhi (12 ₹, 30 Min.). Zwischen März und Mitte Dezember gibt's auch Busse zum Jalori-Pass (31 ₹, 1½ Std.) und zu verschiedenen Zielen dahinter, u. a. nach Rampur (158 ₹, 6 Std., Abfahrt in Banjar 7.30 & 11.30 Uhr).

Bhuntar

☎ 01902 / 4500 EW.

Dieses Marktstädtchen ist der Standort des Flughafens Kullu-Manali und der Hauptverkehrsknotenpunkt für die Fahrt zum Parvati-Tal. In Bajaura 5 km südlich von Bhuntar lohnt der aus dem 9. Jh. stammende **Bisheshwar-Mahadev-Tempel** einen Zwischenstopp. Das für das Kullu-Tal seltene und besonders schöne Beispiel eines klassischen Stein-*sikhara*-Tempels des nordindischen Tieflands ist Shiva als Herrn des Universums geweiht. Der Tempel ist mit prachtvollen Reliefs verziert; in den Außennischen erblickt man herrliche Reliefs von Vishnu (Westseite), Ganesh (Südseite) und Durga (Nordseite). Der Tempel steht 200 m östlich vom Hwy 3.

Schlafen & Essen

Das beste Hotel ist das **Hotel Malabar** (☎ 01902-266199; www.hotelmalabarkullu.com; Zi. 2380–3340 ₹; ❄) 500 m nördlich des Flughafens mit gemütlichen, kiefernholzgetäfelten Zimmern und einem guten internationalen Restaurant (Hauptgerichte 180–300 ₹). Rund 500 m weiter die Hauptstraße hinauf folgt das weit weniger reizvolle **Hotel Amit** (☎ 01902-265123; www.hotelamitkullu.com; Zi. ohne/mit Klimaanlage 1780–2380/3090–3680 ₹; ❄) mit einigen billigeren Zimmern ohne Klimaanlage. In beiden Unterkünften gibt's oft Rabatt von ungefähr 30 %. **Hotel Sunbeam** (☎ 9418641908; DZ 500–1000 ₹) neben dem Amit ist eine recht saubere Budgetherberge.

An- & Weiterreise

Der Flughafen liegt am südlichen Ende der Stadt, 600 m vom Busbahnhof entfernt. Air India fliegt täglich ab/nach Delhi; die Flüge werden aber manchmal wegen schlechten Wetters abgesagt.

Bis gegen 22 Uhr fahren häufig Busse nach Kullu (15 ₹, 30 Min.) und Mandi (90 ₹, 2 Std.). Richtung Manali (70 ₹, 2½ Std.) winkt man sich einen Bus an der Hauptstraße heran oder steigt in Kullu um. Busse hinauf ins Parvati-Tal gibt's zwischen ca. 5.30 und 18 Uhr ungefähr halbstündlich. Die Busse nach Dharamsala, Shimla und Delhi passieren Bhuntar ungefähr 2 bis 2½ Stunden, nachdem sie Manali verlassen haben: In der Regel muss man sie an der Hauptstraße heranwinken. Der Taxistand liegt gegenüber dem Busbahnhof; die Preise betragen 950 ₹ nach Kasol, 1550 ₹ nach Barsheni und 1400 ₹ nach Manali.

Parvati-Tal

Gleich oberhalb von Bhuntar mündet der Parvati in den Beas; das himmlisch schöne Tal erstreckt sich bis hinauf zu den heißen Quellen von Manikaran und darüber hinaus bis zu Höhen von 5000 m in der Himalaja-Hauptkette. Das Tal hat sich einen Namen wegen des wild wachsenden und angebauten *charas* (Haschisch) gemacht, und ein paar Dörfer am Fluss sind zu Hippie- und Backpackertreffs mit billigen Unterkünften, internationalem Essen und Nonstopmusik für Traveller aus dem Ausland geworden. Wie Manali liegt auch das Parvati-Tal am „Hummus Trail", den israelische Traveller nach ihrem Militärdienst gerne absolvieren. Aber auch bei jungen Indern wird das Gebiet immer beliebter. Die Polizei richtet auf den Straßen manchmal Kontrollpunkte ein, um nach *charas* zu fahnden.

Es gibt in der Gegend ein paar exzellente Wanderrouten, z. B. über den Chandrakani-Pass von/nach Naggar oder über den Pin-Parvati-Pass von/nach Spiti. Aus Sicherheitsgründen sollte man sich nicht allein auf den Weg machen.

Es gibt viele günstige Unterkünfte in Form von auf Backpacker ausgerichteten Gästehäusern, vor allem in und rund um Kasol, aber auch in Jari und in Orten jenseits von Manikaran wie Pulga, Kalga, Tosh und Khir Ganga. Die Preise sind meist verhandelbar; in kleineren Unterkünften bekommt man ein Zimmer oft schon unter 300 ₹.

Von Bhuntar fahren Busse zwischen ca. 5.30 und 18 Uhr ungefähr halbstündlich ins Parvati-Tal hinauf nach Jari (30 ₹, 1¼ Std.), Kasol (40 ₹, 1¾ Std.) und Manikaran (50 ₹, 2 Std.); ungefähr jeder zweite fährt weiter nach Barsheni (75 ₹, 3 Std.). Ein paar Busse fahren von Manali oder Kullu die ganze Strecke bis Manikaran (und zurück), meist muss man aber in Bhuntar umsteigen.

Für Fahrten in und durch das Tal stehen Taxis zur Verfügung. Typische Preise lauten: Jari–Kasol 300 ₹, Kasol-Manikaran 150₹, Kasol–Nerang (nach Malana) einfache Strecke/hin und zurück 1000/1500 ₹, Kasol–Manali 2200 ₹ und Manikaran–Barsheni 550 ₹.

Jari

Jari ist ein marodes Basardorf, das 20 km vom Ausgang des Parvati-Tals an der Straße liegt. Traveller eilen zum friedlichen Weiler Mateura Jari mit den billigen Unterkünften und mehreren traditionellen Tempeln aus Holz und Stein auf einem Hügel 700 m über der Bushaltestelle in Jari (den Schildern „Village Guest House" folgen!).

Für einen Führer nach Malana oder Wanderungen im Parvati-Tal wendet man sich an **Negi's Himalayan Adventure** (☎9418 281894, 9816081894; www.negis-kasol-malana-parvati.com; Hotel Negi's Nest II, Chowki) im Hotel Negi's Nest II, von Jari aus jenseits des Flusses (Taxi 150 ₹). Der Inhaber Chapu Negi ist Leiter der örtlichen Bergrettung, also so verlässlich irgend möglich. Ein Guide für einen Tag kostet 2000 ₹ und Wandertouren kosten ca. 3000 ₹ pro Person und Tag, inklusive Transport. Die **Zimmer** (☎9418 281894; www.negis-kasol-malana-parvati.com; DZ 2500–3000 ₹, 3BZ 3500 ₹, Zelt 3BZ 1500 ₹; Wi-Fi) im Hotel sind komfortabel und mit Kiefernholz getäfelt; die guten Badezimmer sind sauber, und es gibt ein Restaurant und eine Gästeküche sowie billigere Zeltunterkünfte.

Schlafen & Essen

Neben den Unterkünften in Mateura Jari gibt's weitere Homestays und Pensionen an den Wegen und im 1 km entfernten Punthal.

Village Guest House PENSION $
(☎9816594249; www.facebook.com/village-guest-house-kasol-jari-205081383167806; Zi. 500 ₹, ohne Bad 300 ₹; Wi-Fi) Das recht große, einladende Anwesen ist die erste Unterkunft, auf die man in Mateura Jari trifft, und sie hat die komfortabelsten Zimmer, was vor allem für die um einen hübschen Garten liegenden Quartiere mit angeschlossenem Bad gilt. Die Betreiberfamilie ist freundlich und tischt gute indische und internationale Küche auf (Hauptgerichte 100–350 ₹).

> **CHARAS**
>
> Viele Touristen lockt das berühmte *charas*, ein wahrlich starkes Haschisch, ins Parvati-Tal und in das Gebiet um Manali. Im Parvati-Tal, in Old Manali und in Vashisht, wird das Zeug zwar in aller Öffentlichkeit gepafft, es ist aber illegal, und die örtlichen Polizisten verhaften durchaus Personen für den Besitz des Rauschgifts (oder fordern hohe Bestechungsgelder).

Malana

Das abgelegene Malana, das sich 20 km nördlich von Jari an einem Hügelhang in einem Seitental befindet, ist ein seltsames Dorf. Die Bewohner – nach einer Legende sind sie Nachfahren von Deserteuren aus der Armee Alexanders des Großen – sprechen ihre eigene Sprache, betrachten ihre Lebensweise als die weltweit älteste Demokratie, sehen alle anderen Menschen als unrein an und treten zur Seite, wenn ein Fremder vorbeikommt, um unwillkürliche Berührungen zu vermeiden. Malanas berühmtes *charas* (Haschisch), das als „Cream" bezeichnet wird, bildet das Rückgrat der hiesigen Wirtschaft, und deshalb kommen viele Besucher auch hauptsächlich her. Eine holprige Straße führt nun in die unmittelbare Nähe des Dorfes, aber Jahrhunderte lang war es einer der unzugänglichsten Flecken in der Region. Auf der Straße muss man mit plötzlichen Polizeikontrollpunkten rechnen. Man braucht seinen Pass auch deswegen, weil die Wächter am unterwegs gelegenen Wasserkraftwerk ihn vielleicht kontrollieren wollen.

Sehenswertes & Aktivitäten

Mehr als die Hälfte der traditionellen Holz- und Steingebäude Malanas gingen 2008 bei einer Feuersbrunst zugrunde, und einige wurden durch Kastenbauten aus Betonziegeln ersetzt. Die Tempel wurden aber traditionell aus Holz und Stein wiederaufgebaut

WARNUNG: TÖDLICHER URLAUB!

Seit Mitte der 1990er-Jahre sind mehr als zwei Dutzend ausländischer Touristen im Kullu- und im Parvati-Tal verschwunden. Während sich einige zu tief auf den örtlichen Drogenhandel einließen und den falschen Leuten über den Weg liefen, verirrten sich andere bei Wanderungen auf eigene Faust in dem unwegsamen und unübersichtlichen Gebirgsgelände oder verletzten sich tödlich.

Wer eine Wanderung in den Bergen plant, sollte unbedingt einen Führer engagieren, der ihn von den Gefahren fernhält, die von der Natur und von Menschen ausgehen. Es ist ebenfalls ratsam, in seiner Pension die Information zu hinterlassen, wohin man aufbrechen und wann man zurückkehren will. Man sollte nicht allein in den Wäldern wandern und auf der Hut sein vor vermeintlich freundlichen *sadhus* (heiligen Männern) und anderen Leuten, die in den Wäldern umherstreifen. Traveller sollten ruhig wandern und diese unglaublich schöne Gegend genießen, aber – auch im Interesse ihrer Angehörigen – alle Vorsichtsmaßregeln beachten.

und erhielten fein mit Schnitzarbeiten verzierte Balkone. Sie sind der Lokalgottheit Jamdagni (Jamlu) Rishi geweiht und locken Pilger aus der gesamten Region an, vor allem während Malanas Hauptfest, das am 15. August beginnt und vier oder fünf Tage mit blumengeschmückten Kostümen, Prozessionen, Musik, Tänzen und natürlich viel *charas* gefeiert wird. Einer der beiden Haupttempel steht an dem zentralen, offenen Dorfplatz; ihm gegenüber befindet sich eine Steinplattform mit gestuften Sitzreihen für die Dorfversammlungen (Malanas „Parlament“).

Im Dorf muss man sich an eine ganze Reihe exotisch anmutender Regeln halten, wenn man nicht Gefahr laufen will, eine Geldstrafe von bis zu 3000 ₹ berappen zu müssen. Man muss auf dem Hauptweg bleiben, darf die Tempel nicht berühren und sie nicht ohne Genehmigung fotografieren, darf keine heiligen Orte betreten (auch wenn diese gar nicht gekennzeichnet sind) und darf keine Dorfbewohner und auch nichts von deren Habe anfassen. Um aus diesem Kulturerlebnis das meiste herauszuholen und keine Regeln zu verletzen, sollte man seinen Besuch in Begleitung eines kundigen Führers machen.

Es gibt einige gute Wanderrouten in der Gegend. Von Malana aus gelangt man auf einem zweistündigen Marsch bergauf bis zum Chandrakani-Pass; über ihn gelangt man in zwei oder drei Tagen nach Naggar, und Abenteuerlustige können südostwärts über den Rashol-Pass nach Kasol (17 km) wandern und unterwegs bei einer Gastfamilie in Rashol übernachten.

Schlafen

In Malana gibt es ein halbes Dutzend Gästehäuser. Sie liegen meist oberhalb des Dorfs, haben schlechte sanitäre Anlagen und werden von Leuten geführt, die nicht aus dem Dorf stammen. Das **Dragon Guest House** (☎ 9805105400; Zi. ohne Bad 300–600 ₹) gehört mit einigermaßen sauberen, holzgetäfelten Zimmern zu den beliebtesten. Die Küche bereitet israelische, indische und italienische Speisen zu (Hauptgerichte 80–200 ₹). Im **Chand View Guest House** (☎ 9805261446; Zi. 250–500 ₹) gibt's ein paar angeschlossene Bäder.

An- & Weiterreise

Am einfachsten erreicht man Malana mit einem Taxi von Jari nach Nerang (einfache Strecke 800 ₹, hin & zurück 1300 ₹ inkl. 3 Std. Wartezeit), einer Barackensiedlung, von wo aus man zum Dorf hinauflaufen kann (30–45 Min.).

Um 9 Uhr fährt täglich ein Bus von Nerang nach Jari und Kullu (3 Std.), der von Kullu gegen 15 Uhr wieder zurückfährt.

Kasol

☎ 01902 / 750 EW. / 1600 M

Kasol, der Haupttreffpunkt der Traveller in diesem Tal, liegt, nach allen Seiten von Bergen umgeben, am hübschen Fluss Parvati. Das Dorf ist klein, aber voller Reggae-Bars, Bäckereien und billigen Pensionen, die auf den Massenandrang von internationalen Backpackern und neuerdings auch immer mehr Indern eingestellt sind. Im Sommer gibt's aus Goa hierher versetzte Trance-Partys. Ansonsten ist das Dorf jederzeit ein bequemes Standquartier zur Erkundung des bewaldeten Tals oder einfach nur zum Ausspannen. Das Dorf besteht aus den beiden Teilen Old Kasol auf der Bhuntar zugewandten Seite der Brücke und New Kasol auf der Manikaran zugewandten Seite.

Schlafen

Royal Orchard PENSION $
(☎9459342032; Zi. 600–1000 ₹; 📶) Die 21 geräumigen, sauberen Zimmer in einem kürzlich in einem Apfelhain errichteten dreistöckigen Gebäude sind sehr begehrt. Die Zimmer in den beiden obersten Etagen haben eigene Balkone und alle internationales Fernsehen und WLAN. Es gibt auch ein Café. Das Haus steht 100 m vom Ende einer auf den Fluss zulaufenden Gasse entfernt, die 80 m hinter dem Restaurant Evergreen in New Kasol anfängt.

Taji Place PENSION $
(☎9816461684; chetanthakurkasol@gmail.com; DZ 1500–3500 ₹, ohne Bad 500 ₹, Cottage für 3 Pers. 3000 ₹; 📶) Auf dem netten, großen Ufergrundstück mit Apfelbäumen und großer Rasenfläche gibt es eine Reihe ordentlicher Zimmer sowie vier Cottages (3500 ₹) aus hochwertigem Kiefernholz mit neuen Bädern. Die Anlage ist nicht ausgeschildert; sie liegt am Ende einer zum Fluss führenden Gasse 80 m hinter dem Restaurant Evergreen in New Kasol.

Alpine Guest House HOTEL $$
(☎9418400328; alpinehimachal@gmail.com; Zi. 1000–2500 ₹) Die Zimmer in diesem Hotel, das in Old Kasol zwischen Kiefern steht, sind geräumig und angemessen gepflegt (die größeren und helleren liegen oben). Die eigentlichen Pluspunkte sind aber die weite Terrasse und das Freiluftrestaurant direkt am Ufer des schönen, tosenden Flusses.

Essen

★ **Evergreen** INTERNATIONAL $$
(New Kasol; Hauptgerichte 200–400 ₹; ⏲10–23 Uhr) Allseits beliebt der Pizza und Lasagne, des hausgemachten Tofus, des Kebabs, der Lamm- und Hähnchengerichte sowie der guten israelischen Spezialitäten wegen; auch das *sipoodim*-(Grill-)Hähnchen mit Fritten und Hummus ist ausgezeichnet. Man isst an Tischen im vorderen Raum oder hinten in dem verrauchten Bereich mit Sitzkissen.

Moon Dance Café & German Bakery INTERNATIONAL $$
(Hauptgerichte 180–400 ₹; ⏲9–23 Uhr) Das Moon Dance, gleich westlich der Brücke,

PIN-PARVATI-TREK

Die anstrengende, aber lohnende sechs- bis neuntägige Wanderung vom Parvati-Tal durch die Einöde über den schneebedeckten Pin-Parvati-Pass (5319 m) hinüber in das Pin-Tal in Spiti ist nur zwischen Ende Juni und Ende September/Anfang Oktober möglich; im Juli und August kann es heftig regnen, die besten Bedingungen herrschen im September. Auf der Strecke gibt es Unterkünfte in Khir Ganga, wo man in Thermalquellen baden kann, und in Mudh, dazwischen aber nicht; man muss also entweder alles selbst mitnehmen oder sich einem Trekking-Veranstalter anvertrauen. Organisierte Treks sind relativ teuer, weil Packtiere den Pass nicht überqueren können, man also Träger braucht (wegen der Länge des Treks oft drei pro Person), und die Crew wieder zum Ausgangspunkt zurück transportiert werden muss.

Von Barsheni (oder Pulga oder Kalga) führt die Strecke bergauf durch Wälder und über Weiden zu den Thermalquellen von Khir Ganga und nach Thakur Khan. In zwei weiteren Tagen gelangt man durch eine trockenere Hochgebirgszone über die (wenn sie nass ist, gefährliche) Pandupul-Felsbrücke und den Mantalai-See zum High Camp (auch Plateau Camp genannt). Eine anspruchsvolle Wanderung über Schnee und Geröll, bei der man Seile braucht, führt einen über den Pass und dann hinab ins Pin-Tal. Beim Aufstieg ist es ratsam, einen oder zwei Tage für Akklimatisierung, Ausruhen oder kürzere Etappen einzuschalten; die letzte Etappe lässt sich leicht in zwei aufspalten, wenn man durch den Pin Valley National Park nach Mudh wandert.

Der Trek kann auch in Ost-West-Richtung in Angriff genommen werden.

ETAPPE	STRECKE	DAUER (STD.)	ENTFERNUNG (KM)
1	Barsheni–Khir Ganga	3–4	12
2	Khir Ganga–Thakur Khan	6	15
3	Thakur Khan–Mantalai-See	7	16
4	Mantalai-See–High Camp	4	12
5	High Camp–Pin Valley Camp über Pin-Parvati-Pass	5–6	12
6	Pin Valley Camp–Mudh	8	20

ABSTECHER

KHIR GANGA

Diese abschüssige Bergwiese liegt von **Barsheni** aus, das wiederum 13 km von Manikaran entfernt ist, drei bis vier Wegstunden oberhalb des Parvati-Tals. Auf dem Gelände gibt es herrliche Thermalquellen und schäbige Baracken, die als Gästehäuser (Zi. 200–500 ₹) fungieren, sowie Caférestaurants, die von April bis Oktober geöffnet sind. Die Gegend ist beliebt bei Leuten, die ein paar Tage ausspannen wollen. Auch ein Tagesausflug nach Khir Ganga und zurück lohnt sich. Der Weg aus Barsheni, bei dem man einen Höhenunterschied von etwa 800 m überwindet, ist zugleich die erste Etappe des Pin-Parvati-Treks. Pfade verlaufen an beiden Seiten des Tals, an der Nordseite durch das Dorf **Nakthan** und an der Südseite über das Dorf **Kalga**. Sie treffen rund 45 Minuten vor Khir Ganga zusammen. Die Route über Nakthan ist schöner, sonniger und stärker genutzt.

Die **Thermalquellen** (Sonnenaufgang–Sonnenuntergang) GRATIS am oberen Ende der Wiese haben genau die richtige Temperatur – heiß, aber nicht zu heiß. Es gibt ein großes Becken für Männer mit fantastischer Aussicht und ein kleineres, geschützteres für Frauen, von dem aus man zumindest den Himmel sehen kann. Die Wasserbecken gehören zu einem Tempel, also muss die Tradition gewahrt bleiben: gemischtes Baden, FKK und Rauchen sind tabu!

Von der Straße oberhalb des Busbahnhofs von Manikaran fahren von 7.30–12 Uhr etwa halbstündlich und dann bis 17.30 Uhr ca. stündlich Busse nach Barsheni (30 ₹, 1 Std.), einige davon kommen von Bhuntar. Der letzte Bus zurück verlässt Barsheni um 17 Uhr.

ragt unter den vielen Traveller-Restaurants durch gute Backwaren, starken Kaffee, Baguettes, Waffeln, Crêpes, Shakes, Säfte und günstige Frühstücksgerichte (200–300 ₹) heraus, die im sonnigen Hof serviert werden.

Praktische Informationen

Kasol hat einige Internetcafés (40 ₹/Std.). Der **Geldautomat der Central Bank of India** in der Seitenstraße gleich östlich der Brücke akzeptiert einige ausländische Karten.

Manikaran

01902 / 6100 EW. / 1730 M

Die geschäftige kleine Pilgerstadt Manikaran, 4 km östlich von Kasol, ist Sikhs und Hindus heilig und berühmt für ihre Thermalquellen, deren Dampf ständig vom Flussufer unter dem großen Tempel aufsteigt. Laut einer Legende stahl einst eine Riesenschlange die Ohrringe der Göttin Parvati, als diese (während einer 11 000 Jahre andauernden Meditationssitzung mit Shiva) ein Bad nahm. Die Schlange hustete die Ohrringe, zusammen mit vielen anderen Juwelen später wieder aus, wodurch die Thermalquellen frei gesetzt wurden. Das Wasser, das aus dem Boden aufsteigt, ist heiß genug, um Reis zu kochen; um darin baden zu können, muss es mit Flusswasser abgekühlt werden. Die Einheimischen meinen, dass sich damit alles von Rheumatismus bis hin zu einer Bronchitis heilen lässt.

Sehenswertes

Der fünfstöckige **Sri Guru Nanak Ji Gurdwara** (Gurdwara Sahib) am Nordufer des schäumenden Flusses wurde 1940 gebaut. Der Hauptgebetssaal mit Teppichen und glitzernden Glassäulen befindet sich im obersten Stockwerk (Männer wie Frauen müssen die Schuhe ausziehen und Kopfbedeckungen aufsetzen). Ein Stockwerk tiefer befindet sich der Speisesaal, in dem alle Besucher rund um die Uhr kostenlos mit Reis, Dhal, Currys, Chapatis und Tee verpflegt werden (diese Mahlzeiten sind nicht schlechter als alle anderen in der Stadt). Darunter befinden sich die getrennten Hallenbäder für Männer und für Frauen sowie an einer Seite eine saunaartige „heiße Höhle". Jenseits der Fußgängerbrücke gibt es ein einladenderes offenes Bad für Männer und ein weiteres überdachtes Bad für Frauen. Wer baden will, braucht Badekleidung, ein Handtuch und Badelatschen.

Neben dem Gurdwara steht ein **Shiva-Tempel**, in dem der Reis für den Gurdwara in großen Töpfen in Teichen mit siedendem Quellwasser kocht. In beiden Tempeln herrscht eine fröhliche, heitere Stimmung.

An der Promenade im autofreien Norden der Stadt steht der verzierte, aus Holz und Stein erbaute und an eine Berghütte erinnernde **Naina-Bhagwati-Tempel**, der der aus Shivas drittem Auge entsprossenen Göttin geweiht ist, die Parvatis verlorene Ohrringe wiederfand.

Schlafen

Fateh Paying Guesthouse PENSION $

(☎9816894968; Zi. 300 ₹; @) Das große grüne Haus in einer Gasse im alten Teil der Stadt, zu dem ein Schild den Weg weist, hat nur fünf schlichte, aber angenehme Zimmer, einladende Besitzer, eine sonnige Dachterrasse und einen winzigen Thermalpool. Anders als viele Herbergen im Ort behält das Fateh das ganze Jahr über seine Preise bei. Auch regionale Mahlzeiten sind erhältlich.

Kullu

☎01902 / 18500 EW. / 1220 M

Die geschäftige Verwaltungshauptstadt des Kullu-Tals bedeutet nach dem Besuch der Hippie-Ferienorte anderswo im Tal eine Art Rückkehr zur indischen Normalität. Wenige Traveller bleiben hier lange, obwohl die Stadt eigentlich recht schön ist. Im Oktober steigt hier das größte und bunteste Fest der Region, das Kullu Dussehra.

Der Fluss Beas fließt an der Ostseite von Kullu entlang, sein Nebenfluss, der Sarvari, fließt mitten durch die Stadt und teilt sie in eine nördliche und eine südliche Hälfte. Im Südteil (Dhalpur) finden sich der Taxistand, die Touristeninformation, das Dussehra-Gelände (zwei große, aneinandergrenzende Freiflächen) und die meisten Restaurants und Hotels. Der Busbahnhof und der Raghunath-Tempel liegen nördlich des Sarvari. Nahe dem Busbahnhof führt eine Fußgängerbrücke über den Fluss zu einer Basarstraße, aus der man in der Nähe des Hotels Shobla International wieder herauskommt.

Sehenswertes

Raghunath-Tempel HINDUTEMPEL

(⌚7-20.30 Uhr) Kullus wichtigster Tempel birgt das wichtigste Idol des Kullu-Tals, eine kleine Bronzestatue des Raghunath Ji (Rama), die im Mittelpunkt der Dussehra-Feiern steht. Der Tempel aus dem 17. Jh. steht im Sultanpur-Viertel auf einem Hügel oberhalb des Busbahnhofs und nahe dem Raja Rupi, dem Palast der ehemaligen Rajas von Kullu. Der Hauptschrein des Tempels ist tagsüber mehrere Stunden lang geschlossen, doch wird man wahrscheinlich durchs Fenster hineinschauen können.

★ **Bijli-Mahadev-Tempel** HINDUTEMPEL

Es gibt mehrere wichtige Tempel in den Hügeln um Kullu. Um diesen shivaitischen Tempel zu erreichen, fährt man von Kullu 20 km nach Südosten bis nach Chansari und marschiert von dort 2,5 km bergauf. Der Tempel thront in 2460 m Höhe auf einer Hügelspitze, von der man einen herrlichen weiten Blick über das Kullu- und das Parvati-Tal genießt. Neben ihm steht ein 20 m hoher Holzpfahl, der gelegentlich göttliche Segnungen in Form von Blitzen anzieht. Die gewaltigen Stromstöße zerschmettern den steinernen Shiva-Lingam im Tempel, der dann mit Butter wieder zusammengeklebt wird.

Von Mitte Juli bis Mitte August strömen während des shivaitischen Sawan-Kamaina-Fests Heerscharen von Pilgern zum Tempel.

DUSSEHRA IN KULLU

Raghunath Ji, der wichtigste Gott in der Stadt Kullu und im ganzen Tal, ist eine Version Ramas, des Götterhelden aus dem Ramayana. Man kann also erwarten, dass die **Dussehra** (⌚Okt.; veränderlicher Termin), das Fest im Oktober, das Ramas Sieg über den Dämonenkönig Ravana verherrlicht, in Kullu ganz besonders groß gefeiert wird. Anderswo dauern die Feierlichkeiten einen Tag, aber die Kullu Dussehra dauert eine ganze Woche. Der Eröffnungstag ist der aufregendste: Mehr als 200 Dorfgottheiten (*devtas*) kommen auf Sänften in Kullu an, dann ziehen sie in einer wundervollen Kavalkade unter Trommelschlag und dem Dröhnen riesiger Trompeten, geschmückt mit aufwendigen Girlanden und in Kostümen, die mit Silbermasken besetzt sind, zum Dussehra-Gelände hinunter. Hier wird das winzige Raghunath-Ji-Idol in einen großen Wagen gesetzt, der von den Gläubigen und der begeisterten Menge mit Seilen an den vorgesehenen Platz geschleppt wird. Die Dorf-*devtas* „tanzen" – sie schwanken von einer Seite zur anderen sowie vor- und rückwärts – bevor auch sie ihren vorgesehenen Platz auf dem Gelände erreicht haben, wo sie und ihre Gläubigen dann für die Woche des Fests ihr Lager beziehen.

Der Rest der Woche konzentriert sich hauptsächlich auf den großen Handelsmarkt auf dem Dussehra-Gelände, Musik und Tanz rund um die *devta*-Zelte, und abendliche Volkstanz-, Musik- und sonstige Darbietungen im angrenzenden Auditorium. Am siebenten Tag gibt es noch mehr Prozessionen, ehe dann alle wieder nach Hause aufbrechen.

SCHALS SHOPPEN

Das Kullu-Tal ist berühmt für seine traditionellen Wollschals – leicht, aber wunderbar warm und hübsch gemustert –, und der Highway zwischen Bhuntar und Manali ist gesäumt von unzähligen Läden und Showrooms. Kullu-Schals werden an hölzernen Handwebstühlen aus der Wolle von Schafen, Ziegen oder Angorakaninchen gewebt. Das Gewerbe verschafft Tausenden einheimischen Frauen ein Einkommen; viele von ihnen haben sich in Schalweber-Genossenschaften zusammengeschlossen.

Wer hohe Qualität ohne den sonst überall üblichen Verkaufsdruck sucht, sollte sich in der nächsten Filiale von **Bhuttico** (www.bhutticoshawl.com) der Bhutti Weavers' Cooperative umsehen. Die Genossenschaft wurde 1944 gegründet und hat in jeder Ortschaft im Tal und in einigen außerhalb des Tals Verkaufsräume sowie einen großen **Factory Showroom** (Bhutti Colony; 9–19 Uhr) 8 km südlich von Kullu. Bhuttico hat Festpreise, man kann hier also hervorragend üben, die Qualität und den Preis einzuschätzen. Für einen Schal aus Lammwolle zahlt man ab 700 ₹, für einen aus Angora und Lammwolle 1200 bis 1600 ₹, für einen aus einer Mischung aus Ziegen- und Lammwolle 3500 ₹ und für einen reinen Pashmina-Schal (Ziegenwolle) 6000 ₹. Bhuttico fertigt zudem auch Kopftücher, Topis (Mützen), Jacken, Taschen, Handschuhe, *pullas* (Slipper aus Hanfrohr) und *pattus* an, jene wunderschön gemusterten Wickelkleider, welche die Frauen in Kullu traditionell tragen.

Täglich fahren ein paar Busse vom Busbahnhof in Kullu nach Chansari (28 ₹, 1¼ Std.). Ein Taxi von Kullu nach Chansari kostet (hin & zurück) 1300 ₹.

Schlafen & Essen

Hotel Aaditya HOTEL $
(9418001244, 01902-224263; Lower Dhalpur; DZ 660–2640 ₹; WLAN) Vom Busbahnhof aus gleich jenseits der Fußgängerbrücke gibt sich das Aaditya mehr Mühe als die meisten Häuser dieser Preiskategorie. Der Service ist freundlich, die Betten sind bequem, und viele Zimmer haben einen Balkon mit Blick auf den Sarvari.

Hotel Vikrant HOTEL $
(9816438299; vikramrashpa@gmail.com; Dhalpur; DZ 400–1200 ₹) Das an einem winzigen Weg hinter dem HPTDC-Büro stehende Vikrant ist eine Backpacker-freundliche Unterkunft. Holzvertäfelungen und Gemeinschaftsbalkone geben den Zimmern einen schlichten Charme: Die Zimmer im Obergeschoss sind größer und heller, aber alle haben Ventilatoren und Warmwasserduschen.

Hot Spice INTERNATIONAL $$
(Dhalpur; Hauptgerichte 120–250 ₹; 9–22 Uhr) Das angenehme Freiluftcafé in der Gasse hinter der Touristeninformation serviert gute, günstige Thalis und Frühstücksgerichte sowie schmackhafte Forellen aus dem Tandur.

An- & Weiterreise

HRTC- und private Busse fahren bis 21 oder 22 Uhr ungefähr alle 15 Minuten nach Bhuntar (15 ₹, 30 Min.), Manali (60 ₹, 90 Min.) und Mandi (106 ₹, 2 Std.). Busse nach Naggar (30 ₹, 1 Std.) fahren zwischen 7 und 18 Uhr halbstündlich. Ein paar Busse steuern Ziele im Parvati-Tal an, aber in der Regel muss man nach Bhuntar fahren und dort umsteigen. Busse, die von Manali aus Ziele jenseits des Kullu-Tals ansteuern, halten in Kullu ungefähr 1½ Stunden nach der Abfahrt.

Naggar

01902 / 550 EW. / 1710 M

Das hoch an der Ostseite des Kullu-Tals gelegene, verschlafene Naggar war einst die Hauptstadt der Rajas von Kullu und ist heute das vielleicht bezauberndste Dorf im Tal. Dem russischen Maler und Entdeckungsreisenden Nicholas Roerich (Nikolai Rerich) gefiel es hier so gut, dass er sich Anfang des 20. Jhs. hier niederließ. Obwohl das Dorf nur einen Tagesausflug von Manali entfernt ist, bietet es sich dank interessanter Sehenswürdigkeiten und schöner Wanderungen (u.a. der Trek über den Chandrakani-Pass nach Malana im Parvati-Tal) sowie einiger guter Pensionen und Restaurants für ein paar mehr erholsame Tagen an.

Naggars Sehenswürdigkeiten und Unterkünfte liegen im oberen Teil des Dorfs, 1 bis 2 km von der im Basarbereich an der Straße gelegenen Bushaltestelle den Hügel hinauf.

Sehenswertes

Naggar Castle FORT
(30 ₹; 9–18 Uhr) Das um 1500 von den Rajas von Kullu erbaute Fort mit Herrschaftshaus

ist ein schönes Beispiel für die erdbebenbeständige, abwechselnde Schichten aus Stein und Holz verwendende Architektur Himachals. Das Fort wurde 1846 an den stellvertretenden britischen Bevollmächtigten verkauft und später zu einem Gerichtsgebäude und schließlich 1976 zu einem Hotel umgewandelt.

★International Roerich Memorial Trust MUSEUM
(☎01902-248590; http://irmtkullu.com; Inder/Ausländer/Foto/Video 50/100/30/60 ₹; ⏲Di–So 10–13 & 13.30–18 Uhr, Nov.–März bis 17 Uhr) 1 km oberhalb des Naggar Castle befindet sich der faszinierende Komplex aus Gedenkstätte und Museum, dessen Mittelpunkt das ehemalige Wohnhaus des russischen Malers, Autors und Erforschers Innerasiens und seiner Frau Elena, einer Philosophin, Autorin und Übersetzerin, bildet. Sie ließen sich hier 1928 nieder und wohnten hier bis zu Roerichs Tod im Jahr 1947. Das theosophische, ästhetisch-orientalistische Philosophieren der beiden fand zu ihren Lebzeiten eine internationale Anhängerschaft, den dauerndsten Reiz üben aber Nicholas' Bilder aus.

In der unteren Etage des Hauses sind einige von Nicholas' Landschaftsgemälden (von denen viele die Berge des Himalaja zeigen) sowie Gemälde seines Sohnes Swjatoslaw ausgestellt, oben sind einige der Privatzimmer erhalten (Einblick durch die Fenster). In dem malerischen Garten am Hügel befinden sich Nicholas' *samadhi* (Grabmal) und eine Ausstellung über Swjatoslaw und dessen Frau, den indischen Filmstar Devika Rani.

Ein Stück die Straße weiter gibt es einen guten kleinen Buch-, Drucke- und Postkartenladen. Läuft man vom Museum fünf Minuten den Hügel hinauf, kommt man zum **Urusvati Himalayan Research Institute** (Eintritt im Ticket zum Roerich Trust enthalten; ⏲Di–So 10–13 & 13.30–18 Uhr, Nov.–März bis 17 Uhr), das weitere Ausstellungen zu den Roerichs und mit ihnen verbundenen Personen bietet.

Tempel

In Naggar gibt es mehrere schöne, faszinierende kleine Tempel. An der Straße neben dem Naggar Castle erhebt sich der Shikhara (Tempelturm) des aus dem 11. Jh. stammenden, relativ schlichten und gedrungenen **Vishnu Mandir**. Wenn man gleich hinter ihm links und an der nächsten Weggabelung wieder links abbiegt, erreicht man den hübschen kleinen, Shiva geweihten **Gauri-Shankar-Tempel** von ähnlichem Alter und Stil, aber mit schöneren Proportionen und Schnitzereien.

Geht man vom Naggar Castle etwa 400 m die Straße hinauf, gelangt man zum pagodenartigen **Tripura-Sundari-Tempel**, der der lokalen Erd-/Muttergöttin geweiht ist. Das bestehende Gebäude ist zwar erst rund 35 Jahre alt, aber die Stätte selbst galt wahrscheinlich schon in prähinduistischer Zeit als heilig. Der Weg, der hier von der Straße abzweigt und den Hügel hinaufführt, bringt einen nach einem Kilometer zu einer Kreuzung, deren rechter Abzweig zum 150 m entfernten **Murlidhar-Tempel** führt, der Krishna als Flötenspieler ehrt. Der Tempel stammt ca. aus dem 11. Jh. und steht auf dem Gelände der antiken Stadt Thawa, die rund 1000 Jahre vor Naggar existierte.

Aktivitäten

Ragini Treks & Tours TREKKING
(☎9817076890; raginitours@hotmail.com; Hotel Ragini) Der erfahrene Veranstalter gleich oberhalb des Naggar Castle bietet Treks über den Chandrakani-Pass und weitere Wanderungen in der Gegend an.

Trek über den Chandrakani-Pass

Naggar ist der Ausgangspunkt der ausgezeichneten und beliebten Wanderung nach Malana über den von Ende Mai bis Oktober offenen, 3650 m hohen Chandrakani-Pass. Es handelt sich in der Regel um einen zweitägigen Trek, bei dem man sechs bis acht Stunden bis zum Pass und dann zwei bis drei Stunden hinunter nach Malana marschiert. Die guten Veranstalter in Naggar berechnen rund 3000 ₹ pro Person und Tag für einen Trek mit Guide, Ausrüstung und Trägern.

Der Weg ist nicht überall deutlich erkennbar, und gefährlich schlechtes Wetter kann zu jeder Jahreszeit vorkommen. Man sollte daher – außer vielleicht im Juni, wenn die meisten Wanderer unterwegs sind – nicht ohne Führer losziehen. Die ideale Zeit für diese Wanderung liegt zwischen Mitte September und Mitte Oktober, wenn sich die Massen verlaufen haben, aber noch kein Schnee liegt. Im Juli und August können schwere Regengüsse auftreten.

Wie immer sollte man sich vor Antritt einer Wanderung über den abschließenden Gesamtpreis verständigt haben – einschließlich z. B. des Rücktransports von Guide und Trägern und der Verpflegung für die gesamte Mannschaft.

Wer etwas unabhängiger wandern will, sollte zumindest einen ortskundigen Führer engagieren, den das Gasthaus empfehlen kann. Ein Guide kostet mindestens 1000 ₹ pro Tag, ein Träger mindestens 600 ₹. Für die Wanderung ausreichend Nahrung und die Ausrüstung für eine Übernachtung im Zelt mitnehmen!

Schlafen & Essen

★ **Alliance Guesthouse** PENSION $

(☎9418025640, 9817097033; www.alliancenaggar.com; Roerich Marg; Zi. 440–1800 ₹, 3BZ & 4BZ 2200 ₹; @📶) An der Straße hinauf zum Roerich Museum bietet diese freundliche, von einer französisch-indischen Familie geführte Pension eine Reihe gepflegter Zimmer mit komfortablen Betten, von Billigunterkünften mit Gemeinschaftsbad bis hin zu Doppelsuiten, die für Familien ideal sind. Bei der Anlage dieser Unterkunft stand der Gästekomfort im Mittelpunkt: Zu den netten Extras zählen beispielsweise Wasserkessel, Tee- und Kaffeemaschinen; Leselampen und sogar Wattestäbchen in den Zimmern.

Für die Gäste gibt's ausgezeichnete indische und europäische Gerichte, darunter heimische Forellen und ein paar Spezialitäten mit französischem Einschlag (Hauptgerichte 100–400 ₹). Die Zimmerpreise sind durchaus verhandelbar, vor allem wenn man ein paar Tage bleibt. Im Haus gibt's eine Bibliothek, Sitzbereiche, Infos über die Gegend, Angebote für Treks und die Möglichkeit, Verkehrsmittel zu buchen – kurz: alles, was man sich als Gast wünschen kann.

Mannat Home PENSION $$

(☎9816048116; www.mannathome.com; Zi. 1200–3000 ₹, pro Monat 14 000–35 000 ₹; @📶) Gegenüber der Burg bietet das Mannat sieben unterschiedliche, saubere und meist geräumige Zimmer mit Parkettböden. Die meisten haben eine schöne Aussicht, einige auch einen Balkon und/oder eine Küche. Die Gastgeber sind freundlich, es gibt Mahlzeiten und einen ausgezeichneten Monatspreis für Gäste, die länger bleiben.

The Castle HISTORISCHES HOTEL $$

(☎01902-248316; www.hptdc.gov.in; EZ/DZ mit Frühstück 1800–3510/2400–4680 ₹; 📶) Das HPTDC-Hotel in der Burg besitzt historische Atmosphäre und man wohnt in einem Gebäude in traditioneller Stein- und Holzbauweise, aber das Dekor und die Einrichtung sind ziemlich spartanisch. Die Preise hängen hauptsächlich von der Größe des Zimmers und der Aussicht (die bei einigen erstklassig ist) ab. Es gibt ein günstiges **Restaurant** (Hauptgerichte 170–440 ₹; ⏲8–22 Uhr), dessen Terrasse über das Tal blickt.

An- & Weiterreise

Busse fahren zwischen 8 und 18 Uhr ungefähr stündlich ab/nach Manali (30 ₹, 1 Std.) und von 7.30 bis 19 Uhr ungefähr halbstündlich nach Kullu (30 ₹, 1 Std.). Ein Taxi von Manali nach Naggar kostet rund 800 ₹, eine Autorikscha/ein Taxi von der Bushaltestelle hinauf zum Naggar Castle (1 km bergauf) 70/100 ₹.

Manali

☎01902 / 8100 EW. / 1900 M

Mit seiner Lage im schönen, grünen, von hohen Gipfeln umrahmten Beas-Tal und mit überall lockenden Gebirgsabenteuern ist Manali ganzjährig ein Touristenmagnet. Backpacker hängen in den Hippie-Dörfern rund um die Hauptsiedlung ab, Abenteuerlustige kommen zum Wandern, Klettern, Raften und Skifahren, indische Flitterwöchner und Familien kommen wegen der Bergluft und des Schnees auf dem Rohtang-La-Pass (3978 m). Es ist sinnvoll, hier ein paar Tage Rast zu machen und Kräfte zu sammeln, während man seinen Trip in die Berge organisiert.

Manali ist bei indischen Touristen so populär, dass es in dem einst beschaulichen Refugium und der Umgebung nun schätzungsweise 800 bis 1000 Hotels und Pensionen gibt. In der Spitzensaison (Mitte April–Mitte Juli, Mitte Sept.–Mitte Okt. & Weihnachten–Neujahr) ist die Stadt überlaufen, und man erlebt schlimme Staus in den engen Gassen und auf den Hauptzufahrtsstraßen in die Stadt

Sehenswertes

★ **Hadimba-Tempel** HINDU-TEMPEL

(Karte S. 340) Der hoch verehrte Mandir wurde 1553 aus Holz und Stein errichtet und steht auf einer Lichtung in einem Zedernwald rund 2 km westlich des Zentrums von Manali. Pilger strömen aus ganz Indien herbei, um die Dämonin Hadimba, die Frau des aus dem Mahabharata bekannten Pandavas Bhima zu ehren. Das Holzportal des Tempels unter dem dreischichtigen pagodenartigen Dach ist reich mit den Figuren von Göttern, Tieren und Tänzerinnen geschmückt; Geweihe und Steinbockhörner zieren die Außenwände.

Old Manali

Etwa 2 km nordwestlich der Mall am anderen Ufer des Bachs Manalsu Nala verbreitet Old Manali, das schon lange vor der modernen Siedlung existierte und heute das Zentrum der Backpackerszene bildet, immer noch ein wenig die Stimmung eines indischen Bergdorfs, wenn man erst einmal den Kern der Backpackerzone durchquert hat. Hier stehen einige bemerkenswerte alte Häuser aus Holz und Stein und der Turm des **Manu-Maharishi-Tempel** (Karte S. 340), der der Legende nach an jener Stelle errichtet wurde, wo Manu, der indische Noah und Kulturbringer, nach der großen Flut mit seiner Arche landete.

Buddhistische Klöster

Südlich vom Zentrum gibt es eine kleine tibetische Gemeinde. Im vielbesuchten **Himalayan Nyinmapa Buddhist Temple** (Karte S. 344; ⏲6–18 Uhr) steht eine zwei Stockwerke hohe Statue von Shakyamuni, dem historischen Buddha. Gleich westlich davon stößt man auf das traditionellere **Von-Ngari-Kloster** (Karte S. 344; ⏲6–19 Uhr) mit einer stimmungsvollen, nach Wacholder duftenden Gebetshalle voller Statuen von Bodhisattvas (erleuchteten Wesen) und verehrten Lamas.

Aktivitäten

Himalayan Extreme Centre OUTDOORAKTIVITÄTEN
(Karte S. 340; ✆9816174164; www.himalayan-extreme-centre.com; Old Manali; ⏲9–20 Uhr) Der alteingeführte professionelle und freundliche Veranstalter kann fast jede erdenkliche Aktivität organisieren. Einfach vorbeischauen und die Angebote durchsehen. Es gibt auch eine Filiale in Vashisht.

Himalayan Caravan OUTDOORAKTIVITÄTEN
(Karte S. 340; ✆9816316348; www.himalayancaravan.com; Old Manali; ⏲Büro Mitte März–Mitte Dez. 9–22 Uhr) Professioneller Veranstalter für Wandern, Klettern, Bergsteigen, Snowboarden und Skifahren.

Himalayan Trails OUTDOORAKTIVITÄTEN
(Karte S. 340; ✆9816828583; www.himalayantrails.in; Dragon Market, Old Manali; ⏲9.30–22 Uhr) Dieses energiegeladene, junge Unternehmen veranstaltet Trekking- und Mountainbiketouren, Tageswanderungen, Klettertouren und mehr. Im Angebot sind auch Treks mit offenen Gruppen, denen sich einzelne Teilnehmer anschließen können. Hier kann man sich auch Mountainbikes ausleihen.

Schlafen

Viele Mittel- und Spitzenklassehotels senken außerhalb der Spitzensaison ihre Preise dramatisch. In Manali gibt's viele Budget- und Mittelklassehotels, aber die bei Weitem besten Budgetunterkünfte finden sich ein paar Kilometer weiter nördlich in den Dörfern Old Manali und Vashisht. Die besten gehobenen Hotels liegen zwischen dem Stadtzentrum und Old Manali an der Circuit House und der Club House Rd auf großzügigen, immer noch gepflegten Anwesen, die einst britischen Einwohnern gehörten.

Manali

★ **Banon Resorts** HOTEL $$$
(Karte S. 340; ✆01902-253026; www.banonresortmanali.com; Club House Rd; DZ 7140 ₹, Suite 8330–10 710 ₹, Cottage 21 420 ₹; ❄📶) Das ruhige Luxushotel ist ein wenig schicker als seine Konkurrenten. Die mit Zentralheizung ausgestatteten Zimmer im Hauptgebäude sind geräumig, wirken dank Kiefernholz, weißem Anstrich und moderner Kunst zeitgemäß und haben große Bäder; die Cottages mit zwei Schlafzimmern lassen keinen Wunsch in Sachen Luxus, Ruhe und Privatsphäre offen.

Johnson Hotel HOTEL $$$
(Karte S. 344; ✆01902-253764; http://johnsonhotel.in; Circuit House Rd; Zi./Apt. 5330/10 900 ₹; ❄📶) Eine von mehreren Unterkünften, die Nachfahren eines Landbesitzers aus der Zeit der britischen Kolonialherrschaft gehören. Das Hotel aus Holz und Stein besitzt Klasse; die zwölf großzügigen Zimmer wirken durch Teppiche und Bettdecken leicht folkloristisch. Es gibt außerdem fünf Apartments mit je zwei Schlafzimmern („Cottages") in der originalen, 100 Jahre alten Lodge, hübsche Gartenanlagen und ein ausgezeichnetes Restaurant (S. 345). Alles hier ist tipptopp.

Johnson Lodge HOTEL $$$
(Karte S. 344; ✆01902-251523; www.johnsonlodge.com; Circuit House Rd; DZ 5935 ₹, Cottage für 4 Pers. 13 650 ₹; ❄📶) Die vierstöckige Johnson Lodge bietet große, helle Zimmer in Pastellfarben mit zeitgenössischem Flair sowie luxuriöse Doppel-Apartments mit zwei Schlafzimmern („Cottages"). In dem modernen internationalen Restaurant mit Bar (Hauptgerichte 265–485 ₹, ausgezeichnete

Manali & Vashisht

Getränkeauswahl) gibt's an einigen Abenden pro Woche Livemusik (z. B. Sufi-Musik, indische Indie-Musik, Blues).

Sunshine Heritage HISTORISCHES GÄSTEHAUS $$$ (Sunshine Guest House; Karte S. 340; ☎ 01902-252320; www.thesunshineheritage.com; Club House Rd; Zi. 3990 ₹;) Die Unterkunft mit viel kolonialem Charme findet sich auf einem friedlichen, abgeschiedenen Gelände abseits der geschäftigen Club House Rd. Es gibt große Drei- und Vierbettzimmer in dem 1921 aus Holz und Stein errichteten Altbau. Diese Zimmer haben polierte Böden aus

Manali & Vashisht

Highlights
1 Hadimba-Tempel B6

Sehenswertes
2 Hotel Delfryn A5
3 Manu-Maharishi-Tempel A3
Öffentliche Bäder .... (siehe 6)
4 Öffentliche Bäder D1
5 Rama-Tempel D1
Shiva-Tempel .... (siehe 5)
6 Vashisht Mandir D1
7 Wasserbecken A5

Aktivitäten, Kurse & Touren
8 Himalayan Caravan B5
9 Himalayan Extreme Centre D2
10 Himalayan Extreme Centre A4
Himalayan Trails .... (siehe 13)

Schlafen
11 Apple View Guest House C4
12 Banon Resorts C5
13 Dragon Guest House A4
14 Drifters' Inn A4
15 Eagle Guest House C4
16 Hotel Dharma D1
17 Hotel Surabhi C1
18 Hotel Valley of Gods C1
19 Manali Yes Please A4
20 Mountain Dew Guesthouse A4
21 Sunshine Heritage C5
22 Tourist Nest Guest House A4
23 Zostel B4

Essen
24 Casa Bella Vista B5
Drifters' Inn .... (siehe 14)
25 Dylan's Toasted & Roasted B4
26 Il Forno C6
27 Kathmandu Cafe B5
28 La Plage C3
29 Lazy Dog Lounge A5
30 Rasta Cafe D2
31 Rendez-Vous A4
32 Shiva Garden Cafe A4
World Peace Cafe .... (siehe 17)

Unterhaltung
Hangout .... (siehe 13)

Transport
33 Nirvana Travels A5
34 Shalom Travels B5

Walnuss- und Kiefernholz und kürzlich renovierte Badezimmer. Außerdem gibt es vier geräumige Doppelzimmer in einem etwas weniger ehrwürdigen Gebäude nebenan.

Old Manali

An Old Manalis einziger Straße, der Manu Temple Rd, und an den diversen, von ihr abgehenden Gassen und Wegen liegen viele Pensionen, die überwiegend der Budgetkategorie angehören. Manche davon sind ungefähr von Dezember bis April geschlossen.

Zostel HOSTEL $
(Karte S. 340; ☎ 9816655763; www.zostel.com; B 450–500 ₹, Zi. 2000 ₹;) Das gut geführte Zostel hat eine nette, freundliche Backpacker-Atmosphäre und einladendes, hilfsbereites Management und Personal. Es gibt ein gutes Gartencafé mit indischen und europäischen Speisen (Hauptgerichte 110–250 ₹). Überdurchschnittliche Extras sind in den Schlafsälen die Leselampen und Steckdosen für jedes Bett und in den Privatzimmern die großen Doppelbetten.

Apple View Guest House PENSION $
(Karte S. 340; ☎ 9816887844; www.appleviewmanali.com; Zi. 300 ₹, ohne Bad 300 ₹;) Gegenüber dem HPTDC Club House eine Treppe mit dem Schild „Red House Cafe" hinauf findet sich dieses gemütliche, von einer Familie geführte Gästehaus – es ist eines der besten Angebote in Manali. Es gibt 12 schlichte, gepflegte Zimmer und einen netten kleinen Patio und dazu einfache, aber gute indische und europäische Kost (Hauptgerichte 60–80 ₹).

Wenn das Haus belegt ist, kann man es 50 m weiter in derselben Gasse im **Eagle Guest House** (Karte S. 340; ☎ 9816397788; liatasher@hotmail.com; Zi. 400–600 ₹, mit Frühstück 600–800 ₹; Jan. & Feb. geschl.;) versuchen.

Mountain Dew Guesthouse PENSION $
(Karte S. 340; ☎ 9816446366; Manu Temple Rd; EZ 500–600 ₹, DZ 600–900 ₹;) Die dreistöckige Unterkunft mit gutem Preis-Leistungs-Verhältnis hat geräumige, recht gepflegte Zimmer mit nach Osten blickenden Gemeinschaftsterrassen. Die Zimmer im obersten Stock sind die besten: Sie sind neu und haben die schönste Aussicht.

Tourist Nest Guest House PENSION $
(Karte S. 340; ☎ 01902-252383; touristnest@gmail.com; Zi. 700–1000 ₹;) Im Zentrum von Old Manali hat das Tourist Nest helle, saubere, geflieste und gepflegte Zimmer mit eigenen Balkonen.

OUTDOOR-AKTIVITÄTEN RUND UM MANALI

Manali ist die Hauptstadt für Abenteuersportarten in Himachal Pradesh, und die hiesigen Anbieter organisieren alle möglichen Aktivitäten.

Bergsteigen

Veranstalter wie Himalayan Caravan (S. 339) oder das Himalayan Extreme Centre (S. 339) organisieren zehn- bis 14-tägige Expeditionen zu Gipfeln rund um den Beginn des Solang-Tals, z. B. zum Friendship Peak (5289 m) und zum Ladakhi (5342 m), die für Bergsteiger mit wenig Erfahrung (Training wird angeboten) geeignet sind, sowie zu den anspruchsvolleren Gipfeln Hanuman Tibba (5930 m) und Manali Peak (5669 m). Der Deo Tibba (6001 m) oberhalb der Ostseite des Kullu-Tals ist ein weiterer faszinierender Gipfel für erfahrene Bergsteiger. Der typische Preis liegt bei 4500 bis 5000 ₹ pro Tag und Person inklusive Bergsteigelehrer/Guide, Ausrüstung, Transport, Verpflegung und Zelt. Die Saison geht von April bis November, am besten sind die Bedingungen gegen Ende dieses Zeitraums.

Gleitschirmfliegen

Von April bis Oktober (mit Ausnahme der Monsunzeit) ist Gleitschirmfliegen bei Solang Nullah, Gulaba und Marhi (unterhalb des Rohtang La; weniger Betrieb als in Solang) sehr beliebt. Tandemflüge in Solang Nullah kosten rund 900 ₹ für einen ein- bis zweiminütigen Flug oder 2000 bis 3000 ₹ für einen fünf- bis zehnminütigen Flug von der Bergstation der Seilbahn. Die Piloten sollten eine Lizenz der Tourismusbehörde von Himachal Pradesh besitzen. Abenteuertourveranstalter können auch Tandemflüge in Gulaba und Marhi für 1000 bis 4000 ₹ (je nach Dauer des Flugs) organisieren.

Mountainbiken

Veranstalter vermieten Fahrräder für 400 bis 800 ₹ pro Tag (und haben aktuelle Infos zu den Strecken). Sie bieten auch geführte Touren an – von Tagesausflügen bis zu zweiwöchigen Exkursionen nach Ladakh oder Spiti, die rund 3000 ₹ pro Person und Tag (inkl. Fahrzeugtransport) kosten. **Himalayan Bike Bar** (Karte S. 344; www.facebook.com/himalayanbikebar; Mission Rd; ⏲ Mo–Sa 10–20 Uhr) ist ein Mountainbike-Spezialist, der Räder verleiht und verkauft – neue Räder kosten zwischen ca. 22 000 und 72 000 ₹.

Raften

Zwischen Pirdi, am Fluss Beas 3 km südlich von Kullu, und dem Zielpunkt Jhiri gibt es 14 km lang Wildwasser der Kategorien II und III; Touren von Adventure-Veranstaltern in Manali kosten zwischen 650 und 1150 ₹ pro Person inklusive Transport (per Van ca. 2000 bis 2500 ₹). Raften kann man am besten im Mai, Juni, Ende September und Oktober; vom 15. Juli bis 15. August ist es wegen des Monsuns verboten.

Manali Yes Please HOTEL $

(Karte S. 340; ☎ 9418523125; www.manaliyesplease.com; Manu Temple Rd; Zi. 1000 ₹) Das für Old Manali recht große Hotel hat Zimmer auf drei Etagen entlang breiter Veranden. Die Zimmer sind etwas verwohnt, aber recht sauber und beliebt, weil man sie, außer im Juni und Juli, in der Regel schon für 500 ₹ bekommt.

Dragon Guest House HOTEL $$

(Karte S. 340 ☎ 01902-252290; www.dragoninnmanali.com; Zi. 1760–2860 ₹, Suite 4950 ₹; 📶) Das Dragon hat komfortable, holzgetäfelte Zimmer, die sich auf vier Etagen zu langen Veranden hin öffnen. Die Zimmer sind je höher, je besser: Am besten sind die an ein Schweizer Chalet erinnernden Zimmer oben.

Drifters' Inn HOTEL $$

(Karte S. 340; ☎ 9805033127; http://driftersinn.in; Manu Temple Rd; Zi. 1100–2000 ₹, FZ 1900–2500 ₹; 📶) Das Restaurant im Erdgeschoss (S. 345) ist schick, das gilt aber für die Zimmer nicht wirklich. Die Unterkunft ist aber ansonsten makellos und gemütlich und hat auf allen drei Etagen offene Terrassen. Das WLAN reicht in alle Zimmer.

Essen

Manali

Chopsticks ASIATISCH $$

(Karte S. 344; The Mall; Hauptgerichte 120–300 ₹; ⏲ 9–23 Uhr; 📶) Das enge Lokal mit tibeti-

Skifahren & Snowboarden

Von Januar bis Mitte März verwandelt sich Solang Nullah in Himachals wichtigstes Ski- und Snowboard-Resort. Skier und Snowboards kann man bei Veranstaltern in Manali oder in Solang Nullah für 500 ₹ pro Tag leihen. Die Piste bietet nur begrenzte Möglichkeiten für erfahrene Skifahrer, aber abseits der Piste können erfahrene Fahrer von der Bergstation der Seilbahn durch Pulverschnee oder querfeldein fahren. Im April und Mai werden das Hamta-Tal, das obere Solang-Tal und das Gebiet um Gulaba mit Schneeschuhwanderungen zu umliegenden Gipfeln zum Zentrum des Geschehens. Veranstalter wie Himalayan Caravan (S. 339), **Himalayan Adventurers** (Karte S. 344; ☎ 01902-252750; www.himalayanadventurers.com; 44 The Mall; ⌚ 9–21 Uhr) und das Himalayan Extreme Centre (S. 339) bieten Skitour-Pauschalpakete. Heliskiing-Touren im Februar und März zu Pulverschneefeldern in großer Höhe lassen sich mit **Himalayan Heli Adventures** (☎ 9816025899; www.himachal.com) vereinbaren.

Wandern

Manali ist ein beliebter Ausgangspunkt für organisierte Bergwanderungen. Die meisten Veranstalter haben mehrtägige Treks für 1600 bis 3000 ₹ pro Person und Tag inklusive Führer, Transport, Trägern oder Saumtieren, Verpflegung und Campingausrüstung im Angebot. Generell gilt: Je größer die Gruppe, desto geringer der Preis pro Person. Juni, September und Oktober sind generell die besten Monate für Wanderungen. Zu den beliebten Zielen kürzerer Wanderungen zählen Beas Kund (3 Tage – mit der Option zusätzlicher Tage in umliegenden Bergen), der 4250 m hoch gelegene Bhrigu-See (3 Tage), die Strecke über den Hamta-Pass (S. 348) nach Lahaul (4 Tage) und die Strecke von Naggar über den Chandrakani-Pass (S. 337) nach Malana (2–3 Tage). Anspruchsvoller und in der Regel auch teurer sind längere Wanderungen wie der Pin-Parvati-Trek (S. 333; 6–9 Tage) oder die Strecken nach Westen über das einsame Dorf Bara Bhangal weiter ins Chamba- oder Kangra-Tal (11 Tage oder mehr).

Von Manali aus sind auch viele kürzere Wanderungen möglich. Hier gelten die üblichen Sicherheitsregeln: immer jemandem mitteilen, wohin man geht, und sich nie allein auf den Weg machen! Führer für Tageswanderungen kosten in der Regel 1500 ₹. Eine empfehlenswerte Tageswanderung (Aufstieg ca. 5 Std., Abstieg ca. 4 Std.) führt hinauf zur **Lama-Dugh-Wiese** auf 3380 m: Der Weg beginnt an einem bergauf führenden Pfad an einem **Wasserbecken** (Karte S. 340) oberhalb des Hotel Delfryn im Blockhüttenviertel der Stadt. Eine gute kurze Wanderung (hin & zurück je 1 Std.) führt von Vashisht nordwärts zum **Jogini-Wasserfall** und zurück.

scher, chinesischer und japanischer Küche ist die beliebteste Travelleroption im Zentrum von Manali; seine Wände sind mit tibetischen Lauten und chinesischen Laternen dekoriert. Es serviert mit professioneller Effizienz gute *momos* (tibetische Teigtaschen) und *gyoza* (das japanische Äquivalent), *thenthuk* (eine tibetische Suppe mit kurzen, flachen Nudeln) sowie Hähnchen und Lamm auf Sichuan-Art. Auch kaltes Bier und Obstweine sind im Angebot.

Auch kaltes Bier, Wein und örtliche Obstweine sind im Angebot.

Johnson's Cafe INTERNATIONAL $$$

(Karte S. 344; Circuit House Rd; Hauptgerichte 300–550 ₹; ⌚ 8–23 Uhr; 📶) Das Restaurant im Johnson Hotel ist eines der besten vor Ort in Sachen westlicher Küche mit Spezialitäten wie Lamm in Minzsauce, im Holzofen gebackene Forelle oder Äpfel mit Streuseln und Vanillesauce. Die Restaurantbar ist behaglich, aber besser sitzt man auf der Gartenterrasse, vor allem während der Happy Hour (16–20 Uhr).

Il Forno ITALIAN $$$

(Karte S. 340; Hadimba Rd; Hauptgerichte 180–500 ₹; ⌚ 10.30–22.30 Uhr; 📶) Der hübsche Blumengarten dieses 150 Jahre alten traditionellen Hauses aus Holz und Stein ist ein netter Zwischenstopp auf dem Weg vom oder zum Hadimba-Tempel – und die Pizzen sind zudem wirklich gut!

Manali – Zentrum

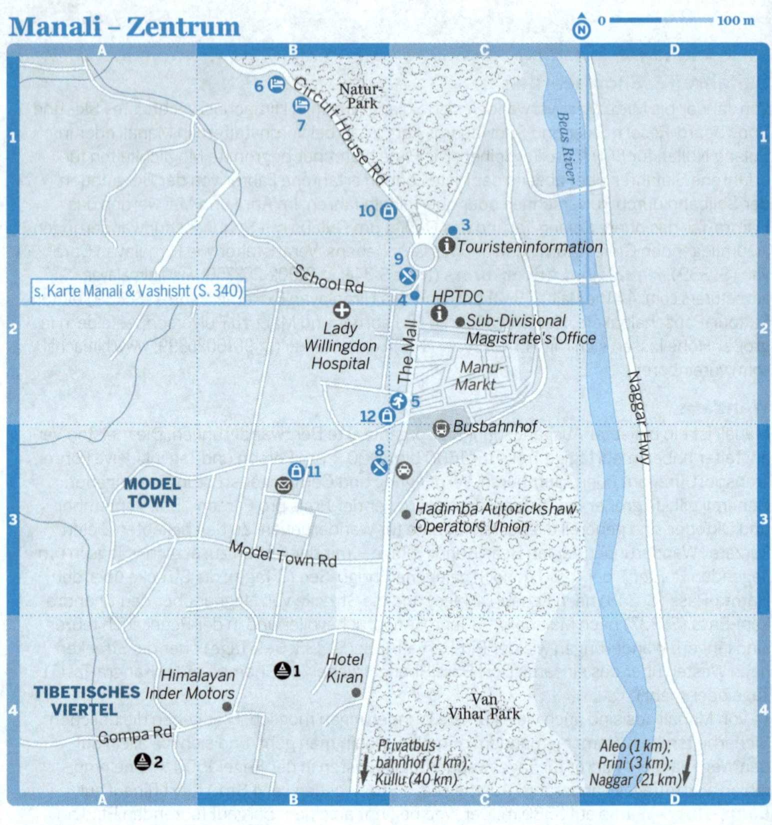

Manali – Zentrum

Sehenswertes
1 Himalayan Nyinmapa Buddhist Temple B4
2 Von-Ngari-Kloster A4

Aktivitäten, Kurse & Touren
3 Him-aanchal Taxi Operators Union C1
4 Himalayan Adventurers C2
5 Himalayan Bike Bar C2

Schlafen
6 Johnson Hotel B1
7 Johnson Lodge B1

Essen
8 Chopsticks B3
Johnson's Cafe .... (siehe 6)
9 Khyber C2

Shoppen
10 Bhuttico B1
11 Bookworm B3
12 Shashni Communications B2

Transport
Zugreservierungsbüro .... (siehe 3)

Old Manali

Zahlreiche billige Gartenrestaurants servieren das übliche Backpacker-Essen: *momos* (tibetische Teigtaschen), Omeletts, Bananenpfannkuchen, Apfelkuchen und die bekannten drei I's (italienische, israelische & indische Gerichte). Die meisten Lokale sind ab November geschlossen. Zu den besten vor Ort zählen das freundliche und effizient arbeitende **Shiva Garden Cafe** (Karte S. 340; Manu Temple Rd; Hauptgerichte 100–250 ₹; ⌚8–23 Uhr; 📶) und das am Ufer gelegene **Kathmandu Cafe** (Karte S. 340; Manu Temple Rd; Hauptgerichte 100–350 ₹; ⌚10–23 Uhr; 📶)

Dylan's Toasted & Roasted CAFÉ $

(Karte S. 340; www.dylanscoffee.com; Manu Temple Rd; Kaffee & Frühstück 50–170 ₹; ⌚ Mo–Sa 9–22 Uhr; 📶) Das allzeit beliebt Ladencafé serviert den besten Kaffee der Stadt, Zimttee, herzhafte Frühstücksgerichte, Pfannkuchen und leckere Desserts, darunter „Hello to the Queen"-Eiscreme, geschmolzene Schokolade und gebratene Bananenstücke auf einer Unterlage aus zerbröckelten Keksen.

★ **La Plage** FRANZÖSISCH $$$

(Karte S. 340; ☎ 9805340977; www.facebook.com/la.plage.manali; Hauptgerichte 400–700 ₹; ⌚ Ende Mai–Ende Aug. 12–23 Uhr, Aug. Mo geschl.) In diesem Außenposten eines der schicksten Restaurants von Goa zu Abend zu essen, ist, als würde man in das hippe Pariser Appartement eines gesellschaftlich weit überlegenen Freundes eingeladen. Neben französischen Klassikern wie Zwiebelsuppe oder Pilz-Quiche gibt es z. B. Spezialitäten wie über Nacht geschmortes Lamm, Räucherforelle, Lasagne mit Brokkoli und Kürbis oder ein dekadentes Schokoladen-Thali zum Dessert. Außerdem erhält man auch ordentliche indische und ausländische Weine.

Das Essen ist vielleicht nicht ganz so sensationell, wie man es sich bei diesen Preisen erhofft, aber der Abstecher lohnt sich allemal. Das Restaurant liegt 1 km von der Brücke in Old Manali entfernt in einer Apfelplantage. Wer vorab anruft, wird kostenlos von der Brücke abgeholt und anschließend wieder zurückgebracht.

Drifters' Inn INTERNATIONAL $$$

(Karte S. 340; Manu Temple Rd; Hauptgerichte 230–380 ₹; ⌚ 9.30–23 Uhr; 📶) Das gemütliche Caférestaurant ist gut für ein herzhaftes Frühstück, starken Kaffee, internationale Gerichte, Eggs Florentine sowie Thai-Currys und einfallsreiche Getränke wie Sanddornbrause oder alkoholische Drinks.

Lazy Dog Lounge INTERNATIONAL $$$

(Karte S. 340; Manu Temple Rd; Hauptgerichte 180–600 ₹; ⌚ 11–1 Uhr; 📶) Das schicke Barrestaurant am Fluss tischt große Teller frischer und schmackhafter internationaler Gerichte – von Kürbis- und Kokos-Suppen bis hin zu Backforelle und thailändischen Reisschüsseln – sowie gute indische Speisen auf, die deutlich besser sind als die übliche Backpackerkost. Man sitzt auf Stühlen, Bänken oder Sitzkissen in einem Schankraum, der zugleich Klasse hat und bodenständig ist, oder aber draußen im Garten am Fluss.

Casa Bella Vista EUROPÄISCH $$$

(Karte S. 340; Log Huts Rd; Hauptgerichte 350–500 ₹; ⌚ Mai–Sept. 10–22.30 Uhr; 🖉) Hier gibt's nicht die billigsten, aber die besten Pizzen im Umkreis von Old Manali – Holzofenpizzen mit dünnem Boden und schmackhaften Belägen. Auch die Salate und Pastagerichte sind gut.

🍷 Ausgehen & Unterhaltung

Restaurants, die zugleich auch Bars sind, bilden die Hauptstütze des Nachtlebens von Manali, und ihre Livemusik-Abende (meist in Old Manali) mit Musik unterschiedlicher Genres und Qualität sind oft die munterstten. In Old Manali gibt's auch Trance-Partys, die die ganze Nacht dauern – Zeiten und Orte werden durch Mundpropaganda und das eine oder andere Plakat bekannt.

Ein beliebter Treff ist das **Hangout** (Karte S. 340; Manu Temple Rd; Hauptgerichte 150–500 ₹; ⌚ 12–24, Do ab 17 Uhr) mit Feuer im Freien und Jamsessions (sowie gutem Essen). Andere Orte, wo man abends Musik erleben kann, sind u. a. die Lazy Dog Lounge, das **Rendez-Vous** (Karte S. 340; Manu Temple Rd; Hauptgerichte 120–590 ₹; ⌚ 8–23 Uhr; 📶), das Drifters' Inn, das Kathmandu Cafe und, unten in Richtung Zentrum von Manali, die Bar in der Johnson Lodge (S. 339).

Auch das Johnson's Cafe und das Banon Resorts (S. 339) haben relativ elegante Bars. In Manali sind das **Khyber** (Karte S. 344; The Mall; Hauptgerichte 180–500 ₹; ⌚ 10–23 Uhr) und das Chopsticks (S. 342) die besten Orte für einen Drink.

🔒 Shoppen

Manali ist voller Läden, die Souvenirs aus Himachal, Tibet und Ladakh verkaufen, etwa Türkisschmuck und Bronzebuddhas. Die Spezialität sind Kullu-Schals (S. 336); ein guter Ausgangspunkt zum Stöbern ist **Bhuttico** (Karte S. 344; ☎ 01902-252196; The Mall; ⌚ Mo–Sa 9–19 Uhr) – der Laden hat faire Festpreise und mehrere Filialen im Ort.

Bookworm BÜCHER

(Karte S. 344; ☎ 01902-252920; Shop No 5, nahe dem Postamt; ⌚ Mo–Sa 10–19 Uhr) Tolles Büchersortiment, auch zum Himalaja, sowie Landkarten und Leomann-Wanderkarten.

Praktische Informationen

MEDIZINISCHE VERSORGUNG

Lady Willingdon Hospital (Karte S. 344; ☎ 01902-252379; www.manalihospital.com;

School Rd) Gilt als das beste Krankenhaus im Kullu-Tal und hat eine rund um die Uhr besetzte Notfallstation.

TELEFON

SIM-Karten für ausländische Handys sind in mehreren Telefonläden an oder rund um die Mall erhältlich. **Shashni Communications** (Karte S. 344; abseits der Mall; ⌚10–21 Uhr) berechnet 500 ₹ für eine SIM-Karte mit 2 GB Datenvolumen und rund 40 ₹ Telefon-Guthaben.

TOURISTENINFORMATION

HPTDC (Karte S. 344; ☎01902-252116; The Mall; ⌚Mitte April–Mitte Juli & Mitte Sept.–Mitte Nov. 8–20 Uhr, übrige Monate 9–19 Uhr) Bucht HPTDC-Busse und -hotels.

Touristeninformation (Karte S. 344; ☎01902-252175; The Mall; ⌚Mo–Sa 10–17 Uhr, 2. Sa im Monat geschl.) Beantwortet bereitwillig Fragen und hat ein paar kostenlose Broschüren.

An- & Weiterreise

Der Manali nächstgelegene Flughafen befindet sich 50 km südlich in Bhuntar.

Es gibt ein **Zugreservierungsbüro** (Karte S. 344; The Mall; ⌚Mo–Fr 8–13.30, Sa 8–12.30 Uhr) am oberen Ende der Mall.

BUS

Die staatlichen Busse der Himachal Road Transport Corporation (HRTC) nutzen den **Busbahnhof** (Karte S. 344; The Mall). Himachal Tourism (HPTDC) betreibt einige wenige Busse nach Delhi, Leh und Shimla, die in der Regel die komfortabelsten auf diesen Strecken sind. Sie starten am Busbahnhof, aber die Tickets werden im **HPTDC-Büro** verkauft. Private Busse zu ein paar Zielen starten vom **Privatbusbahnhof** (Hwy 3), 1,2 km südlich des Busbahnhofs; die Tickets werden in Reisebüros an der Mall verkauft.

Zum Parvati-Tal nimmt man einen Bus nach Bhuntar und steigt dort um.

Delhi Die komfortablen AC-Volvo-Busse der HPTDC (1300 ₹, 14 Std.) fahren um 17.30 Uhr und, bei großer Nachfrage, zusätzlich um 17 und/oder 18 Uhr. Private Busunternehmen bieten ähnliche Nachtverbindungen für 900 bis 1800 ₹ (je nach Saison). Die HRTC setzt jeden Nachmittag fünf AC-Volvo-Busse (1412 ₹), außerdem einen AC-Deluxe-Bus (1122 ₹) um 17.50 Uhr und täglich sieben normale oder „Semi-Deluxe"-Busse ein.

Lahaul & Spiti Der Rohtang La zwischen Manali und Lahaul ist normalerweise von Mitte Mai bis Anfang November geöffnet und der Kunzum La zwischen Lahaul und Spiti von Anfang Juni bis in den November (die genauen Termine hängen von den Schneefällen ab). Ein neuer Tunnel unter dem Rohtang La soll 2018 eröffnet werden, über den dann Lahaul das ganze Jahr über besucht werden könnte. In der Saison betreibt die HRTC täglich bis zu sieben Busse nach Keylong (Kyelang) in Lahaul und einen nach Kaza in Spiti.

Ladakh Die holprige, anstrengende und spektakuläre Straße nach Leh ist normalerweise von Anfang Juni bis irgendwann im Oktober geöffnet (wie lange genau, hängt von den Straßenbedingungen ab). Bei allen Reisen nach Leh sollte man Snacks und warme Kleidung mitnehmen und auf Symptome der Höhenkrankheit achten. Die billigste Option ist, einen Bus nach Keylong zu nehmen, und dann dort am nächsten Morgen in den HRTC-Bus nach Leh zu steigen, was eine Übernachtung in Keylong erfordert.

HRTC-BUSSE AB MANALI

ZIELE	PREIS (₹)	DAUER (STD.)	HÄUFIGKEIT
Amritsar	542–594	11–14	13.45 & 15.30 Uhr
Bhuntar	15	30	5–21 Uhr alle 15–30 Min.
Chandigarh	451–854	9	18-mal tgl.
Dehra Dun	665–1187	15	3-mal tgl.
Delhi	684–1412	14–16	13-mal tgl.
Dharamsala	360–820	10	Volvo AC 20 Uhr, normaler Bus 8.20 & 19 Uhr
Haridwar	662–1311	15	4-mal tgl.
Jammu	562–1363	12	normaler Bus 16 Uhr, Volvo AC 20 Uhr
Kaza	300	11	6.30 Uhr, ca. Mitte Juni–Mitte Okt.
Keylong	175	7	7-mal tgl., ca. Mitte Mai–Anf. Nov.
Kullu	60	1½	4-22 Uhr alle paar Min.
Mandi	170	4	5–21 Uhr halbstündl.
Naggar	30	1	8–18 Uhr stündl.
Shimla	390–544	9	6-mal tgl.

Von Juli bis Mitte September fährt jeden zweiten Tag ein HPTDC-Bus (3000 ₹, 34 Std.). Er startet um 9 Uhr und legt eine Übernachtungspause in Keylong ein, wo die Unterbringung im Schlafsaal, das Abendessen und das Frühstück im Fahrpreis inbegriffen sind. Die ganze Saison hindurch betreibt die **Him-aanchal Taxi Operators Union** (Karte S. 344; ☎ 01902-252120; The Mall) Minibusse nach Leh, und zwar einen um 2.30 Uhr ohne Übernachtung (je nach Nachfrage 1800–3000 ₹, ca. 18 Std.) und einen um 6 Uhr mit Übernachtung (2000–3500 ₹; Unterkunft und Mahlzeiten nicht enthalten); einen Tag im Voraus buchen! Einige Reiseveranstalter bieten einen ähnlichen Minibus-Service.

MOTORRAD

Viele Traveller wagen sich an die Pässe nach Ladakh oder Spiti auf gekauften oder gemieteten Motorrädern. Eine Gruppentour inklusive Unterkunft, Essen und Hilfsfahrzeugen kostet rund 5000 ₹ pro Tag, man kann aber einfach auch ein Motorrad mieten und auf eigene Faust losdüsen.

Ein Rad zu mieten, kostet 1200 oder 1300 ₹ pro Tag für eine Enfield mit 350 cm³ oder 1400 bis 1500 ₹ pro Tag für eine Enfield mit 500 cm³ sowie rund 800 ₹ für eine Maschine mit 220 cm³. Unbedingt darauf achten, dass der Vertrag Ersatzteile, Werkzeug, mindestens eine Haftpflichtversicherung sowie die Registrierungs- und Abgaszertifikate enthält, die man für die Genehmigung für den Rohtang-Pass braucht!

Anu Auto Works (Royal Moto Touring; Karte S. 340; ☎ 9816163378; www.royalmototouring.com; Vashisht Rd; ⏲ Büro ca. Juni–Sept. 9–21 Uhr oder später) Der alteingesessene, angesehene und professionelle Veranstalter bietet Motorradtouren mit Enfields und vermietet und repariert Enfields.

Bike Rentals Manali (Karte S. 340; ☎ 9816044140; www.bikerentalsmanali.com; Vashisht; ⏲ April–Okt. 9.30–23 Uhr) Vermietet Enfields und veranstaltet Motorradtouren.

Enfield Club (Karte S. 340; ☎ 9805146389; Vashisht Rd; ⏲ Mitte April–Jan. 9–21.30 Uhr) Die winzige, von engagierten Leute geführte Werkstatt vermietet und repariert Enfields.

Himalayan Inder Motors (Karte S. 344; ☎ 9816113973; Gompa Rd) Vermietet Enfields und andere Marken; der Inhaber Kaku ist seit 25 Jahren im Geschäft.

TAXI & JEEP

Die **Him-aanchal Taxi Operators Union** (Karte S. 344; ☎ 01902-252205; The Mall) verlangt für die Fahrt nach Leh in einem MUV (Multi-Utility Vehicle, oft einfach als Jeep bezeichnet) zwischen 14 000 und 24 000 ₹. In solchen Fahrzeugen finden sechs Personen relativ bequem Platz. Die Preise sind am höchsten von etwa Mitte Juni bis Ende Juli. Private Reiseveranstalter haben ähnliche Angebote, verkaufen aber vielleicht auch einzelne Plätze für 2000 bis 3000 ₹.

Nach Kaza (Spiti) kostet ein Jeep für die einfache Strecke rund 9000 ₹. Wegen der Sammeljeeps, die um 6 Uhr nach Kaza (1000 ₹/Platz) fahren, erkundigt man sich einen Tag vorher im **Hotel Kiran** (Karte S. 344; ☎ 01902-253066) im Süden von Manali, wo die Fahrer aus Spiti zu finden sind. Diese fahren, solange der Rohtang La und der Kunzum La nicht gesperrt sind.

Die mehrtägige Anmietung eines Jeeps mit Fahrer kostet normalerweise 3000 bis 3500 ₹ pro Tag. Das ist eine vergleichsweise günstige Art, sich Gebiete wie Spiti oder Ladakh anzuschauen, insbesondere wenn man sich die Kosten mit vier oder fünf Mitfahrern teilt. Die Fahrzeugtypen dieser Geländewagen variieren: Sumo oder Spacio sind ziemlich einfach, Innova, Xylo oder Tavera bequemer. Fast jeder Reiseveranstalter kann Jeeps mit Fahrer organisieren. **Shalom Travels** (Karte S. 340; ☎ 9816746264; Manu Temple Rd) und **Nirvana Travels** (Karte S. 340; ☎ 9816023222; abseits der Manu Temple Rd) in Old Manali gehören zu den Veranstaltern mit den günstigsten Preisen.

Weitere typische Taxipreise (einfache Strecke) zu anderen Zielen:

ZIEL	PREIS (₹)
Bhuntar (Flughafen)	1500
Dharamsala	5000
Keylong	5000
Kullu	1100
Manikaran	2000
Naggar	800
Solang Nullah	800

ℹ Unterwegs vor Ort

Die **Hadimba Autorickshaw Operators Union** (Karte S. 344; ☎ 01902-253366; The Mall) hat ein Büro am südlichen Ende der Mall, aber die Fahrer, die am oberen Ende warten, sind bei Preisen meist etwas zugänglicher und bringen einen, wenn man Glück hat, für 50 ₹ bis zur Brücke von Old Manali, für 60 ₹ zum Hadimba-Tempel und für 70 ₹ nach Vashisht. Aber sie werden versuchen, mehr herauszuschlagen, besonders nach Einbruch der Dunkelheit (wenn man dann überhaupt noch eine Autorikscha findet).

Rund um Manali

Vashisht

☎ 01902 / 1600 EW / 1970 M

Etwa 2 km nördlich von Manali, am Berghang des Beas, liegt Vashisht. Das Dorf ist

DER HAMTA-PASS-TREK

Die leicht von Manali aus zugängliche Wanderung mit Zelt führt vom Kullu-Tal über den 4270 m hohen Hamta-Pass ins Chandra-Tal in Lahaul. Die meisten Wanderer fahren vom Dorf Prini das Hamta-Tal hinauf bis zu der als Jobri bekannten Stelle, wo sich der Hamta Nullah mit dem Jobri Nullah vereinigt. Zwei leichte Tage zu Beginn mit einem Aufstieg von insgesamt rund 800 m sind gut für die Akklimatisierung. Der Aufstieg vom Campingplatz bei Balu Ka Gera zum Pass ist steil und ermüdend, aber von oben aus hat man eine schöne Aussicht auf erhabene, schneebedeckte Gipfel. Die beste Zeit für diesen Trek ist die zweite Septemberhälfte oder der Oktober, nach dem Monsun. Chatru liegt an der Straße zwischen dem Rohtang La und Spiti.

ETAPPE	STRECKE	DAUER (STD.)	ENTFERNUNG (KM)
1	Jobri–Chikka	2	5
2	Chikka–Balu Ka Gera	4	9
3	Balu Ka Gera–Shiagouru über Hamta-Pass	8	15
4	Shiagouru–Chatru	4	10

eine etwas ruhigere, kompaktere Version von Old Manali und ein beliebter Ort zum Relaxen. Indische Touristen kommen überwiegend hierher, um in den Thermalquellen zu baden und die Tempel zu besichtigen, während es ausländische Besucher wegen der billigen Unterkünfte, der entspannten Atmosphäre und des *charas* hierher zieht. Die meisten Pensionen und Restaurants haben von November bis April geschlossen.

Vashisht Mandir HINDUTEMPEL
(Karte S. 340; 9–21 Uhr) Im alten, aus Stein erbauten Vashisht Mandir, der dem Weisen Vashisht geweiht ist, werden schwefelhaltige Thermalquellen in kleine öffentliche Bäder (Karte S. 340; 9–21 Uhr) GRATIS geleitet. Ein weiteres, Männern vorbehaltenes öffentliches Bad (Karte S. 340; 6–21 Uhr) GRATIS im Freien findet sich gleich hügelaufwärts hinter einer Reihe von Warmwasser-Auslässen, an denen Einheimische Kleidung und Geschirr waschen. In der Nähe liegen ein **Rama-Tempel** (Karte S. 340) mit Shikara, alten Steinreliefs und einem Vordach aus Holz sowie ein vergleichsweise schlichter **Shiva-Tempel** (Karte S. 340).

Schlafen & Essen

Kleine, günstige Pensionen und Homestays verstecken sich in den Gassen des Dorfs und an den Wegen, die in die Hügel hinaufführen.

Hotel Dharma HOTEL $
(Karte S. 340; 01902-252354; www.hoteldharmamanali.com; Zi. 300–1200 ₹; Jan. & Feb. geschl.;) Der kurze, steile Anmarsch zum Hotel oberhalb des Vashisht Mandir wird mit einem so schönen Ausblick belohnt, wie ihn kaum ein zweites Hotel diesseits oder jenseits des Beas zu bieten hat. In dem älteren Flügel mit großer Vorderterrasse gibt es schlichte, aber saubere Zimmer für 300 bis 600 ₹, die ein recht gutes Preis-Leistungs-Verhältnis bieten. In dem teureren neuen Flügel sind die Zimmer hübscher und mit Teppichen ausgelegt und sie verfügen über einen Balkon.

Hotel Surabhi HOTEL $$
(Karte S. 340; 9816042796; www.surabhihotel.in; Zi. mit Frühstück 1660–2760 ₹;) Das Surabhi ist eines von mehreren großen, recht modernen Hotels an der Hauptstraße. Die mit Teppichen ausgelegten, geräumigen und gepflegten Zimmer haben Balkone mit wundervoller Aussicht. Der Aufpreis für die teureren Zimmer lohnt sich hier nicht wirklich.

Hotel Valley of Gods HOTEL $$
(Karte S. 340; 01902-251111; www.hotelvalleyofgods.com; Zi. 3000–3500 ₹, Suite 4000 ₹;) Das eindrucksvolle Gebäude aus Stein und Holz gehört der ortsansässigen Betreiberfamilie. Das Hotel hat helle, geräumige Zimmer mit Kiefernholzböden, guten, großen Badezimmern und schönen Balkonen mit Ausblick ins Tal.

Rasta Cafe INTERNATIONAL $$
(Karte S. 340; Hauptgerichte 100–240 ₹; 8–23 Uhr;) Wegen seiner gut zubereiteten Frühstücksgerichte, Suppen, Salate, *momos*, indischen Gerichte, Falafel, Hummus, Pasta, Pizzen, Desserts, Säfte, Smoothies usw. ist das Rasta der beliebteste Travellertreff. Der Service ist freundlich; man sitzt in dem hellen, luftigen Speisesaal auf Rohrstühlen an Kiefernholztischen oder auf Sitzkissen an niedrigen Tischen. Und Reggae gibt's hier auch.

World Peace Cafe INTERNATIONAL $$
(Karte S. 340; Hotel Surabhi; Hauptgerichte 120–300 ₹; ⏲7–22 Uhr; 📶) Das beliebte Lokal auf dem Dach des Hotel Surabhi bietet von seiner Terrasse einen wunderbaren Blick ins Tal und drinnen niedrige Tische und Sitzkissen. Die Küche liefert eine große Auswahl ordentlicher internationaler Gerichte, und im Sommer gibt's manchmal Jam-Sessions.

ℹ An- & Weiterreise

Der reguläre Autorikscha-Fahrpreis ab/nach Manali beträgt 70 ₹; nach 19 Uhr wird's schwierig, ein Fahrzeug zu finden. Zu Fuß dauert der Marsch rund 30 Minuten; ein Fußweg nach unten beginnt neben dem Bike Rentals Manali und endet an der Hauptstraße 300 m nördlich der Abzweigung nach Vashisht.

Solang Nullah

☎ 01902

13 km nördlich von Manali finden Skifahrer und Snowboarder hier von Januar bis März im unteren Teil des Solang-Tals Himachals wichtigstes Skigebiet mit 1,5 km langen alpinen Abfahrten. Die **Seilbahn** (Ropeway, Gondola; einfache Fahrt oder hin & zurück 600 ₹; ⏲10–18.30 Uhr; ⏲10am-6.30pm) bringt Besucher auf eine Höhe von 3200 m. Dort oben kann man auch abseits der Piste durch Pulverschnee wedeln oder Skiwanderungen unternehmen.

Solang ist ganzjährig schön – in der Touristensaison vor dem Monsun gibt's Gleitschirmfliegen (S. 342), Quads und eine ausgelassen-karnevaleske Atmosphäre. Die Seilbahn wird ganzjährig betrieben. In den umliegenden Hügeln lässt es sich gut wandern und klettern; toll, aber anstrengend ist die ein- bis zweitägige Wanderung nach Norden zum Gipfel des Patalsu (4472 m).

WESTLICHES HIMACHAL PRADESH

Das westliche Himachal Pradesh ist vor allem berühmt als Sitz der tibetischen Exilregierung und wegen der Residenz des Dalai Lama in McLeod Ganj, und es ist eine wichtige Anlaufstelle für Traveller mit vielen Gelegenheiten zu Freiwilligenarbeit, Yoga-, Meditations- und anderen Kursen. In der Dhauladhar- und der Pir-Panjal-Gebirgskette kann man ausgezeichnet wandern; dazwischen liegt das schöne, kulturell faszinierende Chamba-Tal. Mit prima Möglichkeiten zum Gleitschirmfliegen und zahlreichen tibetischen Klöstern lockt das Gebiet von Bir-Billing eine wachsende Zahl von Abenteuerurlaubern und spirituellen Heilssuchern an.

Dharamsala

☎ 01892 / 20 000 EW. / 1380 M

Dharamsala (auch Dharamshala) ist bekannt als Wohnsitz des 14. Dalai Lama, aber die Marktstadt, in der die Busse ankommen, ist Lower Dharamsala. Der geistliche Führer der Tibeter residiert 3 km den Berg hinauf in Upper Dharamsala, das auch als McLeod Ganj bekannt ist und wohin auch viele Besucher

BUSSE AB DHARAMSALA

ZIEL	PREIS (₹)	DAUER (STD.)	HÄUFIGKEIT
Amritsar	255	7	5 Uhr
Chamba	364	8	3-mal tgl.
Dalhousie	171	5	7 Uhr
Dehra Dun	535–1045	12	3-mal tgl.
Delhi	542–1240	12	10-mal tgl.
Gaggal	15	40 Min.	alle 15 Min.
Jawalamukhi	60	1½	häufig
Kangra	25	1	alle 15–30 Min.
Manali	360–815	10	Volvo AC 21.30 Uhr, normaler Bus 7 & 18 Uhr
Mandi	195–400	6	HRTC 4-mal tgl., auch private Busse
Palampur	50	2	bis 20.45 Uhr ca. halbstündl.
Pathankot	136	3½	5–17.30 Uhr ungefähr stündl.
Shimla	363–522	10	7-mal tgl. (morgens & abends)

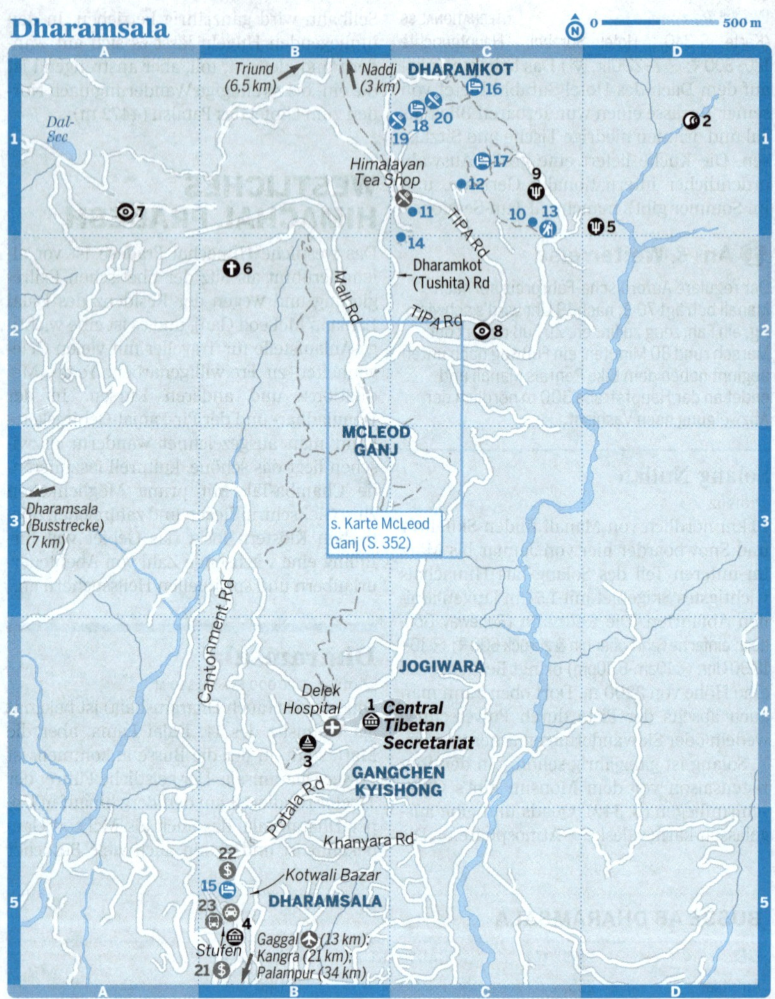

eilen. Wenn Einheimische von Dharamsala sprechen, meinen sie oft Lower Dharamsala.

Museum of Kangra Art MUSEUM
(Karte S. 350; Inder/Ausländer 20/100 ₹; Di–So 10–13.30 & 14–17 Uhr) Das Museum gleich abseits der Hauptstraße zeigt einige schöne Miniaturmalereien der Kangra-Schule, *rumal*-Stickereien aus Chamba, traditionelle Kostüme aus der Gegend und Fotos von dem verheerenden Erdbeben in Kangra von 1905.

Hotel Dhauladhar HOTEL **$$**
(Karte S. 350; 01892-224926; www.hptdc.gov.in; EZ 1720–2050 ₹, DZ 2290–2730 ₹, Suite ab 3270 ₹;) Das zentral gelegene HPTDC-Hotel hat saubere, geräumige Zimmer, eine große Restaurantterrasse mit Blick ins Tal sowie eine Bar.

An- & Weiterreise

Der **Flughafen von Dharamsala** befindet sich 13 km südwestlich in Gaggal. Air India und SpiceJet fliegen beide täglich ab/nach Delhi, manchmal müssen die Flüge aber wegen schlechten Wetters abgesagt werden.

Vom **Busbahnhof von Dharamsala** (Karte S. 350) fahren Busse zwischen 6 und 21 Uhr ungefähr halbstündlich nach McLeod Ganj (15 ₹, 35 Min.). Nach Delhi fahren u. a. Volvo-AC-Busse

Dharamsala

Highlights
1 Central Tibetan Secretariat ...B4

Sehenswertes
2 Bhagsu-Wasserfall ...D1
Cultural Museum ...(siehe 1)
Library of Tibetan Works & Archives ...(siehe 1)
3 Men-Tsee-Khang ...B4
Men-Tsee-Khang Museum ...(siehe 3)
4 Museum of Kangra Art ...B5
Nechung Gompa ...(siehe 1)
5 Shiva-Tempel ...D1
6 St. John in the Wilderness ...B2
7 Tibetan Children's Village ...A1
8 Tibetan Institute of Performing Arts ...C2
9 Vashnu-Mata-Tempel ...C1

Aktivitäten, Kurse & Touren
10 Ayuskama Ayurvedic Clinic ...C1
Kurse in buddhist. Philosphie ...(siehe 1)
11 Himachal Vipassana Centre ...C1
12 Himalayan Iyengar Yoga Centre ...C1
13 Terrestrial Adventures ...C1
Tibetische Sprachkurse ...(siehe 1)
14 Tushita Meditation Centre ...C2

Schlafen
15 Hotel Dhauladhar ...B5
16 Raj Residency ...C1
17 Trimurti Garden Cafe ...C1
18 Valley View ...C1

Essen
19 Cool Talk Cafe ...C1
20 Space Out ...C1

Praktisches
21 SBI ...B5
22 SBI-Geldautomat ...B5

Transport
23 Busbahnhof ...B5

(1240 ₹) um 5.15, 18.30, 20 und 21.30 Uhr sowie ein AC-Deluxe-Bus (950 ₹) um 20.30 Uhr.

Die **Dharamsala Taxi Union** (Karte S. 350; ☎ 01892-222105) hat ihren Sitz 185 Treppenstufen oberhalb des Busbahnhofs. Taxis nach McLeod Ganj kosten 200 ₹.

McLeod Ganj

☎ 01892 / 10 000 EW. / 1740 M

Wenn Traveller davon sprechen, nach Dharamsala zu fahren (um den Dalai Lama zu erleben ...), meinen sie diesen Ort. Das 3 km (oder auf der kurvenreichen Busstrecke 10 km) nördlich der Stadt Dharamsala gelegene McLeod Ganj ist die Residenz Seiner Heiligkeit, des 14. Dalai Lama, und Heimat einer großen Zahl von Tibetern, darunter vielen Mönchen und Nonnen. Die tibetische Exilregierung hat ihren Sitz ein kleines Stück den Hügel hinunter in Gangchen Kyishong. Tausende Ausländer kommen alljährlich, um bei der tibetischen Gemeinde Freiwilligenarbeit zu leisten, Buddhismus-, Yoga- oder Meditationskurse zu besuchen, im Dhauladhar-Gebirge zu wandern, sich nach tibetischem Kunsthandwerk umzuschauen oder einfach nur abzuhängen und die spirituelle/alternative Atmosphäre zu genießen. McLeod besitzt viele gute Cafés und Restaurants, die indische, italienische, israelische und tibetische Gerichte anbieten.

Angesichts der interessanten Mischung aus Travellern, freiwilligen Helfern, braunrot gekleideten Mönchen und Nonnen, religiös angehauchten Menschen aus aller Welt und einem wachsenden Strom indischer Touristen ergeben sich hier immer wieder interessante Gespräche.

Der nach Donald Friell McLeod, dem Vizegouverneur der Provinz Punjab, benannte Ort entstand in den 1850er-Jahren als Siedlung von Zivilisten außerhalb der britischen Garnison von Dharamsala. Er wurde 1905 beim Erdbeben von Kangra verwüstet und versank nach der Unabhängigkeit in der Bedeutungslosigkeit, bis im Jahr 1960 der Dalai Lama ankam und hier sein Hauptquartier bezog. Seither ist McLeod zu einem lebendigen Zentrum der tibetischen Kultur und des Buddhismus geworden.

Während des Monsuns (Ende Juni–Anf. Sept.) ist es hier ausgesprochen feucht, und zwischen November und März ist hier warme Kleidung von gutem Nutzen. Viele Läden und Geschäfte sind montags geschlossen.

Sehenswertes & Aktivitäten

★ Tsuglagkhang-Komplex BUDDHISTISCHER TEMPEL
(Karte S. 352; Temple Rd; ⏰ April–Okt. 5–20 Uhr, Nov.–März 6–18 Uhr) Pilger, Mönche und viele Touristen sind vor allem am Tsuglagkhang-Komplex interessiert. Zu diesem gehören der eigentliche Tsuglagkhang (der Haupttempel der Tibeter), die Namgyal Gompa und das ausgezeichnete Tibet Museum.

McLeod Ganj

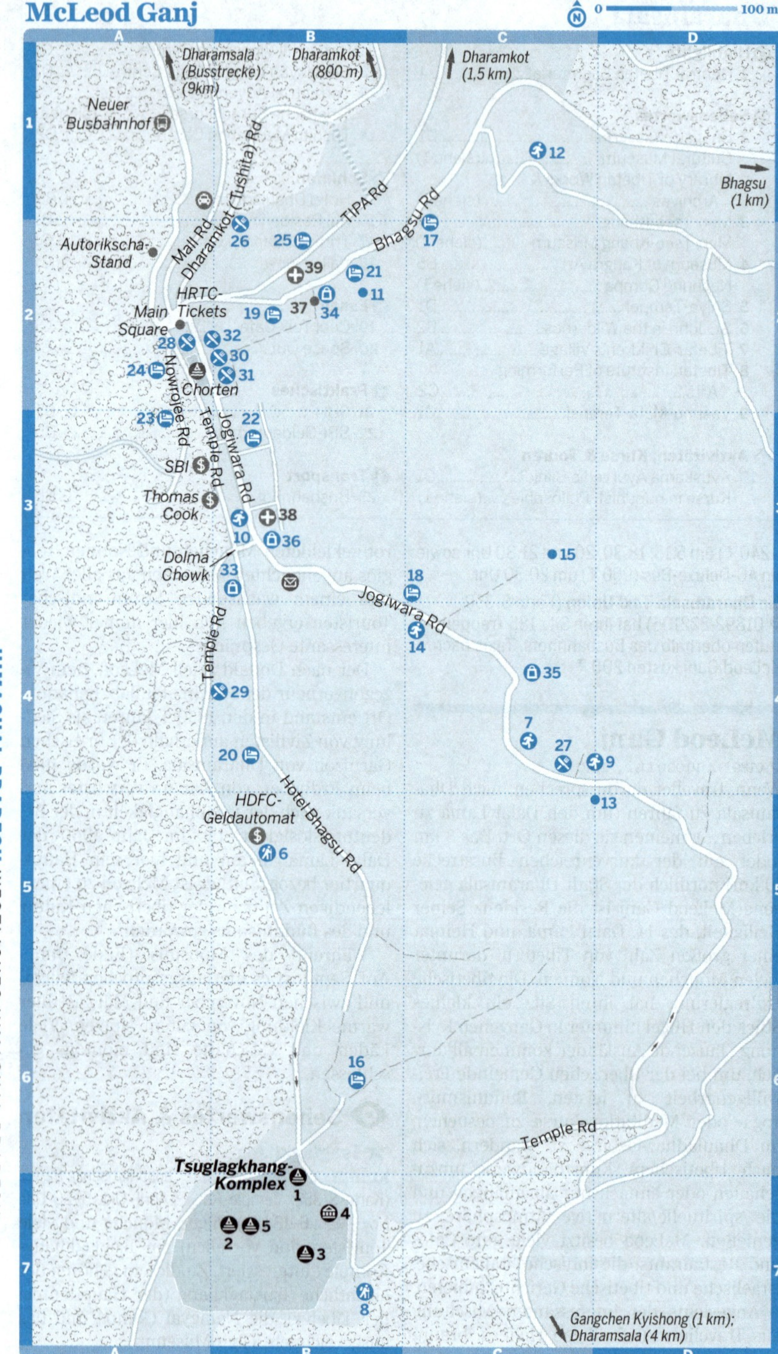

0
100 m
Dharamsala (Busstrecke) (9km)
Dharamkot (800 m)
Dharamkot (1,5 km)
Neuer Busbahnhof
Bhagsu (1 km)
Dharamkot (Tushita) Rd
TIPA Rd
Bhagsu Rd
Mall Rd
Autorikscha-Stand
HRTC-Tickets
Main Square
Nowrojee Rd
Chorten
Temple Rd
Jogiwara Rd
SBI
Thomas Cook
Dolma Chowk
Jogiwara Rd
Temple Rd
HDFC-Geldautomat
Hotel Bhagsu Rd
Tsuglagkhang-Komplex
Temple Rd
Gangchen Kyishong (1 km); Dharamsala (4 km)

McLeod Ganj

Highlights
1 Tsuglagkhang-Komplex B7

Sehenswertes
Gu-Chu-Sum Movement Gallery .... (siehe 27)
2 Kalachakra-Tempel B7
3 Namgyal Gompa B7
4 Tibet Museum B7
5 Tsuglagkhang B7

Aktivitäten, Kurse & Touren
6 High Point Adventure B5
High Point Adventure .... (siehe 20)
7 Holistic Centre of Ayurveda C4
8 Kora Umgang B7
9 Learning & Ideas for Tibet D4
10 Lha B3
11 Lhamo's Kitchen B2
12 Rogpa C1
13 Sangye's Kitchen D5
14 Tibet World C4
15 Universal Yoga Centre C3

Schlafen
16 Chonor House B6
17 Green Hotel C2
18 Hotel Mount View C3
19 Hotel Tibet B2
20 Kareri Lodge B4
21 Kunga Guesthouse B2
22 Loseling Guest House B3
23 Om Hotel A3
24 Serkong House A2
25 Seven Hills Guest House B2

Essen
26 Common Ground Cafe B2
Green Hotel Restaurant .... (siehe 17)
27 Lung Ta C4
28 McLlo Restaurant A2
29 Moonpeak B4
Namgyal Cafe .... (siehe 23)
Nick's Italian Kitchen .... (siehe 21)
30 Shangrila Vegetarian Restaurant B2
31 Snow Lion Restaurant B2
32 Tibet Kitchen A2

Shoppen
33 Bookworm B3
34 Green Shop B2
35 Pick & Speak Mobile Shop C4
36 Tibetan Handicraft Center B3

Praktisches
37 Branch Security Office B2
38 Dr. Yeshi Dhonden B3
39 Men-Tsee-Khang Therapy Centre B2

Tsuglagkhang
(Karte S. 352) Der ehrwürdige Tsuglagkhang wurde 1969 erbaut und ist für die Exiltibeter das Beton-Gegenstück des Jokhang-Tempels in Lhasa. Drinnen stehen eine vergoldete Statue des Buddha Shakyamuni und links davon Statuen des Avalokiteshvara (der Bodhisattva des Mitgefühls, die Schutzgottheit Tibets) und des Padmasambhava, jenes indischen Weisen, der im 8. Jh. den Buddhismus nach Tibet gebracht haben soll, sowie ein „verhungernder Buddha" aus Holz, der den Buddha am Ende seiner sechsjährigen Zeit als meditierender Asket in Bodhgaya darstellt.

Namgyal Gompa
(Karte S. 352) Die Namgyal Gompa ist das Kloster im Tsuglagkhang-Komplex. Täglich außer sonntags kann man hier Mönche zwischen 14 und 15 Uhr bei ihren Debatten beobachten. Argumente werden mit Aufstampfen oder theatralischem Händeklatschen bekräftigt. Der Eingang der für die Öffentlichkeit nicht zugänglichen Residenz des Dalai Lama befindet sich an der Südseite des Hofes.

Kalachakra-Tempel
(Karte S. 352) Vor dem Besuch des eigentlichen Tsuglagkhang treten Pilger zunächst in den Kalachakra-Tempel an der Westseite ein, in dem hypnotisierende Malereien des Kalachakra-Mandalas (Rad der Zeit) zu sehen sind, das mit Avalokiteshvara verbunden ist – der Dalai Lama gilt als eine Verkörperung des Avalokiteshvara.

Tibet Museum
(Karte S. 352; http://tibetmuseum.org; So & Di–Fr & 1. Sa im Monat 9–13 & 14–18 Uhr, Okt.–März bis 17 Uhr) GRATIS Anhand von Fotos, Videos und englisch beschrifteten Schautafeln schildert das Museum die Geschichte Tibets, der chinesischen Besetzung, des Widerstands und der Flucht der Tibeter. Behandelt werden auch der Dalai Lama und sein Lebenswerk. Der Besuch des Museums ist ein Muss.

Kora-Umgang
(Karte S. 352) Die meisten tibetischen Pilger vollziehen eine *kora* (rituelle Umrundung) rund um die Grenzen des Tsuglagkhang-Komplexes, die im Uhrzeigersinn ausgeführt wird. Vom Eingang des Komplexes nimmt man die bergab führende Straße nach links und folgt nach 150 m dem mit Gebetswimpeln markierten Pfad nach rechts.

St. John in the Wilderness KIRCHE
(Karte S. 350; 9–17 Uhr) Nur 1,5 km westlich von McLeod an der Straße nach Forsyth

Ganj steht unter hohen Zedern diese düstere, 1852 errichtete Kirche, eines der letzten Überbleibsel aus McLeods Vergangenheit als britsche Hill Station. Auf dem Friedhof liegen viele Opfer des Erdbebens von 1905; sehenswert ist das an eine Rakete erinnernde Grabmal vom James Bruce, dem 8. Earl of Elgin und 2. Vizekönig von Indien.

Tibetan Children's Village SCHULE

(Karte S. 350; ☎ 01892-221348; www.tcv.org.in; ⏰ Büro Mo–Fr 9–12.30 & 13.30–17 Uhr) Nur ein kurzes Stück vom nicht besonders schönen Dal-See entfernt, bietet das tibetische Kinderdorf 3 km nordwestlich von McLeod fast 2000 Flüchtlingskindern kostenlosen Unterricht sowie den meisten von ihnen auch Unterkunft. Die in den 1960ern Jahren gegründete Schule ist heute eine von zwölf derartigen Einrichtungen in ganz Indien. Besucher sind willkommen.

★ Central Tibetan Secretariat MUSEUM

(Karte S. 350; Gangchen Kyishong) Fast 2 km hügelabwärts unter dem Tsuglakhang-Komplex befindet sich das Gelände der tibetischen Exilregierung und in ihm die **Library of Tibetan Works & Archives** (Karte S. 350; ☎ 9218422467; www.ltwa.net; ⏰ Mo–Sa 9–13 & 14–17 Uhr, 2. & 4. Sa im Monat geschl.). Die Bibliothek umfasste ursprünglich eine Sammlung heiliger Manuskripte, die vor der Kulturrevolution in Sicherheit gebracht worden war, und ist heute auf einen Bestand von mehr als 120 000 Handschriften, Büchern und Dokumenten in tibetischer und mehr als 15 000 Bänden über Tibet, den Buddhismus und die Himalajaregion in englischer und anderen Sprachen angewachsen.

Im Obergeschoss befindet sich ein faszinierendes **Kulturmuseum** (Karte S. 350; Eintritt 20 ₹) mit Statuen, alten tibetischen Artefakten und Büchern sowie einigen erstaunlichen dreidimensionalen Mandalas aus Holz und Sand.

➡ Nechung Gompa

(Karte S. 350) Wenn man sich auf dem Gelände des Central Tibetan Secretariat befindet, lohnt die farbenfrohe Nechung Gompa, der Sitz des tibetischen Staatsorakels, einen Blick. Wer das Orakel, einen Mönch namens Thubten Ngödrup, konsultieren will, bittet im Büro um einen Termin beim Sekretär des Orakels.

★ Men-Tsee-Khang BUDDHISTISCHE STÄTTE

(Tibetan Medical & Astrological Institute; Karte S. 350; ☎ 01892-223113; www.men-tsee-khang.org; Gang-chen Kyishong; ⏰ Mo–Sa 9–13 & 14–17 Uhr, 2. & 4. Sa im Monat geschl.) Das zur Bewahrung der traditionellen tibetischen Medizin und Astrologie gegründete Men-Tsee-Khang ist Schule, Klinik, Museum, Forschungszentrum und astrologisches Institut in einem. Man kann sich von den Astrologen mündlich beraten (2000 ₹/45 Min.; mindestens 2 Std. im Voraus mit Geburtsdatum, Geburtszeit und -ort anmelden) oder sich ein detailliertes Lebenshoroskop erstellen lassen – das Resultat erhält man innerhalb von vier Monaten per E-Mail und als Ausdruck (85 US$ zzgl. 20 US$ Steuern).

Das **Men-Tsee-Khang Museum** (Karte S. 350; 20 ₹; ⏰ Mo–Sa 9–13 & 14–17 Uhr, 2. & 4. Sa im Monat geschl.) zeigt auf drei Etagen faszinierende Ausstellungen zur tibetischen Astrologie und Medizin. Man sieht hier illustrierende *thangkas* und Beispiele von Arzneimitteln sowie Pflanzen und Mineralien, aus denen sie hergestellt werden, ferner für die Behandlung eingesetzte Instrumente, z. B. einen Messinghammer zur Behandlung von Tumoren. Man erfährt auch Nützliches, etwa dass Zimt gegen Blähungen und Kreuzkümmel und Koriander gegen Appetitlosigkeit helfen oder dass Gold das Leben verlängert. Gelegentlich werden auch kurze einführende Kurse in die Grundlagen der tibetischen Medizin veranstaltet.

Yoga, Ayurveda & Massage

In McLeod Ganj und den Nachbarorten Dharamkot und Bhagsu (S. 362) gibt's Dutzende von Heilkünstlern, die ganzheitliche und alternative Therapien anbieten – einige sind ernstzunehmende Fachleute, andere wollen mit leichtgläubigen Travellern ein paar schnelle Rupien machen. Die guten Heiler findet man am besten, wenn man sich mit Freunden oder anderen Travellern unterhält.

Holistic Centre of Ayurveda MASSAGE

(Karte S. 352; ☎ 9418493871; holisticmassage16@gmail.com; Ladies Venture Hotel, Jogiwara Rd; 800–1000 ₹/1 Std.; ⏰ 10.30–19 Uhr) Der hiesige Masseur Shami ist sehr begehrt, daher ein, zwei Tage im Voraus einen Termin ausmachen! Geboten werden Entspannungs-, Ayurveda und Tiefengewebe-Massagen sowie Anwendungen für Kopf, Rücken, Gesicht, Füße oder den ganzen Körper.

Universal Yoga Centre YOGA

(Karte S. 352; ☎ 9882222011; www.vijaypoweryoga.com; Youngling School, Jogiwara Rd; 1½-std. Kurs 200–400 ₹; ⏰ April–Sept.) Gut bewertet:

BEGEGNUNG MIT DEM DALAI LAMA

Eine Begegnung mit dem Dalai Lama ist für viele Traveller ein lebenslanger Traum und gewiss für Buddhisten, aber Privataudienzen werden selten gewährt. Der Dalai Lama hat schlicht zu viel mit seinen geistlichen Pflichten zu tun, als dass er jeden treffen könnte, der nach Dharamsala kommt. Tibetische Flüchtlinge erhalten automatisch eine Audienz, aber Traveller müssen sich mit den gelegentlichen öffentlichen Lehrstunden begnügen, die im Tsuglagkhang (S. 353) normalerweise im September oder Oktober und nach Losar (dem tibetischen Neujahr) im Februar oder März stattfinden sowie auch zu anderen Terminen, wenn es die Planung Seiner Heiligkeit zulässt. Den Terminplan und alles andere, was man über den geistlichen Führer der Tibeter wissen will, erfährt man unter www.dalailama.com. Um an einer Lehrstunde teilzunehmen, muss man sich mit seinem Pass im **Branch Security Office** (Karte S. 352; ☎221560; Bhagsu Rd, McLeod Ganj; ⌚Mo–Fr & 1. Sa im Monat 9–13 & 14–17 Uhr) in den Tagen vor der Lehrstunde registrieren lassen (wenn man das nicht schafft, ist in der Regel die Registrierung auch am frühen Morgen im Tempel vor Beginn der Lehrstunde möglich. Um das Beste aus der Lehrstunde herauszuholen, sollte man ein Kissen und ein UKW-Radio mit Kopfhörer (in örtlichen Läden rund 450 ₹) für die Simultanübersetzung mitbringen.

die täglichen Kurse in verschiedenen Techniken für alle Lernstufen, bei denen man einfach vorbeikommen kann. Darüber hinaus gibt's auch Ausbildungskurse für Lehrer.

Wandern

Es ist möglich, einen Trek zum Chamba- oder Kullu-Tal oder sogar nach Lahaul zu unternehmen, und mehrere Veranstalter im Ort sowie in Dharamkot oder Bhagsu (S. 361) können die notwendigen Arrangements zum Campen vorbereiten und Führer, Träger oder Packtiere beschaffen. Abgesehen von dem anstrengenden Trek über den Indrahar La (S. 362) ins Chamba-Tal ist die beliebteste Option der leichte, drei- bis fünftägige Rundkurs zum Kareri-See. Geführte Treks inklusive Verpflegung, Zelt und Träger(n) kosten zwischen 1500 und 3000 ₹ pro Person und Tag. Unbedingt darauf achten, was alles im Preis enthalten ist – die Verpflegung und die Kosten für den Rücktransport des engagierten Personals könnten im Preis noch nicht enthalten sein!

High Point Adventure TREKKING
(Karte S. 352; ☎9816120145; highpointadventure@gmail.com; Kareri Lodge, Hotel Bhagsu Rd) Der erfahrene, kenntnisreiche Veranstalter bietet vor Ort mit die besten Preise. Das Unternehmen hat auch ein **Büro** (Karte S. 352; ⌚9–18 Uhr) in der Temple Rd.

Freiwilligenarbeit

In McLeod Ganj gibt's mehr Freiwilligenjobs wie fast nirgendwo sonst in Indien, und die meisten hängen auf die eine oder andere Art mit der Unterstützung der tibetischen Gemeinde zusammen. Bei manchen Kursen in englischer Konversation sind Freiwillige willkommen, die einfach vorbeikommen. Bei den anderen Jobs ist es ideal, ein paar Wochen vorher Kontakt aufzunehmen. Viele Organisationen, die freiwillige Helfer suchen, annoncieren in dem kostenlosen Magazin *Contact* (www.contactmagazine.net). Traveller sollten die Jobs immer erst genau prüfen, um die Qualität und nachhaltige Wirkung des jeweiligen Projekts einschätzen zu können. Experten empfehlen, dass Freiwillige sich mindestens auf drei Monate verpflichten. Lonely Planet kann für keine Organisation eine Garantie übernehmen, mit der der Verlag nicht direkt zusammenarbeitet.

Freiwillige Helfer kümmern sich generell selbst um ihre Unterkunft und Verpflegung, aber Lha bietet eine Unterbringung bei tibetischen Gastfamilien an (20 US$/Tag inkl. Frühstück & Abendessen; mind. 1 Woche).

Die folgenden Organisationen bieten Infos zu Freiwilligenjobs an oder können Infos beschaffen:

Lha (Karte S. 352; ☎9882323453; www.lhasocialwork.org; Temple Rd; ⌚Büro Mo–Fr 9–13 & 14–17 Uhr, 1. & 3. Sa im Monat 9–11 Uhr) Diese Nichtregierungsorganisation arrangiert Stellen in verschiedenen Gemeindeprojekten z. B. für Fremdsprachenlehrer (Englisch und andere Sprachen), Spendensammler und ausgebildete Leute aus dem Gesundheitswesen oder dem IT-Bereich. Die Mindestverpflichtung liegt zwischen einer Woche und zwei Monaten. Im Büro kann man sich montags bis freitags ein-

TIBETISCHE FLÜCHTLINGE

Im Oktober 1950, rund ein Jahr nachdem Mao Zedong die Gründung der Volksrepublik China ausgerufen hatte, marschierten chinesische Truppen in Tibet ein. Zu jener Zeit war Tibet de facto ein unabhängiger Staat unter Führung des Dalai Lama mit einer unklaren völkerrechtlichen Stellung gegenüber China. Ein Jahr später, im Oktober 1951, fiel Lhasa, die tibetische Hauptstadt. Nachdem der Widerstand gegen die Chinesen jahrelang im Land geschwelt hatte, kam es 1959 in Lhasa zu Demonstrationen gegen die chinesische Besetzung. Als die chinesische Armee gegen den Aufstand vorging, beschoss sie auch den Norbulingka, den Sommerpalast des Dalai Lama. Da dieser sein Leben bzw. seine Freiheit in Gefahr sah, floh er heimlich über den Himalaja nach Indien, wo ihm Asyl gewährt wurde.

Die Volksrepublik China erklärt, dass ihre Soldaten als Befreier nach Tibet entsandt wurden, um die Tibeter von der Knechtschaft unter dem Feudalsystem zu befreien und um die Lebensbedingungen in der Hochebene zu verbessern. Aber so ist es nicht gekommen. Auch wenn die zuweilen zitierte Zahl von 1,2 Mio. Tibetern, die seit 1950 getötet worden sein sollen, ernsthaft in Zweifel gezogen wird, stellt kein unabhängiger Beobachter das Leiden, die Menschenrechtsverstöße und die hohen Verluste am kulturellen Erbe Tibets infrage, die sich unter der chinesischen Besetzung ereignet haben. Viele Tibeter riskieren immer noch die gefährliche Flucht nach Indien. Heute leben 100 000 oder mehr Tibeter in Indien, darunter auch jene, die in dem Zufluchtsland geboren wurden. Viele neu Hinzukommende begeben sich erst einmal in die Gegend um Dharamsala, wo sie Unterstützung bei der (mehr als 10 000 Menschen zählenden) tibetischen Gemeinde, der tibetischen Exilregierung und unzähligen Nichtregierungsorganisationen finden. Große tibetische Gemeinden gibt es auch im Bundesstaat Karnataka, wo seit den 1960er-Jahren mehrere tibetische Siedlungen entstanden sind.

fach von 16 bis 17 Uhr an den englischen Konversationskursen beteiligen.

Learning & Ideas for Tibet (Karte S. 352; ☎ 9882439815; http://learningandideasfortibet.blogspot.com; Jogiwara Rd; ⌚ Mo–Fr 9–17 Uhr) Veranstaltet kostenlose Kurse für tibetische Flüchtlinge und sucht dafür u. a. Englisch-, Französisch-, Deutsch-, Chinesisch- oder Japanischlehrer sowie Leute, die die Grundlagen des Umgangs mit Computern vermitteln. Freiwillige können sich an den englischen Konversationskursen um 14 Uhr beteiligen (1½ Std.). Das Büro liegt an der Treppe, die hinunter zum Seed Cafe und dem Pawan Guest House führt.

Tibet World (Karte S. 352; ☎ 9816999928; http://tibetworld.org; Jogiwara Rd; ⌚ Büro Mo–Fr 9–17 Uhr) Die Organisation betreut pro Jahr etwa 600 Schüler aus der Flüchtlingsgemeinde und sucht Freiwillige für verschiedene Arbeiten, u. a. als Englisch-, Deutsch-, Französisch- und Chinesischlehrer, die sich möglichst mindestens einen Monat verpflichten. Auch die Yogakurse werden von Freiwilligen unterrichtet. Konversationskurse, bei denen Freiwillige vorbeikommen können, gibt's um 11 und 16 Uhr auf Englisch und um 16 Uhr auch auf Französisch und Mandarin.

Kurse

Die angesehensten Schulen für Yoga und Meditation haben ihren Sitz überwiegend in Dharamkot und Bhagsu (S. 362). The Library of Tibetan Works & Archives veranstaltet seriöse **Kurse in buddhistischer Philosophie** (Karte S. 350; ☎ 9218422467; www.ltwa.net; Library of Tibetan Works & Archives, Central Tibetan Secretariat; 300 ₹/Monat, Einschreibegebühr 50 ₹; ⌚ Kurse Mo–Sa 9 & 10.30 Uhr) in englischer Sprache, die 1½ bis 4 Monate dauern (tgl. 1¼ Std.) sowie monatlich fünftägige Abendkurse (tgl. 1 Std.), manchmal auf Tibetisch, manchmal auf Englisch.

Die Bibliothek veranstaltet auch 4½-monatige **tibetische Sprach- und Konversationskurse** (Karte S. 350; 500 ₹/Monat, Einschreibegebühr 50 ₹) für Anfänger, Schüler mit Grundkenntnissen und Erfahrene. Start ist um den 1. März und 1. August (5 Std./Woche). Dem Grundkurs darf man sich jederzeit anschließen.

Lhamo's Kitchen KOCHEN
(Karte S. 352; ☎ 9816468719; lhamoskitchen@gmail.com; Bhagsu Rd; 2-std. Kurs 300 ₹; ⌚ 10–12 & 17–19 Uhr) Veranstaltet empfehlenswerte Kurse in vegetarischer tibetischer Kochkunst. Jeden Tag stehen *momos*, Suppen

oder Brote im Zentrum, wobei von allem zwei oder drei Versionen vorgestellt werden.

Mindestens zwei Teilnehmer müssen kommen; man sollte sich mindestens fünf Stunden im Voraus anmelden.

Sangye's Kitchen KOCHEN
(Karte S. 352; ☎ 9816164540; Jogiwara Rd; Kurs 250 ₹; ⏲ Do–Di 10–12 & 16–18 Uhr) Tibetische Spezialitäten: Sonntags und donnerstags stehen *momos* (auch Schokoladen-*momos!*) im Zentrum, dienstags und samstags Nudeln.

Feste & Events

Ende Januar, im Februar oder Anfang März wird in McLeod **Losar**, das tibetische Neujahr, mit Prozessionen und Maskentänzen in den örtlichen Klöstern gefeiert. Zu dieser Zeit gibt es öfters öffentliche Unterweisungen durch den Dalai Lama.

In den meisten Jahren findet im Tibetan Institute of Performing Arts (S. 359) das **Tibetan Opera Festival** (⏲ März/April) statt. Dabei gibt es an aufeinanderfolgenden Tagen 12 Vorstellungen verschiedener Gruppen aus Indien und Nepal, die jeweils 7 oder 8 Stunden dauern.

Mehrere Filmfestivals sorgen in McLeod im Herbst für Leben. Beim **Free Spirit Film Festival** (www.freespiritfilmfestival.com; ⏲ Ende Okt.) und dem **Dharamsala International Film Festival** (http://diff.co.in; ⏲ Ende Okt./Anf. Nov.) stehen jeweils eine bunte Auswahl von unabhängig produzierten Spielfilmen, Dokumentationen und Kurzfilmen auf dem Programm. Das **Tibet Film Festival** (http://tibetfilmfestival.org; ⏲ Sept. oder Okt.) steht ganz im Zeichen von Filmen, die von Tibetern gedreht wurden.

Schlafen

Beliebte Hotels sind schnell ausgebucht; insbesondere von April bis Juni und im Oktober empfiehlt es sich, vorab zu reservieren.

Kunga Guesthouse PENSION $
(Karte S. 352; ☎ 9857421180; www.kungaguesthouse.com; Bhagsu Rd; Zi. 400–1500 ₹; 📶) Oberhalb (und unterhalb) von Nick's Italian Kitchen (S. 358) – das zugleich der größte Pluspunkt der Herberge ist –, vermietet das Kunga eine große Reihe langweiliger, aber sauberer Zimmer in mehreren Gebäuden und betreibt einen hilfreichen Reise-Buchungsservice. Die billigsten Zimmer teilen sich das Bad.

Om Hotel HOTEL $
(Karte S. 352; ☎ 9816329985; Nowrojee Rd; Zi. 550–650 ₹, ohne Bad 300–350 ₹; 📶) Das freundliche, von einer Familie geführte Hotel liegt in einer Gasse, die vom Hauptplatz abgeht und hat schlichte, aber angenehme Zimmer mit guter Aussicht. Von der Terrasse kann man den Sonnenuntergang über dem Tal beobachten. Da keine Reservierungen angenommen werden, sollte man morgens kommen, um ein Zimmer zu ergattern.

Das beliebte **Namgyal Cafe** (Karte S. 352; Hauptgerichte 90–350 ₹; ⏲ 9.30–22 Uhr) serviert gut belegte, aber zähe Pizzen, außerdem or-

TIBETISCHE MEDIZIN

Die traditionelle tibetische Medizin beinhaltet jahrhundertealte, ganzheitliche Heilverfahren und ist beliebt für alle Arten kleinerer oder chronischer Beschwerden. Zu den angewendeten Methoden zählen Massagen, Kompressen, Bäder und Dampftherapien, aus Kräutern und Mineralien hergestellte Pillen und Ratschläge zu Ernährung und Lebensweise. Es gibt mehrere Kliniken in der Stadt, darunter das **Men-Tsee-Khang Therapy Centre** (Karte S. 352; ☎ 01892-221484; www.men-tsee-khang.org; TIPA Rd; ⏲ Mo–Sa 9–13 & 14–17 Uhr, 2. & 4. Sa im Monat geschl.) des Tibetan Medical & Astrological Institute.

Der beliebteste *amchi* (tibetische Doktor) vor Ort ist **Dr. Yeshi Dhonden** (Karte S. 352; ☎ 01892-221461; Ashoka Niwas; ⏲ So–Fr 9–13 Uhr), der frühere Leibarzt des 14. Dalai Lama, dessen winzige Klinik sich abseits der Jogiwara Rd in einer Passage versteckt. Wegen des fantastischen Rufs seiner ganzheitlichen Behandlungen kommen u. a. auch viele Krebspatienten zu dem Heiler. An einem festgelegten Tag alle ein, zwei Monate werden ab 8 Uhr Wartemarken an alle in der Schlange Stehenden vor dem nahegelegenen Ashoka Guest House ausgegeben. Dr. Yeshi empfängt 45 Patienten pro Tag an sechs Tagen in der Woche, aber er ist so begehrt, dass an einem einzigen Tag durchaus die Wartemarken für zwei Monate ausgegeben werden können. Zum Sprechstundentermin bringt man dann eine Urinprobe mit. Diese und eine kurze Untersuchung sind alles, was der Doktor braucht, um die richtigen Kräuterpillen zu verordnen.

dentlich zubereitete Tofu- und Kartoffelgerichte, Suppen und mehr.

Loseling Guest House PENSION $

(Karte S. 352; ☎ 9218923305; abseits der Jogiwara Rd; DZ 350–500 ₹; 📶) Die Herberge gleich abseits der Jogiwara Rd wird von einem tibetischen Kloster aus Karnataka betrieben. Es handelt sich um eine gute Budgetpension; alle Zimmer haben eine Warmwasserdusche. Die drei Zimmer unter dem Dach sind mit Abstand die besten.

Hotel Mount View HOTEL $

(Karte S. 352; ☎ 9816261717; mountmagic786@yahoo.co.in; Jogiwara Rd; Zi. 500–1200 ₹; 📶) Das schlichte, aber gut geführte Budgethotel an der geschäftigen Jogiwara Rd hat einen Reiseschalter, ein Dachterrassencafé und eine Reihe von Zimmern, alle mit angeschlossenem Bad. Man sollte sich ein paar anschauen, weil sie sich nach Ausblick, Größe, Helligkeit und Luftigkeit unterscheiden.

Seven Hills Guest House PENSION $

(Karte S. 352; ☎ 9736597593; TIPA Rd; DZ 450–600 ₹, EZ ohne Bad 250 ₹; @📶) Diese ziemlich kleine Pension hat eine große, sonnige Terrasse, saubere Zimmer, ein Café und eine praktische Lage an der TIPA Rd.

Green Hotel HOTEL $$

(Karte S. 352; ☎ 01892-221479; www.greenhotel.in; Bhagsu Rd; Zi. 800–2500 ₹; ❄📶) Das Green ist ein Favorit bei Travellern der Mittelklasse und bei kleinen Reisegruppen. Es bietet in drei Gebäuden diverse sonnige und blitzblanke Zimmer, meist mit Balkon und Blick aufs Tal und in die Berge. Zu dem vom stets fröhlichen Choekyi gut geführten Hotel gehört ein ausgezeichnetes Café.

Hotel Tibet HOTEL $$

(Karte S. 352; ☎ 01892-221587; hoteltibetdasa@yahoo.com; Bhagsu Rd; Zi. 1190–2380 ₹; 📶) Das Tibet mitten im Zentrum der Stadt wirkt wie ein gehobenes Hotel, hat aber trotzdem vernünftige Preise. Die Zimmer haben Parkettböden, und es gibt ein gemütliches Restaurant mit Alkoholausschank und internationaler Küche sowie ein nützliches Reisebüro im Haus.

Kareri Lodge HOTEL $$

(Karte S. 352; ☎ 01892-221132; karerilodge@gmail.com; Hotel Bhagsu Rd; Zi. 770–2120 ₹; 📶) Eingequetscht zwischen meist nobleren Hotels bietet das Kareri fünf makellose und komfortable Zimmer mit weichen Betten. Aus vier Zimmern hat man durch riesige Fenster einen tollen, weiten Ausblick. Hier herrscht eine gute Stimmung. Dazu trägt auch der freundliche junge Betreiber bei, der einen verlässlichen Trekking-Service leitet.

★ Chonor House BOUTIQUEHOTEL $$$

(Karte S. 352; ☎ 9882976879; www.norbulingka.org; abseits der Temple Rd; Zi. 5360–7860 ₹; ❄@📶) Das Chonor House in einer Gasse nahe dem Tsuglagkhang ist ein echtes Schmuckstück. Es wird vom Norbulingka Institute (S. 365) betrieben und ist mit wundervollen handgefertigten Norbulingka-Möbeln und Stoffen ausstaffiert. Jedes der 18 hellen und sonnigen Zimmer ist nach einem tibetischen Thema gestaltet, das sich von den Teppichen bis zu den Tagesdecken und Wandmalereien durchzieht. Selbst die billigsten Zimmer sind geräumig.

★ Serkong House HOTEL $$$

(Karte S. 352; ☎ 9857957131; www.norbulingka.org; Nowrojee Rd; EZ 2740–4110 ₹, DZ 3430–4790 ₹, Suite EZ/DZ 5480/6160 ₹; 📶) Das zum Norbulingka Institute gehörende Hotel ist geschmackvoll, komfortabel und gut geführt. Die geräumigen Zimmer prunken mit tibetischen Teppichen und von Norbulingka hergestellten Tischen; die teureren Zimmer haben eine schöne Aussicht. Die Angestellten sind höflich und effizient, und es gibt ein ausgezeichnetes Restaurant mit tibetischen, indischen und europäischen Speisen, bei denen auf Weißmehl und Glutamat verzichtet wird (Hauptgerichte 130–250 ₹).

Essen & Ausgehen

McLeod Ganj ist voller Travellerrestaurants, die ziemlich ähnliche Gerichte anbieten: Omeletts, Pfannkuchen, die üblichen indischen, tibetischen und chinesischen Gerichte, Pizza, Pasta und diverse andere europäische Speisen. Glücklicherweise machen viele Restaurants ihre Sache recht gut. In McLeod gibt es zudem ein paar der besten nordindischen Cafés mit gutem Kaffee und Tee nach englischer Art. Wer einen Snack genießen will, kann sich an die Tibeterinnen halten, die auf dem oberen Abschnitt der Jogiwara Rd und vor dem Eingang des Tsuglagkhang vegetarische *momos* verkaufen.

Nick's Italian Kitchen ITALIENISCH $

(Karte S. 352; Bhagsu Rd; Hauptgerichte 80–190 ₹; ⏲ 7–21 Uhr; 📶) Das unprätentiöse, gut geführte Nick's serviert schon seit Jahren schmackhafte vegetarische Pizza, Lasagne, Ravioli, Gnocchi und Quiches. Zum Bohnenkaffee sollte man sich ein Desserts gönnen, z.B. Apfelkuchen oder ein Stück vom himmlischen Zitronen-Käsekuchen.

Shangrila Vegetarian Restaurant TIBETISCH, INDISCH $

(Karte S. 352; Jogiwara Rd; Hauptgerichte 70–90 ₹; ⌚7.30–20.30 Uhr; 📶) Das Shangrila wird von Mönchen des Gyudmed-Klosters geführt; einige betätigen sich als Kellner und tragen zur bemerkenswert freundlichen Stimmung bei. Zu essen gibt's leckere, preisgünstige tibetische Gerichte, darunter *momos* in der Suppe und *baglebs* (große, frittierte *momos*).

Snow Lion Restaurant INTERNATIONAL $

(Karte S. 352; Jogiwara Rd; Hauptgerichte 80–150 ₹, Frühstück 160–195 ₹; ⌚7–21 Uhr; 📶) Das Lokal ist besonders beliebt für sein gutes und günstiges Frühstück und für ordentlichen Kaffee, bietet aber auch gute *momos* und *thukpa*, bequeme Sitze und Regale voller Bücher.

★ **Moonpeak** INTERNATIONAL $$

(Karte S. 352; www.moonpeak.org; Temple Rd; Hauptgerichte 150–300 ₹; ⌚7–21 Uhr; 📶) Ein kleines Stück nach Indien versetztes Seattle: In dem Restaurant gibt's ausgezeichneten Kaffee, Frühstück, Kuchen, einfallsreiche offene Graubrot-Sandwichs (z.B. mit pochiertem Hühnchen und einer Sauce aus Mango, Zitronensaft und Koriander), Suppen, Salate und viele gut zubereitete vegetarische und nichtvegetarische Hauptgerichte.

Zum Lokal gehört eine Galerie; musikalisch liegt entspannter Blues in der Luft.

Green Hotel Restaurant INTERNATIONAL $$

(Karte S. 352; Bhagsu Rd; Hauptgerichte 110–180 ₹; ⌚6.30–21.30 Uhr; 📶) Das auf Traveller ausgerichtete Hotelrestaurant hat eine sonnige Terrasse und drinnen bequeme Sofas. Es serviert sehr gute vegetarische Gerichte und das früheste Frühstück im Ort.

Common Ground Cafe ASIATISCH $$

(Karte S. 352; www.facebook.com/commongroundcafe09; Dharamkot Rd; Hauptgerichte 80–230 ₹; ⌚9–21 Uhr; 📶) Auf der Karte stehen feurige chinesische und tibetische Spezialitäten, von taiwanesischem Tofu bis hin zu *sha tag* (ein reichhaltiges Pfannengericht mit Fleisch und Gemüse), die auf Wunsch auch ohne Mononatriumglutamat erhältlich sind. Darüber hinaus gibt's den ganzen Tag auch Frühstücksgerichte westlicher Art, und auch der Kaffee ist gut. Die Atmosphäre ist angenehm entspannt und gesellig. Es gibt Gemeinschaftstische und Sitzkissen.

Tibet Kitchen TIBETISCH $$

(Karte S. 352; Jogiwara Rd; Hauptgerichte 120–300 ₹; ⌚12–21.30 Uhr) Es lohnt sich, hier wegen der würzigen bhutanischen Gerichte wie *kewa datse* (Kartoffeln, Bohnen und Chili in Käsesauce) und der ungewöhnlichen tibetischen Gerichte wie *shapta* (gebratenes Lammfleisch mit Paprikaschoten und Zwiebeln) anzustehen. Auch die *momos* sind gut, und daneben gibt es noch thailändische und chinesische Gerichte. Die drei Etagen des Restaurants sind oft voll, denn Traveller, Mönche und Einheimische kommen gleichermaßen gerne her.

Lung Ta JAPANISCH $$

(Karte S. 352; Jogiwara Rd; Menü 200 ₹; ⌚Mo–Sa 12–20.30 Uhr) Die Tagesmenüs sind die beste Wahl in diesem beliebten vegetarischen japanischen Restaurant, insbesondere dienstags und freitags, wenn auch Sushi und Misosuppe dabei sind. Das Essen und das Ambiente sind immerhin so authentisch, dass das Lokal auch japanische Traveller anlockt, die ein Stück Heimat suchen. Der Gewinn geht an die Wohltätigkeitsorganisation Gu-Chu-Sum.

McLlo Restaurant INTERNATIONAL $$

(Karte S. 352; Main Sq; Hauptgerichte 200–400 ₹; ⌚9.30–23.30 Uhr) Das abends überfüllte, zu Recht beliebte vierstöckige Restaurant serviert eine berauschende Fülle indischer, chinesischer und internationaler Gerichte, darunter auch Pizza und Pasta. Die halb offene oberste Etage ist einer der besten Orte in McLeod für ein kaltes Bier (ab 220 ₹).

☆ Unterhaltung

Für unregelmäßig stattfindende Livemusikabende oder Jamsessions wird überall in der Stadt geworben. Das **Tibetan Institute of Performing Arts** (TIPA; Karte S. 350; ☎9418087998; http://tipa.asia; TIPA Rd; ⌚Mo–Sa 9–17 Uhr, 2. & 4. Sa im Monat geschl.) bringt unregelmäßig Kulturveranstaltungen auf die Bühne, darunter eine 1½-stündige Folklore-Show mit rituellen Tänzen und Gesängen namens „Dances from the Roof of the World" sowie Konzerte der Elektro-Folk Fusion-Gruppe Aa Ka Ma. Über anstehende Events kann man sich auf der Facebook-Seite des Instituts informieren. Tibet World (S. 356) zeigt donnerstags um 18.30 Uhr eine tibetische Folklore-Show (200 ₹) und samstags um 16 Uhr Dokumentarfilme (kostenlos).

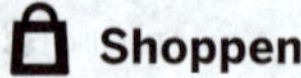

Shoppen

Dutzende von Läden und Buden verkaufen tibetische Produkte, darunter *thangkas*, Bronzefiguren, Gebetsmühlen aus Metall, Türkisketten, Schals aus Yakwolle und Klangschalen. Es gibt einige von Tibetern geführte Läden, andere werden von Händlern aus Kaschmir betrieben, die ihre Kunden ganz schön bedrängen. Wer in Ruhe stöbern will, findet mehrere örtliche Genossenschaften, die gleiche Waren ohne Kaufdruck anbieten. Bücherfreunde können sich freuen: McLeod besitzt zweifellos auf die Bevölkerungszahl umgerechnet die meisten Buchläden in Indien.

Tibetan Handicraft Center KUNSTHANDWERK
(Karte S. 352; ☎ 01892-221415; www.tibetan-handicrafts.com; Jogiwara Rd; ⏲ Mo–Sa 9–17 Uhr) 🍃 Diese Kooperative beschäftigt Flüchtlinge mit dem Weben tibetischer Teppiche. Für einen traditionellen Wollteppich mit den Maßen 0,9 x 1,8 m zahlt man etwa 13 500 ₹, und die Ware wird auch zugesandt (2500–3500 ₹ nach Europa; 4500 ₹ in die USA). Besucher können den Webern gern bei der Arbeit zuschauen. Es gibt auch einen Laden mit anderen attraktiven Dingen, z. B. hochwertigen *thangkas* (ab 20 000 ₹).

Bookworm BÜCHER
(Karte S. 352; ☎ 01892-221465; Hotel Bhagsu Rd; ⏲ Di–So 9–19 Uhr) McLeods bester Buchladen mit Allround-Sortiment.

Green Shop KUNSTHANDWERK
(Karte S. 352; Bhagsu Rd; ⏲ Mo–Sa 9.30–19 Uhr) 🍃 Verkauft handgemachte Produkte aus Recycling-Papier und andere Dinge, z. B. Bio-Erdnussbutter und -Tahini.

Praktische Informationen

Contact (www.contactmagazine.net) ist ein informatives, kostenloses Lokalblatt mit nützlichen Infos zu Kursen und Freiwilligenarbeit. Erhältlich online und in mehreren Cafés, Restaurants und Hotels in McLeod Ganj.

Delek Hospital (Karte S. 350; ☎ 01892-222053; www.delekhospital.org/delek; Gangchen Kyishong; Sprechstunde vor/nach 12 Uhr 10/50 ₹; ⏲ Ambulanz Mo–Fr & 1. Sa im Monat 9–13 & 14–17, 3., 4., & 5. Sa im Monat 9–13 Uhr) Das kleine, von Tibetern geführte Krankenhaus praktiziert naturwissenschaftliche Medizin und hat eine rund um die Uhr besetzte Notfallstation.

Pick & Speak Mobile Shop (Karte S. 352; Jogiwara Rd; ⏲ 8.30–20.30 Uhr) Verkauft SIM-Karten für 200 ₹ (ohne Datenvolumen und Telefonguthaben). Für einen Kauf Handy und Pass mitbringen.

Thomas Cook (Karte S. 352; Temple Rd; ⏲ Mo–Sa 9.30–18.30 Uhr) Tauscht Bargeld und löst Reiseschecks für eine Transaktionsgebühr von 50 ₹ zuzüglich 0,15 % Steuern (Mindestumtausch 35 ₹) ein und zahlt Bargeld auf Kreditkarten aus (Gebühr 3 %).

Anreise & Unterwegs vor Ort

Viele Reisebüros in McLeod Ganj buchen gegen eine Gebühr von 100 ₹ Zugfahrkarten.

AUTORIKSCHA

Der **Autorikschastand** (Karte S. 352) befindet sich nördlich vom Hauptplatz. Die Fahrt kostet nach Bhagsu ca. 60 ₹, nach Dharamkot 70 ₹.

BUS

Busse fahren vom/zum **Neuen Busbahnhof** (Karte S. 352) 150 m nördlich des Hauptplatzes. Zwischen 4 und 20 Uhr fahren rund alle 15 bis 30 Minunten Busse und überfüllte Jeeps nach Dharamsala (jeweils 15 ₹, 35 Min.).

Einige Fernbusse starten in McLeod, aber vom Busbahnhof in Dharamsala fahren viel mehr. Tickets für staatliche (HRTC-)Busse von beiden Busbahnhöfen bekommt man im **HRTC-Ticketbüro** (Karte S. 352; Main Sq; ⏲ 9–19 Uhr) in McLeod Ganj. Reisebüros verkaufen auch Plätze in privaten Bussen nach Delhi (900–1100 ₹, 12 Std., 18–19 Uhr), Manali (400–600 ₹, 11 Std., 20.30 & 21.30 Uhr), Amritsar (600 ₹, 7 Std., morgens & abends) und anderen Orten.

HRTC-BUSSE AB MCLEOD GANJ

ZIEL	PREIS (₹)	DAUER (STD.)	HÄUFIGKEIT
Dehra Dun	550–1080	12	3-mal tgl.
Delhi	580–1275	12–13	4, 18 & 19.30 Uhr (normaler Bus); 17 Uhr (Semi-Deluxe); 18.30 & 19.45 Uhr (Deluxe); 17.30 & 19 Uhr (Volvo AC)
Manali	400	11	16.30 Uhr
Pathankot	150	4	5-mal tgl.

FLUGZEUG

Auf dem **Flughafen Dharamsala** (S. 350) gibt's Flüge von/nach Delhi.

TAXI

McLeods **Taxistand** (Karte S. 352; ☎ 01892-221034; Mall Rd) befindet sich gleich nördlich vom Hauptplatz. Ein Taxi für einen Tag bei einer Strecke von weniger als 80 km sollte 1600 ₹ kosten. Ausgewählte Preise (einfache Strecke): 100 ₹ nach Gangchen Kyishong, Dharamkot oder Bhagsu, 200 ₹ zum Busbahnhof von Dharamsala, 800 ₹ zum Flughafen Dharamsala, 4000 ₹ nach Chamba, 4500 ₹ nach Manali.

Rund um McLeod Ganj

Bhagsu & Dharamkot

☎ 01892

Nördlich und östlich von McLeod liegen hinter den Kiefernwäldern die benachbarten Dörfer Dharamkot und Bhagsu (offiziell Bhagsunag), die ländlicher und entspannter sind als McLeod und der bevorzugte Aufenthalt vieler Budgettraveller und Längerbleibenden, vor allem von Israelis. Man kann Kurse für Tarot, Reiki, Numerologie, Heilen mit Kristallen und Yoga-Varianten, von denen man noch nie etwas gehört hatte, belegen, Sitar-, Tabla- oder Flötenunterricht nehmen, ein Dutzend Arten von Massage ausprobieren oder lernen, sich Rastalocken oder Extensions machen oder die Haare färben lassen oder auch einfach nur in Cafés abhängen und Kontakte knüpfen. In den Orten gibt's auch einige der besten und seriösesten Yoga- und Meditationsschulen der Gegend.

Sehenswertes

Dharamkot hat sich eine ruhige Dorfatmosphäre bewahrt; die verstreuten Häuser dieses höher gelegenen Ortes erstrecken sich fast bis zu dem kleinen Gallu-Devi-Tempel auf dem Kamm. Im tiefer gelegenen Ortsteil von Bhagsu herrscht Betrieb in Betonhotels, Läden und Discos, die klar auf indische Touristen ausgerichtet sind. Doch zwei Minuten über der Hauptstraße von Bhagsu ist man wieder in Backpacker-Territorium: Der obere Teil von Bhagsu ist Dharamkot sehr ähnlich und geht praktisch in den Nachbarort über. Ein kalter, sauberer, von einer Quelle gespeister Badeteich befindet sich vor dem kleinen **Shiva-Tempel** (Karte S. 350) aus dem 16. Jh. Von dort aus führt ein 1 km langer Weg zum **Bhagsu-Wasserfall** (Karte S. 350), der während des Monsuns besonders eindrucksvoll ausschaut. Auf dem Weg zum oberen Ortsteil von Bhagsu kann man 200 m über der Hauptstraße in den gräulich kitschigen **Vashnu-Mata-Tempel** (Karte S. 350) hineinschauen – in die innere Grotte gelangt man durch das aus Beton gegossene Maul eines Löwen, und hinaus geht's durch die Fänge eines Krokodils.

Aktivitäten

Terrestrial Adventures TREKKING

(Karte S. 350; ☎ 9418656758, 9882858628; kcnehria@yahoo.com; Main Sq, Bhagsu; ⌚ 8–19 Uhr) Der erfahrene Veranstalter mit guter Reputation bietet eine Reihe anspruchsvoller Treks, darunter Wanderungen über den Indrahar- und den Minkiani-Pass ins Chamba-Tal, Wanderungen ins Kullu-Tal und den zehntägigen Trek über die Dhauladhar- und die Pir-Panjal-Gebirgskette ins Pattan-Tal. Der Trek über den Indrahar-Pass kostet rund 3000 ₹ pro Person und Tag.

Wanderung zum Gallu-Devi-Tempel & nach Triund

Um den kleinen Gallu-Devi-Tempel zu erreichen, nimmt man den Weg an der linken Seite des Wassertanks gegenüber Dharamkots **Himalayan Tea Shop** (Karte S. 350; Stück 30–80 ₹; ⌚ 6–20.30 Uhr) und biegt dann nach 50 m in den nach rechts abgehenden Weg. Der hübsche Steinpfad windet sich 1 km durch den Wald nach oben und kommt bei einer unbefestigten Jeep-Piste heraus. Geht man auf dieser 500 m nach rechts, ist man am Gallu-Devi-Tempel angekommen.

Alternativ läuft man vom oberen Ende von Dharamkot einfach 20 bis 30 Minuten bergauf. Ein paar Cafés und Pensionen stehen auf dem Hügelkamm mit Panoramaaussicht, auf dem der Tempel liegt. Von hier führt ein Weg nach Westen sanft den Hügel hinunter ins Dorf Naddi (2,5 km) und zum Dal-See (3 km) mit dem nahegelegenen Tibetan Children's Village (S. 354); ein anderer führt rund 2 km nordwärts hinunter zu einem Wasserfall; auf dem Hauptweg gen Osten geht es durch Rhododendron-Gebüsch hinauf zur Bergwiese von Triund (2900 m), wo sich ein herrliches Panorama bietet. Diese Wanderung überwindet einen Höhenunterschied von 800 m und ist deshalb eine strapaziöse, 2½- bis dreistündige Tour. Man kommt an ein paar Teeläden vorbei, und in Triund gibt es ein paar einfache *dhabas*, die schlichte Mahlzeiten, Zelte, Schlafsäcke und Plätze zum Schlafen anbieten. Eine Übernachtung gibt einem die beste

INDRAHAR-LA-TREK

Diese beliebte vier- oder fünftägige Wanderung führt über den Indrahar La (4420 m) ins Chamba-Tal und kann auch in der umgekehrten Richtung unternommen werden. Der Pass ist normalerweise von Juni bis Anfang November geöffnet, aber die besten Monate für die Wanderung sind der September und der Oktober.

Am ersten Tag geht es drei oder vier Stunden hinauf zur Bergwiese von Triund, wo es ein paar schlichte Gästehäuser und Campingplätze sowie *dhabas* gibt, in denen man einen Schlafsack und/oder ein Zelt mieten kann. Bei der nächsten Etappe klettert man hinauf bis zu der Bergwiese von Laka Got (3350 m) und weiter zu dem als Lahesh Cave (3600 m) bezeichneten Felsüberhang. Bei einem frühen Start am nächsten Morgen kann man den Indrahar La überqueren – der den anstrengenden Aufstieg mit einem herrlichen Ausblick belohnt – bevor es steil bergab geht zum Wiesen-Campingplatz von Chata Parao.

Der weitere Weg hinunter nach Kuarsi, der über Sommerwiesen führt, kann an manchen Stellen schwer zu erkennen sein. Am letzten Tag erreicht man bei Hilling eine Straße 5 km vor Lamu. Von Lamu führt ein 3 bis 5 km langer Weg (je nachdem, ob man Abkürzungen nimmt) hinunter zur Straße Holi–Kharamukh–Chamba, auf der täglich mehrere Busse fahren (ein paar von diesen fahren auch hinauf nach Lamu oder Hilling). Um nach Bharmour zu gelangen, nimmt man einen Bus bis Kharamukh und steigt dort um.

ETAPPE	STRECKE	DAUER (STD.)	ENTFERNUNG (KM)
1	McLeod Ganj–Triund	3–4	9
2	Triund–Lahesh Cave	3–4	8
3	Lahesh Cave–Chata Parao via Indrahar La	6	10
4	Chata Parao–Kuarsi	5–6	15
5	Kuarsi–Lamu	4	10

Chance auf klare Sicht und außerdem die Zeit, noch eine Stunde weiter bis hinauf zu dem Teehaus und zum Aussichtspunkt bei der Wiese Laka Got (3350 m) zu wandern, die manchmal als „Schneegrenze" bezeichnet wird, bevor man wieder zurückmarschiert oder bergauf weiterzieht, wenn man den Indrahar-La-Trek in Angriff nimmt.

Kurse

In Dharamkot und Bhagsu sind viele der besten Einrichtungen für Yoga, Meditation, buddhistische Philosophie und Ayurveda in der Region ansässig. Mancherorts herrschen strenge Regeln: Die Besucher müssen schweigen und auf Alkohol und Nikotin verzichten.

Tushita Meditation Centre MEDITATION, PHILOSOPHIE
(Karte S. 350; http://tushita.info; Dharamkot; 10-tägiger Kurs inkl. Unterkunft & Mahlzeiten ab 6000 ₹; ⏲ Feb.–Nov.) Das Tushita veranstaltet zehntägige Klausuren in tibetisch-buddhistischer Philosophie und täglich (außer sonntags) um 9.30 Uhr Meditationen.

Himalayan Iyengar Yoga Centre YOGA
(Karte S. 350; www.hiyogacentre.com; TIPA Rd, Dharamkot; 5-tägiger Kurs Bürger von SAARC-Staaten/andere 3200/4000 ₹, Reservierungsgebühr 1000 ₹; ⏲ März–Okt.) Die fünftägigen Kurse zur Einführung in die Iyengar-Methode beginnen immer montags in der großen, eigens errichteten Halle inmitten einer grünen Umgebung.

Die Intensiv- und Ausbildungskurse für Yogalehrer finden in dem Ashram des Zentrums westlich von McLeod statt.

Ayuskama Ayurvedic Clinic AYURVEDA
(Karte S. 350; ☎ 9736211210; www.ayuskama.com; Hotel Anand Palace Bldg, Bhagsu; ⏲ 9–17 Uhr) Dr. Arun Sharmas Ayurveda-Anwendungen und -kurse werden stets gerühmt. Es gibt diverse Kurse, von einwöchigen zu Massage oder Ernährung (6500–7500 ₹) über dreimonatige Kurse mit Diplom (65 000 ₹) bis hin zu zwei Jahre dauernden Ausbildungen für Ärzte.

Schlafen & Essen

In beiden Dörfern gibt es viele billige Pensionen (oft ohne Schild). Langzeitgäste finden Unterkunft in kleinen, von Familien geführten Pensionen für ca. 6000 ₹ pro Monat, wobei oft die Küchenbenutzung inklusive ist.

Trimurti Garden Cafe PENSION $
(Karte S. 350; ☎ 9816869144; www.trimurtigarden.in; Lower Dharamkot; Zi. 600 ₹, EZ/DZ ohne

Bad 300/400 ₹;) Das freundliche, abgeschiedene Trimurti hat acht nette, makellose Zimmer rund um einen hübschen grünen Garten. Das Café (8–21 Uhr) steht auch Nichtgästen offen und serviert ausgezeichnetes hausgemachtes Essen von Müsli über Salate und Kuchen bis hin zu vegetarischen Thalis. Bei Ashoka, dem Vater der Familie, kann man Tabla-, Flöten-, Sitar- oder Gesangsunterricht nehmen, und zwei freundliche Hunde bereichern die anheimelnde Atmosphäre.

Von April bis Juni und September bis Oktober sind die Zimmer wegen der Yogalehrer-Kurse (www.trimurtiyoga.com) ausgebucht.

Raj Residency PENSION $
(Karte S. 350; 9736129703, 9418607040; Upper Dharamkot; Zi. 700–1000 ₹;) Von dem zweistöckigen Steinhaus und seinem weiten Frontrasen hat man einen schönen Blick hinunter auf Dharamkot. Die acht Zimmer sind geräumig und sauber und haben in den Bädern schöne Fliesen. Frühstück ist verfügbar. Das Haus ist beliebt bei Gästen, die zwei, drei Wochen oder auch länger bleiben.

Valley View PENSION $
(Karte S. 350; 9418054693; Dharamkot; EZ/DZ 500/600 ₹;) Das vierstöckige Haus hat kein Schild, ist aber auf dem Weg durch Dharamkot hinter Himachal Trekkers leicht zu finden. Es gibt schlichte, recht saubere Zimmer und eine gesellige Atmosphäre.

Cool Talk Cafe INTERNATIONAL $
(Karte S. 350; 9736365156; Dharamkot; Gerichte 90–200 ₹; 9–21 Uhr) Das nette, saubere kleine Lokal in einer ruhigen Gasse oberhalb von Dharamkots Hauptstraße hat Stühle und Sitzkissen. Zu essen gibt's u. a. gut zubereitete indische Gerichte, *momos*, Hummus, Baba Ghanoush und Toast-Sandwichs, zu trinken Tee, Kaffee, Säfte und Lassis. Es werden auch zwei helle Zimmer mit sonnigen Balkonen vermietet (800 ₹).

Space Out INTERNATIONAL $$
(Karte S. 350; Dharamkot; Hauptgerichte 160–190 ₹; 8.30–23 Uhr) In dem von Polen geführten Space Out entspannt man sich auf Kissen und betrachtet die Wandmalereien. Es gibt Couscous, Thai-Currys, Pasta, vegetarische Burger und was sonst so auf der Tafel steht.

Kangra

01892 / 9500 EW. / 734 M

Die einstige Hauptstadt des Fürstenstaats Kangra ist heute eine geschäftige Kleinstadt, die sich, 18 km von Dharamsala entfernt, mit ihrer spektakulären Festung und einem wichtigen Hindutempel für einen Tagesausflug ab McLeod Ganj anbietet, der sich mit einem Besuch der eindrucksvollen, aus dem 10. Jh. stammenden Tempel im 40 km westlich gelegenen Masrur verbinden lässt.

Sehenswertes

Kangra Fort FORT
(www.royalkangra.com; Inder/Ausländer 15/200 ₹, Audioguide 100/200 ₹; Sonnenaufgang–Sonnenuntergang) Das uneinnehmbar wirkende, mindestens 1000 Jahre alte Fort thront auf einem hohen Felsvorsprung zwischen den Flüssen Manjhi und Banganga. Durch eine Reihe von Toren und Durchgängen gelangt man in den Palastbereich, von dem sich ein schöner Blick auf die Berge im Norden und die Ebenen im Süden bietet.

Das Fort liegt am südlichen Ende der Stadt; die Fahrt mit einer Rikscha vom Busbahnhof zum Fort kostet 100 ₹. Die mindestens 1000 Jahre alte Festung wurde der Reihe nach von Hindu-Rajas, Mogul-Feldherren, den Sikhs und ab 1846 von den Briten genutzt, ehe schließlich das Kangra-Erdbeben von 1905 die Mauern zum Einsturz brachte.

Maharaja Sansar Chand Museum MUSEUM
(01892-265866; Inder/Ausländer 30/100 ₹, Audioguide 150/200 ₹; 9–17.30 Uhr) Rund 200 m vom Kangra Fort die Straße weiter zeigt dieses Museum eine gut aufgebaute Ausstellung. Die prächtigen Sänften, mit Pfauenfedern besetzten Fächer und die Fliegenwedel aus Pashmina vermitteln einen guten Einblick in den Lebensstil von Kangras früherem Herrschergeschlecht, den Katochs. Diese Dynastie ist so alt, dass ihre Stammväter schon gegen die Pandavas des Mahabharata kämpften (behauptet jedenfalls eine historische Schautafel).

Brajeshwari-Devi-Tempel HINDUTEMPEL
Hindus kommen nach Kangra, um dem Brajeshwari-Devi-Tempel Ehre zu erweisen, einem der 51 *Shakti peeths*; diese Tempel stehen an Stellen, wo angeblich Teile des Körpers von Shivas erster Frau Sati auf die Erde fielen, nachdem die Göttin von Flammen verzehrt worden war. Dieser Tempel hier soll die letzte Ruhestätte ihrer linken Brust sein.

Man erreicht den Tempel über eine stimmungsvolle Basarstraße mit Läden, die *prasad* (Opferspeisen) und Devotionalien ver-

PER SCHMALSPURBAHN DURCHS KANGRA-TAL

Eine schwerfällige Schmalspurbahn rumpelt von Pathankot gen Osten und bietet eine landschaftlich schöne, aber langsame Verbindung nach Kangra (5 Std.), Palampur (6 Std.), Baijnath (7 Std.) and Jogindernagar (9 Std.). Täglich fahren sechs Züge – zwei bis Jogindernagar und vier nur bis Baijnath. Die einfache Fahrt kostet 35 ₹ oder weniger zu jedem Zielbahnhof, aber die Waggons sind in der Regel voll besetzt und Plätze können nicht vorab reserviert werden. Früh einsteigen, um einen Fensterplatz zu ergattern und die Aussicht zu genießen!

kaufen. Diese Straße windet sich 1 km südlich vom Busbahnhof von der Hauptstraße 10 Minuten den Berg hinauf.

Schlafen & Essen

Kangras Hotels sind überwiegend trist. Das bei Weitem beste ist das **Hotel Grand Raj** (☎01892-260901; www.hotelgrandraj.com; Dharamshala Rd; DZ 2250–5820 ₹; ❄📶) gegenüber dem Busbahnhof. Aber seine billigsten Zimmer sind klein und teilweise auch muffig und laut. Das **Royal Hotel** (☎01892-265013; royalhotel@rediffmail.com; gegenüber dem Civil Hospital; Zi. ohne/mit Klimaanlage 900/1500 ₹; ❄), an der Hauptstraße 800 m weiter südlich, ist eine ordentliche Budgetoption mit sauberen, großen, gefliesten Zimmern, die über Warmwasserduschen verfügen. Die beiden hier genannten Hotels haben ordentliche Restaurants.

An- & Weiterreise

Busse fahren ungefähr halbstündlich nach Dharamsala (25 ₹, 1 Std.), Palampur (55 ₹, 1½ Std.) und Pathankot (130 ₹, 3 Std.).

Ein Taxi von McLeod Ganj zum Kangra Fort kostet 1300 ₹ (hin & zurück inkl. Wartezeit).

Masrur

Kurvenreiche Straßen durch angenehm grünes Hügelland führen 40 km westlich von Kangra (oder 31 km südwestlich von Gaggal) zu den aus dem 10. Jh. stammenden, eindrucksvollen **Tempeln von Masrur** (Inder/Ausländer 15/200 ₹; ⏲Sonnenaufgang–Sonnenuntergang). Obwohl durch das Erdbeben von 1905 schwer beschädigt, erinnern einen die mit feinen Reliefs verzierten Sandstein-*shikharas* – aus dem Fels gehauene Tempel sind in Nordindien sehr selten – auffällig an die Hindutempel in Angkor Wat oder in Ellora in Maharashtra. Von der oberen Ebene hat man einen Blick in die Berge, und das Wasserbecken vor der Tempelfassade sorgt für fotogene Spiegeleffekte.

Der einfachste Weg, um hierher zu kommen, ist ein Tagesausflug mit dem Taxi (2000 ₹ hin & zurück ab McLeod Ganj, rund 2500 ₹ in Kombination mit Kangra). Alternativ nimmt man von Dharamsala einen Bus nach Lunj (50 ₹, 1½ Std.), fährt dann von dort mit einem Bus Richtung Nagrota Surian 4 km nach Südwesten bis zur Kreuzung in Pir Bindli und läuft von dort die letzten 2,5 km oder wartet auf einen der Busse, die stündlich zu den Tempeln fahren.

Von Dharamsala nach Mandi

Die Landschaft in dem weiten Tal südöstlich von Dharamsala ist spektakulär: Die Dhauladhar-Gebirgskette türmt sich im Norden auf, während sich das weite Tal nach Süden in die Ebene verliert.

Palampur

☎01894 / 10 000 EW. / 1260 M

Das rund 35 km südöstlich von Dharamsala gelegene Palampur ist eine geschäftige kleine Marktstadt inmitten von Teeplantagen und Reisfeldern zu Füßen der Dhauladhar-Gebirgskette. Man kann Teeplantagen und Tempel besuchen und in den Hügeln oberhalb der Stadt wandern.

Sehenswertes & Aktivitäten

Über und in dem grünen Bundla-Tal, das nördlich der Stadt in die Hügel ausläuft, gibt es gute Wanderwege. Eine malerische Wanderung bringt einen zum hochgelegenen **Vindhyavasini-Tempel** an der Ostseite des Tals. Vom „Water Tank Point", 4 km nördlich vom Zentrum (per Taxi rund 350 ₹), marschiert man in rund drei Stunden 9 km, wobei man einen Höhenunterschied von 500 m bewältigt. Ein guter Wanderguide ist **Atul Sharma** (☎9816272105; atulsharma2k@yahoo.co.in), der Palampur und die Hügel bestens kennt.

Vaidyanath-Tempel HINDUTEMPEL
(Baijnath) In Bajinath, 51 km südöstlich von Dharamsala, thront hoch über dem Fluss

Binwa dieser aus dem 13. Jh. stammende, mit exquisiten Reliefs verzierte Tempel, der Shiva in seiner Inkarnation als Vaidyanath, dem Herrn der Ärzte, geweiht ist. Busse, die zwischen Palampur und Mandi unterwegs sind, halten am Busbahnhof von Baijnath fast genau gegenüber dem Tempel.

Wah Tea Estate TEEPLANTAGE
(☎ 9418026354; www.wahtea.com; Deogran; ⌚ Di–So 9–17 Uhr) GRATIS Bei der einstündigen Tour spaziert man durch Tee- und Kräutergärten, schaut sich die Anlagen zum Trocknen, Walzen, Erhitzen und Sortieren an und kann auch die hiesigen Grün- und Schwarztees probieren. Die Plantage liegt 7 km südlich von Palampur, die Taxifahrt kostet hin und zurück rund 600 ₹.

Schlafen

Die beste Unterkunft der Stadt ist das **Norwood Green** (☎ 9736031300; www.norwoodgreen.in; Bundla Tea Estate, Lohna Village; Zi. mit HP 8000–9000 ₹, Cottage 32 000–36 000 ₹; 📶) mit seinen hellen, blitzsauberen Cottages mit vier Zimmern (einzelne Zimmer werden meist nur Mo–Do vermietet). Die stimmungsvollste und luxuriöseste Unterkunft der Gegend ist der 12 km südöstlich an der Straße nach Mandi gelegene **Taragarh Palace** (☎ 01894-242034, in Delhi 011-24692317; http://taragarh.com; Zi. 7000–10 000 ₹; ❄📶🏊), ein ehemaliger Palast des Maharadschas von Jammu und Kaschmir. Das **Tea Bud** (☎ 01894-231298; www.hptdc.gov.in; EZ 1520–2150 ₹, DZ 2030–2860 ₹; 📶) ist ein akzeptables Mittelklassehotel.

An- & Weiterreise

Vom Busbahnhof von Palampur, 1 km südlich des Zentrums, fahren ganztägig Busse nach Dharamsala (60 ₹, 2 Std.) und Mandi (175 ₹, 3½ Std.). Palampur ist ein Halt an der Bahnstrecke Pathankot–Jogindernagar.

Bir & Billing

Das Dorf Bir (Höhe: 1400 m), 2 km nördlich des Hwy 154 zwischen Palampur und Jogindernagar, ist international als einer der besten Ausgangspunkte für Gleitschirmflüge bekannt. Der Startpunkt ist das 1000 m höher gelegene Billing, von Bir aus 14 km eine kurvenreiche Straße hinauf. In den meisten Jahren gibt's im Oktober oder November größere Gleitschirmflugwettbewerbe in Bir-Billing. Erfahrene Flieger kommen dabei von hier aus bis Dharamsala, Mandi oder Manali.

Bir ist außerdem ein Zentrum der tibetischen Exilgemeinde und Sitz von mehreren Gompas (tibetischen Klöstern), die hier seit den 1960er-Jahren gegründet wurden und von denen manche auch Kurse und Klausu-

NORBULINGKA INSTITUTE

Das wundervolle, faszinierende **Norbulingka Institute** (☎ 9418436410; www.norbulingka.org; Einheimische & Tibeter 20 ₹, Touristen 50 ₹; ⌚ 9–17.30 Uhr) 6 km südöstlich von Dharamsala wurde 1988 gegründet, um traditionelle tibetische Kunstformen zu erhalten und zu lehren. Bei den kostenlosen Führungen durch die Werkstätten kann man Holzschnitzern, Bildgießern, *thangka*-Malern und Stickern bei der Arbeit zusehen. In dem herrlichen, japanisch inspirierten Garten befinden sich auch der Deden-Tsuglakhang-Tempel mit einer 4 m hohen vergoldeten Statue des Buddhas Shakyamuni sowie das Losel Doll Museum (Einheimische & Tibeter 5 ₹, Touristen 20 ₹), das anhand schöner Dioramen mit Puppen in traditionellen Kostümen Aspekte der traditionellen tibetischen Kultur illustriert. Sonntags und am zweiten Samstag im Monat bleiben die Werkstätten geschlossen; die restliche Anlage kann aber besichtigt werden.

Im Laden verkauft das Zentrum teure, aber ausgezeichnete, hier hergestellte kunstgewerbliche Arbeiten, z. B. Schmuck, bemalte Kästchen, bestickte Kleidung und Kissen. Besucher können in einem der Ateliers maßgeschneiderte Workshops beliebiger Länge besuchen (halber/ganzer Tag 1500/2000 ₹), wenn sie mindestens zwei Tage im Voraus buchen.

Das friedliche, stilvolle **Norling House** (☎ 9816646423; www.norbulingka.org; Zi./Suite 3690/5430 ₹; ❄📶) im Institutsgarten bietet komfortable Zimmer, die mit buddhistischen Wandmalereien und Norbulingka-Kunsthandwerk dekoriert sind; sie liegen rund um ein sonniges Atrium. Vegetarische Mahlzeiten und guten Kaffee bekommt man im **Hummingbird Cafe** (Hauptgerichte 150–200 ₹; ⌚ 7–21 Uhr; 📶).

Anfahrt: In Dharamsala den Bus Richtung Palampur nehmen und an der Sacred Heart School in Sidhpur (7 ₹, 15 Min.) aussteigen. Von dort marschiert man 1 km hügelaufwärts, wenn man kein Taxi (80 ₹) nimmt. Ein Taxi ab/nach McLeod Ganj kostet 350 ₹.

ren anbieten, die Ausländer anlocken. Im Dorf selbst befinden sich mindestens drei Klöster, und zwei der größten und eindrucksvollsten Gompas in Indien. Das **Sherabling-Kloster** (www.palpung.org; Bhattu) und das **Dzongsar Khyentse Chökyi Lodrö Institute** (http://khyentsefoundation.org/dzongsar-khyentse-chokyi-lodro-college; Chauntra) liegen nur ein paar Kilometer außerhalb von Bir. In der Regel sind Besucher in den Gompas willkommen, und man braucht keine besondere Genehmigung, um den Klosterbezirk und die Haupttempel zu besichtigen.

Nützliche Infos stehen auf dem Bir-Portal (http://birhp.com).

Aktivitäten

Mehrere Veranstalter bieten **Gleitschirm-**Tandemflüge an. Ein rund 30-minütiger Flug kostet (inkl. Transport) je nach Erfahrung und Können des Piloten zwischen 1600 und 2500 ₹. Ein GoPro-Foto kostet 500 ₹ zusätzlich. Die besten Flugbedingungen herrschen im Oktober und November. Von Mitte Juli bis Mitte September sind wegen des Monsuns keine Gleitschirmflüge möglich.

Fürs Gleitschirmfliegen gibt's in Indien kaum Vorschriften und Bestimmungen. Bei der Frage, mit wem man fliegen soll, hält man sich daher am besten an Empfehlungen von Leuten, die ein solches Abenteuer unternommen haben. Ein empfehlenswerter Veranstalter ist **Golden Eagle Paragliding** (☎9816577607; www.geparagliding.org). Für Trainingskurse von drei bis sechs Tagen wird **PG-Gurukul** (www.paragliding.guru; Blue Umbrella Bldg) empfohlen. **Himalayan Sky Safaris** (www.himalayanskysafaris.com), das von erfahrenen Gleitschirmfliegern aus Großbritannien geführt wird, veranstaltet Paragliding-Touren für Solo- und Tandemflieger.

Abgesehen vom Gleitschirmfliegen kann man im Gebiet von Bir-Billing auch prima wandern und Mountainbike fahren.

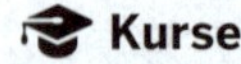

Kurse

Deer Park Institute KUNST, PHILOSOPHIE

(☎01894-268508; www.deerpark.in; Tibetan Colony, Bir; Kurs Bezahlung mit Spende, Zi. ohne/mit Bad 400/600 ₹, B 100 ₹; ⏲Büro Mo–Sa 9–12 & 14–18 Uhr) Das Institut lockt mit seinen Kursen und Workshops zur buddhistischen und indischen Philosophie, zur Kunst (u.a. Fotografie, Film und kreatives Schreiben) sowie mit Sprachkursen (Sanskrit, Pali, Tibetisch und Chinesisch) und Meditationsklausuren, die von buddhistischen Meistern geleitet werden, jedes Jahr rund 5000 Studenten aus Dutzenden Ländern an. Die Kurse sind nicht akademisch, sondern haben Erlebnischarakter; sie dauern von zwei Tagen bis zu einem Monat und stehen jedermann offen.

Schlafen & Essen

Mehrere Unterkünfte verfügen über Restaurants. Darüber hinaus gibt's eine Reihe kleiner Lokale, die tibetische oder andere Gerichte servieren.

Chhokling Guest House PENSION $

(☎8894112325; chodak_tenzin@yahoo.com; Tibetan Colony; Zi. 600–1500 ₹; 📶) Das gepflegte, gut geführte Gästehaus gehört zur Chhokling Gompa auf der anderen Straßenseite, dem größten der tibetischen Klöster im Ort Bir. Das Gästehaus steht allen offen und bietet 16 saubere Zimmer – von kahlen Billigunterkünften mit harten Betten bis hin zu hellen Domizilen mit weicheren Betten und großen Badezimmern.

★ **Colonel's Resort** HOTEL $$

(Colonel's Retreat; ☎9882377469; www.colonelsresort.com; Chougan, Bir; Standard-EZ/DZ 2200/3300 ₹, Deluxe-Zi. 4400 ₹, Zelt EZ/DZ 700/1200 ₹ jeweils mit Frühstück; 📶) Die beste unter den hiesigen Unterkünften ist dieses Anwesen in einem großen Garten. Es gibt Angebote für verschiedene Budgets. Die geräumigen Deluxe-Zimmer sind in jeder Hinsicht sehr komfortabel. Sie bieten große weiche Betten, große Bäder mit guten Toilettenartikeln, tibetische Teppiche und gut gearbeitete Holzmöbel. Abends gibt's ein ausgezeichnetes, überwiegend indisches Büffet (450 ₹); die Leitung des Hauses hilft gern bei Aktivitäten und Arrangements weiter.

An- & Weiterreise

Viele Busse auf der Strecke Palampur–Mandi setzen Passagiere an der Haltestelle Bir Road am Hwy 154, rund 2,5 km westlich von Chauntra, ab. Von dort bringen einen Ortsbusse (10 ₹) oder Taxis (100 ₹) nach Bir. Taxis kosten rund 1500 ₹ nach Mandi und 800 ₹ nach Palampur.

Chamba-Tal

Das malerische Chamba-Tal ist ein wunderbar abgelegenes Talsystem, das durch die Dhauladhar-Kette vom Kangra-Tal und durch den Pir Panjal von Lahaul und Kaschmir abgeschnitten ist. Das Gebiet bildete jahrhundertelang den Fürstenstaat Chamba, einen der ältesten Staaten in Nordindien. Das Gebiet ist wundervoll für Tempelfans, Wanderer und Traveller auf der Suche nach einer beeindruckenden Landschaft, wird von den meisten Touristen aber übersehen.

Dalhousie

01899 / 10 500 EW. / 2050 M

Tiefe Täler voller Kiefernwälder und der Ausblick in die fernen Berge prägen Dalhousie, ein weiteres cooles Refugium in den Hügeln, das die Briten hinterlassen haben. Der Ort wurde in den 1850er-Jahren von dem gleichnamigen Vizekönig gegründet und erlebte seine Blüte in den 1920ern bis 1940ern, als die feine Gesellschaft aus Lahore hier regelmäßig ihre Ferien verbrachte. Mit der Teilung fiel Lahore an die pakistanische Provinz Punjab, und Dalhousie verlor seinen Glanz. Heute ist es ein relativ biederes Refugium für Flitterwöchner und Familien aus den Ebenen.

Sehenswertes

Im Ort gibt es nicht viel zu sehen und zu tun, man kann nur in den schattigen, von Bäumen gesäumten Gassen umherschlendern. Für eine Hill Station ist es recht ungewöhnlich, dass es hier nur wenige wirklich steile Straßen gibt. Die Marktviertel am Subhash Chowk und Gandhi Chowk sind durch Gassen verbunden: die Thandi Sarak (Cold Rd) und die Garam Sarak (Hot Rd); letztere bekommt mehr Sonnenlicht ab. Ein hübscher, 2,5 km langer Spaziergang führt vom Gandhi Chowk nordostwärts nach **Jandrighat**, das ein Sommersitz der früheren Fürsten von Chamba ist (für die Öffentlichkeit geschl.). Die aus viktorianischer Zeit stammenden Kirchen **St. John** (1863) und **St. Francis** (1894) stehen unter Kiefern an den entgegengesetzten Enden des Bergkamms.

DHAINKUND

Der ansprechendste Ort in der Umgebung von Dalhousie ist das hochgelegene Dhainkund (2745 m), ein Gebiet, das über eine kurvenreiche, 4 km lange Seitenstraße (und

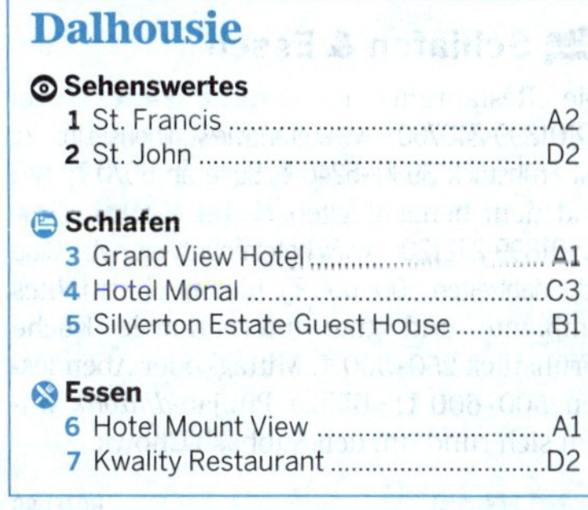

Dalhousie

Sehenswertes
1 St. Francis A2
2 St. John D2

Schlafen
3 Grand View Hotel A1
4 Hotel Monal C3
5 Silverton Estate Guest House B1

Essen
6 Hotel Mount View A1
7 Kwality Restaurant D2

Dalhousie

0
400 m
A
B
C
D
1
2
3
Panchpulla Rd
SBI-Geld-automat
6
3
Banikhet (7 km)
Thandi Sarak (Cold Rd)
5
Jandrighat (2,3 km)
7
2
Nur für Fußgänger
Gandhi Chowk
Panchpulla Rd
Lakkar Mandi (12 km); Khajjiar (22 km); Chamba (46 km)
Subhash Chowk
Potreyn Rd
1
Garam Sarak (Hot Rd)
4
Court Rd
Nur für Fußgänger
Forest Track
SADAR BAZAR
LOHALY VILLAGE

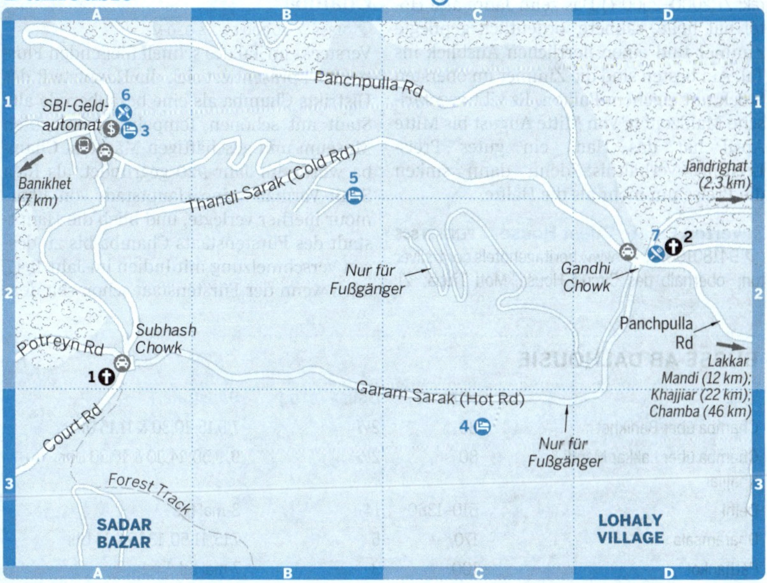

kürzere Fußwege) von Lakkar Mandi (liegt 12 km östlich von Dalhousie) aus zu erreichen ist. Taxis (ab Dalhousie etwa 1000 ₹ hin und zurück) müssen an einem Armeekontrollpunkt parken. Von dort aus führt ein malerischer, 1,5 km langer Weg auf der Kammlinie zum **Jai-Pohlani-Mata-Tempel**, wo es ein Teehaus gibt und man eine tolle Aussicht auf die Pir-Pinjal-Gebirgskette hat. Der malerische Weg setzt sich auf dem Grat 5 km bis zum winzigen Jot fort. Der Ort mit einigen *dhabas* liegt am Chuari-Pass (2772 m) an der Straße von Chamba nach Chuari Khas.

Busse nach Chamba über Khajjiar halten in Lakkar Mandi (15 ₹, 30 Min.). Busse auf der Strecke Chamba–Dalhousie fahren durch Lakkar Mandi um 8.30, 10.45, 14.45 und 15.45 Uhr.

Schlafen & Essen

Die Restaurants im **Grand View Hotel** (☎01899-240760; www.grandviewdalhousie.in; Zi. mit Frühstück 3930–5240 ₹, Suite ab 6070 ₹; 📶) und dem benachbarten **Hotel Mount View** (☎01899-242120; www.hotelmountview.net; Club Rd; Mahlzeiten 500–600 ₹) bieten charmantes Ambiente und gute internationale Küche (Frühstück 250–300 ₹, Mittag- oder Abendessen 500–600 ₹). Billige Punjab-*dhabas* finden sich rund um den Subhash Chowk.

Hotel Monal HOTEL $$
(☎9418106230; www.hotelmonal.com; Garam Sarak; Zi. 2000–2500 ₹) Das zehn Jahre alte Hotel hat helle, saubere, ordentlich gepflegte Zimmer und einen herrlichen Ausblick ins Tal. Am besten sind die Zimmer im obersten Stock mit eigenem Balkon. Es gibt vegetarische Mahlzeiten. Von Mitte August bis Mitte April hat das Haus ein gutes Preis-Leistungs-Verhältnis, denn dann sinken die Preise um mehr als die Hälfte.

Silverton Estate Guest House PENSION $$$
(☎9418010674; www.heritagehotels.com/silverton; oberhalb des Circuit House, Moti Tibba; Zi. 5000–8000 ₹; ⏲April–Nov.; 📶) Das Silverton liegt abgeschieden unter Bäumen oberhalb der Thandi Sarak und ist die erste Wahl, wenn es um kolonialzeitlichen Charakter und altmodischen Komfort geht. Man fühlt sich wie in einem behaglichen, geliebten familären Haus, was auch stimmt, denn die freundlichen Inhaber wohnen selbst hier. In den großen Gartenanlagen kann man eine Partie Krocket spielen.

Kwality Restaurant INDISCH $$
(Gandhi Chowk; Hauptgerichte 140–370 ₹; ⏲9–22 Uhr; ❄📶) Die umfangreiche Karte in diesem fast schon stylishen Restaurant reicht bis hin zu Burgern und chinesischen Gerichten, aber die indischen Optionen sind die besten. Die Gerichte für zwei Personen (250–300 ₹) sind eine sehr gute Wahl.

Anreise & Unterwegs vor Ort

Der **Busbahnhof** befindet sich am westlichen Ende der Stadt. Bei Fernbussen hat man mehr Optionen in Banikhet, einem Verkehrsknoten 7 km westlich (Bus/Taxi 8/220 ₹), allerdings ist einem dort nicht unbedingt ein Platz sicher.

Taxistände gibt es **neben dem Busbahnhof** sowie am **Subhash Chowk** und am **Gandhi Chowk**. Vom Busbahnhof zahlt man 100 ₹ zum Subhash Chowk und 150 ₹ zum Gandhi Chowk. Typische Taxipreise: 1500 ₹ nach Chamba und 3000 ₹ nach Dharamsala.

Chamba

☎01899 / 20 000 EW. / 930 M

Versteckt im Tal des schnell fließenden Flusses Ravi präsentiert sich die Hauptstadt des Distrikts Chamba als eine bezaubernde alte Stadt mit schönen Tempeln, einem guten Museum und geschäftigen Märkten. Chamba wurde im Jahr 920 gegründet, als Raja Sahil Varman seine Hauptstadt von Bharmour hierher verlegte, und blieb die Hauptstadt des Fürstenstaats Chamba bis zu dessen Verschmelzung mit Indien im Jahr 1947, auch wenn der Fürstenstaat schon seit dem

BUSSE AB DALHOUSIE

ZIEL	PREIS (₹)	DAUER (STD.)	HÄUFIGKEIT
Chamba über Banikhet	80	2½	7, 9.15, 10.30 & 11.15 Uhr
Chamba über Lakkar Mandi & Khajjiar	80	2½	9, 9.30, 14.30 & 16.30 Uhr
Delhi	610–1380	14	3-mal tgl.
Dharamsala	170	5	7.15, 11.50, 13.15 & 14 Uhr
Pathankot	100	3	7-mal tgl.

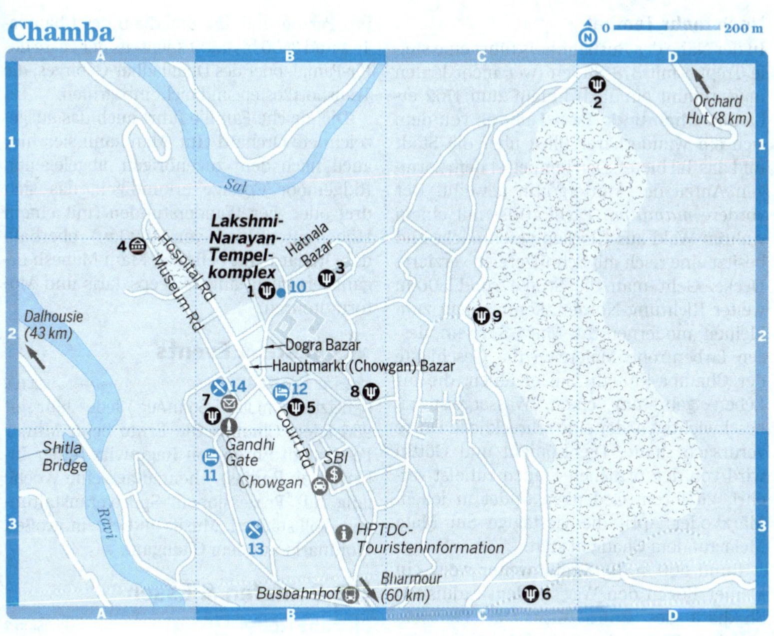

Chamba

Highlights
1 Lakshmi-Narayan-Tempelkomplex B2

Sehenswertes
2 Bajreshwari-Devi-Tempel D1
3 Bansi-Gopal-Tempel B2
4 Bhuri Singh Museum A2
5 Champavati-Tempel B2
6 Chamunda-Devi-Tempel C3
7 Harirai Mandir B2
8 Sitaram-Tempel B2
9 Sui-Mata-Schrein C2

Aktivitäten, Kurse & Touren
10 Mani Mahesh Travels B2

Schlafen
11 Chamba House B3
12 Hotel City Heart B2

Essen
13 Cafe Ravi View B3
14 Jagan Restaurant B2

Jahre 1846 unter britischer Oberherrschaft stand.

Chambas eigentliches Zentrum bildet das offene Grasland des Chaugan, das für Feste, Cricketspiele, Picknicks und allgemein als Erholungsfläche genutzt wird.

Sehenswertes

★ Lakshmi-Narayan-Tempelkomplex — HINDUTEMPEL

(Sonnenaufgang–Sonnenuntergang) Auf einem Gelände am oberen Ende des Dogra Bazar erheben sich sechs schöne, aus Stein errichtete und mit Reliefs verzierte *shikharas* aus der Zeit vom 10. bis zum 19. Jh. Der größte (und älteste) ist Lakshmi Narayan (Vishnu) geweiht. Von den übrigen sind drei den Inkarnationen Shivas geweiht (erkennbar an den vor ihnen stehenden Statuen von Shivas Reitbullen Nandi) und zwei Vishnu.

Bhuri Singh Museum — MUSEUM

(☎01899-222590; Museum Rd; Inder/Ausländer 20/100 ₹, Foto 50/100 ₹; Di–So 10–17 Uhr) Das gut ausgestattete Museum, eines der besten in ganz Himachal, birgt eine wundervolle Sammlung von Pahari-Miniaturmalereien der Schulen von Chamba und anderen sowie fesselnde Inschriften auf Kupferplattten (ein altes Verfahren, wichtige Dokumente dauerhaft zu erhalten) und jahrhundertalte, aufwendig beschnitzte Brunnendeckel – eine einzigartige Tradition des Chamba-Tals.

Noch mehr Tempel

In der Nähe des Busbahnhofs führt eine steile Treppe mit 378 Stufen (wer nicht laufen mag, nimmt ein Taxi) hinauf zum 1762 erbauten **Chamunda-Devi-Tempel**, von dem sich ein wunderbarer Blick über die Stadt und das Tal bietet. Der Tempel ist dem zornigen Anteil der Muttergöttin geweiht. Der vordere *mandapa* (Pavillon) ist mit einem wahren Wald aus Glocken geschmückt und besitzt eine reich mit Schnitzereien verzierte Decke. Geht man die Straße rund 500 m weiter Richtung Norden, kommt man zum kleinen, modernen **Sui-Mata-Schrein**, dessen farbenfrohe Malereien die Geschichte der Chamba-Königin Sui erzählen, die ihr Leben gab, um einen Wassergeist zu beschwichtigen, der eine schreckliche Dürre verursacht hatte. Die Königin und Göttin wird von den örtlichen Frauen zutiefst verehrt; zu ihrem Gedenken findet in jedem März oder April die viertägige Sui Mata Mela auf dem Chaugan statt.

Rund 600 m die Straße weiter weist ein kleiner Bogen den Weg zu dem exquisiten Shikhara des **Bajreshwari-Devi-Tempels** aus dem 12. Jh., der einer Inkarnation der Durga geweiht ist. Unter dem reichen Reliefschmuck erkennt man auf der Rückseite die Durga, die den (winzig wirkenden) Riesen Mahisasur erschlägt und dessen Büffel zerstampft.

Neben dem Chaugan findet sich der aus dem 11. Jh. stammende **Harirai Mandir**, der Vishnu geweiht ist. Drei weitere, mit feinen Verzierungen versehene *shikhara*-Tempel stehen verteilt in den schmalen Gassen oberhalb des Chaugan. Der **Champavati-Tempel** wurde im 10. Jh. von Radscha Sahil Varman zu Ehren seiner Tochter Champavati errichtet, die vor Ort als eine Inkarnation der Durga angesehen wird; der aus dem 16. Jh. stammende **Bansi-Gopal-Tempel** ist Krishna und der aus dem 17. Jh. stammende **Sitaram-Tempel** Rama geweiht.

Aktivitäten

Mani Mahesh Travels TREKKING

(9816620401, 9418020401; www.orchardhuts.com; außerhalb des Lakshmi-Narayan-Tempelkomplexes; Mo–Sa 9–21 Uhr) Der professionelle und erfahrene Mani Mahesh organisiert Wanderungen mit Guides und Trägern rund um die Gebirgsketten Pir Panjal und Dhauladhar sowie informative Führungen durch die Tempel von Chamba (ab 550 ₹). Die Wanderungen kosten 2000 bis 2800 ₹ pro Person und Tag innerhalb des Chamba-Tals und 3500 bis 4500 ₹ jenseits der Pässe des Pir-Panjal- oder des Dhauladhar-Gebirges; die Transportkosten sind nicht inbegriffen.

Die gleiche Familie führt auch das ausgezeichnete Orchard Hut. Man kann sich hier auch nach dem zugehörigen, abgelegenen Ridgemoor Cottage erkundigen, das sich drei oder vier Wanderstunden (mit einem Höhenunterschied von 1000 m) oberhalb der Orchard Hut befindet. Mani Mahesh organisiert auch längere Jeepsafaris und Motorradtouren.

Feste & Events

Minjar Festival KULTUR

(letzter So im Juli–1. So im Aug.) Jedes Jahr seit 935 feiert Chamba die Ernte beim Minjar Festival zu Ehren von Raghuvira (einer Inkarnation Ramas) – heutzutage eine Woche lang mit Prozessionen, Sportveranstaltungen, Volkstänzen, Musik und einem großen Flohmarkt auf dem Chaugan.

Schlafen & Essen

Chamba House PENSION $

(01899-222564; Gopal Nivas; DZ 880–1210 ₹, Suite 1650 ₹;) Mit dem tollen Blick vom Balkon aus auf den Fluss Ravi ist das knarrende Haus Chambas beste Budgetabsteige. Die sechs Zimmer sind klein und haben harte Betten. Sie sind aber gepflegt und nett und haben Holzböden, was ihnen eine heimelige Landhausatmosphäre gibt.

★ **Orchard Hut** HOMESTAY $$

(9816620401; www.orchardhuts.com; Chaminu village; B 400 ₹, Zi. 560–2590 ₹;) Der einladende Landgasthof mit Bio-Farm liegt rund 10 km nordöstlich von Chamba im hübschen Saal-Tal und ist ein wunderbar friedliches Refugium, wo man sich inmitten der Pflaumen- und Aprikosenhaine entspannen kann. Es gibt hier eine Reihe blitzsauberer, überlegt gestalteter Zimmer aller Preisklassen, das im Haus zubereitete Essen (HP 650 ₹/Pers.) ist ausgezeichnet, und das Personal hilt einem gern mit Wandervorschlägen weiter.

Das Schwesterunternehmen Mani Mahesh Travels (S. 370) in Chamba organisiert den Transport per Taxi (450 ₹) oder öffentlichem Bus (20 ₹) zum Dorf Chaminu, von wo aus man 20 Minuten hügelaufwärts zu dem Haus marschiert. Man wird froh sein, wenn man hier ein, zwei Tage mehr eingeplant hat. Die Küchenbenutzung kostet 100 ₹ pro Tag.

Jamwal Villa HOMESTAY $$
(☎ 8894555246; www.jamwalvilla.com; Kuranh; Zi. 1500–1800 ₹; @) An einer schönen Stelle am Fluss Ravi, 10 km südöstlich von Chamba, findet sich dieses charmante kleine Refugium mit einem hübschen Garten mit Enten und Kaninchen. Die drei ansprechenden Zimmer haben einzigartige Details, z.B. Wände aus Flusssteinen, und sind mit geschmackvoller moderner Kunst geschmückt. Alles ist komfortabel und makellos. Es gibt auch ausgezeichnetes Frühstück und abends Thalis mit örtlichen Spezialitäten (ab 150 ₹).

Hotel City Heart HOTEL $$
(☎ 01899-222032; www.hotelcityheartchamba.com; Zi. 2600–3430 ₹, Suite 3790–5450 ₹; ❄ 📶) Die Zimmer sind geräumig, sauber und schön dekoriert. Die Suiten und einige „Super-Deluxe"-Zimmer haben einen weiten Ausblick auf den Chaugan. Im zugehörigen guten Restaurant bekommt man europäische, chinesische und indische Kost (Hauptgerichte 180–300 ₹).

Cafe Ravi View INDISCH $$
(Chowgan; Hauptgerichte 95–225 ₹; ⏲ 9–22 Uhr; ❄) Dieses von der HPTDC geführte Snackhaus lockt mit eiskaltem Bier (150 ₹), einem ausgezeichneten Ausblick auf den Fluss und vegetarischem indischem und chinesischem Essen, z.B. Dosas und günstige Thalis (125–175 ₹).

Es gibt eine sonnige Terrasse und einen klimatisierten Innenraum.

Jagan Restaurant INDISCH $$
(Museum Rd; Hauptgerichte 90–200 ₹; ⏲ 11.30–22.30 Uhr) Das im Obergeschoss untergebrachte Jagan ist nicht schick, aber die uniformierten Kellner tischen leckeres *chamba madhra* (Kidneybohnen mit Quark und Butterschmalz) für 110 ₹ auf. Es gibt auch eine solide Auswahl vegetarischer Currys und Hühnchengerichte.

ℹ An- & Weiterreise

BUS

Staatliche HRTC- und private Busse fahren von dem oft verstopften und chaotischen **Busbahnhof** zu vielen Zielen. Bei der spektakulären Fahrt nach Bharmour sollte man für die beste Aussicht links im Bus sitzen. Wenn nach Dharamsala so bald kein direkter Bus fährt, nimmt man einen nach Gaggal (230 ₹, 5–7 Std.), wo alle paar Minuten Busse nach Dharamsala (15 ₹, 40 Min.) starten. Wegen der schönen Landschaft sollte man einen nehmen, der über Jot und den 2772 m hohen Chuari-Pass fährt. Der bequemste Bus nach Delhi ist der Volvo-AC-Bus um 18 Uhr.

TAXI & JEEP

Die Taxis am **Stand** in der Court Rd kosten nach Bharmour rund 1500 ₹, nach Dalhousie 1800 ₹ und nach Dharamsala 3500 ₹.

Zwischen Juli und September fahren an den meisten Tagen Sammeljeeps (500 ₹) über den Sach-Pass nach Killar im Pangi-Tal – bei **Mani Mahesh Travels** (S. 370) nachfragen!

Bharmour

☎ 01895 / 2000 EW. / 2195 M

Bharmour liegt am Rand des scheinbar bodenlosen Budil-Tals und ist über eine Bergstraße zu erreichen, die so malerisch wie gefährlich ist und sich von Chamba über 60 km gen Osten dahinschlängelt (wirklich interessant wird sie, sobald man bei Kharamukh das Ravi-Tal verlassen hat). Die alte Siedlung war die Hauptstadt der Region, ehe Chamba sie im Jahr 920 ersetzte. Deshalb gibt es hier auch einige schöne alte Tempel – obwohl der Hauptgrund für einen Besuch eher die Wanderungen sind, die man in die umliegenden Täler und über die Pässe unternehmen kann. In den Dörfern rund um Bharmour sind die halbnomadischen Gaddis zu Hause, Viehhirten, die ihre Herden im Sommer auf Hochwiesen treiben und im Winter hierher (oder ins Kullu- oder Kangra-Tal) zurückkehren.

BUSSE AB CHAMBA

ZIEL	PREIS (₹)	DAUER (STD.)	HÄUFIGKEIT
Amritsar	277	7	23.15 Uhr
Bharmour	95	3½	5–17 Uhr stündl.
Dalhousie via Banikhet	80	2½	4-mal tgl.
Dalhousie via Khajjiar	80	2½	4-mal tgl.
Delhi	675–1516	15	3-mal tgl.
Dharamsala	260–330	6–8	5-mal tgl.
Killar	260	12	6 Uhr Juli–Sept.

Sehenswertes & Aktivitäten

Chaurasi-Tempel HINDU-TEMPEL
(6–20.30) Vom Busbahnhof 500 m die Straße hinauf breiten sich die Chaurasi-Tempel um einen weiten, gefliesten Hof herum aus, der zugleich als Freiluft-Klassenzimmer und Krickettrainingsplatz dient. Der Komplex umfasst drei shivaistische Haupttempel und mehrere Dutzend kleinerer Schreine (*chaurasi* bedeutet 84 – keine Übertreibung). Der zentrale **Manimahesh-Tempel** ist ein klassischer *shikhara*, der im 7. Jh. aus Stein errichtet wurde. Der gedrungene **Lakshna-Devi-Tempel** stammt ungefähr aus derselben Zeit und besitzt ein verwittertes, aber reich mit Schnitzereien verziertes Holzportal.

Um die beste Aussicht aufs Tal zu genießen, marschiert man vom Chaurasi-Eingang 3 km hinauf zum **Brahmani-Mata-Tempel** über dem Ort. Der Weg dorthin führt durch das obere Dorf, in dem es immer noch viele traditionelle Holzhäuser mit Schieferdächern gibt.

Trekking

Die Wandersaison dauert von Mai bis Ende Oktober, doch gibt es im Juli und August Monsun-Regen. Zu den möglichen Langstreckenwanderungen, die in diesem Distrikt starten, zählen der Trek von Kugti nach Jhalma in Lahaul über den 5040 m hohen Kugti-Pass (5 Tage), die Route von Lamu im Ravi-Tal nach McLeod Ganj über den 4420 m hohen Indrahar La (5 Tage) und anspruchsvollere längere Wanderungen über das abgelegene Dorf Bara Bhangal nach Manali oder Bir.

Eine beliebte kürzere Wanderung ist jene zum heiligen See von Manimahesh; die zwei- bis dreitägige Wanderung (rund 13 km in beide Richtungen; Höhendifferenz 2100 m) beginnt in Hadsar, 13 km östlich von Bharmour. Dank der vielen *dhabas*, denen man unterwegs begegnet, kann sie auch ohne Zelt unternommen werden. In den zwei Wochen nach Janmastami (Krishnas Geburtstag; Ende Aug. oder Anf. Sept.) marschieren bis zu 300 000 Pilger bei der **Manimahesh Yatra** zu Ehren Shivas auf dieser Route. Das Ende bildet ein Bad im eiskalten See. In dieser Zeit wimmelt das gesamte Chamba-Tal von Menschen, die auf dem Weg zum See oder zurück sind.

Anna Adventures & Tours (☎ 8894687758, 9805659622; www.bharmourtreks.com; Main Bazar) organisiert eine große Palette an Wandertouren in der Bharmour-Region und den umliegenden Gebirgsketten. Nach Gopal Chauhan fragen!

Schlafen & Essen

Hotel Mahadev HOTEL $
(☎ 9816544000; Main Bazar; Zi. 400–1000 ₹;) Das Hotel belegt drei Obergeschosse rechts der zu den Chaurasi-Tempeln führenden Straße. Die Zimmer sind teils trist und fensterlos, teils groß und hell (die Vorderzimmer in der obersten Etage).

Chaurasi Hotel HOTEL $$
(☎ 9418025004; http://hotelchourasi.in; Main Bazar; Zi. 800–2000 ₹;) Das rote, mehrstöckige Gebäude an der Straße hinauf zu den Chaurasi-Tempeln ist nicht zu übersehen. Die Zimmer sind groß, und viele haben eine tolle Aussicht. Die Zimmer in dem neuen Seitenblock sind generell in besserem Zustand. Das Restaurant (Hauptgerichte 70–190 ₹) ist das beste in Bharmour, was aber mangels Konkurrenz nicht viel besagt.

An- & Weiterreise

Busse starten zwischen 5.30 und 17.30 Uhr ungefähr stündlich zu der anstrengenden Fahrt nach Chamba (95 ₹, 3½ Std.). Taxis kosten zwischen 1500 und 2000 ₹, manche fahren auch als Sammeltaxis (200 ₹/Pers.).

Ein Bus nach Dharamsala (450 ₹, 12 Std.) fährt um 17.30 Uhr. Ein paar Busse fahren täglich nach Hadsar (35 ₹, 1 Std.); es gibt aber auch Sammeljeeps (30 ₹/Pers.). Um zu den Bussen zu kommen, die ins Ravi-Tal bis nach Holi fahren, nimmt man einen Bus Richtung Chamba bis nach Kharamukh und steigt dort um.

LAHAUL & SPITI

Die weiten, einsamen Landstriche im Norden und Osten von Himachal Pradesh gehören zu den spektakulärsten und am dünnsten besiedelten Regionen auf Erden. Überquert man von Manali aus den Rohtang La, gelangt man zunächst in Lahauls relativ grünes Chandra-Tal. Bewegt man sich nun westwärts das Chandra-Tal hinunter und dann hinauf ins Bhaga-Tal über Keylong (Lahauls Hauptstadt), ist man auf der Straße nach Ladakh. Wenn man hingegen ostwärts das Chandra-Tal hinauf über den Kunzum La nach Spiti vordringt, gerät man in den Regenschatten des Himalajas. Spiti besteht aus 7000 km² schneebedeckter Berge und Hochwüsten, die nur an wenigen Stellen mit

Pflanzenwuchs und Dörfern durchsetzt sind, welche sich mit ihren weiß getünchten Häusern an Flussufer und Schmelzwasserbäche schmiegen. Wie in Zanskar und Ladakh ist der tibetische Buddhismus die vorherrschende Religion in Spiti und Lahaul, obwohl in den tiefer gelegenen Teilen Lahauls der Hinduismus dominiert. Einige Tempel in Lahaul sind jedoch beiden Religionen heilig.

Geschichte

Der legendäre Zauberer, Weise und Missionar Padmasambhava (tibet. Guru Rinpoche), der geholfen hat, den Buddhismus in Tibet zu verbreiten, soll ihn im 8. Jh. auch nach Spiti und Lahaul gebracht haben. Im 10. Jh. wurden das obere Lahaul, Spiti, Zanskar und Ladakh Teil des riesigen westtibetischen Königreichs Guge, und Lahaul und Spiti wurden schließlich von Ladakh aus regiert. Der „Große Übersetzer" Rinchen Sangpo gründete Ende des 10. Jhs. und Anfang des 11. Jhs. eine Reihe von Zentren buddhistischer Gelehrsamkeit in Spiti, darunter Tabo, eines der bedeutendsten buddhistischen Klöster im indischen Himalaja.

Die Radschas von Kullu bemächtigten sich Lahauls im 16. Jh. und erlangten im 17. Jh. auch eine lose Oberherrschaft über Spiti. Nach den Sikh-Kriegen kam die Region 1846 unter britische Kontrolle, behielt aber starke Verbindung nach Tibet bis zur chinesischen Invasion im Jahre 1950.

In den letzten Jahrzehnten ist das kulturelle und religiöse Leben in der Region wieder erblüht, wozu die Arbeit der tibetischen Exilregierung in Dharamsala beigetragen hat. Viele Gompas in Lahaul und Spiti wurden restauriert, und das Geld aus dem Tourismus und den Wasserkraftwerken hat die Lebensbedingungen der Menschen in den Bauerndörfern, die hier in jedem Winter eingeschneit werden, verbessert.

Klima

Regenfälle sind sehr selten, vor allem in Spiti, und die große Höhe sorgt für tiefe Temperaturen. Im Winter können die Temperaturen auf unter –30 °C fallen, dafür klettern im Sommer die Werte tagsüber oft auf über 20 °C, und während der Rest des Bundesstaats vom Monsun durchweicht wird (Mitte Juli–Mitte Sept.), bleibt es hier üblicherweise trocken und sonnig. Zu jeder Jahreszeit sollte man hier jedoch warme Kleidung dabei haben.

ℹ An- & Weiterreise

Die Straße, die von Manali nordwärts über den Rohtang La (3978 m) führt, ist normalerweise von etwa Mitte Mai bis Anfang November geöffnet. Von der Nordseite des Rohtang gelangt man westwärts nach Keylong und ostwärts nach Spiti.

Von Keylong führt die Straße nach Ladakh über den mächtigen Baralacha La (4950 m) und den Taglang La (5328 m); sie ist normalerweise von etwa Anfang Juni bis irgendwann im Oktober geöffnet. Die Straße nach Spiti über den Kunzum La (4551 m) ist von ungefähr Mitte Juni bis irgendwann im November befahrbar.

Man kann all diese Pässe mit einem Minibus, einem Jeep, einem Motorrad oder einem Bus überqueren – die Verkehrsmittel bzw. Tickets kann man in Manali organisieren.

Wenn die Pässe gesperrt sind, ist Lahaul praktisch von der Außenwelt abgeschnitten, und Spiti ist mit ihr nur über eine raue Straße verbunden, die gen Süden durch Kinnaur führt. Wer spät in der Saison unterwegs ist, muss unbedingt prüfen, wie die Lage an den Pässen ist – sobald die Schneefälle einsetzen, könnte man den ganzen Winter über im Land festsitzen! Aktuelle Infos finden sich auf den Websites www.bcmtouring.com und http://devilonwheels.com.

Lahaul (aber nicht Spiti oder Ladakh) sollte das ganze Jahr über für den Verkehr aus Manali erschlossen sein, sobald der Tunnel, der den Rohtang La ersetzt, eröffnet worden ist (voraussichtlich 2018). Der Tunnel verläuft 8,85 km unter den Bergen hindurch vom Solang-Tal nördlich von Manali zum Chandra-Tal in Lahaul.

Lahaul

Von Manali nach Keylong

Von Manali aus führt der Hwy 3 nordwärts am Fluss Beas entlang und zieht sich dann langsam durch Kiefernwälder und über endlose Serpentinen zu den kahlen Felshängen unterhalb des **Rohtang La** hinauf. Der Name des Passes bedeutet „Leichenstapel" – Hunderte von Reisenden sind im Laufe der Jahrhunderte hier oben erfroren. In der Saison des Inlandstourismus sind hier viele Tagesausflügler aus Manali unterwegs, die sich über ihnen sonst unbekannte Schneeballschlachten freuen. Nahe der Spitze markiert ein kleiner, kuppelförmiger Tempel die Quelle des Flusses Beas.

Sobald man über den Pass ist, wird die Straße schnell schlechter, während sie steil in das Chandra-Tal hinunterführt, wo der Fluss Chandra zwischen hohen Felsklippen tost und Wasserfälle von hochgelegenen

Gletschern zu Tal stürzen. Nach kurvenreichen 14 km markiert das aus vier Steingebäuden bestehende **Gramphu** die Abzweigung nach Spiti. In **Khoksar** auf der Talsohle 5 km hinter Gramphu gibt es mehrere *dhabas* und einen Kontrollpunkt, wo die Polizei Pässe von Ausländern genau kontrolliert. Die Tunnelumfahrung des Rohtang La wird 7 km westlich von Khoksar auf diese Straße treffen.

Bei **Tandi**, 8 km vor Keylong, vereinigen sich die Flüsse Chandra und Bhaga zum Chandra-Bhaga. Tandis Tankstelle ist auf 365 km die letzte auf der Straße nach Ladakh. Vom südlichen Ende der Bhaga-Brücke kann man 100 m hinauf zur Tupchiling Gompa laufen und dort nach den Schlüsseln für die eine weitere Wegstundebergauf entfernte **Guru Ghantal Gompa** fragen, dem ältesten Kloster in Lahaul, das angeblich von Padmasambhava gegründet wurde. Die Gompa ist zwar verfallen, birgt aber *thangkas*, ein Mandala an der Decke, ungewöhnliche Holzstatuen von Padmasambhava, anderen Bodhisattvas und der Hindu-Gottheit Brajeshwari sowie eine Kali-Figur aus schwarzem Stein.

Keylong

☎01900 / 1150 EW / 3100 M

Keylong erstreckt sich an der Nordseite des grünen Bhaga-Tals gleich unterhalb der Straße von Manali nach Leh und bildet für viele Traveller auf dieser Route einen Übernachtungsstopp. Viele Leute sehen Keylong nur kurz und bei Dunkelheit, aber bei einem längeren Aufenthalt entdeckt man großartige Ausblicke in die Berge, eine entspannte Kleinstadt, einige malerische Wanderungen sowie historische buddhistische Klöster.

Die Hauptstraße, die etwas übertrieben als Mall bezeichnet wird, verläuft 1 km lang unterhalb des Hwy und mehr oder weniger parallel zu ihm. Der Busbahnhof (New Bus Stand) liegt gleich oberhalb des östlichen Endes der Mall.

Sehenswertes & Aktivitäten

Lahaul-Spiti Tribal Museum MUSEUM
(The Mall; Di–So 10–13.30 & 14–17 Uhr) GRATIS
Am westlichen Ende der Mall befindet sich dieses recht interessante Museum, in dem ein *thod-pa* (Schädelteile, die früher von *amchis* oder Lamas zur Aufbewahrung von heilenden oder sakralen Flüssigkeiten verwendet wurden), alte *chaam*-Tanzmasken, historische Fotos und Drucke sowie neue Schnappschüsse örtlicher Klöster und Dörfer zu sehen sind.

Kardang Gompa BUDDHISTISCHES KLOSTER
Das auf Betonstützen stehende Kloster blickt über das Tal auf das gegenüberliegen-

REGELN AM ROHTANG LA

Jeder, der plant, von Manali aus nordwärts per Auto oder Motorrad über den Rohtang La zu fahren, muss dafür eine Genehmigung beim städtischen Büro des **Sub-Divisional Magistrate** (SDM Office; Karte S. 344; ☎01902-254100; hinter der HPTDC, The Mall; Mo–Sa 10–16.30, So & 2. Sa im Monat 10–13 Uhr) einholen. Der Vorgang dauert normalerweise rund eine Stunde, und die Genehmigung ist kostenlos (einige Antragsteller wurden aber schon um eine Spende angegangen). Man muss seinen Pass, seinen Führerschein, den Fahrzeugbrief und das Abgaskontrollzertifikat vorlegen und ein Formular ausfüllen. Auf dem Weg hinauf zum Pass muss man die erhaltene Genehmigung am Kontrollpunkt in Gulaba vorzeigen.

Der Pass ist dienstags Richtung Norden ab 6 Uhr für alle Privatfahrzeuge, auch Taxis, gesperrt, um Wartungsarbeiten zu erleichtern. Wer Gulaba vor 6 Uhr passiert hat, darf weiterfahren.

Fahrzeuge Richtung Süden brauchen keine Genehmigung und können den Pass an allen Wochentagen überqueren.

Wer mit seinem Fahrzeug nur einen Tagesausflug von Manali bis zum Pass und zurück unternehmen will, braucht eine andere Genehmigung (550 ₹), die online (www.hpkullu.nic.in) ausgestellt wird. Praktisch ist diese Genehmigung für Individualtouristen aber nur sehr schwer zu erhalten, und fast alle, die einen Tagesausflug zum Rohtang unternehmen, tun dies per Taxi.

Die Einzelheiten der Bestimmungen zum Rohtang La ändern sich häufig. Vielleicht entfällt nach der für 2018 geplanten Eröffnung des Rohtang-Tunnels die Bestimmung, dass alle, die nach Lahaul oder darüber hinaus fahren wollen, eine Genehmigung brauchen – aber sicher ist das keineswegs.

de Keylong. Die Kardang Gompa existiert schon seit 900 Jahren, das gegenwärtige Gebäude stammt jedoch erst von 1912. Das von Mönchen und Nonnen der Drugpa-Kagyü-Schule („Rotmützen") unterhaltene Kloster birgt ein riesiges Gebetsrad, das eine Million Papierstreifen mit dem Mantra *Om mani padme hum* („Heil dem Juwel im Lotos") enthalten soll. Es gibt hier auch ausgezeichnete Wandmalereien, doch wird man vielleicht erst einen Mönch oder eine Nonne fragen müssen, um sie zu besichtigen.

Das Kloster besitzt auch eine große Bibliothek mit heiligen Texten und eine Sammlung von *thangkas*, alten Waffen und Musikinstrumenten. Um hierher zu gelangen, geht man in Richtung des Hospitals am westlichen unteren Ende von Keylong und biegt 30 m vor dem Hospital auf einen links hinunterführenden Weg ab. Dieser führt zu einer Fußgängerbrücke über den Bhaga und klettert dann auf der anderen Seite 1 km bis zu einer Straße hinauf, die nach rechts zum Dorf Kardang führt. Hier fragt man sich nach der 800 m weiter hügelaufwärts gelegenen Gompa durch. Auf dem Rückweg kann man alternativ vom Dorf Kardang aus nach rechts 3 km auf der Straße bis zum Dorf Lapchang laufen, wo ein 1 km langer Pfad zu einer weiteren Fußgängerbrücke über den Bhaga hinunterführt und auf der anderen Seite 1,25 km bis zur Hauptstraße emporklettert. Keylong befindet sich 1,5 km weiter (links).

Shashur Gompa BUDDHISTISCHES KLOSTER

Rund 2 km zu Fuß bergauf (oder 7 km per Auto) liegt oberhalb von Keylong die Shashur Gompa, die im 17. Jh. von dem aus Zanskar stammenden Lama Deva Gyatsho gegründet wurde. Die ursprüngliche Gompa, in der 5 m hohe *thangkas* aufbewahrt werden, ist heute in einem modernen Betonbau versteckt, von dem man eine schöne Aussicht über das Tal hat.

Brokpa Adventure Tours TREKKING

(☎ 9418165176; brokpatrek@yahoo.com; Hotel Dupchen, The Mall; Internet & WLAN 60 ₹/Std.; ⌚ Mai, Juni & Sept. 9–20 Uhr, Juli & Aug. 7–22 Uhr) Für Tipps zu Tageswanderungen oder für die Vereinbarung längerer Treks in der Gegend oder nach Zanskar wendet man sich hier an Amar. In dem Büro gibt es auch öffentlichen Internetzugang.

Schlafen & Essen

Die meisten Pensionen und Hotels sind nur von ca. Mai bis Oktober geöffnet. In ein paar Unterkünften vom Busbahnhof die Straße hinauf gibt's schlichte Schlafsaalbetten für eine billige Übernachtung vor der Afahrt des Busses am frühen Morgen.

Nordaling Guest House HOTEL $

(☎ 01900-222294; www.nordalingkeylong.in; Zi. 800–1500 ₹; ⌚ Mai–Okt.; WLAN) Nur 100 m oberhalb des Busbahnhofs bietet dieses nette Hotel große, makellose Zimmer und ein entspanntes Restaurant (Hauptgerichte 80–180 ₹) in einem Apfelhain. Das Haus ist eine ausgezeichnete Wahl. Wenn nichts los ist, können die Preise deutlich fallen.

Hotel Tashi Deleg HOTEL $$

(☎ 01900-222450; hotel_tashideleg@yahoo.in; The Mall; Zi. 1250–3050 ₹; ⌚ Mai–Okt.; WLAN) Das große weiße Hotel, fast am westlichen Ende der Mall, ist Keylongs schönstes. Die Zimmer im neuen Flügel sind groß und haben weiche Stühle, gute Duschen und (meist) Balkone. Die Zimmer im alten Flügel sind auch schön, aber billiger – die Preise werden teurer, je höher das Zimmer liegt.

Das Restaurant, in dem es WLAN gibt, ist das beste in Keylong und serviert indische, chinesische und europäische Gerichte (Hauptgerichte 100–220 ₹) sowie kaltes Bier.

Hotel New Gyespa HOTEL $$

(☎ 9418136055; Zi. 1200–1800 ₹; ⌚ Mai–Okt.) Nur 20 m vom Busbahnhof hat dieses Hotel saubere, mit Teppichen ausgelegte Zimmer, von denen die meisten eine Aussicht über das Tal bieten. Am besten sind die 2016 neu gebauten Zimmer im obersten Stock. Zum Hotel gehört ein attraktives, kiefernholzgetäfeltes Restaurant (Hauptgerichte 100–300 ₹). Etwas billigere Zimmer gibt es im angeschlossenen **Hotel Gyespa** (☎ 9418133522; The Mall; Zi. 800–1200 ₹; ⌚ Mai–Okt.), das ebenfalls ordentlich ist und über ein Restaurant verfügt. In beiden Hotels erhält man früh und spät in der Saison Rabatt.

ℹ Praktische Informationen

Der Geldautomat der **State Bank of Patiala** (The Mall) gegenüber dem Hotel Dupchen akzeptiert ausländische Karten.

ℹ An- & Weiterreise

Von Mitte Juni bis Mitte September fährt um 5 Uhr ein HRTC-Bus nach Leh (540 ₹, ca. 14 Std.) –Tickets zwischen 4 und 4.30 Uhr am Busbahnhof kaufen! Private Minibusse und Sammeljeeps fahren bis in den Oktober, abhängig von der Schneelage: Plätze dafür kann man beispielsweise bei **Brokpa Adventure Tours** buchen. Der Preis für einen Platz liegt zwischen 1500 und 3000 ₹ (am teuersten sind sie Juni–Aug.).

Von ca. Mitte Mai bis Anfang November betreibt die HRTC auch täglich 6 oder 7 Busse nach Manali (173 ₹, 7 Std., 4.30–13.30 Uhr), einen nach Shimla (565 ₹, 16 Std., 13.30 Uhr) und zwei nach Delhi (850 ₹, 23 Std.).

Von ca. Mai bis Mitte November gibt es auch Busse nach Chika (60 ₹, 2 Std., 6.30 & 13 Uhr) im Darcha-Tal auf dem Weg über den Shingo-La-Pass nach Zanskar. Ob all diese Busse fahren, ist immer vom Straßenzustand abhängig.

Nach Kaza nimmt man den Bus um 4.30 oder 6.30 Uhr Richtung Manali und steigt in Gramphu (75 ₹, 2½ Std.) um; der Bus von Manali nach Kaza kommt dort gegen 9 Uhr durch.

Pattan-Tal & Pangi-Tal

Bei Tandi, 8 km südwestlich von Keylong, zweigt eine Straße nordwestlich ins schöne, fruchtbare, kaum besuchte Pattan-Tal ab, das vom Fluss Chandra-Bhaga gegraben wurde. Der Fluss und die Straße beschreiben dann eine Kurve nach Norden ins noch schönere und abgelegenere Pangi-Tal (das von Dezember bis März oft gänzlich von der Außenwelt abgeschnitten ist). Schneebedeckte Gipfel überragen die vielen Seitentäler, die im Westen zur Pir-Panjal-Kette und im Osten zur Himalaja-Hauptkette führen (mit anspruchsvollen Wanderrouten hinüber ins Chamba-Tal bzw. nach Zanskar).

Die wahrscheinlich furchteinflößendste aller Bergstraßen in Himachal setzt sich von der einzigen Stadt im Pangi-Tal durch das Chenab-Tal fort, so dass unerschrockene Abenteurer eine dramatische „K3-Tour" bewältigen können: von Keylong nach Killar und weiter nach Kishtwar (S. 306).

Sehenswertes & Aktivitäten

Wer Zeit hat, sollte einige der malerischen Seitentäler erkunden, besonders östlich des Flusses, z.B. das Miyar-Tal, das sich von Udaipur im Pattan-Tal ausdehnt, oder die vom Pangi-Tal ausgehenden Seitentäler Saichu, Parmar, Hudan oder Sural. Die hinduistische Bevölkerung in den tieferen Lagen weicht oben tibetischen Buddhisten, die als Bots bekannt sind. Die meisten dieser Täler sind durch täglich verkehrende Busse mit Udaipur oder Killar verbunden.

Triloknath-Tempel TEMPEL
Rund 36 km von Tandi im Pattan-Tal entfernt, führt eine Seitenstraße 5 km weit zu dem auf einer Hügelspitze stehenden Dorf Triloknath, dessen gedrungener Steintempel ein bemerkenswertes Beispiel für einen hinduistisch-buddhistischen Synkretismus ist: Das weiße Marmor-Hauptidol wird von den Buddhisten als Avalokiteshvara, der Bodhisattva des universellen Mitgefühls, und von Hindus als Shiva verehrt. Der Tempel ist ein Pilgerziel für beide Religionen, insbesondere während des dreitägigen **Pauri Festival** (⏲ 3. Augustwoche) zu Ehren der Tempelgottheit.

Markula-Devi-Tempel HINDUTEMPEL
(Udaipur) Der Markula-Devi-Tempel in Udaipur, dem größten Dorf im Pattan-Tal, wirkt von außen schlicht, ist aber innen mit fabelhaften, detaillierten Holzschnitzereien aus der Zeit vom 11. bis 16. Jh. geschmückt, darunter Szenen aus Mahabharata und Ramayana an der Oberkante der Wände.

Schlafen

In Udaipur und Killar gibt's ein paar kleine Hotels, Pensionen und staatliche Rasthäuser, die Touristen aufnehmen, falls etwas frei ist. Das zwei Gehminuten von Killars Busbahnhof entfernte **Raj Hotel** (☎ 9418890045; Killar; Zi. 1000–1500 ₹, Suite 4500 ₹; ⏲ April–Nov.) ist eine unerwartet saubere und komfortable Unterkunft mit schönem Ausblick, und sein Restaurant (Hauptgerichte 70–200 ₹) ist das einzige in der Stadt mit größerer Auswahl. Zwei Haarnadelkurven von der Bushaltestelle entfernt (hinter dem Raj Hotel) bietet das **Killar Rest House** (Killar; Zi. ab 500 ₹) sechs gepflegte Zimmer. Das Haus hat kein Schild, folgt aber direkt auf die deutlich beschilderte Senior Secondary School.

Praktische Informationen

An den Hauptstraßen von Udaipur und Killar gibt's Geldautomaten.

An- & Weiterreise

Udaipur hat ganzjährig Busverbindungen mit Keylong (85 ₹, 3 Std., tgl. 7-mal). Von etwa Mitte April bis Mitte November fahren täglich zwei Busse von Keylong weiter nach Killar (210 ₹ ab Keylong, der Bus braucht für die 125 km lange Strecke ca. 10 Std.). Diese Busse halten in Udaipur gegen 9.15 und 13.45 Uhr. Die Piste ist staubig, holprig und teilweise gefährlich schmal, aber auch wunderschön – auf den letzten 50 km nach Killar schmiegt sie sich stellenweise gefährlich nah an die Abbruchkanten hoch über dem schnell fließenden Fluss. Die Busse zurück nach Keylong starten in Killar um 5 und um 10 Uhr.

Von Killar führt eine von etwa Ende Juni bis Anfang Oktober geöffnete Straße über den Sach-Pass (4390 m) nach Chamba. Während der Saison startet täglich um 6.30 Uhr in Killar ein Bus (260 ₹, ca. 12 Std.), und zwischen 7 und 9 Uhr fahren auch Sammeljeeps (500 ₹).

Um nach Kishtwar in Jammu & Kaschmir zu gelangen, muss man in der Regel erst einmal auf einer der malerischsten und gefährlichsten Straßen Indiens von Killar nach Gulabgarh (53 km) fahren – sie ist nur etwas für Unermüdliche! Der Abschnitt Luj–Tayari führt über nackte Felsen, dann geht's hinter Ishtiyari weiter auf gefährlich schmalen Felskanten, über denen auch noch instabile Felsnadeln hängen. An den meisten Tagen fährt am Vormittag ein J&K-Jeep von Killar nach Gulabgarh (300 ₹/Pers., 4 Std.). Einfach nach Fahrzeugen mit JK-Nummernschildern schauen. Einen ganzen Jeep zu chartern, sollte 3000 ₹ kosten.

Spiti

Die vom fruchtbaren Lahaul durch den 4551 m hohen Kunzum La getrennte Transhimalajaregion Spiti ist ein weiteres nach Indien versetztes Stück Tibet. Die wenigen Dörfer in dieser zerklüfteten Mondlandschaft tauchen wie Fata Morganas aus dem Nichts auf – Ansammlungen von weiß getünchten Lehmziegelgebäuden inmitten von grünen Gerstenfeldern, über denen Hunderte Meter höher Klöster auf Felsklippen thronen. Das türkisblau-graue Band des Flusses Spiti begleitet einen fast die gesamte Zeit: Er fließt durch ein recht breites Tal, bevor er sich bei Sumdo nach Süden in die steilen Schluchten des Hangrang-Tals stürzt.

Spiti lockt viele Traveller, darunter Ströme indischer Motorradfahrer, als eine Art „Mini-Ladakh ohne Touristenmassen" an, was die Sache eigentlich ziemlich gut trifft, weil die urtümliche Natur (Hochwüste) und die antike tibetisch-buddhistische Kultur noch weitgehend intakt sind. Die Anreise nach Spiti erfolgt über eine der rauesten und landschaftlich spektakulärsten Straßen in Indien, und die Schleife Spiti–Kinnaur ist eine der großen Straßentouren Asiens.

Von Gramphu nach Kaza

Von Gramphu an der Nordseite des Rohtang La führt die Straße nach Spiti in das dramatische, von Gletschern geformte Chandra-Tal. 1 km hinter dem winzigen Batal führt eine raue, aber befahrbare Piste nordwärts zum **Chandratal** (Mondsee), einem 2 km langen Gletschersee, der unter schneebedeckten Gipfeln auf 4270 m Höhe liegt und dessen blaue Farbe sich je nach Bewölkung ändert. Die Piste endet nach 12 km; den letzten Kilometer bis zum See gibt es nur einen Fußweg. Nahegelegene Zeltlager bieten die Möglichkeit, die Fahrt in diesem wunderschönen Gebiet zu unterbrechen. Vom See Chandratal können Wanderer in drei anstrengenden, aber herrlichen Tagen den Baralacha La an der Straße von Manali nach Leh erreichen.

In halsbrecherischen Serpentinen führt die Hauptstraße hinauf auf den **Kunzum La**, wo die Fahrzeuge eine Ehrenrunde um die mit flatternden Gebetsfahnen geschmückten Stupas drehen, ehe sie die Fahrt hinunter nach Spiti fortsetzen. An den Stupas beginnt ein anderer, 10,5 km langer Fußweg zum Chandratal-See.

Das erste nennenswerte Dorf in Spiti ist **Losar**, wo es eine Passkontrolle gibt. Von hier folgt die Straße dem Fluss Spiti stromabwärts durch sein spektakuläres Tal nach Kaza.

Schlafen

Tashi Gatsel Hotel HOTEL **$**

(☎ 9418931909; Losar; Zi. 800–1000 ₹; ⌚ Ende Mai–Ende Okt.) Das Hotel liegt fast neben dem Kontrollpunkt in Losar und bietet gute, saubere Zimmer mit großen komfortablen Betten, Badezimmern mit Warmwasser, einen weiten Blick von der Terrasse und gutes indisches, europäisches und chinesisches Essen (Hauptgerichte 100–200 ₹).

Nomad's Cottage PENSION **$$**

(☎ 9650824268; www.nomadscottage.in; Losar; EZ/DZ 1300/1900 ₹, ohne Bad 1300/1500 ₹; ⌚ Mai–Okt.) Die Unterkunft bietet exzellente Zimmer mit Holzbalkendecken und großen bequemen Betten, außerdem einen Sitzbereich mit einem Kamin und niedrigen Tischen, an denen das gute Frühstück und abends indische oder spiti-tibetische Gerichte (300–400 ₹) serviert werden.

Parasol Camps ZELTLAGER **$$**

(☎ 9418845817; parasolcamps@gmail.com; Chandra-Tal Camps; DZ-Zelt mit Betten & VP 3000 ₹, mit Matratze & HP 1600 ₹; ⌚ Mitte Juni–Mitte Okt.) Das Lager ist eines der besten am Chandratal. Es hat gemütliche Zelte, gute indische Kost (darunter die gerade in dieser Höhenlage empfehlenswerte Knoblauchsuppe), Sitztoiletten und zum Waschen Eimer mit Warmwasser.

Kaza

☎01906 / 1700 EW. / 3640 M

Kaza, die Hauptstadt von Spiti, liegt, zu beiden Seiten von zerklüfteten Bergen umgeben, in der ausgewaschenen Ebene des Flusses Spiti und ist die größte Siedlung in dieser fast menschenleeren Ecke des Planeten. Sie wirkt wie eine kleine Grenzersiedlung mit gemächlichem Lebensstil. Der oft ausgetrocknete Bach Kaza Nullah teilt den Ort in New Kaza (westlich des Bachs) von dem Basarbereich von Old Kaza im Osten. Der Busbahnhof und der Taxistand befinden sich zu Füßen des Basars.

Die meisten Traveller bleiben zumindest eine Nacht, um die Genehmigung (Inner Line Permit) zur Weiterreise über Tabo hinaus zu besorgen. Kaza ist auch der Ausgangspunkt für Trips zur Ki Gompa und zu den Dörfern Kibber, Langza, Hikkim, Komic und Demul, die hoch an der Ostseite des Tals liegen, und ein guter Ort, um Treks und Touren in Spiti oder darüber hinaus zu organisieren.

Aktivitäten

Einige von sehr erfahrenen Einheimischen geleitete Veranstalter bieten Treks, Jeepsafaris, Touren und andere Arrangements an.

Incredible Spiti ABENTEUERSPORT

(www.incrediblespiti.com) Der Veranstalter ist auf Treks sowie Motorrad- und Jeeptouren spezialisiert. Er ist eng mit dem Hotel Sakya Abode (S. 379) verbunden, das auch ein weitreichendes Angebot von Touren und Aktivitäten bietet, und kann fast alles organisieren, was man sich wünscht.

Spiti Holiday Adventure TREKKING

(☎9418638071; www.spitiholidayadventure.com; Main Bazar; ⏲Büro März–Nov. 8.30–21.30 Uhr) Organisiert All-inclusive-Treks von zwei oder mehr Tagen, außerdem Jeeptouren und vermietet Mountainbikes und Motorräder. Angeboten werden auch Trips mit festen Terminen, denen sich einzelne Traveller anschließen können. Das Unternehmen ist überdies eine gute Anlaufstelle für Reiseinfos.

Spiti Valley Tours TREKKING

(☎9418537689; www.spitivalleytours.com; Main Bazar; ⏲Büro Juni–Okt. 8–19 Uhr) Treks, Jeeptouren, Ausflüge zur Wildtierbeobachtung, Bergsteigen und mehr. Bei den Touren übernachtet man überwiegend bei örtlichen Gastfamilien.

> **INNER LINE PERMITS IN KAZA**
>
> Für Reisen zwischen Sumdo im östlichen Spiti und Rekong Peo in Kinnaur benötigen ausländische Traveller eine Genehmigung: den „Inner Line Permit". Dieser wird kostenlos in rund 20 Minuten im Büro des **Assistant Deputy Commissioner's Office** (☎8988384472; New Kaza; ⏲Mo–Sa 10–13.30 & 14–17 Uhr, 2. Sa im Monat geschl.) in New Kaza ausgestellt – es handelt sich um das große weiße Gebäude schräg gegenüber vom Community Health Centre (Hospital). Man braucht zwei Passfotos und eine Kopie der Personen- und Visaseiten des Reisepasses sowie ein Antrags- und das Permit-Formular (draußen in der Verwaltungskantine für 20 ₹ erhältlich). Auch Traveller, die allein unterwegs sind, haben hier keine Schwierigkeiten, die Genehmigung zu erhalten.

Schlafen

Kunzaum Guest House PENSION $

(☎9418521541; New Kaza; Zi. 500 ₹, ohne Bad 250 ₹; ⏲April–Okt.) Ein sauberes, freundliches, von einer Familie geführtes Gästehaus: Die besten Zimmer sind die drei in der oberen Etage mit Blick auf den Kaza Nullah. Das Haus steht gleich oberhalb der Fußgängerbrücke.

Butith Gangri Home Stay HOMESTAY $

(☎9459228510; tnguisem@gmail.com; New Kaza; Zi. ohne Bad 400 ₹; ⏲Mai–Okt.) Die drei Zimmer in diesem freundlichen Familienhaus sind ordentlich und makellos, wenn sie auch harte Betten haben. Die Küche und der Speisesaal, die Gemeinschaftsbäder (Warmwasser im Eimer) und der Hof mit seinen hübschen Blumen sind ebenfalls nicht zu beanstanden. Das Haus liegt nahe dem Kaza Nullah, 90 m von der Fußgängerbrücke entfernt.

Ösel Rooms PENSION $

(abseits des Main Bazar, Old Kaza; EZ 800 ₹, DZ & 3BZ 1000–1200 ₹; ⏲April–Nov.) Die sieben großen, sauberen Zimmer mit Solar-Warmwasser liegen über dem Restaurant Taste of Spiti und werden von Ecosphere (S. 381) verwaltet, wo man sie buchen kann.

★ **Hotel Deyzor** HOTEL $$

(☎9418402660; www.hoteldeyzor.com; hinter dem BSNL-Büro, New Kaza; Zi. 900–1750 ₹; ⏲Mitte April–Mitte Nov.; 📶) 🍃 Die hellen, gepflegten

Zimmer haben komfortable Betten und mit ihren folkloristischen Stoffen und Fotos von Spiti auch gemütlichen Charme. Die Inhaber sind echte Spiti-Fans, haben viele Infos auf Lager und können helfen, Wanderungen, Tierbeobachtungstouren oder Fossiliensuchen u. a. zu arrangieren. Das Restaurant ist unser Lieblingslokal in Kaza. Kein Wunder, dass die zwölf Zimmer ausgebucht sein können – also besser vorab buchen!

Sakya Abode HOTEL **$$**
(☎ 9418208987; www.sakyaabode.com; New Kaza; EZ 900–1300 ₹, DZ 1100–1500 ₹; ⊙ Ende April–Nov.; @ 📶) Das Haus an der Hauptstraße nahe der Sakya Gompa ist Kazas am längsten bestehendes Hotel (seit 1992) und hat mit das beste Preis-Leistungs-Verhältnis. Die komfortablen Zimmer öffnen sich zu Gemeinschaftsterrassen mit Blick auf den grasbewachsenen Hof. Das Restaurant (Hauptgerichte 100–250 ₹) mit indischer, tibetischer und chinesischer Küche ist gut – probieren sollte man das wirklich leckere „Copper Eliza"-Dessert. Das Hotel hat auch den vollen Aktivitäten- und Reiseservice.

Essen

Sol Cafe CAFÉ **$**
(Main Bazar; heiße Getränke & Snacks 50–110 ₹; ⊙ Mai–Nov. Mo–Sa 9–20 Uhr) Ecosphere (S. 381) betreibt dieses coole kleine Café, das superstarken Kaffee, Kräuter- und andere Tees sowie kleine Gerichte wie Toasts, Pfannkuchen, Vollkorn-Backwaren und Snacks mit Sanddorn serviert – der Beere werden erstaunlich viele gesundheitsfördernde Eigenschaften nachgesagt.

★ **Hotel Deyzor Restaurant** INTERNATIONAL **$$**
(New Kaza; Hauptgerichte 100–350 ₹; ⊙ Mitte April–Mitte Nov. 8–22 Uhr) Das Restaurant bietet eine tolle Palette von Gerichten, die zweifellos auch von den Weltreisen des Eigentümers inspiriert ist. Man findet indische, europäische, (der tibetischen Küche ähnelnde) Spiti- und andere Gerichte sowie gute, frisch zubereitete Tagesangebote. Der Schwerpunkt liegt auf saisonalen und regionalen Lebensmitteln.

Himalayan Café INTERNATIONAL **$$**
(www.facebook.com/thehimalayancafe; abseits des Main Bazar, Old Kaza; Hauptgerichte 100–350 ₹; ⊙ Mai–Okt. 8–22.30 Uhr; 📶) Das schwer angesagte Himalayan wird von einem Rechtsanwalt aus Mumbai geführt, der seinen Beruf an den Nagel gehängt hat, und führt das Konzept „hell, nett und sauber" in diesem Teil der Welt auf ein neues Niveau. Das zufriedenstellende Essen reicht von Müsli mit frischem Obst bis hin zu *momos*, Salaten, Pfannkuchen und einem großen Angebot indischer Gerichte von *aloo gobi* bis hin zu Lamm-*rogan josh*.

ℹ Praktische Informationen

Es gibt ein **Internetcafé** (80 ₹/Std.; ⊙ 9–19 Uhr) gegenüber dem Shambhala Homestay im Basar und in der Nähe einen Geldautomaten der SBI.

ℹ An- & Weiterreise

Der Bus nach Manali (350 ₹, 11 Std., Mitte Juni–Mitte Okt.) fährt um 6.30 Uhr; die Fahrkarten kauft man 30 bis 60 Minuten vorher. Nach Keylong muss man in Gramphu (230 ₹, 9 Std.) umsteigen. Ein Bus fährt um 7.30 Uhr über Tabo (73 ₹, 2½ Std.) und Nako (177 ₹, 5½ Std.) nach Rekong Peo (357 ₹, 11 Std.), um 15 Uhr gibt es noch einen zweiten Bus nach Tabo.

Die **Lhungta Traveller Union** (☎ 9418190083; gegenüber dem Busbahnhof, Old Kaza) hat Festpreistaxis, die überall hinfahren, z. B. nach Dhankar (1550 ₹, 1½ Std.), Tabo (2000 ₹, 1½ Std.), Ki (700 ₹, 45 Min.), Keylong (10 000 ₹, 8 Std.) und Manali (10 000 ₹, 8 Std.). Die meisten Fahrzeuge haben Platz für 10 oder 11 Passagiere. Bei Touren mit Rückfahrt und einstündiger Wartezeit werden 20 % und für jede zusätzliche Stunde 100 ₹ aufgeschlagen. Das Unternehmen betreibt auch einen Sammeljeep nach Manali (1000 ₹, 6 Uhr), solange die Pässe passierbar sind (ca. Mitte Juni–Okt.).

Rund um Kaza

Die kleinen, hochgelegenen Dörfer an der Ostseite des Spiti-Tals (alle weit über 4000 m) besitzen eine urtümliche, einsame Schönheit: Haufen von weiß getünchten Häusern mit Flachdächern vor der Kulisse kahler Berge inmitten einer Wüstenlandschaft, aus der nur die sorgfältig gepflegten Felder mit Gerste und anderen Feldfrüchten hervorstechen. In einigen der Dörfer gibt es saisonal geöffnete Gästehäuser oder Homestays und interessante alte Tempel oder Klöster. Sie eignen sich gut für Tagesausflüge ab Kaza, aber auch für längere Aufenthalte. Bei Wanderungen in der Gegend oder von einem Dorf zum anderen auf der Homestay-Trek-Route (S. 381), die Langza, Komic und Demul mith Lhalung und Dhankar verbindet, kann man den Lebensstil dieser erstaunlich widerstandsfähigen Menschen einmal näher kennenlernen.

Täglich fährt ein Bus von Kaza nach Ki (25 ₹, 30 Min.) und Kibber (34 ₹, 50 Min.), der von Kibber aus um 8.30 Uhr zurückfährt. Bei den Dörfern an der Homestay-Trek-Route ist man aber aufs Wandern oder ein Taxi angewiesen (wenn man nicht im eigenen Auto unterwegs ist). Der Rundkurs von Kaza nach Langza, Hikkim, Komic, Demul und zurück nach Kaza ist 70 km lang und lässt sich mit einem Fahrzeug als Tagestour bewältigen.

KI

370 EW. / 3800 M

Das winzige Ki (auch Kye oder Key geschrieben) liegt rund 12 km nordwestlich von Kaza an der Straße nach Kibber und wird von den weiß getünchten Gebäuden der malerischen **Ki Gompa** (⏲6–19 Uhr) dominiert. Das anmutig auf einem Felskegel thronende Kloster ist mit rund 350 Mönchen und Mönchsnovizen die größte Gompa in Spiti. Jeden Morgen findet gegen 8 Uhr in der neuen Gebetshalle eine stimmungsvolle *puja* statt. Auf Anfrage öffnen die Mönche auch die mittelalterlichen Gebetsräume, darunter den Zimshung Lhakhang, in dem sich ein Bett befindet, in dem der 14. Dalai Lama in den Jahren 1960 und 2000 schlief. Die Tanzmasken und die sehr farbenfrohen Kostüme werden zu **Losar** und zum **Ki Chaam Festival** (Guitor Festival; ⏲Juli/Aug.) hervorgeholt, einer einwöchigen Reihe von Ritualen, die für das kommende Jahr Glück bringen sollen. Den Höhepunkt bildet der Tag, an dem die Lamas zu dem Klang von Hörnern, Trommeln und kehligem Gesang Tänze aufführen und alle Anwesenden mittags kostenlos bewirtet werden.

KIBBER

☎01906 / 370 EW. / 4200 M

8 km hinter Ki ist das relativ große, aber immer noch traditionelle Dorf der Ausgangspunkt für den anspruchsvollen acht- bis zehntägigen Trek über den 5578 m hohen Parang La zum Tso-Moriri-See in Ladakh (Mitte Juli–Mitte Sept.) und auch eine gute Basis für Tageswanderungen oder eine Übernachtung in einem Gästehaus.

Das Gebiet um Kibber ist auch prima geeignet, um in Spiti Wildtiere wie Blauschafe, Steinböcke, Rotfüchse und Schneegeier zu beobachten. Im Winter (vor allem im März) hat man recht gute Chancen, einen scheuen Schneeleoparden zu sichten.

Man kann zu den noch höher gelegenen Weilern **Gete** (ca. 2 Std.; in der Nähe gibt's kleine Seen) oder **Tashigang** (ca. 3 Std.) wandern, wo man sich nach der weitere 45 Minuten entfernten Meditationshöhle mit in den Fels gehauenen buddhistischen Gottheiten erkundigen kann. Der Gipfel **Khanamo** (5964 m) bietet sich zu einer schönen, technisch nicht anspruchsvollen Wanderung (hin & zurück 2–3 Tage) an, die man am besten im August oder in der ersten Septemberhälfte in Angriff nimmt.

Mehrere Pensionen und Homestays bieten Zimmer und Mahlzeiten. Die meisten schließen irgendwann im Oktober und öffnen wieder im März oder April. Das ganzjährig geöffnete, mit Solarstrom versorgte **Norling Home Stay** (☎9418556107; Zi. 500–700 ₹, Hauptgerichte 90–140 ₹) 🍃 blickt auf den größten Teil des Dorfs hinunter. Seine Zimmer zählen zu den besten, und es gibt ausgezeichnete Bio-Kost. Das **Norling Guest House** (☎9459662148; Zi. 600–700 ₹, ohne Bad 300 ₹; ⏲April–Mitte Sept.) am Dorfeingang hat ordentliche, saubere Zimmer und ein öffentliches Restaurant mit einer offenen Terrasse und gutem israelischen, europäischen und indischen Essen (Hauptgerichte 100–200 ₹).

LANGZA

Das winzige Langza, eine kurvenreiche 14 km lange Fahrt nördlich von Kaza entfernt, liegt auf 4325 m Höhe unter dem spitzen Gipfel des Chau Chau (6300 m). Eine große, moderne **Statue des Medizin-Buddhas Bhaisajyaguru** starrt von der Spitze des Dorfs über das Tal; der Tempel dahinter ist rund 500 Jahre alt. Ungefähr einen 2 km langen Fußmarsch entfernt liegt ein Gebiet voller **Ammonitenfossilien**, die rund 100 Mio. Jahre alt sind. Die Männer des Dorfs beteiligen sich an einem **Pferderennen** nach Komic und zurück (bzw. in anderen Jahren von Komic nach Langza und zurück), das an wechselnden Tagen in der ersten Augusthälfte stattfindet und bei dem vor, während und nach dem Ritt große Mengen selbstgebrannter Spirituosen getrunken werden.

Mehrere der rund zwanzig Häuser im Dorf sind Homestays, die in der Regel 500 ₹ pro Person inklusive drei Mahlzeiten nehmen. Die meisten haben Hocktoiletten (mit Spülung oder Plumpsklos) und einige auch nur Matratzen auf dem Fußboden, keine Betten. Man sollte sich einfach umschauen, wo es einem gefällt.

DER HOMESTAY TRAIL

In einem der erfolgreichsten Ökotourismusprogramme Indiens bieten fünf abgelegene Bergdörfer an der Ostseite des Spiti-Tals (Langza, Komic, Demul, Lhalung und Dhankar) Homestays in echten Dorfhäusern an und vermitteln so einen Einblick in das authentische Leben in Spiti. Für 500 bis 600 ₹ pro Nacht und Person (inklusive Mahlzeiten) können die Besucher in schlichten, aber sauberen traditionellen Wohnhäusern übernachten, Hausmannskost essen und das Dorfleben kennenlernen. Warmes Wasser gibt's normalerweise im Eimer, und Hocktoiletten sind die Regel.

Die Dörfer sind auf der Straße erreichbar, aber auch durch den „Homestay Trail", eine beliebte Wanderroute, verbunden. Ausgebildete Guides (1000–2000 ₹/Tag) – sie zu engagieren ist nicht vorgeschrieben, wird aber empfohlen – können einen auf den Wegen von einem Dorf zum nächsten oder bei Tageswanderungen begleiten und kulturelle Besonderheiten sowie die einmalige Natur erläutern. Bei Exkursionen zur Wildtierbeobachtung kann man Steinböcke, Blauschafe *(bharals)* und vielleicht auch Himalaja-Wölfe (*shankus*) erspähen, eine besonders urtümliche Unterart des Wolfs.

Das Projekt ist ein gutes Beispiel dafür, wie sich das touristische Potenzial einer Region zum Nutzen der örtlichen Gemeinden nutzen lässt. In einigen Dörfern (zur Zeit der Recherche waren das Demul und Komic) gibt es Kooperativen, bei denen die Familien im Wechsel Touristen aufnehmen; in den übrigen arbeiten die Homestays selbständig. In jedem Fall aber erbringt das Projekt aber ein unschätzbares zusätzliches Einkommen für die Menschen, die ihr Leben in einer extrem rauen Umwelt fristen.

Man kann einfach in einem Dorf aufschlagen und nach einer Homestay-Unterkunft fragen, oder man organisiert den Besuch oder seine Wanderung über einen Veranstalter, z.B. die in Spiti ansässige Nichtregierungsorganisation **Ecosphere** (☎ 9418860099, www.spitiecosphere.com; Main Bazar, Kaza; ⏲ Büro & Laden April–Mitte Dez. Mo–Sa 10–19 Uhr), die sich für Heimatschutz und nachhaltige Entwicklung einsetzt und stark an der Einrichtung des Homestay-Projekts beteiligt war. Wer einen Guide haben will, sollte diesen am besten vorab organisieren.

Ecosphere bietet Travellern außerdem zahlreiche weitere Aktivitäten, darunter Mountainbike-, Kultur- oder Tierbeobachtungstouren, Yak-Safaris, Koch- und Töpferkurse sowie Lehrgänge, in denen man das Knüpfen von Seilen aus Yakwolle lernt, ferner mehrtägige Treks oder einen Tag als „Nonne" in den buddhistischen Klöstern von Spiti. Allen, die es schaffen, im Hochwinter (vorzugsweise im Februar) zu kommen und in einem hochgelegenen Dorf sieben bis zehn Tage zu bleiben, verspricht Ecosphere eine 90%-ige Chance, einen Schneeleoparden zu sichten (2500–4000 ₹ pro Person und Tag).

Eine Busverbindung gibt es nicht. Ein Taxi aus Kaza kostet 950/1140 ₹ (einfache Strecke/hin & zurück).

HIKKIM

6 km südlich von Langza befindet sich an einem kleinen Abzweig von der Straße nach Komic im kleinen Hikkim das **höchstgelegene Postamt der Welt** (⏲ Mo–Sa 9–17 Uhr) auf 4440 m über dem Meeresspiegel. Manche Spielverderber weisen darauf hin, dass das Postamt im Everest-Basislager in Tibet noch höher liege (5200 m), aber das höchstgelegene in Indien ist es allemal. Es ist auch ein Wohnhaus, und Kunden wird oft eine Tasse Tee angeboten. Möglicherweise gibt es auch ein paar Postkarten zu kaufen, aber sicherheitshalber bringt man selbst welche mit.

Von Kaza aus kann man dem Kaza Nullah folgend in drei oder vier Stunden direkt nach Hikkim marschieren – der Weg ist steiler und schwieriger, aber kürzer als die 15 km lange Strecke auf der Straße.

KOMIC

Ein Schild vor dem Kloster behauptet, dass Komic mit 4587 m das weltweit höchste auf dem Straßenweg mit Fahrzeugen erreichbare Dorf wäre. In Santa Bárbara in Bolivien (4754 m) dürfte man das anders sehen, aber zumindest der Asien-Titel dürfte Komic gebühren. Das Dorf besteht aus etwa zehn Häusern, über denen die **Tangyud Gompa** thront, in der rund 50 Lamas leben. Die Geschichte des Klosters reicht viele Jahrhunderte zurück, aber das festungsartige Hauptgebäude wurde offenbar erst gebaut, nachdem der alte Standort nahe Hikkim 1975 nach einem Erdbeben aufgegeben wurde. Um 8 Uhr werden hier *Pujas* an Mahakala verrichtet, eine zornige Erscheinungsform des Avalokiteshvara. In der Nähe steht ein kleineres und älteres Gebäude mit einem ausgestopften Schneeleoparden – diesen zu berühren, soll Stärke verleihen. Frauen dürfen den inneren Gebetsraum dieses Gebäudes nicht betreten.

Zur Zeit der Recherche beteiligten sich die meisten Familien in Komic an einem kommunalen Homestay-Programm, bei dem sie im Wechsel Touristen für 600 ₹ pro Person inklusive drei Mahlzeiten aufnehmen. Ein oder zwei Familien agieren aber auf eigene Faust und verlangen nur 500 ₹. Man fragt nach dem Homestay-Koordinator oder geht ins Kunga Homestay (auf dem Weg ins Dorf links), wo er wohnt. Die meisten Häuser haben ökologische Trocken-Hocktoiletten und warmes Wasser im Eimer. Die Homestays sind von Mai bis Oktober geöffnet.

Ein Taxi von Kaza nach Komic kostet 1500/1800 ₹ (einfache Strecke/hin & zurück). Von Komic sind es zu Fuß 16 km Richtung Süden nach Demul, dem nächsten Dorf des „Homestay Trail", oder auf der Straße 26 km. Auf beiden Strecken erreicht man ein paar Kilometer südlich von Komic eine Höhe von fast 4700 m. Dies ist der Abschnitt des „Homestay Trek" mit dem schönsten Panoramablick in die Ferne. Hier kann man außerdem gut Blauschafe beobachten.

DEMUL

Demul ist mit 280 Einwohnern eines der größeren Dörfer am Homestay Trail. Es liegt umgeben von Gemüsefeldern und herrlichen Bergen in einem Hochtal. Die hiesigen Weber stellen viele der farbenfroh gemusterten Schals her, die die Frauen überall in Spiti tragen. Die Dorfbewohner haben einen halb nomadischen Lebensstil: Vier oder fünf Monate im Jahr treiben sie ihre Kühe und Yaks hinauf auf die Sommerweiden.

In Demul gibt's ein kooperatives Homestay-Programm, bei dem die Familien im Wechsel Touristen für 600 ₹ pro Person inklusive Mahlzeiten beherbergen. Man fragt einfach nach dem Koordinator, der einem dann die Unterkunft zuweist.

Der nächste Abschnitt des „Homestay Trail ist der steile Abstieg nach Lhalung, das östlich 600 m tiefer liegt (nur Wanderroute; nicht für Fahrzeuge geeignet). Im Westen führt eine spektakuläre Straße in Kurven hinunter zur Hauptstraße durch das Spiti-Tal bei Lidang, 800 m unterhalb von Demul. Ein Taxi ab Kaza kostet rund 2000 ₹.

Pin-Tal

Südöstlich von Kaza nimmt der Spiti den Fluss Pin auf, der über ein windgepeitschtes, aber schönes Tal aus den Höhen des Himalaja-Hauptkamms kommt. Geologische Schichtungen in allen möglichen Winkeln, sogar vertikal, legen Zeugnis ab von den immensen tektonischen Käften, die die mächtigsten Berge der Erde aufgetürmt haben.

Mudh (3770 m), vom Highway aus 33 km die Talstraße hinauf, ist der Ausgangspunkt zum spektakulären und anspruchsvollen Pin-Parvati-Trek (S. 333) und für die leichtere, aber ebenfalls schöne viertägige Wanderung über den 4850 m hohen, normalerweise von Juni bis September passierbaren **Bhaba-(Bawa-)Pass** nach Kaphnu in Kinnaur. Selbst wenn man keine Wanderung macht, ist Mudh ein schöner Ort, in dem man ein paar Tage bleiben kann.

Nach einem kurzen Stück gelangt man auf beiden Routen in den 675 km² großen Pin Valley National Park, der als das „Land der Steinböcke und Schneeleoparden" gilt, und Steinböcke (sowie Blauschafe) dürfte man auch tatsächlich zu Gesicht bekommen.

Ugyen Sangnak Choling Gompa BUDDHISTISCHES KLOSTER

In Kungri, 3 km oberhalb von Gulling, das 16 km weiter im Tal liegt, findet sich dieses 680 Jahre alte Kloster mit einem riesigen neuen Gebäude und drei viel interessanteren mittelalterlichen Schreinen voller geschwärzter Wandmalereien, Festmasken und aus Holz geschnitzter Schneeleoparden. Frauen dürfen das Innere von zweien dieser Gebäude nicht betreten.

★ **Tara Homestay** PENSION $

(☎ 8988062293; www.facebook.com/taraguesthousespiti; Mudh; Zi. 800 ₹, ohne Bad 300–600 ₹, Hauptgerichte 60–110 ₹; ⏲ Mai–Okt.) Das ausgezeichnete Tara Homestay ist das beste von mehreren Gästehäusern in Mudh; der Inhaber Sonam Gialson organisiert auch voll ausgerüstete Treks mit Trägern sowie weitere Touren, z. B. Jeepsafaris. Das zugehörige kleine öffentliche Restaurant serviert Thalis, *momos*, Omeletts und gebratenen Reis.

ℹ An- & Weiterreise

Die Straße ins Pin-Tal zweigt rund 15 km südöstlich von Kaza von der Straße nach Tabo ab. Schlammrutsche können 8 km weiter bei **Kirgarang Nullah** die Straße manchmal auf Wochen blockieren. Das geschieht meist ab Juni, sodass man sich umhören sollte, ehe man sich in das Tal aufmacht.

Von Kaza fährt täglich um 16 Uhr ein Bus nach Mudh (82 ₹, 2 Std.), der gegen 6 Uhr zurückfährt. An manchen Tagen fährt gegen 6 Uhr auch ein Sammeljeep (100 ₹/Pers.) ab Mudh, der gegen 15 Uhr zurückfährt. Ein Taxi von Kaza nach Mudh kostet 2100 ₹.

Dhankar

300 EW. / 3880 M

Hoch über dem Zusammenfluss des Spiti und des Pin liegt (8 km zu Fuß oder per Fahrzeug ab Sichling an der Straße von Kaza nach Tabo) Dhankar, die ehemalige Hauptstadt der Nono-Könige, die Spiti regierten. Ihre alte Gompa gehört zu den spektakulärsten Sehenswürdigkeiten in Spiti.

Sehenswertes

Die spektakuläre, 1200 Jahre alte **Dhankar Gompa** (25 ₹; ⏲ üblicherweise 7–18 Uhr) sitzt recht prekär zwischen erodierten Felsnadeln am Rand einer Klippe. In der Anlage um den oberen Hof ist ein ausgestopftes Blauschaf über dem Treppenhaus platziert. Es gibt hier auch ein Zimmer, in dem der Dalai Lama übernachtet hat, eine Meditationshöhle und einen Schrein mit Zeremonialmasken. Eine weitere, über eine separate Treppe zu erreichende Gebetshalle mit Wandmalereien, die den Medizin-Buddha zeigen, befindet sich darüber auf der Hügelspitze. Der Ausblick von all diesen Gebäuden ist fantastisch. Die Lamas von Dhankar wohnen jedoch nicht mehr in ihrer alten Gompa, sondern sind 2009 in das große, funkelnde, 800 m entfernte **neue Kloster** umgezogen.

Auf der Hügelspitze oberhalb der Gompa stehen die Ruinen eines verlassenen Lehmziegel-**Forts/Palasts**, wo die Bewohner des Tals in Kriegszeiten Zuflucht suchten und das dem Dorf seinen Namen gab (*khar* bedeutet „Zitadelle“ und *dhak* „Klippe“). Eine steile Wegstunde oberhalb des Dorfs hat man von dem kleinen See **Dhankar Tso** eine schöne Aussicht ins Tal und nach Südosten auf den Doppelgipfel des Manirang (6593 m).

Schlafen & Essen

Dhankar Monastery Guesthouse PENSION $
(☎ 9418646578; B 200 ₹, Zi. 500–1200 ₹; ⏲ April–Mitte Okt., Restaurant 7–21.30 Uhr) Die Unterkunft neben dem Neuen Kloster gehört zu diesem, ist aber auf Touristen ausgerichtet. Von den Zimmern und der Terrasse hat man eine herrliche Aussicht, und im Restaurant gibt's eine große Auswahl guter Gerichte (Hauptgerichte 120–280 ₹).

Manirang Home Stay & Cafe HOMESTAY $
(☎ 8988053409; B ₹150-200, Zi. pro Pers. ohne Bad mit HP 500 ₹, mit VP 600 ₹; ⏲ Café 7–20 Uhr) Unterhalb der Straße zwischen dem alten und dem neuen Kloster bietet diese Unterkunft fünf angenehme, saubere Zimmer und einen Schlafsaal mit Bodenmatratzen, außerdem ein Café mit internationaler Kost (Hauptgerichte 60–120 ₹). Der Inhaber Anil Kumar ist ein Wanderführer und verfügt zum Transport über einen Jeep.

An- & Weiterreise

Die Busse zwischen Kaza und Tabo fahren über Sichling (40 ₹, ab Kaza 1 Std.); dort könnte man eine Mitfahrgelegenheit finden. Ein Taxi von Kaza nach Dhankar kostet 1550/1860 ₹ (einfache Strecke/hin & zurück).

Lhalung

Das charmante, traditionelle Lhalung versteckt sich 12 km nordöstlich von Dhankar im Lingti-Tal und ist über eine recht ebene, unbefestigte Piste zu erreichen. Der Abstecher lohnt wegen des fantastischen mittelalterlichen **Klosters** (Eintritt 25 ₹). In der stimmungsvollen Hauptkapelle finden sich tolle alte Wandmalereien und ein unglaublich reich verzierter Schnitzfries an der Hinterwand. In der separaten Langkharpo-Kapelle befindet sich eine einmalige, vierseitige Statue der weißen Gottheit auf einem Sockel von Schneelöwen. Nicht übersehen sollte man auch das Gebetsrad aus Menschenhaut in einer Seitenkapelle.

Im Dorf gibt's mehrere Homestays (ca. 600 ₹/Pers., inkl. Mahlzeiten), die man einfach direkt ansprechen oder über Veranstalter wie Ecosphere (S. 381) buchen kann.

In Kaza startet um 17.30 Uhr ein Bus nach Lhalung (43 ₹, 2 Std.; nicht über Dhankar), der um 8 Uhr am nächsten Tag zurückfährt.

Tabo

☎ 01906 / 600 EW. / 3280 M

Das kleine Tabo, das in einem spektakulär von Geröllhalden umgebenen Tal 48 km südöstlich von Kaza liegt, ist die einzige weitere Stadt in Spiti. Hinter den Lehmziegelmauern der Tabo Gompa verstecken sich einige der schönsten Werke indo-tibetischer

Kunst. Tabo ist ein guter Ort, um ein paar Tage zu rasten.

Sehenswertes

★ Tabo Gompa BUDDHISTISCHES KLOSTER

(www.tabomonastery.com; Spende willkommen; ⌚ Schreine 9–13 & 14–17 Uhr) Die Gompa wurde im Jahr 996, möglicherweise von Rinchen Sangpo, dem „Großen Übersetzer", gegründet, als das westtibetische Königreich Guge seinen Einfluss bis in diese abgelegenen Gebiete ausweitete, und gilt als das älteste ununterbrochen genutzte buddhistische Kloster Indiens. Fünf der neun Schreine innerhalb der Lehmziegelgebäude stammen aus dem 10. und 11. Jh.; sie wurden damals von einigen der besten buddhistischen Wandmaler ausgemalt, in deren Stil sich tibetische, indische und kaschmirische Einflüsse vermischten. Man sollte eine Taschenlampe mitbringen, denn die Beleuchtung innerhalb der Schreine ist bestenfalls schummrig.

Die meisten übrigen Schreine kamen überwiegend zwischen dem 15. und 17. Jh. hinzu. Die alte Gompa wird zwar noch für einige Aktivitäten genutzt, aber das Leben der Mönche spielt sich heute weitgehend in der modernen Gompa neben der alten Anlage ab.

Die spektakuläre Hauptversammlungshalle der alten Gompa, den **Tsuglkang**, betritt man durch den Zal-ma-Vorsaal. Große Skulpturen von vier blauen Schutzgottheiten (eine für jede Himmelsrichtung) flankieren den Durchgang zum Tsuglkang. Drinnen stehen nahezu lebensgroße Lehmfiguren von 32 Bodhisattvas an den Wänden um eine Statue des viergesichtigen Buddha Vairocana, der das Rad des Gesetzes dreht: Der ganze Raum ist ein dreidimensionales Vajradhatu-Mandala, in dessen Zentrum sich der Vairocana befindet. Wandmalereien unterhalb der Bodhisattvas schildern das Leben im 10. Jh. Hinter dem Vairocana enthält das innere Heiligtum einen Buddha Amitabha aus Stuck und zwei kleinere Bodhisattvas. Der Umgang dahinter ist mit Hunderten kleiner und großer Figuren im Lotussitz geschmückt.

Möglicherweise wird man einen Lama bitten müssen, einem die anderen Tempel in der Anlage aufzuschließen. Zu den weiteren Highlights unter den frühen Tempeln zählen der **Ser-Khang** (Goldene Tempel), vom Tsuglkang der zweite links, mit hervorragenden Wandgemälden der Grünen Tara und der Göttin Usnishavijaya; der **Kyil-Khang** (Tempel des mystischen Mandalas) hinter dem Ser-Khang mit dem Wandgemälde eines riesigen, von acht Bodhisattvas umgebenen Vairocana gegenüber dem Eingang und Mandalas, die von acht weiteren Gottheiten umgebene Götter zeigen, an der Nord- und der Südwand; sowie schließlich der **Byams-Pa Chen-po Lha-Khang** (Bodhisattva-Maitreya-Tempel) unmittelbar rechts vom Tsuglkang mit einer 3 m hohen Statue des Bodhisattvas Maitreya (des Buddhas der Zukunft).

Die moderne Gompa außerhalb der alten Anlage hat einen glitzernd vergoldeten Chörten und einen neuen Tempel. Hier findet um 6 Uhr eine gut besuchte *puja* statt, bei der Gäste willkommen sind.

Höhlen HÖHLE

Eine Reihe von Höhlen am Hügelhang über der Hauptstraße gehörten zum alten Klosterkomplex: man erreicht sie nach 200 m über Stufen, die gegenüber dem Laden Vijay Kumar beginnen.

Schlafen & Essen

★ Tashi Khangsar Hotel PENSION $

(✆ 9418817761; vaneetrana23@gmail.com; Zi. 600–800 ₹, Stellplatz 200 ₹/Zelt; ⌚ April–Okt.) Die vier hellen, sauberen und einladenden Zimmer liegen neben einem Rasen mit Tischen und Stühlen, die unter einem großen Zeltdach stehen. Es gibt gutes internationales Essen zu vernünftigen Preisen, viele Stellplätze für Zelter und eine entspannte, freundliche Atmosphäre, so dass man sich hier gut ein, zwei Tage erholen kann.

Vom Tor des Neuen Klosters geht man Richtung Fluss und biegt am Hubschrauberlandeplatz rechts ab.

Tiger Den PENSION $

(✆ 9459349711; naveen.chauhan82@gmail.com; Zi. 900–1200 ₹; ⌚ April–Okt.) Die nette Pension bietet mittelgroße, saubere rosa Zimmer mit Warmwasserduschen fast direkt neben dem Eingang zum neuen Kloster.

Angeschlossen ist eines von Tabos besten **Restaurants** (Hauptgerichte 120–300 ₹; ⌚ April–Okt. 7–22 Uhr) mit Plätzen drinnen und draußen und einer tollen Auswahl indischer, tibetischer und internationaler Kost sowie leckerem gekühlten Apfelsaft.

Sonam Homestay PENSION $

(✆ 9418503966; www.prospiti.ch; EZ/DZ 800/1000 ₹, Zi. ohne Bad 400–500 ₹; ⌚ Mai–Okt.) Die hiesigen Zimmer gehören zu jenen mit dem besten Preis-Leistungs-Verhältnis in

Tabo; sie sind nett und sauber und das Warmwasser ist mit Solarenergie erhitzt. Der Eigentümer stammt aus dem Ort und betreibt ein Reise- und Trekking-Unternehmen.

Hier befindet sich auch das gute **Cafe Kunzum Top** (Sonam Homestay; Hauptgerichte 100–150 ₹; ⏲7–21.30 Uhr), das im sonnigen Garten und einem gemütlichen Innenraum schmackhafte tibetische, Spiti-, indische und europäische Gerichte sowie guten Kaffee serviert.

Dewachen Retreat HOTEL **$$$**
(☎9459566689; www.dewachenretreats.com; EZ/DZ 4320/4800 ₹, mit HP 5490/6100 ₹; ⏲Mitte April–Mitte Nov.) Mit dem eindrucksvollen, mit Schnitzereien bedeckten Holzportal kann das Innere nicht ganz mithalten, aber die mit Kiefernholz vertäfelten Zimmer, die guten gefliesten Badezimmer und der herrliche Blick auf die Tempel und Berge sind dennoch das, was in Tabo einer Luxusunterkunft am nächsten kommt. Das Hotel steht an der Hauptstraße am hinteren Ende der Stadt und ist manchmal von Reisegruppen belegt. Das gute Restaurant steht auch Nichtgästen offen.

ℹ Praktische Informationen

Nahe dem Tor des Neuen Klosters gibt's einen Geldautomaten der SBI.

ℹ An- & Weiterreise

Die Busse nach Kaza (73 ₹, 2½ Std.) erreichen Tabo gegen 9 (aus Chango) und 15 Uhr (aus Rekong Peo – bei der langen Anfahrt kann es auch deutlich früher oder später werden). Täglich gibt es um 9 oder 10 Uhr einen Bus über Nako (105 ₹, 3 Std.) nach Rekong Peo (270 ₹, 9 Std.), der aber aus Kaza kommt und daher voll besetzt sein kann, insbesondere im Mai und Oktober, wenn Saisonarbeiter unterwegs sind.

Ein Taxi kostet rund 1900 ₹ nach Kaza, 1600 ₹ nach Dhankar, 1900 ₹ nach Nako und 6000 ₹ nach Rekong Peo.

Agra & Taj Mahal

Inhalt ➡

Gut essen

- Pinch of Spice (S. 402)
- Mama Chicken (S. 402)
- Esphahan (S. 401)
- Vedic (S. 401)

Schön übernachten

- Tourists Rest House (S. 399)
- N Homestay (S. 398)
- Oberoi Amarvilas (S. 398)
- The Retreat (S. 398)

Auf nach Agra & zum Taj Mahal!

Dank der zauberhaften Verklärung des Taj Mahal werden Reisende von Agra angezogen wie die Motten vom Licht. Und es lohnt sich wirklich, denn die Begeisterung über seine unglaubliche Schönheit ist kein bisschen übertrieben. Doch der Taj Mahal ist bei Weitem nicht das einzig Sehenswerte in Agra. Die Herrscher des legendären Mogulreichs hinterließen auch ein wunderbares Fort und eine Vielzahl faszinierender Grabmäler und Mausoleen. Nicht zu vergessen das moderne Agra mit seinen geschäftigen *chowks* (Märkten). Natürlich bietet die Stadt auch alle Nachteile wie Massen von Rikschas, die die Straßen verstopfen, Schlepper, selbst ernannte Tourführer und lästige Souvenirverkäufer, deren Hartnäckigkeit die Besucher teilweise zur Raserei bringt.

Agra erstreckt sich zu beiden Seiten einer weiten Windung des heiligen Flusses Yamuna. Sowohl das Fort als auch der Taj Mahal, die 2 km voneinander entfernt sind, liegen direkt am Fluss. Der Hauptbahnhof und der Busbahnhof befinden sich ein paar Kilometer weiter südwestlich.

Reisezeit

Agra

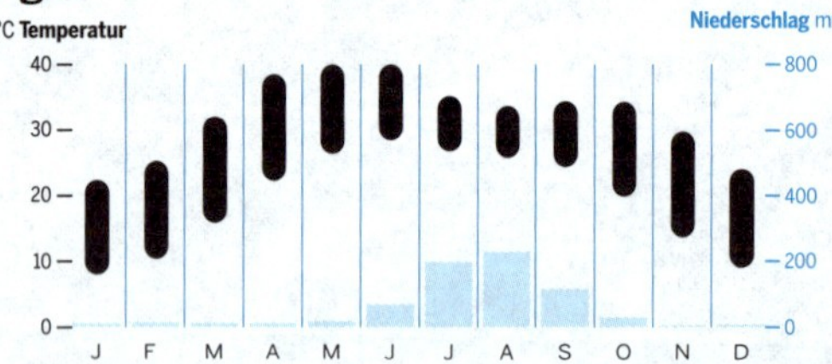

Sept.–Okt. Die beste Zeit: Der Monsun ist weitestgehend vorüber, und es ist kühler.

Nov.–Feb. Angenehmes Klima, die großen Attraktionen sind aber überfüllt. Abends wird es kühl.

März Abends ist es nicht mehr kalt, die Bruthitze des Sommers ist noch nicht da.

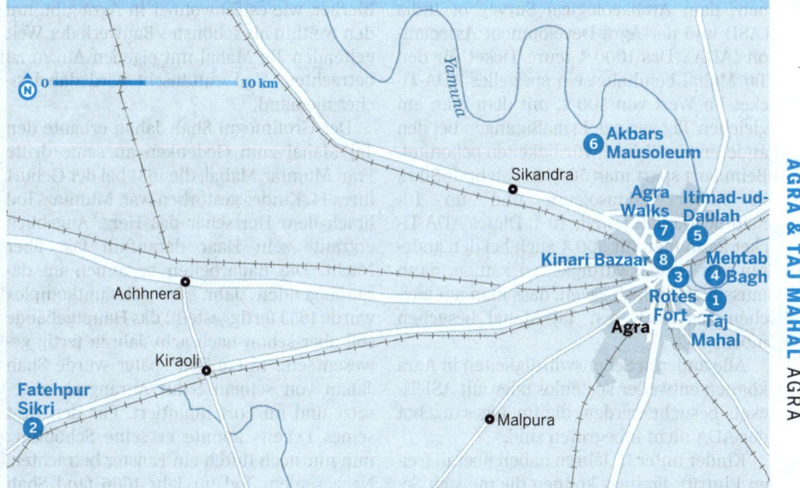

Highlights

1 Sich im **Taj Mahal** (S. 388) von einem der schönsten Gebäude der Welt verzaubern lassen – ein absolutes Muss!

2 Den weitläufigen Palast der Mogulherrscher und die riesige, 450 Jahre alte Moschee daneben in **Fatehpur Sikri** (S. 406) bewundern

3 Im **Roten Fort von Agra** (S. 392), einer der eindrucksvollsten alten Festungen Indiens, durch die zahlreichen Räume spazieren

4 In den Gärten von **Mehtab Bagh** (S. 392) entspannen und den Sonnenuntergang über dem Taj beobachten

5 Im Grabmal **Itimad-ud-Daulah** (S. 395), das auch „Baby Taj" genannt wird, die wunderbaren Marmorarbeiten bewundern

6 Das beeindruckende **Akbars Mausoleum** (S. 395) des bedeutendsten Großmoguls besuchen

7 Bei einer Stadtführung mit **Agra Walks** (S. 397) die schönsten Seiten der uralten Stadt entdecken

8 Das hektische Gewirr des typisch indischen **Kinari Bazaar** (S. 403) mit allen Sinnen erfahren

Geschichte

Im Jahr 1501 richtete der Sultan Sikander Lodi hier seine Hauptstadt ein. Als der Großmogul Babur jedoch bei der Schlacht von Panipat 1526 den letzten Sultan der Lodi besiegte, fiel Agra in die Hände der Moguln. Die Stadt blühte unter der Herrschaft der Großmoguln Akbar, Jahangir und Shah Jahan von Mitte des 16. bis Mitte des 17. Jhs.; damals entstanden das Fort, der Taj Mahal und andere bedeutende Mausoleen. 1638 dann errichtete Shah Jahan in Delhi eine neue Stadt, die sein Sohn Aurangzeb zehn Jahre später zur Hauptstadt machte.

1761 wurde Agra von den Jats erobert. Die Kriegerkaste plünderte sämtliche Monumente, auch den Taj Mahal. Im Jahr 1770 übernahmen die Marathen die Herrschaft, wurden allerdings 1803 von den Briten abgelöst. Nach dem Sepoy-Aufstand von 1857 verlegten die Briten den Verwaltungssitz der Provinz nach Allahabad. Seiner administrativen Schlüsselrolle entledigt, entwickelte sich Agra zu einem Zentrum der Schwerindustrie und wurde bald für seine Chemiefabriken – und die Luftverschmutzung – bekannt. Erst später kam der Tourismus, der vor allem dem Taj Mahal zu verdanken ist, als wichtige Einnahmequelle hinzu.

Agra

0562 / 1,7 MIO. EW.

Sehenswertes

Die Eintrittspreise für die fünf wichtigsten Sehenswürdigkeiten Agras – den Taj, das Rote Fort, Fatehpur Sikri, Akbars Mausoleum und Itimad-ud-Daulah – werden von zwei verschiedenen Organisationen erhoben: dem Archaeological Survey of India (ASI) und der Agra Development Association (ADA). Das 1000 ₹ teure Ticket für den Taj Mahal beinhaltet ein spezielles ADA-Ticket im Wert von 500 ₹, mit dem man am gleichen Tag geringe Ermäßigungen bei den anderen vier Sehenswürdigkeiten bekommt. Beim Fort spart man 50 ₹, in Fatehpur Sikri, in Akbars Mausoleum und im Itimad-ud-Daulah jeweils 10 ₹. Dieses ADA-Ticket kann man für 500 ₹ auch bei den anderen vier Sehenswürdigkeiten kaufen, dann muss man einfach sagen, dass man am gleichen Tag noch den Taj Mahal besuchen möchte.

Alle anderen Sehenswürdigkeiten in Agra können entweder kostenlos oder mit ASI-Tickets besucht werden, die im Tagesangebot der ADA nicht inbegriffen sind.

Kinder unter 15 Jahren haben überall freien Eintritt. Freitags können die meisten Sehenswürdigkeiten mit einem Rabatt von 10 ₹ besichtigt werden (der Taj Mahal bleibt aber freitags geschlossen).

★ **Taj Mahal** HISTORISCHES GEBÄUDE

(Karte S. 396; Inder/Ausländer 40/1000 ₹, Video 25 ₹; ⌚ Sa–Do Sonnenaufgang–Sonnenuntergang) Der indische Dichter Rabindranath Tagore beschrieb ihn als eine „Träne auf der Wange der Ewigkeit", der britische Schriftsteller Rudyard Kipling nannte ihn „die Verkörperung alles Reinen" und sein Schöpfer, der Kaiser Shah Jahan, sah „die Sonne und den Mond bei seinem Anblick weinen." Jedes Jahr strömen fast doppelt so viele Besucher hierher, wie es Einwohner in Agra gibt, um den weithin als schönstes Bauwerk der Welt geltenden Taj Mahal mit eigenen Augen zu betrachten. Und enttäuscht wird dabei sicher niemand.

Der Großmogul Shah Jahan erbaute den Taj Mahal zum Gedenken an seine dritte Frau Mumtaz Mahal, die 1631 bei der Geburt ihres 14. Kindes gestorben war. Mumtaz' Tod brach dem Herrscher das Herz. Angeblich ergraute sein Haar daraufhin fast über Nacht. Die Bauarbeiten begannen im darauffolgenden Jahr. Der Gesamtkomplex wurde 1653 fertiggestellt; das Hauptgebäude soll aber schon nach acht Jahren fertig gewesen sein. Kurze Zeit später wurde Shah Jahan von seinem Sohn Aurangzeb abgesetzt und im Fort inhaftiert. Für den Rest seines Lebens konnte er seine Schöpfung nun nur noch durch ein Fenster betrachten. Nach seinem Tod im Jahr 1666 fand Shah Jahan an der Seite seiner geliebten Mumtaz die letzte Ruhestätte.

Insgesamt waren rund 20 000 Menschen aus Indien und Zentralasien an den Bauarbeiten beteiligt, darunter Spezialisten aus dem fernen Europa. Sie fertigten die exquisiten Marmorwände an und verzierten die *pietra dura* (Einlegearbeiten aus Marmor) mit Tausenden Halbedelsteinen.

Der Taj Mahal wurde 1983 zum Weltkulturerbe ernannt. Er wirkt heute fast noch so makellos wie kurz nach seiner Errichtung – und das, obwohl er im frühen 20. Jh. umfangreich restauriert werden musste.

➡ Eingang & Praktische Informationen

Freitags ist der Taj Mahal für alle geschlossen, die nicht in der Moschee mitbeten.

Man betritt den Taj durch das Westtor, das Südtor oder das Osttor. Tourgruppen kommen oft durchs Ost- oder Westtor, während Individualreisende häufiger das Südtor benutzen, das am dichtesten bei Taj Ganj liegt, wo sich die meisten Budgetunterkünfte befinden. Die Warteschlangen am Südtor sind in der Regel kürzer als die am Westtor. Die kürzesten Warteschlangen gibt es am Osttor – was aber daran liegt, dass sich der Ticketschalter 1 km weit entfernt bei Shilpgram, einem düsteren Touristenzentrum der Regierung, befindet. An allen drei Toren gibt es unterschiedliche Schlangen für Männer und Frauen. Sobald man die recht teure Eintrittskarte gekauft hat, kann man gleich an den langen Schlangen der wartenden Inder vorbei zum Eingang gehen.

ℹ BESTER ZEITPUNKT FÜR DEN BESUCH DES TAJ

Bei Sonnenaufgang dürfte der Taj wohl am stimmungsvollsten sein. Dies ist sicher auch die angenehmste Zeit für einen Besuch, denn dann ist es noch nicht so voll. Auch der Sonnenuntergang ist ein magischer Moment, um den Taj zu besichtigen.

Er ist außerdem rund um den Vollmond fünf Nächte lang für Besucher geöffnet. Dafür gibt es nur eine begrenzte Zahl Eintrittskarten, die man im Voraus im **Archaeological Survey of India Office** (S. 404) kaufen muss. Details stehen auf der Website des Büros (bei einigen Rikschafahrern ist dieses Büro übrigens auch als Taj Mahal Office bekannt).

MYTHEN UM DEN TAJ MAHAL

Der Taj ist ein hinduistischer Tempel

Die seit 1989 weit verbreitete Theorie, der Taj sei ursprünglich im 12. Jh. als Shiva-Tempel erbaut und erst später zum berühmten Mausoleum für Mumtaz Mahal geworden, geht auf Purushottam Nagesh Oak zurück (derselbe Oak behauptet auch, dass die Kaaba in Mekka, das britische Stonehenge und der Vatikan ebenfalls hinduistischen Ursprungs seien). Um seine Theorie zu beweisen, beantragte er beim indischen Parlament die Öffnung der versiegelten Räume im Untergeschoss des Taj (was abgelehnt wurde). Im Jahre 2000 wies das oberste indische Gericht auch seine Klage ab, endlich einen Hindukönig als offiziellen Erbauer des Taj anzuerkennen. Doch auch das war nicht das Ende dieser Theorie, denn 2015 ging wieder eine Klage bei dem Gericht ein, dieses Mal im Namen einer Shiva-Gottheit. Für die Archäologen und die indische Regierung gibt es aber weiterhin keinen Beweis für diese Theorie.

Der schwarze Taj Mahal

Es heißt, dass Shah Jahan plante, auf der gegenüberliegenden Seite des Flusses eine „negative" Kopie des Taj Mahal aus schwarzem Marmor als Mausoleum für sich selbst bauen zu lassen, und dass die Arbeiten bereits begonnen hatten, als er von seinem Sohn Aurangzeb im Agra Fort inhaftiert wurde. Gründliche Grabungen in Mehtab Bagh ergaben jedoch keinerlei Hinweise auf ein derartiges Bauwerk.

Verstümmelung der Handwerker

Die Legende besagt, dass Shah Jahan nach der Fertigstellung des Taj befahl, die Hände seiner Handwerker abzuhacken, um zu verhindern, dass sie jemals wieder etwas so Schönes bauten. Es heißt sogar, dass er ihnen die Augen ausstechen ließ. Zum Glück gibt es für beide Behauptungen keine historischen Indizien.

Der sinkende Taj

Einige Experten glauben, dass sich der Taj wegen der veränderten Zusammensetzung des Erdbodens aufgrund des immer trockener werdenden Yamunas allmählich zum Flussufer hin neigt und ins Flussbett absinkt. Die Archaeological Survey of India hat jegliche geringfügigen Veränderungen in der Höhe des Bauwerks als statistisch unerheblich eingestuft und sagt, dass in den sieben Jahrzehnten seit der ersten wissenschaftlichen Untersuchung des Taj im Jahr 1941 keine strukturellen Schäden an seinem Fundament gefunden wurden.

Foto- und Videokameras dürfen mit hineingenommen werden, doch im Mausoleum selbst ist Fotografieren verboten und Videoaufnahmen sind nur in wenigen Bereichen zulässig. Stative sind grundsätzlich verboten.

Nicht vergessen, die kostenlose Wasserflasche (500 ml) und die Schuhüberzieher mitzunehmen (alles im Eintrittspreis enthalten). Auch sollte man die Eintrittskarte nicht wegwerfen, denn damit wird der Eintritt zum Fort, in Fatehpur Sikri, zu Akbars Mausoleum und dem Itimad-ud-Daulah günstiger, sofern man diese Sehenswürdigkeiten am gleichen Tag besucht. Für 120 ₹ gibt's auch einen **Audioguide**. Taschen und Beutel, die größer als eine Bauchtasche sind, dürfen nicht mit hineingenommen werden. Sie können bei der kostenlosen Gepäckaufbewahrung am Westtor abgegeben werden. Ebenso werden Lebensmittel und Tabakwaren vom Sicherheitspersonal konfisziert.

Vom Südtor gelangt man durch einen beeindruckenden, 30 m hohen **Torbogen** aus rotem Sandstein, der mit Koranversen bedeckt ist, in die innere Anlage.

➡ Die Anlage besichtigen

Die **Ziergärten** im Taj Mahal sind nach dem Vorbild klassischer *chabaghs* (geometrische Gärten im Mogulstil) angelegt: als Quadrat, das durch Wasserläufe in vier Teile geteilt wird, mit einem Marmorsockel in der Mitte. Wenn die Fontänen nicht in Betrieb sind, spiegelt sich der Taj Mahal im Wasser.

Der Taj Mahal selbst steht auf einer erhöhten Marmorplattform nördlich der Ziergärten, mit der Rückseite zum Yamuna. Der architektonische Effekt der Plattform ist umwerfend: Durch die Erhöhung sieht man

Taj Mahal

GESCHICHTE

1631 Die dritte und liebste Ehefrau des Großmoguls Shah Jahan, Mumtaz Mahal, stirbt in Buhanpur bei der Geburt ihres 14. Kindes. Ihr Leichnam wird zunächst in Buhanpur beigesetzt, wo Shah Jahan in einen kriegerischen Feldzug verwickelt ist, später jedoch in einem goldenen Sarg in ein kleines Gebäude am Ufer des Flusses Yamuna in Agra verlegt.

1632 Der Bau eines dauerhaften Mausoleums für Mumtaz Mahal beginnt.

1633 Mumtaz Mahal wird in ihrer letzten Ruhestätte beigesetzt, einem unterirdischen Grab unter einem Marmorsockel, auf dem später der Taj Mahal gebaut wird.

1640 Das Mausoleum aus weißem Marmor ist fertiggestellt.

1653 Die restlichen Arbeiten am Taj-Mahal-Komplex sind vollendet.

1658 Kaiser Shah Jahan wird von seinem Sohn Aurangzeb gestürzt und im Roten Fort inhaftiert.

1666 Shah Jahan stirbt. Sein Leichnam wird entlang des Yamuna transportiert und ebenfalls unter dem Taj Mahal, neben dem Grab seiner Frau, bestattet.

1908 Nach dem Fall des Mogulreichs mehrfach zerstört und geplündert, erhält der Taj die längst überfällige Beachtung als Teil eines großen Restaurierungsprojekts, das vom britischen Vizekönig Lord Curzon angeordnet wurde.

1983 Der Taj wird von der UNESCO als Weltkulturerbe anerkannt.

2002 Nachdem die Farben aufgrund von Luftverschmutzung im Lauf der Jahre verblichen waren, wird der Taj mit einem Mittel – *multani mitti* – nach einem alten Rezept wieder aufpoliert, einer Mischung aus Erde, Getreide, Milch und Limone, mit der indische Frauen früher ihre Haut pflegten.

Heute Mehr als 3 Mio. Traveller besichtigen den Taj Mahal jedes Jahr. Das sind mehr als doppelt so viele Menschen, wie aktuell in Agra wohnen.

ARIS ABDULLAH/SHUTTERSTOCK ©

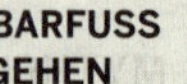

BARFUSS GEHEN

Für die Umwelt ist es besser, das Mausoleum barfuß zu betreten, anstatt die Wegwerf-Schuhüberzüge zu benutzen, die es gratis gibt.

Pishtaqs

Diese riesigen bogenförmigen Durchbrüche sind auf jeder Seite des Taj zu finden. Sie verleihen dem Bauwerk eine gewisse Tiefe, und ihre zentralen, marmornen Gitterfenster lassen das Licht in Ornamenten ins Innere des Mausoleums fallen.

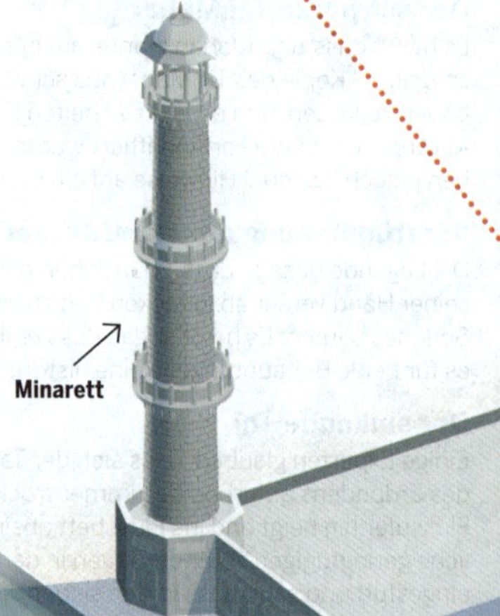

Marmorrelief

Blumige Ranken, die das Paradies verkörpern sollen, wurden besonders gern für die schönen dekorativen Rahmen gewählt, die in den weißen Marmor geschnitzt sind.

FABIOIM/SHUTTERSTOCK ©

ES WERDE LICHT

Um die Transparenz des Marmors und der Halbedelsteine gut zu sehen, ist es ratsam, beim Besuch des Mausoleums eine Taschenlampe mitzunehmen.

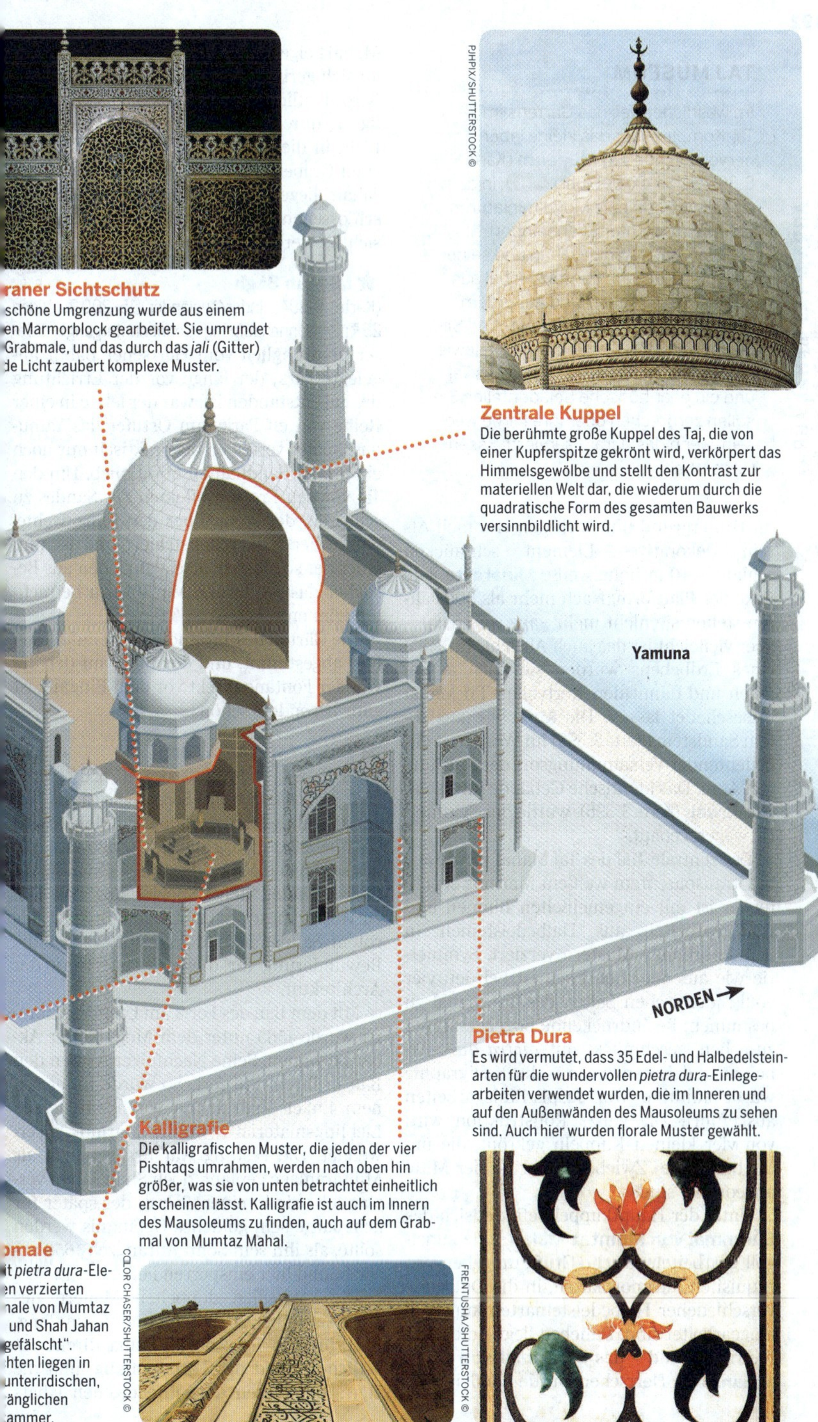

raner Sichtschutz
schöne Umgrenzung wurde aus einem
en Marmorblock gearbeitet. Sie umrundet
Grabmale, und das durch das *jali* (Gitter)
de Licht zaubert komplexe Muster.

Zentrale Kuppel
Die berühmte große Kuppel des Taj, die von einer Kupferspitze gekrönt wird, verkörpert das Himmelsgewölbe und stellt den Kontrast zur materiellen Welt dar, die wiederum durch die quadratische Form des gesamten Bauwerks versinnbildlicht wird.

Pietra Dura
Es wird vermutet, dass 35 Edel- und Halbedelsteinarten für die wundervollen *pietra dura*-Einlegearbeiten verwendet wurden, die im Inneren und auf den Außenwänden des Mausoleums zu sehen sind. Auch hier wurden florale Muster gewählt.

Kalligrafie
Die kalligrafischen Muster, die jeden der vier Pishtaqs umrahmen, werden nach oben hin größer, was sie von unten betrachtet einheitlich erscheinen lässt. Kalligrafie ist auch im Innern des Mausoleums zu finden, auch auf dem Grabmal von Mumtaz Mahal.

omale
it *pietra dura*-Ele-
en verzierten
nale von Mumtaz
und Shah Jahan
gefälscht".
hten liegen in
unterirdischen,
änglichen
ammer.

TAJ MUSEUM

Im westlichen Teil des Gartens im Taj-Komplex liegt das kleine, aber hervorragende **Taj Museum** (Karte S. 396; ⏲ Sa–Do 9–17Uhr) GRATIS, in dem sich einige originale Mogulminiaturen befinden, darunter Elfenbeinporträts des Herrschers Shah Jahan und seiner geliebten Ehefrau Mumtaz Mahal aus dem 17. Jh. Zu sehen sind außerdem einige sehr gut erhaltene Gold- und Silbermünzen aus der gleichen Zeit sowie architektonische Zeichnungen des Taj und ein paar hübsche Seladonteller. Sie sollen zerbrechen oder ihre Farbe wechseln, wenn das darauf servierte Essen Gift enthält.

im Hintergrund nur noch den Himmel! Als rein dekoratives Element schmücken schlanke, 40 m hohe weiße **Minarette** jede Ecke der Plattform. Nach mehr als 300 Jahren stehen sie nicht mehr ganz senkrecht – aber vielleicht ist das auch Absicht: Im Falle eines Erdbebens würden sie nach außen fallen und damit den wertvollen Taj Mahal unbeschadet lassen. Die **Moschee** aus rotem Sandstein (Karte S. 396) im Westen ist ein bedeutender Versammlungsort der Muslime von Agra. Das identische Gebäude im Osten, das **Jawab** (Karte S. 396), wurde der Symmetrie wegen gebaut.

Der zentrale Teil des Taj Mahal wurde aus halbtransparentem weißem Marmor errichtet; er ist mit eingemeißelten Blumen und Einlegearbeiten aus Halbedelsteinen in wunderschönen Mustern verziert. Symmetrie wie aus dem Lehrbuch ist bei den vier völlig identischen Seiten des Taj Mahal zu bestaunen: Beeindruckende Bogen sind hier zu sehen, geschmückt mit *pietra dura*-Arbeiten und Koranversen – die Kalligraphie wurde mithilfe von Jaspis-Einlegearbeiten ausgeführt. Die ganze Konstruktion wird von vier kleinen Kuppeln gekrönt, die um die berühmte „Zwiebelkuppel" in der Mitte angeordnet sind.

Unter der Hauptkuppel befindet sich das **Ehrenmal von Mumtaz Mahal**, eine kunstvoll gearbeitete falsche Gruft, umgeben von exquisiten Marmorplatten, in die Dutzende verschiedener Halbedelsteinarten kunstvoll eingearbeitet sind. Daneben liegt – die Symmetrie störend – das **Ehrenmal von Shah Jahan**. Der Herrscher wurde 1666 im Taj Mahal beigesetzt. Sein Sohn hatte den Thron an sich gerissen und ließ die Zeremonie außerordentlich schlicht ausfallen. Durch filigran durchbrochene Marmorplatten fällt Licht in die zentrale Kammer. Die eigentlichen Gräber von Mumtaz Mahal und Shah Jahan liegen unterirdisch in einem verschlossenen Bereich und können nicht besichtigt werden.

★ Mehtab Bagh — PARK

(Karte S. 394; Inder/Ausländer 15/200 ₹; Video 25 ₹; ⏲ Sonnenaufgang–Sonnenuntergang) Dieser ursprünglich vom Herrscher Babur angelegte Park, der lange vor der Errichtung des Taj entstanden ist, war der letzte in einer Reihe von elf Parks am Ostufer des Yamunas. Später verfiel er, bis praktisch nur noch ein großer Sandhaufen übrig blieb. Um den Taj vor den Erosionseffekten des Sandes zu schützen, der stetig über den Fluss wehte, wurde der Park rekonstruiert und ist nun einer der schönsten Orte, von denen aus Besucher das großartige Mausoleum betrachten können.

Die Gärten des Taj sind perfekt auf diesen hier abgestimmt, und der Blick auf den Taj von der Fontäne direkt vor dem Eingang ist ganz besonders schön.

★ Rotes Fort (Agra Fort) — FESTUNG

(Karte S. 394; Inder/Ausländer 40/550 ₹, Video 25 ₹; ⏲ Sonnenaufgang–Sonnenuntergang) Wegen des alles überragenden Taj Mahal wird oft übersehen, dass sich in Agra auch eine der schönsten Mogul-Festungen in ganz Indien befindet. Beim Spaziergang von Hof zu Hof in dieser palastartigen Festung aus rotem Sandstein und Marmor wächst die Bewunderung für dieses Meisterwerk der Architektur.

Mit dem Bau des Forts am Ufer des Yamuna wurde 1565 unter dem Mogulkaiser Akbar begonnen. Seine Nachfolger setzten den Bau in ihrem Stil fort. So wurde unter seinem Enkel Shah Jahan vor allem dessen Lieblingsmaterial – weißer Marmor – verwendet. Die Festung war ursprünglich als Militäranlage geplant, doch Shah Jahan verwandelte sie in einen Palast, der später für acht Jahre sein goldenes Gefängnis werden sollte, als ihn sein Sohn Aurangzeb 1658 absetzte und hier einsperren ließ.

Die kolossalen doppelten Mauern des Forts sind über 20 m hoch und 2,5 km lang. Ursprünglich floss der Yamuna direkt am östlichen Rand des Forts entlang, und die Herrscher hatten dort ihre eigenen Ghats zum Baden. Im Fort befindet sich ein Labyrinth aus Gebäuden, die eine Stadt in der Stadt bilden; es gibt sogar große unterirdische Bereiche. Viele Bauwerke wurden allerdings im Lauf der Zeit von Nadir Shah, den Marathen, den Jats und schließlich den Briten, die das Fort als Garnison benutzten, zerstört. Selbst heute noch wird ein großer Teil des Forts vom Militär genutzt und ist Besuchern nicht zugänglich.

Das **Amar Singh Gate** (Karte S. 394) im Süden ist heute der einzige Zugang zum Fort; hier werden auch die Eintrittskarten verkauft. Seine geknickte Form sollte Angreifer verwirren, die es hinter die erste Verteidigungslinie – den vor Krokodilen wimmelnden Burggraben – geschafft hatten.

Von hier führt ein Weg direkt hinauf zur großen **Moti Masjid** (Perlenmoschee; Karte S. 394), die für die Öffentlichkeit geschlossen ist. Kurz vor der Moti Masjid befindet sich auf der rechten Seite der große, offene **Diwan-i-Am** (öffentliche Audienzhalle; Karte S. 394), der von Shah Jahan für innerstaatliche politische Geschäfte genutzt wurde und in dem sich ein Thronzimmer befindet, in dem der Herrscher Bittsteller empfing. Davor liegt das kleine und irgendwie fehl am Platz wirkende **Grab von John Colvin**, einem Vizegouverneur der nordwestlichen Provinzen, der 1857 während des Sepoyaufstands an einer Krankheit starb.

Eine winzige Treppe gleich links vom Thron im Diwan-i-Am führt hinauf zu ei-

DER BESTE BLICK AUF DEN TAJ MAHAL

In der Anlage

Für das Privileg muss man zwar 1000 ₹ hinblättern, doch wirklich aus der Nähe und ganz individuell kann man das schönste Gebäude der Welt nur sehen, wenn man im Inneren der Anlage ist. Unbedingt ansehen sollte man sich die Einlegearbeiten im Marmor *(pietra dura)* in den *pishtaqs* (große, von Bogen überspannte Nischen) an den vier äußeren Wänden. Am besten nimmt man eine kleine Taschenlampe mit, damit man die *pietra dura*-Arbeiten in der dunklen zentralen Kammer des Mausoleums beleuchten kann. Bemerkenswert ist die Lichtdurchlässigkeit sowohl des weißen Marmors als auch der eingelegten Halbedelsteine.

Vom Mehtab Bagh aus

Touristen dürfen nicht mehr ungehindert am gegenüberliegenden Ufer des Yamunas umherspazieren, doch den Anblick der Rückseite des Taj mit dem Fluss davor kann man noch immer vom Mogulpark Mehtab Bagh aus genießen, der aus dem 16. Jh. stammt. Ein Pfad, der neben dem Park zum Fluss führt, ermöglicht denselben Anblick ohne Eintritt, allerdings aus einem eingeschränkten Blickwinkel.

Vom Südufer des Flusses aus

Dies ist ein toller Ort, um den Sonnenuntergang zu beobachten. Man nimmt den Pfad, der außen an der Ostseite des Taj entlangführt, und läuft bis ganz hinunter zum Fluss zu einem kleinen Tempel. Dort warten oft Boote, die die Besucher für einen noch romantischeren Blick auf den Fluss hinausbringen. Pro Boot muss man mit etwa 100 ₹ rechnen. Aus Sicherheitsgründen sollte man hier jedoch nicht allein hinunterlaufen.

Von einem Dachcafé in Taj Ganj aus

Von einem der zahlreichen Dachcafés in Taj Ganj kann man wunderbare Fotos schießen, vor allem zum Sonnenaufgang. Wir finden das Café auf dem Saniya Palace Hotel (S. 397) mit seinen Pflanzen und der tollen Lage am besten, doch viele andere Cafés sind ebenso gut geeignet. Und alle bieten den Anblick des Taj beim Genuss einer Tasse Kaffee am frühen Morgen!

Vom Roten Fort aus

Mit einem anständigen Zoom-Objektiv lassen sich vom Roten Fort aus tolle Schnappschüsse vom Taj machen, besonders wenn man früh genug da ist, um die Sonne hinter dem Bauwerk aufsteigen zu sehen. Die besten Orte im Fort, um den Taj zu fotografieren, sind wahrscheinlich der Musamman Burj und der Khas Mahal, der achteckige Turm und Palast, in dem Shah Jahan acht Jahre lang bis zu seinem Tod eingesperrt war.

Agra

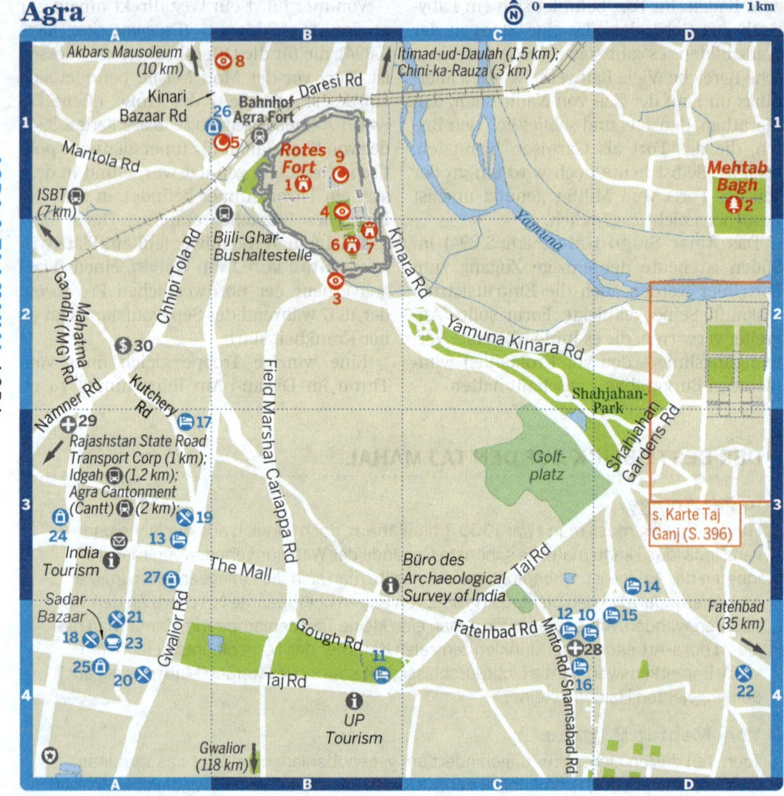

nem großen Hof. Gleich auf der linken Seite liegt die winzige, aber schöne **Nagina Masjid** (Edelsteinmoschee), die Shah Jahan 1635 für die Frauen des Hofes bauen ließ. Darunter befand sich der **Ladies' Bazaar**, in dem die Damen des Hofes einkaufen konnten.

Auf der entgegengesetzten Seite des großen Hofes, an der Ostmauer der Festung, befindet sich der **Diwan-i-Khas** (private Audienzhalle), der wichtigen Würdenträgern und ausländischen Vertretern vorbehalten war. In dieser Halle stand früher Shah Jahans legendärer Pfauenthron, der mit kostbaren Edelsteinen besetzt war, darunter der berühmte Diamant Koh-i-Noor. Aurangzeb brachte den Thron nach Delhi, von dort nahm ihn Nadir Shah 1739 mit in den Iran, wo er nach dessen Ermordung im Jahr 1747 zerlegt wurde. Der **Takhti-i-Jehangir**, eine riesige Platte aus schwarzem Stein mit Inschriften am Rand, zeigt in Richtung Fluss und auf den Taj Mahal in der Ferne. Der Thron, der hier früher stand, wurde für Jehangir angefertigt, als dieser Prinz Salim war.

Rechts von hier (wenn man zum Fluss schaut) liegt der **Shish Mahal** (Spiegelpalast), dessen Wände mit riesigen Spiegeln verziert sind. Zum Zeitpunkt unserer Recherchen war er bereits für einige Zeit wegen Restaurierungsarbeiten geschlossen, man konnte aber durch die Ritzen in den Türen einen Blick auf die Spiegel im Inneren werfen.

Weiter hinten, am östlichen Rand des Forts, stößt man auf den **Musamman Burj** und den **Khas Mahal** (Karte S. 394), den wunderbaren achteckigen Turm und Palast aus weißem Marmor, in dem Shah Jahan acht Jahre bis zu seinem Tod im Jahr 1666 gefangen gehalten wurde und von wo er zum Taj Mahal, dem Grabmal für seine Frau, schauen konnte. Nach seinem Tod wurde sein Leichnam von hier mit dem Boot zum Taj gebracht. Die heute geschlossene **Mina Masjid**, die etwas zurückgesetzt vom östlichen Rand liegt, war seine private Moschee.

Agra

Highlights
1 Rotes Fort (Agra Fort) ... B1
2 Mehtab Bagh ... D1

Sehenswertes
3 Amar Singh Gate ... B2
4 Diwan-i-Am ... B1
5 Jama Masjid ... B1
6 Jehangirs Palast ... B2
7 Khas Mahal ... B2
8 Kinari Bazaar ... B1
9 Moti Masjid ... B1

Schlafen
10 Bansi Homestay ... C4
11 Clarks Shiraz Hotel ... B4
Dasaprakash ... (siehe 28)
12 Hotel Amar ... C4
13 Hotel Yamuna View ... A3
14 Howard Plaza ... D3
15 Mansingh Palace ... D4
16 N Homestay ... C4
17 Tourists Rest House ... A3

Essen
18 Brijwasi ... A4
19 Dasaprakash ... A3
Dasaprakash ... (siehe 28)
20 Lakshmi Vilas ... A4
21 Mama Chicken ... A4
22 Pinch of Spice ... D4
Vedic ... (siehe 19)

Ausgehen & Nachtleben
23 Café Coffee Day ... A4
Costa Coffee ... (siehe 10)

Shoppen
24 Khadi Gramodyog ... A3
25 Modern Book Depot ... A4
26 Subhash Bazaar ... B1
27 Subhash Emporium ... A3

Praktisches
28 Amit Jaggi Memorial Hospital ... C4
Bagpacker Travel ... (siehe 17)
29 SR Hospital ... A3
30 State Bank of India ... A2

Der große Hof hier ist der **Anguri Bagh**, ein Garten, der in den letzten Jahren wieder aufgehübscht wurde. Im Innenhof befindet sich ein – nun verschlossener – harmlos wirkender Eingang, der über eine Treppe hinunter in ein zweistöckiges Labyrinth aus unterirdischen Räumen und Gängen führt: Dort befand sich Akbars Harem mit 500 Frauen.

Weiter südlich liegt der riesige **Palast Jehangirs** (Karte S. 394) aus rotem Sandstein, der vermutlich von Akbar zu Ehren seines Sohnes Jehangir errichtet worden war. Das Gebäude vereint indische und zentralasiatische Architekturelemente – das Ganze wirkt wie eine Erinnerung an die afghanischen Wurzeln der Moguln. Vor dem Palast befindet sich das **Hauz-i-Jehangir**, eine riesige Schale, die aus einem einzigen Steinblock herausgearbeitet und einst zum Baden genutzt wurde. Wenn man weitergeht, kommt man wieder auf den Hauptweg zum Amar Singh Gate.

Von hier kann man nach Taj Ganj laufen oder mit einer Fahrradrikscha (40 ₹) fahren.

Akbars Mausoleum HISTORISCHES GEBÄUDE

(Inder/Ausländer 15/300 ₹, Video 25 ₹; ⌚ Sonnenaufgang–Sonnenuntergang) Das einzigartige Grabmal aus Sandstein und Marmor wurde zu Ehren des bedeutendsten Mogulkaisers errichtet. Durch einen atemberaubenden Torbogen betritt man den riesigen Innenhof. An jeder Ecke erhebt sich ein Minarett mit jeweils drei Stockwerken. Der rote Sandstein des Gebäudes ist überall mit geometrischen Intarsien aus weißem Marmor verziert.

Das Mausoleum befindet sich in Sikandra, 10 km nordwestlich des Roten Forts. Mit einem Bus (25 ₹, 45 Min.), der ab der Haltestelle Bijli Ghar (S. 405) in Richtung Mathura fährt, kommt man zum Mausoleum. Oder man nimmt ein Taxi, das dann auch wieder zurückfährt (hin- & zurück ca. 800 ₹).

Itimad-ud-Daulah HISTORISCHES GEBÄUDE

(Inder/Ausländer 20/210 ₹, Video 25 ₹; ⌚ Sonnenaufgang–Sonnenuntergang) Das außerordentlich kunstvolle Mausoleum von Mizra Ghiyas Beg, das auch den Spitznamen „Baby-Taj" trägt, sollten Besucher nicht verpassen. Der persische Adlige war der Großvater von Mumtaz Mahal und der Wesir (Premierminister) des Herrschers Jehangir. Seine Tochter Nur Jahan, die Jehangirs Frau wurde, ließ das Mausoleum zwischen 1622 und 1628 in einem ähnlichen Stil wie das Mausoleum für Jehangir bauen, das sie bei Lahore in Pakistan zu errichteten anordnete.

Das Itimad-ud-Daulah weist zwar nicht die überwältigende Schönheit des Taj auf, dafür wirkt es graziler. Das liegt an den besonders aufwendig gearbeiteten *jalis* (filigran durchbrochene Marmorgitter). Das Mausoleum war das erste Mogulgebäude, das ganz aus Marmor bestand, das erste, das die *pietra dura* so umfangreich einsetzte,

Taj Ganj

und das erste Grabmal am Ufer des Yamunas, an dem sich bis dato mehrere Vergnügungsgärten erstreckten.

Einen Besuch des Itimad-ud-Daulah kann man mit einem Abstecher zum Chini-ka-Rauza und zum Mehtab Bagh kombinieren, die alle am Ostufer gelegen sind. Eine Fahrradrikschafahrt vom Taj zu allen vier Sehenswürdigkeiten und zurück kostet einschließlich der Wartezeit um die 300 ₹, für eine Autorikschafahrt zahlt man 450 ₹.

Chini-ka-Rauza HISTORISCHES GEBÄUDE
(⌚ Sonnenaufgang–Sonnenuntergang) GRATIS
Dieses Mausoleum im persischen Stil am Flussufer, das zwischen 1628 und 1639 gebaut wurde, ist das Grab von Afzal Khan, einem Dichter, der als Ministerpräsident für Shah Jahan arbeitete. Es wird nur von wenigen Reisenden besucht und liegt versteckt am Ende einer schattigen, von Bäumen gesäumten Allee am Ostufer des Yamunas.

Jama Masjid MOSCHEE
(Karte S. 394; Jama Masjid Rd) Jahans Tochter ließ die Moschee, die einst mit dem Roten Fort verbunden war, 1648 im Kinari Bazaar (S. 403) bauen. Die Kuppel ist mit einer Marmormusterung auffällig verziert.

Taj Ganj

Highlights
1 Taj Mahal B1

Sehenswertes
2 Jawab C1
3 Moschee B1
4 Taj Museum B2

Schlafen
5 Hotel Kamal C4
6 Hotel Sidhartha B4
7 Saniya Palace Hotel C4

Essen
8 Joney's Place B4
Saniya Palace Hotel .... (siehe 7)
9 Shankara Vegis B4
10 Shanti Lodge Restaurant C4
11 Taj Cafe C4
12 Yash Cafe C4

Ausgehen & Nachtleben
13 Café Coffee Day C4

Aktivitäten

Zu den Hotels, die auch Nicht-Gästen die Nutzung ihres Swimmingpools erlauben, gehören das Howard Plaza (S. 399, 500 ₹/Std.) und das Amar (S. 399, 575 ₹/Tag). Beide haben auch eine Rutsche.

Geführte Touren

Agra Walks STADTSPAZIERGANG

(☎ 9027711144; www.agrawalks.com; 2200 ₹) Viele Besucher verbringen nur einen einzigen Tag in Agra, besichtigen den Taj Mahal und das Rote Fort und verlassen die Stadt bei Sonnenuntergang wieder. Dabei gibt es hier noch viel mehr Interessantes zu sehen und zu erleben, wie diese ausgezeichnete Tour zu Fuß und mit Fahrradrikschas beweist.

Die netten Führer tauchen mit den Besuchern tief in den Kinari Bazaar ein und zeigen ihnen die weniger bekannten Tempel von Mankameshwar Mandir und Radha Krishna Mandir. Eine leckere **Gourmet-Tour** ist auch im Angebot (2000 ₹, inkl. Verkostung).

Amin Tours KULTUREXKURSION

(☎ 9837411144; www.daytourtajmahal.com) Wem es zu anstrengend ist, alles selbst zu organisieren, bucht bei diesem empfehlenswerten Veranstalter eine private All-inclusive-Tagestour von Delhi nach Agra mit dem Auto (ab 9900 ₹, je nach Gruppengröße) oder dem Zug (ab 10 200 ₹). Aber Achtung: Die Teilnehmer werden oft zum Shoppen animiert, was man höflich ablehnen kann.

UP Tourism BUSTOUR

(☎ 0562-2421204; www.uptourism.gov.in; Inder/Ausländer 650/3000 ₹, inkl. Eintrittsgelder) Die Bustouren starten samstags bis donnerstags jeweils um 10.30 Uhr am Agra Cantonment-Bahnhof, nachdem die mit dem Taj Express aus Delhi angekommenen Reisenden zugestiegen sind. Die Touren führen zum Taj Mahal, zum Roten Fort und nach Fatehpur Sikri, wo jeweils 1¼ Stunden zur Besichtigung zur Verfügung stehen.

Sie enden wieder am Bahnhof, damit die Tagesausflügler mit dem Taj Express um 18.55 Uhr zurück nach Delhi fahren können. Gebucht werden können die Touren in einem der Büros von UP Tourism – im Bahnhof (S. 404) oder in der Taj Rd (S. 404) – oder ab 9.45 Uhr in der Touristeninformation des Bahnhofs für den gleichen Tag. In diesem Fall startet die Tour erst ab fünf Teilnehmern. Dagegen sollen Touren, die online gebucht wurden, unabhängig von der Teilnehmerzahl auf jeden Fall stattfinden. (Die Online-Buchung ist auf der Internetseite aber nur schwer zu finden: Auf der Homepage muss man erst das Online Booking Portal anklicken, dann Package Tours at a Glance, anschließend Agra Package Tour – unter Package Tours, *nicht* One Day Tour – und die gewünschte Tour auswählen.)

Schlafen

Die meisten Budgetunterkünfte befinden sich im geschäftigen Viertel Taj Ganj, unmittelbar südlich vom Taj. Die Mittelklassehotels konzentrieren sich dagegen weiter südlich, entlang der Fatehabad Rd. Eine weitere Möglichkeit ist Sadar Bazaar, eine Gegend mit guten Restaurants.

Achtung: Kostenloses WLAN hat sich in den schöneren Hotels von Agra nicht wirklich durchgesetzt; man muss damit rechnen 500 ₹ und mehr für 24 Stunden zu bezahlen.

Rund um den Taj Ganj

Saniya Palace Hotel HOTEL $

(Karte S. 396; ☎ 0562-3270199; www.saniyapalace.in; Chowk Kagziyan, Südtor des Taj; Zi. ohne/mit Klimaanlage ab 600/1300 ₹; ❄@📶) Das Hotel in einer zwielichtigen Gasse abseits der Hauptstraße ist bestimmt nicht das schickste der Gegend, versucht aber mit Marmorböden und gerahmten Wandteppichen im Stil des Mogulreichs wenigstens etwas zu punkten. Zumindest sind die Zimmer sauber und recht groß. Nur die Bäder in den Zimmern ohne Klimaanlage fallen winzig klein aus.

PREISKATEGORIEN: SCHLAFEN

Zimmerpreise in dieser Region:

$ unter 1500 ₹

$$ 1500–4000 ₹

$$$ über 4000 ₹

Wirklich toll ist die sehr angenehme (und vor Kurzem erst erweiterte) Dachterrasse voller Pflanzen, von der man den mit Abstand besten Blick auf den Taj Mahal hat.

Hotel Kamal HOTEL $

(Karte S. 396; ✆0562-2330126; hotelkamal@hotmail.com; Südtor des Taj; Zi. 700–1400 ₹, mit Klimaanlage 2000 ₹; ❄📶) Das Kamal ist das schickste Hotel direkt in Taj Ganj und hat saubere, komfortable Zimmer mit netten Details wie gerahmten Fotos vom Taj und Läufern auf den gefliesten Böden. Die fünf Zimmer im neueren Anbau sind mit dem schönen Balkenwerk, zusätzlichem Platz und mit Stein verkleideten Duschen deutlich höherwertig.

Das Hotel verfügt über ein gemütliches, von Bambus gesäumtes Restaurant im Erdgeschoss und über ein viel weniger genutztes Dachrestaurant mit einer teilweise verdeckten Sicht auf den Taj.

Hotel Sidhartha HOTEL $

(Karte S. 396; ✆0562-2230901; www.hotelsidhartha.com; Westtor des Taj; Zi. inkl. Frühstück ab 950 ₹, mit Klimaanlage ab 1200 ₹; ❄@📶) Von den 21 Zimmern des Hotels direkt am Westtor sind die im Erdgeschoss mit Marmorwänden, Kabelfernsehen und sauberen Bädern mit Warmwasser besonders stylisch für ihr Geld (mittlerweile sollten alle Zimmer im Erdgeschoss nach dem Vorbild von 111A renoviert sein). Die Zimmer oben sind kleiner und lange nicht so schön.

Doch alle Zimmer gehen auf den kleinen, grünen Innenhof hinaus, der von einer schattigen *tameshwari*-Pflanze beherrscht wird.

Taj Plaza HOTEL $$

(✆0562-2232515; www.hoteltajplazaagra.com; Shilpgram VIP Rd; DZ 1500 ₹, mit Klimaanlage 2500 ₹, mit Blick auf den Taj 3200 ₹; ❄@📶) Je nach Auslastung schwankt dieses Hotel in guter Lage zwischen Budget- und mittlerer Preisklasse, denn in schwachen Zeiten kosten die Zimmer teilweise nur noch die Hälfte. Doch es lohnt sich in jedem Fall. Das Personal an der Rezeption ist sehr professionell, und die sauberen Zimmer haben einen Fernseher. Sechs davon sind sogar mit Blick auf den Taj Mahal. Außerdem gibt's eine schöne Dachterrasse mit gutem Blick auf den Taj im Sonnenuntergang.

Und es ist wesentlich näher am Taj als die meisten anderen Hotels dieser Preisklasse.

★ Oberoi Amarvilas HOTEL $$$

(✆0562-2231515; www.oberoihotels.com; Taj East Gate Rd; DZ mit/ohne Balkon 97 750/80 500 ₹; ❄@📶🏊) Das beste Hotel der Stadt ist purer Stil und Luxus, denn es befolgt die eisernen Regeln aller Oberoi-Hotels, den Gästen einen Service wie zu Zeiten der Maharadschas, eine umwerfende Ausstattung und erstklassiges Essen zu bieten. Die elegante Inneneinrichtung erinnert an die Paläste der Moguln und setzt sich im Außenbereich fort, wo der Hof mit Springbrunnen und der Swimmingpool von einem herrlichem Wasserpark umgeben sind.

Alle Zimmer (und auch einige Badewannen) haben einen tollen Blick auf den Taj.

The Retreat BOUTIQUEHOTEL $$$

(✆8810022200; www.theretreat.co.in; Shilpgram Rd; EZ/DZ inkl. Frühstück ab 5750/6900 ₹; ❄@📶🏊) Das schicke Hotel mit 52 Zimmern ist durch und durch im Boutiquestil gestaltet, jedoch mit viel indischem Flair (in Form von besänftigenden Malven-, Mokka- und Türkistönen) und unzähligen modernen Annehmlichkeiten. Es gibt einen kleinen Swimmingpool und das Restaurant mit internationaler Küche bietet auch landestypische Spezialitäten wie Fischcurrys aus Goa und Fleischspieße aus Lahore. Kostenloses WLAN.

Rund um die Fatehabad Road

★ N Homestay GASTFAMILIE $$

(Karte S. 394; ✆9690107860; www.nhomestay.com; 15 Ajanta Colony, Vibhav Nagar; EZ/DZ inkl. Frühstück 1800/2000 ₹; ❄@📶) Naghma, das Oberhaupt dieser wunderbaren Familie, und ihre hilfsbereiten Söhne sind wirklich zum Schießen! Ihr hübsches Haus liegt etwas versteckt in einer Wohngegend, etwa 15 Gehminuten vom Westtor des Taj entfernt, und ist eine ganz und gar perfekte Unterkunft.

Das dreistöckige Haus ist mit Marmorböden ausgestattet, und einige der sechs großen, authentisch eingerichteten Zimmer haben nette Balkone (wer zuerst kommt, mahlt zuerst). Naghma bereitet auf Wunsch sogar ein Abendessen zu (400 ₹) – und sie ist eine großartige Köchin! Wohl nirgendwo sonst kann man so gut in die einheimische Kultur eintauchen wie hier.

Bansi Homestay GASTFAMILIE **$$**
(Karte S. 394; ☎0562-2333033; www.bansihomestayagra.com; 18 Handicraft Nagar, Fatehabad Rd; EZ/DZ inkl. Frühstück 3000/3500 ₹; ❄📶) Das wunderbare Haus eines pensionierten Direktors von Uttar Pradesh Tourism steht in einer ruhigen Wohngegend in der Nähe der Fatehabad Rd. Jedes der fünf großen Zimmer hat ein riesiges Bad mit solarbetriebenen Druckduschen. In den sehr schönen Gemeinschaftsbereichen stehen maßgefertigte Möbel und hängen Krishna-Bilder an den Wänden. So wirkt es mehr wie ein Boutiquehotel als ein Privathaus.

In dem wunderbaren Garten im 2. Stock kann man herrlich über den Sinn des Lebens nachdenken, und das Essen – insbesondere das selbst eingelegte Gemüse und die *aloo paratha* (mit Kartoffeln gefülltes Fladenbrot) – ist ebenso ausgezeichnet wie die Gastfreundschaft dieser Familie. Der Name „Bansi" (Krishnas Flöte, die ein Symbol für Frieden und Ruhe ist) hätte nicht besser gewählt sein können.

Dasaprakash HOTEL **$$**
(Karte S. 394; ☎0562-4016123; www.dasaprakashgroup.com; 18/163A/6 Shamshabad Rd; EZ/DZ inkl. Frühstück 3100/3450 ₹; ❄📶) Das freundliche und saubere Hotel hat 28 moderne, funktional eingerichtete Zimmer mit kleinem Schreibtisch, Flachbildfernseher und hübschem Bad, die noch so neu sind, dass sie keinerlei Spuren von Abnutzung aufweisen. Es ist wirklich eine Oase der Ruhe, weit weg vom Verkehr und Staub der Fatehabad Rd. Kostenloses WLAN.

Je nach Auslastung kosten die Zimmer oft nur die Hälfte des normalen Preises, wenn man spontan vorbeikommt.

Howard Plaza HOTEL **$$$**
(Karte S. 394; ☎0562-4048600; www.howardplazaagra.com; Fatehabad Rd; EZ/DZ inkl. Frühstück ab 8050/9200 ₹; ❄@📶🏊) Die Standardzimmer dieses sehr einladenden Hotels sind mit eleganten, dunklen Holzmöbeln eingerichtet und mit schicken Fliesen geschmückt. Die Luxuszimmer sind in beruhigenden Blautönen gehalten. Beide Kategorien sind einwandfrei.

Der Swimmingpool kommt langsam in die Jahre, doch es gibt einen kleinen, gut ausgestatteten Fitnessraum und einen sehr schönen Wellnessbereich, in dem alle Arten von ayurvedischen Behandlungen und Massagen, einschließlich dem sogenannten „Erotikbad", angeboten werden. Das luftige Restaurant auf der Dachterrasse im 4. Stock wird abends zu einer stimmungsvollen Bar (Bier ab 175 ₹, Cocktails 400 ₹) mit Blick auf den Taj Mahal in der Ferne. WLAN ist im gesamten Hotel verfügbar.

Hotel Amar HOTEL **$$$**
(Karte S. 394; ☎0562-4027000; www.hotelamar.com; Fatehabad Rd; EZ/DZ inkl. Frühstück ab 4000/4600 ₹; ❄@📶🏊) Die 66 Zimmer des freundlichen Hotels sind zwar etwas heruntergekommen, haben aber WLAN, große Fernseher und saubere Bäder. Mit Marmor ausgestattete Eingangshallen und abgefahrene Spiegeldecken in den Korridoren sorgen für eine besondere Note. Der tolle Swimmingpool mit einer 3,50 m hohen Rutsche ist von üppig grünem Rasen umgeben. Für die Zimmer gibt's zumeist eine Ermäßigung von mindestens 15 %.

Mansingh Palace HOTEL **$$$**
(Karte S. 394; ☎0562-2331771; www.mansinghhotels.com; Fatehabad Rd; Zi. ab 5200 ₹; ❄@🏊) Der Service entspricht nicht ganz der Preisklasse des Hotels, doch hinter der Rezeption mit dem mürrischen Personal befinden sich luxuriöse Zimmer, die im Stil der Moguln und mit vielen exotischen Möbeln eingerichtet sind. Im Garten befindet sich ein interessant geformter Swimmingpool und ein Grillplatz. Außerdem gibt's einen Fitnessraum, und im ausgezeichneten Restaurant **Sheesh Mahal** werden jeden Abend *ghazal* (Urdu-Lieder) als Livemusik geboten.

Rund um den Sadar Bazaar

★ **Tourists Rest House** HOTEL **$**
(Karte S. 394; ☎0562-2463961; www.dontworrychickencurry.com; 4/62 Kutchery Rd; EZ/DZ ab 500/600 ₹, mit Klimaanlage ab 950/1100 ₹; ❄@📶) Wer nicht unbedingt den Taj direkt vor der Nase haben muss, für den ist dieser sehr zentral gelegene Traveller-Hotspot ein besserer Deal als die meisten vergleichbaren Unterkünfte in Agra. Zudem befindet er sich seit 1965 in der Hand derselben aufmerksamen Familie (die 50 Jahre sieht man der Unterkunft jedoch nicht an).

Zwar haben die Zimmer keine Klimaanlage, dafür sind sie aber frisch renoviert und bieten ein hervorragendes Preis-Leistungs-Verhältnis – und das ist nur der Anfang! In allen Zimmern gibt's kostenloses WLAN, Warmwasser und große Fenster. Sie liegen um einen ruhigen, begrünten, von Palmen beschatteten Hof (ein echtes Highlight) mit einem rein vegetarischen nordindischen Restaurant. Die Besitzer sprechen Englisch und Französisch und tun alles, damit sich die Gäste wohlfühlen – manchmal chauffieren sie einen sogar in der hoteleigenen Rikscha umher. Wer vorher anruft, wird kostenlos vom Bahnhof abgeholt; andernfalls kostet die Fahrt in einer Fahrradrikscha 40 ₹. Der Masala-Chai ist unverschämt lecker!

Clarks Shiraz Hotel HOTEL $$$
(Karte S. 394; ☎0562-2226121; www.hotelclarksshiraz.com; 54 Taj Rd; Zi. inkl. Frühstück ab 9200 ₹; ❄@📶🏊) Seit seiner Eröffnung 1961 hat sich das ursprüngliche Fünf-Sterne-Hotel wacker geschlagen. Die normalen Doppelzimmer sind für diese Preisklasse nichts besonderes, die Luxuszimmer mit Marmorböden dagegen sehr wohl. Die Bäder sind neu gefliest und blitzblank.

Es gibt drei sehr gute Restaurants, zwei Bars (in der Hochsaison sogar drei), einen Fitnessraum, einen schattigen Garten, einen Swimmingpool (einer der besten in ganz Agra) und ayurvedische Massagen. Von einigen Zimmern sieht man den Taj in der Ferne.

Hotel Yamuna View HOTEL $$$
(Karte S. 394; ☎0562-3293777; www.hotelyamunaviewagra.com; 6B The Mall; EZ/DZ ab 7500/8500 ₹; ❄@📶🏊) Zur Zeit der Recherche wurde dieses ausgezeichnete Hotel gerade komplett renoviert – und dürfte danach noch moderner und gemütlicher sein. So sind die angegebenen Preise auch nur vorläufige Schätzungen.

Im Garten befindet sich ein toller Swimmingpool, es gibt eine schicke Cocktailbar und ein nobles chinesisches Restaurant (mit chinesischem Küchenchef), das für eine willkommene Abwechslung von der indischen Küche sorgt.

Essen

Dalmoth ist die für Agra typische Variante der *namkin* (würzige Snacks). *Peitha* ist eine quadratische Süßigkeit aus Kürbis und Glukose, die es in den Geschmacksrichtungen Rosenwasser, Kokos oder Safran gibt. Sie ist überall in Agra erhältlich. Leider nur von Oktober bis März gibt es *gajak*, mild gewürzte Biskuitstreifen mit Sesam.

Rund um den Taj Ganj

Saniya Palace Hotel INTERNATIONAL $
(Karte S. 396; Hauptgerichte 100–200 ₹; ⏰6–22 Uhr; 📶) Hübsche Tischdecken, unzählige Topfpflanzen und eine schattige Bambuspergola machen dieses Restaurant auf der Dachterrasse zum schönsten der ganzen Gegend. Es bietet auch den besten Blick auf den Taj Mahal, hat aber leider keine Bar. Die Küche erscheint zuweilen etwas provisorisch, doch die Mischung aus westlichen und an den westlichen Geschmack angepassten indischen Gerichten ist in der Regel ganz in Ordnung.

TOP-FESTIVALS

Taj Mahotsav (www.tajmahotsav.org; ⏰Feb.) Der zehntägige Karneval der Kultur, der Kochkunst und des Kunsthandwerks ist die größte und beste Party Agras. Auf dem Fest in Shilpgram bieten mehr als 400 Kunsthandwerker aus ganz Indien ihre Arbeiten feil. Zu hören und zu sehen sind auch eine bunte Mischung aus Volks- und klassischer Musik, Tänze aus verschiedenen Regionen und genügend indisches Essen, um danach in ein Curry-Koma zu fallen.

Kailash Fair (⏰Aug./Sept.) Im Kailash-Tempel, 12 km von Agra entfernt, findet dieses kulturelle und religiöse Fest zu Ehren des Gottes Shiva statt, der hier der Legende zufolge in Form eines steinernen Lingams erschienen sein soll. Das Ereignis zieht Anhänger aus dem gesamten Norden des Landes an.

Ram Barat (⏰Sept.) Im Vorfeld des Hindu-Fests Dussehra wird Ram Barat begangen, eine beeindruckende Nachempfindung der königlichen/göttlichen Hochzeitsprozession von Rama und Sita. Hier herrscht drei Tage lang ein buntes Treiben mit farbenfrohen Lichtern und eingängigen Hindu-Rhythmen. Den Höhepunkt bildet die zwölfstündige Parade selbst, bei der aufwendig geschmückte Elefanten, Pferde sowie über 125 Umzugswagen mit Darstellungen mythologischer Ereignisse zu sehen sind. Auch 30 Marschkapellen sind mit von der Partie.

Taj Cafe INTERNATIONAL $
(Karte S. 396; Hauptgerichte 50–200 ₹; ⏲7–23 Uhr; 📶) Das freundliche, von einer Familie geführte Restaurant hoch über dem geschäftigen Treiben in den Straßen von Taj Ganj ist eine echte Empfehlung für alle, die beim Essen nicht unbedingt den Taj im Blick haben müssen. Es gibt gutes Frühstück, Thalis (90–140 ₹), Pizza (160–200 ₹) und hervorragende Lassis.

Shanti Lodge Restaurant INTERNATIONAL $
(Karte S. 396; Hauptgerichte 90–250 ₹; ⏲6.30–22 Uhr) Von diesem Restaurant auf der Dachterrasse ist der Blick auf den Taj so herausragend, dass es ideal für ein gemütliches Frühstück oder ein kühles Bier zum Sonnenuntergang ist. An heißen Nachmittagen gibt es zwar etwas Schatten, aber dann ist das Saniya Palace (S. 397) deutlich angenehmer. Ein weiterer Nachteil ist das Essen, das zwar nicht schlecht, aber auch nicht sehr einfallsreich ist. Wer hat Lust auf Bananen-Pancakes?

Shankara Vegis VEGETARISCH $
(Karte S. 396; Chowk Kaghzi; Hauptgerichte 90–150 ₹; ⏲8–22.30 Uhr; 📶) Sind die meisten Restaurants in Taj Ganj gerade einmal mittelmäßiger Durchschnitt, hebt sich dieses vegetarische Restaurant deutlich davon ab. Das beginnt schon mit der gemütlich nostalgischen Einrichtung, den mit Stroh bedeckten Wänden und roten Tischtüchern, und setzt sich dann mit den superfreundlichen, sehr pragmatischen Besitzern fort, die ohne jeden missionarischen Eifer oberleckere vegetarische Thalis (120–160 ₹) auf den Tisch bringen.

Joney's Place INTERNATIONAL $
(Karte S. 396; Kutta Park, Taj Ganj; Hauptgerichte 70–120 ₹; ⏲5–22.30 Uhr) Das winzige Lokal gibt es schon seit 1978, und das in der wohl kleinsten Küche in ganz Agra zubereitete Essen und die cremigen Lassis sind immer noch gut, wenn auch keine kulinarischen Meisterleistungen. Sehr zu empfehlen sind die *jayfelles* (getoastete Sandwiches mit Käse und Tomaten), der Bananenlassi (mit Geld-zurück-Garantie, wenn er nicht schmeckt) und die *malai*-Köfte.

Yash Cafe INTERNATIONAL $$
(Karte S. 396; 3/137 Chowk Kagziyan; Hauptgerichte 100–260 ₹; ⏲7–22.30 Uhr; 📶) Das lässige Café im 1. Stock hat Korbstühle, Sportfernsehen, DVD-Abende und eine gute Auswahl an Gerichten, vom Frühstück bis zu Thalis (90 ₹), Pizza (90–300 ₹) und indischen Armen Rittern (mit Kokos – die wohl hier erfunden wurden). Außerdem können die Gäste auch duschen und solange ihr Gepäck zur Aufbewahrung geben (zusammen 50 ₹).

★ Esphahan NORDINDISCH $$$
(☎2231515; Taj East Gate Rd, Oberoi Amarvilas Hotel; Hauptgerichte 1550–3500 ₹; ⏲abends 18.30 & 21 Uhr; ❄) In Agras feinstem Restaurant (⏲18.30 & 21.30 Uhr) gibt es abends nur zwei Essenszeiten; deshalb ist es wichtig, einen Tisch zu reservieren. Die Speisekarte ist randvoll mit exquisiten, einzigartigen Köstlichkeiten und auch selten anzutreffenden traditionellen Gerichten aus der Region.

Jedes einzelne der saftigen nordindischen Tandur-Gerichte ist ein echtes Highlight (besonders das *bharwan aloo*, ein mit Nüssen, Gewürzen, Minze und Koriander gefüllter Kartoffelkebab). Gerichte wie *aloobukhara maaz* (ein Lamm-Kebab nach mogulischer Art gefüllt mit Pflaumen) oder *safri gosht* (geschmortes Lamm mit eingelegten Zwiebeln, getrockneten Tomaten und Gewürzgurken) sind einfach nur köstlich und revolutionieren das Bild, das die meisten von Lammfleisch haben. Den passenden romantischen Rahmen bildet live gespielte *santoor*-Musik (auch: Santur; eine Art Hackbrett, gespielt mit Schlegeln).

Rund um die Fatehabad Road

Dasaprakash SÜDINDISCH $$
(Karte S. 394; www.dasaprakashgroup.com; 18/163A/6 Shamshabad Rd; Thalis 230–330 ₹, Hauptgerichte 230–330 ₹; ⏲7–23 Uhr) Diese Filiale der alteingesessenen Kette gehobener südindischer Restaurants bietet auch nordindische Tandur-Gerichte. Diese gibt es auch vegetarisch – neben vielen anderen fleischlosen Gerichten –, allerdings erst ab Mittag, da der Tandur-Ofen einige Stunden lang aufgeheizt werden muss. Das Restaurant befindet sich im gleichnamigen Hotel.

Vedic NORDINDISCH $$
(Karte S. 394; www.vedicrestaurant.com; 1 Gwalior Rd; Hauptgerichte 150–275 ₹; ⏲11–22.45 Uhr; ❄🖉) In dem vegetarischen Restaurant trifft moderne Einrichtung auf traditionelles Ambiente. Die meisten Gerichte werden mit Panir (unfermentiertem Käse) zubereitet. Besonders gut sind das Panir-Tikka-Masala und Navratan Korma. Außerdem gibt's eine Riesenauswahl an leckeren vegetarischen Spießen.

„SPA" MAHAL

Wenn das prachtvollste Bauwerk Indiens in besonderem Glanz erstrahlt, könnte es dies einer kosmetischen Behandlung verdanken. Nach jahrelangen Untersuchungen fanden indische und amerikanische Wissenschaftler endlich die Ursache für die fortschreitende Verfärbung des Mausoleums, das ursprünglich einmal strahlend weiß war. Der Staub und die Luftverschmutzung, die zum täglichen Leben in Agra gehören, verwandelten dieses Weiß allmählich in ein schmuddeliges Hellbraun. Erst vor Kurzem verfärbte sich der Marmor dann auch noch grünlich, was am Kot der Myriaden von Insekten liegt, die im schmutzigen Wasser des Yamuna beste Brutbedingungen vorfinden und von den weißen Mauern des Taj Mahal magisch angezogen werden.

Um den Marmor wieder in seinem ursprünglichen Glanz erstrahlen zu lassen, wurde eine Art Reinigungspackung entwickelt – basierend auf einem traditionellen Rezept, das auch von den indischen Frauen zur Gesichtsreinigung verwendet wird. Für die nächste Anwendung, die voraussichtlich bis März 2018 andauern wird, soll die Schlammpackung nach einer neu entwickelten und verbesserten Formel hergestellt werden, die nach Meinung der Fachleute die Oberfläche des Taj nicht mehr so stark angreifen soll wie die vorherigen Anwendungen. So fantastisch schön das Ergebnis auch sein wird, während der Reinigungsphase muss dieses Wunderwerk der Menschheit hinter Gerüsten versteckt werden. Und natürlich können sich die Arbeiten, wie auf jeder Baustelle, auch verzögern. Deshalb sollten alle, die in erster Linie wegen des Taj Mahal nach Indien reisen, zuvor abklären, ob die Arbeiten bereits abgeschlossen sind.

★ **Pinch of Spice** MODERN INDISCH $$$

(Karte S. 394; www.pinchofspice.in; Fatehabad Rd; Hauptgerichte 280–410 ₹; ⌚12–23.30 Uhr) Der Superstar der modernen nordindischen Küche ist der beste Ort, um außerhalb der Fünf-Sterne-Hotels ein üppiges Curry oder einen saftigen Tanduri-Kebab zu genießen. Das *murg boti masala* (Hühnchen-Tikka in reichhaltiger, scharfer Brühe) und die *paneer lababdar* (unfermentierte Käsewürfel in scharfer Bratensauce mit sautierten Zwiebeln) sind einzigartig. Das Restaurant ist gegenüber dem ITC Mughal Hotel.

Und außerdem sind die Portionen riesig.

Rund um den Sadar Bazaar

★ **Mama Chicken** DHABA $

(Karte S. 394; Stall No 2, Sadar Bazaar; Speisen/Getränke 40–440 ₹; ⌚12–24 Uhr) Dieser Star unter den vegetarischen und nicht-vegetarischen *dhaba* (Straßenstände) ist ein Muss: Zu Stoßzeiten sind hier 24 Köche beschäftigt, die sich um die Tandur-Öfen und andere traditionelle Kochutensilien im Freien kümmern. Damit zaubern sie sagenhaft leckere *kathi*-Wraps (aus Fladenbrot, am besten mit Hühnchen-Tikka oder *paneer*-Tikka), gebratene Hühnchen aller Art, Currys und Chow meins, die an den Stehtischen genüsslich verzehrt werden.

Grelles Licht, schreckliche Leuchtreklamen und schräge indische Hintergrundmusik sorgen für die passende Atmosphäre. Eine echte Institution in Agra!

Lakshmi Vilas SÜDINDISCH $

(Karte S. 394; 50A Taj Rd; Hauptgerichte 110–130 ₹; ⌚11–22.30 Uhr; ❄✍) In dem schlichten, einfachen Nichtraucher-Restaurant gibt es das beste südindische Essen in ganz Agra, und das zu bezahlbaren Preisen. So ist das von 12–15.30 Uhr und 19–22.30 Uhr servierte Thali superlecker, aber mit 145 ₹ auch recht teuer.

Brijwasi SÜSSIGKEITEN $

(Karte S. 394; Sadar Bazaar; Süßigkeiten ab 320 ₹/kg, Hauptgerichte 95–170 ₹; ⌚7–23 Uhr; ❄) Im Erdgeschoss wird man von der riesigen Auswahl zuckersüßer, traditionell hergestellter indischer Süßigkeiten erschlagen, im Obergeschoss wird gute indische Küche zu vernünftigen Preisen serviert. Besonders berühmt ist der Laden für seine *peda* (Süßigkeiten auf Milchbasis).

Dasaprakash SÜDINDISCH $$

(Karte S. 394; www.dasaprakashgroup.com; Meher Theater Complex, Gwailor Rd; Hauptgerichte 210–325 ₹; ⌚12–22.45 Uhr; ❄✍) Immer superlecker und nach religiösen Geboten zubereitet ist das vegetarische südindische Essen hier. Besonders zu empfehlen sind die Thalis (230–330 ₹), Dosas und auch einige europäische Gerichte. Eine weitere Spezialität des Hauses ist das Eis zum Nachtisch (100–220 ₹). In den gemütlichen Nischen mit

Holzgittern kann man auch ein romantisches Abendessen in aller Ruhe genießen.

Ausgehen & Nachtleben

Ausgehen in Agra bedeutet zumeist, ein paar Flaschen Bier in einem der Dachrestaurants zu trinken. Die Restaurants in Taj Ganj dürfen zwar keinen Alkohol ausschenken, können aber gerne etwas besorgen, wenn man höflich bittet. Man kann auch selber etwas mitbringen, solange es diskret geschieht.

Amarvilas Bar BAR

(Taj East Gate Rd, Oberoi Amar Vilas Hotel; ⌚12–24 Uhr) Die opulente Bar des besten Hotels der Stadt ist so ziemlich der einzige Ort, wo es Bier und Cocktails gibt. Diese kann man dann auf der Terrasse mit Blick auf den Taj Mahal genießen. Nicht-Gäste können direkt auf die Terrasse kommen, was vom Hotelpersonal aber nicht so gerne gesehen wird.

Costa Coffee CAFÉ

(Karte S. 394; www.costacoffee.com; 8 Handicraft Nagar, Fatehabad Rd; ⌚8–23 Uhr; 📶) Die einzige Filiale der britischen Kaffeehauskette befindet sich an der Fatehabad Rd und bietet ordentlichen Kaffee (90–240 ₹) in sauberen, kühlen Räumen – und WLAN.

Café Coffee Day CAFÉ

(Karte S. 396; www.cafecoffeeday.com; 21/101 Taj East Gate; ⌚6–20 Uhr) Die klimatisierte Filiale der populären Cafékette befindet sich in unmittelbarer Nähe des Taj Mahal (Kaffee 90–140 ₹). Eine weitere Filiale ist im **Sadar Bazaar** (Karte S. 394; ⌚9–23 Uhr).

Shoppen

Agra ist bekannt für Marmorwaren mit Intarsien aus farbigen Steinen, die den *pietra-dura*-Einlegearbeiten im Taj ähneln. Verkauft werden sie in großer Auswahl im Sadar Bazaar, der Altstadt und rund um den Taj Mahal.

Weitere beliebte Souvenirs sind Teppiche, Lederwaren und Edelsteine, wobei diese aus Rajasthan stammen und deshalb wesentlich günstiger in Jaipur sind.

Zum Bummeln eignen sich vor allem die engen Straßen hinter der Jama Masjid, wo sich das chaotische Gewirr der überfüllten Straßen voller farbenprächtiger Märkte des **Kinari Bazaar** (Karte S. 394; ⌚Mi–Mo 11–21 Uhr) befindet.

★ **Subhash Emporium** KUNSTHANDWERK

(Karte S. 394; ☎9410613616; www.subhashemporium.com; 18/1 Gwalior Rd; ⌚9.30–19 Uhr) Einige Stücke im Schaufenster dieses renommierten Marmorgeschäfts sind wirklich atemberaubend. Es mag hier zwar teurer als anderswo sein, doch dafür bekommt man auch hochwertige Steine in meisterhafter Verarbeitung. Einige Arbeiten sind lediglich zur Dekoration, andere dagegen sind sehr funktional, so kann man hier zum Beispiel Tischplatten, Tabletts, Lampensockel und Kerzenständer kaufen.

Subhash Bazaar MARKT

(Karte S. 394; ⌚April–Sept. 8–20 Uhr, Okt.–März 9–20 Uhr) Auf dem Markt an der Nordseite der Jama Masjid kann man besonders gut Seide und Saris kaufen.

VORSICHT, ABZOCKE!

Neben den üblichen Kommissionsbetrügereien und den allgegenwärtigen Tricks rund um den Kauf von Edelsteinen gibt es hier einige spezielle Methoden, um Agra-Besuchern ihr hart verdientes Geld aus der Tasche zu ziehen. Dazu zählen die folgenden Maschen:

Rikschas

Wer eine Auto- oder Fahrradrikscha zum Taj nimmt, sollte bei den Preisverhandlungen genau definieren, zu welchem Tor er will. Andernfalls bringen die Fahrer einen fast immer zum Kreisverkehr am Südende der Shahjahan Gardens Rd – wo teure *tongas* (Pferdewagen) oder Kamele darauf warten, Touristengruppen zum Westtor zu bringen – und behaupten, sie hätten das so verstanden. Wegen der Schadstoffbestimmungen dürfen sich nur Fahrzeuge, die die Umwelt nicht belasten, dem Taj bis auf 500 m nähern; das ist aber immer noch näher als bis zum Kreisverkehr.

Unechter Marmor

Viele Souvenirs aus „Marmor" sind in Wirklichkeit aus Alabaster oder sogar aus Speckstein. Das bedeutet, man bezahlt Marmorpreise, bekommt dafür aber Steine minderwertiger Qualität. Die Miniskulpturen des Taj Mahal sind immer aus Alabaster, denn es ist zu aufwendig, diese mal eben aus echtem Marmor zu schnitzen.

Modern Book Depot BÜCHER

(Karte S. 394; Sadar Bazaar; ⌚ Mi–Mo 10.30–21.30 Uhr) Der Buchladen, den es schon seit 60 Jahren gibt, hat eine tolle Auswahl an Romanen und Reiseführern (auch von Lonely Planet).

Khadi Gramodyog KLEIDUNG

(Karte S. 394; MG Rd; ⌚ Mi–Mo 11–19 Uhr) Hier können sich Männer mit einfachen, aber hochwertigen Kleidungsstücken aus dem groben *khadi*-Stoff eindecken, der schon von Mahatma Gandhi bevorzugt wurde. Es gibt kein englisches Schild, doch der Laden in der Mahatma Gandhi (MG) Rd ist gut am *khadi*-Logo (zwei Hände über einer Lehmhütte) zu erkennen.

Praktische Informationen

Agra (und hier selbst die Restaurants) ist besser vernetzt als die meisten anderen Städte Indiens. In Taj Ganj wimmelt es nur so von Internetcafés, die zumeist ab 40 ₹ pro Stunde verlangen.

Archaeological Survey of India Office (ASI; Karte S. 394; ☎ 0562-2227261; www.asiagracircle.in; 22 The Mall; Inder/Ausländer 540/1000 ₹; ⌚ Mo–Fr 9.30–17 Uhr) Hier werden die Eintrittskarten für den Taj Mahal und die anderen Sehenswürdigkeiten verkauft. Weitere Infos finden sich auf der Webseite.

GELD

Geldautomaten sind überall zu finden. Alleine vier sind beim Taj, einer an jedem Tor (wobei der Geldautomat der Axis Bank am Osttor oft kaputt ist) sowie ein weiterer neben dem Eingangsgebäude am Osttor. Wer Geld umtauschen möchte, aber befürchtet, in Taj Ganj übers Ohr gehauen zu werden, kann zu der von der Regierung bestellten Wechselstube im Eingangsgebäude des Osttors gehen.

MEDIZINISCHE VERSORGUNG

Amit Jaggi Memorial Hospital (Karte S. 394; ☎ 0562-2230515, 9690107860; www.ajmh.in; an der Minto Rd, Vibhav Nagar) Die Privatklinik von Dr. Jaggi kümmert sich um alle Krankheitsfälle. Er akzeptiert die meisten ausländischen Krankenversicherungen oder berechnet pauschal 1000 ₹(tagsüber) bzw. 2000 ₹ (nachts). Er macht sogar Hausbesuche.

SR Hospital (Karte S. 394; ☎ 0562-4025200; Laurie's Complex, Namner Rd) Dies ist die beste Privatklinik der Stadt.

NOTFALL

Touristenpolizei (☎ 0562-2421204; Agra Cantonment Train Station; ⌚ 6.30–21.30 Uhr) Die hilfsbereiten Polizisten in ihren blauen Uniformen sind eigentlich in der Fatehabad Rd stationiert, doch es gibt auch einen Posten im Tourist Facilitation Centre des Bahnhofs. Außerdem sind sie rund um das Kartenbüro am Osttor des Taj, im Büro von UP Tourism in der Taj Rd und bei allen großen Sehenswürdigkeiten anzutreffen.

POST

India Post (Karte S. 394; www.indiapost.gov.in; The Mall; ⌚ Mo–Fr 10–17, Sa 10–16 Uhr) Das historische GPO (General Post Office) stammt von 1913 und umfasst heute auch ein sehr praktisches *facilitation office* für Ausländer.

REISEBÜROS

Bagpacker Travel (Karte S. 394; ☎ 9997113228; www.bagpackertravels.com; 4/62 Kutchery Rd; ⌚ 9–21 Uhr) Die freundliche Agentur im Tourists Rest House kümmert sich um alles, was mit Reisen und Verkehrsmitteln zu tun hat. Die Mitarbeiter sprechen Englisch und Französisch.

TOURISTENINFORMATION

India Tourism (Karte S. 394; ☎ 0562-2226378; www.incredibleindia.org; 191 The Mall; ⌚ Mo–Fr 9–17.30 Uhr) In dem Büro mit dem sehr hilfsbereiten Personal sind Broschüren und Infos über die Sehenswürdigkeiten der Stadt sowie des ganzen Landes erhältlich.

Tourist Facilitation Centre (Osttor des Taj ; ⌚ Sa–Do 9.30–17 Uhr) Das sehr nützliche Büro befindet sich im großen Eingangsgebäude des Osttors in Shilpgram.

UP Tourism (☎ 0562-2421204; www.up-tourism.com; Agra Cantonment Train Station; ⌚ 6.30–21.30 Uhr) Die freundlichen Angestellten des Büros im Tourist Facilitation Centre am Bahnsteig 1 des Bahnhofs erteilen nützliche Auskünfte und buchen Tagestouren mit dem Bus durch Agra. In dem Büro befindet sich auch ein Posten der Touristenpolizei. In der Taj Rd ist ein weiteres Büro von UP Tourism (Karte S. 394; ☎ 0562-2226431; www.uptourism.gov.in; 64 Taj Rd; ⌚ Mo–Sa 10–17 Uhr).

An- & Weiterreise

BUS

Mit der Fertigstellung des 165 km langen, mautpflichtigen Yamuna Expressway im Jahr 2012 verkürzte sich die Fahrzeit von Delhi in den südöstlichen Vorort Noida um ein knappes Drittel. So erreichen die Luxusbusse, die auf dieser Strecke fahren, jetzt auch das Zentrum Delhis wesentlich schneller.

Die Busse, die am **Idgah Bus Stand** (am National Hwy 2, in der Nähe von Sikandra) starten, fahren unter anderem nach:

Bharatpur (65 ₹, 1½ Std., alle 30 Min., 6–18.30 Uhr)

Delhi ohne Klimaanlage (180 ₹, 4½ Std., alle 30 Min., 5–23 Uhr)

Fatehpur Sikri (40 ₹, 1 Std., alle 30 Min., 6–18.30 Uhr)
Gwalior (115 ₹, 3 Std., stündl., 6–18.30 Uhr)
Jaipur (262 ₹, 6 Std., alle 30 Min., 5–23 Uhr)
Jhansi (215 ₹, 6 Std., 20.30 und 22.30 Uhr)

Einen Block östlich der Haltestelle Idgah fahren vor dem Hotel Sakura die wesentlich bequemeren Busse der **Rajasthan State Road Transport Corporation** (RSRTC; ☎0562-2420228; www.rsrtc.rajasthan.gov.in) den ganzen Tag über nach Jaipur ab. Es gibt Busse ohne Klimaanlage (256 ₹, 5½ Std., 7.30, 10, 13 & 23.59 Uhr), mit Klimaanlage (440 ₹, 5 Std., 6.30 & 20.30 Uhr) und Luxusbusse (530 ₹, 4½ Std., 11.30 & 14.30 Uhr).

Am **Busbahnhof ISBT** (☎0562-2603536) starten Luxusbusse nach Delhi (595 ₹, 4 Std., 7, 13, 15.30 & 18.30 Uhr) und Lucknow (930 ₹, 7½ Std., 10 & 22 Uhr) sowie Busse ohne Klimaanlage nach Gorakhpur (625 ₹, 16 Std., 15.30 & 21.30 Uhr) und Allahabad (450 ₹, 9 Std., 4.30, 5.30 & 16 Uhr) und von dort weiter nach Varanasi (600 ₹, 13 Std.). Von hier fahren auch Busse unterschiedlicher Kategorien nach Dehra Dun: Luxusbusse (1190 ₹, 21.30 Uhr), Busse mit Klimaanlage (700 ₹, 16.30 Uhr) und ohne Klimaanlage (425 ₹, 19, 20, 21 & 21.30 Uhr). Ein paar Abendbusse fahren auch nach Haridwar (mit/ohne Klimaanlage 1050/400 ₹, 10 Std.), wo man in einen Bus nach Rishikesh umsteigen kann.

Vom **Busbahnhof Bijli Ghar** (Haltestelle am Roten Fort; Karte S. 394) fahren Busse nach Mathura (65 ₹, 90 Min., alle 30 Min., 6–18.30 Uhr) und Tundla (35 ₹, 1 Std., alle 30 Min., 8–19 Uhr), wo der 12382 Poorva Expresszug nach Varanasi um 20.15 Uhr abfährt. Diese Verbindung ist eine gute Alternative, wenn die Züge von Agra alle ausgebucht sind.

Zwischen den Bushaltestellen Idgah and Bijli Ghar verkehren auch **Sammeltaxis** (10 ₹). Zur Haltestelle der ISBT-Busse kann man mit einer Autorikscha (200–250 ₹, je nachdem, wo genau der Bus abfährt) fahren.

FLUGZEUG

Derzeit starten nur Privatflugzeuge auf dem Kheria Airport von Agra, doch nachdem die Genehmigung für den seit langem geplanten Internationalen Flughafen 2016 endlich erteilt wurde, wird sich dies hoffentlich bald ändern. Laut offiziellen Angaben sollte er 2017 den Betrieb aufnehmen, doch zum Zeitpunkt der Recherche war dies noch nicht der Fall.

ZUG

Die meisten Züge fahren vom Bahnhof **Agra Cantonment (Cantt)** ab, einige wenige auch vom Bahnhof Agra Fort. Manchmal fahren die Züge, wie der *Kota PNBE Express*, unter unterschiedlichen Nummern an den einzelnen Tagen, die Abfahrtszeiten sind jedoch immer die gleichen.

Mit den Expresszügen ist Agra in einem Tagesausflug von Delhi aus gut zu schaffen, doch es fahren auch täglich Züge zurück nach Delhi. Wer keinen Sitzplatz mehr reservieren kann, kauft einfach ein „general ticket" für den nächsten Zug (ca. 90 ₹), sucht sich einen Platz im Schlafwagen und bezahlt den Aufpreis beim Schaffner (der ihn oft gar nicht verlangt). Seit Kurzem verkehrt auch ein Semi-Expresszug zwischen Delhi und Agra, der sogenannte *Gatimaan Express*. Mit 160 km/h ist er der schnellste Zug Indiens und genau 30 km/h schneller als der *Shatabdi Express*.

Nach Orchha fährt man am besten mit einem der täglich verkehrenden Züge nach Jhansi (Schlafwagen ab 165 ₹, 3 Std.), fährt dort mit einem Sammeltaxi zur Bushaltestelle (10 ₹) und weiter mit einem Sammeltaxi nach Orchha (20 ₹). Eine Autorikscha für die gleiche Strecke kostet 200 ₹.

Nach Jaipur fährt man am besten donnerstags mit dem *12403/12404 ALD JP Express*, der um 7.15 Uhr in Agra startet.

ZÜGE FÜR EINEN TAGESAUSFLUG VON DELHI NACH AGRA

STRECKE	ZUG-NR. & -NAME	PREIS (₹)	DAUER (STD.)	ABFAHRT
New Delhi–Agra	*12002 Shatabdi Exp*	550/1010 (A)	2	6 Uhr
Agra–New Delhi	*12001 Shatabdi Exp*	690/1050 (A)	2	21.15 Uhr
Hazrat Nizamuddin–Agra	*12280 Taj Exp*	100/370 (B)	2¾	7 Uhr
Agra–Hazrat Nizamuddin	*12279 Taj Exp*	100/370 (B)	3	18.55 Uhr
Hazrat Nizamuddin–Agra*	*12050 Gatimaan Exp*	755/1505 (A)	1¾	8.10 Uhr
Agra–Hazrat Nizamuddin*	*12049 Gatimaan Exp*	755/1505 (A)	1¾	17.50 Uhr

Preiskategorien: (A) AC chair/ECC, (B) 2. Klasse/AC chair; * Sa–Mo

WEITERE PRAKTISCHE ZÜGE AB AGRA

ZIEL	ZUG-NR. & -NAME	PREIS (₹)	DAUER (STD.)	ABFAHRT
Gorakhpur*	*19037/9 Avadh Exp*	335/910/1305 (A)	15¾	22 Uhr
Jaipur*	*12036 Shatabdi Exp*	660/1225 (C)	3½	17.40 Uhr (außer Do)
Khajuraho	*12448 UP Sampark Kranti*	280/720/1010 (A)	7½	23.10 Uhr
Kolkata (Howrah)	*13008 UA Toofan Exp*	555/1500 (B)	31	12.15 Uhr
Lucknow	*12180 LJN Intercity*	145/515 (D)	6	5.50 Uhr
Mumbai (CST)	*12138/7 Punjab Mail*	580/1530/2215 (A)	23	8.35 Uhr
Varanasi*	*14854/64/66 Marudhar Exp*	340/930/1335 (A)	14	20.30 Uhr

Preiskategorien: (A) Sleeper/3AC/2AC, (B) Sleeper/nur 3AC, (C) AC chair/ECC, (D) 2. Klasse/AC chair; * ab Bahnhof Agra Fort

 Unterwegs vor Ort

AUTORIKSCHA

Direkt vor dem Agra Cantt-Bahnhof befindet sich der **Stand für Prepaid-Autorikschas** (⏲24 Std.), an dem man einen guten Anhaltspunkt für die Preisverhandlungen an anderen Stellen bekommt. Eine Fahrt von weniger als 3 km sollte nicht mehr als 50 ₹ kosten. Vor dem Einsteigen immer erst den Preis aushandeln!

Übliche Fahrpreise ab dem Bahnhof Agra Cantonment: Fatehabad Rd 150 ₹; ISBT-Bushaltestelle 200 ₹; Sadar Bazaar 70 ₹; Sikandra 400 ₹; Taj Mahal (Westtor) 100 ₹, Südtor des Taj 130 ₹, Shilpgram (Osttor des Taj) 150 ₹; Halbtagestour durch Agra (4 Std.) 400 ₹; Tagestour durch Agra (8 Std.) 600 ₹. Wer nur kurz den Taj Mahal von außen sehen und sofort zurückfahren will, sollte etwa 250 ₹ bezahlen. Achtung: Autorikschas dürfen nicht nach Fatehpur Sikri fahren!

FAHRRADRIKSCHA

Übliche Fahrpreise ab dem Südtor des Taj Mahal: Agra Cantonment-Bahnhof 80 ₹; Rotes Fort 40 ₹; Bushaltestelle Bijli Ghar 50 ₹; Fatehabad Rd 30 ₹; Kinari Bazaar 100 ₹; Sadar Bazaar 50 ₹; Rundfahrt halber Tag 400 ₹. Werden zwei Personen befördert, kommen zu dem Preis noch einmal 10–20 ₹ dazu.

TAXI

Am **Pepaid-Taxistand** (⏲24 Std.) vor dem Cantonment-Bahnhof in Agra kann man sich gut über die Preise für Taxifahrten zu den verschiedenen Zielen informieren. Fahrten in einem Wagen ohne Klimaanlage kosten in der Regel: Delhi 3500 ₹; Fatehabad Rd 200 ₹; Sadar Bazaar 100 ₹; Taj Mahal 200 ₹; halber Tag (4 Std.) 750 ₹; ganzer Tag (8 Std.) 1000 ₹. Diese Preise beinhalten nicht die Buchungsgebühr von 10 ₹ und auch keine eventuellen Maut- oder Parkgebühren.

Rund um Agra

Fatehpur Sikri

☎05613 / 30 000 EW.

Diese prächtige, alte befestigte Stadt, die 40 km westlich von Agra liegt, war von 1572 bis 1585 während der Regierungszeit des Herrschers Akbar für kurze Zeit die Hauptstadt des Mogulreichs. Eines Tages besuchte Akbar das Dorf Sikri, um den Sufi-Heiligen Shaikh Salim Chishti zu konsultieren, und dieser prophezeite dem Mogulreich die Geburt eines Thronerben. Als sich diese Prophezeiung erfüllte, baute Akbar hier die neue Hauptstadt mit einer atemberaubenden Moschee, die noch heute genutzt wird, und mit drei Palästen für seine Lieblingsfrauen – einer Hindu, einer Muslimin und einer Christin (obwohl die Hindu-Dorfbewohner aus Sikri diese Behauptungen abstreiten). Die Stadt war ein wahres indo-islamisches Meisterwerk, doch sie befand sich angeblich in einem Gebiet, in dem großer Wassermangel herrschte, und wurde aus diesem Grund nach Akbars Tod aufgegeben.

Die Welterbestätte lässt sich bequem in einem Tagesausflug von Agra aus besuchen. Es gibt hier aber auch ein paar ordentliche Unterkünfte. Als Ergänzung zu den Hauptattraktionen lohnt es sich, den bunten Basar im Dorf **Fatehpur** gleich unterhalb der Ruinen und das ein paar Kilometer nördlich gelegene Dörfchen **Sikri** zu erkunden.

Die Palastgebäude befinden sich neben der Jama Masjid auf einem Kamm zwischen Fatehpur und Sikri. Die roten Sandsteinwände der Paläste sind bei Sonnenuntergang am fotogensten und stimmungsvollsten.

Sehenswertes

Jama Masjid MOSCHEE

Die riesige und wunderschöne Moschee wurde 1571 fertiggestellt und enthält neben indischen auch viele persische Elemente. Der Eingang am Ende einer langen Steintreppe besteht in dem spektakulären, 54 m hohen **Buland Darwaza** (Siegestor), das an den Sieg von Akbar im Kampf um Gujarat erinnert. Im Inneren steht das strahlend weiße **Marmorgrabmal des Sufi-Heiligen Shaikh Salim Chishti**, zu dem kinderlose Frauen pilgern und zum Zeichen ihres Kinderwunsches ein Band in die *jalis* (fein geschnitzte Gitterwände) knüpfen.

Das 1581 fertiggestellte Grabmal des Heiligen betritt man durch die alte erhaltene Tür aus Ebenholz. Die Wände sind mit leuchtend bunten Blumenbildern bemalt, der Sarg aus Sandelholz ist mit Perlmutt verziert und die herrlichen *jalis* aus Marmor gehören zu den schönsten in ganz Indien. Rechts neben dem Grabmal befinden sich die Gräber von Shaikh Salim Chishtis Familienangehörigen und in einer Ecke ist der Eingang zu einem unterirdischen Tunnel, der mit einem Tor verschlossen ist und angeblich bis zum Roten Fort führt. In der Wand hinter dem Eingang zum Tunnel sind drei Löcher zu sehen. Sie gehören zu dem alten Belüftungssystem und scheinen immer noch zu funktionieren, denn man spürt gut die kühle, einströmende Luft. Im Osten des Grabmals von Shaikh Salim Chishti steht das rote **Sandsteingrabmal von Islam Khan**, seinem Enkel und ehemaligen Gouverneur von Bengalen.

In der Ostwand des Innenhofs gibt es noch einen kleineren Eingang in die Moschee. Dieses **Shahi Darwaza** (Königstor) führt ebenfalls in den Palast.

Paläste & Pavillons PALÄSTE

(Inder/Ausländer 40/510 ₹, Video 25 ₹; ⏲ Sonnenaufgang–Sonnenuntergang) Die Hauptsehenswürdigkeit in Fatehpur Sikri ist der atemberaubende königliche Komplex aus Pavillons und Palästen, der sich über eine große verlassene „Stadt" erstreckt und übersät ist mit mogulischen Meisterwerken: Innenhöfen, aufwendigen Schnitzereien, Bedienstetenunterkünften, riesigen Durchgängen und Zierteichen.

Den nordöstlichen Eingang zum **Diwan-i-Am** (Öffentliche Audienzhalle) beherrscht ein großer Hof, der heute ein sorgfältig gepflegter Garten ist. Hier hielt Akbar vom mittleren der fünf gleichen Sitze entlang der Westmauer und flankiert von seinen Beratern Gericht. Es gab ein baubedingtes Echosystem, das es Akbar erlaubte, alles zu hören, was auf dem offenen Platz gesprochen wurde. Wenn man den Überlieferungen Glauben schenkt, wurde hier im Schnellverfahren Recht gesprochen – und auch öffentliche Hinrichtungen gab es, bei denen die Verurteilten angeblich von Elefanten zu Tode getrampelt wurden.

Die private Audienzhalle **Diwan-i-Khas** liegt am Nordende des Pachisi-Hofes. Von außen ist sie unspektakulär, aber drinnen besticht sie mit einer herrlich verzierten Steinsäule, die unübersehbar in der Mitte des Raumes steht. Die Säule ist oben flach und hat einen Sockel, der über schmale

SENIORENHEIM FÜR TANZBÄREN

Jahrhundertelang wurden den Lippenbären ihre Jungen weggenommen, um aus den Jungtieren durch schmerzvolle Dressur Tanzbären zu machen, die dann zur Belustigung von Königen und Volk dienten. 1996 begann die Tierschutzorganisation Wildlife SOS (www.wildlifesos.org), die bis dahin vor allem Python- und Kobraschlangen aus Privathäusern in Agra rettete, mit ihren Bemühungen zur Befreiung der etwa 1200 Tanzbären, die in Indien gehalten wurden. Bis 2009 waren fast alle befreit, und mehr als 200 von ihnen leben seitdem im **Agra Bear Rescue Facility** (☎ 9756205080; www.wildlifesos.org; Sur Sarovar Bird Sanctuary; Eintritt für 2 Std./ganzer Tag 2000/4000 ₹; ⏲ 9–16 Uhr) auf dem Gelände des Vogelschutzgebiets von Sur Sarovar, 30 km außerhalb von Agra an der Straße nach Delhi.

Besucher können das parkähnliche Gelände auf eigene Faust erkunden und dabei die Bären in ihrem neuen, besseren Leben beobachten. Wildlife SOS betreibt mit dem **Refuge for Rescued Circus Elephants** (Eintritt 2 Std./ganzer Tag 1500/3000 ₹) auch einen Gnadenhof für ehemalige Zirkuselefanten, der näher bei Mathura liegt und interaktiver gestaltet ist. Hier können die Besucher die Tiere füttern und mit ihnen spazieren gehen. Allerdings sollte der Besuch per E-Mail oder telefonisch angekündigt werden.

Steinbrücken mit den Ecken des Raumes verbunden ist. Von diesem Sockel soll sich Akbar mit seinen Gelehrten und Ministern, die am Ende der Brücken standen, beraten haben.

Neben dem Diwan-i-Khas befindet sich die **Schatzkammer**. In manchen Ecken des Raumes gibt's in den Stein eingelassene geheime Schließfächer (bei einem steht die Steintür offen, damit sich Besucher ein Bild machen können). In die Deckenbalken sind Meeresungeheuer geschnitzt, die die hier aufbewahrten wertvollen Schätze bewachen sollten. Das Gebäude davor ist der sogenannte **Astrologen-Pavillon**. Sein Dach wird von Pfeilern getragen, die gewundene Gravuren im jainistischen Stil zieren.

Gleich südlich vom Astrologen-Pavillon erstreckt sich der **Pachisi-Hof**, so benannt nach dem uralten Spiel, das in Indien heute als *ludo* bekannt ist. Das große, in Form eines Pluszeichens angelegte Spielfeld umgibt einen Block in der Mitte des Hofes. In der südöstlichen Ecke befindet sich das am kunstvollsten mit Schnitzereien verzierte Gebäude des gesamten Komplexes: der winzige, aber elegante **Rumi Sultana**. Er soll als Palast für Akbars türkisch-muslimische Frau erbaut worden sein, anderen Überlieferungen zufolge soll er jedoch Akbar persönlich als Erholungsraum während der Gerichtsverhandlungen gedient haben. In einer Ecke des **Frauengartens**, gleich westlich vom Pachisi-Hof, erhebt sich der imposante **Panch Mahal**, ein Pavillon mit fünf Stockwerken, die sich nach oben hin verjüngen, sodass der oberste Stock nur noch aus einem winzigen Raum besteht. Das Erdgeschoss stützen 84 Pfeiler, die alle unterschiedlich ausgeführt sind, wobei das Bauwerk insgesamt 176 Pfeiler zählt.

Setzt man den Spaziergang entgegen dem Uhrzeigersinn fort, erreicht man den **Zierteich**. Hier traten auf einer Bühne über dem Wasser Sänger und Musikanten auf, während Akbar ihnen vom Pavillon in seinen privaten Räumen zuschaute, die als **Daulat Khana** (Ort des Glücks) bekannt sind. Hinter dem Pavillon befindet sich das **Khwabgah** (Traumhaus), ein Schlafgemach mit einem großen steinernen Hochbett. Heute schlafen hier nur noch die von der Decke hängenden Fledermäuse. Im kleinen Raum in der hinteren Ecke wimmelt es nur so von ihnen!

Wendet man sich vom Zierteich nach Westen, offenbart sich der **Palast von Jodh Bai**, in dem früher Akbars hinduistische Ehefrau lebte, die auch seine Lieblingsfrau gewesen sein soll. Das um einen riesigen Hof angelegte Bauwerk weist traditionelle indische Säulen, islamische Kuppeln und türkisblaue persische Dachziegel auf. Gleich davor, links von der ehemaligen Küche von Jodh Bai, steht der **Palast der christlichen Ehefrau**. Hier lebte Akbars aus Goa stammende Ehefrau Mariam, die 1569 hier Jahangir gebar (dennoch glauben manche, dass Akbar nie eine christliche Ehefrau gehabt hatte und dass der Name Mariam lediglich eine Kurzform von Mariam-Ut-Zamani sei, ein Titel, den er Jodh Bai gegeben haben soll und der „Schön wie eine Rose" oder „Schönste Frau auf Erden" bedeutete). Wie auch die übrigen Gebäude der Palastanlage vereint auch dieses Bauwerk Elemente unterschiedlicher Religionen und bezeugt Akbars religiöse Toleranz. Die Kuppeldecke ist im islamischen Stil erbaut, und in den Überresten der Fresken ist noch der Hindu-Gott Shiva erkennbar.

Wenn man noch einmal am Palast der christlichen Ehefrau vorbeiläuft, gelangt man zum westlich gelegenen **Birbal Bhavan**. Es ist innen und außen mit Ornamenten verziert und diente vermutlich einem der obersten Minister Akbars als Wohnstätte. In dem gleich südlich gelegenen **Unteren Haramsara** wohnten die vielen weiblichen Dienerinnen von Akbar unter einem Dach.

Im Komplex stehen viele Ruinen, darunter die der **Karawanserei**. Rund um einen riesigen Hof verteilten sich die Zimmer, in denen die Händler schliefen. Stark zerstörte Elefantenfiguren bewachen noch immer das **Hathi Pol** (Elefantentor). Etwas weiter entfernt findet man die Überreste der kleinen **Moschee der Steinmetze** und das **Hamam** (Badehaus). Nördlich des als **Münzanstalt** bezeichneten Gebäudes, in dem aber vermutlich auch Stallungen untergebracht waren, stehen weitere Ruinen, ebenso wie in dem nördlich gelegenen sehenswerten Dorf **Sikri**.

Archäologisches Museum MUSEUM

(Nahe Diwan-i-Am; ⌚ Sa–Do 9–17 Uhr) GRATIS Das 2014 in Akbars ehemaliger Schatzkammer eröffnete Museum ist gut 100 m vom Diwan-i-Am entfernt und präsentiert die in Fatehpur Sikri ausgegrabenen Gegenstände aus der Zeit vor den Moguln. Zu den Glanzstücken des kleinen, aber sehr gut gemachten Museums gehören ein paar bemerkenswert gut erhaltene jainistische *tirthankars* (die

24 heiligen Jain-Gottheiten) aus Sandstein, die aus der Zeit um die erste Jahrtausendwende (982–1034) stammen.

Geführte Touren

An der Kasse des Museums stehen (Englisch sprechende) Mitglieder der Archäologischen Gesellschaft von Indien bereit, um die Besucher für 450 ₹ durch das Museum zu führen. Allerdings sind ihre Kenntnisse oft recht dürftig, da einige nur dank ihrer Familien und weniger aufgrund ihrer Qualifikation zu Museumsführern wurden. Die besten Führer stehen in Agra bereit, berechnen aber 750 ₹ für die Führung. Besonders zu empfehlen ist **Pankaj Bhatnagar** (☎8126995552; 750 ₹), der per WhatsApp gebucht werden muss.

Schlafen & Essen

Fatehpur Sikri ist auch bekannt für seine *khataie,* leckere Kekse, die in riesigen Stapeln auf dem Basar angeboten werden. Gute Restaurants findet man vor allem in den Hotels.

Hotel Goverdhan HOTEL $
(☎05613-282643; www.hotelfatehpursikriviews.com; Agra Rd; Zi. 750–950 ₹, mit Klimaanlage 1300 ₹; ❄@📶) Die sehr unterschiedlichen Zimmer dieses schönen alten Hotels gehen alle auf den äußerst gepflegten Garten hinaus. Es gibt einen Balkon und eine Terrasse für alle, kostenloses WLAN, nagelneue Betten in allen Zimmern, Luftkühler in den Zimmern ohne Klimaanlage und Videoüberwachung. Das Restaurant ist auch ganz in Ordnung (Hauptgerichte 70–180 ₹).

Hotel Ajay Palace PENSION $
(☎9548801213; Agra Rd; Zi. 500 ₹) Diese freundliche familiengeführte Pension ist zwar nicht sonderlich schön, hat aber einige sehr einfache und günstige Doppelzimmer mit Marmorfußböden und Sitztoiletten mit Spülung. Das Restaurant ist zur Mittagszeit recht beliebt (Hauptgerichte 50–150 ₹). Wer auf der Dachterrasse an dem großen, langen Marmortisch sitzt, hat einen schönen Ausblick auf die Dorfstraßen und die alles überragende Jama Masjid.

Hinweis: Bei der Pension handelt es sich nicht um das „Ajay Restaurant By Near Palace" am Busbahnhof; dieses befindet sich 50 m weiter an derselben Straße.

Praktische Informationen

GEFAHREN & ÄRGERNISSE

Traveller sollten jeden ignorieren, der vor der Endstation (Busbahnhof Idgah) in den Bus von Fatehpur nach Agra einsteigt und sagt, sie wären im Zentrum der Stadt oder am Taj Mahal angekommen. Das stimmt nämlich nicht! Ab hier ist es noch eine lange Fahrt mit der Autoriksha, und der Mann, der Traveller aus dem Bus hinauslocken will, ist – welch ein Zufall! – ein Rikschafahrer.

Anreise & Unterwegs vor Ort

Von der Bushaltestelle in Fatehpur fährt von 5.30 bis 18.30 Uhr alle 30 Minuten ein Bus zur **Idgah-Bushaltestelle** in Agra (S. 404). Wer diesen verpasst, muss 1 km zum Agra-Tor und nochmals 350 m bis zum Bypass Crossing Stop an der Hauptstraße gehen und dort einen Bus in Richtung Agra anhalten. Ein solcher sollte bei Tag und in der Nacht etwa alle 30 Minuten vorbeikommen.

Um nach Bharatpur (25 ₹, 40 Min.) oder Jaipur (190 ₹, 4½ Std.) zu kommen, muss man am Bypass Crossing Stop einen Bus in Richtung Westen anhalten.

In Fatehpur Sikri fahren große Züge zur Agra Fort Station um 4.43 Uhr (*59811 Haldighati Pass*) und 20.16 Uhr (*19037/9 Avadh Express*) ab, doch es gibt auch einfachere Züge, die um 10.14 und 15.54 Uhr abfahren, sowie vier weitere Züge, die zu unterschiedlichen Zeiten hier anhalten. Für diese kauft man sich im Bahnhof ein „general ticket" und steigt dann einfach ein (20 ₹, 1–2 Std.).

Fatehpur Sikri

EIN SPAZIERGANG DURCH FATEHPUR SIKRI

Diese alte befestigte Stadt kann durch zwei Eingänge betreten werden. Am besten wählt man den Nordosteingang am Diwan-i-Am (Öffentliche Audienzhalle) – von hier aus kann man einen schönen Rundgang über diese UNESCO-Welterbestätte machen. Auf dem großen Hof (mittlerweile ein Garten) hielt Akbar Gericht über angeklagte Verbrecher. Wenn man das Tor mit dem Ticketschalter passiert hat, findet man sich am Nordende des 1 **Pachisi-Hofs** wieder. Das erste Gebäude, das in Sicht kommt, ist der 2 **Diwan-i-Khas** (Private Audienzhalle), dessen Innenraum von einer wunderschön mit Schnitzereien verzierten Säule dominiert wird. Wendet man sich gen Süden, kommt der 3 **Rumi Sultana** in Sicht, ein kleiner, aber eleganter Palast für Akbars muslimische Ehefrau. Der 4 **Zierteich** ganz in der Nähe ist schwer zu übersehen – von seiner südwestlichen Ecke aus werden die meisten Fotos von Fatehpur Sikri gemacht, denn so bekommt man das schönste Gebäude, den fünfstöckigen Panch Mahal am besten ins Bild. Von hier aus kommt man zum Haremskomplex mit dem 5 **Unteren Haramsara**, wo einst mehr als 200 Sklavinnen untergebracht waren. Wer um den Palast von Jodh Bai herumgeht, sieht in der Ferne im Nordwesten einen Turm, der von lauter Elefantenrüsseln geziert wird, den 21 m hohen 6 **Hiran Minar**. Wenn man das Areal mit den Pavillons und Palästen durch das Shahi Darwaza (Königstor) verlässt, gelangt man in den zweitgrößten Moscheenhof Indiens, der zur 7 **Jama Masjid** gehört. In dieser riesigen, wunderschönen Moschee lässt sich das 8 **Grab von Shaikh Salim Chishti** besichtigen. Hinaus geht es durch das spektakuläre 9 **Buland Darwaza** (Siegestor), eines der prächtigsten Tore der Welt.

JAN S/SHUTTERSTOCK ©

Buland Darwaza
Die meisten Führungen enden am Siegestor der Jama Masji Von außen betrachtet, bietet es einen wundervollen Anblick Das herrliche 15-stöckige Sandsteintor ist 54 m hoch und ei beeindruckendes Zeugnis für Akbars Herrschaft.

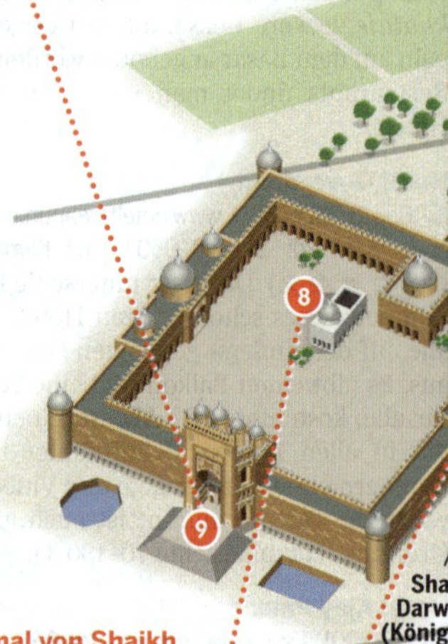

Grabmal von Shaikh Salim Chishti
Jeder Knoten in den Bändern, die an den 56 fein gearbeiteten Marmorstrukturen des Grabmals von Shaikh Salim Chishti befestigt sind, repräsentiert einen Wunsch. Jeder hat drei Wünsche frei.

IGOR PLOTNIKOV/SHUTTERSTOCK ©

Jama Masjid
Die hübschen Marmorintarsien ar Badshahi Gate und Jama-Masjid-Komp sollen 82 Jahre spä zu ähnlichen Dekora tionen am Taj Maha Agra inspiriert habe

DUSHI82/SHUTTERSTOCK ©

an Minar
ser bizarre, wenig besuchte Turm abseits Nordwestrands von Fatehpur Sikri ist mit derten steinerner Elefantenrüssel verziert. seinem Standort, so heißt es, sei Minar, Akbars ster Exekutionselefant, gestorben.

CECOLUSSI/GETTY IMAGES ©

Pachisi-Hof
Wer den Rumi Sultana passiert hat, steht auf dem Pachisi-Hof, auf dem Akbar angeblich das Spiel Pachisi *(ludo)* gespielt haben soll – es heißt, er habe Mädchen in bunten Gewändern als Spielsteine benutzt.

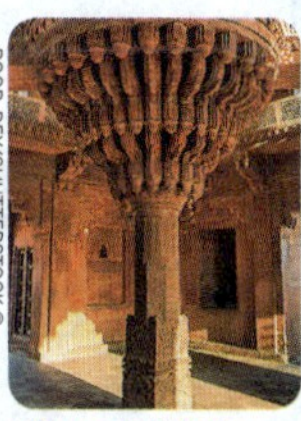

ROOP_DEY/SHUTTERSTOCK ©

Diwan-i-Khas
Akbar ließ die zentrale Säule im Diwan-i-Khas schmücken, um die Aufmerksamkeit auf eine neue Religion namens Din-i-Ilahi (Gott ist Alles) zu lenken. Die opulent verzierte Säule zeigt Hindu-, muslimische, christliche und buddhistische Elemente.

Panch Mahal

Diwan-i-Am (Öffentliche Audienzhalle)

6 5 4 3 2 1

Rumi Sultana
Die kopflosen Figuren, die im Inneren des Rumi-Sultana-Palasts zu sehen sind, lohnen einen Blick: Ein Löwe, Wild, ein Adler und einige Pfauen wurden von Juwelendieben geköpft, welche die wertvollen Edelsteine stahlen, die einst als Häupter dienten.

Zierteich
Tansen, der angeblich der begabteste indische Musiker aller Zeiten gewesen sein soll und zu Akbars neun *navaratnas* (Juwelen) zählte, wurde mit Münzen überschüttet, wenn er von der zentralen Plattform des Zierteichs aus sang.

terer ramsara
ar soll mehr als)0 Konkubinen abt haben, aber die a 200 Sklavinnen, hier wohnten, en nur Dienern. Durch diese dsteinringe wurden e geführt, um zelne individuelle eiche abzutrennen.

CA-JAN KAYA/SHUTTERSTOCK ©

Uttar Pradesh

Inhalt ➡

Gut essen

- ➡ Oudhyana (S. 439)
- ➡ Darbangha (S. 426)
- ➡ Tunday Kababi (S. 438)
- ➡ Eat On (S. 445)

Schön übernachten

- ➡ Brijrama Palace (S. 424)
- ➡ Kanchan Villa (S. 445)
- ➡ Hotel Ganges View (S. 424)
- ➡ Ganpati Guesthouse (S. 423)

Auf nach Uttar Pradesh!

Nur wenige Bundesstaaten sind so typisch indisch wie Uttar Pradesh. Die historischen und religiösen Wurzeln des Subkontinents, ob hinduistisch, buddhistisch, islamisch oder säkular, sind in diesem Land der heiligen Flüsse und endlosen Ebenen miteinander verflochten und finden ihren Ausdruck in bedeutenden Sehenswürdigkeiten.

In UP liegt die neben dem berühmten Agra heiligste Stadt Indiens, Varanasi, die für ihre Einäscherungs-Ghats und die Zeremonien am Ganges bekannt ist. Legenden erzählen, dass Krishna in Mathura geboren wurde, Rama dagegen in Ayodhya – in der jüngeren Vergangenheit ein Ort des tragischen Konflikts, der viel über die Schattenseite der kollektiven Psyche der Inder verrät. Buddha hielt seine erste Predigt in Sarnath und starb in Kushinagar, beide Ort sind heute friedliche Pilgerziele. Auch die Moguln und die Nawabs hinterließen architektonische und kulinarische Meisterwerke, besonders in Lucknow (und natürlich in Agra). UP bietet ein wahres Fest für die Sinne und befriedigt die Neugier aller Traveller.

Reisezeit

Varanasi

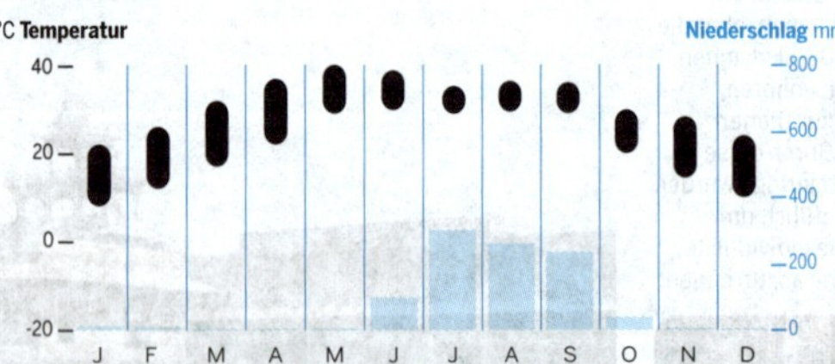

Mitte Sept.–Okt. Der Monsun ist weitgehend vorüber und es ist etwas kühler – richtig angenehm.

Nov.–Feb. Laue Wintertage, frische Nächte und oft überlaufene Sehenswürdigkeiten.

März Keine kühlen Abende mehr, die Hochsommerhitze ist aber noch nicht da: einfach perfekt!

Geschichte

Vor mehr als 2000 Jahren gehörte die Region zum buddhistischen Großreich Ashokas. Man findet noch Überreste aus jener Zeit, z. B. die Ruinen beim Pilgerzentrum Sarnath in der Nähe von Varanasi. Im 11. Jh. drangen aus Richtung Nordwesten Muslime ein, und im 16. Jh. war die Region Teil des Mogulreichs, in dem zuerst Agra, dann Delhi und eine kurze Zeit lang Fatehpur Sikri als Hauptstadt fungierten.

Nach dem Niedergang des Mogulreichs erschienen die Perser auf der Bildfläche, doch schnell errangen die Nawabs von Avadh im zentralen Teil der Region die Vormacht, besonders in der Nähe der Hauptstadt Lucknow. Sie verwandelten Lucknow in ein florierendes Kunst- und Kulturzentrum mit kulinarischen Highlights, das seine Qualitäten bis heute bewahrt hat. Aber ihre Herrschaft fand ein jähes Ende, als die Britische Ostindien-Kompanie den letzten Nawab absetzte und so den ersten indischen Unabhängigkeitskrieg, den Sepoy-Aufstand von 1857, auslöste. Während der 147 Tage andauernden Besetzung von Lucknow starb der British Chief Commissioner Sir Henry Lawrence bei dem Versuch, die British Residency zu verteidigen, was man in Lucknow noch immer nicht vergessen hat.

Später wurden Agra und Avadh unter dem Namen United Province zusammengelegt. Nach der Unabhängigkeit benannte man das Gebiet schließlich in Uttar Pradesh um. Der Bundesstaat spielt seither eine Schlüsselrolle in der indischen Politik. Von hier stammte die Hälfte aller Premierminister des Landes, die meisten von ihnen aus Allahabad (Reich der Nehru/Gandhi Dynastie). Die Bevölkerung von UP profitiert nicht sonderlich von dieser Tatsache: Aufgrund der schlechten Verwaltung, einer hohen Geburten- und Analphabetenrate und einer unzureichenden Stromversorgung kam die regionale Wirtschaft in den letzten 70 Jahren nie richtig in Schwung.

Im Jahr 2000 bekam die Gebirgsregion im Nordwesten von Uttar Pradesh selbst den Status eines Bundesstaats und heißt seither Uttaranchal.

VARANASI

0542 / 1,4 MIO. EW.

Varanasi ist das Indien, von dem man vor der Reise geträumt hat. Es ist einer der buntesten und faszinierensten Orte der Welt, wo es hinter jeder Ecke vor Überraschungen nur so wimmelt.

Varanasi ist eine der ältesten durchgängig bewohnten Städte der Welt und eine der heiligsten des Hinduismus. Pilger kommen zu den Ghats, die sich am Ganges entlangziehen, um sich im heiligen Wasser von den Sünden ihres Lebens reinzuwaschen oder ihre verstorbenen Verwandten zu verbrennen. Die Stadt ist ein besonders segensverheißender Ort zum Sterben, denn wer hier aus dem Leben scheidet, kann die *moksha* (Befreiung aus dem Kreislauf von Tod und Wiedergeburt) erlangen.

Für die meisten Besucher hat Varanasi etwas Magisches, ist aber nichts für schwache Nerven. Die intimsten Zeremonien rund um das Leben und den Tod finden hier in aller Öffentlichkeit statt. Allein die Flut der Bilder, Geräusche und Gerüche rund um die Ghats kann überwältigend sein, ganz zu schweigen von den unermüdlich umherschwirrenden Schleppern. Doch die „Stadt des Lichts", wie Varanasi auch genannt wird, ist für viele Besucher am Ende der Reise eine ihrer Lieblingsstädte in ganz Indien. Ein Spaziergang entlang der Ghats und Gassen oder eine Bootsfahrt auf dem Fluss zum Sonnenaufgang sind Erfahrungen, die einen ein Leben lang nicht loslassen.

TOP-FESTIVALS

Magh Mela (Allahabad; Jan./Feb.) Ein riesiges religiöses Festival, das jährlich stattfindet und alle zwölf Jahre zur Kumbh Mela, der größten Versammlung der Welt, anwächst (das nächste Mal 2025).

Holi (S. 449) Das vielleicht farbenprächtigste Fest der Welt. Man sollte darauf gefasst sein, selbst mit Puder beworfen zu werden.

Purnima (April oder Mai) Fest zu Buddhas Geburtstag.

Janmastami (S. 449) Fest zum Geburtstag Krishnas.

Dev Diwali (Ganga Diwali; Varanasi; Nov.) Ein Festival des Lichts in der „Stadt des Lichts".

Ram Lila (Varanasi; Sept./Okt.) Die dramatische Nacherzählung der Geschichte, wie Rama seine Frau Sita vom Dämonen Ravana zurückeroberte.

Highlights

1. Sich in **Varanasi** (S. 413) von dem Indien, von dem man immer geträumt hat, überwältigen lassen – von den heiligen Ghats am Ganges und dem Labyrinth der Gassen, in dem hinter jeder Ecke Überraschungen warten
2. In **Lucknow** (S. 435), der Kebab-Hauptstadt Indiens, essen und dann bei einem Spaziergang die mit eindrucksvollen Ornamenten verzierte Mogul-Architektur bewundern
3. Durch den friedlichen Park in **Sarnath** (S. 429) spazieren, in dem Buddha seine erste Predigt hielt
4. Sich in **Allahabad** (S. 443) den 100 Mio. Gläubigen anschließen, die sich während der Kumbh Mela am Zusammenfluss der zwei (oder drei) heiligen Flüsse versammeln
5. In der entspannten Stadt **Chitrakut** (S. 443) am Fluss die hinduistische Spiritualität in weniger überwältigendem Ausmaß erleben
6. In **Vrindavan** (S. 450), dem spirituellen Zentrum sowie dem Sitz der internationalen Hare-Krishna-Bewegung, Tempel anschauen
7. Die ausgetretenen Touristenpfade verlassen und in **Ayodhya** (S. 441) den mythischen Geburtsort Ramas besuchen

0
100 km
CHINA
TIBET
HIMALAJA
NEPAL
gadhi
Pokhara
KATHMANDU
Nepalganj
Rupaidiha
Sunauli
Bhairawa
(Siddharthanagar)
Nautanwa
Lumbini
Sitapur
Bahraich
Shravasti
Balrampur
Naugarh
Gonda
Ayodhya
Faizabad
Kushinagar
Gorakhpur
Gandak
Ghaghara
know
BIHAR
npur
Rae Bareli
Ganges
Patna
Jaunpur
Gazipur
Sarnath
Zamania
Allahabad
Bhadohi
Varanasi
Mughal
Serai
nda
Kaushambi
Bhita
trakut
Shankargarh
Mirzapur
Chunar
Satna
JHARKHAND
CHHATTISGARH

Varanasi

Geschichte

Varanasi ist vermutlich im Jahr 1200 v. Chr. entstanden. Bedeutung erlangte es aber erst im 8. Jh. n. Chr., als Shankaracharya, ein Reformer des Hinduismus, die Anbetung des Gottes Shiva als Grundprinzip der Religion einführte. Um 1300 n. Chr. wurde die Stadt von den Afghanen zerstört, die zuvor das nahe gelegene Sarnath dem Erdboden gleichgemacht hatten. Doch am destruktivsten war der fanatische Großmogul Aurangzeb, der fast alle Tempel plünderte und zerstörte.

Varanasi

Sehenswertes
1 Alamgir-Moschee ... D3
2 Benares Hindu University ... B6
3 Bharat Kala Bhavan ... B6
4 Panchganga-Ghat ... D3
5 Ram-Ghat ... D3
6 Trilochan-Ghat ... D2

Aktivitäten, Kurse & Touren
Aarna Spa ... (siehe 11)
7 Hotel Clarks Varanasi ... A1
8 International Centre ... B6
9 Learn for Life Society ... B3

Schlafen
10 Homestay ... B3
11 Hotel Surya ... A1
12 Stops Hostel ... B4

Essen
Canton Royale ... (siehe 11)
13 Open Hand ... C5

Ausgehen & Nachtleben
Mangi Ferra ... (siehe 11)
14 Prinsep Bar ... A1

Shoppen
15 Mehrotra Silk Factory ... B2
16 Mehrotra Silk Factory ... D2
17 Shri Gandhi Ashram Khadi ... B5

Varanasis Altstadt sieht zwar alt aus, doch nur wenige Gebäude sind älter als ein paar Jahrhunderte. Radschas und andere reiche Familien aus ganz Indien bauten entlang der Ghats Paläste und Villen, um in der Nähe des heiligen Flusses zu sein. Viele davon sind heute in einem schrecklichen Zustand des Verfalls, doch einige wurden von Hotelunternehmen gekauft und saniert, sodass sie wieder etwas von ihrer ursprünglichen Pracht aufweisen.

Sehenswertes

★ Vishwanath-Tempel HINDU-TEMPEL

(Goldener Tempel; Karte S. 420; ⌚3–11, 12.30–20 & 21–23 Uhr) Tempel gibt's in Varanasi an fast jeder Ecke. Dieser hier ist jedoch am berühmtesten von allen. Er ist Vishveswara – Shiva als Herrscher des Universums – geweiht. Der gegenwärtige Tempel wurde 1776 von Ahalya Bai von Indore gebaut. Die 800 kg Gold, mit denen der Turm und die Kuppel verkleidet sind, stiftete 50 Jahre später Ranjit Singh, der Maharadscha von Lahore.

In der Gegend wimmelt es wegen Sicherheitsrisiken und Spannungen unter der Bevölkerung von Soldaten. Besucher müssen Taschen, Fotoapparate, Handys, Stifte und elektronische Geräte in Schließfächern (20 ₹) deponieren, ehe sie die Zugangsgasse zum Tempel betreten; am besten lässt man die Sachen im Hotel. Zur Frage, ob Ausländer den Tempel betreten dürfen oder nicht, gibt es ganz unterschiedliche Erfahrungen, wir fanden es aber recht unkompliziert: Man geht zu **Gate 2** (Karte S. 420), wo einen das Sicherheitspersonal an der langen Schlange indischer Besucher vorbei zu einem Schalter lotst, wo man seinen Pass (keine Kopie) vorzeigen muss und die Schuhe abgibt. Dann betritt man den Tempel durch ein Tor auf der anderen Seite der Gasse.

Drinnen bietet sich ein ziemliches Spektakel: Die Gläubigen drängen sich, teilweise übereinander stolpernd, nach vorn, damit sie ein Opfer darbringen und den Lingam (phallisches Shiva-Symbol) berühren können, um so rein von allen Sünden zu werden. Manchmal geht es aber auch ruhiger zu. An besonders heiligen Tagen stehen die Hindus 48 Stunden lang in der Warteschlange, um in den Tempel zu gelangen.

Auf der Nordseite des Vishwanath-Tempels steht der **Gyan-Kupor-Brunnen** (Brunnen der Erkenntnis; Karte S. 420). Hindus glauben, dass sie auf eine höhere spirituelle Ebene gelangen, wenn sie von diesem Wasser trinken – woran sie allerdings durch eine stabile Sicherheitsabsperrung gehindert werden. Nicht-Hindus haben hier keinen Zutritt, und dies wird auch streng durchgesetzt.

Benares Hindu University UNIVERSITÄT, HISTORISCHE STÄTTE

(BHU; Karte S. 416; www.bhu.ac.in) Schon seit Langem gilt Varanasi als Zentrum der Gelehrsamkeit. Die örtliche Tradition der elitären Bildung setzt heute die 1916 gegründete Benares Hindu University fort. Mit seinen Parkanlagen und breiten, baumgesäumten Straßen versprüht der 5 km² große Campus eine friedvolle Atmosphäre, die Welten von der übrigen Stadt entfernt zu sein scheint. Auf dem Gelände steht auch ein weitläufiges Museum namens **Bharat Kala Bhavan** (Karte S. 416; Inder/Ausländer 10/150 ₹; ⌚Mo–Fr 10–17.30 Uhr). Zu sehen gibt's darin Skulpturen, Ausstellungen zur Lokalgeschichte, eine tolle Sammlung von Miniaturmalereien und aus dem 12. Jh. stammende Handschriften auf Palmblättern.

Ghats

Von seiner schönsten Seite zeigt sich das spirituell erleuchtete, fantastisch fotogene Varanasi an den Ghats. Der lange Streifen mit Stufen, die zum Wasser hinabführen, liegt am Westufer des Ganges. Die meisten Ghats werden zum Baden genutzt, aber es gibt auch einige, die nur zur Einäscherung von Toten – und zwar in aller Öffentlichkeit – bestimmt sind, allen voran das Manikarnika-Ghat (S. 419). Oft sieht man Trauerprozessionen, die sich durch Nebenstraßen ihren Weg dorthin bahnen.

Am besten besucht man die Ghats im Morgengrauen, wenn der Fluss in ein mildes Licht getaucht ist und Pilger der aufgehenden Sonne *puja* (Gebete) darbringen, oder bei Sonnenuntergang, wenn am Dashashwamedh-Ghat (S. 418) die große *ganga aarti* (Zeremonie zur Huldigung des Flusses) stattfindet.

Etwa 80 Ghats säumen den Fluss. Die größte Ansammlung erstreckt sich vom Assi-Ghat (S. 418) nahe der Universität nordwärts bis zum **Raj-Ghat** an der Auto- und Eisenbahnbrücke.

Bei einer Bootsfahrt kann man prima in das Treiben auf dem Fluss eintauchen. Allerdings ist die meiste Zeit des Jahres der Wasserstand so niedrig, dass man die Ghats sogar der Länge nach zu Fuß erkunden kann. Beim Schlendern kann man hier außerdem besonders gut Leute beobachten, denn eine derart faszinierende Mischung findet man sonst nirgendwo: Da sind Menschen, die im Ganges ein rituelles Bad nehmen und dabei auch gleich ihre Wäsche waschen, andere machen Yoga, bringen Opfergaben dar, verkaufen Blumen oder gönnen sich eben mal eine Massage. Wieder andere spielen Kricket, waschen ihre Büffel oder bessern ihr Karma auf, indem sie Bettlern Spenden geben. Und natürlich hängen viele hier auch einfach nur so rum.

Südlicher Bereich

★ Assi-Ghat GHAT

(Karte S. 420) Das Assi-Ghat ist unter den wichtigen Ghats das am weitesten südlich gelegene. Es ist zudem eines der größten und hat eine besondere Bedeutung, denn in der Nähe fließt der Fluss Assi in den Ganges. Pilger kommen hierher, um einen Shiva-Lingam (phallisches Shiva-Symbol) unter einem Bodhi-Baum anzubeten. Abends wird es hier besonders lebhaft, dann füllt sich der riesige betonierte Bereich des Ghats mit Hausierern und Straßenkünstlern. Es gibt auch Musik und Yoga zum Sonnenaufgang. Das Assi-Ghat ist ein beliebter Ausgangspunkt für Bootsfahrten, und in der Nähe liegen einige hervorragende Hotels.

Tulsi-Ghat GHAT

(Karte S. 420) Das nach einem Hindu-Poeten des 16. Jhs. benannte Tulsi-Ghat ist mittlerweile zum Fluss hin teilweise eingestürzt. Doch im Monat Kartika (Okt./Nov.) wird hier Krishna mit einem Festival geehrt.

Bachraj-Ghat GHAT

(Karte S. 420) Drei jainistische Tempel prägen dieses kleine Ghat.

Shivala-Ghat GHAT

(Karte S. 420) Hinter dem Shivala-Ghat, das vom Maharadscha von Benares gebaut wurde, stehen ein kleiner Shiva-Tempel und eine Villa aus dem 19. Jh., die vom nepalesischen Königshaus errichtet wurde.

Hanuman-Ghat GHAT

(Karte S. 420) Beliebt bei Anhängern Ramas (Hanuman war Ramas Getreuer bei der Befreiung Sitas aus den Händen des Dämonen Ravana).

★ Harishchandra-Ghat GHAT

(Karte S. 420) Am Harishchandra-Ghat werden Verstorbene eingeäschert. Es gehört zu den ältesten Ghats Varanasis, ist aber kleiner und weniger bedeutend als das Manikarnika-Ghat.

Kedar-Ghat GHAT

(Karte S. 420) Ein farbenfrohes Ghat mit vielen Stufen und einem kleinen Becken, an dem jeden Abend um 18.30 Uhr eine Feuer-*aarti* veranstaltet wird.

Altstadtbereich

★ Dashashwamedh-Ghat GHAT

(Karte S. 420) Varanasis lebhaftestes und farbenprächtigstes Ghat. Der Name verweist auf die zehn *(das)* Pferde *(aswa)*, die Brahma hier opferte *(medh)*. Trotz der nervigen Bootsbesitzer, Blumenverkäufer, Masseure und Schlepper, die ihre Opfer in einen Seidenladen schleifen wollen, kann man hier wunderbar verweilen, die Menschen beobachten und die Atmosphäre aufsaugen. Jeden Abend um 19 Uhr findet eine aufwendige *ganga aarti* (Verehrung des Flusses) statt, eine Zeremonie mit *puja* (Gebete), Feuer und Tanz.

Das Ghat, das am Ende der Hauptstraße von Godaulia Crossing liegt, ist leicht zu erreichen.

Man-Mandir-Ghat GHAT

(Karte S. 420) Direkt nördlich vom Dashashwamedh Ghat liegt das Man-Mandir-Ghat, das Radscha Man Singh im Jahr 1600 errichten ließ und das im 19. Jh. notdürftig restauriert wurde. In der nördlichen Ecke des Ghats sind schöne steinerne Balkone zu sehen.

★ Manikarnika Ghat GHAT

(Karte S. 420) Das Manikarnika Ghat ist das bedeutendste Ghat für die Totenverbrennung. Für Hindus ist es ein besonders günstiger Ort, um nach dem Tod eingeäschert zu werden. Um die Toten kümmern sich Angehörige niederer Kasten, die sogenannten *doms*. Sie bringen die in Tücher gehüllten Körper auf Bambustragen durch die Gassen der Altstadt zum heiligen Ganges. Vor der Einäscherung werden die Körper in den Ganges getaucht.

Oben auf dem Ghat werden große Stapel Feuerholz aufgeschichtet; jedes Stück Holz wird vorher auf einer riesigen Waage sorgfältig gewogen, um den Preis für die Einäscherung zu bestimmen. Jede Holzsorte hat ihren eigenen Preis, am teuersten ist Sandelholz. Es ist eine Kunst, genauso viel Holz zu verwenden, wie für die vollständige Einäscherung des Leichnams notwendig ist. Man kann bei den Verbrennungen zusehen, sollte aber seine Ehrerbietung immer durch respektvolles Verhalten zeigen. Fotografieren ist streng verboten! So gut wie immer wird ein Priester oder häufiger noch ein Führer einen zum obersten Stock eines nahe gelegenen Gebäudes führen, von wo aus man die Einäscherungen beobachten kann; hinterher wird er eine Spende (in Dollar) für die Kosten des Holzes fordern. Wer nichts spenden will, sollte ihnen nicht folgen.

Über den Stufen hier liegt ein Wasserbecken, das **Manikarnika-Becken** genannt wird. Der Legende nach ließ Parvati hier ihren Ohrring fallen; Shiva hob das Becken aus, um ihn zu suchen, und füllte es dabei mit

BETRÜGER IN VARANASI

➡ Niemals „Einäscherungs-Ghats" fotografieren und allen Offerten nach dem Motto „Für einen besseren Blick mir nach!" widerstehen – sonst wird mit Nachdruck Geld gefordert, während man leicht in eine unangenehme Lage gerät.

➡ Niemals mit Guides oder Fahrern von Autorikschas ein Geschäft aufsuchen! Stattdessen standhaft bleiben und immer ablehnen. Andernfalls wird's wegen der wahnwitzigen Provisionen locker 40 bis 60 % teurer. Zudem wird dadurch diese unseriöse Masche unbeabsichtigt gefördert. Daher sollte man sich selbst einen Gefallen tun und den gewählten Laden entweder allein zu Fuß aufsuchen oder sich einen Block davor absetzen lassen.

➡ Gefakte Läden gibt's in Varanasi en masse. Meist unterscheidet sich deren Name nur durch einen Buchstaben von dem des jeweiligen Originals (mitunter aber auch gar nicht). Dieses Buch empfiehlt nur vertrauenswürdige Shops. Dennoch immer zwecks Abgleich nach einer Visitenkarte fragen: Sollte es keine geben, ist man buchstäblich an der falschen Adresse!

➡ Beim Verhandeln mit Bootsleuten immer den Preis und die Währung vorab bestätigen lassen! Meist sagen die Kapitäne nur „100!" und behaupten hinterher, sie hätten damit Euro oder US-Dollar gemeint.

➡ Keine Führungen mit inoffiziellen Guides buchen, wie sie von den meisten Pensionen vermittelt werden! Wer einen Führer möchte, sollte sich an UP Tourism (S. 428) wenden, um Ärgernisse zumindest größtenteils zu vermeiden. Wer es lieber anders hält, dem darf man viel Spaß beim Shoppen wünschen!

➡ Vorsicht vor sogenannten *bhang lassis* – sie werden mit Haschisch gemacht und können stärker als gewünscht sein (Uns kamen Berichte von Reisenden zu Ohren, die ausgeraubt wurden, während sie unter Drogeneinfluss standen.)

➡ Hüten sollten man sich auch vor angeblichen „Yogalehrern", die in erster Linie auf körperliche Nähe zu jungen Frauen aus sind.

Altstadt, Assi-Ghat & Umgebung

0 – 400 m

A B C D
1 2 3 4 5 6 7

Varanasi Junction (2,5 km)
Chaitganj Rd
Post (1,5 km)
Chowk Godaulia Rd
35
State Bank of India
9 Geldautomat
5 8
Vishwanath-Tempel
13
7
4
Manikarnika-Ghat
Godaulia Crossing
State Bank of India Geldaut.
34
Luxa Rd
Autorikschas
St.-Thomas-Kirche
Dashashwamedh Rd
31
Archway
19
23
Lalita-Ghat
24
Meer-Ghat
28
Sonarpura Rd
ALTSTADT
12
Ganges
2 Dashashwamedh-Ghat
Bengali Tola
16
20
Chausatti-Ghat
Munshi-Ghat
Rana-Ghat
Sammelautos zum Assi-Ghat & zur Benares University
32
33
22
21
Ahalya-Bai's-Ghat
Pandhey-Ghat
Raja-Ghat
Durgakund Rd
Mandapur Rd
Mansarowar-Ghat
Bengali Tola
Chowki-Ghat
36
17
26
11
Harishchandra-Ghat 3
10
Dandi-Ghat
14
Shivala Rd
Anandmayee-Ghat
6
37
15
State Bank of India Geldautomat
30
1 Assi-Ghat
25
18
29
Benares Hindu University (2,6 km)
38
27

Altstadt, Assi-Ghat & Umgebung

seinem Schweiß. Auf dem **Charanpaduka**, einem großen Stein zwischen dem Becken und dem Ghat, sollen Vishnus Fußabdrücke zu sehen sein. Privilegierte wichtige Persönlichkeiten werden am Charanpaduka verbrannt, wo auch ein Ganesha geweihter Tempel steht.

Dattatreya-Ghat GHAT
(Karte S. 420) Dattatreya ist nach einem heiligen Brahmanen, dessen Fußabdrücke in einem nahe gelegenen Kleintempel gezeigt werden, benannt.

Scindhia-Ghat GHAT
(Karte S. 420) Das Scindhia-Ghat wurde ursprünglich 1830 erbaut – jedoch so groß und prächtig, dass es einstürzte, in den Fluss rutschte und neu errichtet werden musste.

Nördlicher Bereich

Ram-Ghat GHAT
(Karte S. 416) Liegt nördlich des Scindhia-Ghats und wurde von einem Maharadscha von Jaipur erbaut.

Panchganga-Ghat GHAT
(Karte S. 416) An diesem Ghat gleich hinter dem Ram-Ghat sollen sich die fünf heiligen Flüsse treffen.

Alamgir-Moschee MOSCHEE
(Karte S. 416) Die kleine Moschee, die das Panchganga-Ghat dominiert, wurde von Aurangzeb an der Stelle eines großen Vishnu-Tempels gebaut.

Trilochan-Ghat GHAT
(Karte S. 416) Am Trilochan-Ghat erheben sich zwei Türme aus dem Fluss, und das Wasser zwischen ihnen gilt als besonders heilig.

Aktivitäten

Es lohnt sich, während des Varanasi-Aufenthalts zweimal früh aufzustehen: Einmal, um das Treiben von einem Boot auf dem Fluss aus zu sehen, und das zweite Mal, um die Geschäftigkeit an den Ghats selbst zu erleben. Nicht-Gäste können die im Freien gelegenen **Swimmingpools** im Hotel Surya (S. 424) für 300 ₹ und im **Hotel Clarks Varanasi** (Karte S. 416; The Mall; Nicht-Gäste 500 ₹; ⌚9–18 Uhr) besuchen.

DarkLotus YOGA
(www.banarasyoga.com) Die hochgelobten Yogakurse von DarkLotus bringen Yoga aus dem Studio hinaus zu den heiligen Stätten

Varanasis: Sie finden am Fluss und in verschiedenen Tempeln der Stadt statt. Einzelheiten zu den Kursen und die Preise stehen auf der Website.

Aarna Spa MASSAGE
(Karte S. 416; ☎0542-2508465; www.hotelsuryavns.com; Hotel Surya, S-20/51A-5 The Mall Rd; Massage ab 1400 ₹; ⊙8–20 Uhr) Das Spa des Hotel Surya ist eine gute Adresse für ayurvedische Massagen, bei denen man prima entspannen kann.

Swasthya Vardhak AYURVEDA
(Karte S. 420; ☎0542-2312504; www.swasthyavardhak.in; Assi Crossing; ⊙8–19.30 Uhr) In Varanasi wimmelt es nur so von betrügerischen Ayurveda-Anbietern. Wer ernsthaft an Ayurveda interessiert ist, sollte zu dieser echten ayurvedischen Apotheke kommen. Die Konsultation bei einem Arzt ist kostenlos (9–12 & 17–19.30 Uhr), die verschriebenen Präparate kosten zwischen 20 und 2000 ₹. Die Apotheke arbeitet zudem mit einer Regierungsinitiative zusammen, die verarmte Bauern in der Region dazu ermutigen will, zukünftig ayurvedische Kräuter anzupflanzen.

Freiwilligenarbeit

Learn for Life Society FREIWILLIGENARBEIT
(Karte S. 416; ☎0542-2390040; www.learn-for-life.net; D55/147 Aurangabad) Diese kleine gemeinnützige Organisation, die von zwei Ausländern geleitet wird und über die Brown Bread Bakery (S. 425) kontaktiert werden kann, unterstützt eine einzigartige Schule für benachteiligte Kinder und ein Frauenprojekt, das einheimischen Frauen gerecht bezahlte Arbeit bietet. Es gibt auch einige Kurzzeit-Freiwilligenplätze; wer den Unterricht in der Schule unterstützen möchte, sollte aber mehrere Monate Zeit mitbringen.

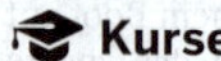

Kurse

Pragati Hindi SPRACHEN
(Karte S. 420; ☎9335376488; www.pragatihindi.com; B-7/176 Harar Bagh) Leser mögen die Flexibilität des Einzelunterrichts beim freundlichen Rajeswar Mukherjee (Raju). Privatunterricht gibt es ab 300 ₹ pro Stunde. Vorher anrufen oder einfach vorbeischauen, um mit Raju einen Zeitplan zu vereinbaren! Man geht die Treppen gegenüber vom Chowki Ghat rauf und biegt an der ersten Gasse links ab, einfach den „Hindi"-Beschilderungen folgen.

International Music Centre Ashram MUSIK
(Karte S. 420; ☎9415987283; tablateeteteete@gmail.com; D33/81 Khalishpura; 400 ₹ pro Unterrichtsstunde) Das familiengeführte Zentrum versteckt sich im Gewirr der Gassen abseits der Bengali Tola. Es bietet Unterricht im Sitar-, Tabla- und Flötenspiel und in klassischem Tanz. Jeden Samstag und Mittwoch um 20 Uhr finden hier Konzerte (150 ₹) statt. In der Bengali Tola weist ein kleines, leicht zu übersehendes Schild den Weg.

International Centre SPRACHE
(Karte S. 416; ☎0542-2368130; www.bhu.ac.in; C/3/3 Tagore House; ⊙Mo–Sa 10–17 Uhr) Wer Interesse hat, an der Benares Hindu University zu studieren, kann sich an dieses Zentrum wenden, das Kurse u. a. in Hindi, Sanskrit und Yoga anbietet.

Yoga Training Centre YOGA
(Karte S. 420; ☎9919857895; www.yogatrainingcentrevaranasi.in; 5/15 Sakarkand Gali; 2-stünd. Gruppen-/Einzelunterricht 300/800 ₹, Reiki ab 800 ₹; ⊙8, 10 & 16 Uhr) Der frühere Armeeangestellte und Yogameister Sunil Kumar gibt täglich vier Kurse im 2. und 3. Stock dieses kleinen Gebäudes in einer Seitenstraße in der Nähe des Meer-Ghat. Man kann aber jederzeit einfach vorbeikommen, um an einer Unterrichtsstunde teilzunehmen.

Er unterrichtet eine Kombination aus Hatha-, Shivananda-, Satyananda-, Pranayama- und Iyengar-Yoga. Ernsthafte Schüler können weiterführende Zertifikats- und Diplomkurse für Yoga und Reiki besuchen.

Geführte Touren

Für Besucher mit wenig Zeit kann UP Tourism (S. 428) geführte Taxitouren zu den wichtigen Stätten arrangieren, einschließlich einer Bootsfahrt um 5.30 Uhr und eines Nachmittagsausflugs nach Sarnath (S. 429).

★ **Varanasi Walks** STADTSPAZIERGANG
(☎9793714111; www.varanasiwalks.com; geführte Touren 1000–1600 ₹) Diese Agentur hat sich auf kulturelle Stadtspaziergänge spezialisiert. Die Themenspaziergänge erkunden Varanasi auch jenseits der bekannten Ghats und Tempel und geben einen aufschlussreichen Einblick in die heilige Stadt. Der amerikanische Gründer Jai lebt seit Jahren in Varanasi, und die meisten Führer sind hier geboren und aufgewachsen. Die Touren kann man auf der Website oder telefonisch buchen.

Schlafen

Die meisten Budgethotels der Stadt – und einige schöne Mittelklasseoptionen – befinden sich in den schmalen Straßen hinter den Ghats. Mehrere konzentrieren sich rund um den Assi-Ghat, andere stehen in den belebten Altstadtgassen zwischen dem Scindhia-Ghat und dem Meer-Ghat. Wer echtes Stadtleben erleben will, sollte in einer Pension übernachten.

Einige großartige Fünf-Sterne-Unterkünfte befinden sich in den Stadtvierteln westlich vom Fluss wie Bhelpura, Aurangabad Rd und Cantonment.

Altstadt

Brown Bread Bakery Guesthouse PENSION $

(Karte S. 420; ☎0542-2450472, 9838888823; www.brownbreadbakery.com; Bengali Tola, Pandey Ghat; EZ ohne Bad 250 ₹, mit Klimaanlage oder Heizung 750 ₹, DZ mit/ohne Klimaanlage oder Heizung ab 1200/750 ₹; ❄📶) Die gut geführte Pension hat die saubersten Budgetzimmer Varanasis und ist eine der günstigsten Unterkünfte. Zusätzlicher Bonus: Zur Pension gehört das vortreffliche gleichnamige Restaurant (S. 425), und hier sind einige der preiswertesten verlässlichen Bootsfahrten bei Sonnenaufgang im Angebot – man kann sogar das Frühstück auf dem Boot veranlassen. Zwei Gehminuten vom Pandey-Ghat entfernt.

Hotel Alka PENSION $

(Karte S. 420; ☎0542-2401681; www.hotelalkavns.com; 3/23 Meer Ghat; Zi. 1200 ₹, mit Klimaanlage 1800–6300 ₹, ohne Bad 700 ₹; ❄@📶) Diese großartige Pension an den Ghats wirkt außen renovierungsbedürftig, doch das große Plus sind hier die weitgehend blitzsauberen Zimmer, die entweder auf einen großen, begrünten Innenhof mit Blick auf den Ganges hinausgehen oder einen Blick darauf haben. In der hintersten Ecke ragt eine Terrasse über das Meer-Ghat hinaus und bietet eine der schönsten Aussichten von ganz Varanasi. Denselben Blick hat man auch von den Balkons der acht teureren Zimmer.

BunkedUp Hostel HOSTEL $

(Karte S. 420; ☎0542-2450508; www.bunkeduphostels.com; abseits der Bengali Tola; B mit/ohne Klimaanlage 460/360 ₹, Zi. mit/ohne Klimaanlage 1500/1000 ₹; ❄📶) Das brandneue Hostel bemüht sich sehr darum, den Gästen etwas zu bieten. Es hat mehrere gemischte Schlafsäle, einen reinen Frauenschlafsaal und ein paar Privatzimmer. Vom Dachcafé bietet sich ein toller Blick auf den Fluss und im Erdgeschoss gibt's ein Kino. Zur Zeit ist es das einzige Hostel in der Altstadt.

> **UNTERKUNFTSPREISE**
>
> Für Uttar Pradesh gelten folgende Preiskategorien:
>
> **$** unter 1500 ₹
>
> **$$** 1500–4000 ₹
>
> **$$$** über 4000 ₹

★ **Ganpati Guesthouse** PENSION $$

(Karte S. 420; ☎0542-2390057; www.ganpatiguesthouse.com; 3/24 Meer Ghat; Zi. 1300–5630 ₹; ❄@📶) Der Klassiker aus rotem Backstein hat einen netten, schattigen Innenhof und viele Balkons mit schönem Flussblick. Die sauberen, hell gestrichenen Zimmer sind mit geschmackvoll gerahmten Wandbehängen gestaltet und haben moderne Bäder. Die schönsten Zimmer verfügen über eigene Balkons zum Fluss.

Die billigsten Zimmer – echte Budgetbleiben – befinden sich in einem Anbau die Gasse hinunter, dem aber das schöne Ambiente des Haupthauses fehlt. Vorsicht vor den sehr aggressiven Affen!

Homestay HOMESTAY $$

(Karte S. 416; ☎9415449348; www.homestayvaranasi.in; 61/16 Sidhgiri Bagh; EZ 2300–2800 ₹, DZ 2500–3000 ₹; ❄@📶) Diese Unterkunft bei einer Familie in einem 1936 erbauten Kolonialhaus, das 1,5 km von den Gassen der Altstadt entfernt in einem Wohngebiet steht, ist ein echter Glücksgriff. Der herzensgute und freundliche Harish, der seit 30 Jahre in der Textilindustrie arbeitet, betreibt vor Ort ein renommiertes Geschäft mit Festpreisen und hat sechs wunderbar gepflegte Deluxe- und riesige Super-Deluxe-Zimmer, die vor Licht, Lärm und Mücken geschützt sind. Die Ruhe wird man garantiert zu schätzen wissen.

Seine Frau Malika kocht leckere Mahlzeiten und hat auch schon spontane Kochkurse gegeben. Wer sich nicht stört, etwas abseits des Geschehens zu wohnen, ist hier bestens aufgehoben.

Kedareswar HOTEL $$

(Karte S. 420; ☎0542-2455568; www.kedareswarguesthouse.com; B14/1 Chowki Ghat; Zi. 1840 ₹, mit Flussblick 3680 ₹, alle inkl. Frühstück; ❄📶) In einem in farbenfrohem Blaugrün gestrichenen Gebäude befindet sich dieses freundliche Hotel mit sechs engen, aber blitzsauberen Zimmer. Alle haben funkelnde Bäder. Das Frühstück wird auf der Dachterrasse serviert, wenn es nicht zu heiß ist oder regnet. Es ist sehr beliebt, also möglichst im Voraus buchen.

Rashmi Guest House HOTEL $$$

(Karte S. 420; ☎0542-2402778; www.rashmiguesthouse.com; 16/28A Man Mandir Ghat; Zi. inkl. Frühstück 3200–6900 ₹; ❄@📶) Weiß geflieste, nach Weihrauch duftende Flure und Marmortreppen führen zu ganz unterschiedlichen, aber eleganten Zimmern, die mit Sauberkeit und Stil punkten. Viele haben künstlerisch gestaltete Wände und einen Blick auf das Man-Mandir-Ghat. Das nette Dachrestaurant des Hotels, das Dolphin (S. 426), eignet sich bestens für ein Abendessen mit Bier und ist eines der wenigen nichtvegetarischen Lokale in der Altstadt.

★ **Brijrama Palace** HISTORISCHES HOTEL $$$

(Karte S. 420; ☎9129414141; www.brijrama.in; Munshi/Darbhanga Ghat; Zi. 21850–42550 ₹; ❄📶) Dieser sorgfältig renovierte Palast am Fluss, der 1812 erbaut wurde und unter dem Namen Darbangha Mahal bekannt ist, überwältigt mit seiner Eleganz. Von den antiken Kronleuchtern über die Orientteppiche bis zu den kunstvoll gestalteten Steinsäulen und den Kunstwerken an den Wänden – dies ist das authentischste und luxuriöseste historische Hotel an den Ghats. Und sein Restaurant, das Darbangha (S. 426), ist das vielleicht beste der Stadt.

Man erreicht das Hotel von den Ghats mit einem Fahrstuhl – der Originalfahrstuhl, der einer der ersten Indiens war, wurde von einem Pferd und Flaschenzug angetrieben.

Assi-Ghat & Umgebung

Stops Hostel HOSTEL $

(Karte S. 416; ☎9506118023; www.gostops.com; B20/47A2, Vijaya Nagaram Colony; Zelt Nov.–Feb. 250 ₹, B ab 500 ₹, DZ mit Klimaanlage 2000 ₹, alle inkl. Frühstück; ❄@📶) Varanasis ältestes Hostel befindet sich in einem vierstöckigen Wohnhaus ca. 2 km vom Assi-Ghat entfernt. Bunte Spinde bringen etwas Farbe in die Schlafsäle mit sechs, acht oder 14 Betten, und die Gemeinschaftsbereiche in den verschiedenen Etagen schaffen genau die richtige Atmosphäre – was in UP eine Seltenheit ist.

Die wenigen Privatzimmer sind sehr einfach und etwas überteuert. Die Hauptattraktion sind die Schlafsäle, Gemeinschaftsbereiche und die Duschen auf dem Dach, die von verschiedenen Künstlern ehrenamtlich und individuell bemalt wurden. Das Hostel bietet alle möglichen Touren und Aktivitäten, von Kochkursen bis zu Bootsfahrten bei Sonnenuntergang, und macht es seinen Gästen leicht, ihre Zeit in Varanasi optimal zu nutzen. Eine gute Option für Leute, die gern gesellig wohnen. Der einzige Nachteil ist die Entfernung zu den Ghats.

Sahi River View Guesthouse PENSION $

(Karte S. 420; ☎0542-2366730; www.sahiriverview.co.in; B1/158 Assi Ghat; EZ/DZ 400/800 ₹, Zi. mit Klimaanlage ab 1450 ₹, alle inkl. Frühstück; ❄@📶) In dieser freundlichen Unterkunft, die besser ist, als der erste Eindruck vom Eingang in einer Seitenstraße vermuten lässt, gibt's eine große Auswahl an unterschiedlichen Zimmern. Die meisten sind gut ausgestattet und sauber, einige haben interessante Balkons. Auf jeder Etage befindet sich ein schöner Gemeinschaftsbereich mit Sitzgelegenheiten und Blick auf den Fluss, dadurch wirkt das ganze Haus geräumig.

★ **Hotel Ganges View** HOTEL $$$

(Karte S. 420; ☎0542-2313218; www.hotelgangesview.co.in; Assi Ghat; Zi. mit Klimaanlage 5100–8000 ₹; ❄@📶) Das schön restaurierte und gut erhaltene Haus im Kolonialstil mit Blick auf das Assi-Ghat ist einfach hinreißend. Es ist bis zum Rand mit Büchern, Kunst und Antiquitäten gefüllt. Die Zimmer sind geräumig und blitzblank, und in den charmanten Gemeinschaftsbereichen, darunter eine hübsche Gartenterrasse im 1. Stock, kann man sitzen und relaxen. Im Voraus buchen!

Palace on Ganges HOTEL $$$

(Karte S. 420; ☎0542-2315050; www.palaceonganges.com; B1/158 Assi Ghat; Zi. 6900–9200 ₹; ❄@📶) Jedes Zimmer ist mit antiken Möbeln und farbenfrohem Design in einem bestimmten regionalen indischen Stil eingerichtet. Die Zimmer Rajasthan und Jodhpur im Kolonialstil gehören zu den besten. Man sollte sich aber mehrere anschauen, denn die teuersten Zimmer sind nicht unbedingt schöner als die günstigen.

Cantonment

Hotel Surya HOTEL $$

(Karte S. 416; ☎0542-2508465; www.hotelsuryavns.com; S-20/51 A-5 The Mall Rd; EZ/DZ inkl. Frühstück ab 3450/4025 ₹; ❄@📶🏊) Die Zimmer in Varanasis billigstem Hotel mit Pool entsprechen dem typischen indischen Drei-Sterne-Standard. Die Superior- und Premiumzimmer wurden aber modernisiert und mit stilvollen neuen Möbeln etc. ausgestattet, sodass sie jetzt überdurchschnittlich gut sind. Sie kosten ca. 1500 ₹ mehr als Standardzimmer.

Der hochwertige Charakter ist spürbar, denn das Hotel ist um eine große Rasenfläche herum gebaut, auf der neben einer farbenfrohen Bar im Lounge-Stil auch ein Café und daneben ein wunderschönes, fast 200 Jahre altes historisches Gebäude (der frühere Tummelplatz eines nepalesischen Königs) stehen. In Letzterem befindet sich heute das Restaurant **Canton Royale** (Karte S. 416; Hauptgerichte 200–390 ₹; ⏲11–23 Uhr), das ein ausgezeichnetes Preis-Leistungs-Verhältnis bietet. Zum Hotel gehören auch die gute (aber verrauchte) Sol Bar und das empfehlenswerte Aarna Spa (S. 422).

Essen

Zu den örtlichen Spezialitäten gehören im Sommer *langda aam* (Mangos) und im Herbst *sitafal* (Zimtapfel). *Singharas* sind Wasserkastanien, die sowohl roh (grün) als auch gekocht (schwarz) verkauft werden; bei den rohen besteht das Risiko von Darmbakterien.

Viele Lokale in der Altstadt schließen im Sommer wegen der unerträglichen Luftfeuchtigkeit und des hohen Wasserpegels – oft sind die Ghats und ihre Umgebung dann überflutet.

Altstadt

Bhumi French Bakers BÄCKEREI $

(Karte S. 416; Bengali Tola; Gebäck 50 ₹; ⏲6–18 Uhr; 📶) Das zwanglose Café bäckt mit das leckerste Gebäck Varanasis und die wahrscheinlich besten Schokoladencroissants in ganz Indien.

Keshari Restaurant INDISCH $

(Karte S. 416; 14/8 Godaulia; Hauptgerichte 130–200 ₹; ⏲9.30–22.30 Uhr; 📋) Das stimmungsvolle Restaurant (die Wände und Decken schmücken mit Schnitzereien verzierte Holzpaneele) ist seit fast einem halben Jahrhundert für seine exzellente Küche, aber auch für seinen mürrischen Service bekannt. Inder kommen scharenweise wegen der exzellenten vegetarischen Gerichte aus dem ganzen Lands. Die Auswahl ist überwältigend, es gibt allein über 40 Panir-Currys.

Wer gern scharf ist, sollte das Panir-*kadahi* in scharfer Soße auf Tomatenbasis wählen, bei dem einem garantiert der Schweiß ausbricht. Achtung: Dieses Restaurant liegt etwa 20 m eine Seitenstraße der Dashashwamedh Rd hoch – nicht mit dem weniger guten Keshari Ruchiker Byanjan um die Ecke in der Dashashwamedh Rd verwechseln!

Ayyar's Cafe SÜDINDISCH $

(Karte S. 416; Dashashwamedh Rd; Hauptgerichte 35–120 ₹; ⏲9.30–20.30 Uhr) Hervorragende Option ohne Schnickschnack abseits der Touristenpfade. Ayyar's Cafe ist für seinen südindischen *masala dosa* und die schärfere Variante, den *mysore dosa*, bekannt. Zudem ist es eines der wenigen preiswerten Lokale, die Filterkaffee servieren. Es liegt am Ende einer sehr kurzen Gasse mit einem Schild „New Keshari Readymade", die von der Dashashwamedh Rd abgeht.

★ **Brown Bread Bakery** INTERNATIONAL $$

(Karte S. 416; ☎9792420450; www.brownbreadbakery.com; Bengali Tola, Nähe Pandey Ghat; Hauptgerichte 125–400 ₹; ⏲7–22 Uhr; ❄📶) 🌿 Auf der fabelhaften Karte dieses Restaurants stehen über 40 Käsesorten auf europäischem Niveau und über 30 Sorten Brot, Gebäck und Kuchen. Zudem gibt's ausgezeichnete Pasta, Sandwiches, Pizza und mehr. Gäste können unten im Erdgeschoss (im Sommer mit Klimaanlage) Platz nehmen oder oben auf der entspannten Dachterrasse auf Kissen an niedrigen Tischen sitzen und dabei einen Blick auf den Ganges erhaschen.

Das Frühstücksbüffet ist überraschend europäisch (7–12 Uhr, 300 ₹), und jeden Abend um 19.30 Uhr gibt's kostenlose klassische Konzerte. Ein Teil des Profits geht an die Schule Learn for Life (S. 422). Vorsicht: Man sollte sich nicht von Nachahmern an der Nase herumführen lassen, die sich als die BBB ausgeben. Die echte BBB befindet sich nun an diesem neuen Standort an der Bengali Tola in der Nähe des Pandey-Ghats und würde niemals Bargeldspenden für Learn for Life annehmen.

Bona Cafe KOREANISCH $$

(Karte S. 416; Bengali Tola; Hauptgerichte 100–500 ₹; ⏲9–22 Uhr) In diesem gemütlichen Restaurant schmecken alle Gerichte, doch der Hauptgrund für einen Besuch ist das ausgezeichnete koreanische Essen. Die leckeren, schmackhaften Mahlzeiten wie *jabchaebab* (Pfannengericht mit Glasnu-

NICHT VERSÄUMEN

DER BESTE LASSI IN VARANASI

Blue Lassi (Karte S. 420; Lassi 40–90 ₹; ⌚9–22 Uhr; 📶) beendet die lange Durststrecke bei der Suche nach Indiens besten Lassis: Der winzige Joghurtladen mit Verkaufsfenster serviert seit 1925 die frischesten, cremigsten und fruchtigsten Lassis der Stadt. Der Enkel des Geschäftsgründers arbeitet immer noch hier. Neben dem Mixkessel für die Lassis sitzt er vorne in einem kleinen Raum mit Holzbänken. Dessen Wände sind mit Botschaften zufriedener Kunden gespickt.

Die über 80 leckeren Geschmacksrichtungen sind in Hauptkategorien unterteilt: Natur, Banane, Apfel, Granatapfel, Mango, Papaya, Erdbeer, Heidelbeer, Kokos und Safran. Unsere Favoriten sind die beiden Varianten mit Banane und frischen Apfelstückchen (gibt's leider nicht kombiniert).

Die ganze Szenerie ist surreal: Es dauert eine halbe Ewigkeit, bis der Lassi serviert wird. Gleichzeitig dröhnt discomäßige Musik in die Ohren von durstigen Gästen aus aller Welt, während draußen vor der Tür Verstorbene zum Einäscherungs-Ghat (Manikarnika) gebracht werden. *Namaste!*

deln) beinhalten Suppe und Kimchi. Man sitzt auf Bodenkissen, an Tischen oder auf der Terrasse mit Blick auf die Bengali Tola. Der Besitzer Bona ist überaus freundlich.

Dolphin Restaurant INDISCH $$
(Rashmi Guest House; Karte S. 420; 16/28A Man Mandir Ghat; Hauptgerichte 130–340 ₹; ⌚7–22 Uhr) Die Atmosphäre toppt das Essen im Dolphin noch, dem Dachrestaurant im Rashmi Guest House (S. 424), das hoch über dem Man-Mandir-Ghat liegt. Das Lokal ist ein prima Ort, um zu Abend zu essen, und der luftige Balkon ist der tollste Ort in der Altstadt. Das Dolphin ist eines der wenigen Restaurants, die nicht nur vegetarische Menüs anbieten.

★ **Darbangha** INDISCH, INTERNATIONAL $$$
(Karte S. 420; ☎9129414141; Brijrama Palace Hotel, Munshi/Darbhanga Ghat; Hauptgerichte 750–1100 ₹, Thalis 1750 ₹; ⌚12–15 & 19.30–22.30 Uhr) Ehrlich: Das indische Essen hier zählt zum Besten, das wir je gegessen haben. Das *palak chaman* (Panir in Spinat mit Gewürzen) ist traumhaft, und das *aloo chaat,* ein Gourmet-Straßenessen, ist eine Offenbarung. Es gibt auch eine gute Auswahl an europäischen und Thai-Gerichten. Der Mindestverzehr beträgt für Nicht-Gäste 1000 ₹ pro Person – eine Ausgabe, die sich lohnt!

Assi-Ghat & Umgebung

Aum Cafe CAFÉ $
(Karte S. 420; www.touchoflight.us; B1/201 Assi Ghat; Hauptgerichte 70–180 ₹; ⌚Di–So 8–16.30 Uhr; 📶☎) 🌿 Das farbenfrohe Café wird von einer Amerikanerin geführt, die seit über 20 Jahren nach Indien kommt. Es serviert den ganzen Tag lang Frühstück (gute Zitronenpfannkuchen), tolle Lassis mit Zitrone und Bio-Tee sowie einige leichte Sandwiches, die eine nette Abwechslung von all den Currys sind. Hier werden auch Massagetherapie und Bodypiercing angeboten.

★ **Open Hand** CAFÉ $$
(Karte S. 416; www.openhand.in; 1/128-3 Dumraub Bagh; Hauptgerichte 160–280 ₹; ⌚8–20 Uhr; 📶) 🌿 In diesem Café mit Geschenkeladen (Schuhe draußen lassen) gibt's echten Espresso und Kaffee aus der Cafetière, Frühstücksplatten mit Pfannkuchen, Omeletts und Müsli sowie verschiedene Salate, Pastas und Backwaren, die alle großartig sind. Man kann auf dem schmalen Balkon sitzen oder den ganzen Tag über in dem ehemaligen Privathaus herumtrödeln und kostenlos im Internet surfen.

Der Laden verkauft eine große Auswahl wunderbaren Kunsthandwerks (Schmuck, Spielzeug, Kleidung), die von Einheimischen der Gegend hergestellt werden. Könnte nicht angenehmer sein...

Vegan & Raw VEGAN $$
(Karte S. 420; Shivala Rd, Nähe Tulsi Ghat; Hauptgerichte 170–220 ₹; ⌚9–21.30 Uhr; 📶) Das entspannte Hofrestaurant ist ein Ableger der Brown Bread Bakery (S. 425) und wartet mit ausgezeichneten veganen Gerichten auf. Die Speisekarte enthält allein eine ganze Seite mit Salaten, von Spinat-Radieschen-Walnuss-Salat bis zu Papaya-Granatapfel-Leinsamen-Salat. Unter den Vorspeisen sind viele Pastas, es gibt aber auch Tofu, *momo* (tibetische Klöße) und Couscous. Dienstags, donnerstags und samstags erklingt gegen 19 Uhr Livemusik unterschiedlicher Genres.

Das Vegan & Raw liegt hinter dem Geschäft Organic der Brown Bread Bakery (S. 427).

Ausgehen & Nachtleben

Wein- und Bierläden sind diskret in der Stadt verteilt, meistens in einiger Entfernung vom Fluss (es ist verpönt, am heiligen Ganges oder in seiner Nähe Alkohol zu trinken). Aufgrund der Alkoholgesetze, in denen die Distanz von Alkoholläden zu Tempeln festgelegt ist, hat hier niemand eine Schanklizenz, doch meist bekommt man in den Dachrestaurants unter der Hand doch ein Bier. Bars findet man in den Mittelklasse- und Spitzenhotels abseits der Ghats.

Mangi Ferra CAFÉ
(Karte S. 416; www.hotelsuryavns.com; S-20/51A-5 The Mall Rd; ⌚11–23 Uhr) In der farbenfrohen, lockeren Lounge im Garten des Hotel Surya (S. 424) kann man ganz entspannt einen Espresso (70 ₹), ein kühles Bier oder einen Cocktail (120–480 ₹) trinken, entweder im Garten oder auf einem der vielen Sofas und Sessel.

Prinsep Bar BAR
(Karte S. 416; www.tajhotels.com; Gateway Hotel Ganges, Raja Bazaar Rd; ⌚Mo–Sa 12–23, So bis 24 Uhr) In dieser winzigen Bar kann man einen ruhigen Drink in historischem Ambiente genießen. Sie ist nach James Prinsep benannt, der wunderbare Zeichnungen von den Ghats und Tempeln angefertigt hat (am besten an Bier halten, denn die 25 ml-Cocktails sind enttäuschend).

Unterhaltung

In der Brown Bread Bakery wird jeden Abend klassische indische Musik aufgeführt.

Der International Music Centre Ashram (S. 422) veranstaltet mittwoch- und samstagabends kleine Aufführungen (150 ₹).

Shoppen

Varanasi ist zu Recht für seine Seidenbrokate und die schönen Benares-Saris bekannt. Man sollte aber nicht alles glauben, was einem die Seidenverkäufer über die Qualität der Produkte erzählen, nicht einmal in den staatlichen Emporium-Läden. Stattdessen sieht man sich besser selbst um und bildet sich ein eigenes Urteil.

In der Bengali Tola (in der Nähe des Rana-Ghats) gibt es zahlreiche Musikinstrumentenläden, von denen viele auch Unterricht anbieten.

★ **Baba Blacksheep** MODE & ACCESSOIRES
(Karte S. 420; B12/120 A-9, Bhelpura; ⌚9–20 Uhr) Wenn es nach den enthusiastischen Berichten von Travellern geht, ist dies der Laden mit den vertrauenswürdigsten, unaufdringlichsten Verkäufern in ganz Indien. Tatsächlich ist es eines der besten Geschäfte, um Seide (Schals/ Saris ab 500/4000 ₹) und *pashmina* (Schals ab 1700 ₹) zu kaufen.

Die Preise sind fix (wenn auch nicht ausgewiesen), und der freundliche Besitzer weigert sich, beim Provisionsspielchen mitzumachen, daher fahren Autorikschas und Taxis nur ungern hin (jeden ignorieren, der behauptet, man könne hier nicht herfahren, und aufpassen, dass man an den richtigen Laden und nicht an den eines Nachahmers gerät). Der Laden befindet sich an der Bhelpura-Kreuzung unterhalb der Moschee. Er ist nicht der billigste, aber eine schöne Erfahrung.

Mehrotra Silk Factory MODE & ACCESSOIRES
(Karte S. 416; www.mehrotrasilk.in; 4/8A Lal Ghat; ⌚10–20 Uhr) Das Festpreisgeschäft mit Bodenkissen als Sitzgelegenheit, das sich im Labyrinth der Gassen hinter dem Lal-Ghat versteckt, bietet schöne Seide zu fairen Preisen, ob nun kleine Tücher oder große Tagesdecken. Eine weitere **Filiale** (Karte S. 416; www.mehrotrasilk.in; 21/72 Englishia Line; ⌚10–20 Uhr) befindet sich in der Nähe des Bahnhofs.

Organic by Brown Bread Bakery KOSMETIK, LEBENSMITTEL
(Karte S. 420; www.brownbreadbakery.com; 2/225 Shivali; ⌚7–20 Uhr; 📶) 🌿 Der kleine Laden verkauft Naturkosmetik, die im Rahmen des staatlich geförderten Khadi-Programms hergestellt wird, sowie Backwaren, Müsli und Käse aus der Brown Bread Bakery (S. 425).

Shri Gandhi Ashram Khadi KLEIDUNG
(Karte S. 416; Sankat Mochan Rd; ⌚10–19.30 Uhr) Hat Hemden, Kurtas, Saris und Kopftücher aus dem berühmten, in Heimarbeit hergestellten *khadi*-Stoff auf Lager.

Praktische Informationen

In der Stadt verstreut gibt's mehrere Geldautomaten, darunter einen der State Bank of India in der Halle beim Ausgang aus dem Bahnhof.

Heritage Hospital (Karte S. 416; ☎0542-2368888; www.heritagehospitals.in; Lanka) Englischsprachige Mitarbeiter und Ärzte, rund um die Uhr geöffnete Apotheke.

Hauptpostamt (GPO; Karte S. 416; www.indiapost.gov.in; abseits der Rabindranath Tagore Rd, Visheshwarganj; ⌚Mo–Sa 10–18

VORSICHT BEI „DURCHGEHENDEN" BUSTICKETS

Beim Kauf „durchgehender" Tickets von Kathmandu oder Pokhara nach Varanasi ist Vorsicht geboten. Einige Traveller berichteten, dass man sie hinter dem Grenzübergang eingeschüchtert und gedrängt habe, ein zweites Ticket zu kaufen. In beiden Richtungen ist es besser, mit einem regionalen Bus bis zur Grenze zu fahren, diese zu Fuß zu überqueren und dann auf der anderen Seite mit einem normalen Bus weiterzufahren (im Bus kann man beim Schaffner bezahlen). Es gibt aber jeden Tag einen offiziellen Direktbus von Varanasi nach Kathmandu, die Tickets dafür bekommt man am entsprechenden Schalter am Busbahnhof.

Traveller haben sich auch darüber beschwert, dass sie in Bussen nach Sunauli gedrängt wurden, Extragebühren fürs Gepäck zu zahlen. Diese muss man nicht zahlen, deshalb sollte man das höflich ablehnen.

Uhr) Bestes Postamt, um Pakete ins Ausland zu schicken.

Touristenpolizei (Karte S. 416; UP-Tourism-Büro, Bahnhof Varanasi Junction; ⏲5–21 Uhr) Die Touristenpolizei trägt himmelblaue Uniformen.

UP Tourism (Karte S. 416; ☎0542-2506670; www.uptourism.gov.in; Bahnhof Varanasi Junction; ⏲10–18 Uhr) Der geduldige Herr Umashankar im Büro im Bahnhof erteilt ankommenden Travellern schon seit Jahren ziemlich ehrliche Auskünfte und ist eine großartige Informationsquelle. Wer mit dem Zug anreist, sollte unbedingt ihn als erste Anlaufstelle aufsuchen.

ℹ An- & Weiterreise

BUS

Der **Hauptbusbahnhof** (Karte S. 416) befindet sich gegenüber vom Bahnhof Varanasi Junction. Er hat einen speziellen Schalter für klimatisierte Volvo-Busse nach Lucknow.

Allahabad 120 ₹, 3 Std., 4–22 Uhr alle 30 Min.; tgl. auch acht Busse mit Klimaanlage für 193 ₹

Delhi Busse mit Klimaanlage 1227 ₹, 16 Std., 10 & 14.30 Uhr

Faizabad 195 ₹, 7 Std., 5–21 Uhr regelmäßig

Gorakhpur 185 ₹, 7 Std.,4–22 Uhr alle 30 Min.; tgl. auch sechs Busse mit Klimaanlage für 317 ₹

Lucknow Busse ohne Klimaanlage 275 ₹, 7½ Std.,4–23 Uhr alle 30 Min.; Busse mit Klimaanlage 480–900 ₹, 7½ Std., 8, 10.30, 21, 21.30 & 22.30 Uhr

FLUGZEUG

Der Lal Bahadur Shashtri Airport liegt 24 km nördlich der Stadt in Babatpur. Mehrere Fluggesellschaften bieten von hier Direktflüge in mehrere indische Städte, darunter Delhi, Mumbai, Benguluru (Bangalore) und Hyderabad. Thai Airways hat montags, dienstags und donnerstags Direktflüge nach Bangkok.

ZUG

Varanasis Hauptbahnhof ist der Bahnhof Varanasi Junction, auch Varanasi Cantonment (Cantt) genannt.

Täglich fahren mehrere Züge nach Allahabad, Gorakhpur und Lucknow. Ein paar Züge pro Tag steuern New Delhi und Kolkata/Howrah an, keiner aber Agra. (Allerdings fahren täglich Züge vom Bahnhof Mughal Sarai Junction, 18 km von Varanasi entfernt, nach Tundla, von wo es noch 24 km bis Agra sind.) Der Direktzug nach Khajuraho verkehrt nur montags, mittwochs und samstags. An allen anderen Tagen fährt man über Satna, einem viel größeren Bahnknotenpunkt, von wo es mit dem Bus nach Khajuraho weitergeht.

WICHTIGE ZÜGE AB VARANASI

ZIEL	ZUG-NR. & -NAME	PREIS (₹)	DAUER (STD.)	ABFAHRT
Agra Fort	*14853 Marudhar Exp*	350/950/1365 (A)	13	17.25 Uhr
Allahabad	*15159 Sarnath Exp*	140/490/695 (A)	3	12.25 Uhr
Gorakhpur	*15003 Chaurichaura Exp*	170/490/695 (A)	6½	0.35 Uhr
Jabalpur	*12168 BSB-LTT Sup Exp*	315/810/1140 (A)	8½	10.25 Uhr
Khajuraho	*21108 BSB-Kurj Link E*	265/720 (B)	11½	17.45 Uhr*
Kolkata (Howrah)	*12334 Vibhuti Exp*	415/1100/1565 (A)	13½	18.08 Uhr
Lucknow	*14235 BSB-BE Exp*	210/570/810 (A)	7¼	23.40 Uhr
New Delhi	*12561 Swatantra S Exp*	415/1100/1565 (A)	12	0.40 Uhr

Preise: (A) Sleeper Class/3AC/2AC, (B) Sleeper Class /3AC; * nur Mo, Mi & Sa

Es wurde schon öfter von Gepäckdiebstählen in den Zügen von und nach Varanasi berichtet, man sollte also besonders wachsam sein. Auch Berichte über mit Betäubungsmitteln versetzte Speisen und Getränke hat es schon gegeben; am besten lehnt man alle Angebote von Fremden höflich ab.

Unterwegs vor Ort

VOM/ZUM FLUGHAFEN

Eine Autoriksch a zum 24 km nordwestlich der Stadt gelegenen Flughafen in Babatpur kostet 350 ₹, ein Taxi 800 ₹.

FAHRRAD

Fahrräder kann man in einer kleinen **Fahrradwerkstatt** (Karte S. 420; 7860154166; 1/105 Assi-Dham; Fahrradverleih 30 ₹/Tag; 8–19 Uhr) in der Nähe des Assi-Ghats ausleihen.

FAHRRADRIKSCHA

Eine kurze Fahrt (bis zu 2 km) kostet 50 ₹. Die ungefähren Preise für eine Fahrt von der Godaulia Crossing betragen zum Assi-Ghat 50 ₹, zur Benares Hindu University 60 ₹ und zum Bahnhof Varanasi Junction 60 ₹ – hartnäckiges Feilschen vorausgesetzt.

TAXI & AUTORIKSCHA

Die Prepaid-Schalter für Autorikschas und Taxis befinden sich direkt draußen vor dem Bahnhof Varanasi Junction und geben einen gute Vorstellung von den Preisen für Fahrten in der Stadt. Das funktioniert aber nicht so gut wie in anderen Städten, da die örtlichen Tarife nicht offiziell überwacht werden, man muss also immer noch feilschen.

Wenn die Fahrer sich an das System halten, zahlt man am Schalter eine Verwaltungsgebühr (5 ₹ für Autorikschas, 10 ₹ für Taxis) und bekommt eine Quittung, die man am Ende der Fahrt zusammen mit dem Fahrpreis dem Fahrer gibt. Achtung: Taxis und Autorikschas dürfen zwischen 9 und 21 Uhr wegen der vielen Fußgänger nicht zum Dashashwamedh-Ghat fahren; sie setzen ihr Fahrgäste dann an der Godaulia Crossing ab, von wo es noch etwa 400 m bis zum Eingang in die Altstadt und etwa 700 m bis zum Dashashwamedh-Ghat sind. Während dieser Sperrzeit warten Autorikschas in der Nähe der Godaulia Crossing an einem **Stand** (Karte S. 420; Luxa Rd) in der Luxa Rd.

Preisbeispiele:

Assi-Ghat Autoriksch a/Taxi 90/300 ₹
Flughafen Autoriksch a/Taxi 225/650 ₹
Godaulia Crossing Autoriksch a/Taxi 95/250 ₹
Sarnath Autoriksch a/Taxi 120/400 ₹
Halbtagestour (4 Std.) Taxi 500 ₹
Ganztagestour (8 Std.) Taxi 900 ₹

Autorikschas bieten keine Halbtages- oder Ganztagestouren an. **Sammel-Autorikschas** (Karte S. 420; Mandapur Rd;15 ₹) zum Assi-Ghat und zur Benares University fahren in der Mandapur Rd ab.

SARNATH

0542

Buddha kam nach Sarnath, um seine Botschaft des Mittleren Pfades zum Nirwana zu verkünden, und hielt hier seine berühmte erste Predigt, nachdem er in Bodhgaya zur Erleuchtung gelangt war. Im 3. Jh. v. Chr. ließ der Herrscher Ashoka hier prächtige Stupas und Klöster sowie eine Säule mit Gravuren errichten. Als der chinesische Reisende Xuang Zang 640 n. Chr. nach Sarnath kam, gab es hier einen 100 m hohen Stupa und 1500 Mönche, die in großen Klöstern lebten. Bald danach ging es aber mit dem Buddhismus bergab, und als muslimische Eindringlinge die Stadt im späten 12. Jh. zerstörten, verschwand sie ganz. Britische Archäologen „entdeckten" sie 1835 wieder.

Heute ist Sarnath neben Bodhgaya, Kushinagar und dem nepalesischen Lumbini eine der vier wichtigen buddhistischen Stätten des sogenannten „Buddhist Circuit" und zieht Pilger aus der ganzen Welt an, besonders am Purnima (oder, inoffiziell, Buddhas Geburtstag), wenn das Leben, der Tod und die Erleuchtug von Buddha gefeiert werden – normalerweise ist das im April oder Mai.

Sehenswertes

Tickets für die Sehenswürdigkeiten der Stadt bekommt man im **Ticketbüro** gegenüber vom Garten des Archaeological Museum. Neben den Hauptattraktionen sollte

WEITERREISE NACH NEPAL

Vom Busbahnhof in Varanasi fahren nach Sunauli (S. 434) regelmäßig Busse (293 ₹, 10 Std., alle 30 Min., 4–23 Uhr), außerdem gibt's jeden Abend einen klimatisierten Direktbus nach Kathmandu (1370 ₹, 16 Std., 22 Uhr). Wer mit dem Zug unterwegs ist, fährt bis Gorakhpur und steigt dort in einen Bus nach Sunauli um. Flugpassagiere reisen immer über Delhi. Nepalesische Visa werden bei der Ankunft ausgestellt.

Sarnath

Sehenswertes

1 Archaeological Museum A1
2 Burmesischer Tempel & Kloster......... A1
3 Dhamekh Stupa & Klosterruinen.......... A1
4 Mulgandha Kuti Vihar A1
5 Thai-Tempel & Kloster A2

Schlafen

6 Agrawal Paying Guest House B2
7 Jain Paying Guest House B1

Essen

8 Green Hut A1
9 Vaishali Restaurant B1

man auch einige der Tempel und Gärten besuchen, die von verschiedenen buddhistischen Ländern gebaut worden sind.

Dhamekh Stupa & Klosterruinen BUDDHISTISCHE STÄTTE

(Inder/Ausländer 15/200 ₹, Video 25 ₹; Sonnenaufgang–Sonnenuntergang) In einem friedlichen Park mit Klosterruinen steht der beeindruckende, 34 m hohe Stupa an der Stelle, wo Buddha seine erste Predigt gehalten haben soll. Die floralen und geometrischen Reliefs sind aus dem 5. Jh., doch Teile des Mauerwerks stammen aus dem Jahr 200 v. Chr.

In der Nähe befindet sich die **Ashoka-Säule** aus dem 3. Jh. v. Chr., in die ein Edikt eingraviert ist. Einst war sie 15 m hoch und wurde von dem berühmten Kapitell mit vier Löwen gekrönt, das sich nun im Museum befindet. Heute sind nur noch fünf Fragmente seines Sockels erhalten.

Thai-Tempel & Kloster BUDDHISTISCHER TEMPEL

(April–Sept. 6.30–18 Uhr, Okt.–März 7.15–17 Uhr) Der einzigartige Tempel mit roten Wänden und weißem Dach lohnt einen Blick, der Hauptgrund für einen Besuch sind aber die ihn umgebenden friedlichen **Gärten.**

Burmesischer Tempel & Kloster BUDDHISTISCHER TEMPEL

(7.30–18 Uhr) Der burmesische Tempel hat ein Dach mit drei Pagoden und einen üppigen Garten mit mehreren Buddha-Statuen.

Archaeological Museum MUSEUM

(5 ₹; 9–17 Uhr) Dieses 100 Jahre alte, komplett modernisierte Museum aus Sandstein beherbergt großartig präsentierte antike Schätze, darunter das gut erhaltene Löwenkapitell der Ashoka-Säule aus dem 3. Jh. v. Chr., das als Vorlage für das indische Wappen diente, und ein riesiger, 2000 Jahre alter **Steinschirm**, der kunstvoll mit buddhistischen Symbolen verziert ist.

Mulgandha Kuti Vihar BUDDHISTISCHER TEMPEL

(Video ₹25; 6–18 Uhr) Der von Türmen gekrönte Tempel wurde 1931 von der Mahabodhi Society fertiggestellt und ist für seine einzigartigen **Wandbilder** berühmt, die fast wie Trickfilme wirken. Täglich wird hier Buddhas erste Predigt gesungen, Beginn ist je nach Jahreszeit zwischen 6 und 7 Uhr. Ein **Bodhi-Baum,** der draußen wächst, wurde 1931 aus Anuradhapura in Sri Lanka hierher gebracht; er soll ein Ableger des ursprünglichen Bodhi-Baums in Bodhgaya sein.

Zum Tempel gelangt man durch die Anlage des Dhamekh Stupa.

Schlafen & Essen

Agrawal Paying Guest House PENSION$

(0542-2595316; agrawalpg@gmail.com; 14/94 Ashok Marg; Zi. 700–800 ₹, mit Klimaanlage 1400 ₹;) Eine ruhige Pension mit kultiviertem Besitzer. Die blitzsauberen Zimmern haben Marmorböden und Blick auf einen großen Garten.

Jain Paying Guest House PENSION $
(☎ 0542-2595621; www.visitsarnath.com; Sa 14/37; EZ/DZ 500/750, Zi. ohne Bad 400 ₹;) Ein freundlicher Doktor der Geografie betreibt diese einfache Pension. Seine Frau bereitet rein vegetarische Thalis (180 ₹) zu. Die fünf Zimmer sind rustikal und abgenutzt, haben aber Fenster mit Moskitogittern. Zwischen April und September geht der Preis auf 300 ₹ herunter.

Vaishali Restaurant INDISCH, CHINESISCH $
(Hauptgerichte 80–230 ₹; 8–21 Uhr) Großes, modernes Restaurant im 1. Stock, das hauptsächlich indische, aber auch einige chinesische Gerichte serviert. Es ist das beste Restaurant der Stadt.

Green Hut INDISCH, CHINESISCH $
(Hauptgerichte 60–230 ₹; 9–19.30 Uhr) Das luftige, offene Café-Restaurant hat Snacks, Thalis (90–140 ₹) und chinesische Gerichte im Angebot.

Praktische Informationen

Die **HDFC Bank** hat einen Geldautomaten.

An- & Weiterreise

Regionalbusse nach Sarnath (20 ₹, 40 Min.) halten vor dem Bahnhof Varanasi Junction, es kann aber lange dauern, bis einer kommt.

Eine Autorikscha vom Bahnhof Varanasi Junction kostet 150 ₹ (dieser Preis ist auch eine gute Verhandlungsgrundlage, wenn man eine Rikscha von der Altstadt nimmt), die Rückfahrt ist genauso teuer. Man kann auch zurück von Sarnath in einer Sammel-Autorikscha oder einem *vikram* (15 ₹) bis Pandeypur fahren und dort in eine andere Sammel-Autorikscha nach Benia Bagh (15 ₹) steigen, von wo eine Fahrradrikscha bis Godaulia nur 40 ₹ kostet.

Reservierungsfreie Züge von Varanasi nach Sarnath fahren täglich um 6.55 Uhr sowie täglich außer sonntags um 9.40 Uhr und täglich außer samstags um 9.50 Uhr; die Fahrt kostet 20 ₹. Von Sarnath nach Varanasi fahren Zug *Nr. 15159* um 11.35 Uhr (Sarnath Express; Sleeper/3AC 140/490 ₹, 45 Min.) und reservierungsfreie Züge um 5.43 Uhr (So–Fr) sowie um 15.38 Uhr (Mo–Fr).

GORAKHPUR

☎ 0551 / 675 000 EW.

In Gorakhpur selbst gibt es nur wenig zu sehen, aber der Verkehrsknotenpunkt ist nur einen Katzensprung vom Pilgerzentrum Kushinagar, dem Ort, wo Buddha starb, entfernt. Dadurch ist die Stadt ein möglicher Zwischenstopp auf der Strecke zwischen Varanasi und Nepal.

Schlafen & Essen

Grand Kaushal Inn HOTEL $
(☎ 0551-2200690; Railway Station Rd; Zi. ab 600 ₹, mit Klimaanlage ab 990 ₹;) Eindeutig das beste unter den Hotels vor dem Bahnhof. Die Zimmer sind recht klein, aber modern und gepflegt. Es gibt zudem ein 24-Stunden-Check-out.

Chowdhry Sweet House INTERNATIONAL, DESSERTS $
(Cinema Rd; Hauptgerichte 70–200 ₹; 7–23 Uhr;) In diesem quirligen Restaurant mit Zwischenetage drängen sich die Einheimischen, um in Dinnerparty-Atmosphäre eine große Auswahl köstlicher indischer und chinesischer Gerichte zu speisen, darunter gigantische *dosas* und hervorragende Thalis (160–210 ₹). Es hat sich auch auf leckere Eisbecher spezialisiert, die Auswahl ist riesig. Eine Fahrradrikscha vom Bahnhof hierher kostet 30 ₹.

Shahanshah INDISCH $$
(Royal Residency Hotel, Golghar Rd; Hauptgerichte 170–375 ₹; 11–22.30 Uhr) Dieses Restaurant im Royal Residency Hotel ist eine Hommage an die Bollywood-Ikone Amitabh Bachhaan – eine ganze Wand ist mit Porträts und Wandbildern des Stars geschmückt. Das Ambiente mit geschmackvoller Beleuchtung und digitaler Speisekarte ist modern und angenehm. Auch das Essen ist gut – unbedingt besuchen!

Praktische Informationen

Auf dem Bahnhofparkplatz und gegenüber vom Hotel Adarsh Palace stehen Geldautomaten der State Bank of India.

UP-Tourism-Büro (☎ 0551-2335450; Mo–Sa 10–17 Uhr) Im Bahnhof Gorakhpur.

An- & Weiterreise

Vom Hauptbusbahnhof fahren regelmäßig Busse nach Faizabad (155 ₹, 3½ Std., alle 30 Min.), Kushinagar (56 ₹, 1½ Std., alle 30 Min.) und Sunauli (90 ₹, 3 Std., alle 30 Min.). Von hier starten auch im Lauf des Tages private Busse mit Klimaanlage nach Faizabad (245 ₹, 3½ Std.) und Lucknow (500 ₹, 6 Std.). Schnellere Sammel-Jeeps und -taxis fahren direkt gegenüber vom Bahnhof nach Sunauli (150–300 ₹ pro Pers.), sobald sie voll sind.

Busse nach Varanasi (200 ₹, 7 Std., Expressbus 7.30 Uhr, danach 10–22 Uhr stündl.) und

Busse nach Allahabad (250 ₹, 10 Std., Expressbus 7 Uhr, danach 10–22 Uhr stündl.) verkehren vom Busbahnhof Katchari.

Um vom Bahnhof zum Hauptbusbahnhof zu kommen, verlässt man den Bahnhof und geht ca. 400 m geradeaus. Der Busbahnhof Katchari, von dem Busse nach Varanasi fahren, liegt 3 km weiter südlich.

Täglich fahren drei Züge (Di & Do 4-mal tgl., Fr & Sa 5-mal tgl.) vom großen, geschäftigen Bahnhof Gorakhpur Junction nach Varanasi (Sleeper/3AC/2AC 170/490/695 ₹, 5½ Std.). Mehrere Züge fahren täglich nach Lucknow (Sleeper/3AC/2AC 190/490/695 ₹, 5 Std.) und Delhi (Sleeper/3AC/2AC 395/1080/1555 ₹, 14–17 Std.) sowie einer nach Agra Fort (19038/40 Avadh Express, Sleeper/3AC/2AC ₹335/910/1305, 14½ Std., 13.20 Uhr).

Das Zugreservierungsbüro liegt 500 m rechts vom Bahnhofsausgang.

KUSHINAGAR

05564 / 23 000 EW.

Kushinagar ist jener Ort, an dem Buddha starb, und stellt eine der vier wichtigsten Pilgerstätten dar, die mit Buddhas Leben verbunden sind; die anderen drei sind Lumbini (Nepal), Bodhgaya und Sarnath. Es gibt hier mehrere friedvolle, moderne Tempel, in denen man verweilen, mit den Mönchen sprechen oder einfach nur über sich und die Welt um sich herum nachdenken kann. Außerdem gibt es drei bedeutende historische Sehenswürdigkeiten, darunter einen schlichten, aber eine wunderbare Erhabenheit ausstrahlenden Stupa, in dem Buddha der Überlieferung nach eingeäschert worden sein soll.

Sehenswertes

Kushinagars einzige Straße wird von den Hauptruinen und von aufwendig gestalteten Tempeln mehrerer buddhistischer Nationen gesäumt.

★ Mahaparinirvana-Tempel BUDDHISTISCHER TEMPEL

(Buddha Marg; 6 Uhr–Sonnenuntergang) Das Highlight dieses bescheidenen Tempels, der 1927 wiederaufgebaut wurde und zwischen großen Rasenflächen und antiken ausgegrabenen Ruinen liegt, ist der liegende Buddha aus dem 5. Jh., der 1876 ausgegraben wurde. Die 6 m lange Figur, die großen Frieden verströmt, verkörpert Buddha auf seinem Totenbett ruhend und ist eine der ergreifendsten Darstellungen Buddhas überhaupt. Zum Sonnenuntergang bedecken Mönche die Statue mit einem langen safranfarbenen Seidentuch, als ob sie Buddha zur Nacht betten.

Hinter dem Tempel steht ein antiker, 19 m hoher **Stupa**, und im Park ringsum befindet sich eine große **Glocke**, die vom Dalai Lama aufgestellt wurde.

Wat-Thai-Komplex BUDDHISTISCHER TEMPEL

(www.watthaikusinara-th.org; Buddha Marg; 9–11.30 & 13.30–16 Uhr) Dieser Komplex umfasst einen aufwendig verzierten Tempel, gepflegte **Gärten**, ein Kloster und einen **Tempel** mit einem vergoldeten Buddha. Auf der anderen Straßenseite befinden sich eine Sonntagsschule und ein Gesundheitszentrum, in denen Besucher willkommen sind. Die Unterkünfte sind – zum Leidwesen aller anderen Besucher – ausschließlich für Thailänder reserviert.

Ramabhar Stupa BUDDHISTISCHE STÄTTE

Architektonisch ist dieser halb verfallene, 15 m hohe Stupa wenig mehr als ein kuppelförmiger Haufen roter Ziegel, dennoch hat dieser Ort eine spürbare Aura, die sich nur schwer ignorieren lässt. An dieser Stelle soll hier einst Buddhas Leichnam verbrannt worden sein, und oft sieht man hier Mönche und Pilger, die meditierend auf dem Pfad wandeln, der das Bauwerk umrundet.

Mathakuar-Tempel BUDDHISTISCHER TEMPEL

(Buddha Marg; Sonnenaufgang–Sonnenuntergang) Dieser kleine Schrein, der zwischen Klosterruinen steht, markiert die Stelle, an der Buddha seine letzte Predigt gehalten haben soll. Er beherbergt jetzt eine vermutlich aus dem 10. Jh. stammende, 3 m hohe Buddhstatue aus blauem Stein.

Schlafen & Essen

In einigen Tempeln, die über schlichte Pilgerunterkünfte verfügen, sind auch Traveller willkommen.

Tibetischer Tempel PENSION $

(8795569357; Buddha Marg; DZ/3BZ 600/800 ₹) Die mit Abstand angenehmste Pilgerherberge in Kushinagar ist eine tolle Tempelunterkunft – die Zimmer sind sogar netter als die teureren in den umliegenden Hotels. Wenn man möchte, kann man gegen eine Spende auch im Schlafsaal übernachten. In dem Tempel leben tibetische Mönche aus Dharamsala, die für ein oder

Kushinagar

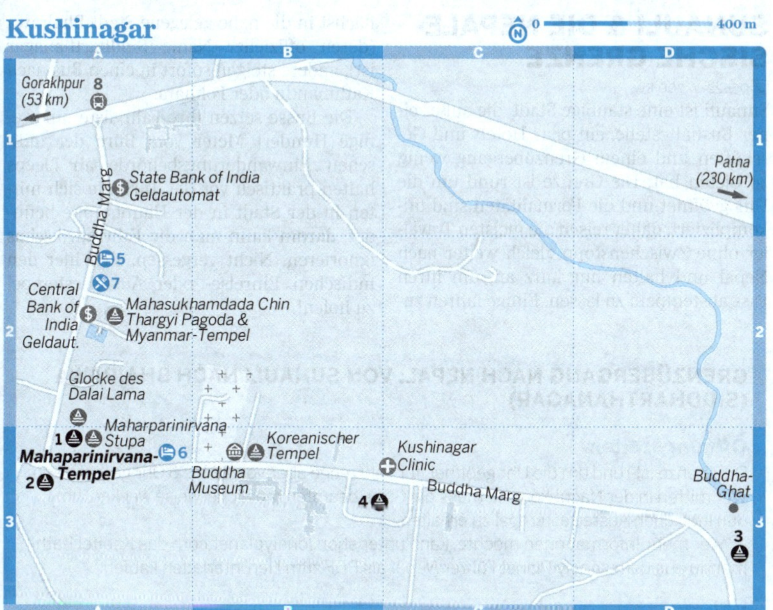

zwei Jahre als Verwaltungskräfte herkommen und in der Regel recht gut Englisch sprechen.

Vietnamesisch-chinesischer Linh-Son-Tempel PENSION $
(☎9936837270; www.linhsonnepalindiatemple.org; Buddha Marg; EZ/DZ/3BZ 400/550/800 ₹; 📶) Diese Unterkunft bietet ihren Gästen einfache, saubere Dreibettzimmer mit eigenem Bad, warmem Wasser und WLAN, was hier eine Seltenheit ist.

Yama Cafe INTERNATIONAL $
(☎9956112749; Buddha Marg; Hauptgerichte 60–100 ₹; ⏲8–19.30 Uhr) Diese Institution der Stadt wird vom freundlichen Ehepaar Roy geführt und hat eine auf Traveller ausgerichtete Karte mit Toast, Omeletts, gebratenem Reis und *thukpa* (tibetische Nudelsuppe). Hier erhält man auch die besten Informationen über die Gegend, z.B. über den sogenannten **Holy Hike**, eine 13 km lange Wanderung durch die Felder der Umgebung.

Praktische Informationen

In der Stadt gibt's zwei Geldautomaten und mehrere private Wechselstuben.

Central Bank of India (Buddha Marg)

State Bank of India (Buddha Marg)

Kushinagar

Highlights
1 Mahaparinirvana-Tempel A3

Sehenswertes
2 Mathakuar-Tempel A3
3 Ramabhar Stupa D3
4 Wat-Thai-Komplex B3

Schlafen
5 Vietnam.-chin. Linh-Son-Tempel A2
6 Tibetischer Tempel A3

Essen
7 Yama Cafe A2

Transport
8 Busse nach Gorakhpur A1

Kushinagar Clinic Medizinische Versorgung; die Klinik wird vom nahe gelegenen Wat Thai betrieben.

An- & Weiterreise

Der Bau eines neuen internationalen Flughafens in der Nähe wurde bereits genehmigt, ein festes Datum für seine Fertigstellung gibt es aber noch nicht.

Die häufig fahrenden Busse nach Gorakhpur (56 ₹, 1½ Std.) kann man an der Hauptstraße heranwinken, in der Mittelspur gegenüber von dem gelben Torbogen am Eingang zur Stadt.

SUNAULI & DIE NEPALESISCHE GRENZE

05522 / 700 EW.

Sunauli ist eine staubige Stadt, die außer einer Bushaltestelle, ein paar Hotels und Geschäften und einem Grenzübergang wenig zu bieten hat. Die Grenze ist rund um die Uhr geöffnet und die Formalitäten sind unkompliziert, daher reisen die meisten Traveller ohne Zwischenstopp gleich weiter nach Nepal und halten nur kurz an, um ihren Pass abstempeln zu lassen. Einige fahren zunächst in die nahe gelegene Stadt Bhairawa (deren offizieller Name Siddharthanagar ist), andere steigen sofort in einen Bus nach Kathmandu oder Pokhara.

Die Busse setzen ihre Fahrgäste nur wenige Hundert Meter vom Büro der indischen Einwanderungsbehörde ab (Jeeps halten praktisch vor der Tür), die sich mitten in der Stadt in der Hauptstraße befindet, darum kann man die Fahrradrikschas ignorieren. Nicht vergessen, sich hier den indischen Einreise- oder Ausreisestempel zu holen!

GRENZÜBERGANG NACH NEPAL: VON SUNAULI NACH BHAIRAWA (SIDDHARTHANAGAR)

Öffnungszeiten

Die Grenze ist rund um die Uhr geöffnet, für Fahrzeuge aber von 22 bis 6 Uhr geschlossen. Wer mitten in der Nacht kommt, muss die Grenzbeamten möglicherweise wecken, um den indischen Ausreisestempel zu erhalten.

Wer mehr Informationen möchte, kann unter shop.lonelyplanet.com das Kapitel Kathmandu aus dem Lonely Planet Führer *Nepal* als PDF zum Herunterladen kaufen.

Geldwechsel

In Sunauli gibt's mehrere Wechselstuben. Auf der nepalesischen Seite befinden sich ein paar Geldautomaten, darunter einer der State Bank of India neben dem Hotel Akash. Alle akzeptieren internationale Karten.

Auf der nepalesischen Seite kann man Bustickets auch mit indischem Geld in kleinen Scheinen bezahlen.

Weiterreise

Am bequemsten ist der klimatisierte Bus (15 US$, 6–7 Std.) von **Golden Travels** (071-520194), der um 7 Uhr 100 m hinter dem nepalesischen Einreiseschalter abfährt. Dort starten zwischen 6 und 22 Uhr alle 30 Minuten auch klimatisierte Micros (Minivans; 800 ₹, 6 Std.).

Alternativ kann man mit Nahverkehrsbussen (20 ₹) oder Autorikschas (100 ₹) von der Grenze ins 4 km entfernte Siddharthanagar fahren und mit Bussen ohne Klimaanlage über Narayangarh (350 ₹, 3 Std.) nach Kathmandu (550 ₹, 8 Std.) weiterreisen. Busse von Siddharthanagar nach Pokhara fahren via Tansen (250 ₹, 5 Std.) über den Siddhartha Hwy (550 ₹, 9 Std.) oder aber über den Mugling Hwy (650 ₹, 8 Std.).

Nahverkehrsbusse nach Lumbini (80 ₹, 1 Std.), dem Geburtsort Buddhas, starten ca. 1 km nördlich der Bank Rd an der Kreuzung des Siddhartha Hwy mit der Straße nach Lumbini.

Buddha Air (www.buddahair.com) und **Yeti Airlines** (www.yetiairlines.com) fliegen von Siddharthanagar nach Kathmandu (ab 135 US$).

Visa

Visa für die mehrfache Einreise (für 15/30/90 Tage 25/40/100 US$) werden bei der Einreise nach Nepal ausgestellt (Achtung: nur gegen Bargeld in US$, nicht in Rupien). Wer Zeit sparen will, kann seinen Visumsantrag online unter http://online.nepalimmigration.gov.np/tourist-visa beantragen. Die Quittung muss man innerhalb von 15 Tagen nach Antragstellung an der Grenze vorlegen; sie enthält auch die wichtigsten Informationen zu den Einreiseformalitäten.

Man sollte sich immer auch bei der **nepalesischen Einwanderungsbehörde** (+977-1-4429659; www.nepalimmigration.gov.np; Kalikasthan, Kathmandu) über den aktuellsten Stand, was die Visa angeht, informieren.

Schlafen & Essen

City Guest House HOTEL $
(☎7054378491; Zi. 500–700 ₹) Besser als hier wird's in Sunauli nicht. Die Zimmer dieses Hotels an der Hauptstraße sind schlicht und etwas schäbig, aber akzeptabel. Am besten schaut man sich einige an, ehe man sich entscheidet.

Apna Restaurant DHABA $
(Main Road; Thalis 50 ₹; ⏲11–21 Uhr) Direkt an der Hauptstraße befindet sich eine der besseren *dhabas* der Stadt. Es handelt sich um ein Dachrestaurant, die Treppe nach oben befindet sich etwa 30 m links vom Eingang des Büros der indischen Einwanderungsbehörde.

Praktische Informationen

Nepal Tourism Board Information Centre (www.welcomenepal.com; ⏲10–17 Uhr) Die sehr hilfreiche Touristeninformation befindet auf dem Weg zur Grenze auf der rechten Seite, irgendwo im Niemandsland.

An- & Weiterreise

Von Sunauli nach Gorakhpur (90 ₹, 3 Std., 4–19 Uhr) fahren viele staatliche und private Busse. In Gorakhpur kann man in Züge und Busse nach Varanasi und in andere Orte umsteigen. Es gibt auch zwei Direktbusse nach Varanasi (11 Std.), einen klimatisierten Bus um 17 Uhr (466 ₹) und einen Bus ohne Klimaanlage um 18 Uhr (292 ₹), die Fahrt ist aber lang und holprig.

Schnellere Sammeltaxis und -Jeeps nach Gorakhpur warten entlang der Straße hinter dem Büro der indischen Einwanderungsbehörde und starten, sobald sie voll besetzt sind (150–300 ₹, 2 Std.).

LUCKNOW (LAKHNAU)

☎0522 / 3,3 MIO. EW.

Die Hauptstadt von Uttar Pradesh, die mit außergewöhnlichen Bauwerken aus der Zeit der britischen Herrschaft gespickt ist, wartet mit zwei großartigen Mausoleen auf und ist in ganz Indien für ihre Küche berühmt. Dennoch ist sie eine Art Geheimtipp: Es gibt viel zu sehen, aber von Reisenden wird die Stadt oft übersehen. Das Zentrum von Lucknow (Lakhnau) prägen breite Boulevards, riesige Denkmäler und mehrere Parks und Gärten, doch es wirkt auch ein wenig vernachlässigt, sodass eine Atmosphäre verblichener Pracht entsteht. Die Einheimischen sind meist sehr freundlich, und den Stress der stärker touristisch geprägten Städte spürt man hier kaum.

Ihre Blüte erlebte die Stadt als Heimat der Nawabs von Avadh (Oudh), die große Förderer der Kochkunst und anderer Künste waren, besonders des Tanzes und der Musik. Lucknows Ruf als Stadt der Kultur, des eleganten Lebensstils und der guten Küche lebt bis heute fort – die Redewendung *nawab, aadaab* (Höflichkeit), *kebab* und *shabab* (Schönheit) reimt sich praktischerweise auf Hindi.

Sehenswertes

★Residency HISTORISCHE STÄTTE
(Inder/Ausländer 10/105 ₹, Video 25 ₹; ⏲Sonnenaufgang–Sonnenuntergang) Mit ihren zahlreichen Gärten und Ruinen gewährt die Residenz (erb. 1800) einen faszinierenden historischen Einblick in den Anfang vom Ende der britischen Herrschaft in Indien. 1857 spielten sich hier die dramatischsten Ereignisse des Indischen Aufstands (Sepoy-Aufstands) ab: Bei der 147 Tage dauernden Belagerung Lucknows verloren Tausende ihr Leben.

Der Komplex hat sich seit dem Ende des Aufstands kaum verändert, und so sind seine Mauern bis heute von den Spuren der Gewehr- und Kanonenkugeln gezeichnet.

Herzstück ist das schön gestaltete **Museum** (8–16.30 Uhr) im früheren Hauptbau, das u.a. ein maßstabsgetreues Modell der ursprünglichen Anlage beherbergt. In den darunter befindlichen Riesenkellern lebten während der Belagerung viele britische Frauen und Kinder.

Auf dem **Friedhof** rund um die zerstörte Kirche St. Mary's ruhen 2000 der Verteidiger, darunter deren Befehlshaber Sir Henry Lawrence, der – laut der berühmten Inschrift auf seinem verwitterten Grabstein – „versuchte, seine Pflicht zu erfüllen".

★Bara Imambara ISLAMISCHES GRABMAL
(Hussainabad Trust Rd; Inder/Ausländer 50/500 ₹; ⏲6–18 Uhr) Dieses kolossale *imambara* (einem schiitischen Heiligen gewidmetes Grab) ist schon allein einen Besuch wert. Doch das äußerst ungewöhnliche Labyrinth der Korridore in den oberen Stockwerken macht es ganz besonders sehenswert. Im Preis enthalten sind der Eintritt in den Chota Imambara (S. 436), in den Clock Tower (S. 437) und in die Hussainabad Picture Gallery (S. 437), die man von hier alle gut zu Fuß erreicht.

Man betritt den Komplex durch zwei gewaltige Eingangstore, die in einen riesigen

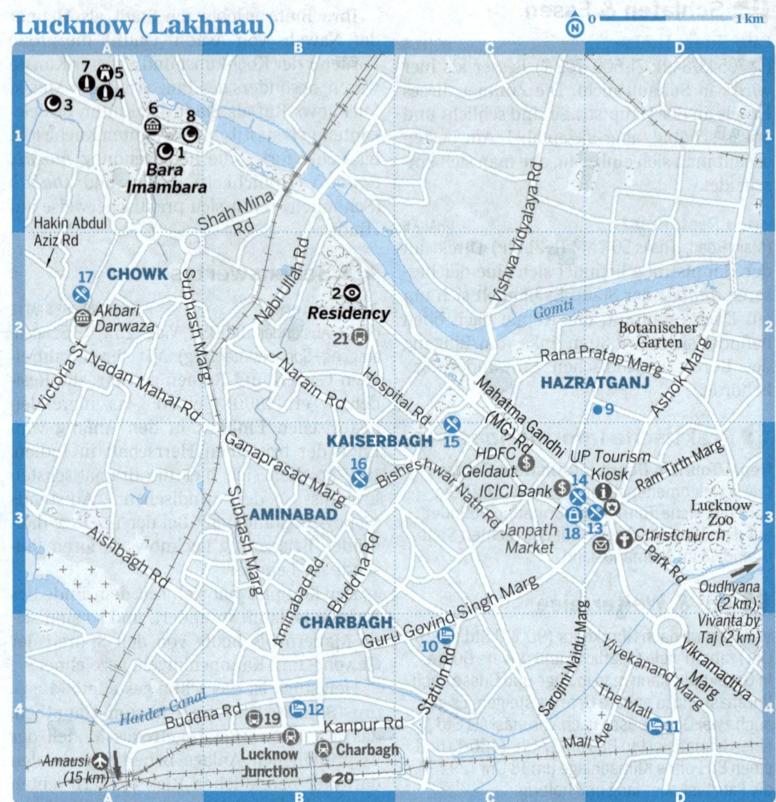

Innenhof führen. An einer Seite liegt eine schöne **Moschee**, an der anderen ein großer **Baori** (Stufenbrunnen), den man erforschen kann. Taschenlampe mitbringen! Am entgegengesetzten Ende des Hofes befindet sich die riesige **zentrale Halle**, eine der größten Bogengalerien der Welt. In ihrem Inneren werden *tazias* (kleine Nachbildungen des Grabs von Imam Hussain im iranischen Kerbela) aufbewahrt, die rund um die schiitischen Passionsspiele (Muharram) bei Paraden zur Schau gestellt werden.

Doch erst hinter dem kleinen Eingang links von der zentralen Halle, der verlockend mit „Labyrinth" beschildert ist, kommt die eigentliche Attraktion. Er führt zur **Bhul-bhulaiya**, einem faszinierenden Netz enger Gänge, die sich durch die oberen Etagen des Bauwerkes winden und schließlich auf Dachbalkons führen. Auch hier ist eine Taschenlampe nützlich.

Gleich hinter dem Bara Imambara steht das ungewöhnliche und imposante Tor **Rumi Darwaza** (Hussainabad Trust Rd), das eine Kopie eines Eingangstores in Istanbul sein soll; „Rumi" (mit Bezug auf Rom) war die muslimische Bezeichnung für Istanbul, als die Stadt noch Byzanz hieß und die Hauptstadt des Oströmischen Reiches war. Auf der anderen Straßenseite steht die schöne, weiße **Tila Wali Masjid**, eine 1680 erbaute Moschee, die von außen trügerisch prächtig wirkt – das Innere wird aber regelmäßig neu übermalt.

Heterosexuelle Paare müssen einen Führer (100 ₹) anheuern, um Knutschereien im Labyrinth zu verhindern – und nein, das ist kein Scherz!

Chota Imambara ISLAMISCHES GRABMAL

(Hussainabad Imambara; Hussainabad Trust Rd; Inder/Ausländer 20/200 ₹, Zugang im Eintritt zum Bara Imambara enthalten; ⌚6–18 Uhr) Mohammed Ali Shah errichtete dieses reich verzierte Grabmal im Jahr 1832 und ruht hier zusammen mit seiner Mutter. Kalligrafien

Lucknow (Lakhnau)

Highlights
1 Bara Imambara A1
2 Residency B2

Sehenswertes
3 Chota Imambara A1
4 Clock Tower A1
5 Hussainabad Picture Gallery A1
6 Rumi Darwaza A1
7 Satkhanda A1
8 Tila Wali Masjid A1

Aktivitäten, Kurse & Touren
9 UP Tourism Heritage Walking Tour D2

Schlafen
10 Hotel Ganga Maiya C4
11 Lucknow Homestay D4
12 SSJ International B4

Essen
13 Moti Mahal Restaurant D3
14 Royal Cafe C3
15 Sakhawat C3
16 Tunday Kababi B3
17 Tunday Kebabi A2

Ausgehen & Nachtleben
EOS .... (siehe 13)

Shoppen
18 Sugandhco C3

Praktisches
UP Tourism .... (siehe 9)

Transport
19 Busbahnhof Charbagh B4
20 Foreign Tourist Help Desk B4
21 Busbahnhof Kaiserbagh B2

schmücken den ruhig und intim wirkenden Bau. Zu sehen gibt's z. B. Mohammeds silbernen Thron und seine rote Krone – ebenso zahlreiche Kronleuchter und bunt dekorierte *tazias*.

Im Garten befinden sich ein Wasserbecken und zwei Nachbildungen des Taj Mahal, in denen Mohammed Ali Shas Tochter und deren Ehemann begraben liegen. Etwas zurückgesetzt liegt seitlich ein traditioneller **Hamam.**

Außerhalb des Komplexes steht gegenüber der **Satkhanda** (Siebenstöckiger Turm; Hussainabad Trust Rd). Trotz seines Namens hat dieser verfallende Wachturm nur vier Stockwerke: Der Bau wurde 1840 abgebrochen, als Mohammed Ali Shah starb.

Der 67 m hohe **Clock Tower** (Zugang im Eintritt zum Bara Imambara enthalten; ⏲ Sonnenaufgang–Sonnenuntergang) aus rotem Backstein entstand in den 1880er-Jahren und ist landesweit der höchste seiner Art. Die nahe gelegene **Hussainabad Picture Gallery** (Baradari; Inder/Ausländer 20/200 ₹, ansonsten im Eintritt zum Bara Imambara enthalten; ⏲ 7–18 Uhr) befindet sich in einem eindrucksvollen *baradari* (Pavillon) aus rotem Backstein, der 1842 als königlicher Sommerpalast erbaut wurde und Portraits der Nawabs beherbergt. Davor erstreckt sich ein künstlicher See.

Geführte Touren

★ UP Tourism Heritage Walking Tour STADTSPAZIERGANG
(☎ 9415013047; 3-stündige Tour 300 ₹; ⏲ Touren April & Sept. 7 Uhr, Okt.–März 8 Uhr) Diese tolle Tour unter der Leitung von UP Tourism könnte allgemein durchaus als beste Investitionsmöglichkeit für 300 ₹ gelten. Teilnehmer und Guides (sprechen Englisch) treffen sich vor der Tila Wali Masjid. Auf den Besuch der Moschee folgt die Besichtigung des Bara Imambara. Anschließend werden architektonische Perlen im Gassengewirr des faszinierenden Chowk-Viertels bewundert.

Unterwegs besteht die Möglichkeit, interessante Köstlichkeiten zu probieren. Darunter z. B. erfrischendes *thandai,* das u. a. Milch, Kardamom, Mandeln, Fenchel und Saffran enthält – hier auf Wunsch zusätzlich auch noch Marihuana! Parallel gibt's Insider-Einblicke in verschiedene Traditionen, die von althergebrachter *unani*-Medizin und Blockdruck mit Indigo-Farbstoff bis hin zur Herstellung von *vark* (essbarer Silberfolie) reichen. Alles in allem eine wirklich großartige Methode, um Lucknows älteste Viertel verirrungsfrei zu erkunden! Hinweis: Die Touren bucht man am besten direkt per Telefon und dauern zwischen 2½ und 3 Stunden.

Schlafen

Lucknow Homestay HOMESTAY $
(☎ 9838003590; lucknowhomestay@gmail.com; 110D Mall Ave; EZ/DZ 1000/1100 ₹, ohne Bad 600/700 ₹, mit Klimaanlage 1500/1600 ₹; ❄ 📶) Lucknows freundlichste Budgetunterkunft befindet sich in einem grünen Viertel im Haus von Naheed und ihrer Familie. Sie sind zwar etwas distanziert, bieten aber sechs rustikale Zimmer, vier davon mit eigenem

Bad. Das Frühstück ist im Preis enthalten. Am Eingang ist ein Schild – man geht hinein und dann eine Treppe hoch. Möglichst im Voraus buchen, denn die Unterkunft ist für Langzeitaufenthalte beliebt.

Rikschafahrer kennen die Mall Ave, die eigentlich ein ganz Viertel und nicht nur eine Straße ist; man sollte aber versuchen, sich bei der Ankunft zu orientieren, damit man das Haus später auch wiederfindet. Es steht mitten in einem Labyrinth, am einfachsten findet man es von der Mahatma Gandhi (MG) Rd aus. Am besten lernt man Naheeds Lieblings-Rikschafahrer kennen, den ehrlichen und zuverlässigen Guatam, der Englisch spricht.

SSJ International HOTEL $$

(☎0522-406609; www.ssjinternational.com; 46 Chandran Gupt Nagar, Charbagh; EZ/DZ 1725/2200 ₹) Wer in der Nähe des Bahnhofs oder Busbahnhofs übernachten möchte, aber keine Lust auf schäbige Unterkünfte hat, der ist hier genau richtig. Das neue, moderne Hotel wird hervorragend geführt und hat Zimmer, die in vieler Hinsicht den Komfort von Businesshotels aufweisen. Es befindet sich in einer kleinen Straße direkt östlich der Subash Marg, etwa einen Block nördlich der Kanpur Rd.

Hotel Ganga Maiya HOTEL $$

(☎9335282783; www.hotelgangamaiya.com; 62/9 Station Rd; EZ/DZ ab 1400/1600 ₹) Sauber und gepflegt, und selbst die billigsten Zimmer haben WLAN, Flachbildfernseher und gute Betten. Die teureren Zimmer sind größer und etwas schicker. Vor allem hebt sich dieses Hotel aber durch seine unglaublich hilfsbereiten Mitarbeiter ab. Alles in allem eine der Unterkünfte mit dem besten Preis-Leistungs-Verhältnis in Lucknow. Liegt günstig zwischen dem Bahnhof und der MG Road. Meistens sind Rabatte möglich.

Essen

Lucknow ist die unumstrittene kulinarische Hauptstadt Uttar Pradeshs. Dem erlesenen Geschmack der Nawabs verdankt Lucknow seine berühmte reichhaltige, sehr schmackhafte Mogul-Küche mit viel Fleisch. Die örtlichen Restaurants sind für ihre köstlichen Kebabs und Biryanis bekannt.

Daneben ist Lucknow auch für *dum pukht* berühmt, die Kunst des Garens unter Dampfdruck, wobei Fleisch und Gemüse zusammen in einem versiegelten Tontopf gekocht werden. Ein schönes Gericht im Winter ist *namash,* ein überraschend leichter Mix aus Milch, Sahne und Morgentau.

★ **Tunday Kababi** NORDINDISCH $

(Naaz Cinema Rd, abseits der Aminabad Rd; Gerichte 95–200 ₹; ⏲11–23.30 Uhr) Dies ist die saubere und neuere Filiale des berühmten 100 Jahre alten, sehr schwer zu findenden Kebab-Ladens im **Chowk** (nahe Akbari Gate; Kebabs 5 ₹; ⏲10–23 Uhr), wo Büffelkebabs nur 5 ₹ kosten! Hier sind die Preise höher, doch dafür ziehen die Jungs für Bestellungen zum Mitnehmen am Straßenrand eine ziemliche Show ab. Das eigentliche Restaurant dahinter serviert den Scharen von Fleischfans leckere Hammel-Biryanis, Kebabs und Tandur-Hühnchen.

Der Kebab mit Hammelhackfleisch (vier Stück für 95 ₹, schmeckt am besten mit *paratha*) ist unglaublich lecker und pikant gewürzt. Rikschafahrer wissen, wo dieses Restaurant ist: Es versteckt sich in einer schmalen Straße im belebten Viertel Aminabad. In der Stadt gibt's etliche andere Kebab-Restaurants namens Tunday, einige davon Franchise-Ableger, die meisten sind aber nur Kopien.

Sakhawat NORDINDISCH $

(www.sakhawatrestaurant.com; 2 Kaiserbagh Ave, hinter dem Awadh Gymkhana Club; Kebabs 110–140 ₹; ⏲Mi–Mo 16.30–22.30 Uhr) Das sehr empfehlenswerte Sakhawat ist klein und macht äußerlich nicht viel her, doch die täglich wechselnden Kebabs (z.B. *galawat*) sind einfach fabelhaft. Die rauchige, knusprige Kruste macht den Unterschied, und ungeachtet seines Aussehens hat das Restaurant internationale Auszeichnungen gewonnen und fungiert zugleich als Kochschule für Awadt-Küche. Es gibt auch Biryanis und verschiedene Currys.

Royal Cafe INTERNATIONAL $$

(51 MG Rd; Chaat 50–180 ₹, Hauptgerichte 190–470 ₹; ⏲12–23 Uhr) Auch wer das hervorragende Restaurant an sich nicht besuchen will, sollte etwas an dem äußerst populären Stand vor der Tür probieren: Verschiedene Varianten von *chaats* (pikanten Snacks) werden dort in *aloo-* bzw. Kartoffelkörbchen oder kleinen *puris* serviert.

Drinnen gibt's u.a. leckere Mogul-Küche, Pizza, Shakes, Eisbecher und chinesische oder europäische Gerichte. Der vornehme Service bedient ein ebenso bunt gemischtes Publikum aus Sikhs, Muslimen, Hindus und Hipstern. Unser *murg mirch masala* (Hühnerfleisch ohne Knochen, gegart mit Chilis, Zwiebeln, Tomaten und gemahlenen Gewürzen) war einfach perfekt.

Moti Mahal Restaurant INDISCH $$
(75 MG Rd; Hauptgerichte 125–210 ₹; ⊙7–23 Uhr; ❄✎) Wer der fleischreichen Mogul-Küche überdrüssig ist, kann sich in dieses beliebte vegetarische Refugium in der MG Rd flüchten. Hier kann man wunderbar frühstücken (etwa tolle *poori sabji* – frittiertes rundes Brot mit Kartoffelcurry) oder Mittag essen. Abends lädt das dezent beleuchtete, klimatisierte Restaurant oben zu einer gepflegteren Mahlzeit ein.

Eine gute Wahl sind das Lucknower *dum aloo* (mit Nüssen und Panir gefüllte Kartoffeln in einer Tomatensoße) und das *kadhai paneer* (Panir in einer Soße aus Paprika, Tomaten, Zwiebeln und traditionellen indischen Gewürzen). Ein hervorragendes Restaurant!

★ **Oudhyana** MOGUL-KÜCHE, NORDINDISCH $$$
(www.vivantabytaj.com; Vivanta by Taj Hotel, Vipin Khand, Gomti Nagar; Hauptgerichte 780–1350 ₹) Wer die Gaumenfreuden der Nawabs in Vollendung genießen möchte, sollte ins bekannte Restaurant Oudhyana im **Top Hotel** (☎0522-6771000; EZ/DZ ab 13 110/14 375 ₹; ❄@🛜≋) gehen, wo Koch Nagendra Singh der legendären Awadh-Küche Lucknows huldigt.

Alles, was Singh zubereitet – von den berühmten *galawat*- und *kakori*-Kebabs bis zu einem ganzen Menü mit schon fast in Vergessenheit geratenen traditionellen Gerichten –, wird zu einem faszinierenden Genuss voller Überraschungen. Sehr beeindruckend ist auch der gemütliche, in ruhigem Hellblau gehaltene Speiseraum, der von Kronleuchtern erhellt wird.

Ausgehen & Nachtleben

EOS BAR
(72 MG Rd; ⊙Mo–Fr 12–23.45, Sa bis 1 Uhr) Das schicke EOS auf dem Dach des Best Western Levana ist Lucknows Version einer echten trendigen Bar und ist ein Magnet für junge, unternehmungslustige Gäste, besonders samstagabends, wenn DJs auflegen. Ansonsten ist es ein angenehmes, luftiges, mit vielen Pflanzen und Bambus begrüntes Fleckchen, um einen Cocktail zu trinken (350–450 ₹), entweder an der frischen Luft oder in der eleganten, klimatisierten Lounge.

Shoppen

Lucknow ist für *chikan* berühmt, einen bestickten Stoff, der sowohl von Männern als auch von Frauen getragen wird. Er wird in mehreren Geschäften auf den verwinkelten Basaren des Chowk (dort nahe des Tunday Kebabi) und auf dem kleinen, autofreien **Janpath Market** gleich südlich der MG Rd in Hazratganj verkauft.

Sugandhco PARFÜM
(www.sugandhco.com; D-4 Janpath Market; ⊙Mo–Sa 12–19.30 Uhr) Das süßlich duftende Geschäft, das seit 1850 in Familienbesitz ist,

KLEINE LUCKNOWER KEBAB-KUNDE

Kakori-Kebab

Er stammt aus Kakori, einer kleinen Stadt in der Nähe Lucknows. Der Legende nach soll der alte und zahnlose Nawab von Kakori von seinem königlichen *bawarchi* (Küchenchef) einen Kebab verlangt haben, der einfach im Mund schmolz. Darum kommen in diese Kebabs Papayas (die das rohe Hackfleisch weicher machen) und eine Gewürzmischung. Dann werden sie aufgespießt und über Holzkohle gegrillt

Galawat

Diese köstliche Kreation wird im berühmtesten Kebab-Restaurant Lucknows, dem **Tunday Kababi** (S. 438), serviert. Dort heißt sie einfach Lamm-Kebab, in anderen Restaurants wird sie oft Tunday genannt. Im Prinzip sind diese Kebabs wie Kakori-Kebabs, sie werden aber nicht gegrillt, sondern zu Frikadellen geformt und in Öl oder Ghee gebraten.

Shami

Rohes Hackfleisch wird mit Gewürzen und Urdbohnen gekocht. Dann wird es auf einem Stein geknetet, anschließend mit fein gehackten Zwiebeln, Korianderblättern und grünen Chilis vermischt, zu Frikadellen geformt und in wenig Öl gebraten.

verkauft *attar* (ätherisches Öl, das mit einer traditionellen Methode aus Blüten gewonnen wird) in Form von Parfüm für Frauen, Eau de Cologne für Männer, Haushaltsdüften und Räucherstäbchen. Himmlische Düfte!

Praktische Informationen

ICICI Bank (Shalimar Tower, 31/54 MG Rd, Hazratganj; ⏲ Mo–Fr 8–20, Sa 9–14 Uhr) Löst Reiseschecks ein (nur Mo–Fr 10–17 Uhr), wechselt Bargeld und hat einen Geldautomaten.

Hauptpost (www.indiapost.gov.in; MG Rd; ⏲ Mo–Sa 10–16 Uhr) In einem Gebäude aus der britischen Kolonialzeit.

Sahara Hospital (☎ 0522-6780001; www.saharahospitals.com; Gomti Nagar) Das beste Privatkrankenhaus Lucknows.

Touristenpolizei (MG Road, Hazratganj; ⏲ Mo–Sa 8–21 Uhr) Im Kiosk von UP Tourism in der MG Road.

UP Tourism (☎ 0522-2615005; www.up-tourism.com; 6 Sapru Marg; ⏲ Mo–Sa 9–19 Uhr) Diese Touristeninformation ist weder besonders hilfreich noch gut informiert, veranstaltet aber die großartige Heritage Walking Tour in Lucknow (wenngleich sie uns keine Details dazu liefern konnte). Sie betreibt einen kleineren Kiosk (MG Rd, Hazratganj; ⏲ Mo–Sa 8–21 Uhr) am Hauptabschnitt der MG Rd und eine Touristen-Hotline (☎ 0522-3303030).

An- & Weiterreise

BUS

Die meisten Fernbusse starten am **Busbahnhof Charbagh** (Kanpor Rd, an der Subhash Marg) gegenüber vom Bahnhof. Busse fahren u. a. in folgende Städte:

Agra Busse ohne Klimaanlage (395 ₹, 7 Std., 16.30 & 20.30 Uhr), Busse mit Klimaanlage (530 ₹, 6 Std., 20.45 & 21.45 Uhr), Scania-Busse mit Klimaanlage (905 ₹, 6 Std., 10 & 22.30 Uhr)

Allahabad Busse ohne Klimaanlage (175 ₹, 5 Std., alle 30 Min.), Busse mit Klimaanlage (280 ₹, 5 Std., den ganzen Tag über Abfahrten), Volvo mit Klimaanlage (480, 4½ Std., 10-mal tgl.)

Delhi Busse ohne Klimaanlage (510 ₹, 11 Std.), Volvo-/Scania-Busse mit Klimaanlage (835/1510 ₹, 9 Std.). Den ganzen Tag über Abfahrten.

Faizabad Busse ohne Klimaanlage (145 ₹, 4 Std., alle 30 Min.), Volvo-Busse mit Klimaanlage (345 ₹, 3 Std., 10 & 22 Uhr)

Gorakhpur Busse ohne Klimaanlage (285 ₹, 7½ Std., alle 30 Min.), Volvo-Busse mit Klimaanlage (718 ₹, 6 Std., 10, 22 & 23 Uhr)

Jhansi Busse ohne Klimaanlage (350 ₹, 8 Std., 18, 19 & 21.30 Uhr)

Varanasi Busse ohne Klimaanlage (290 ₹, 8 Std., alle 30 Min.), Busse mit Klimaanlage (405 ₹, 6 Std., 9 & 22.30 Uhr), Volvo-Busse mit Klimaanlage (710 ₹, 6 Std., 15 & 22 Uhr)

Busbahnhof Kaiserbagh (☎ 0522-2622503; J Narain Rd) Von hier fahren ebenfalls Busse nach Faizabad (145 ₹, 4 Std.) und Gorakphur (285 ₹, 8 Std., alle 30 Min., 6–22 Uhr) sowie Busse nach Rupaidha (210 ₹, 7 Std., 9.30, 11, 19.30, 20.30, 21.30 & 23 Uhr), wo sich ein selten benutzter Grenzübergang nach Nepal befindet.

FLUGZEUG

Der moderne Chaudhary Charan Singh International Airport liegt 15 km südwestlich von Lucknow in Amausi. Mehrere Fluggesellschaften bieten von hier tägliche Direktflüge in viele indische Städte, darunter Delhi, Mumbai, Ahmedabad, Kolkata und Benguluru (Bangalore). Internationale Direktflüge steuern Ziele in den Golfstaaten an, u. a. Abu Dhabi, Dubai und Maskat (Oman).

WICHTIGE ZÜGE AB LUCKNOW

ZIEL	ZUG-NR. & -NAME	PREIS (₹)	DAUER (STD.)	ABFAHRT
Agra	*12179 LJN AGC INTRCT*	145/515 (C)	6	15.55 Uhr
Allahabad	*14216 Ganga Gomti Exp*	340 (B)	4¼	18 Uhr
Faizabad	*13010 Doon Exp*	140/490/695 (A)	2½	8.45 Uhr
Gorakhpur	*13020 Bagh Exp*	190/490/695 (A)	6	6.20 Uhr
Jhansi	*11016 Kushinagar Exp*	195/490/695 (A)	6½	0.40 Uhr
Kolkata (Howrah)	*13006 ASR-HWH Mail*	480/1300/1890 (A)	20½	10.50 Uhr
Mumbai (CST)*	*12533 Pushpak Exp*	626/1627/2337 (A)	24	19.45 Uhr
New Delhi	*12553 Vaishali Exp*	335/865/1220 (A)	8	22.25 Uhr
Varanasi	*14236 BE-BSB Exp*	210/570/810 (A)	7½	23.25 Uhr

Preise: (A) Sleeper/3AC/2AC, (B) nur AC Chair Class, (C) 2S/AC Chair; * fährt ab dem Bahnhof Lucknow Junction

VERKEHRSKNOTENPUNKT: JHANSI

Diese unauffällige Kleinstadt nahe der Grenze zu Madhya Pradesh ist für ihre Verbindung zur Rani Lakshmibai von Jhansi bekannt, die eine Schlüsselrolle beim Ersten Unabhängigkeitskrieg, dem Indischen Aufstand von 1857, spielte. Sie ist zudem ein wichtiger Verkehrsknotenpunkt und das Tor zu Orchha, Khajuraho und Gwalior.

Vom Busbahnhof fahren Busse nach Chhatarpur (130 ₹, 3 Std., stündl., 5–22 Uhr), wo Anschluss nach Khajuraho (50 ₹, 1½ Std.) besteht, sowie nach Chitrakut (250 ₹, 6 Std., 8.30 Uhr) und Gwalior (100 ₹, 3 Std., stündl.). Tempos (20 ₹) verkehren den ganzen Tag über zwischen dem Busbahnhof Jhansi und Orchha; eine private Autorikscha kostet 200 ₹. Ab Jhansi fahren u. a. folgende wichtige Züge:

ZUG & ZIEL	ZUG-NR.	KLASSEN	DAUER (STD.)	ABFAHRT
Punjab Mail nach Gwailior	12137	Sleeper/3AC/2AC 170/535/735 ₹	1½	14.30 Uhr
Punjab Mail nach Agra	12137	Sleeper/3AC/2AC 195/540/740 ₹	3½	14.30 Uhr
Punjab Mail nach Mumbai	12138	Sleeper/3AC/2AC 530/1395/2010 ₹	19	12.35 Uhr
Grand Trunk Express nach Delhi	12615	Sleeper/3AC/2AC 280/830/1010 ₹	7½	23.40 Uhr
Bundelkhand Express nach Varanasi	11107	Sleeper/3AC/2AC 305/720/1190 ₹	12½	22.25 Uhr
Udz Kurj Express nach Khajuraho	19666	Sleeper/3AC/2AC 160/490/695 ₹	3	15.30 Uhr

ZUG

Die beiden größten Bahnhöfe der Stadt, Lucknow NR (meistens Charbagh genannt) und Lucknow Junction, liegen 4,5 km südlich der Hauptattraktionen nebeneinander. Die Züge zu den meisten großen Städten verkehren von Charbagh, darunter mehrere täglich nach Agra, Varanasi, Faizabad, Gorakhpur und New Delhi. Von Lucknow Junction fährt täglich ein Zug nach Mumbai sowie Züge nach Haldwani. Das Ticket genau anschauen, damit man nicht am falschen Bahnhof landet!

Tickets bekommt man beim **Foreign Tourist Help Desk** (Rail Reservation & Booking Centre, Charbagh Station; ⏲8–13.50 & 14–20 Uhr) am Schalter 601 im Rail Reservation and Booking Centre, 150 m rechts vom Ausgang des Bahnhofs Charbagh.

ℹ Unterwegs vor Ort

VOM/ZUM FLUGHAFEN

Eine Autorikscha vom Prepaid-Taxistand vor dem Bahnhof zum Flughafen kostet 125 ₹ (plus 20 ₹ Flughafengebühr), die Fahrt dauert ungefähr 30 Minuten.

NAHVERKEHR

Für eine kurze Fahrt mit der Fahrradrikscha werden 30 ₹ fällig. Mit den Fahrern der Autorikschas muss man hartnäckig verhandeln. Die Fahrt vom Bahnhof/Busbahnhof Charbagh nach Hazratganj kostet etwa 80 ₹ und zum Bara Imambara 120 ₹.

Am besten bewegt man sich innerhalb der Stadt mit Sammel-Autorikschas: Man winkt sie heran und sagt dem Fahrer sagt, in welches Viertel man möchte (z. B. Hazratganj für die MG Road oder Charbagh, um zum Bahnhof zu gelangen); wenn er in diese Richtung fährt, winkt er einen ins Fahrzeug. Je nach Länge kostet die Fahrt 5 bis 15 ₹.

Ein Metro-Netz ist zurzeit im Bau; ein erster Abschnitt wurde im September 2017 eingeweiht.

AYODHYA & UMGEBUNG

☎05278 / 58 000 EW.

Die recht verkehrsarmen Straßen Ayodhyas, auf denen sich viele Affen, vereinzelte Kühe und vielleicht sogar der eine oder andere Arbeitselefant tummeln, lädt an sich schon zu einem Spaziergang ein, doch dazu kommt noch die religiöse Bedeutung der Stadt.

Ayodhya gilt als Geburtsort von Rama (und damit als eine der sieben heiligen Städte des Hinduismus) sowie als Geburtsort von vier der 24 *tirthankar* (religiösen Lehrern) des Jainismus. Zudem war es der Schauplatz einer der kontroversesten religiösen Auseinandersetzungen (S. 1255) des modernen Indiens; davon zeugen heute aber nur noch eine etwas stärkere Polizeipräsenz als in Städten mit vergleichbarer Größe sowie intensive Sicherheitsvorkehrungen rund um die Stätte, wo Rama geboren worden sein soll.

Die etwas größere, 7 km entfernte Stadt **Faizabad** ist das Tor zu Ayodhya und bietet mehr Unterkünfte.

Sehenswertes

Bahu Begum Ka Maqbara HISTORISCHES GEBÄUDE
(Sonnenaufgang–Sonnenuntergang) GRATIS Das sogenannte „Taj Mahal des Ostens" (na gut, das ist eine Übertreibung) in Faizabad ist ein einzigartiges Mausoleum, das für die Königin des Nawabs Shuja-ud-Daula errichtet wurde. Es weist drei übereinandergebaute Kuppeln und mit wundervollen Ornamenten verzierte Wände und Decken auf und gilt als eines der schönsten Beispiele der Awadhi-Architektur.

Hanumangarhi HINDU-TEMPEL
(Sonnenaufgang–Sonnenuntergang) Dieser Tempel ist einer der beliebtesten der Stadt und derjenige der bedeutenden Tempel, der am dichtesten an der Hauptstraße liegt. 76 Stufen führen hinauf zum mit Ornamenten verzierten Tor und zu den festungsartigen Außenmauern. Drinnen drängt sich die Menge, um *prasad* (vom Tempel gesegnetes Essen) darzubieten.

Kanak Bhavan HINDU-TEMPEL
(Goldener Palast; April–Sept. 8.30–11.30 & 16.30–21.30 Uhr, Okt.–März 9–12 & 16–21 Uhr) Der Palast, der in einen Tempel umgewandelt wurde, ist eines der beeindruckendsten Bauwerke Ayodhyas. Der Legende nach soll er ein Hochzeitsgeschenk für Rama und seine Frau Sita gewesen sein. Drei Schreine im Inneren des Tempels sind dem heiligen Paar geweiht.

Ramkatha Museum MUSEUM
(9415328511; Di–Sa 10.30–17 Uhr) GRATIS Gemälde und antike Skulpturen zeigt dieses Museum hinter dem nördlichen Ende der Hauptstraße. Jeden Abend außer montags finden im nahe gelegenen Park **Tulsi Smarg Bhawan** von 18 bis 21 Uhr kostenlose Aufführungen des Ram Lila statt, einer dramatischen Inszenierung des Kampfes zwischen Rama und Ravan, der im Hindu-Epos Ramayana beschrieben wird.

Man geht auf der Hauptstraße etwa 500 m weiter nach Ayodhya hinein und biegt an der Polizeiwache rechts ab, das Museum liegt nach ca. 500 m auf der rechten Seite.

Ram Janam Bhumi HINDU-TEMPEL
(7–11.30 & 12.30–17 Uhr) Dies ist der hochkontroverse Ort, an dem Rama geboren worden sein soll. Die Sicherheitsmaßnahmen hier sind überwältigend (man könnte meinen, man reise aus dem Westjordanland nach Israel ein). Besucher müssen ihren Pass vorzeigen und alles, was sie bei sich haben (selbst den Gürtel, jedoch nicht den Pass und Geld), in Schließfächern in der Nähe deponieren. Dann werden sie mehrmals durchsucht und schließlich durch einen langen, vergitterten Gang geführt. Dieser endet 20 m vor einem provisorischen Zeltschrein, der die Stelle von Ramas Geburt kennzeichnet.

Nach etwa zehn Sekunden wird man schon wieder zum Gehen gedrängt. Das surreale Erlebnis lohnt den Besuch, nicht aber der Schrein selbst; wenn die Schlange sehr lang ist, sollte man darauf verzichten. Um vom Hanumanghari herzukommen, biegt man am Dashrath Bhavan links ab.

Schlafen & Essen

Hotel Shane Avadh HOTEL $
(05278-222075; www.hotelshaveavadh.com; Civil Lines, Faizabad; EZ/DZ ab 450/550 ₹, mit Klimaanlage ab 1300/1600 ₹;) Das gut geführte Hotel in Faizabad hat eine breite Palette an Zimmern, allerdings sind nur einige unlängst renovierte so schick, wie die Website glauben machen möchte. Die billigsten Zimmer sind etwas schäbig, doch schon für ein wenig mehr Geld bekommt man wesentlich bessere. Die Betten sind steinhart. Im Voraus buchen!

Awantika INTERNATIONAL $$
(Civil Lines, Faizabad; Hauptgerichte 95–235 ₹; 11–22.30 Uhr;) Das saubere, hippe Restaurant gegenüber von Bharat Petroleum ist eine echte Überraschung. Die sehr gute, rein vegetarische Karte reicht von chinesischer über italienische bis zu indischer Küche. Das spezielle Thali (200 ₹) ist ein wahrer Genuss, und man speist begleitet von trendiger Musik in unkonventionellem Lounge-Ambiente.

Praktische Informationen

In Faizabad gibt's rund um das **Hotel Shane Avadh** mehrere Geldautomaten.

Cyber Zone (Civil Lines, Faizabad; 20 ₹/Std.; 10–20.30 Uhr) Spartanisches Internetcafé, das an der Straße nach Ayodhya liegt (50 m

ABSTECHER

CHITRAKUT: VARANASI IM KLEINFORMAT

Aufgrund ihrer vielen Tempel und Ghats wird die ruhige Kleinstadt am Ufer des Mandakini auch als Mini-Varanasi bezeichnet. Zudem ist sie Teil der Hindu-Mythologie: Brahma, Vishnu und Shiva (die wichtigste Dreieinigkeit des Hinduismus) nahmen hier ihre jeweiligen Inkarnationen an. In Chitrakut soll außerdem Rama elfeinhalb seiner 14 Exiljahre verbracht haben, nachdem er auf Betreiben seiner eifersüchtigen Stiefmutter aus seinem Geburtsort Ayodhya verbannt worden war. Heute zieht die Stadt viele Pilger an, was der Gegend einen stark religiösen Charakter verleiht. Dies gilt vor allem für das Ram-Ghat als örtlichem Lebensmittelpunkt und für den heiligen Hügel Kamadgiri in 2 km Entfernung.

Dutzende (manchmal auch Hunderte) von Gläubigen steigen in der Morgendämmerung zum **Ram-Ghat** hinunter, um im heiligen Wasser zu baden. Abends kehren sie dann zwecks *aarti* (Glück verheißendes Anzünden von Lampen bzw. Kerzen) in die Stadt zurück. Farbenfrohe Ruderboote (mit Kaninchen!) bringen Besucher vom Ghat hinüber zum anderen Ufer, das in Madhya Pradesh liegt. Auch Fahrten zu anderen schönen Zielen entlang des Flusses sind möglich.

Beliebt ist z. B. der Trip zum **Glastempel** (2 km) mit religiösen Fassadenmosaiken aus zahllosen Buntglasstückchen. Tagsüber zieht es viele Menschen zum Kamadgiri, der als heilige Verkörperung Ramas verehrt wird. Bei der Rundwanderung um den Fuß des Hügels (5 km, 90 Min.) sieht man jede Menge Affen, viele Tempel sowie Pilger, die sich andächtig zu Boden werfen.

rechts von der ersten Kreuzung hinter dem Hotel Shane Avadh)

An- & Weiterreise

Vom Busbahnhof in Faizabad biegt man links in die Hauptstraße ab, dort warten Sammel-Rikschas (10–20 ₹, 20 Min.) nach Ayodhya.

Von Faizabads Busbahnhof fahren häufig Busse nach Lucknow (140 ₹, 3 Std.), Gorakhpur (150 ₹, 3½ Std., 5–20 Uhr) und Allahabad (150 ₹, 5 Std., 7–22 Uhr). Klimatisierte Busse starten etwa stündlich nach Lucknow (190 ₹).

Von Faizabad fahren mehrere praktische Züge:

Lucknow *13307 Gangasutlej Express*, Sleeper/3AC/2AC 140/485/690 ₹, 3½ Std., 11.08 Uhr

Varanasi *13010 Doon Express*, Sleeper/3AC/2AC 140/490/695 ₹, 5 Std., 11.10 Uhr

Delhi *12225 Kaifiyat Express*, Sleeper/3AC/2AC 380/995/1410 ₹, 11¼ Std., 19.52 Uhr

Eine Fahrradrikscha vom Busbahnhof zum Bahnhof kostet 30 ₹.

ALLAHABAD

☎0532 / 1,2 MIO. EW.

Der hinduistische Schöpfergott Brahma soll hier in Allahabad (oder Prayag, wie der Ort früher hieß) auf der Erde gelandet sein und den Ort zur Königin aller Pilgerstätten erklärt haben. Tatsächlich ist Sangam, eine Stelle am Rand der Stadt, an der mehrere Flüsse zusammenfließen, der wichtigste unter den vier indischen Schauplätzen des Kumbh-Mela-Fests. In Allahabad war auch die Nehru-Familie zu Hause, ihr Haus diente der Unabhängigkeitsbewegung gegen die britische Herrschaft als Hauptquartier.

Trotz seiner Bedeutung für die hinduistische Mythologie, die indische Geschichte und die moderne Politik ist Allahabad heute allerdings eine recht bescheidene Stadt. Es gibt zwar überraschend gute Unterkünfte und Restaurants, doch die Hauptattraktionen sind nicht besonders aufregend, und die Mischung aus Staub, Abgasen und dem Qualm von verbranntem Müll sorgt spätestens am späten Nachmittag für brennende Augen.

Sehenswerte

★ **Sangam** RELIGIÖSE STÄTTE

Dies ist die besonders Glück verheißende Stelle, an der zwei der heiligsten Flüsse Indiens, der Ganges und der Yamuna, auf einen der mythischen Flüsse des Hinduismus, den Saraswati, treffen. Das ganze Jahr über rudern Pilger in Booten zu diesem heiligen Ort, doch während der jährlichen Magh Mela, einem sechswöchigen Festival, das zwischen Januar und März stattfindet und seinen Höhepunkt in sechs „heiligen" Massenbädern findet, steigt ihre Zahl dramatisch an.

Alle zwölf Jahre findet hier die gigantische **Maha (Große) Kumbh Mela** statt, zu der Millionen Menschen kommen, alle sechs Jahre danach die **Ardh Mela** (Halb-Mela).

In den frühen 1950er-Jahren wurden bei einer Massenpanik infolge des großen Ansturms auf das die Seele reinigende Wasser 350 Pilger getötet, ein Ereignis, das Vikram Seths in seinem großartigen Indien-Roman *Eine gute Partie* anschaulich schildert. Zur letzten Ardh Mela kamen 2007 über 70 Mio. Menschen, damit galt sie damals als die größte Menschenansammlung aller Zeiten – bis zur Kumbh Mela 2013, wo sich am Mauni Amavasya, dem Hauptbadetag, etwa 32 Mio. Menschen versammelten; während des gesamten 55-tägigen Festes waren es an die 100 Mio. Menschen. Ähnlich astronomische Besucherzahlen werden bei der nächste Kumbh Mela im Jahr 2025 erwartet.

Erfahrene Bootsleute rudern Besucher für etwa 50 ₹ pro Person (für hartnäckig feilschende Inder) oder 100 ₹ (für hartnäckig feilschende Ausländer) oder 600 bis 800 ₹ pro Boot zum Zusammenfluss der heiligen Flüsse hinaus.

Um die Ecke vom Sangam (am Ufer entlang um die Vorderseite von Akbars Fort) liegt das **Saraswati-Ghat**, weiter hinten am Ufer das **Nehru-Ghat**. An beiden Ghats findet jeden Abend ein *aarti* (zeremonielles Anzünden von Lampen/Kerzen) statt, die aber beide nicht so beeindruckend sind wie die in Varanasi oder Mathura.

Khusru Bagh PARK

(Sonnenaufgang–Sonnenuntergang) GRATIS In diesem faszinierenden, von mächtigen Mauern umgebenen Park befinden sich vier überaus beeindruckende **Mogulgräber**. In einem davon ruht **Prinz Khusru**, der älteste Sohn des Herrschers Jehangir, der 1606 versucht hatte, seinen Vater zu stürzen. Er wurde jedoch verhaftet, eingekerkert und geblendet. 1622 wurde er schließlich auf Befehl seines Halbbruders, der später unter dem Namen Shah Jahan selbst den Thron bestieg, ermordet. Wäre Khusrus Umsturzplan erfolgreich gewesen, dann wäre Shah Jahan niemals Herrscher geworden – und der Taj Mahal würde heute nicht existieren.

In einem zweiten Grab ruht **Shah Begum**, Khusrus Mutter (Jehangirs erste Ehefrau), die sich 1603 wegen der anhaltenden Feindschaft zwischen ihrem Sohn und seinem Vater mit einer Überdosis Opium das Leben nahm. Zwischen diesen beiden Gräbern wurde von Kushrus Schwester **Nesa Begum** ein drittes, besonders prächtiges Grabmal errichtet, das aber nie als solches benutzt wurde. Westlich von den anderen Gräbern steht ein kleineres Bauwerk, das **Tamolons Grab** genannt wird und über dessen Entstehung nichts bekannt ist.

Wenn man sich eine Weile bei den Grabmälern von Prinz Khusru und Shah Begum aufhält, kommt jemand mit dem Schlüssel und lässt einen hinein. Drinnen kann man schöne Malereien und einzigartige baumförmige *jalis* (steinerne Gitterwerke) vor den Fenstern bewundern. Den Preis muss man aushandeln, es sollten aber höchstens 100 ₹ für alle vier Gräber sein.

Anand Bhavan MUSEUM

(Inder/Ausländer 10/100 ₹; Di–So 9.30–13 & 13.30–17 Uhr) Das malerische zweistöckige Gebäude ist ein Schrein für die Nehru-Familie, die fünf Generationen führender Politiker hervorgebracht hat, von Motilal Nehru bis zum jüngsten politischen Vertreter der Familie, Rahul Gandhi. In diesem stattlichen Haus planten Mahatma Gandhi, Jawaharlal Nehru und ihre Mitstreiter erfolgreich den Sturz der britischen Herrschaft. Im Haus sind zahlreiche Bücher, persönliche Gegen-

BADETAGE

Die riesigen Ufer am Sangam ziehen alle sechs Jahre zur Kumbh Mela (S. 1247) oder zur Ardh (Halb-) Mela Millionen von Gläubigen an, doch jedes Jahr gibt es auch eine kleinere **Magh Mela**. Die nächste **Ardh Mela** findet 2019 statt, die nächste komplette Kumbh Mela 2025.

Die folgenden Tage sind besonders Glück verheißende Badetage während der kommenden Magh Melas:

BADETAG	2018	2019	2020	2021
Makar Sankranti	14. Jan.	15. Jan.	15. Jan.	14. Jan.
Mauni Amavasya	16. Jan.	4. Feb.	20. Jan.	11. Feb.
Vasant Panchami	22. Jan.	10. Feb.	29. Jan.	16. Feb.
Magh Purnima	31. Jan.	19. Feb.	9. Feb.	27. Feb.
Mahashivatri	14. Feb.	5. März	21. Feb.	11. März

stände und Fotos aus dieser bewegenden Zeit zu sehen.

Akbar's Fort & Patalpuri-Tempel FESTUNG, HINDU-TEMPEL
(Eintritt gegen Spende; ⏲6–17.30 Uhr) Das **Fort** aus dem 16. Jh. am Nordufer des Yamuna wurde für Großmogul Akbar errichtet. Türme flankieren die drei Tore in den mächtigen Mauern. Der Großteil des Forts wird von der indischen Armee genutzt und kann nicht betreten werden. Ausgenommen hiervon ist aber der unterirdische **Patalpuri-Tempel**. Bei Sangam führt eine kleine Tür in der Ostmauer des Forts hinunter zu diesem einzigartigen Tempel, der voller verschiedener anbetungswürdiger Dinge ist. (Man wird eventuell um 10 bis 100 ₹ Spende gebeten, aber ein paar Münzen tun es auch).

Außerhalb des Tempels steht der imposante **unsterbliche Banyan-Baum**, dessen Wurzeln bis in die unterirdischen Räume hineinreichen. Einst sprangen Pilger von dem Baum in den Tod, um dem Kreislauf der Wiedergeburt zu entkommen.

Schlafen

Hotel Prayag HOTEL $
(☎0532-2656416; www.prayaggroupofhotels.com; 73 Noorullah Rd; EZ/DZ ab 500/700 ₹, ohne Bad 300/350 ₹, EZ/DZ mit Klimaanlage 1200/1350 ₹; ❄@📶) Dieses große, gut geführte Hotel, das einen Katzensprung vom Bahnhof entfernt liegt, hat ein Internetcafé (30 ₹/Std.), einen Geldautomaten der State Bank of India und ein unkonventionelles Restaurant. Es bietet eine große Auswahl an altmodischen, einfachen Zimmern in unterschiedlichem Grad der Baufälligkeit. Dafür sind die Mitarbeiter sehr freundlich und helfen sogar bei den Verhandlungen mit den Autorikschas.

Milan Hotel HOTEL $$
(☎0532-2403776; www.hotelmilan.in; 46 Leader Rd; EZ 2300–4000 ₹, DZ 3000–4900 ₹; ❄📶) Eines der besten Hotels dieser Preisklasse in Allahabad: Die in dezenten Farben gestalteten Zimmer sind modern und sauber und haben gute Betten. Für etwas mehr Geld bekommt man größere Zimmer, doch selbst die billigsten haben einen hohen Standard.

Hotel U.R. HOTEL $$
(☎0532-2427334; mj1874@gmail.com; 7/3, A/1 MG Marg, Civil Lines; Zi. 1600–2200; ❄📶) Das professionell geführte Mittelklassehotel mit 20 Zimmern liegt günstig in der MG Marg. Die Zimmer bieten einen etwas besseren Standard als Konkurrenten mit ähnlichen Preisen, und auch die Mitarbeiter sind besser ausgebildet. Ein gläserner Fahrstuhl führt zu den wegen der großen Betten etwas beengten, aber sauberen Zimmern. Die besten gehen auf eine mit Pflanzen begrünte Terrasse hinaus. Oft sind Rabatte möglich.

★ **Kanchan Villa** HOMESTAY $$$
(☎9838631111; www.kanchanvilla.com; 64 Lukerganj; EZ/DZ ab 3000/3850 ₹, Suite ab 4950 ₹; ❄@📶) Ivan, ein Gitarre schwingender Rumfan, und seine Frau Purnima sind das aus Südindien und Bengalen stammende Gastgeberpaar in diesem großartigen Homestay, das einen seltenen Einblick in Indiens christliche Kultur ermöglicht. In ihrem historischen, fast 100 Jahre alten Haus gibt's sechs Zimmer, die mit Antiquitäten eingerichtet sind (unser Tipp: das Bengali). Das im Preis enthaltene Frühstück kann auf einer grünen Terrasse im 2. Stock serviert werden.

Die reizenden Mitarbeiter kochen auf Wunsch auch für die Gäste und servieren z. B. frische Kebabs aus dem Tandur im Freien. Im Aufenthaltsraum mit Bar fühlt man sich sofort heimisch. Die An- und Abfahrt vom bzw. zum Bahnhof sind im Preis enthalten, ansonsten kostet diese Strecke mit der Fahrradrikscha 20 ₹.

Essen

★ **Eat On** MOGUL-KÜCHE $
(MG Marg; Hauptgerichte 50–200 ₹; ⏲Mi–Mo 11.30–22 Uhr) In dieser Imbissbude, die nur Stehplätze hat, gibt es nur vier Gerichte, die aber alle erstaunlich billig und geschmackvoll sind: köstliche *shami*-Kebabs (Lammhackfleisch mit schwarzen Linsen und Gewürzen), perfekt gewürztes Hühner-Biryani, Brathähnchen (nur abends) und als Beilage gutes, dünnes *paratha*. Einer der besten Läden Allahabads – man sollte sich auf Wartezeiten einstellen.

Kamdhenu Sweets SÜSSIGKEITEN $
(37, Palace Cinema Compound, MG Marg; Snacks 20–80 ₹; ⏲8.30–22.30 Uhr) Der sehr beliebte Snackshop verkauft unglaublich köstliche hausgemachte Süßigkeiten sowie Kuchen, Samosas, Sandwiches und Eis.

El Chico Cafe INTERNATIONAL $$
(24/28 MG Marg; Hauptgerichte 200–400 ₹; ⏲12–22.30 Uhr) Hier kann man inmitten fortschrittlich eingestellter Inder in Sekundenschnelle sein kulinarisches Heimweh

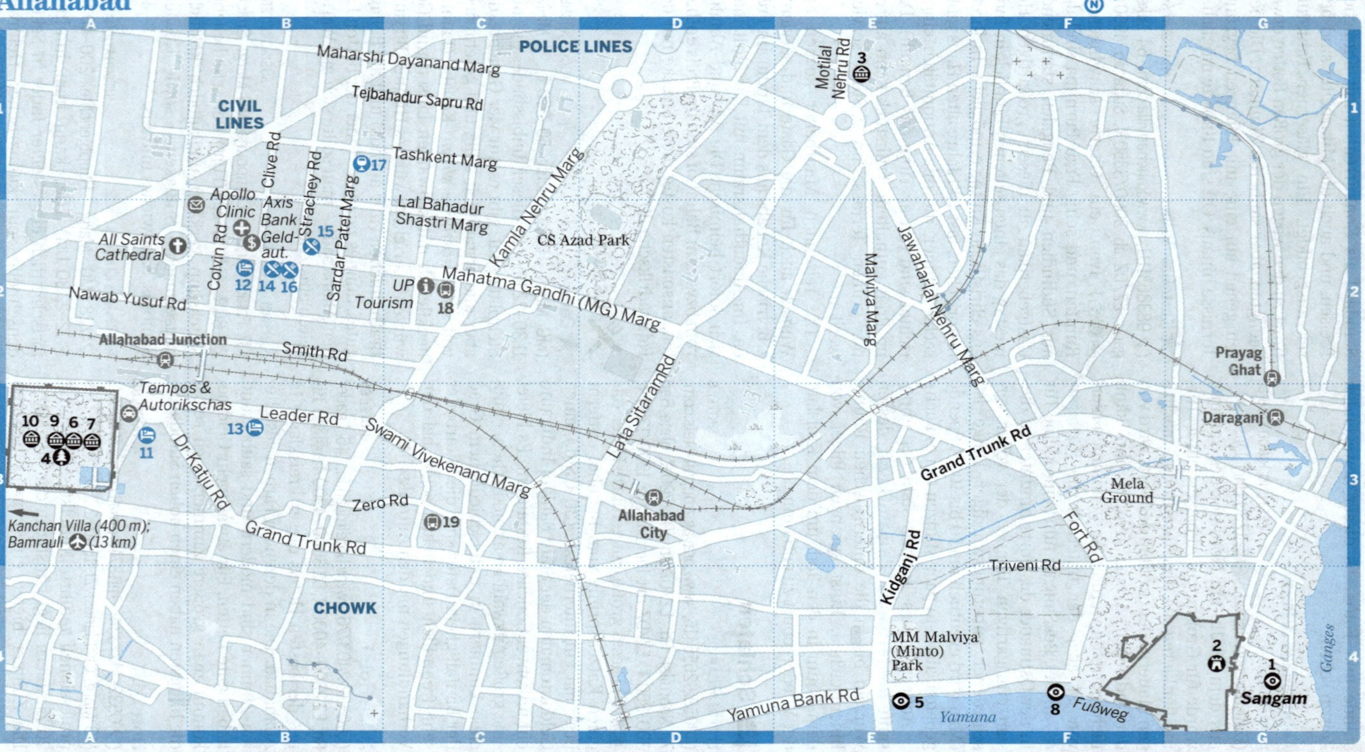
Allahabad
0
1 km
N
A
B
C
D
E
F
G
1
2
3
4
POLICE LINES
Maharshi Dayanand Marg
Tejbahadur Sapru Rd
CIVIL LINES
Motilal Nehru Rd
3
Tashkent Marg
17
Clive Rd
Apollo Clinic
Axis Bank
Geld-aut.
Strachey Rd
15
Sardar Patel Marg
Lal Bahadur Shastri Marg
Kamla Nehru Marg
CS Azad Park
All Saints Cathedral
Colvin Rd
12
14
16
UP Tourism
18
Mahatma Gandhi (MG) Marg
Malviya Marg
Jawaharlal Nehru Marg
Nawab Yusuf Rd
Allahabad Junction
Smith Rd
Prayag Ghat
Tempos & Autorikschas
Leader Rd
13
11
10 9 6 7
4
Swami Vivekenand Marg
Lala Sitaram Rd
Daraganj
Grand Trunk Rd
Dr Katju Rd
Zero Rd
19
Allahabad City
Mela Ground
Kanchan Villa (400 m);
Bamrauli (13 km)
Grand Trunk Rd
Kidganj Rd
Fort Rd
Triveni Rd
CHOWK
MM Malviya (Minto) Park
2
1
Sangam
Yamuna Bank Rd
5
Yamuna
8
Fußweg
Ganges

Allahabad

Highlights
1 Sangam G4

Sehenswertes
2 Akbar's Fort & Patalpuri-Tempel G4
3 Anand Bhavan E1
4 Khusru Bagh A3
5 Nehru-Ghat E4
6 Nesa Begums Grab A3
7 Prinz Khusrus Grab A3
8 Saraswati-Ghat F4
9 Shah Begums Grab A3
10 Tamolons Grab A3

Schlafen
11 Hotel Prayag A3
12 Hotel U.R. B2
13 Milan Hotel B3

Essen
14 Eat On B2
15 El Chico B2
El Chico Cafe .... (siehe 15)
16 Kamdhenu Sweets B2

Ausgehen & Nachtleben
17 Patiyala Peg Bar B1

Transport
18 Busbahnhof Civil Lines C2
19 Busbahnhof Zero Road C3

kurieren. Den ganzen Tag lang gibt's eine große Frühstückskarte, auf der Zimtpfannkuchen, Waffeln und Espresso stehen, sowie Sandwiches, Holzofenpizza und gehobene Fusionsküche. Tipp: den Sizzlin' Brownie probieren! Das Café befindet sich beim Restaurant El Chico.

El Chico INTERNATIONAL **$$**
(26/28 MG Marg; Hauptgerichte 200–500 ₹; ⌚10–22.30 Uhr; ❄) Das vornehme Restaurant serviert fantastische indische Küche (der Hühnchen-Chili-Knoblauch-Kebab ist mindestens so lecker wie er klingt) und appetitlich aussehende chinesische Gerichte, beliebte Sizzler (gegrilltes Fleisch und Gemüse), europäische Speisen und Kaffee in Zinnkaraffen. Es liegt unter dem modernen Café El Chico.

Ausgehen & Nachtleben

Patiyala Peg Bar BAR
(Grand Continental Hotel, Sardar Patel Marg; ⌚19–23 Uhr) Allahabads interessanteste Bar für Traveller bietet jeden Abend von 19.30 bis 22.30 Uhr Konzerte mit *ghazal* (Liebeslieder auf Urdu). Serviert werden hauptsächlich Biere (ab 300 ₹) und Whisky.

Praktische Informationen

Rund um den Busbahnhof Civil Lines gibt's mehrere Geldautomaten.

Axis Bank

Apollo Clinic (☎0532-2421132; www.apollоclinic.com; 28B MG Marg; ⌚24 Std.) Moderne Privatklinik mit rund um die Uhr geöffneter Apotheke.

Post (www.indiapost.gov.in; Sarojini Naidu Marg; ⌚Mo–Fr 10–13.30 & 14–17, Sa 10–16 Uhr)

UP Tourism (☎0532-2408873; www.up-tourism.com; 35 MG Marg; ⌚Mo–Sa 10–17 Uhr, jeden 2. Sa im Monat geschl.) Beim Rahi Ilawart Tourist Bungalow, neben dem Busbahnhof Civil Lines. Nicht sehr hilfreich.

An- & Weiterreise

BUS

Vom **Busbahnhof Civil Lines** (MG Marg) fahren normale Busse ohne Klimaanlage nach Varanasi (120 ₹, 3 Std., alle 10 Min.), Faizabad (170 ₹, 5 Std., alle 30 Min., 4.30–1 Uhr), Gorakhpur (250 ₹, 10 Std., alle 30 Min., 4–24 Uhr) und Lucknow (176 ₹, 5 Std., stündl., 12–20 Uhr). Klimatisierte Busse starten den ganzen Tag über nach Varanasi (195 ₹, 3 Std.) und Lucknow (510 ₹, 5 Std.) und um 19 Uhr nach Delhi (1680 ₹, 14 Std.). Um nach Delhi oder Agra zu fahren, steigt man in Lucknow um oder nimmt den Zug.

Wer nach Chitrakut möchte, geht zum **Busbahnhof Zero Road** (Zero Rd) und nimmt einen Bus nach Karwi (125 ₹, 3 Std., alle 30 Min., 4–20.30 Uhr), von wo man die letzten 10 km mit einer Sammel-Autorikscha (10 ₹) fahren kann.

FLUGZEUG

Der Allahabad Airport liegt 15 km westlich der Stadt. **Air India** (☎0532-258360; www.airindia.com) fliegt einmal täglich nach Delhi (ab 3800 ₹, 15 Uhr). Eine Autorikscha zum Flughafen kostet 450 ₹, ein Taxi 600 ₹.

ZUG

Der Hauptbahnhof ist Allahabad Junction. Täglich fahren einige Züge nach Lucknow, Varanasi, Delhi, Agra und Kolkata. Häufig verkehren Züge nach Satna, wo es mit Bussen nach Khajuraho weitergeht.

Unterwegs vor Ort

Es gibt zahlreiche Fahrradrikschas in der Stadt, eine kurze Fahrt von 1 bis 2 km kostet 20 ₹, man sollte aber auf hartnäckiges Verhandeln mit den Fahrern gefasst sein.

Autorikschas mietet man am besten am Stand am Bahnhof oder in der MG Marg. Eine halbtägige Autorikschatour (500 ₹, 4 Std.) lohnt sich, denn so kann man die meisten Attraktionen sehen.

Vikrams (große Sammel-Autorikschas) warten an der Südseite des Bahnhofs auf Fahrgäste. Sie fahren u. a. zum Busbahnhof Zero Road (10 ₹), zum Busbahnhof Civil Lines (10 ₹) und zum Sangam (15 ₹).

WESTLICHES UTTAR PRADESH

Im Westen Uttar Pradeshs liegen an der Straße von Delhi nach Agra zwei Sehenswürdigkeiten nebeneinander: die heiligen Städte Mathura und Vrindavan, die eine Schlüsselrolle in der indischen Religionsgeschichte spielten.

Mathura

☎ 0565 / 540 000 EW.

Als berühmter Geburtsort des hochverehrten Hindu-Gottes Krishna zählt Mathura zu den sieben heiligen Städten des Hinduismus. So strömen insbesondere zu Janmastami (Krishnas Geburtstag; Aug./Sept.) und Holi (Feb./März) zahllose Pilger hierher. Viele Tempel verschiedenen Alters verteilen sich über die ganze Stadt. Zudem wird der örtliche Abschnitt des heiligen Flusses Yamuna von insgesamt 25 Ghats gesäumt. Die schaut man sich idealerweise im Morgengrauen an, wenn dort viele Gläubige ihr heiliges Bad nehmen – oder kurz nach Sonnenuntergang, wenn Hunderte von Kerzenschiffchen während der *aarti*-Zeremonie am Abend ins Wasser gesetzt werden.

Bis zum Aufkommen des Hinduismus war Mathura ein buddhistisches Zentrum mit 20 Klöstern, in denen 3000 Mönche lebten. Auch aufgrund der späteren Plünderungen durch die Afghanen und Moguln sind von den ältesten Sehenswürdigkeiten nur noch die wunderschönen Skulpturen übrig, die aus den Ruinen geborgen wurden und im Archaeological Museum bewundert werden können.

Sehenswertes

★ Kesava-Deo-Tempel HINDU-TEMPEL

(Shri Krishna Janambhoomi; ⏲ Sommer 5–21.30 Uhr, Winter 5.30–20.30 Uhr) An der Stelle des kleinen, kahlen Raums namens **Shri Krishna Janambhoomi** im bedeutendsten Tempelkomplex Mathuras soll vor über 5000 Jahren Krishna in Gefangenschaft geboren worden sein. Den viel größeren Haupttempel schmücken Wandbilder, die Szenen aus Krishnas Leben darstellen. Hier stehen auch mehrere Statuen des Gottes und seines Gefährten Radha. Der Tempel wurde im Laufe des vergangenen Jahrtausends mehrfach zerstört und wiederaufgebaut, der heutige Tempel entstand erst in den 1950er-Jahren.

Vishram-Ghat GHAT

Nördlich der Hauptbrücke der Stadt säumen Ghats und Tempel das Ufer des Yamuna. Am zentralsten und beliebtesten ist das Vishram-Ghat, wo Krishna geruht haben soll, nachdem er den tyrannischen König Kansa getötet hatte. An den Ufern warten Boote auf Traveller, die eine Fahrt auf dem Yamuna unternehmen wollen (2 Pers. 150 ₹/Std., ganzes Boot 300 ₹).

Gita-Tempel HINDU-TEMPEL

(⏲ Sonnenaufgang–Sonnenuntergang) An der Straße nach Vrindavan steht dieser friedliche Marmortempel, in dessen Garten eine Säule steht, in die die komplette Bhagavad Gita (hinduistisches Lied des Erhabenen) eingraviert ist.

WICHTIGE ZÜGE AB ALLAHABAD

ZIEL	ZUG-NR. & -NAME	PREIS (₹)	DAUER (STD.)	ABFAHRT
Agra	*12403 ALD JP Exp*	295/765/1075 (A)	7½	23.30 Uhr
Kolkata (Howrah)	*12312 Kalka Mail*	435/1150/1640 (A)	14½	17.20 Uhr
Lucknow	*14209 PRG-LKO Intercity*	330 (B)	4	15.40 Uhr
New Delhi	*12559 Shiv Ganga Exp*	375/985/1395 (A)	9¾	22.30 Uhr
Satna	*12428 ANVT REWA Exp*	170/540/740 (A)	3	6.55 Uhr
Varanasi	*15017 Gorakhpur Exp*	140/490/695 (A)	4	8.45 Uhr

Preise: (A) Sleeper Class/3AC/2AC, (B) nur AC Chair Class

Katra Masjid MOSCHEE
Der Mogulherrscher Aurangzeb ließ diese schöne Sandsteinmoschee 1661 errichten. Um Platz für den Bau zu schaffen, ließ er eine damals dort stehende Inkarnation des Kesava-Deo-Tempels, die Krishnas angeblichen Geburtsort markierte, zerstören. Die Moschee, die sich direkt neben der gegenwärtigen Inkarnation des Kesava-Deo-Tempels befindet, wird rund um die Uhr von Soldaten bewacht, um eine Wiederholung der tragischen Ereignisse zu verhindern, die sich 1992 in Ayodhya (S. 1255) abgespielt haben.

Vor dem Betreten werden Fotoapparate, Taschen und Handys kontrolliert, und Besucher durchlaufen eine Sicherheitskontrolle.

Archaeological Museum MUSEUM
(Museum Rd; Inder/Ausländer 5/25 ₹, Kamera 20 ₹; Di–Sa 10.30–16.30 Uhr) Dieses große Museum beherbergt eine erstklassige Sammlung religiöser Skulpturen der Mathura-Schule, die vom 3. Jh. v. Chr. bis zum 12. Jh. florierte. Zur Zeit der Recherche war sie wegen Renovierungsarbeiten geschlossen.

Feste & Events

Janmastami RELIGION
(Aug./Sept.) Am Geburtstag Krishnas, wenn die Tempel aufwendig dekoriert sind und musikalische Dramen über das Leben Krishnas aufgeführt werden, kann man sich hier kaum bewegen.

Holi RELIGION
(Feb./März) Beim vielleicht buntesten Fest der Welt – sicher hat jeder schon einmal Bilder von Menschen gesehen, die mit fluoreszierendem Pulver in allen Farben bedeckt sind –, wird im Frühling in ganz Indien der Triumph des Guten über das Böse gefeiert. Rund um Mathura, den Geburtsort Krishnas, und Vrindavan, seine spirituelle Heimstatt, ist dann besonders viel los.

Schlafen & Essen

Hotel Brijwasi Royal HOTEL $$$
(8191818818; www.brijwasihotels.com; SBI Crossing, Station Rd; Zi. inkl. Frühstück 3500–4900 ₹;) Ein sauberes, modernes Hotel mit 40 Zimmern im Businessstil, die entweder mit Marmorböden oder mit Teppichen sowie mit Badewannen ausgestattet sind. Einige schauen auf einen Teich für Büffel hinter dem Gebäude. Bei geringer Auslastung werden beträchtliche Rabatte gewährt.

Mathura

0 — 500 m
A B
1 2 3
Gita-Tempel (2,5 km)
3
Mathura-Vrindaven Rd
1 Kesava-Deo-Tempel
Holi Gate
2
BSB College Rd
New Bus Stand
Junction Rd
State Bank of India Geldautomat
4
Station Rd
Station Rd
Mathura Junction

Mathura

Highlights
1 Kesava-Deo-Tempel ... A1

Sehenswertes
2 Archaeological Museum ... B2
Katra Masjid ... (siehe 1)
3 Vishram-Ghat ... B1

Schlafen
4 Hotel Brijwasi Royal ... B2

Essen
Status Restaurant ... (siehe 4)

Status Restaurant INDISCH $$
(SBI Crossing, Station Rd; Hauptgerichte 195–275 ₹; 7–23 Uhr) Die gut ausbildeten Mitarbeiter des Restaurants im Hotel Brijwasi Royal (S. 449) servieren geschmackvolle indische Gerichte ohne Fleisch. Das Restaurant ist verdientermaßen sehr beliebt. Unser Tipp: die leckere Tanduri-Platte bestellen.

Praktische Informationen

An der SBI Crossing, neben dem Brijwasi Royal und nicht weit vom New Bus Stand, steht ein **Geldautomat der State Bank of India** (Station Rd). Ein weiterer befindet sich beim Shri Krishna Janmbhoomi.

Anreise & Unterwegs vor Ort

BUS

Vom sogenannten **New Bus Stand** (Vrindavan Rd) fahren Busse nach Delhi (135 ₹, 4 Std., alle 30 Min., 5–22 Uhr) und Agra (65 ₹, 90 Min., alle 15 Min., 4–21 Uhr).

Sammeltaxis und Tempos, die regelmäßig die Straßen Station Rd und Mathura-Vrindaven Rd befahren, verlangen für die 13 km lange Fahrt zwischen Mathura und Vrindavan 15 ₹.

ZUG

Häufig fahren Züge nach Delhi (Sleeper/AC Chair 170/260 ₹, 2–3 Std.), Agra (Sleeper/AC Chair 170/330 ₹, 1 Std.) und Bharatpur (Sleeper/AC Chair 100/270 ₹, 45 Min.). Die Züge nach Bharatpur fahren weiter nach Sawai Madhopur (zum Ranthambore National Park; 2 Std.) und Kota (5½ Std.).

Vrindavan

0565 / 65 000 EW.

Im Dorf Vrindavan soll der junge Krishna angeblich aufgewachsen sein. Hierher kommen Pilger aus ganz Indien, Anhänger der Hare Krishnas sogar aus der ganzen Welt. Dutzende alte und moderne Tempel aller Art sind in der Gegend verstreut. Viele haben ihre ganz eigenen Besonderheiten, sodass ein Besuch hier mehr als die übliche Tempelbesichtigungstour ist.

Sehenswertes

Die meisten Tempel sind von Sonnenaufgang bis Sonnenuntergang geöffnet, der Eintritt ist frei. Zu den Tempeln, die man unbedingt sehen sollte, gehören Vrindavans größter Tempel, der **Rangaji-Tempel** (Sommer 5.30–10.30 & 16–21 Uhr, Winter 6–11 & 15.30–20.30 Uhr), sowie der **Madan-Mohan-Tempel** (der älteste der Stadt). Ebenso lohnend sind Besuche des **Radha-Ballabh-Tempels**, der Krishnas Gefährten Radha geweiht ist, und des **Nidhivan-Tempels** (Sonnenaufgang–Sonnenuntergang). Den letzteren soll Krishna angeblich jede Nacht besuchen.

★ **Krishna-Balaram-Tempelkomplex** HINDU-TEMPEL
(Iskcon; Winter 7.30–12.45 & 16–21 Uhr, Sommer 16.30–21 Uhr) In diesem Krishna-Balaram-Tempelkomplex (Iskcon-Tempel) hat die **International Society for Krishna Consciousness** (Iskcon; 0565-2540343; www.iskcon.org), auch als Hare-Krishna-Bewegung bekannt, einen Sitz. Der Tempel, zu dem man durch ein schönes Tor aus weißem Marmor gelangt, beherbergt das Grab von Swami Prabhupada (1896–1977), dem Gründer der Hare-Krishna-Organisation.

Im Tempel, der von Gesang erfüllt ist, sind immer zahlreiche Aktivitäten im Gange: Gläubige werfen sich betend auf die Knie, trommeln und suchen den Rat der Mönche. Mehrere Hundert Ausländer besuchen hier jedes Jahr Kurse und Seminare.

Der Tempel ist mehrmals täglich für Besucher geschlossen, hauptsächlich zwischen 12.45 und 16 Uhr (im Sommer 16.30 Uhr). Wer eine Tasche bei sich hat, muss den Seiteneingang benutzen.

Vrindavan

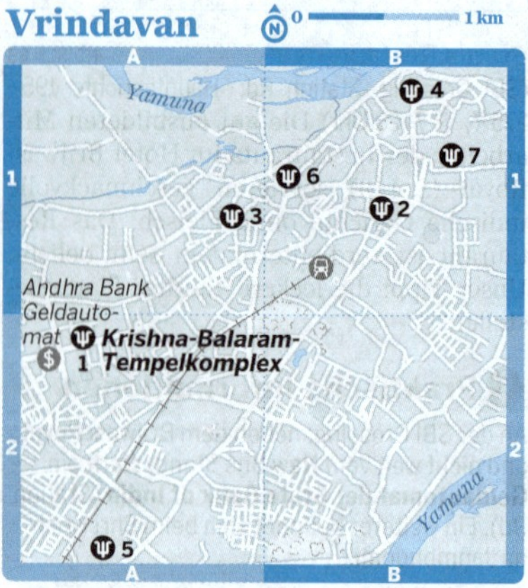

Vrindavan

Highlights
1 Krishna-Balaram-Tempelkomplex ... A2

Sehenswertes
2 Govind-Dev-Tempel ... B1
3 Madan-Mohan-Tempel ... A1
4 Nidhivan-Tempel ... B1
5 Pagal-Baba-Tempel ... A2
6 Radha-Ballabh-Tempel ... B1
7 Rangaji-Tempel ... B1

Schlafen
ISKCON Guest House ... (siehe 1)

Essen
Sri Govinda Restaurant ... (siehe 1)

Praktisches
International Society for Krishna Consciousness ... (siehe 1)
Krishna Balaram Welcome Office ... (siehe 1)

Pagal-Baba-Tempel HINDU-TEMPEL

(Winter 6–12 & 15.30–20.20 Uhr, Sommer 5–11.30 & 15–21 Uhr) Im Erdgeschoss des zehnstöckigen Tempels, der an ein Märchenschloss erinnert, stehen mehrere Vitrinen mit beweglichen Figuren und Dioramen, die Szenen aus dem Leben Ramas und Krishnas darstellen. Das ganze Jahr über wird in Puppentheater-Aufführungen ihre Geschichte erzählt.

Govind-Dev-Tempel HINDU-TEMPEL

(8–12.30 & 16.30–20 Uhr) Der höhlenartige Tempel aus rotem Sandstein, der 1590 von Radscha Man Singh aus Amber erbaut wurde, hat Säulen, die niedliche eingravierte Glocken schmücken. Die hiesigen Affen sind so frech wie überall in Indien, also ist Vorsicht geboten!

Schlafen & Essen

Man kann in der **Pension** (0565-2540021; www.iskconvrindavan.com; Zi. mit Klimaanlage 950 ₹;) auf der Rückseite des Hare-Krishna-Tempels übernachten, Gläubige werden aber bevorzugt. Ansonsten gibt es an der Hauptstraße westlich des Tempelkomplexes mehrere Hotels, deren Standard zwischen schlicht und schick liegt.

Sri Govinda Restaurant INDISCH $

(Hauptgerichte 100–200 ₹; 8–14.30 & 18–21.30 Uhr) In dem Restaurant im Krishna-Balaram-Tempelkomplex gibt's indische vegetarische Gerichte, Pasta, Kuchen, Shakes, Salate und Suppen.

Praktische Informationen

Der nächstgelegene Geldautomat gehört zur **Andhra Bank** und befindet sich 250 m vom Haupteingang zum Tempelkomplex die Straße hinunter (in der Nähe des Bhaktivedanta-Swami-Tors).

Krishna Balaram Welcome Office (9557849475; 10–13 & 17–20 Uhr) Hat eine Liste mit Unterkünften in Vrindavan, bietet alle Leistungen eines Reisebüros und hilft beim Buchen von Gita-Kursen (Studium der uralten Hindu-Schrift Bhagavad Gita).

Anreise & Unterwegs vor Ort

Tempos, Sammelautorikschas und Busse verlangen für die Fahrt zwischen Vrindavan und Mathura alle 15 ₹.

Die Tempel liegen weitläufig verstreut, daher bietet sich für ihren Besuch eine Fahrradrikschatour an. Eine Halbtagstour kostet zwischen 200 und 250 ₹ (mit der Autorikscha 350–400 ₹).

Uttarakhand

Inhalt ➡

Gut essen

- Prakash Lok (S. 465)
- Chetan Puriwallah (S. 469)
- Little Buddha Cafe (S. 460)

Schön übernachten

- Mohan's Binsar Retreat (S. 492)
- Gateway Resort (S. 485)
- Haveli Hari Ganga (S. 464)
- Kasmanda Palace Hotel (S. 473)

Auf nach Uttarakhand!

Uttarakhand ist ein Land der Mythen und der Berge. Die Hindus betrachten es als Dev Bhoomi (das Land der Götter); und die dramatische Landschaft ist übersät mit heiligen Bergen, Seen und Flüssen. Kurvenreiche Straßen und Höhenwanderwege führen zu Pilgerstätten, die Schauplätze der indischen Epen sind. Aber auch wenn Shiva und Parvati im Bundesstaat übermächtig sind, finden sich doch auch Zeugnisse der Briten: die Legende von Jim Corbett lebt weiter in dem Tigerreservat, das seinen Namen trägt, beliebte Ferienorte waren einst Hill Stations der britischen Kolonialherren, und die Beatles verwandelten Rishikesh in eine Anlaufstelle für esoterische Sinnsucher und Yogafans aus aller Welt.

Uttarakhand scheint auf die Silbermedaille abonniert zu sein: Es ist der Bundesstaat mit der zweitgrößten Tigerpopulation (nach Karnataka) und besitzt Indiens zweithöchsten Gipfel (Nanda Devi). Mit der Vielfalt der angebotenen Aktivitäten und seiner herrlichen Natur ist das Land für Traveller aber reines Gold.

Reisezeit

Rishikesh

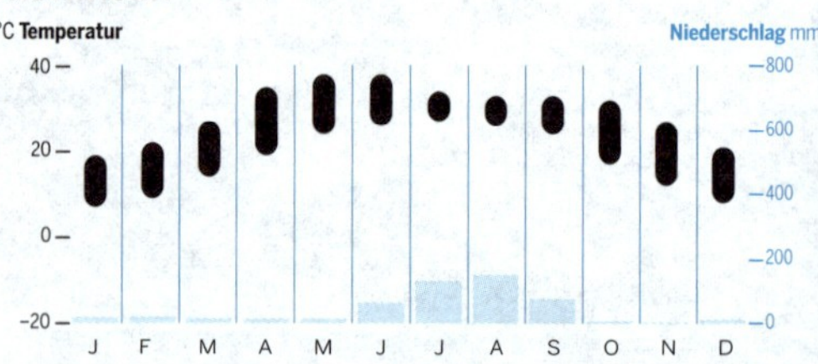

April–Mitte Juni Die beste Zeit, um die Tiger im Corbett Tiger Reserve zu beobachten.

Juli–Mitte Sept. Der Monsun erschwert Reisen; im Valley of Flowers blüht bis Ende August alles.

Mitte Sept.–Nov. Die idealen Wochen für eine Wandertour im Himalaja.

Highlights

❶ Unter atemberaubenden Gipfeln nach **Gaumukh** (S. 475) zur Quelle des heiligen Ganges wandern

❷ Bei der prachtvollen nächtlichen Zeremonie am **Har-ki-Pairi Ghat** (S. 462) in Haridwar eine Kerze den Ganges hinuntertreiben lassen

❸ Gestreifte Großkatzen im **Corbett Tiger Reserve** (S. 483), Indiens erstem Nationalpark, erspähen

❹ In **Rishikesh** (S. 454), dem Yoga- und Meditationszentrum der Welt, inneren Frieden suchen

❺ Sich in der malerischen Hill Station **Nainital** (S. 486) aus der Raj-Ära von der Hitze erholen

❻ Im **Valley of Flowers National Park** (S. 482) über einen Blumenteppich wandern, der von Schneegipfeln umrahmt ist

❼ Am **Kuari-Pass** (S. 476) inmitten der atemberaubenden Himalaja-Landschaft wandern

Geschichte

Im Lauf der Jahrhunderte haben verschiedene Dynastien das Land beherrscht, darunter die Guptas, die Katyuri- und die Chand-Radschas. Im 18. Jh. griffen die nepalesischen Gurkhas zunächst das Fürstentum Kumaon und danach Garhwal an. Das veranlasste die Briten dazu, sich einzumischen. 1816 annektierten sie im Rahmen des Friedensvertrags von Sugauli den größten Teil des Landes.

Nachdem sich Indien für unabhängig erklärt hatte, wurde die Region mit Uttar Pradesh zu einem Bundesstaat zusammengelegt. Es bildete sich aber eine lautstark agierende separatistische Bewegung, und so wurde im Jahr 2000 der Bundesstaat Uttaranchal geschaffen, der 2007 offiziell in Uttarakhand, „nördliches Land", umbenannt wurde.

Klima

In einem Staat mit extremen Höhenunterschieden werden auch die Temperaturen von der Höhe bestimmt. Wanderungen im Himalaja sind von Mai bis Oktober möglich, können aber zwischen Juli und Mitte September (während der Monsunzeit) sehr gefährlich sein. Dann führt gewaltiger Platzregen zu Erdrutschen. Bergdörfer bieten eine willkommene Zuflucht vor der Sommerhitze, und das tief liegende Rishikesh ist von Oktober bis März am angenehmsten.

ℹ Praktische Informationen

In den meisten Ortschaften der Region gibt es ein Büro von Uttarakhand Tourism. Die wichtigsten Tourismusorganisationen sind **Garhwal Mandal Vikas Nigam** (GMVN; www.gmvnl.in) in der Region Garhwal und **Kumaon Mandal Vikas Nigam** (KMVN; http://kmvn.gov.in) für Kumaon.

ℹ Unterwegs vor Ort

Robuste, alte staatliche Busse sind das wichtigste Verkehrsmittel für Reisen durch Uttarakhand. Daneben fahren scharenweise überfüllte Sammeljeeps kreuz und quer durch den Staat und binden entlegene Ortschaften und Dörfer an wichtige Verkehrsknoten an. Für den zehnfachen Preis der Mitfahrgelegenheit kann man das ganze Fahrzeug mieten und reist bequemer. Straßen, die sich durch das Gebirge schlängeln, können sich als Qual für Nerven und Magen erweisen und sind manchmal durch monsunbedingte Erdrutsche versperrt.

TOP-FESTIVALS

Kumbh Mela, Haridwar (S. 463)

International Yoga Festival, Rishikesh (S. 458)

Shivaratri, Dehradun (S. 467)

Nanda Devi Fair, Almora (S. 490)

RISHIKESH

☎0135 / 102 200 EW. / 356 M

Seit die Beatles Ende der 1960er-Jahre im Ashram des Maharishi Mahesh Yogi gerockt haben, zieht es vor allem jene Menschen nach Rishikesh, die nach spiritueller Erfahrung suchen. Heute bezeichnet sich Rishikesh mit seinen zahllosen Ashrams und allen möglichen Arten von Yoga- und Meditationsunterricht selbst als Welthauptstadt des Yoga.

Die Meditationszentren konzentrieren sich nördlich der Stadt, wo ihre exquisite Lage am Ufer des Ganges, umgeben von bewaldeten Hügeln, zu Meditation und Bewusstseinserweiterung einlädt. Abends weht eine Brise durch das Tal, die Tempelglocken läuten, und die Sadhus (Heilige), Pilger und Touristen bereiten sich auf die abendliche *ganga aarti* (Fluss-Verehrungszeremonie) vor. Man kann Sitar- oder Tabla-Unterricht nehmen, oder man probiert Hasya-Yoga (Lachtherapie), praktiziert Meditation und erlebt Kristallheilung.

Allerdings hat Rishikesh noch mehr zu bieten als nur Spiritualität und verrenkte Glieder. Es ist mittlerweile ein beliebtes Zentrum für Raftingfans und Backpacker und außerdem eine Ausgangsstation für Treks in den Himalaja.

Rishikesh besteht im Wesentlichen aus zwei Teilen: aus der überfüllten, hässlichen Innenstadt (Rishikesh Town) mit Bahnhof, Busbahnhöfen und dem Triveni-Ghat (ein beliebter und glücksverheißender Bade-Ghat und Ort zum Beten am Ganges) und aus den Siedlungen rund um die Ram Jhula und die Lakshman Jhula einige Kilometer flussaufwärts, in denen sich die meisten Unterkünfte, Ashrams, Restaurants – und Traveller – befinden. Die beiden *jhula* (Hängebrücken) über den Fluss sind Fußgängern vorbehalten – aber auch Roller und Motorräder nutzen sie. Der Swarg Ashram am Ostufer ist das autofreie spirituelle Zentrum von Rishikesh, während das westlich der Lakshman Jhula gelegene High Bank eine bei Backpackern beliebte Enklave ist.

Sehenswertes

Lakshman Jhula

Das Aushängeschild von Rishikesh ist die Aussicht über die Hängebrücke Lakshman Jhula hinweg auf die riesigen, 13-stöckigen Stufentempel **Swarg Niwas und Shri Trayanbakshwar**. Diese wurden von der Organisation des Gurus Kailashanand erbaut und erinnern an Märchenschlösser. Auf jeder Ebene befinden sich Dutzende Schreine für Hindu-Götter, zwischen denen Schmuck- und Textilläden locken. Die Tempel kann man von der Brücke aus besonders gut bei Sonnenuntergang fotografieren. Morgens und abends hört man das Glockenläuten und den Gesang der Gläubigen, und die Geschäfte, die Andachtsmusik-Alben verkaufen, tragen zum quirligen Treiben auf dieser Seite des Flusses bei. An beiden Ufern reihen sich Märkte, Restaurants, Ashrams und Herbergen aneinander. In den letzten Jahren hat sich die Gegend zur belebtesten im oberen Rishikesh entwickelt.

Swarg Ashram

Ein netter, 2 km langer Fußweg führt von der Lakshman Jhula am Ostufer des Ganges entlang zur spirituellen Gemeinschaft Swarg Ashram. Zur Anlage gehören Tempel, ein überfüllter Basar, Sadhus und Bade-Ghats (Stufen oder Stege zum Fluss), an denen zu Sonnenauf- und -untergang religiöse Zeremonien durchgeführt werden. Die bunte, weniger touristische *ganga aarti* mit Gesang, Musik und Kerzenlicht findet bei Sonnenuntergang im Tempel des Parmarth Niketan Ashram am Fluss statt.

Maharishi Mahesh Yogi Ashram HISTORISCHES GEBÄUDE
(Inder/Ausländer 100/600 ₹; ⌚9–16 Uhr) Gleich südlich des Swarg Ashram finden sich die Überreste des einstigen Maharishi Mahesh Yogi Ashram, wo sich die Beatles aufhielten und offenbar einen großen Teil ihres *White Album* schrieben. Nach Jahrzehnten des Verfalls hat sich die Forstbehörde entschieden, das Gelände vom Dschungel zu befreien, der es nahezu überwuchert hatte, und daraus eine Pilgerstätte für Beatles-Fans und ein sich entwickelndes Museum für Graffiti-Kunst zu machen. Anschauen sollte man sich die Meditationshalle mit dem bizarren Labyrinth aus Felsgängen sowie auffälligen neuen Malereien.

GARHWAL & KUMAON

Uttarkhand besteht aus den zwei Verwaltungsdistrikten Garhwal und Kumaon. Die Einheimischen betrachten Garhwal, den westlichen Teil von Uttarakhand, wegen seiner sehr schroffen Geografie als die männliche Hälfte des Bundesstaats. Der Charakter der Landschaft – manche meinen auch der Menschen – wird von den vier großen Flüssen bestimmt, die aus Himalaja-Gletschern entspringen und das Land zu einem zerklüfteten Netz von Bergkämmen und Schluchten zerrissen haben.

Kumaon, die weibliche Seite von Uttarakhand, besitzt eine sanftere und lieblichere Landschaft. Mit seinen gewellten, terrassierten Hügeln und den schönen Himalaja-Gipfeln und der eine Göttin verehrenden besonderen Kultur besitzt die Region eine besondere Eigenart, die leicht zu erleben, aber unmöglich genauer zu definieren ist.

Aktivitäten

Yoga & Meditation

Yoga und Meditation sind allgegenwärtig in Indiens Yoga-Hauptstadt. Der Unterricht und die Yoga-Stile variieren sehr – man sollte also ein paar Kurse ausprobieren und andere nach ihren Erfahrungen fragen, bevor man sich für einen Kurs entscheidet. Viele Veranstalter bieten auch Ayurveda-Massage an. In einigen Ashrams herrschen strenge Regeln, die Schülern den Konsum von Drogen, Alkohol, Tabak und Fleisch während ihres Aufenthaltes strikt untersagen.

Omkarananda Ganga Sadan YOGA
(☎0135-2430763; www.iyengaryoga.in; Lakshman Jhula Rd; Zi. mit/ohne Klimaanlage 2000/600 ₹, mind. 3 Tage) Dieser Ashram am Fluss bei Ram Jhula bietet seinen Besuchern komfortable Zimmer und hat sich auf sehr empfehlenswerte Iyengar-Yogakurse spezialisiert. Von Oktober bis Mai gibt's sieben- bis zehntägige Intensivkurse (1200 ₹), die man vorab buchen sollte. In der Zeit zwischen den Intensivkursen werden Tageskurse angeboten (300 ₹, Mo–Sa für Anfänger 16–17.30 Uhr, normale Kurse 18–19.30 Uhr; Ermäßigung bei Buchung von mehr als einem Kurs).

Anand Prakash Yoga Ashram YOGA
(☎0135-2442344; www.anandprakashashram.com; Badrinath Rd, Tapovan; privates/Gemeinschafts-Zi.

Rishikesh

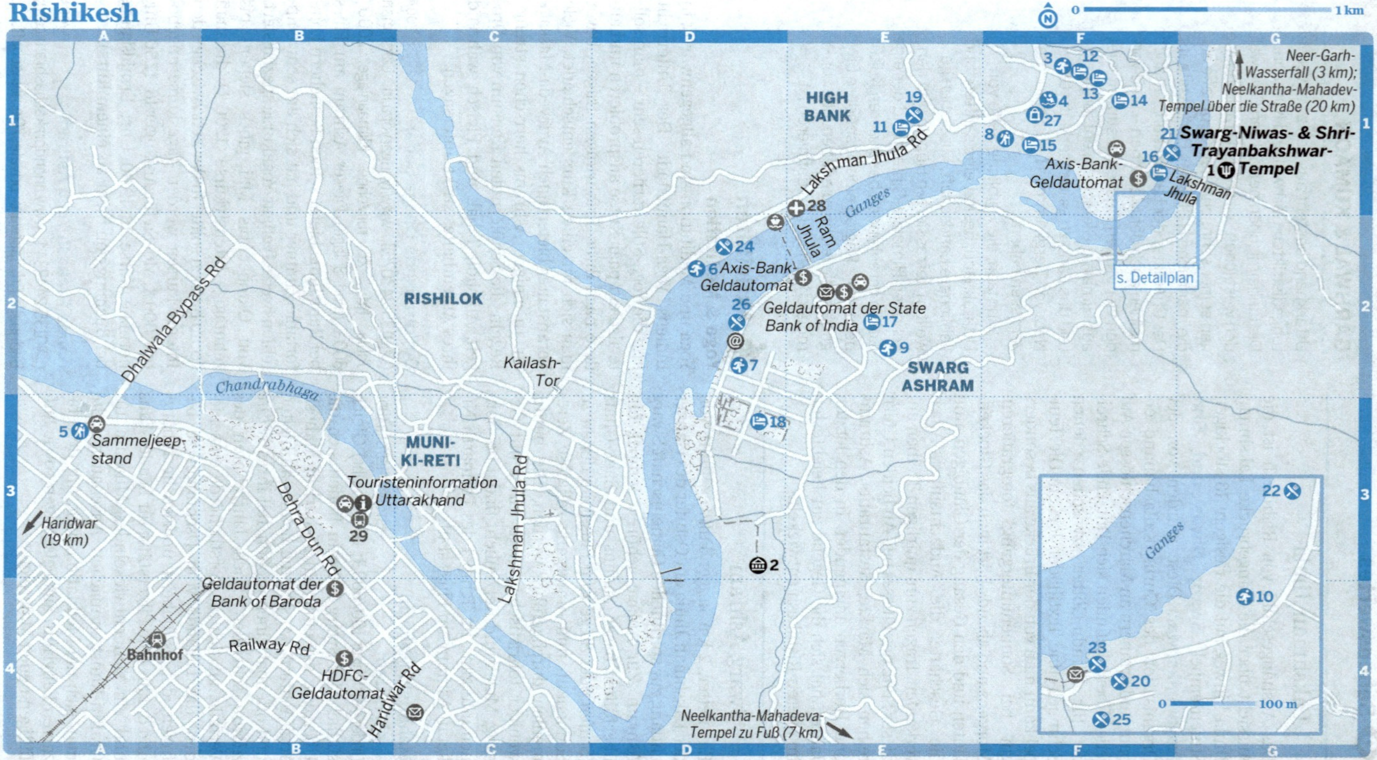
0
1 km
A
B
C
D
E
F
G
1
2
3
4
Neer-Garh-Wasserfall (3 km); Neelkantha-Mahadev-Tempel über die Straße (20 km)
Swarg-Niwas- & Shri-Trayanbakshwar-Tempel
Lakshman Jhula
Axis-Bank-Geldautomat
HIGH BANK
Lakshman Jhula Rd
Ganges
Ram Jhula
Axis-Bank-Geldautomat
Geldautomat der State Bank of India
SWARG ASHRAM
s. Detailplan
RISHILOK
Kailash-Tor
Dhalwala Bypass Rd
Chandrabhaga
Sammeljeep-stand
Haridwar (19 km)
MUNI-KI-RETI
Touristeninformation Uttarakhand
Dehra Dun Rd
Lakshman Jhula Rd
Geldautomat der Bank of Baroda
Bahnhof
Railway Rd
HDFC-Geldautomat
Haridwar Rd
Neelkantha-Mahadeva-Tempel zu Fuß (7 km)
0
100 m
1
2
3
4
5
6
7
8
9
10
11
12
13
14
15
16
17
18
19
20
21
22
23
24
25
26
27
28
29

Rishikesh

Highlights
1 Swarg-Niwas- & Shri-Trayanbakshwar-Tempel ... G1

Sehenswertes
2 Maharishi Mahesh Yogi Ashram ... D3

Aktivitäten, Kurse & Touren
3 Anand Prakash Yoga Ashram ... F1
4 De-N-Ascent Expeditions ... F1
5 GMVN Trekking & Mountaineering Division ... A3
6 Omkarananda Ganga Sadan ... D2
7 Parmarth Niketan Ashram ... D2
8 Red Chilli Adventure ... F1
9 Rishikesh Yog Peeth ... E2
10 Shiva Yoga Peeth ... G4
Sri Sant Seva Ashram ... (siehe 10)

Schlafen
11 Bhandari Swiss Cottage ... E1
12 Dewa Retreat ... F1
13 Dhiraj Guest House ... F1
14 Divine Ganga Cottage ... F1
15 Divine Resort ... F1
16 Hotel Ishan ... F1
New Bhandari Swiss Cottage ... (siehe 11)
17 Sudesh Guest House ... E2
18 Vashishth Guest House ... D3

Essen
19 Bistro Nirvana ... E1
20 Chatsang Cafe ... F4
21 Devraj Coffee Corner ... F1
22 Ganga Beach Restaurant ... G3
23 Little Buddha Cafe ... F4
24 Madras Cafe ... D2
Oasis Restaurant ... (siehe 11)
25 Pyramid Cafe ... F4
26 Tip Top Restaurant ... D2

Shoppen
27 Adventure Axis ... F1

Praktisches
28 Shivananda Ashram ... E1

Transport
Jeepstand ... (siehe 22)
29 Hauptbusbahnhof ... B3
Taxi- & Autorikscha-stand ... (siehe 24)
Yatra- / GMOU-Bushaltestelle ... (siehe 29)

mit VP 1200/900 ₹) In diesem Ashram ca. 1 km nördlich der Brücke Lakshman Jhula kann man so kurz oder lange bleiben, wie man möchte, und an den morgendlichen und abendlichen Akhanda-Yogakursen (im Preis inbegriffen) teilnehmen. Das Essen ist ausgezeichnet, die Zimmer sind schlicht, aber komfortabel und sauber. Von 21 bis 9 Uhr herrscht Schweigegebot. Wer hier nicht übernachtet, kann die Kurse für 200 ₹ besuchen.

Parmarth Niketan Ashram YOGA
(☎0135-2434301; www.parmarth.com; Swarg Ashram; Zi. mit/ohne Klimaanlage 1600/600 ₹) Das Parmarth ist im Zentrum des Swarg Ashram und lockt Besucher zum abendlichen *ganga aarti* ans Flussufer. Der Ashram hat einen prächtig geschmückten Gartenhof. Im Preis inbegriffen sind ein Zimmer mit eigenem Bad und einführender Unterricht in Hatha-Yoga.

Rishikesh Yog Peeth YOGA
(☎0135-2440193; www.rishikeshyogpeeth.com; Swarg Ashram; 40-tägiger Kurs 1400 US$) Diese beliebte Schule, die Ausbildungen zum Yogalehrer anbietet, hat einen super Ruf und ist mittlerweile ein lokaler Industriebetrieb.

Sri Sant Seva Ashram YOGA
(☎0135-2430465; www.santsewaashram.org.in; Zi. ohne/mit Klimaanlage 600/1500 ₹) Der Sri Sant Seva Ashram blickt bei Lakshman Jhula auf den Ganges; seine großen Zimmer sind begehrt, also im Voraus buchen! Die teureren haben Balkone mit einem tollen Blick auf den Fluss. Die Yogakurse verfolgen gemischte Stile und stehen allen offen. Täglich gibt's Stunden für Anfänger (100 ₹), Fortgeschrittene und Experten (200 ₹). Im Ashram findet auch das angesehene **Shiva Yoga Peeth** (☎9622724204; www.shivayogapeeth.org; 210/315/420 US$ für 200/300/500 Std.) statt, ein Ausbildungsprogramm für Yogalehrer.

Raften, Kajakfahren & Trekking

Mehr als 100 Veranstalter bieten Ganz- und Halbtages-Raftingtouren an, die stromaufwärts beginnen und runter nach Rishikesh führen. Es gibt auch mehrtägige Raftingtouren, bei denen die Teilnehmer am Fluss campen. Die offizielle Raftingsaison dauert von Mitte September bis Ende Juni. Eine Halbtagestour fängt preislich bei 1000 ₹ pro Person an; eine Ganztagestour kostet 1800 ₹ aufwärts. Die meisten Agenturen bieten auch *All inclusive*-Wanderungen im Himalaja, z. B. zum Kuari-Pass, nach Har-ki Dun und Gangotri/Tapovan (ab 3500 ₹/Tag).

Red Chilli Adventure TREKKING, RAFTEN
(☎0135-2434021; www.redchilliadventure.com; Lakshman Jhula Rd; ⌚9–20 Uhr) Seriöser Anbie-

ter für Trekkingtouren im Himalaja sowie Raftingtouren in ganz Uttarakhand und nach Himachal Pradesh und Ladakh.

De-N-Ascent Expeditions KAJAKFAHREN, TREKKING
(☎ 0135-2442354; www.kayakhimalaya.com; Badrinath Rd, Tapovan) Der Veranstalter ist auf Kajakunterricht und -exkursionen spezialisiert. Unter Anleitung eines erfahrenen Ausbilders lernt man zu paddeln und eine Eskimorolle auszuführen oder begibt sich auf mehrtägige Kajak- oder Rafting-Abenteuer. Auch Trekkingtouren werden organisiert.

GMVN Trekking & Mountaineering Division TREKKING
(☎ 0135-2431793; www.gmvnl.in; Lakshman Jhula Rd, Muni-ki-Reti; ⏲ 10–17 Uhr) organisiert Bergtouren im Garhwal-Himalaja, verleiht Trekking-Ausrüstung und vermittelt Führer und Träger.

Wanderwege & Strände

3 km nördlich der Lakshman-Jhula-Brücke beginnt südlich des Flusses ein leichter, 15-minütiger Spazierweg zu zwei kleinen **Wasserfällen**. Getränkestände und ein Schrein an der Straße markieren den Startpunkt dieses leicht auffindbaren Wegs. Die Fahrt mit einem geländegängigen Taxi dorthin kostet 100 ₹ ab der Lakshman Jhula.

Auf der anderen Seite beginnt ca. 2 km nördlich der Lakshman-Jhula-Brücke ein 20-minütiger, bergauf führender (beschilderter) Weg zum **Neer-Garh-Wasserfall** (30 ₹).

Wer eine längere Wanderung machen will, schließt sich Pilgern an, die Wasser aus dem Ganges als Opfergabe zum **Neelkantha-Mahadev-Tempel** bringen – eine dreistündige, 7 km lange Wanderung auf einem Waldweg, die in Swarg Ashram beginnt. Man kann den Tempel von der Lakshman Jhula aus auch auf der Straße erreichen (ca. 20 km).

Feste & Events

Internationales Yogafestival YOGA
In der ersten Märzwoche findet in Rishikesh das Internationale Yoga-Festival (www.internationalyogafestival.com; ⏲ März) statt. Zu den Unterweisungen und Vorträgen kommen Swamis und Yoga-Meister aus aller Welt. Das Festival konzentriert sich um den Parmarth Niketan Ashram (S. 457) im Swarg Ashram.

Schlafen

Die meisten Unterkünfte liegen zu beiden Seiten des Flusses rund um die Lakshman Jhula; ein paar Hotels liegen zwischen den Ashrams von Swarg Ashram und am anderen Flussufer nahe der Ram Jhula. Einige gute Budgetunterkünfte gibt's in High Bank.

Viele Hotels sind auf Backpacker ausgerichtet, aber Jahr für Jahr eröffnen auch immer mehr ordentliche Mittelklasseunterkünfte, und die wenigen Hotels der Spitzenklasse vor Ort sind gut.

Lakshman Jhula

Im lebhaftesten Teil von Rishikesh gibt es mehrere gute Budgetunterkünfte zu beiden Seiten des Flusses. Im Viertel Tapovan finden sich an der Gasse, die zum Divine Ganga Cottage führt, Pensionen mit einem besonders guten Preis-Leistungs-Verhältnis.

Dhiraj Guest House PENSION $
(☎ 9719357411; EZ/DZ 450/550 ₹) Sauber, freundlich und billig: diese von einer Familie geführte Pension erfüllt die drei entscheidenden Forderungen. Die Zimmer sind schlicht und angenehm, und jedes hat eine eigene Kochnische (das Gas wird extra berechnet). Das Haus ist ca. sieben Gehminuten von der Brücke von Lakshman Jhula entfernt.

Divine Ganga Cottage HOTEL $$
(☎ 0135-2442175; www.divinegangacottage.com; Zi. 2400 ₹, mit Klimaanlage 3200–3800 ₹; ❄ @ 📶) Das ordentliche Hotel ist von kleinen Reisfeldern und Wohnhäusern mit Gärten umgeben. Von der großen Terrasse im Obergeschoss hat man einen herrlichen Blick auf den Fluss. Die Zimmer ohne Klimaanlage im Erdgeschoss sind klein und überteuert, aber die größeren, stilvollen Zimmer oben (mit Klimaanlage, Schreibtischen und modernen Bädern) gehören zu den besten der Stadt.

Hotel Ishan HOTEL $$
(☎ 0135-2431534; Zi. 2000–4000 ₹; ❄ @ 📶) Das lange bestehende Hotel am Ufer nahe der Lakshman Jhula ist kürzlich in die gehobene Kategorie übergewechselt. Die Zimmer sind komfortabel und geschmackvoll möbliert und haben private oder Gemeinschaftsterrassen mit Blick auf den Ganges.

Divine Resort HOTEL $$$
(☎ 0135-2442128; www.divineresort.com; Zi. 3500–7000 ₹, Suite 10 000–15 000 ₹; ❄ 📶 🏊) Einige Zimmer in diesem Spitzenklassehotel haben zwar auch eine tolle Aussicht auf den Fluss, aber wirklich unschlagbar ist der Blick aus dem Glasaufzug, der selbst schon als Touristenattraktion gelten kann. Und

dann gibt's da noch den Infinity-Pool hoch über dem Fluss. Das Haus ist *das* Top-Hotel rund um die Lakshman Jhula. Etwa die Hälfte der Zimmer wird gerade renoviert.

Dewa Retreat HOTEL **$$$**
(☎0135-2442382; www.dewaretreat.com; Zi. ohne/mit Flussblick 4500/5000 ₹; ❄📶🏊) Das neueste Nobelhotel an der Lakshman Jhula hat makellose Zimmer, die Schlichtheit mit Luxus verbinden. Die besten Zimmer haben Balkone mit Blick auf das Ganges-Tal, und im Freiluftpool lassen sich drückend heiße Tage leicht ertragen.

High Bank

Bhandari Swiss Cottage HOTEL **$**
(☎0135-2432939; www.bhandariswisscottageris hikesh.com; Zi. ab 300 ₹, mit Klimaanlage ab 800 ₹; ❄@📶) Das bei Backpackern beliebte Hotel hat Zimmer in mehreren Preiskategorien – je höher, umso teurer. Die Zimmer sind in unterschiedlichem Ausmaß abgenutzt und könnten etwas liebende Zuwendung vertragen, aber die großen Balkone, von denen man einen weiten Ausblick in die grünen Berge hat, sind ein Pluspunkt. Das Hotel bietet ein ausgezeichnetes kleines Restaurant im Hof, ein Internetcafé und Yogakurse.

New Bhandari Swiss Cottage HOTEL **$**
(☎0135-2435322; www.newbhandariswisscottage.com; Zi. 400–800 ₹, mit Klimaanlage 1000–1500 ₹; ❄@📶) Eines der letzten Häuser an der High-Bank-Gasse ist dieses große, beliebte Hotel, dessen Zimmer teils sauber und schlicht, teils einfach eindrucksvoll sind. Viele wurden kürzlich renoviert. Zum Haus gehören ein Massagezentrum und das gute **Oasis Restaurant** (Hauptgerichte 90–170 ₹; ⏰8–22 Uhr) mit Gerichten aus aller Welt.

Swarg Ashram

Wem es ernst ist mit Yoga und Selbstfindung, der sollte in einem von Swargs zahlreichen Ashrams wohnen. Es gibt aber auch eine Reihe von Hotels am südlichen Rand von Swarg, einen Block vom Fluss entfernt.

Sudesh Guest House PENSION **$**
(☎9760313572; sudeshguesthouse771@gmail.com; Zi. ohne/mit Klimaanlage 300/800 ₹; ❄) Die gute Budgetunterkunft hat Zimmer, deren Preis-Leistungs-Verhältnis zum besten in Swarg Ashram zählt. Es gibt einen Yogasaal, eine Dachterrasse, eine Gemeinschaftsküche und gefiltertes Wasser.

UNTERKUNFTSPREISE

Die Preiskategorien beziehen sich auf ein Doppelzimmer mit Bad und verstehen sich inklusive Steuer:

$ bis 1000 ₹

$$ 1000–3000 ₹

$$$ über 3000 ₹

★ **Vashishth Guest House** BOUTIQUEHOTEL **$$**
(☎0135-2440029; www.vashishthgroup.com; Zi. ohne Klimaanlage 950 ₹, mit Klimaanlage 1500–1800 ₹; ❄📶) Das hübsche kleine Boutiquehotel hat farbenfroh angemalte Wände, komfortable Matratzen und eine kleine Leihbibliothek. Einige Zimmer haben große Küchen mit Kochgeräten, Tisch und Stühlen. Angesichts des Gebotenen ist dies eine der besten Optionen in Rishikesh.

Essen

Praktisch alle Restaurants in Rishikesh servieren ausschließlich vegetarische Kost, es gibt aber eine Menge Traveller-Restaurants, die diverse Versionen europäischer, israelischer, indischer und chinesischer Gerichte auftischen. High Bank ist das einzige Gebiet, wo auch Fleisch auf der Speisekarte steht.

Lakshman Jhula

★ **Devraj Coffee Corner** CAFÉ **$**
(Snacks & Hauptgerichte 50–230 ₹; ⏰8–21 Uhr) Die hoch über der Brücke – mit Blick über den Fluss hinüber auf den Sri-Trayanbakshwar-Tempel – thronende deutsche Bäckerei bietet sich zu jeder Tageszeit als idealer Ort für eine Pause an. Sie hat den besten Kaffee der Stadt, und auf der Speisekarte stehen neben Spezialitäten wie Graubrot mit Yak-Käse auch Suppen und Pfannengerichte sowie Croissants, Apfelstrudel und mehr.

Gleich nebenan gibt's einen guten Laden für Bücher.

Pyramid Cafe INTERNATIONAL **$**
(Hauptgerichte 110–180 ₹; ⏰8–22 Uhr; 📶) Hier sitzt man auf Kissen in offenen, pyramidenförmigen Zelten und trifft seine Wahl zwischen indischer Hausmannskost und ein paar tibetischen und westlichen Gerichten, u. a. Pfannkuchen. Die superfreundliche Betreiberfamilie vermietet auch ein paar friedliche, gepflegte Pyramidenzelte mit Doppelbetten und angeschlossenen Bädern (600 ₹).

Chatsang Cafe FUSION $$
(Hauptgerichte 150–250 ₹; ⌚8–22 Uhr) Das Klappern der Hackmesser und brutzelnden Pfannen, das aus der Küche zu hören ist, weckt die Erwartung, dass gleich etwas Köstliches serviert wird, und diese wird nicht enttäuscht. Die einfallsreichen Abwandlungen indischer und internationaler Gerichte, darunter mehrere Varianten von *khichdi* (gewürzter Reis mit Linsen) wirken frischer als das Essen anderswo in der Stadt.

★ **Little Buddha Cafe** INTERNATIONAL $$
(Hauptgerichte 110–250 ₹; ⌚8–23 Uhr; 📶) Dieses unkonventionelle Restaurant im Look eines Baumhauses verfügt über ein ultragemütliches Dachgeschoss mit Tischen, von denen die Gäste direkt auf den Ganges blicken und an denen sie wirklich gutes, internationales Essen genießen dürfen. Die Pizzas sind groß, und die gemischte vegetarische Platte ist ein Gaumenschmaus. Das Restaurant ist aus gutem Grund eines der bestbesuchten an der Lakshman Jhula.

Ganga Beach Restaurant INTERNATIONAL $$
(Hauptgerichte 100–200 ₹; ⌚7.30–22.30 Uhr; 📶) Das Restaurant hat eine tolle Lage am Ufer, eine großzügige Terrasse und eine umfangreiche Karte, auf der u. a. Crêpes und eiskalte Lassis stehen.

High Bank

Bistro Nirvana INTERNATIONAL $$
(Hauptgerichte 80–250 ₹; ⌚9–22 Uhr) Mit einem schattigen Innenhof und erhöhten Tischen mit gepolsterten Sitzbänken trifft dieses neue Lokal ins Schwarze. Die Einrichtung ist aus Bambus, und die überregionale Küche ist lecker.

Swarg Ashram & Ram Jhula

Madras Cafe INDISCH $
(Ram Jhula; Hauptgerichte 100–180 ₹; ⌚8–21 Uhr; 📶) Das Lokal ist eine Institution. Es wurde vor Kurzem modernisiert, serviert aber noch immer schmackhafte süd- und nordindische vegetarische Gerichte, darunter Thalis, ein leckeres Pilzcurry, Vollkornpfannkuchen, das faszinierende Gesundheits-*pilau* aus dem Himalaja sowie supersahnige Lassis.

Tip Top Restaurant INTERNATIONAL $
(Swarg Ashram; Hauptgerichte 90–200 ₹; ⌚9–21.30 Uhr) Dieses freundliche kleine Lokal liegt hoch oben und bietet einen tollen Blick auf den Fluss sowie eine angenehme Brise. Hier können sich Gäste ihr Sandwich selbst zusammenstellen oder aus den drei „I"s wählen: indisch, italienisch oder israelisch.

Shoppen

In Swarg Ashram findet man Buchläden, Ayurveda-Heilkräuter, Kleidung, Kunsthandwerk und Touristensouvenirs wie Schmuck oder tibetische Klangschalen, es gibt aber auch viele Stände rund um die Lakshman Jhula. Wegen Outdoor-Ausrüstung wendet man sich am besten an **Adventure Axis** (Badrinath Rd, Lakshman Jhula; ⌚10–20 Uhr), einen Laden mit großer Auswahl.

Praktische Informationen

GEFAHREN & ÄRGERNISSE

Vorsicht vor hilfsbereiten Sadhus: Einige sind wirklich auf einer spirituellen Reise, aber schon seit dem Mittelalter werden die orangefarbenen Roben auch von Kriminellen als Verkleidung benutzt, und einige Traveller haben von Diebstahl und Schlimmerem berichtet.

Die Strömung ist an einigen Stellen des Ganges stark, und es ertrinken hier immer wieder Menschen. Also bitte im flachen Wasser bleiben!

GELD

Einige Reisebüros an der Lakshman Jhula und in Swarg Ashram wechseln Reiseschecks und Bargeld.

INTERNETZUGANG

Internetzugang, üblicherweise für 30 ₹ pro Stunde, gibt's überall in der Stadt, u. a. bei **The Great Himalaya** (30 ₹/Std.; ⌚8–21.30 Uhr; 📶).

MEDIZINISCHE VERSORGUNG

Himalayan Institute Hospital (☎0135-2471200, Notfall 0135-2471225; ⌚24 Std.) Das nächstgelegene große Krankenhaus befindet sich 17 km entfernt an der Straße nach Dehradun, 1 km hinter dem Jolly Grant Airport.

Shivananda Ashram (☎0135-2430040; www.sivanandaonline.org; Lakshman Jhula Rd) Bietet kostenlose medizinische Versorgung und hat eine Apotheke.

TOURISTENINFORMATION

Uttarakhand Tourism Office (☎0135-2430209; Hauptbusbahnhof; ⌚Mo–Sa 10–17 Uhr) Die Touristeninformation in einem Gebäude hinter dem Hauptbusbahnhof hat hilfsbereites Personal.

An- & Weiterreise

BUS

Busse fahren oft nach Haridwar und Dehradun; nach Masuri steigt man in Dehradun um. In der

BUSSE AB RISHIKESH

Die folgenden Busse starten vom **Hauptbusbahnhof (A)** oder dem **Yatra-/GMOU-Busbahnhof (B)**.

ZIEL	PREIS (₹)	DAUER (STD.)	HÄUFIGKEIT
Badrinath (B)	425	14	5 Uhr
Dehradun (A)	51	1½	halbstündl
Delhi (A)	255/500 (normaler Bus/AC)	7	halbstündl
Gangotri (B)	380	12	5.30 Uhr
Haridwar (A)	35	1	halbstündl
Jyotirmath (Joshimath (B)	360	12	halbstündl. 3.30–6, 9 Uhr
Kedarnath (B)	400	12	6 Uhr
Uttarkashi (B)	240	7	4.15–12 Uhr 8 Busse

yatra- (Pilger-) Saison (Mai–Okt.) fahren Busse zu den Char Dham im Norden, Direktbusse nach Gangotri fuhren zum Zeitpunkt der Recherche aber nicht regelmäßig – um dort hinzukommen, steigt man daher in Uttarkashi um; es gibt auch keine Busse nach Yamunotri – dorthin muss man in Dehradun und Barkot umsteigen.

Private AC- und Volvo-Busse fahren mehrmals täglich nach Delhi (600–900 ₹, 7 Std.).

Plätze in den privaten Nachtbussen nach Jaipur (Sitzplatz/Liegeplatz/AC-Liegeplatz 600/700/1200 ₹, 13 Std.) und Pushkar (Sitzplatz/Liegeplatz 650/700 ₹, 16 Std.) können bei Reisebüros an der Lakshman Jhula, in Swarg Ashram und High Bank gebucht werden, fahren aber ab Haridwar. Man kann auch einen Bus nach Agra (AC Liegeplatz/Volvo 750/1300 ₹, 12 Std.) buchen, der ab Dehradun fährt.

SAMMELJEEP & TAXI

Sammeljeeps nach Uttarkashi (280 ₹, 5 Std.) und Jyotirmath (Joshimath; 380 ₹, 8 Std.) starten, wenn sie voll besetzt sind, vom Natraj Chowk, nahe der Kreuzung der Dehra Dun Rd und der Dhalwala Bypass Rd. Am besten stellt man sich hier zwischen 5 und 7 Uhr ein.

Autos für Fahrten außerhalb der Stadt bekommt man am **Taxistand** an der Lakshman Jhula, am **Taxistand** zwischen dem Haupt- und dem *yatra-* (Pilger-) Busbahnhof sowie am **Taxi- und Autorikschastand** an der Ram Jhula. Ausgewählte Preise: Haridwar (920 ₹, 1 Std.), Dehradun (1250 ₹, 1½ Std.), Jolly Grant Airport (820 ₹, 1 Std.), Uttarkashi (nach Gangotri; 4080 ₹, 7 Std.), Jyotirmath (Joshimath; 5610 ₹, 9 Std.), Almora (7000 ₹, 10 Std.). Für Langstreckenfahrten findet man vielleicht günstigere Preise, wenn man bei Reisebüros und in Pensionen herumfragt.

Vikrams (große Autorikschas) berechnen 400 ₹ für die Fahrt nach Haridwar.

ZUG

Von Rishikesh fahren nur sehr wenige Züge, am besten nimmt man daher einen Bus oder ein Taxi zum Bahnhof in Haridwar und nimmt dort den Zug. Buchungen für Züge ab Haridwar kann man am Bahnhof von Rishikesh und bei Reiseveranstaltern an der Lakshman Jhula und in Swarg Ashram (gegen eine Gebühr) vornehmen.

Unterwegs vor Ort

Sammel-*vikrams* fahren von der Innenstadtkreuzung an der Ghat Rd bis hinter Ram Jhula (10 ₹/Pers.) und zur Abzweigung in High Bank zur Lakshman Jhula. Die Fahrt mit einem privaten *vikram* oder einer Autorikscha von der Innenstadt nach Lakshman Jhula kostet „upside" (zur Spitze des Hügels) 100 ₹ und „downside" (näher bei der Brücke) 120 ₹. Um den Preis muss man hart verhandeln. Von Ram Jhula nach High Bank oder Lakshman Jhula zahlt man 50 ₹.

Um ans Ostufer des Ganges zu gelangen, muss man entweder über eine der Hängebrücken laufen oder von Ram Jhula aus die **Fähre** (einfache Strecke/hin & zurück 10/15 ₹; ⌚7.30–18.15 Uhr) nehmen.

Am Ostufer des Ganges warten Taxis und Sammeljeeps, um Passagiere zu den Wasserfällen und zum Neelkantha-Mahadev-Tempel (Sammel-/privates Fahrzeug 120/1000 ₹) zu bringen, allerdings beträgt die Strecke mit dem Auto von der einen Seite des Flusses zur anderen 16 km. Die Fahrt von Lakshman Jhula nach Swarg Ashram kostet 10 ₹ in einem Sammeljeep oder 80 ₹ für das ganze Fahrzeug. Fahrzeuge bekommt man am **Taxistand** in Swarg Ashram oder am **Jeepstand** in Lakshman Jhula.

Fahrräder (100 ₹/Tag), Motorroller (300 ₹/Tag) und Motorräder (400–700 ₹/Tag) kann man rund um Lakshman Jhula mieten. Eigentliche Läden gibt es nicht: man mietet bei Typen auf der Straße oder erkundigt sich in den Pensionen.

HARIDWAR

☎01334 / 311 000 EW. / 249 M

Haridwar (auch Hardwar genannt) liegt verheißungsvollerweise genau an jener Stelle, an der der Ganges den Himalaja verlässt.

Haridwar

Große Pilgerscharen kommen in die heiligste Hindu-Stadt von Uttarakhand, um im Ganges zu baden. Allein die bloße Zahl von Menschen, die sich um den Har-ki-Pairi-Ghat versammeln, lässt Haridwar chaotisch, aber dennoch ehrwürdig erscheinen. In der religiösen Hierarchie Indiens nimmt Haridwar eine weit bedeutendere Position ein als Rishikesh, das eine Stunde weiter nördlich liegt. Jeden Abend erwacht der Fluss zum Leben, wenn ihn die Flammen der schwimmenden Opfergaben erleuchten. Während der *yatra*-(Pilgerfahrt-)Zeit zwischen Mai und Oktober wird Haridwar voll, vor allem im Juli, wenn Hunderttausende von Shiva-Anhänger, bekannt als Kanwarias, in die Stadt einfallen. Die Stadt ist Schauplatz des jährlichen religiösen Festes Magh Mela.

Die Hauptstraße von Haridwar ist die Railway Rd, die im Norden in die Upper Rd übergeht und parallel zum Ganges-Kanal (der eigentliche Fluss liegt weiter im Osten) verläuft. Zwischen der Laltarao-Brücke und der Bhimgoda-Brücke dürfen eigentlich nur Fahrradrikschas verkehren, deshalb fahren Kraftfahrzeuge am anderen Flussufer. Die Gassen des Bara Bazaar erstrecken sich südlich des Har-ki-Pairi-Ghat.

Sehenswertes

★ Har-ki-Pairi-Ghat GHAT

Har-ki-Pairi (Fußabdruck Gottes): Hier soll Vishnu einen Tropfen Himmelsnektar und seinen Fußabdruck hinterlassen haben. Allabendlich versammeln sich Hunderte Gläubige zur *ganga aarti* (Fluss-Verehrungszeremonie). Offizielle in blauer Uniform sammeln Spenden (und geben dafür Quittungen), und wenn die Sonne untergeht, erklingen rhythmisch die Glocken. Fackeln werden entzündet, und Binsenkörbe mit Blütenblättern, auf denen eine brennende Kerze (10 ₹) steht, treiben den Strom hinab.

Wer sich unter die Menschen mischt, kann die Rituale einer alten Religion miterle-

Haridwar

ben, die ihre Kraft bis heute bewahrt hat. Besucher werden oft von selbst ernannten Priestern angesprochen, die Hilfe bei der *puja* versprechen und dann 200 ₹ oder mehr fordern. Wer etwas spenden möchte, gibt das Geld besser einem uniformierten Spendensammler bzw. wirft es in eine Spendenbox.

Die beste Zeit für einen Besuch ist der frühe Morgen kurz vor Sonnenaufgang.

Mansa-Devi- & Chanda-Devi-Tempel

Mit der **Seilbahn** (hin & zurück 95 ₹; April–Okt. 7–19 Uhr, Nov.–März 8–18.30 Uhr) geht's hinauf zu dem überfüllten, auf einem Hügel thronenden Tempel der Wünsche erfüllenden Göttin **Mansa Devi**. Auf dem Weg zur Seilbahn werden an Ständen Päckchen mit *prasad* (Nahrungsspenden für religiöse Zeremonien) verkauft, die man der Göttin auf dem Hügel darbringt. Man kann auch (steile 1,5 km) zum Tempel hinauflaufen, muss aber auf Affen achten, die die *prasad*-Päckchen stibitzen wollen.

Viele Besucher und Pilger kombinieren ihren Besuch mit dem des 1929 von Radscha Suchet Singh von Kaschmir erbauten **Chandi-Devi-Tempels** auf dem Neel Hill 4 km südöstlich von Haridwar, zu dem ebenfalls eine **Seilbahn** (hin & zurück 163 ₹; 8–18 Uhr) hinaufführt.

Für 312 ₹ erhält man beim Mansa-Devi-Tempel ein Ticket für beide Seilbahnen und die Fahrt in einem klimatisierten Auto von dem einen Tempel zum anderen. Innerhalb der Tempelschreine ist das Fotografieren verboten.

Geführte Touren

Mohan's Adventure Tours ABENTEUERTOUR
(9837100215, 9412022966; www.mohansadventure.in; Railway Rd; 8–22.30 Uhr) Sanjeev Mehta von Mohan's Adventure Tours organisiert Touren aller Art (z. B. Trekking-, Angel-, Vogelbeobachtungs-, Rad-, Motorrad- und Raftingtouren). Der versierte Naturfotograf hat sich auf fünfstündige Safaris (2250 ₹/Pers. bei 2 oder mehr Teilnehmern; Einzelsafari 3500 ₹) im Rajaji Tiger Reserve spezialisiert. Sanjeev veranstaltet auch Touren mit Übernachtung zum Corbett Tiger Reserve (ab 9950 ₹). Die Touren finden ganzjährig statt.

Feste & Events

Kumbh Mela RELIGION
Die größte Versammlung auf Erden lockt Millionen Gläubige an, die während dieser glücksverheißenden Zeit sich im Ganges von ihren Sünden reinigen. Die Kumbh Mela findet alle 12 Jahre in Haridwar (dazwischen im Wechsel in Allahabad, Ujjain oder Nashik statt). Alle sechs Jahre findet die Ardh („halbe") Kumbh Mela statt, zu der ebenfalls gewaltige Mengen von Gläubigen nach Haridwar strömen.

Schlafen

Haridwar hat Unmengen Hotels für hinduistische Pilger. Die geschäftigste Zeit ist die *yatra*-Saison (Mai–Okt.) – in den anderen Monaten sind Rabatte von 20 bis 50 % drin.

In der Jassa Ram Rd und den anderen Gassen, die von der Railway Rd abgehen, finden sich Budgethotels, die allerdings meist trist sind. In Rishikesh gibt's weit bessere Budgetunterkünfte.

Unten an den Ghats stehen eine Reihe Hochhaushotels mit guter Aussicht, aber unterdurchschnittlichen Zimmern.

Hotel Arjun HOTEL $
(☎01334-220409; www.hotelarjun.com; Jassa Ram Rd; Zi. mit/ohne Klimaanlage ab 950/750 ₹; ❄📶) Die beste der Budgetunterkünfte ist dieses Hotel in Gehweite von Bahnhof und Busbahnhof, das seine Nachbarn hinsichtlich Sauberkeit und Komfort überragt. Einige Zimmer haben Balkone, aber die meisten irgendwelche Macken, z. B. einen defekten TV oder eine kaputte Deckenlampe. Wenn möglich, sollte man sich erst ein paar ansehen.

Hotel La Casa HOTEL $$
(☎01334-221197; www.lacasahotels.in; Bilkeshwar Rd, gegenüber dem Gurdwara; Zi. ab 2200 ₹; ❄📶) Das La Casa ist eines der wenigen soliden Mittelklassehotels in Haridwar und hat mit die frischesten Zimmer. Mit Farbtupfern, geschmackvoller Möblierung und modernen Bädern hat das Haus einen gewissen Charme. Das Preis-Leistungs-Verhältnis ist gut (wenn auch nicht so gut, wie man nach der Hotel-Website vermuten würde).

Bhaj-Govindam HOTEL $$
(☎8881007007; http://hotelbhajgovindam.com; Upper Rd; Zi. ab 1500 ₹; ❄📶) Das Hotel rund 100 m nördlich der Bhimgoda Jhula ist das ruhigste der Stadt und liegt in einem grasbewachsenen Garten, den durch eine Metallwand leicht erreichbaren Ufern des Ganges zugewandt. Die Zimmer sind komfortabel, die Suiten riesig, die Sauberkeit lässt manchmal zu wünschen übrig. Die Preise sind glücklicherweise verhandelbar.

★ **Haveli Hari Ganga** HISTORISCHES HOTEL $$$
(☎01334-226443; www.haveliharigang a.com; 21 Ram Ghat; Zi. mit Frühstück 8000–10 000 ₹; ❄📶) Versteckt im Bara Bazaar, aber direkt am Ganges, liegt Haridwars bestes Hotel, ein prachtvolles, 1918 erbautes *haveli* (traditionelles, prunkvoll dekoriertes Wohnhaus). Innenhöfe und Marmorböden sorgen für königliche Pracht. Der Aufpreis für ein Zimmer mit einem luftigen Balkon und Blick auf den Ganges lohnt sich.

Das **Restaurant** (Mittags-Thali 450 ₹, Abendbüffet 650 ₹; ⏲12.30–14.30 & 19.30–22 Uhr) des Hotels ist das nobelste in Haridwar. Mittags gibt's Thalis und abends ein Büffet.

BUSSE AB HARIDWAR

Die folgenden Busse starten vom UK-Roadways-Busbahnhof. Infos zu Bussen nach Dharamsala und Shimla gibt's an Schalter 6.

ZIEL	PREIS (₹)	DAUER (STD.)	HÄUFIGKEIT
Agra	350	12	frühmorgens
Chandigarh	211	10	stündl.
Dehradun	68	2	halbstündl.
Delhi (AC Volvo)	665	6	5-mal tgl.
Delhi (Standard)	230	6	halbstündl.
Dharamsala (normaler Bus/AC Volvo)	555/1190	15	14, 16 Uhr/17 Uhr
Haldwani	265	8	stündl.
Jaipur (normaler Bus/AC)	484/930	12	16.30, 18.40, 24 Uhr/17.30 Uhr
Rishikesh	35	1	halbstündl.
Shimla	430	14	10, 11 & 12 Uhr
Uttarkashi	315	8	5 Uhr

In der *yatra*- (Pilger-) Zeit (Mai–Okt.) fahren die folgenden Busse vom **GMOU-Busbahnhof** (Railway Rd). In der Monsunzeit (Juli–Mitte Sept.) wird der Betrieb ab und zu eingestellt (Infos unter 01334-265008). Wer nach Yamunotri möchte, fährt nach Dehradun und steigt dort in den Bus nach Barkot.

ZIEL	PREIS (₹)	DAUER (STD.)	HÄUFIGKEIT
Badrinath (über Jyotirmath (Joshimath))	480	15	3.15, 5, 8 & 11 Uhr
Gangotri	450	13	5.30 Uhr
Jyotirmath (Joshimath)	395	10	7.45 Uhr
Kedarnath	345	10	5.15 Uhr
Uttarkashi	280	8	7 & 10 Uhr

ZÜGE AB HARIDWAR

ZIEL	ZUG-NR. & NAME	PREIS (₹)	DAUER (STD.)	ABFAHRT/ANKUNFT
Amritsar	*12053 Jan Shatabdi*	2. Klasse/Chair Class 185/615	7½	14.45/22.05 Uhr (Fr–Mi)
	14631 Dehra Dun-Amritsar Exp	Sleeper/3AC 250/670	10	21.25/7.30 Uhr
Delhi (Bahnhof New Delhi)	*12018 Shatabdi Exp*	Chair Class/Executive Class 805/1275	4½	18.15/22.45 Uhr
	12056 Jan Shatabdi Exp	2. Klasse /Chair Class 140/470	4½	6.22/11.15 Uhr
Delhi (Bahnhof Old Delhi)	*14042 Mussoorie Exp*	Sleeper/3AC/2AC/1AC 195/490/695/1160	8½	23.15/8.30 Uhr
Haldwani (nach Nainital & Almora)	*14120 Dehra Dun-Kathgodam Exp*	Sleeper/2AC/1AC 190/695/1160	6½	0.25/6.48 Uhr
Kolkata/Howrah	*13010 Doon Exp*	Sleeper/3AC/2AC 595/1600/2340	32¾	22.15/6.55 Uhr (2 Nächte später)
Lucknow	*13010 Doon Exp*	Sleeper/3AC/2AC 285/765/1095	10¼	22.15/8.35 Uhr
Varanasi	*13010 Doon Exp*	Sleeper/3AC/2AC 405/1105/1595	17¾	22.15/16 Uhr

Essen

Da Hariwad eine heilige Stadt ist, gibt's hier ausschließlich vegetarisches Essen und alkoholfreie Getränke.

Hoshiyar Puri INDISCH $

(Upper Rd; Hauptgerichte 90–175 ₹; ⌚11–16.30 & 19–22 Uhr) Das 1937 gegründete Lokal hat eine loyale (und wohlverdiente) Stammkundschaft: *Dhal makhani* (schwarze Linsen und rote Kidneybohnen mit Sahne und Butter), *lacha paratha* (gefülltes gebratenes Brot), *aloo gobi* (Kartoffel und Blumenkohl Curry) und *kheer* (sahniger Reispudding) schmecken einfach himmlisch.

Big Ben Restaurant INTERNATIONAL $$

(Railway Rd, Hotel Ganga Azure; Hauptgerichte 110–200 ₹; ⌚8–22.30 Uhr) Durch die Fenster kann man die Passanten beobachten, während man in dem mit unzähligen Spiegeln geschmückten Restaurant bei sanfter Musik und höflichem Personal eines der besten Essen in Haridwar genießt. Im Big Ben gibt's auch gutes Frühstück und prima Kaffee. In der angrenzenden Lobby hat man WLAN.

Ausgehen & Nachtleben

★ **Prakash Lok** LASSI

(Bara Bazaar; ⌚10–24 Uhr) Diese Institution der Stadt ist berühmt für ihre hervorragenden, cremigen Lassis, die eiskalt in Blechtassen serviert werden (50 ₹). Fast jeder auf dem Bara Bazaar kann einem den Weg zeigen.

Praktische Informationen

Rishikul Ayurvedic Hospital (☎01334-221003; Railway Rd) Alteingesessenes Medizin-College und Krankenhaus mit gutem Ruf.

Sai Forex (Upper Rd; ⌚10–14 Uhr & 16–21 Uhr) Wechselt Bargeld und Reiseschecks gegen eine Gebühr von 1 % und hat Internetzugang (50 ₹/Std.).

Touristeninformation Uttarakhand (☎01334-265304; Railway Rd, Rahi Motel; ⌚Mo–Sa 10–17 Uhr) Hier erhält man eine biometrische Char-Dham-Karte.

An- & Weiterreise

Haridwar ist gut an das Bus- und Bahnnetz angebunden, während der Pilgerzeit (Mai–Okt.) sollte man Züge aber im Voraus buchen.

BUS

Die staatlichen Busse fahren vom **UK-Roadways-Busbahnhof** (Railway Rd) an der Hauptstraße durch die Stadt. Private Deluxe-Busse fahren nach Delhi (400 ₹), Agra (Sitzplatz/Liegeplatz 500/600 ₹), Jaipur (580/680 ₹) und Pushkar (500/600 ₹). Das Reisebüro, bei dem man bucht, weiß, wo der betreffende Bus abfährt.

TAXI

Der **Haupttaxistand** (Railway Rd) befindet sich vor dem Bahnhof. Die offiziellen Preise betragen z. B. nach Chilla (zum Rajaji Tiger Reserve)

570 ₹, nach Rishikesh (1 Std.) 820 ₹, nach Dehradun 1320 ₹ und zum Jolly Grant Airport 1120 ₹, aber in der Regel bekommt man ein Taxi auch zu einem günstigeren Preis. Zwischen April und Oktober kann man Taxis auch für die Fahrt zu einem oder allen Pilgerstätten des Char Dham anheuern. Die einfache Fahrt zu einzelnen Tempeln kostet zwischen 6550 und 7550 ₹, eine neuntägige zu allen vier 22 600 ₹. Einen Jeep zu den Char-Dham-Tempeln zu engagieren, ist etwas teurer, kann sich aber in der Monsunzeit oder bei Gruppen von vier oder mehr Personen durchaus lohnen.

ZUG

Der Bahnhof Haridwar Junction ist gut mit Zügen nach Delhi, Haldwani und zu anderen Städten versorgt. Von/nach Haridwar fahren viel mehr Züge als zum/vom nahen Rishikesh.

Unterwegs vor Ort

Fahrradrikschas kosten für eine kurze Strecke 10 ₹. Mit 30 ₹ muss man für eine längere Fahrt rechnen, z. B. für die Strecke vom Bahnhof von Haridwar zum Har-ki-Pairi. Sammel-*vikrams* fahren die Railway Rd hoch und runter (10 ₹) und auch den ganzen Weg nach Rishikesh (40 ₹, 1 Std.). Abfahrt ist an der Upper Rd bei der Laltarao-Brücke. Die Busse sind für die Strecke jedoch komfortabler. Wer für drei Stunden ein Taxi mieten will, um zu den Tempeln und Ashrams zu gelangen, bezahlt etwa 800 ₹; für eine Autorikschafahrt sind nur 350 ₹ zu berappen.

RAJAJI TIGER RESERVE

Das unberührte **Rajaji Tiger Reserve** (Rajaji National Park; ☎ 0135-2621669; www.rajajitigerreserve.co.in; Inder/Ausländer 150/600 ₹ pro Tag, Fahrzeuggebühr 250/500 ₹; ⏱ 15. Nov.–15. Juni) umfasst ein Gelände von mehr als 1000 km² in den bewaldeten Gebirgsausläufern in der Nähe von Haridwar und wurde 2015 zu einem offiziellen Tigerpark erklärt, obwohl nur mehr etwa dreizehn der gestreiften Großkatzen innerhalb seiner Grenzen leben. Besonders bekannt ist das Reservat für wilde Elefanten – bei der letzten Zählung rund 600 – und Leoparden (rund 250). Das Dorf Chilla, 13 km nordöstlich von Haridwar, ist der Ausgangspunkt für den Besuch des Parks.

In den dichten Laubwäldern leben Axis- und Pferdehirsche, Lippenbären (die man selten zu Gesicht bekommt) und rund 300 Vogelarten. Die Chancen, einen Tiger zu erblicken, sind schlecht, aber andere Wildtiere wird man sehen und auch einen Eindruck von der Wildnis erhalten.

Zu den Wäldern des Rajaji gehören auch die traditionellen Winterweiden der Van Gurjar, eines mehr als tausend Familien umfassenden Verbands nomadischer Büffelzüchter – die meisten wurden gegen ihren Willen aus dem Gebiet vertrieben. Unter www.himalayanmigration.com findet man mehr Infos zu diesem Themen und anderen Problemen, die diesen einzigartigen Stammesverband betreffen.

Geführte Touren

Im Büro der Forstverwaltung, nahe dem Touristengästehaus in Chilla, kann man eine Jeeptour organisieren (bis zu 6 Pers., ab 885 ₹/Pers. für eine Standardsafari mit Führer zzgl. 500 ₹ Fahrzeuggebühr).

Wer eine stärker individuell zugeschnittene Tour durch das Rajaji Tiger Reserve mit kundigen Führern erleben will, wendet sich an Mohan's Adventure Tours S. 463) in Haridwar, die kürzere Safaris auch dann anbieten, wenn der Park offiziell geschlossen ist. Diese fünfstündigen Ausflüge umfassen eine Safari, eine Dschungelwanderung und einen Besuch in einem Waldcamp der Van Gurjar.

Schlafen

Das **Chilla Guesthouse** (☎ 0138-266678; www.gmvnl.com; Zi. ab 2200 ₹; ❄) ist das Rasthaus der GMVN und die komfortabelste Unterkunft in Chilla.

Im Park kann man in einem der Rasthäuser der Forstverwaltung übernachten. Infos und Reservierungen erhält man **Rajaji National Park Office** (☎ 0135-2621669; 5/1 Ansari Rd, Dehra Dun; ⏱ Mo–Fr 10–17 Uhr). Mohan's Adventure Tours (S. 463) kann ebenfalls Reservierungen vornehmen. Im Park befindet sich auch das **Camp King Elephant** (☎ 9871604712; Cottage mit VP Inder/Ausländer ab 8500 ₹/240 US$) mit Solarstrom, privaten Badezimmern, Vollpension und Jeeptouren.

An- & Weiterreise

Busse nach Chilla (35 ₹, 1 Std.) fahren zwischen 7 und 14 Uhr stündlich vom GMOU-Busbahnhof in Haridwar. Der letzte Bus zurück verlässt Chilla um 17.30 Uhr. Taxis verlangen für die 13 km lange Route (einfache Strecke) 700 ₹.

DEHRADUN

☎ 0135 / 600 000 EW. / 640 M

Die Hauptstadt von Uttarakhand ist eine hektische, verkehrsreiche Stadt mitten im Doon Valley, gelegen zwischen den Ausläfern des Himalajas und der Siwalik-Kette. Am bekanntesten ist sie wahrscheinlich für die Einrichtungen, die die Briten hinterlassen haben – das riesige Forest Research Institute Museum, die Indian Military Academy, das Wildlife Institute of India und die Survey of India. Die meisten Reisenden kommen hier auf ihrem Weg nach Rishikesh, Haridwar, Masuri (Mussoorie) oder Himachal Pradesh nur kurz vorbei, aber wer Zeit hat, der kann auch in Dehradun einiges erleben.

Sehenswertes

Mindrölling-Kloster BUDDHISTISCHES KLLOSTER

(0135-2640556; www.mindrolling.org) Die Region um Dehra Dun ist Sitz einer blühenden Gemeinde des tibetischen Buddhismus, deren Mittelpunkt das Mindrölling-Kloster ist, das sich rund 10 km südlich des Zentrums in Clement Town befindet. Hier ist alles majestätisch: Mit einer Höhe von über 60 m gilt sein **großer Stupa** als der höchste der Welt. Er birgt Schreinräume mit Reliquien, Wandmalereien und tibetischer Kunst. Über das Kloster wacht die eindrucksvolle, 35 m vergoldete **Sakyamuni-Buddha-Statue**, die dem Dalai Lama gewidmet ist.

In den Straßen rund um das Kloster gibt es mehrere tibetische Cafés. Leider dürfen Ausländer laut jüngster Regierungsbestimmungen nicht mehr in Clement Town übernachten, aber der Leiter des Hotels Devaloka House auf dem Klostergrundstück ist bereit, die Regeln etwas lockerer zu nehmen. Einfache Zimmer kosten 350 ₹; die Bettlaken haben schon bessere Zeiten gesehen. Mit dem *vikram* 5 ab dem Zentrum kostet die Fahrt 10 ₹, mit einer Autorikscha ca. 200 ₹.

Survey of India Museum MUSEUM

(Survey Chowk; Mo–Fr 10.30–17 Uhr) GRATIS Die Instrumente, mit denen im 19. Jh. das gewaltige Vorhaben in die Tat umgesetzt wurde, ganz Indien kartografisch zu erfassen, sind in diesem Museum ausgestellt. Dazu gehören auch einige, die von George Everest, dem Leiter des Projekts, eigens für dieses Vorhaben entwickelt wurden. Man sieht hier schöne Theodolite (Winkelmessinstrumente) und optische Instrumente aus glänzendem Messing sowie einen Messstab, teils aus Eisen, teils aus Messing, der es den Vermessern ermöglichte, Messungenauigkeiten auszugleichen, die durch die hitze- oder kältebedingten Verformungen ihrer Instrumente verursacht wurden. Das Museum ist nicht offiziell für Besucher geöffnet; für den Besuch ist eine Genehmigung nötig.

Um eine Genehmigung zu erhalten, muss man das Büro des leitenden Landvermessers auf dem Survey-of-India-Gelände in Harthibarkala aufsuchen. Dort verfasst man eine kurze schriftliche Begründung dafür, warum man sich die Sammlung ansehen möchte. Eine Erlaubnis erhalten nur Personen mit einem begründeten wissenschaftlichen oder beruflichen Interesse, also z. B. Geografiestudenten oder aber Historiker. Ein offizieller Nachweis über den ausgeübten Beruf oder das Studienfach wird jedoch nicht verlangt.

Forest Research Institute Museum GEBÄUDE

(http://fri.icfre.gov.in; 25 ₹; 9–17 Uhr) Die Hauptattraktion des Museums ist das Gebäude selbst. Der in einem 5 km² großen Park gelegene Institutsbau, in dem die meisten indischen Forstbeamten ausgebildet werden, ist eines der größten Überbleibsel aus der Raj-Ära – er ist größer als der Buckingham-Palast. Der zwischen 1924 und 1929 errichte Koloss aus roten Ziegeln mit Türmen im Mogulstil, perfekt geformten Bogen und römischen Säulen besteht aus einer Folge rechteckiger Höfe, die von eleganten Säulengängen eingefasst sind. In sechs riesigen Hallen findet man Ausstellungen zum indischen Forstwesen, die ein bisschen wie die Überreste eines naturwissenschaftlichen Oberstufenprojekts wirken.

Zu den Highlights gehören Tier- und Pflanzenmalereien von Afshan Zaidi, Exponate zur medizinischen Nutzung von Bäumen und der Querschnitt einer 700 Jahre alten Himalaja-Zeder. Die Fahrt mit einer Autorikscha vom Zentrum kostet 300 ₹ (hin & zurück inkl. 1 Std. Wartezeit). *Vikram* 6 vom Connaught Place bringt Traveller direkt zum Eingangstor des Instituts.

Tapkeshwar-Tempel HINDU-TEMPEL

(Sonnenaufgang–Sonnenuntergang) Dieser ungewöhnliche und beliebte Shiva-Schrein findet sich in einer kleinen, tropfnassen Höhle in malerischer Lage am Ufer des Flusses Tons Nadi und ist der Schauplatz des jährlich stattfindenden **Shivaratri-Festivals** (normalerweise im März). Zum Hauptschrein geht's die Stufen runter und dann links. Wenn man die Brücke über den Fluss nimmt, gelangt man zu einem weiteren Schrein: Hier muss man sich durch eine schmale Höhle zwängen, um ein Bild der Muttergottheit Mata Vaishno Devi zu sehen.

Der Tempel liegt rund 5 km nördlich vom Zentrum (Rikscha hin & zurück 300 ₹).

Dehradun

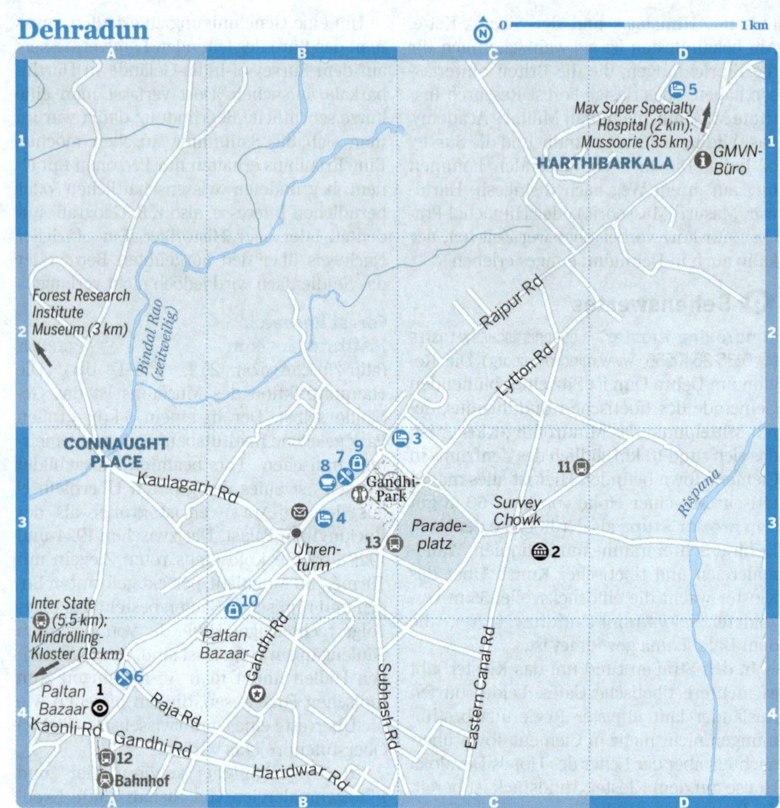

Ram Rai Darbar MAUSOLEUM

(Paltan Bazaar; Sonnenaufgang–Sonnenuntergang) GRATIS Das einzigartige Mausoleum des Ram Rai, des exkommunizierten Sohns des siebten Sikh-Gurus Har Rai besteht aus weißem Marmor; Malereien bedecken die Wände, Bögen und Decken. Die vier kleineren Grabmäler im Gartenhof sind die von Ram Rais vier Frauen. Gegen eine Spende wird allen, die das wollen, ein gemeinsames Mittagessen aus Dal, Reis und Chapati angeboten.

Aktivitäten

Har Ki Dun Protection & Mountaineering Association TREKKING

(9412918140, 9410134589; www.harkidun.org) Das renommierte Unternehmen veranstaltet geführte Wanderungen in Har-ki-Dun, im Garhwal-Himalaja und darüber hinaus.

Schlafen

An der Haridwar Rd vor dem Bahnhof gibt es viele schäbige Budgetunterkünfte; in einigen bekommt man ein Doppelzimmer schon für 350 ₹ pro Nacht. Einige bessere Hotels finden sich an der Rajpur Rd.

Samar Niwas Guest House PENSION $$

(0135-2740299; www.samarniwas.com; M-16 Chanderlok Colony; DZ 1600–1800 ₹; @) Diese charmante Pension mit vier Zimmern liegt in einem ruhigen Wohngebiet abseits der Rajpur Rd und ist so einladend, wie man es sich nur wünschen kann. Die Inhaber sind Angehörige der Fürstenfamilie von Tehri Garhwal, doch die eigentlichen Herren des Hauses scheinen die freundlichen Möpse zu sein, die in dem gemütlichen Wohnzimmer, das auch als Lobby fungiert, herumliegen. Die Zimmer sind gut ausgestattet, aber mit der Sauberkeit hapert es etwas.

Moti Mahal Hotel HOTEL $$

(0135-2651277; www.motimahal.net; 7 Rajpur Rd; EZ/DZ ab 1600/1900 ₹;) Das zentral gelegene Moti Mahal bietet gepflegte Zimmer, denen gepolsterte Möbel einen Hauch

Dehradun

Sehenswertes
1 Ram Rai Darbar A4
2 Survey of India Museum C3

Schlafen
3 Hotel President C3
4 Moti Mahal Hotel B3
5 Samar Niwas Guest House D1

Essen
6 Chetan Puriwallah A4
7 Kumar Vegetarian & South Indian Restaurant B3
Moti Mahal .... (siehe 4)
Salt & Cravings .... (siehe 3)

Ausgehen & Nachtleben
8 Barista B3
Polo Bar .... (siehe 3)

Shoppen
English Book Depot .... (siehe 8)
9 Natraj Booksellers B3
10 Paltan Bazaar B3

Transport
11 Chunabata-Busbahnhof C3
12 Masuri-Busbahnhof A4
13 Paradeplatzbusbahnhof B3
Taxistand .... (siehe 12)

von Klasse geben. Die Zimmer zur Rajpur Rd bekommen etwas Straßenlärm ab, aber nicht so viel, dass es stört. Das Restaurant ist ausgezeichnet.

Hotel President HOTEL $$$
(☎0135-2657082; www.hotelpresidentdehradun.com; Rajpur Rd, 6 Astley Hall; Zi. ab 3000 ₹; ❄📶) Dieses Hotel mit Klasse ist eine Institution in Dehradun, obwohl es in dem als Astley Hall bekannten Komplex aus Läden, Restaurants und Schnellimbissen liegt. Die Zimmer wurden kürzlich renoviert und haben ein gutes Preis-Leistungs-Verhältnis. Es gibt ein gutes Restaurant und im Erdgeschoss die Polo Bar.

Essen & Ausgehen

Dehradun besitzt eine bunte Mischung von Restaurants; das bei Weitem beste Jagdrevier von Hungrigen ist die Rajpur Rd nordöstlich vom Uhrenturm. Der Bereich um die Astley Hall ist beliebt; hier finden sich ein paar gehobene Bars.

★**Chetan Puriwallah** INDISCH $
(nahe Hanuman Chowk, Paltan Bazaar; 18 ₹/Puri; ⏲8–16.30 Uhr) Wer nach einem authentischen (und leckeren) örtlichen Geschmackserlebnis sucht, findet es hier. In diesem schlichten Lokal werden unzählige Thalis auf Blättern serviert, bei denen man kostenlos zuschlagen kann. Man zahlt nur für das *puri* (frittierter Teig). Das süße *gulab jamun* (frittierter Teig in Sirup mit Rosenaroma) ist schlicht vorzüglich.

Kumar Vegetarian & South Indian Restaurant INDISCH $$
(15B Rajpur Rd; Hauptgerichte 120–300 ₹; ⏲11–16 & 19–22.30 Uhr) Das beliebte, blitzsaubere Restaurant serviert geradezu ideale *masala dosa* (kleingeschnittenes Gemüse in einem knusprigen Pfannkuchen), und deshalb strömen die Einheimischen hierher. Auch die anderen indischen Gerichte sind ausgezeichnet, und sogar die chinesischen sind recht gut. Die Kellner bedienen sehr aufmerksam.

Moti Mahal SÜDINDISCH $$
(7 Rajpur Rd; Hauptgerichte 160–450 ₹; ⏲8–22.45 Uhr; 📶) Die Einheimischen zählen das Moti Mahal beständig zu den besten mittelteuren Speiselokalen an der Rajpur Rd. Zur interessanten Palette vegetarischer und nichtvegetarischer Gerichte gehören Goa-Fischcurry und afghanisches *murg* (Hähnchen), außerdem gibt's traditionelle südindische und chinesische Gerichte.

Salt & Cravings INTERNATIONAL $$$
(Astley Hall; Hauptgerichte 300–500 ₹; ⏲11–22.45 Uhr) Das an das Hotel President angeschlossene internationale Bistro hat ein vielseitiges, modernes Angebot, zu dem Sandwiches, Wraps, Pasta und eine große Palette an Vorspeisen zählen. Zum Nachtisch gibt's u. a. Eiscreme und Apfelkuchen.

Barista CAFÉ
(15A Rajpur Rd; ⏲8–21 Uhr) Ein beliebtes modernes Café, in dem sich hinten ein ausgezeichneter Buchladen befindet. Getränke und Snacks kosten zwischen 90 und 190 ₹.

Polo Bar BAR
(Rajpur Rd, 6 Astley Hall; ⏲11–23 Uhr) Eine der angenehmeren unter den vielen Hotelbars in Dehradun ist diese kürzlich renovierte im Hotel President.

Shoppen

★**Paltan Bazaar** MARKT
(⏲wechselnde Öffnungszeiten) Die überlaufene, aber fast verkehrsfreie Gegend um den Pal-

tan Bazaar erstreckt sich südlich des Uhrenturms und ist beliebt für einen Abendspaziergang. Hier gibt's alles von billiger Kleidung und Souvenirs bis zu Camping- und Trekking-Ausrüstung. Die meisten Läden sind von etwa 10 bis 21 Uhr geöffnet.

English Book Depot BÜCHER
(☎0135-2655192; www.englishbookdepot.com; 15 Rajpur Rd; ⊙11–13.30 & 14.30–19 Uhr) In dem Buchladen, zu dem das Café Barista gehört, bekommt man auch CDs, Wanderführer und Landkarten.

Natraj Booksellers BÜCHER
(17 Rajpur Rd; ⊙Mo–Sa 10.30–20 Uhr) Spezialisiert auf Ökologie, Esoterik, Bücher zur Region und die Werke des aus der Stadt stammenden Autors Ruskin Bond.

Praktische Informationen

Die Banken an der Rajpur Rd wechseln Reiseschecks und Devisen, und es gibt viele Geldautomaten, die ausländische Kreditkarten akzeptieren.

GMVN-Büro (74/1 Rajpur Rd; ⊙Mo–Sa 10–17 Uhr) Für Infos über Wanderungen in Garhwal, egal ob bei GMVN gebucht oder auf eigene Faust, wendet man sich an B. S. Gusain im Erdgeschoss der Touristeninformation oder ruft ihn unter 9568006695 an.

Max Super Specialty Hospital (☎0135-6673000; Mussoorie Diversion Rd) Das beste Hospital der Stadt liegt nördlich vom Zentrum.

An- & Weiterreise

BUS

Fast alle Fernbusse nutzen den riesigen Inter State Bus Terminal (ISBT) 5 km südlich vom Zentrum. Dorthin gelangt man mit einem Stadtbus (5 ₹), dem *vikram* 5 (10 ₹) oder einer Autorikscha (150 ₹). Einige wenige Busse nach Masuri starten hier, die meisten aber vom **Masuri-Busbahnhof** (56 ₹, 1½ Std., 6–20 Uhr halbstündl.) neben dem Bahnhof. Einige fahren zum Picture-Palace-Busbahnhof in Masuri, andere zum Library-Busbahnhof am anderen Ende der Stadt. Vom Masuri-Busbahnhof fahren auch Busse nach Barkot (mit Anschluss nach Yamunotri; 220 ₹, 5 Std., 5.30 & 12 Uhr), Purola (zum Har-ki-Dun; 230 ₹, 7 Std., 6.30, 9 & 13.30 Uhr), Uttarkashi (255 ₹, 7 Std., 5.30 Uhr) und Jyotirmath (Joshimath; 480 ₹, 12 Std., 5.30 Uhr).

Private Busse nach Jyotirmath (400 ₹, 12 Std., 7 Uhr) und Uttarkashi (280 ₹, 8 Std., 7, 9 & 13.30 Uhr) fahren vom **Paradeplatzbusbahnhof;** das Ticket kauft man im Bus. Wer einen Sitzplatz reservieren will, sucht einen Tag vor der Fahrt das Ticketbüro am **Chunabata-Busbahnhof** an der Raipur Rd auf.

FLUGZEUG

Ein paar Fluglinien (Jet Airways, SpiceJet und Air India) fliegen täglich zwischen Delhi und Dehraduns Jolly Grant Airport, der rund 20 km östlich der Stadt an der Straße nach Haridwar liegt. Flüge gibt's ab 3200 ₹ (einfache Strecke). Ein Taxi vom/zum Flughafen kostet 600 ₹, der Bus mit Klimaanlage 100 ₹.

TAXI

Ein Taxi nach Masuri kostet 1060 ₹, ein Sammeltaxi 180 ₹ pro Person; Taxis und Sammeltaxis stehen vor dem Bahnhof am **Taxistand**. Ein Taxi kostet 1410 ₹ nach Haridwar oder zur Lakshman Jhula in Rishikesh und 910 ₹ zum Jolly Grant Airport.

ZUG

Dehradun hat gute Zugverbindungen nach Delhi, und es gibt auch ein paar Verbindungen nach Lucknow, Varanasi, Chennai und Kolkata. Von den vielen täglichen Zügen von Dehradun

BUSSE AB DEHRADUN

Die folgenden Busse fahren vom Inter State Bus Terminal (ISBT).

ZIEL	PREIS (₹)	DAUER (STD.)	HÄUFIGKEIT
Chandigarh	230	6	4–22 Uhr stündl.
Delhi (AC/Volvo)	538/750 normaler Bus/AC	7	häufig
Delhi (normaler Bus)	270	7	4–22 Uhr stündl.
Dharamsala	576	14	17 Uhr
Haldwani (nach Nainital & Almora)	320	10	stündl.
Haridwar	68	2	halbstündl.
Manali	500	14	6.45, 15 & 22.15 Uhr
Ramnagar	300	7	7-mal tgl.
Rishikesh	51	1½	halbstündl.
Shimla	440	10	5-mal tgl.

nach Delhi sind die Expresszüge am besten: der *Shatabdi-* (Zug-Nr. 12018; Chair Class/Executive Class 885/1405 ₹; 6 Std.; 17 Uhr), der *Janshatabdi-* (Zug-Nr. 12056; 2. Klasse/Chair Class 160/520 ₹; 6 Std.; 5.10 Uhr) und der *Nanda Devi Express* (Zug-Nr. 12206; 3AC/2AC/1. Klasse 590/825/1375 ₹; 6 Std.; 23.30 Uhr).

Der Nachtzug *Dehradun–Amritsar Express* (Zug-Nr. 14631; Sleeper/3A Class 270/730 ₹; 13 Std.) nach Amritsar fährt täglich um 19 Uhr.

Unterwegs vor Ort

Hunderte achtsitziger *vikrams* (einfache Strecke 5–10 ₹) flitzen fünf festgelegte Strecken entlang (die Nummer steht vorn). Am nützlichsten ist *vikram* 5, das vom ISBT-Busbahnhof über den Bahnhof und die Rajpur Rd südwärts bis zur tibetischen Kolonie in Clement Town fährt. *Vikram* 1 fährt oberhalb vom Gandhi-Park die Rajpur Rd hinauf und hinunter, aber auch nach Harthibarkala (beim Fahrer nachfragen, welche Strecke er gerade fährt). Mit der Autorikscha kosten kurze Strecken 30 ₹, die Fahrt vom ISBT zum Zentrum kostet 150 ₹ und eine Rundfahrt durch die Stadt 180 ₹ pro Stunde.

MASURI (MUSSOORIE)

☎0135 / 30 200 EW. / 2000 M

„Die Königin unter den Hill Stations" liegt auf einem 2 km hohen Bergrücken und wetteifert mit Nainital um den Titel des beliebtesten Urlaubsziels in Uttarakhand. Wenn sich der Nebel lichtet, ist die Aussicht auf das grüne Doon Valley und die schneebedeckten Gipfel des Himalajas atemberaubend. In den heißen Sommermonaten bieten die kühleren Temperaturen und die frische Bergluft eine willkommene Erfrischung nach dem Aufenthalt im Flachland.

Masuri (Mussoorie) wurde 1823 von den Briten gegründet und wurde in der Raj-Ära berühmt. Der Geist dieser Zeit ist noch heute in der Architektur der Kirchen, Bibliotheken, Hotels und Sommerresidenzen zu erkennen. Zwischen Mai und Juli ist die Stadt voller Besucher. Dann gleicht sie eher einem kitschigen Ferienparadies für Familien und Flitterwöchner. Wer zu einer anderen Zeit kommt, hat gute Chancen, einen beträchtlichen Rabatt in einem der 300 Hotels zu ergattern. Während des Monsuns ist die Stadt oft in Wolken gehüllt.

Das Zentrum besteht aus zwei bebauten Teilen: dem Gandhi Chowk (auch Library Bazaar genannt) am westlichen Ende, und dem lebhafteren Kulri Bazaar mit dem Picture Palace am östlichen Ende. Die beiden Stadtteile sind durch eine (fast) verkehrslose, 2 km lange Einkaufsstraße verbunden. Während sich hier noch immer Passanten drängen, haben in den letzten Jahren der Verkehr und der Lärm leider deutlich zugenommen. Hinter dem Kulri Bazaar führt eine enge 1,5 km lange Straße zum stimmungsvollen Landour Bazaar.

Sehenswertes & Aktivitäten

Gun Hill AUSSICHTSPUNKT
Von der Mitte der Mall fährt eine **Seilbahn** (hin & zurück 100 ₹; ⏲10–19 Uhr) zum Gun Hill (2530 m) hinauf, der an klaren Tagen Ausblick auf mehrere hohe Gipfel bietet. Auch ein steiler Pfad windet sich zum Aussichtspunkt hoch. Die meisten Besucher kommen ca. eine Stunde vor Sonnenuntergang. In der Hauptsaison herrscht hier Jahrmarktatmosphäre – mit Kinderkarussels, Imbissständen, Zauberern und Flitterwöchnern, die sich in Garhwal-Kleidung fotografieren lassen.

Christ Church KIRCHE
(abseits der Mall) Die 1836 erbaute Kirche besitzt Buntglasfenster und soll die älteste im Himalaja sein.

Trek Himalaya TREKKING
(☎9837258589; www.trekhimalaya.com; Upper Mall; ⏲11–21 Uhr) Trek Himalaya organisiert ein- bis dreitägige Wanderungen im Gebiet von Masuri sowie längere maßgeschneiderte Touren zum Har-ki-Dun-Tal, zum Darwa-Pass und darüber hinaus. Bei schlechtem Wetter oder schlechtem Straßenzustand werden die Touren abgesagt. Der Veranstalter hat seinen Sitz im Outdoor-Ausrüstungsladen Wildcraft.

Wandern & Trekken

Bei Wanderungen rund um Masuri kann man tolle Ausblicke genießen – wenn einem nicht die Wolken in die Quere kommen. Die **Camel's Back Rd** ist ein beliebter, 3 km langer Spazierweg vom Kulri Bazaar zum Gandhi Chowk. Dabei kommt man an einer Steinformation vorbei, die wie ein Kamel aussieht. An der Strecke liegen einige Aussichtspunkte. Vom Gandhi Chowk aus kann man den Weg mit einer Rikscha fortsetzen (einfache Strecke/hin & zurück 200/350 ₹). Eine nette längere Wandertour (einfache Strecke 5 km) beginnt am **Picture Palace Cinema** und führt an der **Union Church** vorbei nach Landour und zum Sisters' Bazaar.

Westlich von Gandhi Chowk beginnt ein anspruchsvollerer Weg zum **Jwalaji-Tempel**

Masuri (Mussoorie)

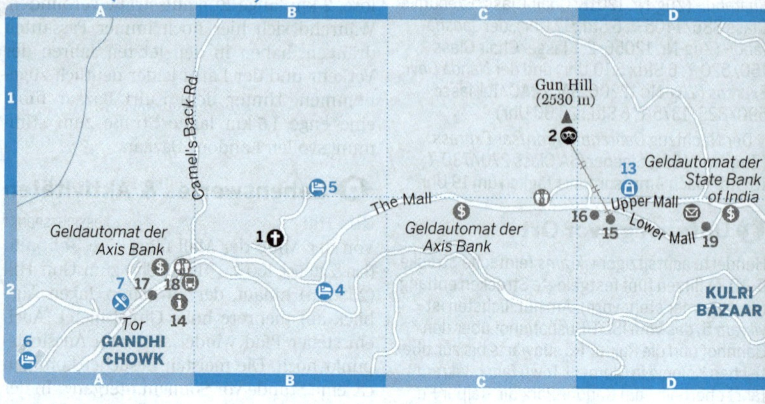

Mussoorie

Sehenswertes
1 Christ Church B2
2 Gun Hill C1

Aktivitäten, Kurse & Touren
Trek Himalaya .... (siehe 13)

Schlafen
3 Hotel Broadway E1
4 Hotel Padmini Nivas B2
5 Kasmanda Palace Hotel B1
6 Savoy A2

Essen
7 Imperial Square A2
8 Lovely Omelette Centre E1
9 Neelam E1
10 Urban Turban E1

Shoppen
11 Star Walking Stick Mfg F1
12 Vinod Kumar F1
13 Wildcraft D1

Praktisches
14 GMVN Booth A2
Trek Himalaya .... (siehe 13)

Transport
15 Seilbahn D2
16 Fahrradrikschastand D2
17 Fahrradrikschastand A2
18 Library-Busbahnhof A2
19 Northern-Railway-Buchungsagentur D2
20 Picture-Palace-Busbahnhof F2
Taxistand .... (siehe 18)
Taxistand .... (siehe 20)

auf dem Benog Hill (hin & zurück ca. 20 km), vorbei am Cloud's End Hotel. Es geht durch dichten Wald und vorbei an tollen Aussichtspunkten. Wer ein Taxi zum Cloud's End (hin & zurück 600/1000 ₹) nimmt, kürzt den Weg um über die Hälfte ab. Ein etwas kürzerer Weg führt zum **Everest House** (hin & zurück 12 km), dem ehemaligen Haus von Sir George Everest, dem ersten Leiter des indischen Vermessungsamts und Namensgeber des höchsten Berges der Welt. Man kann auch eine Fahrradrikscha (130 ₹) zum Toll-Park nehmen, was die Laufstrecke um 5 km abkürzt.

Kurse

Landour Language School SPRACHE
(☎0135-2631487; www.landourlanguageschool.com; Landour; pro Std. in der Gruppe/einzeln 350/575 ₹; ⊙Feb.–Dez.) Dies ist eine der führenden Schulen Indiens für gesprochenes Hindi. Es gibt Anfänger-, Fortgeschrittenen- und Profikurse. Die Anmeldegebühr beträgt 750 ₹, die Bücher kosten weitere 2200 ₹.

Schlafen

Die Hauptsaison ist der Sommer (Mai–Juli); dann erreichen die Hotelpreise wahnwitzige Höhen. Zwischensaison ist im Oktober und November, wenn die Flitterwöchner kommen, sowie über Weihnachten und Neujahr. Außerhalb dieser Zeiten sollte es möglich sein, ein Schnäppchen zu ergattern. Preiswerte Unterkünfte sind rar – einige gibt es in nahe des Picture Palace. Viele Hotels senken ihre Preise drastisch außerhalb der Saison.

Hotel Broadway HOTEL $
(☎0135-2632243; Camel's Back Rd, Kulri Bazaar; Zwischensaison DZ 650–1500 ₹) Die beste Bud-

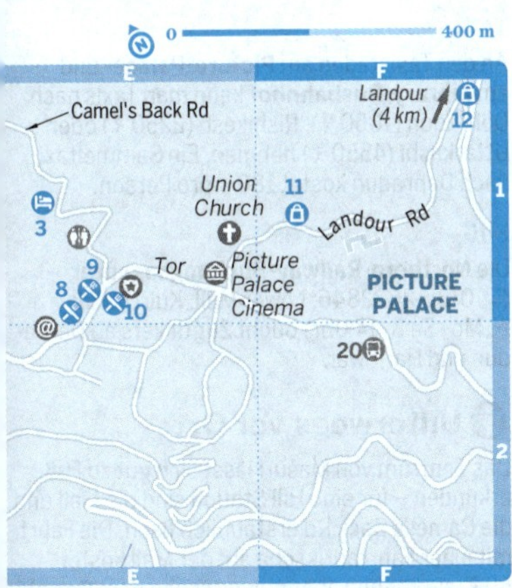

getunterkunft im Umkreis einer Landmeile. Der historische Holzbau aus den 1880er-Jahren mit bunten Blumenkästen in den Fenstern hat viel Charakter. Er liegt ruhig, ist aber dennoch nahe der Mall. Die billigeren Zimmer im unteren Stockwerk könnten eine Renovierung vertragen, aber die Zimmer oben sind schön. Die besten sind sonnig und gewähren einen tollen Blick auf die Bucht.

★ Kasmanda Palace Hotel HISTORISCHES HOTEL **$$$**
(☎0135-2632424; www.welcomheritagehotels.in; Zwischensaison EZ/DZ ab 7400/8500 ₹) Das abseits der Mall gelegene Hotel ist das romantischste in Masuri (Mussoorie). Das weiße, neoromanische Schloss wurde 1836 für einen britischen Offizier errichtet und 1915 vom Maharadscha von Kasmanda erworben. In der mit einem roten Teppich ausgelegten Eingangshalle gibt es eine prachtvolle Treppe, die von mottenzerfressenen Jagdtrophäen flankiert wird. Alle Zimmer haben Charme; das holzgetäfelte und mit Antiquitäten ausgestattete Maharadscha-Zimmer ist das fürstlichste.

Hotel Padmini Nivas HISTORISCHES HOTEL **$$$**
(☎0135-2631093; www.hotel-padmininivas.com; The Mall; Zwischensaison DZ 3900–5550 ₹, Suite 6670–7520 ₹; @) Dieses historische Hotel mit echt altmodischem Charme wurde 1840 von einem britischen Oberst errichtet. Die großen, sonnendurchfluteten Zimmer sind wunderschön möbliert – die im Haupthaus sind weitaus schöner als die im Nebengebäude. Der Speisesaal mit seinen alten Möbeln ist ein Juwel. Die Anlage liegt in einem 2 ha großen, hübsch gestalteten Garten.

Savoy HISTORISCHES HOTEL **$$$**
(☎0135-2637000; www.fortunehotels/savoy.in; hinter dem Gandhi Chowk; mittlere Saison Zi. ab 13 680 ₹) Das berühmte, 1902 erbaute Hotel wurde nach siebenjähriger Renovierung wiedereröffnet. Die öffentlichen Innen- und Außenbereiche sind prächtig, und haben ein majestätisches Flair ohne die Zeichen des Verfalls, die historischen Anwesen so oft anhaften. Das Restaurant ist ein ästhetisches und ein kulinarisches Erlebnis. Die Schlafzimmer wirken jedoch seltsam langweilig.

Essen & Ausgehen

Die meisten der besten Restaurants von Masuri finden sich rund um den Kulri Bazaar und den Picture Palace. Wie in einem Ferienort zu erwarten, gibt es viele Fast-Food-Läden, und die meisten Hotels haben eigene Restaurants.

★ Lovely Omelette Centre FAST FOOD **$**
(The Mall, Kulri Bazaar; Hauptgerichte 60–90 ₹; ⌚8–22 Uhr) Masuris berühmtestes Lokal ist gleichzeitig das kleinste – ein Kämmerchen an der Mall von dem viele sagen, dass es hier die besten Omelettes in Indien gibt. Die Spezialität ist das Käseomelette mit Chili, Zwiebeln und Gewürzen auf Toast, aber der Meister an der Bratpfanne zaubert auf Wunsch auch Schoko-Omelettes. Am Wochenende muss man vielleicht warten.

Urban Turban PUNJAB-KÜCHE **$$**
(Hauptgerichte 190–400 ₹; ⌚11–23 Uhr) Dieses neue Punjab-Bistro überzeugt mit perfekt gewürzten vegetarischen und nichtvegetarischen Gerichten: das Turban Tikka Masala versetzt die Geschmacksnerven richtig in Wallung. Das Personal ist sehr freundlich. Wenn einem die Musik im 1. Stock zu laut ist, geht man in den ruhigeren 2. Stock. Von den Fenstern hat man Blick auf die Straße.

Neelam PUNJAB-KÜCHE **$$**
(Kulri Bazaar; Hauptgerichte 160–570 ₹; ⌚9–23 Uhr) In der einen oder anderen Form gibt es dieses Restaurant schon seit 1949. Es ist auf *paneer*-Gerichte spezialisiert, bietet aber auch viele Hähnchen- und Lammgerichte. In der Hauptsaison wird die *tawa* ausgepackt – eine heiße Metallplatte, auf der Fleisch langsam bis zur Perfektion gegart wird. Der Manager Sam ist sehr freundlich.

Imperial Square INTERNATIONAL **$$$**
(☎0135-2632632; Gandhi Chowk; Hauptgerichte 300–700 ₹; ⌚7.30–23 Uhr; 📶) Das Restaurant mit großen Fenstern, die auf den Gandhi

Chowk blicken, ist schön, hat aber seinen Preis. Auf der Karte stehen vor allem westliche Gerichte (viele Platten und Braten) und große Toast-Sandwiches. Zum Frühstück gibt's sogar Waffeln. Das zugehörige Hotel hat sehr gute Zimmer (ab 5700 ₹) mit Talblick.

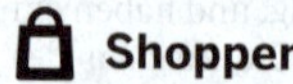

Shoppen

In Masuri gibt's viele Souvenirläden, die den üblichen Kram verkaufen. Am interessantesten ist der Antiquitäten- und Gemischtwarenladen von **Vinod Kumar** (Uhrenturm, Landour Bazaar; ⌚10–18 Uhr) nahe dem Uhrenturm am Ende des Landour Bazaar (10–15 Gehminuten vom Picture Palace). Und wer lästige Affen auf Abstand halten will, ist im Spazierstockladen **Star Walking Stick Mfg** (⌚10–18 Uhr) richtig.

Wildcraft SPORT & OUTDOOR
(Upper Mall; ⌚11–21 Uhr) Das beste Geschäft für Outdoor-Ausrüstung in Masuri ist auch Sitz des Trekking-Veranstalters Trek Himalaya (S. 471).

Praktische Informationen

GMVN-Schalter (☎0135-2631281; Library-Busbahnhof; ⌚8–17 Uhr) Bucht Touren vor Ort, Wanderungen und abgelegene Rasthütten.

Om Cybercafe (abseits der Mall, Kulri Bazaar; 60 ₹/Std.; ⌚10–21 Uhr; 📶) Hinter dem Lovely Omelette Centre.

Trek Himalaya (☎0135-2630491; Upper Mall; ⌚11–21 Uhr) Wechselt gängige Währungen zu fairen Kursen.

An- & Weiterreise

BUS

Vom Masuri-Busbahnhof in Dehradun fahren oft Busse nach Masuri (56 ₹, 1½ Std.) – einige zum **Picture-Palace-Busbahnhof** (☎0135-2632259) und andere zum **Library-Busbahnhof** (☎0135-2632258) am anderen Ende der Stadt. Wer weiß, wo er in Masuri absteigt, vermeidet mit einem Bus zum passenden Ziel Umwege. Direktverbindungen von Masuri nach Rishikesh oder Haridwar gibt's nicht, man muss in Dehradun umsteigen.

Um die Bergdörfer des westlichen Garhwal zu erreichen, nimmt man einen der Busse, die am Gandhi Chowk durchfahren. Nach Yamunotri steigt man in den Bus nach Barkot (147 ₹, 3½ Std., 6.30, 7.30 & 13.30 Uhr) und wechselt dort in einen Bus nach Janki Chatti (65 ₹, 3 Std.). Ein paar Busse fahren nach Purola (158 ₹, 5 Std., 7.30 & 14.30 Uhr). Nach Uttarkashi nimmt man den Bus nach Barkot und steigt dort um oder begibt sich zum Tehri-Busbahnhof in Landour, nimmt den Bus nach Chamba und steigt dort um.

TAXI

An den Taxiständen am **Picture-Palace-** und am **Library-Busbahnhof** kann man Taxis nach Dehradun (1050 ₹), Rishikesh (2250 ₹) oder Uttarkashi (4550 ₹) nehmen. Ein Sammeltaxi nach Dehradun kostet 180 ₹ pro Person.

ZUG

Die **Northern-Railway-Buchungsagentur** (☎0135-2632846; Lower Mall, Kulri Bazaar; ⌚Mo–Sa 8–14 Uhr) bucht Zugtickets ab Dehradun und Haridwar.

Unterwegs vor Ort

Das Zentrum von Masuri lässt sich gut zu Fuß erkunden – für eine Hill Station sind die Mall und die Camel's Back Rd erstaunlich flach. Die Fahrt mit einer Fahrradrikscha auf der Mall kostet 50 ₹, sie können aber nur zwischen dem **Gandhi Chowk** und der **Seilbahnstation** fahren.

CHAR DHAM

Hoch oben im Garhwali-Himalaja liegen einige der heiligsten Stätten des Hinduismus: Yamunotri, Gangotri, Kedarnath, und Badrinath. Hier markieren Tempel die spirituellen Quellen von vier heiligen Flüssen: von Yamuna, Ganges, Mandakini und Alaknanda. Zusammen ergeben sie einen der wichtigsten Pilgerzyklen Indiens, bekannt als die *char dham* (vier Stätten). Jedes Jahr zwischen April und November bezwingen Hunderttausende Gläubige haarsträubende Bergstraßen und Hochwege, um hierher zu gelangen.

Die Reise zu einem oder mehreren der *char-dam*-Tempel ist eine tolle Gelegenheit, inmitten einer unvergleichlichen Berglandschaft den religiösen Puls des Subkontinents zu spüren. Zahlreiche Busse, Sammeljeeps, Träger, Ponys und neuerdings auch Hubschrauber stehen bereit, hinzu kommt ein gut ausgebautes Netz von Gästehäusern, Ashrams und staatlichen Rasthäusern. Zu den Tempeln kommt man also leicht, ohne einen Führer zu engagieren oder sein Gepäck zu schleppen; und zu den Tempeln von Gangotri und Badrinath braucht man noch nicht einmal zu wandern. Im Sommer kann der Monsun allerdings Gefahren verursachen und Erdrutsche auslösen, durch die Straßen und Wege Tage oder auch Wochen lang unpassierbar werden.

Im Juni 2013 verursachte ein sintflutartiger Starkregen eine heftige Flut, die ganze Dörfer mitriss – und Tausende von Bewohnern und Pilgern. Die offizielle Zahl der Todesopfer belief sich auf rund 6000 Personen, die Einheimischen sind aber davon überzeugt, dass fast 50 000 Menschen umkamen. Die Menschen und die Regierung von Uttarakhand arbeiten angestrengt daran, das Vertrauen in die Sicherheit wiederherzustellen, damit die Haupteinnahmequelle der Region wieder sprudelt. Nach ein paar Jahren mit Besucherrückgang ist der *char dham* jetzt wieder voll da. Achtung: Vor dem Besuch der *char-dham*-Stätten ist man verpflichtet, sich einen kostenlosen fotometrischen Ausweis ausstellen zu lassen (womit die Regierung im Fall einer neuen Naturkatastrophe die Identifikation der Opfer erleichtern will); diese Ausweise sind in vielen Städten und Ortschaften überall im Bundesstaat leicht zu bekommen. Man wird vielleicht nie aufgefordert, den Ausweis vorzuzeigen, haben sollte man ihn aber auf alle Fälle.

Rund um alle *char-dham*-Stätten gibt's vegetarisches Essen.

Yamunotri

Der **Yamunotri-Tempel** (⌚Ende April–Ende Okt.) versteckt sich in einer engen Schlucht nahe der Quelle der Yamuna, des (nach dem Ganges) zweitheiligsten Flusses des Hinduismus. Von den *char-dham*-Tempeln ist der von Yamunotri der am wenigsten besuchte und daher auch der am wenigsten erschlossene. Sobald man aber den Ausgangspunkt des Pilgerwegs erreicht hat, ist die restliche Strecke leicht zu bewältigen.

Die 5 km lange, eineinhalbstündige Wanderung beginnt in dem winzigen Dörfchen **Janki Chatti**. Am Yamunotri-Tempel gibt es mehrere **Thermalquellen**, in denen man baden kann, und andere, in denen die Pilger Kartoffeln und Reis kochen, die sie als *prasad* opfern. Hier gibt's jede Menge Priester, die gegen eine Gebühr bei der *puja* behilflich sind. 1 km hinter dem Tempel entspringt die Yamuna in 4421 m Höhe aus einem Gletschersee am **Kalinda Parvat**, aber der Aufstieg dorthin ist sehr anstrengend und erfordert bergsteigerisches Können.

Bei Janki Chatti liegt am anderen Flussufer das hübsche Dorf **Kharsali**, das einen Spaziergang wert ist, falls man noch etwas Zeit übrig hat.

Übernachten kann man in einfachen Gasthäusern oder GMVN-Touristenhütten in Janki Chatti und Hanuman Chatti.

Während der Hauptsaison der *yatra* (Mai–Juni) fahren Busse ab Dehradun, Masuri (Mussoorie) und Rishikesh nach Janki Chatti, am häufigsten aber ab Barkot. Busse (65 ₹, 3 Std.) starten von Barkot um 9, 13 und 15 Uhr nach Janki Chatti; zurück nach Barkot geht's um 6, 8.30 und 14 Uhr. Hin und wieder fahren Sammeljeeps auf dieser Strecke (80 ₹, 2½ Std.). Ein eigenes Taxi anzuheuern, kostet um die 2000 ₹ pro Strecke.

Gangotri & Gaumukh-Gletscherwanderung

In abgeschiedener Lage liegt auf 3042 m der **Gangotri-Tempel** (⌚Ende April–Ende Okt.), eine der heiligsten Stätten Indiens. Der Schrein, der dem Ursprung des heiligsten Flusses des Hinduismus gewidmet ist, steht nicht weit entfernt von der Ganges-Quelle (der Fluss wird Bhagirathi genannt, bevor er Devprayag erreicht). In der Nähe befindet sich der Fels, auf dem Shiva mit seinen verfilzten Locken den Aufprall des aus dem Himmel strömenden Wassers abgefangen und so die Erde vor der zerstörerischen Kraft dieses großartigen Geschenks bewahrt haben soll.

Der Tempel wurde im 18. Jh. vom Gurkha-Kommandeur Amar Singh Thapa errichtet und ist für eine Stätte von solcher Bedeutung überraschend schlicht. Wer kein gläubiger Hindu ist, der wird wahrscheinlich von Gangotri zur echten Quelle des Flusses, dem **Gaumukh** 18 km stromaufwärts, wandern müssen, um wirklich ein tiefes Gefühl der Ehrfurcht zu verspüren. Dort kommt das Wasser nämlich vom **Gangotri-Gletscher** herab, unterhalb der steilen Westwand des **Bhagirathi Parvat** (6856 m), und des Gipfels des **Shivling** (des 6543 m hohen „indischen" Matterhorns), der im Süden in den Himmel ragt.

Von der Strecke braucht man sich nicht abschrecken zu lassen: Der Weg steigt allmählich an und ist gut befestigt. Nach 14 km (4–6 Std.) stehen bei Bhojbasa (3790 m) ein **GMVN-Touristenbungalow** (Bhojbasa; B 320 ₹) und andere einfache Unterkünfte bereit; das Gletschertor Gaumukh liegt 4 km (1½ Std.) weiter. An klaren Tagen besucht man die Quelle am besten am frühen oder mittleren Nachmittag, denn dann liegt sie nicht im Schatten. Träger (einfache Strecke 1000 ₹) und Pferde (einfache Strecke/ hin & zurück 1700/2500 ₹) lassen sich in Gangotri mieten. Ambitioniertere Wanderer mit eigener Campingausrüstung marschieren oft noch weiter zur prächtigen Hochwiese von **Tapovan** 6 km hinter Gaumukh.

TREKKING IM HIMALAJA

In Uttarakhand wurden viele großartige Trekking-Routen angelegt. Weite Infos bei GMVN (S. 470) in Dehra Dun oder Trekking-Veranstaltern vor Ort.

Har-ki-Dun-Tal-Wanderung

Das wunderbar abgeschiedene Har-ki-Dun-Tal (3510 m) ist ein botanisches Paradies, durchzogen von Gletscherbächen und umgeben von unberührten Wäldern und schneebedeckten Gipfeln. Es liegt mitten im **Govind Wildlife Sanctuary & National Park** (Inder/Ausländer bis 3 Tage 150/600 ₹, jeder weitere Tag 50/250 ₹). Wer Glück hat, sieht in Höhen über 3500 m vielleicht einen der seltenen Schneeleoparden.

Die dreitägige, 38 km lange Wanderung nach Har-Ki-Dun beginnt in Sankri (auch Saur genannt), wo die beste Unterkunft das **Wild Orchid Inn** (☎9411500044; www.wildorchidin@gmail.com; Sankri; EZ/DZ 600/800 ₹) ist. In Sankri und in den Dörfern Taluka und Osla entlang des Weges gibt es sehr einfache GMVN-Bungalows. Im Tal selbst muss man im Wanderlager des Forest Department oder im eigenen Zelt übernachten. Wer nur zwei Tage wandern möchte, nimmt einen Sammeljeep nach Taluka und läuft dort los. Ein Abstecher zum Jamdar-Gletscher nimmt einen weiteren Tag in Anspruch. Zwischen Juni und Oktober kann der Wanderweg ziemlich überlaufen sein.

Von Sankri aus arbeiten zwei angesehene Führer– Chain Singh und Bhagat Singh – die auch die Har Ki Dun Protection & Mountaineering Association (S. 468) betreiben. Zusätzlich zu Touren ins Har-ki-dun-Tal bringen sie Besucher auch in die einzigartigen Täler von Rupin und Supin. Außerdem leiten sie Wanderungen von Sankri ins Sangla (Baspa)-Tal in Himachal Pradesh und auf anderen wunderschönen Strecken. Im Voraus per E-Mail buchen – die beiden haben alle Hände voll zu tun!

Um nach Sankri zu kommen, nimmt man einen Direktbus vom Gandhi Chowk in Masuri (Mussoorie) oder von der Masuri-Busbahnhof in Dehradun – oder aber man hüpft auf dem Weg dorthin in einen der zahlreichen Busse oder Sammeljeeps.

Kuari-Pass-Trek

Die Wanderung über den Kuari-Pass (3640 m), auch bekannt als Curzon-Pfad (obwohl Lord Curzons Gruppe die versuchte Überquerung nach einem Angriff durch Wildbienen abbrach), war besonders in der Raj-Ära beliebt. Der Weg ist immer noch einer von Uttarakhands schönsten und am leichtesten zugänglichen. Er belohnt mit einer atemberaubenden Aussicht auf die Gipfel rund um den Nanda Devi, Indiens zweithöchsten Berg (7816 m), während man das äußere Schutzgebiet des Nanda Devi Sanctuary durchquert. Die Wanderung beginnt in Auli (S. 481). Der 75 km lange Weg nach Ghat vorbei an Seen, Wasserfällen, Wäldern, Wiesen und Dörfern nimmt fünf Tage in Anspruch. Auch eine kürzere Variante mit Ende in Tapovan nach nur drei Tagen ist möglich. Benötigt werden ein Zelt, ein Guide, eine Genehmigung und eigene Lebensmittelvorräte – das alles bekommt man in Jyotirmath.

Vor der Wanderung zum Gaumukh braucht man zunächst eine Genehmigung, da der Zugang auf 150 Menschen pro Tag beschränkt ist. Diese erhält man im **District Forest Office** (☎01377-225693; ⌚Mo–Sa 10–17 Uhr, 2. Sa im Monat geschl.) 3 km nördlich des Busbahnhofs von Uttarkashi oder bei der Zweigstelle oberhalb des Busbahnhofs von Gangotri, das täglich von 6 bis 14 Uhr geöffnet ist. Beide Stellen verlangen Kopien der Personenseite des Passes und des Visums. Die Genehmigung gilt zwei Tage und kostet 150/600 ₹ für Inder/Ausländer (und für jeden weiteren Tag zusätzlich 50/250 ₹).

Im Dorf Gangotri gibt's viele Gästehäuser, Ashrams und *dharamsalas*, die für ein Zimmer 300 ₹ oder weniger fordern. Hungrige folgen den indischen Familien zum **Hotel Gangaputra Restaurant** (Hauptgerichte 70–150 ₹; ⌚7–23 Uhr), das zu Recht beliebt ist.

Nach Gangotri fahren Busse nur sporadisch. Am besten nimmt man ab Uttarkashi einen Sammeljeep (200 ₹/Pers.) oder ein Taxi (einfache Strecke/hin & zurück 3000/4000 ₹); Taxis kann man aber auch in Rishikesh oder Haridwar anheuern.

Kedarnath

In dem Epos Mahabharata suchte die Königsfamilie der Pandavas nach dem Sieg über die Dhartarashtras Vergebung für die

Milam-Gletscherwanderung

Diese anspruchsvolle achttägige und 188 km lange Wanderung zum riesigen Milam-Gletscher (3450 m) führt an einer alten Handelsroute nach Tibet entlang, die 1962 nach dem Krieg zwischen Indien und China gesperrt wurde. Sie verläuft durch die wunderbar raue Landschaft östlich des Nanda Devi (7816 m) und passiert die teilweise sehr beeindruckenden Schluchten des Flusses Gori Ganga. Ein beliebter, aber sehr schwieriger 32 km langer Weg erlaubt einen Abstecher zum östlichen Basiscamp des Nanda Devi. Dafür sollten drei zusätzliche Tage veranschlagt werden.

Kostenlose Genehmigungen (nur mit Reisepass) gibt es beim District Magistrate in Munsyari (S. 495). Zudem benötigt jeder Wanderer ein eigenes Zelt und eigene Lebensmittelvorräte, da die Dörfer auf der Strecke verlassen sein können. Die KMVN organisiert achttägige Wanderungen (ab 10 500 ₹). Diese bucht man am besten bei KMVN Parvat Tours (S. 487) in Nainital, aber das KMVN-Wanderlager in Munsyari sollte auch weiterhelfen können.

Ausgangspunkt für diesen Ausflug ist das spektakulär gelegene Dorf Munsyari, wo Guide, Koch und Träger angeworben und Pauschaltouren bei **Nanda Devi Tour N Trek** (☎ 05961-222015, 9411130330; beerubugyal@yahoo.co.in) gebucht werden können.

Weniger oft durchgeführte, aber ebenso beeindruckende – oder noch beeindruckendere – Wanderungen sind z. B. die Begini/Dunagiri-Route nördlich von Jyotirmath und die Panchachuli-East-/Chota-Kailash-Route nördlich von Dharchula.

Pindari-Gletschertrek

Diese sechstägige, 94 km lange Wanderung führt durch wahrhaft unberührtes Land, das nur von ein paar Hirten bewohnt wird. Im Rahmen der Tour hat man eine wunderbare Aussicht auf den Nanda Kot (6860 m) und den Nanda Khat (6611 m) am südlichen Rand des Nanda Devi Sanctuary. Der 3 km lange und 365 m breite Pindari-Gletscher befindet sich auf 3353 m Höhe – wer nicht unter Höhenkrankheit leiden möchte, sollte es also langsam angehen. Eine Genehmigung ist nicht nötig, der Reisepass jedoch schon.

Die Wanderung beginnt und endet bei Loharket (1700 m), einem Dorf 36 km nördlich von Bageshwar. Hier oder bereits in Song (1400 m) können Guides und Träger organisiert werden, alternativ bucht man eine Pauschaltour bei Veranstaltern in Almora. Die KMVN bietet achttägige Pauschaltouren ab Song für 7000 ₹ pro Nase an. Übernachtet wird in staatlichen Wanderlagern. Entlang des Weges findet man KMVN-Schlafsäle (Matratze auf dem Boden 200 ₹), einfache Pensionen oder *dhaba*-Hütten (100–300 ₹) vor – Essen gibt's aber überall. KMVN-Touren bucht man am besten über KMVN-Parvat-Tours (S. 487) in Nainital.

Zwischen Song und Bageshwar fahren Busse (50 ₹, 2 Std.) und Sammeljeeps (60 ₹, 1½ Std.). Fahrten mit privaten Taxis zwischen Bageshwar und Song/Loharket kosten 3500/4000 ₹.

Tötung ihrer eigenen Familienmitglieder, da ihre Feinde zugleich ihre Cousins waren. Shiva verweigerte ihnen die Vergebung, aber die Pandavas waren hartnäckig in ihrem Streben. Daher nahm Shiva die Form eines Bullen an und verschwand im Erdboden, um den Pandavas zu entkommen. Er hinterließ einen Hügel in Kedarnath, unterhalb der Quelle des heiligen Flusses Mandakini, wo ein prächtiger Steintempel, der im 8. Jh. von Guru Shankara erbaut wurde, die Stelle markiert. Weitere Reliquien von Shiva in Gestalt des Bullen werden an den anderen vier Panch-Kedar-Schreinen verehrt: die Arme bei Tungnath, das Gesicht bei Rudranath, der Nabel bei Madmaheshwar und die Haare bei Kalpeshwar. Die Wanderung hierher ist anstrengend, aber durchaus machbar.

Zu Füßen von 6970 m hohen Gipfeln, 18 km von der nächsten Straße entfernt, befindet sich Kedarnath. Dramatischer und atemberaubender liegt kein anderer *char-dham*-Tempel. Die *puja*, die im Inneren – besonders rund um Shivas Hügel – veranstaltet wird, ist äußerst intensiv. Die Stätte ist so glückverheißend, dass sich früher Pilger in der Hoffnung auf sofortige *moksha* (Erlösung) von den Klippen hinter dem Tempel gestürzt haben.

Kedarnath lag im Epizentrum der zerstörerischen Flut im Jahr 2013. Tausende Menschen – Pilger und Einheimische, Träger,

Pferdeführer und andere – verschwanden hier. Das Dorf um den Tempel wurde größtenteils von den tobenden Wassermassen und den riesigen Felsen, die die umliegenden Hänge hinuntergespült wurden, zerstört. Heute wird der riesige Felsblock hinter dem Tempel, der den Tempel wie Gottes Hand vor dem Schlimmsten beschützte und ihn vor dem Zusammenbruch bewahrte, fast genauso verehrt wie der Tempel selbst.

Kedarnath erholt sich langsam, und die Besucherzahlen nehmen Jahr für Jahr zu. Um hinzugelangen, muss man vom Dorf Gaurikund 18 km bergauf marschieren. Das Dorf war nach der Sturzflut ein unbewohnbarer Schutthaufen, ist aber inzwischen in verkleinerter Form wiedererstanden. Bevor man den Marsch antritt, muss man sich in Sonprayag, einem Dorf 5 km vor Gaurikund, wo alle Busse und Taxis Endstation haben, eine kostenlose fotometrische Identitätskarte beschaffen. Von Sonprayag fahren Sammeljeeps (20 ₹) bis zum Startpunkt des Weges.

Man geht neben den Pilgern auf einem steingepflasterten Weg, der in die steilen Hänge der Schlucht des Mandakini gehauen wurde und folgt dabei dem Fluss stromaufwärts. An klaren Tagen sieht man die riesigen schneebedeckten Berge, die den Tempel überragen, schon lange, ehe man diesen erreicht. Im Dorf Kedarnath blüht das Leben rund um die Trümmer der Flut, und zwischen riesigen Felsbrocken und Schutthaufen sind ein paar Läden, Restaurants und Hotels neu eröffnet worden. Gegenwärtig ist die beste Unterkunft in Kedarnath das eine Minute vom Tempel entfernte Himachal House.

Einfache Unterkünfte finden sich auch in Sonprayag und Gaurikund (Zi. ab 200–400 ₹) – Gaurikund ist viel ruhiger und stimmungsvoller, und daher vor oder nach der Wanderung das bessere Standquartier. Ein paar bessere Hotels finden sich rund 2 km vor Sonprayag in Sitapur.

Der Hauptverkehrsknoten in der Gegend ist Guptkashi, von wo aus man einen Sammeljeep/privaten Jeep (80/1000 ₹) nach Sonprayag nehmen kann. Alternativ fährt man von Rishikesh oder Haridwar mit dem GMOU-Bus nach Sonprayag. Von Sonprayag fahren morgens Busse nach Rishikesh (310 ₹, 7 Std.), Haridwar (340 ₹, 8 Std.) und Dehradun (350 ₹, 9 Std.). Für alle, die in Guptkashi übernachten müssen, ist das **New Viswanath Hotel** (☎9720895992; Guptkashi-Busbahnhof; Zi. ab 500 ₹) am Busbahnhof eine gute Wahl.

Immer mehr Inder besuchen Kedarnath mittlerweile per Hubschrauber, und ein paar Veranstalter fliegen die Route regelmäßig. Der Hinflug kostet zwischen 3000 und 3500 ₹, der Rückflug 2500 bis 3000 ₹ und der Hin- und Rückflug zusammen zwischen 6000 und 6500 ₹. Mehrere Unternehmen fliegen ab dem zwischen Guptkashi und Sonprayag gelegenen Phata, wo sie auch ihre Büros haben, während **Himalayan Heli Services** (☎7895479452; www.himalayanheli.com; Guptkashi-Sonprayag Rd) seinen Sitz im nahegelegenen Sersi hat. Alle Hubschrauberunternehmen haben auch Büros am Landeplatz in Kedarnath. Der Flugbetrieb endet in der Regel am frühen Nachmittag. Naturforscher sind besorgt, dass die häufigen Hubschrauberflüge negative Auswirkungen auf die Tierwelt im umliegenden Kedarnath Wildlife Sanctuary hat.

Badrinath & Mana

☎01381 / 850 EW. / 3133 M

Der **Badrinath-Tempel** (⏲Ende April–Nov.) hat eine einmalige Lage im Schatten des schneebedeckten Nilkantha und wirkt in dem schäbigen Dorf, das ihn umgibt, fast verloren. Der bunt bemalte Vishnu-Tempel ist der am leichtesten erreichbare und beliebteste *char-dham*-Tempel. Er wurde angeblich im 8. Jh. von Adi Shankara gegründet, das gegenwärtige Gebäude ist aber weit jüngeren Ursprungs.

Ein malerischer, 3 km langer Weg, der hinter Badrinath auf der Uferseite mit dem Tempel beginnt, führt vorbei an durch Trockenmauern getrennten Feldern zu dem winzigen, aber stimmungsvollen Dorf **Mana**; die Fahrt mit dem Taxi dorthin kostet 250 ₹. Das Dorf ist geprägt von gepflasterten Gassen und traditionellen Häusern, die teils Dächer und Mauern aus Schiefer besitzen und teils Holzgebäude mit niedlichen Balkonen sind. Man kann herumlaufen und den Dorfbewohnern bei ihrer Arbeit und ihrer Freizeit zuschauen. Zwischen November und April ziehen sie in etwas wärmere und weniger abgelegene Orte, in der Regel nach Jyotirmath (Joshimath).

Gleich außerhalb von Mana findet sich in einer kleinen Höhle der winzige, 5000 Jahre alte **Vyas-Tempel**. In der Nähe erhebt sich **Bhima's Rock**, ein natürlicher Felsbogen über einem Fluss, der von Bhima, dem stärksten der Pandava-Brüder aus dem Mahabharata geschaffen worden sein soll. Die 5 km lange Wanderung längs des Alaknanda zum 145 m hohen **Vasudhara-Wasserfall** ist vor allem wegen des Blicks über das Tal bis zum Badrinath-Massiv, das wie ein gewaltiger Zahn in den Himmel ragt, äußerst lohnend.

Schlafen & Essen

Badrinath lässt sich, wenn man früh aufbricht, von Jyotirmath (Joshimath) aus als Tagesausflug besuchen, doch lohnt sich eine Übernachtung, wenn man auch Mana besuchen und etwas wandern will. An der Hauptstraße in den Orten liegt eine Reihe trister Gästehäuser (400–600 ₹/Pers.), in denen es wegen der Pilger laut zugehen kann.

Hotel Urvashi HOTEL $
(☎9411565459; Zi. 800 ₹) Eine der wenigen ordentlichen Budgetunterkünfte in Badrinath; freundliches Personal.

Badriville Resort BUNGALOWS $$$
(☎9412418725; www.badrivilleresort.in; Zi. ab 3000 ₹) Unser Favorit vor Ort: Die Anlage besteht aus sauberen und komfortablen Bungalowzimmern mit den besten Betten in Badrinath. Die meisten haben Terrassen mit freiem Blick ins Tal. Das Personal ist hilfsbereit und freundlich, und im Restaurant gibt's leckere frische Gerichte. Die Anlage liegt rund 100 m von der Hauptstraße zurückgesetzt am Ortseingang. Wenn wenig los ist, bekommt man großzügigen Rabatt.

Hotel Snow Crest HOTEL $$$
(☎9412082465; www.snowcrest.co.in; Zi. 2500–4000 ₹) Das beste Standardhotel in Badrinath ist zwar überteuert, aber modern und recht sauber. In den Zimmern gibt es Heizgeräte, TVs und Durchlauferhitzer. Im Mai und Juni steigen die Preise.

An- & Weiterreise

Vom großen Busbahnhof am Eingang von Badrinath fahren um 5.30, 7 und 8 Uhr GMOU-Busse über Rishikesh (420 ₹) nach Haridwar (455 ₹); die Abfahrtszeiten sollte man aber gründlich prüfen, weil sie sich ändern können. Nach Jyotirmath (Joshimath) oder Govindghat (zum Valley of Flowers) muss man versuchen, gegen 7 Uhr oder früher einen Sammeljeep zu erwischen.

UTTARKASHI

☎01374 / 17 500 EW. / 1158 M

Uttarkashi, 155 km von Rishikesh entfernt und die größte Stadt im nördlichen Garhwal, ist ein wichtiger Zwischenstopp an der Straße zum Gangotri-Tempel und bei der Gaumukh-Gletscherwanderung. Der Basar ist einen Bummel wert; hier kann man sich mit allen nötigen Vorräten eindecken. Einige Veranstalter organisieren Wanderungen in der Region, z. B. nach Tapovan (hinter Gangotri/Gaumukh).

Die Stadt ist vor allem bekannt wegen des Nehru Institute of Mountaineering (S. 479), das viele Guides für Trekking- und Bergtourveranstalter in Indien ausbildet. Das Zentrum befindet sich gegenüber vom Hauptmarkt auf der anderen Seite des Flusses und verfügt über ein Museum und eine Kletterwand im Freien. Die Bergsteiger- und Abenteuerkurse für Anfänger und Fortgeschrittene stehen allen offen – weitere Infos gibt's auf der Website.

In Uttarkashi findet auch das **Makar Sankranti Festival** statt.

Nehru Institute of Mountaineering OUTDOORAKTIVITÄTEN
(☎01374-222123; www.nimindia.net; ⏲10–17 Uhr) Bietet renommierte Kurse für Bergsteiger, Guides und Wanderführer im Garhwal-Himalaja und darüber hinaus.

Schlafen & Essen

Monal Guest House HOTEL $
(☎01374-222270; www.monaluttarkashi.com; Kot Bungalow Rd; Zi. 700–2300 ₹; @) Dieses Berghotel abseits der Straße nach Gangotri, 3 km nördlich der Stadt und etwa 100 m von dem Büro entfernt, das die Genehmigungen für Gamukh ausstellt, ist ein großes, gemütliches Haus mit einfachen, luftigen Zimmern, einem Restaurant mit großen Fenstern und einem friedlichen Garten. Flügel A ist gemütlicher als Flügel B.

Hotel Govind Palace HOTEL $
(☎01374-223815, 9411522058; nahe der Bushaltestelle; Zi. an 500 ₹) Wer einen frühen Bus erwischen möchte, für den ist dieses Hotel die günstigste Unterkunft. Pluspunkte sind gute Betten, heiße Duschen, TVs und der wirklich hilfsbereite Manager G.S. Bhandari. Zum Hotel gehört außerdem eines der besseren Restaurants der Stadt.

An- & Weiterreise

Nach Gangotri fahren Sammeljeeps/Taxis (200/3000 ₹, 5 Std.). Zwischen 5 und 14 Uhr starten mindestens stündlich Busse nach Rishikesh (230 ₹, 7 Std.). Es gibt auch Busse nach Haridwar (280 ₹, 8 Std., 6.45 & 12.30 Uhr), Dehradun (200 ₹, 9 Std., 6, 7.30 & 12 Uhr),

Srinagar (210 ₹, 8 Std., 5.30, 8 & 8.30 Uhr) und Barkot (120 ₹, 5 Std., bis 15 Uhr häufig). Im Sommer fährt um 7.45 Uhr ein Direktbus nach Janki Chatti (zum Yamunotri-Tempel; 190 ₹, 9 Std.). Die Fahrkarten kauft man besser am Vortag, weil einige Busse schnell ausgebucht sein können.

Die Taxifahrt nach Rishikesh kostet 4500 ₹.

JYOTIRMATH (JOSHIMATH)

☎01389 / 13 860 EW. / 1875 M

Als Durchgangsstation zum Badrinath-Tempel und zum Hem Kund sieht Jyotirmath (Joshimath) zwischen Mai und Oktober einen ständigen Strom von Hindu- und Sikh-Pilgern. Und als Basis für Wanderungen zum Valley of Flowers und zum Kuari-Pass sowie für das Skigebiet Auli lockt der Ort im ganzen Jahr Abenteuerurlauber an.

Das von Rishikesh über eine Serpentinenstraße erreichbare Jyotirmath ist ein durch und durch prosaischer Ort mit zwei Straßen, unzuverlässiger Stromversorgung und wenigen Restaurants. Von dem gewaltigen Bergpanorama ist in der Stadt nichts zu sehen, aber eine kurze Seilbahnfahrt (S. 481) bringt einen nach Auli, wo man einen prächtigen Blick auf den Nanda Devi hat.

Aktivitäten

Um zum Kuari-Pass und auf weiteren Routen im Nanda Devi Sanctuary zu wandern, benötigt man eine Genehmigung und einen lizenzierten Führer. Vor Ort gibt's ausgezeichnete Veranstalter, die alles organisieren können, sogar weite und abenteuerliche mehrtägige Expeditionen.

★ Himalayan Snow Runner OUTDOORAKTIVITÄTEN
(☎9756813236, 9412082247; www.himalayansnowrunner.com) Der sehr empfehlenswerte Veranstalter organisiert Trekkingtouren (ab ca. 3000 ₹/Pers. & Tag), Skiausflüge und Abenteueraktivitäten, bei denen die Campingausrüstung inbegriffen ist. Der Inhaber Ajay bietet maßgeschneiderte Wanderungen, Kulturtouren zu Bhotia- und Garhwali-Dörfern und betreibt ein Gästehaus in seinem Wohnhaus im 5 km von Jyotirmath entfernten Dorf Mawari (Zi. 1550–4550 ₹).

Adventure Trekking OUTDOORAKTIVITÄTEN
(☎9837937948; www.adventuretrekking.org; gegenüber dem Hotel Mount View Joshimath) Treks von einer Länge zwischen zwei und zehn Tagen lassen sich hier vereinbaren (ca 50 US$/Pers. & Tag bei mehr als 1 Pers.), darüber hinaus Wildwasserrafting-, Skitouren und Gipfelbesteigungen. Der hilfsbereite Inhaber Santosh betreibt ein Gästehaus auf dem Weg hinauf nach Auli (Zi. 1000–2000 ₹).

Eskimo Adventures OUTDOORAKTIVITÄTEN
(☎9756835647; www.eskimoadventure.com) Der Veranstalter bietet Wanderungen und Kletterexpeditionen ab etwa 3000 ₹ pro Tag, einen Verleih von Ausrüstung für Wanderungen und Skitouren sowie Wildwasser-Rafting auf dem Ganges.

Schlafen & Essen

Hotel New Kamal HOTEL $
(☎9411577880; Main Market; Zi. 500 ₹) Das Haus ist eine der besseren Budgetunterkünfte der Stadt. Die Zimmer sind klein und sauber und haben einen TV. Das warme Wasser gibt's im Eimer, und die Betten sind hart.

Malari Inn HOTEL $$
(☎01389-222257; www.hotel-malari-inn.weebly.com; Main Market; Zi. 1800–3500 ₹) Das beste Hotel in Jyotirmath. Die Standardzimmer sind einfach, aber geräumig und sauber. Weitere Annehmlichkeiten wie eine dickere Matratze und ein Balkon mit Aussicht aufs Tal kosten mehr. Alle verfügen über Durchlauferhitzer. Außerhalb der Hauptsaison (Mai–Sept.) warten gute Rabatte.

Hotel Mount View Annexy HOTEL $$
(☎9634255572; Zi. 1000 ₹) Das Mount View Annexy liegt an der Hauptstraße, ein kurzes Stück von der Bushaltestelle entfernt. Die Zimmer dieses Standardhotels bieten, was viele andere in Jyotirmath vermissen lassen: verlässliche Sauberkeit, weiche Matratzen, Flachbild-TVs, Warmwasser rund um die Uhr und einen gepflegten Eindruck.

Auli D's Food Plaza INTERNATIONAL $$
(Main Market; Hauptgerichte 90–450 ₹; ⌚7–22 Uhr) Das Restaurant im 1. Stock, das ein wenig an einen Bankettsaal erinnert, hat Plastiktischtücher und Stühle mit Schonbezügen. Es gibt eine große Auswahl indischer, chinesischer und europäischer Gerichte mit und ohne Fleisch.

Praktische Informationen

GMVN-Touristeninformation (☎01389-222181; ⌚Mo–Sa 10–17 Uhr) Gleich nördlich der Stadt (von der Upper Bazaar Rd. dem Schild zum Tourist Rest House folgen!).

An- & Weiterreise

Obwohl die Hauptstraße nach Jyotirmath von der indischen Armee ausgebessert wird und ein Wasserkraftwerk auf dem Weg zum Badrinath zur Verbesserung der Straßenverhältnisse geführt hat, ist die Gegend rund um Jyotirmath immer noch sehr anfällig für Erdrutsche, besonders während der Regenzeit zwischen Mitte Juni und Mitte September.

Am besten kommt man mit dem Sammeljeep (100/50 ₹) nach Badrinath/Govindghat (zum Valley of Flowers & nach Hem Kund). Abfahrt ist beim Taxistand von Badrinath am hinteren Ende der Upper Bazaar Rd. Den ganzen Jeep zu chartern, kostet 1000 ₹. Über den Tag verteilt fahren auch ein paar Busse von hier ab (65 ₹).

Um 4, 4.30, 6 und 7 Uhr fahren Busse vom winzigen **GMOU-Schalter** (Upper Bazaar Rd; ⌚3–19 Uhr) in Jyotirmath nach Rishikesh (360 ₹, 10 Std.) und Haridwar (400 ₹, 11½ Std.). Hier können auch Fahrkarten reserviert werden. Vom Hauptjeepstand fahren ab und zu private Busse nach Chamoli (80 ₹, 2 Std.) und Karanprayag (130 ₹, 4 Std.) und einige weiter nach Rishikesh.

Um in die östliche Kumaon-Region zu gelangen, nimmt man einen Bus oder ein Sammeltaxi nach Chamoli. Dort steigt man um nach Karanprayag. Von da fahren örtliche Busse und Sammeljeeps entlang der schönen Straße nach Kausani, Bageshwar und Almora. Es kann sein, dass man unterwegs mehrmals umsteigen muss. Nachmittags gibt's nicht mehr viele Verbindungen, deshalb ist es besser, früh loszufahren.

Taxis engagiert man am besten über einen Reiseveranstalter oder ein Hotel, weil es vor Ort keinen Stand für Privattaxis gibt. Die Taxifahrt nach Rishikesh kostet ungefähr 6000 ₹.

RUND UM JYOTIRMATH

Auli

☎01389 / 300 EW. / 3048 M

Hoch über Jyotirmath thront Auli, Indiens Top-Skigebiet. Auf der Straße muss man 14 km fahren, um von Jyotirmath aus hinzukommen, per Gondelseilbahn sind es nur 4 km. Aber es muss nicht unbedingt Winter sein, wenn man von der Bergstation der Seilbahn aus den atemberaubenden Blick auf den Nanda Devi (Indiens zweithöchsten Gipfel) genießen möchte.

Als Skigebiet hat Auli eigentlich nichts Spektakuläres zu bieten: einfache, 5 km lange Skipisten, einen 500 m langen Schlepplift (100 ₹/Fahrt) neben der Hauptpiste und einen 800 m langen Sessellift (200 ₹), der die oberen und die unteren Pisten verbindet. Die Schneeverhältnisse sind aber beständig gut, und die Landschaft ist hinreißend. Die Saison dauert von Januar bis März; Ausrüstung leihen und Skiunterricht buchen kann man hier oder in Jyotirmath.

Die hochmoderne **Seilbahn** (hin & zurück 750 ₹; ⌚8–17 Uhr alle 20 Min.), Indiens längste, verbindet Jyotirmath mit den Hängen oberhalb von Auli. An der Bergstation gibt es eine Art Café, in dem man heißen Tee und Tomatensuppe bekommen kann.

Ein paar Hotels verteilen sich über das Skigebiet. Das **Clifftop Club** (☎7417936606; www.clifftopclubauli.com; Studio 8500 ₹, Suite 16000 ₹) würde in den Schweizer Alpen nicht deplatziert wirken. Es gibt auch Mahlzeiten und Ski-All-Inclusive-Pauschalangebote inklusive der Ausrüstunge.

Bei einem geringeren Budget kann man im überraschend guten **GMVN Tourist Rest House** (☎01389-223208; www.gmvnl.in; B/Zi. mit Frühstück 280/1650–4500 ₹) am Fuß des Sessellifts absteigen. Das **Devi Darshan** (☎9719316777; www.mountainshepherds.com; Zi. inkl. Mahlzeiten ab 4000 ₹) hat ein Restaurant und einen Gemeinschaftsraum mit Blick auf den Nanda Devi sowie dunkle Schlafzimmer.

VALLEY OF FLOWERS & HEMKUND

Der britische Bergsteiger Frank Smythe stolperte 1931 ganz zufällig über das Valley of Flowers. Die *bugyals* (Hochwiesen) mit großen Wildblumen sind an sonnigen Tagen ein prächtiger Anblick, wenn sie sich vor der Kulisse mächtiger, 6000 m hoher Berge mit Gletschern und einer ganzjährigen Schneekappe im Wind wiegen.

Dank der 300 Blumenarten ist diese Welterbestätte eine einmalige Quelle für pflanzliche Arzneien. Leider blühen die meisten Blumen in der Monsunzeit im Juli und August, wenn der Zugang wegen der Regenfälle schwierig und gefährlich ist. Es ist ein verbreiteter Irrtum, dass das Tal außerhalb der Hauptblütezeit keinen Besuch wert sein, denn auch ohne den Blumenteppich ist das Tal immer noch wunderschön, und die Chancen auf Sonnenschein sind sogar besser.

Übernachtungen sind im Valley of Flowers ebenso verboten wie am heiligen See von Hemkund. So muss man in Ghangaria übernachten. In diesem Dorf mit nur einer Straße ist außerhalb der Pilgerzeit (ca. 1 Juni–1. Okt.) praktisch alles geschlossen.

TUNGNATH & CHANDRISILLA

Der Pfad zum **Tungnath-Mandir** (3680 m) und zum **Chandrisilla Peak** (4000 m) ist eine der schönsten Tageswanderungen in Uttarakhand, denn auf dem Weg liegt der heilige Panch-Kedar-Tempel, und man sieht ein atemberaubendes Himalaja-Panorama.

Die Wanderung beginnt in Chopta, einem kleinen Dorf ohne Stromanschluss, das an der kurvigen Straße zwischen Chamoli (südlich von Jyotirmath) und Kund (südlich von Gaurikund) liegt. In Serpentinen führt ein 3,5 km langer geteerter Weg über 750 m Höhenmeter hinauf zum Tugnath, dem höchsten Shiva-Tempel der Welt. Von dort führt ein 1,5 km langer Schotterpfad weiter zum Gipfel des Chandrisilla. Hier breiten sich der Garhwali- und der Kumaoni-Himalaja vor den Besuchern aus, und man genießt atemberaubende Aussichten auf so riesige Berge wie den Nanda Devi, den Trishul und den Kedarnath. Am besten geht man früh los, bevor Wolken aufziehen, oder man lässt sich Zeit bis zum Nachmittag, übernachtet in einer der spartanischen Pensionen rund um Tugnath und besteigt den Chandrisilla bei Sonnenaufgang. In Chopta gibt es einfache Unterkünfte: Das **Hotel Neelkanth** (☎7500139051; www.neelkanthcampchopta.in; Zi. ab 600 ₹) hat die besten Zimmer, aber das **Hotel Rajkamal** (Zi. 400 ₹) ist das freundlichste.

Allein die Fahrt von Chamoli nach Chopta ist ein Erlebnis: Die Straße durchquert steil terrassierte Hügel, die mit kleinen Dörfern übersät sind, und führt dann in ein dicht bewaldetes Schutzgebiet für Moschushirsche, das von spektakulären Klippen durchzogen ist.

Um den 87 km² großen **Valley of Flowers National Park** (Inder/Ausländer bis zu 3 Tage 150/600 ₹, folgende Tage 50/250 ₹; ⏲ Juni–Okt. 7–17 Uhr, letzter Einlass 14 Uhr) zu erreichen, muss man zunächst einen ganzen Tag von **Govindghat** bis zum gleich außerhalb des Parks gelegenen Dorf **Ghangaria** (auch Govinddham genannt) wandern. Das sagenhafte Tal beginnt 2 km bergauf hinter dem Kartenbüro in Ghangaria und setzt sich weitere 5 km fort. Die Wege sind leicht zu erkennen.

Bei einer wesentlich anstrengenderen Wanderung ab Ghangaria schließt man sich den Hunderten von Sikh-Pilgern an, die zum **Hemkund** (⏲ Mai–Okt.), dem von sieben Gipfeln umgebenen heiligen See in 4300 m Höhe unterwegs sind, an dem der Sikh-Guru Gobind Singh in einem früheren Leben meditiert haben soll. Wer den 6 km langen, im Zickzack verlaufenden Weg lieber hinaufreiten möchte, kann ein Pony mieten (500 ₹). Der Aufstieg wird oft auch von kleinen Kindern oder Menschen mit schwachen Beinen oder Lungen unternommen: sie sitzen in einem Korbstuhl auf dem Rücken eines *kandi*-Manns oder in einer *dandi* (Sänfte), die von vier Männern getragen wird und reisen so wahrhaft königlich.

Die Wanderung von Govindghat nach Ghangaria ist eine malerische, aber anstrengende, 14 km lange, bergauf führende Strecke. Zu den kürzlichen „Verbesserungen" zählt der Ausbau der ersten 3 km zu einer befahrbaren Straße, die viele Leute nun in einem Sammeljeep (30 ₹) zurücklegen. Man kann sich die Strapaze erleichtert und gleichzeitig der örtlichen Wirtschaft helfen, wenn man an der Brücke über den Fluss Alaknanda oder am Ende der asphaltierten Straße ein Pony (800 ₹) oder einen Träger (800 ₹) mietet. Bester Tipp: Wenn man Zeit hat, sollte man vor der Wanderung nach Ghangaria in Badrinath übernachten, um seinen Körper an die Höhe zu gewöhnen, was das Wandern erheblich erleichtert!

Schlafen & Essen

In Ghangaria sind die Wasser- und Stromversorgung unzuverlässig. Es kann kalt werden, darum sollte man warme Sachen dabei haben. Alle Unterkünfte sind relativ spartanisch, keine verfügt über eine Heizung, aber Decken sind in großer Zahl vorhanden.

In Govindghat gibt es mehrere Hotels mit Zimmern für rund 300 ₹., Das **Hotel Bhagat** (☎9412936360; www.hotelbhagat.com; Badrinath Rd; Zi. 2100–3000 ₹) an der Hauptstraße zwischen Jyotirmath (Joshimath) und Badrinath hat sehr saubere Zimmer mit Flussblick, Durchlauferhitzer und Mahlzeiten.

Man braucht keine Nahrungsmittel mitzuschleppen, weil *dhabas* und Getränkestände die Pilgerarmee zum Hemkund versorgen, und es viele Restaurants in Ghangaria gibt.

Hotel Kuber Annex HOTEL $
(Ghangaria; Zi. 400–800 ₹) Die hiesigen Super-Deluxe-Zimmer sind etwas besser als alle anderen Optionen in Ghangaria.

An- & Weiterreise

Alle Busse und Sammeljeeps zwischen Jyotirmath (Joshimath) und Badrinath kommen durch Govindghat, man findet also leicht Transportmittel in beide Richtungen. Am Nachmittag werden die Fahrten aber weniger, und nachts gibt es gar keine.

Wer das Valley of Flowers sehen will, aber vor der Wanderung zurückschreckt, kann bei **Deccan Air** (☎ 9412051036; www.deccanair.com; einfache Strecke/hin & zurück 3500/7000 ₹) einen Hubschrauberflug von Govindghat nach Ghangaria buchen. Das Buchungsbüro befindet sich an der Straße von Jyotirmath nach Badrinath, gleich oberhalb von Govindghat.

CORBETT TIGER RESERVE

☎ 05947 / 400–1210 M

Das weltberühmte **Corbett Tiger Reserve** (www.corbetttigerreserve.in; ⊙15. Nov.–15. Juni, Jhirna- & Dhela-Zone ganzjährig geöffnet) wurde 1936 als Indiens erster Nationalpark gegründet und umfasst 1318 km² wilder Wälder. Benannt ist das Reservat nach dem legendären britischen Jäger Jim Corbett (1875–1955), der die Region mit seinem Buch *Menschenfresser: Erlebnisse eines Tigerjägers* international bekannt machte. Er wurde von den Einheimischen hoch verehrt, weil er Tiger erlegte, die Appetit auf Menschenfleisch entwickelt hatten. Später schoss Corbett mehr Wildtiere mit der Fotokamera als mit seinem Gewehr und wurde zu einem prominenten Fürsprecher des Naturschutzes.

Tigerangriffe nehmen zwar in den Dörfern um das Corbett Tiger Reserve zu, aber Tigersichtungen bei Safaris sind Glückssache, weil die rund 230 gestreiften Großkatzen im Reservat weder angelockt noch gezielt gesucht werden. Die günstigste Zeit ist gegen Ende der Saison (April–Mitte Juni), wenn der Wald ziemlich licht ist, und die Tiere auf der Suche nach Wasser aus dem Unterholz kommen.

Aber Tigersichtungen hin oder her – kaum ein echter Naturfan wird enttäuscht wieder abreisen, denn der Park beherbergt in seinen Wiesen, Salbaumwäldern und Flusslandschaften viele Vierbeiner- und Vogelarten und hat eine tolle Lage in den Ausläufern des Himalaja am Ufer des Ramganga. Zu den Tieren, die hier oft zu sehen sind, gehören wildlebende Elefanten (200–300 Exemplare leben in diesem Reservat), Lippenbären, Languren, Rhesusaffen, Pfaue, herumtollende Otter und mehrere Hirscharten, darunter Axishirsche, Sambars, Schweinshirsche und Muntjaks. Auch Leoparden, Sumpfkrokodile, Gangesgaviale, Warane, Wildschweine und Schakale sind im Park zu finden. Der Ramganga-Stausee lockt vor allem zwischen Mitte Dezember und Ende März große Schwärme von Zugvögeln an – über 600 Arten hat man hier gezählt.

Von den sechs Zonen des Parks – Bijrani, Dhikala, Dhela, Durga Devi, Jhirna und Sonanadi – ist Dhikala das Highlight. Diese Zone liegt 49 km nordwestlich von Ramnagar entfernt, tief im Herz des Reservats. Sie ist das Kernstück und hat die größte Menge jener Tiere, die man sich hier zu sehen erhofft, aufzuweisen. Dhikala ist nur vom 15. November bis zum 15. Juni zugänglich und auch nur für Übernachtungsgäste oder im Rahmen einer Tagestour, die man nur im **Empfangszentrum** (☎ 05947-251489; Ranikhet Rd; ⊙6–16 Uhr) quasi gegenüber der Ramnagar-Bushaltestelle buchen kann.

Jhirna und Dhela im Südteil des Reserve sind die einzigen Zonen, die das ganze Jahr über zugänglich sind. Die Chancen, wirklich große Wildtiere zu sehen, stehen schlecht, zumindest derzeit. Dhela, das der Öffentlichkeit seit Dezember 2014 zugänglich ist, soll später einmal einen eingezäunten Bereich umfassen, in dem gerettete Tiger beherbergt werden, die leicht zu erspähen sein sollten. In Dhela sollen auch zwei Naturpfade geschaffen werden, die vorwiegend der Vogelbeobachtung dienen werden. Die Pfade sollen von Zäunen eingefasst werden, sodass man keine Angst haben muss, Tigerfutter zu werden. In manchen Jahren sind, je nach Wetter, die vier anderen Zonen im Oktober geöffnet – Infos findet man online.

Unbedingt einen Feldstecher (kann an den Parktoren ausgeliehen werden) und jede Menge Mückenschutz und Mineralwasser mitnehmen!

Besuch im Schutzgebiet

Das Empfangszentrum in Ramnagar bietet täglich um 6 und 12 Uhr **Bustouren** (☎ 05947-251489; Ranikhet Rd; Inder/Ausländer 1125/2250 ₹; ⊙6 & 12 Uhr) nach Dhikala an, die sogenannten „Canter Safaris".

Jeeps können beim Empfangszentrum in Ramnagar, bei der jeweiligen Unterkunft oder bei einem Tourveranstalter gemietet werden. Die Besitzer der Jeeps haben sich in einer Genossenschaft zusammengeschlossen, so dass die Preise, zumindest theore-

GENEHMIGUNGEN FÜR DAS CORBETT TIGER RESERVE

Im Corbett Tiger Reserve wird der Touristenansturm durch eine Begrenzung der Fahrzeuge pro Zone und Tag kontrolliert. Die Zugangserlaubnis muss vorab auf der Website des Parks (www.corbettonline.uk.gov.in) oder durch die Buchung einer Tour bei einem Safari-Veranstalter reserviert werden. Wer online gebucht hat (Gebühr 50 ₹), gibt seinem Fahrer die Reservierungsbestätigung, gleichgültig ob man ihm beim Reservierungszentrum oder über einen Tourveranstalter anheuert. Tagesausflüge können 45 Tage im Voraus gebucht werden; wenn Vorausplanung nicht möglich ist, kann man den Park wahrscheinlich trotzdem besuchen: Die Safari-Veranstalter erkundigen sich untereinander, ob jemand einen freien Platz in einem Jeep zu vergeben hat. Touren mit Übernachtung nach Dhikala bucht man am besten über ein Safari-Unternehmen.

Die Fahrzeuggebühr (ohne Passagiere) für einen Tagesausflug kostet 250/500 ₹ (Inder/Ausländer), bei einer Tour mit Übernachtung kostet sie 500/1500 ₹. Dann kommt noch die Besuchereintrittsgebühr hinzu, und hier herrscht ein recht verrücktes System. Offiziell beträgt sie für einen Tagesbesuch (4 Std., erhältlich für alle Zonen außer Dhikala) pro Inder/Ausländer 100/450 ₹ und für drei Tage 200/900 ₹. Der Park verlangt aber, dass Besuchergebühren für alle Plätze im Jeep bezahlt werden, *auch wenn diese nicht besetzt sind*. Freundlicherweise wird immerhin davon ausgegangen, dass Inder die freien Plätze füllen, daher bezahlen Jeep-Passagiere ihre eigene Eintrittsgebühr zuzüglich 100 ₹ für die Eintrittsgebühr des Fahrers und weiteren 100 ₹ für jeden unbesetzten Platz. Zum krönenden Abschluss kommt noch die Straßenbenutzungsgebühr von 450 ₹ dazu.

Wie viel kostet also alles zusammen? Einfach die Kosten für den Jeep, die Fahrzeuggebühr, die Besuchergebühr, die Eintrittsgebühr für den Fahrer und die Gebühr für die freien Plätze, die Straßenbenutzungsgebühr und die Gebühr für die Online-Buchung addieren – dann hat man die Gesamtsumme. Eine Tour bei seinem Hotel oder einem Safari-Veranstalter zu buchen, kostet nur unwesentlich mehr, als wenn man alles alleine organisiert, aber die paar zusätzlichen Rupien sind gut investiert, weil diese Veranstalter kundige Führer haben, die fließend englisch sprechen.

tisch, festgesetzt sind (pro Jeep, für bis zu 6 Pers.). Halbtägige Safaris starten morgens und nachmittags; sie sollten 1600 ₹ nach Bijrani, 1750 ₹ nach Jhirna, 1750 ₹ nach Dhela und 2350 ₹ nach Durga Devi kosten – ohne die Eintrittsgebühr für sich selbst und den Führer. Ganztägige Safaris kosten das Doppelte, Exkursionen mit Übernachtung gibt's für 5200 ₹ nach Dhikala und für 7000 ₹ nach Sonanadi. Man sollte die aktuell geltenden Preise vorab im Empfangszentrum oder in seinem Hotel checken. Die Safaris von Karan Singh, der Karan's Corbett Motel (S. 485) betreibt, sind sehr zu empfehlen.

Zweistündige **Elefantenritte** (Inder/Ausländer 300/1000 ₹; 6 & 16 Uhr) werden nur in Dhikala und Bijrani nach dem Prinzip: Wer zuerst kommt, mahlt zuerst, angeboten. Tierschützer warnen, dass die Tiere bei solchen Ritten Wirbelschäden erleiden können.

Schlafen & Essen

Für die Besucher, die Tiere beobachten möchten, ist Dhikala, das tief im Reservat liegt, der beste Ort zum Übernachten, die Preise für Ausländer sind aber exorbitant hoch. Die Unterkunft muss über das Empfangszentrum in Ramnagar mindestens einen Monat im Voraus gebucht werden. Im Ort Ramnagar gibt's Budgetunterkünfte; gehobene Resorts liegen verstreut an der Straße an der östlichen Grenze des Parks zwischen Dhikuli und dem Dhangarhi-Tor.

Dhikala

Die mit Abstand billigsten Unterkünfte im Park sind die 24 einfachen Betten in den **Log Huts** (05947-251489, 9759363344; www.corbettonline.uk.gov.in; B Inder/Ausländer 200/400 ₹). **Tourist Hutments** (05947-251489, 9759363344; www.corbettonline.uk.gov.in; Inder/Ausländer 1250/2500 ₹) hat die Unterkünfte mit dem besten Preis-Leistungs-Verhältnis in Dhikala; sie bieten Platz für bis zu 6 Personen und sind über www.dhikalaforestlodge.in oder über www.corbettonline.uk.gov.in buchbar. In Dhikala gibt's ein paar vegetarische Restaurants. Alkohol ist im Park verboten.

Die Unterkunft im **New Forest Rest House** (05947-251489, 9759363344; www.corbettonline.uk.gov.in; Zi. Inder/Ausländer 1250/2500 ₹), im **Annexe** (05947-251489,

9759363344; Zi. Inder/Ausländer ab 1000/2000 ₹) oder im noblen **Old Forest Rest House** (☎ 9759363344, 05947-251489; www.corbettonline.uk.gov.in; Zi. Inder 1500–2500 ₹, Ausländer 3000–5000 ₹) kann man im Empfangszentrum in Ramnagar buchen.

Anderswo im Schutzgebiet

Die meisten Rasthäuser außerhalb von Dhikala verfügen über Küchenausstattung, aber keine Restaurants. Deswegen sollte man unbedingt seinen Führer fragen, ob man eigenes Essen mitbringen muss.

Bijrani Rest House LODGE **$$**
(☎ 05947-251489, 9759363344; www.corbettonline.uk.gov.in; EZ/DZ Inder 500/1250 ₹, Ausländer 1000/2500 ₹) Die erste Unterkunft, wenn man vom Amdanda-Tor ins Corbett Tiger Reserve kommt bietet auch Mahlzeiten an.

Khinnanauli Rest House BUNGALOWS **$$$**
(☎ 9759363344, 05947-251489; www.corbettonline.uk.gov.in; Zi. Inder/Ausländer 5000/12 000 ₹) Nobelunterkunft in der Nähe von Dhikala, tief im Reservat.

Sarapduli Rest House HOTEL **$$$**
(☎ 05947-251489, 9759363344; www.corbettonline.uk.gov.in; Zi. Inder/Ausländer 2000/4000 ₹) Diese Unterkunft hat saubere, schlichte Zimmer in einer Gegend mit vielen Wildtieren, vor allem Vögeln und Krokodilen, aber auch Tigern und Elefanten.

Gairal Rest House BUNGALOWS **$$$**
(☎ 9759363344, 05947-251489; www.corbettonline.uk.gov.in; Zi. Inder/Ausländer ab 1250/2500 ₹) Die Unterkunft am Fluss Ramnagar ist vom Dhangarhi-Tor aus zu erreichen und bietet auch Mahlzeiten.

Ramnagar

Die geschäftige, reizlose Stadt hat viele Einrichtungen – darunter Internetcafés (30 ₹/Std.), Geldautomaten (einen der State Bank of India am Bahnhof und einen der Bank of Baroda an der Ranikhet Rd) und Verkehrsverbindungen –, überwiegend an der Ranikhet Rd.

★ **Karan's Corbett Motel** HOTEL **$$**
(☎ 9837468933; www.karanscorbettmotel.com; Manglar Rd; Zi. 1000–1200 ₹; ❄) Die Anlage liegt am Ortsrand, umgeben von Gärten und Mangobäumen, und bietet geräumige Zimmer mit Terrassen, auf denen Tische und Stühle stehen. Der Inhaber Karan Singh ist äußerst kundig und hilfsbereit. Dies ist die mit Abstand beste Unterkunft in Ramnagar (nicht mit dem Corbett Motel verwechseln!). Karan betreibt auch sehr zu empfehlende Jeepsafaris im Corbett Tiger Reserve.

Hotel Corbett Kingdom HOTEL **$$**
(☎ 7500668883; www.corbettkingdom.com; Bhaghat Singh St; Zi. ab 2500 ₹; ❄📶) Das schmucklose Hotel ist eine komfortable und gepflegte Unterkunft direkt in Ramnagar. Marmorböden sorgen für ein wenig Klasse.

Delhi Darbar Restaurant INDISCH **$**
(Ranikhet Rd; Hauptgerichte 80–160 ₹; ⏲ 9–23 Uhr) Das sauberste und ruhigste Restaurant nahe der Bushaltestelle bietet neben den üblichen indischen Gerichten auch Pizzas.

Nördlich von Ramnagar

Eine wachsende Zahl gehobener Safari-Resorts afrikanischer Art liegt an der Straße von Ramnagar nach Ranikhet, die längs der Ostgrenze des Schutzgebiets verläuft. Die meisten befinden sich rund um die Siedlung Dhikuli (nicht mit Dhikala verwechseln!). Wenn der größte Teil des Reservats geschlossen ist (15. Juni–15. Nov.), gibt's in den Resorts Preisnachlässe von bis zu 50%. Die meisten Preise gelten nur für das Zimmer, die meisten Anlagen haben aber auch Pauschalangebote einschließlich Mahlzeiten und Safaris. Alle verfügen über Kenner der örtlichen Flora und Fauna sowie über Freizeiteinrichtungen, Restaurants und Bars. Achtung: Viele der Resorts in diesem Gebiet werden für die Verschmutzung des Flusses Kosi verantwortlich gemacht.

★ **Gateway Resort** RESORT **$$$**
(☎ 05947-284133; www.thegatewayhotels.com; Zi./Cottage 15 000–16 500 ₹; ❄📶🏊) Das Luxusresort der Taj Group bietet moderne Zimmer und Cottages, die sich über einen grünen Garten verteilen. Es gibt einen Freiluftpool und ein Spa mit allen Einrichtungen, aber das eigentliche Schmuckstück ist das Restaurant, dessen Außenterrasse einen idealen Blick auf den Fluss Kosi gewährt. Das Resort ist das beste von allen in diesem Gebiet.

Namah RESORT **$$$**
(☎ 05947-266666; www.namah.in; Zi. 12 000–13 000 ₹, Suite 20 000 ₹; 📶🏊) Von außen wirkt diese neue Anlage wie ein Apartmentkomplex. Zweifarbige Wände und Kunst mit Dschungelthemen geben den Zimmern aber Persönlichkeit, und dank dem Spielplatz,

den Freiflächen, dem Pool und dem Freizeitraum ist das Resort eine gute Wahl für Familien. Die Preise schwanken stark, abhängig von der Nachfrage.

Tiger Camp RESORT $$$
(☎05947-284101; www.habitathotels.com; Dhikuli; Zi./Cottage 10 700/11 700 ₹; ❄📶) Das entspannte Resort mit gutem Preis-Leistungs-Verhältnis versteckt sich in einem schattigen, dschungelartigen Garten am Fluss Kosi, 8 km außerhalb von Ramnagar. Die gemütlichen Cottages sind viel besser als die „Superior"-Zimmer und haben moderne Einrichtungen. Naturwanderungen und Besuche in Dörfern werden angeboten.

An- & Weiterreise

Fast stündlich fahren Busse von Ramnagar nach Delhi (260 ₹, 7 Std.), Haridwar (200 ₹, 6 Std.) und Dehradun (275 ₹, 7 Std.).Nach Haldwani (64 ₹, 2 Std.), wo man Anschluss nach fast überallhin hat, fahren häufig Busse. Um nach Nainital zu gelangen, nimmt man einen UK-Roadways-Bus nach Haldwani und steigt dort um oder nimmt einen privaten Bus direkt nach Nainital (80 ₹) – morgens starten mehrere vor dem Hauptbusbahnhof.

Ramnagars Bahnhof liegt 1,5 km südlich des Hauptempfangszentrums. Der Nachtzug *Ranikhet Express-Slip 15013* (Sleeper/3AC/2AC 175/490/695 ₹) startet in Old Delhi um 22.30 Uhr und erreicht Ramnagar um 4.50 Uhr. In umgekehrter Richtung startet der Zug *25014* in Ramnagar um 22 Uhr und kommt in Old Delhi um 3.55 Uhr an. Tagsüber fahren der Zug *15035-Slip* (2. Klasse/Chair Class 100/375 ₹; Abfahrt Old Delhi 16 Uhr, Ankunft Ramnagar 20.40 Uhr) bzw. der Zug *25036* (Abfahrt Ramnagar 9.50 Uhr, Ankunft Delhi 15.25 Uhr).

NAINITAL

☎05942 / 42 000 EW. / 2084 M

Das um einen tiefen, grünen Vulkansee herum errichtete Nainital ist die größte Stadt der Region Kumaon und ihre beliebteste Hill Station. Die Stadt nimmt ein steiles, bewaldetes Tal um den Naini-See ein und wurde von heimwehgeplagten Briten gegründet, die sich an den Lake District erinnert fühlten.

An der Hangseite am See stehen viele Hotels. Es gibt einen lebendigen Basar, und ein Netz von Wanderwegen überzieht die bewaldeten Hänge – die Wege führen zu Aussichtspunkten mit Blick auf die fernen Gipfel des Himalajas. Traveller können in Nainital prima abschalten und sich entspannen, gut essen, Ausritte unternehmen oder auf dem See paddeln. Wenn Saison ist (Mai–Mitte Juli & Okt.), ist der Ort voller Urlauberfamilien und Flitterwöchner, und dann schnellen die Preise in schwindelerregende Höhen empor.

Tallital (Lake's Foot) liegt am Südende des Sees. Hier befinden sich der Busbahnhof und die Hauptstraße, die ostwärts nach Bhowali führt. Die 1,5 km lange Promenade (The Mall) führt bis Mallital (Lake's Head) am Nordwestende des Sees. Die meisten Hotels, Pensionen und Restaurants liegen zwischen Mallital und Tallital. Die meisten Geschäfte und Apotheken findet man in Bara Bazaar.

Sehenswertes & Aktivitäten

★Naini-See SEE
Der See ist Nainitals Hauptattraktion und soll eines der smaragdgrünen Augen von Shivas Gemahlin Sati sein (*naina* ist Sanskrit für „Auge"), das nach ihrer Selbstopferung auf die Erde fiel. Bootsmänner rudern Besucher für 210 ₹ in bunt bemalten, gondelartigen Booten über den See. Mit den Segelbooten des **Nainital-Bootclubs** (www.boathouseclub.in; Mallital; ⏲10–16 Uhr) kann man sich für etwa 500 ₹ herumschippern lassen. **Tretboote** werden für 150 ₹ pro Stunde vermietet.

Der **Naina-Devi-Tempel** steht genau an der Stelle, an der das Auge zu Boden gefallen sein soll. In der Nähe stehen die **Jama Masjid** und ein **Gurdwara**. Man braucht ungefähr eine Stunde, um den See zu Fuß zu umrunden – das Südufer ist ruhiger und bietet einen schönen Blick auf die Stadt.

Raj Bhavan HISTORISCHES GEBÄUDE
(50 ₹; ⏲Jan.–März & Sept.–Okt. Mo–Sa 8–17 Uhr, April–Aug. bis 18 Uhr, Nov. & Dez. bis 16 Uhr) Inmitten von Gärten, Rasenflächen und Wäldern liegt ca. 3 km südlich von Tallital die offizielle Residenz des Gouverneurs von Uttarakhand. Die nach dem Vorbild des Buckingham Palace gestaltete Anlage ist ein erstklassiges Beispiel der britischen Kolonialarchitektur. Die Besichtigung des Geländes ist immer möglich, eine Besichtigung der Residenz nur, wenn der Gouverneur abwesend ist.

Auf dem Gelände befindet sich ein schöner Golfplatz mit 18 Löchern (Platzgebühr Männer/Frauen 800/100 ₹); Golfschläger und Caddys kann man vor Ort mieten. Ein Taxi von Tallital zum Raj Bhavan sollte hin und zurück rund 200 ₹, man kann aber auch einfach dem Wanderweg folgen (1 km).

Snow View AUSSICHTSPUNKT
Eine **Seilbahn** (hin & zurück Erw./Kind hin & zurück 290/130 ₹; ⏲Mai & Juni 8–20 Uhr, Juli–April

10.30–16.30 Uhr) fährt zum beliebten Snow View auf 2270 m hinauf, wo sich (an klaren Tagen) eine Panoramasicht auf den Himalaja, u.a. auf den Nanda Devi, bietet. Das Ticketbüro ist an der Talstation. Oben finden sich die üblichen Imbiss-, Souvenir- und Jahrmarktstände sowie der **Mountain Magic** – ein Vergnügungspark mit Unterhaltungsangeboten für Kids, z.B. Autoscootern, Trampolinen und einer Seilrutsche.

Ein Highlight der Tour auf den Snow View ist die Wanderung zu Aussichtspunkten wie dem 4 km entfernten Cheena/Naina Peak. Einheimische Guides bieten manchmal ihre Dienste an. Wer zum Sonnenaufgang zum Snow View will, kann ein Taxi nehmen (200 ₹).

Tiffin Top & Land's End REITEN, WANDERN
Ein 4 km langer Wanderweg westlich des Sees führt zum Tiffin Top (2292 m), der auch Dorothy's Seat genannt wird. Von dort aus kann man einen schönen, halbstündigen Spaziergang durch einen Wald aus Eichen, Himalaja-Zedern und Kiefern nach Land's End (2118 m) machen. Pferde (mit einigen Dienstjahren auf dem Buckel) stehen 3 km westlich der Stadt an der Straße nach Ramnagar für Ausritte bereit.

★ **Tranquility Treks** TREKKEN
(☎ 9411196837; www.tranquilitytreks.in) Der erfahrene Guide Sunil Kumar leitet Wanderungen und spezialisiert sich dabei auf Vogel- bzw. Tierbeobachtung. Er bietet Tagestouren (1500 ₹), Touren mit Übernachtungen in hiesigen Dörfern (2000 ₹) und zweiwöchige Naturtouren (ab 75000 ₹ *all inclusive*) an.

Snout Adventures OUTDOORAKTIVITÄTEN
(☎ 9412306615; www.snoutadventure.com; Bara Bazaar) Der empfehlenswerte Veranstalter bietet Wanderungen im Gebiet von Nainital (ab 2200 ₹/Tag, *all inclusive*, Preis abhängig von der Größe der Gruppe) und außerdem Kletterkurse (700 ₹/Tag) und Abenteuer-Camps.

KMVN Parvat Tours TREKKING
(☎ 05942-231436; www.kmvn.org; Tallital; ⌚ 8–19 Uhr) Das hilfreiche Reisebüro hat Infos und bucht KMVN-Rasthäuser und Trekking-Pauschaltouren.

Schlafen

Traveller's Paradise HOTEL $$
(☎ 7417743236; www.travellersparadise.in; Mallital; Zi. 2000–4500 ₹; 📶) Das außergewöhnlich freundliche Hotel ein wenig nördlich der Mall bietet geräumige Zimmer mit Flachbild-TVs, Sofas, Holzfurnier, WLAN und hochwertigen Betten. Das Haus wird von dem freundlichen Anu Consul, der zehn Jahre in Mexiko lebte, und seinem wundervollen Vater geführt. In der Nebensaison kosten die Zimmer ab 1800 ₹.

Hotel City Heart HOTEL $$
(☎ 05942-235228; www.cityhearthotelnainital.com; Mallital; DZ 2000–5500 ₹) Das Hotel abseits der Mall hat Zimmer von klein (aber niedlich) bis zu superluxuriös mit toller Aussicht. Das Haus gewährt in der Nebensaison einen größeren Rabatt als die meisten anderen – für Preise ab 800 ₹ sind die Zimmer ein echtes Schnäppchen. Vom Restaurant auf der Dachterrasse hat man einen schönen Blick auf den See.

Evelyn Hotel HOTEL $$
(☎ 05942-235457; www.hotelevelynnainital.com; The Mall, Tallital; DZ 2000–3500 ₹, Suite 5000–6500 ₹) Das viktorianisch anmutende Hotel mit Blick auf den See ist typisch Nainital: charmant und leicht exzentrisch. Das Haus ist groß, die Treppen und Terrassen ziehen sich den Hügelhang hinunter. Es ist auch ein wenig altmodisch, aber die gepflegten Zimmer mit ihren Stilmöbeln sind nett und gemütlich – man sollte sich ruhig erst ein paar anschauen.

Palace Belvedere HISTORISCHES HOTEL $$$
(☎ 05942-237434; www.palacebelvedere.com; Mallital; EZ/DZ/Suite ab 6700/7900/10200 ₹; 📶) Das Gebäude wurde 1897 als Sommerpalast der Radschas von Awagarh errichtet. Tierfelle und alte Drucke schmücken die Wände und künden vom verblassten Charme der Raj-Ära. Die Zimmer sind groß und haben hohe Decken und einen gereiften, wenn auch etwas verschlissenen Charakter. Die Zimmer oben bekommen wesentlich mehr Licht ab. Im Erdgeschoss gibt es einen eleganten Speisesaal, eine Lounge und eine Veranda. Im Winter kann es hier ziemlich kalt sein.

Essen & Ausgehen

Sonam Chowmein Corner FAST FOOD $
(The Flats, Mallital; Hauptgerichte 30–60 ₹; ⌚ 11–19.30 Uhr) In der überdachten Gasse des tibetischen Markts serviert diese authentisch tibetische *dhaba* fabelhaftes *chow mein* und *momos* (Teigtaschen) – das beste preiswerte Essen vor Ort.

Nainital

Embassy INDISCH $$
(The Mall, Mallital; Gerichte 150–450 ₹; ⏲9–22.30 Uhr) Das Restaurant mit seinen holzgetäfelten, an ein Chalet erinnernden Räumen und schick uniformierten Kellnern serviert schon seit mehr als 40 Jahren Speisen von einer wirklich umfangreichen Karte. Als Getränk sollte man den „Dancing Coffee" oder einen Rosenwasser-Lassi probieren. Von der Terrasse aus kann man wunderbar Leute beobachten.

Sakley's Restaurant INTERNATIONAL $$$
(Mallital; Snacks ab 125 ₹, Hauptgerichte 250–650 ₹; ⏲9.30–21.30 Uhr) Das makellose Restaurant abseits der Mall punktet mit einer Reihe ungewöhnlicher Gerichte aus aller Welt, z. B. Thai-Currys, Hähnchen mit Honig, Lammbraten, Pfeffersteaks und vielen chinesischen Gerichten, Pizzas und Pfannengerichten. Das Gebäck und die Kuchen sind prima; selbst wenn man hier nicht speist, sollte man vorbeikommen, um sich etwas für seinen Nachtisch in der Unterkunft zu holen.

Nainital Boat Club BAR
(The Mall, Mallital; ⏲10–22 Uhr) Dieser Club ist ein klassisches Überbleibsel aus der Raj-Ära. Die zeitweilige Mitgliedschaft ist lächerlich teuer (Männer/Frauen/Paare 870/440/870 ₹), aber die stimmungsvolle Bar mit Holzbalken, zugeknöpften Barkeepern mit mächtigen Schnurrbärten und einer Außenterrasse mit Blick auf den See ist ideal für einen Drink am Nachmittag. Die Kleiderordnung verbietet Shorts und Badelatschen, und ein Schild fordert zu „schicklichem Benehmen" auf.

ℹ Praktische Informationen

Cyberden (40 ₹/Std.; ⏲9–21 Uhr) Oben in einem malerischen alten Gebäude im Bara Bazaar.

State Bank of India (The Mall, Mallital; ⏲ Mo–Fr 10–16, Sa bis 13 Uhr) Tauscht ausländische Währungen und löst Reiseschecks ein.

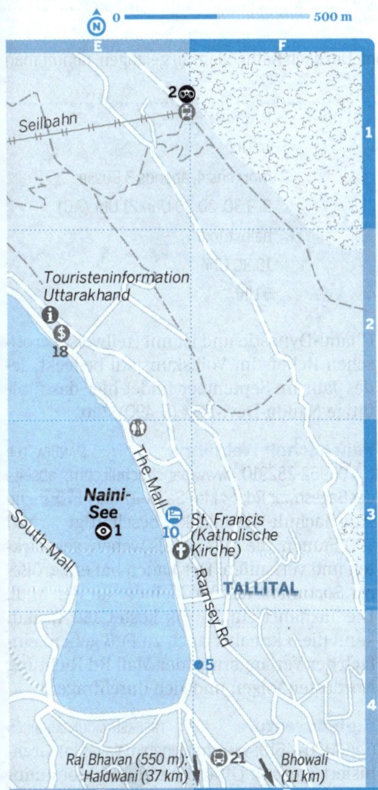

Nainital

Highlights
1 Naini-See E3

Sehenswertes
2 Snow View E1

Aktivitäten, Kurse & Touren
3 Bootsverleih D2
4 Seilbahn D1
5 KMVN Parvat Tours F4
6 Nainital-Bootclub D2
7 Tretbootverleih D2
8 Snout Adventures C1
9 Tiffin Top & Land's End B3

Schlafen
10 Evelyn Hotel E3
11 Hotel City Heart D1
12 Palace Belvedere D1
13 Traveller's Paradise C1

Essen
14 Embassy D2
15 Sakley's Restaurant D1
16 Sonam Chowmein Corner D2

Ausgehen & Nachtleben
Nainital-Bootclub .... (siehe 6)

Praktisches
17 Geldautomat der Bank of Baroda D1
Cyberden .... (siehe 8)
18 HDFC Bank E2
19 State Bank of India D1

Transport
20 Sukhatal-Busbahnhof B2
21 Tallital-Busbahnhof F4
Zugticketreservierungsagentur .... (siehe 21)

Touristeninformation Uttarakhand (☎ 05942-235337; The Mall; ⌚ Mo–Sa 10–17 Uhr) Die offiziellen Öffnungszeiten werden nicht immer eingehalten.

An- & Weiterreise

Zugticketreservierungsagentur (⌚ Mo–Fr 9–12 & 14–17, Sa 9–14 Uhr) Das Zugbuchungsbüro neben dem Tallital-Busbahnhof verkauft ein Fahrkartenkontingent für Züge nach Dehradun, Delhi, Moradabad, Lucknow, Gorakhpur und Kolkata (Kalkutta).

BUS

Die meisten Busse fahren von der **Tallital-Busbahnhof** ab. Obwohl es Direktbusse ab Nainital gibt, fahren viel mehr Busse von den Verkehrszentren Haldwani und Bhowali ab. Von Haldwani starten regelmäßig Busse nach Ramnagar, Delhi, Haridwar und nach Banbassa an der nepalesischen Grenze. In Haldwani gibt es auch einen größeren Bahnhof. Für Ziele im Norden nimmt man am besten einen Bus oder einen Sammeljeep von Nainital nach Bhowali (20 ₹, 20 Min.) und steigt dort in einen der regelmäßig fahrenden Busse nach Almora, Kausani und Ranikhet um.

Sieben private Busse fahren zwischen 8 und 15.30 Uhr von der **Sukhatal-Busbahnhof** nordwestlich von Mallital direkt nach Ramnagar (80 ₹, 3½ Std.).

Reisebüros verkaufen Tickets für private Deluxe-Busse (mit zurückstellbaren Lehnen) nach Delhi (350–800 ₹, 9 Std.), die gegen 11 und 22 Uhr von Tallital losfahren.

TAXI & SAMMELJEEP

Taxis vom Stand der Kumaon Taxi Union in Tallital kosten 400 ₹ nach Bhowali, 125/500 ₹ (Sammeltaxi/Taxi) nach Kathgodam oder Haldwani (1½ Std.) sowie 1500 ₹ nach Ramnagar oder Almora (jeweils 3 Std.).

Sammeljeeps starten, sobald sie voll besetzt sind, nach Bhowali (20 ₹, 20 Min.), wo es Anschluss mit Bussen und Sammeltaxis nach Almora und darüber hinaus gibt.

BUSSE AB NAINITAL

Die folgenden Busse starten vom Tallital-Busbahnhof. Um nach Kathgodam zu gelangen, nimmt man einen Bus nach Haldwani.

ZIEL	PREIS (₹)	DAUER (STD.)	HÄUFIGKEIT
Almora	110	3	14 Uhr
Dehradun	480	10	morgens 4, abends 3 Busse
Delhi (AC/non-AC)	660/410	9	9, 9.30, 20.30 Uhr/21 Uhr (AC)
Haldwani	60	2	halbstündl.
Haridwar	350	8	18.30 Uhr
Rishikesh	330	9	5 Uhr

ZUG

Kathgodam (35 km südlich von Nainital) ist der nächstgelegene Bahnhof, aber Haldwani, der nächste Haltepunkt im Süden, ist der regionale Verkehrsknoten. Die **Zugticketreservierungsagentur** (S. 489) neben dem Tallital-Busbahnhof, bucht Züge nach Dehradun, Delhi, Moradabad, Lucknow, Gorakhpur und Kolkata (Calcutta). Der Zug *12039 Kathgodam–New Delhi Shatabdhi* (AC Chair/Executive 745/1320 ₹) startet täglich um 15.35 Uhr in Kathgodam, hält um 15.50 Uhr in Haldwani und erreicht um 21.05 Uhr den Bahnhof in New Delhi. In der entgegengesetzten Richtung fährt der Zug Nr. *12040* (Abfahrt New Delhi 6 Uhr, Haldwani 11.18 Uhr, Ankunft Kathgodam 11.40 Uhr).

ALMORA

☎05962 / 35 500 EW. / 1650 M

Das in einem tief eingeschnittenen Tal gelegene Almora ist die Hauptstadt von Kumaon und wurde 1560 von den Chand-Radschas von Kumaon als Sommerhauptstadt gegründet. Heute findet man hier Bauten aus der Kolonialzeit, gute Trekking-Veranstalter und eine Reihe von kommunalen Webereien. Die prosaische Hauptstraße, die man nach der Ankunft am Busbahnhof als erstes zu sehen bekommt, sollte einen nicht erschrecken: schon einen Block weiter südlich ist man auf dem kopfsteingepflasterten, autofreien Lalal Bazaar, der von traditionellen Ladenfassaden mit feinen Schnitzereien und Bemalungen gesäumt ist. Hier herumzuspazieren, die Leute zu beobachten und zu shoppen, ist ein faszinierendes Erlebnis. An klaren Tagen sieht man von vielen Punkten in der Stadt die schneebedeckten Gipfel des Himalajas.

Sehenswertes & Aktivitäten

Nanda-Devi-Tempel
HINDU-TEMPEL

Der aus Stein errichtete Nanda-Devi-Tempel am Lal Bazaar stammt aus der Zeit der Chand-Dynastie und ist mit (teilweise) erotischen Reliefs im Volkskunststil bedeckt. Jedes Jahr im September findet hier das fünftätige Nanda-Devi-Fest (S. 490) statt.

Panchachuli-Webfabrik
MANUFAKTUR

(☎05962-232310; www.panchachuli.com; abseits der Bageshwar Rd; ⏲Mo–Sa 10–17 Uhr) GRATIS Die Panchachuli-Webfabrik beschäftigt rund 700 Frauen, die hier Schals weben, vermarkten und verkaufen. Der Laden hat ein größeres Sortiment als der kleinere an der Mall. Die Taxifahrt zur Fabrik kostet 150 ₹, man kann die 3 km aber auch zu Fuß gehen: einfach der Verlängerung der Mall Rd Richtung Nordosten folgen und sich durchfragen!

High Adventure
TREKKEN, MOUNTAINBIKEN

(☎9412044610; www.trekkinghimalayas.in) Organisiert Treks in Uttarakhand und Mountainbike-Touren bei Almora und Nainital. Die Preise hängen von der Route und Größe der Gruppe ab – einfach nachfragen!

Feste & Events

Nanda Devi Fair
KULTUR

(⏲Sept.) Während des fünftägigen Fests tragen Tausende Gläubige das Bild der Göttin durch die Stadt und schauen sich Tänze und andere kulturelle Darbietungen an. Die rituelle Schlachtung eines männlichen Büffels zum Höhepunkt des Fests wurde in den letzten Jahren wegen Kontroversen um diesen Brauch unterlassen, wird in abgelegeneren Dörfern Kumaons aber weiter praktiziert.

Schlafen

Bansal Hotel
HOTEL $

(☎05962-230864; Lalal Bazaar; Zi. 400 ₹) Über dem Bansal Cafe auf dem wimmelnden Basar befindet sich diese, von der Mall aus gut erreichbare nette Budgetunterkunft mit kleinen, ordentlichen Zimmern (teilweise mit TVs) und einer Dachterrasse.

Hotel Shikhar HOTEL $$
(☎ 05962-230253; www.hotelshikhar.in; The Mall; Zi. 600–3500 ₹, Suite 5000 ₹; ❄) Der große Hotelklotz dominiert das Stadtzentrum und bietet dank seiner Lage einen weiten Ausblick. Drinnen gibt's ein Labyrinth von Zimmern aller Preisklassen: die preiswerteren sind langweilig und etwas abgenutzt, aber durchaus in Ordnung, und die teuersten sind die besten in der Stadt.

Savoy Hotel HOTEL $$
(☎ 05962-230329; www.ashoknainital.com; The Mall; Zi. 1000–1800 ₹) Das Savoy hat eine ruhige Lage am südlichen Ende der Mall gleich hinter der Touristeninformation. Einige der billigeren Zimmer unten sind schlicht und muffig, die teureren oben streben nach Komfort und Stil. Vor allem aber haben sie eine Gemeinschaftsterrasse mit Tischen und Stühlen, von der aus man den Blick in das Tal unterhalb von Almora genießt.

Essen

Saraswati Sweet & Restaurant TIBETISCH $
(Pithoragarh Rd; Gerichte 30–60 ₹; ⊙ 7.30–19.30 Uhr) In dem geschäftigen Lokal mit Tischen im Obergeschoss werden flink vegetarische und nichtvegetarische *momos* sowie andere tibetische und auch chinesische Gerichte serviert. Die *thukpa* (tibetische Nudelsuppe) ist scharf genug, um die Nebenhöhlen durchzupusten. Es gibt auch Burger mit Lammfleisch und eine große Auswahl kalter Getränke.

Glory Restaurant INDISCH $
(LR Sah Rd; Hauptgerichte 65–190 ₹; ⊙ 9–22 Uhr) Das alteingesessene, von einer Familie geführte Lokal serviert beliebte vegetarische und nichtvegetarische Gerichte aus Süd- und Nordindien, darunter auch Biryanis und Zitronenhühnchen. Die Pizzas sind mit viel Käse belegt.

ℹ Praktische Informationen

Joshi's Cybercafe (30 ₹/Std.; ⊙ Mo–Sa 9–20, So 9–13 Uhr; 📶) Das Internetcafé, eines von mehreren vor Ort, befindet sich gegenüber der Hauptpost.

Uttarakhand-Touristeninformation (☎ 05962-230180; Upper Mall; ⊙ Mo–Sa 10–17 Uhr)

ℹ An- & Weiterreise

Die mit Erbrochenem beschmierten Außenflächen der Busse und Jeeps, die in Almora ankom-

GRENZÜBERGANG – VON BANBASSA NACH MAHENDRANAGAR (BHIMDATTA)

Banbassa ist das dem nepalesischen Grenzposten im 5 km entfernten Mahendranagar (Bhimdatta) am nächsten gelegene Dorf. Bevor man hier die Grenze überquert, sollte man die Lage im westlichen Nepal checken, da die Straßen in der Monsunzeit und unmittelbar danach durch Erdrutsche oder unterspülte Brücken unpassierbar sein können.

Banbassa ist mit dem Bus leicht von Haldwani und Pithoragarh aus zu erreichen. Noch bessere Verkehrsverbindungen gibt's in der nahegelegenen Ortschaft Tanakpur.

Die Grenze ist zwar rund um die Uhr geöffnet, vor 6 und nach 18 Uhr wird man aber kaum jemanden antreffen, der einem den nötigen Aus- oder Einreisestempel gibt. Für Fahrzeuge ist die Grenze offiziell nur zwischen 6 und 8, 10 und 12, 14 und 16 sowie 18 und 19 Uhr geöffnet, aber Rikschas und Motorräder dürfen in der Regel die 1 km lange Fahrt über die Brücke zwischen den beiden Grenzstationen zu jeder Zeit unternehmen. Und wenn nicht, kann man immer noch laufen.

Visa für eine einfache Einreise nach Nepal mit einer Gültigkeit von 15/30/90 Tagen kosten 25/40/100 US$ und sind auf der nepalesischen Seite der Grenze zwischen 9 und 17 Uhr erhältlich – US-Dollars mitbringen!

Die Hotels in Banbassa tauschen indische und nepalesische Rupien, es gibt auch noch eine kleine Wechselstube nahe dem nepalesischen Grenzposten. Die Nabil Bank in Mahendranagar hat einen Geldautomaten und tauscht ausländische Währungen. In Banbassa gibt's Geldautomaten.

Weiterreise

Von der nepalesischen Grenze bringen einen Autorikschas (100 ₹) oder Sammeltaxis nach Mahendranagar. Der Busbahnhof befindet sich rund 1 km vom Ortszentrum entfernt am Mahendra Hwy. Hier fahren zwischen 5.30 und 16.30 Uhr täglich acht Busse nach Kathmandu sowie ein Bus um 14.20 Uhr nach Pokhara (16 Std.).

men, verraten alles, was man über den Zustand der Straßen rund um die Stadt wissen muss.

KMOU-Busse starten von der Mall – ab dem frühen Morgen bis gegen 14.30 oder 15 Uhr – über Bhowali (80 ₹, 2 Std.) nach Kausani (85 ₹, 2½ Std.), Bageshwar (120 ₹, 2 Std.) und Haldwani (125 ₹, 3 Std.) über Bhowali (80 ₹, 2 Std.) in der Nähe von Nainital. Busse zu allen diesen Orten – aber nicht nach Ranikhet – fahren auch vom angrenzenden Roadways-Busbahnhof, von dem um 17.30 und 18.30 Uhr auch Busse nach Delhi (448 ₹, 12 Std.) starten (die Tickets für diese Busse bucht man am besten schon morgens). Zwischen ca. 8.30 und 11 Uhr fahren vom Dharanaula-Busbahnhof östlich des Basars an der Bypass Rd mehrere Busse nach Pithoragarh (165 ₹, 5 Std.). Nach Banbassa an der nepalesischen Grenze nimmt man einen Bus nach Haldwani und steigt dort um.

Taxis und Sammeljeeps fahren nach Kausani (Sammeltaxi/Taxi 120/1200 ₹, 2½ Std.), Bageshwar (250/1800 ₹, 2 Std.), Bhowali (200/1000 ₹, 3 Std.), Kasar Devi (30/300 ₹), Pithoragarh (350/2000 ₹, 5 Std.) und Munsyari (nur Taxis, 5000 ₹, 10 Std.). Alle starten von der Mall, ausgenommen die Sammeltaxis nach Pithoragarh, die vom Dharanaula-Busbahnhof abfahren. Wir können Kishan Bisht (9410915048) als einen bemerkenswert umsichtigen Fahrer empfehlen.

Die nächstgelegenen Bahnhöfe befinden sich in Kathgodam und Haldwani. Das **Zugticketreservierungszentrum** (☎ 05962-230250; KMVN Holiday Home, Mall; ⌚ Mo–Sa 9–12 & 14–17 Uhr) befindet sich am südlichen Ende der Stadt.

RUND UM ALMORA

Kasar Devi

2100 M

Dieser friedliche Ort, 8 km nördlich von Almora, zieht schon seit fast 100 Jahren Individualreisende an. Daher ist er auch bekannt als „Crank's Ridge" (Berggrat der Sonderlinge). Die Liste der Stars, die schon hier waren – einige sogar für längere Zeit –, beinhaltet Bob Dylan, Cat Stevens, Timothy Leary, Allen Ginsberg und Swami Vivekananda, der im **Kasar-Devi-Tempel** auf dem Hügel schon meditiert hat. Heute ist das Dorf ein preiswertes Urlaubsziel für Backpacker – mit freundlicher Atmosphäre und an klaren Tagen mit Blick auf den Himalaja. Hier gibt es wenig zu tun, aber der Ort eignet sich prima zum Ausspannen. Mohan's Binsar Retreat (S. 492) kann mehrtägige Angelausflüge, Rafting oder Trekking-Trips organisieren.

Schlafen & Essen

Manu Guest House PENSION $

(☎ 9410920696; unterhalb der Binsar Rd; Zi. 400–600 ₹) Das Gästehaus in einem Obstgarten mit ein paar Kühen wirkt wie eine ländliche Unterkunft bei einer Gastfamilie. In den größten Cottages aus Stein oder Backstein gibt's Einbauküchen, sodass sie sich prima für einen längeren Aufenthalt eignen.

Kripal House HOTEL $

(☎ 9690452939; abseits der Binsar Rd; Zi. ab 800 ₹, ohne Bad ab 600 ₹) Das schlichte Gästehaus an einer unbefestigten Gasse abseits der Hauptstraße bietet von der kahlen Dachterrasse aus einen herrlichen Blick auf den Himalaja. Die teureren Zimmer haben eigene Küchen, die anderen teilen sich jeweils zu zweit eine Küche.

★ **Freedom Guest House** PENSION $$

(☎ 7830355686; www.freedomguesthouse.in; Binsar Rd; Zi. ab 1500 ₹) Die großen, blitzblanken Zimmer öffnen sich zu Gemeinschaftsterrassen mit einem herrlichen Blick ins Tal, Nachmittagssonne und schönen Sonnenuntergängen. Die neueren Zimmer sind etwas luxuriöser, aber alle sind wirklich gut. Die Inhaber Sunder und Gita bemühen sich sehr um ihre Gäste.

★ **Mohan's Binsar Retreat** PENSION $$$

(☎ 9412977968, 05962-251215; www.mohansbinsarretreat.com; Binsar Rd; Zi. mit Frühstück ab 5250 ₹; 📶) Die vielleicht schönste Unterkunft in Kasar Devi hat große, schöne Zimmer mit luxuriösen Betten und Holzböden und -decken. Die wirkliche Attraktion ist aber die Restaurantterrasse mit Plätzen drinnen und draußen und einem herrlichen Blick hinunter ins Tal und bis zu Himalajagipfeln in der Ferne. Bob Dylan soll hier in den 1960er-Jahren abgehangen haben, als das Haus noch ein bescheidener Teeladen war.

Rainbow Restaurant INTERNATIONAL $$

(☎ 9720320664; mehra.harsh145@gmail.com; Binsar Rd; Hauptgerichte 100–250 ₹; ⌚ 9–21 Uhr; 📶) Man sitzt an Tischen oder auf Bodenkissen und wählt aus den indischen, asiatischen, westlichen und nahöstlichen Gerichten sowie aus dem großen Angebot frischer Säfte. Alles, was wir probierten, war delikat – vor allem die Desserts! Die Inhaber betreiben auch ein brandneues Nobel-Gästehaus und Yoga-Refugium mit Zimmern ab 3500 ₹ (es gibt aber häufig Rabatt).

Binsar

2420 M

Hinter Kasar Devi und 26 km von Almora entfernt liegt das malerische Binsar Wildlife Sanctuary. Es war einst die Sommerresidenz der Chand-Radschas in den Bergen. Heute ist es ein 45 km² großes Naturschutzgebiet mit Leoparden und röhrenden Hirschen. Aber viele Leute kommen eher wegen der über 200 Vogelarten hierher. An klaren Tagen ist der Blick auf den Himalaja schlicht atemberaubend – vom Turm beim Zero Point, Binsars höchstem Punkt (2420 m), kann man den Kedarnath, Trishul, den Nanda Devi, den Panchachuli und weitere Berge sehen. Durch die üppigen Wälder schlängeln sich Wanderwege, deren Hauptknotenpunkt das KMVN-Wanderlager ist. Es gibt eine gute Karte von Binsar mit Wegen und topografischen Linien, herausgegeben vom Forest Department – aber sie ist nur schwer zu bekommen, da sie am Eingang nicht angeboten wird.

Die Eintrittsgebühr ins Naturschutzgebiet beträgt 150/600 ₹ pro Inder/Ausländer. Zu diesem Preis kommen noch Gebühren von 250 bis 500 ₹ für das Fahrzeug. Guides, die am Eingang zum Naturschutzgebiet oder im Wanderlager angeheuert werden können, verlangen 250 ₹ für eine eineinhalbstündige Führung.

Eine Taxifahrt von und nach Almora kostet etwa 1100 ₹.

Zwei sehr empfehlenswerte Veranstalter bieten ein- und mehrtägige Wandertouren zwischen den Dörfern inner- und außerhalb des Schutzgebiets an, die einen tieferen Einblick in die Natur und die ländliche Kultur der Gegend ermöglichen. **Village Ways** (☎9759749283; www.villageways.com) hat eigene private Gästehäuser in mehreren Dörfern. Das **Grand Oak Manor** (☎9412094277; shikhatripathi.travel@gmail.com) wird von der Abenteuer-Reiseautorin Shikha Tripathi und ihrem Ehemann Sindhu Shah geführt, dessen Familie seit mehr als 100 Jahren in Binsar lebt und der maßgeschneiderte Wanderungen mit Übernachtungen in den Wohnungen von Dorfbewohnern veranstaltet.

Jageshwar

1870 M

Der eindrucksvolle, immer noch genutzte **Tempelkomplex** liegt an einem Bach innerhalb eines Walds aus Himalaja-Zedern im Dorf Jageshwar 38 km nordöstlich von Almora. Die 124, verschiedenen Göttern und Göttinnen geweihten Tempel und Schreine – von einfachen Linga-Schreinen bis zu großen *shikharas* (hinduistischen Tempeltürmen) – stammen aus dem 7. Jh. n. Chr. Die Straße hinunter liegt das **Jageshwar Archaeological Museum** (www.asi.nic.in; ⌚Sa–Do 10–17 Uhr) GRATIS mit einer kleinen, aber lohnenden Sammlung religiöser Schnitzarbeiten, die aus konservatorischen Gründen aus den Tempeln entfernt wurden. 2016 gab's hier im Oktober erstmals einen Ableger des International Yoga Festival (S. 458).

Ein 3 km langer Weg, der unterhalb des Zentrums beginnt, führt auf den Grat des Gebirgskamms hinter dem Dorf. Von oben hat man einen schwindelerregenden Blick auf das tief eingeschnittene Tal auf der anderen Seite und die hohen Gipfel in der Ferne.

Es gibt ein paar Hotels, von denen das **Tara Guest House** (☎9411544736; www.jageshwar.co.uk; Zi. ab 400 ₹; 📶) das beste ist.

Am leichtesten kommt man von Almora nach Jageshwar per Taxi (hin & zurück 1200 ₹) oder Sammeltaxi (75 ₹). Gegen 12 Uhr fährt auch ein direkter Bus, der um 8 Uhr am Folgetag nach Almora zurückfährt. Alternativ nimmt man irgendeinen Bus, der durch Artola fährt, steigt dort aus und marschiert die letzten 4 km nach Jageshwar oder nimmt ein Taxi (80 ₹).

KAUSANI

☎05962 / 4100 EW. / 1890 M

Das winzige Dorf thront hoch oben auf einem waldbedeckten Hügelkamm. Hier genießen Traveller einen herrlichen Panoramablick auf die fernen, schneebedeckten Gipfel sowie die frische Luft und die entspannte Atmosphäre. Mahatma Gandhi empfand Kausani als inspirierend: 1929 verfasste er hier seine Abhandlung zur Bhagavad Gita, die *Anasakti Yoga* heißt. Im Ort gibt's auch einen Gandhi gewidmeten Ashram. 19 km weiter nördlich befindet sich in dem Dorf Baijnath ein faszinierender Komplex von Sikharas (Turmtempeln) aus dem 12. Jh. Die Tempel liegen angenehm im Schatten von Bäumen. Weitere Schreine finden sich im nahen, uralten Dorf.

Sehenswertes

Kausani Tea Estate PLANTAGE

(⌚Mitte März–Mitte Nov. 9–18 Uhr) GRATIS Das Kausani Tea Estate ist eine Teeplantage, an deren Bewirtschaftung Privatunternehmen, der Staat und die Bauern vor Ort gleichermaßen beteiligt sind. Besucher können sich auf dem Gelände umschauen sowie die Produkte probieren und kaufen, die von hier in alle Welt exportiert werden. Die Plantage liegt 3,5 km nördlich von Kausani an der Straße nach Baijnath – ein unkomplizierter, schöner Spaziergang.

Anasakti Ashram HISTORISCHE STÄTTE
(☎05962-58028; Anasakti Ashram Rd) GRATIS Rund 1 km vom Busbahnhof bergauf liegt der Anasakti Ashram, in dem Mahatma Gandhi einst zwei Wochen verbrachte und an seinem Werk *Anasakti Yoga* schrieb. Das kleine **Museum** (Anasakti Ashram Rd; ⏲6–12 & 16–19 Uhr) GRATIS zeichnet mit Fotos und Texten Gandhis Leben nach. Wer um 18 Uhr kommt, kann an den Gebeten zu Ehren Gandhis teilnehmen.

Schlafen & Essen

Außerhalb der zwei kurzen Saisons (Mai–Juni & Okt.–Nov.) sind die unten aufgeführten Unterkünfte etwa um 50 % billiger.

Hotel Uttarakhand HOTEL $$
(☎258012; www.uttarakhandkausani. Com; DZ 1250–2550 ₹; @📶) Das Hotel mit dem besten Preis-Leistungs-Verhältnis in Kausani liegt nördlich des Busbahnhofs, ist aber trotzdem ruhig. Von der Veranda aus hat man einen Panoramablick auf den Himalaja. Die günstigeren Zimmer sind klein; hier muss man mit Warmwasser aus dem Eimer vorliebnehmen. Aber die Zimmer in den oberen Stockwerken sind großzügig und verfügen über Warmwasserduschen und TVs. Der Hotelmanager ist freundlich und hilfsbereit.

Krishna Mountview HOTEL $$$
(☎9927944473; www.krishnamountview.com; Anasakti Ashram Rd; DZ 3650–6250 ₹, Suite 8550–10 250 ₹; 📶) Hinter dem Anasakti Ashram befindet sich eines von Kausanis elegantesten Hotels. Rundum liegen landschaftlich hübsch gestaltete Gärten, die tolle Ausblicke auf den Himalaja bieten. Die geräumigen Zimmer oben sind am schönsten, sie haben Balkons, Erkerfenster und Schaukelstühle.

Garden Restaurant INTERNATIONAL $$
(Hauptgerichte 80–250 ₹; ⏲7–22 Uhr) Das strohgedeckte, aus Bambusholz erbaute Restaurant vor dem Hotel Uttarakhand ist das coolste in Kausani. Gäste haben hier eine wunderschöne Sicht auf den Himalaja. Auf der Karte stehen erstklassige Gerichte aus aller Welt – von Schweizer Rösti bis hin zu Hühnchen-Tikka, importierter Pasta und einigen Kumaon-Spezialitäten, für die viele frische Zutaten verwendet werden, ist alles vertreten.

An- & Weiterreise

Busse und Sammeljeeps halten im Dorfzentrum. Ein paar Busse fahren nach Almora (125 ₹, 2½ Std.), aber am Nachmittag halten sie meist schon in Karbala an der Bypass Rd, von wo aus man einen Sammeljeep (10 ₹) nimmt. Gen Norden fahren etwa stündlich Busse über Baijnath nach Bageshwar (55 ₹, 1½ Std.). Sammeljeeps (30 ₹, 30 Min.) fahren nach Garur, 16 km nördlich von Kausani, wo deutlich mehr los ist und wo man einen Sammeljeep nach Gwaldam nehmen kann, um von dort mit Bus oder Jeep nach Garhwal (über Karanprayag) zu fahren. Ein Taxi nach Almora kostet etwa 1500 ₹; nach Nainital oder Karanprayag kostet es ca. 3200 ₹.

BAGESHWAR

☎05963 / 9100 EW. / 975 M

Hindus pilgern wegen des alten, aus Stein errichteten **Bagnath-Tempels** nach Bageshwar, einem Städtchen am Zusammenfluss des Gomti und des Saryu. Für Touristen hat der Ort größere Bedeutung als Verbindungspunkt zwischen Munsyari und anderen Orten im Osten mit Kausani und Almora. In der Stadt gibt's ein paar Internetcafés und auf dem Hauptbasar einen Geldautomaten der State Bank of India. Das Tal rings um den Ort ist wunderschön; terrassierte Felder säumen die Flussufer. Auch der Hauptmarkt des Städtchens lohnt einen Besuch.

Das sehr einfache **Hotel Annapurna** (☎05963-220109; Zi. ₹300-400, EZ/DZ ohne Bad 100/200 ₹) liegt praktisch neben dem Busbahnhof; sehr viel besser ist aber das rund 1 km vom Busbahnhof entfernte **Hotel Narendra Palace** (☎05963-220166; Pindari Rd; Zi. 500–1500 ₹; ❄📶) an der Pindari Rd.

An- & Weiterreise

Mehrmals täglich fahren Busse nach Almora (120 ₹, 3 Std.) und Kausani (50 ₹, 1½ Std.). Busse nach Bhowali (185 ₹, 6 Std.) und Haldwani (230 ₹, 7½ Std.) sind häufig. Um nach Garhwal zu gelangen, nimmt man einen Bus nach Gwaldam (60 ₹, 2 Std.) und steigt dort um. Vormittags starten mehrere Busse nach Pithoragarh (170 ₹, 7 Std.) und um 9 Uhr einer nach Munsyari (160 ₹, 6 Std.).

Nahe dem Busbahnhof und an einigen anderen Plätzen im Ort gibt's Jeepstände. Sammeljeeps fahren nach Garur (35 ₹, 45 Min.), Kausani (55 ₹, 1½ Std.) und Gwaldam (85 ₹, 2 Std.). Sammeljeeps/private Jeeps fahren nach Song (2 Std., 200/2000 ₹), Loharket (2½ Std., 300/3000 ₹), Munsyari (5 Std., 400/4000 ₹), Pithoragarh (6 Std., 350/4000 ₹) und Almora (2 Std., 200/2000 ₹).

PITHORAGARH

☎05964 / 56 050 EW. / 1514 M

Das an den Hügelhängen oberhalb eines malerischen Tals, dem man den Spitznamen „Klein-Kaschmir" gegeben hat, gelegene Pithoragarh ist die wichtigste Stadt einer kaum besuchten Region an der Grenze zu Tibet und Nepal. Zu den Sehenswürdigkeiten gehören mehrere Tempel aus der Chand-Ära und eine alte Festung, aber der eigentliche Grund für einen Besuch ist die Möglichkeit, ausgelatschten Touristenpfaden zu entkommen. Der wimmelnde Hauptbasar bietet sich zu einem Bummel an, und die Einwohner der Stadt sind ausnehmend freundlich. Zu den malerischen Wanderungen in der Gegend gehört der Aufstieg nach **Chandak** (7 km), von wo man eine herrliche Aussicht auf das prächtige Massiv des **Panchchuli („Fünf Schlote")** genießt.

Gutes Essen zu günstigen Preisen gibt's nach der übereinstimmenden Meinung der Einwohner im **Jyonar Restaurant** (Gandhi Chowk; Hauptgerichte 90–250 ₹; ⏲10–21.30 Uhr) auf dem Basar.

Hotel Yash Yatharth HOTEL **$$**
(☎05964-225005; www.punethahotels.com; Naya Bazaar; B 200 ₹, Zi. 1200–3500 ₹) Das Hotel mit dem besten Preis-Leistungs-Verhältnis in Pithoragarh bietet Zimmer von schlichten mit Gemeinschaftsbad bis hin zu großen, schmuck dekorierten. Das Haus befindet sich am Hauptbasar nahe dem Busbahnhof; die Preise sind verhandelbar.

ℹ Praktische Informationen

Am Basar gibt's einen Geldautomaten der State Bank of India.

Touristeninformation (☎05964-225527; ⏲Mo–Fr 10–17, Sa bis 14 Uhr) Das 50 m bergauf vom Jeepstand gelegene Büro hat Infos und kann Wanderführer vermitteln.

ℹ An- & Weiterreise

Busse starten um 5.30 und 9 Uhr nach Almora (280 ₹, 5 Std.) und Haldwani (336 ₹, 10 Std.). Bis 16 Uhr fahren häufig Busse nach Delhi (600 ₹, 18 Std.) und zwischen 5 und 14 Uhr stündlich nach Banbassa (260 ₹, 6 Std.), dem Grenzübergang nach Nepal. Nach Munsyari kommt man per Sammeljeep (300 ₹, 7 Std.).

MUNSYARI

Das an einem Berghang inmitten abschüssiger, terrassierter Felder auf 2290 m Höhe gelegene Munsyari ist eines der malerischsten Dörfer in Uttarakhand. Jenseits des Johar-Tals ragen die 6000 m hohen Gipfel des Panchchuli in den Himmel. Hierher kommen hauptsächlich Wanderer auf dem Weg zum Milam-Gletscher, aber die umliegende Landschaft ist ein lohnendes Ziel, auch wenn man nicht die Wanderschuhe anziehen und diesen Trail angehen möchte.

Es gibt ein paar nette Tageswanderungen in der Gegend, z. B. nach Kalya Top (mehrere Kilometer abseits der bergauf führenden Straße, in Richtung auf Bageshwar), von wo man einen schönen Ausblick auf den Nanda Devi, den Nanda Kot und das Panchchuli-Massiv genießt. Das kleine **Tribal Heritage Museum** (☎9411337094; 10 ₹; ⏲meiste Tage 10–17 Uhr), 2 km vom Basar hügelabwärts wird von dem charmanten Gelehrten S. S. Pangtey geleitet und zeigt Ausstellungsstücke aus der Zeit, als Munsyari ein wichtiger Knotenpunkt für den Handel mit Tibet war. Munsyari ist auch ein besonders guter Ort, um im September das Nanda-Devi-Fest zu erleben.

Mehrere neue, moderne Hotels haben in Munsyari aufgemacht, aber wir mögen immer noch das **Hotel Pandey Lodge** (☎9411130316; www.munsyarihotel.com; Zi. 550–1500 ₹) am Busbahnhof mit einer Reihe guter und günstiger Zimmer, von denen einige eine schöne Aussicht bieten. Auf der anderen Straßenseite befindet sich das ausnehmend freundliche **Snow View Hotel** (☎7534881686; Zi. 500–1200 ₹; 📶).

Um 7.30 Uhr fährt ein Bus nach Bageshwar (150 ₹, 6 Std.), um 6.30 Uhr einer nach Dehradun. Sammeljeeps fahren nach Pithoragarh (180 ₹, 8 Std.), Almora (180 ₹, 8 Std.) und Thal (120 ₹, 3 Std.), wo man Anschluss zu anderen Zielen hat. Wenn man über Thal nach Munsyari fährt, sollte man einen Fensterplatz rechts nehmen, um während der Fahrt die beste Aussicht zu haben. Von Thal nach Pithoragarh bietet sich die längere Route über Jauljibi an, weil die Landschaft hier abwechslungsreich ist und man einen herrlichen Ausblick auf den Himalaja in Kumaon und Nepal genießt.

Kolkata (Kalkutta)

033 / 14,5 MIO. EW.

Inhalt ➡

Gut essen

- 6 Ballygunge Place (S. 522)
- Arsalan (S. 520)
- Kewpies (S. 520)
- Fire and Ice (S. 520)
- Tamarind (S. 522)

Schön übernachten

- Astor (S. 516)
- Corner Courtyard (S. 518)
- Oberoi Grand (S. 514)
- Park Hotel (S. 516)
- Sunflower Guest House (S. 515)

Auf nach Kolkata!

Indiens zweitgrößte Stadt ist ein Fest des menschlichen Daseins; sie ist zugleich vornehm, schmutzig, kultiviert, verzweifelt, entschieden der Zukunft zugewandt und in prachtvollem Verfall verharrend. Bei Menschen aus dem Westen beschwört die alte Schreibung als Kalkutta Bilder des Leidens herauf – was jedoch nicht die gesamte 350 Jahre lange Geschichte der Metropole widerspiegelt. Für die Einheimischen ist Kolkata die intellektuelle, künstlerische und kulturelle Hauptstadt Indiens. Die Armut ist zwar sichtbar, aber eine aus eigener Kraft emporgekommene Mittelklasse hält die Stadt am Laufen, unter den jungen Leuten verbreitet sich eine Hipster-Kultur und der Bengali-Adel trifft sich in hochherrschaftlichen Clubs.

Als ehemalige Hauptstadt Britisch-Indiens besitzt Kolkata prächtige Bauten aus der Kolonialzeit, die im Kontrast zu den Slums und den neuen Vorstädten stehen. In Kolkata lernt man außerdem am besten die bengalische Küche kennen. Die Stadt ist freundlicher als die anderen indischen Metropolen und will erfühlt, nicht bloß besucht werden.

Reisezeit

Kolkata (Kalkutta)

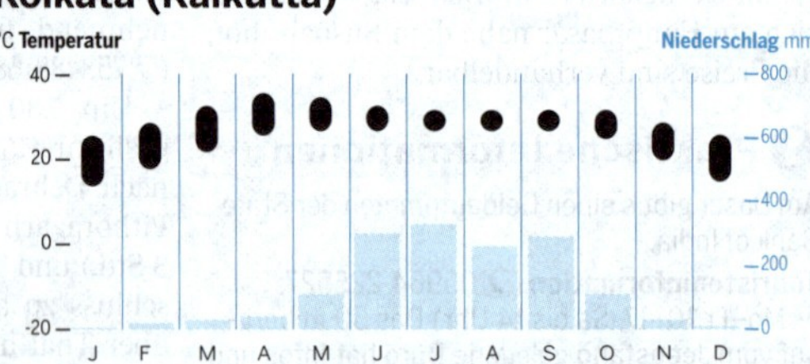

Mai–Sept. Aufgrund der schweren Regenfälle, die die Stadt überfluten, kommt man besser nicht.

Sept. & Okt. Die Stadt putzt sich für den farbenfrohen Trubel der Durga Puja prächtig heraus.

Nov.–Jan. Die kühlen, trockenen Wintermonate sind die Zeit der Film- und Musikfestivals.

Highlights

1. In dem stimmungsvollen Viertel **Kumartuli** (S. 509) zuschauen, wie die Lehm-Göttinnen zum Leben erwachen

2. Farbenfrohe Marktstände voller tropischer Blüten auf dem **Mullik Ghat Flower Market** (S. 507) bewundern

3. Die architektonische Pracht der kolonialen Gedenkstätte **Victoria Memorial** (S. 500) bestaunen

4. An den Straßenständen in der krummen Gasse **Dacres Lane** (S. 521) leckeres Streetfood aus vielen Küchen genießen

5. Auf den Grabsteinen des **South Park Street Cemetery** (S. 501) Geschichten aus der Vergangenheit entdecken

6. Sich von der eigenwilligen Prachtentfaltung des Adels im wohl merkwürdigsten Museum der Stadt, dem **Marble Palace** (S. 508), beeindrucken lassen

7. Eine Vergnügungsfahrt durch den üppig grünen, kolonialzeitlichen Park **Maidan** (S. 502) unternehmen

Kolkata Zentrum

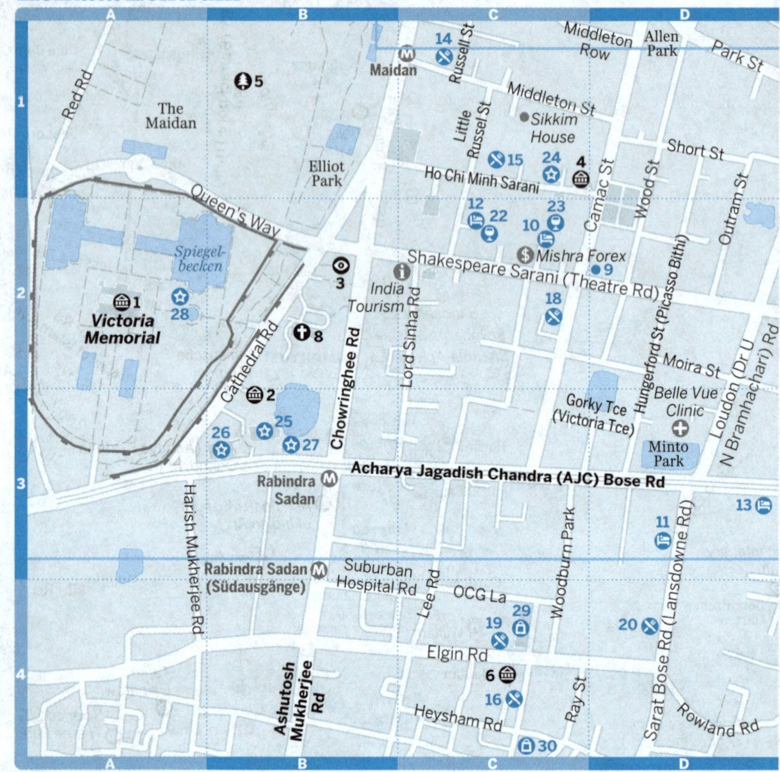

Geschichte

Jahrhunderte vor der Ankunft westlicher Seefahrer stand in der Siedlung Kalikata (dem heutigen Kalighat) schon ein hochverehrter, der Hindu-Gottheit Kali geweihter Tempel, den es auch heute noch gibt. Abgesehen davon war die Gegend tiefste Provinz, und Geschichten von Tigern, die durch undurchdringlichen Dschungel streiften (dort wo heute die Park St ist), finden sich zuhauf in den Überlieferungen der Stadt. Als der britische Kaufmann Job Charnock 1690 in die Gegend kam, befand er sie als geeignet für den Aufbau einer neuen, leicht zu verteidigenden Kolonie, und so entstand binnen Jahrzehnten eine Kalkutta genannte Miniatur-Version Londons mit stattlichen Gebäuden, englischen Kirchen, breiten Alleen und großzügigen formalen Gärten. An den Rändern der neuen Stadt verflüchtigte sich der europäische Traum allerdings abrupt, denn die Inder, die den neuen Herren dienten, lebten überwiegend in beengten, überbevölkerten Slums.

Der kometenhafte Aufstieg Kalkuttas wurde 1756 gebremst, als Siraj-ud-Daula, der Nawab des nahegelegenen Murshidabad, die Stadt eroberte. Dutzende Mitglieder der kolonialen Führungselite wurden in einem beengten Verlies unter der britischen Festung Fort William (das heute eine Basis der indischen Armee ist) eingesperrt. Am nächsten Morgen waren ungefähr 40 der Gefangenen erstickt. Die britische Presse übertrieb die Zahlen, um zu Hause die moralische Empörung zu schüren – so entstand die Legende des „Schwarzen Lochs von Kalkutta".

Im folgenden Jahr eroberte Lord Robert Clive, der damalige Vizekönig von Indien, Kalkutta für Großbritannien zurück. Der Nawab ersuchte Hilfe bei den Franzosen, wurde aber wegen des Verrats durch frühere Verbündete in der Schlacht von Plassey (heute Palashi) geschlagen. 1758 wurde ein stärker befestigtes, „zweites" Fort William

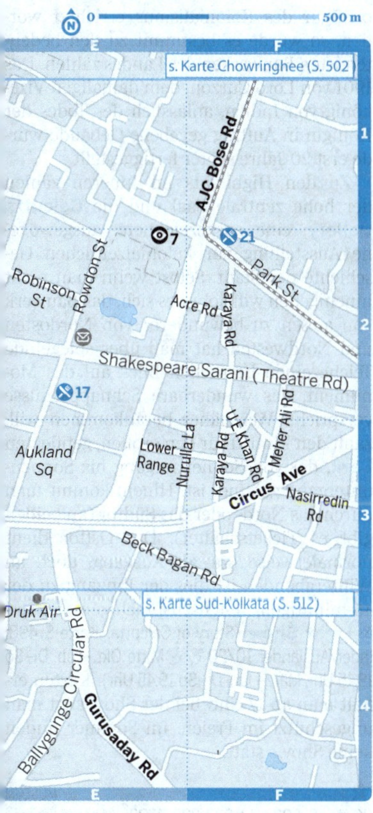

gebaut, und Kalkutta wurde die offizielle Hauptstadt Britisch-Indiens, obwohl man bis weit ins 18. Jh. hinein noch Leoparden in den Bambuswäldern im Gebiet um die heutige Sudder St jagen konnte.

Zum Ende des 19. Jhs. bewirkte die Bengalische Renaissance ein enormes kulturelles Wiedererwachen in Kalkuttas Mittelklasse. Die Bewegung verstärkte sich durch die unpopuläre Teilung Bengalens im Jahr 1905 – die Keime für die indische Unabhängigkeitsbewegung waren gesät. 1911 wurde Bengalen dann wiedervereint und die Briten verlegten ihre koloniale Hauptstadt umgehend in das weniger spannungsgeladene Neu-Delhi.

Anfangs beeinflusste der Verlust der politischen Macht Kalkuttas Wirtschaft nur wenig, obwohl die Teilung 1947 selbst verheerende Auswirkungen hatte. In Westpakistan und dem Punjab gab es einen gleichmäßigen (und blutigen) Bevölkerungsaustausch, aber in Bengalen ging die Abwanderung fast

Kolkata Zentrum

Highlights
1 Victoria Memorial A2

Sehenswertes
2 Academy of Fine Arts B3
3 Birla Planetarium B2
4 Harrington Street Arts Centre C1
5 Maidan B1
6 Netaji Bhawan C4
7 South Park Street Cemetery E2
8 St. Paul's Cathedral B2

Aktivitäten, Kurse & Touren
9 Mystic Yoga Studio D2

Schlafen
10 Astor C2
11 Central B&B D3
12 Kenilworth C2
13 Park Prime D3

Essen
14 Fire and Ice C1
15 Gabbar's Bar & Kitchen C1
16 Kewpies C4
17 Kookie Jar E2
18 Monkey Bar C2
19 Oh! Calcutta C4
20 Picadilly Square D4
21 Shiraz F2

Ausgehen & Nachtleben
22 Big Ben C2
23 Plush C2

Unterhaltung
24 ICCR C1
Nandan Cinema .... (siehe 25)
25 Nandan Complex B3
26 Rabindra Sadan B3
27 Sisir Mancha B3
28 VM Sound & Light Show A2

Shoppen
29 Anokhi C4
30 FabIndia C4

nur in eine Richtung. Ungefähr 4 Mio. Hindus flohen aus Ostbengalen nach Kalkutta in die überbevölkerten *bustees*. Eine Zeit lang verhungerten die Menschen buchstäblich in Kalkuttas Straßen und so entstand das bleibende Bild äußerster Armut (Slums) in dieser Stadt. Kaum waren die Flüchtlinge integriert, überrollte 1971 während des Indisch-Pakistanischen Krieges eine zweite Flüchtlingswelle die Stadt.

Die Teilung Indiens traf den Hafen Kalkuttas sehr schwer, weil er einen großen Teil des natürlichen Hinterlands verlor, das nun hinter der geschlossenen Grenze nach Ostpakistan (dem heutigen Bangladesch) lag. Arbeiterunruhen gerieten außer Kontrolle, während sich die herrschende Partei in der Stadt (die Kommunistische Partei Indiens) hauptsächlich darauf konzentrierte, das Feudalsystem der Großgrundbesitzer zu bekämpfen und die Forderungen und Interessen der Proletarier zu vertreten. Viele ihrer gut gemeinten Maßnahmen hatten auch Schattenseiten. Fast alle 14 Tage riefen Gewerkschaften *bandhs* (Streiks) aus, die die wirtschaftlichen Kräfte der Region lähmten. Die zum Schutz von Mietern eingeführte strikte Mietpreiskontrolle führte dazu, dass auch heute noch manche Mieter für ein paar hundert Rupien Wohnungen in prächtigen historischen Gebäuden bewohnen, die dem Verfall überlassen werden, weil die Eigentümer kein Interesse daran haben, in das Objekt, was für sie ein Verlustgeschäft ist, zu investieren.

2001 führte die Stadt die phonetischere Schreibweise Kolkata ein. Zur gleichen Zeit ging die Stadtverwaltung zu einer neuen, unternehmensfreundlicheren Haltung über, die einen beträchtlichen wirtschaftlichen Aufschwung begünstigte. Die sichtbarsten Ergebnisse sind zahlreiche vorstädtische Einkaufszentren und Wohntürme sowie der schnelle Erfolg von Salt Lake Citys Sector 5, Kolkatas alternativem Geschäfts- und Unterhaltungszentrum, das allerdings kaum von Reisenden zur Kenntnis genommen wird. 2011 gewann die Trinamool Congress Party die Wahlen und beendete damit die 34 Jahre andauernde Herrschaft der Kommunistischen Partei Indiens in Westbengalen. Die neue Regierung versprach einen umfassenden *paribartan* (Wandel), der allerdings bis heute nicht abgeschlossen ist.

Sehenswertes

Chowringhee

★ Victoria Memorial HISTORISCHES GEBÄUDE

(VM; Karte S. 498; ☎033-22235142; www.victoriamemorial-cal.org; Inder/Ausländer inkl. Park 20/200 ₹; ⏲Di–So 10–16.30 Uhr) Das unglaubliche Victoria Memorial ist ein riesiges, schön proportioniertes Fest des weißen Marmors – fast wie eine Kreuzung aus dem Kapitol in Washington und dem Taj Mahal. Wäre das schöne Gebäude mit Kuppel am südlichen Ende des Maidan für eine schöne indische Prinzessin und nicht für die Galionsfigur des Kolonialismus errichtet worden, so würde es bestimmt zu den bedeutendsten Bauwerken des Landes zählen. Das 1901 von Lord Curzon, dem damaligen Vizekönig von Indien, anlässlich des Todes der Königin in Auftrag gegebene Gebäude wurde erst 20 Jahre später fertiggestellt.

Zu den Highlights im Inneren zählen der hohe zentrale Saal und die **Calcutta Gallery**, eine ausgezeichnete, ausgewogene Ausstellung zur kolonialzeitlichen Geschichte der Stadt. Selbst wenn man nicht hineingehen will, lohnt es sich, das Bauwerk von außen zu bewundern: Von Nordosten und Nordwesten hat man über spiegelnde Teiche einen herrlichen Blick auf das Monument, das wunderbare Schnappschüsse verspricht. Wer näher herankommen will, zahlt den Eintritt für den großen, gepflegten **Park**, der von Sonnenaufgang bis Sonnenuntergang geöffnet ist. Hinein kommt man durch das Nord- oder das Südtor (an beiden gibt es Ticketschalter). Das Osttor dient normalerweise nur als Ausgang, doch an Winterabenden ist dies der Eingang zu der 45-minütigen, englischsprachigen **Sound & Light Show** (Story of Calcutta; Karte S. 498; Inder/Ausländer 10/20 ₹; ⏲Mitte Okt.–Feb. Di–So 19.15 Uhr, März–Juni Di–So 19.45 Uhr). Karten erhält man ab 17 Uhr. Bei der Show sitzt man ungeschützt im Freien. Im Sommer finden keine Shows statt.

★ Indian Museum MUSEUM

(Karte S. 502; ☎033-22861702; www.indianmuseumkolkata.org; 27 Chowringhee Rd; Inder/Ausländer 20/500 ₹, Foto 50 ₹; ⏲Di–So 10–16 Uhr) Indiens größtes und ältestes bedeutendes Museum feierte im Februar 2014 seinen 200. Geburtstag. Das liebenswert altmodische Museum füllt einen großen Palast mit Säulengängen rund um eine Rasenfläche in der Mitte. Zu den zahllosen Ausstellungsstücken in den diversen Sälen zählen fabelhafte, bis zu 2000 Jahre alte Skulpturen, darunter das mit Reliefs üppig verzierte Bharhut-Tor aus dem 2. Jh. v. Chr., ägyptische Mumien, Zeugnisse der uralten Indus-Kultur aus Harappa und Mohenjo-Daro, in Spiritus eingelegte menschliche Föten, aufgehängte Walskelette und im Saal der Nutzpflanzen 37 verschiedene Opiumsorten.

St. Paul's Cathedral KIRCHE

(Karte S. 498; Cathedral Rd; ⏲9–12 & 15–18 Uhr) Das wohl eindrucksvollste neugotische Bauwerk der Stadt, St. Paul's mit seinem zinnenbewehrten Zentralturm, würde prima nach

Cambridgeshire passen, macht aber auch vor der Skyline Kolkatas eine gute Figur. Die zwischen 1839 und 1847 erbaute Kirche besitzt ein bemerkenswert breites Schiff und im Westen ein Buntglasfenster des präraffaelischen Meisters Sir Edward Burne-Jones. Angeblich war das Gotteshaus die erste anglikanische Kathedrale, die außerhalb Großbritanniens errichtet wurde. Zu Weihnachten strömen Hunderte Menschen zur Christmesse.

South Park Street Cemetery FRIEDHOF

(Karte S. 498; Park St; Spende 20 ₹, Führungsbroschüre 100 ₹; ⏲8–16 Uhr) Der von 1767 bis gegen 1840 für Begräbnisse genutzte historische Friedhof ist eine wunderbare Oase der Ruhe mit surrealen, moosbewachsenen kolonialen Grabmälern verschiedenster Formen – von Rotunden bis zu hohen Pyramiden, die alle in dem kaum zurechtgestutzten Dschungel um Platz ringen. Interessant ist der Friedhof aber nicht nur wegen seiner Skulpturen, sondern auch als Ruhestätte bedeutender kolonialzeitlicher Bürger der Stadt, z. B. des Dichters und Pädagogen Henry Derozio, des Gelehrten William Jones und des bedeutenden Botanikers Robert Kyd. Hinein kommt man durch das Nordtor an der Park St; das Fotografieren ist erlaubt.

New Market MARKT

(Hogg Market; Karte S. 502; Lindsay St) Das von einem auffälligen **Uhrenturm** (Karte S. 502) aus roten Ziegeln dominierte riesige Labyrinth von Markthallen stammt von 1874, beträchtliche Teile wurden aber nach einem Brand in den 1980er-Jahren wiederaufgebaut. Tagsüber können aufdringliche Schlepper für Kunsthandwerk lästig sein, und abends – insbesondere an den Wochenenden – kann der Massenandrang übermächtig werden. Fesselnder ist der Markt gleich nach der Morgendämmerung, wenn es seltsam faszinierend und zugleich morbide ist, die Ankunft der Tiere am Fleischmarkt mit seinen gruseligen Schlachtblöcken, den blutbespritzten Böden und den hohen, von Pfeilern getragenen Decken zu beobachten.

Im Hauptmarkt ist **Chamba Lama** (Karte S. 502; ⏲Mo–Sa 11–20 Uhr) einer der bekanntesten Läden für Silberschmuck und Halbedelsteine. Eine weitere Kuriosität ist die **Nahoum Bakery** (Karte S. 502; Stall F-20; Snacks/Brownies 30/50 ₹; ⏲Mo–Sa 9.30–20, So bis 13 Uhr), in deren Schaufenster Pflaumenkuchen und Zitronentörtchen zu sehen sind. Hier hat sich seit 1902, als die ursprünglichen jüdischen Besitzer aus Bagdad kamen,

KOLKATA IN …

… drei Tagen

Am ersten Tag bewundert man das Victoria Memorial (S. 500) und die umliegenden Attraktionen und geht dann zu India Tourism, um sich eine Besuchsgenehmigung für den Marble Palace (der zwei Tage später ansteht) zu holen. Es folgen eine abendliche Bootsfahrt von einem Kai am Ufer des Hooghly und schließlich ein Abendessen sowie ein paar Drinks in einer Institution der Park St, z. B. dem OlyPub (S. 522) oder dem Peter Cat (S. 520).

Am zweiten Tag steht ein Spaziergang durch das kolonialzeitliche Wunderland des BBD Bagh (S. 504) auf dem Programm und anschließend das faszinierende (wenn auch wehmütig) stimmende Gassenleben in Old Chinatown (S. 507) und dem Barabazar (S. 505); vom bunten Mullik Ghat Flower Market (S. 507) wirft man schließlich einen Blick auf die Howrah Bridge (S. 505).

Den dritten Tag verbringt man am besten mit der Besichtigung des Marble Palace (S. 508) und den nahe liegenden Sehenswürdigkeiten und fährt dann entweder direkt nach Kumartuli (S. 509) weiter oder legt einen längeren Abstecher zu den religiös bedeutsamen Stätten **Dakshineswar** (www.dakshineswarkalitemple.org; ⏲6–12.30 & 15.30–20 Uhr) GRATIS und Belur Math (S. 509) ein.

… einer Woche

Nach diesen ersten drei Tagen erkundet man die Kontraste in **Süd-Kolkata** mit Kunstgalerien, Textilboutiquen, munteren Cafés, Grünflächen, schicken Einkaufszentren, leckerer bengalischer Kost und dem rituellen Glanz des Kalighat-Tempels (S. 509). Anschließend folgt eine kurze Tour durch die **Sunderbans** (S. 534) im unteren Ganges-Delta auf den Spuren bezaubernder alter europäischer Vorposten am Hooghly.

Chowringhee

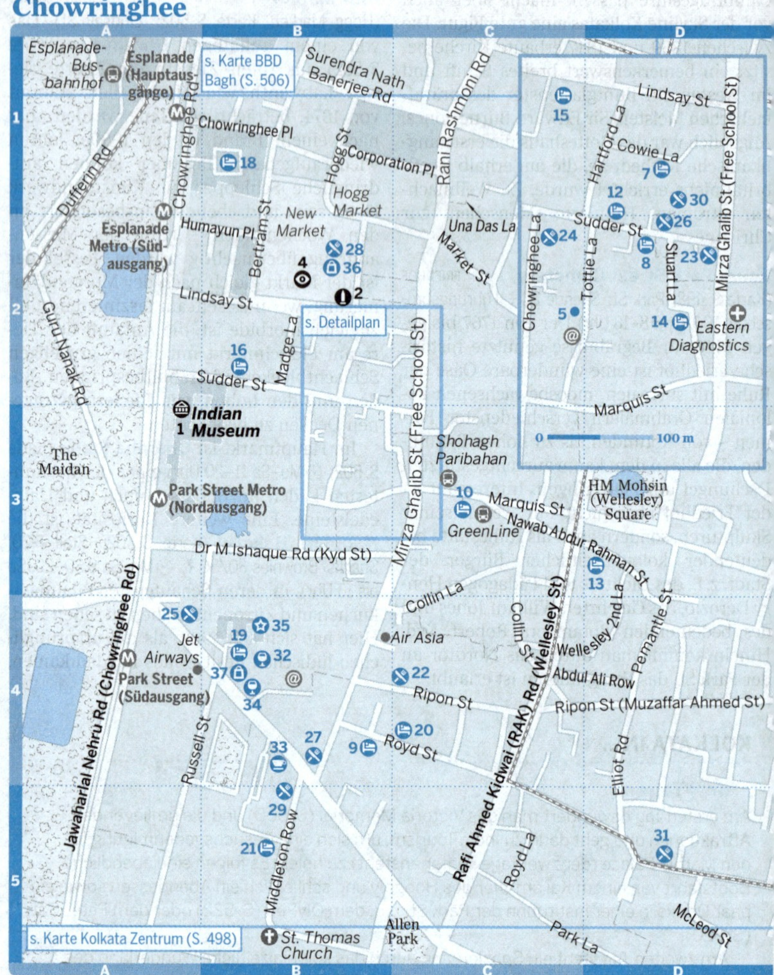

wenig verändert – der kleine Kassentisch aus Teakholz ist mehr als 80 Jahre alt.

Mutter Teresas Mutterhaus HISTORISCHES GEBÄUDE

(Karte S. 502; ☎ 033-22497115; www.motherteresa.org; 54A AJC Bose Rd; ⏲ Fr–Mi 8–12 & 15–18 Uhr) GRATIS Im „Mutterhaus" der Missionarinnen der Nächstenliebe besucht ein regelmäßiger Strom größtenteils christlicher Pilger das große, schlichte Grab von Mutter Teresa. Das Minimuseum nebenan zeigt u.a. abgenutzte Sandalen und eine Emailleschüssel der Ordensgründerin. Oben befindet sich der spartanische Raum, in dem sie von 1953 bis 1997 wohnte und arbeitete. Um von der Sudder St hierherzukommen (ca. 15 Min. zu Fuß), zunächst der Alimuddin St folgen. Dann südwärts laufen (2 Min.) und in die zweite Gasse rechts einbiegen: Dort steht das Haus neben dem Hotel Heaven.

Maidan PARK

(Karte S. 498) Der riesige, grüne Maidan inmitten der aus Backsteinen und Mörtel gebauten Stadt ist der Ort, wo sich die Einwohner Kolkatas zu Spaziergängen, begeisterten Kricket- und Fußballspielen, zu Familienausflügen, romantischen Treffen, zu

Chowringhee

Highlights
1 Indian Museum A3

Sehenswertes
2 Uhrenturm B2
3 Mutter Teresas Mutterhaus F4
4 New Market B2

Aktivitäten, Kurse & Touren
5 Backpackers C2
6 Sishu Bhavan F3

Schlafen
7 Afridi International D1
8 Bawa Walson Spa'O'Tel D2
9 Corporate B4
10 DK International C3
11 Georgian Inn E2
12 Golden Apple Hotel D1
13 Hotel Aafreen D3
14 Hotel Galaxy D2
15 Hotel Lindsay C1
16 Lytton Hotel B2
17 Monovilla Inn F3
18 Oberoi Grand B1
19 Park Hotel B4
20 Sunflower Guest House C4
21 YWCA B5

Essen
22 Arsalan C4
23 Bhoj Company D2
Blue & Beyond .... (siehe 15)
24 Blue Sky Cafe C2
25 Hot Kati Rolls A4
26 JoJo's Restaurant D2
27 Mocambo B4
28 Nahoum Bakery B2
29 Peter Cat B5
30 Raj Spanish Cafe D1
31 Suruchi D5

Ausgehen & Nachtleben
32 Aqua B4
33 Flury's B4
34 OlyPub B4

Unterhaltung
35 Someplace Else B4

Shoppen
36 Chamba Lama B2
37 Oxford Bookstore B4

Tonga-Fahrten und allgemein zur Erholung treffen. Das Gelände wird im Süden vom Victoria Memorial (S. 500) und der St. Paul's Cathedral sowie im Westen vom **Ufer des Hooghly** flankiert. Eine Straßenbahn fährt mitten durch die Grünanlagen; es macht Spaß, für eine langsame Fahrt aufzuspringen.

Der Maidan entstand 1758 nach der Schmach um das „schwarze Loch". Das mit Gräben versehene „zweite" Fort William wurde in achteckiger Form im Stil Vaubans errichtet, und das gesamte Dorf Gobindapur wurde eingeebnet, damit die Kanonen des neuen Forts ein offenes Schussfeld hatten. So traurig das für die damaligen Einwohner war, es schuf einen 3 km langen Park, der heute für Kolkata so wichtig ist wie der Central Park für New York City. Fort William selbst verbirgt sich in einer militärischen Sperrzone, die von einer Mauer umgeben ist.

Birla Planetarium PLANETARIUM
(Karte S. 498; Chowringhee Rd; 30 ₹; ⏲ auf Englisch 13.30 & 18.30 Uhr) Das 1962 grob nach dem Vorbild des berühmten buddhistischen Stupas in Sanchi erbaute Planetarium präsentiert langsame halbstündige audiovisuelle Vorführungen über die Wunder des Universums und die Mysterien des Weltenraums. Es ist ein bequemer Ort, um zwischen den Besichtigungen der umliegenden Attraktionen eine Pause einzulegen, zumal die Shows gar nicht schlecht gemacht sind (die Baritonstimme ist wirklich sehr dramatisch!).

Netaji Bhawan MUSEUM
(Karte S. 498; ☎ 033-24868139; www.netaji.org; 38/2 Elgin Rd; Erw./Kind 5/2 ₹; ⏲ Di–So 11–16 Uhr) In dem umgewandelten Wohnhaus sind heute ein Museum und eine wissenschaftliche Forschungseinrichtung untergebracht, die sich dem Leben und den Vorstellungen des umstrittenen bengalischen Politikers und radikalen Vorkämpfers der indischen Unabhängigkeit Subhas Chandra Bose widmen. In dem gelb getünchten Haus wohnte Boses Bruder, und von hier floh er im Januar 1941 aus dem von den Briten über ihn verhängten Hausarrest, um mit den Japanern gegen die britischen Streitkräfte in den Krieg zu ziehen. Einige Zimmer strahlen noch die Atmosphäre der 1940er-Jahre aus. Der originale Wanderer-Fluchtwagen steht in der Auffahrt.

Academy of Fine Arts GALERIE
(Karte S. 498; 2 Cathedral Rd; ⏲ 14–20 Uhr) GRATIS In mehreren hellen Galerieräumen im Erdgeschoss des 1933 errichteten Gebäudes sind Wechselausstellungen lokaler Künstler zu sehen. Hier kann man die Werke junger, aufstrebender Talente der Stadt und auch einiger etablierter Künstler kennenlernen. Vor Ort gibt es auch ein Theater, in dem örtliche Gruppen ihre Stücke – meist in den Sprachen ihrer Region – aufführen. Infos zu laufenden und anstehenden Produktionen findet man am Haupteingang.

Harrington Street Arts Centre GALERIE
(Karte S. 498; ☎ 033-22829220; www.hstreetartscentre.com; 2. OG, 8 Ho Chi Minh Sarani; ⏲ 14–20 Uhr) GRATIS In den vier großen Zimmern dieses klassischen kolonialzeitlichen Gebäudes, das von den Betreibern der Galerie sorgsam restauriert wurde, werden einfallsreiche Ausstellungen zeitgenössischer Werke indischer und internationaler Künstler, die in verschiedenen Medien arbeiten, präsentiert. Die Veranda mit den im Schachbrettmuster verlegten Bodenfliesen führt zu einem gemütlichen Café. Die Galerie hat auch zwei charmante Gästezimmer (DZ mit Frühstück 5000 ₹) direkt neben der Ausstellungsfläche. Diese sind meist für eingeladene Künstler reserviert, werden aber, wenn sie leer stehen, auch an Reisende vermietet. Einzelheiten erfährt man telefonisch.

BBD Bagh

Der BBD Bagh (früher Dalhousie Sq) war einer der wichtigsten Plätze in der Kolonialzeit. Er erstreckt sich rund um ein von Bäumen gesäumtes Wasserbecken, den **Lal Dighi**, der einst die junge Stadt mit Wasser versorgte. Obwohl störende Betonbauten den Gesamteindruck trüben, blieb so manches herrliche Gebäude aus der Kolonialzeit erhalten. Einige davon dienen immer noch als Bürogebäude und können nicht besichtigt werden. Niemand hindert einen aber, diese Bauwerke von außen zu bewundern.

Allen voran steht das **Writers' Buildings** (Karte S. 506) von 1780, ein zwei Blocks einnehmender Bürokomplex, dessen wunderschöne Südfassade an ein Rathaus in der französischen Provinz erinnert. Der Komplex, ursprünglich ein Kontor für die „Writers" (Schreiber) der Ostindien-Kompanie, wird seit 2013 restauriert. Dahinter, vorbei am **Eastern Railways Building** (Karte S. 506; NS Rd) mit dem lustigen neuen Anstrich, steht das vage maurisch anmutende ehemalige **Chartered Bank Building** (Karte S. 506; India Exchange Pl) aus dessen ungepflegten oberen Türmchen Sträucher wachsen. Das General Pot Office aus den 1860er- Jahren (S. 505) beeindruckt mit einer hohen Rotunde, und die Engelsfiguren am **Standard Life Building** (Karte S. 506; 32 BBD Bagh) haben durch eine neue Restaurierung frisches Leben erhalten. Die verfallenen Ruinen des einst prächtigen **Currency Building** (Karte S. 506; BBD Bagh East; ⏲ Mo–Fr 10–17 Uhr) GRATIS wurden gesichert und sind nun eine interessante Ausstellungsbuchhandlung des Archaeological Survey of India. Im Norden ragt stolz der stilistisch an Christopher Wren erinnernde schöne Turm der **St. Andrews Church** (Karte S. 506; 15 Brabourne Rd; ⏲ 7–11 & 15–18 Uhr) GRATIS in die Höhe.

High Court HISTORISCHES GEBÄUDE
(Karte S. 506; www.calcuttahighcourt.nic.in; Esplanade Row West; ⏲ Mo–Fr 10–17 Uhr) GRATIS Der High Court, einer von Kolkatas größten ar-

chitektonischen Triumphen, wurde von 1864 bis 1872 erbaut und ist grob den mittelalterlichen Tuchhallen von Ypern (Flandern) nachempfunden. Von Süden her hat man den besten Blick auf die prächtige gotische Fassade. Zum Eingang geht es um das Gebäude herum und am Osteingang beim Sicherheitspersonal fragt man nach einem (kostenlosen) Zugangspass. Im Inneren angelangt, macht es Spaß, die scheinbar endlosen überwölbten Gänge zu erkunden und den Spuren der Heerscharen von umherschlurfenden Rechtsanwälten mit ihren weißen Krägen und den schwarzen Talaren zu folgen.

St. John's Church KIRCHE

(Karte S. 506; Netaji Subhash (NS) Rd; Eintritt zu Fuß/mit dem Auto 10/25 ₹; ⏲8–17 Uhr) Die Kirche von 1787 ist mit einem Steinturm und einem Säulenportikus geschmückt und enthält einen kleinen, mit Porträts dekorierten Raum, den einst Warren Hastings, der erste britische Generalgouverneur Indiens, als Büro nutzte. Der Raum befindet sich beim Eintreten (man betritt die Kirche durch den rückwärtigen Portikus) gleich rechts. Auf dem von Bäumen beschatteten Gelände finden sich mehrere interessante Denkmäler, darunter das **Mausoleum von Job Charnock** (Karte S. 506) und das hierher versetzte **Black Hole Memorial** (Karte S. 506). Die Kirche besitzt eine hervorragende Darstellung des **Letzten Abendmahls**, ein Werk des im 18. Jh. lebenden deutschen Malers Johann Zoffany.

Old GPO Building ARCHITEKTUR

(Karte S. 506) Eines der malerischsten Gebäude am BBD Bagh ist das alte General Post Office, dessen zentrale Rotunde sich fast 40 m rund um die Statue eines lanzenschwingenden Postläufers erstreckt. Die meisten Postdienste sind jetzt aber in einem Gebäude 100 m weiter die Koilaghat St hinauf untergebracht. Davor befindet sich ein philatelistisches Büro, wo man Gedenkbriefmarken kaufen oder sich selber einen Satz von Briefmarken zu 5 ₹ – auch mit dem eigenen Foto (300 ₹) – entwerfen kann. Die Auslieferung kann allerdings bis zu sieben Tage dauern.

Barabazar & Howrah (Haora)

Der folgende Spaziergang verbindet mehrere weniger bedeutende religiöse Stätten, sein Reiz besteht aber vor allem in der Erkundung der entlang der Route gelegenen belebten, chaotischen Gassen, in denen sich Händler, Rikschakuriere und Gepäckträger tummeln, die unglaublich hohe Pakete auf ihren Köpfen balancieren. Versteckt inmitten der Papierhändler an der **Old China Bazaar St** liegt die **Armenian Church of Nazareth** (Karte S. 506; Armenian St; ⏲Mo–Sa 9–16 Uhr) von 1707, die als älteste christliche Andachtsstätte Kolkatas gilt. Die 1797 erbaute portugiesisch-katholische **Holy Rosary Cathedral** (Karte S. 506; Brabourne Rd; ⏲6–11 & 17–18 Uhr) ist größer, hat sehr schöne, mit Kronen geschmückte Seitentürme und im Inneren ein Taufbecken, das ebenso feierlich wie kitschig wirkt.

Kolkatas jüdische Gemeinde zählte einst etwa 30 000 Mitglieder, heute finden sich aber kaum mehr als 30 betagte Gläubige in der **Maghen-David-Synagoge** (Karte S. 506; Canning St) ein. Um die Ecke versteckt sich fast unsichtbar hinter Verkaufsständen die **Neveh-Shalome-Synagoge** (Karte S. 506; Brabourne Rd). Nachdem man sich durch die Brabourne St gekämpft hat, gelangt man in die **Pollock St**, wo zwischen knallbunten Verkaufsständen für Luftballons, Lametta und Plastikblumen das baufällige **Pollock St Post Office** (Karte S. 506; Pollock St) steht, das früher eine stattliche jüdische Schule war. Gegenüber steht die **BethEl-Synagoge** (Karte S. 506; Pollock St) GRATIS, deren Fassade stark einem Kino der 1930er-Jahre ähnelt. Die Synagoge hat ein sehenswertes säulenreiches Inneres, um sie aber betreten zu können, muss man zuvor das Büro der **Jewish Community Affairs** (☎9831054669; 63 Park St) kontaktieren.

Parallel zur Pollock St verläuft die breitere **Ezra St** mit einer herrlichen alten **Parfümerie** (Karte S. 506; 55 Ezra St; ⏲Mo-Fr 10-19 Uhr) gleich vor dem **Shree-Cutchi-Jain-Tempel** (Karte S. 506; Ezra St). Von hier geht's auf der Parsee Church St Richtung Osten bis nach **Old Chinatown** oder man geht zurück auf der faszinierenden **Rabindra Sarani** bis zur 1926 erbauten, von Läden umgebenen Nakhoda-Moschee (S. 507), die ansatzweise dem Akbar-Mausoleum in Sikandra nachempfunden wurde.

Howrah Bridge WAHRZEICHEN

(Rabindra Setu; Karte S. 506) Die Howrah Bridge (Rabindra Setu) ist eine 705 m lange, abstrakt wirkende Konstruktion aus glänzenden Stahlträgern und Nieten, über die pausenlos der Verkehr der Menschen und Fahrzeuge strömt, die ans andere Ufer des Hooghly wol-

BBD Bagh

0
400 m
SALKIYA
Ufer des Hooghly (1 km); Kumartulis Tonfigurenhersteller (2 km)
Tagore St
Howrah Bridge
Tagores Haus
Howrah
Hooghly
Straßenbahn 26 Endstation
Strand Rd North
Netaji Subhash Rd
H Goenka St
Marble Palace (120 m)
Cotton St
Burtala St
J Mullick La
Mahatma Gandhi (MG) Rd (Harrison Rd)
Bonfield La
Armenian St
Armenian-Ghat
Früchtemarkt
Clive Row
Tarachand Dutta St
Canning St (BRB Bose Rd)
Jackson La
Portuguese Church St
NC Dutta Sarani
Zakaria St
BBD Bagh
Bolai Dutta St
Colootola Rd
Fairlie-Ghat 1
Strand Rd South
Old China Bazaar Rd
Brabourne Rd
Rabindra Sarani
Marinbari La
Fairlie-Ghat 2
Fairlie Pl
India Exchange Pl
Ezra St
Indian Coffee House (800 m)
OLD CHINATOWN
Tiretta Bazaar St
Blackburn La
New CIT Rd (Lushun Sarani)
Peter La
Chhatawala Gully
Radha Bazar St
Sun Yat Sen St
Koilaghat St
Hide La
Phears La
'Shipping'-Ghat
Darbhanga-statue
Mission Row
Bentinck St
BB Ganguli St
CR (Central Ave)
Hare St
Mission Church
Busse nach Bihar & Odisha (1 km); Bootsfahrten (1,8 km)
Buddhist Temple St
Central (Südausgänge)
Netaji Subhash (NS) Rd
West Bengal Tourism
RN Mukherjee Rd
Weston St
Bow St
Hastings St
Mangoe La
Air India
Government Pl
Sooterkin St
Esplanade Row West
British Indian St
Prinsep St
Chandni Chowk (Nordausgänge)
Waterloo St
Prafulla Sakar St
Crooked La
Dacres La
Chandni Chowk (Südausgänge)
Madan St
Biplabi Ankul Chamba St
Ganesh Chandra (GC) Ave
Chowringhee Sq
Temple St
Straßenbahn 22 (nordwärts)
Tipu-Sultan-Moschee
Chandni Chowk St
Chandni Chowk Market
Esplanade (Nordausgänge)
Moti Sil La
Grant St
Rani Rashmoni Rd
Chowringhee Rd
The Maidan
Shahid Minar
s. Karte Chowringhee (S. 502)
Lenin Sarani

KOLKATA (KALKUTTA) SEHENSWERTES

BBD Bagh

len. Die während des Zweiten Weltkriegs erbaute Brücke ist eine der verkehrsreichsten der Welt und ein architektonisches Wahrzeichen von Kolkata. Das Fotografieren der Brücke ist verboten, vielleicht riskiert man aber einen heimlichen Schnappschuss von einer der vielen Fähren, die auf dem Hooghly den riesigen, 1906 erbauten Bahnhof von Howrah ansteuern.

Um die Verkehrsbelastung auf der Brücke zu vermindern und von Howrah aus einen leichteren Zugang zu den südlichen Bezirken der Stadt zu schaffen, wurde 1992 die **Vidyasagar Setu** eingeweiht. Sie steht rund 3 km stromabwärts und erinnert, wenn man von der Howrah Bridge nach Süden blickt, ein wenig an die Golden Gate Bridge.

Mullik Ghat Flower Market — MARKT

(Karte S. 506; abseits der Strand Rd) Nahe dem südöstlichen Ende der Howrah Bridge erstrahlt dieser faszinierende Blumenmarkt praktisch rund um die Uhr in bunten Farben. Bei Tagesanbruch sieht man die Großhändler mit riesigen Wagenladungen von Blumen ankommen, die anschließend bei Auktionen an die Einzelhändler verkauft werden. Viele Arbeiter leben in provisorischen Baracken und baden bei Sonnenuntergang dahinter im Fluss von einem Ghat mit Blick auf die Howrah Bridge. Gegen 7 Uhr trainieren einheimische Ringer etwas abseits vom Flussufer auf einem kleinen, von Gittern abgegrenzten Sandplatz.

Nakhoda-Moschee — MOSCHEE

(Karte S. 506; Zakaria St) GRATIS Mitten im Lärm und Chaos der Rabindra Sarani erhebt sich die 1926 aus rotem Sandstein erbaute Nakhoda-Moschee eindrucksvoll aus dem Meer der umliegenden betriebsamen Läden. Das mit smaragdgrünen Kuppeln und Minaretten geschmückte Dach ist dem Vorbild von Akbars Mausoleum in Sikandra verpflichtet, während das Haupteingangsportal dem Buland Darwaza in Fatehpur Sikri nachempfunden ist. Die Moschee ist die größte in Kolkata und während des Ramadans jeden Abend Schauplatz der festlichen Aktivitäten anlässlich des Fastenbrechens.

Old Chinatown

Fast 200 Jahre lang war das Gebiet rund um die Bentinck St und die Phears Lane Kolkatas Chinatown, bevölkert von chinesischen

Kaufleuten, die sich hier während der Blütezeit Kolkatas als Hafenstadt niedergelassen hatten. Schwindende Geschäftsaussichten, der Umzug in neuere Vorstädte von Kolonien und die Auswanderung späterer Generationen in die USA und nach Australien forderten ihren Tribut, sodass das „alte" Chinatown heute vorwiegend muslimisch ist. Gleich nach Sonnenaufgang herrscht aber munteres Markttreiben auf dem winzigen Platz des **Tiretta Bazaar**. Der Markt schließt um 10 Uhr, genauso wie der typische alte Laden **Hap Hing** (Karte S. 506; 10 Sun Yat Sen St; ⏲6–10 Uhr), dessen Inhaberin Stella Chen vieles über die chinesische Gemeinde erzählen kann.

Zu den weiteren historischen Läden in der Nähe zählen das Geschäft der Musikinstrumentenbauer Mondal & Sons (S. 526) und der faszinierende, 1948 gegründete Waffenladen **ML Bhunja** (Karte S. 506; ☎9831134146; 301 BB Ganguli St, Lal Bazar; ⏲Mo–Fr 11–18.30 Uhr). In alten, verstaubten Kisten finden Besucher hier Flinten, Säbel, ein Steinschlossgewehr und viele alte Bajonette, die mit Schlangengift präpariert wurden.

Rund um den einst prächtigen, 1924 erbauten **Toong-On-Tempel** (Karte S. 506; Blackburn Lane) GRATIS wühlen mittellose Lumpensammler in Müllbergen und schlafen auf den umliegenden Bürgersteigen in Buden aus Zeltplanen und Karton. Dieser Anblick sollte einen demütig machen, und man sollte bei einem Besuch der Gegend alles unterlassen, was die Würde dieser Menschen verletzt.

Rabindra Sarani & Umgebung

Die immer faszinierende **Rabindra Sarani** ist eine Straße, in der sich die Läden und Werkstätten nur so drängen. Straßenbahnen fahren hier von der Esplanade nach Norden über die Werkstätten der Tonfigurenhersteller von **Kumartuli** bis zur **Galiff St**; an dieser Stelle findet am Sonntagvormittag auch Kolkatas seltsamer Haustier- und Vogelmarkt statt. Es gibt ein paar interessante Sehenswürdigkeiten rund um das Gebäude der **Kolkata University** an der College St östlich der Rabindra Sarani, darunter auch die eindrucksvolle Fassade der **Presidency University** von 1817.

★ Marble Palace — MUSEUM

(46 Muktaram Babu St; ⏲10–15 Uhr, Mo & Do geschl.) GRATIS Die 1835 von einem Radscha aus der reichen Familie Mallick erbaute Villa ist so prächtig wie sonderbar. Sie ist vielleicht einer der am besten erhaltenen indischen Herrensitze. Die mit Marmor verkleideten Säle sind vollgestopft mit verstaubten Statuen von Denkern und Tänzerinnen, viel Tand aus viktorianischer Zeit, belgischen Glaswaren, Jagdtrophäen in Form von Elchköpfen und schönen Gemälden, darunter angeblich Originalwerke von Murillo, Joshua Reynolds und Rubens. Der Eintritt ist frei, man braucht aber eine vorab bei West Bengal Tourism (S. 527) eingeholte schriftliche Genehmigung.

Von besonderem Interesse innerhalb des Gebäudes ist das Musikzimmer, das üppig mit Marmorintarsien geschmückt ist und in dem Napoleon dreimal und Wellington nur einmal vertreten ist. Im Ballsaal hängen immer noch die vielen alten Kerzenkronleuchter mit aufgesetzten Kugeln aus versilbertem Glas, die das Licht gleichmäßig verteilten – echte Discokugeln aus dem 19. Jh.! Auf dem Gelände der Villa gibt es auch einen Privatzoo, der in die frühen Jahre der Villa zurückreicht und in dem heute einige Affen und verschiedene Vogelarten zu sehen sind.

Um von der Metrostation MG Rd zum Marble Palace zu gelangen, geht man nach Norden und biegt links an der ersten Ampel – 171 Chittaranjan (CR) Ave – ab. Kommt man von Osten, nimmt man die Gasse, die zwischen den Hausnummern 198 und 200 von der Rabindra Sarani abgeht.

★ Tagores Haus — MUSEUM

(Jorasanko Thakurbari; Karte S. 506; www.rbu.ac.in/museum; Dwarkanath Tagore Lane, abseits der Rabindra Sarani; Inder/Ausländer Erw. 10/50 ₹, Student 5/25 ₹; ⏲Di–So 10.30–16.30 Uhr) Der stattliche Familienwohnsitz von Rabindranath Tagore wurde 1784 erbaut und ist heute ein Museum für Indiens bedeutendsten modernen Dichter, das fast an eine Andachtsstätte erinnert. Selbst wenn man seinen persönlichen Gegenständen nichts abgewinnen kann, können die gut ausgewählten Zitate Interesse für seine zutiefst universalistische, moderne Geisteshaltung wecken. Die ansprechende Galerie zeigt Gemälde von seiner Familie und anderen Zeitgenossen. Hier gibt es außerdem eine Ausstellung über seine literarischen, künstlerischen und philosophischen Verbindungen nach Japan. Ein Foto zeigt Tagore im Jahr 1930 bei einer Begegnung mit Albert Einstein, die damals viel Beachtung fand.

Nord-Kolkata

★ Tonfigurenhersteller von Kumartuli GEBIET

(Banamali Sarkar St) Zahllose Tonfiguren von Gottheiten und Dämonen werden bei Kolkatas farbenfrohen *pujas* in den heiligen Hooghly versenkt. Die Figuren werden in spezialisierten *kumar*-Werkstätten von Bildhauern in diesem faszinierenden Viertel hergestellt, vor allem in der Banamali Sarkar St, einer Gasse, die nach Westen von der Rabindra Sarani abgeht. Am meisten zu tun haben die Handwerker zwischen August und Oktober: Sie bauen Strohrahmen, fügen die Tonverkleidung hinzu und bemalen die Figuren mit den Zügen der Gottheiten für das Durga- und das Kali-Fest. Im November werden die alten Rahmen am Flussufer angeschwemmt und oft für das Folgejahr wiederverwendet.

★ Belur Math RELIGIÖSE STÄTTE

(☎033-26541144; www.belurmath.org/; Grand Trunk Rd; ⏲6.30–12 & 15.30–18 Uhr; 🚌54, 56) GRATIS Das weitläufige religiöse Zentrum, schön inmitten von Palmen und gepflegten Rasenflächen gelegen, ist der Hauptsitz der Rama-Krishna-Mission. Der Bau ist von dem indischen Weisen Ramakrishna Paramahamsa, der im 19. Jh. lebte und die Einheit aller Religionen predigte, inspiriert. Das Kernstück ist der 1938 erbaute **Ramakrishna Mandir** (⏲6.30–12 & 15.30–18 Uhr), der gleichzeitig wie eine Kathedrale, ein indischer Palast und die Hagia Sophia in Istanbul aussieht. Nahe des Hooghly-Ufers liegen mehrere kleine Schreine, darunter der **Sri-Sarada-Devi-Tempel** (⏲6.30–12 & 15.30–18 Uhr) GRATIS, in dem Sarada, die Gattin des spirituellen Führers, begraben liegt.

Vom Parkplatz gelangt man zu dem schön gestalteten zweistöckigen **Museum** (⏲Di–So 8.30–11.30 & 15.30–17.30 Uhr) GRATIS, das Ramakrishnas Leben und die Reisen seines bedeutenden Schülers Swami Vivekananda nachzeichnet. Während der Durga Puja erwacht die Institution mit faszinierenden Ritualen und festlicher Pracht zum Leben; den spektakulären Höhepunkt bildet der letzte Tag, wenn das Bild der Göttin im Hooghly versenkt wird.

An der Hauptstraße außerhalb des Geländes fahren täglich sechs Vorortzüge zwischen Belur Math und Howrah (Haora, 25 Min.), besonders praktisch sind die Züge um 10.45 und um 16.45 Uhr. Neben dem Bahnhof Belur Math halten Minibusse sowie die Busse 54 und 56, die sich von hier durch einen schrecklichen Stop-and-Go-Verkehr nach Esplanade/Howrah quälen. In südlicher Richtung fahren sie fast direkt an der Anlegestelle Bandaghat vorbei, wo man die dreimal stündlich fahrende Fähre nach Ahiritola nehmen und dort in das Bagbazar-Boot nach Kumartuli umsteigen kann. Von der **Belur Jetty** fahren (stündlich) Fähren und nicht überdachte Boote (wenn sie voll besetzt sind) nach Dakshineswar. Südwärts über Bagbazar nach Howrah verkehrende Fähren legen um 18.30 und 20 Uhr ab (sowie werktags/So 9.15/13.30 Uhr).

Kalighat

Die Gegend um den Kalighat-Tempel ist ein faszinierendes Gassenlabyrinth voller Marktstände, an denen Opferblumen, Messingwaren und religiöse Artefakte verkauft werden. Hier kann sich ruhig ein paar Stunden umschauen, am besten mit Fotoapparat.

Kalighat-Tempel HINDU-TEMPEL

(Karte S. 512; Kali Temple Rd; ⏲5–22 Uhr, Hauptschrein 14–16 Uhr geschl.) Der uralte Kali-Tempel ist für Hindus die heiligste Stätte in Kolkata, und auf sie geht möglicherweise auch der Name der Stadt zurück. Der heutige Tempel ist ein Neubau von 1809, dessen Fliesen mit Blumen- und Pfauenmotiven eher viktorianisch als indisch anmuten. Interessanter als die Architektur sind die drängelnden Pilgerscharen, die sich in die Haupthalle schieben, um Hibiskusblüten auf das gekrönte, dreiäugige und mit einer vergoldeten Zunge versehene Idol der Göttin Kali zu werfen. Hinter dem Glockenpavillon werden (meist morgens) Ziegen rituell enthauptet, um die tantrische Göttin zu ehren.

Ballygunge, Gariahat & Lansdowne

Diese östlich von Kalighat gelegenen modernen, kosmopolitischen Wohn- und Geschäftsviertel präsentieren sich als eine faszinierende Mischung aus Alt und Neu mit einer großen Anzahl nobler Restaurants, glitzernder Einkaufszentren, anspruchsvoller Galerien, städtisch-schicker Boutiquen und Espresso ausschenkenden Cafés.

Rabindra Sarovar PARK

(Karte S. 512; abseits der Southern Ave) GRATIS In den Seen spiegelt sich der dunstige Sonnenaufgang, während sich die Mittelschicht Kolkatas im Schatten der Bäume dieses Parks, der während des Zweiten Weltkriegs ein alliiertes Feldlazarett war, zum Joggen, Rudern oder Meditieren trifft. Manche formieren Kreise und machen Yogaübungen, die in lautem Gelächter enden – den „Lachclubs" die Tony Hawks in seinem Buch *The Weekenders: Adventures in Calcutta* liebevoll beschreibt. Junge Liebespaare sind in dem Park so häufig wie die Vögel anzutreffen, und Straßenmusikanten unterhalten ihr Publikum vor allem an den Wochenenden mit sentimentalen Melodien.

Birla Mandir HINDU-TEMPEL

(Karte S. 512; Gariahat Rd; ⏲6–11 & 17–21 Uhr) GRATIS Der elegante Tempel, der im 20. Jh. aus beigefarbenem Sandstein errichtet wurde, ist den Hindugöttern Narayan (Vishnu) und seiner Frau Lakshmi geweiht. Die drei maiskolbenförmigen Türme beeindrucken mehr durch ihre Größe als durch ihre Reliefs. Die Höfe sind ein schöner Platz, um sich hinzusetzen und ein paar Minuten in stiller Besinnung zu verbringen. Neben dem Tempelkomplex befindet sich ein hochmodernes Auditorium, das **GD Birla Sabaghar** (Karte S. 512; www.gdbirlasabhaghar.com; Queens Park Rd), in dem häufig Konzerte und andere Veranstaltungen stattfinden; der Veranstaltungskalender steht auf der Website.

CIMA GALERIE

(Karte S. 512; ☎033-24858717; www.cimaartindia.com; Sunny Towers, 43 Ashutosh Chowdhury Ave; ⏲Di–Sa 12–19, Mo 15–19 Uhr) GRATIS Die topmoderne Galerie für zeitgenössische Kunst im 2. Stock eines noblen Gebäudekomplexes in Süd-Kolkata ist ideal, um sich Werke führender zeitgenössischer Künstler und einiger älterer Meister anzuschauen. Die Ausstellungen wechseln alle vierzehn Tage oder monatlich, hinzu kommen gelegentliche Sonderausstellungen. Auf dem Gelände finden sich außerdem ein Design-Shop und ein Geschenkeladen mit einer bunten Mischung interessanter Souvenirs, kunsthandwerklicher Stücken und städtisch-schicker Design-Artikeln.

Alipore & Umgebung

★ Botanical Gardens PARK

(Inder/Ausländer 10/100 ₹; ⏲Di–So 6–17 Uhr; 🚌55, 213) Trotz der umständlichen Anfahrt mit öffentlichen Verkehrsmitteln ist Kolkatas hübscher, 109 ha großer botanischer Garten ein herrliches Refugium vor dem Lärm und dem Gestank der Stadt. Der 1786 angelegte Park, in dem mehr als 12 000 Pflanzenarten zu finden sind, spielte eine wichtige Rolle bei der Kultivierung der Teesträucher, die von den Briten aus China herausgeschmuggelten wurden – und dies lange bevor das Getränk zur Massenware wurde. Heute gibt es hier ein Kaktushaus, eine Palmensammlung, Ausblick auf den Fluss und einen Teich mit herrlichen Ama-

MUTTER TERESA

Für viele Menschen war Mutter Teresa (1910–1997) ein Vorbild für Barmherzigkeit und menschliche Aufopferung. Die als Kind albanischer Eltern als Agnes Gonxha Bojaxhiu im damals noch osmanischen Üsküp (dem heutigen Skopje in Mazedonien) geborene Frau schloss sich dem irischen Loreto-Orden an und arbeitete mehr als ein Jahrzehnt als Lehrerin in der St. Mary's High School in Kolkata. Entsetzt von der immer weiter um sich greifenden Armut in der Stadt gründete sie den Orden „Missionaries of Charity" (Missionarinnen der Nächstenliebe; S. 511) und richtete Heime für Mittellose und Sterbende ein. Das erste davon, **Nirmal Hriday** (Karte S. 512; 251 Kalighat Rd), wurde 1952 eröffnet. Obschon der Orden schnell zu einer internationalen Hilfsorganisation expandierte, lebte Mutter Teresa weiter ein Leben in äußerster Bescheidenheit. 1979 wurde sie mit dem Friedensnobelpreis ausgezeichnet und vom Vatikan 2003 selig und 2016 schließlich heilig gesprochen.

Jedoch gibt es auch einige Kritiker, die Zweifel an ihrer Hilfstätigkeit äußern. Die feministische Autorin Germaine Greer beschuldigte Mutter Teresa eines religiösen Imperialismus, und der Journalist Christopher Hitchens bemängelte in seinem Buch *The Missionary Position*, dass der Orden Spenden von Diktatoren und korrupten Wirtschaftsbossen annehme. Viele kritisieren auch, dass der Orden nur einen geringen medizinischen Hintergrund hat und dass sich Mutter Teresa immer streng gegen Verhütungsmittel aussprach. Ihre Verteidiger betonen hingegen ihre noble, lebenslange Mission, den Verzweifelten und Sterbenden Liebe und Pflege zu geben und sie in ihrer Würde anzuerkennen; hierdurch würde sie auch andere inspirieren, in ihre Fußstapfen zu treten.

zonas-Riesenseerosen, auf dem man Boot fahren kann.

Die am meisten angepriesene Attraktion im Park ist die 250 Jahre alte **„weltweit größte Banyanfeige"**. Die Behauptung ist etwas irreführend: Der Hauptstamm faulte schon in den 1920er Jahren weg. Geblieben ist ein Gestrüpp aus Nebenästen und miteinander verbundenen Luftwurzeln, das kaum nach einem einzelnen Baum aussieht. Die Banyanfeige ist fünf Gehminuten vom Bicentenary Gate des Parks (dort halten die Busse 55 und 213) bzw. 30 Gehminuten vom Haupttor entfernt (wo die Minibusse und der Bus 55 nach ihrer furchtbar langsamen Fahrt von der Esplanade über Howrah ihre Endstation haben). Ein Taxi von der Shakespeare Sarani über die elegante Vidyasagar Setu zum Garten kostet rund 200 ₹.

Horticultural Gardens PARK

(Karte S. 512; Belvedere Rd; 10 ₹; ⏲6–10 & 14–19 Uhr) Der hübsche Gartenkomplex, eine versteckte Insel der Beschaulichkeit im Herzen von Kolkata, gibt einem Gelegenheit, sich mit tropischen Pflanzenarten vertraut zu machen, während man das Auge an der ruhigen, grünen Umgebung weidet. Hunderte tropische Sträucher und Blütenpflanzen blühen rund um die zentrale Rasenfläche, im japanischen Garten sowie um einen niedlichen, von Steinen eingefassten Wasserfall. Es gibt auch einen Obstgarten (Pflücken verboten) sowie separate Kakteen- und Orchideengärten.

Alipore Zoo ZOO

(Karte S. 512; www.kolkatazoo.in; Alipore Rd; Eintritt 20 ₹, Video 250 ₹; ⏲Fr–Mi 9–17 Uhr) Kolkatas 16 ha großer Zoo wurde 1875 als einer der Vorzeige-Tierparks Britisch-Indiens eröffnet, hat im Lauf der Jahre aber an Bedeutung und Qualität verloren. Die großzügigen Rasenflächen und Uferwege am See sind für Picknickausflüge am Wochenende sehr beliebt (und entsprechend vermüllt). Zwischen Weihnachten und Neujahr kommt man besser nicht, weil der Zoo dann von den Einheimischen überrannt wird. Auf dem Gelände gibt's Toiletten und Stände, an denen man Snacks und Wasserflaschen bekommt.

Aktivitäten

Bootsfahrten BOOTSFAHRT

(Outram Ghat) Eine fantastische Art, den Sonnenuntergang über dem Hooghly zu erleben, ist eine Ruderpartie auf dem Fluss in der Abenddämmerung. Ruderboote reihen sich an dem Pier am **Outram-Ghat** aneinander, und Ruderer bieten Rundfahrten an, die von der Anlegestelle aus unter der **Vidyasagar Setu** hindurchführen. Eine einstündige Fahrt kostet rund 500 ₹.

Heritage Tram STRASSENBAHNFAHRT

(Karte S. 506; Tickets inkl. Snacks 260 ₹; ⏲Sa & So 7 & 14 Uhr) Die staatliche Calcutta Tramways Company betreibt in Kolkata nur ein paar Straßenbahnen auf ausgewählten Strecken. Ein besonderes Erlebnis verspricht aber die renovierte, klimatisierte historische Straßenbahn, in der man eine Vergnügungsfahrt vom Esplanade-Straßenbahndepot über den Maidan oder auf der Rabindra Sarani zu den charmanten nördlichen Bezirken unternehmen kann.

Royal Calcutta Golf Club GOLF

(☎033-24731352; www.rcgc.in; 18 Golf Club Rd; Spielgebühr für Nichtmitglieder 6500 ₹, Caddy-Gebühr für 9-/18-Loch 225/450 ₹) Der noble Royal Calcutta Golf Club wurde 1829 gegründet und ist damit der älteste Golfclub in der Welt außerhalb Großbritanniens. Es ist zugleich einer der wenigen kolonialen Golfclubs in Indien, wo man auch als Nichtmitglied, wenn auch gegen eine hohe Gebühr, Bälle abschlagen kann. Die weiteren Einrichtungen (u.a. Schwimmbad und Tennisplatz) kann man aber nur als Gast eines Mitglieds nutzen.

Responsible Charity FREIWILLIGENARBEIT

(www.responsiblecharity.org) Die US-amerikanische Wohltätigkeitsorganisation hilft mittellosen Familien im Jadavpur-Gebiet von Kolkata. Freiwillige sollten als Ärzte ausgebildet sein oder Erfahrungen im Bildungsbereich haben. Wer helfen will, kann auch getragene (ordentliche) Kleidung bei der Sammelstelle im JoJo's Cafe (S. 520) spenden.

Missionaries of Charity FREIWILLIGENARBEIT

(☎033-22497115; www.motherteresa.org) Der von der heiliggesprochenen Mutter Teresa gegründete Orden hilft zahlreichen Hilflosen, Kranken und Sterbenden in der Stadt. Freiwillige sind immer willkommen. Es gibt keine zeitliche Mindestverpflichtung, und man braucht keine Erfahrungen und keine besonderen Fähigkeiten, sondern nur ein offenes Herz und Geduld, um den Menschen zuzuhören und ihnen Mitgefühl zu zeigen, selbst wenn man ihre Sprache nicht versteht.

Freiwillige müssen aber an einem Orientierungs-Briefing teilnehmen, das dreimal wöchentlich im **Sishu Bhavan** (Karte S. 502;

Süd-Kolkata

78 AJC Bose Rd; ⌚ Mo, Mi & Fr 15 Uhr), zwei Blocks nördlich von Mutter Teresas Mutterhaus (S. 502) durchgeführt wird. Ein „Tag" Freiwilligenarbeit beginnt mit einem Frühstück aus Brot und Bananen um 7 Uhr im Mutterhaus und endet in der Regel am frühen Nachmittag.

Kurse

Mystic Yoga Studio YOGA
(Karte S. 498; www.mysticyoga.in; 2. OG, 20A Camac St; Sitzungen zum Vorbeikommen 600 ₹; ⌚ 8–20 Uhr) Das mit Wandspiegeln ausgestattete kommerzielle Studio bietet einstündige Yogasitzungen mit Einleitung für Teilnehmer an, die einfach vorbeikommen (meist Grundkurse). Wer länger bleibt, kann auch einen einmonatigen Kurs buchen, der stärker strukturiert ist. Es gibt eine angeschlossene Saftbar und ein Bio-Café mit Mantras vom Band. Die Termine ändern sich an den Wochenenden, wenn das Studio bis 17 Uhr geöffnet ist.

Kali Travel Home KOCHEN
(☎ 033-25550581; www.traveleastindia.com; Kurs ab 1200 ₹/Pers.) Engagierte ortsansässige Ausländer aus dem Kali Travel Home veranstalten individuell zugeschnittene bengalische Kochkurse bei einheimischen Familien. Die Kurse reichen von einfachen Gerichten bis zu besonderen Spezialitäten (vegetarisch & nichtvegetarisch), darunter auch die Zubereitung eines umfangreichen bengalischen Mittagstellers. Das Kali veranstaltet außerdem geführte Touren durch Kolkata und umliegende Gebiete. Genauere Infos gibt's telefonisch.

Geführte Touren

★ **Calcutta Walks** STADTSPAZIERGANG
(Karte S. 506; ☎ 033-40052573, 9830184030, 9830604197; www.calcuttawalks.com; 9A Khairu Pl; ab 2000 ₹/Pers.) Das äußerst professionelle Unternehmen des kundigen Denkmalschützers Iftekhar bietet eine breite Palette an

Süd-Kolkata

Sehenswertes
1 Alipore Zoo ... A1
2 Birla Mandir ... D2
3 CIMA ... D1
4 Horticultural Gardens ... A2
5 Kalighat-Tempel ... B3
Nirmal Hriday ... (siehe 5)
6 Rabindra Sarovar ... C3

Aktivitäten, Kurse & Touren
7 Help Tourism ... B3

Schlafen
8 Bodhi Tree ... B4
9 Corner Courtyard ... C2

Essen
10 6 Ballygunge Place ... D2
11 Bhojohori Manna ... D3
Corner Courtyard ... (siehe 9)
12 Tamarind ... C3

Ausgehen & Nachtleben
13 Basement ... C1
Dolly's Tea Shop ... (siehe 19)
14 Irish House ... D1
15 Mrs Magpie ... D3
16 Smoke Shack ... D2

Unterhaltung
GD Birla Sabaghar ... (siehe 2)
Inox (Quest Mall) ... (siehe 14)
17 Seagull Arts & Media Resource Centre ... B2

Shoppen
Aranya ... (siehe 19)
18 Byloom ... D3
19 Dakshinapan Shopping Centre ... D4
20 Sienna Store & Cafe ... D3
21 Weaver's Studio ... D2

Transport
22 Autorikschastand (Hazra–Bondel Route) ... B2
23 Autorikschastand (Hazra–Kidderpore Route) ... B2
24 Autorikschastand (Rashbehari–Gariahat Route) ... B3

Spaziergängen, Rad- und Motorradtouren sowie Unterkünfte bei örtlichen Gastfamilien. Es produziert auch den wohl besten gedruckten Stadtplan von Kolkata. Abgesehen von den Stadtspaziergängen zu einem festen Termin kann man zu einem höheren Preis auch maßgeschneiderte private Stadtführungen vereinbaren.

Backpackers MOTORRADTOUR
(Karte S. 502; ☎9836177140; www.tourdesundarbans.com; Tottee Lane; 2200 ₹/Pers. & Motorrad inkl. Mittagessen) Die vor allem für ihre Touren in die Mangrovenwälder der Sundarbans bekannten „Brüder" von Backpackers bieten auch innovative Stadtrundfahrten auf dem Rücksitz eines schnittigen Royal-Enfield-Motorrads. Die typische Rundfahrt (8.30–15 Uhr) führt zu mehreren bekannten Sehenswürdigkeiten wie Old Chinatown, dem Victoria Memorial, dem South Park Street Cemetery, der Howrah Bridge und Kumartuli und berücksichtigt gelegentlich auch ein paar Kuriositäten.

Bomti TOUR
(Surajit Iyengar; ☎9831314990; bomtiyengar@yahoo.com; 8000–10 000 ₹/Gruppe & Tag zzgl. für Mahlzeiten 2500–3000 ₹/Pers.) Bomti ist nicht nur ein Fremdenführer, sondern auch ein Kunstsammler und eine sprudelnde Informationsquelle zur Geschichte der Stadt. Von seiner faszinierenden, mit Kunst und Kunsthandwerk vollgestopften Wohnung aus, die schon in *Elle Decor* vorgestellt wurde, veranstaltet er individuell zugeschnittene Führungen für bis zu vier Personen, die typischerweise mit einem üppigen, traditionell bengalischen Mahl in seiner Wohnung enden.

Calcutta Photo Tours FOTOGRAFIE
(☎9831163482; www.calcuttaphototours.com; ab 1750 ₹/Pers.) Der professionelle Veranstalter bietet eine Reihe von Fotografie-Spaziergängen, deren Themen die Kultur Kolkatas, das koloniale Erbe und die Märkte der Stadt sind. Die Touren starten um 6 oder 14 Uhr und werden ganzjährig veranstaltet.

Schlafen

Ordentliche Hotelzimmer sind in Kolkata teuer, und die Budgetunterkünfte sind oft scheußlich. Die Spitzenklassehotels bieten online beträchtlichen Rabatt, während man bei Mittelklassehotels ohne Reservierung günstiger fährt und Budgetunterkünfte meist gar keine Reservierungen annehmen. Im Gebiet Salt Lake gibt's viele Businesshotels, aber es ist so schlecht angebunden, dass sich Traveller ärgern könnten, hier abgestiegen zu sein. Vor und während der Durga Puja (S. 517) sind die Unterkünfte rappelvoll, und auch von Mitte November bis Februar ist die Nachfrage groß.

PREISKATEGORIEN SCHLAFEN

Die folgenden Preiskategorien beziehen sich auf ein Doppelzimmer inklusive Steuern (5 % für Zimmer über 1000 ₹; 17,42 % für Zimmer über 3000 ₹). Bei Preisverhandlungen immer genau nachfragen, welcher Steuersatz gilt.

$ weniger als 2000 ₹

$$ 2000–6000 ₹

$$$ mehr als 6000 ₹

Rund um die Sudder Street

Die Gegend um die praktisch gelegene Sudder St ähnelt in Kolkata am ehesten einem Traveller-Ghetto. Es gibt hier eine ganze Palette an Dienstleistungen für Traveller, und praktisch jedes zweite Haus ist eine Pension oder ein Hotel – von charmanten historischen Palästen bis zu spottbilligen Absteigen, die ganz neue Dimensionen der Scheußlichkeit erschließen. Unterkünfte für unter 1000 ₹, die wir im Gebiet um die Sudder St nennen, bezeichnen in der Regel nur halbwegs annehmbare, aber keineswegs empfehlenswerte Optionen.

Hotel Lindsay HOTEL **$$**

(Karte S. 502; ☎ 033-30218866; www.thelindsay.in; 8 Lindsay St; EZ/DZ mit Frühstück ab 4150/4750 ₹; ❄📶) Die gründliche Neugestaltung verleiht den Zimmern und Korridoren des Hotels einen attraktiven „Alt-Kolkata"-Flair, der die Architektur des Turms aus den 1970er-Jahren, in denen sie sich befinden, vergessen lässt. Einige der Zimmer blicken auf das Areal des stimmungsvollen New Market. Ohne Reservierung können die Preise günstiger sein, aber wegen der unschlagbaren Lage und des tollen Barrestaurants auf der Terrasse ist meist ohne vorherige Buchung kein Zimmer frei.

Afridi International HOTEL **$**

(Karte S. 502; ☎ 033-66077525; goldenapplegrouphotels@gmail.com; 3 Cowie Lane; DZ mit Frühstück 1450 ₹; ❄📶) Das vielleicht am professionellsten geführte Budgethotel an der Sudder St: Die Möbel und Armaturen sind erstklassig, und der Eingang ist mit kristallinem Marmor ausgelegt. Einige Zimmer sind klein und etwas muffig, aber das Haus wird regelmäßig gepflegt, und die modischen Polstermöbel und bequemen Betten garantieren einen angenehmen Aufenthalt.

Golden Apple Hotel PENSION **$$**

(Karte S. 502; ☎ 033-66077500; www.goldenapplehotel.in; 9 Sudder St; B Kabine 700 ₹, DZ mit Frühstück ab 3550 ₹) Die Unterkünfte in diesem Haus sind überwiegend frisch und für diesen Preis auch geschmackvoll eingerichtet. Selbst in das engste, billigste Zimmer passt irgendwie noch ein Schreibtisch hinein. Stilvoll und praktisch für Backpacker sind die 15 Deluxe-Schlafsaalkabinen im obersten Stock: abschließbare, durch Milchglaswände abgetrennte Kabinen mit Raum für das Gepäck unter der Matratze.

Bawa Walson Spa'O'Tel BOUTIQUEHOTEL **$$**

(Karte S. 502; ☎ 033-22521512; 5A Sudder St; EZ/DZ mit Frühstück 3600/4230 ₹; ❄📶) Viele Mudra-Hände aus Messing, Buddhaköpfe, hübsche metallbeschlagene Skulpturen und farbenfrohe Stoffe geben dem Walson optische Ähnlichkeit mit einem thailändischen Boutiquehotel. Die Zimmer sind zwar nett, aber die billigeren sind sehr klein, empfangen nur wenig natürliches Licht und wirken leicht dumpf. Die Loungebar ist mit Filmplakaten von Hollywood-Klassikern dekoriert.

★ **Oberoi Grand** HISTORISCHES HOTEL **$$$**

(Karte S. 502; ☎ 033-22492323; www.oberoihotels.com; 15 Chowringhee Rd; EZ/DZ mit Frühstück ab 12 100/14 200 ₹; ❄@📶🏊) Salutierende Türsteher geleiten einen aus dem Chaos der Chowringhee Rd in diese hochherrschaftliche Oase der vornehmen Ruhe, die jeden einzelnen ihrer fünf Sterne wirklich verdient. Die makellosen Zimmer atmen zeitlose Klasse, der Swimmingpool ist von hohen Palmen umringt und das eifrige Personal sieht jeden Gästewunsch voraus. In den bemerkenswert komfortablen Zimmern kann man unter fünf verschiedenen Kissen wählen und genießt den entspannenden Blick auf den Pool.

Online gibt's Sonderangebote ab 8454 ₹.

Hotel Aafreen HOTEL **$**

(Karte S. 502; ☎ 033-22654146, 033-32261780; www.goldenapplehotel.in; Nawab Abdur Rahman St; DZ mit/ohne Klimaanlage 1400/1250 ₹; ❄📶) Das Hotel mit seinen gemusterten rosafarbenen Marmorböden und Zimmern von ordentlicher Größe, die regelmäßig neu gestrichen werden und mit schicken Möbeln und sauberer Bettwäsche überzeugen, bietet Mittelklassequalität zu Budgetpreisen. Für Leute mit kleiner Reisekasse sind die noch günstigeren Zimmer mit Ventilator sogar noch attraktiver.

Hotel Galaxy PENSION $
(Karte S. 502; ☎ 033-22524565; hotelgalaxy.kol@gmail.com; 3 Stuart Lane; DZ/3BZ 900/1200 ₹; ❄📶) Das ruhige, seit langem beliebte Gästehaus wirkt von außen schäbig, aber die winzigen Zimmer sind unerwartet komfortabel und gut eingerichtet. In den angeschlossenen Badezimmern fließt tatsächlich warmes Wasser, es gibt kostenloses WLAN und für 200 ₹ extra auch eine Klimaanlage. Auf der Vorderveranda befindet sich ein kleiner Sitzbereich mit einer Mini-Bibliothek, wo man seinen Handabdruck auf der Wand hinterlassen kann, die als „Gästebuch" fungiert.

DK International HOTEL $$
(Karte S. 502; ☎ 033-22522540, 033-40019283; www.dkinthotel.com; 11/1A Marquis St; DZ ab 2400 ₹; ❄📶) Der fünfgeschossige Glasturm hat mit seinen Korridoren, den „Jade"-Ornamenten (in Wahrheit aus Speckstein) und den Zimmern mit goldenen Vorhängen ein gewisses Neo-Art-déco-Flair. Trotz der billigen Preise versucht das Haus mit einem Businesshotel zu wetteifern: Es gibt kostenlos Zeitungen und Obstkörbe. Der Service ist prompt und effizient.

Lytton Hotel BOUTIQUEHOTEL $$$
(Karte S. 502; ☎ 033-22491872, 033-39841900; www.lyttonhotelindia.com; 14 Sudder St; EZ/DZ mit Frühstück 5800/7100 ₹; ❄📶) Das einzige „echte" Spitzenklassehotel an der Sudder St ist ein wenig altmodisch, aber gepflegt und zeigt in den Treppenhäusern kleine Paneele im Tiffany-Stil. In den attraktiv eingerichteten Zimmern gibt's Sitzbereiche, außerdem Wasserkocher, Safe, Kühlschrank und WLAN. Die Matratzen könnten allerdings dicker und die Bäder moderner sein. Die Zimmer unterscheiden sich beträchtlich in ihrer Größe.

Rund um die Park Street

Sunflower Guest House PENSION $
(Karte S. 502; ☎ 033-22299401; www.sunflowerguesthouse.com; 5. OG, 7 Royd St; DZ mit/ohne Klimaanlage ab 1650/1450 ₹; ❄@📶) Das Sunflower verwirklicht, wonach alle Budgethotels in Kolkata streben sollten. Es residiert in einem prächtigen Wohngebäude von 1865. Man fährt mit dem alten Aufzug ganz nach oben und steigt dann noch eine Etage hoch, um einzuchecken. Die Zimmer können etwas spartanisch ausfallen, aber sie sind blitzsauber und haben hohe Decken. Es gibt nette Gemeinschaftsbereiche, und der Dachgarten ist in der Abenddämmerung richtig angenehm.

YWCA HOSTEL $
(Karte S. 502; ☎ 033-22292494; www.ywcacalcutta.org; 1 Middleton Row; EZ/DZ 700/1000 ₹, ohne Bad 450/750 ₹, mit Klimaanlage 1000/1300 ₹;

TOP-FESTIVALS

Dover Lane Music (www.doverlanemusicconference.org; Nazrul Mancha, Rabindra Sarovar; ⌚ Ende Jan.) Indische klassische Musik und Tanz im Rabindra Sarovar.

Saraswati Puja (⌚ Ende Jan./Anf. Feb.) Gebete um Schulerfolge; alle Teilnehmer sind gelb gekleidet.

Kolkata Book Fair (www.kolkatabookfair.net; Milan Mela, EM Bypass; ⌚ Ende Jan./Anf. Feb.) Die größte Buchmesse in Asien.

`Id al-Fitr (⌚ 2018: 15. Juni, jedes Folgejahr 10 Tage früher) Das muslimische Fest des Fastenbrechens nach dem heiligen Monat Ramadan.

Rath Yatra (⌚ Ende Juli/Anf. Aug.) Wichtiges Krishna-Wagenfest, ähnlich dem in Puri.

Durga Puja (⌚ Ende Sept./Anf. Okt.) Kolkatas größtes Fest (S. 515).

Kolkata Film Festival (www.kff.in; ⌚ Mitte Nov.) Wochenlanges Fest mit indischen und internationalen Filmen.

Kolkata Jazzfest (www.jazzfest.in; Dalhousie Institute; ⌚ Ende Nov.) Drei Tage Jazz, Blues und Weltmusik.

Boro Din Kolkatas Version von Weihnachten.

Es gibt auch eine große Menge ländlicher Kunsthandwerksfeste in der Umgebung der Stadt. Bangla Natak (www.banglanatak.com) ist eine Nichtregierungsorganisation, die sich dafür einsetzt, sie bekannt zu machen und Besucher dafür zu interessieren.

❄) Man muss keine Frau sein, um in diesem gepflegten, schlichten, aber imposanten Gebäude von 1925 ein Zimmer zu bekommen. Die alten Zimmer mit hohen Decken haben lamellierte grüne Türen, die sich zu einem breiten, gewölbten Korridor öffnen, auf dessen anderer, offener Seite ein zentraler Tennisplatz liegt. Die großen, spärlich eingerichteten Zimmer wirken altmodisch ohne die geringste Andeutung von Luxus.

★ Park Hotel HOTEL $$$
(Karte S. 502; ☎ 033-22499000; www.theparkhotels.com; 17 Park St; EZ/DZ mit Frühstück ab 6250/7250 ₹; ❄ @ 📶 🏊) Eine hippe, noble Unterkunft in erstklassiger, zentraler Lage: Die modernen Zimmer sind gemütlich und zeigen ein keckes Dekor, und hinten im 1. Stock verbergen sich drei tolle Restaurants und der mit einem Wasserfallvorhang markierte Durchgang zum Aqua, einer der coolsten Poolbars in Indien. Seltsamerweise führt der Haupteingang des Hotels durch das Street, ein Café und Deli.

Corporate HOTEL $$
(Karte S. 502; ☎ 033-22267551, 8981011686; www.thecorporatekolkata.com; 4 Royd St; DZ mit Frühstück 4650 ₹; ❄ 📶) In der eleganten Designer-Lobby dieses schicken Hotels scheint der Rezeptionist förmlich in leuchtendem Marmor zu schweben. Die kompakten, gepflegten Zimmer in Beige- und Brauntönen haben bequeme dicke Matratzen mit Satinrahmen und helle Badezimmer aus poliertem Stein. Die Suiten verfügen über kleine Balkone, und es gibt einen „Garten" mit vier Tischen hinter den Küchenfenstern. Willkommene Extras sind der Wasserkocher, der Kühlschrank und der Fön.

Südliches Chowringhee

Central B&B B&B $$
(Karte S. 498; ☎ 9836465400; www.centralbnb.com; Flat 28, 7. OG, Lansdowne Crt, 5B Sarat Bose Rd; DZ mit Frühstück 3550 ₹; ❄ 📶) Das wahrscheinlich beste Apartment-Gästehaus in Kolkata, das sich auch international einen Namen als B&B gemacht hat, wird allen seinen Versprechungen gerecht. Die vier Zimmer sind groß und komfortabel, es gibt ein großes gemeinsames Wohnzimmer und eine Gemeinschaftsküche, schnelles WLAN, ein einfaches, aber reichhaltiges Frühstück, einen Korb mit kostenlosen Snacks und stets diensteifrige (wenn auch in der Regel unsichtbare) Gastgeber.

Astor HISTORISCHES HOTEL $$$
(Karte S. 498; ☎ 033-22829950; www.astorkolkata.com; 15 Shakespeare Sarani; EZ/DZ 8300/8900 ₹; ❄ 📶) Die abendliche Flutlicht-Beleuchtung zeigt die solide Architektur des 1905 erbauten Hotels in bestem Glanz; innen sind die Wände mit Schwarzweißfotos des alten Kolkata geschmückt. Die kreative Farbpalette (Schokoladenbraun, Beige und ein schimmerndes Hellblau) belebt die schön eingerichteten Zimmer, die 2012 komplett renoviert wurden. In einigen Suiten stehen Himmelbetten. Die Größe und die Form der Zimmer sind unterschiedlich. Es gibt keinen Aufzug.

Kenilworth HOTEL $$$
(Karte S. 498; ☎ 033-22823939; www.kenilworthhotels.com; 1 Little Russell St; DZ mit Frühstück ab 7150 ₹; ❄ 📶) Die angenehm hellen, voll ausgestatteten Zimmer in diesem wunderbaren Hotel haben Betten, die zu den komfortabelsten zählen, die die Stadt zu bieten hat. Das weite Foyer mit Marmor, dunklem Holz und Kronleuchtern bildet einen schönen Kontrast zu dem moderner wirkenden Café, das auf eine attraktive, viereckige Rasenfläche hinausgeht. Abends treffen sich in dem irisch aufgemachten Pub im Haus die Schönen und Reichen der Stadt.

Park Prime BUSINESSHOTEL $$$
(Karte S. 498; ☎ 033-30963096; www.chocolatehotels.in; 226 AJC Bose Rd; EZ/DZ inkl. Frühstück ab 6800/7600 ₹; ❄ @ 📶 🏊) Hier übernachtet man in einem künstlerisch gestalteten Ambiente, das einer siebenstöckigen Computer-Lochkarte ähnelt und Zimmer mit einem Dekor aus optischen Illusionen bietet. Die Kopfteile der Betten setzen sich hinauf zur Decke und über sie fort und wandern dann die Wand hinunter, um als spitz zulaufender Tisch zu enden. Beim Komfort wurden keine Kompromisse gemacht, die Lobby ist geräumig und einladend, der Swimmingpool auf dem Dach schmiegt sich an Henry's Lounge Bar an.

Rund um das Mutterhaus

Im Gebiet um das Mutterhaus von Mutter Teresa und die Park St gibt es ein paar prosaische Hotels und Pensionen, die für alle praktisch sind, die bestimmte interessante Stellen in der Gegend besuchen wollen. Sie liegen allerdings ziemlich verstreut und lassen Einrichtungen für Backpacker und jede Art von Traveller-Geselligkeit vermissen.

Monovilla Inn PENSION $

(Karte S. 502; ☎033-40076752; www.monovillainn.com; 79/26/D AJC Bose Rd; EZ/DZ 1200/1500 ₹, mit Klimaanlage 1800/2100 ₹; ❄@) Die frischen und modernen Zimmer liegen in einem dreigeschossigen Gebäude aus den 1940er-Jahren mit nur zwei Gästezimmern pro Etage. Die oben gelegenen Zimmer sind heller. Es gibt kaum Gemeinschaftsbereiche, sodass man sich die meiste Zeit in seinem Zimmer aufhalten muss. Die Toiletten sind angesichts des günstigen Preises sehr gut.

Georgian Inn PENSION $

(Karte S. 502; ☎9830156625, 9830068355; www.georgianin.com; 1 Doctor Lane; EZ/DZ 1150/1350 ₹, mit Klimaanlage 1500/1750 ₹; ❄) Das sehr funktionale, aber freundliche und billige Hotel gewinnt etwas Atmosphäre dank des faszinierenden Gewimmels auf dem umliegenden Taltala Market. Das Straßenbild der Doctor Lane direkt im Osten erinnert architektonisch an das alte Penang. Die Unterkunft liegt in Gehweite zu den Arcalen um den New Market und die Sudder St.

BBD Bagh

Bengal Buddhist Association PENSION $

(Bauddha Dharmankur Sabha; Karte S. 506; ☎033-22117138; bds1892@yahoo.com; 1 Buddhist Temple St; DZ/3BZ ohne Bad 300/400 ₹; ❄) Das Haus ist zwar für Buddhismus-Studenten von auswärts gedacht, öffnet seine Pforten aber für alle Traveller, solange sie die Hausregeln beachten. (Die Türen sind von 22 bis 6 Uhr verschlossen, und man darf nicht betrunken hineinstolpern.) Die schlichten Zimmer haben einfache Gemeinschaftsbäder mit Durchlauferhitzer, und es gibt auch ein paar Zimmer mit angeschlossenem Bad und Klimaanlage (750 ₹).

Broadway Hotel HOTEL $

(Karte S. 506; ☎033-22363930; www.broadwayhotel.in; 27A Ganesh Chandra (GC) Ave; EZ/DZ/3BZ/Suite 980/1150/1610/1980 ₹; ❄📶) Das Broadway ist ein schlichtes kolonialzeitliches Hotel, das sich seinen Charakter bewahrt hat, ohne ins gehobene Preissegment abzuwandern. Ein alter Aufzug führt zu den schlichten, aber gepflegten Zimmern mit hohen Decken und aufgepolsterten Möbeln im Stil der 1950er-Jahre. Der Service ist gut, die kostenlose Tageszeitung wird unter der Tür durchgeschoben, aber warmes Wasser gibt's in den billigeren Zimmern nur im Eimer. Die Bar im Haus ist angenehm stimmungsvoll.

Lalit Great Eastern HOTEL $$$

(Karte S. 506; ☎033-44447777; www.thelalit.com; 1 Old Court House St; Zi. inkl. Frühstück ab 8400 ₹; ❄📶🏊) Das Great Eastern Hotel von 1840 gehörte früher einmal zu den feinsten Adressen Indiens. Es war jahrelang dem Verfall preisgegeben und die originale, nach Westen ausgerichtete Fassade ist immer noch eine Baustelle. Dahinter jedoch verbirgt sich ein völlig neues, schickes Businesshotel. Die

DURGA PUJA

Etwa so wie der Karneval Städte wie Rio oder New Orleans verwandelt, so bringt das **Durga Puja** Kolkata zu einem Höhepunkt an farbenprächtigem Chaos, wenn die Stadt die mütterliche Essenz des Göttlichen feiert. Fünf Tage lang verehren die Menschen ausgelassen Ende September oder Anfang Oktober die bemalten Abbilder der zehnarmigen Göttin Durga und deren Gefolge. Die Figuren schmücken die *pandals* (behelfsmäßige Schreine), die die Höfe und kleine Parks beherrschen und die Straßen versperren.

In den letzten 30 Jahren wurden durch Designwettbewerbe und Sponsoren die *pandals* immer prächtiger und komplexer, und manche von ihnen stehen für ein bestimmtes Motto oder sind Träger politischer Botschaften. **West Bengal Tourism** (S. 527) organisiert Touristentouren zu einer Auswahl der schönsten *pandals*, aber angesichts des allgegenwärtigen Freudentaumels kann es Stunden dauern, bis man zu einem der Ziele innerhalb der Stadt gelangt. Auf dem Höhepunkt des Festes werden zahllose Durga-Figuren in den heiligen Fluss Hooghly geworfen; dazu wird gesungen, man bespritzt sich mit Wasser, Feuerwerk wird gezündet und das Verkehrschaos steigert sich ins Unbeschreibliche. Wer einfach nur Fotos von *pandals* machen will und sich nicht sonderlich für das Festival interessiert, kommt am besten erst kurz nach der Durga-Puja-Feier, wenn die Götzenfiguren verschwunden sind, aber die *pandals* noch nicht abgebaut wurden. Man sollte bedenken, dass die Stadt während dieser fünf Tage im Prinzip lahm gelegt ist. Daher sollte man keine wichtigen Arbeiten oder Termine in diese Festivalzeit legen.

Zimmer sind geräumig und modern eingerichtet, haben sehr bequeme, übergroße Betten und stilvolle, in schwarzen Stein gefasste (wenn auch undichte) Duschen. Der Eingang erfolgt über die Waterloo St.

Süd-Kolkata

★ Corner Courtyard BOUTIQUEHOTEL $$
(Karte S. 512; ☎033-40610145; www.thecornercourtyard.com; 92B Sarat Bose Rd; DZ mit Frühstück 5000 ₹; ❄📶) Die sieben perfekt eingerichteten Zimmer in diesem stilvollen Haus heißen nach Farben, haben aber außerdem noch fotografische Unterthemen, z. B. bengalisches Kino im „dunkelgrauen", Kumartuli-Gottheiten im „zinnoberroten" oder das architektonische Erbe Kolkatas im „elfenbeinfarbenen" Zimmer. Die Zimmer verteilen sich auf zwei Etagen über einem erstklassigen kleinen Restaurant in einem kürzlich restaurierten Stadthaus von 1904, das auch über einen charmanten Dachgarten mit herabhängenden Bougainvilleen verfügt.

Bodhi Tree PENSION $$
(Karte S. 512; ☎033-24246534, 8017133921; www.bodhitreekolkata.com; 48/44 Swiss Park; DZ mit Frühstück ab 2500 ₹; ❄📶) Ein paar stimmungsvolle Gästezimmer mit Steinwänden und Buddha-Thematik sind an das faszinierende kleine „klösterlich-künstlerische" Galerie-Café angefügt, das sich als eine Adresse mit Hippie-Schick für gehobene Backpacker versteht. Der Zugang befindet sich hinter dem südöstlichen Ausgang der Metrostation Rabrindra Sarovar, von wo man rund 10 Minuten Richtung Osten läuft.

Rund um den Flughafen

Celesta BOUTIQUEHOTEL $$
(☎033-71000131; www.celesta.in; VIP Rd, Ragunathpur; DZ mit Frühstück ab 3600 ₹; ❄📶) Das Celesta ist das charmanteste von mehr als einem Dutzend Hotels im Bereich von Raghunathpur, die auf durchreisende Traveller abzielen (der Flughafen ist mit dem Taxi 15 Minuten entfernt). Mit großen Spiegelglaswänden im Foyer und einer Fassade, die oben an ein Mondrian-Gemälde erinnert, gibt sich das Haus stilvoll. Die Zimmer im Retro-Art-déco-Stil haben luxuriöse Betten mit vielen Kissen und Regenduschen.

Das Hotel befindet sich neben dem gut ausgeschilderten KFC an der Ostseite der VIP Rd, 4 km südlich des Flughafens.

Hotels Balaji & Tirupati HOTEL $$
(☎033-25120065, 033-25132005; www.hotelbalajiinternational.in; 32 Jessore Rd; DZ Balaji/Tirupati ab 1550/1850 ₹; ❄📶) Die schicken beiden Hotels, die nach südindischen Gottheiten benannt sind, liegen zwischen den Flughafen Gates 1 und 2. Die Häuser haben schwere Holztüren, Pflanzen auf den Treppenstufen und gute Zimmer mit ordentlichen Bädern. Die Matratzen sind aber dünn, und auf einigen Spiegeln entdeckt man das nicht recht in den Zusammenhang passende Konterfei von Donald Duck. Im Preis ist der Transport zum Flughafen inbegriffen.

Essen

Die bengalische Küche ist eine wunderbare Entdeckung, sobald man sich erst einmal mit dem neuen kulinarischen Vokabular vertraut gemacht hat. Die billigeren Lokale servieren oft Portionen in Vorspeisengröße, man bestellt also zwei oder drei Gerichte pro Person und dazu Reis oder *luchi* (frittierte bengalische *puris*). Die meisten Restaurants schlagen 19,4 % Steuern auf die Rechnung der verzehrten Speisen auf (dieser Zuschlag ist in den folgenden angegebenen Preisen enthalten). Bei schickeren Läden kommt noch ein Betrag für den Service hinzu. Ein Trinkgeld ist in den billigeren Lokalen willkommen und wird in den meisten teuren Restaurants erwartet. Genauere Infos findet man im **Times Food Guide** (Buch 239 ₹) und unter **Zomato** (www.zomato.com/kolkata).

Rund um die Sudder Street

Bhoj Company BENGALISCH $
(Karte S. 502; Sudder St; Hauptgerichte veg. 60–90 ₹, nichtveg. 100–200 ₹; ⏲8.30–23.30 Uhr; ❄) Ausgezeichnetes, günstiges bengalisches Essen wird in diesem winzigen Restaurant mit farbenfroher naiver Kunst an den weißen Wänden und Nischen mit kleinen Terrakotta-Statuetten aufgetischt. Eine köstliche sichere Bank ist das *rui kalia* (Fischcurry mit Ingwer und Knoblauch) oder die Riesengarnelen *malaikari* (in einer Kokosmilch-Sauce) sowie Dhal und Reis mit *jhuri alu bhaja* (knusprigen Kartoffelstreifen).

Suruchi BENGALISCH $$
(Karte S. 502; ☎033-22290011; 89 Elliot Rd; Hauptgerichte 150–200 ₹; ⏲10–17 Uhr; ❄) Das an eine Kantine erinnernde Lokal einer Hilfsorganisation zur Förderung von Frauen

BENGALISCHES ESSEN

Die bengalische Küche ist reich entfaltet und zeichnet sich vor allem durch das scharfe Aroma von Senföl aus, das das wesentliche Bratfett darstellt. Ein typisches bengalisches Mahl beginnt mit einem grünen Salat und einer Auswahl gebratener Gemüsesorten wie Auberginen, Bittermelonen oder Kartoffeln. Den nächsten Gang bilden ein paar Currys, viele mit reicher Zugabe von *posto* (Mohnsamen). Weitere ausgezeichnete vegetarische Optionen sind *mochar ghonto* (Bananenmehl mit Kartoffeln und Kokosnuss), *doi begun* (Aubergine mit Quark) und *shukto*, eine beliebte Vorspeise mit mindestens fünf verschiedenen Gemüsesorten in einer Sauce auf Kokosmilchbasis, gekrönt mit gebratener Bittermelone und *bori* (scharfen Knusperstückchen aus zerstampfter Dhal-Paste).

Als nächstes kommt Fisch auf den Tisch, wofür Bengalen berühmt ist. Zu den typischen bengalischen Fischcurrysorten zählen das leichte, mit Kreuz- oder Ackerkümmel gewürzte *jhol*, das trockenere und schärfere *jhal* sowie das reichhaltigere, mit Ingwer und Knoblauch abgeschmeckte *kalia*. Eine starke Senfnote prägt die *shorshe*-Currys und *paturi*-Gerichte, die in einem Bananenblatt gedämpft werden. Zu den beliebten Meeresfrüchtearten zählen *chingri* (Flussgarnelen), fleischiger *rohu* (weißer rui), fetter *chital* und der kabeljauähnliche *bhetki*. *Ilish* (Wimpelkarpfen) gilt als der schmackhafteste Fisch, aber man muss mit den Gräten zurechtkommen. Nicht zwingend, aber häufig kommen gegen Ende des Mahls Fleisch- oder *murgi*- (Hühnchen-) Gerichte auf den Tisch. Als Beilagen gibt's *gobindobhog bhaat* (gedämpften aromatischen Reis) oder *luchi* (kleine puris).

Mishti (Desserts) zum Abschluss bilden einen wichtigen Bestandteil eines bengalischen Essens. Subtil aromatisierter *mishti doi* (gesüßter Joghurt), *roshogolla* (frittierte Weißkäsebällchen in Zuckersirup) and *cham-cham* (zweischichtige Desserts auf Quarkbasis) sind die bekanntesten Süßspeisen.

Als schnelle Zwischenmahlzeit sind *kati rolls* das Markenzeichen Bengalens, ein in Öl mit Ei gebratenes *paratha*, das mit gehackten Zwiebeln, Chili und weiteren Zutaten der Wahl (Hühnchenhack, Grillfleisch oder Panir) belegt und dann zusammengerollt wird. Die Speise gibt's hauptsächlich in kleinen Läden als Imbiss zum Mitnehmen. Probieren kann man auch scharfe *phuchka* (Grießbällchen), gefüllt mit würzigem Kartoffel-Masala in Tamarindensauce, oder *jhal muri*, eine scharfe Mixtur aus Puffreis und Erdnüssen.

Ein buntes, sehr liebevolles Porträt der Küche Kolkatas mit einer Beschreibung der unzähligen kolonialzeitlichen Einflüsse und der Veränderungen im Lauf der Jahrhunderte zeichnet *The Calcutta Cookbook* (399 ₹) von Minakshie Dasgupta, Bunny Gupta und Jaya Chaliha, das in den führenden Buchhandlungen erhältlich ist.

serviert fabelhafte, sehr aromatische Fisch-, Fleisch- und vegetarische Gerichte. Das Dekor ist spartanisch, aber mit den Schilfrohr-Blenden vor den Fenstern stilecht. Das Essen wird in feinem Edelstahlgeschirr aufgetragen. Das Lokal in der Elliot Rd ist an seiner zinnoberroten Eingangstür leicht zu erkennen.

Raj Spanish Cafe CAFÉ $

(Karte S. 502; abseits der Sudder St; Hauptgerichte 90–150 ₹, Pizzen 240–390 ₹; ⌚8.30–22 Uhr; 📶) Das unprätentiöse Café ist ein beliebter Treffpunkt von Freiwilligen, die sich für eine mittlere Frist bei Wohlfahrtsorganisationen verpflichtet haben. Es bietet guten Kaffee, Lassis, Pfannkuchen und eine Reihe italienischer, mexikanischer und spanischer Gerichte. Die Pizzen kommen aus dem Holzofen, was in Kolkata selten ist. Es gibt auch einen kleinen Freiluftbereich mit spärlichem Grün. Das Café versteckt sich in einer Gasse hinter dem Stoffgeschäft Roop Shringar.

Blue Sky Cafe CAFÉ $

(Karte S. 502; Chowringhee Lane; Hauptgerichte 70–250 ₹, Säfte 100 ₹; ⌚8–23 Uhr; ❄) Das Sprüche klopfende Personal in diesem Traveller-Café serviert eine große Auswahl verlässlicher und vertrauter Gerichte (darunter tolle Bananenpfannkuchen alter Schule und Milchshakes) an langen Glastischen, die recht eng beieinander stehen, sodass man etwas leichter mit Fremden ins Gespräch kommen kann. Zu den Essenszeiten füllt sich das Café schnell. Man kann auch ohne Sorgen die Salate essen, weil das Grünzeug nur mit Wasser aus Flaschen gewaschen wird.

JoJo's Restaurant CAFÉ $

(Karte S. 502; Sudder St; Snacks 50–70 ₹, Hauptgerichte 80–120 ₹; ⌚8–23 Uhr; ❄📶) Das angenehme, gut geführte Backpacker-Café punktet mit einigen originellen frischen Säften und Smoothies mit sprechenden Namen (Liquid Breakfast, Kung Flu Fighter etc.). Man findet hier kostenloses WLAN, Fahnen und Fresken als Wandschmuck und insgesamt ein fröhliches Ambiente.

Blue & Beyond INTERNATIONAL $$

(Karte S. 502; 9. OG, Lindsay Hotel, Lindsay St; Hauptgerichte 250–350 ₹, Bier/Cocktails ab 220/300 ₹; ⌚12–22.45 Uhr; ❄) Die Trumpfkarte ist die offene Dachterrasse mit weitem Ausblick über den New Market und einer kleinen, verglasten Cocktailbar, die stilistisch irgendwo zwischen 1970er-Retro und einer Raumstation auf LSD angesiedelt ist. Auf der internationalen Karte stehen z. B. *khawsuey* (Nudeln auf birmanische Art), gebratene Garnelen mit Roquefort, Hähnchen auf griechische Art und ein mexikanisches „Gemüsesteak".

Hot Kati Rolls BENGALISCH $

(Karte S. 502; Park St; Wraps ab 40 ₹; ⌚11–22.30 Uhr) Das ist eines von Kolkatas bekanntesten Ladenlokalen mit *kati rolls*. Dabei handelt es sich im Wesentlichen um *paratha* (Fladenbrot), das auf einer Seite mit Ei gebraten und dann mit gehackten Zwiebeln, Chili und einer Füllung nach Wahl (Hühnerhack, Grillfleisch oder Panir) bedeckt wird. Das Ganze wird eingerollt und als Snack zum Mitnehmen in Papier gewickelt.

Mocambo INTERNATIONAL $$

(Karte S. 502; Mirza Ghalib St; Hauptgerichte 300–450 ₹; ⌚11–23 Uhr; ❄) Das Mocambo gibt's seit 1956, aber mit dem altmodischen roten Ledersitzen wirkt es eher wie ein Steakhaus der 1970er-Jahre mit Stimmungsbeleuchtung. Die treuen Stammkunden kommen regelmäßig, um sich an gemischten Grilltellern, gefüllten Krabben, Fisch Wellington, Hähnchen Kiew oder *bhetki* auf Müllerinnenart (Barramundifilets in Zitronen-Buttersauce) zu laben. Es gilt ein ungeschriebener Eintrittscode.

Rund um die Park Street

Peter Cat INTERNATIONAL $$

(Karte S. 502; ☎033-22298841; Middleton Row; Hauptgerichte 200–430 ₹; ⌚11–23 Uhr; ❄) Diese ungeheuer populäre Institution von Kolkata ist am bekanntesten für ihre *chelo*-Kebabs auf iranische Art (Grillstäbchen aus gewürztem Hackfleisch auf Butterreis). Andere Gerichte wie der gemischte Tanduri-Teller oder das kurz gebratene Hähnchen sind ebenfalls sehr beliebt. Das Bier (190 ₹) kommt in Zinnkrügen, und die Kellner tragen Kostüme aus Rajasthan. Keine Reservierung – man stellt sich einfach ans Ende der Schlange!

★ **Arsalan** MOGUL-KÜCHE $$

(Karte S. 502; 119 Ripon St; Hauptgerichte 120–280 ₹; ⌚11.30–23.30 Uhr; ❄) Die bei den Einheimischen immer beliebte zentrale Filiale von Kolkatas bestem Biryani-Haus hat hohe Decken und wirkt attraktiv modern, ist aber nicht modeverliebt. Die Hauptattraktion sind natürlich die gefeierten Biryanis (aromatischer Basmati-Reis, gedämpfte Kartoffeln und große Stücke von saftigem Lamm- oder Hähnchenfleisch). Dazu passen gut das im Mund zergehende Hähnchen-Tikka, am Spieß gegrilltes Lamm-*seekh*-Kebab oder das sahnige Lamm-*galawati*-Kebab.

Südliches Chowringhee

★ **Kewpies** BENGALISCH $$

(Karte S. 498; ☎033-24861600; 2 Elgin Lane; Thalis 450–1050 ₹, Hauptgerichte 150–500 ₹; ⌚Di–So 12.30–15 & 19.30–22.30 Uhr; ❄) Das Kewpies ist eine kulinarische Institution in Kolkata, und ein Essen hier wirkt wie eine üppige Dinnerparty in einem vornehmen, altmodischen Wohnhaus. Ein Spezialitäten zubereitender bengalischer Küchenchef sorgt für makellos traditionelle, authentische bengalische Gerichte aus besten einheimischen Zutaten. Die Speisen sind zwar ziemlich teuer, aber (wie auch das Ambiente) jede Rupie wert.

Kookie Jar CAFÉ $

(Karte S. 498; Rawdon St; Gebäck/herzhaftes Gebäck ab 60/80 ₹; ⌚8.30–21 Uhr; ❄) Die Konditorei ist bei Kolkatas Gebäckfreunden schon seit langem beliebt. Hier gibt's unzählige Arten von Schokoladenkuchen und Brownies, frisch gebackene Pizzastücke, Fleischpasteten und Sandwichs mit delikatem Aroma. Für Veganer gibt's auch ein paar Gerichte ohne Ei.

★ **Fire and Ice** ITALIENISCH $$$

(Karte S. 498; ☎033-22884073; www.fireandicepizzeria.com; Kanak Bldg, Middleton St; Hauptgerichte 500–700 ₹, Bier/Cocktails ab 200/450 ₹; ⌚11.30–23.30 Uhr; ❄) Das von einer Neapolitanerin gegründete und geleitete Restaurant bietet echte italienische Pastagerichte und Kolkatas beste Pizza mit dünnem Boden. Alte Filmplakate geben dem geräumigen Speisesaal Atmosphäre, der sich hinter Blattwerk in einem großen historischen Gebäude versteckt. Wenige andere Restaurants in Kolkata haben so lange und ohne Unterbrechung geöffnet.

Ein gut bestückter Weinkeller sorgt dafür, dass man zum Essen nicht auf ein Glas Wein verzichten muss. Die Besitzerin ist oft vor Ort und berät die Gäste bei der Auswahl.

Picadilly Square CAFÉ $$

(Karte S. 498; ☎033-30990354; 15B Sarat Bose Rd; Hauptgerichte 150–300 ₹, Getränke ab 120 ₹; ⏲11–22 Uhr; ❄✎) Das niedliche Café mit sechs Tischen, zwei viktorianischen Laternen und einem Ausgabeschalter ist gestaltet wie ein Straßenkarren und der Bodenbelag soll an Pariser Straßenpflaster erinnern. Zum nicht endenden Bruno-Mars-Soundtrack gibt's einfallsreiche herzhafte Cêpes (zu empfehlen ist das Rakakat Jibneh), Pita, Pasta, Eiscreme, Waffeln und sehr guten Espresso.

Gabbar's Bar & Kitchen INTERNATIONAL $$$

(Karte S. 498; ☎033-40602507; 11/1 Ho Chi Minh Sarani; Hauptgerichte 350–650 ₹, Bier 200 ₹; ⏲12.30–23 Uhr; ❄) Das ausgezeichnete Speiselokal ist aus dem wohl coolsten Tex-Mex-Restaurant Kolkatas hervorgegangen. Heute ist es eine Resto-Bar mit Bollywood-Thema, dessen Name auf einen berühmten indischen Filmschurken anspielt. Das Ambiente ist locker und entspannt, die Karte bietet einen Mix aus herzhafter indischer, chinesischer, italienischer und mexikanischer Kost, und zu dem würzigen Essen gibt's auch kaltes Bier.

Shiraz MOGUL-KÜCHE $$

(Karte S. 498; 135 Park St; Hauptgerichte 180–300 ₹; ⏲5–23.30 Uhr) Das Lokal ist praktisch ein Synonym für Kolkatas berühmtes Biryani (Basmati-Reis mit saftigem Lammfleisch und Kartoffeln), bietet aber auch eine Reihe von Currys, darunter bis 12 Uhr zum Frühstück auch ein hervorragendes Lamm-*kooma* (würziges Hackfleisch) für 100 ₹.

Monkey Bar GASTRONOMIE $$$

(Karte S. 498; ☎033-30990381; Fort Knox Bldg, Camac St; Hauptgerichte 350–600 ₹; ⏲16–24 Uhr; ❄) Das noble Restaurant ist ein schicker Neuzugang zu der gehobenen Gastronomie von Kolkata. Hier findet man in einem abgefahren-modernen Ambiente eine einfallsreiche Palette von Fusiongerichten und experimentellen Delikatessen, z. B. Enten-Confit mit fünf Gewürzen in Pita-Taschen, gepfefferte Calamari mit Knoblauch und Curryblättern oder gebackenen Brie mit karamellisierten Zwiebeln und Marmelade. Ernüchternd ist, dass es keinen Alkohol gibt.

Oh! Calcutta BENGALISCH $$$

(Karte S. 498; ☎033-22837161; 4. OG, Forum Mall, Elgin Rd; Hauptgerichte 250–600 ₹, Cocktails ab 290 ₹; ⏲12.30–15 & 19.30–23 Uhr; ❄) Das in einem Einkaufszentrum gelegene Lokal schafft mit von Blenden eingefassten Spiegel-„Fenstern", Bücherregalen, Gemälden und Schwarzweißfotos eine zwanglos-elegante Atmosphäre für beste bengalische Fusionküche. Das milde, leichte und sahnige *Daab Chingri* (790 ₹) wird in einer grünen Kokosnuss serviert. Um alle Geschmacksnuancen zu erleben, wählt man als Beilage am besten einen duftigen Limetten-Salat (90 ₹).

BBD Bagh

Amber INDISCH $$

(Karte S. 506; ☎033-22486520; 11 Waterloo St; Hauptgerichte 200–450 ₹, Bier 250 ₹; ⏲12–23 Uhr; ❄) Das mittelteure Restaurant serviert in zwei Speisesälen verlässliche indische Gerichte, obwohl das Markenzeichen Schafshirn-Curry nicht nach jedermanns Geschmack sein dürfte. Von den beiden Sälen ist das Amber (1. Stock) mehr familienorientiert, während das Publikum des gedämpft beleuchteten Essence (2. Stock) vorwiegend aus Geschäftsleuten besteht. Die Gerichte sind in beiden Restaurants aber im Wesentlichen die gleichen.

Dacres Lane STREETFOOD $

(Karte S. 506; James Hickey Sarani; Hauptgerichte ab 20 ₹; ⏲8–21 Uhr) An einer Reihe von Straßenständen bekommt man hier eine einmalige Mischung von Streetfood. Ein paar etwas zwielichtige Bars und Restaurants sorgen mit ihren Lichterketten für etwas Wärme in der engen, schmuddeligen Gasse. Zu den hier angebotenen schnellen Happen zählen *paratha* (indisches Fladenbrot) mit Currys, getoastetes Brot mit Lamm-, Papaya- und Karotteneintopf, Gemüsepuffer, gebratene Nudeln aus dem Wok und Hähnchen-Curry mit Reis.

KC Das SÜSSSPEISEN $

(Karte S. 506; Lenin Sarani; Süßspeisen ab 20 ₹; 7.30–21.30 Uhr;) Der geschäftige bengalische Süßspeisenladen nimmt für sich in Anspruch, die berühmten *roshogolla* (mit Rosenwasser aromatisierte, frittierte Käsebällchen in Zuckersirup) im Jahr 1868 erfunden zu haben. Zu empfehlen ist auch die bengalische Süßigkeit *mishti doi* (mit Palmzucker gesüßter Quark). Sitzen kann man an einfachen, schmiedeeisernen Tischen und Stühlen.

Anand SÜDINDISCH $

(Karte S. 506; 19 CR Ave; Dosas 80–130 ₹, frische Säfte 70 ₹; 9–21.30 Uhr, Mi geschl.;) Unglaublich schmackhafte vegetarische Dosas gibt es in diesem gepflegten Familienrestaurant, das mit achteckigen Spiegelflächen und Holzlatten an der niedrigen Decke stilistisch etwas in die Jahre gekommen ist. Tagsüber wird zum Essen der Wahl auch ein leckerer südindischer Kaffee mit Milch serviert (50 ₹).

Südliches Kolkata

★ 6 Ballygunge Place BENGALISCH $$

(Karte S. 512; 033-24603922; 6 Ballygunge Pl; Hauptgerichte 200–300 ₹; 12–15.30 & 19–22.30 Uhr;) In einer hervorragend renovierten Villa aus der Mitte des 20. Jhs. tischt dieses erstklassige Restaurant mit die beste bengalische Kost der Stadt auf. Wer mit den Zutaten, Gewürzen und Saucen nicht zurechtkommt, hält sich einfach an das Mittagsbüffet (veg./nichtveg. 600/700 ₹), das eine fantastische Auswahl klassischer und zeitgenössischer bengalischer Küche bietet.

Die Speisen sind hier feiner und weniger heftig gewürzt als in mehreren anderen Restaurants mit bengalischen Spezialitäten und daher auch gut für einen Gaumen geeignet, der an diese Küche nicht gewöhnt ist.

★ Tamarind SÜDINDISCH $$

(Karte S. 512; 033-30990434; 177 Sarat Bose Rd; Hauptgerichte 250–400 ₹; 12–15.30 & 19–23 Uhr;) Das unprätentiöse Restaurant an einer der wichtigsten Hauptdurchfahrtsstraßen im Süden Kolkatas serviert eine Mischung aus traditionellen und improvisierten Gerichten aus Kerala, Karnataka und Tamil Nadu. Gerichte wie Lammbraten aus Kodagu, Chettinad-Hühnchen, *kottu paratha* (eine lockere Mischung aus *paratha*, Eiern und Gewürzen) oder *appams* (südindische Reispfannkuchen) mit Lamm-Eintopf sind schlicht unschlagbar, selbst im Vergleich zu anderen Restaurants in Südindien.

Bhojohori Manna BENGALISCH $$

(Karte S. 512; www.bhojohorimanna.com; 18/1 Hindustan Rd; Hauptgerichte 50–270 ₹, kleines/großes veg. Thali 210/280 ₹; 12.30–22.30 Uhr;) Die einzelnen Filialen des Bhojohori Manna in der Stadt sind sehr unterschiedlich, aber alle haben gutes bengalisches Essen zu vernünftigen Preisen. Die Filiale an der Hindustan Rd ist vergleichsweise geräumig und mit Werkzeugen von Stammesvölkern dekoriert. Die Karte ermöglicht den Gästen, eine große Auswahl von Fischsorten mit einer Sauce ihrer Wahl zu kombinieren. Im Sommer sollte man das *echorer dalna* (grünes Jackfrucht-Curry) probieren.

★ Corner Courtyard FUSION $$$

(Karte S. 512; 9903990597; 92B Sarat Bose Rd; Hauptgerichte 350–650 ₹, Biere/Cocktails 180/300 ₹; 8–23 Uhr, eingeschränkte Karte 15–19 Uhr;) Die Wände in dieser umgebauten Villa von 1904 sind kunstvoll mit Türknäufen, Schlössern und alten Büchern verziert, was den stylishen abgerissenen Eindruck noch verstärkt. Die Karte ist kreativ, einfallsreich und darauf ausgerichtet, Feinschmecker zu erfreuen, z. B. mit einem thailändischen Risotto mit Curry, brasilianischem Lachs, finnischem Fondue, uruguayischen Calamari und vielen gewagten Geschmackskombinationen.

Ausgehen & Nachtleben

Zentrales Kolkata & Chowringhee

OlyPub BAR

(Karte S. 502; 21 Park St; Bier 190 ₹; 11–23 Uhr) Die schäbige, aber trotzdem gemütliche Kneipe im Zentrum ist ein entspannter Kolkata-Klassiker. In der Bar im Obergeschoss sitzt man auf bequemen Sofas, aber die Lounge im Erdgeschoss mit ihren klapprigen Stühlen und lärmenden Gästen hat viel mehr Atmosphäre. Häufig gibt's Werbe-Sonderangebote ausgewählter Spirituosenmarken. Jeden Abende werden Dutzende Chateaubriand-Steaks (250 ₹/Platte) aufgetragen.

Big Ben PUB

(Karte S. 498; Kenilworth Hotel, Little Russel St; Bier 300 ₹; 12–24 Uhr) Der gehobene, sich britisch gebende gemütliche Pub hat ein gutes Sortiment von Bieren und Livesport im Fernsehen. Das Ambiente ist zwar zwanglos, Shorts und Badelatschen sind dennoch verpönt.

Flury's CAFÉ
(Karte S. 502; Park St; Kaffee/Tee ab 130/140 ₹; ⌚7.30–22 Uhr) Der attraktive Art-déco-Palast von 1927 ist eine echte Institution in Kolkata. Am besten kommt man zum Frühstück oder am Abend, wenn man hier einfach einen Kaffee und ein Stück klebrige Sachertorte (Kuchen ab 70 ₹) bestellen möchte. Das ist sicherlich das einzige bedeutende Kaffeehaus der Welt, in dem man Bohnen auf Toast als eine traditionelle Spezialität auf der Karte findet.

Plush LOUNGE
(Karte S. 498; Astor Hotel, 15 Shakespeare Sarani; Bier 200 ₹; ⌚16–2 Uhr) Die stilvolle, aber angenehm zwanglose Bar ist am ansprechendsten am Donnerstagabend, wenn junge örtliche Musiker Jazz, Blues und progressive Töne (ab 21 Uhr) zum Besten geben. Sie ist auch eine der wenigen Nachtlokale der Stadt, die noch weit nach Mitternacht geöffnet haben. Für alle Gäste gilt eine „schlichte zwanglose" Kleiderordnung.

Aqua LOUNGE
(Karte S. 502; ☎033-22499000; Park Hotel, Park St; Cocktails 400 ₹; ⌚19–24 Uhr) In dieser luxuriösen, aber entspannten Freiluft-Lounge schlürft man seinen Cocktail und weidet die Augen an dem traumhaften Blick auf den mit Neonleuchten angestrahlten Pool. Abends gilt: keine Shorts oder Flip-Flops.

Irish House PUB
(Karte S. 512; Quest Mall, Syed Amir Ali Ave; Bier 200 ₹; ⌚12–23.30 Uhr) Irisch ist hier zwar nichts, aber diese Bar kommt in Kolkata einem Sport-Pub, das nicht an ein Hotel angeschlossenen ist, noch am nächsten. Am Wochenende herrscht hier eine tolle Atmosphäre, und an der gut bestückten Bar hält ein echter Entertainer die Stellung.

BBD Bagh

Broadway Bar BAR
(Karte S. 506; Broadway Hotel, 27A GC Ave; Bier 150 ₹, Schnäpse 50–150 ₹; ⌚12–22.30 Uhr) Pariser Nebenstraße? Chicago in den 1930ern oder Prag in den 1980er-Jahren? Für die riesige, unprätentiöse Altherrenkneipe lässt sich nicht leicht ein Vergleichsbild finden. Sie wirkt auf jeden Fall faszinierend mit ihrer linksintellektuellen Anmutung, dem billigem Alkohol, den schweren Deckenventilatoren, nackten Wänden, Marmorböden und – erfreulich – keinerlei Musikberieselung.

REVOLUTIONÄRES CAFÉ

Wenn man von der MG Road die College St in Richtung zum Ashutosh Museum of Indian Art läuft, kann man nach einem Block links abbiegen, den vierten Eingang links ansteuern und die Stufen zum mythischen **Indian Coffee House** (1. OG, 15 Bankim Chatterjee St; ⌚Mo–Sa 9–21, So 9–12.30 & 17–21 Uhr) hinaufsteigen. Der billige, dünne Kaffee ist zwar nicht zu empfehlen, aber es ist faszinierend, einen Blick in den anspruchslosen Raum mit hoher Decke zu werfen, der einst ein Treffpunkt von Freiheitskämpfern, Bohemiens und Revolutionären war.

Südliches Kolkata

Smoke Shack DACHBAR
(Karte S. 512; Hotel Park Plaza, Dover Pl; Cocktails/Biere 450/300 ₹; ⌚16–23.30 Uhr) Die ungeheuer stilvolle Freiluft-Terrassenbar bietet den ganzen Abend über eine gute Auswahl an Mojitos und Cocktails. Zu den Drinks gibt's schmackhafte Kebabs und anderes ausgewähltes Fingerfood.

Dolly's Tea Shop TEEHAUS
(Karte S. 512; G62 Dakshinapan; Tees/Mocktails 100/150 ₹; ⌚11–19 Uhr) Das beliebte, von einem alten Teeverkoster geführte Teehaus bietet authentische Darjeeling-Tees und Mocktails mit Tee. Probieren sollte man den Orange-Mint-Julep-Tee oder den Zitronen-Gersten-Tee, wozu man ein gegrilltes Schinkensandwich essen kann.

Mrs. Magpie CAFÉ
(Karte S. 512; 570 Lake Tce; Kaffee ab 50 ₹; ⌚9–22.30 Uhr) Das beliebte, gemütliche, stimmungsvoll beleuchtete und mit hübschen Tapeten ausgekleidete Café serviert günstige, leckere Cupcakes (ab 40 ₹) in vielen Geschmacksrichtungen, zu denen am besten eine Tasse frischen Espressos passt. Es gibt auch Gedecke zum Frühstück und zur Teestunde.

Basement CLUB
(Karte S. 512; Samilton Hotel, Sarat Bose Rd; Bier 200 ₹; ⌚19–24 Uhr) Der entspannte, günsti-

ge Mini-Club mit Livemusik am Donnerstagabend ab 21 Uhr ist ein guter Ort, um sich nach einem langen, mit Sightseeing verbrachten Tag zu entspannen. Die Musik im Hintergrund ist manchmal allerdings etwas laut.

☆ Unterhaltung

Seagull Arts & Media Resource Centre KUNSTZENTRUM

(Karte S. 512; www.seagullindia.com; Rupchand Mukherjee Lane; ⏲11–20 Uhr) Die berühmte Institution, die von den gleichen Leuten geführt wird wie der Seagull Bookstore, organisiert regelmäßig Kunst- und Medienausstellungen, Filmvorführungen, Workshops, Podiumsdiskussionen und jede Menge anderer Aktivitäten zu Themen aus Soziologie, Philosophie, Religion und Politik. Bei den meisten Veranstaltungen ist der Eintritt frei; Einzelheiten stehen auf der Website.

Someplace Else LIVEMUSIK

(Karte S. 502; www.theparkhotels.com/kolkata/someplace-else.html; Park Hotel, Park St) Dieser Nachtclub fördert die Livemusik in Kolkata schon seit Mitte der 1990er-Jahre. Bands treten jeden Abend auf, man muss aber Glück haben, um etwas Originelles zu erleben, denn meist handelt es sich um Coverbands, die ein Repertoire von Rock- und Blueshits abspulen. Die Atmosphäre ist entspannt, aber an den Wochenenden ist das Publikum recht ausgelassen.

Jamsteady LIVEMUSIK

(www.jamsteady.in; Princeton Club, Prince Anwar Shah Rd) Der angesagteste Ort unter Kolkatas Underground- und Indie-Treffs hat jeden Freitagabend ein volles Programm, bei dem Musiker aller Art Jazz, Blues, Electronica, Folk und Weltmusik zum Besten geben. Es gibt einen Grundpreis; billige Drinks erhält man gegen Coupons, die man vorab kauft.

ICCR KULTURPROGRAMM

(Rabindranath Tagore Centre; Karte S. 498; ☎033-22822895; www.tagorecentreiccr.org; 9A Ho Chi Minh Sarani) Dieses große, mehrstöckige staatliche Kulturzentrum präsentiert in seinen vielen Galerien und Auditorien regelmäßig Ausstellungen, Tanzvorführungen, Konzerte und Vorträge. Der Eintritt ist oft frei, und bei Vernissagen gibt's häufig sogar kostenlose Häppchen.

Inox (Quest Mall) KINO

(Karte S. 512; www.inoxmovies.com; Syed Amir Ali Ave) Das ist eines der besten Multiplex-Kinos in Kolkata. Gezeigt werden brandneue Hollywood- und Bollywood-Streifen sowie bengalische Filme. Das Kino befindet sich in der obersten Etage der Quest Mall.

Nandan Complex KULTURPROGRAMM

(Karte S. 498; ☎033-22235317; 1/1 AJC Bose Rd) Dieser Komplex besteht aus Auditorien und Theatersälen im **Rabindra Sadan** (Karte S. 498), **Sisir Mancha** (Karte S. 498) und dem zentral gelegenen **Nandan Cinema** (Karte S. 498). Neben diversen Kulturveranstaltungen im ganzen Jahr ist der Komplex auch Stätte des beliebten Kolkata Film Festival (S. 515). Die Touristeninformationen und Broschüren haben einen ausführlichen Veranstaltungskalender zu dieser und vielen anderen Institutionen.

Shoppen

Sienna Store & Cafe GESCHENKE & SOUVENIRS

(Karte S. 512; ☎033-40002828; 49/1 Hindustan Park; ⏲11.30–22 Uhr) Sehr hip, sehr schick, aber unglaublich günstig. Die in einer geschmackvoll renovierten Villa untergebrachte Boutique hat eine nette Auswahl an Wearables, Souvenirs, Lifestyle-Produkten und Krimskrams, der sich prima als Geschenk für die Lieben zu Hause eignet. Hinten befindet sich ein gemütliches, gut besuchtes Café, das leichte und leckere Bio-Sandwichs, Säfte, Pasta und Salate bietet (Gerichte 250 ₹).

Byloom KLEIDUNG

(Karte S. 512; www.byloom.co.in; 58B Hindusthan Park; ⏲11–20 Uhr) Einige der feinsten handgearbeiteten Saris werden in Kolkata in dieser speziellen Boutique verkauft. Es gibt auch eine reiche Auswahl an Halbedelsteinschmuck und ein eindrucksvolles Sortiment an Schals und Halstüchern. Ausschau halten sollte man nach Stücken, die in der komplizierten *kantha*-Technik bestickt oder in der *khesh*-Technik mit Stoffstreifen gewebt sind. Ein Café serviert vor Ort schmackhafte Snacks (100 ₹).

Weaver's Studio KLEIDUNG

(Karte S. 512; www.weaversstudio.in; 5/1 Ballygunge Pl; ⏲Mo–Sa 10–18 Uhr) Prächtige handgearbeitete Textilien und traditionelle Stoffe buhlen in dieser gehobenen Boutique um Aufmerksamkeit. Geführt wird sie von einer Organisation, die mit Kunsthandwerkergemeinden zusammenarbeitet. Man hat die Wahl zwischen vielerlei Formen und Stilen: feinen, von Hand gearbeiteten Blockdrucken, Applikationen, Entwürfen von Stammesvölkern, Batiken und Stickereien. Die einmaligen, luxuriösen Stücke gibt's zu entsprechenden Preisen.

Aranya GESCHENKE & SOUVENIRS
(Karte S. 512; F56 Dakshinapan Shopping Centre, Gariahat Rd; ⏲11–19.30 Uhr) Durchdachtes Spielzeug, Briefpapier und Souvenirs, überwiegend hergestellt aus Recycling-Materialien, verkauft diese von einem städtischen Designerduo geführte Boutique. Es gibt auch ein Sortiment an Kleidung, überwiegend aus der Kategorie zwanglos-schick.

Anokhi KLEIDUNG
(Karte S. 498; Shop 209, Forum Mall; ⏲11–20 Uhr) Die Boutique verkauft geschmackvolle ethno-schicke Kleidung aus von Hand gefärbten und bedruckten Stoffen. Unter den Kreationen scheinen Gujarat-Blockdrucke am beliebtesten zu sein, aber auch Stücke in Schnurbatik- und Batik-Technik sind stark vertreten. Das größte Sortiments gibt's hier für Frauen, für Männer ist nur ein begrenztes Angebot von Hemden vorhanden.

Central Cottage Industries KUNSTHANDWERK
(Karte S. 506; Metropolitan Bldg, Chowringhee Rd; ⏲Mo–Sa 10–19 Uhr) Das gut bestückte staatliche Kaufhaus hat ein eindrucksvolles Sortiment an traditionellem Kunsthandwerk und Stammeskunst. Die Bedienung ist ein wenig unpersönlich und die Preise sind vielleicht höher als in anderen Geschäften, dafür kann

STRASSENNAMEN

Seit der Unabhängigkeit wurden die Straßennamen mit einem Bezug zur britisch-indischen Zeit offiziell ersetzt. Obwohl Straßenschilder und Visitenkarten die neuen Bezeichnungen verwenden, benutzen Einheimische und Taxifahrer häufig immer noch die Namen aus britischer Zeit. Die folgenden kursiven Straßennamen sind – ganz unwissenschaftlich – die Version, die uns am gebräuchlichsten erschien, weshalb wir diese auch in unserer Aufzählung verwendet haben.

ALTER NAME	NEUER NAME
Allenby Rd	Dr. Sisir Kumar Bose Sarani
Ballygunge Rd	Ashutosh Chowdhury Ave *(AC Rd)*
Brabourne Rd	Biplabi Trailokya Maharaja Rd
Camac St	Abinindranath Tagore St
Central Ave	*Chittaranjan (CR) Ave*
Chitpore Rd	*Rabindra Sarani*
Chowringhee Rd	Jawaharlal Nehru Rd
Dalhousie Sq	*BBD Bagh*
Free School St	*Mirza Ghalib St*
Harrington St	*Ho Chi Minh Sarani*
Harrison Rd	*Mahatma Gandhi (MG) Rd*
Hungerford St	Picasso Bithi
Kyd St	Dr. M Ishaque Rd
Lansdowne Rd	*Sarat Bose Rd*
Loudon St	Dr UN Brahmachari St
Lower Circular Rd	*AJC Bose Rd*
Old Courthouse St	Hemant Basu Sarani
Park St	Mother Teresa Sarani
Rawdon St	Sarojini Naidu Sarani
Theatre Rd	*Shakespeare Sarani*
Victoria Terrace	*Gorky Terrace*
Waterloo St	Nawab Siraj-ud-Daula Sarani
Wellesley St	*RAK (Rafi Ahmed Kidwai) Rd*
Wood St	Dr. Martin Luther King Sarani

man sich aber sicher sein, dass man hier nur echte und sorgfältig ausgewählte Ware erhält. In dem Laden gibt es unterschiedliche Abteilungen, u.a. für Textilien, Artefakte, Metallarbeiten, Holzschnitzereien und handgeschöpfte Papiere.

FabIndia STOFFE, KUNSTHANDWERK
(Karte S. 498; www.fabindia.com; 11A Allenby Rd; ⏲11–20.30 Uhr) Indiens führende Marke für ethno-schicke und indo-westliche Kleidung hat mehrere Läden vor Ort, darunter diese zentral gelegene Filiale. Abgesehen von Kleidung gibt's eine große Auswahl von Polstermöbeln, Schmuck, Keramiken, Holzarbeiten, Heimdekor sowie Bio-Nahrungsmittel. Bei den Artikeln sollte man auf das Gütesiegel „Craftmark" achten, das bescheinigt, dass das Produkt von bester Qualität ist und im Zusammenschluss mit traditionellen Kunsthandwerkern hergestellt wurde.

Dakshinapan Shopping Centre EINKAUFSZENTRUM
(Karte S. 512; Gariahat Rd; ⏲Mo–Sa 11–19 Uhr) Trotz seiner grauenhaften Architektur aus den 1970er-Jahren sollte man dem Einkaufszentrum einen Besuch abstatten, denn hier sind unter einem Dach eine große Menge staatlicher Läden vereint, die insgesamt eine überwältigende Fülle von Kunsthandwerk aus ganz Indien anbieten. Es gibt auch viel Ramsch, aber viele Läden verkaufen Souvenirs, Kunsthandwerk und Stoffe von ausgezeichneter Qualität. Die Preise sind in der Regel fest, aber bei einem Kauf in einem staatlichen Warenhaus kann man sich immer sicher sein, dass man an Qualität und Authentizität nicht zu zweifeln braucht.

Oxford Bookstore BÜCHER
(Karte S. 502; ☎033-22297662; www.oxfordbookstore.com; 17 Park St; ⏲11–20 Uhr) Die ausgezeichnete Buchhandlung mit vollem Sortiment bietet u.a. viele Bildbände zu Indien, Lonely Planet Reiseführer und die unverzichtbare *Calcutta Walks Tourist Map* (100 ₹). Hinzu kommen eine Schreibwaren- und eine DVD-Abteilung sowie ein Café, wo man sich hinsetzen und in Büchern stöbern kann.

Mondal & Sons MUSIKINSTRUMENTE
(Karte S. 506; ☎9804854213; 8 Rabindra Sarani; ⏲Mo–Fr 10–18, Sa bis 14 Uhr) Für eine Sitar (ab 5000 ₹) oder Violine (ab 3000 ₹) ist Mondal & Sons, ein von einer Familie geführter Musikinstrumentenladen, der bis in die 1850er-Jahre zurückreicht, die richtige Adresse. Von dem bescheidenen Erscheinungsbild des Geschäfts sollte man sich nicht täuschen lassen: Selbst Yehudi Menuhin zählte zu den zufriedenen Kunden.

ℹ Praktische Informationen

GEFAHREN & ÄRGERNISSE

Kolkata wirkt bemerkenswert wenig bedrohlich und ist generell auch sicher (obwohl Einzelfälle, bei denen Traveller zu Schaden kommen, natürlich vorkommen).

- Rund um die Sudder St stellen Bettler eine gewisse, vorhersehbare Belästigung dar.
- *Bandhs* (Streiks) bringen gelegentlich den gesamten Verkehr zum Stillstand, einschließlich der Vorortzüge und der Taxis zum Flughafen.
- Während des Monsuns können starke Überschwemmungen auftreten.

GELD

Der Weg zum nächsten Geldautomaten der Visa-, MasterCard-, Cirrus- und Maestro-Karten akzeptiert, ist nicht weit. In den Läden werden internationale Kreditkarten meistens akzeptiert.

Geldwechsler

Viele private Geldwechsler rund um die Sudder St bieten gebührenfreie Wechselkurse, die beträchtlicher günstiger sind als bei den Banken. Manche lösen auch Reiseschecks ein. Man sollte sich umschauen und die Angebote genau prüfen. Im Zentrum hat **Mishra Forex** (Karte S. 498; 11 Shakespeare Sarani; ⏲Mo–Sa 10–20, So bis 16 Uhr) ordentliche Kurse und ist täglich geöffnet.

Die Geldwechsler am Flughafen haben wie zu erwarten schlechte Kurse und nehmen zudem eine Gebühr von bis zu 5 %. Es gibt einen Geldautomaten in der Ankunfts-Lounge (Schalter 22) zwischen den Ausgang-Gates 3B und 4A.

INTERNETZUGANG

Die billigen und weitverbreiteten 4G/LTE-Handydienste verdrängen langsam die Internetcafés. Ein überlebendes im Zentrum ist **Cyber Zoom** (Karte S. 502; 27B Park St; 20 ₹/Std.; ⏲10–21 Uhr), wo man auch Passfotos machen lassen kann. Rund um die Sudder St gibt's in einigen Nebengassen kleine Kämmerchen, die für den Internetzugang 20 ₹ pro Stunde nehmen. Es lohnt sich aber, für eine schnelle Verbindung und einen bequemeren Sitz bei **R-Internet Travels** (Karte S. 502; ntrncf@gmail.com; Tottee Lane; 20 ₹/Std.; ⏲9–22 Uhr), einem Reisebüro mit Internetcafé, etwas mehr zu bezahlen.

MEDIZINISCHE VERSORGUNG

Medizinische Adressen (u.a. Apotheken, Ärzte, Krankenhäuser und Kliniken) sind in dem beliebten Web-Portal www.justdial.com/kolkata ausführlich aufgelistet.

Apollo Gleneagles (☎033-23202122, Notfall 033-60601066; www.apollogleneagles.in; abseits des EM Bypass; ⏲24 Std.)

Belle Vue Clinic (Karte S. 498; ☎9163058000; www.bellevueclinic.com; Loudon (Dr. UN Brahmachari) St, Minto Park; ⏲24 Std.)

Eastern Diagnostics (Karte S. 502; ☎033-22178080; www.easterndiagnostics.com; 13C Mirza Ghalib St; ⏲Mo–Sa 9–14 Uhr)

POST

Das neue **General Post Office** (Karte S. 506; 7 Koilaghat St; ⏲Mo–Sa 7.30–20.30, So 10–16 Uhr, Paketdienst 10–14.30 Uhr, Philatelie Mo–Fr 10–18 Uhr) befindet sich an der Koilaghat St. Das Philatelie-Büro verkauft Gedenkmarken und bringt auch das Foto von interessierten Kunden auf einen Block mit 5-₹-Briefmarken (300 ₹), die man nach spätestens einer Woche abholen kann.

CR Ave Post Office (Karte S. 506; CR Ave; ⏲Mo–Sa 10–19 Uhr) Das Postamt in praktischer Nähe des Chandni Chowk bietet normale Briefsendungen und Eilzustellungen an und hat auch einen Paketdienst.

Shakespeare Sarani Post Office (Karte S. 498; Shakespeare Sarani; ⏲Mo–Fr 10–16, Sa bis 14 Uhr) Das kleine Postamt hat allgemeine Postdienstleistungen, Eilzustellung und eine praktische Lage im Zentrum.

TELEFON

Bei Agenturläden in der Sudder St kann man SIM-Karten (200 ₹) kaufen. Erforderlich sind eine Kopie des Passes, ein Passfoto und Angaben zur Adresse/dem Hotel. SIM-Karten gibt's in Micro- und Nano-Version zum Einsatz in Smartphones, wobei man beachten muss, ob das eigene Gerät entsperrt ist. Orts- und Inlandsgespräche sowie Textnachrichten kosten nur wenige Rupien, 4G-Datenpakete kosten ab 250 ₹ pro GB.

TOURISTENINFORMATION

India Tourism (Karte S. 498; ☎033-22821475; www.incredibleindia.org; 4 Shakespeare Sarani; ⏲Mo–Fr 10–18, Sa bis 13 Uhr) Das Büro verteilt kostenlose Stadtpläne des Großraums Kolkata, in denen die wichtigsten Sehenswürdigkeiten und Haltestellen markiert sind, und hat außerdem nützliche Informationen zur Reise in andere Teile Indiens parat.

West Bengal Tourism (Karte S. 506; ☎033-22488271; www.wbtdc.gov.in; 3/2 BBD Bagh; ⏲Mo–Fr 10.30–13.30 & 14–17.30, Sa 10.30–13 Uhr) Das Büro verkauft in erster Linie seine eigenen Touren (letzter Verkauf 16.30 Uhr) und hat gute kostenlose Stadtpläne. Die Website enthält nützliche lokale Reiseinfos, man kann über sie außerdem auch staatlich geführte Hotels und Lodges im ganzen Bundesstaat mieten.

An- & Weiterreise

BUS

Inlandsverbindungen

Nach Darjeeling oder Sikkim nimmt man einen Bus nach Siliguri (12–14 Std.). Alle fahren nachts vom **Esplanade Busbahnhof** (Karte S. 502; Esplanade); Abfahrt ist zwischen 17 und 20 Uhr (Sitz-/Liegeplatz ab 550/650 ₹, mit Klimaanlage 1200/1400 ₹). Ein NBSTC-Bus startet um 20 Uhr nach Cooch Behar (520 ₹, 18 Std.).

Busse nach Bihar und Odisha (Strand Rd) reihen sich an der Straße, die südlich vom Pendlerbahnhof Eden Gardens parallel zum Flussufer verläuft. Die meisten fahren über Nacht und starten zwischen 17 und 20.30 Uhr. Wer Gepäck hat, sollte sehr früh kommen. Busse fahren u. a. nach:

Bhubaneswar (mit Ventilator/Klimaanlage 380/430 ₹, 10 Std.)

Gaya (Sitz-/Liegeplatz 300/450 ₹, 13 Std.)

Puri (Sitz-/Liegeplatz 410/460 ₹, 12 Std.)

Ranchi (Sitz-/Liegeplatz ab 250/290 ₹, 10 Std.)

Internationale Verbindungen

Bangladesch Die Busse, als deren Ziel Bangladesch angegeben ist, fahren tatsächlich nur bis Benapol (dem Grenzübergang), wo man zu Fuß die Grenze überquert und mit einem anderen Gefährt desselben Unternehmens weiter nach Dhaka fährt. **Shohagh Paribahan** (Karte S. 502; ☎033-22520696; shohagh12@sify.com; 23 Marquis St; ⏲5–22.30 Uhr) hat morgens fünf Busse nach „Dhaka" (s. o.) (mit Ventilator/Klimaanlage 900/1550 ₹, 14 Std.). **GreenLine** (Karte S. 502; ☎033-22520571; 12 Marquis St; ⏲5–22.30 Uhr) betreibt drei Busse mit Klimaanlage nach Benapol (400 ₹), die alle um 7 Uhr starten. Das Anschlussticket nach Dhaka kostet 1200 TK (ca. 1000 ₹).

Bhutan Ein vom staatlichen Busunternehmen Bhutans betriebener Bus fährt täglich (außer So) um 19 Uhr nach Phuentsholing (600 ₹, 15 Std.) vom ummauerten, nordöstlichen Hof des Esplanade Busbahnhofs, wo es zwei besondere **Ticketschalter** (Karte S. 506; ☎033-22627735; Esplanade Busbahnhof; ⏲Mo–Sa 9.30–13 & 14–18 Uhr) gibt. Es ist aber praktischer und bequemer, den Zug *13149 Kanchankanya Express* (Sleeper/3AC/2AC 370/1000/1450 ₹, 20.30 Uhr, 14 Std.) vom Bahnhof Sealdah nach Hasimara zu nehmen und von dort per Bus oder Taxi die letzten 18 km nach Phuentsholing zurückzulegen. Achtung: Möglicherweise muss man die Nacht aufgrund der Erledigung der Visaformalitäten in dieser Grenzstadt verbringen.

FLUGZEUG

Der 2013 neugebaute verglaste **Netaji Subhash Chandra Bose International Airport** (NSCBIA

(CCU); ☎ 033-25118036) hat ein eindrucksvolles Abfertigungsgebäude, obwohl es bei der Bewältigung der Fluggäste, besonders im Abflugsbereich, gelegentlich zu seltsamen Engpässen kommt. Wer abfliegen will, sollte früh kommen und sich auf lange Schlangen bei der Passkontrolle und dem Sicherheits-Check einstellen.

In Kolkata gibt es sehr viele Inlandsflüge von frühmorgens bis spät in die Nacht. Der Flughafen ist auch ein nützliches regionales Flugkreuz für Flüge nach Bangladesch (Air India, Biman, Jet Airways & Regent Airways), Bhutan (Bhutan Airlines & Druk Air), Myanmar (Air India) und Nepal (Air India). Zu den angeflogenen Zielen in Ostasien zählen Bangkok (Air Asia, IndiGo, Jet Airways, SpiceJet & Thai), Hongkong (Dragonair), Kuala Lumpur (Air Asia), Kunming (China Eastern Airlines) und Singapur (SilkAir). Für Langstreckenverbindungen Richtung Europa und USA gibt es tägliche Flüge über Abu Dhabi (Etihad), Doha (Qatar Airways) und Dubai (Emirates).

Mehrere Fluglinien haben Büros mit Buchungsschaltern in der Stadt.

Air Asia (Karte S. 502; ☎ 033-33008000; www.airasia.com; 55A Mirza Ghalib St; ⏲ Mo–Sa 10–20 Uhr)

Air India (Karte S. 502; ☎ 033-2210730; www.airindia.in; 39 CR Ave; ⏲ Mo–Sa 10–16 Uhr)

Druk Air (Karte S. 498; ☎ 033-22900050; www.drukair.com; 51 Tivoli Crt; ⏲ Mo–Sa 10–17 Uhr)

Emirates (☎ 033-40099555; www.emirates.com; Trinity Tower, 83 Topsia Rd; ⏲ Mo–Sa 10–18 Uhr)

Jet Airways (Karte S. 502; ☎ 033-39893333; www.jetairways.com; Park St; ⏲ Mo–Sa 10–19 Uhr)

SCHIFF/FÄHRE

Die Shipping Corporation of India betreibt zu feststehenden Terminen fünf Schiffe pro Monat nach Port Blair. Die Schiffe legen von den **Kidderpore Docks** an Gate 3 (gegenüber dem Pendlerbahnhof Kidderpore) ab. Tickets (Koje/Kabine/Deluxe 2500/6420/9750 ₹) werden ab ungefähr 10 Tagen vor der Fahrt im 1. Stock des Büros der Schifffahrtsgesellschaft verkauft.

ZUG

Bahnhöfe

Fernverkehrszüge fahren in Kolkata im wesentlichen von drei Bahnhöfen ab: dem riesigen Bahnhof Howrah (ausgesprochen „Hao-rah"; HWH), der die meisten Verbindungen hat, jenseits des Flusses liegt und von vielen Stellen aus am besten per Fähre erreichbar ist, dem Bahnhof Sealdah (ausgesprochen „Schei-aldah"; SDAH) am östlichen Ende der MG Road und schließlich dem Bahnhof Kolkata (oder Chitpore; KOAA), der sich rund 5 km weiter nördlich befindet (nahe der Metrostation Belgachia).

Tickets

Um Tickets für Fernzüge mit „Touristenkontingent" zu kaufen, halten sich Ausländer am besten an das **Eastern Railways' International Tourist Bureau** (Karte S. 506; ☎ 033-22224206; 6 Fairlie Pl; ⏲ Mo–Sa 10–16, So bis 14 Uhr). Man braucht seinen Pass und sollte sich ein Buch mitbringen, weil man vielleicht lange warten muss. Allerdings findet man meist einen freien Sitzplatz. Bei der Ankunft nimmt man ein Buchungsformular und füllt es aus (die Formulare sind nummeriert und dienen gleichzeitig als Wartenummer). Schlangen bilden sich schon längere Zeit vor der Öffnung. Wenn man in einer Gruppe reist, reicht es, dass einer ansteht, solange er oder sie alle Pässe dabei hat. Manchmal geht es schneller, das in der Nähe befindliche **computergestützte Zug-Buchungsbüro** (Karte S. 506; Koilaghat St; ⏲ Mo–Sa 8–20, So bis 14 Uhr) zu nutzen, das allerdings kein Touristenkontingent hat.

ℹ Unterwegs vor Ort

Die Tickets für Busse, Straßenbahnen und die Metro kosten auf den meisten Strecken in der Stadt zwischen 5 und 20 ₹. Männer sollten keine Plätze besetzen, die ausdrücklich mit „Ladies" beschriftet sind.

Wichtig: Zwischen 13 und 21 Uhr wechseln viele der Einbahnstraßen der Stadt die Richtung, sodass die Busse in umgekehrter Richtung fahren. Taxis, die man an einer nur in einer Richtung verlaufenden Hauptstraße nimmt, fahren ungern zu einem Ziel in der entgegengesetzten Richtung.

AUTORIKSCHA

Autorikschas („Autos"), die an Tuk-tuks erinnern, fahren als Sammeltaxis auf festen Strecken. Hinten ist Platz für drei Passagiere und vorne für einen. Der Preis beträgt je nach Entfernung in der Regel zwischen 6 und 10 ₹.

Wichtige Routen:

Loha Pool–Dharamtala (Karte S. 502; Elliot Rd) Vom Park Circus führt die Fahrt über die Park St (bzw. nach 13 Uhr über die Nasreddin und die Karaya Rad), dann die AJC Bose Rd (nahe Mutter Teresas Mutterhaus) hinauf weiter über die Elliot Rd/Royd St und schließlich die Mirza Ghalib St/RAK Rd (vor 13/nach 13 Uhr) nahe der Sudder St. Um 13 Uhr ändert sich immer die Streckenführung.

Hazra–Bondel (Karte S. 512; Hazra Rd) Die Fahrt startet einen Block östlich der Metrostation Jatin Das Park und führt die Hazra Rd entlang nach Ballygunge.

Hazra–Kiddepore (Karte S. 512; Hazra Rd) Von der Metrostation Jatin Das Park geht es am Quartier der Tonfigurenmacher von Kalighat vorbei bis nach Alipore.

Rashbehari–Gariahat (Karte S. 512; Rashbehari Ave) Das ist der mittlere Abschnitt einer längeren Strecke, der die Metrostation Kalighat über die Rashbehari Ave mit dem Einkaufsviertel Gariahat verbindet.

BUS & STRASSENBAHN

Busse gibt's in Kolkata in unterschiedlichen Formen. Am besten ist die kleine Flotte der glänzenden neuen Busse mit Klimaanlage, aber der Durchschnitt sind die überfüllten blau-gelben Klapperkisten und rot-gelben Minibusse, die meist mit rücksichtslosen Fahrern und quasselnden Schaffnern bemannt sind. Eine große Menge von Minibussen starten von der **Minibus Station** (Karte S. 506) an der östlichen Seite des BBD Bagh, darunter eine Linie über Dum Dum zum Gate 1 des Flughafens.

Die kleinen, aber fotogenen Straßenbahnen fahren auf verlässlichen, ausgewählten Strecken und sind vom Einbahnstraßensystem nicht betroffen.

FÄHRE

Den Hooghly zu überqueren geht im Allgemeinen schneller und bequemer mit der Fähre als über die verstopften Straßenbrücken, vor allem im Berufsverkehr. **Flussfähren** (Tickets 5–10 ₹; ⏲8–20 Uhr) legen alle 15 bis 20 Minuten von Howrah (Haora) zu Anlegestellen im Zentrum von Kolkata ab. Zu den praktischen Ziel-Anlegestellen zählen Chandpal (zum Babughat), Bagbazar (nach Kumartuli), Belur und Dakshineswar.

VOM/ZUM FLUGHAFEN

Der NSCBIA Airport liegt rund 16 km nordöstlich des Zentrums von Kolkata. Eine eigens gebaute Zufahrtsstraße erschließt den neuen verbundenen Terminal von Süden (VIP Rd) über Gate 1 des Flughafens. In den Ankunftsbereich des Terminals sind öffentliche Verkehrsverbindungen in die Stadt integriert, und es gibt auch einen computergestützten Buchungsschalter (Schalter 25) für Zugfahrten aus der Stadt heraus.

Klimatisierter Bus

Flughafenbusse starten von einem Halteplatz, der sich eine Gehminute südlich des Gate 1A

WICHTIGE ZÜGE AB KOLKATA

ZIEL	ZUG-NR. & -NAME	PREIS (₹; SLEEPER/ 3AC/2AC, WENN NICHT ANDERS ANGEGEBEN)	DAUER (STD.)	ABFAHRT
Bhubaneswar	*12839 Chennai Mail*	290/745/1045	6½	23.45 Uhr (HWH)
Chennai	*12841 Coromandal*	665/1745/2540	26½	14.50 Uhr (HWH)
	12839 Chennai Mail	665/1745/2540	28	23.45 Uhr (HWH)
Delhi	*Poorva (Nr. 12303/81)*	630/1665/2415	23½	8.05 Uhr (HWH)
	12313 SDAH Rajdhani	3AC/1AC 2105/4875	17½	16.50 Uhr (SDAH)
Gorakhpur	*Purvanchal/KOAA-GKP (Nos 15047/49/51)*	420/1140/1650	17¼-19	14.30 Uhr (KOAA)
Guwahati	*12345 Saraighat*	500/1315/1890	17¾	15.50 Uhr (HWH)
	15657 Kanchanjunga	455/1235/1795	21¾	6.35 Uhr (SDAH)
Hooghly	*Bandel Local*	Ohne Reservierung 10 ₹	50 Min.	mehrmals stündl. (HWH)
Lucknow	*13151 Jammu Tawi*	470/1270/1845	22¾	11.45 Uhr (KOAA)
	Upasana/Kumbha (Nr. 12327/69)	510/1350/1980	18¼	13 Uhr (HWH)
Mumbai CST	*12810 Mumbai Mail*	740/1945/2840	33	20.15 Uhr (HWH)
New Jalpaiguri	*12343 Darjeeling Mail*	350/920/1295	10	22.05 Uhr (SDAH)
	12377 Padatik	350/920/1295	10¼	23.15 Uhr (SDAH)
Patna	*13005 Amritsar mail*	315/840/1205	9	19.10 Uhr (HWH)
	12351 Danapur	340/890/1250	9½	20.35 Uhr (HWH)
Puri	*18409 Sri Jagannath*	300/815/1160	9¾	19 Uhr (HWH)
	12837 Howrah-Puri	330/860/1210	8¾	22.35 Uhr (HWH)
Varanasi	*13005 Amritsar Mail*	385/1055/1530	14	19.10 Uhr (HWH)

HWH = ab-Howrah, SDAH = ab Sealdah, KOAA = ab Chitpur

des Ankunftsbereichs befindet. Bezahlt wird im Bus. Der **AC-39** (⏲8–20 Uhr) fährt pünktlich jede Stunde. Er hält unterwegs am Esplanade Busbahnhof (80 ₹, 1 Std.) und endet am Bahnhof Howrah (100 ₹, 1½ Std.).

City Bus

Billige, gewöhnliche Stadtbusse und Minibusse findet man, wenn man vom Terminalgebäude rund 500 m nach Süden zur Kreuzung der VIP Rd läuft. Hier hält man nach Gefährten zum BBD Bagh (20 ₹) oder nach Howrah (25 ₹) Ausschau. Der Bus 237 fährt zur Fähranlegestelle Babughat (20 ₹), der Bus L238 zum Bahnhof Howrah (25 ₹). Die Busse sind überfüllt und schweißtreibend, und eventuell ist auch kein Platz für Koffer und größere Gepäckstücke.

Taxi

Gelbe Festpreistaxis kosten 320 ₹ zur Sudder St und 380 ₹ zum Bahnhof Howrah – die Fahrt dauert rund eine Stunde, wenn die Verkehrslage günstig ist. Man zahlt vorab an Schalter 12 des neuen Ankunftsbereichs zwischen den Ausgängen 3B und 4A. Funktaxis bieten eine klimatisierte Fahrt in die Stadt und fordern rund 20 ₹ pro Kilometer; man bestellt sie an Schalter 11.

METRO

Kolkatas betriebsame und überfüllte **Metro** (www.kmrc.in; Tickets 5–20 ₹; ⏲Mo–Sa 6.45–21.55, So 9.45–21.55 Uhr) fährt alle 5 bis 15 Minuten (So ausgedünnter Takt). Zur Sudder St fährt man bis zu den Stationen Esplanade oder Park St. Manche Züge haben eine Klimaanlage, der Preis ist der gleiche wie bei Triebwagen mit Ventilator.

Eine in Nord-Süd-Richtung verlaufende Linie ist bereits in Betrieb, andere Erweiterungen sind noch geplant. Ende 2017 sollte die Linie 2 eröffnet werden, die Howrah, Sealdah und Salt Lake miteinander verbindet.

Theoretisch ist es verboten, Gepäckstücke von mehr als 10 kg zu transportieren. Wenn man länger in der Stadt ist, lohnt sich der Kauf eines Mehrfahrtentickets, zumal man sich damit erspart, für jede Fahrt erneut für ein Ticket anzustellen.

RIKSCHA

Tana-Rikschas werden von Hand gezogen und sind in manchen Gebieten im Einsatz, vor allem in der Umgebung des New Market und in manchen südlicheren Gebieten. Obwohl Rikschafahrer von den Ausländern unverhältnismäßig hohe Beträge fordern, sind viele von ihnen völlig mittellos und schlafen nachts auf dem Bürgersteig unter ihren gemieteten Gefährten. Daher ist Trinkgeld höchst willkommen.

TAXI

Kolkatas gelbe Ambassador-Taxis berechnen 25 ₹ für bis zu 2 km und danach 12 ₹ pro Kilometer. Die Taxameter sind digital und zeigen den exakten Fahrpreis. Einige wenige Taxis mit Klimaanlage (weiß mit blauen Streifen) nutzen die gleiche Preisstruktur, aber mit einem Aufpreis von 25 % auf den Taxameterpreis. Taxis sind generell leicht heranzuwinken, außer während der Stoßzeit von 17 bis 18 Uhr und nach 22 Uhr, wenn sich manche Taxifahrer auch weigern, den Taxameter anzustellen. Prepaid-Taxischalter gibt's an den Bahnhöfen **Howrah** (Karte S. 506; Bahnhof Howrah) und Sealdah sowie am Flughafen.

Gegenwärtig gibt's viele saubere und kühle Uber-Taxis in Kolkata, die man mit der upgedateten Version der App über sein Smartphone bestellen kann. Der Mindestfahrpreis beträgt 60 ₹. In Zeiten mit starker Nachfrage kann der Preis aber ein Vielfaches des Preises eines regulären gelben Taxis betragen.

Westbengalen & Darjeeling

Inhalt ➡

Gut essen

- Glenary's (S. 554)
- Cochrane Place (S. 546)
- Amber (S. 542)

Schön übernachten

- Dekeling Hotel (S. 552)
- Holumba Haven (S. 563)
- Vedic Village (S. 537)

Auf nach Westbengalen & Darjeeling!

Der fruchtbare Landstrich zwischen den von Teepflanzen bewachsenen Ausläufern des Himalaja und den schwülen Mangroven im Golf von Bengalen ist Westbengalen. Der Bundesstaat bietet beeindruckende Ausflugsziele: In den tropischen südlichen Gebieten buhlen der vom Meer umbrauste Weiler Mandarmani und Bishnupurs Hindu-Tempel und Paläste aus Terrakotta um die Besucher. Wer über die Flüsschen in den Sunderbans paddelt, bekommt nicht selten den bengalischen Tiger zu Gesicht, und weiter flussaufwärts säumen europäische Geisterstädte die Ufer des Hooghly (ein Mündungsarm des Ganges), die an die maritime Blütezeit des Staates erinnern. Und in den kühlen Bergen im Norden bahnt sich eine Schmalspurbahn ihren Weg hoch zur bezaubernden Hill Station Darjeeling. Westbengalen trumpft mit einer lebendigen Kunstszene, der köstlichen Küche und der freundlichen Bevölkerung auf.

Reisezeit

Darjeeling

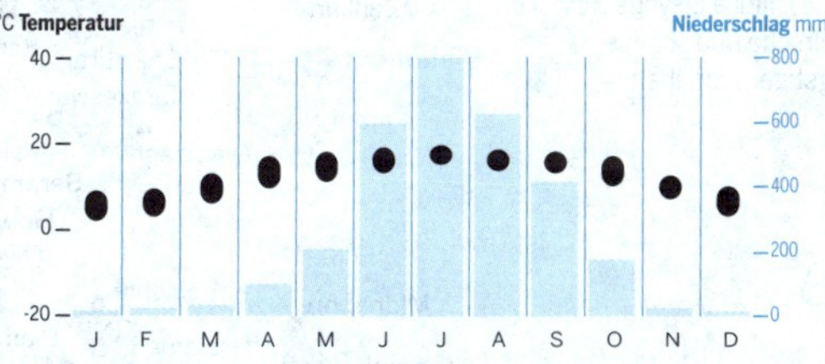

Jan. Ideal für Touren durch die dichten Mangrovenwälder des Sunderbans Tiger Reserve.

März–Mai & Okt.–Dez. Trekking, Blüten und Bergpanoramen im Norden; Hauptsaison ist Oktober.

Okt.–März Die beste Zeit, um im südlichen Tiefland der Hitze zu entkommen.

Highlights

1 Auf dem **Singalila Ridge Trek** (S. 559) beim Frühstück in einer der Lodges auf den Hügeln den Panoramablick in die Berge genießen

2 Mit der kleinen paffenden und fauchenden dampfbetriebenen **Schmalspurbahn Toy Train** (S. 558) aus der Kolonialzeit durch die Teeplantagen zwischen Kurseong und Darjeeling rattern

3 Bei einem Besuch in der Universitätsstadt **Shantiniketan** (S. 537) ländliche Wunder erkunden und Kunst entdecken

4 In **Darjeeling** (S. 547), der historischen Hill Station, die phantastische Aussicht auf die Berge genießen, Teeplantagen besuchen und köstlichen Tee aus der Region schlürfen

5 In **Bishnupur** (S. 536) die detaillierten Szenen aus Hindu-Epen entschlüsseln, die in die Mauern der vielen mittelalterlichen Terrakotta-Tempel eingemeißelt sind

6 Auf den Wasserstraßen des größten Mangrovenwalds der Erde, den **Sunderbans** (S. 534), flinke Eisvögel, Axishirsche und scheue Königstiger erspähen

Geschichte

Bengalen, im Mahabharata Bongo genannt, war im 3. Jh. v. Chr. Teil des Maurya-Reichs und fiel später unter die Herrschaft der Guptas, der buddhistischen Palas und der islamischen Sultane von Delhi. Nach dem Tod Aurangzebs 1707 wurde Bengalen zu einem unabhängigen islamischen Staat.

Die Britische Ostindien-Kompanie gründete 1698 einen Handelsposten in Kolkata (Kalkutta), der schon bald florierte und andere europäische Außenposten am Hooghly, die portugiesischen, niederländischen und dänischen Händlern gehörten, überflügelte. Siraj-ud-daula, der Nawab von Bengalen, fühlte sich durch die schnelle Ausbreitung der Briten gestört, zog aus seiner Hauptstadt Murshidabad aus und nahm Kolkata 1756 mit Leichtigkeit ein. Robert Clive besiegte ihn aber im folgenden Jahr in der Schlacht von Plassey mit Unterstützung des verräterischen Onkels von Siraj-ud-daula, Mir Jafar, Kommandant der Armee des Nawab. Jafar löste seinen Neffen als Nawab ab, und nach der Schlacht von Buxar 1764 übernahmen die Briten dann die Alleinherrschaft über Bengalen.

Westbengalen war die Wiege der indischen Renaissance und der nationalen Freiheitsbewegung und wurde lang als kulturelles und intellektuelles Herz des Landes betrachtet – Kalkutta war die politische Hauptstadt Indiens bis die Briten 1931 ihren Amtssitz nach Delhi verlegten. 1947 wurde Indien von den Briten unabhängig und durch die darauffolgende Teilung des Landes wurde der Staat Bengalen (der bereits 1905 aus verwaltungstechnischen Gründen geteilt worden war) in das von Hindus dominierte Westbengalen und das muslimisch orientierte Bangladesch gespalten, was für Millionen von Bengalen einen Umbruch und eine Völkerwanderung bedeutete.

Seit den späten 1980er-Jahren gaben Darjeelings Forderungen nach politischer Autonomie Anlass zu Unruhen in den nördlichen Bergregionen des Staates, was 2012 schließlich die Gründung der Gorkhaland Territorial Administration und vorerst die Stabilisierung der Lage zur Folge hatte.

Aktivitäten

Trekking

Auch wenn schöne Wanderungen durch duftende Kiefernwälder in allen Hill Stations Westbengalens möglich sind, ist die Singalila Ridge in der Nähe von Darjeeling doch der beliebteste Ort für einen mehrtägigen Teehaus-Trek. Kalimpong lockt mit phantastischen Spaziergängen in den Gassen der Stadt und auf den umliegenden Hügelkämmen, von wo aus man einen Ausblick auf den Himalaja genießt.

Tierbeobachtung

Die Sunderbans sind das bedeutendste Waldgebiet im Bundesstaat, wenn man Krokodile, Gangesdelfine, Hirsche, Bindenwarane, unzählige Vogelarten und Königstiger erspähen will. In den Dschungeln von Jaldhapara kann man mit Elefanten und brummigen Nashörnern auf Tuchfühlung gehen.

TOP-FESTIVALS

Ganga Sagar Mela (Sagar Island; ⌚Mitte Jan.) Hunderttausende Hindu-Pilger treffen sich an der Gangesmündung bei diesem ausgelassenen Fest zu einem Massenbad.

Bengalisches Neujahr (Naba Barsha; im ganzen Bundesstaat; ⌚Mitte April) Ein Feiertag am ersten Tag im benaglischen Kalender, auch *Nabo Barsho* genannt.

Rath Yatra (Wagenfest; Mahesh, Serampore; ⌚Juli/Aug.) Vishnu-Gläubige feiern Jagannatha, indem sie sein Bild auf einem Wagen zwischen den Tempeln herumfahren.

Durga Puja (im ganzen Bundesstaat; ⌚Sept./Okt.) Im gesamten Bundesstaat und insbesondere in Kolkata werden *pandals* (Pavillons) aufgestellt und mit großen Feiern der Hindu-Göttin Durga gehuldigt. Nach vier Tagen bunten Treibens werden schöne Lehmfiguren der zehnarmigen Göttin in die Flüsse versenkt. In den Himalaja-Ausläufern ist das Fest als Dussehra oder Dashain bekannt. Banken und Büros können eine Woche lang geschlossen sein.

Jagaddhatri Puja (Chandarnagar; ⌚Nov.) Fest zu Ehren der Hindu-Göttin Jagaddhatri, einer Inkarnation Durgas.

Poush Mela (S. 538) Volksmusik, Tanz, Theater und Baul-Gesänge in den Gassen der Universitätsstadt Shantiniketan.

An- & Weiterreise

Kolkata bildet das natürliche Tor zur südlichen Hälfte des Bundesstaats: Dort kommen Flüge und Züge aus ganz Indien sowie auch einige Auslandsflüge an. Der Flughafen Bagdogra und der Bahnhof New Jalpaiguri in Siliguri sind die wichtigsten Durchgangsstationen zu den Hügeln des Nordens, gleichgültig ob man aus den nordöstlichen Bundesstaaten Indiens oder über Land aus dem benachbarten nördlichen Bangladesch kommt. Vom Flughafen Bagdogra gibt's Auslandsflüge nach Paro (Bhutan) und Bangkok sowie Hubschrauber-Passagierflüge nach Gangtok. Zwischen Kolkata und Siliguri (12 Std.) sind zahlreiche Nachtzüge, Nachtbusse und tagsüber klimatisierte Busse unterwegs.

SÜDLICH VON KOLKATA

Sunderbans Tiger Reserve

Im 2585 km² großen **Sunderbans Tiger Reserve** (Eintritt/Video 60/200 ₹) lebt die größte Königstigerpopulation der Welt. Das Netz aus Kanälen und halb unter Wasser liegenden Mangroven gehört zum weltweit größten Flussdelta. Das hiesige Ökosystem grenzt an das Sunderbans-Delta in Bangladesch östlich auf der anderen Seite der Landesgrenze an der gleichen Küstenlinie. Die Tiger (offiziell wird ihre Zahl auf etwas mehr als 100 Tiere geschätzt) lauern in den undurchdringlichen Tiefen der Mangrovenwälder und schwimmen durch die unzähligen Kanäle des Deltas. Auch wenn sie hin und wieder Dorfbewohner attackieren und Jagd auf Vieh machen, sind die Tiger normalerweise sehr scheu und lassen sich nur selten blicken. Nichtsdestotrotz fühlt man sich auf einer Bootsfahrt über die breiten Wasserstraßen des weltgrößten Mangrovenschutzgebietes (heute ein UNESCO-Welterbe), als sei man Welten vom Chaos Kolkatas entfernt, während man die wilden Tiere beobachtet, ob nun Gangesdelfine, Bindenwarane, 5 m lange Salzwasserkrokodile oder leuchtende Eisfischer. Die beste Zeit für einen Besuch sind die Monate November bis Februar – die wärmeren Monate März und April sind besser, um Tiger zu entdecken.

SAGAR ISLAND

Eine Hindu-Legende besagt, dass auf Sagar Island im Gangesdelta die 60 000 Söhne von König Sagar durch den reißenden Fluss wieder zum Leben erweckt wurden, nachdem sie zuvor von einem Weisen namens Kapil Muni in Asche verwandelt worden waren. Zu Ehren dieser Legende findet hier alljährlich im Januar in der Nähe des **Kapil-Muni-Tempels** das Ganga Sagar Mela (S. 533) statt. Die beste Art, dieses Fest mitzuerleben, ist die zweitägige Bootstour mit einer Übernachtung, die West Bengal Tourism von Kolkata aus anbietet. Es wird an Bord übernachtet und die Tour (all inclusive) kostet ab 8800 ₹ pro Person. Für den Rest des Jahres fällt die Insel in einen Winterschlaf.

Von Kolkatas Busbahnhof Esplanade fahren regelmäßig Busse (60 ₹, 2 Std.) zum Namkhana Pier, von wo aus Fähren zur Insel fahren. Auf der Insel verkehren Busse und Sammeltaxis zwischen den für Besucher interessanten Punkten.

Sehenswertes

Mangrove Interpretation Centre MUSEUM
(Sajnekhali; 8.30–17 Uhr) GRATIS Der von Bäumen beschattete Komplex am Eingang zum Reservat wird von der Forstverwaltung betreut und bietet einige nützliche Informationen zum örtlichen Ökosystem, eine kleine Schildkröten- und Krokodil-Aufzuchtstation sowie eine Schiefertafel, auf der das aktuelle Datum der letzten Tigersichtung zu lesen ist.

Aktivitäten

India Beacons BOOTSFAHRTEN
(9903295920; www.indiabeacons.com) Motorboote und Führer kann man in Godkhali auf dem Weg nach Sajnekhali mieten. Für Gruppen von bis zu vier Personen zahlt man ca. 8000 ₹. India Beacons hat eine gute Auswahl an Booten, mit denen man die Wasserwege tief in den Sunderbans befahren kann.

Geführte Touren

Organisierte Touren sind die beste Art, um sich durch diese schwierige und unwirtliche Landschaft zu bewegen – vor allem, weil einem dabei die Beschaffung der Genehmigungen, alle Formalitäten, die Kosten für den Führer und die logistischen Probleme abgenommen werden. Es wirklich nicht empfehlenswert, hier auf eigene Faust zu reisen!

Die Preise für Touren sind sehr unterschiedlich. In der Regel enthalten sie die An- und Rückreise von/nach Kolkata, Unterkunft, Verpflegung, die Parkgebühren und die Kosten für das Mieten von Führern und Booten. Unbedingt prüfen, was genau in der Pauschale enthalten ist! Unterwegs nach Sajnekhali kann man am Hafen Godkhali Motorboote sowie Führer buchen. Der Preis für Gruppen von bis zu vier Personen liegt bei ca. 8000 ₹. Ein gutes Angebot an Booten hat India Beacons.

Backpackers TIERBEOBACHTUNG
(☎9836177140; www.tourdesundarbans.com; 11 Tottee Lane, Kolkata; 1/2 Nächte pro Pers. all inclusive 4000/4500 ₹; ⏲10–19 Uhr) Das zuverlässige, aber dennoch coole, lockere und spirituell angehauchte Unternehmen wird von drei Brüdern geführt und veranstaltet absolut empfehlenswerte Touren in den Dschungel, einschließlich Vogelbeobachtungen und Musikdarbietungen. Die Unterbringung erfolgt entweder auf einem zum Ausflugsboot umgebauten Fischtrawler oder in einer traditionellen Dorfpension, in der abends Folkloremusik geboten wird. Die Preise richten sich nach der Anzahl der Teilnehmer und der Dauer.

Sunderban Tiger Camp TIERBEOBACHTUNG
(☎033-32935749; www.waxpolhotels.com; 71 Ganesh Chandra Ave, Kolkata; 1/2 Nächte pro Pers. all inclusive ab 4940/9880 ₹) Der gut organisierte Veranstalter hat kundige Führer und hochwertige Unterkünfte (an Land) in Hütten und hübschen Cotttages aus roten Ziegeln, deren Wände mit Waldmotiven bemalt sind. Die Hütten sind am billigsten, bieten dafür aber auch seinen Hauch von Abenteuer. Auf vorherige Anfrage können kulturelle Darbietungen und Vogelbeobachtungstouren arrangiert werden.

Help Tourism TIERBEOBACHTUNG
(Karte S. 512; ☎033-24550917; www.helptourism.com; 67A Kali Temple Rd, Kalighat, Kolkata; 2 Nächte/Pers. all inclusive 16 400 ₹) Auf diesen Touren kommt man mit den einheimischen Gemeinschaften in Kontakt und erhält einen Einblick in das ländliche Leben im Delta. Außerdem bekommt man wunderbaren Zugang zum Wald. Übernachtet wird in einem luxuriösen Camp im Öko-Stil. Je höher die Teilnehmerzahl, desto niedriger der Preis. Infos direkt vor Ort.

West Bengal Tourism BOOTSFAHRT
(☎033-22488271; www.wbtdc.gov.in; 2 Nächte pro Pers. all inclusive ab 6600 ₹) Westbengalens staatliche Tourismusbehörde organisiert zwischen September und April wöchentlich Bootstouren inklusive Mahlzeiten und Übernachtung an Bord der Ausflugsboote. In der Hauptsaison (Dez.–Feb.) sind die Touren meist durch indische Touristen ausgebucht. Man sollte online und weit im Voraus reservieren.

ℹ An- & Weiterreise

Geführte Touren beinhalten die Abholung und den Rücktransport aus/nach Kolkata, so dass man sich wegen Verkehrsverbindungen keine Gedanken machen muss. Wer auf eigene Faust fahren will, nimmt am besten von Bahnhof Sealdah in Kolkata einen Nahverkehrszug nach Canning (15 ₹, 1½ Std.), von wo Shuttle-Minibusse (50 ₹) nach Godkhali fahren. Den letzten Reiseabschnitt nach Sajnekhali legt man mit einem örtlichen Boot (20 ₹) zurück.

Mandarmani

☎03220

180 km südlich von Kolkata entfernt liegt das verschlafene Fischerdorf Mandarmani, das einen himmlischen Strand zu bieten hat, der sich über fast 15 km erstreckt. Er ist einer der letzten fast unverschmutzten Strände des Landes und das Zuhause unzähliger Strandkrabben-Kolonien. Schon bei Sonnenaufgang herrscht Leben am Strand, wenn die Fischerboote ihre Anker auswerfen und den köstlichen Fang an Land bringen.

Adventure Zone (☎9830033896) bietet Parasailing (800 ₹) an den Stränden und Pakete mit Abenteuersportarten (1500 ₹), in denen Kajakfahren, Seilrutschen, Klettern und Abseilen enthalten sind.

Die meisten Unterkünfte von Mandarmani liegen am Strand; sie unterscheiden sich stark in ihrer Qualität. **Sana Beach** (☎9330633111; www.mandarmanihotels.com; DZ mit Frühstück ab 3750 ₹; ❄🏊) am äußersten Ende des Strandes ist die bei Weitem beste unter all den Ferienanlagen am Meer. Sie bietet einen Mix aus komfortablen Zimmern in bunten Farben und schicken, folkloristisch aufgemachten Cottages und Zelten. Hinzu kommen ein hübscher Swimmingpool und ein gutes Restaurant mit Bar.

Nach Mandarmani nimmt man um 6.40Uhr den 12857 Tamralipta Express (2. Klasse/Chair Class 100/370 ₹, 3½ Std.) vom Bahnhof Howrah in Kolkata nach Digha. Die Taxifahrt vom Bahnhof Digha nach Mandarmani kostet rund 500 ₹.

NÖRDLICH VON KOLKATA

Den Hooghly hinauf

Serampore, 25 km nördlich von Kolkata am Hooghly gelegen, war früher ein dänisches Handelszentrum, bis Dänemarks Indien-Anteile 1845 auf die Britische Ostindien-Kompanie übergingen. Das **Serampore College** wurde 1818 von William Carey, dem ersten Baptisten-Missionar in Indien, gegründet. Es beherbergt eine Bibliothek, die einst zu den größten des Landes gehörte.

Weiter flussaufwärts liegt der ehemalige französische Außenposten **Chandarnagar**, in dem man die **Eglise du Sacre Coeur** (Herz-Jesu-Kirche) und ein nahegelegenes Herrenhaus aus dem 18. Jh. besuchen kann, in dem sich heute das **Cultural Institut de Chandernagar** (⌚ 11–17.30 Uhr, Do & Sa geschl.) GRATIS befindet. Einige Ausstellungen dokumentieren hier die gloreiche Geschichte als kolonialer Außenhandelsposten. Im November werden die öffentlichen Plätze Chandarnagars für die **Jagaddhatri Puja** mit wundervollen Lichtern geschmückt. Auf diesem Fest wird die Reinkarnation der hinduistischen Muttergottheit verehrt. Begeisterte Einheimische drängen sich auf die Festplätze und huldigen riesigen Lehmfiguren der vierarmigen Gottheit, die in extra aufgebauten, als *pandals* bezeichneten Pavillons untergebracht sind.

Im Jahr 1571 gründeten die Portugiesen eine Faktorei in **Bandel**, 41 km nördlich von Kolkata und nahe bei Saptagram, das ein wichtiger portugiesischer Handelshafen war, lange bevor Kolkata die Vorrangstellung gewann. In Bandel kann man den hohen Uhrenturm des romantisch verfallenen **Imambara** (Eintritt 10 ₹; ⌚ April–Juli 10–18 Uhr, Aug.–Nov. bis 17.30 Uhr, Dez.–März bis 17 Uhr) erklimmen, den atemberaubenden Blick auf den Hooghly genießen und die riesige mechanische Uhr bewundern. Das Gebäude wurde 1861 als Bildungszentrum und religiöse Stätte eingeweiht und liefert mit seinem prächtigen indo-sarazenischen Stil faszinierende Foto-Motive.

Nur 1 km südlich von Bandel folgt **Chinsurah (Chunchura)**, das 1825 von den Niederländern an die Briten im Austausch gegen Sumatra abgetreten wurde. Die verfallenen Ruinen einer Festung und eines Friedhofs finden sich rund 1 km weiter westlich.

Rund 6 km nördlich von Bandel stehen in **Bansberia** zwei interessante Tempel. Der einer Inkarnation der Göttin Kali geweihte imposante **Hanseswari-Tempel** mutet mit seinem aus 13 Shikaras zusammengesetztem Turm an wie eine orthodoxe Kathedrale, die man in Moskau erwartet, während die Terrakottafliesen des kleinen, aber eleganten **Vasudev-Tempels** auf dem gleichen Gelände an die Terrakotta-Tempel in Bishnupur erinnern.

Wer alle diese Ortschaften im Rahmen einer Tagestour ab Kolkata besuchen will, nimmt vom Bahnhof Howrah einen beliebigen Nahverkehrszug nach Bandel (15 ₹, 1 Std., stündl.). Von dort bringen einen Autorikschas zu allen interessanten Orten – eine Autoriksha für eine ganztägige Sightyseeing-Tour sollte etwa 500 ₹ kosten. Alternativ heuert man in Kolkata ein Taxi für einen Tagesausflug an (3000 ₹).

BOOTSTOUREN AUF DEM HOOGHLY

Für Wasserratten mit ausreichend dickem Geldbeutel ist der Hooghly ein Revier für luxuriöse Bootstouren, bei denen man an Bord allen erdenklichen Komfort genießt, während man das Gangesdelta auf denkwürdige Art erkundet. Die Kreuzfahrten dauern in der Regel zwischen vier Tagen und zwei Wochen und beinhalten Landgänge in Orten wie Chandarnagar, Bandel, Mayapur, Murshidabad und Farakka (zum Besuch von Gaur und Pandua) sowie Abstecher zu weniger bekannten Zielen. **Bengal Ganga** (☎ 011-41085922; www.bengalganga.com; Tour ab 46 800 ₹ pro Pers. & Tag alles inkl.) und **Assam Bengal Navigation** (☎ 9207042330; www.assambengalnavigation.com; Tour ab 210 US$ pro Pers. & Tag alles inkl.) sind Veranstalter mit sehr guter Reputation.

Bishnupur

☎ 03244

Für seine herrlichen Terrakottatempel bekannt, erblühte Bishnupur vom 16. Jh. bis zum frühen 19. Jh. als Hauptstadt der Malla-Könige. Die Architektur dieser imposanten **Tempel** (Inder/Ausländer 30/750 ₹; ⌚ Sonnenaufgang–Sonnenuntergang) ist ein gewagter

NICHT VERSÄUMEN

WELLNESSBEHANDLUNGEN

Lust darauf, das ländliche Bengalen von seiner besten Seite kennenzulernen und sich dabei luxuriös verwöhnen zu lassen? Dann nichts wie hin in eines dieser beiden empfehlenswerten Spa-Resorts, die inmitten einer malerischen Landschaft liegen. Sie bieten den besten Komfort und die hervorragendsten Anwendungen, die man sich vorstellen kann. Und ganz nebenbei kann man auch noch den ländlichen Charme dieser Gegend genießen.

Das von blühenden Gemüsegärten umgebene und an einem von Bäumen gesäumten See gelegene **Vedic Village** (☎033-66229900; www.thevedicvillage.com; Shikharpur, Rajarhat; Wellness-Pakete ab 8500 ₹; ❄@≋) ist nur eine Autostunde von Kolkata entfernt. Das Luxusresort ist vor allem für seine Gastfreundschaft bekannt. Die Vorzeigeeinrichtung ist eine ganz spezielle Mischung aus Spa und Naturheilkundeklinik, die damit wirbt, das erste (und beste) medizinische Spa im Land zu sein. Längere Aufenthalte mit Behandlungen und mehreren Beratungen durch die Ärzte im Haus können im Voraus auf die Bedürfnisse des jeweiligen Gastes abgestimmt werden. Spontane Feriengäste können einfach in einer der Luxusvillen beim Gezwitscher unzähliger Vögel entspannen, entschleunigen, köstliche Speisen genießen oder sich im ultramarinblauen Wasser des Pools abkühlen.

Auf dem Weg nach Diamond Harbour, etwa zwei Stunden südlich von Kolkata, befindet sich das **Ganga Kutir** (☎033-40404040; www.raichakonganges.com; Sarisa, Raichak; Zi. inkl. Frühstück ab 8550 ₹; ❄@≋), ein weiteres beliebtes Ziel für all jene, die auf der Suche nach Einsamkeit sind. Das elegante Resort am Ufer des Hooghly bietet eine Reihe von Wellness-Paketen an, die gepaart mit Yoga und Meditation eine Wohltat für Körper und Geist sind. Übernachtet wird in schicken Suiten mit edel bemalten Wänden und grandiosem Blick auf den Fluss.

Stilmix mit Elementen Bengalens, des Islams und Orissas. Die unglaublich detaillierten Fassaden der zahlreichen Tempel zeigen Szenen aus den Hindu-Epen Ramayana und Mahabharata.

Bishnupur liegt im Distrikt Bankura und ist für seine **Saris aus Baluchari-Seide** und seine Tonwaren bekannt, besonders für das stilisierte und ikonische **Bankura-Pferd**. Reproduktionen der aufwendigen Terrakottafliesen der Tempel werden an jeder Ecke verkauft.

Zu den eindrucksvollsten Bauten gehören der **Jor Bangla**, der **Madan Mohan-Tempel**, der **Ras Mancha** mit seinen unzähligen Bögen und der kunstvolle **Shyam-Rai-Tempel**. Man kauft das Ticket am Ras Mancha und zeigt es dann einfach an den anderen Tempeln vor. Fahrradriksha-Wallahs bieten Touren für 300 ₹ an (die beste Art, durch das Labyrinth der Gassen zu navigieren). Das hiesige kleine **Museum** (Eintritt 15 ₹; ⏲Di–Sa 11–19 Uhr) lohnt einen Besuch. Es zeigt eine Sammlung bemalter Handschrifteneinbände, Steinfriese, Musikinstrumente und Folklorekunst.

Die **Bishnupur Tourist Lodge** (☎03244-252013; www.wbtdc.gov.in; College Rd; DZ ab 880 ₹; ❄), die ihre rot-weiße Außenverkleidung stolz zur Schau stellt, ist wahrscheinlich die beste Unterkunft in der Stadt. Sie bietet saubere Zimmer in Pastelltönen und ein gutes Restaurant mit Bar. Das Hotel liegt in der Nähe des Museums und nur eine 80 ₹ teure Rikschafahrt vom Bahnhof entfernt. Es ist oft ausgebucht, man sollte also rechtzeitig reservieren!

ℹ An- & Weiterreise

Zwischen Bishnupur und Kolkata (160 ₹, 5 Std.) verkehren regelmäßig Busse. Um nach Shantiniketan (120 ₹, 4 Std.) zu kommen, muss man in Durgapur umsteigen. Täglich fahren zwei Schnellzüge vom Bahnhof Howrah (2. Klasse/Chair Class 110/395 ₹, 4 Std.): der *12883 Rupashi Bangla Express* um 6.25 Uhr und der *12827 Howrah Purulia Express* um 16.50 Uhr.

Shantiniketan

☎03463

Shantiniketan wird seinem bengalischen Namen voll und ganz gerecht: Dieser bedeutet nämlich „friedlicher Aufenthalt". Aber die Universitätsstadt ist auch das wahre Kunst- und Kulturzentrum Bengalens. Der Nobelpreisträger, Dichter und Künstler Rabindranath Tagore (1861–1941) gründete hier 1901 inmitten von Weidelandschaft eine Schule, aus der später die bekannte **Visva-Bharati-Universität** hervorging. Sie spezialisiert sich auf die freien Künste und das Verhältnis der Menschen zur Natur. An der entspannten Uni studieren Wissbegierige aus ganz Indien und aus Übersee.

Sehenswertes

Verteilt über den grünen Campus der Visva-Bharati-Universität finden sich diverse **Statuen**, die berühmten **Wandmalereien von Shantiniketan** und die mit belgischen Glasfenstern geschmückte **Gebetshalle der Universität**.

Uttarayan-Komplex MUSEUM
(Visva-Bharati-Campus; Erw./Student 10/5 ₹; ⏲ Do–Mo 10–13 & 14–16, Di bis 13 Uhr) Der schöne Komplex mit von Bäumen gesäumten Alleen, kiesbestreuten Höfen und exotischen Gärten umfasst mehrere Gebäude, die teils im Art-déco und teils im ländlich-bengalischen Stil errichtet wurden. Der ehemalige Wohnsitz von Rabindranath Tagore beherbergt heute einige Universitätsbüros sowie ein **Museum** und eine **Kunstgalerie**, die beide einen Besuch lohnen, wenn man sich für den Dichter interessiert. Am Haupteingang kann man am Büchertisch Reproduktionen seiner Zeichnungen und Gemälde kaufen.

Feste & Events

Poush Mela KULTUR
(Shantiniketan; ⏲ 23.–26. Dez.) Als Höhepunkt des Festkalenders von Shantiniketan bringt die Poush Mela Künstler, Musiker, Kunsthandwerker und Dichter aus nahegelegenen Dörfern und fernen Kontinenten zusammen. Man kann Zeit mit den *bauls* – den wandernden Sängern Bengalens – verbringen und ihren Lieder über das Leben und die Liebe lauschen und sich die Stände anschauen, an denen Artefakte von Stammesvölkern, Kleidung und Schmuck verkauft werden. An den Imbissständen gibt's leckeres Essen aus der Region.

Magh Mela KULTUR
(Shantiniketan; ⏲ 6.–8. Feb.) Bei der dreitägigen Magh Mela im Dorf Shriniketan, das an Shantiniketan angrenzt, stehen Kunsthandwerk und ländliche Kunst im Mittelpunkt. Am zweiten Abend versammeln sich große Besuchermengen beim spektakulären Feuerwerk.

Schlafen

Shantiniketan Tourist Lodge HOTEL $
(☎ 03463-252699; www.wbtdc.gov.in; Bhubandanga; DZ ab 1180 ₹; ❄) Der industriell anmutende, aber freundliche große staatliche Hotelbetrieb ist eine Überlegung wert, wenn man sich für eines der Deluxe-Zimmer mit Klimaanlage (2950 ₹) entscheidet, die in Cottages auf einer hübschen Rasenfläche untergebracht sind. Das ordentliche Restaurant (Hauptgerichte 80–140 ₹) hat leckere regionale bengalische Gerichte.

Mitali Homestay HOMESTAY $$
(☎ 9433075853; krishno.dey@gmail.com; Phool Danga; DZ mit Frühstück 3500 ₹; ❄) Das charmante Anwesen eines pensionierten Diplomaten und seiner Frau, einer Designerin, befindet sich rund 2 km nördlich der Universität im grünen Dorf Phool Danga und verspricht einen entspannenden, bukolischen Aufenthalt mit guter Gesellschaft, gemütlichen Zimmern mit Klimaanlage (im Haus der Familie sowie in einem Anbau) und delikater Hausmannskost (Mittagessen oder Abendessen 400 ₹/Pers.). Die Anfahrt per Autorikscha vom Universitätscampus kostet 50 ₹.

Wer länger als drei Nächte bleibt, erhält häufig Rabatt.

Chhuti Holiday Resort RESORT $$
(☎ 03463-252692; www.chhutiresort.co.in; Charu Palli; DZ ab 1800 ₹; ❄) Auf dem von Bäumen beschatteten Anwesen gibt's Zimmer im Cottage-Stil mit folkloristischer Deko, gutes Essen in dem internationalen Restaurant und sonst Ruhe und Frieden. Kostenloses WLAN ist hier nicht vorhanden, aber die Rezeption kann auf vorherige Anfrage Kulturprogramme arrangieren. Das Resort liegt nahe dem Jambuni-Busbahnhof in Bolpur; die Fahrt mit der Autorikscha bis zur Universität kostet 50 ₹.

Park Guest House PENSION $$
(☎ 9434012420; www.parkguesthouse.in; Deer Park; DZ mit Frühstück ab 1730 ₹; ❄ 📶) Die bescheidene Unterkunft an der Grenze zu einem malerischen Stammesdorf spricht alle an, die in ihrem Urlaub ländliche Abgeschiedenheit finden wollen. Die schlichten, aber komfortablen Zimmer sind mit etwas Stammeskunst geschmückt, und die aufwendigen Thalis, die auf Vorbestellung zubereitet werden, sind einfach herrlich. Auf der hübschen Rasenfläche kann man abends gemütlich ein Bier genießen.

Essen

Alcha Foods BENGALISCH $$
(Tourist Lodge Rd; vegetarische/Fisch-Thalis 100/190 ₹; ⌚ Mo–Sa 12–15 & 16–20 Uhr) Das winzige Restaurant ist für seine leckeren Mittagsbuffets mit einem fabelhaften Angebot traditioneller bengalischer Gerichte bekannt. An jedem Tag der Woche gibt's einmalige saisonale Gerichte. Abends bestellt man sich knusprige gebratene Snacks und eine Tasse aromatischen Filterkaffee.

Ghare Baire BENGALISCH $$
(Geetanjali-Kinokomplex; Gerichte 190 ₹; ⌚ 11.30–21.30 Uhr) Dieses Restaurant im Stil einer Cafeteria ist auf leckere traditionelle bengalische Speisen spezialisiert, die mittags und abends auf großen Platten angerichtet werden. Daneben gibt's auch ein paar typische Snacks und chinesische Gerichte. Am Souvenirstand sind exquisite Töpferwaren und Textilien im Angebot, die man sich zwischendurch anschauen kann.

Praktische Informationen

Post (Shantiniketan Rd; ⌚ Mo–Sa 10–16 Uhr) Das Postamt an der Hauptstraße hat einen Express- und einen Paketschalter.

State Bank of India (Shantiniketan Rd; ⌚ Mo–Fr 10–16, Sa bis 14 Uhr) Diese Bank hat einen Geldautomaten, der ausländische Karten akzeptiert.

An- & Weiterreise

Die mit Shantiniketan zusammenhängende Ortschaft Bolpur bildet den Verkehrsknotenpunkt. Täglich fahren mehrere Züge zwischen Kolkata und dem 2 km südlich der Universität gelegenen Bahnhof Bolpur. Am praktischsten ist der *12337 Shantiniketan Express* (2. Klasse/Chair Class 95/305 ₹, 2½ Std.), der um 10.10 Uhr vom Bahnhof Howrah abfährt. Nach New Jalpaiguri gelangt man mit dem *15657 Kanchenjunga Express* (Sleeper/3AC 250/670 ₹, 9 Std., 9.20 Uhr). Infos und Fahrkarten bekommt man im **Zugbuchungsbüro** (Shantiniketan Rd; ⌚ Do–Di 8–12 & 12.30–14 Uhr) auf dem Universitätscampus.

Vom Jambuni-Busbahnhof in Bolpur gibt's Verbindungen nach Baharampur/Murshidabad (110 ₹, 4 Std.) und Bishnupur (100 ₹, 4 Std.). Umsteigen muss man in Suri bzw. Durgapur.

Nabadwip & Mayapur

☎ 03472

Nabadwip befindet sich rund 115 km nördlich von Kolkata und ist ein wichtiges Pilgerzentrum der Anhänger Krishnas, zu dem Heerscharen von Gläubigen kommen. Darüber hinaus ist der Ort ein antikes Zentrum der Sanskrit-Kultur. Lakshman Sen, der letzte hinduistische König der Bengalen, verlegte seine Hauptstadt aus Gaur hierher.

Das Nabadwip am anderen Flussufer gegenüberliegende Mayapur ist die Zentrale der Iskcon (Hare-Krishna-Bewegung). Sie betreibt einen großen, farbenfrohen Tempel und das schlichte, aber saubere **Iskcon Guest House** (☎ 03472-245620; mghb@pamho.net; Hauptkomplex; DZ/3BZ/4BZ ab 600/800/900 ₹; ❄) mit unterschiedlichen Zimmern für Gäste, die hier übernachten wollen. Iskcon bietet auch eine Bus-Pauschaltour ab Kolkata, die am frühen Freitag-, Samstag- und Sonntagmorgen startet und am folgenden Abend mit der Rückfahrt endet. Infos zu dieser Tour gibt's telefonisch bei Iskcon Kolkata, wo man sie auch buchen kann.

Abgesehen vom Iskcon Guest House gibt's im Ort keine auf ausländische Reisende eingestellten Hotels. Es ist aber ganz

PALÄSTE ÜBER PALÄSTE

Im Umland von Kolkata gibt es eine Handvoll *rajbaris* (Paläste), die Familien früherer *zamindars* (Gutsbesitzer) gehören. Die meisten stehen verfallen und verlassen in der Gegend herum. Einige von ihnen erlebten aber eine viel versprechende Renaissance und sind jetzt luxuriöse Touristenziele. Zu den Palästen, in denen man das längst vergangene majestätische Leben nachempfinden kann, gehört der Palast von **Itachuna** (☎ 9830142389; www.itachunarajbari.com; Halusai; DZ ab 2100 ₹; ❄), der 110 km von Kolkata entfernt ist. Er punktet mit seinen prächtig renovierten Innenräumen, mit erstklassigem bengalischem Essen und einem rundum ländlichen Ambiente. Der Palast von **Bawali** (☎ 9830383008; www.therajbari.com; Bawali; DZ inkl. Frühstück ab 8000 ₹; ❄), eine Autostunde südlich von Kolkata, ist ein herrlicher Ort mit einer sagenhaften, mit dorischen Säulen geschmückten Fassade. Die verfallenen Verzierungen wurden sorgfältig restauriert. Hier kommen die Gäste in den Genuss perfekter Gastfreundschaft.

einfach, Mayapur als Tagesausflug von Kolkata aus zu besuchen.

In der schlichten Cafeteria auf dem Gelände der Iskcon-Bewegung werden vegetarische Snacks (40–70 ₹) angeboten. Man kann auch an dem gemeinsamen vegetarischen Mittagessen (70 ₹), das täglich um 13 Uhr im Gada Bhavan serviert wird, teilnehmen.

An- & Weiterreise

Regionale Vorortzüge fahren vom Bahnhof Sealdah in Kolkata zur Ortschaft Krishnagar (20 ₹, 2 Std., stündl.), von wo einen Sammel-Autorikschas (20 ₹) nach Mayapur bringen. Alternativ kann man auch die Bustour von **Iskcon Kolkata** (033 -64588777; 22 Gurusaday Rd) buchen.

Murshidabad & Berhampore

03482 / 195 200 EW.

In Murshidabad, an den grünen Ufern des Hooghlys, der in dieser Gegend auch unter dem Namen Bhagirathi bekannt ist, verschmelzen das bengalische Landleben und die Architektur des 18. Jhs. Während der Herrschaft Siraj-ud-Daulas als Nawab von Bengalen war Murshidabad dessen Hauptstadt; nach seiner Niederlage in Plassey (heute Palashi) wurde er hier 1757 von Robert Clive ermordet.

Die Hauptattraktion ist hier der **Hazarduari** (Inder/Ausländer 30/750 ₹; Sa–Do 10–16.30 Uhr), ein für seine 1000 (echten und falschen) Türen berühmter königlicher

ABSEITS DER ÜBLICHEN PFADE

GAUR & PANDUA

Aus den überfluteten Reisfeldern von Gaur (355 km von Kolkata entfernt) erheben sich die Moscheen und anderen verfallenen Ruinen einer Stadt, die vom 13. bis zum 16. Jh. die Hauptstadt der muslimischen Nawabs von Bengalen war. Aus der vorislamischen Zeit des 7. bis 12. Jhs., als Gaur nacheinander die Hauptstadt der buddhistischen Pala- und der hinduistischen Sena-Dynastie war, sind nur noch wenige Spuren zu finden.

Malda, 340 km nördlich von Kolkata, ist ein guter Ausgangspunkt zur Erkundung von Gaur und Pandua und berühmt für seine Mangos, die im Sommer reifen. Auch wenn man nicht in der Mango-Saison kommt, findet man köstliche eingelegte oder kandierte Mangos auf dem örtlichen Markt.

Hinter den üppigen Mango-Hainen verstecken sich Gaurs anmutigste Monumente: die eindrucksvolle **Baradwari-Moschee** (1526), deren Bogengänge noch erhalten sind, und das festungsartige Torgebäude des **Dakhil Darwaza** (1425). In der **Qadam Rasul-Moschee** befindet sich ein Fußabdruck des Propheten Mohammed. Reste farbenfroher emaillierter Fliesen zieren immer noch die **Chamkan-Moschee** und das nahegelegene **Gumti-Tor**.

In Pandua (rund 25 km von Gaur entfernt) steht die gewaltige Ruine der **Adina Masjid** aus dem 14. Jh., die einst Indiens größte Moschee war. Rund 2 km von der Moschee entfernt befindet sich das **Eklakhi-Mausoleum**, das so heißt, weil seine Errichtung im Jahr 1431 1 *lakh* Rupien (100 000 ₹) verschlang.

Malda besitzt ein paar sehr einfache, auf Reisende aus der Region eingestellte Hotels. Das beste darunter ist das **Hotel Kalinga** (03512-283567; www.hotelkalingamalda.com; NH34, Ram Krishna Pally; DZ 1050 ₹;) mit ganz ordentlichen Zimmern und einem internationalen Restaurant. Die Rezeption beschafft Taxis für eine Besichtigungstour zu den Ruinen.

Mehrere Expresszüge fahren täglich vom Howrah-Bahnhof in Kolkata nach Malda, darunter der *12041 Shatabdi Express* (Chair Class 750 ₹, 5 Std., 14.15 Uhr) und der *13011 Howrah-Malda Intercity Express* (2. Klasse/Chair Class 130/470 ₹, 7½ Std., 15.25 Uhr). Der zuerst genannte fährt weiter nach New Jalpaiguri (Chair Class 600 ₹, 3 Std., 19.10 Uhr), dem Zugangspunkt nach Darjeeling.

Busse fahren regelmäßig nach Siliguri (150 ₹, 6 Std.), Baharampur/Murshidabad (90 ₹, 4 Std.) und Kolkata (200 ₹, 10 Std.).

Um eine Tour zu den Monumenten von Gaur und Pandua zu machen, muss man in Malda ein Taxi für einen Tag chartern (2500 ₹), da zu den Ruinen keine öffentlichen Verkehrsmittel fahren.

Wohnsitz, der 1837 für die Nawabs erbaut wurde. Er beherbergt eine erstaunliche Sammlung von Antiquitäten aus dem 18. und 19. Jh. Die Anlage hat aber noch weitere wunderschöne Bauten vorzuweisen. Zu diesen Sehenswürdigkeiten gehören etwa **Nizamat Imambara** mit einem **Uhrenturm**, **Wasef Manzil**, eine ehemalige königliche Residenz, und die elegante **Madina-Moschee**.

Murshid Quli Khan verlegte die Hauptstadt im Jahr 1700 hierher; er ist unter den Stufen der beeindruckenden Ruinen der **Katra-Moschee** begraben. Der Herrscher Siraj-ud-Daula wurde am **Nimak Haram Deori** (dem Verräter-Tor) ermordet. In den **Kathgola-Gärten** (Eintritt 10 ₹; ⌚6.30–17.30 Uhr) steht die interessante Villa einer jainistischen Händlerfamilie; sie wurde 1873 erbaut.

Schlafen & Essen

Hotel Sagnik HOTEL $

(☎09434021911; Omrahaganj; DZ ab 950 ₹; ❄) Das freundliche Hotel liegt praktisch zwischen Murshidabad und Berhampore, und es hat preiswerte Zimmer und ein nettes Restaurant. Die meisten Punkte erzielt es aber mit dem Service, der schnell und persönlich ist. Mit der Fahrradrikscha ist man in zehn Minuten vom Bahnhof von Murshidabad aus hier.

Hotel Samrat HOTEL $

(☎03482-251147; NH34 Panchanantala; DZ inkl. Frühstück ab 1150 ₹; ❄) Dieses Hotel ist eines der ältesten Häuser in Berhampore. Es bietet großzügige, saubere Zimmer entlang eines orange- und cremefarben gestrichenen Korridors. Unten serviert das Restaurant Mahal gutes Essen; die Hauptgerichte kosten zwischen 80–150 ₹. Das Hotel liegt an der Hauptstraße, es könnte also nachts etwas laut sein.

Anreise & Unterwegs vor Ort

Der *13113 Hazarduari Express* (2. Klasse/Chair Class 85/320 ₹, 3½ Std.) startet am Bahnhof Kolkata um 6.50 Uhr. Regelmäßig fahren Busse nach Kolkata (150 ₹, 6 Std.) und Malda (90 ₹, 4 Std.). Um nach Shantiniketan/Bolpur (110 ₹, 4 Std.) zu gelangen, muss man in Suri umsteigen.

Sammel-Autorikschas (50 ₹) sind den ganzen Tag zwischen Murshidabad und Berhampore im Einsatz. Fahrrad- und Autorikschas bieten halbtägige Rundfahrten zu den weiter verstreuten Stätten für 500/800 ₹.

PREISKATEGORIEN SCHLAFEN

Die Preiskategorien in diesem Kapitel beziehen sich auf ein Doppelzimmer mit Bad in der Hauptsaison. Wenn nicht anders angegeben, ist die Steuer in den Zimmerpreisen enthalten.

$ weniger als 1300 ₹

$$ 1300–3000 ₹

$$$ mehr als 3000 ₹

WESTBENGALISCHES HÜGELLAND

Siliguri & New Jalpaiguri

☎0353 / 701000 EW: / 120 M

Die Zwillingsstädte Siliguri und New Jalpaiguri (NJP) bilden einen wimmelnden, lärmenden Verkehrsknotenpunkt, der das Sprungbrett nach Darjeeling, Kalimpong, Sikkim, den nordöstlichen Bundesstaaten, dem östlichen Nepal und Bhutan bildet. Obwohl diese Agglomeration eine der größten Städte Westbengalens ist, gibt's hier wenig zu sehen und anderes zu tun als eine Nacht auf der Durchreise hier zu verbringen, wenn man das muss.

Die meisten Hotels, Restaurants und Dienstleistungen von Siliguri befinden sich an der lauten Tenzing Norgay Rd, besser bekannt als Hill Cart Rd. Die NJP Station Rd führt 6 km nach Süden zum Bahnhof New Jalpaiguri. Siliguris weitere Hauptstraßen, die Sevoke und die Bidhan Rd, zweigen in nordöstlicher Richtung von der Hill Cart Rd ab.

Wer Zeit totschlagen muss, kann das farbenfrohe, im tibetischen Stil errichtete **Salugara-Kloster** (Sed-Gyued Gompa; www.sedgyued.org; Sevoke Rd) 5 km nördlich der Stadt besuchen, das mit einem imposanten, 30 m hohen Chörten (tibetische Stupa) verziert ist.

Schlafen

Hotel Rajdarbar HOTEL $$

(☎0353-2511189; rajdarbarhotel@yahoo.com; Hill Cart Rd; EZ/DZ mit Frühstück 2050/2280 ₹; ❄📶) Eine ordentliche Option in einer Gruppe ähnlicher Hotels: Diese Unterkunft hat gepflegte Zimmer, ein gutes Restaurant und WLAN im Foyer. Das Frühstück ist im Preis inbegriffen. Die bei Weitem besten Zimmer sind die geräumigen und ruhigen Premium-Suiten (EZ/DZ 3930/4170 ₹) im obersten Stockwerk.

Evergreen Inn HOTEL $
(☎ 0353-2510426; innevergreen@yahoo.in; Pradhan Nagar, Ashana Purna Sarani; DZ mit/ohne Klimaanlage ab 1440/990 ₹; ❄ 📶) Das Hotel liegt nur 100 m hinter dem zentralen Busbahnhof in einer Seitengasse, ist aber erstaunlich ruhig. Es besitzt elf unterschiedliche Zimmer, die jedoch alle sauber, frisch und mit Flachbildfernsehern und stilvollen Bädern ausgestattet sind.

Hotel Conclave HOTEL $
(☎ 0353-2516155; hotelconclave@rediffmail.com; Hill Cart Rd; EZ/DZ mit Klimaanlage ab 1865/2035 ₹, ohne Klimaanlage 850/990 ₹; ❄ 📶) Das Hotel hat eine praktische Lage in der Nähe der städtischen Bushaltestellen, hochwertige Betten und recht steifes Zedernholz-Dekor. Die billigeren Zimmer sind ruhiger, bei den teureren ist das Frühstück im Preis inbegriffen. Alle Zimmer haben einen kleinen Balkon.

Hotel Himalayan Regency HOTEL $
(☎ 0353-2516624; himalayanhatchery@gmail.com; Hill Cart Rd, Pradhan Nagar; DZ mit/ohne Klimaanlage 1500/800 ₹; ❄ 📶) Zwar ist die Dekoration teilweise zweifelhaft, aber die Zimmer sind sauber und komfortabel. In den Zimmern mit Klimaanlage stehen runde Betten. Das Hotel befindet sich in der Nähe der Polizeiwache von Pradhan Nagar.

Hotel Sinclairs HOTEL $$$
(☎ 0353-2512675; www.sinclairshotels.com; abseits des NH31; EZ/DZ mit Frühstück ab 5800/6200 ₹; ❄ 📶 🏊) Das komfortable Drei-Sterne-Hotel liegt 1 km nördlich des zentralen Busbahnhofs und bietet Erholung vom Lärm der Hill Cart Rd. Es ist eines der ältesten Luxushotels von Siliguri und hat frische, moderne und komfortable Zimmer mit guten Badezimmern. Auf dem Patio gibt's ein ausgezeichnetes Restaurant mit Bar und einen kühlen, sauberen Pool, der ideal ist, um der Hitze der Tiefebene zu entkommen.

Essen

★ **Khana Khazana** INTERNATIONAL $$
(Hill Cart Rd; Hauptgerichte 120–200 ₹; ⏲ 9–22 Uhr) An einer Seitengasse abseits der wimmelnden Hauptdurchfahrtsstraße bietet dieses abgeschiedene Gartenrestaurant willkommene Zuflucht vor dem tosenden Chaos außerhalb. Auf der umfangreichen Speisekarte stehen u.a. feine Currys und Naan (im Tandur zubereitetes Fladenbrot), Straßensnacks aus Mumbai, viele herzhafte vegetarische Gerichte sowie *kulfi* (oft mit Pistazien), die feste indische Eiscreme.

Amber INDISCH $$
(☎ 0353-2431682; Hill Cart Rd; Hauptgerichte 190–330 ₹; ⏲ 10–23 Uhr; ❄) Das zuverlässige, klimatisierte Restaurant des Hotel Saluja Residency serviert leckere Gerichte, darunter lockeres Naan, delikate Currys, zarte Fleischgerichte und raffiniert gewürzte Biryanis, die bei den Gourmets vor Ort bestens ankommen. Abends ist hier immer besonders viel los.

Sartaj INDISCH $$
(☎ 0353-2431758; Hill Cart Rd; Hauptgerichte 120–220 ₹; ⏲ 9–23 Uhr; ❄) Inmitten einer Reihe ähnlicher Restaurants mit Bars prunkt dieses elegante Speiselokal mit einer riesigen Auswahl erstklassiger nordindischer Tandur-Gerichte und Currys, einigen ordentlichen westlichen Pfannengerichten und bestem Service, bei dem der fantastisch uniformierte Mann an der Tür nicht unerwähnt bleiben soll. Hier kann man übrigens auch gut ein kaltes Bier trinken.

ℹ Praktische Informationen

GELD

Delhi Hotel (Hill Cart Rd; ⏲ 9–14 Uhr) Die Wechselstube gegenüber dem zentralen Busbahnhof Tenzing Norgay tauscht ausländische Währungen. Die Öffnungszeiten sind flexibel und verlängern sich oft in den Abend.

INTERNETZUGANG

Krishna Travels (Hill Cart Rd; 80 ₹/Std.; ⏲ Mo–Sa 9–21 Uhr) Internetzugang (aber kein WLAN) in einer Seitenstraße gegenüber dem Hotel Conclave.

MEDIZINISCHE VERSORGUNG

Sadar Hospital (☎ 0353-2436526; Hospital Rd) Siliguris größtes staatliches Krankenhaus verfügt über eine Notaufnahme und eine Ambulanz.

REISEBÜROS

Private Buchungsagenturen säumen die Hill Cart Rd.

Help Tourism (☎ 0353-2535896; www.helptourism.com; 143 Hill Cart Rd) Empfehlenswertes Reisebüro mit Schwerpunkt auf Nachhaltigkeit und Entwicklung in den Kommunen sowie Freiwilligentourismus. Die Agentur hat Dutzende von Verbindungen zu Privatunterkünften und Lodges im Hügelland, u. a. zur historischen Teeplantage bei Damdin und zum schicken Neora Valley Jungle Camp außerhalb von Lava.

TOURISTENINFORMATION

Sikkim Tourist Office (☎ 0353-2512646; SNT Terminal, Hill Cart Rd; ⏲ Mo–Sa 10–16 Uhr) Stellt vor Ort Reisegenehmigungen nach Sikkim aus. Erforderlich sind Fotokopien von Pass und Visum sowie ein Passfoto.

West Bengal Tourism (WBTDC; ☎ Buchungen 9832492417, Infos 0353-2511974; www.wbtdc.gov.in; Hill Cart Rd; ⏲ Mo–Fr 10.30–17.30, Sa bis 13.30 Uhr) Kann online Unterkünfte für das Jaldapara Wildlife Sanctuary, darunter auch Forsthütten, buchen.

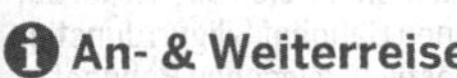

An- & Weiterreise

BUS

Die meisten Busse der North Bengal State Transport Corporation (NBSTC) nutzen den **zentralen Busbahnhof Tenzing Norgay** (Hill Cart Rd), ebenso auch viele private Busunternehmen, die die gleichen Routen befahren. Die privaten Fernbusunternehmen haben Büros im Eingangsbereich.

NBSTC-Busse fahren u. a. häufig nach Malda (175 ₹, 6½ Std.) und sechsmal täglich nach Kolkata (390–420 ₹). Die Assam State Transportation Corporation hat täglich um 16 Uhr einen Bus nach Guwahati (550 ₹, 15 Std.). Vom Stand der Hill Region Minibus Owners Association fahren halbstündlich Minibusse nach Kalimpong (200 ₹, 2½ Std.).

Um 18 Uhr startet ein Bus nach Patna (Sitz-/Schlafplatz 350/400 ₹, 12 Std.) von **Gupta Travels** (☎ 0353-2513451; Hill Cart Rd) gleich vor dem Busbahnhof. Gegen 19 Uhr starten Deluxe-Volvo-Busse mit Klimaanlage dieser Gesellschaft und vieler anderer Unternehmen nach Kolkata (1200 ₹, 11 Std.). In einem Bus ohne Klimaanlage kostet die Fahrt rund 400 ₹.

Busse von Sikkim Nationalised Transport (SNT) nach Gangtok (150 ₹, 4½ Std.) fahren zwischen 6 und 15 Uhr alle 40 Minuten vom **SNT-Terminal** (Hill Cart Rd) 250 m südöstlich des Busbahnhofs. Die Einreisegenehmigung nach Sikkim beschafft man sich vorab im Sikkim Tourist Office nebenan.

GRENZÜBERGANG NACH BANGLADESCH, BHUTAN & NEPAL

Nach/Von Bangladesch

Mehrere private Anbieter in Siliguri, darunter **Shyamoli** (☎ 9932628243; Hotel-Central-Plaza-Komplex, Mallagauri More, Hill Cart Rd, 1 km nordwestlich vom zentralen Busbahnhof), betreiben täglich klimatisierte Direktbusse nach Dhaka (1200 ₹, 18 Std.), die um 13.30 Uhr abfahren. Die Grenzformalitäten müssen in Chengrabandha erledigt werden. Man sollte ein oder zwei Tage im Voraus buchen.

Busse fahren zwischen 7 und 17 Uhr außerdem alle 45 Minuten vom zentralen Busbahnhof Tenzing Norgay nach Chengrabandha (60 ₹, 2½ Std.). Der Grenzübergang ist täglich von 8 bis 18 Uhr geöffnet. In der Nähe des Übergangs starten Busse nach Rangpur, Bogra und Dhaka. Visa für Bangladesch erhält man in Kolkata und Neu-Delhi.

Nach/Von Bhutan

Bhutan Transport Services betreibt täglich zwei Busse von der Sevoke Rd nach Phuentsholing in Bhutan (100 ₹, 7.15 & 12 Uhr), es ist aber sinnvoller, einen der häufigeren Nahverkehrsbusse nach Jaigaon (106 ₹, 4 Std.) auf der indischen Seite der Grenze zu nehmen, wo man die indischen Grenzformalitäten erledigt. Das Tor zwischen Phuentsholing und Jaigaon ist von 6 bis 21 Uhr für Fahrzeuge geöffnet, aber zu Fuß kann man die Grenze bis 22 Uhr passieren.

Ein gecharterter Jeep vom Flughafen Bagdogra nach Jaigaon kostet 2510 ₹. Nicht-Inder benötigen für die Einreise nach Bhutan eine Visums-Autorisierung durch einen bhutanesischen Tourveranstalter.

Nach/Von Nepal

Vom zentralen Busbahnhof Tenzing Norgay in der Hill Cart Rd fahren alle 30 Minuten Busse in die Grenzstadt Panitanki (25 ₹, 1 Std.). In der Nähe starten auch Sammel-Jeeps nach Kakarbhitta (125 ₹). Die sind zwar schneller, fahren aber erst ab, wenn sie voll sind. Der indische Grenzposten in Panitanki ist offiziell rund um die Uhr geöffnet, der Grenzposten im nepalesischen Kakarbhitta aber nur von 7 bis 19 Uhr.

Zur Weiterreise von Kakarbhitta stehen zahlreiche Busse nach Kathmandu (17 Std.) und in andere Orte zur Verfügung. Vom Flughafen Bhadrapur, 23 km südwestlich von Kakarbhitta, fliegt Buddha Air (www.buddhaair.com) regelmäßig nach Kathmandu (185 US$). Ein Visum für Nepal bekommt man an der Grenze (2 Passfotos mitbringen).

PROBLEME MIT DEM TOY TRAIN

Der Betrieb der Schmalspurbahn (Toy Train) nach Darjeeling ab Siliguri ist weiterhin wegen Gleisschäden in der Nähe von Tindharia unterbrochen. Bis die Gleise repariert sind, bleibt einem nur übrig, nach Kurseong zu fahren und dort die Schmalspurbahn nach Darjeeling zu nehmen. Aber selbst wenn der Zug wieder fährt, ist die Reise nach Darjeeling (Sitzplatz 350 ₹, Abfahrt tgl. 9.30 Uhr) nur etwas für echte Bahnfans, denn zur Bewältigung der 88 km braucht der Zug 7 Stunden – mehr als doppelt solange wie bei der Fahrt mit einem Bus oder dem Auto.

FLUGZEUG

Der Flughafen Bagdogra liegt 12 km westlich von Siliguri. Es gibt täglich Flüge nach Delhi, Kolkata und Guwahati sowie saisonal Auslandsflüge mit Druk Air nach Bangkok und Paro.

Fünfsitzige Hubschrauber (3500 ₹, 30 Min., Gepäcklimit 10 kg) fliegen täglich bei gutem Wetter um 14.30 Uhr von Bagdogra nach Gangtok. Der Flug muss vorab bei der **Sikkim Tourism Development Corporation** (☎ 03592-203960, 03592-209031; www.sikkimstdc.com/HeliServiceGeneral/HeliGeneralReservation.aspx) in Gangtok oder am Flughafen gebucht werden.

Am Prepaid-Taxistand am Flughafen Bagdogra bekommt man Festpreistaxis nach Darjeeling (1800 ₹), Kalimpong (1410 ₹), Gangtok (2200 ₹) und Kakarbhitta (500 ₹) an der nepalesischen Grenze, mit denen man Siliguri vollständig umgehen kann. Es ist leicht, sich mit anderen Flugreisenden zu verständigen, um die Kosten für ein Taxi zu teilen. Die angegebenen Preise gelten für die Fahrt zum örtlichen Jeepstand; das Absetzen am Hotel kostet ein bisschen mehr.

JEEP

Effizient, aber ziemlich beengt reist man per Sammel-Jeep durch die Hügel. An der Hill Cart Rd gibt's eine Reihe von Jeepständen: Jeeps nach Darjeeling (130 ₹, 3 Std.) und Kurseong (70 ₹, 1½ Std.) findet man bis in den späten Nachmittag gegenüber dem Busbahnhof oder vor dem Conclave Hotel; nach Kalimpong (130 ₹, 2½ Std.) fahren Jeeps vom Panitanki-Mall-Stand an der Sevoke Rd (Anfahrt per Autorikscha 20 ₹) und nach Gangtok (200 ₹, 4 Std.) bis gegen 16 Uhr vom Stand neben dem SNT-Terminal. Sammel- und Charter-Jeeps zu all diesen Zielen fahren auch vor dem Bahnhof New Jalpaiguri ab. Jeeps nach Mirik (100 ₹, 2½ Std.) starten am häufigsten vom Bahnhof Siliguri, 200 m südwestlich des zentralen Busbahnhofs Tenzing Norgay.

Einen ganzen Jeep privat zu chartern, kostet ungefähr das 15-fache des Tickets für einen Sammel-Jeep. Für große oder korpulente Traveller empfiehlt es sich, die zwei oder drei Sitze vorn neben dem Fahrer zu bezahlen und zu belegen.

ZUG

Beim Buchen von Zugtickets von/nach Siliguri muss man darauf achten, ob sich das Ticket auf den zentral gelegenen Bahnhof Siliguri Junction oder den 6 km südöstlich gelegenen Bahnhof New Jalpaiguri (NJP) bezieht.

Tickets kauft man am Bahnhof Siliguri Junction oder im **Zugbuchungsbüro** (☎ 0353-2537333; Ecke Hospital & Bidhan Rd; ⏲ Mo–Sa 8–12, 12.30–14 & 14.15–20, So bis 14 Uhr) 1,5 km südöstlich vom Hotel Conclave.

Der 20-Uhr-Zug *12344 Darjeeling Mail* über Malda ist der schnellste der vielen täglichen Züge nach Kolkata (Sleeper/3AC 350/915 ₹, 10 Std.).

Der *12423 Rajdhani Express* (3AC/2AC 2200/3020 ₹, 21 Std.) um 13.15 Uhr stellt die schnellste und beste Alternative dar, um nach Delhi zu reisen. Eine weitere Möglichkeit ist der *12505 North East Express* (Sleeper/3AC 625/1630 ₹, 26 Std.) um 17.15 Uhr.

Der einfachste Zug nach Padna, für den man Tickets bekommt, ist der Capital Express (Sleeper/3AC/2AC 280/750/1490 ₹, 13 Std.), der allerdings unangenehm früh um 3.20 Uhr ankommt. Nach Guwahati nimmt man um 8.35 Uhr den *12506 North East Express* in der Gegenrichtung (Sleeper/3AC 275/710 ₹, 8 Std.).

ℹ Unterwegs vor Ort

Ein Taxi/eine Autorikscha vom zentralen Busbahnhof Tenzing Norgay zum Bahnhof New Jalpaiguri kostet 230/100 ₹. Taxis/Autorikschas vom Flughafen Bagdogra nach Siliguri (oder umgekehrt) kosten 460/250 ₹.

Sammel-Autorikschas (7 ₹) sind ständig auf der Tenzing Norgay Rd unterwegs.

Jaldapara Wildlife Sanctuary

☎ 03563 / 60 M

Das wenig besuchte **Jaldapara Wildlife Sanctuary** (☎ 03563-262239; www.jaldapara.in; Inder/Ausländer 60/200 ₹, Foto/Video 50/500 ₹; ⏲ Mitte Sept.–Mitte Juni) umfasst 114 km² üppige Wälder und Graslandschaften am Fluss Torsa und ist die Heimat von 150 Panzernashörnern *(Rhinoceros unicornis)*. Auf eigene

Faust ist das Reservat nicht leicht zu besuchen, und Unterkünfte im Park müssen Monate im Voraus gebucht werden – Planung ist also angesagt. Die beste Zeit für einen Besuch ist zwischen Mitte November und April; die besten Monate, um Tiere zu beobachten, sind der März und April. Unbedingt Insektenschutzmittel mitbringen!

Die beste Chance, ein Nashorn zu erspähen, hat man bei einem **Elefantenritt** (☎03563-262230; Inder/Ausländer 600/1000 ₹ pro Pers.; ⏲5–8 Uhr), allerdings sind diese Safaris oft von den Touristenlodges ausgebucht, und Tierschützer raten von ihnen ab, da dabei den Elefanten Leid zugefügt werden kann. Selbst wenn man eine Übernachtung in der Jaldhapara Tourist Lodge (S. 545) bucht, ist der Elefantenritt nicht garantiert, weil die Lodge bei voller Belegung doppelt so viel Gäste beherbergt, wie ihr als tägliches Kontingent bei den Elefantenritten zustehen. Ein einstündiger Elefantenritt kostet einschließlich aller Nebenkosten mindestens 50 US$ pro Person. Die Traveller sitzen in einem *howdah* (Holzsitz) auf dem Rücken des Elefanten – Tierschützer lehnen diese Praxis ab.

Jeepsafaris (☎03563-262230; Jeep für 4/6 Pers. Ausländer 1840/2240 ₹, Inder 1520/1640 ₹) starten am Morgen und am Nachmittag, und sie halten an Aussichtsplattformen. Aber auch hier sind Plätze schwer zu bekommen, wenn man nicht an einer Tour teilnimmt oder in einer der beiden Touristenlodges wohnt.

Mithun von **Wild Planet Travel Desk** (☎9735028733; easthimalayan3@yahoo.com) und das Hotel Relax können oft Unterkünfte und Safaris beschaffen, wenn alle anderen aufgeben, und sind daher wohl die besten Optionen bei einer Tour auf eigene Faust sowie für Rad- und Vogelbeobachtungstouren.

Schlafen & Essen

Hollong Tourist Lodge LODGE **$$**
(☎03563-262228; www.wbtourism.gov.in; DZ 2850 ₹) Die grüne, aus Holz gezimmerte Lodge mitten im Park ist die vielleicht beste Unterkunft, obwohl es zu einer echten Herausforderung werden kann, eines der sechs Zimmer ohne Klimaanlage zu buchen. Hier kann man Tiere direkt von der Veranda aus beobachten, und im Pauschalangebot ist ein Elefantenritt am Morgen enthalten, auf den man aber aus Tierschutzgründen vielleicht lieber verzichten will. Buchen sollte man bis zu sechs Monate im Voraus.

Die Lodge nimmt keine direkten Buchungen an. Diese nimmt man online unter www.wbtdc.gov.in oder über West Bengal Tourism (S. 527) vor.

Jaldhapara Tourist Lodge HOTEL **$$**
(☎9733008795, 03563-262230; www.wbtourism.gov.in; Madarihat; DZ mit Klimaanlage 2200–3200 ₹, ohne Klimaanlage 1600 ₹; ❄) Das funktionale, aber komfortable Hotel der West Bengal Tourism Development Corporation (WBTDC) liegt gleich außerhalb des Parks in der Ortschaft Madarihat. Es hat Zimmer in Holz- oder Betonklötzen sowie neue Cottages. An den Wochenenden muss man mit lauten indischen Familien und Jugendgruppen rechnen.

Die Lodge nimmt keine direkten Buchungen an. Diese nimmt man online unter www.wbtdc.gov.in oder über West Bengal Tourism (S. 527) vor.

An- & Weiterreise

Jaldhapara liegt 124 km östlich von Siliguri. Bis 15.30 Uhr fahren alle 30 Minuten Nahverkehrsbusse vom Busbahnhof Siliguri nach Madarihat (87 ₹, 4 Std.), die man am Schalter der Inter District Minibus Owners Association bucht.

Außerdem starten um 6, 7.15, 17 und 18 Uhr langsame, aber malerische Postzüge (Sitzplatz ohne Reservierung 40–65 ₹, 3–4 Std.) vom Bahnhof Siliguri Junction, die um 6.05, 7.50 und 13.30 Uhr aus Madarihat zurückkehren.

Von Madarihat sind es 7 km bis zum Hauptbüro des Parks. Ein Taxi kostet hin und zurück inklusive Wartezeit 700 ₹, hinzu kommt noch die Fahrzeuggebühr von 275 ₹ für die Einfahrt in den Park.

Kurseong

☎0354 / 40100 EW. / 1460 M

Das 32 km südlich von Darjeeling gelegene Kurseong ist ein winziger, aber trubeliger Bergort, der für seine Teeplantagen und die Internatsschulen im Stil der Raj-Ära bekannt ist. Der Name geht auf das Lepcha-Wort *khorsang* zurück, das die kleine weiße, in dieser Gegend weit verbreitete Orchideenart bezeichnet. Der von Hügeln mit perfekt gepflegten Teeplantagen umgebene Ort ist momentan auch der südliche Endbahnhof der niedlichen Schmalspurbahn (Toy Train) der Darjeeling Himalayan Railway.

Die Hill Cart Rd (Tenzing Norgay Rd) – die laute, verkehrsreiche Hauptdurchgangsstraße von Siliguri nach Darjeeling – schlängelt sich durch die Stadt, während ihr die Eisenbahnlinie in unmittelbarer Nähe wie ein Schatten folgt.

Sehenswertes

Makaibari TEEPLANTAGE
(☎0353-2510071; www.makaibari.com; Pankhabari Rd; ⏰Mitte März–Mitte Nov. Di–Sa) GRATIS Wer Tee mag, sollte sich diese biologische und biodynamische Teeplantage, deren Fertigungsstätten Besuchern offen stehen, nicht entgehen lassen. Zwischen den riesigen Sortier- und Trockenmaschinen oder auch zwischen den grünen Büschen kann man auf den Eigentümer Rajah Banerjee treffen, der ein Tee-Guru und ein echtes Original ist. Kurze Besuche sind kostenlos, man kann sich aber auch für eine Plantagenführung mit Teepflücken und Teeverkostung entscheiden (200–300 ₹/Pers., Mittagessen bei einer örtlichen Gastfamilie weitere ca. 200 ₹).

Morgens vor 10 Uhr hat man zwischen Mitte März und Mitte November die beste Gelegenheit, den Produktionsprozess zu beobachten. Sonntags wird nicht gepflückt und montags kein Tee verarbeitet. Ausritte und sogar Klettertouren in den Baumwipfeln sind geplant, und ein Spa-Resort ist im Bau.

Die Plantage liegt 3 km unterhalb von Kurseong an der Pankhabari Rd und 1 km unterhalb vom Cochrane Place. Die Anfahrt mit dem Taxi kostet 200 ₹, doch bringt einen auch ein angenehmer Spaziergang den Hügel hinunter ans Ziel (der Rückweg ist viel steiler, da nimmt man besser für 20 ₹ ein Sammeltaxi vom Cochrane Place). Unterwegs erinnert der grüne, überwucherte alte Friedhof von St. Andrew's an die vergangene Ära der Teepflanzer.

Makaibari betreibt ein Homestay- und Freiwilligenprogramm von einem separaten Büro 50 m unterhalb des Haupteingangs aus. Freiwillige finden hier Beschäftigung in Lehr-, Gesundheits- und Gemeindeprojekten; Einzelheiten gibt's unter www.volmakaibari.org. Nach Nayan Lama fragen. In dem Büro kann man auch die Plantagenführungen buchen.

Ambootia Tea Estate TEEPLANTAGE
(☎9434045602; www.ambootia.com) GRATIS Die Bio-Teeplantage Ambootia Tea Estate heißt Besucher in ihrer aromatisch duftenden Fabrik willkommen und ist vom nahe gelegenen Cochrane Place aus ein schönes Ziel für einen Spaziergang.

Schlafen

Makaibari Homestays HOMESTAY $$
(☎9832447774; www.volmakaibari.org; Makaibari-Teeplantage; inklusive VP 800 ₹/Pers.) Das zukunftsweisende Projekt zielt darauf ab, den Tourismus zu nutzen, um örtlichen Teepflückerinnen Verdienstmöglichkeiten zu schaffen. 16 Familienwohnhäuser sind gegenwärtig beteiligt, und weitere sollen in einem neuen, ökologisch nachhaltigen, aus Bambus errichteten Dorf in der Nähe hinzukommen, das auf Mittelklassetouristen abzielt. Die Häuser sind schlicht, aber komfortabel, und die Familien sprechen ein wenig Englisch. Zu den angebotenen Aktivitäten zählen Teepflücken und Vogelbeobachtungstouren (Führer 100 ₹).

Cochrane Place BOUTIQUEHOTEL $$$
(☎9932035660; www.cochraneplacehotel.com; 132 Pankhabari Rd; EZ/DZ ab 3050/3820 ₹; @📶) Mit einem Rundblick auf die Teeplantagen und die funkelnden Lichter von Siliguri darunter bietet dieses charmante Refugium mit Stilmöbeln und skurrilen Artefakten in hellen, luftigen, pastellfarbenen Zimmern Idylle pur. Es gibt einen köstlichen Mix aus anglo-indischen, westlichen und indischen Gerichten und eine gute Auswahl an Darjeeling-Tees im Café Chai Country.

Essen

Kurseong Tourist Lodge NORDINDISCH $
(☎0354-2345608; Hill Cart Rd; Hauptgerichte 80–140 ₹; ⏰7–20.30 Uhr) Die altmodische staatliche Lodge hat ein beliebtes Café, in dem man ausgezeichnetes Hühnchen oder vegetarische *momos* futtert, während draußen die Schmalspurbahn pfeift. Das Restaurant serviert mittags und abends eine große Auswahl indischer Leckerbissen. Es liegt 10 Gehminuten außerhalb der Stadt an der Hauptstraße nach Darjeeling.

Außerdem werden hier einige Zimmer mit Balkon (EZ/DZ 1850/2050 ₹) vermietet.

An- & Weiterreise

Bis gegen 16 Uhr fahren zahlreiche Sammel-Jeeps nach Darjeeling (70 ₹, 1½ Std.) und Siliguri (70 ₹, 1½ Std.) sowie um 8 und 13 Uhr nach Kalimpong (150 ₹, 3½–4 Std.) und Mirik (80 ₹, 2½ Std.).

Die Schmalspurbahn (Toy Train) der Darjeeling Himalayan Railway nach Darjeeling (1./2. Klasse 210/60 ₹, 3 Std.) fährt fahrplanmäßig um 7 und 15 Uhr, braucht aber doppelt so lange wie ein Sammel-Jeep. Zur Zeit der Recherche fiel der Zug um 15 Uhr aus.

Darjeeling

☎0354 / 120 400 EW. / 2135 M

Darjeeling ist der Inbegriff einer indischen Hill Station und wohl die Hauptattraktion Westbengalens. Die Stadt erstreckt sich über einen steilen Bergrücken, der von smaragdgrünen Teeplantagen umgeben ist und über dem der majestätische Kangchendzönga (8598 m) in den Himmel ragt. Wenn man nicht gerade mit offenem Mund den gewaltigen Berg bestaunt, kann man hier kolonialzeitliche Architektur erkunden, buddhistische Klöster besuchen und sich im nahe gelegenen Zoo Schneeleoparden und Kleine Pandas anschauen. Abenteuerurlauber können einen Trek zum Singalila Ridge arrangieren oder sich ein Mountainbike für eine geführte Tour durch die Hügel ausleihen. In den steilen, kurvenreichen Basaren unterhalb der Stadt finden sich Produkte aus dem Himalaja, und man sieht viele Leute aus Sikkim, Bhutan, Nepal und Tibet. Und wenn einmal die Kräfte schwinden, ist ein guter, dampfender Darjeeling-Tee immer zur Hand.

Geschichte

Darjeeling gehörte ursprünglich lange den buddhistischen *chogyals* (Königen) von Sikkim, bis sie 1780 von den einfallenden Gurkhas aus Nepal annektiert wurde. 1816 erlangte die Ostindien-Kompanie die Kontrolle und gab den Großteil des Landes an Sikkim zurück. Im Gegenzug erhielten die Briten das Vorrecht, künftige Grenzkonflikte allein regeln zu dürfen.

Während eines dieser Konflikte im Jahr 1828 stolperten zwei britische Offiziere über das Dorje-Ling-Kloster, das friedlich auf einem bewaldeten Bergrücken ruhte. Ihren Vorgesetzten in Kolkata (Kalkutta) teilten sie mit, den perfekten Ort für ein Sanatorium gefunden zu haben – und ganz sicher ließen sie auch seine strategisch-militärische Bedeutung für die Region nicht unerwähnt. Der *chogyal* von Sikkim – noch immer dankbar für die Rückgabe seines Königsreichs – willigte erfreut ein, der Ostindien-Kompanie das unbewohnte Land für eine Jahresgebühr von 3000 £ zu verpachten. 1835 wurde die Hill Station Darjeeling gegründet und noch im selben Jahr pflanzte man die ersten Teesträucher. Bereits 1857 zählte Darjeeling 10 000 Einwohner, was hauptsächlich dem großen Zustrom von Gurkha-Arbeitern aus Nepal zu verdanken war.

Seit der Unabhängigkeit entwickelten sich die Gurkhas zur größten politischen Kraft in Darjeeling. Spannungen mit der regionalen Regierung ließen in den 1980er-Jahren den Ruf nach einem selbstständigen Bundesstaat Gorkhaland lauter werden. 1986 brachten die von der Gorkha National Liberation Front (GNLF) organisierten gewalttätigen Aufstände Darjeeling zum Stillstand und führten schließlich dazu, dass die indische Regierung dem Darjeeling Gorkha Hill Council (DGHC) ein großes Maß an Autonomie gewährte, später wurde die DGHC durch die Gorkhaland Territorial Administration (GTA) abgelöst. Die politische Situation ist momentan ruhig, aber Unruhen und Streiks können jederzeit wieder auftreten.

Sehenswertes

Tiger Hill AUSSICHTSPUNKT

Wer sehen möchte, wie die Sonne über einem spektakulären, 250 km langen Horizontstreifen über den Bergen des Himalajas – u. a. dem Mt. Everest (8848 m), dem Lhotse (8501 m) und dem Makalu (8475 m) ganz im Westen – aufgeht, muss früh aufstehen und mit dem Jeep zum Tiger Hill (2590 m) fahren. Dieser erhebt sich 11 km südlich von Darjeeling über Ghum. Die Skyline wird dominiert vom Khangchendzönga (eine großartige Schneefestung mit fünf Spitzen), Indiens höchstem Gipfel und dem dritthöchsten der Welt. An den Seiten des riesigen Massivs ragen der Kabru (7338 m), der Jannu (7710 m) und der Pandim (6691 m) auf, drei ebenfalls bedeutende Berge.

Dieses allmorgendliche Schauspiel – die beste Sicht hat man im Herbst und Frühjahr – ist eine bedeutende Touristenattraktion. Jeden Morgen gegen 4 Uhr starten Hunderte Jeeps von Darjeeling zum Tiger Hill, wobei Staus vorprogrammiert sind. Auf dem Gipfel zahlt man seinen Obolus für einen Stehplatz auf dem Pavillongelände oder wärmt sich in einer der beheizten Lounges (mit Tee 30–100 ₹) auf. Es kann großes Gedränge geben. Wer den Blick auf den Himalaja beschaulicher genießen will, sollte sich vielleicht ein anderes Plätzchen suchen.

Organisierte Sonnenaufgangstouren (üblicherweise auf dem Rückweg mit einem Abstecher zum Batasia Loop und den Klöstern in Ghum) kann man über einen Reiseveranstalter oder direkt bei den Jeepfahrern am Clubside-Taxistand buchen. Die Tour kostet hin und zurück 1300 ₹ pro Fahrzeug oder 250 ₹ pro Sitzplatz.

Darjeeling

0
200 m
Himalayan Mountaineering Institute (1,6 km); Padmaja Naidu Himalayan Zoological Park (1,6 km)
Tibetan Refugee Self-Help Centre (600 m)
Happy Valley Tea Estate (1 km); Rangit Valley Ropeway (2,5 km)
Hill Cart (Tenzing Norgay) Rd
Bishop Eric Benjamin Rd
Bhanu Bhakta Sarani
Jawahar Rd W
Lloyd-Botanical-Gardens-Eingang
Lochnager Rd
Bhanu-Bhakta-Agharya-Statue
CR Das Rd
Bhutia Busty Gompa (1 km)
Alter Supermarkt-komplex
Chowrasta
HD Lama Rd
Lloyd Botanical Gardens
Bazaar Cart Rd
Nehru Rd (The Mall)
Tenzing Norgay Rd
Planter's Hospital
HD Lama Rd
Clubside-Taxistand
Market Rd
Chowk Bazaar
NB Singh Rd
Gemeindeverwaltung & Uhrenturm
JP Sharma Rd
Hill Cart Rd
Laden La Rd
Dr Zakir Hussain Rd
Fernsehturm
Darjeeling Transport Corporation
Compuset Centre
Gandhi Rd
SM Das Rd
Sinha Rd
Taxistand
Tenzing Norgay Rd
Bahnhof
Dhirdham Mandir
Druk Sangak Choling Gompa (2,5 km)
Batasia Loop (3,8 km);
Ghum (7 km);
Kurseong (30 km)
Revolver (50 m);
Dekeling Resort at Hawk's Nest (1 km);
Japanische Friedenspagode (2 km)
Mak Dhog Gompa (2,5 km);
Jore Bungalow (7 km)

Darjeeling

Highlights
1 Darjeeling Himalayan Railway A7

Sehenswertes
2 Lloyd Botanical Gardens A3
3 Observatory Hill D1

Aktivitäten, Kurse & Touren
4 Adventures Unlimited D5
5 Himalayan Travels C6
Manjushree Centre of Tibetan Culture .... (siehe 15)
6 Ponyreiten D3

Schlafen
7 Bellevue Hotel D4
8 Dekeling Hotel C5
9 Elgin Darjeeling C2
10 Hotel Aliment C7
11 Hotel New Galaxy D5
12 Hotel Seven Seventeen C4
13 Hotel Tranquillity D6
14 Mayfair Darjeeling B1
15 Tibet Home C6
16 Windamere Hotel D2

Essen
Dekeva's .... (siehe 19)
17 Glenary's C4
18 Hasty Tasty C5
19 Kunga C5
Lunar Restaurant .... (siehe 8)
20 Mamta Pizza C3
21 Park Restaurant C6
22 Shangri-La D4
23 Sonam's Kitchen D5

Ausgehen & Nachtleben
24 Gatty's Cafe D6
Glenary's .... (siehe 17)
25 Himalayan Java D5
26 House of Tea C5
27 Joey's Pub C6
28 Sunset Lounge D3
Windamere Hotel .... (siehe 16)

Shoppen
29 Das Studios D4
30 Dorjee Himalayan Artefacts C6
31 Hayden Hall C6
32 Life & Leaf Fair Trade Shop D3
33 Nathmull's Tea Room C6
34 Oxford Book & Stationery Company D3
35 Rope C5

Praktisches
36 GTA Tourist Reception Centre C2
37 ICICI Bank (Geldautomat) C6
38 Poddar's C6
39 Ridhi Siddhi C5
40 State Bank of India C6
41 State Bank of India (Geldautomat) D3

Transport
42 Bus- & Jeephaltestelle am Chowk Bazaar B4
43 Bahnhof Darjeeling A7
44 Samsara Tours, Travels & Treks C6

Observatory Hill RELIGIÖSE STÄTTE

Der für Buddhisten und Hindus gleichermaßen heilige Hügel war der Standort des ursprünglichen Dorje-Ling-Klosters, dem Darjeeling seinen Namen verdankt. Heute strömen die Gläubigen zu einem Tempel in einer kleinen Höhle, um Mahakala zu ehren, eine buddhistische Schutzgottheit, die auch im Hinduismus als eine zornige Inkarnation Shivas, dem Zerstörer, angebetet wird. Auf dem Gipfel gibt's mehrere Schreine, ein Meer bunter Gebetsflaggen und Gebimmel zahlloser Glocken, aber leider keine Aussicht auf die Berge.

Bhutia Busty Gompa BUDDHISTISCHES KLOSTER

Der Tempel stand ursprünglich auf dem Observatory Hill, wurde aber von den *chogyals* von Sikkim im 19. Jh. an diesem Standort neu gebaut. Die Gompa beherbergt feine Wandmalereien zu Buddhas Leben, und der Kangchendzönga sorgt für eine spektakuläre Kulisse. Da die Stätte tagsüber oft verschlossen ist, kommt man am besten zu den Gebeten um 16 Uhr. Vom Chowrasta Sq folgt man der CR Das Rd fünf Minuten den Hügel hinunter und passiert dabei drei buddhistische Felsreliefs.

Japanische Friedenspagode BUDDHISTISCHER TEMPEL

(⌚4.30–19 Uhr, Gebete 4.30–6 & 16.30–18.30 Uhr)
Diese in perfektem Weiß erstrahlende Pagode liegt auf einem Hügel am Ende der AJC Bose Rd und ist eine von über 70 Pagoden, die von der japanisch-buddhistischen Organisation Nipponzan Myohoji in aller Welt erbaut wurden. Während der dröhnenden *pujas* (Gebete) Sessions bekommen Besucher eine kleine Trommel und werden eingeladen, an den Ritualen teilzuhaben. Man erreicht die Pagode in einem 30-minütigen Spaziergang von der Clubside Kreuzung entlang der Gandhi Rd und der AJC Bose Rd, vorbei am – seltsam benannten – Institut für Astroparitkelphysik und Weltraumwissenschaft.

Padmaja Naidu Himalayan Zoological Park ZOO

(☎0354-2254250; www.pnhzp.gov.in; Inder/Ausländer inkl. Himalayan Mountaineering Institute 50/100 ₹; ⏲Fr–Mi 8.30–16 Uhr, Ticketschalter schließt um 15.30 Uhr) Dieser Zoo ist einer der besten Indiens und wurde 1958 errichtet, um die Fauna des Himalaja zu studieren, zu bewahren und zu beschützen. Inmitten des steinigen und bewaldeten Geländes leben auch deren größte Vertreter, wie Kragenbären, Nebelparder, Kleine Pandas und Mongolische Wölfe. Der Zoo und das angeschlossene Zentrum für Schneeleopardenzucht (für die Öffentlichkeit leider nicht zugänglich) sind auch das Zuhause der weltweit größten in Gefangenschaft lebenden Schneeleopardenpopulation (zurzeit 11 Tiere).

Man erreicht den Zoo in einem angenehmen 20-minütigen Spaziergang vom Chowrasta die Jawahar Rd West hinunter.

Himalayan Mountaineering Institute MUSEUM

(HMI; ☎0354-2254087; www.hmi-darjeeling.com; Inder/Ausländer inkl. Zoo 50/100 ₹, ⏲Fr–Mi 8.30–16.30 Uhr) Das angesehene Bergsteigerinstitut versteckt sich mitten im Zoo. Es wurde 1954 gegründet und hat einige der führenden Bergsteiger Indiens ausgebildet. Zur Anlage gehört auch das faszinierende **Mountaineering Museum** mit ganz unterschiedlichen Exponaten und Details über die Everest-Expeditionen in den Jahren 1922 und 1924, die beide in Darjeeling starteten, sowie über Versuche der Besteigung in letzter Zeit. Hier wird auch das Carl-Zeiss-Teleskop, das Adolf Hitler dem Anführer der nepalesischen Armee überreichte, ausgestellt.

Rangit Valley Ropeway SEILBAHN

(hin & zurück Erw./Kind 175/90 ₹; ⏲10–16 Uhr, Ticketbüro bis 14 Uhr, am 19. jedes Monats geschl.) Nachdem der Betrieb wegen eines tödlichen Unfalls im Jahr 2003 eingestellt worden war, wurde die malerische Seilbahn 2012 wiedereröffnet. Die 20-minütige Fahrt bringt einen vom North Point hinunter zur Teeplantage, hinweg über die Berghänge mit gepflegten Teesträuchern, die aussehen wie riesige Brokkolis. Wer das Dorf und die Teeplantage erkunden will, sollte früh kommen, denn die letzte Kabine fährt schon um 17 Uhr zurück.

SIGHTSEEING IN DARJEELING

Die Sehenswürdigkeiten von Darjeeling liegen recht weit auseinander, und auf den Straßen herrscht das Chaos. Man tut sich deshalb leichter, wenn man bestimmte Sehenswürdigkeiten gruppenweise zusammenfasst.

Eine beliebte Idee besteht darin, um 4 Uhr aus dem Bett zu springen, einen Jeep hinauf zum Tiger Hill (S. 547) zu nehmen und von dort den spektakulären Sonnenaufgang über dem **Kangchendzönga** zu erleben. Nach dem Foto vor der Kulisse des Bergs geht's hinunter nach Ghum und man verbringt den Morgen/Tag mit dem Besuch des Batasia Loop (S. 551) und der dortigen Klöster. Eine alternative 90-minütige Wanderroute zurück nach Darjeeling beginnt an der ruhigen Tenzing Norgay Rd ab der Kreuzung am Jore Bungalow und führt über die hübsche **Mak Dhog Gompa** (Alu Bari). Das ist auch eine schöne Radroute, obwohl man keinen Ausblick auf die Berge hat.

Wer sich mit dem Ausflug zum Tiger Hill im Morgengrauen nicht anfreunden kann, der kann am frühen Morgen einen Spaziergang auf dem **Bhanu Bhakta Sarani** unternehmen, der vom Chowrasta um die Nordseite des Observatory Hill verläuft und mehrere hinreißende Aussichtspunkte zu bieten hat. Der Spaziergang lässt sich gut mit einem Besuch der tiefer gelegenen Bhutia Busty Gompa (S. 549) oder einem Aufstieg zum Observatory Hill (S. 549) kombinieren.

Eine gute halbtägige Wanderung führt vom Chowrasta Sq in 20 Minuten zum Zoo und dem Himalayan Mountaineering Institute und dann 15 Minuten weiter auf der Straße oberhalb der wimmelnden Hill Cart Rd rund um den Hügel zur Rangit Valley Ropeway. Hier nimmt man vom North Point einen Sammel-Minivan zurück nach Darjeeling und steigt am Happy Valley Tea Estate (S. 551) aus. Nun läuft man den abkürzenden Fußweg über den Lloyd Botanical Gardens (S. 551) zum Jeepstand am Chowk Bazaar. Alternativ marschiert man 20 Minuten von der Seilbahn auf der Lebong Cart Rd zum Tibetan Refugee Self-Help Centre und wandert über die Bhutia Busty Gompa den steilen Weg hinauf zum Chowrasta Sq.

GHUM

Im Knotenpunkt Ghum, 7 km südwestlich von Darjeeling, liegen in einer Gehentfernung von jeweils 10 Minuten drei farbenfrohe buddhistische Klöster. Man kann von Darjeeling nach Ghum mit der Schmalspurbahn (2./1. Klasse 30/145 ₹), dem Sammeltaxi (30 ₹), einem Taxi (einfache Strecke 300 ₹) fahren oder den Ort auf dem Rückweg vom Tiger Hill besuchen.

In der **Yiga Choling Gompa** (Sonnenaufgang–Sonnenuntergang), dem berühmtesten Kloster der Region, gibt's wundervolle alte Wandmalereien. Hier leben rund 30 Mönche der Gelugpa-Schule. In dem 1850 erbauten Kloster befinden sich eine 5 m hohe Statue des Jampa (Maitreya oder auch „Buddha der Zukunft") und 300 schön gebundene tibetische Texte. Das Kloster liegt gleich westlich von Ghum, rund 10 Gehminuten abseits der Hill Cart Rd.

Zu den weiteren interessanten Gompas in der Nähe zählt die festungsartige **Guru Sakya Gompa** (Sonnenaufgang–Sonnenuntergang), in der es zwischen 5.30 und 7.30 Uhr Gebetssitzungen gibt (gut zu besuchen, wenn man frühmorgens auf dem Tiger Hill war). In der bewohnten **Samten Choling Gompa** (Neues Kloster; Sonnenaufgang–Sonnenuntergang) gleich den Hügel hinunter befinden sich die größte Buddhastatue Westbengalens, ein dem deutschen Esoteriker Lama Govinda geweihter Gedächtnis-Chörten und ein kleines Café.

Tibetan Refugee Self-Help Centre WERKSTÄTTEN
(2255938; www.tibetancentredarjeeling.com; Lebong Cart Rd; Mo–Sa 9–16.30 Uhr) Das 1959 gegründete Flüchtlingszentrum umfasst ein Altenheim, eine Schule, ein Waisenhaus, eine Klinik, eine Gompa (tibetisches Kloster) und Werkstätten, in denen Teppiche, Holzschnitzereien und Wollsachen produziert werden. Es gibt auch eine interessante, politisch bestimmte **Fotoausstellung**, die die Geschichte Tibets in Schwarzweißfotos nachzeichnet. Besucher können die Werkstätten besichtigen. Im Showroom (S. 556) wird Kunsthandwerk verkauft; die Erlöse gehen direkt an die tibetische Gemeinde.

Happy Valley Tea Estate TEEPLANTAGE
(8017700700; www.ambootia.com; Lebong Cart Rd; Führung 100 ₹; Di–So 8–16 Uhr) Die 1854 gegründete Teeplantage unterhalb der Hill Cart Rd lohnt einen Besuch, vor allem wenn gerade das Pflücken und Verarbeiten des Tees im Gange ist (März–Nov.). Ein Mitarbeiter führt die Besucher durch die aromatisch duftende Fabrik, erläutert die Prozesse des Dörrens, Rollens, Fermentierens und Trocknens und erklärt die Unterschiede zwischen grünem, schwarzem und weißem Tee. Die Zufahrt ist rund 1 km nordwestlich der Stadt an der Hill Cart Rd ausgeschildert.

Lloyd Botanical Gardens GARTEN
(0354-2252358; 8–16.30 Uhr) GRATIS Dieser schöne Garten beherbergt eine beeindruckende Sammlung an Himalajapflanzen, die vor allem aus den berühmten Orchideen und Rhododendren besteht. Von der Bus- & Jeephaltestelle am Chowk Bazaar den Schildern entlang der Lochnager Rd folgen, bis am Haupteingang das Summen der Zikaden das Hupen der Jeeps ablöst. Am Büro am Ende des Parks hängt eine Karte.

Batasia Loop DENKMAL
(10 ₹) Wer mit der Schmalspurbahn „Toy Train" fährt oder vom Tiger Hill zurückwandert, sollte nach dieser berühmten Eisenbahnschleife, die um das Gorkha-Kriegsdenkmal herumführt, Ausschau halten. Das Denkmal wurde zu Ehren der tapferen Soldaten aus der Gegend errichtet, die im Ersten und Zweiten Weltkrieg ihr Leben ließen. Einige Touren legen hier auf der Rückfahrt vom Sonnenaufgangsausflug zum Tiger Hill einen Stopp ein. Die Aussicht ist fast genauso schön und die Stimmung sehr viel entspannter.

Druk Sangak Choling Gompa BUDDHISTISCHES KLOSTER
(Dali Gompa; Sonnenaufgang–Sonnenuntergang) Ungefähr auf halber Strecke zwischen Ghum und Darjeeling erhebt sich die für ihre lebendigen Fresken bekannte riesige Druk Sangak Choling Gompa, die 1993 vom Dalai Lama eingeweiht wurde. 300 Mönche aus der Himalaja-Region studieren hier Philosophie, Literatur, Astrologie, Meditation, Tanz und Musik. Am besten kommt man zu den Gebeten zwischen 16 und 18 Uhr.

Aktivitäten

Adventures Unlimited OUTDOORAKTIVITÄTEN
(☎ 9933070013; www.adventuresunlimited.in; Dr Zakir Hussain Rd; Mo–Sa 10–18 Uhr) Veranstaltet neben Treks zum Singalila Ridge (50 US$ pro Pers. & Tag) und nach Sikkim (60–75 US$ pro Pers. & Tag) auch Motorrad- und Mountainbiketouren. Außerdem vermietet Adventures Unlimited auch Enfield-Motorräder (1500–1850 ₹) und Mountainbikes. Nach Gautam fragen!

Himalayan Travels TREKKING
(☎ 0354-2252254; kkguring@cal.vsnl.net.in; 18 Gandhi Rd, Darjeeling) Der erfahrene Veranstalter organisiert schon seit 1975 Treks (60–70 US$ pro Pers. & Tag) und Bergbesteigungen in Darjeeling sowie Sikkim.

Ponyreiten REITEN
Vom Chowrasta aus können Kinder für 200 ₹ um den Observatory Hill oder durch Teeplantagen zu einem Kloster (400 ₹/Std.; 2 Stunden sind das Minimum) reiten. Ein Reiter begleitet die Pferde die ganze Zeit, sodass dies eine ziemlich sichere Angelegenheit ist. Helme werden allerdings nicht zur Verfügung gestellt.

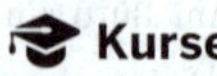

Kurse

Himalayan Mountaineering Institute BERGSTEIGEN
(HMI; ☎ 0354-2254087; www.hmi-darjeeling.com; Inder/Ausländer 7500 ₹/800 US$) Das HMI veranstaltet 28-tägige Bergsteigekurse für Anfänger und Fortgeschrittene (März–Mai & Sept.–Dez.). Die Kurse vermitteln eine große Reihe von Fertigkeiten für das Bergsteigen im Hochgebirge. Ausländer sollten sich mindestens drei Monate im Voraus einschreiben.

Die erste Woche verbringt man in Darjeeling, wo man in Theorie, dem Schlingen von Knoten und anderen Grundfertigkeiten geschult wird, bevor es zwei Wochen nach Sikkim geht. Die Verpflegung und Unterkunft im Schlafsaal/Zelt ist im Preis inbegriffen. Ein Kurs hat bis zu 60 Teilnehmer.

Manjushree Centre of Tibetan Culture SPRACHKURS
(☎ 0354-2252977; www.manjushreetibcentre.org; 12 Gandhi Rd; 200 ₹/Std.; Mitte März–Mitte Dez.) Das Kulturzentrum organisiert Privatstunden in gesprochenem und geschriebenem Tibetisch. Es verfügt über eine gute Bibliothek und kann Studenten Unterkünfte bei tibetischen Gastfamilien vermitteln. Das Büro befindet sich oberhalb des Himalayan Tibet Museum.

Schlafen

Darjeeling verfügt über eine große Auswahl an Hotels. Die meisten Backpacker-Unterkünfte liegen in der Dr Zakir Hussain Rd, die dem höchsten Bergkamm in Darjeeling folgt. Eine Wanderung zur besten Budgetunterkunft ist also nicht ausgeschlossen.

Die angegebenen Preise gelten für die Hauptsaison (Okt.–Anfang Dez. & Mitte März–Mitte Mai); dann sollte man auch im Voraus reservieren. In der Nebensaison sinken die Preise um bis zu 50 %.

Hotel New Galaxy HOTEL $
(☎ 9775914939; Dr Zakir Hussain Rd; DZ ab 700 ₹) Die schlichte Budgetunterkunft hat kleine, aber ordentliche Zimmer; bei den billigeren gibt's Warmwasser nur im Eimer. Die Zimmer sind sehr unterschiedlich; die Eckzimmer mit Blick in die Berge sind die mit Abstand besten (vor allem Zimmer 104). Zu den unerwarteten Extras zählen eine Terrasse zum Sonnen und ein authentisches Thai-Restaurant.

Hotel Tranquillity HOTEL $
(☎ 0354-2257678; hoteltranquillity@yahoo.com; 13A Dr Zakir Hussain Rd; DZ/3BZ 700/900 ₹;) Das Hotel mit gutem Preis-Leistungs-Verhältnis ist blitzsauber, hat Warmwasser rund um die Uhr, einen netten Sitzbereich im Foyer, eine schöne Aussicht vom Dach und hübsche hellblaue Zimmer. Der hilfsbereite Inhaber, ein örtlicher Lehrer, besitzt alle möglichen Infos zur Gegend.

★ **Dekeling Hotel** PENSION $$
(☎ 0354-2254159; www.dekeling.com; Gandhi Rd; DZ 2380–3810 ₹, ohne Bad 998 ₹; @) Das makellose Dekeling steckt voller charmanter Details wie bunter Rautenfenster, einem traditionellen *bukhari* (Holzofen) in der gemütlichen und geselligen Lounge/Bibliothek, Holzvertäfelungen und schräger Decken. Die Aussicht ist herrlich, die tibetischen Inhaber Sangay und Norbu sind ideale Gastgeber, und der Service ist ausgezeichnet. Ein weiteres Plus ist die zentrale Lage, auch wenn dadurch einige Zimmer etwas Verkehrslärm abbekommen.

★ **Revolver** BOUTIQUEHOTEL $$
(☎ 8371919527; www.revolver.in; 110 Gandhi Rd; DZ 1310–1760 ₹;) Dieses Hotel mit Beatles-Thema ist ein Muss für Fans. Die fünf kleinen, aber stilvollen Zimmer sind nach

den vier Musikern (sowie nach Brian Epstein) benannt, man kann sich also für seinen Lieblings-Pilzkopf entscheiden („John" ist am schnellsten ausgebucht; Ringo bildet die Nachhut). Das Haus ist vollgestopft mit Beatles-Andenken und gut durchdacht (z. B. gibt's gefiltertes Wasser kostenlos), aber die Gastlichkeit gestaltet sich ein wenig kühl.

Das Restaurant im Erdgeschoss serviert guten, frisch gemahlenen Kaffee und interessante Menüs mit regionalem Essen und Gerichten der Naga-Küche (150 ₹). Der Eingang ist hinter der Union Church leicht zu übersehen.

Hotel Seven Seventeen HOTEL $$
(☎ 0354-2255099; www.hotel717.com; 26 HD Lama Rd; EZ/DZ ab 2620/2975 ₹; 📶) Das freundliche, von Tibetern geführte Hotel am Rand des Basars hat nette, holzverkleidete Zimmer mit sauberen Toiletten. Die Zimmer im Obergeschoss sind die besten; die Zimmer nach hinten hinaus haben eine tolle Aussicht über das Tal. Das Restaurant (Hauptgerichte 50 ₹) im Erdgeschoss ist geräumig und kultiviert und hat ein ausgezeichnetes Preis-Leistungs-Verhältnis. Wenn man mit den Betreibern ins Gespräch kommt, wird man vielleicht nach oben zu Tee und Keksen eingeladen.

Hotel Aliment HOTEL $
(☎ 0354-2255068; alimentweb98@gmail.com; 40 Dr Zakir Hussain Rd; Zi. 870–1950 ₹; @📶) Das bei Budgettravellern ungeheuer beliebte Hotel hat ein gutes Restaurant (mit kaltem Bier) im obersten Stock, eine Leihbibliothek, hilfsbereite Eigentümer und holzgetäfelte Zimmer. Die Palette der Zimmer ist breit gefächert – von den billigsten kleinen Einzelzimmern bis zu den Doppelzimmern im Obergeschoss (1950 ₹) mit Fernseher und Ausblick ins Tal. Alle Doppelzimmer haben Durchlauferhitzer, die allerdings nur morgens und abends funktionieren.

Bellevue Hotel HOTEL $$
(☎ 0354-2254075; www.bellevuehotel-darjeeling.com; DZ ab 2420 ₹; @📶) Das stimmungsvolle, aber etwas verblasste Gebäude alter Schule besitzt eine Reihe renovierter, holzgetäfelter Zimmer, von denen die meisten eine Grasmatte auf dem Boden und einen *bukhari* haben. Der gemeinschaftliche Frühstücks-/Loungebereich und die Lage am Chowrasta Sq entschädigen für das eigenwillige Management. Von der Dachterrasse hat man eine schöne Aussicht. Nicht mit dem Olde (Main) Bellevue Hotel die Straße weiter verwechseln!

Tibet Home PENSION $$
(☎ 0354-2252977; tibethome2006@gmail.com; 12 Gandhi Rd; Zi. 1900 ₹) Mit seinen sauberen, hellen und modernen Zimmern ist das Haus eine solide, zentral gelegene Option. Der Gewinn fließt dem angeschlossenen Manjushree Centre of Tibetan Culture zu. Vom Dach hat man eine wunderbare Aussicht.

★ Windamere Hotel HISTORISCHES HOTEL $$$
(☎ 0354-2254041; www.windamerehotel.com; Jawahar Rd West; EZ/DZ mit VP ab 12 630/15 750 ₹; @📶) Das idyllische, weitläufige Relikt der britischen Kolonialzeit auf dem Observatory Hill ist eine der stimmungsvollsten Unterkünfte in Darjeeling. Die bezaubernde kolonialzeitliche Ada Villa war einst eine Pension für britische Teepflanzer, und auf dem gepflegten Gelände gibt es viele Sitzbereiche. Die komfortablen Zimmer, Kamine und Flaschen mit heißem Wasser bieten genau das richtige Maß von altmodischem Flair.

Nicht-Gäste können zum Nachmittagstee, zum Mittagessen am Sonntag oder zum Abendmenü (1400 ₹) kommen und den Charme des Anwesens erleben. In der Teestube sollte man nach dem Gedicht von Jan Morris Ausschau halten. Weihnachten ist hier besonders stimmungsvoll.

Elgin Darjeeling HISTORISCHES HOTEL $$$
(☎ 0354-2257226; www.elginhotels.com; HD Lama Rd; EZ/DZ mit HP 10 970/11 350 ₹; @📶) Das prächtige, aber freundliche Elgin mit klassischem Ambiente war einst die Sommerresidenz des Maharadschas von Cooch Bihar. Das Restaurant ist elegant und die Gartenterrasse der ideale Ort für ein Bier (250 ₹). Besonderen historischen Charme besitzt der „Attic Room" (Dachzimmer) unter den herabhängenden Dachtraufen; die größten Zimmer sind in dem modernen, neuen Flügel.

Dekeling Resort at Hawk's Nest HISTORISCHES HOTEL $$$
(☎ 0354-2253298; www.dekeling.com; 2 AJC Bose Rd; DZ ab 4760 ₹; 📶) Das ruhige, exklusive Anwesen 1 km außerhalb von Darjeeling auf dem Weg zur Japanischen Pagode wird von denselben freundlichen Leuten geführt wie das Dekeling Hotel. Die vier 140 Jahre alten Zweiraum-Suiten im Kolonialstil haben antike Details und Kamine, und es gibt eine schöne Terrasse. Sieben frische und moderne Super-Deluxe-Zimmer mit Bergblick wurden kürzlich hinzugefügt. Die Anlage ist eine prima Zuflucht vor dem immer lauter werdenden Zentrum von Darjeeling.

TEE-TOURISMUS

Darjeelings berühmtester Exportartikel ist der aromatische Muskateller-Tee, der für seine Bernsteinfarbe, den Tanningehalt und das moschusartige, würzige Aroma bekannt ist. Neben dem traditionellen Schwarzen Tee werden hier aber auch Grüner Tee, Oolong und Weißer Tee produziert. Heute handelt es sich meist um Bio-Anbau, und die besten Sorten erbringen bei Auktionen mehrere Hundert US-Dollar pro Kilo. Puristen bestehen darauf, dass Darjeeling-Tees am besten pur oder mit einer Scheibe Zitrone (und/oder einer Prise Zucker), aber niemals mit Milch getrunken werden sollten.

In Darjeeling genießt man einen Becher des feinen Gebräus am besten in der Sunset Lounge oder im House of Tea. Der echte Nachmittagstee im **Windamere Hotel** (800 ₹; ⏲16–18 Uhr) ist eine Freude für die Fans britischen Koloniallebens; hier gibt's Shortbread, Scones, Käse- und Pickle-Sandwiches sowie Tee vom renommierten Castleton Tea Estate – im Voraus reservieren!

Ein fesselndes und belehrendes Erlebnis ist der Tagesbesuch auf einer der Teeplantagen, die derzeit Besucher willkommen heißen. Die leichtesten erreichbaren Orte, um etwas über die Teeherstellung zu erfahren, sind das Makaibari (S. 546) in Kurseong und das Happy Valley (S. 551) außerhalb von Darjeeling. Das Frühjahr, die Monsunzeit und der Herbst sind die geschäftigsten Zeiten, wenn die drei jeweiligen „Flushes" geerntet werden. Sonntags wird nicht gepflückt, sodass montags die meisten Maschinen stillstehen.

Wer in den Plantagen übernachten will, kann das bei Pflückerfamilien in einem Homestay (S. 546) im Makaibari, wo man sich seinen Gastgebern bei der morgendlichen Arbeit auf den Teefeldern anschließen kann. Wer sich drei Tage Zeit nimmt, kann selber Teeblätter pflücken, bei der Verarbeitung zuschauen und dann mit einem Paket selbst gepflücktem Darjeeling-Tee nach Hause fahren.

Wer sich mal richtig verwöhnen lassen will, der wird zwischen Darjeeling und Kalimpong wohl keine exklusivere Unterkunft finden als das luxuriöse **Glenburn** (☎9830070213; www.glenburnteaestate.com; Darjeeling; EZ/DZ inkl. VP 19 900/31 500 ₹). In der Teeplantage, das zugleich ein Resort ist, kommen fünf Angestellte auf einen Gast. Angeblich soll ein Aufenthalt im Glenburn den Regisseur Wes Anderson zu seinem Film *Darjeeling Limited* inspiriert haben.

In Jeff Koehlers Buch *Darjeeling: A History of the World's Greatest Tea* (2016) erfährt man noch mehr über die Geschichte des Darjeeling-Tees.

Mayfair Darjeeling HOTEL $$$
(☎0354-2256376; www.mayfairhotels.com; Jawahar Rd West; EZ/DZ mit HP ab 10 533/13 220 ₹; 📶) Dieser frühere Sommerpalast eines Maharadschas wurde so umfassend renoviert, dass von dem Original kaum etwas übrig geblieben ist. Das üppige Hotel liegt in einer perfekt gepflegten Gartenanlage mit einer bizarren Sammlung kitschiger Skulpturen. Die Gemeinschaftsbereiche lassen zwar den Charme anderer historischer Hotels in Darjeeling vermissen, aber die luxuriösen Hotelzimmer sind schön eingerichtet und viele haben einen eigenen Balkon.

Essen

Die meisten Restaurants schließen um 21 Uhr ihre Türen. Auf den Preis werden für gewöhnlich noch 14,5 % Steuern und das Trinkgeld aufgeschlagen.

Dekeva's TIBETISCH $
(51 Gandhi Rd; Hauptgerichte 100–180 ₹; ⏲9–21 Uhr) Das neben dem Kunga gelegene gemütliche Lokal serviert großzügige Portionen typisch tibetischer und schmackhafter chinesischer Gerichte, dazu Nudeln für Kenner, die *thenthuk* (tibetische Nudeln) von *sogthuk* (andere tibetische Nudeln) zu unterscheiden wissen. Die Steuern sind im Preis schon enthalten, das Preis-Leistungs-Verhältnis ist also besonders gut.

★**Glenary's** INTERNATIONAL $$
(Nehru Rd; Hauptgerichte 235–300 ₹; ⏲12–21 Uhr; 📶) Das elegante Restaurant befindet sich über der gleichnamigen berühmten Bäckerei mit Café und ist eine Institution der Stadt. Besonders zu empfehlen sind die westlichen und chinesischen Gerichte sowie die Tandur-Spezialitäten. Probieren sollte man das Beefsteak mit Kartoffeln oder die leckeren Makkaroni mit überbackenem

Käse. Die Holzböden, die Tischdecken und die neu hinzugekommenen Fensterplätze tragen zu der noblen Atmosphäre bei.

Kunga TIBETISCH $
(51 Gandhi Rd; Hauptgerichte 120–190 ₹; ⊙7.30–20.30 Uhr) Das gemütliche, holzgetäfelte Lokal wird von einer freundlichen tibetischen Familie geführt und hat ausgezeichnete Nudeln und *momos,* hervorragende Säfte, Müsli und Quark mit Früchten sowie *shabhaley* (tibetische Pasteten). Zur Kundschaft zählen auch Einheimische, was für seine kulinarische Authentizität spricht. Das Restaurant liegt auf Straßenhöhe neben dem Dekeling Hotel.

Sonam's Kitchen INTERNATIONAL $
(142 Dr Zakir Hussain Rd; Hauptgerichte 90–180 ₹; ⊙Mo–Sa 8–14.30 & 17.30–21, So 8–14 Uhr; 📶) Das Sonam's serviert in zwei Speisesälen, die sich an der Straße gegenüberliegen, starken gebrühten Kaffee, authentische Arme Ritter, lockere Pfannkuchen (Frühstück bis 14.30 Uhr), frische Suppen (in der Saison auch Nesselsuppe) und leckere Pasta. Die mächtigen Vollkornsandwiches kann man sich für ein Picknick einpacken lassen. Das Abendmenü nepalesischer Art muss man drei Stunden vorab bestellen.

Hasty Tasty INDISCH $
(Nehru Rd; Hauptgerichte 90–140 ₹, Menüs 160–190 ₹; ⊙8.30–20.30 Uhr) Schick ist diese vegetarische SB-Kantine gewiss nicht, aber aus der geschäftigen offenen Küche kommen tolle *paneer masala dosas* (klein gehacktes Gemüse in einem knusprigen Pfannkuchen) und verschiedene Menüs. Das Lokal ist ein Hit bei indischen Touristen, daher gibt's zu den Essenszeiten gewaltigen Andrang. In den Preisen sind die Steuern enthalten.

Shangri-La CHINESISCH $$
(Nehru Rd; Hauptgerichte 200–300 ₹; ⊙12–21.30 Uhr) Das moderne Restaurant mit Bar nahe der Spitze der Mall hat Klasse und ist auf regionale indische und chinesische Gerichte spezialisiert. Schicke Holzböden, saubere Tischtücher und im Winter knisterndes Kaminfeuer sorgen für ein stilvolles Ambiente. Im Obergeschoss gibt's auch ein paar schicke Hotelzimmer (DZ 4640 ₹).

Mamta Pizza ITALIENISCH $$
(☎8967203905; HD Lama Rd; Pizza 150–220 ₹; ⊙10–19 Uhr) Die Pizzeria hat zwar eine merkwürdige Adresse (und einen ungewohnten Namen), aber das enge, gesellige kleine Lokal mit nur einem Tisch serviert tatsächlich ausgezeichnete, europäisch anmutende Pizza, Pastagerichte, Panini und Salate und hat dazu seltene Delikatessen wie Schinken, Merguez-Würstchen und nepalesischen Käse (500 ₹/kg). Auf eine Pizza muss man rund 20 Minuten warten.

Lunar Restaurant INDISCH $$
(51 Gandhi Rd; Hauptgerichte 160–200 ₹; ⊙7.30–21 Uhr) Das helle und saubere Lokal gleich unterhalb des Dekeling Hotels ist das vielleicht beste vegetarische indische Restaurant der Stadt. Der Service ist gut, und durch die großen Fenster bietet sich eine tolle Aussicht. Die *masala dosas* werden mit köstlichen Trockenfrüchten, Nüssen und Käse serviert. Das Lokal liegt im 1. Stock und ist über die gleiche Treppe zu erreichen wie das Hotel Dekeling.

Park Restaurant INDISCH, THAILÄNDISCH $$
(☎0354-2255270; 41 Laden La Rd; Hauptgerichte 200–350 ₹; ⊙12–21 Uhr) Das heimelige Restaurant ist zu Recht sehr beliebt für seine schmackhaften nordindischen Currys (tolles Chicken Tikka Masala!) und die überraschend authentischen Thai-Gerichte, z. B. leckeres *tom kha gai* (Hühnersuppe mit Kokos) oder scharfer grüner Papaya-Salat. Bei der geplanten Renovierung sollen die Thai-Gerichte in einen separaten panasiatischen Speisesaal umziehen; einfach nach dem überladenen, thailändisch aufgemachten Eingang Ausschau halten!

Ausgehen & Nachtleben

Die Nobelhotels besitzen alle Bars mit Klasse; das Windamere (S. 553) ist der stimmungsvollste Ort für einen Gin-Tonic am frühen Abend, wenn man anschließend dort diniert.

Gatty's Cafe BAR
(Dr Zakir Hussain Rd; Bier 170 ₹; ⊙18–23 Uhr; 📶) Das backpackerfreundliche Gatty's ist das einzige Lokal der Stadt, in der nach 21 Uhr noch etwas los ist. An den Wochenenden gibt's Livemusik und unter der Woche Open-Mike- und Filmabende. Zu essen (Hauptgerichte 170–200 ₹) gibt's u. a. hausgemachte Lasagne sowie Pita mit Hummus und Falafel, zu trinken guten Espresso, kaltes Kingfisher und Tuborg.

Joey's Pub PUB
(SM Das Rd; Bier 180–250 ₹; ⊙13–22 Uhr) Das Joey's musste den Tod des gleichnamigen

Besitzers hinnehmen, aber wer lieber Bier als Tee oder Kaffee trinkt, kann dies in dem alteingesessenen Pub nahe der Post immer noch gut in Gesellschaft anderer Traveller tun. Es gibt Sport im Fernsehen, kaltes Bier und im Winter Hot Toddy.

Himalayan Java CAFÉ
(Nehru Rd; Kaffee 100 ₹; ⏲ 7–20.30 Uhr; 📶) Die Filiale der chinesischen Café-Kette serviert in einem stilvoll industriellen Ambiente guten Kaffee und Kuchen sowie Frühstückspfannkuchen, Waffeln und Sandwiches (Snacks 150–250 ₹).

Sunset Lounge TEEHAUS
(Chowrastra Sq; Tasse Tee 25–400 ₹; ⏲ 9.30–21 Uhr; 📶) Die Teestube von Nathmull's Tea bietet Teeliebhabern eine Reihe Weißer, Grüner und Schwarzer Tees pro Tasse, selbstgemachtes Gebäck, eine schöne Aussicht ins Tal und kostenloses WLAN. Man kann nach dem Verkostungsgedeck mit sechs Tassen verschiedener Tees für zwei Personen fragen (das nicht auf der Karte steht).

Glenary's TEEHAUS
(Nehru Rd; Pott 80 ₹; ⏲ 7.30–19.30 Uhr; 📶) Das Teehaus mit Bäckerei (Gebäck 30–60 ₹) hat große Fenster und eine gute Aussicht von dem neuen, offenen Balkon. Man bestellt seinen Tee, ein Stück Kuchen, schnappt sich sein Buch und lässt sich in einen gemütlichen Korbstuhl sinken. Hier kann man gut frühstücken – von Hafergrütze bis zu Eiern mit Schinken.

House of Tea TEEHAUS
(Nehru Rd; Tasse Tee 30–80 ₹; ⏲ 10–20 Uhr; 📶) Hier kann man sich hinsetzen und eine Reihe von Tees von verschiedenen Goodricke-Plantagen aus der Gegend durchprobieren, bevor man eine Packung seiner Lieblingssorte kauft.

Shoppen

Nathmull's Tea Room TEE
(www.nathmulltea.com; Laden La Rd; ⏲ Mo–Sa 9–20 Uhr, März–Mai & Okt.–Nov. tgl.) Darjeeling produziert einige der feinsten Tees der Welt, und das Nathmull's ist der beste Ort, einige Sorten zu kaufen. Mehr als 50 Teesorten sind hier im Angebot. Für einen ordentlichen Tee zahlt man 200 bis 400 ₹ pro 100 g, für Spitzensorten bis zu 5000 ₹ pro 100 g. In dem Laden gibt's auch attraktive Teetassen, Siebe und Teewärmer als Souvenirs. Wenn man die hier angebotenen Tees probieren will, geht man in die Sunset Lounge.

Hayden Hall KUNSTHANDWERK
(www.haydenhalldarjeeling.org; Laden La Rd; ⏲ 10–17 Uhr) 🍃 Im Rahmen von Wohltätigkeitsarbeit werden hier tibetische Teppiche aus Yak-Wolle (Teppich 0,9 x 1,8 m 10 800 ₹) verkauft und versandt. Hinten kann man zuschauen, wie die Teppiche gewebt werden. Im Angebot sind auch gute Pullover, Mützen, Handschuhe, Stolen mit Ärmeln und Taschen, allesamt hergestellt von Frauen aus der Region.

Oxford Book & Stationery Company BÜCHER
(Chowrasta Sq; ⏲ Mo–Sa 10–19.30 Uhr, März–Mai & Okt.–Nov. tgl.) Der beste Buchladen jenseits von Kathmandu hat eine gute Auswahl an Romanen und Büchern über den Himalaja.

Dorjee Himalayan Artefacts KUNSTHANDWERK
(Laden La Rd; ⏲ Mo–Sa 11–19 Uhr) Die winzige Schatzhöhle ist voll mit Schnickschnack aus dem Himalaja. Manches ist alt, anderes ganz neu – von tibetischen *gau* (Amuletten) bis zu gegossenen Buddhas und silbernen Gebetsrädern. Auch eine schöne Auswahl von Masken und *thangkas* ist im Angebot.

Tibetan Refugee Self-Help Centre TEPPICHE
(☎ 0354-2252552; www.tibetancentredarjeeling.com; Lebong Cart Rd; Teppich inkl. Versand ab 380 US$) 🍃 Das Zentrum stellt auf Bestellung prächtige tibetische Teppiche her – die Fertigstellung dauert jedoch sechs Monate. Man wählt einen Teppich aus dem Katalog aus, der dann nach der Herstellung an die Heimatadresse geliefert wird.

Das Studios FOTOGRAFIE
(Nehru Rd; ⏲ Mo–Sa 10–19 Uhr) Digitales Fotozubehör, Fotoabzüge und Passfotos (75 ₹/6 Stück). Die Nachdrucke von Fotos aus dem frühen 20. Jh., die das alte Darjeeling und Himalaja-Szenen zeigen, sind prima Souvenirs (500 ₹). Man sollte darum bitten, einen Blick in den Katalog zu werfen.

Rope SPORT & OUTDOORAUSRÜSTUNG
(NB Singh Rd; ⏲ Mo–Sa 10–19 Uhr) Der Laden verkauft hochwertige Import-Ausrüstung und ordentliche Imitate aus China, z. B. Rucksäcke, Campingkocher und Wanderstiefel. Die gefälschten Artikel kosten ungefähr die Hälfte – Qualität hat eben ihren Preis.

Life & Leaf Fair Trade Shop KUNSTHANDWERK
(www.lifeandleaf.org; Chowrasta Sq; ⏲ Mo–Sa 10–19 Uhr) 🍃 Wer hier Bio-Honig, Tee von

örtlichen Kleinbauern, Jutebeutel oder Seidenschals aus Assam kauft, unterstützt damit regionale Handwerker und Umweltprojekte. Das Angebot ist allerdings nicht groß.

Praktische Informationen

GELD

Eine Reihe von Läden und Hotels in Darjeeling tauschen Bargeld und lösen Reiseschecks zu recht guten Kursen ein; man sollte herumfragen.

ICICI Bank (49 Laden La Rd) Geldautomat.

Poddar's (☎ 0354-2252841; Laden La Rd; ⏲ 10–21 Uhr) Bessere Kurse, längere Öffnungszeiten und kürzere Schlangen als bei der State Bank of India nebenan. Die meisten Devisen und Reiseschecks werden ohne Gebühr getauscht. Die Wechselstube befindet sich einem Bekleidungsgeschäft.

Ridhi Siddhi (Laden La Rd; ⏲ 9.30–20 Uhr) Tauscht Bargeld zu guten Kursen und ohne Gebühren.

State Bank of India (Laden La Rd; ⏲ Mo–Fr 10–14 & 14.30–16, jeden 2. Sa bis 12 Uhr) Tauscht gängigere ausländische Währungen sowie US$-Amex-Reiseschecks zu einer Gebühr von 100 ₹ pro Transaktion. In der Nähe gibt's einen Geldautomaten der Bank und einen weiteren in **Chowrasta** (Chowrasta Sq; ⏲ 24 Std.).

INTERNETZUGANG

Compuset Centre (Gandhi Rd; 30 ₹/Std.; ⏲ Mo–Sa 9–19 Uhr; 📶) Ausdrucke und Passfotos (40 ₹), aber kein Skype.

MEDIZINISCHE VERSORGUNG

Planter's Hospital (D&DMA Nursing Home; ☎ 0354-2254327; Nehru Rd) Das beste private Krankenhaus in der Stadt.

NOTFALL

Polizeihäuschen (Chowrasta Sq)

Polizeiwache Sadar (☎ 0354-2254422; Market Rd)

POST

Hauptpost (Laden La Rd; ⏲ Mo–Sa 10–18, So bis 16 Uhr)

REISEBÜROS

Die meisten Reisebüros vor Ort können Touren in die Umgebung organisieren.

Samsara Tours, Travels & Treks (☎ 0354-2252874; www.samsaratourstravelsandtreks.com; Laden La Rd)

TOURISTENINFORMATION

GTA Tourist Reception Centre (☎ 9434247927; Silver Fir Bldg, Jawahar Rd West; ⏲ Mo–Sa 9–18, jeden 2. Sa bis 13 Uhr) Das gut organisierte Büro mit freundlichem Personal ist die beste Infoquelle zu Darjeeling.

An- & Weiterreise

BUS

Bei **Samsara Tours, Travels & Treks** kann man klimatisierte „Luxus"-Busse von Siliguri nach Kolkata (1300–1700 ₹, 12 Std.) und normale Nachtbusse nach Guwahati (600 ₹, 10 Std., 16 Uhr), Patna (550–700 ₹, 10 Std., 18 Uhr) und Gaya (750 ₹, 16 Uhr) buchen. Bei diesen Tickets ist der Transfer nach Siliguri nicht enthalten.

Ausländer können die Grenze (S. 543) nach Nepal nur in Kakarbhitta/Panitanki überqueren (nicht in Pasupatinagar auf dem Weg nach Mirik).

Bei **Samsara Tours, Travels & Treks** kann man Tag- und Nachtbusse von Kakarbhitta nach Kathmandu (1000–1500 ₹, Abfahrt 4 & 16 Uhr) buchen. Man muss allerdings selber einen Jeep nach Kakarbhitta mieten oder einen Sammel-Jeep nach Siliguri und dort einen weiteren nach Kakarbhitta nehmen. Bei Samsara kann man auch nepalesische Inlandsflüge von Bhadrapur nach Kathmandu (182 US$) buchen, was man online auch direkt bei Buddha Air (www.buddhaair.com) tun kann.

Alle Tickets für Fahrten von Darjeeling nach Kathmandu, für die geworben wird, beziehen sich keineswegs auf Direktverbindungen. Man muss immer in Siliguri und an der Grenze umsteigen – was viel Raum für Probleme lässt. Es ist daher genauso einfach, die einzelnen Fahrten selber zu buchen.

FLUGZEUG

Der nächste Flughafen befindet sich 90 km entfernt in Bagdogra, rund 12 km außerhalb von Siliguri. Die Fahrt mit einem gecharterten Taxi ab Darjeeling kostet 2200 ₹. Wer auf der sicheren Seite sein will, plant für diese Anfahrt vier Stunden ein.

JEEP & TAXI

Zahlreiche Sammel-Jeeps fahren von der überfüllten **Chowk Bazaar Bus & Jeep Station** (Alter Supermark-Komplex) nach Siliguri (130 ₹, 3 Std.) und Kurseong (70 ₹, 1½ Std.). Jeeps nach Mirik (100 ₹, 2½ Std.) starten vom nördlichen Ende ungefähr alle 30 Minuten. Ein Fahrkartenbüro im Erdgeschoss des Alten Supermarkt-Komplexes verkauft Vorverkaufstickets für die häufigen Jeeps nach Kalimpong (130 ₹, 2½ Std.), zwei Stände an der Straße Vorverkaufstickets nach Gangtok (200 ₹, 4 Std.). Alle Jeeps starten zwischen 7 und 15.30 Uhr.

Nach New Jalpaiguri oder Bagdogra fährt man über Siliguri oder chartert für 2200 ₹ in Darjeeling einen Jeep oder ein Taxi.

Die **Darjeeling Transport Corporation** (Laden La Rd) bietet Charterjeeps nach Gangtok (3000 ₹), Kalimpong (2500 ₹), Kurseong (1500 ₹), Kakarbhitta (3500 ₹) und Mirik (2000 ₹).

DIE SCHMALSPURBAHN (TOY TRAIN)

Die **Darjeeling Himalayan Railway** (Vergnügungsfahrt mit Dampf-/Diesel-Lok 1100/630 ₹), liebevoll auch „Toy Train" genannt, ist eine der letzten verbliebenen Hügelbahnen in Indien. Der keuchende Zug absolvierte im September 1881 seine erste steile Fahrt auf den 60 cm schmalen Gleisen. Heute fährt er kaum einen Meter entfernt an Ladenfronten vorbei, fädelt sich in die Hauptstraße ein und wieder heraus, bringt den Verkehr zum Stillstand und tutet während der gesamten Fahrt nahezu ununterbrochen. Seit 1999 gehört die Bahn zum UNESCO-Welterbe.

Der Betrieb auf dem Streckenabschnitt südlich von Kurseong unterliegt einem ständigen Wandel, und der Monsun zerstört Streckenabschnitte so schnell, dass die Ingenieure mit der Reparatur kaum nachkommen. Zur Zeit unserer Recherche hieß es, dass der Zugbetrieb von und zum Bahnhof New Jalpaiguri (NJP) bald wieder aufgenommen werden sollte.

Zum Recherchezeitpunkt gab es täglich nur einen Personenzug zwischen Darjeeling und Kurseong. Der Zug *Nr. 52588* verlässt Darjeeling um 16 Uhr, hält um 16.30 Uhr in Ghum und erreicht Kurseong um 18.50 Uhr. Die Fahrt (1./2. Klasse) kostet 145/30 ₹ nach Ghum und 210/60 ₹ nach Kurseong. Der Zug um 10.15 Uhr ab Darjeeling fuhr zur Zeit der Recherche nicht, was sich aber künftig ändern kann.

Vergnügungsfahrten mit einer Dampflok (1100 ₹) starten in Darjeeling um 10.40, 13.20 und 16.05 Uhr zu einer zweistündigen Fahrt mit Rückkehr nach Darjeeling. Die gleiche Tour gibt's billiger (630 ₹; Abfahrt 8, 11 & 13.30 Uhr) auch mit einer Diesellok. In der Hauptsaison (März–Mai & Okt.–Nov.) finden oft noch drei zusätzliche Fahrten mit der Dampflok statt. Alle Vergnügungsfahrten stoppen 10 Minuten am malerischen Batasia Loop und dann weitere 20 Minuten in Ghum, Indiens höchstgelegenem Bahnhof, zum Besuch des kleinen **Bahnmuseums** (Ghum; 20 ₹; ⏲10–13 & 14–16 Uhr).Bahnfans können sich die Lokomotiven im Depot auf der anderen Straßenseite gegenüber dem Bahnhof Darjeeling anschauen.

Vergnügungsfahrten sollte man mindestens ein, zwei Tage im Voraus im Bahnhof Darjeeling (S. 558) oder online unter www.irctc.co.in buchen.

ZUG

Der nächstgelegene größere Bahnhof befindet sich in New Jalpaiguri (NJP) nahe Siliguri. Tickets für die wichtigsten Züge ab dem Bahnhof New Jalpaiguri kann man im **Bahnhof Darjeeling** (☎ 0354-2252555; www.irctc.co.in; Hill Cart Rd; ⏲ Mo–Sa 8–17, So bis 14 Uhr) buchen. Von Darjeeling fahren Züge u. a. nach Ghum (2./1. Klasse 20/140 ₹, 30 Min.) und Kurseong (2./1. Klasse 30/210 ₹, 3 Std.).

ℹ Unterwegs vor Ort

Es gibt mehrere Taxistände in der Stadt, darunter bei **Clubside** (Clubside) und an der **Hill Cart Road** (Hill Cart Rd) nahe dem Bahnhof, aber für kurze Strecken sind die Preise unverschämt hoch. Darjeelings Straßen sind teilweise steil und schlecht zu befahren. Um sein Gepäck vom Chowk Bazaar hinauf zum Chowrasta Sq zu schleppen, kann man einen Träger engagieren (ca. 100 ₹).

Sammel-Minivans zu allen möglichen Zielen nördlich des Stadtzentrums (z. B. nach North Point) fahren vom nördlichen Ende der **Chowk Bazaar Bus & Jeep Station** (S. 557). Nach Ghum fahren Sammel-Jeeps (20 ₹) von der Hill Cart Rd.

Singalila Ridge Trek

Die beliebteste mehrtägige Wanderung von Darjeeling aus ist der fünftägige Singalila Ridge Trek von Mane Bhanjhang nach Phalut, der durch den malerischen **Singalila National Park** (Inder/Ausländer 100/200 ₹, Foto/Video 100/500 ₹) führt und grandiose Blicke auf den sich von Nepal über Sikkim bis nach Bhutan erstreckenden Himalaja bietet. Besonders spektakulär ist das Panorama in Sandakhphu, denn von dort aus erblickt man die Gipfel des Lhotse, des Mt. Everest und des Kangchendzönga. Ideale Zeiten zum Wandern sind der Oktober und November, wenn der Himmel klar und es tagsüber warm ist, und der späte April und Mai mit langen Tagen und der unglaublichen Rhododendronblüte.

Für einen Besuch des Parks muss man einen örtlichen Führer (1200 ₹/Tag inkl. Verpflegung und Unterkunft) engagieren. Wenn man noch keinen hat, wendet man sich an die **Highlander Trekking Guides Association** (☎ 9734056944; www.highlanderguidesand

porters.com; Mane Bhanjhang), die, falls erforderlich, auch Träger (700 ₹) vermittelt.

Mane Bhanjhang ist 26 km von Darjeeling entfernt und wird häufig von Sammel-Jeeps (70 ₹, 1½ Std.) sowie von einem Bus angefahren, der um 7 Uhr von der Chowk Bazaar Bus & Jeep Station (S. 557) in Darjeeling startet. Die Fahrt mit einem gecharterten Jeep kostet 1200 ₹. Von Rimbik fahren um 7 und 12 Uhr Sammeljeeps zurück nach Darjeeling (150 ₹, 5 Std.) sowie ein Bus um 6.30 Uhr (90 ₹). Den Platz sollte man vorab buchen. Die Straßen reichen mittlerweile auch bis nach Sri Khola, sodass man private Transportmittel arrangieren kann, die einen von dort abholen.

Falls man in Rimbik übernachten muss, sind die besten Lodges das **Hotel Sherpa** (Rimbik; DZ 900 ₹) mit schönen Rasenflächen und alpin anmutenden Hütten und das **Green Hill** (☎9593720817; Rimbik; Zi. 500–700 ₹) mit ruhigeren, holzgetäfelten Zimmern im hinteren Teil.

Die übliche Wanderroute ist 83 km lang und dauert fünf Tage. Eine kürzere, viertägige Wanderung ist möglich, wenn man am dritten Tag von Sandakhphu nach Sri Khola absteigt. Eine raue Jeep-Piste folgt dem Trek von Mane Bhanjhang nach Phalut. Auf der herrscht aber kaum Verkehr, und der Wanderweg verläuft auf manchen Strecken abseits dieser Straße. Manche Wandergruppen machen sich in Dhodrey auf den Weg, und Veranstalter offerieren auch Tageswanderungen von hier nach Tumling. Fitte und unerschrockene Mountainbiker bewältigen die Strecke in drei Tagen, allerdings ist der Abschnitt von Kalipokhari nach Sandakphu generell zu steil für Fahrräder.

Private Lodges, manche auch mit angeschlossenen Bädern, stehen an der Route zur Verfügung (B ca. 200 ₹, Zi. 700–1400 ₹). In allen gibt's Essen, normalerweise eine sättigende Kombination aus Reis, Dhal und Gemüse (200 ₹). Die Zimmer haben sauberes Bettzeug und Decken, sodass man einen Schlafsack nicht unbedingt braucht, auch wenn es schön ist, einen dabei zu haben. Um das Gipfelpanorama bei Sonnenaufgang zu erleben, sollte man aber zumindest einen Innenschlafsack und warme Kleidung einpacken. Der einzige Ort, wo man Schwierigkeiten haben kann, ein Bett zu finden, ist Phalut, wo es nur eine verlässliche Unterkunft gibt. Wasser in Flaschen und abgekochtes Wasser ist überall an der Strecke zu bekommen, es ist aber besser und billiger, wenn man sein Wasser selber reinigt. Wanderhütten kann man im GTA Tourist Reception Centre (S. 557) in Darjeeling buchen, aber selbst dort werden die Mitarbeiter bestätigen, dass man mit einer privaten Lodge besser bedient ist.

Im Folgenden sind die wichtigsten Unterkünfte für jede Übernachtung – nach Preis und Qualität in aufsteigender Reihenfolge – aufgelistet:

Tag 1: Trekkers' Hut, Mountain Lodge, Siddharta Lodge und Shikhar Lodge in Tumling; Trekkers' Hut in Tonglu

Tag 2: Chewang Lodge in Kalipokhari; Trekkers' Hut, Namobuddha, Sunrise und Sherpa Chalet Lodge in Sandakphu

Tag 3: Trekkers' Hut und Forest Rest House in Phalut

Tag 4: Eden Lodge in Gorkhey; Trekkers' Hut, Namobuddha Lodge und Sherpa Lodge in Rammam

Reisebüros in Darjeeling bieten auf dieser Strecke geführte All-Inclusive-Treks für ca. 3000 ₹ pro Person und Tag an. Es ist aber nicht allzu schwer, einen Trek für weniger Geld allein zu organisieren. Im Oktober und Anfang November können die Lodges ausgebucht sein. Wer im Herbst hier ist, sollte Mitte bis Ende November für einen Trek in Betracht ziehen.

Unbedingt an den Reisepass denken. Man muss sich an einem halben Dutzend Armeestützpunkten registrieren lassen. Der Bergkamm bildet die Grenze zwischen Indien

SINGALILA RIDGE TREK

TAG	ROUTE	STRECKE (KM)
1	Mane Bhanjhang (2130 m) – Meghma Gompa – Tonglu (3070 m)/ Tumling (2980 m)	14
2	Tonglu – Kalipokhari & Garibas – Sandakphu (3636 m)	17
3	Sandakphu – Sabarkum – Phalut (3600 m)	17
4	Phalut –Gorkhey – Rammam (2530 m)	16
5	Rammam – Sri Khola oder Rimbik (2290 m)	19

Rund um Darjeeling

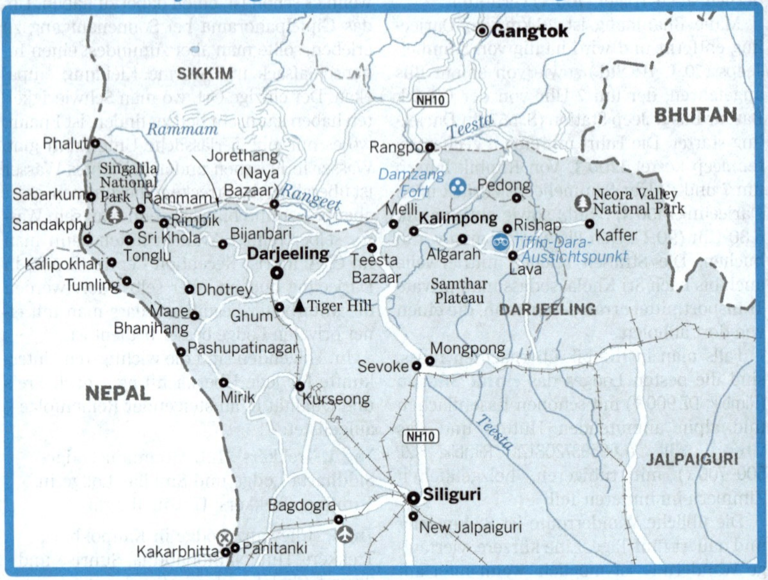

und Nepal – an mehreren Stellen betritt man tatsächlich nepalesischen Boden.

Wer am Ende einer Trekkingtour etwas entspannen will, kann sich überlegen, in der **Karmi Farm** (www.karmifarm.com; 2000 ₹/Pers. inkl. VP) abzusteigen, die in der Nähe von Bijanbari etwa eine bis zwei Stunden Fahrt von Rimbik entfernt liegt. Sie wird von Andrew Pulger-Frame verwaltet, dessen Großeltern aus Sikkim einst vom Haupthaus aus das Landgut hier betrieben haben. Die einfachen, aber gemütlichen Zimmer sind mit bunten Stoffen aus der Gegend dekoriert, und in den Badezimmern gibt's rund um die Uhr warmes Wasser. Die Farm betreibt auch ein kleines Krankenhaus für die Dorfbewohner, das Freiwilligenarbeit für Medizinstudenten und Ärzte anbietet. Das Personal kann zwar Singalila-Treks organisieren, aber man könnte sich genauso gut eine Woche mit einem Buch und einer Tasse Tee hinsetzen und auf die Vögel und Blumen im Garten im Vordergrund sowie auf die Gipfel in der Ferne blicken. Das Personal kann den An- und Abtransport organisieren, wenn man vorab Bescheid sagt.

Kalimpong

☎ 03552 / 43 000 EW. / 1250 M

Die lebendige Basarstadt erstreckt sich über einen hügeligen Bergkamm mit Blick auf den tosenden Teesta und dem alles überragenden Gipfel des Kangchendzönga – kein absolutes Muss, aber immerhin kann sich der Ort eines schönen Himalaja-panoramas, buddhistischer Klöster, kolonialer Architektur und einer faszinierenden Blumenplantage rühmen, die alle durch schöne Wanderwege miteinander verbunden sind. Man kann hier ganz leicht drei Tage verbringen.

Geschichte

Kalimpong war zunächst ein wichtiges Handelszentrum im Himalaja, das sich auf den Tee- und Wollhandel mit Tibet über den Jelep-La-Pass konzentrierte, und dann eine Ausgangsbasis für viktorianische Reisende auf dem Weg nach Tibet. Wie Darjeeling gehörte auch Kalimpong einst den *chogyals* von Sikkim, kam aber im 18. Jh. unter die Herrschaft Bhutans und wurde danach von den Briten regiert, um schließlich mit der Unabhängigkeit ein Teil von Indien zu werden. Schottische Missionare, insbesondere Jesuiten, unternahmen im späten 19. Jh. große Anstrengungen, um die örtlichen Buddhisten vom Christentum zu überzeugen, und auch heute noch ist die Stadt Kalimpong ein bedeutendes Bildungszentrum der gesamten östlichen Himalaja-Region.

Sehenswertes

Durpin Gompa BUDDHISTISCHES KLOSTER
GRATIS Kalimpongs größtes Kloster – offiziell bekannt als Zangtok Pelri Phodang – sitzt auf dem Durpin Hill (1372 m) und wurde 1976 vom Dalai Lama geweiht. Unten im Hauptgebetsraum sind religiöse Wandmalereien zu sehen (Fotografieren ist erlaubt), im 2. Stock gibt's interessante 3D-Mandalas (visuelle Meditationshilfen) und einen tollen Blick von der Terrasse auf den Kangchendzönga. Die Gebete werden um 6 und 15 Uhr abgehalten.

MacFarlane Church KIRCHE
Die 1870 errichtete Kirche gehört zu den beeindruckendsten Kirchen Kalimpongs und wurde beim Erdbeben 2011 stark beschädigt. Damals stürzte einer der Türme zusammen. Nach den Renovierungsarbeiten ist die Kirche nun wieder für Besucher und Gläubige geöffnet. Der auf Holz gestützte gotische Innenraum ist ein wunderbarer Ort für ein paar Momente der inneren Einkehr.

Tharpa Choling Gompa BUDDHISTISCHES KLOSTER
(abseits der KD Pradhan Rd; ⏲5.30–17 Uhr) GRATIS Das 1922 erbaute, tibetische Kloster enthält Statuen der früheren, heutigen und künftigen Buddhas und ist das Zuhause von 50 Mönchen der Gelugpa-Schule. Nicht versäumen sollte man das faszinierende **Museum** neben einem ungewöhnlichen chinesischen Tempel gleich oberhalb des Hauptklosters. Von der Stadt aus marschiert man 50 m hinter der Tripai Rd die KD Pradhan Rd eine halbe Stunde zum Kloster bergauf.

Deolo Hill AUSSICHTSPUNKT
(9 km außerhalb von Kalimpong; 50 ₹; ⏲Sonnenaufgang–Sonnenuntergang) An klaren Tagen hat man morgens von dem Park auf diesem Hügel einen himmlischen Blick auf den Kangchendzönga. Nachdem man die Aussicht genossen hat, kann man in der hier befindlichen **Tourist Lodge** frühstücken (100–150 ₹, ab 8 Uhr) und dann über Dr. Graham's Home hinunter nach Kalimpong laufen. Die Anfahrt per Taxi kostet rund 300 ₹.

Dr. Graham's Home HISTORISCHES GEBÄUDE
(⏲Museum Mo–Fr 9–12 & 13.15–15.30 Uhr) GRATIS Das Waisenhaus mit Schule wurde 1900 von Dr. J. A. Graham, einem schottischen Missionar, errichtet, um hier die Kinder der Arbeiter auf den Teeplantagen zu unterrichten. Heute hat die Einrichtung um die 1300 Schüler. Ein **Museum** erinnert an Graham und seine Frau Katherine. Die 1925 aus grauem Schiefer erbaute Kapelle oberhalb der Schule könnte mit dem Spitzturm und den feinen Buntglasfenstern sehr gut eine Pfarrkirche im fernen Schottland sein.

Das Tor befindet sich 4 km von der Stadt die steile KD Pradhan Rd hinauf. Viele Leute chartern für die Anfahrt ein Taxi (150 ₹) und wandern dann über die Tharpa Choling Gompa und die Werkstätte von Himalayan Handmade Paper Industry zurück in die Stadt hinunter. Sammel-Minivans (30 ₹) fahren sporadisch von einem Halteplatz unterhalb des Cafés One Cup.

Himalayan Handmade Paper Industry WERKSTÄTTEN
(☎9932388321; Panlook Compound, KD Pradhan Rd; ⏲Mo–Sa 9–12 & 13–15 Uhr) GRATIS Besucher sind eingeladen, in dieser kleinen Werkstatt bei der traditionellen Papierherstellung zuzuschauen – vom Kochen und Zerstampfen des örtlichen *argayli*-Strauchs (Seidelbast) bis zum Sieben, Pressen und Trocknen. Das so hergestellte, vor Insektenfraß geschützte Papier wird für den Blockdruck von buddhistischen Schriften verwendet, aber auch in Form von Notizbüchern oder Grußkarten verkauft. Vormittags ist die beste Zeit, um bei der Produktion zuzuschauen. Die Werkstatt, die kein Schild hat, befindet sich 15 Gehminuten außerhalb der Stadt auf der rechten Seite der Straße.

Lepcha Heritage Museum MUSEUM
(☎9933780295; ⏲Mo–Fr 10.30–16.30 Uhr) GRATIS Die unkonventionelle Sammlung von Lepcha-Schätzen könnte man mit dem vollgestellten Dachboden seines Großvaters vergleichen (sofern er denn ein Stammesältester der Lepcha ist). Ein Führer erläutert die Schöpfungsgeschichte der Lepcha und zeigt dabei religiöse Texte, den heiligen Hut aus Stachelschweinborsten und alte Schuppentierhäute. Das Museum liegt zehn Gehminuten bergab unterhalb des Sportplatzes. Die Öffnungszeiten wechseln, sodass man vorher anrufen sollte.

St. Teresa KIRCHE
Die faszinierende Missionskirche wurde 1929 von Schweizer Jesuiten im Stil einer bhutanischen Gompa errichtet. Die hölzernen Apostel ähneln buddhistischen Mön-

Kalimpong

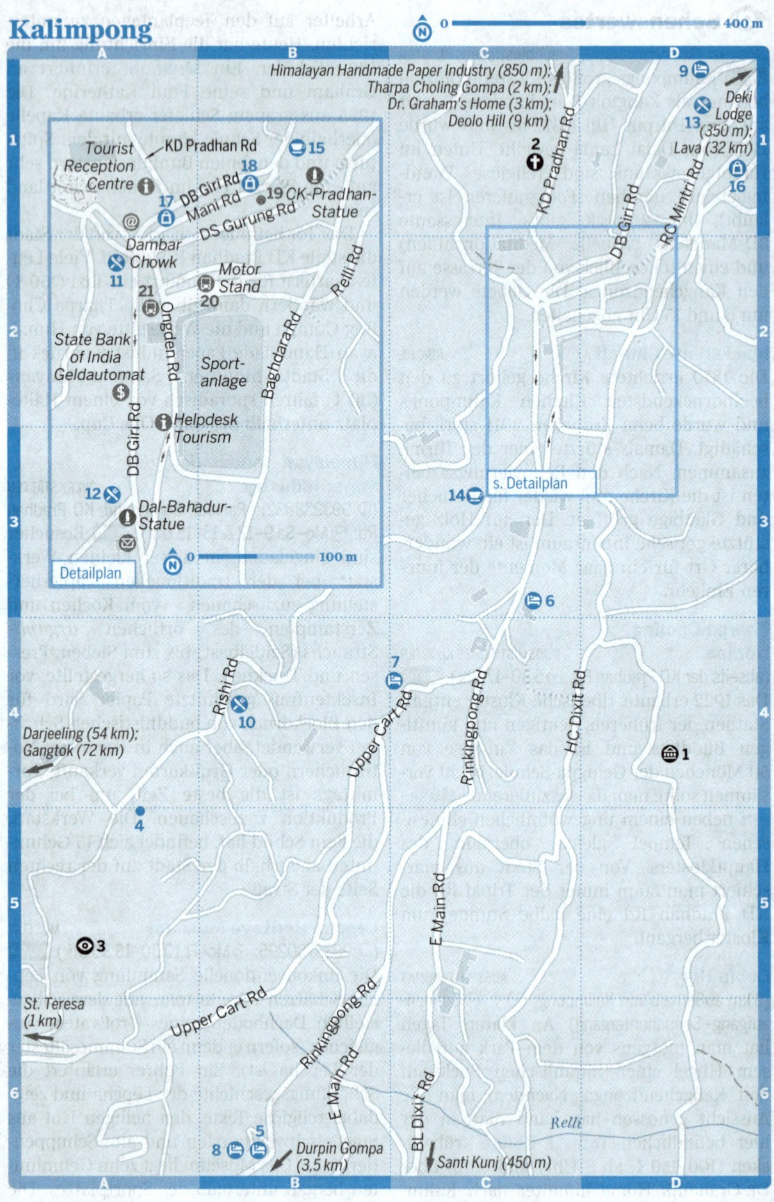

chen und die Schnitzereien an den Türen den *tashi tagye*, acht Glück verheißenden Symbolen des Himalaja-Buddhismus. Die Kirche liegt abseits der 9th Mile, ca. 2 km bergabwärts außerhalb der Stadt. Wenn sie verschlossen ist, einfach bei den Nachbarn klopfen.

Aktivitäten

Himalayan Eagle GLEITSCHIRMFLIEGEN
(☎ 9635156911; www.himalayaneagle.in) In Manali ansässige Piloten bieten Gleitschirmflüge vom Deolo Hill. Tandemflüge von dort kosten für einen 5/15 km langen Flug

Kalimpong

Sehenswertes

1 Lepcha Heritage Museum ... D4
2 MacFarlane Church ... C1
Nurseryman's Haven ... (siehe 7)
3 Pineview Nursery ... A5

Aktivitäten, Kurse & Touren

Anandavan Yog Peeth ... (siehe 7)

Schlafen

4 Cloud 9 ... B6
5 Elgin Silver Oaks ... C3
6 Himalayan Hotel ... C4
7 Holumba Haven ... A5
8 Kalimpong Park Hotel ... B6
9 Manokamana Lodge ... D1

Essen

10 Cafe Refuel ... B4
11 Gompu's Bar & Restaurant ... A2
12 King Thai ... A3
Lee's ... (siehe 15)
13 Paris Kalimpong Bakery ... D1

Ausgehen & Nachtleben

14 Art Cafe ... C3
15 One Cup ... B1

Shoppen

16 Haat Bazaar ... D1
17 Kashi Nath & Sons ... A1
18 Lark's Provisions ... B1

Transport

Himalayan Travellers ... (siehe 20)
Kalimpong Mainline Taxi Driver's Welfare Association ... (siehe 20)
Kalimpong Motor Transport ... (siehe 20)
19 Kalimpong Railway Out Agency ... B1
Kalimpong, Sikkim All Highway Taxi Driver's Owner's Association ... (siehe 20)
20 Motor Stand ... B2
21 Sikkim Nationalised Transport ... A2

3000/5000 ₹. Geflogen wird nur an Tagen mit idealen Wetterbedingungen.

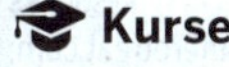

Kurse

Anandavan Yog Peeth YOGA
(☎ 3552-256936; www.anandavanyogpeeth.com) Diese der Yoga Alliance angehörige Organisation veranstaltet im Holumba Haven 17-tägige Kurse für Yogalehrer (1400 US$).

Geführte Touren

Gurudongma Tours & Travels TREKKING
(☎ 03552 255204; www.astonishingindiatours.com; Rinkingpong Rd, Hilltop) Dieser ortsansässige Veranstalter, der von „General Jimmy" geführt wird, organisiert interessante Wander-, Mountainbike- und Vogelbeobachtungstouren, die von seinem luxuriösen Bauernhaus auf dem Samthar Plateau aus beginnen.

Schlafen

Manokamana Lodge PENSION $
(☎ 03552-257047; manokamanalodge@gmail.com; DB Giri Rd; EZ/DZ 500/700 ₹; @ 📶) Die einfache, von einer Familie geführte Unterkunft ist eine Mischung aus einem einheimischen Hotel und einer Backpacker-Absteige. Die zentrale Lage, das zugehörige Internetcafé und das gute, sehr günstige Restaurant machen es für Budgetbewusste besonders attraktiv, auch wenn die Zimmer (mit Linoleumböden und Warmwasser im Eimer in den angeschlossenen, sauberen Bädern) sehr schlicht sind. Am besten nimmt man eines der ruhigeren Zimmer, die nach hinten gehen.

Deki Lodge PENSION $
(☎ 03552-255095; www.dekilodge.yolasite.com; Tripai Rd; EZ/DZ ab 990/1100 ₹; 📶) Die freundliche, von Tibetern betriebene Unterkunft liegt rund um ein Familienhaus in einem friedlichen Blumengarten und prunkt mit dem Café auf einer luftigen Terrasse. Die Zimmer sind schlicht und für das Gebotene ein bisschen zu teuer, aber die teureren Zimmer im Obergeschoss (1330/1760 ₹) sind komfortabel und haben Gemeinschaftsbalkone. Das Anwesen liegt 10 Gehminuten nordöstlich vom Stadtzentrum am Anfang einer Seitenstraße.

★ **Holumba Haven** BOUTIQUEHOTEL $$
(☎ 03552-256936; www.holumba.com; 9th Mile; Zi. 1800–3000 ₹; 📶) Das einmalige, absolut zauberhafte Anwesen verbindet eine Gärtnerei mit einer von einer Familie geführten Pension, die im Grünen 1 km unterhalb der Stadt liegt und zu Fuß leicht zu erreichen ist. Die makellosen, gemütlichen Zimmer verteilen sich in lauschigen Cottages über den üppigen Orchideengarten, und in dem geselligen Speisesaal gibt's (nur auf Vorbestellung) gute Hausmannskost.

Der Inhaber Norden hat gute Tipps zu Wanderungen und Ausflügen in der Gegend.

Kalimpong Park Hotel HISTORISCHES HOTEL $$
(☎03552-255304; www.kalimpongparkhotel.com; Rinkingpong Rd; EZ/DZ 2530/3200 ₹; @ 📶) Das ehemalige Sommerhaus des Maharadschas von Dinajpur thront auf einem Bergsattel über dem Relli-Tal und versprüht jede Menge kolonialzeitlichen Charme. Korbstühle und rote Blüten säumen die Veranda, es gibt eine bezaubernde Loungebar und ein Restaurant, in dem britische Internatsklassiker wie Götterspeise (vorab bestellen) erhältlich sind.

Cloud 9 HOTEL $$
(☎03552-255410; cloudnine.kpg@gmail.com; Rinkingpong Rd; EZ/DZ ab 1000/1400 ₹; 📶) Die fünf holzgetäfelten Zimmer im 1. Stock dieses freundlichen Anwesens sind sagenhaft gemütlich, und das Restaurant im Erdgeschoss serviert interessante Gerichte aus Bhutan sowie kaltes Bier. Der Eigentümer Binod ist ein Beatles-Fan und palavert am späten Abend gern über Musik – er spendiert Gästen sogar schon mal ein Bier, wenn sie gut Gitarre spielen können. Die nach vorn blickenden Zimmer sind heller und etwas teurer.

Himalayan Hotel HISTORISCHES HOTEL $$$
(☎03552-255248; www.himalayanhotel.com; Upper Cart Rd; EZ/DZ 2400/3600 ₹; 📶) Das historische Hotel wurde von David MacDonald eröffnet, der als Dolmetscher an Francis Younghusbands Feldzug nach Lhasa (1904) teilnahm. Im Lauf der Jahre sind hier Himalaja-Legenden wie Alexandra David-Neel, Heinrich Harrer oder Charles Bell abgestiegen. Die protzige Hotelkette Mayfair hat kürzlich das Anwesen gekauft und mit einer Renovierung begonnen. Es bleibt abzuwarten, wie viel von dem Ambiente erhalten bleiben wird.

NICHT VERSÄUMEN

BLUMENPLANTAGEN

Kalimpong ist ein großer Blumenexporteur und produziert ca. 80 % der indischen Gladiolen und diversen Orchideenarten. Bei einem Besuch des **Nurseryman's Haven** (☎03552-256936; Holumba Haven, 9th Mile) im Holumba Haven kann man rund 200 Orchideenarten sehen, bei **Santi Kunj** (BL Dixit Rd; ⏲So–Fr 9.30–12 & 13.30–16 Uhr) gibt's Anthurien und Strelitzien und in der **Pineview Nursery** (☎03552-255843; Atisha Rd; Eintritt 10 ₹; ⏲Mo–Sa 9–17 Uhr) eine sehr fotogene Kakteensammlung.

Elgin Silver Oaks HISTORISCHES HOTEL $$$
(☎03552-255296; www.elginhotels.com; Rinkingpong Rd; EZ/DZ mit VP 8100/8400 ₹; @ 📶) Das aus der Kolonialzeit stammende, in ein historisches Hotel umgewandelte Wohnhaus ist zentral gelegen und hat viel Atmosphäre, wird aber nicht besonders gut geführt. Die Zimmer sind üppig möbliert und bieten einen wunderbaren Ausblick hinunter ins Tal zum Fluss Relli – nach einem Zimmer mit Gartenblick fragen! Im Preis inbegriffen sind alle Mahlzeiten in dem noblen Restaurant.

Hotel Orchid HOTEL $$
(☎03552-282213; www.hotelorchid.com; Lava; DZ 1200–2200 ₹) Dieser Gasthof mitten im Ort mit zwölf hellen, kiefernholzgetäfelten Zimmern, frischer Bettwäsche und sauberen Bädern mit Warmwasser ist eine der wenigen Übernachtungsmöglichkeiten in Lava. Im hauseigenen Restaurant im Erdgeschoss gibt's ordentliche chinesische Gerichte.

Silk Route Retreat RESORT $$
(☎9932828753; www.thesilkrouteretreat.com; 21st Mile, Pedong; Cottage EZ/DZ 1600/2500 ₹; 📶) Die fünf sauberen, modernen Cottages sind ein guter Ausgangspunkt für Wanderungen und Radtouren in der Region (Wanderführer sind verfügbar). Das Essen ist gut (Hauptgerichte 180–250 ₹), und auf der geselligen Veranda kann man prima abhängen.

Essen

Gompu's Bar & Restaurant TIBETISCH $$
(Gompu's Hotel, abseits der DB Giri Rd; Hauptgerichte 120–200 ₹; ⏲7–21 Uhr) Das Gompu's ist bekannt für seine übergroßen *momos* mit Schweinefleisch (130 ₹, mittags), die schon seit Urzeiten Einheimische und Traveller gleichermaßen anlocken. Hier kann man auch gut ein kaltes Bier (210 ₹) und hinterher einen Teller Knoblauch-Chili-Kartoffeln oder knuspriges Schweinefleisch essen.

Lee's CHINESISCH $$
(☎9593305812; DB Giri Rd; Hauptgerichte 80–150 ₹, Menü 250 ₹; ⏲Mo–Sa 11–19.30 Uhr) In diesem Lokal mit rotem Innenraum servieren Herr Lee und seine Tochter fantastische, einmalige Gerichte aus China. Zu den hervorragenden Speisen zählen *mun wontons* (mit Ei gebratene Knödel), *mun chu nyuk* (rotes Schweinefleisch), hausgemachte *mefun* (Reisnudeln) und das köstliche goldene

ABSEITS DER ÜBLICHEN PFADE

WANDERN RUND UM KALIMPONG

Es gibt viele tolle Wanderungen, die man rund um Kalimpong unternehmen kann und für die man ruhig ein, zwei zusätzliche Tage einplanen sollte. **Helpdesk Tourism** (S. 566) in der Sherpa Lodge und **Holumba Haven** bieten Infos zu all diesen Wanderungen und können Führer (800–1500 ₹/Tag) und, falls erforderlich, auch Transportmittel beschaffen.

In Kalimpong bietet Helpdesk halbtägige geführte Kunsthandwerksspaziergänge (Führer 600–800 ₹), bei denen man eine traditionelle Weihrauchwerkstatt, Silberschmiede, Nudelhersteller und ein Atelier für *thangka* (tibetische Stoffbilder) besucht, die sich in den Ladenzeilen nahe dem Haat Bazaar verstecken.

Eine leichte, halbtägige Tageswanderung beginnt unweit des Holumba Haven und führt über die Dörfer **Challisey** und **Chibo Busty** zu einem Aussichtspunkt mit Blick über den Teesta. Unterwegs kann man die **LK Pradhan Cactus Nursery** und ein kleines **Quarkproduktionszentrum** auf der Tharker Farm besuchen. Zudem kann man auch in das Dorf Ngassey mit zwei faszinierenden traditionellen **Lepcha-Häusern** hinunterlaufen.

Etwas weiter draußen, 2 km hinter Algarah an der Straße nach Pedong beginnt eine mögliche Wanderung, die man auf eigene Faust unternehmen kann, an einem breiten Weg bei der 20. Meile. Der Weg steigt leicht an und führt auf einen bewaldeten Hügelkamm zu den aus dem 17. Jh. stammenden Ruinen des **Damsang Dzong**, der Stätte des letzten Widerstands der Lepcha-Könige gegen die Truppen Bhutans. Man folgt dem Hügelkamm und anschließend geht's hinunter, um vom Tinchuli Hill den Blick auf den Kangchendzönga zu genießen, bevor man dann von Sillery über eine Schotterpiste zurück zur Hauptstraße von Algarah nach Pedong gelangt. Hier kann man 4 km zurück nach Algarah laufen, um einen Sammel-Jeep nach Kalimpong zu nehmen (letzter Jeep 15 Uhr) oder über die bhutanisch beeinflusste **Sangchen Dorje Gompa** in Sakyong Busty gleich unterhalb von Pedong 3 km weiter bis nach Pedong marschieren. Busse und Jeeps fahren um 8.15 Uhr von Kalimpong nach Pedong (30–50 ₹) und Algarah (30 ₹), alternativ chartert man ein Taxi für die Hin- und Rückfahrt (ganzer Tag 1000–1500 ₹). Wenn man über Nacht bleiben will, sind die fünf Cottages im entspannten **Silk Route Retreat** (S. 564) 1,5 km vor Pedong ein gutes Standquartier zum Wandern.

Den besten Blick bei Sonnenauf- und -untergang auf den Kangchendzönga genießt man vom **Tiffin-Dara-Aussichtspunkt** gleich oberhalb des Dorfs Rishap (rund 30 km von Kalimpong entfernt). Eine raue Piste zweigt von der Hauptstraße Kalimpong–Lava ab und klettert 3 km hinauf zu einem markierten Fußweg 1 km vor Rishap. Nach 20 Minuten schwenkt ein Pfad nach links zu dem Aussichtspunkt ab. Wieder zurück an der Kreuzung führt der Fußweg 45 Minuten weiter durch den Wald und trifft schließlich wieder auf die Hauptstraße Kalimpong–Lava. Gleich vor dieser Kreuzung bildet ein Fußweg, der an ein paar Gebetsfahnen kenntlich ist, eine Abkürzung, der über die Forest Lodge hinunter ins Dorf Lava führt. Nach Lava fahren ein Sammel-Jeep um 7 Uhr (80 ₹) oder ein langsamerer Bus um 8 Uhr (60 ₹). Der letzte Bus zurück nach Kalimpong fährt um 13.30 Uhr. Für die einfache Fahrt im gecharterten Privatjeep nach Rishap zahlt man 1600 ₹; ein Jeep für einen Tag mit Hin- und Rückfahrt nach Rishap plus Abstecher nach Lava kostet 2000 ₹.

Das 34 km von Kalimpong entfernte **Lava** (2353 m) ist schon allein ein lohnender Abstecher, vor allem wenn man seine Wanderung mit dem Markt am Dienstag, den Debatten (10 Uhr) oder den Gebeten (15.30 Uhr) in der modernen **Kagyupa Thekchenling Gompa** abstimmt. Direkt bei Lava befindet sich der **Neora Valley National Park** (Inder/Ausländer 60/200 ₹, Fahrzeugverleih 1500 ₹, Führer 200 ₹; ⏲15. Sept.–15. Juni) mit Kleinen Pandas, Schneeleoparden und unzähligen Vogelarten. Es gibt Jeeptouren (1300–1600 ₹), und Reiseveranstalter können viertägige Camping-Treks zum Roche La (3155 m) organisieren, wo Westbengalen, Sikkim und Bhutan aufeinandertreffen. Die Cottages der **Lava Forest Lodge** (☎033-23350064; www.wbfdc.com; Lava; DZ 800–1500 ₹) oberhalb des Orts sind die schönsten Unterkünfte, aber oft ausgebucht; versuchen kann man es über **West Bengal Tourism** (S. 543) in Siliguri oder das Holumba Haven in Kalimpong. Das private **Hotel Orchid** (S. 564) ist eine ordentliche Alternative. Vermeiden sollte man den Oktober, wenn bengalische Touristen den Ort überschwemmen. Bis gegen 15.30 Uhr fahren Sammel-Jeeps (80 ₹), wenn sie voll sind, zurück nach Kalimpong; ein Bus fährt um 13.30 Uhr.

Hähnchen in Knoblauchsauce. Dazu gibt's einen erfrischenden Becher guten grünen Tees. Das Lokal befindet sich im obersten Stock über dem Café One Cup.

Paris Kalimpong Bakery BÄCKEREI $
(DB Giri Rd; Gebäck 30–50 ₹; ⌚ Mo–Sa 9–18 Uhr) Eine Überraschung ist diese Franzosen gehörende Bäckerei mit ausgezeichneten Baguettes, Éclairs, Käse-Brioches, Quiches, Kuchen und Kaffee. Die Öffnungszeiten sind unzuverlässig, aber das Warten lohnt sich.

King Thai CHINESISCH $$
(3. OG Supermarkt, DB Giri Rd; Hauptgerichte 160–200 ₹; ⌚ 11–21 Uhr) Der multikulturelle Treff mit thailändischem Namen, chinesischem Essen und Bob-Marley-Postern an den Wänden lockt Mönche, Geschäftsleute und coole tibetische Kids gleichermaßen an. Die in großen Portionen servierten Gerichte sind hauptsächlich chinesisch mit ein paar indischen Akzenten, und es gibt eine Bar mit bequemen Stühlen.

Cafe Refuel INTERNATIONAL
(www.caferefuel.com; Rishi Rd, 9th Mile; ⌚ 10.30–20 Uhr) Das coole Lokal mit Biker-Dekor nutzt klassische alte Vespas als Thekenhocker. Das Essen hat mexikanischen Einschlag mit hausgemachten Nachos und Burritos. Außerdem gibt's Hamburger, Pizza und Pita-Sandwiches sowie Espresso und zur Unterhaltung Tischfußball.

Ausgehen & Nachtleben

★ **Art Cafe** CAFÉ
(Rishi Rd; Kaffee 40 ₹; ⌚ 10–19 Uhr) Das coole Café mit luftiger Terrasse bietet eine schöne Aussicht über das Teesta-Tal bis hin nach Darjeeling. Es gibt guten Kaffee, Shakes, durstlöschende Limo-Cocktails aus Einmachgläsern und tolle Pizzen mit dünnem Boden (160–180 ₹). Man kann in Zeitschriften blättern und mit den hippen Leuten von Kalimpong ins Gespräch kommen, zumal es hier kein WLAN gibt.

One Cup CAFÉ
(DB Giri Rd; Kaffee 50–90 ₹; ⌚ Mo–Sa 11–18 Uhr) Kalimpongs erstes Kaffeehaus serviert ordentlichen Espresso, guten Kuchen, Brownies und Eisspezialitäten. Kein WLAN.

Shoppen

Lark's Provisions ESSEN & TRINKEN
(DB Giri Rd; ⌚ 9.30–18.30 Uhr) Das ist die beste Adresse für den örtlichen Käse (600 ₹/kg), der in Kalimpong hergestellt wird, seit die Jesuiten im 19. Jh. eine Meierei einrichteten. Es gibt auch vor Ort hergestellte Milch-Lutscher (30 ₹) und leckere hausgemachte Pickles.

Haat Bazaar MARKT
(zw. Relli & RC Mintri Rd) Mittwochs und vor allem samstags erwacht der normalerweise ruhige Basar zum Leben, wenn viele Händler Nahrungsmittel, Textilien, Alltagsbedarf und Krimskrams aller Art feilbieten.

Kashi Nath & Sons BÜCHER
(DB Giri Rd; ⌚ Mo–Sa 10–18.30 Uhr) Der Buchladen und das angeschlossene Schreibwarengeschäft nebenan haben eine bescheidene Auswahl von Büchern zum Himalaja und ein paar internationale Bestseller und Sachbücher.

ℹ Praktische Informationen

Cyber Infotech (30 ₹/Std.; ⌚ Mo–Sa 10–19 Uhr; 📶) Das winzige Internetcafé gegenüber dem Gompu's hat Computer und WLAN.

Helpdesk Tourism (☎ 7363818059, 8967938378; helpdesktourism@gmail.com; Sherpa Lodge; ⌚ 9–17 Uhr) Die private Touristeninformation im Erdgeschoss der Sherpa Lodge bietet Führer, eine nützliche Landkarte und Infos zu Trips rund um Kalimpong, darunter zu Wanderungen und Unterkunft bei Gastfamilien in der Region. Nach Jigme oder Norden fragen!

Post (Rinkingpong Rd; ⌚ Mo–Fr 9–17, Sa bis 16 Uhr)

State Bank of India (DB Giri Rd) Einer von mehreren Geldautomaten am gleichen Standort.

Tourist Reception Centre (DGHC; ☎ 03552-257992; DB Giri Rd; ⌚ Mo–Sa 10–16.30 Uhr, 2. & 4. Sa im Monat geschl.) Die schläfrigen Mitarbeiter können Ausflüge in die Umgebung und Unterkünfte organisieren.

ℹ An- & Weiterreise

Die Büros aller Bus- und Jeepunternehmen finden sich nebeneinander am chaotischen **Motor Stand**.

BUS & JEEP

Busse der staatlichen bengalischen NBSTC fahren stündlich nach Siliguri (80 ₹, 2½ Std.).

Himalayan Travellers (☎ 9434166498; Motor Stand) Das hilfreiche Unternehmen hat Sammel-Jeeps nach Lava (80 ₹, 1½ Std., ab 7 Uhr 5-mal tgl.).

Kalimpong Mainline Taxi Driver's Welfare Association (KMTDWA; Motor Stand) Betreibt regelmäßig fahrende Sammel-Jeeps nach

Siliguri (130 ₹, 2½ Std.) sowie täglich zwei Sammel-Jeeps nach Jorethang (100 ₹, 2 Std., 7.30 & 12 Uhr).

Kalimpong Motor Transport (Motor Stand) Hat bis gegen 16 Uhr zahlreiche Sammel-Jeeps nach Darjeeling (130 ₹, 3 Std.) und außerdem Jeeps zum Chartern (1800 ₹).

Kalimpong, Sikkim All Highway Taxi Driver's Owner's Association (☎259544; Motor Stand) Hat Sammel-Jeeps nach Gangtok (140 ₹, 3 Std., bis 11.30 Uhr stündl.), Ravangla (150 ₹, 3½ Std., 14 Uhr) und Namchi (110 ₹, 8 & 13 Uhr) in Sikkim.

Sikkim Nationalised Transport (SNT; Ongden Rd) Der tägliche Bus nach Gangtok (105 ₹, 3 Std., 13 Uhr) fährt gegenüber dem Motor Stand ab.

ZUG

Kalimpong Railway Out Agency (Mani Rd; ⏲Mo–Sa 10–17, So bis 13 Uhr) Verkauft Zugfahrkarten ab dem Bahnhof New Jalpaiguri, hat aber kein Touristenkontingent.

ℹ Unterwegs vor Ort

Taxis (meist unmarkierte Kleintransporter) für Ausflüge in die Umgebung kann man an der DB Giri Rd chartern. Ein halbtägiger Ausflug, bei dem man die meisten Sehenswürdigkeiten zu Gesicht bekommt, kostet 1000 ₹.

Bihar & Jharkhand

Inhalt ➡

Gut essen

- ➡ Mohammad Restaurant (S. 581)
- ➡ Be Happy Cafe (S. 582)
- ➡ Pind Balluchi (S. 573)
- ➡ Nook (S. 585)

Schön schlafen

- ➡ Rahul Guest House (S. 580)
- ➡ Hotel Nalanda Regency (S. 583)
- ➡ Chanakya BNR Hotel (S. 585)
- ➡ Hotel President (S. 571)

Auf nach Bihar & Jharkhand!

Das abgelegene, ländliche Bihar ist die Wiege des Buddhismus – tatsächlich kommt der Name Bihar von *vihara,* der Sanskrit-Bezeichnung für ein buddhistisches Kloster. Tausende Pilger aus aller Welt strömen zu den vielen in religiöser Hinsicht bedeutenden Orten. Der wichtigste ist Bodhgaya, wo Buddha Erleuchtung erlangte. Die spirituelle Atmosphäre hier macht für Traveller den besonderen Reiz aus. Der heilige Berg Parasnath im ländlichen Jharkhand ist eine Pilgerstätte der Jains. Wer sich den Gläubigen bei ihrem Aufstieg auf den Berg anschließt, den erwartet eine surreale Erfahrung abseits der üblichen Touristenpfade.

Um die Wahrheit zu sagen: Die ganze Region ist ziemlich ab vom Schuss. Außerhalb von Bodhgaya gibt es so gut wie keine ausländischen Traveller, und wer jenseits vom Mainstream reisen will und sich besonders für den Buddhismus interessiert, für den kann sich dieser wenig beachtete Teil Indiens als ein unerwartetes Highlight entpuppen.

Reisezeit

Patna

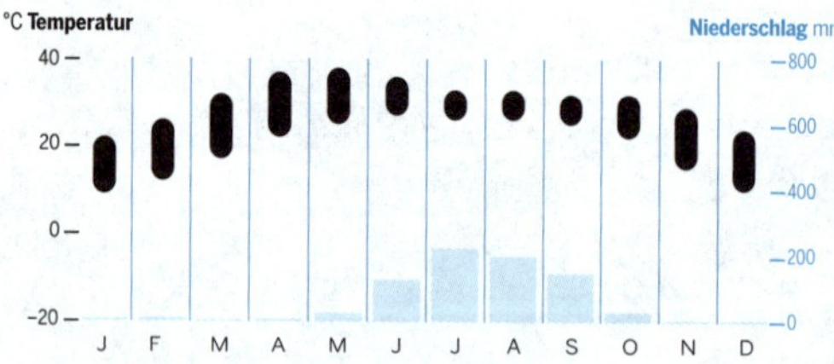

Jan. & Feb. Die Temperaturen bewegen sich zwischen kühlen 12 °C und angenehmen 25 °C.

Jun.–Sept. Monsun! Besser wegbleiben: In Bihar gibt's die meisten Überflutungen in Indien.

Okt. & Nov. Warme Tage im Oktober und angenehm kühle im November.

Highlights

❶ Buddhisten aus aller Welt beobachten, wie sie an der wundervoll ruhigen Stätte von Buddhas Erleuchtung in **Bodhgaya** (S. 577) beten, auf die Knie fallen und meditieren

❷ Um 4 Uhr morgens aufstehen, um sich dem surreal wirkenden Pilgerstrom der Jains zum Gipfel des **Parasnath** (S. 586), dem höchsten Berg Jharkhands, anzuschließen

❸ Die friedlichen Ruinen der einst riesigen antiken Universitätsstadt **Nalanda** (S. 584) besuchen

❹ Eine *tonga* (Kutsche) mieten, um die buddhistischen Stätten und Stupas des Dorfes **Rajgir** (S. 582) zu erkunden

❺ Durch die wunderbar friedlichen Wälder des geschützten **Betla (Palamau) National Park** (S. 587) streifen, um Wildelefanten und Axishirsche zu beobachten

❻ Durch Dörfer zu den uralten Stupas und Ruinen des buddhistischen Pilgerorts **Vaishali** (S. 574) wandern

Geschichte

Die Geschichte Bihars beginnt mit der Ankunft von Prinz Siddhartha Gautama im 6. Jh. v. Chr. Hier verbrachte er viele Jahre, bevor er, zum Buddha erleuchtet, die Region wieder verließ. Mahavira, ein Zeitgenosse Buddhas und Begründer des Jainismus, wurde in Bihar geboren. Mit 72 Jahren erreichte er in der Nähe von Nalanda das Nirwana. Nachdem Chandragupta Maurya im 4. Jh. v. Chr. das Magadha-Königreich und seine Hauptstadt Pataliputra (das heutige Patna) erobert hatte, dehnte er sein Reich ins Industal aus und gründete das erste indische Großreich. Sein Enkel und Nachfolger Ashoka herrschte von Pataliputra (einer der größten Städte der damaligen Zeit) aus über das Maurya-Reich. Kaiser Ashoka nahm den Buddhismus an und errichtete in Nordindien – und vor allem in Sarnath (Uttar Pradesh) und in Sanchi (Madhya Pradesh) – Stupas, Denkmäler und seine berühmten Ashoka-Säulen. In Bihar ließ Ashoka dort, wo heute der Mahabodhi-Tempel in Bodhgaya steht, den ursprünglichen Schrein und die an ihren Spitzen mit einem Löwen verzierten Vaishali- und Lauriya Nandangarh-Säulen bauen.

Bis ins 7. und 8. Jh. hinein, als die Magadha-Region während der Herrschaft der Gupta wieder zu Ruhm gelangte, war Bihar von den verschiedenen Großreichen immer heiß begehrt. Mit dem Niedergang des Mogulreiches im 17. Jh. stand Bihar bis zur Gründung eines eigenständigen Staates 1912 unter der Kontrolle von Bengalen. Ein Teil dieses Staates wurde später Odisha und ein weiterer Teil erst kürzlich (im Jahr 2000) Jharkhand.

TOP-FESTIVALS

Pataliputra Mahotsava (Patna; ⌚ März) Mit Umzügen, Sportveranstaltungen, Tanz und Musik wird die Geschichte Patnas gefeiert.

Chhath Festival (Bihar & Jharkhand; ⌚ Okt./Nov.) Zu Ehren des Sonnengottes Surya vollziehen die Menschen bei Sonnenauf- und Sonnenuntergang Rituale an den Ufern der Flüsse und Gewässer.

Rajgir Mahotsava (S. 582) Bei diesem Fest der darstellenden Künste stehen Tanz, religiöse Lieder und Instrumentalmusik auf dem Programm.

Sonepur Mela (Sonepur; ⌚ Nov./Dez.) Mit 700 000 Teilnehmern und vielen Tausend Tieren ist dieses dreiwöchige Fest viermal so groß wie der **Kamelmarkt** in Pushkar (S. 150).

BIHAR

Die meisten Leute reisen nach Bihar, um die heiligen buddhistischen Stätten von Bodhgaya, Rajgir, Nalanda und Vaishali zu besuchen. Patna dient dabei als Verkehrsknotenpunkt. Ein Besuch in diesem Staat ist nicht ganz einfach: Es wird nur wenig Englisch gesprochen, und das Chaos ist hier noch größer als anderswo. Aber Abenteuerlustige werden ihren Spaß daran haben, die vielen faszinierenden, abgelegenen Orte zu entdecken.

Patna

☎0612 / 1 697 900 EW.

Bihars chaotische Hauptstadt erstreckt sich am Südufer des Ganges über 15 km, gleich östlich der Mündung dreier wichtiger Zuflüsse. Patna hat zwar ein paar lohnende Sehenswürdigkeiten zu bieten, aber es ist eine laute, überbevölkerte Stadt, die vor allem als Verkehrsknotenpunkt nützlich ist oder als Ausgangspunkt für Tagesausflüge zu Sehenswürdigkeiten im nördlichen Bihar.

Über 1000 Jahre lang war Patna eine der mächtigsten Städte Indiens. Im frühen 5. Jh. v. Chr. verlegte Ajatasattu die Hauptstadt des Magadha-Königreichs von Rajgir nach Pataliputra (Patna) und erfüllte somit Buddhas Prophezeiung, an dieser Stelle werde eine große Stadt entstehen. Auch die Herrscher Chandragupta Maurya und Ashoka residierten in Pataliputra, wodurch die Stadt zum Zentrum Herrscherreiche wurde, die sich über den Subkontinent erstreckten. Heute ist von dieser einstigen Pracht nicht mehr viel übrig.

Sehenswertes

★ **Patna Museum** MUSEUM
(Buddha Marg; Inder/Ausländer 15/250 ₹, Foto 100 ₹; ⌚ Di–So 10.30–16.30 Uhr) Das Museum in einem majestätischen Gebäude aus der Kolonialzeit beherbergt eine prächtige Sammlung von Steinskulpturen aus der Zeit der Maurya- und Gupta-Dynastien, einige schöne buddhistischen Bronzestatuen und eine Galerie mit Landschaftsgemälden von

Thomas und William Daniells aus dem frühen 19. Jh. Nicht versäumen sollte man die schöne Sammlung von *thangkas* (tibetische Tuchmalerei), die der Tibetologe und Reisende Rahul Sankrityayan Anfang des 20. Jhs. nach Indien brachte.

★ Golghar HISTORISCHES GEBÄUDE
(Danapure Rd; 5 ₹; ⏲10–18 Uhr) Wer die Aussicht von einer Kuppel genießen will, der kann diesen massiven, knollenförmigen Getreidespeicher besteigen, der 1786 von der britischen Armee errichtet und 2016 renoviert wurde. Mit ihm sollte vermieden werden, dass es noch einmal zu so einer schrecklichen Hungersnot käme wie der von 1770. Auf der einen Seite des Gebäudes erinnert noch eine Inschrift an diese Intention. Zum Glück kam es tatsächlich nie wieder dazu.

Bihar Museum MUSEUM
(☎0612-2235732; www.biharmuseum.org; Bailey Rd (Jawaharlal Nehru Marg)) Dieses beeindruckende neue Museum ist eines der größten in Südasien und war zur Zeit der Recherche nur teilweise eröffnet, soll aber nach der kompletten Eröffnung drei eindrucksvolle Galerien über Geschichte und Ausstellungen über zeitgenössische Kunst und ethnische Gruppen von Bihar beherbergen. Es kann auch sein, dass einige wichtige Werke aus dem Patna Museum hierher gebracht werden, darunter auch die bekannte Statue *Didarganj Yakshi* aus der Maury-Dynastie, die aus dem 3. Jh. v. Chr. stammt.

Buddha Smriti Park PARK
(Muzharal Haque Path (Fraser Rd); Park 20 ₹, Museum 40 ₹; ⏲Di–So 9–19 Uhr) Der friedliche, 9 ha große Park, der 2010 vom Dalai Lama eröffnet wurde, ist für seinen großen, sandgestrahlten Kohle-Stupa (50 ₹) bekannt. Er beherbergt eine einzigartige, kugelsichere Reliquienkammer und Setzlinge von den Bodhi-Bäumen aus Bodhgaya und Anuradhapura in Sri Lanka. Das sehr moderne buddhistische Museum ist auch einen Besuch wert, und es gibt eine Bibliothek (50 ₹) und ein Meditationszentrum (Eintritt frei).

Schlafen

Die meisten Budgethotels in Patna nehmen keine Ausländer auf.

Hotel Clark Inn HOTEL $
(☎9939726620; Jamal Rd; Zi. ab 660 ₹) Das preiswerteste Hotel, das wir finden konnten, in dem auch Ausländer willkommen sind. Das Clark Inn hat schlichte Zimmer mit TV und Hocktoilette oder größere und saubere Zimmer mit Klimaanlage (1100 ₹). Einige verfügen sogar über einen kleinen Balkon.

UNTERKUNFTSPREISE

In diesem Kapitel gelten folgende Kategorien für Unterkünfte (bezogen auf ein Doppelzimmer mit Bad in der Hauptsaison & inkl. Mehrwertsteuer):

$ bis 1000 ₹
$$ 1000–2500 ₹
$$$ über 2500 ₹

★ Hotel President HOTEL **$$**
(☎0612-2209203; www.hotelpresidentpatna.com; abseits der Fraser Rd; EZ/DZ 2020/2620 ₹; ❄@📶) Dieses kürzlich renovierte, von einer Familie betriebene Hotel hat eine praktische und relative ruhige Lage abseits der Fraser Rd und in der Nähe des Patna Museum. Die Zimmer – alle mit Klimaanlage – sind geräumig, modern und frisch und mit TV, Sitzgelegenheiten und Warmwasser im Bad ausgestattet. Ein paar verfügen über einen kleinen Balkon. Ein hervorragendes Mittelklassehotel, vor allem, wenn man einen Rabatt bekommt!

Hotel City Centre HOTEL **$$**
(☎0612-2208687; www.hotelcitycentre.in; Station Rd; DZ mit/ohne Klimaanlage inkl. Frühstück 2000/1000 ₹; ❄📶) Der moderne Glasturm rechts vom Bahnhofsausgang ist besonders praktisch für Traveller auf der Durchreise. Die Zimmer sind einfach, aber preiswert (nicht-klimatisierte Zimmer mit Hocktoilette), das Personal ist hilfsbereit, und im Erdgeschoss gibt es Restaurants. Die oberen Stockwerke gleichen einem Labyrinth.

Hotel Maurya Patna HOTEL **$$$**
(☎0612-2203040; www.maurya.com; Gandhi Maidan; EZ/DZ inkl. Frühstück 15 780/17 000 ₹; ❄@📶🏊) In Patnas bestem Businesshotel gibt es geschmackvoll eingerichtete Zimmer, einen relativ schlichten Pool, ein paar nette Restaurants und einen Fitnessraum. Hier geht es eher um Komfort als um Luxus. Wer online bucht, kann sich Rabatte von bis zu 50 % sichern.

Essen

Baba Hotel INDISCH **$**
(Dak Bungalow Rd; Hauptgerichte 70–110 ₹; ⏲9–22 Uhr) Das saubere, preisgünstige kleine

Restaurant serviert indische und chinesische Gerichte (auch ein paar vegetarische) und Thalis für 85 bis 95 ₹.

Litti Chokha Stall IMBISSSTAND $

(gegenüber vom Gandhi Maidan; 15 ₹/Teller) Einer von vielen Straßenimbissen, die es überall in der Stadt gibt und die Patnas Spezialität verkaufen: *litti chokha* (Klöße aus Kichererbsenmehl mit einer Sauce aus Tomaten, Auberginen und Kartoffeln).

Bollywood Treats FAST FOOD $

(Gandhi Maidan; Hauptgerichte 80–150 ₹; ⏲12–21 Uhr) In dem etwas langweiligen Fast-Food-Restaurant bekommt man südindische Snacks, Chinapfannen, gute Pizza und leckere Brownies; die meisten Kunden gehören der aufstrebenden Mittelschicht Patnas an. Es gibt hier auch einen Kiosk mit Baskin-Robbins-Eis und frischen Kaffee (115 ₹). Der Laden öffnet zwar um 12 Uhr, aber vor 13 Uhr wird kein Essen serviert.

★ **Bellpepper Restaurant** INDISCH $$

(Hotel Windsor, Braj Kishore Path (Exhibition Rd); Hauptgerichte 120–320 ₹; ⏲11–15 & 19–22.30 Uhr; ❄) Das trauliche und moderne kleine Restaurant im Hotel Windsor ist für seine Tandur-Gerichte bekannt. Das *murg tikka lab-*

Patna

Highlights
1 Golghar ... C1
2 Patna Museum ... A3

Sehenswertes
3 Buddha Smriti Park ... B4

Schlafen
4 Hotel City Centre ... B5
5 Hotel Clark Inn ... B4
6 Hotel Maurya Patna ... C2
7 Hotel President ... B3

Essen
8 Baba Hotel ... C4
9 Bellpepper Restaurant ... C4
10 Bollywood Treats ... C2
11 Litti Chokha Stall ... C2
12 Pind Balluchi ... C2
13 Tandoor Hut ... C3

Shoppen
14 Ajanta ... B4

Praktisches
15 Axis Bank ... B4
16 Dr. Ruban Memorial Hospital ... D3
17 State Bank of India ... C2
18 Thomas Cook ... C2

Transport
19 Ticketschalter für Ausländer ... B5

abdar (Hähnchen aus dem Tandur ohne Knochen mit Knoblauch, Ingwer, grüner Chili und einer Paste aus Pistazien und Cashews) zergeht auf der Zunge und ist sündhaft lecker. Auch die Biryanis sind gut.

Pind Balluchi NORDINDISCH $$
(☎ 0612-2219101; www.pindballuchi.com; 16.–18. OG, Biscomaun Tower, Gandhi Maidan; ⌚ 12–22 Uhr; ❄) Das beste Essen und die schönste Aussicht von Patna hat man in diesem Drehrestaurant mit 360-Grad-Blick über den Gandhi Maidan, Golghar und den Ganges. Der Kebab hier ist ausgezeichnet (besonders der *murgh malai*-Kebab), und es gibt eine große Auswahl vegetarischer Gerichte wie *kadai paneera*. Zum Dessert kommt z. B. leckeres *kheer* auf den Tisch. Der Eingang liegt an der Nordseite des Gebäudes.

Tandoor Hut INDISCH $$
(☎ Lieferservice 9386851333; Fraser Rd; Kebab 150–180 ₹; ⌚ 11–23 Uhr) An dem Straßenstand bekommt man köstliche Kebabs und andere Gerichte aus dem Tandur sowie riesige Portionen Biryanis und Currys. Man kann das Essen mit ins Hotel nehmen oder vor Ort essen. Das Hähnchen-*malai* und die *reshmi*-Kebabs sind hervorragend.

Shoppen

Ajanta KUNSTHANDWERK
(Fraser Rd; ⌚ Mo–Sa 10.30–21, So 13–20 Uhr) Der bescheidene, kleine Laden hält eine bezaubernde Auswahl farbenfroher Mithila-Malereien (Madhubani) bereit, die in Schubladen und Schränken versteckt sind. Sie kosten zwischen 300 ₹ (handgemachtes Papier) und 950 ₹ (Seide). Der Laden liegt neben dem Harrison's Hotel.

Praktische Informationen

GELD

Axis Bank (Fraser Rd; ⌚ Mo–Fr & 1. & 3. Sa des Monats 9.30–15.30 Uhr) Wechselstube und Geldautomaten.

State Bank of India (Gandhi Maidan; ⌚ ⌚ Mo–Fr & 1. & 3. Sa des Monats 10–16 Uhr) Wechselt Bargeld und Travellerschecks und hat Geldautomaten.

MEDIZINISCHE VERSORGUNG

Dr. Ruban Memorial Hospital (☎ 0612-2320446, 0612-2320404; www.rubanpatliputrahospital.com; Gandhi Maidan; ⌚ 24 Std.) Notaufnahme, Klinik und Apotheke.

REISEBÜROS

Thomas Cook (☎ 0612-2221699, 9334942188; www.thomascook.in; Hotel Maurya, Patna Arcade; ⌚ Mo–Sa 10–18 Uhr) Hilft beim Buchen von Flugtickets und Mietautos. Wechselt Geld für eine Bearbeitungsgebühr von 150 ₹. Einfach Sami kontaktieren!

An- & Weiterreise

AUTO

Einen Leihwagen mit Fahrer bekommt man bei **Thomas Cook** (S. 573) ab 12 ₹ pro Kilometer (min. 200 km) zzgl. 300 ₹ Spesen für den Fahrer pro Übernachtung. Ein Taxi von Patna nach Bodhgaya kostet um die 3000 ₹.

BUS

Der Hauptbusbahnhof ist eine große, staubige Anlage, rund 1,5 km südwestlich vom Bahnhof

ALKOHOLVERBOT

Seit 2016 ist Bihar trocken, deshalb ist Alkohol in jeglicher Form verboten.

(hinter dem Bahnhof stehen Sammelrikschas, die einen für 10 ₹ zum Busbahnhof bringen). Hier ist es laut, hektisch, nur wenige Menschen sprechen Englisch, und es gibt keine Ticketschalter, aber wer sich ins Chaos stürzt und sich bei den Leuten durchfragt, wird schließlich den richtigen Bus finden. Die Fahrkarten können im Bus gekauft werden.

Tagsüber gibt es regelmäßige Busverbindungen zu folgenden Zielen:

Gaya 100 ₹, 3 Std.; mehrmals am Tag fahren auch Direktbusse nach Bodhgaya (120 ₹)

Kesariya 80 ₹, 3 Std.

Motihari 145–170 ₹, 4 ½ Std.

Ranchi mit/ohne Klimaanlage 350/280 ₹, 8 Std.

Raxaul mit/ohne Klimaanlage 230/180 ₹, 6 Std.

Vaishali 50 ₹, 2 Std.

Um 21 Uhr fahren Nachtbusse nach Ranchi und Raxaul.

FLUGZEUG

Patnas internationaler Flughafen Jay Prakash Narayan liegt 8 km vom Zentrum entfernt. **Air India** (☎ 0612-2223199; www.airindia.in; Flughafen Patna), **IndiGo** (☎ 1800 1803838; www.goindigo.in; Flughafen Patna), **Go Air** (☎ 0612-2227148; Flughafen Patna) und **Jet Airways** (☎ 0612-2223045; www.jetairways.com; Flughafen Patna) fliegen täglich direkt nach Delhi und Kolkata. Von dort geht es weiter in andere Städte.

ZUG

Im Bahnhof Patna Junction gibt es im rechten Flügel des Gebäudes im Reservierungsbüro im ersten Stock einen **Ticketschalter für Ausländer** (Fenster 3, Bahnhof Patna Junction; ⌚ Mo–Sa 8–20, So bis 14 Uhr).

Züge nach Gaya fahren ungefähr stündlich (2. Klasse/AC Chair Class 25/260 ₹, 2–3 Std.), wobei der 11.40-Uhr-*Patna-Hatiya-Express* Chair Class mit Klimaanlage bietet. Für andere Züge einfach eine normale 2.-Klasse-Fahrkarte kaufen und in den nächstbesten Zug steigen!

Mehr als ein Dutzend Züge fahren täglich nach New Delhi (Sleeper Class/3AC/2AC 490/1300/1860 ₹, 12–18 Std.); die schnellste und zeitlich günstigste Verbindung ist der *RJPB Rajdhani* (3AC/2AC/1AC 2180/2660/3765 ₹), der um 19.25 Uhr abfährt und um 7.40 Uhr in Delhi ankommt.

Es gibt täglich zehn Züge nach Kolkata (Sleeper Class/3AC/2AC 340/890/1250 ₹, 8–14 Std.). Die zeitlich beste Verbindung ist der *Vibhuti Express* (22.35 Uhr, 9 Std.).

Mindestens 20 Züge täglich fahren zwischen 5 und 21 Uhr nach Varanasi (Sleeper Class/3AC/2AC 200/540/740 ₹, 4–6 Std.).

Dreimal täglich fährt ein Schnellzug um 6, 11.40 und 21.45 Uhr nach Ranchi (Sleeper Class/3AC/2AC 250/670/960 ₹, 8–10 Std.). In den ersten beiden gibt es eine Chair Class (540–630 ₹).

Am komfortabelsten fährt man in der AC Chair Class im *13234 Rajgriha Express* nach Rajgir (260 ₹, 3 Std.), der um 9.15 Uhr abfährt.

Einige Züge kommen auch an den kleineren Bahnhöfen von Patna an, etwa am Rajendra Nagar, 3 km östlich von Patna Junction, oder am ungünstig gelegenen Patna Sahib, 11 km weiter östlich.

GEFAHREN & ÄRGERNISSE

Bihar und Jharkhand haben den Ruf gesetzloser Staaten weg. In den letzten Jahren haben sich die Umstände verbessert, und Bandenaktivitäten – beispielsweise das Aufhalten von Autos, Bussen und Zügen – kommen nur noch gelegentlich vor.

➡ Die Einheimischen warnen davor, nach Einbruch der Dunkelheit zu reisen oder allein in die Berge zu wandern, woran man sich halten sollte.

➡ Obwohl Touristen nicht als besondere Ziele gelten, sollte man sich mit den neuesten Informationen vertraut machen: vor der Ankunft einfach die Zeitungen *Bihar Times* (www.bihartimes.in) oder *Patna Daily* (www.patnadaily.com) lesen!

Unterwegs vor Ort

Vom **Prepaid-Stand** am Bahnhof fahren Autorikschas/Taxis zum Flughafen von Patna (160/350 ₹).

Überfüllte **Sammelrikschas** fahren vor dem Bahnhof ab zum Gandhi Maidan (7 ₹). Hinter dem Bahnhof starten die **Autorikschas** zum Busbahnhof (10 ₹).

Bis 2021 soll auch ein Metronetz fertiggestellt sein.

Vaishali

☎ 06225

Das 55 km nordwestlich von Patna gelegene Vaishali ist eine atmosphärisch ruhige, aber bedeutende buddhistische Pilgerstätte – eine hübsche ländliche Zuflucht vom hektischen Patna. Es gibt hier ein kleines, spannendes Museum und die wundervoll friedlichen Ruinen von Kolhua zu sehen. Schon ein Spaziergang zu den umliegenden Dörfern und Äckern ist eine Wohltat.

ABSEITS DER ÜBLICHEN PFADE

LAURIYA NANDANGARH

Fans der buddhistischen Geschichte wird der ausgefallene Trip zum riesigen Stupa in Lauriya Nandangarh, 25 km nordwestlich von Bettiah, gefallen. Der 2000 Jahre alte, 25 m hohe Backstein-Stupa besteht aus fünf runden und gezackten Terrassen. Der obere Teil ist mit Laub bedeckt, und man kann hinaufklettern und die Aussicht über die flache Landschaft rundherum genießen. Um vom westlichen Ende der Stadt hierher zu gelangen, geht man 2 km in südliche Richtung und nimmt nach der Zucker-/Ethanolfabrik die linke Abzweigung. Dort geht man noch etwa 1 km an der Mauer der Fabrik entlang. Eine Autoriksccha kostet hin und zurück um die 150 ₹.

Ebenfalls am westlichen Ende der Stadt, 500 m nördlich der Hauptkreuzung, steht eine 18,5 m hohe Ashoka-Säule – eine von wenigen, bei denen noch alle sechs Ashoka-Edikte erhalten sind, zusammen mit einem sitzenden Löwen an der Spitze. Es ist die einzige dieser Säulen, die sich noch an ihrem ursprünglichen Ort befindet. Ausschau halten nach der Inschrift aus dem Jahr 1873!

Um von Motihari hierher zu gelangen, nimmt man einen der regelmäßig verkehrenden Busse nach Bettiah (40 ₹, 90 Min.) und dann einen Bus Richtung Ramnagar nach Lauriya Nandangarh (30 ₹, 45 Min.). Auf dem Rückweg findet man vielleicht einen Bus Richtung Patna direkt nach Motihari. Wer nach Raxaul will, nimmt am besten einen Sammeljeep nach Sagauli (30 ₹) und steigt dort um oder mietet sich gleich einen Jeep bis zur Grenze für 1200 ₹.

Wer in einem Mietwagen von Patna und Kesariya aus unterwegs ist, kann auf der Strecke noch an einer anderen Ashoka-Säule, gleich westlich des Dorfes Lauriya Areraj, 37 km südöstlich von Bettiah, Halt machen.

Der Bus aus Patna setzt einen an einer Kreuzung ab, von wo es noch ein 1 km langer Fußweg Richtung Westen bis zum großen Krönungswasserbecken mit dem Namen Abhishek Pushkarini ist, vorbei an Klöstern, die von thailändischen, kambodschanischen und vietnamesischen Buddhisten errichtet wurden. Links vom Wasserbecken steht die moderne weiß getünchte, von Japanern errichtete **Weltfriedenspagode** (Sonnenaufgang–Sonnenuntergang) GRATIS.

Auf der gegenüberliegenden Seite befindet sich der historisch interessantere **Buddha Relic Stupa** (Sonnenaufgang-Sonnenuntergang) GRATIS. Der aus dem 5. Jh. stammende Stupa, einst 12 m hoch, ist heute nur noch eine Ruine, gehörte aber zu den acht Orten, an denen die Asche Buddhas vergraben wurde. Heute befindet sich die Specksteinurne mit der Asche im Patna Museum. Das kleine **Archäologische Museum** (Eintritt 10 ₹; Sa–Do 9–17 Uhr) beherbergt ein paar schöne, 1000 Jahre alte Buddhastatuen und eine faszinierende Kloschüssel aus dem 1. oder 2. Jh. Es gibt hier auch ein interessantes, maßstabgetreues Modell der nahe gelegenen Stätte Kolhua.

Zwischen dem Buddha Relic Stupa und dem Archäologischen Museum windet sich eine einspurige Landstraße Richtung Norden durch Bauerndörfer bis zum 5 km entfernten **Kolhua-Komplex** (Inder/Ausländer 15/200 ₹; Sonnenaufgang–Sonnenuntergang). Man sollte sich die Zeit für diesen hübschen Spaziergang nehmen; es fahren aber auch Sammelrikschas dorthin. Der in einem Landschaftspark gelegene Kolhua-Komplex umfasst einen großen Stupa in Form einer gemauerten Halbkugel, der von einem auf einer 2300 Jahre alten Ashoka-Säule thronenden Löwen bewacht wird. Im Gegensatz zu anderen Ashoka-Säulen ist sie glatt und weist nicht die sonst üblichen Ashoka-Edikte auf. In der Nähe liegen die Ruinen kleinerer Stupas und Klostergebäude, in denen Buddha mehrere Monsune verbracht hat, sowie eines der ersten buddhistischen Nonnenklöster. Der Legende nach soll Buddha hier von Affen eine Schale Honig bekommen haben. Die Affen sollen für ihn auch ein Becken zum Auffangen von Regenwasser ausgehoben haben, damit er nicht verdurstete.

Restaurants gibt es nur wenige in Vaishali. Fürs Mittagessen eignet sich am besten das **Buddha Fun & Food Village** (997316874; Hauptgerichte 80–200 ₹) an der südöstlichen Ecke des Zeremonienbeckens. Man kann im Freien unter Strohdächern sitzen und in Hütten übernachten.

Von Patna fahren ungefähr jede Stunde Busse nach Vaishali und weiter nach Kesariya. Der letzte Bus zurück nach Patna kommt gegen 16 Uhr an der Hauptstraße vorbei.

Kesariya

Der riesige **Kesariya Stupa** (Sonnenaufgang–Sonnenuntergang) GRATIS ragt dort aus der Erde in den Himmel, wo der sterbende Buddha seine Almosenschale gespendet hat, und ist ein gutes Beispiel dafür, wie die Natur ein verlassenes Monument zurückfordern kann. Unter einem Streifen aus Gras und Bäumen verbirgt sich einer der größten buddhistischen Stupas der Welt (38 m hoch), der aus der Pala-Periode stammt (200–750 n. Chr.). Über dem Sockel mit einem Umfang von 425 m formen fünf einzigartige geschnittene Terrassen ein riesiges tantrisches Buddha-Mandala. Auf jeder Terrasse gibt es Nischen, in denen verunstaltete Buddha-Statuen stehen, die während der Angriffe ausländischer Plünderer im Mittelalter zerstört worden sind. Die ländliche Lage ist eine Wohltat, aber sonst gibt hier nichts zu sehen, und der Stupa darf nicht erklommen werden.

Busse aus Patna (via Vaishali) können einen am Stupa, der von der Hauptstraße aus sichtbar ist, rauslassen. Der letzte Bus zurück kommt circa um 15.30 Uhr hier vorbei. Busse aus Motihari lassen einen an der Hauptkreuzung im Dorf Kesariya aussteigen, wo es am Straßenrand *dhabas* (kleine Lokale, die Snacks und einfache Gerichte servieren) gibt, in denen man zu Mittag essen kann. Von dort sind es noch 2 km zu Fuß oder mit der Rikscha Richtung Süden. Wer von Kesariya keinen direkten Bus weiter nach Motihari findet, der nimmt einen zur Kreuzung in Khajuriya und steigt dort um.

Motihari

06252 / 100 000 EW.

Das belebte Motihari ist nicht gerade hübsch, aber man muss eventuell auf dem Weg nach Kesariya, Raxaul oder Lauriya Nandangarh hier umsteigen. Wer über Nacht bleibt, dem bietet das moderne, freundliche **Hotel Rajeshwari Palace** (06252-222222; Main (Bank) Rd; Zi. mit/ohne Klimaanlage ab 2000/1000 ₹;) saubere Zimmer, zehn Minuten zu Fuß westlich vom Busbahnhof.

Regelmäßige verkehren Busse nach Patna (145–170 ₹, 4½ Std.), Raxaul (50 ₹, 2½ Std.) und Kesariya (40 ₹, 2 Std.), wo man in Busse Richtung Vaishali umsteigen kann.

Raxaul

06255 / 41 600 EW.

Raxaul ist eine staubige, überfüllte Grenzstadt mit einem Grenzposten, über den man

GRENZÜBERGÄNGE: VON RAXAUL NACH BIRGANJ IN NEPAL

Der belebte Grenzübergang zwischen Raxual und Birganj, der von 6 bis 22 Uhr geöffnet hat, ist die direkteste Verbindung nach Kathmandu und ins östliche Nepal.

Ein Visum für Nepal ist von 6 bis 18 Uhr auf der nepalesischen Seite der Grenze für 15, 30 oder 90 Tage erhältlich (25/40/100 US$ & ein Passfoto).

Die Banken in Raxaul wechseln kein Geld, aber es gibt viele private Geldwechsler auf beiden Seiten der Grenze. Die **State Bank of India** (Mo–Fr 10.30–16.30, Sa bis 13.30 Uhr) an der Hauptstraße in Raxaul hat einen Geldautomaten. Nepalesische Rupien haben einen anderen Wert als indische Rupien.

Weiterreise

Die Stadt Birganj auf der nepalesischen Seite ist etwa 3 km von der Grenze entfernt. Man kann die Grenze zu Fuß überqueren. Sammelrikschas und *tongas* (Kutschen) nehmen 25 NRs pro Nase von der Grenze nach Birganj. Fahrradrikschas kosten um die 300 NRs.

Von Birganj fahren regelmäßig Busse nach Kathmandu (Normal/Deluxe/AC 550/600/800 NRs, 6–7 Std., 5–20 Uhr). Am bequemsten und schnellsten geht es mit einem Tata-Sumo-„Geländewagen" (550–800 NRs, 4–5 Std., bis 17 Uhr alle 20 Min.). Um 5, 6.30 und 7.30 Uhr fahren auch Busse über Narayangarh (250 NRs, 4 Std.) nach Pokhara (600 NRs, 8 Std.).

Buddha Air (www.buddhaair.com) fliegt bis zu fünfmal täglich zwischen Simara (Flughafen von Birganj) und Kathmandu (105 US$, 20 Min.). Der Flughafen liegt 22 km von Birganj entfernt; ein Taxi kostet um die 1000 NRs.

ohne Probleme nach Nepal gelangt. Hier wird man sich nicht länger aufhalten wollen, aber wer hier übernachten muss, findet im **Hotel Kaveri** (☎06255-221148; Main Rd; Zi. mit/ohne Klimaanlage 1200/500 ₹; ❄) an der Hauptstraße, die zur rund 1 km entfernten Grenze führt, ordentliche klimatisierte Zimmer mit modernem Bad sowie sehr einfache nichtklimatisierte Zimmer mit Wasserhahn und Eimer zum Duschen und Gemeinschaftstoilette. Restaurants sind in Raxaul nur spärlich gesät und haben keine englischsprachigen Speisekarten; das wohl beste unter ihnen ist das *dhaba* gegenüber vom Hotel Kaveri.

Der Busbahnhof befindet sich von der Hauptstraße 200 m entfernt in einer Seitenstraße, rund 2 km von der Grenze entfernt auf der rechten Seite. Es fahren Tag und Nacht häufig Busse über Motihari (50 ₹, 2½ Std.) nach Patna (mit/ohne Klimaanlage 230/180 ₹, 7–8 Std.). Die Straße nach Motihari ist furchtbar holprig, sodass man im Bus am besten möglichst weit vorn sitzt.

Der Bahnhof befindet sich 750 m von der Grenze entfernt abseits der Hauptstraße, ist aber nicht gut angebunden. Der *Mithila Express* fährt täglich nach Kolkata (Sleeper Class/3AC/2AC 365/990/1425 ₹, 18 Std., 10 Uhr), der *Satyagrah Express* täglich nach New Delhi (Sleeper Class/3AC/2AC 455/1215/1765 ₹, 24 Std., 9.05 Uhr).

Gaya

☎0631 / 395 000 EW.

Die hektische Stadt Gaya ist ein religiöses Zentrum für hinduistische Pilger, die glauben, dass die Opfergaben des am Fluss gelegenen Vishnupad-Tempel die kürzlich Verstorbenen vom Kreislauf der Geburt und Wiedergeburt befreien. Für ausländische Traveller ist die Stadt kaum mehr als eine Durchgangsstation auf dem Weg ins 13 km entfernte Bodhgaya.

Schlafen & Essen

Ajatsatru Hotel HOTEL $

(☎0631-2222961; Station Rd; Zi. mit/ohne Klimaanlage 1430/840 ₹; ❄📶) Wenn man in Gaya übernachten muss, ist dieses Hotel das mit dem besten Preis-Leistungs-Verhältnis unter mehreren Hotels direkt gegenüber vom Bahnhof. Es hat ordentliche, aber hellhörige Zimmer und ein ganz gutes vegetarisches Restaurant. Es gibt auch ein paar günstigere (und kleinere) Einzelzimmer.

Anreise & Unterwegs vor Ort

AUTORIKSCHA

Sammelrikschas fahren, wenn sie voll sind, vom Bahnhof Gaya Junction nach Bodhgaya (20 ₹/Pers.), zum Busbahnhof von Manpur (10 ₹) und zum Busbahnhof von Gandhi Maidan (5 ₹).

Ein privates Fahrzeug von Gaya nach Bodhgaya sollte nicht mehr als 150 ₹ kosten, auch wenn die Fahrer oft bei 200 ₹ oder mehr mit der Feilscherei anfangen.

BUS

Patna (100 ₹, 3 Std., stündl.) Die Busse fahren am Bahnhof ab.

Rajgir (55 ₹, 2 ½ Std., stündl.) Die Busse fahren vom Busbahnhof Manpur, auf der anderen Seite des Flusses in östliche Richtung.

Ranchi (180 ₹, 7 Std., 2-mal stündl.) Die Busse fahren ab dem Busbahnhof Gandhi Maidan.

ZUG

Alle paar Stunden fahren Züge nach Patna (2. Klasse/AC Chair Class 25/260 ₹, 2–3 Std.). Einfach ein normales 2.-Klasse-Ticket kaufen und in den nächstbesten Zug einsteigen! Expresszüge (2 Std.) fahren um 13.15 und um 20.25 Uhr ab und bieten bequeme Sitze in der Chair Class.

Die schnellsten Nachtzüge nach New Delhi (Sleeper Class/3AC/2AC ab 490/1560/2585 ₹, 11 Std.) starten um 22.38, 22.55 und 23.11 Uhr.

Mindestens achtmal täglich fährt ein Zug nach Kolkata (Sleeper Class/3AC/2AC 270/730/1045 ₹, 8–10 Std.); die beste Verbindung bietet der *Doon Express* (9 ½ Std., 21.27 Uhr).

Fast ein Dutzend Züge fahren täglich nach Varanasi (Sleeper Class/3AC/2AC 195/540/740 ₹, 3–6 Std.). Die schnellsten Verbindungen sind der *Purushottam Express* (nach Mughal Serai; 14.05 Uhr) und der *Poorva Express* (14.55 Uhr).

Bodhgaya

☎0631 / 30 900 EW.

Bodhgaya ist der Schmelztiegel des Buddhismus. Vor 2600 Jahren gelangte Prinz Siddhartha hier unter einem Bodhi-Baum zur Erleuchtung und wurde Buddha („der Erleuchtete"). Die kleine Tempel-Stadt ist für Buddhisten, was Mekka für Muslime ist. Jedes Jahr zieht es Tausende Pilger aus aller Welt hierher, die beten, studieren und meditieren.

Der heiligste Ort der Stadt ist der Bodhi-Baum, der inmitten eines wunderschönen Gartens im Innern des Mahabodhi-Tempelkomplexes im selben Boden gedeiht wie sein berühmter Vorfahre. Darüber hinaus ziert eine Vielzahl von Klöstern und Tem-

Bodhgaya

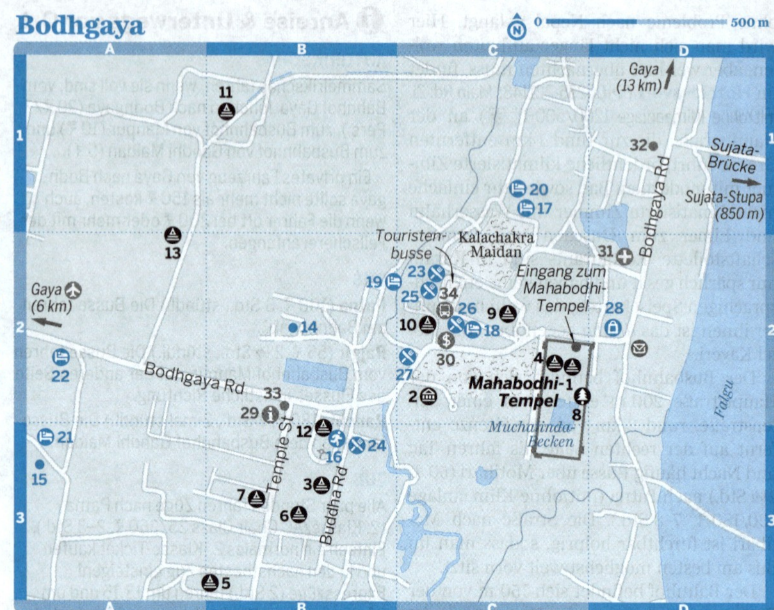

peln, die von ausländischen buddhistischen Gemeinden im jeweiligen Landesstil gebaut wurden, die Stadt. Die Atmosphäre ist eine Mischung aus klösterlicher Ruhe, Backpacker-Flair und kleinstädtischem Treiben, akzentuiert von einer spirituellen Hingabe, die den Ort wirklich interessant macht.

Die beste Reisezeit ist von November bis März, wenn es kühler ist und tibetische Pilger aus McLeod Ganj in Dharamsala hier sind. Die Hauptsaison dauert von Dezember bis Januar, dann kommt auch der Dalai Lama zu Besuch, um im großen, zentralen Kalachakra Maidan Vorträge zu halten.

Sehenswertes & Aktivitäten

★ **Mahabodhi-Tempel** BUDDHISTISCHER TEMPEL (Foto 100 ₹; 5–21 Uhr) GRATIS Der prachtvolle Mahabodhi-Tempel ist UNESCO-Weltkulturerbe, markiert den geheiligten Boden, wo Buddha die Erleuchtung erlangte und seine Lebensphilosophie formulierte, und bildet das spirituelle Herz Bodhgayas. Der Mahabodhi-Tempel wurde im 6. Jh. an der Stelle errichtet, an der Kaiser Ashoka fast 800 Jahre zuvor einen Tempel hatte erbauen lassen. Invasoren haben ihn im 11. Jh. dem Erdboden gleichgemacht, danach wurde er nach und nach wieder aufgebaut und mehrfach restauriert.

Das reich verzierte Bauwerk wird von einer 50 m hohen pyramidenförmigen Spitze gekrönt. In seinem Inneren ist eine 2 m hohe vergoldete Statue eines sitzenden Buddhas zu finden. Neben den Nachbildungen sind außerdem vier Skulpturen der Brüstungen aus Stein, die ursprünglich den Tempel umfasst haben, zu bestaunen; sie stammen aus der Sunga-Epoche (184–72 v. Chr.). Weitere befinden sich inzwischen im Archäologischen Museum.

Pilger und Besucher aus allen Lebenssituationen und Religionen kommen an diesen heiligen Ort, um zu beten oder einfach nur, um die Atmosphäre aufzusaugen. Ein Spaziergang durch das Innere der Tempelanlage (im Uhrzeigersinn zu gehen, soll Glück bringen) ist eine wunderbare Möglichkeit, den Tag zu beginnen oder zu beenden. Dabei sieht man Wellen aus Weinrot und Gelb auf- und niedergleiten, wenn die tibetischen Mönche ihre endlosen Kniefälle auf den Gebetsmatten vollführen. Wer innerhalb der Tempelanlage mehr Ruhe sucht, der kann in den nicht ganz so stimmungsvollen **Meditation Park** (Mahabodhi-Tempel; Besucher/Meditierende 20/25 ₹; Besucher 10–17 Uhr, Meditierende 5–10 & 17–21 Uhr) aufsuchen.

50 m westlich vom Eingang gibt es Schließfächer, in denen man seine Taschen und MP3-Player einschließen kann. Seit

Bodhgaya

Highlights
1 Mahabodhi-Tempel ... C2

Sehenswertes
2 Archäologisches Museum ... C2
3 Bhutanisches Kloster ... B3
4 Bodhi-Baum ... C2
5 Große Buddha-Statue ... B3
6 Indosan-Nipponji-Tempel ... B3
7 Karma-Tempel ... B3
8 Meditation Park ... C2
9 Namgyal-Kloster ... C2
10 Shechen-Kloster ... C2
11 Tergar-Kloster ... B1
12 Thai-Tempel ... B3
13 Vietnamesisches Kloster ... A2

Aktivitäten, Kurse & Touren
14 International Meditation Centre ... B2
15 Root Institute for Wisdom Culture ... A3
Tergar-Kloster ... (siehe 11)
16 Thai-Massage ... B3

Schlafen
17 Gupta House ... C1
18 Kirti Guest House ... C2
19 Mohammad House ... B2
20 Rahul Guest House ... C1
21 Shantidevi Ashram's Guesthouse ... A3
22 Taj Darbar ... A2

Essen
23 Be Happy Cafe ... C2
24 Bodhgaya City Cafe Restaurant ... B3
Hari Om International Cafe ... (siehe 17)
25 Mohammad Restaurant ... C2
26 Ram Sewak Tea Corner ... C2
27 Siam Thai ... C2

Shoppen
28 Middle Way Bookshop ... D2

Praktisches
29 BSTDC Tourist Complex ... B2
30 State Bank of India ... C2
31 Verma Health Care Centre ... D2

Transport
32 Autorikschas nach Gaya ... D1
33 Reservierungsschalter von Indian Railways ... B2
34 Jayjagdamba Travels ... C2

2013 in dem Komplex Bomben explodiert sind, sind die Sicherheitsleute streng.

Bodhi-Baum
BUDDHISTISCHE STÄTTE

Der zweifellos am meisten verehrte Feigenbaum auf Erden war der Bodhi-Baum in Bodhgaya, unter dem Siddhartha, der Gründer des Buddhismus, Erleuchtung erlangte. Man sagt, dass Buddha nach dieser Erleuchtung in ehrfürchtiger und dankbarer Haltung ohne zu blinzeln auf den Baum gestarrt haben soll. Heute kommen Pilger und Touristen gleichermaßen zur wichtigsten der vier heiligsten Stätten des Buddhismus, um zu beten und zu meditieren.

Der Sri Maha Bodhi genannte originale Baum hatte eine besondere Bedeutung für den mächtigen indischen Herrscher Ashoka, der den Subkontinent von 268 bis 232 v. Chr., also über 100 Jahre nach Buddhas Tod, regierte. Seine Frau Tissarakkhā mochte den Baum aber nicht besonders, und in einem Anfall von Wut und Eifersucht ließ sie diesen deshalb mittels giftiger Dornen eingehen, kurz nachdem sie Königin geworden war.

Glücklicherweise hatte Ashokas Tochter Sanghamitta vorher einen Ableger des Baums nach Anuradhapura in Sri Lanka bringen lassen, wo dieser noch immer gedeiht. Von diesem Exemplar wurde später ein Ableger zurück nach Bodhgaya gebracht und an der Stelle des Originals eingepflanzt. Die rote Sandsteinplatte zwischen dem Baum und dem angrenzenden Mahabodhi-Tempel wurde auf Geheiß Ashokas angebracht, um die Stätte von Buddhas Erleuchtung zu markieren. Sie wird Vajrasan (Diamantthron) genannt.

Große Buddha-Statue
BUDDHISTISCHES MONUMENT

(abseits der Temple St; 7–17.30 Uhr) GRATIS Am Ende der Temple St thront eine 25 m hohe Statue im japanischen Stil über einer hübschen Gartenanlage. Das beeindruckende Monument wurde 1989 vom Dalai Lama persönlich enthüllt und ist von zehn kleineren Skulpturen der Jünger Buddhas umgeben. Die Statue ist teilweise hohl, und sie soll angeblich an die 20 000 Bronze-Buddhas enthalten.

Archäologisches Museum
MUSEUM

(abseits der Bodhgaya Rd; 10 ₹; 9–17 Uhr, Fr geschl.) Das Museum beherbergt eine Reihe buddhistischer Steinskulpturen (die meisten ohne Kopf) aus dem 8. bis 12. Jh. das Highlight sind jedoch die 2000 Jahre alten Granit- und Sandsteinbrüstungen und -säulen, die aus dem Mahabodhi-Tempel geborgen wurden. Fotografieren verboten.

Dungeshwari-Höhle BUDDHISTISCHE STÄTTE

(Mahakala-Höhle; ⏲ Sonnenaufgang–Sonnenuntergang) GRATIS Man sagt, dass Buddha in dieser unauffälligen Höhle in den Pragbodhi-Bergen sieben Jahre als Asket gelebt hätte und dabei fast verhungert wäre. Hier gibt es nicht viel zu sehen, aber der Weg hierher – entweder im Rahmen einer Motorrad- oder einer Bootstour – macht großen Spaß.

Sujata-Stupa BUDDHISTISCHER STUPA

Der riesige Sujata-Kuti-Stupa am anderen Ufer des Flusses Falgu wurde errichtet, um der Behausung von Sujata zu gedenken, dem Kuhhirten, der dem verhungernden Buddha Reispudding gegeben hat und somit die sieben Jahre Asketentum beendet und ihn davon überzeugt hat, den Mittelweg zu wählen. Der alte Backstein-Stupa war ursprünglich mit Kalk verputzt und weiß angestrichen. Er liegt zu Fuß 20 Minuten von Bodhgaya entfernt.

Thai-Massage MASSAGE

(☎ 8294782534; Thai-Tempel; 1/2-stünd. Massage 800/1500 ₹; ⏲ 8–12 & 13–18 Uhr) In der Massage-Klinik des Thai-Hospitals auf dem Gelände des Thai-Tempels erhält man eine echte Thai-Massage. Der Eingang ist links vom Haupteingang des Tempels. Besser einen oder zwei Tage im Voraus buchen!

Weitere Tempel & Klöster

Ein echtes Highlight Bodhgayas sind die zahlreichen Klöster und Tempel, die Besuchern die einzigartige Möglichkeit bieten, einen Blick auf die verschiedenen buddhistischen Skulpturen zu werfen und die Architekturstile zu vergleichen.

Der **Indosan-Nipponji-Tempel** (Japanischer Tempel; Buddha Rd; ⏲ 6–12 & 14–18 Uhr) ist ein Paradebeispiel ruhiger japanischer Zurückhaltung und veranstaltet um 17 Uhr Meditationen. Ganz anders präsentiert sich das nahe gelegene, aufwendig gestaltete **Bhutanische Kloster** (Buddha Rd), das Bilder des Königs von Bhutan und dem bärtigen Zhabdrung, dem religiösen Führer von Bhutan, sowie einige unübliche 3D-Fresken beherbergt. Das eindrucksvollste unter all diesen modernen Klöstern ist das **Tergar-Kloster** (Sujata Bypass Rd) der Karmapa-Schule des tibetischen Buddhismus, wo der 17. Karmapa häufig zu Besuch ist. Hier gibt es auch ein kleines Café. Ganz in der Nähe liegt das **Vietnamesische Kloster** mit üppigen Gärten und einer achtstöckigen Pagode. Ein weiteres Highlight ist der eindrucksvolle **Thai-Tempel** (Bodhgaya Rd), ein bunt bemalter *wat* mit schimmerndem Blattgold auf dem Gewölbedach und einem hübsch getrimmten Garten. Morgens und abends wird gemeinsam meditiert.

Im tibetischen **Karma-Tempel** (Temple St) – bemerkenswert sind die als zwei Drachen gestalteten Messing-Türklopfer – und im **Namgyal-Kloster** (Tibetischer Tempel; Kalachakra Maidan Rd) gibt es jeweils eine große Gebetsmühle. Im **Shechen-Kloster** der Nyingmapa-Schule steht ein großer Stupa mit Gebeinen von Buddha.

Die Klöster sind von Sonnenaufgang bis Sonnenuntergang geöffnet, mit einer Mittagsruhe zwischen 12 und 14 Uhr. Eine gute Zeit für einen Besuch ist von 16 bis 18 Uhr, da dann oft gesungen und meditiert wird.

Kurse

Root Institute for Wisdom Culture MEDITATION

(☎ 0631-2200714; www.rootinstitute.ngo; ⏲ Büro 9–Mittag & 13.15–17 Uhr) Das von Ausländern betriebene Institut befindet sich in einer ruhigen, von Bäumen beschatteten Ecke von Bodhgaya und veranstaltet zwischen Oktober und März verschiedene Meditationskurse (2–21 Tage; 1000 ₹/Tag inkl. Verpflegung und Unterkunft). Die Meditationssitzung um 6.45 Uhr ist frei zugänglich.

Tergar-Kloster MEDITATION

(☎ 0631-2201256) Bietet Kurse über den tibetischen Buddhismus und heißt qualifizierte Englischlehrer, die längerfristig auf Freiwilligenbasis unterrichten wollen, herzlich willkommen.

Schlafen

Budgetunterkünfte findet man auf der Nordseite des Kalachakra Maidan.

Selbst wenn man keinen Kurs besucht, kann man im friedlichen Root Institute for Wisdom Culture (S. 580) übernachten. Ein Bett im Schlafsaal kostet 250 ₹, Doppelzimmer gibt es ab 900 ₹ oder für 1500 ₹ mit eigenem Bad.

★ **Rahul Guest House** PENSION $

(☎ 0631-2200709; rahul_bodhgaya@yahoo.co.in; nahe dem Kalachakra Maidan; EZ/DZ 500/700 ₹, mit Klimaanlage 800–1000 ₹; 📶) Das saubere und heitere Familienhaus mit geselligen Sitzmöglichkeiten auf dem Balkon ist eine ideale Bleibe weit weg von allem Lärm, auch wenn der Empfang herzlicher sein könnte. Die Zimmer im Obergeschoss mit weiß getünchten Wänden, einer luftigen Brise und einfachen Möbeln sind besser als die im Erdgeschoss, aber alle haben ein gutes Preis-Leistungs-Verhältnis – besonders die vier mit Klimaanlage. Waschmöglichkeiten vorhanden.

Mohammad House PENSION $
(☎9934022691, 9431085251; yasmd_2002@gmail.com; Zi. 300–600 ₹; 📶) Eine richtig dörfliche Atmosphäre prägt diese schwer aufzufindende, schlichte Pension, die ordentlich Abstand zu den touristischen Teilen der Stadt hält. Enten und Hühner watscheln über die schmalen Gassen zwischen den bunt bemalten Häusern der Einwohner im Gebiet um den Kalachakra Maidan.

Die Pension besteht aus zwei fast nebeneinanderliegenden Häusern. Das ältere hat sehr einfache Zimmer mit Gemeinschaftsbad (300 ₹), das neuere verfügt über saubere, hübschere moderne Zweibettzimmer mit sauberem, angeschlossenem Bad und kräftigen Warmwasserduschen (600 ₹). Die oberen Zimmer in beiden Häusern bieten einen hübschen Blick auf die umliegenden Reisfelder. Um hierher zu gelangen, nimmt man entweder die Straße neben dem Mohammad Restaurant (dieselben Besitzer) und läuft durch das Dorf, biegt links und dann rechts ab, oder man nimmt die Straße quer gegenüber vom Thai-Tempel (mit der Ausschilderung in Richtung International Meditation Centre) und läuft geradeaus.

Gupta House PENSION $
(☎0631-2200933; jyoti_gupta2000in@yahoo.com; neben dem Kalachakra Maidan; DZ 500–600 ₹; 📶) Die Zimmer in der neu renovierten Pension sind spartanisch, aber gemütlich, und die im hinteren Bereich gewähren Ausblick auf ein riesiges, neues tibetisches Kloster. Das Beste an der Pension ist aber das Hari Om International Café mit Plätzen im Freien.

★ Shantidevi Ashram's Guesthouse PENSION $$
(☎9852053186; www.shantideviashramguesthouse.com; Zi. 2000 ₹; 📶) Die bescheidene, aber geschmackvoll dekorierte, boutiqueartige Pension ist ein hübsches Refugium im Zen-Stil, fern von all dem Lärm und Trubel auf den Hauptstraßen. Die Zimmer sind mit Ventilator, kleinen Kunstwerken, bunten Teppichen und superharten Betten ausgestattet. Die Badezimmer sind klein, aber makellos sauber. Es gibt zwar kein Restaurant, aber die Gäste können die Küche und die Waschmaschine benutzen.

Kirti Guest House HOTEL $$
(☎0631-2200744; kirtihouse744@yahoo.com; abseits der Bodhgaya Rd; EZ/DZ inkl. Frühstück 2500/2750 ₹; ❄@📶) Das zentral gelegene Hotel mit trotzdem ruhiger Atmosphäre wird vom Kiirti-Kloster in Dharamsala betrieben. Es liegt etwas abseits der Straße und hat 60 komfortable und moderne Zimmer.

Taj Darbar HOTEL $$$
(☎7739320524, 0631-2200053; www.hoteltajdarbar.com; Bodhgaya Rd; EZ/DZ inkl. Frühstück ab 5490/6570 ₹; ❄📶) Ein etwas altmodisches, gehobeneres Mittelklassehotel mit polierten Marmorböden und geräumigen Zimmern mit elfenbeinweißer Bettwäsche, kleiner Sitzecke, Schreibtisch und teilweise Badewanne. Das elegante Hotel ist komfortabel, aber nicht luxuriös. Rabatte von 20 % sind normal.

Essen

★ Mohammad Restaurant INTERNATIONAL $
(Hauptgerichte 80–220 ₹; ⏰7.30–21.30 Uhr; 📶) Versteckt hinter den Marktbuden am Touristenbus-Parkplatz (die Straße neben dem Fujiya Green Restaurant nehmen!) bietet das Mohammad eine feine Auswahl von Speisen aus der ganzen buddhistischen Welt – tibetisch, chinesisch, thailändisch und indisch – sowie eine Reihe westlicher Gerichte, darunter Frühstück und Espresso. Die frisch gepressten Obstsäfte sind sehr lecker, und man kann im Freien sitzen.

Hari Om International Cafe INTERNATIONAL $
(Kalachakra Maidan; Hauptgerichte 80–120 ₹; ⏰7–22 Uhr; 📶) Das zwanglose, hüttenartige Freiluftrestaurant auf der Nordseite des Kalachakra Maidan hat eine auf Backpacker zugeschnittene Speisekarte mit vielen vegetarischen Gerichten. Neben leckeren Bananenpfannkuchen gibt es Spezialitäten wie *litti chokha* und *khichdi* (ein Reis-Thali mit Chutneys und Kartoffelpüree).

Bodhgaya City Cafe Restaurant INDISCH $
(Buddha Rd; Hauptgerichte 60–200 ₹; ⏰8–21.30 Uhr) Gutes Essen zu fairen Preisen mit schönen Sitzgelegenheiten im Freien in einem neu errichteten Restaurant- und Cafékomplex, der in praktischer Nähe zu vielen Klöstern liegt.

Ram Sewak Tea Corner FAST FOOD $
(Gerichte 50–100 ₹; ⏰6–22 Uhr) Wer Gehaltvolles zu niedrigen Preisen sucht, ist in diesem *dhaba*-artigen Imbiss – so etwas wie einem aufgehübschten Straßenstrand – mit seinen

ausgezeichneten Snacks (darunter Samosa, Dosa und *idli*, ein südindischer, schwammiger, runder, fermentierter Reiskuchen), Süßigkeiten, Lassis und einfachen Thalis an der richtigen Adresse. Der Sitzbereich im Freien ist ideal für eine entspannte Tasse Masala Chai, während man das Treiben Bodhgayas an sich vorüberziehen lässt.

★ Be Happy Cafe ITALIENISCH $$
(neben dem Kalachakra Maidan; Hauptgerichte 150–420 ₹; ⏲8–20.30 Uhr; ❄📶) Das idyllische und gemütliche Café serviert frischen Kaffee (100 ₹), Kräutertees und gesunde, italienische Küche mit Salaten, Pasta und frisch gebackener Pizza. Hier muss man sich bei den Salaten und dem frischen Gemüse keine Sorgen machen, und die Desserts sind die besten in der Stadt. Für mittags sollte man reservieren.

Siam Thai THAI
(Bodhgaya Rd; Currys 200 ₹; ⏲8.30–22 Uhr) Köstliche, echte Currys aus Zutaten, die extra aus Thailand eingeflogen wurden, und interessante Vorspeisen wie Fischküchlein und *larb kai* (Hähnchengeschnetzeltes mit Zitrone, Zitronengras und Minze). Das Hähnchen-*paenang* macht richtig süchtig. Wer es lieber süßer hat, der probiert das *massaman*-Curry. Die Mönche in den gelben Roben, die hier verkehren, erkennen ein gutes Curry, wenn sie es sehen.

Shoppen

Middle Way Bookshop BÜCHER
(⏲10–21 Uhr) Eine gute Auswahl neuer und gebrauchter Romane und Bücher über Buddhismus und Spiritualität.

Praktische Informationen

BSTDC Tourist Complex (☎0631-2200672; Ecke Bodhgaya Rd & Temple St; ⏲Di–Sa 10.30–17 Uhr) Grundlegende Informationen.

Hauptpost (Ecke Bodhgaya Rd & Godam Rd; ⏲Mo–Fr 10–15, Sa bis 14 Uhr)

State Bank of India (Bodhgaya Rd; ⏲Mo–Fr 10.30–16.30, Sa bis 13.30 Uhr) Die besten Konditionen für Bargeld- und Scheckwechsel. Es gibt auch einen Geldautomaten.

Verma Health Care Centre (☎0631-2201101, 9934290324; ⏲24 Std.) Notaufnahme und Klinik. Rund um die Uhr besetzt, allerdings ist nur von 11.30 bis 20 Uhr ein Arzt vor Ort.

Anreise & Unterwegs vor Ort

Der Flughafen Gaya befindet sich 8 km westlich von Bodhgaya an der Nebenstraße nach Gaya.

Air India (☎0631-2201155; www.airindia.com; Airport) fliegt täglich nach Delhi und Varanasi und zweimal wöchentlich nach Kolkata. Zwischen Oktober und März gibt es internationale Direktflüge von Bangkok (Thailand), Colombo (Sri Lanka), Paro (Bhutan) und Yangon (Myanmar) aus.

Sammelrikschas (25 ₹) fahren die 13 km lange Strecke nördlich vom Mahabodhi-Tempel nach Gaya, aber nicht alle fahren bis zum Bahnhof. Eine private Rikscha nach Gaya kostet 150 ₹.

Achtung: Die Autorikschas nehmen manchmal die Nebenstraße von Gaya über Sikadia More nach Bodhgaya und setzen die Fahrgäste an der Zufahrt zum Mahabodhi-Tempel an der Bodhgaya Rd ab.

In Bodhgaya fahren auch ein paar geräuscharme Elektrorikschas. Man sollte diesen Trend unterstützen und eine nehmen, wann immer es möglich ist.

Jayjagdamba Travels (☎9472964873; Touristenbus-Park) betreibt unklimatisierte Busse nach Varanasi (350 ₹, 7 Std.) um 7, 9 und 17 Uhr sowie einen Bus um 14 Uhr nach Siliguri (700–750 ₹, 16 Std.). Hier können auch Privatautos nach Varanasi für 4500 ₹ gebucht werden.

Zugfahrkarten gibt's am **Reservierungsschalter von Indian Railways** (Bodhgaya Rd; ⏲Mo–Sa 8–12.30 Uhr) neben dem BSTDC Tourist Complex.

Rajgir

☎06112 / 33700 EW.

Das faszinierende Umland von Rajgir wird von fünf semiariden, steinigen Hügeln umschlossen, die von Resten alten Mauerwerks durchzogen sind – Überbleibsel der antiken Hauptstadt Magadha. Da sowohl Buddha als auch Mahavira hier längere Zeit verbrachten, ist Rajgir eine bedeutende Pilgerstätte für Buddhisten und Jains. Die Erwähnung im Mahabharata sichert dem Ort außerdem den kontinuierlichen Nachschub an hinduistischen Pilgern, die herkommen, um ein Bad in den Thermalquellen des Lakshmi-Narayan-Tempels zu nehmen.

Rajgir ist übersät mit historischen Stätten. Es lohnt sich also, hier ein paar Tage zu bleiben und auch einen Ausflug nach Nalanda zu machen. Dies ist ein hübscher Landstrich Bihars – grüner und ländlicher als andere Orte in der Region und relativ ruhig.

Rajgir Mahotsava (Rajgir; ⏲Ende Nov.) ist das größte Kulturfestival der Stadt, bei dem Ende November oder manchmal auch im Dezember an drei Tagen klassische indische Musik, Volksmusik und Tanz zum Besten gegeben werden.

Sehenswertes & Aktivitäten

Die Besichtigung der verstreuten Sehenswürdigkeiten Rajgirs gestaltet sich am bequemsten mit einer Miet-*tonga* (zweirädrige Kutsche). Eine halbtägige Rundfahrt (inkl. Sessellift) zum Vishwa-Shanti-Stupa und den umliegenden Sehenswürdigkeiten kostet um die 500 ₹. Man kann auch Fahrten zu einzelnen Sehenswürdigkeiten buchen (z.B. für 100 ₹ zum Vulture Hill).

★ Vishwa Shanti-Stupa BUDDHISTISCHER STUPA
(Shanti Stupa Rd; Sessellift hin & zurück 60 ₹; ⏲ Seilbahn 8.15–13 & 14–17 Uhr) Etwa 5 km südlich der Stadt thront der 1965 erbaute, leuchtend weiße, 40 m hohe Stupa auf dem Ratnagiri-Hügel. Die Nischen des Stupas schmücken goldene Statuen Buddhas in den vier Stadien seines Lebens – Geburt, Erleuchtung, Verkündung und Tod. Ein lustiges Abenteuer ist die Fahrt mit dem wackligen Einsitzer-Sessellift auf den Gipfel hinauf, von wo sich ein herrlicher Rundblick auf die Hügel und einige in der Landschaft verstreute jainistische Schreine bietet.

Vulture Hill BUDDHISTISCHE STÄTTE
Auf diesem Felsvorsprung (Griddhakuta) soll Buddha die Lotus-Sutra gepredigt haben. Hier findet man ein paar verblasste Überreste eines 1500 Jahre alten Stupas, einige Gebetsfahnen und einen kleinen Schrein, an den buddhistische Pilger zum Beten kommen. Um hierher zu gelangen, geht man vom Vishwa-Shanti-Stupa runter und macht dann einen zehnminütigen Umweg bergauf entlang eines Prozessionswegs, der vor 2500 Jahren von König Bimbisara errichtet wurde.

Saptaparni-Höhle BUDDHISTISCHE STÄTTE
(⏲ Sonnenaufgang–16 Uhr) Eine 40-minütige Wanderung bergauf bringt einen von der Rückseite des Lakshmi Narayan-Tempel vorbei an Jain- und Hindu-Tempeln zu dieser stimmungsvollen Höhle und natürlichen Steinplattform, wo Buddha meditiert haben soll. Es wird auch vermutet, dass sich an diesem Ort sechs Monate nach Buddhas Tod der Erste Buddhistische Rat getroffen hat, um über die Richtung des neuen Glaubens zu beraten.

Lakshmi-Narayan-Tempel HINDU-TEMPEL
(⏲ Sonnenaufgang–Sonnenuntergang) GRATIS
Hinduistische Pilger zieht es zum Lakshmi-Narayan-Tempel, etwa 2 km südlich der Stadt (an der Bushaltestelle nach rechts und dann geradeaus), um die dortigen Thermalquellen und ihre heilende Wirkung zu genießen. Der trüb-graue Brahmakund, die heißeste Quelle, bringt es auf 45 °C. Tempelpriester führen die Besucher herum, begießen deren Köpfe mit heißem Wasser, um sie zu segnen, und bitten um eine großzügige Spende (es herrscht kein Spendenzwang).

Buddha Jal Vihar SCHWIMMEN
(Schwimmen 25 ₹; ⏲ Männer 5–10 & 12–21 Uhr, Frauen 10–12 Uhr) Der Buddha Jal Vihar in Jaipurrosa neben dem Gelände des Lakshmi-Narayan-Tempels (vor dem Tempeleingang links) ist ein einladendes Schwimmbecken mit kristallklarem Wasser in einem gut gepflegten Garten – perfekt, um sich bei der Hitze abzukühlen.

Schlafen

Hotel Vijay Niketan PENSION $
(☎ 06112-255555, 9334647881; www.hotelvijayniketan.com; Police Station Rd; Zi. 750–900 ₹; ❄ 📶) Die Budgetzimmer dieser Pension sind etwas heruntergekommen, aber für den Preis absolut in Ordnung (der Preis ist oft noch verhandelbar). Sie wird von zwei hilfsbereiten, Englisch sprechenden Brüdern betrieben, die einem auch bei Problemen mit dem Warmwasser oder dem WLAN helfen können. Die Zimmer im Obergeschoss sind die besten, können aber auch sehr heiß werden. Es gibt ein paar überteuerte Zimmer mit Klimaanlage (1650 ₹).

Hotel Nalanda Regency HOTEL $$
(☎ 7766969099; www.hotelnalandaregency.com; Zi. inkl. Frühstück 4500 ₹; ❄ 📶) Das wahrscheinlich am besten geführte Hotel in der Stadt: Die Zimmer sind frisch und modern mit Warmwasseranschluss im Bad, und es gibt ein hervorragendes Restaurant (Hauptgerichte 125–225 ₹). Das Haus liegt zu Fuß zwei Minuten nördlich der Bushaltestelle. Bei Buchungen vor Ort kann man Rabatte von 40 % abstauben.

Indo Hokke Hotel BOUTIQUEHOTEL $$$
(☎ 06612-255245; www.theroyalresidency.co; Veerayatan Rd; EZ/DZ inkl. Frühstück 6000/6500 ₹; ❄ @ 📶 🍽) Das moderne, rote Backsteingebäude liegt inmitten eines hübschen, 3 ha großen Gartens und hat saubere, moderne Zimmer und ausgezeichneten Service. Es ist ein ruhiges Plätzchen mit buddhistischer Kapelle und heißen Bädern für Gruppen.

Die Zimmer mit den gefliesten Böden sind die größten. Das Hotel liegt 500 m hinter dem Veerayatan Museum, 3 km südlich und dann westlich der Bushaltestelle.

Essen

Hotel Anand PUNJAB-KÜCHE **$**
(Dharmshala Rd; Hauptgerichte 50–100 ₹; ⌚8–22 Uhr; ☑) Das kleine, mit Ventilatoren ausgestattete vegetarische Restaurant serviert preisgünstige Gerichte aus dem Punjab und aus Südindien, darunter gute Thalis (90–150 ₹). Es liegt 100 m hinter dem Hotel Raj.

Green Hotel INDISCH **$**
(Hauptgerichte 60–150 ₹, Thalis 125–250 ₹; ⌚7.30–21.30 Uhr) Das einfache Lokal schräg gegenüber vom Lakshmi-Narayan-Tempel ist eines von mehreren mit schönen Plätzen im Freien. Das Essen ist gut, und man kann hier den Tag wunderbar ausklingen lassen.

Lotus Restaurant INDISCH, JAPANISCH **$$$**
(Veerayatan Rd; Hauptgerichte 150–375 ₹, Japanische Gerichte 300–600 ₹; ⌚11a – 15 & 19 – 22 Uhr; ❄) Das klimatisierte Restaurant im Indo Hokke Hotel serviert tolles indisches Essen und bietet auch etwas teurere japanische Gerichte wie Soba-Nudeln, Teriyaki und Tempura mit authentischen Geschmacksrichtungen und frischen Zutaten (z.B. Paprika, Gewürzgurken und grüner Tee).

Praktische Informationen

Die **Touristeninformation** (☎8292984850; ⌚10–17 Uhr) in der Nähe vom Busbahnhof hat ein paar Broschüren und eine Karte von Rajgir.

An- & Weiterreise

Vom Busbahnhof fahren alle 30 Minuten Busse nach Gaya (50–55 ₹, 2 ½ Std.) und Nalanda (10 ₹, 20 Min.). Wer nach Nalanda möchte, nimmt einen Bus Richtung Bihar Sharif.

Um 8.10 Uhr (Sleeper Class) und um 14.40 Uhr (Chair Class) fahren Züge nach Patna (2. Klasse/Sleeper Class/AC Chair Class 50/140/260 ₹, 2½ Std.).

Der Busbahnhof liegt im Zentrum, etwa 1 km südlich vom Bahnhof. Den Busbahnhof nach links verlassen und die dritte Straße links nehmen, schon ist man am Bahnhof. Vom Bahnhof aus rechts geht's zum Busbahnhof und ins Zentrum.

Nalanda

☎06112

Die im 5. Jh. gegründete Universität von Nalanda – 15 km nördlich von Rajgir – war eine der bedeutendsten Universitäten der Antike und ein wichtiges buddhistisches Zentrum mit akademischer Relevanz. Als der chinesische Gelehrte und Reisende Xuan Zang irgendwann zwischen den Jahren 685 und 762 die Universität besuchte, lebten hier rund 10 000 Mönche und Studenten, die Theologie, Astronomie, Metaphysik, Medizin und Philosophie studierten. Die drei Bibliotheken Nalandas sollen so umfangreich gewesen sein, dass sie angeblich nach dem Überfall auf die Universität durch ausländische Invasoren 1193 sechs Monate lang brannten.

Die Busse aus Rajgir (10 ₹) setzen einen am Dorf Nalanda ab. Von dort kann man für die letzten 2 km bis zu den Ruinen eine Sammel-*tonga* (pro Pers./Wagen 5/50 ₹) nehmen.

Für einen Streifzug durch die weitläufigen **Klosterruinen** (Inder/Ausländer 15/200 ₹, Videokamera 25 ₹; ⌚9–17.30 Uhr) sollte man sich mindestens eine bis zwei Stunden Zeit nehmen. Sie sind friedlich und gut erhalten und liegen inmitten einer parkähnlichen Atmosphäre mit gepflegtem Rasen und gestutzten Sträuchern. Die roten Backsteinruinen bestehen aus elf Klöstern und sechs Tempeln. Am beeindruckendsten ist der Große Stupa (Nr. 3) mit Stufen, Terrassen, Mönchszellen und ein paar intakten Gupta-Stupas. Man vermutet, dass einst eine große Buddha-Statue das Gebäude krönte. Das Erklettern der Ruinen ist nicht gestattet. Inoffizielle Führer (100 ₹) bieten ihre Dienste an, allerdings sind die Ruinen auch englischsprachig ausgeschildert.

Gegenüber vom Eingang zu den Ruinen befindet sich das **archäologische Museum** (Eintritt 5 ₹; ⌚9–17 Uhr, Fr geschl.). Das kleine, aber faszinierende Museum beherbergt das Siegel der Nalanda-Universität und schöne Stein- und Bronzeskulpturen von Ausgrabungen in Nalanda und Rajgir. Unter den vielen Buddhafiguren und *kirtimukha* (Wasserspeiern) befindet sich eine äußerst bizarre Kanne mit mehreren Ausgüssen (wahrscheinlich wurde sie für parfümiertes Wasser genutzt).

Rund 2 km vom Museum und den Ruinen entfernt (die erste Straße rechts) befindet sich die riesige, moderne **Xuan-Zang-Gedenkhalle** (Inder/Ausländer 5/50 ₹; ⌚8–17 Uhr). Sie wurde von den Chinesen zu Ehren jenes berühmten chinesischen Pilgers erbaut, der zu Fuß von China nach Indien kam, einige Jahre in Nalanda studierte und lehrte und schließlich mit buddhistischen Schriften nach Hause zurückkehrte, die er später ins Chinesische übersetzte. Seine epische Reise ist ein einem der klassischen literarischen Werke Chinas verewigt: *Die Reise nach Westen*. Die Geschichte wird auch in der Kult gewordenen Fernsehserie *Monkey* aus den 1970er-Jahren nacherzählt. Besonders bemerkenswert für heutige Backpacker dürfte die Statue von Xuan Zang vor der Gedenkhalle sein. Eine Fahrt mit der *tonga* hierher und zurück kostet 100 ₹.

Etwa 1,5 km hinter den Ruinen von Nalanda (erst links, dann rechts, dann die erste Biegung nach dem Surya-Kund-Weiher rechts) steht in Kundalpur der beeindruckende **Nandyavarta Mahal** (⏲5–21 Uhr). Die jainistische Digambar-Sekte glaubte, dass der Tempelkomplex der Geburtsort des Lord Mahavira sei, des letzten *tirthankar* und des Gründer des Jainismus. Man kann zu Fuß von der Xuan-Zang-Gedenkhalle hierher laufen.

Auf dem Weg, der zum archäologischen Museum führt, liegt die **Cafeteria Nalanda** (Hauptgerichte 150–250 ₹; ⏲8–19 Uhr), in der man nett Mittagessen kann. Aber auch ein paar einfache Stände am Straßenrand verkaufen Essen.

JHARKHAND

Jharkhand wurde im Jahr 2000 infolge des Autonomiestrebens der Adivasi (Stammesbevölkerung) vom benachbarten Bihar abgetrennt. Jharkhand ist reich an natürlichen und anthropologischen Schätzen. Doch obwohl der Neuling unter den indischen Bundesstaaten unglaubliche 40 % der Mineralvorkommen des Landes (der Großteil ist Kohle, Kupfer und Eisenerz), üppige Wälder, mehrere wichtige Industriezentren und den gesunden Haushalt eines neu gegründeten Staates zu bieten hat, leidet er dennoch. Die Gründe sind Armut, Inkompetenz, Korruption und Ausbrüche maoistischer und naxalistischer Gewalt. Für Traveller interessant sind hier allerdings die jainistische Pilgerstätte in Parasnath Hill, die Nationalparks und die Möglichkeit, Nordindien so gut wie ohne Touristenmassen zu erleben.

Ranchi

✆0651 / 1,1 MIO. EW.

Mit seiner Lage auf einer Hochebene in 700 m Höhe ist es in Jharkhands Hauptstadt Ranchi erheblich kühler als im Flachland. Unter den Briten war Ranchi die Sommerhauptstadt von Bihar. Es gibt für Traveller hier kaum etwas Interessantes. Die Stadt dient aber als Durchgangsstation auf dem Weg zum Betla (Palamau) National Park. In der umliegenden Landschaft gibt's zudem zahlreiche Wasserfälle.

Sehenswertes

State Museum MUSEUM
(✆0651-2270011; www.statemuseumranchi.in; Hotwar, Khelgaon; Inder/Ausländer 5/100 ₹, Foto/Video 25/100 ₹; ⏲Di–So 10.30–16.30 Uhr) Das überraschend große, staatliche Museum hat ein paar ethnografische Ausstellungskästen mit kunstvollen Bogen und Schmuck, aber das Highlight ist die Skulpturengalerie mit den schönen Schnitzereien und faszinierenden Fotografien von abgelegenen architektonischen Stätten in ganz Jharkhand. Das Museum liegt 8 km nordöstlich vom Bahnhof; eine Fahrt mit der Autorikscha kostet um die 200 ₹.

Schlafen

Die Station Rd, die zwischen Bahnhof und Busbahnhof verläuft, ist von Hotels und Restaurants gesäumt. Die meisten Budgethotels haben allerdings keine Genehmigung zur Aufnahme von Ausländern.

Hotel AVN Plaza HOTEL $$
(✆0651-2462231; www.hotelavnplaza.com; abseits der Station Rd; EZ/DZ inkl. Frühstück ab 1700/2190 ₹; ❄📶) Das nette, moderne Hotel hat kleine, aber blitzblanke Zimmer mit TV, WLAN und modernen Warmwasserduschen. Einige Zimmer besitzen keine Fenster. Es gibt nur sechs Standardzimmer ohne Klimaanlage (DZ 1070 ₹), aber die sind klein und stickig und bekommen kein natürliches Licht ab. Das Hotel liegt in einer Nebenstraße abseits der Station Rd und ist somit ziemlich ruhig. Man kann rund um die Uhr auschecken. Nach dem Preisnachlass von 15 % fragen!

★**Chanakya BNR Hotel** HISTORISCHES HOTEL $$$
(✆0651-2461211; www.chanakyabnrranchi.com; Station Rd; EZ/DZ inkl. Frühstück 6350/7880 ₹; ❄@📶🏊) Das charmante Hotel könnte der einzige Grund für einen Besuch in Ranchi sein. Das hervorragend restaurierte Hotel auf teilweise historischem Bahnhofsgelände außerhalb des Bahnhofs ist mit seinem Terrakottadach ein Relikt aus der Radsch-Ära

ABSEITS DER ÜBLICHEN PFADE

DER HEILIGE BERG: PARASNATH

Wer auf der Suche nach einer ausgefallenen, sagenhaften Erfahrung mit spirituellem Beigeschmack ist, sollte sich den Hunderten jainistischen Pilgern anschließen, die sich jeden Morgen auf den Weg zum Gipfel des heiligen Parasnath machen.

Der auch Shikarji (verehrter Gipfel) genannte Parasnath ist der höchste Berg in Jharkhand (1336 m) und ein wichtiges Pilgerzentrum der Jains. Auf dem Gipfelgrat stehen 31 *tonk* (Schreine), u. a. der beeindruckende weiße Parasnath-Tempel, wo 20 der 24 jainistischen *tirthankars* (auch Parasnath mit 100 Jahren) die Erlösung erlangt haben sollen.

Der Weg auf den Berg beginnt in der kleinen Tempelstadt Madhuban, 13 km nordöstlich vom Bahnhof in Parasnath. Tagtäglich ziehen die Pilger von hier um 4 Uhr zu Fuß los. Bis zum Gipfel sind es 9 km und 1000 Höhenmeter, gefolgt von einem ebenfalls 9 km langen Rundweg oben auf dem Berg, bevor man den höchsten Punkt am Parasnath-Tempel erreicht. Um die Wanderung im glückverheißenden Uhrzeigersinn zu machen, nimmt man auf halben Weg die linke Abzweigung und nicht die rechte gen Parasnath-Tempel. Für die gesamte 27 km lange Route benötigt man etwa acht Stunden: drei Stunden hinauf, drei Stunden für den Rundweg und zwei Stunden hinunter. Man kann sich natürlich auch etwas später auf den Weg machen und trotzdem noch vor Einbruch der Dunkelheit zurück sein, aber der Aufbruch, noch halb verschlafen, gemeinsam mit Hunderten von Pilgern, während über den Bergen der Morgen dämmert, macht einen großen Teil des Erlebnisses aus. Außerdem entgeht man so der schlimmsten Mittagshitze. Wasser, Chai und Snacks sind unterwegs erhältlich. In den Ferien und an Feiertagen findet man sich unter bis zu 15 000 Menschen wieder, von denen viele dafür bezahlen, sich in einem *dholi* (Sänfte) rauftragen zu lassen.

Man sollte mindestens eine Nacht in Madhuban verbringen. Es gibt drei oder vier Hotels im Ort (und zahlreiche *dharamsalas* – Pilgerherbergen). Das preiswerteste ist das in die Jahre gekommene, von der Regierung betriebene **Yatri Nivas** (☎9470184432, 8102761253; Madhuban; Zi. 400–500 ₹) mit einfachen, aber großen Zimmern. Es befindet sich am unteren Ende der Hauptstraße zum Berg neben einem Bach und unmittelbar vor dem Museum (kein englischsprachiges Schild). Nimmt man von der Hauptstraße unmittelbar vor dem Yatri Nivas die kleine Gasse nach links und geht noch 500 m weiter, kommt man zum **Shikarji Continental** (☎9323360708, 9334294965; Madhuban; Zi. 1500 ₹; ❄📶). Das beste Hotel der Stadt hat moderne, aber stickige Zimmer mit Klimaanlage, und im Massageraum kann man sich nach der Wanderung entspannen (400 ₹/Std.). Das **Hotel Sapna & Veg Restaurant** (☎06558-232234; Main Rd, Madhuban; Hauptgerichte 50-130 ₹; ⏲11–22 Uhr; 🌿) liegt fast am oberen Ende der Hauptstraße in einer Kurve. Das Restaurant im 1. Stock serviert einfache Gerichte aus Südindien und dem Punjab.

Von Gaya aus fahren regelmäßig Züge nach Parasnath (2 Std.). Maximalen Komfort bietet die AC Chair Class (285–355 ₹) im *Janshatabdi Express* um 8.20 oder im *Patna-Hatia Express* um 20.08 Uhr. Diese Züge fahren um 10.10 und 17.45 Uhr zurück nach Gaya. Alternativ kauft man sich ein normales 2.-Klasse-Ticket (65–80 ₹) und steigt in den nächstbesten Zug ein. Normalerweise bekommt man immer einen Sitzplatz – und wenn nicht: Es sind bloß zwei Stunden Fahrt.

Vollgestopfte Verkehrsmittel (Jeeps, Autos und auch der ein oder andere Bus) transportieren Passagiere vom Bahnhof in Parasnath nach Madhuban (30 ₹/Pers.). Einen Minivan zu buchen, kostet 300 ₹.

Von Parasnath fahren auch Züge nach Ranchi (2. Klasse 110 ₹, AC Chair Class 300–375₹, 4 Std., 10.20 & 16.25 Uhr) und Varanasi (2. Klasse/Sleeper Class 130/255 ₹, 6 Std., 11.21 Uhr). Eine Handvoll Züge fährt nach Kolkata; der komfortabelste ist der *Doon Express* (Sleeper Class/3AC/2AC 210/555/790 ₹, 7 Std., 23.55 Uhr).

und verströmt klassisches und luxuriöses Flair. In den Bäumen auf dem Gelände leben Papageien, und es gibt hier einen kleinen Freiluftpool, zwei ausgezeichnete Restaurants und eine moderne Bar.

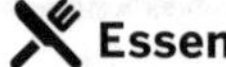

Essen

In den Restaurants im Hotel AVN Plaza (S. 585) und im Chanakya BNR Hotel (S. 585) kann man auch essen, wenn man kein Hotelgast ist. Die beiden Restaurants im Chanakya BNR sind besonders gut (Hauptgerichte 400 ₹).

Nook INDISCH **$$**
(Station Rd; Hauptgerichte 100–200 ₹; ⏲7.30–23 Uhr) Das wohl beste Mittelklassehotelrestaurant in der Bahnhofsgegend ist das Nook im Hotel Kwality Inns. Es ist komfortabel und bietet einen aufmerksamen Service, ohne nervig zu sein. Die Tandur-Gerichte sind ausgezeichnet, besonders das cremige *murgh tikka lababdar*.

Orientierung

Vom Bahnhof geht's nach links zum Chanakya BNR Hotel (100 m), zum Nook, zu Suhana Tour & Travels (200 m), zum Hotel AVN Plaza (300 m) und zum staatlichen Busbahnhof (500 m), gleich hinter der Kreuzung, an der Sammelrikschas Passagiere aufnehmen.

Anreise & Unterwegs vor Ort

BUS

Vom staatlichen Busbahnhof in der Station Rd fahren tagsüber stündlich Busse nach Gaya (160 ₹, 6 Std.) und ab 21 Uhr zahlreiche Busse nach Patna (Standard/AC 250/450 ₹, 9 Std.).

Private Nachtbusse und klimatisierte Busse in Städte wie Kolkata (Sitz/Liegesitz 250/300 ₹, mit Klimaanlage 360–850 ₹, 10 Std., ab 20 Uhr) und Bhubaneswar (Liegesitz 500 ₹, 13 Std., 19 Uhr) fahren am Khartatoli-Busbahnhof, 2 km nordöstlich der Station Rd (Sammelrikscha/Autorikscha 10/100 ₹) ab.

Busse nach Daltonganj starten am ITI-Busbahnhof, 8 km nordwestlich der Station Rd (Sammelrikscha/Autorikscha 20/200 ₹).

FLUGZEUG

Der Birsa Munda Airport von Ranchi liegt 6 km südlich vom Stadtzentrum. **Air India** (☎2503255; www.airindia.com), Indigo und **GoAir** (☎1800 222111; www.goair.in) fliegen abwechselnd täglich nach Kolkata, Delhi, Patna und Mumbai.

Ein Prepaid-Taxi vom Flughafen zur Station Rd kostet 250 ₹. Eine Autorikscha in die entgegengesetzte Richtung kostet 150 ₹.

ZUG

Der praktische Zug *12366 Janshatabdi Express* fährt täglich um 14.25 Uhr über Parasnath (110/375 ₹, 3 Std.) und Gaya (160/530 ₹, 5½ Std.) nach Patna (2. Klasse/Chair Class 185/630 ₹, 7 Std.). Alternativ dazu fährt der *18626 Hatia-Patna Express* um 6.35 Uhr.

Nach Kolkata (Chair Class/3AC/2AC 980/670/960 ₹, 9 Std.) sind die praktischsten Züge der tagsüber verkehrende *Shatabdi Express* (13.45 Uhr) und der nachts fahrende *Kriya Yoga Express* (21.40 Uhr).

Der *Tapaswini Express* fährt einmal täglich nach Bhubaneswar (Sleeper Class/3AC/2AC 340/930/1335 ₹, 13 Std., 15.55 Uhr).

Betla (Palamau) National Park

☎06562

Wildelefanten laufen frei in den unberührten Wäldern des hübschen, kaum besuchten **Nationalparks** (☎06562-222650, 9939341211; ⏲6–10 & 14–17 Uhr) herum, der sich 140 km westlich von Ranchi über die hügelige Landschaft des malerischen Distrikts Palamau erstreckt. Tiger sieht man hier nur sehr selten, aber ein Ausflug in diese urzeitliche Region Jharkhands vermittelt einen Einblick in das reiche kulturelle Erbe des Bundesstaats. Der gesamte Park umfasst ein Gebiet von rund 1026 km², vieles davon schließt das Palamau Tiger Reservat mit ein. Versteckt in dem Wald aus Salbäumen, Nadelbäumen und Dickichten aus Teakbäumen und Bambus leben etwa 17 Tiger, 52 Leoparden, 216 Elefanten und vier einsame Nilgau-Antilopen. Man sieht auch jede Menge Affen, Axishirsche und vielleicht sogar ein paar Gaure.

Der Park ist das ganze Jahr über geöffnet, die beste Zeit für einen Besuch ist aber zwischen November und April. Vorausgesetzt, man erträgt die Hitze, ist der Mai die beste Zeit, um auf Tigersuche zu gehen, denn dann ist der Wald lichter, und die Tiere wagen sich auf der Suche nach Wasserlöchern hinaus.

Aktivitäten

Die zwei beliebtesten Arten, den Park zu besuchen, sind eine Jeepsafari oder auf dem Rücken eines Elefanten. Beides kann am Parkeingang vereinbart werden. Bei einem Elefantenritt kommen allerdings die sogenannten *howdahs* zum Einsatz – eine beliebte Praxis in Indien, die von Tierschutzvereinen aber wegen der Verletzungen, die sie einem Elefanten zufügen können, stark kritisiert wird.

Jeepsafaris werden morgens (6–10 Uhr) und nachmittags (14–17 Uhr) angeboten. Elefantenritte können nur morgens gebucht werden und kosten 400 ₹ pro Elefant (für bis zu 4 Pers.). Bei einem Elefantenritt kommt man abseits der Wege in dichte Wäl-

PREISE FÜR JEEPSAFARIS

Am Eingang zum Betla (Palamau) National Park lassen sich Jeepsafaris vereinbaren. Die Kosten sind in etwa folgende:

Parkeintritt 150 ₹ (pro Fahrzeug & Std.)

Obligatorischer Guide 100 ₹ (pro Fahrzeug & Std.)

Jeep-Leihgebühr 500 ₹ (pro Fahrzeug & Std.)

Kamera-Gebühr 100 ₹ (pro Pers. & Safari)

So kostet beispielsweise eine zweistündige Jeepsafari für zwei jeweils mit Kamera ausgestattete Personen insgesamt 1700 ₹. Eine Einzelperson zahlt 1600 ₹. Jeepsafaris dauern eine bis drei oder vier Stunden – je nachdem, wie viel Zeit man im Park verbringen will.

der, allerdings nicht so weit in den Park hinein wie bei einer Jeepsafari.

Für die Morgensafari sollte man schon am Tag vorher buchen und sich warm anziehen. Bevor die Sonne richtig rauskommt, ist es im Wald sehr kalt. Wer keine warmen Klamotten dabei hat, sollte sich von seiner Unterkunft eine warme Decke ausleihen, in die er sich einwickeln kann.

Wenn man noch etwas Zeit hat, sollte man den mehrstündigen Jeepausflug zu den Ruinen des Fort Palamau machen, einer spektakulär mitten im Wald gelegenen Zitadelle der lokalen Chero-Dynastie aus dem 16. Jh. Eine Alternative ist ein Picknick am sandigen Ufer des idyllischen Flusses Kechki. Eine Jeeptour zum Fort oder zum Kechki kostet dasselbe wie eine Jeepsafari abzüglich der 150 ₹ Parkeintritt.

Schlafen & Essen

Die Mehrheit der Besucher, die über Nacht bleiben, schläft im von der Regierung betriebenen **Van Vihar** (☎ 9102403882; DZ 1580 ₹; ❄), 100 m vor dem Parkeingang. Die Zimmer sind komfortabel, geräumig und sauber und haben Badezimmer mit Warmwasser und einen Balkon. Allerdings können die ausgelassenen Gruppen sehr laut sein.

Die anderen Unterkünfte befinden sich im Park und können nur über das Forestry Department in Daltonganj gebucht werden, was nicht ganz einfach ist. Die stimmungsvollste Unterkunft ist die **Tourist Lodge** (☎ Buchungen 06562-222650; DZ ab 1180 ₹; ❄). Sie ist nicht luxuriös, hat aber große, saubere Zimmer mit TV, geräumigen Badezimmern und eigenem Balkon mit Blick auf eine Wiese vor dem Wald, auf der Rehe weiden.

Etwa 50 Schritte von der Lodge entfernt und ebenfalls hinter dem Parkeingang befindet sich das **Tree House** (☎ Buchungen 06562-222650; Zi. 690 ₹). Es bietet zwei erhöht liegende Apartments, ein Bad und eine Aussichtsterrasse mit demselben Ausblick wie von der Tourist Lodge. Die Unterkunft ist einfacher, bietet aber ein sehr gutes Preis-Leistungs-Verhältnis.

Die Versorgung mit Mahlzeiten ist in Betla begrenzt, man sollte sich also selbst Snacks mitbringen. In der preisgünstigen Kantine neben der Tourist Lodge gibt es nach der Morgensafari Frühstück, auf Anfrage herzhafte, vegetarische Thalis zu Mittag (100 ₹) und Abendessen (reservieren!).

An- & Weiterreise

Der dem Parkeingang am nächsten gelegene Ort ist das 20 km entfernte Daltonganj. Von dort fahren den ganzen Tag über häufig Busse nach Ranchi (150 ₹, 4½ Std.). Von Daltonganj fährt man mit einem Regionalbus (20 ₹, bis 16 Uhr etwa stündl.) oder einer Sammelrikscha (30 ₹) nach Betla. Eine Autorikscha für einen allein kostet von Daltonganj aus rund 300 ₹. Wer Zeit sparen will, lässt sich vom Ranchi-Bus in Dubiamar an der Abzweigung nach Betla, rund 10 km vor Daltonganj, absetzen. Für den restlichen Weg zum Park kann man dort einen vorbeifahrenden Bus (10 ₹) oder ein Auto (200 ₹) heranwinken. Busse fahren bis circa 16 Uhr von Betla zurück nach Daltonganj und weiter nach Ranchi.

Wer sich nicht auf eigene Faust auf den Weg machen will, wendet sich an **Suhana Tour & Travels** (☎ 9431171394; suhana_jharkhand tour@yahoo.co.in; Gurunanak Market, Station Rd; ⏲ Mo–Sa 8–20, So bis 14 Uhr) in Ranchi, die Zweitagesausflüge nach Betla für 4600 ₹ pro Person anbieten (min. 2 Pers.).

Sikkim

Inhalt ➡

Schön schlafen

- Chumbi Mountain Retreat (S. 610)
- Bamboo Retreat (S. 602)
- Lake View Nest (S. 611)
- Mayallyang Homestay (S. 603)
- Hotel Garuda (S. 609)

Tollste Klöster

- Resum Gompa (S. 616)
- Tashiding Gompa (S. 615)
- Lingdum Gompa (S. 601)
- Palchen-Choeling-Kloster (S. 606)
- Ngadak Gompa (S. 605)

Auf nach Sikkim!

Bis 1975 war Sikkim ein unabhängiges Himalaja-Königreich, und es hat sich bis heute seinen speziellen Charakter bewahrt. Hier stehen mit Wandmalereien übersäte Klöster des tibetischen Buddhismus friedlich neben hinduistischen Schreinen der immer größer werdenden nepalesischen Gemeinde. Beide Religionen sind dafür bekannt, beeindruckende Megaskulpturen zu bauen – die man hier auch sieht.

Sikkims Menschen sind entspannt und herzlich – ein Bundesstaat zum Verlieben! Das mag erklären, warum es Genehmigungsverfahren gibt, die Traveller davon abhalten, zu weit zu reisen oder zu lange zu bleiben. Seit 2016 ist Sikkim sauber, grün und durch und durch bio, ein Labyrinth aus tiefen, steilen Tälern mit üppigen subtropischen Wäldern und Rhododendronhainen, die im Norden in die schneebedeckten Gipfel des östlichen Himalaja übergehen. Wenn sich die Wolken verziehen, kann man von einem Grat aus den dritthöchsten Berg der Welt, den Khangchendzönga (8598 m), bei Sonnenaufgang im Nordwesten am Horizont erblicken.

Reisezeit

Gangtok

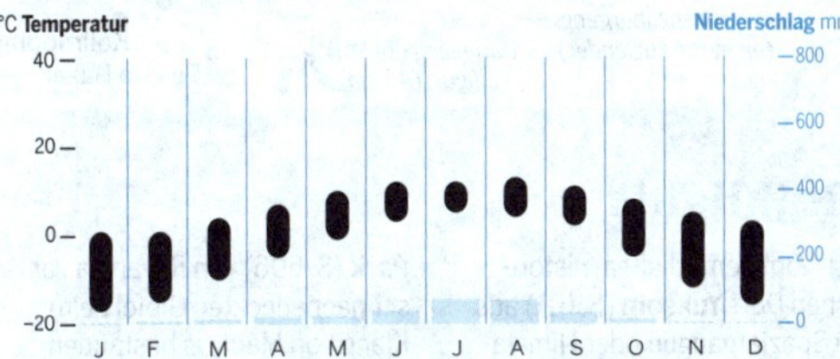

April & Mai Schöne Frühlingsblumen, teilweise klarer Himmel, Hauptsaison mit viel Andrang.

Mitte Juni–Sept. Der Monsun agiert als Spielverderber, zum Ausgleich gibt's aber saftige Rabatte.

Mitte Okt.–Mitte Nov. Klares Wetter und tolle Aussicht, in Höhenlagen jedoch ziemlich kalt.

Highlights

1 Vom gemütlichen, historischen Dorf **Yuksom** (S. 611) aus zu Spaziergängen oder Himalaja-Wanderungen aufbrechen

2 Auf der Fahrt in und durch das **Yumthang-Tal** (S. 604) die unglaublich vielfältige Landschaft erleben

3 Die riesige, friedliche Buddha-Statue im **Buddha Park** (S. 606) von Ravangla vor schneebedeckten Gipfel beim Klang von Mantras bestaunen

4 In **Kuluk** (S. 615) von ganz oben den Blick auf den Khangchendzönga genießen

5 Die Shiva-Statue in **Namchi** (S. 605) bewundern, die über einigen großartigen Hindu-Tempel an einem Grat aufragt

6 Die fast vergessenen Klöster von **Rinchenpong** (S. 615) mit ihrem tollen Ausblick erkunden

7 Zwischen Gebetsflaggen, Blumen und Chorten (Stupas) rund um die **Tashiding Gompa** (S. 615) spazieren

8 Während eines Homestays in **Dzongu** (S. 603) die Kultur der Lepcha kennenlernen

Geschichte

Die Etymologie der traditionellen geografischen Namen Sikkims lässt darauf schließen, dass Angehörige des Volkes der Lepcha, die im 13. Jh. von Assam oder Myanmar/Birma nach Sikkim kamen, die ersten dauerhaften Bewohner hier waren. Im 15. Jh. folgten dann die aus Tibet stammenden Bhutia, die bei Kabi Lunchok (S. 603) den berühmten Freundschaftsbund mit den Lepcha schlossen. Die Vormachtstellung der Bhutia und ihrer Nyingma-Tradition des tibetischen Vajrayana-Buddhismus war jedoch besiegelt, als drei tibetische Lamas 1641 in Yuksom Phuntsog Namgyal, einen Angehörigen der Bhutia, zum ersten Chogyal (König) von Sikkim krönten. Die Hauptstadt wurde später zuerst nach Rabdentse (in der Nähe von Pelling), dann nach Tumlong im Norden des Landes und schließlich nach Gangtok verlegt.

Auf dem Höhepunkt ihrer Macht beherrschten die Chogyals Teile des heutigen östlichen Nepals, den Norden Bengalens und Darjeeling; bei Kriegen mit Bhutan und Nepal gingen aber viele Gebiete verloren. 1835 brachten die Briten den Chogyal durch Hinterlist dazu, Darjeeling gegen eine nominelle Pacht an die Ostindien-Kompanie abzutreten. Dieser Schritt erregte den Zorn Tibets, das Sikkim als Vasallenstaat betrachtete. 1849 annektierten die Briten das gesamte Gebiet zwischen der heutigen Grenze Sikkims und der Ganges-Ebene; eine Gegenoffensive der Tibeter konnten sie 1886 zurückschlagen. Im späten 19. Jh. drängten, ermutigt von den Briten, viele hinduistische Migranten aus Nepal in die Region. Diese Neuankömmlinge bilden heute die Mehrheit der Bevölkerung Sikkims.

Als Indien 1947 die Unabhängigkeit erlangte, war Sikkims Status unklar, da es keine offizielle Vereinbarung mit Großbritannien gab und der Chogyal hoffte, ebenso wie Nepal und Bhutan unabhängig werden zu können. Dies funktionierte auch einige Jahrzehnte lang, in denen das Königreich Sikkim formell autonom war, Indien aber seine außenpolitischen Geschicke lenkte. Als Sikkim 1975 jedoch Teil der Indischen Union wurde, wurden der letzte Chogyal und seine in den USA geborene Frau abgesetzt.

Aktivitäten

Trekkingtouren sind das Highlight eines jeden Aufenthalts in Sikkim. Bergsteiger, die einen der zahlreichen Sechstausender des Bundesstaats erklimmen wollen, sollten dies sorgfältig mit Namgyal Treks & Tours (S. 595) in Gangtok planen. Gleitschirmfliegen ist in Gangtok und Pelling möglich. BB Line (S. 596) organisiert Motorradtouren und möchte bald auch Rafting, Kajakfahren und Bungeespringen anbieten. BB Line und **Hub Outdoor** (☎9443203848; www.hubout door.in; NH31A, Bojoghari; Fahrradverleih 1000 ₹/Tag; ⏲ vorher anrufen) haben beide Mountainbiketouren für konditionell starke Traveller im Angebot.

Genehmigungen

STANDARDGENEHMIGUNGEN

Anders als Inder benötigen Ausländer für die Einreise nach Sikkim eine **Inner Line Permit (ILP)**. Die Ausstellung ist kostenlos und eine reine Formsache, doch benötigt man für den Antrag ein Passbild und Fotokopien seines Reisepasses und Visums (und muss das Original vorzeigen). Am einfachsten erhält man die Genehmigung bei den Einreisekontrollstellen in Melli (rund um die Uhr besetzt) sowie in Rangpo (Genehmigungen werden 8–19.30 Uhr ausgestellt), manche Traveller hatten aber auch schon Pech und standen vor vorübergehend unbesetzten Kontrollhäuschen. Wer außerhalb der Öffnungszeiten von Rangpo nach Gangtok reisen möchte, muss die Genehmigung im Voraus arrangieren. Wer nach Bagdogra fliegt, bekommt seine Genehmigung normalerweise an dem kleinen Stand von Sikkim Tourism (geöffnet 10–16 od. 17 Uhr) am Flughafen. Die Beantragung ist auch im **Sikkim House** (Karte S. 498; 4/1 Middleton St; ⏲ Mo–Sa 10–17 Uhr) in Kolkata, beim **Sikkim Tourist Office**

TOP-FESTIVALS

Losar (⏲ Feb./März) Sikkims größtes *chaam*-Ritual (Maskentanz) läutet das tibetische Neujahr ein.

Bumchu (⏲ Feb./März) Lamas öffnen ein Gefäß *(bum)* mit heiligem Wasser *(chu)*, um vorherzusagen, wie das Jahr verlaufen wird.

Saga Dawa (⏲ Mai/Juni) Mit Zeremonien und Umzügen wird an Buddhas Geburt, seine Erleuchtung und sein Eingehen ins Nirvana erinnert.

Pang Lhabsol (⏲ Aug.) Zu Ehren der Schutzgottheit Sikkims finden Gebete und rituelle Tänze statt.

Losoong (⏲ Dez./Jan.) Dem sikkimischen Erntedankfest gehen prächtige *chaam*-Maskentänze voraus.

(S. 543) in Siliguri, im **Sikkim House** (Karte S. 76) in Delhi oder – über einen komplizierteren zweistufigen Prozess – auch in Darjeeling (S. 547) möglich. Dort muss man allerdings zuerst zum FRO (Foreigners' Registration Office) und dann zum DCO (District Commissioner's Office) am anderen Ende der Stadt. Es ist zudem möglich, bei Beantragung des indischen Visums bei einer indischen Botschaft im Ausland auch gleich eine 15-tägige Genehmigung für Sikkim zu beantragen.

Für Jorethang ist eine neue Kontrollstelle geplant.

Eine Standard-ILP ist 15 Tage gültig, auf Anfrage ist manchmal aber auch ein längerer Zeitraum möglich.

Die Genehmigung ermöglicht die Einreise:

- nach Gangtok, Rumtek und Lingdum
- in die südlichen Gebiete des östlichen Sikkim bis nach Rhenock und Aritar im Osten
- in das gesamte südliche Sikkim
- in das nördliche Sikkim bis nach Singhik (unmittelbar hinter Mangan)
- in den größten Teil des westlichen Sikkim, soweit über asphaltierte Straßen erreichbar.

SONDERGENEHMIGUNGEN

Für Wanderungen in großen Höhen benötigt man eine **Wandergenehmigung** und zwingend einen Guide. Deshalb werden diese Genehmigungen von Veranstaltern von Trekkingtouren organisiert; diese müssen in Gangtok beantragt werden. Wer also eine Tour ab Yuksom oder Utterey machen möchte, muss mindestens einen zusätzlichen Tag (und entsprechende Ausgaben) einplanen, damit die Dokumente in die Hauptstadt und wieder zurück gelangen.

Für Routen, die im nördlichen Sikkim über Singhik hinaus ins Lachung- und Lachen-Tal führen, benötigen Ausländer eine **Sondergenehmigung (Restricted Area Permit)**. Mit ihr darf man bis zum Tsopta- und Yumthang-Tal reisen. Indische Staatsbürger benötigen für Reisen in Gebiete nördlich von Singhik eine **polizeiliche Genehmigung**, die aber eine Weiterreise durch das Thangu-Tal bis zum Gurudongma Lake oder über Yumthang hinaus bis nach Yume Samdong (Zero Point) gestattet. Diese Genehmigungen können am Morgen der Abreise in Gangtok oder vorab in Mangan arrangiert werden, aber nur über eine registrierte Agentur und (bei Ausländern) für eine Mindestanzahl von zwei Reisenden.

Für Dzongu (das Gebiet der Lepcha nördlich von Dikchu) ist auch eine Sondergenehmigung nötig, die meist durch die vorab gebuchte Homestay-Unterkunft arrangiert wird. Die Genehmigung an sich ist kostenlos, die Besitzer der Unterkünfte nehmen aber beträchtliche Kosten auf sich, wenn sie die Dokumente kopieren und mit dem Taxi nach Mangan fahren, um dort die Formalitäten für ihre Gäste zu erledigen; deshalb berechnen sie für diesen Service etwa 500 ₹.

Auch für den Besuch des Tsomgo (Changu) Lake benötigen Ausländer eine Restricted Area Permit. Nur indische Staatsbürger dürfen über diesen See hinaus weiter bis zur tibetischen Grenze auf dem Nathu La reisen. Auch hier muss man sich einer Tour anschließen und als Ausländer mindestens zu zweit sein.

> **GRENZÜBERGANG: TIBET**
>
> Keiner der internationalen Grenzübergänge Sikkims steht für ausländische Reisende zur Verfügung, langfristig soll Nathu La jedoch geöffnet werden. Gegenwärtig ist es nur einigen wenigen Händlern und Pilgergruppen erlaubt, die Grenze hier zu überqueren. Ausländern ist es nicht einmal gestattet, in die Nähe der Grenze zu kommen.

ℹ An- & Weiterreise

FLUGZEUG

Sikkims neuer **Flughafen** in Pakyong hätte vielleicht schon vor ein oder zwei Jahren fertiggestellt werden können, wäre da nicht der katastrophale Einbruch der hochmodernen Befestigung des Rollfelds gewesen. Selbst wenn er einmal eröffnen wird, werden die meisten Reisenden wohl weiterhin zum betriebsamen Flughafen Bagdogra in der Nähe von Siliguri in Westbengalen fliegen. Von dort gibt es Helikopter-Shuttles nach Gangtok. Allerdings können jeweils nur fünf Passagiere mitfliegen, und bei schlechtem Wetter werden die Verbindungen ganz gestrichen.

ÜBER LAND

Der nächstgelegene Bahnhof befindet sich in New Jaipalguri in der Nähe von Siliguri. Der Jeep-Transfer aus den meisten Touristenzentren Sikkims nach Siliguri sollte vier bis sechs Stunden dauern, aufgrund von Erdrutschen und Verkehrschaos kann es jedoch große Verspätungen geben. Einheimische rechnen für die Strecke mindestens neun Stunden ein. Um seinen Flieger in Bagdogra oder den Zug ab New Jaipalguri (NJP) entspannt zu erreichen, bietet sich am Vortag eine Übernachtung in Darjeeling oder Kurseong an.

Grenzübergänge

Sikkims interne Grenze zu Westbengalen hat mehrere Übergänge, wegen der Kontrolle der Genehmigungen sollten Ausländern jedoch nur die Posten in Melli und Rangpo nutzen (beide sind rund um die Uhr geöffnet, in Rangpo werden Genehmigungen aber nur zwischen 8 und 19.30

Uhr ausgestellt). Momentan ist die Reise von Pelling nach Darjeeling über Jorethang noch mit erheblichen Schwierigkeiten verbunden, da der Grenzübergang hier seit 2016 nur noch für Inder geöffnet ist; ein neuer Kontrollpunkt ist jedoch schon in Planung.

Die Sache mit den Genehmigungen überschattet auch legales Trekking rund um Aritar, da einige der wichtigsten Wanderungen nach Westbengalen führen.

ÖSTLICHES SIKKIM

Gangtok

03592 / 106 300 EW. / 1620 M

Sikkims moderne, unbekümmerte, freundliche und auf angenehme Art ausgelassene Hauptstadt liegt auf einem abschüssigen Berggrat und zieht sich von dort in steilen Stufen den Hügel hinunter. Sie besteht aus einem verwirrenden Netz aus sich windenden Gassen, die von hohen, meist aus Beton erbauten Gebäuden gesäumt sind. Von einer Seite mag es scheinen, als hätten sie nur zwei Stockwerke, auf der anderen Seite schmiegen sich aber oft noch mehrere Etagen an den Hang. Neben einigen kleineren Sehenswürdigkeiten gibt es hier auch schöne Aussichtspunkte, von denen man den Panoramablick über die tiefen Täler bestaunen kann. Wer Glück mit dem Wetter hat, kann sogar einen Blick auf den Khangchendzönga am Horizont erhaschen.

Gangtok ist vor allem eines: eine gute Basis, um sich nach einer Wanderung zu erholen, um Touren und Genehmigungen zu organisieren und um andere Reisende zu treffen, mit denen man sich zu einer (obligatorischen) Gruppe zusammenschließen kann.

Die Straße von Rangpo nach Mangan (NH31A) führt als gewundene Nord-Süd-Achse durch Gangtok. Mehrere Restaurants, Läden und Reisebüros säumen die zentrale, verkehrsberuhigte Mahatma Gandhi (MG) Marg, eine hübsche Meile, auf der sich oft viele entspannte Fußgänger tummeln.

Sehenswertes

★ Namgyal Institute of Tibetology MUSEUM

(NIT; www.tibetology.net; Deorali; 10 ₹; 10–16 Uhr) Das Hauptgebäude des NIT von 1958 erinnert mit den Ecktürmen, dem bunten Wandbild an der Fassade und seiner Lage auf einer Waldwiese an einen tibetischen Fantasiepalast. In der Haupthalle ist eine unvergleichliche und gut erläuterte Sammlung tibetischer/buddhistischer Ikonen und Artefakte ausgestellt, von *thangkas* (Stoffmalereien), Münzen und Amuletten bis hin zu tantrischen, aus Schädeln hergestellten Schalen und Trompeten aus menschlichen Schenkelknochen. Unter den wunderschönen buddhistischen Plastiken ist auch ein Bronzeabbild der achtarmigen Siegesgöttin Namgyalama, die aussieht, als tippe sie eine Textnachricht in ein unsichtbares Handy.

Nur wenige Touristen verirren sich hinauf in die an einen Schrein erinnernde Bibliothek, in deren Schaukästen aus Teakholz und Glas vor allem eingewickelte religiöse Schriften ausgestellt sind sowie die 135 Bände umfassende *Encyclopaedia Tibetica*. Vom Dach aus hat man zudem einen schönen Blick.

Das Institut liegt zu Fuß sechs Minuten von der **Seilbahnstation Deorali Bazaar** (Ropeway Station; Deorali Chowk) und dem Deorali-Taxistand entfernt.

★ Tsuklakhang BUDDHISTISCHER TEMPEL

(Bhanu Path; Sonnenaufgang–Sonnenuntergang, Gebete 6 & 16 Uhr) Gangtoks „königliches" Kloster besitzt einen sehr beeindruckenden Haupttempel, in dessen herrlichem Innenraum ein paar in Stein gehauene Drachensäulen die wichtigsten Bildnisse flankieren. Die gesamte Anlage ist eine herrliche Oase der Stille, und obwohl die umliegenden klösterlichen Gebäude vergleichsweise schlicht sind, erhält man bei einem Spaziergang über das Fußballfeld der Mönche doch einen kleinen Eindruck von dem abgeschiedenen Chogyal Palace.

Tashi Viewpoint AUSSICHTSPUNKT

(Gangtok-Mangan Rd km 1,4; Aussichtsturm 5 ₹) GRATIS Wenn sich die Wolken etwas verziehen, kann man von diesem kleinen Hügel an der Kreuzung der Straßen nach Mangan und Nathu La, rund 7 km nordwestlich vom Zentrum Gangtoks, den besten Blick der Gegend auf den himmelhohen Khangchendzönga erhaschen.

Ganesh Tok AUSSICHTSPUNKT

Der Aussichtsturm verdankt seinen Namen dem winzigen dazugehörigen Hindu-Tempel. Von hier aus bietet sich ein weiter Ausblick über die Stadt. Ausschau nach dem Royal Palace halten, der weit hinter der Enchey Gompa zwischen Bäumen hervorlugt!

Gangtok

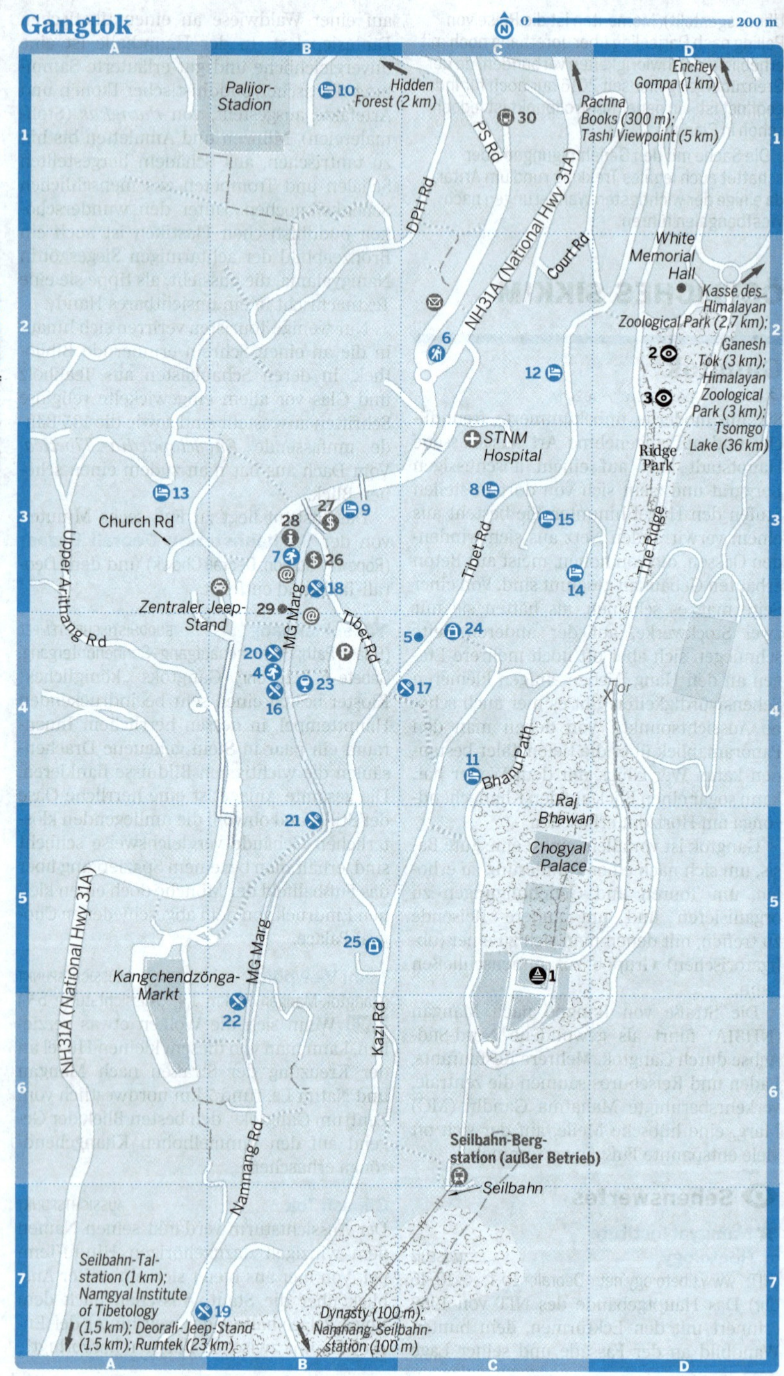
0
200 m
A
B
C
D
Palijor-
Stadion
10
Hidden
Forest (2 km)
30
PS Rd
Rachna
Books (300 m);
Tashi Viewpoint (5 km)
Enchey
Gompa (1 km)
DPH Rd
NH31A (National Hwy 31A)
Court Rd
White
Memorial
Hall
Kasse des
Himalayan
Zoological Park (2,7 km);
Ganesh
Tok (3 km);
Himalayan
Zoological
Park (3 km);
Tsomgo
Lake (36 km)
6
12
2
3
STNM
Hospital
Ridge
Park
8
15
13
27
9
Church Rd
28
7
26
Upper Arithang Rd
Tibet Rd
The Ridge
14
18
Zentraler Jeep-
Stand
29
MG Marg
Tibet Rd
5
24
20
4
23
17
16
Tor
11
Bhanu Path
Raj
Bhawan
21
Chogyal
Palace
NH31A (National Hwy 31A)
25
Kangchendzönga-
Markt
MG Marg
1
22
Kazi Rd
Namnang Rd
Seilbahn-Berg-
station (außer Betrieb)
Seilbahn
Seilbahn-Tal-
station (1 km);
Namgyal Institute
of Tibetology
(1,5 km); Deorali-Jeep-Stand
(1,5 km); Rumtek (23 km)
19
Dynasty (100 m);
Namnang-Seilbahn-
station (100 m)
1
2
3
4
5
6
7

Gangtok

Highlights
1 Tsuklakhang C5

Sehenswertes
2 Flower Exhibition Centre D2
3 The Ridge D2

Aktivitäten, Kurse & Touren
4 BB Line B4
Blue Sky Treks & Travels .... (siehe 7)
5 Namgyal Treks & Tours C4
6 Potala Tours & Treks C2
7 STDC B3

Schlafen
8 Chumbi Residency C3
9 Gangtok Lodge B3
10 Hotel Nor-Khill B1
11 Hotel Pandim C4
12 Hotel Sonam Delek C2
13 Hotel Yavachi A3
14 Mintokling Guest House C3
15 Netuk House C3

Essen
16 Bakers Cafe B4
17 Dekid C4
18 Golden Dragon B3
19 Mu Kimchi A7
20 Parivar Restaurant B4
21 Taste of Tibet B5
22 The Coffee Shop B6

Ausgehen & Nachtleben
Clique .... (siehe 19)
23 Downtown B4
The Square .... (siehe 22)

Unterhaltung
Cafe Live & Loud .... (siehe 5)

Shoppen
24 Climate Zone C4
Golden Tips .... (siehe 4)
25 Golden Tips II B5

Praktisches
Pankhuri Enterprises .... (siehe 29)
26 RS Enterprises B3
27 SBI B3
28 Touristeninformation B3

Transport
29 DJ Mandap Tours B3
Zug-Buchungsschalter .... (siehe 30)
30 SNT-Busbahnhof C1

The Ridge AREAL
Das grüne Herz der Stadt gewährt durch die Bäume hindurch einen tollen Ausblick nach Osten und Westen. Es besteht aus hübsch gepflegten Gartenanlagen, an deren nördlichem Ende sich ein paar Cafés befinden. Weiter südlich kommt es einem fast so vor, als betrete man einen Dschungel. Mitten drin liegt der Chogyal Palace (einstige königliche Residenz).

Himalayan Zoological Park ZOO
(Gangtok Zoo; Inder/Ausländer 25/50 ₹, Motorrad/Auto/Jeep 10/40/100 ₹, Video 500 ₹; Fr–Mi 9.30–16 Uhr) Gangtoks Zoo gehört zu den gepflegteren im Land und nimmt einen ganzen Hügel ein. Die Hauptattraktion schlechthin sind zwei Kleine Pandas, das tierische Wahrzeichen Sikkims, die ein bisschen wie kleine Füchse aussehen. Auch Kragenbären, Nebelparder und Schneeleoparden streifen durch weitläufige bewaldete Gehege. Diese liegen so weit auseinander, dass man ohne Auto gut drei Stunden braucht, um auch nur die wichtigsten Tiere gesehen zu haben. Mit dem Auto ist eine Stunde aber ausreichend. Das **Kassenhäuschen** befindet sich gegenüber dem Aussichtspunkt Ganesh Tok, es liegt aber weit von den wichtigsten Gehegen entfernt.

Enchey Gompa KLOSTER
(Gebetshalle Mo–Sa 5–11 & 12–16, So bis 13 Uhr) GRATIS Durch einen rauschenden Nadelwald erreicht man das kleine, aber hübsche buddhistische Kloster am nördlichen Stadtrand von Gangtok. Es ist sozusagen die Daseinsberechtigung der Stadt, denn die Menschen wurden durch die Heiligkeit des Ortes in diese einst dunkle Ecke des Landes gelockt. In einer kleinen, lebhaften Gebetshalle stehen tantrische Statuen, und hinter dem zentralen Buddha ist eine dreidimensionale Szene dargestellt.

Flower Exhibition Centre GARTEN
(10 ₹; 9–18 Uhr) Ein Besuch dieses überdachten Gartens von bescheidener Größe lohnt sich vor allem Ende Mai und im April, wenn die Hochgebirgsblumen in voller Blüte stehen. Rund um den kleinen See in der Mitte sind verschiedene Topfpflanzen ausgestellt. Oft wird man hier von Bollywood-Hits beschallt – vielleicht gedeihen so die Orchideen besser …

Aktivitäten

Namgyal Treks & Tours OUTDOOR-AKTIVITÄTEN
(03592-203701, 9434033122; www.namgyaltreks.com; Enchey Compound, Tibet Rd; Mo–Sa

10–17 Uhr) Sikkims renommierteste Agentur für Trekkingtouren und insbesondere Bergsteigen wurde 1991 von Namgyal Sherpa, einem sehr erfahrenen Kletterer und dem heutigem Vorsitzenden des hiesigen Rotary-Clubs, gegründet.

BB Line ABENTEUERSPORT
(☎03592-206110; www.bbline.co.in; 2. Stock, Yama House, MG Marg; ⏲9.30–18.30 Uhr) BB Line zählt zu den am stärksten zukunftsorientierten Agenturen für Abenteuertourismus in Sikkim. Es ist der erste größere Anbieter, der Motorräder verleiht und Touren damit anbietet. Es ist geplant, auch bald Moutainbiketouren, Kajakfahren und Rafting ins Programm aufzunehmen. Zudem soll in Dzongu bald Bungeejumping angeboten werden.

STDC RUNDFLÜGE
(Sikkim Tourism Development Corporation; ☎03592-203960; www.sikkimtourism.gov.in; MG Marg; ⏲9–19 Uhr) Das gut organisierte Büro bietet nach Voranmeldung einen Taxiservice (man wird am Hotel abgeholt) und organisiert Hubschrauberflüge sowohl als Transfer nach Bagdogra als auch für Rundflüge. Die günstigste Option ist dabei ein 15-minütiger Kurzflug über Gangtok (9500 ₹ für bis zu 5 Pers.). Bei längeren Varianten kann man sogar bis zum Gebirgskamm des Khangchendzönga fliegen (90 000 ₹ für 4 Pers., 75 Min.). Traveller sollten aber frühzeitig buchen.

Potala Tours & Treks TREKKING
(☎9434257036; www.potalatreks.in; PS Rd) Das Unternehmen veranstaltet Trekkingtouren, Wanderungen, Mountainbiking und Ausflüge für Schulklassen, die mit ähnlichen Routen in Darjeeling und Bhutan kombiniert werden können.

Fly Sikkim Adventure GLEITSCHIRMFLIEGEN
(☎9197207767; www.paraglidingsikkim.com; Banjhankri Rd) Fly Sikkim Adventure ist einer der größten Anbieter für Gleitschirmflüge in Gangtok.

UNTERKUNFTSPREISE

In Sikkim gelten folgende Kategorien für Unterkünfte:

$ weniger als 1500 ₹
$$ 1500–5000 ₹
$$$ mehr als 5000 ₹

Blue Sky Treks & Travels TREKKING
(☎03592-205113; www.blueskysikkim.com; Tourism Bldg, MG Marg; ⏲10.30–19 Uhr) Wer sich als Ausländer einer relativ günstigen Gruppentour von anständiger Budgetqualität nach Lachung anschließen möchte, der ist hier genau richtig. Organisiert werden auch Wanderungen.

Schlafen

★ Hotel Pandim HOTEL $
(☎03592-207540, 9832080172; www.hotelpandim.com; Bhanu Path; B/DZ ab 500/1500 ₹; 📶) Das familiengeführte Hotel scheint einem Märchen entsprungen zu sein. Der Blick auf die umliegenden Berge aus den Deluxe-Zimmern (2000–2300 ₹) im obersten Stockwerk ist einfach atemberaubend – genau wie der aus den picobello sauberen Vierbettzimmern und ganz besonders aus dem hübschen, im tibetischen Stil eingerichteten Café-Restaurant im obersten Stock, wo man bei seiner Ankunft eincheckt. Selbst die günstigeren Zimmer im Untergeschoss sind ausgesprochen wohnlich; sie bieten viel Platz und *thangkas* (Stoffmalereien) als Dekoration.

Gangtok Lodge PENSION $
(☎03592-206562; NH31A; DZ 1500 ₹) Die ehemalige Modern Central Lodge, die nun Gangtok Lodge heißt, ist eine nette, kleine Pension mit acht einfachen Zimmern, in denen Doppelbetten stehen. Nepalesische Vorhänge und nach Sikkim-Art handbemalte Schränke bringen ein bisschen Farbe in die Quartiere. Nachtruhe ist hier um 22 Uhr.

★ Hidden Forest PENSION $$
(☎03592-205197; www.hiddenforestretreat.org; NH10, Middle Sichey; EZ/DZ 2750/3300 ₹; @📶) 🍃 Inmitten von blühenden Büschen und Obstbäumen befinden sich einige qualitativ hochwertige, mit viel Liebe in Schuss gehaltene, gemütliche Zimmer und kleine Häuschen. Vom Anwesen hat man trotz der neu gebauten Häuser unterhalb noch immer eine wundervolle Aussicht ins Tal. Im Untergeschoss gibt es eine gut bestückte Bibliothek und ein Gewächshaus mit Blumen. Auf Vorbestellung wird man mit leckeren hausgemachten Speisen (Frühstück/Abendessen 220/330 ₹) versorgt.

Das Hidden Forest liegt etwa 2 km von Gangtoks Zentrum entfernt (Taxi 150 ₹). Der Zugang führt über einen Weg durch den Garten und befindet sich hinter dem Hotel Vajrakila.

Hotel Yavachi DESIGNHOTEL $$
(☎03592-204666; www.hotelyavachi.com; Church Rd; Zi. ab 3300 ₹, ohne Reservierung ab 2400 ₹; 📶) Die Preise sind überraschend günstig, und das Yavachi setzt auf Komfort und modernes Ambiente: Es gibt eine indirekte Deckenbeleuchtung und sorgfältig ausgewählte abstrakte Kunst, die auf die Textilien in jedem Zimmer genau abgestimmt ist. Der Ausblick ist so mittelprächtig. Von der gemütlichen Dachterrasse der Rockefeller Bar (Bier 100 ₹) sieht man mehr als aus vielen der Gästezimmer.

Hotel Tashi Tagey HOTEL $$
(☎03592-231631; www.tashitagey.com; NH10, Tadong; DZ 1500–3500 ₹; @) Dieses Hotel in Tadong, 3 km unterhalb von Gangtok, bietet Qualität zu erschwinglichen Preisen. Korridore mit botanischen Drucken führen in die makellosen Zimmer; WLAN gibt's in einem Aufenthaltsraum, der mit Gobelinstickereien der Gastgeberin geschmückt ist. Der Blick vom Dachgarten ist unschlagbar und wird dazu noch von einer einmaligen Sammlung von Bonsais eingerahmt, von denen einige über 50 Jahre alt sind. Eine Fahrt mit dem Sammeltaxi aus der Stadt hierher kostet 20 ₹.

Hotel Sonam Delek HOTEL $$
(☎03592-202566; www.hotelsonamdelek.com; Tibet Rd; Zi. ohne/mit Ausblick ab 1870/3960 ₹, Suite 5610 ₹; 📶) Der Ausblick hier ist einfach der Hammer! Auch die meisten der 20 sehr komfortablen, wenn auch leicht in die Jahre gekommenen Zimmer warten damit auf. Die drei übrigen Zimmer haben Zugang zu einer Gemeinschaftsterrasse mit Traumblick. Die teureren Zimmer und Suiten verfügen über eigene Balkons, von denen aus man dieses einmalige Gefühl, auf dem Dach der Welt angekommen zu sein, genießen kann.

Der Service ist zuvorkommend und effizient. Beim Parken geht es allerdings ausgesprochen eng zu.

Mintokling Guest House PENSION $$
(☎03592-208553; www.mintokling.com; Bhanu Path; EZ/DZ/Suite 2530/2750/3300 ₹; @📶) Inmitten exotischer Pflanzen und schöner Rasenflächen bietet diese Oase der Ruhe zwölf große, gepflegte, wenn auch etwas schmucklose Zimmer, die teilweise mit Holz getäfelt sind. Die Atmosphäre hier ist sehr herzlich und familiär, und die für die Gäste zubereitete Auswahl von Gerichten, darunter auch mehrere echte Sikkim-Optionen, könnte in einem Restaurant kaum besser sein.

★ Netuk House HISTORISCHES HOTEL $$$
(☎03592-206778; www.netukhouse.com; Zi./Suite 5500/7500 ₹) Netuk House ist ein luxuriöses, historisches B&B mit einem Dutzend Zimmern in drei verschiedenen Gebäuden. Am spektakulärsten wirkt der zweistöckige, tempelähnliche „Anbau", ein Fest der Farben im Sikkim-Stil mit einem tollen Ausblick aus den oberen Zimmern, die zu einer wunderschönen Veranda hinausgehen. Das achteckige „Traditionshaus" verfügt über drei riesige Zimmer mit Unmengen alten Holzes. Das Netuk House liegt abseits der Tibet Rd.

Chumbi Residency BOUTIQUEHOTEL $$$
(☎03592-206618; www.thechumbiresidency.com; Tibet Rd; EZ/2BZ/DZ 4740/5920/7100 ₹; 📶) In einem Fachwerkhaus mit fast schon japanischem Flair sind geschmackvoll-schlichte Zimmer untergebracht. In den oberen Stockwerken sieht man gern über die glanzlosen Bäder hinweg, wenn man am Fenster sitzt und auf den Khangchendzönga blickt. Auch die meisten Zimmer in den unteren Etagen bieten einen Ausblick, auch wenn dieser oft von Bäumen verstellt ist. Im untersten der vier Stockwerke (kein Aufzug) befinden sich das ansprechende Bar-Restaurant Tangerine und ein netter, heller, schattiger Gartenbereich.

Hotel Nor-Khill HISTORISCHES HOTEL $$$
(☎03592-205637; www.elginhotels.com; EZ/DZ/Suite inkl. HP 11 565/11 945/13 335 ₹; P📶) Ein Aufenthalt im Nor-Khill ist wie eine Zeitreise in die Ära vor der indischen Unabhängigkeit, als dieses stattliche Anwesen als königliches Gästehaus diente. Von jener Glanzzeit künden zahllose historische Fotos und tolle alte Möbel; Kristallkronleuchter verleihen den Fluren und dem opulenten Foyer eine historische Anmutung. Auch die Zimmer sind geräumig und luxuriös, einige riechen allerdings ein bisschen muffig. Das Hotel liegt abseits der PS Rd.

Essen

Taste of Tibet TIBETISCH $$
(MG Marg; Hauptgerichte 160–230 ₹, Momos 90–140 ₹; ⌚11–20.30 Uhr) Das Restaurant in bester zentraler Lage ist bekannt für das beste tibetische Essen der Stadt. Die Gäste kommen in Scharen hierher und lassen sich *shyabhale* (gebratene Fleischpasteten) und *thentuk* (*thukpa*; Nudelsuppe) schmecken. Die Deko – bzw. das Fehlen derselben – macht jedoch jede Romantik zunichte. Wer

SIKKIMISCHES ESSEN

Zu den am häufigsten erhältlichen Gerichten Sikkims gehören Klassiker der tibetischen und der Himalaja-Küche, darunter *momos* (Teigtaschen) und deftige Nudelsuppen wie etwa *thentuk/ thukpa*, *gyathuk* und *bhathuk*. Typischer für Sikkim sind allerdings Suppen mit heimischem Gemüse, sei es nun fermentiert (*gundruk* –Spinat, *sinki* – Rettich) oder frisch (*karela* – bitterer Kürbis, *sisnoo* – Nesseln). In Currys findet man oft gebratenen *ningro* (Farnwedel), *bareh* (gemahlene Orchideenknospen) oder *fing* (dünne Reisnudeln). Anders als im restlichen Indien ist Rindfleisch hier sehr beliebt. Wer Schweinefleisch bestellt, muss aufpassen: Die Einheimischen lieben es extrem fettig und essen oft auch die Schwarte.

es schafft, sollte sich einen Platz am Fenster schnappen. Von dort kann man prima Leute beobachten.

Dekid BHUTANISCH $$
(1. Stock, Tibet Rd; Hauptgerichte 90–150 ₹, halbe/ganze Portion Reis 60/120 ₹; ⏲8.30–20.30 Uhr) Lust auf bhutanisches Essen? Dieses wunderbar schlichte Lokal mit seinen drei Tischen verzichtet auf allen Schnickschnack und bietet nur zwei kulinarische Optionen an: rot-orangefarbenes *shakam*-Curry mit getrocknetem Fleisch und *datshi*-Gerichte (ein leckerer, cremiger, mittelwürziger Käse) mit *kawa* (Kartoffeln), Paprika, Rindfleisch oder Streifen eines fetten Schweinefleischs. Dazu gibt's kostenlose Suppe. Eine nette Geste!

The Coffee Shop INTERNATIONAL $$
(www.facebook.com/thecoffeeshopgangtok; Pizza 290–380 ₹, Snacks 130–220 ₹, Hauptgerichte 280–320 ₹; ⏲9.30–21.30 Uhr; 📶) Über der Bar The Square versteckt sich dieser Langzeitfavorit. Der Café-Diner ist nicht nur für exzellenten Kaffee und Smoothies, sondern auch für internationale Klassiker von Nachos und Falafel über gegrillte Koteletts und Filet mit Rosmarin bis hin zu verschieden Pizzas mit dünnem Boden bekannt. Hinter der Vitrine mit verlockenden Kuchen prostet einem der Dalai Lama voller Zustimmung zu.

Bakers Cafe BÄCKEREI $$
(MG Marg; Gebäck/Snacks ab 20/65 ₹, Hauptgerichte 80–220 ₹, Grillplatte 380 ₹; ⏲8–20 Uhr) Das holzgetäfelte Café wird oft von Countrymusik beschallt und ist besonders bei Familien und einheimischen Frauen beliebt. Im Bakers gibt's starken Espresso (70 ₹) Bio-Ingwertee (60 ₹) und weitere exotische Tees, die hervorragend zu den Panini und dem westlichen Gebäck aus der Auslage passen. Man bekommt aber auch Fast Food und andere Dinge, die das Traveller-Herz höher schlagen lassen, etwa Bananenpfannkuchen, Hummus und ganztägiges Frühstück.

★ **Mu Kimchi** KOREANISCH $$$
(☎9593340401; https://www.facebook.com/MuKimchi/; 5. Stock, Clique Bldg, Namnang Rd; Snacks 190–310 ₹, Gerichte 300–700 ₹; ⏲10–22.30 Uhr) Wer mal wieder Appetit auf perfekte und authentische koreanische Küche hat, der sollte sich von den 80 Stufen nicht abschrecken lassen, die hinauf zum Mu Kimchi führen. Die clevere Innenausstattung schafft ein ganz besonderes Ambiente mit Decken und Lampen aus echtem Bambus und modernen, minimalistischen Elementen dazwischen. Das alles passt ganz hervorragend zur eindringlichen, basslastigen Hintergrundmusik (Bier/Cocktails/Soju ab 150/350/250 ₹).

Parivar Restaurant SÜDINDISCH $
(MG Marg; Currys 100–180 ₹, Dosas 110–150 ₹, Reis 70 ₹, Thali klein/groß 180/280 ₹; ⏲9.30–21 Uhr; 🌿) Das rein vegetarische Restaurant serviert solide südindische Gerichte und ist schon seit jeher sehr beliebt. Die schlichte, stilsichere Einrichtung besteht aus Sitzecken mit roten Lederbänken und fast keiner Deko – abgesehen von einer reich verzierten Drachensäule.

Dynasty CHINESISCH $$$
(☎03592-206444; 1. Stock, Namnang Ropeway Bldg, Kazi Rd; Hauptgerichte 180–440 ₹, halbe/ganze Pekingente 800/1400 ₹, Reis 80 ₹; ⏲11.30–21.30 Uhr; 📶) Hier kann man sich in schwarzgemusterten Sofas zurücklehnen und die vielleicht authentischste chinesische Küche in ganz Gangtok genießen. Das Dynasty befindet sich im oberen Stock des Gebäudes der **Seilbahnstation Namnang** (Ropeway Station, Kazi Rd). Es gibt auch ganz passables thailändisches Essen.

🍷 Ausgehen & Nachtleben

Das ultimativ königliche Erlebnis ist ein hemmungsloser, sehr britischer Afternoon-Tea (495 ₹) im schicken Hotel Nor-Khill mit gravierten Zinnkannen und Teegebäck auf mit Tortenspitze ausgelegten Serviertellern. Wer gern den sikkimischen Temi-Tee (40 ₹) kosten möchte, stattet dem Golden Tips (S. 599) oder dem Cafe Fiction im Rachna Books (S. 599) einen Besuch ab. Dort gibt's auch guten Kaffee aus der Stempelkanne. Den besten Espresso erhält man bei The Coffee Shop oder im Bakers Cafe.

Clique BAR
(Namnang Rd; Bier/Saft ab 120/110 ₹; ⌚10–23 Uhr) Diese mit alten Langspielplatten dekorierte Bar erinnert irgendwie an einen Würfel. Am Wochenende wird hier abends oft Livemusik gespielt (von Pop bis nepalesischer Folklore) und neben dem Sortiment alkoholischer Getränke gibt's auch einige gesunde Fruchtsaft-Alternativen mit so brutalen Namen wie Liver Cleanser und Go Nuts Shake.

★ **Downtown** BAR
(MG Marg; Bier/Wein/Shots ab 130/60/40 ₹; ⌚12–21 Uhr) In der alternativsten kleinen Bar in Gangtoks Zentrum sitzt man auf Minisofas mit herausquellender Füllung, und auf das Rauchverbot scheint hier jeder zu pfeifen. Dennoch ist das Downtown mit seiner spärlichen Beleuchtung, den mittels Vorhängen abgeschirmten Balkons, der kleinen Bühne, lockeren Jam-Sessions und den Wandbildern von Bob Marley, John Lennon und Jimi Hendrix irgendwie einnehmend.

The Square BAR
(MG Marg; Bier/Shots/Cocktails/Wein ab 149/33/193/83 ₹; ⌚10–21.30 Uhr) Stimmungsvoll beleuchtete Bar mit Sitznischen, flotter Musik und mit schwarz-weißen Porträtfotos übersäten Wänden. The Square schafft das clevere Gleichgewicht zwischen „familienfreundlich" und „modern-komfortabel". Die Getränkekarte besteht aus einer Mischung aus Cocktails und verschiedenen offenen Weinen. Das Speisenangebot reicht von würzigen Rippchen vom Grill über in Speck gewickelte Garnelen bis hin zu einer Auswahl Currys (Hauptgerichte 190–440 ₹).

☆ Unterhaltung

★ **Cafe Live & Loud** LIVEMUSIK
(www.facebook.com/CafeLiveAndLoud; Tibet Rd; Bier/Cocktails/Tee/Kaffee ab 160/350/54/95 ₹, Hookah 250 ₹; ⌚So–Fr 11–23, Sa bis 1 Uhr; 📶) In Gangtoks bestbesuchter Musikkneipe gibt's jeden Mittwoch-, Donnerstag- und Freitagabend ein wahres Klangfeuerwerk auf die Ohren; die Livebands spielen meist Rock oder Alternative-Pop. Samstags, wenn DJs auflegen, wird ab 18 Uhr ein Eintritt von 300 ₹ fällig. Tagsüber herrscht hier eine entspannte, jazzige Atmosphäre, besonders auf der teilweise von Vorhängen abgeschirmten Balkonterrasse. Es gibt eine umfangreiche Speisekarte (Hauptgerichte 200–600 ₹).

Wer hier etwas isst, bezahlt für Service, Steuern und Mehrwertsteuer zusätzlich unglaubliche 25,5 %.

Shoppen

★ **Golden Tips** TEE
(www.goldentipstea.in; MG Marg; ⌚9.30–20.30 Uhr) Dieser schicke Teeladen hat eine hochwertige Auswahl von vorwiegend erstklassigen Darjeeling- und sikkimischen Temi-Tees in verschiedenen Sorten, die auch noch wunderschön verpackt sind. In einem caféähnlichen Ambiente werden Teeproben mit 48 Sorten durchgeführt. Eine Tasse kostet ab 40 ₹ (Kanne ab 160 ₹), wer sich aber einen feinen weißen Tee aus handverlesenen, vor Sonnenaufgang geernteten Knospen gönnt, muss mit bis zu 160 ₹ (800 ₹) rechnen.

Es gibt noch einen **zweiten Laden** (Kazi Rd; ⌚9–19.30 Uhr).

★ **Rachna Books** BÜCHER
(☎03592-204336; www.rachnabooks.com; Jeewan Theeng Marg, Development Area; Tee/Kaffee ab 40/90 ₹; ⌚Mo–Sa 9.30–19 Uhr, während Dasain geschl.) Gangtoks alternativer Kulturtreffpunkt ist gleichzeitig der freundlichste und am besten bestückte Buchladen der Stadt. Zu ihm gehören auch drei B&B-Zimmer (1500–1900 ₹) und ein kleines, jazziges Café, in dem Kaffee aus der Stempelkanne, Filterkaffee, Temi-Tee und Snacks serviert werden. Gelegentlich veranstaltet das Personal Events wie etwa Filmvorführungen.

Climate Zone SPORT & OUTDOOR-AKTIVITÄTEN
(Tibet Rd; ⌚9.30–21 Uhr) Recht gut ausgestatteter Outdoor-Laden mit Wander- und Campingausrüstung, darunter Wanderstöcke, Regenschirme und Rucksäcke in verschiedenen Größen.

Praktische Informationen

GELD

Geldautomaten sind weit verbreitet. Gangtok ist im Grunde genommen der einzige Ort in ganz Sikkim, an dem es Wechselstuben gibt.

Geldwechsler sind eher selten. Ein guter Ort, um welche zu finden, ist entlang der MG Marg. In einem Gebäude gegenüber dem **Golden Dragon** (MG Marg; Hauptgerichte 200–440 ₹; ⌚11–21 Uhr) sitzen gleich drei, deren Wechselkurse man unbedingt vergleichen sollte. **Pankhuri Enterprises** (www.pankhurienterprises.com; MG Marg; ⌚9.30–18.30 Uhr) bietet ganz gute Angebote, die besten Kurse erhält man aber bei **RS Enterprises** (MG Marg; ⌚9.15–19.15 Uhr) gegenüber der Gandhi-Statue. Abgesehen von der **SBI** (State Bank of India; NH31A; ⌚Mo–Fr 10–16 Uhr, jeden 2. Sa) braucht man bei allen Banken, die einen Devisenwechsel anbieten, ein Konto, und die Kurse sind meist schlecht.

INTERNETZUGANG

Einige Hotels sowie eine Handvoll Cafés und Restaurants bieten WLAN. Die Geschwindigkeit ist jedoch oft unterirdisch. Im **Internet Cafe** (MG Marg; 30 ₹/Std., min. 20 ₹; ⌚8.30–19.30 Uhr) kann man mit seinem eigenen Computer online gehen, im **Cyber Cafe** (MG Marg; 30 ₹/Std.; ⌚9–21 Uhr) ist das nicht möglich. Mit einer SIM-Karte von BSNL kann man für 198 ₹ einen Monat lang mobile Daten nutzen (1 GB). In der Stadt funktioniert das gut, im ländlichen Sikkim hat man aber so gut wie kein Netz.

MEDIZINISCHE VERSORGUNG

STNM Hospital (☎03592-222059; NH31A) Staatliches Krankenhaus mit Unfallstation und ambulanter Versorgung. Für größere Behandlungen eine Kopie der Reiseversicherung mitbringen!

POST

Hauptpost (PS Rd; ⌚für Briefmarken Mo–Sa 10–16, So bis 14 Uhr) Eines von recht wenigen Hauptpostämtern in Indien. Hier gibt's den „My Stamp"-Service, mit dem man ein Foto von sich auf Briefmarken drucken lassen kann (Bogen mit 12 Briefmarken 300 ₹).

TOURISTENINFORMATION

STDC (S. 596) Praktisch für Buchungen, etwa von Helikopterflügen und Taxifahrten.

Touristenbüro (☎03592-209090; www.sikkimtourism.gov.in; MG Marg; ⌚9–19 Uhr) Recht hilfsbereit beim Beantworten von Fragen; hat eine umfangreiche Broschüre mit hilfreichen schematischen Karten.

ℹ An- & Weiterreise

BUS & JEEP

Staatliche Busse fahren vom **SNT-Bahnhof** (PS Rd; ⌚Tickets 6–18 Uhr) zwischen 6 und 13.30 Uhr etwa einmal pro Stunde nach Siliguri (190 ₹), und es gibt tägliche Verbindungen nach Pakyong (45 ₹, 16.15 Uhr) und Rhenock über Rangpo (80 ₹, 14 Uhr).

Die meisten Jeeps mit Zielen innerhalb Sikkims starten am auf drei Ebenen verteilten **Zentralen Jeep-Stand** (Church Rd).

Fahrzeuge nach Rumtek und Ranka starten von oben, Jeeps ins westliche und südliche Sikkim von der mittleren Ebene, und wer nach Singtam, Pakyong und Rhenock möchte, fährt unten ab. Die Ticketbüros verkaufen nur Fahrkarten für denselben Tag. Einheimische rufen aber den Fahrer an, um telefonisch Sitzplätze zu reservieren, besonders für die Abfahrten früh am Morgen. Einige Hotels an der Hauptstraße, darunter auch das **Tashi Tagey** (S. 597), übernehmen das gern für einen; dann wird man sogar direkt dort abholt und muss nicht einmal zum Jeep-Stand gehen.

Hilfreiche Verbindungen:

Dentam 250 ₹, 6 Std., 6.15 Uhr

Geyzing 250 ₹, 4½ Std., 6.30, 7, 7.30 & 7.45 Uhr

Jorethang 150 ₹, 3 Std., 6.45–16.30 Uhr alle 30 Min. über Westbengalen

Namchi 150 ₹, 4 Std., 7–15 Uhr alle 30 Min.

Pelling 300 ₹, 5 Std., 13 Uhr, oder ein Fahrzeug nach Geyzing nehmen

Ravangla 140 ₹, 4 Std., 7, 7.45, 12, 12.30, 13.30 & 14 Uhr

Rhenock 120 ₹, 2½ Std., 7, 9.30, 10.30, 12.30 & 15.30 Uhr

Singtam 60 ₹, 1 Std., 7–17 Uhr 3-mal stündl. oder öfter (bei dichtem Verkehr bis zu 2 Std Fahrzeit)

Tashiding 250 ₹, 5–6½ Std., 7 Uhr

Yuksom 300 ₹, 6½–8 Std., 7 Uhr

Die Reisezeit kann je nach Straßenverhältnissen und Verkehr stark abweichen. Die geschätzten Zeiten oben scheinen vielleicht pessimistisch, sind aber durchaus realistisch.

FLUGZEUG

Bis der stark in Verzug geratene Flughafen in Pakyong eröffnet, ist der Sikkim am nächsten gelegene Flughafen jener in Bagdogra in der Nähe von Siliguri (Westbengalen). Von dort starten viele Flieger nach Kolkata, Delhi und Guwahati.

Ausländer, die noch keine Genehmigung haben, können diese am Schalter von Sikkim Tourism am Flughafen schnell beantragen. Das kann entscheidend sein, wenn man nach 15 Uhr ankommt und die Grenze bei Rangpo vermutlich nicht vor 19.30 Uhr erreichen wird; danach werden dort nämlich keine Genehmigungen mehr ausgestellt.

ZUG

Der nächstgelegene größere Bahnhof, New Jalpaiguri (NJP), ist über 125 km von Gangtok entfernt. Am SNT-Busbahnhof gibt's einen computergestützten **Zug-Buchungsschalter** (SNT-Busbahnhof; ⌚Mo–Sa 8–14, So & Feiertage bis 11 Uhr). Eine zentraler gelegene Option ist **DJ Mandap Tours** (☎9832373337; MG Marg; Provision 100 ₹; ⌚10–18 Uhr).

Rumtek

1660 M

Rumtek ist von Gangtok durch ein steil abfallendes, grünes Tal getrennt. Die hiesige weitläufige Klosteranlage ist eine der heiligsten Institutionen des tibetischen Buddhismus und Exilsitz der Karma-Kagyü-Tradition (der „Schwarzmützen"). Die Hauptstraße hinauf ins Dorf beginnt in der Nähe von Ranipul und gewährt auf der Fahrt nach oben ein paar schöne Ausblicke auf den Ort. Es ist auch möglich, Rumtek im Rahmen eines Tagesausflugs zu besuchen; der Rundweg führt dann an der friedlicheren und zweifellos auch hübschen **Lingdum Gompa** (www.zurmangkagyud.org; Ranka; Spende für Butterlampe klein/mittel/groß 10/20/100 ₹; ⏲ Sonnenaufgang–Sonnenuntergang) GRATIS vorbei. Die Straße, von der einige Abschnitt eigentlich dringend erneuert werden müssten, führt durch moosbedeckte Wälder, Bambushaine und Terrassenreisfelder; unterwegs warten viele weitere tolle Ausblicke. Näher an Gangtok passiert man kleinere Attraktionen wie das sehr hilfreiche **Khangchendzönga-Touristenzentrum** (www.ktcranka.com/; Ranka; Erw./Kind/Parken 100/50/25 ₹, Simulator/Panoramashow/Miniaturzug 80/90/40 ₹; ⏲ 11–20 Uhr, Zug fährt bis 18 Uhr) und den bescheidenen **Banjhakri-Wasserfall** (Lower Sichey; 50 ₹, Parken 20 ₹; ⏲ 7.30–18.30 Uhr) in einem Park mit knallbunten Figuren, die präbuddhistische Tierfabeln nachstellen.

Sehenswertes

Rumtek Gompa KLOSTER

(Rumtek Dharma Chakra Centre; ☎ 03592-252329; www.rumtek.org; Kloster 10 ₹; ⏲ 6–18 Uhr) Rumtek ist die spirituell bedeutendste Klosteranlage in Sikkim. Es handelt sich im Grunde genommen um ein unabhängiges Dorf mit einer farbenfrohen Gebetshalle (erb. 1961–1966), das das Tsurphu-Kloster in Tibet ersetzen sollte, das im Zuge der Kulturrevolution in China zerstört worden war (allerdings wurde es mittlerweile wieder aufgebaut). Das Herzstück im Innern ist ein riesiger gelber Thron, der auf die längst überfällige Krönung des spirituellen Führers der Kagyü, des (umstrittenen) 17. Karmapas wartet. Aufgrund des Karmapa-Konflikts (s. Kasten unten) lebt dieser momentan in Dharamsala. Mit der angespannten Lage lässt sich erklären, warum hier überall bewaffnete Soldaten zu sehen sind und Ausländer beim Betreten ihren Pass und ihre Sikkim-Genehmigung vorzeigen müssen.

Hinter dem Kloster führen Treppenstufen neben dem auffällig bemalten Karma Shri Nalanda Institute of Buddhist Studies hinauf zu einem kleinen Raum, in dem ein reich

DER KARMAPA-KONFLIKT

Die Schule der „Schwarzmützen" verdankt ihren Namen der unbezahlbaren, mit Rubinen besetzten schwarzen Mütze, welche die Karmapas (reinkarnierte geistliche Führer) traditionellerweise tragen. Die angeblich aus dem Haar von *dakinis* (weibliche Geister, die die Seelen der Toten tragen) gewebte Mütze muss verschlossen in einer Schachtel aufbewahrt werden, damit sie nicht zurück in den Himmel fliegt. Seit 1993 hat jedoch niemand mehr die Mütze gesehen, denn damals flammte eine bittere Kontroverse innerhalb der Karma-Kagyü-Schule über die Legitimität der beiden Kandidaten auf, die nach dem Tod des 16. Karmapa im Jahr 1981 beide Anspruch auf dessen Thron erhoben.

Der Kandidat mit der größeren Anhängerschar, Urgyen Trinley Dorje (http://kagyuoffice.org), floh im Jahr 2000 aus Tibet. Seither lebt er in Dharamsala, wo er im Tantrischen Gyuto-Kloster „vorläufig" sein Amt angetreten hat. Es heißt jedoch, die indischen Behörden hätten seine offizielle Inthronisierung in Rumtek verhindert, um die chinesische Regierung nicht zu verärgern. Sein Rivale, Thaye Dorje (www.karmapa.org), agiert vom Karmapa International Buddhist Institute in Delhi aus. Die Anhänger der beiden Lamas fechten seit über 20 Jahren einen Rechtsstreit darüber aus, wer in Rumtek die Führung übernehmen soll. Unterstützer von Urgyen Trinley Dorje haben 2016 erneut eine Reihe von Demonstrationen und Hungerstreiks gestartet, um die indische Regierung davon zu überzeugen, ihren Kandidaten endlich seinen Platz in Rumtek einnehmen zu lassen.

Erst wenn der Konflikt entschieden und der 17. Karmapa endlich gekrönt ist, wird man es wagen, die Schachtel zu öffnen und die heilige schwarze Mütze wieder hervorzuholen. Weitere Informationen zu dem Konflikt finden sich in dem Buch *The Dance of 17 Lives* von Mick Brown.

geschmückter **Goldener Stupa** (⌚6–11.45 & 12–17 Uhr) GRATIS steht, der mit türkis- und bernsteinfarbenen Edelsteinen verziert ist. Dies ist der Reliquienschrein des 16. Karmapa, des Gründers der gegenwärtigen Anlage, der hier beinahe schon als Heiliger verehrt wird.

Die *chaam*-Maskentänze, die im Kloster stattfinden, gehören zu den sehenswertesten in Sikkim. Sie werden vor allem zum Saga-Dawa-Fest (S. 591) und besonders am Gutor Chaam unmittelbar vor Losar (S. 591), dem tibetischen Neujahr, aufgeführt.

Alte Rumtek Gompa KLOSTER
(⌚Sonnenaufgang–Sonnenuntergang) GRATIS
Rund 1,5 km hinter dem Haupttor des Rumtek-Klosters liegt die alte Rumtek Gompa, eine Oase der Ruhe abseits der Touristenmassen. Sie wurde ursprünglich 1734 gegründet, zwischendurch jedoch sorgfältig wiederaufgebaut. Die Gebetshalle ist besonders farbenprächtig. Von der Rasenfläche vorn, auf der drei Rotunden stehen, die zum Picknicken einladen, kann man durch die Bäume hindurch einen schönen Blick auf das Tal erhaschen.

Feste & Events

Während des jährlichen Drubchen (Gruppenmeditation) im Mai/Juni und in der alten Rumtek Gompa zwei Tage vor Losar (S. 591) werden in Rumtek eindrucksvolle *chaam*-Maskentänze aufgeführt. Der vielbewunderte **Mahakala-Tanz** findet im Februar statt. Dann erwachen im zentralen Innenhof gigantische Abbilder der mächtigen Schutzgottheit zum Leben.

Schlafen & Essen

★ **Bamboo Retreat** BOUTIQUEHOTEL $$$
(☎9434382036, 3592252516, 9647851055; www.bambooretreat.in; Sajong; inkl. Frühstück EZ ohne/mit Ausblick 4700/6700 ₹, DZ 6000/7000 ₹, Apt. 15 000 ₹; P 📶) Steinstufen führen durch terrassenförmig angelegte Bio-Gärten hinauf zu diesem fantastischen, tempelähnlichen Resort, das ganz einsam inmitten eines teilweise gerodeten Wäldchens liegt. Die komfortablen Zimmer sind nach ihren Farben benannt und außer dreien haben alle von ihnen Balkons mit tollem Ausblick. Die Gemeinschaftsbereiche, darunter eine Bibliothek, ein museumsartiger Speiseraum mit Kamin, ein Fernsehzimmer ohne TV und ein Meditationsraum, versprühen jede Menge Atmosphäre.

Tsomgo- (Changu-) See

3750 M

Der **Tsomgo** (sprich: „Tschangu“) ist dafür bekannt, keinen Zufluss zu haben. Er ist nicht gerade der schönste Bergsee der Welt, aber eine Exkursion hierher ist die schnellste Möglichkeit, die Baumgrenze hinter sich zu lassen. Deshalb ist der Tsomgo-See ein unglaublich beliebtes Ziel für Indienurlauber unter Zeitdruck, die bisher noch nie in den Genuss des Anblicks einer Hochgebirgslandschaft gekommen sind. Am Ufer des Sees werden kurze Ritte auf Yaks (200 ₹) angeboten, die das Ganze endgültig zur Touriattraktion machen. Die Höhe raubt einem vielleicht den Atem, wer aber nur einen Tag hier ist, muss sich um Sauerstoffmasken oder Medikamente gegen Höhenkrankheit keine Gedanken machen.

Sowohl Ausländer als auch Inder benötigen hier eine Genehmigung, diese kann aber meist bereits für den nächsten Tag von buchstäblich jedem Tourveranstalter in Gangtok organisiert werden (Fotos und Dokumentenkopien erforderlich).

Nur Inder können weiter nach **Nathu La** zum chinesischen Grenzposten reisen und dort auch nur ein paar Fotos schießen. Der Übergang nach Tibet ist bisher noch geschlossen.

Am Ufer des Sees werden an Ständen heißer Tee, gebratene Nudeln und *momos* (Teigtaschen) verkauft.

Der See liegt 38 km von Gangtok entfernt. Ein Budget-Tagesausflug kostet normalerweise um die 4500 ₹ pro Fahrzeug. Als Inder kann man sich problemlos einer Tour anschließen (rund 800 ₹/Pers. inkl. Nathu La), für Ausländer ist das so gut wie unmöglich, da sie das Gebiet von Nathu La nicht betreten dürfen – was ein logistisches Problem darstellt, da ja jemand bei ihnen bleiben muss, wenn der Rest der Gruppe zur chinesischen Grenze fährt.

NÖRDLICHES SIKKIM

Von Gangtok nach Mangan

Die altersschwache, schmale und teilweise unglaublich schlammige NH31A schlängelt sich über dicht bewaldete Hänge hoch über dem Tal des Flusses Tista. Bäche stürzen zwischen bemoosten Felsen, halb verborgen hinter dichtem Blätterwerk und Bambusdickicht, in die Tiefe. Von mit Gebetsflaggen geschmückten Brücken fällt der Blick auf größere Wildwasserflüsse. Die Tourenjeeps auf dem Weg nach Yumthang düsen an all dieser Schönheit einfach vorbei und halten meist nur am Tashi Viewpoint (S. 593) und dem beeindruckenden **Seven Sisters Waterfall** (Gangtok-Mangan Rd, Km 30). Wer **Kabi Lunchok** (Gangtok-Mangan Rd, Km 17,6) GRATIS und **Tumlong** (Gangtok-Mangan Rd, Km 36) sehen möchte – was sich jedoch kaum lohnt – muss den widerwilligen Fahrer explizit darum bitten. Dieser hat es meist eilig, um Lachung vor Einbruch der Dunkelheit zu erreichen.

Mangan, der Hauptort des Distrikts Nord-Sikkim, ist ein guter Ausgangspunkt, um Lachung auf eigene Faust zu erkunden. Das Geschäftszentrum ist ein trostloses, betoniertes Gebiet in Y-Form an einem steilen, bewaldeten Hang, aber in den attraktiven Vororten gibt's zwei sehr schöne Unterkünfte. Am gegenüberliegenden Ufer der Tista befindet sich **Dzongu**, ein Schutzgebiet der Lepcha. Es ist ein gutes Ziel, wenn man eine schlichte Homestay-Unterkunft sucht.

Schlafen & Essen

★ **Mayallyang Homestay** HOMESTAY
(☎9647872434, 8348332721; www.mayallyang.com; Passingdang, Dzongu; inkl. VP 1800 ₹/Pers.) Dies ist eines der bezauberndsten Refugien Sikkims. Der jugendliche Gastgeber Gyatshe ist ein engagierter Damm-Gegner und sieht in Homestays einen wichtigen Teil seiner Mission, seine Botschaft über ökologische und kulturelle Nachhaltigkeit mit anderen zu teilen. Man kann sich im gemütlichen Aufenthaltsraum interessante Videos zum Thema anschauen oder einfach auf einer der Fachwerk-Veranden des Hauses entspannen. Die Zimmer sind schlicht, und ihre Bewohner teilen sich Gemeinschaftsbäder. Von der Hauptstraße in Passingdang ist das Mayallyang Homestay über eine nach unten führende Treppe (fast 100 Stufen) erreichbar.

Äußerster Norden Sikkims

Lachung

☎03592 / 2680 M

Hoch aufragende, gezackte Felswände mit langen Bändern aus Wasserfällen umgeben die Streusiedlung Lachung. Um die spektakuläre Lage des Dorfes richtig zu würdigen, überquert man zunächst den wilden Yumthang auf der freitragenden Metallbrücke und steigt dann durch den älteren Teil der Siedlung auf zur 1880 gegründeten **Lachung Gompa** (Sarchok Gompa; Katao Rd, Km 1,8) oder weiter zum Aussichtsbereich, wo der auffällige **Shakathang Stupa** steht.

Das Yumthang-Tal hält noch viel mehr dieser wunderschönen Landschaft bereit. Ein Ausflug in das Tal ist der Hauptgrund, warum es Besucher nach Lachung zieht.

GEFÜHRTE TOUREN

Es gibt im Wesentlichen zwei Täler, deren Erkundung unbedingt lohnt: Lachen und Lachung. Da Ausländern ein Besuch des Gurudongmar-Sees (der größten Attraktion der Region Lachen) jedoch untersagt ist, entscheiden sich die meisten Besucher für Lachung-Yumthang. Von Gangtok aus benötigt man drei Tage, um Yumthang und Zero Point gerecht zu werden. Wer ab Mangan startet, kann die Sache etwas ruhiger angehen lassen; dann sind zwei Tage ausreichend.

Für eine All-inclusive-Tour von zwei Nächten und drei Tagen von Gangtok nach Yumthang beginnen die Preise in einer Gruppe von vier Personen bei etwa 6000 ₹ pro Nase (inkl. Übernachtung & Verpflegung). Touren, bei denen nur die Transfers ab Mangan eingeschlossen sind und bei denen man die Unterkunft selbst bezahlen muss, kosten rund 3500 ₹ pro Tag für einen Jeep. Man sollte nachfragen, welche Unterkünfte angeboten werden und ob am zweiten Tag die Fahrt zum Zero Point dabei ist, oder ob es nur bis nach Yumthang geht (der offizielle Fahrpreis nach Yumthang und Zero Point liegt bei 2500 ₹).

Schlafen & Essen

★ **Kalden Residency** PENSION $
(☎8900085244; Yumthang Rd; Zi. 1000–2000 ₹, VP zusätzl. 500 ₹) Die Pension rund um ein altes Holzhaus im hiesigen Stil ist die tollste Budgetoption in Lachung. Es gibt auch ein paar neuere, hausähnliche Gebäude, die um einen Hof mit blühenden Topfpflanzen angeordnet sind. Die Zimmer sind schlicht, aber viel besser als das, was man normalerweise für diesen Preis erhält. Die Besitzerfamilie ist zudem wirklich reizend.

ABSEITS DER ÜBLICHEN PFADE

THANGGU & TSOPTA

Hinter einem großen Armeestützpunkt, 32 km nördlich von Lachen, liegt Thanggu (3850 m), das im Grunde ein Sommercamp der Hirten ist. Hier fühlt man sich wie am Ende der Welt. Einige hartgesottene Traveller verbringen hier die Nacht, die meisten Gruppen legen auf ihrem Weg zum **Gurudongmar-See** (5150 m) mit den Spiegelungen der schneebedeckten Gipfel im Wasser aber nur einen Zwischenstopp zum Frühstück ein. Der See ist ein traumhafter Anblick – zumindest wenn das Wasser ruhig und der See nicht zugefroren ist. **Chomalu** liegt etwa 10 km weiter und ist der höchstgelegene See Indiens. Ausländer haben leider zu keinem der beiden Seen Zugang.

Dafür dürfen sie das rund 2 km von Thanggu entfernte **Tsopta-Tal** besuchen, zu dem ein Wasserlauf voller Felsbrocken führt. Gleich oberhalb der Baumgrenze ist die Landschaft am westlichen Horizont von einem gewaltigen Bergmassiv mit Gletschern geprägt. Eine zweistündige Wanderung führt hinauf zu zwei **Meditationshöhlen**; eine davon diente der berühmten französischen Reisenden und Mystikerin Alexandra David-Néel zwei Jahre lang als Unterschlupf.

In Thanggu gibt's ein paar Homestays, die meisten Besucher übernachten jedoch in Lachen.

Yarlam Resort RESORT $$$
(☎9434330033; www.yarlamresort.com; Yumthang Rd, Km 1,3; DZ ohne/mit Ausblick 10 000/11 000 ₹, Suite 15 000 ₹; ⏲März–Mitte Juni & Aug.–Dez.; @) Für das abgeschiedene Lachung ist dieses Resort bemerkenswert luxuriös. Neuankömmlinge werden mit einer Tasse Tee in der teilweise im tibetischen Stil eingerichteten Lobby-Lounge oder in der ruhigen Bibliothek willkommen geheißen. Die luxuriösen Zimmer sind mit komfortablen Betten samt Unmengen Kissen und DVD-fähigen Fernsehern ausgestattet. Die Suiten verfügen zudem über einen geräumigen Balkon mit Sitzgelegenheiten (besonders Nr. 301). Der wunderbare Blick auf die Berge lässt sich auch aus dem Spieleraum genießen (bei Snooker, Tischtennis, Carrom und Schach). Kein WLAN.

Yumthang-Tal

Eines der größten Highlights eines Besuchs im nördlichen Sikkim ist die 52 km lange Fahrt zwischen Lachung und Zero Point durch die landschaftliche Vielfalt des Yumthang-Tals. Wenn der Himmel klar ist, kann man die Berge in ihrer vollen Pracht bestaunen, es kann aber auch schön sein, wenn da ein paar Wolken sind, weil sie die Umrisse der Berge besser zur Geltung bringen und man mehr auf die Schönheit der Natur achtet. In Höhen über 2000 m kommt man durch üppigen Mischwald, Rhododendrenhaine, moosbehangene, widerstandsfähige alte Kiefern und, oberhalb der Baumgrenze, durch tundraähnliches Hochland.

Etwa auf halbem Weg sollte man unbedingt an den **Yumthang Hot Springs** (Yumthang Rd km 21,9) GRATIS Halt machen. Nicht wegen des winzigen, unappetitlichen Badebeckens, sondern wegen des Weges, der dorthin führt: Von einer mit Gebetsflaggen geschmückten Fußgängerhängebrücke hat man einen Bilderbuchblick auf die hoch aufragende Felswand. Hinter den Ansammlungen von Läden und Cafés lohnt auch ein Zwischenstopp an der **Yumthang Meadow** (Yumthang Rd, Km 23). Einige Touren enden hier, andere führen noch 30 km weiter in einer schier endlosen Aneinanderreihung von Haarnadelkurven hinauf zum **Zero Point** (auf einer atemberaubenden Höhe von 4825 m).

Die Touren finden in Jeeps statt; gültige Genehmigungen sind erforderlich. Von Lachung aus dauert es etwa eine Stunde, bis Yumthang Meadow erreicht ist. Bis zum Zero Point braucht man noch einmal so lange. Es empfiehlt sich, morgens recht früh zu starten, da es unterwegs viele Fotostopps gibt und man gemäß den militärischen Vorschriften gegen 14 Uhr wieder zurück in Lachung sein muss.

Lachen

2700 M

Lachen war einst ein idyllisches Dorf mit alten Holzhäusern auf stabilen Steinfundamenten, die mit kunstvoll verzierten Fensterrahmen im tibetischen Stil prunkten. Mittlerweile stehen hier vor allem Hotels aus Beton, die die Massen von indischen

Touristen beherbergen, die unterwegs zum Gurudongmar-See sind. Die **Lachen (Nyudrup Choeling) Gompa** liegt oberhalb der Stadt und ist in 15 Minuten zu Fuß erreichbar. Von hier sieht die Siedlung schon wieder hübscher aus.

Lachen kann auch als Ausgangspunkt für achttägige Expeditionen zum **Green Lake** (5050 m) genutzt werden, also auf die Nordostwand des Kangchendzönga zu. Der Weg verläuft teilweise am **Zemu-Gletscher** entlang, auf dem angeblich der Yeti (auch als „schrecklicher Schneemensch" bekannt) lebt. Bis 2015 konnten Genehmigungen für diese Gegend nur in Delhi beantragt werden, und es konnte Monate dauern, bis sie bearbeitet wurden. Dies wurde mittlerweile – zumindest probeweise – geändert, und die Formalitäten können innerhalb etwa einer Woche erledigt werden. Infos und Unterstützung erhält man bei Namgyal Treks & Tours (S. 595) in Gangtok.

Da fast jeder Reisende im Rahmen einer organisierten Tour hierherkommt, sind die Unterkünfte meist schon vorab gebucht. Wer die Möglichkeit hat, sich selbst eine auszusuchen, und wer etwas Luxus abseits des Zentrums sucht, der ist im gastfreundlichen **Apple Orchard Resort** (☎9474837640; www.theappleorchardresort.com; EZ/DZ inkl. VP 7479/9619 ₹; P) gut aufgehoben. Es befindet sich auf einem grünen, stufenförmig angelegten Gelände neben der *ani gompa* (Nonnenkloster). Die einladenden Zimmer haben Holzböden und -wände.

SÜDLICHES SIKKIM

Namchi

☎03595 / 12 920 EW. / 1470 M

Die beiden mächtigen religiösen Bauten, die am zerklüfteten Horizont rund um Namchi aufragen, sind die wichtigsten „Sehenswürdigkeiten" der Siedlung. Namchi ist aber auch ein ganz nettes Basislager und hat eine belebte Fußgängerzone im Zentrum mit zwei fast identischen Plätzen, neben denen jeweils ein alter Baum steht.

Sehenswertes

★Samdruptse BUDDHISTISCHES DENKMAL

(Padmasambhava-Statue; Eintritt 30 ₹, Parken 30 ₹; ⌚Sonnenaufgang–Sonnenuntergang) Die leuchtend kupfer- und bronzefarben angemalte, 45 m hohe **Padmasambhava-Statue** (Guru Rimpoche) thront auf einem Lotus-Sockel hoch über Namchi und ist kilometerweit zu sehen. Sie dreht ihren Rücken dem atemberaubenden **Khangchendzönga-Massiv** zu, das man am besten von einem Punkt direkt neben der Hüfte sehen kann. Den Grundstein zu dem 2004 fertiggestellten Monument legte der Dalai Lama 1997.

Am Sockel sind einige verblasste Fotos des alten Sikkim zu sehen, und in seinem Innern befindet sich ein Gebetsraum. Vom Parkplatz aus kann man in 15 Minuten mit einer **Seilbahn** (15 Min., hin & zurück 173 ₹; ⌚9.30–17 Uhr) hinunter zu einem **Steingarten** (⌚9.30–17.30 Uhr) GRATIS und wieder zurück fahren.

Die Stätte befindet sich 7 km außerhalb Namchis und 2 km abseits der Straße von Damthang nach Ravangla. Die Taxifahrt aus dem Ort kostet hin und zurück rund 330 ₹. Alternativ kann man sich auch für 930 ₹ nach Ravangla fahren lassen und hält unterwegs hier an.

★Char Dham HINDU-DENKMAL

(Siddesvara Dham; Erw./Student/Parken 50/25/30 ₹; ⌚6–19 Uhr) Dieser bemerkenswerte religiöse Hindu-Themenpark befindet sich 5 km südwestlich von Namchi auf dem Solophuk-Hügel und ist mit seiner Farbenpracht nicht zu übersehen. Hier trifft man auf Nachbildungen großer indischer Pilgerstätten wie etwa Rameshwarm, Dwarka und Jagarnath. Alles wird überragt von einer gewaltigen, 33 m hohen **Shiva-Statue**. Man kann das Ganze kitschig oder bewegend finden – der Ausblick und die Fotomotive sind jedenfalls spektakulär.

Achtung, nicht überrascht sein: Man muss ein ganz schön langes Stück barfuß gehen. Eine Taxifahrt von Namchi hierher und zurück kostet inklusive einer Wartezeit von einer Stunde 330 ₹.

Ngadak Gompa BUDDHISTISCHES KLOSTER

Die Ngadak-Klosteranlage wird von einer riesigen, 2014 erbauten Gebetshalle beherrscht, in der einige der aufwendigsten modernen Gemälde Sikkims zu sehen sind. Nebenan befindet sich die verfallene, nicht bemalte Hülle eines viel älteren Klostergebäudes, das das Flair des alten Sikkim versprüht und in dem es spuken soll. Es war einst der Palast von Pedi Wangmu, der sikkimischen Königin, die im Jahr 1700 ihren Halbbruder kurzzeitig stürzte und ihn Jahre später schließlich umbringen ließ (um dann von dessen Anhängern getötet zu werden).

Schlafen & Essen

Dungmali Heritage Resort PENSION $
(☎9734126039; minurai81@yahoo.com; Solophuk Rd; EZ 600 ₹, DZ hinten/vorn 1200/1500 ₹, Cottage 2500 ₹;) Etwa 4 km außerhalb von Namchi, in der ersten Haarnadelkurve an der Straße nach Char Dham liegt diese familiengeführte Pension, von der aus Gäste die Stadt überblicken können. Die günstigen Zimmer befinden sich inmitten eines Bio-Kardamom-Hains; die Doppelzimmer nach vorn gewähren Ausblick ins Tal. Auf vorherige Anfrage organisieren die Betreiber auch **Waldwanderungen** und **Vogelbeobachtungstouren** in der Nähe.

Summit Sobralia Resort HOTEL $$$
(☎9083246084, Reservierungs-Hotline 0359-520113; www.summithotels.in; Chardham Rd; EZ/DZ 7000/8000 ₹, ohne Reservierung 4000/5000 ₹;) Die eleganteste Option in Namchi bietet bislang aus seinem kleinen Pool im Freien und aus mehreren der luxuriösen, schicken, wenn auch etwas lieblos designten Zimmer einen tollen Blick auf den Khangchendzönga. Das Hotel liegt 1,8 km südwestlich von Namchi an der Straße nach Char Dham.

Hotel Sangay TIBETISCH, INDISCH $
(Hauptgerichte 70–160 ₹; ⏲8–20 Uhr) In dem unaufdringlich stilvollen Restaurant schauen Gäste auf einen Brunnen in der Mitte und einen alten Bodhi-Baum. Das Lokal ist sauberer und einladender als die meisten anderen Essensoptionen. Außer für *momo* (tibetische Teigtaschen) und ein einfaches vegetarisches Thali muss man für meisten Gerichte der umfangreichen Speisekarte ein oder zwei Stunden im Voraus bestellen.

An- & Weiterreise

Das mehrstöckige Gebäude, in dem der **Jeep-Stand** untergebracht ist, steht unmittelbar östlich von der Fußgängerzone im Stadtzentrum. Busse und Sammeljeeps starten von der untersten Ebene, private Taxis mit Festpreisen stehen in der Schlange im 1. Stock.

Zwischen 6.30 und 15 Uhr fahren ein- bis zweimal pro Stunde Sammeljeeps nach Gangtok (150 ₹, 4 Std.) und Siliguri (150 ₹, 3–6 Std. je nach Verkehr), für die man die Tickets schon im Voraus kaufen sollte. Nach Jorethang (40 ₹, 2 Std.) und Ravangla (60 ₹, 1¼ Std.) fahren die Fahrzeuge ab, sobald sie voll sind; nach 12 Uhr verkehren allerdings nur noch wenige.

Jeden Morgen fahren Busse nach Siliguri (90 ₹) und Gangtok (90 ₹); zudem sind zwei Verbindungen nach Ravangla eingerichtet (11.30 & 14 Uhr, 35 ₹).

Ravangla (Rabongla)

☎03595 / 2050 M

Das kleine, auf einem Hügelkamm erbaute Ravangla (auch Rabongla oder Rabong) zählt zu den Sehenswürdigkeiten, die auf keiner Sikkim-Reise fehlen sollten. Das hat der Ort dem bemerkenswerten neuen Buddha Park zu verdanken, dessen gigantische, goldene Statue friedlich vor der vor allem bei Sonnenaufgang atemberaubenden Kulisse der schneebedeckten Gipfel des Himalaja thront.

Der Blick von den beiden Hauptstraßen, an denen sich die Mehrzahl der Hotels Ravanglas drängt, ist nicht annähernd so schön. Der Taxistand im Ort ist jedoch sehr praktisch, um die Sehenswürdigkeiten der Umgebung, vor allem die Klöster in Ralang und Yungdrung Kundrakling, zu erkunden.

Sehenswertes

★**Buddha Park** BUDDHISTISCHES DENKMAL
(Tathagata Tsal; www.tathagatatsal.com; Ralang Rd km 2; Inder/Ausländer 50/200 ₹; ⏲9–17.30 Uhr) Die gigantische, 41 m hohe **Buddha-Statue** erhebt sich vor der atemberaubenden Kulisse des Himalaja und enthält heilige Reliquien aus elf Ländern. Im Innern befindet sich eine spiralförmige Galerie, in der Szenen aus Buddhas Leben in zwei sehr unterschiedlichen, aber sehr farbenprächtigen Stilrichtungen dargestellt sind. Die Statue wurde 2013 vom Dalai Lama gesegnet und steht auf einem gepflegten Rasen hinter einem zentralen Brunnen. Der Klang von musikalisch untermalten Mantras sorgt für eine meditative Atmosphäre.

Palchen-Choeling-Kloster BUDDHISTISCHES KLOSTER
(Neue Ralang Gompa; Ralang; P) In der Nähe von Ralang, 10,5 km nordwestlich von Ravangla, leben über 300 Mönche in dieser 1995 errichteten Klosteranlage. Im Kagyü-Buddhismus ist sie als Wohnort von Gyaltsap Rinpoche, einer der fünf wichtigsten Persönlichkeiten des Ordens, von größter Bedeutung. Die Hauptgebetshalle verfügt über bunte Wände und goldene Decken und steht an einem weiten Hof mit Swastika-Fliesen. Die herrlich goldene, zwei Stockwerke hohe Buddha-Statue im Innern fällt durch ihre knallblauen Haare auf.

Yungdrung Kundrakling KLOSTER
(Ravangla-Kewzing Rd; ⌚ Sonnenaufgang–Sonnenuntergang) Diese kleine Anlage mit ihren zwei Gebetshallen ist eines von nur zwei Bön-Klöstern in Indien. Der Ausblick auf die Berge ist herrlich, hier leben jedoch nur rund 25 Mönche und drei Lehrer plus eine ganze Schule mit (vor allem verwaisten) Jugendlichen. Das Kloster befindet sich an der Hauptstraße nach Legship, 5,5 km vom Zentrum Ravanglas entfernt, und unmittelbar hinter einem wunderbar dichten Waldstück. Spenden von Besuchern sind hier sehr willkommen.

Alte Ralang Gompa BUDDHISTISCHES KLOSTER
(Ralang) Von Palchen Choeling (S. 606) aus rund 1,5 km den Hügel hinunter liegt das 1768 gegründete Alte Ralang-Kloster. Der Haupttempel wurde 2012 komplett neu aufgebaut, auf dem Gelände gibt es aber dennoch eine Handvoll alter Mönchszellen aus Stein und Holz, die als Beispiel für historische Bhutia-Architektur erhalten wurden. Zudem eröffnet sich beim Betreten durch das äußere Tor auf der rechten Seite ein unvergesslicher Blick auf die Berge. Im Dezember findet hier das **Mahakala-Puja-Fest** statt.

Mane Choekhorling Gompa BUDDHISTISCHES KLOSTER
(⌚ Sonnenaufgang–Sonnenuntergang) Das von 1984 bis 2008 auf Grundlage klassischer traditioneller Designs erbaute, opulente Kloster verfügt über einen beeindruckenden zentralen Tempel, der auf einem achteckigen steinernen Sockel ruht. Einmal im Jahr findet hier das Pang-Lhabsol-Fest (S. 591) zu Ehren des Kangchendzönga statt. Die Gompa ist ein netter Zwischenstopp, wenn man zu Fuß vom Buddha Park zurück zu Ravanglas Main Bazaar unterwegs ist.

Aktivitäten

Maenem-Hill-Wanderung WANDERN
Wer diese recht anstrengende Tageswanderung in Angriff nehmen möchte, holt sich Hilfe bei **Kanchan Himalayas** (☎ 8768442600; khtoursntravels@gmail.com; Kewzing Rd; ⌚ 9.30–18 Uhr) oder heuert einfach selbst einen Bergführer an (ab 500 ₹). Die Wanderung führt durch die Wälder und vorbei an den im Frühling blühenden Rhododendrensträuchern und Magnolien des **Maenam Wildlife Sanctuary**, auf den Maenem Hill und weiter zum **Bhaledunga Rock**, von dem aus sich ein weiter Blick bietet. Es besteht die (relativ geringe) Möglichkeit, unterwegs **Kleine Pandas** und **Himalaja-Glanzfasane** (Staatstier bwz. -vogel Sikkims) zu sichten.

Schlafen & Essen

Red Panda PENSION $$
(☎ 9733193884, 9735264819; Buddha Park Rd; ohne/mit Ausblick 1500/2000 ₹) Über einem kleinen Snack-Café (tolle Hühnchen-*momos*!), das von außen nicht sehr einladend aussieht, befinden sich neun neue Gästezimmer, die fast alle einen Blick auf den Buddha nebst traumhafter Himalaja-Kulisse bieten. Die Pension ist komfortabel, viel Luxus gibt's aber nicht.

Mt. Narsing Village Resort RESORT $$
(☎ 8145841614, 8145294900; www.mtnarsingresorts.com; abseits der Kewzing Rd; DZ ab 3025 ₹) Diese paar rustikalen Bungalows, 1 km abseits der Straße von Ravanla nach Legship, stehen auf hübschen Rasenflächen mit fast perfektem Himalaja-Blick, wäre da nicht dieser nervige Strommast im Weg… Die Zimmer sind für ihren Preis etwas karg, das Restaurant im Zentrum der Anlage ist jedoch vorzüglich, voller Flair und vollgestopft mit typischen Artefakten.

Blue Spring Residency HOTEL $$
(☎ 8927479246, 9733121105; raju1881975@gmail.com; Main Bazaar; DZ/3BZ 2200/2500 ₹, Nebensaison 1600/1800 ₹) Das Hotel ist eine bessere Wahl als die meisten Hotelbunker in Ravangla. Die etwas klein geratenen Zimmer sind in Pastelltönen gestrichen, haben annehmbare Bäder, und 15 der 19 Zimmer verfügen über Balkone mit tollem Bergblick (wenn auch etwas eingeschränkt). Das hübsche Restaurant (Hauptgerichte 60–180 ₹) serviert internationale Küche und gewährt einen ähnlich schönen Ausblick, allerdings bekommt man nicht unbedingt jedes Gericht, das auf der Karte steht.

Taste of Sikkim INTERNATIONAL $$
(Main Bazaar; Hauptgerichte 80–180 ₹; ⌚ 8.30–21 Uhr) Der Name ist etwas irreführend, da die einzigen sikkimischen Gerichte, die serviert werden, tibetische Klassiker wie *momo* (Teigtaschen) und *thukpa* (Nudelsuppe) sind. Das Lokal ist mit seinen Schwarzweißfotos und kleinen, eingerahmten Waffen jedoch das netteste Restaurant unter den Optionen am Main Bazaar. Das Essen ist lecker und kreativ angerichtet, etwa als Stern aus frittiertem Reis mit einem Schweif aus geraspelten Karotten.

Kookay Restaurant TIBETISCH, INDISCH $
(Main Bazaar; Hauptgerichte 80–120 ₹; ⊙8.30–20 Uhr) Das alteingesessene Lieblingslokal unmittelbar am Jeep-Stand serviert tibetische Suppen, *shaya phalays* (frittierte Fleischpasteten), chinesische Gerichte auf der heißen Platte (250–300 ₹) und sechs köstliche Thali-Varianten (100–200 ₹).

An- & Weiterreise

Es gibt Busse nach Siliguri (170 ₹, 5 Std., 7 Uhr) und Namchi (35 ₹, 1 Std., 9 & 14.30 Uhr); der 9-Uhr-Bus fährt weiter nach Jorethang (70 ₹). Das **SNT-Buchungsbüro für Busse** (Main Bazaar) befindet sich unterhalb des Hotels 10Zing an der Hauptkreuzung; in der Nähe stehen auch Taxis. Sammeljeeps fahren ab der **mehrstöckigen Garage** (Yangang Rd), die 500 m weiter an der Yangyang Rd liegt. Einige Verbindungen sind:

Gangtok (140 ₹, 7, 7.30, 8, 11 & 12 Uhr) Alternativ nimmt man um 14.30 Uhr den Jeep nach Singtam (wird manchmal gecancelt) und steigt dort um.

Geyzing In Richtung Pelling (100 ₹, 2 Std., nur 9 Uhr) oder in Legship umsteigen.

Legship (60 ₹) Fährt los, wenn alle Plätze belegt sind; kein Fahrplan, fährt aber bis etwa 14 Uhr relativ regelmäßig.

Siliguri (220 ₹, 7 & 7.30 Uhr)

Jeeps nach Namchi (60 ₹) füllen sich nur langsam, da die meisten Einheimischen den Bus nehmen.

Temi Tea Garden

Der obere Teil der wunderschönen Straße, die von Singtam hinauf nach Damthan führt und niemals zu enden scheint, verläuft größtenteils durch die weitläufige, jadegrüne Teeplantage Temi. Die sorgfältig angelegten, steilen Terrassen sind an sich schon beeindruckend, bei klarer Sicht ist aber vor allem der Blick durch das üppig grüne Tal mit dem Khangchendzönga-Massiv in Hintergrund unvergesslich.

Das etwas steif anmutende **Cherry Resort** (☎8016488737; www.cherryresort.com; Temi Tea Estate; EZ/DZ ab 3040/3490 ₹) liegt inmitten der Pflanzungen und bietet Zimmer mit herrlichem Blick auf die Berge.

Das Cherry Resort hat auch ein ganz passables Restaurant sowie zwei Freiluftcafés direkt an der Plantage, wo man Tee trinken kann und einige einfache Snacks bekommt. Die nettere Option ist **Organic Tea Point** (⊙7–21 Uhr).

Wer mit einem eigenen fahrbaren Untersatz unterwegs ist, kann einfach an der Teefabrik, dem Resort oder an einem der Cafés halten, die jeweils ein paar Kilometer voneinander entfernt sind und an einer holprigen Serpentinenstraße liegen. Zu Fuß ist man schneller, da man die Fußwege zwischen den Teesträuchern nehmen kann.

Ein Taxi von Namchi oder Ravangla kostet hin und zurück 800 ₹. Die Strecke von Namchi nach Ravangla (einfache Strecke) mit einem Zwischenstopp in Temi kostet 1100 ₹ einschließlich Wartezeit.

Sammeljeeps zwischen Gangtok und Temi gibt es zwar, diese halten jedoch nur im Dorf **Temi** (1400 m), das weit unterhalb der Teeplantage liegt.

WESTLICHES SIKKIM

Pelling

☎03595 / 1930 M

Der eigentliche Reiz von Pelling liegt in dem atemberaubenden Anblick des schneebedeckten Kangchendzönga bei Sonnenaufgang. Auf den ersten Blick ist dieser kleine Ort eine architektonisch wenig reizvolle Aneinanderreihung von Hotels, die den ansonsten sehr schönen bewaldeten Berghang sprenkeln. Man muss nur ein paar Schritte gehen, und schon findet man sich in einem wunderschönen unberührten Waldstück wieder.

Dank der hilfsbereiten Reisebüros ist es nicht schwer, einen Ausflug zu organisieren. Auf den ersten 3 km außerhalb Pellings, an der Straße, die am Bergkamm entlangführt, stehen zwei historische Klöster: die geschäftige Pemayangtse Gompa (S. 608) und das friedliche Kloster Sanghak Choeling (S. 609). Hinzu kommen die Ruinen des königlichen Palasts Rabdentse (S. 609) aus dem 18. Jh. Unmittelbar unterhalb befindet sich Tikjuk, das Verwaltungszentrum von West Sikkim (zum Verlängern von Genehmigungen), von wo aus nach weiteren 3 km Geyzing (Gyalshing), das kommerzielle Zentrum und ein Verkehrsknotenpunkt, erreicht ist.

Sehenswertes

Pemayangtse Gompa BUDDHISTISCHES KLOSTER
(☎03595-250656; www.sangchenpemyangtse.org; 20 ₹; ⊙7–17 Uhr) Die Pemayangtse Gompa ist eines der ältesten und bedeutendsten Nyingmapa-Klöster in Sikkim. Die stimmungsvolle Anlage befindet sich auf einem Hügel

(2080 m) mit Blick auf die Ruinen von Rabdentse (S. 609) und ist umgeben von traditionellen, aus Holz und Stein erbauten Hütten, in denen die hiesigen Mönche wohnen. Der zentrale Tempel wurde oft umgebaut. Im oberen Stockwerk ist ein siebenstufiges Modell des Zangtok Palri (Padmasambhavas himmlischer Wohnort) zu sehen. Es wurde in fünf arbeitsreichen Jahren von einem einzigen, hingebungsvollen Lama von Hand gefertigt und ist die beeindruckendste Sehenswürdigkeit des Klosters. In einem Durchgang im Dachgeschoss befindet sich eine schummrig beleuchtete Sammlung von Kostümen, Gerätschaften und sonstigen Überresten, die von früheren Inkarnationen der klösterlichen Gemäuer zeugen.

Seit 1647 steht auf dem Gelände ein buddhistischer Schrein. Wörtlich übersetzt bedeutet der Name Pemayangtse „perfekter, erhabener Lotus". Das Kloster befindet sich 500 m abseits der Straße nach Geyzing; um hierher zu kommen, muss man 1,5 km östlich von Upper Pelling in Richtung Norden fahren.

Rabdentse HISTORISCHE STÄTTE, RUINEN

(Parken 20 ₹; ⌚8–17 Uhr, letzter Einlass 16 Uhr) GRATIS Rabdentse war ab 1670 die königliche Hauptstadt von Sikkim, bis sie im 18. Jh. von den nepalesischen Truppen geplündert wurde. Heute besteht sie nur noch aus ein paar teilweise wieder aufgebauten Mauerresten. Die eigentliche Attraktion ist die sagenhafte **Aussicht**, die sich von der Stätte aus bietet. Die beste Gelegenheit, ein schönes Foto zu machen, hat man inmitten eines Trios aus kleinen Steinstupas.

Das **Eingangstor** befindet sich 2,3 km von Upper Pelling entfernt an der Straße nach Geyzing, 800 m östlich von der Abzweigung nach Pemayangtse. Vom Eingangstor bis zu den Ruinen müssen Besucher zu Fuß 1 km durch ein Waldstück gehen. Dabei passieren sie u. a. ein neu angelegtes Vogelgehege.

Sanghak Choeling Gompa BUDDHISTISCHES KLOSTER

(⌚Sonnenaufgang–Sonnenuntergang) Diese Klosteranlage, die fotogen hinter einer Reihe aus sieben Steinstupas steht, die mit Ausnahme ihrer goldenfarbenen Spitzen nicht bemalt sind, ist ein ruhiger, meditativer Ort – zumindest, bis die riesige neue **Chenrezig-Statue** (Sanghak Choeling Rd) fertiggestellt sein wird. Der Ausblick von hier aus ist traumhaft.

Pelling

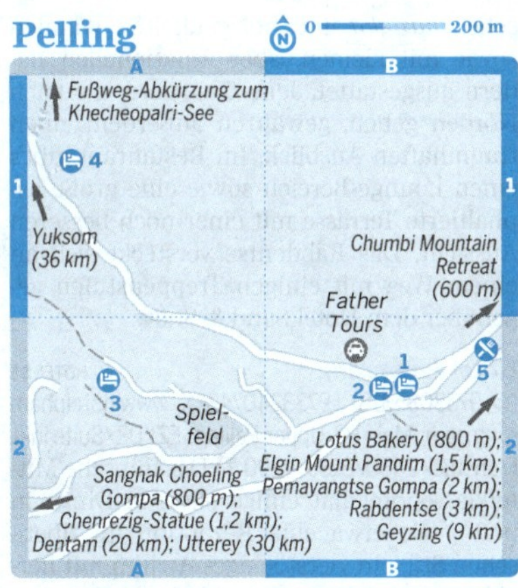

Pelling

Schlafen

1 Hotel Garuda B2
2 Hotel Phamrong B2
3 Norbu Ghang A2
4 Rabdentse Residency A1

Essen

Hotel Garuda .... (siehe 1)
5 Kabur Resto-Bar B2

Schlafen

★ **Hotel Garuda** HOTEL $

(☎9647880728, 9733076484; www.hotelgarudapelling.com; Main Rd, Upper Pelling; B/EZ/DZ ab 250/600/700 ₹, online EZ/DZ ab 850/1100 ₹; 📶) *Der* Backpacker-Klassiker unter Pellings Unterkünften ist ein gutes Plätzchen, um andere Reisende zu treffen. Besonders ohne Reservierung sind die Preise für Ausländer extrem günstig. Selbst die einfacheren Zimmer sind bemerkenswert sauber und geräumig und mit Durchlauferhitzern, Handtüchern und Seife ausgestattet. Die teureren, helleren Zimmer im Obergeschoss kosten immer noch unter 1500 ₹, selbst mit Blick auf den Khangchendzönga. Mit dem kostenlosen WLAN, dem Reisebüro und authentischen Sikkim-Gerichten ist das Garuda nur schwer zu übertreffen.

Rabdentse Residency HOTEL $

(☎0681292163, 03592-92163; www.saikripa.in; Main Rd, Lower Pelling; DZ ohne/mit Balkon 1200/1500 ₹, Suite ohne/mit Ausblick 3000/3500 ₹) Das Hotel ist ein gutes Stück besser als die meisten anderen Budgetoptionen. Die Zimmer sind mit blütenweißer Bettwäsche, *thangka* und holzgetäfelten Wänden sowie mit kleinen, aber funktionellen Bädern ausgestattet. Jene Quartiere, die nach Norden gehen, gewähren außerdem einen traumhaften Ausblick. Im Restaurant gibt's einen Lounge-Bereich sowie eine große asphaltierte Terrasse mit einer noch besseren Aussicht. Das Rabdentse versteckt sich an einem Weg mit einigen Treppenstufen gegenüber dem Hotel Sand & Snow.

Hotel Phamrong HOTEL **$$**
(☎9733085318, 9733240742; www.hotelphamrong.com; Main Rd, Upper Pelling; EZ/DZ/Suite inkl. Frühstück 2450/3135/4290 ₹) Das hübsche Mittelklassehotel hat einige skurrile Dinge in petto, wie etwa eine Rezeption im tibetischen Stil, ein vierstöckiges Atrium mit herabhängenden Bändern und einer ethnografischen Ecke im 2. Stock. Hinzu kommen verschiedene Artefakte, Karten und verblasste Bergfotografien. Die Zimmer sind ausreichend gut ausgestattet, abgesehen von vereinzelten Staubansammlungen und blinden Spiegeln. Einige der Zimmer im oberen Stock bieten einen traumhaften Ausblick.

★Chumbi Mountain Retreat HISTORISCHES HOTEL **$$$**
(☎9933126619; www.thechumbimountainretreat.com; Chumbong Rd; DZ inkl. HP ohne Reservierung/Standardtarif 9800/17 250 ₹; P 📶) Dieses wirklich außergewöhnliche Resort begeistert Besucher mit seiner kunstvollen Mischung aus traditioneller Sikkim-Architektur und modernem Luxus. Es liegt nur 1 km von Pelling entfernt und doch abgelegen in einem Waldstück. Dazu gibt's ein tolles Bergpanorama, interessante Gemeinschaftsbereiche mit alten bhutanischen Kaminen und ein an ein Museum erinnerndes, mit Stroh bedecktes Wirtschaftsgebäude. Das Tüpfelchen auf dem i sind die freundlichen, stets hilfsbereiten Angestellten.

★Elgin Mount Pandim HISTORISCHES HOTEL **$$$**
(☎03595-250756; www.elginhotels.com; Pemayangtse; EZ/DZ/Suite inkl. Halbpension 9295/9625/10 725 ₹; P @ 📶) Die ehemalige Königsresidenz thront auf einem Hügel und bietet dadurch einen tollen Ausblick nach allen Seiten. Zu den Highlights zählen die hübsch gepflegten Rasenflächen und die freundliche Lobby. Genau so stellt man sich ein Traditionshotel vor, mit Angestellten in Uniform, die aufmerksam, aber angenehm natürlich sind. Die Zimmer sind luxuriös und dennoch gemütlich und haben saubere, aber eher einfache Bäder.

Bis zur Pemayangtse Gompa sind es zehn Gehminuten, von Upper Pelling bis hierher weniger als 2 km.

Norbu Ghang RESORT **$$$**
(☎03595-258272; www.norbughanghotels.com; Main Rd, Upper Pelling; DZ Resort/Retreat ab 6630/11 664 ₹; 📶) Das Norbu Ghang hat zwei Eingänge und zwei Gesichter, der Blick auf den Khangchendzönga ist aber immer ein Traum! Das „Resort" besteht aus Duplex-Fachwerkcottages im Sikkim-Stil inmitten eines üppig grünen Gartens (sehr hübsch, dadurch wird aber die Sicht beeinträchtigt). Das gehobenere „Retreat" hält für seine Gäste einladende Lounges und riesige Zimmer mit Kamin und Eckbadewanne in Gebäuden bereit, die wie englische Doppelhäuser anmuten, die sich für eine tibetische Kostümparty adrett verkleidet haben.

Essen

Kabur Resto-Bar TIBETISCH, CHINESISCH **$$**
(Geyzing Rd; Hauptgerichte 90–250 ₹; ⏲9–21 Uhr) Abends herrscht in diesem bei Travellern sehr beliebten Lokal eine wunderbar gemütliche Atmosphäre, erzeugt durch Kerzen und bunte Glühbirnen. Tagsüber bietet der Balkon eine tolle Aussicht. Auf der Speisekarte stehen vor allem tibetische Suppen, *momo* und *taipoo* – ein köstliches, faustgroßes Brötchen mit einer Füllung. Es gibt aber auch viele chinesische Optionen.

Hotel Garuda INTERNATIONAL
(Upper Pelling; 📶) Der Speisesaal wird nicht als Restaurant beworben und als Nichthotelgast wird man hier nur bedient, wenn gerade nicht viel los ist. Wer hier aber übernachtet, der sollte unbedingt die hausgemachten sikkimischen Gerichte kosten, darunter die hervorragende *churpi* (Tomaten-Käse-Suppe), gebratene Käste-*momos* und ein ausgewogenes *ema datshi* (Chili-Käse-Curry).

Lotus Bakery CAFÉ
(Geyzing Rd; Kuchen 10–30 ₹; ⏲7–17 Uhr; P) Wenn man zu Fuß von oder nach Pemayangtse geht, lohnt es sich, in der reizenden, etwas baufälligen Lotus Bakery, 1 km vor der Abzweigung nach Upper Pelling, eine Pause einzulegen und einen regional angebauten Demajong-Tee (15 ₹) oder einen Instantkaffee (20 ₹) zu bestellen. Es gibt auch Brötchen, kegelförmige Makronen und Kuchen,

auf denen ein buddhistisches Symbol für Glück aufgedruckt ist. Manchmal bekommt man hier auch Pizza.

An- & Weiterreise

Ein klappriger, alter SNT-Bus fährt über Jorethang und Melli nach Siliguri (180 ₹, 8 Std.). Abfahrt ist gegen 6.15 Uhr vor dem Hotel Garuda; anschließend tingelt er durch Pelling und verlässt den Ort gegen 7 Uhr (an diesem Punkt ist er wahrscheinlich bereits überfüllt). Er hält ein weiteres Mal in Geyzing und macht sich dann endlich um 7.45 Uhr auf den Weg. Bezahlt wird an Bord.

Sammeljeeps ab Pelling fahren um 7 Uhr los und steuern Gangtok (300 ₹, 6 Std.) und Siliguri (350 ₹, 6 Std.) an; Ticket vorab bei **Father Tours** (☎7797283512; Upper Pelling) reservieren! Es gibt auch einen Jeep zwischen Pelling und Kalimpong, eine Fahrkarte dafür kann man unverständlicherweise aber nur in Geyzing kaufen. Fast alle weiteren Transportmittel fahren vom geschäftigen **Jeep-Stand** (Mani Rd) in Geyzing ab, dem faktischen Verkehrsknotenpunkt des westlichen Sikkim.

Wer nach Yuksom, Utterey, Khecheopalri oder Dentam weiterreisen möchte, bittet am besten die Angestellten im Hotel darum, verschiedene Fahrer von Sammeljeeps zu kontaktieren und eine Abholung in Upper Pelling zu arrangieren, da alle Jeeps auf ihrem Rückweg aus Geyzing am Nachmittag hier vorbeikommen. Allerdings funktioniert das nicht immer, da die Sammeljeeps meist schon voller Einheimischer sind. Viele Traveller buchen deshalb einfach über eines der zahlreichen Reisebüros in Pelling ein privates Fahrzeug.

Khecheopalri-See

1800 M

Der friedliche, heilige **Khecheopalri-See** (Kechuperi Lake; 10 ₹; ⌚Ticketverkauf 5–17.30 Uhr), dessen Name sich „Ketshup-Perri" ausspricht, ist ein Stausee, an dessen Ufer dicht bewaldete Hänge steil nach oben führen. Seine Hauptattraktion ist weniger der schöne Ausblick als eher die Stille, die hier herrscht. In der Hauptsaison sollte man am Vormittag besser nicht hierher kommen, wenn Scharen von Tagesausflüglern die Stille zunichtemachen. Am besten besucht man den See am späten Nachmittag. Dann sind die meisten Besucher schon weg, die tiefstehende Sonne scheint zwischen den Bäumen hindurch, und die bunten Gebetsflaggen wehen im Wind.

Eine noch bessere Option ist die etwa 30-minütige Wanderung hinauf vom Parkplatz zum idyllischen **Dorf Khacheopalri**, das an einem Bergkamm im Süden über dem See liegt. Dort scheint Zeit keine Rolle zu spielen, es gibt einen 400 Jahre alten Stupa, einen Rundum-Panoramablick und ganz besonders schöne, wenn auch einfache Homestay-Optionen. Die Gastgeber geben gern Tipps zu Tageswanderungen. Man kann aber auch einfach mit Pala, einem über 80-jährigen Mönch, meditieren, der einst ein Koch des Dalai Lama war.

Schlafen & Essen

Am Parkplatz des Sees gibt es eine Reihe kleiner, einfacher Restaurants und Läden, die Instantnudeln und *momos* servieren. Die Homestays im Dorf verpflegen ihre Gäste auch mit verschiedenen Gerichten. Der **Sonam's Homestay** (☎9735589678; zamyang22@gmail.com; Khecheopalri; inkl. Verpflegung 600 ₹/Pers.) bietet Nichtgästen, die nur eine Tageswanderung hierher unternehmen, ein Mittagessen für 100 ₹ (1 Std. vorher Bescheid geben!).

★ **Lake View Nest** HOMESTAY $$
(☎9735945598, 9593976635; lakeviewnest@gmail.com; Khecheopalri; inkl. Verpflegung 850–1250 ₹/Pers.) Dieser herrliche Homestay liegt einsam und allein am westlichen Rand des Dorfes Khecheopalri, rund zehn Gehminuten von der Gompa entfernt, und bietet vier Zimmer im Pensionsstil mit Korblampen, *thangka* (tibetische Stoffmalerei) und bequemen Betten. Im Erdgeschoss gibt's ein bemerkenswert sauberes Bad mit einer Sitz-Spültoilette und einem sehr effizienten Durchlauferhitzer.

An- & Weiterreise

Vom Parkplatz starten gegen 6 Uhr zwei oder drei Sammeljeeps nach Geyzing über Pelling (60 ₹, 1½ Std.), die am frühen Nachmittag über Pelling wieder zurück nach Khecheopalri fahren. Ein Privattaxi ab Yuksom oder Pelling kostet normalerweise um die 1500/2200 ₹ einfache Strecke/hin & zurück (inkl. ganztägiger Wartezeit). Wenn man freundlich fragt, kann man vormittags manchmal auch eine Mitfahrgelegenheit in anderen Touristenfahrzeugen zurück nach Pelling ergattern.

Yuksom

☎03595 / 1750 M

Das liebenswerte und bisher von der urbanen Entwicklung größtenteils verschont gebliebene Yuksom ist die historische Wiege

ABSEITS DER ÜBLICHEN PFADE

WANDERUNG VON YUKSOM NACH TASHIDING

Für diese wundervolle Tageswanderung braucht man keine Trekkinggenehmigungen, und sie kann ab Yuksom relativ leicht absolviert werden. Man sollte fürs Wandern (19 km) mindestens sechs Stunden einplanen; hinzu kommt die Zeit für die Besichtigung der Klöster. Wenn man den eigenen Navigationsfähigkeiten nicht vertraut, kann man in Yuksom für etwa 600 ₹ Träger anheuern, die gleichzeitig als Guides fungieren.

Los geht's mit dem Anstieg hinauf zur **Dubdi Gompa**, hinter der der Pfad etwas nach unten führt und parallel zur Straße bis nach **Tsong** verläuft (insgesamt etwa 4 km). Etwa 100 m vor dem Jeep-Stand von Tsong (ausgelegt auf drei Fahrzeuge) führen links der Straße einige unwegsame Stufen bergan. Wenn man diese Abzweigung verpasst hat, gibt's noch eine zweite Möglichkeit mit besseren Treppen, die hinauf zum Volleyballfeld führt. Der mit Steinen befestigte Weg verläuft dahinter, führt dann bergan und wieder hinunter. Zuletzt geht es noch einmal 45 Minuten steil bergan zur einsamen **Hongri Gompa** (an der Weggabelung links halten!). Am Toilettenhäuschen gleich hinter der Gompa teilt sich der Weg in drei Pfade auf – den grasgewachsenen Pfad in der Mitte nehmen und nach fünf Minuten auf den unteren Pfad wechseln. Bis ins kleine Dörfchen **Nessa** braucht man etwa eine Stunde; dabei nimmt man an jeder größeren Gabelung den oberen Weg. Etwa zehn Minuten hinter Nessa ist das Dorf **Pokhari Dara** erreicht, das in der Gegend für seinen kleinen, erbsengrünen Teich bekannt ist. Nach weiteren 3 km auf der Straße (etwas kürzer, wenn man auf den zugewachsenen Fußweg nebenan ausweicht) erreicht man den Weg zur **Silnon Gompa**. Von hier ist es über den Weg hinter dem gelben Schulgebäude noch ungefähr eine Stunde über Treppen und steile Wege bis hinunter nach Tashiding (S. 615). Man sollte die Mönche an der Gompa aber lieber noch einmal fragen, ob man auf dem richtigen Weg ist, denn wenn man die Abkürzung verpasst, sind es 12 km an der Straße entlang.

Wenn man bis 14 Uhr in Tashiding ankommt, bekommt man normalerweise noch am selben Nachmittag einen Sammeljeep zurück nach Yuksom.

der Nation Sikkim, ihre erste Hauptstadt und Krönungsstätte ihres ersten Chogyal (König). Für Abenteurer ist die Siedlung der wichtigste Ausgangspunkt für die Treks zum **Kangchendzönga** und ein guter, freundlicher Ort, um ein paar Tage zur Ruhe zu kommen, wenn man die Energie für eine Gipfelbesteigung nicht aufbringen kann oder will.

Sehenswertes

Norbugang Park HISTORISCHE STÄTTE

(20 ₹; ⌚5–18 Uhr) Yuksom bedeutet „Treffpunkt der drei Lamas" und bezieht sich auf drei heilige Tibeter, die hier 1641 den ersten sikkimischen Chogyal krönten. An diesem zauberhaften Ort – eine Art Waldgarten – gibt es auch einen kleinen Tempel, eine riesige Gebetsmühle, einen Chorten mit Erde aus jeder Ecke Sikkims und den angeblich echten **Krönungsthron** (Norbugang).

Dubdi Gompa BUDDHISTISCHES KLOSTER

(20 ₹; ⌚9–15 Uhr) Auf dem Bergkamm hoch über Yuksom steht diese kleine, friedliche Gompa inmitten gepflegter Gärten. Bei Sonnenaufgang bietet sich ein hübscher Blick auf die weißen Gipfel, die hinter den bewaldeten Gebirgsausläufern aufragen. Die 1647 zu Ehren von Lhatsun Chenpo errichtete Gompa soll angeblich Sikkims ältestes noch aktives Kloster sein, obwohl es viele Schilder fälschlicherweise auf 1701 datieren.

Tashi Tenka AUSSICHTSPUNKT

Als Yuksom die Hauptstadt von Sikkim war, befand sich auf einem Bergkamm südlich der Stadt ein königlicher Palastkomplex, der als Tashi Tenka bekannt war. Heute stehen dort nur noch ein paar Überreste aus Stein, der Ausblick ist jedoch hervorragend. Um hin zu gelangen, geht man fünf Minuten in Richtung Pelling und nimmt dann die lange Treppe hinauf durch einen Garten *(heritage garden)* in der Nähe des Fußballfelds der hiesigen Schule. Nach zehn Minuten ist der Aussichtspunkt erreicht. Den besten Blick hat man von der aus vier Häusern bestehenden Siedlung ganz oben auf dem Kamm.

Aktivitäten

Heavenly Traveller TREKKING

(☎9733084983; www.goechalatrek.org) DS Limboo bietet einen reibungslosen Service für Standardtreks nach Dzongri und zum

Goecha La. Er reagiert schnell auf Anfragen, bietet ein gutes Preis-Leistungs-Verhältnis und hat auch eine Pension.

Red Panda Tours & Travels TREKKING
(☎ 9733196470, 9002322885; www.redpandatreks.weebly.com; Main Rd; ⏱ 8–18 Uhr) Dieser Anbieter neben dem Gupta Restaurant wird von einem ehemaligen Träger und heutigen Fremdenführer mit dem Spitznamen „Panda" geführt. Er weiß sehr gut Bescheid und hat jede Menge Erfahrung. Neben den üblichen Trekking-Angeboten organisiert er auch Treks zum Goecha La und Genehmigungen für Traveller, die ihre eigene, vollständige Ausrüstung dabeihaben.

Schlafen & Essen

★ Limboo Homestay PENSION $
(☎ 09733084983; www.limboohomestay.com; EZ/DZ/Cottage 800/1000/1200 ₹) Über einem Laden und sehr renommierten Reiseveranstalter (S. 613) befindet sich dieser Homestay mit makellos sauberen Zimmern. Viel Deko gibt's nicht, dafür ist der Wald so nahe, dass man bei Sonnenaufgang die Vögel zwitschern hören kann. Vom Dach hat man einen tollen Ausblick, und die meisten Zutaten der leckeren, hausgemachten Speisen (auf Vorbestellung) kommen aus dem tollen Gemüsegarten hinterm Haus.

Hotel Tashi Gang HOTEL $$
(☎ 9933007720, 9733077249; hoteltashigang@gmail.com; Main Rd; EZ/DZ ab 1650/2200 ₹) Das Tashi Gang ist außen wie innen mit Fachwerk verputzt und versprüht ein altmodisches, traditionelles Flair. Das Hotel steht auf einer weitläufigen Rasenfläche voller Blumen und unaufdringlicher Beleuchtung. Hinter der Lounge mit Kamin führen graue Marmorkorridore mit Schwarzweißporträts zu hübschen Zimmern mit Kopfteilen im sikkimischen Stil und bunten *thangka* (Stoffmalereien); die angeschlossenen Bäder sind allerdings in die Jahre gekommen.

Hotel Yangrigang HOTEL $
(☎ 03595-241217, 9434164408; Main Rd; EZ/DZ ab 600/800 ₹) Auf den ersten Blick ist dieses eher funktionelle Hotel nicht weit vom Anfang der Hauptstraße in Yuksom nichts Besonderes. Die Familie ist aber äußerst hilfsbereit, es gibt gutes Essen, und die Zimmer sind groß und bieten ein sehr gutes Preis-Leistungs-Verhältnis. Die Durchlauferhitzer funktionieren super, brauchen aber eine Vorlaufzeit von 30 Minuten.

Hotel Red Palace HISTORISCHES HOTEL $$
(☎ 9593668773; www.hotelredpalace.com; Nghadak Monastery Rd; EZ 1830–2830 ₹, DZ 1980–3190 ₹, Suite 3790 ₹) Von außen sieht das Hotel wie ein Herrenhaus aus Darjeeling mit sikkimischen Oberbalken aus, die Lobby wirkt jedoch eher wie ein mit Sofas übersäter Tempel. Der Speisesaal ist mit tibetischen Motiven verziert. Die einfachen Zimmer sind schlicht, aber komfortabel und sauber.

Mama's Kitchen SIKKIMISCH, BÄCKEREI $
(Mangsabung Path; Hauptgerichte 30–200 ₹; ⏱ 6–22 Uhr) Die bezaubernde Gastgeberin Pema serviert in diesem winzigen Café mit nur einem Raum köstliche, sehr authentische sikkimische Hausmannskost sowie frische Muffins, Biskuits und sogar Schüsseln mit cremiger Pasta. Die Zubereitung dauert seine Zeit, deshalb lohnt es sich, vorzubestellen und eine feste Essenszeit zu verabreden.

Gupta Restaurant INTERNATIONAL $
(Main Rd; Hauptgerichte 50–120 ₹; ⏱ 5.30–20 Uhr) Die erste Adresse für Traveller in Yuksom ist nicht viel mehr als eine Hütte mit einer strohbedeckten Rotunde, unter der ein einzelner Tisch steht. Das Restaurant ist aber ein echter, traditionsreicher Klassiker, der Thalis, *thukpa* (Nudelsuppe), Pizzas und Paneer-Currys sowie – überraschenderweise – Quesadillas serviert, die einen nach Mexiko entführen. Naja. Vielleicht jedenfalls.

An- & Weiterreise

Gegen 6.30 Uhr fahren mehrere Sammeljeeps über Tashiding (60 ₹, 1½ Std.) nach Jorethang (250 ₹, 3–4 Std.), über Pelling (100 ₹, 2½ Std.) nach Geyzing und nach Gangtok (300 ₹, 6 Std.). Sein Ticket kauft man am Vortag im Laden neben dem Gupta Restaurant. Gegen 14 Uhr gibt's auch eine Verbindung nach Gangtok; um etwa 12.30 Uhr fährt ein Jeep über Tashiding nach Geyzing (für eine Reservierung den Fahrer unter ☎ 8763952216 anrufen; allerdings sollen schon bis zu 15 Personen in die Siebensitzer gezwängt worden sein).

Dzongri & Goecha La – der Khangchendzönga Trek

Für geführte Touren (nicht für einzelne Wanderer) ist diese fünf- bis neuntägige Wanderung von Yuksom bis hinauf zum 4940 m hohen **Goecha La** und zurück *die* Sikkim-Wanderung schlechthin. Auf der

ZEITPLAN FÜR DEN KHANGCHENDZÖNGA TREK

ETAPPE	STRECKE	DAUER (STD.)
1	Yuksom–Baktim/Tsokha	7–8
2	Akklimatisierung in Tsokha (optional)	
3	Tsokha–Dzongri	4–5
4	Akklimatisierung in Dzongri oder Weitermarsch nach Kokchurong	
5	Dzongri (oder Kokchurong)–Lamuni	6–7
6	Lamuni–Goecha La & zurück (die meisten Gruppen steigen weiter nach Thangsing ab)	9–12 (11–14)
7	Lamuni (Thangsing)–Tsokha	8 (7)
8	Tsokha nach Yuksom	5–7

Wanderung bekommt man über ein Dutzend beeindruckender Gipfel zu Gesicht, und wer an einem Tag noch vor Tagesanbruch eine zermürbende Plackerei auf sich nimmt, wird (bei entsprechendem Wetter) mit einem unvergesslichen Blick auf das atemberaubende **Khangchendzönga-Massiv** belohnt. Wer weniger Zeit hat, kann auch die fünftägige Rundwanderung nach **Dzongri** machen, bei der man einen herrlichen Blick auf den **Pandim** hat. Selbst eine Zweitagestour nach **Tsokha** ist möglich und wegen der Wasserfälle, Hängebrücken und des hübschen Blicks ins Tal auch ein unvergessliches Erlebnis. Der Trek beinhaltet keine technische Kletterei, die Höhe, lange

Dzongri & Goecha La

Tage und der Start vor Sonnenaufgang am Tag der Gipfelbesteigung machen ihn aber vergleichsweise anspruchsvoll, besonders wenn es neblig oder der Weg nach Regenfällen rutschig ist.

Der Trek ist nur zu bestimmten Zeiten im Jahr machbar. Die besten Temperaturen hat man zwischen Ende März und Mitte Mai, dann fällt nachmittags aber oft Regen, und die Wege werden schlammig. Die Chance auf einen klaren Himmel ist im Oktober und November am größten, aber Schnee und Temperaturen unter dem Gefrierpunkt sind dann ebenso möglich. In den höher gelegenen Camps kann es im November schon Frost geben.

Wer den Trek machen möchte, muss eine Genehmigung und einen Guide haben, der über ein registriertes Reisebüro organisiert wurde. Genehmigungen gibt's nur in Gangtok, wer aber am Abend einen Trek bucht, der wird erleben, wie die Schieber aus Yuksom wie durch ein Wunder die Papiere für den übernächsten Tag arrangieren können, indem sie Kopien der Dokumente am nächsten Morgen mit einem Jeep losschicken, woraufhin alles arrangiert wird, sodass man tags darauf starten kann.

Eigentlich müssen Ausländer mindestens zu zweit oder in größeren Gruppen wandern. Wir haben aber auch schon Ausnahmen erlebt: ein Ausländer allein mit seinem Guide und ein gemischtes Pärchen (ein Partner indisch, der andere nicht) mit ihrem Guide. In manchen Fällen werden die Regeln also flexibel ausgelegt.

Wer sein eigenes Gepäck tragen kann und unterwegs sein Essen und die Übernachtungen selbst bezahlt, muss für Hin- und Rückweg mit Guide insgesamt mit etwa 20 000 ₹ rechnen, ein Betrag, der unter den Mitgliedern der Gruppe aufgeteilt wird.

Mit Zelten, Koch, Lasten-Yaks und der gesamten Verpflegung bezahlt man in einer Zweiergruppe etwa 30 000 ₹ pro Person oder in einer großen Gruppe mit zwölf oder mehr Teilnehmern etwa 20 000 ₹ pro Nase.

Tashiding

1240 M

Das kleine Tashiding besteht aus einer Handvoll niedriger Häuser und einer einzigen Marktstraße, die vom Jeep-Stand aus langsam nach oben führt und ganz kurz auf die Verbindungsstraße zwischen Yuksom und Legship trifft. Der Ort dient vor allem als Zugangspunkt zur Tashiding Gompa mit ihren bezaubernden Stupas, die in 3,5 km Entfernung auf einem abgeschiedenen Kamm steht. Viele schneebedeckte Gipfel wird man von hier zwar nicht sehen, der Ausblick auf die steil abfallenden Täler, waldigen Hänge und ein paar Reisterrassen entschädigen dafür aber zur Genüge.

Tashiding ist auch das Ziel einer beliebten Tageswanderung ab Yuksom (S. 612), die an den abgelegenen Klöstern Hongri und Silnon vorbeiführt.

Wer bis 14 Uhr ankommt, kann normalerweise mit dem Sammeljeep noch zurück nach Yuksom fahren. Wer für ein eigenes Taxi bezahlt, kann unterwegs die sieben Wasserfälle bestaunen, von denen der Phamrong am beeindruckendsten ist.

Sehenswertes

Tashiding Gompa KLOSTER
(Sonnenaufgang–Sonnenuntergang, Hauptgebetshalle schließt gegen 15 Uhr) GRATIS Der Kamm zwischen Ralang und Yuksom endet an einem nach oben gerichteten Felsvorsprung (1450 m), auf dem die aus mehreren Gebäuden bestehende Klosteranlage der Tashiding Gompa liegt, eine wichtige Gompa der Nyingmapa-Schule. Herzstück ist eine perfekt proportionierte **Gebetshalle** mit einem filigran gearbeiteten Aufsatz, der im Kontrast zu den beiden unteren Steinetagen steht. Die Wandbilder im Innern sind im Lauf der Zeit ein bisschen nachgedunkelt. Vor den wichtigsten Bildern stehen zahlreiche farbenfrohe Butterskulpturen. Hinter dem Guru-Lakhang-Gebäude befindet sich eine einzigartige Ansammlung von mehreren **Chorten-Stupas**, Steine mit eingemeißelten Mantras und eine Dharma-Glocke. Über allem ragen zwei alte Kaschmir-Zypressen auf.

Phamrong-Wasserfall WASSERFALL
(Yuksom-Tashiding Rd, Km 6) GRATIS Dies ist der eindrucksvollste der vier Wasserfälle zwischen Yuksom und Tashiding. Seine mächtigen Wassermassen schießen hoch oben aus einer Öffnung in der üppigen Vegetation heraus und donnern dann an einer steilen Felswand nach unten. Von der Straße aus sieht man auch die verschiedenen vorgelagerten kleineren Kaskaden. Wer über einen zugewucherten Pfad etwa fünf Minuten nach oben steigt, erreicht einen zerstörten achteckigen Pavillon, hinter dem einige Naturbecken unmittelbar vor dem Wasserfall liegen. Einheimische baden gern hier, der Zustieg kann sich aber heikel gestalten.

Schlafen & Essen

Sanu Homestay HOMESTAY $
(Sanoo Homestay; ☎ 9635060062; www.facebook.com/sanu.bhutia.94; Tashiding Gompa Path; inkl. Verpflegung 600 ₹/Pers.) Ein Homestay bei Sanu und ihrer Mutter hat sich in der ausländischen Backpacker-Gemeinde fast schon zu einem Kult entwickelt. Angeboten werden tolles Essen und eine sehr einfache Unterkunft in einem überwucherten Garten. Von der Straße zur Tashiding Gompa sind es zu Fuß 15 Minuten bis hierher.

An- & Weiterreise

Der **Jeep-Stand** (Tashiding Bazaar) befindet sich am südlichen Ende der kurzen Basarstraße. Alle Fahrzeuge nach Gangtok (200 ₹, 6 Std.), Jorethang (150 ₹, 3 Std.) und Siliguri (250 ₹, 7 Std.) starten gegen 7 Uhr. Zwischen 6.30 und 8.30 Uhr fahren hier mehrere Jeeps nach Geyzing (100 ₹, 2 Std.) ab, ein weiterer verlässt Tashiding gegen 14 Uhr. Nach Yuksom (70 ₹, 2½ Std.) gibt's eine Verbindung um etwa 9 Uhr (meist schon bei Ankunft voll) und noch ein paar mehr zwischen 14 und 15 Uhr.

Ein gemietetes privates Fahrzeug nach Yuksom (600 ₹, 1½ Std.) kostet zwar viel mehr, man spart aber eine Stunde Fahrzeit.

Kuluk & Rinchenpong

1600 M

Martam, **Bermiok**, **Kaluk** und **Rinchenpong** sind kleine Siedlungen an einem Bergkamm, von denen man in Richtung Norden über ein weitläufiges Tal und auf ein herrliches Bergpanorama blickt, zu dem auch einige schneebedeckte Gipfel des Himalaja und ein schroffer, niedrigerer Bergkamm östlich des Hauptmassivs zählen. Der Anblick ist zweifellos unvergesslich – besser noch als aus dem weitaus urbaneren Pelling. Besonders schön ist der Blick von Rinchenpong aus, denn hier gibt's auch zwei historische Klöster, und von Kuluk aus, das 3 km weiter östlich liegt und einen praktischen Basar an der Kreuzung und einen Taxistand hat.

Sehenswertes

★ Resum Gompa BUDDHISTISCHES KLOSTER

(Rinchenpong) Wer vergessene, naiv bemalte Tempel liebt, für den wird die kleine Resum Gompa sicherlich ein Highlight unter den Klöstern Sikkims sein. Was die Sache noch interessanter macht, ist das Fehlen jeglicher Zufahrtsstraße, sodass man rund 20 Minuten durch den Wald gehen muss und unterwegs auch an dem einen oder anderen verfallenen Stupa und an *mani*-Wänden mit heiligen Inschriften vorbeikommt. Dieses baufällige, alte Plätzchen ist eine friedliche Oase und bietet nach allen Seiten ein unglaubliches Bergpanorama.

Schlafen & Essen

★ Ghonday Village Resort HOTEL $$

(☎9593979695, 03595-210339; www.ghondayresort.com; Kuluk; Zi. 3500–4500 ₹, ohne Reservierung ab 1500 ₹;) Eine Tasse Kaffee und ein Seidenschal als Willkommensgeschenk lassen schon bei der Ankunft den tollen Service und die gehobene Atmosphäre dieses reizenden Hotels ahnen. Zudem hat man von hier eine atemberaubende Aussicht. Die groben Armaturen passen überraschend gut zu den großen, gut ausgestatteten Zimmern. Es gibt auch ein paar luftige Cottages in einem üppig grünen, leicht abfallenden Garten, in dem sich auch ein Schachbrett von der Größe eines Spielplatzes befindet.

★ Biksthang LANDHAUS $$$

(☎9593779077; www.biksthang.com; Mangalbarey Rd; EZ inkl. HP 6000–13 000 ₹, DZ 6450–22 050 ₹; P) Für alle, die der modernen, technologisierten Welt entkommen wollen und dennoch die Gesellschaft gebildeter, aufmerksamer Gastgeber schätzen, ist dieses abgeschiedene, aber sehr stilvolle Landhaus die beste Adresse, die man sich vorstellen kann, um sich zu entspannen. Auf einem Gelände, auf dem Kardamom, Mandarinen und Kurkuma angebaut werden, verstecken sich acht kunstvoll ausgestattete Cottages. Das einzigartige Speisezimmer befindet sich in dem fotogenen Landhaus aus dem 19. Jh., und in dem Infinity-Pool spiegelt sich auf spektakuläre Weise der Khangchendzönga.

An- & Weiterreise

Es gibt Sammeljeeps, die die beiden Hauptstrecken, nämlich Rinchenpong–Dentam–Pelling–Geyzing und Dentam–Bermiok–Kuluk–Soreng–Jorethang, bedienen und die frühmorgens losfahren und am frühen Nachmittag von Jorethang oder Geyzing zurückkommen.

Der **winzige Basar von Kuluk**, wo die Straße nach Rinchenpong von der Hauptstraße zwischen Dentam und Soreng abzweigt, ist eine gute Anlaufstelle, um sich ein privates Taxi zu mieten. Sammeljeeps auf der Strecke Dentam–Jorethang setzen hier regelmäßig Passagiere ab. Im Zentrum von Rinchenpong, 2,6 km von Kuluk entfernt, gibt's einen kleinen, etwas weniger häufig frequentierten **Taxistand**.

Nordoststaaten

Inhalt ➡

Gut essen

- Paradise (S. 622)
- Luxmi Kitchen (S. 645)
- Moti Mahal (S. 631)
- Maihang (S. 627)
- Trattoria (S. 652)

Schön übernachten

- Diphlu River Lodge (S. 627)
- Puroni Bheti (S. 628)
- Ri Kynjai (S. 652)
- Prabhakar Homestay (S. 621)

Auf in die Nordoststaaten!

Die am äußersten Rand Indiens gelegenen Nordoststaaten verbergen sich hinter uralten Wäldern und mächtigen Bergketten und gehören zu Asiens letzten natürlichen und anthropologischen Schutzräumen. Diese entlegenen Gebiete grenzen an Bhutan, Tibet, Myanmar (Birma) und Bangladesch und bilden eine Region rauer Schönheit, in der auch verschiedene Stammeskulturen, Klimazonen, Landschaften und Völker aufeinandertreffen. In diesem Abenteuerparadies ergießen sich die Gletscherflüsse des Himalaja in das Schwemmland von Assam, versetzt der Glaube Berge auf Pilgerreisen nach Tawang, grasen Nashörner in der Graslandschaft von Kaziranga und ehemalige Kopfjäger in Nagaland öffnen sich allmählich der Moderne.

Natürlich ist das Reisen in diesen entlegenen Staaten kein bequemer Spaziergang, und es gilt, zahllose Hindernisse zu überwinden (marode Straßen, schlechte Infrastruktur und bewaffnete Rebellen, um nur einige zu nennen). Nur wer Sinn hat für echte Abenteuer, wird dafür auch belohnt.

Reisezeit

Assam (Guwahati)

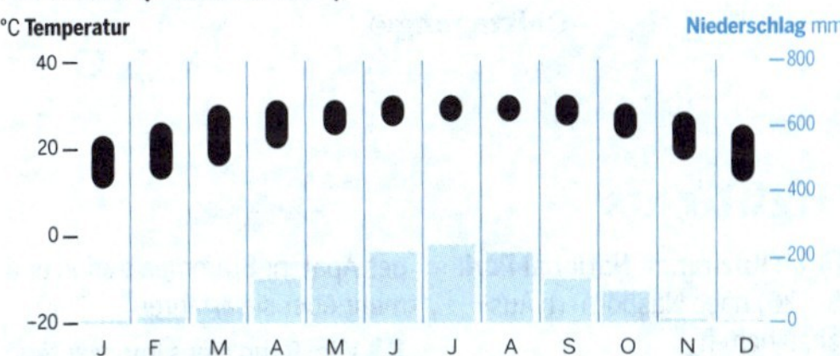

März Beste Zeit für Nashornbeobachtungen im Kaziranga National Park.

Okt. Zeit für tolle Aussichten im Himalaja und für Touren zu entlegenen Orten.

Dez. Wilde Naga-Krieger in traditioneller Tracht versammeln sich in Kohima zum Nashornvogelfest.

Highlights

❶ Im **Kaziranga National Park** (S. 626) nach Nashörnern Ausschau halten

❷ Auf dem 4176 m hohen Se-La-Pass nach den Wolken greifen, bevor es ins **Tawang-Tal** (S. 638), einem buddhistischen Zentrum, geht

❸ Im **Ziro-Tal** (S. 634) reizvolle Dörfer besuchen und Angehörige des Apatani-Stammes treffen und mehr über sie erfahren

❹ Vom Rand eines imposanten Felsplateaus bei **Cherrapunjee** (S. 654) hinab auf das Flachland von Bangladesch blicken

❺ Ergriffen auf die aus dem Fels gehauenen massiven Götterskupturen mitten in der Wildnis von **Unakoti** (S. 649) blicken

❻ Einen malerischen Friedhof aus dem Zweiten Weltkrieg besuchen und in und um **Kohima** (S. 639) die traditionelle Gastfreundlichkeit Nagas kennenlernen

❼ Das einzigartige Ökosystem und die schwimmenden Inseln des **Loktak-See** (S. 644) entdecken

ASSAM

Assam (auch als Ahom bekannt), das sich wie ein vorgeschichtlicher Leviathan entlang des Brahmaputra-Tals erstreckt, ist der größte und am einfachsten zugängliche unter Indiens Nordoststaaten. Eine gastfreundliche Bevölkerung, eine Küche voller unverwechselbarer Aromen, und ein lebendiges künstlerisches Erbe, das von exotischen Tänzen und einer ganzen Reihe eleganter Hindu-Tempel geprägt ist, bilden die Highlights der zahllosen Attraktionen. Die für Assam typische Landschaft besteht aus einem gold-grünen Flickenteppich von Reisfeldern und sorgfältig gepflegten Teeplantagen, die im Norden von den blassblauen Bergen von Arunachal und im Süden vom Hochland von Meghalaya und Nagaland begrenzt werden.

Assams Kultur ist stolz. Das *gamosa* (ein rot-weißes Tuch, das von den Männern um den Hals getragen wird) und das *mekhola sador* (die traditionelle Kleidung der Frauen) sind sichtbare Bekenntnisse zu lokalen Bräuchen und zur regionalen Identität, während der dezent gewürzte Fisch *tenga* (saurer Curry) sich deutlich von seinen kulinarischen Verwandten aus anderen Regionen unterscheidet.

Guwahati

☎0361 / 810 000 EW.

Geschichte

Guwahati gilt als Stätte der halbmythischen Stadt Pragjyotishpura, die von dem Asura-König Naraka (Sohn einer Inkarnation Vishnus, der sich später in einen Dämon verwandelte) gegründet wurde. Später wurde dieser von Krishna wegen eines Paares magischer Ohrringe getötet. Schon lange bevor die Ahoms um das 13. Jh. aus Südostasien hier ankamen war die Stadt ein blühendes Kulturzentrum. Später tobten hier wilde Schlachten zwischen Ahoms und Moguln. In den 50 Jahren vor 1681 wechselte die Oberherrschaft achtmal. Die Altstadt wurde 1897 von einem gewaltigen Erdbeben und den folgenden verheerenden Überflutungen größtenteils zerstört.

Während der Kolonialzeit schlummerte Guwahati vor sich hin und gewann erst nach der Unabhängigkeit und der Gründung des Staates Assam wieder an Bedeutung. Obwohl es technisch gesehen nicht die Hauptstadt Assams ist (diese Ehre wird dem benachbarten Dispur zuteil), ist es doch die Nummer eins im Staate.

Sehenswertes

Kamakhya Mandir HINDU-TEMPEL
(keine/kurze/normale Wartezeit 500/100 ₹/frei; ⏲8–13 & 15 Uhr–Sonnenuntergang) Nachdem einer Hindu-Legende zufolge der wutentbrannte Shiva den Körper seiner toten Frau Sati in 108 Teile zerteilte und diese übers Land verstreute, fiel ihre Yoni (Vagina) auf den Hügel Kamakhya. Dies macht den Kamakhya Mandir zu einer der heiligsten Stätten der *shakti*-Anhänger (der tantrischen Verehrung weiblicher Spiritualkräfte). Hier findet das Fest Ambubachi Mela statt. Kamakhya liegt 7 km westlich von Guwahatis Zentrum am Ende einer 3 km langen gewundenen Nebenstraße.

Assam State Museum MUSEUM
(GNB Rd; 5 ₹, Foto/Video 10/100 ₹; ⏲März–Okt. Mi–Mo 10–17 Uhr, Nov.–Feb. bis 16 Uhr) Das in einem eindrucksvollen Kolonialgebäude untergebrachte Museum beherbergt eine umfangreiche Skulpturensammlung. Die oberen Stockwerke widmen sich informati-

TOP-FESTIVALS

Losar (⏲Feb.) Tibetisch-buddhistische Maskentänze in Tawang.

Rongali Bihu (⏲April) Assamesisches Neujahrsfest.

Ambubachi Mela (⏲Juni/Juli) Eine Mischung tantrischer Fruchtbarkeitsrituale im Kamakhya Mandir in Guwahati.

Ziro Music Festival (www.zirofestival.com; ⏲Sept.) Die hiesige Version des Glastonbury Festivals findet im Ziro-Tal statt.

Wangala (⏲Okt./Nov.) Erntefest der Garo mit Tanz und Trommelwirbel.

Ras Mahotsav (⏲Nov.) Gesang und Tanz zu Ehren Krishnas auf der Insel Majuli.

Nashornvogelfest (www.hornbillfestival.com; ⏲1.–10. Dez.) Naga-Stämme treten außerhalb von Kohima in Nagaland in voller Kriegertracht auf.

Guwahati

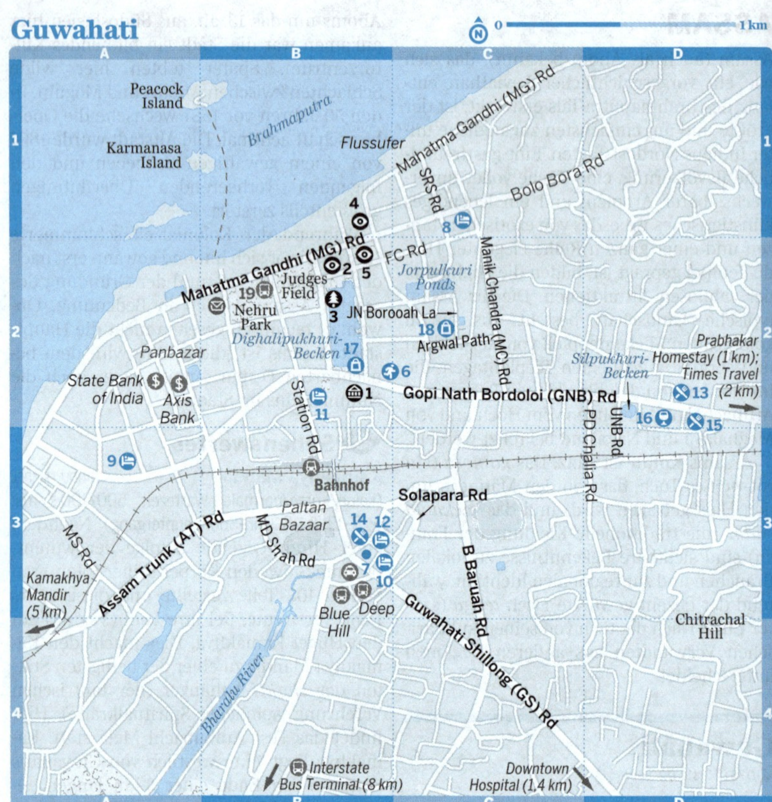

ven Exponaten zur Stammeskultur. In den anthropologischen Galerien können Besucher durch nachgebaute Stammeshäuser gehen, die einen Eindruck vom ländlichen Alltag vermitteln. Wenn man noch Zeit hat, ist das Museum einen Besuch wert.

Alt-Guwahati VIERTEL

Dieser malerische Teil von Guwahati liegt am Brahmaputra und kann am besten zu Fuß erkundet werden. Es geht vorbei am **Gerichtsgebäude** (MG Rd) mit seiner Kuppel in Form eines Bienenstocks, die den hübschen **Dighulipukhuri-Park** (HB Rd; 10 ₹; 9.30–20 Uhr) überragt. Das nahe **Guwahati-Planetarium** (MG Rd; Vorführungen 20 ₹; 12 & 16 Uhr, 1. & 15. im Monat geschl.) sieht aus wie eine Kombination aus Moschee und gelandetem Ufo und bietet Unterhaltung in Form von Weltraum-Shows, die auf eine kuppelförmliche Leinwand projiziert werden. Nach einem kurzen Fußweg in nordwestliche Richtung gelangt man zum **Flussufer**, von wo aus man entlang einer gepflegten Promenade schlendernd weite Ausblicke über den Brahmaputra genießt.

Schlafen

Prashanti Tourist Lodge HOTEL $

(0361-2544475; Station Rd; EZ/DZ ab 1000/1550 ₹; ❄) Dieses zentral gelegene Hotel ist in Bahnhofsnähe. Ein extravaganter Aufzug führt nach oben in die Zimmer, die sauber und gepflegt sind. Einige blicken auf einen einladenden Pool (zu dem der Zutritt jedoch nicht möglich ist) im rückwärtigen Teil des Hotels. Am Ende eines jeden Flurs gibt es Trinkwasserspender. Mit dem Zuglärm muss man sich abfinden und nach 21 Uhr gibt's keinen Zimmerservice mehr.

Sundarban Guest House HOTEL $

(0361-2730722; Paltan Bazaar; EZ/DZ/3BZ ab 800/900/1000 ₹; ❄) Dieses fröhliche, geschäftige Hotel mitten in Guwahatis Marktviertel kommt einem klassischen Backpa-

Guwahati

Sehenswertes

Aktivitäten, Kurse & Touren

Schlafen

Essen

Ausgehen & Nachtleben

Shoppen

Praktisches

Transport

cker-Treff recht nahe und bietet für budgetbewusste Traveller ein sehr gutes Preis-Leistungs-Verhältnis. Die Zimmer sind nichtssagend, aber sauber und warten mit frischer Bettwäsche auf; das Management ist sehr hilfsbereit. Das Restaurant im Haus bietet gutes, schlichtes Essen.

★ Baruah Bhavan PENSION $$
(☎0361-2541182; www.baruahbhavan.com; MC Rd, Uzanbazar; DZ inkl. Frühstück ab 2750 ₹; ❄@) Dieser reizende Bungalow, der von seinen Besitzern, der freundlichen Familie Baruah, an der Manik Chandra (MC) Rd geführt wird, stammt aus den 1970er-Jahren und lässt mit seiner Fülle an Antiquitäten und Erinnerungsstücken im Wohnbereich jede Menge Nostalgie aufkommen. Die sechs vornehmen Zimmer sind mit brokatüberzogenen Möbel und im eleganten Stil jener Jahre eingerichtet. Die selbst zubereiteten Speisen sind einzigartig in Sachen regionaler Aromen und Geschmack. Der gepflegte Vorgarten lädt abends zu einem kühlen Bier ein (aber die Mückensalbe nicht vergessen).

Hotel Siroy Lily HOTEL $$
(☎0361-2608492; www.hotelsiroygroup.com; Solapara Rd; EZ/DZ inkl. Frühstück ab 1550/1950 ₹; ❄📶) Dieser bewährte, professionell geführte Oldtimer bietet ein tolles Preis-Leistungs-Verhältnis und gehört deshalb zu den Favoriten unter den Mittelklasse-Reisenden, die in Guwahati unterwegs sind. Die Zimmer sind sehr gepflegt; jene mit Klimaanlage kosten ein paar Hundert Rupien extra, die sich aber auf alle Fälle lohnen. Es empfiehlt sich, im Voraus zu buchen, da das Hotel fast immer komplett belegt ist.

★ Prabhakar Homestay PRIVATUNTERKUNFT $$$
(☎9435033222; www.prabhakarhomestay.com; House 2, Bylane 2, KP Barua Rd, Chandmari; EZ/DZ inkl. Frühstück 4180/4640 ₹; ❄📶) In einer ruhigen Wohngegend gelegen, ist diese äußerst reizvolle Unterkunft, die von der Ex-Professorin Sheila und ihrem Ehemann geführt wird, eine der wohl besten ihrer Art in Indien. Das Anwesen liegt inmitten eines üppigen Gartens und ist im Inneren mit schicken Ökodekorationen geschmückt. Die assamesischen Gerichte (650 ₹), die vom hauseigenen Küchenchef Pankaj zubereitet werden, können es locker mit denen der Restaurants in der Stadt aufnehmen.

Dynasty HOTEL $$$
(☎0361-2516021; www.dynastyhotel.in; SS Rd; DZ inkl. Früstück ab 5500 ₹; ❄@📶) Das an der Sir Shahdullah (SS) Rd gelegene Dynasty, das früher zu den besten Hotels von Guwahati gehörte, verströmt einen Hauch von Nostalgie und bietet herrliche Zimmer mit kolonialem Flair. Es verfügt über alle Annehmlichkeiten, die man von einem Spitzenhotel erwartet, darunter zwei tolle Restaurants, eine Sauna und ein Spa-Bereich.

Essen

New Maa Kali ASSAMESISCH $
(Paltan Bazaar, ME Rd; Hauptgerichte 70–120 ₹; ⏲9–23 Uhr) Dieses anspruchslose, schlichte Restaurant bietet eine einfache, aber schmackhafte Version lokaler assamesischer Gerichte mit dem Schwerpunkt auf Fisch. Die Speisekarte ist auf Assamesisch geschrieben, aber die Kellner helfen gern bei der Auswahl der Speisen.

NICHT VERSÄUMEN

FLUSSKREUZFAHRTEN

Wer die Schönheit von Assam aus einer einzigartigen (und stilvollen) Perspektive erleben will, bucht eine luxuriöse Flusskreuzfahrt. Diese mehrtägigen Touren, die zwischen September und April in Guwahati starten, führen auf dem Brahmaputra stromaufwärts bis nach Dibrugarh, wobei an wichtigen Punkten wie dem Kaziranga National Park, der Insel Majuli und Sivasagar Halt gemacht wird. Zu den Aktivitäten während der Fahrt gehören Touren zur Beobachtung wilder Tiere, Kulturexkursionen und einfach das Faulenzen auf dem Sonnendeck mit einem kühlen Getränk in der Hand. Das in Guwahati ansässige **Assam Bengal Navigation** (9207042330; www.assambengalnavigation.com; Dirang Arcade, GNB Rd; All Inclusive pro Tag ab 195 US$/Pers.) hält umfassende Infos bereit.

★Paradise INDISCH $$
(9435548812; GNB Rd; Hauptgerichte 100–200 ₹; 10.30–22.30 Uhr;) Das Mittags-Thali im Paradise gilt bei vielen als typisch assamesisches Potpurri, da es auf einem Teller eine Vielzahl an lokalen Aromen vereint. Wer das dezent gewürzte Fisch-*tenga* (saures Curry) probiert, bleibt davon ein Leben lang begeistert. Es gibt auch eine vegetarische Version des Thali, das zusätzlich einige fleischlose Köstlichkeiten enthält.

Khorikaa ADIVASISCH $$
(9864157454; GNB Rd; Hauptgerichte 100–180 ₹; 11–16 & 19–22.30 Uhr;) Dieses Restaurant, das nach den assamesischen *khorikaa* (Grillgerichte) benannt ist, bietet in einem gehobenen Ambiente mit Klimaanlage eine herrliche Auswahl regionaler Spezialitäten. Probieren sollte man die kleinen gegrillten Fische, das gebratene Taubenfleisch oder köstliches Schweinefleisch mit Sesam.

Ausgehen & Nachtleben

Trafik BAR
(GNB Rd; Bier 140 ₹; 11–22 Uhr) Die schummrige und lebhafte Bar ist ein beliebter Treffpunkt für die Büroangestellten der Stadt und nach Sonnenuntergang geht es hier hoch her. Auf einem großen TV-Bildschirm kann man Kricketspiele verfolgen und Bollywood-Musik hören, während an den Wochenenden auf einer winzigen Bühne Bands lokale Hits spielen.

Shoppen

Northeast Network KLEIDUNG
(9435017824; www.northeastnetwork.org; JN Borooah Lane; Mo–Fr 11–16 Uhr) Diese NGO fördert Selbsthilfeprojekte für Frauen in ländlichen Gegenden und ist als Dachorganisation mehrerer Genossenschaften für handgewebte Erzeugnisse aktiv. Durch den Kauf der schönen gewebten Produkte (mit einem guten Preis-Leistungs-Verhältnis) unterstützt man diese soziale Arbeit.

Artfed SOUVENIRS
(0361-2548987; GNB Rd; 10–20 Uhr) In diesem staatlich betriebenen Laden findet man eine reiche Auswahl an Bambuserzeugnissen, Textilien, Korbwaren, Produkten aus Glockenbronze und Terrakotta sowie eine Vielzahl geschnitzter Nashörner.

Praktische Informationen

GELD

Überall in der Stadt gibt es Geldautomaten und Banken. Es empfiehlt sich, sich hier mit Rupien einzudecken, wenn man lange Exkursionen in die entlegenen Regionen von Nordost-Indien plant.

Axis Bank (M Nehru Rd; Mo–Sa 10–16 Uhr) Hat einen Geldautomaten und eine Wechselstube für Fremdwährungen.

State Bank of India (Pan Bazaar; Mo–Fr 10–16, Sa bis 14 Uhr) Hat einen Geldautomaten und wechselt die gängigen Fremdwährungen. Liegt in einer Seitenstraße der Hem Barua Rd.

MEDIZINISCHE VERSORGUNG

Downtown Hospital (0361-2331003, 9864101111; www.downtownhospitals.in; GS Rd, Dispur) Es zählt zu den besten Krankenhäusern der Stadt für Notfälle. Dispur, die Hauptstadt des Bundesstaates Assam, grenzt an Guwahati und liegt östlich davon an der GS Rd.

POST

Hauptpost (Ananda Ram Barua Rd; Mo–Sa 10–16 Uhr)

PRAKTISCHE INFORMATIONEN

Arunachal House (0361-2840215; GS Rd, Rukmini Gaon; Mo–Sa 10–17 Uhr) Bietet Infos über Reisen durch Arunachal Pradesh und stellte Genehmigungen aus. Hier gibt's auch Tickets für Hubschrauberflüge zum Naharlagun Helipad bei Itanagar.

Assam Tourism (0361-2544475; www.assamtourism.gov.in; Prashaanti Tourist Lodge, Station Rd; Mo–Sa 10–17 Uhr) Kaum mehr als ein Infoschalter in der Prashaanti Tourist

Lodge und ein Schalter für Tourbuchungen vor dem Gebäude.

An- & Weiterreise

BUS & SUMO

Fernbusse starten vom Interstate Bus Terminal (ISBT), 8 km vom Zentrum am NH37. Private Busanbieter betreiben Shuttleservices zwischen ihren Standorten und dem ISBT. **Blue Hill** (☎ 0361-2609440; HPB Rd; ⏲ 6–20 Uhr), **Deep** (☎ 9435118527; HPB Rd; ⏲ 6–21 Uhr) und **Network Travels** (☎ 0361-2605335; www.networkbus.in; Paltan Bazaar, GS Rd; ⏲ 5–21 Uhr) haben ein ausgedehntes Streckennetz. Alle Unternehmen vermieten Sumos und andere robuste Allradfahrzeuge für Reisen durch die Region; die Preise sind reguliert und damit gleich und betragen 4000 ₹ pro Tag, inkl. Kraftsstoff und Fahrer. **Times Travel** (☎ 9435110947; timestravel24@gmail.com; GM Path, New Guwahati) verfügt über einen guten Fuhrpark an Taxis und Allradfahrzeugen für mehrtägige Vermietung.

FLUGZEUG

Air India (☎ 011-24624075; www.airindia.in), **IndiGo** (☎ 9212783838; www.goindigo.in), **GoAir** (☎ 9223222111; www.goair.in), **Jet Airways** (☎ 1800225522; www.jetairways.com) und **SpiceJet** (☎ 9654003333; www.spicejet.com) verbinden Guwahati mit den meisten indischen Großstädten (oft mit einem Zwischenstopp in Kolkata).

Arunachal Helicopter Service (☎ 0361-2842175; www.pawanhans.nic.in; Guwahati Airport; Mo–Sa ⏲ 9–14 Uhr) Wer es sich leisten kann, fliegt mit Arunachal Helicopter Service zum Hubschrauberlandeplatz Naharlagun bei Itanagar (4000 ₹, 1½ Std., Mo, Mi & Fr 13.30, Di, Do & Sa 14 Uhr).

Meghalaya Helicopter Service (☎ 9859021473; Guwahati Airport; ⏲ Flüge 9–14.50 Uhr) unterhält Shuttleflüge nach Shillong (1500 ₹, 30 Min., 9 und 12.30 Uhr) und Tura (1900 ₹, 45 Min., 10.30 und 14 Uhr). Zu beachten ist, dass die Hubschrauber bei Schlechtwetter nicht fliegen.

ZUG

Vier Züge verbinden Guwahati täglich mit Delhi, wobei der *12423 Dibrugarh–Rajdhani Express* (3AC/2AC 2560/3565 ₹, 28 Std., 7 Uhr) die schnellste und komfortabelste Alternative ist. Der beste täglich verkehrende Zug nach Kolkata (Howrah) ist der *12346 Saraighat Express* (Sleeper/3AC/2AC 500/1315/1885 ₹, 17 Std., 12.30 Uhr). Wer nach Darjeeling und Sikkim reisen will, steigt in New Jalpaiguri (Sleeper/3AC/2AC 295/765/1075 ₹, 7 Std.) aus.

Einige Züge fahren auch nach Dimapur (2nd Seating/Sleeper/3AC 105/180/460 ₹, 4–6 Std.), Jorhat (2nd Seating/Sleeper/3AC 175/235/585 ₹, 7–11 Std.) und Dibrugarh (Sleeper/3AC/2AC 180/315/860 ₹, 10–14 Std.).

Unterwegs vor Ort

Die Fahrt von Guwahatis regulärem Lokpriya Gopinath Bordoloi International Airport (23 km entfernt) mit einem Taxi/Sammeltaxi/Flughafenbus in die Stadt kostet 500/150/100 ₹. **Sammeltaxis** (pro Pers./Fahrzeug 150/500 ₹) zum Flughafen fahren vor dem Hotel Mahalaxmi an der GS Rd ab. Autorikschas kosten 50–100 ₹ für kurze Strecken innerhalb der Stadt. Über eine App auf dem Smartphone kann man auch ein

GEFÜHRTE TOUREN

Die Teilnahme an einer geführten Tour könnte zwar als Einschränkung empfunden werden, man sollte aber nicht vergessen, dass Individualreisen in den Nordoststaaten eine sehr tückische Angelegenheit sein können. Registrierte lokale Touranbieter haben viel Erfahrung im Umgang mit der Bürokratie rund um die Erteilung von Genehmigungen und der Verhandlung mit den lokalen Behörden. Zudem helfen sie, sprachliche und kulturelle Barrieren auf eine Weise zu überbrücken, wie es für Individualreisende unmöglich wäre. Es ist tatsächlich sehr schwer, mit Stammesvölkern in Kontakt zu kommen, ohne einen lokalen Vermittler dabeizuhaben, der die richtigen Umgangsformen kennt. Ein Touranbieter hilft auch, Krisengebiete und heikle Situationen zu meiden.

Zu den angesehenen Tourenanbieter dieser Region zählen u. a.:

Abor Country Travels & Expeditions (☎ 9436053870, 0360-2292969; www.aborcountrytravels.com; B Sector)

Alder Tours & Travels (☎ 9402905046; www.aldertoursntravels.com; Imphal Rd; ⏲ Mo–Sa 9–17 Uhr)

Jungle Travels India (☎ 0361-2667871; www.jungletravelsindia.com; Dirang Arcade, GNB Rd)

Network Travels (☎ 0361-2605335; GS Rd; ⏲ Mo–Sa 10–19 Uhr)

Purvi Discovery (☎ 0373-2301120; www.purviweb.com; Medical College Rd, Jalan Nagar)

BUSSE AB GUWAHATI

ZIEL	PREIS (₹)	DAUER (STD.)
Agartala (Tripura)	950	24–26
Aizawl (Mizoram)	760	28
Dibrugarh	510	10
Imphal (Manipur)	750	17
Jorhat	320	7
Kaziranga	260–350	6
Kohima (Nagaland)	410	13
Shillong (Meghalaya)	120	2½
Sivasagar	410	8
Tezpur	190	5

Uber-Fahrzeug bestellen und genießt innerhalb der Stadt oder zum Flughafen für weniger als 10 ₹/km eine bequeme Fahrt in einem Fahrzeug mit Klimaanlage.

Von der **Kachari-Haltebucht** (MG Rd) verkehren Busse zu verschiedenen lokalen Zielen.

Rund um Guwahati

Hajo & Poa Mecca

Die nette, etwa 30 km nordwestlich von Guwahati gelegene Kleinstadt Hajo zieht mit ihren fünf alten Tempeln auf den umliegenden Hügeln hinduistische und buddhistische Pilger an. Den Haupttempel **Hayagriva Madhav** erreicht man über eine lange Treppe, die durch ein Tor im Mogulstil führt. Die Statuen der Krishna-Inkarnation Madhav im Innern sind vermutlich 6000 Jahre alt. Um hierher zu kommen, nimmt man Bus 25 von der Adabari-Bushaltestelle in Guwahati aus (60 ₹, 1 Std.).

Zwei Kilometer östlich von Hajo befindet sich die **Poa-Mecca-Moschee**; sie beherbergt das Grab von Hazarat Shah Sultan Giasuddin Aulia Rahmatullah Alike, einem aus dem Irak stammenden Kaiser und Heiligen, der hier den Islam verbreitete und vor rund 800 Jahren starb. Über eine 4 km lange Straße, die sich aufwärts windet, erreicht man als Moslem zu Fuß (die weniger gläubigen Reisenden auch mit dem Auto) die architektonisch unauffällige Moschee.

Pobitora National Park

Etwa 40 km östlich von Guwahati liegt **Pobitora** (Inder/Ausländer 50/500 ₹, Foto 50/500 ₹, Video 500/1000 ₹; ⌚Jeepzugang April–Nov. 7.30–12 & 14.30 Uhr bis Sonnenuntergang), das für seine stattliche Population von Panzernashörnern bekannt ist. In dem 17 km² großen Nationalpark leben rund 100 dieser Kolosse. Pobitora ist unter Tierfreunden auch deshalb beliebt, weil man hier Leoparden, Asiatische Büffel, Wildschweine sowie ca. 2000 einheimische und Zugvogelarten beobachten kann. Nachdem man den Park betreten hat, überquert man mit einem Boot den Fluss und kommt zur Elefanten-Aufzuchtstation. Dort kann man einen Elefanten besteigen, der auf einem einstündigen Trip durch sumpfiges Grasland stapft und reizbare Nashörner aufscheucht. Zu beachten ist, dass für die Ritte auf den Elefanten die *howdahs* eingesetzt werden, von denen bekannt ist, dass sie diesen sanften Riesen Wirbelsäuleverletzungen zufügen. Um die Gesundheit der Elefanten zu schonen, ziehen es daher viele vor, auf solche Ausritte zu verzichten. Um hierher zu gelangen, kann man in Guwahati ein Taxi für einen halben Tag (1500 ₹) mieten.

Tezpur

☎03712 / 105 500 EW.

Tezpur ist kaum mehr als ein notwendiger Zwischenstopp für Reisende auf dem Weg nach Arunachal Pradesh oder ins Obere Assam. Die kleine Stadt hat eine Handvoll schöner Parks und hübsche Seen und bietet einen großartigen Blick auf den mächtigen Brahmaputra, an dessen Ufer sie liegt.

Sehenswertes

Chitralekha Udyan PARK

(Cole Park; Jenkins Rd; 20₹, Foto/Video 20/100 ₹; Paddelbootverleih 20 ₹/Pers.; 9–19 Uhr) Der u-förmige Teich von Chitralekha Udyans rahmt sorgsam gepflegte Rasenflächen ein, auf denen schöne **antike Skulpturen** stehen. Von April bis September gibt's im Park auch einen Autoscooter und Wasserrutschen. Einen Block weiter östlich und dann südlich steht an einem Ghat am tosenden Brahmaputra der **Ganeshgarh-Tempel**, von dem aus sich der herrliche Sonnenuntergang über dem Fluss genießen lässt.

Schlafen & Essen

Prashaanti Tourist Lodge HOTEL $

(03712-221016; touristlodgetezpur@gmail.com; Jenkins Rd; EZ/DZ/3BZ 850/950/1300 ₹) Dieses staatlich geführte Hotel, das südlich vom Busbahnhof gegenüber vom Chitralekha Udyan liegt, wurde modernisiert, um die Ansprüche internationaler preisbewusster Traveller zu erfüllen. Die geräumigen Zimmer zu guten Preisen bieten ein sauberes Bad, frische Bettlaken und Moskitonetze. Das Personal arbeitet äußerst effizient und ist, für staatliche Standards, überaus hilfsbereit.

Hotel KRC Palace HOTEL $$

(krc.tezpur@rediffmail.com; JN Rd; EZ/DZ ab 2530/2970 ₹;) Das schicke Mittelklassehotel, das für sich „als eines der besten Hotels in Assam" wirbt, hat ein sehr gutes Preis-Leistungs-Verhältnis. Die geräumigen Zimmer haben bequeme Betten, große Fenster, saubere Toiletten und moderne Annehmlichkeiten wie Flachbild-TVs und WLAN. Es liegt nur fünf Minuten Gehzeit von der Mission Chariali an der JN Rd entfernt.

KF HOTEL $$$

(03712-255203; kfhotel@gmail.com; Mission Charali; EZ/DZ ab 2420/2970 ₹;) Dank der schicken, modernen Zimmer, dem guten Service und der großen Liebe für Details spricht vieles für dieses Hotel, das 3 km nördlich vom Zentrum liegt. Es gibt ein Restaurant, ein Café und, sehr wichtig, im Erdgeschoss einen gut ausgestatteten Laden, in dem man alles Notwendige für eine Weiterreise in entlegene Gebiete kaufen kann.

Chat House FAST FOOD $

(Baliram Bldg, Ecke NB & NC/SC Rd; Snacks ab 50 ₹; 8–21.30 Uhr;) Das Chat House hat auf der Dachterrasse einen offenen, aber überdachten Essbereich, der eine kühle Brise, einen schönen Ausblick, indische Snacks, Nudel, Pizzas und *momos* (tibetische Knödel) bietet.

Spring Valley CAFETERIA $

(NC Rd; Snacks/kleine Mahlzeiten 40/60₹; 7.30–21 Uhr;) Diese unglaublich überfüllte und beliebte Cafeteria bietet den ganzen Tag heiße, schmackhafte Snacks und kleine Mahlzeiten – die *puris* (tief gefrorene Fladenbrote) sind großartig. Die Backwarenabteilung bietet eine gute Auswahl an Windbeuteln, Kuchen und Brot, während das vegetarische Restaurant im Obergeschoss mittags und abends zum Leben erwacht.

An- & Weiterreise

In der Jenkins Rd befinden sich die Buchungsschalter für Jeeps, die nach Bomdila (400 ₹, 8 Std.), Dirang (400 ₹, 6 Std.) und Tawang (750 ₹, 12 Std.) in Arunachal Pradesh fahren. Auf derselben Straße kann man um die Preise für ein privates Taxi zum Nameri National Park (800 ₹) und Kaziranga National Park (1500 ₹) feilschen. Etwas weiter befindet sich der **Busbahnhof** (Jenkins Rd), wo oft Busse nach Guwahati (190 ₹, 5 Std.), Jorhat (200 ₹, 4 Std.) und Kohora Village (100 ₹, 2 Std.) für Kaziranga abfahren.

Nameri National Park

Der reizvolle Nameri National Park ist bekannt für seine zwanglosen Wanderungen mit Vogelbeobachtungen.

Sehenswertes

Nameri National Park NATURSCHUTZGEBIET

(Inder/Ausländer 70/520 ₹, Foto/Video 50/500 ₹; Sonnenaufgang–Sonnenuntergang) In Nameri wurden schon rund 374 Vogelarten gesichtet, darunter seltene Spezies wie der Schelladler und die Weißflügelente. Vogelbeobachtungen sind eine Spezialität des Parks und können über Eco-Camp (S. 625) und **Jia Bhorelli Wild Resort** (03715-247109; DZ 2200 ₹) organisiert werden. Unter den Säugetieren finden sich hier wilde Elefanten, ein paar sehr scheue Tiger und das stark gefährdete Zwergwildschwein. Die Eintrittsgebühr in den Park beinhaltet den obligatorischen bewaffneten Begleiter. Das Tor zum Park ist Potasali, das 2 km abseits der Straße von Tezpur nach Bhalukpong liegt.

Schlafen & Essen

Eco-Camp ZELTPLATZ $$

(9854019932, 8472800344; ecocampnameri@gmail.com; Nameri National Park; B/DZ 400/1900 ₹) Eco-Camp organisiert die Parkbesuche, darunter auch zweistündige Raftingtouren zur Vogelbeobachtung (1650/2200 ₹ in 2-/4-sitzigem Boot). Übernachtet wird in „Zelten", die dank der bunten Stoffe, der privaten Bäder, der stabilen Betten und der strohgedeckten Schutzdächer recht luxuriös sind. Das Camp liegt inmitten üppiger Gärten mit Vögeln und Schmetterlingen, die sich am tropischen Nektar laben, wobei die exotischen Pflanzen alle beschriftet sind, um sie leichter identifizieren zu können.

Eastern Himalayan Botanic Gardens RESORT $$$

(Wild Mahseer; ☎03714-234354; wildmahseer@gmail.com; DZ inkl. Vollpension ab 12 000 ₹; ❄) Etwa 5 km von Balipara und 30 km nordöstlich von Tezpur liegt inmitten sanfter Hügel mit Teeplantagen dieses Resort. Auf einem 9 ha großen, malerischen Grundstück mit zahllosen immergrünen Bäumen bietet es eine luxuriöse Übernachtung in vier schön renovierten Bungalows, früher die Wohnstätte der Plantagenbesitzer. Ein unvergessliches Erlebnis bleibt der Heritage Bungalow (29 500 ₹/2 Pers. inkl. Vollpension), ein stattliches, 100 Jahre altes Gebäude, in dem ein Stück luxuriöser Lebensstil aus längst vergangener Zeit bewahrt wird.

An- & Weiterreise

Von Tezpur kann man für 800 ₹ ein Taxi zum Nameri National Park mieten.

Kaziranga National Park

☎03776

Die berühmten Panzernashörner, die zu den bekanntesten Touristenmaskottchen Indiens gehören, bevölkern das ausgedehnte Grasland des Kaziranga National Park.

Der Park besteht aus einem westlichen, einem zentralen und einem östlichen Bereich, wobei im zentralen Teil die frühmorgendlichen Elefantensafaris stattfinden.

Sehenswertes

Kaziranga National Park NATURSCHUTZGEBIET

(Inder/Ausländer 50/500 ₹, Foto 50/500 ₹, Video 500/1000 ₹; ⏲Jeepzugang Nov.–April 7.30–12 & 14.30 Uhr–Sonnenuntergang) Die über 1800 Panzernashörner dieses Parks stellen mehr als zwei Drittel des weltweiten Bestandes dar (1904 waren es gerade mal 200 Nashörner). Kaziranga organisiert die beliebten Jeepsafaris (S. 626) und Elefantensafaris (S. 626), die die Gelegenheit bieten, sich den Nashörnern zu nähern. Die Parkgebühren kann man beim Rangerbüro (S. 627) oder im Kaziranga Tourist Complex (erkennbar an dem unübersehbaren Nashorn-Tor), etwa 800 m südlich vom Dorf Kohora, entrichten.

Geführte Touren

Elefantensafaris GEFÜHRTE TOUREN

(☎03776-262428; Kaziranga Tourist Complex; inkl. Park Inder/Ausländer 875/1875 ₹; ⏲Safaris 5.30–8.30 Uhr, am Vorabend buchen) Die beliebten Safaris kann man im Kaziranga Tourist Complex (etwa 800 m südlich vom Dorf Kohora, erkennbar an dem unübersehbaren Nashorn-Tor) oder direkt im Hotel, in dem man übernachtet, buchen. Zu beachten ist, dass die Elefantensafaris zwar von den Parkbehörden gefördert werden, bei den Elefantenritten aber *howdahs* zum Einsatz kommen, die den Tieren Wirbelsäuleverletzungen zufügen könnten.

Da gegenwärtig keine Kontrollen oder Einschränkungen bei den Elefantensafaris stattfinden, sollte man erwägen, darauf zu verzichten.

Ein bewaffneter Aufseher begleitet einige Elefanten im Park. Elefantentreiber und Aufseher erhalten üblicherweise ein Trinkgeld von 100 ₹.

Jeepsafaris GEFÜHRTE TOUREN

(☎03776-262428; Kaziranga Tourist Complex; pro Fahrzeug inkl. Maut westlicher/zentraler/östlicher Bereich 1600/1500/2000 ₹) Diese beliebten Safaris kann man im Kaziranga Tourist Complex (etwa 800 m südlich vom Dorf Kohora, erkennbar an dem unübersehbaren Nashorn-Tor) oder direkt im Hotel, in dem man übernachtet, buchen. Ein bewaffneter Aufseher begleitet alle Fahrzeuge, die in den Park einfahren. Fahrer und Aufseher erhalten üblicherweise ein Trinkgeld von 100 ₹.

Schlafen & Essen

Touristenkomplex

Jupuri Ghar RESORT $$$

(☎9435196377, 0361 2605335; www.jupurigharkaziranga.com; DZ inkl. Frühstück 4200 ₹; ❄) Auf diesem hübschen, friedlichen Anwesen, das ein gewisses Urlaubsflair versprüht, stehen inmitten einer üppigen Vegetation traditionell anmutende Hütten. Das gut geführte Resort wartet zudem mit einem Freiluftrestaurant auf, in dem man sich beim kostenlosen Frühstück mit anderen Gästen über seine Safari-Erfahrungen austauschen kann.

Aranya Tourist Lodge HOTEL $$

(☎03776-262429; DZ ab 1250 ₹; ❄) Das eher nichtssagende Hotel mit Vorgarten, das staatlich betrieben wird und sich als Rückzugsort im Wald präsentieren will, bietet saubere Zimmer, schnellen Service, recht gutes Essen und eine gut bestückte Bar. Da es bei großen Gruppen beliebt ist, muss mit einem erhöhten Geräuschpegel gerechnet werden. Zum Zeitpunkt der Recherche waren Renovierungsarbeiten in der Endphase, die das Haus deutlich verändern könnten.

★**Maihang** INDISCH $$
(☎9435600879; Kohora Village; Hauptgerichte 200–250 ₹; ⏲12–15.30 & 19–22 Uhr) Gebratene Ente, Fisch in Sesamsauce, gebratenes Schweinefleisch mit getrockneten Bambussprossen oder pikante Hammelfleischstücke – die lokale Küche kann vielfältiger nicht sein als in diesem winzigen Restaurant an der Straße. Ein ausrangierter Oltimer, der zum Empfangstresen umfunktioniert wurde, führt zu einem mit Bambusrohr ausgekleideten Speiseraum, in dem man einige der besten assamesischen Gerichte in ihrer authentischsten Form probieren kann.

Außerhalb des Touristenkomplexes

Wild Grass Resort RESORT $$
(☎8876747357, 03776-262085; wildgrasskaziranga@gmail.com; DZ inkl. Frühstück 2450 ₹) Dieses etwas heruntergekommene, aber trotzdem reizvolle Resort, das sich etwa 10 km östlich von Kohora befindet, ist so beliebt, dass es auf ein Hinweisschild verzichtet, dafür aber alle Bäume sorgfältig beschriftet! Die an die Kolonialzeit erinnernde Dekoration erweckt den Eindruck, als sei die Zeit stehengeblieben. Im Speiseraum wird leckeres indisches Essen serviert. In der Hauptsaison ist eine Reservierung unerlässlich.

★**Diphlu River Lodge** RESORT $$$
(☎0361-2667871, 9954205360; www.diphluriverlodge.com; Dschungelpaket pro Pers. Inder/Ausländer 10 000/18 000 ₹; ❄📶) Dieses reizende Resort ist bei Weitem die Unterkunft mit der meisten Klasse rund um Kaziranga. Hier treffen Luxus und ein rustikaler, ethno-schicker Look aufeinander. Die Bambushütten am Ufer des Diphlu haben weiche Betten, stilvolle Bäder mit Regenduschen und hübsche Sitzbereiche im Freien, von denen aus man mit etwas Glück ein Nashorn beim Grasen beobachten kann. Das Essen ist übrigens ebenfalls hervorragend.

Bonhabi Resort RESORT $$
(☎03776-262675; www.bonhabiresort.com; DZ ab 2010 ₹; ❄) Dieser ruhige, freundliche Ort besteht aus einer alten Villa mit kolonialzeitlichem Flair und Ambiente sowie komfortablen Hütten in einem tollen Garten. Die Speisen sind gut zubereitet, wenn auch etwas einfallslos. Es ist gut ausgeschildert und liegt in Richtung des östlichen Bereichs.

Iora RESORT $$$
(The Retreat; ☎9957193350; www.info@kazirangasafari.com; EZ/DZ inkl. Frühstück ab 6150/7380 ₹; ❄@📶🏊) Das für einen Ort wie Kaziranga etwas zu formelle und überdimensionierte Anwesen hat (42) ausgezeichnet in Schuss gehaltene Zimmer mit geschmackvoller Einrichtung, moderner Ausstattung und gutem Service. Der Pool ist bei den Kids beliebt, während die Erwachsenen am Nachmittag entspannen und sich im hauseigenen Wellnessbereich eine der zahlreichen angebotenen Anwendungen gönnen können.

Praktische Informationen

Rangerbüro (☎03776-262428; Kaziranga Tourist Complex; Parkeintritt/Straßenmaut/Gebühr für die Naturschutzgesellschaft 100/300/100 ₹/Pers.; ⏲24 Std.) Die Parkgebühren bezahlt man bei diesem Parkbüro im Kaziranga Tourist Complex (erkennbar am unübersehenden Nashorn-Tor), der etwa 800 m südlich des Dorfes Kohora liegt. Zu beachten ist, dass der Zugangsweg zum Parkeingang über einen staubigen Pfad erfolgt, der etwa 1 km westlich vom Touristenkomplex abzweigt.

An- & Weiterreise

Vom Dorf Kohora starten Busse nach Guwahati (350 ₹, 4 Std., stündl., 7.30–16.30 Uhr), Dibrugarh (300 ₹, 4 Std.) und Tezpur (100 ₹, 2 Std.).

Ein privates Taxi von Tezpur kostet ca. 1500 ₹.

Jorhat

☎0376 / 140 000 EW.

Das geschäftige Jorhat ist das Tor zur Insel Majuli, hat aber Reisenden sonst wenig zu bieten. Die Gar Ali, die Geschäftsstraße der Stadt, trifft vor dem **zentralen Markt** auf die AT Rd (NH37), die Hauptverkehrsader.

Schlafen & Essen

Hinter dem Busbahnhof der Assam State Transport Corporation (ASTC) befindet sich, etwas versteckt, praktischerweise die Solicitor Rd mit ein paar recht passabler Hotels.

Hotel Paradise HOTEL $
(☎0376-2321521; paradisejorhat@gmail.com; Solicitor Rd; EZ/DZ inkl. Frühstück ab 770/1050 ₹;

(❄📶) Das Hotel Paradise hat ein gepflegtes Inneres, karierte Decken einen freundlichen Service, Tiefkühl-Snacks und in der Hotellobby kostenloses WLAN.

New Park HOTEL $
(☎0376-2300721; hotelnewparkjorhat@gmail.com; Solicitor Rd; EZ/DZ ab 1050/1150 ₹; ❄) Am Ende der Solicitor Rd liegt das New Park, eine schicke Unterkunft mit sauberen, luftigen Zimmern, warmen Duschen und viel Tageslicht.

★ **Puroni Bheti** PENSION $$$
(☎9954150976; rajibbarooah@yahoo.co.in; Haroocharai Tea Estate; DZ inkl. Frühstück ab 5000 ₹; ❄📶) Das Highlight von Jorhat ist das reizvolle Puroni Bheti, das inmitten einer üppigen Teeplantage am westlichen Stadtrand liegt und von einem superfreundlichen Plantagenbesitzer und dessen Familie geführt wird. Individuelle Aufmerksamkeit, erstklassige Unterkunft, köstliches, selbst zubereitetes Essen und Abende voller Musik und guter Laune mit den Gastgebern garantieren einen unvergesslichen und luxuriösen Aufenthalt. Die Haushunde Elsa und Bamby sorgen für eine großartige Gesellschaft.

ℹ An- & Weiterreise

Vom **ASTC-Busbahnhof** (AT Rd) verkehren zahlreiche Busse nach Sivasagar (80 ₹, 1 Std.), Tezpur (160 ₹, 4 Std.) und Guwahati (320 ₹, 7 Std., 8 Busse zw. 6 und 12 Uhr), die auf ihrem Weg an Kaziranga vorbeifahren.

Der Bahnhof von Jorhat ist der Mittelpunkt der Stadt und liegt etwa 500 m südlich der AT Rd an der Gar Ali. Der *12068 Jan Shatabdi Express* (AC Chair 585 ₹, 7 Std., Mo–Sa 14.30 Uhr) ist der bequemste der drei Züge, die nach Guwahati fahren.

Von der windgepeitschten Sandbank **Nimati Ghat** mit ihren zahllosen Chai-Buden legen die überfüllten Fähren zur Insel Majuli ab (Erw./Jeep 20/600 ₹, 1½ Std., 8.30, 10.30, 13.30 und 15 Uhr). Von Jorhat sind es mit dem Bus 12 km bis Nimati Ghat (30 ₹, 40 Min.).

Majuli

☎03775 / 168 000 EW.

Zwischen den sich ständig verändernden, ockerfarbenen Schlammbänken des mächtigen Brahmaputra liegt die Insel Majuli, die mit ca. 450 km² die größte Flussinsel Indiens ist. Obwohl sie laufend von Naturgewalten verwüstet wird (ein großer Teil der Insel wird während jedes Monsuns vom Wasser verschluckt) wartet Majuli mit einer unvergleichlichen landschaftlichen Schönheit auf. Die entspannte Insel wirkt mit ihren leuchtenden Reisfeldern und Wasserwiesen voller Hyazinthen wie ein schimmerndes Vlies.

Die beiden Hauptsiedlungen sind **Kamalabari**, 3 km vom Fähranleger entfernt, und **Garamur**, 5 km weiter nödlich gelegen. Zu den Höhepunkten eines Inselbesuchs zählen die Vogelbeobachtungen (hier leben fast 100 Vogelarten) sowie die Lehrstunden über neo-vishnuitische Philosophie in den 22 uralten *satras* (hinduistische Vishnu-Klöster und Kunstzentren).

Studien legen nahe, dass wenn der jetzige Grad der Erosion anhält, die Insel in den zwei kommenden Jahrzehnten verschwinden wird.

☞ Geführte Touren

Majuli Tourism VOGELBEOBACHTUNG
(☎9435657282; jyoti24365@gmail.com; Garamur Village; Ganztagestour 1000 ₹, Fahrradverleih 200 ₹/Tag) Der freundliche und sachkundige Jyoti Narayan Sarma führt Majuli Tourism, das Ausflüge zur Vogelbeobachtung anbietet und Fahrräder verleiht.

Schlafen & Essen

Einige der *satras* auf der Insel Majuli Island unterhalten schlichte Gästehäuser (200 ₹/Pers.). Achtung: Auf dem Klostergelände sollte man konservative Kleidung tragen!

La Maison de Ananda PENSION $
(☎9957186356; monjitrisong@yahoo.in; Garamur Village; Zi. 600–900 ₹) Diese schilfgedeckte Pension in Garamur steht auf Bambusstelzen und hat Zimmer, die mit vor Ort hergestellten Stoffen ausgekleidet sind, was dem Ganzen einen Hauch von Hippie-Touch verleiht. Es gibt auch einen neuen Betonbau, der nicht hierher passt. Die Pension wird von einer freundlichen Stammesfamilie geführt und die Küche serviert eine leckere Auswahl lokaler Mishing-Gerichte (Mahlzeiten 250 ₹).

Ygdrasill Bamboo Cottage PENSION $
(☎8876707326; bedamajuli@gmail.com; Garamur Village; DZ/4BZ 600/1200 ₹) Dieses Gästehaus an der Straße von Kamalabari nach Garamur steht auf Stelzen an einem sumpfigen, vogelreichen See. Bevor man am Abend in einer der spartanischen, traditionell eingerichteten Hütten im bequemen Bambusbett einschläft (Mückenschutz nicht vergessen!), kann man dem tausendstimmigen Chor der Zikaden lauschen. Bei Voranmeldung kann auch ein Abendessen zubereitet werden (250 ₹).

Mepo Okum PENSION $$

(☎ 9435203165; Garamur Village; DZ 1800 ₹) Der hübsche Komplex besteht aus acht Hütten, die auf einem Rasen verstreut liegen, der von jahreszeitlich typischen blühenden Pflanzen eingefasst wird. Das Gästehaus wird vor allem von zahlungskräftigen internationalen Reisegruppen gebucht, da es eindeutig die beste Übernachtungsoption auf Majuli ist. Nach Voranmeldung kann man eine überaus schmackhafte Mahlzeit mit lokalen Gerichten (500 ₹) genießen.

Anreise & Unterwegs vor Ort

Fähren (Erw./Jeep ₹20/600, 1½ Std.) verlassen Nimati Ghat in Jorhat nach Majuli Island um 8.30, 10.30, 13.30 und 15 Uhr; die Rückfahrt von Majuli ist um 7.30, 8.30, 13.30 und 15 Uhr. Die Abfahrtszeiten schwanken je nach Gezeiten und Jahreszeit.

Überfüllte Busse/Vans (20/30 ₹) warten am Pier auf die Ankunft der Fähren und fahren dann über Kamalabari nach Garamur. Bei längeren Aufenthalten empfiehlt es sich, über **Majuli Tourism** (S. 628) ein Fahrrad zu mieten (200 ₹/Tag).

Sivasagar

☎ 03772 / 53 800 EW.

Das verschlafene Sivasagar, die einstige Hauptstadt der Ahom-Dynastie, verdankt seinen Namen (wörtlich „Wasser Shivas") dem ausgedehnten und anmutigen Wasserbecken im Herzen der Stadt. Ansonsten ist es eine chaotische Vorstadtsiedlung, die Touristen als Ausgangspunkt für das Erkunden einiger schöner entlegener Ahom-Ruinen sowie als Zwischenstation auf dem Weg nach Nagaland dient.

Sehenswertes

Ahom-Tempel HINDU-TEMPEL

(Shiva Dol; ⌚Sonnenaufgang–Sonnenuntergang) GRATIS Drei typische Ahom-Tempel erheben sich stolz über dem teilweise bewaldeten Südufer des Sivasagar-Beckens. Im Westen ragt der **Devi Dol** auf, im Osten der **Vishnu Dol** und im Zentrum der 33 m hohe **Shiva Dol**, die jeweils der Muttergöttin, dem Gott Vishnu und dem Gott Shiva geweiht sind. Es ist ein geeigneter Ort, um etwas zu verweilen und in Ruhe die Pilger bei ihre Ritualen im Tempelkomplex zu beobachten, der im Schatten tropischer Bäume steht. Vor dem Fotografieren sollte man um Erlaubnis fragen.

Rang Ghar DENKMAL

(Inder/Ausländer 15/300 ₹; ⌚Sonnenaufgang–Sonnenuntergang) Etwa 4 km in südlicher Richtung an der AT Rd außerhalb von Sivasagar und etwa 2 km nach einer Hebebrücke aus dem Zweiten Weltkrieg erblickt man rechts den schönen Rang Ghar, einen zweistöckigen, ovalen Pavillon, der vorzüglich restauriert wurde und inmitten eines gepflegten Rasens steht. Das leuchtende ockergelbe Äußere ist mit Stuckdekorationen in Form floraler Motive verziert Das Innere ist

SATRAS

Satras sind die Klöster des Vishnuismus. Assams charakteristische Form des Alltagshinduismus wurde im 15. Jh. von dem einheimischen Philosophen Sankardev definiert. Diese Glaubensrichtung misst dem Kastensystem und der Götzenverehrung keine Bedeutung bei und stellt Vishnu (vor allem dessen Inkarnation als Krishna) in den Mittelpunkt. Die Verehrung besteht vor allem aus Tanz und melodramatischen Aufführungen von Szenen aus der heiligen Bhagavad Gita. Herzstück jedes *satra* ist der *namghar*. Die große, schlichte Gebetshalle beherbergt eine ewige Flamme, die Gita und eine Gruppe lehrreicher (nicht göttlicher) Kultbilder. In der Geschichte haben die *satras* auch die eleganten Satriya-Tanzformen sowie die Tradition der darstellenden Volkskünste (Ankiya Bhawna) gefördert, in welchen maskierte Tänzer Erzählungen der hinduistischen Mythologie nachspielen. Souvenirs in Form traditioneller Tanzmasken (300–2000 ₹) können bei **Samaguri Satra**, eine 15-minütige Fahrt vom Dorf Garamur entfernt, erstanden werden.

Die interessantesten und am leichtesten zugänglichen *satras* in Majuli sind das große, friedvolle **Uttar Kamalabari** (1 km nordwärts, dann 600 m östlich von Kamalabari) und **Auni Ati** (5 km westlich von Kamalabari), wo die Mönche gern bereit sind, ihr kleines **Museum** (Auni Ati Satra; Inder/Ausländer 10/50 ₹, Foto/Video 50/200 ₹; ⌚9.30–11 & 12–16 Uhr) mit königlichen Ahom-Artefakten zu zeigen. Die beste Gelegenheit, die Gesänge, Tänze und Dramenaufführungen zu erleben, ist in der Morgen- und Abenddämmerung während des großen **Ras-Mahotsav-Fests** (S. 619), das an die Geburt, das Leben und die Taten Krishnas erinnert.

überwiegend schmucklos, man kann aber ins obere Stockwerk hinaufsteigen, von wo aus die Ahom-Herrscher einst die Büffel- und Elefantenkämpfe beobachteten.

Talatal Ghar RUINEN

(Inder/Ausländer 15/300 ₹; ⏲Sonnenaufgang–Sonnenuntergang) Die Ruinen des Talatal Ghar befinden sich etwa 4 km südlich vom Zentrum von Sivasagar an der AT Rd. Die ausgedehnte Anlage, die als unterirdischer Palastkomplex für die Ahom-Könige entworfen wurde, ist heute zwar weitgehend verfallen, dennoch kann man entlang der Befestigungsmauern schlendern und einige der bogenförmigen Zugänge erkunden, die über dem Boden aufragen. An den Palast grenzt das **Gola Ghar**, ein eleganter Bau mit gewölbtem Dach, der vermutlich als königliches Munitionslager diente.

Gauri Sagar HINDU-TEMPEL

(Inder/Ausländer 15/300 ₹; ⏲Sonnenaufgang–Sonnenuntergang) Der einigermaßen imposante Komplex von Gauri Sagar besteht aus einem zentralen Wasserbecken und drei eigenständigen, aus den 1720er-Jahren stammenden Tempeln – **Vishnudol**, **Shivadol** und **Devidol** –, die von der Ahom-Königin Phuleswari erbaut wurden. Am eindrucksvollsten ist Vishnudol. Er erreicht zwar nicht die Höhe des Shivadol-Tempels aus Sivasagar, ist aber mit viel kunstvolleren (wenn auch verwitterten) Reliefs verziert. Gauri Sagar liegt an der Hauptstraße AT Rd, ca. 16 km südlich von Sivasagar in Richtung Kaziranga.

Schlafen & Essen

Hotel Shiva Palace HOTEL $

(☎03772-222629; hotelshivapalace.1811@rediffmail.com; AT Rd; EZ/DZ 990/1320 ₹, mit Klimaanlage ab 1650/1980 ₹; ❄📶) Etwa 500 m südlich von Shiva Dol an der AT Rd befindet sich dieses überraschend reizvolle Hotel. Es hat eine Reihe schicker Zimmer mit bequemen Betten, sauberen Bettlaken, geschmackvollen Laminatmöbeln und guten Bädern. Es ist eindeutig die beste Option unter den wenigen Budget-Unterkünften von Sivasagar und die etwas teureren Zimmer erwecken durchaus den Eindruck eines Businesshotels. Es gibt ein gutes hauseigenes Restaurant.

Hotel Brahmaputra HOTEL $$$

(☎03772-222200; www.hotelbrahmaputra.com; BG Rd; EZ/DZ inkl. Frühstück ab 1800/2970 ₹; ❄📶) Dieses vertrauenswürdige Hotel verfügt im 25. Jahr seines Bestehens über 34 Zimmer, die trotz ihres unterschiedlichen Komfortstandards alle ein ausgezeichnetes Preis-Leistungs-Verhältnis bieten. Der Service ist professionell und prompt und im hauseigenen Restaurant Kaveri gibt's gute indische und chinesische Standardgerichte.

Sky Chef MULTICUISINE $$

(Hotel Shiva Palace, AT Rd; Hauptgerichte 160 ₹; ⏲12–22.30 Uhr; ❄) Dieses Restaurant mit seinem smarten Namen und einer guten Auswahl an nordindischen, chinesischen und assamesischen Speisen ist bestens geeignet für ein Abendessen nach einem langen Tag in der Stadt. Das Personal erklärt gern die Eigenheiten der lokalen Küche und ist bei der Auswahl der Gerichte behilflich.

An- & Weiterreise

Vom **ASTC-Busbahnhof** (Ecke AT Rd & Temple Rd) fahren viele Busse nach Jorhat (80 ₹, 1 Std.), Dibrugarh (100 ₹, 2 Std.), Tezpur (250 ₹, 5 Std.) und Guwahati (410 ₹, 8 Std., stündl. ab 7 Uhr).

Für Ausflüge in die Umgebung nach Rang Ghar, Talatal Ghar, Gauri Sagar und Kareng Ghar nimmt man sich ein *tempo* (Halb-/Ganztagestour 300/600 ₹). Man findet es an einer nicht gekennzeichneten Haltestelle auf der BG Rd etwa 300 m von der ET Rd entfernt.

Dibrugarh

☎0373 / 137 500 EW.

Das fröhliche und von einem milden Klima verwöhnte Dibrugarh ist Assams authentische Teestadt und schließt geschickt den Bogen zwischen dem Kaziranga National Park und der Route Ziro–Along–Pasighat in Arunachal Pradesh. Es ist auch Endstation (bzw. Ausgangspunkt) für die Fährfahrt auf dem Brahmaputra bis nach Pasighat.

Schlafen & Essen

Hotel Rajawas HOTEL $

(☎0373-2323307; www.hotelrajawas.com; AT Rd; EZ/DZ inkl. Frühstück ab 1000/1400 ₹; ❄@📶) Das Hotel Rajawas hat 30 reizende Zimmer mit moderner Ausstattung. Die Hotelleitung leistet einen ausgezeichneten Job beim Erhalt dieses Anwesens.

Hotel Little Palace HOTEL $$

(☎0373-2328700; www.hotellp.com; AT Rd; EZ/DZ ab 1320/1920 ₹; ❄📶) Das Hotel ist alles andere als klein, denn es hat 48 gut ausgestattete Zimmer mit sauberer Bettwäsche. Der Blick auf den Brahmaputra von der Veranda am Ende des Korriors ist kostenlos.

Mancotta Heritage Chang Bungalow RESORT $$$
(☎0373-2301120; purvi@sancharnet.in; Mancotta Rd; DZ inkl. Mahlzeiten 8500 ₹; ❄📶) Mancotta, der beste Ort, um eine Tasse Tee wie ein Plantagenbesitzer zu genießen, bietet Übernachtungsoptionen in einem reizvollen, von Rasen umgebenen Pflanzer-Bungalow. Auf Wunsch werden Touren zu Teeplantagen und Flusskreuzfahrten organisiert.

Moti Mahal NORDINDISCH $$
(AT Rd; Hauptgerichte 180–250 ₹; ⏱11–15 & 19–23 Uhr; ❄) Im Hotel Rajawas befindet sich das überaus empfehlenswerte Moti Mahal Restaurant. Das hochpreisige Lokal ist bei den Feinschmeckern der Stadt für die köstlichen nordindischen Gerichte sehr beliebt, darunter *naan*, Butterhühnchen, *palak paneer* (Frischkäsestücke in püriertem Spinat) und *tarka dhal* (gewürzte Linsen).

An- & Weiterreise

Vom Flughafen Mohanbari, 16 km nordöstlich von Dibrugarh und 1 km abseits der Tinsukia Road gelegen, fliegen Air India und Jet Airways nach Guwahati, Kolkata und Delhi; IndiGo bietet Flüge nach Guwahati und Kolkata.

Vom **Hauptbusbahnhof** (Mancotta Rd) fahren ASTC- und Privatbusse nach Sivasagar (100 ₹, 2 Std., häufige Abfahrten zw. 6 und 9 Uhr), Jorhat (200 ₹, 3 Std., häufige Abfahrten zw. 6 und 9 Uhr), Tezpur (400 ₹, 6 Std., stündl., 6–18 Uhr) und Guwahati (550 ₹, 9 Std., stündl., 6–8 und 20–22 Uhr). Es gibt auch eine klimatisierte Volvo-Verbindung nach Guwahati (790 ₹, 7 Std., 20.30 Uhr).

Vom Bahnhof im Stadtzentrum fährt der Nachtzug *12423 Dibrugarh–Rajdhani Express* nach Guwahati (3AC/2AC 1150/1560 ₹, 20.35 Uhr, 10 Std.) ab.

Klapprig wirkende **Fähren** (Pers./Fahrzeug 60/1000 ₹; ⏱stündl. 9–15 Uhr) fahren täglich zum Bogibil Ghat (1½ Std.) am gegenüberliegenden Ufer des Brahmaputra (Arunachal), wo ein Bus wartet, der nach Pasighat in Arunachal Pradesh fährt. Als wollten sie die Gesetze der Schwimmfähigkeit herausfordern, befördern die klapprigen Dampfschiffe bis zu vier Autos, ein paar Dutzend Motorräder und eine Heerschar von Menschen. Es gibt kaum Schatten; deshalb sollte man Sonnenhut, Sonnenbrillen, Wasser und Sonnencreme mitführen. Die genauen Abfahrtszeiten hängen vom Wasserstand des Brahmaputra an. Während der Trockenzeit steuern die Fähren das Oiram Ghat weiter flussaufwärts an, sodass die Überfahrt bis zu fünf Stunden dauern kann. Viele Hotels in Dibrugarh bieten Jeep-Fähren-Jeep-Kombi-Tickets (300 ₹/ Pers.) für die Fahrt nach Pasighat an.

Manas National Park

☎03666

Etwa 180 km von Guwahati entfernt und entlang der Grenze zwischen Assam und Bhutan liegt in Bodoland der **Manas National Park** (☎03666-261413; inkl. Elefantensafari Inder/Ausländer 1100/2100 ₹, Foto/Video 50/ 500 ₹; ⏱Nov.–April). Der Nationalpark umfasst drei Waldbereiche, von denen der zentrale **Bansbari Range** über Barpeta Road, nordwestlich von Guwahati, am leichtesten zugänglich ist. Die Waldgebiete setzen sich jenseits der Staatsgrenze mit dem Wildnisgebiet auf bhutanischer Seite fort, das denselben Namen trägt.

Schlafen & Essen

Bansbari Lodge LODGE $$$
(☎0361-2667871; www.assambengalnavigation.com/bansarilodge.html; inkl. Vollpension 4500 ₹/ Pers.; ❄) Die Bansbari Range lässt sich in der Bansbari Lodge mit allem Komfort genießen. Jungle Packages (9000 ₹/Pers.) beinhalten Vollpension, eine frühmorgendliche Elefantensafari, eine Jeepsafari, einen Guide und die Parkgebühr. Man kann auf die Elefantenritte aus Rücksicht auf das Wohlbefinden der Tiere verzichten. Auch Raftingtouren, Dorfbesuche und Kulturprogramme der Volksstämme sind möglich. Der Zugang erfolgt über Barpeta Road. Reservierungen nimmt die Assam Bengal Navigation (S. 622) mit Sitz in Guwahati vor.

Zu beachten ist, dass bei den Elefantensafaris *howdahs* eingesetzt werden, die für die Tiere schädlich sein können.

An- & Weiterreise

Zwischen Guwahati und Kokrajhar (120 ₹) halten Busse an der Pathsala-Kreuzung etwa 3 km von Barpeta Road.

Der *15960 Kamrup Express* (Sleeper/3AC 140/490 ₹, 2½ Std., 7.45 Uhr) und der *14055 Brahmaputra Mail* (Sleeper/3AC 100/490 ₹, 2½ Std., 12.50 Uhr) verbinden Guwahati mit Barpeta Road.

Mietjeeps gibt's in Barpeta Road und in der Bansbari Lodge (nur für Gäste).

ARUNACHAL PRADESH

Das jungfräuliche Arunachal Pradesh erscheint auf der Landkarte wie ein riesiger grüner Fleck. Der wildeste und am wenigsten erforschte Bundesstaat Indiens – sein Name bedeutet wörtlich „Land der von der

Morgenröte erleuchteten Berge" – ragt aus dem assamesischen Flachland urplötzlich in den Himmel. Seine dicht bewaldeten und unglaublich steilen Berge gehen entlang der tibetischen Grenze in schneebedeckte Gipfel über. Arunachal, wo 26 indigene Stämme leben, ist vielleicht Indiens letzte Region, in der das natürliche und anthropologische Erbe des Landes fortbesteht. Ein Großteil des Bundesstaates ist für den Tourismus immer noch unerreichbar, dennoch öffnen sich einige Gebiete allmählich den Besuchern.

China hat Indiens Souveränität über diese Region offiziell nie anerkannt und erst nach der überraschenden chinesischen Invasion von 1962 – die Chinesen zogen nach einigen Tagen freiwillig wieder ab – begann Delhi mit dem Aufbau einer nennenswerten Infrastruktur. Die Grenzpässe werden vom indischen Militär streng bewacht, aber die Atmospäre ist meist ruhig. Arunachal blieb bisher mehr oder weniger von politischen Unruhen verschont, obwohl Naga-Rebellen in der östlichsten Ecke des Staates aktiv sind.

Genehmigungen

Ausländer können nach Arunachal Pradesh nur mit einem Protected Area Permit (PAP) der indischen Regierung einreisen, das in der Regel nur an Reisegruppen vergeben wird. Die Genehmigungen werden von registrierten Reisebüros ausgestellt, d. h., dass selbst wer auf eigene Faust unterwegs sein will, sich an einen Reiseveranstalter wenden muss, der ein PAP ausstellt. Wegen der Verständigungsschwierigkeiten mit den lokalen Behörden und um politische Unruhen sowie Aufständische zu meiden, schließen sich praktisch alle einer Reisegruppe mit einem Guide an, der die lokale Sprache spricht.

In den anderen Staaten ändern sich die gesetzlichen Bestimmungen immer wieder. Manipur, Mizoram und Nagaland (für die alle zu unterschiedlichen Zeiten eine Genehmigungspflicht galt) genießen seit 2016 den Status „genehmigungsfrei", doch könnte sich dies bis 2018 durchaus ändern. Daher sollte man sich vor Reiseantritt nach der Lage erkundigen.

Itanagar

☎0360 / 35 000 EW. / 770 M

Arunachals Hauptstadt verdankt ihren Namen dem geheimnisvollen **Ita Fort**, dessen Backsteinruinen den Hügel oberhalb der boomenden Handelsstadt krönen. Die recht charakterlose Stadt ist ein Betonmoloch, der als Verwaltungszentrum des Bundesstaates dient (Einreisegenehmigungen für Arunachal Pradesh werden hier ausgestellt).

Sehenswertes

Jawaharlal Nehru State Museum MUSEUM
(Museum Rd; Inder/Ausländer 10/75 ₹, Foto/Video 20/100 ₹; ⏲So–Do 9.30–16 Uhr) Das herausgeputzte und gepflegte Jawaharlal Nehru State Museum bietet eine ordentliche Übersicht des Natur- und Stammeserbes von Aru-

VOLKSSTÄMME IN ARUNACHAL

Arunachal weist eine beeindruckende Vielfalt an Stammesgruppen auf, denn hier leben 26 Stämme, darunter die Adi (Abor), Nishi, Tagin, Galo, Apatani und Monpa. Viele Stämme sind untereinander verwandt, während andere sich für einzigartig halten.

Die moderne Lebensweise bahnt sich allmählich den Weg in die lokale Gesellschaft, aber die meisten Stämme haben es geschafft, Neues mit Altem zu verbinden. So ist es nicht ungewöhnlich, ein modernes Betongebäude zu sehen, in dem auf einem auf Stelzen stehenden Bambusfußboden eine traditionelle Küche mit offenem Herd eingebaut ist.

Die überlieferte animistische Religion Donyi-Polo (die Anbetung von Sonne und Mond) ist immer noch vorherrschend, obwohl das Wirken christlicher Missionare einen starken Einfluss auf die religösen Glaubensvorstellungen und die Lebensweise der Menschen in dieser Region hatte. Bei zeremoniellen Anlässen tragen Dorfhäuptlinge die typischen scharlachroten Schals und einen Bambushut, der mit Stachelschweinborsten oder Nashornvogelfedern gespickt ist. Frauen tragen vorzugsweise handgewebte Wickeltücher ähnlich den südostasiatischen Sarongs, während einige ältere Männer ihre Haare immer noch lang tragen und zu einem Stirnknoten binden. Das traditionelle Kunsthandwerk wie Weben und Korbflechten ist in dieser Hügellandschaft so lebendig wie eh und je.

Der Baustil unterscheidet sich von Stamm zu Stamm, wobei die traditionellen Dörfer der Ani am fotogensten sind, da sie ihre Hausdächer mit üppigen Palmyra-Wedeln decken und sich wackelige Hängebrücken aus Bambusrohr über Schluchten mit tosenden Wasserläufen spannen.

ABSEITS DER ÜBLICHEN PFADE

NAMDAPHA NATIONAL PARK

Der überwältigende **Namdapha National Park** (☎03807-222249; www.changlang.nic.in/namdapha.html; Inder/Ausländer 500/1000 ₹), erstreckt sich auf 1985 km² dicht bewaldeter Fläche im äußersten Osten von Arunachal Pradesh. Der Nationalpark ist ein ökologischer Hotspot mit einer unfassbaren Vielfalt von Tier- und Pflanzenarten, deren Lebensräume von den warmen, tropischen Ebenen bis zum eisigen Himalaja-Hochland reichen. Er ist außerdem dafür bekannt, dass er der einzige Nationalpark Indiens mit vier verschiedenen Großkatzen ist (Leopard, Tiger, Nebelparder und Schneeleopard). Er ist auch ein Paradies für Vogelbeobachter, da hier rund 500 Vogelarten nachgewiesen sind.

Der Park liegt weit entfernt von jedem Ort und die Anreise kann zur Qual werden, wenn man nicht mit einer Reisegruppe unterwegs ist.

Das Tor zu Namdapha ist Dibrugarh in Assam. Von hier aus sind es rund 150 km bis zum kleinen Ort **Miao**. Nach einer Fahrt von weiteren 26 km erreicht man **Deban**, wo sich die Parkverwaltungen befinden. Einfache Unterkünfte gibt es in Miao im **Eco-Tourist Guest House** (☎03807-222296; Miao; pro Pers. Inder/Ausländer 400/600 ₹) oder in Deban im **Forest Rest House** (☎03807-222249; Deban; DZ Inder/Ausländer 300/500 ₹).

nachal Pradesh. Die farbenfrohe Gompa des **buddhistischen Kulturzentrums** steht in der nahegelegenen Gartenanlage.

Schlafen & Essen

Hotel SC Continental HOTEL **$$**
(☎9436075875; www.hotelsccontinental.com; Vivek Vihar; EZ/DZ ab 2200/2640 ₹; ❄@) Dieses gehobene, gepflegte Hotel steht in Itanagar für Business-Class-Luxus und liegt in einer ruhigen Gegend südwestlich vom Ganga Market. Im Restaurant Fire & Ice (S. 633) wird gute indische und chinesische Küche serviert. Man gelangt hierher, indem man vom Zentrum etwa 1 km bergab auf der Hauptstraße geht und dann rechts in die Straße abbiegt, die in einer Haarnadelkurve aufwärts führt.

Hotel Arun Subansiri HOTEL **$$**
(☎0360-2212806; Zero Point Tinali; EZ/DZ ab 1540/1760 ₹; ❄📶) Das Hotel Arun Subansiri, dessen überdimensioniertes Foyer sich eher als Autohaus-Showroom eignen würde, hat angenehm große Zimmer mit sauberen Bädern, weichen Betten und WLAN. Es befindet sich nur wenige Gehminuten vom Museum entfernt (S. 632).

Fire & Ice MULTICUISINE **$$**
(Hotel SC Continental, Vivek Vihar; Hauptgerichte 120–180 ₹; ⏲11–22 Uhr; ❄) Dieses Restaurant, das mit geschmackvollen Holzarbeiten und schicken braun-weißen Tischdecken aufwartet, serviert eine gute Auswahl indischer und chinesischer Gerichte und wetteifert um den Rang als bester Ort in Itanagar für gehobene Esskultur. Abends verwandelt es sich in eine Lounge-Bar (Biere 100 ₹).

An- & Weiterreise

Vom **APST-Busbahnhof** (Ganga Market) fahren Busse nach Guwahati (550 ₹, 11 Std., 6 Uhr), Bomdila (380 ₹, 8 Std., 6 Uhr), Pasighat (320 ₹, 10 Std., 5.30 und 6 Uhr) und Shillong (450 ₹, 12 Std., 16.30 Uhr). Die meisten Busse starten morgens, es kann aber vorkommen, dass sie nicht täglich verkehren.

Von der gegenüberliegenden Straßenseite fahren Sammeljeeps nach Ziro (350 ₹, 4 Std., 5.30 und 14.50 Uhr), Along (700 ₹, 15 Std., 5.30 Uhr) sowie Pasighat (400 ₹, 8 Std., 5.30 Uhr).

Der *22411 Naharlagun–New Delhi Express* (3AC/2AC 2005/2940 ₹, 38 Std., 21.35 Uhr) fährt am Dienstag vom neuen Bahnhof in Naharlagun ab, der etwa 12 km östlich von Itanagar liegt. Außerdem gibt's den täglich verkehrenden *15168 Intercity Express* (Sleeper/3AC 215/580 ₹, 9 Std., 22 Uhr), der Naharlagun mit Guwahati verbindet.

Itanagar wird auch vom Naharlagun Helipad versorgt, von wo täglich (außer So) Flüge nach Guwahati (4000 ₹) starten. An der Hotelrezeption oder beim Reiseveranstalter kann man sich nach Flugtickets erkundigen.

Zentrales Arunachal Pradesh

Für unternehmungsfreudige Traveller hält das zentrale Arunachal Pradesh eine Reihe großartiger Abenteuer bereit – von Begegnungen mit einheimischen Stämmen im malerischen Ziro-Tal bis hin zu Raftingtouren auf dem Siang und spannenden Ausflügen zu entlegenen Siedlungen wie Mechuka.

Ziro-Tal

☎03788 / 32 000 EW. / 1750 M

Das fruchtbare Ziro-Tal, das zu den malerischsten Gebieten Indiens gehört, liegt eingebettet zwischen den überwältigenden Bergen Arunachals wie ein sagenhaftes Königreich. Es ist eine übereinander geschichtete Landschaft von Reisfeldern, Flüssen und idyllischen Dörfern des Apatani-Stammes und der unbestrittene Höhepunkt einer jeden Reise nach Arunachal.

Neben der Landschaft und der Dorfarchitektur besteht die Hauptattraktion hier eindeutig in der Begegnung mit den älteren Apatani, die die typischen Verzierungen mit Gesichtstattoos und Nasenpflöcken haben. Die authentischsten Apatani-Dörfer sind **Hong** (am größten und bekanntesten), **Hija** (stimmungsvoller), **Hari**, **Bamin** und **Duta**, die alle in einem Umkreis von maximal 10 km liegen. Man sollte diese Dörfer aber auf jeden Fall nur in Begleitung eines einheimischen Führers besuchen; andererseits bekommt man nicht viel zu sehen und hätte sogar das Gefühl, nicht willkommen zu sein.

Das weitläufige **Hapoli** (New Ziro), das sich etwa 6 km südlich des Ziro-Tals erstreckt, hat eine einfache urbane Infrastruktur und ein bescheidenes Straßenverkehrsnetz.

Schlafen & Essen

Homestays sind die beste Art, die traditionelle Gastlichkeit der Apatani kennenzulernen. Zurzeit gibt es über 30 registrierte Homestays in allen Dörfern, wobei der Komfortstandard stark schwankt. Die besten dieser Privatunterkünfte ballen sich im Dorf Siiro, etwa 3 km südöstlich von Hapoli. In der Region gibt es auch einige Hotels.

Hibu Tatu's Homestay PRIVATUNTERKUNFT $$
(☎9436224834; hibuatotatu@gmail.com; Siiro (Dorf); 1500 ₹/Pers. inkl. Halbpension) Es bietet herrliche Einblicke in das Leben der Dorfbewohner und stellt auch Guides (1000 ₹) und Fahrräder (500 ₹) für Dorfexkursionen zur Verfügung. Das Homestay befindet sich ganz am Ende des Dorfes Siiro.

Abasa Homestay PRIVATUNTERKUNFT $$
(☎9402709164; abasahomestay@gmail.com; Siiro (Dorf); 1500 ₹/Pers. inkl. Halbpension) Ein unvergessliches Homestay-Erlebnis (und ein eindrucksvolles Beispiel für die tollen, hausgemachten Gerichte) bietet sich, wenn man eine oder zwei Nächte im reizvollen Abasa verbringt. Es wird von der gastfreundlichen Kago Kampu betrieben, die für ihren selbst hergestellten Obstwein bekannt ist.

Siiro Homestay GASTFAMILIE $$
(☎9856209494; punyochada@gmail.com; Siiro (Dorf); 1500 ₹/Pers. inkl. Halbpension) Das Siiro zählt zu den beliebtesten Homestays im Ziro-Tal und sein Betreiber Punyo Chada kann sich um den Titel als Indiens fröhlichster Gastgeber bewerben. Die Zimmer mit weichen Betten und großen Fenstern sind in der Region konkurrenzlos in Sachen Qualität.

An- & Weiterreise

Sumos fahren von der MG Rd in Hapoli, unweit des SB-Geldautomaten nach Itanagar (350 ₹, 4 Std., 5 und 11 Uhr), Lakhimpur (350 ₹, 4 Std. stündl., 7–9 Uhr) und Daporijo (450 ₹, 6 Std., ca. 9.30 Uhr).

Von Ziro nach Pasighat

DAPORIJO

☎03792 / 15 700 EW. / 250 M

Auf der langen Fahrt von Ziro nach Pasighat ist es unvermeidbar, auf halber Strecke einen Zwischenstopp in Daporijo einzulegen, einer schmutzigen, schlichten Stadt ohne Persönlichkeit. Dank ihrer Lage am Fluss Subansiri bietet sich aber zumindest die Möglichkeit einiger Spaziergänge und Wanderungen. Wer frühmorgens aus Ziro losfährt, erreicht Daporijo um die Mittagszeit.

Schlafen & Essen

Hotel Singhik HOTEL $$
(☎03792-223103; singhikhotel@gmail.com; DZ ab 1900 ₹; ❄📶) Das überraschend komfortable Hotel Singhik mit einem farbenfrohen Inneren, einem tollen Restaurant und kostenlosem WLAN ist die beste Wahl, um auf dem Weg von Ziro nach Pasighat zu übernachten.

Ligu Tourist Resort RESORT $
(☎03792-223114; Ligu; DZ 1350 ₹) Dieses komfortable Resort befindet sich in dem Dorf Ligu mit seinen strohgedeckten Hütten (von Ziro aus kommend biegt man am Ortseingang von Daporijo vor der Brücke nach links ab). Die Betreiberfamilie bereitet köstliche traditionelle Gerichte und abends kann man durchs Dorf schlendern und sich mit den freundlichen Einheimischen unterhalten.

An- & Weiterreise

Sumos fahren vom New Market im Stadtzentrum von Daporijo um 6 Uhr in Richtung Itanagar (600 ₹, 10 Std.) und Ziro (450 ₹, 6 Std.) ab.

BEGEGNUNG MIT DEN APATANI

Die Apatani gehören zu den faszinierendsten Völkern Nordostindiens. Sie stammen aus dem Ziro-Tal und ihre Zahl beläuft sich auf etwa 25 000. Man nimmt an, dass sie irgendwann aus dem weniger wirtlichen nördlichen Hochland ins Zita-Tal gekommen sind. Die Apatani sind stark in ihrer Kultur verwurzelt und die meisten gehören der animistischen Donyi-Polo-Religion (Sonnen- und Mondanbeter) an. Sie leben auch weiterhin in recht traditionellen Bambus- und Holzhäusern (auch wenn das Innere sehr modern ausgestattet ist). Mit ihren t-förmigen Totempfählen, den *babohs*, die sich über die an den wichtigen Durchgangsstraßen entlang gebauten Hütten erheben, sind die Dörfer der Apatani äußerst fotogen. Als Bauernvolk betreibt der Stamm ein einzigartiges System der Landwirtschaft, bei dem die mit Reis bepflanzten Terrassen mit Wasser geflutet werden, um nebenher auch gleich noch als seichte Fischfarmen zu fungieren. Außerdem haben die Apatani ein ausgeprägtes ästhetisches Gespür, sodass sie sich durch eine außergewöhnliche kunsthandwerkliche Fertigkeit im Weben und Korbflechten auszeichnen.

Die für ihre Schönheit berühmten Apatani-Frauen haben kunstvolle Tattoos sowie ungewöhnliche, als *dat* bezeichnete Nasenpflöcke, die durch Löcher in den Nasenflügeln geführt werden. Die Älteren sagen, dieser Brauch gehe auf eine Stammeslegende zurück, wonach dieser Gesichtsschmuck das höchste Kompliment für die angeborene Schönheit der Apatani-Frauen sei. Andere wiederum glauben, dies sei ein bewusster Akt der Entstellung gewesen, um die Frauen vor Entführungen durch die Krieger des benachbarten Nishi-Stammes zu bewahren. Der Friedensschluss mit den Nishi in den 1960er-Jahren beendete diese Praxis und heute begegnet man nur noch wenigen Frauen der älteren Generation, die einen *dat* tragen. Fotografieren ist eine heikle Angelegenheit, also immer zuerst um Erlaubnis bitten.

ALONG

☎03783 / 20 500 EW. / 600 M

Along, eine gesichtslose Stadt an der Landstraße von Daporijo nach Pasighat, ist eine staubige, verwahrloste Siedlung, die Besuchern abgesehen von einem kleinen, informativen **District Museum** (Main Rd; ⊙Mo–Fr 10–16 Uhr) GRATIS kaum was zu bieten hat.

Schlafen & Essen

Hotel West HOTEL $$
(☎03783-222566; hotelwest@rediffmail.com; Medical Rd; DZ ab 1650 ₹; ❄) Die rettende Adresse in Along ist das gut geführte Hotel West, das geräumige, komfortable Zimmer sowie guten Service bietet und zentral liegt. Es ist der perfekte Ort, um nach einer den ganzen Tag dauernden Reise zu entspannen.

Hotel Toshi Palace HOTEL $
(☎9436638196; Main Rd; Dz ab 900 ₹; ❄) Das Hotel Toshi Palace gegenüber dem APST-Busbahnhof hat saubere Zimmer und ein nettes Terrassenrestaurant, in dem nach Sonnenuntergang reichlich Bier fließt.

An- & Weiterreise

Sumos fahren aus dem Stadtzentrum nach Itanagar (700 ₹, 15 Std., 5.30 Uhr) und Pasighat (250 ₹, 5 Std., 5.30 und 11.30 Uhr).

Pasighat

☎0368 / 25 000 EW.

Entlang bewaldeter Ebenen an den Ufern des Siang gelegen, erinnert Pasighat eher an Assam als an Arunachal Pradesh. Im September ist die Stadt Gastgeber des Adi-Festes **Solung** (⊙1.–5. Sept.), während im Rest des Jahres der Sonnenaufgang über dem großartigen Siang die Hauptattraktion ist.

Schlafen & Essen

Hotel Serene Abode HOTEL $$
(☎0368-2222382; thesereneabode@gmail.com; NH52; DZ inkl. Frühstück mit/ohne Klimaanlage 1650/2650 ₹; ❄📶) Das neue und schicke Hotel Serene Abode hebt mit seinen modernen Zimmern, den stylischen Toiletten, den Flachbild-TVs und dem effizienten Service die Qualität der Gastlichkeit in Pasighat.

Hotel Aane HOTEL $$
(☎0368-2222777; MG Rd; DZ ab 1650 ₹; ❄) Die meisten Traveller auf der Durchreise durch Pasighat übernachten im Hotel Aane, das in Pastelltönen dekorierte Wände, saubere Bettwäsche und ein gutes Restaurant hat.

Siang Tea Garden Lodge RESORT $$$
(☎9436675824; Oyan; 3000 ₹/Pers. inkl. Vollpension; 📶) Inmitten üppiger Teegärten ent-

ABSEITS DER ÜBLICHEN PFADE

GRENZABENTEUER

Mechuka

Die Fahrt von Along nach Mechuka – einem entlegenen Vorposten unmittelbar in der Nähe zur tibetischen Grenze – ist einer der spannendsten Autotouren in Arunachal Pradesh. Mechuka wird oft als „verbotenes Tal" bezeichnet – und in der Tat war es bis vor Kurzem nur zu Fuß erreichbar. Diese winzige Siedlung am Ufer des Flusses Siang wird vom buddhistischen Memba-Stamm bewohnt und ist für das 400 Jahre alte **Samten-Yongcha-Kloster** und die überwältigende Landschaft bekannt, die ihren Höhepunkt in einem mächtigen, schneebedeckten Bergzug entlang der Grenze findet.

Sumos bedienen die 180 km lange Strecke ab Along (550 ₹, 7 Std., 5.30 Uhr). Die Fahrten hängen aber vom Wetter und der Verfügbarkeit der Fahrzeuge ab, sodass es durchaus vorkommen kann, dass sie nicht täglich stattfinden. Wer nicht bei einer Familie vor Ort übernachten kann, muss in dem von der Regierung betriebenen **Circuit House** übernachten, das Zimmer auf Ad-hoc-Basis (und ohne festen Tarif) vermietet. Aus Sicherheitsgründen nehmen die meisten Unterkünfte keine Individualreisenden ohne Empfehlung auf, also ist es unbedingt zu empfehlen, die Tour nach Mechuka über einen lokalen Tourenanbieter zu organisieren.

Tuting & Pemako

Im äußersten Norden von Arunachal Pradesh liegt die abgeschiedene Stadt **Tuting**, die jährlich nur von einer Handvoll Pilger und ein paar hartgesottenen Abenteurern besucht wird. Von Pasighat aus erreicht man Tuting auf einer langen, holprigen Straße. Tuting liegt nahe der tibetischen Grenze, wo der Tsang Po, nachdem er das tibetische Hochland verlassen und sich im Himalaja durch eine Reihe spektakulärer Schluchten gewunden hat, den indischen Subkontinent erreicht und fortan Siang heißt (in Assam nennt man ihn dann Brahmaputra). Die gefährliche, 180 km lange Strecke von Tuting nach Pasighat, die ihren Ruf als spannendes Wildwasserrafting-Revier gefestigt hat, ist mit Stromschnellen der 4. und 5. Kategorie, starken Strudeln und unzugänglichen Schluchten übersät. Dies ist etwas nur für echte Profis.

Tuting dient zugleich als Ausgangspunkt zum sagenumwobenen Land **Pemako**, das buddhistischen Überlieferungen zufolge ein verborgenes Paradies und die irdische Verkörperung von Dorje Phangmo (einer tibetischen Göttin) ist. Dieses abgeschiedene Gebirgstal wird von Memba-Buddhisten bewohnt und die meisten Besucher sind buddhistische Pilger, die zu Fuß unterwegs sind. Jedenfalls wird eine befestigte Straße, deren Bau bis 2018 abgeschlossen sein soll, eine Steigerung der Besucherzahlen zur Folge haben.

Wer es hierher geschafft hat, sollte ein paar Nächte im **Yamne Abor** (☎9436053870; Damroh Village; Vollpension 2500 ₹/Pers.) entspannen. Das reizvolle Resort bietet einen Mix aus Luxuszelten und Öko-Hütten und befindet sich im entlegenen Yamne-Tal zwischen hübschen Adi-Dörfern, Reisfeldern und grünen Wäldern. Beim Abstieg sollte man eine oder zwei Nächte im **Aborcountry River Camp** (☎9436053870; Rane Ghat; Vollpension 3000 ₹/Pers.) verbringen, das inmitten eines Bambushains am Ufer des Siang versteckt ist und schicke Öko-Zimmer in traditionellen strohgedeckten Hütten bietet. Beide Anwesen lassen sich über Abor Country Travels & Expeditions (S. 623) buchen.

spannt man in der Siang Tea Garden Lodge, die mit schlichten, aber komfortablen Zimmern mit traditionellem Dekor, frischem Tee aus dem eigenen Garten und herrlichem Essen aufwartet, das Babul, der Küchenchef des Hauses, zubereitet. Die Zimmerpreise schwanken; wer bereit ist, an der Entwicklung der Gemeinde und an Wohlfahrtsprogrammen mitzuwirken, erhält oft einen Preisnachlass. Oyan liegt etwa 25 km südlich von Pasighat.

An- & Weiterreise

Sumos fahren nach Along (250 ₹, 5 Std., 6 und 12 Uhr) und Itanagar (400 ₹, 8 Std., 6 Uhr). **Fähren** (pro Pers./Fahrzeug 60/1000 ₹) tuckern gemächlich vom Bogibil Ghat (und vom Oiram Ghat während der Trockenzeit) den Brahmaputra hinunter bis nach Dibrugarh in Assam. Sumo-Fahrten von Pasighat nach Bogibil Ghat dauern 2 Std. und starten um 6 Uhr. Am Sumo-Stand in der Stadt werden Sumo-Fähre-Kombi-Tickets (200 ₹) verkauft.

Westliches Arunachal Pradesh

Bomdila

03782 / 2680 M

Auf halber Strecke zwischen Tezpur und Tawang liegt Bomdila, ein winziger Ort mit einigen Verwaltungsbüros, Hotels, Märkten und Imbissständen an der Straße. Wer hier übernachtet, findet wenig Abwechslung, außer man erkundet den Markt oder das etwas höher gelegene, weitläufige **Kloster**.

Schlafen & Essen

Doe-Gu-Khil Guest House PENSION $

(9402292774; yipe_bg@yahoo.com; Monastery Hill; DZ 900 ₹;) Das traditionell dekorierte Doe-Gu-Khil Guest House, das gleich unterhalb des großen Klosters steht, bietet einen herrlichen Blick auf Bomdila, das sich zu seinen Füßen erstreckt. Die Zimmer sind schlicht, aber sauber, das Essen in der Kantine ist frisch und schmackhaft und in den Zimmern gibt's kostenloses WLAN.

Hotel Tsepal Yangjom HOTEL $$

(03782-223473; www.hoteltsepalyangjom.in; Main Bazaar; DZ ab 2450 ₹;) Mit holzgetäfelten Zimmern und einem geschäftigen Restaurant, in dem man auf einem riesigen Fernseher Kricketspiele verfolgen kann, ist dieses Hotel die beliebteste Unterkunft im Ort. Es liegt zentral und bietet kostenloses WLAN in der gemütlichen Lobby.

An- & Weiterreise

Sammeljeeps bedienen die lange Strecke von Tezpur nach Tawang und halten über Nacht in Bomdila. Aus dem Zentrum gibt es Verbindungen nach Tawang (400 ₹, 8 Std., 7 Uhr).

Dirang

03780 / 1620 M

Dirang ist das Tor zum Tawang-Tal und eine willkommene Zwischenstation zum Übernachten, besonders für Traveller, die mit ihrem eigenen Fahrzeug reisen. Das winzige, 5 km südlich von New Dirang gelegene **Old Dirang** ist ein steinernes Bilderbuchdorf der Monpa. Die Hauptstraße trennt die winzige, felsige **Zitadelle** von einer Ansammlung schöner Steinhäuser am Fluss. Über ihr wacht ein steil aufragender Bergkamm, auf dessen Gipfel eine uralte **Gompa** steht. In der Gegenrichtung, gleich nördlich von New Dirang, öffnet sich das Tal und die Landschaft verwandelt sich in einen Flickenteppich aus Reis- und Getreidefeldern, durch die das blaue Wasser des eiskalten Dirang rauscht.

Schlafen & Essen

Hotel Pemaling HOTEL $$

(9402783255; www.hotelpemaling.com; DZ ab 1500 ₹;) Das Hotel Pemaling liegt 2 km südlich von New Dirang und ist ein nettes familiengeführtes Hotel mit schicken Zimmern, tollem Service und einem sehr netten Garten, von wo aus man den Blick auf den zu seinen Füßen liegenden Fluss und die Berge im Hintergrund genießen kann.

Norphel Retreat HOTEL $$

(7085499595; www.norphelretreat.in; DZ ab 2500 ₹) Am linken Ufer des Dirang und etwa 1 km nördlich von New Dirang erhebt sich das gewaltige Norphel Retreat, das luxuriöse Zimmer, schmackhaftes Fingerfood und Ausblicke auf den Fluss bietet.

An- & Weiterreise

Sammeljeeps starten in Richtung Tawang (350 ₹, 6 Std., 5.30 Uhr) und Tezpur (400 ₹, 6 Std., 6 Uhr) jeden Morgen rund um den Hauptmarkt von New Dirang.

Von Dirang ins Tawang-Tal

Arunachals gefährlichste Straße windet sich von Dirang in scheinbar endlosen, von gewaltigen Schlaglöchern übersäten Serpentinen empor, vorbei an mehreren Armeecamps und von Erdrutschen bedrohten Abschnitten, bis sie schließlich den 4176 m hoch gelegenen eisigen Pass **Se La** erreicht, der die Berge durchschneidet und den Zugang nach Tawang ermöglicht. Der Pass ist im Winter und während der Monsunmonate oft schneebedeckt, sodass man sich vor Antritt der Reise erkundigen sollte, ob die Straße überhaupt geöffnet ist.

Vom Pass fällt die Straße steil ab und führt ins Tawang-Tal. Auf dem Weg dahin passiert man die schönen **Nuranang-Fälle**, die über schroffe Klippen in die Tiefe stürzen und in der Schlucht wie ein silbern schimmernder Bach weiterfließen.

Da es auf dem gesamten Weg keine Übernachtungsmöglichkeiten gibt, sollte man die 140 km lange Strecke von Dirang nach Tawang noch vor Sonnenuntergang bewältigen. Die Cafeterias der indischen Armee am Se-La-Pass und beim Jaswantgarh War Memorial – 20 km bergab die Straße entlang – bieten heiße Samosas (₹10), vegetarische *momos* (Klöße; 20 ₹), Nudeln (40₹) sowie kostenlose Tassen mit Tee.

Tawang-Tal

☎03794 / 3050 M

Das Tawang-Tal, ein mächtiger, von hoch aufragenden Bergen gesäumter Einschnitt im Gelände, übt eine eigenartige Magie auf Traveller aus. Das Tal ist ein großartiger Flickenteppich aus Bergkämmen, weiten Feldern sowie Gruppen von buddhistischen Klöstern und Monpa-Dörfern. Besonders schön ist diese Strecke im Herbst, wenn die Wasserfälle viel Wasser führen und die roten und pinkfarbenen Feuersalbeiblüten die Teerstraße säumen. Die Lage ist malerischer als die Stadt selbst, dennoch verleihen die Glück verheißenden buddhistischen Symbole an den Wänden und die farbenprächtigen Gebetsmühlen dem alten Marktareal einen gewissen Charme. Die Gebetsmühlen werden von einem Strom von Monpa-Pilgern gedreht, von denen viele traditionelle schwarze *gurdam* (Kappen, die wie riesige Rasta-Spinnen aussehen) aus Yakwolle tragen.

Sehenswertes

★ Tawang Gompa KLOSTER

(Foto/Video 20/100 ₹; Sonnenaufgang–Sonnenuntergang) Tawangs größte Attraktion ist die magische, 1681 gegründete Tawang Gompa. Tawang gilt nach dem Drepung-Kloster (in Lhasa, Tibet) als weltweit zweitgrößter buddhistischer Klosterkomplex und ist in Buddhistenkreisen für seine kostbare Bibliothek bekannt. Innerhalb der Wehrmauern führen schmale Gassen zur herrlich dekorierten Gebetshalle, in der sich eine 8 m hohe Buddhastatue befindet. Wenn man bei Sonnenaufgang (zwischen 4 und 5 Uhr) hierher kommt, kann man die Mönche bei frühmorgendlichen Gebeten sehen. Im Innenhof werden während der Torgya-, Losar- und Buddha-Mahotsava-Feste spektakuläre Chaam-Maskentänze aufgeführt.

Urgeyling Gompa KLOSTER

(Sonnenaufgang–Sonnenuntergang) GRATIS Die alte, wenn auch schlichte Urgeyling Gompa ist die Geburtsstätte des sechsten Dalai-Lama. Bevor er nach Lhasa aufbrach, soll er seinen Wanderstab in den Boden gerammt haben, aus dem später eine riesige Eiche wuchs, die sich heute neben dem Klostereingang erhebt. Das Innere der Haupthalle schmücken handgemalte Porträts aller Dalai-Lama sowie die Stirn- und Fußabdrücke des sechsten Dalai-Lama.

Schlafen & Essen

Hotel Gakyi Khang Zhang HOTEL $$

(☎03794-224647; www.gkztawang.com; Monastery Rd; DZ ab 1650 ₹; WLAN) Das Hotel liegt 1 km außerhalb der Stadt an der Straße zur Tawang Gompa und bietet die bei Weitem besten Zimmer in Tawang: Sie sind in Pastelltönen gehalten und haben gebohnerte Holzdielen. Es gibt einen starken Generator, gutes WLAN, eine Bar im Obergeschoss und – als Highlight – (aus den meisten Zimmern) einen tollen Fernblick auf das Kloster.

Hotel Tashi Ga-Tsel HOTEL $$

(☎03794-222351; www.hoteltashigatsel.com; DZ inkl. Frühstück ab 2500 ₹; WLAN) Dieses große Hotel, das abseits des Stadtlärms liegt, aber dennoch von der Hauptstraße (unweit des General Parade Ground) zu Fuß erreichbar ist, bietet eine Reihe komfortabler Zimmer mit geschmackvollen Möbeln, großen Bädern, sauberer Bettwäsche, großen Fenstern und einen prompten Service. Einige der teureren Zimmer haben eigene Terrassen.

Hotel Nefa HOTEL $

(☎03794-222419; Nehru Market; DZ ab 800 ₹) Das Hotel Nefa hat saubere, holzgetäfelte Zimmer und Warmwasserduschen, der Service ist jedoch nachlässig. Es ist dank der einheimischen Reisenden vor allem an Wochenenden und an Feiertagen schnell ausgebucht.

Dragon Restaurant CHINESISCH $$

(Old Market; Hauptgerichte 100–180 ₹; 8–20 Uhr) Das gemütliche Dragon Restaurant ist die beste Adresse in Tawang. Hier werden frisch zubereitete regionale Spezialitäten wie *churpa* (eine köstliche Brühe aus fermentiertem Käse mit Pilzen und Gemüse), *momos* (tibetische Knödel), feurig-scharfes Chili-Hähnchen und salziger tibetischer Yakbutter-Tee serviert.

An- & Weiterreise

Sammeljeeps mit Kamikazefahrern sind unterwegs auf der Strecke von Tawang nach Tezpur (750 ₹, 12 Std., 5.30 Uhr) und legen Zwischenstopps in Dirang (400 ₹, 6 Std.), Bomdila (550 ₹, 8 Std.) und Bhalukpong (700 ₹, 10 Std.) ein.

Himalayan Holidays (☎9436291868; Old Market), ein verlässliches Reisebüro am alten Markt, verkauft Tickets und organisiert Touren und Wanderungen in der Region.

NAGALAND

Nagaland ist der unangefochtene „Wilde Osten" Indiens und vermutlich einer der wichtigsten Gründe für eine Reise in den Nordosten. Die atemberaubenden Hügel und Täler dieser unvergleichlichen, weltfern anmutenden Region ursprünglicher, reicher Schönheit erstrecken sich entlang der indischen Grenze zu Myanmar. Noch bis vor Kurzem wurden hier Eindringlinge von etwa 16 Naga-Stämmen, zu deren Stammespraktiken auch die Kopfjagd gehörte, tapfer zurückgeschlagen. Selbstverständlich ist Nagaland heute aber nur noch ein Schatten seines ehemaligen wilden Selbst und ein Großteil des südlichen Bundesstaates ist relativ stark entwickelt. Dennoch stehen die Chancen auch weiterhin gut, Stammesangehörigen in exotischer Kleidung über den Weg zu laufen, die an ihrer traditionellen Lebensweise festhalten. Man sollte jedoch beachten, dass noch immer einige rebellische Gruppierungen im Staat aktiv sind. Vorher also unbedingt Informationen über die aktuelle Situation vor Ort einholen.

Dimapur

0 03862 / 122 800 EW. / 260 M

Dimapur, das flache, trostlose Wirtschaftszentrum von Nagaland, hat kaum etwas, womit es bei internationalen (oder selbst einheimischen) Reisenden punkten könnte. Dank seines Flughafens (4 km von der Stadt entfernt) dient es vor allem während des Nashornvogelfestes in Kohima im Dezember als wichtiges Zugangstor.

Schlafen & Essen

★ **Longchen Homestay** PENSION $$

(9436160888; ajmynsong@yahoo.com; Airport Rd, Ao Yimti; DZ ab 2000 ₹;) Longchen, eine reizende, quasi traditionelle Pension mit Bambusverzierungen, ist von üppigen Reis- und Gemüsefeldern umgeben und allein schon Grund genug, Dimapur zu besuchen. Die Gastgeber Anne und Toshi (ein Colonel in der indischen Armee) und ihre Haushunde stellen eine großartige Gesellschaft dar, während man von den köstlich würzigen Naga-Gerichten nicht genug bekommen kann (Mahlzeiten 350 ₹). Ao Yimti liegt 3,5 km von Dimapur entfernt.

Hotel Acacia HOTEL $$

(8415935254; www.hotelacacia.co.in; DZ inkl. Frühstück ab 2530 ₹;) Das tadellos gepflegte Hotel Acacia hat saubere, geräumige Zimmer, bequeme Betten, makellose Bettwäsche, schnelles WLAN, einen prompten Service und gutes, hausgemachtes Essen. Es befindet sich gegenüber der East Police Station an der Hauptgeschäftsstraße. Einige lokale Reisebüros können kurzfristig Bus- und Flugtickets buchen.

An- & Weiterreise

Von Dimapurs winzigem Flughafen, der 400 m abseits der Kohima Rd und 3 km außerhalb der Stadt liegt, fliegen **Air India** (011-24624074; www.airindia.in) und **Indigo** (9910383838; www.goindigo.in) täglich nach Kolkata. Vom **NST-Busbahnhof** (Kohima Rd) gibt's Verbindungen nach Kohima (100 ₹, 3 Std., stündl.) und Imphal (450₹, 7 Std., 6 Uhr).

Kohima

0370 / 268 000 EW. / 1450 M

Wären da nicht der chaotische Verkehr und die zügellose Urbanisierung könnte Nagalands nette Hauptstadt, die über eine Reihe bewaldeter Bergrücken und -kuppen verstreut liegt, es ohne Weiteres mit den besten Hill Stations Indiens aufnehmen. Gleichwohl ist es ein netter Ort für einen Zwischenstopp auf der Reise durch den Nordosten, und besonders reizvoll ist ein Aufenthalt in der Stadt während der festlichen Weihnachtswoche. Wenn möglich, sollte man Kohima sonntags meiden, da außer den Hotels praktisch alles geschlossen hat.

Sehenswertes

★ **War Cemetery** HISTORISCHE STÄTTE

(März–Okt. 9–17 Uhr, Nov.–Feb. bis 16 Uhr) GRATIS Auf diesem makellosen Friedhof befinden sich auf einem stufenförmig angelegten und überaus gepflegten Rasen die Gräber von 1400 britischen, indischen und aus dem Commonwealth stammenden Soldaten, die im Zweiten Weltkrieg im Kampf den Tod fanden. Der Friedhof liegt an der strategisch wichtigen Kreuzung der Straßen nach Dimapur und Imphal, wo die 64 Tage dauernde schwere Schlacht von Kohima gegen die Japaner tobte, die heute allgemein als blutigste aller Schlachten des Zweiten Weltkrieges angesehen wird.

Central Market MARKT

(Stadium Approach; 6–16 Uhr) Auf diesem faszinierenden Markt, der zum Großteil die Küchen von Kohima mit allem Notwendigen versorgt, kaufen und verkaufen Stammesan-

ABSTECHER

DÖRFER RUND UM KOHIMA

Kulturexkursionen holen in Nagaland allmählich auf und heute kann man schon Tagesausflüge zu entlegenen Dörfern unternehmen, sich mit den Einheimischen unterhalten und sogar bei Dorfbewohnern übernachten; möglich machen dies die Unterkünfte bei Gastfamilien in Orten wie Khonoma und Kisama. Infos bekommt man bei **Explore Nagaland** (☎9856343037; www.explorenagaland.com; pro Pers./pro Nacht inkl. Vollpension ab 1500 ₹).

Khonoma

Dieses historische Angami-Naga-Dorf war der Schauplatz zweier bedeutender Belagerungsschlachten 1847 und 1879 zwischen den Briten und den Angami. Errichtet auf einem leicht zu verteidigenden Bergkamm, zeigt sich Khonoma herrlich traditionell mit einem smaragdfarbenen Patchworkmuster aus Reisfeldern, das sich im Tal zwischen den hoch aufragenden Bergkämmen erstreckt. Im Dorf gibt's einige einfache Unterkünfte in den Wohnhäusern der Einheimischen und wenn die Guides im Voraus informiert werden, können sie bei Hausbesitzern Übernachtungsmöglichkeitn organisieren.

Kisama Heritage Village

Das Freilichtmuseum Kisama Heritage Village bietet eine repräsentative Auswahl traditioneller Naga-Häuser und *morungs* (Gemeinschaftsschlafsäle) mit Baumstammtrommeln in Originalgröße und Bauschmuck, wie er für jeden Stamm von Nagaland typisch ist. Hier findet jedes Jahr auch das wichtigste Fest, das Nashornvogelfest (Hornbill Festival, S. 619), statt. Im Dorf gibt's auch ein **Museum zum Zweiten Weltkrieg** (Kisama Heritage Village; 10 ₹; ⏲10–16 Uhr), das eine Sammlung von Erinnerungsstücken aus den um Kohima ausgetragenen Schlachten beherbergt. Kisama liegt 10 km vom Zentrum Kohimas entfernt an der Straße nach Imphal.

Kigwema

Nach einer 10-minütigen Fahrt ab Kisama auf der Imphal Rd erreicht man Kigwema, ein Angami-Dorf von historischer Bedeutung, in dem die Japaner ihr Lager aufschlugen, bevor es 1944 zur entscheidenden Schlacht mit den Streitkräften der Alliierten kam. Im Dorf steht immer noch das bescheidende Haus mit Talblick von General Saito, dem Befehlshaber der japanischen Truppen, und die Einschusslöcher zeugen vom Kampf, der hier wütete. Einige Familien aus dem Dorf empfangen Reisende (vorzugsweise in Begleitung lokaler Guides), sodass man einen Einblick in den Alltag der hiesigen Stammesangehörigen bekommt, wenn man hier übernachtet.

gehörige regionale Leckereien wie *borol* (lebende Hornissenlarven), Kaulquappen, Ochsenfrösche, Seidenraupen, exotische Gewürze wie getrocknete und fermentierte Bambussprossen, feurige Raja-Chilipfeffer, *jabrang* (eine Pfeffersorte), fermentierte Sojabohnen sowie eine verwirrende Vielfalt an Fleisch und Gemüse. Bevor man ein Foto schießt, sollte man um Erlaubnis bitten, obwohl die Händler meist nichts gegen einen Schnappschuss ihres Stands haben, wenn man bei ihnen zuvor was gekauft hat.

State Museum MUSEUM

(5 ₹, Foto/Video 20/100 ₹; ⏲Mo–Sa 9.30–15.30 Uhr) Dieses gut gestaltete staatliche Museum, das 3 km nördlich vom Zentrum Kohimas liegt, zeigt in seinen Räumen auf zwei Stockwerken Stammes-Artefakte, Schmuck, Standbilder mit Puppen sowie eine Auswahl erjagter menschlicher Schädel, die aus alten Sammlungen der Dorfbewohner stammen. Das Museum ist gut geeignet, sich mit der Herkunft der verschiedenen Naga-Stämme, ihren Bräuchen, ihrer Kultur und ihrem Handwerk vertraut zu machen.

Schlafen

Während des Nashornvogelfestes (Anfang Dez.) sind die Unterkünfte oft teurer und besonders rar. Einige Hotels nehmen Reservierungen schon ein Jahr im Voraus entgegen; daher sollte man früh buchen.

★ **Heritage** PENSION $$

(☎9436215259; theheritagekohima@gmail.com; Old DC Bungalow, Raj Bhavan Rd; EZ/DZ 2000/2500 ₹; 📶) Diese imposante Pension war einst die offizielle Residenz der stellvertretenden Kommissare von Kohima und blickt vom Gipfel des Officer's Hill hinunter auf die Stadt. Mit dem Hauch von Nostalgie, den jedes der vier reizvollen und luxuriösen Zimmer verströmt, vermittelt die Pension einen Eindruck vom Leben hoher Verwaltungsbeamten in einer längst vergangenen Zeit. Auf Wunsch können köstliche Mahlzeiten (Hauptgerichte 120–180 ₹) zubereitet werden.

Razhu Pru HISTORISCHES HOTEL **$$**
(☎0370-2290291; razhupru@yahoo.co.in; Mission Compound; DZ inkl. Frühstück ab 2500 ₹; ❄📶) Das Razhu Pru wurde mit viel Sorgfalt aus einem Wohnhaus in ein historisches Hotel verwandelt und beherbergt in seinen holzvertäfelten Wohnräumen verschiedenste Erbstücke und Artefakte. Dazu tragen auch elegante Rohrmöbel und Kübelfarne bei. Die Zimmer haben komfortable Betten, folkloristische Polstermöbel und offene Kamine gegen die kalten Winternächte. Wenn man vorbestellt, bereitet die Küche ein vorzügliches Naga-Gericht (Thalis 500 ₹) zu.

Blue Bayou HOTEL **$$**
(☎0370-2292008; thebluebayoukohima@gmail.com; EZ/DZ inkl. Frühstück ab 1600/2680 ₹; ❄📶) An der Straße gegenüber dem War Cemetery gelegen, hat dieses Hotel geräumige und gepflegte Zimmer, von denen viele nach hinten einen tollen Ausblick auf das Tal bieten. Wegen seiner konkurrenzfähigen Preise ist es eines der ersten ausgebuchten Hotels während des Nashornvogelfestes im Dezember; es empfiehlt sich daher, rechtzeitig im Voraus zu buchen, wenn man während dieses wilden Festes anreisen will.

Hotel Vivor HOTEL **$$$**
(☎0370-2806243; contact@hotelvivor.in; NH61; EZ/DZ inkl. Frühstück ab 3600/4150 ₹; ❄📶) Das vornehme Vivor liegt 3 km südlich außerhalb der Stadt und bietet üppig eingerichtete Zimmer mit superweichen Betten, blütenweißer Bettwäsche, blitzsauberen Bädern und großen Fenstern. Der Service ist prompt, im Café im Erdgeschoss gibt's frischen Espresso und im Souvenirladen neben dem Haupteingang findet man eine stattliche Auswahl an kunsthandwerklichen Erzeugnissen zu erschwinglichen Preisen.

Essen

Dream Café CAFÉ **$**
(Ecke Dimapur Rd & Imphal Rd; Hauptgerichte 80–120 ₹; ⏲Mo–Sa 10–18 Uhr) Dieses gut besuchte, lebhafte Café ist *der* Treffpunkt für die Mehrheit von Kohimas Jugend und bietet einen täglichen Mittagstisch, z. B. gebratene Nudeln oder Pizza sowie frischen Kaffee und Snacks. Von den Erkerfenstern genießt man einen tollen Bergblick und dank der ausgestellten Werke lokaler Künstler sowie der zahlreichen freundlichen Gäste ist es ein guter Ort zum Relaxen.

Ozone Cafe CAFÉ **$**
(Imphal Rd; Hauptgerichte 80–120 ₹; ⏲12–20 Uhr; 📶) Das zentral gegenüber der ICICI-Bank gelegene hippe und lebhafte Café hat einen großen, im Stil einer Turnhalle eingerichteten Speiseraum, in dem Kohimas Jugend ihre Zeit bei verschiedenen Gerichten wie *momos* (tibetische Klöße), Pizza, Nudeln und Ginger Ale verbringt. Es gibt kostenloses WLAN.

Arudupa Spur Cafe MULTICUISINE **$$**
(Arudupa Hotel; Hauptgerichte 120–160 ₹; ⏲Mo–Sa 11–21 Uhr) Das Café gehört zum Hotel Arudupa und zählt zu Kohimas angesagtesten Restaurants. Jugendliche relaxen auf Sofas und genießen asiatische Gerichte. Tagsüber gibt es gute Musik und gegen die kalten Winterabende helfen die vielen Heizkörper.

ℹ An- & Weiterreise

Vom **NST-Busbahnhof** (Main Rd) fahren Busse nach Dimapur (100 ₹, 3 Std., stündl.), Mokokchung (200 ₹, 6 Std., 6 Uhr) und Imphal (220 ₹, 7 Std., 7 Uhr). Vom gegenüberliegenden Taxistand fahren Sammeltaxis nach Dimapur (200 ₹, 2½ Std.). Die Reservierung eines Wagens mit Fahrer für einen Tagesauflug nach Kisama und Khonoma kostet etwa 1500 ₹.

Nördliches Nagaland

Von Kohima nach Mon

Die malerische, aber unglaublich holprige Straße von Kohima nach Mon verläuft durch reizvolle, bewaldete Hügel und führt ein kurzes Stück auch durch Assam. Entlang des Weges kommt man an etlichen Stammessiedlungen vorbei, in denen Angehörige der in der Region dominierenden **Ao** leben, die sich einst als wilde Krieger hervortaten und heute noch auffällige, clanspezifische Schals mit kunstvollen Tiermotiven tragen. Das entspannte, spektakulär auf einem Hügel gelegene **Mokokchung** ist die größte Stadt entlang der Strecke und bestens geeignet, sich mit dem Leben in Nagaland vertraut zu machen.

KOPFJAGD

Die lange wegen ihrer kriegerischen Grausamkeit und ihres Unabhängigkeitsstrebens gefürchteten Naga-Stämme betrachteten die Kopfjagd als Zeichen der Stärke und der Männlichkeit. Nach jedem Krieg zwischen zwei Dörfern schlugen die Sieger den Besiegten die Köpfe ab, was sofort ihren sozialen Rang (und ihr Ansehen in den Augen der Frauen) steigerte. Manche Stämme, wie etwa die Konyak aus Mon, schmückten die erfolgreichen Kopfjäger mit Gesichtstattoos und V-förmigen Zeichnungen auf dem Oberkörper. Außerdem durften sie *yanra* genannte Messinganhänger tragen, die anzeigten, wie viele Köpfe sie erbeutet hatten.

Die Kopfjagd wurde 1953 verboten (der letzte nachgewiesene Fall stammt aus dem Jahr 1963). Einen wesentlichen Beitrag zur Abkehr von der Kopfjagd leisteten die in dieser Region tätigen christlichen Missionare, die jahrzehntelang für Gewaltlosigkeit und ein friedliches Zusammenleben eintraten. Fast 90 % der Naga betrachten sich heute als Christen und als Symbol ihres unerschütterlichen Glaubens steht in jeder Siedlung als unverkennbares Wahrzeichen eine übergroße Kirche. Da die makabren menschlichen Trophäen als unmoralisch gelten, haben sich die meisten Siedlungen ihrer entledigt.

Sehenswertes

Rendikala Subong Museum MUSEUM
(Town Hall Rd, Mokokchung; 10 ₹) Das winzige, private Museum zeigt Stammes-Artefakte der Ao-Kultur sowie die angeblich kleinste Bibel der Welt. Meist ist das Museum geschlossen, der Hausmeister öffnet aber die Tore, wenn man zu einer vernünftigen Zeit erscheint.

Schlafen & Essen

Hotel Metsuben HOTEL $
(☎8014587442; metsuben@yahoo.com; Mokokchung; DZ ab 990 ₹; ❄@☎) Das schicke Hotel Metsuben ist die beste Übernachtungsoption und bietet eine Reihe herzhafter und feurig-scharfer Naga-Gerichte. Dank seiner Lage auf einem Hügel – abseits der Kohima Rd, unweit vom Town Park – ist man wohltuend weit vom lauten Zentrum.

Tuophema Tourist Village PRIVATUNTERKUNFT $$
(☎9436005002; Tuophema; DZ 2750 ₹) In dem 45 km nördlich von Kohima gelegenen Tourist Village schläft man in strohgedeckten, im Naga-Stil erbauten Hütten und genießt im verglasten Café traditionelle Gerichte (Mahlzeiten 250 ₹). Man sollte seine Ankunft ankündigen, andernfalls steht man wahrscheinlich vor verschlossenen Türen.

Ein winziges Museum (mit unregelmäßigen Öffnungszeiten) innerhalb des Tourist Village zeigt eine kleine Sammlung von Stammes-Artefakten und Tierteilen.

An- & Weiterreise

Sammeljeeps fahren von Kohimas **NST-Busbahnhof** (S. 641) frühmorgens ab und quälen sich die 150 km lange Strecke bis nach Mokokchung (₹200 ₹, 6 Std., 6 Uhr). Hier gibt es am nächsten Morgen einige Verbindungen nach Sonari (100 ₹, 4 Std., 7 Uhr), von wo aus Jeeps nach Mon fahren (150 ₹, 3 Std., 9 und 12 Uhr).

Mon & Umgebung

Die ärmliche Bergstadt Mon dient als Ausgangspunkt für den Besuch der zahlreichen Konyak-Dörfer in der Umgebung. Man muss beachten, dass es in Mon schwierig ist, Taxis für Tagesausflüge zu buchen, und dass viele entlegene Dörfer nicht an das öffentliche Verkehrsnetz angeschlossen sind. Ein Mietwagen mit Guide erleichtert sicher die Erkundung dieser entlegenen Gebiete.

Sehenswertes

Konyak Villages
Das beliebteste touristenfreundliche Dörfchen ist das 35 km von Mon entfernte **Longwa**. Das Langhaus des Häuptlings liegt spektakulär mitten auf der Grenzlinie von Indien und Myanmar und beherbergt eine faszinierende Sammlung von Waffen, dinosaurierähnlichen Totems und einen metallenen Flugzeugsitz aus dem Zweiten Weltkrieg, der aus den Trümmern im umliegenden Dschungel geborgen wurde. Man kann einige Zeit in einem Haus im Ort verbringen und gegen eine hier übliche Gebühr von 100 ₹ ehemalige Kopfjäger mit ihren Tätowierungen fotografieren. Viele Haushalte verkaufen Stammesschmuck, geschnitzte Masken und andere Sammlerstücke (200–1000 ₹). In der Hauptsaison erheben die Dörfer eine Eintrittsgebühr von 200 ₹ pro Person.

Von Mon aus kann man auch andere Dörfer besuchen, darunter **Old Mon** (5 km von Mon entfernt), wo zahlreiche Tierschädel die Außenwände des Häuptlingshauses schmücken; **Singha Chingnyu** (20 km), dessen riesiges Langhaus mit Tierschädeln und drei ausgestopften Tigern dekoriert ist, und **Shangnyu** (25 km) mit einem freundlichen Häuptling und einem hölzernen Schrein voller Fruchtbarkeitssymbole.

Schlafen & Essen

Helsa Resort HÜTTE $
(☎9436000028; Mon; DZ ab 1200 ₹) Diese Unterkunft befindet sich am Stadtrand an der Straße zum Dorf Longwa und hat sechs traditionell strohgedeckte Konyak-Hütten mit federnden Bambusböden, spärlichem Mobiliar und Warmwasser aus dem Eimer. Nach vorheriger Anfrage kann auch für Essen gesorgt werden.

Konyak Tea Retreat PRIVATUNTERKUNFT $$
(www.konyaktearetreat.com; Shiyong; inkl. Vollpension 2500 ₹/Pers.) Dieses fantastische Homestay, das nur 20 km von Mon entfernt an der Hauptstraße im Dorf Shiyong liegt, wird von der freundlichen Phejin, der Nachfahrin eines berühmten Konyak-Kopfjägers, betrieben. Sie versteht es ausgezeichnet, die Gäste mit ihrer Stammesvergangenheit vertraut zu machen. Man schläft in reizvollen Zimmern mit Öko-Chic und Blick über einen Teegarten und die traditionellen Naga-Mahlzeiten sind einfach köstlich.

An- & Weiterreise

Sammeljeeps mühen sich auf dem schmerzhaft holprigen Weg von Mon nach Dimapur (450 ₹, 13 Std., 15 Uhr) und Sonari in Assam (100 ₹, 3 Std., 6 und 9 Uhr), wo Anschluss nach Jorhat (100 ₹, 2 Std.) und Mokokchung (150 ₹, 4 Std.) besteht. Da am Wochenende keine öffentlichen Verkehrsmittel aus Mon abfahren, empfiehlt es sich, die Reise entsprechend zu planen.

MANIPUR

Manipur ist umgeben von schönen, sanften Hügeln und schmiegt sich an Indiens Grenze zu Myanmar. Hier liegt der Ursprung anmutiger klassischer Tanztraditionen, aufwändiger Kunstformen, pikanter, üppiger Gerichte und (so heißt es) des Polospiels. Im „Juwelenland" leben Thadou, Tangkhul, Paite, Kuki Naga, Mao Naga und viele weitere Stammesvölker. Hauptgruppe sind aber die hinduistischen, neo-vishnuitischen Meitei. Ein Großteil Manipurs ist mit dichten Wäldern bewachsen, in denen seltene Vögel, Drogenhändler und Guerilla-Armeen Unterschlupf finden, wodurch es der bei Weitem gefährlichste Bundesstaat im Nordosten ist.

Momentan ist es Reisenden nur erlaubt, den Großraum Imphal zu besuchen, der als „sicher" gilt. Die meisten Traveller fliegen direkt nach Imphal. In Begleitung eines Guides kann die Stadt aber auch mit einem speziell dafür vorgesehenen Auto ab Kohima (Nagaland) oder Silchar (Assam) erreicht werden.

SICHERES REISEN IN DEN NORDOSTSTAATEN

In den letzten Jahrzehnten haben viele ethno-linguistische Gruppen im Nordosten – nicht selten auch gewaltsam – gegen illegale Einwanderung aus den Nachbarländern, Ignoranz seitens der Regierung und eine ungeschickte Verteidigungspolitik aufbegehrt. Einige wollen die Unabhängigkeit von Indien, andere Autonomie, in den meisten Fällen geht es jedoch um Klanfehden oder Revierkämpfe. Zwar überwiegen die Friedenszeiten, dennoch können in diesen Regionen Unruhen plötzlich und unvorhersehbar aufflammen. Im Jahr 2010 waren Teile von Assam und die Garo Hills in Meghalaya Ziele von Bombenanschlägen. Von Gewalt begleitete ethnische Unruhen brachen Ende 2012 in Assam aus, während in Manipur ein Bombenanschlag und Ausgangssperren den trügerischen Frieden überschatteten. Im Dezember 2014 kamen bei Angriffen von Bodo-Rebellen in Assam über 70 Menschen ums Leben. Im Juni 2015 überfielen Guerillakämpfer in Manipur einen Konvoi der indischen Armee und töteten 18 Soldaten, während Ende 2016 der Bundesstaat von fast zwei Monate dauernden Brandanschlägen, Unruhen und Ausgangssperren heimgesucht wurde. Die Lage wird zusätzlich dadurch verschlimmert, dass Assam und Manipur häufig von Streiks und Schließungen gelähmt werden. Es ist daher unerlässlich, sich durch die Nachrichten im Fernsehen und in der lokalen Presse am Laufenden zu halten. Wer mit einer Reisegruppe unterwegs ist, sollte beim Veranstalter nachfragen und sich vergewissern, dass der Guide die aktuellste Sicherheitslage kennt.

ABSTECHER

LOKTAK-SEE

Der Loktak-See mit seinem erstaunlichen und malerischen Ökosystem ist einer der wenigen Orte außer Imphal, die ein Ausländer in Manipur besuchen darf. Der schimmernd blaue See wird durch Ansammlungen verfilzter Vegetation, sogenannter *phumdis*, in kleine (und schnell wieder verschwindende) Teiche geteilt. Die Dorfbewohner haben auf diesen schwimmenden „Inseln" strohgedeckte Hütten errichtet und bewegen sich auf dem See in Einbäumen fort. Der beste Blick über den See bietet sich von einer Anhöhe auf der Insel **Sendra** (15 ₹). Man kann auch zu einer **Bootsfahrt** auf dem See starten (200 ₹/Boot), um einen besseren Eindruck vom Leben auf dem See zu gewinnen.

Am Südufer des Sees liegt der verschlafene Weiler **Moirang**, in dem die antikoloniale Indian National Army am 14. April 1944 zum erstmals die Unabhängigkeit Indiens vom British Raj verkündete.

Einige Verkaufsstände, die Flaschenwasser, Snacks und Tee anbieten, gibt es am See unweit von Sendra Island. Für ein Picknick am Ufer sollte man aus Imphal ein Lunchpaket und Getränke mitbringen. Der Loktak-See liegt auf dem Landweg 45 km von Imphal entfernt. Eine Taxifahrt hin & zurück kostet inkl. Wartezeit etwa 2500 ₹.

Imphal

☎0385 / 268 500 EW.

Die Nähe zur Grenze zwischen Indien und Myanmar macht Imphal zu einem lebhaften Schmelztiegel von Kulturen und Bräuchen. Angehörige verschiedener Stämme leben und arbeiten in Imphal, der einzigen größeren Stadt von Manipur. Wegen der vielen Aufstände in der Vergangenheit wurden die massive Militärpräsenz, gelegentliche Schießereien und Ausgangssperren alltäglich, was bedeutet, dass man vor allem nach Einbruch der Dunkelheit wenig unternehmen kann.

Sehenswertes

★Khwairamband Bazaar MARKT

(Ima Market; ⌚7–17 Uhr) In von Säulen getragenen Gebäuden wird der ausschließlich von Frauen ausgerichtete Markt – der weltweit größte seiner Art – abgehalten. Rund 4000 *ima* (Mütter), die traditionell das sozial-ökonomische Leben in der Gesellschaft von Manipur beherrscht haben, verkaufen hier Gemüse, Obst, Fisch und sonstige Lebensmittel, während in einem zweiten Bereich Haushaltsgeräte, Textilien und Töpferwaren feilgeboten werden. Der Markt ist ein Paradies für Fotografen (selbstverständlich sollte man zuerst fragen, bevor man fotografiert). Ein Erdbeben verursachte 2015 schwere Schäden an den Gebäuden, mittlerweile begannen aber die Instandsetzungsarbeiten und der Betrieb läuft wie üblich.

Kangla Fort FORT

(Myanmar Rd; Inder/Ausländer 10/50 ₹; ⌚Do–Di 9–16 Uhr) Dieses ausgedehnte, von niedrigen Wällen umgebene Fort war mit Unterbrechungen immer wieder die Fürstenhauptstadt von Manipur, bis 1891 der Maharadscha von Manipur den Briten unterlag und diese die Kontrolle übernahmen. Der Zugang erfolgt durch ein mächtiges Tor an der Myanmar Rd, hinter einem breiten Wallgraben. Der gesamte Komplex beherbergt einige unbedeutende Sehenswürdigkeiten, wobei sich die interessanteren, älteren Bauten im hinteren Teil befinden und von drei restaurierten, großen, weißen *kangla sha* (Drachen) bewacht werden.

Imphal War Cemetery FRIEDHOF

(Imphal Rd; ⌚8–6.30 Uhr) GRATIS In dieser friedvollen, gut gepflegten Gedenkstätte befinden sich die Gräber von 1600 Soldaten aus Großbritannien und dem Commonwealth, die 1944 in der Schlacht um Imphal fielen, die als eine der schwersten des Zweiten Weltkrieges gilt. Der Friedhof liegt gegenüber einem schattigen öffentlichen Park am Ende eines Nebenweges abseits der Imphal Rd.

Schlafen & Essen

★Classic Hotel HOTEL $$

(☎0385-2443967; www.theclassichotel.in; North AOC Rd; EZ/DZ inkl. Frühstück ab 2000/2540 ₹; ❄@📶) Mit seinen großen, makellosen Zimmern voller luxuriöser Annehmlichkeiten bietet dieses schon lange bestehende Anwesen eines der besten Preis-Leistungs-Verhältnisse unter den Businesshotels im Nordosten Indiens. Das englischsprachige Personal ist dienstbeflissen und im Restaurant gibt es eine große Auswahl köstlicher Gerichte (regionale Delikatessen frühzeitig bestellen). Die sauberen und schicken Badezimmer sind ein Plus und das WLAN reicht für Video-Gespräche aus.

Hotel Imphal HOTEL $$
(☎0385-2421373; www.hotelimphal.com; North AOC Rd; EZ/DZ inkl. Frühstück ab 2280/2800 ₹; ❄@📶) Gäste schätzen an diesem massiven Hotel die blendend weiße Fassade, den überaus gepflegten Rasen, das dezente Café, in dem es frischen Kaffee gibt, die hellen, mit Kiefernholz getäfelten Zimmern mit behaglichen Betten und frischer Bettwäsche, die gekachelten Badezimmer mit riesigen Badewannen sowie den freundlichen und schnellen Service. Da öffentliche Empfänge hier sehr beliebt sind, könnte es während diesen Veranstaltungen ab und zu etwas lauter werden.

Anand Continental HOTEL $$
(☎0385-2449422; hotel_anand@rediffmail.com; Khoyathong Rd; EZ/DZ ab 1350/1550 ₹; ❄) Das zuverlässige, betagte und winzige Hotel mit freundlichen, lindgrünen Innenräumen hat kleine Zimmer mit etwas zu viel Mobiliar. Die Hotelleitung ist äußerst freundlich und ein Plus ist auch der Stromgenerator. Das hauseigene Essen ist nicht berauschend. Über schmale Treppen kommt man in den 1. Stock zur Rezeption.

★ **Luxmi Kitchen** INDISCH $$
(Jiribam Rd, Wahengbam Leikai; Thalis 140 ₹; ⏲11–14 Uhr) Dieses beliebte Restaurant hat das letzte Wort, wenn es um die Mittagsplatten à la Manipuri geht und serviert ein tolles Thali, für das mehr als ein Dutzend regionale Spezialitäten verwendet werden, darunter scharfer Fischeintopf, gebratener Fisch, Blattgemüse, gebratenes Gemüse, regionale *dhal*-Variationen, *iromba* (fermentiertes Fisch-Chutney) und *ngapi* (fermentierte Garnelenpaste). Eine üppige Mahlzeit hier zu genießen könnte die Krönung eines Aufenthalts in Manipur sein.

ℹ An- & Weiterreise

Der Flughafen liegt 9 km südwestlich von Imphal. Von hier starten Flüge von Air India, IndiGo und Jet Airways nach Guwahati und Kolkata. Air India fliegt auch nach Aizawl und Dimapur.

Privatbusse fahren über Kohima (390 ₹, 5 Std.) nach Guwahati (750 ₹, 17 Std., stündl., 6–10 Uhr) und Dimapur (₹450, 7 Std., 10 Uhr). Wer nach Aizawl reisen will, muss in Dimapur umsteigen. **Manipur Golden Travels** (MG Ave; ⏲5.30–19 Uhr) verkauft als einer unter mehreren Betreibern Tickets an der North AOC Rd-Kreuzung, einer T-Einmündung auf halber Strecke zwischen Classic Hotel und Hotel Imphal.

Den **internationalen Grenzposten in Moreh** (Moreh-Tamu; ⏲8–16 Uhr) erreicht man am besten mit einem privaten Miettaxi für etwa 3000 ₹.

MIZORAM

Mizorams prekäre Lage entlang mehrerer von Nord nach Süd verlaufender Gebirgskämme führt dazu, dass ein Besuch in diesem unverfälschten Bundesstaat eher eine Erfahrungsreise ist als eine touristische Reise. Ethnisch gesehen, weist die Mehrheit der einheimischen Bevölkerung Gemeinsamkeiten mit den Einwohnern südostasiatischer Nachbarstaaten wie Myanmar auf und die vorherrschende Religion ist das Christentum. Die Mizo-Kultur kennt kein Kastensystem und

ABSEITS DER ÜBLICHEN PFADE

LÄNDLICHES MIZORAM

Mizorams hübsche, grüne Hügel werden desto höher, je weiter man sich nach Osten in Richtung der Grenze zu Myanmar bewegt. **Champhai** gilt allgemein als schönster Bezirk und umfasst den für seine Population von Weißbrauengibbons bekannten **Murlen National Park**. Die Kleinstadt **Saitual** ist ein guter Zwischenstopp auf der Straße nach Champhai. Ganz in der Nähe von Champhai liegt, umgeben von üppig bewaldeten Bergen, der hübsche **Tamdil-See**. Noch weiter im Hinterland erhebt sich der atemberaubende **Blue Mountain** (Phawngpui), mit 2147 m Mizorams höchster Gipfel. Die Einheimischen betrachten ihn als Wohnstätte der Götter, an seinen Hängen sollen aber Geister herumspuken. In dieser Region gibt es zwar Wandermöglichkeiten, dennoch ist es ratsam, die Wildnis nur in Begleitung eines erfahrenen Tour-Guides zu betreten.

Auf dem Land gibt es nur sehr wenige Unterkünfte in Privathäusern; man sollte daher in Begleitung eines lokalen Guides kommen. Andernfalls weiß man nicht, wo man suchen soll, und kann auch nicht mit den Gastfamilien kommunizieren. Hotels gibt es keine.

keine Unterschiede zwischen den Geschlechtern: Mädchen in Aizawl rauchen in der Öffentlichkeit, tragen moderne Kleidung, gehen ohne Begleitperson aus und treffen sich mit ihren Verehrern bei Musikkonzerten.

Mizoram folgt seinem eigenen Rhythmus. Die meisten Geschäfte öffnen früh und schließen gegen 18 Uhr und sonntags ist praktisch kein Laden geöffnet. Gleich nach der Ankunft sollte man sich theoretisch beim **Office of the Superintendent of Police** (☎ 0389-2335339; CID Office, Bungkawn; ⏲ Mo–Sa 10–16 Uhr) in Aizawl melden.

Aizawl

☎ 0389 / 293 500 EW.

Mit seiner Lage an einem fast senkrecht abfallenden Bergrücken ist Aizawl (ai-sohl) im Vergleich zu den anderen indischen Bundesstaaten wohl die lässigste und gemächlichste Hauptstadt von allen. Das einzige, was es hier zu tun gibt, ist, das entspannte und friedliche Leben zu genießen. Das Gebiet rund um Chanmari, Aizawals Wohn- und Einkaufszentrum, ist am interessantesten und dort und in der näheren Umgebung finden sich auch die meisten touristischen Einrichtungen.

Sehenswertes

Saturday Street Market MARKT
(Mission Veng St) Auf diesem interessanten samstäglichen Straßenmarkt, dem lebhaftesten Ereignis während der ansonsten ruhigen Wochenenden, verkaufen Dorffrauen Obst, Gemüse, Fisch, Geflügel und gelegentlich sogar lebende Schweine in geflochtenen Körben zum Mitnehmen. Feinschmecker können hier vorbeischauen und sonnengetrocknete regionale Gewürze zum Verfeinern der Speisen daheim kaufen.

Tempel der Heilsarmee KIRCHE
(Zodin Sq) GRATIS Der Tempel der Heilsarmee hat ein liebenswert komplexes Glockenspiel, das in der ganzen Stadt und besonders an einem ruhigen Sonntagmorgen zu hören ist. Seine massive, weiße, gotisch inspirierte Fassade ist ein Foto wert. Zum Tempel kommt man mit einem Taxi aus dem zentral gelegenen Stadtviertel Chanmari (50 ₹) oder geht etwa 30 Minuten.

Schlafen & Essen

Hotel Regency HOTEL $$
(☎ 0389-2349334; www.regencyaizawl.com; Zarkawt Main St; EZ/DZ inkl. Frühstück ab 2120/2490 ₹; ❄📶) Das für hiesige Standards todschicke stylische Hotel mit Marmorkorridoren hat einladende Zimmer mit bequemen Betten, sauberen Bädern und LCD-TVs. Das Personal ist flink und hilfsbereit. Vom tollen hauseigenen Restaurant, das schmackhaftes indisches, chinesisches und europäisches Essen serviert, überblickt man die Hauptstraße. Einige Zimmer in den unteren Stockwerken leiden unter dem Straßenlärm.

David's Hotel Clover HOTEL $$
(☎ 0389-2305736; www.davidshotelclover.com; G16, Chanmari; EZ/DZ inkl. Frühstück ab 950/1500 ₹; @📶) Dieses Hotel mag nicht die exklusivste Adresse in der Stadt sein, aber es ist sicher die freundlichste. Die gut in Schuss gehaltenen Zimmer haben bunte Akzentbeleuchtung und ausgefallene Armaturen im Bad, das WLAN funktioniert zuverlässig und das hauseigene Restaurant serviert die besten chinesischen und Mizo-Gerichte der Stadt. Von der Straße führen einige Treppen hinunter zum Eingang.

Aizawl Masala CHINESISCH $
(Zarkawt Main St; Hauptgerichte 80–120 ₹; ⏲ Mo–Sa 12–20 Uhr) Ein paar Treppenstufen führen von der Straße hinunter in dieses trendige Restaurant, in dem die üblichen quasi-chinesischen Verdächtigen (Nudeln, gebratener Reis, Fleisch in Chili-/Knoblauch-/Pfeffersauce usw.) serviert werden. Während des Essens gibt es gute Hintergrundmusik.

An- & Weiterreise

Der Flughafen Lengpui liegt 35 km westlich von Aizawl; die Fahrt mit einem reservierten Taxi/Sammeljeep schlägt mit 1500/150 ₹ zu Buche. **Air India** (☎ 011-24624074; www.airindia.in), **Indigo** (☎ 9910383838; www.goindigo.in) und **Jet Airways** (☎ 1800225522; www.jetairways.com) unterhalten täglich Flüge nach Guwahati und Kolkata.

Schalter für Langstrecken-Sumos drängen sich praktischerweise um den Sumkuma Point in Zarkawt. Zu den angebotenen Zielen gehören u. a. Guwahati (1200 ₹, 20 Std., Mo–Sa 18 Uhr), Shillong (1000 ₹, 16 Std., Mo–Sa 18 Uhr) und Silchar (500 ₹, 6 Std., 4-mal tgl.).

TRIPURA

Weit abseits der üblichen Touristenrouten gelegen, ist Tripura in kultureller Hinsicht ein reizender Bundesstaat, der weiterhin hofft, dass seine Handvoll Königspaläste und Tempel ihn eines Tages ins Rampenlicht der Weltöffentlichkeit rücken werden. Derzeit ist die Zahl der ausländischen Gäste noch sehr gering, obwohl man gegenwärtig keine Genehmigung zum Besuch dieses Bundesstaates braucht. Die bekannten Sehenswürdigkeiten des südlichen Tripura können im Rahmen eines langen Tagesausflugs von Agartala aus besichtigt werden.

Agartala

☎0381 / 400 000 EW.

Tripuras einzige „echte" Stadt ist Agartala, die mit ihrer zurückhaltenden, halbdörflichen Atmosphäre an das Indien von einst erinnert. Es ist ein überfüllter und doch entspannter Ort, der in vielerlei Hinsicht eher den Charme einer Kleinstadt als den der Hauptstadt eines Bundestaates verströmt. Der Alltag folgt hier einem langsamen Rhythmus und die Menschen sind sehr freundlich.

Sehenswertes

Neben den wichtigsten Sehenswürdigkeiten der Stadt gibt es noch mehrere königliche Mausoleen am Ufer hinter dem Battala Market, die dem langsamen Verfall überlassen sind (HGB Rd nach Westen, links in die Ronaldsay Rd und dann rechts zum Ufer).

Ujjayanta Palace PALAST

(Museum 10 ₹; Di–So 11–17 Uhr) Agartalas Herzstück ist der beeindruckende überkuppelte Palast, der von zwei großen Teichen flankiert wird, in denen sich die Umgebung spiegelt. Im Gebäude ist das herrlich erhaltene **Tripura Government Museum** untergebracht; es ist der einzige Teil des Palastes, der für die Besucher zugänglich ist. Das Museum beherbergt eine stattliche Sammlung königlicher und kultureller Erinnerungsstücke und Artefakte sowie Zeugnisse aus dem jahrhundertealten künstlerischen Erbe Nordostindiens. Die seeseitigen von Bäumen gesäumten Promenaden, die das Palastgebäude flankieren, sind tagsüber für Besucher geöffnet.

State Academy of Tribal Culture MUSEUM

(Chowmuhani; Mo–Sa 10–17 Uhr) GRATIS Die gut gepflegte State Academy of Tribal Culture befindet sich abseits der Central Rd in Chowmuhani und besitzt eine eindrucksvolle Sammlung an Trachten, Kunsthandwerkserzeugnissen, Musikinstrumenten und Alltagsgegenständen von 19 Stammeskulturen dieses Bundesstaates. Sie bieten den Besuchern einen umfassenden Einblick in die ethnische Struktur von Tripura und lohnen allemal einen Besuch, wenn man etwas Zeit übig hat.

Schlafen & Essen

Ginger HOTEL $$$

(☎0381-2411333; www.gingerhotels.com; Airport Rd; EZ/DZ ab 3290/3650 ₹; ❄@📶) Dieses preiswerte und hervorragend geführte Business-Hotel, das zur Ginger-Kette gehört, die sich ihrerseits im Besitz des Tata-Konzerns befindet, hat schicke Zimmer, die in orangefarbenen und blauen Pastelltönen gehalten sind. Es gibt kostenloses WLAN, echten Bohnenkaffee, ein Restaurant mit köstlichem Büfett, einen kleinen Fitnessraum und im Haus einen SBI-Geldautomaten. Vom Flughafen kommend, liegt das Hotel etwa 2 km vor der Stadt auf der rechten Straßenseite.

Hotel Rajdhani HOTEL $$

(☎0381-2323387; BK Rd; DZ ab 1980 ₹; ❄@) Gleich neben dem Ujjayanta Palace bietet dieses bewährte Hotel etliche saubere und ordentliche Zimmer, einige davon mit direktem Blick auf die stolzen Bastionen des Palastes. Das Personal ist hilfsbereit, aber gelassen und es gibt ein beliebtes Restaurant, in dem vernünftige Multicuisine-Gerichte sowie lokale Mahlzeiten serviert werden.

Restaurant Kurry Klub INDISCH, CHINESISCH $$

(Hotel Welcome Palace, HGB Rd; Hauptgerichte 120–180 ₹; 11–22 Uhr; ❄) Im hauseigenen Restaurant des Hotels Welcome Palace werden großzügige Portionen köstlicher indi-

GRENZÜBERGANG: VON AKHAURA NACH BANGLADESCH

Vom Zentrum Agartalas sind es auf der Akhaura Rd (60 ₹ mit der Rikscha) nur 3 km bis zur Grenze. In Bangladesch ist Akhaura die nächste Stadt; sie liegt 5 km hinter der Grenze und kann mit dem „CNG" (Autorikscha) erreicht werden. Von Akhaura aus fahren Züge nach Dhaka, Comilla und Sylhet. Vom **Internationalen Busbahnhof**, abseits der Hospital Rd und gegenüber dem TRTC, startet um 13.30 Uhr ein Bus nach Dhaka (480 ₹, 6 Std.). Der Grenzübergang bei Agartala ist von 8 bis 18 Uhr geöffnet. Es gibt keine Wechselstube; also lokale Händler oder Grenzbeamte fragen.

Agartala

Agartala

Sehenswertes

1 State Academy of Tribal Culture C3

2 Ujjayanta Palace C1

Schlafen

3 Hotel Rajdhani C1

Essen

4 Abhishek Restaurant B2

5 Restaurant Kurry Klub B3

scher Speisen serviert, darunter auch einige fantastische regionale Fischgerichte. Besonders viel ist hier zur Abendessenszeit los, wenn fröhlich plappernde Gäste pulkweise das Lokal betreten.

Abhishek Restaurant INDISCH $

(LN Bari Rd; Hauptgerichte 80–130 ₹; 12–22 Uhr;) Man kann wählen zwischen einem klimatisierten Speiseraum mit maritimen Dekorationen und einem Sitzbereich im Freien, dessen Tische inmitten von Sträuchern und Skulpturen angeordnet sind. Danach geht man zu den herzhaften Mahlzeiten über, unter denen es einige wirklich tolle nordindische und lokale Speisen gibt. Die Beleuchtung könnte etwas weniger kitschig sein, die Stimmung ist jedoch gelöst.

Praktische Informationen

VISAS FÜR BANGLADESCH

Nordostindiens einzige **Visumstelle für Bangladesch** (0381-2324807; Airport Rd, Kunjaban; Anträge Mo–Do 9–13, Fr 9–12 Uhr, Abholung 16 Uhr) versteckt sich in Agartala in einer schmalen Gasse, etwa 2 km nördlich vom Ujjayanta Palace. Eigentlich müssten Touristenvisa für Bangladesch kostenlos erteilt werden. Allerdings wird für eine beschleunigte Erteilung oft eine „Bearbeitungsgebühr" von 400 ₹ erhoben, sodass die Visa dann im Allgemeinen innerhalb eines Werktages erteilt werden.

An- & Weiterreise"

Eine Taxifahrt zum 12 km nördlich von Agartala liegenden Flughafen kostet 250 ₹. **Air India** (011-24624075; www.airindia.in), **Jet Airways** (1800225522; www.jetairways.com), **Indigo** (9910383838; www.goindigo.in) und **SpiceJet** (9654003333; www.spicejet.com) fliegen von hier täglich nach Kolkata und Guwahati.

Private Busunternehmen sind vor allem an der LN Bari Rd anzutreffen. Vom **Interstate-Busbahnhof** (Chandrapur), 3 km östlich vom Zentrum von Agartala in Chandrapur gelegen (Rikschas 50 ₹), fahren Busse nach Guwahati (950 ₹, 24 Std., 6 und 12 Uhr), Shillong (800 ₹, 20 Std., 6 und 12 Uhr) und Silchar (350 ₹, 12 Std., 6 Uhr). Sumos fahren vom **Motor Stand** (Motor Stand Rd) und am **Busbahnhof Süd** (SBS) ab.

Die staatlich betriebenen Busse, die Agartala mit den kleineren Städten von Tripura verbinden, starten am **TRTC-Busbahnhof** (Thakur Palli Rd).

Taxis können für ganztägige Touren zu Sehenswürdigkeiten in und um Agartala für etwa 8 ₹ pro Kilometer und zusätzlich 600 ₹ pro Fahrzeug und pro Tag gemietet werden. Zu empfehlen ist **Hindustan Tours & Travels** (☎ 9206348911; Ginger Hotel, Airport Rd).

Udaipur

☎ 03821

Udaipur ist Tripuras ehemalige historische Hauptstadt und weist immr noch uralte Tempel und Wasserbecken auf. Als Shiva in Trauer und Wut über den Tod seiner geliebten Gattin Sati ihren Leichnam in 108 Teile zerstückelte, soll der hinduistischen Überlieferung zufolge ihr rechtes Bein auf Matabari gefallen sein, der Stätte von Udaipurs Hauptattraktion: der lebhafte Tripura Sundari Mandir (S. 649).

Sehenswertes

Tripura Sundari Mandir HINDU-TEMPEL

(Matabari; ⌚ 4.30–13.30 & 15.30– 21.30 Uhr) Der Tripura Sundari Mandir mit seinem roten Turm ist ein 1501 erbauter Kali-Tempel, zu dem die Pilger kommen, um von der hinduistischen Muttergottheit gesegnet zu werden. Noch mehr Menschen strömen während des Festes Kali Puja (Okt./Nov.) hierher, um in dem fischreichen Wasserbecken neben dem Tempel zu baden. Der Tempel befindet sich 4 km südlich von Udaipur; eine Autorikscha hierher kostet 50 ₹.

An- & Weiterreise

Vom Busbahnhof in Udaipur verkehren täglich Busse nach Agartala (60 ₹, 2 Std.) und Melaghar (40 ₹, 45 Min.).

Neermahal & Melaghar

☎ 0381

In der idyllischen, verschlafenen Stadt Melaghar befindet sich Tripuras berühmtestes Wahrzeichen, der auf einer Insel errichtete Palast Neermahal. Ein Tagesausflug hierher bietet auch Gelegenheit für einen angenehmen Einblick in das ländliche Tripura.

Sehenswertes

Neermahal DENKMAL

(Rudra Sagar; 5 ₹, Foto/Video 10/25 ₹, Schnellboot pro Pers./Boot 20/400 ₹, Ruderboot 20/100 ₹; ⌚ 8.30–16 Uhr, April–Sept. bis 16.30 Uhr) Der Neermahal ist ein prachtvoller, rot-weißer Wasserpalast, der leer steht, sich aber trotzdem schimmernd auf seiner eigenen sumpfigen Insel im Rudra-Sagar-See erhebt. Wie bei seinem Gegenstück in Udaipur (Rajasthan) übte sich hier ein Fürst in Ästhetik; dabei schufen die besten Handwerker eine luxuriöse Sommerresidenz in hinduistisch-islamischem Baustil. Der Pavillon wurde 1930 eingeweiht und erhielt seinen Namen vom bengalischen Literaturnobelpreisträger Rabindranath Tagore. Der angenehmste Teil eines Besuches dieses Palastes, ist der, sich ihm auf dem Wasser zu nähern.

ABSEITS DER ÜBLICHEN PFADE

UNAKOTI

Etwa 140 km nordöstlich von Agartala gelegen, zählt die archäologische Stätte von Unakoti zu einem der bestgehüteten Geheimnisse im Nordosten Indiens. Massive Felsskulpturen hinduistischer Götter und Göttinnen (einige davon stammen aus dem 7. Jh.) schmücken die Hänge der Hügel. Dazu gehören u. a. das 10 m hohe, aus einem einzigen Gesteinsblock geschlagene Antlitz von Shiva und eine Dreiergruppe der Gottheit Ganesha, die in den Fels hinter einem Wasserfall gehauen wurde. Man braucht etwa 2 Stunden, um alle bedeutenderen Attraktionen dieser archäologischen Stätte zu besuchen, die über kleinere Hügel und im Dschungel verstreut liegen. Wer auch die versteckteren Skulpturen erkunden möchte, könnte dafür einen ganzen Tag brauchen.

Um nach Unakoti zu gelangen, empfiehlt es sich, in Agartala ein Taxi zu mieten (3000 ₹) und einen ganztägigen Ausflug einzuplanen. Es gibt keine öffentlichen Verkehrsmittel zur archäologischen Stätte oder zurück in die Stadt.

An- & Weiterreise

Von Melaghar fahren Busse von vormittags bis nachmittags nach Agartala (60 ₹, 2 Std.). Der letzte Bus fährt um etwa 16 Uhr ab.

MEGHALAYA

Die Hügel Meghalayas – der „Wohnsitz der Wolken" – trennen das Tal von Assam von den Ebenen Bangladeschs. Der kühle, feuchte, in Kiefernduft gehüllte Bundesstaat in den Bergen schmiegt sich spektakulär an hufeisenförmige Felsenklippen. Cherrapunjee und Mawsynram sind statistisch gesehen die feuchtesten Orte der Welt. Der meiste Regen fällt von Juni bis September, wodurch eindrucksvolle Wasserfälle entstehen, die einige der längsten Höhlensysteme Asiens formten.

Im östlichen, zentralen und westlichen Meghalaya leben die Stämme der Jaintia, Khasi und Garo, die den größten Teil der Bevölkerung ausmachen. Ein guter Zeitpunkt für einen Besuch des Bundesstaates ist während des viertägigen Wangala-Trommelfests (S. 619) in den Garo Hills im Herbst.

Shillong

☎0364 / 145 000 EW.

Bis 1972 war Shillong die Hauptstadt des von den Briten geschaffenen Assam. Als große, neue Hauptstadt Meghalayas nahm es dann schnell das typische Gesicht des modernen Indiens an, hat sich aber in bestimmten Ecken Teile seines kolonialzeitlichen Charmes bewahrt. Restaurierte Autos sind der Renner hier – einfach in eines der vielen Taxis einsteigen und es wird klar, was gemeint ist.

Sehenswertes

Inzwischen ist die Fachwerkarchitektur der Stadt meist tristen, modernen Betonbauten gewichen. In Vierteln wie Oakland oder Lumsohphoh aber sind viele der älteren Häuser erhalten geblieben. In zentraler Lage befindet sich z. B. das **Pinewood Hotel** (Rita Rd), ein in den 1920er-Jahren erbautes Refugium der Teeplantagenbesitzer, das besonders typisch für jene Zeit ist und bei Nacht sehr eindrucksvoll wirkt. Die **All Saints' Cathedral** (Kacheri Rd) von 1902 würde sich auf einer Keksdose sicher gut machen und die **anglikanische Kirche** gleich oberhalb des Police Bazaar ist ein anmutiger Bau mit einer hübschen Rasenfläche vor der Tür.

★ Don Bosco Museum of Indigenous Cultures MUSEUM

(☎0364-2550260; www.dbcic.org; Mawlai; Inder/Ausländer 100/200 ₹; ⏲Mo–Sa 9–17.30 Uhr, Dez. & Jan. bis 16.30 Uhr) Dieses gut geführte Museum beherbergt eine herausragende Sammlung zahlloser Stammesartefakte und vereinzelte Ausstellungen zur christlichen Missionsarbeit. Wer das Museum besuchen möchte, muss sich einer der halbstündig angebotenen Führungen anschließen, die über eine Stunde dauern. Die Exponate in dem siebenstöckigen Museum umfassen Korbwaren der Stammesvölker, Musikinstrumente, Waffen, Alltagsgegenstände, Trachten und Schmuck sowie zahlreiche Fotodokumentationen. Es gibt außerdem einen Souvenirladen, der volkstümliche Gegenstände verkauft. Das Museum liegt 3 km nördlich von Shillong abseits der GS Rd. Ein Taxi für die Hin- und Rückfahrt kostet ungefähr 400 ₹.

Ward's Lake SEE

(5 ₹, Foto/Video 10/20 ₹; ⏲Nov.–Feb. 8.30–17.30 Uhr, März–Okt. bis 19 Uhr) Dieser reizvolle See, das zentrale landschaftliche Element aus dem kolonialzeitlichen Shillong, umfasst eine hübsche Zierbrücke, Blumenbeete, gepflegte Rasenflächen, schüchterne Liebespaare, Boote und Gänsegeschnatter.

Aktivitäten

Campfire Trails OUTDOOR

(☎9856001871; www.campfiretrails.com; DD Laloo & Co, GS Rd; inkl. VP 1700–2000 ₹/Pers. & Nacht) Campfire Trails ist spezialisiert auf authentischen Dorftourismus zu ländlichen Siedlungen im gesamten zentralen Meghalaya. Vier bisher nicht erschlossene Dörfer werden in Zusammenarbeit mit (teilhabenden) Stammesmitgliedern als selbstbewirtschaftete Einheiten geführt. Zu den Aktivitäten während des Kennenlernens des Dorflebens (inkl. der äußerst köstlichen regionalen Speisen) gehören Kajakfahren, Mountainbiken, eine Seilrutsche benutzen und Trekking.

Pioneer Adventure

(☎9049442647; www.pioneeradventuretour.com; Jarman Villa, Hopkinson Rd) Diese Agentur hat das Tauchen in der Hügellandschaft in ihr Programm aufgenommen! Ausrüstung für Open-Water-Tauchen (2500 ₹/Pers.) gibt's im Camp unweit von Dawki, wo der Fluss Umngot eine Sicht von bis zu 10 m bietet. Man kann auch PADI-zertifizierte Kurse buchen. Zu den weiteren angebotenen Aktivitäten gehören Schnorcheln, Felsklettern, Rafting, Höhlentauchen und Campen. Mit einem All-inclusive-Paket mit Übernachtung (7000 ₹/Pers.) kann man von allem etwas probieren.

Schlafen

Baba Tourist Lodge HOTEL $

(☎0364-2211285; GS Rd; DZ/3BZ 1350/1550 ₹; 📶) Dieses vor allem bei Backpackern und

Shillong

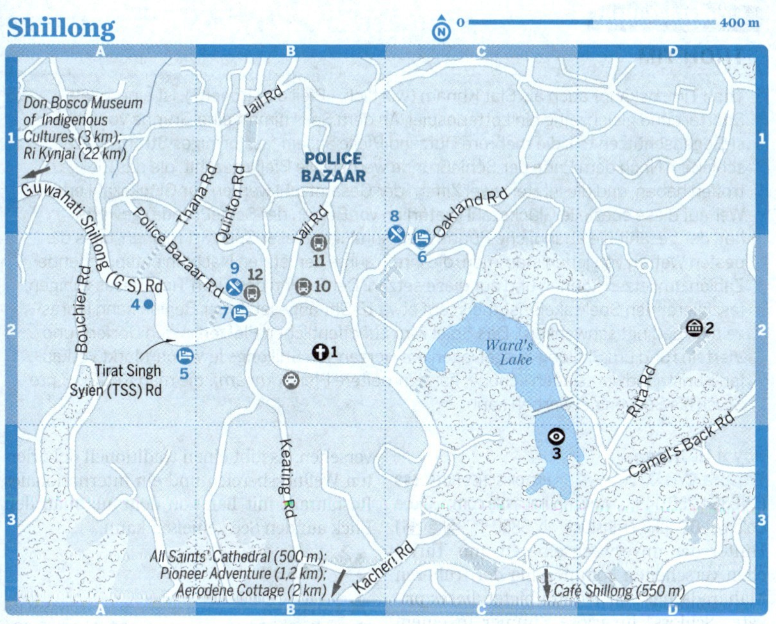

Shillong

Sehenswertes

1 Anglikanische Kirche B2
2 Pinewood Hotel D2
3 Ward's Lake C3

Aktivitäten, Kurse & Touren

4 Campfire Trails A2

Schlafen

5 Baba Tourist Lodge A2
6 Earle Holiday Home C2
7 Hotel Centre Point B2

Essen

8 City Hut Dhaba C1
9 Trattoria B2

Transport

10 Deep B2
11 MTC-Busbahnhof B2
12 Network Travels B2

Budgetreisenden beliebte Hotel hat mehrere Etagen unterhalb des Straßenniveaus und bietet saubere, spartanisch eingerichtete Unterkünfte in Zimmern, die hinter einem sauberen, holzgetäfelten Rezeptionsbereich liegen, in dem mehrere Aquarien aufgestellt sind. Die teureren Zimmer haben fließend Warmwasser. Es gibt einfaches hauseigenes Essen und kostenloses WLAN in der Lobby.

Earle Holiday Home HOTEL $

(☎ 9089184830; Oakland Rd; DZ ab 800 ₹; ❄) Dieses Hotel hat Charakter, ist aber liebenswürdig unorganisiert. Die preiswerteren, original belassenen Fachwerkzimmer befinden sich in einem typischen Shillong-Haus von 1920 mit niedlichen Türmchen. Den teureren Zimmer im Betonanbau fehlt die Atmosphäre, sie sind aber komfortabler.

Hotel Centre Point HOTEL $$$

(☎ 0364-2220480; www.shillongcentrepoint.com; Police Bazaar Rd; EZ/DZ inkl. Frühstück ab 4160 ₹; ❄📶) Inmitten des Police Bazaar liegt das zweifellos beste Businesshotel in Shillong. Das Personal ist professionell und hilfsbereit und die eleganten Zimmer haben Holzfußböden und große Fenster, die einen Blick über die Stadt bieten. Es gibt alle nötigen Arten von Komfort und die Loungebar auf dem Dach (Cloud-9) mit (gelegentlicher) Livemusik ist ein tolles Plätzchen für ein abendliches Bier.

NICHT VERSÄUMEN

THOH TIM

Thoh Tim, bekannt auch als Siat Khnam (wörtlich: „Pfeil und Bogen"), ist eine lokale Sportart und gleichzeitig ein Lotteriespiel. An dem Spiel nimmt eine Gruppe von Khasi-Bogenschützen teil, die mehrere Dutzend Pfeile auf ein fassförmiges Strohziel abschießen. Nach dem Ende der Schießrunde werden alle Pfeile gezählt, die das Ziel getroffen haben, und die letzten zwei Ziffern der Gesamtzahl werden zur Glückszahl erklärt. Wer auf diese spezielle Glückszahl (natürlich vor Beginn der Schießrunde) gewettet hat, der bezahlt die abendliche Runde Bier. Anhänger dieser Sportart meinen, dass die besten Wetten von jenen stammen, die ihre Träume der letzten Nacht in entsprechende Zahlen umsetzen können und auf diese setzen. Der Beginn des Thoh Tim, dieses ruhigen, faszinierenden Spektakels, ist meist auf etwa 16 Uhr angesetzt (der Beginn kann jahreszeitlich bedingt schwanken). Das Spiel wird auf öffentlichen Plätzen in den Dörfern und Vierteln rund um Shillong ausgetragen. Im Herzen von Shillongs Iew-Duh-Markt verkaufen Kunsthandwerksläden schöne, handgarbeitete Pfeile *(khnam)*, die man für 120 ₹ pro Stück als Souvenir erwerben kann.

Royal Heritage Tripura Castle HISTORISCHES HOTEL $$$
(☎0364-2501149; www.tripuracastle.com; Cleve Colony; DZ inkl. Frühstück ab 5850 ₹; ❄@📶) Hinter der unverwechselbaren, mit Türmchen versehenen Sommervilla der früheren Maharadschas von Tripura bietet dieses private „Schloss" luxuriöse Zimmer in einem neuen (auf alt getrimmten) Gebäude. Die mit Kiefernholz verkleideten Zimmer mit Antikmöbeln haben einen stilvoll-sanften Touch und der Service ist vorzüglich. Wer echte fürstliche Atmosphäre erleben möchte, sollte eine Suite buchen. Das Hotel liegt 2,5 km südöstlich von Shillong.

Aerodene Cottage PENSION $$$
(☎9774065366; www.aerodene.in; Lower Cleve Colony; DZ inkl. Frühstück ab 3500 ₹; 📶) Aerodene Cottage, ein schmucker, im Assam-Stil erbauter Bungalow mit einem Vorgarten, der in eine Pension umgewandelt wurde, bietet stimmungsvolle Zimmer mit weichen Betten, Holzböden, zeitgemäßem Dekor sowie viel Licht und frische Luft. Der neuere Anbau rechts hat weniger ansprechende, aber ebenso komfortable Zimmer. Das Essen ist einfach köstlich; das Abendessen kostet zusätzlich 250 ₹/Pers.

★ **Ri Kynjai** RESORT $$$
(☎9862420300; www.rikynjai.com; Umiam-See; DZ inkl. Frühstück ab 10 300 ₹; ❄@) Ein traumhaftes Resort am Ufer des unberührten Umiam-Sees, 22 km von Shillong entfernt. Ein echtes Juwel! Die großzügigen, mit hölzernen Säulen versehenen Hütten mit Seeblick liegen auf einem üppig grünen Gelände verstreut und jede einzelne von ihnen ist mit elegantem Mobiliar und einem aufwendigen Bad versehen. Es gibt einen traditionell dekorierten Wellnessbereich und ein internationales Restaurant mit Bar, von dem aus man den Blick auf den See genießen kann.

Essen

★ **Trattoria** ADIVASISCH $
(Police Bazaar Rd; Hauptgerichte 100–120 ₹; ⏲12–16 Uhr) Ein Besuch in Shillong ist erst dann pefekt, wenn man mittags in diesem lebhaften, von Einheimischen betriebenen Restaurant einkehrt. Einige der besten Khasi-Mahlzeiten, darunter *Ja doh* und Curry mit Schweineinnereien, gehören zu den heißen und feurigen Favoriten. Als Kostprobe eignet sich die überaus beliebte Mittagsplatte (150 ₹). Ein angrenzender Stand verkauft Päckchen mit exotischen Essiggurken, Kürbissen und Gewürzen.

City Hut Dhaba MULTICUISINE $
(Oakland Rd; Hauptgerichte 100–150 ₹; ⏲10–21 Uhr) Bewacht von Gnomen am Eingang, serviert das City Hut vielerlei indische und chinesische Speisen sowie Grillgerichte in vier Speiseräumen, darunter einem Familiensaal und einem netten, mit Blumen dekorierten strohgedeckten Pavillon. Die Qualität des Essens ist recht ordentlich und im Lokal sind immer viele Einheimische zu finden.

Ausgehen & Nachtleben

Café Shillong CAFÉ
(☎0364-2505759; Laitumkhrah; Kaffee 60 ₹; ⏲11–21 Uhr; 📶) Dieser coole Treffpunkt im lebhaften Laitumkhrah (sprich Lai-mukrah) bietet den besten Kaffee der Stadt, leckere Steaks (Hauptgerichte 140–200 ₹) sowie Rock, Jazz und Blues. Zur modernen

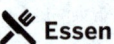

Dekoration zählt auch eine Les-Paul-Gitarre, die von hier auftretenden Künstlern signiert wurde. Am Wochenende, wenn's Livemusik gibt, ist besonders viel los.

An- & Weiterreise

Im **MTC-Busbahnhof** (Jail Rd) gibt's einen computergestützten Schalter für Zugfahrkarten (der nächste Bahnhof ist in Guwahati). Privatbusse fahren vom Dhankheti Point ab; Bustickets kann man an den Schaltern rund um den Police Bazaar kaufen, darunter bei **Deep** (Ward's Lake Rd) und **Network Travels** (0364-2210981; Shop 44, MUDA Complex, Police Bazaar Rd).

Vom MTC-Busbahnhof starten viele Busse und Sumos nach Aizawl (Sumo 1000 ₹, 16 Std.), Cherrapunjee (Bus/Sumo 120/200 ₹, 3 Std.), Dimapur (Bus 450 ₹, 10 Std.), Guwahati (Bus/Sumo 120/200 ₹, 2½ Std.), Silchar (Bus 400 ₹, 6 Std.), Siliguri (Bus 550 ₹, 12 Std.) und Tura (Bus/Sumo 350/450 ₹, 9 Std. über Guwahati).

Die **Khasi Hills Tourist Taxi Cooperative** (0364-2223895; Kacheri Rd) berechnet 2200–2500 ₹ für einen Tagesausflug nach Cherrapunjee; für eine Fahrt zur Grenze mit Bangladesch bei Dawki sind 2000 ₹ fällig. Eine Fahrt zum Flughafen Guwahati mit dem eigenen Taxi kostet 2000 ₹ und ein Sammeltaxi, das man sich mit anderen Fahrgästen teilt, kostet 500 ₹.

Garo Hills & Jaintia Hills

Weitab von den bekannten Routen erstrecken sich im äußersten Westen von Meghalaya die üppig grünen Garo Hills, die einen Besuch lohnen, sofern man einige Tage übrig hat (und abenteuerlustig ist). Sie sind leichter von Guwahati als von Shillong aus zu ereichen und die wichtigste städtische Siedlung dieser Region ist das winzige **Tura**, wo die freundliche **Touristeninformation** (Mo–Fr 10–16 Uhr) lokale Guides vermitteln kann. Im Herbst erwachen die Garo Hills anlässlich des viertägigen Wangala-Trommelfests (S. 619) zum Leben. In den Jaintia Hills im Osten des Bundesstaates liegt **Nartiang**, eine einsame Stadt mit Kieferbäumen und netten Stammessiedlungen, in der man das reiche und unverfälschte Stammeserbe der Region beispielhaft erleben kann.

Sehenswertes

Nokrek Biosphere Reserve NATURSCHUTZGEBIET
(Sonnenaufgang–Sonnenuntergang) GRATIS Etwa 17 km von Tura entfernt erstreckt sich der Nokrek Biosphere Reserve, in dem der bedrohte Weißbrauengibbon beheimatet ist. Hier leben auch Rote Pandas, Elefanten sowie einige Makaken-Arten. Das Naturschutzgebiet kann besucht werden, wenn man in Tura ganztägig ein Fahrzeug (1000 ₹) mietet.

Nartiang-Monolithen DENKMAL
(Nartiang; Sonnenaufgang–Sonnenuntergang) GRATIS In den Jaintia Hills gibt es das Dorf Nartiang, in dem man einen erstaunlichen Komplex steinerner Monolithen besichtigen kann, die zwischen dem 16. und dem 19. Jh. von verschiedenen Klans errichtet wurden. Er ist ungepflegt und überwuchert; daher sollte man sich vor den Schlangen im Unterholz in Acht nehmen.

Schlafen & Essen

Rikman Continental HOTEL $$
(03651-220744; www.hotelrikman.com; Circular Rd; EZ/DZ inkl. Frühstück ab 1200/1500 ₹;) Dieses überaus freundliche Hotel liegt nur wenige Schritte entfernt von Turas zentralem Markt mit seinen Verkaufsständen. In den oberen Stockwerken befinden sich etliche teurere Zimmer mit Klimaanlage, riesigen Fenstern und gefliesten Bädern mit Warmwasser. Das Rikman Restaurant ist sicher der beste Ort, um die Garo-Küche kennenzulernen; probieren kann man das Mittagsbüfett (250 ₹). Die Hausbar hat eine passable Auswahl an Spirituosen.

An- & Weiterreise

Schnelle, bequeme Minivans (300 ₹, 6 Std., 6 Uhr) versorgen täglich die 200 km lange Strecke von Tura nach Guwahati. Um Nartiang zu besuchen, muss man im 62 km entfernten Shillong ein Taxi (1800 ₹) für eine Tagestour mieten.

GRENZÜBERGANG: VON DAWKI NACH BANGLADESCH

Der Grenzübergang von Indien nach Bangladesch ist in Tamabil, einer Siedlung auf dem Gebiet von Bangladesch, nur 1,5 km vom Markt in Dawki entfernt (ein Taxi kostet 100 ₹). Auf der anderen Seite gibt es Minibusse, die oft auf der Strecke Tamabil–Sylhet verkehren. Der Grenzübergang ist von 9 bis 18 Uhr geöffnet. Es gibt keine Wechselstube, man findet aber in Bangladesch hilfsbereites, nicht offizielles Personal, das bereit ist, Bargeld zu einem ungünstigeren Kurs zu wechseln.

Cherrapunjee (Sohra)

03637 / 14 500 EW.

Cherrapunjee (lokaler Name: Sohra) erstreckt sich entlang der messerscharfen Grate einer steil abfallenden Felswand am Rand des Himalajas und blickt hinab auf das topfebene Tiefland von Bangladesch. Wegen seiner überaus ergiebigen Niederschläge zur Monsunzeit galt das Dorf früher als regenreichster Ort der Welt. Die Straße der Hauptstadt Shillonen führt durch eine hübsche Landschaft, die beim **Aussichtspunkt Dympep** besonders dramatisch wird, da ein fotogenes V-förmiges Tal einen tiefen Einschnitt ins Plateau bildet.

Sehenswertes

★ Wurzelbrücken BRÜCKE

Die faszinierendste Attraktion in der Umgebung von Cherrapunjee sind die unglaublichen **Wurzelbrücken** – die Wurzeln lebender Gummibäume, die von den einfallsreichen Khasi-Dorfbewohnern über Jahrzehnte hinweg so getrimmt wurden, dass sie wie natürliche Übergänge die Wasserläufe überqueren. Drei dieser Brücken (darunter auch ein verblüffender „Doppeldecker") befinden sich unweit von **Nongriat**. Der Zugang erfolgt über das hübsche Dorf **Tyrna**, 2 km von Mawshamok entfernt. Die Rundwanderung zum Canyon, in dem sich diese Wurzelbrücken befinden, dauert von Tyrna aus acht Stunden und ist eine echte Plackerei, die mit einem Auf- und Abstieg über 2000 Stufen in sehr steilem Gelände verbunden ist.

Nohkalikai Falls WASSERFALL

(Aussichtspunkt 10 ₹, Kamera/Video 20/50 ₹; 8–17 Uhr) Die Nohkalikai Falls sind besonders spektakulär zur Monsunzeit, wenn ihre mitgeführte Wassermenge um das 20-Fache ansteigt. Sie sind gut zu sehen von einem **Aussichtspunkt**, der sich 4,4 km vom Markt von Cherrapunjee entfernt auf einem Plateau am Ende eines Bergkamms befindet. Lokale Taxis (50 ₹) fahren die Besucher zum Aussichtspunkt.

Schlafen & Essen

Cherrapunjee Holiday Resort RESORT $$$

(09436115925; www.cherrapunjee.com; Laitkynsew Village; DZ inkl. Halbpension ab 3700 ₹;) Dieses reizende Resort, das von einer Khasi-Frau und ihrem südindischen Ehemann geführt wird, umfasst ein älteres Gebäude (mit günstigeren Zimmern, die um einen weitläufigen Speiseraum angeordnet sind) und einen neuen, mehrstöckigen Bau (mit modernen Deluxe-Zimmern). Die im Haus zubereiteten Mahlzeiten sind einfach fantastisch. Das Resort vermittelt Guides für Touren in die Umgebung und organisiert in der Trockenzeit auch Übernachtungen im Zelt.

Polo Orchid RESORT $$$

(0364-2222341; www.hotelpolotowers.com; Seven Sisters Falls; DZ inkl. Frühstück 7600 ₹;) Das stylische Resort in spektakulärer Lage hat eine Reihe von Zimmern, die entlang eines Bergrückens angeordnet sind und auf das weite Tiefland von Bangladesch blicken. Die Zimmer haben Möbel im Öko-Chic-Stil und helle Polster, wirken aber insgesamt etwas zu üppig angesichts der bewaldeten Umgebung.

An- & Weiterreise

Obwohl sich Cherrapunjee über mehrere Kilometer erstreckt, hat es ein kompaktes Zentrum. Gleich neben dem Marktplatz befindet sich der Sumo-Stand mit Anbindung an Shillong (200 ₹, 3 Std.).

Odisha

Inhalt ➡

Gut essen

- Wildgrass Restaurant (S. 670)
- Kila Dalijoda (S. 680)
- Kanika (S. 663)
- Odisha Hotel (S. 663)

Schön übernachten

- Kila Dalijoda (S. 680)
- Chandoori Sai (S. 678)
- Desia (S. 678)
- Gajlaxmi Palace (S. 680)
- Nature Camp Bhitarkanika (S. 684)
- Garh Dhenkanal Palace (S. 680)

Auf nach Odisha!

Odisha (Orissa) ist für Abenteuerlustige ein beliebtes Ziel abseits der Touristenpfade und belohnt seine Besucher mit einer bunten Geschichte, faszinierender Stammeskultur, schimmernden Stränden und herrlicher Natur.

Die bewaldeten Hügel im Südwesten tragen dazu bei, dass die Adivasi-Stämme größtenteils vom Massentourismus verschont bleiben. Ein Besuch ihrer faszinierenden Märkte, die einmal die Woche stattfinden, und der Kontakt zu den Dorfbewohnern, die ihr traditionelles Leben führen, ist dennoch möglich. Die Wälder im Inland und entlang der Küste beherbergen einige von Odishas traumhaften Naturschutzgebieten. Hier kann man 6 m lange Krokodile, seltene Delfine, bedrohte Meeresschildkröten und nistende Vögel beobachten.

Gourmets werden sich an den vielen ungewohnten Aromen von Odishas Küche laben, während Geschichtsfans angesichts uralter buddhistischer Universitäten, Felsbilder der Jains und Hindu-Reliquien wie dem Sonnentempel in Konark ins Schwärmen geraten werden.

Reisezeit

Bhubaneswar

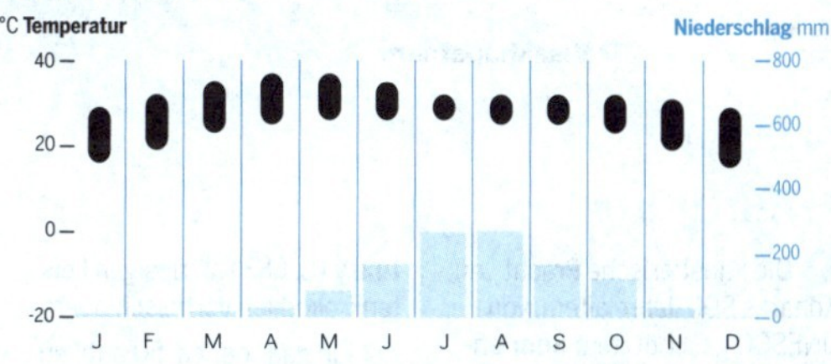

Nov.–März Warm und trocken – bestens geeignet für Beobachtungen in den Naturschutzgebieten.

Juni & Juli Heiß wie im Backofen, aber das Rath-Yatra-Fest in Puri ist Odishas größte Feier.

Dez. Der von der UNESCO geschützte Sonnentempel ist die perfekte Kulisse für das Konark-Fest.

Highlights

1 Die künstlerische Pracht von Konarks 800 Jahre altem, von der UNESCO geschütztem **Sonnentempel** (S. 671) bestaunen

2 Sich tief in die Hügel von Odishas Stammesland **Koraput** (S. 675) wagen, um Stammesmärkte und -dörfer zu besuchen

3 In den Mangrovensümpfen des **Bhitarkanika Wildlife Sanctuary** (S. 683) an riesigen Leistenkrokodilen vorbeischippern

4 Ein paar der ca. 50 antiken Tempel, die es noch in Odishas Hauptstadt **Bhubaneswar** (S. 658) gibt, erkunden

5 Während eines Aufenthalts im historischen Haus **Kila Dalijoda** (S. 680) durch unberührte Dörfer radeln

6 Am **Chilika-See** (S. 673) die seltenen Irawadidelfine und die artenreiche Vogelwelt bewundern

7 Den Vibe in **Puri** (S. 666), Odishas anziehendster Stadt, spüren

8 Im **Satkosia Tiger Sanctuary** (S. 666) aus dem Zelt raus die Aussicht auf den Sandstrand des Mahanadi genießen

Geschichte

Das früher als Kalinga, Utkala und in jüngerer Zeit als Orissa bekannte Odisha (die Namensänderungskampagne erreichte schließlich die Regierung und wurde 2010 genehmigt) war einst eine starke Seemacht mit Handelsrouten bis nach Indonesien, aber über seine Geschichte bis 260 v.Chr., als der große Kaiser Ashoka den Untergang der Kalinga-Dynastie herbeiführte, ist nur wenig bekannt. Entsetzt über das Blutbad, das er angerichtet hatte, schwor Ashoka der Gewalt ab und trat zum Buddhismus über.

Der buddhistische Glaube verlor noch im 1. Jh. v.Chr. an Bedeutung, und der Jainismus etablierte sich wieder als Volksglaube. Zu dieser Zeit wurden die Höhlenklöster von Udayagiri und Khandagiri (in Bubhaneswar) geschaffen. Sie sind zu wichtigen jainistischen Zentren geworden.

Bis zum 7. Jh. hatte dann der Hinduismus den Jainismus verdrängt. Unter den Kesari- und Ganga-Königen erstarkten Handel und Wirtschaft und Odishas Kultur erlebte eine Blütezeit – unzählige Tempel aus dieser klassischen Periode sind erhalten geblieben. Es gelang den Menschen von Odisha, den Moguln in Delhi für eine ganze Zeit zu trotzen, bis sie ihnen im Lauf des 16. Jhs. doch unterlagen – viele Tempel in Bhubaneswar wurden zerstört.

Bis zur Unabhängigkeit wurde Odisha schließlich noch von Afghanen, Marathen und Briten beherrscht.

Seit den 1990er-Jahren verüben hinduistische Fundamentalisten, die Bajrang Dal, Gewaltakte gegen Christen in Odisha und wehren sich gegen missionarische Aktivitäten. Am meisten haben die Angehörigen von Stammesvölkern, die oft Analphabeten ohne jeden Grundbesitz sind, unter der Gewalt der Hindus zu leiden, bei der es weniger um Religion als vielmehr um Machtverhältnisse, Grundbesitz, Kastenwesen und Politik geht.

Die Gewalt flammte erneut auf, als 2008 im Distrikt Kandhamal ein Hindu-Führer getötet wurde. Es kam zu Brandschatzungen, in deren Folge Tausende von Christen in Flüchtlingslagern außerhalb des Distrikts untergebracht wurden. Es gab seitdem wenige Bajrang Dal-Aktivitäten in Odisha, aber die Gruppe war in den letzten Jahren an Gewaltakten in Uttar Pradesh beteiligt.

Mit der Gründung der angrenzenden Bundesstaaten Jharkhand und Chhattisgarh sind Forderungen nach der Gründung des separaten Stammesstaats Koshal im Nordwesten Odishas laut geworden. Seine Hauptstadt soll Sambalpur werden. Bei den Wahlen 2009 stellte erstmals eine separatistische politische Partei, die Kosal Kranti Dal (KKD), Kandidaten auf, was 2010 zu Unruhe stiftenden Verkehrsstreiks führte. Gelegentlich flammen maoistische Aktivitäten in Odishas Stammesgebiet auf.

ℹ Gefahren & Ärgernisse

Die Moskitos in manchen Gebieten können bekanntlich Denguefieber und Malaria übertragen. Man sollte sich mit Mückenschutz und Moskitonetz ausrüsten.

ℹ Touristeninformation

Odisha Tourism (www.orissatourism.gov.in) ist in den meisten Städten vertreten. Die Büros geben Informationen und vermitteln Touren und Hotels. **Odisha Tourism Development Corporation** (www.otdc.in), der kommerzielle Zweig von Odisha Tourism, veranstaltet Touren und betreibt Hotels im gesamten Bundesstaat.

ℹ An- & Weiterreise

Es gibt Flugverbindungen zwischen Bhubaneswar und Bengaluru (Bangalore), Delhi, Hyderabad, Mumbai (Bombay), Kolkata (Kalkutta) und Chennai (Madras). Die wichtigsten Straßen und Bahnlinien zwischen Kolkata und Chennai führen durch das Küstengebiet von Odisha und durch Bhubaneswar mit Umsteigemöglichkeiten nach Puri. In Sambalpur gibt es Straßen- und Zugverbindungen nach Kolkata, Chhattisgarh und Madhya Pradesh.

TOP-FESTIVALS

Adivasi Mela (S. 661) Odishas Stammesvölker zeigen in Bhubaneswar Kunst, Tanz und Kunsthandwerk.

Rath Yatra (S. 669) Riesige Wagen mit dem Gott Jagannath, seinem Bruder Balbhadra und seiner Schwester Subhadra werden vom Jagannath Mandir zum Gundicha Mandir gezogen.

Puri Beach Festival (S. 669) Gesang, Tanz, Essen und Kultur am Strand von Puri.

Bali Yatra (⊙Nov./Dez.) Riesiger Markt in Cuttack mit schönen filigranen Silberarbeiten, *ikat*-Webarbeiten und anderen Kunsthandwerken zum Kaufen.

Konark Festival (S. 672) Traditionelle Musik, Tanz und ein verführerisches Tempelritual.

Bhubaneswar

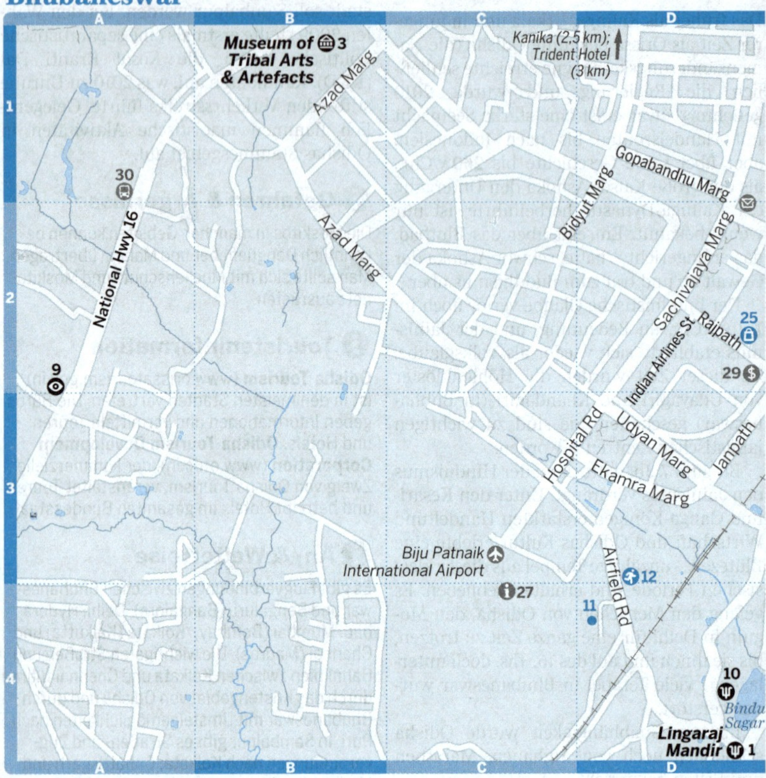

BHUBANESWAR

0674 / 885 363 EW.

Das auch „Tempelstadt" genannte, chaotische Bhubaneswar ist ein lohnender Zwischenstopp. Hier kann man gut einen oder zwei Tage verbringen, um das heilige Zentrum in der Altstadt rund um die Zeremonienanlage Bindu Sagar zu besichtigen. Einst standen hier Tausende mittelalterliche Steintempel, von denen noch ca. 50 erhalten sind. Neben den Tempeln gibt es interessante Museen, einen alten Höhlenkomplex und die abwechslungsreichste Restaurantszene in Odisha sowie eine Auswahl anständiger Hotels.

Sehenswertes

★ **Lingaraj Mandir** HINDU-TEMPEL

(Lingaraj Temple Rd; Sonnenaufgang–Sonnenuntergang) Der 54 m hohe Lingaraj Mandir ist Tribhuvaneswar (dem Herrn der Drei Welten) gewidmet und wurde zwischen 1090 und 1104 erbaut (einige Teile sind allerdings schon über 1400 Jahre alt). Er ist umgeben von Dutzenden kleineren Tempeln und Schreinen. Der Granitblock, der Tribhuvaneswar repräsentiert, wird jeden Tag in Wasser, Milch und Bhang (Marihuana) gebadet. Am Haupttor, von zwei schnurrbärtigen, gelben Löwen bewacht, findet ein großes Spektakel statt, wenn die Pilger mit *prasad* (vom Tempel gesegnete Opferspeisen) in den Händen Schlange stehen. Bus Nummer 333 fährt von der Bushaltestelle Master Canteen hierher.

Da der Tempel von einer Mauer umgeben ist und nur Hindus ihn betreten dürfen, können Ausländer (dazu zählen auch ausländische Hindus) lediglich von einer Aussichtsplattform einen Blick auf ihn werfen. Wenn man vor dem Haupteingang steht, geht man rechts, folgt dann links der Mauer und findet dort auf der linken Seite die Aussichtsplattform, kurz bevor man zum Chitrakarini-Tempel kommt. Beim Betreten der Plattform wird man gelegentlich massiv zu „Spenden" gedrängt. Das Geld kommt aber

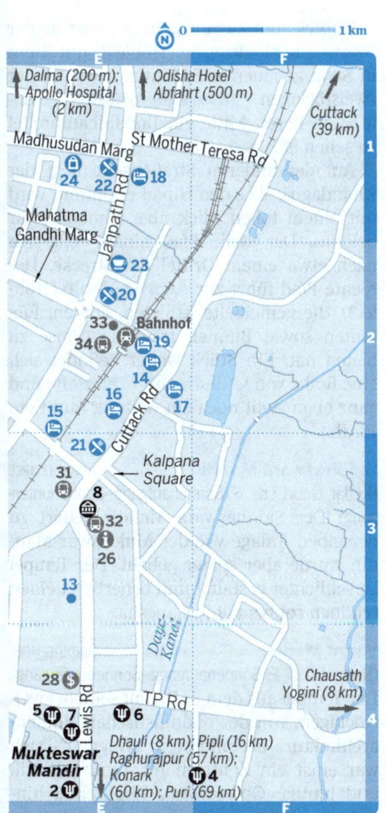

nicht dem Tempel zugute – also standhaft bleiben und nichts zahlen.

★ Mukteswar Mandir HINDU-TEMPEL

(Kedar Gouri Ln; ⌚Sonnenaufgang–Sonnenuntergang) Der kleine, hübsche Tempel aus dem 10. Jh. ist einer der am prächtigsten verzierten Tempel in Bhubaneswar; in ganz Odisha sieht man ihn auf Plakaten. Die kunstvollen Reliefs lassen buddhistische, jainistische und hinduistische Motive erkennen, darunter Nagarani (die Schlangenkönigin), die Ausländer oft für eine Meerjungfrau halten und die auch im Rajarani Mandir dargestellt ist. Besonders eindrucksvoll sind die Deckenreliefs, das Steingewölbe und der bogenförmige *torana* (Architrav) mit buddhistischen Einflüssen an der Vorderseite des Tempels.

★ Museum of Tribal Arts & Artefacts MUSEUM

(abseits vom National Hwy 16; ⌚Di–So 10–17 Uhr) GRATIS Dieses erstklassige Museum ist ein Muss für alle anthropologisch interessierten Besucher, die mehr über Odishas 62 Stämme wissen wollen oder einen Besuch in den

Bhubaneswar

Highlights
1 Lingaraj Mandir ... D4
2 Mukteswar Mandir ... E4
3 Museum of Tribal Arts & Artefacts ... B1

Sehenswertes
4 Brahmeswar Siva Mandir ... F4
5 Parsurameswar Mandir ... E4
6 Rajarani Mandir ... E4
7 Siddheswara Mandir ... E4
8 State Museum ... E3
9 Udayagiri- & Khandagiri-Höhlen ... A2
10 Vaital Mandir ... D4

Aktivitäten, Kurse & Touren
11 Alternative Tours ... D4
12 Kerala Panchakarma ... D3
13 Odisha Tourism Development Corporation ... E3

Schlafen
14 Hotel Grand Central ... E2
15 Hotel Nirmal Inn ... E2
16 Hotel Upasana ... E2
17 Mango Hotel ... E2
18 New Marrion ... E1
19 Bahnhof-Ruheräume ... E2

Essen
20 Hare Krishna Restaurant ... E2
21 Khana Khazana ... E3
22 Sri Ram Mandir Tiffin Centre ... E1
Truptee ... (siehe 21)

Ausgehen & Nachtleben
23 BNC ... E2

Shoppen
24 Ekamra Haat ... E1
25 Utkalika ... D2

Praktisches
India Tourism ... (siehe 26)
26 Odisha Tourism ... E3
Odisha Tourism ... (siehe 19)
27 Odisha Tourism ... C4
28 SBI ... E4
29 State Bank of India ... D2

Transport
30 Busbahnhof Baramunda ... A1
31 Busse nach Cuttack ... E3
32 Busse nach Puri ... E3
33 Computergestütztes Reservierungsbüro ... E2
34 Busbahnhof Master Canteen ... E2

Stammesgebieten planen. Die Galerien mit interaktiven Elementen zeigen traditionelle Kleidung, Perlenschmuck, schwere Silberhalsbänder, Halsketten aus Münzen, aufwendigen Kopfschmuck, verzierte Weinschläuche und Musikinstrumente. Eine Galerie konzentriert sich dabei ausschließlich auf Waffen, Fischerei, Jagd und landwirtschaftliche Geräte. Man kann hier zudem farbenfrohe Gemälde der Saora erstehen. Bus Nummer 801 fährt zur nahe gelegenen Azad Marg.

Hinter dem Museum findet man Repliken der traditionellen Häuser der Gadaba, Kandha, Santal, Saora und anderer Stämme.

Udayagiri- & Khandagiri-Höhlen HISTORISCHE STÄTTE

(Eintritt beide Stätten Inder/Ausländer 15/200 ₹, Video 25 ₹; ⌚ Sonnenaufgang–Sonnenuntergang) 6 km westlich des Stadtkerns gibt es zwei Hügel, die von Felshöhlen durchlöchert sind. Auf dem Khandagiri thront auch ein schöner Tempel. Viele der Höhlen sind mit Ornamenten verziert, die vermutlich jainistische Asketen im 1. Jh. v. Chr. in den Stein gemeißelt haben. Es fahren keine Busse zu den Höhlen, aber Bus Nummer 801 hält in der Nähe an der Bushaltestelle Baramunda. Eine Fahrt mit der Sammel-Autorikscha oder einer privat genutzten Autorikscha sollte hierher nicht mehr als 30 bzw. 250 ₹ kosten.

Während des Aufstiegs auf den Udayagiri (Hügel des Sonnenaufgangs) auf die rechts gelegene **Swargapuri-Höhle** (Höhle 9) mit ihren andächtigen Figuren achten! In der **Hathi Gumpha** (Höhle 14) weiter oben befindet sich eine 117-zeilige Inschrift, die die Heldentaten ihres Erbauers König Kharavela von Kalinga beschreibt, der von 168 bis 153 v. Chr. regiert hat.

Wer nun links herum nach oben klettert, stößt auf die **Bagh Gumpha** (Tigerhöhle; Höhle 12). Ihr Eingang ist so gearbeitet, dass er aussieht wie ein Tigermaul. In der Nähe liegen die **Pavana Gumpha** (Höhle der Reinigung) und die kleine **Sarpa Gumpha** (Schlangenhöhle), deren winziges Tor von einer dreiköpfigen Kobra überragt wird. Auf dem Gipfel stehen die Reste eines Verteidigungspostens. Richtung Südosten und weiter unten befindet sich die **Ganesh Gumpha** (Höhle 10), die von Elefanten bewacht wird. Fast direkt darunter liegt die **Rani-ka-Naur-Höhle** (Königinpalasthöhle; Höhle 1), die mit jainistischen Symbolen und Schlachtszenen verziert ist.

Zurück zum Zugang geht es vorbei an der **Chota Hathi Gumpha** (Höhle 3) mit ihren in Stein gehauenen Elefanten sowie an der zweistöckigen **Jaya-Vijaya-Höhle** (Höhle 5), in deren Mitte ein Boddhibaumrelief zu sehen ist.

Auf der anderen Straßenseite liegt der Khandagiri. Wer den Gipfel erklimmt, wird mit einem tollen Blick über Bhubaneswar belohnt. Der steile Pfad hinauf teilt sich nach etwa einem Drittel der Strecke. Der rechte Pfad führt zur **Ananta-Höhle** (Höhle 3), die gemeißelte Athleten, Frauen, Elefanten sowie Blumen tragende Gänse zu bieten hat. Ein Stück weiter befindet sich eine Reihe von **jainistischen Tempeln**; und ganz oben steht noch ein weiterer (aus dem 18. Jh.).

Siddheswara Mandir HINDU-TEMPEL

(Kedar Gouri Ln; ⌚ Sonnenaufgang–Sonnenuntergang) Der Siddheswara Mandir gehört zu derselben Anlage wie der Mukteswar Mandir, wurde aber später gebaut. Der Tempel ist schlichter gestaltet und beherbergt einen schönen rot bemalten Ganesha.

Vaital Mandir HINDU-TEMPEL

(Rath Rd; ⌚ Sonnenaufgang–Sonnenuntergang) Der Tempel aus dem 8. Jh. mit seinem zweistöckigen, von der buddhistischen Höhlenarchitektur beeinflussten „Waggon"-Dach war einst ein Zentrum für Tantra, Erotik und blutige Opferungen. Wer genau hinsieht, entdeckt an den Wänden sehr alte erotische Reliefs. Im düsteren Innenraum wartet Chamunda, eine furchterregende Inkarnation von Devi, die das Alter und den Tod repräsentiert. Ihre Halskette aus Totenköpfen und ihr Leichenbett sind normalerweise unter ihren Tempelgewändern verborgen.

Parsurameswar Mandir HINDU-TEMPEL

(⌚ Sonnenaufgang–Sonnenuntergang) Gleich westlich der Lewis Rd steht eine Gruppe von etwa 20 Tempeln, die zwar kleiner sind als andere in Bhubaneswar, aber nicht weniger bedeutend. Am besten erhalten ist der Parsurameswar Mandir, ein kunstvoll verzierter Shiva-Tempel von 650 n. Chr. Ihn bedecken recht lebendig wirkende Basreliefs von Elefanten- und Pferdeprozessionen sowie Shiva-Darstellungen.

Rajarani Mandir HINDU-TEMPEL

(TP Rd; Inder/Ausländer 15/200 ₹, Foto 25 ₹; ⌚ Sonnenaufgang–Sonnenuntergang) Dieser Tempel wurde um 1100 n. Chr. errichtet und steht in einem gepflegten Garten. Berühmt ist er für sein kunstvolles *deul* (Tempelheiligtum) und seinen Turm. An allen vier Ecken stehen jeweils zwei Statuen, die acht *dikpalas* (Tempelwächter) darstellen sollen. Dazwischen schauen Nymphen, sich umarmende Paare, Elefanten und Löwen aus Nischen hervor und schmücken die Pfeiler.

Brahmeswar Siva Mandir HINDU-TEMPEL
(abseits der Brahmeswar Patana Rd; ⏲Sonnenaufgang–Sonnenuntergang) Mitten in einem gut gepflegten Garten und eingerahmt von vier kleineren Bauten steht auf einem Sockel dieser Tempel aus dem 9. Jh., der so etwas wie eine kleinere Ausgabe des Lingaraj Mandir ist. Bemerkenswert sind die fein gearbeiteten Figuren mit erotischen Elementen.

State Museum MUSEUM
(www.odishamuseum.nic.in; Lewis Rd; Inder/Ausländer Eintritt 10/100 ₹, Foto 10/100 ₹; ⏲Di–So 10–16.30 Uhr) Das Museum beherbergt Odishas beste Sammlung von seltenen Palmblatthandschriften sowie *patachitra* (Rollbilder), traditionelle und volkstümliche Instrumente, Werkzeug aus der Bronzezeit, Waffen und eindrucksvolle buddhistische, jainistische und brahmanische Skulpturen (besonders bewundernswert ist die Skulptur von Chamunda aus dem 8. Jh.).

Aktivitäten

Kerala Panchakarma AYURVEDA, MASSAGE
(☎0674-2590053; 240/90 Airfield Rd, Airport Sq; Anwendungen ab 600 ₹; ⏲6–21 Uhr) Eine kleine Ayurveda-Klinik, die Stress abbauende Ganzkörpermassagen anbietet.

Geführte Touren

Odisha Tourism Development Corporation KULTUR
(OTDC; ☎0674-2431515; www.otdc.in; Lewis Rd; ⏲7–20 Uhr) Zu den täglichen Bustouren der OTDC gehören Stadtfahrten (300 ₹, 9 Uhr) zum Nandankanan Zoo, nach Dhauli, zu den Tempeln Lingaraj und Mukteswar, zum State Museum sowie zu den Udayagiri- und Khandagiri-Höhlen. Eine weitere Tour geht nach Pipli, Konark und Puri (380 ₹, 9 Uhr), eine dritte führt Touristen nach Puri und nach Satapada zum Chilika-See (400 ₹, 8 Uhr). Alle Touren bucht man einen Tag vorher in diesem OTDC-Büro hinter dem Panthanivas Hotel.

Eintrittspreise sind in den Tourpreisen nicht enthalten.

Alternative Tours TOUR
(☎0674-2590830; www.alternativetoursindia.com; Room 5, BDA Market Complex, abseits der Airfield Rd; ⏲Mo–Sa 10–18.45 Uhr) Alteingesessener Anbieter von Touren in die Stammesgebiete von Odisha, Nagaland und Arunachal Pradesh. Die All-Inclusive-Preise beginnen bei ca. 9000 ₹ pro Person und Tag. Es werden auch mehrtägige Touren zur Naturbeobachtung und zum Kulturerbe von Odisha angeboten sowie private Tagestouren nach Puri und Konark organisiert.

Feste & Events

Adivasi Mela KULTUR
(⏲26.–31. Jan.) Bhubaneswar feiert einmal im Jahr das Adivasi-Mela-Festival mit Kunst, Tanz und Kunsthandwerk von Odishas Stammesgruppen.

Schlafen

Aus vielen Hotels kann man rund um die Uhr auschecken. Die preiswertesten und weniger angenehmen Hotels gruppieren sich alle um den Bahnhof. Es gibt einige Mittelklasseoptionen an der Janpath RD und der Cuttack Rd, die exklusivsten Unterkünfte der Stadt befinden sich in der BDA Colony direkt nördlich der Route 16, die die Stadt umgibt.

Mango Hotel HOTEL $$
(☎0674-7119000; www.staymango.com; Cuttack Rd; Zi. 2616–3815 ₹; ❄📶) Die beste Mittelklasseoption an der Cuttack Rd hat nettes Personal, ein anständiges Restaurant, das einen Mix aus nordindischen Gerichten und Odisha-Küche serviert, und makellose Zimmer mit gemütlichen Betten und gutem WLAN. Zum Bahnhof sind es fünf Minuten zu Fuß.

Hotel Upasana HOTEL $$
(☎9439865225, 9439865227; www.hotelupasana.com; 2282 Laxmisagar, abseits der Cuttack Rd; Zi. 990 ₹, mit Klimaanlage ab 1300 ₹; ❄@📶) Die familienbetriebene Unterkunft hinter dem Bhubaneswar Hotel hat eher heruntergekommene Zimmer, die sauberer sein könn-

UNTERKUNFTSPREISE

Die nachstehenden Preise beziehen sich auf ein Doppelzimmer mit Bad inklusive Steuer:

$ unter 800 ₹

$$ 800–2500 ₹

$$$ über 2500 ₹

ten, aber heiße Duschen und kleine Balkone aufweisen. In der Lobby gibt's Computerterminals und das WLAN reicht bis in manche Zimmer. Kein Restaurant.

Hotel Nirmal Inn HOTEL $$
(0674-2534411; Rajpath; Zi. 1000 ₹, mit Klimaanlage 1400 ₹;) Das schnörkellose Hotel bietet ziemlich kleine, aber relativ saubere und moderne Zimmer mit einem guten Preis-Leistungs-Verhältnis. Es gibt ein Restaurant, aber das WLAN funktioniert nur in der Lobby.

Bahnhof-Ruheräume PENSION $
(Platform 1, Bahnhof Bhubaneswar; B 90–300 ₹, Zi. 260–520 ₹, Zi. mit Klimaanlage 480–940 ₹;) Diese großen, aber einfachen Zimmer eignen sich gut für Sparfüchse, die sich nur ein paar Stunden ausruhen wollen, bevor sie in den nächsten Zug springen. Die Räume befinden sich zwar in einer ruhigen Ecke des Bahnhofs, aber es ist und bleibt ein Bahnhof, darum ist es recht laut. Man bucht am Reservierungsfenster neben „Enquiries" direkt beim Haupteingang des Bahnhofs.

★ **Trident Hotel** RESORT $$$
(0674-3010000; ww.tridenthotels.com; CB-1 Nayapalli; Zi./Suite ab 12 000/22 000 ₹;) Die geräumigen, stylishen Zimmer im Trident sind mit schönen Exemplaren von Steinmetzarbeiten, Stoffen und Metallarbeiten aus Odisha geschmückt und blicken auf einen friedlichen Garten. Es gibt eine private Joggingstrecke, einen luxuriösen Pool und eines der besten Restaurants der Stadt. Das Resort liegt 6 km nördlich des Bahnhofs.

Hotel Grand Central HOTEL $$$
(9437001152, 9937439074; www.hotelgrandcentral.com; Old Station Bazaar; EZ/DZ inkl. Frühstück ab 2800/3200 ₹;) Weiß getünchte Flure mit Marmorfußboden führen zu den schicken, gut eingerichteten Zimmern dieses Business-Class-Hotels direkt hinter dem Bahnhof. Es gibt ein Restaurant, eine Bar und eine Autovermietung.

New Marrion HOTEL $$$
(0674-2380850; www.hotelnewmarrion.com; 6 Janpath Rd; EZ/DZ ab 6100/6500 ₹;) Das zentrale Spitzenklassehotel Marrion hat moderne, klassisch-elegante Zimmer mit LCD-TV, dunkler Holztäfelung und einer kleinen Sitzecke mit Sofa. Es gibt verschiedene Restaurants u.a. ein südindisches, ein italienisch-mexikanisches und ein chinesisches, außerdem ein tolles Kebab-Lokal, eine Café-Coffee-Day-Filiale vorn im Haus und eine schottische Bar. Das Thai-Spa und der erstklassige Service runden das Ganze ab.

DIE KÜCHE ODISHAS

Eine klassische Zutat der Küche Odishas ist Senf. In Samen-, Pasten- oder Ölform gibt er vielen Speisen ihre charakteristische Schärfe. Ein typisches Gericht besteht aus *bhata* (Reis), der mit verschiedenen leckeren Beilagen serviert wird, z. B. mit *kaharu phula bhaja* (gebratener Kürbisblüte), *dalma* (Dhal aus Kürbis, Kartoffeln, Kochbanane und Aubergine, gebraten in einem Fünf-Gewürze-Öl aus Bockshornklee, Kumin, Schwarzkümmel, Anis und Senf, bedeckt mit geriebener Kokosnuss) und *besara* (Gemüse oder Süßwasserfisch mit Senfsauce). Beliebt ist außerdem *saga bhaja*, grünes Gemüse, das leicht in Knoblauchpaste und einer Fünf-Samen-Mischung namens *pancha phutan* (Kumin, Senf, Anis, Kreuzkümmel und Chili) gebraten wird. An der Küste sind Fisch und Garnelen allgegenwärtig, so auch im köstlichen Klassiker *sarison macha* (in einer Senfsauce gekochter Fisch).

Essen

Dalma ODISHA-KÜCHE $
(www.dalmahotels.com; 157 Madhusudan Nagar; Hauptgerichte 70–180 ₹, Thalis 150–240 ₹; 11–16 & 19–22.30 Uhr) Die Filiale der kleinen Bhubaneswar-Kette wird von Einheimischen als bestes Lokal mit authentischer Odisha-Küche bezeichnet. Es gibt *aloo bharta* (eine köstliche Mischung aus Kartoffeln und Auberginen), *dalma* (die Spezialität des Hauses, ein mit Kokos gekochtes Dhal-Gericht), *chenna poda* (Orissas himmlisches Dessert aus Cottage Cheese) und zahlreiche Odisha-Thalis.

Das Dalma ist kein schickes Restaurant, es herrscht eher Kantinenatmosphäre, die Gerichte werden auf Metalltabletts serviert. Aber das Essen ist geradezu sensationell, und das zu diesem Preis! Wer zum ersten Mal in der Gegend ist, wird dankbar sein für die gute englische Übersetzung der Speisekarte, in der jedes Gericht genau beschrieben wird.

Khana Khazana INDISCH $
(Kalpana Sq; Hauptgerichte 50-170 ₹; 17.30–22.30 Uhr) Der alteingesessene Straßenimbiss mit Plastikstühlen und -tischen auf dem

Gehweg bietet erstklassiges Tandur-Hühnchen, leckeres Chow Mein und schmackhafte Biryanis. Das *chicken dum biryani* (100 ₹) ist bei den Einheimischen besonders beliebt, wie auch die preisgünstigen Roti-Wraps mit unterschiedlichen Füllungen (eine Spezialität aus Kolkata; 40–60 ₹).

★ Kanika ODISHA-KÜCHE **$$$**
(www.mayfairhotels.com; Jaydev Vihar, Mayfair Lagoon; Hauptgerichte 429–995 ₹; ⌚12–15 & 19–23 Uhr) Im kleinen Kanika im Mayfair Lagoon-Hotel bekommt man regionale Odisha-Küche, die man nicht verpassen darf, das betrifft vor allem die Meeresfrüchtegerichte. Die Spezialitäten sind *kankada yarkari* (Krabbencurry), langsam gegarte, würzige Seebrasse, alles, was mit Senf gemacht wird, und Odishas traditionellster Nachtisch, der süchtig machende *chhena poda* (wörtlich „verbrannter Zucker", zubereitet mit Zucker, Cashewnüssen und Rosinen). Außerdem gibt's ausgezeichnete vegetarische und nichtvegetarische Thalis (ab 399 ₹).

Odisha Hotel ODISHA-KÜCHE **$$**
(Market Bldg, Sahid Nagar; Thalis 140–340 ₹; ⌚12.30–22.30 Uhr) Das einfache Restaurant ist einer der besten Orte, um authentische Odisha-Küche zu kosten. Die großen Portionen werden im Thali-Stil serviert. Die Menütafel ist auf Odia, also bestellt man am besten vegetarisch oder nichtvegetarisch, lehnt sich zurück und erwartet dieses Hindu-Festmahl! Es liegt in der zweiten Straße links, wenn man auf der Maharishi College Rd Richtung Osten geht, vorbei an der Bhawani Mall.

Unbedingt eine kleine Portion bestellen und vor dem Essen den Preis noch mal prüfen. Sonst bekommt man am Ende den riesigen Thali für 400 ₹, den eine Person alleine niemals schaffen kann.

Truptee SÜDINDISCH **$**
(Cuttack Rd; Hauptgerichte 70–160 ₹; ⌚7–22.30 Uhr) In dem sauberen, familienfreundlichen Restaurant gibt's eine große Auswahl an südindischen Frühstücksspeisen: Dosas (große herzhafte Crêpes), *vada* (frittierte Linsenhäppchen in Donut-Form) und *idlis* (fluffiges, fermentiertes Reisgebäck). Später am Tag werden dann Currys und Fladenbrot aus dem Tandur serviert. Thalis gibt es natürlich auch (100–150 ₹).

Sri Ram Mandir Tiffin Centre STREET FOOD **$**
(Janpath Rd; Gerichte 10–40 ₹; ⌚6.30–21 Uhr) *Dahi vada* (*vada* ist eine leicht scharfe Joghurt-Sauce) ist das klassische Odisha-Frühstück. Dafür und für weitere schmackhafte Speisen, wie Samosas, *alu chops* (frittierte Kartoffelsnacks) und kleine Portionen vegetarischen Currys, stehen die Einheimischen Schlange an diesem Straßenimbiss neben dem Sri Ram Mandir. Man zeigt auf das, was man will, und haut rein.

Hare Krishna Restaurant INDISCH **$$**
(Lalchand Shopping Complex, Janpath Rd; Hauptgerichte 120–260 ₹; ⌚11.30–15.30 & 19–22.45 Uhr) Die wunderschön lackierten Gujarati-Möbel (*sankheda*) stechen in dem stilvollen, aber unprätentiösen vegetarischen Restaurant hervor. In angenehmer Atmosphäre kann man köstliche Currys, Biryanis und Fladenbrot aus dem Tandur essen. Der Eingang befindet sich im Lalchand Shopping Complex.

Ausgehen & Nachtleben

BNC CAFÉ
(Brown n Cream; Janpath Rd; ⌚8–22.30 Uhr) In dem klimatisierten Coffee-Shop gibt es guten frischen Kaffee (80 ₹) und dazu Sandwiches, Muffins und Eis.

Shoppen

Utkalika KUNSTHANDWERK
(Odisha State Handloom Cooperative; ☎0674-2530187; http://utkalika.co.in/contactus.php; Eastern Tower, Market Bldg; ⌚10–20.30 Uhr) Das Utkalika befindet sich in dem geschäftigen Marktviertel, das als Market Building bekannt ist. Hier sind Textilien aus Odisha erhältlich, u.a. Applikations- und *ikat*-Arbeiten (eine Technik, bei der der Faden vor dem Weben eingefärbt wird) sowie traditionelle Palmblattzeichnungen, schöne Steinmetzarbeiten, filigraner Silberschmuck aus Cuttack, Messingarbeiten und Stammesschmuck.

Ekamra Haat MARKT
(www.ekamrahaat.in; Madhusudan Marg; ⌚9–21 Uhr) An den mehr als 50 Ständen auf diesem täglich geöffneten Markt inmitten eines angenehmen, gepflegten Gartens findet man eine große Auswahl an Kunsthandwerk aus Odisha (und Imbissstände).

Praktische Informationen

GELD

Geldautomaten, wie **SBI** (Lewis Rd), gibt es genug entlang der Janpath Rd, Cuttack Rd und Lewis Rd. Am Bahnhof gibt's auch ein paar.

State Bank of India (Rajpath; ⌚Mo–Fr 10–16, Sa bis 13 Uhr) Hier kann man Geld wechseln lassen, und es gibt Geldautomaten.

MEDIZINISCHE VERSORGUNG

Apollo Hospital (☎ 0674-7150382, 0674-6661016; www.apollohospitals.com; Plot No 251, Old Sainik School Rd; ⏲ 24 Std.) Privatklinik mit rund um die Uhr besetzter Unfallabteilung und Apotheke.

POST

Post (www.indiapost.gov.in; Ecke Mahatma Gandhi & Sachivajaya Margs; ⏲ Mo–Sa 9–19, So 15–19 Uhr) Hauptpost.

TOURISTENINFORMATION

Odisha Tourism (☎ 0674-2432177; www.orissatourism.gov.in; Paryatan Bhavan, 2. OG, Museum Campus, Lewis Rd; ⏲ Mo–Sa 10–17 Uhr) Der Hauptsitz des Touristenbüros mit Karten und einer Liste empfehlenswerter Reiseführer. Am **Flughafen** (⏲ nach Flugplan) und am **Bahnhof** (⏲ 6–22 Uhr) gibt es Zweigstellen.

India Tourism (www.incredibleindia.org; Paryatan Bhavan, 2. OG, Lewis Rd; ⏲ Mo–Fr 9–18, Sa bis 13 Uhr) Infos über landesweite Attraktionen; in demselben Gebäude wie das Hauptbüro von Odisha Tourism.

 An- & Weiterreise

FLUGZEUG

Bhubaneswars moderner **Biju Patnaik International Airport** (http://airport-departures-arrivals.com) liegt 2 km vom Zentrum entfernt.

Ziele werden von Air India, IndiGo und GoAir angeflogen:

Bengaluru 5585 ₹, 2 Std., 3-mal tgl.
Delhi 5720 ₹, 2½ Std., 10-mal tgl.
Hyderabad 2790 ₹, 1½ Std., 5-mal tgl.
Kolkata 3130 ₹, 1 Std., 5-mal tgl.
Mumbai 5360 ₹, 2½ Std., 4-mal tgl.

ZUG

Tickets für Ausländer gibt's am Schalter 3 im **computergestützten Reservierungsbüro** (⏲ Mo–Sa 8–22, So bis 14 Uhr) in einem separaten Gebäude vor dem Bahnhof. Züge fahren nach:

Berhampur (Brahmapur) 2. Klasse/Sleeper 35/170 ₹, 2–4 Std., mehr als 12, 7–21.25 Uhr
Kolkata 2. Klasse/3AC 160/745 ₹, 7–8 Std., mind. 10-mal tgl., 4.55–23.55 Uhr
Puri 2. Klasse/General 55/70 ₹, 2 Std., mehr als 12, 7–24 Uhr

 Unterwegs vor Ort

AUTORIKSCHA

Eine Autorikscha zum Flughafen kostet, wenn man sie an der Straße anhält, etwa 200 ₹, ruft man sie mit der Uber/Ola-App kostet es ca. 60 ₹. Mit der Uber/Ola-App kann man außerdem stundenweise eine Autorikscha buchen, wenn man eine Stadtfahrt möchte. Sammelrikschas decken die Hauptrouten in der Stadt ab und kosten für Einheimische 5 ₹. Von Ausländern verlangen sie bedeutend mehr, es sei denn man zahlt einfach die Gebühr und hüpft raus.

AUTO & TAXI

Fahrten mit Uber und Ola durch die ganze Stadt kosten etwa 100 ₹ oder weniger. Über Ola kann man auch stundenweise ein Auto mieten (etwa

BUSSE

Die nordöstlich von Bhubaneswar gelegenen Ziele erreicht man schneller, wenn man mit dem Bus zum Busbahnhof Badambari in Cuttack fährt und dort umsteigt. Man kann jeden **Bus** nehmen, der auf der Cuttack Rd in Richtung Osten fährt. Busse vom Baramunda-Bahnhof nach Puri fahren ewig durch die Stadt, um Passagiere einzusammeln, darum steigt man – um Zeit zu sparen – am besten **vor dem State Museum** ein, allerdings sind sie dann schon ziemlich voll.

Mit dem Bus 801 kommt man vom Busbahnhof Master Canteen zum Busbahnhof Baramunda(10 ₹, 20 Min.) oder man fährt per Autorikscha/Uber (ca. 100 ₹ vom Zentrum).

Vom **Busbahnhof Baramunda** (National Hwy 16) fahren Busse nach:

ZIEL	PREIS (₹)	DAUER (STD.)	ABFAHRT
Baripada	300	6	stündl. 9–23 Uhr
Berhampur	150	4	alle 2 Std.
Cuttack	25	40 Min.	häufig
Jeypore	433–540	13–16	5-mal tgl.
Kolkata	Sitz ohne Klimaanlage/Schlafwagen 340/700, Sitz mit Klimaanlage/Schlafwagen 475/800	9	häufig 19.30–21 Uhr
Konark	55	2	stündl.
Koraput	Sitz ohne Klimaanlage 420	14	5-mal tgl.
Puri	40	2	stündl.

ODISHA BHUBANESWAR

ZÜGE AB BHUBANESWAR

ZIEL	ZUG-NR. & -NAME	PREIS (₹)	DAUER (STD.)	ABFAHRT
Chennai	*12841 Coromandal Exp*	560/1470/2110	19½	21.25 Uhr
Kolkata (Howrah)	*18410 Sri Jagannath Exp*	270/715/1015	8¼	23.55 Uhr
Koraput	*18447 Hirakhand Exp*	370/995/1425	14	20.25 Uhr
Mumbai	*12880 Bbs Ltt S Exp*	705/1845/2685	30½	7.10 Uhr
New Delhi	*12801 Purushottam Exp*	705/1845/2685	29¼	23.15 Uhr
Ranchi	*18452 Tapaswini Exp*	350/950/1355	13¾	21.20 Uhr
Rayagada	*18447 Hirakhand Exp*	310/830/1180	8¾	20.25 Uhr

Fahrpreise: Sleeper Class/3AC/2AC

80 ₹) oder sich irgendwohin bringen lassen (z. B. Puri oder Konark).

Die **Odisha Tourism Development Corporation** (S. 661) vermittelt für Touren in die Umgebung Autos mit Fahrer. Für Fahrten zu Zielen im Umkreis von 200 km muss man für einen Indigo mit Klimaanlage 110 ₹ pro Stunde und 11 ₹ pro Kilometer bezahlen, für einen Ambassador ohne Klimaanlage 72 ₹ pro Stunde und 7 ₹ pro Kilpometer. Mindestens einen Tag im Voraus persönlich buchen!

Am Flughafen gibt's Prepaid-Taxis; ein Taxi zum Zentrum kostet 300 ₹.

BUS

In Bhubaneswar gibt es ein relativ ausländerfreundliches Stadtbusnetz mit Nummern. Die Busse starten zwischen 7 und 21 Uhr an dem Busbahnhof, der unter dem Namen **Master Canteen** bekannt ist und am Bahnhof liegt. Unbedingt darauf achten, dass der Bus auch dorthin fährt, wo man hin will, denn einige Busnummern bedienen mehrere Strecken.

Stadtbusse fahren am Busbahnhof Master Canteen ab:

Flughafen Bus 207A, 10 ₹, 15 Min.
Busbahnhof Baramunda Bus 801, 10 ₹, 20 Min.
Dhauli Bus 225,10 ₹, 30 Min.
Lingaraj Mandir Bus 333, 10 ₹, 20 Min.
Mayfair Hotel Bus 207N, 10 ₹, 20 Min.
Mukteswar Mandir Bus 225, 10 ₹, 15 Min.
Pipli Bus 701, 50 ₹, 50 Min.
Puri Bus 701, 100 ₹, 2 Std.
Udayagiri-Höhlen Bus 801 oder 405, 10 ₹, 30 Min.

RUND UM BHUBANESWAR

Verstreut in der Landschaft, südlich, östlich und westlich der Hauptstadt, gibt es einige lohnende Sehenswürdigkeiten, die man gut in einem Halbtagesausflug von Bhubaneswar aus besichtigen kann. Es gibt einen Zoo, ein Tierschutzgebiet, ein Handwerkerdorf, einen tantrischen Tempel und jahrhundertealte Felsenedikte.

Sehenswertes

★ Chausath Yogini HINDU-MONUMENT

(Sonnenaufgang–Sonnenuntergang) Dieser kleine, ruhige, oben offene Tempel (*chorsat jorgini* ausgesprochen) aus dem 9. Jh. wurde in den 1950 Jahren in Reisfeldern 15 km südlich von Bhubaneswar entdeckt. Er ist *yoginis* (Dienerinnen der Göttinnen) gewidmet und einer von nur vier dieser Art in Indien. Der Tempel, der kaum größer ist als eine Dorfhütte, enthält 64 *(chausath)* gemeißelte *yoginis*, die oben auf ihrem *vaharna* (Fahrzeug; häufig in Tierform) stehen. Hier fahren keine Busse her; eine Fahrt hin und zurück per Rikscha/Uber kostet etwa 450/540 ₹.

Hierher verirren sich nur wenige Reisende, darum ist der Ort eine wahre Oase der Ruhe. Einmaliges Kunsthandwerk aus Odisha findet man im nahe gelegenen **Soumya Handicraft** (Öffnungszeiten variieren).

Dhauli BUDDHISTISCHES MONUMENT

(Felsedikte des Ashoka) Ungefähr 260 v.Chr. wurden elf der 14 berühmten Edikte des Ashoka in einen großen Felsen bei Dhauli, 8 km südlich von Bhubaneswar, gemeißelt. Oberhalb der Edikte erscheint die älteste buddhistische Skulptur in Odisha – ein eingemeißelter Elefant, der Buddha darstellt – aus einem Felsen.

Die Bhubaneswar-Puri-Busse fahren zur Abzweigung nach Dhauli (14 ₹, 30 Min.). Von da aus sind es schattige 3 km zu Fuß oder per Sammel-/Privat-Autorikscha (10/70 ₹ einfache Fahrt) bis zu den Felsenedikten und ein weiterer kurzer, steiler Aufstieg zum Stupa. Eine Uber-Fahrt kostet etwa 120 ₹.

SATKOSIA TIGER SANCTUARY

Das 964 km² große, bewaldete **Satkosia Tiger Sanctuary** (☎8763102681; www.satkosia.org; Inder/Ausländer 40/2000 ₹ pro Tag; ⏰6–18 Uhr), 125 km nordwestlich von Bhubaneswar, besteht aus dem Satkosia Gorge Sanctuary und dem Baisipalli Wildlife Sanctuary. Das Naturschutzgebiet wird von einer atemberaubenden Schlucht durchzogen, die vom mächtigen Fluss Mahanadi ausgehöhlt wurde und die zu den schönsten Naturschauplätzen Odishas zählt. Allerdings dürfen Besucher nicht bis in die Kernzone des Parks vordringen, wo die meisten wilden Tiere anzutreffen sind, und Allrad-Safaris werden nicht angeboten. Hierher kommt man, um für ein paar Stunden diese unfassbare Naturkulisse zu genießen.

Im ganzen Schutzgebiet leben bedeutende Bestände an Gangesgavialen und Sumpfkrokodilen sowie 38 Säugetierarten, wie Elefanten, Leoparden, Pferdehirsche, Wildhunde, Schakale, Riesenhörnchen und etwa ein Dutzend Tiger. 2016 wurden Bootsfahrten auf dem Fluss eingestellt, aber vom Ufer aus kann man immer noch Krokodile und Vögel entdecken.

Der Haupteingang zum Reservat ist in Pampasar, 30 km südwestlich von Angul.

Bei der **Satkosia Wildlife Division** (☎8763102681, 06764-236218; www.satkosia.org; Hakimpada, Angul) muss man vorher Genehmigungen einholen und Buchungen tätigen – eine reine Formsache, aber man benötigt eine Kopie des Reisepasses und des Visums. Vom Bahnhof kostet die Fahrt in einer Autorikscha etwa 100 ₹.

Gleich auf der anderen Seite der Felsenedikte, die alle ins Englische übersetzt sind, steht der riesige, weiße Shanti Stupa (Friedenspagode), der 1972 von japanischen Mönchen auf dem Hügel rechts erbaut wurde. Ältere buddhistische Reliefs befinden sich in dem modernen Gebäude, und von oben hat man einen tollen Blick auf die Umgebung.

Pipli DORF

Das farbenfrohe Dorf, 16 km südöstlich von Bhubaneswar, ist für seine brillanten Applikationsarbeiten mit kleinen eingearbeiteten Spiegeln bekannt. Diese werden als Tür- und Wandschmuck genutzt. Die traditionellen Baldachine werden bei Festen über Jagannath und seiner Familie aufgehängt. Günstige Lampen- und Sonnenschirme hängen vor den Läden und verwandeln die Hauptstraße in ein Meer aus Regenbogenfarben. Zu Diwali zeigt sich das Dorf von seiner schönsten Seite. Man kann jeden Bus nehmen, der zwischen Bhubaneswar und Puri pendelt, und auf der Strecke aussteigen.

Nandankanan Zoological Park ZOO

(www.nandankanan.org; Inder/Ausländer 25/100 ₹, Digitalkamera/Video 10/500 ₹; ⏰April–Sept. Di–So 7.30–17.30 Uhr, Okt.–März Di–So 8–17 Uhr) Bekannt für seine blauäugigen, weißen Tiger beheimatet der Zoo – einer der besten Indiens – außerdem seltene asiatische Löwen, Nashörner, jede Menge Reptilien, Affen und Hirsche. Man sollte tunlichst vermeiden, vor irgendeinem der im Zoo frei rumlaufenden Affen Essen aus der Tasche zu packen. Die Löwen- und Tigersafaris dauern 45 Minuten und kosten pro Person 30 ₹. Eine Fahrt mit Autorikscha/Uber kostet etwa 200/250 ₹.

ℹ An- & Weiterreise

Pipli und Dhauli erreicht man ganz leicht mit den regelmäßigen Bussen ab Bhubaneswar. Die anderen Attraktionen muss man im Rahmen einer organisierten Tour besuchen oder man chartert eine Autorikscha oder ein Auto mit Fahrer für einen ganzen oder einen halben Tag.

SÜDÖSTLICHES ODISHA

Südost-Odisha liegt am Golf von Bengalen und umfasst die meistbesuchten Gegenden des Staates, darunter das Backpacker-Ziel Puri und der von der UNESCO geschützte Sonnentempel in Konark. Das kleine Raghurajpur ist das Handwerkszentrum, der Chilika-See bietet Möglichkeiten, Vögel und Delfine zu beobachten, und man kann am Strand von Golpalpur-on-Sea in der Sonne brutzeln.

Puri

☎06752 / 200 564 EW.

Hinduistische Pilger, bengalische Urlauber und ausländische Reisende – sie alle kommen nach Puri. Für Hindus gehört Puri zu den heiligsten Pilgerorten Indiens, wobei der großartige Jagannath Mandir und das bekannte Rath Yatra (Wagenfest) von besonderer Bedeutung für die Gläubigen sind. Eine weitere Attraktion der Stadt ist der lange Sandstrand mit Promenade – besser geeignet für Spaziergänge als zum Schwimmen.

In den 1970er-Jahren lockten das Meer und *bhang* (Marihuana), ein legales Haschischgetränk, jede Menge Hippies in die Stadt. Auch wenn es *bhang* immer noch gibt, ist von jenen Zeiten nicht mehr viel zu spüren. Besucher kommen heute zum Entspannen und um den Sonnentempel im nahe gelegenen Konark zu besichtigen.

Das bunte Treiben verteilt sich auf ein paar Küstenkilometer. Das Backpackerviertel der Stadt erstreckt sich in Richtung des östlichen Endes der Chakra Tirtha (CT) Rd, während die bengalischen Urlauber an die geschäftige New Marine Rd strömen, wo es zahlreiche Lokale an der langen Esplanade gibt.

Sehenswertes

★ Jagannath Mandir HINDU-TEMPEL

Dieser mächtige Tempel ist Jagannath (dem Herrscher des Universums) geweiht, eine Inkarnation von Vishnu. Der von Mauern umgebene Tempel wurde im Jahr 1198 erbaut und steht nur Hindus offen. Aber man sieht seinen 58 m hohen *sikhara* (Turm), den eine Flagge und das Rad Vishnus krönen.

Nicht-Hindus können vom Dach der gegenüberliegenden Raghunandan Library gegen eine „Spende" (50 ₹ sind o.k.; nicht die angegebenen Zahlen glauben) einen Blick auf den Tempel erhaschen. Sonntags führen findige Schlepper Besucher zu einem nahe gelegenen Dach und verlangen dafür 100 ₹.

Jannagath, der rabenschwarze Gott mit großen, runden, weißen Augen, ist in ganz Odisha sehr beliebt; seine Abbilder in den Schreinen überall im Land werden gepflegt und regelmäßig neu eingekleidet.

Der Osteingang (Löwentor) wird von zwei Steinlöwen und einer von Garuda gekrönten Säule bewacht, die einst im Sonnentempel von Konark stand. Zu Rath Yatra zieht die Wagenprozession durch den Osteingang.

Die zentrale *jagamohan* (Versammlungshalle) ist das Reich von Jagannath, seinem Bruder Balbhadra und seiner Schwester Subhadra. Den ganzen Tag über schmücken Priester die drei mit Girlanden und kleiden sie für Zeremonien immer wieder neu ein. Der Tempel beschäftigt unglaubliche 6000 Männer, die die komplizierten Rituale durchführen und sich um die Götterfiguren kümmern. Der Lebensunterhalt von etwa 20 000 Menschen, eingeteilt in 36 Orden und 97 Klassen, hängt vom Jagannath-Mandir ab.

Model Beach STRAND

(www.puribeach.net) Puri ist kein typisches Paradies unter Palmen: Der Strand ist weitläufig, fällt recht steil ab, hat eine fiese Brandung, bietet aber keinen Schatten. Doch der Model Beach, das Vorzeigestück einer Initiative für nachhaltigen Strandtourismus, präsentiert 700 m Sandstrand, der zweifellos Puris schönster und sauberster ist. Palmenschirme bieten Schatten und Cabana Boys/ Rettungsschwimmer, bekannt als Sea Ri-

ABSTECHER

RAGHURAJPUR

Das faszinierende Künstlerdorf Raghurajpur, 14 km nördlich von Puri, besteht aus einer einzigen Straße mit strohgedeckten Backsteinhäusern, deren Wände mit geometrischen Mustern und mythologischen Szenen bemalt sind – eine traditionelle Kunstform, die in Odisha ansonsten schon fast ausgestorben ist.

Die meisten Häuser dienen gleichzeitig als Künstlerwerkstätten und als Verkaufsstellen für verschiedenste Kunsthandwerke, von Palmblattzeichnungen bis zu bunten Seidendrucken. Die Designs stammen von Odishas Volk Saora, aber Raghurajpur ist vor allem für seine *patachitra* (Stoffmalerei aus Odisha) bekannt. Darauf zeichnen die Künstler mit einem sehr feinen Pinsel hochkonzentriert Tiere, Blumen, Götter und Dämonen, die bunt ausgemalt werden. Manche sind traditionelle Zeichnungen, wie man sie auf Tempelwänden findet, andere sind moderner, aber alle Arbeiten sind besondere Souvenirs.

Die Konkurrenz ist hier groß. Besonders schöne *patachitra*-Exemplare findet man ganz am Ende der Straße in einem Haus mit roten und weißen Mustern. Der Nachbar macht hübsche Palmblattzeichnungen.

Um hinzukommen, nimmt man in Puri den Bus Richtung Bhubaneswar, steigt 11 km nördlich von Puri am Schild „Raghurajpur The Craft Village" aus und läuft den letzten Kilometer.

Puri

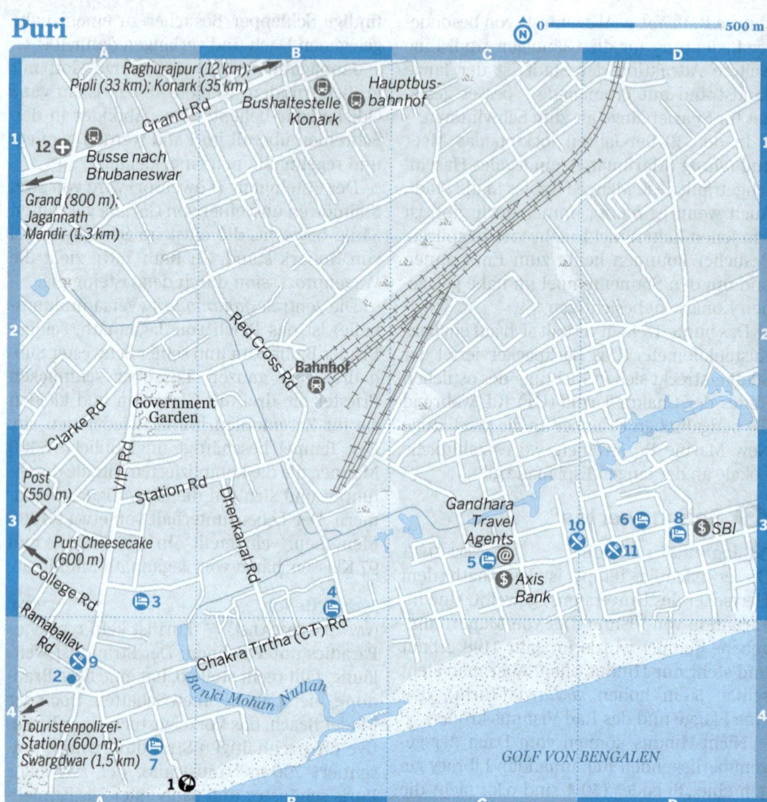

ders, verleihen Strandliegen zum Festpreis von 20 ₹ und bieten Massagen für 50 bis 200 ₹ an – außerdem halten sie den Strand sauber. Dennoch werden sie auch Geld fürs Retten erwarten.

Swargdwar RELIGIÖSE STÄTTE

(abseits der New Marine Rd; ⌚24 Std.) Dieser heilige Friedhof ist nicht nur für ostindische Hindus eine beliebte letzte Ruhestätte. Täglich werden hier rund 40 Tote eingeäschert. Jeder kann sich die unter freiem Himmel abgehaltenen Zeremonien ansehen, solange man sich respektvoll verhält und keine Fotos macht. Es herrscht eine ernste Feierlichkeit, und man bekommt einen faszinierenden Einblick in Puris Rolle als eine der heiligsten Städte Indiens.

Aktivitäten

Barefoot FREIWILLIGENARBEIT

(www.heritagetoursodisha.com) Diese kleine Nichtregierungsorganisation, von Heritage Tours gegründet, will die Lebensbedingungen der Einheimischen durch nachhaltigen Tourismus verbessern. Freiwillige müssen sich für mindestens zwei Wochen verpflichten. Man kann Englisch unterrichten, Strandaufsicht führen und Tourismus-Trainings machen. Und das ab 1500 ₹ pro Woche (inklusive Unterkunft und Verpflegung).

Geführte Touren

Grass Routes KULTUR

(☎9437029698; www.grassroutesjourneys.com; CT Rd) Das indisch-australische Paar von Grass Routes ist sehr bekannt für seine einfühlsamen, mehrtägigen All-Inclusive-Touren in die Stammesgebiete von Odisha sowie für Geschichts- und Naturtrips. Pulak und Claire organisieren auch ausgezeichnete Inselaufenthalte in einem privaten Zeltlager am Chilika-See und Tagestouren mit dem Fahrrad durch die malerische Landschaft rund um Puri. Vorher Kontakt zu ihnen aufnehmen.

Puri

Heritage Tours KULTUR

(☎06752-223656; www.heritagetoursorissa.com; Mayfair Heritage Hotel, CT Rd; ⏰8–20 Uhr) Bubu ist Veteran in Sachen Stammes- und Kulturtourismus. Sein Unternehmen hat sich auf ländliche und ethnische Exkursionen spezialisiert. Zusätzlich zu mehrtägigen Stammes-Touren mit Aufenthalt in Desia und Wanderungen durch Puri bietet Heritage auch Fahrradrikscha-Touren (2 Std./300 ₹) durch die Gassen von Alt-Puri und Kochkurse in der Odisha-Küche (halber Tag 500 ₹) mit Mittagessen bei Bubu zu Hause an (1500/2500 ₹ für 1/2 Pers.).

OTDC KULTUR

(☎06752-223524; www.otdc.in; CT Rd; ⏰6–22 Uhr) Veranstaltet drei Tagestouren ab Puri: Tour 1 (430 ₹, Di–So 6.30 Uhr) umfasst Konark, Dhauli, die Tempel von Bhubaneswar, die Udayagiri- und Khandagiri-Höhlen sowie den Nandankanan Zoo; Tour 2 (300 ₹, tgl. 6.30 Uhr) ist eine Bootsfahrt auf dem Chilika-See und Tour 3 (80 ₹, 8 Uhr) ein zweistündiger Ausflug zum Dorf Raghurajpur. Eintrittsgelder sind im Preis nicht enthalten.

Feste & Events

Rath Yatra RELIGIÖS

(Wagenfestival; ⏰Juni/Juli) Riesige Wagen mit Jagannath, seinem Bruder Balbhadra und seiner Schwester Subhadra werden vom Jagannath Mandir zum Gundicha Mandir, neben Puris Busbahnhof, gezogen.

Puri Beach Festival KULTUR

(www.puribeachfestival.com; ⏰Ende Nov.) Gesang, Tanz, Essen und kulturelle Darbietungen, z. B. Sandkünstler, am Strand.

Schlafen

Unterkünfte, die Ausländer aufnehmen, findet man östlich der VIP Rd, entlang der CT Rd; Hotels für einheimische Touristen sind am Marine Dr. Für Rath Yatra, Durga Puja (Dussehra) und Diwali muss man lange im Voraus buchen. Viele Hotels haben frühe Checkout-Zeiten.

Hotel Lotus HOTEL $

(☎06752-227033; www.hotellotuspuri.com; CT Rd; Zi. 750 ₹, mit Klimaanlage 1650 ₹; ❄📶) Das freundliche, gut geführte Lotus ist bei ausländischen Backpackern die wahrscheinlich beliebteste Budgetunterkunft. Die Zimmer sind günstig, sauber und gemütlich. Die nicht-klimatisierten Zimmer mit kleinen Balkonen haben ein gutes Preis-Leistungs-Verhältnis. Langzeiturlauber streiten sich um das einzige nicht-klimatisierte Dachzimmer (950 ₹).

Backpackers' Inn HOSTEL $$

(☎06752-223656; www.heritagetoursorissa.com; abseits der VIP Rd; Zi. 1000 ₹; ❄📶) Dieser erfreuliche Neuling in der Backpackerszene versteckt sich in einer ruhigen Straße abseits der VIP Rd und wird von Heritage Tours geführt. Es gibt Gemeinschaftsbereiche wie eine fantastische Dachterrasse, auf der man prima den Sonnenuntergang genießen kann. Man kann zwischen gemütlichen Privatzimmern und einem Schlafsaal wählen.

Hotel Gandhara HISTORISCHES HOTEL $$

(☎06752-224117; www.hotelgandhara.com; CT Rd; historisches Zi. 850–1250 ₹, EZ/DZ inkl. Frühstück im neuen Block 1500/1570 ₹, mit Klimaanlage 2290/ 2700 ₹; ❄📶🏊) Das Gandhara schlägt die Konkurrenz in puncto Freundlichkeit und Preis-Leistungs-Verhältnis noch immer um Längen. Das 200 Jahre alte historische Hotel mit seinen vielen Säulen, das früher einer reichen Familie aus Bengalen gehörte, hat drei wunderschöne, stimmungsvolle Zimmer mit Ventilator. Die modernen, teuren, aber nicht erinnerungswürdigen Zimmer mit Klimaanlage und Blick auf den Swimmingpool befinden sich im neuen Block im hinteren Teil des Gartens.

Außerdem gibt's (für indische Verhältnisse) schnelles WLAN, morgens liegt die Tageszeitung vor der Zimmertür und im Kühlschrank wartet Bier (120 ₹) auf Abnehmer.

Z Hotel HISTORISCHES HOTEL $$
(☎06752-222554; www.zhotelindia.com; CT Rd; Zi. ab 2100 ₹; ❄📶) Das charmante, unaufdringliche historische Hotel (*dsched* ausgesprochen) – das frühere Haus eines Maharadschas – ist und bleibt die stimmungsvollste Unterkunft in Puri. Die großen, luftigen Zimmer haben hohe Decken, klobige Holzmöbel und blitzblanke Bäder. Es gibt ein Restaurant, im Fernsehzimmer werden abends Filme gezeigt und in den Gemeinschaftsräumen gibt's WLAN.

Chanakya BNR Hotel HISTORISCHES HOTEL $$$
(☎06752-223006; www.therailhotel.com; CT Rd; Zi. inkl. Frühstück 4400 ₹; ❄📶🏊) Das 150 Jahre alte Bahnhofshotel, das Bilder aus der Raj-Ära wachruft, ist eine wunderschöne Unterkunft. Überall sind schöne Details aus längst vergangenen Zeiten zu bewundern, darunter eine 90 Jahre alte Lackwandkunst im Treppenaufgang und im Restaurant. Die riesigen Zimmer mit Stilmöbeln und alten Fotos der indischen Eisenbahn betritt man durch 2,7 m hohe Holztüren. Die Zimmer im 1. Stock haben eine große Gemeinschaftsterrasse mit Blick aufs Meer.

Mayfair RESORT $$$
(☎06752-227800; www.mayfairhotels.com; abseits der CT Rd; DZ inkl. Frühstück & Abendessen ab 11 000 ₹, Hütte/Suite ab 13 000 ₹; ❄📶🏊) Puris Luxushotel schlechthin besteht aus zwei modernen Gebäuden, die nebeneinander stehen. Das 12 Jahre alte Mayfair Heritage hat geräumige, stylishe Zimmer und Hütten mit Meerblick in einem gepflegten Garten, das moderne Mayfair Waves hat Luxuszimmer und Suiten sowie einen Fitnessraum und ein Spa. Die Pools im Garten und die erstklassigen Restaurants können von den Hotelgästen beider Häuser genutzt werden.

Essen

Puri hat eine anständige Restaurantszene, die von Spezialitäten aus Odisha über indo-chinesische bis zu westlichen Speisen einiges bietet. Viele Restaurants versammeln sich an der CT Rd und der VIP Rd; günstige Lokale findet man in den verwinkelten Altstadt.

Peace Restaurant INTERNATIONAL $
(CT Rd; Hauptgerichte 50–260 ₹; ⏱7–16 & 18–23 Uhr) Diese Institution mit Sitzplätzen im schattigen vorderen Hof ist noch immer die netteste Budgetoption in Puri. Aus der Küche kommen westliche Frühstücksgerichte und Pasta, aber auch hervorragende schlichte Thalis. Man sollte Platz lassen für das Dessert des Hauses: eine gebackene, empanadaähnliche Bananen- oder Apfeltasche mit Zucker, Zimt und Honig.

★ **Wildgrass Restaurant** ODISHA-KÜCHE $$
(☎9437023656; VIP Rd; Hauptgerichte 100–240 ₹ Thali 120–240 ₹; ⏱11–23 Uhr) Im reizenden, ruhigen Wildgrass sucht man sich einen Tisch in einem der mit Stroh gedeckten Pavillons, die verstreut im üppig grünen Garten stehen, und labt sich an den ausgezeichneten lokalen und regionalen Spezialitäten, die nach Herkunft geordnet sind (Odisa, Chilika und Puriwala). Die Tanduri-Seebrasse schmeckt nirgendwo besser und die saisonalen Gemüsespezialitäten sind auch sehr zu empfehlen.

Man sollte sich nach den Kochkursen für Odisha-Gerichte (500 ₹) erkundigen. Bevor man lernt, sein Mittagessen zu kochen, geht man morgens auf den hiesigen Markt, um die nötigen Zutaten zu kaufen.

Grand NORDINDSCH $$
(Grand Centre, Grand Rd; Hauptgerichte 100–150 ₹; ⏱11.30–15.30 & 19.30–22.30 Uhr) Das große, rein vegetarische Restaurant, das sich bei Einheimischen größter Beliebtheit erfreut, hat viele Gerichte, die nicht auf der Karte stehen. Wenn man also *bhindi chatpati* (Okra), *gobi Hyderabadi* (Blumenkohl) oder *kadhai veg* (Gemüse in Currycreme) auf der Speisekarte nicht findet, einfach danach fragen. Es gibt auch viele gesunde Dosas (40–80 ₹). Von der offenen Terrasse hat man einen wunderbaren Blick auf den Jagannath Mandir.

Chung Wah CHINESISCH $$
(VIP Rd; Hauptgerichte 220–360 ₹; ⏱11.30–15 & 18.30–23.30 Uhr) Dieses chinesische Restaurant im Lee Garden Hotel sieht absolut klassisch aus: Nischen aus dunklem Holz, Sichtschutzwände, viel Rot und Gold und Drachenbilder. Das ausgezeichnete indo-chinesische Essen haben chinesische Einwanderer aus Kolkata mitgebracht: Besonders empfehlenswert sind die scharfen Knoblauch-Garnelen.

Honey Bee Bakery & Pizzeria CAFÉ $$
(CT Rd; Pizza 220–340 ₹, Hauptgerichte 100–350 ₹; ⏱8.30–14 & 18–22 Uhr) Anständige Pizzas und Pfannkuchen, Kaffee aus der Espressomaschine (80 ₹), getoastete Sandwiches und ein

köstliches Frühstück (mit Bacon!) sorgen für ein heimeliges Gefühl in dem netten Café-Restaurant mit Dachterrasse. Beliebt zum Frühstücken, ansonsten eher verwaist.

Two States INDISCH **$$$**

(Mayfair Heritage; Hauptgerichte 275–600 ₹; ⌚12.30–15 & 19.30–22.30 Uhr) Das ausgezeichnete neue Restaurant im Hotel Mayfair Heritage hat sich auf zwei Küchen spezialisiert: Odisha und Bengali. Die Meeresfrüchte sind spitze, aber hier sind alle Gerichte auf der kurzen Karte sehr gut zubereitet. Unbedingt das Garnelenschnitzel oder das Garnelen-*malai*-Curry kosten.

Puri Cheesecake SÜSSIGKEITEN **$**

(Temple Rd, Dolamandap Sahi; Stück 20 ₹; ⌚7–23 Uhr) In ihrem Süßigkeitenladen in Puris heiligem Viertel produzieren Bikram Sahoo und seine sechs Brüder seit mehr als 45 Jahren am laufenden Band diese einzigartige Odisha-Köstlichkeit, bekannt als *chhena poda* („verbrannter Käse") – eine Mischung aus Käsekuchen und Flan. Sie besteht aus Frischkäse, Zucker und Kardamom, die in einer Eisenpfanne über einer offenen Flamme gekocht werden – ein wahrer Genuss.

Man gelangt dorthin, wenn man vom Jagganath Mandir die Temple Rd runtergeht und dann nach etwa 300 m rechts einen kleinen öffentlichen Platz passiert; nach 100 m liegt es auf der rechten Seite neben dem Jagganath Pump House.

Praktische Informationen

Axis-Bank und **SBI** (CT Rd) haben zwei der vielen Geldautomaten an der CT Rd.

District Headquarters Hospital (☎06752-224097; Grand Rd; ⌚24 Std.). 24 Stunden Notfallversorgung.

Gandhara Travel Agents (www.gandharatravels.com; Hotel Gandhara, CT Rd; Internet 40 ₹/Std.; ⌚Mo–Sa 8–19, So bis 13 Uhr) Wechselstube und Internetcafé.

Odisha Tourism Office (☎06752-222664; www.odishatourism.gov.in; Ecke VIP Rd & CT Rd; ⌚Mo–Sa 10–17 Uhr, jeden 2. Sa im Monat geschl.) Infos über örtliche Attraktionen.

Post (www.indiapost.gov.in; Ecke Kutchery & Temple Rd; ⌚Mo–Sa 10–18 Uhr) Hauptpost.

An- & Weiterreise

AUTO

Heritage Tours (S. 669) und das **Tourism Office** (S. 671) organisieren Autos und Fahrer für Rundfahrten nach Konark (ca. 1500 ₹) und Satapada (ca. 2000 ₹).

BUS

Nach Konark (30 ₹, 45 Min.) starten Busse am **Konark-Busbahnhof** (abseits der Grand Rd). Der letzte Bus zurück geht um 18.30 Uhr. Vom **Hauptbusbahnhof** (abseits der Grand Rd), neben dem Busbahnhof, fahren häufig Busse nach Bhubaneswar (40 ₹, 2 Std.) und Satapada (40 ₹, 2–3 Std.) sowie Busse mit Klimaanlage (Sitzplatz 950 ₹, 11 Std., 6–18.30 Uhr, 2-mal tgl.) und ohne Klimaanlage (Sitzplatz 400 ₹, 13 Std., ab 15 Uhr) nach Kolkata. In die Busse nach Bhubaneswar kann man auch in der **Grand Rd** einsteigen.

Wer nach Pipli oder Raghurajpur möchte, nimmt den Bus nach Bhubaneswar.

ZUG

Es fahren mindestens ein Dutzend Züge täglich nach Bhubaneswar (2. Kl., Sitzplatz ohne Reservierung 15–55 ₹, 2 Std., 5.45–13.50 Uhr).

Konark

☎06758 / 16 779 EW

Der bedeutende, von der UNESCO zum Weltkulturerbe erklärte Sonnentempel in Konark gehört zu den berühmtesten Bauwerken Indiens und ist Odishas *raison d'être*. Die meisten Besucher kommen im Rahmen eines Tagesausflugs von Bhubaneswar oder Puri hierher. Das ist keine dumme Idee, denn der Tempel ist Konarks einzige Attraktion.

Konark lag früher näher an der Küste (das Meer ist um 3 km zurückgegangen) und war schon von weit draußen auf dem Meer zu erkennen. Seeleute nannten den Tempel „Schwarze Pagode", als Gegenstück zum weiß getünchten Jagannath in Puri. Der Leuchtturm im Landesinneren in der Nähe vom Chandrabhaga Beach kann dies bezeugen.

Sehenswertes

★ **Sonnentempel** HINDU-TEMPEL

(Inder/Ausländer 20/500 ₹, Video 25 ₹, Guide 150 ₹/Std.; ⌚12–20 Uhr) Gedacht als kosmischer Streitwagen des Sonnengottes Surya stammt dieser massive, atemberaubend prächtige Tempel aus der Mitte des 13. Jhs. Wahrscheinlich hat Narashimhadev I., der König von Odisha, ihn erbauen lassen, um seinen militärischen Sieg über die Muslime zu feiern. Sieben sich aufbäumende Pferde, die die Wochentage repräsentieren, ziehen den Steinkoloss auf seinen um den Sockel herum verankerten 24 Steinrädern (sie symbolisieren die Stunden des Tages). Der Tempel ist so positioniert, dass das Licht der aufgehenden Sonne das innere *deul* (Tempelheiligtum) und die vorsitzende Gottheit anstrahlt.

Genutzt wurde der Tempel wohl nur 300 Jahre lang. Ende des 16. Jhs. stürzte der 40 m hohe *sikhara* (Turm) teilweise zusammen. Über die Ursache gibt es verschiedene Spekulationen: Sie reichen von Moguln, die das Kupfer auf der Kuppel plünderten, über einen marodierenden Kalapahad, der den Dadhinauti (Steinbogen) verrückte, bis hin zu Abnutzungserscheinungen aufgrund regelmäßig auftretender Zyklone – die Wahrheit ging wohl mit Konarks zurücktretender Küstenlinie verloren. Die Figur der Gottheit wurde möglicherweise im 17. Jh. in den Jagannath Mandir in Puri gebracht. Das Tempelinnere wurde 1903 auf Befehl von Sir James Austin Bourdillon, Vizegouverneur von Bengalen, mit Steinen gefüllt.

Der *gajasimha* (Haupteingang) wird von zwei Steinlöwen, die Elefanten unter sich erdrücken, bewacht und führt zur filigran verzierten *nritya mandapa* (Tanzhalle). Sich plagende Pferde flankieren die Stufen zur noch erhaltenen *jagamohan* (Versammlungshalle). Dahinter befindet sich das turmlose *deul* mit seinen drei beeindruckenden Chloritsteinbildern von Surya. Sie sind so ausgerichtet, dass sie jeweils bei Tagesanbruch, zur Mittagsstunde und zur Abenddämmerung das Licht der Sonne einfangen.

Sockeln und Mauern stellen Szenen aus Kalingas Leben dar (Frauen beim Kochen, Männer bei der Jagd); viele sind erotisch gehalten, wofür Konark berühmt ist, und zeigen umschlungene Paare und Exhibitionisten.

Aufdringliche Führer warten am Eingang. Hier ist es aber keine schlechte Idee, einen Guide anzuheuern, denn die Geschichte des Tempels ist ein kompliziertes Gewirr aus Tatsachen und Legenden, aus religiöser und weltlicher Bildsprache, und die Erklärungen der Führer regen zum Nachdenken an. Man sollte aber darauf achten, einen von der Regierung zugelassenen Guide zu erwischen; die Touristeninformation im Yatrinivas Hotel neben dem Archaeological Museum kann dabei behilflich sein.

Archäologisches Museum MUSEUM

(20 ₹; ⏲ Sa–Do 10–17 Uhr) Das Museum beherbergt viele beeindruckende Skulpturen und Schnitzarbeiten, die bei den Ausgrabungen des Sonnentempels gefunden wurden.

Feste & Events

Konark Festival TANZ

(⏲ 1.–5. Dez.) Das Konark Festival ist berühmt für seine traditionellen Musik- und Tanzveranstaltungen und wird unter freiem Himmel vor der atemberaubenden Kulisse des Sonnentempels gefeiert.

Praktische Informationen

In der staubigen Straße zum Sonnentempel gibt's einen Geldautomaten.

Odisha Tourism Development Corporation (☎ 06758-236821; www.odishatourism.gov.in; Yatrinivas Hotel; ⏲ Mo–Sa 10–17 Uhr) Die Touristeninformation stellt einen registrierten Führer, der einen am Sonnentempel erwartet. Der Tempel kann im Rahmen einer OTDC-Tagestour von Bhubaneswar oder Puri besichtigt werden.

NICHT VERSÄUMEN

UNTERKÜNFTE AN DER KÜSTE

Wer eine idyllische Bleibe in nicht allzu großer Entfernung von Puri und Konark sucht, für den bieten sich die folgenden Optionen an der Küste an:

Nature Camp, Konark Retreat (☎ 9337505022, 8908621654; www.naturecampindia.com; Zelt inkl. Frühstück 3000 ₹) Das freundliche, lockere Camp bietet gemütliche, wenn auch nicht luxuriöse Zeltunterkünfte mit Ventilatoren, die verstreut um eine leicht ungepflegte Waldlichtung stehen. Die Zelte verfügen über niedliche Duschräume mit Sitztoilette und Wasserspülung. Es gibt lukullische Odia-Thalis. Das Camp liegt 500 m abseits der Puri-Konark-Straße am Ufer des Ramchandi. Sobald man das Schild sieht, muss man aus dem Bus aussteigen. Im Voraus buchen.

Lotus Resorts (☎ 9090093464; www.lotusresorthotels.com; Puri-Konark Marine Dr; Hütte inkl. Frühstück ab 4199 ₹; ❄) Diese Ansammlung verwitterter Häuschen aus kanadischer Pinie ist ein schöner Rückzugsort gegenüber einer kleinen, ruhigen Badeinsel. Es gibt ein kleines Ayurveda-Spa (nur in der Hauptsaison) und ein nettes Restaurant am Strand. Das Resort liegt etwa 6 km von Konark entfernt am schönen Ramchandi Beach. Hin kommt man mit jedem Bus, der zwischen Puri (25 ₹) und Konark (8 ₹) verkehrt. Ausschau halten nach dem Schild!

An- & Weiterreise

Der Busbahnhof liegt zurückgesetzt von der Hauptstraße, 200 m entfernt vom Tempel. Die Busse fahren stündlich die 33 km lange Strecke zwischen Konark und Puri (30 ₹, 1 Std.); von Puri kostet es per Autorikscha/Auto hin und zurück etwa 800/1500 ₹. Häufig fahren zudem Busse nach Bhubaneswar (50 ₹, 2 Std.).

Chilika-See

Der Chilika-See ist die größte Brackwasserlagune Asiens. Seine Fläche vergrößert sich von 600 km² im April und Mai auf 1100 km² während des Monsuns. Der flache See wird durch die 60 km lange Sandbank Rajhansa vom Golf von Bengalen getrennt.

Der See ist für seine Millionen von Zugvögeln – u.a. Graugänse, Reiher, Kraniche und Flamingos – bekannt, die im Winter (Nov.–Mitte Jan.) aus fernen Regionen und Ländern wie Sibirien und dem Iran hierher fliegen und sich auf dem 3 km² großen Vogelschutzgebiet der Insel Nalabana sammeln.

Weitere Attraktionen sind die seltenen Irawadidelfine in der Nähe von Satapada, der unberührte Strand entlang der Rajhansa und der Tempel auf der Insel Kalijai, wo sich hinduistische Pilger zum Makar-Mela-Fest im Januar treffen.

Satapada

Das winzige Dorf Satapada besteht eigentlich nur aus einer Bushaltestelle, einem Hotel und ein paar Straßenlokalen am Bootsanleger. Es liegt auf einer Landzunge, die südwestlich in den Chilika-See hineinragt, und ist der Ausgangspunkt für Bootstouren. Kurze Ausflüge zur Delfinbeobachtung sowie ganztätige Bootsausflüge mit Halt an mehreren Inseln und einer Stelle zur Vogelbeobachtung stehen auf dem Programm. Aber die Boote sind richtig laut, man wird hier eher weniger Vögel zu Gesicht bekommen; zudem fahren sie zu nah an die Delfine ran, also sollte man deutlich sagen, dass man das nicht will. Ansonsten ist es eine entspannte Sache, auf der weiten Wasserfläche unterwegs zu sein und zu beobachten, wie die Fischer ihre Ausbeute einholen, während ihre Boote durch das Schilflabyrinth schippern.

Im kleinen **Chilika Ecopark** (Satapada-Anlegestelle) des Dorfes steht ein 12 m langes Skelett eines Bartenwals.

OTDC (☎06752-262077; Yatrinivas Hotel; 220–300 ₹/Pers., je nach Anzahl der Passagiere) veranstaltet dreistündige Touren auf dem See. Los geht's jeden Morgen zwischen 9.30 und 10 Uhr.

Die **Dolphin Motor Boat Association** (☎7377653372; Satapada-Anlegestelle; Bootsfahrt 1/3/7 Std. 700/1300/2500 ₹ pro Boot) ist eine Genossenschaft einheimischer Bootsbesitzer und bietet Ausflüge zu Festpreisen an: Delfinbeobachtungen (700 ₹, 1 Std.), Delfinbeobachtungen plus Flussmündung und Tempel auf der Insel Kalijai (1300 ₹, 3 Std.) sowie Delfinbeobachtungen, Tempel auf der Insel Kalijai und das Nalabana Bird Sanctuary (2500 ₹, 7 Std.).

In Satapada gibt es nur eine Übernachtungsmöglichkeit – das mittelprächtige, regierungsgeführte Hotel **Yatrinivas** (☎06752-262077; DZ 630 ₹, mit Klimaanlage 1650 ₹; ❄). Reisende, die mit einer Grass-Routes-Tour (S. 668) aus Puri kommen, können in einem privaten Zeltlager auf einer der Inseln nächtigen.

Im **Chilika Visitor Centre** (Eintritt 10 ₹; ⏲10–17 Uhr) gibt's Ausstellungen zum See und seinen tierischen und menschlichen Bewohnern. Oben ist ein Observatorium mit einem Teleskop und Vogelbestimmungstafeln.

An- & Weiterreise

Es verkehren häufig Fähren (Fußgänger/Fahrrad/Motorrad/Auto 10/10/20/350 ₹, 30 Min.) zwischen Satapada und der Janhikuda-Anlegestelle im Westen, von wo Autos weiter westwärts und zur Nordseite des Sees fahren können. Es ist eine traumhaft idyllische Strecke. Abfahrten täglich um 7.30, 10, 13 und 16 Uhr, Rückfahrten um 8, 10.30, 13.30 und 16.30 Uhr.

Ein Bus nach Berhampur (150 ₹, 3½ Std.) in der Nähe von Gopalpur-on-Sea startet an Puris Hauptbushaltestelle um 6 Uhr, nimmt um 7.30 Uhr die Fähre und fährt dann zwei Stunden entlang der wunderschönen Landstraße bis zur Hauptstraße. Einfach an der Fähre auf den Bus warten und einsteigen, wenn er losfährt. Wenn er in Satapada ankommt, ist er schon voller Dorfbewohner, sodass man keinen Sitzplatz bekommt. Auf Wunsch lässt der Fahrer einen an der Abzweigung nach Gopalpur-on-Sea raus. Dort kann man dann per Handzeichen jeden vorbeifahrenden Bus heranwinken (15 ₹, 20 Min.). Der Bus zurück verlässt Berhampur um 12.40 Uhr und fährt mit der Fähre um 16.30 Uhr über den Chilika-See nach Satapada.

So ziemlich jedes Hotel und jedes Reisebüro in Puri organisiert Tagesausflüge zum Chilika-See (ca. 1500 ₹ hin & zurück per Auto), man kommt aber auch auf eigene Faust problemlos mit dem Bus hierher (38 ₹, 2–3 Std.). Der letzte Bus zurück nach Puri verlässt Satapada gegen 18 Uhr.

Mangalajodi

Das kleine Fischerdorf am Nordufer des Chilika-Sees, 60 km südwestlich von Bhubaneswar, ist Ausgangspunkt und Zufluchtsort für Zugvögel und ihre einheimischen Artgenossen. Mangalajodi ist eine echte Erfolgsgeschichte des Ökotourismus, die allerdings erst 2006 einer breiteren Öffentlichkeit bekannt wurde. Sechs Jahre zuvor hatte NK Bhujabal das Projekt Wild Orissa (www.wildorissa.org) zum Schutz der Wasservögel ins Leben gerufen. Dessen Ziel ist es, aus Wilderern Tierschützer und schließlich Ökotouristenführer zu machen. In nur zehn Jahren konnte so die Population der Wasservögel von 5000 auf geschätzte 300 000 vergrößert werden, die insgesamt 160 Arten angehören.

Der kompakte Erddamm führt etwa 1,5 km raus in den See, auf der einen Seite liegen Fischerboote und Hirten bringen ihre Büffel zum Grasen durch seichtes Wasser, auf der anderen Seite bietet ein Schilfwald Vögeln Schutz. Am Ende des Deichs ist ein Turm zur Vogelbeobachtung und der Dock, von dem die Vogeltouren starten. Die Guides manövrieren ihre schmalen Boote wie die Gondoliere in Venedig langsam mit Stöcken durch die Schilftunnel.

Es gibt nur zwei Übernachtungsmöglichkeiten im Dorf: eine mittelmäßige Pension und Hütten von Mangalajodi Eco Tourism.

An- & Weiterreise

Mangalajodi liegt 10 km südlich der Hauptstraße zwischen Bhubaneswar und Berhampur. Busse fahren von Bubaneswar nach Tangi, das nächste Dorf von Mangalajodi; den Rest des Weges muss man per Autorikscha zurücklegen. **Grass Routes** (S. 668) in Puri bietet Vogelbeobachtungstouren nach Mangalajodi an.

Barkul

Am Nordufer des Chilika-Sees liegt Barkul. Der Ort besteht nur aus ein paar verstreut liegenden Häusern, Pensionen und Imbissbuden an einer kleinen Straße, die von der Hauptstraße hinunter zum staatlichen Hotel Panthanivas Barkul führt. Von hier aus fahren Boote zur Insel Nalabana (auf der es im Dezember und Januar von nistenden Vögeln nur so wimmelt) und zur Insel Kalijai (mit ihrem Tempel). Man kann sich auch ein eigenes Boot mieten; den Preis handelt man direkt mit dem Bootsbesitzer aus.

Das Panthanivas Barkul Hotel bietet zweistündige Rundfahrten mit dem Schnellboot zum Tempel auf der Insel Kalijai für 1500 ₹ pro Person an (bis zu sieben Passagiere), dazu gehört ein Aufenthalt auf der Insel. Die vierstündige Tour nach Kalijai und Nalabana kostet 4000 ₹ pro Boot, wird aber meistens nur im Dezember und Januar durchgeführt, wenn die Vögel auf Nalabana sind. Barkul versucht sich zusätzlich als Wassersportzentrum zu etablieren, damit verbunden ist aber leider auch der ökologisch sehr bedenkliche Jetski-Verleih.

Die einzige vernünftige Unterkunft ist das von der Regierung betriebene **Panthanivas Barkul** (☎ 06756-227488; pns.barkul@gmail.com; DZ 1100 ₹, mit Klimaanlage 2400 ₹, Hütte mit Klimaanlage 2780 ₹, alle inkl. Frühstück; ❄). Zusätzlich gibt es ein paar günstigere Pensionen an der Straße zum Panthanivas Barkul.

An- & Weiterreise

Auf dem National Hwy 5 fahren regelmäßig Busse nach Bhubaneswar (90 ₹, 1½ Std.) und Berhampur (68 ₹, 1½ Std.). An der Strecke kann man überall aussteigen.

Das Panthanivas Barkul liegt etwa 2 km von der Hauptstraße entfernt. Mit leichtem Gepäck ist es eine hübsche, ausgeschilderte Wanderung vorbei an Landhäusern. Alternativ nimmt man eine Sammel- oder Privatrikscha 20/60 ₹.

Rambha

Das Dorf Rambha am Nordwestufer des Chilika-Sees liegt dem Strand von Rushikulya, an dem man Schildkröten beobachten kann, am nächsten. Viele Traveller kommen einfach nur für eine Bootsfahrt auf dem See. Schnellboote für sieben Personen (2300 ₹/Std.) und 10-Personen-Motorboote (750 ₹/Std.) kann man im regierungsbetriebenen Panthanivas Rambha Hotel buchen.

Das **Panthanivas Rambha** (☎ 06810-278346; rabi.dash09@gmail.com; B 330 ₹, DZ 900 ₹, DZ mit Klimaanlage 1610 ₹, Hütte mit Klimaanlage 3300 ₹, alle inkl. Frühstück; ❄) am Ufer ist die einzige Unterkunft hier.

An- & Weiterreise

Das Hotel befindet sich 2 km von der Hauptstraße entfernt, wenn man das Dorf vom westlichen Ende betritt, und etwa 3 km vom östlichen Rand. Anstatt zu Fuß zu gehen, kann man alternativ in eine vorbeifahrende Autorikscha (20 ₹) hüpfen.

Am Highway kann man einfach einen der Busse nach Barkul (35 ₹, 30 Min.), Berhampur (35 ₹, 1 Std.) und Bhubaneswar (140 ₹, 2 Std.) zu sich heranwinken.

Gopalpur-on-Sea

☎0680 / 7221 EW.

Wer für Seebäder, die ihre Glanzzeiten hinter sich haben, schwärmt, ist in Gopalpur-on-Sea genau richtig. Nachdem die Briten den Küstenort verlassen hatten, geriet er schnell in Vergessenheit, bis bengalische Urlauber seine Reize in den 1980er-Jahren wiederentdeckten. Der Ort blickt auf eine glorreiche Vergangenheit als Seehafen mit Verbindungen nach Südostasien zurück. Davon zeugen noch heute überall in der Stadt die romantisch anmutenden, verwitterten, alten Gebäude.

Die Wellen sind zu rau, um zu schwimmen, aber der relativ saubere Strand eignet sich perfekt für Spaziergänge oder Paddeltouren und strahlt einen ganz eigenen altmodischen Charme aus.

Der eigentliche Ort liegt ein paar 100 m vom Strand entfernt an der Straße nach Berhampur.

Schlafen & Essen

Hotel Seaside Breeze HOTEL $$
(☎0680-2343075; EZ/DZ 600/950 ₹, mit Klimaanlage 1100/1350 ₹; ❄) Das freundliche, lindgrüne Hotel direkt am Strand bietet saubere, hell gestrichene Zimmer mit Terrassen zum Meer. Das niedliche Eckzimmer Nr. 15 verfügt über einen eigenen Balkon mit Traumblick auf den Strand. Es ist das kleinste und preiswerteste, aber einfach auch das beste Zimmer. Auf den Balkonen stehen Tische und Stühle, und laut der Karte mit gutem Preis-Leistungs-Verhältnis (Hauptgerichte 50–140 ₹) gibt's auch frischen Fisch.

Hotel Sea Pearl HOTEL $$
(☎0680-2343557; www.hotelseapearlgopalpur.com; DZ 900 ₹, mit Klimaanlage 1330–1780 ₹; ❄) Das Sea Pearl direkt am Strand ist eine ordentliche Mittelklasseoption. Die Zimmer sind etwas klein, haben aber alle Meerblick (außer den billigsten ohne Klimaanlage). Ein Restaurant ist ebenfalls vorhanden.

Mayfair Palm Beach HOTEL $$$
(☎0680-6660101; www.mayfairhotels.com; Zi. inkl. Frühstück & Abendessen ab 12 100 ₹; ❄📶🏊) Das renovierte, historische Hotel aus dem Jahre 1914 ist die luxuriöseste Unterkunft in Gopalpur-on-Sea, auch wenn der Service den Erwartungen nicht gerecht wird. Auf dem Gelände gibt's gewundene Gehwege, einen schönen Pool, ein ausgezeichnetes Restaurant, eine wunderschöne Teakholz-Bar, ein Spa und einen äußerst gepflegten Garten, der terrassenartig zum Strand hinunterführt. Der Mehrpreis von 2000 ₹ für die Deluxe-Zimmer lohnt sich, denn sie haben grandiose Balkone mit Meerblick.

Sea Shell Fast Food INDISCH, CHINESISCH $
(Hauptgerichte 50–120 ₹; ⌚8–22.30 Uhr) Preiswertes, geselliges Open-Air-Lokal auf der Esplanade mit Blick auf den Strand. Es gibt sowohl Nudelgerichte als auch Biryanis.

An- & Weiterreise

Zwischen 7 und 19.45 Uhr fahren bequeme Busse halbstündig vom Strand nach Berhampur (24 ₹, 30 Min.), wo es Zug- und Busanschlüsse für die Weiterfahrt gibt.

Vom neuen Busbahnhof in Berhampur fahren tagsüber regelmäßig Busse nach Bhubaneswar (170 ₹, 3 Std., regelm.) über Rambha (35 ₹, 1 Std.) und Barkul (70 ₹, 1½ Std.). Es gibt zwei Busse nach Rayagada (180 ₹, 8 Std., 9.45 & 13.45 Uhr) und einen pro Tag nach Satapada (85 ₹, 3 Std., 12.40 Uhr) über die landschaftlich schöne Strecke entlang des Südostufers des Chilika Sees, wo es dann auf die Fähre geht.

SÜDWESTLICHES ODISHA

Der Südwesten Odishas ist eine der wichtigsten Regionen in Indien im Bezug auf die traditionelle Stammeskultur. Von den 62 Stämmen in ganz Odisha wohnt die Mehrheit, darunter Bonda, Koya, Paraja, Kondh, Mali und Didayi, in den Dörfern um Koraput, Jeypore und Rayagada. Sie führen ein Leben, das seit Jahrhunderten größtenteils unverändert ist und sich hauptsächlich um Subsistenzwirtschaft dreht. Die meisten Reisenden in diesem Teil von Odisha nutzen die wichtigsten Städte Koraput und Rayagada als Sprungbretter, um die farbenfrohen Stammesmärkte zu besuchen und einen Eindruck vom traditionellen Dorfleben zu bekommen – eine Welt, die vom Aussterben bedroht ist.

Koraput

☎06852 / 47 468 EW.

Der kleine Marktflecken Koraput oben in den kühlen, bewaldeten Hügeln ist mit Abstand die netteste Stadt, die man sich in diesem Stammesland als Basisstation aussuchen kann. Es geht zu wie auf einer Bergstation, es gibt einen wöchentlichen Stammesmarkt und der Haupttempel ist faszinierend, vor allem für Nicht-Hindus, die den Jagannath Mandir in Puri nicht betreten dürfen.

Sehenswertes

Jagannath-Tempel HINDU-TEMPEL
(Sonnenaufgang–Sonnenuntergang) Es lohnt sich den Jagannath-Tempel mit seiner weiß getünchten, in den Himmel ragenden *sikhara* (Tempelspitze) anzuschauen. Der Hof um die *sikhara* beherbergt zahlreiche farbenfroh geschmückte Statuen des Jagannath mit den weit aufgerissenen Augen, der Gottheit von Odisha, die an vielen Häusern überall im Bundesstaat zu sehen ist. In einer Nebenhalle unterhalb der *sikhara* sind mehr als ein Dutzend *linga* (ein verheißungsvolles Symbol von Shiva) zu sehen. Etwas weiter ist außerdem eine schöne Sammlung von hiesigen *ossa*-Arbeiten (traditionelle Muster aus weißem und farbigem Pulver an Türstufen) zu bestaunen.

Der Tempel befindet sich 200 m hinter der Bushaltestelle. An der Haltestelle gegenüber der Polizei nach links in die Post Office Rd abbiegen, dann die erste Straße links nehmen – die Tempeltreppe ist dann rechts an einer kleinen Kreuzung.

Koraput-Markt MARKT
(8–17 Uhr) In Koraput findet zwar jeden Tag ein Markt statt, der am Sonntag ist aber der Größte. In den Gassen rund um den Busbahnhof und hinter dem Polizeirevier kaufen und verkaufen Stammesmitglieder und einheimische Händler Lebensmittel und handgemachte Gegenstände. Dort etwas zu kaufen, bietet die einzigartige Gelegenheit, mit Stammesangehörigen in Kontakt zu kommen.

Schlafen & Essen

Maa Mangala Residency HOTEL $
(06852-251228; Jeypore Rd; Zi. 599 ₹, mit Klimaanlage 799 ₹, Suite 1199 ₹;) Dieses neue Hotel am Rande der Stadt ist die beste von Koraputs eher glanzlosen Unterkünften und bietet tatsächlich WLAN in den blitzblanken Zimmern. Außerdem gibt's einen Reiseschalter und ein gutes Restaurant. Man muss allerdings ziemlich weit durch die Stadt dorthin latschen.

Atithi Bhavan HOTEL $
(06852-250610; atithibhaban@gmail.com; DZ mit Ventilator 300 ₹, mit Klimaanlage 600 ₹;) Ein anständiges Budgethotel, betrieben vom Jagannath-Tempel. Die Zimmer sind relativ sauber und die Bäder haben Eimerduschen.

Raj Residency HOTEL $$
(06852-251591; www.hotelrajresidency.com; Post Office Rd; EZ/DZ 750/950 ₹, mit Klimaanlage 1250/1500 ₹;) Das Raj Residency ist eine der besten Unterkünfte der Stadt und bietet saubere, moderne Zimmer mit Plasmafernsehern, freundlichem Personal und kostenlosem WLAN (nur in der Lobby). Besser als in dem indisch-chinesischen **Restaurant** (Hauptgerichte 80–200 ₹; 7.30–11, 12–15 & 19.30–22.30 Uhr;) kann man in Koraput kaum essen. Links in die Post Office Rd einbiegen, an der Post vorbei und dann immer geradeaus (400 m).

Praktische Informationen

Geldautomaten sind an Koraputs Hauptstraße.

Ein paar Internetcafés sind über die ganze Stadt verteilt.

An- & Weiterreise

BUS

Vom Busbahnhof in Koraput fahren zwischen 6 und 20.30 Uhr alle 30 Minuten Busse nach Jeypore (25 ₹, 40 Min.). Zwischen 6 und 19 Uhr starten sieben Busse über eine landschaftlich schöne Strecke nach Rayagada (110 ₹, 4 Std.). Mindestens vier Busse machen sich abends zwischen 17 und 19 Uhr auf den Weg nach Bhubaneswar (420 ₹, 12 Std.).

Wer mit dem Bus zum Onkadelli-Markt will, muss zunächst mit dem Bus in die dreckige Stadt Jeypore fahren, von der aus dann um 7.30 und um 9.30 Uhr ein Bus nach Onkadelli (45 ₹, 3 Std.) fährt. Die Busse nach Onkadelli starten an Jeypores Privatbusbahnhof, der sich vor Jeypores staatlichem Busbahnhof befindet. Von diesem fahren regelmäßig Busse nach Visakhapatnam (270 ₹, 6 Std., 5–23 Uhr) in Andhra Pradesh.

ZUG

Der Bahnhof ist 3 km vom Stadtzentrum entfernt. Die Fahrt vom Busbahnhof hierher kostet in einer Sammel-/Privatautorikscha 10/60 ₹. Die Ziele sind:

Bhubaneswar *18448 Hirakhand Express* (Sleeper/3AC/2AC 370/995/1425 ₹, 14½ Std., 17.25 Uhr)

Jagdalpur (Chhattisgarh) *18447 Hirakhand Express* (Sleeper/3AC/2AC 150/510/715 ₹, 3 Std., 13 Uhr)

Kolkata *18006 Koraput Howrah Express* (Sleeper/3AC/2AC/1AC 490/1320/1910/3245 ₹, 23¼ Std., 7.10 Uhr)

Visakhapatnam (Andhra Pradesh) *58502* (General/2. Klasse/Sleeper 45/60/110 ₹, 7 Std., 13.45 Uhr)

Die Reise nach Jagdalpur gestaltet sich besonders malerisch.

INSIDERWISSEN

WOCHENMÄRKTE

In den einzelnen Dörfern im Distrikt Koraput gibt es an verschiedenen Tagen stattfindende *haats* (Märkte), manchmal zwei oder drei am gleichen Tag an unterschiedlichen Orten. Die Stammesmitglieder aus den umliegenden Dörfern treffen sich auf den Märkten, um Kleidung, Schmuck und Lebensmittel zu kaufen. Die Märkte sind traumhaft farbenfrohe Orte, deren Besuch sich auf jeden Fall lohnt, und die beste Chance für Traveller, mit Mitgliedern von Stammesvölkern aus Odisha in Kontakt zu treten.

Der Onkadelli-Markt (mittags am belebtesten) ist der bekannteste Markt und zieht darum auch die meisten Besucher an. Hier wird man gerne mal von geschäftstüchtigen Bonda-Frauen angesprochen, die ihre Perlenhalsketten und Metallhalsbänder verkaufen möchten. Koraput hat einen Sonntags-*haat*, der aufgrund seiner Lage im Stadtzentrum auch von Ausländern ohne Sondergenehmigung besucht werden kann. Auf vielen Märkten sieht man stammesangehörige Frauen, die Alkohol verkaufen, der aus Sagopalmen gebraut und aus einem Weinschlauch ausgeschenkt wird (10 ₹/Portion).

Ausgesuchte *haats*:

Montag **Subai** (⏲Mo 5–16 Uhr) Bauernmarkt, 34 km von Koraput entfernt.

Dienstag **Ramgiri** (⏲Di 5–17 Uhr) Lebensmittelmarkt, 64 km von Koraput entfernt; **Kotapad** (⏲Di 5–17 Uhr) Textilmarkt, 63 km von Koraput entfernt.

Mittwoch **Podagada** (S. 678) Bauernmarkt, dort sind Stammesangehörige von Paraja und Mali vertreten, 18 km von Koraput entfernt; **Chatikona** (S. 679) Bauernmarkt der Stämme Dongria Kondh und Desia Kondh, 39 km von Rayagada entfernt.

Donnerstag **Onkadelli** (S. 678) Bauernmarkt, 65 km von Jeypore entfernt, hier sind zahlreiche Stämme vor Ort, darunter auch Bonda.

Donnerstag/Freitag **Kundli** (S. 678) Der größte Bauernmarkt der Region, mit Rindern. Auch viele Stämme sind vertreten; 20 km von Koraput entfernt.

Samstag **Laxmipur** (S. 678) Bauernmarkt der Kondh und Paraja, 56 km von Koraput entfernt.

Sonntag **Koraput** (S. 676) Im Stadtzentrum; einer der größeren Märkte.

Rund um Koraput

Koraput ist kein eigenständiges Reiseziel, aber die Landschaft um die Stadt herum schon. Dieser einzigartige, entlegene Teil von Indien ist besonders reich an Stammeskultur, die größtenteils intakt geblieben ist. Die meisten Stammesangehörigen sind Subsistenzbauern und man sieht, wie die Dorfbewohner auf traditionelle Art pflanzen und ernten. Sie tragen auf ihren Köpfen schwere Lasten zu den vielen Märkten der Region, häufig über lange Strecken, da die Transportmöglichkeiten begrenzt sind. Der sanfte Rhythmus des Landlebens verführt Besucher dazu, länger zu verweilen und es zu Fuß und mit dem Fahrrad zu erkunden .

Sehenswertes

Die größten Attraktionen in der Umgebung von Koraput sind die bunten Märkte und Dörfer. Bis vor Kurzem mussten Ausländer im Grunde von einem staatlich zugelassenen Führer begleitet werden, um die Märkte in den Stammesgegenden zu besuchen. Die Reiseroute musste bei der örtlichen Polizeistation hinterlegt werden, aber dieses Vorgehen wurde nicht streng verfolgt. Die Führer selbst kümmerten sich um diese „vorherige Genehmigung" für ausländische Traveller. Man gab ihnen nur eine Kopie des Passes und des Visums und informierte sie, welche Gegenden man besuchen will. Es kann sein, dass es noch immer so gehandhabt wird, aber da es in Koraput keine Touristenbüros mehr gibt, sind die Informationen für Reisende unvollständig und widersprüchlich.

Dazu gab es viele Beschwerden über diese staatlichen Führer. Zum Beispiel nahmen sie das Geld der Kunden und verschwanden, sobald sie auf dem Markt waren. Im Prinzip spricht nichts dagegen, dass Reisende in einen öffentlichen Bus steigen oder in Koraput oder Rayagada ein Auto mit Fahrer mieten und auf eigene Faust zum Markt ihrer Wahl fahren.

★ Onkadelli-Markt MARKT

(⏲ Do 10–18 Uhr) Ein sehr beliebter Markt mit Stammesprodukten der Bonda, Mali, Kondh und Paraja.

Kundli-Markt MARKT

(⏲ Do 18 bis Fr 17 Uhr) Der größte Markt für landwirtschaftliche Erzeugnisse der Region findet von Donnerstagnachmittag bis Freitagnachmittag statt. In der Nähe der Rinder gibt's selbst hergestellten Alkohol.

Laxmipur-Markt MARKT

(⏲ Sa 5–17 Uhr) Ein Lebensmittelmarkt der Kondh- und Paraja-Völker, 56 km von Koraput entfernt. Erreichbar mit dem Bus nach Rayagada.

Podagada-Markt MARKT

(⏲ Mi 5–17 Uhr) Paraja- und Mali-Völker besuchen diesen Lebensmittelmarkt, der 18 km von Koraput entfernt stattfindet.

Schlafen & Essen

★ Chandoori Sai LODGE $$$

(☎ 9443342241; www.chandoorisai.com; Goudaguda Village; inkl. Mahlzeiten 4000 ₹/Pers.; ❄ 📶) Diese Zufluchtsstätte des Australiers Leon ist aus Lehmmauern gebaut und hat einen wunderschönen Terrakottaboden, eine bunte Sari-Decke und fünf moderne Zimmer. Das westliche Essen ist köstlich, aber das Besondere ist, dass die Gäste mit Einheimischen auf dem Gelände in Kontakt treten können sowie Touren zu Dörfern und Märkten in der Nähe unternommen werden. Züge zwischen Bhubaneswar und Koraput halten im nahe gelegenen Kakirigumma, genau wie die Busse zwischen Koraput und Rayagada.

Die Gäste dürfen hier so viel oder wenig tun, wie sie wollen; manche kommen im Rahmen von Stammestouren, organisiert von Grass Routes (S. 668) in Puri, aber unabhängige Reisende sind besonders willkommen. Leon kämpft leidenschaftlich für die örtliche Kultur und gegen ihre Ausbeutung durch skrupellose Reiseveranstalter. Er leiht seinen Gästen Bücher über die indischen Stämme. Manchmal fährt er die Besucher auch selber durch die Gegend oder organisiert einen einheimischen Guide, der die Traveller zu Märkten und Dörfern in der Umgebung begleitet, darunter das Töpferdorf Goudaguda, das direkt vor der Haustür liegt.

Der *18447 Hirakhand Express* von Bhubaneswar nach Koraput kommt jeden Morgen gegen 8.20 Uhr in Kakirigumma vorbei. Die Fahrt in die umgekehrte Richtung hält hier um 19 Uhr. Nur drei Züge halten täglich an der Laxmipur Rd, 25 km vom Chandoori Sai, auf dem Weg von Koraput nach Kolkata. Vorher anrufen, dann wird man abgeholt.

★ Desia LODGE $$$

(☎ 9437023656, 9437677188; www.desiakoraput.com; Bantalabiri Village, Lamptaput; EZ/DZ inkl. Mahlzeiten April–Sept. 3000/4000 ₹, Okt.–März 3500/5500 ₹) Dieses großartige Landhaus von Heritage Tours (S. 669) mit vier Zimmern ist aus lokalen Materialien gebaut und

ODISHAS INDIGENE STÄMME

In Odisha, Chhattisgarh und Andhra Pradesh leben 62 Stammesgruppen (Adivasi). In Odisha machen sie ein Viertel der Bevölkerung des Bundesstaates aus. Sie leben hauptsächlich in den Dschungel- und Bergregionen im Zentrum und im Südwesten. Ihre jeweiligen Kulturen kommen in Musik, Tanz und Kunst zum Ausdruck.

Mit ca. einer Million Mitgliedern gehören die **Kondh** zu den größten Stämmen. Sie leben rund um Koraput im Südwesten, in Rayagada und im Distrikt Kandhamel im zentralen Westen. Die etwa 500 000 **Santal** sind rund um Baripada und Khiching im äußersten Norden ansässig. Die 300 000 **Saura** leben in der Nähe von Gunupur unweit der Grenze zu Andhra Pradesh. Die ca. 5000 **Bonda**, die auch als die „Nackten" bezeichnet werden, weil sie außer unglaublich farbenfrohen, kunstvollen Accessoires wie Perlarbeit so gut wie nichts anhaben, leben in den Bergen bei Koraput.

Seit 2012 benötigte man eine Genehmigung vom District Collector, wenn man Gegenden besuchen wollte, die als Heimat von Particularly Vulnerable Tribal Groups (PVTGs; besonders gefährdete Stammesgruppen) ausgewiesen sind. Man durfte dort nicht übernachten und keine Privathäuser besichtigen. Dies hat sich kürzlich geändert. Es ist möglich, Stammesgebiete auf eigene Faust zu besuchen, aber die meisten Reisenden entscheiden sich für eine maßgeschneiderte Tour, die durch empfehlenswerte, private Reisebüros in Puri oder von Chandoori Sai (S. 678) und Desia (S. 678) in Odishas Stammesgebiet organisiert werden kann.

wurde von Stammeskünstlern verziert. Hier werden viele Aktivitäten angeboten: halb- und ganztägige Wanderungen zu nahe gelegenen Dörfern, Kochen, Radtouren durch die Umgebung, Handwerkskunst und Ausflüge zu den örtlichen Märkten. Das Desia liegt 70 km südwestlich von Koraput bei dem Dorf Machkund. Am besten ruft man vorher an, dann wird man in Koraput abgeholt.

Das hier ist ein richtiger Rückzugsort: kein WLAN, eine schwache Telefonverbindung, totale Stille nach Einbruch der Dunkelheit und der schönste Sternenhimmel bei klarer Nacht. Man kann auf eigene Faust herkommen oder im Rahmen einer All-inclusive-„Stammestour" (ab 19 000 ₹ für eine viertägige Reise für zwei Personen). Da die Lodge an der Landstraße zum Onkadelli-Markt liegt, können Besucher des Marktes hier Halt machen für ein leckeres Mittagessen (im Voraus reservieren). Wer wirklich in die Kultur eintauchen will, kann in einem Dorf in der Nähe übernachten. Auch ein Besuch am Abend ist möglich, bei dem man möglicherweise in einen einheimischen Vollmondtanz gerät. Das Desia leitet zudem einen Kindergarten und eine Grundschule für die Kinder der Umgebung, die dort Englisch lernen.

Anreise & Unterwegs vor Ort

Einige der Märkte, darunter Laxmipur, Onkadelli, Koraput und Chatikona, erreicht man mit öffentlichen Verkehrsmitteln, für die anderen muss man ein Auto mieten. Die Stammesleute laufen zu Fuß aber oft stundenlang zu den Märkten.

Rayagada

☎06856 / 71208 EW.

Der einzige Grund für einen Aufenthalt in der Industriestadt Rayagada ist, sie als Basis zu nutzen, um den Chatikona-Markt zu besuchen. Der Markt findet jeden Mittwoch statt und gilt als touristenfreundlich.

Auf Rayagadas einzigem täglichen Markt zwischen dem Bahnhof und dem Busbahnhof weben bunt gekleidete Stammesleute Bambuskörbe neben Einheimischen, die Obst und Gemüse, Gewürze, Trockenfisch und Ähnliches verkaufen.

Sehenswertes

★Chatikona-Markt MARKT

(⏲Mi 5–16 Uhr) Der wöchentliche Chatikona-Markt findet in Bissamcuttack (etwa 40 km nördlich) statt und wird vor allem von Bewohnern aus den Dörfern Dongria Kondh und Desia Kondh in den umliegenden Niayamgiri-Bergen betrieben. Es ist überwiegend ein Lebensmittelmarkt, aber man kann auch Tierskulpturen aus Bronze kaufen, die durch das Wachsausschmelzverfahren hergestellt werden.

Rayagada-Markt MARKT

(abseits der R 326; ⏲7–17 Uhr) Rayagadas täglicher Markt findet zwischen dem Bahnhof und dem Busbahnhof statt. Am Busbahnhof geht man nach rechts, anschließend biegt man die zweite Straße rechts ab und dann steht der Markt auf der linken Seite. Hier stehen allerlei Sachen wie Bambuskörbe, Früchte, Gemüse, Gewürze und getrockneter Fisch zum Verkauf.

Schlafen & Essen

Hotel Rajbhavan HOTEL $

(☎06856-223777; Main Rd; DZ/3BZ 700/990 ₹, mit Klimaanlage ab 1360/1670 ₹; ❄) Das freundliche Hotel Rajbhavan ist eine anständige Option mit einem guten internationalen Restaurant (Hauptgerichte 60–200 ₹). Es liegt gegenüber vom Bahnhof auf der anderen Seite der Hauptstraße – nicht mit dem Hotel Raj verwechseln, das ist weniger gut.

Tejasvi International GESCHÄFTSHOTEL $$

(☎06856-224925; www.hoteltejasvi.in; Collector Residence Rd, Gandhi Nagar; EZ/DZ inkl. Frühstück ab 1500/1800 ₹, Suite 4000 ₹; ❄📶) Das Tejasvi International ist ein architektonisch ungewöhnliches Geschäftshotel mit gutem Service, komfortablen Zimmern und WLAN im ganzen Haus. Man gelangt hierher, wenn man nach dem Bahnhof nach rechts geht, in die erste Straße links einbiegt und bis zum Ende durchläuft (500 m).

An- & Weiterreise

Die Bushaltestelle liegt 1 km vom Bahnhof entfernt. Nach dem Bahnhof geht man nach rechts, dann über die Bahnstrecke und sieht so die Haltestelle auf der linken Seite; beide Haltestellen sind an der Hauptstraße Rte 326.

Von der Bushaltestelle in Rayagada fahren frühmorgens drei Busse nach Chatikona (38 ₹, 2 Std., 4.45, 6.30 & 9.30 Uhr). Die Busse nach Jeypore (120 ₹, 5 Std., 5-mal tgl.) fahren über Koraput (100 ₹, 4 Std.). Die Strecke durch die bewaldeten Berge ist unfassbar malerisch. Abends zwischen 16 und 19 Uhr fahren regelmäßig Busse nach Bhubaneswar (ohne Klimaanlage 390 ₹, 12 Std.).

Von den drei Zügen zwischen Bhubaneswar und Rayagada startet der *18447 Hirakhand Express* (Sleeper/3AC/2AC 310/830/1180 ₹) täglich um 20.25 Uhr in Bhubaneswar und erreicht Rayagada um 5.10 Uhr – genau rechtzeitig, um den Bus zum Markt zu erwischen. Zurück (Zug *18448*) geht's von Rayagada um 22.30 Uhr.

NÖRDLICHES & NORDÖSTLICHES ODISHA

Der Nordosten Odishas ist bekannt für seine Naturschutzgebiete, vor allem für das Bhitarkanika Wildlife Sanctuary und den Similipal National Park, sowie die wunderschönen buddhistischen Ruinen in Ratnagiri, Udayagiri und Lalitgiri. Im Norden von Bhubaneswar kann man in alten Schlössern nächtigen und die friedliche Landschaft zu Fuß oder mit dem Fahrrad erkunden. Cuttack ist keine wirklich attraktive Stadt, aber es ist einen Halt wert, um sich das neue Odisha State Maritime Museum (s. unten) anzusehen, das Odishas Geschichte erläutert.

Sehenswertes

Odisha State Maritime Museum MUSEUM

(www.odishastatemaritimemuseum.org; Jobra, Cuttack; 300 ₹; Di–So 10–16.30 Uhr) Dieses ausgezeichnete neue Museum am Ufer des Flusses Mahanadi beleuchtet Odishas jahrhundertealte Schifffahrtsgeschichte des Handels und des Bootsbaus. Die teilweise interaktiven Ausstellungsstücke führen durch Kalingas' maritime Aktivitäten, Rituale und Werkzeuge. Die Bootsabteilung zeigt Flussschiffmodelle aus verschiedenen Teilen von Indien, während die Jobra-Workshop-Galerie dem Besucher die Welt der Schleusentore und Bootsreparatur näher bringt. Ein Aquarium zeigt das Leben in Odishas Gewässern und eine temporäre Ausstellung stellt zeitgenössische Kunst aus.

Ushakothi Wildlife Sanctuary TIERSCHUTZGEBIET

(Inder/Ausländer 20/1000 ₹ pro Tag; Okt.–Mai) Das Ushakothi Wildlife Sanctuary, 45 km östlich von Sambalpur, beherbergt Elefanten, Tiger, Panther und Bären. Bei schlechtem Wetter kann es ohne Vorwarnung geschlossen sein. Den Transport (Allradwagen) kann das Hotel in Sambalpur arrangieren, wenn man keinen eigenes Fahrzeug hat.

Schlafen & Essen

★ Kila Dalijoda HISTORISCHES HOTEL $$$

(9438667086; www.kiladalijoda.com; EZ/DZ 4500/5500 ₹;) Im Dorf Mangarajpur, eine Stunde Fahrt von Bhubaneswar, heißen Debjit und seine Familie Besucher in ihrem Zuhause, einem weitläufigen Herrenhaus in einer friedlichen Landschaft, willkommen. Das selbst gekochte Essen rangiert unter den besten in Odisha, und Debjit begleitet seine Gäste auf Wanderungen und Radtouren durch die Stammesdörfer. Der Besuch der Märkte und Tempel in der Nähe kann ebenfalls arrangiert werden.

Das burgähnliche Steinhaus war der frühere Jagdsitz eines einheimischen Radschas und wurde 1931 gebaut. Es gibt drei gut ausgestattete Gästezimmer mit antiken Möbeln und riesigen Bädern. Statt einer Klimaanlage werden die Zimmer im Sommer mit traditionellen Wurzelvorhängen gekühlt, die mit Wasser feucht gehalten werden. Die Familie ist entzückend und Debjit stellt seinen Gästen gerne die Eigenheiten des Landlebens vor – durch einen Besuch eines alten Kuhstalls oder die Wanderung durch den Dschungel zu einem Stammesdorf mit Subsistenzbauern, die jede Nacht von wilden Elefanten überfallen werden. Die Straßen um das Gelände sind leer und ideal für Zweiradausflüge. Aufgrund der Familiengottheit wird hier statt Huhn Ente und Wachtel serviert.

Das Kila Dalijoda ist auch eine gute Basis für Touren in die weitere Umgebung; Debjit arrangiert Tagestrips zum Bhitarkanika Wildlife Sanctuary und zu den Handwerkerdörfern und Tempeln nördlich von Cuttack. Pick-ups fahren ab Bhubaneswar oder Cuttack.

★ Garh Dhenkanal Palace HISTORISCHES HOTEL $$$

(9437292448; www.dhenkanalpalace.com; Zi. 6000 ₹) Dieser monumentale Festungspalast voller Zimmer, Höfe und Gärten schmiegt sich an die Ausläufer der Ostghats im Dorf Dhenkanal. Das Zuhause des Radscha von Dhenkanal stammt aus dem 19. Jh. und nimmt heute in seinen luxuriösen Zimmern mit angegliederten Bädern Gäste auf. Man hat außerdem Zugang zur Bibliothek des Radschas. Trips zu den umgebenden Handwerks- und Stammesdörfern können organisiert werden.

★ Gajlaxmi Palace HISTORISCHES HOTEL $$$

(9861011221, 9337411020; www.gajlaxmipalace.com; Borapada, Dhenkanal; EZ/DZ inkl. Mahlzeiten & Naturspaziergang 3500/6000 ₹;) Dieser historische Palast aus dem Jahre 1935, 10 km von Dhenkanal entfernt, versteckt sich mitten in einer atemberaubenden Landschaft in den unerschlossenen Wäldern vom

Dhenkanal-Distrikt. Der Palast gehörte einem Mitglied der königlichen Familie von Dhenkanal. Heute öffnen sein Enkel JP Singh Deo und seine reizende Frau Navneeta zwei Zimmer in ihrem beschaulichen Stück königlicher Geschichte für Gäste.

Hier zu übernachten ist wie in einem Museum zu schlafen – das ganze Haus ist randvoll mit Singh Deos Antiquitäten, die er auf der ganzen Welt gesammelt hat, und überall spürt man das Leben und den Atem der vergangenen dekadenten Zeit. Im Wald drumherum verstecken sich mindestens 22 wilde Elefanten, die JP bei seinen Morgen- und Abendspaziergängen regelmäßig zu Gesicht bekommt. Auch Wildschweine, wilde Hühner und Muntjakhirsche bewegen sich frei vor den Palasttüren. JP ist hier aufgewachsen und führt seine Gäste mit Freuden zu den selten besuchten Stammesdörfern der Sabara oder zu den nahe gelegenen Joranda-Tempeln. Er liebt es auch, bei wunderbaren Speisen aus seinem eigenen Biogarten Geschichten von Elefanten- und Tigeropfern aus wilderen Tagen zu erzählen. Das muss das Paradies sein.

Dhenkanal ist eine kurze Zugfahrt von Bhubaneswar entfernt.

An- & Weiterreise

Das Dorf Dhenkanal mit seinen Palästen ist von Bhubaneswar gut mit dem Zug erreichbar; das Kila Dalijoda holt seine Gäste von Bhubaneswar oder Cuttack ab. Man kann leicht beide besuchen. Vom Kila Dalijoda ist das Bhitarkanika Wildlife Sanctuary ein machbarer Tagestrip, von Dhenkanal kommt man leicht nach Angul und zum Satkosia Tiger Reserve.

Pusphagiri-Ruinen

Die faszinierenden buddhistischen Ruinen – die ältesten stammen etwa von 200 v. Chr. – sind die Überreste eines der ersten *mahaviharas* Indiens (buddhistische Klöster, die im Grunde die damaligen Universitäten waren). Pusphagiri Mahavihara hatte drei Campusse – Ratnagiri, Udayagiri und Lalitgiri –, die alle auf kleinen Hügeln in den niedrigen Langudi Hills errichtet wurden. Der Fluss Kelua bietet eine malerische Kulisse und versorgt heute kleine Bauerngemeinden und ihre verstreut in der Landschaft liegenden Lehmhüttendörfer mit Wasser.

Wer früh startet, schafft es, die Gegend bei einer Tagestour im Bus von Bhubaneswar aus zu erkunden. Wenn man aber ein Auto hat oder über Nacht in einem der Dörfer bleibt, hat man die Möglichkeit, alle drei Stätten gründlich zu besichtigen. Zur Einführung bietet sich das ausgezeichnete Museum auf dem Ratnagiri an, das die drei Stätten erläutert.

Sehenswertes

★Udayagiri ARCHÄOLOGISCHE STÄTTE
(Sonnenaufgang–Sonnenuntergang) GRATIS Diese zwei Klosterkomplexe stammen aus dem 10. bis 12. Jh. n. Chr. Auf dem ersten steht ein großer Pyramidenstupa aus Ziegelsteinen mit einem sitzenden Buddha an jeder der vier Seiten. Dahinter versteckt sich eine große Buddha-Statue hinter schön geschnitzten Türpfosten. Die zweite Stätte – mit Graffiti beschmiert – zeigt eine eingemeißelte Gottheit, eine sitzende Buddha-Statue und Klosterzellen. Wenig hilfreiche „Führer" betteln um Spenden (keine Pflicht). Die Ruinen stehen 2 km abseits der Hauptstraße.

★Ratnagiri ARCHÄOLOGISCHE STÄTTE
(Inder/Ausländer 15/200 ₹, Video 25 ₹; Sonnenaufgang–Sonnenuntergang) Ratnagiri hat die interessantesten und größten Ruinen zu bieten. Vom 5. bis zum 13. Jh. gab es hier zwei große, florierende Klöster. Bemerkenswert sind ein kunstvoll geschnitztes Tor im ersten Klosterkomplex und eine intakte Buddha-Statue dahinter. Auf einem kleinen Hügel stehen die Reste eines 10 m hohen Stupas, der von kleineren Weihstupas umgeben ist; alle sind mit Graffitis beschmiert, obwohl Sicherheitsleute vor Ort sind.

Lalitgiri ARCHÄOLOGISCHE STÄTTE
(Inder/Ausländer 15/200 ₹, Video 25 ₹; Sonnenaufgang–Sonnenuntergang) Mehrere Klosterruinen – manche von 200 v. Chr. und größtenteils nur noch die Steinfundamente – liegen verstreut an einem sanften Hang. Eine Ruine ist umgeben von einigen Dutzend kleiner Weihstupas. Neben einem kleinen Museum mit schönen Schnitzereien von der Stätte führen Stufen auf einen Hügel mit einem flachen Stupa. Bei den Ausgrabungen in den 1970er-Jahren fand man eine Schatulle mit Gold und Silber. Zur Zeit der Recherche wurde beim Seiteneingang ein Museum gebaut.

Ratnagiri Museum MUSEUM
(5 ₹; 9–17 Uhr) Die vier Galerien dieses ausgezeichneten Museums erzählen die Geschichte der Pusphagiri-Ruinen. Zwei zeigen wunderschön erhaltene Skulpturen von allen drei Stätten, während die beiden anderen

sich den Terrakottatafeln, Kupferplatten mit Inschriften in Sanskrit, heiligen Bronzen und anderen Fundstücken der Stätten widmen.

Schlafen & Essen

Toshali Ratnagiri Resort HOTEL $$$
(9937023791, 06725-281044; www.toshaliratnagiri.com; Zi. ab 6000 ₹;) Das Toshali Ratnagiri Resort gegenüber vom Ratnagiri Museum am hinteren Ende des Dorfs Ratnagiri liegt inmitten von Reisfeldern an einem friedlichen Dorfteich. Die geschmackvoll eingerichteten Zimmer zeigen zum Innenhof und es gibt ein Restaurant (Hauptgerichte 100–250 ₹) und eine Bar. Es ist überteuert, aber man hat kaum eine andere Wahl.

Toshali Udayagiri Resort HOTEL $$$
(9937212110; www.toshaliudayagiri.com; Zi. 4000 ₹;) Das Hotel befindet sich im Dorf Udayagiri, etwa 2 km von den Udayagiri-Ruinen entfernt. Es gibt ein Ayurveda-Spa und ein anständiges internationales Restaurant.

Toshali Lalitgiri Resort HOTEL $$$
(9937003223; www.toshalilalitgiri.com; Zi. 4000 ₹;) Komfortables Hotel bei Lalitgiri mit einem kleinen Ayurveda-Spa vor Ort.

An- & Weiterreise

Udayagiri ist 23 km von Chandikhol entfernt, und Ratnagiri liegt 9 km hinter Udayagiri. Lalatgiri befindet sich 22 km von Chandikhol entfernt, liegt aber an einer anderen Straße, 8 km hinter der Abzweigung Ratnagiri/Udayagiri.

Aus Bhubaneswar fährt man mit dem Bus nach Cuttack (25 ₹, 1 Std., regelm.), steigt dort in den Bus nach Chandikhol (31 ₹, 1 Std., regelm.), wo an der nach rechts abgehenden Straße Sammel-Minivans nach Ratnagiri (30 ₹, 45 Min.) über Udayagiri (24 ₹, 30 Min.) oder nach Lalitgiri (24 ₹, 30 Min.) über das Hotel Toshali Pusphagiri fahren. Ab 15.30 Uhr starten die Minivans immer seltener.

Für einen Tagestrip zu den drei Stätten mit Auto und Fahrer von Bhubaneswar aus muss man etwa 3500 ₹ zahlen.

ODISHAS OLIV-BASTARD-MEERESSCHILDKRÖTEN

Die Oliv-Bastardschildkröten gehören zu den kleinsten Meeresschildkröten und sind vom Aussterben bedroht. Sie schwimmen aus den tieferen Gewässern jenseits von Sri Lanka hierher, um sich zu paaren und Eier an den Stränden Odishas abzulegen. Die Hauptnistplätze sind Gahirmatha (im Bhitarkanika Wildlife Sanctuary), die Devi-Flussmündung bei Konark und die Rushikulya-Flussmündung beim Chilika-See.

Leider sterben Schildkröten recht häufig durch bestimmte Fischfangverfahren. Es gibt zwar Vorschriften, z. B. dass Schutzvorrichtungen (Turtle Exclusion Devices, TEDs) an den Netzen angebracht sein müssen und dass in bestimmten Sammel- und Nistgebieten nicht gefischt werden darf, doch diese Gesetze werden in Odisha häufig missachtet.

Am Devi Beach wurden Kasuarinen gepflanzt, um den Strand zu schützen. Diese Bäume nehmen aber gleichzeitig weiche Sandflächen ein, die die Schildkröten als Brutstätten brauchen. Weitere potenzielle Bedrohungen sind der Ausbau des Hafens Astaranga und des Wärmekraftwerks sowie der geplante Hafen in Palur, der direkt an der Mündung des Rushikulya gebaut werden soll – einer Brutstätte, die verloren wäre, wenn wie geplant weitergebaut wird.

Im Januar und Februar versammeln sich die Schildkröten nahe ihren Brutstätten an den Stränden und krabbeln an Land, wenn die richtigen Bedingungen herrschen. Ist dies nicht der Fall, nehmen sie die Eier wieder auf und ziehen unverrichteter Dinge weiter.

Ansonsten schlüpfen die Jungen 50 bis 55 Tage später und werden vom Glitzern des Meeres und der Sterne ins Wasser gelockt. Andere Lichtquellen können sie leicht ablenken – und leider liegt der NH 5 nur 2 km vom Rushikulya Beach entfernt. Mitglieder von Vereinigungen zum Schutz von Schildkröten in Gokharkuda, Podampeta und Purunabandha sammeln die fehlgeleiteten Tiere auf und tragen sie zum Meer. Am besten besucht man den Nistplatz in der Morgendämmerung, wenn kein Licht notwendig ist.

Die legenden und nistenden Schildkröten sind am besten vom Nordufer des Rushikulya aus zu beobachten, in der Nähe der Dörfer Purunabandh und Gokharkuda, 20 km von der nächsten Unterkunft in Rambha entfernt. Während der Nist- und Legezeit sind die Tiere nachtaktiv: Bitte trotzdem keine Taschenlampen verwenden!

Weitere Informationen erteilt das Personal des Panthanivas Rambha (S. 674) oder die **Wildlife Society of Odisha** (S. 684). Eine Hin- und Rückfahrt mit der Rikscha von Rambha nach Rushikulya kostet ca. 500 ₹ für den halben Tag, 1000 ₹ für den ganzen Tag.

ABSTECHER

SIMLIPAL NATIONAL PARK

Der 2750 km² große **Similipal National Park** (☎06792-259126; www.similipal.org; Inder/Ausländer pro Tag 40/1000 ₹, Foto für 3 Tage 50/100 ₹; ⏲Okt.–Mitte Juni) war lange Zeit Odishas wichtigstes Naturschutzgebiet. Aufgrund von immer wieder auftretender maoistischer Aktivitäten in der Region ist der Park seit ein paar Jahren für Reisende tabu. Zur Zeit der Recherche war er wieder für Besucher geöffnet, aber man sollte sich vor der Anfahrt beim **Similipal National Park Office** (☎06792-259126; rccfbaripada@gmail.com; ⏲Mo–Fr 9–17 Uhr) oder bei Odisha Tourism (S. 664) in Bhubaneswar informieren, da die Sicherheitslage unbeständig und wechselhaft ist. Man kann dort Wasserfälle bewundern und wilde Elefanten sind relativ häufig zu sehen, Tiger eher weniger. Die meisten Besucher sind bengalische Touristen, die mit dem eigenen Auto herkommen; wer über keinen fahrbaren Untersatz verfügt, kommt am besten im Rahmen einer organisierten Tour in den Park. Odisha Tourism arrangiert Autos mit Fahrer, ansonsten organisieren manche der Unterkünfte in Baripada den Transport zum Park, der 25 km entfernt ist.

In Baripada gibt's einige einfache Hotels.

Die meisten Übernachtungsmöglichkeiten haben entweder ein schlichtes Restaurants oder bieten Mahlzeiten an.

Regelmäßig fahren Busse von Baripada nach Kolkata (200 ₹, 5 Std.), Bhubaneswar (210–240 ₹, 5 Std.) und Balasore (45–60 ₹, 1½ Std.). Der Expresszug *12892 Bhubaneswar-Baripada* (2. Klasse/Sitz mit Klimaanlage 135/475 ₹, 5 Std., 17.10 Uhr) fährt ab Bhubaneswar täglich außer samstags und kehrt jeden Tag außer sonntags um 5.10 Uhr unter der Nummer *12891* zurück. Ein Auto mit Fahrer vom Park nach Baripada kostet ca. 2500 ₹.

Bhitarkanika Wildlife Sanctuary

Mit Mangrovenwäldern, Deltas und drei Flüssen, die in den Golf von Bengalen fließen, verfügt das Bhitarkanika Wildlife Sanctuary über ein Ökosystem mit einer reichen Tierwelt – eine Heimat für Krokodile, verschiedene Vogelarten und gefährdete Schildkröten.

Sehenswertes

★ Bhitarkanika Wildlife Sanctuary NATURRESERVAT

(www.bhitarkanika.org; 40 ₹/Tag, Kamera/Video 200/10 000 ₹; ⏲Aug.–Mitte Mai 7–16 Uhr) Bei Bhitarkanika münden drei Flüsse ins Meer und formen ein von den Gezeiten gebildetes Labyrinth aus schlammigen Flussarmen und Mangroven. Es ist das zweitgrößte Mangrovengebiet Indiens, und der größte Teil des 672 km² großen Deltas gehört zu diesem wunderschönen Naturschutzgebiet, das mit einer enormen Artenvielfalt punktet. Weite Teile des Schutzgebietes kann man nur per Boot erkunden. Der Hauptgrund für einen Besuch sind die Krokodile und Vögel (vor allem die Reiherkolonie Bagagahana).

Es gibt langschnäuzige Gangesgaviale, kurze Sumpfkrokodile und enorme Leistenkrokodile („Salties“, Salzwasserkrokodile), die sich auf Schlammbänken sonnen und flink ins Wasser gleiten, sobald ein Boot vorbeituckert. Ein besonderes 7-Meter-Monster, das man wahrscheinlich sehen wird, hat es ins Guinnessbuch der Rekorde geschafft.

Die beste Zeit für einen Besuch ist zwar zwischen Dezember und Februar, aber auch in den übrigen Monaten kann man Krokodile bestaunen. Außerdem bekommt man Eidechsen, gefleckte Hirsche, Wildschweine und unzählige Vogelarten zu sehen, darunter acht Spezies bunt schillernder Eisvögel. Anfang Juni kommen Reiher, um zu nisten, bevor sie Anfang Dezember zum Chilika-See weiterziehen. Eine Kolonie lärmender Klaffschnäbel hat hier dauerhaft Quartier bezogen. Von einem der Docks im Schutzgebiet führt ein kurzer Weg durch die Mangroven zu einem Beobachtungsturm. Es gibt auch einen 5 km langen Naturpfad auf einer der Inseln entlang, aber für den entscheidet man sich besser an einem Tag unter der Woche, wenn weniger Besucher hier sind.

Es ist auch gut zu wissen, dass diese Gegend die höchste Konzentration an Königskobras in Indien aufzuweisen hat – neben einer Hand voll anderer möglicherweise tödlicher Schlangenarten.

Der Eingang zum Park befindet sich in dem wunderschönen, aber sehr armen Lehmhüttendorf Dangmal (sprich Dang-germal), und alle Boote legen am selben Dock um 7.30 Uhr ab. Auf Dangmar Island erfährt man mehr über das Krokodilschutzprogramm; das Schutzgebiet ist während der Brutzeit der Krokodile zwischen Mai und August für Besucher geschlossen.

Schlafen & Essen

★ **Aul Palace** HISTORISCHES HOTEL $$$
(Rajbati; ☎ 9437690565; www.kilaaulpalace.com; Zi. inkl. Frühstück 4000 ₹; ❄) Dieser uralte frühere Königspalast im Dorf Aul wurde in einen privaten Rückzugsort verwandelt. Die Zimmer sind prachtvoll mit antiken Möbeln ausgestattet, das beschauliche Gelände und die Uferlage sind bezaubernd und zum Essen kann es auch mal riesige Flussgarnelen geben. Bootsfahrten über halbe/ganze Tage (4000/6000 ₹) nach Bhitarkanika können organisiert werden. Einige direkte Busse fahren von Aul nach Cuttack (70 ₹, 3 Std.).

Der Radscha teilt seine Zeit zwischen Cuttack und Aul auf, und der Aufenthalt hier ist besonders interessant, wenn er als Gastgeber vor Ort ist.

★ **Nature Camp Bhitarkanika** CAMPING $$$
(☎ 9437029989, 9437016054; www.bhitarkanikatour.com; pro Person inkl. Verpflegung & Transfer von Bhubaneswar EZ/DZ/3BZ/4BZ 12 000/6675/4821/3894 ₹; ⏲ Okt.–April) 🍃 Eine ganz besondere Erfahrung erwartet die Gäste in diesem kleinen, privaten Zeltlager im Herzen des Dorfs Dangmal. Es liegt 200 m vor dem Eingang des Naturschutzgebiets und wurde mithilfe der Dorfbewohner nach Nachhaltigkeitskriterien angelegt. Die Zelte im schicken Schweizer-Cottage-Stil sind einen Tick muffig, aber voll ausgestattet: Strom, Ventilatoren, Sitztoiletten mit Spülung und hübsche Terrassen. Die rustikale Odisha-Küche ist ausgezeichnet.

Das Nature Camp nimmt unangemeldete Gäste gerne auf, dennoch sollte man besser im Voraus buchen. Die meisten Besucher kommen im Rahmen von Pauschalreisen über eine oder mehrere Nächte hierher. Darin enthalten sind der Transfer von Bhubaneswar, Besuche der Pusphagiri-Ruinen auf dem Weg, Eintritt für den Park, Bootsfahrten und Naturwanderungen in das Reservat sowie alle Mahlzeiten. En All-inclusive-Trip für zwei Nächte und eine/zwei/drei Personen kostet 22 000/25 000/29 000 ₹.

Dangmal Forest Rest House PENSION $$
(www.bhitarkanika.org; DZ 1500–2500 ₹) Das von der Forstverwaltung betriebene Forest Rest House befindet sich im Naturschutzgebiet direkt hinter dem Haupteingang. Unpraktischerweise müssen die Zimmer im Voraus beim Wildlife Warden im Dorf Rajnagar (eine Autostunde zurück die Straße hoch) gebucht werden. Die billigeren Zimmer sind indischen Besuchern vorbehalten.

Praktische Informationen

GENEHMIGUNGEN

Die Verantwortlichen im Bhitarkanika Wildlife Sanctuary ändern gerne mal die Regeln bezüglich der Genehmigungen. Zur Zeit der Recherche mussten sich ausländische Besucher vorher registrieren lassen. Wer also eine Bootstour machen will, sollte sich im Voraus beim **Nature Camp Bhitarkanika** (S. 684) oder **Aul Palace** (S. 684) informieren.

TOURISTENINFORMATION

Wildlife Society of Odisha (☎ 9437024265; www.facebook.com/wildlifesocietyoforissa; Shantikunj, Link Rd, Cuttack) Informationen über die Notlage von Odishas Oliv-Bastardschildkröten.

Wildlife Warden (☎ 9437037370, 06729-242460; Rajnagar) Hier bucht man die Unterkunft im Dangmal Forest Rest House.

An- & Weiterreise

Die einfachste Art für einen Besuch des Bhitarkanika Wildlife Sanctuary ist eine organisierte Tour mit dem **Nature Camp Bhitarkanika** (S. 684), inklusive Abholung von Bhubaneswar und Besuchen der Pusphagiri-Ruinen auf dem Weg.

Die Anreise mit öffentlichen Verkehrsmitteln ist nicht ohne. Zwei oder drei Direktbusse nach Dangmal starten in Cuttack zwischen 12 und 13 Uhr. Ansonsten fahren regelmäßig Busse von Cuttack nach Pattamundai (70 ₹, 3 Std.), wo man in einen Bus nach Dangmal (45 ₹, 2½ Std., letzter Bus 17 Uhr), der über Rajnagar fährt, umsteigen muss.

Frühmorgens fahren drei Busse in Dangmal ab. Der 5- und der 7-Uhr-Bus fahren beide bis nach Kendrapara (eine kleine Stadt gleich hinter Pattamundai), wo man in einen Bus nach Cuttack oder Chandikhol (zu den Pusphagiri-Ruinen) umsteigen kann. Der 6-Uhr-Bus fährt bis nach Cuttack. Von Dangmal muss man eine Autorikscha nach Rajnagar (ca. 600 ₹) nehmen, von wo der letzte Bus um 14 Uhr nach Cuttack startet. Oder man nimmt einen der zehn oder mehr Züge von Bhubaneswar (2¼–3 Std.) nach Bhadrak (der nächste Endbahnhof, 60 km entfernt von Bhitarkanika) und bestellt ab dort einen Abholdienst vom Nature Camp Bhitarkanika.

Unterwegs vor Ort

Im Schutzgebiet kann man sich nur mit dem Boot bewegen.

Madhya Pradesh & Chhattisgarh

Inhalt ➡

Gut essen

- Under the Mango Tree (S. 715)
- Ahilya Fort (S. 739)
- Sarafa Bazar (S. 728)
- Mediterra (S. 727)
- Baghvan (S. 749)
- Silver Saloon (S. 694)

Schön übernachten

- Kipling Camp (S. 745)
- Orchha Home-Stay (S. 698)
- Sarai at Toria (S. 711)
- Baghvan (S. 749)
- Salban (S. 745)

Auf nach Madhya Pradesh & Chhattisgarh!

Madhya Pradesh (MP) steht nicht ganz so im Rampenlicht wie manche seiner berühmteren Nachbarstaaten. So macht man hier großartige Reiseerfahrungen, ohne das Gefühl zu haben, ausgetretenen Touristenpfaden zu folgen.

Die Tempel von Khajuraho werden von ein paar der schönsten Steinreliefs Indiens geziert. Doch die erotischen Skulpturen sind nur ein kleiner Teil der Architekturwunder, die in dieser Region voller Paläste, Forts, Tempel, Moscheen und Stupas warten. Am schönsten sind dabei die Dörfer Orchha und Mandu. Tiger sind die zweite Hauptattraktion von MP: Die Chancen auf Sichtung eines Königstigers in der Wildnis stehen hier so gut wie vielerorts.

Pilger- und Traveller-Hochburgen wie Maheshwar und Omkareshwar am Fluss Narmada versprühen jene spirituelle Atmosphäre, für die Indien bekannt ist. Abenteuerlustige machen sich auf in die faszinierenden Stammesgebiete Chhattisgarhs, die stark von der übrigen Landeskultur abweichen.

Reisezeit

Bhopal

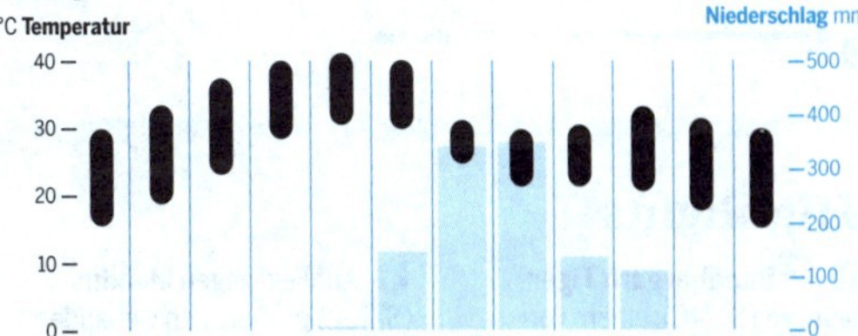

Nov.–Feb. Angenehmste Zeit für einen Besuch Zentralindiens; morgens jedoch recht kühl.

April–Juni Heiß, aber beste Chancen, einen Tiger zu sichten – dank weniger Vegetation und Wasser.

Juli–Sept. Monsunzeit, aber Orte wie Chhattisgarh zeigen sich von ihrer schönsten Seite.

Highlights

1. Im **Bandhavgarh Tiger Reserve** (S. 746), einem von Indiens besten Tigerparks, nach Großkatzen spähen
2. In **Khajuraho** (S. 700) angesichts der erotischen Reliefs an den Chandela-Tempeln erröten
3. Im schmucken und ruhigen Städtchen **Orchha** (S. 694) bei Familien übernachten
4. Auf Feldwegen **Mandus** (S. 732) großartigen Gebäuden aus dem Mittelalter radeln
5. In **Dschungel-Luxus-Lodges** (S. 745) wie dem Kipling Camp bequem und stilvoll in der Natur wohnen
6. In **Sanchi** (S. 716) rund 2000 Jahre in die Blütezeit des indischen Buddhismus zurückreisen
7. **Gwaliors** (S. 689) historisches Fort auf den Felsen erkunden
8. Stammeskultur auf **Bastars Haats** (S. 752), den faszinierenden Märkten, erleben
9. Spirituelle Atmosphäre in **Omkareshwar** (S. 739), dem Pilgerzentrum am Fluss aufsaugen

Geschichte

Madhya Pradesh und Chhattisgarh im Herzen Indiens sind von den Spuren zahlreicher Fürstentümer, Königreiche, Sultanate und miteinander konkurrierender Lokaldynastien geprägt. Der große buddhistische Maurya-Herrscher Ashoka erkor Sanchi zum Standort seines Großen Stupas. Rund 600 Jahre später ließ der Gupta-Fürst Chandragupta II. im nahegelegenen Udaigiri eine Reihe bemerkenswerter Hindu-Höhlenschreine in den Fels schlagen.

Im 11. Jh. gründete die Rajputen-Dynastie der Paramaras ein mächtiges Königreich in Malwa (westliches MP und südöstliches Rajasthan). Dessen Hauptstädte waren abwechselnd Ujjain, Mandu und Dhar. Etwa zur selben Zeit etablierte sich mit den Chandelas eine weitere Rajputen-Dynastie in Bundelkhand (nördliches MP und südliches Uttar Pradesh) und ließ in Khajuraho rund 85 Tempel von geschickten Steinmetzen mit den berühmten Erotik-Reliefs verzieren.

Zwischen dem 12. und 16. Jh. tobten in der Region ständig Kämpfe zwischen lokalen Hindu-Herrschern und muslimischen Rivalen aus dem Norden. Während dieser Zeit errichteten Fürsten wie die muslimischen Ghuris und Khiljis (Mandu), die hinduistischen Bundelas (Orchha) oder die Tomars (Gwalior) den Großteil von Madhyas monumentaler Architektur.

Im 16. Jh. eroberten die in Delhi ansässigen Moguln das heutige MP. Nach 27 Jahren Krieg (1681–1707) wurden sie schließlich von Zentralindiens aufstrebender Hindu-Macht verdrängt: den Marathen, zu denen mächtige Clans wie die Holkars (Maheshwar und Indore) oder Scindias (Gwalior) gehörten. 1818 mussten sich die Marathen schließlich einer starken Allianz aus Briten und Scindias geschlagen geben.

Das heutige Madhya Pradesh entstand 1956 durch Zusammenlegung mehrerer kleinerer Bundesstaaten. 2000 wurde Chhattisgarh zum unabhängigen Staat erklärt.

NÖRDLICHES MADHYA PRADESH

Gwalior

0751 / 1,05 MIO. EW

Gwalior ist berühmt für seine spektakuläre und markante Bergfestung, die der Mogulherrscher Babur angeblich als „Perle unter Indiens Forts" bezeichnete. Die Stadt ist eine interessante Zwischenstation auf dem Weg zu den bekannteren Sehenswürdigkeiten der Region. Hier steht auch der prachtvolle Jai Vilas Palace, der als historischer Sitz der Scindia-Dynastie mehr als 200 Jahre lang eine wichtige Rolle in Indiens Geschichte spielte.

Geschichte

Gwaliors sagenumwobene Anfänge liegen im 6. oder 8. Jh. Damals soll der Eremit

TOP-FESTIVALS

Festival of Dance (S. 707) Die Top-Stars des klassischen indischen Tanzes treten unter Flutlicht zwischen den Tempeln von Khajuraho auf.

Shivaratri Mela (S. 724) Bis zu 100 000 shivaistische Pilger, Sadhus (spirituelle Männer) und Adivasi (indigene Stammesangehörige) wohnen den Feierlichkeiten an der Mahadeo-Höhle (Pachmarhi) bei. Dann pilgern sie den Chauragarh-Hügel hinauf, um symbolische Dreizacke neben dem Shiva-Schrein aufzustellen.

Kumbh Mela (S. 730) Insgesamt vier Städte wechseln sich alle zwölf Jahre beim Ausrichten von Indiens größtem religiösem Fest ab. Beim nächsten Mal (2028) wird das Millionenheer der Pilger nach Ujjain ziehen.

Ahilyabai Holkar Jayanti Mahotsav (S. 738) Der Geburtstag der verehrten Holkar-Königin Ahilyabai wird in Maheshwar besonders turbulent gefeiert.

Navratri (S. 729) Besonders bunt in Ujjain, wo Lampen im Harsiddhi Mandir angezündet werden.

Tansen Music Festival (Tansen Samaroh; 1. Woche im Dez.) Lockt klassische Musiker und Sänger aus ganz Indien nach Gwalior.

Bastar Dussehra (S. 751) Das 75-tägige Fest zu Ehren der Göttin Danteshwari gipfelt in einem achttägigen (riesigen) Wagenumzug durch Jagdalpurs Straßen.

Gwalior

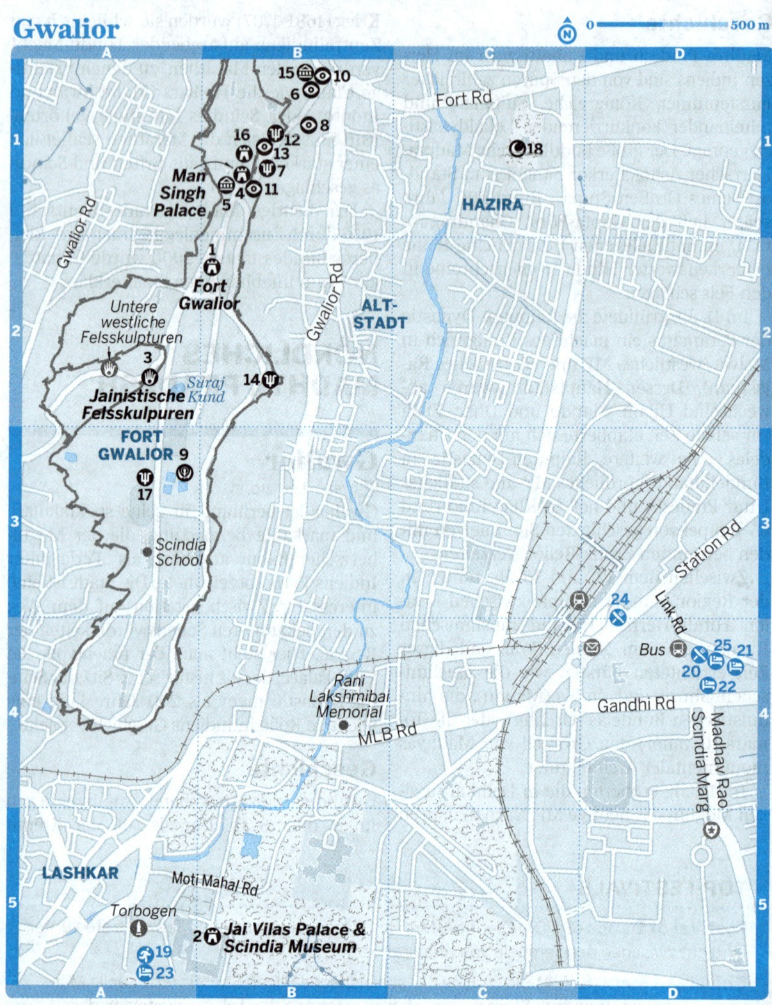

Gwalipa den an Lepra erkrankten Rajputen-Häuptling Suraj Sen mit Wasser aus dem Suraj-Kund-Becken (bis heute Teil des Forts) geheilt haben. Dann gab er dem Häuptling den neuen Namen Suhan Pal und sagte ihm voraus, dass seine Nachkommen so lange an der Macht bleiben würden, wie sie den Namen Pal beibehielten. Suhans nächste 83 Nachkommen hielten sich auch daran. Doch Nummer 84 änderte seinen Namen in Tej Karan – und verlor prompt das Reich.

Gwalior verdankt seine Bedeutung dem Fort, das hier mindestens seit dem 9. Jh. auf einem Hügel steht. Die Festung kontrollierte einst wichtige Handelsrouten in Nord-Süd-Richtung und wechselte häufig den Besitzer, bis sie Bir Singh Deo im Jahr 1398 zum Stammsitz der Tomar-Dynastie machte. Diese erlebte ihre Blützeit unter Raja Man Singh (reg. 1486–1516) und wurde 1526 von den Moguln entmachtet, die während der folgenden 200 Jahre regierten. Der Marathen-Clan der Scindias übernahm die Macht 1765 und machte Gwalior 1810 zu seiner Hauptstadt. Nach dem Dritten Marathenkrieg (1818) mussten die Scindias jedoch Tribut an die Briten entrichten.

Während des Ersten Unabhängigkeitskriegs (Sepoy-Aufstand) von 1857 blieb Maharadscha Jayajirao den Briten treu; sei-

Gwalior

Highlights
1 Fort Gwalior B2
2 Jai Vilas Palace & Scindia Museum B5
3 Jainistische Felsskulpturen A2
4 Man Singh Palace B1

Sehenswertes
5 Archaeological Survey of India Museum B1
6 Badalgarh Gate B1
7 Chaturbhuj Mandir B1
8 Ganesh Gate B1
9 Gurdwara A3
10 Gwalior Gate B1
11 Hathi Gate B1
12 Hindu-Tempel B1
13 Lakshman Gate B1
14 Sasbahu-Tempel B2
15 State Archaeological Museum B1
16 State Protected Monuments B1
17 Teli ka Mandir A3
18 Grab des Tansen C1

Aktivitäten, Kurse & Touren
19 Jiva Spa A5

Schlafen
20 Hotel DM D4
21 Hotel Gwalior Regency D4
22 Tansen Residency D4
23 Usha Kiran Palace A5

Essen
24 Indian Coffee House D3
25 Moti Mahal Delux D4
Silver Saloon .... (siehe 23)

Praktisches
MP Tourism .... (siehe 22)

ne Truppen stellten sich jedoch gegen ihn. Ein Jahr später endete der Aufstand dann mit der Rückeroberung von Fort Gwalior durch die Briten. Die berühmte Rebellenführerin, die Rani (Königin) von Jhansi, wurde beim letzten Angriff auf die Festung getötet.

Sehenswertes

★ Fort Gwalior — FORT

(Sonnenaufgang–Sonnenuntergang) Hoch über Gwalior thront das markante Fort majestätisch auf einem 3 km langen Plateau – ein unvergesslicher Anblick! Unter den vielen faszinierenden Gebäuden im Inneren sind u.a. Paläste, Tempel, und Museen. Einen großen Teil der Festung nutzt heute die angesehene private Scindia School, die Maharadscha Madho Rao Scindia im Jahr 1897 für die Ausbildung des indischen Adels gründete.

➡ Osteingänge

Von Osten her führt ein ausgetretener Pfad durch fünf Tore hinauf zum Fort (zwei der ehemals sieben Tore gibt es nicht mehr). Auf das **Gwalior Gate** (Alamgiri Gate) von 1660 folgt dabei schnell das **Badalgarh Gate** (Hindola Gate) – benannt nach Badal Singh, dem Onkel von Man Singh. Direkt dahinter liegt rechts das State Archaeological Museum (S. 689).

Weiter oben geht's nun durch das **Ganesha Gate** aus dem 15. Jh. und vorbei an einem kleinen **Hindu-Tempel** mit vier Säulen. Dieser ehrt den Eremiten Gwalipa, nach dem Fort und Stadt benannt sein sollen.

Nächste Station ist der **Chaturbhuj Mandir** (Tempel des Vierarmigen Gottes), ein Vishnu-Felsentempel aus dem 9. Jh. Dann passiert man das **Lakshman Gate** (stammt vermutlich aus dem 14. Jh.) und betritt schließlich den Palastbereich durch das 1516 errichtete **Hathi Gate** (Elefantentor) mit zwei Türmen.

➡ State Archaeological Museum

(Gujari Mahal; Inder/Ausländer 10/100 ₹, Foto/Video 50/200 ₹; Di–So 10–17 Uhr) Direkt hinter dem Badalgarh-Tor befindet sich dieses Museum im Gujari Mahal, den Man Singh im 15. Jh. für seine Lieblings-Rani (Königin) errichten ließ. Den Eingang flankieren zwei außergewöhnliche *sardulas* (mythologischer Mix aus Mensch und Löwe), die im 14. Jh. in Sihoniya angefertigt wurden. Im Inneren warten viele hinduistische, jainistische und buddhistische Skulpturen. Darunter ist auch die berühmte Shal Bhanjika aus dem 10. Jh. Diese kleine, aber außergewöhnlich fein gemeißelte Frauenfigur aus Gyaraspur hat ihren eigenen Raum, den das Personal der Museumsverwaltung auf Anfrage aufschließt.

➡ Man Singh Palace

(Inder/Ausländer 15/200 ₹, Video 25 ₹; 6–18 Uhr) Der Palast im kaiserlichen Stil wurde zwischen 1486 und 1516 vom Tomar-Herrscher Man Singh erbaut. Die Gestaltung ist für indische Maßstäbe recht ungewöhnlich: Die Fassade zieren ein Fries mit gelben Enten sowie Mosaike von Elefanten, Krokodilen und Tigern in Blau, Gelb und Grün. Dies hat dem Bau seinen Spitznamen Chit Mandir (geschmückter Palast) eingebracht. Der

Sakralarchitektur

Indiens vielfältige Religiosität zeigt sich auch in der grandiosen Sakralarchitektur. Dazu gehören z. B. uralte Höhlentempel, ehrwürdige moderne Schreine und so opulente Bauten wie die sinnlichen Tempel von Khajuraho.

1

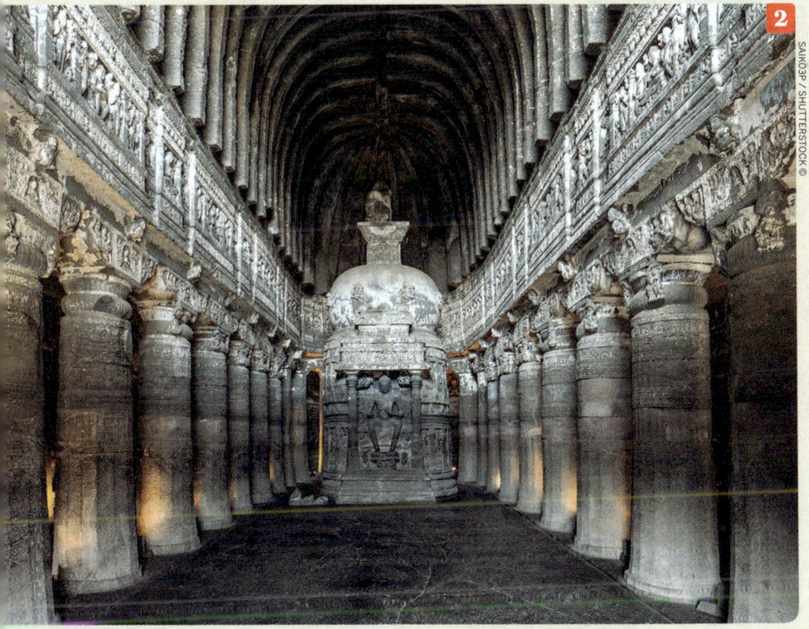

2

4

1. Khajuraho (S. 700), Madhya Pradesh
Die Tempel der Welterbestätte sind vor allem für ihre erotischen Reliefs berühmt.

2. Höhlen von Ajanta (S. 865), Maharashtra
Die Höhlentempel entstanden etwa zwischen dem 2. Jh. v. Chr. und dem 6. Jh. n. Chr.

3. Jama Masjid (S. 407), Fatehpur Sikri
Die 1571 vollendete Moschee kombiniert indische und persische Stilelemente.

4. Chaturbhuj-Tempel (S. 696), Orchha
Die Türme des Hindu-Tempels sind spektakulär.

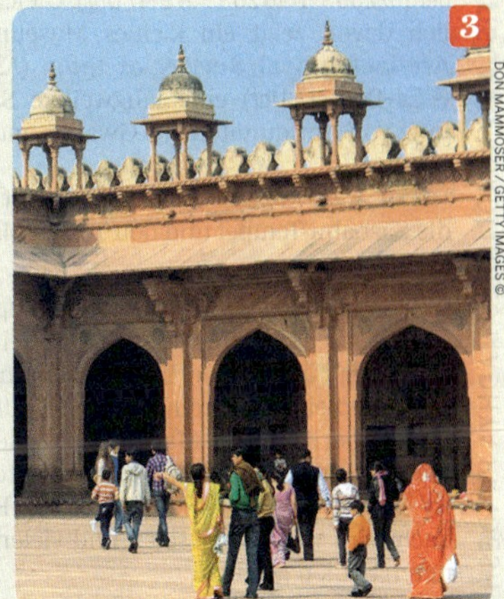

3

ABSTECHER

SHIVPURI & MADHAV NATIONAL PARK

Ein möglicher Tagesausflug ab Gwalior (117 km gen Südwesten) führt nach Shivpuri, wo einst die Scindias im Sommer residierten.

Die **Chhatris der Scindias** (Shivpuri; 40 ₹, Foto/Video 10/40 ₹; ⌚8–18 Uhr) stehen 2,5 km östlich vom Busbahnhof (Autorikscha 30–40 ₹). Hierbei handelt es sich um die prachtvollen Kenotaphen für verstorbene Maharadschas und Maharanis. Die öffentlich zugänglichen Marmorbauten haben die Dimensionen von großen Häusern. Ihre *sikharas* (hinduistische Tempeltürme) und Pavillons im Mogulstil stehen sich an einem Teich gegenüber, der von Stegen überspannt wird. Der *chhatri* für Madhorao Scindia (erb. 1926–32) ist wunderschön mit opulenten Pietra-Dura-Mosaiken aus Edel- und Halbedelsteinen verziert.

Rund 2 km hinter den *chhatris* liegt der Eingang zum 355 km² großen **Madhav National Park** (☎07492-223379; pro Fahrzeug inkl. Guide 1110 ₹, 6-sitziger Leihjeep 1600 ₹; ⌚Sonnenaufgang–Sonnenuntergang) mit Wäldern, Seen, Wiesen, Antilopen, Hirschen, Lippenbären, Languren und ein paar Leoparden. Zudem warten dort Relikte aus den Jägertagen der Scindias (u.a. eine Jagdhütte, eine Lodge und ein Segelclub). Durch den Park führen Jeeptouren (20 km, 2–2½ Std.).

Von Shivpuris Busbahnhof fahren Busse regelmäßig nach Gwalior (110 ₹, 2½ Std.) und Jhansi (95 ₹, 3 Std.), wo Anschluss nach Orchha und Khajuraho besteht.

Kunstkenner Man Singh hätte sicherlich mit Freude vernommen, dass sein Werk heute als Indiens einziger intakter Palast aus der Zeit vor den Moguln gilt.

Das labyrinthartige Gebäude hat vier Stockwerke. Die beiden runden Säulenhallen auf den unteren Etagen waren für heiße Tage gedacht und über „Sprachrohre" in den Wänden miteinander verbunden. Die Moguln nutzten diese Räume als Zellen für hochrangige Gefangene.

Am Ticketschalter gegenüber des Palastes lassen sich auch offizielle Guides anheuern (470 ₹, max. 4 Std.). Im Norden des Forts bilden der Vikram Mahal, der Karan Mahal und andere zerstörte Paläste zusammen die **State Protected Monuments** (Inder/Ausländer 10/250 ₹, Foto 25 ₹; ⌚9–17 Uhr). Gleich südlich davon zeigt ein kleines Museum des **Archaeological Survey of India** (ASI; 5 ₹; ⌚Sa–Do 9–17 Uhr) eine langweilige Sammlung von Antiquitäten aus Gwalior und Umgebung.

Der Eintritt zum Palast beinhaltet auch die Sasbahu-Tempel und den Teli ka Mandir.

➡ Sasbahu-Tempel

(Schwiegermutter- & Schwiegertochtertempel; Inder/Ausländer 15/200 ₹, Video 25 ₹; ⌚6–18 Uhr) Mit ihren Säulen- und Kuppeldächern erinnern die beiden Schreine (erb. 9.–11. Jh.) an mittelamerikanische Maya-Tempel oder Miniaturstädte. Der Schwiegermuttertempel ist Vishnu geweiht. Sein schweres Reliefdach wird von vier riesigen und vielen kleineren Säulen gestützt.

➡ Teli ka Mandir

(Inder/Ausländer 15/200 ₹, Video 25 ₹; ⌚6–18 Uhr) Der 30 m hohe Tempel aus dem 9. Jh. ist das älteste Bauwerk innerhalb des Forts. Nach dem Sepoy-Aufstand von 1857 wurde er von den Briten als Getränkefabrik und Kaffeehaus genutzt.

Hinter dem nahegelegenen Suraj Kund ehrt ein moderner **Gurdwara** mit goldener Kuppel den Sikh-Guru Hargobind Singh, der von 1617 bis 1619 im Man Singh Palace eingesperrt war.

➡ Jainistische Felsskulpturen

Zwar befinden sich auch an einigen wenigen Stellen auf dem Plateau in den Fels gehauene Skulpturen, darunter auf dem Weg vom Gwalior-Tor zum Fort hinauf. Aber am eindrucksvollsten ist schlichtweg die obere Reliefreihe am Westhang zwischen dem Urvai-Tor und den inneren Festungsmauern. Die meisten Reliefs wurden Mitte des 15. Jhs. in die Felswand geschlagen und zeigen die nackten Körper der *tirthankaras* (der 24 geistigen Führer des Jainismus). Die Figuren wurden 1527 von Baburs muslimischer Armee verstümmelt, später aber wieder restauriert.

Es gibt über 30 Bildnisse zu sehen, darunter das prächtige, 17 m hohe Standbild des ersten *tirthankara* Adinath.

★ Jai Vilas Palace & Scindia Museum

PALAST, MUSEUM

(http://jaivilasmuseum.org; Inder/Ausländer 100/600 ₹, Foto 100 ₹; ⌚Di–So 10–18 Uhr, Nov.–Feb.

10–17.30 Uhr) Das Museum belegt rund 35 Räume des opulenten Jai Vilas Palace, den der Scindia-Maharadscha Jayajirao im Jahr 1874 von Gefangenen aus dem Fort errichten ließ. Die Häftlinge knüpften zudem zwölf Jahre lang den Hallenteppich, der zu den größten Asiens zählt.

An die Decke der königlichen Durbar-Halle sollen acht Elefanten gehängt worden sein, um zu testen, ob der Bau die beiden Kronleuchter (12,5 m hoch, 3,5 t schwer; angeblich die größten der Welt) aushalten würde.

Unter den bizarren Exponaten in den Räumen sind Glasmöbel, ausgestopfte Tiger und ein rein für Frauen gedachtes Schwimmbecken mit eigenem Boot. Der riesige Speisesaal beherbergt das absolute Prunkstück: eine Modelleisenbahn mit einem silbernen Zug, der Cognac und Zigarren nach dem Abendessen rund um den Tisch transportierte.

Hinweis: Zum Recherchezeitpunkt konnte das Palastgelände nur von Westen her durch das nördliche Tor betreten werden; Zugang ab der Moti Mahal Rd war nicht möglich.

Grab des Tansen ISLAMISCHES GRAB

(Sonnenaufgang–Sonnenuntergang) Das prachtvolle Grabmal des Sufi-Heiligen Mohammed Ghaus liegt im Viertel Hazira. Gleich südwestlich davon versteckt sich auf einem Rasengelände das vergleichsweise kleinere, schlichtere Grab des Sängers Tansen. Dieser wurde vom Mogulherrscher Akbar einst sehr verehrt und gilt als Vater der klassischen Hindustani-Musik. Wer die Blätter des örtlichen Tamarindenbaums kaut, bekommt angeblich eine kräftigere Stimme. Tansen und Ghaus lebten beide im 16. Jh.

Schlafen

Hotel DM HOTEL **$**

(0751-2341049; Link Rd; EZ 500–1200 ₹, DZ 600–1500 ₹;) Die leicht beengten Zimmer liegen etwas über dem üblichen Budget-Standard. Am Ende des Flurs zwitschern Ziervögel laut in einem Käfig. Die besten Quartiere haben eine Klimaanlage und Sitztoiletten; in den günstigsten Varianten gibt's Ventilatoren und Hocktoiletten. Preisunabhängig ist jeweils ein alter Fernseher in einem Schrank eingeschlossen – bleibt nur die Frage, wer so eine Kiste überhaupt klauen will.

Tansen Residency HOTEL **$$**

(0751-2340370; www.mptourism.com; 6A Gandhi Rd; EZ/DZ inkl. Frühstück ab 2830/3260 ₹;) Wahrlich nicht schlecht für ein staatlich betriebenes Hotel: Hier gibt's recht große Zimmer mit bequemen Betten und renovierten Bädern. Hinzu kommen eine Bar (1. Stock; hauptsächlich männliches Publikum), ein anständiges Frühstücksbuffet und sogar ein guter Dachpool.

★ **Usha Kiran Palace** HISTORISCHES HOTEL **$$$**

(0751-2444000; www.tajhotels.com; Jayendraganj; EZ/DZ inkl. Frühstück ab 10 280/11 450 ₹; @) Wohnen wie britische Royals: Vor fast 140 Jahren wurde das prachtvolle Gebäude mit großem Gartengelände als Gästehaus für den Prinzen von Wales (später König Georg V.) errichtet. Alle Zimmer sind individuell eingerichtet (u.a. mit von Hand hergestellten Fliesen) und versprühen luxuriöses Understatement der historischen Art. Die günstigsten Optionen (Superior) fallen aber eventuell kleiner als erwartet aus.

Die Zimmertarife sind nicht in Stein gemeißelt: Potenziell bekommt man einen besseren Preis als hier für Mitte Januar angegeben. Das Hotel hat einen super Freiluftpool mit separatem Kinderbecken. Das hauseigene **Jiva Spa** (0751-2444000; Usha Kiran Palace; Massagen ab 1875 ₹; 8–20 Uhr) von 1875 bietet erholsame Massagen an. Und da wäre auch noch das hervorragende Hausrestaurant namens Silver Saloon (S. 694). Die todschicke **Bada Bar** mit ihrem 100 Jahre alten und 4 t schweren Snooker-Tisch aus italienischem Schiefer war zum Recherchezeitpunkt gerade wegen (hoffentlich nur vorübergehender) Probleme mit der Ausschanklizenz geschlossen.

Hotel Gwalior Regency BUSINESSHOTEL **$$$**

(0751-2340670; www.hotelregencygroup.com; Link Rd; EZ/DZ inkl. Frühstück ab 3930/5000 ₹; aiW) Das großartige indische Business-Hotel vermietet geräumige Zimmer mit Fliesenböden, guten Kosmetikprodukten, Teekochern/Kaffeemaschinen und WLAN. Teils kommen noch vollverglaste Duschen hinzu.

PREISKATEGORIEN: SCHLAFEN

Die folgenden Preise gelten jeweils für ein Doppelzimmer (inkl. Steuern, ohne Mahlzeiten).

$ unter 1500 ₹

$$ 1500–4000 ₹

$$$ über 4000 ₹

Das gute Restaurant mit internationaler Küche hat eine Ausschanklizenz. Gleiches gilt für die Bar, in der allabendlich DJs auflegen.

Essen

Indian Coffee House SÜDINDISCH $
(Station Rd; Hauptgerichte 70–300 ₹; ⏲7–22.30 Uhr) Die ungemein beliebte Filiale der Cafékette serviert neben allen Frühstücksklassikern (Bohnenkaffee, Dosas, Rührei) auch Hauptgerichte wie super Thalis (140–250 ₹).

Moti Mahal Delux NORDINDISCH $$
(Link Rd; Hauptgerichte 225–395 ₹; ⏲11–23 Uhr) Dieser stilvolle Import aus Delhi kredenzt Gerichte mit Fleisch. Aus dem Tandur kommen hier stets aromatische und sehr gekonnt zubereitete Köstlichkeiten im Stil von Indiens ländlichem Nordwesten. Besonders lecker sind das Tikka-Biryani mit Huhn und das grüne *murg hariyali tikka* (Brathuhn aus dem Tandur, mariniert mit Joghurt, Gewürzen und Kräutern wie Koriander oder Minze). Das Lokal liegt neben dem Busbahnhof.

★ **Silver Saloon** INDISCH $$$
(Usha Kiran Palace, Jayendraganj; Hauptgerichte 520–1390 ₹; ⏲7–23 Uhr; ❄) Zum klimatisierten Hausrestaurant des historischen Luxushotels gehört eine Terrasse mit Palmen. Auf den Tisch kommt hier Leckeres à la Indien und Europa – ergänzt durch ein paar Spezialitäten im thailändischen, nepalesischen und Marathen-Stil.

Praktische Informationen

MP Tourism (☎0751-2234557; Tansen Residency, 6A Gandhi Rd; ⏲Mo–Sa 10.30–17.30 Uhr) Hilfreiches Büro vor dem Hotel Tansen Residency.

An- & Weiterreise

BUS

Ab dem **Busbahnhof** (Link Rd) geht's u. a. nach:
Agra 120 ₹, 3 Std., 4.30–22 Uhr alle 30 Min.
Delhi 300 ₹, 8 Std., 7-mal tgl.
Jhansi 110 ₹, 3 Std., 5.30–23 Uhr alle 30 Min.
Shivpuri 110 ₹, 2½ Std., 5–22 Uhr alle 30 Min.

FLUGZEUG

Der Flughafen liegt 10 km nordöstlich vom Zentrum. Mit Air India (www.airindia.in) besteht Verbindung nach Mumbai (3-mal wöchentl.).

ZUG

Rund 2,5 km südöstlich vom Osttor des Forts findet man den Hauptbahnhof Gwalior Junction in zentraler Lage. Ab hier fahren täglich mehr als 30 Züge nach Agra (Cantonment Station), Delhi und Jhansi (dort besteht Anschluss nach Orchha). Weitere Züge rollen nach Bhopal (über 20-mal tgl.), Khajuraho (1-mal tgl.) und Jaipur (1-mal tgl.). Wer nach Khajuraho will, kann auch per Zug nach Jhansi fahren und dort einen Anschlussbus nehmen.

Orchha

☎07680 / 11500 EW.

Die historische Kleinstadt am Fluss Betwa prunkt mit großartiger Rajputen-Architektur im Mogulstil. So warten hier spektakuläre Paläste, Tempel und *chhatris* (königliche Kenotaphe). Zudem verspricht Orchha einen entspannten Aufenthalt: Im Vergleich zu Khajuraho (die andere berühmte „Monu-

ZÜGE AB GWALIOR

ZIEL	ZUG-NR. & NAME	PREIS (₹)	DAUER (STD.)	ABFAHRT
Agra	12617 Mangala Lakshadweep	170/540/740 (A)	2	8.10 Uhr
Bhopal	12002 Bhopal Shatabdi	770/1525 (B)	4¼	9.33 Uhr
Delhi	12625 Kerala Exp	240/605/840 (A)	5½	8.25 Uhr
Indore	12920 Malwa Exp	385/1005/1425 (A)	12	0.35 Uhr
Jaipur	19665 Udaipur-Khajuraho Exp	225/605/860 (A)	7	15.45 Uhr
Jhansi	12002 Bhopal Shatabdi	310/650 (B)	1¼	9.33 Uhr
Khajuraho	19666 Udaipur-Khajuraho Exp	120/490/695 (A)	5	13.40 Uhr

Preise: (A) Sleeper Class/3AC/2AC, (B) Chair Class/1AC

mentstätte" im nördlichen MP) ist die Atmosphäre viel ruhiger und stressfreier. Besucher können in tollen Privatunterkünften übernachten und in der ländlichen Umgebung auch wunderbar wandern, radeln oder Raftingtrips unternehmen.

Geschichte

Orchha verdankt seine Pracht dem Rajputen-Clan der Bundelas, der die Region Bundelkhand (begrenzt durch Jhansi im Westen, Panna im Osten und Narsinghpur im Süden) zwischen 1531 und 1783 von hier aus regierte. Orchha erlebte seine Blütezeit unter Bir Singh Deo (reg. 1605–27), der sich mit dem Mogulkaiser Jehangir gut verstand. In den 1630er-Jahren machte Jhujar Singh (Bir Singh Deos Sohn) jedoch den Fehler, sich gegen Jehangirs Sohn Shah Jahan aufzulehnen: Dessen Truppen zerschlugen das Königreich Orchha und beschädigten dabei ein paar der schönen Gebäude.

Sehenswertes

Das Kombiticket für Orchhas Stätten (Inder/Ausländer 10/250 ₹, Foto/Video 25/200 ₹) gilt für insgesamt sieben Attraktionen: den Jehangir Mahal, den Raj Mahal, den Rai Praveen Mahal, die Kamelställe, die *chhatris* (Kenotaphen), den Chaturbhuj-Tempel und den Lakshmi-Narayan-Tempel. Erhältlich ist es ausschließlich beim **Ticketschalter** (7.30–17.30 Uhr) am Raj Mahal, dessen Außengelände gratis erkundet werden kann. Beim Ticketschalter lassen sich auch offizielle Guides anheuern (470 ₹, 4 Std., max. 5 Pers.).

Paläste

Vom Dorfzentrum aus führt eine Granitbrücke über einen meist wasserlosen Kanal zur Festungsanlage der Bundelas. Diese wird von zwei herrlichen Palästen dominiert: dem Raj Mahal und dem Jehangir Mahal.

Die Wände und Decken des **Raj Mahal** (Sonnenaufgang–Sonnenuntergang) aus dem 16. Jh. werden von lebhaften und farbenfrohen Malereien geziert. Diese zeigen neben Gottheiten wie Brahma, Vishnu, Rama, Krishna oder Sita auch Angehörige von Orchhas Adel beim Ringen, Jagen, Kämpfen und Tanzen. Durch die hübschen Steingitter-Fenster *(jali)* der oberen Stockwerke hat man eine super Aussicht. Draußen vor dem Palast findet jeden Abend eine **Sound and Light Show** (Inder/Ausländer 100/250 ₹; auf Englisch März–Nov. 19.30 Uhr, Dez.–Feb. 18.30 Uhr; auf Hindi März–Nov. 20.45 Uhr, Dez.–Feb. 19.45 Uhr). Das Ganze ist jedoch mehr „Sound" als „Light" und daher wohl nur etwas für Besucher, die sich in erster Linie für Orchhas Geschichte interessieren.

Der gewaltige **Jehangir Mahal** (Sonnenaufgang–Sonnenuntergang) entspricht einem regelrechten Hindernis-Parcours aus steilen Treppen und abschüssigen Durchgängen. Dieser Palast ist ein Paradebeispiel für indisch-muslimische Architektur und prachtvoller als der Raj Mahal. Im frühen 17. Jh. wurde er von Bir Singh Deo errichtet oder zumindest vollendet – wohl anlässlich eines Besuchs von Kaiser Jehangir. Oben auf den Mauern thronen acht größere Türme und acht schmale Pavillons mit Kuppeln. Dank großartig konzipierter Sichtlinien schaut man durch Bogenreihen, Portale und *jali*-Gitter auf die Stadt oder deren ländliche Umgebung.

Die **Kamelställe** (Ount Khana; Sonnenaufgang–Sonnenuntergang) hinter dem Palast waren in Wirklichkeit wohl eher ein königlicher Vergnügungspavillon mit Blick auf eine grüne Landschaft voller Monumente. Unterhalb davon liegen der **Khana Hammam** (königliches Badehaus; Sonnenaufgang–Sonnenuntergang) mit schönen Gewölbedecken und ein weiterer Pavillon: Der **Rai Praveen Mahal** (9–17 Uhr) mit seinem heute etwas vernachlässigten Mogulgarten wurde im 16. Jh. für die berühmte Kurtisane Praveen errichtet. Diese ist im Inneren tanzend auf Wandbildern dargestellt – neben ihrem Liebhaber Raja Indrajit, der im Sattel eines Pferdes sitzt.

Zentrum

★ **Ram-Raja-Tempel** HINDU-TEMPEL
(Okt.–März 9–12.30 & 19–22.30 Uhr, April–Sept. 8–12.30 & 20–22.30 Uhr) Am westlichen Ende eines belebten Platzes steht dieser stets stark besuchte Schrein mit einer Kuppel in Rosa- und Orangetönen. Dies ist der einzige Tempel, in dem Rama als König verehrt wird. Der Bau aus dem 16. Jh. entstand ursprünglich als Palast für Madhukar Shahs Ehefrau. Er wurde jedoch zum Tempel erklärt, nachdem alle Versuche gescheitert waren, ein von der Rani aufgestelltes Bildnis Ramas wieder zu entfernen.

★ **Chaturbhuj-Tempel** HINDU-TEMPEL
(9–17 Uhr) Die spektakulären Türme dieses Tempels aus dem 16. Jh. dominieren das ganze Stadtbild. Das Gebäude wurde nie für

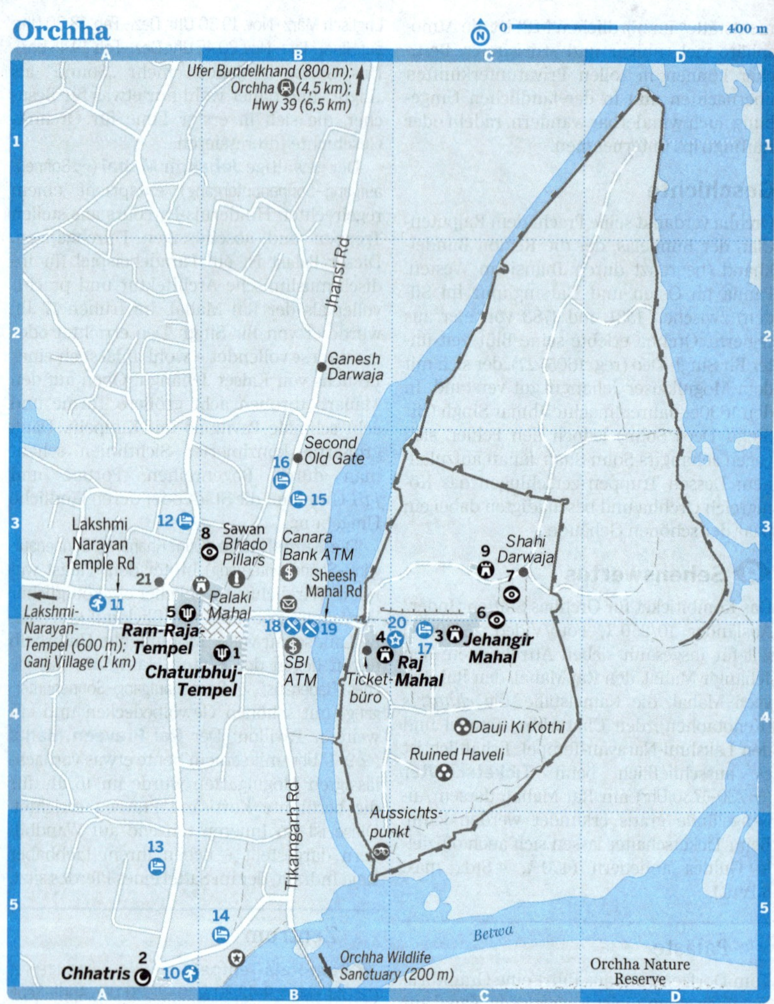

seinen angedachten Zweck genutzt: Eigentlich sollte es das Rama-Bildnis beherbergen, das bis heute im Ram-Raja-Tempel steht. Von der Tür in der nordwestlichen Ecke des Innenraums führt eine steile und düstere Treppe hinauf aufs Dach, wo man zwischen moosbewachsenen Türmen und Kuppeln den schönsten Blick auf Orchha genießt.

Phool Bagh GARTEN

(⌚8–20 Uhr) Prinz Dinman Hardol wird in Bundelkhand als Held verehrt: Er beging Selbstmord, um angesichts einer angeblichen Affäre mit seiner Schwägerin „seine Unschuld zu beweisen". Der Prinz residierte einst im Palaki Mahal. Seine Gedenkstätte befindet sich im angrenzenden Phool Bagh, einem traditionellen *charbagh* (geometrischer Garten, in Viertel unterteilt) im persischen Stil. Dort herrscht buntes Treiben: Frauen singen Lieder über Dinman Hardol, befestigen Fäden an den *jalis* (Fenstergitter) seines Denkmals und umrunden dieses fünfmal – in der Hoffnung, der Prinz möge ihre Wünsche erfüllen.

Andere Stadtteile

★ **Chhatris** ISLAMISCHE GRÄBER

(⌚9–17 Uhr) Am südlichen Stadtende ragen die gewaltigen und erhabenen Kenotaphen

Orchha

für Orchhas Herrscher neben dem Fluss Betwa empor. Am schönsten wirken sie abends: Dann planschen Kinder unter kreisenden Vögeln an den Ghats, während die Sonne malerisch über dem Wasser untergeht. Etwas getrennt vom Rest steht der *chhatri* für Bir Singh Deo direkt am Ufer.

Lakshmi-Narayan-Tempel HINDU-TEMPEL
(9–17 Uhr) Der mächtige Mix aus Tempel und Fort liegt an der Straße zum Dorf Ganj. Vom Dach hat man eine tolle Aussicht. Malereien zieren die Decken der Kuppeltürme.

Aktivitäten

Falls das eigene Hotel keinen Pool haben sollte, einfach im Betwa abkühlen: Der Fluss zählt zu den saubersten im ganzen Land.

Orchha Wildlife Sanctuary RADFAHREN, WANDERN & TREKKEN
(Inder/Ausländer 15/150 ₹; Sonnenaufgang–Sonnenuntergang) Diese bewaldete Insel (44 km²) wird vom Betwa und vom felsigen Fluss Jamni umgeben. Bei gemäßigten Temperaturen kann man hier prima radeln oder wandern. Das Ticketbüro liegt 250 m hinter der Brücke am Südende von Orchha. Rund 1 km davon entfernt befindet sich der Eingang zum Naturschutzgebiet. Die beliebteste Route (ca. 8 km) passiert die Uferstelle Pachmariya und zwei Aussichtstürme. Etwa 2 km südlich vom Ausgangspunkt trifft sie dann wieder auf die Straße.

Raftingtrips RAFTING
(pro Floß 1500 ₹/1½ Std.) Oberhalb der *chhatris* (Kenotaphen) und unterhalb der Brücke zur Insel laden ein paar kleinere Stromschnellen zu sehr harmlosen, aber malerischen und spaßigen Rafting-Trips ein. Tickets gibt's beim Betwa Retreat (S. 698); los geht's dann direkt davor am Bootsclub. In jedes Boot passen bis zu sechs Personen (keine Mindestteilnehmerzahl).

Raju Bike FAHRRADVERLEIH
(Lakshmi Narayan Temple Rd; pro Std./Tag 100/50 ₹; 6–21 Uhr) Klapprige Leihfahrräder zu unschlagbaren Preisen.

Kairali Spa AYURVEDA
(07680-252222; www.orchharesort.com; Behandlungen 900–2500 ₹; 8.30–20.30 Uhr) Gute Ayurveda-Massagen im Orchha Resort.

Schlafen

Aditya Hotel HOTEL $
(07680-252027; adityahotelorchha@gmail.com; Zi. 700–1500 ₹) Gleich hinter dem Phool Bagh warten hier saubere und komplett weiße Zimmer mittlerer Größe. Der Preis hängt von Etage (oben oder unten) und Klimaanlage (ja oder nein) ab. Vom Obergeschoss schaut man teils auf Tempel und Paläste. Auf der netten kleinen Dachterrasse kann auch gefrühstückt werden.

Hotel Monarch Rama HOTEL $
(07680-252015; hotelmonarchrama@gmail.com; Jhansi Rd; Zi. ohne/mit Klimaanlage 800/1200 ₹; @) Die Zimmer sind sauberer und attraktiver als in den meisten anderen Billighotels. Zudem gibt's hier freundliches Personal, Bettwäsche ohne Flecken, Bäder ohne üble Gerüche und sogar indische Miniatur-

drucke an den Wänden. Die meisten Quartiere haben jedoch keine Fenster. Etwas Tageslicht fällt lediglich in die beiden klimatisierten Zimmer im Obergeschoss, wo sich auch das kleine Hausrestaurant befindet.

Hotel Fort View HOTEL $
(☎07680-252701; fortvieworchha@rediffmail.com; Jhansi Rd; Zi. 400–600 ₹, mit Klimaanlage 1000 ₹; ❄📶) Diese Budget-Bleibe ist kürzlich frisch gestrichen worden. Die Zimmer mit sauberen Laken auf recht harten Betten säumen einen langen Innenhof. Am besten sind Nr. 108, 111 und 112: Darin schaut man jeweils schön auf den Fluss, den Jehangir Mahal und den Raja Mahal dahinter.

★ **Hotel Sheesh Mahal** HISTORISCHES HOTEL $$
(☎07680-252624; www.mptourism.com; inkl. Frühstück EZ/DZ 1950/2830 ₹, Suite 5390–6570 ₹; ❄📶) Hier nächtigt man tatsächlich in einem historischen Palast: Direkt neben dem Jehangir Mahal ist dieses Hotel in einem früheren königlichen Gästehaus aus dem 18. Jh. untergebracht. Die acht tollen Quartiere sind individuell mit farbenfrohen Traditionsmalereien, dicken Faltenvorhängen und reizenden Alkoven gestaltet. Allerdings sind die Bäder sehr klein – und das einzige Einzelzimmer ist enttäuschend beengt.

Betwa Retreat HOTEL $$
(☎07680-252618; www.mptourism.com; Cottage/Zi./Suite 2830/3260/5040 ₹; ❄📶🏊) Das größte örtliche Hotel von MP Tourism ist eine ziemlich gute Wahl: Die Quartiere und der gute Pool liegen in einem gepflegten Garten, von dem man auf den Fluss und die *chhatris* (Kenotaphen) schaut. Bei den „Cottages“ handelt es sich um große Safarizelte mit festen Fußböden, halbhohen Massivwänden, eigenen Bädern, guten Betten, Klimaanlagen und Minibars. Die normalen Zimmer mit leicht traditionellem Touch sind ähnlich komfortabel und verfügen über Teekocher und Kaffeemaschinen.

★ **Amar Mahal** HOTEL $$$
(☎07680-252102; www.amarmahal.com; EZ/DZ ab 5460/6650 ₹, Suite 11 760 ₹; ❄@📶🏊) Attraktive Himmelbetten mit Holzschnitzereien lassen einen hier relaxen wie ein Maharadscha. Die Zimmer grenzen entweder an

ÜBERNACHTEN BEI EINHEIMISCHEN IN GANJ

Die gemeinnützige Organisation Friends of Orchha betreibt seit 2009 erfolgreich das beliebte Programm **Orchha Home-Stay** (☎9993385405, 9410762072; www.orchha.org; EZ 700–800 ₹, DZ 1000–1200 ₹, Gerichte 50–250 ₹; 📶). Dieses gibt Travellern die tolle Möglichkeit, das Leben im kleinen Dorf Ganj kennenzulernen und dort 1 km westlich von Orchhas Zentrum auch bei Einheimischen zu übernachten. Teilnehmer schlafen in schlichten, aber blitzsauberen Dorfhäusern und essen einfache Landkost. Zudem können sie Orchha und Umgebung mit Leihfahrrädern (50 ₹/Tag) erkunden.

Mit Luxus ist nicht zu rechnen: Als Betten dienen zumeist traditionelle *charpoys* (bespannte Holzrahmen mit Eckfüßen). Doch die acht Zimmer in insgesamt sechs Häusern sind besser und charmanter als viele Budgethotels. Die Quartiere verfügen über isolierte Wände, Ziegeldächer, Ventilatoren und Moskitonetze. Zumeist kommen noch Sitztoiletten hinzu. Teilweise gibt's stattdessen Hocktoiletten, die mit einer Trockenkompost- oder Biogasanlage verbunden sind.

Die Möglichkeit, mit den Dorfbewohnern in Kontakt zu kommen und in deren Leben einzutauchen, ist einfach unbezahlbar – allein deshalb verzichtet man wohl auf das WLAN (100 ₹/Tag). Der nützliche Info-Ordner für Gäste schlägt Attraktionen bzw. Aktivitäten im Bereich von Ganj und Orchha vor.

Bei ebenfalls möglichen Einzelübernachtungen ist der Zimmerpreis etwas höher als bei längeren Aufenthalten. Das langsame Lebenstempo in Ganj will jedoch genossen werden. So bleiben die meisten Gäste mehrere Tage.

Am Rand von Ganj liegt das Büro von Friends of Orchha (geöffnet ab 15 Uhr) auf der rechten Straßenseite. Reservieren kann man aber auch problemlos und direkt über die Website sowie über den Programmleiter Romi Samele vom **Orchha Tourist Service** (S. 699) in Orchha.

Die Friends of Orchha betreiben auch einen Jugendclub für die Dorfkinder, um diese nach der Schule sinnvoll zu beschäftigen. Freiwillige Helfer (z. B. Lehrer, Ärzte) und Spenden sind willkommen!

schmucke Innenhofterrassen mit weißen Säulen oder an einen großen und blitzsauberen Pool. Trotz Architektur im traditionellen Orchha-Stil ist das 2003 eröffnete Hotel modern und punktet mit allen zeitgemäßen Extras – darunter das gute **Kerala Ayurvedic Centre** (07680-252102, Durchwahl 167; Behandlungen 500–2000 ₹; 8–21 Uhr). Insgesamt wohl die luxuriöseste Bleibe der Stadt.

Bundelkhand Riverside HOTEL $$$
(9009749630; www.bundelkhandriverside.com; EZ/DZ inkl. Frühstück 4300/4600 ₹;) Dieses Hotel gehört dem Enkel von Orchhas letztem König und hat ein authentisches historisches Ambiente, obwohl das Hauptgebäude nicht einmal 20 Jahre alt ist. Das Mobiliar ist auf antik getrimmt; ein paar Stücke aus der persönlichen Kunstsammlung des Maharadschas zieren die Flure. Von den erlesenen Zimmern schaut man auf den Fluss oder auf den eleganten Garten, der vier Tempel aus dem 16. Jh. und einen kleinen Pool beherbergt.

Essen & Ausgehen

Laxmi Betwa Tarang INDISCH, CONTINENTAL $
(Sheesh Mahal Rd; Hauptgerichte 80–180 ₹; 7–22 Uhr;) Von allen Billigrestaurants in Orchha gibt's hier das beste vegetarische Essen. Besonders gut sind die Thalis (130–350 ₹). Nicht zu verachten ist auch die Dachterrasse, auf der man mit tollem Blick auf den Raj Mahal sitzen kann. Auf der Karte steht zwar kein Bier, es ist aber trotzdem welches erhältlich.

RamRaja Restaurant INDISCH, CONTINENTAL $
(Sheesh Mahal Rd; Hauptgerichte 75–395 ₹; 7–22.30 Uhr;) Das freundliche, familienbetriebene Restaurant am Straßenrand gewinnt zwar nicht gerade einen Hygienepreis, bietet aber Eierfrühstück, Müsli, Pfannkuchen, leckeres vegetarisches Essen und einen recht ordentlichen Espresso im Schatten eines großen Baumes. Die Leute hier können einem auch ein Bier auftreiben.

Bundela Restaurant INDISCH $$
(Betwa Retreat; Hauptgerichte 140–350 ₹; 8–22.30 Uhr) Das Hotelrestaurant mit Ausschanklizenz serviert neben europäischen und chinesischen Gerichten auch verlässlich gute Kost à la Indien. Für Unterhaltung der besonderen Art sorgen drei Instrumentalisten und ein Sänger, die jeden Abend traditionelle Musik im Stile Bundelkhands auf der Terrasse zum Besten geben.

Jharokha Restaurant INDISCH $$
(Hotel Sheesh Mahal; Hauptgerichte 140–350 ₹; 8–22.30 Uhr;) Das Jharokha in der eleganten Säulenhalle eines früheren königlichen Gästehauses ist besser als die üblichen Hausrestaurants von staatlich betriebenen Hotels. Freundliche Kellner servieren hier gutes Essen im indischen, chinesischen und europäischen Stil. Wie immer sind aber die indischen Gerichte (vor allem aus dem Tandur) besonders empfehlenswert. Normalerweise können Gäste auch Bier und Whisky bestellen.

Praktische Informationen

Orchha Tourist Service (OTS; 9981749660; www.otstoursindia.com; hinter dem Ram-Raja-Tempel; 8.30–21.30 Uhr) Das gute Reisebüro unter der Leitung von Romi Samele vertritt auch offiziell das **Orchha Home-Stay** in Ganj.

An- & Weiterreise

Wer Orchha mit öffentlichen Verkehrsmitteln erreicht oder verlässt, steigt unterwegs fast immer im größeren Jhansi um. Rund 18 km weiter nordwestlich liegt Jhansi an der Bahnstrecke Delhi–Agra–Gwalior–Bhopal, auf der täglich mehr als 30 Züge in beiden Richtungen verkehren. Von Jhansis Bahnhof fahren Autorikschas (200–250 ₹, 45 Min.) und Taxis (500–600 ₹, 30 Min.) direkt nach Orchha. Alternativ geht's per Tempo vom Bahnhof ostwärts zum Busbahnhof (10 ₹, 4 km) und ab dort mit einem weiteren Tempo nach Orchha (20 ₹, 45 Min.).

NACH/AB KHAJURAHO

Ab Jhansi fahren Busse nach Chhatarpur (130 ₹, 3 Std., 5–22 Uhr stündl.), wo Anschluss nach Khajuraho (50 ₹, 1½ Std.) besteht. Aus Richtung Khajuraho (über Hwy 39) kann man sich vom Busfahrer an der Abzweigung nach Orchha absetzen lassen und dort nach einer Mitfahrgelegenheit für das letzte Stück schauen.

Theoretisch fährt der Udaipur-Khajuraho Express (Zug-Nr. 19666) um 15.30 in Jhansi ab und erreicht Khajuraho um 18.30 Uhr (Sleeper Class/3AC/2AC 160/490/695 ₹). Real verlässt er Jhansi aber zumeist mit etwa zwei Stunden Verspätung. Noch unzuverlässiger ist Zug 54159, der von Orchhas Minibahnhof (liegt 5 km nördlich der Stadt an der Straße nach Jhansi) um 7.25 Uhr nach Mahoba rollt (30 ₹, 2¾ Std.). Ab dort fährt dann Zug 51821 um 10.40 Uhr nach Khajuraho (15 ₹, Ankunft 12 Uhr). In diesen langsamen und oft stark überfüllten Zügen gibt's jeweils nur eine 2. Klasse mit nicht reservierbaren Sitzplätzen. Wenn es in Mahoba nicht mit dem Anschluss klappt (was leider durchaus wahrscheinlich ist!), muss man bis

18.05 Uhr auf den nächsten Zug nach Khajuraho warten.

Die Alternative ist ein Taxi von Orchha nach Khajuraho (2500 ₹, 4 Std.).

Khajuraho

07686 / 24500 EW.

Die erotischen und anderen Reliefs, die die drei Tempelgruppen von Khajuraho zieren, zählen zum Weltkulturerbe und zur schönsten Tempelkunst der Welt. Vor allem die westliche Tempelgruppe wartet mit eindrucksvollen Stücken auf. Khajuraho findet man auf der Bus-Tour-Karte und es kann Nerven kosten, weil man vor Ort hartnäckig von Straßenverkäufern verfolgt wird. Die Klagen sind zwar berechtigt, dennoch sollte man sich deshalb nicht die wunderschönen Tempel entgehen lassen.

Die Tempel sind großartige Beispiele für nordindische Architektur. Berühmtheit erlangte Khajuraho jedoch durch die freizügigen Reliefs. Die Außenseiten der Tempel sind mit kunstvollen Steinmetzarbeiten verziert. Sie zeigen Szenen aus dem Leben vor 1000 Jahren, wobei Götter, Göttinnen, Krieger, Musiker, Tänzern sowie echte und mythische Tiere die Hauptrolle spielen.

Zwei Elemente wiederholen sich fortlaufend: Frauen und Sex. *Surasundaris* und *apsaras* (himmlische Nymphen) in verführerischen Posen und *nayikas* (Heldinnen) wurden etwas zur Seite geneigt posierend in die Mauern gemeißelt. So scheinen die neckischen Figuren zu tanzen und aus dem Tempel herauszuwirbeln. Die *mithunas* (Paare und Gruppen mit mehreren Männern und Frauen in erotischen Posen) zeigen die Kunstfertigkeit der Steinmetze und die Geschicklichkeit der Chandelas.

Geschichte

Der Legende nach wurde Khajuraho von Chandravarman (Sohn des Mondgottes Chandra) gegründet, der hier auf die Erde hinabstieg und die schöne Jungfrau Hemavati beim Baden in einem Fluss erblickte. Historikern zufolge entstanden die meisten der einst 85 Tempel (von denen noch 25 erhalten sind) zwischen 930 und 1050 während der Blütezeit der Chandela-Dynastie. Vom 9. bis zum 16. Jh. herrschte dieser Rajputen-Clan über verschieden große Teile der Region Bundelkhand, die sich früher über das nördliche Madhya Pradesh und das südliche Uttar Pradesh erstreckte. Es ist ungeklärt, ob Khajuraho die Hauptstadt der Chandelas oder eher ein heiliges Zeremonien-Zentrum war. Als gesichert gilt, dass das 50 km entfernte Mahoba im Norden während des 11. Jhs. für gewisse Zeit als Chandela-Hauptstadt diente. Die Tempel von Khajuraho wurden jedoch noch lange danach genutzt.

Khajurahos Abgeschiedenheit trug wohl dazu bei, dass muslimische Eindringlinge die hiesigen „Götzendienertempel" nicht wie anderswo zerstörten. Doch wahrscheinlich aus demselben Grund wurde die Gegend nach und nach verlassen, bis viele Gebäude verfielen und vom Dschungel überwuchert wurden. Die übrige Welt wusste kaum etwas von der Stätte, bis der britische Offizier T. S. Burt im Jahr 1838 von seinen Sänftenträgern zu den Ruinen geführt wurde.

Sehenswertes

Westliche Gruppe – umzäunter Bereich

Die eindrucksvollsten und am besten erhaltenen Tempel von Khajuraho liegen im eingezäunten Bereich der **Westlichen Gruppe** (Inder/Ausländer 30/500 ₹, Video 25 ₹; Sonnenaufgang–Sonnenuntergang). Dies sind auch die einzigen Tempel, für die man hier Eintritt bezahlen muss. Beim Ticketschalter ist auch ein Khajuraho-Führer (60 ₹) des Archaeological Survey of India (ASI) erhältlich. Zudem stehen offizielle Guides zur Verfügung (halber/ganzer Tag 1190/1508 ₹ auf Englisch oder Hindi, andere Sprachen zzgl. 476/635 ₹).

Bei der allabendlichen **Sound and Light Show** (Inder/Ausländer 200/500 ₹, Kind 100/250 ₹; auf Englisch Okt.–Feb. 18.30 Uhr, März–Sept. 19.30 Uhr; auf Hindi Okt.–Feb. 19.40 Uhr, März–Sept. 20.40 Uhr) tanzen bunte Flutlichter über die Tempel der Westlichen Gruppe, während klassische indische Musik erklingt und ein „Bildhauermeister" kurz die Geschichte von Khajuraho erzählt. Fotografieren ist verboten.

★ Lakshmana-Tempel HINDU-TEMPEL

Der Bau des großen Tempels dauerte 20 Jahre und wurde laut einer Inschrift im *mandapa* (vorgelagerter Säulenpavillon) im Jahr 954 während der Herrschaft Dhangas vollendet. Von allen hiesigen Tempeln ist dieser wohl am besten erhalten. Die Südseite des Fundaments zieren ein paar von Khajurahos orgiastischsten Reliefs. Darunter ist z. B. ein

Mann, der beweist, dass auch ein Pferd der beste Freund des Menschen sein kann. Die schockierte Frauengestalt daneben hält sich die Hände vors Gesicht und wagt nur verschämte Blicke.

Der Fries rund um das Fundament zeigt auch ganze Bataillone von Soldaten – die Chandelas führten eigentlich ständig Krieg, wenn sie sich nicht gerade neue Sexstellungen ausdachten. Dazwischen verteilen sich Musiker und Jäger sowie viele Elefanten, Pferde und Kamele. Weitere großartige Reliefs gibt's im *garbhagriha* (inneren Heiligtum) zu sehen. Der Lakshmana-Tempel ist Vishnu geweiht, obwohl er vom Stil her eher an die Shiva-Tempel Vishvanath und Kandariya-Mahadev erinnert.

Gegenüber des östlichen Gebäudeendes stehen zwei kleine Schreine: der zumeist verschlossene **Lakshmi-Tempel** und der **Varaha-Tempel.** Letzterer beherbergt eine wunderbare Sandstein-Statue von Vishnus Inkarnation als Eber. Die 1,5 m hohe Skulptur stammt aus dem Jahr 900 und ist kunstvoll mit einem Götter-Pantheon verziert.

★Kandariya-Mahadev-Tempel — HINDU-TEMPEL

Der 30,5 m lange Kandariya-Mahadev (erb. 1025–50) ist der größte Tempel der Westlichen Gruppe und repräsentiert den Höhepunkt der Chandela-Architektur. Er weist auch die meisten Darstellungen weiblicher Schönheit und sexueller Akrobatik auf. Die meisten der 872 Statuen sind fast 1 m hoch und damit größer als in den anderen Tempeln. Eine oft fotografierte Figur beweist die Umsetzbarkeit der Handstandstellung.

Hindus verehren den 31 m hohen *sikhara* (Tempelturm) wie einen Lingam als Phallus-Symbol, das auf Shiva verweist. Dadurch erhoffen sie sich, vom Kreislauf der Reinkarnation befreit zu werden. Der *sikhara* und der *mandapa* (Säulenpavillon) sind mit insgesamt 84 Nebentürmen verziert. So wirkt das Dach wie ein Gebirge und erinnert damit an den Wohnsitz der Götter im Himalaja.

Mahadeva-Tempel — HINDU-TEMPEL

Dieser kleine, teilweise verfallene Tempel teilt sich eine Plattform mit dem Kandariya-Mahadev und dem Devi Jagadamba. Er ist Shiva geweiht, dessen Relief den Sturz des Eingangs schmückt. Im Inneren steht eine von Khajurahos schönsten Skulpturen: eine *sardula* (Fabelwesen, teils Löwe, teils anderes Tier – eventuell Mensch), die Zärtlichkeiten mit einer knieenden Frau austauscht.

Devi-Jagadamba-Tempel — HINDU-TEMPEL

Dieser Tempel ehrte ursprünglich Vishnu, wurde später aber Parvati und dann Kali geweiht. Die Reliefs zeigen u.a. *sardulas* in Begleitung Vishnus sowie *surasundaris* (himmlische Nymphen). Im dritten oberen Band vergnügen sich *mithunas* (Paare von Männern und Frauen). Der Devi Jagadamba wirkt schlichter als der Kandariya-Mahadev und der Chitragupta. Sein dreiteiliger Aufbau hat zwar mehr mit dem Chitragupta gemein, ist aber weniger aufwendig mit Reliefs verziert und daher wohl etwas älter.

Chitragupta-Tempel — HINDU-TEMPEL

Der Chitragupta-Tempel (erb. 1000–25) ist dem Sonnengott Surya geweiht. Dies macht ihn in Khajuraho einzigartig und zur Rarität unter Nordindiens Schreinen. Verglichen mit der übrigen Westlichen Gruppe ist der Erhaltungszustand nicht ganz so gut. Dennoch gibt's auch hier schöne Reliefs zu bewundern – darunter *apsaras*, *surasundaris*, Elefantenkämpfe, Jagdszenen, *mithunas* und eine Prozession von Steinträgern.

Im düsteren inneren Heiligtum ziehen sieben Pferde am Fuß der Statue den Wagen des Surya. Der *sikhara* auf der Südseite erhebt sich über zwei großen Nischen. Die untere davon beherbergt ein elfköpfiges Bildnis Vishnus, das die Gottheit und zehn ihrer 22 Inkarnationen repräsentiert.

Parvati-Tempel — HINDU-TEMPEL

Innerhalb der eingezäunten Westlichen Gruppe kommt nach dem Chitragupta rechts der kleine verschlossene Parvati-Tempel in Sicht. Dieser war einst Vishnu geweiht und beherbergt heute ein Bildnis der Gauri (Parvati), die auf einem Leguan reitet.

★Vishvanath-Tempel — HINDU-TEMPEL

Dieser Schrein wurde vermutlich 1002 vollendet. In puncto Grundriss und Stil gilt er als Vorläufer des Kandariya-Mahadev. Der Vishvanath ist Shiva geweiht und ein Paradebeispiel für die Chandela-Architektur: Bis hinauf zu ihren Spitzen werden die *sikharas* von zahllosen Steinfiguren geziert. Unter den Skulpturen sind z.B. eine Frau im Kopfstand (nördliche Nische) oder sinnliche *surasundaris*, die Briefe schreiben, Babys herzen, in Spiegel schauen und sich am Rücken kratzen. Der unterste Fries zeigt kleine Kamele, Pferde, Musikanten, Elefanten, Krieger und Tänzer.

Am östlichen Ende der Plattform steht dem Tempel eine 2,2 m lange Statue des

Khajuraho

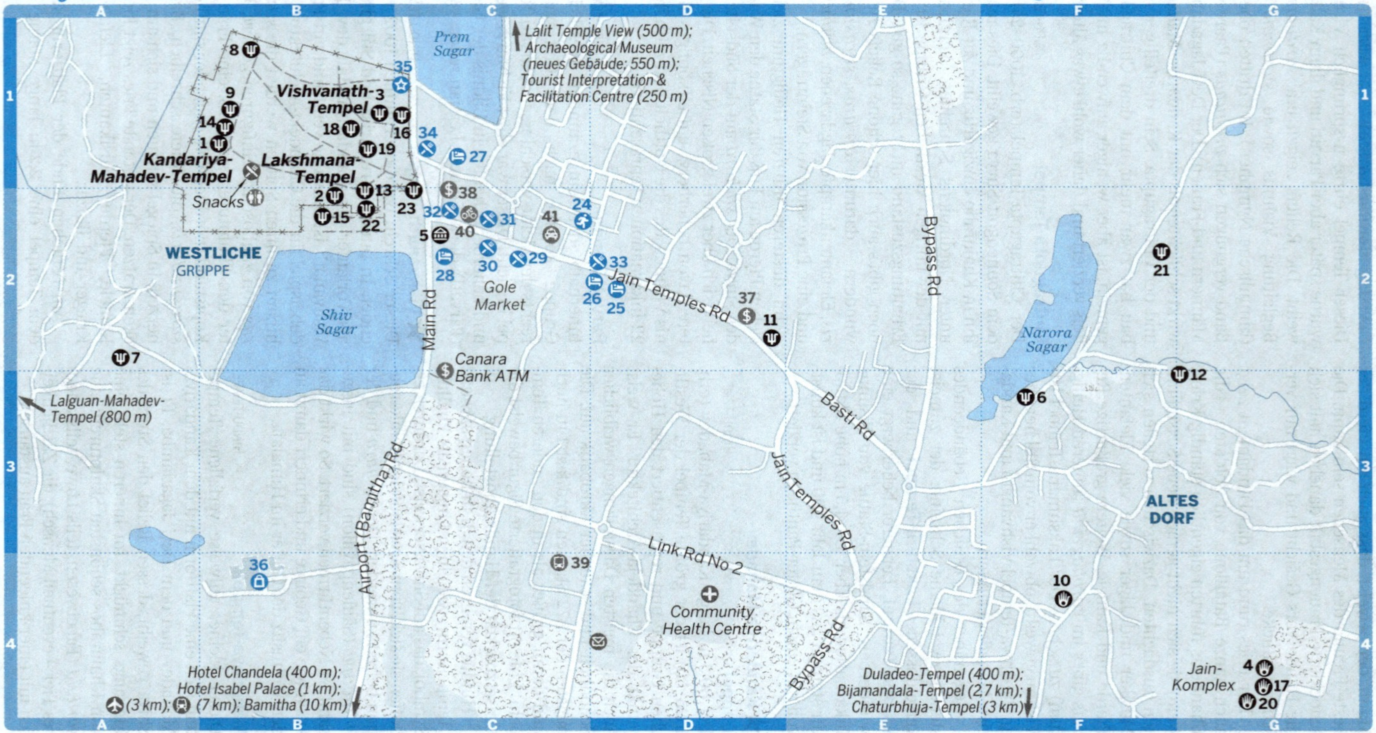

0 400 m

Prem Sagar
Lalit Temple View (500 m); Archaeological Museum (neues Gebäude; 550 m); Tourist Interpretation & Facilitation Centre (250 m)
Vishvanath-Tempel
Kandariya-Mahadev-Tempel
Lakshmana-Tempel
Snacks
WESTLICHE GRUPPE
Shiv Sagar
Main Rd
Gole Market
Canara Bank ATM
Jain Temples Rd
Bypass Rd
Basti Rd
Narora Sagar
ALTES DORF
Lalguan-Mahadev-Tempel (800 m)
Airport (Bamitha) Rd
Link Rd No 2
Community Health Centre
Hotel Chandela (400 m); Hotel Isabel Palace (1 km); (3 km); (7 km); Bamitha (10 km)
Duladeo-Tempel (400 m); Bijamandala-Tempel (2,7 km); Chaturbhuja-Tempel (3 km)
Jain-Komplex

1 2 3 4 5 6 7 8 9 10 11 12 13 14 15 16 17 18 19 20 21 22 23 24 25 26 27 28 29 30 31 32 33 34 35 36 37 38 39 40 41

Khajuraho

Highlights
1 Kandariya-Mahadev-Tempel ... B1
2 Lakshmana-Tempel ... B2
3 Vishvanath-Tempel ... B1

Sehenswertes
4 Adinath-Tempel ... G4
5 Archaeological Museum ... C2
6 Brahma-Tempel ... F3
7 Chausath-Yogini-Tempel ... A2
8 Chitragupta-Tempel ... B1
9 Devi-Jagadamba-Tempel ... B1
10 Ghantai-Tempel ... F4
11 Hanuman-Tempel ... D2
12 Javari-Tempel ... G3
13 Lakshmi-Schrein ... B2
14 Mahadeva-Tempel ... B1
15 Matangesvara-Tempel ... B2
16 Nandi-Schrein ... C1
17 Parsvanath-Tempel ... G4
18 Parvati-Tempel ... B1
19 Pratapeswar-Tempel ... B1
20 Shantinath-Tempel ... G4
21 Vamana-Tempel ... F2
22 Varaha-Schrein ... B2
23 Westliche Gruppe ... C2

Aktivitäten, Kurse & Touren
24 Ayur Arogyam ... C2

Schlafen
25 Hotel Harmony ... D2
26 Hotel Surya ... D2
27 Hotel Yogi Lodge ... C1
28 Zostel ... C2

Essen
29 Snackstände ... C2
30 La Bella Italia ... C2
31 Lassi Corner ... C2
32 Madras Coffee House ... C2
33 Mediterraneo ... D2
34 Raja Cafe ... C1

Unterhaltung
35 Sound and Light Show ... C1

Shoppen
36 Kandariya ... B4

Praktisches
37 SBI ATM ... D2
38 State Bank of India ... C2
Union Bank ATM ... (siehe 34)

Transport
Ticketbüro Busse ... (siehe 39)
39 Bus ... C4
40 Mohammed Bilal ... C2
41 Yashowarman Taxi Driver Union ... C2

Nandi-Stiers (Shivas Reittier) gegenüber. Der Schrein hat zwölf Säulen; der Elefantenfries am Fundament erinnert an den recht ähnlichen Schmuck der Lakshmana-Fassade.

Pratapeswar-Tempel HINDU-TEMPEL
Der weiße Pratapeswar nahe dem Vishvanath besteht aus Backstein und Mörtel. Er wurde vor rund 200 Jahren vollendet und ist daher wesentlich jünger.

Westliche Gruppe – offener Bereich

Matangesvara-Tempel HINDU-TEMPEL
(Sonnenaufgang–Sonnenuntergang) Der Matangesvara steht direkt neben dem Lakshmana, ist aber durch die Umzäunung getrennt. Als einziger Tempel der Westlichen Gruppe wird er bis heute täglich genutzt. Zudem ist dies der schlichteste Schrein in Khajuraho, was auf ein frühes Entstehungsdatum hinweist. Im Inneren befindet sich ein polierter 2,5 m hoher Lingam (phallisches Shiva-Symbol).

Chausath-Yogini-Tempel HINDU-TEMPEL
Die Ruinen des Chausath-Yogini hinter dem Shiv-Sagar-See stammen aus dem späten 9. Jh. und sind wahrscheinlich die ältesten in Khajuraho. Der mitunter verschlossene Granitbau ist als einziger örtlicher Tempel nicht von Osten nach Westen ausgerichtet. *Chausath* bedeutet „64“: Einst gab es hier 64 Zellen für die Statuen von Kalis *yoginis* (Dienerinnen); Nr. 65 beherbergte die Göttin selbst. Dies ist angeblich der älteste *yogini*-Schrein Indiens.

Lalguan-Mahadev-Tempel HINDU-TEMPEL
Dieser kleine Shiva-Tempel aus dem Jahr 900 besteht aus Sandstein und Granit. Seine Ruinen liegen rund 800 m westlich des Chausath Yogini (S. 703). Um sie zu erreichen, muss man einen Fußpfad hinunterlaufen und ein paar Felder überqueren (einfach Einheimische fragen).

Archaeological Museum MUSEUM
(www.museumkhajurahoasi.nic.in; Main Rd; Sa–Do 9–17 Uhr) Hier wartet eine gute Sammlung von Skulpturen aus Khajuraho und Umgebung. So steht z.B. in der Eingangshalle ein wunderschöner Ganesha aus dem 11. Jh., der für eine elefantenköpfige Gottheit bemerkenswert anmutig tanzt. Zu Füßen des Dickhäuters befindet sich dessen Reittier:

Tempel von Khajuraho

WESTLICHE GRUPPE

Mit ihrer schieren Menge von Kunst können Khajurahos besterhaltene Tempel einen geradezu überwältigen. Die folgende Tour ist ein guter Einstieg und nennt auch ein paar leicht zu übersehende Details.

Los geht's mit dem ❶ **Sandstein-Eber** im Varaha-Schrein. Dann folgt der ❷ **Lakshmana-Tempel**, dessen Sockel auf der Südseite von ein paar sehr schlüpfrigen Darstellungen geziert wird. Darunter z. B. eine Orgie mit neun Beteiligten und eine männliche Gestalt, die sich mit einem Pferd vergnügt. Oben auf der Plattform ist ein toller tanzender Ganesha in einer Nische zu sehen (Süden). Auf der Westseite warten würdevolle *surasundaris* (Nymphen): Eine zieht sich einen Dorn aus dem Fuß, eine weitere trägt einen nassen Sari (Nordwesten), eine dritte bewundert sich im Spiegel (Südwesten).

Nächste Station ist der größte örtliche Tempel namens ❸ **Kandariya-Mahadev**. Hier gilt es, das Relief mit der berühmten Handstandstellung zu bewundern (Süden). Das Eindrucksvollste an diesem Tempel sind jedoch seine Dimensionen (vor allem die der Dächer).

Der ❹ **Mahadeva** und der ❺ **Devi Jagadamba** teilen sich einen Steinsockel mit dem Kandariya-Mahadev und mit vier wunderschönen *sardulas*, die jeweils eine Nymphe liebkosen. Eine der mythischen Kreaturen (halb Löwe, halb Mensch) befindet sich am Eingang des Mahadeva; die anderen stehen frei auf dem Sockel.

Von hier aus geht's gen Norden zum ❻ **Chitragupta-Tempel**, dessen unterste Reliefs u. a. kleine Elefanten und Jagdszenen zeigen. Drinnen ziehen sieben Mini-Pferde den Wagen des Sonnengottes Surya.

Dann in Richtung Osten weiterlaufen, um am ❼ **Vishvanath-Tempel** noch mehr herrliche Reliefs zu bewundern. Und zum Schluss noch hinein in den gegenüberliegenden ❽ **Nandi-Schrein**, der eine mächtige Statue von Shivas Stier beherbergt.

BODOM/SHUTTERSTOCK ©

Über Kopf
Diese gelenkige Liebesszene ist wo die berühmteste in Khajuraho. Steht man auf der Südseite des Kandariya-Mahadev-Tempels, befindet sie sich direkt über dem Betrachter.

Sikharas
Obwohl dieser Tempel viele schöne Statuen besitzt, sind das wohl Schönste an ihm die hohen *sikharas* (Tempeltürme), die die Wohnstatt der Götter im Himalaja repräsentieren.

Sardula-Statue
Es befinden sich vier *sardulas*, die Zärtlichkeiten mit Nymphen austauschen, auf dem Steinsockel, aber jene direkt am Eingang zum Tempel ist die schönste.

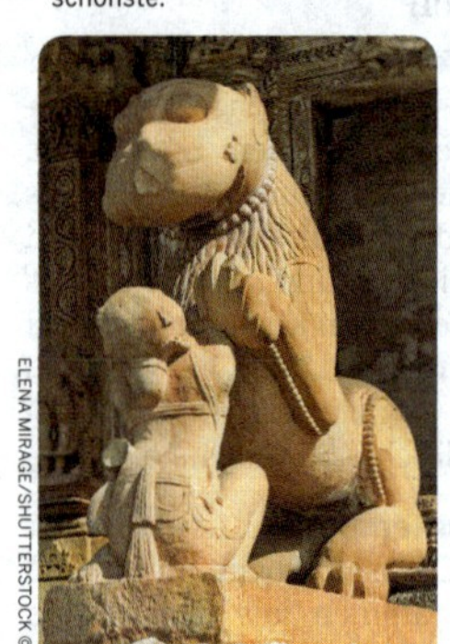

ELENA MIRAGE/SHUTTERSTOCK ©

Kamasutra-Reliefs
Obwohl man sie landläufig als Kamasutra-Reliefs bezeichnet, stellt di erotische Kunst hier Vatsyayanas Kamasutra nicht richtig dar. Es wird noch diskutiert, wozu die Szenen dienten: als Symbol der Fruchtbarkeit oder sollten sie andeuten, dass die Herrscher sehr zeugungskräftig, d. h. mächtig waren? Interessanterweise befinden sich die erotischen Szenen nie in der Nähe der Tempelgottheit.

ɪUNDPRO-AGANDA

ie offiziellen
ührer nahe
em Ticketbüro
chmücken die
eschichte zwar
t aus, erwecken
e alten Steine
ber gekonnt
um Leben.

JEREMYRICHARDS/GETTY IMAGES

JEREMYRICHARDS/SHUTTERSTOCK ©

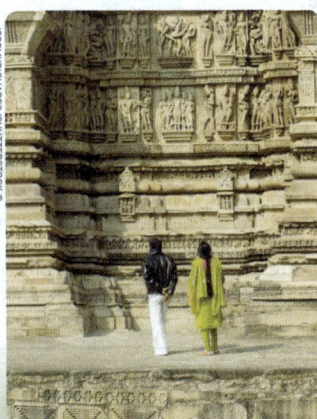

6 Chitragupta-Tempel

Toiletten

7 Vishvanath-Tempel

Parvati-Tempel

8 Nandi-Schrein

hmana-mpel

2

Pratapeswar-Tempel

Lakshmi-Schrein

1 Varaha-Schrein

Matangesvara-Tempel

EINGANG

DAS TICKET AUSNUTZEN

Wer sich besonders intensiv mit Khajurahos Kunst beschäftigen will, kann mit demselben Ticket das archäologische Museum der Stadt besuchen.

Nandi-Statue

Dieses massige, 2,2 m lange Bildnis von Nandi, dem Bullen, auf dem Shiva reitet, verbirgt sich in einem Pavillon gegenüber dem Vishvanath-Tempel.

ırasundaris

ındervolle, grazile Darstellungen von Nymphen den sich an vielen Tempeln in Khajuraho. Doch tz all der dargestellten Orgien ist die erotischs-Figur wohl die verführerische *surasundari*, die einen nassen Sari gewickelt ist.

Vishnus Eber

Diese Statue von Varaha, Vishnus Inkarnation als Eber, aus dem 9./10. Jh. ist rundum mit Darstellungen brahmanischer Gottheiten verziert. Zu Varahas Füßen ist die Schlange Seshanaga in demütiger Haltung zu sehen. Außerdem sieht man den Fuß einer Göttin, die nicht mehr da ist.

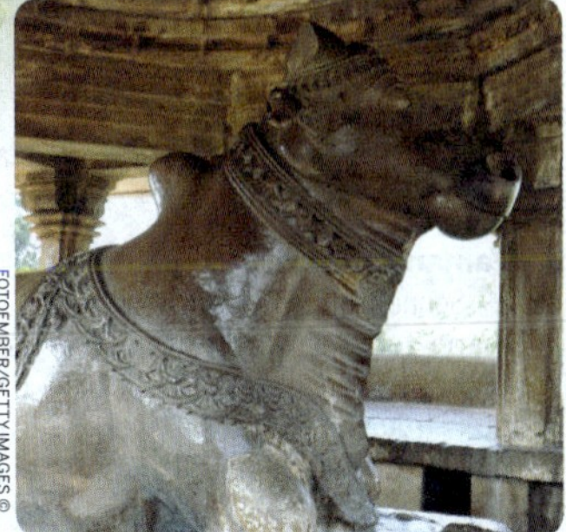

FOTOEMBER/GETTY IMAGES ©

eine winzige Maus. Das Museum kann nur mit einen Ticket für die Westliche Gruppe (S. 700) vom selben Tag besucht werden. Nördlich der Westlichen Gruppe zeigt ein neues und schöneres Spezialmuseum seit 2016 noch mehr Skulpturen aus Khajuraho; zudem gibt's dort Infotafeln zu Geschichte und Kunst der Chandelas.

Zum Recherchezeitpunkt waren die neuen Ausstellungen aber noch nicht ganz fertig. Zudem war noch unklar, ob das alte Museum geschlossen oder künftig parallel genutzt wird.

Östliche Gruppe

Die Hindutempel des Alten Dorfs und vier jainistische Schreine (drei davon eingezäunt) etwas weiter südlich bilden zusammen die Östliche Gruppe.

Hanuman-Tempel HINDU-TEMPEL

(Basti Rd) Der kleine weiße Hanuman-Tempel beherbergt eine 2,5 m hohe und orange angemalte Statue des hinduistischen Affengottes. Am interessantesten ist die Sockel-Inschrift aus dem Jahr 922 – die älteste datierbare Inschrift in ganz Khajuraho.

Brahma-Tempel HINDU-TEMPEL

Dieser Granitbau wurde um 900 vollendet und ist damit einer der ältesten Tempel Khajurahos. Sein *sikhara* (Tempelturm) aus Sandstein ragt über dem Narora Sagar empor. Der ungewöhnliche Shiva-Lingam im Inneren hat vier Gesichter, was ansonsten nur bei Brahma-Bildnissen üblich ist. Deshalb ist der Tempel fälschlicherweise nach Brahma benannt. Die Darstellung über der Tür des Heiligtums beweist aber, dass hier eigentlich Vishnu verehrt wurde.

Javari-Tempel HINDU-TEMPEL

(⌚Sonnenaufgang–Sonnenuntergang) Der Javari-Tempel (erb. 1075–1100) gleich nördlich des Alten Dorfs ähnelt dem Chaturbhuja-Tempel der südlichen Gruppe. Er ist Vishnu geweiht und ein gutes Beispiel für Khajuraho-Architektur im kleineren Maßstab. Neben dem schlanken *sikhara* ist vor allem das mit Krokodilen verzierte Portal bemerkenswert.

Vamana-Tempel HINDU-TEMPEL

(⌚Sonnenaufgang–Sonnenuntergang) Der Vamana-Tempel (erb. 1050–75) liegt rund 300 m nördlich des Alten Dorfs. Er ist Vishnus Inkarnation als Zwerg geweiht und weist ein paar skurrile Elemente auf (z. B. Elefanten, die aus den Mauern herausragen). Der *sikhara* hat jedoch keinerlei Nebentürme; auch erotische Szenen sind hier eher Mangelware.

Ghantai-Tempel JAINISTISCHER TEMPEL

Der kleine jainistische Tempel steht zwischen dem Alten Dorf und dem Jainistischen Komplex. Benannt ist er nach den *ghanta*-Elementen (Ketten und Glöckchen) auf seinen Säulen. Einst ähnelte der Bau dem benachbarten Parsvanath. Allerdings sind nur die Säulen der Plattform und des *mandapa* (Pavillons) erhalten geblieben. Besucher haben meist keinen Zutritt.

Shantinath-Tempel JAINISTISCHER TEMPEL

Als Haupttempel des Jainistischen Komplexes wird dieser Mix aus alter und moderner Architektur bis heute genutzt. Unter den Elementen aus älteren Tempeln ist z. B. ein 4,5 m hohes Adinath-Bildnis. Die übergipste Inschrift auf dessen Sockel wurde ungefähr 1028 eingraviert.

Parsvanath-Tempel JAINISTISCHER TEMPEL

(⌚Sonnenaufgang–Sonnenuntergang) In puncto Größe oder Erotik kann dieser größte der Jain-Tempel innerhalb der Mauern sicher nicht mit den Bauwerken der westlichen Gruppe konkurrieren. Stattdessen besticht er durch seine präzise Bauweise und schöne Skulpturen. Hier sind einige der besten Beispiele von Khajurahos am besten erhaltenen und berühmtesten Bilder zu bewundern. Dazu zählen eine Frau, die einen Dorn aus ihrem Fuß entfernt, und eine, die sich die Augen schminkt; beide schmücken die Südseite.

Adinath-Tempel JAINISTISCHER TEMPEL

Der Adinath-Tempel aus dem späten 11. Jh. ist etwas kleiner und wurde im Laufe der Jahrhunderte mehrmals restauriert. Die herrlichen Reliefs der drei Skulpturenbänder weisen Parallelen zu Khajurahos Hindu-Tempeln auf (besonders zum Vamana-Tempel). Nur die großartige schwarze Statue im inneren Heiligtum erinnert an den jainistischen Glauben.

Südliche Gruppe

Nahe des Jainistischen Komplexes führt eine befestigte Straße gen Süden zu drei weiteren Tempeln – sie sind zwar im Vergleich zum übrigen Khajuraho nicht sonderlich spektakulär, aber nette Ziele für eine Landpartie per Drahtesel.

Duladeo-Tempel HINDU-TEMPEL

(⏲ Sonnenaufgang–Sonnenuntergang) Dieser Shiva-Tempel (erb. 1100–50) ist Khajurahos jüngster Schrein und steht kurz oberhalb eines kleinen Flusses in einem gepflegten Garten. Die Reliefs wirken recht hölzern und eintönig. Dies lässt darauf schließen, dass die Baumeister ihren künstlerischen Zenit bereits überschritten hatten. Ihrer Begeisterung für Erotik tat dies allerdings keinen Abbruch.

Chaturbhuja-Tempel HINDU-TEMPEL

(⏲ Sonnenaufgang–Sonnenuntergang) Der kleine Chaturbhuja aus dem Jahr 1100 lässt ähnliche Makel wie der ältere Duladeo erkennen und ist Khajurahos einziger vollendeter Tempel ohne erotische Skulpturen. Das innere Heiligtum beherbergt jedoch eine hübsche, 2,7 m hohe Vishnu-Statue mit vier Armen.

Der Chaturbhuja liegt 1,7 km hinter dem Duladeo; um ihn zu erreichen, das Dorf Jatkara durchqueren und nach 350 m an der T-Kreuzung links abbiegen.

Bijamandala-Tempel HINDU TEMPEL

(⏲ Sonnenaufgang–Sonnenuntergang) Rund 200 m vor dem Chaturbhuja-Tempel zweigt links der ausgeschilderte Pfad zum Bijamandala-Tempel ab (700 m). Bei dem freigelegten Erdhügel handelt es sich um einen Shiva-Tempel aus dem 11. Jh. – jedenfalls lässt das der weiße Marmor-Lingam auf dem Scheitelpunkt der Erhöhung vermuten.

Zu sehen gibt's hier auch die Überreste eines recht kleinen Frieses mit Elefanten und Tänzern. Daneben entdeckten Archäologen zudem ein paar unvollendete Steinmetzarbeiten. Dies lässt den Schluss zu, dass Mangel an Baumaterial die Vollendung des potenziell größten Khajuraho-Tempels verhinderte.

Aktivitäten

Viele Budgethotels bieten preiswerte Ayurveda-Massagen an, wobei die Qualität stark variiert. Luxuriösere Anwendungen bekommt man in Spitzenklassehotels.

Ayur Arogyam MASSAGE

(☎ 07686-272572; www.ayurarogyam.in; Jain Temples Rd; Behandlungen 1000–1900 ₹) Lust auf authentisches Ayurveda? Dann nichts wie hin zu diesem Studio unter der professionellen Leitung eines netten und erfahrenen Paars aus Kerala.

Kunden können sich z. B. ihren Kopf oder den Hals/Rücken massieren lassen (jeweils 30 Min.). Im Angebot sind aber auch ungemein entspannende Ganzkörpermassagen mit heilkräftigen Ölen (*abhyangam;* 1 Std.).

Feste & Events

Festival of Dance TANZ, KUNSTHANDWERK

(⏲ Ende Feb.) Bei dem einwöchigen Festival treten indische Tanzensembles jeden Abend gratis zwischen den Tempeln der Westlichen Gruppe auf, was zahllose Besucher nach Khajuraho lockt.

Schlafen

In der Nachsaison (ca. April–Sept.) sind kräftige Rabatte von 20 bis 50 % drin. Örtliche Hotels organisieren gern geführte Touren sowieVerkehrsmittel.

Zostel HOSTEL $

(☎ 07686-297009; www.zostel.com; Main Rd; B/Zi. 400/2000 ₹, mit Klimaanlage 500/2200 ₹; 📶) Das neue Hostel in fröhlichen Rot-, Gelb- und Orangetönen liegt perfekt am Shiv-Sagar-See. Die fünf Schlafsäle mit je sechs Stockbetten und die fünf geräumigen Doppelzimmer sind gut gepflegt. Das tolle Dachcafé serviert günstige Frühstücksoptionen und Thalis. Das ganze Haus (inkl. Gästeküche) ist sauber und prima in Schuss.

Hotel Surya HOTEL $

(☎ 9425146203; www.hotelsuryakhajuraho.com; Jain Temples Rd; Zi. 800–1000 ₹, mit Klimaanlage 1000–1500 ₹; ❄@📶) Das weitläufige, gut geführte und anständig gepflegte Hotel bietet eine recht große Zimmerauswahl (teils mit Balkonen). Zudem gibt's hier weiß verputzte Flure, Marmortreppen, einen netten Hofgarten hinter dem Haus, Yoga-Sessions, Massagen und WLAN (50 ₹/Tag).

Hotel Harmony HOTEL $

(☎ 07686-274135; www.hotelharmonyonline.com; Jain Temples Rd; Zi 1000 ₹, mit Klimaanlage 1500 ₹; ❄📶) Von den marmornen Fluren gehen gemütliche, geschmackvolle Zimmer ab, die effektive Moskitonetze und Kabel-TV bieten. Gutes Essen serviert das Restaurant Zorba the Buddha, das Gäste auf dem Dach empfängt (WLAN: 50 ₹/Tag).

Hotel Yogi Lodge HOTEL $

(☎ 9993687416; yogi_sharm@yahoo.com; abseits der Main Rd; EZ 200–300 ₹, DZ 300–400 ₹; ❄@📶) Dieser günstige Backpacker-Favorit vermietet schlichte, aber relativ attraktive und gepflegte Zimmer. Die Bettwäsche scheint regelmäßig gewaschen zu werden. Auch ansonsten punktet das Ganze mit Charakter und gutem Preis-Leistungs-Verhältnis. Hierfür sorgen u.a. kleine Innenhöfe, Gratis-WLAN und kostenloses Morgen-Yoga auf dem Dach. Das ebenfalls oben befindliche Terrassenrestaurant (Hauptgerichte 100–260 ₹) wartet mit netten Steintischen und einer abwechslungsreichen Karte auf.

★ Hotel Isabel Palace HOTEL $$
(☎07686-274770; www.hotelisabelpalace.com; abseits der Airport Rd; B 450 ₹, Zi. inkl. Frühstück 1500–3500 ₹; ❄📶) Das recht neue Hotel südlich der Stadt (1,5 km) ist ein echter Hit: Die Lage an einer ruhigen Schotterpiste ist im Vergleich zu Khajurahos Hauptstraße viel idyllischer. Die blitzsauberen Zimmer unterscheiden sich in puncto Aussicht (Garten oder Sonnenaufgang), Dekor und Einrichtung. Alle Quartiere sind jedoch geräumig, komfortabel und mit großen Bädern ausgestattet. Hinzu kommt jeweils eine Terrasse oder ein Balkon. Obendrein gibt's einen kleinen Schlafssal für Budgetreisende.

Der freundliche Manager Surendra führt seinen Familienbetrieb sehr engagiert. Im stilvollen Hausrestaurant mit Blick auf den Sonnenuntergang könnte man theoretisch vom Boden essen. Dieselbe tolle Aussicht bietet die Dachterrasse – die bei weitem beste der ganzen Stadt ist super für ein romantisches Abendessen bei Kerzenschein.

★ Lalit Temple View HOTEL $$$
(☎07686-272111; www.thelalit.com; Main Rd; DZ inkl. Frühstück 13 510–14 120 ₹; ❄@📶🏊) Das Lalit Temple View überholt sämtliche Pseudo-Fünfsternehotels mit exklusivem Luxus, perfektem Service und hohen Preisen. Die makellosen Zimmer überzeugen mit Marmorbädern, geschnitzten Holzmöbeln und geschmackvoller Kunst. Wer sich nichts aus dem Tempelblick macht, findet abseits vom Hauptanwesen ein verstecktes Gebäude mit „Budgetzimmern" (nur telefonisch oder per E-Mail buchbar). Diese bieten dieselben Annehmlichkeiten – aber zum halben Preis.

Hotel Chandela HOTEL $$$
(☎07686-272366; www.tajhotels.com; Airport Rd; EZ 5950–7920 ₹, DZ 6500–8500 ₹; ❄📶🏊) Das Chandela gehört zur Taj Group. Es ist inzwischen etwas in die Jahre gekommen, aber immer noch eine gute Wahl: Zu weniger abgehobenen Preisen gibt's hier anständige, komfortable Zimmer, zwei gute Restaurants, eine Bar, einen großen Pool, kostenlose Leihfahrräder und ausgezeichneten Service.

Essen & Ausgehen

Für ein günstiges Abendessen empfehlen sich die **Snackstände** (Gerichte 20–60 ₹; ⏱ca. 19–23 Uhr), die Omeletts, *momos* (tibetische Klöße), südindische Gerichte und Paneer-Bratlinge nach Sonnenuntergang im westlichen Endbereich der Jain Temple Rd verkaufen.

Mehrere örtliche Dachrestaurants servieren Bier. Alle teureren Hotels haben Bars oder Restaurants mit Ausschanklizenz.

Madras Coffee House SÜDINDISCH $
(Ecke Main & Jain Temples Rd; Hauptgerichte 60–200 ₹; ⏱8.30–20.30 Uhr) Seit drei Generationen serviert das schmale, freundliche Café seine leckere und authentische Küche à la Südindien: Dosas, *idlis* (luftige, runde Kuchen aus fermentiertem Reis), *uttapams* (dicke, herzhafte Reispfannkuchen) und Thalis. Dazu gibt's Chai und Kaffee nach Madras-Art (mit Zichorie). Einzigartige Spezialität des Hauses ist das köstliche Dosa mit Ei, Käse und Gemüse (200 ₹).

Lassi Corner INDISCH $
(Jain Temples Rd; Gerichte 15–60 ₹, Lassis 15–80 ₹; ⏱7.30–22 Uhr) Die Backsteinbude mit Blechdach ist prima für eine schnelle Teepause, einen entspannten Lassi (auch als „Spezialversion"), ein Frühstück oder ein einfaches indisches Essen.

★ Raja Café INTERNATIONAL $$
(www.rajacafe.com; Main Rd; Hauptgerichte 170–370 ₹; ⏱8–22 Uhr; 📶) Seit fast 40 Jahren spielt das Raja's in der Topliga der Restaurantszene. Auf der bunt gemischten Speisekarte finden sich Espresso, englisches Frühstück, Holzofenpizza sowie hervorragende indische (inklusive Tandoori), italienische und chinesische Gerichte – eben all die Dinge, die man in Indien sonst vermisst (Rösti, Fish & Chips, Belgische Waffeln).

Die Terrasse mit Tempelblick ist großartig, zu der ein herrlicher Hof im Schatten eines 170 Jahre alten Niembaums gehört. Trotzdem ist es das Essen, das alles überragt.

La Bella Italia ITALIENISCH $$
(Jain Temples Rd; Hauptgerichte 150–350 ₹; ⏱7.30–22.30 Uhr) Die Dachterrasse ist abends hübsch beleuchtet. Die selbstgemachten Nudeln und Saucen zählen zu Indiens authentischsten Optionen in Sachen italienische Küche.

Mediterraneo ITALIENISCH $$
(Jain Temples Rd; Hauptgerichte 215–475 ₹, Pizzen 375–525 ₹; ⏱7.30–22 Uhr; 📶) Auf einer hüb-

schen Terrasse mit Straßenblick gibt's hier akzeptables Essen à la Italien. Serviert werden z. B. Crêpes, Salate, Nudeln aus Bio-Vollkornweizen, überraschend gute Holzofenpizzen, Bier und indischer Sula-Wein.

Shoppen

Kandariya KUNSTHANDWERK

(☎07686-274031; Airport Rd; ⊙9–20 Uhr) Das riesige Kaufhaus verkauft Repliken einiger Khajuraho-Tempelreliefs in Originalgröße – sofern man 10 000 bis 1 000 000 ₹ übrig hat! Alternativ gibt's hier aber auch kleinere, erschwinglichere Versionen sowie Textilien, Messingwaren, Holzschnitzereien und Marmorintarsien.

Praktische Informationen

Community Health Centre (☎07686-272498, Notruf 108; Link Rd No 2; ⊙24 Std., normale Sprechstunde Mo–Fr 8–13 & 17–18 Uhr) Mit hilfsbereitem Personal, das aber nur wenig Englisch spricht.

State Bank of India (Main Rd; ⊙Mo–Sa 10.30–14.30 & 15–16.30 Uhr, am 2. & 4. Sa des Monats geschl.) Tauscht Geld um.

Tourist Interpretation & Facilitation Centre (☎07686-274051; khajuraho@mptourism.com; Main Rd; ⊙Mo–Sa 10–18 Uhr, am 2. & 3. Sa des Monats geschl.) Verteilt Führer und Gratisbroschüren zu Touristenzielen im ganzen Bundesstaat. Auch an Flughafen und Bahnhof vertreten.

Touristenpolizei (☎07686-274690; Main Rd; ⊙24 Std.) Praktischer Kiosk nahe der westlichen Tempelgruppe.

An- & Weiterreise

BUS

Falls das **Ticketbüro** (⊙7.30–18 Uhr) am **Busbahnhof** gerade geschlossen haben sollte, hilft einem der Inhaber des gegenüberliegenden Kaffeestands Madhur gerne mit vertrauenswürdigen Fahrplaninfos weiter.

Richtung Orchha, Jhansi und Gwalior muss man einen Bus nach Chhatarpur nehmen (50 ₹, 1½ Std., 7.30–19.30 Uhr alle 30 bzw. 60 Min.) und dort umsteigen. Auf der Route Chhatarpur–Jhansi (Hwy 39) kann man sich vom Fahrer an der Abzweigung nach Orchha absetzen lassen und dort für das letzte Stück ein Tempo nehmen (10 ₹).

Weitere Busse fahren nach Madla (Tor zum Panna Tiger Reserve; 40 ₹, 1 Std., 8.30, 10, 12.30, 13, 15 & 19.30 Uhr) und Jabalpur (Sitzplatz/Liegesitz 300/350 ₹, 8 Std., 19.30 Uhr).

Wesentlich mehr Verbindungen bietet jedoch Bamitha, das 11 km weiter südlich am Hwy 39 liegt: Dort stoppen den ganzen Tag über Busse zwischen Gwalior, Jhansi und Satna. Tempos (10 ₹), Sammeljeeps (10 ₹) und Autorikschas nach Bamitha (100 ₹) starten an Khajurahos Busbahnhof. Alternativ lassen sie sich entlang der Airport Rd anhalten.

FLUGZEUG

Khajurahos Flughafen mit seinem neuen Terminal (2016 eröffnet) liegt 5 km südlich der Stadt. Mit **Jet Airways** (www.jetairways.com) besteht Verbindung nach und ab Delhi (jeweils via Varanasi; Okt.–April tgl.). **Air India** (☎07686-274035; www.airindia.in; Temple Hotel, Flughafen) fliegt ganzjährig dreimal pro Woche von Delhi nach Khajuraho (über Varanasi und Agra); zurück nach Delhi geht's dann jeweils über Varanasi.

TAXI

Die **Yashowarman Taxi Driver Union** (Jain Temples Rd) findet man gleich abseits der Jain Temples Rd unter einem Neembaum. Fahrtpreise in nicht klimatisierten Taxis (inkl. aller Steuern und Mautgebühren): Satna 2500 ₹, Orchha 3200 ₹, Bandhavgarh 6000 ₹, Varanasi 8000 ₹, Agra 8000 ₹. Mit Klimaanlage wird's 15 bis 25 % teurer.

ZUG

Drei praktische Fernzüge halten 8 km südlich der Stadt am Bahnhof Khajuraho:

Delhi 22447 Uttar Pradesh Sampark Kranti Express (Sleeper Class/3AC/2AC 365/955/1350 ₹, 11 Std., tgl. 18.20 Uhr) über Jhansi (190/540/740 ₹, 5 Std.) und Agra (280/720/1010 ₹, 8 Std.).

Udaipur 19665 Khajuraho Udaipur Express (Sleeper Class/3AC/2AC 485/1320/1915 ₹, 21 Std., tgl. 9.25Uhr) über Jhansi (160/490/695 ₹, 4 Std.), Gwalior, Jaipur und Ajmer.

Varanasi 21107 Bundelkhand Link Express (Sleeper Class/3AC 265/720 ₹, 11 Std., Di, Fr & So 23.50 Uhr).

Wer nach Orchha will, kann Zug 19665 nach Jhansi nehmen und von dort aus die letzten 18 km mit Nahverkehrsmitteln (S. 699) zurücklegen (Gesamtreisezeit ca. 5 Std.).

Das **Ticketbüro** (⊙Mo–Sa 8–12 & 13–16, So 8–14 Uhr) des Bahnhofs bucht reservierbare Plätze in allen indischen Zügen.

Verbindungen nach Khajuraho: Zug 21108 verlässt den Bahnhof Varanasi Junction montags, mittwochs und samstags um 17.45 Uhr; um 5.15 Uhr kommt er in Khajuraho an. Ab Delhi (Bahnhof Hazrat Nizamuddin) fährt der 12448 U P Sampark Kranti täglich um 20.10 Uhr über Agra (23.05 Uhr) nach Mahoba (5.08 Uhr); von dort aus rollt ein Teil des Zugs weiter nach Khajuraho (6.35 Uhr). Mit einer Sitzplatzreservierung von Nizamuddin nach Khajuraho landet man automatisch in den richtigen Waggons. Der 19666 Udaipur Khajuraho Express verlässt Jhansi theo-

VERKEHRSKNOTENPUNKT SATNA

Rund 120 km östlich von Khajuraho liegt am Hwy 39 der Ort Satna, der als Verkehrsknotenpunkt zwischen Khajuraho, dem östlichen Madhya Pradesh und Varanasi fungiert.

Ab Khajuraho fährt pro Tag ein Bus nach Satna (150 ₹, 4½Std., 15 Uhr; in Gegenrichtung 14.30 Uhr). Häufiger besteht Busverbindung zwischen Chhatarpur und Satna. Die Fahrt entlang des Hwy 39 führt dabei über Bamitha (11 km südlich von Khajuraho) und Madla (Tor zur Panna Tiger Reserve). Unterwegs muss man eventuell 19 km östlich von Madla im Ort Panna umsteigen.

Satnas Busbahnhof und Bahnhof liegen 2,5 km voneinander entfernt (Autorikscha 50 ₹). Ab Satna fahren Züge täglich nach Jabalpur (Sleeper Class/3AC/2AC 170/540/740 ₹, 3 Std., ca. 20-mal tgl.), Varanasi (240/605/840 ₹, 6–8 Std., 12-mal tgl.) und Umaria (Tor zur Bandhavgarh Tiger Reserve; 140/490/695 ₹, 3½ Std., 4.40 & 19.10 Uhr oder 100 ₹, nur Sleeper Class, 4½ Std., 19.25 & 22.25 Uhr).

retisch um 15.30 Uhr und erreicht Khajuraho um 18.30 Uhr, hat aber oft Verspätung (1–2 Std.).

Unterwegs vor Ort

Verbindung zum bzw. ab dem Flughafen besteht u. a. mit Taxis (300 ₹) und Autorikschas (80 ₹). Wer nicht allzu viel Gepäck dabei hat, kann stattdessen auch entlang der Airport Rd einen Bus, ein Tempo oder einen Sammeljeep (je 10 ₹) heranwinken.

Fahrten zum oder ab dem Bahnhof sind mit Autorikschas (100 ₹) und Taxis (ohne/mit Klimaanlage 350/450 ₹) möglich.

Mohammed Bilal (☎ 9893240074; Jain Temples Rd; 100–150 ₹/Tag; ⏱ 8–19 Uhr) Vor Ort geht's prima per Drahtesel voran. Mohammad betreibt seinen Fahrradverleih seit 1982 und vermietet (Mountain-)Bikes in unterschiedlichem Zustand.

Panna Tiger Reserve

Dank Umsiedlung aus anderen Schutzgebieten in MP gibt's seit 2009 wieder Tiger im **Panna Tiger Reserve** (☎ 07732-252135; www.pannatigerreserve.in; pro 6-sitzigem Jeep/Einzelplatz 1500/250 ₹, obligatorischer Guide 360 ₹, Leihjeep 2000 ₹; ⏱ 2½- bis 5-stündige Safaris Okt.–Juni morgens & nachmittags, ausgen. Mi nachmittags). 2016 lebten hier schätzungsweise mehr als 35 Tiger sowie viele andere Tierarten. Bei örtlichen Safaris stehen die Chancen ganz gut, zumindest einen Leoparden, Lippenbären oder Tiger zu erspähen. Der Park lässt sich als Tagesziel ab Khajuraho besuchen. Alternativ kann man nahe dem Haupteingang in Madla übernachten: Rund 26 km südöstlich von Khajuraho gibt's dort mehrere Lodges.

Verglichen mit Bandhavgarh, Kanha oder Pench ist Panna weitaus weniger stark besucht. So sind die hiesigen Safaris fast nie ausgebucht. Herz des Reservats ist der wunderschöne Panna National Park (543 km²) mit Wäldern, Grasland und dem Fluss Ken (Karnavati), an dem sich Krokodile tummeln.

In Madla starten reservierungsfreie Safaris mit sechssitzigen Jeeps (freie Plätze morgens/nachmittags 18/12). Tickets dafür gibt's beim **Karnavati Interpretation Centre** (☎ 07732-252135; Madla; Inder/Ausländer 5/50 ₹; ⏱ 6–18 Uhr). Rund 1 km vom Madla Gate entfernt kann man dort auch ganze Safari-Jeeps (2000 ₹) mit offizieller Zulassung für den Park mieten. Zudem lassen sich Plätze in bis zu 24 weiteren Jeeps übers Internet buchen (http://forest.mponline.gov.in), wobei jedoch keine Bezahlung mit ausländischen Kreditkarten möglich ist. Die meisten Parkbesucher arrangieren alles komplett über ihr Hotel oder Reisebüro (zumeist 4500–6000 ₹ für max. 6 Pers.).

Schlafen & Essen

Jungle Camp ZELTE $$
(☎ 07732-275275; www.mptourism.com; Madla; Zi. inkl. Frühstück 3260 ₹; ❄📶) Direkt am Madla Gate vermietet MP Tourism hier neun komfortable Zelte mit Klimaanlagen, anständigen Bädern und Bettwäsche im Tigertatzen-Look. Hinzu kommen ein Restaurant (Hauptgerichte 120–280 ₹) und ein gepflegter Garten mit Spielbereichen für Kinder.

★ **Sarai at Toria** LODGE, RESORT $$$
(☎ 9891796671, 9685293130; www.saraiattoria.com; EZ/DZ inkl. Vollpension 15 500/19 800 ₹; ⏱ Okt.–Mitte April; 📶) 🍃 Diese Lodge liegt 2 km vom Madla Gate entfernt am Flussufer und ist eine super Ausgangsbasis für Parkbesucher: Über das Gelände verteilen sich acht große und sehr komfortable Cottages, die mit dicken, kühlenden Lehmziegelwänden und herrlich rustikalem Chic punkten. Das attraktive Holzmobiliar und die übrige

Einrichtung bestehen aus lokalen Materialien. Das hervorragende Essen kommt mit selbstgebackenem Brot und Gemüse aus dem hauseigenen Bio-Garten auf den Tisch.

Die Lodge wird von zwei leidenschaftlichen Naturfreunden und -schützern geleitet. Von hier aus kann man nicht nur Panna besuchen, sondern auch Khajuraho (30 Fahrtminuten) sowie die spektakulären, aber wenig bekannten Chandela-Forts Ajaigarh und Kalinjar im Nordosten. Der Preis beinhaltet eine Bootsfahrt auf dem Ken und eine geführte Wanderung zum Nachbardorf Toria. Die meisten Gäste bleiben drei bis vier Tage. Wer einfach nur entspannen will, holt sich ein Buch aus der Bibliothek und schmökert darin gemütlich am Fluss oder im Ess- und Aufenthaltsbereich im Freien.

An- & Weiterreise

Busse verbinden Madla mit Khajuraho (40 ₹, 1 Std., 6-mal tgl.) sowie häufiger mit Bamitha, das 11 km von Khajuraho entfernt liegt. Weitere Busse pendeln regelmäßig zwischen Madla und Satna (120 ₹, 3 Std.). Gen Satna muss man aber manchmal im nahen Ort Panna umsteigen.

Die **Yashowarman Taxi Driver Union** (S. 709) in Khajuraho schickt Jeeps zum Panna Tiger Reserve (hin & zurück 4000 ₹), die dort für Safaris benutzt werden können.

ZENTRALES MADHYA PRADESH

Bhopal

☎ 0755 / 1,80 MIO. EW.

Zwei Seen trennen Madhya Pradeshs Hauptstadt in zwei sehr unterschiedliche Gebiete: Im Norden liegt die muslimisch geprägte Altstadt – eine faszinierende Gegend mit verwinkelten Straßen, Moscheen und belebten Basaren. Rund 25% von Bhopals Einwohnern sind Muslime. Die in schwarze *niqabs* (Schleier) gehüllten Frauen erinnern daran, dass vier islamische Herrscherinnen (genannt Begums von Bhopal) der Stadt zwischen dem 19. und frühen 20. Jh. zu einem Aufschwung verhalfen. Nördlich der Altstadt erinnert ein Areal an eine Tragödie jüngeren Datums: Das alte Werk des Chemiekonzerns Union Carbide war Schauplatz einer der weltgrößten Industriekatastrophen.

Südlich der Seen zeigt Bhopal sein modernes Gesicht mit breiten Straßen und ein paar tollen Museen. Zudem verstecken sich dort noble Hotels und Restaurants droben in den schönen Arera und Shyamla Hills. Das hiesige Zentrum wird als New Market bezeichnet.

Bhopals Gründer war Raja Bhoj, der im 11. Jh. als König über Malwa (westliches Madhya Pradesh und südöstliches Rajasthan) herrschte. Eroberung und Plünderung durch das Sultanat von Delhi, die Mandus und die Moguln ließen die Stadt nach dem 13. Jh. in der Bedeutungslosigkeit versinken. In den 1720er-Jahren erlebte Bhopal dann ein Revival, als Dost Mohammed Khan aus dem nahegelegenen Islamnagar vor Ort ein Fort errichtete und seine Hauptstadt hierher verlegte.

Sehenswertes

★ Tribal Museum MUSEUM

(http://mptribalmuseum.com; Shyamla Hills; Inder/Ausländer 10/100 ₹, Foto 50 ₹; ⏰ Feb.–Okt. Di–So 12–20 Uhr, Nov.–Jan bis 19 Uhr) Mit dem extrem gut gestalteten Museum (eröffnet 2013) scheint man eine Art Märchenwald zu betreten: Die Ausstellungen sind den indigenen Volksgruppen gewidmet, die mehr als 10 Mio. von Madhyas Einwohnern ausmachen. Gestaltet wurden sie von 1500 Stammesangehörigen, die dafür ausschließlich Materialien aus ihren Dörfern verwendeten. Die Ergebnisse verteilen sich auf fünf surreale Großgalerien, die z.B. Nachbauten von Stammeshäusern und Kultstätten zeigen. Unter den atemberaubenden Kunsthandwerksgegenständen sind auch aufwendige Hochzeitssäulen, die aus Bäumen geschnitzt wurden.

Bei etwas mehr Zeit auch das **Rashtriya Manav Sangrahalaya** (National Museum of Man; http://igrms.gov.in; Inder/Ausländer 30/500 ₹, Video 50 ₹; ⏰ Sept.–Feb. Di–So 10–17.30 Uhr, März–Aug. Di–So 11–18.30 Uhr) in der Nähe besuchen: Dieser große Freiluftkomplex entspricht vom Konzept her dem Tribal Museum, deckt aber ganz Indien ab.

★ State Museum MUSEUM

(Shyamla Hills; Inder/Ausländer 10/100 ₹, Foto/Video 50/200 ₹; ⏰ Di–So 10.30–17.30 Uhr) Das erstklassige archäologische Museum, verteilt auf etwa 17 Galerien, zeigt wunderbare Tempelskulpturen sowie 87 jainistische Bronzen aus dem 10. und 11 Jh., die ein überraschter Bauer im westlichen Madhya Pradesh ausbuddelte.

★ Taj-ul-Masjid MOSCHEE

(⏰ Fr 12–15 Uhr für Nicht-Muslime geschl.) Bhopals dritte Herrscherin namens Shah Jahan Begum wollte die größte Moschee der Welt errichten. So gab sie 1877 den Bau der Taj-ul-

Bhopal

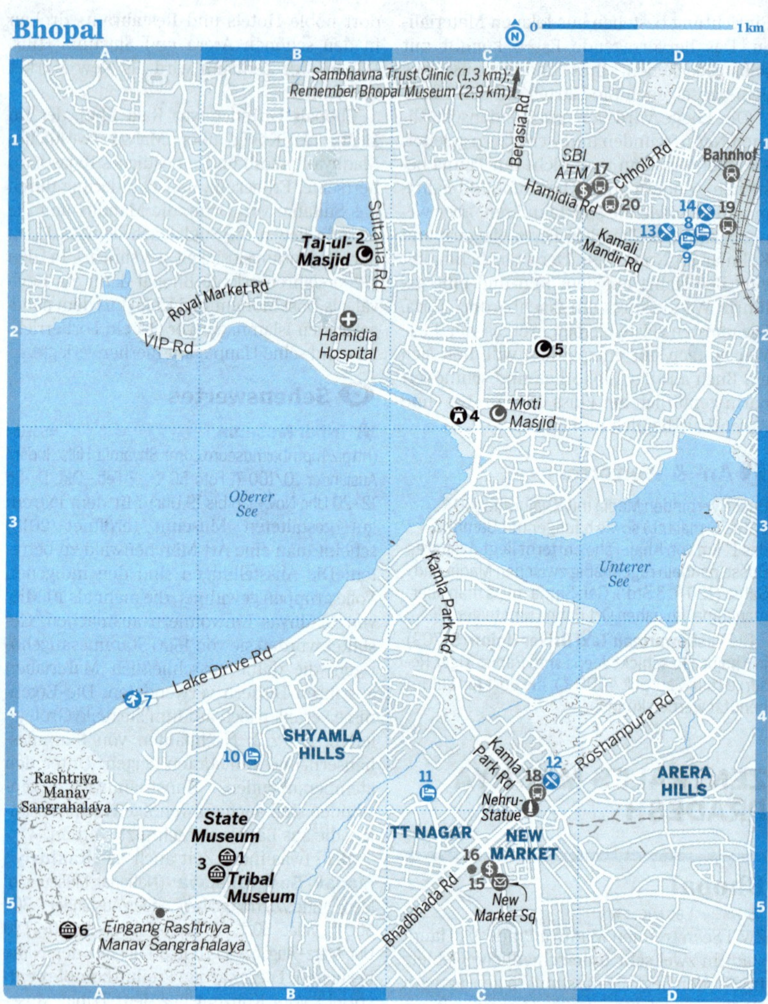

Masjid in Auftrag. Als sie 1901 starb, war das Gebäude noch nicht vollendet – dies geschah erst in den 1980er-Jahren. Die festungsartigen Mauern in Rosatönen umgeben einen 99 m² großen Innenhof und eine Gebetshalle mit 27 ausgebogten Deckenkuppeln. Auf dem Dach thronen drei glänzend weiße Zwiebelkuppeln, die wiederum von zwei mächtigen Minaretten überragt werden.

Gauhar Mahal PALAST

(VIP Rd; ⌚ Mo–Sa 10–18 Uhr) GRATIS Der Königspalast aus dem frühen 19. Jh. wird vor allem mit Qudsia Begum (reg. 1819–37) in Verbindung gebracht. Heute steht er leer. Die hübschen Höfe, Balkone und Korridore in verschiedenen Stilrichtungen (z. B. Mogul- oder Rajputenstil) sind dennoch sehenswert.

Jama Masjid MOSCHEE

Qudsia Begum erbaute diese Moschee in den 1830er-Jahren. Die goldenen Spitzen der gedrungenen Minarette funkeln erhaben über den Kappen und Schleiern der Menschen auf dem belebten Basar darunter.

Aktivitäten

MP Tourism Boat Club BOOTFAHREN

(☎ 0775-3295043; Lake Drive Rd; ⌚ 10–19 Uhr) Bietet neben Fahrten mit Motor- bzw. Speed-

Bhopal

Highlights
1 State Museum B5
2 Taj-ul-Masjid B2
3 Tribal Museum B5

Sehenswertes
4 Gauhar Mahal C2
5 Jama Masjid C2
6 Rashtriya Manav Sangrahalaya A5

Aktivitäten, Kurse & Touren
7 MP Tourism Boat Club A4

Schlafen
8 Hotel Ranjeet D1
9 Hotel Sonali Regency D2
10 Jehan Numa Palace Hotel B4
11 Palash Residency C4

Essen
12 Bapu Ki Kutia C4
13 Manohar D1
Under the Mango Tree .... (siehe 10)
14 Zam Zam D1

Praktisches
15 State Bank of India C5

Transport
16 Air India C5
17 Bhopal Travels D1
Charterbusse .... (siehe 19)
18 Minibusse zur Hamidia Rd C4
19 Minibusse nach New Market D1
20 Nadra-Busstand D1

booten (210 ₹, 5 Min., max. 3 Pers.), Tretbooten (60 ₹/Boot, 30 Min.), und Jetskis (400 ₹/Pers., 5 Min.) auch Parasailing (500 ₹, 20 Min.) an.

Kinder füttern gern die örtliche Gänseschar. Eine Autorikscha ab New Market kostet 80 ₹.

Schlafen

Hotel Sonali Regency HOTEL $

(☎0755-2740880; www.hotelsonaliregency.com; Plot 3, Hamidia Rd nahe Radha Talkies; EZ/DZ ab 700/850 ₹, EZ/DZ mit Klimaanlage & inkl. Frühstück 1450/1650 ₹; ❄📶) Super Service bis hinunter zu den Botenjungen macht das Hotel nahe der Hamidia Rd zu einer tollen Option. Die klimatisierten „Business"-Zimmer haben Fliesenböden, funktionierende Warmwasserduschen und Betten in witzigen Formen. Die „Executive"-Quartiere ohne Klimaanlage (DZ ab 995 ₹) sind fast genauso gut.

Hotel Ranjeet HOTEL $$

(☎0755-2740500; www.ranjeethotels.com; 3 Hamidia Rd; EZ/DZ inkl. Frühstück ab 1550/2070 ₹; ❄📶) In den klimatisierten Zimmern des kürzlich renovierten Ranjeet gibt's Waschbecken und Toilettenschüsseln im modernen Rechteck-Design. Hinzu kommen Wasserkocher, ein leicht künstlerisch angehauchtes Dekor und weiche Betten. Die Bettwäsche ist jedoch nicht gerade sauber.

★ **Jehan Numa Palace Hotel** HISTORISCHES HOTEL $$$

(☎0755-2661100, www.jehannuma.com; 157 Shyamla Hills; inkl. Frühstück EZ 5490–10 360 ₹, DZ 6700–11 570 ₹, Suite ab 19 490 ₹; ❄@📶🏊) Trotz Umbau zum Spitzenklassehotel hat der frühere Palast aus dem 19. Jh. nichts von seinem kolonialzeitlichen Charme eingebüßt. Säulengänge am Rand von makellosen Rasenflächen führen hier zu wunderschön gestalteten Zimmern. Tipp: Die großartigen Varianten mit eigenen Terrassen bzw. Balkonen kosten umgerechnet nur ca. 100 US$ – für ein Fünfsterne-Hotel einfach unglaublich!

Vorhanden sind auch ein Pool mit Palmen und ein tolles Spa. Die drei Restaurants, die beiden Bars und das Café zählen allesamt zu den besten der Stadt.

Palash Residency HOTEL $$$

(☎0755-2553066; www.mptourism.com; TT Nagar; EZ/DZ inkl. Frühstück 4280/4750 ₹; ❄📶) Das recht große Hotel von MP Tourism liegt in Laufentfernung zum Viertel New Market. Die langen Flure führen zu geräumigen Zimmern, die bis auf ein paar Wasserflecken an den Wänden größtenteils gut in Schuss sind. Darin findet man schwere Holzmöbel, wandmontierte Flachbild-TVs, Teekocher/Kaffeemaschinen und Toilettenartikel.

Das Hotel hat auch eine Bar und ein anständiges Restaurant.

Essen & Ausgehen

Zam Zam INDISCH $

(Hamidia Rd; Hauptgerichte 80–250 ₹; ⏱9–24 Uhr) Dieser Fastfood-Schuppen ist tagsüber wie abends immer rappelvoll: Hier gibt's auch Bhopals beste Biryanis. Der eigentliche Hit ist aber das köstliche Hühnchen-Tikka, das draußen vor der Tür über Holzkohle gegrillt und dann mit einer Sauce aus Joghurt und grünen Chilis serviert wird.

Vegetarier können sich am gleichsam guten Paneer-Tikka laben.

DIE KATASTROPHE VON BHOPAL – EINE TRAGÖDIE OHNE ENDE

Am 3. Dezember 1984, kurz nach Mitternacht, entwichen in Bhopal 27 t des tödlichen Stoffes Methylisocyanat (MIC) aus einem Chemiewerk des US-Konzerns Union Carbide. Daraufhin verteilte der Wind eine 12 m hohe Giftgaswolke über die ganze Stadt. In der ausbrechenden Panik wurden Menschen zu Tode getrampelt, andere verloren die Orientierung und rannten direkt in die tödliche Wolke.

Die Zahl der Todesopfer wurde anfänglich auf 3800 bis 16 000 geschätzt, ist aber durch Spätfolgen bis heute auf 25 000 angestiegen. Helfern zufolge leiden zudem immer noch mehr als 400 000 Menschen unter Folgeerkrankungen – darunter Diabetes, Krebs, Lähmungen, vorzeitige Menopause und Hautkrankheiten. Darüber hinaus sind viele Kinder von Missbildungen und Wachstumsstörungen betroffen. Doch schon lange vor dem Unglück hatte Union Carbide vermutlich auch noch Giftmüll illegal vor Ort entsorgt: Das Grundwasser rund um das Werksgelände soll Studien zufolge Chemikalien enthalten, die Krebs, Geburtsfehler und Organschäden hervorrufen. 2014 erhielten 22 Gemeinden in der Umgebung endlich eine neue und separate Wasserversorgung über Rohrleitungen. Aktivisten zufolge geht die Verseuchung aber weit über diese Orte hinaus.

Das Leck im Werk war wohl das Ergebnis von mangelhafter Wartung in Verbindung mit Sparmaßnahmen. Union Carbide gab Sabotage als Grund an und sah sich Schadensersatzforderungen von 3 Mrd. US$ ausgesetzt. 1989 bezahlte der Konzern insgesamt 470 Mio. US$ an Indiens Regierung. Doch davon ist bislang nur sehr wenig bei den Opfern angekommen – auch aufgrund der endlosen Diskussionen darüber, wer Anspruch auf Entschädigung hat und wer nicht. Union Carbide wurde 2001 von Dow Chemical aufgekauft; Käufer und Verkäufer weisen nach wie vor jede Verantwortung von sich.

Die indische Niederlassung von Union Carbide wurde konfisziert und verkauft. Der Erlös finanzierte die Gründung eines mehrere Millionen US$ teuren Krankenhauses: Die karitative **Sambhavna Trust Clinic** (☎ 0755-2923195; www.bhopal.org; Bafna Colony, abseits der Berasia Rd; ⏲ Mo–Sa 8.30–15 Uhr) behandelt seit 1996 täglich zwischen 150 und 200 Katastrophenopfer kostenlos mit Yoga, Ayurveda, Schulmedizin und Heilkräutern. Besucher und Spenden sind immer sehr willkommen – ebenso Freiwillige, die z. B. Wasserproben analysieren und bei medizinischen Forschungen mithelfen können. Weitere Arbeitsbereiche sind die Bibliothek, die Apotheke und der Heilkräutergarten. Ehrenamtliche bekommen Kost und Logis direkt in der Klinik.

Um die Sambhavna-Klinik ab der Hamidia Rd zu erreichen, der Berasia Rd nordwärts folgen (1 km), an der Reliance-Tankstelle rechts abbiegen und dann auf die schon bald zu sehenden Hinweisschilder achten. Das verlassene Werksgelände von Union Carbide liegt 1 km nördlich der Klinik und kann nicht besichtigt werden.

Das sehr bewegende **Remember Bhopal Museum** (☎ 9589345134; http://rememberbhopal.net; Sr HIG 22, Housing Board Colony, Berasia Road, Karond; ⏲ 10am-5pm Tue-Sun) GRATIS eröffnete 2014 in Karond, das 3 km nördlich der Hamidia Rd liegt (über Berasia Rd; am kleinen Schild und dann wieder nach 250 m jeweils links abbiegen). Das Museum wird von engagierten Aktivisten geleitet. Neben persönlichen Gegenständen und Bildern von Opfern bewahrt es auch Tonaufnahmen von Überlebenden, Ärzten und forensischen Experten auf. Zudem dokumentiert es die fortlaufenden Bemühungen, den Opfern zu Gerechtigkeit zu verhelfen.

Manohar INDISCH $
(6 Hamidia Rd; Hauptgerichte 90–160 ₹, Thalis 140–190 ₹; ⏲ 8–23 Uhr) Das helle, saubere Manohar im Kantinenstil macht kräftig Umsatz mit südindischem Frühstück, Thalis, Snacks, Shakes und beliebten Straßengerichten à la Indien. Allerdings geht's in dem Laden deutlich hygienischer zu als an vielen Imbissständen. So herrscht hier zu Recht ein starker (wenn auch leicht nerviger) Betrieb.

Bapu Ki Kutia INDISCH $
(Roshanpura Rd, TT Nagar; Hauptgerichte 60–165 ₹, Thalis 140–160 ₹; ⏲ 10–23 Uhr; 🅥) Seit 1964 serviert „Papas Hütte" leckeres indisches Essen ohne Fleisch. Das Lokal ist bei Einheimischen so populär, dass man sich oft einen Tisch teilen muss. Es hat eine englischsprachige Speisekarte, aber kein englischsprachiges Schild – daher einfach nach dem Strandhüttenbild mit Palme über der Tür Ausschau halten.

★ **Under the Mango Tree** MOGULKÜCHE $$$
(Jehan Numa Palace Hotel, 157 Shyamla Hills; Hauptgerichte 400–750 ₹; ⌚19–23 Uhr) Das beste Restaurant des Jehan Numa Palace ist auf Grillkebabs und Tandur-Gerichte (auch vegetarisch) spezialisiert. Die meisten Optionen auf der Karte sind spitzenmäßig. Der Probierteller mit verschiedenen Kebabs (ab 825 ₹) sucht in MP seinesgleichen.

Zum tollen Essen gibt's Wein, Cocktails und regionales Woodpecker-Bier vom Fass. Gespeist wird in einem romantischen weißen Pavillon unter den dicken Ästen eines ehrwürdigen, 100 Jahre alten Mangobaums.

Praktische Informationen

State Bank of India (TT Nagar Sq; ⌚Mo–Sa 10.30–16 Uhr) Hat einen Geldautomaten; die „Internationale Abteilung" (Obergeschoss) tauscht ausländische Währungen um.

An- & Weiterreise

BUS

Bhopal hat zwei Hauptbusbahnhöfe: Die **Nadra-Busse** halten (Old Bus Stand; ☎9755102080; Chhola Rd) gleich abseits der Hamidia Rd. Den **ISBT** (Inter State Bus Terminus) findet man 5 km östlich von New Market in Habibganj. Mehrere Firmen schicken klimatisierte und extrem komfortable Volvo-Busse nach Indore – z. B. **Chartered Bus** (☎9993288888; www.charteredbus.in; ISBT) ab dem ISBT (330 ₹, 4½ Std., 5–21.30 Uhr 2- bis 3-mal stündl.). Reservierungen hierfür nimmt das **städtische Ticketbüro** (☎7389921709; Shop No. 3, Shalimar Trade Centre, Hamidia Rd; ⌚7–22 Uhr) von Chartered Bus entgegen.

Verbindungen ab Nadra Bus Stand:

Gwalior Sitzplatz/Sleeper Class 300/350 ₹, 10 Std., 21 Uhr (Bhopal Travels)

Indore 200 ₹, 5 Std., 4–23 Uhr alle 15 Min.

Pachmarhi mit Klimaanlage Sitzplatz/Sleeper Class 360/460 ₹, 7 Std., 23.55 Uhr (Verma Travels)

Sanchi 40 ₹, 1½ Std., 5–22 Uhr alle 30 Min.

Verbindungen ab ISBT:

Jabalpur 320 ₹, 9 Std., 4.55, 5.45, 9.25 & 19.15 Uhr, Sleeper Class 21.25 Uhr (Sitzplatz/Sleeper Class 350/450 ₹ mit Verma Travels)

Khajuraho Sitzplatz/Sleeper Class 450/550 ₹, 11 Std., 19.20 & 22.20 Uhr (jeweils mit Om Sai Ram)

Pachmarhi 250 ₹, 7 Std., 6.15, 8 & 10.15 Uhr, Sleeper Class mit Klimaanlage 0.45 Uhr (Sitzplatz/Sleeper Class 360/460 ₹), Sleeper Class ohne Klimaanlage 2.30 Uhr (Sitzplatz/Sleeper Class 300/400 ₹); Sleeper Class jeweils mit Verma Travels

Das Büro von **Bhopal Travels** (☎0755-4083544; 35 JK Bldg, Chhola Rd) liegt gegenüber vom Stand der Nadra-Busse.

FLUGZEUG

Air India (☎0755-2770480; www.airindia.in; Bhadbhada Rd; ⌚Mo–Sa 10–13 & 14–17 Uhr) und **Jet Airways** (☎0755-2645676; www.jetairways.com; ⌚Mo–Sa 9.30–18 Uhr) fliegen täglich nach Delhi und Mumbai. Air India startet zudem drei- bis viermal pro Woche gen Jabalpur, Hyderabad, Raipur und Pune.

ZUG

Ab Bhopal fahren Züge nach Gwalior, Agra und Delhi (ca. 30-mal tgl.). Zudem besteht Zugverbindung nach Ujjain (mind. 9-mal tgl.), Jabalpur und Mumbai (8-mal tgl.).

Unterwegs vor Ort

Der Flughafen liegt 11 km nordwestlich von Bhopals Zentrum (Autorikscha ab 200 ₹, Taxi ca. 500 ₹).

ZÜGE AB BHOPAL

ZIEL	ZUG-NR. & NAME	PREIS (₹)	DAUER (STD.)	ABFAHRT
Agra	12627 Karnataka Exp	330/855/1205	7	23.30 Uhr
Delhi	12621 Tamil Nadu Exp	400/1055/1495	11	20.20 Uhr
Gwalior	11077 Jhelum Exp	235/635/910	6	9.10 Uhr
Indore	12920 Malwa Exp	215/540/740	5	7.40 Uhr
Jabalpur	18233 Narmada Exp	215/580/830	7	23.25 Uhr
Mumbai (Hauptbahnhof)	12138 Punjab Mail	445/1175/1675	15	16.55 Uhr
Raipur	18238 Chhattisgarh Exp	365/985/1420	15	18.45 Uhr
Ujjain	12920 Malwa Exp	170/540/740	3½	7.40 Uhr

Preise: Sleeper Class/3AC/2AC

ABSTECHER

RUND UM BHOPAL

Rund um Bhopal bieten sich mehrere Regionen und Dörfer als nette Tagesziele an. Mangels öffentlicher Verkehrsverbindungen greift man dabei jeweils am besten auf Taxis zurück (1400–2000 ₹, 8–12 Std., 80–120 km).

Islamnagar

Die Ruinen der Festungsstadt liegen 13 km nördlich von Bhopals Zentrum. Anfang des 18. Jhs. wurde Islamnagar von Dost Mohammed Khan zur ersten Hauptstadt des Fürstenstaats Bhopal erklärt. Die noch vorhandenen Festungsmauern umgeben zwei kleine Dörfer und zwei Paläste mit Gärten: den **Chaman Mahal** (Inder/Ausländer 5/100 ₹; ⌚8–18 Uhr) und den **Rani Mahal** (Inder/Ausländer 5/100 ₹; ⌚8–18 Uhr).

Bhojpur

Bhojpur wurde im 11. Jh. von Raja Bhoj (Bhopals Gründer) erbaut und lag einst an einem 400 km² großen Stausee. Dessen Dammanlage wurde im 15. Jh. von dem Mandu-Herrscher Hoshang Shah zerstört. Erhalten blieb zum Glück der herrliche **Bhojeshwar-Tempel** rund 23 km südöstlich der Stadt. Überreste eines der früheren **Staudämme** sind etwa 400 m nordwestlich des Tempels im Flusstal zu erkennen.

Bhimbetka

Rund 45 km südlich von Bhopal versteckt sich eine Welterbestätte auf schroffen Hügeln im Wald: Die **Felshöhlen von Bhimbetka** (Inder/Ausländer 50/100 ₹; ⌚7–19 Uhr) beherbergen zahllose Malereien (u. a. Menschen- und Tierfiguren), die zwischen der Steinzeit und dem Mittelalter entstanden. Ein leicht zu meisternder Rundgang (1,4 km) verbindet 15 der schönsten Höhlen miteinander.

Minibusse und Busse (jeweils 10 ₹) verkehren rund um die Uhr zwischen New Market und der Hamidia Rd. Nach New Market starten sie am **östlichen Ende der Hamidia Rd**; in Gegenrichtung geht's nahe der **Nehru-Statue** los. Dieselbe Strecke per Autorikscha kostet jeweils rund 60 ₹. **My Cab** (☎0755-6666666; www.mycabindia.com) betreibt Taxis mit Gebührenzähler (23 ₹/km), die sich auch zum Festpreis und für Tagesausflüge (z. B. nach Sanchi für 1500 ₹) mieten lassen.

Sanchi

☎07482 / 7305 EW.

Rund 46 km nordöstlich von Bhopal ragt aus der Ebene ein runder Hügel mit ein paar der ältesten buddhistischen Bauwerke Indiens empor.

Im Jahr 262 v. Chr. wandte sich der Maurya-Kaiser Ashoka dem Buddhismus zu, da er die Schrecken bereute, die er in Kalinga (Odisha) verbreitet hatte. Als Buße errichtete er den Großen Stupa von Sanchi nahe Vidisha, dem Geburtsort seiner Frau Devi. Der Kuppelbau diente fortan zur Aufbewahrung religiöser Reliquien, während Sanchi zu einem bedeutenden Klosterzentrum des Buddhismus wurde. In den folgenden Jahrhunderten kamen weitere Stupas und andere Bauwerke hinzu. Etwa ab dem 13. Jh. war die Stätte verlassen und geriet in Vergessenheit, bis sie ein britischer Armeeoffizier im Jahr 1818 wiederentdeckte.

Der Große Stupa ist bemerkenswert gut erhalten und das Prunkstück unter Sanchis buddhistischen Monumenten, die zusammen eine Welterbestätte bilden.

Sanchi lässt sich per Tagesausflug ab Bhopal besuchen. In dem Dorf an einer Kreuzung kann man aber auch entspannt übernachten. Zudem sind von hier aus diverse nette Abstecher möglich.

Sehenswertes

Die **buddhistischen Monumente** (Inder & Bürger von SAARC- oder BIMSTEC-Ländern 30 ₹, Ausländer 500 ₹, Video 25 ₹; ⌚Sonnenaufgang–Sonnenuntergang) auf der Hügelspitze stehen am oberen Ende der Monuments Rd (Verlängerung der Straße ab dem Bahnhof). Nahe dem Anfang der Monuments Rd findet man das **Ticketbüro** (⌚Sonnenaufgang–Sonnenuntergang) vor dem Archaeological Museum. Wer den Hügel nicht zu Fuß erklimmen will, kann eine Autorikscha nehmen (30 ₹). Der **Verkaufsschalter für Publikationen** (⌚Sonnenaufgang–Sonnenuntergang) am Eingang zu den Monumenten verkauft den guten Sanchi-Führer des Archaeological Survey of India (60 ₹), sofern dieser gerade noch vorrätig ist. Hier warten auch offizielle Guides auf Kunden (4/8 Pers. 475/750 ₹, 3–4 Std.).

Und nicht vergessen: Es soll Glück bringen, buddhistische Bauwerke im Uhrzeigersinn zu umschreiten!

Großer Stupa BUDDHISTISCHER STUPA

(Stupa 1) Der schön proportionierte Große Stupa ist das dominierende Bauwerk auf dem Hügel. Er liegt direkt vor einem, wenn man den Komplex von Norden her betritt. Er wurde ursprünglich von Ashoka aus Backstein errichtet und später mittels einer Ummantelung aus Naturstein vergrößert. Das Ergebnis ist 16 m hoch und hat einen Durchmesser von 37 m. Den Stupa umgibt eine Mauer mit vier *toranas* (Toren), deren prachtvolle Reliefs unter Indiens buddhistischen Kunstwerken ihresgleichen suchen.

Toranas

Die vier *toranas* (Tore) des Großen Stupas stammen etwa aus dem Jahr 35 v. Chr. und sind daher über 200 Jahre jünger als der Stupa selbst. Bei der Wiederentdeckung der Stätte waren sie allesamt eingestürzt, wurden dann aber rekonstruiert. Die herrlichen Reliefs auf den Säulen und dreifachen Querbalken portraitieren vor allem Buddhas Leben und die Geschichte des Buddhismus. Ebenfalls dargestellt sind Szenen aus den Jatakas (frühere Leben des Buddha).

In dieser Epoche der buddhistischen Kunst wurde Buddha nie direkt dargestellt, vielmehr wurde seine Präsenz nur symbolisch angedeutet. Die Lotusblume steht für seine Geburt, der Bodhi-Baum für seine Erleuchtung, das Rad für seine Lehre und der Fußabdruck und der Thron für seine Gegenwart. Auch der Stupa als Ganzes ist ein Symbol für Buddha.

Northern Gateway BUDDHISTISCHES BAUWERK

Das Nordtor ist von allen *toranas* am besten erhalten und wird von einem zerbrochenen Rad des Gesetzes gekrönt. Elefanten stützen die Querbalken über den Säulen, während sich fein gemeißelte *yakshis* (mythische Feenwesen) rechts und links lässig zur Seite beugen. Die Reliefs zeigen u. a. einen Affen, der Buddha eine Schüssel Honig anbietet. Ein Bodhi-Baum verkörpert den Religionsstifter (Ostseite der westlichen Säule, zweites Relief von unten).

Eastern Gateway BUDDHISTISCHES BAUWERK

Von einem Querbalken des Osttors hängt eine atemberaubend gemeißelte *yakshi* herab, die zu Sanchis bekanntesten Skulpturen zählt. Der mittlere Querbalken zeigt den Großen Aufbruch: Buddha (viermal als reiterloses Pferd dargestellt) schwört den Sinnesfreuden des Lebens ab und sucht fortan nach der Erleuchtung. Auf dem unteren Querbalken besucht Ashoka den Bodhi-Baum: Der Kaiser steigt von einem Elefanten herunter und nähert sich dann dem Baum mit verschränkten Händen.

Auf der Rückseite des mittleren Querbalkens wird Buddha von Löwen, Büffeln und anderen Tieren verehrt. Die Südseite der nördlichen Säule (zweites Relief von unten) ziert ein Elefant auf dem Mond. Diese Vision träumte Buddhas Mutter Maya, als sie mit ihm schwanger war.

Southern Gateway BUDDHISTISCHES BAUWERK

Rücken an Rücken schmücken Löwen die Säulen des ältesten Sanchi-Tores – ein Motiv, das während der Ashoka-Periode weit verbreitet war. Heute ist es das Staatssymbol Indiens und daher auch auf jeder indischen Banknote zu sehen. Das Tor erzählt von Ashokas Leben als Buddhist und zeigt ebenfalls den Großen Aufbruch (Rückseite des obersten Querbalkens, östliches Ende).

Western Gateway BUDDHISTISCHES BAUWERK

Dickbäuchige Zwerge stützen die Querbalken des Westtors, auf dem einige der interessantesten Sanchi-Szenen bewundert werden können. Die Rückseite des unteren Querbalkens und die Nordseite der südlichen Säule (oberstes Relief) zeigen, wie Buddha der Versuchung durch Mara (buddhistische Personifikation des Bösen) widersteht, während Dämonen fliehen und Engel jubilieren.

Die Vorderseite des oberen Querbalkens stellt Buddha und sechs Manushi-Buddhas (seine vorangegangenen Inkarnationen) als Stupas bzw. Bäume dar. Auf der Rückseite des mittleren Querbalkens wird Kushinagar von den sieben Städten belagert, die nach Buddhas Tod jeweils einen Teil seiner Knochen als Reliquien verlangten. Darüber werden die Reliquien abtransportiert, nachdem sich die Parteien auf eine Aufteilung in acht gleiche Teile geeinigt hatten.

Noch mehr Stupas

Auf dem Weg vom Haupteingang zum Großen Stupa passiert man den **Stupa 3** (links) aus dem 2. Jh. v. Chr. Dieser ähnelt von der Form her dem Großen Stupa, ist aber kleiner und hat nur ein schönes Einzeltor. Stupa 3 zählt zu Sanchis ältesten Bauwerken nach dem Großen Stupa und beherbergte einst die

Sanchi

0 — 200 m

A B C D
1 2 3 4 5 6 7

Vidisha (8 km); Heliodorus-Säule (11 km); Udaigiri-Höhlen (13 km)

Bahnhof

24

25

Star Communication

Markt

29

Health Centre

26

Bhopal–Vidisha Rd

Monuments Rd

28

2

SBI-Geldautomat

23

Bhopal (46 km)

Gate

Becken

14

27

3

1 Buddhistische Monumente

16

15

12 8 17 20

11

10

7

22 5 4

13 9

6

18

Mittelalterliches Gebäude

19

21

Sanchi

Highlights
1 Buddhistische Monumente D5

Sehenswertes
2 Archaeological Museum C3
3 Chetiyagiri Vihara D5
4 Eastern Gateway D6
Great Bowl .... (siehe 7)
5 Großer Stupa C6
6 Klöster 45 & 47 .... D6
7 Kloster 51 .... C6
8 Northern Gateway C6
9 Säule 10 .... D6
10 Säule 25 .... D6
11 Säule 26 .... D6
12 Säule 35 .... C6
13 Southern Gateway C6
14 Stupa 2 .... B5
15 Stupa 3 .... D6
16 Stupa 4 .... D6
17 Stupa 5 .... D6
18 Tempel 17 .... D6
19 Tempel 18 .... C7
20 Tempel 31 .... D6
21 Tempel 40 .... D7
22 Western Gateway C6

Schlafen
23 Gateway Retreat A3
24 Mahabodhi Society of Sri Lanka B1
25 New Jaiswal Lodge A1

Essen
26 Gateway Cafeteria B2
Gateway Retreat Restaurant .... (siehe 23)

Shoppen
27 Verkaufsschalter für Publikationen C5

Praktisches
28 Ticketbüro C3

Transport
29 Usman A2

Reliquien zweier bedeutender Buddha-Schüler (Sariputta und Moggallana). Die Reliquien wurden im 19. Jh. nach London gebracht. 1952 kehrten die angeblichen Originale nach Indien zurück und werden seitdem in dem modernen *vihara* (Ruhestätte) außerhalb des buddhistischen Komplexes aufbewahrt.

Vom **Stupa 4** (erb. im 2. Jh. v. Chr.) hinter Stupa 3 ist nur noch das Fundament übrig. Im kleinen **Stupa 5** zwischen Stupa 3 und dem Großen Stupa befand sich früher ungewöhnlicherweise eine Buddha-Statue, die heute im örtlichen Museum ausgestellt ist.

Westlich vom Großen Stupa steht **Stupa 2** auf halber Hanghöhe. Der Rückweg hinunter zum Dorf ist auch über Stupa 2 möglich, wobei unten jedoch ein paar Zäune überwunden werden müssen. Statt Toren zieren hier „Medaillons" die Umfassungsmauer – zwar schlicht in der Form, aber dafür voller Energie und Fantasie. Der eigentliche Stupa ist mit teils mythologischen Motiven (Blumen, Tiere, Menschen) geschmückt.

Tempel

Der rechteckige **Tempel 31** neben Stupa 5 wurde im 6. oder 7. Jh. errichtet und im 10. oder 11. Jh. umgebaut. Darin steht eine schön ausgeführte Statue Buddhas.

Tempel 18 hinter dem großen Stupa ist eine *chaitya* (Gebets- oder Versammlungshalle), die in ihrem Erscheinungsbild auf bemerkenswerte Weise klassischen griechischen Säulentempeln ähnelt. Der Tempel stammt aus dem 7. Jh., aber unter ihm wurden Spuren früherer Holzkonstruktionen entdeckt. Links von ihm steht der kleine, ebenfalls griechisch anmutende **Tempel 17**. Hinter diesen beiden befindet sich der große **Tempel 40**, der teilweise noch aus der Zeit Ashokas stammt.

Klöster

Sanchis erste Klöster bestanden aus Holz und sind längst verschwunden. Bei den meisten umgaben die Mönchszellen einen zentralen Innenhof. Heute sind davon nur noch die Höfe und steinernen Fundamente übrig. Auf dem Hügelkamm östlich vom Großen Stupa liegen die **Klöster 45 und 47** (erb. 7.–10. Jh.), die jeweils viele hinduistische Elemente aufweisen. Zu Kloster 45 gehören zwei sitzende Buddhafiguren – die im Inneren ist von außergewöhnlicher künstlerischer Qualität.

Westlich und kurz unterhalb vom Großen Stupa liegen die Ruinen von **Kloster 51**. Vor dessen Westtor befindet sich die aus einem Felsblock gemeißelte **Great Bowl**, in die einst Lebensmittel und Opfergaben für die Mönche gelegt wurden.

Säulen

Am bedeutendsten von den herumliegenden Säulenfragmenten ist **Säule 10**, die von Ashoka aufgestellt wurde und später zerbrach. Zwei obere Segmente des schön proportionierten und gearbeiteten Schafts liegen nebeneinander hinter dem Großen Stupa. Das großartige Kapitell mit Löwen auf einer Lotusblüte befindet sich im Museum. Die **Säulen 25** und **26** östlich des Großen Stupas sind weniger beeindruckend. Gleiches gilt für **Säule 35** nordwestlich davon. Die jeweiligen Kapitelle (Nr. 25 und 26: Löwen; Nr. 35: eine Figur des Bodhisattva Vajrapani) sind ebenfalls im Museum ausgestellt.

Noch mehr Sehenswertes

Archaeological Museum MUSEUM
(⌚Sa–Do 9–17 Uhr) Das tolle Museum zeigt eine kleine Sammlung von Skulpturen, die aus der Anlage stammen. Highlight ist das Löwen-Lotus-Kapitell von Säule 10 aus der Ashoka-Periode (3. Jh. v. Chr.). Eindrucksvoll sind auch die von einem Mangobaum herunterhängende *yakshi* (mythisches Feenwesen) und die wunderbar erhaben wirkenden Buddha-Bildnisse aus rotem Sandstein. Zudem gibt's interessante Fotos von der noch nicht restaurierten Stätte zu sehen. Das Ticket für die Monumente (S. 716) gewährt auch Zugang zum Museum.

Chetiyagiri Vihara BUDDHISTISCHER TEMPEL
(⌚9–17 Uhr) Der *vihara* (wörtl. „Ruhestätte") steht direkt vor dem Komplex mit den Monumenten. Er wurde errichtet, um die 1952 aus Großbritannien zurückgebrachten Reliquien der Buddha-Schüler Sariputta und Moggallana zu beherbergen.

Beim Chetiyagiri-Vihara-Fest am letzten Novembersonntag sind die Reliquien öffentlich zu sehen, was alljährlich Zehntausende buddhistischer Mönche und Pilger nach Sanchi lockt.

Schlafen & Essen

Mahabodhi Society of Sri Lanka PENSION, HOSTEL $
(☎07482-266699; wimalatissasanchi@yahoo.co.in; Monuments Rd; B 100 ₹, Zi. ohne/mit Klimaanlage 1000/1500 ₹; 📶) Diese freundliche, gut geführte Bleibe zielt vor allem auf buddhistische Pilger aus Sri Lanka ab. Ausländische Traveller können aber auch hier übernachten, sofern nicht alles ausgebucht ist (das ist am häufigsten Ende November beim Chetiyagiri-Vihara-Fest der Fall). Im hinteren Gebäudeteil gibt's u. a. gute, saubere Zimmer mit Klimaanlage, Teppichböden und großen Bädern. Ebenfalls dort findet man nicht klimatisierte und vergleichsweise abgenutztere, aber dennoch saubere Quartiere. Die Schlafsäle rund um den schattigen Hof vor dem Haus teilen sich saubere Hocktoiletten und Kaltwasserduschen.

New Jaiswal Lodge PENSION $
(☎9713758366; pranjaljaiswal@gmail.com; Monuments Rd; EZ/DZ/3BZ 400/500/600 ₹) In den vier einfachen, aber farbenfrohen Zimmern der freundlichen Pension gibt's Deckenventilatoren, Moskitonetze und kleine Bäder mit Sitztoiletten. Schlichte Mahlzeiten und mobile Klimaanlagen sind hier auch im Angebot.

★ **Gateway Retreat** HOTEL $$
(☎07482-266723; www.mptourism.com; Bhopal-Vidisha Rd; inkl. Frühstück EZ 1740–3920 ₹, DZ 2170–4280 ₹; ❄📶🏊) Dieses Hotel von MP Tourism ist Sanchis komfortabelste Unterkunft: Umgeben von einem gut gepflegten Garten gibt es hier fesche Zimmer und Bungalows mit Klimaanlage. Das **Hausrestaurant** (Hauptgerichte 170–360 ₹; ⌚8–22.30 Uhr; 📶) mit kleiner Eckbar ist das beste Lokal der Stadt. Hinweis: Die beiden günstigsten Quartiere befinden sich 400 m entfernt in der Gateway Cafeteria, sind aber frisch renoviert und ebenfalls prima.

Das Hotel hat auch einen kleinen Spielplatz und einen recht kleinen Kinderpool mit ziemlich großer Rutsche.

Gateway Cafeteria INDISCH $
(Monuments Rd; Hauptgerichte 120–175 ₹; ⌚8–22.30 Uhr) Das einfache, aber saubere Restaurant von MP Tourism serviert schlichte indische Kost und Kaffee. Zudem beherbergt es die beiden günstigsten Zimmer des Gateway Retreat.

Praktische Informationen

Health Centre (☎07482-266724; Monuments Rd; ⌚Mo–Sa 8–13 & 17–18 Uhr) Kleine Klinik nahe der zentralen Kreuzung.

Star Communication (Internet 40 ₹/Std.; ⌚9–22 Uhr) Internetzugang plus Buchungsservice für Zug- und Bustickets.

Anreise & Unterwegs vor Ort

Usman (Leihfahrrad pro Std./Tag 10/50 ₹; ⌚8.30am-7pm Mon-Sat) im Markt verleiht Räder.

BUS

Ab Sanchis Dorfkreuzung fahren Busse alle 30 Minuten nach Bhopal (40 ₹, 1½ Std., 5–22 Uhr) und Vidisha (10 ₹, 20 Min., 6–23 Uhr).

ZUG

Von Bhopal aus geht's per Zug nach Sanchi: Die Fahrt dauert nicht einmal eine Stunde. Daher einfach rechtzeitig aufkreuzen, für ein „normales Zugticket" (10–30 ₹) anstehen und sich dann in den Zug quetschen. Mindestens sechs Züge fahren täglich von Bhopal nach Sanchi (8, 10.35, 15.05, 16.10, 18.15 & 22.55 Uhr, in Gegenrichtung 4.15, 8, 10.30, 16.30, 18.15 & 19.35 Uhr).

Für längere Fahrten empfiehlt sich Vidisha: Rund 8 km nordöstlich von Sanchi starten dort deutlich mehr Züge.

Rund um Sanchi

Von Sanchi aus sind mehrere historische Stätten per Fahrrad oder Autorikscha erreichbar. Ein besonders lohnendes Ziel sind dabei die Udaigiri-Höhlen. Unterwegs lädt die belebte Marktstadt Vidisha zum Bummeln und zu Teepausen ein. Etwa 800 m hinter der zentralen Eisenbahnbrücke findet man dort außerdem das **District Museum** (Hwy 146, Block Colony, Durga Nagar, Vidisha; Inder/Ausländer 5/50 ₹, Foto 50 ₹; ⌚Di–So 10–17 Uhr) mit ein paar schönen Skulpturen von örtlichen Stätten.

ℹ Anreise & Unterwegs vor Ort

Am Rand von Vidisha weist ein Schild den Weg zu den Udaigiri-Höhlen: Hier links abbiegen, den Fluss Betwa überqueren, dann die erste Straße zur Linken nehmen und dieser 3 km weit folgen. Wer zur Heliodorus-Säule will, fährt jenseits des Betwa geradeaus weiter und achtet nach 1 km auf das Schild, das rechts die kleine Straße zur Säule markiert.

Eine Autorikscha von Sanchi zu den Udaigiri-Höhlen kostet 350 ₹ inklusive Rückfahrt (450 ₹ mit Heliodorus-Säule und Vidisha). Alternativ fährt man per Bus nach Vidisha und nimmt dort eine Rikscha (hin & zurück 150 ₹).

Udaigiri-Höhlen

Rund 5 km nordwestlich von Vidisha wurden zur Zeit des Gupta-Herrschers Chandragupta II (382–401 n. Chr.) etwa 20 **Höhlenschreine** (⌚Sonnenaufgang–Sonnenuntergang) GRATIS in einen Sandsteinhügel geschlagen. Die meisten davon sind hinduistisch, zwei jedoch jainistisch – ein interessanter Beweis dafür, dass die beiden Religionen und der Buddhismus in Sanchi alle zur gleichen Zeit in derselben Region existierten. Eine Kompletterkundung der Höhlen dauert mindestens eine Stunde.

Zuerst in Sicht kommt **Höhle 19**, die Shiva geweiht ist und einen Eingang mit schönen Reliefs besitzt. Davor befinden sich die Überreste eines Säulenvorbaus. Den Großteil der anderen Höhlen erreicht man nach weiteren 400 m. Besonders bemerkenswert ist das tolle Großrelief in **Höhle 5**: Darauf rettet Vishnu in seiner Inkarnation als Eber Varaha die Erdgöttin Bhudevi (alias Prithvi) mit seinem Hauer aus dem Meer des Chaos, während göttliche Wesen die Szene beobachten. Den ungewöhnlichen Shiva-Lingam in **Höhle 4** ziert Shivas Antlitz samt drittem Auge; vom Kopf der Gottheit fließt der Ganges herab. In **Höhle 13** schläft Vishnu auf einem Bett aus Kobras. Dahinter kann man zur Spitze des Hügels hinauflaufen, wo ein zerstörter **Gupta-Tempel** aus dem 6. Jh. dem Sonnengott geweiht ist. Rund 350 m südlich der Hauptgruppe liegt einer der beiden jainistischen Schreine am Hang: **Höhle 1** beherbergt ein Bildnis des *tirthankar* Parasnath. Besucher können jedoch nur durch das Gitter spähen, da diese Höhle aus Sicherheitsgründen gesperrt ist.

Heliodorus-Säule

Die 6 m hohe Heliodorus-Säule (Kham Baba) wurde um 140 v. Chr. von dem griechischen Gesandten Heliodorus aus Taxila (heute Pakistan) errichtet. Sie ist Vasudeva (Vishnu) geweiht und berichtet von Heliodorus' Bekehrung zum Vishnuismus. Der Grieche war somit einer der allerersten Abendländer, die zu einer indischen Religion wechselten.

Pachmarhi

☎07578 / 13 700 EW. / 1067 M

Madhya Pradeshs einzige Hill Station wird von Wasserfällen, Schluchten, Naturbecken, Höhlentempeln und den bewaldeten Hängen des Satpura Tiger Reserve umgeben. Pachmarhi verspricht Erholung von der schwülen Hitze Zentralindiens und ist bei indischen Touristen sehr beliebt, wird aber kaum von ausländischen Travellern besucht.

Vor Ort am beliebtesten sind Jeeptouren zu ausgewählten Sehenswürdigkeiten, Naturbecken und anderen schönen Fleckchen in der Umgebung; bei den Zwischenstopps werden auch oft noch kurze Wanderungen unternommen. Manche Ziele sind alternativ zu Fuß, per Fahrrad oder mit normalen Autos erreichbar.

Der britische Armeehauptmann James Forsyth „entdeckte" Pachmarhi im Jahr 1857 und richtete 1862 in der Bison Lodge das erste Forstamt Indiens ein. Kurz danach

Pachmarhi

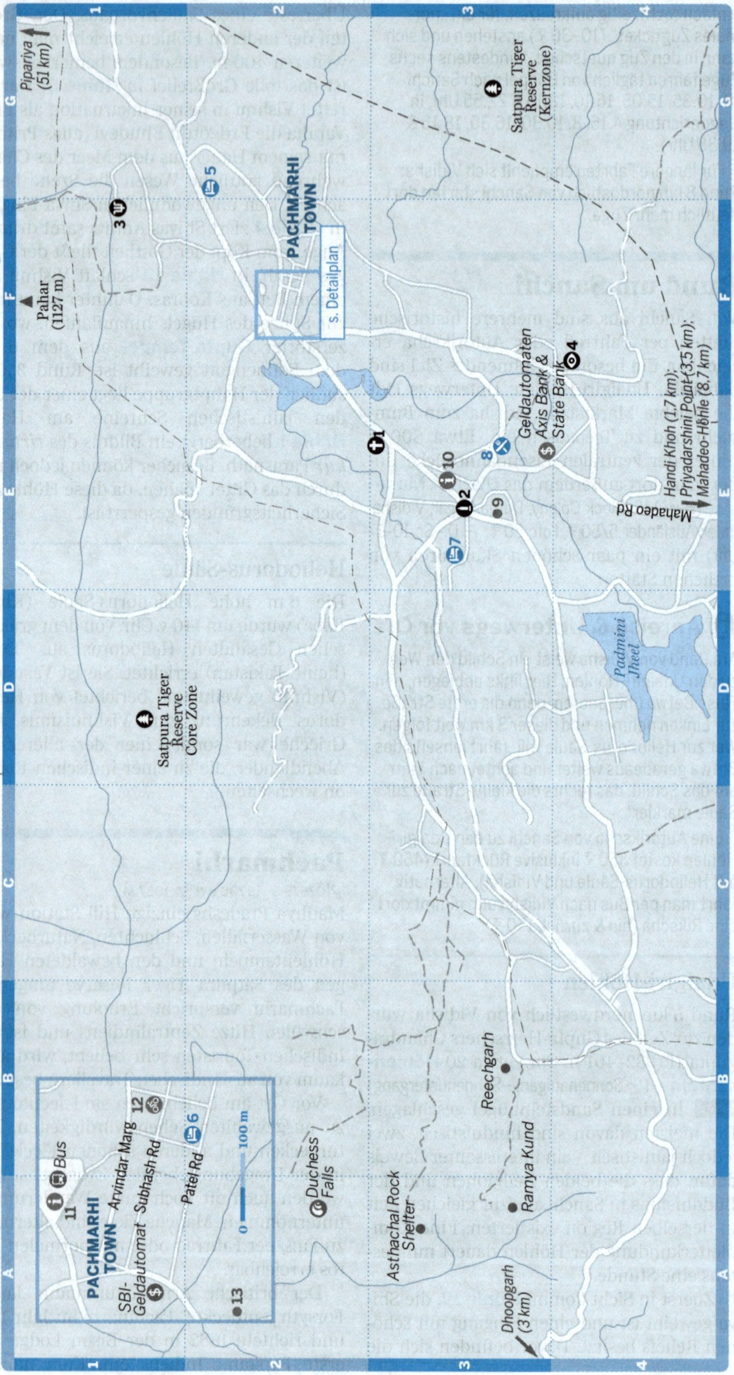

0
1 km
A
B
C
D
E
F
G
1
2
3
4
Pahar
(1127 m)
Pipariya
(51 km)
3
5
PACHMARHI
TOWN
s. Detailplan
Satpura Tiger
Reserve
Core Zone
1
10
2
7
9
8
Geldautomaten
Axis Bank &
State Bank
4
Satpura Tiger
Reserve
(Kernzone)
Mahadeo Rd
Handi Khoh (1,7 km);
Priyadarshini Point (3,5 km);
Mahadeo-Höhle (8,7 km)
Padmini
Jheel
Duchess
Falls
Asthachal Rock
Shelter
Reechgarh
Ramya Kund
Dhoopgarh
(3 km)
11
Bus
PACHMARHI
TOWN
Arvindar Marg
12
SBI-
Geldautomat
Subhash Rd
Patel Rd
6
13
0
100 m

Pachmarhi

Sehenswertes
1 Christchurch E3
2 Jai Stambh E3
3 Jata Shankar F1
4 Pandav-Höhlen F4

Schlafen
5 Hotel Highlands G2
6 Hotel Saket B2
7 Rock-End Manor E3

Essen
Raj Bhoj .... (siehe 6)
8 Rasoi E3

Praktisches
9 Bison Lodge E3
10 MP Tourism E3
11 MP Tourism Kiosk A1

Transport
12 Baba Cycles B1
13 Ticketbüro A2

schlug die britische Armee hier ihr regionales Hauptquartier auf; die Verbindung zum Militär existiert bis heute.

In Pachmarhi herrschen ganzjährig angenehme Temperaturen. Während der Monsunzeit (Juli–Sept.) gibt's keine Safaris ab Madhai; auch Sehenswürdigkeiten in der Umgebung haben dann oft geschlossen.

Im größeren nordwestlichen Stadtteil findet man Budgetunterkünfte und den Busbahnhof. Im Südwesten liegen jenseits eines kleinen Tals die breiten Straßen, Kirchen und kolonialzeitlichen Häuser des Viertels Jai Stambh – benannt nach der **Säule**, die Indiens Unabhängigkeit an einer Kreuzung mit sieben Abzweigungen ehrt.

Sehenswertes & Aktivitäten

Pachmarhi liegt innerhalb des Satpura Tiger Reserve. Die Stadt und ihr direkter Umkreis bilden eine Pufferzone, die wiederum von der Kernzone des Naturschutzgebiets umgeben wird.

Pufferzone

Folgende Sehenswürdigkeiten in der Pufferzone können gratis besucht werden: Die fünf uralten **Pandav-Höhlen** wurden wohl schon im 4. Jh. von Buddhisten als Behausungen in den Fels geschlagen. Von Jai Stambh aus führt eine befestigte Straße (10 km) südwärts zur **Mahadeo-Höhle**, wo man über einen Pfad ins feuchte Dunkel hineinläuft und nach 30 m auf einen Lingam samt wachendem Priester stößt. An der Straße zur Mahadeo-Höhle liegen die Aussichtpunkte **Handi Khoh** und **Priyadarshini Point** (Forsyth Point). Und kurz hinter dem nördlichen Stadtrand geht's über eine ausgeschilderte Straße (1 km) zum **Jata Shankar**, einem Shiva-Höhlentempel in einer wunderschönen Schlucht. In Pachmarhis Marktviertel kann man Fahrräder und Jeeps mieten, um die genannten Attraktionen zu besuchen.

Die schmucke neugotische **Christchurch** (erb. 1875) in der Stadt besteht komplett aus Sandstein.

Kernzone bei Pachmarhi

Für die Kernzone benötigt man eine Genehmigung (erhältlich bei der Bison Lodge; S. 725) und zumeist auch einen Guide. Hiervon ausgenommen ist lediglich die Wanderung von der Mahadeo-Höhle zum Chauragarh-Hügel (hin & zurück 5 Std.). Die meisten Besucher buchen bei der Bison Lodge eine Jeeptour mit Fahrer (1425 ₹/Tag, max. 6 Pers.; zzgl. Genehmigung/Guide 730/300 ₹). Die Kernzone lässt sich auch per pedes oder Fahrrad (jeweils 70 ₹) sowie per Motorrad (190 ₹) erkunden. Die Bison Lodge vermittelt zudem Guides für Tageswanderungen (Genehmigung/Guide 310/700 ₹, max. 6 Pers.).

Apsara Vihar Pachmarhis bester natürlicher „Swimmingpool" unter einen kleinen Wasserfall. Der Zugangspfad (ca. 700 m) beginnt rund 1,5 Straßenkilometer hinter den Pandav-Höhlen.

Aussichtspunkt am Rajat Prapat Vom Apsara Vihar führen Stufen hinauf zu einer Stelle mit Traumblick auf den Rajat Prapat: Zentralindiens höchster Einzelwasserfall stürzt 107 m tief in eine Schlucht.

Aussichtspunkt Dhoopgarh Am Ende jeder Jeeptour fast schon Pflicht: Gen Westen schaut man hier über endlose Täler, Hügel und Wälder. Die breite Stufenterrasse lädt zu Selfies vor dem Sonnenuntergang ein.

Bee-Wasserfall Hübsch, mit Naturbecken und fast ganz per Fahrrad erreichbar. Nur die letzten 250 m müssen zu Fuß zurückgelegt werden.

Chauragarh Auf Madhya Pradeshs dritthöchstem Berg (1308 m) thront ein Shiva-Tempel mit Panoramablick, der beim Shivaratri Mela (S. 724) von zahllosen Pilgern besucht wird. Ab der Mahadeo-Höhle per Wanderung erreichbar (hin & zurück ca. 5 Std.; einfache Strecke 3,5 km, 1365 Stufen).

Dschungel-Safaris

Dschungel-Safaris SAFARI
(Parkeintritt pro 6-sitzigem Jeep/Einzelplatz 1500/250 ₹, obligatorischer Guide 300 ₹, Leihjeep ca. 2000 ₹; ⌚Okt.–Juni) In Madhai am Nordrand des Satpura Tiger Reserve starten Jeepsafaris (2½–5 Std.), die im Vergleich zu den Panoramafahrten ab Pachmarhi eine ganz andere Nummer sind: In diesem Fall liegt der Schwerpunkt auf Tierbeobachtungen im dichten Urwald. Von den etwa 20 Tigern des Schutzgebiets bekommt man höchstwahrscheinlich keinen zu Gesicht. Dafür stehen die Chancen vor allem im Winter ganz gut, Lippenbären und Leoparden zu erspähen.

Pro Tour fahren bis zu zwölf sechssitzige Jeeps los. Allerdings ist immer nur eins dieser Fahrzeuge reservierungsfrei – Plätze in den anderen müssen vorab übers Internet gebucht werden (http://forest.mponline.gov.in). Die Website akzeptiert jedoch keine ausländischen Kreditkarten oder Bankeinzug. Daher arrangiert man seine Jeepsafari am besten über ein Reisebüro oder eine der Unterkünfte bei Madhai (Bearbeitungsgebühr meist 1000 ₹). In Madhai werden auch Bootssafaris angeboten.

Von Pachmarhi nach Madhai geht's u.a. per Taxi (ab 2000 ₹, 2½–3 Std.). Alternativ kann man einen Bus nach Sohagpur nehmen (80 ₹, 2½ Std., 12-mal tgl.) und von dort aus mit einem Sammeljeep südwärts nach Madhai fahren (25 ₹, 1 Std., 20 km).

Feste & Events

Shivaratri Mela RELIGIÖSES FEST
(⌚Feb./März) Bis zu 100 000 Pilger, Sadhus (Asketen) und Adivasi ehren Shiva an der Mahadeo-Höhle. Danach erklimmen sie den Chauragarh, um dort symbolische Dreizacke neben dem Shiva-Tempel aufzustellen.

Schlafen & Essen

Pachmarhi

In Jai Stambh wurden einige Bungalows und Häuser aus der Kolonialzeit zu tollen Pensionen bzw. Hotels umgebaut. MP Tourism verwaltet ganze 14 davon. Während der Spitzenzeiten (Mai–Juli, Nationalfeiertage, große Festivals) sind die örtlichen Unterkünfte teils teurer und ausgebucht.

Hotel Saket HOTEL $$
(☎07578-252165; www.sakethotel.in; Patel Rd; Zi. 1900 ₹, mit Klimaanlage 3100–3570 ₹; ❄📶) Vor Ort gibt's viele ähnlich aussehende Hotels. Das Saket zählt dabei zu den besten Optionen. Hierfür sorgt u.a. die große Auswahl von behaglichen Zimmern mit bequemen Betten. Weitere Pluspunkte sind der freundliche Empfang, das WLAN (100 ₹ für den gesamten Aufenthalt) und die helle neue Lobby mit Essbereich.

Das gute, günstige **Hausrestaurant** (Hauptgerichte 80–180 ₹; ⌚8–23 Uhr) serviert Gerichte à la Gujarat, China, Nord- und Südindien.

Hotel Highlands HOTEL $$
(☎07578-252099; www.mptourism.com; Pipariya Rd; Zi. inkl. Frühstück 3090 ₹; ❄📶) Das Hotel von MP Tourism am nördlichen Stadtrand hat ein tolles Preis-Leistungs-Verhältnis. Die Zimmer mit hohen Decken, Umkleideraum, modernem Bad und Veranda sind rund um einen gepflegten Garten angeordnet. Es gibt auch einen Kinderspielplatz und ein Bar-Restaurant.

Rock-End Manor HISTORISCHES HOTEL $$$
(☎07578-252079; www.mptourism.com; EZ/DZ inkl. Vollpension 5470/6420 ₹; ❄📶) Vom großartigen Rock-End Manor schaut man auf die Rasenflächen des Armee-Golfplatzes. Das weiß verputzte Gebäude aus der Kolonialzeit wird gut und engagiert geführt. Die sechs geräumigen Zimmer punkten mit herrlich hohen Decken, luxuriöser Einrichtung (inkl. hochwertiger Polstermöbel), eingerahmten Gemälden und Ganzkörper-Massageduschen.

★ **Rasoi** DHABA $
(Company Garden; Hauptgerichte 80–200 ₹; ⌚9–23.30 Uhr) Viel mehr als eine normale *dhaba* (Snackbar) am Straßenrand: In (teilweise) offenen Sitzbereichen gibt's hier eine große Auswahl von südindischen und chinesischen Köstlichkeiten mit oder ohne Fleisch. Die Empfehlung unseres Kellners – das vegetarische Tawa (150 ₹) – war äußerst lecker.

Madhai

In Madhai findet man einige Mittelklassehotels, eine Pension der Forstverwaltung und ein paar luxuriöse Dschungel-Lodges.

Madhai Forest Rest House PENSION $
(☎07574-254838, Reservierungen 07574-254394; dirsatpuranp@mpforest.org; Madhai; Zi. 1000 ₹)

Am Südufer des Denwa starten die Dschungelsafaris vor dieser Pension der Forstverwaltung. Die sechs Zimmer mit Sitztoiletten sind sehr schlicht, aber dennoch recht komfortabel. Das Hausrestaurant serviert einfache indische Gerichte. Vom Nordufer fahren Boote hierher. Am besten per Telefon oder E-Mail reservieren!

Hinweis: Hier gibt's keinerlei Klimatisierung (auch nicht in Form von mobilen Geräten) – ein potenzieller Minuspunkt in den Monaten vor dem Monsun, wenn die Temperaturen teils über 40° C klettern.

Madhai Resort HOTEL **$$**
(☎9424437150; www.themadhairesort.com; Dorf Bija Kheri; Zi. 1500 ₹, mit Klimaanlage 2000–2500 ₹; ❄) Das gute Mittelklassehotel nahe dem Nordufer des Denwa empfiehlt sich, wenn eine Safari ab Madhai geplant ist. Die geräumigen Zimmer sind mit Pastelltönen gestaltet. Das Management betreibt auch das Hotel Saket in Pachmarhi.

Praktische Informationen

Bison Lodge (☎07574-254394; nahe Jai Stambh; ⌚Do–Di 9–17, Mi 9–11.30 Uhr) Hauptmann Forsyth erbaute die Bison Lodge 1862 für sich selbst. Später befand sich darin mehr als 50 Jahre lang die regionale Forstverwaltung. Nur hier gibt's die Genehmigungen und Jeeps, die man braucht, um die regionalen Attraktionen in der Kernzone der Satpura Tiger Reserve besuchen zu können. So herrscht nach dem Öffnen am Morgen zumeist recht starker Betrieb.

Das helle, farbenfrohe **Wildlife & Cultural Interpretation Centre** (Eintritt 10 ₹) der Lodge informiert über die tierischen, pflanzlichen und menschlichen Bewohner des Tigerreservats.

MP Tourism (☎07578-252100; Amaltas Complex; ⌚10–17 Uhr) Hauptbüro nahe Jai Stambh plus Kiosk am Busbahnhof (☎07578-252029; ⌚10–17 Uhr).

An- & Weiterreise

An Pachmarhis **Busbahnhof** besteht u. a. Verbindung nach Bhopal (200 ₹, 6 Std., 6-mal tgl.). Die Sleeper-Class-Busse um 18.30 und 21 Uhr fahren dabei weiter nach Indore (Sitzplatz/Sleeper Class nach Bhopal 270/300 ₹, nach Indore 500/550 ₹, 12 Std.). Um 3.30 und 17 Uhr geht's jeweils nach Nagpur (280–300 ₹, 7 Std.).

Weitere Busse rollen nach Pipariya (60 ₹, 1½ Std., mind. stündl.). Von dort aus kann man per Zug z. B. nach Jabalpur oder Varanasi reisen, ohne den langen Umweg über Bhopal nehmen zu müssen. Zugtickets gibt's beim **Ticketbüro** (Army Area Main Gate; ⌚8.30–14 & 16.30–19.30 Uhr, So & Do nachmittags geschl.) und bei örtlichen Reisebüros.

Von Pipariyas Busbahnhof fahren Sammeljeeps (60–100 ₹/Pers.) wesentlich häufiger als Busse nach Pachmarhi.

Unterwegs vor Ort

An der Bison Lodge und am Busbahnhof/Markt brechen Jeeps zu Tagestrips auf (Standardpreis inkl. Fahrer 1450 ₹).

Die meisten Attraktionen im Bereich von Pachmarhi erreicht man auch per Drahtesel, muss dann aber oft noch das letzte Stück laufen. Bis auf die letzten Abschnitte vor dem Aussichtspunkt Dhoopgarh und der Mahadeo-Höhle sind die örtlichen Straßen zumeist nicht sonderlich steil. Leihfahrräder gibt's bei **Baba Cycles** (Subhash Rd; pro Std./Tag 20/100 ₹; ⌚10–21 Uhr) und anderen Läden im Marktviertel.

WESTLICHES MADHYA PRADESH

Indore

☎0731 / 1,96 MIO. EW

Als größte Stadt und Wirtschaftszentrum von Madhya Pradesh wirkt Indore viel kosmopolitischer als alle anderen Städte des Bundesstaats. Bis auf ein paar schöne Bauten der Holkar-Dynastie gibt's hier fast keine interessanten Sehenswürdigkeiten. Der Trubel durch Verkehr und Menschenmassen ist so heftig wie in allen anderen indischen Metropolen dieser Größe. So ist Indore für die meisten Traveller kaum mehr als eine Zwischenstation auf dem Weg nach Mandu, Maheshwar oder Omkareshwar. Doch dank belebter Basare, guter Restaurants und überdurchschnittlich attraktiver Hotels könnte man die Stadt nach ein paar Übernachtungen durchaus lieben gelernt haben.

Sehenswertes

Lal Bagh Palace PALAST
(Lal Bagh Rd; Inder/Ausländer 10/250 ₹; ⌚Di–So 10–17 Uhr) Dieser Palast (erb. 1886–1921) ist Indores schönstes Gebäude aus der Zeit der Holkar-Dynastie. Wie bei vielen anderen indischen Adelsresidenzen der späten Raj-Periode wird das prachtvolle Innere von europäischen Stilelementen dominiert: Die gestreiften Säulen aus italienischem Marmor erinnern an Stracciatella- und Schokoladeneis. Vorhanden sind auch viele Kronleuchter, klassische Säulen, Wandbilder von

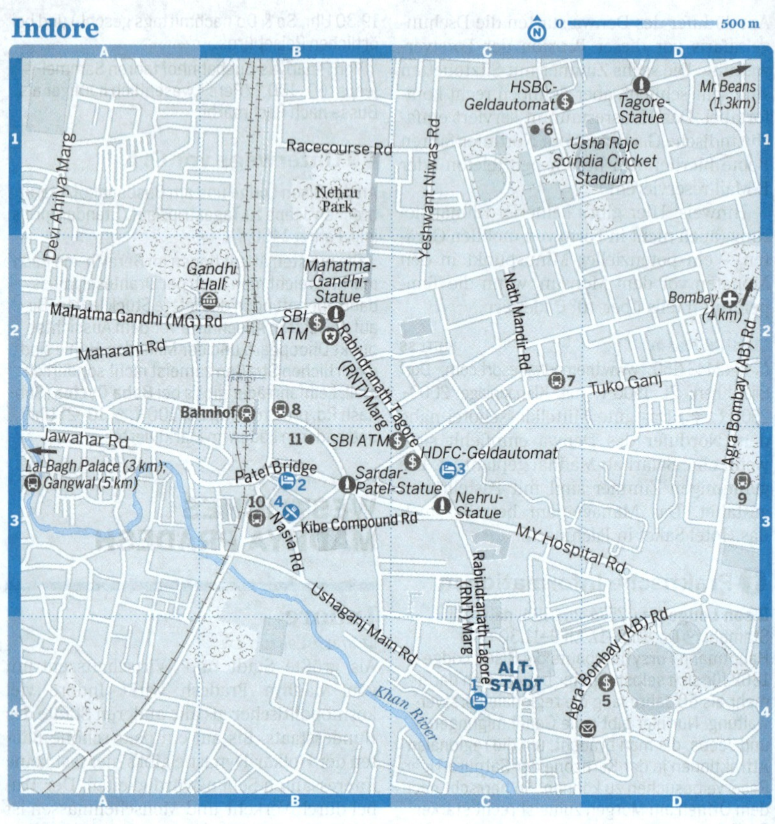

Indore

Schlafen
1 Hotel Chanakya C4
2 Hotel Neelam B3
3 Hotel Shreemaya C3

Essen
4 Hotel Apna B3

Praktisches
5 State Bank of India D4

Transport
6 Air India C1
Chartered Bus .... (siehe 9)
7 Hans Travels C2
Metro Taxi .... (siehe 9)
8 Minivans zum Gangwal-Busbahnhof B2
9 Royal Bus D3
10 Sarwate-Busbahnhof B3
11 Ticketbüro (Züge) B3

griechischen Göttern, ein Wohnzimmer à la Renaissance und ein Speisesaal, der Barock mit Rokoko mixt. Ledersessel stehen im Arbeitszimmer nach Vorbild einer englischen Bibliothek. Das frühere Schlafzimmer der Maharani ist im palladianischen Stil gestaltet. Leider wirkt die Einrichtung einiger Räume ziemlich abgenutzt.

Die quietschenden Eingangstore des 28 ha großen Geländes sind denen des Buckingham-Palasts nachempfunden. Nahe dem Palast steht eine Statue von Königin Victoria im Garten. Eine Autorikscha ab dem Zentrum kostet ca. 50 ₹.

Rajwada PALAST, TEMPEL
(Rajwada Chowk; Inder/Ausländer 10/250 ₹, Foto/Video 25/100 ₹, Tempel Eintritt frei; ⌚ Palast Di–So 10–17 Uhr, Tempel 7–21 Uhr) Indores ursprünglicher Holkar Palace (Baubeginn 1749) brannte 1984 fast ganz ab und wird immer noch

rekonstruiert. Die Arbeiten im Inneren sind längst nicht abgeschlossen. Bereits vollendet sind jedoch die tolle siebenstöckige Fassade mit Elementen im Mogulstil und der reizende kleine Tempel im hinteren Bereich. Dessen schmucker Hof mit Holzsäulen wird über die nördliche Gebäudeseite betreten und verspricht etwas Erholung vom Großstadttrubel.

Central Museum MUSEUM
(AB Rd; Inder/Ausländer 10/100 ₹, Foto/Video 50/200 ₹; ⏲Di–So 10–17 Uhr) Das Museum an der Agra Bombay (AB) Rd befindet sich in einem weiteren schönen Bau aus der Holkar-Ära. Die gute, aber etwas eintönig präsentierte Sammlung zeigt neben hinduistischen Skulpturen aus dem Mittelalter und früheren Perioden auch Werkzeuge, Waffen und Landbesitz-Urkunden in Form von gravierten Kupfertafeln. Während des Sepoy-Aufstands (1857) kam es hier zu Scharmützeln – damals wurde auch der Brunnen im Garten vergiftet.

Schlafen

Hotel Chanakya HOTEL $
(☎0731-4075191; 57–58 RNT Marg, Chhawni Chowk; EZ/DZ 880/1100 ₹, mit Klimaanlage ab 1210/1540 ₹; ❄📶) Die Zimmer des Chanakya sind zwar nicht so schick wie der kleine Krishna-Wasserfall mit Discobeleuchtung im Eingangsbereich, erfüllen aber ihren Zweck. Die Quartiere ohne fest eingebaute Klimaanlage werden von mobilen Geräten gekühlt und sind teils etwas heller, was durchaus für sie spricht. Das Personal ist freundlich; zudem liegt das Hotel in einem interessanten Teil der Altstadt.

Viele Fahrer von Autorikschas kennen den berühmten Süßwarenladen namens Mathurawala im Erdgeschoss.

Hotel Neelam HOTEL $
(☎0731-2466001; 33/2 Patel Bridge Corner; EZ/DZ ab 525/725 ₹, mit Klimaanlage 850/1050 ₹; ❄📶) Das gut geführte Neelam ist eines der wenigen Billighotels nahe dem Busbahnhof und Bahnhof, die auch Ausländer aufnehmen. Die einfachen, aber sauberen Zimmer mit modernisierten Bädern verteilen sich rund um ein zentrales Atrium.

★ **Hotel Shreemaya** BUSINESSHOTEL $$
(☎0731-2515555; www.shreemaya.com; 12 RNT Marg; inkl. Frühstück EZ 2840–4170 ₹, DZ 3600–5000 ₹; ❄@📶) An dem professionell geführten und extrem freundlichen Businesshotel gibt's quasi nichts auszusetzen: Die modernen Zimmer in makellosem Zustand punkten mit gutem WLAN-Signal, Teekochern/Kaffeemaschinen und Balkonen voller Topfpflanzen. Der Preis beinhaltet jeweils einen Shuttle vom und zum Flughafen. Das Restaurant mit internationaler Küche (Hauptgerichte 170–370 ₹) zählt zu den besten der Stadt.

Essen & Ausgehen

Hotel Apna INDISCH $
(Nasia Rd; Hauptgerichte 90–200 ₹; ⏲6–23.30 Uhr) Das Apna direkt gegenüber vom Busbahnhof Sarwate hat eine Ausschanklizenz und ist seit über 50 Jahren im Geschäft. Auf der rein indischen Karte stehen leckere Gerichte mit und ohne Fleisch. Hinzu kommt die übliche Auswahl an Bier und billigen Whiskys. Der Laden ist beliebt bei Leuten, die schon am Nachmittag in dunklen Sitzecken bechern wollen. Das Obergeschoss hat ein vergleichsweise fröhlicheres Ambiente.

Mr. Beans CAFÉ, INTERNATIONAL $$
(www.mrbeans.in; 100 Saket Nagar; Gerichte 175–460 ₹; ⏲10–23 Uhr; 📶) Eins von Indiens nettesten Cafés: Die sieben Räume mit offenem Grundriss sind allesamt nobel im europäischen Stil eingerichtet – was offenbar auch Indores Trendsettern gefällt. Neben super Kaffee (50–150 ₹) und Tee steht auf der langen Karte vor allem Medizin für heimwehkranke Ausländer: Shepherd's Pie, Kräuterhähnchen, drei Sorten Hummus, Quesadillas, Pasta, dünnkrustige Spitzen-Pizzen und sensationelle Desserts.

★ **Mediterra** MEDITERRAN $$$
(☎0731-4006666; Hotel Sayaji, Vijay Nagar; Hauptgerichte 580–1150 ₹; ⏲19.30–23.30 Uhr) Nördlich vom Zentrum liegt das romantische Dachrestaurant an Indores bekanntester Meile mit Nobelboutiquen und -hotels. Hauptgerichte wie Paella, Lammkarree, Ratatouille oder Risotto kurieren hier den Curry-Blues. Viele der Mezze-Teller und Vorspeisen (z. B. Paneer-Satay, Kokos-Garnelen) sind jedoch so üppig, dass man allein davon schon satt wird.

Praktische Informationen

Bombay Hospital (☎Notruf 0731-4077000; www.bombayhospitalindore.com; Eastern Ring Rd) Indores bestes allgemeines Krankenhaus.

State Bank of India (AB Rd; ⏲Mo–Sa 10.30–16.30 Uhr) Tauscht ausländisches Bargeld um und hat einen Geldautomaten.

ℹ Anreise & Unterwegs vor Ort

BUS

Am **Busbahnhof Gangwal** (☎ 0731-2380688; Dhar Rd) besteht Verbindung nach Dhar (70 ₹, 3 Std., 6–23.30 Uhr regelm.), wo man in Richtung Mandu (40 ₹, 1 Std., letzter Bus um 21 Uhr) umsteigen kann. **Minivans** fahren für 20 ₹ vom Zentrum (Start gegenüber vom Bahnhof) zum Busbahnhof Gangwal. Autorikschas bedienen dieselbe Strecke für ca. 60 ₹.

Ab dem **Busbahnhof Sarwate** (☎ 0731-2364444; Chhoti Gwaltoli) geht's u. a. zu den unten genannten Zielen. Wer nach Maheshwar will, steigt in Dhamnod um.

Bhopal 180 ₹, 5 Std., 6–20 Uhr regelmäßig

Dhamnod 77 ₹, 2½ Std., 5–22.30 Uhr regelmäßig

Omkareshwar 70 ₹, 3 Std., 6–18.30 Uhr ca. alle 60 Min.

Pachmarhi (Verma Travels, 12 Std.) mit Klimaanlage Sitzplatz/Sleeper Class 500/600 ₹, 20 Uhr; ohne Klimaanlage 450/500 ₹, 21.40 Uhr

Ujjain 60 ₹, 2 Std., rund um die Uhr regelmäßig

Chartered Bus (☎ 0731-4288888; http://charteredbus.in; AICTSL Campus, AB Rd) schickt vergleichsweise komfortablere Volvo-Busse mit Klimaanlage nach Bhopal (330 ₹, 4 Std., 5–21.30 Uhr 2- bis 3-mal stündl., übrige Nacht alle 1–2 Std.). Hinzu kommen klimatisierte Busse nach Ahmedabad, Jabalpur, Jaipur, Pune und Udaipur (jeweils 1- bis 2-mal tgl.). Am selben Terminal starten klimatisierte Busse von **Royal Bus** (☎ 0731-4027999; www.royalbus.info; AICTSL Campus, AB Rd) in Richtung Ujjain (70 ₹, 2 Std., 7.30–20.15 Uhr alle 45 Min.).

Hans Travels (☎ 0731-2510007; www.hanstravel.in; Dhakkanwala Kua, South Tukoganj) lässt ebenfalls klimatisierte Volvo-Busse nach Bhopal rollen (330 ₹, 4 Std., 9-mal tgl.). Zudem bedienen zahlreiche Sleeper-Class-Busse der Firma u. a. folgende Ziele zwischen 17 und 22 Uhr:

Agra ohne/mit Klimaanlage 500/800 ₹, 16 Std., 2-mal tgl.

Ahmedabad ohne/mit Klimaanlage 400/600 ₹, 11 Std., 2-mal tgl.

Gwalior ohne/mit Klimaanlage 400/600 ₹, 12 Std., 4-mal tgl.

Jaipur ohne/mit Klimaanlage 400/700 ₹, 13–15 Std., 3-mal tgl.

Jalgaon (dort Anschluss nach Ajanta) ohne Klimaanlage 350–400 ₹, 8 Std., 21 & 22 Uhr

Mumbai ohne/mit Klimaanlage 600/900 ₹, Volvo mit Klimaanlage 1250 ₹, 12–15 Std., 5-mal tgl.

Nagpur ohne/mit Klimaanlage 500/660 ₹, Volvo mit Klimaanlage 1200 ₹, 10–13 Std., 4-mal tgl.

Pune ohne/mit Klimaanlage 600/900 ₹, Volvo mit Klimaanlage 1200 ₹, 12–15 Std., 8-mal tgl.

FLUGZEUG

Der Flughafen liegt 9 km westlich der Stadt.

Als Hauptanbieter von Flügen ab Indore startet **IndiGo** (www.goindigo.in) u. a. gen Delhi (4-mal tgl.), Mumbai (3-mal tgl.), Hyderabad, Kolkata und Raipur (jeweils 2-mal tgl.). Zudem bedient die Gesellschaft Ahmedabad, Bengaluru (Bangalore), Goa, Nagpur und Pune (jeweils 6- bis 7-mal wöchentl.). **Jet Airways** (www.jetairways.com) fliegt nach Mumbai (4-mal tgl.), Delhi (3-mal tgl.), Ahmedabad, Bengaluru, Chennai und Pune (jeweils 6- bis 7-mal wöchentl.).

Air India (☎ 0731-2431595; www.airindia.in; Racecourse Rd; ⏲ Mo–Sa 10–13 & 14–17 Uhr) schickt pro Tag je eine Maschine nach Mumbai und Delhi.

DER SARAFA-BASAR

Viele Einwohner Indores betrachten diesen **Imbiss-Basar** (Snacks 20–70 ₹; ⏲ 21–24 Uhr) als absolutes Highlight ihrer Stadt. Das Ganze ist ein tolles Erlebnis – nicht nur wegen der einheimischen Köstlichkeiten, sondern auch wegen des freundlichen Publikums. Sobald die vielen Schmuckläden der Straße schließen, eröffnen davor die Imbissstände. Der berühmteste davon heißt **Joshi Dahi Vada** und serviert tägliche riesige Mengen von *dahi vada* (Linsenbällchen in Joghurt mit Chutney). Der Stand steht auf etwa halber Strecke am südlichen Straßenrand und ist leicht an den vielen wartenden Kunden zu erkennen. Mr. Joshi wirft gern mal etwas Joghurt in die Luft, um dessen tolle Konsistenz zu demonstrieren.

Am besten bringt man ordentlich Appetit mit und folgt dann einfach seiner Nase. Probierpflicht besteht aber bei zwei örtlichen Spezialitäten: *bhutte ka kees* (geschroteter Mais, mit Gewürzen und Kräutern gedünstet) und *sabudana khichdi* (eingeweichtes Sago, mit Gewürzen, Kräutern und Erdnusssplittern garniert).

Um den Basar zu finden, einfach der Straße auf der Südseite des Rajwada-Palastes rund 200 m weit folgen.

ZÜGE AB INDORE

ZIEL	ZUG-NR. & NAME	PREIS (₹)	DAUER (STD.)	ABFAHRT
Bhopal	12919 Malwa Exp	215/535/735	5	12.25 Uhr
Delhi	12415 Indore-Delhi Sarai Rohilla Intercity Exp	440/1160/1655	14½	16 Uhr
Mumbai (Hauptbahnhof)	12962 Avantika Exp	440/1160/1655	14	16.25 Uhr
Ujjain	12919 Malwa Exp	170/540/740	1½	12.25 Uhr

Preise: Sleeper Class/3AC/2AC

Die Fahrt vom/zum Flughafen dauert rund 45 Minuten (Autorikscha ca. 150 ₹, Taxi 250–300 ₹). Prepaid-Taxis verbinden den Flughafen mit der Stadt und außerhalb gelegenen Zielen (z. B. Ujjain: 900 ₹, Omkareshwar: 1800 ₹).

Ab der Straße vor dem Flughafen fährt Buslinie 11 etwa alle 20 Minuten zum Zentrum (Sardar Patel Circle, Madhumilan Chauraha) und wieder zurück.

TAXI

Metro Taxi (☎0731 4288888; AICTSL Campus, AB Rd) überzeugt mit neuen Autos und professionellen Fahrern. Es geht z. B. nach Mandu, Omkareshwar (einfache Strecke 2000 ₹) oder Maheshwar (einfache Strecke 2200 ₹). Eine Tagesmiete (max. 12 Std., 250 km) kostet 2500 ₹.

ZUG

Es rollen Züge u. a. nach Bhopal (7-mal tgl.) und Ujjain (12-mal tgl.). Das **Ticketbüro** (⏲Mo–Sa 8–22, So 8–14 Uhr) liegt 200 m östlich vom Bahnhof.

Ujjain

☎0734 / 515 215 EW.

Der erste Eindruck ist nicht immer der beste – was auch für Ujjain gilt. Doch es lohnt sich, den chaotischen Bahnhofsbereich zu verlassen und durch das Gassengewirr in Richtung der Ghats und berühmten Tempel zu laufen. Denn dabei offenbart sich eine ältere, spirituellere Seite der Stadt, die Händler und Pilger seit Jahrhunderten anzieht. Ujjains Tempel versprühen eine unverkennbare Energie – kein Wunder: Dies ist eine der sieben heiligen Städte des Hinduismus sowie eine der vier Städte, in denen alle zwölf Jahre einen Monat lang das gigantische Pilgerfest Kumbh Mela stattfindet. Beim letzten Mal (2016) kamen dabei schätzungsweise 75 Mio. Menschen nach Ujjain.

Sehenswertes

★Mahakaleshwar Mandir — HINDU-TEMPEL

(⏲4–23 Uhr) In optischer Hinsicht ist dieser Tempel nicht sonderlich eindrucksvoll. Doch es kann ein wahrhaft magisches Erlebnis sein, mit anderen Besuchern im Gänsemarsch durch die unterirdischen Gänge zu laufen. Wenn gerade kein Fest stattfindet, gelangt man durch Marmorkorridore in aller Ruhe zu jener Kammer, welche einen von Indiens zwölf *jyoti linga* beherbergt. Diese natürlich entstandenen Lingams gelten als besonders heilig: Sie verströmen angeblich *shakti* (Urkraft; repräsentiert durch weibliche Gottheiten) ohne Zutun einer rituellen Aktivierungszeremonie (*mantra-shakti*).

Der Tempel wurde 1235 durch Sultan Iltutmish aus Delhi zerstört und im 19. Jh. von den Scindias wieder aufgebaut. Per „VIP-Ticket“ (150 ₹) lassen sich die Warteschlangen umgehen.

★Ram-Ghat — GHAT

Schreine mit orange- oder rosafarbenen Dächern säumen das beliebteste und am zentralsten gelegene Ghat der Stadt. Den ganzen Tag über baden hier zahlreiche Menschen im Fluss Shipra und bringen diesem Milch oder Blumen als Opfergaben dar. Am stimmungsvollsten ist die Stätte in der Morgen- oder Abenddämmerung, wenn die Gläubigen am Ufer ihre Zimbeln erklingen lassen und Kerzen entzünden.

Harsiddhi Mandir — HINDU-TEMPEL

Der während der Marathen-Zeit erbaute Tempel beherbergt ein berühmtes Abbild der Göttin Annapurna. Die beiden hohen, rußgeschwärzten Steintürme am Eingang, die mit unzähligen Lampen verziert sind, sind eine Besonderheit der marathischen Kunst. Dank ihnen wird das Navratri im September bzw. Oktober zu einem noch größeren Spektakel: Dann werden sie mit Öl gefüllt und angezündet.

Sinhasan Battisi — WAHRZEICHEN

Die kleine Insel Vikram Teela im Rudra-Sagar-See ziert seit 2016 eine Skulptur, die

Ujjain

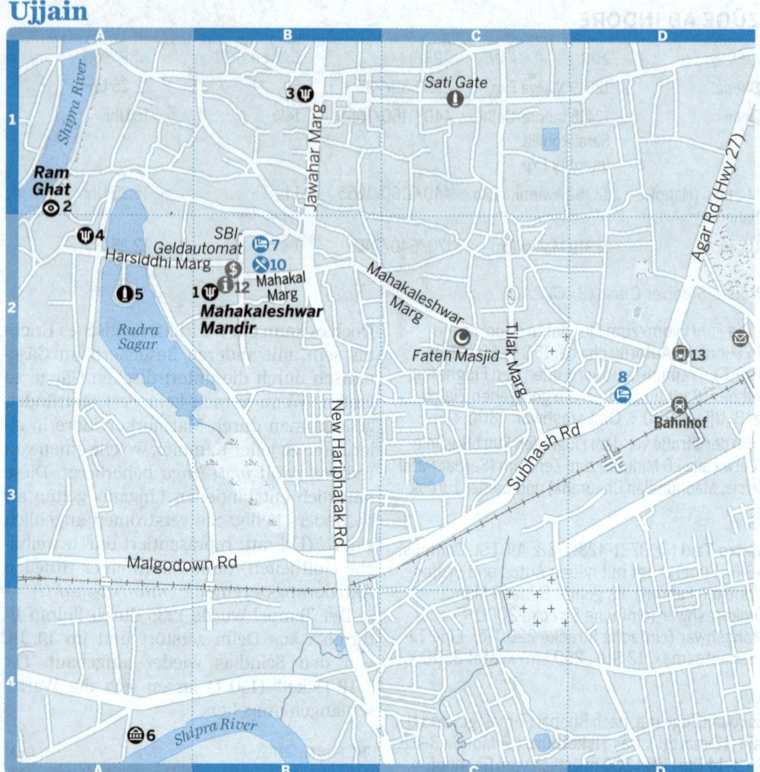

den magischen Thron und Hofstaat des Ujjain-Königs Vikramaditya darstellt. Den sitzenden König umgibt dessen legendärer Kreis aus neun Schülern *(nava-ratna)*, unter denen auch der große (historische) Sanskrit-Dichter Kalidas ist.

Gopal Mandir HINDU-TEMPEL
(⏲7–12 & 16–22 Uhr) Der Tempel mit einer Turmspitze aus Marmor wurde im 19. Jh. von den Scindias errichtet und ist ein prachtvolles Beispiel für die Architektur der Marathen. Die mit Silber beschlagenen Türen des Heiligtums stammen ursprünglich aus dem Somnath-Tempel in Gujarat. Einst wurden sie von muslimischen Plünderern nach Ghazni (Afghanistan) gebracht und später von Ahmad Shah Durani nach Lahore (Pakistan) mitgenommen. Mahadji Scindia transportierte die Portale schließlich nach Ujjain.

Die umliegenden Gassen laden zu einem wunderbaren Basar-Bummel ein.

Vedh Shala HISTORISCHES GEBÄUDE
(Sternwarte, Jantar Mantar; Inder/Ausländer 10/100 ₹; ⏲8–18 Uhr) Seit dem 4. Jh. v. Chr. ist Ujjain sozusagen das Greenwich Indiens. Maharadscha Jai Singh errichtete diese schlicht wirkende, aber überraschend komplexe Sternwarte zwischen 1725 und 1730. Die Anlage wurde einst für Zeitmessungen und das Beobachten von Himmelskörpern benutzt. Alles ist ziemlich detailliert auf Englisch beschriftet. Allerdings können wohl nur Astronomen etwas mit den Erklärungen anfangen!

Feste & Events

Kumbh Mela RELIGION
(Simhastha; ⏲April/Mai) Ujjain ist eine von vier Stätten in Indien, in denen alle zwölf Jahre, normalerweise in den Monaten April und Mai, die unglaubliche Kumbh Mela abgehalten wird, bei der Millionen Menschen ein Bad im Shipra nehmen. Die nächste ist 2028.

Ujjain

Schlafen & Essen

Hotel Naman Palace HOTEL $

(0734-2564086; 8 Choubis Khamba Marg; Zi. ohne/mit Klimaanlage 1000/1300 ₹;) Das Naman Palace ist eins von mehreren neuen Hotels im Umkreis des Mahakaleshwar Mandir. Hier gibt's moderne Zimmer in Braun-, Kupfer- und Weißtönen – ausgestattet mit weichen Betten, Sofas, WLAN und großen viereckigen Duschköpfen. In den meisten Quartieren ist Tageslicht jedoch Mangelware.

Hotel Ramakrishna HOTEL $

(0734-2557012; www.hotelramakrishna.co.in; Subhash Rd; EZ/DZ/3BZ 500/1000/1300 ₹, mit Klimaanlage 900/1300/1700 ₹;) Dieses Hotel an der Subhash Rd ist überdurchschnittlich sauber. Die besten Varianten der klimatisierten Zimmer haben Fliesenböden, eine halbwegs stilvolle Einrichtung und kleine Bäder. Die Quartiere ohne Klimaanlage sind quasi identisch, aber stark abgenutzt und teils mit Hocktoiletten versehen. Allgemein unterscheiden sich die Zimmer vor allem in puncto Größe und Helligkeit.

Das angeschlossene Restaurant New Sudama (Hauptgerichte 75–150 ₹) serviert günstige vegetarische Kost.

★ **Hotel Shipra Residency** HOTEL $$

(0734-2551495; www.mptourism.com; Dewas Rd; inkl. Frühstück Zi. 3560–4280 ₹, Suite 5470 ₹;) Dieses Hotel von MP Tourism ist die definitiv beste Option in Zentrumsnähe. 2015 wurde es um einen neuen Flügel mit 30 hellen, modernen und sehr komfortablen Zimmern bzw. Suiten erweitert. Die ursprünglichen Quartiere verteilen sich rund um einen Innenhof über drei Stockwerke. Sie sind zwar kleiner und haben ältere Bäder, gehen aber dank bequemer Betten, Teekochern/Kaffeemaschinen und Sets mit Pflegeprodukten ebenfalls voll inOrdnung.

Das stilvolle Restaurant heißt **Meghdoot** (Hauptgerichte 150–400 ₹; 11–15 & 19–22.30 Uhr).

Damaru Wala INDISCH $

(138 Mahakal Marg; Thalis 100–140 ₹; 9.30–24 Uhr) Hier gibt's ausschließlich leckere Thalis (indische All-You-Can-Eat-Gerichte) nach Familienrezepten. Im hellen, sauberen und zweckmäßig eingerichteten Speiseraum stehen schwarze Stühle an Tischen mit weißen Tüchern.

ZÜGE AB UJJAIN

ZIEL	ZUG-NR. & NAME	PREIS (₹)	DAUER (STD.)	ABFAHRT
Bhopal	12919 Malwa Exp	170/535/740 (A)	3½	14.10 Uhr
Delhi	12415 Nizamuddin Exp	415/1090/1555 (A)	12½	17.35 Uhr
Indore	18234 Narmada Exp Passenger	100/490/695 (A)	2½	8.30 Uhr
Jaipur	12465 Ranthambore Exp	185/335/700/865 (B)	9	7.45 Uhr
Mumbai (Hauptbahnhof)	12962 Avantika Exp	415/1095/1555 (A)	12½	17.55 Uhr

Preise: (A) Sleeper Class/3AC/2AC, (B) 2. Klasse/Sleeper Class/Chair Class/3AC

Das Lokal liegt am oberen Ende einer Treppe. Sein großes Schild (schwarz-rot-weiß) ist nur auf Hindi beschriftet.

Shree Ganga SÜSSIGKEITEN, SÜDINDISCH $

(50 Amarsingh Marg; Süßigkeiten ab 360 ₹/kg, Hauptgerichte 70–120 ₹; ⏲7–23 Uhr) Der tolle Süßwarenladen befriedigt seit 1949 Zuckergelüste. Schild und Karte sind nur auf Hindi beschriftet; das Personal hilft aber bei der Auswahl. Die Spezialitäten des Hauses sind Milchkuchen und *caju barfi* (eine Art Buttertoffee mit Cashew-Kernen). Zudem kann man hier seinen Durst mit frisch gepressten Säften (z.B. Grenadine, Ananas) stillen.

Oben gibt's ab 11 Uhr eine große Auswahl von Köstlichkeiten, zu denen auch kreative südindische Gerichte (*masala dosa* mit grünem Chutney) und chinesische Spezialitäten gehören. Der Laden liegt gleich rechts neben der Baker's Lounge.

ℹ Praktische Informationen

MP Tourism (☎0734-2552263; www.mptourism.com; ⏲Mo–Sa 10–18 Uhr) Auf dem Gelände des Mahakaleshwar Mandir.

ℹ An- & Weiterreise

BUS

Verbindungen ab dem **Busbahnhof Dewas Gate** (State Hwy 27):

Dhar 160 ₹, 3½ Std., 8 & 14 Uhr

Indore 55 ₹, 2 Std., 5–23 Uhr regelm.

Omkareshwar 140 ₹, 3½ Std., 6, 8, 9, 14 & 16 Uhr

Wer nach Maheshwar oder Mandu will, muss in Dhar umsteigen.

Der **Busbahnhof Nanakheda** (Sanwer Rd) liegt 4 km südlich vom Bahnhof (Autorikscha 30 ₹). Unter den dortigen Verbindungen nach Bhopal sind auch klimatisierte Busse von Chartered Bus (www.charteredbus.in; 280 ₹, 4½ Std., 6-mal tgl.).

ZUG

Von Ujjain fahren Züge täglich nach Bhopal (10-mal) und Indore (15-mal), wo jeweils viel häufiger Bahnverbindung besteht. Der einzige tägliche Zug gen Gwalior und Agra ist der 12919 Malwa Express in Richtung Delhi (14.10 Uhr). Alternativ nimmt man einen beliebigen Zug nach Bhopal und steigt dort um.

ℹ Unterwegs vor Ort

An einem Stand vor dem Bahnhof warten Prepaid-Autorikschas (z.B. zum Ram-Ghat 50 ₹, 4-stündige Stadttour 400 ₹).

Mandu

☎07292 / 10 300 EW. / 590 M

Auf einer wunderbar grünen und dünn bewaldeten Hochfläche (25 km²) liegt das malerische Mandu, wo ein paar von Indiens schönsten Beispielen für afghanische Architektur warten. Zudem wachsen hier eindrucksvolle Affenbrotbäume, die ursprünglich aus Afrika stammen. Die vielen verstreuten Paläste, Grabmale, Denkmäler und Moscheen auf dem Plateau bilden zusammen eine Welterbestätte. Einige der Bauwerke kleben am Rand von Schluchten, andere stehen an Seen. Am romantischsten von allen ist jedoch der herrlich gelegene Rupmati-Pavillon, der am Rand des Plateaus mit Blick auf die weite Ebene darunter begeistert. So lädt Mandu dazu ein, ein paar Tage lang prachtvolle und wunderschöne Architektur in ländlicher Idylle zu erkunden – was auch leicht per Fahrrad möglich ist. Dabei gilt es, darüber nachzudenken, wie die einstige Hauptstadt eines mächtigen Königreichs zu einem ganz normalen indischen Dorf werden konnte.

Geschichte

Im 10. Jh. erlangte Mandu Bedeutung als befestigte Hauptstadt der hinduistischen Paramara-Dynastie, die damals über Malwa (westliches Madhya Pradesh und südöstliches Rajasthan) herrschte. 1305 wurde Malwa vom muslimischen Sultanat von Delhi erobert. Nach der Einnahme Delhis durch Timur (1401) rief der Afghane Dilawar Khan (zuvor Gouverneur des Sultanats) in Malwa sein eigenes Königreich aus. Damit bereitete er Mandus goldenes Zeitalter vor: Sein Sohn Hoshang Shah verhalf Mandu zu voller Blüte, indem er die Hauptstadt von Dhar hierher verlegte. Doch die Ghuri-Dynastie war nur von kurzer Dauer – Hoshangs Sohn wurde von einem Rivalen namens Mahmud Khilji (bzw. Khalji) vergiftet. Dessen Dynastie herrschte ab 1436 über Malwa, bis dieses 1526 von Bahadur Shah aus Gujarat erobert wurde.

Dann bekamen Mandu und Malwa kurz hintereinander wieder neue Herren: den Mogulkaiser Humayun (1534), Mallu Khan (ein Offizier der Khilji-Dynastie; 1536) und Humayuns nordindischen Rivalen Sher Shah (1542). Im Jahr 1555 krönte sich Baz Bahadur, ein Sohn von Sher Shahs örtlichem Gouverneur, selbst zum Sultan. Er floh jedoch 1561, als Mandu von Mogulkaiser Akbar besetzt wurde.

Akbars Nachfolger – Jehangir und Shah Jahan – kamen beide gern nach Mandu, das zu diesem Zeitpunkt aber schon relativ unbedeutend geworden war. 1732 besiegte der Marathen-Clan der Holkars die Moguln bei Dhar. Von dort aus übten die Marathen fortan die Kontrolle über Mandu aus. Dessen Niedergang, der mit Baz Bahadurs Flucht begonnen hatte, war nun endgültig besiegelt.

Sehenswertes

Die Ruinen lassen sich in drei Hauptgruppen unterteilen: den Herrscherbereich, den Dorfkomplex und die Gruppe um den Rewa Kund. Für jeden Bereich braucht man eine separate Eintrittskarte. Alle übrigen Sehenswürdigkeiten sind kostenlos.

★ **Herrscherbereich** HISTORISCHE GEBÄUDE
(Inder/Ausländer 15/200 ₹, Video 25 ₹; ⌚ Sonnenaufgang–Sonnenuntergang) Der sogenannte Herrscherbereich (Royal Enclave) bildet die größte örtliche Architekturgruppe. In der Nähe von zwei malerischen Wasserbecken stehen hier mehrere wunderschöne Gebäude (erb. 15.–16. Jh.) der Ghuri- und Khilji-Dynastie. Dieser Ruinenkomplex ist als einziger separat eingezäunt. Neben dem Ticketbüro gibt's beim **Verkaufsschalter für Publikationen** (⌚ 9–17 Uhr) Guides.

➡ **Jahaz Mahal**
(Schiffspalast) Der Palast aus dem 15. Jh. ist das berühmteste Gebäude in Mandu. Es wurde auf einem schmalen Landstreifen zwischen den beiden Wasserbecken Munja und Kapur errichtet. Die kleine Terrasse ist viel länger (120 m) als breit (15 m) und erinnert (mit etwas Fantasie) an eine Schiffsbrücke. Der Schöngeist Sultan Ghiyas-ud-din Khilji, der angeblich einen Harem mit 15 000 Frauen hatte, ließ die Aussichtstürme, die Kielbögen, die luftigen Räume und die schönen Wasserbecken erbauen.

➡ **Hindola Mahal**
(Schaukelpalast) Der Hindola Mahal gleich nördlich von Sultan Ghiyas Freudenpalast heißt so, weil seine geneigten Mauern optisch etwas an die Seile einer Schaukel erinnern. Der Bau diente einst wohl als königliche Empfangshalle. Er wird oft Hoshang Shah zugeschrieben; einige Autoren nennen jedoch Ghiyas-ud-Din als Erbauer. Unabhängig davon wirkt die attraktive Architektur sehr eindrucksvoll.

➡ **Dilawar-Khan-Moschee**
Mandus ältestes islamisches Bauwerk wurde 1405 von Dilawar Khan errichtet – und zwar größtenteils aus Elementen früherer Hindu-Tempel. Hiervon zeugen vor allem die Säulen und Decken des überdachten Westbereichs.

➡ **Champa Baodi**
Der runde Stufenbrunnen mit Seitengewölben ist nach seinem Wasser benannt, das einst so süß wie eine Champaka-Blüte geduftet haben soll. Der Zugang erfolgte ursprünglich über diverse Gewölbegänge und -kammern (Tahkhana), von denen einige über Nachbareingänge besichtigt werden können. An den eigentlichen Brunnen kommt man nicht heran, man kann aber von oben hineinschauen.

➡ **Turkish Bath**
Die Dachkuppeln des kleinen *hammam* sind sternförmig und achteckig durchbrochen. Einst gab es hier Kalt- und Warmwasserbäder sowie ein Dampfbad mit Bodenheizung.

Mandu

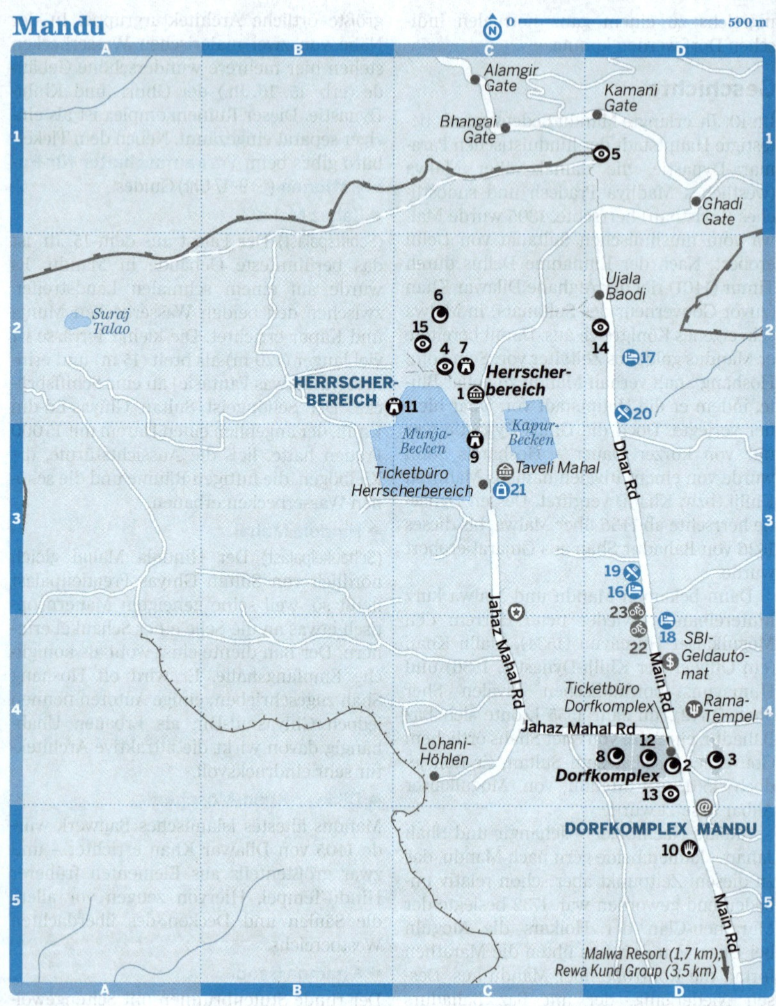

➡ **Jal Mahal**

(Wasserpalast) In einer Ecke des Munja-Beckens steht dieser Palast auf einer inselartigen Landzunge. Früher diente er angeblich als Lustschlösschen für adlige Liebespaare, die sich hier in mehrere Stufenbrunnen und Wasserbecken amüsieren konnten.

Dorfkomplex

Dieser Architekturkomplex erstreckt sich rechts und links der Hauptstraße im Dorfzentrum. Die drei prachtvollen Gebäude – eine Moschee, ein Grabmal und eine *medersa* (islamische Hochschule) – wurden im 15. Jh. von der Ghuri- und Khilji-Dynastie errichtet. Das **Kombi-Ticket** (Inder/Ausländer 15/200 ₹, Video 25 ₹; ⏲ Sonnenaufgang–Sonnenuntergang) für alle drei ist am Eingang der Jama Masjid erhältlich.

Jama Masjid MOSCHEE

Die nicht mehr genutzte Moschee aus rotem Sandstein dominiert das Dorfzentrum. Betreten wird sie über eine Treppenflucht, die hinauf zur 17 m hohen Vorhalle mit Kuppel führt. Hoshang Shah begann den Bau um 1406 nach dem Vorbild der großen Umayyaden-Moschee in Damaskus (Syrien). 1454 schloss Mahmud Khilji die Arbeiten ab. Das relativ nüchtern, aber dennoch harmonisch wirken-

Mandu

Highlights
1 Herrscherbereich C2
2 Dorfkomplex D4

Sehenswertes
3 Ashrafi Mahal D4
4 Champa Baodi C2
5 Delhi Gate D1
6 Dilawar-Khan-Moschee C2
7 Hindola Mahal C2
8 Grab des Hoshang Shah D4
9 Jahaz Mahal C3
10 Jain-Tempel D5
11 Jal Mahal C2
12 Jama Masjid D4
13 Saturday Haat D4
14 Shop of Gada Shah D2
15 Turkish Bath C2

Schlafen
16 Hotel Gurukripa Villa D3
17 Hotel Rupmati D2
18 Shivani Resort D4

Essen
19 Shivani Restaurant D3
20 Yatrika D2

Shoppen
21 Verkaufsschalter für Publikationen C3

Praktisches
Tourist Interpretation Centre ......(siehe 20)

Transport
22 Ritik Cycles D4
23 Sonu Bicycles D3

de Gebäude gilt als Indiens schönstes und größtes Beispiel afghanischer Architektur.

Hoshang Shah-Mausoleum
ISLAMISCHES GRAB

Das eindrucksvolle Mausoleum, das angeblich älteste aus Marmor errichtete Mausoleum Indiens, ist von einem zierlichen Halbmond bekrönt, der vermutlich aus Persien oder Mesopotamien importiert wurde. Drinnen fällt durch *jalis* (steinernes Gitterwerk) Licht in die hallende Kuppel, das die Gräber in ein angemessenes Halbdunkel taucht. Laut einer Inschrift schickte Shah Jahan seine Architekten – darunter Ustad Hamid, der auch am Taj Mahal arbeitete – im Jahr 1659 hierher, damit sie den Erbauern dieses Grabmals der vorangegangenen beiden Jahrhunderte ihre Ehrerbietung erwiesen.

Ashrafi Mahal
ISLAMISCHE STÄTTE

Hoshang Shah errichtete den Ashrafi Mahal zwischen 1405 und 1422 als *medersa* (islamische Hochschule). Der viereckige Bau verfügte einst über Studierzellen, vier Ecktürme und eine Außenfassade mit Bogengängen. Als Oberhaupt der nächsten Dynastie baute Mahmud Khilji den nordwestlichen Turm zu einem siebenstöckigen Siegesturm um. Zudem ließ er den Innenhof überdachen und dort sein prachtvolles Grabmal aus Marmor anlegen. Dieses und der Turm sind heute verschwunden. Man kann aber die Treppe erklimmen und auf dem Dach herumlaufen.

Rewa-Kund-Gruppe

Eine nette Radtour gen Süden (4 km) führt vom Dorf Mandu zum Rewa-Kund-Becken, an dem zwei Gebäude stehen: der Baz Bahadur Palace und der Rupmati-Pavillon. Um beide rankt sich die Legende von Sultan Baz Bahadur und dessen geliebter Ehefrau, der singenden Hirtin Rupmati. Gegenüber vom Wasserbecken befindet sich der **Ticketschalter** (Inder/Ausländer 15/200 ₹, Video 25 ₹; Sonnenaufgang–Sonnenuntergang) direkt vor dem Baz Bahadur Palace.

Baz Bahadur Palace
PALAST

Baz Bahadur (reg. 1555–61) war Mandus letzter eigenständiger Herrscher. Sein Palast ist ein seltsamer Mix aus Mogulstil und dem Stil Rajasthans. Der Bau wurde ursprünglich zwischen 1508 und 1509 von dem Khilji-Sultan Nasir-ud-Din errichtet. Baz Bahadur soll an ihm Gefallen gefunden haben, weil er sich heftig in die singende Hirtin Rupmati verliebt hatte: Diese besuchte der Legende nach regelmäßig das nahegelegene Rewa-Kund-Becken.

Rupmati-Pavillon
GEBÄUDE

Der Rupmati-Pavillon übertrumpft die anderen Bauten von Mandu nicht nur mit seiner erlesenen Architektur: Er steht am oberen Rand einer Steilwand, die 366 m tief zur Ebene hin abfällt. Legenden aus Malwa zufolge hatte sich der Musikliebhaber Baz Bahadur bis über beide Ohren in die herrlich singende Hirtin Rupmati verliebt. So errichtete er den Pavillon, um Rupmati davon zu überzeugen, ihre Heimat in der Ebene zu verlassen und sich hier niederzulassen. Von der Terrasse und den Kuppelpavillons aus konnte Rupmati auf das ferne Glitzern des heiligen Flusses Narmada schauen.

In Wirklichkeit war der Pavillon wohl ursprünglich ein Wachturm, der mindestens 100 Jahre vor Rupmatis Zeit entstand. Doch die mit ihm verbundene Liebesgeschichte ist das Thema einiger Volkslieder aus Malwa – nicht zuletzt wegen ihres tragischen Endes: Angestachelt von Geschichten über Rupmatis Schönheit marschierte Adham Khan (General des Großmoguls Akbar) auf Mandu los. Daraufhin floh Baz Bahadur ohne Rupmati, die den Selbstmord durch Gift der Gefangennahme durch die Eroberer vorzog.

Zu Sonnenuntergang wirkt der Pavillon besonders schön.

Noch mehr Sehenswertes

Laden des Gada Shah GEBÄUDE

Dieser Laden erinnert fast schon an eine gotische Kathedrale und wirkt so eher wie ein protziges Kauf- bzw. Lagerhaus. Als es in Mandu noch genügend wohlhabende Kunden gab, wurden hier importierter Safran und Moschus mit einem nettem Gewinn veräußert. Der Name des Inhabers („Herr der Bettler") bezieht sich angeblich auf den Rajputen-Führer Medini Ray, der im frühen 16. Jh. ein mächtiger Günstling des Khilji-Sultans Mahmud II. war.

Delhi Gate TOR

Mandus früheres Haupttor oben am Nordrand des Dorfs ist den Fußmarsch wert: Man kann es erklimmen und dann ein kurzes Stück auf den alten Festungsmauern entlanglaufen, wobei sich ein schöner Blick auf die Umgebung offenbart.

Saturday Haat MARKT

(⏲❄☒ 10 Uhr–Sonnenuntergang) Der bunte Wochenmarkt hinter der Jama Masjid entspricht den *haats*, die in vielen anderen zentralindischen Regionen mit indigenem Bevölkerungsanteil stattfinden. Adivasi (Stammesangehörige) laufen kilometerweit hierher, um Waren zu kaufen und zu verkaufen – z. B. bergeweise rote Chilis oder *mahua*-Blüten, aus denen der gleichnamige starke Schnaps gebrannt wird.

Jainistische Tempel JAINISTISCHE TEMPEL

Durch einen kunterbunten Torbau geht's hinein in diesen Komplex, der inmitten all der muslimischen Bauten etwas kitschig wirkt. Die Tempel beherbergen mit Jade-Augen versehene Statuen der 24 *tirthankars* (jainistische Heilige) aus Marmor, Silber und Gold. Am äußersten rechten Rand der Anlage liegt ein themenparkmäßiges Museum mit einem begehbaren Modell des Shatrunjaya-Bergtempels in Gujarat. Auf den farbenfrohen Wandgemälden fressen Bären die Arme von Sündern, während Dämonen deren Augen ausstechen. Daneben werden aneinander gefesselte Männer und Frauen verbrannt.

Das Museum ist zumeist abgeschlossen, wird aber auf Anfrage vom Tempelpersonal geöffnet.

Nil Kanth Palace HINDU-TEMPEL

Ein guter Grund für eine Radtour ins Umland ist der Besuch dieses ungewöhnlichen Tempels, der einst ein Palast war. Das Gebäude steht am Ende einer Schlucht auf der Stätte eines früheren Shiva-Schreins – der Name bedeutet „Gott mit dem blauen Hals" – und ist heute wieder eine religiöse Stätte. Ein Kanal, den einer der Statthalter Akbars bauen ließ, führt durch eine hübsche Spirale. Üblicherweise werden dem Wasser Aromastoffe zugesetzt, weshalb der Palast meist süß duftet.

Anfahrt per Drahtesel: Von der Jama Masjid aus gen Süden radeln (850 m), am großen Wasserturm rechts abbiegen und dann der kurvigen Straße folgen, die vorbei an einsamen Häusern zum Tempel führt (2,2 km). Wer ab dort weiterstrampelt, passiert weitere abgeschiedene Behausungen und erreicht nach etwas mehr als 1 km das erhalten gebliebene Tor des zerstörten **Songarh-Forts** aus der Marathenzeit. Dort wartet ebenfalls eine super Aussicht.

Sagar-Talao-Gruppe ISLAMISCHE STÄTTE

Zwischen dem Dorf Mandu und dem Rewa-Kund-Becken empfiehlt sich bei genügend Zeit ein Abstecher zu dieser schmucken Architekturgruppe mit folgenden Hauptbauten: 1432 errichtete Mahmud Khiljis Vater die **Malik-Mughith-Moschee** und verwendete dabei Reliefs aus älteren hinduistischen Gebäuden. Die große **Karawanserei** mit Innenhof stammt aus dem Jahr 1437. Beim **Dai-ki-Chhoti Bahen-ka-Mahal** (Palast der Jüngeren Schwester der Amme) handelt es sich um ein großartiges Grabmal in Form eines achteckigen Kuppelbaus auf einer erhöhten Plattform. Der **Dai-ka-Mahal** (Palast der Amme), ein weiteres Grabmal mit Kuppel, teilt sich eine Plattform mit Bogengängen und einer Moschee.

Vom Dorf her einfach 200 m hinter dem Hotel Malwa Resort links abbiegen; die Gebäude kommen dann nach kurzer Zeit rechts in Sicht.

Schlafen & Essen

Hotel Gurukripa Villa HOTEL $
(☎07292-263243; Dhar Rd; Zi. ohne/mit Klimaanlage 700/1500 ₹) Ausreichend saubere, aber fensterlose und stickige Zimmer. Die Wände sind teils blau, gelb oder rosa gestrichen.

Malwa Resort HOTEL $$
(☎07292-263235; www.mptourism.com; Main Rd; Zi. inkl. Frühstück 3920–5110 ₹;) Dieses Hotel von MP Tourism liegt 2 km südlich des Dorfs am Sagar-Talao-See. Hiesiges Highlight ist eine Uferlaube, von der man beim Morgentee auf einheimische Fischer schaut. Auf dem großen Gartengelände gibt's ansonsten komfortable Cottage-Zimmer, Spielplätze, einen Pool, ein Restaurant, eine Bar und einen Fahrradverleih.

Hotel Rupmati HOTEL $$
(☎07292-263270; www.hotelrupmati.com; Dhar Rd; Zi. ohne/mit Klimaanlage 2000/2500 ₹;) Die sauberen Zimmer mit großen Bädern riechen nach Insektenspray. Dafür liegen sie am Rand einer Steilwand und punkten mit prima Talblick. Das anständige Hausrestaurant bietet die Möglichkeit, draußen auf dem wunderbaren Rasen zu speisen.

Shivani Resort HOTEL $$
(☎9425334777; Dhar Rd; Zi. mit Ventilator/mobiler Klimaanlage/Klimaanlage 1000/1500/1850 ₹) Das 2016 eröffnete Shivani vermietet große, schlichte und recht helle Zimmer. Fliesenbilder und rechteckige Toilettenschüsseln bzw. Waschbecken in den Bädern verleihen den Quartieren einen modernen Touch. Bleibt nur zu hoffen, dass das Personal den guten Allgemeinzustand erhält.

Shivani Restaurant INDISCH $
(Dhar Rd; Hauptgerichte 100–180 ₹, Thalis 80–180 ₹; ⊙9–22 Uhr;) Bei dem schlichten und sauberen Lokal im Kantinenstil bildet die schnörkellose Inneneinrichtung einen angenehmen Kontrast zur kitschigen Fassade. Der Fokus liegt jedoch auf der leckeren, soliden, günstigen Küche. Auf der langen rein vegetarischen Karte stehen z. B. anständige Thalis oder örtliche Spezialitäten wie *mandu malai kofta* (Klöße in milder Sauce).

Yatrika INDISCH $
(Malwa Retreat, Dhar Rd; Hauptgerichte 130–320 ₹; ⊙8–10, 12–15 & 19–22 Uhr;) Das Caférestaurant des Malwa Retreat serviert indische Gerichte mit und ohne Fleisch. In den relativ eleganten und modernen Räumlichkeiten gibt's neben einer offenen Küche auch WLAN. Kaltes Bier bekommt man leider nur im dazugehörigen Malwa Resort (S. 737).

Shoppen

Roopayan TEXTILIEN
(Main Rd; ⊙8–21 Uhr) Der kleine Laden neben dem Malwa Resort verkauft Schals, Umhänge, Bettwäsche und Kleidung von guter Qualität. Die Textilien bestehen meist aus Baumwolle, die im Nachbardorf Bagh per Blockdruck gestaltet wird (oft mit Naturfarben).

Praktische Informationen

Internetcafé (Main Rd; 30 ₹/Std.; ⊙7–22 Uhr) Im Stoffgeschäft von Gayan Dut Sucnalay (kein englischsprachiges Schild) rund 100 m südlich der Jama Masjid.

Touristeninformation (☎07292-263221; Malwa Retreat, Dhar Rd; ⊙9–18 Uhr) Beantwortet Fragen und vermittelt offizielle Guides (halber/ganzer Tag 470/660 ₹).

An- & Weiterreise

Rund um die zentrale Kreuzung vor der Jama Masjid starten Busse an verschiedenen Stellen gen Indore (100 ₹, 3½ Std., 7.15, 9, 13.30 & 15.30 Uhr), Ujjain (150 ₹, 6 Std., 6 Uhr) und Dhar (40 ₹, 1 Std., 6–19 Uhr alle 30 Min.), wo Anschluss nach Dhamnod (50 ₹, 2 Std.) besteht. Von dort aus gelangt man wiederum nach Maheshwar (15 ₹, 30 Min.) und Barwah (70 ₹, 2 Std.), wo Busse und Tempos in Richtung Omkareshwar (20 ₹, 30 Min.) aufbrechen. Schnellere Alternative: Rund 22 km vor Dhar an der Kreuzung bei Lunhera (15 ₹, 30 Min.) aussteigen und einen Bus nach Dhamnod (50 ₹, 1½ Std.) heranwinken. Wer nach Maheshwar bzw. Omkareshwar will, sollte Mandu spätestens um 15 bzw. 13 Uhr verlassen.

Vom Marktbereich vor der Jama Masjid fahren Taxis u. a. nach Maheshwar (700 ₹) und Indore (1500 ₹).

Unterwegs vor Ort

Dank flachem Terrain, sauberer Luft und schöner Landschaft lässt sich Mandu am besten per Drahtesel erkunden. Autorikschas scheint es hier gar nicht zu geben. Nahe dem Dorfzentrum bekommt man akzeptable Leihfahrräder bei den benachbarten Shops **Ritik Cycles** (☎9000157920; Dhar Rd; 100 ₹/Tag) und **Sonu Bicycles** (Dhar Rd; 100 ₹/Tag).

Maheshwar

☎07283 / 24 400 EW.

Das ruhige Maheshwar am heiligen Fluss Narmada ist schon lange von spiritueller Bedeutung: Das Mahabharata und Ramayana erwähnen die Stadt unter ihrem alten Namen Mahishmati. Bis heute besuchen Sadhus und *yatris* (Pilger) die uralten Ghats und Tempel am Wasser. Im 18. Jh. erlebte Maheshwar eine Blütezeit unter der Holkar-Königin Ahilyabai (reg. 1767–95), die die Holkar-Hauptstadt von Indore hierher verlegte und den Palast in der örtlichen Festung errichtete. Bis heute wird Ahilyabai sehr für ihre Weisheit, Güte und sakrale Bautätigkeit verehrt. Abgesehen von Ghats und historischen Gebäuden findet man an Maheshwars farbenfrohen Straßen auch diverse bunt bemalte Holzhäuser mit überhängenden Balkonen.

Im Bereich rund um die Ghats, den Palast und die Tempel bietet die faszinierende Stadt viele Attraktionen auf sehr kleiner Fläche – quasi eine Art elegantes Hochglanz-Varanasi im Miniaturformat.

Sehenswertes

Maheshwar Palace PALAST

Maheshwar steht ganz im Zeichen seines Forts, dessen imposante Riesenmauern oberhalb der Ghats von Kaiser Akbar errichtet wurden. Im 18. Jh. erweiterte Königin Ahilyabai die Innenanlage um den Maheshwar Palace und mehrere Tempel. Der Palastkomplex besteht aus einem öffentlich zugänglichen Innenhof und einem Nobelhotel. Am Festungstor auf der Stadtseite weist ein Schild mit Aufschrift „Maheshwar Palace" den Weg zu einem **Museum** (9–18 Uhr) GRATIS, das in früheren Gemächern der Königin über deren Leben informiert.

Rehwa Society WEBER-KOOPERATIVE

(8120001381; www.rehwasociety.org; Mi–Mo 10–18 Uhr, Laden tgl.) Wer vom Palast zu den Ghats hinunterläuft, kommt am schmalen Eingang der Rehwa Society vorbei. Die Profite der nichtstaatlichen Handwerkskooperative verbessern die Bildung, Wohnsituation und Gesundheit der betreuten Weberfamilien. Die Schule hinter der Werkstatt wird ebenfalls von Rehwa betrieben. Saris aus Maheshwar sind für ihren einzigartigen Stoff und schlichte geometrische Muster berühmt.

Besucher können den Webern bei der Arbeit zuschauen und deren Produkte kaufen. Neben Umhängen (ab 1800 ₹), Saris (4000–13 000 ₹) und Schals (1100–2500 ₹) sind darunter auch Stoffbahnen aus Seide, Baumwolle oder Wolle. Zudem gibt's Freiwilligenjobs.

★ **Chhatris** HINDU-SCHREIN

(Kenotaphen) Am Fuß der Rampe, die hinunter in Richtung Ghats führt, stehen rechts die *chhatris* (Kenotaphe) für Königin Ahilyabai und Vithoji Rao. Während eines Konflikts innerhalb der Marathen-Dynastie wurde der Holkar-Prinz im Jahr 1801 auf Befehl seiner Feinde von Elefanten zu Tode getrampelt. Der größere und prächtigere *chhatri* für Ahilyabai (alias Ahilyeshwar-Tempel) wird von schönen Reliefs geziert. Er beherbergt eine kleine Statue der Königin, die einen Sari trägt und hinter einem Shiva-Lingam steht.

Feste & Events

Ahilyabai Holkar Jayanti Mahotsav STRASSENUMZUG

(Mai/Juni) Maheshwar feiert den Geburtstag der verehrten Holkar-Königin Ahilyabai (31. Mai) besonders intensiv: Zu lauten Trommelklängen ziehen dann Sänftenprozessionen durch die ganze Stadt.

Schlafen & Essen

Hansa Heritage HOTEL $

(07283-273296; http://hansaheritage.in; Fort Rd; Zi. 800 ₹, mit Klimaanlage 1150–1550 ₹;) Das rundum stilvoll und hochwertig wirkende Hotel steht 150 m vom Eingang zur Festung entfernt. Die feschen, modernen Zimmer haben ein rustikales Flair: Die Wände sind mit Lehm und Grashalmen verputzt. Zudem gibt's hier auf antik getrimmte Möbel und attraktive Buntglasfenster.

Aakash Deep PENSION $

(9827809455; aakashdeeplodge@gmail.com; Fort Rd; EZ/DZ/4BZ 350/400/600 ₹, 4BZ mit Klimaanlage 1200 ₹;) Die sauberen Zimmer des freundlichen Aakash sind mittelgroß bis groß. Die Quartiere in den beiden oberen Stockwerken haben Balkone. Zudem sind die Matratzen darin weicher als unten im düsteren Erdgeschoss. Auf Wunsch gibt's Frühstück; Warmwasser kommt in Eimern aufs Zimmer. Rund 150 m vom Festungstor entfernt steht das Hotel hinter dem Hansa Heritage.

★ **Laboo's Café & Lodge** PENSION $$

(7771004818; info@ahilyafort.com; Fort Gate; EZ/DZ inkl. Frühstück 1450/1650 ₹, Snacks 15–40 ₹; Café 7–20 Uhr;) Das Laboo's ist einerseits ein wunderbares Innenhofcafé unter Bäumen, andererseits eine Pension mit fünf tollen klimatisierten Zimmern. Diese unterscheiden sich voneinander, da sie sich in Tor oder Mauer des Forts befinden. Alle Quartiere sind jedoch mit Liebe und Sorgfalt eingerichtet. Das größte und hellste davon (EZ/DZ 2300/2750 ₹) wartet im Obergeschoss mit einem eigenen Balkon an der

Mauer auf. Gäste können außerdem leckere Thalis (250 ₹; Nachschlag kostenlos) bestellen.

★ **Ahilya Fort** HISTORISCHES HOTEL $$$
(☎ 011-41551575; www.ahilyafort.com; pro Pers. inkl. Vollpension Inder 7900–9020 ₹, Ausländer 11500–13650 ₹; ❄@📶🏊) Hier haben schon Mick Jagger, Demi Moore und Sting gewohnt: Das historische Luxushotel im Maheshwar Palace gehört dem indisch-amerikanischen Prinzen Shivaji Rao (Richard) Holkar, der ein direkter Nachkomme Ahilyabais ist. Die besten Zimmer sind wahrhaft königlich und punkten teils mit tollem Flussblick. In den herrlichen und höchst geschichtsträchtigen Gartenanlagen wachsen exotische Obstbäume und Bio-Gemüse.

Der Preis beinhaltet jeweils alle Mahlzeiten und eine Bootsfahrt zu Sonnenuntergang. Rechtzeitige Reservierung ist ein absolutes Muss. Das Hausrestaurant bereitet auch Speisegästen einen unvergesslichen Abend: Ab 19.30 Uhr serviert es ein opulentes Festpreis-Menü mit festgelegten Gängen (3675 ₹/ Pers. inkl. Alkohol, Reservierung spätestens am Vortag). Los geht's jeweils mit Cocktails bei Kerzenschein, die der Prinz persönlich ausgibt, wenn er gerade hier weilen sollte (sein Zweitwohnsitz befindet sich in Paris).

Praktische Informationen

Rund 400 m vor dem Eingang zum Fort findet man an der Hauptstraße einen Geldautomaten der SBI.

An- & Weiterreise

Von Maheshwar rollen Busse nach Indore (90 ₹, 2½ Std., 6–17 Uhr ca. alle 90 Min.). Wer nach Mandu will, fährt zuerst per Bus gen Westen nach Dhamnod (15 ₹, 30 Min., 6–21 Uhr ca. alle 15 Min.), nimmt dort einen Bus in Richtung Dhar und steigt dann an der Kreuzung bei Lunhera (50 ₹, 1½ Std., ca. alle 30 Min.) aus. Dort lassen sich Busse und Tempos für die letzten 14 km bis Mandu (jeweils 15 ₹, 30 Min.) heranwinken.

Zum Ziel Omkareshwar nimmt man einen Bus nach Barwah (50 ₹, 1½ Std., ca. alle 30 Min.) und legt das letzte Stück von dort aus per Bus oder Tempo zurück (20 ₹, 30 Min.).

Omkareshwar

☎ 07280 / 10 062 EW.

Die om-förmige Insel im heiligen Fluss Narmada zieht neben zahlreichen Pilgern auch Traveller an, die in spiritueller Atmosphäre entspannen wollen. Der umstrittene Staudamm gleich oberhalb von Omkareshwar hat dessen Aussehen stark verändert. Der religiöse Vibe ist jedoch erhalten geblieben. So ist dies weiterhin ein netter (wenn auch stark kommerzialisierter) Wallfahrtsort.

Der meiste Trubel herrscht abseits der Insel in der Stadt am Südufer. Diese ist mit dem Eiland über zwei Fußgängerbrücken (Abstand 400 m) verbunden: Die ältere Westbrücke führt vom Getti Chowk (Marktplatz) herüber, die neuere Ostbrücke von einem großen Parkplatz. Auf halber Strecke dazwischen starten Boote zur Insel (10 ₹/ Pers.) an den Ghats (Ufertreppen).

Südwestlich vom Getti Chowk liegen der neue Busbahnhof (1,5 km) und dessen altes Pendant (500 m) an der Mamaleshwar Rd. Ankommende Busse setzen Passagiere potenziell an beiden Busbahnhöfen ab.

Der belebteste Bereich auf der Insel selbst ist die Straße, die von der alten Brücke zum Shri-Omkar-Mandhata-Tempel führt.

Sehenswertes

In den schmalen Gassen der Insel können sich Touristen zu den Sadhus gesellen und die bunten Verkaufsstände durchstöbern. Diese bieten z. B. Souvenir-Lingams, orangefarbenen und gelben Puder für Tikas (hinduistische Segenszeichen auf der Stirn) oder Blumenopfer für Tempel an. Alternativ kann man zusammen mit Pilgern dreimal täglich an der *puja* (Gebetsopfer) im **Shri Omkar Mandhata** teilnehmen. Dieser lachsfarbene, höhlenartige Tempel ragt östlich der alten Brücke über den Insel-Ghats empor und beherbergt den einzigen gestaltlosen *jyoti lingam* Indiens. Bei den zwölf *jyoti linga* handelt es sich um besonders bedeutende Shiva-Lingams, die sich über das Land verteilen. Auf der Insel stehen noch viele weitere hinduistische und jainistische Bauwerke.

Die meisten Hindu-Pilger unternehmen eine *parikrama* (rituelle Umrundung) entlang des ausgeschilderten Pfads, der rund um die Insel verläuft. Von der alten Brücke führt die 7 km lange Route zunächst zur Westspitze des Eilands, wo Sadhus am **Sangam-Ghat** im heiligen Narmada baden. Dann geht's ostwärts zurück und bergauf zum **Gaudi-Somnath-Tempel** aus dem 11. Jh. Dieser steht auf dem höchsten Punkt der Insel und beherbergt einen mächtigen, 2 m hohen Shiva-Lingam (wer direkt dorthin will, biegt 150 m hinter der alten Brücke rechts ab und erklimmt die 287 Stufen).

Ab dem Gaudi Somnath setzt sich der Pfad gen Osten fort und passiert dabei eine moderne, vergoldete Shiva-Statue von 30 m Höhe. Dann vollführt er eine große Kurve, führt bergab und bergauf an diversen Tempelruinen vorbei und erreicht schließlich den Shri Omkar Mandata. Unbedingt anschauen sollte man sich auch den wunderschön gearbeiteten **Siddhanath-Tempel**, dessen Fundament von tollen Elefantenreliefs geziert wird.

Schlafen & Essen

★Manu Guest House PENSION $
(☎9826749004; Zi. ohne Bad 350 ₹) Die einladende Pension auf der Insel punktet mit prima Aussicht und bereitet Gästen ein besonderes Erlebnis: Inhaber Manu und seine Angehörigen behandeln einen wie ein Familienmitglied. Die sechs einfachen, aber gut gepflegten Zimmer teilen sich saubere Gemeinschaftsbäder mit Kaltwasserduschen. Bei rechtzeitiger Vorbestellung servieren die Gastgeber auch ein leckeres Thali (150 ₹) auf der Freiluftterrasse.

Abgesehen vom Manu gibt's auf der Insel nur *dharamsalas* (Pilgerherbergen). Die Pension ist etwas schwer zu finden. Um sie ab dem Getti Chowk zu erreichen, zunächst die alte Brücke überqueren, die Stufen an deren Fuß umrunden und nach links halten. Nun nach 15 m links in die schmale Gasse mit blauer Wand (Aufschrift „Kalyan Bhattacharya") einbiegen und die steile Treppe am Ende hinauflaufen. Dann oben nach links weitergehen und Einheimische nach dem Manu fragen.

Ganesh Guest House PENSION $
(☎9993735449; sumitbhoi1137@gmail.com; Zi. 150–200 ₹, 3BZ 300–400 ₹) Vom abschüssigen Pfad zwischen der Mamaleshwar Rd und den Ghats führen Schilder entlang eines verwinkelten Nebenwegs zum Ganesh. Die Zimmer mit dünnen Matratzen entsprechen ihrem billigen Preis; im Obergeschoss sind sie luftiger und heller. Das schattige und ruhige Gartenrestaurant (Hauptgerichte 60–160 ₹) mit Blick auf die Ghats serviert internationale Küche (u. a. Frühstück im westlichen Stil).

Brahmin Bhojanalaya INDISCH, DHABA $
(Mamaleshwar Rd; Gerichte 50–130 ₹, Thalis 50–150 ₹; ⏲9.30–22 Uhr) Das zwanglose Lokal hat kein englischsprachiges Schild. Der freundliche *chapati-wallah* kann aber Englisch. Die günstigsten Thalis sind ziemlich wässrig; daher lohnt es sich, eine der teureren Varianten zu bestellen. Beim Fußmarsch vom Busbahnhof in die Stadt findet man den Laden rund 40 m vor der Linkskurve gen Getti Chowk auf der linken Straßenseite.

Praktische Informationen

Sarita Photo Studio (Mamaleshwar Rd; Internet 60 ₹/Std.; ⏲8–21 Uhr; 📶) Der winzige Fotoladen ist bei Travellern sehr beliebt: Der äußerst freundliche Mamta (spricht Englisch) wartet hier mit Laptops, WLAN, vielen Lokalinfos, Bargeldumtausch und Western-Union-Services auf. Am Anfang der Hauptstraßen-Linkskurve in Richtung Getti Chowk liegt der Shop auf der rechten Seite.

SBI-Geldautomat (Mamaleshwar Rd) Rund 200 m vom Busbahnhof in Richtung Stadt.

An- & Weiterreise

Verbindungen ab dem alten/neuen Busbahnhof:

Indore 85 ₹, 2½ Std., 5.30–10 Uhr alle 30 Min., 10–19 Uhr alle 1–2 Std.

Maheshwar 70 ₹, 2 Std., 6 & 10 Uhr; alternativ per Bus oder Tempo nach Barwah fahren (20 ₹, 30 Min., alle 30–60 Min.) und dort einen Bus nach Maheshwar nehmen (50 ₹, 1½ Std., bis 17 Uhr ca. alle 30 Min.)

Ujjain 140 ₹, 4 Std., 5.45, 9.30, 14 & 15.30 Uhr

Wer nach Mandu will, fährt per Bus oder Tempo nach Barwah (20 ₹, 30 Min., alle 30–60 Min.) und kann das letzte Stück von dort aus eventuell mit einem Direktbus zurücklegen (100 ₹, 4 Std.). Zumeist muss jedoch unterwegs in Dhamnod und Lunhera umgestiegen werden.

Nach Ajanta (Maharashtra) nimmt man zuerst am neuen Busbahnhof einen Bus nach Khandwa (70 ₹, 2 Std., ca. alle 30 Min.) Dort besteht Zuganschluss nach Jalgaon (2½ Std., ca. 15-mal tgl.), wo Busse regelmäßig gen Ajanta starten.

ÖSTLICHES MADHYA PRADESH

Jabalpur

☎0761 / 1,27 MIO. EW.

Indische Touristen kommen vor allem wegen der Marble Rocks, einer hübschen Schlucht in der Nähe, hierher, doch für Ausländer ist die Industriestadt mit ihren *chowks* (Marktplätzen) und Arbeiterkneipen meist nur das Sprungbrett zu Madhya Pradeshs berühmten Tigerparks Kanha, Bandhavgarh und Pench.

Sehenswertes

Rani Durgawati Museum MUSEUM
(Napier Town; Inder/Ausländer 10/100 ₹, Foto/Video 50/200 ₹; ⏲Di–So 10–17 Uhr) Zeigt eine

Jabalpur

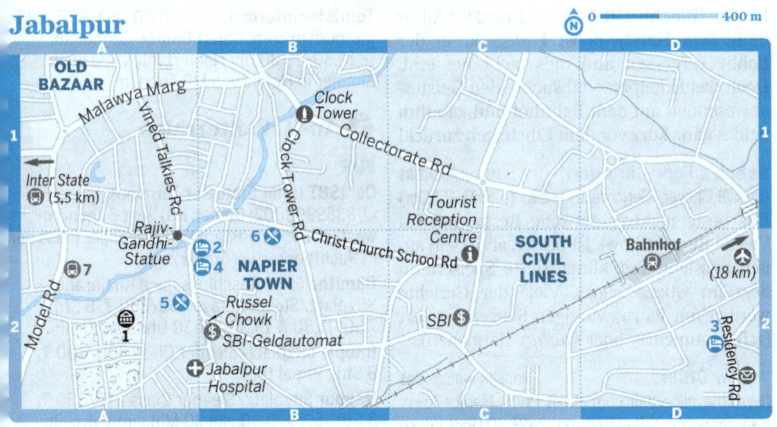

Sammlung von Skulpturen aus dem 10. und 11. Jh. aus der Region. Im Obergeschoss sind Galerien für Stein- und Kupferinschriften, antike Münzen und Fotos von den Chausath Yogini-Tempeln von Bhedaghat.

Geführte Touren

Tiger Safari SAFARIS

(☎8120445454; www.thetigersafari.com) Der super organisierte, sehr tüchtige Touranbieter war von Anfang an beim Tigerschutz dabei. Die individuell gestaltbaren Safaris besuchen u.a. bedeutende Tigerreservate im östlichen MP und im übrigen Indien. Trips für Naturfotografen sind eine Spezialität des Hauses. Vogelbeobachtungen und kulturelle Exkursionen können ebenfalls gebucht werden.

Bei den Individualsafaris mit All-Inclusive-Service bezahlen zwei Personen pro Tag zwischen 13500 (Budget) und 66000 ₹ (Spitzenklasse). Der Preis hängt dabei jeweils von diversen Faktoren ab (z.B. Fahrzeugtyp, Unterkunftsart, Dauer, Anzahl der Ausflüge). Ab drei Tourteilnehmern gibt's Rabatt.

Schlafen & Essen

Lodge Shivalaya HOTEL $

(☎0761-2625188; Napier Town; EZ 550–600 ₹, DZ 650–750 ₹, Zi. mit Klimaanlage 1200–1400 ₹; ❄📶) Die einfachen Zimmer mit TV und kleinen Bädern sind sauber genug für Einzelübernachtungen. Die Varianten ohne Klimaanlage grenzen an Gemeinschaftsterrassen mit Blick auf die belebte, lärmige Straße darunter. Die klimatisierten Quartiere liegen dagegen alle im Gebäudeinneren und haben keine Fenster. Auschecken ist rund um die Uhr möglich.

Jabalpur

Sehenswertes

1 Rani Durgawati Museum A2

Schlafen

2 Hotel Rahul B2
3 Kalchuri Residency D2
4 Lodge Shivalaya B2

Essen

Olives Restaurant ....(siehe 2)
5 Saheb's Food Junction A2
6 Yellow Chili B2

Transport

7 Busse nach Bhedaghat A2

Hotel Rahul HOTEL $$

(hotelrahul768@gmail.com; Naudra Bridge; inkl. Frühstück EZ 1430–1930 ₹, DZ 1780–2130 ₹; 📶) Das Rahul mit seinen 20 Zimmern wirkt rundum attraktiv und sauber. Dies gilt vor allem für die blitzblanken und kürzlich renovierten Superior-Quartiere mit Teekochern/Kaffeemaschinen und Minikühlschränken. Das **Olives Restaurant** (Hauptgerichte 170–370 ₹; ⏲7–22 Uhr) im Untergeschoss ist eins von Jabalpurs besseren Lokalen.

★**Kalchuri Residency** HOTEL $$$

(☎0761-2678492; www.mptourism.com; South Civil Lines; EZ/DZ inkl. Frühstück 5110/5500 ₹; ❄@📶🏊) Das Kalchuri liegt südlich vom Bahnhof im ruhigeren Viertel und zählt zu den besten Bleiben von MP Tourism. Die großen, modernen Zimmer in Erdtönen haben TV, Wasserkocher und geräumige Bäder.

Zum Haus gehören auch ein Restaurant (Hauptgerichte 240–420 ₹) und eine große

Kneipe (Bier ab 250 ₹). Anekdote: Der Autor hatte sein Handy nebst Ladegerät in der Lobby vergessen und dies nicht bemerkt. Doch das Hotelpersonal suchte den Geistesabwesenden auf dem Bahnhof und gab ihm beides ganz kurz vor dem Einsteigen zurück!

Saheb's Food Junction MOGULKÜCHE **$$**
(Russel Chowk; Gerichte 150–290 ₹; ⌚11–23 Uhr) Das beste nichtvegetarische Restaurant im Viertel Russel Chowk ist besser, als es von außen aussieht. Der klimatisierte Speiseraum liegt im Obergeschoss. Viele der Gerichte werden mit feurig-würzigen Saucen serviert (z. B. Lammcurry oder *kadhai*-Hähnchen).

Yellow Chilli MODERN-INDISCH **$$$**
(www.theyellowchilli.com; Dixit Pride, Napier Town; Hauptgerichte 330–770 ₹; ⌚12–23.30 Uhr) Diese indische Restaurantkette der gehobeneren Art wird von Starkoch Sanjeev Kapoor geleitet. Der örtliche Ableger wäre in Delhi nicht Besonderes, ist in Jabalpur aber absolute Spitzenklasse. Die kreativen indischen Gourmet-Gerichte sind allesamt sehr aromatisch. Für den Anfang empfiehlt sich die *shorba*-Suppe mit Kokosmilch und Safran. Danach hat man die Qual der Wahl zwischen Huhn, Lamm und vielen Currys mit oder ohne Fleisch.

Praktische Informationen

SBI (South Civil Lines; ⌚Mo–Sa 10.30–16.30 Uhr, am 2. & 4. Sa des Monats geschl.) Tauscht Bargeld um und hat einen Geldautomaten.

Touristeninformation (☎0761-2677690; www.mptourism.com; Christ Church School Rd; ⌚10.30–19.30 Uhr) Liefert Infos und bucht Zimmer in Hotels von MP Tourism.

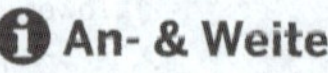

An- & Weiterreise

BUS

Der **ISBT** (Inter State Bus Terminus; ☎8359998002; Damoh Rd) liegt 6 km nordwestlich der Innenstadt. Ziele (Sleeper Class nur in Nachtbussen verfügbar):

Bamitha (dort Anschluss nach Khajuraho) Sitzplatz/Sleeper Class 250/350 ₹, 6 Std., 7.30–11.30 & 19.30–23.30 Uhr alle 30 Min.

Bhopal Sitzplatz/Sleeper Class 300/400 ₹, 8 Std., 9-mal tgl.

Nagpur Sitzplatz/Sleeper Class 270/350 ₹, 8 Std., 5.30–0.30 alle 30 Min.; im Volvo-Bus mit Klimaanlage 450 ₹, 9.30, 11, 14.30 & 23 Uhr

Pachmarhi 180 ₹, 7 Std., 8.30, 15.30 & 16.30 Uhr

Raipur Sitzplatz/Sleeper Class 400/450 ₹, 10 Std., 9.30, 15, 18.30, 19.30 & 21.30 Uhr

Zu den Tigerreservaten

Pench Tiger Reserve Einen Bus in Richtung Nagpur bis Khawasa nehmen (200 ₹, 6 Std., 5.30–0.30 Uhr alle 30 Min.) und dort in einen Sammeljeep nach Turia (20 ₹, 12 km) steigen.

Kanha Tiger Reserve Alternative zu den Direktbussen nach Khatia (160 ₹, 5½ Std., 6.25, 10.30 & 11.30 Uhr): Busse nach Mandla (110 ₹, 3½ Std., 5.30–19 Uhr alle 15–20 Min.), Anschluss nach Khatia (60 ₹, 2½ Std., 8-mal tgl.).

Bandhavgarh Tiger Reserve Die beste Option sind die Direktzüge nach Umaria. Alternative:

ABSTECHER

DIE MARBLE ROCKS VON BHEDAGHAT

Der von den Einheimischen „Bhedaghat" genannte Ort ist berühmt wegen der magnesiumhaltigen Kalksteinklippen der Schlucht am heiligen Fluss Narmada, 20 km westlich von Jabalpur, die je nach Lichteinfall in unterschiedlichen Farben von Rosa bis Schwarz schimmern. Besonders eindrucksvoll ist der Anblick bei Mondschein; ein Teil der Klippen wird nachts angestrahlt.

Eher angenehm als ehrfurchtgebietend (zumindest tagsüber) ist die Fahrt durch die 2 km lange Schlucht in einem **Motorboot** (30–50 Min. 50 ₹ pro Pers.; ⌚Sonnenaufgang–Sonnenuntergang, etwa Mitte Juni–Mitte Okt. wegen Monsun geschl.) ab der Anlegestelle am Panchvati Ghat (private Boote kosten ca. 1000 ₹ für bis zu 20 Pers.). In der Gegend gibt's aber noch mehr zu sehen. Der Wasserfall **Dhuandhar (Smoke Cascade)** lohnt den 1,5 km langen Spaziergang vom Ghat bergauf. Auf dem Weg kommt man am hochverehrten **Chausath-Yogini-Tempel** vorbei. Der kreisrunde Tempel aus dem 10. Jh. ist der Hindu-Göttin Durga geweiht. Von der Straße führt rechts eine steile Treppe dorthin. Am Wasserfall kann man auch eine kurze Seilbahnfahrt (hin & zurück 75 ₹) über die Schlucht machen.

Von der **Model Rd** fahren die Stadtbuslinien 7 und 9 nach Bhedaghat (20 ₹, 45–60 Min., 6.15–21 Uhr ca. alle 15 Min.). Sie halten jeweils 100 m vom Panchvati-Ghat entfernt an einer Kreuzung. Zurück geht's alternativ mit Sammel-Autorikschas gen Jabalpur (20 ₹).

ZÜGE AB JABALPUR

ZIEL	ZUG-NR. & NAME	PREIS (₹)	DAUER (STD.)	ABFAHRT
Agra	*12189 Mahakaushal Exp*	425/1115/1590	14	18.10 Uhr
Bhopal	*11472 Jabalpur-Indore Exp*	215/575/820	6½	23.30 Uhr
Delhi	*12192 Shridham SF Exp*	505/1330/1910	19	17.30 Uhr
Kolkata (Howrah)	*12322 Kolkata Mail*	535/1415/2040	23	13.20 Uhr
Mumbai (Hauptbahnhof)	*12321 Howrah–Mumbai Mail*	490/1300/1860	17½	17.55 Uhr
Raipur	*12854 Amarkantak Exp*	335/865/1220	9½	21.25 Uhr
Satna	*Täglich verschiedene Züge*	140/490/695	3	8.50 Uhr
Umaria	*18233 Narmada Exp*	100/490/695	4	6.35 Uhr
Varanasi	*12165 Lokmanya Tilak Exp*	330/855/1205	10	20.50 Uhr (Mo, Do & Fr)
Varanasi	*12669 Ganga Kaveri Exp*	330/855/1205	10	20.50 Uhr (Di & So)

Preise: Sleeper Class/3AC/2AC

Einen Bus nach Katni nehmen (110 ₹, 3 Std., 7–20.30 Uhr alle 30 Min.) und von dort aus per Zug oder Bus nach Umaria fahren.

FLUGZEUG

Der Flughafen liegt 15 km östlich vom Stadtzentrum.

Air India (☎ 0761-6459333; www.airindia.com) fliegt nach Delhi (tgl.), Bhopal und Hyderabad (jeweils 4-mal wöchentl.). **SpiceJet** (☎ 9871803333; www.spicejet.com) startet täglich gen Delhi, Mumbai und Hyderabad.

ZUG

Pro Tag rollen rund 20 Züge nach Satna (S. 710; Sleeper Class/3AC/2AC 170/540/740 ₹, 3 Std.). Von dort aus gelangt man per Bus u. a. nach Khajuraho (zumeist mit Umsteigen in Panna und/oder Bamitha). Besucher des Bandhavgarh Tiger Reserve nehmen einen Zug nach Umaria und ab dort einen Bus (1½ Std.).

Unterwegs vor Ort

Autorikschas fahren für ca. 50 ₹ vom Bahnhof nach Russel Chowk (100 ₹ ab dem ISBT).

Kanha Tiger Reserve

In puncto Tigerreservate rangiert Madhya Pradesh unter den Königen des Dschungels. Der diesbezüglich berühmteste Park des Bundesstaats ist das **Kanha Tiger Reserve** (www.kanhatigerreserve.com; Kernzone pro 6-sitzigem Jeep/Einzelplatz 1500/250 ₹, obligatorischer Guide 360 ₹, Leihjeep 2000 ₹; ⏲ 2½- bis 5-stündige Safaris Okt.–Juni morgens & nachmittags, ausgen. Mi nachmittag) mit ihren endlosen Wäldern. Die Chancen auf Tigersichtungen stehen hier etwas schlechter als im nahegelegenen Bandhavgarh, sind aber im landesweiten Vergleich immer noch sehr gut. Zudem dringen Kanha-Besucher wirklich tief ins Dickicht vor und genießen so ein authentischeres Safari-Erlebnis als in Bandhavgarh – die dortigen Touren werden mitunter als recht hektisch und oberflächlich kritisiert.

Rund 90 Tiger bevölkern die Salbaumwälder und weiten Grasflächen von Kanha. Hinzu kommen etwa 100 Leoparden sowie zahllose Antilopen und Hirsche (darunter 400 endemische Barasingha-Sumpfhirsche). Obendrein beheimatet der Park viele Languren, ein paar Gaurs (indische Bisons), ein bis zwei Wildschweinrotten, vereinzelte Schakale und über 260 Vogelarten.

Aktivitäten

Jeepsafaris

Der Kanha National Park (940 km²) bildet die Kernzone des insgesamt 2059 km² großen Reservats. Jeepsafaris erkunden die vier Bereiche der Kernzone, wobei Tigersichtungen in Kisli und Mukki am wahrscheinlichsten sind (gefolgt von Kanha und Sarhi). Über das Khatia-Tor im gleichnamigen Dorf am Westrand der Kernzone sind die Bereiche Kisli und Kanha am besten zugänglich. Den Mukki-Bereich besucht man idealerweise über das Mukki Gate am Südrand

AMERICAN & JUNGLE PLAN

Viele Resorts in den Tigerparks bieten Pauschalen an, die mehr als nur die Unterkunft umfassen. Der „American Plan" entspricht der Vollpension (Unterkunft plus Mahlzeiten), im Jungle Plan sind Unterkunft, die Mahlzeiten sowie zusätzlich Safaris (oft zwei pro Tag) enthalten.

(54 km bzw. 1½ Autostd. von Khatia entfernt).

Die vor Ort eingesetzten Safari-Jeeps für maximal sechs Passagiere werden auch Gypsys genannt, da es sich dabei hauptsächlich um Gypsy-Modelle von Suzuki handelt. Bis zu 140 davon dürfen pro Tag in die Kernzone hineinfahren. Die Plätze können aber zumeist nur übers Internet gebucht werden (http://forest.mponline.gov.in; bis zu 120 Tage im Voraus). Zudem akzeptiert die Website keine ausländischen Kreditkarten oder Bankeinzug. Die stressfreiste Methode besteht daher darin, die ganze Safari über ein Hotel oder Reisebüro zu arrangieren (Bearbeitungsgebühr jeweils ca. 1000 ₹). Dies sollte stets so früh wie möglich geschehen, da beliebte Tour-Termine in populären Zonen oft schon Monate vorher ausgebucht sind. Die Safaris finden morgens (ca. 6–11 Uhr) und nachmittags (ca. 15–18 Uhr) statt. Die Morgensafaris sind vergleichsweise länger und bieten bessere Chancen auf Tigersichtungen.

Parallel können pro Tag insgesamt 90 Plätze in 15 Jeeps persönlich an den Parktoren reserviert werden – am frühen Abend für die nächste Morgensafari und am frühen Vormittag für die nächste Abendsafari. Die genauen Verkaufszeiten für die Tickets können variieren; jedoch bilden sich oft schon viele Stunden vor Öffnung Warteschlangen.

Noch mehr Optionen

Falls es mit einer Jeepsafari nicht klappen sollte, kann man auf sogenannte **Canter** (510 ₹) zurückgreifen. Diese langsamen, offenen „Minibusse" mit je 18 Plätzen starten am Khatia und Mukki Gate. Eine weitere Option sind die **Safaris durch die Pufferzone** (3110 ₹/Jeep; ⏲ Sonnenaufgang–11 Uhr & 15 od. 16 Uhr–Sonnenuntergang) ab dem Khatia Gate. Die Tickets für beide Alternativen sind zu denselben Zeiten wie bei den Jeepsafaris erhältlich.

Naturpfad WANDERN & TREKKEN
(Guide 500 ₹; ⏲ Sonnenaufgang–11 Uhr & 15 od. 16 Uhr–Sonnenuntergang) Ab dem Khatia-Tor führt ein Naturlehrpfad (4 km) am Rand der Kernzone entlang und dann zum Dorf zurück. Unterwegs sieht man vor allem Affen und Vögel. Da sich aber gelegentlich auch Tiger in dieser Ecke aufhalten, ist ein Guide absolut Pflicht!

Schlafen & Essen

Im Umkreis des Khatia und Mukki Gates (ca. 10 km) verteilen sich viele Lodges bzw. Resorts der Mittel- und Spitzenklasse. Fast alle dieser Unterkünfte organisieren Safaris für ihre Gäste – oft mit Jeeps, die offiziell für den Park zugelassen sind. In der Gegend gibt's nur sehr wenige Budgetoptionen.

Bereich Khatia Gate

Motel Chandan HOTEL $$
(☎ 9009345333, 9424989289; www.motelchandan.com; Khatia; inkl. Vollpension B 1240 ₹, EZ 1800–2870 ₹, DZ 2820–3660 ₹; ❄@📶) Das Chandan liegt nur 200 m vom Khatia-Tor entfernt und hat für Kanha-Verhältnisse ein super Preis-Leistungs-Verhältnis. Die recht modernen Zimmer liegen rund um einen Hofgarten. Der neue Schlafsaal mit acht Betten wird künftig die wohl beste Budget-Bleibe der Gegend sein. Der freundliche, lässige Inhaber betreibt zwei eigene Jeeps und schickt zwei ortsansässige Biologen mit auf Safari. Zudem stellt er Gästegruppen zwecks Kostenersparnis zusammen.

Die Optionen „European Plan" (ohne Essen) und „Jungle Plan" (inkl. Zimmer, Essen, Safari) sind ebenfalls ihr Geld wert.

Baghira Jungle Resort HOTEL $$
(☎ 07642-216027; www.mptourism.com; Mocha; inkl. Vollpension EZ 4140–4900 ₹, DZ 5000–5440 ₹; ❄) Das neue Hotel von MP Tourism liegt 5 km westlich von Khatia und ist eine solide Wahl. Am Ufer des Banjar warten hier sieben Villen mit je drei großen und komfortablen Zimmern auf zwei Stockwerken. Alle Quartiere punkten mit Klimaanlage und unterschiedlich weitem Blick aufs Wasser. Zudem sind sie recht geschmackvoll in tigermäßigen Gold- und Brauntönen gehalten. Die Teppiche haben Tigerstreifen; Tatzenabdrücke zieren die Kissenbezüge.

Pugmark Resort LODGE $$
(☎ 07649-277291; www.pugmarkresort.com; Khatia; inkl. VP EZ/DZ 2400/3600, mit Klimaanlage 3000/4800 ₹; ❄📶) Die großen dörflichen Hütten (700 m abseits der Hauptstraße) in Khatia verdienen wenig

mehr als die Bezeichnung „schlicht", aber sie sind hell und luftig und verteilen sich rund um einen hübschen, leicht verwilderten Garten. Rahul, der Inhaber und Manager dieses gut geölten Familienbetriebs, kennt sich sehr gut aus und bietet einen Fünf-Sterne-Service zum Preis von drei Sternen (außerdem ist er Naturalist und Künstler).

Vom Frühstück angefangen ist das Essen hervorragend – und die Milch kommt von den zwei hauseigenen Holsteiner Kühen. In der ganzen Anlage gibt's WLAN.

★ Kipling Camp LODGE **$$$**
(☎ 07649-277218, 011-65196377; www.kiplingcamp.com; Mocha; inkl. Vollpension Inder EZ 12 390–13 630 ₹, DZ 18 700–21 180 ₹, Ausländer EZ 17 350–19 830 ₹, DZ 24 780–29 740 ₹; ⏲ Mitte Okt.–Anfang Mai; ❄ 📶) 🍃 Inhaberin der großartigen, ruhigen Lodge in der Wildnis ist eine von Indiens engagiertesten Aktivistinnen in Sachen Tiger: die Dokumentarfilmerin, Fotografin und Buchautorin Belinda Wright. Nur 3 km vom Khatia Gate entfernt kann man hier einen lehrreichen und erholsamen Aufenthalt verleben: Nach den leckeren Gemeinschaftsmahlzeiten wird über die örtliche Flora und Fauna gesprochen. Später schlafen die Gäste dann in zauberhaften Cottages mit rustikalem Chic, deren Gestaltung etwas an den britischen Kolonialstil erinnert.

Das nicht eingezäunte Gelände steht für Natur pur: Regelmäßig treiben sich hier Languren und Axishirsche herum; manchmal schauen sogar Tiger oder Leoparden kurz vorbei. Das sympathische Profi-Personal begleitet einen sachkundig bei verschiedenen Wanderungen und Exkursionen. Zudem kann man im Fluss mit dem 60-jährigen Hauselefanten Tara baden – ein unvergessliches Erlebnis! Das 1982 gegründete Kipling Camp ist die älteste Touristen-Lodge in Indiens Wildnis. Es wird umweltbewusst und gemeinnützig geführt: Die Gewinne finanzieren Sozialprojekte in den Gemeinden.

Bereich Mukki Gate

Kanha Safari Lodge HOTEL **$$**
(☎ 07636-290715; www.mptourism.com; Mukki; inkl. Vollpension EZ 3920–4900 ₹, DZ 5000–5440 ₹, @) Auf ein- und zweistöckigen Villen verteilen sich hier akzeptable, aber langweilige Zimmer mit festen Matratzen rund um einen zentralen Garten. In diesem warten eine Seilbrücke und mehrere Klettergeräte auf Kinder. Auch die Bar, das verlässlich gute Restaurant und die Lage (nur 1 km bis zum Mukki Gate) machen dieses Hotel von MP Tourism zu einer soliden Wahl.

★ Salban PRIVATUNTERKUNFT **$$$**
(☎ 9818403038, 7692835206; www.facebook.com/salbankanhahomestay; Dorf Baherakhar; EZ/DZ inkl. Vollpension 4500/6000 ₹; @) 🍃 Das große, schmucke Wohnhaus eines Ehepaars (zwei Reise- und Naturexperten) ist eine super Ausgangsbasis: Zwischen den Safaris sitzt man hier auf einer herrlich breiten Veranda, beobachtet Vögel und schlürft einen Gin Tonic. Weitere Pluspunkte sind die leckere Hausmannskost und die großartige Bibliothek. Das bewaldete Riesengelände mit eigenem Bio-Garten lädt außerdem zu Spaziergängen ein. Rund 7 km südöstlich des Mukki Gate grenzt es direkt an die Kernzone.

ℹ Praktische Informationen

Neben dem Motel Chandan (Khatia) unterhält die Central Bank of India einen Geldautomaten, der ausländische Karten akzeptiert.

ℹ An- & Weiterreise

BUS

Pro Tag rollen sechs Busse von Khatia nach Mandla (60 ₹, 2½ Std., 6.30, 8, 8.30, 12.45, 14.15 & 17.30 Uhr). Die Fahrten um 6.30, 8.30 und 12.45 Uhr führen weiter nach Jabalpur (160 ₹, 5½ Std.). Weitere Busse verbinden Khatia mit Nagpur (250 ₹, 8 Std., 8 Uhr) und Mocha mit Raipur (220 ₹, 6 Std., 8 Uhr).

Ziele ab Mandlas Busbahnhof:

Jabalpur 100 ₹, 3½ Std., 5–18 Uhr alle 20–30 Min., 18–23 Uhr stündl.

Khatia 60 ₹, 2½ Std., 9.30, 10, 11.30, 12.15, 13.50, 14.30, 16.15 & 17.20 Uhr

Nagpur (über Khawasa zwecks Transfer zum Pench Tiger Reserve) 250 ₹, 8 Std., 8, 14, 19, 21 & 23 Uhr

Raipur Sitzplatz/Sleeper Class 400/450 ₹, 8 Std., 21.30 & 22.30 Uhr

Busreisen von Kanha zum Bandhavgarh Tiger Reserve erfordern Umsteigen in Mandla, Shahpura und Umaria.

TAXI

Ab Khatia fahren Taxis u. a. nach Jabalpur (zum Bahnhof/Flughafen 2500/2800 ₹), Nagpur und Raipur (jeweils 4500 ₹).

ZUG

Die nächstgelegenen Bahnhöfe befinden sich in Chiraidongri und Mandla (32 bzw. 51 km nordwestlich von Khatia). Beide waren zum Recherchezeitpunkt gerade geschlossen, da die Bahnstrecke Seoni–Mandla von Schmal- auf Breitspur umgebaut wurde. Nach Abschluss der Arbeiten (geplant für Ende 2018) werden Chiraidongri und Mandla u. a. ab Jabalpur per Zug erreichbar sein.

Bandhavgarh Tiger Reserve

☎07627

Wer indische Tigerreservate nur zwecks Tigersichtung besuchen will, findet mit **Bandhavgarh** (☎9424794315; www.facebook.com/pg/Bandhavgarh-National-Park-Tiger-Reserve-789482291185683; Kernzone pro 6-sitzigem Jeep/Einzelplatz 1500/250 ₹, obligatorischer Guide 360 ₹, Leihjeep 2000 ₹; ⏲2½- bis 5-stündige Safaris Okt.–Juni morgens & nachmittags, ausgen. Mi nachmittags) sein Idealziel: Bei zwei- bis dreitägigen Aufenthalten bekommt man hier ziemlich sicher einen der Gestreiften zu Gesicht (außer vielleicht im Oktober). Laut Indiens offizieller Tigerzählung (2014) beheimatet dieses Schutzgebiet insgesamt 68 Tiger. Der Großteil davon lebt im relativ kleinen Bandhavgarh National Park (453 km²), der einen Teil der Kernzone bildet. Zusammen mit Ranthambhore (Rajasthan) zählt Bandhavgarh zu den landesweit besten Revieren für Tigerbeobachtungen. Zudem tummeln sich in dem Reservat über 40 Leoparde, die sich aber kaum blicken lassen. Die hiesigen Hirsche, Wildschweine und Languren sind etwas weniger scheu.

Ausgangsbasis für Besuche ist zumeist das ruhige Nest Tala; rund 32 km nordöstlich vonUmaria findet man dort auch den nächstgelegenen Bahnhof. Die Zeit von Februar bis Juni ist für Tigerbeobachtungen am besten. Zwischen April und Juni herrschen jedoch oft Temperaturen über 40 °C.

Sehenswertes

Interpretation Centre MUSEUM

(Tala; ⏲11–14 & 18–20 Uhr, Mi abends geschl.) GRATIS Die interessanten Ausstellungen beleuchten Bandhavgarhs Geschichte und Legenden. Der 1. Stock zeigt ein paar tolle Tigerfotos. Das Museum liegt hinter dem Safari-Ticketbüro an Talas Hauptstraße.

Hinweis: Das Ticketbüro wird bald in ein neues Gebäude (1 km entfernt) verlegt. Gerade ist jedoch noch unklar, ob auch das Museum dorthin umzieht.

Aktivitäten

Safaris

Alle Safaris starten in Tala und erkunden drei Bereiche des Bandhavgarh National Park. Der Zugang zur Tala-Zone erfolgt über das Dorf selbst. Die Eingänge der Bereiche Khitauli und Maghdi (alias Magadhi) liegen rund 5,5 bzw. 6 km südwestlich von Tala an der Straße nach Umaria.

Bis zu 111 Gypsys (sechssitzige Safarijeeps) dürfen pro Tag in den Park hineinfahren. Die Plätze können aber zumeist nur übers Internet gebucht werden (http://forest.mponline.gov.in; bis zu 120 Tage im Voraus). Zudem akzeptiert die Website keine ausländischen Kreditkarten oder Bankeinzug. Die weitaus stressfreiste Methode besteht daher darin, die ganze Safari über ein Hotel oder Reisebüro zu arrangieren (Bearbeitungsgebühr jeweils ca. 1000 ₹). Dies sollte stets so früh wie möglich geschehen, da die Safaris mitunter oft schon Monate vorher ausgebucht sind – was vor allem für die Tala-Zone gilt, in der Tigersichtungen generell am wahrscheinlichsten sind. Bei den vergleichsweise längeren Morgensafaris (Abfahrt zwischen 5.30 und 6.45 Uhr, je nach Jahreszeit) lassen sich die Gestreiften allgemein häufiger blicken als bei den Nachmittagstouren (Abfahrt 15 Uhr).

Parallel können pro Tag insgesamt 72 Plätze in 12 Jeeps persönlich beim Ticketbüro im Dorf Tala gebucht werden. Der Ticketverkauf für diese Option beginnt jeweils 30 Minuten vor dem Safari-Start; Warteschlangen bilden sich oft schon amVorabend.

Neben Leihjeeps mit Fahrer (Grundpreis 2200 ₹) organisieren Hotels meist auch Gästeshuttles zum Park (hin & zurück 300 ₹ extra).

Minibustouren

Falls es mit einer normalen Jeepsafari nicht klappen sollte, kann man auf sogenannte **Canter** (510 ₹/Pers.) zurückgreifen. Diese langsamen, offenen „Minibusse" mit je 18 Plätzen fahren durch die Bereiche Maghdi und Khitauli. Tickets dafür gibt's ebenfalls 30 Minuten vor dem Start der regulären Jeepsafaris beim Verkaufsbüro in Tala.

Schlafen & Essen

Kum Kum Lodge HOTEL $

(☎9424330200; Main Rd, Tala; Zi. 500–1000 ₹; 📶) Die spartanischen, relativ sauberen Zimmer mit Verandas haben Ventilatoren oder mobile Klimaanlagen; im Winter sind sie jedoch unbeheizt. Die Quartiere liegen rund um einen schattigen Hof mit Schaukeln (!).

★ **Tigergarh** LODGE $$$

(☎7489826868; www.tigergarh.com; Ranchha Rd; EZ/DZ inkl. Halbpension 4500/6000 ₹, inkl. Vollpension 5000/7500 ₹; ⌚Okt.–Juni; ❄✉) Rund 3,5 km nordwestlich von Talas Zentrum liegt das stilvolle Tigergarh idyllisch am Fuß der Hügel. Die elf Zimmer verteilen sich auf Cottages mit rustikalem Chic, der Erdtöne mit ein paar fröhlicheren Farbelementen und etwas Volkskunst kombiniert. Für umfangreichen Komfort sorgen hier u.a. Himmelbetten und Regenduschen. Die Lodge wird mit Sinn für Nachhaltigkeit geführt. Die Gärten drum herum sind gut gepflegt, wirken aber trotzdem noch natürlich.

★Treehouse Hideaway LODGE **$$$**
(☎9810253436; www.treehousehideaway.com; EZ/DZ inkl. Vollpension 18 000/20 000 ₹, Jungle Plan EZ/DZ 32 000/34 000 ₹; ⌚Okt.–Juni; ❄📶) Zweifellos Bandhavgarhs ungewöhnlichste Bleibe: Rund 5 m über dem Boden warten hier fünf riesige und herrlich luxuriöse Baumhäuser (jeweils 625 m²), die nach jeder Saison komplett abgebaut werden. Die wunderschönen Himmelbetten und breiten Verandas passen perfekt zum Dschungel-Ambiente – fast schon poetisch und zudem mit maximaler Privatsphäre verbunden.

Nature Heritage Resort HOTEL **$$$**
(☎07627-265351; www.natureheritageresort.com; Tala; inkl. Vollpension EZ 5500–6500 ₹, DZ 6500–7500 ₹; ❄📶✉) Das hervorragende Hotel mit lebhafter Atmosphäre bietet auch gut organisierte Safaris an. Deren Preis (hin & zurück 5500 ₹/Jeep) beinhaltet jeweils einen hauseigenen Guide und Tee nach der Rückkehr. Die Zimmer in Erdtönen bewegen sich am Rand des Dschungel-Kitschs, sind aber sehr akzeptabel und komfortabel. Untergebracht sind sie in Cottages rund um einen schattigen Bambushain.

Die leckeren Buffets bestehen hauptsächlich aus indischen Gerichten. Das Personal ist freundlich und hilfsbereit.

★Malaya Cafe CAFÉ **$$**
(Main Rd, Tala; Gerichte 80–150 ₹, Frühstück 375 ₹; ⌚Okt.–Juni 9–20 Uhr; 📶) Das einladende Café gehört einem extrovertierten Ex-Marketing-Manager aus Ahmedabad. Morgensafaris enden hier perfekt mit einem sensationellen Frühstück bzw. Brunch (rein vegetarisch; Reservierung am Vortag ratsam) – zumeist bestehend aus echtem Bohnenkaffee, selbstgemachter Limonade, Frisch- und Dörrobst, Haferbrei und Linsenmehl-Pfannkuchen mit Salat oder Kartoffelpüree.

Das Malaya serviert zudem ganztägig Snacks sowie kleine Gerichte (indisch und westlich). Obendrein verkauft es super Kunsthandwerk und Souvenirs: Inhaber Neelam fährt jedes Jahr zwei Monate lang durch Indien, um seltene und einzigartige Handwerksprodukte zu finden.

Kolkata Restaurant DHABA **$$**
(Main Rd, Tala; Hauptgerichte 120–250 ₹, Thalis 80–250 ₹; ⌚8–22 Uhr) Der freundliche Amal Jana betreibt seine viel gelobte *dhaba* (Snackbar bzw. schlichtes Imbisslokal) ganz alleine. Seine schnörkellosen und herzhaften Thalis sind extrem lecker, was laut Amal am Senföl als Zutat liegt. Wer's noch pikanter mag, bestellt sich das scharfe Tomaten-Chutney dazu. Auf der Karte stehen ansonsten auch Omelette, Chinesisches und ein paar europäische Gerichte.

ℹ Praktische Informationen

Alle wichtigen Einrichtungen konzentrieren sich auf einen 100 m langen Abschnitt von Talas einziger Hauptstraße. Dort findet man z. B. eine Post, Internetcafés (50 ₹/Std.), Restaurants und einen Geldautomaten der State Bank of India.

ℹ An- & Weiterreise

Fahrradrikschas pendeln zwischen Umarias Busbahnhof und Bahnhof (10 ₹, 10 Min.). Nach Tala fahren Busse (35 ₹, 1 Std. 8–19 Uhr ca. alle 30 Min.). Außerhalb von deren Betriebszeit muss man eine Autoriksha ab dem Bahnhof nehmen (vor/nach 19 Uhr 400/600 ₹) oder auf ein vorab bestelltes Taxi zurückgreifen (ab ₹900).

Der letzte Bus zurück zu Umarias Busbahnhof verlässt Tala um 19.30 Uhr. In Tala gibt's keine Autorikschas.

ZUG

Unter den Zügen ab Umaria ist z. B. der 18477 Utkal Express nach Delhi (Bahnhof Nizamuddin; Sleeper Class/3AC/2AC 425/1150/1665₹, 18 Std., 20.55 Uhr), der unterwegs in Gwalior (320/865/1245 ₹, 11 Std.), Agra (365/985/1420 ₹, 14 Std.) und Mathura (380/1035/1490 ₹, 15 Std.) hält. Der 18234 Narmada Express nach Indore (385/1055/1520 ₹, 18½ Std., 16.36 Uhr) stoppt in Jabalpur (100/490/695 ₹, 4½ Std.), Bhopal (280/750/1080 ₹, 12 Std.) und Ujjain (360/975/1405 ₹, 16 Std.).

Nach Varanasi rollen täglich zwei Züge: der 15160 Sarnath Express (275/740/1065 ₹, 12 Std., 4.19 Uhr) und der 15232 Gondia Barauni Express (280/750/1080 ₹, 12½ Std., 7.17 Uhr). Beide halten in Satna, wo Busanschluss nach Khajuraho besteht.

Nach Raipur (Chhattisgarh) gelangt man täglich mit dem 15159 Sarnath Express (230/615/880 ₹, 8 Std., 22.16 Uhr) und zwei weiteren Zügen.

Als Alternative zu Umaria bietet Katni vergleichsweise mehr Bahnverbindungen (u. a. Direktzüge nach Jabalpur, Satna und Varanasi). Von Umaria aus ist Katni per Bus erreichbar (60 ₹, 2½ Std., 7.30 Uhr & 9–18 Uhr alle 30 Min.).

Pench Tiger Reserve

☎ 07695

Das dritte von Madhya Pradeshs drei berühmten Tigerreservaten ist das **Pench Tiger Reserve** (☎ 07692-223794; www.penchtiger.co.in; Kernzone pro 6-sitzigem Jeep/Einzelplatz 1500/250 ₹, obligatorischer Guide 360 ₹, Leihjeep 2500 ₹; ⏲ 2½- bis 5-stündige Safaris Okt.–Juni morgens & nachmittags, ausgen. Mi nachmittags). Hier wachsen hauptsächlich Teakholzwälder statt Salbäume, was dem Park im Vergleich zum nahegelegenen Kanha oder Bandhavgarh ein anderes Gesicht verleiht. Zudem tummeln sich in Pench weniger Touristen (und Tiger): Oft scheint man den ganzen Wald für sich allein zu haben. Sollten sich keine Tiger zeigen, lassen sich viele andere Tierarten beobachten. Zudem sind die herrlichen Wälder schon eine Attraktion für sich.

Das 1921 km² große Reservat liegt zu 60 % in Madhya Pradesh und zu 40 % in Maharashtra. Die meisten Tiger leben im Areal von MP – vor allem im Pench National Park, der zur Kernzone gehört und rund 50 der großen Gestreiften beheimatet. Von den drei Parkeingängen ist das Turia Gate definitiv am leichtesten erreichbar. Es wird von den allermeisten Besuchern genutzt und liegt 12 km westlich von Khawasa am Hwy 44 (Jabalpur–Nagpur).

Aktivitäten

Jeep-Safaris ab dem Turia Gate

Pro Tag dürfen bis zu 34 Gypsys (sechssitzige Safarijeeps) morgens und nachmittags durch das Turia Gate in den Park hineinfahren. Die Bordplätze können aber meist nur übers Internet gebucht werden (http://forest.mponline.gov.in; bis zu 120 Tage im Voraus). Zudem akzeptiert die Website keine ausländischen Kredit- oder Lastschriftkarten. Pro Ausfahrt lassen sich insgesamt 18 Plätze in drei Jeeps persönlich am Turia Gate buchen. Der Ticketverkauf hierfür beginnt eine Stunde vor dem Safari-Start; zu Spitzenzeiten bildet sich jedoch mitunter schon am Vorabend eine Warteschlange. Bei wenig Betrieb werden wiederum nicht verkaufte Tickets aus dem Online-Kontingent manchmal zusätzlich am Turia Gate ausgegeben – jeweils am Morgen bzw. Nachmittag vor dem Safari-Start oder sogar noch in der letzten Stunde vor Abfahrt. Darauf sollte man sich aber keinesfalls verlassen! Die stressfreiste Methode besteht generell darin, die ganze Safari über ein Hotel oder Reisebüro zu arrangieren (Bearbeitungsgebühr jeweils ca. 1000 ₹). Dies sollte stets so früh wie möglich geschehen, da die Safaris oft schon zwei bis drei Wochen vorher ausgebucht sind. Bei Touren zu Spitzenzeiten (z. B. Feiertage, bestimmte Wochenenden) sind alle Plätze meist Monate im Voraus vergeben.

Morgens stehen die Chancen auf Tigersichtungen generell besser.

Neben Leihjeeps mit Fahrer (Grundpreis 2500 ₹) organisieren örtliche Hotels in der Regel auch Gästeshuttles zum/ab dem Park, was jeweils ein paar Hundert Rupien extra kostet.

Noch mehr Safaris

Falls es mit einer normalen Jeepsafari nicht klappen sollte, kann man an einer **Safari durch die Pufferzone** (pro 6-sitzigem Jeep inkl. Guide 3510 ₹) teilnehmen. Zu denselben Zeiten wie die Kernzonen-Touren starten diese Trips an drei Orten: nahe dem Dorf Turia, bei Teliya (ca. 5 km südlich von Turia) und in Rukhad (ca. 24 km nördlich von Khawasa). Zudem brechen Nachtsafaris (2 Std.) um ca. 18 Uhr vor dem Forstamt in Khawasa auf. Eine weitere Option sind Safaris durch den Reservatsbereich in Maharashtra; hierbei geht's rund 17 km südlich von Turia am Khursapar Gate los.

Schlafen & Essen

Tiger 'N' Woods LODGE $$

(☎ 8888399166; http://tigernwoods.com; Zi. inkl. Vollpension 5000 ₹; ❄📶🏊) Freundliche, junge Angestellte verleihen der lässigen Lodge ein zwangloses Ambiente. Die schlichten, aber attraktiven Zimmer in hölzernen Pfahlhäusern haben Verandas und Bäder mit Dschungelblick. Der hauseigene Biologe leitet naturkundliche Wanderungen (100 ₹). Gäste können sich außerdem mit *desi* (Butterschmalz) massieren lassen.

Kipling's Court HOTEL $$

(☎ 07695-232830; www.mptourism.com; inkl. Vollpension B 1300 ₹, Zi. 5460–5940 ₹; ❄@📶🏊) Rund 2 km vor dem Turia Gate überzeugt dieses Hotel von MP Tourism u. a. im Budget-Bereich: Die beiden Schlafsäle mit je sechs Betten sind prima in Schuss und haben dank Vollpension ein tolles Preis-Leistungs-Verhältnis. Auch Familien sind hier goldrichtig: Das Kipling's hat Turias besten Spielplatz und stellt zudem Spielzeug für drinnen zur Verfügung. Die klimatisierten Cottage-Zimmer rund um den gut gepflegten Garten können sich ebenfalls sehen lassen.

★ **Baghvan** RESORT **$$$**
(☎07695-232847; www.tajsafaris.com; inkl. Vollpension EZ 22 000–50 000 ₹, DZ 29 000–67 000 ₹; ❄@📶🏊) Die Taj-Kette betreibt Luxushotels in allen großen Tigerparks des Bundesstaats. Das raffinierte Baghvan ist davon jedoch am „dschungelmäßigsten" und daher seine hohen Preise wert. Im Dschungel verstecken sich hier zwölf große Cottages aus Bambus, Salbaumholz und Beton. Diese punkten mit erlesener Kunst, exquisitem Mobiliar, Innen-/Außenduschen und breiten *machans* (Terrassen) auf Stelzen.

Die gleichsam attraktiven Gemeinschaftsbereiche setzen mit skurrilen Kunstgegenständen und Artefakten einen netten Kontrast. Das Essen ist erwartungsgemäß vom Feinsten. Abhängig von Saison und Nachfrage variieren die Preise sehr stark. Optional bietet das Hotel auch B&B und Jungle Plan (Vollpension plus Safaris) an.

Mowgli's Den LODGE **$$$**
(☎07695-232832; www.mowglisdenpench.com; Zi. inkl. Vollpension 6500 ₹; ❄) Etwa 2,5 km vom Turia Gate entfernt stehen hier zehn große und komfortable Rundhütten in üppigen Gärten. Die Einrichtung aus Bambus geht jeweils mit geräumigen Bädern einher. Die freundlichen Inhaber sind echte Naturfans und liefern viele Infos zu Pench; manchmal begleiten sie Gäste auch auf Safari.

Das ebenfalls gute Essen wird in einem Speiseraum mit Bambuseinrichtung serviert.

ℹ Praktische Informationen

In Khawasa betreibt die Bank of Maharashtra einen Geldautomaten, der ausländische Karten akzeptiert.

ℹ An- & Weiterreise

Linienbusse verbinden Khawasa mit Nagpur (90 ₹, 2 Std., alle 30 Min.) und Jabalpur (180 ₹, 6 Std., alle 30 Min.). Die Sammeljeeps zwischen Khawasa und Turia (20 ₹) starten jeweils, wenn alle Plätze belegt sind. Das Turia Gate liegt 3 km hinter dem gleichnamigen Dorf. In Nagpur (Taxi 3000–2500 ₹) findet man den nächstgelegenen Flughafen und Großbahnhof.

Von Khawasa aus ist das Kanha Tiger Reserve ohne einen langen Umweg über Jabalpur oder Mandla erreichbar. Hierzu mit einem Bus nordwärts nach Seoni fahren (50 ₹, 1 Std., alle 30 Min.), dort einen Bus gen Mandla nehmen und in Chiraidongri aussteigen (95 ₹, 3 Std., 6.40–22.40 ca. stündl.). Ab dort rollen Busse zum Khatia Gate (35 ₹, 1 Std., 11–18 Uhr, 9-mal tgl.).

CHHATTISGARH

Chhattisgarh liegt abgeschieden, es gibt nur ganz wenige große Sehenswürdigkeiten und die touristische Infrastruktur ist sehr dürftig. Für Abenteurer bildet der Aufenthalt hier aber nicht selten das Highlight in dieser Gegend Indiens. Der am dichtesten (44 %) bewaldete Bundesstaat des Landes ist mit einer beachtlichen Menge natürlicher Schönheit gesegnet: Es gibt viele Wasserfälle und unberührte Naturschutzgebiete. Noch interessanter ist aber die Tatsache, dass hier 42 Adivasi-Gruppen leben, deren pointillistische Malereien und spindeldürre Skulpturen ebenso lebendig wirken wie die bunten *haats* (Märkte), die überall in der Region abgehalten werden, besonders rund um Jagdalpur in der südlichen Bastar-Region.

Chhattisgarh gehört zu jenen östlichen Bundesstaaten, in denen die sogenannten Naxaliten aktiv sind: Vor allem im Süden verüben diese linksradikalen Guerillas gelegentlich Attentate auf Polizisten, Beamte und Politiker (teils auf offener Straße). Zumindest in den letzten Jahren wurden jedoch keine Touristen angegriffen.

Raipur

☎0771 / 1,01 MIO. EW

Chhattisgarhs hässliche, hektische Hauptstadt ist auch das Industriezentrum des Bundesstaats (hier gibt's u. a. Stahlwerke). Bis auf Tagesausflüge zu den Ruinen bei Sirpur kann man hier nicht viel unternehmen. Dennoch lohnt sich ein Abstecher zum Büro des **Chhattisgarh Tourism Board** (☎0771-6453336, 9926781331; www.tourism.cg.gov.in; Bahnhof Raipur Junction; ⏰7–22 Uhr), das beim Organisieren von Verkehrsmitteln, Unterkünften, Guides und Trips zu indigenen Dörfern hilft. Die Staatsregierung ist 20 km weiter südöstlich in der neuen Stadt Naya Raipur ansässig. Dort gibt's auch neue Bildungseinrichtungen, Krankenhäuser und Bürogebäude sowie einen Technologiepark und ein internationales Cricket-Stadion.

Im Bereich des Hauptbahnhofs (Raipur Junction) und ostwärts entlang der Station

Rd findet man viele Budget- und Mittelklassehotels. Diese beiden Preiskategorien sind vereinzelt auch im Zentrum (Bereich Jaistambh Chowk) und an der LIC Rd vor dem Busbahnhof Pandri vertreten. Die meisten Spitzenklassehotels liegen 4 bis 12 km östlich vom Zentrum am Hwy 53 und an der VIP Rd in Richtung Flughafen.

Hotel Jyoti HOTEL $
(☎ 0771-2428777; hoteljyoti@gmail.com; LIC Rd, Pandri; EZ/DZ ab 750/1000 ₹, mit Klimaanlage ab 1200/1450 ₹; ❄📶) An der Hauptstraße vor dem Busbahnhof Pandri verspricht das Jyoti anständige Erholung nach einem langen Bustrip. Die einfachen Zimmer mit ein paar Farbakzenten haben teils heruntergekommene Bäder. Dafür ist der Manager sehr hilfsbereit.

Das **Hotel Saatvik** (☎ 0771-2420420; www.hotelsaatvik.org; LIC Rd, Pandri; EZ/DZ ab 1400/1600 ₹; ❄📶) im hinteren Gebäudeteil ist vergleichsweise besser.

★ **Hotel LeRoi** HOTEL $$
(☎ 0771-2971354; www.leroihotels.com; MFC Bldg am Bahnhof Raipur Junction; inkl. Frühstück EZ 3190–3640 ₹, DZ 3640–4100 ₹; ❄📶) Wer nach einem Mittelklassehotel sucht, wird hier fündig: Das helle, freundliche und gut organisierte LeRoi steht direkt am Bahnhof. Die blitzsauberen Zimmer punkten mit viel Platz, Akzenten aus Kiefernholz, verlässlichem WLAN, guter Klimaanlage und Teekochern/Kaffeemaschinen. In den modernen Bädern ist Duschen ein echter Genuss.

Das Hausrestaurant mit Cafébereich hat rund um die Uhr geöffnet. Flughafenshuttles kosten 500 ₹.

An- & Weiterreise

BUS

Hauptbusbahnhof ist der leicht chaotische **Pandri Bus Stand** (LIC Rd), der 2,5 km südöstlich vom Bahnhof liegt. Ab dem Prepaid-Stand vor letzterem ist der Busbahnhof per Autorikscha erreichbar (50 ₹). Die verlässliche Busgesellschaft **Mahendra Travels** (☎ 0771-4054444; www.mahendrabus.in) verbindet Raipur mit Jagdalpur (Sitzplatz 330–380 ₹, Sleeper Class 400–430 ₹, 8 Std., 5.15–24 Uhr alle 15 Min.), Jabalpur (Sitzplatz/Sleeper Class 300/400 ₹, 11 Std., 4.30, 18 & 21 Uhr) und Nagpur (Sitzplatz/Sleeper Class ohne Klimaanlage 300/350 ₹, mit Klimaanlage 400/500 ₹, 8 Std., 7-mal tgl.).

FLUGZEUG

Raipurs geschäftiger Flughafen (www.aai.aero/allairports/raipur_generalinfo.jsp) liegt 14 km südöstlich vom Zentrum. Hier besteht Verbindung nach Delhi, Mumbai, Bhopal, Bengaluru, Indore, Kolkata und Hyderabad (jeweils mind. 2-mal tgl.) sowie zu sechs weiteren indischen Großstädten. Angesteuert wird Raipur von **Air India** (☎ 0771-2972321, Flughafen 0771-2418201; www.airindia.in; CII/1 Aiswarya Chamber, GE Rd, Telebhanda; ⏲ Mo–Sa 9.30–17 Uhr), **IndiGo** (☎ 9212783838; www.goindigo.in; Flughafen) und **Jet Airways** (☎ 0771-2107613; www.jetairways.com).

ZUG

Praktische Züge ab Raipur: Der 18237 Chhattisgarh Express nach Delhi (Bahnhof Nizamuddin; Sleeper Class/3AC/2AC 565/1515/2215 ₹, 28 Std., 16.20 Uhr) hält unterwegs in Nagpur (5½ Std.), Bhopal (14 Std.), Jhansi (21 Std.), Gwalior (22 Std.) und Agra (24 Std.). Der 12859 Gitanjali Express rollt nach Kolkata (Bahnhof Howrah; Sleeper Class/3AC/2AC 445/1165/1665 ₹, 13 Std., 23.35 Uhr). Zudem besteht täglich Bahnverbindung nach Bhubaneswar, Visakhapatnam, Jabalpur und Varanasi.

ℹ Unterwegs vor Ort

Vom Prepaid-Stand (geöffnet 24 Std.; Dach ähnelt einem Schutzhelm) vor dem Bahnhof fahren Autorikschas u. a. zum Paldri Bus Stand (50 ₹), Jaistambh Chowk (55 ₹) und Flughafen (240 ₹ inkl. Parkgebühr). Zum Busbahnhof gelangt man auch per Sammeltaxi (10 ₹).

Sirpur & Umgebung

Sirpur liegt 80 km östlich von Raipur und lässt sich von dort aus per Tagesausflug besuchen. Doch auch eine Übernachtung in dem Dorf kann sich lohnen: Hier warten die Ruinen vieler Klöster (buddhistisch, jainistisch) und Hindu-Tempel aus dem 6. bis 7. Jh. Davon sind noch längst nicht alle freigelegt. Der größtenteils intakte **Laxman-Tempel** (Inder/Ausländer 15/200 ₹; ⏲ Sonnenaufgang–Sonnenuntergang) aus dem 7. Jh. zählt zu Indiens ältesten Backsteintempeln. Parallel können folgende andere Hauptattraktionen jeweils gratis besichtigt werden (zumeist 8–18 Uhr): Das **Buddhistenkloster Teevardwo** hat sehr schöne Skulpturen. Der pyramidenförmige **Surang Tila** ist ein höchst ungewöhnlicher Shiva-Tempel mit weißer Steinfassade. Beim **Anand Prabhu Kuti Vihara** handelt es sich um ein weiteres interessantes Buddhistenkloster. Und im **Gandeshwar-Tempel** am Ufer des Mahanadi wird Shiva bis heute verehrt.

Östlich von Sirpur führen Safaris tiefer in Chhattisgarhs Wildnis hinein – genauer durch die Wälder des **Barnawapara Wildlife Sanctuary** (⏲ Nov.–Juni). Neben ein paar Dutzend scheuer Leoparden leben dort auch viele Hirsche und Antilopen. Hinzu kommen rund 300 Lippenbären und eine Handvoll Wildelefanten.

Die Jeeptouren (3000–4000 ₹ inkl. Guide und Parkzugang, 3–5 Std., Abfahrt jeweils ca. 6 & 14.30 Uhr) starten in Barbaspur (15 km nordöstlich von Sirpur) und Rawan (32 km südöstlich von Sirpur).

Das **Hiuen Tsiang Tourist Resort** (☎ 0771-4066415; EZ/DZ 500/2200 ₹; ❄) vermietet große, blitzsaubere Zimmer mit weißer Einrichtung, Klimaanlage, bequemen Betten und geräumigen Bädern. Zudem serviert es seine gute indische Küche (Hauptgerichte 90–170 ₹) auch Speisegästen, sofern diese einige Stunden vorher Bescheid geben.

Vom Pandri Bus Stand in Raipur fahren Busse nach Mahasamund (45 ₹, 1½ Std., alle 30 Min.), wo Anschluss nach Sirpur besteht (30 ₹, 1 Std., stündl.). Ein Taxi-Tagestrip ab Raipur kostet etwa 1600 ₹.

Jagdalpur

☎ 07782 / 125 000 EW.

Die Hauptstadt des südlichen Distrikts ist die ideale Ausgangsbasis für alle, die sich für die Stammeskulturen Chhattisgarhs interessieren. In dem Ort selbst findet jeden Sonntag ein *haat* (Markt) statt, bei dem Adivasi Waren kaufen, verkaufen und tauschen. Tiefere Einblicke in das Leben der Stämme erhält man jedoch erst in den umliegenden Dörfern. Einige sind extrem abgeschieden und nur mit einem Guide zugänglich. Andere liegen nur eine Busfahrt entfernt und können, vor allem an Markttagen, leicht auf eigene Faust erkundet werden.

Der Sanjay Market, auf dem sonntags der *haat* stattfindet, ist das Herz Jagdalpurs. Der bunt bemalte Maharadscha Palast, 500 m nördlich am Ende der Palace Rd, ist das Wahrzeichen der Stadt.

Sehenswertes

Anthropological Museum MUSEUM

(Chitrakote Rd; ⏲ Mo–Fr 10.30–17.30 Uhr) GRATIS Rund 3 km westlich von Jagdalpurs Zentrum beleuchtet das altmodische Museum die Kultur und das Brauchtum der regionalen Stämme. Viele der Artefakte wurden während der 1970er- und 1980er-Jahre in indigenen Dörfern gesammelt.

ABSTECHER

KUNSTHANDWERK AUS KONDAGAON

Rund 77 km nördlich von Jagdalpur leiten der sympathische Bhupesh Tiwari und sein Team die tolle NRO **Saathi** (☎ 9993861686; tiwaribhupesh@gmail.com; Kondagaon; ⏲ Mo–Sa 8–18 Uhr) Diese hilft mehr als 300 Dörfern beim Herstellen und Verkaufen von Kunsthandwerk (u. a. mit Ausbildungsprogrammen) sowie in Sachen Gesundheit, Schulbildung und Hygiene. Vor Ort betreibt Saathi mehrere Werkstätten und einen Ausstellungs- bzw. Verkaufsraum. Guides bringen Besucher zu regionalen Kunsthandwerkern (500–1000 ₹/Tag). Obendrein kann man hier einwöchige oder längere Kurse in Bronzegießerei, Metallgestaltung, Töpfern und Holzschnitzen belegen. Anfahrt: Der Straße nach Raipur gen Norden folgen, rund 3 km nördlich von Kondagaon westwärts in den Hwy 130D einbiegen und nach etwa 1 km auf das Saathi-Schild achten.

Feste & Events

★ **Bastar Dussehra** KULTUR

(⏲ Sept./Okt.) In Bastar steigt das Dussehra normalerweise Anfang Oktober. Voraus gehen jeweils 74 Tage voller Rituale und Vorbereitungen, was dieses Fest insgesamt zu einem der längsten des Planeten macht. Besonders turbulent sind die letzten zehn Tage und vor allem die letzten beiden Nächte: Dann wird ein riesiger Holzwagen (*rath*) von Männergruppen an Seilen durch Jagdalpur gezogen.

Schlafen & Essen

Nahe dem Busbahnhof gibt's ein paar billige, aber größtenteils auch schäbige Hotels. Im Zentrum findet man eine Handvoll attraktiverer Optionen. Die beste (wenn auch nicht wirklich luxuriöse) Bleibe der ganzen Gegend ist das **Dandami Luxury Resort** (☎ 18001026415, 0771-4224999; www.tourism.cg.gov.in; Chitrakote; EZ/DZ 2000/2500 ₹; ❄) draußen an den Chitrakote Falls.

Hotel Rainbow HOTEL $

(☎ 07782-221684; hotelrainbow@rediffmail.com; DZ/3BZ 760/945 ₹, mit Klimaanlage 1050/2190 ₹; ❄ 📶) Das Rainbow gegenüber vom Sanjay

HAATS IN BASTAR & DÖRFER DER ADIVASI

Es gibt auf mehr als 3500 Dörfer verteilt acht indigene Hauptstämme in Bastar, angefangen von den Ghadwa (die sich auf die Bronzegießerei spezialisiert haben) bis hin zu den in den weit entfernten südlichen Wäldern lebenden Doria, die als einziger Stamm ihre Wohnhäuser nicht aus Stroh und Lehm, sondern aus Baumzweigen und Blättern bauen. Einer der faszinierendsten Wege, die lebendige Kultur der Adivasi in Bastar zu erkunden, ist der Besuch ihrer farbenfrohen *haats* (Märkte). Diese Märkte bilden die Lebensader der Stammeskultur in Chhattisgarh. Die Mitglieder der Stämme legen bis zu 20 km zu Fuß zurück, um ihre Waren (oft Tauschgeschäfte) feilzubieten – von den charakteristischen, beinahe fluoreszierend bunten Saris bis hin zu lebendigen Ameisen.

Hier findet man alle möglichen faszinierenden Dinge, darunter auch Werke der Bronzegießerei (ein Mix aus Bronze und Messing), einem Handwerk, das seit Generationen weitergegeben wird, in einigen Fällen schon seit 300 Jahren. Die großen Stapel von etwas, das aussieht wie zerquetschte Datteln, bestehen in Wirklichkeit aus getrockneten *mahuwa*. Diese Blumen werden entweder frisch gegessen oder getrocknet und dann gekocht. Aus dem vergorenen Sud wird schließlich ein starker Schnaps gewonnen, den viele Adivasi in Bastar ganz besonders schätzen.

Viele regionale Adivasi-Dörfer sind von Jagdalpur aus per Bus erreichbar (zumeist ab dem Sanjay-Markt) – vor allem an Markttagen eine gute Option. Zu anderen kommt man dagegen nur ziemlich schwierig. Wer Stammesangehörige wirklich kennenlernen und nicht nur einen Blick auf sie werfen will, braucht unbedingt einen Guide (schon allein als Dolmetscher). Die Guides helfen zudem, Aufenthalte bei einheimischen Familien zu organisieren. So ist z. B. ein Tag mit **Awesh Ali** (☎9425244925; aweshali@gmail.com; per day 1500 ₹/Tag) ein wirklich bemerkenswertes Erlebnis. Awesh ist sehr erfahren und spricht neun Sprachen – vier davon sind Stammesdialekte. Kontaktiert werden kann er direkt oder über die Touristeninformation in Jagdalpur (S. 753), die auch Mietwagen mit Fahrer vermittelt (1200–1600 ₹/Tag inkl. Benzin).

Die meisten *haats* dauern etwa von 12 bis 17 Uhr. Es gibt viele davon; die folgenden sind nur einige der beliebtesten. Die Touristeninformation in Jagdalpur liefert detaillierte Infos. Rund um die Märkte warten normalerweise Sammeljeeps, um die Leute zurück nach Jagdalpur zu bringen.

TAG	WO	ENTFERNUNG VON JAGDALPUR	BUSSE AB JAGDALPUR (PREIS, DAUER)	WARUM DIESER HAAT?
Mo	Tokapal	16 km	25 ₹, 30 Min.	Um Bronzearbeiten der Ghadwa-Adivasi zu kaufen
Mi	Darbha	35 km	40 ₹, 1 Std.	Wird von Dhurwa-Adivasi besucht
Do	Bastar	20 km	30 ₹, 30 Min.	Von Jagdalpur aus leicht erreichbar
Fr	Lohandiguda	36 km	40 ₹, 1¼ Std.	Wird von Halva-, Muria- und Maria-Adivasi besucht; liegt 1 km abseits der Straße nach Chitrakote
Fr	Nangur	22 km	Kein Direktbus	Wird von Adivasi aus entlegenen Waldgebieten besucht
Fr	Nagarnar	24 km	Kein Direktbus	Wird von Bhatra-Adivasi in bunten Trachten besucht
Sa	Kuknar	70 km	60 ₹, 2 Std.	Hochburg der Bison-Horn-Maria
So	Jagdalpur	-	-	Liegt im Stadtzentrum und dauert bis zum späten Abend
So	Pamela	12 km	10 ₹, 20 Min.	Um zu sehen, wie bei Hahnenkämpfen rege gewettet wird

Market wirkt zwar abgenutzt, ist aber sein Geld wert: Sogar die nicht klimatisierten Budgetzimmer mit Hocktoiletten sind groß und anständig möbliert. Zudem warten hier WLAN im ganzen Haus, eins von Jagdalpurs besten Restaurants (Hauptgerichte 120–270 ₹), eine recht rustikale Bar und ein sehr hilfsbereites Management. Auschecken ist rund um die Uhr möglich.

Devansh Residency HOTEL **$$**
(☎ 07782-221199; devanshresidency@gmail.com; Collectorate Rd; inkl. Frühstück EZ/DZ 1700/2160 ₹, Suite 4780 ₹; ❄📶) Das beste örtliche Hotel: Die großen, sauberen Zimmer in Weiß und Limonengrün punkten mit WLAN und guten Produkten für die Körperpflege. Das rein vegetarische Hausrestaurant **Vaishnavi** (Hauptgerichte 140–250 ₹; ⏲7.30–22.30 Uhr; 📶) ist das beste Lokal der Stadt.

Shoppen

Shabari KUNSTHANDWERK
(Chandni Chowk; ⏲Mo–Sa 10.30–20 Uhr) Das staatliche Kaufhaus verkauft indigenes Kunsthandwerk zu Festpreisen. Die gute Auswahl reicht von schlanken Eisenfigürchen bis hin zu teureren Statuen aus schwerem Glockenmetall.

Praktische Informationen

Touristeninformation (☎ 07782-2008001; ctbbastar@rediffmail.com; am Shahid-Park; ⏲Mo–Sa 10–19 Uhr) Arrangiert Trips zu Stammesdörfern und verkauft auch Kunsthandwerk aus Bastar. Liegt 1 km östlich vom Zentrum gleich abseits der Main Rd.

An- & Weiterreise

BUS

Der Busbahnhof liegt rund 1,5 km südlich vom Zentrum (Autorikscha 20 ₹). **Mahendra Travels** (S. 750) und **Kanker Roadways** (☎ 9826185795; www.kankerroadways.in) schicken Busse nach Raipur (ohne Klimaanlage 330–400 ₹, mit Klimaanlage Sitzplatz/Sleeper Class 380/430 ₹, 8 Std., 5–24 Uhr alle 15–30 Min.).

ZUG

Über die Eastern Ghats führt Indiens höchstgelegene Breitspur-Bahnstrecke nach Vizianagram nahe der Küste von Andhra Pradesh. Der 18448 Hirakhand Express rollt nach Bhubaneswar (Sleeper Class/3AC/2AC 395/1080/1555 ₹, 18 Std., 15 Uhr), der 58502 Kirandul-Visakhapatnam Passenger nach Visakhapatnam (Sleeper Class/AC 140/810 ₹, 10½ Std., 10.38 Uhr). Rund drei Stunden nach der Abfahrt in Jagdalpur halten beide Züge in Koraput (Odisha bzw. Orissa).

Rund um Jagdalpur

Chitrakote Falls

„Indiens Niagarafälle“ sind die breitesten Wasserfälle des Landes und ganzjährig wunderschön (vor allem zu Sonnenuntergang). Nach Regenfällen donnern sie am wildesten zu Tal.

Bei ausreichend schwacher Strömung (ca. Dez.–Juni) ist Schwimmen in den oberhalb gelegenen Naturbecken möglich – dabei aber immer extrem vorsichtig sein! Unterhalb der Fälle badet es sich vergleichsweise sicherer im Fluss. Zudem kann man sich von einheimischen Fischern hinauf in die Gischt rudern lassen (50 ₹/Pers.). Diese Trips starten am Fuß der Treppe, die neben dem Hotel an den Fällen (für indische Beamte reserviert) hinunterführt.

Rund 40 km nordwestlich von Jagdalpur liegen die Fälle am Fluss Indravati. Hierher fahren Busse (45 ₹, 1½ Std., 9, 11, 14 & 19 Uhr; letzter Bus in Gegenrichtung um 16 Uhr), die 500 m vom Sanjay Market entfernt am Anupama Chowk (Chitrakote Rd) starten. Ein Taxi hin und zurück kostet etwa 1500 ₹.

Kanger Valley National Park

Von Jagdalpur aus unternehmen Einheimische sehr gern halb- oder ganztägige Ausflüge zu diesem 200 km² großen **Nationalpark** (Inder/Ausländer 25/150 ₹, Auto 50 ₹; ⏲9–17 Uhr) südlich der Stadt. In einem dicht bewaldeten Tal warten hier zwei Hauptattraktionen: Über 35 Höhenmeter stürzen die **Tirathgarh Falls** stufenweise durch eine Schlucht, die vom Mugabahar (ein Nebenfluss des Kanger) in den Fels gegraben wurde. In der **Kutumsar-Höhle** (Guide 75 ₹; ⏲Nov.–Juni 8–15 Uhr) geht's in Begleitung von Guides zu großen Kammern voller Stalaktiten und -miten, wobei der Weg (max. 300 m) durch schmale Passagen und über Betontreppen führt. Ab Jagdalpur verlangen Taxifahrer jeweils 1200 ₹ zu den Fällen oder zur Höhle (beides kombiniert 1500 ₹; alle Preise inkl. Hin- und Rückfahrt).

Gujarat

Inhalt ➡

Gut essen

- Vishalla (S. 765)
- Nilambag Palace Restaurant S. 774)
- Peshawri (S. 772)
- Gopi Dining Hall (S. 764)
- Bhatiyar Gali (S. 764)

Schön übernachten

- House of MG (S. 763)
- Deewanji Ni Haveli (S. 763)
- Bhuj House (S. 798)
- São Tome Retiro (S. 780)
- Rann Riders (S. 805)

Auf nach Gujarat!

Gujarat wird von Travellern, die zwischen Mumbai (Bombay) und Rajasthan unterwegs sind, zu Unrecht nicht beachtet. Dabei ist es ein feines Ziel für einen Abstecher abseits ausgetretener Pfade. Die Hauptstadt Ahmedabad lockt mit ihrer beeindruckenden Architektur und der hervorragenden Gastroszene. Gleichwohl findet man viele der schönsten Attraktionen des Bundesstaats auf dem Land: In den Stammesdörfern weben, besticken und bedrucken Künstler die edelsten Stoffe Indiens, während in den Parks einzigartige Tiere leben, darunter die letzten asiatischen Löwen. Auch die Spiritualität kommt nicht zu kurz – auf den Gipfeln der Berge liegen hinduistische und jainistische Pilgerstätten. Und bei Festivals wird die Kultur der Region zelebriert.

Gujarat hat auch eine besondere Beziehung zur Biografie Mahatma Gandhis: Hier wurde er geboren, hier rief er die *satyagraha*-Bewegung des gewaltlosen Protests ins Leben und hier unternahm er seinen Salzmarsch – sein Vermächtnis ist bis heute ein wichtiger Teil im Lebens der Einwohner.

Reisezeit

Ahmedabad

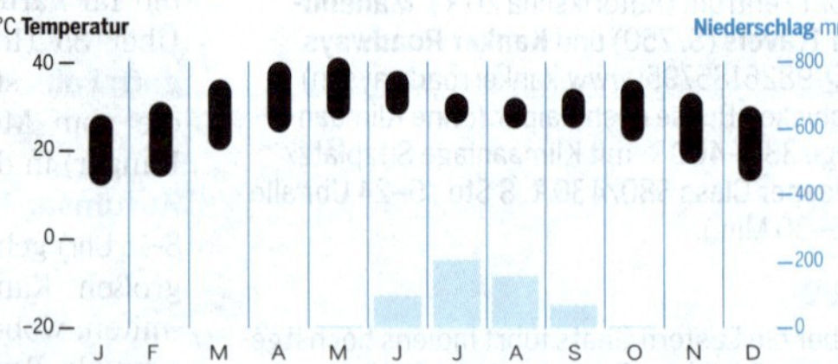

Sept. & Okt. Das Navratri-Festival wird in allen Städten und Dörfern mit viel Musik und Tanz gefeiert.

Nov.–Dez. Mango-Milchshake-Zeit in Junagadh.

Nov.–März Die beste Zeit, um die Nationalparks und Naturschutzgebiete Gujarats zu besuchen.

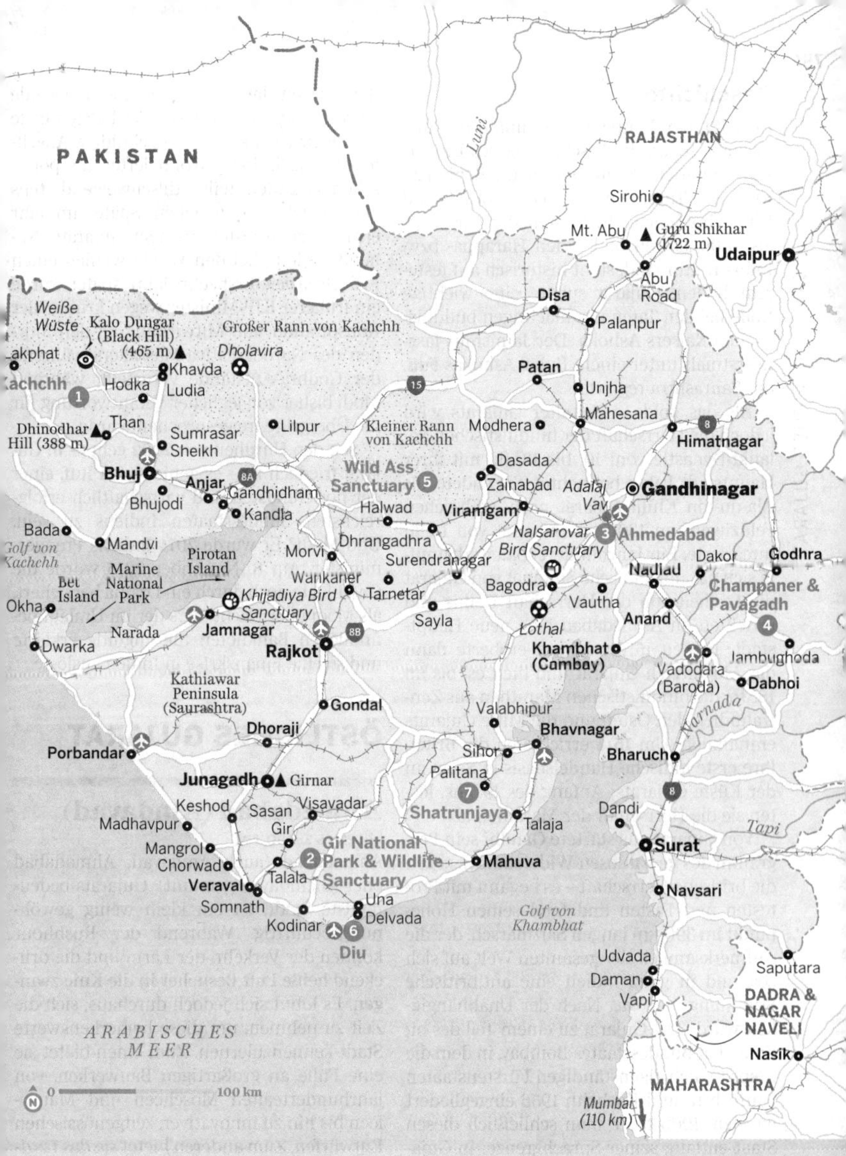

Highlights

1. **Kachchh** (S. 795) Stammesdörfer erkunden und einige der schönsten Textilien Indiens bewundern
2. **Gir National Park & Wildlife Sanctuary** (S. 784) Bei einer Safari die einzigen wild lebenden Asiatischen Löwen beobachten
3. **Ahmedabad** (S. 756) Ein Thali genießen, die Moscheen der Altstadt erkunden und Mahatma Gandhi die Ehre erweisen
4. **Champaner & Pavagadh** (S. 772) Eine einstige Hauptstadt erkunden und den Pilgern zu zwei benachbarten Welterbestätten folgen
5. **Wild Ass Sanctuary** (S. 804) In den Salzebenen des Kleinen Rann nach Indischen Wildeseln, Wölfen, Hyänen und Nilgauantilopen Ausschau halten
6. **Diu** (S. 777) In der ehemaligen portugiesischen Enklave entspannen und auf dem Roller durch die Straßen düsen
7. **Shatrunjaya** (S. 776) Bei Sonnenaufgang eine anspruchsvolle Pilgerwanderung zum jainistischen Tempel unternehmen

Geschichte

Es heißt, der Tempel von Somnath in Gujarat habe schon die Erschaffung des Universums miterlebt. Später wurde die Region zu Krishnas Tummelplatz. Dass Lothal und Dholavira (Kachchh) Stätten der vor mehr als 4000 Jahren blühenden Harappa- bzw. Indus-Kultur sind, steht historisch auf festerem Boden. Gujarat spielte eine wichtige Rolle bei den Taten des mächtigen buddhistischen Kaisers Ashoka. Der Jainismus fasste erstmals unter einem Enkel Ashokas Fuß, der Saurashtra regierte.

Als das goldene Zeitalter Gujarats wird jedoch die Herrschaft der hinduistischen Solanki-Dynastie vom 10. bis 13. Jh. mit ihrer Hauptstadt Patan betrachtet. Sie endete, als Ala-du-din Khilji Gujarat nach zahlreichen Feldzügen um 1300 ins Sultanat von Delhi integrierte. Ein Jahrhundert später erkämpfte sich das muslimische Sultanat von Gujarat die Freiheit von der Herrschaft Delhis und errichtete in Ahmedabad eine neue Hauptstadt. In den 1570er-Jahren eroberte dann das Mogulreich Gujarat und hielt es, bis im 18. Jh. die hinduistischen Marathen aus Zentralindien den Osten und die Mitte Gujarats einnahmen. Um 1614 errichteten die Briten ihre erste indische Handelsbasis in Surat an der Küste Gujarats; Anfang des 19. Jhs. lösten sie die Herrschaft der Marathen ab.

Von Gujarat aus startete Gandhi sein Programm des gewaltlosen Widerstandes gegen die britische Herrschaft – es begann mit Protesten und Fasten und fand seinen Höhepunkt im 390 km langen Salzmarsch, der die Aufmerksamkeit der gesamten Welt auf sich zog und in ganz Indien eine antibritische Stimmung auslöste. Nach der Unabhängigkeit wurde Ost-Gujarat zu einem Teil des bilingualen Bundesstaates Bombay, in dem die ursprünglich eigenständigen Fürstenstaaten Saurashtra und Kachchh 1956 eingegliedert wurden. 1960 teilte man schließlich diesen Staat entlang seiner Sprachgrenze: in Gujarat mit der Hauptsprache Gujarati und Maharashtra mit der Hauptsprache Marathi.

Die Congress Party of India kontrollierte lange Zeit einen großen Teil von Gujarat; ab 1991 kam die Bharatiya Janata Party (BJP) an die Macht. 2002 kam es zu gewaltsamen Zusammenstößen, nachdem einige Muslime beschuldigt worden waren, einen Zug in Godhra in Brand gesetzt zu haben, ein Vorfall, bei dem 59 Hindu-Aktivisten ums Leben kamen. In drei Tagen wurden 2000 Menschen (die offiziellen Zahlen sind niedriger) getötet, die meisten davon Muslime; Zehntausende wurden obdachlos. Die von der BJP geführte Landesregierung wurde beschuldigt, Angriffe auf muslimische Wohnviertel aus politischen Gründen teils stillschweigend, teils aktiv zugelassen zu haben. Später im Jahr errang der Ministerpräsident Gujarats, Nahendra Modi, bei den Wiederwahlen einen Erdrutschsieg. Erst zehn Jahre später wurde ein früherer BJP-Minister wegen krimineller Konspiration und Mitwirkung an den Morden des Naroda-Patiya-Massakers während der Godhra-Aufstände verurteilt, während Modi bisher von jeglicher Verantwortung für die Übergriffe freigesprochen wurde.

Seit den Unruhen von 2002 geht es in Gujarat friedlich zu – es genießt den Ruf, einer der florierendsten und wirtschaftlich erfolgreichsten Bundesstaaten Indiens zu sein. Und Modi? Er wurde 2014 Indiens Premierminister. Am 8. November 2016 wurde die Geschichte noch durch ein Drama bereichert, als Modi über Nacht 86 % der im Umlauf befindlichen Banknoten für ungültig erklärte und so eine Finanzkrise in Indien auslöste.

ÖSTLICHES GUJARAT

Ahmedabad (Amdavad)

☎ 079 / 6,36 MIO. EW.

Ahmedabad (auch Amdavad, Ahmadabad oder Ahemdavad genannt), Gujarats bedeutendste Stadt, ist ein klein wenig gewöhnungsbedürftig. Während der Rushhour können der Verkehr, der Lärm und die drückend heiße Luft Besucher in die Knie zwingen. Es lohnt sich jedoch durchaus, sich die Zeit zu nehmen, um diese bemerkenswerte Stadt kennenzulernen. Zum einen bietet sie eine Fülle an großartigen Bauwerken, von jahrhundertealten Moscheen und Mausoleen bis hin zu innovativen zeitgenössischen Entwürfen. Zum anderen bietet sie das faszinierende Labyrinth der Altstadt, ausgezeichnete Museen, hervorragende Restaurants, eine brodelnde Street-Food-Szene und die Stille des Sabarmati-Aschrams (Gandhis ehemaliges Hauptquartier).

Die Altstadt liegt am Ostufer des Flusses Sabarmati. Von der 10 km langen Mauer, die sie einst umgab, ist heute nur wenig erhalten. Nur die 15 eindrucksvollen Tore stehen als verlorene Inseln im wirbelnden, kakofonen Verkehr. In der Neustadt am Westufer des Flusses gibt's einige größere Universitäten und viele von der Mittelschicht bewohnte Stadtviertel.

Geschichte

Ahmedabad wurde 1411 durch den Sultan Ahmed Shah von Gujarat dort gegründet, wo er laut Legende gesehen hatte, wie ein Hase einen Hund jagte (er war von dessen Mut beeindruckt). Die Stadt wuchs schnell über ihre Zitadelle am Ostufer des Sabarmati hinaus. Im 17. Jh. galt sie als eine der schönsten Städte Indiens und als blühender Handelsknotenpunkt, geschmückt mit vielen schönen islamischen Bauten. Ihr Einfluss verblasste, bis Ahmedabad ab der zweiten Hälfte des 19. Jhs. als großes Textilzentrum (das „Manchester des Ostens") einen zweiten Frühling erlebte.

Bis Ende des 20. Jhs. hatten die meisten Fabriken geschlossen. Die daraus entstandene Wirtschaftskrise mag den Hass zwischen den Bevölkerungsgruppen noch genährt haben, der die Stadt spaltete und in den Gewalttätigkeiten des Jahres 2002 mündete. Bis zu 2000 Menschen, die meisten davon Muslime, wurden damals getötet. Heute boomt Ahmedabad wieder als Zentrum von IT, Bildung und Chemischer Industrie, aber auch die traditionellen Branchen – die Textilindustrie und der Handel – haben sich erhalten. Kürzlich wurde Ahmedabad dann auch zur „Megacity" gekürt.

Sehenswertes

Der interessante Teil von Ahmedabad ist die Altstadt östlich des Sabarmati – insbesondere die Viertel Lal Darwaja, Bhadra Fort und Teen Darwaja sowie die von ihnen abzweigenden Marktstraßen.

★ Calico Museum of Textiles — MUSEUM

(079-22868172; www.calicomuseum.org; Sarabhai Foundation; Führungen Do–Di 10.30–13 Uhr) GRATIS Dieses Museum beherbergt eine der weltweit schönsten Sammlungen altertümlicher und moderner indischer Stoffe, die stets handgefertigt und bis zu 500 Jahre alt sind. Unter ihnen befinden sich einige außergewöhnlich schöne Stücke, die von unglaublicher Kunstfertigkeit und Extravaganz zeugen, z. B. Kaschmirschals, deren Herstellung drei Jahre gedauert hat, und Stoffe, die in der Doppel-*ikat*-Methode hergestellt wurden und deren 100 000 Fäden vor dem Weben einzeln eingefärbt wurden. An jedem Öffnungstag wird eine Führung angeboten. Man sollte unbedingt einige Zeit im Voraus per Telefon buchen, da die Teilnehmerzahl auf 20 Personen beschränkt ist.

Die Führung zeigt die größten Textilgalerien, in denen außergewöhnliche Wandteppiche, Königsgewänder, erlesene Saris, Stammestrachten, Patola- und Mashru-Webstoffe und Bandhani-Knüpfbatikstoffe ausgestellt sind. Eine weitere Galerie zeigt Nadelarbeiten aus der ganzen Welt. Hier findet man auch heilige Bronzen, *pichwais* (Hängestoffe für religiöse Andachten) und Miniaturgemälde.

Kinder unter zehn Jahren sind nicht willkommen, Fotografieren und Taschen sind im Gebäude verboten. Das Museum befindet sich im Bezirk Shahibag gegenüber der Shahibag Underbridge, 3,5 km nördlich der Altstadt. Eine Autorikscha ab Lal Darwaja kostet rund 50 ₹.

★ Hutheesingh-Tempel — JAIN-TEMPEL

(Balvantrai Mehta Rd; 6–20 Uhr) Vor dem Delhi-Tor steht dieser jainistische Tempel, einer von 300 *derasars* in Ahmedabad. Auch Besuchern, die schon viele derartige Tempel gesehen haben, wird der Anblick der feinen weißen Marmorreliefs von Gottheiten, Blumen und himmlischen Jungfrauen den Atem rauben. Der Tempel wurde 1848 gebaut und ist Dharamanath, dem 15. *tirthankar* (großen Lehrer), gewidmet. Jeder der 52 Unterschreine im Innenhof beherbergt sein

TOP-FESTIVALS

Uttarayan (S. 763) Drachen schweben am Himmel über Ahmedabad und anderen Städten.

Modhera Dance Festival (um den 20. Jan.) Tanzfest mit klassischen indischen Tänzen.

Bhavnath Mela (Bhavnath-Fest; Jan./Feb.) Hinduistisches Fest am Fuße des heiligen Berges Girnar.

Mahakali Festival (März/April) Am Hügel Pavagadh verehren Pilger die Göttin Kali.

Navratri (S. 763) Neun Nächte voller Tanz in ganz Gujarat.

Kartik Purnima (Somnath & Shatrunjaya; Nov./Dez.) Ein vielseitiger Feiertag für Hindus, Jains und Sikhs (die ihn als Guru Nanak Jayanti begehen). In Somnath gibt es ein großes Fest (S. 782), während jainistische Pilger zum Shatrunjaya-Hügel (S. 776) strömen.

Ahmedabad (Amdavad)

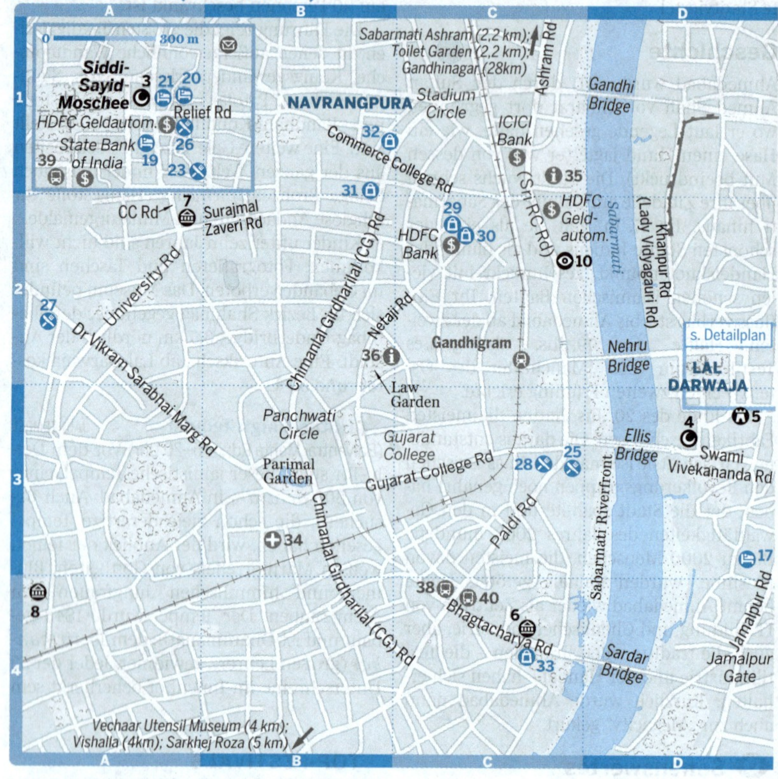

Bildnis mit Edelsteinen bzw. Juwelen an der Stelle seiner Augen. Der Hausverwalter lässt Besucher manchmal hoch aufs Dach.

★ **Sabarmati Ashram** HISTORISCHE STÄTTE
(www.gandhiashramsabarmati.org; Ashram Rd; 8.30–18.30 Uhr) GRATIS In einem idyllischen, schattigen Gelände am Westufer des Sabarmati liegt dieser Ashram, der von 1917 bis 1930, während des langen Kampfes um die Unabhängigkeit Indiens, das Hauptquartier Gandhis war. Es heißt, Gandhi habe diesen Platz ausgewählt, weil er auf halber Strecke zwischen dem Gefängnis und dem Friedhof lag – schließlich würde jeder *satyagrahi* (gewaltfreie Widerstandskämpfer) an dem einen oder anderen Ort enden. Gandhis ergreifend spartanischer Wohnbereich ist erhalten, und es gibt ein Museum mit einer bewegenden und informativen Ausstellung zu Gandhis Leben und Lehre.

Von hier aus brach Gandhi am 12. März 1930 mit 78 Begleitern zu seinem berühmten Salzmarsch nach Dandi am Golf von Khambhat auf. In diesem symbolischen Protest schwor Gandhi, nicht zum Ashram zurückzukehren, ehe Indien die Unabhängigkeit erreicht habe. 1933 wurde der Ashram aufgelöst und später in ein karitatives Zentrum zugunsten der Dalit umgewandelt. Nach Gandhis Tod streute man ein Teil seiner Asche in den Fluss vor dem Ashram.

Der Ashram liegt etwa 5 km nördlich von Lal Darwaja. Eine Autorikschafahrt ab dem Zentrum kostet rund 50 ₹.

Lokayatan Folk Museum MUSEUM
(www.shreyasfoundation.in; Inder/Ausländer 25/100 ₹; Di–Sa 15–17.30, So 10.30–13.30 & 15–17.30 Uhr) Das Museum liegt 3 km westlich des Flusses in Bhudarpura und zeigt eine faszinierende Sammlung von gujaratischer Folklorekunst insbesondere aus Kachchh, darunter Holzschnitte, Metallarbeiten, einige wundervoll bestickte Textilien und herrliche Batikdecken. Zu bewundern gibt es hier au-

ßerdem aufwendigen Kopfschmuck sowie Perlenstickereien, Aussteuertruhen, Haushaltsutensilien, Kamel- und Pferdeschmuck des Rabari-Stammes u. v. m. Der Kurator führt Besucher kostenlos durch das Museum. Eine Autoriksch a vom Zentrum kostet 50 ₹; als Ziel die Shreyas Foundation nennen.

Sarkhej Roza HISTORISCHES GEBÄUDE

(⌚9 Uhr–Sonnenuntergang) Dieser Komplex aus Moschee, Grab und Palast ist dem Andenken an Ahmed Khattu Ganj Baksh, dem spirituellen Ratgeber von Ahmed Shah I., gewidmet. Die eleganten, aber verfallenen Gebäude reihen sich um ein großes (oft ausgetrocknetes) Becken, das Mitte des 15. Jhs. von Sultan Mahmud Begada erbaut wurde – ein stimmungsvolles Fleckchen Erde, das von mehreren Herrschern Ahmedabads als Refugium genutzt wurde. Der Komplex befindet sich im Bezirk Sarkhej, 8 km südwestlich vom Zentrum der Altstadt. Eine Autorikscha kostet rund 150 ₹ (hin- und zurück).

Der Besuch lässt sich mit einem Abendessen im Restaurant Vishalla verbinden (S. 765).

Hier befinden sich auch die Mausoleen von Mahmud Begada (am Eingang, mit geometrischen *jalis*, die Lichtmuster auf den Boden werfen) und Ganj Baksh (Gujarats größtes Mausoleum).

Bhadra-Fort FESTUNG

(Lal Darwaja; ⌚Sonnenaufgang–Sonnenuntergang) Das Bhadra-Fort wurde unmittelbar nach der Gründung von Ahmedabad im Jahr 1411 erbaut und beherbergt heute Regierungsbüros und einen Kali-Tempel. Sein riesiges Tor bildete den Osteingang der Zitadelle von Ahmedabad, die sich in Richtung Westen bis zum Fluss erstreckte. Vom Dach (links vom Eingang) kann man die eindrucksvolle Architektur der Festung sehen und Ausblicke auf die umliegenden Straßen genießen. Zwischen der Festung und dem **Teen Darwaja** (Dreifachtor) im Osten befand sich der Maidan Shahi (Königlicher Platz), heute ein belebtes Marktviertel, wo Königsprozessionen und Polospiele stattfanden.

Gebäude der Mill Owner's Association ARCHITEKTUR

(www.atmaahd.com; Ashram Rd; ⌚Mo–Fr 10–16.30 Uhr, Sa bis 12.30 Uhr) GRATIS Eines von vier Gebäuden in Ahmedabad, die von dem legendären französisch-schweizerischen Architekten Le Corbusier entworfen wurden. Dieses hier ist das auffälligste: Eine spektakuläre Rampe führt zum Gebäude hinauf. Die Ost- und Westfassaden sind mit abge-

GENEHMIGUNG ZUM ALKOHOLKAUF

Offiziell ist Gujarat ein „trockener" Bundesstaat, Genehmigungen zum Alkoholkauf sind für ausländische Besucher aber leicht zu erwerben. Bei Ankunft am Flughafen sind sie sogar kostenlos. Alternativ erhält man sie in den Wine Shops in vielen großen Hotels, normalerweise gegen eine geringe Gebühr. Wer eine einmonatige Genehmigung möchte, muss seinen Reisepass vorzeigen. Derzeit wird geplant, Genehmigungen auch online auszustellen. Die Bescheinigung gestattet den Kauf von zwei Einheiten im Monat, was 20 Flaschen Bier oder zwei 750-ml-Flaschen Spirituosen entspricht, die dann im stillen Kämmerlein getrunken werden müssen. Prost!

Ahmedabad (Amdavad)

Highlights
1 Hutheesingh-Tempel E1
2 Jama Masjid E3
3 Siddi-Sayid-Moschee A1

Sehenswertes
4 Ahmed-Shah-Moschee D3
5 Bhadra Fort D3
6 City Museum C4
Kalpana Mangaldas Museum .... (siehe 8)
7 Lalbhai Dalpatbhai Museum A2
8 Lokayatan Folk Museum A4
9 Mausoleum von Ahmed Shah E3
10 Gebäude der Mill Owners' Association C2
NC Mehta Gallery .... (siehe 7)
11 Rani-Sipri-Moschee E3
12 Rani-na-Hazira E3
13 Sidi-Bashir-Moschee F3
14 Swaminarayan-Tempel E2
15 Teen Darwaja E3

Aktivitäten, Kurse & Touren
Heritage Walk .... (siehe 14)
House of MG Walks .... (siehe 21)

Schlafen
16 Deewanji Ni Haveli E3
17 Diwan's Bungalow D3
18 French Haveli E3
19 Hotel Cadillac A1
Hotel Good Night .... (siehe 21)
20 Hotel Volga A1
21 House of MG A1
22 Mangaldas Ni Haveli E3

Essen
Agashiye .... (siehe 21)
23 Bhatiyar Gali A1
24 Darbar Samosa Center E2
25 Gopi Dining Hall C3
26 Hotel ZK A1
27 Nautanki – Gastronomical Drama A2
Ratri Bazaar .... (siehe 9)
28 WoW Mughlai Handi & BBQ Grill C3

Shoppen
29 Bandhej C2
30 Crossword C2
Gamthiwala .... (siehe 9)
31 Gramshree B1
32 Hansiba B1
Manek Chowk .... (siehe 9)
33 nidus C4

Praktisches
34 Apollo City Center B3
35 Gujarat Tourism C1
36 Tourism Desk B2

Transport
37 Computerbasiertes Zugreservierungsbüro F3
38 Gujarat Travels C4
39 Lal Darwaja Local Bus Stand A1
Patel Tours & Travels .... (siehe 40)
40 Shree Swaminarayan C4
41 ST-Busbahnhof E4

schrägten Brise-soleil-Elementen aus Beton versehen, die es der Luft gestatten, zu zirkulieren, während das heiße Sonnenlicht ausgesperrt bleibt. Das Zwischengeschoss beherbergt wechselnde Kunstausstellungen. Wer das Gebäude fotografieren möchte, muss vorher um Erlaubnis fragen.

Kalpana Mangaldas Museum
MUSEUM

(Di–Sa 15-17.30, So 10–13.30 & 15–17.30 Uhr) GRATIS Das Kalpana Mangalas Museum ist ein Teil des Shreyas-Museumskomplexes. Es beherbergt Festivalmasken aus ganz Indien, Spielzeug, Kunsthandwerk, Musikinstrumente und – um das ganze abzurunden – ein Elefantenskelett. Der Eintritt ist in dem Eintritt für das Lokayatan Folk Museum enthalten.

NC Mehta Gallery
MUSEUM

(University Rd; Di–So 10.30–17.30 Uhr) GRATIS Die Galerie befindet sich im selben Gebäude wie das Lalbhai Dalpatbhai Museum (S. 760) und zeigt eine bedeutende Sammlung aus juwelengleich illustrierten Handschriften und Miniaturgemälden. Am bekanntesten ist *Chaurapanchasika (Fünfzig Liebesgedichte eines Diebes)* von Vilhana, einem Poeten aus Kaschmir, der im 11. Jh. lebte und zum Tod verurteilt wurde, weil er die Tochter des Königs liebte. Vor seiner Hinrichtung hatte er einen letzten Wunsch frei: Er entschied sich dafür, diese 50 Gedichte zu rezitieren, die den König so beeindruckten, dass er Vilhana seine Tochter zur Frau gab.

Lalbhai Dalpatbhai Museum

(LD Museum; www.ldmuseum.co.in; University Rd; Di–So 10.30–17.30 Uhr) GRATIS Das Museum gehört zum LD Institut für Indologie und beherbergt eine wundervolle Sammlung altertümlicher und mittelalterlicher indischer Kunst. Zu sehen sind u. a. Stein-, Marmor- und Bronzereliefs buddhistischer, hinduistischer und jainistischer Gottheiten sowie Handschriften und Miniaturgemälde. Ein Sandsteinrelief aus dem 6. Jh. n. Chr. aus

Madhya Pradesh ist die älteste bekannte Reliefdarstellung des Gottes Rama.

Swaminarayan-Tempel HINDU-TEMPEL
(Kalupur; ⏲ Sonnenaufgang–Sonnenuntergang) Der prachtvolle, mehrfarbige, aus Holz geschnitzte Swaminarayan-Tempel in der Altstadt wurde 1822 als erster Tempel der Hindu-Sekte von Swaminarayan erbaut. Ihre Anhänger glauben, der Gründer der Sekte, Swaminarayan (1781–1830), sei das höchste Wesen. Der tägliche Rundgang (S. 762) um 8 Uhr fällt in der Regel zeitlich mit dem von Gesang und Musik begleiteten Tempelgottesdienst zusammen.

MOSCHEEN & MAUSOLEEN

Unter dem Sultanat von Gujarat im 15. und 16. Jh., vor allem unter Ahmed Shah I. (1411–1442) und Mahmud Begada (1459–1511), wurde Ahmedabad mit einer beachtlichen Anzahl von Moscheen ausgestattet. Deren einzigartiger Stil vereint Elemente des Hinduismus und des Jainismus. Für Frauen ist der Zutritt zu den eigentlichen Gebetshallen verboten; in einigen Moscheen dürfen Frauen den Außenbereich betreten.

Jama Masjid (MG Rd; ⏲ 6–18 Uhr) 1423 von Ahmed Shah erbaut, gilt die „Freitagsmoschee" als eine der schönsten Moscheen Indiens. Das Baumaterial stammte aus abgerissenen hinduistischen und jainistischen Tempeln. Die Moschee zeigt einige architektonische Einflüsse dieser Religionen, vor allem die lotosähnlichen Reliefs einiger Kuppeln, die von den 260 Säulen der Gebetshalle gestützt werden. Beim großen Erdbeben von 1819 stürzten die oberen Teile der zwei „schwankenden" Minarette ein. Die unteren Hälften flankieren noch immer den zentralen Portikus der Gebetshalle.

Mausoleum von Ahmed Shah (Badshah-na-Hazira; MG Rd; ⏲ Sonnenaufgang–Sonnenuntergang) Das stimmungsvolle Mausoleum vor dem Osttor der Jama Masjid wurde vielleicht von Ahmed Shah selbst vor seinem Tod 1442 erbaut; sein Ehrengrabmal befindet sich unter der Hauptkuppel. Der Trommelklang um 23 Uhr am Osttor des Mausoleums kündigte früher die Schließung der Stadttore an. Die fast 600 Jahre alte Tradition wird noch immer fortgeführt: Jeden Abend sind die Trommeln zu hören. Frauen dürfen nicht hinein.

Rani-na-Hazira (Manek Chowk Rd) Das Grab der Königin von Ahmed Shah befindet sich auf einer erhöhten Plattform, die von Marktständen umgeben ist. Obwohl das Grab in keinem guten Zustand ist, sind die *jali*-Wände einen Blick wert.

Die **Siddi-Sayid-Moschee** (Lal Darwaja; ⏲ Sonnenaufgang–Sonnenuntergang) ist eines der atemberaubendsten Gebäude Ahmedabads. Sie ist berühmt für ihre erlesenen *jali*-Fenster, die so fein wie Spinnweben sind. Zwei von ihnen stellen die komplex verwobenen Zweige des „Lebensbaumes" dar. Die Moschee wurde 1573 von einem Abessinier in der Gujarati-Armee erbaut, als die Moguln Gujarat eroberten. Sie war einst ein Teil der Mauer der alten Zitadelle.

Ahmed-Shah-Moschee (Swami Vivekananda Rd; ⏲ Sonnenaufgang–Sonnenuntergang) Südwestlich des Bhadra Forts liegt eine der ältesten Moscheen der Stadt. Sie wurde 1414 für den Sultan und andere Adlige innerhalb der ursprünglichen Zitadelle von Ahmedabad erbaut. Die Gebetshalle ist ein Wald aus wunderschön verzierten Steinsäulen und *jali*-Fenstern. Die kunstvoll geschnitzten Decken ihrer Kuppeln wurden in einer kreisförmigen Symmetrie gestaltet, die an hinduistische und jainistische Tempel erinnert.

Rani-Sipri-Moschee (Astodia Gate Circle; ⏲ Sonnenaufgang–Sonnenuntergang) Diese kleine Moschee liegt nahe dem ST-Busbahnhof. Aufgrund ihrer filigranen Bauweise mit fein verzierten Minaretten und einem Kuppelgrab, das mit zarten *jali*-Fenstern geschmückt ist, wird sie auch Masjid-e-Nagira (Juwel einer Moschee) genannt. In Auftrag gegeben wurde sie 1514 von Rani Sipri, der hinduistischen Frau von Sultan Mahmud Begada. Nach ihrem Tod wurde sie hier begraben.

Sidi-Bashir-Moschee (⏲ Sonnenaufgang–Sonnenuntergang) Die 1452 erbaute Moschee steht zwischen dem Bahnhof von Ahmedabad und dem Sarangpur-Tor. Sie ist berühmt für ihre 21 m hohen „schwankenden" Minarette *(jhulta minara)*. Diese wurden eben schwankend erbaut, um Erdbebenschäden zu vermeiden. Die feinen Steinarbeiten an der Basis sind besonders schön.

Vechaar Utensil Museum MUSEUM
(www.vishalla.com; Bye-Pass Rd; Inder/Ausländer 15/50 ₹; ⌚Di–So 14–16 & 17–22.30 Uhr) Beim Restaurant Vishalla (S. 765) liegt dieses ausgezeichnete Museum, das die anmutige Zweckdienlichkeit von Töpfen und Geräten anhand von über 4500 Gegenständen aus ganz Indien aufzeigt; einige davon sind 1000 Jahre alt. Sehenswert sind besonders die riesigen Ölbehälter, Nussknacker in Form von drallen Frauen sowie der Prototyp eines Samovars. Das Museum liegt rund 7 km südwestlich des Zentrums.

City Museum MUSEUM
(Sanskar Kendra, Bhagtacharya Rd; ⌚Di–So 10–18 Uhr) GRATIS Dieses Museum befindet sich in einem der vier von Le Corbusier entworfenen Gebäude der Stadt und behandelt Geschichte, Handwerk, Kunst, Architektur und Literatur Ahmedabads. Es beherbergt Abteilungen über die religiösen Gemeinschaften der Stadt sowie Gandhis Unabhängigkeitskampf. Im Museum befinden sich außerdem eine ausgezeichnete Fotogalerie sowie Arbeiten der wichtigsten Künstler Gujarats. Das Erdgeschoss beherbergt eine Sammlung von 100 bunten Drachen und widmet sich der Geschichte des Drachensteigens (das von den Chinesen im Jahr 200 v. Chr. erfunden wurde).

NAVRATRI & DUSSEHRA

Navratri (⌚Sept./Okt.), das Festival der Neun Nächte, wird landesweit gefeiert, Gujarat jedoch hat seine ganz eigene Version davon. Das Festival ehrt die weiblichen Gottheiten Durga, Lakshmi und Saraswati – besonders Durgas Tötung des Dämons Mahishasura. Die Feierlichkeiten konzentrieren sich auf spezielle Schreine an Kreuzungen und Märkten und zunehmend auch auf große Veranstaltungsorte, wo sich Tausende Leute versammeln. Die Menschen legen ihre schönste Kleidung an und feiern bis in die Morgenstunden mit berauschenden *garba*- oder *dandiya-rasa*-Kreistänzen. In der Nacht nach Navratri wird **Dussehra** (⌚Okt.) gefeiert, der Sieg von Rama über den Dämonenkönig Ravana. Das geht mit weiteren nächtlichen Tänzen und Feuerwerken sowie dem Verbrennen riesiger Nachbildungen des geschlagenen Dämonenkönigs einher.

Toilet Garden MUSEUM
(Safai Vidyalaya, Ashram Rd; ⌚Mo–Sa 10–18 Uhr) Die umweltfreundlichen Toilettenmodelle und Diagramme im „Toilettengarten" neben dem Sabarmati Ashram (S. 758) lohnen auf jeden Fall einen Besuch. Ishwardada Patel (auch bekannt als „Mr. Toilet") hat sein Leben der Förderung von Sanitäreinrichtungen in Indien gewidmet, wo 40 Prozent der Bevölkerung noch immer keinen Zugang zu sauberen Latrinen haben. Sein anderes Ziel war, Indiens Latrinenputzer, die zur Kaste der Unberührbaren gehören, aus ihrer menschenunwürdigen und gefährlichen Tätigkeit zu befreien.

Geführte Touren

★ **Nirav Panchal** TOUREN
(☎9825626387; nirupanchal@yahoo.co.in) Der charmante Nirav Panchal, einer der sachkundigsten Guides in Gujarat, organisiert maßgeschneiderte Touren, von eintägigen Führungen durch Ahmedabad bis zu mehrtägigen Trips durch den gesamten Bundesstaat. Er spricht perfekt Englisch, und sein Französisch ist auch nicht schlecht. Wer Informationen zu Touren und Preisen braucht, muss anrufen oder mailen.

★ **Saiyed Badrudin** KULTUR
(☎7622884557, 9510225587; easywaysaiyed@gmail.com) Ein sehr kenntnisreicher einheimischer Führer, der gerne bereit ist, individuelle, auf die Interessen der Besucher zugeschnittene Touren zu organisieren. Saiyed spricht fließend Englisch.

Heritage Walk RUNDGANG
(☎9824032866; Swaminarayan-Tempel; Inder/Ausländer 30/50 ₹; ⌚tgl. 8 Uhr) Ahmedabads Stadtverwaltung veranstaltet täglich einen faszinierenden Spaziergang durch die Altstadt. Er beginnt um 8 Uhr am Swaminarayan-Tempel (S. 761) in Kalupur – besser ist's, wenn man schon um 7.45 Uhr vor Ort ist – und endet gegen 10.30 Uhr an der Jama Masjid (S. 761). Der Rundgang führt durch schmale, verzweigte Gassen, vorbei an verfallenen, reichlich mit Schnitzereien verzierten Holzhäusern, und gewährt einen tollen Einblick in das alte Ahmedabad mit seinen 600 *pols* (Viertel mit engen Gassen und öffentlichen Innenhöfen), Brunnen und *chabutaras* (Vogelfüttertürmen).

Die Touren werden auf Englisch veranstaltet; vorher gibt's jeweils eine kurze Diashow. Unbedingt Slipper tragen, denn unterwegs werden viele Tempel besucht!

House of MG Walks RUNDGANG
(☎079-25506946; House of MG, Lal Darwaja; Morgenrundgang 350 ₹, Nachtgang 250 ₹; ⏲ Morgenrundgang 7.30–9.30 Uhr, Nachtgang 22–23 Uhr) Das House of MG Hotel bietet zwei hervorragend geführte Rundgänge an: Der Morgenrundgang, der von Oktober bis März angeboten wird, führt zu den Highlights der Altstadt und endet am Hotel, wo ein Frühstück serviert wird. Der einstündige Nachtrundgang, der das ganze Jahr über angeboten wird, vermittelt einen Eindruck von Ahmedabads historischen Vierteln bei Nacht, z. B. den Märkten am Manek Chowk.

Feste & Events

Uttarayan KULTUR
(Makar Sakranti; ⏲14.–15. Jan.) Vom 14. bis 15. Januar ist Ahmedabad Gastgeber des Uttarayan, eines traditionellen Drachenfests, das unzählige Teilnehmer aus aller Welt anlockt. Das Bestaunen der zahllosen Drachen, die dann den Himmel bevölkern, ist wirklich einen steifen Nacken wert.

Schlafen

Die Budgethotels befinden sich hauptsächlich im lauten, verkehrsreichen Bezirk Lal Darwaja, unweit der Altstadt. Die meisten Mittel- und Spitzenklassehotels liegen in der Khanpur Road (die parallel zum Ostufer des Sabarmati verläuft), einer angenehmen Gegend, die aber weiter von den meisten interessanten Sehenswürdigkeiten entfernt liegt. Im Herzen der Altstadt gibt es zudem einige wunderschöne historische Anwesen.

Hotel Cadillac HOTEL $
(☎079-25507558; Advance Cinema Rd, Lal Darwaja; EZ/DZ ab 500/600 ₹) Wer jede Rupie dreimal umdrehen muss, könnte es schlimmer treffen, als in dieser freundlichen Unterkunft aus dem Jahr 1934 mit seiner schönen Holzbalustrade. Die Matratzen sind verklumpt und die kleineren Zimmer erinnern an Zellen, die größeren jedoch sind o. k., wenn auch leicht schmuddelig. Man sollte versuchen, einen Raum am Balkon zu ergattern.

Hotel Volga HOTEL $$
(☎079-25509497; www.hotelvolga.in; Hanuman Ln, abseits der Relief Rd, Lal Darwaja; EZ/DZ 950/1100 ₹, klimatisiert, 1200/1400 ₹; ❄📶) Eine überraschend gute Option in einer abgelegenen Seitenstraße hinter dem House of MG. Das empfehlenswerte Hotel bietet schmucke und recht saubere Zimmer, von denen viele kürzlich renoviert und mit geschwungenen und gepolsterten Kopfteilen sowie interessanten Lichtakzenten versehen wurden. Die Rezeption ist tüchtig und man kann sich gute internationale Gerichte auf sein Zimmer bestellen. Die Zimmer unter der Küche im 3. Stock sollte man meiden.

UNTERKUNFTSPREISE

Die folgenden Preise beziehen sich auf ein Doppelzimmer mit eigenem Bad und beinhalten die Steuern:

$ unter 800 ₹

$$ 800–2500 ₹

$$$ über 2500 ₹

Hotel Good Night HOTEL $$
(☎079-25507181; www.hotelgoodnight.co.in; Lal Darwaja; EZ/DZ ab 1700/1900 ₹; ❄📶) Dieses saubere Hotel bietet verschiedene Zimmerkategorien, die vor Kurzem renoviert und in Weißtönen gestrichen wurden. Die erstklassigen Executive-Zimmer sind überraschend aufwendig gestaltet, die Economy-Zimmer im Erdgeschoss wirken dagegen ein bisschen stickig. Das Hotel ist superzentral gelegen. Die Klimaanlagen und Ventilatoren klingen allerdings, als würde ein Hubschrauber abheben.

★ **Deewanji Ni Haveli** HISTORISCHES HOTEL $$$
(☎079-22140830; www.cityhc.org; gegenüber vom Ganga Dhiya ni Pol, Sankadi Sheri, Manek Chowk; Zi. 2970–5515 ₹; 🚭❄📶) Im Rahmen der Bemühungen, historische Gebäude in Ahmedabad zu restaurieren, erstrahlt dieses bemerkenswerte, 250 Jahre alte *haveli* nach einer sorgfältigen Restauration in all seiner einstigen Pracht. Die luxuriösen Zimmer mit Stuckdecken, Holzbalken und Antiquitäten, die sich um einen ruhigen Innenhof reihen, gehören zu den stimmungsvollsten Räumen, in denen man in der Altstadt übernachten kann. Der Zimmerpreis beinhaltet ein hervorragendes Frühstück.

★ **House of MG** HISTORISCHES HOTEL $$$
(☎079-25506946; www.houseofmg.com; Lal Darwaja; EZ/DZ ab 4400/4600 ₹, Suite ab 9900 ₹, alle inkl. Frühstück; ❄📶🏊) Dieses Gebäude aus den 1920er-Jahren – einst Heim des Textilmagnaten Sheth Mangaldas Girdhardas – wurde von seinem Urenkel in ein wunderschönes historisches Hotel verwandelt. Die riesigen, meisterhaft dekorierten Zimmer sind mit Veranden ausgestattet und strahlen

ein heimeliges, aber luxuriöses Ambiente aus. Der Service ist erstklassig. Es gibt zwei tolle Restaurants, wunderbar sind auch der Indoor-Pool und der Fitnessraum. Wer im Voraus online bucht, kann vielleicht einen Rabatt ergattern.

Besucher sollten nicht die Galerie mit alten Textilien im ersten Stock verpassen. Im Shop kann man außerdem Kunsthandwerk-Souvenirs von Spitzenqualität sowie Bildbände über Indiens Stoffe und Kulturerbe kaufen. Das Hotel veranstaltet drei hervorragende Rundgänge (S. 763), an denen Gäste und Nicht-Gäste teilnehmen können.

French Haveli PRIVATUNTERKUNFT $$$
(☎ 9978910730, 9016430430; www.frenchhaveli.com; gegenüber dem Jain-Tempel, Khida Sheri, Dhalni-pol, Astodia Chakra; Zi. 2500–4300 ₹, Suite 5700 ₹;) Im Herzen eines der *pols* („Mikroviertel") der Altstadt befindet sich dieses wunderschön restaurierte, 150 Jahre alte historische Gebäude mit seinen fünf individuell eingerichteten Zimmern. Das Agaashi im zweiten Stock hat eine eigene Terrasse, die Mahajan-Suite bietet am meisten Platz. Der Preis beinhaltet ein hervorragendes Frühstück. Aufgrund der steilen Treppen ist das Haus nicht für Personen mit eingeschränkter Mobilität geeignet.

Mangaldas Ni Haveli BOUTIQUEHOTEL $$$
(www.houseofmg.com; Sankadi Sheri, Manek Chowk; Zi. 6000 ₹;) Dieses familiäre Boutiquehotel mit seinen sechs Zimmern gehört zum House of MG. Die Zimmer gehen auf einen ruhigen Innenhof hinaus. Alle stehen unter einem anderen Tiermotto; zur Dekoration wurde eine Schablonenkunst aus der Region eingesetzt. Die „Kuhzimmer" sind am geräumigsten. Auf der Veranda im Zwischengeschoss befinden sich traditionelle Schaukeln aus Gujarat. Von der Terrasse im Obergeschoss hat man eine fantastische Aussicht auf das Viertel. Das Restaurant serviert gujaratisches Fast Food.

Diwan's Bungalow HISTORISCHES HOTEL $$$
(☎ 079-25355428; www.neemranahotels.com; MB Kadri Rd; Zi. 5900–8800 ₹;) In einer lebhaften Gegend zehn Minuten entfernt vom Badra-Fort versteckt sich dieses frisch renovierte, elegante Herrenhaus aus dem 19. Jh. Lobby und Speisesaal sind mit zeitgenössischen Kronleuchtern ausgestattet und es existiert eine Terrasse, die sich zum begrünten Innenhof hin öffnet. Jedes Zimmer ist individuell eingerichtet. Die großen Quartiere sind besonders geschmackvoll: hier vereinen sich moderne Annehmlichkeiten mit historischen Kontrasten.

Essen

Ahmedabad bietet die beste Auswahl an Restaurants in ganz Gujarat. Hier gibt es alles, von Gujarat-Thalis und Currys aus der Mogulküche bis hin zu Molekularküche. In der Altstadt gibt es ausgezeichnete Essensstände und einfache Lokale, am Manek Chowk und Law Garden sind Nachtmärkte aktiv. Die vornehmeren Restaurants befinden sich größtenteils in der westlichen Hälfte der Stadt sowie in den Hotels.

★ Bhatiyar Gali INDISCH $
(Khaas Bazaar, Lal Darwaja; Gerichte ab 30 ₹; ⏲ 12–1 Uhr) Die enge „Cook's Lane" und angrenzenden Gassen erwachen am Abend zum Leben, wenn einfache Lokale und Essensstände ihre köstlichen gehaltvollen Gerichte anbieten. Bera Samosa serviert winzige, köstliche scharfe Fleisch-Samosas und frittierte Fleischbällchen. Bari Handa ist der Ort für Eintöpfe, die über Nacht in Tontöpfen langsam gegart werden. Die scharfen Spieße vom Holzkohlegrill sind ebenfalls gut. Gegenüber vom Teen Darwaza.

★ Ratri Bazaar MARKT $
(Manek Chowk; Gerichte ab 40 ₹; ⏲ 19.30–1.30 Uhr) Der mit Abstand beliebteste Nachtmarkt der Stadt ist nachts von hungrigen Einheimischen bevölkert. Unsere Tipps: der *dosa*-Stand, der die knusprigen südindischen Pfannkuchen mit etlichen Füllungen serviert, die Biriyani-Stände, das Kulfi von Asharfi Kulfi und die Cadbury-Pizza (knuspriger Boden mit geschmolzener Schokolade und Käse).

Darbar Samosa Center GUJARATISCH $
(Gheekanta Rd, gegenüber vom Navtad Ni Pol, Vishwa Karma Bhuwan; 12 Samosas 45 ₹; ⏲ 9–20.30 Uhr) Dieser hervorragende Samosa-Laden ist einer von mehreren in dieser Straße. Die Spezialität hier sind *navtad ni samosas*, kleine vegetarische Teigtaschen gefüllt mit Hülsenfrüchten, Kartoffeln oder Erbsen, die entweder mit einer süßsauren Apfelsoße mit Chili und Brennpalme oder einer scharfen Kichererbsensoße gegessen werden.

Gopi Dining Hall GUJARATISCH $$
(Abseits der Paldi Rd; thali 210–300; ⏲ 10.30–15.30 & 18.30–22.30 Uhr;) In der Nähe des Westendes der Ellis-Brücke liegt dieses kleine Restaurant, eine beliebt Thali-Institution, mit einem kleinen Garten und klimatisier-

ten Speiseraum. Je nach Hunger kann man zwischen einem Gericht („fix"), All you can eat („full") oder einem Gericht mit Nachtisch („with one sweet") wählen.

WoW Mughlai Handi & BBQ Grill NORDINDISCH $$
(☎079-30257202; www.wowrestaurant.co.in; Rangoli-Komplex, Ashram Rd, Ellis Bridge; Hauptgerichte ab 140 ₹; ⌚12–15 & 19–23 Uhr; ❄) Wer es schafft, das kitschige Sieben-Weltwunder-Dekor zu ignorieren, kann sich hier üppige, schmackhafte Currys aus der Mogul-Küche und köstliche Kebabs schmecken lassen. Abends kann man auf der offenen Terrasse im zweiten Stock seine eigenen Gerichte auf Kohlenbrennern grillen.

Hotel ZK INDISCH, CHINESISCH $$
(Relief Rd, Lal Darwaja; Hauptgerichte 190–300 ₹; ⌚11–23.30 Uhr; ❄) Ein beliebtes, klimatisiertes Restaurant mit getönten Fensterscheiben, gedämpfter Beleuchtung und makellos gutem Service. Das knochenfreie Lamm-*kadhai* ist super und wird (wie viele andere Gerichte hier) über einer Flamme serviert. Die Kebabs und das afghanische Curry mit Hühnchen sind ebenfalls empfehlenswert.

★ **Nautanki – Gastronomical Drama** MODERN INDISCH $$$
(☎079-65555560; www.nautankiamd.com; Dr Vikram Sarabhai Marg, gegenüber dem ATIRA, nahe dem IIM-Ahmedabad; Hauptgerichte 450–850 ₹, Probiermenü 1350 ₹; ⌚12–15 & 19–23 Uhr; ❄) Diese kühne Einrichtung erforscht die gastronomischen Grenzen von Ahmedabad durch das Experimentieren mit Molekularküche und das Neuerfinden traditioneller Gerichte. Das Probiermenü ist eine tolle Einführung für alle, die hier zum ersten Mal herkommen; serviert werden *panipuri*, schmackhaftes Lamm-Biriyani und hervorragende Desserts. Für sein Geld bekommt man hier wirklich etwas geboten.

★ **Vishalla** INDISCH $$$
(☎079-26602422; www.vishalla.com; Bye-Pass Rd; Mittagessen 340 ₹, Abendessen 670 ₹; ⌚11–15 & 19.30–23 Uhr) Am südwestlichen Stadtrand bietet dieses Restaurant ein magisches Gourmeterlebnis im Freien bei Laternenschein – das Ganze könnte einer ländlichen Dorffantasie entsprungen sein. Unter Sonnendächern stehen niedrige Holztische, auf denen Teller aus Blättern mit einer nicht enden wollenden Kette von Gujarat-Gerichten serviert werden, die man sonst nirgendwo bekommt. Abends gibt's hervorragende Tanz- und Puppenaufführungen. Eine Autorikscha vom Stadtzentrum aus kostet rund 150 ₹ hin und zurück.

GUJARATI-KÜCHE

Gujarats Spezialität sind vegetarische Gerichte, was teilweise dem jainistischen Einfluss zu verdanken ist. Das Gujarati-Gericht schlechthin ist das vegetarische Thali. Es ist süßer, leichter und weniger scharf und ölig als das Punjab-Thali. Die Einheimischen, die dafür bekannt sind, in Sachen Essen sehr wählerisch zu sein, halten das Gujarati-Thali für das zweifellos beste der Welt. Alles beginnt mit einem Edelstahltablett, auf dem Kellner alle oder viele der folgenden Speisen servieren: Currys, Chutneys, Pickles, *dhal* (Linsen), *kadhi* (aus Joghurt und Kichererbsenmehl), *raita* (Joghurt mit/ohne Gemüse), *roti* (Fladenbrot), Reis, *khichdi* (eine Mischung aus leicht scharfem Reis und Linsen), *farsan* (herzhafte Knabbereien), Salat und ein oder zwei süße Sachen – die man gleichzeitig mit allem anderen isst. Das traditionelle Getränk dazu ist Buttermilch. In der Regel wird Reis und/oder *khichdi* erst serviert, wenn man das *roti* gegessen hat. In den meisten Thali-Restaurants kommen die Kellner so lange wieder, bis man nur noch „Ich kann nicht mehr!" stammeln kann.

★ **Agashiye** GUJARATISCH $$$
(☎079-25506946; www.houseofmg.com; House of MG, Lal Darwaja; Gericht normal/deluxe 770/1050 ₹; ⌚12–15.30 & 19–22.30 Uhr) Auf der Dachterrasse des besten historischen Hotels der Stadt gelegen, bietet das Agashiye eine rein vegetarische Speisekarte, die täglich wechselt. Wer hier speist, erhält erst ein Begrüßungsgetränk und begibt sich dann auf eine kulturell-kulinarische Reise rund um das traditionelle Thali, bei der viele diverse Gerichte serviert werden. Das Menü schließt mit hausgemachter Eiscreme ab. Fürs Abendessen sollte man im Voraus buchen.

Shoppen

★ **Hansiba** KUNST & KUNSTHANDWERK
(8 Chandan-Komplex, CG Rd; ⌚Mo–Sa 11–21, So 11.30–19.30 Uhr) Im Einzelhandels-Outlet der SEWA (Self-Employed Women's Association) werden farbenfrohe gewebte und be-

stickte Schals und Saris, wunderschöne Tuniken für Frauen und Wandteppiche verkauft.

Manek Chowk KUNSTHANDWERK
(Manek Chowk; ⌚ Sonnenaufgang–Sonnenuntergang) Der lebhafte Platz und die engen Straßen, die von ihm abzweigen, sind das kommerzielle Herz der Altstadt. Man schlängelt sich durch die Menschenmengen, um die Atmosphäre in sich aufzusaugen und die Gemüse- und Süßigkeitenstände sowie die Silber- und Textilgeschäfte zu durchstöbern.

Gamthiwala STOFFE
(Manek Chowk; ⌚ Mo–Sa 11–19 Uhr) Im Gamthiwala, am Eingang zum Mausoleum von Ahmed Shah I. in der Altstadt, werden qualitativ hochwertige Stoffe mit Blockdruck oder Batikmustern verkauft.

Bandhej MODE & ACCESSOIRES
(www.bandhej.com; Shree Krishna Centre, Netaji Rd) Traditionelle und moderne Saris, bestickte Tuniken, Accessoires und Geschenkartikel – alle von versierten Kunsthandwerkern aus der Region und aus umweltfreundlichen Materialien hergestellt. Hier gibt es außerdem wunderschöne Glasartikel, die ebenfalls in Ahmedabad hergestellt werden.

nidus GESCHENKE & SOUVENIRS
(☎ 079-26623692; National Insititute of Design Campus, Paldi; ⌚ Mo–Sa 11–19 Uhr) Der Geschenkladen auf dem Campus des NID (National Institute of Design) bietet eine hervorragende Auswahl an individuellen Designs von aktuellen und ehemaligen Studenten des Instituts: ausgefallener Schmuck, unkonventionelles Geschirr, wunderschöne Kochutensilien aus Edelstahl, Spielzeug, Kleidung, Ledertaschen und Büroartikel.

Gramshree KUNST & KUNSTHANDWERK
(☎ 079-22146530; www.gramshree.org; 4. Stock, Shopper's Plaza, CG Rd; ⌚ 8–20 Uhr) Hier gibt es wunderschöne handgefertigte Geschenkartikel, von bestickten Kissenbezügen und traditionellen Ledersandalen bis hin zu Accessoires, Büroartikeln u. v. m. Das Gramshree ist eine Graswurzel-Organisation, die mehr als 500 Frauen aus Slums und ländlichen Gegenden unterstützt und in verschiedene Gemeindeprogramme investiert.

Crossword BÜCHER
(Shree Krishna Centre, Netaji Rd; ⌚ 10.30–21 Uhr) Ein großer, gut besuchter Bücherladen mit einer guten Auswahl an Lonely Planet Reiseführern sowie Karten und Ratgebern der Region (darunter eine Buch mit dem Titel *101 Things To Do in Ahmedabad*).

BUSRESERVIERUNGEN IM VORAUS

Immer häufiger reservieren Passagiere, die öffentliche Busse der Gujarat State Road Transport Corporation (GSRTC, ST) nutzen, Fahrkarten im Voraus. Theoretisch ist das online möglich, indem man sich unter www.gsrtc.in registriert. Solche Versuche vom Computer aus scheinen zu scheitern, aber mit dem Smartphone und einer indischen SIM-Karte funktioniert's. (Das System ist auch nützlich, um Abfahrtszeiten zu checken.) Wer kein Smartphone hat, kann die Online-Reservierungsschalter nutzen, die es mittlerweile an vielen Busbahnhöfen gibt. Im Voraus zu buchen, ist zwar nicht absolut notwendig, doch kann es – je nach Route – andernfalls passieren, dass man einige Stunden warten muss.

Praktische Informationen

Apollo City Center (☎ 079-66305800; www.apolloahd.com; 1 Tulsibaug Society) Ein kleines, empfehlenswertes Privatkrankenhaus gegenüber vom Doctor House, nahe den Parimal Gardens.

Gujarat Tourism (☎ 079-26578044; www.gujarattourism.com; HK House, abseits der Ashram Rd; ⌚ Mo–Sa 10.30–18 Uhr, jeden 2. & 4. Sa im Monat geschl.) Im äußerst hilfreichen Büro des HK House gibt es alle möglichen Informationen. Hier kann man auch ein Auto mit Fahrer mieten. Eine weitere Filiale befindet sich im Bahnhof.

ICICI Bank (Ashram Rd, 2/1 Popular House; ⌚ Mo–Fr 9–18 Uhr) Wechselt Geld und Reiseschecks.

Hauptpost (Ramanial Sheth Rd; ⌚ Mo–Sa 10–19.30 Uhr, So bis 13 Uhr).

State Bank of India (Lal Darwaja; ⌚ Mo–Fr 11–16 Uhr, Sa bis 13 Uhr) Wechselt Geld und Reiseschecks.

Touristenbüro (☎ 079-32520878; Law Garden; ⌚ Mo–Sa 10.30–18 Uhr, jeden 2. & 4. Sa im Monat geschl.) Im Touristenbüro der Stadt gibt es Stadtpläne. Die Mitarbeiter sind sehr bemüht, alle Fragen zu beantworten.

An- & Weiterreise

BUS

Privatbusse aus dem Norden setzen Passagiere an der Naroda Rd ab, die etwa 7 km nordöstlich des Stadtzentrums liegt. Eine Autorikschafahrt von hier zum Stadtzentrum kostet 70 bis 80 ₹.

WICHTIGE ZÜGE AB AHMEDABAD

ZIEL	ZUG-NR. & NAME	PREIS (₹)	DAUER (STD.)	ABFAHRT
Bhavnagar	*12971 Bandra-Bhavnagar Exp*	240/560/760 (A)	5½	5.15 Uhr
Bhuj	*19115 Sayaji Nagari Exp*	235/625/880 (A)	7¼	23.59 Uhr
Delhi (NDLS)	*12957 Rajdhani*	N/A/2049/1445 (B)	14	17.40 Uhr
Delhi (DLI)	*12915 Ashram Exp*	485/1270/1810/3060 (C)	15¾	18.30 Uhr
Jaipur	*14312 Ala Hazrat Exp*	350/950/1355 (A)	12¼	20.20 Uhr
Jamnagar	*22945 Saurashtra Mail*	225/600/850/1405 (C)	6½	5.55 Uhr
Junagadh	*22957 Somnath Exp*	230/615/865 (A)	6¼	22.10 Uhr
Mumbai	*12010 Shatabdi*	780/1655 (D)	6¾	14.40 Uhr (Mo–Sa)
Mumbai	*12902 Gujarat Mail*	325/830/1160/1950 (C)	8½	22 Uhr
Vadodara (Baroda)	*12010 Shatabdi*	330/670 (D)	1¾	14.40 Uhr (Mo–Sa)

Fahrpreise: (A) Schlafplatz/3AC/2AC, (B) 3AC/2AC/1AC, (C) Schlafplatz/3AC/2AC/1AC, (D) AC Chair Class/Executive Class

Vom zentralen **ST-Busbahnhof** (Gita Mandir Rd), auch bekannt als Gita Mandir oder Astodia, rund 1 km südöstlich von Lal Darwaja, fahren staatliche Busse u. a. nach:

ZIEL	PREIS (₹)	DAUER (STD.)	HÄUFIGKEIT
Bhavnagar	123	3¾	17-mal tgl.
Bhuj	188	6¾	28-mal tgl., meist abends
Diu	207	9	tgl. um 8 Uhr
Jaipur	502	12	3-mal tgl.
Jamnagar	171	7	16-mal tgl., morgens & abends
Jodhpur	362	8½	5-mal tgl.
Junagadh	176	7½	26-mal tgl.
Rajkot	136	5½	halbstündl.
Udaipur	220	5½	10-mal tgl.
Vadodara	89	2½	halbstündl.

Auf langen Strecken sind Privatbusse bequemer und schneller. Die meisten Büros befinden sich nahe dem Paldi-Char-Rasta-Busbahnhofs. **Patel Tours & Travels** (☎ 079-26576807; www.pateltoursandtravels.com; Paldi-Char-Rasta-Busbahnhof, Paldi Rd) betreibt klimatisierte Volvo-Busse nach Rajkot (450 ₹, 4 Std., stündl.), Jamnagar (600 ₹, 6 Std., stündl.) und Mumbai (Sleeper, 1000 ₹, 11 Std.) sowie nicht-klimatisierte Busse nach Mumbai (Sitz/Liegeplatz 800/1000 ₹, 15 bis 22 Uhr) sowie sechs Busse täglich nach Bhuj (nicht-klimatisiert, Sitz/Liegeplatz 300/450 ₹; klimatisiert, Sitz/Liegeplatz 400/550 ₹). **Shree Swaminarayan** (☎ 079-26576544; www.sstbus.in; 22 Anilkunj Komplex) betreibt nicht-klimatisierte Busse nach Diu (Sitz/Liegeplatz 300/400 ₹, 10 Std., 22.15 Uhr). **Gujarat Travels** (☎ 079-26575951; www.gujarattravels.co.in; Paldi-Char-Rasta-Busbahnhof, Paldi Rd) betreibt Busse nach Mt. Abu (Sitz/Liegeplatz 460/510 ₹, 7 Std., 7, 23 und 23.25 Uhr). **Vom städtischen Busbahnhof in Lal Darwaja** fahren Busse verschiedene Ziele innerhalb und außerhalb der Stadtgrenzen an; die nützlichsten Busse für Touristen sind die nach Gandhinagar.

FLUGZEUG

Ahmedabads **internationaler Flughafen** (www.ahmedabadairport.com) befindet sich 9 km nördlich vom Stadtzentrum. Air India, IndiGo, Jet Airways, SpiceJet und GoAir fliegen die folgenden Ziele im Inland an:

ZIEL	PREIS (₹)	HÄUFIGKEIT
Bengaluru	3380	7-mal tgl.
Chennai	3095	7-mal tgl.
Delhi	2300	22-mal tgl.
Goa	2460	3-mal tgl.
Hyderabad	1829	5-mal tgl.
Jaipur	2778	tgl.
Kolkata	2942	2-mal tgl.
Mumbai	1050	30-mal tgl.

Etihad Airways und Jet Airways fliegen auch nach Abu Dhabi.

ZUG

Direkt vor dem Bahnhof befindet sich ein **computerbasiertes Reservierungsbüro** (Mo–Sa 8–20, So bis 14 Uhr). An Schalter 6 werden die Buchungen ausländischer Touristen bearbeitet. Von hier aus fahren zahlreiche Züge täglich zu den auf S. 767 aufgeführten Zielen (besonders nach Mumbai); wir haben einige der besten Abfahrtszeiten herausgepickt.

Unterwegs vor Ort

Der Flughafen liegt 9 km nördlich vom Stadtzentrum. Eine Fahrt mit einem Prepaid-Taxi kostet rund 600 ₹, je nach Ziel. Eine Autorikscha zur Altstadt kostet rund 250 ₹.

Autorikscha-Fahrer müssen ihre Taxameter vor Beginn der Fahrt einschalten und die Kosten am Ende der Fahrt mit einer Umrechnungstabelle berechnen. Viele weigern sich jedoch, dies bei ausländischen Touristen zu tun. Man sollte daher die Kosten vor Fahrtbeginn aushandeln. Kurze Fahrten in der Stadt kosten rund 30 bis 40 ₹, vom Bahnhof nach Lal Darwaja nicht mehr als 50 ₹.

Rund um Ahmedabad

Nalsarovar Bird Sanctuary

Dieses 121 km² große **Naturschutzgebiet** (www.nalsarovar.com; Inder/Ausländer 40/600 ₹, Auto 20 ₹, Kamera/Video 100/2500 ₹; 6–18 Uhr) liegt etwa 60 km südwestlich von Ahmedabad. Es schützt den von Inseln übersäten Nalsarovar-See, dessen Blau mit dem Himmel zu verschmelzen scheint, sowie die flachen Ebenen und Sumpfgebiete in seiner Umgebung. Von November bis Februar ist das Naturschutzgebiet von Stand- und Zugvögeln bevölkert – rund 250 Arten ziehen hier vorbei. Um sie zu beobachten, mietet man am besten ein Boot (rund 200 ₹/Std., Preis verhandelbar). Die Enten, Gänse, Adler, Löffler, Kraniche, Pelikane und Flamingos kann man am besten bei Sonnenaufgang oder bei Sonnenuntergang beobachten. Es lohnt sich, die Nacht in einem **Luxuszelt** (9427725090; EZ/DZ 1300/1800 ₹;) zu verbringen, die von Gujarat Tourism (1,5 km entfernt vom See) betrieben werden. Am belebtesten ist das Naturschutzgebiet an den Wochenenden und an Feiertagen – diese Zeiten also am besten meiden! Wer hierher möchte, braucht ein eigenes Auto. Ein Taxi von Ahmedabad kostet rund 4500 ₹ für einen Tagesausflug und bietet die Option, den Ausflug zum Naturschutzgebiet mit einem Besuch in Lothal (40 km südlich) zu verbinden.

ABSTECHER

ADALAJ-VAV-STUFENBRUNNEN

Der **Adalaj Vav** (Adalaj Vav; Sonnenaufgang–Sonnenuntergang) 19 km nördlich von Ahmedabad gehört zu den schönsten Stufenbrunnen in Gujarat. Die von Königin Rudabai 1499 erbaute Konstruktion hat drei Eingänge. Diese führen zu einer gewaltigen, auf 16 Pfeilern ruhenden Plattform, in deren Ecken sich Schreine befinden. Der achteckige Brunnen ist fünf Stockwerke tief und mit schönen Steinreliefs verziert, die Themen von Buttermilch bis Erotik abbilden. Eine Autorikscha von Ahmedabad kostet rund 550 ₹ hin und zurück.

Lothal

Rund 80 km südwestlich von Ahmedabad liegt Lothal. Die Stadt, die sich an dieser **archäologischen Grabungsstätte** (Sonnenaufgang–Sonnenuntergang) vor 4500 Jahren befand, war eine der bedeutendsten der Indus-Kultur, das sich bis ins heutige Pakistan erstreckte. Bei Ausgrabungen wurde das älteste künstliche Hafendock der Welt entdeckt, das an einen alten Arm des Sabarmati angeschlossen war. Die Artefakte deuten darauf hin, dass von hier aus Handel mit Mesopotamien, Ägypten und Persien betrieben wurde. Die Anreise ist nur schwer ohne eigenen fahrbaren Untersatz zu gestalten. Außerdem braucht man eine ausgeprägte Vorstellungskraft, um die Ruinen vor dem inneren Auge zum Leben erwachen zu lassen.

Das **Palace Utelia** (9825012611; www.thepalaceutelia.com; Utelia; Zi. ab 6000 ₹;) liegt 7 km entfernt von der Ausgrabungsstätte am Bhugavo. Der imposante Bau lässt das darunterliegende Dorf zwergenhaft erscheinen. Die dunklen, großen Zimmer sind überteuert, aber es ist ein ungewöhnlicher Ort mit viel Charme (wenn auch nicht Komfort).

Lothal befindet sich einen langen Tagesausflug entfernt von Ahmedabad. Am besten mietet man sich ein Taxi (hin & zurück rund 4600 ₹). Vom Bahnhof Gandhigram in Ahmedabad fahren fünf Züge täglich zum Bahnhof Lothal-Bhurkhi (2.

Klasse 20 ₹, 1½–2½ Std.), der 6 km von der Ausgrabungsstätte entfernt liegt. Von dort kann man mit einem der unregelmäßig verkehrenden Busse weiterfahren. Unbedingt Wasser und Essen mitnehmen!

Modhera

Der 1027 von König Bhimdev I. erbaute **Sonnentempel** (Inder/Ausländer 15/200 ₹; ⌚9–17 Uhr) ist eines der bedeutendsten Baudenkmäler aus der Solanki-Dynastie, deren Herrscher glaubten, von der Sonne abzustammen. Wie der bekanntere Sonnentempel bei Konark in Odisha, der 200 Jahre älter ist, wurde der Modhera-Tempel so konstruiert, dass die Morgensonne zur Tag- und Nachtgleiche auf das Bildnis von Surya schien. Der Surya Kund, ein bemerkenswerter rechteckiger Stufenbrunnen innerhalb des Komplexes, beherbergt über 100 Schreine und wirkt wie eine versunkene Kunstgalerie. Jedes Jahr um den 20. Januar findet im Tempel ein dreitägiges klassisches Tanzfestival (S. 757) mit Tänzern aus ganz Indien statt.

Modhera liegt 100 km nordwestlich von Ahmedabad. Man kann vom ST-Busbahnhof in Ahmedabad einen Bus nach Mahesana (Mehsana) nehmen (76 ₹, 2 Std.) und dann einen weiteren Bus für die restlichen 26 km nach Westen bis Modhera (34 ₹, 1 Std.). Von Ahmedabad fahren auch Züge nach Mahesana. Ein Taxi ab Ahmedabad zu nehmen, ist *wesentlich* unkomplizierter und kostet etwa 3800 ₹ (hin & zurück) einschließlich eines Besuchs im nahe gelegenen Patan.

Patan

Bevor Ahmedabad 1411 gegründet wurde, war das 130 km nordwestlich gelegene Patan 600 Jahre lang die Hauptstadt Gujarats. Um 1300 wurde Patan von den Truppen Ala-ud-Din Khiljis in Trümmer gelegt. Heute findet sich hier eine staubige, kleine Stadt mit engen Straßen, die von kunstvollen Holzhäusern gesäumt werden.

Patan ist weit und breit bekannt für seine wunderschönen Patola-Seidenstoffe, die in der aufwendigen Doppel-*ikat*-Methode hergestellt werden. Sowohl die längs verlaufenden Kettfäden als auch die quer verlaufenden Schussfäden werden sorgfältig gefärbt, damit bereits Muster entstehen, ehe der Webvorgang überhaupt beginnt. Die Herstellung eines Saris dauert etwa sechs Monate – Kostenpunkt: 180 000 ₹.

ABSTECHER

VAUTHA FAIR

Jeden November findet das **Vautha Fair** statt, Gujarats größte Viehmesse. Vautha liegt am Zusammenfluss des Sabarmati und des Vatrak, 50 km südlich von Ahmedabad. Tausende Esel, Kamele und Kühe wechseln den Besitzer. Rund 25 000 Besucher – darunter viele Maldhari – campen hier für einige Tage, um zu kaufen, zu verkaufen, zu essen, zu tanzen und bei Sonnenuntergang im Fluss *pujas* zu praktizieren. Die Touristeninformation kennt die genauen Daten.

Sehenswertes

★ **Rani-ki-Vav** HISTORISCHE STÄTTE
(Inder/Ausländer 15/200 ₹; ⌚9–17 Uhr) Das einzige echte Highlight, das auf Patans früheren Glanz hindeutet, ist dieser wunderschöne Stufenbrunnen. 1063 von Rani Udayamati zur Erinnerung an ihren Ehemann Bhimdev I. erbaut, ist er der älteste und schönste *vav* in Gujarat und erstaunlich gut erhalten. Stufen führen nach unten; man geht über eine Vielzahl von Terrassen, die mit über 800 Skulpturen und Reihen verzierter Säulen bestückt sind, die meisten mit Vishnu-Avatar-Motiven und auffallenden geometrischen Mustern. Der Brunnen ist in der nordwestlichen Ecke der Stadt ausgeschildert.

★ **Patan Patola Heritage Museum** KUNSTHANDWERK
(☎02766-232274; www.patanpatola.com; Patola House, Kalika Rd; Inder/Ausländer 10/100 ₹; ⌚10–18 Uhr) Das von der mehrfach ausgezeichneten Salvi-Familie eröffnete Museum eignet sich hervorragend, um beim Weben von Patola-Seide zuzusehen. Die Familie hat sich seit dem 11. Jh. (ja, dem 11. Jh.!) auf das Weben von Doppel-*ikat*-Stoffen spezialisiert, eine Technik, die ihre Vorfahren aus Südostasien mitbrachten. Innen werden Vorführungen am Webstuhl veranstaltet, darüber hinaus können Besucher das Kunsthandwerk der Familie mit wunderschön ausgestellten Einfach-*ikat*-Stoffen aus aller Welt vergleichen, von Usbekistan und Nordthailand bis Holland.

Die Salvi-Familie benutzt vorwiegend natürliche Färbemittel, z. B. Indigo und Kurkuma. Ihre handgewebten Seidensaris kosten zwischen 180 000 ₹ (2500 US$) und 540 000 ₹, je nach Design. Die Wartezeit beträgt drei Jahre. Die Familie stellt auch

Einfach-*ikat*-Stoffe her, die wesentlich günstiger sind – und auf die man nicht so lange warten muss.

Im Obergeschoss kann man einer Vorführung der weniger alten, jedoch ebenfalls faszinierenden und aufwendigen Kunst des Scherenschnitts zusehen.

Panchasara Parshvanath JAIN-TEMPEL
(Hemchandracharya Rd) Der größte der rund 100 jainistischen Tempel in Patan. Seine Kuppeln und heiligen Reliefs lassen die Augen der Betrachter übergehen.

Schlafen & Essen

Apple Residency HOTEL $$
(02766-297033; www.appleresidency.co.in; Panchvati-Komplex; EZ/DZ ab 1045/1375 ₹;) Endlich gibt es in Patan ein empfehlenswertes Hotel! Nicht weit entfernt vom Bahnhof und unter demselben Management wie die Food Zone (S. 770) bietet dieses hübsche Hotel blitzsaubere Zimmer in neutralen Beige- und Brauntönen. Alle Zimmer sind mit modernen Bädern und Flachbild-TVs versehen.

Food Zone INDISCH $
(Hauptgerichte 90–170 ₹; 11–15 & 19–23 Uhr;) Dieses Restaurant nahe den Gleisen bietet moderne Sitznischen, großartige Thalis und eine Mischung aus Gujarat- und indochinesischen Gerichten.

An- & Weiterreise

Nach Patan, 40 km nordwestlich von Mahesana, fahren vom ST-Busbahnhof in Ahmedabad stündlich Busse (99 ₹, 3 bis 3½ Std.). Es gibt auch Busse von/nach Zainabad (74 ₹, 2½ Std., 4-mal tgl.) via Modhera. Eine Tagestour in einem privaten Taxi ab Ahmedabad kostet rund 3800 ₹ und lässt sich gut mit einem Besuch des Sonnentempels in Modhera verbinden.

Vadodara (Baroda)

0265 / 1,72 MIO. EW.

Vadodara (auch als Baroda bekannt) liegt 106 km südöstlich von Ahmedabad und ist in gut einer Stunde über den National Expressway 1 zu erreichen. Die Stadt hat einige interessante Sehenswürdigkeiten, der Hauptgrund für einen Besuch sind aber die nahen, faszinierenden UNESCO-Welterbestätten Champaner und Pavagadh. In der Stadt geht es weit ruhiger zu als in Ahmedabad und einige Viertel im Sayajigunj-Bezirk nahe der Universität haben gar das Flair einer gemütlichen Studentenstadt.

Nachdem die Marathen die Moguln im 18. Jh. aus Gujarat vertrieben hatten, machten deren lokale Stellvertreter, der Gaekwad-Clan, Vadodara zu ihrer Hauptstadt. Vadodara hatte selbst unter den Briten und bis zur Unabhängigkeit im Jahr 1947 eine relativ große Autonomie inne. Maharadscha Sayajirao III. (1875–1939) war ein bedeutender Modernisierer und legte die Grundlagen für den heutigen Ruf Vadodaras als Gujarats Kulturhauptstadt. Seine Hauptattraktion – der Palast – ist Teil seines Vermächtnisses.

Sehenswertes

★ **Laxmi Vilas Palace** PALAST
(Nehru Rd; Inder/Ausländer 225/400 ₹; Di–So 10–17 Uhr) Der Laxmi-Vilas-Palast ist bis heute die Residenz der Königsfamilie von Vadodara. Er wurde im 19. Jh. in kompletter indosarazenischer Pracht mit Kosten von 6 Mio. ₹ erbaut. Das Bauwerk ist der beeindruckendste Palast aus der Raj-Ära in Gujarat und weist eine kunstvoll verzierte Inneneinrichtung auf – hier findet man gepflegte Mosaiken, Kronleuchter und zahlreiche Kunstwerke, so wie eine sehr eindrucksvolle Waffensammlung. Laxmi Vilas liegt auf einer weitläufigen, parkähnlichen Anlage und verfügt sogar über einen Golfplatz. Im Eintrittspreis ist eine einstündige Audiotour inbegriffen.

Es ist geplant, einige der Zimmer in ein historisches Hotel zu verwandeln.

Baroda Museum & Picture Gallery MUSEUM
(Sayaji Bagh; Inder/Ausländer 10/200 ₹; 10.30–17 Uhr) Das Museum im Sayaji-Bagh-Park beherbergt eine vielfältige Sammlung, die größtenteils von Maharadscha Sayajirao III. zusammengetragen wurde. Zu sehen sind Statuen und Schnitzarbeiten aus verschiedenen Regionen Asiens, darunter feine Elfenbeinarbeiten aus Indien, Japan und China. Darüber hinaus gibt es einen kleinen ägyptischen Raum mit einer Mumie und eine Menge ausgestopfte und eingelegte zoologische Exponate. Die Galerie beherbergt wunderhübsche Mogul-Miniaturen sowie zusammengewürfelte (und nicht gerade schön beleuchtete) Werke europäischer Meister. Eher lohnt da die kleine Kunstgalerie mit zeitgenössischen Arbeiten einen Besuch.

Schlafen

Viele Unterkünfte liegen bequem im zentralen Sayajigunj-Bezirk; hier gibt es einige günstige Bleiben (250–400 ₹) und gute, wenn auch durchschnittliche Mittelklassehotels.

Vadodara (Baroda)

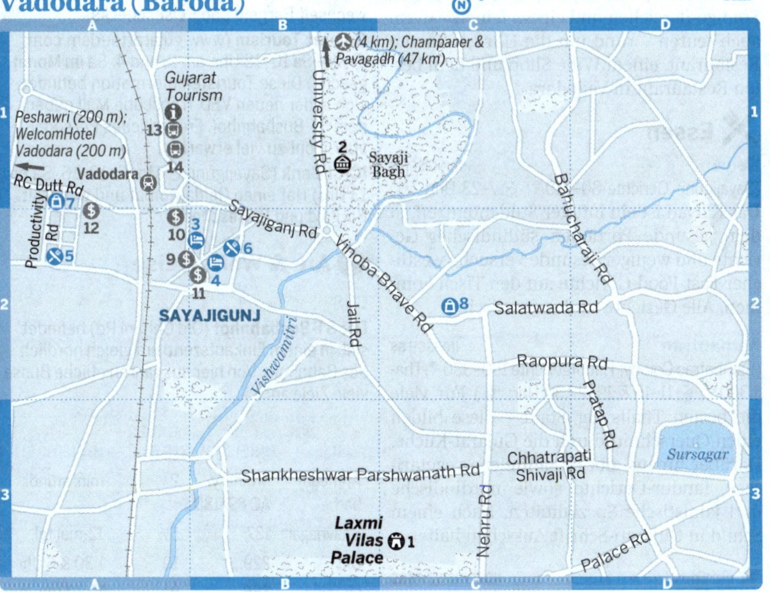

Vadodara (Baroda)

Highlights
1 Laxmi Vilas Palace ... C3

Sehenswertes
2 Baroda Museum & Picture Gallery ... B1

Schlafen
3 Hotel Ambassador ... B2
4 Hotel Valiant ... B2

Essen
5 Aamantran ... A2
6 Kalyan ... B2

Shoppen
7 Baroda Prints ... A1
8 Baroda Prints & Workshop ... C2

Praktisches
9 Bank of Baroda, Geldautomat ... A2
10 HDFC, Geldautomat ... A2
11 ICICI Bank ... B2
12 State Bank of India, Geldautomat ... A2

Transport
13 ST Bus Stand ... A1
14 Sweta Travels ... A1

Hotel Valiant HOTEL $$
(☎ 0265-2363480; www.hotelvaliant.com; 7. Stock, BBC Tower, Sayajigunj; EZ/DZ 890/1270 ₹, mit Klimaanlage ab 1300/1620 ₹; ❄@) Das Valiant hat erstaunlich frische Zimmer in den oberen Stockwerken eines Hochhauses. Vom Straßeneingang nimmt man den Fahrstuhl bis zur Rezeption mit großer Lobby im siebten Stock. Die sauberen, gut präsentierten Zimmer bieten eines der besten Preis-Leistungs-Verhältnisse der Stadt.

Hotel Ambassador HOTEL $$
(☎ 0265-2362727; www.hotelambassadorindia.com; Sayajigunj; EZ/DZ ab 1460/1780 ₹; ❄📶) Mit seinen stilvollen Zimmern und komfortablen Betten bietet das Ambassador ein sehr gutes Preis-Leistungs-Verhältnis. Die billigsten (Deluxe-)Zimmer haben ein leicht japanisches Ambiente, während die Executive-Zimmer schick, modern und in Pink und/oder Orange gehalten sind. Check-out ist rund um die Uhr möglich, das Personal an der Rezeption sehr hilfsbereit.

★ **WelcomHotel Vadodara** HOTEL $$$
(☎ 0265-2330033; www.itchotels.in; RC Dutt Rd; Zi. inkl. Frühstück ab 9550–13 150 ₹, Suite 21 500 ₹; ❄📶🏊) Ein todschicker Fünf-Sterne-Komplex mit gut ausgestatteten Zimmern, unge-

wöhnlichem Außenpool, vielen coolen Lounge-Bereichen und einem feinen – wenn auch teuren – rund um die Uhr geöffneten Restaurant, einem Wine Shop und dem besten Restaurant in Vadodara.

Essen

Kalyan SÜDINDISCH $

(Sayajigunj; Gerichte 80–210 ₹; ⌚7–23 Uhr; 🅥) Das Kalyan ist ein luftiger Studententreff, in dem gesunde Portionen südindischer Gerichte und weniger gesunde Versuche westlicher Fast-Food-Gerichte auf den Tisch kommen. Alle Gerichte sind vegetarisch.

Aamantran INDISCH $$

(Sampatrao Colony; Hauptgerichte 150–330 ₹, Thali 300 ₹; ⌚11–15 & 19–22.30 Uhr; ❄) Für viele die besten Thalis der Stadt – diese bilden einen Querschnitt durch die Gujarat-Küche. Darüber hinaus gibt es zahlreiche vegetarische Tandur-Gerichte sowie nordindische und jainistische Spezialitäten. Nach einem Schild in Gujarati-Schrift Ausschau halten.

★ **Peshawri** NORDINDISCH $$$

(☎0265-2330033; WelcomHotel Vadodara, RC Dutt Road; Hauptgerichte 1675–2900 ₹; ⌚19.30–23.30 Uhr; ❄) Raue Steinwände, schwere Holzbalken und herabhängende Kupfertöpfe erinnern eher an den amerikanischen Wilden Westen als an das beste Restaurant einer indischen Stadt. Die treuen Kunden des Peshawri kommen sogar aus Ahmedabad und von noch weiter weg. Spezialität des Hauses sind nordindische Gerichte und Tandur-Gerichte. Unsere Empfehlung: die *jhinga* (Garnelen) aus dem Tandur, das Kebab aus *murgh malai* (eingelegtem Huhn) und die Naan-Brote mit ausgefallenen Füllungen. Unbedingt im Voraus buchen.

Shoppen

Baroda Prints KUNST & KUNSTHANDWERK

(3-Aires-Komplex, Productivity Rd; ⌚Mo–Sa 9–21 Uhr, So 8–18 Uhr) Hier gibt es handbedruckte Kleiderstoffe in originellen, farbenfrohen und schönen Designs.

Baroda Prints & Workshop KUNST & KUNSTHANDWERK

(Salatwada Rd; ⌚Mo–Sa 10–20 Uhr, So 11–17 Uhr) In dieser Filiale kann man den Druckern zuschauen und danach die Produkte kaufen.

Praktische Informationen

Geldautomaten gibt's am **Bahnhof**, in der **RC Dutt Rd** und in **Sayajigunj**.

ICICI Bank (S. 772) Hat einen Geldautomat und wechselt Bargeld und Reiseschecks.

Gujarat Tourism (www.gujarattourism.com; ⌚Mo–Sa 10–18 Uhr, am 2. und 4. Sa im Monat geschl.) Diese Touristeninformation befindet sich in der neuen VED Transcube Mall neben dem ST-Busbahnhof. Freundliches Personal, aber nicht zu viel erwarten.

ICICI Bank (Sayajigunj; ⌚Mo–Fr 10–16, Sa bis 13 Uhr) Hat einen Geldautomat und wechselt Bargeld und Reiseschecks.

An- & Weiterreise

BUS

Der **ST-Busbahnhof** (Old Chhani Rd) befindet sich in einem Einkaufszentrum gleich nördlich des Bahnhofs. Von hier aus fahren etliche Busse viele Ziele an.

ZIEL	PREIS (₹)	DAUER (STD.)	HÄUFIGKEIT
Ahmedabad	ordinary/ AC 89/180	2	min. stündl.
Bhavnagar	137	5½	12-mal tgl.
Diu	229	10	1.30 & 6 Uhr
Mumbai	368	9	19.30 Uhr
Udaipur	260	8½	3.15 & 6 Uhr

Sweta Travels (☎0265-2786917) gegenüber vom Bahnhof betreibt klimatisierte Volvo-Busse nach Mumbai (Sitz/Liegeplatz 1500/1800 ₹, 8 Std., 3-mal nachts). Viele andere Busunternehmen betreiben private Busse zu anderen Zielen in Gujarat und Rajasthan; diese starten von den unzähligen Busbüros an der Pandya-Brücke, 2 km nördlich vom Bahnhof.

FLUGZEUG

Der **internationale Flughafen** (☎0265-2485356) liegt 4 km nordöstlich vom Zentrum. Von hier aus fliegen Jet Airways, IndiGo and Air India täglich nach Delhi und Mumbai.

ZUG

Täglich fahren rund 40 Züge nach Ahmedabad, so z. B. der 12009 Shatabdi (AC Chair/Executive 330/670 ₹, 2 Std., Mo–Sa 11.07 Uhr). Zu den 44 Zügen, die täglich nach Mumbai fahren, gehört der 12010 Shatabdi (AC Chair/Executive 670/1415 ₹, 5¼ Std., Mo–Sa 4.19 Uhr).

Rund um Vadodara

Champaner & Pavagadh

Diese spektakuläre UNESCO-Welterbestätte 47 km nordöstlich von Vadodara umfasst einen heiligen 762 m hohen Vulkanhügel (Pavagadh), der sich spektakulär aus der Ebene erhebt, sowie die Ruine einer Hauptstadt Gujarats mit herrlicher Moscheen-Architektur (Champaner). Die komplette Gegend wird Pavagadh genannt.

Sehenswertes

★ Pavagadh HISTORISCHE STÄTTE

Dieser landschaftlich reizvolle Hügel wurde möglicherweise bereits im 8. Jh. befestigt. Heute erklimmen Ströme von Pilgern den Pavagadh, um Opfer im bedeutenden **Kalikamata-Tempel** darzubringen, der der Göttin Kali, der Zerstörerin des Bösen, gewidmet ist. Auf den Gipfel gelangt man entweder zu Fuß auf dem Pilgerweg (2–3 Std.) oder mit einem Shuttle (24 ₹), der an der Südwand der Champaner-Zitadelle abfährt. Der Shuttle hält etwa auf halber Strecke den Berg hinauf; von hier aus fährt eine **Seilbahn** (hin und zurück 113 ₹; ⏲6–18.45 Uhr) weiter. Die letzten 700 m zu den Tempeln müssen Besucher aber auf jeden Fall zu Fuß zurücklegen.

Um 1300 wurde Pavagadh die Hauptstadt der Chauhan-Rajputen; 1484 wurde diese von Sultan Mahmud Begada von Gujarat nach 20-monatiger Belagerung eingenommen. Die Rajputen begingen im Angesicht der Niederlage *jauhar* (rituellen Massenselbstmord).

In der Nähe des Gipfels stehen auch das älteste erhaltene Bauwerk von Pavagadh, der hinduistische **Lakulisha-Tempel** aus dem 10./11. Jh., sowie mehrere jainistische Tempel. Der Ausblick hier oben ist fantastisch – dasselbe gilt für den kühlen Wind, der hier mit etwas Glück weht. Während des neuntägigen Navratri (S. 762) und des Mahakali-Festivals (S. 757) verwandelt sich der übliche Fluss der Pilger in einen reißenden Strom.

★ Champaner HISTORISCHE STÄTTE

(Inder/Ausländer 20/500 ₹; ⏲8–18 Uhr) Nach seiner Eroberung von Pavagadh verwandelte Sultan Mahmud Begada Champaner am Fuß des Hügels in eine prächtige neue Hauptstadt. Der Ruhm war jedoch nur von kurzer Dauer: Als der Mogulherrscher Humayun 1535 die Stadt eroberte, wurde die Hauptstadt Gujarats wieder nach Ahmedabad verlegt und Champaner verfiel zusehends. Im Herzen dieser historischen Stätte befindet sich die Zitadelle. Die beeindruckendsten Gebäude hier sind die imposanten Moscheen aus dem 16. Jh. mit ihrer wunderschönen Mischung aus islamischer und hinduistischer Architektur. Die Moscheen dienen heute nicht mehr als Gotteshäuser.

Die riesige **Jami Masjid** vor dem Osttor der Zitadelle hat einen wundervollen, mit Reliefs verzierten Eingang, der in einen entzückenden, von einem Säulengang eingefassten Innenhof führt. Die Gebetshalle ist mit zwei hohen zentralen Minaretten versehen und weist weitere herrliche Steinreliefs, zahlreiche Kuppeln, edle vergitterte Fenster und sieben *mihrabs* (Gebetsnischen) an der hinteren Wand auf.

Weitere schöne Moscheen sind die **Saher ki Masjid** (hinter der Kasse innerhalb der Zitadelle), die wahrscheinlich die königliche Privatmoschee war, sowie die **Kevda Masjid** (300 m nördlich der Zitadelle bzw. rund 600 m westlich der Jami Masjid). Hier gelangt man über eine schmale Treppe auf das Dach und noch höher hinauf in die Minarette, von wo aus man andere Moscheen in der Umgebung erspähen kann: Die **Nagina Masjid** (500 m nördlich) besitzt keine Minarette, dafür aber erlesene geometrische Schnitzereien, insbesondere auf dem Grabmal daneben. Die **Lila Gumbaj ki Masjid** (800 m östlich) auf einer erhabenen Plattform ist an ihrer kannelierten Zentralkuppel zu erkennen. Und an Fabrikschornsteine erinnern die Zwillingsminarette der **Brick Minar ki Masji** (1 km westlich), eines seltenen Ziegelsteingrabs.

Schlafen & Essen

★ Kathiwada

Raaj Mahal HISTORISCHES HOTEL $$$

(☎022-69995505; www.kathiwada.com; Kathiwada, Madhya Pradesh; Zi. 5500 ₹; ❄📶) Versteckt neben dem Dorf Kathiwada in Madhya Pradesh liegt dieses 1895 erbaute und wunderschön restaurierte Zuhause der königlichen Kathiwada-Familie. Das Gebäude ist von blühenden Bougainvilleen umrankt und blickt auf das wunderschöne Ratanman-Plateau. Die Zimmer sind luftig, groß und mit Art-déco-Möbeln aus dem 1960er-Jahren eingerichtet. Die Gerichte sind allesamt vegetarisch und köstlich. Der Ort befindet sich eine eineinhalbstündige Fahrt von Champaner entfernt.

Gäste können die Ruhe der Umgebung genießen oder Stammesdörfer erkunden, im nahe gelegenen RatanMal Wildlife Sanctuary wandern oder einfach durch die Mangohaine auf dem Grundstück spazieren.

An-& Weiterreise

Mindestens einmal pro Stunde fährt ein Bus von Vadodara nach Pavagadh (50 ₹, 1¼ Std.); ein Taxi hin und zurück kostet rund 1200 ₹. Die meisten Busse von Pavagadh nach Vadodara fahren weiter nach Ahmedabad (112 ₹, 4 Std.).

SAURASHTRA

Vor der Unabhängigkeit Indiens war Saurashtra (auch als Kathiawar-Halbinsel bekannt) ein Gewirr aus über 200 Fürstenstaaten. Heute gibt's hier einige hektische Industriestädte, wenn sich auch in den meisten ein Kern aus schmalen, alten Straßen voller kleiner Geschäfte erhalten hat. Außerhalb der Städte findet man immer noch Dörfer, Felder, Wälder und ein zeitloses, fast feudales Flair. Die Bauern und Maldhari-Hirten sind von Kopf bis Fuß weiß gekleidet und die Frauen auf dem Land so farbenfroh wie ihre Nachbarn in Rajasthan.

Saurashtra ist nahezu topfeben und die wenigen Hügel sind meist heilig – wie die spektakulären, mit einem Tempel auf dem Gipfel gekrönten Berge Shatrunjaya und Girnar. Die Halbinsel ist zudem großzügig mit Naturschutzgebieten gesegnet; an erster Stelle steht das Sasan Gir Wildlife Sanctuary, durch das die letzten wild lebenden Asiatischen Löwen umherstreifen. An der Südküste liegt die idyllische, einst portugiesische Inselenklave Diu. Und zu guter Letzt ist Saurashtra die Heimat Mahatma Gandhis, hier wurde er geboren und wuchs er auch auf: Mehrere Stationen seines Lebens können besucht werden.

Bhavnagar

☎0278 / 605 880 EW.

Bhavnagar ist ein hektisches, weitläufiges Industriezentrum mit einem farbenfrohen Stadtkern. Die Stadt eignet sich als Ausgangspunkt für Fahrten ins nahe Shatrunjaya und in den Blackbuck National Park.

Sehenswertes

Altstadt VIERTEL

Die Altstadt nördlich des Ganga-Jalia-Beckens lohnt vor allem am frühen Abend einen Spaziergang. Es gibt viele kleine Läden und verfallene, kunstvolle Holzhäuser, die die farbenfrohen, belebten Märkte einrahmen. Den Gemüsemarkt sollte man nicht verpassen!

Takhteshwar-Tempel HINDU-TEMPEL

(Takhteshwar Tarheti Rd; ⌚Sonnenaufgang–Sonnenuntergang) Der Tempel thront auf einem kleinen Hügel, der gerade hoch genug ist, um eine sagenhafte Aussicht über die Stadt bis hin zum Golf von Khambat zu bieten.

Schlafen

Die meisten Budgethotels liegen in der Altstadt und in der Nähe des Bahnhofs und sind recht trostlos. Die Mittelklasseunterkünfte sind annehmbar. Außerdem gibt es ein wunderschönes museumsartiges Hotel, das in einem historischen Palast untergebracht ist.

Hotel Sun 'n' Shine HOTEL $$

(☎0278-2516131; www.hotelsunnshine.in; Panwadi Chowk, ST Rd; Zi. inkl. Frühstück ab 2300 ₹, Suite ab 4200 ₹; ❄📶) Dieses gut geführte Drei-Sterne-Hotel bietet ein gutes Preis-Leistungs-Verhältnis. Hier finden sich ein schwindelerregendes, mediterran inspiriertes Atrium, eine einladende Rezeption und ein empfehlenswertes vegetarisches Restaurant. Die Zimmer sind frisch und sauber und haben bequeme Betten mit kuscheligen Kissen; je mehr man bezahlt, desto mehr Fenster bekommt man. Das Frühstück ist umfangreich und es wird ein kostenloser Transfer zum Flughafen angeboten.

Nilambag Palace Hotel HISTORISCHES HOTEL $$$

(☎0278-2424241; Cottage-Zi. 3400 ₹, Palast-Zi. 3950–10 400 ₹; ❄📶🏊) In einer weitläufigen Gartenanlage an der Straße nach Ahmedabad, etwa 600 m südwestlich des Busbahnhofs, liegt dieser ehemalige Maharadscha-Palast von 1859. Die Lobby wirkt wie ein schlichtes königliches Wohnzimmer und ist mit einem wunderschönen Mosaikfußboden ausgestattet. Während sich die Palastzimmer die herrschaftliche Atmosphäre des 20. Jhs. bewahrt haben, könnten die mittelmäßigen Cottage-Zimmer sauberer sein. Das Restaurant (S. 775) ist das Beste der Stadt.

Gäste haben Zugang zum Swimmingpool im Vijay Mahal auf dem weitläufigen Gelände; Nicht-Gäste zahlen 100 ₹. Hier gibt es außerdem einen Fitnessraum und einen Tennisplatz.

Essen

Sankalp SÜDINDISCH $

(Waghawadi Rd; Hauptgerichte 90–180 ₹; ⌚11–15 & 18–23 Uhr) Erstklassige vegetarische Gerichte aus Südindien in sauberer und moderner Umgebung.

Bhavnagar

★ **Nilambag Palace Restaurant** NORDINDISCH $$$
(✆ 0278-2424241; Nilambag Palace Hotel; Hauptgerichte 250–650 ₹; ⏲ 13–15 & 19.30–22.30 Uhr) Mit Abstand das beste Restaurant der Stadt. Vor allem am Abend, wenn der Palastgarten mit winzigen Feenlichtern beleuchtet wird, herrscht hier eine magische Stimmung. Die Gerichte – u. a. viel Vegetarisches – kommen aus Nordindien. Unser Tipp: das leckerste und saftigste *chicken-seekh kebab* weit und breit probieren! Aber auch das Garnelen-Curry und das *bindhi masala* (aus Okraschoten) sind nicht von schlechten Eltern.

Bhavnagar

Sehenswertes
1 Altstadt B1
2 Takhteshwar-Tempel C3

Schlafen
3 Hotel Sun 'n' Shine A2

Essen
4 Sankalp C3

Transport
5 ST-Busbahnhof A2
6 Tanna Travels C3

Praktische Informationen

Forstamt (✆ 0278-2426425; Bahumali Bhavan, Annexe, ST Rd; ⏲ Mo–Sa 10.30–18.30 Uhr, jeden 2. Und 4. Sa im Monat geschl.) Nahe dem STC-Busbahnhof. Hier kann man Unterkünfte im Blackbuck National Park buchen.

State Bank of India (Darbargadh; ⏲ Mo–Fr 10.30–16.30 Uhr) Wechselt Bargeld und Reiseschecks und hat einen 24 Stunden verfügbaren Geldautomat.

Anreise & Unterwegs vor Ort

BUS

Vom **ST-Busbahnhof** (ST Rd) machen sich regelmäßig Busse nach Rajkot (Sitz/Liegeplatz 124/225 ₹, 4 Std., 11-mal tgl.), Ahmedabad (123 ₹, 4½ Std., min. 1-mal stündl.), Vadodara (Sitz/Liegeplatz 147/247 ₹, 5½ Std.), Palitana (47 ₹, 1½ Std., 3-mal tgl.) und Diu (125 ₹, 7½ Std., 5-mal tgl.) auf den Weg.

Private Busunternehmen wie **Tanna Travels** (✆ 0278-2425218; Waghawadi Rd) betreiben klimatisierte Busse nach Ahmedabad (270 ₹, 4 Std., 15-mal tgl.).

FLUGZEUG

Der **Bhavnagar Airport** (✆ 0278-2203113) liegt rund 3,5 km außerhalb der Stadt. Von hier gehen vier Flüge wöchentlich nach Mumbai (Air India). Ein Taxi vom/zum Flughafen kostet rund 170 ₹, eine Rikscha 110 ₹.

ZUG

Der 12972 Bhavnagar-Bandra Express fährt um 18.35 Uhr ab und kommt auf seinem Weg nach Mumbai (Sleeper/3AC/2AC 435/1135/1610₹) um 23.40 Uhr in Ahmedabad an (Sleeper/3AC/2AC, 240/560/760₹).

Blackbuck National Park

Dieser wunderschöne, 34 km² große **Park** (Velavadar NP; Inder/Ausländer Auto 400₹/40 US$, Guide für 4 Std. 250₹/10 US$; ⏲16 Okt. –15.Juni, Sonnenaufgang–Sonnenuntergang) umfasst riesige Gebiete von blassem, vanillegelbem Grasland, die sich zwischen zwei saisonalen Flüssen erstrecken. Der Park ist berühmt für seine Hirschziegenantilopen; die grazilen und schnellen Tiere haben elegante spiralförmigen Hörnern, die bei ausgewachsenen Männchen bis zu 65 cm lang werden können. Rund 1600 Exemplare leben im Park, in dem außerdem Nilgauantilopen (die größte Antilopenart Asiens) und zahlreiche Vögel heimisch sind, darunter die hier überwinternden Weihen aus Sibirien (in den meisten Jahren rund 2000 Stück). Und wer Glück hat, erspäht gar einen Wolf. Der Park liegt eine Stunde nördlich von Bhavnagar, ein Taxi hin und zurück kostet 3000 ₹.

Am Empfangszentrum (65 km von Bhavnagar, nördlich von Valabhipur) zahlt man die Eintrittsgebühr (Dollarkurs in Rupien umrechnen!) und nimmt sich einen obligatorischen Führer – der wahrscheinlich kein Englisch spricht. Der Park hat ein gutes Straßennetz und lässt sich am besten mit einem Auto erkunden. Die Blackbuck Lodge organisiert Safaris auch für Nicht-Gäste (3000 ₹ für einen Jeep mit vier Sitzplätzen).

Eine Tagestour mit dem Taxi ab Bhavnagar kostet rund 3000 ₹.

Schlafen

★ **Blackbuck Lodge** HOTEL $$$

(☎9978979728; www.theblackbucklodge.com; EZ/DZ inkl. Frühstück Okt.–März 14 000/15 000 ₹, April–Sept. 9600/9000₹) Die geschmackvoll eingerichteten und komfortablen Steinvillen befinden sich direkt vor dem Westeingang des Parks. Die Betreiber bieten auch Pauschalangebote mit Abendessen und/oder Safaris an. Hirschziegenantilopen sind häufige Besucher auf dem Gelände.

Kaliyar Bhavan Forest Lodge HOTEL $$$

(Inder/Ausländer B 200₹/20 US$, DZ 600 ₹/55 US$, klimatisiert, 1700 ₹/80 US$) In der Nähe des Empfangszentrums liegt diese einfache Lodge, die vom Forstamt (S. 775) in Bhavnagar betrieben wird. Hier gibt es zwei Schlafsäle mit je 13 Betten sowie ein Zimmer mit und eines ohne Klimaanlage. Die Bleibe ist für Ausländer völlig überteuert, hat aber eben eine klasse Lage im Park, die sich toll zum Beobachten von Tieren beobachtet. Auf den Tisch kommen nur vegetarische Gerichte.

Palitana

☎02848 / 64 500 W.

Das geschäftige und staubige Palitana liegt 51 km südwestlich von Bhavnagar. Es ist dank der Pilgerströme rund um den Shatrunjaya, die hier untergebracht werden, rasch gewachsen. Während des Festivals Kartik Purnima (S. 757), sind die Unterkünfte voll mit Pilgern. Unbedingt im Voraus buchen.

Sehenswertes & Aktivitäten

★ **Shatrunjaya** RELIGIÖSE STÄTTE

(⏲Tempel 6.30–18 Uhr) Der Shatrunjaya ist eine der heiligsten Pilgerstätten der Jains – eine unglaubliche Ansammlung von Tempeln, die über einen Zeitraum von 900 Jahren auf einem Hochplateau erbaut wurden. Es heißt, Adinath (bzw. Rishabha), der Begründer des Jainismus, habe hier unter dem Rayan-Baum meditiert. Die Tempel sind in Einfriedungen (*tunks*) gruppiert. Jede hat ihren eigenen Zentraltempel, der von kleineren Tempeln umgeben ist. 3300 Stufen (!) überwinden zu den Tempeln hinauf einen Höhenunterschied von 500 m (1½ Std.) und tragen zu dem außergewöhnlichen Erlebnis eines Besuches bei. Die Fahrt mit einer Autoriksсha bis zu den Stufen kostet 30 ₹.

An den meisten Tagen nehmen Hunderte Pilger den Aufstieg in Angriff. Zur Zeit das Kartik Purnima (S. 757), am Ende der Chaturmas (einer viermonatigen Zeit des spirituellen Rückzugs und der materiellen Enthaltsamkeit), die mit der Monsunzeit zusammenfällt, wird aus dem Pilgerfluss ein wahrer Strom.

Wenn man sich dem Plateau nähert, gabelt sich der Weg. Den Haupteingang **Ram Pole** erreicht man über den linken Weg. Die beste Aussicht bietet aber der rechte Weg. An klaren Tag kann man von hier aus den Golf von Khambat sehen. Hat man das Nav-Tonk-Tor passiert, führt ein Pfad nach links zum Schrein des **Angar Pir**, eines muslimischen Heiligen, der die Tempel vor einem Angriff der Moguln schützte. Hier hinterlegen Frauen mit Kinderwunsch Opfergaben in Form von Miniaturwiegen. Rechts erreicht man den zweiten *tunk*, den Chaumukhji-*tunk*. Er enthält den **Chaumukh** (vierseitigen Schrein), der 1618 von einem wohlhabenden jainistischen Händler gebaut wurde. Er zeigt Bilder von Adinath, dem ersten jainistischen *tirthankar* (er soll hier seine Erleuchtung erlangt haben). Sie schauen in alle vier Himmelsrichtungen.

Mit einer Wanderung durch die vielen Tempel – es sind Hunderte – kann man leicht einige Stunden verbringen. Der größte und einer der prachtvollsten und bedeutendsten Tempel ist der **Adinath-Tempel** mit seiner Fülle fein gearbeiteter Reliefs. Er liegt an der äußersten südlichen Seite, an der höchsten Stelle des Plateaus.

Shri Vishal Jain-Museum
(20 ₹; ⌚8.30–12.30 & 15.30–20.30 Uhr) Dieses staubige Museum beherbergt einige bemerkenswerte Exponate jainistischer Kunst und Artefakte, die bis zu 500 Jahre alt sind, sowie wunderschöne Elfenbeinreliefs. Im Keller befindet sich ein verblüffender runder Tempel mit Spiegelwänden und jahrhundertealten Abbildungen der vier *tirthankars* (große jainistische Lehrer). Das Museum liegt 500 m vom Fuß der Treppe zum Shatrunjaya die Straße hinunter.

Schlafen & Essen

Takhatgadh Mangal Bhuvan PENSION $
(☎02848-252167; gegenüber vom Shri Vishal Jain-Museum; Zi. 300 ₹) Da Palitana ein Wallfahrtsort ist, überwiegen hier Pilgerunterkünfte. Diese hier ist die Beste: kein Schnickschnack, keine Klimaanlage, aber sauber, ordentlich und nur einen kurzen Fußweg von der Treppe zum Shatrunjaya entfernt.

★ **Vijay Vilas Palace** HISTORISCHES HOTEL $$$
(☎9427182809, 02848-282371; vishwa_adpur@yahoo.co.in; Adpur; Zi. inkl. Frühstück 3750 ₹; ❄) Der kleine, ehemalige Palast wurde 1906 erbaut und liegt auf dem Land unterhalb des westlichen Endes des Shatrunjaya, 4 km westlich von Palitana. Hier gibt es vier Zimmer zum Innenhof und sechs große Zimmer im Hauptgebäude, die mit Originalmöbeln eingerichtet sind. Drei Zimmer haben Terrassen bzw. Balkone mit Blick auf den Shatrunjaya, der von hier aus über einen etwas kürzeren und steileren Pfad erklommen werden kann als dem in Palitana.

Das Vijay Vilas ist ein Familienbetrieb mit köstlicher Hausmannskost (gujaratisch und rajasthanisch, vegetarisch und fleischhaltig). Man auch nur zum Mittagessen herkommen (300 ₹) – am besten vorher anrufen.

Jagruti Restaurant INDISCH $
(Thali 45–80 ₹; ⌚24 Std.) Extrem beliebtes Thali-Restaurant gegenüber vom Busbahnhof.

SHATRUNJAYA BESUCHEN

Am besten beginnt man mit dem Aufstieg vor Sonnenaufgang, bevor es zu heiß wird. Man sollte sich respektvoll kleiden (keine Shorts usw.) und keine Lederartikel (einschließlich Taschen und Gürtel) tragen. In den Tempeln darf weder gegessen, noch getrunken werden. Wer möchte, kann sich in einem *dholi* (tragbarer Stuhl mit zwei Trägern) den Berg rauf und runter tragen lassen (hin & zurück etwa 1000 ₹). Fotos dürfen entlang des Weges und außerhalb der Tempel gemacht werden, jedoch nicht in deren Innern.

An- & Weiterreise

Viele ST-Busse fahren ab/nach Bhavnagar (47 ₹, 1½ Std., 3-mal tgl.) und Ahmedabad (137 ₹, 5 Std., 7-mal tgl.). Nach Diu (125 ₹, 5¾ Std., 5-mal tgl.) nimmt man den Bus nach Talaja (37 ₹, 1 Std., stündl.) und steigt hier um.

Täglich verkehren vier Passagierzüge von/nach Bhavnagar (2. Klasse 15 ₹, 1½ Std.).

Diu

☎02875 / 23 990 EW.

Die winzige Insel Diu, die durch eine Brücke mit der Südküste von Gujarat verbunden ist, hat eine lange portugiesische Geschichte. Sobald man sich von der touristischen Uferpromenade des gleichnamigen Hauptorts entfernt hat, sind die Straßen sauber und ruhig. Der Konsum von Alkohol ist hier legal. Das trifft sich – denn wer die Intensität der Großstädte von Gujarat lange genug genossen hat oder einfach nur so mal ein Bierchen braucht, kann in Diu eine erfrischende Pause einlegen.

Die Stadt Diu liegt am östlichen Ende der Insel. Der nördliche, dem Festland zugewandte Teil der Insel besteht aus Marschland und Salzebenen, während die Südküste Kalksteinklippen, Felsschluchten und Sandstrände aufweist, die sich besser zum Leutebeobachten als zum Sonnen eignen. Diu ist einer der sichersten Orte in Indien für Rollerfahrer – es gibt kaum Verkehr und hervorragende Straßen und es macht einfach Spaß, mit dem Wind im Haar die Küste entlangzudüsen.

Die Siesta wird hier noch streng befolgt – nur wenig hat nachmittags geöffnet.

Geschichte

Diu war der erste Anlaufpunkt der Parsen, als sie im 7. Jh. n. Chr. aus Persien flohen. Zwischen dem 14. und 16. Jh. wurde es zu einem bedeutenden Hafen – die Insel diente als Handelsposten und Marinebasis, von der aus die Osmanen die Schiffsrouten des nördlichen Arabischen Meeres kontrollierten.

1535 sicherten sich die Portugiesen die Kontrolle über Diu, die sie bis 1961 bewahrten, als Indien die Operation Vijay begann. Nachdem die indische Luftwaffe den Flugstreifen und das Terminal bei Nagoa erfolglos bombardiert hatte, blieb die Insel bis Ende der 1980er-Jahre herrenlos. Diu, Daman und Goa wurden zu einem Unionsterritorium Indiens zusammengefasst, bis Goa im Jahr 1987 den Status eines eigenen Staates erhielt.

Wie Daman und Goa war Diu eine portugiesische Kolonie, bevor es 1961 von Indien übernommen wurde. Zusammen mit Daman wird die Insel immer noch von Delhi aus als Unionsterritoriums regiert und gehört daher nicht zu Gujarat. Zum Distrikt von Diu gehört die etwa 11 × 3 km groß Insel, die durch einen kleinen Kanal vom Festland getrennt ist, sowie zwei winzige Festlandenklaven. Eine davon beherbergt das Dorf Ghoghla und ist der Zugangspunkt von Una nach Diu.

Sehenswertes & Aktivitäten

Diu (Stadt)

Der Inselhauptort liegt eingezwängt zwischen dem mächtigen Fort im Osten und der gewaltigen Stadtmauer im Westen. Das Haupttor ist das hellrot gestrichene **Zampa Gateway** mit Reliefs, die Löwen, Engel und einen Priester darstellen. Im Tor befindet sich eine Kapelle mit einem Bild der Jungfrau mit dem Kind von 1702.

Die große **St. Paul's Church** (⏲8–18 Uhr) ist ein prachtvolles Bauwerk, das 1600 von Jesuiten gegründet und 1807 umgebaut wurde. Die neoklassizistische Fassade ist die kunstvollste aller portugiesischen Kirchen Indiens. Innen wirkt sie wie eine große Scheune. Nebenan ist ein kleines Kloster und darüber eine Schule. Täglich wird hier die Messe gelesen. Nicht weit entfernt steht die weiß getünchte **St. Thomas' Church**, ein herrlicher, einfacher Bau, in dessen Untergeschoss das **Diu Museum** (⏲9–21 Uhr) GRATIS untergebracht ist. Anschauen kann man sich hier eine gespenstische Sammlung verschlissener katholischer Statuen, die bis ins 16. Jh. zurückreichen und besonders unheimliche armlose Engel. Einmal im Jahr zu Allerheiligen (1. Nov.) wird die Kirche für eine Messe benutzt, bei der sie bis auf den letzten Platz besetzt ist. Die portugiesischstämmige Bevölkerung lebt größtenteils in dem von Kirchen übersäten südlichen Teil der Stadt, der noch immer Farangiwada (Ausländerviertel) genannt wird. Die 1593 gegründete **Church of St. Francis of Assisi** wurde zuletzt als Krankenhaus und sporadisch für Gottesdienste genutzt, bei unserem letzten Besuch war sie jedoch geschlossen, eventuell für Renovierungsarbeiten.

An vielen weiteren Gebäuden in Diu ist der lange portugiesische Einfluss zu sehen. Der Westteil der Stadt besteht aus einem Labyrinth schmaler, gewundener Straßen, die oft Häuser in leuchtenden Farben säumen. Die beeindruckendsten befinden sich in Panchwatiarea; besonders schön ist das **Nagar Sheth Haveli**, ein altes Kaufmannshaus, das mit Stuckschnörkeln und gemalten Früchten übersät ist.

Rund um die Insel

★ Diu-Fort FESTUNG

(Fort Rd.; ⏲8–18 Uhr) Die massive, gut erhaltene portugiesische Festung mit ihrem Doppelgraben (einer davon Ebbe und Flut unterworfen) wurde 1535 errichtet und 1541 um einige Anbauten erweitert. Sie muss einst unbezwingbar gewesen sein, aber Erosion und Vernachlässigung haben zu ihrem langsamen Verfall geführt. Überall liegen Kanonenkugeln herum und auf den Schutzwällen befindet sich ein riesiges Sortiment Kanonen. Der Leuchtturm, den man auch besteigen kann, ist der höchste Punkt Dius und sendet einen Lichtstrahl aus, der in 32 km Entfernung noch zu sehen ist. Es gibt einige kleine Kapellen; in einer befinden sich gravierte Grabsteinfragmente.

Ein Teil der Festung dient heute als Inselgefängnis.

★ Vanakbara DORF

Im äußersten Westen der Insel liegt das faszinierende kleine Fischerdorf Vanakbara,

Diu (Stadt)

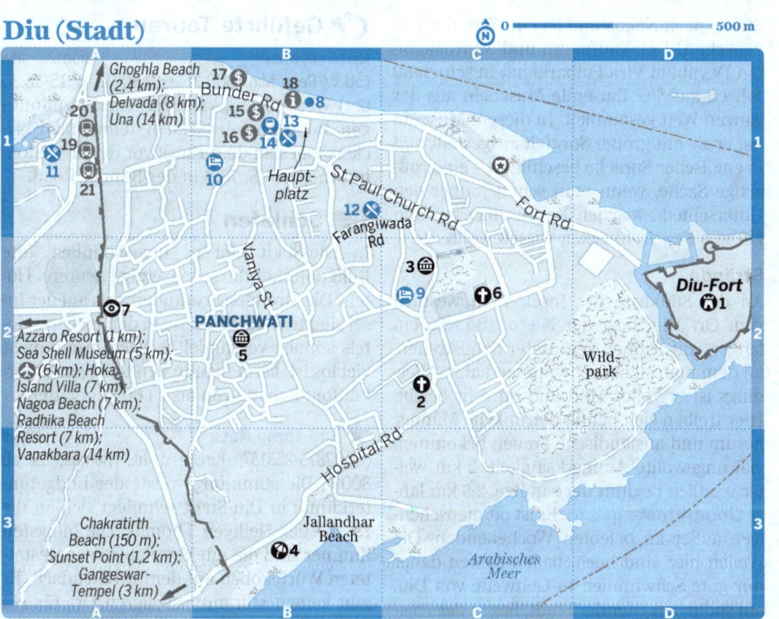

Diu (Stadt)

Highlights
1 Diu-Fort D2

Sehenswertes
2 Church of St Francis of Assisi C2
3 Diu Museum C2
4 Jallandhar Beach B3
5 Nagar Sheth Haveli B2
6 St. Paul's Church C2
7 Zampa Gateway A2

Aktivitäten, Kurse & Touren
8 Bootstouren B1

Schlafen
9 Casa Lourdes C2
Herança Goesa .... (siehe 9)
10 Hotel The Grand Highness B1
São Tome Retiro .... (siehe 3)

Essen
11 Fischmarkt A1
12 O'Coqueiro B1
13 Ram Vijay B1

Ausgehen & Nachtleben
14 Casaluxo Bar B1

Praktisches
15 ICICI Bank, Geldautomaten B1
Post .... (siehe 14)
16 State Bank of India B1
17 State Bank of India, Geldautomaten B1
18 Touristeninformation B1

Transport
19 Ekta Travels A1
20 Jethibai-Busbahnhof A1
21 JK Travels A1

eines der Highlights der Insel. Es ist ein netter Zeitvertreib, am mit bunten Fischerbooten übersäten Hafen entlangzuschlendern. Hier ist zwar immer etwas los, am besten aber besucht man den Ort morgens zwischen 7 und 8 Uhr, wenn die Fischer zurückkommen und ihren Fang verkaufen.

Gangeswar-Tempel HINDU-TEMPEL

Der Gangeswar-Tempel liegt 3 km westlich der Stadt, an der Südküste, gleich hinter dem Dorf Fudam. Im Grunde ist der Tempel nicht viel mehr als eine kleine Küstenhöhle, in der sich fünf von den Wellen ausgewaschene Shiva-Lingams (Phallussymbole) befinden. Die malerischste Anfahrt erfolgt über die gute und beinahe ausgestorbene Küstenstraße, die nahe dem Sunset Point beginnt.

Sea Shell Museum MUSEUM

(Erw./Kind 20/10 ₹; ⌚9.30–17 Uhr) Das Museum liegt 6 km von der Stadt entfernt an der

Straße nach Nagoa und ist ein Werk der Leidenschaft! Der Kaufmann und Marinekapitän Devjibhai Vira Fulbaria hat in seinen 50 Jahren auf See Tausende Muscheln aus der ganzen Welt gesammelt. In diesem Museum hat er sie mit großer Sorgfalt ausgestellt und in englischer Sprache beschildert – ein großartige Sache, wenn man schon immer den Unterschied zwischen Kaurischnecken und giftigen Kegelschnecken wissen wollte.

Strände

An der Südküste der Insel, 7 km westlich vom Ort Diu, liegt der **Nagoa Beach**, ein langer, von Palmen gesäumter Sandstreifen, an dem man sicher schwimmen kann. Allerdings ist er voller Müll und oft sehr belebt. Hier treiben sich häufig betrunkene Männer herum und ausländische Frauen bekommen viel ungewollte Aufmerksamkeit. 2 km weiter westlich beginnt der sandige, 2,5 km lange **Gomptimata Beach**. Er ist oft menschenleer, außer an belebten Wochenenden. Die Wellen hier sind hoch, baden sollten daher nur gute Schwimmer. In Gehweite von Diu, am südlichen Ufer der Stadt, liegen der felsige **Jallandhar Beach** und, westlich von Jallandhar, der längere, sandigere **Chakratirth Beach** sowie der hübsche **Sunset Point Beach**, ein kleiner, sanfter Bogen jenseits von Chakratirth, der vor allem bei Schwimmern beliebt ist und an dem man kaum belästigt wird. Der Sunset Point selbst ist eine kleine Landspitze am Südende des Strandes, die vom INS-Khukhri-Denkmal dominiert wird; dieses erinnert an eine indische Marinefregatte, die 1971 im Indisch-Pakistanischen Krieg vor Diu auf Grund lief. Leider ist das Areal um den Sunset Point auch eine Müllhalde und wer frühmorgens hierher kommt, wird sehen, dass die Tidenzone von vielen als öffentliche Toilette genutzt wird.

Der beste Strand ist der **Ghoghla Beach** nördlich von Diu. Auf dem langen Sandstreifen gibt es weniger Müll und weniger Publikum als an den anderen Stränden, es gibt sanfte Wellen und einige gute Restaurants.

GEFAHREN & ÄRGERNISSE

Weniger eine Gefahr als vielmehr ein Ärgernis stellen betrunkene Männer dar, die besonders für Frauen sehr lästig sein können. Sie halten sich vor allem in der Gegend um den Nagoa Beach auf. Vorsicht auch vor Glasscherben im Sand!

Geführte Touren

Bootstouren BOOTSTOUREN

(50 ₹//Pers., Min. 300 ₹; 9.30–13 & 15–18.30 Uhr) Wer möchte, kann an einer 20-minütigen Bootsfahrt im Hafen teilnehmen. Tickets gibt's an dem Kiosk vor der Touristeninformation (S. 782) in der Bunder Road.

Schlafen

In Diu-Stadt gibt es ungewöhnlich gute Billigunterkünfte sowie einige teurere Hotels. Die Strandresorts andernorts auf der Insel sind teurer. Die Preise in den meisten Hotels können verhandelt werden; wenn nicht viel los ist, kann man in den teureren Unterkünften Rabatte von bis zu 60 % ergattern.

★ **São Tome Retiro** PENSION $

(02875-253137; Kirche d. hl. Thomas; Zi. ab 300 ₹) Die stimmungsvollste der Budgetunterkünfte in Diu-Stadt schmiegt sich an die Kirche des Heiligen Thomas. Die billigsten Zimmer sind die mit Ventilatoren ausgestatteten Würfel oben auf dem Kirchendach. Es gibt keinen stimmungsvolleren Ort für ein Bier bei Sonnenuntergang. Die größeren Zimmer sind mit einfachen Bädern ausgestattet. Die freundliche Familie Da Souza veranstaltet jeden zweiten Tag einen Grillabend. Auch Nicht-Gäste sind mit Voranmeldung willkommen.

Herança Goesa PENSION $

(02875-253851; heranca_goesa@yahoo.com; Farangiwada; Zi. 500–1000 ₹) Das freundliche Heim einer portugiesischstämmigen Familie liegt hinter dem Museum und bietet acht blitzsaubere Zimmer, die ihr Geld absolut wert sind. Am besten eines der Zimmer oben nehmen und bei der kühlen Meeresbrise entspannen. Serviert wird ein gutes Frühstück und abends – wenn mehrere Gäste im Voraus fragen –köstliche Seafood-Gerichte.

Casa Lourdes PENSION $$

(9426230335; gibu1102@gmail.com; Farangiwada; EZ/DZ ab 800/1000 ₹;) Die leuchtend gelbe Pension des fröhlichen einheimischen Musikers Gilbert Almeida ist ein Budget-Newcomer. Sie bietet kompakte, farbenfrohe Zimmer mit eigenen Bädern und eine Gemeinschaftsküche. Auf Anfrage serviert die Gastfamilie portugiesische Gerichte.

★ **Hotel The Grand Highness** BUSINESSHOTEL $$$

(02875-254000; www.thegrandhighness.com; Main Bazaar; Zi. an 4500 ₹;) Das brandneue und mit Abstand prächtigste Hotel in Diu-Stadt bietet makellose Zimmer, Regenduschen, bequeme Betten und Flat-TVs. Der überwältigende Innenhof ist mit zeitgenössischen Skulpturen übersät. Das Hotel teilt sich ein Restaurant mit dem Hotel Prince nebenan.

★ **Azzaro Resort** HOTEL $$$
(☎ 02875-255421; www.azzarodiu.com; Fudam Rd; Zi. 6529 ₹, Suite 10 845 ₹; ❄@📶🏊) Azzarao, das luxuriöseste Hotel Dius, liegt 1 km vor dem Stadttor und bietet ausgesprochen komfortable Zimmer mit Hightech-Beleuchtungssteuerung und stilvollen Glaswänden zwischen Schlafraum und Bad. Alle Zimmer, viele mit Balkon, gewähren Ausblick auf den Garten, der den saphirblauen Pool umgibt. Es gibt ein Spa, ein Fitnesszentrum, zwei gute Restaurants und ein rund um die Uhr geöffnetes Café. Faire Preise.

Nagoa Beach

Hoka Island Villa HOTEL $$$
(☎ 02875-253036; www.resorthoka.com; Zi. 5395–5750 ₹; ❄📶🏊) Das Hoka ist ein tolles Hotel mit sauberen, kühlen Zimmern in einem kleinen, palmenbeschatteten Komplex mit kompaktem Pool. Einige Zimmer haben Balkone oberhalb der Palmen. Das Management ist sehr hilfsbereit, man kann Mopeds ausleihen und das Essen ist hervorragend. Anfahrt: der Hauptstraße folgen und die Abzweigung zum Nagoa Beach passieren – das Hotel erscheint nach etwa 150 m auf der linken Straßenseite.

Radhika Beach Resort HOTEL $$$
(☎ 02875-275551; www.radhikaresort.com; DZ 5505–7685 ₹; ❄📶🏊) Ein makelloses, schickes und modernes Haus – und das am besten gelegene Luxushotel auf Diu. Das Resort verfügt über komfortable, apartmentähnliche Villen, die auf einer Grünanlage nur wenige Schritte entfernt vom Nagoa Beach stehen. Die Zimmer sind geräumig und sauber und es gibt ein sehr gutes internationales Restaurant. Die Classic- und die VIP-Zimmer säumen einen großen nierenförmigen Pool.

Essen

Dius köstliche frische Fische und Meeresfrüchte finden sich auf den Speisekarten aller Restaurants. Die meisten Pensionen bereiten alles zu, was man kauft. Täglich findet ein **Fischmarkt** (🕒7–17 Uhr) gegenüber vom Jethibai-Busbahnhof statt. Einige Restaurants servieren auch portugiesische Gerichte.

Ram Vijay EIS $
(Kugel Eis 40 ₹; 🕒8.30–13.30 & 15.30–21.30 Uhr) Wer wahren Genuss erleben will, geht zu diesem kleinen, blitzsauberen und altmodischen Eiscafé unweit des Hauptplatzes – hier gibt's wunderbare hausgemachte Eiscreme und Milchshakes. Das Familienunternehmen wurde 1933 gegründet und begann seine Karriere mit Softdrinks; auch heute noch stellt es im Dorf Fudam seine eigene Getränkemarke her (Dew). Wir empfehlen ein Ingwer-Zitronen-Soda und ... ähm ... einfach alle Eissorten!

★ **O'Coqueiro** INTERNATIONAL $$
(Farangiwada Rd; Frühstück 80–140 ₹, Mittag- & Abendessen 170–380 ₹; 🕒8–21 Uhr; ✍) Der engagierte Kailash Pandey hat hier mit viel Herz und Seele ein Gartenrestaurant geschaffen, das sich Frische und Qualität aufs Banner schreibt. Auf der Speisekarte stehen unkomplizierte, aber sehr leckere Gerichte wie Pasta, Hühnchen und Meeresfrüchte sowie eine Handvoll portugiesische Gerichte, z. B. Garnelen in Kokosnusssauce, die der Besitzer von einer Matriarchin Dius gelernt hat. Außerdem gibt es guten Kaffee, kaltes Bier und freundlichen Service.

Cat's Eye View INTERNATIONAL $$
(Hoka Island Villa, Nagoa Beach; Frühstück 70–170 ₹, Mittag- & Abendessen 165–395 ₹; 🕒8–10, 12–14.30 & 19–21.30 Uhr; 📶✍) In diesem Open-Air-Restaurant in der Hoka Island Villa gibt's hervorragendes Essen, darunter einladendes Frühstück und leckere Spezialitäten, z. B. Penne mit Thunfisch und Tomaten, Fish & Chips, Garnelen-Kokosnuss-Curry und gegrillte Auberginen mit Joghurt. Eine hübsches und relaxtes Restaurant, das zudem mit zeitgenössischen Kunstwerken geschmückt ist.

Sea View Restaurant MEERESFRÜCHTE $$
(Ghoghla Beach; Gerichte 110–250₹; 🕒8–23 Uhr) Direkt am Ghoghla Beach, neben dem gleichnamigen Hotel, hält dieses Open-Air-Restaurant eine umfassende Speisekarte mit indischen Gerichten und Meeresfrüchten bereit. Von den Tischen kann man die Hand zum Sand ausstrecken und sich dabei das üppige und würzige Garnelen-Curry (170 ₹) schmecken lassen. Außerhalb der Urlaubszeit sind hier jedoch fast nur Männer anzutreffen.

Ausgehen & Nachtleben

Casaluxo Bar BAR

(Di–So 9–13 & 16–21 Uhr) Die fast kneipenähnliche Casaluxo Bar mit Blick auf den Marktplatz hat ein gesundes Lüftchen. Die Einrichtung scheint seit ihrer Eröffnung 1963 nicht erneuert worden zu sein – mit Ausnahme einiger sexy Badenixen-Poster im Hinterzimmer.

Praktische Informationen

Post (Mo–Sa 9–17 Uhr) Am Hauptplatz.

State Bank of India (Main Bazaar; Mo–Fr 10–16 Uhr) Wechselt Bargeld und Reiseschecks und hat einen Geldautomat.

Touristeninformation (02875-252653; www.visitdiu.in; Bunder Rd; Mo–Sa 9.30–13.30 & 14.30–18 Uhr) Karten, Busfahrpläne und Infos zu Hotelpreisen.

An- & Weiterreise

BUS & AUTO

Wer Diu über die Straße ansteuert, muss möglicherweise eine Grenzsteuer von 50 ₹ pro Person bezahlen – das ist jedoch nicht immer der Fall.

Vom **Jethibai-Busbahnhof** fahren Busse zahlreiche Ziele an.

ZIEL	PREIS (₹)	DAUER (STD.)	HÄUFIGKEIT
Bhavnagar	144	5½	4-mal tgl.
Junagadh	142	4½	3-mal tgl.
Rajkot	182	5½	3-mal tgl.
Veraval	102	2½	3-mal tgl.

Von Una, 14 km nördlich von Diu, fahren mehr Busse ab. Zwischen dem Busbahnhof Unas und Diu pendeln zwischen 6.30 und 20 Uhr Busse (19 ₹, 40 Min., alle 30 Min.). Außerhalb dieser Zeiten fahren Sammel-Autorikschas vom Tower Chowk in Una (1 km vom Busbahnhof entfernt) für etwa denselben Preis nach Ghoghla und Diu. Eine Autorikscha kostet 300 ₹. Die Rikscha-*wallahs* aus Una dürfen nicht weiter als bis zum Busbahnhof in Diu fahren, können Besucher also nicht bis zum Nagoa Beach (weitere 100 ₹) bringen.

JK Travels (02775-252515; http://jkbus.in) betreibt Privatbusse von Dius Busbahnhof nach Ahmedabad (19.30 Uhr, nicht klimatisiert, Liegeplatz 350 ₹, 10 Std.) und nach Mumbai (11.30 Uhr, nicht klimatisiert, Liegeplatz 700 ₹, 19 Std.). **Ekta Travels** (9898618424) ist für beide Strecken eine gute Alternative.

FLUGZEUG

Alliance Air, eine Budgettochter von Air India, fliegt vom **Flughafen von Diu** (02875-254743; North Beach Rd) 4-mal wöchentlich ab/nach Mumbai. Der Flughafen liegt 6 km westlich der Stadt, kurz vor dem Nagoa Beach.

ZUG

In Delvada, 8 km von Diu entfernt an der Straße nach Una, liegt der nächste Bahnhof. Zug Nr. 52951 MG um 14.25 Uhr fährt zum Sasan Gir Wildlife Sanctuary (2. Klasse 25 ₹, 3½ Std.) und nach Junagadh (35 ₹, 6¼ Std.). Zug Nr. 52950 um 8.05 Uhr fährt nach Veraval (25 ₹, 3¼ Std.). Die halbstündlich zwischen Una und Diu verkehrenden Busse halten in Delvada (23 ₹, 20 Min.).

Unterwegs vor Ort

Eine Fahrt mit der Autoriksha in Diu-Stadt sollte nicht mehr als 40 ₹ kosten. Von der Bushaltestelle in die Stadt kostet die Tour 50 ₹, nach Nagoa Beach und weiter sind es 120 ₹ und zum Sunset Point 60 ₹.

Motorroller sind zum Erkunden der Insel eine tolle Sache – die Straßen sind leer und gut befahrbar. Der gängige Preis für eine Tagesmiete liegt bei 350 ₹ (ohne Benzin); Motorräder kann man für 400 ₹ bekommen. In den meisten Hotels kann man eine Ausleihe arrangieren, die Qualität ist aber unterschiedlich. Normalerweise muss man seinen Führerschein vorzeigen und eine Kaution hinterlegen (1500 ₹).

Die Regionalbusse von Diu-Stadt nach Nagoa und Vanakbara (beide 12 ₹) fahren um 7, 11 und 16 Uhr am Jethibai-Busbahnhof ab. Von Nagoa starten sie Richtung Diu-Stadt in der Nähe der Polizeistation um 13, 17.30 und 19 Uhr.

Somnath

02876

Somnaths wie Phönix aus der Asche gestiegener Tempel steht in hübschen Gärten oberhalb des Strandes, 6 km südöstlich von Veraval. Das Meer darunter verleiht ihm einen wehmütigen Charme. Die Kleinstadt Somnath besteht aus einer Ansammlung schmaler, interessanter Geschäftsstraßen, die autofrei und deshalb ganz einfach und angenehm zu erkunden sind. Somnath feiert Kartik Purnima (S. 757) und damit die Tötung des Dämonen Tripurasura durch Shiva mit einem bunten Jahrmarkt.

Sehenswertes

Somnath-Tempel HINDU-TEMPEL

(6–21 Uhr) Es heißt, der Mondgott Somraj habe den Tempel aus Gold in Somnath geschaffen. Danach sei er von Ravana aus Silber, von Krishna aus Holz und von König Bhimdev I. aus Stein neu erbaut worden. Das heutige nüchterne, symmetrische Ge-

TRANSIT-HUB: VERAVAL

Das überlaufene und chaotische Veraval ist einer der größten Fischereihäfen Indiens. Der Hafen selbst sprüht vor Leben – überall und ohne Unterlass werden hier Geschäfte getätigt und Boote gebaut. Vor dem Aufschwung von Surat war Veraval noch der wichtigste Hafen für Pilger nach Mekka. Der Hauptgrund für einen Besuch heute ist der Tempel von Somnath, 6 km südöstlich. Zwar ist es schöner, dort zu übernachten, doch ist Veraval besser an öffentliche Verkehrsmittel angebunden.

Vom zentral gelegenen Busbahnhof in der Stand Rd fahren Busse nach Ahmedabad (207 ₹, 9½ Std., 8-mal tägl.), Junagadh (79 ₹, 2 Std., alle 30 Min.), Rajkot (124 ₹, 5 Std.), Una (für Diu, 74 ₹, 2¼ Std.), Diu (90 ₹, 2¾ Std.) und Sasan Gir (41 ₹, 1 Std., tägl. um 15 Uhr).

Patel Tours & Travels (☎02876-222863; www.pateltoursandtravels.com), gegenüber vom ST-Busbahnhof, betreibt Nachtbusse (ohne Klimaanlage) nach Ahmedabad (Sitz/Liegeplatz 320/420 ₹) um 21.30 und um 22 Uhr.

Vier Züge fahren täglich nach Junagadh, so z. B. der 11463 Jabalpur Express, der um 9.50 Uhr abfährt (Sleeper/3AC/2AC, 150/510/750 ₹, 1¾ Std.). Dieser wie auch Zug Nr. 59460 um 13.20 Uhr und Nr. 22958 um 21.35 Uhr fahren weiter nach Rajkot (150/510/715₹, 4¼ Std.) und Ahmedabad (270/715/1015 ₹, 8¾ Std.). Nicht reservierbare 2.-Klasse-Züge fahren nach Sasan Gir (10 ₹), und zwar um 9.45 (2 Std.) und um 13.55 Uhr (1¼ Std.). Es gibt ein **computerbasiertes Reservierungsbüro** (⏲Mo–Sa 8–22, So bis 14 Uhr) am Bahnhof.

Am schnellsten geht es nach Somnath mit einer Autorikscha (Sammel/privat 15/150 ₹).

bäude wurde nach traditionellen Entwürfen am ursprünglichen Standort des Tempels an der Küste neu errichtet: Es ist cremefarben gestrichen und rühmt sich einer schönen, kleinen Statue. Der große, schwarze Shiva-Lingam im Tempel ist einer der zwölf heiligsten Shiva-Schreine, die als *jyoti linga* bekannt sind.

Der arabische Reisende Al-Biruni pries den Tempel mit solch begeisterten Worten, dass ihn 1024 ein höchst unwillkommener Tourist besuchte: der legendäre Plünderer Mahmud von Ghazni aus Afghanistan. Zu diesem Zeitpunkt war der Tempel so wohlhabend, dass er 300 Musikanten, 500 Tänzerinnen und 300 Barbiere beschäftigte. Mahmud von Ghazni eroberte die Stadt und den Tempel nach einer zweitägigen Schlacht, in der 70 000 hinduistische Verteidiger getötet worden sein sollen. Nachdem er die sagenhaften Schätze des Tempels eingesackt hatte, zerstörte Mahmud den Tempel. Damit begann ein Kreislauf von muslimischen Zerstörungen und hinduistischen Wiederaufbauten, der Jahrhunderte andauerte. Der Tempel wurde abermals 1297, 1394 und schließlich 1706 (von Aurangzeb, dem berüchtigten Großmogul) verwüstet. Danach wurde er erst 1950 wieder aufgebaut.

Kameras, Handys und Taschen müssen vor Eintritt an der Garderobe zurückgelassen werden. Farbenfrohe Dioramen mit der Geschichte Shivas säumen die Nordseite des Tempelgartens, auch wenn sie durch das trübe Glas nicht so leicht zu erkennen sind. Eine einstündige **Sound-&-Light-Show** erhellt den Tempel jeden Abend um 19.45 Uhr.

Prabhas Patan Museum
(Inder/Ausländer 5/50 ₹; ⏲Do–Di 10.30–17.30 Uhr, am 2. & 4. Sa im Monat geschl.) Das Museum liegt 300 m nördlich vom Somnath-Tempel in der Marktstraße. Er beherbergt aufwendig verzierte Steinrelikte aus früheren Tempeln, die im Innenhof den Elementen ausgesetzt sind. Das Highlight ist der wieder aufgebaute Schrein des Haupttempels aus dem 12. Jh., der fein geschnitzte Decken aufweist.

Schlafen & Essen

Hotel Swagat HOTEL $
(☎02876-233839; www.hotelswagatsomnath.elisting.in; Zi. ab 600 ₹, klimatisiert, ab 1000 ₹; ❄) Das Hotel an der Marktstraße schräg gegenüber vom Somnath-Tempel ist die beste Bleibe in der Nähe des Tempels und der Märkte. Die Zimmer sind in gutem Zustand, sie haben moderne Klimaanlagen und Flachbildfernseher.

New Bhabha Restaurant INDISCH, CHINESISCH $
(Hauptgerichte 100–140 ₹; ⏲11.30–14 & 19–22 Uhr; ❄) Das vegetarische New Bhabha ist das Beste der ansonsten wenig attraktiven Lokale in dieser Gegend. Es liegt 50 m nörd-

lich vom ST-Busbahnhof, der wiederum einen Straßenblock östlich vom Somnath-Tempel liegt. Gegessen wird in dem kleinen klimatisierten Raum oder draußen zur Straße hin.

An & Weiterreise

Vom ST-Busbahnhof, einen Straßenblock östlich vom Somnath-Tempel, fahren Busse nach Diu (87 ₹, 2½ Std., tgl. um 17.50 Uhr), Junagadh (83 ₹, 2½ Std., halbstündl.) und Ahmedabad (236 ₹, 10 Std., 6-mal tgl.).

Mahasagar Travels (www.mahasagartravels.com), nahe dem ST-Busbahnhof, ist eines von mehreren Unternehmen, die mehrere Abendbusse nach Ahmedabad betreiben (Sitz/Liegeplatz 320/410 ₹, 10 Std.); einer davon ist klimatisiert (519 ₹) und fährt um 21.30 Uhr ab. **Ashapura Travels** (☎9879048590; Tanna Complex, nahe dem Somnath-Tempel-Parkplatz) betreibt jede Nacht einen unklimatisierten Bus mit Liegeplätzen nach Bhuj (550 ₹, 11¼ Std.).

Gir National Park & Wildlife Sanctuary

☎02877

Das bewaldete, hügelige und 1412 km² große Schutzgebiet auf halber Strecke zwischen Veraval und Junagadh ist der letzte Zufluchtsort des Asiatischen Löwen (*Panthera leo persica*). Besucher können von Mitte Oktober bis Mitte Juni auf Entdeckungsjagd gehen (die Monate Dezember bis April eignen sich am besten). Eine Safari durch die dichten, unberührten Wälder ist eine wahre Freude – auch ohne den zusätzlichen Reiz, Löwen oder andere Wildtiere oder unzählige Vogelarten zu entdecken.

Zugang zum Schutzgebiet erhält man nur mit einer Safarigenehmigung, die man im Voraus online buchen kann. Wer keine Genehmigung ergattern konnte, hat vielleicht die Chance, einen Löwen im Devalia-Safaripark zu erspähen. Hier ist ein Blick auf einen Löwen garantiert, wenn auch von Menschenhand vorbereitet.

Das Einfallstor zum Gir National Park ist das Dorf **Sasan Gir**; es liegt an einer Nebenstraße und Zugstrecke zwischen Veraval und Junagadh (rund 40 km entfernt von beiden Orten).

Sehenswertes

★ **Gir National Park** NATIONALPARK
(☎9971231439; www.girnationalpark.in; Jeep mit bis zu 6 Pers., Inder/Ausländer, Mo–Fr 800/4800 ₹, Sa & So 1000/6000 ₹; ⌚Okt.–Mitte-Juni 6–9, 9–12, 15–18 Uhr) Der letzte Zufluchtsort des Asiatischen Löwen (*Panthera leo persica*) ist dieses hügelige und bewaldete, 1412 km² große Schutzgebiet auf halber Strecke zwischen Veraval und Junagadh. Selbst wenn man keine Löwen oder andere Wildtiere erspäht, wird man bei einer Safari unvergessliche Erlebnisse haben. Den Gir-Nationalpark erreicht man über das Dorf **Sasan Gir**, das an einer Nebenstraße und der Zugstrecke zwischen Veraval und Junagadh liegt (rund 40 km entfernt von beiden Orten). Die Monate Dezember bis April eignen sich am besten für einen Besuch.

Das Schutzgebiet wurde 1965 eingerichtet, seit 1975 ist das 259 km² große Kerngebiet ein Nationalpark. Seit den späten 1960er-Jahren hat sich die Zahl der Löwen von unter 200 auf über 400 erhöht. Zu den anderen 37 Säugetierarten im Schutzgebiet, deren Bestand meist ebenfalls zunahm, gehören der elegante Axishirsch, der Sambarhirsch, die Nilgauantilopen (große Antilopen), die Vierhornantilopen, die Chinkaras (Indische Gazellen), Krokodile und selten zu sichtende Leoparden. Sasan Gir ist auch ein tolles Ziel für Vogelbeobachter. Es gibt über 300 Vogelarten, von denen die meisten hier beheimatet sind.

Während die Wildtiere Glück hatten, hat man die Hälfte der menschlichen Bewohner des Schutzgebietes, die unverwechselbar gekleideten Maaldhari (Hirten), an andere Orte umgesiedelt. Ihre Rinder- und Büffelherden konkurrierten mit dem Wild, den Antilopen und Gazellen um die Nahrung, während sie gleichzeitig eine beliebte Beute der Löwen und Leoparden darstellten. Tatsächlich bilden die Tiere der Maldhari immer noch ein Viertel der Nahrung der Löwen. Und noch immer leben um die 1000 Menschen im Park.

Das Schutzgebiet ist nicht mehr groß genug für die Zahl der Löwen, die hier gegenwärtig leben. Einige sind bereits in andere Refugien im Land umgesiedelt worden und es wird überlegt, einige in das Tigerland in Madhya Pradesh umzusiedeln. Die Regierung von Gujarat wehrt sich allerdings gegen diesen Plan, da Gir die einzige Heimat des indischen Löwen bleiben soll.

Devalia-Safaripark NATURSCHUTZGEBIET
(Inder/Ausländer 190/3000 ₹; ⌚8–11 & 15–17 Uhr) 12 km westlich von Sasan Gir, bei Devalia innerhalb der Grenzen des Schutzgebietes, liegt die Gir Interpretation Zone, besser be-

DIE LETZTEN WILDEN LÖWEN ASIENS

Der asiatische Löwe *(Panthera leo persica)* brüllte einst im Westen bis nach Syrien und im Osten bis ins indische Bihar. Doch der Mensch machte unerbittlich Jagd auf die Raubkatzen – die letzten Exemplare sichtete man 1834 in Delhi, 1840 in Bihar und 1870 in Rajasthan. Auch in Gujarat jagte man sie so lange, bis sie fast ausgestorben waren. In den 1870er-Jahren waren gerade einmal noch zwölf Tiere übrig. Erst als sich einer ihrer ehemaligen Jäger, der Nawab von Junagadh, am Anfang des 20. Jhs. dazu entschied, eine Schutzzone einzurichten, begann die Löwenpopulation, sich langsam wieder zu erholen. Diese Zone ist heute das Gir Wildlife Sanctuary (S. 784) – und der Bestand ist derart gewachsen, dass einige der Löwen anderswo in Gujarat angesiedelt werden müssen.

Von ihrem afrikanischen Vetter *(Panthera leo leo)* seit Jahrhunderten getrennt, haben die asiatischen Löwen eigene Merkmale entwickelt. Die Mähne ist weniger üppig und bedeckt weder die Oberseite des Kopfes noch die Ohren. Eine auffallende Hautfalte verläuft entlang des Bauches. Anders als die afrikanischen Löwen, die auch Aas fressen, sind die asiatischen Löwen reine Raubtiere.

kannt als „Devalia Safari Park". Auf der 4 km² großen, umzäunten Fläche lebt ein Querschnitt der Wildtiere von Gir. Die Chancen, hier Löwen und Leoparden zu sehen, stehen sehr gut! Außerdem lassen sich meist Füchse, Mungos und Hirschziegenantilopen blicken. 45-minütige Bustouren finden stündlich statt. Eine Fahrt mit der Autorikscha von Sasan Gir nach Devalia und zurück kostet rund 150 ₹, mit dem Taxi 350 ₹.

Aktivitäten

★ Safaris NATURBEOBACHTUNG

(www.girlion.in; Genehmigung für ein Fahrzeug mit bis zu 6 Pers., Inder/Ausländer, Mo–Fr 400 ₹/40 US$, Sa & So 500 ₹/50 US$, Führer 3 Std. 250 ₹, Kamera Inder/Ausländer 100/600 ₹) Löwensafaris finden in Gypsy-Geländewagen statt. Die Besuchszeiten sind in drei dreistündige Zeitfenster aufgeteilt: 6 bis 9, 9 bis 12 und 15 bis 18 Uhr. Nur 30 Gypsys dürfen sich gleichzeitig im Park befinden. Die beste Zeit für Sichtungen von Wildtieren sind die frühen Morgenstunden oder der Zeitraum kurz vor Sonnenuntergang. Genehmigungen müssen im Voraus online gebucht werden.

Die meisten Hotels und Pensionen in und um Sasan Gir haben eigene Gypsys und Fahrer oder können Safaris organisieren. Ein Fahrzeug für bis zu sechs Personen kostet 3000 ₹ oder mehr. Alternativ chartert man einen Geländewagen und Fahrer für rund 2700 ₹ vor dem Empfangszentrum des Schutzgebietes in Sasan Gir. Wer ein Fahrzeug organisiert hat, muss sich noch am Empfangszentrum anstellen und eine Genehmigung sowie einen Führer abholen und eine Fotografiegebühr bezahlen. Die Fahrer sind normalerweise dabei behilflich.

Als Faustregel gilt, dass auf jeder zweiten Safari ein Löwe gesichtet wird. Wer also unbedingt einen sehen möchte, sollte mehrere Touren planen. Man bekommt auf jeden Fall eine Vielzahl von anderen Wildtieren zusehen, z. B. Hirschziegenantilopen und Füchse. Die Führer sind erfahrene „Späher".

Schlafen & Essen

★ Nitin Ratanghayara Family Rooms PENSION $$

(☎ 9979024670, 02877-285686; www.nitinbhaihomestay.in; SBI Bank St; Zi. 800 ₹, mit Klimaanlage 100 ₹; ❄@📶) Der freundliche Nitin Ratanghayara mit seinem Goldzahn-Lächeln vermietet in Sasan sehr gute Zimmer an Reisende. Die Quartiere sind gepflegt und bieten ein viel besseres Preis-Leistungs-Verhältnis als die anderen Budgetunterkünfte an der Hauptstraße. Seine Schwägerin kocht hervorragend; wer will, kann ihr in der Küche helfen. Auf das Schild über seinem Geschäft an der Hauptstraße von Sasan achten!

Hotel Umang HOTEL $$

(☎ 02877-285728; www.sasangirhotels.in; Rameshwar Society, SBS Rd; Zi. ohne/mit Klimaanlage 850/1450 ₹; ❄📶) Eine ruhige Option mit guten Zimmern, hilfsbereitem Personal und gutem Essen. Wenn wenig los ist, gibt's Rabatte. Das Hotel liegt 200 m südlich der Hauptstraße in der Nähe des Zentrums – einfach den Schildern folgen!

★ Asiatic Lion Lodge LODGE $$$

(☎ 9099079965, 02877-281101; www.asiaticlionlodge.com; Sasan Gir-Bhalchhel-Haripur Rd; Zi. 4700 ₹; ❄📶) Rund 5 km westlich von Sasan Gir liegt diese friedliche Lodge mit ihren bungalowartigen, geräumigen und geschmackvoll eingerichteten Zimmern mit Strohdächern. Das vegetarische Essen ist hervorragend; abends werden im Freien interessante Dokumentarfilme über das Löwenschutzgebiet gezeigt.

Gir Birding Lodge HOTEL $$$
(☎9266519519, 9723971842; www.girbirdinglodge.com; Rte 100A; Zi. oder Hütte inkl. Mahlzeiten EZ/DZ 5600/6800 ₹; ❄) Das friedliche Hotel liegt in einem Mangrovenhain am Waldrand. Die sechs einfachen und niedlichen Hütten sind mit ein paar netten Extras ausgestattet, z. B. handgefertigten Holzbetten. Die 16 Hotelzimmer sind brandneu und modern, wenngleich auch etwas langweilig. Das Hotel eignet sich besonders gut für Vogelbeobachter; außerdem veranstaltet es auch Yoga- und Meditationsstunden. Es liegt rund 2,5 km entfernt vom Dorf an der Straße nach Junagadh.

Vogel- und Flussspaziergänge werden angeboten; Führer, die sich mit der hiesigen Flora und Fauna auskennen, kosten rund 2000 ₹ pro Tag.

Gateway Hotel HOTEL $$$
(☎02877-285551; www.thegatewayhotels.com; Zi. inkl. Frühstück ab 9900 ₹, Suite ab 13 200 ₹; ❄ 📶 🏊) 🍃 Das von der Taj Group umgebaute alte Regierungsanwesen ist das mit Abstand beste – und umweltfreundlichste – Hotel in der Nähe des Gir-Nationalpark. Die Zimmer und riesigen Suiten bieten höchsten Komfort und sind sogar mit Yogamatten ausgestattet! Sie bieten alle einen Ausblick auf den Fluss, in dem Büffel waten und an dem auch schon Löwen gesichtet wurden.

Wer im Voraus bucht, erhält saftige Rabatte; es gibt auch Pauschalangebote inkl. Vollpension und Safaris.

Gir Rajwadi Hotel GUJARATISCH $
(Hauptgerichte 110–170 ₹; ⏲11–16 & 19–23 Uhr) Das vegetarische Lokal ist das Beste von mehreren einfachen Restaurants an der Hauptstraße des Dorfes. Hier gibt es leckere gujaratische Thalis.

ℹ Praktische Informationen

Gir Orientation Centre (⏲8–18 Uhr) Neben dem Empfangszentrum in Devalia liegt diese Einrichtung, die eine informative Ausstellung zum Schutzgebiet und seinen Wildtieren sowie einen kleinen Shop beherbergt.

ℹ An- & Weiterreise

Busse fahren den ganzen Tag von Sasan Gir nach Veraval (41 ₹, 1 Std.) und Junagadh (62 ₹, 2 Std.). 2.-Klasse-Züge (keine Reservierung möglich) fahren nach Junagadh (20 ₹, 2¾ Std., 17.58 Uhr), Delvada (Richtung Diu; 25 ₹, 3½ Std., 9.58 Uhr) und Veraval (10 ₹, 1½ Std., 11.58 und 16.27 Uhr).

Junagadh

☎0285 / 319 460 EW.

Junagadh wird nur von wenigen Touristen besucht, dabei liegt es in einer der landschaftlich beeindruckendsten Regionen Gujarats. Es ist eine altertümliche befestigte Stadt mit 2300 Jahren Geschichte (ihr Name bedeutet „alte Festung") am Fuß des heiligen Girnar-Hügels. Zur Zeit der Teilung wollte der Nawab von Junagadh mit seinem winzigen Staat zu Pakistan gehören – eine extrem unpopuläre Entscheidung, da die Einwohner hauptsächlich Hindus waren; daher musste sich der Nawab selbst von dannen machen. Junagadh ist ein guter Ausgangspunkt für einen Besuch im Gir National Park.

👁 Sehenswertes & Aktivitäten

Während Teile des Zentrums so verkehrsreich sind, überfüllt und heiß wie jede andere Stadt, ist die Gegend in Richtung der Uparkot-Festung sowie rund um den Circle und Diwan Chowk sehr stimmungsvoll: von Märkten übersät und voller halbverfallener Paläste im europäisch-mogulmäßigen Stil, aus deren oberen Stockwerken Gras wächst.

★ **Girnar** RELIGIÖSE STÄTTE
Dieser heilige Berg, der sich dramatisch aus der Ebene erhebt, ist mit jainistischen und hinduistischen Tempeln übersät. Pilger kommen von nah und fern, um den langen Aufstieg über 10 000 Steinstufen zum Gipfel in Angriff zu nehmen, den man am besten bei Sonnenaufgang beginnt. Wer die höchsten Tempel besichtigen möchte, sollte sich ohnehin auf einen Tagesausflug einstellen. Im frühen Morgenlicht aufzubrechen, ist eine magische, wenn auch nicht einsame Erfahrung: Dann nämlich stapfen auch die Pilger und Träger die Treppen hinauf. Eine Autoriksha nach Girnar Taleti kostet etwa 100 ₹.

Die jainistischen Tempel bilden eine Anhäufung von mit Mosaiken verzierten Kuppeln, die von kunstvollen Stupas unterbrochen sind. Sie stehen auf etwa zwei Dritteln des Weges nach oben. Der größte und älteste ist der **Neminath-Tempel** aus dem 12. Jh. Er ist dem 22. *tirthankar* gewidmet: nach dem ersten Tor durch den ersten Eingang

Junagadh

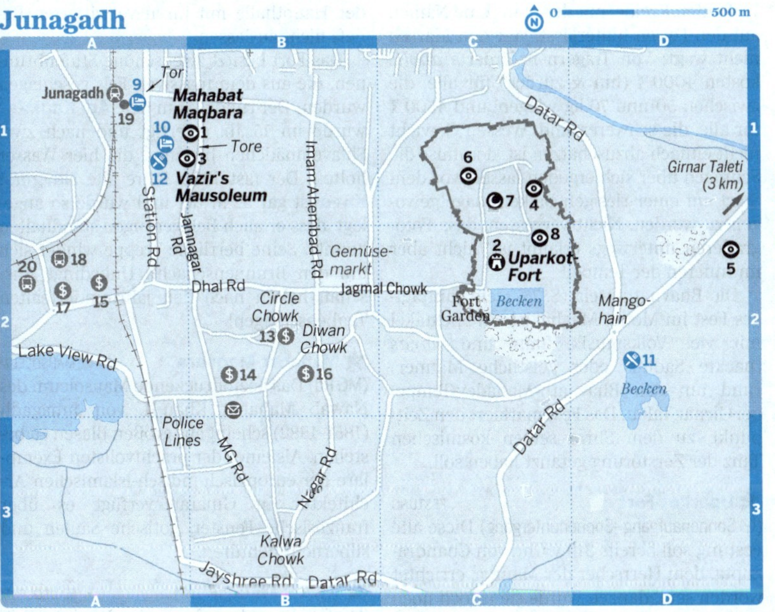

Junagadh

Highlights

1 Mahabat Maqbara B1
2 Uparkot-Fort C2
3 Vazir's Mausoleum A1

Sehenswertes

4 Adi Kadi Vav C1
5 Edikte des Ashoka D2
6 Buddhistische Höhlen C1
7 Jama Masjid C1
8 Navghan Kuvo C2

Schlafen

9 Click Hotel A1
10 Lotus Hotel A1

Essen

11 Garden Cafe D2
12 Geeta Lodge A1

Praktisches

13 Axis Bank, Geldautomat B2
14 Bank of Baroda B2
15 State Bank of India A2
16 State Bank of India B2
17 State Bank of India, Geldautomat A2

Transport

18 Mahasagar Travels A2
19 Zugreservierungsbüro im Bahnhof A1
20 ST-Busbahnhof A2

links gehen! Viele Tempel sind zwischen 11 und 15 Uhr geschlossen, dieser aber ist den ganzen Tag über geöffnet. In der Nähe liegt der dreifache **Mallinat-Tempel**. Er ist dem 9. *tirthankar* geweiht und wurde 1177 von zwei Brüdern erbaut. Im Rahmen von Festen zieht dieser Tempel viele Sadhus an.

Weiter oben stehen verschiedene hinduistische Tempel. Der erst Gipfel wird vom **Amba-Mata-Tempel** gekrönt. Frischvermählte kommen hierher, um sich eine glückliche Ehe zu sichern. Über das hügelige Gelände hinter dem Tempel erreicht man die vier weiteren Gipfel und weitere Tempel. Der **Gorakhnath-Tempel** markiert zugleich den höchsten Punkt (1117 m) Gujarat. Der steile Gipfel Dattatraya wird von einem Schrein mit einer Inkarnation des dreigesichtigen Vishnu gekrönt. Auf der letzte Felsnase befindet sich Kalika, ein Schrein für die Göttin Kali.

Der Pfad beginnt 4 km östlich der Stadt bei **Girnar Taleti**. Eine Straße, die manchmal gesperrt ist, führt etwa bis zur 3000. Stufe. Es bleiben dann „nur" noch 7000 Stufen nach oben! Die Erfrischungsstände am Weg verkaufen Kreide, mit der man seine Namen auf den Felsen hinterlässt. Wer den Marsch nicht wagt: Von Trägern beförderte *dholis* kosten 4000 ₹ (hin & zurück) für alle, die zwischen 50 und 70 kg wiegen, und 4500 ₹ für alle, die schwerer sind. Wessen Gewicht nicht einfach abzuschätzen ist, der muss die Schmach über sich ergehen lassen, vor dem Start auf einer riesigen Balkenwaage gewogen zu werden. Nicht vergessen, dass Fotografieren unterwegs erlaubt ist, nicht aber im Inneren der Tempel!

Die Bhavnath Mela (S. 757), ein fünftägiges Fest im Monat Magha, ist ein Spektakel mit viel Volksmusik, Tanz und *nagas* (nackte Sadhus oder geistliche Männer) rund um den Bhavnath-Mahadev-Tempel bei Girnar Taleti. Das Fest markiert den Zeitpunkt, zu dem Shiva seinen kosmischen Tanz der Zerstörung getanzt haben soll.

★ Uparkot-Fort FESTUNG

(⌚ Sonnenaufgang–Sonnenuntergang) Diese alte Festung soll bereits 319 v. Chr. von Chandragupta, dem Herrscher der Maurya, errichtet worden sein, danach wurde sie jedoch noch viele Male erweitert. An manchen Stellen des Forts sind die Mauern bis zu 20 m hoch. Insgesamt 16-mal wurde das Fort belagert – der Legende nach hielt es sogar einer zwölfjährigen Belagerung stand. Der Ausblick von hier über die Stadt und den Girnar im Osten ist fantastisch. Innerhalb der Festungsmauern gibt es außerdem eine herrliche ehemalige Moschee zu bewundern sowie eine Reihe jahrtausendealter buddhistischer Höhlen und zwei feine Stufenbrunnen.

Die **Jama Masjid**, die nicht mehr benutzte Moschee im Inneren des Forts, war ursprünglich ein Palast, der im 15. Jh. vom gujaratischen Sultan Mahmud Begada umfunktioniert wurde. Sie verfügt über einen seltenen überdachten Innenhof mit drei achteckigen Öffnungen, die vielleicht einst von Kuppeln überspannt wurden. Die Graffitis hier sind eine Schande, das kunstvolle Mihrab-Mauerwerk und der Säulenwald sind aber noch immer überwältigend. Vom Dach hat man einen wunderbaren Ausblick auf die Stadt.

In der Nähe der Moschee befinden sich einige **buddhistische Höhlen** (Inder/Ausländer 15/200 ₹; ⌚ 8–18 Uhr), die bei genauerer Betrachtung gar keine Höhlen, sondern eher Mönchszellen sind, die im 2. Jh. v. Chr. aus dem Felsen geschlagen wurden. Wer den dreistöckigen, etwas gespenstischen Komplex erkunden möchte, sollte die Säulen in der Haupthalle mit ihren verwitterten Reliefs nicht auslassen.

Das Fort besitzt zwei schöne Stufenbrunnen, die aus dem massiven Fels geschlagen wurden: Der runde, 41 m tiefe **Adi Kadi Vav** wurde im 15. Jh. gefertigt und nach zwei Sklavenmädchen benannt, die hier Wasser holten. Der fast 1000 Jahre alte **Navghan Kuvo** ist gar 52 m tief und wurde so angelegt, dass er auch Belagerungen standhalten konnte. Seine herrliche Treppe windet sich um den Brunnenschacht. Unbedingt Ausschau halten nach den jahrhundertealten Taubenschlägen!

★ Mahabat Maqbara MAUSOLEUM

(MG Rd) Das beeindruckende Mausoleum des Nawab Mahabat Khan II. von Junagadh (1851–1882) scheint aus großen Blasen zu bestehen. Als eines der prachtvollsten Exemplare der europäisch-indisch-islamischen Architektur in Gujarat verfügt es über französische Fenster, gotische Säulen und silberne Innentüren.

★ Vazir's Mausoleum MAUSOLEUM

(MG Rd) Das Mausoleum des Wesirs Sahib Baka-ud-din Bhar von 1896 ist noch üppiger gestaltet als das benachbarte Mahabat Maqbara. Es hat vier märchenhafte Minarette, die von Wendeltreppen umgeben sind.

Edikte des Ashoka HISTORISCHE STÄTTE

(Inder/Ausländer 5/100 ₹; ⌚ Sonnenaufgang–Sonnenuntergang) Gleich vor den Toren der Stadt steht an der Straße zum Girnar auf der rechten Seite ein weißes Gebäude. Es umfriedet einen Felsen, auf den der buddhistische Kaiser Ashoka etwa 250 v. Chr. 14 Edikte in Brahmi-Schrift und Pali-Sprache schreiben ließ. Die spinnenhaften Schriftzüge instruieren die Menschen u. a., gut zu Frauen und Tieren zu sein und Bettlern zu helfen – die Edikte zählen zu den vielen Inschriften, die Ashoka anfertigen ließ, um seine Moralphilosophie und Errungenschaften darzulegen.

Schlafen

Die billigen Hotels um den Kalwa Chowk und deren Gäste sollten Frauen eher meiden – selbst wenn sie in männlicher Begleitung sind. Viele der besseren Hotels befinden sich in der Station Rd.

Lotus Hotel HOTEL $$

(☎ 0285-2658500; Station Rd; EZ/DZ ab 2000/2500 ₹; ❄ 📶) Die luxuriöse und komfortable Option liegt im komplett renovierten Obergeschoss einer früheren *dharamsala* (Pilgerraststätte). Die Pilger hatten es noch nie so gut: Die wunderbar hellen, geräumigen und friedlichen Zimmer sind mit Klimaanlagen und Flachbild-TVs ausgestattet. Die Betten sind super und alles funktioniert reibungslos – unglaublich viel Qualität zu einem fairen Preis. Es gibt kein Restaurant, aber einen Zimmerservice.

★ **Click Hotel** $$$

(☎02832-244 077; www.theclickhotels.com; Station Rd; Zi. 2800 ₹;) Das hervorragende neue Hotel liegt günstig neben dem Bahnhof und ist das komfortabelste Hotel der Stadt. Die Zimmer sind blitzblank und mit bequemen Betten und Plasma-TVs ausgestattet; das WLAN funktioniert zuverlässig. Obwohl das zugehörige vegetarische Restaurant nur wenig Auswahl hat, bemühen sich die Kellner, es den Gästen recht zu machen.

Essen

★ **Geeta Lodge** GUJARATISCH $

(Station Rd; thali 100 ₹; ⌚10–15.30 & 18.30–22 Uhr;) Geetas Armee von Kellnern ist ununterbrochen in Bewegung und serviert vegetarische gujaratische Thalis der Spitzenklasse zum Jubelpreis. Nachschläge gibt's umsonst. Gegen einen Aufpreis von 20₹ gibt's zum Nachtisch Süßkram.

Garden Cafe INDISCH $$

(Datar Rd; Hauptgerichte 110–170 ₹; ⌚Do–Di 6.30–22 Uhr) Mal etwas anderes: Das Restaurant liegt in einem herrlichen Garten neben der Jyoti Nursery im Ostteil der Stadt. Es serviert gute jainistische Gerichte sowie Speisen aus dem Punjab und aus Südindien. Das Garden Cafe ist bei Familien und jungen Leuten beliebt und lohnt die kurze Rikschafahrt.

Praktische Informationen

Post (⌚10–15 Uhr) An der MG Road, nahe dem örtlichen Busbahnhof.

State Bank of India (Nagar Rd; ⌚Mo–Fr 11–14 Uhr) Wechselt Reiseschecks und Bargeld und hat einen Geldautomat.

An- & Weiterreise

BUS

Busse fahren vom **ST-Busbahnhof** nach:

ZIEL	PREIS (₹)	DAUER (STD.)	HÄUFIGKEIT
Ahmedabad	173	8	halbstündl.
Bhuj	188	7	10-mal tgl.
Diu	127	5	4-mal tgl.
Jamnagar	102	4	10-mal tgl.
Rajkot	86	2¾	alle 30 Min.
Sasan Gir	62	2	stündl.
Una (nach Diu)	113	4	10-mal tgl.
Veraval	79	2½	halbstündl.

Mehrere private Busunternehmen, darunter **Mahasagar Travels** (☎0285-2629199; Dhal Rd), befinden sich in der Dhal Rd, nahe den Bahngleisen. Zu den Zielen gehören:

ZIEL	PREIS (₹)	DAUER (STD.)	HÄUFIGKEIT
Ahmedabad	nicht klimatisiert/klimatisiert/Volvo 270/320/425	8	alle 30 Min.
Mumbai	Sleeper 943	17	5-mal tgl.

ZUG

Am Bahnhof befindet sich ein computergestütztes **Reservierungsbüro** (⌚Mo–Sa 8–22 Uhr, So bis 14 Uhr).

Der Jabalpur Express (Zug Nr. 11463/5) fährt um 11.10 Uhr nach Gondal (Sleeper/3AC/2AC 173/556/761₹, 1 Std.), Rajkot (173/556/761 ₹, 2¾ Std.) und Ahmedabad (240/661/911 ₹, 7¼ Std.). Der Somnath Express (Zug Nr. 22958) fährt um 23.02 Uhr ebenfalls nach Ahmedabad (gleiche Preise, 6½ Std.).

Der 2.-Klasse-Zug Nr. 52952 fährt um 7.15 Uhr nach Sasan Gir (20 ₹, 2¾ Std.) und Delvada (Richtung Diu; 35 ₹, 5¾ Std.).

Gondal

☎02825 / 112 195 EW.

Gondal ist eine kleine, grüne Stadt, 38 km südlich von Rajkot, mit einigen Palästen und einem seichten Fluss. Einst war es die Hauptstadt eines 1000 km² großen Fürstenstaats, regiert von den Jadeja-Rajputen, die glauben, dass sie von Krishna abstammen.

Sehenswertes & Aktivitäten

★ **Naulakha Museum** MUSEUM

(www.heritagepalacesgondal.com; Naulakha Palace, DCR Pandeya Marg; 50 ₹; ⌚9–12 & 15–18 Uhr) Das vielseitige Museum im alten Teil der Stadt befindet sich in einem wunderschönen, 260 Jahre alten Königspalast direkt am Fluss, der in einem Stilmix errichtet wurde – verblüffend sind die Wasserspeier und die feinen Steinschnitzarbeiten. Das Museum zeigt

ABSTECHER

WANKANERS PALÄSTE

Wankaner, eine attraktive kleine Stadt 60 km nordöstlich von Rajkot, ist berühmt für ihre beiden Paläste und die schöne Lage am Ufer des Flusses Machchhu (*wanka* bedeutet „Biegung", *ner* „Fluss"). Der herrschaftliche **Ranjit Villas Palace** (☎02828-220000; 200 ₹/kostenlos für Royal-Oasis-Besucher) aus dem Jahr 1907 ist eine architektonische Mischung aus viktorianischen gotischen Bögen, herrlichen Buntglasfenstern, Kronleuchtern, Mogul-Kuppeln und dorischen Säulen. Der Palast war bis 2012 die offizielle Residenz des Maharadschas von Wankaner, erst dann zog die Familie in eine kleinere Herberge um. Eine Führung zeigt die Haupthalle, die mit den Jagdtrophäen des Maharadschas geschmückt ist, das Spielzimmer und die herrschaftlichen Schlafzimmer im Obergeschoss. Es gibt Pläne, den Rolls Royce Silver Ghost des Maharadschas aus dem Jahr 1921 auszustellen. Vor einem Besuch sollte man anrufen – vielleicht hat man sogar die Gelegenheit, die freundliche Familie des Maharadschas kennenzulernen. Übernachten kann man im **Royal Oasis** (☎02828-222000; www.wankanerheritagehotels.com; Zi. 5000 ₹; ❄ 🏊), einem weiteren herrlichen Palast von 1937, der dem Maharadscha als Sommerresidenz diente und jetzt in ein familiäres Hotel umgewandelt wurde.

Busse fahren von Rajkot (24 ₹, 1 Std. halbstündl.) zum Busbahnhof in Wankaner, der im Südosten des Städtchens liegt. Wankaner liegt außerdem an der Zugstrecke zwischen Rajkot und Ahmedabad; in beide Richtungen fahren täglich elf Züge.

königliche Artefakte, darunter eine Waage, mit der der Maharadscha Bhagwat Sinhji im Jahr 1934 gegen Gold aufgewogen wurde (der Erlös ging an wohltätige Zwecke), ein Gujarati-Wörterbuch in neun Bänden, das vom selben verehrten Maharadscha zusammengestellt wurde, sowie Dinky-Toy-Sammlungen. Wer 20 ₹ drauflegt, kann die Ställe besichtigen, die mit modernen Pferdekutschen vollgestopft sind.

Shri Bhuvaneshwari Aushadhashram HISTORISCHES GEBÄUDE
(www.bhuvaneshwaripith.com; Ghanshyam Bhuvan; ⏲Di–Sa 9–12 & 15–17 Uhr) Diese ayurvedische Apotheke wurde 1910 vom königlichen Leibarzt gegründet und stellt bis heute ayurvedische Arznei her. Man kann hier auch die dafür notwendigen, merkwürdigen Apparate sehen und Medikamente kaufen, die gegen Haarausfall, Höhenangst, Schlaflosigkeit u. v. m. helfen. Ihr Gründer Brahmaleen Acharyashree – so heißt es – soll den Ehrentitel „Mahatma" (Große Seele) für Gandhi geprägt haben. Außerdem gibt's hier einen Tempel für die Göttin Bhuvaneshwari.

Udhyog Bharti Khadi Gramodyog WORKSHOP
(Udhyog Bharti Chowk; ⏲Mo–Sa 9–12 & 15–17 Uhr) Eine große Werkstatt für *khadi* (in Handarbeit gesponnener Stoff), in der Hunderte Frauen im oberen Stockwerk an Spinnrädern arbeiten, während unten *salwar kameez* (traditionelle kleidähnliche Kombination für Frauen aus Tunika und Hose) bestickt und Saris verkauft werden.

Vintage & Classic Car Collection MUSEUM
(Orchard Palace Hotel, Palace Rd; Inder/Ausländer 120/250 ₹; ⏲9–12 & 15–18 Uhr) Die königliche Autosammlung umfasst 32 beeindruckende Fahrzeuge, u. a. ein von der New Engine Company Acton 1907 gebautes Gefährt, einen alten Mercedes Saloon aus dem Jahr 1935 sowie Rennautos, mit denen der derzeitige Maharadscha Rennen fährt. Die meisten Autos sind noch fahrtüchtig.

Schlafen & Essen

Orchard Palace HISTORISCHES HOTEL $$$
(☎02825-220002; www.heritagepalacesgondal.com; Palace Rd; EZ/DZ 5200/6600 ₹; ❄) Dieser kleine Palast diente einst als königliches Gästehaus und verfügt über sieben unterschiedlich große, hohe, gepflegte und ziemlich luxuriöse Zimmer, die mit Möbeln aus den 1930- und 1940er-Jahren ausgestattet sind. Mehr hiervon gibt es in den Salons und auf den Terrassen, die einen einladenden, entspannten Charme verströmen. Die königliche Küche bereiten Gerichte zu, deren Gemüse aus dem eigenen Biogarten stammen. Unbedingt im Voraus buchen!

Riverside Palace HISTORISCHES HOTEL $$$
(☎02825-220002; www.heritagepalacesgondal.com; Ashapura Rd; EZ/DZ 5200/6600 ₹; ❄) Das andere Palasthotel der ehemaligen Herrscherfamilie wurde in den 1880er-Jahren erbaut und diente früher als Residenz des Kronprinzen. Seine elf Zimmer sind so etwas wie eine Zeitmaschine, in der man sich

in die königliche Vergangenheit schlafen kann. Die etwas abgenutzten Räume sind mit Himmelbetten und Jagdtrophäen ausgestattet und bieten Blicke auf den Fluss. Das Essen für die Gäste kommt aus der königlichen Küche. Unbedingt im Voraus buchen!

Anreise & Unterwegs vor Ort

Busse fahren regelmäßig vom ST-Busbahnhof in der Gundana Road, 500 m südlich vom Orchard Palace, nach Rajkot (30 ₹, 1 Std.) und Junagadh (65 ₹, 2 Std.) und zurück. Langsame Passagierzüge pendeln zwischen Rajkot (10 ₹, 1 Std., 14-mal tgl.) und Junagadh (25 ₹, 1¾ bis 3 Std., 11-mal tgl.) und halten auch in Gondal. Mit einer Autorikscha, die unterwegs wartet, kann man alle Sehenswürdigkeiten abklappern (150 ₹/Std.).

Jamnagar

0288 / 600 945 EW.

Jamnagar ist eine von Touristen wenig besuchte, aber nicht minder interessante Stadt voller kunstvoller, verfallender Gebäude und farbenfroher Basare, in denen die berühmten *bandhani* (Batikstoffe) der Stadt zu sehen sind. Sie werden seit 500 Jahren in einem mühsamen Prozess hergestellt, wobei für ein Stück gefalteten Stoff Tausende winziger Knoten notwendig sind. Die Stadt ist der ideale Ausgangspunkt, um ein nahe gelegenes Vogelschutzgebiet und einen Meeresnationalpark zu besuchen.

Vor der Unabhängigkeit war Jamnagar die Hauptstadt des Nawanagar-Fürstenstaats. Heute boomt Jamnagar dank der größten Ölraffinerie der Welt. Sie gehört Reliance Petroleum und liegt etwas westlich der Stadt. Das Zentrum ist ein einzige großes Geschäftsviertel. Hier gibt's abends mehr hell erleuchtete Läden und Stände als in manch größerer Stadt.

Sehenswertes

Die Altstadt mit ihren wunderschönen jainistischen Tempeln, verfallenden Stadttoren und -türmen, geschäftigen Obst- und Gemüsemärkten und ihrer friedlichen Seepromenade erkundet man am besten, indem man ziellos umherwandert.

★ **Khambhaliya-Tor** TOR

(Central Bank Rd) Das im 17. Jh. von Wesir Meraman Khawa erbaute Tor – eines der zwei verbleibenden Stadttore aus dieser Zeit – war bis vor Kurzem dem vornehmen Zerfall ausgesetzt, wurde zwischenzeitlich aber res-

RAJKOT: GANDHIS ELTERNHAUS

Im ansonsten hektischen und industriellen Rajkot, 40 km nördlich von Gondal, finden Gandhi-Anhänger das **Kaba Gandhi No Delo** (Ghee Kanta Rd; 9–18 Uhr) GRATIS, das Haus, in dem Gandhi ab seinem sechsten Lebensjahr wohnte (als sein Vater Diwan von Rajkot war). Es hütet etliche Fotos der Familie und viele interessante Informationen über sein Leben. Die Leidenschaft Mahatmas für Handwebstühle wurde nun in Form einer kleinen Webschule gedacht. Wer sich für Webkunst interessiert, sollte sich die Patola-Weberei anschauen. Diese arbeitsintensive Fertigkeit kommt aus Patan – jeder Faden wird einzeln vor dem Weben eingefärbt. In Patan werden sowohl die Kett- und Schussfäden (Doppel-*ikat*), in Rajkot nur die Schussfäden (Einfach-*ikat*) gefärbt, weshalb die gewebten Kunstwerke hier auch erschwinglicher sind. Wer mag, kann die Werkstätten in den Wohnhäusern der Handwerker im Bezirk Sarvoday Society besuchen, etwa 1 km südwestlich des Shastri Maidan. Eine der Werkstätten heißt **Mayur Patola Art** (0281-2464519; www.facebook.com/Mayur-patola-art-1563670977185321; Sarvoday Society; 10–18 Uhr); sie ist hinter der Virani High School zu Hause.

Rund 18 km südwestlich von Rajkot liegt in luftiger Hügellage der fabelhafte **Heritage Khirasara Palace** (02827-234444; www.khirasarapalace.in; Kalawad Rd, Khirasara; Zi. ab 4000 ₹, Suite 8000–25 000 ₹) aus dem 16. Jh. Mit großem Aufwand renoviert, beherbergt er nun das beste Hotel der Stadt mit gepflegten Rasenflächen, einem mit Mosaiken gefliesten Pool und geräumigen und luxuriösen Zimmer. Die Maharadscha-Suite ist mit antiken Möbeln ausgestattet, mehr Flair bietet aber die Maharani-Suite.

Rajkot erreicht man mit Flugzeugen von Air India, Jet Airways, JetKonnect und Alliance Air ab Mumbai und Delhi. Busse fahren vom **ST-Busbahnhof** (Dhebar Rd) nach Jamnagar (86 ₹, 2 Std, alle 30 Min.), Junagadh (89 ₹, 2¾ Std., alle 30 Min.), Bhuj (161 ₹, 7 Std., ca. stündl.) und Ahmedabad (ab 137 ₹, 4½ Std., alle 30 Min.). Von hier aus fahren auch viele Züge, z. B. nach Ahmedabad und Mumbai.

Jamnagar

Highlights
1 Adinath Mandir C3
2 Khambhaliya-Tor B3
3 Shantinath Mandir C3

Sehenswertes
4 Bala-Hanuman-Tempel B3
5 Bhujiyo Kotho A3
6 Lakhota Palace A2
7 Shree Subhash Market D2
8 Willingdon Crescent D3

Schlafen
9 Hotel Ashiana B1
10 Hotel Kalatit A1
11 Hotel President B1
12 Hotel Punit A1

Essen
7 Seas Restaurant .... (siehe 11)
13 Brahmaniya Dining Hall B1
14 Hotel Kalpana B1

tauriert und erstrahlt nun in seiner ganzen ehemaligen Pracht. Im Obergeschoss befindet sich eine Galerie, in der in Zukunft Ausstellungen über die Stadtgeschichte gezeigt werden sollen.

★ Shantinath Mandir — JAIN-TEMPEL

(Chandi Bazaar Rd; Sonnenaufgang–Sonnenuntergang) Einer der größten jainistischen Tempel in der Altstadt – dank farbiger Säulen und einer goldgeränderten Kuppel mit konzentrische Kreisen ist er besonders schön.

★ Adinath Mandir — JAIN-TEMPEL

(Chandi Bazaar Rd; ⏲ Sonnenaufgang–Sonnenuntergang) Der zweite große und besonders kunstvollste jainistische Tempel der Altstadt. ist dem 16. und dem 1. *tirthankar* (großen Lehrer) gewidmet und ist übersät mit herrlichen Wandmalereien, verspiegelten Kuppeln und kunstvoll gearbeiteten Kronleuchtern.

★ Ranmal-See — SEE

(10 ₹; ⏲ Sonnenaufgang–22.30 Uhr) Die schönen, von Bäumen gesäumten Spazierwege um den Ranmal-See wurden vor Kurzem ausgebessert und sind nun von einem Zaun mit mehreren Eingangstoren umgeben. Es gibt eine ganz gute Laufbahn mit Kunstrasen und ein brandneues Geschichtsmuseum auf der Ostseite des Sees. Der winzige **Lakhota Palace**, eine Festung auf einer Insel im See, wurde in der Mitte des 9. Jhs erbaut. Er beherbergt ein kleines Museum, in dem Waffen, Manuskripte und Töpferwaren aus dem

9. bis 18. Jh. ausgestellt sind. Zum Zeitpunkt des Schreibens wurde er gerade renoviert.

Bala-Hanuman-Tempel HINDU-TEMPEL
(www.shribalahanuman.org; Shri Premhikshuji Marg; ⊙ Sonnenaufgang–Sonnenuntergang) In diesem Tempel am Südostufer des Ranmal-Sees wird seit dem 1. August 1964 ununterbrochen das Gebet *Shri Ram, Jai Ram, Jai Ram* gesungen. Diese Hingabe hat dem Tempel einen Platz im *Guinness-Buch der Rekorde* gesichert, einem der Lieblingsbücher der Inder. Eine gute Zeit für einen Besuch ist der frühe Abend, wenn am Tempel und See die Betriebsamkeit zunimmt.

Bhujiyo Kotho TURM
(Lake Dr) Dieser beeindruckende, aber zerfallende Waffenturm blickt auf die Südseite des Ranmal-Sees. Wenn die Renovierung abgeschlossen ist, werden Besucher von der Spitze des Turms die Stadt überblicken können.

Shree-Subhash-Markt MARKT
(Ranjit Rd, Kadiawad; ⊙ 5–20 Uhr) Jamnagars bunter Gemüsemarkt existiert seit dem 18. Jh. und erinnert an ein bröckelndes Kolosseum.

Willingdon Crescent WAHRZEICHEN
(Central Bank Rd) Ein sichelförmiges Arkadengebäude im europäischen Stil. Der Willingdon Crescent wurde von Jam Ranjitsinhji angelegt, um Jamnagars schlimmstes Elendsviertel zu ersetzen. Das Gebäude beherbergt heute eine Reihe von Läden und ist allgemein als „Darbargadh" bekannt, nach der heute leer stehenden königlichen Residenz auf der anderen Straßenseite.

Kurse

Gujarat Ayurved University GESUNDHEIT & WOHLBEFINDEN
(☎ 0288-2664866; www.ayurveduniversity.com; Chanakya Bhavan, Hospital Rd) Die erste Ayurveda-Universität der Welt wurde 1967 gegründet und liegt 1,5 km nordwestlich vom Zentrum. Sie spielt seit der Unabhängigkeit eine wichtige Rolle für die Renaissance der ayurvedischen Medizin und dient auch als öffentliches Krankenhaus, in dem täglich etwa 800 bis 1000 Patienten stationär und ambulant behandelt werden.

Ihr Internationales Zentrum für Ayurvedische Studien veranstaltet einen ganztägigen, dreimonatigen Einführungskurs (Anmeldungsgebühr 25 US$, Kursgebühr 475 US$/Monat). Außerdem gibt es längere Kurse mit Studienzertifikaten und akademischen Abschlüssen in diversen Bereichen, z. B. in ayurvedischer Behandlung. Die Kurse richten sich an ausländische Teilnehmer mit medizinischem Hintergrund; weitere Infos findet man auf der Website.

Geführte Touren

Heritage Walk KULTUR
(☎ 8141600036) Der angesehene einheimische Führer Yashi Jadela veranstaltet jeden Tag historische Spaziergänge zu den wichtigsten Sehenswürdigkeiten der Altstadt. Vorher anrufen.

Schlafen

Hotel Ashiana HOTEL $
(☎ 0288-2559110; www.ashianahotel.com; New Super Market; EZ/DZ 500/600 ₹, klimatisiert ab 800/950 ₹; ❄📶) Das weitläufige, einladende Ashiana hat hilfsbereite Mitarbeiter und verschiedene Zimmer, von einfach und heruntergekommen bis groß und komfortabel. Es gibt eine Dachterrasse, auf der man wunderbar die Abende verbringen kann, und Shuttles zum Flughafen, Bahnhof und Busbahnhof. Man erreicht das Hotel mit dem Fahrstuhl oder über die Treppe im Einkaufszentrum New Super Market.

Hotel President HOTEL $$
(☎ 0288-2557491; www.hotelpresident.in; Teen Batti; Zi. 780 ₹, klimatisiert 810–1920 ₹, Suite 2795 ₹; ❄📶) Das Hotel hat außergewöhnlich hilfsbereite Mitarbeiter und eine Palette an guten Zimmern, viele davon mit Balkon. Die klimatisierten Zimmer zur Straße sind größer und besser als die nicht klimatisierten Zimmer auf der Rückseite des Hauses.

Hotel Punit HOTEL $$
(☎ 0288-2670966; www.hotelpunit.com; Teen Batti; EZ/DZ ab 850/950 ₹, Suite 1700 ₹; ❄📶) Derzeit eine der besten Budgetunterkünfte der Stadt: Die Zimmer sind einfach, aber in gutem Zustand und mit modernen Klimaanlagen und LCD-Fernsehern ausgestattet. Die Suiten sind geräumig, aber nicht unbedingt ihr Geld wert. Das Hotel liegt einen kurzen Spaziergang entfernt von einigen Restaurants und der Altstadt.

Hotel Kalatit HOTEL $$
(☎ 0288-2660105; www.hotelkalatit.com; Teen Batti; EZ/DZ ab 1520/1820 ₹, Suite 5500 ₹; ❄📶) Das moderne Hotel mit seiner kreativen Beleuchtung und seinen kunstvoll gemusterten Wänden verströmt eine junge und stylische Atmosphäre. Der Fitnessraum und das

gute Restaurant machen das Kalatit zu einem der besten Hotels der Stadt.

Hotel Aram HISTORISCHES HOTEL $$$
(0288-2551701; www.hotelaram.com; Pandit Nehru Marg; Zi. 2230–3960 ₹, Suite 4320–6500 ₹;) Das frühere königliche Anwesen ist eine interessante Mischung aus historischem und modernem Stil. Die Zimmer sind sehr unterschiedlich: Von einfachen Standardquartieren bis hin zu superluxuriösen Deluxe-Zimmern und Suiten (deren Stil teilweise etwas uneinheitlich wirkt) ist alles zu haben. Dennoch ist das Aram das schönste Hotel weit und breit. Es hat auch ein gutes internationales Restaurant mit Sitzbereichen im Garten. 1,5 km nordwestlich des Stadtzentrums.

Essen

Brahmaniya Dining Hall GUJARATISCH $
(1. Stock, Badri-Komplex, Teen Batti Chowk; Thali 199 ₹; 11.30–14.30pm & 19.30–22.30 Uhr) Dieses Lokal ist spezialisiert auf endlose vegetarische Thalis. Die Gerichte sind etwas ölig, aber lecker. Es befindet sich im ersten Stock des Badri-Komplexes.

Hotel Kalpana INTERNATIONAL $$
(Teen Batti; Hauptgerichte 90–170 ₹; Di–So 9–23 Uhr) In dem sauberen und modernen Lokal gibt es kuschelige Tischnischen, Gerichte aus dem Punjab, aus Gujarat und aus China sowie Pizzas. Wer Lust auf Hühnchen oder Lamm hat, ist hier richtig.

7 Seas Restaurant INTERNATIONAL $$
(Hotel President, Teen Batti; Hauptgerichte 140–320 ₹; 6–10 & 11–23 Uhr;) Das coole, saubere und effiziente Hotelrestaurant ist im nautischen Stil gehalten und verströmt einen Hauch Klasse. Auf der Speisekarte steht eine gute Auswahl an vegetarischen und nicht vegetarischen Gerichten, darunter Meeresfrüchte-, Tandur- und chinesische Gerichte (auf indische Art!). Hier gibt es außerdem ein „richtiges" Frühstück. Das Tandur-*bhindi* (Okraschoten) ist der Hammer!

Praktische Informationen

Auf der Website der Stadt (www.jamnagar.org) gibt's jede Menge nützliche Infos für Besucher.

Die State Bank of India tauscht in ihrer **Zentrale** Geld um. Gleich südlich des Rathauses befindet sich ein praktischer **Geldautomat**, nördlich des Rathauses ein weiterer **Axis-Geldautomat**. In der Ranjit Road gibt es eine Filiale und einen Geldautomat der **Bank of Baroda**.

Forstamt (0288-2679357; Indira Gandhi Marg, Forest Colony; Mo–Sa 10.30–18 Uhr, jeden 2. und 4. Sa im Monat geschl.) Das Forstamt erteilt Genehmigungen für Erkundungen des Golfs von Kachchh samt Meerespark sowie des nahe gelegenen Khijadiya Bird Sanctuary. Die Angestellten sprechen aber allenfalls ein paar Brocken Englisch und haben nur wenige nützliche Infos parat. Am besten kontaktiert man das **Hotel President** (S. 793), wenn man Hilfe beim Besuch dieser beiden Parks benötigt.

Post (Central Bank Rd; 9–17 Uhr) Hauptpost.

An- & Weiterreise

BUS

ST-Busse fahren vom **ST-Busbahnhof** (Government Colony) von/nach Rajkot (81 ₹, 2 Std., alle 30 Min.), Junagadh (102 ₹, 4 Std., ca. stündl.) und Ahmedabad (176 ₹, 7¼ Std., ca. stündl.). Morgens und abends fahren außerdem drei Busse nach Bhuj (162 ₹, 6½ Std.).

Zu den privaten Busunternehmen an der Vishwakarma Rd gehört der zuverlässige Anbieter **Patel Tours** (0288-2660243), der täglich 22 klimatisierte Volvo-Busse nach Ahmedabad (600 ₹, 7 Std.) schickt, 34 Busse nach Rajkot (150 ₹, 2 Std.) und fünf nicht klimatisierte Busse nach Bhuj (Sitz/Liegeplatz 300/400 ₹, 6 Std.), die meisten davon über Nacht.

FLUGZEUG

Der **Jamnagar Airport** (0288-2712187) befindet sich 6 km westlich der Stadt. Air India fliegt täglich nach Mumbai.

ZUG

Einer der praktischsten Züge ist der 22946 Saurashtra Mail, der um 16.05 Uhr über Wankaner nach Rajkot (Sleeper/3AC/2AC/1AC 150/510/715/1180 ₹, 1¾ Std.), Ahmedabad (225/600/850/1405 ₹, 6¾ Std.) und Mumbai (420/1135/1625/2745 ₹, 16 Std.) fährt.

Unterwegs vor Ort

Eine Autorikscha vom 6 km westlich gelegenen Flughafen kostet rund 150 ₹, ein Taxi 300 ₹. Eine Autoriksha vom ST-Busbahnhof zum Bedi-Tor kostet rund 30 ₹; für eine Rikscha vom Zentrum zum Bahnhof wird etwa der gleich Betrag fällig.

Rund um Jamnagar

Khijadiya Bird Sanctuary NATURSCHUTZGEBIET
(Eintritt 10 US$, Fahrzeug mit max. 6 Pers. 40 US$, Motorrad 10 US$; 7–12 & 5–6 Uhr) Das 6 km² kleine Schutzgebiet, rund 12 km nordöstlich von Jamnagar, umfasst sowohl Salz- als auch Süßwasser-Marschland und ist Heimat von über 200 Vogelarten, darunter seltene Spezi-

ABSEITS DER ÜBLICHEN PFADE

WESTLICHES SAURASHTRA

Mahatma Gandhi wurde 1869 in der Hafenstadt **Porbandar** geboren, 130 km südwestlich von Jamnagar. Hier kann man **Gandhis Geburtshaus** (9–12 & 15–18 Uhr) GRATIS besuchen, ein 220 Jahre altes Haus, das 22 Zimmer und eine Fotoausstellung über das Leben der Familie beherbergt; nebenan befindet sich außerdem die Gedenkstätte **Kirti Mandir** (7.30–19 Uhr) GRATIS. Auf dem Weg nach Porbandar liegt das **Barda Wildlife Sanctuary** (Rte 27; 8–17 Uhr), ein hügeliges und bewaldetes Gebiet mit Steindörfern, alten Tempeln und guten Wanderwegen.

Dwarka, 104 km nordwestlich von Porbanar an der Westspitze der Kathiawar-Halbinsel gelegen, ist eine der vier heiligsten hinduistischen Pilgerstätten Indiens. Der **Dwarkadhish-Tempel** (7–8, 9–12.30 & 17–21.30 Uhr) soll vor über 2500 Jahren erbaut worden sein und hat einen 78 m hohen, mit herrlichen Reliefs verzierten Turm. Dwarkas **Leuchtturm** (10 ₹; 17–18.30 Uhr) bietet einen wunderschönen Panoramablick; Fotografieren und Mobiltelefone sind nicht erlaubt. An Janmastami, Krishnas Geburtstag (Aug./Sept.), platzt die Stadt aus allen Nähten. Hier gibt es ein paar gute Strände, darunter den schönen, langen und sauberen **Okhamadhi Beach** 22 km südlich von Dwarka.

Ein klasse Ansprechpartner, der Besuche im westlichen Saurashtra organisiert, ist **Mustak Mepani** (S. 795) im Hotel President in Jamnagar.

es wie der Krauskopfpelikan, Buntstorch und Reiherläufer. Den Park besucht man am besten zwischen Oktober und März und dann frühmorgens oder bei Sonnenuntergang. Die abendliche Ankunft der Kraniche an ihren Schlafplätzen ist oft spektakulär. Es gibt sechs Türme zur Vogelbeobachtung. Ein Mietauto ab Jamnagar, das Besucher im Schutzgebiet herumkutschiert, kostet rund 1500 ₹.

Vor der Einfahrt muss man am neuen Informationszentrum seinen Pass vorlegen.

Meeresnationalpark NATIONALPARK

(max. 6 Pers. 900 ₹, Kamera 450 ₹) Der Nationalpark und das angrenzende Meeresschutzgebiet bestehen aus drei Teilen und umfassen die Gezeitenzone und 42 kleine Inseln in einem 120 km langen Küstenabschnitt östlich und westlich von Jamnagar. Die Region weist eine vielfältige Flora und Fauna auf, die angesichts der Industrialisierung vor wachsenden Herausforderungen steht. Bei Ebbe sieht man Korallen, Tintenfische, Anemonen, Kugelfische, Seepferdchen, Hummer, Krabben u. v. m. **Mustak Mepani** (9824227786) im Hotel President in Jamnagar organisiert Touren, Autos, Fahrer und Genehmigungen.

Der Park besteht aus drei Abschnitten: Narada, Poshitra und der Pirotan-Insel. Narada ist der interessantere Bereich: Vom Eingangstor, wo man parken kann, führt eine 2,3 km lange Wanderungen über Felsen und Riff zum Golf von Kachchh, wo man verschiedene Meerestiere erspähen kann (unbedingt festes Schuhwerk anziehen, da der Untergrund scharfkantig ist!). Nach Narada gelangt man am besten von Jamnagar, das 65 km entfernt liegt. Die Autofahrt kostet rund 2200 ₹ (hin & zurück). Poshitras Hauptattraktionen sind die Korallen, ansonsten gibt es hier nur wenige andere Lebewesen zu sehen. Diese Zone ist für Besucher bis 2018 geschlossen, damit sich die Korallen regenerieren können. Die Pirotan-Insel liegt 7 Seemeilen entfernt vom Rozi-Dock; das von Jamnagar in rund 25 Minuten mit dem Auto erreicht ist. Während einer Bootsfahrt kann man Delfine und Vögel erspähen. Ein Auto ab Jamnagar kostet 4500 ₹, egal ob man nur hin oder auch zurück fährt.

Wenn möglich, besucht man den Park zwischen Dezember und März, wenn hier viele Vogelarten überwintern.

Narada und Poshitra sind nur bei Ebbe zugänglich, weshalb sich die Öffnungszeiten täglich ändern. Vor der Einfahrt muss man den Pass vorlegen und ein bisschen Papierkram über sich ergehen lassen.

KACHCHH

Kachchh, der Wilde Westen Indiens, ist ein geografisches Phänomen. Das flache, wie eine Schildkröte geformte Land, grenzt an den Golf von Kachchh sowie an den Großen und den Kleinen Rann und ist eine saisonale Insel. Während der Trockenzeit bilden die Ranns riesige Flächen aus trockenem Schlamm und blendend weißem Salz. Sobald aber der Monsun einsetzt, werden sie zunächst von Salzwasser und dann von Süßwasser aus dem Fluss geflutet. Durch den Salzgehalt im Boden ist das tiefliegende Marschgebiet fast vollständig unfruchtbar. Nur auf einigen verstreuten „Inseln", die über dem Salzstand liegen, wächst struppiges Gras, das den Tieren der Region als Futter dient.

Die Dörfer, die in der trockenen Landschaft von Kachchh verstreut liegen, sind die Heimat eines wahren Puzzles aus Stammesgruppen und Unterkasten, die einige der schönsten kunsthandwerklichen Objekte Indiens herstellen. Besonders berühmt sind die Stoffe, die mit erlesenen Stickereien und Spiegelarbeiten geschmückt sind. Nach dem verheerenden Erdbeben 2001, das viele Dörfer komplett zerstörte, haben die Bewohner dieses unerbittlichen Landstriches ihr Leben entschlossen wieder aufgebaut und freuen sich über Besucher.

Bhuj

☎02832 / 188 240 EW.

Die interessante Hauptstadt von Kachchh wurde nach dem schweren Erdbeben im Jahr 2001, das Bhuj fast vollständig zerstörte, nahezu vollständig wiederaufgebaut. Hier wird wunderschönes Kunsthandwerk aus Kachchh verkauft, es gibt historische Gebäude wie den Aina Mahal und den Prag Mahal mit ihrer schaurigen Schönheit zu sehen und man kann Bhuj als ideale Ausgangsbasis für einen Besuch der umliegenden Dörfer und des zauberhaften Großen Rann nutzen. Touristen aus aller Welt kommen her, um die Textilien der Region zu bestaunen und zu kaufen.

Die Jadeja-Rajputen, die Kachchh 1510 eroberten, machten Bhuj 29 Jahre später zu ihrer Hauptstadt. Seitdem ist es die bedeutendste Stadt von Kachchh geblieben.

Sehenswertes

Im Herzen der Altstadt befindet sich der Darbargadh-Palastkomplex. Innerhalb seiner Mauern liegen der Prag Mahal, der Aina Mahal und der Rani Mahal.

★ Aina Mahal PALAST

(Alter Palast; 20 ₹, Kamera 30 ₹; ⏲ Fr–Mi 9–11.45 & 15–17.45 Uhr) Der wunderschöne Palast von 1752 büßte sein oberstes Stockwerk durch ein Erdbeben ein. Das unterste Stockwerk ist jedoch zugänglich. Hier befindet sich eine 15,2 m lange Rolle, die eine Staatsprozession in Kachchh zeigt. Das mit aufwendigen Spiegelarbeiten verzierte Innere aus dem 18. Jh. zeigt die Faszination für alles Europäische zu dieser Zeit – eine faszinierende Umkehrung der Begeisterung Europas für alles Orientalische. Hier sieht man

Bhuj

u.a. blau-weiße Kacheln nach Delfter Art, einen Kronleuchter aus venezianischem Glas und Hogarths Kupferstichserie *Der Wüstling*. Der Turm bietet einen erhabenen Ausblick auf den Rani Mahal.

Der Palast für Maharao Lakhpatji wurde von Ramsingh Malam erbaut, einem Seemann aus Dwarka, der auf seinen Reisen die Kunst und das Kunsthandwerk Europas kennen- und schätzen gelernt hatte. Im Schlafzimmer steht ein Bett mit Füßen aus massivem Gold – der Herrscher lies sein Bett angeblich jedes Jahr versteigern. Im Fuvara-Mahal-Zimmer plätscherten Brunnen, während der Herrscher Tänzern zusah oder Gedichte schrieb.

Prag Mahal — PALAST

(Neuer Palast; 20 ₹; ⏲ 9.30–12.15 & 15–17.45 Uhr) Der größte der drei Paläste innerhalb des Darbargadh-Komplexes ist der Prag Mahal aus dem 19. Jh. Er wurde durch ein Erdbeben beschädigt und befindet sich in einem traurigen Zustand. Dennoch lohnt er einen Besuch wegen seiner geisterhaften, opulenten Durbar Hall mit ihren riesigen Kronleuchtern, Jagdtrophäen des Maharadschas (sein Beitrag zum Niedergang der Tierwelt Indiens) und goldgewandeten klassischen Statuen – das Ganze würde auch gut als Dekoration in einen Nachtclub passen. Mehrere Sequenzen aus dem gefeierten Bollywood-Blockbuster *Lagaan* wurden hier gedreht.

Rani Mahal — PALAST

Der Rani Mahal aus dem 17. Jh., die frühere Königsresidenz, ist heute geschlossen. Man kann jedoch noch immer die Gitterfenster der *zenana* (Frauenquartiere) bewundern. Der Palast ist besonders schön bei Sonnenuntergang.

★ Kachchh Museum — MUSEUM

(City Police Station Rd; Inder/Ausländer 5/100 ₹; ⏲ Di–Do 10–13 & 14.30–17.30 Uhr, am 2. & 4. Sa des Monats geschl.) Gegenüber vom Hamirsar-Becken zeigt das älteste Museum von Gujarat eine vielfältige und lohnende Ausstellung zu den Themen Textilien, Waffen, Silberarbeiten, Wildtiere und Geografie, darunter Dioramen mit Stammestrachten und Artefakten der Stämme von Kachchh. Die Beschriftungen sind auf Englisch und Gujarati.

Volkskunstmuseum — MUSEUM

(Bhartiya Sanskriti Darshan; nahe der City Police Station Rd; 100 ₹, Kamera 200 ₹; ⏲ Di–So 11–13.15 & 15–18 Uhr) Das Museum beherbergt eine hervorragende Ausstellung über die traditionelle Kultur von Kachchh, die rekonstruierte Rabari-*bhungas* (Lehmhütten mit eingearbeiteten Spiegeln), Musikinstrumente, Holz- und Steinreliefs u.v.m. umfasst. Die antiken Textilien aus Kachchh sind besonders sehenswert, vor allem dann, wenn man keine Gelegenheit hatte, das Calico Museum in Ahmedabad zu besuchen. Das Volks-

Bhuj

Highlights
1 Aina Mahal B1
2 Kachchh Museum B2

Sehenswertes
3 Volkskunstmuseum A3
4 Prag Mahal B1
5 Rani Mahal B1
6 Sharad Baug Palace A1

Aktivitäten, Kurse & Touren
7 Pramod Jethi B1

Schlafen
8 Bhuj House D3
9 City Guest House C1
10 Hotel Gangaram C1
11 Hotel Ilark D1

Essen
12 Green Rock C2
Jesal .... (siehe 15)
13 Shankar Vadapav C2
Toral .... (siehe 15)

Shoppen
14 Kutch Mahila Vikas Sangathan (Qasab) C3
15 Qasab D1

Praktisches
16 Ashapura Money Changer D2
17 Bank of Baroda, Geldautomat C2
18 District Superintendent of Police B3
19 HDFC, Geldautomat B2
20 State Bank of India C3
21 State Bank of India, Geldautomat D2
22 State Bank of India, Geldautomat C2
23 Touristeninformation B3

Transport
24 4WD for Mandvi C2
Jay Somnath Travels .... (siehe 25)
25 Patel Tours & Travels B2
26 Shree Sahjanand Travels C2
27 ST-Busbahnhof C2

kunstmuseum liegt an der Mandvi Road, 700 m südlich vom Kachchh Museum.

Sharad Baug Palace PALAST
(20 ₹, Kamera/Video 20/100 ₹; ⌚ Sa–Do 9–12 & 15–17.45 Uhr) Dieser graziöse, italienisch anmutende Palast wurde 1867 errichtet und steht inmitten Schatten spendender Bäume voller Krähen und Fledermäuse. Er war der Wohnsitz des letzten Maharao von Kachchh, Madansingh, der hier bis zu seinem Tod 1991 lebte. Beim Erdbeben 2001 wurde fast der ganze 3. Stock zerstört; die verbliebenen unteren Stockwerke sind geschlossen. Aber im angrenzenden früheren Speisesaal ist die abwechslungsreiche Sammlung des Palastes untergebracht. Zu den herausragenden Stücken gehören zwei riesige ausgestopfte Tiger, die der ehemalige Maharao geschossen hat, und dessen Sarg.

Bhuj HÜGEL
(Bhujiyo Dungar) Am östlichen Stadtrand liegt dieser Hügel auf dessen Spitze ein hinduistischer Tempel thront. Der Ort eignet sich ideal, um den Sonnenuntergang zu beobachten. Hier soll ein Denkmal für die Opfer des Erdbebens aus dem Jahr 2001 entstehen. Autorikschas vom Zentrum von Bhuj zu den Stufen, die auf den Hügel hinaufführen, kosten rund 80 ₹.

Schlafen

City Guest House PENSION $
(☎ 9913922669; www.cityguesthousebhuj.com; Langa St; DZ 500 ₹, EZ/DZ ohne Bad ab 300/400 ₹; ❄) Abseits vom Shroff Bazaar befindet sich diese ungewöhnlich helle und freundliche Budgetunterkunft mit sauberen, einfachen Zimmern und bunten Bettüberwürfen. Die Zimmer ohne Fenster sollte man meiden. Die Bäder sind mit einer Hocktoilette bzw. einem Hock-Sitz-Hybrid ausgestattet. Frühstück, zwei luftige Dachterrassen und Motorräder, die Manager Latif vermietet (500 ₹/Tag).

Hotel Mangalam HOTEL $$
(☎ 9227593130; www.mangalamhotels.com; Mangalam Cross Rd; Zi. 1500 ₹, EZ/DZ, klimatisiert ab 2000/2500 ₹; ❄ 📶) Am Südrand der Stadt bietet dieses neue Hotel große helle Zimmer mit gemütlicher Einrichtung. Einige bieten eine gute Aussicht. Das Restaurant im Erdgeschoss ist ausgezeichnet; auf Wunsch werden Gäste kostenlos zum Flughafen befördert.

Hotel Gangaram HOTEL $$
(☎ 9429377131; www.hotelgangaram.com; abseits des Shroff Bazaar; EZ/DZ 1000/1200 ₹, klimatisiert 1200/1400 ₹; ❄ 📶) In der Altstadt, nahe dem Darbargadh-Komplex und damit weit weg vom Lärm der Durchgangsstraßen, liegt dieses gute, wenn auch etwas matt aussehende Hotel. Der Manager ist sehr freundlich. Die Zimmer sind sehr unterschiedlich, daher sollte man sich auf jeden Fall einige ansehen. Das Essen ist ziemlich gut.

★ **Bhuj House** PRIVATUNTERKUNFT $$$
(☎ 9098187346; www.thebhujhouse.com; Camp Area, gegenüber vom Camp Police Chowki; Zi. 4600–5600 ₹; ❄ 📶) Dieses liebevoll renovierte denkmalgeschützte Haus aus dem 19. Jh. wird von dem wunderbaren indisch-britischen Ehepaar Jehan und Katie geführt. Das Haus gehört den Vorfahren von Jehan und umgibt einen wunderbar ruhigen Innenhof. Die vier Zimmer sind mit Ventilatoren, eigenen Bädern und antiken Möbeln aus Khachch ausgestattet und mit Stickereien verziert. Auf Wunsch werden köstliche Mahlzeiten serviert. Die Gastgeber helfen beim Organisieren von Touren zu den Dörfern in Khachch.

Hotel Ilark HOTEL $$$
(☎ 02832-258999; www.hotelilark.com; Station Rd; EZ/DZ ab 3250/3550 ₹, Suite ab 5240 ₹; ❄ 📶) Eines der besten Hotels in Bhuj: Die stilvollen, mit Holzpaneelen und -möbeln ausgestatteten Zimmer halten das Versprechen der modernen roten Fassade mit ihren Glasfronten. Sehr professioneller Service, gutes Restaurant.

Essen

★ **Shankar Vadapav** IMBISS $
(Middle School Rd; Snacks ab 20 ₹) Der Imbissstand ist eine lokale Legende. Unbedingt ein *vadapav* (scharfe Ofenkartoffel mit Chutney-Sandwich) oder – für den großen Hunger – ein *mirchvada* (eine mit Gewürzen gefüllte Chilischote, im Teigmantel frittiert und mit Brot serviert) probieren! Das Schild ist auf Gujarati; der Stand ist direkt neben der Eisdiele Gopi Gola Ghar.

★ **Toral** VEGETARISCH $$
(Hotel Prince, Station Rd; Thali 299 ₹; ⌚ 11.30–15 & 19.30–23 Uhr; ❄) Dieses stilvolle Restaurant im Hotel Prince brummt mittags vor Einheimischen und Besuchern, die sich hier wegen der hervorragenden, endlosen gujaratischen Thalis drängeln.

★ **Mangalya** MOGUL-KÜCHE $$
(Hotel Mangalam, Mangalam Cross Rd; Hauptgerichte ab 160 ₹, Mittagsbuffet 230 ₹; ❄) Die krea-

tiven Gerichte aus der Mogul-Küche sind ein Muss für Vegetarier. Die Tandur- und die Panir-Gerichte sind hervorragend – wer sich nicht entscheiden kann, sollte die köstliche gemischte Platte nehmen. Hier bekommt man außerdem *dosas* und andere südindische Gerichte. Und wer Heimweh hat, bestellt einfach eine Pizza!

Jesal NORDINDISCH **$$**
(Hotel Prince, Station Rd; Hauptgerichte ab 190 ₹; ⌚7–15 & 19–23 Uhr; ❄) Jesal serviert eine gute Mischung aus nordindischen Gerichten (vor allem aus dem Tandur), eine breite Palette an indochinesischen Essen und einige westliche Optionen für alle, die Heimweh oder genug von indischen Gewürzen haben.

Green Rock INTERNATIONAL **$$**
(Middle School Rd; Hauptgerichte 100–210 ₹, thali 220 ₹; ⌚11–15 & 19–22.30 Uhr; ❄) Das klimatisierte Restaurant im ersten Stock serviert mittags leckere Thalis und außerdem eine breite Auswahl an vegetarischen Gerichten.

Praktische Informationen

Ashapura Money Changer (Station Rd; ⌚Mo–Sa 9.30–19 Uhr) Wechselt Fremdwährungen und Reiseschecks.

District Superintendent of Police (DSP Rd; ⌚Mo–Sa 10–18 Uhr, am 2. & 4. Sa des Monats geschl.) Hier gibt's Genehmigungen für Besuche der Dörfer im Umland.

State Bank of India (Hospital Rd; ⌚Mo–Fr 10–16, Sa bis 13 Uhr) Wechselt Fremdwährungen und Reiseschecks.

Touristeninformation (☎02832-224910; www.gujarattourism.com; Bahumali Bhavan Rd; ⌚Mo–Sa 9–18 Uhr) Nützliche Touristeninformation gegenüber vom Bahumali Bhavan.

An- & Weiterreise

BUS

Zahlreiche Busse fahren vom ST-Busbahnhof nach Ahmedabad (188 ₹, 8 Std., stündl.), Rajkot (153 ₹, 7 Std.), Jamnagar (151 ₹, 6 Std., stündl.) und Mandvi (67 ₹, 1½ Std.). Privatbusse von **Patel Tours & Travels** (☎02832-220556; www.pateltoursandtravels.com; Middle School Rd), gleich vor dem Busbahnhof, fahren nach Ahmedabad (nicht klimatisierter/klimatisierter Liegeplatz 350/500 ₹, 9 Std.). Alternativ gibt es klimatisierte Volvo-Busse mit Liegeplätzen (588 ₹, 21 Uhr) von **Shree Sahjanand Travels** (☎02832-222236; www.shreesahjanandtravels.com; gegenüber vom ST-Busbahnhof). Patel Tours & Travel betreibt außerdem nicht klimatisierte Busse mit Liegeplätzen nach Jamnagar (Sitz/Liegeplatz 300/400 ₹, 7 Std., 15.30, 20.30, 21, 22.30 Uhr), während **Jay Somnath Travels** (☎9979869670; Middle School Rd; ⌚8–21 Uhr) Busse nach Rajkot (200 ₹) anbietet. Nach Mandvi gelangt man am schnellsten mit einem Sammel-**Jeep**.

FLUGZEUG

Der Flughafen von Bhuj liegt 5 km nördlich des Zentrums. Vom hier aus fliegt Air India täglich nach Delhi und Mumbai.

ZUG

Der Bahnhof von Bhuj liegt 1,5 km nördlich des Zentrums und hat ein **Reservierungsbüro** (⌚Mo–Sa 8–20, So bis 14 Uhr). Von hier aus fahren täglich vier bis fünf Züge nach Ahmedabad: der 14312 Ala Hazrat Express fährt um 12.40 Uhr ab (Di, Do, Sa) und kommt um 19.45 Uhr in Ahmedabad an (Sleeper/3AC/2AC 235/625/880 ₹); von hier aus fährt er weiter nach Abu Road, Jaipur und Delhi. Der 19116 Bhuj BDTS Express fährt täglich um 12.15 Uhr ab und kommt um 5.05 Uhr in Ahmedabad

KACHCHH ENTDECKEN

Es ist möglich, einige von Kachchhs Dörfern mit öffentlichen Verkehrsmitteln zu besuchen – so fahren z. B. täglich drei Busse nach Khavda (55 ₹, 2 Std.). Zu Dörfern, die nicht zu weit von der Stadt entfernt liegen, bietet sich auch die Fahrt mit einer Autorikscha an. Am flexibelsten ist man jedoch, wenn man ein eigenes Auto mit Fahrer mietet – in den meisten Hotels in Bhuj lässt sich beides organisieren.

Gut durchdachte, thematische und maßgeschneiderte Autorikschatouren (halber/ganzer Tag 800/1400 ₹) zu den Dörfern außerhalb von Bhuj organisiert **Pramod Jethi** (S. 800), der ehemalige Kurator des Aina Mahal und Experte in Sachen Kachchh. Die Rikschafahrer, mit denen er zusammenarbeitet, wurden von Travellern jedoch mitunter negativ bewertet. **Salim Wazir** (S. 800) kennt sich bestens mit Textilien aus und ist ein hervorragender Guide, der maßgeschneiderte Touren zu Kachchh-Dörfern anbietet. Mit seinem Jeep fährt er auch interessante Dörfer an, die mit Autorikschas nicht zu erreichen sind. **Kuldip Gadhvi** (S. 800) hat ebenfalls einen ausgezeichneten Ruf als Führer in Kachchh. Alle drei können ein- oder mehrtägige Touren in der Region organisieren. Führer kosten pro Tag rund 2000 ₹, dazu kommen weitere 3000 ₹ für ein Auto bzw. einen Jeep.

KREATIVES KACHCHH

Kachchh (Kutch) ist eines der ergiebigsten Pflaster Indiens in Sachen Kunsthandwerk. Kachchh ist besonders bekannt für seine wunderschönen, bunten Stickereien (die es in 16 Stilen gibt). Es leben hier aber auch viele Kunsthandwerker, die sich auf Weben, Batik, Blockdruck, Holzschnitzerei, Töpfern, Glockengießen und andere kunsthandwerkliche Sparten spezialisiert haben. Diese Vielfalt verdeutlicht, wie viele verschiedene Traditionen in den zahlreichen Gemeinschaften gepflegt werden, die in Kachchh leben. Viele Kooperativen investieren in soziale Projekte und helfen Kunsthandwerkern, Produkte herzustellen, die sich verkaufen lassen, aber dennoch das künstlerische Erbe bewahren. Wer sich für Stickerei-Arbeiten interessiert, für den ist ein Besuch im neuen Kunsthandwerksmuseum Living & Learning Design Centre (LLDC) (S. 801) in Ajrakhpur ein absolute Muss. Wenn möglich, sollte man sich die *Kutch Craft Map* besorgen, eine Karte mit den wichtigsten Kunsthandwerksstätten. Sie wird von der Organisation **Somaiya Kala Vidya** (www.somaiya-kalavidya.org) aufgelegt, die mit Kunsthandwerkern in ganz Kachchh zusammenarbeitet, um das traditionelle Kunsthandwerk zu pflegen und weiterzuentwickeln.

Die Touristeninformation kann Autorikschafahrer und Führer empfehlen, die an den meisten lokalen Kooperativen ein Stopp einlegen (halber/ganzer Tag 800/1400 ₹). Die Touren können auch einen Besuch in den Dörfern Ajir und Rabari beinhalten, aber nicht alle sind seriös und die Sprachbarriere ist oft hoch. Der ehemalige Tourismusdirektor **Pramod Jethi** (9374235379; nahe Darbargadh; Mo–Sa 9–12 & 15.30–18 Uhr) kann Besucher auf Touren zu den umliegenden Kooperativen begleiten. Das tun auch die hervorragenden Guides **Salim Wazir** (9825715504, 02832-224187; salimwazir@gmail.com) und **Kuldip Gadhvi** (9327054172; www.kutchadventuresindia.com). Den Führern kann man genau sagen, was man sehen möchte; außerdem können sie die künstlerischen Verfahren erläutern. Die nachfolgend aufgeführten Kooperativen verkaufen Handwerksarbeiten von hervorragender Qualität. Die Kooperativen akzeptieren Kartenzahlung, einzelne Kunsthandwerker nehmen jedoch nur Bargeld – es kann also nicht schaden, mit ausreichend Cash versorgt zu sein.

Lokale Kunsthandwerkskooperativen

Kutch Mahila Vikas Sangathan (02832-256281; www.kmvs.org.in; 21 Nootan Colony, Dr Urmila Mehta Hospital Lane; 10–18 Uhr) Die Graswurzelorganisation ist ein Zusammenschluss aus 12 000 Frauen vom Land (davon 1200 Kunsthandwerkerinnen). Die Mitgliedern erhalten eine Dividende der Erlöse, Gewinne werden zudem in soziale Projekte investiert. Die erlesenen Stickerei- und Patchwork-Arbeiten spiegeln die individuellen Stile der verschiedenen Stammesgruppen wider. Die Produkte werden unter dem Markennamen „Qasab" verkauft und umfassen alles von Taschen und Bettüberwürfen zu Kissenbezügen und Wandbehängen. „Qasab"-Verkaufsstellen gibt's im **Hotel Prince** (Hotel Prince, Station Rd; 13–15 & 19–22 Uhr) und in Khavda, einem Dorf 80 km nördlich von Bhuj.

Kala Raksha (02832-277237; www.kala-raksha.org; Mo–Sa 10–14 & 15–18 Uhr) Die gemeinnützige Stiftung befindet sich in Sumrasar Sheikh, 25 km nördlich von Bhuj, und hat sich der Erhaltung und Förderung der Künste von Kachchh verschrieben. Sie arbeitet mit etwa 1000 Handwerkern aus sechs Gemeinschaften in 26 Dörfern zusammen, die Stickereien, Patchworks und Applikationen fertigen. Die Stiftung hat ein kleines Museum mit Laden und organisiert Besuche in den Dörfern, wo man die Kunsthandwerker kennenlernen

(Sleeper/3AC/2AC/1AC 235/625/880/1465 ₹) und um 14.05 Uhr in Mumbai am Bahnhof Bandra (425/1140/1640/2765 ₹) an.

Unterwegs vor Ort

Der Flughafen liegt 5 km nördlich der Stadt. Ein Taxi kostet rund 300 ₹, eine Autorikscha 150 ₹. Für Autorickschas vom Zentrum zum Bahnhof werden rund 50 ₹ fällig.

Rund um Bhuj

Bhuj eignet sich hervorragend als Basis für Besuche der hiesigen Stammesgruppen, der Jat, Ahir, Meghwal, Harijan, nomadischen Rabari und anderer Gemeinschaften. Alle pflegen individuelle, farbenfrohe Kunsthandwerkstraditionen. Die besten Kunst-

kann. Bis zu 80 % der Einnahmen geht an die Kunsthandwerker, die auch dabei mitwirken, die Produkte zu entwerfen und die Preise festzulegen.

Vankar Vishram Valji (☎02832-240723; Bhujodi; ⊙8–20 Uhr) Ein Familienunternehmen und eine der führenden Webereien in Bhujodi. Hier kann man herrliche Decken, Schals, Stolen und Teppiche kaufen.

Shrujan (☎02832-240272; www.shrujan.org; Bhujodi; ⊙10–19.30 Uhr) Gleich hinter der Abzweigung nach Bhujodi und hinter dem GEB-Umspannwerk liegt diese gemeinnützige Stiftung, die mit über 3000 Stickerinnen aus neun Gemeinschaften in 114 Dörfern zusammenarbeitet. In dem Schauraum werden erstklassige Schals, Saris, Kissenbezüge u. a. verkauft. Weitere Arbeiten sind in dem Kunsthandwerksmuseum LCDC ausgestellt.

Dr. Ismail Mohammad Khatri (☎02832-299786, 9427719313; dr.ismail2005@gmail.com; Ajrakhpur; ⊙9–17 Uhr) In Ajrakhpur, 6 km östlich von Bhujodi an der Straße nach Bhachau, führt Dr. Khatri ein seit zehn Generationen bestehendes Blockdruckgeschäft, in dem qualitativ hochwertige und mit natürlichen Farbstoffen gefärbte Textilien mit auffälligen geometrischen Mustern hergestellt werden. Wer bei dem faszinierenden Herstellungsprozess zusehen möchte, der allerhöchste Kunstfertigkeit erfordert, sollte morgens vorbeischauen. Man kann Tischdecken, Schals, Röcke, Saris und andere schöne Dinge kaufen.

Parmarth (☎9909643903, 9712411050; 106 Ramkrushn Nagar, New Dhaneti; ⊙8.30–21 Uhr) Diese Einrichtung wird von einer reizenden Familie geführt, deren Arbeiten viele nationale Preise gewonnen haben. Sie ist auf Ahir-Stickerei spezialisiert. New Dhaneti liegt 17 km östlich von Bhujodi, an der Straße nach Bhachau.

Khamir (☎02832-271272; www.khamir.org; Kukma Rd, Lakhon-Kreuzung, Kukma; ⊙10–17.30 Uhr) Die Dachorganisation hat sich dem Erhalt und der Förderung des Kunsthandwerks von Kachchh in all seiner Vielfalt verschrieben. Im Zentrum von Kukma kann man Vorführungen beiwohnen und einige der Produkte der Kunsthandwerker kaufen. Das Ganze liegt etwa 4 km hinter Bhujodi, Richtung Anjar.

Traditional Rogan Art (☎02835-277788; www.traditionalroganart.com; Nirona) Das Dorf Nirona, 40 km nordwestlich von Bhuj, ist bekannt für seine verschiedenen Kunsthandwerke (Lackarbeiten, Glockenherstellung). Das bekannteste Handwerk ist die preisgekrönte uralte Kunst des Rogan-Malens, die vor 300 Jahren aus dem Iran eingeführt wurde und in Indien nur von einer Familie praktiziert wird, die in diesem Dorf wohnt. Die zarten, detaillierten Textilmalereien benötigten Monate bis zur Fertigstellung. Narendra Modi überreichte Barack Obama ein Exemplar bei dem Besuch des amerikanischen Präsidenten.

Textilhändler

In Bhuj säumen Textilhändler den Shroff Bazaar gleich östlich des Darbargadh-Komplexes. Viele der vermeintlichen Blockdruckartikel sind allerdings in Wirklichkeit im Siebdruckverfahren entstanden.

Mr. A. A. Wazir (☎02832-224187; awazir1@rediffmail.com; Plot 107B, Lotus Colony, Bhuj) Wer an den alten Stickereien interessiert ist, kann sich an Mr. Wazir gegenüber vom Allgemeinkrankenhaus wenden. Er hat eine atemberaubende Sammlung von über 3000 Stücken, von denen etwa die Hälfte zum Verkauf steht.

handwerksprodukte findet man in den Dörfern an der Straße nach Norden Richtung Khavda sowie südöstlich von Bhuj. Zu den weiteren Sehenswürdigkeiten gehören eine bedeutende abgelegene archäologische Stätte und die beeindruckende Landschaft des Großen Rann von Kachchh. Für Besuche von einem Teil des Ranns benötigt man eine Genehmigung, die aber von den Guides problemlos organisiert werden kann.

Sehenswertes

★Living & Learning Design Centre (LLDC) Crafts Museum MUSEUM
(www.shrujan.org; Bhuj-Bhachau Rd, Ajrakhpur; 50 ₹; ⊙Di–So 10–18 Uhr) 15 km östlich von

Bhuj befindet sich dieses hervorragende Museum, das von einer NGO betrieben wird, und ein Muss für jeden ist, der sich für die jahrhundertealte Traditionen interessiert, die Kachchhs Kunsthandwerker aufrechterhalten. Eine der drei geplanten Galerien ist jetzt geöffnet und zeigt 42 verschiedene Stickerei-Stile u. a. der Ahir, Maghwal und Rabari Die Exponate sind atemberaubend. Multimedia-Installationen vermitteln weiterführende Informationen zu den Ausstellungen. Der Geschenkladen verkauft bestickte Stoffe und Bücher über die Geschichte der Stickerei-Kunst in Kachchh.

Es gibt Pläne, langfristig die gesamte Bandbreite an kreativer Kunst aus Kanchchh auszustellen, von Metall-, Leder- und Silberarbeiten bis hin zu Rogan-Textildrucke.

★ Weiße Wüste NATURSCHUTZGEBIET

(100 ₹) Westlich von Khavda und nördlich von Hodka liegt die weiße Wüste, die einzige zugängliche Gegend des Großen Rann von Kachchh, der 30 000 km² großen Salzwüste zwischen dem Golf von Kuchchh und der Mündung des Indus im südlichen Pakistan. Ein 1,3 km langer Pfad führt vom Parkplatz zum Aussichtsturm, der einen Ausblick auf die riesige Salzfläche bietet. Wenn diese während der Wintermonate völlig austrocknet, verwandelt sie sich in einen magischen Ort. Die Gebühr wird unterwegs bezahlt.

Bhujodi DORF

Bhujodi, etwa 7 km südöstlich von Bhuj, ist auf Weberei spezialisiert. Die Weber benutzen hier meist Gewichtswebstühle, die mit beiden Händen und Füßen betrieben werden. Man kann sich viele Werkstätten ansehen, die schöne Schals, Decken und andere Produkte herstellen. Das Dorf liegt 1 km vom Hwy 42 entfernt. Einfach einen Bus in Richtung Ahmedabad nehmen und den Fahrer bitten, an der Abzweigung nach Bhujodi (14 ₹) zu stoppen! Eine Rikscha für den Rückweg nach Bhuj kostet etwa 350 ₹.

Than KLOSTER

In den Hügeln rund 60 km nordwestlich von Bhuj liegt das unheimliche Kloster Than aus dem 12. Jh.: ein entspannter Ort mit Gebäuden, die von verfallenden Lehmhäusern bis zu Stuckbauten im portugiesischen Stil und blau-weiß getünchten Glockentürmen reichen. Von Bhuj fährt ein Bus täglich um 17 Uhr nach Than (55 ₹, 2 Std.); er fährt am nächsten Morgen zurück. Das Kloster bietet sehr einfache Gästezimmer mit Matratzen auf dem Fußboden (für weibliche Reisende nicht zu empfehlen) und einfaches Essen (bezahlt wird per Spende). Achtung: Trinkwasser gibt es hier nicht!

Der heilige Mann Dhoramnath stand als Strafe für einen Fluch, den er ausgesprochen hatte, zwölf Jahre lang auf dem Kopf auf dem Gipfel des Hügels Dhinodhar. Die Götter baten ihn, damit aufzuhören. Er willigte unter der Voraussetzung ein, dass der erste Ort, auf den sein Blick fallen würde, unfruchtbar würde – und so entstand der Große Rann. Schließlich gründete er den Mönchsorden der Kanphata (Schlitzohren; von den großen Piercings in den Ohrmuscheln), dessen Kloster am Fuße des Hügels steht.

Tejsibhai Dhanabhai Marwada KUNSTHANDWERK

(✆ 9913491374; Sanjot Nagar; ⌚ 8–18 Uhr) In einem kleinen Dorf nahe Bhujodi mehrere Kilometer östlich von Bhuj lebt dieser Handwerksmeister, der einzige in der Gegend, der sich auf handgewebte Teppiche spezialisiert hat. Die Teppiche, Läufer und Wandbehänge sind von hervorragender Qualität und werden aus Kamelhaar hergestellt.

Dholavira ARCHÄOLOGISCHE STÄTTE

Eine lange Fahrt nordöstlich von Bhuj, auf einer saisonalen Insel im Großen Rann, liegt die faszinierende Ausgrabungsstätte Dholavira. Archäologen haben eine komplexe, 1 km² große Stadt aus Steingebäuden freigelegt, in der von 2900 bis 1500 v. Chr. Menschen der Harappan-Zivilisation lebten. Am besten organisiert man seine Fahrt selbst (hin bzw. hin & zurück5000 ₹). Der einzige Bus nach Dholavira fährt in Bhuj um 14 Uhr ab (86 ₹, 6 Std.) und um 5 Uhr morgens zurück.

Wenn die Straße von Khavda nach Dholavira fertiggestellt ist, wird die Fahrt nach Dholavira günstiger rund wesentlich schneller vonstatten gehen.

Tana Bana KUNSTHANDWERK

(✆ 9998082332; ramji.vankar@gmail.com; Sumrasar Shekh) Der Weber Ramji Maheshwari, ein Absolvent der Somaiya-Kala-Vidya-Designschule für Kunsthandwerker, zeigt seine Kunst an einem traditionellen Grubenwebstuhl. Verkauft werden Schals, Tücher und andere hochwertige Produkte.

Hodka DORF

Dieses Dorf wird von Stammesangehörigen der Meghwal und Halepotra bewohnt und hat sich auf Lederarbeiten und Stickereien spezialisiert. Es liegt rund 55 km nördlich von Bhuj, an der Route 341.

Bhirandiyara DORF

In diesem Meghwal-Dorf findet man wunderschöne Stickerei- und Lederarbeiten. Es liegt eine Stunde mit dem Auto nördlich von Bhuj, an der Route 341.

Khavda DORF

Dieses Kumbhar-Dorf, 70 km nördlich von Bhuj, ist für seine Töpfer- und Textilarbeiten bekannt.

Kalo Dungar HÜGEL

(Black Hill) Nördlich des Dorfs Khavda, markiert der „Schwarze Hügel" den höchsten Punkt (462 m) von Kachchh. Von hier aus hat man eine tolle Aussicht auf den Großen Rann, der sich während des Monsuns in einen riesigen Binnensee verwandelt. Öffentliche Verkehrsmittel hierher gibt es nicht.

Aktivitäten

Centre for Desert & Ocean VOGELBEOBACHTUNG

(CEDO; ☎8511981245, 9825248135, 02835-221284; www.cedobirding.com; Moti Virani; EZ/DZ inkl. Mahlzeiten 2500/5000 ₹) Rund 53 km nordwestlich von Bhuj befindet sich diese Organisation, die sich dem Erhalt der Flora und Fauna der Region verschrieben hat. Die Organisation wird von dem passionierten Umweltschützer Jugal Tiwari und seinem Sohn Shivam geleitet. Sie veranstaltet Vogelbeobachtungstouren, wobei der Schwerpunkt auf dem artenreichen Banni-Grasland liegt. Gäste übernachten in gepflegten Zimmern, in denen es rund um die Uhr solarerwärmtes Wasser gibt. Auf den Tisch kommen vegetarische Gerichte aus Gujarat. Halbtägige Safaris kosten 3500 ₹ mit Auto und Fahrer; ein Führer mit Natur- und Vogelkenntnissen kostet 2000 ₹ extra pro Tag.

Schlafen

Toran Tourist Complex HOTEL $

(☎9825026813; EZ/DZ 400/600 ₹, klimatisiert 800/1000 ₹; ❄) Die einzige Unterkunft in Dholavira besteht aus runden *bhunga*-Hütten mit angegliederten Bädern, einige sind mit einer Klimaanlage ausgestattet. In der angrenzenden Cafeteria werden Thalis aus Gujarat serviert.

★ **Devpur Homestay** PRIVATUNTERKUNFT $$$

(☎9825711852, 02835-283065; www.devpurhomestay.in; Devpur; inkl. Frühstück EZ 2000–4500 ₹, DZ 2500–5000 ₹, Einzel-/Doppelzelt 1500/1800 ₹; ❄) In dem Dorf Devpur, 40 km nordwestlich von Bhuj, steht dieses 1905 erbaute Herrenhaus aus Sandstein. Es ist das Haus der Vorfahren des freundlichen Gastgebers Krutarthsinh, der mit der Königsfamilie von Bhuj verwandt ist. Gäste schlafen wahlweise in individuell dekorierten und klimatisierten Zimmern, in mit Ventilatoren ausgestatteten Zimmern im Anbau, die auf den stillen Innenhof blicken, oder in Luxuszelten auf dem umliegenden Land. Auf Wunsch werden hervorragende Gerichte zubereitet.

Shaam-e-Sarhad Village Resort HOTEL $$$

(☎02803-296222; www.hodka.in; Hodka; inkl. Mahlzeiten, Einzel-/Doppelzelt 2800/3400 ₹, Einzel-/Doppel-*bhunga* 3800/5700 ₹; ⏲Okt.–März) Das Hotel liegt im wunderschönen Grasland von Hodka, 70 km nördlich von Bhuj. Das Safaricamp besteht aus drei *bhungas* (traditionellen Lehmhütten) und sechs Luxuszelten mit eigenen Bädern. Das Hotel gehört dem Halepotra-Stamm und bietet eine faszinierende Gelegenheit, den Alltag der traditionellen Gemeinschaft und den positiven Einfluss von wohl durchdachtem Tourismus zu erleben. Auf den Tisch kommen hervorragende Thalis.

Einheimische Führer (die kein Englisch sprechen) kosten rund 350 ₹ pro Tag. Sie zeigen Besuchern die umliegenden Dörfer sowie einheimische Vögel; man muss jedoch selbst ein Transportmittel organisieren.

An- & Weiterreise

Nur wenige Busse fahren in die Dörfer Khavda und Dholavira und das auch nur selten. Die meisten Besucher organisieren mehrtägige Touren in der Region mit Mietauto und Führer. Es gibt mehrere hervorragende Guides in Bhuj, die man im Voraus kontaktieren kann (S: 798). Jeep und Führer kosten rund 5000 ₹ pro Tag.

Mandvi

☎02834 / 51 375 EW.

Mandvi liegt eine einstündige Autofahrt von Bhuj entfernt und ist eine geschäftige kleine Stadt mit einer beeindruckenden Schiffswerft. Hunderte Männer konstruieren hier von Hand wunderschöne Holzschiffe für arabische Kaufleute. Die massiven Holzbretter stammen offensichtlich aus den Regenwäldern Malaysias. Mandvi wurde beim Erdbeben von 2001 weitaus weniger beschädigt als Bhuj, daher ist das Herz der Stadt (rund um den Mochi Bazar) von wunderschönen alten Gebäuden in verblichenen Pastelltönen sowie von Tempeln mit dramatisch geformten, cartoonartigen Fassaden gesäumt. Es gibt auch ein paar schöne Strände, darunter den wundervollen, langen Privatstrand unweit des Vijay Vilas Palace sowie den öffentlichen Kashivishvanath Beach mit Imbissbuden und Kameltouren, der 2 km vom Zentrum gleich östlich des Flusses Rukmavati liegt.

Sehenswertes

Vijay Vilas Palace PALAST
(Mo–Sa 30 ₹, So 40 ₹, Fahrzeug 50 ₹, Kamera/Video 50/200 ₹; ⏲7–19 Uhr) Der vor sich hin bröckelnde Palast wurde in den 1920er-Jahren erbaut und liegt 7 km westlich der Stadt inmitten von weitläufigen Obstgärten. Zu ihm gehört ein (mitunter mit Müll übersäter) Privatstrand. Der Palast diente ursprünglich als Sommerresidenz für die Herrscher von Kachchh. Der erste Stock ist heute der Hauptsitz des alternden Maharadschas von Bhuj. Der Blick vom Dach des Palastes ist den Aufstieg wert. Die Zimmer mit ihren ausgestopften Tieren und verblassten edlen Möbeln lohnen ebenfalls eine Stippvisite. Autorikschas ab Mandvi kosten die einfache Strecke bzw. hin und zurück rund 200/300 ₹.

Schlafen & Essen

Hotel Sea View HOTEL $
(☎9825376063; www.hotelseaviewmandvi.com; Ecke ST & Jain Dharamsala Rds; Zi. 850 ₹, klimatisiert 1250–2300 ₹; ❄) Das kleine Hotel in der Hauptstraße mit Blick auf den Fluss beherbergt hell dekorierte Zimmer mit großen Fenstern, die einen beeindruckenden Blick auf die Schiffswerft bieten.

★ **Beach at Mandvi Palace** RESORT $$$
(☎9879013118, 02834-277597; www.mandvibeach.com; EZ/DZ inkl. Mahlzeiten 7000/9000 ₹; ❄) Das kleine Zeltresort liegt in ruhiger Lage an einem fantastischen und sauberen Strand, der sich vom Vijay Vilas Palace hierher zieht. Die luxuriösen klimatisierten Zelte sind mit großen Betten, weiß gefliesten Bädern und Holzmöbeln ausgestattet. Auch Nicht-Gäste können hier das ausgezeichnete Mittagessen (550 ₹, 10–15 Uhr) oder Abendessen (650 ₹, 19–21 Uhr) genießen. Der ganztägige Zugang zum Privatstrand ist im Preis inbegriffen.

Osho Restaurant GUJARATISCH $
(1. Stock, Osho Hotel, Bhid-Tor; Thalis 120 ₹; ⏲11.45–15 & 19–21 Uhr) Im Herzen der Stadt liegt dieses extrem beliebte Restaurant, das hervorragende vegetarische Thalis serviert – und zwar als „All you can eat"-Variante! Ausschau halten nach dem großen „Osho Hotel"-Schild.

An- & Weiterreise

Busse fahren regelmäßig nach Bhuj und zurück (35 ₹, 1½–2 Std.). Man kann auch eines der schnelleren Jeep-Sammeltaxi nehmen (45 ₹), die von der Straße südlich von Bhujs zentralem Gemüsemarkt abfahren. **Patel Tours & Travels** (☎9925244272) und **Royal Express** (☎02834-232135) bieten bequeme Fernbusse nach Amehdabad, letztere sind klimatisiert.

Kleiner Rann von Kachchh

Der unfruchtbare Salzsumpf des Kleinen Rann ist raue Natur pur – und unwiderstehlich. Das Wild Ass Sanctuary, das einen großen Teil des Kleinen Rann umfasst, ist Heimat der letzten verbleibenden Population des kastanienfarbenen Indischen Wildesels (auch Khur genannt). Natur- und Vogelsafaris sind hier die größte Attraktion.

Im Kleinen Rann liegen vereinzelt einsame und illegal betriebene Salzfarmen. Hier erkämpfen sich Menschen ihren Lebensunterhalt, indem sie Grundwasser nach oben pumpen und durch weitere Verdunstung Salz gewinnen. Die hervorragende schwedische Dokumentation *My Name Is Salt* von Farida Pacha beschreibt die Strapazen der Bewohner. Am weiten Horizont zaubert die Hitze Luftspiegelungen, Büsche und Bäume scheinen über dem Boden zu schweben. Regen verwandelt die ansonsten trockene Wüste in ein Meer aus Schlamm. Doch selbst in der Trockenzeit kann die stabil erscheinende Kruste trügen: Wer die Gegend erkunden möchte, sollte also auf jeden Fall einen ortskundigen Führer mitnehmen.

Sehenswertes

★ **Wild Ass Sanctuary** NATURSCHUTZGEBIET
(Jeep-Safari für bis zu 6 Pers. Inder/Ausländer Mo–Fr 400/2000 ₹, Sa & So 500/2200 ₹, Kamera 200/1000 ₹) Das 4953 km² große Schutzgebiet nimmt einen großen Teil des trockenes Landes des Kleinen Rann ein. Hier leben die letzten Exemplare des kastanienfarbenen Indischen Wildesels (*khur*). Außerdem beheimatet das Schutzgebiet Nilgauantilopen, Hirschziegenantilopen und Indische Gazellen. Zwischen März und Oktober kann man auch unzählige Vögel erspähen – der Kleine Rann ist eines der wenigen Gebiete Indiens,

in denen Flamingos in freier Wildbahn brüten! Guides besorgen Genehmigungen für das Schutzgebiet; die Kosten hierfür kommen normalerweise zu den Preisen für die Safari hinzu.

Im Schutzgebiet leben rund 2500 *khurs*. Ihr Überleben garantieren die flachen, grasbedeckten Flächen oder Inseln, den *bets*, die bis zu 3 m hoch werden. Die bemerkenswerten, unzähmbaren Tiere können mit einem durchschnittlichen Tempo von 50 km/h auch über recht lange Strecken laufen.

Das Gebiet ist von Ahmedabad leicht zu erreichen und gut mit Ausflügen zum Nalsarovar Bird Sanctuary, nach Modhera und Patan zu verbinden.

Aktivitäten

★ Desert Coursers NATURBEOBACHTUNG

(☎ 9998305501, 9426372113; www.desertcoursers.net) Hervorragender Safariveranstalter mit erfahrenen Führern und Sitz im Camp Zainabad.

Schlafen

★ Camp Zainabad HOTEL $$

(☎ 02757-241333, 9426372113; www.desertcoursers.net; Zainabad; inkl. VP 2500–3000 ₹/Pers.; ⏲ Okt.–März; ❄ 📶) Das Camp Zainabad liegt 10 km entfernt vom östlichen Rand des Kleinen Ranns, gleich außerhalb von Zainabad bzw. 105 km nordwestlich von Ahmedabad. Die Lodge besteht aus klimatisierten *koobas* (strohgedeckten Hütten) in friedlicher Umgebung und bietet ausgezeichnete Mahlzeiten. Desert Coursers (S. 805) wird von dem ansteckend enthusiastischen Naturschützer Dhanraj Malik betrieben und organisiert hervorragende Safaris im Kleinen Rann und Ausflüge zu den Dörfern. Der Preis beinhaltet eine Jeep-Safari. Buchungen im Voraus sind zu empfehlen.

Eco Tour Camp HOTEL $$

(☎ 9825548090; www.littlerann.com; nahe dem Dorf Kidi; EZ/DZ inkl. VP ab 1500/2000 ₹; ⏲ Okt.–April) Dieses einfache Camp am Rand des Wild Ass Sanctuary wird vom sympathischen Devjibhai Dhamecha geführt. Sein Sohn Ajay veranstaltet Jeep-Safaris (2000/3000 ₹ pro Jeep). Übernachten kann man in einfachen Betonhütten, vornehmeren Zimmern oder stimmungsvollen *koobas*. Eine Abholung (Autoriksha/Taxi 700/1200 ₹) ab Dhrangadhra kann organisiert werden. Dhrangadhra liegt 45 km entfernt, auf dem Weg zwischen Ahmedabhad (3 Std.) und Bhuj (5½ Std.).

★ Rann Riders HÜTTE $$$

(☎ 9925236014; www.rannriders.com; Dasada; EZ/DZ inkl. VP & Safari 7000/8000 ₹; ❄ 📶 🏊) Das luxuriöse Rann Riders nahe Dasada bietet inmitten einer üppigen Gartenlandschaft Unterkünfte in mit Spiegeln übersäten *bhungas* (runden Rabari-Hütten) oder in *kubas* (rechteckigen Hütten) mit Regenduschen und mosaikgefliesten Bädern. Der Preis beinhaltet hervorragende Jeep- und Kamelsafaris. Halb-/Ganztägige Pferdesafaris kosten 3000/7000 ₹; Besuche der nahe gelegenen Stammesdörfer können ebenfalls organisiert werden. Zum Abendessen gibt es wahlweise ein indisches Buffet oder ein japanisches Restaurant.

Bell Guest House HISTORISCHES HOTEL $$$

(☎ 9724678145; www.bellguesthouse.com; Sayla; EZ/DZ inkl. Frühstück 3750/5000 ₹; ❄) Das Hotel wird von der ehemaligen Herrscherfamilie von Sayla (und ihren hellen Labradoren) geführt. Das alternde historische Hotel liegt an einer Seitenstraße abseits des Sayla-Kreisverkehrs am Highway 8A. Zu den Zimmern gehören moderne Bäder. In der umliegenden Landschaft kann man nach Nilgauantilopen Ausschau halten. Alternativ unternimmt man Ausflüge in die Umgebung, in der Indische Wildesel, Hirschziegenantilopen und das vielfältige Kunsthandwerk der nahe gelegenen Dörfer zu bestaunen sind.

Wer mehr über die Kultur der Rajputen erfahren möchte, kann ein Abendessen mit den Besitzern vereinbaren.

An- & Weiterreise

Von Ahmedabad nach Zainabad gelangt man am besten mit einem Auto. Alternativ geht es mit dem Bus vom ST-Busbahnhof ins 10 km entfernte Dasada (85 ₹, 2½ Std., etwa stündl.), wo man von **Desert Coursers** (S. 805) oder **Rann Rider** (S. 805) kostenlos abgeholt wird. Zwischen Zainabad und Patan verkehren Direktbusse (80 ₹, 2½ Std., 2-mal tägl.) via Modhera.

Mumbai (Bombay)

☎ 022 / 21,1 MIO. EW.

Inhalt ➡

Gut essen

- Peshawri (S. 835)
- Bastian (S. 835)
- Bademiya Seekh Kebab Stall (S. 830)
- Bombay Canteen (S. 835)
- Masala Library (S. 836)

Schön übernachten

- Taj Mahal Palace, Mumbai (S. 826
- Abode Bombay (S. 826)
- Residency Hotel (S. 828)
- Sea Shore Hotel (S. 825)
- Juhu Residency (S. 828)

Auf nach Mumbai!

Mumbai, früher Bombay, ist riesig. Eine Stadt voller Träumer und Schwerstarbeiter, Starlets und Gangster, streunender Hunde und exotischer Vögel, Künstler und Dienstpersonal, Fischer und *crorepatis* (Millionäre) – und vieler, vieler weiterer Menschen. Hier ist das größte Zentrum der indischen Filmindustrie, hier finden sich einige der größten Slums in Asien (aber auch das teuerste Wohnhaus der Welt) sowie der größte Tropenwald in einer Stadtregion. Mumbai ist Indiens Finanzhochburg, Modemetropole und Brennpunkt religiöser Spannungen.

Wer hier seine Reise beginnt, muss auf einiges gefasst sein. Die Stadt ist keine wirkliche Gefahrenzone, aber die furiose Hektik, der begrenzte öffentliche Nahverkehr und die Luftverschmutzung sind eine Herausforderung. Im Herzen der Stadt stehen einige der prächtigsten Kolonialgebäude weltweit, aber wer genauer hinsieht, entdeckt auch tolle Basare, Tempel, Hipster-Viertel und Indiens beste Restaurants und Bars.

Reisezeit

Mumbai (Bombay)

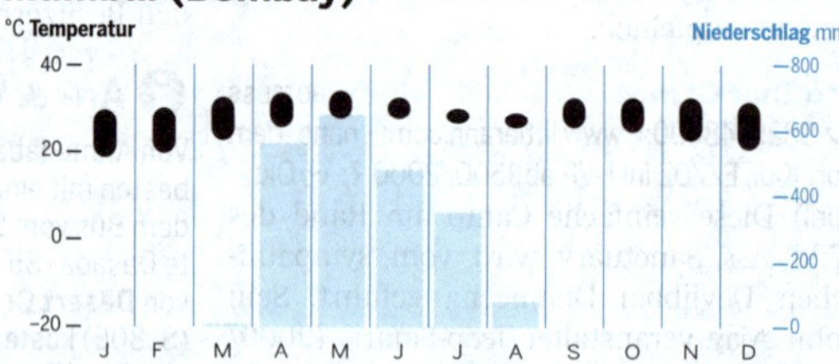

Dez. & Jan. Die beste Reisezeit mit dem am wenigsten schwülen Wetter.

Aug. & Sept. Am Ganesh Chaturthi, dem größten Fest des Jahres, feiert man den elefantenköpfigen Gott.

Okt.–April Nach dem Monsun ist es sehr trocken. Die beste Zeit, um hier Feste mitzuerleben.

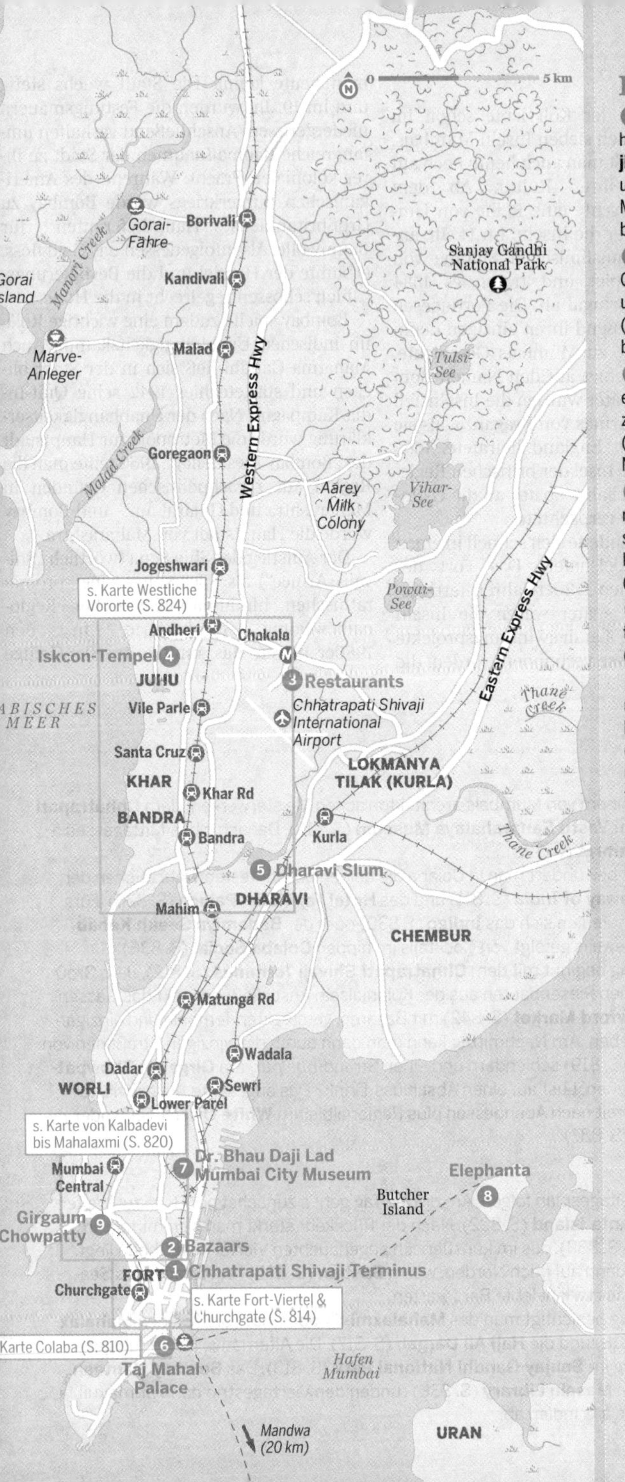

Highlights

1. Den riesigen Bahnhof **Chhatrapati Shivaji Terminus** (S. 812) und andere Bauten aus Mumbais Kolonialzeit bewundern
2. Die Stände im Gassengewirr des uralten **Basarviertels** (S. 842) durchstöbern
3. In einem von Indiens besten Restaurants, z. B. im **Peshawri** (S. 835), wie ein Maharadscha speisen
4. Mit Hare-Krishna-Anhängern universelle Liebe im einmaligen **Iskcon-Tempel** (S. 819) spüren
5. Asiens größten Slum, **Dharavi** (S. 817), erkunden
6. In der internationalen Hotel-Ikone **Taj Mahal Palace, Mumbai** (S. 826) übernachten und an Mumbais ältester Bar bechern
7. Im **Dr. Bhau Daji Lad Mumbai City Museum** (S. 816) die tolle Einrichtung im Stil der Neo-Renaissance besichtigen
8. Den markanten dreiköpfigen Shiva auf **Elephanta Island** (S. 822) bestaunen
9. Umgeben von spielenden Kindern und großen Ballons am **Girgaum Chowpatty** (S. 818) das strahlende Rosa des Sonnenuntergangs bei frischer Meeresbrise genießen

Geschichte

Das Fischervolk der Koli lebte schon im 2. Jh. v. Chr. auf den sieben Inseln Mumbais. An der Küste stößt man auch heute noch auf die Überreste ihrer Kultur. Ab dem 6. Jh. n. Chr. herrschte eine Reihe von Hindu-Dynastien über die Inseln. Im 14. Jh. annektierten die muslimischen Sultane von Gujarat das Gebiet und traten es 1534 schließlich an Portugal ab. Die Portugiesen leisteten anschließend ihren einzigen denkwürdigen Beitrag zu Mumbais Geschichte, indem sie das Gebiet auf den Namen Bom Bahai tauften. Später wurden die Inseln Teil der Mitgift Katharinas von Braganza, als sie 1661 Karl II. von England heiratete. 1665 übergaben sie die Insel der britischen Regierung, die sie drei Jahre später an die Ostindische Kompanie verpachtete.

Bombay verwandelte sich schnell in einen blühenden Handelshafen. Das Fort der Stadt wurde in den 1720er-Jahren fertiggestellt. 100 Jahre später waren die Inseln durch ehrgeizige Landgewinnungsprojekte zu jener Landmasse verbunden worden, die man heute kennt. Die Stadt wuchs stetig und im 19. Jh. wurden die Festungsmauern niedergerissen. Anschließend verhalfen umfangreiche Baumaßnahmen der Stadt zu ihrer kolonialen Pracht. Während des Amerikanischen Bürgerkriegs wurde Bombay zu Großbritanniens Hauptlieferanten für Baumwolle. Als infolgedessen das Geld floss, erblühte der Handel und die Bevölkerungszahlen schossen regelrecht in die Höhe.

Bombay spielte zudem eine wichtige Rolle im indischen Unabhängigkeitskampf. Auch Mahatma Gandhi ließ sich in der Stadt blicken und startete hier 1942 seine Quit-India-Kampagne. Nach der Unabhängigkeitserklärung wurde die Metropole zur Hauptstadt der „Bombay Presidency“. 1960 teilte man die Region aus sprachpolitischen Gründen in Maharashtra und Gujarat auf – und Bombay wurde die Hauptstadt von Maharashtra.

Der Aufstieg der Shiv Sena (wörtlich „Shivajis Armee“) als Speerspitze einer promarathischen, hindu-nationalistischen Regionalbewegung erschütterte in den 1980er-Jahren das multikulturelle Gefüge

MUMBAI IN ...

... zwei Tagen

Los geht's mit einem von Mumbais architektonischen Meisterwerken: dem **Chhatrapati Shivaji Maharaj Vastu Sangrahalaya Museum** (S. 812). Danach gibt's Mittagessen à la Gujarat im **Samrat** (S. 832).

Nachmittags bewundert man in Colaba die beiden bekanntesten Wahrzeichen der Stadt: das **Gateway of India** (S. 811) und das **Hotel Taj Mahal Palace** (S. 826). Fürs Abendessen empfehlen sich das **Indigo** (S.830) oder der **Bademiya Seekh Kebab Stall** (S. 830), jeweils gefolgt von Cocktails im hippen **Colaba Social** (S. 836).

Der zweite Tag beginnt mit dem **Chhatrapati Shivaji Terminus** (S. 812), dem Großvater der örtlichen Riesenbauten aus der Kolonialzeit. Anschließend lockt das Gassengewirr des **Crawford Market** (S. 842) mit Basaren, versteckten Tempeln und einzigartigem Straßenleben. Am Nachmittag kann man dann durch die winzigen Sträßchen von **Khotachiwadi** (S. 819) schlendern und einen Strand-*bhelpuri* am **Girgaum Chowpatty** (S. 818) genießen. Lust auf einen Abschluss-Drink? Das angesagte Ausgehviertel Lower Parel schreit nach Abendessen plus Regionalbier im **White Owl** (S. 837) oder **Woodside Inn** (S. 837).

... vier Tagen

Zuerst dem Zweitagesplan folgen. Am dritten Tag geht's zunächst per Boot zur Welterbestätte **Elephanta Island** (S. 822). Nach der Rückkehr stärkt man sich mittags im **Burma Burma** (S. 833), das im künstlerisch angehauchten Viertel Kala Ghoda liegt. Abends heißt's dann auf nach Norden, wo im **Bastian** (S. 835) hervorragendes Seafood und Bandras stark belebte Bars warten.

Am letzten Tag besichtigt man das **Mahalaxmi-Dhobi-Ghat** (S. 818), den **Mahalaxmi-Tempel** (S. 818) und die **Haji Ali Dargah** (S. 817). Die Alternative ist ein ruhiger Waldspaziergang im **Sanjay Gandhi National Park** (S. 813). Das **Bombay Canteen** (S. 835) oder die **Masala Library** (S. 836) runden den Viertagestrip dann prima mit moderner Küche à la Indien ab.

TOP-FESTIVALS

Mumbai Sanskruti (www.asiaticsociety.org.in; ⌚Jan.) Das kostenlose, zweitägige Fest klassischer hindustanischer Musik findet auf den Stufen der prächtigen Asiatic Society Library im Fort-Viertel statt.

Kala Ghoda Festival (www.kalaghodaassociation.com; ⌚Feb.) Das zwei Wochen dauernde Kunstfest in Kala Ghoda und Fort wird von Jahr zu Jahr größer und eleganter. Es gibt Unmengen an Aufführungen und Ausstellungen.

Elephanta Festival (www.maharashtratourism.gov.in; ⌚Feb./März) Das Festival für klassische Musik und Tanz findet am Ufer (Apollo Bunder) beim Gateway of India statt.

Nariyal Poornima (⌚Aug.) Diese Koli-Feierlichkeit in Colaba markiert den Auftakt der Fischfangsaison und das Ende des Monsuns.

Ganesh Chaturthi (www.ganeshchaturthi.com; ⌚Aug./Sept.) Bei diesem 10- bis 12-tägigen Fest zu Ehren des elefantenköpfigen Gottes Ganesha ist Mumbai außer Rand und Band. Am 1., 3., 5., 7. und 11. Tag des Fests tragen die Familien und Gemeinden ihre Ganesha-Statuen zum Meer bei Chaupati und Juhu und tauchen sie unter Wasser.

Mumbai Film Festival (MFF; www.mumbaifilmfestival.com; ⌚Okt.) Neue Filme vom Subkontinent und aus dem Ausland werden bei dem einwöchigen Festival in Kinos überall in Mumbai gezeigt.

der Stadt: Muslime wurden nun ebenso diskriminiert wie Einwohner, die nicht in Maharashtra geboren worden waren. Die Spannungen nahmen zu, und das kosmopolitische Image der Stadt wurde schwer erschüttert, als Ende 1992 und 1993 bei Unruhen 900 Menschen zu Tode kamen. Auf die Unruhen folgte ein Dutzend Bombenanschläge zur Vergeltung, bei denen 257 Menschen getötet wurden und die Bombay Stock Exchange beschädigt wurde.

Unter dem Einfluss der Shiv Sena wurden die kolonialzeitlichen Namen vieler Straßen und Gebäude und schließlich auch der Name der Stadt selbst geändert. 1996 wurde die Stadt offiziell in Mumbai (nach der hinduistischen Gottheit Mumba) umbenannt. Der Flughafen, der Victoria Terminus und das Prince of Wales Museum wurden alle nach Chhatrapati Shivaji benannt, dem großen Anführer der Marathen.

Die religiösen Spannungen vertieften sich und vermischten sich mit landesweiten religiösen Konflikten und den indisch-pakistanischen Problemen. Bei einer Serie von Bombenanschlägen auf Züge wurden im Juli 2006 mehr als 200 Menschen getötet. Dann wurden im November 2008 bei einer Serie verheerender Terroranschläge (durch bewaffnete Pakistani) Wahrzeichen überall in der Stadt angegriffen, das Taj Mahal Palace Hotel in Brand gesteckt, im Bahnhof Chhatrapati Shivaji Passagiere mit Maschinengewehren beschossen und zehn Gäste im Backpacker-Treff Leopold Cafe getötet.

Als Ende 2012 Bal Thackeray, der charismatische Führer der Shiv Sena starb (500 000 Menschen wohnten seinem Begräbnis bei), zeigte die Shiv Sena Schwächeerscheinungen, und bei den indischen Parlamentswahlen von 2014 zog die hindunationalistische BJP von Premierminister Modi mit Shiv Sena gleich und überholte sie bei den Wahlen für das Parlament von Maharashtra – allerdings gewann auch die Shiv Sena bei beiden Wahlen Sitze hinzu.

Die Einwohner der Stadt sind ein zäher Menschenschlag. Verstärkte Sicherheitsvorkehrungen sind zu einem Teil des Alltags geworden, und am Status der Stadt als Wirtschaftsmotor Indiens hat sich nichts geändert. Vor den Politikern der Stadt liegen jedoch gewaltige Aufgaben: das unterentwickelte öffentliche Verkehrswesen, verstopfte Straßen, die gravierende Umweltverschmutzung und die Wohnungsnot sind Probleme, die dringend angegangen werden müssen.

Sehenswertes

Mumbai ist eine Insel, die über Brücken mit dem Festland verbunden ist. Das geschäftliche und kulturelle Herz der Stadt, das unter dem Namen South Mumbai bekannt ist, befindet sich am Südende der Insel und erinnert mit seiner Form an eine Klaue. Die südlichste Halbinsel ist Colaba – dorthin zieht es traditionell die meisten Reisenden und hier befinden sich auch viele Sehenswürdigkeiten.

Unmittelbar nördlich von Colaba liegt das kommerzielle Zentrum, das unter dem Na-

Colaba

men Fort bekannt ist. Früher stand dort auch das britische Fort. Im Westen grenzen einige eingezäunte und miteinander verbundene Grünflächen, die Maidans (sprich: mey-*dohns*), an.

In den „Suburbs“ (Vororten) weiter im Norden findet man den Flughafen sowie viele von Mumbais besten Restaurants, Einkaufs- und Ausgehmöglichkeiten. Dies gilt vor allem für die Nobelviertel Bandra, Juhu und Lower Parel. Von ihrer früheren Hochburg Bandra sind Künstlertypen und Hippies nunmehr noch weiter nordwärts nach Andheri West oder Vesova umgezogen.

Colaba

Das auf der südlichsten Halbinsel der Stadt gelegene Colaba ist ein hektisch-lebendiger Bezirk mit eleganten kolonialzeitlichen Häusern und Art-déco-Villen, Unterkünften der Budget- und der Mittelklasse, Bars und Restaurants, Straßenständen und einem Fischerviertel. Der Colaba Causeway (Shahid Bhagat Singh Marg) teilt den Bezirk in zwei Hälften.

Wer im August in Mumbai ist, sollte sich auch das Koli-Fest Nariyal Poornima anschauen, das in Colaba besonders groß gefeiert wird.

Colaba

Highlights
1 Taj Mahal Palace, Mumbai D3

Sehenswertes
2 Gateway of India D3
3 National Gallery of Modern Art C1

Aktivitäten, Kurse & Touren
4 Palms Spa D2

Schlafen
5 Abode Bombay C2
6 Bentley's Hotel C4
7 Hotel Moti C3
8 Regent Hotel C3
9 Sea Shore Hotel C5
10 Taj Mahal Palace, Mumbai D3
11 YWCA C1

Essen
12 Bademiya Restaurant C3
13 Bademiya Seekh Kebab Stall C2
14 Basilico B4
15 Colaba Market A5
16 Indigo C3
17 Indigo Delicatessen D2
18 Olympia C2
19 Star Daily A5
20 The Table D2
21 Theobroma B4

Ausgehen & Nachtleben
22 Cafe Mondegar C2
23 Colaba Social C3
24 Harbour Bar D3
25 Leopold Cafe C2
26 Woodside Inn C1

Unterhaltung
27 Regal Cinema C2

Shoppen
28 Central Cottage Industries Emporium D2
29 Cottonworld Corp C3
30 Phillips C1

Praktisches
31 Akbar Travels A5
32 Maharashtra Tourism Development Corporation Booth D2
33 Sahakari Bhandar Chemist C2

Transport
34 BEST Busdepot B3
35 BEST Busbahnhof C1
36 BEST Busbahnhof C1
37 Jet Airways C1
38 Maldar Catamarans D2
PNP .... (siehe 38)

★ Taj Mahal Palace, Mumbai WAHRZEICHEN

(Karte S. 812; https://taj.tajhotels.com; Apollo Bunder) Das prächtige Hotel ist mit seiner märchenhaften Mischung aus islamischer Architektur und Renaissance das wohl berühmteste Wahrzeichen Mumbais und das am zweithäufigsten fotografierte Baudenkmal Indiens. Es wurde 1903 von dem parsischen Industriellen Jamshedji Nasarwanji Tata errichtet, angeblich, weil ihm als „Eingeborenem" der Zutritt zu einem nahegelegenen europäischen Hotel verwehrt worden war. Dutzende Menschen wurden während der Terrorangriffe von 2008 hier getötet, und die Bilder der brennenden Fassade gingen um die Welt. Das vollständig restaurierte Hotel wurde jedoch am indischen Unabhängigkeitstag im Jahr 2010 wiedereröffnet.

Das Luxushotel ist aber weit mehr als ein bauliches Wahrzeichen, denn seine Geschichte ist untrennbar mit der des Landes verbunden: Als erstes Hotel in Indien beschäftigte es Frauen, als erstes verfügte es über elektrischen Strom (und über Ventilatoren), und während des Unabhängigkeitskampfs wurden hier kostenlos Freiheitskämpfer beherbergt.

Heute wendet sich das Taj dem Hafen und dem Gateway of India zu, aber ursprünglich blickte es Richtung Stadt – der Eingang wurde verlegt.

Gateway of India DENKMAL

(Karte S. 812) Der kühne Basaltbogen ist Ausdruck kolonialen Triumphs. Mit Blick auf den Hafen erhebt sich das Gateway an der Spitze des Apollo Bunder. Der Bogen im islamischen Gujarat-Stil des 16. Jhs. wurde im Andenken an den Besuch König George V. errichtet, aber erst 1924 fertiggestellt. Ironischerweise marschierte nur 24 Jahre später, kurz bevor Indien in die Unabhängigkeit entlassen wurde, das letzte britische Regiment darunter hindurch.

Inzwischen ist der Bogen ein beliebter Treffpunkt der Einheimischen und eine tolle Location, um Leute zu beobachten. Bei den Massen an Luftballonverkäufern, Fotografen, dem großen Angebot an *bhelpuri* (Puffreis mit frittierten runden Teigstückchen, Linsen, Zwiebeln, Kräutern und Chutney), den Schleppern, Einheimischen und ausländischen Besuchern fühlt man sich hier wie auf einem geschäftigen Basar. Im Februar/März kommen während des Elephanta Festival

(S. 809) auch noch Künstler hinzu, die klassische Tänze aufführen und Musik machen.

Von den Anlegestellen direkt vor dem Bogen fahren Boote nach Elephanta Island ab.

Sassoon Dock AM UFER

Am Sassoon Dock herrscht bei Sonnenaufgang (gegen 5 Uhr) echter Hochbetrieb, wenn das bunt gekleidete Fischervolk der Koli den von Booten am Kai abgeladenen Fang sortiert. Der Fisch, der hier in der Sonne getrocknet wird, heißt *bombil* und wird zur Zubereitung von Bombay Duck verwendet. Achtung: Am Dock ist das Fotografieren verboten!

Fort-Viertel & Churchgate

Am Rand des **Oval Maidan** stehen viele von Mumbais majestätischen viktorianischen Gebäuden in Reih und Glied und buhlen mit aristokratischem Pomp um die Aufmerksamkeit der Besucher. Ebenso wie die unmittelbar nördlich gelegenen **Cross Maidan** und **Azad Maidan** lag auch dieses Stück Land früher am Wasser, sodass man aus den grandiosen, nach Westen blickenden Gebäuden direkt das Arabische Meer sehen konnte.

Der Bezirk **Kala Ghoda** (wörtlich „Schwarzes Pferd") liegt unmittelbar zwischen den Stadtteilen Colaba (im Süden) und Fort (im Norden). Hier finden sich neben vielen kolonialzeitlichen Gebäuden auch viele Museen, Galerien und Designerboutiquen. Am besten erkundet man diese Sehenswürdigkeiten bei einem Stadtspaziergang und besucht anschließend eines der besten Restaurants oder Cafés der Stadt.

★ Chhatrapati Shivaji Terminus HISTORISCHES GEBÄUDE

(Victoria Terminus; Karte S. 814) Imposant, überschwänglich und voller Menschen: Der monumentale Bahnhof ist das extravaganteste neugotische Bauwerk der Stadt und ein Sinnbild des kolonialen Indiens. Aus einer Mischung viktorianischer, hinduistischer und islamischer Architekturstile entstand eine an Dalí erinnernde Konstruktion voller Stützpfeiler, Kuppeln, Türmchen, Spitzen und Buntglasfenster.

Manche architektonischen Details sind einfach unglaublich, etwa die hundegesichtigen Wasserspeier, die den prächtigen Zentralturm schmücken, oder die Pfauenfenster über dem zentralen Hof. Der von Frederick Stevens entworfene Bahnhof wurde 1887 fertiggestellt, 34 Jahre, nachdem der allererste Zug Indiens hier abgefahren war.

Der Bahnhof wurde 1998 offiziell in Chhatrapati Shivaji Terminus (CST) umbenannt, ist aber vor Ort auch noch als Victoria Terminus bekannt. Leider ist das Innere weit weniger eindrucksvoll. Trotz seines Status als UNESCO-Welterbe wird es durch hässliche moderne Einbauten verunziert und wirkt vernachlässigt – streunende Hunde stromern um die Fahrkartenschalter herum.

★ Chhatrapati Shivaji Maharaj Vastu Sangrahalaya MUSEUM

(Prince of Wales Museum; Karte S. 814; www.csmvs.in; 159–161 Mahatma Gandhi Rd; Inder/Ausländer 70/500 ₹, Handy/Foto 50/100 ₹; ⏲10.15–18 Uhr) Mumbais größtes und bestes Museum zeigt diverse Exponate aus ganz Indien. Der überkuppelte Koloss wurde wie das Gateway of India von George Wittet entworfen. Dessen indo-sarazenische Architektur fasziniert mit einem extravaganten Mix aus islamischen, hinduistischen und britischen Stilelementen. Unter den zahllosen Ausstellungsstücken sind eindrucksvolle Skulpturen (hinduistisch und buddhistisch), Terrakotta-Figürchen aus dem Industal, indische Miniaturmalerien und ein paar sehr gefährlich wirkende Waffen.

Das Museum ist gut auf Englisch beschildert; Audioguides gibt's in sieben Sprachen. Fünf der Säle sind klimatisiert und bieten willkommene Erholung von der Sommerhitze. Die neue Video-Show „Mumbai Experience" (Inder/Ausländer 40/50 ₹, 20 Min., auf Englisch 5-mal tgl.) fasst die Stadtgeschichte informativ zusammen. Vorhanden sind zudem eine prima Cafeteria (Eingangsbereich) und ein sehr guter Museumsshop.

High Court HISTORISCHES GEBÄUDE

(Karte S. 814; Eldon Rd; ⏲Mo–Fr 10.45–14 & 14.45–17 Uhr) Das Oberste Gericht, ein Bienenstock voller Richter, Anwälte und anderer Rädchen im Getriebe des indischen Justizwesens, ist ein elegantes neugotisches Gebäude von 1848. Der Entwurf ließ sich von einer deutschen Burg inspirieren und war wohl darauf ausgelegt, alle Zweifel an der Autorität des Gerichts im Keim zu ersticken.

Keneseth-Eliyahoo-Synagoge SYNAGOGE

(Karte S. 814; Dr. V. B. Gandhi Marg, Kala Ghoda; Foto/Video 100/500 ₹; ⏲So–Do 11–17 Uhr) Die himmelblaue Synagoge (erb. 1884) wird von Mumbais schrumpfender jüdischer Gemeinde immer noch genutzt und liebevoll erhalten. Für den markanten Bau gelten sehr strenge Sicherheitsbestimmungen; Besu-

ABSTECHER

SANJAY GHANDI NATIONAL PARK

Nur eineinhalb Stunden vom Großstadttrubel entfernt erstrecken sich die geschützten Tropenwälder des 104 km² großen **Sanjay Gandhi National Park** (☎ 022-28868686; https://sgnp.maharashtra.gov.in; Borivali; Erw./Kind/Fahrzeug 44/23/105 ₹, Safari 50 ₹; ⌚ Di–So 7.30–18 Uhr, letzter Einlass 16 Uhr) inmitten der bewaldeten Hügel an Mumbais Nordrand. Statt schmutzigem Betondschungel warten hier bunte Blumen, Vögel, Schmetterlinge und Leoparden. Der Park ist zwar an seinen Rändern auch schon von urbaner Entwicklung geprägt, im Inneren aber immer noch sehr idyllisch.

Die einfachste Erkundungsmethode ist ein geführter Waldspaziergang unter Leitung der Bombay Natural History Society (BNHS; S. 823): Viele der örtlichen Highlights erfordern eine vorab zu erlangende Zugangsgenehmigung, die von der BNHS besorgt wird. Die Touren besuchen z. B. den Shilonda-Wasserfall, den Vihar- und Tulsi-See oder sogar den Jambol Mal (höchster Berg des Parks). Das interessanteste Einzelziel sind jedoch die **Kanheri-Höhlen** (Inder/Ausländer 15/200 ₹; ⌚ 9–17 Uhr), die 6 km hinter dem Eingang des Parks liegen: Die insgesamt 109 Grotten wurden im 1. Jh. v. Chr. als Wohn- und Klosterräume für buddhistische Mönche angelegt. Im Lauf der nächsten 1000 Jahre entwickelte sich daraus ein klösterlicher Hochschulkomplex. Auf die zoomäßige Löwen- und Tiger-„Safari" am besten verzichten: Die Großkatzen leben in Käfigen bzw. Gehegen. Die Vögel des Parks beobachtet man idealerweise zwischen Oktober und April; die beste Schmetterlingszeit geht von August bis November. Zum Zeitpunkt der Recherche stand eine Generalsanierung bevor: Zukünftig soll der Park mit einer neuen Seepromenade, Touristenhütten, einem Laufsteg durch die Mangroven, einem Museum voller Tierpräparate, Naturlehrpfaden und mehreren Infozentren punkten.

Momentan gibt's am Nordeingang ein Infozentrum mit einer kleinen Ausstellung zur örtlichen Natur. Der nächstgelegene Bahnhof namens Borivali wird ab Churchgate von den Zügen der Western-Railway-Strecke bedient (15–140 ₹, 30 Min., häufig).

cher müssen eine Fotokopie ihres Reisepasses vorlegen. Der Hausverwalter ist aber sehr freundlich und zeigt zudem gern ein Foto von Madonna, die 2008 vorbeischaute.

Marine Drive AM UFER

(Karte S. 814; Netaji Subhashchandra Bose Rd) Der 1920 auf trockengelegtem Gelände erbaute Marine Dr schlägt einen Bogen an der Küste des Arabischen Meers von Nariman Point vorbei am Girgaon Chaupati bis hin zu den Füßen von Malabar Hill. Der von abblätternden Art-déco-Apartmenthäusern gesäumte Boulevard ist bei den Einwohnern Mumbais als Spazierweg und zum Genießen des Sonnenuntergangs beliebt. Wegen der funkelnden Lichter bei Nacht erhielt er den Spitznamen „Halskette der Königin".

University of Mumbai HISTORISCHES GEBÄUDE

(Bombay University; Karte S. 814; Bhaurao Patil Marg) Das Gebäude, das wie ein unter Mumbais Palmen versetztes französisch-gotisches Herrenhaus aus dem 15. Jh. wirkt, wurde von Gilbert Scott entworfen, dem Architekten des Londoner Bahnhofs St. Pancras. Sehenswert auf dem Gelände sind die schöne **Universitätsbibliothek**, die **Convocation Hall** und der 84 m hohe, mit aufwendigen Reliefs verzierte **Rajabai-Uhrenturm** (Karte S. 814). Seit den Terrorangriffen von 2008 ist das Gelände nicht mehr öffentlich zugänglich, man kann es aber von der Straße aus bewundern.

Jehangir Art Gallery KUNSTGALERIE

(Karte S. 814; www.jehangirartgallery.com; 161B Mahatma Gandhi Rd, Kala Ghoda; ⌚ 11–19 Uhr) GRATIS Die tolle Galerie (vor ein paar Jahren renoviert) zeigt vielfältige bildende Kunst. Die Exponate stammen aus Mumbai, Indien und aller Welt.

National Gallery of Modern Art MUSEUM

(NGMA; Karte S. 812; www.ngmaindia.gov.in; Mahatma Gandhi Rd; Inder/Ausländer 20/500 ₹; ⌚ Di–So 11–18 Uhr) Großes, helles Museum mit gut kuratierten Kunstausstellungen (indisch und international) auf fünf Stockwerken.

DAG Modern KUNSTGALERIE

(Karte S. 814; www.dagmodern.com; 58 Dr. V. B. Gandhi Marg, Kala Ghoda; ⌚ Mo–Sa 11–19 Uhr) GRATIS Diese Galerie belegt vier Stockwerke eines toll restaurierten Kolonialbaus in Cremefarben. Sie hat eine große Sammlung und zeigt gut kuratierte Ausstellungen mit bedeutender moderner Kunst aus Indien.

Fort-Viertel & Churchgate

A B C D

1 2 3 4 5 6 7

0 100 m

Girgaum Chowpatty (1,5 km)

22 45 40 30 27 48 25 24 3 7 42 15

Master Rd

Sai Baba Marg

Dr VB Gandhi Marg

Mahatma Gandhi (MG) Rd

K Dubash Marg

35 54 34

Bombay Hospital

New Marine Lines (Sir Vithaldas Thackersey Rd)

Maharshi Karve (MK) Rd

Marine Dr

41 38

D Rd

C Rd

Churchgate

CHURCHGATE

B Rd

E Rd

Back Bay

A Rd

63 14 23

Veer Nariman Rd

33

Brabourne Stadium

28

Dinsha Vachha Marg

31

J Tata Rd

Madame Cama Rd

56 53 8

Maharshi Karve Rd

Oval Maidan

Barrister Rajni Patel Marg

s. Karte Colaba (S. 810)

NARIMAN POINT

36 37 32

J Bajaj Marg

Municipal Children's Park

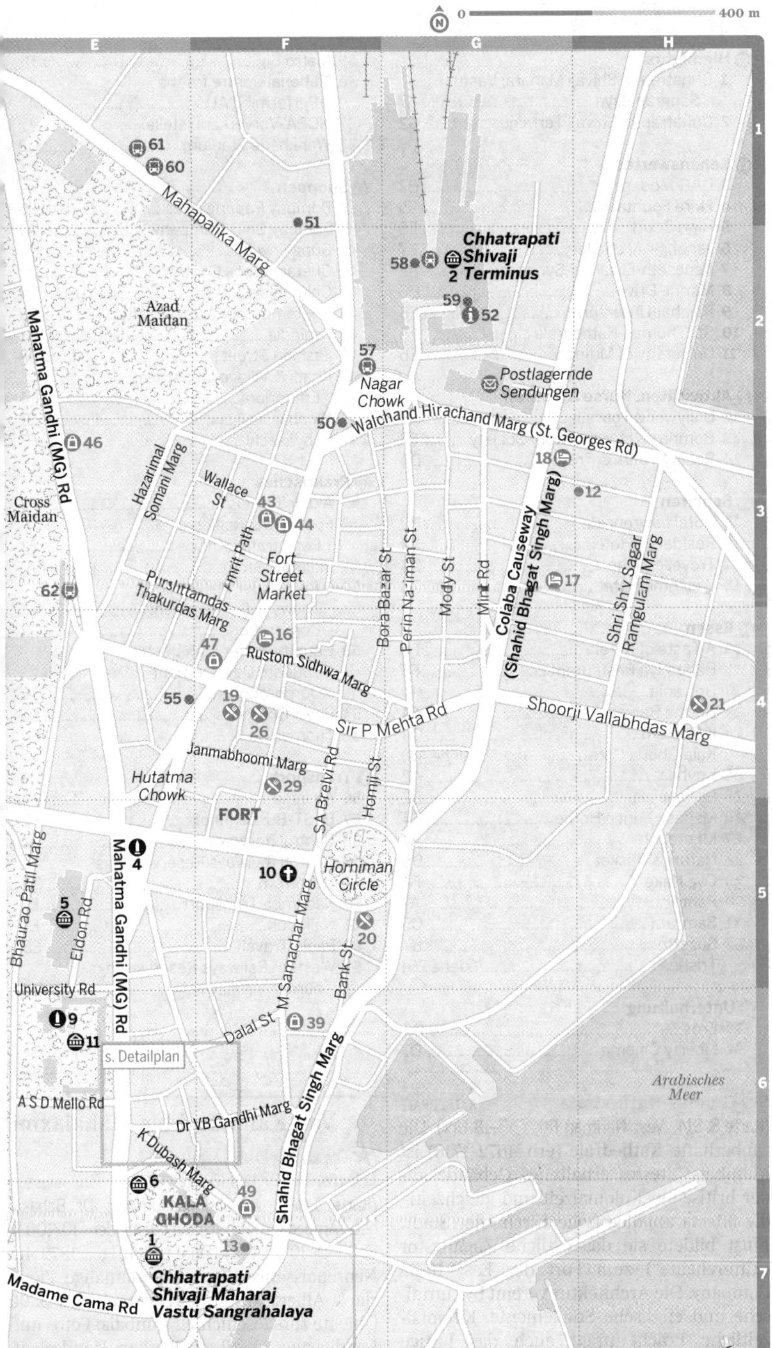
0
400 m
E
F
G
H
1
2
3
4
5
6
7
61
60
Mahapalika Marg
51
Chhatrapati Shivaji Terminus
58
2
59
52
Azad Maidan
Mahatma Gandhi (MG) Rd
57
Nagar Chowk
Postlagernde Sendungen
50
Walchand Hirachand Marg (St. Georges Rd)
46
Hazarimal Somani Marg
Wallace St
18
12
Cross Maidan
43
44
Colaba Causeway (Shahid Bhagat Singh Marg)
Amrit Path
Fort Street Market
Bora Bazar St
Perin Na'iman St
Mody St
Mint Rd
Shri Sh'v Sagar Ramgulam Marg
17
62
Purshottamdas Thakurdas Marg
47
16
Rustom Sidhwa Marg
55
19
26
Sir P Mehta Rd
Shoorji Vallabhdas Marg
21
Janmabhoomi Marg
Hutatma Chowk
29
SA Brelvi Rd
Homji St
FORT
4
Mahatma Gandhi (MG) Rd
10
Horniman Circle
Bhaurao Patil Marg
5
Eldon Rd
M Samachar Marg
20
Bank St
University Rd
9
39
11
Dalal St
s. Detailplan
Shahid Bhagat Singh Marg
Arabisches Meer
A S D Mello Rd
Dr VB Gandhi Marg
K Dubash Marg
6
49
KALA GHODA
1
13
Chhatrapati Shivaji Maharaj Vastu Sangrahalaya
Madame Cama Rd

Fort-Viertel & Churchgate

Highlights
1 Chhatrapati Shivaji Maharaj Vastu Sangrahalaya E7
2 Chhatrapati Shivaji Terminus G2

Sehenswertes
3 DAG Modern B2
4 Flora Fountain E5
5 High Court E5
6 Jehangir Art Gallery E7
7 Keneseth-Eliyahoo-Synagoge B2
8 Marine Drive B6
9 Rajabai-Uhrenturm E6
10 St.-Thomas-Kathedrale F5
11 University of Mumbai E6

Aktivitäten, Kurse & Touren
12 Bollywood Tours H3
13 Bombay Natural History Society F7
14 Reality Tours & Travel D4

Schlafen
15 Hotel Lawrence B2
16 Residency Hotel F4
17 Traveller's Inn G3
18 Welcome Hotel G3

Essen
19 A Taste of Kerala F4
20 Bademiya Restaurant F5
21 Brittania H4
22 Burma Burma B1
23 K Rustom C4
Kala Ghoda Café .... (siehe 48)
24 Khyber A2
25 La Folie B2
26 Mahesh Lunch Home F4
27 Mamagoto B1
28 Nature's Basket D5
29 Oye Kake F4
30 Pantry A1
31 Samrat C5
32 Suzette B7
Trishna .... (siehe 25)

Unterhaltung
33 Eros D5
34 Liberty Cinema D1
35 Metro Big D1
36 National Centre for the Performing Arts A7
37 NCPA-Vorverkaufsstelle A7
38 Wankhede Stadium C2

Shoppen
39 Bombay Paperie F6
40 Bombay Shirt Company A1
41 Bungalow 8 .... C2
42 Chetana Book Centre B2
43 Chimanlals F3
44 Contemporary Arts & Crafts F3
45 Fabindia A1
46 Fashion Street E3
47 Khadi & Village Industries Emporium F4
48 Nicobar B1
49 Sabyasachi F7

Praktisches
50 Akbar Travels F3
51 Foreigners' Regional Registration Office F1
Indiatourism .... (siehe 63)
52 Infokiosk der Maharashtra Tourism Development Corporation G2
53 Hauptbüro der Maharashtra Tourism Development Corporation C6
54 Royal Chemists D1
55 Thomas Cook E4

Transport
56 Air India B6
57 BEST-Busbahnhof F2
58 Central Railways G2
59 Central Railways Reservierungszentrum G2
60 Kadamba Transport E1
61 Naik Bus E1
62 Paolo Travel E3
63 Western Railways Reservierungsbüro D4

St.-Thomas-Kathedrale KATHEDRALE
(Karte S. 814; Veer Nariman Rd; ⌚7–18 Uhr) Die zauberhafte Kathedrale (erb. 1672–1718) ist Mumbais ältestes erhaltenes Gebäude aus der britischen Kolonialzeit und gleichzeitig die älteste anglikanische Kirche der Stadt: Einst bildete sie das östliche Zugangstor („Churchgate") zum Fort der East India Company. Die Architektur vereint byzantinische und englische Stilelemente. Kolonialzeitliche Pracht prägt auch das luftige Innere.

Von Kalbadevi bis Mahalaxmi

★ **Dr. Bhau Daji Lad Mumbai City Museum** MUSEUM
(Karte S. 820; www.bdlmuseum.org; Dr. Babasaheb Ambedkar Rd; Inder/Ausländer 10/100 ₹; ⌚Do–Di 10–18 Uhr) Das prächtige, 1872 im Neorenaissancestil erbaute damalige Victoria & Albert Museum zeigt mehr als 3500 Objekte zur Geschichte Mumbais: Fotos und Landkarten, Textilien, Bücher, Handschrif-

ten, Metallarbeiten aus Bidar, Lackarbeiten, Waffen und exquisite Töpferwaren. Das Wahrzeichen wurde 2008 hervorragend renoviert, und nun erstrahlen die Minton-Fliesenböden, vergoldeten Stuckdecken, verzierten Säulen, Kronleuchter und Treppenhäuser wieder in alter Pracht.

Haji Ali Dargah MOSCHEE

(Karte S. 820; www.hajialidargah.in; abseits der V Desai Chowk) Wie eine heilige Fata Morgana scheint dieser indo-islamische Schrein vor der Küste zu schweben. Der Anblick des auf einer kleinen Insel vor der Küste stehenden Gebäudes ist hinreißend. Es entstand im 19. Jh. und enthält das Grabmal des Muslim-Heiligen Pir Haji Ali Shah Bukhari. Der Legende zufolge starb dieser bei der Pilgerfahrt nach Mekka, und sein Sarg wurde wundersamerweise hier an Land geschwemmt.

DHARAVI SLUM

Die Bewohner Mumbais reagierten 2008 mit gemischten Gefühlen auf die Klischees im Film *Slumdog Millionaire*. Slums sind aber auf jeden Fall ein Teil – manche würden sogar sagen: die Grundlage – des Alltags in der Stadt. Sage und schreibe 60 % der Einwohner leben in Slums, und einer der größten der Stadt ist Dharavi. Einst, als das Gebiet noch aus Bächen, Sümpfen und Inseln bestand, lebten hier Fischer, doch als die Sümpfe aus natürlichen und von Menschen verursachten Gründen versandeten, zogen Wanderarbeiter von South Mumbai und aus anderen Gegenden hierher. Heute umfasst das Gebiet 2,2 km² Land zwischen zwei wichtigen Eisenbahnstrecken. Eine Million Menschen drängt sich hier.

Von außen mag es chaotisch wirken, aber eigentlich besteht diese Stadt in der Stadt, dieses Labyrinth aus staubigen Gassen und von Abwasserkanälen gesäumten Straßen, aus mehreren aneinandergrenzenden Siedlungen. Einige Teile von Dharavi haben eine gemischte Bevölkerung, während sich in anderen Teilen Menschen aus bestimmten Regionen oder Gewerben niedergelassen und winzige Fabriken gegründet haben. Töpfer aus Saurashtra (Gujarat) leben in einem Gebiet, muslimische Gerber in einem anderen, Sticker aus Uttar Pradesh arbeiten neben Schmieden, wieder andere recyclen Plastik, während Frauen in der sengenden Sonne Pappadams trocknen. Einige dieser Betriebe, von denen es insgesamt an die 20 000 gibt, exportieren ihre Waren; der jährliche Gesamtumsatz der Unternehmen in Dharavi wird auf mehr als 700 Mio. US$ geschätzt.

Aus der Nähe betrachtet ist das Leben in diesen Slums faszinierend. Die Einwohner zahlen Miete, die meisten Häuser haben Küchen und elektrischen Strom, und die Bebauung reicht von wackeligen Wellblechhütten bis hin zu dauerhaften, mehrstöckigen Betonhäusern. Das wohl größte Problem der Einwohner Dharavis sind die sanitären Verhältnisse, weil die Wasserversorgung unzuverlässig ist – deshalb hat jeder Haushalt einen 200 l Wasser fassenden Vorratstank. Nur sehr wenige Wohnungen haben eine eigene Toilette oder ein Bad, deswegen haben sich einige Nachbarschaften zum Bau eigener Badehäuser zusammengetan (wozu dann jeder Einwohner finanziell beitragen muss), während Bewohner in anderen Vierteln auf heruntergekommene öffentliche Toiletten angewiesen sind.

Viele Familien leben hier schon seit Generationen, und das Bildungsniveau ist höher als in manchen ländlichen Gebieten: Rund 15 % der Kinder erreichen einen Oberschulabschluss und finden Angestelltenjobs. Viele bleiben trotzdem in dem Viertel, in dem sie aufgewachsen sind.

Slumtourismus ist ein heikles Thema, da muss jeder selbst entscheiden, ob man mitmacht. Wer sich für einen Besuch entscheidet, kann die informative preisgekrönte Tour (ab 850 ₹) von Reality Tours & Travel (S. 823) buchen, zumal 80 % der Einnahmen wieder an soziale Programme in Dharavi zurückfließen. Sie organisieren auch Essen bei einheimischen Familien, damit man einen noch tieferen Einblick erhält.

Manche Besucher kommen auch auf eigene Faust, was in Ordnung ist, solange man nicht fotografiert. Man fährt mit dem Zug von Churchgate Station bis Mahim, verlässt den Bahnhof durch den westlichen Eingang und überquert die Brücke hinüber nach Dharavi.

Mehr über Mumbais Slums erfährt man in Katherine Boos 2012 erschienenem Buch *Behind the Beautiful Forevers*, das vom Leben in Annawadi, einem Slum nahe dem Flughafen handelt, und in *Rediscovering Dharavi*, Kalpana Sharmas sensibler und fesselnder Geschichte über die Menschen von Dharavi, ihre Kultur und ihre Arbeit.

MUMBAI MIT KINDERN

Kidzania (www.kidzania.in; 3.Stock, R City, LBS Marg, Ghatkopar West; Kind/Erw. Di–Fr 950/500 ₹, Sa & So 1200/550 ₹; ⌚Di–So 10–21 Uhr) Mumbais neueste Attraktion für kleine Besucher ist ein lehrreiches und interaktives Zentrum, in dem Kinder z. B. alles über das Fliegen, die Feuerwehr oder die Polizei erfahren und zudem viel selbst basteln können. Rund 10 km nordöstlich des Bandra Kurla Complex liegt das Ganze draußen am Stadtrand.

Für bewegungshungrige Kids empfehlen sich die Vergnügungsparks auf Gorai Island: Die **Esselworld** (www.esselworld.in; Erw./Kind 949/699 ₹; ⌚10.30–18.30 Uhr) und das **Water Kingdom** (www.waterkingdom.in; Erw./Kind 999/699 ₹; ⌚10–19 Uhr) warten jeweils mit vielen Rides, Rutschen und schattigen Plätzchen auf. Für beide Parks sind Kombitickets (Erw./Kind 1299/899 ₹) erhältlich.

Die **Hanging Gardens** in Malabar Hill unterhalten den Nachwuchs mit tierförmigen Formschnitthecken, Schaukeln und Kokosnuss-*wallahs*. Im **Kamala Nehru Park** gegenüber steht ein zweistöckiges „Stiefelhaus".

Die Bombay Natural History Society (BNHS; S. 823) organisiert Naturwanderungen für Kinder.

Man kann den Schrein nur bei Ebbe über einen langen Damm besuchen – zuvor vor Ort unbedingt die Zeiten für Ebbe und Flut ermitteln! Tausende Pilger kommen täglich hinüber, vor allem am Donnerstag und Freitag (wenn es vielleicht auch *qawwali*, Andachtsgesänge, gibt); viele geben den Bettlern am Weg ein Almosen. Leider befinden sich Teile des Schreins in schlechtem Zustand, woran Stürme und die salzhaltige Luft Schuld haben; es gibt aber Pläne, das Bauwerk zu restaurieren. Die Stätte wird von Menschen aller Religionszugehörigkeiten besucht.

Mahalaxmi Dhobi Ghat GHAT

(Karte S. 820; Dr. E Moses Rd; ⌚4.30 Uhr–Sonnenuntergang) Dieser 140 Jahre alte *dhobi ghat* (Waschplatz) ist Mumbais größte von Menschenhand betriebene „Waschmaschine": Jeden Tag säubern Hunderte von Menschen in 1026 offenen Trögen Tausende Kilos an Kleidung und Bettwäsche. Den besten Blick hat man von der Brücke, die über die Gleise nahe dem Bahnhof Mahalaxmi führt.

Babu-Amichand-Panalal-Adishwarji-Jain-Temple JAINISTISCHER TEMPEL

(Walkeshwar Marg, Malabar Hill; ⌚5–21 Uhr) Dieser Tempel ist unter den Jains für seine Schönheit berühmt – und da jainistische Tempel eigentlich immer prächtig sind, will das schon etwas heißen. Besonders sehenswert sind die Malereien und die bunte Tierkreis-Kuppeldecke. Der kleine Tempel ist eine Andachtsstätte; Besucher sollten sich rücksichtsvoll verhalten und angemessen kleiden.

Girgaum Chowpatty STRAND

(Karte S. 820) An dem Stadtstrand tummeln sich abends Liebespaare, Familien, politische Aktivisten und alle anderen, die das genießen wollen, was hier als frische Luft gilt. Ein Abend-*bhelpuri* von den Imbissständen am südlichen Strandende ist in Mumbai quasi Pflicht. Keinesfalls baden: Das Wasser ist die reinste Giftbrühe!

Mahalaxmi-Tempel HINDU-TEMPEL

(Karte S. 820, bei V Desai Chowk) Es ist äußerst passend, dass einer der geschäftigsten und farbenprächtigsten Tempel im geldverliebten Mumbai Mahalaxmi, der Göttin des Wohlstands geweiht ist. Die Anlage auf einer Landzunge ist im September bzw. Oktober Zentrum der Navratri-Feierlichkeiten (Festival der Neun Nächte).

Malabar Hill VIERTEL

(rund um die BG Kher Marg) In Mumbais exklusivstem Viertel, am nördlichen Ende der Back Bay gelegen, findet sich überraschenderweise auch eine der heiligsten Oasen der Stadt. Versteckt zwischen Apartmentblocks ist das **Banganga-Becken** eine Enklave voller stiller Tempel, badender Pilger, krummer, autofreier Straßen und malerischer alter *dharamsalas* (Pilgerherbergen). Nach einer Hindu-Legende hat Rama das Wasserbecken geschaffen, indem er die Erde hier mit seinem Pfeil durchbohrte.

Vom **Kamala Nehru Park** aus hat man einen besonders schönen Blick auf den rund 600 m östlich gelegenen Chowpatty und den anmutigen Bogen des Marine Dr.

Mani Bhavan MUSEUM

(Karte S. 820; ☎23805864; www.gandhi-manibhavan.org; 19 Laburnum Rd, Gamdevi; Spende erbeten; ⌚9.30–17.30 Uhr) Das ergreifende, winzige Museum befindet sich in dem Gebäude, in dem Mahatma Gandhi während seiner Besuche in Bombay zwischen 1917 und 1934 wohnte. Hier formulierte er seine Philosophie des Satyagraha (gewaltlosen Widerstands) und startete 1932 seine Kampagne des zivilen Ungehorsams.

Eine Fotoausstellung informiert über Gandhi, hinzu kommen Dioramen und Dokumente, z.B. Briefe, die er an Hitler und Roosevelt schrieb, sowie Würdigungen von Ho Chi Minh und Albert Einstein.

Westliche Vororte

★ Iskcon-Tempel — HINDU-TEMPEL

(Karte S. 824; www.iskconmumbai.com; Juhu Church Rd, Juhu; ⏲4.30–13 & 16–21 Uhr) Juhu spielt in der Geschichte der Hare-Krishna-Bewegung eine Schlüsselrolle, weil der Gründer der „Internationalen Gesellschaft für Krishna-Bewusstsein", A.C. Bhaktivedanta Swami Prabhupada, hier längere Zeit lebte (seine bescheidene Wohnung kann man im angrenzenden Gebäude besichtigen). Die Tempelanlage erwacht zur Gebetszeit zu vollem Leben, wenn sich die Gläubigen selber mit *kirtan*-Tänzen, Händeklatschen und Trommelschlägen in freudige Ekstase bringen.

Juhu Beach — STRAND

(Karte S. 824; Juhu Tara Rd, Juhu) Der breite Vorstadtstrand (6 km) erstreckt sich bis hinüber nach Versova. Scharen von indischen Familien und Liebespaaren vergnügen sich hier im Arabischen Meer. Das Ganze ist zwar kein sonnenverwöhnter Traum à la Karibik, aber dennoch ganz spaßig für einen Drink oder Straßensnack (in der Nähe gibt's Imbissstände). Während des Ganesh Chaturthi (S. 809) herrscht besonders viel Betrieb.

Gilbert Hill — HÜGEL

(Karte S. 824; Sagar City, Andheri West) Der schwarze Basalthügel (61 m) erhebt sich mitten zwischen den Apartment-Blocks von Andheri West und erinnert nicht von ungefähr an einen geschmolzenen Schokoladenkuchen: Während des Mesozoikums wurde hier Magma durch die Erdoberfläche gepresst. In den Fels geschlagen ist eine steile Treppe, die hinauf zu einem Garten mit Panoramablick und zwei Hindutempeln führt.

Gorai Island

Global Pagoda — BUDDIHSTISCHER TEMPEL

(www.globalpagoda.org; ⏲9–19 Uhr, Meditationskurse 10 & 18 Uhr) Bei dem atemberaubenden Gebäude, das sich wie eine Fata Morgana über dem schmutzigen Gorai Creek erhebt, handelt es sich um einen goldenen, 96 m hohen Stupa, für den die Shwedagon-Pagode in Myanmar Modell stand. Die Kuppel, unter der 8000 Gläubige Platz finden und die mehrere Buddha-Reliquien beherbergt, wurde ganz ohne Träger nach dem uralten Prinzip von ineinandergreifenden Steinen gebaut. Auf dem Gelände befindet sich außerdem ein Museum über das Leben und die Lehren Buddhas. Zweimal täglich wird kostenlos ein 20-minütiger Meditationsunterricht gegeben. Ein Meditationszentrum vor Ort hat zehntägige Kurse im Angebot.

ABSEITS DER ÜBLICHEN PFADE

KHOTACHIWADI

Das berühmte *wadi* (Dörfchen) **Khotachiwadi** (Karte S. 820) ist fast 180 Jahre alt. In historischer Atmosphäre leben die Menschen hier noch so wie zu den Zeiten, in denen Mumbai keine Wolkenkratzer hatte. Khotachiwadi ist eine christliche Enklave mit eleganten, zweistöckigen Herrenhäusern im portugiesischen Stil. Rund 500 m nordöstlich des Girgaum Chowpatty liegt das Nest inmitten der vorwiegend hinduistischen und muslimischen Stadtviertel. Die verwinkelten Gassen geben wunderbare Einblicke in das ruhige(re) Leben abseits von Mumbais Großstadttrubel.

Khotachiwadi ist nicht gerade groß. Dennoch lohnt es sich, durch die schmalen Straßen zu schlendern und die alten Häuser (zur Weihnachtszeit wunderschön dekoriert) zu bewundern. Wer möchte, kann hier auch ein ostindisches Festmahl im Haus des berühmten Modedesigners, Lokalaktivisten und Hobbykochs James Ferreira genießen (Reservierung erforderlich; Details unter www.jamesferreira.co.in).

So geht's nach Khotachiwadi: Zuerst die St. Teresa's Church an der Ecke Jagannath Shankarsheth Marg (JSS Marg) und Rajarammohan Roy Marg (RR Rd/Charni Rd) aufsuchen. Dann gegenüber in die JSS Marg hineinlaufen und in die dritte Seitenstraße zur Linken einbiegen (zu erkennen an der Wandkarte mit Aufschrift „Khotachiwadi Imaginaries").

Von Kalbadevi bis Mahalaxmi

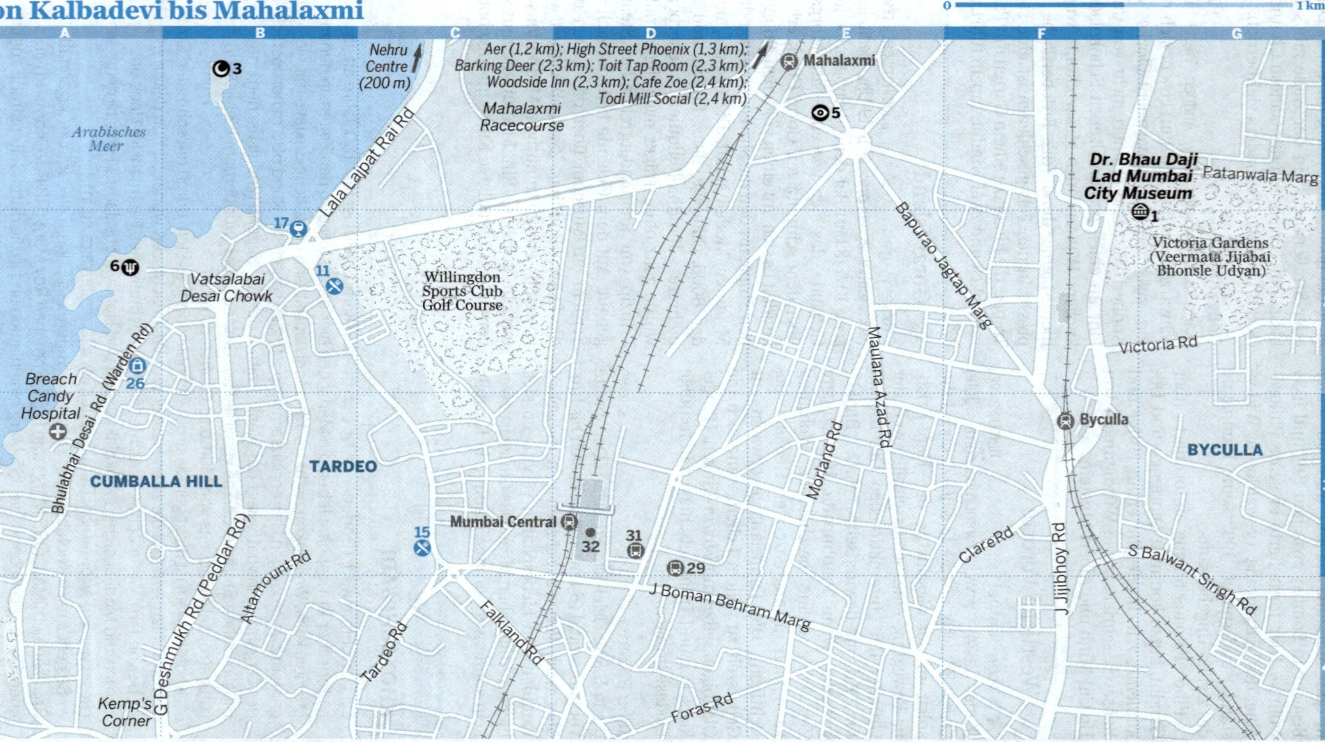

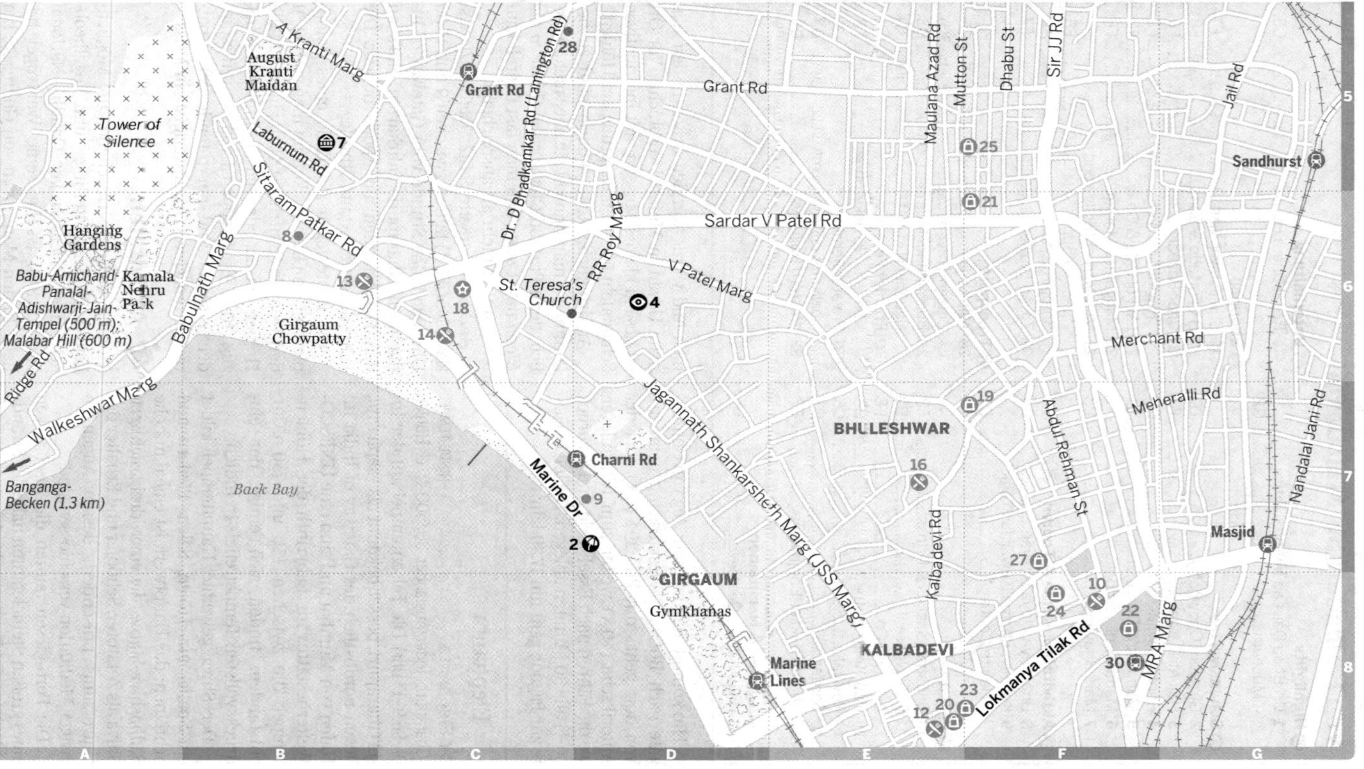
A Kranti Marg
August Kranti Maidan
Grant Rd
Dr. D Bhadkamkar Rd (Lamington Rd)
28
Maulana Azad Rd
Mutton St
Dhabu St
Sir JJ Rd
Jail Rd
Tower of Silence
Laburnum Rd
7
25
Sandhurst
21
Sitaram Patkar Rd
8
Hanging Gardens
RR Roy Marg
Sardar V Patel Rd
Babulnath Marg
13
18
St. Teresa's Church
4
V Patel Marg
Babu-Amichand-Panalal-Adishwarji-Jain-Tempel (500 m); Malabar Hill (600 m)
Kamala Nehru Park
Girgaum Chowpatty
14
Merchant Rd
Ridge Rd
Walkeshwar Marg
19
Meheralli Rd
Nandalal Jani Rd
BHULESHWAR
Jagannath Shankarsheth Marg (JSS Marg)
Abdul Rehman St
Charni Rd
16
Banganga-Becken (1,3 km)
Back Bay
Marine Dr
9
2
Kalbadevi Rd
Masjid
27
GIRGAUM
10
24
22
Gymkhanas
MRA Marg
Lokmanya Tilak Rd
KALBADEVI
30
Marine Lines
23
20
12

Von Kalbadevi bis Mahalaxmi

Highlights
1 Dr. Bhau Daji Lad Mumbai City Museum ... G2

Sehenswertes
2 Girgaum Chowpatty ... D7
3 Haji Ali Dargah ... B1
4 Khotachiwadi ... D6
5 Mahalaxmi Dhobi Ghat ... E1
6 Mahalaxmi-Tempel ... A2
7 Mani Bhavan ... B5

Aktivitäten, Kurse & Touren
8 Bharatiya Vidya Bhavan ... B6
9 Kaivalyadhama Ishwardas Yogic Health Centre ... D7

Essen
10 Badshah Snacks & Drinks ... F8
11 Cafe Noorani ... B2
12 Kyaani & Co ... E8
13 New Kulfi Centre ... B6
14 Revival ... C6
15 Sardar ... C3
16 Shree Thakkar Bhojnalaya ... E7

Ausgehen & Nachtleben
17 Haji Ali Juice Centre ... B2

Unterhaltung
18 Royal Opera House ... C6

Shoppen
19 Bhuleshwar Market ... F7
20 BX Furtado & Sons ... E8
21 Chor Bazaar ... F6
22 Crawford Market ... F8
23 LM Furtado & Co ... F8
24 Mangaldas Market ... F8
25 Mini Market/Bollywood Bazaar/Super Sale ... F5
26 Shrujan ... A2
27 Zaveri Bazaar ... F7

Transport
28 Allibhai Premji Tyrewalla ... C5
Citizen Travels ... (siehe 30)
29 Busbahnhof Mumbai Central ... D3
National NTT/CTC ... (siehe 31)
30 Privater Fernbusbahnhof & Ticketbüros ... F8
31 Privater Fernbusbahnhof & Ticketbüros ... D3
32 Western Railways ... D3

Hin kommt man mit dem Zug von Churchgate nach Borivali (Westausgang nehmen). Von dort geht's mit Bus 294 (5 ₹) oder der Autorikscha (40 ₹) weiter zum Fähranleger, wo die Fähren nach Esselworld (hin & zurück 50 ₹) alle 30 Minuten ablegen. Die letzte Fähre zur Pagode geht um 17.30 Uhr.

Elephanta

★ Elephanta HINDU-TEMPEL
(Gharapuri; Inder/Ausländer 30/500 ₹; Höhlen Di–So 9–17 Uhr) Die Felsentempel auf der Insel Gharapuri, besser bekannt als Elephanta, liegen nordöstlich des Gateway of India im Hafen von Mumbai und sind eine UNESCO-Welterbestätte. Im Labyrinth der Höhlentempel, die zwischen 450 und 750 n. Chr. entstanden, finden sich einige der eindrucksvollsten Tempelreliefs in Indien.

Der Shiva geweihte Haupttempel bildet ein Spalier aus Höfen, Sälen, Pfeilern und Schreinen; das Hauptwerk ist eine 6 m hohe Sadhashiva-Statue, die einen dreigesichtigen Shiva als Zerstörer, Schöpfer und Erhalter des Universums präsentiert, dessen Augen in ewiger Meditation verschlossen sind.

Die Portugiesen tauften die Insel wegen eines großen Steinelefanten nahe des Strands „Elephanta" (dieser brach aber 1814 zusammen und wurde von den Briten in den Jijamata Udyan in Mumbai verbracht). Vor Ort gibt es ein kleines Museum mit informativen Schautafeln über den Ursprung der Höhlen.

Aufdringliche, teure Führer sind zu bekommen – man braucht sie aber nicht wirklich, denn Pramod Chandras *A Guide to the Elephanta Caves*, den man fast überall kaufen kann, ist mehr als ausreichend.

Barkassen (Karte S. 812; Touristen-/Luxusklasse 145/180 ₹) fahren zwischen 9 und 15.30 Uhr jede halbe Stunde vom Gateway of India nach Gharapuri. Fahrkarten gibt's an den Ticketständen am Apollo Bunder. Die Fahrt dauert eine gute Stunde.

Die Boote legen am Ende eines Betonpiers an. Von hier aus kommt man zu Fuß zu den Treppen (Eintritt 10 ₹), die hinauf in die Höhlen führen, oder man nimmt den Minizug (10 ₹). Die Treppe ist von Souvenirständen gesäumt und nervtötende Affen patrouillieren. Gutes Schuhwerk ist ein Muss.

Aktivitäten

Mumbai bietet überraschend gute Möglichkeiten für Schmetterlings- und Vogelbeobachtungen. Der Sanjay Gandhi National Park (S. 813) ist für seine Waldvögel beliebt. In den Mangroven von Godrej (13 km östlich von Bandra) tummeln sich viele Watvögel. Die **Bombay Natural History Society** (BNHS; Karte S. 814; ☎022-22821811; www.bnhs.org; Hornbill House, Shahid Bhagat Singh Marg; ⏲Mo–Fr 9–17.30 Uhr) leitet jedes Wochenende gute Touren. Auf den Wattflächen im Bereich des Sewri-Anlegers (S. 823) rasten auch zahllose Rosaflamingos während ihrer Wanderung (Nov.–März).

Outbound Adventure OUTDOOR-AKTIVITÄTEN
(☎9820195115; www.outboundadventure.com) Organisiert u. a. eintägige Raftingtrips auf dem Ulhas (Juli–Anfang Sept., 2300 ₹/Pers.). Dessen Stromschnellen erreichen nach starken Regenfällen den Grad III+; sonst ist die Fahrt ruhiger. Im Angebot sind auch geführte Naturwanderungen, Vogelbeobachtungen, Camping (pro Tag ab 2000 ₹/Pers.) und Kanutouren in den Western Ghats.

Yogacara YOGA, MASSAGE
(Karte S. 824; ☎022-26511464; www.yogacara.in; 1. Stock, SBI Bldg, 18A New Kant Wadi Rd, Bandra West; ⏲Yoga pro Kurs/Woche 650/1600 ₹) Klassisches Institut für Hatha- und Iyengar-Yoga, das u. a. Massagen (ab 1850 ₹/Std.) und Anwendungen anbietet. Sehr empfehlenswert ist die Abhyangam-Verjüngungsmassage. Gelegentlich gibt's auch Kurse in Ayurveda-Küche, Meditation und Chakra-Heilung.

Yoga House YOGA
(Karte S. 824; ☎022-65545001; www.yogahouse.in; Nargis Villa/Water Bungalow Sherly Rajan Rd, Bandra West; Yogakurs 700 ₹; ⏲Di–So 8–21.30 Uhr) Heimeliges und traditionelles Yoga-Zentrum, das verschiedene Yoga-Stile in einem hellgrünen Bungalow aus der Kolonialzeit unterrichtet. Im 3. Stock befindet sich ein reizendes Cafè (S. 835).

Sewri-Anleger VOGELBEOBACHTUNG
(Sewri) Rund 5 km östlich von Lower Parel liegt dieser Bootsanleger, von dem man zwischen November und März wunderbar auf zahllose Rosaflamingos schaut (beste Beobachtungszeit 6–10 Uhr). Die Vögel ziehen teils sogar aus Sibirien hierher und suchen im örtlichen Watt nach Nahrung.

Die Bombay Natural History Society (S. 823) veranstaltet Touren zum Anleger. Alternativ fährt man mit der Harbour Railway Line vom Hauptbahnhof zum Bahnhof Sewri und nimmt dort ein Taxi.

Palms Spa SPA
(Karte S. 812; ☎022-66349898; www.thepalmsspaindia.com; Dhanraj Mahal, Chhatrapati Shivaji Marg, Colaba; Massagen ab 3200 ₹/Std.; ⏲10–22 Uhr) In dem renommierten Spa kann man sich massieren, abrubbeln und baden lassen. Ein Peeling mit Zitronengras und grünem Tee kostet 2500 ₹.

Kurse

★ **Yoga Institute** YOGA, GESUNDHEIT & WOHLBEFINDEN
(Karte S. 824; ☎022-26122185; www.theyogainstitute.org; Shri Yogendra Marg, Prabhat Colony, Santa Cruz East; 1./2. Monat 700/500 ₹) Auf dem friedvollen grünen Gelände bietet das angesehene Yoga Institute Kurse für einen Tag, ein Wochenende, eine Woche oder – für alle, die länger hier sind – auch für länger an. Man kann sich auch zum Yogalehrer ausbilden lassen (Voraussetzung ist der 7-tägige Kurs).

★ **Bharatiya Vidya Bhavan** SPRACHE, MUSIK
(Karte S. 820; ☎022-23631261; www.bhavans.info; 2. Stock, Ecke KM Munshi Marg & Ramabai Rd, Girgaum; Sprachkurs 500 ₹/Std., Musikunterricht 900 ₹/Woche; ⏲16–20 Uhr) Hier gibt's u. a. hervorragende Privatkurse in Hindi, Marathi, Gujarati und Sanskrit. Wer sich für Unterricht in Tabla, Gesang, Sitar oder klassischem indischem Tanz interessiert, kontaktiert Professor Ghosh (Komponist, Musiker und Grammy-Gewinner).

Kaivalyadhama Ishwardas Yogic Health Centre YOGA, GESUNDHEIT
(Karte S. 820; ☎022-22818417; www.yogcenter.com; 43 Netaji Subhash Rd, Marine Dr; ⏲Mo–Sa 6–19 Uhr) Veranstaltet täglich mehrere Yoga-Kurse und Workshops. Unter den Gebühren sind ein monatlicher Mitgliedsbeitrag (1000 ₹) und eine Aufnahmegebühr (700 ₹). Ein viermonatiger Kurs mit Lehrzertifikat kostet 20 000 ₹.

Geführte Touren

Ten Heritage Walks of Mumbai (395 ₹) von Fiona Fernandez schlägt Stadtspaziergänge durch Mumbai vor und liefert dabei faszinierende historische Infos. Die staatliche Touristeninformation führt ein Verzeichnis mit zertifizierten Guides, die mehrere Sprachen sprechen (offizielle Preise: halber/ganzer Tag 1368/1734 ₹, max. 5 Pers.).

★ **Reality Tours & Travel** STADTSPAZIERGÄNGE
(Karte S. 814; ☎9820822253; www.realitytoursandtravel.com; 1/26 Unique Business Service Centre, Akber House, Nowroji Fardonji Rd; meiste Touren 750–1700 ₹; ⏲8–21 Uhr) Organisiert u. a. anrührende Touren durch den Slum Dhara-

Westliche Vororte

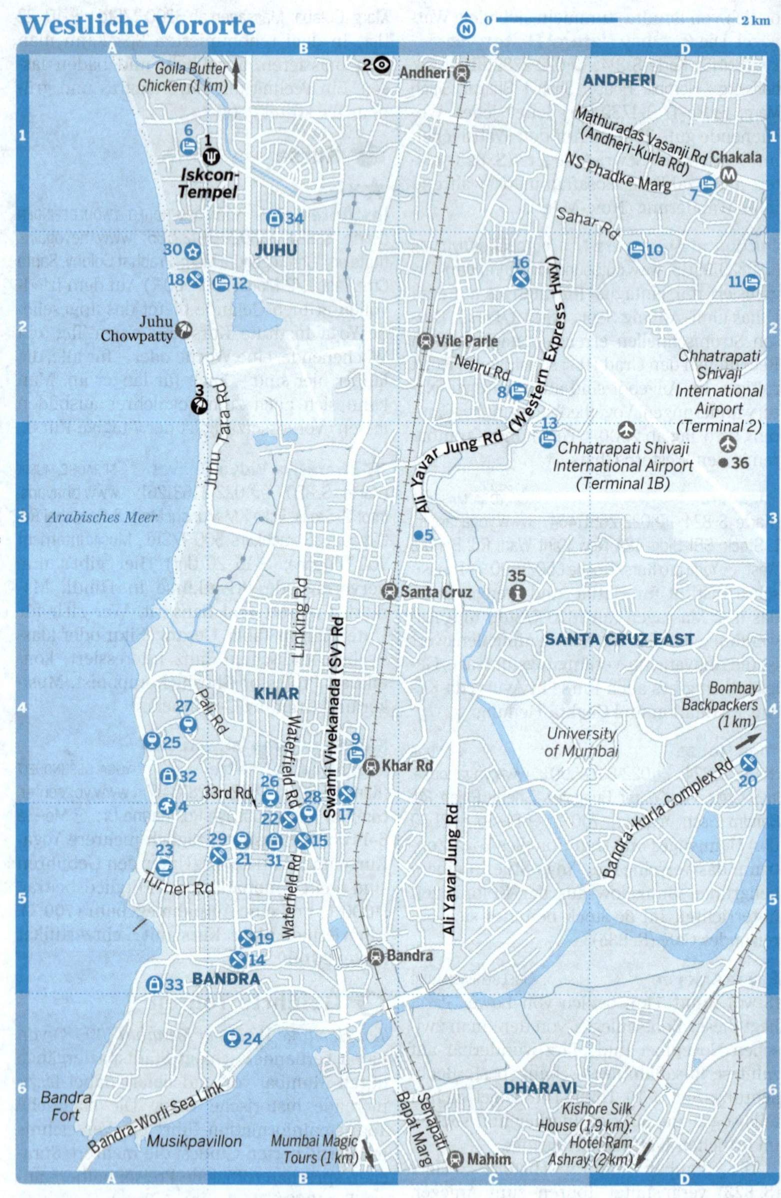

vi; 80% des Nettogewinns gehen an die hauseigene Hilfsorganisation Reality Gives (www.realitygives.org). Parallel gibt's Touren mit Schwerpunkt auf Straßenessen, Märkten, Radfahren oder Mumbai bei Nacht.

Neu im Programm sind mehrtägige Exkursionen mit sozialem Hintergrund, die weiter entfernte Regionen (Südindien, Goldenes Dreieck, Rajasthan) und dortige Gemeinden besuchen.

Bombay Heritage Walks STADTSPAZIERGÄNGE
(☎ 9821887321; www.bombayheritagewalks.com; 2-stündige Touren für max. 5 Pers. ab 3750 ₹) Die

Westliche Vororte

Gründer von BHW sind zwei Architekten, die bei ihren tollen Spaziergängen durch Mumbais historische Viertel nunmehr mit einigen Berufskollegen und Kunsthistorikern zusammenarbeiten.

Mumbai Magic Tours STADTSPAZIERGÄNGE
(☎9867707414; www.mumbaimagic.com; 5 Bhaskar Mansion, Sitladevi Temple Rd; 2-stündige Touren pro 2/4 Pers. 1750/1500 ₹; ⊙Mo–Fr 10–17, Sa 10–14 Uhr) Hinter diesen Stadtspaziergängen stecken die Autoren des großartigen Blogs Mumbai Magic (www.mumbai-magic.blogspot.com). Thematisiert werden u. a. Mumbais Kultur, Gesellschaft, Küche, Märkte, Feste und schräge Seiten – ebenso das jüdische Erbe der Stadt.

MTDC/Nilambari Bus Tours BUSTOUREN
(MTDC; ☎020-22845678; www.maharashtratourism.gov.in; 1-stündige Rundfahrt Unter-/Oberdeck 60/180 ₹; ⊙Sa & So & 19 & 20.15 Uhr) Zusammen mit Maharashtra Tourism veranstaltet Nilambari am Wochenende diese abendlichen Bustouren zu beleuchteten historischen Gebäuden. Die Fahrzeuge mit offenem Oberdeck starten am Kiosk (S. 844) und am Büro der MTDC (S. 844), wo jeweils auch gebucht werden kann. Nur Barzahlung.

Schlafen

Mumbai hat die teuersten Unterkünfte Indiens. Und nirgendwo hat man hier das Gefühl, für sein Geld eine wirklich angemessene Gegenleistung zu bekommen.

Das übersichtliche Colaba hat die munterste Touristenszene sowie viele Mittelklasse- und Budget-Bleiben. Das benachbarte Fort-Viertel bietet guten Zugang zu den Hauptbahnhöfen; zudem gibt's dort viele Restaurants und Einkaufsmöglichkeiten. Die meisten Spitzenklassehotels liegen am Marine Dr und in den westlichen Vororten.

Ganz egal, wo man absteigt: Unbedingt rechtzeitig reservieren!

Colaba

★ **Sea Shore Hotel** PENSION $
(Karte S. 812; ☎022-22874237; 4. OG, 1-49 Kamal Mansion, Arthur Bunder Rd; EZ/DZ ohne Bad

UNTERKUNFTSPREISE

Die Preiskategorien beziehen sich auf ein Doppelzimmer inklusive Steuern:

$ bis 2500 ₹

$$ 2500–6000 ₹

$$$ über 6000 ₹

700/1100 ₹; 📶) In dieser Unterkunft gibt man sich wirklich Mühe: Die Zimmer sind klein, aber makellos sauber und einladend, und alle haben Flachbild-TVs. Sie gehen von einem Korridor ab, der wie der Gang eines Bahnabteils wirkt. Die Hälfte der Zimmer hat sogar Blick auf den Hafen (die andere aber gar keine Fenster). Die modischen Gemeinschaftsbäder sind gut geputzt und einigermaßen schick. In der Lobby und *manchen* Zimmern gibt's WLAN.

Bentley's Hotel HOTEL **$**

(Karte S. 812; ☎022-22841474; www.bentleyshotel.com; 17 Oliver Rd; Zi. inkl. Frühstück 2350–3150 ₹ ,Klimaanlage zzgl. 350 ₹; ❄📶) Das freundliche Hotel liegt mitten in Colaba und gehört Parsen. Traveller werden es lieben oder hassen – je nachdem, in welchem der fünf Apartmentgebäude sie landen. Am besten sind die geräumigen Hauptgebäudezimmer im Kolonialstil (Nr. 31 und 39 haben große Balkone). Nicht zu empfehlen sind die Quartiere an der Henry Rd und JA Allana Marg. Nur Barzahlung.

★ **YWCA** PENSION **$$**

(Karte S. 812; ☎022-22025053; www.ywcaic.info; 18 Madame Cama Rd; EZ/DZ/3BZ mit Klimaanlage, inkl. Frühstück & Abendessen 2450/3720/5560 ₹, jeweils zzgl. einmalige Mitgliedsgebühr von 50 ₹/Pers.; ❄@📶) Das gut geführte YMCA ist sein Geld wert und zu Recht populär: Alle Sehenswürdigkeiten in Colaba und im Fort-Viertel sind zu Fuß erreichbar. Die geräumigen, gepflegten Zimmer punkten mit Schreibtischen, Kleiderschränken und vielen TV-Kanälen. In der Lobby ist das WLAN-Signal am besten. Preise inklusive Frühstückbuffet, Abendessen und Tageszeitung.

Hotel Moti PENSION **$$**

(Karte S. 812; ☎9920518228; hotelmotiinternational@yahoo.co.in; 10 Best Marg; DZ/3BZ mit Ventilator 3000/4000 ₹, mit Klimaanlage 3500/4500 ₹; ❄📶) Das würdevoll verfallende Haus aus der Kolonialzeit erfreut sich einer Spitzenlage in Colaba. Inhaber Raj erweist sich als perfekter Gastgeber. Die schlichten Zimmer haben in vielen Fällen historischen Charme (z. B. dank prachtvoller Stuckdecken) und sind akzeptabel in Schuss. Darin warten Satelliten-TV auf LED-Bildschirmen und neue, überdurchschnittlich dicke Matratzen. Zukünftig soll die Pension auch einen Dachgarten erhalten.

Regent Hotel HOTEL **$$**

(Karte S. 812; ☎022-22021518; www.regenthotelcolaba.in; 8 Best Marg; Zi. mit Klimaanlage & inkl. Frühstück 5360 ₹; ❄@📶) Das Personal des verlässlich guten Hotels kümmert sich sehr engagiert um die Gäste. Gleich abseits von Colabas Hauptstraße gibt's hier prima eingerichtete Zimmer mit viel Platz und hochwertigen Matratzen. Die modernen Bäder haben Marmorböden. Kunst mit Falknerei-Szenen und Nationalflaggen von Golfstaaten weisen darauf hin, wer hier hauptsächlich absteigt.

★ **Taj Mahal Palace, Mumbai** HISTORISCHES HOTEL **$$$**

(Karte S. 812; ☎022-66653366; https://taj.tajhotels.com; Apollo Bunder; EZ/DZ im Turm ab 16 000/17 500 ₹, im Palast ab 21 000/22 500 ₹; ❄@📶🏊) Mumbais „Grande Dame" zählt zu den legendären Hotels der Welt: Hier haben schon allerlei Präsidenten und gekrönte Häupter gewohnt. Weite Bogen, Freitreppen, Kuppeln und ein herrlicher Garten mit Pool garantieren Gästen einen unvergesslichen Aufenthalt. Den Zimmern im angrenzenden Turm fehlen die historischen Elemente des eigentlichen Palastes. Dafür bieten viele einen sensationellen Blick auf das Gateway of India.

Angesicht der vielen Spitzenrestaurants und -bars, des Spas und der Freizeiteinrichtungen kann es schon etwas Überwindung kosten, das Hotelgelände zu verlassen. Zudem hat das Taj Mahal nun eine neue Kunstgalerie (klein, aber erkennbar kuratiert) und veranstaltet Gästeführungen (tgl. 17 Uhr), die die Rolle des Hauses in der Stadtgeschichte beleuchten.

★ **Abode Bombay** BOUTIQUEHOTEL **$$$**

(Karte S. 812; ☎8080234066; www.abodeboutiquehotels.com; 1. Stock, Lansdowne House, MB Marg; Zi mit Klimaanlage & inkl. Frühstück 4760–16 000 ₹; ❄📶) Die 20 Zimmer des tollen Boutiquehotels sind stilvoll mit kolonialzeitlichen Elementen, Art-déco-Möbeln, Böden aus Recycling-Teakholz und Originalkunst eingerichtet. Die Luxus-Varianten haben prächtige freistehende Badewannen. Das Personal ist sehr gut auf touristische Bedürf-

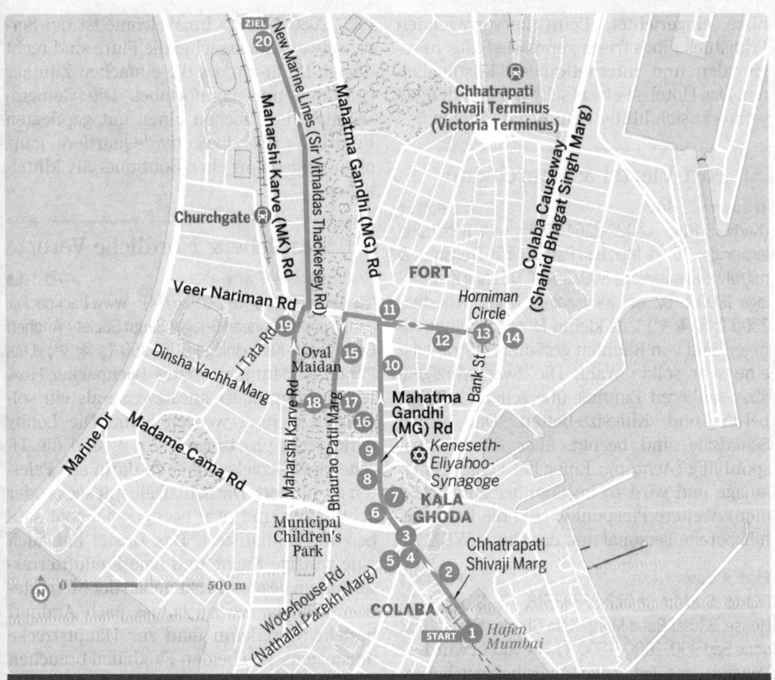

Stadtspaziergang Architektur

START GATEWAY OF INDIA
ZIEL LIBERTY CINEMA
LÄNGE/DAUER 3,5 KM/1¾ STD.

Charakteristisch für Mumbai ist der Mix aus Kolonial- und Art-déco-Architektur. Ab dem 1 **Gateway of India** (S. 811) führt die Chhatrapati Shivaji Marg am Wohn- und Geschäftskomplex 2 **Dhunraj Mahal** im Art-déco-Stil vorbei. Dann erreicht sie die Gebäude am 3 **Regal Circle** – darunter das 4 **Regal Cinema** (S. 839) im Art-déco-Stil und das 5 **Majestic Hotel**, heute Laden der Kooperative Sahakari Bhandar. Nun folgt man der MG Rd und passiert dabei die 6 **National Gallery of Modern Art** (S. 813). Gegenüber erhebt sich mit dem Museum 7 **Chhatrapati Shivaji Maharaj Vastu Sangrahalaya** (S. 812) ein Wahrzeichen im indo-sarazenischen Stil. Wieder zurück erblickt man auf der anderen Seite das neo-romanische 8 **Elphinstone College** und die 9 **David Sassoon Library & Reading Room**, deren Mitglieder der Mittagshitze auf dem oberen Balkon entkommen.

Nördlich davon locken die Art-déco-Muster des 10 **New India Assurance Company Building**. Genau voraus liegt eine Parkinsel mit dem 11 **Flora-Brunnen**, der die römische Göttin der Blumen darstellt. Ostwärts führt der Weg entlang der Veer Nariman Rd auf die 12 **St.-Thomas-Kathedrale** (S. 816) zu. Nächste Station ist der 13 **Horniman Circle**, dessen Säulengänge seit den 1860er-Jahren einen botanischen Garten umgeben. Östlich davon ragt die 14 **Town Hall** empor. Zurück am Flora-Brunnen folgt man südwärts der Bhaurao Patil Marg, um sich den 15 **High Court** (S. 812) und die 16 **University of Mumbai** (S. 813) anzusehen. Den besten Blick auf den 84 m hohen 17 **Rajabai-Uhrenturm** (S. 813) der Uni bietet der 18 **Oval Maidan**. Wer sich hier umdreht, kann die kolonialzeitlichen Bauten direkt mit den Art-déco-Perlen an der Maharshi Karve (MK) Rd vergleichen. Deren bemerkenswertester Vertreter ist das 19 **Eros Cinema** (S. 839).

Die Tour endet 1 km weiter nördlich am 20 **Liberty Cinema** (S. 839) im Art-déco-Stil, das einen Saal mit 1200 Plätzen besitzt.

nisse eingerichtet. Beim hervorragenden Frühstück gibt's frisch gepresste Säfte zu regionalen und internationalen Köstlichkeiten. Das Hotel ist etwas schwer zu finden: Es versteckt sich hinter dem Regal Cinema.

Fort-Viertel & Churchgate

Traveller's Inn HOTEL $

(Karte S. 814; ☎022-22644685; www.hoteltravellersinn.co; 26 Adi Marzban Path; B inkl. Frühstück & mit/ohne Klimaanlage 800/600 ₹, DZ ohne Klimaanlage 1800 ₹, DZ mit Klimaanlage & inkl. Frühstück 2300 ₹; ❄@📶) Das kleine Hotel an einer ruhigen und von Bäumen gesäumten Straße ist eine sehr solide Wahl: Die zwar winzigen, aber sauberen Zimmer überzeugen mit Kabel-TV und Kingsize-Betten. Die beiden Schlafsäle sind beengt, aber für Mumbai spottbillig (Achtung: Einer hat keine Klimaanlage und wird so im Sommer zum Backofen). Weitere Pluspunkte sind die Lage, das hilfsbereite Personal und das Gratis-WLAN.

Hotel Lawrence PENSION $

(Karte S. 814; ☎022-22843618; 3. Stock, ITTS House, 33 Sai Baba Marg, Kala Ghoda; EZ/DZ/3BZ ohne Bad 900/1000/1800 ₹) Die altehrwürdige Pension mit freundlichen Inhabern beherbergt Budgetreisende schon seit vielen Jahren. Die einfachen Zimmer sind so gut in Schuss wie die Gemeinschaftsbäder. Zudem liegt das Lawrence ruhig an einem Gässchen in Kala Ghoda; hinauf geht's mit einem klapprigen Aufzug. Auf Frühstück oder WLAN muss man hier jedoch verzichten.

★ **Residency Hotel** HOTEL $$

(Karte S. 814; ☎022-22625525; www.residencyhotel.com; 26 Rustom Sidhwa Marg; EZ/DZ mit Klimaanlage & inkl. Frühstück ab 4640/5120 ₹; ❄@📶) Das Residency ist eines jener verlässlich guten Hotels, in denen man sich nach langer Reise wirklich erholen kann und sich garantiert gut aufgehoben fühlt. Die modernen Zimmer (teils mit dimmbarer Beleuchtung, Minibars, Flachbild-TVs, schicken eigenen Bädern) haben ein prima Preis-Leistungs-Verhältnis. Highlight ist aber das freundliche Personal, das den Spagat zwischen Höflichkeit und Ungezwungenheit perfekt schafft.

Auch die Spitzenlage im Fort-Viertel macht das Hotel zu Mumbais bester Mittelklasseoption.

Welcome Hotel HOTEL $$

(Karte S. 814; ☎022-66314488; www.welcomehotel.co.in; 257 Shahid Bhagat Singh Marg; EZ/DZ inkl. Frühstück ab 3330/3870 ₹, ohne Bad ab 1900/2080 ₹; ❄📶) Im Welcome ist der Service etwas Glückssache; die Flure sind recht düster. Dafür wirken die einfachen Zimmer geräumig und komfortabel. Die Gemeinschaftsbäder machen einen gut gepflegten Eindruck. Die „Executive"-Quartiere ganz oben sind schon eher Boutique- als Mittelklasse.

Westliche & Nördliche Vororte

Backpacker Panda HOSTEL $

(Karte S. 824; ☎022-28367141; www.backpackerpanda.com; Shaheed Bhagat Singh Society, Andheri East; B mit Klimaanlage 900–950 ₹; ❄📶) Das Panda ist Mumbais erstes Backpacker-Hostel, das zumindest ansatzweise als ein solches bezeichnet werden kann. Die Lobby wirkt recht provisorisch – z. B. sind die Tische bzw. Sitzgelegenheiten darin aus Paletten gezimmert. Die Schlafsäle mit sechs oder acht Betten sind zwar beengt, aber cool, sauber und klimatisiert. Das Hostel hat auch eine winzige Küche und eine Freiluftterrasse. Zudem liegt es direkt neben der Metrostation Chakala, wo Anschluss nach Andheri besteht (dort kann man zur Hauptstrecke umsteigen). Von beiden Flughäfen brauchen Taxis rund zehn Minuten bis hierher.

Bombay Backpackers HOSTEL $

(☎9096162246; 1 Uttam Jeevan, LBS Rd, Kurla West; B 1000 ₹; ❄📶) Ein weiterer willkommener Neuzugang zu Mumbais vormals nicht existenter Hostel-Szene: Das künstlerisch angehauchte Bombay mit seiner farbenfrohen Gästeküche liegt seltsamerweise im Osten des belebten BKC-Geschäftsbezirks. Bei den stabilen Schlafsaalbetten (jeweils 6 oder 8) aus Teakholz-Imitat handelt es sich teilweise um Dreifach-Stockbetten. Bis nach Kurla Junction sind es nur ein paar Gehminuten; per Rikscha gelangt man in fünf Minuten nach Bandra.

★ **Juhu Residency** BOUTIQUEHOTEL $$

(Karte S. 824; ☎022-67834949; www.juhuresidency.com; 148B Juhu Tara Rd, Juhu; EZ/DZ mit Klimaanlage & inkl. Frühstück ab 6250 ₹; ❄@📶) In toller Lage (nur fünf Gehminuten bis zum Juhu Beach) empfängt das hervorragende Boutiquehotel seine Gäste mit einladender Atmosphäre und süßlichem Zitronengrasduft in der Lobby. Die nur 18 schicken Zimmer in attraktiven Schokoladen- bzw. Kaffeetönen punkten mit Marmorböden, dunklem Holz, kunstvollen Tagesdecken und Flachbild-TVs.

Gleich drei gute Restaurants und kostenlose Flughafenshuttles runden das Paket ab.

Iskcon PENSION **$$**
(Karte S. 824; ☎022-26206860; www.iskconmumbai.com/guest-house; Juhu Church Rd, Juhu; Zi. ab 3000 ₹, mit Klimaanlage 4000 ₹; ❄📶) Diese Pension ist interessant, wenn man in Juhus belebtem Iskcon-Komplex wohnen will. Das Gebäude an sich ist ein leicht seelenloser Betonblock. Von manchen Zimmern schauen Gäste jedoch auf das Gelände des Hare-Krishna-Tempels. Ein paar hübsche Elemente wie lackierte *sankheda*-Holzmöbel im Stil des ländlichen Gujarat lockern das spartanische Dekor auf. Zudem ist das Personal sehr freundlich.

Anand Hotel HOTEL **$$**
(Karte S. 824; ☎022-26203372; anandhote@yahoo.co.in; Gandhigram Rd, Juhu; EZ/DZ mit Klimaanlage ab 2620/4170 ₹; ❄📶) Ja, das Dekor dieses Hotels setzt auf Beigetöne und erinnert irgendwie an die 1950er-Jahre. Die Zimmer sind aber komfortabel und geräumig und haben für die erstklassige Lage an einer ruhigen Straße gleich beim Strand von Juhu ein ordentliches Preis-Leistungs-Verhältnis. Im Haus befindet sich das ausgezeichnete Restaurant Dakshinayan (S. 834), das mit authentischen und preisgünstigen Gerichten punktet. Ein besonders gutes Angebot ist das Hotel für Traveller, die solo unterwegs sind.

Hotel Columbus HOTEL **$$**
(Karte S. 824; ☎022-42144343; www.hotelcolumbus.in; 344 Nanda Patkar Rd, Vile Parle East; EZ/DZ mit Klimaanlage & inkl. Frühstück ab 4170/4700 ₹; ❄@📶) Die beste Mittelklasseoption im Bereich des Inlandsflughafens: Die Zimmer sind zwar schon etwas betagt und abgenutzt, aber sehr gemütlich. Die Hilfsbereitschaft des Personals äußert sich u. a. in engagierter Problemlösung. Nur etwa 900 m entfernt liegt das Restaurant **Gajelee** (Karte S. 824; ☎022-26166470; www.gajalee.com; Kadamgiri Complex, Hanuman Rd, Vile Parle East; Hauptgerichte 275–875 ₹; ⏲11.30–15.30 & 19–23.30 Uhr), das unter Einheimischen als Geheimtipp in Sachen Seafood gilt.

★ **ITC Maratha** HOTEL **$$$**
(Karte S. 824; ☎022-28303030; www.itchotels.in; Sahar Rd, Andheri East; EZ/DZ inkl. Frühstück ab 21 450/23 240 ₹; ❄@📶🏊) Dieses Fünfsternehotel vereint Luxus und Lokalkolorit in Mumbai am besten. Hierfür sorgen z. B. das Atrium mit *jharokas* (Gitterfenstern) à la Muhammed Ali Rd oder die für Hotelgäste reservierte Resident's Bar mit Blick auf Aufenthaltsbereiche. Außergewöhnliche Details prägen auch die Zimmer, die indische Opulenz im Überfluss versprühen (u. a. mit großartiger Farbgestaltung). Zum Hotel gehört zudem das Peshawri (S. 835), Mumbais bestes Restaurant mit Landküche im Stil des Nordwestens.

★ **Taj Santacruz** BOUTIQUEHOTEL **$$$**
(Karte S. 824; ☎022-62115211; https://taj.tajhotels.com/en-in/taj-santacruz-mumbai; Chhatrapati Shivaji International Airport, Inlandsterminal; EZ/DZ ab 14 500/16 500 ₹; ❄@📶) Das kürzlich eröffnete Ultra-Luxushotel nahe dem Inlandsterminal des Flughafens prunkt u. a. mit Kronleuchtern (insgesamt 3500 mundgeblasene Fassungen) und einem Lobby-Aquarium, in dem sich 75 Fischarten tummeln. Absolutes Highlight ist jedoch der sensationelle Lebensbaum in der Restaurantbar Tiqri: Diese Kunstinstallation im Stile Rajasthans besteht aus 4000 Glasscherben.

Die Standardzimmer (fast 54 m²) in beruhigenden Gelb-, Fuchsien- und Orangetönen sind die größten der ganzen Stadt; teilweise bieten sie auch direkten Blick auf die Rollbahnen. Falls man sich einen Aufenthalt nicht leisten kann oder nur auf seinen Anschlussflug wartet, empfehlen sich ein Cocktail in der Bar oder eine Massage im Jiva Spa (ab 4600 ₹).

Hotel Regal Enclave HOTEL **$$$**
(Karte S. 824; ☎022-67261111; www.regalenclave.com; 4th Rd, Khar West; Zi. mit Klimaanlage & inkl. Frühstück ab 7740 ₹; ❄📶) Dieses Hotel erfreut sich einer Spitzenlage: In einem besonders grünen Teil von Khar liegt es in unmittelbarer Bahnhofsnähe. Zudem haben es Gäste nicht weit bis zu Bandras besten Restaurants, Bars und Einkaufsmöglichkeiten. Von manchen der geräumigen, komfortablen Zimmer mit recht kleinen Bädern schaut man auf die Gleise. Das Dekor der Quartiere ist zwar ganz nett, aber auch langweilig. Preise inklusive Abholung am Flughafen.

Hotel Suba International BOUTIQUEHOTEL **$$$**
(Karte S. 824; ☎022-67076707; www.hotelsubainternational.com; Sahar Rd, Andheri East; EZ/DZ mit Klimaanlage & inkl. Frühstück ab 7600/8700 ₹; ❄📶) Von dem „Boutique-Businesshotel" ist es nicht weit bis zum internationalen Flughafen (Preise inkl. Gratis-Shuttles). Die 72 stilvollen Zimmer warten mit iPads auf; allerdings bröckelt die Farbe teils etwas von den Wänden ab.

DIE PARSEN

In Mumbai lebt die weltweit größte Parsen-Gemeinde. Diese Ethnie hängt dem antiken Zoroastrismus an und stammt ursprünglich aus dem Iran („Parsi" bedeutet „Perser"): Von dort flohen die Parsen einst im 10. Jh. vor der religiösen Verfolgung durch die neuen muslimischen Herrscher Persiens. Die Zoroastrier glauben monotheistisch an Ahura Mazda, der überall in Mumbai in *agiarys* (Feuertempeln) verehrt wird. Nicht-Parsen haben dort jeweils keinen Zutritt. Die Parsen haben einzigartige Bestattungsriten: Ihre Verstorbenen werden im Freien auf Plattformen platziert, um von Geiern gefressen zu werden. Die berühmteste Stätte dieser Art ist der **Tower of Silence**, der unterhalb der Hanging Gardens (Malabar Hill) von Bäumen vor öffentlichen Einblicken geschützt wird.

Mumbais Parsen-Gemeinde ist sehr einfluss- und erfolgreich. 98,6 % ihrer Mitglieder können lesen und schreiben (höchster Prozentsatz unter allen örtlichen Ethnien bzw. Religionsgemeinschaften). Zur parsischen Prominenz gehören die Tatas (Indiens mächtigste Industriellen-Familie), der Autor Rohinton Mistry und Queen-Sänger Freddie Mercury. Mumbais parsische Cafés geben Travellern den besten kulturellen Einblick: Diese stimmungsvollen Zeitkapseln mit altmodischem Flair sterben hier zwar langsam aus, sind aber oft immer noch gut besucht. Dies gilt z. B. für das Restaurant Brittania, das **Kyaani and Co** (Karte S. 820; Ratan Heights, Dr. D. B. Rd; Snacks 15–120 ₹; ⏲Mo–Sa 7–20.30, So 7–18 Uhr) oder das Cafe Mondegar, das ein beliebter Touristen-Treff ist.

Essen

Mumbai vereint Aromen aus ganz Indien mit internationalen Trends und Geschmacksrichtungen. Die meisten billigen Touristenlokale sind in Colaba ansässig. Im Fort-Viertel und in Churchgate wird's schon etwas teurer bzw. nobler. Diese Tendenz setzt sich gen Mahalaxmi und westliche Vororte fort, wo Mumbais teuerste und kosmopolitischste Restaurants zu finden sind.

Abonnenten von **Brown Paper Bag** (http://brownpaperbag.in/mumbai) erhalten täglich News zu den neuesten und angesagtesten Lokalen.

Colaba

★Bademiya Seekh Kebab Stall MOGULKÜCHE, FAST FOOD $
(Karte S. 812; www.bademiya.com; Tulloch Rd; kleine Gerichte 110–220 ₹; ⏲17–4 Uhr) Früher bestand das Bademiya nur aus diesen beiden benachbarten Straßenständen (einer vegetarisch, der andere nicht-vegetarisch) in Colaba, die nach wie vor extrem beliebt sind: In der turbulenten Atmosphäre laben sich hier zahllose Besucher zu später Stunde an leckerem Essen mit viel Fleisch. Die pikanten Kebabs und Tikka-Rollen kommen frisch vom Grill. Die Inhaber betreiben nun auch normale Restaurants in **Colaba** (Karte S. 812; 19A Ram Mention, Nawroji Furdunji St; Gerichte 150–290 ₹; ⏲13–2 Uhr) und im **Fort-Viertel** (Karte S. 814; ☎022-22655657; Botawala Bldg, Horniman Circle; Hauptgerichte 190–410 ₹; ⏲11.30–1.30 Uhr).

Olympia MOGULKÜCHE $
(Karte S. 812; Rahim Mansion, 1 Shahid Bhagat Singh Marg; Gerichte 80–140 ₹; ⏲7–23.45 Uhr) Der schlichte Oldtimer mit Mogulküche ist für seine günstigen Fleischgerichte bekannt. So empfiehlt sich hier u. a. das *masala kheema* (pikantes Hackfleisch; 50 ₹) plus Roti zum Frühstück. Der *seekh*-Kebab (160 ₹) und das in Butter gebratene Hähnchen-Masala (90 ₹) sind ebenfalls super.

Theobroma CAFÉ $$
(Karte S. 812; www.theobroma.in; 24 Cusrow Baug, Shahid Bhagat Singh Marg; Süßwaren 60–190 ₹, kleine Gerichte 180–200 ₹; ⏲7–23 Uhr) Die alteingesessene Patisserie serviert prima Kaffee zu perfekten Kuchen, Torten und Brownies. Das Angebot wechselt regelmäßig, ist aber immer spitze. Besonders beliebt ist z. B. die Schokoladen-Mohn-Rolle. Zum Brunch empfehlen sich die *akoori* (parsische Rühreier) mit grünen Mangos. Die große und luftige **Filiale in Bandra** (Karte S. 824; 33rd Rd nahe der Linking Rd, Bandra West; Süßwaren 60–190 ₹; ⏲8–24 Uhr) hat eine kürzere Karte.

★Indigo FUSION, EUROPÄISCH $$$
(Karte S. 812; ☎022-66368980; www.foodindigo.com; 4 Mandlik Marg; Hauptgerichte 885–2185 ₹; ⏲12–15 & 19–23.45 Uhr; 📶) Für diese sehr vornehme Institution in Colaba wurde ein kolonialzeitliches Anwesen zum Gourmettempel umgebaut. Serviert wird hier einfallsreiche europäische und asiatische Nobelküche. Gäste können sich zudem auf eine lange Weinkarte, ein elegantes Ambiente und eine groß-

artige Dachterrasse freuen. Sehr populär sind z. B. die Sahne-Ravioli mit Kürbis und Salbei oder die mit Ahornsirup und Orangensaft glasierte Entenbrust – die perfekte Alternative zu Käsemakkaroni und Lasagne!

Rechtzeitig reservieren.

Indigo Delicatessen CAFÉ **$$$**
(Karte S. 812; www.indigodeli.com; Pheroze Bldg, Chhatrapati Shivaji Marg; Sandwiches/Hauptgerichte ab 625/645 ₹; ⏲8.30–24 Uhr; 📶) Das belebte, schicke Caférestaurant empfängt Gäste mit cooler Musik und schweren Holztischen. Auf der Karte stehen Ganztagsfrühstück (399–725 ₹), schnörkellose internationale Klassiker (z. B. Schweinerippchen), dünnkrustige Pizzas und raffinierte Sandwiches. Wegen des stets starken Betriebs muss man mitunter recht lang auf sein Essen warten.

Table FUSION **$$$**
(Karte S. 812; ☎022-22825000; www.thetable.in; Kalapesi Trust Bldg, Apollo Bunder Marg; kleine Gerichte 405–1075 ₹, Hauptgerichte 825–1375 ₹; ⏲12–16 & 19–1 Uhr, Tee 16.30–18.30 Uhr; 📶) Starkoch Alex Sanchez aus San Francisco ist in Colaba ungemein angesagt: Er gibt sich stets größte Mühe, Gelüste nach Abendessen ohne Curry vollauf zu befriedigen. Die Zutaten für seine täglich wechselnde Fusion-Küche mit internationalen Einflüssen kommen frisch vom Markt. Besonders lecker sind der knackige Grünkohl-Salat mit iranischen Datteln und gerösteten Pistazien, die Spaghetti mit Zucchini, Mandeln und Parmesan oder die Taglierini mit schwarzen Trüffeln.

Basilico MEDITERRAN **$$$**
(Karte S. 812; ☎022-66345670; www.cafebasilico.com; Sentinel House, Arthur Bunder Rd; Hauptgerichte 320–950 ₹; ⏲9–0.30 Uhr; 📶) Das europäisch geprägte Basilico serviert leckere Süßigkeiten und erweist sich in veganer bzw. vegetarischer Hinsicht als sehr kreativ. Die schmackhaften Salate (ab 320 ₹) enthalten z. B. Quinoa, Bio-Avocado und Papaya. Unter den vielen anderen interessanten Optionen sind u. a. marokkanische Tagines ohne Fleisch. An dem knusprigen Schokoladenkuchen kann man quasi nicht vorbeilaufen, ohne hineinzubeißen! Das Lokal ist bei Mumbais Oberschicht sehr beliebt.

Die **Filiale in Bandra** (Karte S. 824; St. John Rd, Pali Naka, Bandra West; Hauptgerichte 320–950 ₹; ⏲9–24 Uhr; 📶) hat Freilufttische.

Selbstversorger

Colaba Market MARKT **$**
(Karte S. 812; Lala Nigam St; ⏲7–23 Uhr) Bunter, stimmungsvoller Straßenmarkt mit frischem Obst und Gemüse.

Star Daily SUPERMARKT **$**
(Karte S. 812; www.starbazaarindia.com; Sanghvi House, 3rd Pasta Lane, Colaba; ⏲10–21.30 Uhr) Der neue, nach westlichem Vorbild gestaltete Supermarkt von Tata/Tesco ist in Colaba der beste seiner Art. In den klimatisierten Räumlichkeiten finden Selbstversorger alles Nötige (auch frisches Obst und Gemüse).

Fort-Viertel & Churchgate

K Rustom SÜSSWAREN **$**
(Karte S. 814; 87 Stadium House, Veer Nariman Rd, Churchgate; Süßwaren 30–80 ₹; ⏲Mo–Sa 9.30–23, So 15–23 Uhr) Hier gibt's nur ein paar Kühlschränke aus Metall. Doch darin lagern 48 Sorten von Eiscreme-Sandwiches, mit denen K Rustom die Süßschnäbel unter Mumbais Einwohnern seit 1953 begeistert.

STRASSENIMBISSE

Mumbais Imbisskultur ist viel reicher als die vieler westlicher kulinarischer Traditionen. Die Stände werden in der Regel am späten Nachmittag aufgebaut, Chai begleitet die gebratenen Köstlichkeiten, für die man pro Stück zwischen 10 und 80 ₹ bezahlt.

Das Imbissessen ist überwiegend vegetarisch. Am Strand von Chaupati kann man Mumbais berühmte *bhelpuri* (Puffreis mit frittierten runden Teigstückchen, Linsen, Zwiebeln, Kräutern und Chutney) probieren. Stände, die Samosas, *pav bhaji* (gewürztes Gemüse und Brot), *vada pav* (Sandwich mit frittierten Linsenbällchen), *bhurji pav* (Rührei mit Brot) und *dabeli* (eine Mixtur aus Kartoffeln, Gewürzen, Erdnüssen und Granatäpfeln auf Brot) anbieten, finden sich überall in der Stadt.

Wer Lust auf Fleisch hat, eilt in die Mohammed Ali Rd und die Merchant Rd in Kalbadevi, die wegen ihrer Kebabs berühmt sind. In Colaba ist der Bademiya Seekh Kebab Stall eine spätabendliche Institution wegen der Fladen mit Hühnchen-Tikka.

Auch das Angestelltenviertel im Norden von Kala Ghoda ist ein gutes Jagdrevier für Straßensnacks.

Badshah Snacks & Drinks INDISCH $
(Karte S. 820; 52/156 Umrigar Bldg, Lokmanya Tilak Marg; Snacks & Getränke 55–240 ₹; ⌚7–0.30 Uhr) Gegenüber vom Crawford Market laben sich Hungrige mit kleinem Geldbeutel hier seit über 100 Jahren an Snacks, Fruchtsäften und dem berühmten *falooda* (Getränk aus Rosensirup, Milch, Sahne, Nüssen und Fadennudeln) – auch erhältlich als *kulfi falooda* (mit Eiscreme) oder *kesar pista falooda* (mit Saffran und Pistazien).

★ **La Folie** CAFÉ $$
(Karte S. 814; www.lafolie.in; 16 Commerce House, Kala Ghoda; Kuchen 260 ₹; ⌚12–23 Uhr) Das winzige Café in Kala Ghoda schlägt Schokoladen- und Kuchenfans sofort in seinen Bann: In Frankreich hat Inhaber Sanjana Patel sieben Jahre lang die (süchtig machende?) Kunst der Backwaren- und Schokoladenherstellung erlernt – offensichtlich sehr erfolgreich. Am besten den köstlichen Madagaskar-Schokoladenkuchen mit Himbeer-Mousse oder das Infinite Caramel (gesalzenes Haselnuss-Karamell) bestellen und dazu eine Latte macchiato (150 ₹) trinken.

★ **Samrat** GUJARAT-KÜCHE $$
(Karte S. 814; www.prashantcaterers.com; Prem Ct, J Tata Rd; Thalis mittags/abends 330/415 ₹; ⌚12–23 Uhr; ❄) Das klimatisierte Samrat serviert à la carte und schenkt Bier aus. Die meisten Gäste entscheiden sich aber zu Recht für das berühmte Thali im Stile Gujarats: ein wahres Feuerwerk aus Geschmack, Konsistenz, Süße und Würze – bestehend aus vier Currys, drei Chutneys, Quark, Rotis und allerlei Häppchen.

A Taste of Kerala KERALA-KÜCHE $$
(Karte S. 814; Prospect Chambers Annex, Pitha St, Fort; Hauptgerichte 96–250 ₹, Thalis ab 170 ₹; ⌚9–24 Uhr) Das preiswerte Lokal mit freundlichem Personal serviert seine Kerala-Küche in einem klimatisierten Speiseraum. Auf der Karte stehen viele Gerichte mit Kokosmilch und andere südindische Köstlichkeiten. Empfehlenswert sind z. B. die tollen Thalis auf Bananenblättern oder die Seafood-Specials wie das Garnelen-Masala mit Pfeffer. Zum Nachtisch unbedingt den *payasam* (Reispudding mit Palmzucker und Kokosmilch) bestellen!

Brittania PARSISCH $$
(Karte S. 814; Wakefield House, Ballard Estate; Hauptgerichte 250–900 ₹; ⌚Mo–Sa 12–16 Uhr) Diese parsische Institution ist die Domäne des 95-jährigen Boman Kohinoor, der Gäste mit seinen Geschichten verzaubert und immer noch die Bestellungen selbst entgegennimmt. Die Spezialitäten des Hauses sind *dhansak* (Fleisch mit Curry-Linsen und Reis) und Beeren-*pulao* – Lamm- oder Hühnerfleisch (gewürzt und entbeint), Gemüse oder Eier, jeweils mit einem Berg Basmati-Reis und säuerlichen Berberitzen-Beeren (aus dem Iran importiert). Nur Barzahlung.

Oye Kake NORDINDISCH $$
(Karte S. 814; 13C Cawasji Patel Rd; Hauptgerichte 209–289 ₹; ⌚11–16 & 19–23 Uhr) Das lauschige Lokal mit rein vegetarischer Punjab-Küche serviert täglich ein Thali (219 ₹), das für seine Authentizität berühmt und bei örtlichen Büroangestellten extrem beliebt ist. Unter den Spezialitäten des Hauses sind *paneer tikka masala*, *sarson da saag* (Curry mit Sareptasenf; saisonal von Dez.–Feb.) und *paratha* (ungesäuertes Fladenbrot). Dazu gibt's hervorragende Lassis. Oft muss man auf einen freien Tisch warten.

Pantry CAFÉ $$
(Karte S. 814; www.thepantry.in; Erdgeschoss, Yashwanth Chambers, Military Square Lane, B. Bharucha Marg, Kala Ghoda; Frühstück/Gerichte ab 195/275 ₹; ⌚8.30–23 Uhr; 📶) 🌿 Das Bäckereicafé verkauft leckere Pies, Bio-Brot, Suppen, Sandwiches (Tipp: die köstliche getoastete Variante mit Käse), gute Hauptgerichte und kalt gebrauten Kaffee. Die Frühstücksauswahl ist legendär – empfehlenswert sind die Rühreier mit Tomaten, Greyerzerkäse und Schinken aus der Region oder die Vollkornwaffeln mit Früchten. Das historische Gebäude wurde elegant restauriert und erinnert stilmäßig an Martha Stewart.

Shree Thakkar Bhojnalaya INDISCH $$
(Karte S. 820; 31 Dadisheth Agyari Lane, Marine Lines; Thalis 500 ₹; ⌚Mo–Sa 11.30–15 & 19–22.30, So 11.30–15.30 Uhr) Das beliebte Thali-Lokal (gegr. 1945) zählt zu den ältesten in Mumbai und hat viele treue Stammgäste. Auf den Tischdecken in festlichen Lavendeltönen landen zahllose und höchst aromatische Festpreismenüs aus Gujarat bzw. Rajasthan. Darunter sind viele *farsans* (Häppchen) und leckere vegetarische Currys. Die klimatisierten Räumlichkeiten bieten willkommene Erholung vom Trubel drunten auf der Straße.

Suzette FRANZÖSISCH $$
(Karte S. 814; www.suzette.in; Atlanta Bldg, Vinayak K. Shah Marg, Nariman Point; Gerichte 300–450 ₹; ⌚Mo–Sa 9–23 Uhr; 📶) 🌿 Das ruhige Lokal im Pariser Stil verwendet nach Mög-

DABBA-WALLAHS

Es ist ein kleines Logistik-Wunder: In Mumbai gibt es 5000 *dabba-wallahs* (wörtlich „Essensbehälter-Personen"; auch *tiffin-wallahs* genannt), die unermüdlich rackern, um den Büroangestellten in der ganzen Stadt ein warmes Mittagessen zu liefern (und für die Armen am Abend, eine Initiative seit 2015).

Jeden Tag werden Lunchpakete von Restaurants oder Privathäusern abgeholt und auf dem Kopf, auf Fahrrädern oder mit dem Zug zu einer zentralen Sammel- und Verteilstelle gebracht. Ein ausgeklügeltes System aus Zahlen und Farben (viele *wallahs* sind Analphabeten) weist auf das Ziel der Pakete hin. Mehr als 200 000 Mahlzeiten werden Tag für Tag ausgeliefert – immer pünktlich, egal ob bei Regen (Monsun) oder brütend heißem Wetter.

Dieses Liefersystem gibt es schon seit über einem Jahrhundert und auf 6 Mio. Lieferungen kommt im Schnitt nur ein Irrläufer (eine Forbes-Analyse 2002 ergab, dass die Verlässlichkeit der *dabba-wallahs* bei 99,999999 % auf dem sogenannten Six-Sigma-Level liegt). Das System war auch Gegenstand der Harvard Business School Studie 2010.

Diese Meister der Botengänge kann man vormittags an den Bahnhöfen Churchgate und CST sehen.

lichkeit Bio-Zutaten und lässt entspannende Lounge-Musik laufen. Die leckeren Crêpes, Toasts, Salate und Säfte locken Scharen von curry-müden Ausländern hierher. Fans süßer Crêpes bestellen am besten die Variante mit Bio-Palmzucker. Wer's lieber pikant mag, ordert am besten den Toast mit Tomaten, Mozzarella, Rahmspinat und Feta.

Die **Filiale in Bandra** (Karte S. 824; St. John St, Pali Naka, Bandra West; Hauptgerichte 220–560 ₹; ⏲9–23 Uhr) 🍃 hat Freilufttische und täglich geöffnet.

Kala Ghoda Café CAFÉ **$$**

(Karte S. 814; www.kgcafe.in; 10 Ropewalk Lane, Kala Ghoda; Hauptgerichte 170–530 ₹; ⏲Mo–Fr 8.30–23.45, Sa & So 8–23.45 Uhr; 📶) 🍃 Das unkonventionelle Café war früher winzig, wurde aber 2016 um ein historisches Hinterzimmer im Mumbaier Stil erweitert. So bietet es nun mehr Platz für sein Stammpublikum (Künstler und Künstlertypen). Auf den Tisch kommen hier Bio-Kaffee bzw. -Tee, Sandwiches, Salate und Frühstück. An den Wänden können meist ein paar interessante Kunstwerke oder Fotografien bewundert werden.

★ **Burma Burma** BIRMANISCH **$$$**

(Karte S. 814; ☎022-40036600; www.burmaburma.in; Oak Lane abseits der Mahatma Gandhi Rd; Gerichte 330–500 ₹; ⏲12–14.45 & 19–23 Uhr; 📶) Das stilvolle Restaurant paart modernes Design elegant mit ein paar traditionellen Artefakten (an einer Wand hängen Gebetsmühlen). In diesem attraktiven Ambiente wird hier birmanische Küche serviert. Die aufwendigen und anspruchsvollen Gerichte sind ihr Geld wert. Auf der Karte stehen z. B. einfallsreiche Salate (Tipp: die tolle Variante mit eingelegten Teeblättern) und Currys. Unter den Suppen ist eine sensationelle *Oh No Khow Suey* (Brühe mit Nudeln und Kokosmilch). Kein Alkoholausschank.

★ **Khyber** MOGULKÜCHE, INDISCH **$$$**

(Karte S. 814; ☎022 40396666; www.khyberrestaurant.com; 145 Mahatma Gandhi Rd; Hauptgerichte 510–1100 ₹; ⏲12.30–16 & 19.30–23.30 Uhr) Das Dekor des vielgelobten Khyber huldigt dem äußersten Nordwesten Indiens mit Wandbildern von turbantragenden Mogulherrschern, viel freiliegendem Backstein und Öllaternen. Ein afghanischer Warlord würde sich hier vermutlich pudelwohl fühlen. Der kulinarische Schwerpunkt auf Fleisch resultiert u. a. in zarten Kebabs und aromatischen Currys. Hinzu kommen viele Klassiker aus dem Tandur, die in der berühmten roten Masala-Sauce des Restaurants brutzeln.

Mahesh Lunch Home SEAFOOD **$$$**

(Karte S. 814; ☎022-22023965; www.maheshlunchhome.com; 8B Cowasji Patel St, Fort; Hauptgerichte 230–640 ₹; ⏲11.30–16 & 18–23 Uhr) Das Mahesh eignet sich bestens, um Seafood à la Mangaluru oder China in Mumbai zu probieren. Bekannt ist das Lokal u. a. für Frauenfisch, Brachsenmakrele, Hummer und Krabben (diese am besten mit einer Sauce aus Butter, Knoblauch und Pfeffer bestellen).

Die **Filiale in Juhu** (Karte S. 824; ☎022-66955554; Juhu Tara Rd; Hauptgerichte 350–975 ₹; ⏲12–15.30 & 19–0.30 Uhr; 📶) ist größer und hat eine längere Karte.

Trishna SEAFOOD **$$$**

(Karte S. 814; ☎022-22703214; www.trishna.co.in; Ropewalk Lane, Kala Ghoda; Hauptgerichte

400–1800 ₹; ⌚Mo–Sa 12–15.30 & 18.15–24, So 12–15.30 & 19–24 Uhr) An einem ruhigen Sträßchen in Kala Ghoda versteckt sich das lauschige und vielgelobte Trishna hinter einem schlichten Eingang. Dies ist kein Trendlokal: Das Dekor wirkt altmodisch, die Tische stehen zu eng, die Karte ist eventuell etwas zu lang. Doch dafür entschädigt das großartige Seafood im südindischen Stil. Probieren: das Fisch-Tikka à la Hyderabad, die Riesengarnelen mit grüner Pfeffersauce und die hervorragenden Krabbengerichte.

Mamagoto ASIATISCH $$$
(Karte S. 814; ☎022-61054586; www.mamagoto.in; 5 Surya Mahal, B. Bharucha Marg, Kala Ghoda; Hauptgerichte 529–799 ₹; ⌚12–23.30 Uhr; 📶) Mamagoto bedeutet „mit Essen spielen" auf Japanisch. Und dieses verrückte und beliebte Lokal ist zweifellos unterhaltsam: In relaxter Atmosphäre warten hier coole Musik und abgedrehtes Dekor im Pop-Art- bzw. Agitprop-Stil. Intensive Aromen aus ganz Asien prägen das hervorragende Essen. Großartig schmeckt z. B. der malaysische Curry à la Penang; die feurig-scharfe Bangkok Bowl ist mit vielen Gewürzen verfeinert.

Das Lokal hat eine **Filiale in Bandra** (Karte S. 824; ☎022-61054585; Gazebo House, 133 Hill Rd, Bandra West; Hauptgerichte 529–799 ₹; ⌚12–23.30 Uhr; 📶).

Selbstversorger

Nature's Basket SUPERMARKT $
(Karte S. 814; www.naturesbasket.co.in; 27 Khetan Bhavan, 198 Jamshedi Tata Rd, Churchgate; ⌚8–22 Uhr) Die Filialen der ökobewussten Nobel-Supermarktkette punkten mit frischem Obst bzw. Gemüse, einer Feinkosttheke, vielen ausländischen Produkten und einer recht großen Bio-Abteilung.

Von Kalbadevi bis Mahalaxmi

Sardar STRASSENESSEN $
(Karte S. 820; 166A Tardeo Rd Junction, Tulsiwadi; pav bhaji ab 125 ₹; ⌚11–2 Uhr) Wer vor indischem Straßenessen zurückscheut, kann in dieser Institution einen von Mumbais beliebtesten Straßensnacks probieren: *pav bhaji*. Dieser mit Curry gewürzte Gemüsemix wird zuerst lang auf verschiedenen *tawas* (Kochplatten) gegart und dann mit riesigen Butter-Fladenbroten serviert. Rechtzeitig anstehen: Alle Tische werden gleichzeitig neu vergeben.

New Kulfi Centre EISKREM $
(Karte S. 820; 556 Marina Mansion, Sukh Sagar, Sardar V. Patel Rd, Girgaon; *kulfi* 40–90 ₹/100 g; ⌚9.30–1 Uhr) Hier gibt's das wohl beste *kulfi* (feste indische Eiscreme) der Welt in gleich 36 Geschmacksrichtungen. Zu den leckersten Sorten gehören Pistazie, *malai* (Sahne) und Mango.

Cafe Noorani NORDINDISCH $$
(Karte S. 820; www.cafenoorani.com; Tardeo Rd, Haji Ali Circle; Hauptgerichte 140–450 ₹; ⌚8–23.30 Uhr) Das günstige Lokal alter Schule ist vor oder nach einem Besuch der Haji Ali Dargah (S. 817) ein unverzichtbarer Zwischenstopp. Der Schwerpunkt liegt hier auf Mogul- und Punjabi-Küche – darunter perfekte Kebabs vom Holzkohlegrill und beste Biryanis (Tipp: der Chicken Tikka Biryani; 300 ₹).

Westliche Vororte

Im Norden Mumbais sind die angesagtesten Restaurants zu Hause; vor allem in Bandra-West und Juhu.

Hotel Ram Ashraya SÜDINDISCH $
(Bhandarkar Rd, King's Circle, Matunga East; kleine Gerichte 40–75 ₹; ⌚5–21.30 Uhr) Im Tamilen-Viertel King's Circle ist das 80 Jahre alte Restaurant bei Familien aus dem Süden wegen seiner tollen Dosas, *idlis* (runde, weiche, fermentierte Reiskuchen) und *uttapams* (Pfannkuchen mit Belag) ausgesprochen beliebt. Der Filterkaffee ist stark und schmeckt aromatisch. Das Angebot wechselt täglich (keine englische Speisekarte). Das Lokal befindet sich direkt vor dem östlichen Ausgang des Bahnhofs Matunga Rd.

★ **Dakshinayan** SÜDINDISCH $$
(Karte S. 824; Anand Hotel, Gandhigram Rd, Juhu; Hauptgerichte 130–250 ₹; ⌚Mo–Sa 11–23, So ab 8 Uhr) Mit *rangoli* an den Wänden, Kellnern in Lungis und Frauen in Saris, die hier zu Mittag essen (die *chappals* – Sandalen – haben sie unter dem Tisch ausgezogen), wirkt das Dakshinayan wie ein echtes Stück Tamil Nadu. Die *dosas*, *idli* und *uttapam* haben genau die richtige Konsistenz, die Chutneys sind frisch und schmecken wie hausgemacht, und die *rasam* (Tomatensuppe mit Gewürzen und Tamarinde) ist die beste in Mumbai. Zum Abschluss gibt's südindischen Filterkaffee im Edelstahlservice.

Kitchen Garden by Suzette CAFÉ $$
(Karte S. 824; www.suzette.in; 9 Gasper Enclave, St. John St, Bandra West; kleine Gerichte 190–550 ₹; ⌚9–23 Uhr; 📶) 🍃 Das neue tolle Bio-Café wird vom selben französischen Dreiergespann wie das Suzette geleitet. Es kuriert das

Heimweh mit vielen gesunden Salaten, Sandwiches und kaltgepressten Säften. Der Kaffee stammt von Kooperativen bzw. Bio-Plantagen aus Maharashtra und aller Welt. Der ebenfalls hervorragende Burrata-Käse wird von einem amerikanisch-indischen Hare-Krishna-Anhänger in Gujarat hergestellt.

★ Yoga House CAFÉ $$

(Karte S. 824; www.yogahouse.in; Nargis Villa/Water Bungalow Sherly Rajan Rd, Bandra West; kleine Gerichte 140–390 ₹; ⏲8–21.30 Uhr; 📶) Perfekt, um vor Mumbais Straßentrubel zu flüchten: Das kleine Refugium im Bungalow desYoga House (S. 823) punktet mit Pastelltönen, verstreuten Kissen und allerlei Topfpflanzen. Das sehr kreative und gesunde Vollwertessen mit viel Rohkost ist größtenteils vegan. Von den Spezialitäten des Hauses sind die Salate (215–370 ₹) am berühmtesten – gefolgt von den Toasts aus zehn Getreidesorten (130 ₹), den Suppen und den aufgepeppten Kartoffelpuffern mit Spinat, Mozzarella und Paprika.

Goila Butter Chicken INDISCH $$

(☎8080809102; www.goilabutterchicken.com; 26 Sai Kanwal Complex, JP Rd, Andheri West; Hauptgerichte 275–335 ₹; ⏲12–15 & 18–24 Uhr) Dieser Gourmet-Imbiss (nur Mitnahme/Lieferservice) ist Pflicht. Denn hier widmet sich Promi-Koch Saransh Goila einem der bekanntesten Gerichte Indiens: dem Butterhuhn. Goila (Gewinner der *Food Food Maha Challenge* im indischen Fernsehen) bereitet die Sauce genau richtig zu – als einen perfekten Mix aus Schärfe und Aroma. Serviert wird das Huhn auf traditionelle Art, mit Paneer, als Biryani oder in einer Teigrolle. Liefert auch zu Hotels im Bereich des Flughafens.

Raaj Bhog GUJARAT-KÜCHE $$

(Karte S. 824; 3rd Rd, Cosmos Commercial Center, Khar West; Gerichte 180–300 ₹; ⏲11–15.30 & 19–23 Uhr) In diesem Stadtteil sind erschwingliche Restaurants ziemlich rar. Da freut man sich wohl über dieses freundliche Lokal am Bahnhof Khar. Das Thali mit allem Drum und Dran (330 ₹; All-You-Can-Eat) ist so üppig wie vielfältig. Das fröhliche Personal quasselt einem die Ohren weg.

★ Peshawri NORDINDISCH $$$

(Karte S. 824; ☎022-28303030; www.itchotels.in; ITC Maratha, Sahar Rd, Andheri East; Hauptgerichte 1600–3000 ₹; ⏲12.45–14.45 & 19–23.45 Uhr) Draußen vor dem internationalen Flughafen liegt dieses Restaurant mit nordindischer Küche, das bei einem Mumbai-Besuch die erste oder letzte Station sein sollte. Das Ganze ist eine exakte Kopie des berühmten Bukhara (S. 96) in Delhi: Karte und Dekor sind identisch. Viele Gäste wählen das *dhal bukhara* (schwarzes Dhal, 24 Std. mit viel Butter gekocht; 800 ₹). Besonders lecker sind jedoch die Kebabs wie der *murgh malai* (Hühnerfleisch aus dem Tandur, mariniert mit Rahmkäse, Malzessig, grünem Chilipulver und Koriander).

Trotz des Fünfsterne-Ambientes mit entsprechendem Preisen kann an den niedrigen Tischen auch traditionell mit den Händen gegessen werden.

★ Bastian SEAFOOD $$$

(Karte S. 824; www.facebook.com/BastianSeafood; B/1, New Kamal Bldg, Linking Rd, Bandra West; Hauptgerichte für 2 Pers. 700–2600 ₹; ⏲Di–So 19–0.45 Uhr; 📶) Das trendige Seafood-Restaurant hat all das Lob zweifellos verdient: Küchenchef Boo Kwang Kim (ein Kanadier mit chinesischen Wurzeln) und dessen Assistent Kelvin Cheung (ein koreanischstämmiger US-Amerikaner) kombinieren hier östliche und westliche Küche auf traumhafte Weise. Zu empfehlen ist die Zweitkarte mit frischen Zutaten vom Fischmarkt: Zuerst eine Option auswählen (Garnelen, Fisch, Mangrovenkrabben oder Hummer), dann die unglaublich komplizierte Liste von ungemein leckeren Saucen aus ganz Asien durchforsten. Unbedingt auch die Lotuswurzeln aus dem Wok probieren!

★ Bombay Canteen INDISCH $$$

(☎022-49666666; www.thebombaycanteen.com; Process House, Kamala Mills, SB Rd, Lower Parel; kleine Gerichte 175–450 ₹, Hauptgerichte 300–975 ₹; ⏲12–1 Uhr; 📶) Hinter Mumbais angesagtestem Restaurant stecken Floyd Cardoz (früher Küchenchef in NYC; Gewinner der Top Chef Masters) und dessen Assistent Thomas Zacharias, der früher einige Zeit im New Yorker Lokal Le Bernardin (3 Michelinsterne) tätig war. Der Schwerpunkt liegt hier auf regionalen Gerichten und traditionellen Aromen aus Indien. Ob Toast im Kejriwa-Stil, Tacos à la Goa (gefüllt mit Pulled Pork auf Vindaloo-Art) oder Guijiyas (frittierte Teigtaschen) mit Hammelfleisch-Curry-Füllung: Alle Optionen begeistern mit Geschmack und Konsistenz vom Feinsten.

Der Incredible India (Wodka, Basilikum, Ingwer, Ananas- und Orangensaft) und die anderen tollen Cocktails (350–900 ₹) läuten einen Ausgeh-Abend in Lower Parel ideal ein. Tische für 19.30, 20, 22 und 22.30 Uhr müssen jeweils reserviert werden. Pflicht ist auch ein Blick auf die begeisterten Gästekommentare.

★ **Masala Library** MODERN-INDISCH $$$
(Karte S. 824; ☎022-66424142; www.masalalibrary.co.in; Erdgeschoss, First International Financial Centre, G Block, Bandra East; Hauptgerichte 500–900 ₹, Probiermenüs 2300–2500 ₹, inkl. Wein 3800–4000 ₹; ⊙12–14.15 & 19–23 Uhr) Das wagemutige Lokal lockt abenteuerlustige Gourmets mit moderner indischer Kreativ-Kost: Hier muss man seine Vorstellungen von der Küche des Subkontinents eventuell korrigieren. Die Probiermenüs gleichen exotischen Genussreisen. Ein Beispiel: Kurz angebratene Pilze in Dillkruste (mit schwarzem Pfeffer und Trüffeln) plus Chili-Ente auf Kaschmir-Art, gefolgt von *jalebi*-Kaviar und Zuckerwatte mit Betelblatt-Aroma zum Dessert.

Ausgehen & Nachtleben

Colaba

★ **Colaba Social** BAR
(Karte S. 812; www.socialoffline.in; Erdgeschoss, Glen Rose Bldg, B. K. Boman Behram Marg, Apollo Bunder; ⊙9–1.30 Uhr; 📶) Die beste Filiale der hippen Kette Social kombiniert in Colaba eine Restaurantbar in Colaba mit Gemeinschafts-Arbeitsplätzen. Am belebten Bartresen bekommt man hervorragende Cocktails (295–450 ₹) wie den Acharroska, der Ost und West bzw. indische Schärfe und brasilianische Süße perfekt kombiniert. Auf der vielfältigen Speisekarte (Hauptgerichte 160–360 ₹) stehen z. B. Fish & Chips, *poutine* (Pommes mit Käse und Bratensauce), Punjab-Küche, Gerichte im Mangaluru-Stil und tolles parsisches Frühstück.

Die Social-Kette betreibt auch zwei Lokale in Lower Parel: das **Todi Mill** (242 Mathuradas Mill Compound; ⊙9–1 Uhr; 📶) und das **Khar** (Karte S. 824; Rohan Plaza, 5th Rd, Ram Krishna Nagar; Hauptgerichte 160–360 ₹; ⊙9–1 Uhr; 📶).

★ **Harbour Bar** BAR
(Karte S. 812; Taj Mahal Palace, Apollo Bunder; ⊙11–23.45 Uhr) Ein Besuch der zeitlosen Bar im Taj Mahal Palace ist Pflicht: Hier wartet eine unschlagbare Aussicht auf das Gateway of India und den Hafen. Die Getränke (Bier/Wein/Cocktail ab 450/670/900 ₹) sind nicht übertrieben teuer, wenn man die dazu servierten Berge von Gratis-Knabberzeug (z. B. riesige Cashew-Kerne) und das Ambiente berücksichtigt.

Woodside Inn KNEIPE
(Karte S. 812; www.facebook.com/WoodsideInn; Indian Mercantile Mansion, Wodehouse Rd; ⊙Mo–Fr 11–1, Sa & So 10–1 Uhr; 📶) Mehr Londoner Pub in Mumbai geht kaum: Das gemütliche, gesellige Woodside schenkt regionale Fassbiere aus (Gateway und Independence; ab 295 ₹/Pint). Zudem serviert es Kneipenessen (Hauptgerichte 425–895 ₹) und hat eine prima Happy Hour mit Double-Time (tgl. 16–20 Uhr).

Cafe Mondegar KNEIPE
(Karte S. 812; Metro House, 5A Shahid Bhagat Singh Marg; ⊙So–Mi 7.30–0.30, Do–Sa 7.30–1 Uhr) Das persische „Mondy's" zieht seit 1871 einen munteren Mix aus Indern und Ausländern an. In erster Linie ist dies eine lärmige Bar, die eiskaltes Kingfisher (220/Krug ₹) ausschenkt. Zudem gibt's hier aber auch viele gute Frühstücksoptionen (130–350 ₹) im US-amerikanischen, englischen und parsischen Stil.

Leopold Café BAR
(Karte S. 812; www.leopoldcafe.com; Ecke Colaba Causeway & Nawroji F Rd; ⊙7.30 Uhr–Mitternacht) Ob man es nun liebt oder hasst: Es gibt kaum einen Traveller, der nicht früher oder später in dieser Touristeninstitution Mumbais landet. Das Leopold's mit seinen klapprigen Deckenventilatoren und dem miserablen Service gibt es schon seit 1871. Die ausgelassene Stimmung sorgt nicht selten dafür, dass man plötzlich mit wildfremden Menschen plaudert. Es gibt auch etwas zu essen und schnulzige DJ-Mucke an den Wochenenden.

Von Kalbadevi bis Mahalaxmi

Haji Ali Juice Centre SAFTBAR
(Karte S. 820; Lala Lajpat Rai Rd, Haji Ali Circle; ⊙5–1.30 Uhr) Diese Saftbar liegt strategisch günstig am Eingang der Haji-Ali-Moschee: Nach deren Besuch kann man sich hier prima mit frischgepressten Säften, Milchshakes (80–380 ₹), super *falooda* und Fruchtsalaten stärken. Tipp: der tolle Triveni (Mango, Erdbeere und Kiwi; 280 ₹).

Westliche Vororte

★ **One Street Over** COCKTAILBAR
(Karte S. 824; Navarang Bldg, 35th Rd abseits der Linking Rd, Khar West; ⊙Di–So 19–1 Uhr; 📶) Die aktuell angesagteste Schänke in Khar ist diese Cocktailbar (Cocktails 500–850 ₹) im Chicagoer Gangsterstil, die vor allem typische

NICHT VERSÄUMEN

BIER AUS MUMBAI

Eiskaltes Kingfisher in verrauchten Kaschemmen dürfte bei den meisten Indien-Touren mit zum Programm gehören. Das landesweit allgegenwärtige Lager aus heimischer Produktion langweilt anspruchsvolle Regionalbierfans jedoch recht schnell. Und da wären auch noch diese widerlichen YouTube-Videos, die am Boden indischer Bierflaschen eine uringelbe *Substanz* mit öliger Konsistenz (größtenteils Glyzerin, das hier oft als Konservierungsmittel dient) erkennen lassen. Zum Wohl? Wohl eher nicht.

In puncto Regionalbier-Trend ist Mumbai zweifellos ein Spätzünder. Stark hopfige IPA-Sorten, dunkle Porters mit schokoladigem Röstaroma und erfrischende Saisongebräue haben sich aber nun auch hier etabliert. Verantwortlich dafür ist Mumbais eigener Gerstensaft-*wallah*: der US-amerikanische Auswanderer Greg Kroitzsh, der mit **Barking Deer** (www.barkingdeer.in; Mathuradas Mill Compound, Senapati Bapat Marg, Lower Parel; 12–1.30 Uhr;) 2013 die erste Kleinbrauerei der Stadt eröffnete. Seitdem rauschen hier die Zapfhähne wie in anderen indischen Städten, die schon etwas früher auf den Bierzug aufgesprungen waren (z. B. Pune, Bangalore, Gurgaon).

Wer Lust auf einen Humpen hat, findet in Andheri West die **Independence Brewing Company** (www.independencebrewco.com; Boolani Estate Owners Premises Co-Op, New Link Rd; 13–1.15 Uhr;) und **Brewbot** (www.brewbot.in; Morya Landmark 1 abseits der New Link Rd; Mo–Fr 16–1, Sa 12–1 Uhr;). Ein weiteres lohnenswertes Ziel in Mumbais Norden ist der tolle **Doolally Taproom** (Karte S. 824; www.facebook.com/godoolallybandra; Shop 5/6, Geleki, ONGC Colony; 7–1 Uhr;) in Bandra West. In Lower Parel ansässig sind Barking Deer, **White Owl** (www.whiteowl.in; One Indiabulls Center, Tower 2 Lobby, Senapati Bapat Marg; 12–1 Uhr), der **Toit Tap Room** (www.toit.in; Zeba Centre, Mathuradas Mill Compound, Senapati Bapat Marg; 12–1.30 Uhr) und der neue **Woodside Inn** (www.facebook.com/WoodsideInn; Mathuradas Mills Compound, NM Joshi Marg; Mo–Fr 11–1, Sa & So 10–1 Uhr). In Letzterem kann man 25 Sorten und damit fast alle Mumbaier Biere probieren. Die genannten Optionen in Lower Parel liegen alle in Laufentfernung zueinander. Zudem ist es wohl nur eine Frage der Zeit, bis das Brauen auch im Fort-Viertel und in Colaba beginnt. Die reinen Fassbiere von der Gateway Brewing Company und Bira 91 („Bira" bedeutet „Bruder" auf Panjabi; die „91" ist Indiens Ländervorwahl) sind in der Stadt weit verbreitet.

Belgian Wit ist schnell zum bekanntesten lokalen Bier geworden: Das erfrischende Zitrus-Aroma kommt im schwülen Mumbai optimal zur Geltung. *Jai ho!*

Drinks aus der US-Prohibitionszeit mixt. In dem Laden feierte einst die Oberschicht; heute beschallen hier Haus-DJs ein attraktives und trendiges Publikum mit Hip-Hop. Am langen Gemeinschaftstisch in der Mitte wird gern gesellig bei Drinks und Tapas mit internationalen Einflüssen geplaudert.

★ Aer LOUNGE

(www.fourseasons.com/mumbai; Four Seasons Hotel, 34. Stock, 114 Dr. E. Moses Rd, Worli; 17.30–24 Uhr;) Mumbais beste Hochhaus-Dachbar bietet Traumblick auf Meer, Sonnenuntergang und Stadt. So überraschen die hohen Getränkepreise (Cocktails 1000–1500 ₹) kaum. DJs legen hier jeden Abend House- und Lounge-Sounds auf – auch während der coolen Happy Hour mit Sundownern. Die Barmixer zählen zu den besten der Stadt.

Monkey Bar BAR

(Karte S. 824; Summerville, Ecke 14th & 33rd Rd, Linking Rd, Bandra West; Mo–Fr 18–1, Sa & So 12–1 Uhr;) Nach Erfolgen in Delhi und Bengaluru hat die coole Gastrotropub-Kette auch einen Ableger in Bandra eröffnet. Die Veranda voller Hipster ist besonders gut, wenn Starkregen in nächster Nähe herunterprasselt. Cocktails mit neckischen Namen (zwecks Verständnis bei Einheimischen nachfragen; 320–650 ₹), regionales Fassbier von Gateway Brewing und DJ-Sounds (Hip-Hop- bzw. Latin-Hits) sorgen dabei für fröhliche Partystimmung.

Masala Bar COCKTAILBAR

(Karte S. 824; www.masalabar.co.in; 1. Stock, Gagangiri Apt, Carter Rd, Bandra West; 12.30–16 & 17–1 Uhr) Man nehme ungewöhnliche Zutaten wie Thymianschaum, Feigenpüree, Öl aus Orangenschalen und Sattu-Limonade. Diese kombiniere man (z. B. durch Schütteln, Rühren oder Aufkochen) mit Alkohol – unter Verwendung von Vakuumierern, Folienwicklern, Siphons, Zentrifugen und Vakuum-Kochern. Das Ergebnis sind innovative Cocktails der molekularen Art. Deren Entstehungsort ist diese neue und sehr populäre Strandbar in Bandra. Die Spezialitäten des Hauses kosten jeweils 550 ₹.

Toto's Garage BAR
(Karte S. 824; ☎022-26005494; 30th Rd, Bandra West; ⏲18–1 Uhr) Diese gesellige, bodenständige Kneipe ist als Autowerkstatt aufgemacht. Man kann also auch in abgeranzten Klamotten kommen, sich ein Bier vom Fass (200 ₹/Glas) gönnen und klassischen Rock hören. Nett ist der hochkant gestellte VW Käfer über der Bar. Die Bar ist immer gut von einem gemischten Publikum besucht.

Olive Bar & Kitchen BAR
(Karte S. 824; ☎022-26058228; www.olivebarandkitchen.com; 14 Union Park, Khar West; ⏲tgl. 20–1, Sa & So auch 12.30–15.30 Uhr; 📶) Das Barrestaurant mediterranen Stils, das mit seinen weiß verputzten Wänden und mit Kerzen beleuchteten Terrassen und Zimmern an Ibiza oder Mykonos denken lässt, ist die Lieblingskneipe der Reichen und Schönen und der angehenden Starlets in Bandra. Die Kulisse ist ideal für inspiriert zubereitete griechische und italienische Speisen (Hauptgerichte 600–1500 ₹), während DJs Stimmung machen. Donnerstags und an den Wochenenden wird es hier voll.

Bad Cafe CAFÉ
(Karte S. 824; www.thebadcafe.com; 22G Kapadia House, New Kantwadi Rd, Bandra West; ⏲9–23 Uhr; 📶) 🌿 Komplett versteckt liegt dieses Café an einer ruhigen Seitenstraße der Perry Cross Rd. Bandras Coole und Kreative laben sich hier an Koffeingetränken. Mitinhaber und Kaffee-Kenner Amit Dhanani setzt auf

SCHWULEN- & LESBENSZENE IN MUMBAI

Homosexualität ist in Indien weiterhin illegal. So versteckt sich Mumbais LGBTQ-Szene (vor allem deren Frauenanteil) immer noch recht stark. Dennoch nimmt das Ganze allmählich Fahrt auf: Schwulenfreundliche „sichere Häuser" veranstalten hier inzwischen oft Privatpartys, die auf Gay Bombay angekündigt werden. Ausgesprochene LGBTQ-Bars bzw. -Clubs gibt's in Mumbai aber bisher nicht.

Humsafar Trust (Karte S. 824; ☎022-26673800; www.humsafar.org; 3. Stock, Manthan Plaza Nehru Rd, Vakola, Santa Cruz East) Veranstaltet zahllose Programme und Workshops. Eine der lokalen Unterstützergruppen organisiert wöchentlich den „Friday Workshop". Eine weitere Gruppe namens Umang bietet neben Workshops auch Monatsevents (Chill Outs) und betreibt eine Hilfs-Hotline (☎99300-95856). Umang kooperiert zudem eng mit dem nur sporadisch erscheinenden, aber bahnbrechenden Magazin Bombay Dost (www.bombaydost.co.in).

Gaylaxy (www.gaylaxymag.com) Indiens bestes schwules Online-Magazin lohnt einen Blick und liefert viele Infos zu Mumbai.

Gay Bombay (www.gaybombay.org) Toller Ausgangspunkt für eigene Recherchen: Auf dem Veranstaltungskalender von GB stehen u. a. selbst organisierte Bar- und Kinoabende – darunter die halbwegs regelmäßig stattfindenden Samstags-Schwulenpartys in der Liquid Lounge am Girgaum Chowpatty. Hinzu kommen Treffs in Bandra, Wandertouren und Picknicks. Zudem liefert GB noch viele weitere Szeneinfos.

Kashish Mumbai International Queer Film Festival (www.mumbaiqueerfest.com; ⏲Mai) Hervorragendes Jahresevent mit indischen und ausländischen Filmen. 2016 waren dabei 182 Streifen aus 54 Ländern zu sehen.

LABIA (Lesbian & Bisexuals in Action; www.labiacollective.org) In Mumbai ansässige Unterstützergruppe für Lesben und Bisexuelle; mit Beratungsservice für Frauen.

Queer Azaadi Mumbai (www.queerazaadi.wordpress.com) Organisiert Mumbais Pride Parade (www.mumbaipride.in; ⏲meist Anfang Feb.).

Queer Ink (www.queer-ink.com) Online-Verlag mit sehr guten Büchern, DVDs und Szeneartikeln. Veranstaltet auch ein monatliches Kunst-Event mit Vorträgen, Workshops, Poesie, Comedy, Musik und einem Basar.

Salvation Star Facebook-Community, die LGBTQ-Events bzw. -partys organisiert und bewirbt.

südindische Bio-Bohnen (80% Arabica-Anteil). Seine klassisch ausgebildeten Baristas machen daraus z. B. Espresso, Ristretto, Cortado und Flat White (Cappuccino in Latte-Art). Zum Verweilen laden auch die Hollywoodschaukeln und die Tapas mit internationalen Einflüssen (250–520 ₹) ein.

Cafe Zoe BAR
(www.cafezoe.in; Mathurdas Mills Compound, N. M. Joshi Marg, Lower Parel; ⏲7.30–1.30 Uhr) Das Cafe Zoe ist nicht nur eine weitere schlichte Hipster-Enklave in der umgebauten Baumwollfabrik des Mathurdas Mills Compound: Diese zweistöckige Cafébar wird von freiliegendem Backstein und Metallgeländern dominiert. In toller Atmosphäre gibt's hier starke, fruchtige Cocktails (470–600 ₹) wie Caipiroskas mit dunklem Traubensaft oder Martinis mit Wassermelone. An den Wänden hängen Schwarzweißfotos vom früheren Spinnereibetrieb.

☆ Unterhaltung

In Mumbai warten interessante Livemusik, tolle Theater und immer mehr Comedy-Clubs. Hinzu kommen natürlich noch Kinos und Zuschauersport.

Die Veranstaltungskalender von **Time Out Mumbai** (www.timeout.com/mumbai) und **Insider** (https://insider.in) informieren teils gesondert auch über Livekonzerte. Vor Ort laufen Hindi-Filme leider ohne englischsprachige Untertitel. Tickets für Kino- oder Theatervorstellungen und Sportveranstaltungen können online über **Book My Show** (https://in.bookmyshow.com) gebucht werden.

Royal Opera House OPER
(Karte S. 820; ☎022-23690511; Mama Parmanand Rd; ⏲Theaterkasse 11–18 Uhr) Indiens einziges erhaltenes Opernhaus wurde sechs Jahre lang akribisch restauriert. Nach erfolgreicher Wiederherstellung der kolonialzeitlichen Pracht erlebte das königliche Haus 2016 seine spektakuläre Wiedereröffnung. Hierbei sang u. a. die britische Sopranistin Patricia Rozario, die aus Mumbai stammt. Bei der Restaurierung des dreigeschossigen Zuschauerraums orientierte sich Architekt Abha Narain Lambah an historischen Fotos von vergoldeten Decken, Buntglasfenstern und einem Foyer im indo-europäischen Barockstil.

Liberty Cinema KINO, LIVEMUSIK
(Karte S. 814; ☎022-22084521; www.thelibertycinema.com; 41/42 New Marine Lines, Fort) Das großartige Art-déco-Kino nahe dem Bombay Hospital war früher die Hochburg des Hindi-Films: Bei Premieren schritt hier z. B. Dev Anand über den roten Teppich. Nach harten letzten Jahren erholt sich das Liberty nun wieder, indem es u. a. als Veranstaltungsort für Privatpartys dient.

National Centre for the Performing Arts THEATER, LIVEMUSIK
(NCPA; Karte S. 814; www.ncpamumbai.com; Ecke Marine Dr & Sri V. Saha Rd, Nariman Point; Tickets 150–7500 ₹) Das riesige Kulturzentrum ist das Herz der Mumbaier E-Musik-, Theater- und Tanzszene. Ob experimentelles Theater, Dichterlesungen, Fotoausstellungen, Jazzbands aus Chicago oder indische Klassik: Hier ist jede Woche etwas geboten – und das oft gratis. Die **Vorverkaufsstelle** (Karte S. 814; ☎022-66223724; www.ncpamumbai.com; Ecke Marine Dr & Sri V. Saha Rd, Nariman Point; ⏲9–19 Uhr) liegt am Ende der NCPA Marg.

Regal Cinema KINO
(Karte S. 812; ☎022-22021017; www.regalcinema.in; Shahid Bhagat Singh Marg, Regal Circle, Apollo Bunder; Tickets 100–200 ₹) Hollywood-Blockbuster in einer verblassten Art-déco-Perle.

Wankhede Stadium CRICKET
(Mumbai Cricket Association; Karte S. 814; ☎022-22795500; www.mumbaicricket.com; D Rd, Churchgate; ⏲Stadionkasse 9–18 Uhr) Während der Saison (Okt.–April) finden hier jedes Jahr ein paar Testspiele und internationale Tagesturniere statt. Die Cricket Association liefert Ticketinfos. Wer ein Testspiel verfolgen will, muss wahrscheinlich eine Karte für alle fünf Tage kaufen.

Prithvi Theatre THEATER
(Karte S. 824; ☎022-26149546; www.prithvitheatre.org; Juhu Church Rd, Juhu; Tickets 175–500 ₹) Diese Institution in Juhu eignet sich bestens, um Kunstfilme und Theaterstücke auf Hindi oder Englisch zu sehen. Begleitdrinks liefert das **Prithvi Cafe** (Karte S. 824; kleine Gerichte 35–150 ₹; ⏲10–22.45 Uhr). Beim hervorragenden Hausfestival (Nov.) stehen modernes indisches Theater und internationale Inszenierungen auf dem Programm.

Eros KINO
(Karte S. 814; www.eroscinema.co.in; Maharshi Karve Rd, Churchgate; Tickets 130–180 ₹) Ideal, um Bollywood-Blockbuster an deren Drehort zu sehen.

Metro Big KINO
(Karte S. 814; ☎022-39894040; www.bigcinemas.com; Mahatma Gandhi Rd, New Marine Lines,

BOLLYWOOD-TRÄUME

Mumbai ist das glitzernde Epizentrum von Indiens gigantischer Hindi-Filmindustrie. 1896 zeigten die Gebrüder Lumière im örtlichen Watson Hotel erstmals einen Film auf indischem Boden. Seine Premiere als Drehort feierte Mumbai 1913 mit dem Stummfilm-Epos *Raja Harishchandra*, bei dem manche der rein männlichen Darsteller als Frauen verkleidet waren. 1931 wurde hier dann der erste Tonfilm namens *Lama Ara* produziert. Heute kommen aus Bollywood mehr als 1000 Filme pro Jahr – doppelt so viele wie aus Hollywood. Kein Wunder: Mindestens ein Sechstel der Weltbevölkerung fährt auf diese Streifen ab.

Jeder Teil Indiens hat seine eigene regionale Filmindustrie, aber Bollywood bezaubert die Nation noch immer mit seinen realitätsfernen Filmen, in denen singende und tanzende Liebespaare gegen die Mächte kämpfen, die sich zwischen sie stellen und die sie dann natürlich besiegen. Heutzutage buhlen neben diesen zuckersüßen, hauptsächlich für Familien gemachten Filmen auch viele von Hollywood inspirierte Thriller und Actionfilme um die Gunst der Kinogänger.

Bollywood-Stars können in Indien fast den Status von Göttern erreichen. In den schickeren Lokalitäten Mumbais gehört es zum beliebten Zeitvertreib, nach Filmsternchen Ausschau zu halten. **Bollywood Tours** (Karte S. 814; ☎9820255202; www.bollywoodtours.in; 8 Lucky House, Goa St, Fort; 4-/8-stünd. Tour 6000/10 000 ₹/Pers.) bietet Touren an, bei denen man neben den Wohnhäusern der Stars auch noch ein Film-/TV-Studio besichtigt. Eine Garantie dafür, dabei auch eine Tanznummer live zu sehen, gibt es nicht, und die Wahrscheinlichkeit ist hoch, dass man den Großteil der Zeit im Verkehr feststeckt.

Statisten, aufgepasst!

Manchmal brauchen die Studios auch Europäer, um dem Ganzen einen Touch von internationalem Flair zu geben (oder um freizügige Kleidung zu präsentieren, die Einheimische oft nicht anziehen wollen). Das ist mittlerweile so häufig vorgekommen, dass 100 000 Nachwuchsschauspieler 2008 fast gestreikt hätten. Sie wollten u. a. dagegen protestieren, dass ihre Jobs an Ausländer vergeben werden, die für weniger Geld und schlechtere Arbeitsbedingungen arbeiten.

Wer trotzdem einen Statistenjob ergattern will, muss nur in Colaba (vor allem im Salvation Army Hostel) herumhängen, wo die Agenten der Studios nach Travellern Ausschau halten, um sie für den Dreh am nächsten Tag anzuheuern. Pro Tag, der bis zu 16 Stunden lang sein kann, werden etwa 500 ₹ (mehr für eine Sprechrolle) gezahlt. Man bekommt Mitagessen und Snacks, die Anreise wird normalerweise bezahlt. Aber Achtung: Es kann ein langer, heißer Tag mit viel Herumstehen am Set werden! Nicht jeder macht positive Erfahrungen.

Die Klagen reichen von zu wenig Essen und Wasser bis hin zu gefährlichen Situationen und Einschüchterungsversuchen, wenn die Statisten die Anweisungen des Regisseurs nicht „befolgen". Für manche ist ein solcher Blick hinter die Kulissen aber auch ein faszinierendes Erlebnis. Bevor man sich auf irgendetwas einlässt, sollte man sich unbedingt den Ausweis des Agenten zeigen lassen und vor allem auf seine innere Stimme hören!

Fort; Tickets 150–800 ₹) Nach Renovierung und Umbau ist die feine Dame unter Mumbais Kinos nun ein Multiplex-Filmpalast.

Shoppen

Als Indiens großer und bunter Marktplatz bietet Mumbai ein paar der besten Einkaufsmöglichkeiten des Landes. Ein Tagesbummel über die Märkte nördlich des CST vermittelt eine ortstypische Shoppingerfahrung der klassischen Art. An der Hauptstraße zwischen Colaba und dem Fort-Viertel bauen Buchhändler täglich ihre Stände auf. **Fashion Street** (Karte S. 814; Mahatma Gandhi Rd) verkauft Schnäppchen für den Backpacker-Kleiderschrank. Gute Läden mit Designerklamotten gibt's in Kemp's Corner und Kala Ghoda.

Colaba

Cottonworld Corp BEKLEIDUNG
(Karte S. 812; www.cottonworld.net; Mandlik Marg, Colaba; ⏲Mo–Sa 10.30–20, So 12–20 Uhr) Prima Laden mit stilvollen Mischformen aus indischer und westlicher Mode, hergestellt aus natürlichen Materialien (z. B. Baumwolle, Leinen). Wie Gap auf indisch, aber cooler.

Phillips ANTIQUITÄTEN
(Karte S. 812; www.phillipsantiques.com; Wodehouse Rd, Colaba; ⌚Mo–Sa 10–19 Uhr) Verkauft u. a. Art-déco- und Kolonialmobiliar, hölzerne Zeremonialmasken, Silberwaren und viktorianisches Glas. Hinzu kommen hochwertige Reproduktionen alter Fotos, Landkarten und Gemälde.

Bungalow 8 MODE & ACCESSOIRES
(Karte S. 814; www.bungaloweight.com; North Stand, E & F Block, Wankhede Stadium, D Rd, Churchgate; ⌚10.30–19.30 Uhr) Unter den nicht überdachten Tribünen des Cricket-Stadions warten hier viele schöne Dinge (u. a. Bekleidung, Schmuck, Einrichtungsgegenstände) – jeweils echt, hochwertig und kunstvoll von Hand gefertigt. Hinein geht's über Tor 2 an der Vinoo Mankad Rd.

Central Cottage Industries Emporium KUNSTHANDWERK
(Karte S. 812; www.cottageemporium.in; Chhatrapati Shivaji Marg, Apollo Bunder; ⌚Mo–Sa 10–19, So 10–18 Uhr) Handwerksartikel (u. a. Pashmina-Schals) aus fairem Handel.

Fort-Viertel & Churchgate

★ **Contemporary Arts & Crafts** HAUSHALTSWAREN
(Karte S. 814; www.cac.co.in; 210 Dr. Dadabhai Naoroji Rd, Fort; ⌚10.30–19.30 Uhr) Statt handgemachter Standard-Souvenirs gibt's hier traditionelles Kunsthandwerk in schicken und hochwertigen Variationen.

★ **Sabyasachi** BEKLEIDUNG
(Karte S. 814; www.sabyasachi.com; Ador House, 6 K Dubash Marg, Fort; ⌚Mo–Sa 11–19 Uhr) Ein Blick in den riesigen Luxus-Hochzeitsladen lohnt sich: Rosenölduft wabert durch die großartigen Räumlichkeiten, in denen sich die Kreationen von Sabyasachi Mukherjee (Inhaber und Designer) stapeln. Das Angebot umfasst u. a. Kronleuchter, Antiquitäten, Keramiken, Gemälde und Teppiche. So einen Shop hat man vermutlich noch nie gesehen.

Chimanlals KUNSTHANDWERK
(Karte S. 814; www.chimanlals.com; Wallace St, Fort; ⌚Mo–Fr 9.30–18, Sa 9.30–17 Uhr) Traditionelles indisches Papier, das wunderschön bedruckt ist und garantiert zum Briefeschreiben animiert.

Fabindia BEKLEIDUNG, HAUSHALTSWAREN
(Karte S. 814; www.fabindia.com; Jeroo Bldg, 137 Mahatma Gandhi Rd, Kala Ghoda; ⌚10–21 Uhr) Das indische Mainstream-Label mixt Tradition und Moderne. Die Mode aus Baumwolle und Seide wird – genau wie die Haushaltswaren – unter fairen Bedingungen hergestellt.

Nicobar BEKLEIDUNG, HAUSHALTSWAREN
(Karte S. 814; www.nicobar.com; 10 Ropewalk Lane, Kala Ghoda; ⌚11–20 Uhr) Die Inhaber des Good Earth betreiben auch diese neue und tolle Nobel-Boutique. Hier gibt's erlesene Haushaltswaren, Reisetaschen und ausgewählte indische Trendartikel.

Bombay Shirt Company BEKLEIDUNG
(Karte S. 814; ☎022-40043455; www.bombayshirts.com; Erdgeschoss, 3 Sassoon Bldg, Kala Ghoda; ⌚10.30–21 Uhr) Bei den trendigen Hemden bzw. Blusen der Maßschneiderei kann alles individuell gewählt werden (Kragen, Knöpfe, Manschetten, Nahtbänder). Die großartigen Ergebnisse würden in der Heimat (sofern dies nicht gerade Vietnam ist) ein Vielfaches kosten. Hemden (ab 2000 ₹) sind nach etwa zwei Wochen fertig. Die Schneiderei verschickt bei Bedarf ins Ausland und ist auch in **Bandra** (Karte S. 824; ☎022-26056125; Erdgeschoss, Kamal Vishrantee Kutir, 24th Rd; ⌚10.30–21 Uhr) vertreten.

Bombay Paperie KUNSTHANDWERK
(Karte S. 814; ☎022-66358171; www.bombaypaperie.com; 63 Bombay Samachar Marg, Fort; ⌚Mo–Sa 10.30–18 Uhr) Der faszinierende Laden repräsentiert eine aussterbende Kunst: Hier gibt's zauberhafte Karten, Skulpturen und Lampenschirme aus handgeschöpftem Papier mit Baumwollanteil.

Chetana Book Centre BÜCHER
(Karte S. 814; www.chetana.com; K. Dubash Marg, Kala Ghoda; ⌚Mo–Sa 10.30–19.30 Uhr) Der tolle Buchladen mit Schwerpunkt auf Spiritualität führt viele Titel zum Thema Hinduismus. Das dazugehörige Restaurant serviert leckere Thalis à la Gujarat und Rajasthan (459–595 ₹).

Khadi & Village Industries Emporium BEKLEIDUNG
(Khadi Bhavan; Karte S. 814; 286 Dr. Dadabhai Naoroji Rd, Fort; ⌚Mo–Sa 10.30–18.30 Uhr) In der verstaubten Zeitkapsel aus den 1940er-Jahren stapeln sich traditionelle indische Bekleidung, Seidenstoffe, *khadi* (handgewebtes Leinen) und Schuhe. Hinzu kommen sehr beliebte Naturseifen und -shampoos aus eigener Produktion.

Von Kalbadevi bis Mahalaxmi

LM Furtado & Co MUSIKINSTRUMENTE (Karte S. 820; 022-22013163; www.furtadosonline.com; 540–544 Kalbadevi Rd, Kalbadevi; Mo–Sa 10.30–20 Uhr) Mumbais bester Musikalienhändler verkauft Sitars, Tablas, Akkordeons und Gitarren aus indischer oder ausländischer Produktion. Der etwas anders heißende Ableger **BX Furtado & Sons** (Karte S. 820; Mo–Sa 10.30–20 Uhr) liegt an der Lokmanya Tilak Rd.

Shrujan KUNSTHANDWERK (Karte S. 824; 022-26183104; www.shrujan.org; Hatkesh Society, 6th North South Rd, JVPD Scheme; Mo–Sa 10–19.30 Uhr) Die gemeinnützige Organisation verkauft hier feine Stickereien, die in 114 Dörfern der Region Kutch (Gujarat) von Frauen hergestellt werden. Dies sichert einerseits den Lebensunterhalt der Stickerinnen und erhält andererseits deren spektakuläre Traditionen. Shrujan betreibt auch eine Filiale in **Breach Candy** (Karte S. 820; 022-23521693; Erdgeschoss, Krishnabad Bldg, 43 Bhulabhai Desai Marg; Mo–Sa 10–19.30 Uhr).

Mini Market/Bollywood Bazaar/Super Sale ANTIQUITÄTEN, SOUVENIRS (Karte S. 820; 9820032923; 33/31 Mutton St; Sa–Do 11–20 Uhr) Nippes mit Kinobezug (u. a. alte Bollywood-Filmplakate).

ABSTECHER

BASARVIERTEL

Mumbais wichtigstes Marktviertel ist eines der faszinierendsten in Asien – eine unglaublich dichte Zusammenballung von Menschen und Geschäften, die einen Angriff auf alle Sinne darstellt. Wer gerade aus Europa mit dem Flugzeug oder mit dem Taxi aus Bandra gekommen ist, muss sich erst einmal festhalten: Dieses Arbeiterviertel erstreckt sich vom Crawford Market bis zum Chor Bazaar 2,5 km weiter nördlich. Der Massenandrang ist so groß (und die Gassen sind so eng), dass man mindestens zwei oder drei Stunden braucht, um die Gegend einigermaßen gründlich zu erkunden.

Man kann hier fast alles kaufen, da aber die Läden und Stände hauptsächlich auf den einheimischen Geschmack ausgerichtet sind, besteht das Hauptvergnügen nicht im Kaufen von Souvenirs, sondern im Beobachten des Straßenlebens und der Erforschung der kleinen Gassen. Die Märkte gehen ineinander über und bilden eine amöbenartige Masse, es gibt aber einige Wahrzeichen, an denen man sich orientieren kann.

Crawford Market (Mahatma Phule Market; Karte S. 820; Ecke DN & Lokmanya Tilak Rd; 10.30–21 Uhr) Der Crawford Market ist der größte in Mumbai und bietet die letzten Spuren des britischen Bombay, ehe der Tumult der zentralen Basare einsetzt. Basreliefs von Rudyard Kiplings Vater, Lockwood Kipling, zieren die Fassade im Stil der normannischen Gotik. Hauptsächlich werden hier Obst und Gemüse, Fleisch und Fisch angeboten, aber auch mit Gewürzen kann man sich gut eindecken.

Wenn man gerade in der Saison für Alphonso-Mangos (Mai–Juni) vor Ort ist, sollte man diese Früchte unbedingt probieren.

Mangaldas Market (Karte S. 820) Der Mangaldas Market, traditionell der Sitz von Händlern aus Gujarat, ist eine kleine Stadt für sich und voller Stoffbahnen. Auch wenn man eigentlich nicht zu den Leuten gehört, die sich ihre Kleidung vom Schneider machen lassen, sollte man bei DD Dupattawala (Karte S. 820; 022-22019719; Shop 217, 4th Lane; Mo–Sa 11–20 Uhr) vorbeischauen, wo es schöne Schals und Dupattas zu Festpreisen gibt. Gleich nördlich von hier bieten der Zaveri Bazaar (Karte S. 820) Schmuck und der Bhuleshwar Market (Karte S. 820; Ecke Sheikh Memon St & M Devi Marg; 10–21 Uhr) Obst und Gemüse an.

Vom Bhuleshwar Market nur ein paar Meter die Sheikh Memon St hinunter finden sich eine jainistische Taubenfütterungsstation, ein Blumenmarkt und ein Markt für religiöse Gegenstände.

Chor Bazaar (Karte S. 820; Mutton St, Kumbharwada) Der Chor Bazaar ist bekannt für Antiquitäten, wenngleich es hier viele Reproduktionen gibt. Der meiste Trubel herrscht in der Mutton St, wo Läden falsche Antiquitäten und Plunder aller Art feilbieten. Feine Lederwaren bekommt man östlich davon in der Dhabu St.

Westliche Vororte

★ Kulture Shop DESIGNERWAREN
(Karte S. 824; www.kultureshop.in; 241 Hill Rd, Bandra West; ⊙11–20 Uhr) Bandras bzw. Mumbais bester Laden ist immer einen Blick wert: Hier gibt's u. a. Grafiken und Illustrationen von zahllosen indischen Künstlern aus aller Welt. Im Angebot sind zudem nachdenklich stimmende und konzeptionell gewagte T-Shirts sowie andere avantgardistische Kunstobjekte (Drucke, Kaffeebecher, Notizbücher, Schreibwaren).

Gemeinsame Inhaber sind die bekannte Straßenkünstlerin Jas Charanjiva (eine US-Amerikanerin mit indischen Wurzeln), deren Ehemann (Experte für Design und urbane Kultur) und ein befreundeter Kurator.

Indian Hippy KUNST
(Karte S. 824; ☎8080822022; www.hippy.in; 17C Sherly Rajan Rd abseits der Carter Rd, Bandra West; ⊙nach Vereinbarung) Indian Hippy macht einen sozusagen zum Filmstar: Hier kann man sich im Stil alter Bollywood-Plakate auf Leinwand verewigen lassen – und das von den originalen Studio-Illustratoren, die aufgrund der Digitalisierung zunehmend aussterben. Die handgemalten Portraits (7500–15 000 ₹) werden auf Wunsch in alle Welt verschickt. Die Künstler nutzen Fotos (einfach vorbeibringen oder per E-Mail schicken) ihrer Kunden als Vorlage, setzen deren Vorstellungen individuell um und machen bei Bedarf auch Vorschläge. Der Laden verkauft zudem Uhren aus Schallplatten, alte Filmposter und allerlei (oft sehr bizarre) Artikel mit Bollywood-Bezug.

Kishore Silk House BEKLEIDUNG, HANDWERKSARTIKEL
(Dedhia Estate 5/353, Bhandarkar Rd, Matunga East; ⊙Di–So 10–20.30 Uhr) Handgewebte Saris (ab 300 ₹) und Dhotis (ab 250 ₹) aus Tamil Nadu oder Kerala.

High Street Phoenix EINKAUFSZENTRUM
(www.highstreetphoenix.com; 462 Senapati Bapat Marg, Lower Parel; ⊙11–23 Uhr) High Street Phoenix zählt zu Indiens größten und besten Einkaufszentren. Hier warten u. a. zahllose (Nobel-)Läden und eine separate Luxus-Mall namens Palladium. Hinzu kommen Freiluftbereiche, tolle Restaurants, spaßige Bars bzw. Nachtclubs, eine Bowling-Halle mit 20 Bahnen und ein IMAX-Kino. Auch ideal, um sich ein paar Stunden lang vom Hupenlärm auf Mumbais Straßen zu erholen.

ℹ Praktische Informationen

GELD

In ganz Mumbai gibt's Geldautomaten und Wechselstuben.

Die Thomas-Cook-Filiale im Fort-Viertel tauscht ebenfalls ausländisches Geld um.

INTERNETZUGANG

Internetcafés werden auch in Indien immer seltener. Dafür warten nun fast alle Hotels, Restaurants, Cafés und Bars mit WLAN auf (nur die jeweils billigsten Optionen nicht). Dort muss man sich zumeist per Social-Media-Konto oder Handynummer anmelden und erhält dann ein individuelles Einmal-Passwort für den Zugang.

MEDIEN & INFOS IM INTERNET

Zeitungen & Zeitschriften Beste Tageszeitung ist die *Hindustan Times*, die den guten Veranstaltungskalender *Ht Café* als Beilage enthält.

Websites *Time Out Mumbai* (www.timeout.com/mumbai) ist nun nicht mehr als gedrucktes Magazin erhältlich, hat aber eine sehr gute Website.

MEDIZINISCHE VERSORGUNG

Bombay Hospital (Karte S. 814; ☎022-22067676; www.bombayhospital.com; 12 New Marine Lines) Privatklinik mit topmoderner Technologie bzw. Ausstattung.

Breach Candy Hospital (Karte S. 814; ☎022-23672888, Notruf 022-23667890; www.breachcandyhospital.org; 60 Bhulabhai Desai Marg, Breach Candy) Mumbais (wenn nicht gar Indiens) bestes Krankenhaus liegt 2 km nordwestlich des Girgaum Chowpatty.

Royal Chemists (Karte S. 814; www.royalchemists.com; 89A Queen's Chambers, Maharshi Karve Rd, Marine Lines; ⊙Mo–Sa 8.30–20.30 Uhr) Apotheke, auch mit Lieferservice.

Sahakari Bhandar Chemist (Karte S. 812; Ecke Colaba Causeway & Wodehouse Rd, Colaba; ⊙10–20.30 Uhr) Praktisch gelegene Apotheke in Colaba.

NOTFALL

Ab 2017 soll in ganz Indien einheitlich die Notrufnummer ☎112 gelten. Parallel stehen die alten Nummern bis 2018 weiterhin zur Verfügung:

RETTUNGSDIENST	☎102 (öffentl.) oder 1298 (privat)
POLIZEI	☎100
FEUERWEHR	☎101

POST

Hauptpost (Karte S. 814; www.indiapost.gov.in; Walchand Hirachand Marg; ⊙Mo–Sa 9–20, So 9–16 Uhr) Die imposante Hauptpost steht neben dem CST. Postlagernde Sendungen können bei der Versandabteilung (Delivery Department; Karte S. 814; Walchand Hirachand Marg; ⌚ Mo–Sa 10–15 Uhr) abgeholt werden. Unter dem Banyanbaum gegenüber der Post kann man Pakete von Paket-*wallahs* einnähen lassen (50–200 ₹/Stück).

REISEBÜROS

Akbar Travels (Karte S. 812; ☎ 022-22823434; www.akbartravels.com; 30 Alipur Trust Bldg, Shahid Bhagat Singh Marg, Colaba; ⌚ Mo–Fr 10–19, Sa 10–18 Uhr) Extrem engagiertes Reisebüro, das bei rechtzeitiger Benachrichtigung auch Mietwagen (inkl. Fahrer) und Bustickets für Fernstrecken bucht. Bietet zudem gute Wechselkurse und unterhält eine Filiale im Fort-Viertel (Karte S. 814; ☎ 022-22633434; www.akbartravels.com; 167/169 Dr. Dadabhai Naoroji Rd, Fort; ⌚ Mo–Fr 10–19, Sa 10–18 Uhr).

Thomas Cook (Karte S. 814; ☎ 022-61603333; www.thomascook.in; 324 Dr. Dadabhai Naoroji Rd, Fort; ⌚ Mo–Sa 9.30–18 Uhr) Bucht Flüge und Hotelzimmer; tauscht auch ausländisches Geld um.

TELEFON

Die Telefonauskunft hat die Nummer ☎ 197.

TOURISTENINFORMATION

Indiatourism (Staatliche Touristeninformation; Karte S. 814; ☎ 022-22074333; www.incrediblindia.com; Western Railways Reservation Complex, 123 Maharshi Karve Rd; ⌚ Mo–Fr 8.30–18, Sa 8.30–14 Uhr) Liefert Infos zu ganz Indien und vermittelt auch Guides oder Privatunterkünfte in Mumbai. Zum Zeitpunkt der Recherche waren die Infokioske am Flughafen seltsamerweise geschlossen.

Hauptbüro der Maharashtra Tourism Development Corporation (MTDC; Karte S. 814; ☎ 022-22845678; www.maharashtratourism.gov.in; Madame Cama Rd, Nariman Point; ⌚ 10–17.30 Uhr) Das hilfsbereite Personal informiert umfassend über Maharashtra (u. a. mit vielen Broschüren) und bucht Zimmer in MTDC-Hotels. Zudem ist dies das einzige bekannte MTDC-Büro, das Kreditkarten akzeptiert. Separate Infokioske gibt's in Apollo Bunder (MTDC; Karte S. 812; ☎ 022-22841877; ⌚ Di–So 9–16 Uhr) und am Chhatrapati Shivaji Terminus (MTDC; Karte S. 814; ☎ 022-22622859; ⌚ Mo–Sa 10–17 Uhr). Die Vertretungen am Flughafen waren zum Zeitpunkt der Recherche geschlossen.

VISA

Regionale Ausländerbehörde (Foreigners' Regional Registration Office, FRRO; Karte S. 814; ☎ 022-22621169; www.boi.gov.in; Annexe Bldg No 2, CID, Badaruddin Tyabji Marg nahe Special Branch; ⌚ Mo–Fr 9.30–13 Uhr) Verlängert Touristen- und Transitvisa nur noch in echten Notfällen (für Details s. Website).

ℹ An- & Weiterreise

BUS

Viele private und staatliche Busgesellschaften bieten Fernverbindungen nach und ab Mumbai an.

Staatliche Fernbusse starten am **Busbahnhof Mumbai Central** (Karte S. 820; ☎ Auskunft 022-23024075; Jehangir Boman Behram Marg, RBI Staff Colony) direkt neben dem Bahnhof Mumbai Central. Diese Busse sind günstiger und fahren öfter als ihre privat betriebenen Pendants, haben aber meist einen schlechteren Standard. Die Website der **Maharashtra State Road Transport Corporation** (MSRTC; ☎ 022-23023900; www.msrtc.gov.in) liefert theoretisch Fahrplaninfos und erlaubt angeblich auch Online-Buchungen, ist aber in Wirklichkeit quasi nutzlos.

Busse von Privatfirmen sind meist komfortabler (auch in puncto Reservierung), aber auch etwas teurer. Sie fahren hauptsächlich an der Dr. Anadrao Nair Rd nahe dem Bahnhof Mumbai Central ab. Busse zu Zielen im Süden starten mitunter jedoch nahe dem Crawford Market

WICHTIGE FERNBUSSE AB MUMBAI

ZIEL	PRIVATBUSSE SLEEPER CLASS OHNE/MIT KLIMAANLAGE (₹)	STAATL. BUSSE OHNE/MIT KLIMAANLAGE (₹)	DAUER (STD.)
Ahmedabad	300–1500/700–1500	–	7–12
Aurangabad	500–700/500–1300	600 (2-mal tgl.)	9–11
Hyderabad	800–5000 (jeweils mit Klimaanlage)	–	16
Mahabaleshwar*	500–900 (jeweils mit Klimaanlage)	400 (5-mal tgl.)	7–8
Murud	–	200 (10-mal tgl.)	8–10
Nasik	200–300/500–600	290 (6–23.15 Uhr alle 30 Min.)	13–16
Panaji (Panjim)	600–750/700–3000	–	14–16
Pune*	508–730/425–2800	250 (6.45–0.30 Uhr alle 30 Min.)	3–5
Udaipur	200–812/1000–2500	–	14–17

*Abfahrt am Dadar TT Circle

WICHTIGE FERNZÜGE AB MUMBAI

ZIEL	ZUG-NR. & NAME	PREISBEISPIELE (₹)	DAUER (STD)	ABFAHRT
Agra	*12137 Punjab Mail*	613/1596/2281/3856 (A)	22	19.40 Uhr CST
Ahmedabad	*12901 Gujarat Mail*	348/876/1206/1996 (A)	9	22 Uhr BCT
	12009 Shatabdi Exp	860/1701 (E)	7	6.25 Uhr BCT
Aurangabad	*11401 Nandigram Exp*	268/691/961/1571 (A)	7	16.35 Uhr CST
	17617 Tapovan Exp	173/571 (C)	7	6.15 Uhr CST
Bengaluru	*11301 Udyan Exp*	533/1416/2031/3421 (A)	24	8.05 Uhr CST
Chennai	*12163 Chennai Exp*	603/1561/2226/3766 (A)	23½	20.30 Uhr CST
Delhi	*12951 Mumbai Rajdhani*	1856/2641/4481 (D)	16	17 Uhr BCT
Hyderabad	*12701 Hussainsagar Exp*	458/1191/1671/2781 (A)	14½	21.50 Uhr CST
Indore	*12961 Avantika Exp*	473/1226/1721/2866 (A)	14	19.10 Uhr BCT
Jaipur	*12955 Bct Jp Sf Exp*	568/1481/2106/3546 (A)	18	18.50 Uhr BCT
Kochi	*16345 Netravati Exp*	648/1711/2481 (B)	25½	11.40 Uhr LTT
Madgaon (Goa)	*10103 Mandovi Exp*	423/1131/1601/2661 (A)	12	7.10 Uhr CST
	12133 Mangalore Exp	453/1176/1646 (B)	9	22 Uhr CST
	11085 Mao Doubledecker	906 (F)	12	Mi, Fr & So 5.33 Uhr LTT
Pune	*11301 Udyan Exp*	173/556/761/1226 (A)	3½	8.05 Uhr CST

Bahnhöfe: CST (Chhatrapati Shivaji Terminus); BCT (Mumbai Central); LTT (Lokmanya Tilak)
Fahrtpreise: (A) Sleeper Class/3AC/2AC/1AC; (B) Sleeper Class/3AC/2AC; (C) 2. Klasse/CC; (D) 3AC/2AC/1AC; (E) CC/Executive CC; (F) CC

oder Dadar TT Circle in Carnac Bunder. Dorthin gelangt man in der Regel mit einem Gratisshuttle der jeweiligen Busfirma. Fahrplan- und Preisinfos gibt's bei **Citizen Travels** (Karte S. 820; ☎ 022-23459695; www.citizenbus.com; G Block, Sitaram Bldg, Palton Rd) und **National NTT/CTC** (Karte S. 820; ☎ 022-23074854, 022-23015652; Dr. Anadrao Nair Rd; ⏲ 6.20–23.30 Uhr). Urlaubsperioden verteuern Bustrips zu beliebten Zielen (z. B. Goa) um bis zu 75 %.

Die bessere Alternative nach Goa sind Privatbusse, die 450 ₹ (keine gute Wahl!) bis 1000 ₹ kosten und oft weit draußen in den Vororten aufbrechen. **Naik Bus** (Karte S. 814; ☎ 022-23676840; www.naibus.com; ⏲ 18, 19, 20.30 & 21 Uhr), **Paolo Travel** (Karte S. 814; ☎ 022-26433023; www.paulotravels.com; ⏲ 17.30 & 20 Uhr) und die staatliche Gesellschaft **Kadamba Transport** (Karte S. 814; ☎ 9969561146; www.goakadamba.com; ⏲ 18 Uhr) fahren jedoch praktischerweise vor dem Azad Maidan im Zentrum ab. Der Trip nach Goa dauert jeweils etwa 14 Stunden.

Terminals und Ticketbüros privater Fernbusfirmen findet man an der **Palton Road** (Karte S. 820) und an der **Dr. Anadrao Nair Road** (Karte S. 820; RBI Colony).

FLUGZEUG

Der **Chhatrapati Shivaji International Airport** (Karte S. 824; ☎ 022-66851010; www.csia.in) liegt rund 30 km von Mumbais Zentrum entfernt und wurde kürzlich für umgerechnet 2 Mrd. US$ modernisiert. Zuständig für alle internationalen Flüge ist nun das umgebaute Terminal 2 (T2), das auch mit Indiens größter öffentlicher Kunstausstellung beeindruckt: Entlang von Laufbändern zeigt die mehrstöckige Art Wall (insgesamt 3,2 km lang) hier unter Oberlichtern mehr als 5000 Werke aus allen Landesteilen.

Inlandsflüge laufen über das neue T2 und das ältere Terminal 1B (T1B; alias Santa Cruz Airport) in 5 km Entfernung. Dazwischen verkehren Taxis zu festen Preisen (230 ₹ vom T1B zum T2, 245 ₹ vom T2 zum T1B). Beide Terminals haben Geldautomaten und Wechselstuben; zum T2 gehört zudem ein luxuriöses Transithotel.

Air India (Karte S. 814; ☎ 022-27580777, Flughafen 022-28318666; www.airindia.com; Air India Bldg, Ecke Marine Dr & Madame Cama Rd, Nariman Point; ⏲ Mo–Fr 9.15–18, Sa 9.15–13 & 14–18 Uhr), **Jet Airways** (Karte S. 812; ☎ 022-39893333; www.jetairways.com; B1, Amarchand Mansion, Madam Cama Rd, Colaba; ⏲ Mo–Sa 9.30–18 Uhr) und **Vistara** (Karte S. 824; ☎ 0186-1089999; www.airvistara.com) benutzen derzeit Terminal 2. **GoAir** (Karte S. 824; ☎ 022-26156113; www.goair.in), **IndiGo** (Karte S. 824; ☎ Telefonzentrale 099-10383838; www.goindigo.in) und **SpiceJet** (Karte S. 824; ☎ Flughafen 0987-1803333; www.spicejet.com) wickeln ihre Flüge dagegen gerade über Terminal 1B ab. All dies kann sich jedoch jederzeit ändern – daher den aktuellen Stand vor Ort checken! Über Reisebüros und die Websites der Airlines lassen sich Flugtickets generell am besten buchen.

Die MTDC-Infokioske an beiden Terminals wurden bei der Flughafensanierung abgebaut und waren zum Zeitpunkt der Recherche noch nicht wieder eingerichtet; für eine eventuelle Neueröffnung gab es noch keinen Termin.

ZUG

Drei Bahngesellschaften bieten Verbindungen ab Mumbai an. Tickets dafür gibt's an allen indischen Bahnhöfen mit computergestützten Buchungsbüros. Für Traveller am wichtigsten sind dabei Central Railways and Western Railways:

Central Railways (Karte S. 814; ☎139; www.cr.indianrailways.gov.in) bedient den Osten und Süden Indiens sowie gelegentlich auch den Norden – jeweils ab dem CST, der auch als VT bekannt ist. Schalter 52 im 1. Stock des **Reservierungszentrums** (Karte S. 814; ⌚Mo–Sa 8–20, So 8–14 Uhr) verkauft Indrail-Pässe und Fahrkarten aus dem Touristenkontingent. Nahe dem MTDC-Infokiosk warten Prepaid-Taxis (nach Colaba/Bandra 160/360 ₹, zum Inlands-/Auslandsterminal des Flughafens 430/500 ₹).

Manche Züge von Central Railways benutzen auch die Bahnhöfe Dadar (D; ein paar Stationen nördlich des CST) oder Lokmanya Tilak (LTT; 16 km nördlich des CST).

Western Railways (Karte S. 820; ☎139; www.wr.indianrailways.gov.in) bedient Indiens Norden ab dem Bahnhof Mumbai Central (zumeist Bombay Central bzw. BCT genannt). Das **Reservierungsbüro** (Karte S. 814; ⌚Mo–Sa 8–20, So 8–14 Uhr) gegenüber vom Bahnhof Churchgate verkauft Tickets aus dem Touristenkontingent.

ℹ Unterwegs vor Ort

M-Indicator (http://m-indicator.soft112.com) Unverzichtbare Nahverkehrs-App für Mumbai; liefert umfassende Infos von Zugfahrplänen bis hin zu Rikschapreisen.

ZUM/VOM FLUGHAFEN

Terminal 2

Prepaid-Taxis Bringen einen zum Festpreis nach Bandra (ohne/mit Klimaanlage 400/480 ₹ inkl. 1 Gepäckstück), Colaba und Fort (jeweils 680/820 ₹). Die Fahrt nach Colaba dauert nachts rund eine Stunde (über die Sea-Link-Brücke) und tagsüber eineinhalb bis zwei Stunden.

Autorikschas Zwar vorhanden, fahren aber in Richtung Süden nur bis Bandra. Vor dem Terminal weisen Schilder den Weg zum Stand. Vertreter des Mumbaier Ordnungsamtes wachen theoretisch über die Einhaltung des offiziellen Beförderungstarifs (18 ₹/km).

Zug Eine Alternative, wenn man tagsüber ankommt und nicht allzu viel Gepäck mitschleppt: Einfach per Autorikscha zum Bahnhof Andheri fahren und dort einen Zug zu den Bahnhöfen Churchgate oder CST nehmen (10 ₹, 45 Min.). Allerdings auf gar keinen Fall zur Hauptverkehrszeit (6–11 Uhr)!

Taxis Fahren mit Klimaanlage für 650 bis 800 ₹ von South Mumbai zum internationalen Terminal (16–20 Uhr ca. 2 Std. Fahrtzeit). Bei Abkürzung über die Sea-Link-Brücke kommt jeweils noch eine Mautgebühr von ₹60 hinzu. In der Nachsaison geht's mit UberGo für 385 ₹ von Colaba zum T2.

Terminal 1B

Prepaid-Taxis Der Schalter in der Ankunftshalle verkauft Tickets für Fahrten nach Bandra (ohne/mit Klimaanlage 283/340 ₹; nachts etwas mehr), Colaba und Fort (jeweils 560/683 ₹).

Autorikschas Mögliche Alternative, wenn nicht gerade Rush Hour ist: Per Rikscha zum Bahnhof Vile Parle fahren (22–27 ₹) und dort einen Zug zum Bahnhof Churchgate (10 ₹, 45 Min.) nehmen.

AUTO & MOTORRAD

Autos mit Fahrer lassen sich vor Ort zu moderaten Preisen mieten (mit Klimaanlage halber/ganzer Tag ab 1550/1800 ₹, max. 80 km). Bei Langstreckenfahrten ab Mumbai hängt der Preis von Fahrzeugtyp und Leistungsumfang ab (pro km ohne/mit Klimaanlage ca. 13/15 ₹).

Clear Car Rental (☎8888855220; www.clearcarrental.com) ist ein praktischer Online-Buchungsservice für Mietwagen.

Allibhai Premji Tyrewalla (Karte S. 820; ☎022-23099417, 022-23099313; www.premjis.com; 205/20 Dr. D. Bhadkamkar (Lamington) Rd; ⌚Mo–Sa 10–19 Uhr) Hier gibt's neue und gebrauchte Motorräder mit Rückkaufgarantie (ca. 60 % Erstattung nach drei Monaten). Zudem kann man Feuerstühle für längere Perioden mieten (mind. 2 Monate, ab ca. 35 000 ₹).

BUS

Traveller verzichten meist auf Mumbais stressige Stadtbusse (Einzelfahrt ab 8 ₹). Hartgesottene Pfennigfuchser und Masochisten finden bei **BEST** (Karte S. 812; www.bestundertaking.com) eine nützliche Suchmaschine. Zudem müssen sie Buskennzeichnungen in Devanagari-Schrift entziffern können und sich vor Taschendieben hüten.

BEST-Busbahnhöfe gibt's auf der **östlichen** (Karte S. 812) und **westlichen Seite** (Karte S. 812) der Mahatma Gandhi Rd sowie am CST.

METRO

Mumbais **Metro** (www.mumbaimetroone.com) wurde 2014 mit der Freigabe des ersten

Abschnitts der Linie 1 eröffnet. Dieser verbindet bislang zwölf Stationen in den nördlichsten Vororten mit dem Bahnhof Ghatkopar Station im Osten. Damit verläuft die Strecke zumeist weitab jeglicher Touristenattraktionen, bringt einen aber immerhin zu den aufkeimenden Ausgehvierteln Andheri West (Station DN Nagar) und Versova (Station Versova). Die Linie 1 der Einschienenbahn soll ab Anfang 2017 bis zum Jacob Circle (5 km nördlich vom CST) führen und dabei über das Ausgehviertel Lower Parel hinausreichen. Die Eröffnung dieses Abschnitts musste jedoch schon mehrfach verschoben werden (2010, 2011 und 2016). Das gesamte Metro-Großprojekt soll 2020 abgeschlossen werden.

Neben Einzeltickets (10–45 ₹, distanzabhängig) sind auch Trip-Monatspässe (725–950 ₹) erhältlich. Die Stationen verfügen über Aufzüge. In den klimatisierten Waggons sind spezielle Plätze für Frauen und Passagiere mit Handicap reserviert.

Als nächstes in Angriff genommen werden soll die unterirdische Linie 3 (33,5 km) zwischen dem Flughafen und der Cuffe Pde südlich von Colaba. Die 27 Stationen werden auch Bandra und alle Großbahnhöfe abdecken. Die Planung von Linie 3 ist abgeschlossen, die Bauaufträge sind vergeben. Mit der Eröffnung wird jedoch frühestens 2020 gerechnet.

SCHIFF/FÄHRE

PNP (Karte S. 812; ☎ 022-22885220) und **Maldar Catamarans** (Karte S. 812; ☎ 022-22829695) schicken Linienfähren nach Mandwa (einfache Strecke 125–165 ₹). Dies ist sehr praktisch für Touren zur Konkanküste (z. B. nach Murud-Janjira): Dann entfällt die lange Busfahrt ab Mumbai. Beide Firmen unterhalten Ticketbüros in der Taj Gateway Plaza.

TAXI & AUTORIKSCHA

Mumbais schwarz-gelbe Taxis sind sehr günstig und das bequemste Verkehrsmittel im Süden der Stadt. Die Fahrer schalten ihre Taxameter fast immer ohne Aufforderung ein (Grundpreis 22 ₹, bis max. 1,5 km; 5 km ca. 80 ₹). **Meru Cabs** (☎ 022-44224422; www.merucabs.com) ist eine verlässliche Funktaxi-Firma.

Taxi-Apps wie **Uber** (www.ubercom) oder **Ola** (www.olacabs.com) machen den normalen Services nun kräftig Konkurrenz. Über Ola kann man auch Autorikschas buchen – eine sehr gute Alternative zu Rikscha-*wallahs* mit Wucherpreisen!

Nördlich von Bandra sind hauptsächlich Autorikschas unterwegs (Grundpreis 18 ₹, bis max. 1,5 km; 3 km tagsüber ca. 36 ₹).

Von 24 bis 5 Uhr sind Taxis und Autorikschas jeweils 50 % teurer.

Hinweis: Die Fahrer orientieren sich meist an Wahrzeichen und nicht an Straßennamen (vor allem, wenn diese neu sind). Dementsprechend sollte man sich vor Fahrtantritt ein paar sinnvolle Angaben überlegen.

ZUG

Mumbais Pendlerzugnetz (Betriebszeit 4–1 Uhr) gehört zu den am stärksten genutzten der Welt – Fahrten während der Hauptverkehrszeiten kann man komplett vergessen. Zwei Hauptstrecken sind für Traveller am wichtigsten:

Western Line Ist am nützlichsten und führt ab Churchgate gen Norden. Unter den Stationen sind Charni Rd (zum Girgaum Chowpatty), Mumbai Central, Mahalaxmi (zum Dhobi-Ghat), Bandra, Vile Parle (zum Inlandsterminal des Flughafens), Andheri (zum internationalen Flughafen) und Borivali (zum Sanjay Gandhi National Park). Wichtig: Unbedingt korrekt zwischen Schnellzügen und langsamen Zügen unterscheiden! Hierbei helfen die Anzeigetafeln mit den Kennzeichnungen „S" (Slow; langsam) und „F" (Fast; schnell) unter „Mode" (Zugtyp).

Central Line Fährt vom CST nach Byculla (zum Veermata Jijabai Bhonsle Udyan, früher Victoria Gardens) und dann über Dadar bis hinaus nach Neral (dort Anschluss nach Matheran).

Ab Churchgate gelangt man u. a. zu den Bahnhöfen Mumbai Central (2./1. Klasse 5/50 ₹), Vile Parle (10/55 ₹) und Borivali (15/75 ₹). Touristentickets erlauben unbegrenzte Fahrten an ein (2./1. Klasse 75/275 ₹), drei (115/440 ₹) oder fünf Tagen (135/515 ₹).

Um Schlangestehen zu vermeiden, empfiehlt sich eine wiederaufladbare **SmartCard** (100 ₹, Guthabenanteil 52 ₹, gültig für alle Zuglinien). Vor dem Einsteigen geht man damit einfach zu einem der zahlreichen Ticketautomaten (ATVMs): Die SmartCard auf dem Scanner platzieren, dann auf dem Touchscreen die Zone des Ausgangsbahnhofs, den Zielbahnhof und die Anzahl der Fahrkarten angeben. Zum Abschluss „Buy Ticket" (Ticket kaufen) und „Print" (Ausdrucken) wählen.

Achtung: In Zügen immer gut auf Wertsachen aufpassen! Frauen sollten immer die speziellen Abteile für weibliche Passagiere benutzen. Außer nachts, dann muss man vor allem darauf achten, nie in einem leeren Waggon zu sitzen.

Maharashtra

Inhalt ➡

Gut essen

- Malaka Spice (S. 855)
- Sadhana (S. 853)
- Bhoj (S. 857)
- Green Leaf (S. 858)
- Kinara Dhaba Village (S. 878)

Schön übernachten

- Beyond by Sula (S. 852)
- Verandah in the Forest (S. 876)
- Tiger Trails Jungle Lodge (S. 870)
- Hotel Sunderban (S. 882)
- Hotel Plaza (S. 868)

Auf nach Maharashtra!

Indiens drittgrößter Bundesstaat Maharashtra zeigt eine große Bandbreite der bekanntesten Attraktionen des Landes. Dazu gehören z. B. gediegene Palmenstrände, Welterbestätten, Großstädte mit kosmopolitischer Atmosphäre oder hohe Berge mit kühlem Klima und dichter Vegetation. Ganz im Osten liegen einige der eindrucksvollsten Nationalparks des Landes (u. a. das Tadoba-Andhari Tiger Reserve).

Landeinwärts warten die großartigsten Bauwerke Maharashtras: die Höhlentempel von Ellora und Ajanta, die einst von Hand in den harten Fels geschlagen wurden. Einen besonderen Reiz hat auch die Hill Station Matheran mit ihrer Kleinbahn. Pilger und Neugierige zieht es nach Pune, das für seinen „Sex-Guru" und seine alternative Spiritualität berühmt ist. Im Westen lockt die romantische Konkanküste am Arabischen Meer, die von Festungsruinen und Sandstränden gesäumt wird – vor allem rund um den hübschen Urlaubsort Malvan, der sich momentan rasant zu einem von Indiens führenden Taucherzentren entwickelt.

Reisezeit

Nasik

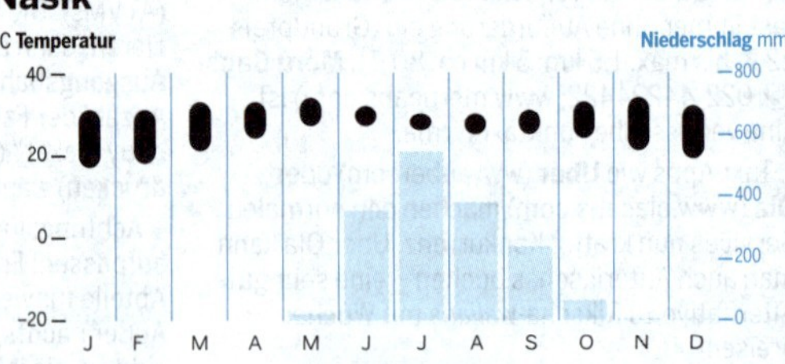

Jan. Auf Nasiks Weingütern ist Party bei Weinlese und beim Traubenstampfen angesagt.

Sept. Höhepunkt der stürmischen Feierlichkeiten zu Ganesh Chaturthi.

Dez. Klarer Himmel, mildes Klima: Die Strände in Murud, Ganpatipule und Tarkali sind nun sehr schön.

Highlights

1. Sich von der Schönheit des **Kailasa-Tempels** (Ellora; S. 861) bezaubern lassen
2. Durch die uralten Höhlengalerien von **Ajanta** (S. 865) schlendern
3. Im **Tadoba-Andhari Tiger Reserve** (S. 870) nach den Großkatzen Ausschau halten
4. Im Weinland rund um **Nasik** (S. 850) an einem Chenin Blanc oder Cab-Shiraz nippen
5. Vor **Malvan** (S. 874) im tiefblauen Meer tauchen oder schnorcheln
6. Im Fort von **Janjira** (S. 871) über die Macht einer verschwundenen Zivilisation nachdenken
7. In **Pune** (S. 879) Spiritualität und die moderne indische Küche erleben
8. Den Monsun im in der Bergen versteckten **Bhandardara** (S.854) überstehen
9. Die dramatischen Aussichtspunkte der Hill Station **Matheran** (S. 876) erkunden
10. Am **Meteoritenkrater von Lonar** (S. 860) über die Kräfte der Natur nachdenken

Geschichte

Maharashtra erhielt seine politische und ethnische Identität von dem Marathenfürsten Chhatrapati Shivaji (1627–1680), der von seiner Residenz in Raigad aus das Deccan Plateau und große Teile Westindiens regierte. Noch heute ist Shivaji bei den Einheimischen hoch angesehen, da er der Bevölkerung der Region eine starke eigene Mentalität eingehaucht und Maharashtra zu einer dominierenden Position im mittelalterlichen Machtgefüge Indiens verholfen hat.

Ab dem frühen 18. Jh. wurde der Staat von verschiedenen Peshwas (Ministern) regiert, bis er 1819 unter britische Kontrolle geriet. Nach der Unabhängigkeit 1947 vereinte man Gujarat und das westliche Maharashtra zum Bundesstaat Bombay, der aber nur kurz existierte: Unter Ausschluss der gujaratisprachigen Gebiete entstand 1960 das heutige Maharashtra mit der Hauptstadt Mumbai (Bombay).

Inzwischen wurde der Staat einer der erfolgreichsten des Landes, mit einem der größten Industriesektoren Indiens, dank seiner Agrikultur, Kohle-basierter Thermal-Energie, Nuklearanlagen und Technologieparks sowie dem Software-Export.

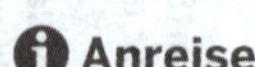

Anreise

Mumbai ist Maharashtras größter Verkehrsknotenpunkt. Stark frequentierte Flughäfen haben aber auch Pune, Aurangabad und Nagpur. Der Bahnhof Jalgaon ist ein wichtiger Ausgangspunkt für Touren nach Ajanta. Zum Ferienort Malvan im äußersten Süden geht's am bequemsten über den Flughafen von Goa.

Unterwegsvor Ort

Inlandsflüge (z. B. von Pune nach Nagpur) können die Erkundung dieses riesigen Bundesstaats deutlich beschleunigen.

Das große Busnetz der **Maharashtra State Road Transport Corporation** (MSRTC; www.msrtc.gov.in) bedient alle größeren Siedlungen und viele entlegene Ziele. Zwischen den Großstädten fahren auch komfortable Volvo- und Mercedes-Benz-Busse von Privatgesellschaften.

An der Konkanküste gibt's kaum öffentliche Verkehrsmittel. So empfiehlt sich dort ein Mietwagen mit Fahrer, wobei man von Mumbai nach Goa vier bis fünf Tage braucht.

NÖRDLICHES MAHARASHTRA

Nasik

0253 / 1,57 MIO. EW. / 565 M

Nasik (oder Nashik), das an den Ufern des heiligen Flusses Godavari liegt, bekam seinen Namen aufgrund einer Episode aus dem Ramayana, derzufolge Lakshmana, Ramas Bruder, die *nasika* (Nase) von Ravanas Schwester abhackte. In der Altstadt dieser großen Provinzstadt sind mehrere faszinierende Holzbauten, interessante Tempel mit

TOP-FESTIVALS

Naag Panchami (Juli/Aug.) Traditionelles Fest zu Ehren von Schlangen in Pune & Kolhapur.

Ganesh Chaturthi (Aug./Sept.) Wird in ganz Maharashtra mit Eifer gefeiert. In Pune wird die elefantenköpfige Gottheit besonders frenetisch gefeiert.

Dussehra (Sept. & Okt.; ganz Maharashtra) Eigentlich ein Hindu-Fest; fällt aber gleichzeitig auf den buddhistischen Feiertag, der den Übertritt des berühmten Humanisten und Dalit-Führers B. R. Ambedkar zum Buddhismus ehrt.

Ellora-Ajanta-Aurangabad-Festival (Okt./Nov.) Aurangabads Kulturfestival mit den besten Klassik- und Folkloremusikern der Region; präsentiert zudem auch künstlerische Traditionen und Kunsthandwerk.

Kalidas-Festival (Nov.) Das Festival in Nagpur erinnert mit Musik, Tanz und Theater schwungvoll an das literarische Genie des legendären Dichters Kalidas.

Sawai Gandharva Sangeet Mahotsav (Dez.) Fantastisches Fest in Pune mit unvergesslichen Auftritten von einigen der bedeutendsten klassischen Musiker Indiens.

Sula-Fest (www.sulafest.com; Sula Vineyards, Gat 36/2, Govardhan Village, abseits der Gangapur-Savargaon Rd; Karten 1700–4700₹; Feb.) Nasiks größte Party und eines der besten Boutique-Musikfestivals Indiens.

Nasik

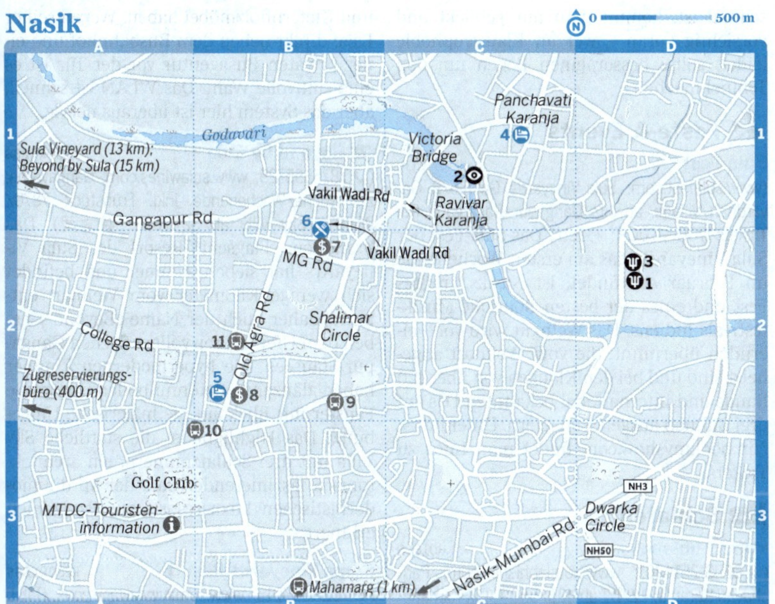

Bezügen zu diesem Hindu-Epos sowie einige große Bade-Ghats erhalten. Nasik ist deutlich sauberer, besser gepflegt und grüner als viele indische Städte vergleichbarer Größe.

Dank der steten Weiterentwicklung der indischen Weine eröffnen sich für Nasik auch neue Perspektiven als Reiseziel für Weinfans. Indiens beste Weine werden in der Region erzeugt und eine Nachmittagstour zu den Weingütern (S. 854) im Umland von Nasik ist ein guter Grund, Nasik anzupeilen.

Alle zwölf Jahre findet in Nasik die bedeutende **Kumbh Mela** statt, die größte religiöse Versammlung der Welt (zuletzt 2015, zum nächsten Mal 2027).

Nasik

Sehenswertes
1 Kala-Rama-Tempel D2
2 Ramkund C1
3 Sita Gumpha D2

Schlafen
4 Hotel Abhishek C1
5 Hotel Samrat B2

Essen
6 Dhaba B1

Praktisches
7 HDFC-Geldautomat B2
8 Geldautomat der State Bank of India.. B2

Transport
9 Dwarka Circle B2
10 New-Central-Busbahnhof B3
11 Old-Central-Busbahnhof B2

Sehenswertes

Ramkund GHAT

Im Herzen der Altstadt von Nasik befindet sich dieses Bade-Ghat, das täglich Hunderte von Hindu-Pilger aufsuchen, um zu baden, zu beten und – weil das Wasser des Flusses *moksha* (Befreiung der Seele) verheißt – die Asche verstorbener Freunde und Familienangehöriger in den Fluss zu streuen. Nebenan gibt es einen Markt, der die Faszination dieses Bildes steigert.

Kala-Rama-Tempel HINDU-TEMPEL

(⏲6–22 Uhr) Nasiks heiligster Schrein (erb. 1794) beherbergt ungewöhnliche Darstellungen von Rama, Sita und Lakshmana aus schwarzem Stein. Der Legende zufolge soll Lakshmana hier die Nase der Surpanakha abgeschlagen haben.

Sita Gumpha HINDU-TEMPEL

(⏲6–21.30 Uhr) Sita soll sich der Überlieferung nach in diesem höhlenartigen Tempel versteckt haben, während sie vom bösen Ravana bedrängt wurde. Weil der Eingang sehr schmal ist, kommt man nur gebückt und vorsichtig voran – wer an Klaustrophobie leidet, sollte besser einen Bogen um den Tempel machen.

Feste & Events

Sula-Fest WEIN
(www.sulafest.com; Sula Vineyards, Gat 36/2, Govardhan Village, abseits Gangapur–Savargaon Rd; Tickets 1700–4700 ₹; Feb.) Das Sula-Fest der Sula Vineyard's, das am ersten Wochenende im Februar stattfindet, ist Nasiks größtes Fest und eines der besten Boutique-Musikfestivals Indiens. Das Weingut wird von Feiernden überrannt, die vom Weinsaft angeheizt sind und bei den Klängen von über 120 Bands und international bekannten DJs auf drei Bühnen ausgelassen feiern. Unter https://in.bookmyshow.com findet man Infos zu Tickets.

Schlafen

Hotel Abhishek HOTEL $
(0253-2514201; www.hotelabhishek.com; Panchavati Karanja; EZ/DZ ab 425/560 ₹, mit Klimaanlage 875/980 ₹;) Gleich hinter dem Panchavati-Karanja-Kreisverkehr gelegen, bietet dieses Budget-Hotel mit sehr gutem Preis-Leistungs-Verhältnis saubere, wenn auch etwas betagte Zimmer, Warmwasser-„Gourmet-Duschen eines deutschen Herstellers" (von 6–10 Uhr) sowie leckeres vegetarisches Essen. Die Economy-Zimmer sind fast in zu gutem Zustand, um so preisgünstig zu sein. Der rührige Besitzer ist auf die Bedürfnisse ausländischer Gäste eingestellt und fast die ganze Zeit da.

Hotel Samrat HOTEL $
(0253-2306100; www.hotelsamratnasik.com; Old Agra Rd; EZ/DZ ab 950/1330 ₹, mit Klimaanlage 1640/1960 ₹;) Das vegetarische Restaurant hat seinen Status als lokaler Hotspot eingebüßt, aber das Hotel Samrat bietet immer noch ein herausragendes Preis-Leistungs-Verhältnis dank seiner komfortablen Zimmer, von denen einige große Fenster und Kiefernholzmöbel haben. Wegen seiner Lage direkt neben dem Busbahnhof und einer privaten Busagentur vor der Tür ist es eine sinnvolle Wahl. Das WLAN ist schnell, aber das System hier ist überaus nervig.

★ **Beyond by Sula** RESORT $$$
(7875555725; www.sulawines.com; Gangavarhe; Zi. Woche/Wochenende inkl. Frühstück 7870/9680 ₹, Sky Villa ab 32 670 ₹;) Das brandneue Flagschiff-Resort der Sula Vineyard's hat sieben Zimmer und befindet sich wenige Kilometer vom Weingut entfernt (daher auch der Name „Beyond") neben dem Ufer des reizvollen, flachen Gangapur-Stausees. Die hypermodernen Zimmer haben glänzende Betonfußböden und große Fenster mit Blick auf die malerische Umgebung. Das Highlight ist die stattliche Sky Villa mit drei Schlafzimmern, ein architektonisch faszinierender Bau, der an die modernistischen Luxusresorts aus Patagonien erinnert.

Soma Vineyards Resort RESORT $$$
(7028066016; www.somavinevillage.com; Gat 1, Gangavarhe; DZ/Suite inkl. Fühstück ab 6000/9650 ₹;) Das Luxuresort des Soma Vine Village liegt 17 km westlich von Nasik an einem See und ist von sanft gewellten Hügeln umgeben. Man kann mit dem Fahrrad die Umgebung erkunden, stundenlang im Spa entspannen oder eine Flasche des preisgekrönten Chenin Blanc Gold genießen und sich in einem der 32 schön gestalteten, modernen Zimmer und Villen zurückziehen – einige davon mit üppigem Pflanzenwuchs und eigenem Pool.

Essen

Divtya Budhlya Wada MAHARASHTRA-KÜCHE $$
(Anadwali, Gangapur Rd; Hauptgerichte 130–340 ₹, Thalis 210–350 ₹; 11–15.30 & 19–23 Uhr) Wer den Kick besonders scharfer Speisen sucht, ist in diesem beliebten Lokal genau richtig, denn es bietet authentische Maharashtra-Gerichte, die einem die Tränen in die Augen schießen lassen. Unter einem stimmungsvollen, von Laternen beleuchteten Bambusdach genießen die Einheimischen das spezielle Hammel-Thali (das etwas großzügiger ausfallen könnte) und à la carte rustikale ländliche Gerichte mit Knochen, Fett usw. Alles lecker!

Das Restaurant liegt 5 km nordwestlich vom Zentrum – für rund 85 ₹ kann man ein Uber-Fahrzeug bestellen. Beschilderung nur in Marati.

PREISKATEGORIEN ESSEN

Die nachstehenden Preiskategorien beziehen sich auf ein Hauptgericht.

$ bis 150 ₹

$$ 150–₹300 ₹

$$$ über 300 ₹

NICHT VERSÄUMEN

MISAL PAV!

Nasiks unbestreitbares Top-Frühstück ist *misal pav*, ein ungewöhnliches Gericht aus Maharashtra, regional zubereitet aus Bohnensprossen und anderen Hülsenfrüchten, mit einer Kartoffel-*chiwda*- (flachgedrückter Puffreis) Mischung, *gathiya sev* (knackige Nudeln aus Kichererbsenmehl), Zwiebeln, Zitrone und Koriander, serviert mit einem Butterbrötchen – ein Füllhorn an Aromen, das aus Kolhapur stammt, aber von den Einwohnern von Nasik ehrfürchtig übernommen wurde.

Die Diskussionen sind hitzig, aber das *misal pav* des **Sadhana** (www.facebook.com/sadhanarestaurant.misal; Hardev Bagh, Motiwala College Rd, Barden Phata; Mahlzeiten 80 ₹; ⌚8–15 Uhr), 8 km westlich vom Zentrum gelegen (ca. 110 ₹ mit Uber), wird regelmäßig als bestes der Stadt ausgezeichnet. In diesem rustikalen Lokal heizen die Chefs jeden Morgen um 5 Uhr einen 560 l großen Kessel über einem Holzfeuer auf, bevor drei Stunden später die Fliege tragenden Kellner ihre vollen Tabletts zu den mit einem Strohdach versehenen Tischen balancieren, die Minuten nach der Öffnung des Lokals schon belegt sind.

Wie isst man also dieses Gericht? Man füllt die Schale mit kleinen Brotstückchen, wirft eine gehörige Portion Zwiebeln und Koriander hinein, träufelt einen Spritzer frische Zitrone drüber, gibt einige Tropfen *tari* (eine sehr scharfe Ölmixtur) hinzu, schmeckt (nun vorsichtig!) ab und gibt eine stattliche Portion *rassa* (eine rote, mit Masala gewürzte Flüssigkeit) über das Ganze dazu, bis alles in der Schale schön schwimmt. Man isst das Gericht mit dem Löffel. Zum Abschluss gibt's *gulachi jalebi* (*jalebi* sind orangefarbene Rollen aus tief gefrorenem Pfannkuchenteig mit Palmzucker und nicht mit raffiniertem Zucker) und dazu einen köstlichen Chai. Guten Appetit!

Dhaba INDISCH $$
(Hotel Panchavati, 430 Vakil Wadi Rd; Thali 260 ₹; ⌚11.30–15 & 19–22.30 Uhr) Dieses überaus beliebte Restaurant, das in der ganzen Stadt als Panchavati bekannt ist (heute aber Dhaba heißt), schickt die Geschmacksknospen auf eine Achterbahn der Aromen. Dies vor allem dank der Thalis nach Gujarat-Art, die mit lokalen Beilagen verfeinert sind, darunter die kleinen *bakri* (Brot aus Sorghumhirse), und im Eiltempo serviert werden. Es gibt auch tolle *dhal tadka* (Dhal mit zerlassenem Ghee und Gewürzen). Das Restaurant ist im Hotel Panchavati.

ℹ Praktische Informationen

MTDC-Touristeninformation (☎0253-2570059; www.maharashtratourism.gov.in; T/I, Golf Club, Old Agra Rd, Matoshree Nagar; ⌚10–18 Uhr) Liegt etwa 1 km südlich vom Old-Central-Busbahnhof; hilfsbereites Personal.

ℹ Anreise

BUS

Vom **New-Central-Busbahnhof** (☎0253-2309308) gibt's Verbindungen nach Aurangabad (ab 237 ₹, 4½ Std., stündl. 6–15 Uhr), Mumbai (275 ₹, 4 Std., stündl.) und Pune (ohne/mit Klimaanlage 350/650 ₹, 4½ Std., stündl.). Von Nasiks **Old-Central-Busbahnhof** (CBS; ☎0253-2309310) fahren Busse nach Trimbak (33 ₹, 45 Min., stündl. 5–23 Uhr) und Igatpuri (57 ₹, 1 Std., stündl. 10.30–23 Uhr). Südlich der Stadt liegt der Mahamarg-Busbahnhof mit Verbindungen nach Mumbai (ohne Klimaanlage 250 ₹, 4½ Std., stündl.), Shirdi (ohne Klimaanlage 108 ₹, 2½ Std., stündl. von 6 22.30 Uhr) und Ghoti (ohne Klimaanlage 45 ₹, 1¾ Std., stündl.).

Private Busse starten in Richtung Ahmedabad (ohne/mit Klimaanlage Sleeper Class ab 600/1000 ₹, 12 Std.), Mumbai (ab 250/450 ₹, 4 Std.), Pune (ab 300/450 ₹, 6 Std.) und Nagpur (AC Sleeper Class 1000 ₹, 12 Std.). Eine bequeme private Busagentur befindet sich vor dem Hotel Samrat.

Die meisten privaten Busse fahren vom Dwarka Circle ab und die meisten Busse nach Mumbai steuern dort Dadar TT Circle als Endstation an.

ZUG

Der Bahnhof an der Nasik Rd liegt 8 km südöstlich vom Zentrum, aber ein nützliches **Zugreservierungsbüro** (1. Stock, Palika Bazaar, Sharanpur Rd; ⌚Mo–Sa 8–20, So bis 14 Uhr) befindet sich 500 m westlich vom Old-Central-Busbahnhof. Wer nach Mumbai fahren will, muss nicht lange warten, denn täglich rollen etwa 15 Züge nach Mumbai, darunter auch der *Pushpak Express* (1. Klasse/2AC/Sleeper Class 1301/806/203 ₹, 4½ Std., 15.15 Uhr). Die Verbindungen nach Aurangabad sind nicht so gut; es gibt nur vier täglich verkehrende Züge; zu empfehlen ist der *Tapovan Express* (2. Klasse/Chair Class 118/391 ₹, 3½ Std., 9.50 Uhr). Eine Autorikscha zum Bahnhof kostet etwa 150 ₹.

ABSTECHER

TRAUBEN AUS NASIK

Von kümmerlichen Rosinen bis zu vollmundigen Weinen – die Trauben von Nasik haben es weit gebracht. Tafeltrauben werden in der Region schon seit Urzeiten angebaut, doch erst Anfang der 1990er-Jahre erkannten ein paar Unternehmer, dass Nasik mit seinen fruchtbaren Böden und dem gemäßigten Klima gute Bedingungen für den Weinbau bietet. 1997 investierte der Winzerpionier **Sula Vineyards** furchtlos in einen Bestand von Sauvignon Blanc und Chenin Blanc und 2000 lag die erste Charge einheimischer Weine in den Regalen. Nasik hat es nicht bereut.

„Im Verlauf der letzten 10 Jahre verbesserten sich die Qualität und Konsistenz des Weins stetig, genauso wie die Investitionen – sowohl durch Fusionen/Übernahmen als auch durch Fremdkapital und fremdes Know-how", erklärt der internationale Weinberater, Autor und Sommelier Harshal Danger-Shah. „Die Ergebnisse sieht man im Glas: Der indische Wein schmeckt heute frischer und ist bekömmlicher als je zuvor."

Die Liste der gekelterten Weine hat sich in den meisten Weingütern von Nasik erweitert und umfasst die Sorten Shiraz, Merlot, Cabernet, Semillon und Zinfandel sowie ein paar Schaumweine. Zudem haben Bars und Restaurants in den größeren Städten Indiens endlich die einheimischen Weine für sich entdeckt. Weiterentwickelt haben sich auch die Empfehlungen, welcher Wein zu welchem Gericht passt: Wie wäre es mit einem schönen indischen Chenin Blanc zu Seafood nach Kerala-Art? Oder ein indischer Chardonnay zum Butterhühnchen?

Es lohnt sich allemal, diese Tropfen aus erster Hand zu probieren, indem man eines der schönen Weingüter dieser Region besucht. Empfehlenswert ist für Weinfreunde **Wine Friend** (☎9822439051; www.winefriend.in), der einzige erfahrene Veranstalter, der spezielle Weintouren zu den Weingütern aus der Umgebung von Nasik organisiert (6000 ₹ zzgl. Gebühren für die Weinprobe). Wenn man einen bestimmten Fahrer wünscht, kostet ein Mietauto ab 2400 ₹. Zu empfehlen ist der freundliche und Englisch sprechende Sanil von **SCK Rent-A-Car** (☎8888080525; scktravels2015@gmail.com) für eine gemütliche Fahrt ohne Hupkonzert.

Sula Vineyards (☎9970090010; www.sulawines.com; Gat 36/2, Govardhan Village, abseits der Gangapur–Savargaon Rd; ⏲11–23 Uhr) liegt 15 km westlich von Nasik und bietet eine professionell gestaltete Führung (ca. 45 Min.) durch das eindrucksvolle Anwesen mit seinen Hightech-Einrichtungen. Zum Abschluss der Tour gibt es eine Weinprobe (4/6 Weine 150/250 ₹) der besten Tropfen, davon mindestens ein Wein aus der Rasa-Spitzenlese. Vom Café genießt man einen herrlichen Blick auf die Landschaft.

Rund um Nasik

Bhandardara

Das malerische Dorf Bhandardara liegt rund 70 km von Nasik entfernt, tief in den Tälern der Sahyadris. Der wenig besuchte Ort inmitten schroffer Berge ist einer von Maharashtras besten Rückzugsorten vor dem Trubel des städtischen Indiens. Die üppige Vegetation dieser Berglandschaft ist vor allem während der Monsunzeit einmalig.

Die meisten Wohngebiete von Bhandardara gruppieren sich rund um den **Arthur Lake**, einen hufeisenförmigen Stausee, der vom Pravara gespeist wird und zu den größten in Indien gehört. Auf einer Seeseite wird das Abfließen durch den mächtigen kolonialzeitlichen Wilson-Staudamm von 1910 verhindert. Für Wanderfreunde empfiehlt sich der Aufstieg zum Gipfel des **Mt. Kalsubai**, der mit seiner Höhe von 1646 m den Marathen einst als Beobachtungspunkt diente. Eine Alternative ist die Wanderung zu den Ruinen des **Ratangad Fort**, eines weiteren ehemaligen Bollwerks des Shivaji, oder zu einigen bei der Bollywood-Filmindustrie beliebten Wasserfällen wie den **Randha Falls** oder **Umbrella Falls**. Geführte Touren zu den Highlights kosten 600 ₹.

Das reizvolle, auf einem Hügel gelegene **Anandvan Resort** (☎02424-257320; www.anandvanresorts.com; Ghatghar Rd, Village Shendi; EZ/DZ ab 5450/5950 ₹; ❄📶) bietet mehrere gemütliche Hütten und Villen mit Blick auf den Arthur Lake, in denen man stilvoll übernachten kann.

York Winery (☎ 0253-2230701; www.yorkwinery.com; Gat 15/2, Gangavarhe Village, Gangapur-Savargaon Rd; ⏲ 12–22 Uhr, Führungen 12.30–18 Uhr) 1 km hinter den Sula Vineyards gelegen, bietet das familiengeführte Weingut Führungen und Weinproben (5/7 Weine 150/250 ₹) an. Letztere finden in einem Raum im obersten Stockwerk mit einem malerischen Blick auf den See und die Hügeln in der Umgebung statt. Gekeltert werden hier vier Rotweine, darunter der im Barrique ausgebaute Spitzenwein Cab Shiraz, drei Weißweine, ein Rosé und ein Schaumwein. Es gibt auch einen großen Garten, in dem europäische Snacks (Oliven, Käse) angeboten werden.

Soma Vine Village (☎ 7028066016; www.somavinevillage.com; Gat 1, Gangavarhe; ⏲ 11.30–18.30 Uhr) Soma Vine Village, eines der jüngsten Weingüter von Nasik, liegt 17 km westlich vom Zentrum an derselben Straße wie Sula und York und veranstaltet 45-minütige Führungen, die mit einer Weinverkostung aus den 11 hier erzeugten Sorten endet (5/7 Weine 250/350 ₹), darunter auch der preisgekrönte Chenin Blanc Gold und der neue Rosé-Dessertwein, die beide vorzüglich sind.

Chandon (☎ 9561065030; www.chandon.co.in; Gat 652/653, Taluka-Dindori Village; ⏲ 9–18 Uhr) Nasiks jüngstes Weingut hat Welklasseniveau und ersteckt sich auf einem überaus gepflegten Gelände, das ohne Weiteres als Nasiks friedlichste und reizvollste Landschaft gelten kann. Bei den Weinproben (500 ₹), die nur nach Voranmeldung stattfinden, werden Indiens führende Schaumweine Chandon Brut (Chenin Blanc/Chardonnay/Pinot Noir) und Brut Rosé (Shiraz/Pinot Noir) verkostet. Den prickelnden Tropfen probiert man in der vornehmen modernen Lounge, in der Weingalerie oder auf der überwältigend malerischen Terrasse. Das Weingut liegt 26 km nördlich von Nasik.

Grover Zampa (☎ 02553-204379; www.groverzampa.in; Gat 967/1026, Village Sanjegaon, Tallgatpuri; ⏲ 10–17.30 Uhr, Führungen 10.30, 14.30 & 16 Uhr) 1992 produzierte Grover Zampa zunächst Säfte aus importierten französischen Weinen auf dem Gut von Karnataka. Heute ist es Indiens ältestes Weingut und zugleich das bei Weitem am häufigsten ausgezeichnete (74 internationale Prämierungen allein zwischen 2014 und 2016). Führungen und Weinproben finden auf dem Anwesen von Nasik, 53 km von der Stadt entfernt statt. Letztere werden in einem filmreifen Weinkeller (5/7 Weine 500/650 ₹) organisiert. Der Soireé Brut Rosé und der Spitzenwein Chêne Grand Réserve Tempranillo-Shiraz sind fantastisch. Wenn man hierher kommt, empfiehlt sich ein Abendessen im nahen **Malaka Spice** (www.malakaspice.com; Vallonné Vineyard, Gat 504, Kavnai Shiver; Hauptgerichte 285–535 ₹; ⏲ 11.30–23.30 Uhr), Nasiks bestes und malerischstes Wein-Landrestaurant.

Bhandardara erreicht man mit einem Regionalbus vom **Mahamarg-Busbahnhof** in Nasik nach Ghoti (64 ₹, 1 Std.), wo man für die restlichen Strecke bis Bhandardara in einen Sammeljeep umsteigt (40 ₹, 45 Min.). Wer will, kann ab Nasik auch ein Taxi für ca. 2000 ₹ direkt bis zum Resort nehmen.

Igatpuri

Vipassana International Academy MEDITATION
(☎ 02553-244076; www.giri.dhamma.org; Dhamma Giri, Igatpuri; Spenden erwünscht; ⏲ Besucherzentrum 9.30–17.30 Uhr) Im 44 km südlich von Nasik gelegenen Igatpuri befindet sich der Sitz des weltweit größten *vipassana*-Meditationzentrums, der Vipassana International Academy. Ganzjährig finden hier zehntägige Kurse mit Übernachtung statt (Vorausbuchung verpflichtend) und die Lehrer machen darauf aufmerksam, dass dabei äußerste Disziplin vonnöten ist. Einfache Unterkunft, Essen und Meditationsanweisungen sind kostenlos, aber Spenden nach Abschluss der Kurse sind erwünscht. Besucher können sich ein 20-minütiges Video ansehen oder an einer zehnminütigen Mini-Sitzung in Anapana-Meditation teilnehmen.

Diese strenge Meditationsform wurde erstmals im 6. Jh. v. Chr. von Gautama Buddha gelehrt und in den 1960er-Jahren vom Lehrmeister S. N. Goenka wiedereingeführt.

Busse (57 ₹, 1 Std., stündl. 10.30–23 Uhr) und Sammeltaxis (500 ₹/Pers.) nach Igatpuri fahren vom Old-Central-Busbahnhof in Nasik ab. Täglich halten in Igatpuri viele Züge, die in Nasik vom Bahnhof an der Nasik Rd und aus Mumbai vom CST-Bahnhof abfahren.

Trimbak

Trimbakeshwar-Tempel HINDU-TEMPEL

(Eintritt 200 ₹, um die Schlange zu vermeiden 200 ₹; ⊙6–22 Uhr) Der stimmungsvolle Trimbakeshwar-Tempel steht 33 km westlich von Nasik im Zentrum von Trimbak. Er zählt zu den heiligsten Tempeln Indiens, denn er beherbergt einen hoch verehrten *jyoti linga,* einen der zwölf wichtigsten Shiva-Schreine. Obwohl auf dem Schild steht, dass nur Hindus Zutritt haben, ist dies überholt und auch Nicht-Hindus dürfen eintreten (wenn auch nur sehr kurz im inneren Heiligtum, denn Sicherheitsbeamte schleusen die Menschenmassen durch). Mobiltelefone sind verboten.

In der Nähe fließt das Wasser des Godavari ins Gangadwar-Badebecken, das alle einlädt, sich von ihren Sünden reinzuwaschen.

Trimbak liegt nur eine kurze Tagestour von Nasik entfernt, darum übernachten die meisten Besucher auch nicht hier. Es gibt aber jede Menge Pensionen und Resorts, darunter viele mit Panoramablick auf das beeindruckende Bhahmagiri-Gebirge. Für alle, die Lust auf einen Snack haben – die Straße zum Tempel ist dicht gesäumt von Imbissbuden und Restaurants.

Von Nasiks Old-Central-Busbahnhof fahren zwischen 5 und 23 Uhr stündlich Busse nach Trimbak (33 ₹, 45 Mi.). Um 22.30 Uhr fährt der letzte Bus zurück nach Nasik.

Aurangabad

☎0240 / 1,28 MIO EW. / 515 M

Im turbulenten mittelalterlichen Indien war Aurangabad noch eine ganz kleine Nummer. Zwischen 1653 und 1707 rückte es unter dem letzten Großmogul Aurangzeb zwar kurz als Hauptstadt ins Rampenlicht, mit dem Tod des Herrschers schwand Aurangabads Bedeutung aber schnell wieder. Von der kurzen Ruhmeszeit zeugen dennoch faszinierende Bauten, u.a. Bibi-qa-Maqbara, ein Nachbau des Taj Mahal, die einen kleinen, aber steten Besucherstrom anlocken. Weitere historische Relikte wie eine Reihe uralter buddhistischer Höhlen machen Aurangabad zu einem lohnenden Ziel für Wochenendausflüge von Mumbai aus. Der Hauptgrund für den Weg hierher besteht jedoch darin, dass die Stadt ein hervorragender Startpunkt für Touren zu den Welterbestätten Ellora und Ajanta ist.

Der wichtigste Wirtschaftsfaktor hier war einst die Seidenproduktion. Noch heute ist Aurangabad weltweit für seine handgewebten Himroo- und Paithani-Saris bekannt.

Sehenswertes

★ Bibi-qa-Maqbara DENKMAL

(Inder/Ausländer 15/200 ₹; ⊙6–20 Uhr) Aurangzebs Sohn Azam Khan errichtete das Bibi-qa-Maqbara 1679 als Mausoleum für seine Mutter Rabia-ud-Daurani. Vier Minarette flankieren den zentralen Bau mit seiner zwiebelförmigen Kuppel. Weithin als „Taj Mahal für Arme" bekannt, sieht das weiße Grabmal dem Original in Agra verblüffend ähnlich.

Höhlen von Aurangabad HÖHLE

(Inder/Ausländer 15/200 ₹; ⊙6–18 Uhr) Rein vom architektonischen Gesichtspunkt her betrachtet können die Höhlen von Aurangabad keinesfalls mit denen von Ellora oder Ajanta konkurrieren. Dennoch sind sie ein Stück frühbuddhistischer Architekturgeschichte und punkten in erster Linie mit friedvoller Ruhe. Die zehn durchweg buddhistischen Höhlen wurden im 6. oder 7. Jh. n. Chr. aus dem Fels geschlagen. Sie bilden zwei Gruppen, die 1 km voneinander entfernt liegen und mit demselben Ticket besichtigt werden können.

Shrimat Chatrapati Shivaji Museum MUSEUM

(Dr. Ambedkar Rd; 5 ₹; ⊙Fr–Mi 10.30–18.30 Uhr) Das schlichte Museum widmet sich dem Leben des Marathen-Helden Shivaji. Es zeigt z.B. ein 500 Jahre altes Kettenhemd und eine Kopie des Korans aus Aurangzebs eigener Feder.

Geführte Touren

MSRTC (☎0240-2242164; www.msrtc.gov.in; Central Bus Stand, Station Rd West) veranstaltet täglich Touren mit Volvo-Bussen mit Klimaanlage zu den Höhlen von Ajanta (682 ₹) und Ellora (265 ₹). Achtung: Hierbei handelt es sich um stark kommerziell geprägte Touren, die bei einheimischen Touristen sehr beliebt sind und möglichst viele Attraktionen in kurzer Zeit abklappern. Die Preise beinhalten lediglich den Transport, nicht aber den Guide oder die Eintrittsgebühren. So etwa umfasst die Tour nach Ellora auch alle anderen Hauptattraktionen Aurangabads sowie das Daulatabad Fort – ein happiges Pensum für einen einzigen Tag. Obwohl die Touren eigentlich am Central-Busbahnhof (S. 859) starten, kann man beim zweiten Halt am MTDC Holiday Resort (Station Rd East) um 7.30 Uhr (Ajanta) und 8.30 Uhr (Ellora) zusteigen, wo es auch die besten Informationsmöglichkeiten gibt.

Ashoka Tours & Travels SEHENSWÜRDIGKEITEN
(9890340816, 0240-2359102; www.touristauranGabad.com; Hotel Panchavati, Station Rd West; 7–20 Uhr) Der hervorragende Veranstalter in Aurangabad bietet sehr gute Stadt- und Regionaltouren sowie einen anständigen Autoverleih zu fairen Preisen. Ein Wagen mit Klimaanlage mit bis zu vier Personen kostet nach Ellora 1450 ₹ und 2450 ₹ nach Ajanta. Firmeninhaber ist der kompetente Ashok T. Kadam, ein früherer Autorikschafahrer.

Schlafen

★ **Hotel Panchavati** HOTEL $
(0240-2328755; www.hotelpanchavati.com; Station Rd West; EZ/DZ 1000/1130 ₹, Zi. mit Klimaanlage 1250 ₹;) Das Panchavati, ein Budgethotel, das die Bedürfnisse von Travellern kennt, hat ein Management, das stets hilfsbereit und auf Zack ist. Die Zimmer sind kompakt, aber clever eingerichtet, haben Deckenleisten, bequeme Betten (mit Paisley-Tagesdecken) und im Bad flauschige Handtücher. Es gibt zwei ordentliche Restaurants und eine „Bar" (eher: Trinkraum). Es ist ein toller Ort, um andere unternehmungslustige Nomaden kennen zu lernen.

Hotel Raviraj HOTEL $
(0240-2352124; www.hotelraviraj.in; Rajendra Prasad Marg; Zi. mit Klimaanlage ab 1690 ₹;) Die Standardzimmer dieser angenehmen Mittelklasse-Unterkunft, die sich als Budgethotel ausgibt, sind eindeutig die beste Wahl in Aurangabad. Sie sind geräumig, haben angenehme Bettwäsche, Flachbild-TVs, gute Badezimmer (mit Beleuchtung durch Bewegungsmelder) und (schwaches) WLAN. Die teureren Executive-Zimmer sind im Grund wie die Standardzimmer, haben jedoch mehr Hochglanzmöbel. Berücksichtigt man noch das freundliche Personal, das begrünte Foyer, das Restaurant, die Bar und die bierfreundliche Terrasse im ersten Stock, dann ist dieses Hotel kaum zu toppen.

Hotel Gurjas HOTEL $
(0240-2323841; www.hotelgurjas.com; Osmanpura Circle, Station Rd East; EZ/DZ 1026/1139 ₹, mit Klimaanlage 1250/1370 ₹;) Das ehemalige Hotel Oberoi wurde durch die bekannte 5-Sterne-Luxushotelkette bedrängt, seinen Namen zu ändern. Voilà! So wurde das Hotel Gurjas geboren. Es gehört denselben Besitzern wie das Hotel Panchavati, was für guten Service und hilfsbereites Personal bürgt. Die geräumigen Zimmer sind modern, haben Flachbild-TVs, bequeme Betten, Schreibtische und hübsche, kürzlich renovierte Badezimmer.

Wer vorher anruft, wird kostenlos vom Bahnhof oder Busbahnhof abgeholt.

Hotel Green Olive HOTEL $$
(0240-2329490; www.hotelgreenolive.com; 13/3 Bhagya Nagar, CBS Rd; EZ/DZ ab 3570/4760 ₹;) Abgesehen von den engen Badezimmern bietet dieses Businesshotel mit dem Flair eines Boutiquehotels stilvolle, gut ausgestattete und gepflegte Zimmer. Das freundliche Personal kümmert sich auf lobenswerte Weise um die Gäste und organisiert auch Verkehrsmittel und geführte Touren. Im Haus gibt's eine gute Bar und ein Restaurant.

★ **Lemon Tree** HOTEL $$$
(0240-6603030; www.lemontreehotels.com; R7/2 Chikalthana, Airport Rd; EZ/DZ inkl. Frühstück ab 7790/9350 ₹;) Das Lemon Tree bietet Eleganz und Klasse und wirkt eher wie eine weiß verputzte mediterrane Millionärsvilla und nicht wie ein indisches Hotel. Es besticht auch durch das schöne Design: Alle Zimmer blicken nach innen auf den vielleicht besten Pool des Deccan Plateau – er ist stolze 50 m lang. Die künstlerisch angehauchten Standardzimmer sind zwar nicht groß, aber durch lebendige tropische Farbtöne geprägt, die sich von den schneeweißen Wänden abheben.

Essen

Kailash INDISCH $
(Station Rd East; Hauptgerichte 50–150 ₹; 8–23 Uhr;) Das belebte vegetarische Restaurant ähnelt grob der halbherzigen indischen Ausgabe eines amerikanischen Diners und bietet üppige Portionen in familiärer Umgebung. Es gibt viele Gerichte aus dem Punjab und aus Südindien sowie Reis- und Nudelgerichte und eine reiche Auswahl an *pav bhaji*-Variationen, einem für Mumbai typischen Straßengericht. Es ist zu Recht sehr beliebt.

★ **Bhoj** INDISCH $$
(Station Rd West; Thali 210 ₹; 11–15 & 19–23 Uhr) Das Bhoy ist zu Recht für seine köstlichen, riesigen Thalis nach Rezepten aus Rajasthan und Gujarat bekannt und ein toller Ort, um nach einem langen Tag im Bus (oder in der

Aurangabad

Bahn) wieder aufzutanken oder zu relaxen. Es ist im 1. Stock einer etwas schmuddeligen kleinen Einkaufspassage zu finden, aber Einrichtung, Ambiente, Service und Präsentation der Gerichte sind erstklassig. Hier gibt's die besten Thalis in Maharashtra!

Green Leaf INDISCH $$
(www.greenleafpureveg.com; Shop 6–9, Fame Tapadiya Multiplex, Town Centre; Hauptgerichte 140–280 ₹; 12–23 Uhr;) Aurangabads modernes vegetarisches Lieblingsrestaurant wird für seine köstlichen rein vegetarischen Speisen geschätzt, die durch ihre Aromen bestechen (das vegetarische *handi* oder das *paneer* nach Hyderabad-Art sollte man unbedingt probieren). Dabei wird jeweils ihr Schärfegrad anhand eines Symbols angegeben (eine Chilischote steht für mittlere Schärfe!). Blaugrün gekleidete Kellner bewegen sich würdevoll durch das saubere, moderne Innere. Es ist so sauber, dass jeder einen Blick in die Küche werfen kann. Es liegt 400 m entfernt vom CIDCO-Busbahnhof.

Swad Restaurant INDISCH $$
(Station Rd East, Kanchan Chamber; Thali 200 ₹) Obwohl die Preise ähnlich sind, ist das stets brechend volle Swad das einfacherere, lokalere und etwas fettigere Gegenstück zu

Aurangabad

Highlights
1 Bibi-qa-Maqbara ... B1

Sehenswertes
2 Shrimat Chatrapati Shivaji Museum ... D1

Aktivitäten, Kurse & Touren
3 Ashoka Tours & Travels ... B4
MSRTC ... (siehe 14)

Schlafen
4 Hotel Green Olive ... B3
5 Hotel Gurjas ... C4
6 Hotel Panchavati ... B4
7 Hotel Raviraj ... B3

Essen
8 Bhoj ... B3
9 Kailash ... B4
10 Swad Restaurant ... C4
11 Tandoor ... B5

Praktisches
12 Indiatourism ... A5
MTDC-Büro ... (siehe 12)
13 State Bank of India ... C4

Transport
14 MSRTC-/Central-Busbahnhof ... B3
15 Private Busgesellschaften ... C4

manch anderen Lieblingsrestaurants der Stadt. Die Kellner mit ihren farbenfrohen Turbanen im Rajasthan-Stil schwenken scharfe *sabzi* (Gemüse), Dhal und andere köstliche Gujarat-Rajasthan-Thalis – eine endlose Abfolge von Aromen unter dem wohlwollenden Blick des Schutzheiligen Swami Yogiraj Hanstirth.

Tandoor NORDINDISCH **$$**
(Station Rd East, Shyam Chambers; Hauptgerichte 150–380 ₹; ⏲11–23 Uhr) Es serviert leckere Gerichte aus dem Tandur, nordindische vegetarische und nicht-vegetarische Speisen in einem eigenartig fürstlichen Ambiente und hat eine (für Aurangabad) lange Bierkarte. Unbedingt die tollen heißen Kebabs probieren. Es gibt auch ein paar chinesische Gerichte, aber die Stammkunden bevorzugen das Essen aus dem Tandur.

Ausgehen & Unterhaltung

KA Lounge BAR
(Satya Dharam Complex, Akashwari Cir, Jalna Rd; Cocktails ab 320 ₹; ⏲Mo–Fr 12–23, Sa & So bis 1 Uhr; 📶) Aurangabads einzige trendige Cocktailbar ist funkelnagelneu und auf die hippen Erfolgreichen der Stadt ausgerichtet, die sich auf bequemen Sofas zwischen kahlen Ziegelwänden räkeln und samstags und sonntags dem von DJs aufgelegten Hip-hop, Jazz und House lauschen. Zur Abkühlung empfiehlt sich der Mojito mit Basilikum und grünem Peperoni.

Shoppen

Himroo-Stoffe sind ein traditionelles, für Aurangabad typisches Erzeugnis und bestehen aus einem Mix von Baumwoll-, Seiden- und Metallfäden. Heute entstehen die meisten Himroo-Schals und -Saris auf mechanischen Webstühlen, einige Geschäfte führen aber immer noch handgewebte Stoffe.

Die Preise beginnen ab etwa 2000 ₹ für Himroo-Saris aus einem Baumwolle-Seide-Mix. Paithani-Saris, die von hochwertiger Qualität sind, kosten zwischen 8000 und 150 000 ₹, allerdings dauert die Herstellung mitunter bis zu einem Jahr. Kaufinteressenten sollten unbedingt darauf achten, dass sie echtes Himroo und keine „Aurangabad-Seide" erwerben.

Paithani Silk Weaving Centre TEXTILIEN
(www.paithanisilk.com; 54, P-1, Town Center, Lokmat Nagar; ⏲9.30–21 Uhr) Eine der besten Adressen, um Webern bei der Arbeit zuzuschauen, ist das Paithani Silk Weaving Centre, wo man auch hochwertige Textilien erwerben kann. Es liegt rund 6 km östlich der Kranti Chowk (hinter dem Büro von Air India), man nimmt also am besten ein Taxi.

Praktische Informationen

Indiatourism (Government of India Tourism; ☎0240-2364999; www.incredibleindia.org; MTDC Holiday Resort, Station Rd East; ⏲Mo–Fr 9.30–18 Uhr) Informationen zu ganz Indien gibt's im Büro des indischen nationalen Tourismtamtes in Aurangabad.

MTDC Office (☎0240-2343169; www.maharashtratourism.gov.in; MTDC Holiday Resort, Station Rd East; ⏲Mo–Sa 10–13 & 13.30–17.30Uhr) Recht hilfreich und hat Broschüren auf Lager.

Post (www.indiapost.gov.in; Juna Bazaar; ⏲Mo–Sa 10–18 Uhr)

An- & Weiterreise

BUS

Busse fahren ca. alle 30 Min. vom **MSRTC-/Central-Busbahnhof** (☎0240-2242164; Station Rd West) nach Pune (ohne/mit Klimaanlage 341/661 ₹, 5½ Std., 5–23.30 Uhr) und Nasik (ohne Klimaanlage 214 ₹, 4½ Std., 6–0.15 Uhr).

ABSTECHER

DER METEORITENKRATER VON LONAR

Wer ungewöhnliche Abenteuer mag, kann nach Lonar reisen und ein urzeitliches Naturwunder erkunden. Vor etwa 50 000 Jahren schlug hier ein Meteorit ein und hinterließ einen Krater von 2 km Durchmesser und 170 m Tiefe (den angeblich drittgrößten weltweit). Wissenschaftlich gesehen, handelt es sich um den weltweit einzigen Krater, der in Basaltgestein auf natürliche Weise durch einen Aufschlag mit extrem hoher Geschwindigkeit entstand. Für den Laien ist es einfach nur ein ruhiger Ort, wie man sich ihn erträumt – mit einem grünen, flachen See am Kraterboden und umgeben von Wildnis, in der Wasservögel leben. Das Wasser soll alkalisch sein und der Haut sehr gut tun. Die Forscher vermuten, dass der Meteorit immer noch ca. 600 m tief unter dem südöstlichen Kraterrand im Boden liegt.

Am Kraterrand stehen mehrere Hindu-Tempel und tummeln sich auch Wildtiere, darunter Languren, Pfaue, Hirsche und zahllose Vögel.

Es gibt regelmäßige Busverbindungen zwischen Lonar und dem CIDCO-Busbahnhof in Aurangabad (180 ₹, 4½ Std., 5, 6, 8, 10, 12.30 und 13 Uhr).

Private Busgesellschaften sind vor allem an der Dr Rajendra Prasad Marg und der Court Rd konzentriert; einige befinden sich auch etwas näher beim Busbahnhof. Zu den Fahrzielen der Deluxe-Nachtbusse gehören u. a. Mumbai (mit Klimaanlage Liegeplatz 774–1400 ₹, 7½–9½ Std.), Ahmedabad (mit/ohne Klimaanlage Liegeplatz ab 800/500 ₹, 13–15 Std.) und Nagpur (mit Klimaanlage Liegeplatz 660–1100 ₹, ohne Klimaanlage 800 ₹, 8½–10 Std.).

Vom MSRTC-Busbahnhof starten normale Busse alle 30 Min. nach Ellora (mit/ohne Klimaanlage 251/32 ₹, 30 Min., 5–12.30 Uhr) und Jalgaon (ohne Klimaanlage 77 ₹, 4 Std., 5–20 Uhr) über Fardapur (120 ₹, 3 Std.), wo Anschluss nach Ajanta besteht.

Vom **CIDCO-Busbahnhof** (☎ 0240-2240149; Airport Rd), neben der Kreuzung am Hotel Lemon Tree starten sechs normale Busse direkt zum Meteoritenkrater von Lonar (180 ₹, 4½ Std., 5, 6, 8, 10,12.30 und 13 Uhr).

FLUGZEUG

Der **Aurangabad Airport** (Chikkalthana Airport) liegt 10 km östlich der Stadt. Tägliche Direktflüge nach Delhi und Mumbai bieten **Air India** (☎ 0240-2483392; www.airindia.in; Airliens House, Town Centre, Jalna Rd; ⊙ Mo–Sa 10–13 & 14–17 Uhr) und **Jet Airways** (☎ 0240-2441392; www.jetairways.com; 4, Santsheel, Vidyanagar 7 Hills, Jalna Rd) an. Nach Hyderabad fliegt **Trujet** (☎ 0240-2471818; www.trujet.com; Aurangabad Airport).

ZUG

Aurangabads **Bahnhof** (Station Rd East) liegt nicht an einer Hauptstrecke, dennoch fahren von hier täglich vier Direktzüge nach/von Mumbai. Der *Tapovan Express* (2. Klasse/Chair Class 173/571 ₹, 7½ Std.) fährt von Aurangabad um 14.35 Uhr ab. Der *Janshatabdi Express* (2. Klasse/Chair Class 223/686 ₹, 6½ Std.) startet in Aurangabad um 6 Uhr. Nach Hyderabad rollt u. a. der *Ajanta Express* (Sleeper Class/2AC 233/1226 ₹, 10 Std., 22.45 Uhr). Wer ins nördliche oder östliche Indien will, nimmt einen Bus nach Jalgaon und steigt dort in einen Zug.

ℹ Unterwegs vor Ort

Es gibt viele Autorikschas und man kann sie (ebenso wie die Taxis) über Ola Cabs (www.olacabs.com) buchen. Der Taxistand liegt neben dem MSRTC-/Central-Busbahnhof; auch Sammeljeeps starten von hier in Richtung Ellora und Daulatabad, sind aber zumeist rappelvoll. Deshalb ist es viel sinnvoller, einen Mietwagen mit Fahrer zu buchen.

Ein Mietwagen mit Fahrer kann über **Ashoka Tours & Travels** (S. 857) gebucht werden: Eine Fahrt hin & zurück nach Ellora in einem Wagen ohne/mit Klimaanlage kostet 1250/1450 ₹, nach Ajanta 2250/2450 ₹.

Rund um Aurangabad

Daulatabad

Die wunderschöne Hügelfestung Daulatabad (Inder/Ausländer 15/200 ₹; ⊙ 6–18 Uhr) aus dem 12. Jh. scheint Tolkiens Fantasie entsprungen zu sein. Ihre Ruinen liegen ca. 15 km von Aurangabad entfernt auf dem Weg nach Ellora. Die Zitadelle wurde als uneinnehmbares Bollwerk von den Yadava-Königen erbaut. Ihre Blüte erlebte sie 1328, als sie von Sultan Mohammed Tughlaq aus Delhi auf den Namen Daulatabad (Stadt des Glücks) getauft und zur Hauptstadt erklärt wurde. Um sie zu bevölkern, ließ der exzentrische Tughlaq alle Einwohner Delhis 1100 km in Richtung Süden zwangsumsiedeln. Die Ironie dabei: Daulatabad lag zwar strategisch günstiger als Delhi, eignete sich wegen Wassermangels aber bald nicht mehr als Hauptstadt. So zwang Tughlaq die erschöpfte Bevölkerung zum langen Rückweg nach Delhi, das inzwischen zur Geisterstadt geworden war.

Daulatabads Hauptbastion thront auf einem 200 m hohen, schroffen Felsen namens Devagiri (Götterhügel), der von einer 5 km langen **Festungsmauer** (Inder/Ausländer 15/200 ₹; ⌚6–18 Uhr) umgeben ist. Beim Aufstieg zum Gipfel (ca. 1 Std.) passiert man eine Reihe ausgeklügelter Verteidigungsanlagen. Dazu gehören mehrere Portale, die Elefantenangriffe mittels schiefer Winkel und dornenbesetzter Torflügel abwehren sollten. Auf der rechten Seite der Anlage erhebt sich der 60 m hohe Siegesturm Chand Minar (Mondturm) von 1435, der aber für Besucher gesperrt ist. Weiter oben kann man den Chini Mahal, das Gefängnis von Abul Hasan Tana Shah, betreten: Der König von Golkonda war dort zwölf Jahre lang eingesperrt, bis er 1699 starb. Die 6 m lange Kanone in der Nähe wurde aus fünf verschiedenen Metallen gegossen, und man hat Aurangzebs Namen eingraviert.

Der Aufstieg führt teilweise durch einen völlig finsteren, gewundenen Tunnel mit vielen Fledermäusen und Wasser auf dem Boden. Nahe dem Ticketschalter warten Guides (500 ₹), deren fackeltragende Assistenten einen gegen ein kleines Trinkgeld durch den dunklen Durchgang geleiten. Da man beim Abstieg aber auf sich allein gestellt ist, sollte man unbedingt eine Taschenlampe mitbringen.

Da die Festungsmauer eine Ruine ist (mit verfallenden Treppen und senkrechten Wänden), könnte der steile Aufstieg problematisch für ältere Menschen, Kinder und Leute mit Höhen- oder Platzangst werden! Man sollte 2½ Stunden einplanen und Wasser mitbringen.

Ellora

☎ 02437

Man gebe einem Mann Hammer und Meißel in die Hand, und er wird Kunstwerke für die Nachwelt erschaffen. Besucher der **Höhlentempel von Ellora** (Inder/Ausländer 30/500 ₹; ⌚Mi–Mo 6–18 Uhr) werden verstehen, was damit gemeint ist. Diese UNESCO-Welterbestätte 30 km von Aurangabad ist der Inbegriff uralter indischer Felsenarchitektur: Über fünf Jahrhunderte lang schlugen Generationen von buddhistischen, hinduistischen und jainistischen Mönchen die Räume mühsam aus dem Fels. Die Höhlen dienten als Klöster, Kapellen oder Tempel. Zudem verzierte man sie stilvoll mit einer Unmenge bemerkenswert detailreicher Skulpturen.

Am prächtigsten davon ist zweifellos die größte monolithische Skulptur der Welt: Insgesamt 7000 Arbeiter schlugen den großartigen Kailasa-Tempel (Höhle 16) über 150 Jahre hinweg von oben nach unten in einen Felshang. Der Tempel ist Shiva geweiht und gehört eindeutig zu den absoluten Highlights der alten indischen Architektur.

Sehenswertes

Mit zwölf buddhistischen (600–800 n. Chr.), 17 hinduistischen (600–900 n. Chr.) und fünf jainistischen (800–1000 n. Chr.) hat Ellora insgesamt 34 Höhlen. Über deren genaue Entstehungszeitpunkte diskutieren Wissenschaftler jedoch weiterhin.

Im Gegensatz zur ebenfalls gemeißelten Ajanta-Anlage in einer steilen Felswand säumen die Höhlen von Ellora einen 2 km langen Geländeabbruch mit sanfter Neigung. So konnten die Architekten vor den Schreinen kunstvolle Höfe anlegen und diese mit Skulpturen von surrealer Qualität versehen.

Nach einhelliger Expertenmeinung repräsentiert Ellora die Stätte für das Wiedererstarken des Hinduismus unter den Dynastien der Chalukya und Rashtrakuta – ebenso für den nachfolgenden Niedergang des indischen Buddhismus und eine kurze, offiziell geförderte Renaissance des Jainismus. Da es keine Inschriften gibt, lassen sich die meisten örtlichen Monumente jedoch nicht exakt datieren. Einigen Wissenschaftlern zufolge sind die Hindu-Tempel teilweise älter als die Schreine der buddhistischen Gruppe. Als gesichert gilt jedoch, dass eine solche Koexistenz an einem einzigen Ort für eine längere Periode religiöser Toleranz spricht.

Am Ticketschalter vor dem Kailasa-Tempel kann man offizielle Führer engagieren (1370 ₹, max. 5 Pers.), die sich bestens mit der Höhlenarchitektur auskennen und daher ihr Geld wert sind. Sollte die Zeit nur für Ellora oder Ajanta reichen, unbedingt Ellora mit seiner deutlich interessanteren Baukunst wählen! Ajanta liegt dagegen schöner und ist angenehmer zu erkunden.

Ellora ist zwar bei indischen Touristen sehr beliebt, aber unter der Woche weitaus weniger stark überlaufen.

★ Kailasa-Tempel — HINDU-TEMPEL

Der Felsentempel gehört zu den großartigsten Monumenten Indiens. Er entstand

Ellora (Höhlen)

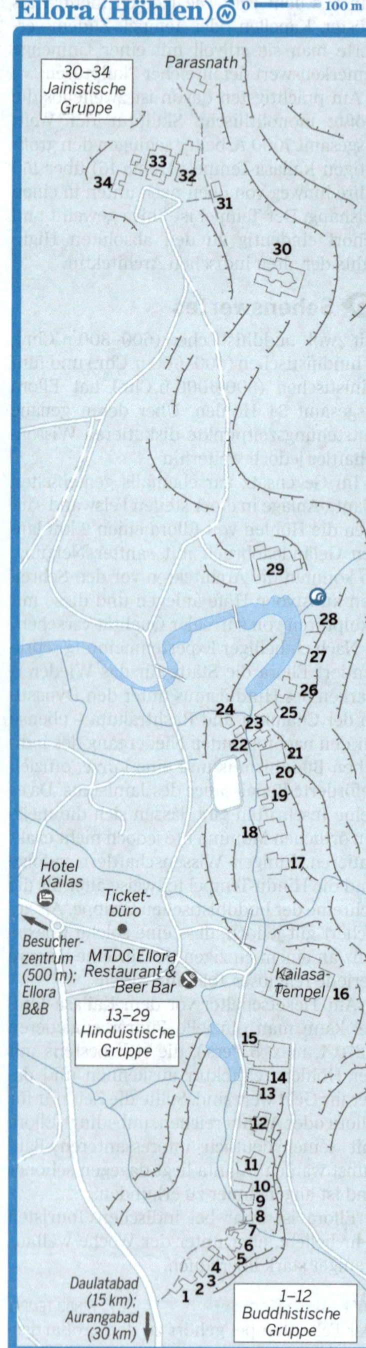

760 n. Chr. unter König Krishna I. und versinnbildlicht den Berg Kailasa (alias Kailash; Shivas Sitz im Himalaja). Das Bauprojekt als gewagt zu bezeichnen, wäre eine glatte Untertreibung: Mit Hammer und Meißel schlug man zunächst drei riesige Schächte in die steile Felswand, wobei 200 000 t Gestein entfernt wurden. Auf diese grobe Vorbereitung folgten das Ausarbeiten der eigentlichen Endform und die schmückende Ausgestaltung mit den bemerkenswerten Skulpturen.

Dieses Architekturwunder ist doppelt so groß und zudem um die Hälfte höher als der Athener Parthenon. Seine Ausführung entsprang direkt den Köpfen der Planer und bot offenbar keinerlei Raum für Fehler. Heutige Konstrukteure könnten hier wohl noch einiges lernen!

Er beherbergt kunstvolle Wandreliefs, die Szenen aus dem Ramayana bzw. Mahabharata und Abenteuer Krishnas darstellen. Gleichermaßen bewundernswert sind die gewaltigen monolithischen Säulen im Hof, die den Eingang beiderseits flankieren – und ebenso die zehn tollen Riesenreliefs der südöstlichen Galerie, die die verschiedenen Inkarnationen (Avatare) Vishnus zeigen.

Nach der Besichtigung der Hauptanlage lässt man die Scharen vespernder Tagesausflügler am besten einfach hinter sich, um die vielen vergessenen Reliefs in den vom Fledermausurin feuchten Tempelecken zu erkunden. Danach empfiehlt sich der ansteigende überwucherte Trampelpfadfad (oder man geht am geht am Gerüst vorbei über den stabileren Felsen) zum „Höhlengipfel" im Süden des Komplexes: Von dort schweift der Blick über die ganze Anlage.

Buddhistische Höhlen HÖHLE

Besinnliche Ruhe prägt die zwölf buddhistischen Höhlen südlich des Kailasa-Tempels. Die mehrstöckigen Strukturen dienten einst fast alle als *viharas* (Klöster) für Studium und Gebet. Gleichzeitig beherbergten sie auch Koch-, Wohn- und Schlafbereiche.

Die einzige Ausnahme ist Höhle 10, bei der es sich um eine *chaitya* (Versammlungshalle) handelt. Während die ältesten Höhlen eher einfach wirken, sind Nr. 11 und 12 kunstvoller gestaltet: Beide haben jeweils drei Ebenen und stehen den eindrucksvolleren Hindu-Tempeln in nichts nach.

Höhle 1, die einfachste *vihara*, war wohl ein Kornspeicher. In **Höhle 2** sind die verzierten Säulen und die imponierende Budhafigur ein Hingucker. Sie schaut zur untergehenden Sonne. **Höhle 3** und **Höhle 4** sind unvollendet und weniger gut erhalten.

Höhle 5 ist die größte *vihara* in dieser Gruppe, ca. 18 m breit und 36 m lang; die Reihen von Steinbänken lassen vermuten, dass diese Höhle als Versammlungshalle genutzt wurde.

Höhle 6 ist eine reich verzierte *vihara* mit schönen Bildern von Tara, der Gemahlin von Bodhisattva Avalokitesvara, und von der buddhistischen Göttin des Lernens, Mahamayuri, die Saraswati (ihrem hinduistischen Gegenstück) bemerkenswert ähnelt. **Höhle 7** ist eine schmucklose Halle mit Durchgang zu **Höhle 8**, der ersten Höhle, in der das Heiligtum frei vor der hinteren Wand steht. **Höhle 9,** direkt oberhalb von Höhle 8, ist wegen ihres verzierten Gesimses bemerkenswert.

Höhle 10 ist die einzige *chaitya* der buddhistischen Gruppe und eine der schönsten in Indien. Ihre Felsdecke weist Rippen auf; die Rillen wurden einst mit Holztafeln bestückt. Der Balkon und die obere Galerie bieten einen besseren Blick auf die Decke und den Fries, auf dem sich liebende Paare dargestellt sind. Ein dekoratives Fenster beleuchtet sanft die riesige Figur eines lehrenden Buddhas.

Höhle 11, die Do-Thal-(Zwei-Stockwerke-)Höhle, wird durch ein weiteres Stockwerk betreten, das erst 1876 entdeckte Kellergeschoss. Wie Höhle 12 verdankt sie ihre Größe möglicherweise dem Wettbewerb mit den hinduistischen Höhlen aus derselben Zeit.

Höhle 12, die riesige Tin-Thal-(Drei-Stockwerke-)Höhle, erreicht man durch einen Hof. Im (verschlossenen) Schrein im obersten Stockwerk thront eine große Buddhafigur, die von ihren sieben früheren Inkarnationen umgeben ist. Die Wände sind mit Reliefs geschmückt.

Hinduistische Höhlen HÖHLE

Die hinduistischen Höhlen (Nr. 13–29) stehen ganz im Zeichen von Dramatik und Spannung. In Sachen Größe, Ideenreichtum und meisterhafter Ausführung sind sie eine Klasse für sich. Bei ihrem Bau waren jeweils keine Gerüste erforderlich: Die Steinmetze begannen stets oben mit dem Dach und arbeiteten sich dann in Richtung Boden hinunter. Zu den schönsten Beispielen zählen die Höhlen 14, 15, 16, 21 und 29.

Höhle 13 ist eine schlichte Höhle und war wahrscheinlich ein Kornspeicher. **Höhle 14**, die Ravana-ki-Khai, war zunächst eine buddhistische *vihara* und wurde im 7. Jh. in einen Shiva geweihten Tempel umgewandelt.

Höhle 15, die Avatara-(Zehn-Inkarnationen-Vishnus-)Höhle, ist eine der prächtigsten in Ellora. Der zweistöckige Tempel beherbergt einen faszinierenden Shiva Nataraja und einen aus einem Lingam (einer phallischen Form) hervortretenden Shiva, dem Vishnu und Brahma ihre Ehrerbietung erweisen.

CANNABIS-KONSERVIERUNG

Der bemerkenswerte Erhaltungszustand der Höhlen und Malereien von Ellora könnte einer Reihe von Umständen zu verdanken sein, aber keiner dürfte mehr überraschen als eine tüchtige Dosis Hanf. Während die Ansichten immer noch geteilt sind, ob die buddhistischen, hinduistischen oder jainistischen Mönche, die in Ellora jahrhundertelang zuhause waren, eine Vorliebe für das Rauchen von Cannabis hatten, sind sich Archäologen sicher, dass diese Mönche ein oder zwei Dinge über den Konservierungseffekt von Hanf wussten.

Eine 2016 veröffentlichte Studie, die elf Jahre lang lief, ergab, dass Hanf, eine Varietät der Pflanze *Cannabis sativa* (vermutlich eine der ältesten gezüchteten Pflanzen), dem in Ellora verwendeten Lehm und dem Kalkputz beigemischt war, und man nimmt an, dass er jene geheimnisvolle Zutat sei, die den allmählichen Verfall dieser UNESCO-Welterbestätte im Lauf von 1500 Jahren verlangsamt habe.

Unter Einsatz von Elektronenmikroskopen, der Fourier-Transformation, der infraroten Spektrografie und durch stereo-mikroskopische Analysen fanden Chemiker des Archaeological Survey of India heraus, dass die aus Ellora entnommenen Proben 10 % *Cannabis sativa* enthielten, was in Ellora zu einer verringerten Insektentätigkeit führte, während in Ajanta, wo kein Hanf verwendet wurde, rund 25 % der Malereien bereits zerstört sind. Hanf fand nicht nur in Ellora Verwendung, sondern wurde von den Yadavas im 12. Jh. auch beim Bau des Daulatabad Fort bei Aurangabad eingesetzt.

So viel zu hohen und mächtigen Denkmälern!

Die **Höhlen 17** bis **20** und **22** bis **28** sind einfache Klöster. **Höhle 21** ist als Ramesvara-Höhle bekannt und zeigt interessante Variationen der bekannten shivaistischen Szenen aus den älteren Tempeln. Die Figur der Göttin Ganga, die auf ihrer *makara* (mythisches Seeungeheuer) steht, ist besonders bemerkenswert.

Die große **Höhle 29**, die Dumar Lena, ist wohl ein Übergangsmodell zwischen den einfachen, aus dem Fels geschlagenen Höhlen und den voll entwickelten Tempeln wie dem Kailasa-Tempel. Von hier aus bietet sich ein Blick auf den nahen Wasserfall, obwohl der Pfad zum Zeitpunkt der Recherche nicht zugänglich war. Am besten erreicht man sie mit dem MSRTC-Bus.

Jainistische Höhlen HÖHLE

Die fünf jainistischen Höhlen von Ellora sind am jüngsten und auch wenn ihnen die schiere Größe der herrlichsten Hindu-Tempel fehlt, weisen sie doch einen außergewöhnlichen Detailreichtum und einige bemerkenswerte Malereien und Reliefs auf.

Sie liegen 1 km nördlich des letzten Hindu-Tempels (Höhle 29) am Ende der Asphaltstraße; es gibt einen MSRTC-Bus, der vor dem Kailasa-Tempel startet und hin & zurück fährt (21 ₹ hin & zurück).

Höhle 30, die Chhota Kailasa (Kleiner Kailasa), ist eine ärmliche Kopie des großen Kailasa-Tempels und steht etwas entfernt von den anderen jainistischen Tempeln. Man erreicht sie über einen nicht markierten Treppenaufgang zwischen den Höhlen 31 und 32.

Im Gegensatz dazu bildet die **Höhle 32**, die Indra Sabha (Indras Versammlungshalle), den prächtigsten der jainistischen Tempel. Ihr Grundriss gleicht dem des Kailash-Tempels. Das Obergeschoss ist reich verziert und dekoriert, das Untergeschoss ist im Gegensatz dazu eher schlicht gehalten. Es sind Bildnisse der jainistischen *tirthankar* (große Lehrer) Parasnath und Gomateshvara zu sehen, Letzterer ist von wilden Tieren umgeben. Im Schrein befindet sich eine sitzende Figur von Mahavira, dem letzten *tirthankar* und dem Gründer des Jainismus.

Höhle 31 ist eine Erweiterung von Höhle 32. **Höhle 33**, die Jagannath Sabha, ähnelt Höhle 32, hat aber einige gut erhaltene Skulpturen, genau wie der letzte Tempel, die kleine **Höhle 34**. Auf dem Hügel über den jainistischen Tempeln steht eine 5 m hohe Statue von Parasnath, die auf Ellora herabschaut.

Schlafen & Essen

Ellora B & B PENSION $

(☎ 9960589867; ellorabedandbreakfast@gmail com; Ellora Village; EZ/DZ inkl. Frühstück ab 500/800 ₹) Wer ein wenig in die ländliche Kultur eintauchen will, dem bieten der gutherzige Sadeek und sein Onkel Rafiq vier einfache Zimmer in ihrem Dorfhaus, das 2 km entfernt von den Höhlen (und dem Trubel) liegt. Die drei besten Zimmer gehen auf eine luftige Terrasse mit Blick auf Felder und Berge hinaus und haben eigene Bäder mit Sitztoilette und Warmwaaser rund um die Uhr.

Die Oma kocht *poha* (Reisflocken mit Gewürzen), *upma* (Grieß mit Zwiebeln, Gewürzen, Chili und Kokosnuss) und *aloo paratha* (mit Kartoffeln gefülltes Fladenbrot) zum Frühstück. Das B&B ist nicht raffiniert, aber die Gastlichkeit macht das wett.

Hotel Kailas HOTEL $$

(☎ 02437-244446; www.hotelkailas.com; Zi. mit/ohne Klimaanlage 3570/2500 ₹;) Das einzige anständige Hotel in der Nähe der Stätte verfügt über attraktive Steinhütten mit Klimaanlagen auf einem grünen Gelände. Das Restaurant (Hauptgerichte 90–280 ₹) ist hervorragend und auf einer Kreidetafel steht die Menükarte, die u. a. Sandwiches, Frühstück, Currys und Klassiker aus dem Tandur umfasst. Das WLAN, für das man 100 ₹ für jeweils drei Stunden berappen muss, ist lächerlich langsam.

Praktische Informationen

Ellora Besucherzentrum (Mi–Mo 9–17 Uhr) Elloras eindrucksvolles Besucherzentrum liegt 750 m westlich der eigentlichen Stätte und lohnt einen Besuch, um die Höhlen in einen historischen Kontext zu setzen. Es hat moderne Ausstellungen und Infotafeln, eine 15-minütige Videopräsentation und zwei Galerien: eine über den Kailasa-Tempel (mit einem Diorama des Tempels) und die andere zur Stätte selbst.

An- & Weiterreise

Achtung: Die Tempel sind dienstags geschlossen. Busse fahren alle 30 Minuten aus Aurangabad ab (mit/ohne Klimaanlage 251/32 ₹, 30 Min., 5–12.30 Uhr); die letzte Abfahrt aus Ellora ist um 21 Uhr. Eine Alternative sind Sammeljeeps, die aber rappelvoll sind. Sie starten erst, wenn alle Plätze belegt sind, und halten außerhalb des Busbahnhofs in Aurangabad (30 ₹). Eine Ganztagestour nach Ellora inklusive Zwischenstopps entlang der Route kostet in einem Wagen mit Klimaanlage 1450 ₹; zu empfehlen ist **Ashoka Tours & Travels** (S. 857). Autorickschas gibt's für 800 ₹.

Ajanta

☎ 02438

Ajanta liegt ca. 105 km nordöstlich von Aurangabad in einem abgeschiedenen Flusstal. Diese bemerkenswerten Höhlentempel sind neben Ellora die zweite Welterbestätte der Region. Sie entstanden aber deutlich früher (ca. 200 v. Chr.–600 n. Chr.) und gehören damit zu den ältesten Klosteranlagen Indiens. Ironischerweise führte Elloras Aufstieg zum Niedergang Ajantas: Historikern zufolge wurde die örtliche Anlage aufgegeben, sobald Ellora an Bedeutung gewonnen hatte.

Nachdem der Wald des Deccan die Höhlen überwucherte und sie so schützte, während Wurzeln und Schösslinge die Skulpturen umschlangen, blieb Ajanta für fast ein Jahrtausend bis 1819 verlassen, als eine britische Jagdgesellschaft unter Leitung des Offiziers John Smith rein zufällig auf die Anlage stieß.

Sehenswertes

Einer der Hauptgründe für die Besichtigung Ajantas besteht darin, die berühmten „Fresken" zu bewundern, die eigentlich Temperabilder sind und das Innere vieler Höhlen schmücken. Diese Malereien bilden ein Erbe von unschätzbarem Wert, denn nur wenige andere Beispiele aus uralter Zeit können sich mit ihrer künstlerischen Meisterschaft und der hervorragenden Ausführung messen.

Trotz ihres Alters blieben die Malereien in den meisten Höhlen sehr gut erhalten und viele erklären sich dies durch ihre jahrhundertelange relative Abgeschiedenheit von jeglichem menschlichen Einfluss. Es wäre dennoch zu optimistisch zu behaupten, dass der Verfall nicht eingesetzt hätte.

Man vermutet, dass die natürlichen Farbpigmente für diese Malereien mit tierischem Leim und pflanzlichem Gummi gemischt wurden, damit sie auf der trockenen Oberfläche hafteten. Viele Höhlenböden haben kleine, kraterähnliche Löcher, in denen die Farben während der Ausführung der Malereien angemischt wurden.

Die meisten Busse mit Reisegruppen kommen nicht vor der Mittagszeit an. Um dem Gedränge zu entgehen, übernachtet man am besten in der Nähe in Fardapur oder startet frühmorgens in Aurangabad.

★ Höhlen von Ajanta HÖHLEN

(Inder/Ausländer 30/500 ₹, Video 25 ₹, offizieller Führer 1370 ₹; ⌚ Di–So 9–17.30 Uhr) Die Höhlen von Ajanta befinden sich in der Steilwand einer hufeisenförmigen Schlucht am Fluss Waghore. Fünf davon sind *chaityas*, andere dagegen *viharas*. Nr. 8, 9, 10, 12, 13 und 15 (teilweise) stammen aus frühbuddhistischer Zeit, während die übrigen Höhlen im 5. Jh. n. Chr. (Mahayana-Periode) entstanden. Die nüchterne frühbuddhistische Schule stellte Buddha stets nur indirekt über Symbole wie einen Fußabdruck oder das Gesetzesrad dar.

Die Höhlen dürfen nur barfuß betreten werden (alternativ auf Socken/mit Schuhüberzügen; Flipflops erleichtern die ganze Sache). Bei starkem Betrieb ist die Besichtigungszeit auf jeweils 15 Minuten reduziert. Die Höhlen 3, 5, 8, 22, 28, 29 und 30 sind entweder ständig geschlossen oder sowieso unzugänglich.

Höhle 1 HÖHLE

Höhle 1, eine *vihara* aus der Mahayana-Zeit, gehört zu den zuletzt freigelegten und am schönsten geschmückten Höhlen. Hier ist eine Wiedergabe des Bodhisattva Padmapani zu bewundern – das bekannteste ikonenhafte Kunstwerk Ajantas. Eine Veranda an der Vorderseite führt zu einer Versammlungshalle, die Skulpturen und illustrative Wandbilder schmücken. Diese sind für die beindruckende Perspektive sowie die kunstvolle Darstellung der Kleidung, des Alltagslebens sowie der Gesichtszüge bekannt.

Die Farben der Bilder entstanden aus Mineralien aus der Gegend; eine Ausnahme bildet das kräftige Blau, das aus zentralasiatischem Lapislazuli hergestellt wurde. Blickt man nach oben, entdeckt man ein Relief von vier Hirschen, die alle gemeinsam einen Kopf besitzen.

Höhle 2 HÖHLE

Höhle 2 ist ebenfalls eine *vihara* aus der späten Mahayana-Zeit. Die Pfeiler und Kapitelle sind mit aufwendigen Verzierungen und kunstvollen Malereien geschmückt, und die Decke zieren geometrische und florale Muster. Die Wandbilder zeigen Szenen aus den *Jataka*-Erzählungen, darunter auch den Traum der Mutter Buddhas, der dessen Empfängnis ankündigte: Er handelte wohl von einem Elefanten mit sechs Stoßzähnen.

Höhle 4 HÖHLE

Höhle 4 ist die größte *vihara* in Ajanta und wird von 28 Säulen getragen. Obwohl sie nie fertiggestellt wurde, finden sich in der Höhle einige beeindruckende Skulpturen – vier Statuen umgeben einen riesigen Buddha und es gibt Darstellungen von Menschen,

Ajanta (Höhlen)

die vor den „acht großen Gefahren" fliehen und bei Avalokitesvara Schutz suchen.

Höhle 6 HÖHLE

Höhle 6 ist die einzige zweistöckige *vihara* in Ajanta, Teile der unteren Etage sind jedoch bereits eingestürzt. Im Inneren befindet sich eine sitzende Buddhafigur. Eine kunstvoll beschnitzte Tür schützt den Schrein. Die Halle in der oberen Etage ist von Zellen mit schönen Malereien über den Türen umgeben.

Höhle 7 HÖHLE

Höhle 7 ist ungewöhnlich gestaltet: Vor der Veranda stehen Portale, die direkt zu den vier Räumen und dem kunstvoll ausgearbeiteten Schrein führen.

Höhle 9 HÖHLE

Bei Höhle 9 handelt es sich um eine der ältesten *chaityas* in Ajanta. Obwohl sie aus der frühen buddhistischen Zeit stammt, sind die beiden Figuren vor dem Eingang wahrscheinlich erst in der Mahayana-Zeit dazugekommen. An beiden Seiten der Höhle entlang und um die 3 m hohe Dagoba (Pagode) am Ende des Raumes verlaufen Säulenreihen.

Höhle 10 HÖHLE

Höhle 10 gilt als die älteste Höhle (um 200 v.Chr.) und war die erste, die von der britischen Jagdgesellschaft entdeckt wurde. Sie gleicht Höhle 9 und ist die größte *chaitya*. Die Fassade ist eingestürzt, und die Wandmalereien im Inneren sind beschädigt, teilweise auch durch Schmierereien, die aus der Zeit kurz nach ihrer Wiederentdeckung stammen. Auf einer der Säulen auf der rechten Seite hat sich auch Smith mit seinem Namen für die Nachwelt verewigt.

Höhle 16 HÖHLE

Höhle 16, eine *vihara*, enthält einige der schönsten Malereien Ajantas und war wohl der ursprüngliche Eingang des Komplexes. Das berühmteste Bild ist die „sterbende Prinzessin" – Sundari, die Frau von Buddhas Halbbruder Nanda, die in Ohnmacht gefallen sein soll, als sie hörte, dass ihr Ehemann auf alle materiellen Annehmlichkeiten und auch auf sie verzichtete, um Mönch zu werden. Aus dem Stein geschlagene Figuren scheinen die Decke zu tragen.

Außerdem gibt's noch eine Buddhastatue, die auf einem Löwenthron sitzt und den Edlen Achtfachen Pfad lehrt.

Höhle 17 HÖHLE

Die Höhle 17 mit aus dem Fels geschlagenen Zwergen, die die Säulen tragen, zeigt die besterhaltenen und vielfältigsten Wandmalereien in Ajanta. Zu den berühmten Bildern gehört eine Prinzessin, die Make-up auflegt, ein Prinz, der seine Geliebte auf altbewährte Weise mit Wein verführt, und Buddha, der nach der Erleuchtung nach Hause zurückkehrt und bei seiner Frau und seinem erstaunten Sohn bettelt.

Eine aufwendige Malerei erzählt die Geschichte von Prinz Simhalas Expedition nach Sri Lanka. Mit seinen 500 Gefährten strandete er auf einer Insel, wo Riesinnen als zauberhafte Frauen auftraten – nur um die Gestrandeten einzufangen und zu verschlingen. Simhala entkam auf einem fliegenden Pferd und kehrte zurück, um die Insel zu erobern.

Höhle 19 — HÖHLE

Höhle 19, eine prächtige *chaitya*, hat eine tolle Fassade mit vielen Einzelheiten; besonders auffällig ist ein beeindruckendes hufeisenförmiges Fenster. Zwei prächtige Buddhafiguren stehen am Eingang. Innen wartet eine dreistufige Dagoba mit einer Buddhafigur auf der Vorderseite. Außerhalb der Höhle findet man in westlicher Richtung ein Bild des Nagakönigs mit sieben Kobras rund um den Kopf. Seine Frau, von einer Kobra beschirmt, sitzt neben ihm.

Höhle 26 — HÖHLE

Höhle 26 ist eine weitgehend zerstörte *chaitya*, die heute auf dramatische Weise beleuchtet wird. Sie hat einige schöne Skulpturen und man sollte sie unbedingt besuchen. An der linken Wand ist die riesige Figur des sterbenden Buddha zu sehen, der auf dem Rücken liegt und das Nirvana erwartet. Andere Szenen illustrieren die Versuchung Buddhas durch Maya.

Aussichtspunkte

Zwei Aussichtspunkte bieten traumhafte Blicke auf die komplette hufeisenförmige Schlucht. Der erste davon liegt ein paar Gehminuten jenseits des Flusses, über den eine Brücke unterhalb von Höhle 8 führt. Ein weiterer Anstieg (40 Min.) führt zu dem Punkt, von dem aus die britischen Jäger erstmals die Höhlen erspähten. Achtung: Diese Route ist während des Monsuns zu gefährlich!

Schlafen

Padmapani Park — HOTEL $

(☎ 0240-244280; www.hotelpadmapaniparkajanta.com; Jalgaon-Aurangabad Hwy, Fardapur; EZ/DZ 800/1000 ₹, mit Klimaanlage 1500 ₹; ❄ 📶) Das Padmapani ist sicher nicht begeisternd, aber eine der besseren der heruntergekommenen Optionen in Fardapur; dazu tragen vor allem der freundliche englischsprachige Manager, WLAN im Rezeptionsbereich und im Restaurant sowie die Freifahrten zum Ajanta Visitor Centre bei.

FOTOGRAFIEREN IN DEN HÖHLEN VON AJANTA

Fotografieren mit Blitzlicht ist in den Höhlen streng verboten, da es den natürlichen Farben der Malereien schadet. Die Behörden haben inzwischen Reihen von pigmentschonenden Minilampen mit sanftem Schein installiert. Wer winzige Details erkennen will, braucht aber eine zusätzliche Lichtquelle. Zudem muss die Belichtungszeit sehr lang sein.

MTDC Ajanta Tourist Resort — HOTEL $$

(☎ 02438-244230; www.maharashtratourism.gov.in; Aurangabad-Jalgaon Rd, Fardapur; DZ ohne/mit Klimaanlage 1900/2260 ₹; ❄) Dieses staatliche Hotel ist recht teuer, aber die beste Option in Ajanta und liegt inmitten von Rasenflächen abseits der Hauptstraße in Fardapur, 5 km von den Höhlen entfernt. Die Zimmer mit Klimaanlage in den grünen Gebäuden sind geräumig; jene ohne Klimaanlage sind weniger interessant, aber in Ordnung. Es gibt eine Bar, einen Garten und ein Restaurant mit vegetarischen Thalis (160–225 ₹) und kaltem Bier (175 ₹).

Essen

Hotel Radhe Krishna — DHABA $

(Aurangabad-Jalgaon Hwy, Fardapur; Hauptgerichte 90–160 ₹, Thalis ab 180 ₹; ⏲ 24 Std.) Die beste unter den Straßen-*dhabas* (gemütliche Imbissbuden, die Standardgerichte servieren) in Fardapur besticht durch Frische, günstige Preise und sättigende Portionen. Der bekannte Koch Babu und dessen Team (Sunil beim Backen der *chapati*!) haben ihre helle Freude daran, wenn Fremde vorbeischauen, und es ist reine Unterhaltung zu sehen, wie sie in Windeseile verschiedene Currys, Pommes frites und Thalis zubereiten.

Praktische Informationen

Besucherzentrum (⏲ Di–So 9–17.30 Uhr) Dieses neue, topmoderne Besucherzentrum gehört zu den besten seiner Art in Indien dank der höchst eindrucksvollen Nachbauten von vier Höhlen (Nr. 1, 2, 16 und 17) in Originalgröße, der Audioguides in vielen Sprachen, vorzüglicher Ausstellungen mit Malereien und

Skulpturen zur Geschichte des Buddhismus in Indien, eines audiovisuellen Info-Standes sowie eines großen Cafés.

An- & Weiterreise

Die Busse ab Aurangabad und Jalgaon setzen einen 4 km von der Stätte entfernt an der T-Kreuzung in Fardapur ab (wo der Highway auf die Straße zu den Höhlen trifft). Hier bezahlt man die Kurtaxe (15 ₹) und läuft bis zur Haltestelle der grünen Busse (mit/ohne Klimaanlage 22/16 ₹), die zu den Höhlen fahren. Die Busse fahren regelmäßig (alle 30 Min.) zur T-Kreuzung zurück, der letzte Bus fährt um 17 Uhr. Achtung: Die Höhlen sind montags geschlossen!

Alle MSRTC-Busse (www.msrtc.gov.in), die durch Fardapur fahren, halten an der T-Kreuzung. Nach Schließung der Höhlen kann man vor dem MTDC Holiday Resort in Fardapur, 1 km die Hauptstraße Richtung Jalgaon hinunter, in einen Bus entweder nach Aurangabad oder nach Jalgaon steigen. Taxis gibt's in Fardapur; 1500/2500 ₹ sollten bis Jalgaon/Aurangabad reichen.

Jalgaon

☎ 0257 / 468 300 EW. / 208 M

Die Industriestadt Jalgaon ist eine gute Ausgangsbasis für Touren zum 60 km entfernten Ajanta, aber ansonsten nicht viel mehr als eine praktische Durchgangsstation mit Bahnanschluss zu allen Großstädten Indiens.

Schlafen & Essen

★ Hotel Plaza HOTEL $

(☎ 9370027354, 0257-2227354; hotelplaza_jal@yahoo.com; Station Rd; B 300 ₹, EZ/DZ ab 650/950 ₹, Zi. mit Klimaanlage inkl. Frühstück 1300–1650₹; ❄@📶) Dieses vorbildlich geführte und überaus attraktive Hotel steht nur einen Katzensprung entfernt vom Bahnhof. Die Zimmer unterscheiden sich in Größe und Grundriss, aber dank der weiß verputzten Wände, einer minimalistischen Atmosphäre und der Badezimmer, die sauberer sind als ein jainistischer Tempel, wirkt es wie ein Boutiquehotel und bietet ein hervorragendes Preis-Leistungs-Verhältnis. Von der Gastfreundschaft bis zur Bettwäsche – alles übertrifft die Erwartungen.

Hotel Arya INDISCH $

(Navi Peth; Hauptgerichte 50–110 ₹; ⌚11–22.30 Uhr) Außer leckeren vegetarischen Speisen, vor allem aus dem Punjab, werden auch ein paar chinesische und südindische Gerichte angeboten. Um hierher zu gelangen, folgt man ein paar Minuten der Station Rd südlich, biegt dann links in die MG Rd ab und am Uhrturm wieder nach links. Zur Mittagszeit muss man eventuell für einen freien Tisch anstehen.

Praktische Informationen

Es gibt am Bahnhof einen Geldautomaten der State Bank of India und einen Geldautomaten der Axis Bank gleich links, wenn man den Bahnhof verlässt. Weitere Geldautomaten säumen die Nehru Rd, die oberhalb der Station Rd verläuft.

Internetcafés gibt's entlang der Nehru Rd.

Anreise & Unterwegs vor Ort

Jalgaons Bahnhof und Busbahnhof liegen ca. 2 km voneinander entfernt (Autorikscha 30 ₹).

Mehrere Expresszüge nach Mumbai (Sleeper Class/2AC 313/1076 ₹, 8 Std.), Delhi (558/2051, 18 Std.), Ahmedabad (373/1316 ₹, 14 Std.) und Varanasi (518/1981 ₹, 20 Std.) halten am Bahnhof von Jalgaon. Täglich fahren neun Züge nach Nagpur (313/1076 ₹, 7–9 Std.).

Busse zur T-Kreuzung in Fardapur (71 ₹, 1½ Std.), von wo man zun Höhlen von Ajanta gelangt, starten vom Busbahnhof stündlich zwischen 6 und 21 Uhr und fahren dann weiter nach Aurangabad (177 ₹, 4 Std.).

Private Bugesellschaften an der Station Rd starten in Richtung Mumbai (500–1400 ₹, 9½ Std.) und Nagpur (750 ₹, 9 Std.).

Nagpur

☎ 0712 / 2,43 MIO. / 305 M

Abseits der touristischen Hauptrouten gelegen, zeichnet sich die abgelegene Stadt Nagpur dadurch aus, dass sie sich genau in der geografischen Mitte Indiens befindet. Zwar hat sie keine Attraktionen zu bieten, die man gesehen haben muss, sie bildet aber ein wichtiges Tor zu mehreren Naturschutzgebieten und Nationalparks, darunter auch dem Tadoba-Andhari Tiger Reserve und dem Pench National Park. Nagpur befindet sich in der Nähe der Tempel von Ramtek und der Ashrams von Sevagram. Der Sommer ist die beste Zeit, um Nagpurs berühmte Orangen zu probieren.

Schlafen

Hotel Blue Moon HOTEL $

(☎ 0712-2726061; www.hotelbluemoon.org; Central Ave; EZ/DZ ab 720/960 ₹, mit Klimaanlage 1350/1600 ₹; ❄📶) Mit seinen großen, kahlen Zimmern lässt sich kein Preis für Einfallsreichtum gewinnen, das Hotel zählt in dieser teuren Stadt dennoch zu den besseren Budgetoptionen. Es ist eines der Hotels, die mit am nächsten zum Bahnhof liegen. Die Hotelleitung ist freundlich und hilfsbereit; das erleichtert es, über die schrecklichen Marmorbadewannen und die Deko mit bunten Glasflaschen hinwegzusehen.

Legend Inn HOTEL $$
(☎ 0712-6658666; www.thelegendinn.com; 15 Modern Society, Wardha Rd; EZ/DZ ab 4180/4840 ₹; ❄@📶) An der Hauptstraße zum Tadoba-Andhari Tiger Reserve liegt dieses sehr gut geführte Hotel, das sich im Besitz eines berühmten indischen Bergsteigers befindet. Es hat schön eingerichtete Zimmer, ein gutes Restaurant, eine verqualmte Bar und lächelndes Personal, was für den geringen Wasserdruck entschädigt. Im Preis enthalten ist die kostenlose Abholung der Gäste vom 1 km entfernten Flughafen.

Peanut Hotel HOTEL $$
(☎ 0712-3250320; www.peanuthotels.com; Bharti House, 43 Kachipura Garden, New Ramdaspeth; EZ/DZ inkl. Frühstück ab 2500/3200 ₹; ❄📶) In einem grünen Wohnviertel liegt dieses Hotel, dessen moderne Zimmer mit weiß verputzten Wänden und orangefarbenen Überdecken blitzsauber sind. Das Hotel liegt 2 km südöstlich vom Bahnhof und bietet das beste Preis-Leistungs-Verhältnis in der Stadt.

Essen

Krishnum SÜDINDISCH $
(www.krishnum.com; Central Ave; Hauptgerichte 60–160 ₹; ⏲ 8–22 Uhr) Dieses beliebte Lokal tischt südindische Snacks und großzügige Punjab-Thalis sowie frisch gepresste Obstsäfte auf. Weitere Filialen gibt's auch in anderen Stadtteilen.

★ **Breakfast Story** CAFÉ $$
(www.facebook.com/thebreakfastorynagpur; Sai Sagar Apt, Hingna Rd; Hauptgerichte 100–300 ₹; ⏲ Mo–Di & Do–Sa 8–14.30 & 15.30–19, So 8–15 Uhr; 📶) Dieses stylishe Lokal, in dem den ganzen Tag über nur Frühstück angeboten wird, befindet sich 7 km südwestlich vom Zentrum in einem Wohnblock und lohnt einen Abstecher. Englische, amerikanische und belgische Frühstückskombinationen, Sandwiches, Pfannkuchen und Waffeln sowie Tagesangebote, die auf der Kreidetafel angeschrieben sind, werden auf künstlerisch gestalteten Holztischen mit Tischdecken mit Comicfiguren serviert. Musikkassetten, Zeitungen und andere Pop-Art-Objekte schmücken die Wände und runden die gemütliche, hippe Atmosphäre ab.

Praktische Informationen

Entlang der Central Ave gibt es zahlreiche Geldautomaten.

MTDC (☎ 0712-2533325; www.maharashtratourism.gov.in; West High Court Rd, Civil Lines; ⏲ 10–18 Uhr) Die Angestellten können mit Informationen helfen, wie man zu den Nationalparks nahe Nagpur gelangt. Es gibt auch einen Schalter am Flughafen (☎ 9405143376; www.maharashtratourism.gov.in; Arrivals Hall, Dr Babasaheb Ambedkar International Airport; ⏲ Mo–Sa 7–19 Uhr).

Anreise & Unterwegs vor Ort

BUS

Der Hauptbusbahnhof **MSRTC/Ganesh Peth** (☎ 0712-2726221) befindet sich 2 km südlich vom Bahnhof. Normale Busse fahren nach Aurangabad (750–1200 ₹, 6-mal tgl.), Pune (1100 ₹, 13, 16, 17 und 18.30 Uhr), Ramtek (50 ₹, 1½ Std., alle 30 Min., 6.15–21.30 Uhr) und Wardha (45 ₹, 3 Std., alle 30 Min., 6–22 Uhr).

Staatliche Busse nach Madhya Pradesh fahren vom **MP-Busbahnhof** (☎ 0712-2533695) ab, der sich 350 m südlich vom Bahnhof befindet. Fahrtziele sind u. a. Khawasa (um zum Pench Tiger Reserve zu gelangen; 90 ₹, alle 30 Min., 6–1.30 Uhr) und Jabalpur (ab 270 ₹, 14.30 und 23 Uhr).

Private Busse starten von der Bhole-Petrol-Tankstelle, 3 km südwestlich vom Bahnhof.

Sanjay Travels (☎ 0712-2550701; www.sanjaytravels.com; neben der Bhole-Petrol-Tankstelle) führt Reservierungen von Sitzplätzen und Liegesitzen in Bussen mit Klimaanlage der besten Transportunternehmen durch, darunter Purple (www.prasannapurple.com), nach Mumbai (1400 ₹, 16.45 Uhr), Pune (900–1100 ₹, 15 und 22 Uhr), Aurangabad (750 ₹, stündl., 15–22 Uhr), Jalgaon (700 ₹, 17, 19 und 22 Uhr) und Hyderabad (750–1000 ₹, 21 und 22.30 Uhr).

Nandan Bus (☎ 7620941415; www.nandanbus.com; Gitanjali Cinema Sq) fährt täglich von der Central Ave nach Jabalpur um 14.30 und 23 Uhr (450–500 ₹) ab.

FLUGZEUG

Der **Dr Babasaheb Ambedkar International Airport** (☎ 0712-2807501) liegt etwa 8 km südwestlich vom Stadtzentrum. Inlands-Fluglinien, darunter Air India, IndiGo, Jet Airways und GoAir, bieten Direktflüge nach Delhi, Mumbai, Kolkata, Ahmedabad, Bengaluru, Chennai und Pune an. Die internationalen Fluglinien Qatar und Air Arabia fliegen nach Doha bzw. Sharjah.

ABSTECHER

TADOBA-ANDHARI TIGER RESERVE

Das kaum besuchte **Tadoba-Andhari Tiger Reserve** (⏲6–10 & 15–18 Uhr mit jahreszeitlichen Änderungen) liegt 150 km südlich von Nagpur und zählt zu Indiens besten Revieren für Tigerbeobachtungen. Es verzeichnet weniger Besucher als die meisten anderen Waldschutzgebiete Indiens – rund 60 % weniger als die benachbarten Nationalparks in Madhya Pradesh – und ist daher ein Ort, in dem man auf Tuchfühlung mit der Natur gehen kann und sich nicht hinter Busladungen knipswütiger Touristen drängeln muss. Im Unterschied zu anderen indischen Parks, die den Zugang auf bestimmte Parkareale begrenzen, entschied sich das Tadoba-Andhari, die Zahl der täglichen Jeep-Safaris zu begrenzen (48), die dafür aber ungehinderten Zugang zum ganzen Park haben. Für die Tierbeobachtung brachte diese Maßnahme ausgezeichnete Ergebnisse. Das Reservat ist zudem im Gegensatz zu vielen anderen indischen Parks das ganze Jahr über geöffnet.

Den Besucher erwarten komfortable, gut eingerichtete Zimmer und Hütten im **MTDC Resort** (☎9579314261; Moharli Gate; Zi. mit/ohne Klimaanlage ab 2380/1900 ₹; ❄), das echte Highlight ist hier aber die **Tiger Trails Jungle Lodge** (☎0712-6541327; www.tigertrails.in; Khutwanda Gate; EZ/DZ inkl. Vollpension 9500/19 500 ₹; ❄📶🍽) 🍃, die von leidenschaftlichen Tierliebhabern betrieben wird, die sich seit zwei Jahrzehnten engagiert der Erforschung der Tadoba-Tiger widmen. Die Lodge befindet sich in der artenreichen Pufferzone und hat einen eigenen Eingang zum Park. Die Zimmer sind geräumig und einige davon liegen näher zum Wald oder zu den Wasserstellen. Es gibt auch die Möglichkeit, unter freiem Himmel in einem 6 m hohen Beobachtungsturm zu übernachten. Auf keinen Fall sollte man sich die vorzüglichen Thalis nach Maharashtra-Art entgehen lassen!

Die meisten Besucher reisen mit privaten Fahrzeugen an. Um mit öffentlichen Verkehrsmitteln zum Khutwanda Gate zu gelangen, nimmt man einen Bus nach Chandrapur, der von Nagpur nach Warora (120 ₹, 3 Std.) fährt, wo man für die letzten 42 km in einen zweiten Bus zum Khutwanda Gate (57 ₹, 1½ Std.) umsteigt. Für Moharli bleibt man im Bus bis nach Chandrapur (175₹, 4 Std.) und steigt dort in einen zweiten Bus nach Moharli (₹29, 1 Std.) um.

ZUG

Vom CST-Bahnhof in Mumbai rollt der *Duronto Express* täglich nach Nagpur (Sleeper Class/2AC 523/1946 ₹, 10 Std., 20.15 Uhr). In Nagpur ist die Abfahrt um 20.40 Uhr und die Ankunft um 7.55 Uhr am nächsten Morgen. Der *Gitanjali Express* fährt nordwärts nach Kolkata (Sleeper Class/2AC 563/2076 ₹, 17½ Std., 19.05 Uhr). Mehrere Expresszüge Richtung Delhi und Mumbai halten in Jalgaon (Sleeper Class/2AC 313/1076 ₹, 8 Std.),wo Anschluss zu den Höhlen von Ajanta besteht.

Rund um Nagpur

Ramtek

Rund 40 km nordöstlich von Nagpur liegt Ramtek, wo dem Epos Ramayana zufolge der Gott Rama einen Teil seines Exils zusammen mit seiner Frau Sita und seinem Bruder Lakshmana verbracht haben soll. Im Ort befindet sich eine Gruppe von etwa zehn uralten **Tempeln** (⏲6–21 Uhr), die auf dem Rama-Hügel stehen und von einheimischen Languren-Affen bevölkert werden.

Ramtek ist im Begriff, sich als aufstrebendes Ziel für Abenteuer-Sportarten zu etablieren. Zum Zeitpunkt der Recherche errichtete der MTDC ein Trainingszentrum für Abenteuer-Sportarten und ein Hotel. Der Khindsi-See ist wirklich ein reizvoller Ort für Kajakfahrten, Paragliding und Fahrten mit dem Heißluftballon.

Mansar, 7 km westlich von Ramtek gelegen, ist eine bedeutende archäologische Stätte, denn man vermutet, dass sich hier die Überreste der einstigen Hauptstadt Pravarapura befinden, in der König Pravarasena II. aus der Vakataka-Dynastie regierte.

Zwischen Ramtek und dem MSRTC-Busbahnhof in Nagpur verkehren Busse alle 30 Min. (50 ₹, 1½ Std.). Der letzte Bus nach Nagpur fährt um 21.30 Uhr ab.

Sevagram

☎07152

Rund 85 km von Nagpur entfernt, liegt Sevagram (das „Dorf des Dienstes"), das Mahatma Gandhi zur Basis der indischen Unabhängigkeitsbewegung erkor. Während des gesamten Freiheitskampfes kamen regelmäßig diverse Nationalistenführer hierher, um den Mahatma in seinem **Sevagram Ashram** (☎07152-284754; www.gandhiashramsevagram.org; ⏲6–17.30 Uhr) zu besuchen. Die Aufseher dieses friedlichen Ashrams, der auf 40 ha Farmland errichtet ist, haben behutsam die Originalhütten restauriert, in denen Gandhi lebte und arbeitete und in denen heute einige persönliche Gegenstände von ihm untergebracht sind. Es gibt auch ein **kleines Museum** (Sevagram Ashram; ⏲10–18 Uhr).

Gegenüber vom Eingangstor gibt es sehr einfache Unterkünfte im **Rustam Bhavan** (☎07152-284754; nayeetaleem.75@gmail.com; Zi. 150 ₹/Pers.) und im **Yatri Nivas** (☎7276160260; sevagram_ashram@yahoo.in; Zi. ohne Klimaanlage 200–300 ₹); eine Reservierung ist empfehlenswert. Einfache Bio-Mahlzeiten gibt es im stimmungsvollen **Prakrutik Ahar Kendra** (Sevagram Ashram; Mahlzeiten 120–150 ₹; ⏲11.30–18 Uhr).

Sevagram erreicht man, indem man von Nagpur aus einen Bus nach Wardha (85 ₹, 3 Std.) nimmt, wo man in einen Bus nach Sevagram umsteigt (12 ₹, 10 Min.), der am Medical Sq, 1 km vom Ashram entfernt, hält. Die Alternative: Man nimmt eine Sammel-Autorikscha (20 ₹).

SÜDLICHES MAHARASHTRA

Konkanküste

Dieser malerische, kaum erschlossene Küstenstreifen erstreckt sich von Mumbai aus südwärts bis hinunter nach Goa und ist übersät mit Bilderbuchstränden, Fischerdörfern und herrlichen Festungsruinen. Eine Reise durch diese tropische Region kann das reinste Vergnügen sein, egal ob man mit den Einwohnern von Mumbai am Strand von Ganpatipule planscht, die eindrucksvolle Festung Janjira in Murud-Janjira besucht oder sich in Malvan, dem letzten bedeutenderen Küstenort, ins blaue Meer stürzt, bevor es hinein nach Goa geht.

Murud-Janjira

☎02144 / 13100 EW.

Das verschlafene Fischerdorf Murud-Janjira liegt 165 km südlich von Mumbai und sollte ein Pflichtziel auf jeder Fahrt entlang der Konkanküste sein. Der entspannte Lebensrhythmus, frisches Seafood, die eindrucksvolle Inselfestung Janjira vor der Küste (und die Gelegenheit, die warme Gischt unter den Füßen zu spüren) lohnen allemal eine Tour hierher.

An Murud-Janjiras Strand kann man bestens joggen oder mit den Einheimischen eine Runde Kricket spielen und abends erwacht der Ort zum Leben, wenn die Straßenimbisse öffnen und am Strand allerhand los ist. Die Alternative: Man wirft einen kurzen Blick durch die Tore des für Besucher nicht zugänglichen Ahmedganj-Palasts, der Residenz des Siddi Nawab von Murud, oder schlendert rund um die verfallende Moschee und die Gräber im Südteil der Stadt.

Sehenswertes

★ Janjira INSELFESTUNG

(⏲7 Uhr–Sonnenuntergang) GRATIS Trutzig erhebt sich die Inselfestung Janjira etwa 500 m vor der Küste. Die imposante Zitadelle ist die prächtigste unter den Forts an der Konkanküste und war einst dic Hauptstadt eines Fürstenstaats. Vollendet wurde sie 1571 von den Siddis, deren Vorfahren frühere Sklaven vom Horn von Afrika waren.

Das jahrhundertelange Bündnis zwischen Siddis und Moguln führte zu Konflikten mit lokalen Königen – z. B. mit Shivaji und dessen Sohn Sambhaji, die vergeblich versuchten, mithilfe eines Tunnels zur Festung vorzudringen. Auch keine anderen Angreifer (u. a. Briten, Franzosen und Portugiesen) konnten je die 12 m hohen Granitmauern überwinden, die bei Flut scheinbar direkt aus dem Meer ragen. Doch schließlich musste sich Janjira der Natur geschlagen geben: Heute verfällt das Bollwerk allmählich und wird von der Wildnis zurückerobert.

Trotzdem gibt's hier immer noch jede Menge zu bewundern – beispielsweise das bemerkenswert eng gesetzte Mauerwerk, das die Zitadelle jahrhundertelang vor Stürmen, Kolonisten und Beschuss schützte. Nach dem Durchqueren des stolzen Haupttors aus grauem Stein kann man sich die Wälle mit ihren riesigen Kanonen ansehen. Die insgesamt 19 Bastionen sind größtenteils noch vorhanden; dasselbe gilt für die beiden riesigen Zisternen. Der innere Burgfried mit Palästen und einer Moschee liegt dagegen in Trümmern. Achtung: Viele der verbliebenen Mauern und Strukturen sind in schlechtem Zustand – daher beim Erkunden entsprechend vorsichtig sein! Zudem ist die ganze Anlage leider ziemlich stark vermüllt.

Hinaus nach Janjira geht's ausschließlich mit dem Boot (mind. 20 Pers.) ab dem Hafen Rajpuri (hin & zurück 61 ₹, 20 Min., unter der Woche 7–12 & 14–17.30 Uhr und am Wochenende 7–17.30 Uhr; reine Besichtigungszeit 45 Min.). Diesen erreicht man von Murud-Janjira aus am besten mit einem Leihfahrrad oder einer Autorikscha (150 ₹).

Schlafen & Essen

Sea Shore Resort PENSION $

(☎ 9209240603; www.seashoreresortmurud.com; Darbar Rd; Zi. mit/ohne Klimaanlage 2000/1500 ₹; ❄📶) Der Vorteil dieser überaus schlichten Pension ist, dass man ein Zimmer mit kleinem Balkon und WLAN sowie einem Blick auf das palmengesäumte Meer zu einem Preis von 2000 ₹ oder weniger bekommt. Der zum Strand gehende Garten ist etwas verwahrlost, es gibt aber einige Hängematten. Faisal, der freundliche, hier für alles zuständige Mann, spricht etwas Englisch.

Devakinandan Lodge PENSION $

(☎ 9273457057; Darbar Rd; Zi .mit/ohne Klimaanlage 2000/1500 ₹; ❄) Diese begeisternde kleine, grün-rot gestrichene Pension hat saubere, einfache Zimmer mit TV und eigenen Warmwasserbädern. Die Eigentümerfamilie ist freundlich, spricht aber kaum Englisch.

Sea Shell Resort HOTEL $$

(☎ 02144-274306; www.seashellmurud.com; Darbar Rd; Zi .mit/ohne Klimaanlage ab ₹2500/2000 ₹; ❄🏊) Dieses fröhliche, hinter der Strandstraße gelegene Hotel hat blitzsaubere, geräumige und luftige Zimmer mit Warmwasserbädern (Regenduschen, flauschige Handtücher) und Meerblick, die weitaus besser aussehen, als man nach der Fassade urteilen würde. Es gibt auch einen winzigen Pool.

Hotel Vinayak INDISCH $$

(Darbar Rd; Hauptgerichte 120–400 ₹; ⏲ 7–22 Uhr) Die Terrasse mit Meerblick ist der ideale Ort, um ein köstliches, feuriges Konkan-Thali (120–300 ₹) mit Fischcurry, auf der *tawa* (Kochplatte) gebratenem Fisch, *sol kadhi* (pinkfarbener, leicht säuerlicher verdauungsfördernder Mix aus Kokosmilch und Kokum-Früchten) zu genießen. Es gibt auch frischen Fisch, Garnelengerichte und ein gutes Frühstück.

Anreise & Unterwegs vor Ort

Vom Gateway of India in Mumbai schippern Fähren und Katamarane (125–165 ₹) zwischen 6 und 19 Uhr zum Pier von Mandva. Im Fahrpreis ist ein kostenloser Bus-Shuttle nach Alibag (30 Min.) enthalten. Klapprige Regionalbusse fahren von Alibag entlang der Küste bis hinunter nach Murud-Janjira (70 ₹, 2 Std., alle 30 Min.). Alternativ fahren dorthin auch zehn Busse vom Busbahnhof Mumbai Central zwischen 6 und 1 Uhr und brauchen knapp sechs Stunden bis nach Murud-Janjira (ohne Klimaanlage 200 ₹). Vier Busse täglich fahren weiter nach Pune (215 ₹, 7 Std., 7.30, 14, 15 und 16 Uhr).

Der nächstgelegene Bahnhof befindet sich in Roha, zwei Stunden entfernt, hat aber schlechte Verbindungen.

Fahrräder (pro Std./Tag 150/250 ₹) und Autos (15 ₹/km) kann man beim **Golden Swan Beach Resort** (☎ 9225591131; www.goldenswan.com; Darbar Rd) mieten.

Rund um Murud-Janjira

RAIGAD FORT

Rund 24 km abseits des Hwy 66 thront das zauberhafte **Raigad Fort** (Inder/Ausländer 15/200 ₹; ⏲ 8–17.30 Uhr) hoch oben auf einem entlegenen Hügel. Von 1648 bis zu Shivajis Tod im Jahr 1680 befand sich hier dessen Hauptstadt. Später eroberten die Briten das besuchenswerte Bollwerk und erweiterten es um ein paar eigene Bauten. Shivajis Grab und Königshof blieben jedoch erhalten – ebenso der Hauptmarkt und diverse Sockelmauern der königlichen Gemächer.

Wer will, kann die Steilwände des Festungshügels über mörderische 1475 Stufen erklimmen. Deutlich weniger anstrengend ist die **Seilbahn** (Ropeway; www.raigadropeway.com; hin & zurück 250 ₹; ⏲ 8–19 Uhr), deren Passagiere aus schwindelerregender Höhe auf die Schluchten hinab blicken. Achtung: Die Seilbahn ist bei indischen Touristen extrem beliebt – zur Urlaubszeit muss mit Wartezeiten von bis zu einer Stunde gerechnet werden! Das **Sarja Restaurant** (Snacks 35–80 ₹; ⏲ 8–19 Uhr) an der Talstation serviert gute Snacks und Mittagsgerichte. Im eigentlichen Fort stehen Führer (500 ₹) zur Verfügung.

Vom Ort Mahad am Hwy 66 (auf das Schild mit der Aufschrift „Raigad Ropeway" achten) fahren Autorikschas hinauf zur Seilbahn und zurück für 700 ₹ inkl. Wartezeit. Mahad liegt 158 km südlich von Mumbai und 88 km von Murud-Janjira entfernt. Die Straße zwischen Mahad und Raigad ist befestigt und in gutem Zustand. Ein Auto mit Fahrer kostet 15 ₹ pro Kilometer für einen Tagestrip ab Murud-Janjira. Von Mahad verkehren alle 2–3 Stunden Busse nach Mahabaleshwar (70 ₹, 2 Std.).

Ganpatipule

☎02357

Das winzige Strandresort Ganpatipule lockt seit Jahren Meeresfans mit warmem Wasser und schönen Sandstreifen. Das Dorf liegt ca. 375 km von Mumbai entfernt und schlummert den Großteil des Jahres über, außer an Feiertagen wie Diwali oder Ganesh Chaturthi. Dann fallen Horden lärmender Touristen hier ein, um den küstenseitigen **Swayambhu-Tempel** (⌚6–21 Uhr) zu besuchen, der eine monolithische (grell orangefarben bemalte) Ganesha-Skulptur beherbergt. Wer es besinnlicher mag, sucht die Strände gleich südlich des Hauptstrandes auf (wie etwa Neware Beach), die spektakulärer als Ganpatipule und auch weniger überlaufen sind. Eine Autorikscha bringt einen hierher.

Um nach Ganpatipule zu gelangen, passiert man den Verkehrsknotenpunkt Ratnagiri, wo sich der verfallende **Thibaw-Palast** (Thibaw Palace Rd; ⌚Di–So 10–17.30 Uhr) GRATIS befindet. Hier hatten die Briten den letzten burmesischen König Thibaw interniert.

Schlafen & Essen

Grand Konkan Resort PENSION $
(☎02357-235291; www.atithilodgeganpatipule.com; Zi mit/ohne Klimaanlage 1800/1500 ₹) Der Name ist zwar etwas großspurig gewählt, aber diese familiengeführte Pension hinter der schlichten und preisgünstigeren Atithi Lodge (mit denselben Besitzern) bietet recht nette Zimmer mit einem Hauch von Charakter (Vorhänge, holzgerahmte Kunstwerke) und liegt nur fünf Gehminuten vom Strand entfernt. Dielen und Regale aus Hartholz vermitteln das Gefühl einer Wald-Lodge. Die Brüder Jayesh und Rajesh sprechen Englisch und sind überaus hilfsbereit.

MTDC Resort HOTEL $$
(☎02357-235248; www.mararashtratourism.gov.in; DZ mit/ohne Klimaanlage ab 2740/2380 ₹; ❄ 📶) Dieses riesige Resort in bester Strandlage ist so etwas wie ein Ferienlager für Familien aus Mumbai. Die Zimmer und Hütten aus Beton könnten mal eine kleine Renovierung vertragen, aber alle bieten einen direkten Traumblick aufs Meer. Es hat auch ein anständiges Restaurant, in dem kaltes Bier serviert wird.

Bhau Joshi Bhojnalay INDISCH $
(Hauptgerichte 55–125 ₹; ⌚11.30–15 & 19.30–22.30 Uhr) Es ist nicht der bequemste Ort um zu essen (keine Schilder auf Englisch, es wird fast kein Englisch gesprochen, keine Servietten, also sollte man Feuchttücher mitbringen), aber die köstlichen Maharashtra-Gerichte dieses sauberen, ordentlichen Restaurants hinter den Stränden entschädigen für alle Mühen. Zu empfehlen ist das tolle *baingan masala* (Auberginen-Curry 90 ₹). Serviert werden auch jainistische und Punjab-Gerichte.

ABSTECHER

UNTERWEGS MIT DER KONKAN RAILWAY

Die Konkan Railway ist nur eine in einer langen Liste geschichtsträchtiger indischer Züge und schlängelt sich entlang der Südwestküste Indiens auf einer Länge von 738 km durch die Bundesstaaten Maharashtra, Goa und Karnataka. Die Bahnstrecke, auf der seit 1998 Personenzüge rollen, gilt als größtes und ehrgeizigstes Infrastruktur-Projekt, das in Indien seit Erlangung der Unabhängigkeit in Angriff genommen (und vollendet) wurde. Schon allein den Gedanken daran verwarfen die Briten im frühen 20. Jh., denen das abenteuerliche Unterfangen als ein konstruktions- und ingenieurmäßig unmöglich zu realisierendes Vorhaben erschien. Sie überließen es daher den Einheimischen, das Projekt im Lauf mehrerer Jahrzehnte umzusetzen (wobei 10 Personen ihr Leben während den von Unglücken heimgesuchten Bauarbeiten verloren).

Heute ist diese umwerfend reizvolle Landschaft voller malerischer Reisfelder, sanft gewellter Hügel, schroffer Berggipfel, postkartenreifer Ausblicke aufs Meer sowie zahlloser Tunnel, Wasserfälle, Viadukte und Dschungellandschaften mit der Bahn zugänglich – dank 92 Tunnel und 2000 Brücken, darunter auch der 64 m hohen Panval Viaduct, Indiens höchster (und Asiens dritthöchster) Viadukt.

Die meisten Reisenden genießen die Konkan-Fahrt mit dem *Mandovi Express* auf der Strecke von Mumbai nach Goa, aber Eisenbahnfreaks können das Abenteuer noch ausgiebiger genießen, indem sie mit dem *Mangalore Express* eine 14-stündige Fahrt von Mumbai nach Mangalore unternehmen.

Hotel Naivedya INDISCH $
(Hauptgerichte 80–170 ₹, Thali 85 ₹; ⏲10–19 Uhr) Der einfache Treffpunkt der Einheimischen serviert täglich einen köstlichen vegetarischen Thali mit einem Kick (85 ₹) und den erfrischendsten *sol kadhi* an der ganzen Küste.

Praktische Informationen

In Ganpatipule gibt es mehrere Geldautomaten, darunter einen etwa 400 m landeinwärts vom MTDC Resort.

Anreise & Unterwegs vor Ort

Ganpatipule ist verkehrsmäßig schlecht angebunden. Ratnagiri, die nächste größere Stadt, liegt 40 km weiter südlich. Stündlich verkehrende Busse (33 ₹, 1½ Std.) verbinden die beiden Orte; Autorikschas kosten 400 ₹.

Zwei staatliche Busse fahren täglich von Ganpatipule nach Pune (₹350, 5 Std., 6.45 und 19.30 Uhr). Um nach Mumbai und Kolhapur zu gelangen (oder um häufiger fahrende staatliche Busse zu erreichen), fährt man zurück nach Ratnagiri (33 ₹, 1¼ Std., alle 30 Min., 7–20 Uhr).

Es gibt auch Privatbusse nach Mumbai (Volvo-Bus ohne Klimaanlage Sitzplatz/mit Klimaanlage Sleeper Class 700/1000 ₹, 10 Std., 19 Uhr) und Pune (Volvo-Bus mit Klimaanlage Sleeper Class 800 ₹, 9 Std., 19 Uhr).

Der Bahnhof von Ratnagiri liegt an der Konkan-Railway-Strecke. Von Ratnagiri fährt der *Mandovi Express* täglich nach Mumbai (2. Klasse/Sleeper Class/2AC 188/293/1061 ₹, 7½ Std., 14.05 Uhr). In Gegenrichtung fährt der Zug nach Goa (163/248/896 ₹, 5½ Std.) um 13.15 Uhr ab. Von Ratnagiris altem Busbahnhof fahren Busse nach Goa (Semideluxe 270 ₹, 6 Std.) und Kolhapur (160 ₹, 4 Std.).

Malvan

☎ 02365

Staatliche Werbekampagnen preisen die aufstrebende Region rund um Malvan als Pendant zu Tahiti an. Obwohl das dann doch ein wenig übertrieben ist, gibt's hier fast weiße Strände, funkelndes Seewasser und Backwaters im Dschungel. Draußen vor der Küste warten Korallenriffe, Meereshöhlen und eine lebendige Unterwasserwelt. Seit der Eröffnung einer neuen erstklassigen Tauchschule pilgern daher immer mehr Taucher hierher.

Das entspannte radfahrerfreundliche Malvan mit seinen vielen alten Holzgebäuden gehört sicher zu den schönsten Kleinstädten an der Konkanküste. Vor Ort findet man auch einen Basar, einen belebten kleinen Hafen und die entspannte, tropische Lebensart. Direkt südlich vom Zentrum säumen zahlreiche Hotels und Pensionen den zauberhaften Tarkali Beach.

Sehenswertes & Aktivitäten

In Malvan gibt's etliche Tauchshops mit unqualifiziertem Personal; wer tauchen will, sollte sich besser an einen offiziell zugelassenen Betreiber wenden. Das Malvan Marine Sanctuary ist das beliebteste Tauchrevier der Region und sein 67 Seemeilen langes Korallenriff wird oft als Indiens Great Barrier Reef gepriesen.

Das Südende des Tarkali Beach wird vom breiten, hübschen Karli River begrenzt. Mehrere Bootsbetreiber (sie sind am Nordufer angesiedelt) bieten Touren mit diversen Zwischenstopps entlang der Backwaters nach Seagull Island, zum Golden Rock, dem Dolphin Point und zu Strandbuchten und/oder dem Leuchtturm Vengurla Rock an. Die Touren kosten 1200–3500 ₹ pro Boot für maximal 10 Personen.

Sindhudurg Fort FORT
Im Jahr 1664 erbaute Shivaji dieses riesige Fort auf einer vorgelagerten Insel, die von Malvans Hafen aus mit der Fähre erreichbar ist (Erw./Kind 70/40 ₹, 8–17.30 Uhr regelmäßig; Besichtigungszeit 1 Std.). Die Festung ist nicht ganz so eindruckvoll wie Janjira weiter oben an der Küste und heute größtenteils zerstört, wirkt aber immer noch sehr mächtig. Besucher können die Anlage erkunden und dabei einen tollen Blick auf die Küste genießen.

Tarkali Beach STRAND
Dieser halbmondförmige Sandstrand erstreckt sich wie ein goldener Bogen südlich von Malvan und ist eine Vision vom tropischen Indien, gesäumt von Kokospalmen und Kasuarinen, wobei sich noch gelegentlich Kühe blicken lassen. In der Abenddämmerung holen Fischer (zwischen Okt. und Feb.) gemeinsam die kilometerlangen Riesennetze voller Sardinen ein. Eine Autorikscha von Malvan hierher kostet 150 ₹.

★ **IISDA** TAUCHEN
(Indian Institute of Scuba Diving & Aquasports; ☎ 02365-248790; www.maharashtratourism.gov.in; Tarkali Beach; 3700 ₹/Tauchgang, PADI-Open-Water-Kurs 22 000 ₹; ⏲7–19 Uhr) Dieses topmoderne PADI-Tauchzentrum entstand auf Initiative der Tourismusbehörde von Maharashtra und ist Indiens bestes Tauchzent-

MALVAN MARINE SANCTUARY

Der Küstenstreifen rund um Malvan ist dank seiner artenreichen Feuchtgebiete, der Sand- und Felsstrände, Mangroven und Backwaters unglaublich vielfältig. Aber noch reizvoller dürfte die Unterwasserwelt sein: Korallenbänke und Höhlen bieten vielen Meeresbewohnern Lebensraum und ausgedehnte Wälder aus Seetang (*Sargassum*) dienen Jungfischen als Kinderstube. Die Felsinseln im offenen Meer ziehen Schwärme von Schnappern und großen Zackenbarschen, Falterfischen, Gelbstreifen-Füsilieren, Mantas, Stachelrochen und Hummern an. Regelmäßig werden zwischen Oktober und Mai Delfinschulen gesichtet und sogar der Walhai, der größte Fisch der Welt, lässt sich hin und wieder blicken.

Gegenwärtig ist nur ein kleiner Bereich, in dem sich auch das Sindhudurg Fort befindet, als **Malvan Marine Sanctuary** geschützt. Es ist jedoch so artenreich, dass Meeresbiologen, darunter auch Dr. Sarang Kulkarni, Direktor des Indian Institute of Scuba Diving & Aquasports (IISDA), es für unabdingbar halten, dass es erweitert wird. Das Korallenriff im offenen Meer erstreckt sich über 67 Seemeilen und wurde bereits als Indiens Great Barrier Reef bezeichnet. Ein Unterwasserplateau, die 40 km lange und 20 km breite **Angria Bank**, hat noch intakte Korallenbänke und eine Fülle an Meereslebewesen – so etwa können Ammenhaie bei fast jedem Tauchgang beobachtet werden. Das IISDA hat ehrgeizige Pläne und beabsichtigt, Tagesausflüge sowie Touren mit Übernachtung an Bord nach Angria zu veranstalten.

rum. Es wird geleitet von Dr. Sarang Kulkarni, einem Meeresbiologen und vielseitigen Tauch-Profi. Es bietet professionelle Kurse in einem 20 m langen und 8 m tiefen Trainingsbecken, klimatisierte Schulungsräume und komfortable Unterkünfte für Tauchschüler. Das IISDA ist auch ein Meeresschutz-Institut und hat sogar ein Restaurant, eine Bar und einen Tennisplatz.

Es liegt 7 km südlich von Malvan.

Schlafen & Essen

Vicky's Guest House PENSION $

(☎9823423046; www.malvanvickysguesthouse.com; nahe Heravi Batti, Dandi Beach; Zi mit/ohne Klimaanlage ab 1500/1000 ₹; ❄📶) In einer ruhigen, von Palmen gesäumten Gasse gelegen und nur 400 m vom Dandi Beach und wenige Schritte vom Ort Malvan entfernt, bietet das coole, behauliche Vicky fünf zweckmäßige Zimmer, die zunächst nicht viel hergeben, aber für ihren Preis geräumig, gut ausgestattet und überaus komfortabel sind. Vicky selbst ist äußerst hilfsbereit und gastfreundlich – wie übrigens die ganze liebenswürdige Familie.

★ **Chaitanya** MALVAN-KÜCHE $$

(502 Dr Vallabh Marg; Hauptgerichte 150–325 ₹; ⏲11–23 Uhr) An der Hauptstraße von Malvan liegt dieses tolle, familiengeführte Lokal, das sich auf Konkanküche spezialisiert hat – darunter *bangda tikhale* (Fisch in dicker Kokossauce), *malvani*-Garnelen und das sehr aromatische Krabben-*masala;* die Portionen sind nicht berauschend groß, aber das Seafood ist erstklassig – genauso wie die vegetarischen Gerichte. Das Chaitanya ist bei Einheimischen sehr beliebt und hat auch einen Bereich mit Klimaanlage.

Athithi Bamboo MALVAN-KÜCHE $$

(Church St, Chival; Thalis 80–325 ₹; ⏲12–16 & 20–22.30 Uhr) An der Nordseite des Hafens liegt dieses große, zwanglose Restaurant, das köstliche Thalis nach Malvan-Art und viel frischen Fisch serviert. Es gibt kein englischsprachiges Schild oder eine Menükarte auf Englisch und man sitzt unter einem Blechdach (sodass es tagsüber sehr heiß wird), aber die Meeresfrüchte sind superfrisch und es gibt authentische Konkanküche.

An- & Weiterreise

Der nächstgelegene Bahnhof befindet sich im 38 km entfernten Kudal. Häufig verkehrende Busse (38 ₹, 1 Std.) bedienen die Strecke vom **Malvan-Busbahnhof** (☎02365-252034; Shri Babi Hadkar Marg) oder man nimmt für ca. 500 ₹ eine Autorikscha. Normale Busse verbinden Malvan mit Kolhapur (ohne Klimaanlage ab 189 ₹, 5 Std.), Mumbai (562 ₹, 12 Std., 8 Uhr), Panaji (ohne Klimaanlage ab 102 ₹, 4 Std., 6.45, 7.45, 14.30 und 15.15 Uhr) und Ratnagiri (ohne Klimaanlage ab 190 ₹, 5 Std., 6, 7.45 und 11.15 Uhr). Etwas schneller sind die blau-weißen staatlichen Kadamba-Goa-Busse nach Goa (135 ₹, 3½ Std., 7.45, 14.30 und 15 Uhr), Mapusa und Panaji.

An der Dr Vallabh Marg gibt es private Busunternehmen, die komfortablere Sitze in Volvo-Bussen nach Mumbai und Pune verkaufen; diese starten aber in Kasal, das 33 km von Malvan im Inland liegt und wohin keine Busverbindung besteht.

Malvan liegt nur 80 km nördlich von Goa; Private Fahrer verlangen für die 2-stündige Fahrt 2000 ₹ (ohne Klimaanlage) bis 2500 ₹ (mit Klimaanlage).

Matheran

☎02148 / 5750 EW. / 803 M

Matheran, wörtlich „vom Dschungel bekrönt", ist ein winziger friedlicher Flecken, der auf einem Gipfel der schroffen Sahyadri-Berge thront und nur einen Katzensprung von Mumbais Hitze und Schmutz entfernt ist. Mit seinen schattigen Wäldern, die von zahllosen Wanderwegen durchzogen werden und tolle Aussichtspunkte bieten, bewahrt es immer die Eleganz und die Atmosphäre der Kolonialzeit, obwohl sein Reiz zunehmend durch Kommerzialisierung und illegale Bauprojekte getrübt wird (so könnte der Ort beispielsweise auch sehr gut ohne ein Riesenrad und ein Wachsmuseum auskommen).

In der Vergangenheit war die Anreise nach Matheran bereits der halbe Spaß. Die Straße bildete zwar die schnellere Option, aber nichts toppte die Fahrt hierher mit der Kleinbahn „Toy Train", die bis in das Herz des Ortes hinauftuckerte. Nach mehreren Zwischenfällen, bei denen der Zug entgleiste, wurde 2016 der Bahnverkehr eingestellt und es gibt keinen Zeitplan für dessen Wiederaufnahme.

Kraftfahrzeuge sind aus dem Ort Matheran selbst verbannt – ideal, um seinen Ohren und den Lungen eine Erholungspause zu bieten und den Beinen etwas Bewegung zu gönnen.

Sehenswertes & Aktivitäten

Matheran ist ideal für stressfreie Spaziergänge: Über schattige Waldwege sind die meisten Aussichtspunkte in wenigen Stunden zu Fuß erreichbar. Den Sonnenaufgang genießt man idealerweise am **Panorama Point**. Um den Sonnenuntergang zu bewundern, empfiehlt sich der **Porcupine Point** (auch Sunset Point genannt), der zugleich am beliebtesten (d.h.: immer stark überlaufen) ist. Der **Louisa Point** und der **Little Chouk Point** bieten ebenfalls einen Traumblick auf die Sahyadri-Berge.

Rund um **Echo Point**, **Charlotte Lake** und **Honeymoon Point** herrscht an Wochenenden bzw. öffentlichen Feiertagen der stärkste Betrieb – wer nicht auf zahllose Tagesausflügler steht, meidet diesen Bereich dann am besten.

Ins Tal unter dem One Tree Hill führt ein Pfad namens **Shivajis Ladder**, den der Marathenfürst einst selbst benutzt haben soll.

Schlafen & Essen

Hope Hall Hotel HOTEL $

(☎8149621803; www.hopehallmatheran.com; MG Rd; DZ Mo–Fr 1200 ₹, Sa & So 1500 ₹) Eine äußerst freundliche Familie führt dieses alteingesessene Hotel (erb. 1875), in dem sich Traveller seit Jahren wohlfühlen. Die geräumigen Zimmer mit hohen Decken und künstlerischen Einrichtungselementen befinden sich in zwei separaten Gebäuden, die im hinteren Teil des grünen Gartens stehen. Für Gäste gibt's Getränke und gutes Frühstück.

★ **Verandah in the Forest** HISTORISCHES HOTEL $$$

(☎02148-230296; www.neemranahotels.com; Barr House; DZ inkl. Frühstück So–Do ab 4760 ₹, Sa & So ab 5950 ₹; 📶) Dieser wunderschön erhaltene, 150 Jahre alte Bungalow verströmt mit seinen altertümlichen Luxuszimmern unverfälschte Nostalgie. Kunstvolle Kronleuchter, Orientteppiche, alte Teakholzmöbel, viktorianische Gemälde und Standuhren aus Großvaters Zeiten versetzen einen in längst vergangene Zeiten. Die Veranda bietet einen reizvollen Blick auf die bewaldeten Hügel von Matheran.

Das hauseigene Restaurant serviert ein tolles viergängiges Abendessen nach europäischer Art (700 ₹; Abendessen nur für Hotelgäste; Mittagessen für alle zugänglich).

Shabbir Bhai INDISCH $

(Merry Rd; Hauptgerichte 100–210 ₹; ⌚9–22.30 Uhr) Von den Einheimischen „Byrianiwala" genannt, bietet dieses witzige Lokal eine reichhaltige nordindische Speisekarte, aber hier dreht sich alles um die Biryanis: würziger, gedämpfter Reis mit Hühnchen, Hammelfleisch oder vegetarisch. Man findet das Shabbir, indem man neben der Jama Masjid an der MG Rd den Fußweg hügelaufwärts geht und immer dem Geruch folgt.

Praktische Informationen

Die Zugangsgebühr für Matheran beträgt 50 ₹ (25 ₹ für Kinder) und wird am Dasturi-Parkplatz entrichtet.

An- & Weiterreise

TAXI

Sammeltaxis (70 ₹) fahren vor dem Bahnhof von Neral zum Dasturi-Parkplatz von Matheran (30 Min.) ab. Pferde (350 ₹ zu allen Hotels außer dem Verandah in the Forest, wohin die Fahrt 550 ₹ kostet) und handgezogene Rikschas (700 ₹) warten hier, um Reisende (sozusagen im Nu) zum Hauptbasar von Matheran zu befördern. Die Pferde-*wallahs* sind gewerkschaftlich organisiert und ihre Preise hängen offiziell aus – dennoch sollte man sich nicht auf einen Preis einlassen, bevor man nicht die Preistafel geprüft hat, die allerdings 50 m *hinter* dem Kartenschalter von Matheran zu finden ist (die von den Hotels angebotenen Preise stehen auf der Anschlagtafel rechts unten in kleinerer Schrift als der übrige Text). Für diese Strecke (etwa 3,5 km bergauf) braucht man zu Fuß etwas weniger als eine Stunde und das Gepäck kann man für etwa 250 ₹ befördern lassen.

ZUG

Der Betrieb von Matherans Schmalspurbahn („Toy Train") wurde nach zwei Entgleisungen 2016 eingestellt. Normalerweise tuckert sie sechsmal täglich zwischen Matheran und Neral Junction.

Von Mumbais Hauptbahnhof CST fahren täglich zwei Expresszüge nach Neral Junction um 7 & um 8.40 Uhr (2. Klasse/Chair Class 93/326 ₹, 1½ Std.); Fahrkarten kann man aber nicht online buchen, da Neral und Mumbai vom IRCTC als ein und dasselbe Stadtgebiet angesehen werden. Man muss eine Fahrkarte für ein entfernteres Ziel (z. B. Lonavla) buchen und dann in Neral aussteigen oder mit einem der vielen Nahverkehrszüge fahren, die regelmäßig zwischen Mumbais Hauptbahnhof CST und Dadar verkehren.

Weitere Expresszüge ab Mumbai halten in Karjat, das hinter Neral liegt und von wo aus man per Nahverkehrszug oder mit einem Bus nach Matheran gelangt (31 ₹, 30 Min., 4-mal tgl., um 5.45, 11, 13.30 und 16.15 Uhr). Ab Pune gibt es zahlreiche Züge, die täglich nach Karjat fahren, allerdings halten sie nicht in Neral Junction.

Unterwegs vor Ort

Abgesehen von den von Hand gezogenen Rikschas und den Pferden ist der Fußmarsch die einzige Fortbewegungsmöglichkeit in Matheran. Pferde-*wallahs* belästigen Reisende ständig mit Angeboten für Ausritte (ca. 400 ₹/Std.).

Lonavla

☎ 02114 / 57 400 EW. / 625 M

Lonavla ist eine lärmende Resortstadt etwa 106 km südöstlich von Mumbai. An der Hauptstraße gibt es fast nur grell beleuchtete Läden, die *chikki* feilbieten, die steinharten, zerbrechlichen, in dieser Gegend hergestellten Süßigkeiten. Geboten werden zudem jede Menge Spaßeinrichtungen wie Wachsfigurenkabinette, Gokart-Rennen und Indiens größter Aquapark. Man findet aber auch einige nette Nebenstraßen, ruhige Wohnviertel sowie ausgewiesene Yoga-Plätze und eine idyllische ländliche Umgebung, sodass es hier für jeden etwas gibt.

Der Hauptgrund hierherzukommen, ist der Besuch der nahen Höhlen Karla und Bhaja, die nach jenen von Ellora und Ajanta zu den sehenswertesten in Maharashtra gehören.

Hotels, Restaurants und die Hauptstraße zu den Höhlen liegen nördlich vom Bahnhof. Der größte Teil der Stadt Lonavla und die Märkte befinden sich aber südlich vom Bahnhof.

Aktivitäten

Kaivalyadhama Yoga Hospital YOGA

(☎ 8551092986, 02114-273039; www.kdham.com; 40-tägige Kurs inkl. Vollpension 1000 US$) Auf dem Weg zu den Höhlen von Karla und Bhaja liegt dieses fortschrittliche Yogazentrum (gegr. 1924 von Swami Kuvalayananda) etwa 2 km außerhalb von Lonavla. Auf einem gepflegten Gelände kombiniert es Yogakurse mit Naturheilverfahren. Der Kurspreis beinhaltet jeweils Vollpension, Yoga-Unterricht, Programme und Vorträge.

Nirvana Adventures GLEITSCHIRMFLIEGEN

(☎ 022-26053724; www.flynirvana.com) Die Firma mit Hauptsitz in Mumbai bietet neben kurzen Tandem-Gleitschirmflügen (ab 2500 ₹) auch zweitägige Anfängerkurse (12 000 ₹/Pers. inkl. Vollpension). Gestartet wird jeweils in der schönen Landschaft nahe Kamshet (ca. 25 km von Lonavla entfernt).

Schlafen & Essen

★ **Ferreira Resort** HOTEL $

(☎ 02114-272689; http://ferreiraresortlonavala.blogspot.co.uk; DT Shahani Rd; Zi. Mo–Do 1300 ₹, Fr–So 1800–2100 ₹, mit Klimaanlage Mo–Do 1500 ₹, Fr–So 2000–2500 ₹; ❄ 📶) Das Ferreira ist sicherlich kein Resort, aber für Lonavla dennoch so etwas wie eine Rarität: ein familiengeführtes Hotel mit vernünftigen Preisen in einem ruhigen Wohngebiet unweit vom Bahnhof. Zehn der 15 sauberen, aber etwas veralteten Zimmer mit Klimaanlage haben eigene Balkone. Außerdem gibt's einen kleinen Garten und Zimmerservice.

Hotel Rama Krishna SÜDINDISCH, PUNJAB-KÜCHE $$
(Mumbai Pune Rd; Hauptgerichte ₹40-420 ₹; ⌚7–23.45 Uhr) Es scheint, dass sich alle in dieser Stadt – die vorbeifahrenden Biker eingeschlossen – auf der netten Terrasse dieses Restaurants zum Frühstück einfinden, wo tolle südindische Hauptgerichte (darunter großzügige Portionen *dosas* u.a.). die Regel sind. Zu späterer Stunde finden sich zum Abendessen die Gäste bei scharfen Punjab-Gerichten ein und auch kaltes Bier gibt's in rauen Mengen.

★ **Kinara Dhaba Village** NORDINDISCH, CHINESISCH $$$
(www.thekinaravillage.com; Vaksai Naka, Old Mumbai Pune Hwy; Hauptgerichte 280–560 ₹; ⌚11–23.30 Uhr; 👪) Es hat etwas von einem Disneyland-*dhaba*, aber gerade darin liegt sein Reiz. Etwa 5 km östlich von Lonavla und näher bei den Höhlen von Karla und Bhaja liegt dieses vergnügliche Lokal, ein beliebter Unterhaltungs-Treffpunkt. Man isst unter traditionellen *shamiana*-Hütten bei unerträglich greller Festbeleuchtung, reitenden Kamelen und Eseln und genießt *jalebi* (frittierte, mit Zuckersirup durchtränkte Teigfäden), Becken für Fischpediküre und abends (ab 19 Uhr) live *ghazal*-Musik (Urdu-Liebeslieder).

ℹ An- & Weiterreise

Nach Lonavla fahren MSRTC-Busse, die vom Busbahnhof in Mumbai in Richtung Dadar (ab 150 ₹, 2 Std.) und Pune (ab 100 ₹, 2 Std.) starten. Von Lonavla aus bietet **Neeta Bus** (☎8652222640; www.neetabus.in; 57/2/2/A Valvan Dam, Old Mumbai Pune Hwy) Luxusbusse mit Klimaanlage nach Pune (250 ₹, stündl., 8–23 Uhr) und Mumbai (400 ₹, stündl., 7–23 Uhr), die vom eigenen schicken Busbahnhof 3 km nordöstlich vom Bahnhof starten. Sie halten am Bahnhof Sion (für den Anschluss nach Churchgate), fahren dann durch die Vororte, stoppen in Vila Parle für den Inland-Flughafen und fahren weiter nach Borivali.

Alle Expresszüge von Mumbais Bahnhof CST nach Pune halten in Lonavla (2. Klasse 98–123 ₹, Chair Class 326–371 ₹, 2½ –3 Std.).

Höhlen von Karla & Bhaja

Die aus dem Fels herausgeschlagenen Höhlen von Karla & Bhaja, die ungefähr aus dem 2. Jh. v. Chr. stammen, können dem Vergleich mit Ajanta oder Ellora zwar nicht standhalten, sind aber trotzdem durchaus ansehnliche Beispiele buddhistischer Höhlenarchitektur in Indien. Zudem eignen sich die von Touristen eher ignorierten Anlagen wunderbar für einen entspannten Ausflug. In Karla lässt sich die beeindruckendste Höhle besichtigen, Bhaja ist ruhiger und die Erkundung der Anlage macht mehr Spaß.

👁 Sehenswertes

Höhlen von Karla HÖHLE
(Inder/Ausländer 15/200 ₹, Video 25 ₹; ⌚9–17 Uhr) Nach einer 20-minütigen Kletterpartie von einem kleinen Basar am Fuß des Hügels aus hat man die Höhle von Karla, die größte frühbuddhistische *chaitya* Indiens, erreicht. 80 v. Chr. fertiggestellt, ist diese *chaitya* rund 40 m lang und 15 m hoch und erinnert von der Architektur her an die *chaityas* in Ajanta und Ellora. Im gewölbten Inneren findet man kompliziert ausgeführte Skulpturen von Buddha, Menschen und Tierfiguren.

Durch ein halbrundes „Sonnenfenster" fällt Licht in die Dagoba bzw. auf den Stupa (dieser soll Buddha darstellen), der von einem geschnitzten Schirm, dem einzigen erhalten gebliebenen Exemplar dieser Art, geschützt wird. Die Decke der Höhle ist außerdem mit alten Teakholzbalken abgestützt. Die 37 Pfeiler an den Seiten sind von knieenden Elefanten bekrönt. Die geschnitzten Elefantenköpfe an den Seiten des Vorraums hatten früher Elfenbeinstoßzähne.

Es gibt einen **Hindu-Tempel** direkt vor dem Höhleneingang, der jede Menge Pilger anzieht, die die Szenerie etwas beleben.

Höhlen von Bhaja HÖHLE
(Inder/Ausländer 15/200 ₹, Video 25 ₹; ⌚8.30–17.30 Uhr) Jenseits der Autobahn von der Höhle von Karla und 3 km abseits der Hauptstraße erreicht man inmitten einer üppigen Landschaft die Höhlen von Bhaja; sie sind grüner und liegen ruhiger als die anderen Höhlen der Region. Entstanden vermutlich um 200 v. Chr., sind zehn der 18 Höhlen *viharas,* während die Höhle 12 eine offene *chaitya* mit einer einfchen Dagoba ist.

ℹ Anreise & Unterwegs vor Ort

Karla liegt 11 km östlich von Lonavla, Bhaja 9 km. Wer die Höhlen besuchen will, nimmt einen lokalen Bus zum Zugangspunkt; von hier aus sind es zu den beiden Stätten zu Fuß jeweils 6 km hin & zurück, was aber bei großer Hitze sehr anstrengend ist. Autorikschas ab Lonavla kosten 800–1000 ₹ (je nach Wochentag) für die ganze Tour, inkl. Wartezeit.

Pune

020 / 5,14 MIO. EW. / 535 M

Pune ist ein florierendes Bildungs- und Wirtschaftszentrum. Mit einem verwirrenden Mix aus Kapitalismus und Spiritualität (Altertum und Moderne) verkörpert die belebte Metropole das „neue Indien". Zudem ist sie weltweit berühmt (bzw. berüchtigt) für den verstorbenen Guru Bhagwan Shree Rajneesh und dessen Ashram namens Osho International Meditation Resort (S. 880).

Pune wurde ursprünglich von Shivaji und den herrschenden Peshwas „entdeckt", die es zu ihrer Hauptstadt machten. Im Jahr 1817 nahmen dann die Briten die Stadt ein und machten sie aufgrund ihres kühlen, trockenen Klimas während der Monsunzeit zum Zweitsitz der Präsidentschaft von Bombay. In den 1990er Jahren drang schließlich die Globalisierung auch nach Pune vor, woraufhin die Stadt einen Imagewandel erlebte. Trotzdem ist in einigen der alten Gebäude und Wohnviertel noch der Charme der Kolonialzeit zu spüren. Das schafft ein angenehmes Nebeneinander von Alt und Neu und macht Pune (trotz Luftverschmutzung und hektischem Verkehr) zu einem lohnenden Ziel.

Sehenswertes

★ Raja Dinkar Kelkar Museum — MUSEUM

(www.rajakelkarmuseum.com; Kamal Kunj, Natu Baug, 1377-78, Shukrawar Peth; Inder/Ausländer 50/200 ₹, Handy/Kamera 100/500 ₹; 10–17.30 Uhr) Dieses skurrile Museum ist eines der echten Highlights von Pune und zeigt nur einen Bruchteil jener mehr als 20 000 indischer Alltagsgegenstände, die Dinkar Kelkar (gest. 1990) akribisch zusammengetragen hat. Die schrullige Sammlung mit Objekten aus ganz Indien umfasst u. a. Hunderte von Hookahs (Wasserpfeifen), Schreibgeräte, Lampen, Textilien, Spielzeuge, ganze Türen und Fenster, Küchenutensilien, Möbel, Puppen, Spielkarten aus Elfenbein und Betelnussschneider.

Außerdem gibt's hier eine beeindruckende Sammlung von Musikinstrumenten, darunter auch Pfauen-Sitars!

Joshi's Museum of Miniature Railway — MUSEUM

(www.minirailways.com; 17/1 B/2 GA Kulkarni Rd, Kothrud; 90 ₹; Mo–Fr 9.30–17.30, Sa 9.30–16 & 17–20, So 17–20 Uhr) In der kleinen Fabrik Soudamini Instruments im östlichen Teil von Pune steht die einzige Miniaturstadt Indiens, die lebenslange Leidenschaft des Modelleisenbahn-Freaks Bhau Joshi. Es handelt sich dabei, kurz gesagt, um eine der weltweit größten Modelleisenbahn-Anlagen mit komplexen, voll funktionsfähigen Gleisanlagen und eine eindrucksvolle mechanische und technische Leistung.

Das Ganze ist der wahr gewordene Kindheitstraum (fast) jedes Jungen (und, zugegebenermaßen, auch vieler Erwachsenen). Das Modell umfasst insgesamt 65 Signalanlagen und 26 Weichen. Hinzu kommen zahllose Laternenpfähle und diverse Überführungen, ein Schwimmbecken, ein Zirkus-Rummelplatz (mit Achterbahn), ein Drive-in-Theater, eine doppelspurige Straße mit sich bewegenden Fahrzeugen sowie Glocken und Pfeifen, die alle von einer Schalttafel aus über ein 5 km langes Kabelnetz gesteuert werden.

Aga Khan Palace — PALAST

(Pune Nagar Rd, Kalyani Nagar; Inder/Ausländer 15/200 ₹, Video 25 ₹; 9–17.30 Uhr) Nordöstlich vom Zentrum steht dieser prächtige Palast auf einem friedvollen Parkgelände (6,5 ha) mit vielen Bäumen. Sultan Aga Khan III. errichtete den würdevollen Bau 1892. Nachdem Gandhi 1942 den sofortigen Abzug der britischen Kolonialmacht gefordert hatte, wurden er und andere bekannte Nationalistenführer vor Ort von den Briten festgehalten. Während des Arrests starben hier sowohl Gandhis Frau Kasturba als auch Mahadeobhai Desai, der 35 Jahre lang sein Sekretär gewesen war. Die beiden Schreine mit deren Asche stehen in einem ruhigen Garten im hinteren Geländebereich.

Im Hauptpalast können Besucher heute das **Gandhi National Memorial** mit dem damaligen bevorzugten Aufenthaltsraum des Mahatma besichtigen. Außerdem sind dort auch Fotos und Gemälde mit Szenen aus seinem außergewöhnlichen Leben ausgestellt.

Osho Teerth Gardens — GÄRTEN

(www.osho.com; DH Dhunjibhoy Rd, Koregaon Park; 6–9 & 15–18 Uhr) Die 5 ha großen Osho Teerth Gardens mit riesigen Bambusstauden, Joggingwegen, einem murmelnden Bach und knutschenden Paaren bilden einen grünen Rückzugsort vom Großstadtleben. Er ist für alle zugänglich, nicht nur für Osho-Mitglieder.

Pune

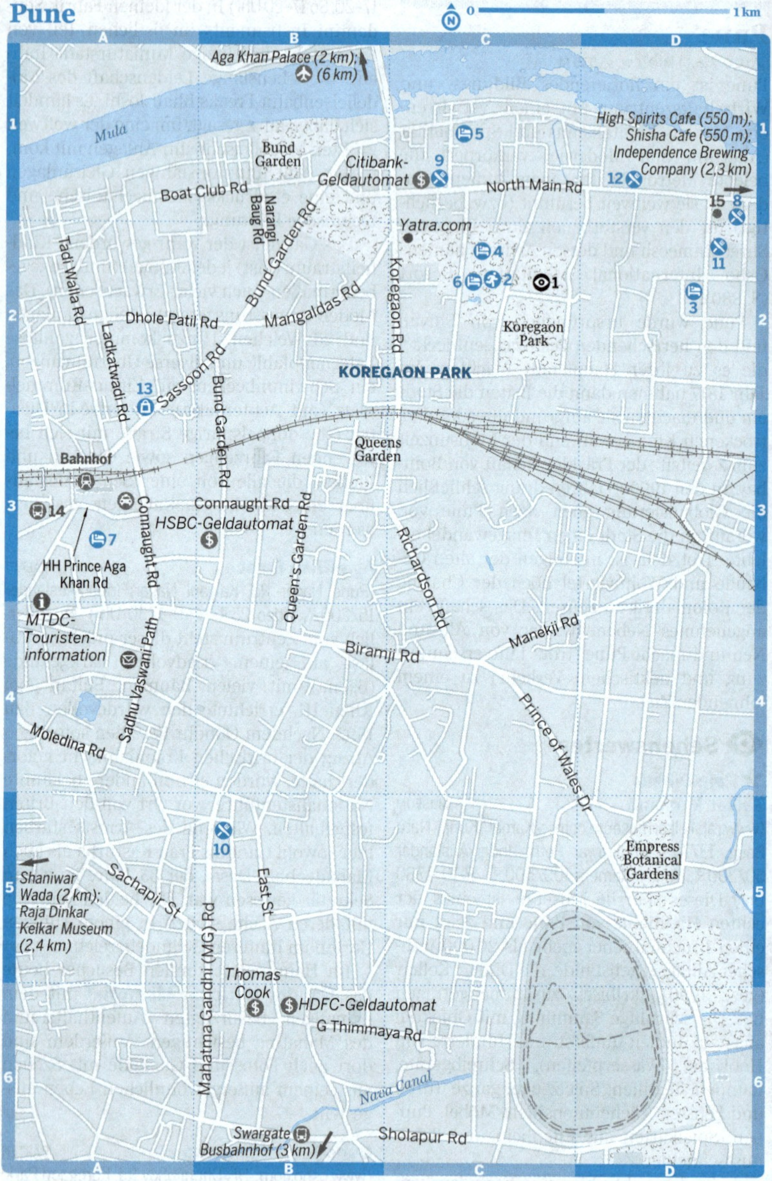

Shaniwar Wada

FORT

(Shivaji Rd; Inder/Ausländer 15/200, Sound-and-Light-Show 50/100 ₹; ⊙9–17.30 Uhr) Dieser befestigte Peshwa-Palast (erb. 1732) in der Altstadt brannte 1828 nieder. Übrig blieben nur die gewaltigen Mauern bzw. Wälle und ein mächtiges Festungstor.

Aktivitäten

Osho International Meditation Resort

MEDITATION

(☎020-66019999; www.osho.com; 17 Koregaon Park) Der markante Ashram mit Resort gehört zu einem grünen Nobelviertel im Nor-

Pune

Sehenswertes
1 Osho Teerth Gardens C2

Aktivitäten, Kurse & Touren
2 Osho International Meditation Resort C2

Schlafen
3 Hotel Lotus D2
4 Hotel Sunderban C2
5 Hotel Surya Villa C1
6 Osho Meditation Resort Guesthouse C2
7 Samrat Hotel A3

Essen
8 Arthur's Theme D1
Dario's .... (siehe 4)
9 German Bakery C1
10 Juice World B5
11 Malaka Spice D2
12 Prem's D1

Shoppen
13 Fabindia A2

Transport
14 Busbahnhof am Bahnhof Pune A3
15 Simran Travels D1

den der Stadt. Er ist untrennbar mit Punes Identität verbunden und hat seit Oshos Tod im Jahr 1990 eine Vielzahl von *sanyasins* (Suchende) angezogen. Swimmingpool, Sauna, Spa, „Zennis" und Unterkünfte im Boutiquestil machen ihn für manche zum idealen Meditationsort mit Luxusambiente.

Andere kritisieren dagegen die unverhohlene Kommerzialisierung und die hohen Preise: Sie werfen den Ashram-Betreibern vor, naiven und betuchten Abendländern gezielt eine verzerrte Version des mystischen Ostens zu verkaufen.

Eine reine Besichtigung der Einrichtungen ist inzwischen nicht mehr möglich: Wer sich selbst ein Bild von dem Ashram machen will und Zugang erhalten möchte, hat die heftige Gebühr für die Anmeldung (Reisepass erforderlich; 1560 ₹ inkl. obligatorischem HIV-Test mit sterilen Kanülen) und dann pro Tag einen Extrabetrag fürs Meditieren zu berappen. Zudem muss man zwei Gewänder (kastanienbraun und weiß; 1000 ₹/Stück) erwerben sowie an einer Einführungsveranstaltung (tgl. 9.30 Uhr) teilnehmen.

Achtung: Hier herrschen sehr strenge bzw. geradezu pedantische Bestimmungen. Die Poolbenutzung ist ausschließlich mit separat zu erwerbender Osho-Schwimmkluft (400–700 ₹, kastanienbraun) erlaubt. Die vorgeschriebene Kleidung für den Fitnessraum ist ebenfalls kastanienbraun und extra zu bezahlen. Für indische Staatsbürger finden spezielle Benimmkurse statt (die z. B. dem Belästigen westlicher Frauen entgegenwirken sollen) – die Sicherheit der Frauen wird sehr ernst genommen.

Obendrein entstehen übrigens noch Kosten für den Meditationspass (Inder/Ausländer pro Tag 870/1790 ₹; Rabatt bei längeren Aufenthalten) und den Zugang zum Basho Spa (290 ₹), wo sich der Pool, der Whirlpool, der Fitnessraum, die Saunen und die Tennisplätze befinden. Tagesausflügler können nur bar bezahlen.

Das Osho Auditorium (bitte hier nicht einmal husten oder niesen) dient als Hauptort für die Meditation und den spirituellen Abendtanz in weißen Gewändern. Meditiert werden kann auch im Osho Chuang Tzu, das die Asche des Gurus beherbergt. Die „Multiversity" der Gemeinschaft veranstaltet zahlreiche Kurse in Meditation und anderen esoterischen Praktiken. Am Ende jedes Tages gibt's neben weiteren Meditationssitzungen auch ein „Nachtleben" mit Partys, Kino, Theater und „kreativen Abenden".

Fotografieren ist im gesamten Resort strikt verboten. Das Welcome Center ist täglich von 9–12.30 & 14–15.30 Uhr geöffnet.

Ramamani Iyengar Memorial Yoga Institute
YOGA

(☎ 020-25656134; www.bksiyengar.com; 1107 B/1 Hare Krishna Mandir Rd, Model Colony) Wer 7 km nordwestlich vom Bahnhof an Kursen dieses berühmten Instituts teilnehmen möchte, muss Yoga schon seit mindestens acht Jahren praktizieren.

Schlafen

Die meisten Unterkünfte in Pune konzentrieren sich auf drei Bereiche: Rund um den Bahnhof gibt's u. a. zahlreiche Budgetoptionen, während man gute Mittelklassehotels im grünen Viertel Koregaon Park findet. Etwa 6 km vom Zentrum entfernt säumen viele Spitzenklassehotels die Straße zum Flughafen.

Hotel Surya Villa
HOTEL $

(☎ 020-26124501; www.hotelsuryavilla.com; 294/2 German Bakery Lane, Koregaon Park; Zi. mit/

OSHO, DER SEXGURU

Spiritualität plus natürliche Instinkte, gewürzt mit einem kräftigen Schuss teurem Klimbim, und fertig ist die Mixtur. Das war das Rezept von Bhagwan Shree Rajneesh (1931–1990). Osho, wie er sich lieber nennen ließ, war einer von Indiens schillerndsten und zweifellos umstrittensten „Exportgurus".

Er vermarktete den mystischen Osten international und wirkte ursprünglich in Pune, wobei er keiner bestimmten Religion oder Philosophie folgte. Die Welt empörte sich über seine Ansicht, dass Sex ein Weg zur Erleuchtung sei. Als Liebling der internationalen Presse erhielt Osho schnell den Spitznamen „Sexguru". 1981 brachte er den kruden Mix aus kalifornischer Pop-Psychologie und indischer Mystik mit in die USA, wo er in Oregon eine landwirtschaftliche Kommune gründete. Doch die Unbeliebtheit des Ashrams wuchs so schnell wie Rajneeshs (materielle und daher doch eigentlich wertlose!) Rolls-Royce-Flotte. Schließlich war die örtliche Erregung über sein Wirken so groß, dass die Behörden den Inder der illegalen Einwanderung beschuldigten. So wurde der Guru zu 400 000 US$ Geldstrafe verurteilt und ausgewiesen.

Um ein neues Hauptquartier zu finden, begannen Osho und sein Gefolge zu reisen und wurden aus 21 Ländern ausgewiesen bzw. gar nicht erst hineingelassen. 1987 kehrte Osho zum Ashram in Pune zurück, wo sich bald Tausende Ausländer zu seinen abendlichen Vorträgen und Meditationskursen einfanden.

Auch heute kommen die Menschen noch von überall her. Das Ganze ist so populär, dass die Preise ständig steigen und die Ausstattung fast täglich luxuriöser wird. Interessant: Trotz Oshos Aussage, dass niemand arm sein sollte, geht der Gewinn aus dem Resortbetrieb nicht an Bedürftige – laut Management sollen denen dann doch lieber andere helfen.

In den letzten Jahren hat das Osho Institut das digitale Zeitalter entdeckt und bietet online Osho Portal iMeditations Programme, Osho Radio und Osho Bibliothek an. Man muss dies allerdings abonnieren.

ohne Klimaanlage ab 2380/1690 ₹; ❄📶) Suryas zweckmäßige Zimmer mit Fliesenböden sind gepflegt, geräumig und etwas spartanisch, haben aber dennoch Warmwasserbäder, WLAN und Kabel-TV. Es erfreut sich einer guten Lage an einer ruhigen Straße in Koregaon Park, unweit von einigen beliebten Cafés.

Samrat Hotel HOTEL $$
(☎020-26137964; www.thesamrathotel.com; 17 Wilson Garden; EZ/DZ ab 1700/2100 ₹, mit Klimaanlage ab 2100/2600 ₹; ❄📶) Das Samrat Hotel mit seinen 49 Zimmern ist nicht ganz so mondän, wie es seine schicke Lobby vermuten lassen könnte, aber dank seiner zentralen Lage, nur wenige Schritte vom Bahnhof entfernt, und der geräumigen, gut in Schuss gehaltenen Zimmer bietet es ein recht gutes Preis-Leistungs-Verhältnis. Das Personal ist zuvorkommend und hilfsbereit. Abholung vom Flughafen (nicht aber die Fahrt zum Flughafen) und Frühstück sind kostenlos.

Hotel Lotus HOTEL $$
(☎020-26139701; www.hotelsuryavilla.com; Lane 5, Koregaon Park; EZ/DZ 1930/2260 ₹, mit Klimaanlage 2260/–2860 ₹; ❄📶) Das Hotel Lotus bietet dank seiner ruhigen Lage in Koregaon Park ein gutes Preis-Leistungs-Verhältnis. Die Zimmer sind zwar nicht gerade sehr geräumig, dafür aber hell und luftig. Bis auf vier haben alle Balkon. Es ist kein Hausrestaurant vorhanden, es gibt aber einen Zimmerservice und in der Nähe findet man viele gute Lokale.

★ **Hotel Sunderban** HOTEL $$$
(☎020-26124949; www.tghotels.com; 19 Koregaon Park; EZ/DZ ohne Bad 1100/1430 ₹, inkl. Frühstück ab 4760/5950 ₹; ❄📶) Direkt neben dem Osho Resort gelegen, umgibt der renovierte Art-Deco-Flachbau eine gepflegte Rasenfläche und kombiniert mühelos kolonialzeitliche Eleganz mit dem Reiz eines Boutiquehotels. Die Deluxe-Zimmer im Hauptgebäude sind mit schönen alten Möbeln eingerichtet und selbst die günstigsten Quartiere sind geräumig und schön (auch wenn sie keine eigenen Bäder haben). Das beste Preis-Leistungs-Verhältnis bieten die Zimmer mit Blick auf den Rasen.

Im Hotel gibt's ein Yoga-Zentrum, einen Spa-Bereich sowie zwei Restaurants, darunter das hoch angesehene Dario's (S. 883).

Osho Meditation Resort Guesthouse PENSION $$$
(☎020-66019900; www.osho.com; Koregaon Park; EZ/DZ 6020/6620 ₹; ❄📶) Diese schicke Pension mit 60 Zimmern steht nur jenen offen, die zum Meditieren ins Osho International Meditation Resort kommen. Die Zimmer und Gemeinschaftsbereiche sind eine elegante Übung in modern-minimalistischer Ästhetik und bieten mehrere luxuriöse Einrichtungen, darunter biotische Annehmlichkeiten und Luftreiniger in allen Zimmern!

Essen

Juice World CAFÉ $
(2436/B East St, Camp; Snacks 40–200 ₹, Säfte 65–300 ₹; ⏲11–23.30 Uhr) Köstliche frisch gepresste Fruchtsäfte und Shakes. Dieses gemütliche Café mit Freilufttischen bietet gesunde Snacks wie *pav bhaji* (pikantes Gemüse mit Brot). An heißen Tagen kann man unmöglich an der Obsttheke vorbeigehen, ohne sich hier ein Getränk zu bestellen. Zu empfehlen ist das saisonale *kabuli amar* (Granatapfel).

Arthur's Theme EUROPÄISCH $$
(☎020-26152710; www.arthurstheme.com; 2, Vrindavan Apts, Lane No 6, Koregaon Park; Hauptgerichte 280–990 ₹; ⏲11.30–23.30 Uhr; 📶) Dieses eklektische europäische Bistro strotzt geradezu vor überschwenglichen Bewertungen. Die Vielfalt an Speisen, zu denen auch die hierzulande selten gesehenen Proteinlieferanten wie Truthahn und Ente zählen, sowie die reiche Auswahl an Gemüse, Fisch, Hähnchen und Büffel, bietet die verlockende Gelegenheit für ein raffiniertes, curryfreies Abendessen. Die meisten Gerichte kosten 300–400 ₹, sodass der Preis ganz o. k. ist.

German Bakery BÄCKEREI $$
(North Main Rd, Koregaon Park; Kuchen 100–140 ₹, Hauptgerichte 90–380 ₹; ⏲7–23 Uhr; 📶) Diese örtliche Institution ist berühmt für das speziell auf Traveller ausgerichtete Angebot, darunter Omeletts, warmes Frühstück, griechischer Salat, Cappucino und viele süße Köstlichkeiten (Tipp: Mango-Käsekuchen). Die Bäckerei liegt an einer sehr verkehrsreichen und belebten Ecke und war 2010 Schauplatz eines verheerenden Terroranschlags – ein schmerzhaftes Ereignis in dieser friedliebenden Stadt.

Prem's MULTICUISINE $$
(www.facebook.com/PremsResto.Pune; North Main Rd, Koregaon Park; Hauptgerichte 60–550 ₹; ⏲8–12.15 Uhr; 📶) Das Prem's mit seinem ruhigen, von schattigen Bäumen gesäumtem Innenhof ist der ideale Ort, um entspannt tagsüber auf der luftigen Terrasse ein paar Bierchen zu genießen, darunter regionale Craft-Biere – ergänzt gegebenenfalls durch eine der Grillplatten für die das Prem's bekannt ist. Und am Morgen danach ist das Prem's erneut die allererste Wahl, denn es hat das beste Frühstücksangebot der Stadt: Eier Benedikt mit Räucherlachs (160 ₹), Pfannkuchen und katerkillende Säfte.

Das Swig, seine Schwester-Bar nebenan, ist das wildere Gegenstück, ein angesagter Treffpunkt, in dem es hoch hergeht.

★ **Malaka Spice** ASIATISCH $$$
(www.malakaspice.com; Lane 5, North Main Rd, Koregaon Park; Hauptgerichte 305–780 ₹; ⏲11.30–24 Uhr; ❄📶) Maharashtras kulinarisches Highlight ist eine Explosion südostasiatischer Spitzenküche; es ist müßig, ein Gericht unter den köstlichen Gemüsepfannen, Nudeln und Currys – alle mit dem Schwerpunkt auf Seafood, Hühnchen, Ente und Hammel – hervorzuheben. Man isst im Freien unter bunt beleuchteten Bäumen und genießt die würzigen und raffinierten Kreationen der Sterneköche, die sich der Slow-Food-Bewegung und den regionalen Produkten verschrieben haben.

Viele Zutaten stammen zudem aus eigenem Anbau. Es empfiehlt sich, rechtzeitig zu reservieren und entsprechenden Hunger mitzubringen!

Dario's ITALIENISCH $$$
(www.darios.in; Hotel Sunderban, 19 Koregaon Park; Hauptgerichte 480–610 ₹, Pizza 260–680 ₹; ⏲8–23.30 Uhr) Das von Italienern geführte Vegetarier-Paradies im hinteren Bereich des Hotels Sunderban ist eines der elegantesten Lokale in Pune, sofern man sich entscheidet, im Freien im gemütlichen Innenhof zu speisen. Selbstgemachte Pasta, vorzügliche Pizzas, leckere Salate (Tipp: der Bosco-Salat, 480 ₹) sowie Vollkornprodukte und vegane und glutenfreie Gerichte runden die Auswahl an Köstlichkeiten gegen das Heimweh ab.

Ausgehen & Unterhaltung

★ **Independence Brewing Company** CRAFT BIER
(☎020-66448308; www.independencebrewco.com; Zero One, 79/1, Pingle Vasti, Mundhwa Rd, Mundhwa; Halbe ab 300 ₹) Wer einen Tisch in dem herausragenden Biergarten dieser hippen Craft-Brauerei – dem besten in Pune –

reserviert, könnte glauben, in Kalifornien zu sein. Die Biersorten der sieben Zapfhähne wechseln häufig – Four Grain Saison, Method to Madness IPA und das Ixcacao-Schokobier sind die bekanntesten – und die indisch-asiatishen Bar-Snacks mit ihren ausgefallenen Aromen machen es sehr leicht, hier abends einzukehren.

High Spirits Cafe BAR
(www.dahigh.com; 35A/1, North Main Rd, Mundhwa; Cocktails 300–575 ₹; ⏲8–23.45 Uhr) Punes heißeste Abende erlebt man in dieser künstlerisch angehauchten Bar mit ihrer maroden, beliebten Terrasse im Freien. Jeden Abend läuft was Cooles; so gibt es z. B. Komödienabende am Mittwoch, Disco-Samstage und Grill-Sonntage, die ein echtes Muss sind (13.30–16.30 Uhr). Die Gäste sind bunt gemischt, von hungernden Künstlern und schrulligen Seelendeutern bis zu über 40-jährigen Trendsettern, und alle flippen hier regelrecht aus. Keine Eintrittsgebühr!

☆ Unterhaltung

★ Shisha Cafe JAZZ
(☎020-26880050; www.facebook.com/shishajazzcafe; ABC Farms, Mundhwa; Do 250 ₹) Hier herrscht zwar immer eine magische Stimmung, aber die Jazz-Livekonzerte donnerstagabends im Freien im Shisha Cafe sind in Pune eine Institution. Man kann es sich im Erdgeschoss auf den Sofas im iranischen Stil gemütlich machen oder einen Platz an einem der Marmortische unter hängenden arabischen Teppichen im Bereich der erhöhten Hauptbühne reservieren. Das Café befindet sich in Mundhwa in einer Unterhaltungsenklave namens ABC Farms.

TRANSIT-DREHSCHEIBE: MAHABALESHWAR

Während der britischen Kolonialzeit war Mahabaleshwar eine Sommerreidenz, das Beste an der Hill Station (1327 m) ist heute aber die überwältigende Berglandschaft entlang der Straße, die hierher führt. Der Ort ist ein ausuferndes Durcheinander, geprägt von einem hässlichen Bauboom, Verkehrschaos und den wildem Ansturm der Touristenscharen, die versuchen, die Aussichtspunkte abzuhaken. Es gibt keinen vernünftigen Grund für einen Besuch, denn der Ort gleicht vor allem einem quirligen Basar, umgeben von Resorts und Aussichtspunkten. Dennoch eignet er sich als Ausgangspunkt für einen Besuch des eindrucksvollen **Pratapgad Fort** (S. 887) oder des Kass Plateau of Flowers, die sich beide in der Nähe befinden.

Keinesfalls sollte man zur Monsunzeit anreisen, wenn hier praktisch alles geschlossen ist (und unglaubliche 6 m Regen fallen). Wer zwischen den Busabfahrten eine Stunde totschlagen möchte, kann das preisgünstige **Nature Care Spa** (☎7066327423; Hotel Shreyas, gegenüber dem ST-Busbahnhof; Massagen ab 1899 ₹; ⏲8–20 Uhr), das Highlight in einem Ort wie Mahabaleshwar aufsuchen, das gegenüber dem Busbahnhof beim Hotel Shreyas liegt. Zudem sollte man das **Grapevine** (☎02168-261100; Masjid Rd; Hauptgerichte 160–700 ₹; ⏲9.30–15 & 17–22 Uhr) nicht verpassen; seine Parsi-Feinschmeckerküche und der Wein aus Maharashtra sind ein Geschenk des Himmels in Mahabaleshwar.

Von Mahabaleshwars Busbahnhof fahren staatliche Busse regelmäßig nach Pune (ohne Klimaanlage 180 ₹, 4 Std., stündl., 7.30–18.30 Uhr), Kohlapur (ohne Klimaanlage 265 ₹, 5½ Std., stündl. ab 8 Uhr) und Satara (ohne Klimaanlage 57 ₹, 2 Std., stündl., 6–19 Uhr). Von 9 bis 21.30 Uhr rollen täglich sieben Busse nach Mumbai Central (ohne Klimaanlage 400 ₹, 7 Std.) und ein normaler Bus nach Goa (ohne Klimaanlage 423 ₹, 12 Std., 8 Uhr).

Die Agentur RB Travels, die ihren Sitz an der Ecke zwischen einer Allee, die eine Abkürzung zur Masjid Rd ist, und dem Basar (gegenüber dem Meghdoot-Restaurant) hat, nimmt Reservierungen für Luxubusse nach Goa (ohne Klimaanlage Sitzplatz/Volvo-Bus mit Klimaanlage Liegeplatz 850/1800 ₹, 12 Std.) entgegen. Abfahrt ist vom Basar um 19.30 Uhr mit einem Auto, das einen bis zur 42 km entfernten Surur Phata Junction bringt, wo man auf den Bus aus Richtung Pune wartet. Es gibt auch Verbindungen nach Mumbai (Volvo-Bus mit Klimaanlage Sitzplatz/Liegeplatz 500/600 ₹, 6 Std., 12 und 21 Uhr) und Pune (Volvo-Bus mit Klimaanlage Sitzplatz 375 ₹, 3½ Std., 11.30 Uhr).

Zum Pratapgad Fort fährt täglich ein staatlicher Bus (130 ₹ hin & zurück, 1 Std., 9.15 Uhr) und wartet dort ca. eine Stunde. Taxifahrer verlangen dafür (inkl. Rückfahrt) einen Festpreis von 1000 ₹.

WICHTIGE ZÜGE AB PUNE

ZIEL	ZUG-NR. & NAME	PREIS (₹)	DAUER (STD.)	ABFAHRT
Bengaluru	*11301 Udyan Express*	460/1785	21	11.45 Uhr
Chennai	*12163 Chennai Express*	525/1980	19½	12.10 Uhr
Delhi	*11077 Jhelum Express*	625/2435	27½	17.20 Uhr
Hyderabad	*17031 Hyderabad Express*	340/1310	13½	16.35 Uhr
Mumbai CST	*12124 Deccan Queen*	115/395	3½	7.15 Uhr

Expresszüge: jeweils Sleeper Class/2AC; *Deccan Queen*: 2. Klasse/AC-Chair.

Shoppen

Fabindia KLEIDUNG
(www.fabindia.com; Sakar 10, Sassoon Rd; ⌚10.30–20.30 Uhr) Verkauft indische Saris, Seide, Baumwolle und Herrenhemden aus Leinen sowie verschiedene Accessoires, darunter Taschen und Schmuck.

Praktische Informationen

Geld wechseln kann man in der Filiale von Thomas Cook an der General Thimmaya Rd. Es gibt Dutzende Geldautomaten im Stadtgebiet und am Bahnhof.

Citibank-Geldautomat (Tulsidas Apartment, N Main Rd)

Hauptpost (www.indiapost.gov.in; Sadhu Vaswani Path; ⌚Mo–Sa 10-18 Uhr)

HDFC-Geldautomat (East St)

HSBC-Geldautomat (Bund Garden Rd)

Mehrere Internetcafés findet man entlang von Punes Hauptverkehrsstraßen. WLAN ist verbreitet in den trendigeren Bars und Restaurants sowie in den meisten Hotels.

MTDC-Touristeninformation (☎020-26128169; www.maharashtratourism.gov.in; I Block, Central Bldg, Dr. Annie Besant Rd; ⌚Mo–Sa 10–18, So bis 17 Uhr, am 2. & 4. Sa des Monats geschl.) Liegt versteckt in einem großen Regierungsgebäude südlich vom Bahnhof.

Thomas Cook (☎020-66007903; www.thomascook.in; Thackers House, 2418 General Thimmaya Rd; ⌚Mo–Sa 9.30–18.30 Uhr) Löst Reiseschecks ein und tauscht ausländische Währungen.

Yatra.com (☎020-65007605; www.yatra.com; Koregaon Park Rd; ⌚Mo–Sa 10–19 Uhr) Das Stadtbüro der angesehenen Online-Ticketagentur.

An- & Weiterreise

BUS

Pune hat drei Busbahnhöfe. Busse fahren vom **Busbahnhof am Bahnhof Pune** (☎020-26126218) nach Belgaum (700 ₹, 7 Std., 23 Uhr), Goa (600–1000 ₹, 10 Std., 18.30 & 19.30 Uhr), Kolhapur (400 ₹, 6 Std., stündl., 5.30–23.30 Uhr), Lonavla (62 ₹, stündl.), Mahabaleshwar (230 ₹, 4 Std., stündl., 5.30–17.30 Uhr) und zur Dadar TT Circle Station von Mumbai (266–531 ₹, 4 Std., alle 15 Min.).

Vom **Shivaji-Nagar-Busbahnhof** (☎020-24431240; Shivajinagar Railway Station Rd), fahren klimatisierte Busse nach Aurangabad (ab 661 ₹, 5–6 Std., stündl., 6–23.30 Uhr), Nasik (ab 611 ₹, alle 20 Min., 6–12.30 Uhr) und Mumbai (650 ₹, häufig). Nicht klimatisierte Busse fahren auch nach Mahabaleshwar (230 ₹, 4 Std., 6.15, 8.30 & 9.30 Uhr).

Ticketagenturen für private Fernbusse findet man gegenüber dem Shivaji-Nagar-Bahnhof; empfehlenswert ist **Sana Travels** (☎8888808984; 2, Sita Park, Shivajinagar). Fahrziele (alle Busse mit Klimaanlage und Liegesitzen) sind u. a. Bengaluru (1050 ₹, 14 Std., stündl., 13–22 Uhr), Hyderabad (500 ₹, 10 Std., stündl., 19–1 Uhr), Goa (1000 ₹, 10 Std., 19 & 22 Uhr), Mangalore (1500 ₹, 14 Std., 18 & 22 Uhr) und Nagpur (800 ₹, 14 Std., stündl., 4–22 Uhr). Busse nach Bengaluru und Mangalore sowie Sinhagad fahren vom **Swargate-Busbahnhof** (☎020-24441591; Satara Rd) ab.

FLUGZEUG

Geplant ist der Bau eines protzigen neuen internationalen Flughafens, aber wegen Unstimmigkeiten um dessen Standort war das Projekt zum Zeitpunkt der Recherche ins Stocken geraten. Bis der Flughafen irgendwann einmal fertig ist, starten die Flugzeuge täglich vom **Pune International Airport** (PNQ; New Airport Rd, Mhada Colony, Lohgaon) u. a. nach Mumbai, Delhi, Jaipur, Bengaluru (Bangalore), Nagpur, Goa und Chennai.

TAXI

Sammeltaxis (max. 4 Pers.) verbinden rund um die Uhr Pune mit dem Flughafen Mumbai. Die Abfahrt erfolgt vom **Taxistand** (☎020-26121090) vor Punes Bahnhof (400–475 ₹/Pers., 2½ Std.). Mietwagen mit Fahrer gibt's bei **Simran Travels** (☎020-26153222; www.mumbaiairportcab.com; 1. Stock, Madhuban Bldg, Lane No 5, Koregaon Park; ⌚24 Std.).

ZUG

Der Bahnhof von Pune (manchmal auch Pune Junction genannt) liegt im Herzen der Stadt an der HH Prince Aga Khan Rd. Von hier aus fahren Züge sehr regelmäßig, fast stündlich, nach Mumbai; gute Verbindungen bestehen auch zu anderen Städten, darunter Delhi, Chennai und Hyderabad.

Unterwegs vor Ort

Der moderne Flughafen liegt 8 km nordöstlich der Stadt. Von Koregaon Park kostet eine Autorikscha ca. 150 ₹ und ein Taxi ca. 200 ₹, aber ein UberGo-Fahrzeug ohne dynamische Preisgestaltung kostet nur ca. 115 ₹. Autorickschas sind in ganz Pune unterwegs; eine Fahrt vom Bahnhof nach Koregaon Park kostet ca. 50 ₹ (mehr bei Nacht).

Rund um Pune

Sinhagad

Rund 24 km südwestlich von Pune liegen die Ruinen von **Sinhagad** (Lion Fort; ⌚Sonnenaufgang–Sonnenuntergang) GRATIS, das der Marathenführer Shivaji 1670 den Königen von Bijapur entriss. In dieser denkwürdigen Schlacht (in der er seinen Sohn Sambhaji verlor), soll Shivaji Warane mit Seilen versehen haben, um die unregelmäßigen Mauern der Festung zu vermessen. Heute ist sie in einem erbärmlichen Zustand, lohnt aber einen Besuch wegen der weiten Aussicht und der Wandermöglichkeiten in den Bergen. Bus 50 verkehrt häufig vom Dorf Donje (Golewadi) nach Swargate (30 ₹, 45 Min.). Von hier sind es noch 4 km zu Fuß oder man nimmt einen Sammeljeep (50 ₹), der einen 10 km bis zum Fuß des Hügels fährt.

Shivneri

Rund 90 km nordwestlich von Pune gelegen, wird der **Festung Shivneri** (⌚Sonnenaufgang–Sonnenuntergang) GRATIS die Ehre zuteil, der Geburtsort Shivajis zu sein. Die zerstörten Wälle oberhalb des Dorfes Junnar umgeben die alten königlichen Stallungen, eine Moschee aus der Mogulzeit und in den Fels geschlagene Wasserspeicher. Der bedeutendste Bau ist der Pavillon Shivkunj, in dem Shivaji geboren wurde.

Etwa 8 km von Shivneri entfernt befindet sich auf der anderen Seite des Junnar eine interessante Höhlengruppe des Hinayana-Buddhismus namens **Lenyadri** (Inder/Ausländer 15/200 ₹; ⌚8–18 Uhr). Sie besteht aus 27 Höhlen, von denen Nr. 7 am eindrucksvollsten ist und interessanterweise ein Abbild des Hindugottes Ganesha beherbergt.

Von beiden Denkmälern bieten sich spektakuläre Ausblicke.

Täglich verbinden sieben oder acht Busse (88 ₹, 2 Std.) Punes Shivaji-Nagar-Busbahnhof mit Junnar (ein Ganztagestaxi ab Pune kostet ca. 2625 ₹). Von Junnars Busbahnhof aus kostet eine Rikscha hin und zurück 200 ₹ nach Shivneri und 300 ₹ nach Lenyadri (jeweils inkl. 1 Std. Wartezeit).

Kolhapur

☎0231 / 561 300 EW. / 550 M

Das wenig besuchte Kolhapur eignet sich hervorragend, um Indiens bunte Seite hautnah zu erleben. Die historische Stadt liegt nur wenige Stunden von Goa entfernt und hat einen ungemein faszinierenden Tempelkomplex. Im August ist sie am lebendigsten, wenn beim Naag Panchami (S. 850) die Schlange gefeiert wird (es gibt auch ein zugleich stattfindendes Fest in Pune). Feinschmecker aufgepasst: Die Küche Kolhapurs ist pikant und insbesondere für Hühnchen- und Lammgerichte berühmt.

Sehenswertes

Die stimmungsvolle Altstadt erstreckt sich rund um den Mahalaxmi-Tempel, den alten Palast und einen großen Platz (für Kraftfahrzeuge gesperrt). Hinein geht's durch ein mächtiges Tor.

★ **Shree Chhatrapati Shahu Museum** MUSEUM

(Inder/Ausländer 25/80 ₹; ⌚9.15–17.30 Uhr) Der Begriff „bizarr" bekommt eine ganz neue Bedeutung bei diesem „neuen" Palast, einem indo-sarazenischen Monstrum, das der britische Architekt „Mad" Charles Mant 1884 für die Könige von Kolhapur entwarf. Das skurrile Museum ist eine wilde Ansammlung unzähliger Jagdtrophäen, die von den Dschungelsafaris des schießwütigen Königs stammen. Gezeigt werden auch Spazierstöcke aus Leopardenwirbeln und Aschenbecher aus Tigerschädeln oder Nashornfüßen. Und die Waffen in der Rüstkammer reichen für einen kleinen Putsch. Das Horrorkabinett wird durch eine Abteilung mit ausgestopften Tieren ergänzt.

Nicht verpassen sollte man die reich verzierte Durbar-Halle, in der die Herrscher einst Hofversammlungen abhielten. Im ganzen Palast kann man Dutzende Porträts der würdevollen Maharadschas bewundern. Fotografieren ist im Innenbereich verboten.

Der Palast liegt etwa 2,5 km nördlich vom Bahnhof. Eine Rikscha ab dem Bahnhof/Busbahnhof kostet 35/50 ₹.

★ **Mahalaxmi-Tempel** HINDU-TEMPEL

(3–23 Uhr) Der Mahalaxmi-Tempel gehört zu den bedeutendsten und belebtesten Schreinen von Maharastra und ist der Muttergottheit Amba Bai geweiht. Die Ursprünge des Tempels reichen bis ins Jahr 10 n. Chr. zurück, der Großteil der heutigen Anlage stammt aber aus dem 18. Jh. Er zieht endlose Scharen von Pilger an, die sich ins Innere des Heiligtums drängen, während Gläubige unter Begleitung von Musikergruppen Andachtslieder singen. Auch Nicht-Hindus sind willkommen und können hier hervorragend Menschen beobachten.

Motibag Thalim TRAININGSZENTRUM

(4–16 Uhr) Kolhapur ist für seine erfolgreichen Kushti-Ringer berühmt und im Motibag Thalim kann man den jungen Athleten beim Training in einer Schlammgrube zusehen. Durch eine niedrige Tür und einen Durchgang links vom Eingang zum Bhavani Mandap (wenn man sie nicht findet, einfach danach fragen) erreicht man den *akhara* (Trainingsplatz). Besucher können jederzeit eintreten und zuschauen, sofern sie sich nicht am Anblick schwitzender, halbnackter Männer und am stechenden Uringeruch aus den Toiletten stören.

Schlafen & Essen

Hotel K Tree HOTEL **$$**

(0231-2526990; www.hotelktree.com; 517E, Plot 65, Shivaji Park; EZ/DZ inkl. Frühstück ab 3330/3700 ₹;) Mit seinem hohen Service-Standard und den 26 sehr einladenden, schicken Zimmern bietet dieses neuere Hotel ein sehr gutes Preis-Leistungs-Verhältnis und ist bei Indern für das 15 Speisen umfassende Frühstücksbüfett beliebt. Es hängt ganz vom Zufall ab, ob man in Deluxe-Zimmern mit verstecktem Bad oder in einem Executive-Zimmer mit erhöhtem Bett in asiatischem Stil nächtigt.

Hotel Pavillion HOTEL **$$**

(0231-2652751; www.hotelpavillion.co.in; 392E Assembly Rd, Shaupuri; EZ/DZ inkl. Frühstück 1850/2080 ₹, mit Klimaanlage ab 2260/2500 ₹;) Dank seiner Lage am äußersten Ende eines grünen Parkareals mit Bürogebäuden garantiert dieses Hotel einen ruhigen Aufenthalt sowie (manchmal) einfallslose Bäder. Die großen, gut ausgestatteten Zimmer sind vielleicht etwas betagt, viele haben aber Fenster mit einem tollen Blick auf die Blütenpracht der jeweiligen Jahreszeit. Wer das Zimmer 101 bucht, hat WLAN-Empfang im Zimmer, den es sonst nur in der Lobby gibt.

Chorage Misal INDISCH **$**

(Mahadwar Rd, Nähe Gujri Corners; Hauptgerichte 40 ₹; 8.30–20 Uhr) Neben dem Mahalaxmi-Tempel befindet sich recht versteckt seit 1963 dieses *misal*-Lokal (würziges Curry aus Mattenbohnensprossen), das die würzigsten klassischen Gerichte der Stadt serviert. Rajesh repräsentiert bereits die dritte Generation, die das Chorage Misal führt, und ist eine One-Man-Show. Es gibt kein englischsprachiges Schild. Das Lokal befindet sich gleich neben dem schönen jainistischen Tempel und hat ein Coca-Cola Schild.

★ **Dehaati** INDISCH **$$**

(Ayodha Park, Old Pune–Bangalore Hwy, Nimbalkar Colony; Thalis 230–320 ₹; 12.30–15.30 & 19.30–22.30 Uhr) Das Dehaati ist die erste Adresse für Thalis nach Kolhapur-Art. Die Mahlzei-

NICHT VERSÄUMEN

PRATAPGAD FORT

Rund 24 km nordwestlich von Mahabaleshwar liegt das **Pratapgad Fort** (9 Uhr–Sonnenuntergang) GRATIS hoch oben auf einem Bergrücken. Es wurde 1656 von Shivaji errichtet und gehört bis heute dessen Nachfahren. Um eine Pattsituation zu beenden, traf sich Shivaji hier 1659 mit General Afzal Khan aus Bijapuri. Vorab war vereinbart worden, dabei keine Waffen zu tragen. Doch gleich nach der Begrüßung schlitzte Shivaji den Bauch seines Feindes mit einem Satz eiserner *baghnakh* (Tigerkrallen) auf. Khans Grab (Zutritt verboten) am Fuß der Festung markiert den Schauplatz dieser blutigen Begegnung. Über 500 Stufen mit herrlicher Aussicht geht's hinauf nach Pratapgad.

Vom Busbahnhof in Mahabaleshwar rollt eine staatliche Bus-Tour täglich zum Fort (hin & zurück 165 ₹, 1 Std., 9.30 Uhr) und wartet dort etwa eine Stunde. Inklusive Rückfahrt verlangen Taxifahrer für dieselbe Tour einen Festpreis von 1000 ₹ (inkl. 1 Std. Wartezeit).

ten umfassen vielfältige Hammelgerichte, aber auch Hühnchen und Gemüse. Die kräftigen Currys, der aufgepeppte Dhal, der reichhaltige *aakkha masoor* (Curry aus ganzen Linsen nach Kolhapur-Art), der komplizierte *tambda rassa* (würziger, roter Hammelcurry), die herrlichen *chapatis* – sie schmecken alle köstlich.

Little Italy ITALIENISCH $$
(☎0231-2537133; www.littleitaly.in; 517 A2 Shivaji Park; Pizzas 225–445 ₹, Pasta 215–365 ₹; ⏲11.30–22 Uhr) Wer auf Indiens Straßen anstrengende Kilometer zurückgelegt hat, ist in diesem authentischen, professionell geführten Restaurant richtig, um sich für die nächste Tour zu stärken. Man kann alle möglichen Aromen mit köstlichen, rein vegetarischen Antipasti, dünnkrustigen (Holzofen-)Pizzas und al dente gekochter Pasta genießen; dazu gibt's eine tolle Auswahl indischer (offener) Weine).

Keinesfalls auf die Desserts, vor allem nicht auf die Pannacotta, verzichten.

Praktische Informationen

ICICI-Geldautomat beim Mahalaxmi-Tempel.

MTDC-Touristeninformation (☎0231-2652935; www.maharashtratourism.gov.in; 254B Udyog Bhavan, Assembly Rd; ⏲Mo–Sa 10–17.30 Uhr) Hinter dem Collector's Office unweit vom Hotel Pavillion. Zum Zeitpunkt der Recherche wurde testweise eine viel praktischer liegende Filiale (☎0231-2652935; www.maharashtratourism.gov.in) unweit vom Mahalaxmi Mandir eröffnet.

Geldautomat der State Bank of India Gegenüber vom Hotel Pavillion.

Anreise & Unterwegs vor Ort

BUS

Vom **Busbahnhof Kolhapur** (☎0231-2650620; Benadikar Path, Shahupur) fahren Busse regelmäßig nach Pune (ohne Klimaanlage ab 396 ₹, 5 Std., stündl., 5–23 Uhr), Ratnagiri (Normal/Semideluxe 177/199 ₹, 4½ Std., alle 30 Min., 5–1 Uhr), fünf normale Busse nach Malvan (201 ₹, 5 Std., 5.15, 6.5, 12, 13.30 und 17 Uhr) und tgl. 12 Busse nach Mumbai (Normal/Semideluxe 480/600 ₹, 10 Std.). Für alle Busse gibt es einen Reservierungsschalter.

Die besten privaten Busunternehmen findet man im Royal Plaza Building am Dabholkar Corner, 300 m nördlich vom Busbahnhof. **Paulo Travels** (☎0231-6681812; www.paulotravels.com; B/22, Royal Plaza, Dhabolkar Corner) fährt nach Goa (Volvo-Bus mit Klimaanlage Sitzplatz/Liegeplatz ab 500/600 ₹, 8 Std., 9, 12, 1415, 16, 17 und 18 Uhr). **Neeta Travels** (☎0231-3290061; www.neetabus.in; B/16, Royal Plaza, Dabholkar Corner) ist eine gute Wahl für Nachtfahrten nach Mumbai im Bus mit Klimaanlage (Volvo-Bus mit Klimaanlage, Liegeplatz ab 850 ₹, 9 Std., 17, 21.45 und 22.45 Uhr) und nach Pune (Volvo-Bus mit Klimaanlage, Sitzplatz ab 350 ₹, 5 Std., 7, 9, 14, 15, 17, 20 und 23.30 Uhr).

ZUG

Der Bahnhof namens Chattrapati Shahu Maharaj Terminus liegt 10 Minuten zu Fuß westlich vom Busbahnhof. Von hier fahren täglich drei Expresszüge nach Mumbai, darunter der *Sahyadri Express* (Sleeper Class/2AC 338/1241 ₹, 13 Std., 22.50 Uhr) über Pune (243/876 ₹, 8 Std.). Der *Rani Chennama Express* macht die lange Reise nach Bengaluru (433/1636 ₹, 17½ Std., 14.05 Uhr). Es gibt keine Direktzüge nach Goa.

Goa

Inhalt ➡

Top-Strände

- Palolem (S. 929)
- Mandrem (S. 920)
- Cola & Khancola (S. 927)
- Anjuna (S. 911)
- Arambol (S. 921)

Schön übernachten

- Panjim Inn (S. 897)
- Red Door Hostel (S. 911)
- Mandala (S. 921)
- Indian Kitchen (S. 909)
- Ciaran's (S. 931)

Auf nach Goa!

Das kleine Goa hat mehr zu bieten als Strände und Trance-Partys: Wie in einem Kaleidoskop mischen sich die indische und die portugiesische Kultur, versüßt durch Sonne, Sand und Meer, Meeresfrüchte und Spiritualität.

Das (praktisch strandlose) Zentrum der Region mit der Hauptstadt Panaji, den Kirchen Old Goas, den Inseln im Inland, den Vogelschutzgebieten, Gewürzplantagen und wilden Western Ghats ist das historische und kulturelle Herz Goas.

Nord-Goa ist das Goa, von dem man so viel gehört hat: Strände, Nachtleben, Trance-Partys, Hippie-Märkte und Yoga-Zentren. Das Epizentrum dieser Region sind Calangute und Baga. Anjuna und Vagator verströmen immer noch Hippieflair und Partystimmung. Morjim, Aswem und Mandrem sind expandierende, familienfreundliche Strandorte und im Norden lädt Arambol zum Gleitschirmfliegen ein.

Süd-Goa ist viel ruhiger. Das Spektrum reicht hier vom dörflichen Benaulim bis zu Palolem, Patnem und Agonda, die den Traum von der eigenen Strandhütte wahr werden lassen.

Reisezeit

Panaji

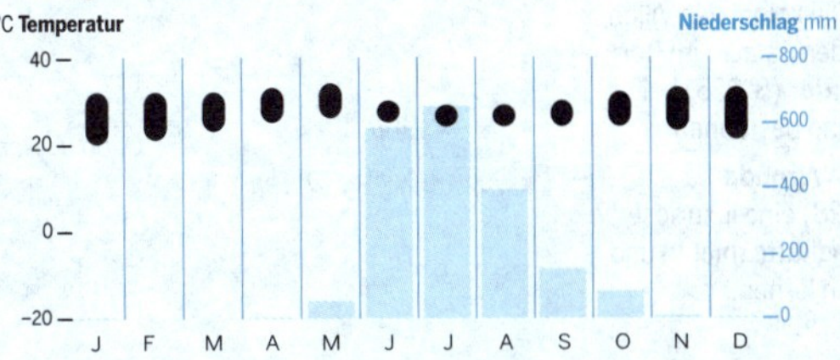

Sept.–Nov. Einige Strandhütten sind offen, kleinere Preise, nach dem Monsun hohe Luftfeuchtigkeit.

Nov.–März Herrliches Wetter, Yoga, Festivalsaison; Mitte Dez. bis Anfang Jan. Spitzenpreise.

März–April Zum Ende der Saison werden Karneval und Ostern gefeiert.

Highlights

1 In **Panaji** (S. 893), der entspanntesten Hauptstadt eines indischen Bundesstaates, das historische Altstadtviertel erkunden, shoppen und gut essen

2 In **Assagao** (S. 915), Anjuna, Arambol oder Mandrem an einer Yogastunde teilnehmen

3 Mittwochs auf dem touristischen, aber fröhlichen **Anjuna Flea Market** (S. 914) feilschen und ein Schnäppchen machen

4 In ehrfürchtigem Schweigen die außergewöhnlichen Kirchen und Kathedralen in **Old Goa** (S. 900) bewundern

5 Zum abgeschiedenen **Cola Beach** (S. 927) wandern, einem der schönsten Strände Goas

6 Am friedlichen **Mandrem Beach** (S. 920) stilvoll übernachten und es sich mit einem guten Buch bequem machen

7 Am schönen **Palolem Beach** (S. 929) in einer Strandhütte nächtigen und kajakfahren, Kochkurse besuchen oder einfach nur relaxen

8 Die kolonialen Villen und den *palácio* im Dorf **Chandor** (S. 925) bei Margao bestaunen

9 In **Agonda** (S. 928) eine luxuriöse Strandhütte mieten und surfen lernen

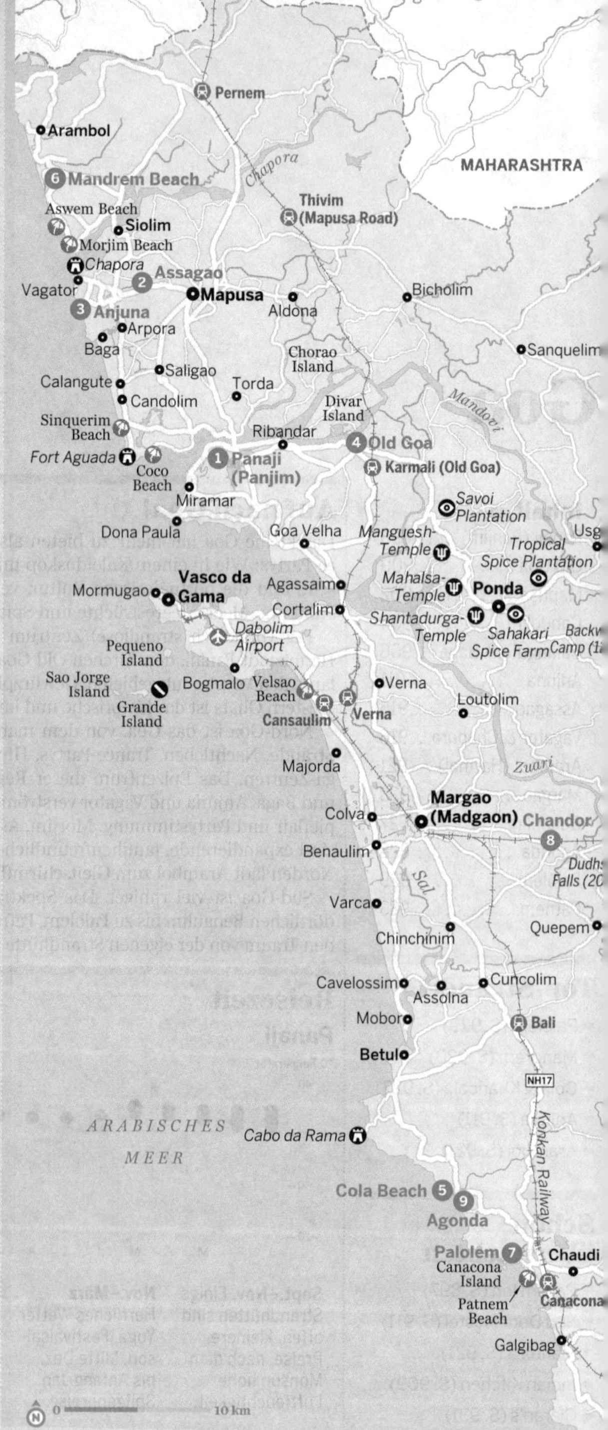

Geschichte

Ein Blick zurück durch Jahrtausende der Geschichte Goas sorgt für ein tieferes Verständnis einiger der mysteriösesten und reizvollsten archäologischen und historischen Zeugnisse, aber auch der goanischen Seele selbst.

Eine verwirrende Folge von Herrschern gab sich in Goa die Klinke in die Hand, vom Maurya-Reich Ashokas im 3. Jh. v. Chr. über die sich lange an der Macht haltenden Kadamba ab dem 3. Jh. n. Chr. In späteren Konflikten kämpften rivalisierende Sultanate um die Macht im hinduistischen Vijayanagar-Reich, ehe die Adil-Shahi-Dynastie aus Bijapur im 15. Jh. die heute Old Goa genannte Hauptstadt errichtete.

1510 trafen die Portugiesen ein, die ihre Macht stetig von ihrer prächtigen Hauptstadt in Old Goa aus auf die Provinzen ausweiteten und die Einheimischen eifrig zum Christentum bekehrten. Ihre 400-jährige Herrschaft endete erst 1961 nach einer dreitägigen Belagerung durch die indische Armee. Doch das portugiesische Erbe lebt in den Villen aus der Kolonialzeit, in der goanischen Küche, in den Kirchen und selbst in der Sprache weiter.

Aktivitäten

Yoga & Alternative Therapien

In Goa wird jede nur erdenkliche Form von Yoga, Meditation, Reiki, ayurvedischer Massage und anderen spirituell orientierten Gesundheitsaktivitäten praktiziert, gelehrt und genossen. Die beste Zeit ist von Mitte November bis Anfang April, wenn alle Anbieter und Zentren geöffnet sind und alle Kurse Hochsaison haben. Nur wenige Kurse werden das ganze Jahr über angeboten.

Besonders gute Orte für Yogaunterricht und Yogakurse sind Palolem, Agonda und Patnem im Süden sowie Arambol, Mandrem, Anjuna und Assagao im Norden.

Ayurvedische Behandlungen werden in den meisten Badeorten angeboten. Am besten fragt man nach persönlichen Empfehlungen und achtet darauf, dass Frauen von Frauen massiert werden und Männer von Männern. Die Spas in den Fünf-Sterne-Hotels sind eine superluxuriöse Alternative.

Tiere beobachten

Goas Hinterland ist ein Paradies, um Tiere zu beobachten, von Eisvögeln auf den leuchtend grünen Reisfeldern entlang der Küste bis zu Wasserbüffeln, die bei Sonnenuntergang nach Hause wandern. In Goas Naturschutzgebieten leben seltene Tiere wie Gaure (wilde indische Großrinder), Stachelschweine, Wildschweine und hier und da auch ein Schuppentier oder ein Leopard. Ein lautes Rascheln im Blattwerk kündigt oft die Ankunft der frechen Languren an. Auf einer Flusstour landeinwärts kann man Krokodile, Otter und viele Vögel sehen.

John's Boat Tours (S. 904) in Candolim veranstaltet Delphin- und Krokodilbeobachtungstouren.

Wassersport

Die meisten Wassersportveranstalter sind mobile Einrichtungen, die nur saisonal vor

GOA

TOP-FESTIVALS

Heilige Drei Könige (Chandor & Reis Magos; 6. Jan.) Jungen spielen die Geschichte der Heiligen Drei Könige nach, wie sie dem neugeborenen Jesus ihre Geschenke bringen.

Shigmotsav of Holi (Shigmo; ganz Goa; Feb./März) Bei der goanischen Version des hinduistischen Festes Holi bewerfen sich die Menschen mit buntem Puder und bestaunen in vielen Städten Umzüge.

Sabado Gordo (Panaji; Feb./März) Am Samstag vor der Fastenzeit wird dieses Fest mit Prozessionen und Straßenpartys gefeiert.

Karneval (ganz Goa; März) Das viertägige Fest zu Beginn der Fastenzeit wird am fröhlichsten und lautesten in Panaji gefeiert.

Fama de Menino Jesus (Colva; 2. Mo im Okt.) In einer feierlichen Prozession wird eine Statue des Jesuskindes durch die Stadt getragen.

Fest des hl. Franz Xaver (Panaji, Old Goa; 3. Dez.) Der Schutzheilige der Stadt wird zehn Tage lang gefeiert

Mariä Empfängnis (Margao, Panaji; 8. Dez.) Rund um die berühmte Kirche der Stadt finden Jahrmärkte und Konzerte statt.

Ort sind. Man geht einfach zum Strand und sucht nach Hütten, die die gewünschte Aktivität anbieten. Die Wassersportstrände, an denen am meisten los ist, sind Calangute und Colva. Angeboten werden u.a. Jetskifahren, Parasailing, Kajakfahren, Wakeboarden, Surfen und Kitesurfen. Gleitschirmfliegen (S. 921) ist besonders in Arambol beliebt. Zum Kajakfahren eignen sich vor allem die ruhige Bucht in Palolem und die vielen Flüsse und Mündungsgebiete Goas. Empfehlenswerte Surfanbieter sind z. B. das Vaayu Waterman's Village (S. 920) in Aswem, Surf Wala (S. 922) in Arambol und die Aloha Surf School (S. 929) in Agonda.

Goa ist zwar kein international renommiertes Tauchziel, doch die Tauchmöglichkeiten sind die drittbesten Indiens (nach den Andamanen und den Lakshadweep-Inseln). Die Tauchsaison dauert von Ende Oktober bis April. Empfehlenswerte Anbieter in Goa, die von der Professional Association of Dive Instructors (PADI) anerkannt werden, sind u.a. Barracuda Diving (S. 907) in Baga, Dive Goa (S. 905) in Candolim, Goa Aquatics (S. 907) in Calangute und **Goa Diving** (☎9049442647; www.goadiving.com; Kurse ab 11000 ₹, Tauchgang mit 1/2 Sauerstoffflaschen 3000/5000 ₹) in Bogmalo.

UNTERKUNFTSPREISE

Die Preiskategorien beziehen sich auf ein Doppelzimmer mit Bad:

$ bis 1200 ₹

$$ 1200–5000 ₹

$$$ über 5000 ₹

Die Übernachtungspreise in Goa können stark variieren: Die Hauptsaison dauert von November bis Ende Februar, rund um Weihnachten und Neujahr ziehen die Preise aber nochmals an. Zwischensaison ist im Oktober, März und April, Nebensaison von Mai bis September (Regenzeit). Diese Angaben können je nach Monsun und der Vergabe für die Lizenzen der Strandhütten noch leicht variieren.

Die Preise der hier aufgeführten Unterkünfte beziehen sich auf die Hauptsaison (jedoch nicht auf die Weihnachtsferien, für die man im Voraus buchen muss). Am besten bringt man Preise und Rabatte telefonisch in Erfahrung.

Praktische Informationen

Die **Goa Tourism Development Corporation** (www.goa-tourism.com) versorgt Besucher mit Karten und Infos, betreibt im gesamten Bundesstaat Hotels und veranstaltet zahlreiche Touren.

An- & Weiterreise

BUS

Von und nach Goa fahren täglich private und staatliche Fernbusse – oft genügt es, einfach am Busbahnhof zu erscheinen und in den nächsten Bus zu steigen. Sowohl die staatlichen als auch die privaten Busgesellschaften bieten Busse der Kategorien „Ordinary", „Standard", „Deluxe", „Superfast" und „VIP". Am bequemsten sind die klimatisierten Volvo-Busse mit verstellbaren Rückenlehnen. Die Fahrt mit dem Bus nach Mumbai hinein oder aus Mumbai hinaus dauert unendlich lange, Züge sind schneller und komfortabler.

Busse nach Mumbai und in andere Städte fahren täglich zwischen 17.30 und 20.30 Uhr von Panaji, Margao und Mapusa aus. Es gibt Dutzende Anbieter, die Preise sind aber bei allen gleich. Die staatliche Busgesellschaft **Kadamba** (www.goakadamba.com) bedient Ziele im Bundesstaat und in den benachbarten Regionen. Private Busse kann man unter www.redbus.in buchen.

FLUGZEUG

An Goas Flughafen **Dabolim** (Goa International Airport; ☎0832-2540806) starten und landen Inlandsflüge sowie wenige internationale Flüge aus dem Nahen Osten und in der Touristensaison Charterflieger, die Pauschaltouristen aus Russland, Kontinentaleuropa und Großbritannien bringen. Wer keinen Charterflug gebucht hat, muss in der Regel eine größere indische Stadt wie Mumbai oder Delhi anfliegen und dort in einen Inlandsflieger von Jet Airways, Air India, SpiceJet oder IndiGo umsteigen.

ZUG

Die 760 km lange **Konkan Railway** (www.konkanrailway.com), die 1998 fertiggestellt wurde, ist die Hauptbahnstrecke durch Goa und führt weiter nach Mumbai im Norden und Mangalore im Süden.

Der größte Bahnhof Goas ist Madgaon (S. 923) in Margao. Viele Züge fahren auch durch den Bahnhof Karmali, der 12 km von Panaji entfernt nahe bei Old Goa liegt. Kleinere Bahnhöfe an dieser Strecke sind Pernem (nach Arambol), Thivim (nach Mapusa und zu den Stränden im Norden) und Canacona (nach Palolem).

Unterwegs vor Ort

AUTO & MOTORRAD

Ein privates Auto mit Fahrer (oder einfach ein Taxi) für längere Ausflüge lässt sich in Goa problemlos organisieren. Das kostet für einen ganzen Tag (meist 8 Std. und 80 km) ab 2000 ₹. Wer sich für einen Mietwagen entscheidet, zahlt für einen kleinen Maruti 900 bis 1200 ₹ und für einen großen Jeep ab 2000 ₹, jeweils ohne Benzin und in der Regel mit Kilometerbegrenzung. Die besten Mietwagenangeboten finden sich im Internet auf Seiten wie www.goa2u.com.

Ist man in Goa auf der Straße unterwegs, dann dauert es selten lange, bis ein Einheimischer oder ein Tourist auf einem Roller oder einem Motorrad vorbeidüst. Sie zu mieten ist ein Kinderspielt. Für einen Motorroller zahlt man meist zwischen 200 und 400 ₹ pro Tag, für eine kleinere Yamaha 400 bis 500 ₹ und für eine Royal Enfield Bullet 450 bis 600 ₹. Wenn man die Maschine für längere Zeit mietet wird es deutlich billiger, in der Nebensaison ebenfalls. Wenn viele Maschinen herumstehen, sollte man auf jeden Fall verhandeln.

Goas Straßen können tückisch sein – voller Menschen, Rinder, Hunde, Katzen, Vögel, Schrott, Schlaglöcher und Haarnadelkurven. Daher sollte man es besser langsam angehen, auf Bremsschwellen achten, möglichst nicht im Dunkeln fahren (Landstraßen sind spärlich beleuchtet) und nicht versuchen, an einem Tag auf einer 50-ccm-Maschine ganz Goa von Nord nach Süd zu durchqueren.

BUS

Goa hat ein umfangreiches Busnetz. Busse steuern fast jede Stadt und fast jedes noch so kleine Dorf an. Die Knotenpunkte sind Panaji, Margao und Mapusa. Wer von Nord-Goa nach Süd-Goa und umgekehrt reist, muss meist in Margao, Panaji oder beiden Städten umsteigen. Die Fahrkarten kosten zwischen 5 und 40 ₹.

VOM/ZUM FLUGHAFEN

Prepaid-Taxis vom Flughafen Dabolim ins Zentrum Panajis oder Margaos kosten 870 ₹ (klimatisiert 920 ₹). Wer wenig Gepäck hat, kann auch auf der Hauptstraße in einen Bus nach Vasco da Gama steigen und dort einen Direktbus nach Panaji (30 ₹, 45 Min.) nehmen.

TAXIS & AUTORIKSCHAS

Es gibt viele Taxis, mit denen man von Stadt zu Stadt fahren kann, wegen der örtlichen Gewerkschaftskartelle sind die Preise aber hoch, vor allem nachts, und noch mehr rund um teure Hotels. Eine Ausflugstour mit einem Taxi dürfte je nach Entfernung zwischen 1500 und 2000 ₹ kosten. Den Preis sollte man unbedingt vorher aushandeln.

Eine neue Initiative von Goa Tourism ist der nur telefonisch buchbare **Women's Taxi Service** (☎ 0832-2437437), bei dem Frauen am Steuer sitzen und der nur Frauen, Paare oder Familien befördert. Die Fahrzeuge sind mit genauen Taxametern und GPS ausgestattet und die Fahrerinnen sind in Erster Hilfe und Selbstverteidigung ausgebildet.

Autorikschas sind etwa ein Drittel billiger als Taxis und sind das beste Verkehrsmittel für kurze Fahrten. Man sollte für eine kurze Fahrt mindestens 50 ₹, für eine etwas längere 100 ₹ einplanen und den Fahrpreis aushandeln, ehe man einsteigt.

Motorradtaxis, *pilots* genannt, zu erkennen am gelben Schutzblech, sind in Goa ebenfalls ein lizenziertes Verkehrsmittel,. Sie kosten halb so viel wie Taxis und sind eigentlich nur rund um größere Taxistände und an Badeorten zu finden.

ABSEITS DER ÜBLICHEN PFADE

DUDHSAGAR-WASSERFÄLLE

Goas beeindruckendste **Wasserfälle** stürzen an der östlichen Grenze zu Karnataka, in der südöstlichsten Ecke des Mahavir Wildlife Sanctuary, 603 m in die Tiefe. Am besten besucht man die Wasserfälle möglichst bald nach dem Monsun (der Oktober ist ideal), denn dann ist der Wasserstand am höchsten.

Um sie zu erreichen, fährt man mit dem Auto oder mit der Regionalbahn um 8.15 Uhr von Margao (Zeitpunkt Rückfahrt variiert je nach Jahreszeit) auf landschaftlich reizvoller Strecke ins Dorf Colem (7 km südlich von Molem). Von Colem legt man die restliche holprige Strecke in ca. 45 Minuten mit einem Sammel-Jeep (500 ₹/Pers. bei 6 Pers.) zurück. Einfacher geht es mit dem Taxi oder mit der ganztägigen Tour „Dudhsagar Special" (1200 ₹) von Goa Tourism, die jeden Mittwoch und Sonntag um 9 Uhr in Calangute, Mapusa, Panaji bzw. Miramar startet und um 18 Uhr zurückkehrt. Private Reisebüros bieten ebenfalls Touren an.

PANAJI & ZENTRAL-GOA

Panaji (Panjim)

☎ 0832 / 115 000 EW.

Panaji (Panjim), eine der entspanntesten Hauptstädte der indischen Bundesstaaten, liegt auf einer Halbinsel am breiten Mandovi, auf dem Ausflugsboote und schwimmende Kasinos dahingleiten und in dem sich nachts die Neonschilder spiegeln.

Über dem belebten Zentrum thront eine prächtige, weiß getünchte Kirche, eine brei-

Panaji (Panjim)

0 400 m

Campal Gardens (400 m); Kala Academy (800 m); Goa Marriott Resort (2,1 km)
Fähre nach Betim
Panaji-Anleger
Betim (2 km); Torda (4 km); Mapusa (13 km)
Mandovi Bridge
Mandovi
Dayanand Bandodkar Marg
Thomas Cook
MG Rd
Statue von Abbé Faria
Avenida Dom Joao Castro
23
Santa-Monica-Anleger
6
7
30
Heliodoro Salgado Rd
Malaca Rd
Azad Maidan
Ormuz Rd
Cunha-Rivara Rd
Stadtpark
Dr RS Rd
Jose Falcao Rd
SAO TOMÉ
18
15
10
19
New Patto Bridge
Städtischer Markt
25
General Bernado Guedes Rd
Menezes Braganza Rd
Dr Pisurlekar Rd
Cozy Nook Tours & Travels
1 Church of Our Lady of the Immaculate Conception
31st January Rd
MG Rd
22
Old Patto Bridge
Ourem Creek
PATTO
8
GP Rd
26
24
Jama Masjid
Emilio Gracia Rd
21
Swami Vivekanand Rd
Dr P Shirgaonkar Rd
Gen Costa Alvares Rd
Old Goa (9 km); Karmali (12 km); Ponda (34 km)
Dr. Alvaro Costa Rd
Goa Tourism
29
28
Fußgängerbrücke
CA Rd
Geldautomaten
Ourem Rd
Rua de Natal
20
9
3 St. Sebastian Rd
11
14
13
P
27
18th June Rd
Dr Atmaram Borkar Rd
Avenida Pe Agnelo
16
Mahalaxmi-Tempel
Dr Dada Vaidya Rd
FONTAINHAS
31st January Rd
ALTINHO
12
Dabolim (29 km); Vasco da Gama (32 km); Margao (34 km)
Fisherman's Wharf (300 m); Caculo Mall (1 km)
4
MALA
5
2
17
Dabolim (29 km); Margao (34 km)

Panaji (Panjim)

Highlights
1 Church of Our Lady of the Immaculate Conception D2

Sehenswertes
2 Altinho Hill C4
3 Chapel of St. Sebastian D3
4 Goa State Central Library F4
5 Goa State Museum E4

Aktivitäten, Kurse & Touren
6 Mandovi River Cruises G2
7 Paradise Cruises G2

Schlafen
8 A Pousada Guest House E2
9 Afonso Guesthouse E3
10 Caravela Homestay E2
11 La Maison E3
12 Old Quarter Hostel D4
13 Panjim Inn E3
14 Panjim Pousada E3

Essen
15 Anandashram E2
16 Black Sheep Bistro B3
17 Cafe Bodega C4
18 Hotel Venite E2
Verandah ...... (siehe 13)
19 Vihar Restaurant E2
20 Viva Panjim E3

Ausgehen & Nachtleben
21 Cafe Mojo B2
22 Riverfront & Down the Road F2

Unterhaltung
23 Deltin Royale E1

Shoppen
24 Khadi India C2
Marcou Artifacts ...... (siehe 20)
25 Städtischer Markt A2
26 Singbal's Book House D2

Praktisches
Government of India Tourist Office ...... (siehe 26)

Transport
27 Kadamba-Busbahnhof G3
Konkan-Zug-reservierungsbüro ...... (siehe 27)
28 Paulo Travels G3
29 Private Busagenturen G3
30 Privater Busbahnhof G2

te, von Laubbäumen gesäumte Allee führt am Fluss entlang und prachtvolle Kolonialbauten stehen Seite an Seite mit künstlerisch angehauchten Boutiquen, altmodischen Buchläden, modernen Einkaufszentren und kleinen Bars.

Doch all diese Attraktionen übertrumpft das Gewirr der Gassen im Altstadtviertel Fontainhas. Nirgendwo ist der portugiesische Einfluss stärker zu spüren als hier, wo am späten Nachmittag die gelben Häuser mit ihren roten Türen in der Sonne erstrahlen und hinter jeder Ecke restaurierte ockerfarbene Villen mit Terrakottadächern, schmiedeeisernen Balkonen und mit Perlmutt verzierten Bogenfenstern warten.

Ein oder zwei Tage in Panaji dürfen bei einer Goa-Reise auf keinen Fall fehlen.

Sehenswertes & Aktivitäten

Eine der Freuden eines Besuchs in Panaji sind die entspannten Spaziergänge durch die schläfrigen Viertel **Fontainhas und Sao Tomé** und **Altinho**, die aus der portugiesischen Kolonialzeit stammen. Beliebte Ziele sind auch die **Campal Gardens**, die westlich vom Zentrum am Fluss liegen, und der **Miramar Beach**, der sich 4 km südwestlich der Stadt befindet.

★ Church of Our Lady of the Immaculate Conception
KIRCHE

(Ecke Emilio Gracia Rd & Jose Falcao Rd; Mo–Sa 10–12.30 & 15–17.30, So 11–12.30 & 15.30–17 Uhr, englische Messe tgl. 8 Uhr) Das spirituelle und geografische Zentrum von Panaji ist diese stolze, strahlend weiße Kirche, die 1619 über einer älteren und kleineren Kapelle aus dem Jahr 1540 errichtet wurde und ein wenig einer üppigen verzierten Hochzeitstorte ähnelt. Als Panaji noch ein kleines, verschlafenes Fischerdorf war, pilgerten die Seeleute aus Portugal als erstes hierher, um der Heiligen Jungfrau für ihre glückliche Überfahrt zu danken. Erst danach reisten sie weiter flussaufwärts nach Ela (Old Goa). Abends wird die Kirche von außen herrlich angeleuchtet.

Goa State Museum
MUSEUM

(0832-2438006; www.goamuseum.gov.in; EDC Complex, Patto; Mo–Sa 9.30–17.30 Uhr) GRATIS Das riesige Museum östlich der Stadt beherbergt eine vielseitige und umfangreiche Sammlung, die die Geschichte Goas illustriert. Diese umfasst u.a. einige wunderschöne hinduistische und jainistische Skulpturen und Bronzen, hübsche Möbel aus der portugiesischen Ära, Münzen, einen aufwendig geschnitzten Streitwagen und ein paar sonderbare antike Lottomaschinen.

> **ACHTUNG: DROGEN**
>
> In Indien ist der Erwerb und Besitz von Acid, Ecstasy, Kokain, Charas (Haschisch), Marihuana und der meisten anderen Drogen verboten, auch wenn sie in Goa immer noch leicht zu bekommen sind. Goas Gefängnis Fort Aguada ist voll mit Gefangenen, darunter auch Ausländer, die Haftstrafen wegen Drogendelikten absitzen. Selbst der Besitz kleiner Drogenmengen kann mit bis zu zehn Jahren Haft geahndet werden.

Goa State Central Library BIBLIOTHEK
(Sanskruti Bhavan, Patto; ⌚Mo–Fr 9–19.30, Sa & So 9.30–17.45 Uhr) GRATIS Panajis topmoderne Staatsbibliothek neben dem State Museum bietet sechs Stockwerke voller Bücher, einen Buchladen und eine Galerie. Im ersten Stock gibt's eine Kinderbuchabteilung und Internetrechner (kostenlose Benutzung, aber eigentlich nur zu Forschungszwecken). Im vierten Stock findet man Bücher über die Geschichte Goas und im sechsten eine große Sammlung an portugiesischen Büchern.

Geführte Touren

Organisierte Bootstouren auf dem Mandovi sind sehr beliebt.

Paradise Cruises BOOTSFAHRT
(☎0832-2437960; http://paradisecruises.in; Touristenbootsanleger; 300 ₹/Pers.; ⌚Bootsfahrten 17.30 & 19 Uhr) Dieser private Anbieter veranstaltet zwei abendliche Party-Bootsfahrten auf dem Mandovi auf einem Schiff mit drei Decks. Auf dem Schiff gibt's eine Bar und auf dem Oberdeck wird meist ein kulturelles Programm oder eine Tanzaufführung geboten.

Mandovi River Cruises BOOTSFAHRTEN
(Sunset Cruise 300 ₹, Dinner Cruise 650 ₹, Backwater Cruise 900 ₹; ⌚Sunset Cruise 18 Uhr, Sundown Cruise 19.15 Uhr, Dinner Cruise Mi & Sa 20.45 Uhr, Backwater Cruise Di & Fr 9.30–16 Uhr) Goa Tourism veranstaltet reizvolle Bootsfahrten auf dem Mandovi an Bord der *Santa Monica* oder der *Shantadurga*. Stets sind Bands und Tänzer mit an Bord, die goanische Volkslieder und -tänze vorführen. Zweimal wöchentlich finden zweistündige Dinner Cruises sowie Backwater Cruises nach Old Goa statt, zu einer Gewürzplantage, bevor es vorbei an den Divar und Chorao Islands zurückgeht. Alle Boote starten am Santa Monica Jetty neben der Mandovi Bridge.

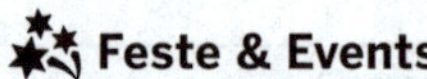

Feste & Events

Karneval RELIGION
(im gesamten Bundesstaat; ⌚März) Die Fastenzeit beginnt mit einem viertägigen Fest, das in Panaji besonders fröhlich gefeiert wird.

Mariä Empfängnis RELIGION
(Margao, Panaji; ⌚8. Dez.) Zu Maria Empfängnis finden Jahrmärkte und Konzerte sowie ein schöner Gottesdienst in der Church of Our Lady of the Immaculate Conception in Panaji statt.

Schlafen

In Panaji gibt es viele Unterkünfte in allen Preisklassen. Im mittleren Preisbereich finden sich ein paar der besseren historischen Boutiquehotels und -pensionen, die meisten davon im Viertel Fontainhas.

★ **Old Quarter Hostel** HOSTEL $
(☎0832-6517606; www.thehostelcrowd.com; 31st Jan Rd, Fontainhas; B 550–600 ₹, DZ mit Klimaanlage 1600–2000 ₹; ❄📶) Das extravagante Hostel in einem alten portugiesischen Haus im historischen Fontainhas hat schicke Vierbettzimmer mit Schließfächern sowie Doppelzimmer in einem separaten Gebäude. Außerdem punktet es mit dem Urban Café, künstlerischen Wandbildern, gutem WLAN und Leihfahrrädern. Checkout ist um 12 Uhr.

A Pousada Guest House PENSION $
(☎9850998213, 0832-2422618; sabrinateles@yahoo.com; Luis de Menezes Rd; EZ/DZ ab 800/1050 ₹, DZ mit Klimaanlage 1575 ₹; ❄📶) Die fünf Zimmer in dem hellgelben Gebäude sind einfach, aber sauber und haben bequeme Federkernmatratzen und TVs. Inhaberin Sabrina ist freundlich und unkompliziert. Bei diesem Preis eindeutig eine der besten Budgetunterkünfte der Stadt.

Afonso Guesthouse PENSION $$
(☎9764300165, 0832-2222359; www.afonsoguesthouse.com; St. Sebastian Rd; DZ 2900–3250 ₹; ❄📶) Die von der freundlichen Jeanette geführte Pension in einem hübschen portugiesischen Stadthaus hat gepflegte, geräumige Zimmer mit Holzdecken. Auf der kleinen sonnigen Dachterrasse wird Frühstück (nicht inklusive) mit Blick über Fontainhas serviert. Die einfache, friedliche Unterkunft befindet sich im stimmungsvollsten Teil der Stadt. Am Abreisetag muss das Zimmer bis 9 Uhr geräumt sein. Reservierungen nur online möglich.

La Maison BOUTIQUEHOTEL $$
(☎0832-2235555; www.lamaisongoa.com; 31st January Rd; Zi. inkl. Frühstück 4700–5300 ₹; ❄📶) La Maison, ein weiteres historisches Boutiquehotel in Fontainhas, ist außen traditionell, innen aber durch und durch modern und elegant. Die acht Zimmer sind täuschend schlicht und gemütlich, denn mit ihren weichen Betten, den traumhaften Kopfkissen, den Schreibtischen und den Flachbild-TVs bieten sie Fünf-Sterne-Komfort. Das Frühstück ist inbegriffen. Zum Hotel gehört das Restaurant **Desbue**, das europäische Fusionsküche serviert.

Caravela Homestay BOUTIQUEHOTEL $$
(☎0832-2237448; www.caravela.in; 27 31st January Rd; EZ/DZ inkl. Frühstück ab 2000/2500 ₹, Suite 4000 ₹; ❄📶) Im Caravela gibt's zehn minimalistische, aber komfortable Zimmer mit netten Extras wie Minibar und Toilettenartikeln in einem schönen historischen Haus in Sao Tome. Das Frühstück wird in dem Café auf der anderen Straßenseite serviert.

★ **Panjim Inn** HISTORISCHES HOTEL $$$
(☎9823025748, 0832-2226523; www.panjiminn.com; 31st January Rd; EZ 5100–8000 ₹, DZ 5750–9200 ₹; ❄📶) Das Panjim Inn, eines der ersten historischen Hotels in Fontainhas, ist seit Langem wegen seines Charakters und Charmes und wegen der freundlichen Besitzer und hilfsbereiten Mitarbeiter überaus beliebt. In der schönen Villa aus dem 19. Jh. befinden sich zwölf charmante Zimmer im Originalhaus sowie einige neuere Zimmer, in denen die Himmelbetten, Kolonialmöbel und Kunstwerke mit modernen Akzenten kombiniert werden. Das Hotel hat auch ein Spa und einen Whirlpool auf dem Dach.

Goa Marriott Resort HOTEL $$$
(☎0832-2463333; www.marriott.com; Miramar Beach; DZ 11700–17000 ₹; ❄📶🏊) Das noble Goa Marriott Resort am Miramar Beach ist das beste Hotel weit und breit. Es ist großartig gestaltet: Der Fünf-Sterne-Luxus beginnt schon in der Lobby und zieht sich durch alle Räume bis zu den Zimmern mit Aussicht. Die rund um die Uhr geöffnete Waterfront Terrace & Bar ist ein tolles Fleckchen für einen Sundowner mit Blick auf den Pool, und das Hotelrestaurant Simply Grills steht bei gut betuchten Einheimischen hoch im Kurs.

Panjim Pousada PENSION $$$
(☎0832-2226523; www.panjiminn.com; 31st January Rd; EZ 5100–8000 ₹, DZ 5750–9200 ₹; ❄📶) Die neun göttlichen, mit kolonialer Fantasie gestalteten Zimmer in dieser Hindu-Villa liegen um einen tollen zentralen Innenhof mit alten Möbeln und schöner Kunst an den Wänden. Mehrere Durchgänge und Wendeltreppen führen zu den Zimmern. Die schönsten sind die in der oberen Etage.

Essen

Wer die 18th June Rd oder die 31st January Rd hinunterspaziert, kommt an mehreren preiswerten und guten Optionen im Kantinenstil vorbei. In Fontainhas gibt's eine gut entwickelte Restaurantszene; dort kann man zwischen traditionellen goanischen Spezialitäten und bewährten westlichen Gerichten wählen.

Anandashram INDISCH, GOANISCH $
(31st January Rd; Thalis 90–140 ₹, Hauptgerichte 100–350 ₹; ⏲Mo–Sa 12–15.30 & 19.30–22. 30, So 12–15 Uhr) Das kleine Lokal ist in der Stadt für sein Seafood bekannt. Es bringt leckere Fischcurrys sowie mittags und abends vegetarische und nichtvegetarische Thalis auf den Tisch.

Vihar Restaurant INDISCH $
(MG Rd; vegetarische Thalis 100–150 ₹; ⏲7–9, 11–15 & 19.30–22.30 Uhr) Die riesige Auswahl an „rein vegetarischem" Essen sowie die tollen, großen Thalis, die südindischen *dosas* und die vielen frischen Säfte sind der Grund für die Beliebtheit dieser sauberen, schlichten Kantine bei Einheimischen wie bei Touristen. Es ist eines der wenigen Restaurants in dieser Gegend, in denen bis spät abends Betrieb herrscht.

GOANISCHE KÜCHE

Die goanische Küche ist ein reizvoller Mix aus portugiesischen und südindischen Aromen. Goaner essen liebend gern Fleisch und Fisch, auch frische Meeresfrüchte stehen hoch im Kurs. Ein typisches Mittagessen besteht aus einem Fisch-Curry mit Reis: z. B. gebratene Makrele in Kokosnuss-, Tamarinden- und Chilisauce. Weitere traditionelle Gerichte sind Vindaloo (scharfes Gericht in Essig-Knoblauch-Marinade), *xacuti* (würziges Hühnchen oder Fleisch in roter Kokosnuss-Sauce) und *cafreal* (gebackenes Hühnchen in grüner Masalapaste mariniert und mit Palmweinessig verfeinert). Zum Nachtisch gibt es z. B. den mehrschichtigen *bebinca*-Kuchen.

ABSTECHER

BACKWOODS CAMP

In einem Wald nahe dem Bhagwan Mahavir Wildlife Sanctuary im äußersten Osten Goas befindet sich das rustikale **Backwoods Camp** (9822139859; www.backwoodsgoa.com; Matkan, Tambdi Surla; 2-/3-tägiger Aufenthalt pro Pers. 8500/12 000 ₹;) Der magische, friedliche Ort liegt in einem der vogelartenreichsten Gebiete Goas, in dem vom Ceylonfroschmaul und Elfenblauvogel über Streifenbrusttimale und Bengalenpittas zahlreiche Arten regelmäßig vorkommen. Übernachtet wird in Zelten oder auf erhöhten Plattformen im Wald sowie in Bungalows und Zimmern in Bauernhäusern; die Mahlzeiten und geführte Vogelbeobachtung sind im Preis enthalten.

★ Viva Panjim GOANISCH $$
(0832-2422405; 31st January Rd; Hauptgerichte 130–220 ₹; Mo–Sa 11.30–15.30 & 19–23, So 19–23 Uhr) Das in Touristenkreisen bestens bekannte Lokal in einem alten portugiesischen Haus in einer kleinen Seitenstraße hat ein paar Tische auf dem Bürgersteig und serviert noch immer köstliche Klassiker der goanischen Küche zu guten Preisen. Eine ganze Seite der Speisekarte ist allein Schweinefleischgerichten gewidmet. Daneben gibt es geschmackvolle *xacuti*-Speisen (ein würziges Gericht mit Hühner- oder anderem Fleisch, das in einer roten Kokossauce gekocht wird) und *cafreal*-Spezialitäten (Gericht mit mariniertem Hühnchen) sowie Seafood, z. B. Kingfish-Vindaloo und Krabben à la *xec xec*. Und dann wären da auch noch die Desserts wie *bebinca* (reichhaltige mehrschichtige goanische Süßspeise aus Eigelb und Kokosnuss).

★ Cafe Bodega CAFÉ $$
(0832-2421315; Altinho; Hauptgerichte 140–3420 ₹; Mo–Sa 10–19, So 10–16 Uhr;) Der Aufstieg zum Altinho Hill lohnt sich allemal, um dieses ruhige Café mit Galerie, das in einem weiß-lavendelfarbenen portugiesischen Herrenhaus auf der Anlage des Sunaparanta Centre for the Arts untergebracht ist, zu besuchen. Hier gibt's zum Frühstück guten Kaffee, Säfte und frisch gebackene Kuchen sowie riesige Pizzas und Sandwiches zum Mittagessen, das im Innenhof eingenommen werden kann.

Verandah GOANISCH $$
(0832-2226523; 31st January Rd; Hauptgerichte 180–420 ₹; 11–23 Uhr) Das luftige Restaurant des Panjim Inn befindet sich auf einem Balkon im ersten Stock und hat nur eine Handvoll fein verzierter Tische mit Blick auf die Straßen von Fontainhas und flottem Service. Die Spezialität ist goanische Küche, aber es gibt auch eine Auswahl an indischen und europäischen Gerichten sowie regionale Weine.

Fisherman's Wharf SEAFOOD $$
(8888493333; http://thefishermanswharf.in; Dr Braganza Pereira Rd; Hauptgerichte 220–450 ₹; 12–23 Uhr) Die Erfolgsformel des alteingesessenen Restaurants unten in Mobor wurde in der Hauptstadt erfolgreich übernommen: frisches Seafood, nordindische Tandooris, Kebabs und goanische Spezialitäten. Die Atmosphäre im Fisherman's Wharf ist ungezwungen, aber elegant.

★ Black Sheep Bistro EUROPÄISCH $$$
(0832-2222901; www.blacksheepbistro.in; Swami Vivekanand Rd; Tapas 190–280 ₹, Hauptgerichte 320–650 ₹; 12–16 & 19–22.45 Uhr) Das Black Sheep gehört zu einem der besten aufstrebenden Boutiquerestaurants in Panaji. Hinter einer eindrucksvollen hellgelben Fassade befindet sich ein gemütlicher Speisesaal mit stilvoller Bar aus dunklem Holz. Die Tapas hier sind leicht, frisch und werden nach dem Motto „vom Bauernhof direkt auf den Tisch" zubereitet. Salate, Pasta, Seafood und Gerichte wie Lamm-Ossobuco geben der Speisekarte einen besonderen Touch, während ein international ausgebildeter Sommelier die passenden Weine zum Essen aussucht.

★ Hotel Venite GOANISCH $$$
(31st January Rd; Hauptgerichte 340–460 ₹; 9–22.30 Uhr) Das Venite ist mit seinen niedlichen, wackligen Balkons über der kopfsteingepflasterten Straße schon lange eines der stimmungsvollsten goanischen Restaurants im Bundesstaat. Auf der Karte stehen traditionelle Gerichte wie würzige Würstchen, Fischcurryreis, Pfeffersteak und *bebinca*. Bei Touristen ist es sehr beliebt, entsprechend hoch sind die Preise. Man kann auch erstmal ein Bier oder einen *feni* (goanischer Schnaps) trinken, ehe man sich entscheidet, ob man hier essen will.

Ausgehen & Nachtleben

Panajis Nachtleben besteht aus winzigen, versteckten Bars, die meist nur mit schlichten Plastiktischen, einem Kühlschrank und ein paar Hockern bestückt sind und fast ausschließlich männliche Gäste haben. Einige gehobenere Bars findet man in den teuren Hotels, zudem gibt's einige Pubs im englischen Stil.

Cafe Mojo BAR

(www.cafemojo.in; Menezes Braganza Rd; ⌚Mo–Do 10–4, Fr–So –6 Uhr) Die Bar ist im gemütlichen Stil englischer Pubs eingerichtet, die Gäste sind jung und in Partylaune und das E-Bier-System ist eine Novität: Jeder Tisch hat einen eigenen Zapfhahn für Bier – man kauft eine Karte (500 ₹), liest sie am Tisch ein und bedient sich selbst; die Karte, die man auch für Schnäpse, Cocktails und Essen nutzen kann, zieht den entsprechenden Betrag automatisch ab.

Riverfront & Down the Road BAR

(Ecke MG Rd & Ourem Rd; ⌚11–1 Uhr) Auf dem Balkon des Restaurants mit Bar kann man beim Blick auf die Old Patto Bridge gemütlich ein Bier oder einen Cocktail trinken. Geschnitzte Fässer dienen als Möbel. Die Bar im Erdgeschoss (ab 18 Uhr geöffnet) ist die einzige echte Ausgehadresse auf der Altstadtseite der Stadt, ab und zu spielen hier sogar Bands.

Unterhaltung

Panajis sichtbarste Unterhaltungseinrichtung sind die Kasinoschiffe, die draußen auf dem Mandovi ankern. Zudem findet in der Stadt das größte **internationale Filmfestival** (www.iffi.nic.in; ⌚Nov.) Indiens statt, und in der hervorragenden Kala Academy gibt's auch kulturelle Angebote.

Kala Academy KULTURZENTRUM

(☎0832-2420452; http://kalaacademygoa.org; Dayanand Bandodkar Marg) In Campal auf der Westseite der Stadt liegt Goas wichtigstes Kulturzentrum, in dem das ganze Jahr über Tanz-, Theater- und Musikaufführungen sowie Kunstausstellungen zu sehen sind. Viele Shows sind auf Konkani, ab und zu gibt's aber auch englischsprachige Produktionen. Der Veranstaltungskalender ist online.

Deltin Royale KASINO

(☎8698599999; www.deltingroup.com/deltin-royale; Noah's Ark, RND Jetty, Dayanand Bandodkar Marg; wochentags/Wochenende 3000/4000 ₹, Premium-Paket 4500–5500 ₹; ⌚24 Std., Unterhaltung 21–1 Uhr) Goas größtes und bestes schwimmendes Luxus-Kasino hat 123 Tische, das Vegas Restaurant, eine Whiskey-Bar und einen speziellen Raum für Männer. Essen, Getränke und Jetons im Wert von 2000/3000 ₹ wochentags/am Wochenende sind im Eintrittspreis enthalten; beim Premiumpaket im vollen Wert des Tickets.

Shoppen

Caculo Mall EINKAUFZENTRUM

(☎0832-2222068; http://caculomall.in; 16 Shanta, St. Inez; ⌚10–21 Uhr) Goas größtes Einkaufszentrum hat vier klimatisierte Etagen voller Markenläden, Food-Courts sowie Kinderspielbereichen und Spielautomaten.

Städtischer Markt MARKT

(Heljogordo Salgado Rd; ⌚ab 7.30 Uhr) In diesem stimmungsvollen Markt, der durch die Überdachung mehrerer schmaler Straßen entstand, kann man entspannt umherschlendern und sich an den Ständen mit frischen Lebensmitteln und Kleidung sowie bei einigen winzigen, einladenden Lokalen umschauen. Besonders interessant geht's auf dem Fischmarkt zu.

Singbal's Book House BÜCHER

(Church Sq; ⌚Mo–Sa 9.30–13 & 15.30–19.30 Uhr) Der Bücherladen liegt an der Ecke gegenüber der Hauptkirche von Panaji. Er hat eine fabelhafte Auswahl an internationalen Zeitschriften und Zeitungen sowie jede Menge Titel über Goa und das Reisen allgemein.

Khadi India KUNST & KUNSTHANDWERK

(Dr. Atmaram Borkar Rd; ⌚9–13 & 15–19 Uhr) Goas einzige Filiale der staatlichen Khadi & Village Industries Commission hat eine gute Auswahl an handgewebter Baumwolle, Ölen, Seifen und Gewürzen sowie anderen handgemachten Produkten, die direkt aus den Dörfern der Region stammen (und deren Erlöse diesen Dörfern zugutekommen).

Marcou Artifacts KUNST & KUNSTHANDWERK

(☎0832-2220204; www.marcouartifacts.com; 31st January Rd; ⌚9–20 Uhr) Das kleine Geschäft in Fontainhas verkauft einzigartige bemalte Fliesen, Fischfigurinen und handgearbeitete portugiesische und goanische Keramik zu vernünftigen Preisen. Weitere Filialen befinden sich in der Caculo Mall, im Hotel Delmon und auf dem Markt von Margao.

Praktische Informationen

Goa Medical College Hospital (☎0832-2458700; www.gmc.goa.gov.in; Bambolim; ⌚24 Std.) Dieses Krankenhaus mit 1000 Betten liegt 9 km außerhalb von Panaji in Bambolim an der NH17.

NOTFALLNUMMERN

Um die Polizei, die Feuerwehr oder den medizinischen Rettungsdienst zu erreichen, wählt man die 112.

Goa Tourism (GTDC; 0832-2437132; www.goa-tourism.com; Paryatan Bhavan, Dr. Alvaro Costa Rd; Mo–Fr 9.30–17.45 Uhr) Das besser als „Goa Tourism" bekannte GTDC-Büro befindet sich auf der anderen Seite des Ourem Creek nahe des Busbahnhofs im großen Paryatan-Bhavan-Gebäude. Es ist aber eher ein Verkaufsbüro als eine Touristeninformation und daher für zufällige Besucher eigentlich nur interessant, wenn sie eine der vielen GTDV-Touren buchen wollen.

Government of India Tourist Office (0832-2223412; www.incredibleindia.com; Communidade Bldg, Church Sq; Mo–Fr 9.30–13.30 & 14.30–18, Sa 10–13 Uhr) Das Personal in dieser zentral gelegenen Touristeninformation kann sehr hilfsbereit sein, besonders, wenn es um Infos zu Reisezielen außerhalb Goas geht. Das Büro soll in dasselbe Gebäude in Patto umziehen, in dem sich Goa Tourism befindet.

Hauptpost (MG Rd; Mo–Sa 9.30–17.30 Uhr) Schneller Paketdienst und Geldtransfer mit Western Union.

An- & Weiterreise

BUS

Alle regionalen Busse fahren vom **Kadamba-Busbahnhof** (Auskunft zu Fernverbindungen 0832-2438035, zu regionalen Verbindungen 0832-2438034; www.goakadamba.com; Reservierung 8–20 Uhr) in Panaji. Busse zu vielen Orten in der Region starten alle paar Minuten (ohne erkennbaren Fahrplan). Wichtige Ziele sind Mapusa (30 ₹, 30 Min.) im Norden, Margao (30 ₹, 45 Min.) im Süden und Ponda (20 ₹, 1 Std.) im Osten. Die meisten Strecken werden zwischen 6 und 22 Uhr bedient.

Wer zu den Stränden im Süden will, fährt nach Margao und steigt dort um. Um zu den Stränden nördlich von Baga zu gelangen, fährt man bis Mapusa und steigt dort um. Direktbusse verkehren nach Candolim (20 ₹, 20 Min.), Calangute (25 ₹, 25 Min.) und Baga (30 ₹, 30 Min.).

Staatliche Fernbusse fahren ebenfalls am Kadamba-Busbahnhof ab. Private Anbieter bieten allerdings eine größere Auswahl an Bustypen und häufigere Abfahrten zu ähnlichen Preisen. Viele private Busunternehmen haben draußen vor dem Eingang zum Busbahnhof Schalter. Die meisten privaten Fernbusse starten aber am Fernbusbahnhof auf der anderen Seite der Fernstraße bei der New Patto Bridge.

Paulo Travels (0832-2438531; www.paulobus.com; G1, Kardozo Bldg)

ZUG

Der nächstgelegene Bahnhof ist Karmali (Old Goa), der sich 12 km östlich von Panaji in der Nähe von Old Goa befindet. Dort halten mehrere Fernzüge, u. a. von und nach Mumbai. Auch viele aus Margao kommende Züge halten hier (man sollte sich aber vor der Fahrt erkundigen). Panajis **Konkan-Zugreservierungsbüro** (0832-2712940; www.konkanrailway.com; Mo–Sa 8–20 Uhr) befindet sich in der ersten Etage des Kadamba-Busbahnhofs (und nicht am Bahnhof).

Unterwegs vor Ort

Ein Taxi von Panaji zum Dabolim Airport kostet 900 ₹. Die Fahrt dauert 45 Minuten, wegen möglicher Staus plant man aber besser eine Stunde ein. Prepaid-Taxis vom Flughafen nach Panaji kosten 870 ₹ (mit Klimaanlage 920 ₹), die Fahrt dauert genauso lange wie in der Gegenrichtung.

Das Zentrum Panajis und Fontainhas kann man problemlos zu Fuß erkunden. Taxis und Autorikschas verlangen für kurze Strecken extrem überhöhte Preise. Ein Taxi für die Hin- und Rückfahrt nach Old Goa kostet 400 ₹, eine Autorikscha sollte 300 ₹ kosten. Viele Taxis warten am Stadtpark. Autorikschas und Motorradtaxis findet man vor der Post in der 18th June Rd sowie gleich südlich der Kirche.

Nahverkehrsbusse bedienen Miramar (4 ₹, 10 Min.), Dona Paula (6 ₹, 15 Min.) und Old Goa (10 ₹, 20 Min.).

Die verrostete, aber kostenlose Passagier- und Fahrzeug-**Fähre** (6–22 Uhr alle 20 Min.) setzt über den Mandovi zum Fischerdorf Betim über, eine nette Abkürzung, wenn man zu den Stränden im Norden will. Sie fährt an der Anlegestelle an der Dayanand Bandodkar Marg ab.

Old Goa (Velha Goa)

0832

Vom 16. bis zum 18. Jh. hatte Old Goa, Goas ehemalige Hauptstadt, mehr Einwohner als Lissabon oder London und wurde auch als „Rom des Ostens" bezeichnet. Wenn man zwischen den hoch aufragenden Kirchen, den Kathedralen und majestätischen Klöstern umherwandelt, ist diese Pracht immer noch zu erahnen. Unter portugiesischer Herrschaft begann ab 1510 der rasante Aufstieg Old Goas, wiederkehrende Cholera- und Malariaepidemien im 17. und 18. Jh. zwangen die Bevölkerung jedoch, die Stadt aufzugeben. 1843 wurde die Hauptstadt offiziell nach Panaji verlegt. Einige der eindrucksvollsten Kirchen und Kathedralen sind immer noch in Gebrauch und außergewöhnlich gut erhalten, während viele der übrigen historischen Gebäude mittlerweile Museen oder einfach nur Ruinen sind – ein faszinierendes Ziel für einen Tagesausflug. Da es hier sehr schnell sehr voll werden kann, bietet sich ein Besuch morgens unter der Woche an.

⊙ Sehenswertes

Nicht vergessen, vor dem Betreten der Kirchen und Kathedralen die Schultern und Beine zu bedecken!

★ Basílica do Bom Jesus KIRCHE

(⌚7.30–18.30 Uhr) Die imposante, in der gesamten römisch-katholischen Welt bekannte Basilika beherbergt die Gräber und sterblichen Überreste des Hl. Franz Xavers, des sogenannten „Missionars Indiens". Seine missionarischen Reisen durch Ostasien waren legendär. Im Mausoleum auf der rechten Seite ist sein „unverweslicher" Körper in einem Sarg mit gläsernen Fenstern unter einem goldenen Sternenregen aufgebahrt. Unabhängige Guides führen Besucher für ca. 100 ₹ durch die Kirche.

★ Sé KATHEDRALE

(⌚Mo–Sa 9–18 Uhr, Messe 7 & 18 Uhr, So 7.15, 10 & 16 Uhr) Mit einer Länge von mehr als 76 m und einer Breite von 55 m ist die riesige Kathedrale (portug.: Sé) die größte in Asien. Der portugiesische König Sebastian I. gab den Bau 1562 in Auftrag, die letzten Feinarbeiten wurden 90 Jahre später vollendet. Besondere Erwähnung verdient das schlichte, im toskanischen Stil gestaltete Äußere. Auffallend ist auch das asymmetrische Erscheinungsbild; dieses rührt daher, dass einer der beiden ursprünglichen Glockentürme der Kathedrale nach einem Blitzeinschlag 1776 zerstört wurde.

Church of St. Francis of Assisi KIRCHE

(⌚9–17 Uhr) Westlich der Kathedrale Sé steht die Kirche des Hl. Franz von Assisi, die nicht mehr genutzt wird und folglich eine schwermütigere Stimmung verbreitet als ihre Nachbarkirchen.

Archäologisches Museum MUSEUM

(Erw./Kind 10 ₹/frei; ⌚9–17 Uhr) Im archäologischen Museum befinden sich einige schöne Skulpturenfragmente von hinduistischen Tempelstätten in Goa sowie mehrere sati-Steine, die früher die Stellen markierten, an denen hinduistische Witwen Selbstmord

Old Goa (Velha Goa)

Old Goa

⊙ Highlights

1 Basílica do Bom Jesus B2
2 Sé C1

⊙ Sehenswertes

3 Adil Shah Palace Gateway C1
Archäologisches Museum .... (siehe 5)
4 Chapel of St. Anthony A2
5 Chapel of St. Catherine B1
6 Church & Convent of St. Cajetan C1
7 Church & Convent of St. Monica B2
8 Church of Our Lady of the Mount D2
9 Church of Our Lady of the Rosary A2
10 Church of St. Francis Xavier D2
11 Convent & Church of St. John B2
12 Monastery of St. Augustine A2
13 Museum of Christian Art A2
14 Sisters' Convent B2
15 Viceroy's Arch C1

ABSTECHER

DEM LEBEN WÜRZE GEBEN

Die Region um Ponda südöstlich von Panaji ist das Zentrum der kommerziellen Gewürzplantagen in Goa. Mehrere von ihnen öffnen ihre Türen für Touristen und bieten Führungen durch die Plantagen, Büffetmittagessen im Thali-Stil und manchmal auch kulturelle Programme an.

Diese Plantagen bauen in der Regel Gewürze wie Vanille, Pfeffer, Kardamom, Muskat, Chili und Kurkuma sowie Feldfrüchte wie Cashewnuss, Betelnuss, Kokosnuss, Ananas und Papaya an. Man erreicht sie nur mit einem eigenen Fahrzeug oder Taxi.

Savoi Plantation (0832-2340272, 9423888899; http://savoiplantations.com; Erw./Kind 700/350 ₹; 9–16.30 Uhr) Diese 200 Jahre alte Plantage 12 km nördlich von Ponda ist die am wenigsten touristische der Region (zudem ist sie elefantenfrei). Sachkundige Führer begleiten Besucher durch die 40 ha große Pflanzung. Hier kann man auch lokales Kunsthandwerk kaufen und in ein paar Bungalows übernachten.

Pascoal Spice Farm (0832-2344268; Führung & Mittagessen 400 ₹; 9–16.30 Uhr) Ca. 7 km östlich von Ponda bietet diese Gewürzplantage neben Führungen und Mittagessen auch Raftingtouren auf Bambusbooten und kulturelle Aufführungen an.

Tropical Spice Plantation (0832-2340329; www.tropicalspiceplantation.com; Keri; Führung inkl. Mittagessen 400 ₹; 9–16 Uhr) Die Plantage ca. 5 km nördlich von Ponda, die man über eine Bambusbrücke erreicht, gehört zu den bei Reisegruppen besonders beliebten, daher herrscht hier oft viel Betrieb. An eine unterhaltsame 45-minütige Führung über die Gewürzplantage schließt sich ein Thali-Mittagessen vom Büffet an.

begingen, indem sie sich auf den Scheiterhaufen warfen, auf dem der Leichnam ihres Mannes verbrannt wurde.

Church and Convent of St. Cajetan KIRCHE
(8–18 Uhr) Die nach dem Modell des Petersdoms in Rom errichtete Kirche wurde von italienischen Brüdern des Theatinerordens gebaut, die Papst Urban VIII. entsandt hatte, um im Königreich Golconda (in der Nähe von Hyderabad) das Christentum zu predigen. Doch den Brüdern wurde es verwehrt, Golconda zu betreten, und so ließen sie sich stattdessen 1640 in Old Goa nieder. Mit dem Bau der Kirche wurde 1655 begonnen, und wenngleich sie vielleicht nicht so interessant ist wie die anderen Kirchen, so ist sie doch eine schönes Bauwerk und zudem die einzige Kirche mit Kuppel, die in Goa erhalten blieb.

Museum of Christian Art MUSEUM
(www.museumofchristianart.com; 50 ₹, Kamera 100 ₹; Mo–SA 9.30–16.30 Uhr) Das Museum in einem wunderbar restaurierten Teil des Convent of St. Monica von 1627 zeigt eine Sammlung von Statuen, Gemälden und Skulpturen. Interessanterweise wurden viele goanische christliche Kunstwerke aus der portugiesischen Ära von hinduistischen Künstlern geschaffen, darunter auch einige der hier ausgestellten.

Andere Sehenswürdigkeiten

In Old Goa gibt's viele weitere interessante Baudenkmäler, darunter der Viceroy's Arch, das Adil Shah Palace Gateway, die Chapel of St. Anthony, die Chapel of St. Catherine, die **Church & Convent of St. Monica** (8–17 Uhr), der Convent & Church of St. John, der Sisters' Convent, die **Church of Our Lady of the Rosary** (8–17 Uhr), das Monastery of St. Augustine sowie 2 km östlich vom Zentrum die Church of Our Lady of the Mount.

An- & Weiterreise

Vom Kadamba-Busbahnhof in Panaji fahren häufig Busse zum Busbahnhof von Old Goa (10 ₹, 25 Min.). Busse nach Panaji oder Ponda fahren in Old Goa ab, sobald sie voll sind (etwa alle 10 Min.), entweder vom zentralen Kreisverkehr oder von der Bushaltestelle am Geldautomaten neben dem Restaurant Tourist Inn.

NORD-GOA

Mapusa

0832 / 40 500 EW.

Mapusa (ausgesprochen „Mapsa") ist die größte Stadt in Nord-Goa. Die Hauptattraktion ist der geschäftigte **Markt** (Mo–Sa 8.30–18.30 Uhr), zu dem unzählige Käufer und Verkäufer aus den benachbarten Städten und Dörfern kommen. Hier kann man sich gut mit bestickten Laken und Ähnlichem eindecken, die Preise sind viel niedriger als in den Strandorten.

Viele Traveller kommen ohnehin durch Mapusa, da es der größte Busknotenpunkt in Nord-Goa ist. Die meisten Einrichtungen liegen rund um die Municipal Gardens, gleich nördlich vom Kadamba-Busbahnhof und dem Hauptmarkt.

Aktivitäten

Mango Tree Goa FREIWILLIGENARBEIT

(☎9881261886; www.mangotreegoa.org; The Mango House, nahe Vrundavan Hospital, Karaswada) Bietet Stellen für Freiwillige, die für ein bis drei Monate den Unterricht behinderter Kinder in Mapusa und Umgebung unterstützen möchten.

Schlafen

Da die Strände im Norden ganz in der Nähe liegen und die meisten Fernbusse am späten Nachmittag oder frühen Abend fahren, gibt es eigentlich kaum einen Grund, in Mapusa zu übernachten. Wer es dennoch tun will, hat mehrere Optionen.

Hotel Satyaheera HOTEL $$

(☎0832-2262949; www.hotelsatyaheeragoa.com; DZ ohne/mit Klimaanlage 1950/2300 ₹; ❄) Dieses Hotel neben dem kleinen Maruti-Tempel im Zentrum ist das beste zentral gelegene Hotel Mapusa, was nicht viel zu sagen hat. Doch die Zimmer sind durchaus komfortabel, und im Dachrestaurant **Ruchira** (Hauptgerichte 90–190 ₹; ⏲11–23 Uhr) kann man gut essen.

Essen & Ausgehen

Hotel Vrundavan INDISCH $

(Thalis ab 80 ₹; ⏲Mi–Mo 7–22 Uhr) In dem rein vegetarischen Restaurant, das an die Municipal Gardens angrenzt, kann man bestens einen heißen Tee, *pav bhaji* (Brot mit Currygemüse) oder ein schnelles Frühstück zu sich nehmen.

Pub PUB

(Hauptgerichte ab 100 ₹; ⏲Mo–Sa 11–16 & 18.30–23 Uhr) Man darf sich nicht vom schäbigen Eingang und der Treppe abschrecken lassen: Ist man erst mal oben, eignet sich das luftige Pub gegenüber vom Markt hervorragend, um bei einem kalten Bier oder einem *feni* das geschäftige Treiben darunter zu beobachten. Ausgefallene, wechselnde Mittagsgerichte!

Shoppen

Other India Bookstore BÜCHER

(☎0832-2263306; www.otherindiabookstore.com; Mapusa Clinic Rd; ⏲Mo–Fr 9–17, Sa bis 13 Uhr) Der freundliche, lohnende kleine Buchladen am Ende eines unglaublich düsteren Flures hat sich auf Bücher über Goa und Indien mit den Schwerpunkten Spiritualität, Umwelt, Politik und Reisen spezialisiert. In der Nähe der Mapusa Klinik, von den Municipal Gardens ein paar Hundert Meter bergauf, weist ein Schild den Weg.

An- & Weiterreise

BUS

Wer mit dem Bus von Mumbai nach Goa kommt und zu den Stränden im Norden will, muss am **Kadamba-Busbahnhof** (☎0832-2232161) in Mapusa umsteigen. Busse zu Zielen in der Region fahren alle paar Minuten. Wer zu den Stränden im Süden Goas unterwegs ist, fährt zunächst mit einem der vielen Busse nach Panaji und von dort nach Margao, wo man noch einmal umsteigen muss.

Ziele in der Region sind u. a.:

Anjuna 15 ₹, 20 Min.
Arambol 30 ₹, 1 Std.
Calangute 12 ₹, 20 Min.
Candolim 15 ₹, 35 Min.
Panaji 30 ₹, 30 Min.
Thivim 15 ₹, 20 Min.

Es gibt sowohl staatliche als auch private Fernbusse. Die privaten Unternehmen haben draußen vor dem Busbahnhof (gegenüber der Municipal Gardens) Ticketbüros. Die meisten Fernbusse fahren am späten Nachmittag oder abends ab. Hier einige Fahrtziele und Fahrpreise von Fernbussen:

Bengaluru 900 ₹, mit Klimaanlage 1200 ₹; 13–14 Std.
Hampi Schlafbus 1000 ₹; 9½ Std.
Mumbai 850 ₹, mit Klimaanlage 900 ₹; 12–15 Std.
Pune 700 ₹, mit Klimaanlage 900 ₹, 11–13 Std.

TAXI

Am Stadtplatz gibt's einen Prepaid-Taxistand; die Preise sind auf einer Tafel ausgewiesen. Taxis nach Anjuna oder Calangute kosten 280 ₹, nach Candolim 350 ₹, nach Panaji 350 ₹, nach Arambol 600₹ und nach Margao 1100 ₹. Für eine Autorikscha nach Anjuna oder Calangute sollte man mit ca. 200 ₹ rechnen.

ZUG

Der nächstgelegene Bahnhof der Konkan Railway ist Thivim, etwa 12 km nordöstlich der Stadt. Am Bahnhof warten Busse nach Mapusa

GRÜNES GOA

Goas Umwelt hat in den letzten 40 Jahren unter dem Touristenstrom und den Folgen von Abholzung, Bergbau und lokalen Bräuchen sehr gelitten – so gelten z. B. die Eier seltener Schildkröten als Delikatesse. Ungeachtet dessen, was die hiesige Infrastruktur oder das Ökosystem noch verkraften können, wird ungebremst weiter gebaut, während sich überall Berge von Plastikflaschen türmen. Es gibt jedoch einige simple Verhaltensweisen, mit denen man seine eigenen Fußabdrücke in Goas Ökologie so gering wie möglich halten kann:

Wenn möglich, eigene Einkaufstaschen mitnehmen und Wasserflaschen mit gefiltertem Wasser auffüllen. Statt eines Rollers ein Fahrrad leihen – zumindest für kurze Ausflüge. Fahrradverleihe werden aufgrund der Roller-Vernarrtheit der Traveller immer seltener, die Qualität der Fahrräder ist entsprechend mau. Bei größerer Nachfrage erhöht sich ihre Zahl aber sicher wieder. Goa Tourism beschäftigt zwar mittlerweile Putzkräfte, die jeden Morgen die Strände säubern. Dennoch sollte jeder Reisende seinen eigenen Teil dazu beitragen, indem man Zigarettenkippen, Abfall und Plastikflaschen einfach in die Tonnen wirft.

Schildkröten stehen unter dem Schutz des **Forest Department** (www.forest.goa.gov.in). Dieses betreibt an den Stränden, an denen die Tiere ihre Eier ablegen (z. B. in Agonda, Galgibag und Morjim), Infohütten. Auch die **Goa Foundation** (☎0832-2256479; www.goafoundation.org; St. Britto's Apartments, G-8 Feira Alta), Goas wichtigste NGO in Sachen Umweltschutz mit Sitz in Mapusa, leistet seit Jahren gute Arbeit. Seit ihrer Gründung 1986 hat sie einige Projekte gestartet, so z. B. gegen illegalen Bergbau. Auf ihrer Website kann man sich über die Umweltprobleme Goas informieren. Ihr hervorragendes Buch *Fish Curry & Rice* bietet einen Überblick über Lebensweise und Umwelt in Goa. Es ist im Other India Bookstore in Mapusa erhältlich. Die Stiftung betreut auch Freiwilligenprojekte.

(15 ₹) auf die Züge, eine Autorikscha vom oder zum Bahnhof Thivim kostet ca. 200 ₹.

Candolim

☎0832 / 8600 EW.

Candolims langer, entspannter Strand, der am Südende in den geschwungenen kleineren Strand von Sinquerim übergeht, ist vor allem die Domäne britischer und russischer Pauschaltouristen, zunehmend aber auch von Besuchern aus ganz Indien. Er wird durchgehend von Strandhütten gesäumt, die Sonnenliegen und Schatten bieten.

Der ganze Strand ist ein relativ teures, fröhliches Ferienparadies, doch Individualreisende finden ihn vielleicht etwas charakterlos. Die Post, Supermärkte, Reisebüros, Apotheken und viele Banken mit Geldautomaten befinden sich in der Fort Aguada Rd, der parallel zum Strand verlaufenden Hauptstraße.

Sehenswertes & Aktivitäten

Fort Aguada FESTUNG

(⌚8.30–17.30 Uhr) GRATIS Die Festung thront auf einem Kap über den Flüssen Mandovi und Nerul und dem Arabischen Meer. Wie strategisch wertvoll diese prächtige Lage ist, wird durch die Tatsache untermauert, dass das 1612 errichtete Fort nie erobert werden konnte. Besonders bei Sonnenuntergang bietet es eine herrliche Aussicht in Richtung Norden und Süden. Mit dem Bau reagierten die Portugiesen Goas auf die zunehmende Bedrohung durch die Niederländer und andere Völker.

John's Boat Tours GEFÜHRTE TOUREN

(☎0832-6520190, 9822182814; www.johnboattours.com; Fort Aguada Rd; ⌚9–21 Uhr) Dieser hoch angesehene und gut organisierte Anbieter mit Hauptsitz in Candolim veranstaltet mehrere Boots- und Jeeptouren sowie Hausbootfahrten mit Übernachtung (6000 ₹/Pers. inkl. Essen). Man hat u. a. die Wahl zwischen Delfinbeobachtungen (1000 ₹), und der beliebten „Crocodile Dundee“-Flussfahrt (1200 ₹) mit Blick auf die im Mandovi lebenden Sumpfkrokodile.

Delfinbeobachtungen BOOTSFAHRT

(300 ₹/Pers.; ⌚8.30–17.30 Uhr) Die Bootsleute auf dem Nerul unterhalb des Fort Aguada haben alle die gleichen Preise. Eine einstündige Delfinbeobachtung mit Sightseeing kostet pro Person 300 ₹; Mindestteilnehmerzahl zehn Personen. Die Fahrt führt vorbei am Coco Beach, am Gefängnis des Fort Aguada, an der Festung selbst und an „Jimmy Millionaire's House“.

Dive Goa TAUCHEN
(☎9325030110; www.divegoa.com; Fort Aguada Rd) Das renommierte Tauchzentrum befindet sich neben dem SinQ Beach Club und bietet PADI- und SSI-Kurse sowie Tauchboote zur Netrani Island, Grand Island und anderen Zielen.

Schlafen

★ Bougainvillea Guest House PENSION $$
(☎0832-2479842, 9822151969; www.bougainvilleagoa.com; Sinquerim; Zi. inkl. Frühstück 3000–4000 ₹, Penthouse 6000 ₹; ❄📶) Ein üppig grüner und blühender Garten weist den Weg zu dem großartigen Familienbetrieb, der abseits der Fort Aguada Rd liegt. Die acht lichtdurchfluteten Suiten sind geräumig, makellos sauber und mit Kühlschrank, Flachbild-TVs und einem Balkon oder kleinen Freisitz ausgestattet. Das Penthouse im obersten Stock hat gar eine eigene Dachterrasse. Viele Wiederholungstäter, also unbedingt rechtzeitig reservieren.

D'Hibiscus BOUTIQUEHOTEL $$
(www.dehibiscus.com; 83 Sinquerim; DZ 3300 ₹, Penthouse 4950 ₹; ❄📶) Die großen, modernen Zimmer sind der Magnet dieses neu renovierten portugiesischen Hauses hinter dem Strand von Sinquerim. Für die Penthouse-Zimmer in der obersten Etage mit Whirlpool, Großbild-TV und Sonnenliegen auf dem Balkon lohnt es, mal etwas tiefer in die Tasche zu greifen.

D'Mello's Sea View Home HOTEL $$
(☎0832-2489650; www.dmellos.com; Monteiro's Rd, Escrivao Vaddo; DZ 1200–1800 ₹; ❄@📶) D'Mello's hat klein angefangen und ist immer noch ein Familienbetrieb. Die Zimmer verteilen sich auf vier Gebäude rund um einen hübschen Garten, wobei die im vorderen Gebäude Meerblick haben. Alle sind sauber und gut in Schuss. Klimaanlage kostet 500 ₹ extra, WLAN im zentralen Bereich.

★ Marbella Guest House BOUTIQUEHOTEL $$$
(☎0832-2479551, 9822100811; www.marbellagoa.com; Sinquerim; Zi. 3600–6000 ₹, Suite 5400–7000 ₹; ❄📶) Die schöne Villa aus der portugiesischen Kolonialzeit ist voller Antiquitäten und hat einen ruhigen Garten hinter dem Haus. Die Zimmer des romantischen und weltgewandtes Überbleibsels aus einer anderen Zeit sind nach verschiedenen Themen gestaltet und benannt – sie heißen z.B. „Moghul", „Rajasthani" und „Bouganvillea". Die Penthouse-Suite ist ein Traum aus polierten Fliesen und Himmelbetten. Sie hat einen abgetrennten Wohnraum, einen Essbereich und eine Terrasse. Die Hotelküche serviert fantasievolle Gerichte. Kinder unter zwölf Jahren haben keinen Zutritt.

Essen

In Candolim gibt's zahlreiche internationale Restaurants und Strandhütten, die Speisen aus aller Welt und frisches Seafood servieren. Viele der besten liegen an der Fort Aguada Rd, doch auch in den Seitenstraßen, die zum Strand führen, stößt man auf einige echte Perlen, neben indischen Lokalen, die billiges, leckeres *pav bhaji* zum Frühstück und Thalis zum Mittagessen servieren.

Viva Goa! GOANISCH $
(Fort Aguada Rd; Hauptgerichte 90–200 ₹; ⏲11–24 Uhr) Das günstige, auf Einheimische ausgerichtete Lokal ist auch bei Touristen, die sich hier auskennen, beliebt. Es serviert frischen Fisch und goanische Meeresfrüchtespezialitäten wie würzige, in der Pfanne gebratene Muscheln. Vor dem Bestellen sollte man sich nach dem aktuellen Marktpreis der Meeresfrüchte erkundigen.

★ Café Chocolatti CAFÉ $$
(409A Fort Aguada Rd; Süßwaren 50–200 ₹, Hauptgerichte 250–420 ₹; ⏲Mo–Sa 9–19 Uhr; 📶) Die hübsche Teestube liegt zwar an der Hauptstraße Fort Aguada Rd, ist aber trotzdem ein göttlicher und friedlicher Rückzugsort, den Schokoladen-Brownies, Waffeln und Banoffee-Pie sowie ein starker Kaffee oder Grüner Tee zum Paradies auf Erden machen. Zum Mittagessen kommt eine große Auswahl an Salaten, Sandwiches, Crêpes und Quiches auf den Tisch. Die selbst gemachten Schokoladentrüffel gibt's auch zum Mitnehmen.

Moroccan Shisha & Grill MAROKKANISCH $$
(☎8600544442; Calangute-Candolim Rd; Hauptgerichte 200–500 ₹, Shisha 600 ₹; ⏲11–2 Uhr) In diesem Café im arabischen Stil kann man auf Kissen relaxen, umgeben von würzigem Shisha-Rauch. Natürlich gibt's hier auch starken Kaffee, Minztee und nordafrikanische Gerichte wie Grillspieße und Hühner-Tagine.

Stone House STEAKHOUSE $$
(Fort Aguada Rd; Hauptgerichte 200–800 ₹; ⏲11–15 & 19–24 Uhr) Fisch und Fleisch sind die Themen des alteingesessenen Restaurants in einem schönen Steinhaus mit grünem Vorgarten. Der seltsam anmutende „Schwedische Hummer" führt die Speisekarte an, zusammen mit einigen Gerichten aus Goa.

Das Restaurant ist gleichzeitig eine beliebte Blues-Bar, in der in der Hauptsaison an fast allen Abenden Musiker auftreten.

★ **Bomra's** BURMESISCH $$$

(☎ 9767591056; www.bomras.com; 247 Fort Aguada Rd; Hauptgerichte 470–580 ₹; ⌚12–14 & 19–23 Uhr) In dem gepflegten, kleinen Lokal gibt es wunderbar ungewöhnliches Essen aus der modernen birmanischen Küche mit Fusion-Touch. Die aromatischen Currys werden mit Reisstrohpilz, Wasserkastanie, Spinat und Kokosnuss, die Ente mit süßer Tamarinden- und Erdnusspaste serviert. Untergebracht ist das Ganze in mit Palmwedeln bedeckten Hütten in einem hübschen Garten.

Tuscany Gardens ITALIENISCH $$$

(☎ 0832-6454026; www.tuscanygardens.in; Fort Aguada Rd; Hauptgerichte 300–465 ₹; ⌚13–23 Uhr) Wie in die Toskana versetzt fühlt man sich in diesem gemütlichen, romantischen italienischen Restaurant mit karierten Tischdecken und importiertem Wein. Hier kommen perfekt zubereitete Antipasti, Pizzas und Risottos auf den Tisch: Tipp: die Meeresfrüchtepizza oder den Büffelmozarella-Salat probieren.

Ausgehen & Nachtleben

LPK Waterfront CLUB

(Paare 1500 ₹; ⌚21.30–4 Uhr) Die Initialen stehen für Love, Peace und Karma: Das mit skurrilen Skulpturen geschmückte LKP, das von Candolim aus auf der anderen Seite des Flusses Nerul direkt am Ufer steht, ist der größte Club weit und breit und zieht mit seinen riesigen Tanzflächen drinnen und draußen Partylustige aus der ganzen Gegend an.

Bob's Inn BAR

(Fort Aguada Rd; ⌚12–16 & 19–24 Uhr) Die afrikanischen Wandbehänge, die Strohdächer, die Gemeinschaftstische und die Terrakottaskulpturen bilden eine schöne Kulisse zu den in *rava* (Grieß) gebratenen Muscheln. Vor allem ist diese Institution Candolims aber ein toller Ort für einen Drink.

Shoppen

Broadway Book Centre BÜCHER

(☎ 0832-6519777; www.booksingoa.com; Fort Aguada Rd; ⌚10–20 Uhr) Mit vier Geschäften in Goa ist Broadway die größte Buchladenkette Goas und zugleich ein Verlag. Daher sollte man hier finden, wonach man sucht. Die Mitarbeiter sind freundlich und hilfsbereit.

An- & Weiterreise

Busse fahren etwa alle zehn Minuten von und nach Panaji (15 ₹, 35 Min.) und halten an der zentralen Bushaltestelle in der Nähe von John's Boat Tours. Einige fahren weiter bis zur Bushaltestelle Fort Aguada am unteren Ende der Fort Aguada Rd und kehren dann auf der Straße entlang des Mandovis über die Dörfer Verem und Betim nach Panaji zurück.

Von Candolim nach Calangute (8 ₹, 15 Min.) fahren ebenfalls viele Busse, die man einfach in der For Aguada Rd heranwinken kann.

Calangute & Baga

☎ 0832 / 16 000 EW.

Für viele Besucher, besonders für die zahlungskräftigen jungen indischen Touristen aus Bangalore und Mumbai und für die europäischen Pauschaltouristen, ist dies Goas Partymeile, wo die Raves und die Hippies den modernen Nachtclubs mit ihren dröhnenden Bässen und ungezügelten Trinkgelagen gewichen sind. Rund um die Marktgegend von Calangute und an der Hauptstraße nach Baga kann es sehr laut und voll sein. Doch alles, was man sich nur wünschen könnte, von Thai-Massagen bis zu Tattoo-Studios, befindet sich in unmittelbarer Nähe, und den Strand säumen tolle Strandhütten mit Sonnenliegen, WLAN und aufmerksamem Personal.

Das Zentrum Calangutes, das zwischen Candolim und Baga liegt, ist die geschäftige Straße am Markt, die zum Strand führt. Nördlich davon erstreckt sich Baga, das eigentlich nur aus gedrängt stehenden Buden, Wassersportanbietern und der berüchtigten Tito's Lane mit den bis spät in die Nacht geöffneten Nachtclubs besteht.

Sehenswertes

Museum of Goa KUNSTZENTRUM

(☎ 07722089666; www.museumofgoa.com; 79, Pilerne Industrial Estate, Calangute; Inder/Ausländer 100/300 ₹; ⌚10–18 Uhr) Das MOG ist weniger ein Museum als ein Kunstzentrum und veranstaltet Kunstausstellungen, Workshops und Sitar-Konzerte. Zudem gibt's hier ein tolles Café. Es ist das Projekt des bekannten einheimischen Künstlers und Bildhauers Subodh Kerkar, dem es darum geht, Kunst allen Menschen zugänglich zu machen.

Aktivitäten

In der Hochsaison werden rund um Calangute und Baga Yogakurse angeboten. Wassersportveranstalter findet man überall am Strand von Calangute bis Baga.

Zwei örtliche Tauchanbieter sind zu empfehlen: **Goa Aquatics** (☎9822685025; www.goaaquatics.com; 136/1 Gaura Vaddo, Calangute; Tauchgang ab 5000 ₹, Tauchkurs 22 000 ₹) und **Barracuda Diving** (☎9822182402, 0832-2279409; www.barracudadiving.com; Sun Village Resort, Baga; Tauchgang/Tauchkurs ab 5000/17 000 ₹).

Baga Snow Park WINTERSPORT
(☎9595420781; http://snowparkgoa.com; Tito's Lane 2; 495; ⏲11–20 Uhr; 🚻) Dieser gigantische Kühlschrank ist ein Miniaturwinterland mit Schneemännern, Iglus, Eisrutschbahnen und Eisskulpturen. Man bekommt Parkas, Hosen und Handschuhe (im Preis enthalten) – es ist wirklich kalt. Ein toller Spaß für Kids.

GTDC Tours GEFÜHRTE TOUR
(Goa Tourism Development Corporation; ☎0832-2276024; www.goa-tourism.com) Die von Goa Tourism angebotenen Touren können online oder im Hotel GTDC Calangute Residency am Strand gebucht werden. Die ganztägige Nord-Goa-Tour (300 ₹, tgl. 9.30–18 Uhr) startet in Calangute oder Mapusa und bringt einen zur Mündung des Mandovi, nach Candolim, Calangute, Anjuna und ins Landesinnere an den Mayem Lake.

Schlafen

Viele Unterkünfte sind ganzjährig offen, allerdings gibt's in dieser Gegend außerhalb der Nebensaison kaum günstige Unterkünfte.

Calangute

★ **Ospy's Shelter** PENSION $
(☎7798100981, 0832-2279505; ospeys.shelter@gmail.com; B 800–1000 ₹) Die beliebte Pension mit gemütlicher und familiärer Ausstrahlung liegt auf einem kleinen ruhigen, grünen Areal mit Palmen und weichem Sand zwischen der St. Anthony's Chapel und dem Strand, der zu Fuß in zwei Minuten zu erreichen ist. Die blitzsauberen Zimmer im Obergeschoss haben Kühlschrank und Balkon. Die Pension steht an der Straße westlich der Kapelle, ist aber schwer zu finden. Deshalb vorher anrufen!

Johnny's Hotel HOTEL $
(☎0832-2277458; www.johnnyshotel.com; EZ 500–600 ₹, DZ 800–900 ₹, mit Klimaanlage 1200–1400 ₹; ❄📶) Das gesellige, bei Backpackern sehr beliebte Hotel hat 15 einfache Zimmer und im Untergeschoss ein Restaurant mit Bar. Regelmäßig bietet es Yoga- und Reiki-Kurse an. Wer länger bleiben will, kann eines der Apartments oder Häuschen mieten. Das Hotel liegt in einer Gasse voller unauffälliger Mittelklassehotels und ist nur einen kurzen Spaziergang vom Strand entfernt.

Zostel HOSTEL $
(☎917726864942; www.zostel.com; Calangute; B 450–550 ₹, DZ 1800 ₹; ❄📶) Das Zostel bietet preiswerte Hostelbetten mitten im Herzen des Pauschaltourismus. Das weiß getünchte zweistöckige Haus mit Vier- bis Zwölfbettzimmern, teilweise mit Klimaanlage, steht etwas zurückversetzt von der Hauptstraße. Das Hostel hat eine Küche, kostenloses WLAN, einen Gemeinschaftsraum und Schließfächer.

Coco Banana PENSION $
(☎9960803790; DZ 1200 ₹, mit Klimaanlage 1500 ₹; ❄📶) Unter den Palmen südlich des Hauptzugangs zum Strand von Calangute befindet sich das farbenfrohe Coco Banana. Die Pension bietet seit Jahren einen gemütlichen Rückzugsort. Die geräumigen und makellosen Zimmer werden vom freundlichen Walter vermietet, der dem Haus eine freundliche Atmosphäre verleiht. Für Familien oder Gruppen gibt's im Casa Leyla nebenan ein Apartment für Selbstversorger.

Hotel Seagull HOTEL $$
(☎0832-2179969; http://seagullgoa.com; Holiday St; DZ ab 2800 ₹; ❄📶🏊) Die hellen, netten und einladenden Zimmer des Seagull sind in einem freundlichen, blau-weiß gestrichenen Haus im Süden von Calangute untergebracht und haben Klimaanlage und einen kleinen Pool. Im Untergeschoss befindet sich das Bar-Restaurant Blue Mariposa, in dem goanische, indische und kontinentale Gerichte serviert werden.

★ **Pousada Tauma** BOUTIQUEHOTEL $$$
(☎0832-2279061; www.pousada-tauma.com; Suite inkl. Mahlzeiten 360–530 US$; ❄📶🏊) Wer Ayurveda mit Luxus kombinieren will, ist in diesem hinreißenden kleinen Boutiquehotel im turbulenten Calangute gut von der Außenwelt abgeschirmt. Die geräumigen, schön möblierten Suiten liegen um einen herrlichen, von einem Brunnen gespeisten Pool. Alle Mahlzeiten sind im Preis enthalten und werden im romantischen kleinen Freiluftrestaurant Copper Bowl serviert. Ayurvedische Behandlungen im privaten Zentrum kosten allerdings extra.

Calangute & Baga

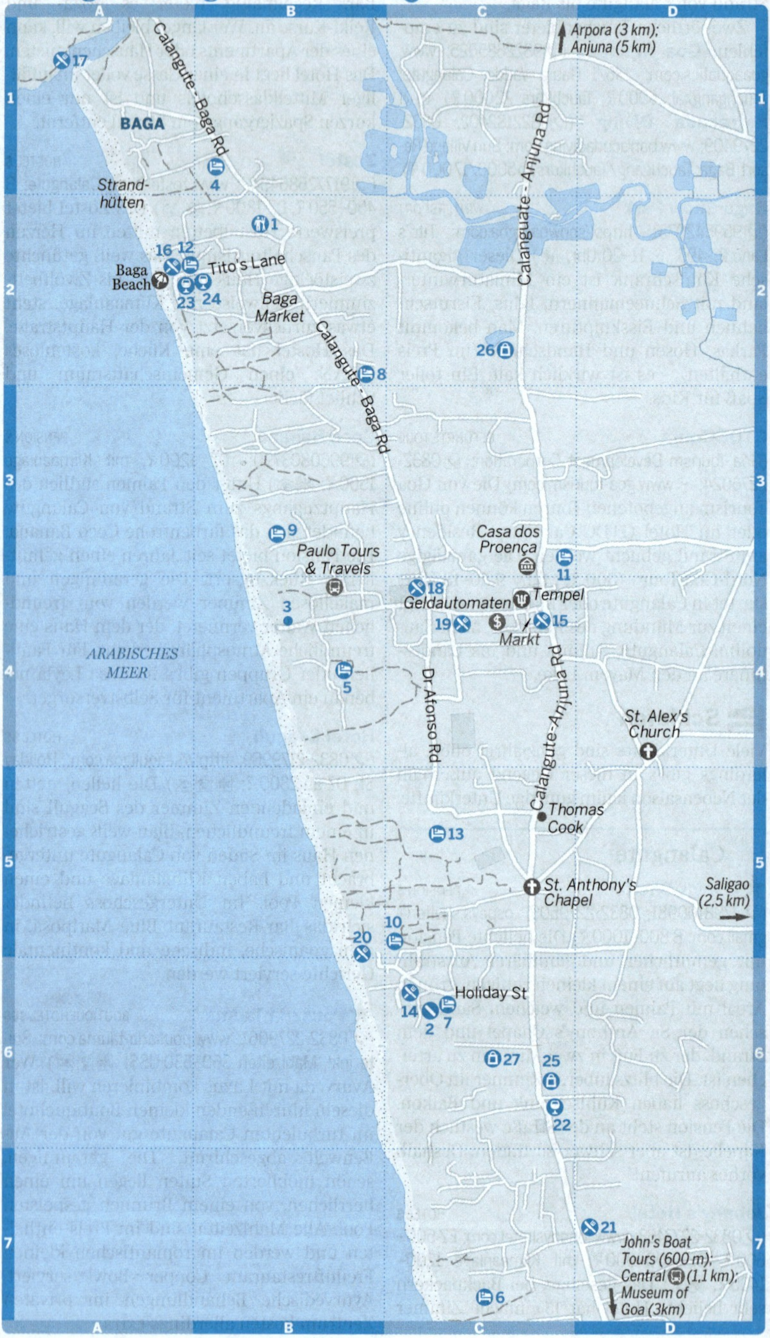

0 — 1 km

Arpora (3 km); Anjuna (5 km)
BAGA
Calangute-Baga Rd
Strandhütten
Baga Beach
Tito's Lane
Baga Market
Calangute - Anjuna Rd
Casa dos Proença
Paulo Tours & Travels
Geldautomaten
Tempel
Markt
ARABISCHES MEER
Dr Afonso Rd
Calangute-Anjuna Rd
St. Alex's Church
Thomas Cook
St. Anthony's Chapel
Saligao (2,5 km)
Holiday St
John's Boat Tours (600 m); Central (1,1 km); Museum of Goa (3km)

Calangute & Baga

Aktivitäten, Kurse & Touren

1 Baga Snow Park.......B2
2 Goa Aquatics.......C6
3 GTDC Tours.......B4

Schlafen

4 Alidia Beach Cottages.......B1
5 Coco Banana.......B4
6 D'Mello's Sea View Home.......C7
7 Hotel Seagull.......C6
8 Indian Kitchen.......B2
9 Johnny's Hotel.......B3
10 Ospy's Shelter.......C5
11 Pousada Tauma.......C3
12 Resort Fiesta.......A2
13 Zostel.......C5

Essen

14 A Reverie.......C6
15 Cafe Sussegado Souza.......C4
16 Fiesta.......A2
17 Go With the Flow.......A1
18 Infantaria.......C4
19 Plantain Leaf.......C4
20 Pousada by the Beach.......B5
21 Viva Goa!.......D7

Ausgehen & Nachtleben

22 Bob's Inn.......C6
23 Café Mambo.......A2
24 Tito's.......B2

Shoppen

25 Broadway Book Centre.......C6
26 Karma Collection.......C2
27 Literati Bookshop & Cafe.......C6

Baga

★ **Indian Kitchen** PENSION $

(☎0832-2277555, 9822149615; www.indiankitchen-goa.com; EZ/DZ/Chalet 770/880/1500 ₹; ❄@📶🏊) Wer auf der Suche nach einer farbenfrohen Budgetunterkunft ist, sollte hierher kommen: Die familiengeführte Pension hat unterschiedliche Zimmer, teils sehr einfache, teils geräumigere und komfortablere, sowie Holzhütten am Pool, einen schönen zentralen Innenhof und einen funkelnden, sauberen Pool. Alle Zimmer haben eine Terrasse oder einen Sitzbereich im Freien. Eine Klimaanlage kostet 600 ₹ zusätzlich.

★ **Alidia Beach Cottages** PENSION $$

(☎9822876867, 0832-2279014; Calangute-Baga Rd, Saunta Waddo; DZ 2000 ₹, mit Klimaanlage ab 3300 ₹; ❄📶🏊) Die gesellige, aber ruhige Pension, die abseits der geschäftigen Baga Rd hinter einer weiß getünchten Kapelle liegt, hat nette, gepflegte Zimmer im mediterranen Stil, die rings um einen tollen Pool angeordnet sind. Die preiswerteren Zimmer ohne Klimaanlage im hinteren Teil sind nicht so schön, aber ebenfalls gut in Schuss. Die Mitarbeiter sind sehr zuvorkommend und ein Pfad führt direkt zum Baga Beach.

Resort Fiesta BOUTIQUEHOTEL $$$

(☎9822104512; http://fiestagoa.com; Tito's Lane, Baga; DZ & Suite inkl. Frühstück 5000–8000 ₹; ❄@📶🏊) Das Highlight dieser schön gestalteten Boutiqueanlage, dem Herzensprojekt der Besitzerin Yellow Mehta, sind die großen, lichtdurchfluteten Zimmer. Das Hotel liegt hinter dem gleichnamigen Strandrestaurant und ist durch und durch stilvoll. Es gibt einen hübschen Garten und Pool, große Veranden und moderne Akzente wie TVs, Minibar und Doppelwaschbecken.

Essen

Natürlich liegt es nahe, in den Strandhütten zu essen, doch auch entlang des „Strips“ findet man einige tolle kulinarische Angebote, und nördlich vom Fluss Baga gibt's großartige gehobene Restaurants.

Calangute

Plantain Leaf INDISCH $

(☎0832-2279860; Vegetarische Thalis 120 ₹, Hauptgerichte 110–250 ₹; ⊙11–17 & 19–23.45 Uhr) Im ersten Stock eines Gebäudes im Herzen des belebten Marktviertels befindet sich das Plaintain Leaf, das seit vielen Jahren beständig eines der besten rein vegetarischen Restaurants der Gegend ist. Hier gibt's neben klassischen südindischen Bananenblatt-Thalis und *dosa* auch viele nordindische Gerichte – meist zu sehr günstigen Preisen.

Cafe Sussegado Souza GOANISCH $$

(☎09850141007; Calangute-Anjuna Rd; Hauptgerichte 160–300 ₹; ⊙12–23 Uhr) Im Cafe Sussegado in einem kleinen gelben portugiesischen Haus direkt südlich des Marktviertels kann man best goanische Küche wie Fischcurryreis, Hühnchen à la *xacuti* und Schweinefleisch *sorpotel* (ein mit Essig gewürzter Eintopf aus Leber, Herz und Nieren) essen, gefolgt von einem Gläschen *feni*. Authentisch, gut besucht und angenehme Atmosphäre.

Infantaria ITALIENISCH $$

(Calangute-Baga Rd; Gebäck 50–200 ₹, Hauptgerichte 140–580 ₹; ⊙7.30–24 Uhr) Das Infantaria, eine der besten Bäckereien Calangutes, hat sich inzwischen zu einem beliebten italienisch-indischen Restaurant gemausert, das sowohl Fondue als auch Currys offeriert. Doch seinen Wurzeln als Bäckerei bleibt es treu – hier gibt's hausgemachte Kuchen, Croissants, kleine, lockere Pasteten und echten Kaffee. Zum Frühstück früh kommen, sonst sind die besten Sachen weg! In der Hauptsaison treten regelmäßig Musiker auf.

★ **A Reverie** INTERNATIONAL **$$$**
(☎8380095732; www.areverie.com; Holiday St; Hauptgerichte 475–700 ₹; ⏲19 Uhr–open end) Die tolle Lounge-Bar mit bequemen Sesseln, coolem Jazz und skurrilem Platz im Freien verwöhnt ihre Gäste mit Serrano-Schinken, gegrilltem Spargel, französischen Weinen und italienischem Käse. Das A Reverie nimmt sich selbst nicht allzu ernst und will vor allem, dass die Gäste Spaß am Essen haben.

Pousada by the Beach SEAFOOD, GOANISCH **$$$**
(Holiday St; Hauptgerichte 550–710 ₹; ⏲11–19 Uhr) Das Strandrestaurant wirkt schlicht, doch die Mittagskarte bietet authentische Spitzenküche – der Koch hat auch im Nobelrestaurant Copper Bowl der Pousada Tauma den Hut auf. Auf der kleinen Karte stehen einige ausgewählte, gekonnt zubereitete goanische und Seafood-Spezialitäten.

Baga

★ **Go With the Flow** INTERNATIONAL **$$$**
(☎7507771556; www.gowiththeflowgoa.com; Baga River Rd; Hauptgerichte 200–650 ₹; ⏲12–22.30 Uhr) Schon das Betreten des fantastischen, neonbeleuchteten Gartens mit weißen Korbmöbeln ist ein Erlebnis, doch das Essen kommt wirklich aus einer anderen Welt. Die internationale Küche mit einer Betonung europäischer und asiatischer Aromen gehört nach wie vor zum Besten, was Baga kulinarisch zu bieten hat. Am besten bestellt man verschiedene kleine Häppchen (nach einem Probierteller fragen) oder die Spezialitäten des Hauses, Schweinebauch und Garnelen-*laksa* (eine Suppe).

★ **Fiesta** ITALIENISCH **$$$**
(☎0832-2279894; www.fiestagoa.in; Tito's Lane; Hauptgerichte 350–950 ₹; ⏲19 Uhr–open end) Das bewährte Fiesta wurde unter der Leitung der Stilkönigin Yellow Mehta elegant umgestaltet: Tagsüber ist es eine rustikale Strandbar mit durchgehend geöffneter Küche, abends kann man rund um den Pool erlesen speisen. Das Ambiente ist intim und kultiviert. Die Küche tischt Mediterranes wie hausgemachte Pizzas und Pasta, Meeresfrüchtegerichte mit französischer Note und Tiramisu auf.

NACHTMÄRKTE AM SAMSTAG

Es gibt zwei etablierte Nachtmärkte, den **Saturday Night Market** (www.snmgoa.com; ⏲Ende Nov.–März Sa 18 Uhr) in Arpora und **Mackie's** (⏲Dez.–April Sa ab 18 Uhr) in Baga, die eine interessante Alternative zum Flohmarkt in Anjuna sind.

Die Attraktionen hier sind neben dem Shopppen auch die Imbissstände und das Unterhaltungsangebot. Zahleiche Stände bieten funkelnden Schmuck, Laserpointer und anderes an, das sich im hellen Tageslicht wohl nur schwer verkaufen ließe.

Beide Märkte finden ab Ende November statt.Gelegentlich werden sie auch mal kurzfristig abgesagt, am besten fragt man daher vorher die Einheimischen oder Taxifahrer.

Ausgehen & Nachtleben

Das ausgelassene Nachtleben von Baga, das sich rund um die Tito's Lane abspielt, ist sehr beliebt bei Reisenden, die einen netten Abend verbringen möchten. Für einige ist die Szene hier ein bisschen zu anrüchig und das Personal in den Bars zu gleichgültig. Singlefrauen sind in allen Clubs willkommen (und zahlen normalerweise keinen Eintritt), sollten aber immer vorsichtig sein und mit dem Taxi von A nach B fahren.

Café Mambo CLUB
(☎7507333003; www.cafemambogoa.com; Tito's Lane, Baga; Eintritt Paare 800 ₹; ⏲18–3 Uhr) Das Mambo ist einer von Bagas angesagtesten Clubs mit Indoor- und Outdoor-Bereich am Strand. Die DJs legen House, Hip Hop und Latino-Musik auf. Nur Paare oder Frauen.

Tito's CLUB
(☎9822765002; www.titosgroup.com; Tito's Lane, Baga; Paare/Frauen/*stags* ab 1000 ₹/frei/2000 ₹; ⏲20–3 Uhr) Das Tito's, Urgestein und Titan der Clubszene Goas, hat viel dafür getan, sein überholtes Image eines Clubs, in dem indische Männer westliche Frauen angaffen, loszuwerden. Nun haben nur noch Paare und Frauen Zutritt, einzelne Männer (*stags*) werden je nach Laune des Türstehers höchstens zu überhöhten Preisen eingelassen.

Shoppen

Literati Bookshop & Cafe BÜCHER
(☎0832-2277740; www.literati-goa.com; Calangute; ⊙Mo–Sa 10–18.30 Uhr) Der erfrischend andere Buchladen befindet sich im Wohnhaus des Besitzers im Süden Calangutes und hat auch ein nettes Gartencafé im italienischen Stil. Hier kann man sich einen guten Espresso oder eine Pizza genehmigen und durch zahlreiche Bücher goanischer und indischer Autoren sowie durch antiquarische Literatur blättern. Die Website informiert über Lesungen und andere Veranstaltungen.

Karma Collection GESCHENKE & SOUVENIRS
(www.karmacollectiongoa.com; Calangute-Arpora Rd, Calangute; ⊙9.30–22.30 Uhr) Wunderschöne Möbel, Stoffe, Schmuckstücke, Taschen und anderes bezauberndes Zeug – manches davon antik –, das in Indien, Pakistan und Afghanistan zusammengesucht wurde, steht hier zum Verkauf. Ein verführerischer Einkaufsbummel ist programmiert! Die Preise sind nicht gerade günstig und Feilschen ist nicht erwünscht.

Anreise & Unterwegs vor Ort

Von Calangutes und Bagas Busbahnhöfen fahren häufig Busse nach Panaji (15 ₹, 45 Min.) und Mapusa (12 ₹, 30 Min.).

Ein Taxi von Calangute oder Baga nach Panaji kostet ca. 450 ₹und braucht etwa eine halbe Stunde. Für ein Prepaid-Taxi vom Flughafen nach Calangute werden 1150 ₹ fällig.

Zwischen den Busbahnhöfen Calangute und Baga verkehrt alle paar Minuten ein Nahverkehrsbus (5₹), den man unterwegs überall anhalten kann; bei dichtem Verkehr kann es aber sein, dass man zu Fuß schneller ist.

Taxis zwischen Calangute und dem nördlichen Strand von Baga verlangen überhöhte 100 ₹.

Anjuna

☎0832 / 9640 EW.

Das gute alte Anjuna ist seit den 1960er-Jahren ein fester Bestandteil der Hippieszene. Noch immer veranstaltet es jeden Mittwoch seinen berühmten Flohmarkt mit Bergen von Sarongs und Sandelholz. Auch die Backpacker kommen nach wie vor, doch mittlerweile finden auch zunehmend Mittelklasse- und einheimische Touristen auf der Suche nach einer Prise Hippie-Chic hierher. Der Ort mit seiner aufregenden Beachparty-Szene entwickelt sich ständig weiter und immer wieder eröffnen neue Restaurants und Bars.

Das recht weitläufige Dorf ist mittlerweile an den Rändern etwas zersiedelt. Doch wer es den anderen nachmacht und mit einem Leihroller oder -motorrad die Nebenstraßen und die Strände im Süden erkundet, wird schnell merken, dass er in Anjuna richtig ist – es wächst einem einfach allmählich ans Herz.

Sehenswertes & Aktivitäten

Anjunas charmanter, schmaler **Strand** zieht sich fast 2 km von den felsigen, niedrigen Klippen im Norden, wo sich der Ort befindet, bis hinter den Flohmarkt im Süden. In der Hauptsaison ist am Strand Wassersport möglich, z. B. Jetskifahren (400 ₹), Bananenboote (1000 ₹/4 Pers.) und Parasailing (700 ₹).

Außerdem werden in der Hochsaison unzählige Yogakurse, Ayurvedabehandlungen und zahlreiche alternative Therapien und Kurse angeboten (S. 915); am besten achtet man auf die Aushänge in beliebten Cafés wie dem Artjuna (S. 913).

Kurse

Mukti Kitchen KOCHEN
(☎0800-7359170; www.muktikitchen.com; Anjuna-Baga Rd, Arpora; vegetarisch/nichtvegetarisch/goanisch Kurs 1500/2000/2500 ₹; ⊙11–14 & 17–20 Uhr) Zweimal täglich teilt Mukti bei diesen empfehlenswerten Kursen in der Anjuna Rd in Arpora ihre Kochkünste mit ihren Gästen. Bei den Kursen werden etwa fünf Gerichte zubereitet, die nach Teilnehmerwünschen ausgewählt werden können: vegetarisch oder nichtvegetarisch, goanisch, indisch oder ayurvedisch. Vier bis sechs Teilnehmer; einen Tag im Voraus buchen.

Schlafen

Entlang der nördlichen Klippen gibt's Dutzende einfache Zimmer, hinter dem Hauptstrand sind die Unterkünfte teurer. Direkt hinter der Hauptstrandmeile verstecken sich auch zahlreiche kleine, familiengeführte Pensionen, bei denen man für einen ähnlichen Preis schönere Doppelzimmer bekommt – auf Schilder mit der Aufschrift „Rooms to let" oder „House to let" achten!

Red Door Hostel HOSTEL $
(☎0832-2274423; reddoorhostels@gmail.com; B ohne/mit Klimaanlage 550/660 ₹, DZ ohne/mit Klimaanlage 1900/2200 ₹; ❄📶) Das Red Door ist eine einladende Backpackerbleibe in der Nähe der zentralen Kreuzung. Es hat saubere Schlafsäle mit vier und sechs Betten sowie einige Privatzimmer, Schließfächer, kosten-

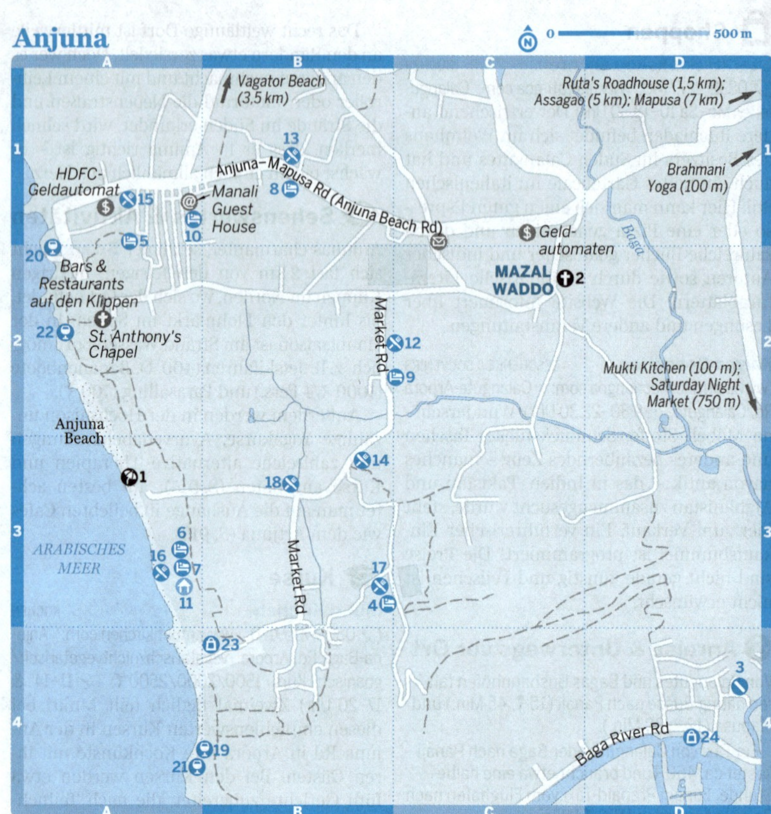

loses WLAN, einen Garten, schöne Gemeinschaftsbereiche (darunter eine gut ausgestattete Küche) und eine gesellige Café-Bar. Die Atmosphäre ist locker. Hier leben auch ein paar Haushunde.

Prison Hostel HOSTEL $
(☎0832-2273745; www.thehostelcrowd.com; 940 Market Rd; B 400 ₹, mit Klimaanlage 500 ₹, DZ 1500 ₹; ❄📶) Das originelle Backpackerhostel in der Market Rd in Anjuna ist wie ein Gefängnis mit Gittern vor den Fenstern, schwarz-weißer Deko und seltsamerweise einem alten Bus als Café gestaltet. Die sauberen Schlafsäle mit vier bis zehn Betten haben individuelle Schließfächer und Leselampen. Zudem gibt's eine Küche, und Frühstück und WLAN sind im Preis enthalten.

Florinda's PENSION $
(☎9890216520; EZ/DZ 500/800 ₹, mit Klimaanlage 1500 ₹; ❄📶) Eine der besseren Budgetunterkünfte in Strandnähe mit sauberen Zimmern, Warmwasser rund um die Uhr, Rollläden, Moskitonetzen und einem hübschen zentralen Garten. Die wenigen Zimmer mit Klimaanlage sind schnell weg!

Paradise PENSION $
(☎9922541714; janet_965@hotmail.com; Anjuna-Mapusa Rd; DZ 1000 ₹, mit Klimaanlage 1500–2000 ₹; ❄@📶) Die freundliche Pension mit ordentlichen und sauberen Zimmern befindet sich in einem alten portugiesischen Haus. Im neueren Anbau gibt es noch weitere schön eingerichtete Zimmer. Die besseren bieten TV, Kühlschrank und Hängematte auf dem Balkon. Die freundliche Besitzerin Janet betreibt mit ihrer Familie auch die Apotheke, den Supermarkt, das Restaurant, das Internetcafé, das Reisebüro Connexions und die Wechselstube!

Palms N Tides BUNGALOW $$
(☎9988882021; www.palmsntides.com; DZ 3800–4300 ₹) Die kuppelförmigen Bunga-

Anjuna

Sehenswertes
1 Anjuna Beach A3
2 Our Lady of Good Health C2

Aktivitäten, Kurse & Touren
3 Barracuda Diving D4

Schlafen
4 Banyan Soul B3
5 Casa Anjuna A1
6 Florinda's A3
7 Palms N Tides A3
8 Paradise B1
9 Prison Hostel C2
10 Red Door Hostel A1
11 Sea Horse A3

Essen
12 Artjuna Cafe C2
13 Burger Factory B1
14 Café Diogo B3
15 Dhum Biryani & Kebabs A1
16 Elephant Art Cafe A3
17 German Bakery B3
18 Goa's Ark B3

Ausgehen & Nachtleben
19 Curlies B4
20 Purple Martini A2
21 Shiva Valley A4
22 UV Bar A2

Shoppen
23 Flohmarkt B4
24 Mackie's Saturday Nite Bazaar D4

lows in einem Garten gehören zu den größten und am schönsten gestalteten Unterkünften am Strand. Sie sind mit riesigen Betten und Bädern sowie Klimaanlage ausgestattet, um den Preis zu rechtfertigen. Hinter dem Elephant Art Cafe.

Sea Horse HÜTTE **$$**
(9764465078; www.vistapraiaanjuna.com; Hütte ohne/mit Klimaanlage AC 2000/3000 ₹;) Eine Reihe von Holzhütten hinter dem gleichnamigen Strandrestaurant. Die Lage ist prima. Die Hütten selbst sind klein und können sich aufheizen, bei hoher Luftfeuchtigkeit nimmt man besser eine mit Klimaanlage. Die Mitarbeiter sind freundlich und entgegenkommen. Den Besitzern gehört auch die teurere Strandunterkunft Vista Praia Anjuna.

Banyan Soul BOUTIQUEHOTEL **$$**
(9820707283; www.thebanyansoul.com; DZ 2500 ₹;) Das elegante Hotel mit zwölf Zimmern befindet sich in einer Gasse abseits der Market Rd und wird liebevoll von Sumit geleitet, der seiner Heimatstadt Mumbai Lebewohl gesagt hat. Die Zimmer sind schick und haben Klimaanlage und TV. Außerdem gibt es seine hübsche Bibliothek und einen schattigen Sitzbereich unter einem Banyanbaum.

Casa Anjuna HISTORISCHES HOTEL **$$$**
(0832-2274123; www.casaboutiquehotels.com; D'Mello Vaddo 66; Zi. inkl. Frühstück ab 9850 ₹;) Das historische Hotel ist von einem schönen, blühenden Garten mit einladendem Pool umgeben. Hier sind die Gäste vom Trubel des Zentrums von Anjuna abgeschirmt. In allen Zimmern gibt es antike Möbel und Accessoires. Genau wie viele andere Hotels der Spitzenklasse ist es vor allem in der Nebensaison zu empfehlen, wenn die Preise um bis zu 50 % niedriger liegen.

Essen

Café Diogo CAFÉ **$**
(Market Rd; Snacks 80–160 ₹; 8.30–15 Uhr) Im Café Diogo, einem kleinen, familiengeführten Café auf dem Weg zum Markt, werden ausgezeichnete Obstsalate zubereitet. Die üppigen getoasteten Sandwiches mit Avocado, Käse und Pilzen und die verschiedenen Lassis sollte man ebenfalls mal probieren.

★ **Artjuna Cafe** CAFÉ **$$**
(0832-2274794; www.artjuna.com; Market Rd; Hauptgerichte 130–350 ₹; 8–22.30 Uhr;) Das Artjuna ist eines unserer Lieblingscafés in Anjuna. Es serviert den ganzen Tag über Frühstück sowie großartigen Espresso, Salate, Sandwiches und arabische Spezialitäten wie Baba Ganoush, Tahini und Falafel. Zudem betreibt das hübsche Gartencafé einen ausgezeichneten Laden für Kunsthandwerk und Livestyle-Artikel und hat eine informative Pinnwand. Toller Treffpunkt für alle!

★ **Burger Factory** BURGER **$$**
(Straße von Anjuna nach Mapusa; Burger 300–450 ₹; Do–Di 11.30–15.30 & 18.30–22.30 Uhr) Das Angebot dieses kleinen Diners im Freien ist leicht zu erraten. Die klassischen Burger sind zwar nicht billig, aber interessant und professionell zubereitet. Man hat die Wahl zwischen Burgern mit Rind- oder Schweinefleisch und Toppings wie Cheddar, Roter Beete und Aioli.

NICHT VERSÄUMEN

FLOHMARKT IN ANJUNGA

Anjunas wöchentlicher **Flohmarkt** (Nov.–April Mi 8 Uhr–open end) am Mittwoch ist aus Goa ebenso wenig wegzudenken wie ein Tag am Strand. Vor über drei Jahrzehnten wurde er von Hippies erfunden und errichtet, die Megajoints rauchten und sich trafen, um ihre berauschenden Indien-Erfahrungen auszutauschen. Heute besuchen ihn vor allem ganz normale Touristen, und die Händler kommen aus ganz Indien: tibetische und kaschmirische Händler verkaufen Skulpturen und Schmuck, bunt gekleidete Stammesfrauen aus Gujarat haben T-Shirts im Angebot, aus Rajasthan gibt's farbenfrohe Saris, Taschen und Überdecken, aus Kerala säckeweise Gewürze, und nicht zu übersehen und überhören sind die Stammesmädchen aus Karnataka, die die Besucher drängen: „Come look in my shop".

Wer beim Bummeln mal eine Pause einlegen möchte, findet Chai-Stände und einige Restaurants mit Livemusik. Das **Cafe Looda** hat einen fabelhaften Standort am Strand mit Blick auf den Sonnenuntergang und bietet ab 17 Uhr Livemusik. Am besten besucht man den Markt frühmorgens (ab 8 Uhr) oder am späten Nachmittag (ab 16 Uhr bis kurz nach Sonnenuntergang).

Goa's Ark NAHÖSTLICH $$
(Market Rd; Hauptgerichte 150–670 ₹, Mezze ab 50; 10–23 Uhr;) Dieses Restaurant im arabischen Stil liegt in einem Garten, zu dem auch ein Streichelzoo mit Hoftieren und Vögeln sowie ein Spielplatz gehören. Es serviert Mezze, gegrilltes Fleisch und Falafel.

Elephant Art Cafe STRANDCAFÈ $$
(Hauptgerichte 190–370 ₹; 8–22 Uhr;) Das unter den Strandrestaurants positiv hervorstechende Elephant Art Café bringt eine große Palette an Tapas, Sandwiches, Fish'n'Chips und Frühstücksgerichten auf den Tisch.

German Bakery INTERNATIONAL $$
(www.german-bakery.in; Brot & Gebäck 20–160 ₹, Hauptgerichte 160–470 ₹; 8.30–23 Uhr;) Die mit Gebetsfahnen geschmückte German Bakery hat einen grünen, nett beleuchteten Garten und ist seit Langem für ihre herzhaften, gesunden Frühstücksangebote, ihr frisch gebackenes Brot und ihre Biokost bekannt. Auf der Karte stehen außerdem Pasta, Burger und teures Seafood sowie gesunde Säfte (wie Weizengras) und Espresso.

Dhum Biryani & Kebabs INDISCH $$
(Anjuna-Mapusa Rd; Hauptgerichte 180–350 ₹; 9–1 Uhr) Das bei Besuchern und Einheimischen gleichermaßen beliebte Dhum Biryani bereitet beständig gute Kebabs, Biryanis (gedämpfter Reis mit Fleisch oder Gemüse) und andere typisch indische Gerichte zu.

Ausgehen & Nachtleben

Anjuna konkurriert mit Vagator um den Titel als Trance-Hauptstadt Goas. Am südlichen Ende des Strandes befinden sich mehrere Nachtclubs, die an den richtigen Abenden zu den angesagtesten Orten Nord-Goas gehören. An den Markttagen herrscht immer gute Stimmung, und in einer der folgenden Bars (oder in beiden) erklingt dann garantiert Livemusik.

Curlies BAR
(www.curliesgoa.com; 9–3 Uhr) Das Curlies empfängt seine Gäste am South Anjuna Beach und kombiniert die legere Atmosphäre einer Bar mit einem anspruchsvollen Nachtclub – seine Partynächte sind laut und berühmt. zudem gibt's eine Loungebar auf dem Dach und einen zugehörigen Danceclub, der bis spät in die Nacht geöffnet ist. Die großen Partynächte sind Donnerstag und Samstag, und natürlich die Vollmondnächte.

Purple Martini COCKTAILBAR
(9823772890; Sunset Point; 21–24 Uhr) Angesichts des Blicks auf den Sonnenuntergang von den Klippen, der Blau-Weiß-Töne und der elegante Bar dieser herrlich gelegenen Restaurant-Bar könnte man glauben, man sei auf Santorini. Am besten kommt man zum Sonnenuntergang auf einen Cocktail und wirft auch einen Blick auf die Karte, auf der griechische Kebabs und mediterrane Salate stehen.

An- & Weiterreise

Busse nach Mapusa (15 ₹, 30 Min.) fahren etwa jede halbe Stunde von der Hauptbushaltestelle am Ende der Straße von Mapusa nach Anjuna in der Nähe des Strandes; einige Busse aus Mapusa fahren noch weiter nach Vagator und Chapora.

Täglich fahren mehrere Direktbusse nach Calangute, alternativ nimmt man einen Bus nach Mapusa und steigt dort um.

An den wichtigsten Kreuzungen warten Motorradtaxis und Autorikschas. In Anjuna kann man problemlos Roller und Motorräder für 250 bis 400 ₹ ausleihen – die meisten Traveller, die in Anjuna wohnen, sind auf Zweirädern unterwegs.

Assagao

Assagao, das an der Straße von Mapusa nach Anjuna und Vagator liegt, ist eines der hübschesten Dörfer Nord-Goas. Alte portugiesische Villen und weiße Kirchen säumen die fast verkehrsfreien Straßen. Die Gegend ist so inspirierend, dass hier einige der besten Yogazentren Nord-Goas zu Hause sind.

Aktivitäten

International Animal Rescue FREIWILLIGENARBEIT
(Animal Tracks; ☎0832-2268272; www.internationalanimalrescuegoa.org.in; Madungo Vaddo; ⌚9–16 Uhr) Die etablierte Organisation International Animal Rescue nimmt herrenlose Hunden, Katzen und andere Vierbeiner in Not auf, kümmert sich um sie, sterilisiert und impft sie. Freiwillige können helfen, indem sie die Hunde ausführen und mit den Welpen und jungen Kätzchen spielen. Sie müssen aber einen Nachweis vorlegen, dass sie gegen Tollwut geimpft sind.

El Shaddai FREIWILLIGENARBEIT
(☎0832-6513286, 0832-2461068; www.childrescue.net; El Shaddai House, Socol Vaddo) Die britische Hilfsorganisation hilft verwaisten und obdachlosen Kindern in Goa. Freiwillige, die mindestens vier Wochen Zeit haben, können sich auf der Website anmelden. Die Vorabauswahl ist sehr streng, man sollte sich also frühzeitig bewerben.

Kurse

Spicy Mama's KOCHEN
(☎9623348958; www.spicymamasgoa.com; 138/3 Bairo Alto; 1-tägiger Kurs vegetarisch/nichtvegetarisch 2000/3000, 3-tägiger Kurs 5000/7000 ₹, 5-tägiger Kurs 10 000/12 000 ₹) Spicy Mama's hat sich darauf spezialisiert, begeisterte Hobbyköche in der Zubereitung scharfer nordindischer Küche zu unterweisen, von *butter chicken* bis zu *aloo gobi* (Blumenkohl- und Kartoffelcurry) und *palak paneer* (Käse in einer Sauce aus püriertem Spinat). Gekocht wird bei Suchi zu Hause in ländlicher Umgebung. Der eintägige Standardkurs dauert vier Stunden, die mehrtägigen „Masterclasses" kann man online buchen.

Schlafen

Hopping Frog HOSTEL $
(☎8007669996; www.hoppingfrog.in; B/DZ 400/1500 ₹; 📶) Dieses neue Hostel im grünen Assagao ist eine fröhliche Alternative zum Strand. Die vier Schlafsäle sind sauber und gehen auf einen coolen Gartenbereich hinaus. Die Café-Bar hat Lounge-Charakter und ist sehr gesellig, und mit den Leihfahrrädern kann man die Nebenstraßen erkunden.

YOGAZENTREN IN NORD-GOA

Rund um Anjuna, Vagator und Assagao gibt's mehrere Yogazentren, in denen man in der Saison von Oktober bis März Yogastunden und Yogakurse besuchen und in die Zen-Atmosphäre eintauchen kann.

Purple Valley Yoga Retreat (☎0832-2268363; www.yogagoa.com; 142 Bairo Alto; B/EZ 1 Woche ab 690/820 £, 2 Wochen 1100/1350 £) Das beliebte Yogazentrum in Assagao veranstaltet ein- und zweiwöchige Kurse in Ashtanga-Yoga mit und ohne Übernachtung.

Swan Yoga Retreat (☎8007360677, 0832-2268024; www.swan-yoga-goa.com; Yogastunde ohne Voranmeldung 350 ₹, 1 Woche ab 23 300 ₹) Das Swan Retreat in einer friedlichen Dschungelecke Assagaos ist sehr ganzheitlich und spirituell ausgerichtet. Es veranstaltet Yogastunden, die man ohne Anmeldung besuchen kann, und mindestens einwöchige Yogaferien, die jeden Samstag beginnen.

Yoga Magic (☎0832-6523796; www.yogamagic.net; Mapusa-Chapora Rd, Anjuna; EZ/DZ Lodge 6750/9000 ₹, Suite 9000/12 000 ₹) Solarbeleuchtung, Gemüseanbau und Komposttoiletten sind nur einige nennenswerte Praktiken dieses luxuriösen Yogaresorts. Die Lodge hat tolle rajasthanische Zelte unter einem schützenden Strohdach.

Brahmani Yoga (☎9545620578; www.brahmaniyoga.com; Tito's White House, Aguada-Siolim Rd; Yogastunde 700 ₹, 10-Stunden-Pass 5000 ₹; ⌚Yogastunden 9.30 Uhr) Yogastunden im Tito's White House, an denen man ohne Anmeldung teilnehmen kann.

Essen

★ **Villa Blanche Bistro** CAFÉ $$
(www.villablanche-goa.com; 283 Badem Church Rd; Frühstück 90–200 ₹, Hauptgerichte 320–480 ₹; ⌚ Okt.–April Mo–Sa 9–23, So 10–16 Uhr) Das nette, gechillte Gartencafé in einer Seitenstraße wird von einem deutsch-schweizer Paar geführt. Spezialitäten sind Salate, Sandwiches, gefüllte Bagels und Kuchen. Im Angbot sind aber auch thailändische Currys und deutsche Würste. Wer sich zum Frühstück oder Brunch mal verwöhnen möchte, sollte die Waffeln und Pfannkuchen probieren.

Ruta's Roadhouse INTERNATIONAL $$
(☎8380025757; www.rutas.in; Mapusa Rd; Frühstück 300 ₹, kleiner/großer Teller 200/300 ₹; ⌚8.30–19.30 Uhr) Das Ruta's hat in diesem alten portugiesischen Haus in Assagao ein neues Zuhause gefunden. Es serviert tolle Frühstückmenüs und internationale kulinarische Spezialitäten, von *jambalaya* bis zu Laksa.

An- & Weiterreise

Nahverkehrsbusse zwischen Mapusa und Anjuna (jeweils ca. 15 Min.) oder Siolim fahren durch Assagao. Wer am Strand wohnt, erkundet das Dorf aber per Mietroller oder Taxi.

Vagator & Chapora

☎0832

Dramatische rote Felsklippen, Palmenhaine und die Ruinen einer portugiesischen Festung sorgen dafür, dass Vagator und der winzige Nachbarort Chapora vor einer der schönsten Kulissen an der Küste Nord-Goas liegen. Früher waren die Orte für ihre wilden Trance-Partys und Hippies im Drogenrausch bekannt, doch heute geht es hier viel ruhiger zu – und neuerdings sind gehobene Restaurants angesagt. Dennoch gibt's in Vagator noch immer einige der besten Clubs Goas. Chapora, das an die Mos Eisley Cantina aus *Star Wars* erinnert, ist bei Hippies und Langzeitgästen noch immer beliebt, und der Duft von *charas* (handgerolltes Haschisch) liegt schwer in der Meeresluft.

Schlafen

Entlang der Ozran Beach Rd und der Vagator Beach Rd gibt's zahlreiche günstige Unterkünfte, häufig in Privatzimmern. In den Seitenstraßen sieht man viele Schilder „Rooms to let" (in einfachen Privathäusern und Pensionen); Doppelzimmer kosten hier zwischen 400 und 600 ₹.

Folgt man der Straße hinunter zum Hafen von Chapora, findet man viele weitere Zimmer – und sogar komplette Häuser –, die vermietet werden.

Vagator

★ **Jungle Hostel** HOSTEL $
(☎0832-2273006; www.thehostelcrowd.com; Vagator Beach Rd; B ohne/mit Klimaanlage 500/600 ₹, EZ/DZ 1000/1500 ₹; ❄@📶) Das Jungle, eine der ersten Backpackerunterkünfte im Norden Goas, brachte die Übernachtung im Mehrbettzimmer und internationales Flair nach Vagator und hat sich inzwischen auf drei Häuser ausgedehnt. Die Schlafsäle mit sechs Betten sind hell und sauber, und Schließfächer, WLAN, Frühstück, eine Gemeinschaftsküche und Reisetipps gibt's kostenlos dazu.

Enterprise Guest House GUESTHOUSE $
(☎7769095356; www.beanmeup.in; 1639/2 Deulvaddo; DZ inkl. Frühstück ohne/mit Bad 1100/1400 ₹; 📶) Die Zimmer dieser Pension liegen rund um einen grünen, mit Fallschirmseide beschatteten Innenhof, in dem Vagators bestes veganes Restaurant, das Bean Me Up, ansässig ist. Sie wirken auf den ersten Blick schlicht, sind aber individuell mit exotischen Akzenten und in Erdtönen gestaltet, haben Moskitonetze und teilen sich Gemeinschaftsveranden. Die ruhige, yogafreundliche Atmosphäre zieht die passenden Gäste an und das im Preis enthaltene Frühstück ist großartig.

Pappi Chulo HOSTEL $
(☎9075135343; pappichulohostel@gmail.com; Ozran Beach Rd; B ohne/mit Klimaanlage 400/500 ₹) Das Pappi, das ungeniert als Vagators Partyhostel fungiert, verströmt mit den internationalen Travellern, die hier abhängen, eine coole Atmosphäre. Die thematisch gestalteten Schlafsäle sind mit Schließfächern und Stockbetten ausgestattet. Das Hostel hat eine Bar im Garten und veranstaltet auch Filmabende.

Dreams Hostel HOSTEL $
(☎9920651760; dreamshostel.com; abseits Vagator Beach Rd; B 500 ₹) Der einstige Backpacker und DJ Ravi hat mit seiner Philosophie von „Kunst, Musik und Wellness" einen großartigen kleinen kreativen Raum für gleichgesinnte Traveller geschaffen. Hier gibt's drei saubere Mehrbettzimmer, einen geräumigen Garten und coole Gemeinschaftsbereiche.

Vagator & Chapora

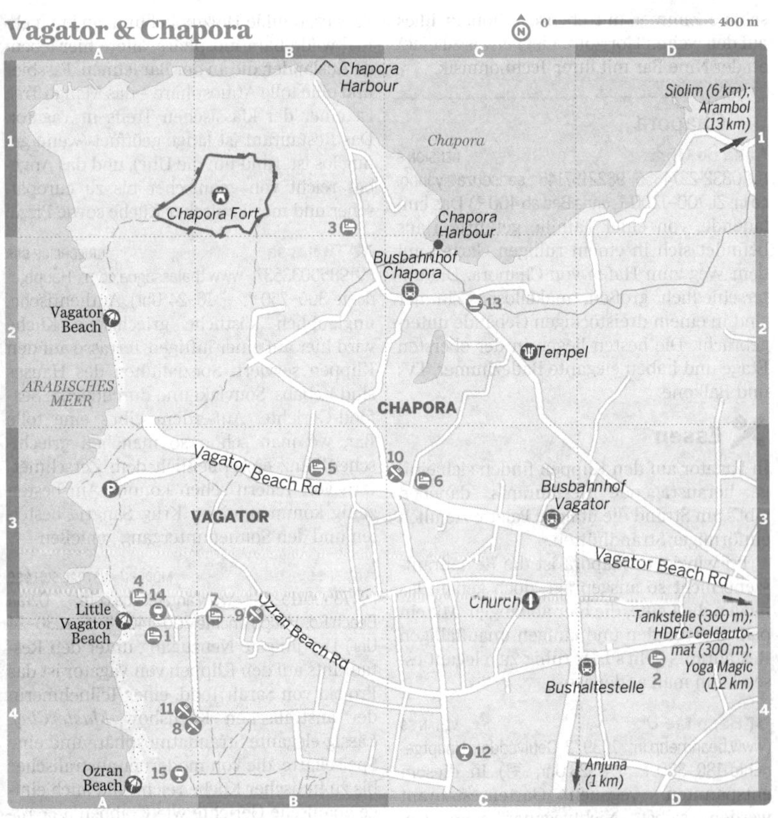

Vagator & Chapora

Schlafen

1 Alcove Resort A4
2 Bean Me Up D4
3 Casa de Olga B1
4 Casa Vagator A3
5 Dreams Hostel B3
6 Jungle Hostel C3
7 Pappi Chulo B3

Essen

8 Antares A4
Bean Me Up .... (siehe 2)
9 Bluebird B3
10 Mango Tree Bar & Cafe C3
11 Thalassa A4

Ausgehen & Nachtleben

12 Hilltop C4
13 Jai Ganesh Fruit Juice Centre C2
14 Nine Bar A3
15 Waters Beach Lounge A4

Alcove Resort HOTEL $$
(☎0832-2274491; www.alcovegoa.com; Little Vagator Beach; DZ 4500–8500 ₹;) Die Lage hoch über dem Little Vagator Beach ist zu diesem Preis kaum zu übertreffen. Die ansprechend möblierten Zimmer, etwas größeren Hütten und vier Suiten verteilen sich rund um einen kleinen Pool. Mit Restaurant und Bar ist das Alcove eine gute Wahl für all jene, die einen Hauch von bezahlbarem Luxus suchen.

Casa Vagator HOTEL $$$
(☎0832-2416738; www.casaboutiquehotels.com; DZ inkl. Frühstück ab 11 200 ₹;) Hier wurde das Konzept einer Deluxe-Boutiqueunterkunft erfolgreich umgesetzt. Vagators stilvollste Übernachtungsoption hat

schöne Zimmer mit ebenso schönem Blick auf den weiten Horizont. Liegt etwas zu dicht an der Nine Bar mit ihrer Technomusik.

Chapora

Casa de Olga PENSION $

(☎0832-2274355, 9822157145; eadsouza@yahoo.co.in; Zi. 700–1200 ₹, ohne Bad ab 400 ₹) Das einladende, von einer Familie geführte Haus befindet sich in einem ruhigen Garten auf dem Weg zum Hafen von Chapora. Die unterschiedlich großen, makellosen Zimmer sind in einem dreistöckigen Gebäude untergebracht. Die besten liegen in der obersten Etage und haben elegante Badezimmer, TVs und Balkone.

Essen

In Vagator auf den Klippen finden sich einige herausragende Restaurants, daneben gibt's am Strand die übliche Palette ziemlich einförmiger Strandhütten.

Im winzigen Chapora ist die Restaurantszene nicht so ausgeprägt, doch genau das mögen die Leute, die hier abhängen. Mit ein paar Saftständen und einigen unauffälligen Restaurants geht's hier ruhig zu, elegant essen kann man anderswo.

★Bean Me Up VEGAN $$

(www.beanmeup.in; 1639/2 Deulvaddo; Hauptgerichte 180–380 ₹; ⌚8–23 Uhr; 📶) In diesem entspannten, veganen Gartenrestaurant werden selbst Nichtveganer vom Geschmack, der Vielseitigkeit und der Fülle der Gerichte begeistert sein. Auf der langen Speisekarte stehen vegane Pizzas, Eis, hausgemachtes Tofu-Curry und kreative Salate. Zu den exotischen Zutaten gehören Kokosnuss, Cashew-Milch und -Käse, Quinoa, Tempeh und Linsen-Dhal.

Bluebird GOANISCH $$

(www.bluebirdgoa.com; Ozran Beach Rd; Hauptgerichte 250–480₹; ⌚8.30–23 Uhr) Das Bluebird hat sich auf goanische Küche spezialisiert – hier gibt's authentische Vindaloos, Hühnchen-*cafreal* (in einer Chili-Knoblauch-Ingwer-Sauce mariniertes Hühnchen), Fischcurryreis und goanische Würstchen sowie andere Köstlichkeiten wie delikat gewürzte Seafood-Gerichte. Man isst im hübschen offenen Garten.

Mango Tree Bar & Cafe INTERNATIONAL $$

(Vagator Beach Rd; Hauptgerichte 130–430 ₹; ⌚24 Std.) Laute Reggae-Musik, schlechter Service, dunkle Holzmöbel und eine manchmal wilde Baratmosphäre, ältere hier lebende Ausländer, die an der Bar lehnen, Fassbier und eine tolle Atmosphäre – das Mango Tree ist einer der klassischen Treffs in Vagator. Das Restaurant ist lange geöffnet (wenn genug los ist, rund um die Uhr), und das Angebot reicht von goanischer bis zu europäischer und mexikanischer Küche sowie Pizza.

★Thalassa GRIECHISCH $$$

(☎9850033537; www.thalassagoa.com; Hauptgerichte 300–750 ₹; ⌚16–24 Uhr) Authentische, unglaublich köstliche griechische Küche wird hier auf einer luftigen Terrasse auf den Klippen serviert. Spezialitäten des Hauses sind Kebabs, Souvlaki und durchdachte Seafood-Gerichte. Außerdem gibt's eine tolle Bar, wo man schon so manchen griechischen Tanz einschließlich dem Zerschmettern von Tellern sehen konnte. Am besten zeitig kommen, einen Krug Sangria bestellen und den Sonnenuntergang genießen.

Antares MODERN-AUSTRALISCH $$$

(☎7350011528; www.antaresgoa.com; Ozran Beach Rd; Hauptgerichte 200–1400 ₹; ⌚11.30–24 Uhr) Der jüngste Neuzugang unter den Restaurants auf den Klippen von Vagator ist das Projekt von Sarah Todd, einer Teilnehmerin der australischen Kochshow *MasterChef*. Lässig-elegante Strandatmosphäre und eine Speisekarte, die von moderner australischer bis zu indischer Küche reicht und auch einige goanische Gerichte wie Krabben à la *xacuti* bietet.

Ausgehen & Nachtleben

Waters Beach Lounge CLUB

(☎9767200012; ⌚Do–So ab 18 Uhr) Das Luxusrestaurant mit Bar und Club zieht sich auf mehreren Terrassen die Klippen von Vagator hinunter. Legendär sind vor allem seine Partynächte mit Dancefloors unter freiem Himmel und Blick aufs Meer sowie ein schallgeschützter Raum für die späten Nachtstunden. Hier legen Top-DJs auf.

Nine Bar BAR

(⌚17–4 Uhr) Diese frühere Open-Air-Bar auf den Klippen mit Blick auf den Little Vagator Beach, die einst das heilige Zentrum der Trance-Szene Goas war, ist in schallgeschützte Räume umgezogen, damit hier weiter die ganze Nacht hindurch gefeiert werden kann. Nach Flyern Ausschau halten und in der Gegend umhören, um zu erfahren, wann die großen Partynächte stattfinden.

WO GEHT'S DENN HIER ZUR PARTY?

Goa war bei Besuchern aus dem Westen lang für seine nächtelangen Hippie-Trance-Partys unter freiem Himmel legendär, bis ein Gesetz der Regierung „Lärmverschmutzung" an öffentlichen Plätzen zwischen 22 und 6 Uhr verbot und damit die oft berüchtigte, drogenträchtige Partyszene stark beschnitt. Natürlich zogen die Partys schnell in geschlossene Räume, und in der Hauptsaison wird in den großen Trance- und Dance-Clubs immer noch bis in den Morgen gefeiert.

Besonders stark ist die Trance-Party-Szene in Anjuna im Curlies (S. 914), in Vagator im Hilltop, in der Nine Bar und im Waters, in Aswem/Morjim im Club M sowie in Palolem im Leopard Valley (S. 933), das „Silent Discos" (S. 932) veranstaltet. In Baga geht's in den Clubs in der Tito's Lane so wild zu wie eh und je.

Über die Weihnachtsfeiertage und Neujahr, wenn absolute Hochsaison ist, drücken die Behörden oft ein Auge zu, dann finden vielleicht klassische Partys statt. Die Taxifahrer wissen so etwas. Im Internet kann man auf den Seiten www.goa-freaks.com oder www.whatsupgoa.com nachschauen.

Jai Ganesh Fruit Juice Centre CAFÉ

(Säfte 50–80 ₹; ⌚8.30–24 Uhr) Dank seiner Lage an einer Ecke der Hauptstraße von Chapora mit Blick die Straße rauf und runter ist dies die vielleicht gefragteste Saftbar Goas. Sie ist ein beliebter Treffpunkt, und wer einen Sitzplatz ergattert hat, gibt ihn ungern wieder auf.

Hilltop CLUB

(⌚Sonnenuntergang–open end) Das Hilltop ist ein alteingesessener Club für Trance-Partys, der tagsüber verlassen ist, aber nach Sonnenuntergang zum Leben erwacht. Seine Lage am Rand der Stadt in einem neonbeleuchteten Kokoshain macht es möglich, die Lärmschutzbestimmungen manchmal zu umgehen, um Konzerte, Partys und Auftritte internationaler DJs durchzuführen. Legendär sind die sonntäglichen Session (17–22 Uhr).

An- & Weiterreise

Von Mapusa (15 ₹, 30 Min.) fahren den ganz Tag über relativ oft Busse sowohl nach Chapora als auch nach Vagator, viele davon über Anjuna. Praktisch jeder hier vermietet Roller/Motorräder ab 250/400 ₹ pro Tag.

In Vagator befindet sich die beliebteste Tankstelle Nord-Goas.

Morjim

☎0832

Der **Morjim Beach** war früher sehr ruhig (fast menschenleer), und an seinem südlichen Ende ist er das immer noch, dank der seltenen Oliv-Bastardschildkröten, die hier zwischen November und Februar ihre Eier ablegen. Heute ist Morjim bei russischen Touristen beliebt. In der Hochsaison gibt's eine kleine Clubszene. Im Süden ist der Strand wegen Flussanschwemmungen eher schwarz als gelb.

Schlafen

★ **Wanderers Hostel** HOSTEL $

(☎9619235302; www.wanderershostel.com; B 500 ₹, Gemeinschaftszelt 300 ₹, Luxuszelt DZ 1700–2000 ₹; ❄📶🏊) Das etwa fünf Gehminuten landeinwärts hinter dem Strand liegende Wanderers ist eine echte Perle für Budgettraveller. Im Hauptgebäude, das mit Wandbildern der Gäste verziert ist, befinden sich blitzsaubere Schlafsäle mit Schließfächern und Leselampen an den Betten, außerdem gibt's hier WLAN, eine komplett ausgestattete Gemeinschaftsküche, gemütliche Gemeinschaftsbereiche und einen Billardtisch. Im angrenzenden Garten gibt's ein Zeltdorf mit Pool, ein Yogazentrum und ein Open-Air-Kino.

Goan Café & Resort RESORT $$

(☎0832-2244394; www.goancafe.com; Apt. & Bungalow ab 1800 ₹, mit Klimaanlage 2200 ₹, Baumhaus ohne/mit Bad ab 1200/1700 ₹; ❄📶) Das hervorragende familiengeführte Resort am Morjim Beach hat eine schöne Auswahl an „Baumhaus"-Hütten auf Stelzen direkt am Strand und an massiveren Zimmern (teilweise mit Klimaanlage) im hinteren Teil.

An- & Weiterreise

Ab und zu verkehren Busse zwischen Siolim und dem Dorf Morjim (8 ₹, 15 Min.), die meisten Traveller nehmen aber bei der Ankunft ein Taxi zu ihrer Unterkunft und mieten dann dort entweder Mopeds/Motorräder oder fahren mit dem Taxi.

Aswem

☎0832

Am Aswem Beach ist jedes Jahr mehr los, doch er liegt noch immer im Schatten von seinem nördlichen Nachbarn Mandrem. Jedes Jahr in der Saison entstehen hier auf dem breiten, sauberen, weißen Sand, an dem kaum Strandverkäufer unterwegs sind, Hütten, die als Unterkünfte und Restaurants dienen. Die Hauptstraße von Morjim nach Mandrem liegt ein Stück hinter dem Strand.

Aktivitäten

★ **Vaayu Waterman's Village** SURFEN

(☎9850050403; http://vaayuoceanadventures.in; Surfboard-Verleih 500 ₹/Std., Surfunterricht 2500 ₹) Goas führendes Surfgeschäft ist zugleich ein Wassersport- und Kunstzentrum, wo man Unterricht arrangieren und die Ausrüstung zum Surfen, Kitesurfen, Stehpaddeln, Kajakfahren und Wakeboarden leihen kann, Ein Highlight ist die ganztägige Stehpaddeltour zur Paradise Lagoon in Maharashtra. Die enthusiastischen jungen Besitzer betreiben auch eine Kunstgalerie, ein Café und **unkonventionelle Unterkünfte** (☎9850050403; http://vaayuoceanadventures.in; Hütte 2250–4000 ₹, DZ ohne/mit Klimaanlage 3500 ₹; ❄📶), die vom Aswem Beach aus auf der anderen Straßenseite liegen.

Schlafen & Essen

Ein Stück hinter dem Strand kann man immer noch einfache Hütten und Zimmer für 1000 ₹ (in der Nebensaison weniger) finden.

Yab Yum HÜTTE $$$

(☎0832-6510392; www.yabyumresorts.com; Hütte/Bungalow ab 8500/9700 ₹; ❄📶) 🍃 Diese erstklassige Anlage hat ungewöhnliche, stilvolle, kuppelförmige Hütten (einige sehen wie riesige, haarige Kokosnüsse aus), die aus verschiedenen lokalen Naturmaterialien bestehen, darunter Lehm, Stein und Mangobaumholz. Daneben gibt's auch traditionellere Bungalows mit Klimaanlage. Zahlreiche Yogakurse und Massagen sind im Angebot. Das Yab Yum liegt in einem der abgeschiedensten Dschungelgärten in Goa.

Marbela Beach Resort ZELTRESORT $$$

(☎0832-6450599, 9158881180; www.marbelabeach.com; Zelt/Villa/Suite 8000/9000/20 000 ₹; ❄📶) Die Luxuszelte und Villen „im spanischen Stil" dieses eleganten Resorts sind teuer, dafür aber auch wie Fünf-Sterne-Hotelzimmer ausgestattet. Wer hier nicht übernachtet, sollte sich in den schön gelegenen Cabanas am Strand einen Drink genehmigen oder zu den spätabendlichen Partys des zum Resort gehörigen **Club M** (☎0832-6450599; www.marbelabeach.com; Marbela Beach Resort; ⏲Fr–So) kommen, die von Freitag bis Sonntag stattfinden.

La Plage MEDITERRAN $$

(☎9822121712; Aswem Beach; Hauptgerichte 200–450 ₹; ⏲Nov.–April 9–22 Uhr) Das in der Gegend gut bekannte La Plage hebt das Konzept der Strandhütte auf eine neue Ebene und serviert fantasievolle französische Mittelmeerküche. Neben leckeren Salaten und Meeresfrüchten und tollen Desserts (unbedingt das Schokoladen-Thali probieren!) hat es auch großartige Weine im Angebot. Meist ist es von Ende November bis April geöffnet.

An- & Weiterreise

Zwischen Siolim und Aswem fahren Busse, einfacher ist es aber, mit dem Taxi zur Unterkunft anzureisen und dann ein Moped oder Motorrad auszuleihen oder mit dem Taxi zu fahren.

Mandrem

Das entspannte Mandrem hat sich in den letzten Jahren von einem wenig bekannten Zufluchtsort für Besucher, die der Travellerszene in Arambol und Anjuna überdrüssig waren, zu einem durchschnittlichen, aber immer noch sehr angenehmen Strandort entwickelt. Hier gibt's viele Angebote für Yoga, Meditation und Ayurveda, gute Restaurants und viel Platz, um es sich mit einem Buch gemütlich zu machen. Für viele ist dies der schönste Ort Goas.

Sehenswertes & Aktivitäten

Shanti Ayurvedic Massage Centre AYURVEDA

(☎8806205264; 1/1½-stünd. Massage ab 1000/1500 ₹; ⏲9–20 Uhr) Die hinreißende Shanti bietet hier ayurvedische Massagen an, z. B. eine regenerierende 75-minütige Massage mit Gesichtspackung und eine ungewöhnliche „Poulti"-Massage mit einem wickelartigen Stoffbündel, in dem sich zwölf Kräuterpulver befinden. Der Massagesalon liegt auf der rechten Seite, wenn man die Strandstraße hinuntergeht.

Himalaya Yoga Valley YOGA

(☎9960657852; www.yogagoaindia.com; Mandrem Beach) Das Winterquartier des Unternehmens HYV aus Dharamsala hat sich auf die Ausbildung Einheimischer zu Hatha- und Ashtanga-Lehrern spezialisiert, bietet aber auch täglich Kurse für Quereinsteiger (für 5 Pers. 2000 ₹) und einen zehntägigen Yogakurs für Wiedereinsteiger.

Schlafen & Essen

★ Dunes Holiday Village HÜTTE $
(☎0832-2247219; www.dunesgoa.com; Zi. & Hütte 1000–1200 ₹; @ WLAN) An einer Allee, die durch einen kleinen Palmenhain zum Strand führt, liegen ein paar hübsche Hütten verstreut. Nachts, wenn das Grundstück mit Lampen beleuchtet wird, fühlt man sich hier wie im Palmenwunderland. Die Hütten gibt es von einfach bis stabiler (Baumhaushütten auf Stelzen), das Personal ist freundlich und das Preis-Leistungs-Verhältnis gut. Außerdem gibt es ein Restaurant am Strand, Massagen, Yogakurse. Trance Musik fehlt hier – und das ist Absicht.

★ Mandala RESORT $$
(☎9158266093; www.themandalagoa.com; Zi. & Hütte 1600–5500 ₹; ❄ WLAN) Dieses wunderschöne, ruhige Hüttendorf im Ökostil bietet eine große Auswahl von Hütten und ein paar verschrobene Zimmer im „Art House“ mit Klimaanlage. Der Stolz der Anlage sind die riesigen, zweistöckigen Villen, die vom Design eines Hausboots in Kerala inspiriert sind. Die Lage mit Blick auf die Lagune ist sehr abgeschieden. Ein großer Garten, tägliche Yogakurse und ein Bio-Restaurant gehören auch dazu.

Elsewhere BUNGALOW $$$
(www.aseascape.com; Zelt 9000 ₹, Strandhaus 14 400–29 000 ₹; @ WLAN) Der genaue Standort dieses paradiesischen Fleckchens, das sich 500 m am Strand entlangzieht, ist ein gut gehütetes Geheimnis. Mehrere schöne Strandhäuser mit den hübschen Namen Piggery, Bakery, Priest's House und Captain's House sowie drei Luxuszelte stehen zur Auswahl. Für den hohen Preis genießt man Ruhe und Frieden und kann über eine 60 m lange Bambusbrücke spazieren.

Bed Rock INTERNATIONAL $$
(Hauptgerichte 130–370 ₹; ⏲8–23 Uhr; WLAN) Das Bed Rock bietet eine angenehme Abwechslung zu den Strandhütten und hat eine gute Karte mit indischen und beliebten europäischen Gerichten (Pizza, Pasta etc.). Im oberen Stockwerk kann man in der gemütlichen Lounge chillen.

An- & Weiterreise

Zwischen Siolim und dem Dorf Mandrem fahren stündlich Busse (10 ₹, 20 Min.), es ist aber recht schwierig, mit öffentlichen Verkehrsmitteln schnell irgendwo hinzukommen. Die meisten Traveller fahren am Anfang mit dem Taxi zu ihrer Unterkunft und mieten dann entweder ein Moped oder Motorrad oder fahren mit dem Taxi.

Arambol (Harmal)

☎0832 / 5320 EW.

Arambol (auch Harmal genannt) ist der nördlichste erschlossene Urlaubsort Goas und ist nach wie vor der Lieblingsstrand vieler Langzeiturlauber, die mit kleinem Budget nach Nord-Goa kommen.

Arambol erschien erstmals in den 1960er-Jahren auf der Bildfläche – als entspanntes Paradies für langhaarige Langzeiturlauber, die von der Szene in Calangute die Nase voll hatten. Auch heute ist es hier noch billig und fröhlich. Viele günstige Unterkünfte sind kleine Hütten, die an den Felsen kleben. Der Hauptstrand ist inzwischen aber von einer ununterbrochenen Kette von Strandrestaurants gesäumt, von denen viele dahinter Hütten zum Übernachten anbieten.

Am sanft geschwungenen Hauptstrand kann man sicher schwimmen, oft ist er aber sehr voll. Wer nach Süden in Richtung Mandrem spaziert, stößt auf ruhigere Strände. Ein kleiner Fußweg um die Landspitze im Norden herum führt zum kleinen Kalacha Beach, der dank des „Süßwassersees“ hinter dem Strand ebenfalls sehr beliebt ist. Das Kap oberhalb des Sees ist der beste Startpunkt für Paraglider in Goa.

Aktivitäten

Arambol Paragliding PARAGLIDING
(10-minütiger Flug 2000 ₹; ⏲12–18 Uhr) Das Kap oberhalb vom Kalacha Beach (Süßwassersee) ist der ideale Startpunkt für Paraglider. Hier gibt's jede Menge unabhängige Anbieter – einfach in den Strandhütten fragen, einen Piloten organisieren und dann die kurze Wanderung zum Kap in Angriff nehmen! Die meisten Flüge dauern etwa zehn Minuten, aber wenn die Bedingungen gut sind, kann man auch länger in der Luft bleiben.

Himalayan Iyengar Yoga Centre YOGA
(www.hiyogacentre.com; Madhlo Vaddo; 5-tägiger Yogakurs 4000 ₹; ⏲Nov.–März Di–So 9–18 Uhr) Arambols angesehenes Himalayan Iyengar Yoga Centre, das von Mitte November bis Mitte März fünftägige Yogakurse anbietet, ist das

Winterquartier der Iyengar Yoga School in Dharamkot, in der Nähe von Dharamsala in Nordindien. Anfänger müssen den fünftägigen Einführungskurs besuchen, bevor sie zu einem günstigeren Preis Fünf-Tages-Kurse für Fortgeschrittene mitmachen können.

Surf Wala SURFEN
(9011993147; www.surfwala.com; Surf Club, Arambol Beach; 1½-stündiger Kurs ab 2500 ₹, 3-/5-Tages-Kurs 6500/11000 ₹) Wer zum ersten Mal aufs Brett steigt, sollte sich dem internationalen Team von Surfern im Surfclub am Strand nördlich von Arambol anschließen. Im Preis enthalten sind der Verleih, Wachsen und die Rash Vest. Auf der Website stehen die Kontaktdaten der Surflehrer – untereinander sprechen sie Englisch, Russisch, Hindi, Konkani und Japanisch! Wer nur ein Surfboard mieten will, zahlt 500 ₹.

Schlafen

Ursprünglich übernachtete man in Arambol in schlichten Hütten entlang der Klippen und in Pensionen hinter dem Strand im Dorf, inzwischen ist hinter dem Hauptstrand nun auch ein Mini-Paolem mit vielen Strandhütten entstanden. Man geht durch den Eingang „Glastonbury St" und dann immer weiter nach Norden. Auf dem Weg bis zum Kalacha Beach stößt man auf viele Unterkünfte. Man kann den Bereich auch am südlichen Ende betreten und einfach in einem der Strandrestaurants fragen.

★ **Happy Panda** HOSTEL $
(9619741681; www.happypanda.in; B 300 ₹;) Von Travellern gemalte Wandbilder schmücken die Wände dieses gechillten Backpackerunterkunft nahe vom Hauptdorf. Die jungen Besitzer haben hart gearbeitet, um die drei Schlafsäle, die von Neonlicht erhellten Gemeinschaftsbereiche, die Bar und den Garten in einen gut ausgestatteten, einladenden Treffpunkt für Budgetreisende zu verwandeln. Zweiradverleih.

Chilli's HOTEL $
(9921882424; DZ 600 ₹, Apt. mit Klimananlage 1200 ₹;) Das freundliche, gelbe Haus nahe dem Strandzugang an der Glastonbury St gehört zu den besseren Budgetunterkünften Arambols, die nicht direkt am Strand liegen. Die zehn ordentlichen, aber einfachen Zimmer sind alle mit eigenem Bad, Ventilator und warmen Duschen ausgestattet. Das Apartment im obersten Stockwerk mit Klimaanlage und TV hat ein besonders gutes Preis-Leistungs-Verhältnis. Der Besitzer Derek verleiht Motorräder und Roller.

Pitruchaya Cottages HÜTTEN $
(9404454596; Zi. 800 ₹) Diese Holzhütten mit Meerblick haben eigene Bäder, Ventilatoren und Verandas und gehören zu den besten auf den Klippen.

Lotus Sutra RESORT $$
(9146096940; www.lotussutragoa.com; EZ 1420 ₹, DZ mit Klimaanlage 2130–3320 ₹, Bungalow 6500–7100 ₹;) Arambols schickste Strandunterkunft besteht aus einem skurrilen zweistöckigen Gebäude mit mehreren hellen Zimmern und hübschen Holzbungalows, die an einem Rasen liegen. Im Restaurant mit Bar gibt's Livemusik.

Surf Club PENSION $$
(www.facebook.com/surfclubgoa; DZ 1650–2300 ₹;) Der Surf Club, der am Südende des Arambol Beach am Ende einer Gasse liegt, ist eine dieser coolen kleinen Unterkünfte, die von allem etwas bieten: einfache, aber saubere Zimmer, Yoga und eine Bar mit Livemusik.

Essen & Ausgehen

Die Invasion der Strandhütten ist auch an Arambol nicht vorbeigegangen, in der Hauptsaison stehen etwa zwei Dutzend von ihnen dicht an dicht am Hauptstrand, alle inklusive Sonnenliegen und Sonnenschirmen. Auf dem nördlichen Klippenweg gibt's mehrere Budgetrestaurants mit schönem Blick, und an der Straße, die hinunter zum Strand führt, befinden sich weitere interessante Restaurants. Im oberen Teil des Dorfes bekommt man in den kleinen Teeläden und lokalen Restaurants einen Chai für 5 ₹ und ein Thali für 80 ₹.

★ **Shimon** NAHÖSTLICH $
(9011113576; Glastonbury St; Gerichte 120–200 ₹; 9–23 Uhr;) Das Restaurant gleich hinter dem Strand ist verständlicherweise bei israelischen Backpackern beliebt und serviert tolle Falafels und *sabich* (knusprige Auberginenstreifen in Pitabrot mit Eiern, Kartoffeln und Salat). Das „East-meets-Middle-East"-Thali (450 ₹) besteht aus etwas von fast allem, was auf der Karte steht.

Dylan's Toasted & Roasted CAFÉ $
(9604780316; www.dylanscoffee.com; Kaffee & Dessert ab 70 ₹; Nov.–April 9–23 Uhr;) Die goanische (Winter-)Inkarnation einer Institution von Manali ist ein schönes Fleckchen für einen Expresso, Schoko-Cookies oder traditionelle Desserts. Ein nettes Café gleich

hinter dem südlichen Strandeingang, das gelegentlich Livemusik oder Open-Mike-Abende veranstaltet.

Fellini ITALIENISCH **$$**
(☎9881461224; Glastonbury St; Hauptgerichte 200–380 ₹; ⏰ab 18.30 Uhr) Wer Lust auf Carbonara oder Calzone hat, sollte zu diesem alteingesessenen Italiener direkt auf der linken Seite vor dem Strand gehen (nicht angeschrieben!). Auf der Speisekarte stehen über 40 Holzofenpizzas mit dünnem Boden, aber man sollte auch noch Platz für ein leckeres Tiramisu zum Nachtisch lassen.

Double Dutch INTERNATIONAL **$$**
(Hauptgerichte 120–400 ₹, Steaks 420–470 ₹; ⏰7–22 Uhr) Das alteingesessene, beliebte Lokal mit ruhigem Garten serviert gute Steaks, Salate, thailändische und indonesische Gerichte sowie tolle Apfelkuchen. Es liegt am Eingang zum Strand von der Glastonbury St aus hinter der Hauptstraße. Ein geselliger Treffpunkt mit Second-Hand-Büchern, Zeitschriften und einer nützlichen Infotafel für aktuelle Veranstaltungen in Arambol!

Praktische Informationen

Der nächste Geldautomat befindet sich an der Hauptstraße, die ins Dorf Arambol führt, etwa 1,5 km vom Strand entfernt. Wenn er nicht funktioniert, gibt es weitere 3 km Richtung Norden in Paliyem und 3 km Richtung Süden in Mandrem.

An- & Weiterreise

Busse von/nach Mapusa (30 ₹, 1 Std.) fahren häufig und halten – wie die Einheimischen sagen – an der „backside" („Rückseite") des Dorfes Arambol. Von hier führt ein 1,5 km langer Fußmarsch durch das Dorf zum Hauptstrand; Autorikschas oder Taxis verlangen für die Fahrt mindestens 50 ₹.

Viele Anbieter im Dorf vermieten Roller/Motorräder (250/350 ₹ pro Tag).

Ein Taxi nach Mapusa oder Anjuna kostet um die 600 ₹. Wer Richtung Norden nach Mumbai will, kann bei den Reisebüros ein Busfahrticket kaufen; die Busse halten an einer Haltestelle an der Hauptstraße im Hauptdorf.

SÜD-GOA

Margao

☎0832 / 94 400 EW.

Margao (auch Madgaon genannt) ist die Hauptstadt Süd-Goas, eine geschäftige, manchmal vom Verkehr verstopfte Marktstadt von überschaubarer Größe. Da sie ein Verkehrsknotenpunkt ist, kommen viele Traveller hier durch, entweder durch den Bahnhof oder den Kadamba-Busbahnhof, doch nur wenige übernachten hier. Margao ist aber ein guter Ort, um einzukaufen, indische Sportevents zu sehen oder einfach die dynamische Energie einer indischen Großstadt im Kleinformat zu erleben.

Das kompakte Zentrum erstreckt sich rund um die lang gestreckten Municipal Gardens, in dessen Umkreis sich Geschäfte, Restaurants, Geldautomaten und der überdachte Markt befinden. Im Norden der Stadt befindet sich alte, von den Portugiesen beeinflusste Bezirk Largo de Igreja, noch 1 km weiter nördlich liegt der Hauptbusbahnhof (Kadamba-Busbahnhof), und 1,5 km südöstlich vom Stadtpark ist der Bahnhof.

Sehenswertes

Im Viertel **Largo de Igreja** stehen mehrere alte portugiesische Villen, deren berühmteste das prächtige, 1790 erbaute **Sat Burnzam Ghor** (Siebengiebeliges Haus) ist. Außerdem befindet sich hier die weiß getünchte **Church of the Holy Spirit**, die 1565 an der Stelle eines wichtigen hinduistischen Tempels erbaut wurde.

Am Südende der Municipal Gardens steht neben dem kanarienvogelgelben **Secretariat Building** die gediegene **Municipal Library** (Abade Faria Rd; ⏰Mo–Fr 8–20, Sa & So 9–12 & 16–19 Uhr), in der gute Bücher über Goa zu finden sind.

Schlafen

Nanutel Margao HOTEL **$$**
(☎0832-6722222; www.nanuhotels.in; Padre Miranda Rd; EZ/DZ inkl. Frühstück 3800/4500 ₹, Suite 5000–5500 ₹; ❄📶🏊) Margaos bestes Businesshotel ist elegant und modern und hat einen hübschen Pool, ein gutes Restaurant, eine Bar und ein Café sowie saubere Zimmer mit Klimaanlage. Die Lage zwischen den Municipal Gardens und dem Viertel Largo de Igreja ist in jeder Hinsicht praktisch.

Om Shiv Hotel HOTEL **$$**
(☎0832-2710294; www.omshivhotel.com; Cine Lata Rd; DZ 3000–4250 ₹, Suite 5400 ₹; ❄@📶) Die abgewohnten „Businesszimmer" des gelben Hotels hinter der Bank of India haben Klimaanlagen und Balkone. Von den Suiten hat man einen tollen Ausblick; es gibt ein Fitnessstudio und im 7. Stock den **Rockon Pub**.

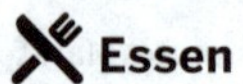

Essen

Café Tato INDISCH $
(Valaulikar Rd; Thalis 90 ₹; ⏲Mo–Sa 7–22 Uhr) Bei den Einheimischen beliebtes Mittagslokal: köstliches vegetarisches Essen in einer geschäftigen Kantine in einer Seitenstraße und leckere Thalis, so viel man essen kann.

Swad INDISCH $
(New Market; 60–110 ₹; ⏲7.30–20 Uhr; ❄) Das familienfreundliche Swad gegenüber vom Lotus Inn wird sehr gern zum Mittagessen besucht und tischt mit das beste vegetarische Essen Margaos auf. Die Thalis, die südindischen *tiffins* und die anderen Hauptgerichte sind durchweg köstlich.

★ **Longhuino's** GOANISCH, INTERNATIONAL $$
(Luis Miranda Rd; Hauptgerichte 110–250 ₹; ⏲8.30–22 Uhr) Das alte, urige Longhuino's, seit 1950 eine Institution der Stadt, serviert geschmackvolle indische, goanische und chinesische Gerichte und ist bei Einheimischen und Besuchern gleichermaßen beliebt. Hier sollte man ein goanisches Gericht wie *ambot tik* (leicht saures, aber feuriges Currygericht) bestellen und Platz für ein klassisches Dessert wie Rumkugeln oder Tiramisu lassen. Der Service ist so träge wie die sich langsam drehenden Deckenventilatoren, doch hier kann man bei einem Kaffee oder Bier wunderbar das Leben und Treiben beobachten.

Martin's INTERNATIONAL $$
(Hauptgerichte 290–500 ₹; ⏲11–15.30 & 19–23 Uhr) Es ist ein großartiges Gefühl, von den heißen, lauten Straßen Margaos ins elegante, kühle Martin's zu treten. Es hat nur zehn Tische und eine vielseitige Karte mit Tapas als Vorspeisen, Gerichten aus ganz Indien und auf heißen Steinen gegarten Steaks. Der Service ist sehr aufmerksam. Fast unmittelbar am Nordende der Municipal Gardens.

Shoppen

Golden Heart Emporium BÜCHER
(Confidant House, Abade Faria Rd; ⏲Mo–Sa 10–13.30 & 16–19 Uhr) Das Golden Heart Emporium, einer der besten Buchläden Goas, ist vom Boden bis zur Decke mit Romanen, Sachbüchern, Kinderbüchern und Bildbänden über die Küche, die Architektur und die Geschichte Goas vollgestopft. Es hat auch Titel goanischer Autoren auf Lager, die nur schwer zu bekommen sind. In einer kleinen Gasse, die von der Abade Faria Rd abgeht.

MMC New Market MARKT
(⏲Mo–Sa 8.30–21 Uhr) Margaos geschäftiger überdachter Markt ist mit seinen bunten Ständen toll, um sich umzusehen, an Gewürzen zu schnuppern, Seifen zu probieren und zwischen den Haushaltsgeräten zu stöbern.

Praktische Informationen

Rund um die Municipal Gardens gibt's viele Banken, die Geld wechseln und rund um die Uhr zugängliche Geldautomaten haben.

Anreise & Unterwegs vor Ort

BUS

Regionale und Fernbusse fahren vom Kadamba-Busbahnhof ab, ca. 2 km nördlich der Municipal Gardens. Busse nach Palolem (30 ₹, 1 Std.), Colva (15 ₹, 20 Min.), Benaulim (15 ₹, 20 Min.) und Betul (20 ₹, 40 Min.) halten sowohl am Kadamba-Busbahnhof als auch an den Bushaltestellen an der Ost- und Westseite der Municipal Gardens. Wer nach Panaji (30 ₹) möchte, nimmt einen beliebigen regionalen Bus zum Kadamba-Busbahnhof und steigt dort in einen der häufig verkehrenden Expressbusse um.

Klimatisierte staatliche Busse fahren täglich nach Mumbai (700 ₹, 16 Std.), Pune (660 ₹, 13 Std.) und Bengaluru (650 ₹, 13 Std.). Busse ohne Klimaanlage kosten etwa ein Drittel weni-

WICHTIGE ZÜGE AB MARGAO (MAGDAON)

ZIEL	ZUG-NR. & NAME	PREIS (₹)	DAUER (STD.)	ABFAHRT
Bengaluru	*02779 Vasco da Gama-SBC Link* (D)	390/1025	15	15.50 Uhr
Chennai (Madras); über Yesvantpur	*17312 Vasco da Gama-Chennai Express* (C)	475/1285/1865	21	Do 15.20 Uhr
Delhi	*12431 Rajdhani Express* (A)	2765/3800	14½	10.10 Uhr
Ernakulam (Kochi)	*12618 Lakshadweep Express* (C)	445/1175/1665	14½	19.20 Uhr
Mangalore	*12133 Mangalore Express* (C)	290/745/1035	5½	7.10 Uhr
Mumbai (Bombay)	*10112 Konkan Kanya Express* (C)	390/1065/1535	12	18 Uhr
Pune	*12779 Goa Express* (C)	335/935/1325	12	15.50 Uhr

Wagenklassen: (A) 3AC/2AC, (B) 2S/CC, (C) Sleeper Class/3AC/2AC, (D) Sleeper Class/3AC

ger. Private Fernbusse fahren von einem Stand gegenüber vom Kadamba-Busbahnhof ab. Buchungsbüros gibt's überall in der Stadt. Eines der besten ist **Paulo Travels** (☎ 0832-2702405; www.paulobus.com; Padre Miranda Rd).

TAXI & AUTORIKSCHA

Rund um die Municipal Gardens und den Kadamba-Busbahnhof findet man viele Taxis, mit denen man schnell und bequem zu Goas Stränden kommt, darunter Palolem (1150 ₹), Calangute (1355 ₹), Anjuna (1500 ₹) und Arambol (1900 ₹). Am Bahnhof und am Hauptbusbahnhof befinden sich Prepaid -Taxistände.

Autorikschas fahren für ca. 120 ₹ gern nach Colva und Benaulim.

ZUG

Margaos gut organisierter Bahnhof (auf Fahrplänen heißt er Madgaon) befindet sich 2 km südlich der Stadt. Er liegt an der Konkan Railway und an regionalen Strecken der South Central Railways und ist der zentrale Verkehrsknotenpunkt für Züge, die von Mumbai nach Goa und von Goa Richtung Süden nach Kochi und noch weiter fahren. Das **Reservierungsbüro** (☎ 0832-2712790; Bahnhof; ⏲ Mo–Sa 8–14 & 14.15–20, So 8–14 Uhr) ist im 1. Stock. Oben gibt's auch einen Schalter für kontingentierte Tickets für ausländische Touristen.

Draußen vor dem Bahnhof befindet sich ein Prepaid-Taxistand. Taxis oder Autorikschas vom/zum Stadtzentrum kosten ca. 80 ₹.

Chandor

Das kleine Dorf Chandor, das etwa 15 km östlich von Margao liegt, ist wegen seiner einst prächtigen portugiesischen Villen, für die das wundervolle Braganza House beispielhaft steht, ein bedeutendes Ausflugsziel. Mit seinen verfallenen, aber immer noch grandiosen Fassaden und Giebeln – viele von typisch portugiesischen Hähnen aus Holz gekrönt – und der hohen, weißen Kirche Nossa Senhora de Belem ist Chandor ausgesprochen fotogen.

Zwischen dem späten 6. Jh. und der Mitte des 11. Jhs. war Chandor besser als Chandrapur bekannt und war die spektakulärste Stadt an der Konkan-Küste. Bis 1054 war sie der prachtvolle Sitz der vom Schicksal gebeutelten Kadamba-Dynastie. Danach zogen die Herrscher an einen neuen Ort mit großem Hafen, nach Govepuri an der Stelle des heutigen Old Goa (Goa Velha). Als die Muslime Govepuri 1312 dem Erdboden gleichmachten, verlegten die Kadamba ihr Regierungszentrum für kurze Zeit zurück nach Chandrapur, doch wenig später wurde Chandrapur selbst 1327 geplündert und die glorreichen Tage waren ein für alle Mal vorbei.

> **ABSTECHER**
>
> **HAMPI**
>
> Die surrealen Ruinen des Vijayanagar-Reichs bei Hampi (S. 984) in Karnataka sind einen Abstecher oder sogar einen Zweitagesausflug von Goa aus wert. Der *VSG Howrah Express* fährt dienstags, donnerstags, freitags und samstags um 7.10 Uhr von Margao nach Hospet, von wo aus es dann weiter nach Hampi geht (Sleeper Class/3AC/2AC 235/620/885 ₹, 8 Std.). Bequemer als der Zug sind die Nachtbusse, die direkt von Margao oder Panaji nach Hampi fahren und von Paulo Travels betrieben werden (800–1500 ₹, 10–11 Std., 2–3-mal tgl.).

Sehenswertes

Braganza House HISTORISCHES GEBÄUDE

Das im 17. Jh. erbaute Braganza House nimmt eine komplette Seite des Dorfplatzes von Chandor ein und ist die größte portugiesische Villa dieser Art in ganz Goa. Sie ist das vielleicht beste Beispiel dafür, was heute aus den einst großartigen und prächtigen Herrenhäusern geworden ist. Die Familie Braganza baute das überdimensionale Haus auf Land, das durch den König von Portugal vergeben worden war. Als später zwei Schwestern der Familie das Haus erbten, teilten sie es in den Ostflügel und den Westflügel.

Fernandes House HISTORISCHES GEBÄUDE

(☎ 0832-2784245; Spende 200 ₹; ⏲ 9–18 Uhr) Das Fernandes House 1 km östlich hinter der Kirche ist für Besucher geöffnet. Das ursprüngliche Gebäude ist über 500 Jahre alt, der portugiesische Teil wurde 1821 von der Familie Fernandes angebaut. Das Geheimversteck im Keller, das voller Einschlusslöcher ist und einen Fluchttunnel zum Fluss hat, wurde von der Familie genutzt, um vor Angreifern zu fliehen. Eine Führung ist im Eintritt enthalten.

An- & Weiterreise

Regionalbusse fahren unregelmäßig von Margao nach Chandor (10 ₹, 30 Min.) am besten kommt man aber mit einem eigenen Verkehrsmittel hierher. Ein Taxi ab Margao kostet inklusive Wartezeit 400 ₹.

Colva

0832 / 10 200 EW.

Colva, früher ein schläfriges Fischerdorf und in den 1960er-Jahren ein Treffpunkt von Hippies, die vor der Szene oben in Anjuna die Flucht ergriffen hatten, ist noch immer der Hauptferienort dieses Küstenabschnitts. Heute hat es aber nicht mehr viel von einem Strandparadies. Doch wer ein kleines Stück weiter nach Norden oder Süden fährt, findet wieder etwas von dem Frieden, der im Zentrum Colvas fehlt.

Aktivitäten

Am Strandzugang von Colva warten zahlreiche Wassersportveranstalter, die unbedingt **Parasailing** (1000 ₹), **Jetski-Fahrten** (15 Min. für 1/2 Pers. 400/600 ₹) und **Delfinbeobachtungstouren** (ca. 330 ₹/Pers.) verkaufen wollen. Die Preise sind Festpreise, man sollte aber darauf achten, dass man eine Rettungsweste bekommt.

Schlafen

Sam's Guesthouse HOTEL $

(0832-2788753; Zi. 650 ₹;) Das Sam's liegt abseits vom Getümmel und nördlich der Hauptmeile Colvas an der Straße, die parallel zum Strand verläuft. Es ist ein großes, fröhliches Hotel mit freundlichen Besitzern und geräumigen Zimmern, die zu diesem Preis ein echtes Schnäppchen sind. Sie gruppieren sich um einen netten Hofgarten. Außerdem gibt's ein gutes Restaurant und die kitschige Cosy Cave. WLAN ist nur im Restaurant verfügbar.

La Ben HOTEL $

(0832-2788040; www.laben.net; Colva Beach Rd; Zi. ohne/mit Klimaanlage 1100/1400 ₹;) Ordentlich, sauber und nicht völlig ohne Atmosphäre. Wer nicht auf eine sehr charaktervolle Unterkunft besteht, bekommt hier ordentliche Zimmer mit gutem Preis-Leistungs-Verhältnis. Das La Ben gibt's schon ewig, ein toller Neuzugang ist dagegen das angrenzende **Garden Restaurant** (Hauptgerichte 100–320 ₹; 7–10 & 18–23 Uhr;).

★ **Skylark Resort** HOTEL $$

(0832-2788052; www.skylarkresortgoa.com; DZ mit Klimaanlage 3350–4500 ₹, FZ 5000 ₹;) Eindeutig besser als die Budgetunterkünfte: Die sauberen Zimmer sind mit von einheimischen Handwerkern geschreinerten Teakmöbeln und Tagesdecken mit Baumwolldruck ausgestattet. Am schönen Pool lässt es sich herrlich entspannen. Die besten (und teuersten) Zimmer liegen direkt am Pool.

Essen & Ausgehen

Sagar Kinara INDISCH $

(Colva Beach Rd; Hauptgerichte 70–190 ₹; 7–22.30 Uhr) Das Sagar Kina ist sauber und effizient und bietet den ganzen Tag über preiswerte und geschmackvolle nord- und

EIN HUNDELEBEN

In Süd-Goa gibt es zwei Tierheime, in denen Freiwillige und Besucher willkommen sind, die mit den dort lebenden Straßenhunden spaziergehen oder spielen möchten.

Der **Goa Animal Welfare Trust** (9763681525, 0832-2653677; www.gawt.org; Curchorem; Mo–Sa 9–17.30, So 10–13 & 14.30–17 Uhr) in der im Landesinneren gelegenen Kleinstadt Curchorem sorgt dafür, dass kranke Tiere veterinärmedizinisch versorgt werden und dass junge Welpen und Kätzchen Schutz finden. Zudem setzt er sich für Sterilisationsprogramme für Straßenhunde und für die preiswerte veterinärmedizinische Versorgung (einschließlich Tollwutimpfungen) von Haustieren in Goa ein. Freiwillige sind hier gern gesehen, selbst für einen einzigen Besuch von ein paar Stunden, um mit den Hunden Gassi zu gehen oder zu spielen. Dinge wie alte Zeitungen oder alte Laken und Handtücher (oder was immer man nach der Reise nicht mehr benötigt) können genutzt werden, um die Zwinger auszulegen.

Im **Goa Animal Welfare Trust Shop** (0832-2653677; Mo–Sa 9.30–13 & 16–19 Uhr) in Colva, einem gemeinnützigen Laden, der Souvenirs und gebrauchte Bücher verkauft, kann man Kontakt zu dem Tierheim aufnehmen.

In Chapolim, ein paar Kilometer nordöstlich von Palolem, nimmt das kleine **Animal Rescue Centre** (0832-2644171; Chapolim; Mo–Sa 10–13 & 14.30–17 Uhr) ebenfalls kranke, verletzte oder streunende Tiere auf und freut sich über freiwillige Helfer. An der Straße nach Chaudi auf Schilder achten; es befindet sich etwa 2 km Richtung Norden in der Nähe des Chapolim-Damms.

südindische Küche. Die Köstlichkeiten des rein vegetarischen Restaurants oben (nicht vegetarische Speisen gibt's unten) überzeugen selbst eingeschworene Fleischfans.

★ **Leda Lounge & Restaurant** BAR
(⏲7.30–24 Uhr) Teils Sportsbar, teils Musikkneipe, teils Cocktailbar – das Leda ist Colvas mit Abstand bestes Lokal, um abends auszugehen. Hier gibt es angesagte Drinks (Mojitos, Long Island Iced Tea), mittags und abends gutes Essen und von Donnerstag bis Sonntag Livemusik.

ℹ Praktische Informationen

In Colva findet man zahlreiche Banken und Geldautomaten sowie vereinzelt Internetcafés und Reisebüros, alle in der Colva Beach Rd.

ℹ An- & Weiterreise

Busse von Colva nach Margao fahren zwischen 7.30 und 19 Uhr etwa alle 15 Minuten (15 ₹, 20 Min.) vom Parkplatz am Ende der Strandstraße. Ein Taxi nach Margao kostet 300 ₹.

Benaulim

☎0832

Die langen, fast menschenleeren Strände Benaulims und des nahen Sernabatims, an denen nur ein paar Strandrestaurants stehen und sich einige Wassersportfans tummeln, sind viel ruhiger als Colva. Das liegt zum Teil daran, dass das Dorf, zu dem mehrere Gassen führen, einen guten Kilometer vom Strand weg ist. Außerhalb der Saison kann es recht verlassen wirken. Was den Strand so reizvoll macht, ist das Fehlen jedweden Autoverkehrs und echter Strandbebauung.

Die meisten Unterkünfte, Restaurants, Lebensmittelgeschäfte und Apotheken konzentrieren sich in der Nähe der Kreuzung Maria Hall an der Vasvaddo Beach Rd.

Sehenswertes

★ **Goa Chitra** MUSEUM
(☎0832-6570877; www.goachitra.com; St. John the Baptist Rd, Mondo Vaddo; 300 ₹; ⏲Di–So 9–18 Uhr) Der Künstler und Restaurator Victor Hugo Gomes bemerkte als Erster – da war er noch ein kleiner Junge in Benaulim –, dass immer mehr traditionelle Alltagsobjekte, von Landwirtschaftsmaschinen über Küchenutensilien bis hin zu Altarbildern, langsam aus dem Leben der Menschen verschwinden. Daher gründete er dieses ethnografische Museum, in dem mittlerweile mehr als 4000 ausrangierte Gegenstände zu sehen sind, die er in den letzten 20 Jahren in Goa gesammelt hat. Jede volle Stunde gelangt man im Rahmen einer einstündigen Audiotour in dieses Museum. Goa Chitra liegt 3 km östlich der Maria Hall – einfach nach dem Weg fragen!

San Thome Museum MUSEUM
(☎9822363917; www.goamuseum.com; Colva Rd; 200 ₹; ⏲9–18 Uhr) Das ungewöhnliche neue Museum mit dem Namen „Zurück in der Zeit" zeigt auf drei Stockwerken gut präsentiere Technik im Wandel der Zeit, von alten Kameras und Schreibmaschinen bis zu Grammofonen, Uhren und Projektoren. Zu den Highlights gehören ein Scheidmayer-Flügel, ein Raleigh-Fahrrad und ein Anker aus der gleichen Gussform wie der Anker der *Titanic*.

Schlafen

In den Straßen zwischen den Stränden von Benaulim und Sernabatim werden viele günstige Zimmer vermietet, die großen Fünf-Sterne-Hotels liegen weiter südlich. Die besten Budgetunterkünfte gibt's am Sernabatim Beach, ein paar Hundert Meter nördlich von Benaulim.

D'Souza Guest House PENSION $
(☎0832-2770583; DZ 600 ₹) Das traditionelle, blau gestrichene Haus in einer Seitenstraße hat nur drei Zimmer und wird von einer

NICHT VERSÄUMEN

COLA BEACH

Cola Beach ist eine der versteckten Perlen an der Südküste – eine schwer zu erreichende Bucht mit Sandstrand, die von bewaldeten Klippen eingeschlossen ist und in deren Hintergrund sich eine herrliche smaragdgrüne Lagune erstreckt.

Natürlich wurde der Strand schon „entdeckt", und zwischen November und April entstehen hier mehrere Hütten- und Zeltdörfer, doch es ist noch immer ein schönes Fleckchen, das bei Tagesbesuchern aus Agonda und Palolem beliebt ist.

Weiter nördlich um die Landspitze herum liegt ein noch abgeschiedener Strand, **Khancola Beach** oder Kakolem genannt; hier gibt's nur ein Resort, zu dem von den Klippen darüber eine Treppe im Dschungel führt.

goanischen Familie geführt. Die Atmosphäre ist gemütlich, und es gibt einen hübschen Garten. Da die Pension oft ausgebucht ist, sollte man im Voraus reservieren.

Anthy's Guesthouse PENSION $

(☎0832-2771680; anthysguesthouse@rediffmail.com; Sernabatim Beach; DZ 1500 ₹, mit Klimaanlage 1800 ₹; ❄📶) Als eine der wenigen Unterkünfte direkt am Sernabatim Beach ist Anthy's Guesthouse bei Travellern natürlich sehr beliebt. Hier gibt's ein gutes Restaurant, eine Bücherbörse und gepflegte Zimmer im Chalet-Stil, die direkt hinter dem Strand von einem schönen Garten umgeben sind. Ayurvedische Massagen können gebucht werden.

★ **Blue Corner** HÜTTEN $$

(☎9850455770; www.bluecornergoa.com; Hütten 1200 ₹; 📶) Einen kurzen Spaziergang nördlich vom Hauptstrandzugang stehen hinter dem provisorischen Strandrestaurant diese robusten, mit Palmstroh gedeckten Hütten (in dieser Gegend eine Seltenheit). Die mit Ventilator und Veranda ausgestatteten Hütten sind die besten Benaulims. Das Restaurant wird von den Gästen sehr gelobt.

Taj Exotica HOTEL $$$

(☎0832-6683333; www.tajhotels.com; DZ 17 000–28 000 ₹; ❄@🏊) Im Tah Exotica, einem der elegantesten Resorts Goas, haben schon Bollywood-Stars und Scheichs übernachtet. 2 km südlich von Benaulim bietet es in einem 23 ha großen tropischen Garten alle Spas, Restaurants und Pools, die man hier erwartet. Die meisten Traveller werden sich mit einem Besuch in den noblen Restaurants begnügen, darunter das Allegria, das goanische Küche serviert, und die Lobster Shack am Strand.

Essen & Ausgehen

Cafe Malibu INDISCH $

(Hauptgerichte 110–200 ₹; ⏰8–23 Uhr) In dem kleinen, unprätentiösen, familiengeführten Café ein kurzes Stück hinter dem Strand sitzt man nett im Garten an einer Seitenstraße. Es bringt gute goanische Spezialitäten sowie indische und europäische Gerichte auf den Tisch.

Pedro's Bar & Restaurant INTERNATIONAL $$

(Vasvaddo Beach Rd; Hauptgerichte 120–360 ₹; ⏰7–24 Uhr; 📶) Das sowohl bei indischen als auch bei ausländischen Gästen gleichermaßen beliebte Restaurant liegt in einem großen, schattigen Garten direkt am Strand und serviert Klassiker der indischen, chinesischen und italienischen Küche sowie eine Reihe guter goanischer Gerichte und glühend heiß Gebratenes.

Club Zoya CLUB

(☎9822661388; www.clubzoya.com; ⏰ab 20 Uhr) Dieser riesige Club hat die Partyszene ins kleine, verschlafene Benaulim gebracht. Hier sind internationale DJs, große Lightshows und eine Cocktailbar geboten, die ganz spezielle Drinks mit Wodka serviert. Während der Hauptsaison ist hier fast jeden Abend was los; man kann sich auf der Website informieren, was genau ansteht.

Anreise & Unterwegs vor Ort

Busse von Margao nach Benaulim fahren häufig (15 ₹, 15 Min.). Sie halten an der Kreuzung Maria Hall oder an den Kreuzungen der Straßen nach Sernabatim oder zum Taj Exotica (dem Fahrer sagen, wo man aussteigen möchte). Die fünfminütige Fahrt mit der Autorikscha von der Maria-Hall-Kreuzung zum Strand kostet 60 ₹.

Agonda

☎0832 / 3800 EW.

Seit Jahren zieht es Traveller nach Agonda und die Hüttendörfer, die dort in der Saison entstehen – einige davon sehr luxuriös – säumen inzwischen fast den ganzen Strand. Dennoch ist Agonda immer noch ruhiger als Palolem und eine gute Wahl, wenn man einfach am Strand entspannen möchte. Die Küstenstraße zwischen Betul und Palolem führt durch das Dorf Agonda, während die zentrale Travellermeile, eine einspurige Straße, parallel zum Strand verläuft.

Sehenswertes & Aktivitäten

Der **Agonda Beach** ist ein schöner, 2 km langer Sandstrand mit weißem Sand, der zwischen zwei bewaldeten Landzungen liegt. Die Brandung kann hier stark sein und das Schwimmen ist nicht so sicher wie in Palolem, es sind aber Rettungsschwimmer am Strand. Am Nordende legen die unter Naturschutz stehenden Oliv-Bastardschildkröten im Winter ihre Eier ab.

Südlich von Agonda liegen der **Honeymoon Beach** und dahinter der **Butterfly Beach** (ab 1700 ₹), zwei schöne Strände, die man beide zu Fuß oder mit dem Boot erreicht. Es gibt dort aber keinerlei Einrichtungen.

Viele Einheimische und Ausländer bieten in Agonda in der Hochsaison Yoga-, Meditations- und Ayurveda-Kurse an. Einheimische Boote können Besucher zu Delfinbeobachtungstouren mitnehmen.

Aloha Surf School SURFEN
(☎7507582933; Surfboardverleih 1 Std./2 Std./ganzer Tag 300/500/1500 ₹, Unterricht ab 1500 ₹; ⏲8–18 Uhr) Die erste Surfschule im tiefen Süden Goas wird von einem leidenschaftlichen einheimischen Team geführt. Man kann auf den sanften Wellen Agondas das Surfen lernen oder ein Surfboard ausleihen.

Schlafen

Die Strandhütten in Agonda sind in den vergangen Jahren erheblich nobler und teurer geworden. Die besten Anlagen am Strand warten nun schon mit Klimaanlagen, TVs und riesigen Bädern unter freiem Himmel auf, und alle haben ein Restaurant oder eine Bar, meist mit Blick auf den Strand. Wie bei allen saisonalen Unterkünften können sich der Standard und der Besitzer ändern.

In der Parallelstraße hinter dem Strand gibt's ein paar günstigere Pensionen und Privatzimmer.

Fatima Guesthouse PENSION $
(☎0832-2647477; www.fatimasguesthouse.com; DZ 1000–1500 ₹, mit Klimaanlage 1500–2500 ₹; ❄📶) Die Budgetpension, die sich seit Jahren großer Beliebtheit erfreut, liegt hinter dem Strand und hat saubere Zimmer und zuvorkommende Mitarbeiter. In der Hochsaison werden auf dem Dach Yogakurse durchgeführt.

★ **Agonda White Sand** STRANDHÜTTEN $$
(☎9823548277; www.agondawhitesand.com; Agonda Beach; Hütte 4200–5200; 📶) Die schönen Strandhütten dieser stilvollen Anlage am Strand haben Bäder unter freiem Himmel und Sprungfedermatratzen und liegen um eine zentrale Bar und ein Restaurant.

Chattai STRANDHÜTTEN $$
(☎9423812287; www.chattai.co.in; Hütte 2100 ₹) Das Chattai offeriert am nördlichen Ende des Strandes hübsche, luftige Hütten im Sand sowie beliebte Yogakurse unter der abgeschirmten Yoga-Kuppel.

H2O Agonda HÜTTEN $$$
(☎9423836994; www.h2oagonda.com; DZ inkl. Frühstück 4500–6500 ₹; ❄📶) Die Hütten mit den lila-malvenfarbenen Musselinvorhängen und dem 1001-Nacht-Ambiente gehören zu den tollsten und luxuriösesten in Agonda. Von der Rezeption wie in einem Hotel geht man durch einen Garten zu den geräumigen Hütten mit Klimaanlage, TV und riesigen Bädern unter freiem Himmel. Die teureren Cottages mit Meerblick und Kingsize-Betten sind ihr Extrageld wert.

Essen

★ **Blue Planet Cafe** VEGAN $$
(☎0832-2647448; Hauptgerichte 110–250 ₹; ⏲9.30–15 & 18.30–21 Uhr) Mit seinem nahrhaften Essen, der kleinen, überwiegend veganen Küche und der gesundheitsbewussten Atmosphäre ist das Blue Planet eine tolle Abwechslung von der Strandszene. Auf der Karte stehen Salate, Smoothies und innovative vegane Gerichte. Es liegt etwa 2 km vom Dorf Agonda abseits der Straßen im Dschungel; von der Hauptstraße zwischen Agonda und Palolem folgt man den Schildern.

Kopi Desa EUROPÄISCH $$
(☎7767831487; Hauptgerichte 120–450 ₹; ⏲8–23 Uhr) Der Name ist indonesisch und bedeutet übersetzt „Kaffeedorf", doch das neue Restaurant mit Cocktailbar, das von zugezogenen Ausländern geführt wird, schlägt eher mit seiner einfallsreichen, europäisch geprägten Karte und der Livemusik Wellen.

An- & Weiterreise

An der Strandstraße kann man für ca. 300/400 ₹ Roller/Motorräder ausleihen. Autorikschas fahren von der zentralen T-Kreuzung in der Nähe der Kirche von Agonda nach Palolem (250 ₹) und Patnem (300 ₹). Taxis kosten etwa 50 ₹ mehr.

Den ganz Tag über starten in Chaudi sporadisch Regionalbusse nach Agonda (12 ₹), man muss dem Fahrer sagen, dass man zum Agonda Beach will, sonst wird man im etwa 1 km entfernten Dorf abgesetzt.

Palolem

☎0832 / 12 440 EW.

Palolem ist zweifellos einer der schönsten Strände Goas: eine von Palmen gesäumte, sanft geschwungene, ruhige Bucht mit feinem Sand. Doch in der Hochsaison verwandelt sie sich in eine Spielzeugstadt aus bunten und immer aufwändigeren Holz- und Bambushütten, die hinter den mit Palmstroh gedeckten Strandrestaurants stehen. Dennoch ist es hier immer noch sehr angenehm, und gerade Backpacker, Langzeiturlauber und Familien kommen gern her. Die geschützte Bucht, in der man auch wunderbar für ein paar Stündchen mit dem Kajak oder dem SUP Board fahren kann, ist einer der sichersten Badestrände Goas.

Palolem

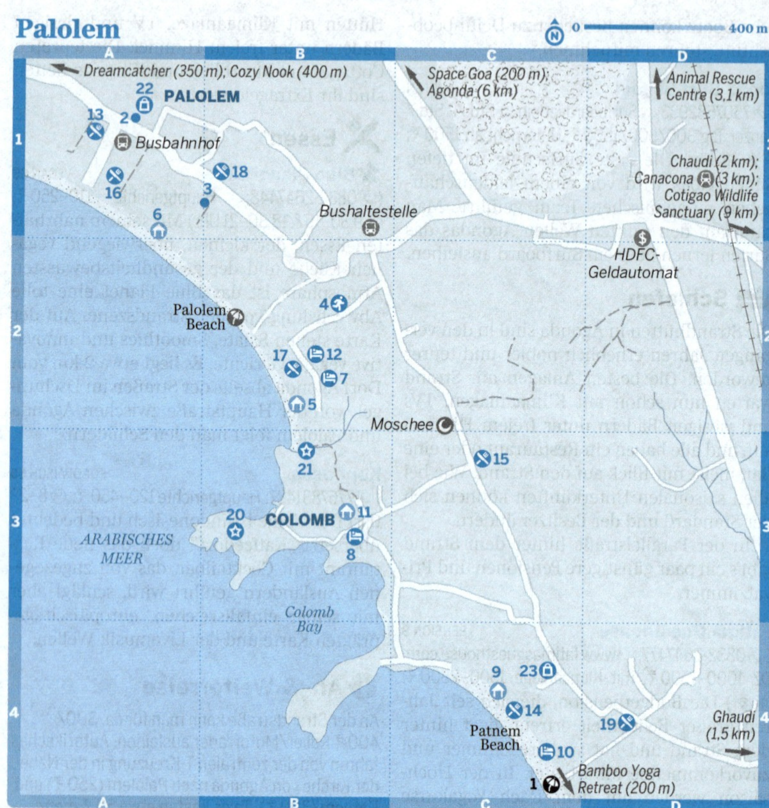

Wer vom Strand genug hat, kann in Palolem Kochkurse oder Yogastunden besuchen oder ein Motorrad leihen und zu Stränden, Wasserfällen und Naturparks fahren.

Aktivitäten

In der Hochsaison gibt's in Palolem zahlreiche Angebote für Yoga-, Reiki- und Meditationskurse. Oft wechseln die Orte und die Lehrer von Jahr zu Jahr, am besten fragt man ein wenig herum, wessen heilende Hände in dieser Saison angesagt sind.

Palolems ruhige Bucht ist ideal zum **Kajakfahren** und **Stehpaddeln**. Kajaks kann man für ca. 150 ₹ pro Stunde ausleihen, SUP Boards für 500 ₹. **Seema Bike Hire** (Ourem Rd) verleiht **Mountainbikes** (100 ₹/Tag).

Einheimische Fischer bieten Angelausflüge und Delfinbeobachtungstouren mit ihren Auslegerbooten an. Für einen einstündigen Trip verlangen sie mindestens 1200 ₹, bei vier oder mehr Personen 1600 ₹. Sie fahren auch zu den nahegelegenen Stränden Butterfly Beach und Honeymoon Beach oder zum Agonda Beach und zum Cola Beach.

★ Goa Jungle Adventure OUTDOOR-AKTIVITÄTEN
(☎9850485641; www.goajungle.com; Trekking-/Canyoning-Tour 2090–3990 ₹; ⊙Okt.–Mai) Dieser Outdoor-Veranstalter, der von einem professionellen französischen Guide geleitet wird, bietet aufregende Trekking- und Canyoning-Touren durch die Gegend rund um Netravali zu Füßen der Western Ghats an, wo man klettern, von Klippen springen und sich im Abseilen versuchen kann. Die Touren dauern zwischen einem halben Tag und mehreren Tagen, und manchmal stehen auch ausgedehnte Rafting-Touren bis nach Karnataka auf dem Programm.

Kurse

Rahul's Cooking Class KOCHEN
(☎07875990647; www.rahulcookingclass.com; Palolem Beach Rd; 1500 ₹/Pers.; ⊙11–14 & 18–21

Palolem

Uhr) Rahul's ist eine der ursprünglichen Kochschulen Palolems und veranstaltet jeden Tag dreistündige Vormittags- und Nachmittagskurse. Es werden fünf Gerichte zubereitet, darunter *chapati* und Kokoscurry. Mindestens zwei Personen; einen Tag vorher buchen.

Masala Kitchen KOCHEN
(1000 ₹/Pers.) Renommierte Kochkurse. Nähere Infos bekommt man im Butterfly Book Shop (S. 933); einen Tag im Voraus buchen.

Schlafen

Die meisten Unterkünfte Palolems fallen in die Kategorie einfacher Strandhütten, die zum Saisonende wieder abgebaut werden. Abseits des Strandes gibt's aber auch viele traditionelle Pensionen und Wohnhäuser, in denen Zimmer vermietet werden. Es ist immer noch möglich, eine einfache Hütte aus Palmstroh oder Sperrholz in Strandnähe für nur 800 ₹ zu finden, doch heute sind viele der Hütten sehr durchdacht gestaltet. Die allerbesten sind mit Klimaanlage, Flachbild-TV und Balkon mit Meerblick ausgestattet.

Travellers Blues Bus HOSTEL $
(☎9665510281; Ourem Rd; B 300–500 ₹, DZ 2000–2500 ₹; ❄📶) In der Open-Air-Bar ist ein blau-weißer Kombi geparkt und Traveller reichen eine Gitarre herum. Die Atmosphäre im TBB, einem tollen neuen Hostel direkt hinter dem Strand, ist einfach cool. Die makellosen Schlafsäle mit vier bis zehn Betten (keine Stockbetten), die Privatzimmer und die Hütten (in der Saison) bieten alle eine gutes Preis-Leistungs-Verhältnis.

Sevas STRANDHÜTTE $
(☎9422065437; www.sevaspalolemgoa.com; DZ Hütte 800 ₹, Familienbungalow 1800 ₹; @📶) Das Sevas, das sich im Dschungel auf der Seite der Colomb Bay versteckt, bietet einfache Palmenhütten mit Bädern im Freien und größere Familienbungalows in einem hübschen schattigen Garten.

★**Ciaran's** STRANDHÜTTE $$
(☎0832-2643477; www.ciarans.com; Hütte inkl. Frühstück 3000–3500 ₹, Zi. mit Klimaanlage 4500 ₹; ❄📶) Diese Standhütten gehören zu den beeindruckendsten am ganzen Strand. Der freundliche Besitzer John hat im Lauf der Jahre hart dafür gearbeitet, den hohen Standard zu halten und seine schön gestalteten Bungalows, die um einen Garten mit vielen Pflanzen und einem Teich liegen, sind erste Sahne. Hier gibt's auch ein beliebtes internationales Restaurant, ein Tapas-Restaurant und ein ausgezeichnetes **Massage- und Spa-Zentrum** (1-stündige Massage ab 1900 ₹).

★**Cozy Nook** STRANDHÜTTE $$
(☎9822584760, 0832-2643550; www.cozynookgoa.com; Hütte 2500–3500 ₹) Im schon lange existierenden Cozy Nook am Nordende des Strandes gibt's einige schön gestaltete Bungalows, darunter auch zweistöckige. Oben befinden sich eine Terrasse zum Chillen, weitere Zimmer und eine funkige Bar. Yoga und Kajakverleih.

Kate's Cottages PENSION $$
(☎9822165261; www.katescottagesgoa.com; Ourem Rd; DZ 3000–5000 ₹; ❄📶) Die beiden tollen Zimmer über dem Restaurant Fern's

sind wunderschön mit Massivholzelementen, riesigen Himmelbetten, TVs, modernen Bädern und Meerblick vom Balkon gestaltet. Im Erdgeschoss befinden sich auch einige preiswertere Bungalows.

Dreamcatcher STRANDHÜTTE **$$**
(☎0832-2644873; www.dreamcatcher.in; Hütte 2200–6600 ₹; 📶) Die vielleicht größte Strandhüttenanlage Palolems hat mehr als 60 massive Hütten, die dennoch abgeschieden liegen. Sie liegt in einem Kokospalmenhain direkt hinter dem nördlichen Strandende. Eines der Highlights ist das Restaurant mit Cocktailbar am Fluss. Zudem wird eine breite Palette ganzheitlicher Behandlungen, Massagen und Yogakurse angeboten, darunter auch Yoga- und Reikikurse, an denen man ohne Voranmeldung teilnehmen kann.

La La Land RESORT **$$**
(☎7066129588; http://lalaland.in; Colomb Bay; Bungalows 4000–7200 ₹; ❄📶) Im La La Land an der Colomb Bay stehen verschiedene skurrile, aber stilvolle Hütten und Nurdachhütten im Stil von Kerala-Bungalows in einem schönen Garten.

Art Resort STRANDHÜTTE **$$$**
(☎9665982344; www.art-resort-goa.com; Ourem Rd; Hütte 6000–9500 ₹; ❄📶) Die schön gestalteten Bungalows am Strand sind um ein hervorragendes Strandrestaurant angeordnet und haben mit ihren abgeschirmten Sitzgelegenheiten im Freien und den modernen Kunstwerken die Atmosphäre eines Beduinenlagers. Im Resort gibt es Kunstausstellungen und Livemusik.

STILLE PARTYS

Palolem umgeht mit seinen *silent parties* geschickt das in ganz Goa geltende Verbot lauter Musik an öffentlichen Plätzen nach 20 Uhr – hier kann man die ganze Nacht durchtanzen, ohne die Nachbarn zu verärgern.

Gegen 22 Uhr geht's los. Man setzt Kopfhörer auf, wobei zwei oder drei Kanäle zur Wahl stehen, auf denen goanische und internationale DJs Trance, House, Hip-Hop, Elektro und Funk auflegen – und dann wird nach Leibeskräften gefeiert, auch wenn nach außen alles still ist. Zum Zeitpunkt der Recherche gab es in Palolem zwei Kopfhörer-Partys:

Silent Noise (www.silentnoise.in; On the Rocks; Eintritt 600 ₹; ⏱Nov.–April Sa 21–4 Uhr)

Neptune Point (www.neptunepoint.com; Neptune's Point, Colomb Bay; Eintritt 600 ₹; ⏱Nov.–April Sa 21–4 Uhr)

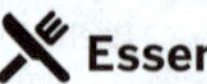

Essen

Am Strand von Palolem gibt's keine Strandhüttenrestaurants, so wie man sie weiter im Norden findet – dafür ist der Strand nicht breit genug. Doch in der Hochsaison hat jede Hüttenanlage, die den Strand säumt, ein eigenes Restaurant, oft mit Tischen und Sonnenschirmen, die mitten im Sand stehen. Alle servieren frisches Seafood und haben ziemlich austauschbare Speisekarten, man sollte sich also ruhig ein paar anschauen, bis man die mit dem perfekten Ambiente gefunden hat.

Shiv Sai INDISCH **$**
(Thalis 90 ₹, Hauptgerichte 100–200 ₹; ⏱9–23 Uhr) Das durch und durch einheimische Lokal in der parallel zum Strand verlaufenden Straße serviert köstliche vegetarische und Fisch-Thalis sowie Thalis nach Art von Gujarat und goanische Gerichte.

★ **Space Goa** CAFÉ **$$**
(☎80063283333; www.thespacegoa.com; Hauptgerichte 150–280 ₹; ⏱8.30–17.30 Uhr; 📶) An der Straße nach Agonda vereint das Space Goa ein hervorragendes Biocafé, ein Delikatessengeschäft, einen Kunsthandwerksladen und ein Wellnesszentrum, das Meditation, ayurvedische Behandlungen und Zen Cosmic Healing anbietet, unter einem Dach. Das Essen, darunter fabelhafte Salate, Panini und Mezze, ist frisch und köstlich, und die Desserts, z. B. Schokoladen-Rote-Bete-Kuchen, sind einfach himmlisch. An den morgendlichen Yogastunden kann man ohne Voranmeldung teilnehmen (500 ₹).

★ **Magic Italy** ITALIENISCH **$$**
(☎8805767705; Palolem Beach Rd; Hauptgerichte 260–480 ₹; ⏱17–24 Uhr) Das Magic Italy am Hauptstrand gibt's schon ein paar Jährchen, und die einfallsreichen Holzofen-Pizzas und hausgemachten Pastas sind nach wie vor ausgezeichnet und werden mit aus Italien importierten Zutaten wie Schinken, Salami, Käse und Olivenöl zubereitet. Die Atmosphäre ist geschäftig, aber entspannt.

Café Inn CAFÉ **$$**
(☎7507322799; Palolem Beach Rd; Hauptgerichte 100–450 ₹; ⏱8–23 Uhr; 📶) Wer Lust auf einen Cappucino oder einen mit Rum versetzten

ABSTECHER

TAGESAUSFLÜGE IN DEN SÜDEN

Goas Süden ist wie gemacht für Tagesausflüge. Einfach ein Motorrad leihen oder ein Taxi mieten – und auf geht's zu Ausflügen von Palolem, Patnem oder Agonda aus!

➡ **Tanshikar Spice Farm** (☎ 0832-2608358, 9421184114; www.tanshikarspicefarm.com; Netravali; geführte Tour über die Plantage inkl. Mittagessen 500 ₹; ⏲ 10–16 Uhr) Von Palolem aus geht es 35 km ins Landesinnere durch Wälder und Felder bis zu dieser ausgezeichneten Gewürzplantage. Von dort kann man Wanderungen in den Urwald und zum mysteriösen „Bubble Lake" unternehmen.

➡ **Talpona & Galgibag** Diese zwei fast verlassenen, zauberhaften Strände werden von den Flüssen Talpona und Galgibag natürlich eingerahmt. Am Galgibag nisten Oliv-Bastardschildkröten, und es gibt ein paar gute Strandrestaurants und Hütten. Schon die kurvige Fahrt hierher macht einen Riesenspaß.

➡ **Polem Beach** Goas südlichster Strand liegt 25 km südlich von Palolem und hat nur ein Hüttendorf zu bieten. Daher fühlt man sich hier richtig weit weg von allem. Einen Ausflug sollte man mit einem Abstecher zum Talpona und zum Galgibag kombinieren.

Slush hat, ist im halb im Freien liegenden Café Inn richtig. Es mahlt seine Kaffeebohnen selbst und ist einer der beliebtesten Treffs in Palolem, obwohl es sich nicht einmal am Strand befindet. Das Frühstück ist reichhaltig und die klassischen Burger und Panini sind perfekt.

★ **Ourem 88** FUSION $$$
(☎ 8698827679; Hauptgerichte 540–750 ₹; ⏲ Di–So 18–22 Uhr) Mit nur ein paar Tischen und einer kleinen, aber meisterlichen Karte ist das von Briten geführte Ourem 88 eine gastronomische Sensation. Empfehlenswert sind der gebackene Brie, die zarten, mit goanischen Würstchen gefüllten Calamari, die geschmorte Lammhüfte und das lockere Soufflé. Hier lohnt es sich, mal tiefer in die Tasche zu greifen.

Ausgehen & Nachtleben

Leopard Valley CLUB
(www.leopardvalley.com; Palolem-Agonda Rd; Eintritt ab 600 ₹; ⏲ Fr 21–4 Uhr) Süd-Goas größter Tanzclub im Freien ist schon etwas, sowohl für Augen als auch für die Ohren. Freitagabends werden hier 3D-Laser-Lightshows, Pyrotechnik und die allerneueste Soundtechnik aufgeboten, und einheimische und internationale DJs legen auf. Es liegt isoliert zwischen Palolem und Agonda, ist aber leicht zu erreichen.

Shoppen

Butterfly Book Shop BÜCHER
(☎ 9341738801; ⏲ 10–13 & 15–20 Uhr) Dieser gemütliche Laden, der beste von mehreren guten Buchläden in Palolem, verkauft Bestseller, Klassiker und eine gute Auswahl an Büchern über Yoga, Meditation und Spiritualität. Er ist auch die Anlaufstelle für Yoga- und Kochkurse (S. 930).

ℹ Anreise & Unterwegs vor Ort

Von der **Bushaltestelle** an der Ecke der Straße, die hinunter zum Strand führt, fahren häufig Busse ins nahe Chaudi (7 ₹) sowie stündlich nach Margao (40 ₹, 1 Std.), die aber ebenfalls über Chaudi unterwegs sind. In Chaudi halten regelmäßig Busse nach Margao, wo man in Busse nach Panajim, zum Polem Beach weiter im Süden und nach Karwar in Karnataka umsteigen kann.

Der nächstgelegene Bahnhof ist Canacona, der sich 2 km von Palolems Strandzugang befindet.

Eine Autorikscha ab Palolem sollte nach Patnem 100 ₹, nach Chaudi 10 ₹kosten. Für ein Taxi zum Dabolim Airport zahlt man etwa 1500 ₹.

An der Hauptstraße, die zum Strand führt, kann man für ca. 300 ₹ Roller und Motorräder ausleihen.

Patnem

☎ 0832

Das hübsch Patnem ist kleiner und weniger voll als das benachbare Palolem und bietet daher eine ruhigere, familienfreundlichere Alternative. Das Wasser ist nicht ganz so ruhig und geschützt wie in Palolem, doch am entspannten **Patnem Beach** patrouillieren Rettungsschwimmer und zum Paddeln ist es sicher. Außerdem kann man ganz leicht um die Landspitze im Norden herum zur Colomb Bay und weiter nach Palolem laufen.

Schlafen

Langzeitgäste können sich über Patnems große Auswahl an Privathäusern und Apartments freuen, die für 10 000 bis 40 000 ₹ pro Monat vermietet werden. Den Strand säumen etwa ein Dutzend Strandhüttenanlagen – oft kommen und gehen sie von Jahr zu Jahr, sodass man sich am besten ein wenig umschaut, bis man eine passende gefunden hat.

Micky's STRANDÜTTEN $

(☎ 9850484884; www.mickyhuts.com; Patnem Beach; DZ 800–1000 ₹; 📶) Das Micky's ist eine bewährte Anlage am Nordende des Patnem Beach und hat eine Reihe einfacher Budgethütten (teilweise mit eigenem Bad) und Zimmern. Es wird von einer freundlichen Familie geführt und ist fast das ganze Jahr hindurch geöffnet.

Papaya's BUNGALOWS $$

(☎ 9923079447; www.papayasgoa.com; Hütte 2000–3000 ₹, mit Klimaanlage 5000 ₹; ❄📶) Die massiven Strandhütten aus Naturmaterialien liegen hinter dem beliebten Restaurant des Papaya und ziehen sich nach hinten bis zu einem Palmenhain. Alle Hütten sind liebevoll gestaltet, mit viel Holz, Himmelbetten und wogendem Musselin. Im Restaurant gibt's ausgezeichnete Versionen der typischen Strandgerichte.

Bamboo Yoga Retreat HÜTTEN $$$

(☎ 9637567730; www.bamboo-yoga-retreat.com; EZ/DZ ab 6500/10 000 ₹; 📶) Das entspannte Yogazentrum, das exklusiv seinen Gästen vorbehalten ist, hat am südlichen Ende des Patnem Beach eine wundervolle *shala* mit offenen Seiten und drei weitere *shalas* im Dorf zwischen seinen komfortablen Holz- und Palmstrohhütten. Im Preis für Yogaurlaube sind Brunch, Meditation und täglich zwei Yogaklassen inbegriffen. Trainingskurse und ayurvedische Behandlungen sind ebenfalls im Angebot.

Essen

Karma Cafe & Bakery CAFÉ $

(☎ 9764504253; Patnem Rd, Colomb; Backwaren ab 60 ₹; ⏲ 7.30–18 Uhr; 📶) In diesem legeren Café mit Bäckerei gegenüber der Colomb Rd zieht man sich ein Kissen ran und sucht sich unter der fantastischen Auswahl an frischen Backwaren, Yakkäse-Croissants und Pasteten sowie Kaffees und Smoothies etwas Schönes aus.

★ **Jaali Cafe** CAFÉ $$

(☎ 8007712248; kleine Teller 150–250 ₹; ⏲ Di–So 9–18, Do–Sa auch Abendessen) Das Essen in diesem hübschen Gartencafé ist schon etwas Besonderes, denn hier gibt's verschiedene nahöstliche und mediterrane Vorspeisenteller im Stil von Tapas, die allesamt ausgezeichnet schmecken. Man wählt jeweils zwei oder drei Gerichte aus, die man sich teilt. Bei den in Patnem lebenden Ausländern steht der Sonntagsbrunch hoch im Kurs. Zum Café gehören auch eine tolle **Boutique** (⏲ 9.30–18.30 Uhr) und ein sehr renommierter Massagetherapeut.

Home INTERNATIONAL $$

(☎ 0832-2643916; www.homeispatnem.com; Patnem Beach; Hauptgerichte 120–300 ₹; ⏲ 8–22 Uhr; 📶) Wie ein Leuchtturm ragt dieses strahlend weiße entspannte vegetarische Restaurant aus den Strandhütten heraus. Es serviert gutes Frühstück, Pasta, Risotto und Salate. Die Dessertkarte ist mit Schokoladen-Brownies sowie Apfel- und Käsekuchen ein echtes Highlight. Das Home vermietet auch acht nett eingerichtete, helle Zimmer (ab 1800 ₹).

Zest Patnem CAFÉ $$

(☎ 8806607919; Hauptgerichte 190–320 ₹; ⏲ 8–20 Uhr; 📶🖉) Die Schüsseln mit Pad Thai, die Mezze-Teller, das Sushi und die mexikanischen Gerichte – alle frisch zubereitet – machen das Zest zu einem sehr beliebten Treffpunkt. In Palolem und Agonda gibt's ähnliche Cafés, offenbar treffen sie den richtigen Nerv der gesundheitsbewussten Strandurlauber.

An- & Weiterreise

Zum Haupteingang des Patnem Beach geht's von der kleinen Landstraße, die von Palolem nach Süden führt; am Hotel Sea View biegt man rechts ab. Von Palolem aus kann man auch in ca. 20 Minuten laufen, indem man dem Pfad über die Colomb Bay folgt, oder einen Bus in Richtung Süden (5 ₹) nehmen. Eine Autorikascha von Palolem kostet ca. 100 ₹.

Karnataka & Bengaluru

Inhalt ➡

Gut essen

➡ Karavalli (S. 945)
➡ Mavalli Tiffin Rooms (S. 946)
➡ Vinayaka Mylari (S. 960)
➡ Lalith Bar & Restaurant (S. 974)
➡ Fatty Bao (S. 946)

Schön übernachten

➡ Uramma Cottage (S. 992)
➡ Electric Cats B&B (S. 943)
➡ Dhole's Den (S. 965)
➡ Honey Valley Estate (S. 970)

Auf nach Karnataka & Bengaluru!

Karnataka bietet einen hinreißenden Vorgeschmack auf Südindien. Den wohlhabenden wie faszinierenden Bundesstaat kennzeichnet ein einnehmender Mix aus urbaner Coolness, funkelnden Palästen, Nationalparks, antiken Ruinen, Stränden, Yogazentren und legendären Backpackertreffs.

Die Schaltzentrale bildet die Hauptstadt Bengaluru (Bangalore), eine progressive Stadt, die berühmt ist für ihre Craft-Beer- und Restaurantszene. Jenseits der Stadtgrenzen warten die immergrünen Hügel von Kodagu mit Gewürz- und Kaffeeplantagen, das glanzvolle Mysuru (Mysore) und artenreicher Dschungel, Heimat von Affen, Tigern und Elefanten.

Zu viel Mainstream? Dann ab in die Enklave der Gegenkultur, das beschauliche Hampi mit seinen Hängematten, psychedelischen Sonnenuntergängen und Ruinen! Großartig ist auch die unberührte Küste rund um Gokarna. Oder man lässt die Touristenpfade komplett hinter sich und stattet den stimmungsvollen muslimischen Ruinenstätten im nördlichen Karnataka einen Besuch ab.

Reisezeit

Bengaluru

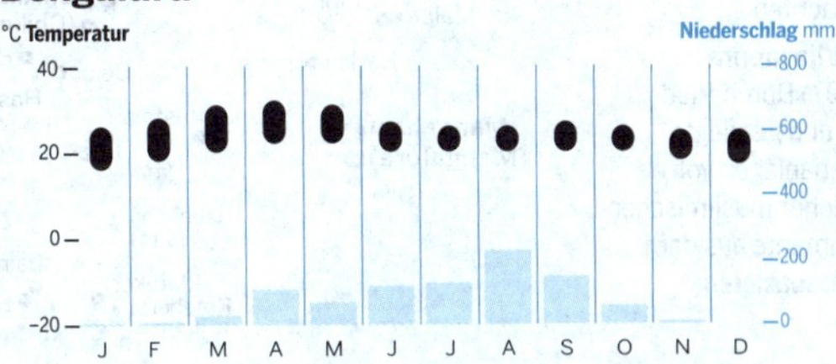

März–Mai Die beste Zeit, um in Karnatakas Nationalparks Tiger und Elefanten zu beobachten.

Okt. Die Dussehra (Dasara) wird in Mysuru mit tage- und nächtelangen Festlichkeiten gefeiert.

Dez. & Jan. Die kühlste Zeit – perfekt für Hampi und die Forts, Paläste, Höhlen und Tempel im Norden.

Highlights

1 **Hampi** (S. 984) Die surrealen Landschaften, die gesellige Travellerszene und die sagenhaften Ruinen dieser magischen und stimmungsvollen Gegend auf sich wirken lassen

2 **Gokarna** (S. 981) In dem entspannten Küstenort die perfekte Bucht mit dem idealen Strand suchen und anschließend stimmungsvolle Tempel besichtigen

3 **Bengaluru** (S. 937) Indisches Craft Beer kosten, stilvoll dinieren und die Museen und Attraktionen der kosmopolitischen Stadt bestaunen

4 **Kodagu** (S. 967) Aromatischen Kaffee und die Wanderwege in diesem immergrünen Hochland mit gemäßigtem Klima genießen

5 **Mysuru Palace** (S. 953) Eines der großartigsten Bauwerke Indiens bestaunen und seine funkelnden Säle besichtigen

6 **Nagarhole National Park** (S. 966) In den Wäldern rund um den ruhigen Kabini-See träge Elefantenbullen beobachten

7 **Vijayapura** (S. 997) Durch friedliche und gepflegte Gartenanlagen voll herrlicher muslimischer Monumente aus dem 16. Jh. spazieren

Geschichte

Die Region Karnataka war schon immer ein weitläufiger Tummelplatz der Religionen, Kulturen und Königreiche und wurde im Laufe der Geschichte von einer Reihe charismatischer Führer regiert. Indiens erster großer Herrscher Chandragupta Maurya zog sich in das Gebiet von Karnataka zurück, als er sich im 3. Jh. v. Chr. in Sravanabelagola dem Jainismus zuwandte. Vom 6. bis zum 14. Jh. wurde das Land von mehreren Dynastien wie den Chalukyas, Cholas, Gangas und Hoysala beherrscht, die sich in erstaunlichen Höhlen mit Schreinen und Tempeln in ganz Karnataka verewigten.

1327 plünderte Mohammed Tughlaqs Armee Halebid. 1347 führte Hasan Gangu, ein persischer General aus Tughlaqs Armee, eine Rebellion an, um ein Bahmani-Königreich zu errichten, das später in fünf Dekkan-Sultanate unterteilt wurde. Mittlerweile gewann das Hindu-Königreich Vijayanagar mit seiner Hauptstadt Hampi immer mehr an Bedeutung. In den frühen 1550er-Jahren erreichte es seine Blüte, fiel aber bereits 1565 an die Sultanate, die gemeinsam darum gekämpft hatten.

In den folgenden Jahren erstarkten die hinduistischen Wodeyar von Mysuru und dehnten ihre Herrschaft auf einen großen Teil Südindiens aus. Lange regierten sie unangefochten, bis sie von Hyder Ali, einem ihrer Generäle, 1761 gestürzt wurden. Die Franzosen unterstützten Hyder Ali und seinen Sohn Tipu Sultan, die ihre Hauptstadt in Srirangapatna errichteten und ihre Macht festigten. 1799 besiegten jedoch die Briten Tipu Sultan und brachten die Wodeyar wieder an die Macht. Dieser Kampf war der Beginn der territorialen Expansion der Briten in Südindien.

Mysuru blieb bis zur Unabhängigkeit unter der Herrschaft der Wodeyar – nach 1947 wurde der regierende Maharadscha der erste Gouverneur. 1956 wurden die Grenzen des Bundesstaates entlang der Sprachgrenzen neu gezogen, so entstand der erweiterte Bundesstaat Mysore mit seinen Kannada sprechenden Bewohnern. 1972 wurde er in Karnataka umbenannt und Bangalore, das heutige Bengaluru, wurde seine Hauptstadt.

SÜDLICHES KARNATAKA

Bengaluru (Bangalore)

☎080 / 11,5 MIO. EW. / 920 M

Das kosmopolitische Bengaluru (früher Bangalore) ist eine der fortschrittlichsten

TOP-FESTIVALS

Udupi Paryaya (⏲ Jan./Feb.) Findet in Jahren mit gerader Jahreszahl statt. Neben Prozessionen gibt es ein Ritual um den Wechsel der Swamis im Krishna-Tempel im Januar.

Festival des klassischen Tanzes (⏲ Jan./Feb.) In Pattadakal finden einige der besten klassischen Tanzaufführungen Indiens statt.

Vijaya Utsav (S. 985) Eine dreitägige Extravaganza der Kultur, des historischen Erbes und der Künste in Hampi.

Tibetisches Neujahr (⏲ Jan./Feb.) Lamas in tibetischen Flüchtlingssiedlungen in Bylakuppe wechseln sich bei den ununterbrochenen Gebeten ab, die über die gesamten einwöchigen Feierlichkeiten andauern.

Vairamudi-Festival (⏲ März/April) Vishnu wird im Cheluvanarayana-Tempel in Melkote mit Juwelen geschmückt; darunter eine mit Diamanten besetzte Krone, die den früheren Maharadschas von Mysore gehört. Das Fest zieht 400 000 Pilger an.

Ganesh Chaturthi (⏲ Sept.) Im September gehen Familien in Gokarna zum Sonnenuntergang mit ihren Ganesha-Figuren ans Meer.

Dussehra (S. 954) Der Mysuru Palace wird abends erleuchtet. Lebhafte Prozessionen ziehen dann durch die Stadt und begeistern Tausende von Pilgern.

Lakshadeepotsava (S. 976) Abertausende Lampen werden im November in der jainistischen Pilgerstadt Dharmasthala entzündet und bieten spektakuläre Fotomotive.

Huthri (Nov./Dez.) Die Kodava-Gemeinschaft in Madikeri feiert eine Woche lang den Beginn der Erntesaison mit Zeremonien, Musik, traditionellem Tanz und viel Schlemmerei.

Bengaluru (Bangalore)

Städte Indiens. Es zeichnet sich durch ein angenehmes Klima und eine boomende Bar-, Restaurant- und Shoppingszene aus. Für abgekämpfte Traveller ist der hiesige Komfort ein wahrer Segen – man kann sich in Craft-Beer-Bars und skurrilen eigenständigen Cafés prima unter die Einheimischen mischen. Sehenswürdigkeiten von Weltrang gibt's hier zwar nicht, wohl aber hübsche Parks und interessante viktorianische Bauten.

Im letzten Jahrzehnt erlebte die Stadt eine geradezu manische Entwicklung inklusive Verkehrsstaus und zunehmender Um-

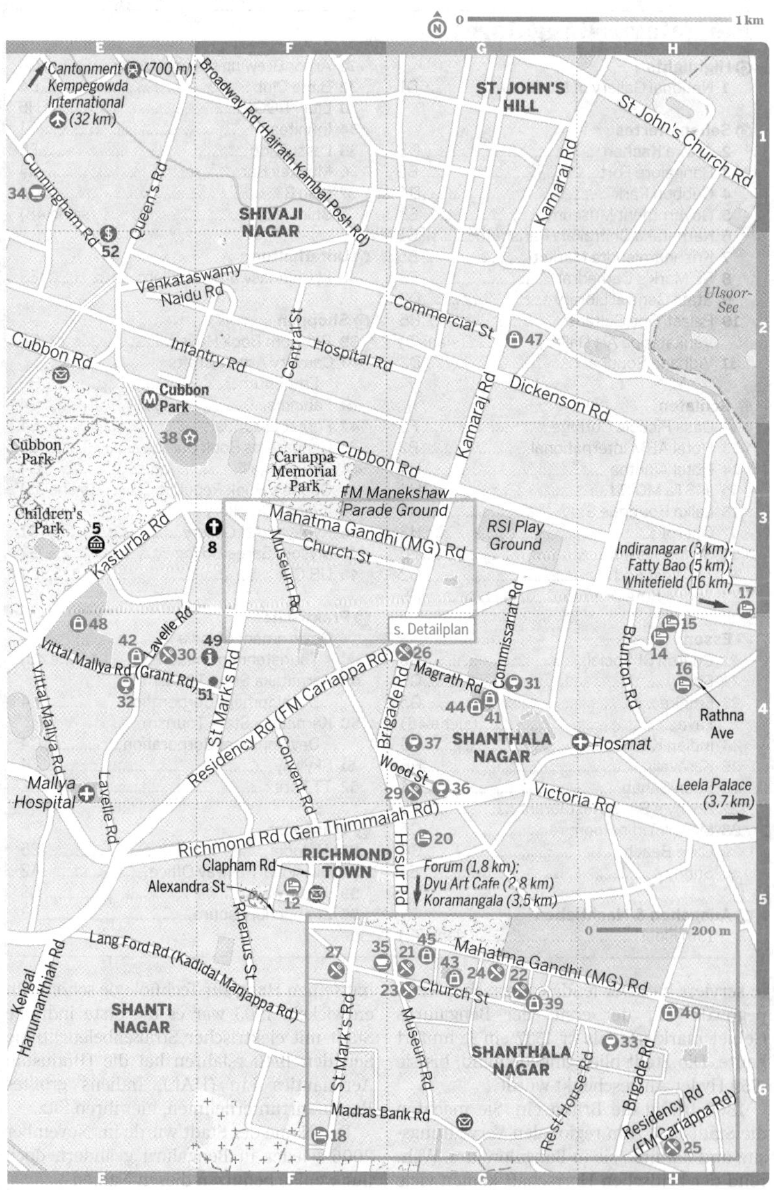

weltverschmutzung. Das aus der britischen Kolonialzeit stammende Zentrum hat sich aber wenig verändert. Die eindrucksvollen Firmenzentralen und Gewerbegebiete der besonders boomenden IT-Branche befinden sich hauptsächlich in den äußeren Vorstädten.

Geschichte

Wörtlich bedeutet Bengaluru „Stadt der gekochten Bohnen". Der Name soll von einem Zwischenfall herrühren, bei dem eine alte Dorfbewohnerin einem verirrten und hungrigen Hoysala-König gekochte Hülsenfrüch-

Bengaluru (Bangalore)

Highlights
1 National Gallery of Modern Art D1

Sehenswertes
2 Attara Kacheri D3
3 Bangalore Fort B5
4 Cubbon Park D4
5 Government Museum E3
6 Karnataka Chitrakala Parishath C1
7 Krishnarajendra Market B5
8 St. Mark's Cathedral F3
9 State Central Library D3
10 Palast Tipu Sultans B6
Venkatappa Art Gallery .... (siehe 5)
11 Vidhana Soudha D2

Schlafen
12 Casa Piccola Cottage F5
13 Hotel ABM International B2
14 Hotel Ajantha H4
15 JüSTa MG Rd H4
16 Laika Boutique Stay H4
17 Oberoi H3
18 St. Mark's Inn F6
19 Taj West End C2
20 Tom's Hotel G5

Essen
21 Church St Social G5
22 Ebony G5
23 Empire G5
Fava .... (siehe 48)
24 Indian Kitchen G5
25 Karavalli H6
26 Khan Saheb G4
27 Koshy's Bar & Restaurant F5
28 Mavalli Tiffin Rooms C6
29 Olive Beach G4
30 Sunny's E4

Ausgehen & Nachtleben
13th Floor .... (siehe 22)
31 Arbor Brewing Company G4
32 Biere Club E4
33 blueFROG H6
34 Infinitea E1
35 Lassi Shop F5
36 Monkey Bar G4
37 Plan B G4
Shiro .... (siehe 48)

Unterhaltung
38 M Chinnaswamy Stadium E3

Shoppen
39 Blossom Book House G6
40 Cauvery Arts & Crafts Emporium H6
41 Fabindia G4
42 Forest Essentials E4
43 Gangarams Book Bureau G5
44 Garuda Mall G4
Goobe's Book Republic .... (siehe 35)
45 Indiana Crockery G5
46 Kynkyny Art Gallery D1
47 Mysore Saree Udyog G2
48 UB City E4

Praktisches
Government of India Touristeninformation .... (siehe 43)
49 Karnataka State Tourism Development Corporation F4
50 Karnataka State Tourism Development Corporation C4
51 Skyway F4
52 TT Forex E2

Transport
53 Air India C5
54 Divisional Railway Office A2
55 Jet Airways C5
56 Zugbuchungsbüro A3

te serviert hat. Der feudale Herrscher Kempegowda war der erste, der Bengalurus Gebiet markierte, als er 1537 ein Lehmfort baute. Die Stadt blieb unbedeutend, bis sie 1759 Hyder Ali geschenkt wurde.

1809 trafen die Briten ein. Sie machten die Stadt 1831 zum regionalen Verwaltungssitz und nannten sie in Bangalore um. Während der britischen Herrschaft kamen viele britische Offiziere in die Stadt, unter ihnen Winston Churchill, der hier in seinen Anfangsjahren das Leben genoss und dem Club von Bangalore eine Schuld von 13 ₹ hinterließ, die noch immer in den Büchern steht.

Heute ist die Stadt Sitz zahlloser Software-, Elektronik- und sonstiger Firmen, die Bereiche „outgesourct" haben. Bengaluru hat seinen Hang zur Technologie schon früh entwickelt. 1905 war es die erste indische Stadt mit elektrischer Straßenbeleuchtung. Seit den 1940er-Jahren hat die Hindustan Aeronautics Ltd (HAL), Indiens größtes Raumfahrtunternehmen, hier ihren Sitz.

Der Name der Stadt wurde im November 2006 wieder in Bengaluru geändert, doch nur wenige benutzen diesen Namen.

Sehenswertes

★ **National Gallery of Modern Art** GALERIE
(NGMA; ☎080-22342338; www.ngmaindia.gov.in/ngma_bangaluru.asp; 49 Palace Rd; Inder/Ausländer 20/500 ₹; ⌚Di–So 10–17 Uhr) In einer 200 Jahre alten Villa, dem früheren Sommersitz

des Radschas von Mysuru, ist dieses Kunstmuseum von Weltrang untergebracht, das neben einer beeindruckenden ständigen Sammlung auch Wechselausstellungen zeigt. Der „Old Wing“ stellt Werke aus der Zeit vor der Unabhängigkeit aus, z. B. Gemälde von Raja Ravi Varma und Abanindranath Tagore (Gründer der avantgardistischen Kunstbewegung Bengal School). Eine Fußgängerbrücke führt in den schicken „New Wing“, in dem zeitgenössische Werke aus der Zeit nach der Unabhängigkeit zu sehen sind, darunter Arbeiten von Sudhir Patwardhan und Vivan Sundaram.

Karnataka Chitrakala Parishath GALERIE
(www.karnatakachitrakalaparishath.com; Kumarakrupa Rd; 50 ₹; ⏲ Mo–Sa 10–19.30 Uhr) Die wunderbare Galerie zeigt eine große Palette zeitgenössischer Kunst aus Indien und dem Ausland sowie eine Dauerausstellung mit Malereien im Stil von Mysuru und Volks- und Stammeskunst aus ganz Asien. Eine Abteilung widmet sich den Werken des für seine lebenssprühenden Himalaja-Bilder bekannten russischen Malers Nicholas Roerich und der Sammlung „Pan Indian Panorama“, zu der progressive Werke von S. G. Vasudev und Yusuf Arakkal gehören.

★ **Cubbon Park** GARTEN
(www.horticulture.kar.nic.in/cubbon.htm; Kasturba Rd; Ⓜ Cubbon Park) Im Herzen von Bengalurus Geschäftsviertel liegt der Cubbon Park, ein gepflegter, 120 ha großer Park, in dem die Einwohner der Stadt Zuflucht vor der Hektik suchen. Im Park steht die rot verputzte, neugotische **State Central Library**. Leider ist der Cubbon Park nur sonntags komplett für den Verkehr gesperrt. Dann gibt es dort Konzerte, Volksläufe, Yoga und sogar einen kleinen Bauernmarkt.

Zu den weiteren interessanten Bauten rund um den Park zählen das kolossale, 1954 im neodrawidischen Stil errichtete **Vidhana Soudha** (Dr. Ambedkar Rd; Ⓜ Vidhana Soudha), Sitz der Gesetzgebenden Versammlung des Bundesstaats, und das 1864 erbaute, neoklassizistische **Attara Kacheri** (High Court), Sitz des Obersten Gerichts. Beide Gebäude sind nicht für die Öffentlichkeit zugänglich.

Government Museum MUSEUM
(Kasturba Rd; 4 ₹; ⏲ Di–So 10–17 Uhr, jeden 2. Sa geschl.; Ⓜ Cubbon Park) In einem schönen roten Gebäude aus der Kolonialzeit (1877) zeigt das Museum eine verstaubte Sammlung von antiken Steinreliefs und Artefakte, die in Halebid, Hampi und Attriampakham ausgegraben wurden. Die Eintrittskarte gilt auch für die **Venkatappa Art Gallery** (Kasturba Rd; ⏲ Di–So 10–17 Uhr; Ⓜ Cubbon Park) GRATIS gleich nebenan, in der Werke und persönliche Gegenstände von K. Venkatappa (1887–1962) ausgestellt sind; dieser war Hofmaler der Wodeyars, der früheren Maharadschas des Fürstenstaats Mysuru.

St. Mark's Cathedral KIRCHE
(www.saintmarks.in; MG Rd; Ⓜ MG Rd) Die stimmungsvolle Kathedrale wurde 1812 mit einer auffälligen, an die Londoner St. Paul's Cathedral erinnernden Kuppel erbaut. Sehenswert sind die prächtigen Reliefs am Eingangsportal. Sonntags gibt es vier Gottesdienste.

Lalbagh Botanical Gardens GARTEN
(www.horticulture.kar.nic.in/lalbagh.htm; Lalbagh Rd; 10 ₹; ⏲ 6–19 Uhr) Die landschaftlich gestaltete, 96 ha große Anlage wurde 1760 von Hyder Ali, dem berühmten Herrscher von Mysuru, geschaffen. Der Garten besitzt herrliche, jahrhundertealte Bäume und angeblich die weltweit größte Vielfalt von Pflanzenarten. Am besten kommt man morgens, um dem Gesang der Vögel zu lauschen. Bangalore Walks (S. 942) veranstaltet Führungen.

Krishnarajendra Market MARKT
(Stadt-Markt; Silver Jubilee Park Rd; ⏲ 6–22 Uhr) Wer einen intensiven Eindruck vom traditionellen städtischen Indien erleben will, sollte in den lebhaften Krishnarajendra Market und das enge Geflecht von Handelsstraßen ringsum eintauchen und sich seinen Weg durch diesen knallbunten und lebhaften Markt voller Obst und Gemüse, Gewürze und Kupferwaren bahnen. Das Highlight ist der Blumenmarkt in der Mitte.

Bangalore Fort FORT
(KR Rd) Dieses 1761 zerstörte Fort bildet mit seinem gepflegten Rasen und den rosa Steinmauern eine friedliche Oase abseits des ganzen Tumults, der rundum herrscht. Das Fort war bis zu seiner Zerstörung durch die Briten 1791 in Benutzung, heute sind jedoch nur noch das Tor und die Bastionen erhalten. In der Anlage gibt's einen kleinen Kerker und einen Ganesha-Tempel mit der Statue eines Mooshak (rattenähnliche Kreatur).

Bangalore Palace PALAST
(Palace Rd; Inder/Ausländer 230/460 ₹, Handyfoto/Foto/Video 285/685/1485 ₹; ⏲ 10.30–17.30 Uhr) Die Privatresidenz der Wodeyars, der frühe-

ren Maharadschas des Fürstenstaats Mysuru, hat sich etwas vom früheren fürstlichen Glanz bewahrt. Der Palast ist immer noch der Wohnsitz des gegenwärtigen Oberhaupts der Familie. Der Audioguide liefert detaillierte Erläuterungen zu dem Gebäude; man kann die üppig dekorierten Innenräume und Galerien bewundern, in denen Jagdtrophäen, Familienfotos und eine Sammlung von Aktbildern zu bewundern sind.

Palast Tipu Sultans PALAST
(Albert Victor Rd; Inder/Ausländer 15/200 ₹, Video 25 ₹; 8.30–17.30 Uhr) Der elegante indomuslimische Sommerpalast Tipu Sultans zeichnet sich durch Teakholzpfeiler und ornamentale Fresken aus.

Bull Temple HINDUTEMPEL
(Basavanagudi; Bull Temple Rd, Basavanagudi; 7–20.30 Uhr;) GRATIS Der von Kempe Gowda I. im 16. Jh. erbaute drawidische Nandi-Tempel enthält ein aus einem Stein gehauenes Standbild von Shivas Bullen, das stets üppig mit Blumengirlanden geschmückt ist. Der Tempel ist einer der stimmungsvollsten der Stadt und befindet sich rund 1 km südlich des Palasts Tipu Sultans.

Iskcon-Tempel HINDUTEMPEL
(www.iskconbangalore.org; Chord Rd, Hare Krishna Hill; Mo–Fr 7.15–13 & 16.15–20.20, Sa & So 7.15–20.30 Uhr; M Mahalakshmi) Der eindrucksvolle, 1997 eingeweihte Tempel der International Society of Krishna Consciousness (Iskcon; die Hare Krishnas) thront auf einem Hügel und ist üppig in einem Mix aus hypermodernen und traditionellen Stilen dekoriert. Es gibt hier regelmäßig Konzerte und Vorträge und etliche Imbissstände – am besten bringt man reichlich Appetit mit. Der Tempel liegt rund 8 km nordwestlich vom Stadtzentrum.

HAL Aerospace Museum & Heritage Centre MUSEUM
(www.hal-india.com; Airport-Varthur Rd; 50 ₹, Foto/Video 50/75 ₹; Di–So 9–17 Uhr) Einen Einblick in Indiens Luftfahrtgeschichte vermittelt das wundervolle Museum hinter dem alten Flughafen, wo man einige der einheimischen, von HAL entworfenen Maschinen besichtigen kann. Besonders interessant sind die MIG-21, heimische Modelle wie die Marut und die Kiran und ein alter Canberra-Bomber.

Aktivitäten

Equilibrium KLETTERN
(8861684444; www.equilibrium.co.in; 3. OG, 546 CMH Rd, Indiranagar; ab 150 ₹; 6–23 Uhr) Indiens erste Kletterhalle ist mehr ein Boulder-Zentrum – darüber dürften sich vor allem Traveller auf dem Weg nach Hampi freuen, einem weltbekannten Ziel für Sportkletterer. Am Wochenende werden auch Klettercxkursionen angeboten.

Soukya YOGA
(080-28017000; www.soukya.com; Soukya Rd, Samethanahalli, Whitefield; pro Tag inkl. Anwendungen, Mahlzeiten & Unterkunft ab 1400 US$; 6–20.30 Uhr) Das sehr noble, international anerkannte Refugium auf einer 12 ha großen Bilderbuch-Bio-Farm bietet Ayurveda-Therapien, Yoga und medizinische und therapeutische Hautbehandlungen an.

Ayurvedagram AYURVEDA, YOGA
(080-65651090; www.ayurvedagram.com; Hemmandanhalli, Whitefield; Tages-Paket ab 4000 ₹) Das Zentrum liegt im Außenbezirk Whitefield, etwa 25 km vom Zentrum Bengalurus entfernt, in einem über 3 ha großen, ruhigen Garten mit alten Häusern, die aus Kerala hierher gebracht wurden. Es hat sich auf maßgeschneiderte Ayurveda-Behandlungen, Yoga und Verjüngungskuren spezialisiert.

Geführte Touren

★ **Bangalore Walks** STADTSPAZIERGANG
(9845523660; www.bangalorewalks.com; Erw./Kind ab 500/300 ₹; Sa & So 7–10 Uhr) Zu den sehr empfehlenswerten Stadtspaziergängen zählen Führungen durch die Lalbagh Botanical Gardens und den Cubbon Park und historische Stadtspaziergänge durch die mittelalterliche Altstadt oder auf den Spuren der viktorianischen Ära. Die meisten Spaziergänge beinhalten ein köstliches Frühstück. Auch Touren, die ganz auf die Interessen der jeweiligen Teilnehmer zugeschnitten sind, können vereinbart werden.

★ **Unhurried Tours** STADTSPAZIERGANG
(919880565446; www.unhurried.in; halbtägige Tour 2500 ₹) Die ausgezeichneten Spaziergänge der geschichtsbegeisterten Autorin Poornima Dasharathi erkunden Gassen, Tempel, das Straßenleben und die Küche in Bengaluru. Auch Ausflüge in die Umgebung werden veranstaltet.

Bus Tours TOUR
(www.karnatakaholidays.net; halber/ganzer Tag 255/485 ₹, ohne Klimaanlage 230/385 ₹) Die staatliche Tourismusbehörde bietet Stadtrundfahrten, die durchaus eine Überlegung wert sind (auch wenn dabei viele Sehenswürdigkeiten in kurzer Zeit abgeklappert werden). Die ein-

fache halbtägige Rundfahrt startet zweimal täglich (7.30 & 14 Uhr), die ganztägige mittwochs bis sonntags um 7.15 Uhr.

Auch Tagestouren rund um Bengaluru werden angeboten, darunter tägliche Fahrten nach Shrirangapattana und Mysuru, bei denen mehrere Tempel, Paläste und Gärten besucht werden.

Schlafen

Für alle, die die Stadt erkunden wollen, ist es ratsam, eine Unterkunft in der Nähe einer Metro-Station zu wählen. Ordentliche Budgetzimmer sind Mangelware, es gibt aber eine Reihe billiger Absteigen an der Subedar Chatram (SC) Rd, östlich der Busbahnhöfe und rund um den Bahnhof.

Rund um die MG Road

JüSTa MG Road BOUTIQUEHOTEL $$
(080-41135555; www.justahotels.com/mg-road bangalore; 21/14 Craig Park Layout, MG Rd; Zi./Suite mit Frühstück 3520/4840 ₹; M Trinity) Eine stylishe Alternative zu den vielen 08/15-Businesshotels von Bengaluru. Das intime, künstlerisch angehauchte Hotel hat aalglatte und geräumige Zimmer mit japnisch inspirierten Motiven. Es liegt sehr praktisch in der Nähe einer Metrostation und Shoppingmall.

Hotel Ajantha HOTEL $$
(080-25584321; www.hotelajantha.in; 22A MG Rd; EZ/DZ mit Frühstück & Ventilator 1500/2000 ₹, mit Klimaanlage ab 2300 ₹; M Trinity) Die verlässliche, günstige und bei Budgettravellern sehr beliebte Unterkunft liegt sehr nahe bei der Metro-Station Trinity und hat ordentliche, gepflegte Zimmer mit Kabel-TV. Gutes Restaurant und ein im Preis enthaltenes, großzügiges Frühstück.

Tom's Hotel HOTEL $$
(080-25575875; www.hoteltoms.com; 1/5 Hosur Rd; EZ/DZ mit Frühstück & Ventilator 2200/2400 ₹, mit Klimaanlage 2310/2560 ₹) Das ausgezeichnete und sehr saubere Hotel hat helle, fröhliche Zimmer, eine zentrale Lage (15 Gehminuten von der MG Rd), freundliches Personal und kostenloses WLAN. Im Restaurant gibt's preisgünstige indische Gerichte.

★ **Casa Piccola Cottage** HISTORISCHES HOTEL $$$
(080-22990337; www.casacottage.com; 2 Clapham Rd; Zi. mit Frühstück ab 4400 ₹) Die stimmungsvollen Zimmer des geschmackvoll renovierten historischen Hotels bieten eine ruhige Zuflucht. Mit individuell zugeschnittener Gastlichkeit hat sich das Haus eine solide Reputation erarbeitet. Die Zimmer haben geflieste Böden und traditionelle Bettdecken und im Garten stehen Papaya- und Avocado-Bäume.

★ **Oberoi** HOTEL $$$
(080-41358222; www.oberoihotels.com; 39 MG Rd; EZ/DZ ab 13 400/14 600 ₹; M Trinity) Das luxuriöse Oberoi spielt in Bengaluru die erste Geige (und verlangt die höchsten Preise). Es steht in einem üppigen Garten mit einem bezaubernden alten Baum, hat aber trotzdem eine zentrale, sehr praktische Lage. Das Hotel mischt koloniales Ambiente mit modernen Details wie einer Gerätesteuerung per Tablet in den Zimmern und Fernsehgeräten in den Bädern. Alle Zimmer haben Balkone mit Gartenblick. Das Spa und die Restaurants sind ausgezeichnet.

Laika Boutique Stay B&B $$$
(9482806630; www.laikabangalore.in; Rathna Rd; Zi. ab 4235 ₹; M Trinity) Das einladende Gästehaus versteckt sich in einer grünen Seitenstraße und ist eine wunderbare Option, wenn man etwas Lokalkolorit schnuppern und gleichzeitig Stil und Komfort genießen will. Extras wie der durchdachte Service und das Frühstück machen das Haus zu einer tollen Wahl.

St. Mark's Inn HOTEL $$$
(080-41122783; www.stmarkshotel.com; St. Mark's Rd; EZ/DZ mit Frühstück 4870/5880 ₹; M MG Rd) Das Designerhotel hat makellose Zimmer mit modernem Dekor, großen, bequemen Betten und glänzenden Edelstahlarmaturen in den Bädern. Das Frühstücksbuffet ist üppig. Die Preise variieren stark, je nach Nachfrage.

Andere Stadtviertel

★ **Electric Cats B&B** HOSTEL $
(9845290679; www.facebook.com/ElectricCats Hostel; 1794 6th Cross Rd; B 500–600 ₹;

PREISKATEGORIEN SCHLAFEN

Die Preiskategorien in diesem Kapitel gelten für ein Doppelzimmer mit Bad inklusive Steuern:

$ weniger als 1500 ₹

$$ 1500–4000 ₹

$$$ mehr als 4000 ₹

Ⓜ Indiranagar) Das wirklich gut organisierte, gesellige Hostel nahe dem brummenden Viertel Indiranagar hat gute Schlafsäle (einer ist Frauen vorbehalten und hat ein Gemeinschaftsbad). Alle Betten haben gute Bettwäsche, Leselampen und Aufladestationen. Trinkwasser und WLAN sind kostenlos, es gibt keine Sperrstunde und das Personal ist im Umgang mit Travellern versiert. Es organisiert sogar Kneipentouren und Barbecues.

Cuckoo Hostel HOSTEL $
(☎ 9535034683; www.facebook.com/cuckoohostel; 561 17 A Main Rd, Koramangala; B/EZ 650/850 ₹; ❄@📶) Das neue Hostel mit gut durchdachtem Konzept, regelmäßigen Kunsthandwerks-, Kunst- und Musiksessions sowie gelegentlichen Debatten zu weltweiten und umweltpolitischen Fragen wird von kreativen Leuten für kreative Leute geführt. Es hat Leihfahrräder, eine Waschküche und saubere, nett eingerichtete Schlafsäle. Das Hostel liegt rund 6 km südwestlich vom Zentrum.

Meditating Monkeys HOSTEL $
(☎ 918861459156; http://themeditatingmonkeys.com; 9/24 Lloyd Rd, Cooke Town; B mit Frühstück 500 ₹; ❄@📶) Das von einem Musiker und Traveller gegründete, großartige neue Hostel ist eine bequeme, gesellige Bleibe in einer Business-Vorstadt. Es gibt kostenlos vegetarisches Frühstück, WLAN, Tee und Kaffee, Waschmaschine und Küchenzugang. Die Schlafsäle sind schön eingerichtet, die Gemeinschaftsbäder sauber. Das Hostel ist eine alkohol- und nikotinfreie Zone. 4 km nördlich der MG Rd.

Temple Tree Hotel Wilson Garden HOTEL $$
(☎ 080-46622000; http://templetreehotel.com; 9th Cross Rd, Mavalli; Zi. 3765–4499 ₹; ❄📶) Mit zeitgemäßen Details wie hippen Bädern und modischem Design kann das schicke Hotel unweit der Lalbagh Botanical Gardens überzeugen. Die Zimmer mit Gartenblick haben tolle Balkone, es gibt einen kleinen Fitnessraum und ein Restaurant auf der Dachterrasse.

Mass Residency PENSION $$
(☎ 9945091735; massresidency@yahoo.com; 18, 2nd Main Rd, 11th Cross, JP Nagar; Zi. mit Frühstück & Ventilator/AC 1600/2000 ₹; ❄📶) Die einladende Pension 8 km südlich vom Zentrum wird von zwei Brüdern geführt, die selber die ganze Welt bereist haben. Sie hat recht komfortable Zimmer, zeichnet sich aber vor allem durch herzliche Gastlichkeit und kostenlose Spaziergänge durchs Viertel aus.

Hotel ABM International HOTEL $$
(☎ 080-41742030; 232 Subedar Chatram Rd, nahe Anand Rao Circle; Zi. 1400–1700 ₹, mit Klimaanlage 1600–2200 ₹; ❄📶; Ⓜ Kempegowda) Das Budgethotel mit gutem Preis-Leistungs-Verhältnis hat ordentliche, schlichte, gut eingerichtete Zimmer. Im Erdgeschoss gibt's eine beliebte Saftbar und ein Restaurant. Das Hotel befindet sich in Gehweite vom Kempegowda Bus Stand und der Metro.

★ **Taj West End** HISTORISCHES HOTEL $$$
(☎ 080-66605660; www.tajhotels.com; Racecourse Rd; EZ/DZ mit Frühstück ab 12 600/13 700 ₹; ❄📶🏊) In einem 8 ha großen herrlichen tropischen Garten führt einen diese West-End-Saga zurück ins Jahr 1887, als das Haus, das bis heute noch koloniale Klasse versprüht, als Unterkunft für britische Offiziere eröffnet wurde. Das vietnamesische Blue Ginger und der erstklassige indische Masala Klub zählen zu den besten Restaurants der Stadt.

Leela Palace HOTEL $$$
(☎ 080-25211234; www.theleela.com; 23 HAL Airport Rd; EZ/DZ ab 18 800/19 300 ₹; ❄@📶🏊) Das nach dem Vorbild des Palasts von Mysuru gestaltete Hotel ist zwar kein wirklicher Palast (es stammt von 2003), wirkt aber schon majestätisch. Schimmernder Marmor, Luxusteppiche, hochherrschaftliche Balkone und Stilmöbel wie auch die schönen Gärten, die edlen Restaurants, Bars und Boutiquen sorgen für noble Eleganz. Das Hotel liegt im Leela-Galleria-Komplex neben einem Golfplatz, 5 km östlich der MG Rd.

Villa Pottipati PENSION $$$
(☎ 080-41144725; www.villa-pottipati.neemranahotels.com; 142 8th Cross, 4th Main, Malleswaram; EZ/DZ mit Frühstück ab 4800/7600 ₹; ❄@📶🏊) Das historische Gebäude ist eine stimmungsvolle Bleibe mit antikem Mobiliar und freundlichem Personal. Einst war dies das Wohnhaus einer wohlhabenden Expat-Familie aus Andhra Pradesh. Im Garten befinden sich viele alte Bäume und ein winziger Pool. Leider bekommt das Haus nahe einer viel befahrenen Kreuzung viel Verkehrslärm ab.

Essen

Bengalurus abenteuerlustige kulinarische Szene hält Schritt mit den Launen und wachsenden Ansprüchen der hungrigen, gut betuchten Einheimischen und ausländischen IT-Experten. Hier gibt's Spitzenrestaurants, Gastropubs und bei Einheimischen beliebte preiswerte Lokale.

Rund um die MG Road

Khan Saheb INDISCH $
(www.khansaheb.co; 9A Block, Brigade Rd; Wraps ab 60 ₹; ⏲12–23.30 Uhr; Ⓜ MG Rd) Das Lokal ist bekannt für seine eingerollten Vollkorn-Chapatis, die mit allem Möglichen gefüllt sind, von Grillfleisch über Tandur-Garnelen bis hin zu Käse- und Mais-Tikka.

Koshy's Bar & Restaurant INDISCH $$
(39 St. Mark's Rd; Hauptgerichte 160–350 ₹; ⏲9–23 Uhr; Ⓜ MG Rd) Seit Jahrzehnten verdrückt die Intelligenz der Stadt in diesem geschäftigen, entschieden altmodischen Kneipenrestaurant bei feurigen Diskussionen schmackhafte nordindische Gerichte und Bier. Klapprige Deckenventilatoren und verstaubte hölzerne Fensterläden sorgen für Nostalgie. Zwischen Mittag- und Abendessen gibt's nur kleine Sachen (koloniale Snacks wie Hähnchenleber auf Toast).

Church Street Social GASTROPUB $$
(http://socialoffline.in; 46/1 Church St; Hauptgerichte 170–350 ₹; ⏲Mo–Do 9–23, Fr & Sa bis 1 Uhr; 📶; Ⓜ MG Rd) Das hippe Lokal präsentiert sich in einem schick-industriellen Lagerhaus-Look. Es serviert Cocktails in Bechergläsern und die Servietten kommen – wie Toilettenpapier – von der Rolle. Auf der Karte stehen gute Frühstücksgerichte, Vorspeisenteller, Hähnchenburger aus den amerikanischen Südstaaten und Gunpowder-Calamari.

Empire NORDINDISCH $$
(www.facebook.com/hotelempire; 36 Church St; Hauptgerichte 120–240 ₹; ⏲11–23 Uhr; Ⓜ MG Rd) Das in der gesamten Stadt bekannte Lokal serviert authentische, billige Tandur- und Fleischgerichte in einem unprätentiösen Ambiente mit Plastik-Sitzbänken und Holzfurnier; zu empfehlen sind das Butterhühnchen, die Kebabs oder auch das Lamm-Biryani. Hier herrscht Tag und Nacht Betrieb und die Küche an der Straße versorgt eilige Passanten mit schmackhaftem Schawarma (Kebab vom Spieß) zum Mitnehmen. In der Stadt gibt's zahlreiche weitere Filialen.

★ Olive Beach MEDITERRAN $$$
(☎080-41128400; www.olivebarandkitchen.com; 16 Wood St; Ashoknagar; Hauptgerichte 525–795 ₹; ⏲12–15.30 & 19–23 Uhr; 📶) Die weiß getünchte Villa könnte auch auf Santorin stehen. Und auch die Gerichte erwecken sehnsüchtige Erinnerungen an sonnige, mediterrane Ferienorte. Die Gerichte wechseln saisonal, man darf jedoch stets marokkanische Lamm-Tagines, Garnelen *pil pil* (mit Knoblauch und scharfer Paprika) und viele vegetarische Angebote erwarten. Durch die neue Loungebar unter freiem Himmel ist das Restaurant noch reizvoller geworden.

NICHT VERSÄUMEN

FOOD STREET

Wer essen und dabei auch Lokalkolorit schnuppern will, sollte die VV Puram, besser bekannt als **Food Street** (Sajjan Rao Circle, VV Puram; Gerichte ab 100 ₹; ⏲ab 17.30 Uhr), ansteuern, wo es einen Abschnitt mit kleinen Lokalen gibt, die klassisches Street Food aus ganz Indien anbieten. Es ist ein echtes Spektakel, wenn *rotis* geformt und in die Luft gewirbelt oder *bhajia* (frittiertes Gemüse) vor den Menschenmassen in heißes Öl getaucht werden.

Hier gibt's nur vegetarische Kost, darunter verschiedene *dosas*, *idli* (fermentierter Reiskuchen), Snacks aus dem Punjab und Currys.

★ Karavalli MEERESFRÜCHTE $$$
(☎080-66604545; Gateway Hotel, 66 Residency Rd; Hauptgerichte 500–1575 ₹; ⏲12.30–15 & 18.30–23.30 Uhr; Ⓜ MG Rd) Wer beste indische Meeresfrüchte sucht, ist hier genau richtig. Das wunderbar stimmungsvolle Interieur mit subtiler Beleuchtung, traditionellem Strohdach, alten Holzarbeiten und Messingbeschlägen schafft das perfekte Ambiente für ein besonderes Mahl; die Plätze draußen im Garten sind nicht weniger ansprechend. Man hat die Wahl zwischen feurigen Fischgerichten aus Mangaluru, würzigen Garnelen auf keralesische Art, Milagu-Krabben in Pfeffer-Masala und erstklassigem Hummer-*balchão* (in würziger Sauce geschmort; 1495 ₹).

Ebony MINTERNATIONAL $$$
(☎080-41783333; www.ebonywithaview.com; 13. OG, Barton Centre, 84 MG Rd; Hauptgerichte 300–560 ₹; ⏲12.30–15 & 19–23 Uhr; 📶; Ⓜ MG Rd) Gewiss, die indischen, thailändischen und europäischen Gerichte sind köstlich, doch wird ihnen von der romantischen Aussicht von der Dachterrasse im 13. Stock etwas die Show gestohlen. Werktags gibt's mittags ein Zwei-Gänge-Menü schon für 445 ₹. Im coolen Lounge-Bereich des Ebony tummeln sich am Wochenende Bengalurus Cocktailschlürfer.

Indian Kitchen MODERN-INDISCH $$$
(☎080-25598995; 86 Oak Shot Pl, MG Rd; 250–825 ₹; ⏲12–15 & 19–1 Uhr; Ⓜ MG Rd) Das Restaurant ist bei den Jungen und Aufgeweckten der Stadt schwer angesagt. Die Karte bezieht ihre Inspirationen aus ganz Indien; zu den Glanzlichtern zählen das *chingri malai* (Curry bengalischer Art mit Garnelen und Kokosnuss) und das Hühnchen-*gassi* (mit würziger Tamarindensauce). Das Restaurant ist zugleich eine Bar mit einer guten Auswahl an Bieren, Weinen und Cocktails.

Fava MEDITERRAN $$$
(www.fava.in; UB City, 24 Vittal Mallya Rd; Hauptgerichte 350–850 ₹; ⏲11–23 Uhr; 📶; Ⓜ Cubbon Park) Draußen auf der Terrasse speist man hier im Schutz eines Baldachins. Auf großen Platten werden leckere Gerichte wie Entenkeulen-Confit, Fisch-Kebabs und diverse Gerichte aus Bio-Zutaten aufgetragen. Das mediterrane Mittagsmenü hat ein großartiges Preis-Leistungs-Verhältnis (2/3 Gänge 475/570 ₹).

Sunny's ITALIENISCH $$$
(☎080-41329366; www.sunnysbangalore.in; 50 Lavelle Rd; Hauptgerichte 350–730 ₹; ⏲12.30–23.30 Uhr; 📶) Das noble Restaurant ist eine gut etablierte Institution in Bengalurus gastronomischer Szene und besitzt eine hübsche Terrasse, auf der man unter freiem Himmel authentische Pizzas mit dünnem Boden, hausgemachte Pasta, importierten Käse und sehr gute Desserts verspeist.

Andere Stadtviertel

★ **Mavalli Tiffin Rooms** SÜDINDISCH $
(MTR; ☎080-22220022; www.mavallitiffinrooms.com; 14 Lalbagh Rd; Snacks ab 50 ₹, Menüs ab 130 ₹; ⏲6.30–11 & 12.30–21.30 Uhr, Mo geschl.) Das ungeheuer beliebte Lokal ist für seine südindische Hausmannskost legendär und verköstigt die Einwohner von Bengaluru seit 1924. Man geht hinauf in den Speisesaal im Obergeschoss und reiht sich in der Warteschlange für einen Tisch ein. Hat man einen ergattert, bewundert man die in Rauchglas geätzten Bilder südindischer Schönheiten, während die Kellner leckere *idlis* (fermentierte Reiskuchen) und *dosas* (herzhafte Crêpes) servieren. Zum Abschluss gibt's schaumigen Filterkaffee in silbernen Kannen.

Gramin INDISCH $
(☎080-41104104; 20, 7th Block, Raheja Arcade, Koramangala; Hauptgerichte 136–180 ₹; ⏲12.30–23 Uhr) Das gemütliche Gramin, übersetzt „aus dem Dorf", bietet eine große Auswahl aromatischer, strikt vegetarischer ländlicher Gerichte aus Nordindien. Empfehlenswert sind die vielen Linsengerichte und Currys mit ofenfrischem *roti*, begleitet von süßem Lassi mit Rosenaroma aus der Kupferkanne. Das Thali am Mittag (136 ₹) ist stets eine gute Wahl! Zwischen 15.30 und 19 Uhr gibt's nur ein begrenztes Snack-Angebot.

★ **Fatty Bao** ASIATISCH $$$
(☎080-44114499; www.facebook.com/thefattybao; 610 12th Main Rd, Indiranagar; Hauptgerichte 380–650 ₹; ⏲12–15 & 19–22.30 Uhr; 📶; Ⓜ Indiranagar) In dem angesagten Restaurant auf einer Dachterrasse werden typische asiatische Straßengerichte für eine modebewusste, junge Klientel einheimischer Feinschmecker serviert. Das Ambiente ist lebhaft und mit farbenfrohen Stühlen und langen Holztischen aufgepeppt. Es gibt auch Ramen-Suppen, Thai-Currys und malaiisches Street Food sowie asiatisch angehauchte Cocktails wie Lemongrass-Mojitos.

Ausgehen & Nachtleben

Bengalurus Reputation als Ausgeh-Hochburg und die große Auswahl an schicken Bars machen es zum optimalen Ort für eine alkoholschwangere Kneipentour – schließlich ist es die Bierstadt Indiens. In den letzten Jahren sind die Craft-Beer-Schuppen wie Pilze aus dem Boden geschossen und bieten qualitativ hochwertige Ales an. In allen Locations wird auch Essen serviert.

Die angesagtesten Nachtclubs verlangen in der Regel einen Grundpreis von ca. 1000 ₹ pro Paar, er wird aber oft mit Getränken oder Speisen verrechnet.

Lassi Shop CAFÉ
(41 Church St; Getränke 30–90 ₹; ⏲12–24 Uhr; 📶) Das von ein paar engagierten Leuten geführte kitschig-coole Café ist ideal für Lassis, Mocktails und kalt gepresste Säfte – zu empfehlen ist der ABC-Drink (die Buchstaben stehen für Apple, Beetroot und Carrot, also Apfel, Rote Beete und Karotte). Es gibt einen großen Sitzbereich drinnen, sodass man sich gut ausbreiten kann. Auch draußen stehen ein paar Tische.

blueFROG CLUB, BAR
(www.bluefrog.co.in; 3 Church St; ⏲So–Do 12–23, Fr & Sa bis 0.30 Uhr; Ⓜ MG Rd) Der noble Club zieht mit einer guten Auswahl an DJs, die House, Techno und Trance auflegen, sowie

BENGALURUS KLEINBRAUEREIEN

Arbor Brewing Company (www.arborbrewing.com/locations/india; 8 Magrath Rd; ⌚So–Do 12–0.30, Fr & Sa bis 1 Uhr; 🛜) Die typische Brauereikneipe zählte zu den Craft-Beer-Pionieren, die die Szene vor Ort begründet haben. Im Angebot sind Stout, Porter und India Pale Ale (IPA), belgische, gewürzte und säuerliche Biere und solche mit Fruchtaroma.

Toit Brewpub (www.toit.in; 298 100 Feet Rd, Indiranagar; ⌚Mo–Di 12–23.30, Mi, Do & So bis 0.30, Fr & Sa bis 1 Uhr; 🛜) Der Gastropub mit Backsteinwänden erstreckt sich über drei Stockwerke. Muntere Zecher probieren hier die vor Ort gebrauten Qualitätsbiere, darunter zwei saisonale und ein Weizenbier vom Fass. Das Probiergedeck mit sechs Bieren kostet 220 ₹.

Vapour (www.vapour.in; 773 100 Feet Rd, Indiranagar; ⌚12–23.30 Uhr; 🛜) Der mehrstöckige Komplex unterteilt sich in verschiedene Bars und Restaurants, das Highlight ist aber die Dachterrasse mit Großleinwand, wo man sich die sechs Craft Beers, darunter ein Reisbier und ein nicht im Haus gebrautes Ale, schmecken lassen kann.

Prost (www.prost.in; 811 5th Cross Rd, Koramangala; ⌚So–Do 12–23.30, Fr & Sa bis 1 Uhr; 🛜) Das Prost hat ein bunt zusammengewürfeltes Industrie-Design, eine Dachterrasse mit mehreren hochwertigen Bieren vom Fass und eine verführerische Speisekarte. Am Wochenende kommt der Laden abends mit DJs und Tanzfläche richtig in Schwung.

Brewsky (www.brewsky.in; 4. & 5. OG Goenka Chambers, 19th Main Rd, JP Nagar; ⌚12–0.30 Uhr; 🛜) Die sehr coole Anlage bietet einen Blick auf die Stadt von der schönen Dachterrasse, einen Balkon im Zwischengeschoss und ein schrilles Restaurant mit Trödel-Dekor. Vor Ort werden sechs Biere gebraut, darunter ein goldenes Ale, ein Weizenbier und ein Stout. Die schmackhaften kleinen Häppchen und die großen Platten für mehrere Personen sind gut und günstig.

Biere Club (www.thebiereclub.com; 20/2 Vittal Mallya Rd; ⌚So–Do 11–23, Fr & Sa bis 24 Uhr; 🛜) Bierliebhaber werden frohlocken: Die erste Kleinbrauerei Südindiens serviert Fassbiere, von denen einige vor Ort gebraut werden. Auf der Karte stehen viele Snacks (Vorspeisenteller, Burger), sodass man vor der Bierverkostung eine Grundlage schaffen kann.

Barleyz (www.barleyz.com; 100 Feet Rd, Koramangala; ⌚So–Do 11–23.30, Fr & Sa bis 1 Uhr; 🛜) Ein freundlicher Biergarten auf der Dachterrasse mit Topfpflanzen, Kunstrasen und Tischen mit eingebauten Grills. Von den sechs ganzjährigen und diversen saisonalen Bieren gibt's kostenlose Kostproben. Zu essen bekommt man ausgezeichnete Holzofenpizzas, indische Snacks und westliche Gerichte.

Livebands ein hippes, munteres Publikum an. Je nach Abend liegt der Eintrittspreis zwischen 0 und 500 ₹.

13th Floor BAR

(13. Stock, Barton Centre, 84 MG Rd; ⌚So–Do 17–23, Fr & Sa bis 1 Uhr; 🛜) Nachdem man seine Angst vor der Unglückszahl überwunden hat, blickt man von der Terrasse im 13. Stock hinunter auf das glitzernde Bengaluru. Es gibt eine ausgezeichnete Auswahl an Martini-, Sangria- und Mojito-Kombinationen. Happy Hour von 17 bis 19 Uhr.

Dyu Art Cafe CAFÉ

(www.dyuartcafe.yolasite.com; 23 MIG, KHB Colony, Koramangala; ⌚10–22.30 Uhr; 🛜) Das stimmungsvolle Café mit Galerie liegt in einem grünen Viertel und hat einen friedlichen, an einen Zen-Tempel erinnernden Hof. Man bekommt guten Kaffee aus der Presskanne, Espresso und Eiskaffee – die Bohnen stammen aus Kerala. Zu essen gibt's hausgemachte Kuchen, Sandwichs und diverse Hauptgerichte.

Monkey Bar PUB

(14/1 Wood St, Ashoknagar; ⌚12–23 Uhr; 🛜) In diesem Gastropub genehmigt sich ein gemischtes, lockeres Publikum an der Bar oder in den aus Holz gefertigten Sitzecken seine Drinks. Im Keller gibt's Poolbillard, Tischfußball, laute Musik und Party.

Eine weitere Filiale befindet sich in **Indiranagar** (925 12th Main Rd; ⌚12–23, Wochenende bis 24 Uhr; 🛜).

Infinitea CAFÉ

(www.infinitea.in; 2 Shah Sultan Complex, Cunningham Rd; Becher Tee ab 100 ₹; ⌚11–23 Uhr; 🛜)

Das smarte, aber anheimelnde Café hat eine eindrucksvolle Karte mit gängigen Tees der besten Teeplantagen und ein paar ausgefallene Angebote. Das Essen – Suppen, Salate, geräucherte Chicken Wings – kann sich ebenfalls sehen lassen. Loser Tee wird hier grammweise verkauft.

Atta Galatta CAFÉ
(☎080-41600677; www.attagalatta.com; 134, KHB Colony, 5. Block, Koramangala; 11–20.30 Uhr; 📶) Das nette Café mit Bäckerei bietet gute Sandwichs auf nahrhaftem Brot, Cookies und Snacks. In dem angeschlossenen Buchladen mit Ausstellungsfläche gibt's Lesungen und Performances.

Plan B PUB
(20 Castle St; Ashoknagar; ⏰So–Do 11–23.30, Fr & Sa bis 1 Uhr; 📶) Der beliebte Studententreff bietet 3,5-l-Biertürme, eine riesige Cocktailkarte und seine legendären Chicken Wings (215 ₹/6 Stück), die es dienstags zum halben Preis gibt.

Zu der Kneipe gehört außerdem noch der im Industrie-Chic aufgemachte Gastropub **Plan B Loaded** (https://holycowhospitality.com; 13 Rhenius St; Richmond Town; Hauptgerichte 295–475 ₹; ⏰12–1 Uhr; 📶).

Shiro BAR
(www.shiro.co.in; UB City, 24 Vittal Mallya Rd; ⏰So–Do 12.30–23.30, Fr & Sa bis 1 Uhr; 📶) Die niveauvolle und durchgestylte Lounge hat elegante Innenräume mit monumentalen Buddha-Büsten und Figürchen, die *apsaras* (Himmelsnymphen) darstellen. Es gibt auch eine Freiluftterrasse. Das Lokal bietet gutes japanisches Essen. Unser Tipp: Der Cocktail „Special Shiro" ist der Hammer!

☆ Unterhaltung

Humming Tree LIVEMUSIK
(☎9945532828; www.facebook.com/thehummingtree; 12th Main Rd, Indiranagar; ⏰So–Do 11–23.30, Fr & Sa bis 1 Uhr; Ⓜ Indiranagar) In dem beliebten lagerhausartigen Treff wechseln sich Bands (ab ca. 21 Uhr) und DJs ab. Nett ist auch die Dachterrasse. Der Eintritt liegt irgendwo zwischen 0 und 300 ₹. Es gibt gutes Fingerfood und eine Happy Hour, die bis 19 Uhr dauert.

Ranga Shankara THEATER
(☎080-26592777; www.rangashankara.org; 36/2 8th Cross, JP Nagar) Alle möglichen Theater- und Tanz-Spielarten (sowohl in verschiedenen Sprachen als auch in unterschiedlichen Genres) haben ihre Heimat in diesem Kulturzentrum. Es veranstaltet auch jedes Jahr ein kleines Festival (Ende Okt./Anf. Nov.).

M. Chinnaswamy Stadium SPORT
(www.ksca.cricket; MG Rd; Ⓜ Cubbon Park) In diesem Tempel für Kricketfans sind das Jahr über viele Spiele zu sehen. Die aktuellen Termine von Test-Matches, One-Day-Internationals und Twenty20-Spielen stehen auf der Website.

B Flat LIVEMUSIK
(☎080-41739250; www.facebook.com/thebflatbar; 776 100 Feet Rd, Indiranagar; Eintritt 300 ₹; ⏰11–15 & 19–1 Uhr; Ⓜ Indiranagar) Einige der besten Jazz- und Bluesbands Indiens treten in diesem Pub und Livemusiktreff auf.

Indigo Live Music Bar LIVEMUSIK
(☎080-25535330; www.facebook.com/IndigoLiveMusicBar; 5./6. Stock, Elite Bldg, Jyoti Nivas College Rd, Koramangala; So–Do 17–23, Fr & Sa bis 1 Uhr) Bands, DJs, unplugged-Musiker und sogar Standup-Comedians sorgen in diesem beliebten Laden für Laune. In der oberen (6.) Etage gibt's eine große Terrasse, auf der man essen und chillen kann.

Shoppen

In Bengaluru gibt's keinen Mangel an Einkaufsmöglichkeiten, von wimmelnden Basaren bis zu glitzernden Malls ist alles geboten. Gute Gegenden zum Shoppen sind die Commercial St, die Vittal Mallya Rd und die MG Rd.

★ **Mysore Saree Udyog** BEKLEIDUNG
(www.mysoresareeudyog.com; 1. Stock, 316 Kamaraj Rd; ⏰10.30–20.30 Uhr) Der gut besuchte Laden ist seit über 70 Jahren im Geschäft und bietet für jeden Geldbeutel etwas. Er ist eine tolle Adresse, um Saris, Blusen, Stoffe sowie Hemden und Tücher aus Seide zu kaufen. Die meisten Kleidungsstücke wurden aus Mysuru-Seide gefertigt, zudem sind Schals aus 100 % Paschmina im Angebot.

Cauvery Arts & Crafts Emporium GESCHENKE & SOUVENIRS
(45 MG Rd; ⏰10–20 Uhr; Ⓜ MG Rd) Der staatliche Laden mit Festpreisen ist bekannt für seine riesige Auswahl an hochwertigen Sandel- und Rosenholzprodukten, handgewebten Einzelstücken, Seidenartikel und Metallarbeiten aus Bidar.

Forest Essentials KOSMETIK
(www.forestessentialsindia.com; 4/1 Lavelle Junction Bldg, Vittal Mallya Rd; ⏰10–21 Uhr) Hochwer-

tige Schönheitsprodukte für Haar, Gesicht und Körper, darunter diverse Zaubertränke und Lotionen sowie ayurvedische und ätherische Bio-Öle.

Fabindia KLEIDUNG, HAUSHALTSWAREN
(Garuda Mall, Magrath Rd; ⌚10–20 Uhr) Die ungeheuer erfolgreiche Kette bietet stilvolle traditionelle Kleidung, Haushaltswaren und Accessoires aus Seide oder traditionell bedruckter Baumwolle. Auch hochwertige Hautpflegeprodukte sind erhältlich.

Weitere Filialen befinden sich in der **Commercial Street** (152 Commercial St; ⌚10–20.30 Uhr), der **MG Road** (www.fabindia.com; 1 MG Rd, Lido Mall, Kensington Rd; ⌚10.30–21 Uhr; Ⓜ Trinity) und in **Koramangala** (www.fabindia.com; 54 17th Main Rd; ⌚10–20 Uhr).

★ **Kynkyny Art Gallery** KUNST
(www.kynkyny.com; Embassy Sq, 148 Infantry Rd; ⌚Mo–Sa 10–19 Uhr; Ⓜ Cubbon Park) Die elegante Verkaufsgalerie in einem hinreißenden kolonialzeitlichen Gebäude zeigt Werke zeitgenössischer indischer Künstler, die preislich das komplette Spektrum abdecken. Außerdem gibt's auch hervorragende Designermöbel.

Goobe's Book Republic BÜCHER
(www.goobes.wordpress.com; 11 Church St; ⌚Mo–Sa 10.30–21, So 12–21 Uhr) Der tolle kleine Buchladen verkauft neue und gebrauchte, kultige und Mainstream-Bücher und -Comics. Das Personal ist sachkundig und hilfsbereit.

Garuda Mall EINKAUFSZENTRUM
(www.garudamall.in; McGrath Rd; ⌚10–22, Fr & Sa bis 22.30 Uhr) In der modernen Mall im Zentrum von Bengaluru haben sich viele Bekleidungsketten niedergelassen. Außerdem gibt es ein Multiplex-Kino.

UB City EINKAUFSZENTRUM
(www.ubcitybangalore.in; 24 Vittal Mallya Rd; ⌚10.30–22 Uhr) Ob man nun globale Haute Couture (Louis Vuitton, Jimmy Choo, Burberry) oder die Kreationen indischer Modeschöpfer sucht, in diesem hohen Einkaufszentrum im Herzen der Stadt wird man sicher fündig. In dem Einkaufszentrum gibt es auch gute Restaurants und ein Spa.

Forum EINKAUFSZENTRUM
(www.theforumexperience.com/forumbangalore.htm; Hosur Rd, Koramangala; ⌚10–23 Uhr) Viele Modeläden und ein Kino finden sich in diesem schicken Shopping-Komplex im angesagten Viertel Koramangala.

> **AKTUELLE INFOS ZU BENGALURU**
>
> Unter den folgenden Internetadressen findet man alles zu aktuellen Restauranteröffnungen, kulturellen Veranstaltungen, zum Nachtleben und zu Läden und Geschäften vor Ort:
>
> - Time Out Bengaluru (www.timeout.com/bangalore)
> - What's Up Bangalore (www.whatsupguides.com)
> - Explocity (https://bangalore.explocity.com)

Gangarams Book Bureau BÜCHER
(www.facebook.com/Gangaramsbookbureau; 3. OG, 48 Church St; ⌚Mo–Sa 10–20 Uhr) Ausgezeichnete Auswahl an indischen Titeln, Reiseführer und Penguin-Klassiker. Sachkundiges Personal und Signierstunden von Autoren.

Indiana Crockery HAUSHALTSWAREN
(97/1 MG Rd; ⌚10.30–21 Uhr) Guter Ort, um Thali-Tabletts, Messing-Utensilien und Teetassen für die nächste Dinnerparty zu Hause zu kaufen.

Blossom Book House BÜCHER
(www.blossombookhouse.com; 84/6 Church St; ⌚10.30–21.30 Uhr; Ⓜ MG Rd) Tolle Sonderangebote von neuen und gebrauchten Büchern.

Orientierung

Es ist nicht immer leicht, sich in Bengaluru zurechtzufinden, so sind in einigen Gegenden die Straßen nach ihrer Breite benannt (z. B. 80 Feet Rd). Die Stadt benutzt auch ein System aus Haupt- und Querstraßen, die Angabe „3rd cross, 5th main, Residency Rd" bezieht sich z. B. auf die dritte Querstraße an der fünften Straße, die von der Residency Rd abzweigt. Überall in der Stadt entwickeln sich neue, wohlhabende Ecken wie etwa die noblen Vororte Indirangar, JP Nagar, Koramangala und Whitefield, die Einkaufszentren im westlichen Stil, ein pulsierendes Nachtleben und Restaurants besitzen.

Praktische Informationen

GELD

Geldautomaten gibt's überall. Geldwechsler gehen auf der MG Rd ihren Geschäften nach.

TT Forex (☎080-22254337; 33/1 Cunningham Rd; ⌚Mo–Fr 9.30–18.30, Sa 9.30–13.30 Uhr) Löst Reiseschecks ein und tauscht ausländische Währungen.

GEPÄCKAUFBEWAHRUNG

Im Bahnhof und am Kempegowda Bus Stand gibt's rund um die Uhr geöffnete Gepäckaufbewahrungen (15 ₹/Tag). Man braucht ein gültiges Ticket und einen Identitätsnachweis. Die Gepäckstücke müssen verschlossen sein.

MEDIZINISCHE VERSORGUNG

Hosmat (☎ 080-25593796; www.hosmatnet.com; 45 Magrath Rd) Krankenhaus für ernsthafte Verletzungen und allgemeine Erkrankungen.

Mallya Hospital (☎ 080-22277979; www.mallyahospital.net; 2 Vittal Mallya Rd) Das Krankenhaus betreibt eine Notfallstation und eine rund um die Uhr geöffnete Apotheke.

REISEBÜROS

Skyway (☎ 080-22111401; www.skywaytour.com; 8 Papanna Lane, St. Mark's Rd; ⏱ Mo–Sa 9–18 Uhr) Äußerst professioneller und zuverlässiger Veranstalter; bucht Taxis für lange Strecken und Flugtickets.

TOURISTENINFORMATION

Government of India Tourist Office (GITO; ☎ 080-25585417; indtourblr@dataone.in; 2. Stock, 48 Church St; ⏱ Mo–Fr 9.30–18, Sa 9.30–13 Uhr; Ⓜ MG Rd) Sehr nützlich für Bengaluru und Umgebung.

Karnataka State Tourism Development Corporation (KSTDC; ☎ 080-41329211; www.kstdc.co; Karnataka Tourism House, 8 Papanna Lane, St. Mark's Rd; ⏱ Mo–Sa 10–19 Uhr; Ⓜ MG Rd) Bucht Stadtführungen und Touren durch den Bundesstaat, die vom KSTDC veranstaltet werden.

Karnataka State Tourism Development Corporation (KSTDC; ☎ 080-43344334; www.kstdc.co; Badami House, Kasturba Rd; ⏱ Mo–Sa 10–19 Uhr) Nützliche Zweigstelle gleich südlich vom Cubbon Park.

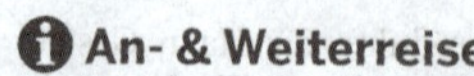

An- & Weiterreise

BUS

Bengalurus riesiger und gut organisierter **Kempegowda Bus Stand** (Majestic; Gubbi Thotadappa Rd), der allgemein auch als Majestic oder Central bekannt ist, befindet sich direkt vor dem Bahnhof. Die Karnataka State Road Transport Corporation (KSRTC; www.ksrtc.in) betreibt Busse zu Zielen in Karnataka und den benachbarten Bundesstaaten. Der **Mysuru Road Satellite Bus Stand** (Mysuru Rd) 8 km südwestlich vom Zentrum ist ein weiterer wichtiger Busbahnhof: Die meisten KSRTC-Busse nach Mysuru, Mangaluru (Mangalore) und zu anderen Zielen, die südwestlich von Bengaluru liegen, starten hier, ebenso der Flybus zum Flughafen von Bengaluru.

Die aktuellen Fahrpläne und Preise erfährt man auf der Website der KSRTC. Mit internationalen Kreditkarten ist die Online-Buchung nicht immer möglich; Reisebüros helfen in diesem Fall weiter. Fernbusse sollte man stets im Voraus buchen.

Private Busgesellschaften säumen die Straße gegenüber dem Kempegowda Bus Stand.

FLUGZEUG

Internationale und Inlandsflüge nutzen Bengalurus Flughafen, den **Kempegowda International Airport** (☎ 1800 4254425; www.bengaluruairport.com), der rund 40 km nördlich der MG Rd liegt. Inlandsfluglinien bieten tägliche Verbindungen zu großen Städten, darunter nach Chennai, Mumbai, Hyderabad, Delhi und Goa. Zu den vertretenen Fluglinien zählen:

Air India (☎ 080-22978427; www.airindia.com; Unity Bldg, JC Rd; ⏱ Mo–Sa 10–17 Uhr)

GoAir (☎ 080-47406091; www.goair.in; Bengaluru Airport)

IndiGo (☎ 9910383838; www.goindigo.in)

WICHTIGE BUSSE AB BENGALURU

ZIEL	PREIS (₹)	DAUER (STD.)	HÄUFIGKEIT
Chennai	398 (R)/491 (V)/693 (S)	6–7	25-mal tgl., 5.35–23.30 Uhr
Ernakulam	619 (R)/1139 (V)	10–12	7-mal tgl., 16–21.45 Uhr
Gokarna	549 (R) 789 (V) 882 (S)	9–11½	4-mal tgl., 20.30–22.15 Uhr
Hampi	629 (R)	7½	1-mal tgl., 23 Uhr
Hosapete	334 (R)/599 (V)/696 (S)	8	17-mal tgl., 16.30–23.30 Uhr
Hyderabad	713 (R)/989 (V)/1190 (S)	9–11	27-mal tgl., 7.30–23.30 Uhr
Mumbai	1383 (V)	18	3-mal tgl., 15–20 Uhr
Mysuru*	123 (R)/299 (V)	2–3	51-mal tgl., 24 Std.
Panaji	919 (V)/1800 (S)	11–13	5-mal tgl., 18.30–20.30 Uhr
Udagamandalam*	639–839 (V)	7–9½	9-mal tgl., 6.15–23.15 Uhr

Preise: (R) Rajahamsa Semideluxe, (V) Airavath AC Volvo, (S) AC Sleeper
*fährt vom Mysuru Rd Satellite Bus Stand.

WICHTIGE ZÜGE AB BENGALURU

ZIEL	ZUG-NR. & NAME	PREIS (₹)	DAUER (STD.)	ABFAHRT
Chennai	*12658 Chennai Mail*	255/910	6	22.40 Uhr
Chennai	*12028 Shatabdi*	785/1060	5	Mi–Mo 6 & 16.25 Uhr
Hosapete	*16592 Hampi Exp*	255/970	9½	22 Uhr
Hubballi	*16589 Rani Chennamma Exp*	270/1045	8½	21.15 Uhr
Madgaon, Goa	*17311 Mas Vasco Exp*	360/1405	15	Fr 20.10 Uhr
Mysuru	*12007 Shatabdi*	300/835	2	Do–Di 11 Uhr
Mysuru	*12614 Tippu Exp*	90/310	2½	15 Uhr
Thiruvananthapuram	*16526 Kanyakumari Exp*	410/1605	16½	20 Uhr

Preise: Shatabdi-Preise gelten für AC Chair/AC Executive; Express- (Exp/Mail-) Preise gelten für 2. Klasse/AC Chair bei tagsüber fahrenden Zügen und Sleeper/2AC bei Nachtzügen.

Jet Airways (☎080-39893333; www.jetairways.com; Unity Bldg, JC Rd; ⊙Mo–Sa 9.30–18 Uhr)

ZUG

Bengalurus **Hauptbahnhof** (www.bangalorecityrailwaystation.in; Gubbi Thotadappa Rd) ist der wichtigste Bahnverkehrsknoten. Der **Bahnhof Cantonment** (Station Rd) ist jedoch der bessere Haltepunkt, wenn man ankommt und in die Gegend rund um die MG Rd will. Vom **Bahnhof Yeshvantpur** (Rahman Khan Rd) 8 km nordwestlich der Innenstadt starten die Züge nach Goa.

Das computergestützte **Zugreservierungsbüro** (☎139; ⊙Mo–Sa 8–20, So bis 14 Uhr) hat separate Schalter für Kreditkartenzahlung, für Frauen und für Ausländer. Last-Minute-Reservierungen nimmt das **Divisional Railway Office** (Gubbi Thotadappa Rd) vor. Gepäck kann man in der rund um die Uhr geöffneten Gepäckaufbewahrung an Gleis 1 des Hauptbahnhofs aufgeben.

Unterwegs vor Ort

AUTORIKSCHA

Nur sehr wenige Autorikschafahrer verwenden Taxameter. Wenn aber doch, werden nach 22 Uhr 50 % auf den angezeigten Preis aufgeschlagen.

BUS

Die Bangalore Metropolitan Transport Corporation (BMTC; www.mybmtc.com) betreibt das umfangreiche Stadtbusnetz von Bengaluru; auf deren nützlicher Website stehen Fahrpläne und Preise. Die roten klimatisierten Vajra-Busse fahren kreuz und quer durch die gesamte Stadt, während die grünen Big10-Deluxe-Busse die Verbindung zu den Vorstädten herstellen. Normale Busse starten am **City Bus Stand** (Sayyali Rao Rd) neben dem Kempegowda Bus Stand; ein paar fahren auch an der Station am City Market ab, die weiter südlich liegt.

Um vom Hauptbahnhof in das Viertel rund um die MG Rd zu gelangen, kann man jeden Bus von Plattform 17 oder 18 des City Bus Stand nehmen. Zum City Market fahren die Busse 31, 31E, 35 und 49 von Plattform 8.

VOM/ZUM FLUGHAFEN

Ein Taxi mit Taxameter und Klimaanlage vom Flughafen zum Zentrum kostet zwischen 750 und 1000 ₹, Taxis von Uber/Ola verlangen rund 500 bis 600 ₹; in diesen Preisen ist die Flughafengebühr von 120 ₹ enthalten.

Flybus (www.ksrtc.in) KSRTC betreibt den Flybus von/nach Mysuru (739 ₹, 4 Std.), der zehnmal täglich vom Flughafen abfährt; die Fahrt führt über den Mysuru Rd Satellite Bus Stand.

Vayu Vajra (☎1800 4251663; www.mybmtc.com) Vayu Vajras Flughafen-Shuttleservice fährt regelmäßig rund um die Uhr zu verschiedenen Zielen, z. B. zum Kempegowda Bus Stand, zur MG Rd und nach Indiranagar.

METRO

Bengalurus schicke und klimatisierte neue Metro, die sogenannte Namma Metro, ist noch nicht komplett fertiggestellt, zwei Linien sind aber schon in Betrieb. Anders als auf den offiziellen Streckenplänen angegeben, gab es zum Zeitpunkt der Recherche keine Umsteigemöglichkeit zwischen den beiden Linien. Die für Touristen wichtigere Strecke ist die Purple Line, die in Ost-West-Richtung verläuft: Wichtige Stationen sind u. a. Kempegowda (zum Busbahnhof), MG Rd (Shopping und Bars) sowie Indiranagar (Restaurants und Nachtleben). Die Züge verkehren zwischen 6 und 22 Uhr ungefähr alle 15 Minuten; die Tickets für die meisten Fahrten kosten zwischen 10 und 22 ₹. Aktuelle Infos zur Metro stehen auf www.bmrc.co.in.

ABSTECHER

WHISKY & WEIN

Indien ist nicht gerade bekannt für feine Weine und Spirituosen – jeder, der einmal seinen Fuß in einen der in Indien allgegenwärtigen „Wine Shops" gesetzt hat, kann ein Lied davon singen. Bengaluru bildet jedoch eine beachtliche Ausnahme. Die Stadt hat nicht nur einen Durst auf Craft Beer entwickelt, sondern hat mit den **Nandi Hills** (10 ₹/Pers., Auto 150 ₹; ⌚6–18 Uhr) eine der besten Weinregionen des Landes direkt vor der Haustür. Der Weinbau steckt zwar noch in den Kinderschuhen, gewinnt mit rund 18 Weingütern in der Gegend aber schnell an internationalem Ansehen. Ebenfalls nicht weit von der Stadt entfernt befindet sich Indiens erste Destillerie für Single-Malt-Whisky, den man dort auch probieren kann.

Grover Wineries (☎080-27622826; www.groverzampa.in; 1½-std. Führung Mo–Fr 850 ₹, Sa & So 1000 ₹) In einer Höhe von 920 m produziert dieses Weingut weiße Qualitätsweine und rote Sorten. Bei den Führungen werden fünf Weine in den Verkaufsräumen verkostet, begleitet von Käse und Crackern; ein Mittagessen schließt sich an. Zwischen Februar und Mai kann man beim Traubenpressen zuschauen und die Weinberge besuchen. Das Weingut liegt an der Zufahrt zu den Nandi Hills, rund 40 km nördlich von Bengaluru.

Amrut (☎080-23100402; www.amrutdistilleries.com; Mysuru Rd) GRATIS Das 1948 gegründete Amrut war Indiens erster Produzent von Single-Malt-Whisky. Kundige Guides veranstalten hier kostenlose Führungen durch die Destillerie. Man lernt den gesamten Produktionsprozess kennen, bevor man die erstklassigen Single-Malts und Blends verkostet. Die Destillerie liegt 20 km außerhalb von Bengaluru an der Straße nach Mysuru; für die Führung ist eine Reservierung erforderlich.

TAXI

In Bengaluru sind Tausende von Uber- und Ola-Fahrern unterwegs. Ein normales Taxi für einen ganzen Tag (8 Std.) kostet rund 2000 ₹.

Meru Cabs (☎080-44224422; www.merucabs.com) Am Flughafen vertreten.

Olacabs (☎080-33553355; www.olacabs.com) Professionelles, effizientes Unternehmen mit modernen, klimatisierten Autos, die online oder telefonisch gebucht werden können.

Rund um Bengaluru

Hesaraghatta

☎080 / 9200 EW.

Der kleine Ort Hesaraghatta 30 km nordwestlich von Bengaluru ist Sitz von Nrityagram, einer berühmten Tanzakademie.

Sehenswertes

Nrityagram KUNSTZENTRUM
(☎080-28466313; www.nrityagram.org; selbstgeführte Tour 50 ₹, Kind unter 12 Jahren Eintritt frei; ⌚Di–So 10–14 Uhr) Diese führende Tanzakademie wurde 1990 gegründet, um den klassischen indischen Tanz wiederzubeleben und populär zu machen – eine Idee und das lebendige Erbe der gefeierten Tänzerin Protima Gauri Bedi (1948–1998). Der Komplex wurde von dem Architekten Gerard da Cunha aus Goa als kleines Dorf entworfen. Vielversprechende Talente erhalten hier langfristige Kurse in klassischem Tanz; für die Kinder aus der Gegend gibt's sonntags sogar kostenlosen Unterricht. Die aktuellen Vorstellungen (1000 ₹/Pers.) stehen auf der Website.

Man kann auch eine Pauschalpaket buchen, das eine Führung, einen Vortrag, eine Tanzdarbietung und eine vegetarische Mahlzeit umfasst (1500–2000 ₹/Pers., min. 10 Teilnehmer, Reservierung erforderlich).

Schlafen

Taj Kuteeram HOTEL $$$
(☎080-28466326; www.tajhotels.com; DZ ab 4660 ₹; ❄@📶) Das von Gerard da Cunha entworfene Kuteeram gegenüber dem Tanzdorf Nrityagram ist zwar nicht so luxuriös wie andere Hotels der Taj-Gruppe, aber mit einer gelungenen Mischung aus Komfort und rustikalem Charme durchaus stimmungsvoll. Es bietet auch Ayurveda und Yoga-Sitzungen an.

An- & Weiterreise

Vom City Market Bus Stand in Bengaluru fahren die Busse 266, 253 und 253E nach Hesaraghatta (26 ₹, 1 Std.), Bus 266 fährt weiter nach Nrityagram. Eine Autorikscha von Hesaraghatta nach Nrityagram kostet 75 ₹.

Janapada Loka Folk Arts Museum

Janapada Loka Folk Arts Museum MUSEUM
(www.jaanapadaloka.org; Bengaluru-Mysuru Rd; Inder/Ausländer 20/100 ₹; ⏲ Mi–Mo 9–17.30 Uhr) Zwischen Bengaluru und Mysuru liegt dieses Museum, das einen kleinen Abstecher durchaus wert ist. Es ist dem Erhalt der ländlichen Kultur gewidmet und beherbergt eine wunderbare Sammlung von Folkloreobjekten, darunter 500 Jahre alte Schattenpuppen, Festtrachten, Musikinstrumente und ein toller Tempelwagen. Hinzu kommt die Nachbildung eines traditionellen Dorfes. Es gibt auch einen Spielplatz. Das Museum liegt 53 km südlich von Bengaluru und ist 3 km von Ramnagar entfernt. Jeder Bus zwischen Mysuru und Bengaluru kann Fahrgäste dort absetzen.

Mysuru (Mysore)

☎ 0821 / 912 000 EW. / 707 M

Die historische Siedlung Mysuru – bis 2014 hieß es noch Mysore – ist eine der bezauberndsten Städte Südindiens und berühmt für das glanzvolle Erbe der Maharadschas sowie prächtige Denkmäler und Gebäude. Die meisten Traveller kommen wegen des zum UNESCO-Weltkulturerbe zählenden Herrscherpalasts, dabei steckt Mysuru auch voller Traditionen, von denen das sehr stimmungsvolle Basarviertel mit seinen Gewürz- und Weihrauchständen kündet. Ashtanga-Yoga (S. 960) ist ein weiterer Anziehungspunkt; mehrere berühmte Yoga-Schulen locken Besucher aus aller Welt an.

Geschichte

Mysuru verdankt seinen Namen dem mythischen Mahisuru, einem Ort, an dem der Dämon Mahisasura von der Göttin Chamundi getötet wurde. Die königliche Geschichte des Ortes begann 1399, als die Wodeyear-Dynastie von Mysore gegründet wurde, die aber bis zur Mitte des 16. Jhs. im Dienst des Vijayanagar-Reiches stand. Mit dem Sturz der Vijayanagar im Jahr 1565 erklärten die Wodeyar ihre Unabhängigkeit, die sie sich – von einer kurzen Periode der Übermacht Hyder Alis und Tipi Sultans im späten 18. Jh. einmal abgesehen – bis zur Unabhängigkeit 1947 bewahrten.

Sehenswertes

Nicht umsonst wird Mysuru auch die Stadt der Paläste genannt, stehen hier doch insgesamt sieben derartige Prachtbauten. Darüber hinaus gibt zahllose weitere traditionelle Bauwerke majestätischen Ausmaßes aus der Zeit der Wodeyar-Dynastie und der britischen Herrschaft. Die Mehrheit dieser Gebäude befindet sich heute in staatlichem Besitz und wird z. B. als Krankenhaus, College, Regierungsgebäude oder Hotel genutzt. Unter www.karnatakatourism.org/Mysore/en findet man eine Liste mit den sehenswerten Häusern und Palästen der Stadt.

★ **Mysuru Palace** PALAST
(Maharadscha-Palast; www.mysorepalace.gov.in; Purandara Dasa Rd; Inder/Ausländer/Kind unter 10 Jahren inkl. Audioführer 40/200/frei ₹; ⏲ 10–17.30 Uhr) Zu den großartigsten königlichen Bauwerken in Indien gehört der Sitz der Wodeyar-Maharadschas. Der ursprüngliche Palast fiel im Jahr 1897 einem Brand zum Opfer, der heutige wurde 1912 von dem englischen Architekten Henry Irwin fertiggestellt und kostete damals 4,5 Mio. ₹. Das Innere dieses indosarazenischen Traums, ein Kaleidoskop aus farbigem Glas, Spiegeln und knallbunten Farben, ist verschwen-

KOLONIALE ARCHITEKTUR IN MYSURU (MYSORE)

Mysuru besitzt ein ansehnliches bauliches Erbe aus der Kolonialzeit, zahlreiche Prachtbauten und einige skurrile Überbleibsel warten darauf erkundet zu werden. Das 1805 erbaute **Government House** (Irwin Rd), früher der Sitz des britischen Residenten, ist ein klassizistisches Gebäude im toskanisch-dorischen Stil, das von einem 20 ha großen Park umgeben wird. Gegenüber dem Nordtor des Mysuru Palace erhebt sich der 1927 errichtete **Silver Jubilee Clock Tower** (Dodda Gadiara; Ashoka Rd). Buntglasfenster zieren die hohe, zwischen 1933 und 1941 im neugotischen Stil erbaute **St. Philomena's Cathedral** (St. Philomena St; ⏲ 8–17 Uhr). Und die **Wellington Lodge** ist ein unscheinbares, frühes koloniales Wahrzeichen, in dem heute ein Museum untergebracht ist: das **Indira Gandhi Rashtriya Manav Sangrahalaya** (Nationales Museum der Menschheit; www.igrms.com; Wellington Lodge, Irwin Rd; ⏲ Di–So 10–17.30 Uhr) GRATIS.

DUSSEHRA

Beim zehntägigen hinduistischen Fest **Dussehra** (Dasara ; ⏲Sept./Okt.) im September bzw. Oktober geht es in Mysuru zu wie an Karneval. In dieser Zeit wird der Mysuru Palace jeden Abend spektakulär beleuchtet und die Stadt verwandelt sich in einen gigantischen Festplatz mit Konzerten, Tanzaufführungen, Sportvorführungen und kulturellen Veranstaltungen, die in ausverkauften Häusern spielen.

Am letzten Tag werden die Feierlichkeiten in großem Stil beendet: Eine beeindruckende Prozession mit geschmückten Elefanten, mit Blumengirlanden verzierten Figuren, livrierten Bediensteten und Reitern marschiert zum Rhythmus der scheppernden Blaskapellen durch die Straßen.

Während des Festes ist Mysuru hoffnungslos überfüllt mit Touristen, besonders am letzten Tag. Um dem Gedränge zu entgehen, kann man den Kauf einer Dasara VIP Gold Card (7500 ₹/2 Erw.) erwägen, die es in einer limitierten Auflage von derzeit 1000 Exemplaren gibt. Sie hat einen stolzen Preis, garantiert dafür aber gute Sitzplätze bei der Abschlussgala; und bei den anderen Veranstaltungen und Vorführungen kann man damit die Schlangen am Eingang umgehen. Außerdem gibt's Rabatte in Unterkünften und Restaurants sowie beim Shoppen. Ferner gibt es Tickets, die nur für das Betreten von Palast und Bannimantap während der Paraden am letzten Tag gültig sind (250–1000 ₹). Das Dasara Information Centre (☎0821-2423800; www.mysoredasara.gov.in) hält ausführliche Informationen bereit.

derisch gestaltet und zweifellos übertrieben. Es wird durch geschnitzte Holztüren, Mosaikfußböden und Gemälde ergänzt, die das Leben im Mysore der edwardianischen Raj-Ära darstellen.

Der Weg in den Palast führt an einer tollen Skulpturen- und Artefakt-Sammlung vorbei. Nicht verpassen sollte man die Waffenkammer mit einer beeindruckenden Sammlung von über 700 Waffen.

Jeden Sonntag und an nationalen Feiertagen wird der Palast zwischen 19 und 19.30 Uhr von fast 100000 Glühlampen erleuchtet, die sein majestätisches Profil vor dem Dunkel der Nacht hervorheben.

Der Eingang zum Palastgelände befindet sich am **Südtor** (Purandara Dasa Rd). Von draußen darf man den Palast fotografieren, im Inneren ist das Fotografieren aber streng verboten.

Devaraja Market MARKT

(Sayyaji Rao Rd; ⏲6–20.30 Uhr) Auf dem lebhaften Basar, der auf die Zeit Tipu Sultans zurückgeht, verkaufen Händler aus der Umgebung traditionelle Waren wie Blumengirlanden, Gewürze und kegelförmige Haufen *kumkum* (gefärbtes Pulver für die *bindi*-Punkte auf der Stirn) – ein tolles Fotomotive. Vor dem Shoppen sollte man aber seine Feilschkünste auffrischen.

Jaganmohan Palace PALAST

(Jaganmohan Palace Rd; Erw./Kind 120/30 ₹; ⏲8.30–17 Uhr) Der 1861 als herrscherliches Auditorium errichtete eindrucksvolle Palast gleich westlich vom Mysuru Palace beherbergt heute die **Jayachamarajendra Art Gallery**. Die Kunstgalerie zeigt auf drei Etagen eine riesige Sammlung indischer Gemälde, darunter Werke des berühmten Künstlers Raja Ravi Varma, traditionelle japanische Kunst und einige seltene Musikinstrumente. Die Ausstellung ist aber leider schlecht präsentiert und das Gebäude beklagenswert vernachlässigt

Rail Museum MUSEUM

(KRS Rd; Erw./Kind 15/10 ₹, Foto/Video 20/30 ₹; ⏲9.30–18 Uhr) Blickfang dieses Eisenbahnmuseums unter freiem Himmel ist der Salonwagen der Maharani von Mysuru, ein holzgetäfeltes Schmuckstück aus dem Jahr 1899, das einen Eindruck davon vermittelt, wie stilvoll die Herrscherfamilie seinerzeit zu reisen pflegte. Außerdem kann man sich Dampfmaschinen, Lokomotiven und weitere Bahnwaggons anschauen. Eine Schmalspurbahn (10 ₹) zuckelt auf den Schienen rund um das Gelände entlang.

Jayalakshmi Vilas Mansion Museum Complex MUSEUM

(Campus der University of Mysore; ⏲Di–So 10–13 & 15–17 Uhr) GRATIS Das Museum auf dem Universitätscampus westlich der Stadt ist auf Folklorekunst spezialisiert und zeigt Artefakte, Steintafeln, Skulpturen und ländliche Kostüme. Sehenswert ist eine Holzpuppe des zehnköpfigen Dämonenkönigs Ravana.

Das 2006 renovierte Gebäude wurde ursprünglich als Villa für Prinzessin Jayalakshmi Ammani, die älteste Tochter des Maharadschas Chamaraja Wodeyar X., erbaut.

Chamundi Hill AUSSICHTSPUNKT
Auf dem Gipfel des 1062 m hohen Berges erhebt sich der **Sri-Chamundeswari-Tempel** (http://chamundeshwaritemple.kar.nic.in; ⏲7–14, 15.30–18 & 19.30–21 Uhr). Er ist ein schönes Ziel für einen Halbtagesausflug und verspricht einen spektakulären Blick auf die unter einem liegende Stadt. Am Wochenende ist der Andrang groß – wer es einrichten kann, plant den Besuch also besser für einen Werktag. Vom Zentralen Busbahnhof nimmt man den klimatisierten Bus 201 (28 ₹); die Fahrt mit Autoriksch/Uber kostet hin und zurück rund 450/700 ₹.

Alternativ kann man aber auch den Fußweg mit seinen mehr als 1000 Stufen einschlagen, über den hinduistische Pilger den Tempel besuchen. Nach einen Drittel der Strecke gelangt man zu einem 5 m hohen **Nandi** (Shivas Reitbulle); die Figur wurde 1659 aus dem Fels gehauen.

Mysuru Zoo ZOO
(http://mysorezoo.info; Indiranagar; Erw./Kind Mo–Fr 50/20 ₹, Sa & So 60/30 ₹, Foto 20 ₹; ⏲Mi–Mo 8.30–17.30 Uhr) Der gut geführte Zoo befindet sich in einer schönen Gartenanlage rund 2 km südöstlich vom Mysuru Palace. Zu den Besuchermagneten zählen weiße Tiger, Flachlandgorillas, Giraffen und Nashörner.

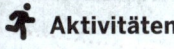

Aktivitäten

Emerge Spa AYURVEDA, MASSAGE
(☎0821-2522500; www.thewindflower.com; Windflower Spa & Resort, Maharanapratap Rd, Nazarbad; Massage ab 2275 ₹; ⏲7–21 Uhr) Das wunderbare Spa-Resort bietet mehr als 30 Ayurveda-Anwendungen an, darunter Massagen mit heißen Steinen und Pflegebehandlungen. In Tages-Pauschalangeboten ist der Zugang zum Hotelpool inbegriffen. Das Resort liegt 3 km südöstlich vom Mysuru Palace; Im Preis ist der Transfer inbegriffen.

Indus Valley Ayurvedic Centre AYURVEDA
(☎0821-2473263; www.ayurindus.com; Lalithadripura) Das noble Zentrum in einem 10 ha großen Garten stützt sich bei seinen Therapien auf antike Schriften und Verordnungen. Die Pauschale mit Übernachtung (EZ/DZ mit VP ab 180/310 US$) enthält eine Ayurveda-Anwendung, eine Yoga-Stunde und eine Schönheitsbehandlung.

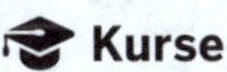

Kurse

Shruthi Musical Works MUSIK
(☎9845249518; 1189 3rd Cross, Irwin Rd; 400 ₹/Std.; ⏲Mo–Sa 10.30–21, So bis 14 Uhr) Musiklehrer Jayashankar erhält gute Bewertungen für seinen Tabla-(Trommel-)Unterricht.

Geführte Touren

★ **Royal Mysore Walks** STADTSPAZIERGANG, TOUR
(☎9632044188; www.royalmysorewalks.com; ab 500 ₹) Eine ausgezeichnete Möglichkeit, sich mit Mysurus sagenhafter Geschichte und dem Erbe der Stadt vertraut zu machen, sind die thematischen Stadtspaziergänge am Wochenende (Themen sind u. a. die Herrscherdynastie und die Kulinarik der Region). Außerdem sind Rad- und Jeeptouren im Programm.

KSTDC Transport Office BUSTOUR
(☎080-43344334; www.kstdc.co; Stadtrundfahrt 210 ₹) KSTDC bietet täglich eine Stadtrundfahrt durch Mysuru an. Dabei kommt man an den Sehenswürdigkeiten der Stadt vorbei (außer dem Palast) und besucht den Chamundi Hill, Srirangapatna und die Brindavan Gardens. Beginn der wirklich atemberaubenden Tour ist täglich um 8.30 Uhr, Rückkehr um 20.30 Uhr. Andere Ausflüge führen nach Belur, Halebid und Sravanabelagola (Di & Do, 7.30–21 Uhr, 550 ₹).

Alle Touren starten am Büro des KSTDC (S. 962) neben dem Hotel Mayura Hoysala, wo auch die Tickets gekauft werden können. Alternativ können die Reisebüros der Stadt die Buchung vornehmen.

Schlafen

Mysuru zieht das ganze Jahr über Touristen an und ist während des Dussehra (S. 954) sehr schnell ausgebucht. Es empfiehlt sich, vorab zu reservieren.

★ **Mansion 1907** HOSTEL $
(☎9886523472; www.facebook.com/themansion1907; 36 Shalivahana Rd; B mit Ventilator/Klimaanlage 500/600 ₹, Zi. ab 1400 ₹; ❄📶) Das zu Recht beliebte Hostel residiert in einem historischen Haus, dessen Architektur indische und britische Einflüsse zeigt. Das ausgezeichnet eingerichtete Haus verfügt über geräumige Schlafsäle, private Zimmer, coole Gemeinschaftsbereiche, gute Badezimmer, eine Küche und schnelles WLAN. Man kann hier einfach andere Traveller kennenlernen und seine nächsten Reisen planen.

Mysuru Palace

EINE HALBTAGESTOUR

Im Innern des Palasts verstecken sich reich geschmückte Säle, königliche Gemälde, aufwendig gestaltete dekorative Elemente sowie Skulpturen und Zeremonialgegenstände. Es gibt unglaubliche Mengen von verborgenen Details und so viel zu bestaunen, dass man sich für einen Besuch zumindest einige Stunden Zeit nehmen sollte. Ein Führer kann äußerst wertvoll sein.

Nachdem man den Palast betreten hat, kommt man zunächst in den **1 Doll's Pavilion**, in dem eine Sammlung traditioneller Puppen und Skulpturen gezeigt wird, die der Maharadscha in der ganzen Welt zusammengetragen hat. Gegenüber dem **2 Elephant Gate** kann man die sieben Kanonen sehen, die früher zu speziellen Anlässen, z. B. den Geburtstagen der Maharadschas, abgeschossen wurden. Auch heute werden sie während des Dasara noch abgefeuert. Am Ende des Pavillon steht der **3 Golden Howdah**. Man beachte die Fliegenwedel auf beiden Seiten; die Borsten sind aus feinem Elfenbein.

Auf dem Weg durch die Säle zum **4 Marriage Pavilion** sollte man sich unbedingt die Gemälde ansehen, die die Dasara-Prozession zeigen. Zudem lohnt es sich, einen Blick in den Hof zu werfen, in dem früher Ringkämpfe stattfanden. Heute wird er nur noch während des Dussehra benutzt. Im Hochzeitspavillon lohnt sich auch ein längerer Aufenthalt: Drei Religionen haben das Design geprägt. Das Christentum zeichnet für die Glasdecke verantwortlich, der Hinduismus für die Reliefs und der Islam für die Bögen des Balkons.

Auf dem Weg zur **5 Privaten Durbarhalle** kann man die aufwendigen Einlegearbeiten in den Rosenholztüren betrachten, die Krishna darstellen. Die **6 Öffentliche Durbarhalle** ist normalerweise der letzte Punkt, von dem man durch islamische Bögen einen großartigen Blick in die Gärten hat.

Private Durbarhalle
Rosenholztüren führen in diese reich verzierte Halle mit Buntglasdecken, Ziergittern und Kronleuchtern. Hier steht der Goldene Thron, der nur während des Dussehra öffentlic zugänglich ist.

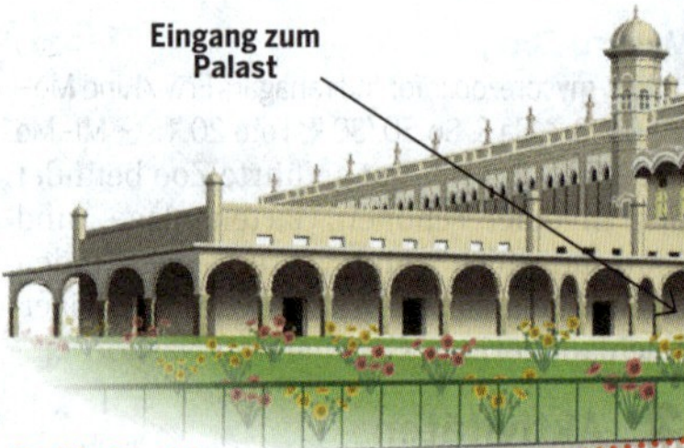

Doll's Pavilion
Der „Puppen-Pavillon" zeigt Puppen, Statuen und hinduistische Götter-Statuetten aus dem 19. und frühen 20. Jh., die der Maharadscha von Würdenträgern aus der ganzen Welt geschenkt bekommen hat.

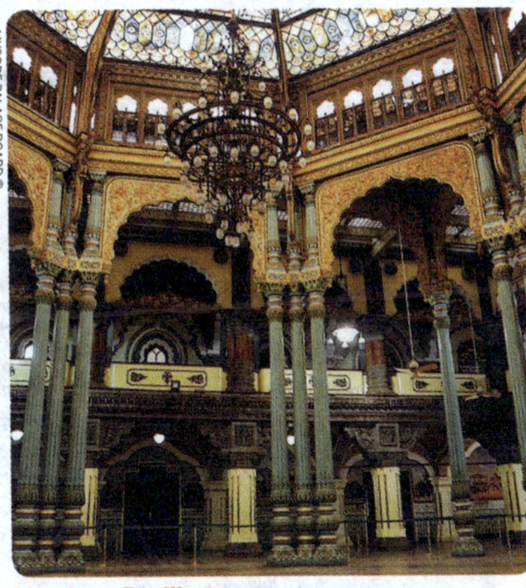
MYSORE PALACE BOARD ©

...fentliche Durbarhalle

...eser seitlich offenen Halle befindet sich eine unbezahlbare ...mlung von Gemälden des Malers Raja Ravi Varma. Die ...e mündet in einen großen, von Pfeilern getragenen Balkon ...einer üppig verzierten Decke, die zehn Inkarnationen von ...nu zeigt.

Marriage Pavilion

Dieser verschwenderisch gestaltete Saal, in dem königliche Hochzeiten stattfanden, weist christliche, hinduistische und islamische Designelemente auf. Die tolle achteckige Buntglasdecke mit dem Bronzekronleuchter hat Pfauenmotive.

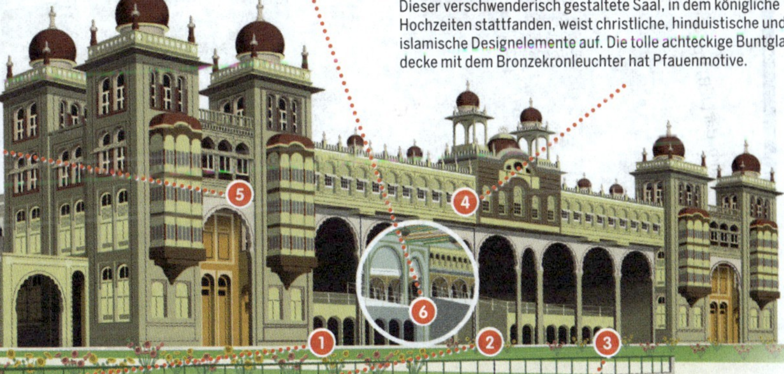

...ephant Gate

... Messingtor neben dem Doll's Pavilion befinden sich unten ... Elefanten aus Bronze, oben ein detaillierter doppelköpfiger ...er und in der Mitte ein Mischwesen aus Elefant und Löwe ...s Staatsemblem von Karnataka).

Golden Howdah

Am hinteren Ende des Doll's Pavilion steht ein hölzerner Howdah: Der gedeckte Elefantenreitsitz ist mit 80 kg Gold verziert und wurde vom Maharadscha während des Dussehra genutzt. Heute trägt der Howdah die Statuette der Göttin Chamundeswari.

MYSORE PALACE BOARD ©

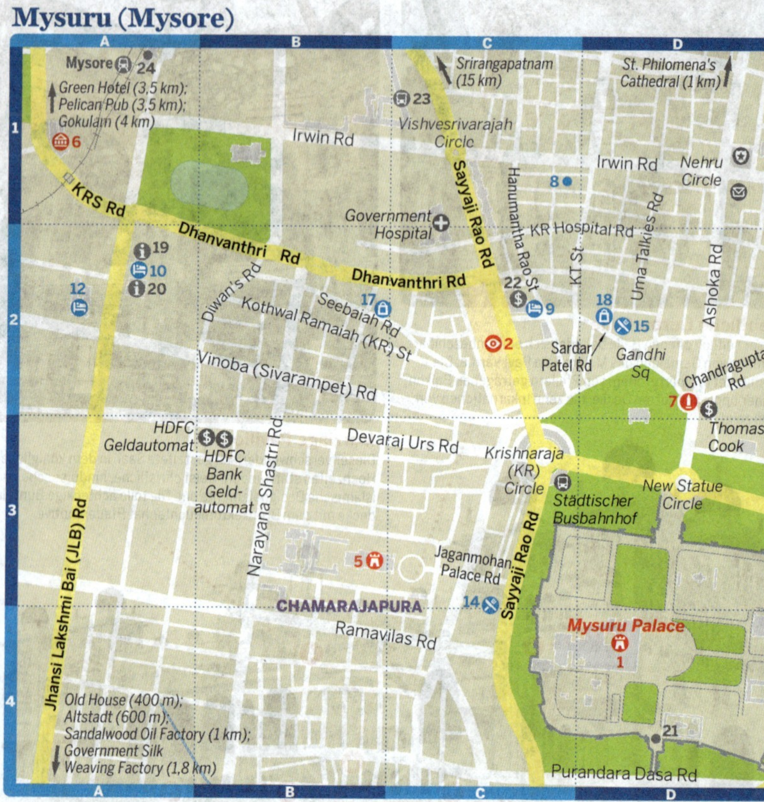

Mysuru (Mysore)

Highlights
1 Mysuru Palace D4

Sehenswertes
2 Devaraja Market C2
3 Government House F1
4 Indira Gandhi Rashtriya Manav Sangrahalaya E1
5 Jaganmohan Palace B3
6 Rail Museum A1
7 Silver Jubilee Clock Tower D2

Aktivitäten, Kurse & Touren
8 Shruthi Musical Works C1

Schlafen
9 Hotel Maurya C2
10 Hotel Mayura Hoysala A2
11 Parklane Hotel E3
12 Royal Orchid Metropole A2
13 The Mansion 1907 .... F2

Essen
14 Cafe Aramane C3
15 Hotel RRR D2
Parklane Hotel .... (siehe 11)
Tiger Trail .... (siehe 12)

Ausgehen & Nachtleben
16 Infinit Doora E3

Shoppen
17 Sri Sharada Grand Musical Works B2
18 Sumangali Silks D2

Praktisches
19 Karnataka Tourism A2
20 KSTDC Transport Office A2
21 South Gate Ticket Office D4
22 State Bank of Mysore C2

Transport
23 Privater Busbahnhof C1
24 Zugreservierungsbüro A1

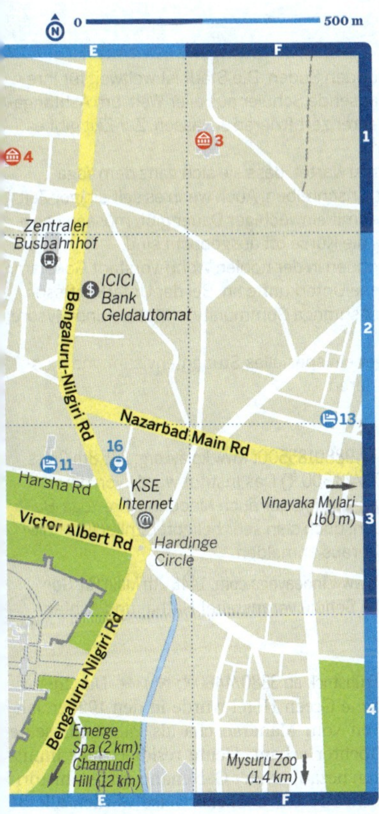

Sonder HOSTEL $
(www.sonderhostel.com; 66, 3rd Block, Jayalaxmipuram; B mit Frühstück 500 ₹; ❄📶) Das Backpackerhostel liegt rund 3 km außerhalb des Zentrums in einem ruhigen, grünen Vorort in der Nähe vieler Yogaschulen. In der gut gestalteten Anlage gibt's gemütliche Schlafsäle, Schließfächer, Brettspiele und Bücher, eine Küche und eine freundliche Atmosphäre. Zu dieser tragen auch die regelmäßig veranstalteten Events wie Filmabende und Kochkurse bei.

Hotel Maurya HOTEL $
(☎0821-2426677; 9/5 Hanumantha Rao St; EZ/DZ ab 195/350 ₹; ❄📶) Das sehr zentral gelegene Hotel ist eine gute Budgetoption mit vielen großen, wenn auch nicht weiter interessanten Zimmern, die spottbillig sind. Wer etwas mehr hinblättert, bekommt einen Fernseher und eine Klimaanlage. Der Manager und sein Personal sind äußerst hilfsbereit und zuvorkommend.

Anokhi Garden Guest House PENSION $$
(☎0821-4288923; www.anokhigarden.com; 408 Contour Rd, 3rd Stage, Gokulam; EZ/DZ ab 2200/3200 ₹; 📶) Das bei Yogaschülern und jungen Travellern sehr beliebte, von Franzosen geführte und anheimelnde Gästehaus hat nette, ordentliche Zimmer. Auf dem Gelände gibt's auch ein hübsches Gartencafé.

Parklane Hotel HOTEL $$
(☎0821-4003500; www.parklanemysore.com; 2720 Harsha Rd; Zi. 1755–3267 ₹; ❄@📶🏊) Das Hotel hat eine sehr gute Lage nahe dem Palast und dem Stadtzentrum und ein tolles Preis-Leistungs-Verhältnis. Die Deko mag übertrieben kitschig sein, doch die sehr großen, makellosen und äußerst komfortablen Zimmer sind einfach liebenswert und obendrein durchdacht ausgestattet, so z. B. mit ausgewählten Toilettenartikeln und Aufladestationen für Handys. Im Freiluftrestaurant herrscht immer Betrieb. Und zu guter Letzt gibt es noch einen kleinen Pool auf dem Dach.

Mystic School Studios HOTEL $$
(☎0821-4288490; www.mysoreyoga.in; 100 3rd Main Rd, Gokulam; Zi. mit/ohne Küche 25 000/15 000 ₹ pro Monat; ❄📶🏊) Diese Yogaschule vermietet blitzblank geputzte Zimmer mit eigenem Bad und Ein-Zimmer-Apartments mit Einbauküche und Balkon. Es gibt ein tolles Café, eine finnische Sauna, ein Tauchbecken und auf dem Dach eine Zone zum Chillen.

Urban Oasis HOTEL $$
(☎0821-4006332; www.urbanoasis.co.in; 7 Contour Rd, 3rd Stage, Gokulam; Zi. 1200–2000 ₹, monatl. ab 30 000 ₹; ❄📶) Das Haus ist zwar eher ein Businesshotel, aber bei Yogaschülern wegen seiner sauberen, funktionalen und modernen Zimmer mit Kabelfernsehen beliebt. Es gibt vier Preiskategorien: von kompakten Einzelzimmern bis zu geräumigen Zimmern mit Balkon und Klimaanlage.

Hotel Mayura Hoysala HOTEL $$
(☎0821-2426160; www.karnatakaholidays.net; 2 Jhansi Lakshmi Bai Rd; Zi. mit Frühstück & Ventilator/Klimaanlage ab 1550/2900 ₹; ❄📶) Das Potenzial dieses schönen historischen Gebäudes nahe dem Bahnhof wird nicht voll ausgeschöpft. Aber auch wenn das staatliche Hotel in einer Zeitschleife gefangen ist, bleibt es wegen seiner sehr stimmungsvollen Zimmer und den fairen Preisen doch im Rennen. Die hiesige Bar ist bei Mysurus Kneipengängern beliebt.

ASHTANGA-YOGA IN MYSURU

Was Rishikesh für Nordindien ist, ist Mysuru für den Süden. Die Stadt ist weltweit für ihre Yoga-Schulen bekannt. Jedes Jahr kommen Tausende Schüler aus aller Welt, um Ashtanga-Yoga zu lernen, zu praktizieren oder sich als Lehrer zertifizieren zu lassen. Zur Zeit gibt es mehr als 20 etablierte Einrichtungen in Mysuru.

In den meisten Fällen wird von den Schülern erwartet, dass sie sich ganz dem Yoga widmen und sich mindestens für einen Monat einschreiben. Auch wenn es seit einiger Zeit einen Trend für Kurse zum Vorbeikommen oder mit einwöchiger Dauer gibt, müssen Langzeitschüler sich weit im Voraus anmelden, weil die Kurse oft ausgebucht sind.

Die meisten ausländischen Yoga-Schüler wohnen in der noblen Wohn-Vorstadt Gokulam. Mehrere Schulen bieten mittlerweile auch eigene Unterkünfte an. Bei der Unterkunftssuche können außerdem die Facebook-Gruppen Ashtanga Community in Mysore und Mysore Yoga Community Group helfen.

Yoga-Schüler benötigen in Indien nicht länger ein spezielles Studentenvisum und müssen sich auch nicht mehr bei der Polizei registrieren.

Yoga-Zentren

Ashtanga Yoga Research Institute (AYRI; ☎9880185500; www.kpjayi.org; 235 8th Cross, 3rd Stage, Gokulam; 1./2. Monat mit Steuern 34 700/23 300 ₹) Das Institut wurde von dem berühmten Ashtanga-Lehrer K. Pattabhi Jois gegründet, der auch Madonna ihre Yoga-Bewegungen beibrachte. Der Meister ist verstorben, doch sein sehr beliebter Enkel führt die Tradition fort. Man muss sich zwei Monate im Voraus anmelden.

IndeaYoga (Ānanda Yoga India; ☎0821-2416779; www.indeayoga.com; 144E 7th Main Rd, Gokulam; inkl. Verpflegung & Unterkunft 1999 US$) Die Schule veranstaltet Hatha- und Ashtan-

★ **Grand Mercure Mysore** HOTEL $$$
(☎0821-4021212; www.accorhotels.com; Nelson Mandela Circle, New Sayyaji Rao Rd; Zi. ab 4940 ₹; ❄@📶🏊) Mit einem hübschen Swimmingpool auf dem Dach, einem Fitnesscenter und mehreren Restaurants ist dieses Hotel 4 km nördlich des Stadtzentrums eine ausgezeichnete Wahl. Das Personal ist äußerst aufmerksam. Und in den schicken und gut ausgestatteten Zimmern gibt es eine große Auswahl ausländischer Fernsehkanäle.

Royal Orchid Metropole HISTORISCHES HOTEL $$$
(☎0821-4255566; www.royalorchidhotels.com; 5 Jhansi Lakshmi Bai Rd; EZ/DZ mit Frühstück ab 6880/7250 ₹; ❄📶🏊) Das von den Wodeyars erbaute Haus diente einst als Residenz für die britischen Gäste des Maharadschas und ist zweifellos eines der führenden historischen Hotels in Mysuru. In dem bezaubernden kolonialzeitlichen Gebäude gibt's 30 Zimmer mit jeder Menge historischem Charme, aber auch allen modernen Einrichtungen. Zum Hotel gehören ein Fitnesscenter und ein hübscher Poolbereich im Freien.

Green Hotel PENSION $$$
(☎0821-4255000; www.greenhotelindia.com; 2270 Vinoba Rd, Jayalakshmipuram; EZ/DZ mit Frühstück ab 3880/4480 ₹; 📶) 🍃 Das historische Green Hotel wurde in den 1920er-Jahren vom Maharadscha als Palast für seine Töchter erbaut. Heute residiert hier inmitten bezaubernder Gartenanlagen ein historisches Hotel. Löblicherweise werden alle 31 Zimmer mit Solarenergie versorgt. Allesamt sind sie sehr stimmungsvoll, allerdings lässt die Instandhaltung ein bisschen zu wünschen übrig und manche Armaturen wirken etwas abgenutzt. Im Haus gibt's ein gutes **Café** (Kuchen ab 40 ₹, Snacks ab 70 ₹; ⏲10–19 Uhr; 📶) 🍃, ein Restaurant und einen Reiseveranstalter.

Die Gewinne des Hotels fließen an Wohltätigkeits- und Umweltprojekte in ganz Indien.

Essen

★ **Vinayaka Mylari** SÜDINDISCH $
(769 Nazarbad Main Rd; Dosas 30–50 ₹; ⏲6.30–13.30 & 15–20.30 Uhr) Das schlichte Lokal ist eine der besten Adressen in Mysuru, wenn man südindische Klassiker wie *idlis* oder *masala dosa* (große herzhafte südindische Crêpes gefüllt mit würzigen Kartoffeln) probieren möchte. Letztere sind hier schön leicht und locker; die Einheimischen essen sie mit Kokos-Chutney und einem Kaffee.

ga-Yoga mit Guru Bharath Shetty, der beim verstorbenen B. K. S. Iyengar studierte, und seiner Frau Archana. Bei den Kursen stehen auch Anatomie und Yoga-Philosophie auf dem Programm. Kurse zum Vorbeikommen und Unterkünfte für Yoga-Schüler sind auch im Angebot.

Mystic School (☎0821-4288490; www.mysoreyoga.in; 100 3rd A Main Rd, Gokulam; Yoga-Kurs zum Vorbeikommen/1 Monat 500/17 000 ₹) Die etablierte Schule hat ein vielfältiges Programm, zu dem Hatha- und Ashtanga-Yoga, Meditation und Vorträge gehören. Es gibt Angebote für Kurz- und Langzeitschüler aller Niveaus, Kurse zum Vorbeikommen sowie Reiki- und Massagekurse. Weiterhin gibt's Unterkünfte (Wohnstudios mit Einbauküche), eine Sauna, ein Tauchbecken und ein Café.

Atmavikasa Centre (☎0821-2341978; www.atmavikasayoga.com; 18 Rd, 6th Cross, Ramakrishnanagar) Die klassische Hatha-Yoga-Schule von Acharya Venkatesh und Acharye Hema bietet neben dem Unterricht Therapien und Workshops an. Das Zentrum liegt in einem Gartenambiente in einer friedlichen Vorstadt 5 km südwestlich des Palasts.

Yogadarshanam (☎0821-2412143; http://yogadarshanam.org; 77/A, 4th Main Rd, 3rd Stage; Kurs 6000–29 600 ₹) Das klassische indische Yogazentrum bietet Kurse, Lehrerausbildung, Workshops und Yoga-Klausuren. Der einmonatige Grundkurs deckt die Grundlagen des Yoga ab und eignet sich ideal für Anfänger.

Yoga Bharata (☎0821-4242342; www.yogabharata.com; 1. Stock, 810 Contour Rd; Pass für 20 Einheiten 4500 ₹) Das professionelle, mit IndeaYoga verbundene Zentrum bietet Ashtanga, Vinyasa und Hatha und Yoga-Therapien mit erfahrenen Lehrern. Es gibt auch Kurse zum Vorbeikommen (300 ₹).

Depth 'n' Green VEGETARISCH $
(www.facebook.com/depthngreen; 228/3, 1st Main Rd, Gokulam; Gerichte 80–170 ₹; ⏲10.30–22.30 Uhr; 📶) Das bei örtlichen Yogis extrem beliebte, stets gut besuchte und gesundheitsbewusste Café serviert überzeugende indische und westliche Gerichte, darunter tolle Salate. Gegessen wird an aus Baumstümpfen gefertigten Tischen. Die grünen Smoothies, Lassis und anderen Getränke (Rote Beete- und Ingwer-Limo) sind ebenfalls hervorragend.

Hotel RRR SÜDINDISCH $
(Gandhi Sq; Hauptgerichte 90–135 ₹; ⏲12–16 & 18–23 Uhr) Das stets geschäftige Lokal, bei dem man mittags vielleicht sogar für einen Tisch anstehen muss, serviert klassische Gerichte aus Andhra Pradesh. Empfehlenswert sind die berühmten, auf einem Bananenblatt servierten Hähnchen- und Lamm-Biryanis.

Cafe Aramane SÜDINDISCH $
(Sayyaji Rao Rd; Hauptgerichte 90–110 ₹; ⏲8–22 Uhr) 🍃 In einem stimmungsvollen historischen Gebäude serviert dieses in der Regel geschäftige südindische Restaurant dampfende Frühstücksplatten für Mysurus Büroangestellte, mittags Thalis (ab 80 ₹) und abends aromatischen Filterkaffee und jede Menge leckere Snacks. An jedem Wochentag gibt's besondere *dosas*.

Parklane Hotel INTERNATIONAL $$
(Parklane Hotel, 2720 Harsha Rd; Hauptgerichte 100–160 ₹; 📶) Mysurus geselligstes Restaurant hat Tische im Freien, eine stimmungsvolle Beleuchtung mit zahllosen Laternen und oft auch traditionelle Livemusik. Auf der Karte stehen köstliche regionale Gerichte aus ganz Indien sowie chinesische und europäische Speisen und kaltes Bier.

Anu's Bamboo Hut VEGETARISCH $$
(☎9900909428; www.facebook.com/CafeinGokulam; 367, 2nd Main, 3rd Stage, Gokulam; Mittagsbuffet 250 ₹; ⏲Mo–Sa 13–15 & 17–19 Uhr; 📶) Die Café-Hütte auf dem Dach spricht mit gesunden vegetarischen Mittagsbuffets (ab 13 Uhr) und Smoothies am Abend vor allem Yoga-Schüler an. Der Koch und Inhaber Anu hat viele Infos auf Lager und veranstaltet Kochkurse (700 ₹ inkl. Mittagessen).

Tiger Trail INDISCH $$$
(☎0821-4255566; Royal Orchid Metropole, 5 Jhansi Lakshmi Bai Rd; Hauptgerichte 200–650 ₹; ⏲7.30–10, 12.30–15.30 & 19.30–23 Uhr; 📶) Das noble Hotelrestaurant serviert köstliche indische Gerichte in einem Hof, der nachts

von Lichterketten erhellt wird. Die nordindischen Gerichte sind besonders gut, z. B. das Chicken Korma (300 ₹) aus Lucknow. Es gibt auch ein feines Mittagsbuffet.

Old House ITALIENISCH $$$
(☎ 0821-2333255; 451 Jhansi Rani Lakshmi Bai Rd; Hauptgerichte 175–399 ₹; ⏰ 7.30–21.45 Uhr; 📶) Das edle italienische Restaurant serviert auf einer schönen Terrasse schmackhafte Salate, Pasta, Risotto und Holzofen-Pizza. Dazu gibt's eine große Auswahl an Mocktails und Kaffeespezialitäten, aber keinen Alkohol.

Ausgehen & Nachtleben

Pelican Pub KNEIPE
(Hunsur Rd; Hauptgerichte 100–190 ₹; ⏰ 11–23 Uhr) Die altehrwürdige, aber nach wie vor beliebte Kneipe liegt am Rand des Nobelviertels Gokulam und serviert im klassischen Pub-Interieur oder draußen im Garten Bier vom Fass und Essen zu Tiefstpreisen (empfehlenswert ist das Schweinefleisch mit Chili). An manchen Abenden gibt's Livemusik.

Infinit Doora BAR
(Hotel Roopa, 2724/C, Bangalore Nilgiris Rd; ⏰ 12–23 Uhr; 📶) Diese Bar kommt in Mysuru einer Lounge am nächsten. Die Bar auf einer Dachterrasse bietet klassisches Ambiente und eine umfangreiche Getränkeauswahl, Raucher- und Nichtraucherbereiche und einen schönen Blick auf die Stadt.

Shoppen

Mysuru ist ein toller Ort, um Sandelholzprodukte, Seidensaris und Holzspielzeug zu kaufen. Die Stadt ist auch eines der wichtigsten Zentren der indischen Weihrauchherstellung. Beim Kauf von Produkten aus Seide auf das Qualitätssiegel „Silk Mark" achten, das einem Schmetterling ähnelt!

Der Basarbereich um den Devaraja Market ist ein echtes Highlight für alle, die nach Gewürzen – und Fotomotiven – suchen.

Government Silk Weaving Factory BEKLEIDUNG
(☎ 8025586550; www.ksicsilk.com; Mananthody Rd, Ashokapuram; ⏰ Mo–Sa 8.30–16 Uhr, Outlet tgl. 10.30–19 Uhr) In Anbetracht der Tatsache, dass Mysurus wertvolle Seide tatsächlich hier unter diesem Dach hergestellt wird, ist das 1912 eröffnete staatlich betriebene Outlet wirklich der beste und preiswerteste Ort, um exklusive Textilien zu erwerben. Direkt hinter dem Verkaufsraum befindet sich die Fabrik, sodass man einfach kurz vorbeischauen und sehen kann, wie der Stoff hergestellt wird. Etwa 2 km südlich der Stadt gelegen.

Sumangali Silks KLEIDUNG
(abseits des Gandhi Sq; ⏰ 10.30–20.30 Uhr) Das bei indischen Damen außerordentlich beliebte, mehrstöckige Geschäft ist eine weitere gute Adresse für den Kauf eines Seidensaris; die Preise hängen von der Qualität des jeweiligen Stücks ab.

Sandalwood Oil Factory GESCHENKE & SOUVENIRS
(Mananthody Rd, Ashokapuram; ⏰ Outlet 9.30–18.30 Uhr, Fabrik So geschl.) Hier gibt's Qualitätsprodukte aus Sandelholz wie Weihrauch, Seife, Kosmetik und das unglaublich teure reine Sandelholzöl (sofern auf Lager). Möglich sind auch geführte Touren durch die Fabrik.

Sri Sharada Grand Musical Works MUSIK
(2006 Seebaiah Rd) Hier wird eine Reihe an traditionellen Musikinstrumenten verkauft, so z. B. Tabla-Sets (Trommel) und verschiedene Percussion-Instrumente.

ℹ Praktische Informationen

GEPÄCKAUFBEWAHRUNG

Die Gepäckaufbewahrung des Städtischen Busbahnhofs ist von 6 bis 23 Uhr geöffnet (15 ₹ pro Gepäckstück & 12 Std.).

MEDIZINISCHE VERSORGUNG

Government Hospital (☎ 0821-4269806; Dhanvanthri Rd) Zentral gelegenes Krankenhaus mit rund um die Uhr geöffneter Apotheke.

TOURISTENINFORMATION

Karnataka Tourism (☎ 0821-2422096; www.karnatakatourism.org; 1st fl, Hotel Mayura Hoysala, 2 Jhansi Lakshmi Bai Rd; ⏰ Mo–Sa 10–17 Uhr) Hilfreiches Büros mit vielen Broschüren.

KSTDC Transport Office (☎ 0821-2423652; www.karnatakaholidays.net; Yatri Navas Bldg, 2 Jhansi Lakshmi Bai Rd; ⏰ 8.30–20.30 Uhr) In der Hauptfiliale gibt's allgemeine Infos für Touristen und eine nützliche Karte.

An- & Weiterreise

BUS

Alle KSRTC-Fernbusse nutzen den **zentralen Busbahnhof** (Bengaluru-Nilgiri Rd).

Vom **städtischen Busbahnhof** (Sayyaji Rao Rd) fahren Stadtbusse und Busse nach Shrirangapattana und Chamundi Hill.

BUSSE AB MYSURU

ZIEL	PREIS (₹)	DAUER (STD.)	HÄUFIGKEIT
Bandipur	77 (O)	2	11-mal tgl. über Udagamandalam
Bengaluru	123 (O)/209 (R)/299 (V)	2–3	alle 30 Min.
Bengaluru Airport	739 (V)	3½–4	12-mal tgl.
Channarayapatna	83 (O)/160 (V)	2	stündl.
Chennai	632 (R)/1026 (V)	9–11	6-mal tgl. ab 16.30 Uhr
Ernakulam	739 (V)	8–9	3-mal tgl. ab 18 Uhr
Gokarna	478 (O)	12	1-mal tgl.
Hassan	112 (O)	3	stündl.
Hosapete (Hospet)	381 (O)/608 (R)	9–12	7-mal tgl.
Mangaluru	245 (O)/390 (R)/502 (V)	6–7	stündl.
Udagamandalam	131 (O)/193 (R)/529 (V)	4–5	12-mal tgl.

Preise: (O) Ordinary, (R) Rajahamsa Semideluxe, (V) Airavath AC Volvo

ZÜGE AB MYSURU

ZIEL	ZUG-NR. & NAME	PREIS (₹)	DAUER (STD.)	ABFAHRT
Bengaluru	*16518 Bengaluru Exp*	2AC/3AC 695/490	3	5.30 Uhr
Bengaluru	*12613 Tippu Exp*	2. Klasse/AC chair 90/305	2½	11.15 Uhr
Bengaluru	*12008 Shatabdi Exp*	AC chair/AC executive chair 305/770	2	tgl. außer Mi 14.15 Uhr
Chennai	*12008 Shatabdi Exp*	AC chair/AC executive chair 1280/1845	7	Do–Di 14.15 Uhr
Hosapete (nach Hampi)	*16592 Hampi Exp*	3AC/2AC Sleeper 840/1205	12	19 Uhr
Hubballi	*17301 Mysore Dharwad Exp*	Sleeper/2AC 275/1065	9½	22.30 Uhr

Vom **privaten Busbahnhof** (Sayyaji Rao Rd) fahren Busse nach Hubballi (Hubli), Vijayapura (Bijapur), Mangaluru, Udagamandalam (Ooty) und Ernakulam. Rund um den Busbahnhof findet man mehrere Ticketverkäufer.

FLUGZEUG

Vom Flughafen von Mysuru gab es zum Zeitpunkt der Recherchen keine Flüge. Es ist aber gut möglich, dass der Flugbetrieb inzwischen wieder aufgenommen wurde.

ZUG

Zugfahrkarten verkauft Mysurus **Zugreservierungsbüro** (☎131; ⌚Mo–Sa 8–20, Sa bis 14 Uhr).

ℹ Unterwegs vor Ort

Uber- und Ola-Taxis sind überall in Mysuru unterwegs. Reiseveranstalter in den Hotels können Fahrer für Stadtrundfahrten (ca. 1800 ₹/Tag) und Ausflüge ins Umland (ab 2500 ₹/Tag) vermitteln.

Eine ganztägige Stadtrundfahrt mit einer Autorikscha kostet rund 1000 ₹.

Rund um Mysuru

Für Touren zu den Attraktionen außerhalb von Mysuru sind die Touren der KSTDC (S.955) eine Überlegung wert.

Shrirangapattana (Srirangapatna)

☎08236 / 26 300 EW.

Die 16 km von Mysuru entfernte Festungsstadt Shrirangapattana auf einer Insel im Cauvery (Kaveri) hat eine blutige Geschichte. Als Machtzentrum von Hyder Ali und Tipu Sultan war die Stadt im 18. Jh. praktisch die Hauptstadt eines großen Teils von

Südindien. Die Wälle, Wehrgänge und einige Tore der Festung sind noch erhalten, ebenso eine Reihe von Denkmälern.

Sehenswertes

Daria Daulat Bagh PALAST

(Sommerpalast; Inder/Ausländer 20/100 ₹; 9–17 Uhr) Die Hauptattraktion Shrirangapattanas ist der aus Teak- und Rosenholz erbaute Sommerpalast Tipu Sultans, der sich in einem gepflegten Gelände 1 km östlich der Festung erhebt. Seine üppige Dekoration, die jeden Quadratzentimeter der Innenräume überzieht, ist schlichtweg imposant: Die Decken zieren Blumenmotive und die Wände Malereien, die das Leben am Hof und Tipus Feldzüge gegen die Briten darstellen. Ein kleines Museum zeigt Artefakte und interessante Gemälde.

Gumbaz MAUSOLEUM

(8–18.30 Uhr) GRATIS Der historisch bedeutsame und im persischen Stil errichtete Gumbaz steht in einem beschaulichen Garten und ist die Ruhestätte des legendären Tipu Sultan, seines gleichermaßen berühmten Vaters Hyder Ali und von dessen Gemahlin. Die meisten Inschriften sind persisch. Das Mausoleum ist von einer Zwiebelkuppel bekrönt; das Tigermotiv der Malereien im eindrucksvollen Inneren ist eine Huldigung an den Sultan.

Sri-Ranganathaswamy-Tempel HINDU-TEMPEL

(7.30–13 & 16–20 Uhr) Dieser schöne Tempel von 894 ist teils im Hoysala-Stil, teils im Vijayanagar-Stil gebaut. Innen befinden sich höhlenartige Wege, Säulen, und das Herzstück, eine 4,5 m lange liegende Statue von Ranganatha, einer Manifestation Vishnus.

Jamia Masjid MOSCHEE

Die cremefarbene Moschee mit zwei Minaretten ließ der Sultan 1787 errichten. Sie weist eine interessante Mischung aus islamischer und hinduistischer Architektur auf. Wer die Treppen im hinteren Teil hinaufsteigt, wird mit einem Panoramablick über die Stätte belohnt.

Colonel Bailey's Dungeon HISTORISCHE STÄTTE

GRATIS Nördlich der Insel steht am Ufer des Cauvery dieser gut erhaltene Kerker aus dem 18. Jh. In dem mit weißen Mauern versehenen Bau schmachteten britische Kriegsgefangene, darunter Colonel Bailey, der 1780 hier starb. Steinerne Vorsprünge dienten dazu, die nackten Gefangenen anzuketten, die dann bis zum Hals ins Wasser getaucht wurden.

Ranganathittu Bird Sanctuary NATURSCHUTZGEBIET

(Inder/Ausländer inkl. 15-min. Bootsfahrt 60/120 ₹, Foto mit Teleobjektiv/Video 500 ₹; 8.30–17.45 Uhr) Das Vogelschutzgebiet umfasst sechs Inselchen und die Ufer des Cauvery. Die Störche, Ibisse, Löffler und Kormorane lassen sich am besten frühmorgens oder am späten Nachmittag bei einer ausgedehnten **Bootsfahrt** (1000 ₹/Std.) beobachten. In der Gegend leben auch viele Krokodile, die sich leicht erspähen lassen. Im Schutzgebiet gibt's ein Restaurant.

Schlafen & Essen

Mayura River View HOTEL $$

(0823-6252114; www.kstdc.co/hotels; DZ mit Ventilator/Klimaanlage ab 2300/3300 ₹;) Die Zimmer und Cottages dieses staatlichen Hotels sind in recht ordentlichem Zustand und haben eine schöne Lage an einem ruhigen Uferabschnitt. Tagesausflügler können zum Mittagessen (Hauptgerichte 150–180 ₹) vorbeikommen, auf den Fluss blicken und ein Bier trinken.

An- & Weiterreise

Vom städtischen Busbahnhof in Mysuru fahren stündlich Busse (22–30 ₹, 45 Min.). Personenzüge auf dem Weg von Mysuru nach Bengaluru halten ebenfalls in der Kleinstadt. Bus 307 (18 ₹, 30 Min.) zu den Brindavan Gardens fährt gleich gegenüber dem Hauptbusbahnhof von Shrirangapattana ab. Eine Autorikscha ab Mysuru kostet hin und zurück ca. 600 ₹, ein Taxi ca. 1000 ₹.

Unterwegs vor Ort

Die Sehenswürdigkeiten liegen verstreut; das Mieten einer Autorikscha (ca. 300 ₹/3 Std.) ist die beste Option, um sich alles anzuschauen.

Melukote (Melkote)

Das Leben in der religiösen, hinduistischen Stadt Melukote (auch Melkote genannt), etwa 50 km nördlich von Mysore, dreht sich um den stimmungsvollen **Cheluvanarayana-Tempel** (Raja St; 8–13 & 17–20 Uhr) aus dem 12. Jh. mit seinem rosenfarbenen *gopuram* (Eingangstor) und den kunstvoll gestalteten Säulen. Beim Fußweg zum auf einem Hügel gelegenen Yoganarasimha-Tempel, der schöne Aussichten auf die Hügel der Umgebung bietet, kann man gleich etwas für die Gesundheit tun.

Täglich fahren drei KSRTC-Busse von Mysuru nach Melukote (100 ₹, 1½ Std.) und zurück.

Somnathpur

Der unglaublich schöne **Keshava-Tempel** (Inder/Ausländer 5/100 ₹; ⌚8.30–17.30 Uhr) ist eines der herrlichsten Beispiele der Hoysala-Architektur und nur noch zu vergleichen mit den Meisterwerken in Belur und Halebid. Der Tempel mit dem sternförmigen Grundriss, der rund 33 km von Mysuru entfernt ist, wurde im Jahr 1268 errichtet. Er ist mit wunderbaren Steinreliefs und -skulpturen geschmückt, die Szenen aus dem Ramayana, dem Mahabharata und der Bhagavadgita sowie Thron- und Alltagsszenen der Hoysala-Könige darstellen.

Somnathpur liegt 12 km südlich von Bannur und 10 km nördlich von Tirumakudal Narsipur. Man nimmt von Mysuru aus einen der im 30-Minuten-Takt fahrenden Busse zu einem der beiden Dörfer (35 ₹, 30 Min.) und steigt dort um.

Bandipur National Park

☎08229

Der zum Nilgiri Biosphere Reserve gehörende, 880 km² große **Bandipur National Park** (http://bandipurtigerreserve.in; Inder/Ausländer 75/1000 ₹, Video 1000 ₹; ⌚6–9.30 & 16–18 Uhr) ist eines der berühmtesten Wildnisgebiete Südindiens. Es ging aus dem ehemaligen privaten Naturreservat der Maharadschas von Mysuru hervor. Heute ist es eine Schutzzone für mehr als 100 Säugetierarten, darunter Tiger, Elefanten, Leoparden, Gaurs, Axishirsche, Pferdehirsche, Lippenbären, Rothunde, Mungos und Languren. Außerdem leben hier 350 Vogelarten. Das Reservat liegt nur 80 km südlich von Mysuru an der Straße nach Udagamandalam.

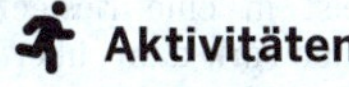

Aktivitäten

Safaris im Park sind nur mit staatlich lizenzierten Fahrzeugen erlaubt.

Bandipur Safari Lodge JEEPSAFARI
(☎08229-233001; www.junglelodges.com; 2-stündige Safari 2700 ₹/Pers.; ⌚6 & 16 Uhr) Die Bandipur Safari Lodge hat offene Geländewagen und Minibusse sowie kundige Führer.

Forest Department Safari SAFARI
(☎08229-236043; directorbandipur@gmail.com; 1-stündige Safari mit Bus/Jeep/Maruti Gypsy inkl. Genehmigung 1200/2000/3000 ₹ pro Pers.; ⌚Abfahrtszeiten 6.30–8.30 & 15.30–17.30 Uhr) Die Forstbehörde organisiert hastige Touren per Bus (20 Plätze), die an der Parkzentrale starten. Es lohnt sich, etwas mehr für einen Platz in einem Jeep oder Geländewagen auszugeben. Die Wochenenden sollte man meiden, weil es oft sehr voll wird.

Schlafen & Essen

Hotel Bandipur Plaza HOTEL $
(☎08229-233200; Ooty-Mysuru Hwy; Zi. 1500 ₹; 📶) Die Lage am Highway ist ein Nachteil, aber die Zimmer dieses einfachen Hotels sind günstig und bei einem ansonsten so teuren Ziel durchaus angemessen. Das Hotel liegt in der Nähe der Bandipur Safari Lodge, was für Safaris im Park praktisch ist, und hat ein ordentliches Restaurant.

Forest Department Bungalows PENSION $
(☎08229-236051; www.bandipurtigerreserve.in; Schlafsaal mit 9/20 Betten 720/1000 ₹, Bungalow Ausländer ab 3000 ₹; 📶) Bietet einfache und aufgrund seiner Lage und Atmosphäre auch nette Übernachtungsmöglichkeiten im Hauptquartier des Parks. Der Nachteil ist, dass Ausländer pro Nacht zusätzlich noch 1000 ₹ für den Parkeintritt bezahlen müssen. Die Schlafsäle werden nur komplett vermietet, man muss sich die Unterkunft also nicht mit Fremden teilen. Onlinebuchung möglich.

Tiger Ranch LODGE $$
(☎8095408505; www.tigerranch.net; Mangala; mit VP 1510 ₹/Pers.) Ein echtes Wildnis-Erlebnis: Die sehr rustikale Tiger Ranch hat schlichte, aber attraktive Cottages, einen stimmungsvollen, strohgedeckten Speisesaal und feine Hausmannskost. Im umliegenden Wald kann man gut spazieren gehen und wird dabei mit Sicherheit auf Wildtiere treffen. An den Abenden sitzt man um ein Lagerfeuer. Die Lodge ist 10 km vom Park entfernt; vorher anrufen, um die Abholung zu organisieren (300 ₹)!

★**Dhole's Den** LODGE $$$
(☎9444468376; www.dholesden.com; Kaniyanapura; Stellplatz/EZ/DZ mit VP ab 3000/11 000/12 000 ₹; 📶) Die makellose Lodge punktet mit zeitgenössischem Design in einer hübschen, ländlichen Umgebung. Die stilvollen, modernistischen Zimmer und Bungalows sind mit Kunst und farbenfrohen Stoffen dekoriert und mit Sofas und Liegestühlen ausgestattet. Solarstrom, der Wassertank und

ABSTECHER

BILIGIRIRANGA SWAMY TEMPLE WILDLIFE SANCTUARY

Das **Biligiriranga Swamy Temple Wildlife Sanctuary** in den Biligiriranga Hills ist zwar weit weniger bekannt als Bandipur oder Nagarhole, aber eine tolle Alternative, um seine Dschungelbuch-Fantasien auszuleben. Der 570 km² große Naturpark wurde 2011 zu einem Tigerschutzgebiet erklärt, aber wie in den meisten Parks muss man schon sehr viel Glück haben, um eine der gestreiften Großkatzen zu erspähen. Elefanten, Leoparden, Lippenbären und Rothunde streifen ebenfalls über die Hügel.

Das **Kyathdevaraya Gudi Wilderness Camp** (080-40554055; www.junglelodges.com/kyathadevara-gudi-wilderness-camp; Yelandur; pro Pers. mit VP Inder/Ausländer ab 8036/9804 ₹) hat ein großartige Lage in dem friedlichen Wald, in dem Warzenschweine und Axishirsche grasen. Die Unterkunft in Zelthütten bzw. in schönen, auf Stelzen stehenden Holzhütten ist zwar ein teurer Spaß, doch im Preis sind alle Mahlzeiten, eine Safari, eine geführte Wanderung und alle Steuern enthalten.

Das Wildschutzgebiet ist viereinhalb Autostunden von Bengaluru entfernt. Am besten chartert man ein Auto, obwohl es theoretisch auch möglich ist, mit öffentlichen Verkehrsmitteln herzukommen. Um 7.45 Uhr fährt ein Bus direkt von Mysuru nach K. Gudi; alternativ nimmt man einen Bus nach Chamarajanagar, wo um 13.30 Uhr ein Bus nach K. Gudi fährt. Von Chamarajanagar kann man auch einen Jeep nehmen (700 ₹).

Bio-Gemüse zeugen vom Umweltbewusstsein der Betreiber. Wer mit schmalem Geldbeutel reist, kann hier auch campen. Das Anwesen ist 20 Fahrtminuten von der Parkzentrale entfernt; eine geführte Naturwanderung ist im Preis enthalten.

Serai RESORT, LODGE $$$
(08229-236075; www.theserai.in; Kaniyanapura; Zi. mit VP ab 21 000 ₹;) Das Luxusresort in einer an den Nationalpark grenzenden Kaffeeplantage besteht aus herrlichen, mediterran anmutenden Villen (einige mit eigenem Pool), die in Einklang mit der natürlichen Umgebung stehen. Die strohgedeckten Zimmer besitzen elegante Details, z. B. kupferne Badezimmerarmaturen, Duschen mit Natursteinwänden und Naturfotografien an den Wänden. Das Restaurant mit seinen Glaswänden und der Infinity Pool bringen den Ausblick in die Nilgiris bestens zur Geltung.

MC Resort HOTEL $$$
(9019954162; www.mcresort.in; Bengaluru-Ooty Rd, Melukamanahally; EZ/DZ mit VP ab 4000/5000 ₹;) Das ordentliche Ferienhotel hat geräumige, gut ausgestattete Zimmer, einen großen Pool, ein Planschbecken für Kinder, ein internationales Restaurant und eine bequeme Lage nahe dem Park. Die Mahlzeiten sind im Preis enthalten.

An- & Weiterreise

Busse, die von Mysuru nach Udagamandalam fahren, können einen in Bandipur (78 ₹, 88 km, 2½ Std.) absetzen. Ein Taxi ab Mysuru kostet etwa 2000 ₹.

Nagarhole National Park

Der 643 km² große **Nagarhole National Park** (Rajiv Gandhi National Park; Inder/Ausländer 200/1000 ₹, Video 1000 ₹; 6–18 Uhr) (ausgesprochen: *nag*-ar-ho-leh) ist mit vielen Wildtieren, Dschungel und einem malerischen See gesegnet und eines der besten Schutzgebiete in Karnataka, in dem u. a. auch Tiger und Elefanten leben. Der Park grenzt an den Fluss **Kabini** und gehört zu einer wichtigen geschützten Region, die auch den benachbarten Bandipur National Park (S. 965) und mehrere andere Reservate umfasst. Die üppigen Wäldern beheimaten neben Tigern und Elefanten auch Leoparden, Gaurs, Muntjaks, Rothunde, Indische Hutaffen und Hanuman-Languren sowie 270 Vogelarten. Zwischen Juli und Oktober verwandelt der Regen die Wälder meist in eine riesige Matschgrube, weshalb der Park dann über längere Zeit geschlossen sein kann.

Der Kabini entwässert in das Kabini Reservoir, eine riesige Wasserstelle für die Tiere des Parks. Herden wilder Elefanten und andere Tiere versammeln sich an den Ufern. Mit seiner Konzentration von Wildtieren ist dies einer der besten Orte in Karnataka, um die hiesige Fauna zu beobachten.

Die traditionellen Bewohner des Landes, das Jäger- und Sammlervolk der Jenu Kuruba, leben noch im Park. Die Regierung versucht allerdings, sie umzusiedeln.

Aktivitäten

Staatliche Safaris SAFARI
(Kabini River Lodge; 2½-std. Safari mit Geländewagen 3000 ₹) In der Trockenzeit starten Safaris um 6 und 15 Uhr, wenn die Wetterbedingungen das zulassen.

Motorbootfahrten BOOTSFAHRT, TIERE & PFLANZEN
(Kabini River Lodge; Fahrt in 20-sitzigen Motorbooten 2000 ₹/Pers.) Die von der Kabini River Lodge organisierten Touren eignen sich für entspannte Naturbeobachtungen. Vogelbeobachter sollten besonders auf ihre Kosten kommen.

Schlafen & Essen

Der Kabini Lake (wo sich die meisten Lodges befinden) ist ein wunderbares Standquartier, ein wirkliches Budgethotel gibt es dort aber nicht. Für billige Unterkunft muss man sich in die Nähe der Parkzentrale begeben.

Karapur Hotel PENSION $$
(☎9945904840; Karapura-Verkehrskreisel; Zi. 1200 ₹) Die einzige Budgetunterkunft in der Nähe des Kabini-Sees ist diese schlichte Lodge mit ein paar Zimmern über einem Laden. Sie steht in der Ortschaft Karapura 3 km außerhalb des Parks.

★ **Waterwoods Lodge** PENSION $$$
(☎082-28264421; www.waterwoods.in; DZ mit VP ab 13 200 ₹;) Die hinreißende Lodge steht am grasbewachsenen Ufer des malerischen Kabini-Sees. Die meisten Zimmer haben Balkone mit einem wundervollen Blick auf den See, Schaukelstühle, Hartholzböden und Designer-Flair. In der kinderfreundlichen Anlage gibt's ein Trampolin, einen Infinity Pool, kostenlose Leihkanus und Holzofenpizzas. Im Spa mit Massageräumen, Whirlpool und Dampfbad kann man sich verwöhnen lassen.

Serai Kabini LODGE $$$
(☎080-40012200; http://theserai.in/kabini; Zi. mit VP ab 16 450 ₹;) Die Luxus-Lodge ist ideal für Wildtierbeobachtungen. Die wundervollen Bungalows blicken auf den See und es werden erstklassige organisierte Dschungel-Safaris, Bootstouren und Naturwanderungen angeboten. Das hübsch gestaltete Restaurant bietet ausgezeichnete Gerichte und es gibt ein schönes Spa. Die Lodge steht am Nordufer des Kabini Reservoir.

Bison Resort LODGE $$$
(☎080-41278708; www.thebisonresort.com; Gundathur; Stellplatz ab 2500 ₹/Pers., EZ/DZ mit VP ab 320/370 US$;) Die von luxuriösen Safari-Lodges in Afrika inspirierte Anlage verspricht ein klassisches Wildnis-Erlebnis. Sie hat eine hinreißende Lage am Seeufer, man wohnt in Cottages mit Zeltwänden, Bungalows auf Stelzen oder campt im Busch. Zu den vielen angebotenen Aktivitäten zählen Wanderungen zu Stammesdörfern und Bootsfahrten bei Sonnenuntergang. Der Service ist hervorragend, fachkundige Naturkundler sind zur Hand.

KAAV Safari Lodge LODGE $$$
(☎08228-264492; www.kaav.com; Mallali Cross, Kabini; mit VP EZ/DZ ab 10 400/13 200 ₹, Zelt ab 12 000 ₹;) Die noble Designer-Safarilodge hat offen gestaltete Zimmer mit polierten Betonböden, schicken Bädern und geräumigen Balkonen, die sich zum Nationalpark öffnen. Auf alle Details wurde sorgsam geachtet. Man kann sich auf den üppigen Liegen des Aussichtsturms entspannen oder in den Infinity Pool springen. Kinder unter zehn Jahren sind unerwünscht.

An- & Weiterreise

Der Haupteingang zum Park liegt 93 km südwestlich von Mysuru. Zwei Busse fahren täglich von Mysuru nach Karapuram (68 ₹, 2½ Std.), das rund 3 km vom Kabini-See entfernt ist. Ein Taxi aus Mysuru kostet rund 2000 ₹.

Distrikt Kodagu (Coorg)

In den immergrünen Hügeln an der südlichen Grenze Karnatakas liegt der üppige Distrikt Kodagu (Coorg), der geprägt ist von smaragdgrünen Landschaften und Plantagen, die sich über viele Hektar erstrecken. Das ländlich geprägte Kodagu ist ein wichtiges Zentrum des Kaffee- und Gewürzanbaus und die Heimat des aus 1000 Clans bestehenden Volkes der Kodava. Das hügelige Gelände und das kühle Klima eignen sich prima für Trekking- und Vogelbeobachtungstouren sowie entspannte Spaziergänge auf verschlungenen, wenig benutzten Pfaden. Alles in allem ist Kodagu eine richtige Verjüngungskur.

Kodagu war bis zum Zusammenschluss mit Karnataka 1956 ein eigener Staat. Die wichtigste Stadt und der Verkehrsknoten der Region ist Madikeri, wer aber Kodagu wirklich erleben will, muss seine ländlichen Gebiete aufsuchen. Am besten meidet man die Wochenenden, an denen viele Ausflügler aus Bengaluru hier unterwegs sind.

Aktivitäten

Für viele Besucher ist es ein Highlight, die Region zu Fuß zu erkunden. Die Treks sind gleichzeitig ein Kultur- und ein Naturerlebnis: Man klettert auf Hügel, besucht Plantagen, wandert durch Wälder und übernachtet in Privatunterkünften.

Die beste Wanderzeit sind die Monate Oktober bis März; während der Monsunzeit gibt's hingegen keine Treks. Beliebte Wanderziele sind die Gipfel des Tadiyendamol (1745 m, 7 Tage), des Pushpagiri (1712 m) und des Kotebetta (1620 m). Auch viele Tageswanderungen sind möglich; so organisiert z. B. das Rainforest Retreat (S. 969) mehrere Touren. Um sich im Labyrinth der Waldwege zurechtzufinden, braucht man einen Guide.

Madikeri (Mercara)

☎08272 / 34 200 EW. / 1525 M

Die verstopfte Marktstadt Madikeri (früher Mercara) erstreckt sich über eine Reihe von Hügelkämmen. Der einzige Grund für einen Besuch sind das Organisieren von Trekkingtouren und praktische Reiseangelegenheiten.

Sehenswertes

Madikeri Fort HISTORISCHE STÄTTE

Von der Hügelfestung, die Tipu Sultan im 18. Jh. erbaute, hat man eine schöne Aussicht, auch wenn sie heute nur mehr der prosaische Sitz der Stadtverwaltung ist. Man kann über einen kurzen Abschnitt der Festungswälle spazieren. Im Fort sieht man den sechseckigen Palast (heute der verstaubte Sitz des Landrats) und die kolonialzeitliche Kirche, in der sich heute ein skurriles **Museum** (So–Fr 10–17.30 Uhr) GRATIS befindet.

Raja's Seat AUSSICHTSPUNKT

(MG Rd; 5 ₹; 5.30–19 Uhr) Der perfekte Ort, um wie einst die Radschas den Sonnenuntergang zu beobachten. Der Blick schweift über gewellte Hügel und weite Täler.

Raja-Gräber HISTORISCHE GEBÄUDE

(Gaddige) GRATIS Die mit Kuppeln versehenen Grabmäler im indosarazenischen Stil sind die letzte Ruhestätte der Herrscher und Würdenträger der Kodavas. Die Anlage befindet sich 7 km außerhalb von Madikeri; hin gelangt man per Autorikscha (200 ₹).

Abbi Falls WASSERFALL

Nach der Regenzeit bietet der 21,3 m hohe Wasserfall einen spektakulären Anblick.

Aktivitäten

Coorg Sky Adventures PANORAMAFLÜGE

(☎9448954384; www.coorgskyadventures.com; kurzer/langer Flug 2500/8000 ₹) Mit einem Ultraleichtflugzeug schwebt man über Plantagen und Täler mit Reisfeldern und hat einen herrlichen Blick auf die üppige Landschaft von Kodagu. Der Veranstalter ist erfahren und professionell.

Ayurjeevan AYURVEDA

(☎944974779; www.ayurjeevancoorg.com; Kohinoor Rd; ab 1400 ₹/Std.; 7–19 Uhr) Das Ayurveda-„Hospital" in kurzer Gehentfernung von der State Bank of India bietet die ganze Palette faszinierender und entschlackender Behandlungen, darunter auch Reisball-Massagen und Ölbäder.

Schlafen

Angesichts der fantastischen Gästehäuser in den umliegenden Plantagen gibt es außer für Spätankömmlinge keinen wirklichen Grund, in Madikeri zu übernachten.

Hotel Chitra HOTEL $

(☎08272-225372; www.hotelchitra.co.in; School Rd; B 270 ₹, DZ ab 780 ₹, mit Klimaanlage 1760 ₹; ❄) Das aus Beton errichtete Hotel steht nahe der Hauptkreuzung von Madikeri, man muss also im Hintergrund mit etwas Verkehrslärm rechnen. Das Hotel bietet preisgünstige, schlichte Zimmer und freundlichen Service.

Hotel Mayura Valley View HOTEL $$

(☎08272-228387; www.kstdc.co/hotels/hotel-mayura-valley-view-madikeri; Stuart Hill; DZ/Suite mit Frühstück ab 3250/4950 ₹; ❄📶) Auf der Hügelspitze hinter dem Raja's Seat steht dieses staatliche Hotel, das zu den besten in Madikeri zählt. Es besitzt große, helle Zimmer, ein friedvolles Ambiente und eine herrliche Aussicht ins Tal. Das Restaurant mit Bar hat eine Terrasse, von der man aufs Tal blicken und dabei gut ein Bier trinken kann.

Essen

Coorg Cuisine INDISCH $

(Main Rd; Hauptgerichte 100–130 ₹; 12–16 & 19–22 Uhr) Das Restaurant mit einzigartigen Kodava-Spezialitäten wie *pandhi barthadh* (kurz gebratenem Schweinefleisch) und *kadambuttu* (Reisklößen) lohnt einen Besuch, auch wenn es aufgrund seiner Lage an der Hauptstraße nicht gerade stimmungsvoll ist. Aber man sitzt komfortabel und immerhin schmücken ein paar Porträts die Wände.

★ **Raintree** INTERNATIONAL $$

(www.raintree.in; 13-14 Pension Lane; Gerichte 170–260 ₹; ⏲11.30–22 Uhr) Eine angenehme Überraschung in einer langweiligen Stadt: Der geschickt umgebaute Bungalow ist mit solidem Holzmobiliar und ein wenig Stammeskunst ein anheimelndes Plätzchen für ein köstliches Mahl. Mit hiesigen Spezialitäten und Gerichten von der Küste ist die Karte durchaus interessant. Man bekommt hier auch tollen Kaffee aus Kodagu und Wein. Das Restaurant befindet sich gleich hinter dem Rathaus von Madikeri.

Praktische Informationen

Travel Coorg (☎08272-223333; www.travelcoorg.in; vor dem KSRTC-Busbahnhof; ⏲24 Std.) Liefert einen guten Überblick über das, was man hier tun kann, vermittelt Privatunterkünfte, Wanderführer und Aktivitäten und bucht Verkehrsmittel.

An- & Weiterreise

Sehr regelmäßig fahren Busse vom KSRTC-Busbahnhof über Mysuru (mit Ventilator/Klimaanlage 162/250 ₹, 2½–4 Std.) nach Bengaluru (350/539 ₹, 5½–7 Std.). Busse fahren tagsüber ungefähr alle zwei Stunden nach Mangaluru (135/283 ₹, 3–4 Std.), außerdem gibt's ein paar normale Busse nach Hassan (117 ₹, 4 Std.).

Rund um Madikeri

Das verführerische Hochland rund um Madikeri gehört zu den bezauberndsten Gegenden in Kodagu. Inmitten der üppig grünen Hügellandschaft liegen zahlreiche Gewürz- und Kaffee- und vereinzelt auch Teeplantagen.

Aktivitäten

★ **Jiva Spa** AYURVEDA, MASSAGEN

(☎08272-2665800; www.tajhotels.com/jivaspas/index.html; Vivanta, Galibeedu; Anwendungen ab 2700 ₹; ⏲9–21 Uhr) Mitten im Regenwald ist das Jiva Spa im eindrucksvollen Hotel Vivanta (S. 969) genau der richtige Ort, um sich mit einer Reihe von Verjüngungsbehandlungen zu verwöhnen. Mit Whirlpools, einer Entspannungs-Lounge, einem Schönheitssalon und einer Yoga- und Meditationszone gehört das Spa zu den besten in Südindien. Ohne Termin geht nichts.

Swaasthya Ayurveda Retreat Village AYURVEDA

(www.swaasthya.com; Bekkesodlur; Zi. 7000 ₹ pro Pers. & Tag inkl. VP & Yoga-Kurs) Einen ausgesprochen friedlichen und erfrischenden Ayurveda-Urlaub verspricht dieses Refugium im südlichen Kodagu. Inmitten eines üppig grünen Anwesens, das aus 1,6 ha großen Kaffee- und Gewürzplantagen besteht, kann man herrlich die Seele baumeln lassen. Im Preis sind bis zu sechs Anwendungen pro Tag enthalten.

Schlafen & Essen

Rainforest Retreat PENSION $$

(☎08272-265638, 08272-265639; www.rainforestours.com; Galibeedu; Zelt EZ/DZ 1500/2000 ₹, Cottage ab 2500/3000 ₹; 📶) 🍃 Das naturnahe und nachhaltig mit Solarstrom betriebene Refugium inmitten von Wäldern und Plantagen ist ein toller Ort, um mit umweltbewussten Indern in Kontakt zu kommen. Man wohnt entspannt in Cottages oder bereits aufgestellten Zelten mit Betten. Im Preis inbegriffen sind Besuche auf Plantagen und Wanderungen. Freiwilligenjobs stehen auf der Website. Die Anfahrt per Autorikscha aus Madikeri kostet 240 ₹.

Victorian Verandaz B&B $$

(☎08272-200234; http://victorianverandaz.com; Modur Estate, Kadagadal Village; DZ für Selbstversorger 2000–5500 ₹, B&B 2950 ₹; 📶) Die feinen, einer Familie gehörenden Unterkünfte stehen auf einem riesigen Gut, auf dem Kaffee, Pfeffer, Kardamom und Reis angebaut werden. Es gibt zwei Cottages mit Küchen, die an Selbstversorger vermietet werden, sowie zwei Zimmer in einem B&B-Cottage. Auf dem Landgut kann man prima wandern und Vögel beobachten.

Golden Mist PRIVATUNTERKUNFT $$

(☎9448903670, 08272-265629; www.golden-mist.net; Galibeedu; EZ/DZ mit VP 2500/4000 ₹) Unterkunft auf einer unglaublich friedlichen, sehr rustikalen, indisch-deutsch geführten Farm, die Tee, Kaffee und Reis anbaut. Die Cottages sind stimmungsvoll, aber sehr einfach und eher für Outdoor-Typen als für Traveller geeignet, die auf ihren Komfort nicht verzichten wollen. Aus den Bio-Zutaten der Farm bereit es schmackhafte regionale Gerichte zu. Sehr freundliches Personal. Die Anlage ist nicht ausgeschildert und daher nicht ganz leicht zu finden. Die Anfahrt per Autorikscha aus Mandikeri kostet 250 ₹.

★ **Vivanta** HOTEL $$$

(☎08272-665800; www.vivantabytaj.com; Galibeedu; Zi. ab 15 800 ₹; @📶🏊) Stilvoll, ohne dabei bemüht zu wirken. Das geräumige und minimalistisch gestaltete Hotel liegt auf einem 72 ha großen Anwesen im Nebelwald und verschmilzt scheinbar mühelos mit seiner Umgebung. Alte Rinderpfade führen zu den Zimmern. Die teureren haben eigene Pools im Haus, Kamine und Butler. Aus der Lobby und vom Infinity Pool genießt man einen herrlichen Ausblick ins Hochland. Obendrein gehört ein erstklassiges Ayurveda-Spa zur Anlage (S. 969).

Kakkabe

08272 / 580 EW.

Das von bewaldeten Hügeln umgebene ruhige Dorf ist ein Sammelpunkt von Wanderern. Es ist ein idealer Ausgangspunkt für Treks zum Tadiyendamol, dem höchsten Gipfel in Kodagu, oder auch nur für entspannte Wanderungen auf malerischen Hochlandpfaden.

Schlafen & Essen

★Honey Valley Estate PENSION $
(08272-238339; www.honeyvalleyindia.in; Zi. ab 800 ₹, ohne Bad ab 550 ₹;) Diese wunderbare Trekking-Pension thront 1250 m über dem Meeresspiegel auf dem Gipfel eines Hügels und versetzt ihre Besucher in eine angenehm kühle, frische, natürliche Umgebung. Die Betreiber sind freundlich, umweltbewusst und kennen sich bestens mit der hiesigen Natur aus. Es gibt 18 Wanderrouten in der Umgebung und man kann auch sechs verschiedene Unterkunftsoptionen wählen. Das Anwesen ist nur per Geländewagen (200 ₹, über die Pension buchen) aus Kakkabe erreichbar.

Chingaara PENSION $$
(08272-238633; www.chingaara.com; Kabbinakad; Zi. mit HP 2300–3200 ₹;) Das schöne Bauernhaus liegt inmitten von grünen Kaffeeplantagen und in seiner Nähe lassen sich

NICHT VERSÄUMEN

BYLAKUPPE

Das kleine, gepflegte Dorf Bylakuppe gleich südlich vom Highway Mysuru–Mangaluru beheimatet die größte tibetische Kommune in Südindien. Die im Jahr 1961 gegründete Gemeinschaft gehörte zu den ersten Flüchtlingslagern, die in Südindien eingerichtet wurden, um Tausende Tibeter aufzunehmen, die nach der chinesischen Invasion von 1959 aus dem Land flohen. Heute leben hier mehr als 10 000 Tibeter (darunter 3300 Mönche).

Ohne einen vom Innenministerium in Delhi ausgestellten Protected Area Permit (PAP) – die Bearbeitung des Antrags kann Monate dauern – dürfen Ausländer hier nicht übernachten. Einzelheiten erfährt man beim **Tibet Bureau Office** (11-26479737; www.tibetbureau.in; New Delhi). Tagesausflüge sind aber gestattet.

Das Highlight der Gegend ist das stimmungsvolle **Namdroling-Kloster** (www.namdroling.org; 7–18 Uhr) mit dem spektakulären **Goldenen Tempel** (Padmasambhava Buddhist Vihara; 7–18 Uhr), über den drei 18 m hohe vergoldete Buddha-Statuen wachen. Am eindrucksvollsten ist der Tempel während der Gebete, wenn die Gongs und Trommeln klingen und Hunderte junger Mönche ihre sonoren Gesänge anstimmen. Gäste sind eingeladen, hier zu meditieren. Der ähnlich prunkvolle **Zangdogpalri-Tempel** (7–18 Uhr) befindet sich gleich nebenan.

Wer im Besitz der PAP-Genehmigung ist, kann im schlichten **Paljor Dhargey Ling Guest House** (08223-258686; pdguesthouse@yahoo.com; Zi. 275–375 ₹) gegenüber dem Goldenen Tempel übernachten. Köstliche *momos* (tibetische Klöße) und *thukpa* (Nudelsuppe) hat das von Tibetern geführte **Malaya Restaurant** (Momos 60–90 ₹; 7–21 Uhr) zu bieten. Im **Thirsty Crow** (südlich vom Namdroling-Kloster) gibt's gute frische Säfte, Milchshakes, Zitronensprudel, Tee und Kaffee. Ansonsten gibt's viele Hotels im nahe gelegenen Kushalnagar – darunter das moderne, gut eingerichtete **Hotel White Wings** (9741155900; http://whitewingscoorg.com; 1-86, BM Rd, Kushalnagar; Zi. mit Klimaanlage 2100 ₹;). Weitere Unterkünfte finden sich in der ländlichen Umgebung.

Vom 5 km entfernten Kushalnagar fahren Sammel- und Einzel-Autorikschas (15/30 ₹) nach Bylakuppe. In Kushalnagar fahren häufig Busse nach Madikeri (45 ₹, 45 Min., 34 km) und Hassan (80 ₹, 2½ Std.). Außerdem halten in Kushalnagar die meisten Busse auf der Strecke zwischen Mysuru und Madikeri.

gut Vögel beobachten. Die Zimmer sind geräumig und die meisten bieten eine schöne Aussicht (ganz besonders Zimmer 9). Es gibt gute Hausmannskost und die Angestellten entzünden abends draußen ein Lagerfeuer. Das Haus liegt 2,5 km einen steilen, felsigen Hügelhang hinauf und ist nur per Geländewagen erreichbar. Wer vorher anruft, wird mit einem Jeep von der Kreuzung in Kabbinakad abgeholt.

Tamara Resort RESORT **$$$**
(☎080-71077700; www.thetamara.com; Yavakapadi; Zi. inkl. Mahlzeiten & Aktivitäten ab 23 800 ₹; ❄📶🏊) Das romantische Naturrefugium auf einer Kaffeeplantage besteht aus Hütten, die auf Stelzen stehen und aus der üppig grünen Umgebung hervorragen. Die luxuriösen Zimmer haben Dielen aus Teakholz, Balkone und riesige Doppelbetten. Das hinreißende Restaurant liegt über den Plantagen und besitzt einen Glasboden, durch den man auf die Landschaft hinunterblicken kann. Es gibt drei gute Wanderrouten in der Gegend und ein Spa; außerdem werden Yoga-Kurse angeboten. Kinder unter zwölf Jahren sind unerwünscht.

Hassan

☎08172 / 138.000 EW.

Der ausgedehnte, verstopfte Verkehrsknotenpunkt ist wenig reizvoll, aber auch dank der ordentlichen Unterkünfte eine gute Ausgangsbasis zum Besuch der nahe gelegenen Orte Belur, Halebid und Shravanabelagola. Die hilfsbereite **Touristeninformation** (☎08172-268862; AVK College Rd; ⏲Mo–Fr 10–17.30 Uhr) erteilt Auskünfte zu den Verkehrsverbindungen in der Region.

Schlafen

SS Residency HOTEL **$$**
(☎08172-233466; www.ssresidency.co.in; BM Rd; Zi. ab 1960 ₹; ❄📶) Das moderne, zentral gelegene Hotel hat eine große Auswahl an attraktiv gestalteten Zimmern mit cremefarbenen Möbeln, Kabelfernsehen und Minibar. Allerdings gibt es kein Restaurant.

An- & Weiterreise

Vom **Neuen Busbahnhof** (Hwy 71) 500 m südlich des Stadtzentrums fahren Busse nach Mysuru (112 ₹, 3 Std.), Bengaluru (192–469 ₹, 3½–4½ Std.) und Mangaluru (163–355 ₹, 3½–4½ Std.).Eine Tagestour nach Belur und Halebid oder Shravanabelagola kostet ungefähr 1400 ₹.

Von dem gut organisierten Bahnhof in Hassan fahren täglich – allerdings nur mitten in der Nacht – drei oder vier Züge nach Mysuru (Sleeper/2AC 140/695 ₹, 2–3 Std.). Nach Bengaluru fährt um 3 Uhr der 16518 Bangalore Express (Sleeper/2AC 180/695 ₹, 5½ Std.).

Belur (Beluru)

☎08177 / 9320 EW. / 968 M

Die Hoysala-Tempel in Belur (Beluru) und im nahe gelegenen Halebid bilden zweifelsohne den Höhepunkt in einer der künstlerisch glanzvollsten Epochen der alten hinduistischen Kultur. Architektonisch sind sie Südindiens Antwort auf Khajuraho in Madhya Pradesh und Konark (nahe Puri) in Odisha (Orissa).

Sehenswertes

Channakeshava-Tempel HINDU-TEMPEL
(Temple Rd; Guide 250 ₹ ⏲7.30–19.30) Der Tempel wurde 1116 gestiftet, um den Sieg der Hoysala über die benachbarten Chola zu feiern. Sein Bau zog sich über rund 100 Jahre hin. Heute ist er die einzige der drei wichtigen Hoysala-Kultstätten, die noch täglich genutzt wird; deshalb schaut man am besten zur *puja* (Opfergabe oder Gebet) um 9, 15 oder 19.30 Uhr vorbei.

Die Reliefverzierung wurde an einigen Teilen des Tempels wie etwa an den unteren Friesen der Außenfassade nicht fertiggestellt und wirkt daher weniger kunstvoll. Die Arbeiten am oberen Teil sind jedoch unübertroffen detailliert und kunstfertig und bilden ein wunderbares Zeugnis für menschliches Schaffen.

Besonders betörend sind die Figuren der Konsolen, die Frauen in rituellen Tanzposen darstellen. An der Vorderseite des Tempels sind erotische Abschnitte aus dem Kamasutra illustriert, die Rückseite jedoch ist ausschließlich den Göttern vorbehalten. Das Dach des inneren Schreins wird von fein mit Reliefs übersäten Pfeilern getragen, von denen keiner dem anderen gleicht.

Schlafen & Essen

Hotel Mayura Velapuri HOTEL **$$**
(☎0817-7222209; www.kstdc.co/hotels; Kempegowda Rd; DZ mit Ventilator/Klimaanlage ab 1200/1550 ₹; ❄) Das renovierte staatliche Hotel am Weg zum Channakeshava-Tempel hat recht komfortable, geräumige Zimmer. Das Restaurant mit Bar serviert diverse indische Gerichte (ab 80 ₹) und Bier.

An- & Weiterreise

Busse fahren häufig von/nach Hassan (44–96 ₹, 45 Min., 38 km) und Halebid (25 ₹, 30 Min.). Man kann auch mit einer Tagestour der KSTDC aus Bengaluru oder Mysuru herkommen.

Halebid

08177 / 9348 EW.

Die Kleinstadt Halebid (auch Halebidu genannt) ist für ihren herrlichen Hoysala-Tempel und einige weniger bedeutende jainistische Stätten bekannt. Die meisten Traveller besuchen den Ort im Rahmen eines Tagesausflugs aus dem 15 km westlich gelegenen Belur.

Sehenswertes

Hoysaleswara-Tempel HINDUTEMPEL
(Sonnenaufgang–Sonnenuntergang) Der Bau des Hoysaleswara-Tempel, dem Halebid seine Berühmtheit verdankt, begann um das Jahr 1121 und zog sich 80 Jahre hin. Er wurde niemals fertiggestellt, gilt heute aber dennoch als ein Meisterwerk der Hoysala-Architektur. Der aus schwarzem Stein gehauene innere Sakralraum ist eine Augenweide. Die Außenmauern des Tempels sind mit überbordenden Reliefs verziert, die hinduistische Gottheiten, weise Männer und stilisierte Tiere darstellen, während die Friese Szenen aus dem Leben der Hoysala-Herrscher zeigen.

Museum MUSEUM
(5 ₹; Sa–Do 9–17 Uhr) Das kleine Museum neben dem Hoysaleswara-Tempel besitzt eine Sammlung schöner Skulpturen aus der Umgebung von Halebid.

JAINISTISCHE TEMPEL IN SRAVANABELAGOLA (SHRAVANABELAGOLA)

Außer der Gomateshvara-Statue gibt's im Ort mehrere interessante jainistische Tempel. Der **Chandragupta Basti** (6–18 Uhr) auf dem Chandragiri-Hügel (gegenüber vom Vindhyagiri-Hügel) soll angeblich von Kaiser Ashoka errichtet worden sein. Der **Bhandari Basti** (6–18 Uhr) im Südosten der Stadt ist der größte Tempel in Sravanabelagola. Im nahen **Chandranatha Basti** (6–18 Uhr) kann man gut erhaltene Malereien sehen, die jainistische Legenden widergeben.

Schlafen

Hotel Mayura Shanthala HOTEL $$
(08177-273224; www.kstdc.co/hotels/; DZ mit Frühstück ab 1600 ₹;) Das Hotel steht in einem grünen Garten direkt gegenüber dem Tempelkomplex und ist die beste Unterkunft vor Ort.

An- & Weiterreise

Regelmäßig fahren Busse zum 33 km entfernten Hassan (35 ₹, 1 Std.); die Busfahrt nach Belur kostet 25 ₹. KSTDC-Touren aus Bengaluru und Mysuru besuchen auch Halebid.

Shravanabelagola (Sravanabelagola)

08176 / 5660 EW.

Lange bevor man die Pilgerstadt Sravanabelagola (auch Shravanabelagola geschrieben) erreicht, kann man die 17,5 m hohe Statue der jainistischen Gottheit Gomateshvara (Bahubali) sehen, die auf dem kahlen Felsen des Vindhyagiri-Hügels steht. Sich die Statue aus der Nähe anzusehen, ist der Hauptgrund für eine Reise in diese beschauliche Stadt, deren Name „Der Mönch des weißen Teichs" bedeutet.

Sehenswertes

Gomateshvara-Statue JAINISTISCHES STÄTTE
(Bahubali; 6–18.15 Uhr) Ein steiler Aufstieg über 614 Stufen bringt einen auf den Vindhyagiri-Hügel, auf der sich die hohe, unbekleidete Statue der jainistischen Gottheit Gomateshvara (Bahubali) erhebt. Sie wurde um das Jahr 981 von dem Bildhauer Aristenemi aus einem einzigen Felsblock herausgeschlagen. Er handelte im Auftrag eines militärischen Befehlshabers, der im Dienst des Ganga-Königs Rachamalla stand. Sie ist angeblich die höchste aus einem einzigen Steinblock gefertigte Statue der Welt. Man muss seine Schuhe am Fuß des Hügels zurücklassen.

Bahubali war der Sohn des Kaisers Vrishabhadeva, der später unter dem Namen Adinatha der erste jainistische *tirthankara* („verehrter Lehrer") wurde. Während heftiger Kämpfe mit seinem Bruder Bharatha um die Nachfolge seines Vaters erkannte er die Eitelkeit aller materiellen Gewinne und verzichtete auf das Königreich. Als Einsiedler meditierte er in vollständiger Unbeweglichkeit, bis er Erleuchtung erlangte – die Weinranken um seine Beine und der

Ameisenhügel zu seinen Füßen sind Zeichen für die lange Dauer seiner Meditation.

Alle zwölf Jahre strömen Millionen von Pilgern zur **Mahamastakabhisheka**-Zeremonie (⏲ Feb.) hierher, bei der die Statue mit heiligem Wasser, Salben, Puder, Gold und Edelsteinen behandelt und geschmückt wird. Die nächste Zeremonie findet im Jahr 2018 statt.

Schlafen & Essen

Die hiesige jainistische Organisation **SDJMI** (☎08176-257258) wickelt die Buchungen für ihre 15 Gästehäuser ab (DZ/3BZ 250/310 ₹). Das Büro befindet sich am Postamt vorbei hinter dem Vidyananda Nilaya Dharamsala.

Hotel Raghu HOTEL $
(☎08176-257238; EZ/DZ ab 400/500 ₹, DZ mit Klimaanlage 900 ₹; ❄) Die sehr einfachen Zimmer sind so etwas wie die letzte Auffangstation, sollte man in dem Städtchen stranden. Immerhin liefert das vegetarische Restaurant im Erdgeschoss ein hervorragendes, vegetarisches Thali (90 ₹).

An- & Weiterreise

Es gibt keine direkten Busverbindungen von Shravanabelagola nach Hassan oder Belur – man muss zunächst nach Channarayapatna (40 ₹, 20 Min.) fahren und dort umsteigen. Täglich fährt ein Bus nach Mysuru (149 ₹, 1½ Std.).

KÜSTE VON KARNATAKA

Mangaluru (Mangalore)

☎0824 / 492 500 EW.

In dem Wechselspiel aus entspannter Küstenstadt und hektischem Alptraum erinnert Mangaluru (bekannter als Mangalore) an die Geschichte von Dr. Jekyll und Mr. Hyde. Dennoch ist sie ein praktischer Zugangspunkt zur Küste von Konkan und zu der im Hinterland gelegenen Region Kodagu. Viel kann man hier nicht tun, doch die Atmosphäre ist angenehm untouristisch und die würzigen Meeresfrüchtegerichte schmecken sensationell gut.

Mangaluru liegt im Mündungsgebiet der malerischen Flüsse Netravathi und Gurupur am Ufer des Arabischen Meers und ist seit dem 6. Jh. ein wichtiger Hafen der internationalen Handelsschifffahrt.

Sehenswertes

St. Aloysius College Chapel KIRCHE
(Lighthouse Hill; ⏲9–18 Uhr) Die Wurzeln des Katholizismus in Mangaluru reichen bis in die Zeit der Ankunft der Portugiesen im frühen 16. Jh. zurück. Ein prächtiges Zeugnis ist die 1880 erbaute St. Aloysius Chapel, die der Sixtinischen Kapelle nachempfunden ist und deren Wände und Decken farbenprächtige Fresken bedecken. Fotografieren ist allerdings verboten!

Sultan's Battery FORT
(Sultan Battery Rd; ⏲6–18 Uhr) Das einzige Überbleibsel der Festung Tipu Sultans ist dieser kleine Aussichtsturm mit einem schönen Ausblick auf die malerischen Kanäle. Er befindet sich 4 km vom Stadtzentrum entfernt auf der Landzunge des alten Hafens.

Ullal Beach STRAND
Der goldene Sandstrand ist ein gutes Ausflugsziel, um der Hitze in der Stadt zu entfliehen. Er befindet sich 12 km südlich von Mangaluru jenseits der Mündung des Netravathi. Die Anfahrt (einfache Strecke) mit Uber/Autorikscha kostet 200 ₹; alternativ nimmt man vom städtischen Busbahnhof Bus 44A oder 44C (10 ₹).

Schlafen

Hotel Roopa HOTEL $
(☎0824-2421272; www.roopahotel.com; Balmatta Rd; Zi. mit Ventilator/Klimaanlage ab 450/1300 ₹; ❄📶) Das Hotel nahe dem KSRTC-Busbahnhof hat ein für die Stadt besonders gutes Preis-Leistungs-Verhältnis. Es kombiniert gute Preise mit einer professionellen Leitung und ordentlichen, sehr günstigen Zimmern. Im Keller gibt's ein ausgezeichnetes Restaurant mit Bar.

Hotel Manorama HOTEL $
(☎0824-2440306; KS Rao Rd; EZ/DZ ab 620/640 ₹, mit Klimaanlage ab 1120 ₹; ❄) Das Hotel mit prima Preis-Leistungs-Verhältnis hat saubere, gute Zimmer. Das Foyer mit seinen Hindu-Statuen und Artefakten vermittelt einen guten ersten Eindruck. Das Hotel liegt in der Nähe des Einkaufszentrum City Center, wo es neben Geschäften auch einen Food Court gibt.

Adarsh Hotel HOTEL $
(☎0824-2440878; Market Rd; EZ/DZ 340/500 ₹) Das Budgethotel alter Schule hat eine gute Lage im Zentrum, sehr günstige Preise und recht gepflegte Zimmer.

Mangaluru (Mangalore)

Mangaluru (Mangalore)

Sehenswertes
- 1 St. Aloysius College Chapel C3
- 2 Sultan's Battery A1

Schlafen
- 3 Adarsh Hotel C3
- 4 Gateway Hotel B4
- 5 Hotel Manorama C3
- 6 Hotel Roopa D3

Essen
- 7 Gajalee D1
- 8 Kadal C3
- 9 Lalith Bar & Restaurant C3

Ausgehen & Nachtleben
- 10 #45 .... C4
- 11 Spindrift C1

Praktisches
- 12 HDFC C3
- 13 State Bank of Mysore Geldautomat C3

Gateway Hotel HOTEL $$$
(0824-6660420; www.tajhotels.com; Old Port Rd; EZ/DZ mit Frühstück ab 5840/6260 ₹;) Das gut geführte Hotel der Taj-Gruppe hat geräumige Zimmer mit Flachbild-TVs und großen Betten, auf denen sich die Kissen türmen; die Bäder wirken allerdings etwas betagt. Es gibt einen hübschen, 20 m langen Swimmingpool, den Grünflächen und Strandliegen umgeben, sowie ein kleines Spa und ein feines Restaurant.

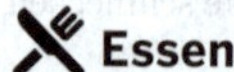

Essen

Lalith Bar & Restaurant MEERESFRÜCHTE $$
(Balmatta Rd; Hauptgerichte 150–400 ₹; 11.30–15.30 & 18.30–23.30 Uhr;) Das abgewetzte Restaurant ist ewig beliebt wegen seiner authentischen regionalen Meeresfrüchte-Spe-

zialitäten wie mit Masala gewürztem Bratfisch in einem sämigen roten Kokos-Curry oder leckere, in Rava panierte und frittierte Garnelen. Dazu passt ein kaltes Bier aus der gut bestückten Bar.

Kadal SÜDINDISCH **$$**
(www.kadalrestaurant.in; Nalapad Residency, Lighthouse Hill Rd; Hauptgerichte 150–230 ₹; ⌚11–15.30 & 18.30–23 Uhr; 📶) Das Hochhaus-Restaurant bietet einen wundervollen Blick auf die Stadt und ein warm beleuchtetes, elegantes Interieur. Empfehlenswert sind das würzige Hähnchen-*uruval* (ein Kokoscurry von der Küste) oder die leckeren, in Ghee gebratenen Garnelen. Angesichts von Qualität und Ambiente sind die Preise moderat.

Gajalee MEERESFRÜCHTE **$$$**
(☎0824-2221900; www.gajalee.com; Circuit House, Kadri Hills; Hauptgerichte 160–1280 ₹; ⌚10–23 Uhr) In einer Stadt, die für ihre Meeresfrüchte berühmt ist, halten viele Einheimische das Gajalee für das beste Seafood-Restaurant. Die Fisch-Currys mit würziger Kokossauce sind superb. Und auch die *koshimbir*-Muscheln mit grünem Masala sind zu empfehlen.

Ausgehen & Nachtleben

★ **Spindrift** KLEINBRAUEREI
(www.facebook.com/SpindriftMangalore; 5. Stock, Bharath Mall, Lalbagh; ⌚11–23 Uhr; 📶) Die erste Kleinbrauerei der Stadt ist ein großes Lokal mit Plätzen drinnen und draußen. An Wochenendabenden sorgen akustisch spielende Musiker, Indie-Bands und DJs ganz schön für Stimmung. An Fassbieren (ab 230 ₹) gibt's u.a. ein Weizenbier, ein Pilsner und ein India Pale Ale; dazu erhält man auch gutes Finger-Food.

#45 CAFÉ
(Trinity Commercial Complex, Attavara Rd; ⌚10.30–22.30 Uhr; 📶) Das hippe kleine Café ist bei Studenten sehr beliebt und hat eine große Auswahl an mächtigen Milchshakes (u.a. mit Ferrero-Rocher- und mit Nutella-Aroma), frische Säfte, guten Kaffee, Wraps, Burger und Frühstücksgerichte.

An- & Weiterreise

BUS

Der **KSRTC-Busbahnhof** (☎0824-2211243; Bejai Main Rd) ist 3 km vom Stadtzentrum entfernt. Deluxe-Busse fahren alle 30 Minuten nach Bengaluru (406–815 ₹, 7–9 Std.) via Mysuru (245–505 ₹, 5–6 Std.). Weitere Ziele:

Dharmasthala 49–82 ₹, 1–2 Std., tgl. 8.05 & 14.20 Uhr
Ernakulam 845 ₹, 9 Std., 21 Uhr
Gokarna 234 ₹, 5½ Std., tgl. 12.45 Uhr
Hassan 163–355 ₹, 3–5 Std., 12-mal tgl.
Madikeri 135–305 ₹, 3½–4 Std., 11-mal tgl.
Panaji 359–698 ₹, 8–9½ Std., 1- bis 3-mal tgl.

Busse nach Udupi (58 ₹, 1½ Std.) starten am **städtischen Busbahnhof** (State Bank Stand).

ABSTECHER

SURFENDE SWAMIS

Zwischen Surfern und dem Ozean gab es zwar schon immer eine spirituelle Verbindung, doch im **Surfing Ashram** (Mantra Surf Club; ☎9663141146; www.surfingindia.net; 6-64 Kolachikambla, Mulki; Surfbrettverleih/Surfunterricht pro Tag 700/2200 ₹) in Mulki 30 km nördlich von Mangaluru erreicht sie eine ganz neue Dimension. Dieser Hare-Krishna-Ashram wurde von einem US-amerikanischen Guru gegründet, der seit 1963 selbst auf dem Surfbrett steht. Seine Anhänger befolgen zwischen dem Wellenreiten ein tägliches Ritual aus *puja* (Gebeten), Gesängen, Meditation und vegetarischer Ernährung.

Surfen ist das ganze Jahr über möglich, die besten Wellen gibt's aber im Mai und Juni sowie im September und Oktober. Die Swamis können auch mit Infos zum Surfen in ganz Indien weiterhelfen. Surfbretter kann man für 700 ₹ pro Tag ausleihen, Surfunterricht gibt's für 2200 ₹ pro Tag.

Wenn die Wellen eine Pause einlegen, kann man sich auf SUP-Brettern oder in hochseetauglichen Kajaks auf den Fluss und das Arabische Meer wagen. Außerdem gibt es auch ein Jetski fürs Wakeboarden und Schnorcheltouren zu Inseln vor der Küste.

Das Zentrum hat eine anheimelnde Strandhausatmosphäre und entsprechende Übernachtungspreise (pro Pers./Paar mit VP 2800/3900 ₹).

Alle Besucher sind willkommen, müssen sich aber darüber im Klaren sein, dass dies ein Ort der Andacht ist, wo gewisse Regeln eingehalten werden müssen – dazu gehört der Verzicht auf Fleisch, Alkohol, Tabak und Sex während des Aufenthalts.

ZÜGE AB MANGALURU

ZIEL	ZUG-NR. & NAME	PREIS (₹)	DAUER (STD.)	ABFAHRT
Bengaluru	*16524 Bangalore Exp*	Sleeper/2AC 280/1080	11½	20.55 Uhr
Chennai	*12686 Chennai Exp*	Sleeper/2AC 460/1725	15½	16.20 Uhr
Gokarna	*16523 Karwar Exp*	Sleeper/2AC 190/6900	5½	7.55 Uhr
Gokarna	*12620 Matsyaganda Exp*	Sleeper/2AC 235/825	4	14.35 Uhr
Thiruvananthapuram	*16630 Malabar Exp*	Sleeper/2AC 340/1320	15	18.15 Uhr

FLUGZEUG

Der **Mangaluru International Airport** (☎0824-2254252; www.mangaloreairport.com) liegt rund 15 km nordöstlich der Stadt. Es gibt tägliche Flüge nach Mumbai, Delhi, Bengaluru, Hyderabad und Chennai sowie internationale Flüge nach Abu Dhabi, Doha und Dubai.

Zu den vertretenen Fluglinien zählen:

Air India (☎0824-2451046; Hathill Rd; ⏲Mo–Sa 9–17.30 Uhr)

Jet Airways (☎0824-2441181; Ram Bhavan Complex, KS Rao Rd; ⏲Mo–Sa 9–17.30 Uhr)

ZUG

Der Hauptbahnhof, Mangaluru Central, befindet sich südlich des Stadtzentrums.

Unterwegs vor Ort

Vom Städtischen Busbahnhof fahren die Busse 47B und 47C zum Flughafen. Ein Uber-Taxi kostet rund 350 ₹.

Dharmasthala

☎08256 / 10 340 EW.

In der Nähe von Mangaluru befinden sich im Landesinneren mehrere Städte mit jainistischen Tempeln, z. B. Venur, Mudabidri und Karkal. Die interessanteste von ihnen ist das Städtchen Dharmasthala, das 75 km östlich von Mangaluru am Netravathi liegt. Jeden Tag kommen 10 000 Pilger durch diese winzige Stadt. Zu Feiertagen und wichtigen Festivals wie dem fünftägigen Pilgerfestival **Lakshadeepotsava** (⏲Nov.) können es auch zehnmal so viele sein.

Sehenswertes

Manjunatha-Tempel HINDUTEMPEL

(⏲6.30–14.30 & 17–20.45 Uhr) Der auffällige Tempel im Kerala-Stil besitzt ein Pyramidendach aus vergoldeten Kupferplatten; seine Holzschnitzereien wurden kürzlich sorgsam restauriert. Drei Elefanten segnen mit ihren Rüsseln Pilger vor dem Tempel, den Männer nur mit nacktem Oberkörper und bedeckten Beinen betreten dürfen. Wer 200 ₹ bezahlt, kommt an der Warteschlange vorbei.

Car Museum MUSEUM

(5 ₹; ⏲8.30–13 & 14–19 Uhr) Das fantastische Automuseum zeigt 48 Oldtimer, darunter einen Renault von 1903, einen Studebaker President aus den 1920er-Jahren, in dem Mahatma Gandhi gefahren ist, sowie klassische Mercedes-, Chevrolet- und Rolls-Royce-Modelle. Das Fotografieren ist leider nicht gestattet.

Schlafen

Es gibt nur sehr schlichte Unterkünfte im Ort. Das **Büro des Tempels** (☎08256-277121; www.shridharmasthala.org) hilft bei der Zimmersuche.

Rajathadri Guest House LODGE $

(www.shridharmasthala.org/online-accommodation; Zi. mit Ventilator/Klimaanlage 500/1000 ₹) Rund 700 m nördlich des Haupttempels liegt dieses saubere Pilger-Gästehaus, dessen Zimmer online gebucht werden können. In den Zimmern haben bis zu drei Personen Platz.

Essen

Manjunatha-Tempelküche INDISCH

(⏲11.30–14.15 & 19.30–22 Uhr) GRATIS Die Tempelküche neben einem Saal für bis zu 3000 Personen liefert schlichte, frische Mahlzeiten und wird sehr effizient geführt.

An- & Weiterreise

Nach Dharmasthala fahren häufig Busse aus Mangaluru (75 ₹, 2½ Std.).

Udupi

☎0820 / 177 800 EW.

Das gleich hinter der Küste gelegene Udupi ist eine heilige Stadt mit einem alten Hindu-Tempel und mehreren Klöstern.

Sehenswertes

Krishna-Tempel HINDUTEMPEL

(www.udupisrikrishnamatha.org; Car St; ⌚3.30–22 Uhr) In Udupi steht dieser stimmungsvolle Krishna-Tempel aus dem 13. Jh., der das ganze Jahr über Tausende von hinduistischen Pilgern anlockt. In der von acht *maths* (Klöstern) umgebenen Tempelanlage geht's betriebsam zu: Musikanten spielen am Eingang, Elefanten stehen für die *puja* (Gebetsrituale) bereit und unter den Pilgern herrscht ein ständiges Kommen und Gehen. Auch Nicht-Hindus dürften auf das Tempelgelände, Männer aber nur mit nacktem Oberkörper. Während des Udupi Paryaya Festival werden im Tempel aufwendige Rituale zelebriert.

Schlafen

Shri Vidyasamuda Choultry HOTEL $

(☎0820-2520820; Car St; Zi. 150–350 ₹) Es gibt mehrere Pilgerhotels nahe dem Tempel, diese schlichte Bleibe ist jedoch die beste. Das Haus blickt auf das Ghat.

Hotel Sriram Residency HOTEL $$

(☎0820-2530761; www.hotelsriramresidency.in; Head Post Office Rd; Zi. mit Ventilator/Klimaanlage ab 1035/1868 ₹; ❄📶) Das gut geführte Hotel hat eine große Auswahl an Zimmern, von denen die in den oberen Stockwerken einen Ausblick auf den Krishna-Tempel bieten. Es gibt zwei Bars und ein gutes Meeresfrüchterestaurant.

Essen

Udupi ist berühmt für seine vegetarische Küche und in ganz Indien bekannt für seine aufwendigen Thalis. Und es gilt als Geburtsstätte der bescheidenen *dosas*.

Woodlands INDISCH $

(Dr. UR Rao Complex; *dosas* ab 60 ₹, Gerichte ab 100 ₹; ⌚8–15.15 & 17.30–22.30 Uhr) Das Woodlands gilt als das beste vegetarische Lokal vor Ort. Es besitzt einen willkommenen klimatisierten Speisesaal, in dem man der Hitze entkommt. Das Restaurant befindet sich ein kurzes Stück südlich vom Krishna-Tempel.

Mitra Samaja INDISCH $

(Car St; Gerichte ab 80 ₹; ⌚8–21 Uhr) Die berühmte alte Einrichtung gleich südlich des Krishna-Tempels serviert leckere Snacks, *dosas* und Kaffee. Es kann voll werden.

An- & Weiterreise

Udupi liegt an der Küste, 58 km nördlich von Mangaluru; Busse verkehren auf dieser Strecke sehr häufig (40–62 ₹, 1½ Std.). Täglich um

RANI ABBAKKA, DIE KRIEGERKÖNIGIN

Die legendären Heldentaten von Rani Abbakka, einem der ersten Freiheitskämpfer Indiens – der zufällig eine Frau war –, sind außerhalb der Region Mangaluru eher unbekannt. Sie war eine indische Johanna von Orleans, deren stolze Geschichte voller Abenteuer nur darauf wartet, von einem Drehbuchautor in Bollywood oder Hollywood aufgegriffen zu werden.

Als die Portugiesen im 16. Jh. ihre Macht an der indischen Westküste festigten und von Goa bis nach Mangaluru Städte besetzten, hatten sie große Probleme, Ullal einzunehmen. Dies war der „furchtlosen Königin" zu verdanken. Sie erwies sich als hartnäckiges Hindernis bei der Verwirklichung des großen Plans, die Kontrolle des lukrativen Gewürzhandels zu übernehmen. Ihre unermüdlichen Anstrengungen, die portugiesischen Angriffe abzuwehren, sind das Thema hiesiger Legenden.

Rani Abbakka war hervorragend in den Kriegskünsten ausgebildet, sowohl in der Strategie als auch im Kampf, und konnte mit dem Schwert umgehen. Schließlich wurde sie zwar geschlagen, allerdings nicht auf dem Schlachtfeld. Vielmehr war ihre Niederlage ihrem heimtückischen Ex-Ehemann geschuldet, der sich gegen sie verschworen hatte und dem Feind Informationen zukommen ließ.

Die Einheimischen haben ihre Bemühungen, ihre Leute gegen die mächtigen Portugiesen zu mobilisieren, nicht vergessen: Rani Abbakka ist in einer Reiterstatue aus Bronze am Kreisverkehr an der Straße zum Ullal Beach verewigt; außerdem ist ihr ein jährliches Festival gewidmet.

An der Stelle des Ufertempels, der ein paar Kilometer südlich von Ullal auf den schönen Strand Someshwara blickt, stand früher ihre Festung; heute sind nur noch Teile der Festungsmauern erhalten.

Südindische Strände

Es sind die in Hochglanzprospekten abgedruckten Bilder, die Reisende an Südindiens Küste tatsächlich willkommen heißen: Die zauberhaften von Palmen und dem glitzernden Meer gesäumten Strände sind zu Recht berühmt. Es gibt wohl kaum eine bessere Methode, um das Chaos und die Hektik der staubigen indischen Straßen hinter sich zu lassen, als ein Sprung ins angenehme Nass des Arabischen Meeres.

1

2

ELENA MIRAGE / SHUTTERSTOCK ©

4

TIM MAKINS / GETTY IMAGES ©

1. Palolem (S. 929), Goa
Mit seinen farbenfrohen Hütten ist der Strand von Palolem einer der schönsten in Goa.

2. Varkala (S. 1048), Kerala
Der schmale Strand schmiegt sich an Varkalas Klippen.

3. Gokarna (S. 981), Karnataka
Die Strände des entspannten Ferienorts Gokarna sind bei Travellern besonders beliebt.

4. Lighthouse Beach, Kovalam (S. 1043), Kerala
Das rot-weiß gestreifte Vizhinjam Lighthouse markiert das südliche Ende des Lighthouse Beach.

3

FRANCKY38 / SHUTTERSTOCK ©

14 Uhr gibt's einen Bus nach Gokarna (180 ₹, 4 Std.) und viele, meist nachts fahrende Busse nach Bengaluru (434–880 ₹, 8–10 Std.). Regelmäßige Verbindungen gibt es auch nach Malpe (9 ₹, 30 Min.).

Malpe

0820 / 1980 EW.

Der beschauliche Fischerhafen liegt an der Westküste, 4 km von Udupi entfernt, und hat nette Strände, die ideal sind, um in der Brandung zu tollen, auch wenn an den Wochenenden und an Feiertagen Jetskis, Banana Boats und Quads die Idylle etwas trüben.

Sehenswertes & Aktivitäten

St. Mary's Island INSEL

Die winzige Insel vor der Küste von Malpe gilt als der Punkt, an dem der portugiesische Entdecker Vasco da Gama 1498 an Land gegangen sein soll. Bemerkenswert sind auch die aus dem Sand herausragenden seltsamen sechseckigen Basaltformationen. Zwischen Juni und Mitte Oktober fahren keine Boote zur Insel. Um hinzukommen, nimmt man von der Anlagestelle in Malpe eine Fähre (hin & zurück 100 ₹, 45 Min., Abfahrt 11 Uhr & bei ausreichender Nachfrage) oder chartert am Strand ein privates Boot.

Schlafen & Essen

Paradise Isle Beach Resort HOTEL $$

(0820-2538777; www.theparadiseisle.com; Zi. 3000–5500 ₹;) Das große Betonhotel steht direkt am Sandstrand und hat komfortable Zimmer, viele davon mit Meerblick. Es gibt eine Reihe von Ayurveda-Pauschalangeboten mit Massagen und Spezialdiäten und diverse Wassersportaktivitäten (Fahrten mit Banana Boats und Jetskis). Darüber hinaus können auch **Boote** (4000 ₹/Paar; Okt.–März) für Touren durch die Backwaters im nahen Hoode beschafft werden.

An- & Weiterreise

Die Busfahrt nach Udupi kostet 9 ₹, eine Autorikscha 60 ₹.

Jog-Fälle

08186

Die **Jog-Fälle** (5 ₹) sind die zweithöchsten Wasserfälle Indiens. Richtig zum Leben erwachen sie allerdings nur während des Monsuns. Der höchste der vier Fälle ist der Raja mit 293 m. Um einen guten Blick zu erhaschen, geht man an der Bushaltestelle vorbei und folgt einem Pfad mit über 1200 Stufen nach unten. In der Regenzeit auf Blutegel achten!

Schlafen

Hotel Mayura Gerusoppa Jogfalls HOTEL $$

(08186-244732; www.kstdc.co/hotels/hotel-mayura-gerusoppa-jogfalls; B 300 ₹, DZ mit Ventilator/Klimaanlage & Frühstück ab 1950/2400 ₹;) Das staatliche Hotel unweit des Parkplatzes zu den Jog-Fällen hat riesige Zimmer in ordentlichem Zustand, die alle eine spektakuläre Aussicht haben, in der Nebensaison aber etwas muffig wirken können. Der Schlafsaal hat zehn Betten und ist eher auf Schülergruppen ausgerichtet. An den Wochenenden steigen die Preise; WLAN gibt's nur im Foyer.

An- & Weiterreise

Die meisten Besucher chartern ein Taxi, die Hin- und Rückfahrt ab Gokarna kostet 2200 ₹. Alternativ fahren ein paar Busse über Kumta,

DIE FORMEL 1 DER BÜFFEL

Man könnte es als eine regionale Konkurrenz zum Grand Prix sehen: Kambla, das traditionelle Büffelrennen, ist bei den Dorfbewohnern an der Südküste Karnatakas außerordentlich beliebt. Die Idee zu den Rennen, die im frühen 20. Jh. populär wurden, entstand aus der Angewohnheit der hiesigen Bauern, ihre Büffel nach einem Tag auf den Feldern eilig nach Hause zu treiben. Inzwischen sind die Rennen ein Riesenereignis mit Tausenden Zuschauern bei jeder Veranstaltung und Rennbüffeln, die wie Vollblutpferde gepflegt und trainiert werden.

Kambla-Veranstaltungen finden zwischen November und März meistens an den Wochenenden statt. In Reisfeldern werden parallele Bahnen angelegt, auf denen die Büffel zur Ziellinie rasen. In den meisten Fällen steht der Reiter auf einem Brett, das an einer Pflugschar befestigt ist und surft hinter den Büffeln regelrecht über den Weg. Die Büffel schaffen die 120 m lange Strecke in etwa 14 Sekunden!

in die man in Honavar (68 ₹) oder Shivamogga (Shimoga) umsteigt, wenn man über Bengaluru (470 ₹, 9 Std.) anreist.

Gokarna

08386 / 28 880 EW.

Gokarna wird von Travellern regelmäßig als einer der beliebtesten Strände Indiens genannt. Er zieht vor allem Leute an, die auf ruhigen, entspannten Strandurlaub aus sind und nicht auf riesige Partys. Die meisten Unterkünfte sind strohgedeckte Bambushütten, die an verschiedenen Abschnitten der herrlichen Küste liegen.

Eigentlich gibt es zwei Gokarnas. In unmittelbarere Nähe zum Strand befindet sich nämlich die heilige Hindu-Pilgerstadt mit vielen alten Tempeln, die während der wichtigen Feste wie Shivaratri und Ganesh Chaturthi (S. 937) zum Leben erwachen. Auch ein Besuch auf dem lebhaften Basar ist überaus interessant. Und dennoch verbringen nahezu alle ausländischen Gäste hier nicht einmal eine Nacht und begeben sich auf direktem Weg zu den angrenzenden Stränden.

Sehenswertes

Die besten Strände liegen südlich der Stadt: Den Anfang macht der Kudle Beach (auf der Straße 5 km von Gokarna), es folgt der Om Beach (auf der Straße 6,5 km). Und gut versteckt liegen südlich des Om Beach die von der Straße nicht erreichbaren kleinen Sandbuchten der Half Moon Bay und des Paradise Beach. Ein hübscher Küstenweg verbindet alle Strände – da es aber vereinzelt Berichte über Raubüberfälle gegeben hat, sollte man hier nicht allein unterwegs sein.

★ Om Beach STRAND

Gokarnas berühmtester Sandstrand, einer der besten Karnatakas, erstreckt sich über mehrere Kilometer in einer Form, die dem Om-Symbol ähnelt. Der Strand umfasst mehrere prächtige Buchten mit breiten Strandabschnitten und kleineren Sandstränden, die sich zum Sonnenbaden und Schwimmen anbieten. In der Saison ist die See meistens ruhig und es herrschen gute Bedingungen zum Baden. Die Schilder verbieten allerdings offiziell das Schwimmen (weil einheimische Touristen hier beim Schwimmen in rauer See ertrunken sind).

Kudle Beach STRAND

Die hübsche, weite Bucht vor einer bewaldeten Landzunge bietet viel Platz, um sich auf dem attraktiven Sandstrand auszubreiten. Restaurants, Pensionen und Yoga-Camps finden sich hinter dem Strand. Sie sind aber recht weit voneinander entfernt und die Erschließung hat bislang den Frieden und die Schönheit noch nicht zerstört.

> **GOKARNAS TEMPEL**
>
> Gokarna ist eine heilige Stadt. Besucher sollten sich in und rund um die vielen Tempel respektvoll verhalten und nicht versuchen, in den inneren Sakralbereich vorzudringen, den nur Hindus betreten dürfen. Bei den Pilgern ist es Sitte, im Meer zu baden und fasten, bevor sie die heiligen Stätten von Gokarna betreten; viele rasieren sich auch den Kopf.

Half Moon Bay STRAND

Die kleine, reizende Bucht hat einen puderweichen Sandstrand und Unterkünfte in Form schlichter Hütten. Nur ein Fußweg, aber keine Straße führt zu diesem Strand. Man läuft rund 30 Minuten vom Om Beach (der seinerseits 5 km von Gokarna entfernt ist). Aus Gokarna können einen auch Boote herbringen (auf Anfrage).

Paradise Beach STRAND

Der Paradise Beach ist eine Mischung aus Sand und Felsen und eine Anlaufstelle für Langzeitaussteiger. Leider zerstören die Behörden routinemäßig immer wieder alle Hütten, die hier draußen aufgestellt werden, und hinterlassen alles in einem maroden Zustand, sodass man alles selber herbringen muss. Wer mit einer Hängematte oder einem Zelt unterwegs ist, wird sich aber in der Abgeschiedenheit des Paradiesstrandes wohlfühlen.

★ Mahaganapati-Tempel HINDUTEMPEL

(Car St; 6–20.30 Uhr) GRATIS Der sehr stimmungsvolle Tempelkomplex ist von Gassen umzingelt, aber innen sehr friedlich. Hier findet sich die seltene Steinstatue eines aufgerichteten, stehenden Ganesha. Sie soll über 1500 Jahre alt sein und zeigt den elefantenköpfigen Gott mit abgeflachtem Kopf, da hier der Ort sein soll, wo ihn der Schlag des Dämonenkönigs Ravana traf. Dieser Schrein ist der zweitheiligste in Gokarna und bei Besuchern ist es Sitte, zuerst hierher zu kommen, ehe sie den benachbarten Mahabaleshwara-Tempel aufsuchen. Nicht-Hindus dürfen den inneren Sakralbereich nicht betreten.

★ Mahabaleshwara-Tempel HINDUTEMPEL
(Car St; ⏲6–20.30 Uhr) GRATIS Der Shiva geweihte spirituelle Tempel wurde von Mayurasharma, dem Begründer der Kadamba-Dynastie, aus Granit erbaut und soll aus dem 4. Jh. n. Chr. stammen. Hier werden Rituale für die Verstorbenen zelebriert und Hindus glauben, dass allein schon der Anblick des Tempels Pilgern Segen und göttlichen Beistand bringt. Ein *gopuram* (Torturm) ragt über den Komplex, während drinnen ein steinerner Nandi auf den inneren Sakralraum mit Shivas Lingam blickt. Diesen dürfen Nicht-Hindus nicht betreten, wohl aber den Komplex drum herum.

Koorti Teertha HINDU-STÄTTE
In dem großen Tempelteich vollziehen Einheimische, Pilger und tadellos gekleidete Brahminen ihre Waschungen.

Strand von Gokarna STRAND
Der städtische Hauptstrand ist schmutzig und zum zwanglosen Baden ungeeignet. Der Hauptabschnitt ist bei einheimischen Touristen beliebt. Etwas weiter nordwärts erstreckt sich ein langer Sandstrand. In der Saison kann man hier etwas surfen.

ABSEITS DER ÜBLICHEN PFADE

MURUDESHWARA

Murudeshwara ist ein lohnender Zwischenstopp für alle, die die Küstenroute von Gokarna nach Mangaluru einschlagen. Der Pilgerort am Strand ist vor allem für seine kolossale **Shiva-Statue** bekannt, die sich direkt am Ufer erhebt und auf das Arabische Meer blickt. Um die beste Aussicht zu genießen, fährt man mit dem Aufzug auf die Spitze des 18 Stockwerke hohen **Shri-Murudeshwara-Tempels** (Aufzug 10 ₹; ⏲Aufzug 7.45–12.30 & 15.15–18.45 Uhr), der stark an einen Wolkenkratzer erinnernden.

Murudeshwara liegt 3 km abseits der Schnellstraße und wird von Zügen und Bussen bedient, die die Küste hinauf- und hinunterfahren. Wer übernachten will, findet im **Mavalli Beach Heritage Home** (☎9901767993; http://mavallibeachheritage.com; Zi. 4200 ₹; ❄📶) vier stilvolle Zimmer, ein freundliches Ambiente und tolle Hausmannskost; die Zufahrtsstraße ist allerdings in schlechtem Zustand.

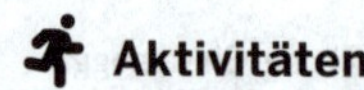

Aktivitäten

Cocopelli Surf School SURFEN
(☎8105764969; www.cocopelli.org; Gokarna Beach; Unterricht 2000 ₹/Pers., Surfbrettverleih 750 ₹/2 Std.; ⏲Okt.–Mai) Bietet Unterricht durch international zertifizierte Surflehrer an und verleiht Surfbretter.

Feste & Events

★ Shivaratri RELIGION
(⏲Feb./März) Zum Abschluss des neuntägigen Festes ziehen Hunderte Pilger einen Wagen mit Shivas Statue und seinem Lingam durch die Straßen der Stadt.

Schlafen & Essen

Für die meisten Ausländer bedeutet Gokarna, direkt am Strand in einer schlichten Hütte zu übernachten. Es gibt aber auch eine wachsende Zahl noblerer Lodges und Hotels, sodass man hier auch stilvoller wohnen kann. Die meisten Unterkünfte sind von November bis März geschlossen.

Om Beach

★ Nirvana Café PENSION $
(☎9742466481; Cottage 700–900 ₹; 📶) Die attraktiven Cottages nahe dem östlichen Ende des Strands gehören zu den besten der Umgebung. Alle haben Vorderveranden, die auf einen schmalen Garten in der Mitte blicken. Auf dem Gelände gibt's ein gutes Strandrestaurant, eine Waschküche und einen Reiseveranstalter.

Namaste Café PENSION $
(☎08386-257141; www.namastegokarna.com; Zi. mit Ventilator/Klimaanlage ab 1080/1720 ₹; ❄📶) Am Anfang des Om Beach liegt diese alteingesessene Pension mit den nobelsten Unterkünften vor Ort. Die solide gebauten Häuser stehen in grünen Gärten und bieten Komfort wie Klimaanlage, WLAN und Warmwasser.

Dolphin Shanti PENSION $
(☎9740930133; Zi. ab 300 ₹) Die Zimmer dieser schlichten Pension am äußersten östlichen Ende des Om Beach sind einfach, aber ansprechend. Das Haus thront auf den Felsen und hat einen fantastischen Blick aufs Meer, in dem sich tatsächlich oft Delfine erspähen lassen.

Sangham BUNGALOWS $
(☎9448101099; Om Beach; Zi. 650 ₹, ohne Bad 400 ₹) Die schnörkellosen Betonbungalows

hinter diesem Strandrestaurant stehen in einem Gartenbereich. Die Zimmer sind einfach und ziemlich langweilig, haben aber ganz ordentliche Matratzen und Moskitonetze.

★ **SwaSwara** HOTEL $$$
(☎ 08386-257132; www.swaswara.com; EZ/DZ 5 Nächte ab 1820/2450 €;) „Eine Reise ins Selbst" lautet das Mantra des SwaSwara. Und hier, in einem der nobelsten Refugien Südasiens, hat man gewiss die nötige Infrastruktur dafür. Yoga, Ayurveda, Anwendungen, eine Meditationskuppel und elegante Villen mit Duschen im Freien und hübschen Sitzbereichen erwarten einen hier. Man muss mindestens fünf Nächte buchen.

Sunset Point INDISCH $
(Hauptgerichte 120–200 ₹; 7.30–22 Uhr) Das von einer Familie geführte Restaurant am östlichen Ende des Om Beach thront an hoher Stelle mit Blick auf die Brandung. Auf der umfangreichen Karte stehen Frühstücksgerichte, Sandwichs sowie indische und chinesische Gerichte; die gegrillte Königsmakrele kostet rund 180 ₹.

Om Shree Ganesh INTERNATIONAL, INDISCH $
(Gerichte 80–170 ₹; 8–15 & 18–22.30 Uhr) Das stimmungsvolle doppelstöckige Restaurant hinter einem Bach am Om Beach liefert schmackhafte Gerichte wie Garnelen aus dem Tandur, Pilz-Tikka und *momos* (tibetische Teigtaschen).

Namaste Cafe INTERNATIONAL $$
(Hauptgerichte 120–230 ₹; 8.30–16 & 18–23 Uhr) Das einzige „richtige" Restaurant am Om Beach hat zwei attraktive Terrassen mit traumhaft-romantischem Meerblick, kaltes Bier, gute Meeresfrüchte, Pasta und indische Gerichte.

Kudle Beach

Strawberry Farmhouse PENSION $
(☎ 7829367584; Zi. 700–1000 ₹;) Die gute Pension am nördlichen Abschnitt des Kudle Beach vermietet geräumige Cottages mit Veranden und einem erstklassigen Meerblick; einige verfügen auch über eine Klimaanlage.

Uma Garden PENSION $
(☎ 9916720728; www.facebook.com/uma.gardenkudlebeach; Zi. ohne Bad 350 ₹) Versteckt hinter einer Ecke am Anfang des Kudle Beach. Das beschauliche Gästehaus hat einen entspannten Inhaber und ein vegetarisches Restaurant mit Meerblick.

Ganga Cafe PENSION $
(☎ 8095766058; Zi. ab 350 ₹;) Am nördlichen Ende des Kudle Beach liegen diese Betonzimmer über einem beliebten Restaurant. Vom Gemeinschaftsbalkon gibt's einen teilweise verstellten Blick aufs Meer. Nur Gemeinschaftsbäder.

★ **Arya Ayurvedic Panchakarma Centre** SPA-HOTEL $$
(☎ 9611062468; www.ayurvedainindien.com; Zi. ab 1800 ₹;) Die Zimmer der schlichten, aber eleganten Unterkunft am Kudle Beach wurden sorgfältig entworfen und hochwertig möbliert und zählen zu den besten in Gokarna. Gäste, die Ayurveda-Pauschalpakete buchen, werden bevorzugt berücksichtigt. Im Haus gibt es ein gutes **Café** (Hauptgerichte 130–200 ₹; 8–22 Uhr;).

Namaste Yoga Farm BUNGALOWS $$$
(☎ 08386-257454; www.spiritualland.com; Zi. 50–94 €, Cottage 80–104 € jeweils mit Frühstück & Yoga;) Die beliebte Anlage am Hang oberhalb des nördlichen Endes des Kudle Beach gehört einem ausgezeichneten und geduldigen deutschen Yoga-Lehrer. Die Unterkunft auf einem kleinen Dschungelabschnitt ist recht funktional und nicht besonders überwältigend, dafür aber sind die Yoga-Sitzungen (täglich zwei sind im Preis inbegriffen) und das nach Wunsch zubereitete Frühstück ausgezeichnet. Und die Stimmung ist ausgesprochen einladend.

Half Moon Beach

Half Moon Garden Cafe BUNGALOWS $
(☎ 9743615820; Hütte ab 300 ₹) Die ruhige Anlage wirkt wie eine Reminiszenz an die Hippie-Ära. Sie hat einen schönen Strand und mit Solarstrom versorgte, recht ordentliche Hütten, die in einem Kokospalmenhain stehen.

Gokarna

Shree Shakti Hotel HOTEL $
(☎ 9036043088; chidushakti@gmail.com; Gokarna Beach Rd; EZ/DZ 400/600 ₹) Mit seinen makellosen limettengrünen Zimmern bietet dieses freundliche Hotel an Gokarnas Hauptstraße ein ausgezeichnetes Preis-Leistungs-Verhältnis. Im Erdgeschoss befindet sich ein beliebtes Restaurant.

Greenland Guesthouse PENSION $
(☎9019651420; Zi. ab 300 ₹; 📶) Versteckt an einem Dschungelpfad am Rand der Stadt besitzt dieses nette, von einer Familie geführte Gästehaus saubere Zimmer in munteren Farben und einen hübschen, grünen Garten. WLAN kostet 200 ₹ pro Tag.

★ **Prema** INDISCH, INTERNATIONAL $
(Gokarna Beach Rd; Gerichte 80–150 ₹; ⏲8–22 Uhr) Das stets volle, unscheinbar wirkende Restaurant hat eine erstklassige Lage direkt am Strand. Es gibt auch westliche Speisen, man hält sich aber besser an die typischen südindischen Gerichte. Kartenzahlung ist möglich.

Shree Shakti EISCREME, INDISCH $
(Gokarna Beach Rd; Gerichte ab 110 ₹; ⏲8–22 Uhr; 📶) Das attraktive, zwanglose Café-Restaurant im Ort ist zu Recht bekannt für seine Eiscreme, seine Säfte und schmackhafte regionale Kost.

Shopping

Shree Radhakrishna Bookstore BÜCHER
(Car St, Gokarna; ⏲10–18 Uhr) Gebrauchte Romane, Postkarten und Landkarten.

Praktische Informationen

Post (Main St; ⏲Mo–Sa 10–16.30 Uhr)
SBI (Main St) Geldautomat

An- & Weiterreise

Züge aus Mumbai oder Goa sowie private Busse aus Hampi/Hosapete können einen in Gokarna absetzen, allerdings zu unchristlichen Nachtzeiten – es lohnt sich, seiner Unterkunft Bescheid zu geben.

BUS

Regional- und private Busse fahren täglich nach Bengaluru (505–714 ₹, 12 Std.), Mysuru (ab 570 ₹, 12 Std.), Mangaluru (ab 255 ₹, 6½ Std.) und Hubballi (195 ₹, 4 Std.).

Nach Hampi ist **Paulo Travels** (☎08394-225867; www.paulobus.com) eine beliebte Option; der Bus fährt über Hosapete (Hospet; mit Ventilator/Klimaanlage 1500/1550 ₹, 7 Std.). Achtung: Wenn man aus Hampi kommt, wird man in Ankola abgesetzt, von wo einen ein kostenloser Shuttle die letzten 26 km nach Gokarna bringt.

Es gibt auch regelmäßige Busse nach Panaji (120 ₹, 3 Std.) und Mumbai (754–980 ₹, 12 Std.).

ZUG

Viele Expresszüge halten am Bahnhof Gokarna Rd, 9 km außerhalb der Stadt. Noch mehr Verbindungen gibt es zur 26 km entfernten Ortschaft Ankola. Hotels und Reisebüros in Gokarna können Tickets buchen.

Um 3 Uhr fährt der 12619 Matsyagandha Express nach Mangaluru (Sleeper/2AC 220/740 ₹, 4½ Std.); in umgekehrter Richtung passiert dieser Zug den Bahnhof Gokarna Rd um 18.40 Uhr, bevor er weiter nach Madgaon in Goa (Sleeper/2AC 170/740 ₹, 2 Std.) und Mumbai (Sleeper/2AC, 455/1700 ₹, 12 Std.) fährt.

Autorikschas verlangen 220 ₹ für die Fahrt zum Bahnhof Gokarna Rd (und 450 ₹ nach Ankola); alle 30 Minuten fährt auch ein Bus von Gokarna zum Bahnhof (30 ₹).

ZENTRALES KARNATAKA

Hampi

☎08394 / 3500 EW.

Auf eine unwirkliche und magische Weise stehen die verlassenen Ruinen von Hampi in einer unheimlichen Landschaft, die Besucher vom ersten Moment an in ihren Bann zieht. Haufen riesiger Felsblöcke, die scheinbar jeden Moment einstürzen könnten, erstrecken sich kilometerweit auf dem hügeligen Gelände. Jadegrüne Palmenhaine, Bananenplantagen und Reisfelder bilden einen Kontrast zu den rostigen Farbtönen der alten Bauten. Man kann sich diese UNESCO-Welterbestätte in einem oder zwei Tagen anschauen, sollte aber ruhig eine längere Zeit einplanen.

Der Sammelpunkt der Traveller ist traditionell Hampi Bazaar, ein Dorf voller billiger Lodges, Läden und Restaurants im Schatten des majestätischen Virupaksha-Tempels. Das ruhige Virupapur Gaddi jenseits des Flusses ist inzwischen zu einem neuen populären Treff geworden. Doch vor Kurzem durchgeführte Abrissaktionen (S. 990) in beiden Gebieten führten zur Schließung von Unternehmen, und die Frage, wie es mit Hampi weitergehen soll, wird von den Einheimischen und den Behörden inzwischen sehr kontrovers diskutiert.

Geschichte

Hampi und die Gebiete ringsum werden im Hindu-Epos Ramayana als Kishkindha, das Reich der Affengötter, erwähnt. Im Jahr 1336 wählte der Telugu-Fürst Harihara I. Hampi als Platz für seine neue Hauptstadt Vijayanagara, die während der nächsten Jahrhunderte zum Zentrum eines der größten Hindu-Reiche in der Geschichte Indiens aufstieg. Im 16. Jh. war die Stadt eine blühende Metropole mit ca. 500 000 Einwohnern und geschäftigen Basaren, auf denen Händler und Waren aus aller Welt, vor allem Edelsteine, zu finden waren. All das endete 1565, als die vereinten Heere der Dekkan-Sultanate Vijayanagara eroberten und plünderten. Von diesem Todesstoß sollte es sich nicht mehr erholen.

Sehenswertes

Etwa 3700 Monumente, die sich auf mehr als 36 km² verteilen, warten darauf, erkundet zu werden – es würde Monate dauern, ihnen allen gerecht zu werden. Die Ruinen sind in zwei Hauptbereiche unterteilt: das **Sacred Centre** mit seinen Tempeln rund um Hampi Bazaar und das **Royal Centre** in Richtung Kamalapuram, wo die Vijayanagara-Herrscher lebten und regierten.

Sacred Centre

★Virupaksha-Tempel HINDUTEMPEL

(Karte S. 989; 2 ₹, Foto/Video 50/500 ₹; Sonnenaufgang–Sonnenuntergang) Der zentrale Bezugspunkt von Hampi Bazaar ist der Virupaksha-Tempel, eines der ältesten Bauwerke der Stadt und der einzige noch genutzte Tempel von Hampi. Der fast 50 m hohe Haupt-*gopuram* wurde 1442 errichtet, ein kleinerer wurde 1510 hinzugefügt. Der Hauptschrein ist Virupaksha, einer Inkarnation Shivas, geweiht.

Für einen Obolus gibt die Elefantenkuh Lakshmi Gläubigen ihren Segen. Viel hat sie davon leider nicht, aber morgens gönnt man ihr ein Bad an den Ghats unten am Fluss.

Hemakuta Hill HISTORISCHE STÄTTE

(Karte S. 986) Im Süden blickt der Hemakuta-Hügel auf den Virupaksha-Tempel hinunter. Oben finden sich Ruinen aus früher Zeit, darunter monolithische Skulpturen von Narasimha (Vishnu als Mann-Löwe-Inkarnation) und Ganesha. Der kurze Weg lohnt sich schon allein wegen der Aussicht.

Nandi-Statue STATUE

(Karte S. 986) Am östlichen Ende von Hampi Bazaar befindet sich eine Nandi-Statue, um die herum einige Reste der Kolonnaden des historischen Marktplatzes stehen. Dies ist der wichtigste Schauplatz von Hampis Kunstfestival **Vijaya Utsav** (Hampi-Festival; Jan.).

★Vittala Temple HINDU-TEMPEL

(Karte S. 986; Inder/Ausländer/Kind unter 15 Jahre 30/500/frei; 8.30–17.30 Uhr) Das unbestrittene Highlight der Ruinen von Hampi, der Vittala-Tempel aus dem 16. Jh., steht 2 km von Hampi Bazaar entfernt inmitten von Felsblöcken. Die Arbeit an dem Tempel begann möglicherweise während der Herrschaft von Krishnadevaraya (reg. 1509–1529). Der Tempel wurde niemals fertiggestellt oder geweiht, doch die unglaublichen Skulpturen bilden bis heute den Höhepunkt der Vijayanagar-Kunst.

Das Glanzstück des Tempels ist der kunstvoll verzierte **steinerne Wagen**, der im Hof steht. Er repräsentiert Vishnus Fahrzeug und ist mit dem Bild eines Garudas geschmückt. Die Räder konnten einst gedreht werden.

Die äußeren „musikalischen" Säulen hallen wider, wenn man draufklopft; sie sollen so entworfen worden sein, dass sie den Klang von 81 verschiedenen indischen Musikinstrumenten nachbilden können. Die Behörden haben aus Sorge vor weiteren Beschädigungen jedoch dafür gesorgt, dass sie außer Reichweite der Besucher sind, die nun nicht mehr musizieren können.

Neben dem Haupttempel, dessen Heiligtum mithilfe von reflektierendem Wasser beleuchtet wurde, befinden sich links bzw. rechts vom Eingang die Hochzeits- und die Gebetshalle.

Lakshimi Narasmiha HINDUTEMPEL

(Karte S. 986) Ein interessanter Stopp an der Straße zum Virupaksha-Tempel ist die 6,7 m hohe monolithische Statue der glubschäugigen Lakshimi Narasmiha im Yoga-Sitz und mit einer Kopfbedeckung, die aus sieben Schlangen besteht.

Krishna-Tempel HINDUTEMPEL

(Karte S. 986) Vorn am 1513 erbauten Krishna-Tempel finden sich eine *apsara* und zehn Inkarnationen Vishnus. Der Tempel liegt an der Straße zum Virupaksha-Tempel nahe der Lakshimi-Narasmiha-Statue.

TICKET FÜR DIE HAMPI-RUINEN

Mit der Eintrittskasse für den Vittala-Tempel (500 ₹) hat man für den Rest des Tages auch Zugang zu den meisten anderen Stätten der Hampi-Ruinen, für die sonst ein separater Eintritt fällig wird (darunter auch das Royal Centre und das Archäologische Museum). Ticket also nicht verlieren!

Hampi & Anegundi

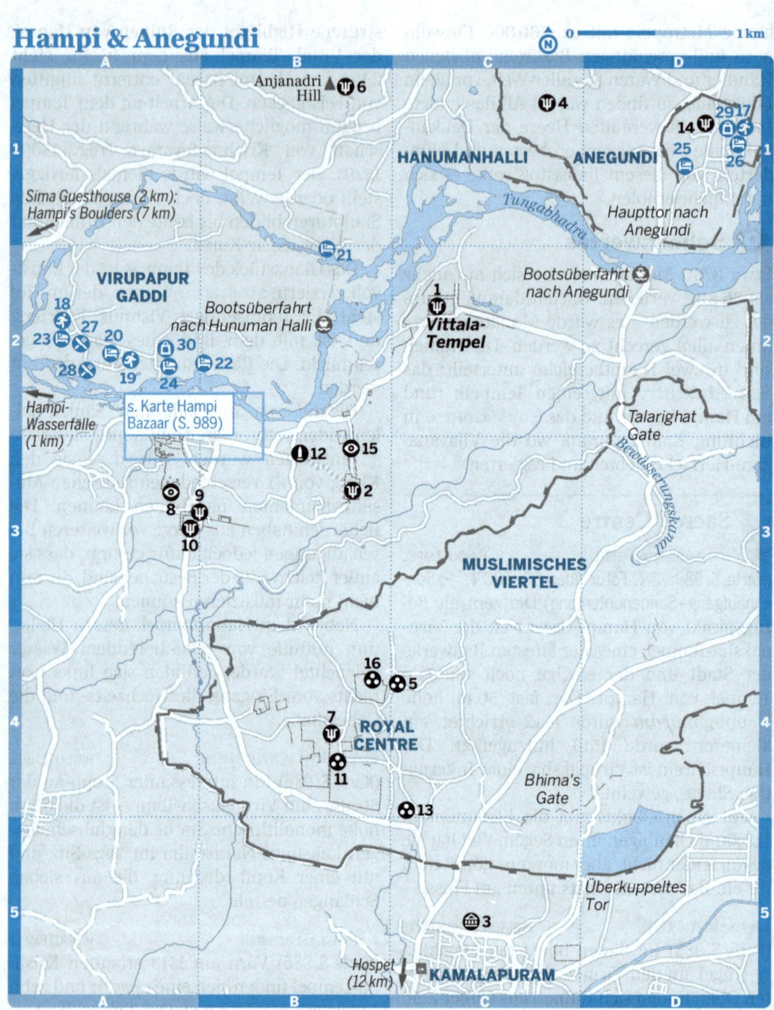

Sule Bazaar

HISTORISCHE STÄTTE

(Karte S. 986) Auf halbem Weg von Hampi Bazaar zum Vittala-Tempel führt ein Weg nach rechts über die Felsen zum verlassenen Sule Bazaar, einem der wichtigsten Handelszentren des alten Hampi, das gleichzeitig auch das Rotlichtviertel gewesen sein soll. Am südlichen Ende dieses Gebiets steht der wunderschöne **Achyutaraya-Tempel** (Karte S. 986) aus dem 16. Jh.

Royal Centre & Umgebung

Zum Royal Centre führt zwar ein 2 km langer Fußweg vom Achyutaraya-Tempel, doch am besten erreicht man es über die Straße Hampi–Kamalapuram. Hier stehen mehrere der wichtigsten Stätten Hampis.

Mahanavami-diiba

RUINE

(Karte S. 986) Das Mahanavami-*diiba* ist eine 12 m hohe Plattform mit drei Ebenen, die mit kunstvollen Reliefs geschmückt ist. Sie bietet eine Panoramaaussicht auf den ummauerten Komplex mit den Tempelruinen, den von Stufen gesäumten Wasserbecken und der Audienzhalle des Königs. Dieser nutzte den Bau früher als Aussichtsbereich bei den Dussehra-Festlichkeiten, den religiösen Zeremonien und den Prozessionen.

Hampi & Anegundi

Zenana Enclosure RUINEN
(Karte S. 986; Inder/Ausländer 30/500 ₹; 8.30–17.30 Uhr) Nordöstlich des Royal Centre findet sich die Zenana Enclosure in dem von einer Mauer umgebenen Frauenbezirk. In der trockenen Landschaft wirkt das friedliche Gelände mit dem gepflegten Rasen wie eine Oase. Hier befinden sich das **Lotus Mahal** (Karte S. 986) und die **Elefantenställe** (Karte 986; 8.30–17.30 Uhr).

Hazarama-Tempel HINDUTEMPEL
(Karte S. 986) Der Tempel zeichnet sich durch feine Reliefs mit Szenen aus dem Ramayana und polierte schwarze Granitpfeiler aus.

Bad der Königin RUINEN
(Karte S. 986; 8.30–17.30 Uhr) Südlich des Herrscherzentrums finden sich diverse Tempel und aufwendige Wasserspiele, darunter das Bad der Königin, das von außen trügerisch schlicht wirkt, aber sich innen als ein erstaunliches Meisterstück indisch-muslimischer Architektur erweist.

Archäologisches Museum MUSEUM
(Karte S. 986; Kamalapuram; Sa–Do 10–17 Uhr) Das Museum prunkt mit einer feinen Sammlung von Skulpturen aus den umliegenden Ruinen. Hinzu kommen neolithische Werkzeuge, Waffen aus dem 16. Jh. und ein großes Bodenmodell der Ruinen von Vijayanagar. Es gibt eine faszinierende Fotosammlung, die die Geschichte der Stätte seit 1856 dokumentiert.

Aktivitäten

Hampi-Wasserfälle WASSERFALL
Geht man vom Hampi Bazaar an schattigen Bananenplantagen vorbei 2 km in Richtung Westen, erreicht man nach einer kurzen Kraxelei über ein paar Felsen die hübschen Hampi-„Wasserfälle", eine Reihe kleiner, wunderschön zwischen den Felsen gelegener Wasserbecken.

Bouldern

Hampi ist die unangefochtene indische Hauptstadt des Boulderns. Die Landschaft ist mit ihren Granitfelsen und -steinen, die teilweise die uralten Spuren früherer Steinmetze aufweisen, ein einzigartiger Spielplatz für Kletterer. In dem Buch *Golden Boulders* (2013) von Gerald Krug und Christiane Hupe findet man Unmengen an Infos zum Bouldern in Hampi.

Tom & Jerry KLETTERN
(Karte S. 986; 9482746697, 8277792588; www.facebook.com/TomJerry-Climbing-Shop; Virupapur Gaddi; 2½-std. Kurs 500 ₹) Zwei Typen aus der Gegend kümmern sich hervorragend um die Bedürfnisse von Kletterern und stellen hochwertige Matten, Schuhe und ihr Wissen über die Gegend bereit. Außerdem veranstalten sie Kletterkurse.

Thimmaclimb KLETTERN
(Karte S. 986; 8762776498; www.thimmaclimb.wix.com/hampi-bouldering; Shiva Guesthouse, Virupapur Gaddi; Kurs ab 400 ₹) Der kleine Laden

wird vom einheimischen Kletter-Profi Thimma betrieben, der als Guide fungiert, Kurse veranstaltet und Profi-Ausrüstung verleiht und verkauft. Er veranstaltet auch dreitägige Ausflüge nach Badami zum Klettern auf Sandstein (5000 ₹).

Vogelbeobachtung

Der **Kishkinda Trust** (TKT; ☎08533-267777; http://tktkishkinda.org) in Anegundi hält Infos zur Vogelbeobachtung in der Gegend bereit. Hier leben mehr als 230 Vogelarten, darunter auch Rosaflamingos. *The Birds of Hampi* (2014) von Samad Kottur ist das maßgebliche Handbuch.

Feste & Events

Virupaksha Car Festival RELIGION

(März/April) Das Virupaksha Car Festival ist ein Großereignis, bei dem in einer farbenprächtigen Prozession ein riesiger Holzwagen,der Tempelwagen des Virupaksha-Tempels, über die Hauptstraße von Hampi Bazaar gezogen wird.

Schlafen

Die meisten Gästehäuser sind gemütliche, von Familien geführte Buden, die sich ideal für Budgettraveller eignen. Bessere Unterkünfte liegen weiter abseits vom Zentrum.

Hampi Bazaar

Die kleine Enklave ist ein klassisches Traveller-Ghetto, das allerdings von der Abrissbirne bedroht wird.

★ **Manash Guesthouse** PENSION $

(Karte S. 989; ☎9448877420; manashhampi@gmail.com; Zi. mit Ventilator/Klimaanlage 1200/1500 ₹; ❄📶) Die Pension gehört den legendären Leuten des Mango Tree und hat nur zwei Zimmer an einem kleinen Hof, die aber mit hochwertigen Matratzen, attraktiver Deko und kostenlosem schnellen WLAN die besten in Hampi Bazaar sind.

Thilak Homestay PENSION $

(Karte S. 989; ☎9449900964; www.facebook.com/thilak.homestay; Zi. mit Ventilator/Klimaanlage 1000/1500 ₹; ❄📶) Eine lobenswert saubere, ordentliche Unterkunft mit acht schön eingerichteten Zimmern (und weiteren in einem anderen Block), die mit Federmatratzen und Warmwasser ausgestattet sind. Der Eigentümer ist hilfsbereit und kann die Abholung aus Hosapete oder der Gegend um Hampi organisieren.

Pushpa Guest House PENSION $

(Karte S. 989; ☎9448795120; pushpaguesthouse99@yahoo.in; DZ ab 900 ₹, mit Klimaanlage ab 1300 ₹; ❄📶) Der gute Allrounder hat komfortable, attraktive, makellose Zimmer mit Moskitonetzen, einen zuverlässigen Reiseveranstalter im Haus und im ersten Stock einen schönen Sitzbereich.

Ganesh Guesthouse PENSION $

(Karte S. 989; vishnuhampi@gmail.com; Zi. 500–800 ₹, mit Klimaanlage ab 1500 ₹; ❄📶) Die kleine, von einer Familie geführte einladende Pension existiert schon seit mehr als 20 Jahren und bietet vier ordentliche, ansprechende Zimmer. Auf dem Dach gibt's ein nettes Restaurant.

Archana Guest House PENSION $

(Karte S. 989; ☎08394-241547; addihampi@yahoo.com; DZ ab 800 ₹; 📶) Die ruhige und freundliche Unterkunft bietet am Flussufer über einem Restaurant zwei einfache Zimmer mit Flussblick. Die anderen befinden sich in einem separaten Block auf der anderen Straßenseite.

Vicky's PENSION $

(Karte S. 989; ☎9480561010; vikkyhampi@yahoo.co.in; Zi. ab 350 ₹; 📶) Die verlässliche Budgetunterkunft hat ordentliche, einfache und mit Moskitonetzen ausgestattete Zimmer in knalligem Lila und Grün und gehört einem freundlichen Besitzer. Vor Ort gibt's einen guten Reiseveranstalter.

Padma Guest House PENSION $

(Karte S. 989; ☎08394-241331; padmaguesthouse@gmail.com; DZ 900–1600 ₹; ❄📶) Etwas abseits vom Geschehen bietet diese Pension eine Reihe schlichter, ordentlicher Zimmer, von denen viele einen Ausblick auf den Virupaksha-Tempel besitzen. Die Badezimmer könnten eine Renovierung vertragen. Die Betreiber können Bus- und Zugtickets besorgen.

Kiran Guest House PENSION $

(Karte S. 989; ☎9448143906; kiranhampi2012@gmail.com; Zi. 600–800 ₹; 📶) Das schlichte Gästehaus befindet sich in der Nähe des Flussufers und der Bananenhaine. Die Zimmer sind einfach, aber sauber und aus den Duschen strömt einigermaßen warmes Wasser. Die Inhaberfamilie ist hilfsbereit.

Netra Guesthouse PENSION $

(Karte S. 989; ☎9480569326; Zi. ab 500 ₹, ohne Bad ab 300 ₹) Die Pension hat schlichte, sau-

Hampi Bazaar

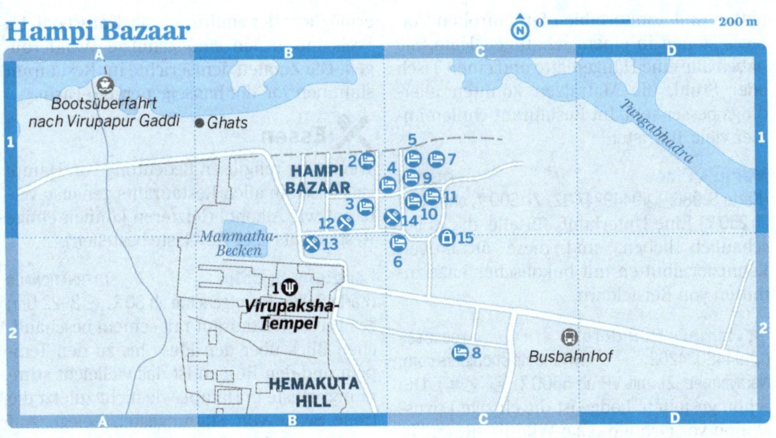

Hampi Bazaar

Highlights
1 Virupaksha-Tempel B2

Schlafen
2 Archana Guest House B1
3 Ganesh Guesthouse B1
4 Gopi Guest House C1
5 Kiran Guest House C1
6 Manash Guesthouse C2
7 Netra Guesthouse C1
8 Padma Guest House C2
9 Pushpa Guest House C1
10 Thilak Homestay C1
11 Vicky's C1

Essen
12 Mango Tree B1
13 Moonlight B2
14 Ravi's Rose C1

Shoppen
15 Akash Art Gallery & Bookstore C2

Praktisches
Touristeninformation .... (siehe 1)

bere Zimmer für Budgettraveller und ein stimmungsvolles Freiluftrestaurant.

Gopi Guest House PENSION $$
(Karte S. 989; ☎08394-241695; www.gopi-guesthouse.com; Zi. mit Ventilator/Klimaanlage 2000/2500 ₹; ❄@📶) Das auf zwei Grundstücke an derselben Straße verteilte, alteingesessene Gopi bietet freundlichen Service und Zimmer, die gemessen am Durchschnitt der Unterkünfte vor Ort schon als nobel gelten müssen. Vom Café auf dem Dach genießt man den Ausblick auf den Tempel. Wenn man online bucht, zahlt man meistens mehr, als wenn man einfach vorbeikommt.

Virupapur Gaddi & Umgebung

Das ländlich-beschauliche Virupapur Gaddi am anderen Flussufer gegenüber von Hampi Bazaar hat seinen Reiz – offenbar vor allem auf israelische Touristen, weshalb Einheimische den Ort auch „Klein-Jerusalem" nennen. Die Behörden ließen jedoch hier 2016 Gebäude abreißen und die weitere Zukunft der Siedlung ist ungewiss.

Sunny Guesthouse PENSION $
(Karte S. 986; ☎9448566368; www.sunnyguesthouse.com; Zi. 450–1200 ₹; @📶) Mit stimmungsvollen Hütten, einem sehr gepflegten tropischen Garten, Hängematten und einem entspannten Restaurant ist diese beliebte Pension bei Backpackern ein Hit.

Shanthi PENSION GUESTHOUSE $
(Karte S. 986; ☎8533287038; http://shanthihampi.com/; Cottages 1000–1800 ₹; @) Die attraktiven erdverbundenen Cottages mit Strohdach haben eine schöne, friedliche Lage neben Reisfeldern und einen herrlichen Blick in den Sonnenuntergang. Schaukelstühle stehen auf den Vorderveranden. Das Restaurant serviert gutes Essen.

Hema Guest House PENSION $
(Karte S. 986; ☎8762395470; rockyhampi@gmail.com; Virupapur Gaddi; DZ ab 600 ₹; 📶) Die

netten und komfortablen farbenfrohen Cottages stehen in einem schattigen Hain. Sie haben alle eine Hängematte und einen Tisch oder Stuhl, die Matratzen könnten allerdings besser sein. Im Restaurant chillen immer viele Touristen.

Manju's Place PENSION **$**
(Karte S. 986; ☎ 9449247712; Zi. 500 ₹, ohne Bad ab 250 ₹) Eine Unterkunft für alle, die es beschaulich lieben, sind diese attraktiven Lehmziegelhütten mit bukolischer Lage inmitten von Reisfeldern.

★ Hampi's Boulders LODGE **$$$**
(☎ 9448034202; www.hampisboulders.com; Narayanpet; Zi. mit VP ab 5600 ₹;) Die schön gestaltete Lodge ist die einzige Luxus-Option vor Ort: ein „Öko-Wildnis"-Resort in grünen Gartenanlagen 7 km westlich von Virupapur Gaddi. Man hat die Wahl zwischen Themenzimmern und schicken Cottages mit eleganter Möblierung, Blick auf den Fluss und Duschen im Freien. Ein chlorfreies Bad ermöglicht der eindrucksvolle Naturpool. Im Preis inbegriffen sind geführte Wanderungen. Die Zutaten der Gerichte im Restaurant stammen von der hauseigenen Bio-Farm.

Essen

Wegen der religiösen Bedeutung von Hampi ist Fleisch in allen Restaurants genauso verbannt wie Alkohol (letzteren können einige Restaurants aber für Gäste bestellen).

Laughing Buddha INTERNATIONAL **$**
(Karte S.986; Hauptgerichte ab 80 ₹; ⌚ 8–22 Uhr;) Dieses Restaurant mit seinem beschaulichen Blick über den Fluss bis zu den Tempeln und den Ruinen ist das vielleicht stimmungsvollste in Hampi, wie nicht zuletzt die treue Schar von Stammgästen belegt. Auf der Karte stehen Currys, Burger und Pizzas. Der Service ist bisweilen langsam.

Gouthami INTERNATIONAL **$**
(Karte S. 986; Hauptgerichte 90–180 ₹; ⌚ 8–23 Uhr) Das gut geführte Lokal hat die üblichen

ABRISSAKTIONEN IN HAMPI BAZAAR

Im Jahr 1565 machten die Dekkan-Sultanate Vijayanagar dem Erdboden gleich. Heute tobt eine andere Schlacht: Auf der einen Seite stehen Denkmalschützer, die das architektonische Erbe von Hampi bewahren wollen, auf der anderen Einheimische, die sich im Gebiet der Ruinenstadt niedergelassen haben.

Im Jahr 1999 setzte die UNESCO Hampi auf die Liste der gefährdeten Welterbestätten und kritisierte den Wildwuchs von Gebäuden rund um die Tempel, insbesondere im antiken Basarbereich nahe dem Virupaksha-Tempel. Die Verwaltung entwickelte daraufhin einen Masterplan, nach dem alle Ruinen von Hampi zu geschützten Denkmälern erklärt werden sollten. Nach Jahren der Untätigkeit wurde dieser Plan im Juli 2011 energisch und gewaltsam umgesetzt. Über Nacht wurden in Hampi Bazaar Läden, Hotels und Wohnhäuser abgerissen – die einst stimmungsvolle Hauptstraße verwandelte sich binnen Stunden in einen Trümmerhaufen. Die Einwohner, die die Stätte zu einem lebenden Denkmal gemacht hatten, wurden vertrieben.

Die Dorfbewohner wurden mit einem kleinen Stück Land im 18 km vom Basar entfernten Dorf Kaddirampur entschädigt. Es sollte hier neue Gästehäuser entstehen, doch ist Hampi so weit entfernt, dass nur wenige Dorfbewohner bereit sind, sich auf die damit verbundenen Investitionen einzulassen, zumal sie immer noch auf Entschädigungszahlungen warten.

Im Mai 2016 wiederholte sich die Geschichte, als Wohnhäuser, Pensionen und Läden im alten Dorf Virupapur Gaddi abgerissen wurden. Größere Gastbetriebe entgingen zunächst dem Abriss, weil sie vor Gericht gegen den Räumungsbefehl Widerspruch einlegten. Aufgebrachte Einheimische werfen der HWHAMA (Hampi World Heritage Area Management Authority) und dem ASI (Archaeological Survey of India) vor, als Verantwortliche für die Abrissaktionen zur Umsetzung des Masterplans ein Kulturdenkmal, das vor Leben sprühte, in eine leblose, „musealisierte" Stätte zu verwandeln.

Die Haupttempelstraße ist heute eine Einöde ohne Gebäude und Menschen. Legendäre Treffs wie das (originale) Mango Tree sind verschwunden. Anfang 2017 bestand Hampi Bazaar noch aus einer Enklave von Pensionen und Restaurants nördlich des Virupaksha-Tempels. Aber auch deren Zukunft ist ungewiss, weil weitere Räumungsaktionen geplant sind.

Sitzkissen (oder Esstische) und ein Übermaß an psychedelischen Wandbehängen. Es serviert schmackhafte indische, israelische und westliche Gerichte sowie Kaffee aus der hauseigenen Espressomaschine. Die vorn untergebrachte Bäckerei hat gute Kuchen.

Moonlight INTERNATIONAL $
(Karte S. 989; Hauptgerichte 80–150 ₹; ⌚7.30–22 Uhr) Das schlichte, von einer Familie geführte Restaurant hat ein gutes Frühstücksmenü, Espresso, leckere Pfannkuchen und Eierspeisen und natürlich auch Currys.

Ravi's Rose INTERNATIONAL $
(Karte S. 989; Hauptgerichte ab 100 ₹; ⌚8–22.30 Uhr; 📶) Der geselligste Treff von Hampi Bazaar hat eine gute Auswahl an *dosas* und Thalis, die meisten kommen aber wegen der – ähm – „speziellen" Lassis!

★ **Mango Tree** INTERNATIONAL $$
(Karte S. 989; Hauptgerichte 140–310 ₹; ⌚7.30–21.30 Uhr) Hampis berühmtestes Restaurant ist in ein stimmungsvolles Zelt in Hampi Bazaar umgezogen, wird aber immer noch von drei Generationen derselben einheimischen Familie gut geführt. Der Service ist gut und es gibt köstliche indische Gerichte, darunter Thalis und Spinat-Panir mit Chapati (160 ₹).

Shoppen

Akash Art Gallery & Bookstore BÜCHER
(Karte S. 989; Hampi Bazaar; ⌚6–21 Uhr) Ausgezeichnetes Sortiment von Büchern über Hampi und Indien sowie gebrauchte belletristische Titel. Man bekommt einen kostenlosen Lageplan von Hampi.

Gali Djembe Music Shop MUSIK
(Karte S. 986; ☎9449982586; www.facebook.com/pg/Galidurugappa; Virupapur Gaddi; ⌚10–19 Uhr) Ein freundlicher Musiker, der Unterricht in Djembe (Trommel) und Didgeridoo erteilt, führt diesen Laden mit indischen und westlichen Musikinstrumenten zu fairen Preisen.

Praktische Informationen

GEFAHREN & ÄRGERNISSE

Hampi ist im Allgemeinen ein sicherer und friedlicher Ort. Trotzdem sollte man die übliche Vorsicht walten lassen und in den Ruinen nicht nach Einbruch der Dunkelheit umherspazieren. Weibliche Traveller sollten die abgelegeneren Teile der Stätte nicht alleine aufsuchen. Alkohol und Betäubungsmittel sind in Hampi verboten.

DAROJI SLOTH BEAR SANCTUARY

Rund 30 km südlich von Hampi liegt auf struppigem Hügelterrain das **Daroji Sloth Bear Sanctuary** (25 ₹, Fahrzeug 500 ₹; ⌚14–18 Uhr). Auf einem rund 83 km² großen Areal verbringt hier eine beachtliche Schar von Lippenbären ein Leben in Freiheit. Man hat gute Chancen, die Tiere zu sehen – aber nur aus der Ferne von einer Aussichtsplattform aus. Wenn Besucher kommen, wird Honig auf die Felsen geschmiert. Am besten kommt man am späten Nachmittag und auf jedem Fall mit einem Feldstecher bewaffnet – ohne Fernglas gibt's nichts zu sehen.

GELD

Es gibt keine Geldautomaten in Hampi; der nächste befindet sich 3 km entfernt in Kamalapuram. Die Fahrt dorthin und zurück kostet mit einer Autorikscha 80 ₹.

TOURISTENINFORMATION

Touristeninformation (Karte S. 989; ☎08394-241339; ⌚Sa–Do 10–17.30 Uhr) Das Büro hat Broschüren, ist aber vor allem nützlich für das Organisieren von Radtouren (400 ₹ pro Pers. inkl. Fahrrad & Guide), Wanderführern (ab 600 ₹) und Bustouren (350 ₹, 7 Std.) zu den Ruinen.

An- & Weiterreise

Hosapete (Hospet) ist der Zugangspunkt nach Hampi. Es gibt täglich nur einen, sehr langsamen direkten Bus von Hampi Bazaar nach Goa (663 ₹, 11 Std., 19 Uhr). Reiseveranstalter in Hampi Bazaar können Bustickets nach Bengaluru, Hyderabad, Goa und zu anderen Zielen buchen; vielfach beinhalten sie aber einen Transport per Minibus von Hampi nach Hosapete.

Nahverkehrsbusse verbinden Hampi mit Hosapete (22 ₹, 30 Min., alle 30 Min., 5.45–19.30 Uhr); die Fahrt mit einer Autorikscha kostet rund 180 ₹.

Der nächste Ort mit Bahnhof ist Hosapete.

Unterwegs vor Ort

Fahrräder kann man in Hampi Bazaar für 30 bis 50 ₹ und Mopeds für 150 bis 400 ₹ pro Tag ausleihen. Rund um Hampi gibt's kaum Verkehr; einzige Ausnahme ist die Straße nach Hosapete.

Ein kleines **Boot** (Karte S. 989; pro Pers./Fahrrad/Motorrad 10/10/20 ₹; ⌚6–18 Uhr) setzt häufig über den Fluss nach Virupapur Gaddi über. Nach Einbruch der Dunkelheit kostet die

Überfahrt 50 bis 100 ₹ pro Person – je später, umso mehr. Es gibt auch Boote nach **Anegundi** (Karte S. 986; pro Pers./Fahrrad/Motorrad 10/10/20 ₹; ⏲ 6–17.45 Uhr) und **Hunuman Halli** (Karte S. 986; pro Pers./Fahrrad 10/10 ₹; ⏲ 6–17.45 Uhr).

Man kann die Ruinen zu Fuß erkunden, muss aber mindestens 7 km marschieren, um auch nur die wichtigsten Stätten zu sehen. Am schönen Flussabschnitt zwischen Hampi Bazaar und dem Vittala-Tempel kann man herrlich spazieren gehen. Fürs Sightseeing stehen Autorikschas und Taxis bereit; eine Autorikscha für eine Tagestour kostet rund 750 ₹.

Organisierte Touren starten in Hosapete und in Hampi.

Rund um Hampi

Anegundi

☎ 08394 / 5600 EW.

Anegundi ist ein altes befestigtes Dorf, das zur Welterbestätte von Hampi gehört und schon vor Hampi besiedelt war. Der Ort blieb bislang von der Kommerzialisierung verschont und hat sich ein angenehm ländliches Flair bewahrt. Hier bestimmen die Jahreszeiten noch das Leben und handwerkliche Traditionen existieren weiter.

Man erreicht das Dorf mittels einer Flussüberfahrt oder auf der Straße von Virupapur Gaddi aus über einen langen Umweg.

Sehenswertes & Aktivitäten

Das in Mythen als Kishkinda, das Königreich der Affengötter, genannte Anegundi hat sich viele seiner historischen Monumente bewahrt, darunter Abschnitte seiner Wehrmauern und -tore sowie den Rama geweihten **Ranganatha-Tempel** (Karte S. 986; ⏲ Sonnenaufgang–Sonnenuntergang). Einen Besuch lohnt auch der **Durga-Tempel** (Karte S. 986; ⏲ Sonnenaufgang–Sonnenuntergang), ein antiker Schrein, der näher beim Dorf und dem auf der Hügelspitze befindlichen Hanuman-Tempel liegt. Hier sollte ein neues Museum in einem sorgsam restaurierten alten Gebäude eröffnet werden, das inzwischen vielleicht besichtigt werden kann. Weitere Wohnbauten der Herrscher werden renoviert.

Hanuman-Tempel HINDUTEMPEL
(Karte S. 986; ⏲ Sonnenaufgang–Sonnenuntergang) Der weiß getünchte Hanuman-Tempel auf dem Anjanadri Hill, zu dem 570 Stufen hinaufführen, bietet eine schöne Aussicht auf das umliegende schroffe Terrain. Viele glauben, dass hier der hinduistische Affengott Hanuman geboren wurde, Ramas Gefährte in seinem Kampf gegen Ravana. Der Aufstieg ist angenehm, auch wenn man dabei von spitzbübischen Affen umdrängt wird. Im Tempel trifft man vielleicht auf Chillum paffende Sadhus. Der Tempel mit seinem Panoramablick über Hampi und das Umland ist ein sehr beliebter Ort, um den Sonnenuntergang zu genießen.

Kishkinda Trust KULTURPROGRAMME, OUTDOORAKTIVITÄTEN
(TKT; Karte S. 986; ☎ 08533-267777; www.tktkishkinda.org; Main Rd) Wegen Infos zu Kulturveranstaltungen, Aktivitäten und Freiwilligenjobs kann man sich an den Kishkinda Trust wenden, eine NGO mit Sitz in Anegundi, die mit Einwohnern vor Ort zusammenarbeitet.

Schlafen & Essen

In Anegundi gibt's fantastische Unterkünfte bei Gastfamilien in restaurierten historischen Gebäuden – eine großartige Möglichkeit, das indische Dorfleben kennenzulernen.

Peshegaar Guest House PENSION $
(Karte S. 986; ☎ 9449972230; www.urammaheritagehomes.com; Hanumanahalli; EZ/DZ 500/1000 ₹) Mitten im Dorf gibt's in diesem gemütlichen historischen Haus fünf schlichte, aber stilvolle Zimmer, die mit Textilien indigener Völker dekoriert sind und rund um einen netten Gemeinschaftsbereich mit einem Gartenhof liegen. Es gibt nur Gemeinschaftsbäder, aber vier für fünf Zimmer.

Uramma House PENSION $$
(Karte S. 986; ☎ 9449972230; www.urammaheritagehomes.com; EZ/DZ pro Zi. 2100/4200 ₹; WLAN) Das restaurierte historische Haus aus dem 4. Jh. ist ein Schmuckstück. Die traditionell gestalteten Zimmer haben schöne Details, z. B. freiliegende Deckenbalken. Mit seinem Esszimmer und zwei Schlafzimmern ist die Unterkunft ideal für eine Familie oder eine kleine Gruppe.

★ **Uramma Cottage** COTTAGES $$$
(Karte S. 986; ☎ 08533-267792; www.urammaheritagehomes.com; EZ/DZ mit Frühstück ab 2100/4200 ₹; Klimaanlage, WLAN) Die nahe dem Flussübergang gelegene, wunderbar stimmungsvolle Lodge besteht aus strohgedeckten Cottages mit ländlichem Charme rund um einen großen, grasbewachsenen Platz. Die Liebe fürs De-

ABSEITS DER ÜBLICHEN PFADE

DANDELI

Das aufstrebende **Dandeli** liegt vom Dschungel der Westghats umgeben, rund 100 km von Goa entfernt. Seine Umgebung ist ein Natur-Refugium, in dem man mit Wildtieren wie Elefanten, Leoparden, Lippenbären, Gaurs, Rothunden und Gleithörnchen auf Tuchfühlung gehen kann. Und auch Vogelbeobachter kommen voll auf ihre Kosten, leben hier doch u. a. Nashornvögel, Goldrückenspechte, Schlangenweihen und Braunlieste. Im Angebot sind auch einige Abenteuer-Aktivitäten, darunter Kajaktouren und haarsträubende Wildwasserfahrten auf dem reißenden Fluss Kali.

Das **Kali Adventure Camp** (08284-230266; www.junglelodges.com/kali-adventure-camp; Dandeli; Inder/Ausländer Zelt mit VP ab 4168/5052 ₹, Zi. ab 4948/5832 ₹;) ist eine gut geführte, umweltbewusste staatliche Lodge mit Zimmern, Zelthütten und zuvorkommendem Personal. Hier werden Wildwasser-Raftingtouren auf dem Kali – die die meiste Zeit im Jahr möglich sind –, geführte Kanu-Abenteuer, Canyoning- und Mountainbiketouren veranstaltet.

Häufig verkehrende Busse verbinden Dandeli mit Hubballi (58 ₹, 2 Std.) und Dharwad (46 ₹, 1½ Std.), wo man Anschluss nach Goa, Gokarna, Hosapete und Bengaluru hat.

tail zeigt sich in der rustikal-schicken Möblierung, der schönen Bettwäsche und in den handgewebten Textilien, die hübsche Farbakzente setzen. Das Personal ist äußerst hilfsbereit und im Restaurant werden gutes Essen und Bier serviert.

Machaan Studio APARTMENT $$$
(Karte S. 986; 9448284658; www.urammaheritagehomes.com; Apt. mit Frühstück 5000 ₹;) Die prächtige voll ausgestattete und loftartige Wohnung im Nachbardorf Hunuman Halli verfügt über ein großes Wohnzimmer, eine versenkte Badewanne und eine Terrasse. Die einfallsreiche Gestaltung verbindet rustikale mit zeitgenössischen Details. Vom Haus aus blickt man auf den Vittala-Tempel und den Fluss.

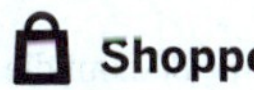

Shoppen

Banana Fibre Craft Workshop KUNSTHANDWERK
(Karte S. 986; Mo–Sa 10–13 & 14–17 Uhr) Besucher können zuschauen, wie Handwerker in dieser kleinen Werkstatt aus der Rinde des Bananenbaums kunsthandwerkliche Gegenstände und Accessoires herstellen, die man hier natürlich auch kaufen kann.

An- & Weiterreise

Anegundi ist 7 km von Hampi entfernt und von dort aus durch eine Flussüberquerung zu erreichen. Die Boote (10 ₹) legen von einer Anlegestelle östlich des Vittala-Tempels ab. Von Hampi kann man mit Moped oder – wenn man die Energie hat – per Fahrrad kommen. Eine Autorikscha ab Hampi zur Fährstelle nach Anegundi kostet 120 ₹.

Hosapete (Hospet)

08394 / 168 600 EW.

Das hektische und staubige Hosapete (das viele noch Hospet nennen) ist für Traveller nur als Verkehrsknotenpunkt für die Anfahrt nach Hampi interessant.

Schlafen & Essen

Hotel Malligi HOTEL $$
(08394-228101; www.malligihotels.com; Jabunatha Rd; Zi. 2200–4000 ₹, Suite ab 5000 ₹;) Das Hotel prunkt mit einer Reihe moderner und gut ausgestatteter Zimmer, einem aquamarinblauen Swimmingpool, einem Spa, einem guten internationalen Restaurant und einer Loungebar, in der man sich Sportereignisse im Fernsehen anschauen kann.

Udupi Sri Krishna Bhavan SÜDINDISCH $
(Bus Stand; Thalis 45 ₹, Hauptgerichte 70–90 ₹; 6–23 Uhr) Das geschäftige Lokal gegenüber dem Busbahnhof tischt vegetarische indische Kost, darunter Thalis und *dosas*, sowie einige nordindische Gerichte auf.

An- & Weiterreise

BUS

Von Hosapetes Busbahnhof fahren alle 30 Minuten Busse nach Hampi (22 ₹, 30 Min.). Private Nachtbusse mit Liegesitzen fahren von/nach Goa (1200–1600 ₹, 7–10 Std.), Gokarna (700 ₹, 6½ Std.), Bengaluru (510–660 ₹, 7 Std.), Mysuru (380–605 ₹, 8½ Std.) und Hyderabad (890–1120 ₹, 7–8 Std.).

Paulo Travels (S. 984) betreibt Nachtbusse nach Gokarna und Goa.

ZUG

Hosapetes Bahnhof ist eine 20 ₹ teure Autorikschafahrt vom Stadtzentrum entfernt. Der 18047 Amaravathi Express fährt täglich um 6.20 Uhr nach Magdaon in Goa (Sleeper/2AC 225/860 ₹, 7½ Std.). Der 16591 Hampi Express startet jede Nacht um 21 Uhr nach Bengaluru (3AC/2AC/1AC 625/895/1505 ₹, 9 Std.) und Mysuru (840/1205/2015 ₹, 12 Std.). Nach Hyderabad gibt's täglich um 19 Uhr einen Zug (Sleeper/2AC 305/1175 ₹, 12 Std.).

Hubballi (Hubli)

☎0836 / 958 600 EW.

Die Industriestadt Hubballi (die viele immer noch mit ihrem alten Namen Hubli bezeichnen) ist ein Bahnknoten der Strecken nach Mumbai, Bengaluru, Goa und ins nördliche Karnataka. Darüber hinaus gibt's für Traveller keinen Grund zum Herkommen.

Schlafen & Essen

Hotel Ajanta HOTEL $

(☎0836-2362216; Koppikar Rd; EZ/DZ ab 455/565 ₹) Die schlichte Unterkunft nahe dem Bahnhof hat im Erdgeschoss ein beliebtes Restaurant, das leckere regionale Thalis serviert.

Hotel Metropolis HOTEL $$

(☎0836-4266666; www.hotelmetropolishubli.com; Koppikar Rd; EZ/DZ mit Ventilator 1134/1242 ₹, mit Klimaanlage 1755/1989 ₹;) Das Hotel im Stadtzentrum und in bequemer Nähe zum Bahnhof hat eine Reihe sauberer, attraktiver und geräumiger Zimmer mit gutem Preis-Leistungs-Verhältnis. Das Personal ist sehr hilfsbereit. Im Haus gibt's zwei Restaurants, darunter ein internationales auf der Dachterrasse.

An- & Weiterreise

Der Bahnhof ist 1,5 km vom zentral gelegenen alten KSRTC-Busbahnhof entfernt (per Autorikscha 50 ₹). Es gibt noch den neuen KSRTC-Busbahnhof 4 km westlich vom Zentrum, wo viele Busse starten, von denen fast alle aber auch an der alten Station halten.

BUS

Es gibt sehr häufige Verbindungen nach Bengaluru, meistens nachts (420–650 ₹, 7–8½ Std.), tagsüber viele Busse nach Vijayapura (197–241 ₹, 5–6 Std.) sowie hauptsächlich nachts Busse nach Hosapete (144–189 ₹, 4 Std.). Um 8 Uhr fährt ein Bus nach Gokarna (158 ₹, 4 Std.), außerdem bestehen regelmäßige Verbindungen nach Mumbai (715–1300 ₹, 11–14 Std.), Mysuru (452–808 ₹, 9 Std.) und Panaji (171–347 ₹, 5–6 Std.).

FLUGZEUG

Der Flughafen liegt 6 km westlich des Zentrums. Derzeit gibt es hier nur einen täglichen Flug von Air India Regional nach Bengaluru. Busse (6 ₹, 20 Min.) pendeln zwischen der Gokul Rd, 400 m südlich des Terminals, und dem Stadtzentrum; die Fahrt mit einem Taxi kostet 180 ₹.

ZUG

Vom Bahnhof fahren viele Expresszüge nach Hosapete (Sleeper/2AC 140/695 ₹, 2½ Std., tgl. 6-mal), Bengaluru (Sleeper/2AC 270/1045 ₹, 8 Std., tgl. 3-mal), Mumbai (Sleeper/2AC 380/1435 ₹, 15½ Std.) und Goa (Sleeper/3AC 190/540 ₹, 6½ Std., tgl. 2-mal).

NÖRDLICHES KARNATAKA

Badami

☎08357 / 26 600 EW.

Badami, die einstige Hauptstadt des mächtigen Chalukya-Reiches, ist für seine prächtigen, aus den Felsen herausgeschlagenen Tempel und die roten, an den Wilden Westen erinnernden Sandsteinfelsen bekannt. Die staubige Hauptstraße ist zwar so hässlich, dass man am liebsten sofort wieder verschwinden würde, doch die Nebenstraßen sind mit ihren alten Häusern, geschnitzten Holztüren und vereinzelten Chalukya-Ruinen eine nette Gegend für Streifzüge.

Geschichte

Von etwa 540 bis 757 n. Chr. war Badami die Hauptstadt eines riesigen Königreichs, das sich von Kanchipuram in Tamil Nadu bis zum Fluss Narmada in Gujarat erstreckte. Es fiel schließlich an die Rashtrakutas und wechselte danach mehrmals den Besitzer, und jede Dynastie bereicherte Badami mit Skulpturen in ihrem eigenen Stil.

Zum bildhauerischen Erbe der Chalukyan-Künstler in Badami gehören einige der frühesten und schönsten Beispiele drawidischer Tempel und aus dem Fels gehauener Höhlen.

Sehenswertes & Aktivitäten

Die Felsen und die hufeisenförmige rote Sandsteinklippe von Badami bieten tolle Klettermöglichkeit in geringer Höhe. Weitere Infos finden sich unter www.indiaclimb.com.

Von Badamis Höhlen aus blickt man auf das im 5. Jh. angelegte **Agastyatirtha-Becken** und die an diesem Tempelteich stehenden **Bhutanatha-Tempel**. Die Treppe hinter dem Archäologischen Museum führt hinauf zum **North Fort**.

Höhlentempel HÖHLE
(Inder/Ausländer 15/200 ₹, Kind unter 15 Jahre frei, Führer 300 ₹; ⏲9–17.30 Uhr) Das Highlight vor Ort sind die schönen, mit exquisiten Skulpturen und aufwendigen Reliefs geschmückten Höhlentempel (drei hinduistische und ein jainistischer), die größtenteils aus dem 6. Jh. stammen. Diese prächtigen Beispiele der Chalukya-Architektur bestehen aus einer mit Säulen geschmückten Veranda, einer Halle im Innern und einem Schrein dahinter.

Höhle 1 liegt gleich über dem Eingang zum Komplex und ist Shiva geweiht. Sie ist die älteste der vier Höhlen und entstand wahrscheinlich in der zweiten Hälfte des 6. Jhs. An der Wand rechts von der Vorhalle befindet sich eine hinreißende Darstellung von Nataraja in 81 Tanzposen. Rechts von der Vorhalle ist eine riesige Ardhanarishvara-Figur zu sehen. Auf der Wand gegenüber befindet sich eine große Darstellung von Harihara – halb als Shiva und halb als Vishnu.

Die Gestaltung der Vishnu geweihten **Höhle 2** ist schlichter. Wie in den Höhlen 1 und 3 ist die Vorderseite der Plattform mit Bildern dickbäuchiger Zwerge in verschiedenen Posen geschmückt. Die Veranda wird von vier Säulen getragen, die oben in einem *yali* (mythische Löwengestalt) abschließen. Auf der linken Wand der Vorhalle ist ein stierköpfiger Varaha und das Emblem des Chalukya-Reiches zu sehen. Zu seiner Linken befindet sich Naga, eine Schlange mit menschlichem Gesicht. Auf der rechten Wand ist eine große Skulptur von Trivikrama, einer weiteren Inkarnation Vishnus.

Zwischen der 2. und der 3. Höhle liegen rechterhand zwei Treppen. Die erste führt zu einer natürlichen Höhle, in der sich eine kleine Darstellung von Padmapani (eine Inkarnation Buddhas) befindet. Die zweite Treppe, die leider durch ein Tor verschlossen ist, führt zum auf einem Hügel liegenden South Fort.

Die 578 n.Chr. entstandene **Höhle 3** ist die größte und eindruckvollste. An der linken Wand ist eine Skulptur von Vishnu zu sehen, der auf einer Schlange sitzt und dem die Höhle geweiht ist. In der Nähe befindet sich eine Darstellung Varahas mit vier Händen. Die oberen Säulenenden haben die Form von *yalis*. Die Decke ist u.a. mit Darstellungen von Indra, der auf einem Elefanten reitet, von Shiva auf einem Stier und Brahma auf einem Schwan verziert. Man sollte sich das Bild mit den betrunkenen Nachtschwärmern ansehen, besonders die Frau, die sich auf ihren Mann stützt. Es gibt auch Originalfarben an der Decke; die Vertiefungen im Boden am Eingang der Höhle wurden als Mal-Paletten genutzt.

Die dem Jainismus geweihte **Höhle 4** ist die kleinste Höhle, sie wurde zwischen dem 7. und 8. Jh. geschaffen. An der rechten Wand befindet sich eine Darstellung von Suparshvanatha (dem 7. jainistischen *tirthankar*), umgeben von 24 jainistischen *tirthankars*. Das innere Heiligtum enthält eine Skulptur von Adinath, dem ersten jainistischen *tirthankar*.

Archäologisches Museum MUSEUM
(5 ₹; ⏲Sa–Do 9–17 Uhr) Das archäologische Museum zeigt hervorragende Beispiel regionaler Skulpturen, darunter eine bemerkenswert freizügige Lajja-Gauri-Darstellung, die zu einem Fruchtbarkeitskult gehört, der einst in dieser Region blühte. Viele Bildwerke zeigen Shiva in unterschiedlichen Formen. Und ein Diorama illustriert die Shidlaphadi-Höhle.

Schlafen & Essen

Mookambika Deluxe HOTEL $
(☎08357-220067; hotelmookambika@yahoo.com; Station Rd; DZ mit Ventilator/Klimaanlage ab 1200/1800 ₹; ❄📶) „Deluxe" ist sicherlich übertrieben. Doch immerhin bietet das Hotel gegenüber dem Busbahnhof ordentliche, hell orange und grün gestaltete Zimmer zu fairen Preisen. Das Personal hat gute Reiseinfos auf Lager.

Hotel Mayura Chalukya HOTEL $
(☎08357-220046; www.kstdc.co/hotels; Ramdurg Rd; DZ mit Ventilator/Klimaanlage ab 962/1282 ₹; ❄📶) Abseits der Hektik bietet dieses staatliche Hotel große, saubere Zimmer und ein annehmbares Restaurant mit üblicher indischer Kost.

Krishna Heritage HOTEL $$$
(☎08357-221300; www.krishnaheritagebadami.com; Ramdurg Rd; EZ/DZ mit Frühstück 4000/6000 ₹; ❄📶) 2 km westlich des Stadtzentrums steht dieses attraktive Hotel in einem landschaftlich gestalteten Gelände. Die riesi-

gen Zimmer haben Dusche im Freien und Balkone; im großen Restaurant hat man einen schönen Ausblick auf Gärten und Felder.

Bridge Restaurant INTERNATIONAL $$
(Clarks Hotel, Veerpulakeshi Circle; Hauptgerichte 130–320 ₹; ⏲7–22.30 Uhr; 📶) Genau der richtige Ort, wenn man etwas Erholung unter der Klimaanlage braucht: Das Restaurant dieses Geschäftshotels liefert neben chinesischen und nordindischen auch gute westliche Gerichte, z. B. Pasta und Pizzas.

An- & Weiterreise

Viele Direktverbindungen von/nach Badami gibt es nicht. Von Badamis Busbahnhof fährt ein Bus direkt nach Vijayapura (157 ₹, 4 Std., 17 Uhr) und einer nach Hubballi (100 ₹, 5 Std., 15.15 Uhr). Ansonsten aber geht es mit einem der regelmäßig verkehrenden Busse nach Kerur (26 ₹, 45 Min.), wo es viel mehr Verbindungen gibt.

Unterwegs vor Ort

Theoretisch kann man Aihole und Pattadakal als Tagesausflug ab Badami per Bus besuchen, wenn man früh aufbricht. Man fährt zunächst nach Aihole (38 ₹, 1 Std.), dann weiter nach Pattadakal (22 ₹, 30 Min.) und kehrt schließlich nach Badami (40 ₹, 1 Std.) zurück. Der letzte Bus von Pattadakal nach Badami fährt um 16 Uhr.

Viel leichter und stressfreier ist es allerdings, eine Autorikscha (1000 ₹) oder ein Taxi (2000 ₹) für einen Tagesausflug nach Pattadakal, Aihole und zum nahe gelegenen Mahakuta zu mieten.

Rund um Badami

Pattadakal

☎08357 / 1630 EW.

Pattadakal war eine Nebenhauptstadt der Chalukyas von Badami und ist bekannt für seine mit feinen Reliefs geschmückten hinduistischen und jainistischen Tempel, die zusammen eine UNESCO-Welterbestätte bilden. Das Dorf um sie herum ist winzig; die meisten Traveller besuchen die Stätte vom nahe gelegenen Badami aus.

Sehenswertes

Die meisten der als Weltkulturerbe geführten Tempel in Pattadakal wurden im 7. oder 8. Jh. errichtet, nur einige wenige entstanden bereits im 3. Jh. Der Haupttempel ist der **Virupaksha-Tempel** (⏲6–18 Uhr), ein massiver Bau, dessen Säulen mit feinen Reliefs geschmückt sind, die Szenen aus dem Ramayana und dem Mahabharata darstellen. Östlich von diesem Tempel steht eine riesige Nandi-Skulptur. Der **Mallikarjuna-Tempel** direkt neben dem Virupaksha-Tempel ist diesem vom Entwurf her sehr ähnlich. Ungefähr 500 m südlich des Hauptgebiets steht der jainistische **Papanatha-Tempel**, dessen Eingang von Elefantenskulpturen flankiert wird.

An- & Weiterreise

Pattadakal ist 20 km von Badami entfernt, Busse (28 ₹) fahren bis ca. 17 Uhr alle 30 Min. dorthin. Morgens und nachmittags gibt's einen Bus zum 13 km entfernten Aihole (20 ₹).

Aihole

☎08351 / 3200 EW.

Etwa 100 Tempel, die zwischen dem 4. und dem 6. Jh. gebaut wurden, gibt es in Aihole (*ai*-ho-leh), der alten regionalen Hauptstadt der Chalukya-Könige. Die meisten sind allerdings nur noch Ruinen oder wurden vom modernen Dorf vereinnahmt. Aihole dokumentiert die embryonalen Phasen der südindischen Hindu-Architektur, von den frühesten einfachen Schreinen wie dem uralten Ladkhan-Tempel bis zu späteren und komplexeren Bauwerken, für die beispielhaft etwa der Meguti-Tempel steht.

Aihole liegt etwa 40 km von Badami und 13 km von Pattadakal entfernt.

Sehenswertes

Der beeindruckendste Tempel in Aihole ist der **Durga-Tempel** (Inder/Ausländer 5/ 200 ₹, Foto 25 ₹; ⏲6–18 Uhr) aus dem 7. Jh., an dem vor allem die halbrunde, von der buddhistischen Architektur inspirierte Apsis und die Reste des gekrümmten *sikhara* (Tempelturm) bemerkenswert sind. Im Inneren befinden sich kunstvolle Steinmetzarbeiten. Das kleine **Museum** (5 ₹; ⏲Sa–Do 9–17 Uhr) hinter dem Tempel zeigt weitere Skulpturen aus der Chalukya-Zeit.

Südlich vom Durga-Tempel befinden sich mehrere andere Tempelgruppen, unter ihnen frühe Bauwerke. Etwa 600 m südöstlich steht auf einem kleinen Hügel der jainistische **Meguti-Tempel**. Beim Aufstieg auf Schlangen achten!

An- & Weiterreise

Busse fahren regelmäßig von Badami nach Aihole (38 ₹, 1 Std.).

Vijayapura (Bijapur)

☎08352 / 337 200 EW.

Das staubige Vijapura (Bijapur), eine historische Stadt, die die islamische Ära der Dekkan-Region widerspiegelt, erzählt eine glorreiche Geschichte von vor etwa 600 Jahren. Die mit vielen Moscheen, Mausoleen, Palästen und Festungsanlagen geschmückte Stadt war von 1489 bis 1686 die Hauptstadt der Adil-Shahi-Könige und einer der fünf Splitterstaaten, die sich bildeten, nachdem das islamische Bahmani-Königreich 1482 zerbrochen war. Trotz seines stark islamischen Charakters ist Vijapura auch ein Zentrum der Lingayat-Form des Shivaismus, der die Betonung auf einen einzigen, personalisierten Gott legt. Das **Festival Lingayat Siddeshwara** (Jan. od. Feb.) wird acht Tage lang gefeiert.

Sehenswertes

★Gol Gumbaz DENKMÄLER

(Inder/Ausländer 15/200 ₹; ⏲10–17 Uhr) In einer ruhigen Parkanlage befindet sich das prächtige Gol-Gumbaz-Mausoleum mit den Gräbern des Sultans Mohammed Adil Shah (reg. 1627–56), seiner zwei Frauen, seiner Geliebten (Rambha), einer seiner Töchter und eines Enkels. An allen Ecken des von einer riesigen Kuppel bekrönten Gebäudes erheben sich achteckige, siebenstöckige Türme. Klettert man die steile, enge Treppe in einem der Türme hinauf, gelangt man in die „Flüstergalerie" in der Kuppel mit ihrer faszinierenden Akustik, die begeisterte Schulkinder leider lautstark ausprobieren.

Archaeological Museum MUSEUM

(5 ₹; ⏲Sa–Do 10–17 Uhr) Das gut präsentierte Museum auf dem Gelände des Gol Gumbaz zeigt in seinem Obergeschoss – das Erdgeschoss kann man überspringen – eine ausgezeichnete Sammlung von Artefakten, darunter Orientteppiche, chinesisches Porzellan, Waffen, Rüstungen und Schriftrollen.

Jama Masjid MOSCHEE

(Jama Masjid Rd; ⏲9–17.30 Uhr) Die von Ali Adil Shah I. (reg. 1557–80) erbaute, wohlproportionierte Moschee besitzt anmutige Bögen, eine schöne Kuppel und einen Innenhof mit Platz für mehr als 2200 Gläubige. Frauen

Vijapura (Bijapur)

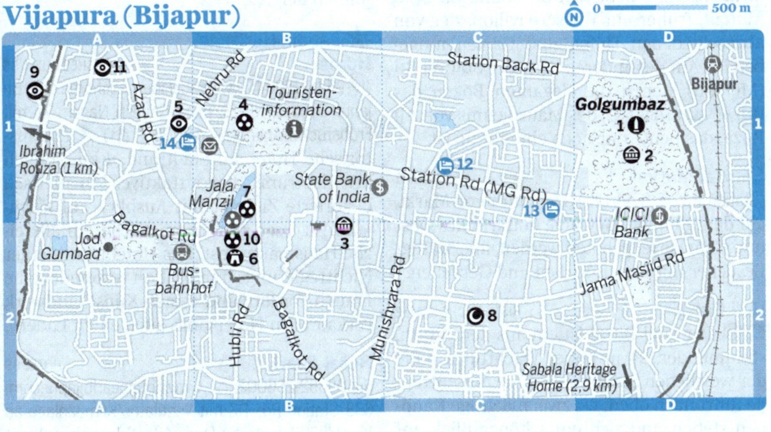

Vijapura (Bijapur)

Highlights
1 Golgumbaz ... D1

Sehenswertes
2 Archäologisches Museum ... D1
3 Asar Mahal ... B2
4 Bara Kaman ... B1
5 Central Market ... A1
6 Zitadelle ... B2
7 Gagan Mahal ... B1
8 Jama Masjid ... C2
9 Malik-e-Maidan ... A1
10 Sat Manzil ... B2
11 Upli Buruj ... A1

Schlafen
12 Hotel Madhuvan International ... C1
13 Hotel Pearl ... C1
14 Hotel Tourist ... A1

müssen ihre Köpfe bedecken und dürfen keine freizügige Kleidung tragen.

Asar Mahal HISTORISCHES GEBÄUDE
(⌚6–20.30 Uhr) GRATIS Der um 1646 von Mohammed Adil Shah als Gerichtspalast errichtete anmutige Asar Mahal beherbergte einst zwei Haare vom Bart des Propheten Mohammad. Die Säle im Obergeschoss sind mit Fresken geschmückt. Vor dem Gebäude, das Frauen nicht betreten dürfen, befindet sich ein quadratisches Wasserbecken.

Zitadelle FESTUNG
GRATIS In der von verstärkten Mauern und einem breiten Burggraben umgebenen Zitadelle befanden sich früher die Paläste, Lustgärten und der *durbar* (Königshof) der Adil-Shahi-Regenten. Heute sind fast nur noch Ruinen übrig. Das beeindruckendste erhaltene Fragment ist der monumentale Torbogen des **Gagan Mahal** GRATIS, der gegen 1561 von Ali Adil Shah I. erbaut wurde. Die Tore sind verschlossen, doch in der Regel ist jemand da, der Besucher einlässt.

In der Nähe stehen die Ruinen des **Sat Manzil** GRATIS, des siebenstöckigen Palasts von Mohammed Adil Shah. Auf der anderen Straßenseite erhebt sich der anmutige **Jala Manzil**, früher ein Wasserpavillon, der von abgeschiedenen Höfen und Gärten umgeben ist. Auf der anderen Seite der Station Rd (MG Rd) stehen die eleganten Bögen des **Bara Kaman** GRATIS, des Mausoleums von Ali Roza, das heute nur noch eine Ruine ist.

Central Market MARKT
(Station Rd; ⌚9–21 Uhr) Der muntere Markt, auf dem Blumen, Gewürze und frisches Obst und Gemüse feilgeboten werden, überwältigt Besucher mit seinen Farben und Gerüchen.

Upli Buruj HISTORISCHE STÄTTE
GRATIS Der Upli Buruj ist ein aus dem 16. Jh. stammender, 24 m hoher Wachtturm nahe der westlichen Stadtmauer. Eine Außentreppe führt nach oben, wo zwei mächtige Kanonen stehen und sich ein schöner Blick auf andere Monumente der Stadt bietet.

Malik-e-Maidan HISTORISCHE STÄTTE
(Herrscher der Ebenen) Auf einer Plattform steht diese kolossale Kanone, die mehr als 4 m lang ist, einen Durchmesser von fast 1,5 m hat und 55 t wiegen soll. Das 1549 gegossene Geschütz kam als Kriegstrophäe nach Vijayapura; geschleppt wurde sie angeblich von zehn Elefanten, 400 Ochsen und Hunderten von Männern!

★ **Ibrahim Rouza** DENKMAL
(Inder/Ausländer 15/200 ₹; ⌚6–18 Uhr) Das wunderschöne Ibrahim Rouza gehört zu den elegantesten und wohlproportioniertesten islamischen Monumenten in Indien. Die 24 m hohen Minarette sollen als Inspiration für das Taj Mahal gedient haben und auch seine Geschichte ist nicht weniger ergreifend: Es wurde vom Herrscher Ibrahim Adil Shah II. (reg. 1580–1627) als zukünftiges Mausoleum für seine Königin Taj Sultana gebaut. Das Schicksal wollte es allerdings, dass er vor ihr starb und daher auch die erste Person war, die hier zur Ruhe gebettet wurde. Außer ihm und der Königin liegen hier auch seine Kinder und seine Mutter.

Gegen ein Trinkgeld (150 ₹ sind o.k.), zeigen die Wärter den Besuchern das Bauwerk, einschließlich des dunklen Labyrinths rund um die Katakomben, in dem sich die eigentlichen Gräber befinden.

Schlafen & Essen

Hotel Tourist HOTEL $
(☎08352-250655; Station Rd; EZ/DZ ab 220/360 ₹) Die Absteige inmitten des Basars hat schlichte Zimmer; die „Deluxe"-Zimmer lohnen den Aufpreis.

★ **Sabala Heritage Home** HISTORISCHES HOTEL $$
(☎9448118204; www.sabalaheritagehome.org; Bijapur Bypass, NH-13, nahe Ganesh Nagar; Zi. mit Frühstück & Abendessen 3000 ₹; 📶) 🍃 Das historische Hotel am Stadtrand, 4 km südlich des Zentrums, hat attraktive, künstlerisch dekorierte Zimmer mit Ausblick auf Farmland. Zu essen gibt's aromatische, einfallsreiche Hausmannskost. Das Hotel ist mit einer Nichtregierungsorganisation verbunden, die Frauen fördert und feines Kunsthandwerk verkauft (im Hotel gibt's auch einen Laden).

Hotel Pearl HOTEL $$
(☎08352-256002; www.hotelpearlbijapur.com; 633 Station Rd; DZ mit Ventilator/Klimaanlage ab 1600/2200 ₹; ❄📶) Das Mittelklassehotel mit gutem Preis-Leistungs-Verhältnis hat saubere, an ein Motel erinnernde Zimmer rund um ein zentrales Atrium und liegt in bequemer Nähe zum Gol Gumbaz. Das WLAN ist lückenhaft, das hauseigene Restaurant **Qaswa Hills** (Pearl Hotel, Station Rd; Gerichte 120–280 ₹; ⌚7–16 & 19–22 Uhr) sehr beliebt.

Hotel Madhuvan International HOTEL $$
(☎08352-255571; Station Rd; DZ mit Ventilator/Klimaanlage 1600/2100 ₹; ❄📶) Wegen der noch

andauernden Renovierung sind die meisten Zimmer in diesem angenehmen Hotel mit Gartenhof in einem guten Zustand. Es versteckt sich in einer Gasse abseits der Station Rd und hat ein tolles **Restaurant** (Hauptgerichte 60–100 ₹; ⌚9–11, 12–16 & 19–23 Uhr), aber keinen Aufzug.

Shoppen

Sabala Handicrafts KUNSTHANDWERK
(http://sabalahandicrafts.com; NH13, Bijapur Bypass; ab 800 ₹; ⌚8–17.30 Uhr) Schöne, handgearbeitete Textilien, Taschen, Saris, Kurtas und Accessoires. Die Einnahmen kommen einer NGO zugute, die Frauen vom Land fördert. Der Laden befindet sich 4 km südlich vom Zentrum.

Praktische Informationen

Touristeninformation (☎08352-250359; Hotel Mayura Adil Shahi Annexe, Station Rd; ⌚Mo–Sa 10–17.30 Uhr) Hält gute Broschüren über Vijayapura bereit, die einen Stadtplan enthalten.

An- & Weiterreise

BUS

Busse fahren vom **Busbahnhof** (☎08352-0251344; Meenakshi Chowk Rd; ⌚24 Std.) zu folgenden Zielen:

Bengaluru Normal/Sleeper 576/757 ₹, 12 Std., 4-mal tgl.

Bidar 265 ₹, 6½ Std., 4-mal abends

Kalaburagi (Gulbarga) 164 ₹, 4 Std., 3-mal tgl.

Hosapete 241 ₹, 5 Std., 5-mal tgl.

Hubballi 193–241 ₹, 5 Std., 2-mal tgl.

Hyderabad 373–729 ₹, 8–10 Std., 6-mal tgl.

Mumbai 660 ₹, 12 Std., 4-mal tgl., über Pune (428 ₹, 8 Std.)

Panaji (Goa) 335–415 ₹, 10 Std., 2-mal tgl.

ZUG

Vom Bahnhof Vijayapura fahren Züge nach:

Badami 17320 Hubli-Secunderabad Express, Sleeper/2AC 140/695 ₹, 2½ Std., 1 Uhr; sowie tgl. zwei weitere Züge

Bengaluru 16536 Golgumbaz Express, Sleeper/2AC 355/1395 ₹, 15½ Std., 17 Uhr

Hyderabad 17319 Secunderabad Express, Sleeper/2AC 250/960 ₹, 11 Std., 1 Uhr

Unterwegs vor Ort

Angesichts der Menge der Sehenswürdigkeiten und der zu bewältigenden Entfernungen ist 700 ₹ ein fairer Preis für einen ganzen Tag Sightseeing per Autorikscha. Kurze Autorikschafahrten durch die Stadt kosten 50 ₹.

Bidar

☎08482 / 218 500 EW.

Trotz seiner faszinierenden Ruinen und Denkmäler verirren sich nur sehr wenige Touristen nach Bidar im äußersten Nordosten Karnatakas – was die Stadt nur noch reizvoller macht. Bidar steckt voll indisch-muslimischer Geschichte: Die ummauerte Altstadt war zuerst die Hauptstadt des Bahmani-Reichs (1428–1487) und später der Barid-Shahi-Dynastie. Diese Gegend ist eine der am wenigsten verwestlichten Regionen Karnatakas, in der man viele Frauen mit Niqab und Turban tragende Sikh-Pilger antrifft. Die Einheimischen begegnen Besuchern zwar mit Freundlichkeit, aber konservative Werte herrschen vor.

Sehenswertes

★ **Bidar Fort** FORT
(⌚6–18 Uhr) GRATIS Für einen Spaziergang durch die friedlichen Ruinen dieser großartigen Festungsanlage aus dem 15. Jh. sollte man sich ein paar Stunden gönnen. Das Fort ist das größte in Südindien und war einst die Verwaltungszentrale für einen großen Teil der Region. Die Anlage wird von einem dreifachen, aus dem soliden roten Fels gehauenen Festungsgraben und kilometerlangen Verteidigungsmauern umgeben. Der Eingang zum Fort, der sich in einer kunstvollen Schikane durch drei Tore windet, wirkt wie aus Tausendundeiner Nacht.

Die Informationen vor Ort sind minimal; es empfiehlt sich, einen Führer beim archäologischen Büro zu engagieren (der auch einen Schlüssel zu den interessantesten Ruinen innerhalb des Forts mitbringt). Zu diesen Bauten zählen: der **Rangin Mahal** (Bemalter Palast) mit aufwendigen Fliesen, Teakholzpfeilern und Vertäfelungen mit Perlmutt-Intarsien; die **Solah Khamba Mosque** (16-Pfeiler-Moschee); und der **Tarkash Mahal** mit exquisiten muslimischen Inschriften und einem wunderbaren Blick vom Dach. In den ehemaligen Herrscherbädern ist ein kleines **Museum** mit Artefakten aus der Gegend untergebracht.

Khwaja Mahmud Gawan Madrasa RUINE, HISTORISCHE STÄTTE
(⌚Sonnenaufgang–Sonnenuntergang) GRATIS Das Zentrum der Altstadt ist geprägt von den Ruinen der Khwaja Mahmud Gawan Madrasa, einer höheren Bildungseinrichtung aus dem Jahr 1472. Die Reste der farbigen Flie-

sen am Eingangstor und an einem der Minarette, das noch intakt ist, ermöglichen eine Vorstellung von der früheren Pracht des Bauwerks.

Guru Nanak Jhira Sahib SIKH-TEMPEL
(Shiva Nagar; ⌚24 Std.) GRATIS Der große Sikh-Tempel im Nordwesten der Stadt ist Guru Nanak geweiht und wurde 1948 erbaut. Er liegt rund um das Wasserbecken des Amrit Kund, in dem die Pilger ihre Seelen reinigen.

Gräber der Bahmani-Sultane HISTORISCHE STÄTTE
(⌚Sonnenaufgang–Sonnenuntergang) GRATIS Die riesigen Kuppelgräber der Bahmani-Sultane in Ashtur, 3 km östlich von Bidar, wurden als letzte Ruhestätten für die sterblichen Überreste der Sultane erbaut. Besonders imposant ist der bemalte Innenraum des Grabmals von Ahmad Shah I. Wali Bahmani.

Schlafen & Essen

Hotel Mayura HOTEL $
(☎08482-228142; Udgir Rd; DZ mit Ventilator/Klimaanlage ab 1100/2200; ❄📶) Die Betonfassade dieses Hotels gegenüber dem zentralen Busbahnhof mag nicht besonders ansprechend sein, doch die Zimmer sind nett und gut ausgestattet. Es gibt eine Bar und ein Restaurant. Zu erkennen ist das Haus an dem NBC-Pfauen-Symbol.

Hotel Mayura Barid Shahi HOTEL $
(☎08482-221740; Udgir Rd; EZ/DZ 500/600 ₹, Zi. mit Klimaanlage 900 ₹; ❄📶) Das alte Hotel mit schlichten, unpersönlichen Zimmern könnte gepflegter sein, hat aber eine zentrale Lage und ein beliebtes Gartenrestaurant mit Bar.

Jyothi Fort INDISCH $
(Bidar Fort; Hauptgerichte 70–120 ₹; ⌚9–17 Uhr) Das beschauliche Lokal am Eingang zum Fort, dessen Tische draußen auf dem Gras unter hohen Tamarindenbäumen stehen, hat leckere vegetarische Gerichte.

Kamat Hotel SÜDINDISCH $
(Udgir Rd; Gerichte 80–150 ₹; ⌚7.30–22 Uhr) Das Restaurant mit klimatisierten Speisesaal punktet mit südindischen Klassikern zu sehr günstigen Preisen. Tagsüber ist hier viel los.

An- & Weiterreise

Vom Busbahnhof fahren häufig Busse nach Kalaburagi (124 ₹, 3 Std.) und zwei abends nach Vijayapura (280 ₹, 7 Std.). Es gibt auch Busse nach Hyderabad (142 ₹, 4 Std., 18.30 Uhr) und Bengaluru (Semideluxe/AC 750/900 ₹, 13 Std., 5-mal tgl.).

Züge fahren nach Hyderabad (Sleeper 100 ₹, 5 Std., 2 Uhr) und Bengaluru (Sleeper/2AC 370/1435 ₹, 13 Std., 18.05 Uhr).

Unterwegs vor Ort

Eine Tagestour mit einer Autoriksha kostet rund 600 ₹.

Telangana & Andhra Pradesh

Inhalt ➡

Gut essen

- Sea Inn (S. 1029)
- Shah Ghouse Cafe (S. 1014)
- SO – The Sky Kitchen (S. 1015)
- Hotel Mayura (S. 1033)
- Dhaba By Claridges (S. 1016)
- TFL (S. 1025)

Abseits der Touristenpfade

- Ramappa-Tempel (S. 1023)
- Sankaram (S. 1030)
- Moula Ali Dargah (S. 1010)
- Guntupalli (S. 1025)

Auf nach Telangana & Andhra Pradesh!

Allein wegen Hyderabad, einer der größten islamischen Städte Indiens, lohnt sich der Besuch dieser Region. Ihre umwerfende Skyline wird von den Kuppeln und Minaretten alter Moscheen sowie von Mausoleen und Palästen der einstigen Herrscher dominiert. In der berühmten Altstadt locken Straßenmärkte, Teehäuser und Restaurants, und am Stadtrand erhebt sich das Golconda-Fort. Auf der anderen Seite zeugen die neuen Stadtteile mit schicken Restaurants und Boutiquen vom Wirtschaftswachstum, das auf der IT-Industrie beruht.

Weitere Attraktionen in diesen beiden Bundesstaaten (die bis 2014 zusammengehörten) sind weniger aufdringlich, wer aber genauer hinschaut, wird einige Juwelen entdecken, z. B. die mittelalterlichen Tempelskulpturen in Ramappa, die schönen buddhistischen Stätten wie Sankaram und Guntupalli im tiefsten Hinterland, die heitere Urlaubsstimmung im Badeort Visakhapatnam sowie die positive Energie, die die unzähligen Pilger am Tirumala-Tempel verbreiten.

Reisezeit

Hyderabad

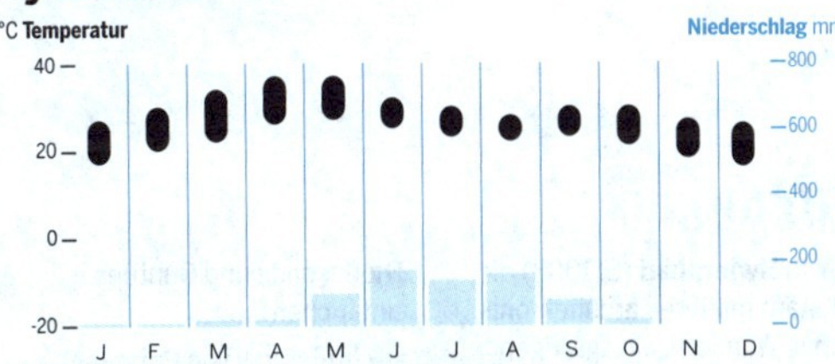

Mai–Juni Mit den Einheimischen ihre Lieblingsspeise *haleem* im Ramadan bzw. Ramzan genießen.

Nov.–Feb. Bei angenehmen 22–28 °C die Sehenswürdigkeiten von Hyderabad entdecken.

Dez.–April In der Küstenstadt Vizag ist es jetzt nicht *allzu* heiß und es regnet auch kaum.

Highlights

1 In **Hyderabad** (S. 1003) die Altstadt mit ihren architektonischen Wundern, einzigartigen Märkten und unzähligen Restaurants entdecken

2 Auf dem 2300 Jahre alten **Klosterweg** (S. 1030) in die meditative Stille der wunderbaren Klöster von Sankaram, Bavikonda, Thotlakonda und Guntupalli eintauchen

3 Im Tempel von **Palampet** (S. 1022) die Kunst der Kakatiya-Bildhauer bewundern

4 Mit Massen von Hindus nach **Tirumala** (S.1031) pilgern und den einzigartigen Geist dieser Stätte spüren

5 Mit dem Zug durch üppig grüne Wälder und Täler der Ostghats nach **Araku** (S. 1030) fahren

Geschichte

Vom 3. Jh. v. Chr. bis zum 3. Jh. n. Chr. herrschte die Satavahana-Dynastie – auch Andhras genannt – von ihrem Stützpunkt in dieser Region über den Großteil des Dekkan-Plateaus. Nach dem Eintreffen von Ashokas missionarischen Mönchen halfen die Satavahanas ihnen, den Buddhismus zur Blüte zu bringen. Heute gibt es in Andhra Pradesh mehr buddhistische Stätten als in jedem anderen indischen Bundesstaat.

Vom 12. bis zum 14. Jh. regierte der Hindu Kakatiyas von seinem Sitz in Warangal aus über den größten Teil von Telangana und Andhra Pradesh. In dieser Zeit entstanden die Telugu-Kultur und -Sprache. Warangal fiel dann in die Hände des muslimischen Sultanats von Delhi und anschließend in die des Bahmani-Sultanats mit Sitz im Dekkan. 1518 schließlich forderte der Bahmani-Gouverneur in Golconda, Sultan Quli Qutb Shah, die Unabhängigkeit. Seine Qutb-Shahi-Dynastie verwandelte Golconda in die mächtige Festung, die heute noch bewundert werden kann. Wasserknappheit veranlasste Sultan Mohammed Quli Qutb Shah schließlich, ein paar Kilometer weiter östlich an das Südufer des Flusses Musi zu ziehen, wo er 1591 die neue Stadt Hyderabad gründete.

1687 wurden die Qutb Shahis vom Großmogul Aurangzeb vertrieben. Als das Mogulreich zu zerbrechen begann, übernahm der damalige Vizekönig Nizam ul-Mulk Asaf Jah die Kontrolle über den Großteil des Dekkans und gab so 1724 den Startschuss für Hyderabads zweite große Muslim-Dynastie der Asaf Jahis – die sagenhaft berühmten und unermesslich reichen Nizams von Hyderabad. Seine Hauptstadt war Aurangabad, doch der Sohn Asaf Jah II. zog 1763 nach Hyderabad. Hyderabad wurde das Zentrum des islamischen Indiens und stand ganz im Zeichen von Kunst, Kultur und Bildung. Auch kostbare Edelsteine und Mineralien waren in Hülle und Fülle vorhanden, z. B. ist der weltberühmte Koh-I-Noor-Diamant von hier, der den Nizams zu ihrem gewaltigen Reichtum verhalf.

Ab ca. 1800 stand die ganze Region unter britischer Herrschaft. Während Andhra Pradesh von Madras (dem heutigen Chennai) aus regiert wurde, blieb der Fürstenstaat Hyderabad, zu dem auch große Gebiete außerhalb der Stadt gehörten, in denen telugusprechende Hindus lebten, – jedenfalls dem Namen nach – unabhängig. Als Indien 1947 unabhängig wurde, wollte der Nizam Osman Ali Khan seinen souveränen Staat erhalten. Schließlich griff das Militär ein und Hyderabad wurde 1948 gezwungen, der Indischen Union beizutreten.

Als die indischen Bundesstaaten 1956 nach Sprachgrenzen umstrukturiert wurden, wurde Hyderabad dreifach gespalten. Zum heutigen Telangana kamen weitere telugusprachige Gebiete hinzu und sie bildeten den Bundesstaat Andhra Pradesh; andere Gegenden wurden Teil von Karnataka und Maharashtra. Telangana war mit dieser Lösung nie wirklich glücklich. Nach langjährigen Bemühungen wurde es schließlich von Andhra Pradesh losgelöst und ist seit 2014 ein eigenständiger Staat. Hyderabad bleibt solange die Hauptstadt beider Bundesstaaten, bis Andhra Pradesh mit Amaravati (bei Vijayawada) seine neue Hauptstadt bekommt. Amaravati, entworfen von Städteplanern aus Singapur, soll smart, grün und ultramodern werden – dieses Vorhaben wird gewiss mehrere Jahrzehnte dauern.

HYDERABAD

040 / 7,68 MIO. / 600 M

Mit ihrer langen Geschichte, dem dichten Gedränge und dem geschäftigen Treiben ist die Altstadt von Hyderabad eine der schönsten in ganz Indien. Die engen Straßen sind

TOP-FESTIVALS

Sankranti (Jan.) Das landesweite bedeutende Telugu Fest markiert das Ende der Erntezeit. Am Himmel fliegen haufenweise Drachen, die Türschwellen sind mit farbenfrohen *kolams* (Reismehlmustern) versehen und Männer schmücken die Rinder mit Glocken und Farbe an den Hörnern.

Brahmotsavam (Sept./Okt.) Anlässlich des neuntägigen Fests kommen unzählige Gläubige zum Venkateshwara-Tempel in Tirumala. Es finden spezielle *pujas* (Opfergaben) und Wagenumzüge statt, außerdem ist dies die günstigste Zeit für eine *darshan* (Audienz bei einer Gottheit).

Muharram (Sept./Okt.) Das Fest erinnert an das Martyrium von Mohammeds Enkel Hussain. Eine enorme Prozession zieht durch die Straßen der Altstadt von Hyderabad (S. 1003).

gesäumt von traditionellen Teehäusern und duftenden Gewürzläden. Aus dem farbenfrohen Labyrinth der Altstadt ragt eines der beeindruckendsten islamischen Gebäude des Landes heraus, das jedoch eine ständige Baustelle ist. Die meisten Besucher konzentrieren sich nur auf diesen Teil der Stadt, obwohl das imposante Golconda-Fort ebenfalls sehenswert ist.

Das andere Gesicht Hyderabads ist sehr viel jünger und liegt westlich der Altstadt: „Hi-Tech City" oder „Cyberabad" und andere neue Stadtviertel wie Banjara Hills oder Jubilee Hills sind voller glitzernder Einkaufszentren, Multiplex-Kinos, Clubs, Kneipen und nobler Restaurants.

Aber eines ist in ganz Hyderabad gleich: der fast unerträgliche Verkehr. Und das wird sich auch so schnell nicht ändern, denn der Bau der geplanten Schnellbahn Metro Rail verzögert sich immer weiter.

Sehenswertes

Altstadt

★ Charminar DENKMAL

(Karte S. 1006; Inder/Ausländer 5/100 ₹; ⌚9–17.30 Uhr) Das wichtigste Denkmal und zugleich Wahrzeichen der Stadt ließ Mohammed Quli Qutb Shah 1591 errichten, um an die Gründung Hyderabads und das Ende der durch den Wassermangel im damaligen Golconda verursachten Epidemien zu erinnern. Das riesige, 56 m hohe Gebäude ruht auf vier Bögen zwischen dicken Säulen, die mit Minaretten gekrönt sind. Daher stammt auch der Name, denn „Charminar" bedeutet „vier Minarette". Es ist sicherlich eines der eindrucksvollsten Gebäude der Stadt, doch der dichte Verkehr, der sich unaufhörlich durch und rund um das Gebäude quält sowie die Massen von Menschen trüben den überwältigenden Eindruck doch erheblich.

Das Charminar steht mitten im alten Geschäftsviertel von Hyderabad, wo die kleinen Straßen voller Läden, Stände, Märkte und Menschen sind. Um dem Gewimmel zu entgehen, kann man in die 1. Etage des Gebäudes hinaufgehen und den Blick auf das Stadtviertel genießen. Auf der 2. Etage befindet sich die älteste Moschee der Stadt, die ebenso wie die Minarette nicht für die Öffentlichkeit zugänglich ist. Von 19 bis 21 Uhr wird das Wahrzeichen in buntes Licht getaucht.

★ Chowmahalla Palace PALAST

(Karte S. 1006; http://chowmahalla.co.in; Inder/Ausländer 50/200 ₹, Foto 50 ₹; ⌚Sa–Do 10–17 Uhr) Die prachtvolle Palastanlage aus dem 18. und 19. Jh. war die Hauptresidenz mehrerer Nizams des Stadtstaates. Auf dem Gelände befinden sich mehrere imposante Gebäude und vier Höfe mit herrlichen Gärten. Mit Abstand am schönsten ist die Khilwat Mubarak, eine wunderbare Säulenhalle, in der unter 19 riesigen Kronleuchtern aus belgischem Kristallglas die Zeremonien der Herrscher stattfanden. In den Nebenräumen sind heute historische Gegenstände aus Kunst und Kunsthandwerk sowie aus dem persönlichen Besitz der Nizams ausgestellt. Im südlichsten Hof ist eine spektakuläre Sammlung von Kutschen und Oldtimern untergebracht, darunter ein gelber Rolls-Royce von 1911 und ein Buick-Cabrio von 1937.

Salar Jung Museum MUSEUM

(Karte S.1006; www.salarjungmuseum.in; Salar Jung Rd; Inder/Ausländer 20/500 ₹, Foto 50 ₹; ⌚Sa–Do 10–17 Uhr) Die riesige Sammlung wurde von Mir Yousuf Ali Khan (Salar Jung III.) zusammengetragen, der kurzzeitig als Großwesir dem 7. Nizam diente. Zu sehen sind in den 39 Ausstellungsräumen uralte Bronze-, Holz- und Steinskulpturen aus Südindien, indische Miniaturen, europäische Meisterwerke, historische Manuskripte, ein Jadezimmer und die berühmte *Verschleierte Rebecca* des italienischen Bildhauers Benzoni aus dem 19. Jh. Leider ist der Eintritt für Ausländer sehr teuer und das Museum sehr beliebt (und besonders sonntags hoffnungslos überfüllt).

HEH The Nizam's Museum MUSEUM

(Purani Haveli; Karte S. 1006; www.hehnmh.com; an der Dur-e-Sharwah Hospital Rd; Erw./Kind 80/15 ₹, Foto 150 ₹; ⌚Sa–Do 10–17 Uhr) Im Purani Haveli lebte einst der sechste Nizam, Mahbub Ali Khan (reg. 1869–1911), der nie zweimal dieselbe Kleidung getragen haben soll – und daher rührt wahrscheinlich auch der 54 m lange, zweistöckige Kleiderschrank aus birmesischem Teakholz. Der Großteil des Museums ist persönlichen Besitztümern des siebten Nizam, Osman Ali Khan, gewidmet, darunter befinden sich seine Silberwiege, der polierte goldene Thron und edle Jubiläumsgeschenke aus Silber. Die Schaukästen, Beleuchtung und Informationen sind verbesserungswürdig, aber es ist dennoch ein Besuch wert.

Hyderabad

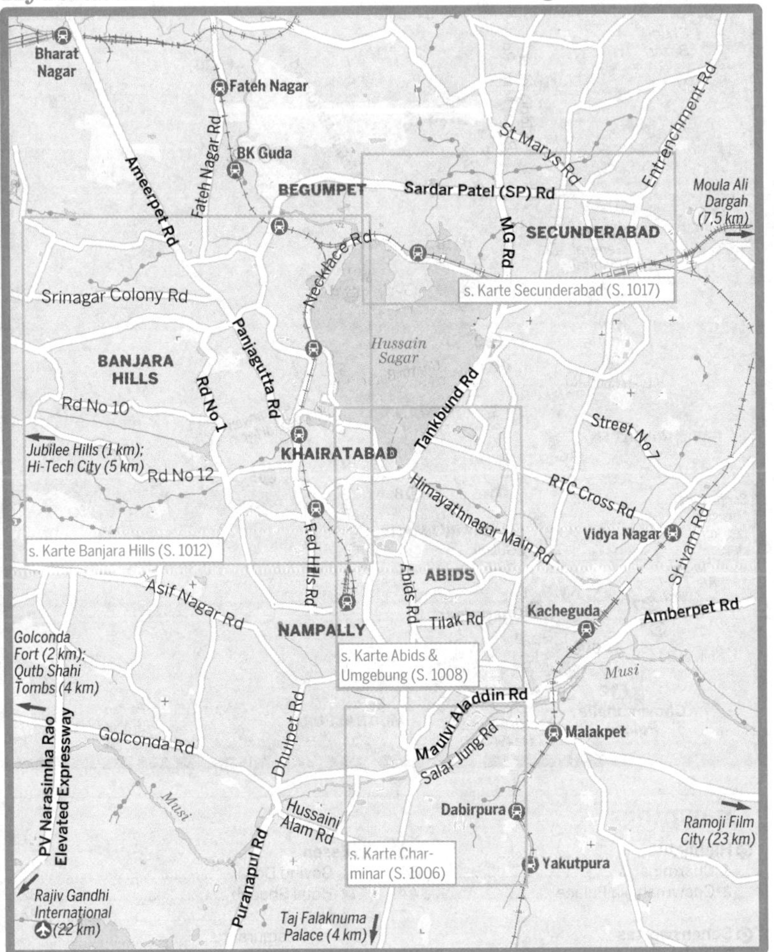

Mecca Masjid MOSCHEE
(Karte S. 1006; Shah Ali Banda Rd; ⌚4.30–21 Uhr) Diese Moschee, in der bei bedeutenden muslimischen Festen etwa 10 000 Männer beten, ist eines der weltweit größten und auch eines der ältesten Bauwerke Hyderabads. Der Stadtgründer Mohammed Quli Qutb Shah begann 1617 mit dem Bau. Frauen dürfen die Hauptgebetshalle nicht betreten, und auch männliche Touristen haben eigentlich keinen Zutritt (sie können aber durch das Gitter schauen). Touristinnen, selbst mit Kopftuch, dürfen noch nicht einmal den großen Hof betreten, wenn ihre Kleidung als zu knapp oder zu eng anliegend angesehen wird.

In einige Ziegel über dem mittleren Torbogen der Gebetshalle ist Erde aus Mekka eingearbeitet – daher kommt auch der Name der Moschee. Auf dem eingezäunten Gelände neben dem Hof befinden sich die Grabstätten mehrerer Nizams aus Hyderabad.

Badshahi Ashurkhana ISLAMISCHE STÄTTE
(Karte S. 1006; High Court Rd) Das Badshahi Ashurkhana (wörtlich „königliches Trauerhaus“) von 1594 war eines der ersten Gebäude, das die Qutb Shahs in ihrer neuen Stadt Hyderabad errichteten. In dem Hof abseits der Straße scheinen die Mauern mit ihren

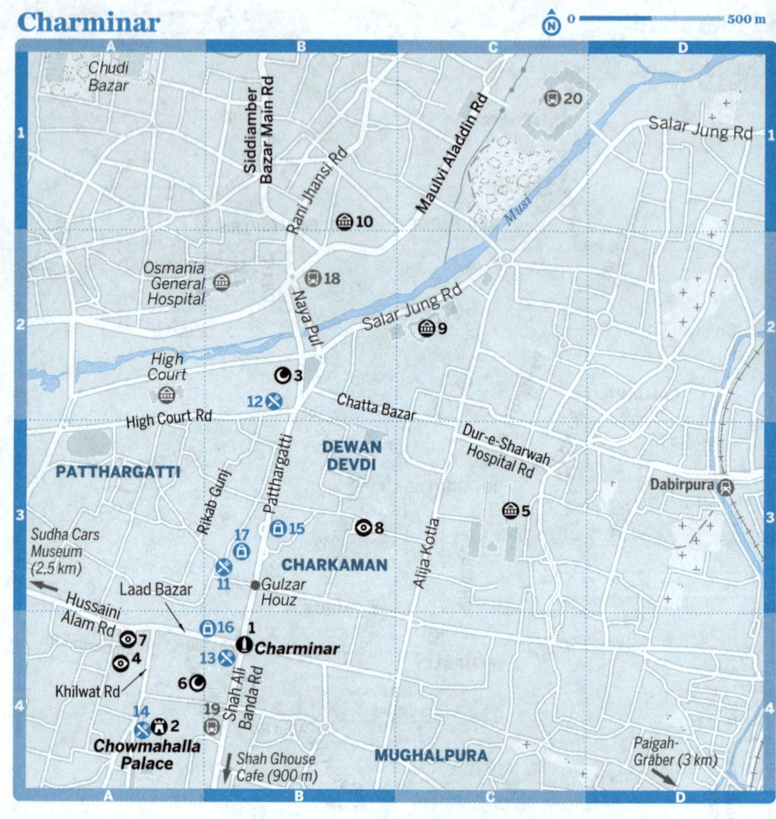

Charminar

Highlights
1 Charminar B4
2 Chowmahalla Palace A4

Sehenswertes
3 Badshahi Ashurkhana B2
4 Chiddi Bazar A4
5 HEH The Nizam's Museum C3
6 Mecca Masjid A4
7 Mehboob Chowk A4
8 Mir Alam Mandi B3
9 Salar Jung Museum C2
10 State Library B1

Aktivitäten, Kurse & Touren
Heritage Walks ..... (siehe 1)

Essen
11 Govind Dosa B3
12 Hotel Shadab B2
13 Nimrah B4
14 Taj Restaurant A4

Shoppen
15 Hyderabad Perfumers B3
16 Laad Bazar B4
17 Patel Market B3

Transport
18 Bushaltestelle Afzalgunj B2
19 Bushaltestelle Charminar B4
20 Busbahnhof Mahatma Gandhi C1

komplexen, farbenfrohen Fliesenmosaiken geradezu zu glühen. Im Ashurkhana herrscht zu Muharram im September/Oktober und donnerstags Hochbetrieb. Dann treffen sich die hiesigen Schiiten, um gemeinsam dem Martyrium des Hussain Ibn Ali zu gedenken. Besucher müssen ihre Schuhe ausziehen und dezent gekleidet sein (Frauen müssen außerdem noch ein Kopftuch tragen).

Abids

State Museum MUSEUM

(Karte S. 1008; Public Gardens Rd, Nampally; 10 ₹, Foto/Video 100/500 ₹; ⏲ Sa–Do 10.30–16.30 Uhr, 2. Sa im Monat geschl.) Das weitläufige Museum befindet sich in einem fantasievollen indo-sarazenischen Gebäude, das der siebte Nizam für eine seiner Töchter errichten ließ. Es beherbergt eine Sammlung bedeutender archäologischer Funde sowie eine Ausstellung über die buddhistische Geschichte der Region. Außerdem gibt's eine interessante Galerie mit ornamentaler Kunst, wo man alles über Bidriware-Metalleinlegearbeiten und *Kalamkari*-Stoffmalerei lernen kann, sowie eine Galerie mit Bronzeskulpturen und eine 4500 Jahre alte ägyptische Mumie.

British Residency HISTORISCHES GEBÄUDE

(Koti Women's College; Karte S.1008; Koti Main Rd) Die palastartige Residenz ließ James Achilles Kirkpatrick, dem British Resident (offizieller Vertreter der Ostindien-Kompanie) in Hyderabad, von 1803 bis 1806 errichten. Er ist auch der Schauplatz des großen historischen Liebesromans *White Mughals* von William Dalrymple. Der Palast wird derzeit umfassend restauriert, was bestimmt noch einige Jahre in Anspruch nimmt. So kann er zur Zeit auch nicht besichtigt werden, doch bei den faszinierenden White-Mughal-Stadtführungen von Detours (S. 1010) ist der Besuch in der Regel enthalten.

Kirkpatrick war von der Hofkultur in Hyderabad begeistert, konvertierte zum Islam und heiratete Khair-un-Nissa, eine jugendliche Verwandte von Hyderabads Premierminister. Die Residency und die weitläufige Gartenanlage wurden 1949 zum Osmania University College for Women, das auch als Koti Women's College bekannt ist. Jenseits der prächtigen klassischen Säulenhalle befinden sich der kürzlich renovierte Durbar-Saal mit seinen islamischen, geometrischen Zeichnungen an der hohen Decke über den Kronleuchtern, die klassischen Säulen und die aufwendig gearbeitete bogenförmige Treppe dahinter. Im überwucherten Garten im Südwesten liegt ein britischer Friedhof. Hier ist der noch vorhandenen Eingang in die Zenana (Frauengemächer) der Residency und ein Modell des Residency-Gebäudes, das Kirkpatrick für Khair-un-Nissa errichtet hat.

Birla Mandir HINDU-TEMPEL

(Karte S. 1012; ⏲ 7–12 & 15–21 Uhr) Der herrliche Tempel, der erst 1976 aus weißem Rajasthan-Marmor errichtet wurde, thront auf dem Kalapahad (Schwarzer Berg), einem der zwei felsigen Hügel am See von Hussain Sagar. Der Venkateshwara gewidmete Tempel ist eine populäre Andachtsstätte der Hindus. Er hat eine sehr entspannte Atmosphäre und bietet einen wunderbaren Blick auf Hyderabad, vor allem bei Sonnenuntergang. Neben einer riesigen Granitstatue von Venkateshwara sind noch viele andere imposante Statuen zu bewundern. Der Zugang ist rollstuhlgerecht, denn in dem seltsam anmutenden Glockenturm gibt's einen Aufzug.

Birla Modern Art Gallery MUSEUM

(Karte S. 1008; www.birlasciencecentre.org; Naubat Pahad Lane, Adarsh Nagar; 50 ₹; ⏲ 10.30–20 Uhr) Zu der hochwertigen Sammlung moderner und zeitgenössischer Kunst gehören auch Gemälde heimischer Superstars wie Jogen Chowdhury, Tyeb Mehta und Arpita Singh.

KITSCHABAD

Neben den vielen erstklassigen Sehenswürdigkeiten von Hyderabad gibt es auch einige skurrile Attraktionen:

Ramoji Film City (www.ramojifilmcity.com; Erw./Kind ab 1000/900 ₹; ⏲ 9–20 Uhr) Die als „Tollywood" bekannte Filmindustrie von Telangana und Andhra Pradesh dreht ihre Filme und TV-Shows in den riesigen Studios auf dem 6,7 km² großen Gelände von Film City, das auch für die Öffentlichkeit zugänglich ist. Im Preis des Tagestickets sind eine Bustour, Fahrgeschäfte und Shows enthalten. Auch **Telangana Tourism** (S. 1011) führt hier Touren durch.

Sudha Cars Museum (www.sudhacars.com; 19-5-15/1/D, Bahadurpura; Inder/Ausländer 50/200 ₹, Foto 50 ₹; ⏲ 9.30–18.30 Uhr) Zu den exzentrischen Werken des Autofanatikers Sudhakar gehören Autos und Motorräder in Form von Cricket-Schlägern, Computern und Lippenstiften sowie jede Menge anderer verrückter Formen. Aber alle sind fahrtüchtig. Das Museum ist 3 km westlich von Charminar.

Abids & Umgebung

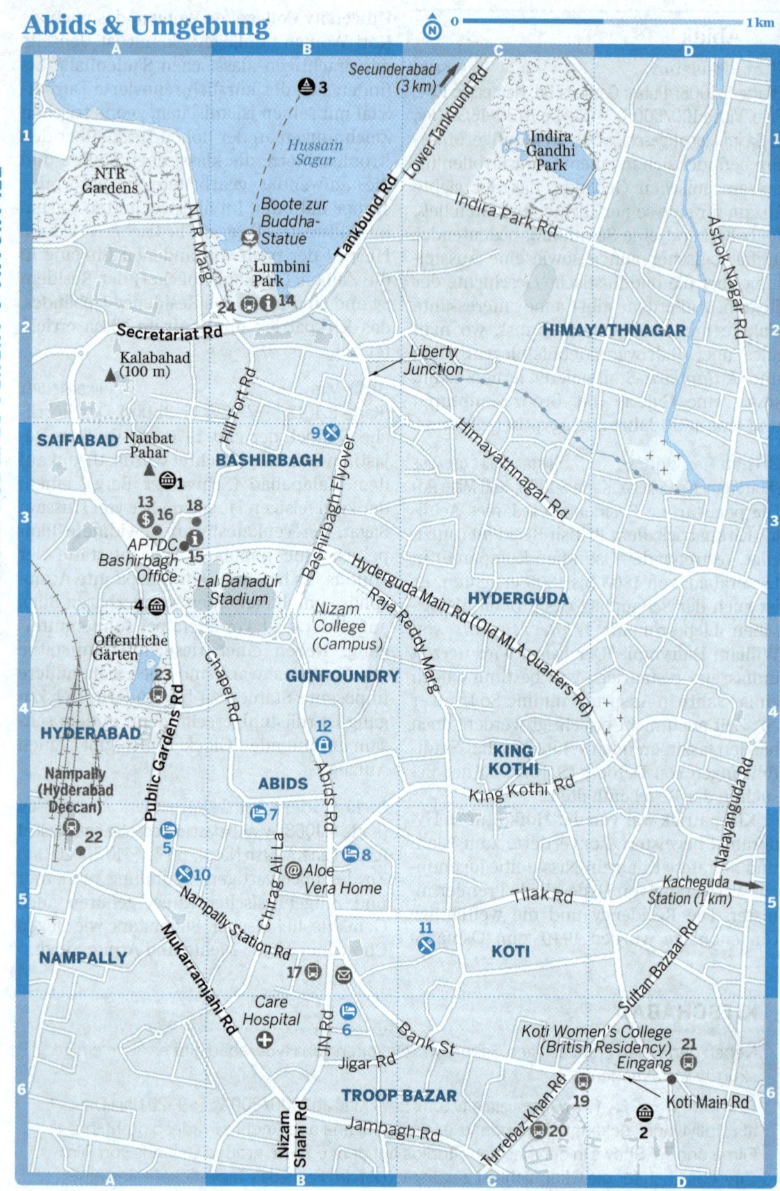

Banjara Hills

★ **Lamakaan** KULTURZENTRUM

(Karte S. 1012; ☎9642731329; www.lamakaan.com; beim JVR Park, Banjara Hills; ⏱Di–So 10–22.30 Uhr) Das gemeinnützige „allumfassende Kulturzentrum" steht allen offen, und so findet hier auch alles statt: Theater, Kino, Musicals, Ausstellungen, Biomärkte und Lesungen. Außerdem gibt es ein tolles iranisches Café mit preiswertem Tee, Snacks und kostenlosem WLAN. Das Kulturzentrum befindet sich in einer Nebenstraße der Road No 1.

Abids & Umgebung

Sehenswertes
1 Birla Modern Art Gallery ... A3
2 British Residency ... D6
3 Buddha-Statue & Hussain Sagar ... B1
4 State Museum ... A3

Schlafen
5 Hotel Rajmata ... A5
6 Hotel Suhail ... B6
7 Royalton Hotel ... B5
8 Taj Mahal Hotel ... B5

Essen
Dakshina Mandapa ... (siehe 8)
9 Gufaa ... B3
10 Kamat Hotel ... A5
11 Santosh Dhaba ... C5

Shoppen
12 Bidri Crafts ... B4

Praktisches
13 State Bank of India ... A3
14 Telangana Tourism ... B2
15 Telangana Tourism ... A3

Transport
16 Air India ... A3
17 Bushaltestelle GPO Abids ... B5
18 Jet Airways ... A3
19 Busbahnhof Koti ... C6
20 Bushaltestelle Koti ... C6
21 Busbahnhof Koti Women's College ... D6
22 Nampally Reservation Complex ... A5
23 Bushaltestelle Public Gardens ... A4
24 Bushaltestelle Secretariat (Pushpak) ... B2

Kalakriti Art Gallery GALERIE
(Karte S. 1012; www.kalakritiartgallery.com; Rd No 10, Banjara Hills; 11–19 Uhr) GRATIS In einer der besten Galerien für zeitgenössische Kunst finden ausgezeichnete Ausstellungen statt, die führende indische Künstler präsentieren und manchmal auch in Zusammenarbeit mit der Alliance Française und dem Goethe-Institut zustande kommen.

Weitere Sehenswürdigkeiten

★ **Golconda Fort** FESTUNG
(Inder/Ausländer 20/200 ₹, 1 Std. Sound-and-Light-Show 140 ₹; 9–17.30 Uhr, englischsprachige Sound-and-Light-Show Nov.–Feb. 18.30, März–Okt. 19 Uhr) Die beeindruckendste Sehenswürdigkeit von Hyderabad liegt am Westrand der Stadt. Im 16. Jh. bauten die Qutb-Shah-Herrscher Golconda als befestigte Zitadelle auf einen 120 m hohen Granithügel. Sie umgaben sie mit mächtigen Festungsmauern, die wiederum von mehreren Ringen aus mit Zinnen versehenen Mauern umgeben waren, sodass die Festung einen Gesamtdurchmeser von 11 km erreichte. Von der Festung hat man einen tollen Blick auf die staubigen Ausläufer des Dekkan-Plateaus sowie Qutb-Shah-Herrscher über die verfallenen äußeren Festungsmauern und Kuppeln der Grabmäler der Qutb-Shahi-Sultane bis hin zu den Elendsvierteln am weit entfernten Stadtrand.

Als die Qutb-Shah-Herrscher kamen, existierte Golconda Fort bereits mindestens 300 Jahre unter der Herrschaft der Kakatiyas und des Bahmani-Sultanats. Es war für seine Diamanten berühmt, die hauptsächlich im Krishna-Flusstal abgebaut wurden, aber hier geschnitten und gehandelt wurden. Die Qutb Shahs zogen 1591 in ihre neue Stadt Hyderabad, behielten Golconda jedoch solange als Zitadelle, bis der Großmogul Aurangzeb sie 1687 nach jahrelanger Belagerung, die mit der Herrschaft der Qutb Shahi endete, übernahm.

Die massiven Tore des Forts waren mit Eisendornen besetzt, um Kriegselefanten abzuwehren. Im Inneren sorgten glasierte, unterirdisch verlaufende Tonrohre für eine zuverlässige Wasserversorgung der Bewohner. Parallel garantierte die hervorragende Akustik, dass selbst die leisesten Geräusche am Eingang im ganzen Festungskomplex zu hören waren.

Man sollte sich ein paar Stunden Zeit nehmen, um alles zu erkunden. Guides verlangen mindestens 600 ₹ für eine 90-minütige Tour. Für 20 ₹ sind kleine Übersichtsbroschüren erhältlich. Hinter dem Zitadellentor führt ein Weg gegen den Uhrzeigersinn durch die Gärten, vorbei an eher unbedeutenden Gebäuden und hinauf auf den Hügel mit dem aktiven Hindu-Tempel Jagadamba Mahakali und dem dreistöckigen Durbar-Saal. Von hier hat man einen schönen Rundumblick. Dann geht es hinunter zu den alten Palastgebäuden im südöstlichen Teil des Forts und vorbei an der eleganten, dreibogigen Taramati-Moschee zurück zum Eingang.

Golconda liegt ca. 10 km westlich von Abids oder dem Charminar: Eine einfache Fahrt mit einem Uber-Taxi oder Auto kostet 250 ₹. Die Busse 65G und 66G fahren stündlich vom Charminar über das Hauptpostamt (GPO) Abids nach Golconda. Die Fahrt dauert etwa eine Stunde.

★ **Qutb Shahi Tombs** HISTORISCHE STÄTTE
(Tolichowki; Inder/Ausländer 15/100 ₹, Foto/Video 50/100 ₹; ⏲Sa–Do 9.30–17.30 Uhr) Die 21 prachtvollen Kuppelgrabmäler aus Granit stehen zusammen mit fast ebenso vielen Moscheen in einem herrlichen Landschaftsgarten 2 km nordwestlich des Golconda Fort, wo viele der hier Begrabenen den größten Teil ihres Lebens verbrachten. Neben sieben der acht Herrscher der Qutb-Dynastie sind hier auch Familienangehörige, Ärzte, Höflinge und sonstige Begünstigte begraben. In der Ausstellung neben dem Eingang findet man nützliche Erläuterungen und auch Infos über die geplante Renovierung der Gebäude und die Umwandlung in ein Freilichtmuseum.

Die riesigen Kuppeln der Grabmäler ruhen auf würfelförmigen Sockeln, von denen viele mit schönen Säulen und feinen Stuckarbeiten verziert sind. Eines der schönsten ist das 42 m hohe Grabmal von Mohammed Quli, dem Gründer von Hyderabad. Mit Blick auf Golconda steht es auf einer Plattform am Rand der Anlage.

Die Gräber sind etwa 2 km vom Golconda Fort entfernt, eine Autorikscha oder ein Uber-Taxi hierher kostet 30 ₹.

Paigah-Gräber HISTORISCHE STÄTTE
(Santoshnagar; ⏲9.30–17.00 Uhr) GRATIS Die aristokratischen Paigahs, angeblich Nachfahren des zweiten Kalifen, waren treue Anhänger der Nizams und dienten ihnen als Staatsmänner, Philanthropen und Generäle. Die Nekropole der Paigah-Familie liegt in einem ruhigen Viertel 4 km südöstlich vom Charminar. Es ist eine kleine Ansammlung exquisiter Mausoleen aus Marmor und Kalksteinstuck. Die Gräber befinden sich am Ende einer kleinen Gasse gegenüber vom Owaisi Hospital in der Inner Ring Rd. Der Weg ist ausgeschildert.

Der Komplex umfasst 27 Marmorgräber, die von kunstvoll gemeißelten Wänden und Säulen sowie beeindruckend filigran gearbeiteten Paravents mit geometrischen Mustern geprägt sind. Auf ihnen thronen hohe, graziöse Türmchen. Am Westende spiegelt sich die stattliche Moschee im großen, für religiöse Waschungen vorgesehenen Wasserbecken.

Moula Ali Dargah ISLAMISCHE STÄTTE
Am Nordostrand der Stadt befindet sich der eindrucksvolle Felshügel Moula Ali mit schöner weiter Aussicht und einer kühlen Brise. Oben angekommen (500 Stufen) findet sich ein *dargah* (Schrein eines Sufi-Heiligen), der den Handabdruck Alis, des Schwiegersohns des Propheten Mohammed, enthalten soll. Die angeblich heilenden Eigenschaften des *dargah* machen aus diesem Ort eine Wallfahrtsstätte für Kranke.

Normalerweise dürfen Besucher nur anlässlich des im Muharram stattfindenden dreitägigen Moula-Ali-*urs*-Fests in den *dargah*, dessen Inneres von Tausenden von Minispiegeln bedeckt ist. Das Äußere kann man aber jederzeit bewundern.

Der Moula-Ali-Hügel erhebt sich 9 km nordöstlich von Secunderabad. Ein Uber-Taxi kostet ca. 250 ₹. Alternativ kann man Bus 16A oder 16C von der Rathifile-Bushaltestelle zur ECIL-Bushaltestelle nehmen und dort für die verbleibenden 2 km in eine Autorikscha umsteigen.

Buddha-Statue & Hussain Sagar BUDDHISTISCHES DENKMAL
(Karte S. 1008; Fähre Erw./Kind 55/35 ₹) Auf einer Säule mitten im Hussain Sagar, einem von den Qutb Shah künstlich angelegten See, steht eine riesige, 18 m hohe Buddha-Statue aus Stein. Die nachts herrlich angestrahlte Statue wurde 2006 vom Dalai Lama gestiftet.

Alle 30 Minuten legen die Fähren in der Eat Street (⏲15–20 Uhr) und im beliebten Lumbini Park (Eintritt 10 ₹; ⏲9–21 Uhr) ab. Von der Tankbund Road am Ostufer des Sees hat man den besten Blick auf die Statue.

Aktivitäten

Blue Cross of Hyderabad FREIWILLIGENARBEIT
(☎9642229858; www.bluecrosshyd.in; Rd No 35, Jubilee Hills; ⏲9–17 Uhr) In dem großen Schutzzentrum werden gerettete Tiere untergebracht sowie streunende Hunde geimpft und sterilisiert. Freiwillige können sich im Zentrum selbst (Tiere pflegen und füttern), im Betreuungszentrum (Hunde ausführen und erziehen) oder im Büro nützlich machen. Die Arbeitszeit sollte mindestens 20 Stunden betragen.

Geführte Touren

★ **Detours** FÜHRUNGEN
(☎9000850505; www.detoursindia.com; 3-stündige Stadtführung 2500 ₹/Pers.) Die hervorragenden kulturellen Touren werden von der mitreißenden, sehr kompetenten Jonty Rajagopalan und einer Handvoll Mitarbeitern durchgeführt. Bei den Touren, die in die wenig bekannten Ecken von Hyderabad und Warangal sowie zu Märkten führen, erfährt

man auch viel über Religion, Essen und traditionelles Handwerk. Ebenfalls im Angebot sind Kochkurse und Verkostungen.

★ **Heritage Walks** SPAZIERGÄNGE
(Karte S. 1006; ☎9849728841; www.telanganatourism.gov.in/heritagewalks; 50 ₹/Pers.; ⊙So & jeden 2. Sa 7.30–9 Uhr) Die sehr informativen (und unglaublich preiswerten) Stadtführungen beginnen beim Charminar und enden beim Chowmahalla Palace. Begründet wurden sie vom Architekten und Historiker Madhu Vottery, der sie zuweilen auch noch selber durchführt. Im Preis enthalten ist ein Frühstück.

SIA Photo Walks STADTSPAZIERGÄNGE
(☎8008633354; http://siaphotography.in/tours; Gruppen ab 300 ₹) Die ausgezeichneten Fotosafaris durch die Stadt werden vom kompetenten Stadtführer und erfahrenen Fotografen Saurabh Chatterjee geleitet. Auch wer nur mit dem Handy fotografiert, kann von seiner Erfahrung profitieren.

Telangana Tourism GEFÜHRTE TOUREN
(☎1800 42546464; www.telanganatourism.gov.in) Im Angebot sind der Wochenendausflug „Nizam Palace" zum Chowmahalla Palace, Falaknuma Palace und Golconda Fort (mit Sound-and-Light-Show) für 3100/2000 ₹ mit/ohne High Tea im Falaknuma Palace. Außerdem gibt es täglich Bustouren zu den Sehenswürdigkeiten der Stadt (ab 350 ₹ zuzüglich Eintritt) und zur Sound-and-Light-Show im Golconda Fort. Buchungen sind in jedem Büro von Telangana Tourism (S. 1011) möglich.

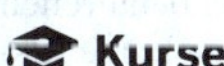

Kurse

Vipassana International Meditation Centre GESUNDHEIT, WELLNESS
(Dhamma Khetta; ☎040-24240290; www.khetta.dhamma.org; Nagarjuna Sagar Rd, bei Km 12,6) Die zehntägigen Intensivkurse in stiller Meditation (10 Std./Tag) finden auf einem friedlichen Gelände 20 km außerhalb von Hyderabad statt. Gebucht wird per Internet. Es werden keine Teilnehmergebühren verlangt, sondern jeder gibt, was er will und kann.

Feste & Events

Pandit Motiram–Maniram Sangeet Samaroh MUSIK
(⊙Nov.) Bei dem viertägigen Festival, das nach zwei berühmten Musikern der indischen Klassik benannt ist, wird die Musik der Hindustani gefeiert. Veranstaltungsort ist der Chowmahalla Palace.

> **PREISKATEGORIEN: SCHLAFEN**
>
> Die folgenden Preisklassen beziehen sich auf ein Doppelzimmer mit Bad.
>
> **$** unter 1500 ₹
>
> **$$** 1500–4000 ₹
>
> **$$$** über 4000 ₹

Schlafen

Das Viertel Abids in der Innenstadt liegt sehr günstig zum Bahnhof Nampally und zur Altstadt. Weitläufiger und grüner ist das etwa 4 km nordwestlich von Abids entfernte Mittelklasseviertel Banjara Hills.

Neben dem sehr luxuriösen Taj Falaknuma Palace (S. 1013) gibt es in in Banjara Hills noch drei weitere Luxushotels der noblen Taj Group: das feudale **Taj Krishna** (Karte S. 1012; ☎040-66662323; www.tajhotels.com; Rd No 1; EZ/DZ ab 8700/9300 ₹; ❄@📶🏊), das schicke **Taj Deccan** (Karte S. 1012; ☎040-66669999; www.tajhotels.com; Rd No 1; EZ/DZ ab 7540/7980 ₹; ❄@📶🏊) und direkt am See das **Taj Banjara** (Karte S. 1012; ☎040-66669999; www.tajhotels.com; Rd No 1; EZ/DZ ab 8970/10 280 ₹; ❄@📶🏊).

Golden Glory Guesthouse PENSION $
(Karte S. 1012; ☎040-23554765; www.goldengloryguesthouse.com; an Rd No 3, Banjara Hills; EZ/DZ inkl. Frühstück 1100/1300 ₹, mit Klimaanlage 1300/1700 ₹; ❄📶) Trotz der tollen Lage im noblen Banjara Hills ist die Pension recht preiswert. Die Zimmer sind einfach, aber sauber und teilweise mit Balkon. In der Nähe gibt es jede Menge Cafés und Restaurants. Kostenloses WLAN ist überall verfügbar, und das Personal bemüht sich sehr um die Gäste.

Hotel Rajmata HOTEL $
(Karte S. 1008; ☎040-66665555; www.hotelrajmata.chobs.in; Public Gardens Rd; EZ/DZ 850/1200 ₹, mit Klimaanlage 2250/2400 ₹; ❄📶🏊) Das alteingesessene, sehr beliebte Hotel ist nur 250 m vom Bahnhof Nampally entfernt, jedoch von der geschäftigen Hauptstraße etwas zurück versetzt, sodass es relativ ruhig ist. Die Standardzimmer sind veraltet, aber geräumig, die Zimmer mit Klimaanlage zwar angenehm kühl, aber überteuert. Zimmerservice gibt es rund um die Uhr.

Hotel Suhail HOTEL $
(Karte S. 1008; ☎040-24610299; www.hotelsuhail.in; Troop Bazar; EZ/DZ/3BZ ab 700/850/1200 ₹,

Banjara Hills

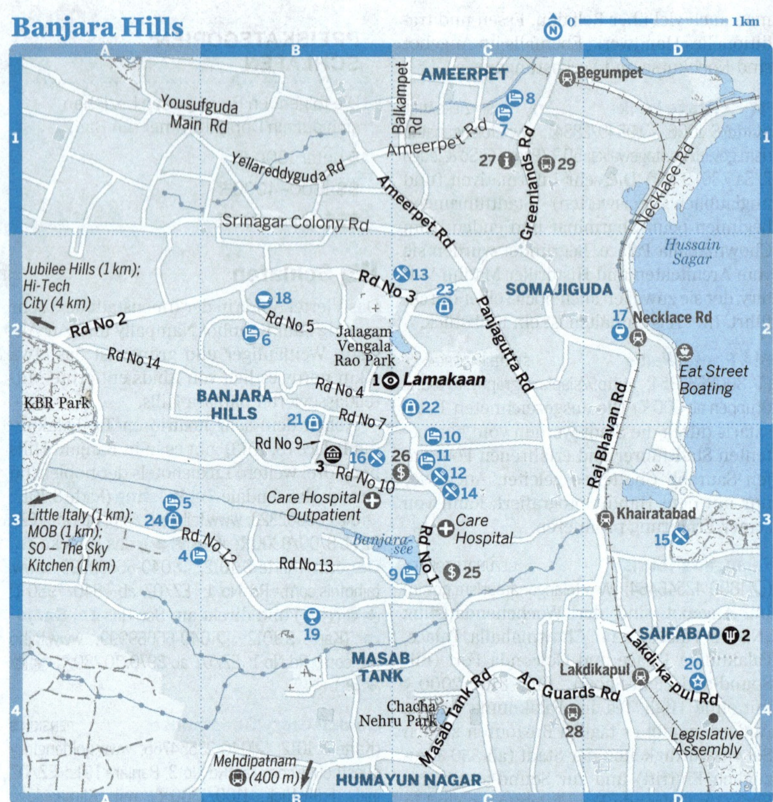

mit Klimaanlage 1200/1400/1700 ₹; ❄@📶) Gutes Preis-Leistungs-Verhältnis mitten im Geschehen, aber nicht sonderlich sauber. Das Personal ist freundlich, die großen, ruhigen Zimmer haben teilweise einen Balkon, und es gibt warmes Wasser. Das Hotel liegt versteckt in einer Nebenstraße der Bank Street.

Fresh Living APARTMENTS $$
(Karte S. 1012; ☎9849563056; www.freshlivingrooms.in; 61 Banjara Green Colony, Rd No 12; ⏲DZ 2166 ₹, Apt. ab 5130 ₹; ❄@📶) Das moderne Apartmenthotel in guter Lage an der Road No 12 hat schöne, gemütliche Zimmer und geräumige Apartments für bis zu neun Personen, die ideal für Familien sind. Frühstück ist im Preis inbegriffen

Raj Classic Inn HOTEL $$
(Karte S. 1017; ☎040-27815291; rajclassicinn@gmail.com; 50 MG Rd, Secunderabad; EZ/DZ inkl. Frühstück ab 1630/2050 ₹; ❄📶) Ein wirklich gutes Hotel mit schönen, sauberen und großzügigen Zimmern sowie freundlichem, überaus höflichem Personal. Allerdings ist es recht laut, da es an einer viel befahrenen Straße liegt (dafür ist es nur eine kurze Rikschafahrt vom Bahnhof Secunderabad entfernt). Im Hotel befindet sich das sehr gute vegetarische Restaurant Chilly's.

Treebo GN International HOTEL $$
(Karte S. 1017; ☎9322800100; www.treebo.com; Padmarao Nagar; Zi. 2660 ₹; ❄📶) Die Zimmer hier sind sehr modern und haben absolut zuverlässiges WLAN. Ein hoteleigenes Restaurant gibt es nicht, doch das Hotel ist in der Nähe des Bahnhofs Secunderabad, in dessen Umgebung sich viele Restaurants befinden. Die Budgetkette Treebo betreibt noch gut ein Dutzend weiterer Hotels in Hyderabad.

Taj Mahal Hotel HOTEL $$
(Karte S. 1008; ☎040-24758250; www.hoteltajmahalindia.com; Abids Rd; EZ/DZ inkl. Frühstück 1840–3010 ₹, 2620–3250 ₹; ❄📶) Im ursprünglichen Gebäude von 1924, das immer

Banjara Hills

Highlights
1 Lamakaan ... B2

Sehenswertes
2 Birla Mandir ... D4
3 Kalakriti Art Gallery ... B3

Schlafen
4 Fortune Park Vallabha ... A3
5 Fresh Living ... A3
6 Golden Glory Guesthouse ... B2
7 GreenPark ... C1
8 Marigold ... C1
9 Taj Banjara ... C3
10 Taj Deccan ... C3
11 Taj Krishna ... C3

Essen
12 Barbeque Nation ... C3
13 Chutneys ... C2
Deli 9 ... (siehe 14)
Firdaus ... (siehe 11)
14 Fusion 9 ... C3
Gallery Cafe ... (siehe 3)
15 Paradise ... D3
16 Utupura ... B3

Ausgehen & Nachtleben
17 Kismet ... D2
18 OCD ... B2
19 Vertigo ... B4

Unterhaltung
20 Ravindra Bharathi Theatre ... D4

Shoppen
21 Fabindia ... B2
22 GVK One ... C2
23 Himalaya Book World ... C2
24 Suvasa ... A3

Praktisches
25 Citibank (Geldautomat) ... C3
Citibank (Geldautomat) ... (siehe 22)
26 Citibank (Geldautomat) ... C3
Indiatourism ... (siehe 27)
27 Telangana Tourism ... C1

Transport
28 Bushaltestelle AC Guards (Pushpak) ... C4
29 Bushaltestelle Paryatak Bhavan (Pushpak) ... C1

noch die vornehme Atmosphäre von damals ausstrahlt, sind die Rezeption und ein paar Zimmer untergebracht. Allerdings sind nur die „heritage rooms" wirklich schön, die anderen sind sehr schlicht und einfach. Der Großteil der Zimmer befindet sich jedoch in einem modernen, funktionalen Nebengebäude. Das Personal ist zwar sehr hilfsbereit, doch die wenigen Annehmlichkeiten wie (unzuverlässiges) WLAN sind in schlechtem Zustand und das ganze Haus sollte dringend modernisiert werden. Es liegt jedoch sehr günstig und ist deshalb ideal für alle, die den ganzen Tag auf Besichtigungstour sind.

★ Taj Falaknuma Palace HISTORISCHES HOTEL $$$

(☎040-66298585; www.tajhotels.com; Engine Bowli, Falaknuma; EZ/DZ ab 37800/40780 ₹; ❄@📶) Die ehemalige Residenz des sechsten Nizam ist heute eines der eindrucksvollsten Hotels in ganz Indien. In dem neoklassizistischen Palast von 1884, der zur Taj-Gruppe gehört, sind die Zimmer noch mit den alten, geprägten Ledertapeten und Deckenumrandungen aus 24-karätigem Gold ausgestattet. So sind nicht nur die Zimmer, sondern das ganze Hotel unglaublich luxuriös und opulent.

Die Terrasse des Jade Room steht auch Nicht-Gästen zum Mittag- oder Abendessen und zum High Tea (2340 ₹) offen. Alle Gäste (und auch die Restaurantbesucher) werden kostenlos durch den Palast geführt. Den Tisch muss man zwei Tage im Voraus reservieren, um am Tor der 1,2 km langen Auffahrt durchgelassen zu werden.

Marigold HOTEL $$$

(Karte S. 1012; ☎040-67363636; www.marigoldhotels.com; Ameerpet Rd, Greenlands; EZ/DZ inkl. Frühstück ab 6920/7970 ₹; ❄@📶🏊) Das Marigold ist ebenso stylish wie funktional. Die Zimmer sind schön eingerichtet, aber trotz des vielen Golds, der kühl-neutralen Farbtöne und den frischen Blumen nicht überladen. Das hoteleigene Restaurant Mekong bietet gute Thai-Küche. Auch der Swimmingpool auf dem Dach ist super.

Fortune Park Vallabha HOTEL $$$

(Karte S. 1012; ☎040-39884444; www.fortunehotels.in; Rd No 12, Banjara Hills; EZ/DZ inkl. Frühstück ab 5180/6300 ₹; ❄@📶🏊) Das Hotel in guter Lage hat große, moderne Zimmer mit Buntglaseinsätzen, viele auch mit Balkon. Der Zimmerservice ist nicht zu teuer, und das südindische Essen sowie das Frühstücksbüfett sind ausgezeichnet.

Royalton Hotel HOTEL $$$

(Karte S. 1008; ☎040-67122000; www.royaltonhotel.in; Fateh Sultan Lane, Abids; EZ/DZ inkl. Frühstück ab 4460/4750 ₹; ❄📶) Das Royalton, das mit seinem riesigen schwarzen Kronleuchter in der Lobby und den verspiegelten Fahrstühlen auch in Manhattan stehen könnte, liegt in einem relativ ruhigen Teil von Abids. Die Zimmer sind mit geschmackvollen Textilien ausgestattet, haben verglaste Duschen sowie Tee- und Kaffeemaschinen. Hier bekommt man nur Vegetarisches und keinen Alkohol.

GreenPark HOTEL $$$
(Karte S. 1012; ☎ 040-66515151; www.hotelgreenpark.com; Ameerpet Rd, Greenlands; EZ/DZ inkl. Frühstück ab 5320/6550 ₹; ❄@📶) Schon die guten Standardzimmer haben einen schicken Schreibtisch, Holzfußboden und Kunst an den Wänden, die nobleren Zimmer sind dagegen ihr Geld nicht wert. Das Personal ist sehr aufmerksam, und das hoteleigene Restaurant Once Upon a Time ist ausgezeichnet.

Essen

Am frühen Abend sollte man an den Straßenständen unbedingt einmal *mirchi bhajji* (Chili-Krapfen) mit Tee probieren, denn in Hyderabad werden sie auf eine ganz eigene Art zubereitet: Die entkernten Chilischoten werden mit Tamarinde, Sesam und Gewürzen gefüllt, mit Kichererbsen paniert und dann frittiert.

„Meals" (Mahlzeiten) sind hier übrigens einfach Thalis.

Altstadt & Abids

Govind Dosa STREET FOOD $
(Karte S. 1006; Charkaman; Snacks 40–100 ₹; ⏲6–12 Uhr) Zu dem Stand an einer Straßenecke kommen die Einheimischen besonders gern zum Frühstück, um die köstlichen Dosas (z. Bsp. mit Butterkäse), *idlis* (runde, weiche Kuchen aus fermentiertem Reis) und *tawa idlis* (mit viel Chilipulver und anderen Gewürzen) zu genießen. Hier ist immer viel los, aber das Warten lohnt sich.

Nimrah CAFÉ $
(Karte S. 1006; Charminar; Backwaren 3–12 ₹; ⏲5.30–23 Uhr) Das traditionelle iranische Café befindet sich fast direkt unter den Charminar-Bögen und ist immer rappelvoll. Zu den unterschiedlichsten Teesorten gibt es superleckere iranische Backwaren. Der absolute Klassiker sind die Osmania-Kekse (zarte Butterkekse), aber auch alles andere, wie Hefegebäck oder Pflaumenschnitten, schmeckt hervorragend.

Santosh Dhaba NORDINDISCH $
(Karte S. 1008; Hanuman Tekdi Rd, Nähe Bank St, Abids Circle; Hauptgerichte 140–170 ₹; ⏲11–1 Uhr) Die leckeren nordindischen Klassiker (wie das Panir-Butter-Masala), tollen Rotis und Naans sowie einige chinesische Gerichte hier sind alle rein vegetarisch. Zudem ist es preiswert, der Service ist flink und der Speiseraum oben ist klimatisiert.

Kamat Hotel SÜDINDISCH $
(Karte S. 1008; Nampally Station Rd; Hauptgerichte 110–185 ₹; ⏲7–22 Uhr) Köstliches südindisches Essen in gleichbleibend guter Qualität und zu vernünftigen Preisen. Es bietet auch gutes Frühstück und ein schnelles Mittagessen, wie *idli* oder *masala vada* (scharfe, frittierte Linsenküchlein). Ein größeres Restaurant mit Klimaanlage gibt es in Saifabad und zwei weitere in Secunderabad.

★ **Shah Ghouse Cafe** HYDERABAD-KÜCHE $$
(Shah Ali Banda Rd; Hauptgerichte 120–240 ₹; ⏲5–1) Im Ramadan bilden sich hier immer lange Schlangen, denn die Einheimischen wissen die berühmte Fastensuppe *haleem* (dünner, gut gewürzter Weizenmehlbrei mit Ziegen-, Hühnchen- oder Rindfleisch und Linsen) zu schätzen. Zu jeder Jahreszeit zu empfehlen sind die Biryanis. Eine gewisse Atmosphäre sucht man hier allerdings vergeblich: Das gute, deftige, traditionell zubereitete Essen wird in einem schlichten Speiseraum im Obergeschoss serviert. Dazu gibt's leckere Lassis (60 ₹).

Hotel Shadab HYDERABAD-KÜCHE $$
(Karte S. 1006; High Court Rd, Charminar; Hauptgerichte 170–350 ₹; ⏲12–23.30 Uhr) Die altmodische Einrichtung des Tanzlokals erinnert an eine Disco der 1970er-Jahre, doch das für Hyderabad typische Essen ist ausgezeichnet. Besonders zu empfehlen sind die Biryanis, Fleischspieße und Schaffleisch in allen Variationen sowie *haleem* im Ramadan. Während das Erdgeschoss fest in männlicher Hand ist, gibt es im Obergeschoss einen klimatisierten Speiseraum für Familien.

Dakshina Mandapa SÜDINDISCH $$
(Karte S. 1008; Taj Mahal Hotel, Abids Rd; Hauptgerichte & Thalis 170–240 ₹; ⏲7–22.30 Uhr) Die vegetarische südindische Küche wird in den höchsten Tönen gelobt. Zur Mittagszeit können sich schon mal lange Schlangen bilden, doch dafür wird man mit einem üppigen südindischen Thali belohnt, das aus den verschiedensten Gerichten und Unmengen von Reis besteht. Im klimatisierten Speisesaal

oben gibt es für 320 ₹ ein hervorragendes Mittagsbüfett (12–15.30 Uhr).

Taj Restaurant HYDERABAD-KÜCHE **$$**
(Karte S. 1006; Khilwat Rd; Hauptgerichte 100–200 ₹; ⌚10–21 Uhr) Das gut besuchte Restaurant nahe dem Chowmahalla Palace hat sich auf Biryanis und köstliche Hühnchen- und Schafcurrys spezialisiert. Im Obergeschoss gibt's auch einen klimatisierten Raum.

Gufaa NORDINDISCH **$$$**
(Karte S. 1008; Ohri's Cuisine Court, Bashirbagh Rd; Hauptgerichte 210–660 ₹; ⌚12–15.30 & 19–23 Uhr) Kebabs, vegetarische Fleischspieße und Currys – im Gufaaa können Traveller authentische nordindische Gerichte essen. Besonders zu empfehlen ist das *mahi* (Fischcurry) und *dal bukhara* (Dal mit Sahne und Tomaten) aus Lahore. Die Ausstattung ist der reine Kitsch: unechte Steinmauern, Pokale und Trinkbecher sowie aufdringliche Zebra- und Leopardenmuster.

Banjara Hills & Jubilee Hills

Gallery Cafe CAFÉ **$$**
(Karte S. 1012; http://gallerycafe.in; Rd No 10, Banjara Hills; Thalis 160–210 ₹; ⌚11.30–22.30 Uhr; 📶) Das ruhige Café neben der ausgezeichneten Kalakrit Art Gallery liegt etwas entfernt von der geschäftigen Road No 10 und bietet eine verführerische Auswahl an Kaffee, Sandwiches und Pasta zu vernünftigen Preisen. Mittwochs gibt es oft Stand-up-Comedy oder Kunst- und Musikveranstaltungen.

Chutneys SÜDINDISCH **$$**
(Karte S. 1012; Shilpa Arcade, Rd No 3; Hauptgerichte & Thalis 178-272 ₹; ⌚7–23 Uhr; 📶) Das Restaurant ist weithin bekannt für seine südindischen Thalis und leckeren Dosas, *idlis* und *uttapams* (dicke Reispfannkuchen mit fein gehackten Zwiebeln, grünen Chilis, Koriander und Kokos), die den ganzen Tag über serviert werden. Da der scharfe Chili hier nur sparsam eingesetzt wird, kann man unbesorgt die echten „Andhra-Thalis" genießen. Das Lokal mit Kellnern in lila Hemden ist immer gut besucht.

Deli 9 CAFÉ **$$**
(Karte S. 1012; www.deli9.in; 1st Ave, Rd No 1, Banjara Hills; Snacks 140–275 ₹; ⌚9–22 Uhr; 📶) Das Café ist vor allem bekannt für seine köstlichen Desserts und Kuchen, bietet aber auch gutes Frühstück, Wraps, Suppen, Quiches, Sandwiches und Crêpes in ruhiger Atmosphäre.

Utupura KERALA-KÜCHE **$$**
(Karte S. 1012; Rd No 10, Banjara Hills; Hauptgerichte 110–200 ₹; ⌚Mo–Fr 11.30–16 & 18–22, Sa & So 12–22 Uhr) Das einfache, unscheinbare Restaurant liegt versteckt in einer kleinen Straße westlich des Einkaufszentrums GVK One. Auf den Tisch kommen leckere südindische Klassiker, ein durchschnittliches Thali zur Mittagszeit (ab 180 ₹), Fisch-Currys und *appam* (Reispfannkuchen).

★ **SO – The Sky Kitchen** ASIATISCH, MEDITERRAN **$$$**
(☎040-23558004; www.notjustso.com; Rd No 92, beim Apollo Hospital, Jubilee Hills; Hauptgerichte 375–520 ₹; ⌚12–24 Uhr; 📶) Mit Kerzen und sanfter Hintergrundmusik ist das ruhige Lokal auf dem Dach eines der romantischsten Restaurants der Stadt. Auf der Speisekarte steht eine hervorragend zusammenge-

DIE GUTE KÜCHE HYDERABADS

Hyderabad hat eine ganz eigene Esskultur, und die Einwohner sind stolz darauf und genießen sie gerne. Die Moguln brachten die schmackhaften Biryanis, Fleischspieße und *haleem* (eine dicke Ramadan-Suppe aus gewürztem und zerstoßenem Weizen mit Ziegen-, Hühner- oder Rindfleisch und Linsen) in die Stadt. Hammel (Ziege oder Lamm) ist die klassische Biryani-Basis, aber auch Huhn-, Eier- und Gemüse-Biryanis sind nicht selten. Biryanis werden in Riesenportionen aufgetischt und reichen manchmal für zwei.

Wer während des Ramadan (Ramzan) in Hyderabad ist, sollte nach *bhattis* (Lehmöfen) Ausschau halten. Wahrscheinlich hört man sie, bevor man sie sieht. Männer versammeln sich darum und mahlen einer nach dem anderen mit kräftigen Schlägen das *haleem* in speziell dafür angefertigten Behältnissen. Mit Einbruch der Dunkelheit beginnt dann das ernste Geschäft des Essens. Der Geschmack lohnt die Wartezeit unbedingt.

Die Andhra-Küche, die sowohl aus Telangana als auch aus Andhra Pradesh kommt, ist curry- und reislastiger. Die Gerichte enthalten oft Kokos- und/oder Cashew-Aromen und sind in ganz Indien für ihre würzige Schärfe berühmt. Vegetarier kommen hier voll auf ihre Kosten, aber es gibt auch viele Fisch-, Meeresfrüchte- und Fleischgerichte.

stellte Mischung aus asiatischen und mediterranen Gerichten, die alle sehr gesund und ernährungsbewusst zubereitet werden, denn sie sind meist nur gegrillt, im Ofen gebacken oder kurz gebraten. Das Restaurant liegt 4 km westlich der Road No 1 in Banjara Hills.

Fusion 9 INTERNATIONAL **$$$**
(Karte S. 1012; 040-65577722; www.fusion9.in; Rd No 1; Hauptgerichte 425–975 ₹; 12.30–15.30 & 19–23.30 Uhr;) Das Restaurant mit freundlicher Atmosphäre und gemütlicher Einrichtung hat eine der besten internationalen Küchen der Stadt. Und das Essen wird auch sehr kreativ angerichtet. Als Vorspeise empfiehlt sich die weiße Gazpacho und danach der vegetarische marokkanische Tajine-Eintopf mit Zitronencouscous. Sehr beliebt ist auch der Brunch am Sonntag (1188 ₹).

Southern Spice SÜDINDISCH **$$$**
(Rd No 10, Jubilee Hills; Hauptgerichte 215–485 ₹; 12–15.30 & 19–23 Uhr) Das Restaurant Southern Spice befindet sich jetzt in neuen Räumlichkeiten im wohlhabenden Jubilee Hills im Westen der Stadt. Es ist nicht mehr so gemütlich wie zuvor, serviert aber immer noch leckere Spezialitäten aus dem Süden. Sehr zu empfehlen sind *natu kodi iguru* („ländliches" Hühnchen) und das rein vegetarische Thali (325 ₹).

Firdaus INDISCH **$$$**
(Karte S. 1012; 040-66662323; Taj Krishna Hotel, Rd No 1; Hauptgerichte 520–1180 ₹; 12.30–15 & 19.30–23.30 Uhr;) Das schicke Hotelrestaurant bietet tolle Gerichte aus Hyderabad (und ganz Indien) zu Live-*ghazals* (klassische Liebeslieder auf Urdu, die mit Harmonium und Tabla-Trommeln begleitet werden). Hier wird die Fastensuppe *haleem* auch außerhalb des Ramadan serviert, und es gibt gute vegetarische Gerichte.

Barbeque Nation INDISCHE **$$$**
(Karte S. 1012; 040-64566692; www.barbeque-nation.com; ANR Centre, Rd No 1; veg./nichtveg. Mittagessen 627/752 ₹, Abendessen 946/1071 ₹; 12–15.30 & 18.30–22.30 Uhr;) Fleischspieße, Currys, Salate und Desserts sowie viele vegetarische und nichtvegetarische Gerichte – das All-you-can-eat-Restaurant lohnt sich vor allem, wenn man so richtig hungrig ist. Je nach Saison und Tageszeit variieren die Preise recht stark. Passend zum Essen werden ausgezeichnete indische Weine angeboten.

Secunderabad

Paradise HYDERABAD-KÜCHE **$$**
(Persis; Karte S. 1017; www.paradisefoodcourt.com; Ecke SD Rd & MG Rd; Biryanis 200–254 ₹; 11.30–23 Uhr) In dieser Gegend ist „Paradise" das Synonym für Biryanis schlechthin. Die Hauptfiliale in Secunderabad hat gleich fünf Speiseräume: vom schönen „roof garden" mit surrenden Ventilatoren bis hin zu klimatisierten Innenräumen (gegen Aufpreis). Ebenfalls im Angebot sind chinesische Gerichte, die jedoch nicht wirklich gut sind.

Eine große, sehr moderne **Filiale** (Karte S. 1012; 040-67408400; NTR Gardens; Hauptgerichte 200–378; 11–23 Uhr) befindet sich in der Nähe von Abids und Banjara Hills, doch sind die Biryanis dort recht fade.

Andere Stadtviertel

★ **Dhaba By Claridges** MODERN INDISCH **$$$**
(040-29706704; www.dhababyclaridges.com; Western Pearl Bldg, Survey 13, Kondapur; Hauptgerichte 265–445 ₹; 12–23.30 Uhr;) Das lässig-hippe Lokal in Hi-Tech City bietet modernes nordindisches Street Food (ganz ohne Abgase und Verkehrslärm). Die ziemlich schräge Innenausstattung besteht aus Wandmalereien im Bollywood-Stil und leuchtend bunten Farben. Die Cocktails des Hauses sind fantastisch und die „Da Lunch Bomb" für 599 ₹ ist ein tolles All-you-can-eat-Angebot.

Ausgehen & Unterhaltung

In Hyderabad gibt es keine nennenswerte Kneipenszene, und aufgrund der örtlichen Schankgesetze werden in den meisten Bars auch nur alkoholfreie Cocktails gemixt. Ein paar neue, interessante Kneipen gibt es westlich des Stadtzentrums in den grünen Stadtvierteln Banjara Hills und Jubilee Hills. Dort findet man auch zahlreiche gute Dachrestaurants.

★ **Prost Brewpub** KLEINBRAUEREI
(www.prost.in; 882/A Rd No 45, Jubilee Hills; 12–24 Uhr;) Das kleine, äußerst beliebte Brauereipub schenkt fünf Biere vom Fass aus, darunter ein englisches Ale und ein Starkbier, und auch Cidre. Das Lokal ist in unterschiedliche Bereiche unterteilt, die alle sehr stilvoll beleuchtet sind. Außerdem gibt es einen riesigen Außenbereich und eine ellenlange Speisekarte mit östlichem und westlichem Kneipenessen. An Wochenenden ist es

Secunderabad

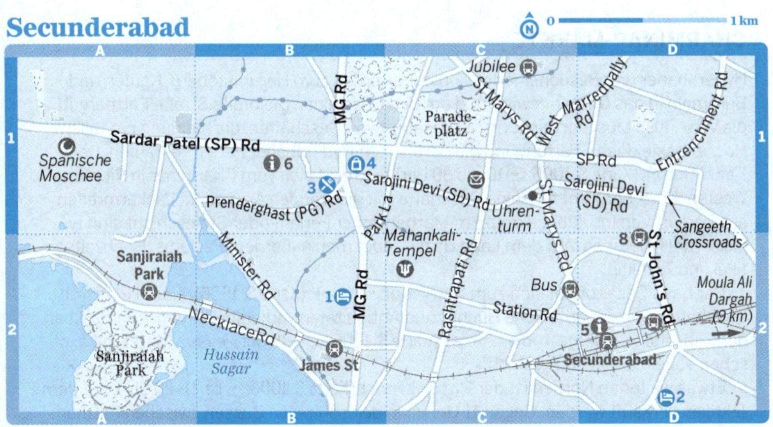

Secunderabad

Aktivitäten, Kurse & Touren

APTDC Secunderabad Office .... (siehe 6)

Schlafen

1 Raj Classic Inn B2
2 Treebo GN International D2

Essen

3 Paradise B1

Shoppen

4 Malkha B1

Praktisches

5 Telangana Tourism D2
6 Telangana Tourism B1

Transport

7 Bushaltestelle Rathifile D2
8 Bushaltestelle Secunderabad (Pushpak) D2
Bushaltestelle Secunderabad Junction .... (siehe 5)
Secunderabad Reservation Complex .... (siehe 7)

immer sehr voll. Gelegentlich gibt es Comedy-Abende oder DJs legen auf.

★ MOB BAR

(www.facebook.com/itlsmob; Aryan's, Rd No 92, beim Apollo Hospital, Jubilee Hills; ⏲12–23.30 Uhr; 📶) In der schicken, aber sehr gemütlichen belgischen Bierkneipe trifft sich ein äußerst gemischtes Publikum jedweden Geschlechts und Alters. Die „beer platter" besteht aus vier Bierproben, zum Mittagsmenü ((799 ₹) gibt's ein Bier vom Fass. Jeden Samstagabend treten Live-Bands auf. Die Bar ist in einer Nebenstraße am südlichen Rand des KBR National Park, 4 km westlich der Road No 1 in Banjara Hills.

Vertigo BAR

(Karte S. 1012; www.vertigothehighlife.in; 5. Stock, Shiv Shakti Tower, Rd No 12; ⏲11–24 Uhr) Die Bar auf dem Dach hat eine großartige Terrasse mit eleganten Sitzmöbeln und Innenräume, in denen Livemusik gespielt wird und DJs auflegen. Im Speiseraum wird nordindisches, chinesisches und westliches Essen serviert, und es wird auch Alkohol ausgeschenkt (sehr gute Cocktails für rund 400 ₹). Die Bar ist gegenüber dem Supermarkt Ratnadeep.

Coffee Cup CAFÉ

(☎040-40037571; www.facebook.com/thecoffeecupp; E 89, an der 5th Crescent Rd, Sainikpuri, Secunderabad; ⏲9–23.30 Uhr; 📶) Das ausgezeichnete Café mitten im Stadtviertel zieht vor allem die Künstlerszene im Osten der Stadt an. Es gibt eine interessante Auswahl feinsten Kaffees (wie z. Bsp. Ethiopian Khawa) und Tees sowie Snacks und kleine Gerichte. Freitags ist zumeist Stand-up Comedy angesagt. Das Café ist über der Canara Bank.

OCD CAFÉ

(Karte S. 1012; Rd No 5, Banjara Hills; ⏲10–22 Uhr) Das OCD (für „Obsessive Coffee Disorder") ist in einer ruhigen Straße des grünen Viertels Banjara Hills und hat eine abgefahrene Einrichtung, einen Billardtisch und eine Terrasse zum Shisha rauchen. Hier trifft sich die modebewusste Szene zu ordentlichem Knei-

CHARMINAR-MÄRKTE

Hyderabader und Besucher jeder Couleur strömen zum Herumstöbern, Kaufen und Bummeln in das Gassengewirr rund um den Charminar. Die breite Straße Patthargatti, die vom Fluss Musi dorthin führt, ist gesäumt von Geschäften, die Kleidung (vor allem Hochzeitskleidung), Parfüm und die berühmten Hyderabader Perlen verkaufen. Der **Laad Bazar** (Karte S. 1006; 10–20.30 Uhr) erstreckt sich vom Charminar in Richtung Westen. Er ist berühmt für seine Geschäfte mit glänzenden Armreifen: Lackarmreifen aus harzartigen Insektensekreten mit farbenfroher Perlen- oder Steinschicht sind typisch für Hyderabad. Auf dem Laad Bazar findet man außerdem Parfüms, Hochzeitsartikel und Textilien.

Der Laad Bazar öffnet sich zum **Mehboob Chowk** (Karte S. 1006), einem Platz mit Geschäften, die antiquarische Bücher und Antiquitäten verkaufen, einem Viehmarkt an der Südseite und dem **Chiddi Bazar** (Karte S. 1006; 7–19 Uhr), einem Markt mit exotischen Vögeln direkt südwestlich.

Etwas weiter im Norden ist der **Patel-Markt** (Karte S. 1006; ca. 11–20 Uhr), auf dem Textilien verkauft werden. Gegen 11 Uhr ist in den schmalen Gassen zwischen Patthargatti und Rikab Gunj die Hölle los. Noch etwas weiter nördlich an der Patthargatti-Seite werden auf dem Großhandelsmarkt **Mir Alam Mandi** (Karte S. 1006; Patthargatti Rd; 6.30–18.30 Uhr) täglich von 6.30 bis 18.30 Uhr frisches Obst und Gemüse angeboten.

penessen (chinesische und westliche Kleinigkeiten), tollen alkoholfreien Cocktails und natürlich hervorragendem Kaffee.

Kismet CLUB
(Karte S. 1012; 040-23456789; www.theparkhotels.com; The Park, Raj Bhavan Rd, Somajiguda; Eintritt pro Paar 700–2000 ₹; Mi–So 21–24 Uhr oder später) Der schicke Nobelclub hat gemütliche Sitznischen, eine riesige Tanzfläche und enorm laute Musik. Männer kommen nur in weiblicher Begleitung in den Club. Die Preise sind recht happig (gut 600 ₹ für einen Cocktail), doch das stört das wohlhabende Publikum nicht im geringsten. Die Musik reicht von EDM bis Bollywood.

Ravindra Bharathi Theatre THEATER
(Karte S. 1012; 040-23233672; www.ravindrabharathi.org; Ladki-ka-pul Rd, Saifabad) Hier finden hochwertige Musik-, Tanz- und Schauspielveranstaltungen sowie Filmvorführungen statt.

Shoppen

Charminar ist das Shopping-Paradies der Stadt: Neben Unmengen von Armbändern und Fußketten gibt es hier hochwertigen Perlen- und Goldschmuck sowie Hausschuhe und Stoffe. Noble Boutiquen und Einkaufszentren befinden sich vor allem in Banjara Hills und den westlichen Vororten.

Bidri Crafts KUNSTHANDWERK
(Karte S. 1008; http://bidrihandicraft.com; Gunfoundry, Basheer Bagh; 11–21 Uhr) *Bidri* ist Kunsthandwerk aus Metall, das ursprünglich aus dem Iran stammt und mit kunstvollen Intarsien verziert ist. Das berühmte Familienunternehmen verkauft erstklassige Teller, Vasen, Schüsseln, Schmuckstücke (Ohrringe ab 180 ₹) und Accessoires zu vernünftigen Preisen.

Malkha KLEIDUNG
(Karte S. 1017; www.malkha.in; 229, 2. Stock, B Wing, Chandralok Complex; Mo–Sa 10–21 Uhr) Der Stoff für die hier verkaufte Kleidung wird direkt neben den Baumwollfeldern von Hand gewebt und mit Naturfarben gefärbt. Diese Art der Herstellung schont nicht nur die Umwelt, sondern liegt auch voll und ganz in den Händen der örtlichen Produzenten. Das Ergebnis ist fantastisch, und die tollen Stoffe (ab 320 ₹/m), Tücher und Saris (ab 2200 ₹) können hier zu angemessenen Preisen gekauft werden. Das Geschäft befindet sich gegenüber dem Hotel Paradise.

Fabindia KLEIDUNG
(Karte S. 1012; www.fabindia.com; Rd No 9, Banjara Hills; 11–21.30 Uhr) Die schönen Kleidungsstücke für Frauen (und teilweise auch für Männer) bestehen aus traditionell hergestellten Stoffen mit modernen Mustern und Farben. Es werden auch Heimtextilien wie Bettwäsche, Kissenhüllen und *dhurries* (kleine Teppiche) verkauft. Die Preise sind in Ordnung.

Eine weitere **Filiale** (Fateh Maidan; 10.30–20.30 Uhr) ist in Bashirbagh.

Suvasa KLEIDUNG

(Karte S. 1012; www.suvasa.in; Rd No 12, Banjara Hills; ⌚11–19.30 Uhr) Die *kurtas* (lange Hemden mit kleinem oder ohne Kragen), weiten *salwar*-Hosen und *dupattas* (Schals) sind alle aus bunt gemusterten Druckstoffen und von guter Qualität. Es gibt auch fantastische Heimtextilien wie Bettwäsche und Tischdecken.

Hyderabad Perfumers PARFÜM

(Karte S. 1006; Patthargatti; ⌚Mo–Sa 10–20.30 Uhr) Das in vierter Generation betriebene Familienunternehmen mischt vor Ort für seine Kunden ganz individuelle Parfüms nach deren Wünschen zusammen. Dafür hat es sich auf *ittar* spezialisiert, natürliche Duftöle aus Blüten und Kräutern, deren Preise bei 200 ₹ pro Flasche beginnen und die über 7000 ₹ kosten können.

GVK One EINKAUFSZENTRUM

(Karte S. 1012; www.gvkone.com; Rd No 1, Banjara Hills; ⌚11–23 Uhr) In dem noblen Einkaufszentrum befinden sich mehrere gute Bekleidungsgeschäfte, Geldautomaten, ein kleiner Food-Court, einige Cafés und ein Kino.

Himalaya Book World BÜCHER

(Karte S. 1012; Panjagutta Circle, Banjara Hills; ⌚10.30–22.30 Uhr) Große Auswahl an Romanen und Sachbüchern von indischen und internationalen Autoren in Englisch. Es gibt noch weitere Filialen in der Stadt.

Praktische Informationen

MEDIZINISCHE VERSORGUNG

Gute Krankenhäuser befinden sich in der **Mukarramjahi Road** (Karte S. 1008; ☎040-30417777; www.carehospitals.com) und in der **Road No 1** (Karte S. 1012; ☎040-30418888; www.carehospitals.com). Eine ambulante Klinik ist auch in der **Road No 10** (Karte S. 1012; ☎040-39310444; 4th Lane).

POST

Hauptpost (Karte S. 1008; Abids Circle; ⌚Mo–Sa 8–19, So 10–13 Uhr)

TOURISTENINFORMATION

Indiatourism (Karte S. 1012; ☎040-23409199; www.incredibleindia.org; Tourism Plaza, Greenlands Rd; ⌚Mo–Fr 9.30–18, Sa 9.30–13 Uhr) In dem nützlichen Büro sind gute Infos über Hyderabad, Telangana und andere Städte und Gegenden erhältlich.

Telangana Tourism (☎1800 42546464; www.telanganatourism.gov.in; ⌚7–20.30 Uhr) Bei der Touristeninformation können die vom staatlichen Fremdenverkehrsamt angebotenen Touren sowie Stadtführungen und Hotels in Telangana gebucht werden. Weitere Büros befinden sich in **Bashirbagh** (Karte S. 1008; ☎040-66745986; Shakar Bhavan; ⌚6.30–20 Uhr), in der **Tankbund Road** (Karte S. 1008; ☎040-65581555; ⌚6.30–20 Uhr), **Greenlands Road** (Karte S. 1012; ☎040-23414334; Tourism Plaza; ⌚7–20 Uhr), am **Flughafen von Hyderabad** (☎040-24253215), in **Secunderabad** (Karte S. 1017; ☎040-27893100; Yatri Nivas Hotel, SP Rd; ⌚6.30–20.30 Uhr) und im **Bahnhof Secunderabad** (Karte S. 1017; ☎040-27801614; ⌚10–20 Uhr).

An- & Weiterreise

BUS

Der riesige Busbahnhof **Mahatma Gandhi Bus Station** (MGBS; Imlibun Bus Station; Karte S. 1006; ☎040-24614406; ⌚Büros zur Buchung und Reservierung im Voraus 8–22.30 Uhr) ist in der Nähe von Abids. Die klimatisierten Busse von **TSRTC** (Telangana State Road Transport Corporation; ☎1800 2004599; http://tsrtcbus.in) sind wirklich gut. Nach Karnataka sollte man aber mit einem Bus von KSRTC fahren, deren Büro beim Bahnsteig 30 ist. Fast alle Fernbusse fahren abends ab. Bei der Buchung im Voraus sollten Frauen auf einen Sitz im vorderen Teil bestehen, denn diese Plätze sind allein für Frauen reserviert.

Der Busbahnhof **Jubilee** von Secunderabad (Karte S. 1017; ☎040-27802203; Gandhi Nagar, Secunderabad) ist wesentlich kleiner, und die regelmäßig verkehrenden Stadtbusse fahren in der St. Mary's Road in der Nähe des Bahnhofs ab. Vom Busbahnhof fahren die Busse in Städte wie Chennai (Madras) und Mumbai sowie in folgende Städte ab:

Bengaluru (Bangalore) normal/Volvo AC/Sleeper 687 ₹/ab 827/1370 ₹, 8–11 Std., tägl. 19-mal

Vijayawada ohne/mit Klimaanlage 317/437 ₹, 4–6 Std., tägl. 17-mal

Weitere nützliche Bushaltestellen sind die **Haltestelle** in der St. Mary's Rd (Karte S. 1017), die **Bushaltestelle Charminar** (Karte S. 1006; Shah Ali Banda Rd) in der Altstadt, der **Busbahnhof Koti** (Karte S. 1008; Turrebaz Khan Rd), der **Busbahnhof Koti Women's College** (Karte S. 1008) und die Bushaltestelle **Rathifile** (Karte S. 1017; Station Rd) in Secunderabad.

FLUGZEUG

Der große, moderne und leistungsfähige **Rajiv Gandhi International Airport** (☎040-66546370; http://hyderabad.aero; Shamshabad) von Hyderabad liegt 25 km südwestlich des Stadtzentrums. Von hier starten täglich Direktflüge von **Air India** (Karte S. 1008; ☎040-23389711; www.airindia.com; HACA Bhavan, Saifabad; ⌚Mo–Sa 9.30–18 Uhr), **Jet Airways**

BUSSE AB HYDERABAD

ZIEL	PREIS (₹)	DAUER (STD.)	HÄUFIGKEIT
Bengaluru (Bangalore)	687–1040	8–11	9–22.30 Uhr 22-mal
Chennai	694–1191	11–14	18–22.30 Uhr 18-mal
Hospet	522–850	8–11	3- mal tgl.
Mumbai	1070–2550	12–14	14–23.55 Uhr 27-mal
Mysore	1050–1733	11–13	18.30–21.30 Uhr 9-mal
Tirupati	652–1485	16	13.30–22 Uhr alle 30 Min.
Vijayawada	340–480	4–5	5–23.55 Uhr alle 30 Min.
Visakhapatnam	660–1650	11–13	16–23 Uhr stündl.
Warangal	180–240	4	alle 30 Min.

(Karte S. 1008; ☎ 020-39893333; www.jetairways.com; Summit Apartments, Hill Fort Rd; ⌚ Mo–Sa 10–18 Uhr) und anderen Fluggesellschaften in mehr als 20 indische Städte sowie zu internationalen Zielen wie Chicago, London, Südostasien und die Golfstaaten.

ZUG

In Hyderabad gibt es drei große Bahnhöfe: Secunderabad, Nampally (offiziell: Hyderabad Deccan) und Kacheguda. Die meisten durchfahrenden Züge halten in Kacheguda.

In den Buchungsbüros von **Nampally** (Karte S. 1008; ☎ 040-27829999; Public Gardens Rd; ⌚ Mo–Sa 8–20, So 8–14 Uhr) und **Secunderabad** (Rathifile; Karte S. 1017; St John's Rd; ⌚ Mo–Sa 8–20, So 8–14 Uhr), die sich jeweils in einem eigenen Gebäude außerhalb des Bahnhofs befinden, gibt es spezielle Schalter für ausländische Touristen (den Pass und Kopien des Visums mit dem Original mitbringen!). Allgemeine Auskünfte und Infos zum PNR-Status erhält man unter ☎ 139.

Jeden Tag fahren jeweils 12 Züge nach Warangal (Sleeper/3AC/2AC 170/540/735 ₹, 2½ Std.) und Vijayawada (220/650/910 ₹, 6 Std.), zumeist ab Secunderabad.

ℹ Unterwegs vor Ort

AUTO

Ein Auto mietet man am besten über das Hotel. Der übliche Preis für einen Kleinwagen mit Klimaanlage und Fahrer beträgt 1200 bis 1500 ₹ pro Tag für Fahrten innerhalb der Stadt (8 Std. und max. 80 km) bzw. 2800 bis 3500 ₹ pro Tag für Fahrten außerhalb der Stadt (bis zu 300 km).

AUTORIKSCHA

Eine kurze Fahrt kostet zwischen 30 und 50 ₹, eine bis zu 4 km lange etwa 120 ₹. Allerdings verwendet kaum ein Fahrer ein Taxameter.

BUS

Die wenigsten Traveller zwängen sich in die Stadtbusse (zumeist 6–12 ₹/Fahrt), wobei es auch für sie einige überaus nützliche Strecken gibt. Infos sind auf www.hyderabadbusroutes.com erhältlich (wenn auch diese nicht immer ganz korrekt sind).

Zu den Stadtbushaltestellen in der Stadt gehören **Afzalgunj** (Karte S. 1006), **GPO Abids** (Karte S. 1008; JN Rd), **Koti** (Karte S. 1006), **Mehdipatnam**, **Public Gardens** (Karte S. 1008) und **Secunderabad Junction** (Karte S. 1017).

Stadtbuslinien in Hyderabad

BUS NR.	STRECKE
65G, 66G	Charminar–Golconda Fort über Afzalgunj, GPO Abids; jeweils etwa stündl.
49M	Secunderabad Junction–Mehdipatnam über Road No 1 (Banjara Hills); häufig
8A	Charminar–Secunderabad Junction über Afzalgunj, GPO Abids; häufig
40, 86	Secunderabad Junction–Koti Bus Stop; beide häufig
127K	Koti Bus Stop–Jubilee Hills über GPO Abids, Public Gardens, Rd No 1 & Rd No 12 (Banjara Hills); häufig

VOM/ZUM FLUGHAFEN

Bus

Die klimatisierten Pushpak-Busse von TSRTC fahren zwischen 4 und 5 Uhr und um 23 Uhr verschiedene Haltestellen in der Stadt an, darunter:

AC Guards (Karte S. 1012; AC Guards Rd) (212 ₹, 2–3 Busse/Std.), etwa 1,5 km von Abids entfernt.

Paryatak Bhavan (Karte S. 1012) (265 ₹, etwa 1-mal/Std.), in der Greenlands Rd.

Secretariat (Karte S. 1008; NTR Marg) (265 ₹, etwa 1-mal/Std), rund 1,5 km von Abids entfernt.

Secunderabad (Karte S. 1017; Rail Nilayam Rd) (265 ₹, 2-mal/Std.)

Die Fahrt vom und zum Flughafen dauert jeweils eine Stunde. Die genauen Abfahrtszeiten erhält man bei **TSRTC** oder auf http://hyderabad.aero.

Taxis

Der Prepaid-Taxistand befindet sich auf der untersten Ebene des Flughafenterminals. Eine Fahrt nach Abids bzw. Banjara Hills kostet zwischen 600 und 750 ₹. **Meru Cabs** (☎ 040-44224422) und **Sky Cabs** (☎ 040-49494949) sind in etwa gleich teuer. Uber ist mit 350 bis 500 ₹ etwas günstiger.

METRO RAIL

Die seit langem geplante und immer wieder verschobene, 72 km lange Schnellbahn soll nun endlich Ende 2017 oder spätesten 2018 in Betrieb gehen. Die Züge der drei Linien werden auf Stelzen hoch über den Straßen in Hyderabad fahren, und es wird insgesamt 66 Haltestellen geben.

TAXIS

In Hyderabad sind Tausende von Uber- und Ola-Taxis unterwegs, die teilweise sogar günstiger als die Autorikschas sind. So kostet eine 3 km lange Fahrt zwischen 80 und 100 ₹.

ZUG

Die in den Vororten verkehrenden **MMTS-Züge** (www.mmtstraintimings.in; 5–10 ₹/Fahrt) sind für Traveller nicht sehr praktisch, doch es gibt auch Züge, die (alle 30–45 Min.) von Hyderabad (Nampally) über Necklace Rd, Begumpet und Hi-Tech City nach Lingampalli fahren. Eine andere Verbindung führt von Falaknuma (südlich der Altstadt) über die Bahnhöfe Kacheguda und Secunderabad ebenfalls nach Lingampalli.

TELANGANA

Bhongir

Die meisten Busse und Züge, die von Hyderabad nach Warangal fahren, halten in Bhongir, 60 km von Hyderabad entfernt. Es lohnt sich auch ein längerer Aufenthalt, um die märchenhafte **Bergfestung** der Chalukya aus dem 12. Jh. zu besichtigen (an der DVK Rd; 5 ₹, Foto 10 ₹; ⏲10–17 Uhr). Sie sitzt auf einem runden, an ein Riesenei erinnernden Felsen am Ostrand der Stadt. Schwere Rucksäcke können im Kartenhäuschen abgegeben werden.

Warangal

☎ 0870 / 633 000 EW.

Warangal war die Hauptstadt des Königreichs der Kakatiya, das sich vom 12. bis Anfang des 14. Jhs. über den größten Teil des heutigen Telangana und Andhra Pradesh erstreckte. Heute gehört die Stadt zu Hanumakonda.

Sehenswertes

In Hanumakonda sind viele alte Tempel erhalten. So der **Bhadrakali-Tempel** (Bhadra-

WICHTIGE ZÜGE AB HYDERABAD & SECUNDERABAD

ZIEL	ZUG-NR. & -NAME	PREIS (₹)	DAUER (STD.)	ABFAHRTSZEIT & -BAHNHOF
Bengaluru (Bangalore)	*22692 oder 22694 Rajdhani*	1690/2460 (B)	12	18.50 Uhr Secunderabad
	12785 Bangalore Exp	360/945/1335 (A)	11½	19.05 Uhr Kacheguda
Chennai	*12604 Hyderabad-Chennai Exp*	400/1055/1495 (A)	13	16.50 Uhr Nampally
	12760 Charminar Exp	425/1115/1590 (A)	14	18.30 Uhr Nampally
Delhi	*12723 Telangana Exp*	665/1745/2450 (A)	27	6.25 Uhr Nampally
	22691 oder 22693 Rajdhani	3145/4675 (B)	18	7.50 Uhr Secunderabad
Hosapete (Hospet; nach Hampi)	*17603 Exp*	275/740/1065 (A)	11½	21 Uhr Kacheguda
Kolkata	*18646 East Coast Exp*	615/1645/2415 (A)	31	9.50 Uhr Nampally
Mumbai (Bombay)	*12702 Hussainsagar Exp*	410/1085/1540 (A)	14½	14.45 Uhr Nampally
Tirupati	*12734 Narayanadri Exp*	385/1005/1425 (A)	12	18.05 Uhr Secunderabad
Visakhapatnam	*12728 Godavari Exp*	395/1035/1465 (A)	12½	17.15 Uhr Nampally

Preiskategorien: (A) = Sleeper/3AC/2AC; (B) = 3AC/2AC

kali Temple Rd) am See, 2 km südöstlich des 1000-Säulen-Tempel, in dem die sitzende Statue der Muttergöttin Kali in jeder ihrer acht Hände eine Waffe hält. Der kleine **Siddeshwara-Tempel** auf der Südseite des Hanumakonda Hill gehört ebenso zu den alten Tempeln in diesem Gebiet.

Fort FESTUNG

(Fort Rd) Warangals Fort am Südrand der Stadt war ein massiver Bau mit drei ringsherum verlaufenden Mauern (die äußerste war 7 km lang). Der größte Teil besteht jetzt allerdings entweder aus Feldern oder Gebäuden. Im Zentrum steht der gewaltige, teilweise wieder aufgebaute **Shiva-Tempel Svayambhu** (Inder/Ausländer 15/100 ₹, Foto 25 ₹; ⏲9–18 Uhr) mit seinen schönen großen *torana*-Toren (Architrave), die die vier Himmelsrichtungen kennzeichnen. Eine Autoriksha vom Bahnhof in Warangal kostet hin und zurück ca. 300 ₹.

Der Eintrittspreis für den Svayambhu-Tempel beinhaltet auch den Zugang zum 400 m westlich gelegenen Kush Mahal (Shitab Khan Mahal), einer königlichen Halle aus dem 16. Jh. Fast direkt gegenüber vom Eingang in den Svayambhu-Tempel befindet sich ein **Park** (10 ₹; ⏲7–19 Uhr) mit dem hohen Felsen Ekashila Gutta, auf dem ein weiterer Kakatiya-Tempel mit Blick auf einen kleinen See steht.

1000-Säulen-Tempel HINDU-TEMPEL

(südlich der NH163, Hanumakonda; ⏲6–18 Uhr) GRATIS Der im 12. Jh. errichtete Tempel steht mitten im Grünen und ist ein schönes Beispiel für die Architektur und Bildhauerei der Kakatiya. Er ist aber auch ungewöhnlich, denn das kreuzförmige Gebäude hat mehrere Schreine, die dem Sonnengott Surya (rechts vom Eingang), Vishnu (in der Mitte) und Shiva (links) gewidmet sind. Und er hat bestimmt auch keine 1000 Säulen. Hinter dem Tempel erhebt sich der Hanumakonda Hill, auf dem einst die Hauptstadt der Kakatiya lag.

Schlafen & Essen

Vijaya Lodge HOTEL $

(☎0870-2501222; Station Rd; EZ 290 ₹, DZ 550–800 ₹) Das Hotel Vijaya Lodge liegt 350 m vom Bus- und Zugbahnhof in Warangal entfernt und ist sehr einfach gehalten, es hat dafür aber hilfsbereites Personal. Die Zimmer sind fast schon trostlos, geduscht wird mit dem Eimer. In der oberen Etage sind die Zimmer besser.

Hotel Ashoka HOTEL $$

(☎0870-2578491; www.hotelashoka.in; Main Rd, Hanumakonda; Zi. 1760–2650 ₹; ❄@) Das große Hotel aus den 1980er-Jahren hat eine gute Auswahl an Zimmern mit Klimaanlage in verschiedenen Preisklassen. Zudem ist es in der Nähe der Bushaltestelle Hanumakonda und des 1000-Säulen-Tempel. Hier gibt es auch das gute vegetarische Restaurant **Kanishka** (Hauptgerichte 140–260 ₹; ⏲6.30–22.30 Uhr) sowie ein nicht-vegetarisches Restaurant und eine Bar.

Hotel Landmark HOTEL $$

(☎0870-2546333, 0870-2546111; landmarkhotel3@yahoo.co.in; Nakkalagutta; Zi. 1920 ₹; ❄📶) Hinter der Fassade aus Spiegelglas befinden sich saubere, aber kleine Zimmer mit einem Touch zeitgenössischen Stils. Das hoteleigene Restaurant bietet eine große Auswahl an südindischen Gerichten.

Sri Geetha Bhavan ANDHRA-KÜCHE $

(Market Rd, Hanumakonda; Hauptgerichte 90–130 ₹; ⏲6–23 Uhr) Die guten südindischen Gerichte werden in angenehm klimatisierten Räumen serviert. Zu finden ist es im Hotel Supreme.

Seasons INTERNATIONAL $$

(www.facebook.com/seasonsrestauranthnk; NH 163, Hanumakonda, beim National Institute of Technology; Hauptgerichte 160–240 ₹; ⏲13–22.30 Uhr) Mit gedämpftem Licht und schönem Mobiliar ist es das ideale Restaurant für ein romantisches Abendessen. Auf der umfangreichen Speisekarte stehen allseits beliebte chinesische, nahöstliche und indische Gerichte.

Anreise & Unterwegs vor Ort

Die Busse nach Hyderabad (135–215 ₹, 4 Std.) fahren dreimal pro Stunde an der **Haltestelle Hanumakonda** (New Bus Stand Rd) ab und siebenmal pro Tag (Express/Deluxe 115/150 ₹, 7 Std.) an der **Haltestelle Warangal** (☎0870-2565595; Station Rd) gegenüber dem Bahnhof.

Von Warangal fahren auch täglich mehrere Züge nach Hyderabad (Sleeper/3AC/2AC 170/540/740 ₹, 3 Std.), Vijayawada (190/535/740 ₹, 3 Std.) und Chennai (375/985/1395 ₹, 10½–12 Std.).

Zudem verkehren Sammel-Autorikschas (15 ₹) ständig auf festen Routen zwischen Warangal und Hanumakonda.

Palampet

In der Nähe des kleinen Dorfes, 70 km nordöstlich von Warangal, befindet sich der wunderbare **Ramappa-Tempel** (Foto 25 ₹; ⌚6–18 Uhr). Der Anfang des 13. Jhs. errichtete Tempel ist ein Juwel der Kakatiya-Architektur und über und über mit erstaunlich detaillierten Schnitzereien von Tieren, Liebespaaren, Ringern, Musikern, Tänzern, Gottheiten und hinduistischen Legenden bedeckt. Die Bögen an den Außensäulen sind mit prächtigen Reliefs aus schwarzem Basalt geschmückt. Sie zeigen Wesen aus der Mythologie und üppige Frauen, die von Schlangen umschlungen werden. Der große Tempelsee **Ramappa Cheruvu**, 1 km weiter südlich, ist ein Zufluchtsort für Zugvögel.

An- & Weiterreise

Am einfachsten kommt man mit einem Taxi hierher (etwa 2000 ₹ hin & zurück von Warangal), aber es fährt auch alle 30 Minuten ein Bus von Hanumakonda nach Mulugu (58 ₹, 1 Std.). Von hier sind es dann noch 13 km bis nach Palampet (20 ₹).

ANDHRA PRADESH

Der Bundesstaat Andhra Pradesh erstreckt sich zwischen Tamil Nadu und Odisha 972 km entlang des Golfs von Bengalen und im Landesinneren bis zu den Ostghats. Andhra Pradesh ist das Epizentrum für Telugu-Sprache und -Kultur. Außerdem ist Andhra Pradesh einer der wohlhabenderen Bundesstaaten der Nation. Hier kann man einen der meist besuchten Tempel Indiens (in Tirumala), ein paar faszinierende, entlegene antike Stätten aus den ersten Tagen des Buddhismus und – nördlich von Visakhapatnam – einen der schönsten Abschnitte von Indiens Ostküste entdecken. Außerdem kommt man überall in den Genuss der lecker-würzigen Andhra-Küche.

Die Websites von Andhras Touristeninformationen lauten: www.aptourism.gov.in und www.aptdc.gov.in.

Vijayawada

0866 / 1,12 MIO.

Die Industrie- und Handelsstadt am Nordufer des Krishna soll die neue Hauptstadt des Bundesstaates Andhra werden. Der Bau des nach der buddhistischen Klosteranlage Amaravati in der Nähe benannten Vorzeigekomplexes aus 30 bestehenden Dörfern südwestlich des Flusses hat bereits begonnen. Bis 2025 sollen in Vijayawada-Amaravati insgesamt 2,5 Mio. Menschen leben.

Derzeit gibt es allerdings noch nicht viel Sehenswertes in der Stadt selbst. Sie ist jedoch eine gute Ausgangsbasis für die Erkundung der vielen historischen buddhistischen Stätten in der üppig grünen Umgebung.

Sehenswertes

★ **Undavalli-Höhlentempel** HINDU-TEMPEL
(Inder/Ausländer 5/100 ₹; ⌚9–17.30 Uhr) Der vierstöckige Höhlentempel wurde vermutlich im 2. Jh. von buddhistischen Mönchen in den Berg gegraben und dann im 7. Jh. in einen Hindu-Tempel verwandelt. Mit Ausnahme der Schreine in der 3. Ebene sind alle anderen mittlerweile leer; in einem dieser Schreine ruht eine riesige Vishnu-Statue. Von der Terrasse blicken drei zwergenhafte Vaishnavaite-Gurus oder -Prediger aus Stein auf die Reisfelder. Der Tempel befindet sich

AMARAVATI

Am 21. Oktober 2015 ließ der oberste Minister von Andhra Pradesh einen Hubschrauber mit Erde und Wasser aus Mekka, Jerusalem und den heiligen Stätten der Hindus beladen und sie als heiligen Segen über einer öden Landschaft westlich von Vijayawada versprühen. Drei Tage später legte Präsident Modi in einer pompösen Veranstaltung, bei der angeblich 500 000 Menschen anwesend waren, den Grundstein.

Diese Zeremonien kennzeichnen die Gründung der neuen Hauptstadt von Andhra Pradesh, die ihren Namen Amaravati von einer bedeutenden buddhistischen Stätte in der Nähe erhielt. An ihrem Bau sind Städteplaner aus Singapur und Fachleute aus Japan beteiligt. Im 16,7 km² großen Kerngebiet der neuen Hauptstadt soll es ein riesiges Wohn- und Geschäftsviertel mit Wolkenkratzern, Kanälen, einem Inselpark und einer Promenade am Krishna geben. Mit schnellen Transitbussen und Schnellstraßen soll die Stadt an ihre ältere Schwester Vijayawada angeschlossen werden.

Das alles wird aber noch Jahre, wenn nicht Jahrzehnte, dauern. Bis dahin bleibt Hyderabad die gemeinsame Hauptstadt von Telangana und Andhra Pradesh, doch der Regierungssitz soll bis spätestens 2024 verlegt werden.

6 km südwestlich der Innenstadt von Vijayawada. Die Hinfahrt mit der Autorikscha oder einem Ola- bzw. Uber-Taxi kostet 125 ₹.

Kanaka-Durga-Tempel HINDU-TEMPEL
(www.kanakadurgatemple.org; Durga Temple Ghat Rd, Indrakeeladri Hill; ⌚4–21 Uhr) Der bedeutende Tempel auf dem Indrakeeladri Hill hoch über dem Krishna stammt aus dem 12. Jh. und ist ein wichtiger Wallfahrtsort.

Schlafen & Essen

Hotel Sripada HOTEL $
(☎0866-2579641; hotelsripada@rediffmail.com; Gandhi Nagar; EZ 900–1460 ₹, DZ 1010–1690 ₹; ❄📶) Das Hotel ist nur einen kurzen Fußmarsch vom Bahnhof entfernt und eines der wenigen Budgethotels der Stadt, dem es offiziell erlaubt ist, ausländische Gäste zu beherbergen. Die Zimmer mit Klimaanlage sind klein, aber in Ordnung. Das Personal ist hilfsbereit, jedoch gibt es kein eigenes Restaurant.

Hotel Southern Grand HOTEL $$
(☎0866-6677777; www.hotelsoutherngrand.com; Papaiah St, Gandhi Nagar; EZ/DZ inkl. Frühstück 2400–2800/2800–3200 ₹; ❄📶) Die einladenden, blitzsauberen und modernen Zimmer sind ihr Geld auf jeden Fall wert. Das Hotel ist nur 600 m vom Bahnhof entfernt und verfügt nicht nur über das ausgezeichnete vegetarische Restaurant **Arya Bhavan** (Hotel Southern Grand, Papaiah St, Gandhi Nagar; Hauptgerichte 130–165 ₹, Thalis 110–170 ₹; ⌚7–23 Uhr), sondern auch über die recht nützliche Reiseagentur **Southern Travels** (☎0866-6677777; Hotel Southern Grand, Papaiah St, Gandhi Nagar) und bietet zudem kostenlosen Transfer zum Flughafen und zum Bahnhof.

★ **Minerva Hotel** HOTEL $$$
(☎0866-6678888; www.minervahotels.in; MG Rd; ⌚EZ/DZ 3500/4000 ₹; ❄📶) Die hohen Preise sind durchaus gerechtfertigt, denn das renovierte Hotel hat schöne, moderne Zimmer

DER STAAT DES GUTEN KARMAS

Andhra Pradesh ist ein Knotenpunkt der bedeutendsten indischen Landwege und der Wasserwege am Golf von Bengalen und spielte bereits in der frühen Geschichte des Buddhismus eine wichtige Rolle. In Andhra und Telangana gibt's etwa 150 bekannte buddhistische Stupas, Klöster, Höhlen und andere Stätten. Sie zeugen von einer Zeit, in der Andhra Pradesh oder „Andhradesa" noch ganz im Zeichen des Buddhismus stand, und als Mönche nach Sri Lanka und Südostasien reisten, um Buddhas Lehren zu verbreiten, und Mönche aus aller Welt kamen, um die berühmten buddhistischen Lehrer zu hören.

Andhradesas buddhistische Kultur nahm im 6. Jh. v. Chr., zu Lebzeiten Buddhas, ihren Anfang und währte ungefähr 1500 Jahre. Doch erst im 3. Jh. v. Chr. schlug das *dharma* unter Ashoka, dem Herrscher der Maurya-Dynastie, endgültig Wurzeln. Ashoka schickte Menschen in alle Winkel seines Reichs, wo sie neben ihrer Tätigkeit als Lehrer auch Stupas errichteten, in denen Buddha-Reliquien aufbewahrt wurden. (Wer sich in der Nähe eines solchen Schreins aufhielt, kam auf dem Pfad der Erleuchtung angeblich schneller voran.)

Die nach Ashokas Tod im Jahre 232 v. Chr. folgenden Satavahanas und Ikshvakus aus Zentral-Andhra-Pradesh förderten ebenfalls den Buddhismus. Die Satavahanas ließen Ashokas Stupa in ihrer Hauptstadt Amaravathi mit eleganten Elementen verzieren. Sie errichteten Klöster im Krishna-Tal und exportierten das *dharma* mittels ihres ausgedehnten Handelsnetzes übers Meer. Nagarjuna, der als Stammvater des Mahayana-Buddhismus bezeichnet wird, soll zur Zeit der Satavahana-Dynastie im 2. oder 3. Jh. n. Chr. gelebt haben. Der Mönch, der sowohl Logiker als auch Philosoph und Meditator war, hat mehrere bahnbrechende Werke verfasst, die zur Entwicklung des Buddhismus beigetragen haben.

Selbst als Ruinen vermitteln manche Stupas und Klosterkomplexe heute noch einen guten Eindruck von ihrer früheren Größe und auch davon, wie die Mönche einst lebten, in Höhlen schliefen und Regenwasser aus in den Fels geschlagenen Zisternen holten. Viele dieser Stätten bieten außerdem einen grandiosen Blick aufs Meer und über die Landschaft. Die Komplexe von **Nagarjunakonda** (S. 1026) und **Amaravathi** (S. 1026) haben beide eine gute Infrastruktur und jeweils ein informatives Museum. Abenteuerlustige sollten von Vijayawada nach **Guntupalli** (S. 1025) oder Bhattiprolu bzw. von Visakhapatnam nach **Thotlakonda** (S. 1030), **Bavikonda** (S. 1030) und **Sankaram** (S. 1030) fahren.

ABSEITS DER ÜBLICHEN PFADE

GUNTUPALLI

Weitab der üblichen Pfade liegt die buddhistische Stätte **Guntupalli** (Inder/Ausländer 5/100 ₹; ⏲10–17 Uhr) in einer traumhaft schönen Landschaft, und der Besuch hier wird zum reinen Abenteuer. Die ehemalige Klosteranlage liegt hoch auf dem Berg über endlosen Wäldern und Reisfeldern. Besonders bemerkenswert ist der runde, in den Fels geschlagene *chaitya-griha*-Schrein. Die Kuppeldecke der Höhle ist mit „Holzbalken" ausgestattet. Der *chaitya-griha* hat einen gut erhaltenen Stupa und – wie die Mönchsbehausungen am Rand des Steilhangs – eine großartige Bogenfassade, die aus Holz zu bestehen scheint. Sehenswert sind auch die steinernen „Betten" in den Mönchszellen und die über 60 Votivstupas. Das Kloster war vom 2. Jh. v. Chr. bis zum 3. Jh. n. Chr. bewohnt.

Von Eluru – an der Straßen- und Bahnstrecke Vijayawada–Visakhapatnam – fährt man mit dem Bus 35 km nach Norden bis Kamavarapukota (40 ₹, 1½ Std., alle 30 Min.). Dort steigt man in eine Autorikscha nach Guntupalli (10 km in westlicher Richtung). Ein Taxi ab Eluru kostet hin & zurück ca. 1800 ₹.

mit großem Flachbildfernseher, Holzfußboden, Safe und Minibar. Das Restaurant Blue Fox ist sehr gut, und es gibt auch noch ein Café sowie ganz in der Nähe ein Kino und gute Einkaufsmöglichkeiten.

Gateway Hotel HOTEL **$$$**
(☎0866-6644444; www.thegatewayhotels.com; MG Rd; EZ/DZ ab 5220/6160 ₹; ❄📶🏊) Das schicke Hotel der Taj Group hat sechs Stockwerke mit gut ausgestatteten, modernen Zimmern rund um die hohe, offene Empfangshalle, zwei stilvolle Restaurants, eine Bar, Fitnessraum und Swimmingpool auf dem Dach. Das Personal ist sehr freundlich, die Hotelleitung sehr hilfsbereit. Es liegt 3 km südöstlich des Bahnhofs in der Nähe von zwei Einkaufszentren.

★**Minerva Coffee Shop** INDISCH **$$**
(Museum Rd; Hauptgerichte 170–270 ₹; ⏲7–23 Uhr) Dieser Außenposten der ausgezeichneten Minerva-Kette serviert hervorragende nord- und südindische vegetarische Gerichte in freundlichen, blitzblanken und klimatisierten Räumen. Thalis gibt es zwar nur von 11.30–15.30 Uhr, doch die Dosas, *idlis* und *uttapams* (35–75 ₹) sowie Biryanis sind den ganzen Tag über zu haben und mindestens ebenso gut. Eine weitere **Filiale** (Minerva Hotel, MG Rd; Hauptgerichte 180–270 ₹; ⏲7–23 Uhr) befindet sich in der MG Road.

★**TFL** INTERNATIONAL, ITALIENISCH **$$$**
(http://thefoodlounge.in; Santhi Nagar First Lane; Hauptgerichte 175–345 ₹; ⏲10–23.30 Uhr; 📶) Das neue Restaurant befindet sich in einem stylisch umgebauten Vorortbungalow mit toller (überdachter) Terrasse. Auf den Tisch kommen hervorragende italienische, mexikanische, amerikanische, europäische und ostasiatische Gerichte, darunter Risotto, leckere Pizza und ausgezeichnetes westliches Frühstück (ab 110 ₹). Unbedingt Platz für den Nachtisch lassen!

ℹ Praktische Informationen

Department of Tourism (☎0866-2578880; Bahnhof; ⏲10–17 Uhr) Das hilfsbereite Personal kann gute Tipps zur Reiseplanung geben und bei Buchungen helfen.

ℹ Anreise & Unterwegs vor Ort

Am Bahnhof und Busbahnhof gibt es Stände für Prepaid-Autorikschas.

AUTO

Southern Travels (S. 1024) bietet preiswerte Mietwagen mit Fahrer.

BUS

Vom großen **Busbahnhof Pandit Nehru** (Arjuna St; ⏲24 Std.) fahren die Busse unter anderem in folgende Städte:

Chennai ohne/mit Klimaanlage/Semi-Sleeper 450/760/1050 ₹, 7–9 Std., 14-mal tgl.

Eluru ohne/mit Klimaanlage 70/90 ₹, 1½ Std., alle 30 Min.

Hyderabad ohne/mit Klimaanlage 335/574 ₹, 4–6 Std., alle 30 Min.

Tirupati ohne/mit Klimaanlage 474/698 ₹, 9 Std., alle 30 Min.

Visakhapatnam ohne/mit Klimaanlage 430/674 ₹, 8 Std., alle 30 Min.

Die Busse vieler privater Gesellschaften starten an Haltestellen rund um den Benz Circle, 4 km östlich der Innenstadt.

ZUG

Der Bahnhof Vijayawada Junction liegt an den zwei Hauptstrecken Chennai–Kolkata und Chennai–Delhi. Der schnelle *12841/12842*

Coromandel Express, der zwischen Chennai und Kolkata verkehrt, eignet sich vor allem für Fahrten entlang der Küste. Hier eine Auswahl der Fahrtzeiten und Preise für Sleeper/3AC/2AC zu den häufigsten Zielen:

Chennai 290/735/1045 ₹, 7 Std., 12-mal tgl.
Hyderabad 240/605/880 ₹, 6 Std., 12-mal tgl.
Kolkata 555/1465/2115 ₹, 18 Std., 5-mal tgl.
Tirupati 235/670/890 ₹, 9 Std., 7-mal tgl.
Warangal 190/535/740 ₹, 3 Std., 14-mal tgl.

Einen Platz reservieren kann man im **Advance-Booking Office** (Telefonauskunft 0866-139; Mo–Sa 8–20, So 8–14 Uhr) im Bahnhof.

Rund um Vijayawada

Amaravathi

Diese historische buddhistische Stätte (nicht zu verwechseln mit der neuen Staatshauptstadt Amaravati) ist 43 km westlich von Vijayawada. In diesem ältesten buddhistischen Zentrum des südlichen Indiens steht der größte **Stupa** (Inder/Ausländer 5/100 ₹; 7–19 Uhr) des Landes. Er ist 27 m hoch, hat einen Durchmesser von 49 m und wurde im 3. Jh. v. Chr. errichtet. Amaravathi war die blühende Hauptstadt des Königreichs Satavahana, das vier bis fünf Jahrhunderte lang über Andhra Pradesh und den gesamten Dekkan herrschte und in dieser Zeit die herrliche buddhistische Kunst begründete. Heute ist von dem Stupa nur noch der runde Sockel und ein kleiner Teil des Steingeländers zu sehen. Die großartige halbrunde Kuppel gibt es nicht mehr, doch im benachbarten **Museum** (im Dorf Amaravathi; 5 ₹; Sa–Do 9–17 Uhr) ist ein Modell des Stupas neben einigen filigranen Marmorreliefs ausgestellt, in denen das Leben Buddhas dargestellt ist und die einst den Stupa bedeckten und umgaben. Die riesige **Dhyana-Buddha-Statue** (Amaravathi) des sitzenden Buddhas mit Blick auf den Krishna ist neueren Datums.

An- & Weiterreise

Bus 301 fährt alle 20 Minuten vom Busbahnhof in Vijayawada über Unduvalli nach Amaravathi (64 ₹, 2 Std.). Wer sich von Vijayawada aus einen halben Tag herumfahren lässt, bezahlt dafür in etwa 1800 ₹.

Eluru

08812 / 201050 EW.

Die Stadt Eluru, 60 km östlich von Vijayawada an der Straße und Bahnlinie nach Visakhapatnam, ist Ausgangspunkt für die abgelegene buddhistische Stätte Guntupalli (S. 1025) und das Meditationszentrum Dhamma Vijaya in Vijayarai.

Kurse

Dhamma Vijaya GESUNDHEIT & WOHLBEFINDEN
(9441449044, 08812-225522; www.vijaya.org; Eluru-Chintalapudi Rd, Vijayarai) Auf einem üppig grünen Gelände mit Palmen und Kakaosträuchern finden hier zehntägige Intensivkurse in *Vipassana*-Meditation statt. Voranmeldung erforderlich, Spenden erwünscht.

An- & Weiterreise

Alle 30 Minuten fährt ein Bus von Eluru nach Vijayarai (16 ₹, 20 Min.).

Nagarjunakonda

08680

Die einzigartige Insel ist übersät mit uralten buddhistischen Bauwerken. Als Hauptstadt des Ikshvaku-Reiches im 3. und 4. Jh. war sie vermutlich auch das bedeutende Zentrum des Buddhismus in Südindien.

Sehenswertes

Nagarjunakonda Museum MUSEUM
(inkl. Denkmälern; Inder/Ausländer 20/120 ₹; Sa–Do 9–16 Uhr) Das durchdacht gestaltete Nagarjunakonda Museum beherbergt Buddha-Statuen und wunderbar filigrane Reliefs, die den modernen Alltag und das Leben Buddhas zeigen. Die wieder aufgebauten Reste – Stupafundamente, Mauern des Klosterkomplexes und Gruben für Pferdeopfer – sind auf einem 1 km langen Weg aneinandergereiht. Der größte Stupa in der Chamtasri-Chaitya-Griha-Gruppe enthielt ein Knochenfragment, das von Buddha stammen soll.

Sri Parvata Arama BUDDHISTISCHE STÄTTE
(Buddhavanam; 9.30–18 Uhr) GRATIS In dem buddhistischen Kulturpark 8 km nördlich des Staudamms befindet sich ein Nachbau des riesigen Stupas von Amaravathi, der von den staatlichen Tourismusbehörden in jahrelanger Arbeit errichtet wurde. Die 9 m hohe Nachbildung der Statue des Avukana-Buddha ist dagegen ein Geschenk von Sri Lanka. Außerdem gibt es den schönen Dhyanavanam-Bereich, wo man mit Blick auf den See herrlich meditieren kann. Wer mit dem Bus aus Hyderabad kommt, steigt beim Buddha Park aus.

Kurse

Dhamma Nagajjuna GESUNDHEIT & WOHLBEFINDEN
(9440139329, 9348456780; www.nagajjuna.dhamma.org; Hill Colony) Um die Lehren Buddhas in der Region am Leben zu erhalten, bietet das Zentrum zehntägige Meditationskurse in der Stille an, die in den zauberhaften Blumengärten am Nagarjuna Sagar stattfinden. Die Kurse müssen im Voraus gebucht werden, als Bezahlung sind Spenden erwünscht. Den Bus aus Hyderabad nehmen und beim Buddha Park aussteigen.

Schlafen & Essen

Nagarjuna Resort HOTEL $
(08642-242471; Vijayapuri South; Zi. ohne/mit Klimaanlage 800/1500 ₹;) Das Resort hat sehr große, aber triste Zimmer, wobei man von den Balkonen einen tollen Blick hat. Und die Lage direkt gegenüber dem Bootsanleger ist auch sehr günstig.

Haritha Vijaya Vihar HOTEL $$
(08680-277362; Zi. mit Klimaanlage inkl. Frühstück Mo–Do 1400–1700 ₹, Fr–So 2400–2700 ₹;) Das Hotel von Telangana Tourism ist 6 km nördlich des Staudamms. Es hat passable Zimmer, einen schönen Garten, einen guten Swimmingpool (Eintritt für Gäste 50 ₹) und einen tollen Blick auf den See. Es ist etwas überteuert, aber die Lage ist sensationell, das Restaurant ist ganz gut und es gibt eine Bar.

Hotel Siddhartha INDISCH $$
(Buddhavanam, Hill Colony; Hauptgerichte 130–240 ₹; 6–23 Uhr) Das Hotel direkt neben dem Sri Parvata Arama bietet leckere Currys, Biryanis, Fischgerichte und jede Menge Snacks, die alle in einem angenehm luftigen Pavillon serviert werden.

An- & Weiterreise

Nagarjunakonda besucht man am besten im Rahmen einer Bustour (550 ₹) mit **Telangana Tourism** (S. 1011) von Hyderabad aus, die aber nur am Wochenende angeboten werden. So bleibt als Alternative nur ein eigenes Fahrzeug, was aber einen sehr langen Tagesausflug (15 Std.!) bedeutet.

Vom Busbahnhof Mahatma Gandhi in Hyderabad fahren auch stündlich Busse nach Hill Colony/Nagarjuna Sagar (220 ₹, 4 Std.). Dann muss man allerdings in Pylon aussteigen und die 8 km nach Vijayapuri South in der Autorikscha (Sammel-/Einzelrikscha 20/120 ₹) zurücklegen.

In Vijayapuri South, 7 km südlich des Staudamms, legen die Boote zur Insel ab (hin & zurück 120 ₹), und zwar eigentlich um 9.30, 11.30 und 13.30 Uhr, doch sie verspäten sich grundsätzlich. Die Boote bleiben dann für eine oder zwei Stunden auf der Insel. Die ersten beiden Boote legen auch erst ab, wenn genügend Passagiere an Bord sind, aber das Boot um 13.30 Uhr fährt auf jeden Fall (es sei denn, es herrscht Sturm) und kehrt gegen 16.30 Uhr von der Insel zurück.

Visakhapatnam

0891 / 1,76 MIO. EW.

Die oft nur Vizag (sprich *wie*-zeg) genannte Stadt ist die größte Stadt von Andhra Pradesh und vor allem bekannt für die Stahlproduktion und ihren großen Hafen. Bei einheimischen Touristen wird sie aber auch immer beliebter als luftiger Badeort. So herrscht hier in der Hauptferienzeit von Dezember bis Februar eine schrecklich kitschige Stimmung, wenn Tausende von Touristen auf Kamelen reiten und im Wasser plantschen (aber nicht schwimmen).

Die schöne Promenade am Ramakrishna Beach ist den Fußgängern vorbehalten, und der angrenzende Rushikonda Beach ist der schönste Strand im ganzen Bundesstaat. In der Umgebung gibt es einen bedeutenden Hindu-Tempel, mehrere historische buddhistische Stätten und das ländliche Araku-Tal zu entdecken.

Mitte Januar findet jedes Jahr das Festival **Visakha Utsav** (Mitte Jan.) mit unzähligen Essensständen am Ramakrishna Beach, Ausstellungen und Kulturveranstaltungen statt.

Sehenswertes & Aktivitäten

Ramakrishna Beach STRAND
(Beach Rd) Der 4 km lange Ramakrishna (RK) Beach erstreckt sich vom Hafen im Süden der Stadt entlang des Golfs von Bengalen, in dem Riesenschiffe neben leuchtend bunt gestrichenen Fischerbooten liegen. Auf der autofreien Strandpromenade kann man herrlich spazieren gehen. Schwimmen ist hier offiziell verboten, da das Wasser stark verschmutzt ist. Im Rahmen der Initiative „Happy Streets" wird die angrenzende Beach Road jeden Sonntagvormittag von 6 bis 9 Uhr für den Verkehr gesperrt, um dort Cricket, Fußball und Basketball spielen zu können.

★ **Submarine Museum** MUSEUM
(Beach Rd; Erw./Kind 40/20 ₹, Foto 50 ₹; Di–Sa 14–20.30, So 10–12.30 & 14–20.30 Uhr) Am nörd-

lichen Ende des Ramakrishna Beach befindet sich das 91 m lange, in der Sowjetunion für die indische Marine gebaute U-Boot *Kursura*, das heute ein fantastisches Museum ist. Die Besucher haben jeweils 15 Minuten Zeit, die unglaublich engen Quartiere, Küchen, Kojen und natürlich die Torpedos zu besichtigen. Einige Mitarbeiter dieser grandiosen Attraktion sprechen auch etwas Englisch.

Rushikonda STRAND

Der Strand 10 km nördlich der Stadt ist von einer ursprünglichen wilden Schönheit und einer der schönsten Strände an der ganzen Ostküste Indiens. Schwimmen ist hier offiziell verboten, da es immer wieder zu Badeunfällen kommt, doch man kann herrlich im flachen Wasser plantschen und am Strand spazieren gehen. Frauen sollten keine zu freizügige Badekleidung tragen. Am Wochenende tummeln sich hier die Einheimischen, feiern und machen Picknicks. Bei der Jetski-Hütte verleiht der heimische Surfpionier **Melville Smythe** (☎9848561052; Surfbrett 400–600 ₹/Std., Zweierkajak 300 ₹, Surfkurs 250 ₹) ganz gute Surfbretter und Kajaks.

Zum Rushikonda Beach fährt Bus 900K ab dem Bahnhof oder dem RTC Complex. Alternativ kann man zum Strand auch eine der Sammel-Autorikschas ab der Beach Road nehmen.

Simhachalam-Tempel HINDU-TEMPEL

(🕗7–11.30, 12.30–14.30 & 15.30–19 Uhr) Dieser Tempel ist nach dem Tirumala Andhras meist besuchter Tempel und steht 16 km nordwestlich der Stadt. Er ist Varahalakshmi Narasimha, einer Kombi aus Vishnus Eber- und Löwenmensch-Inkarnation, geweiht und kann sehr voll sein. Mit einem Ticket für 100 ₹ kommt man schneller als mit dem 20-₹-Ticket voran (und an einen Schluck Weihwasser). Die Busse 6A und 28 fahren vom RTC Complex und vom Bahnhof hierher.

Die Tempelarchitektur ist von der Odisha-Architektur beeinflusst, so auch der Hauptschrein aus dem 13. Jh. mit seinen gemeißelten Steinpaneelen (an der hinteren Wand ist der Löwenmensch zu erkennen, wie er einem Dämon die Eingeweide rausnimmt).

Schlafen

Man sollte in der Beach Rd übernachten, obwohl es hier kaum preiswerte Hotels gibt.

SKML Beach Guest House PENSION $

(☎9848355131; ramkisg.1074@gmail.com; Beach Rd, Varun Beach; Zi. 1100–1250 ₹, mit Klimaanlage 1700–2200 ₹; ❄📶) Das SKML mit seinen zwölf sauberen, ordentlichen Zimmern befindet sich am weniger schicken südlichen Ende des RK Beach. Am besten sind die beiden „Suiten" im obersten Stock, sie haben Meerblick, eine Terrasse und ein bisschen Kunst zu bieten.

Hotel Morya HOTEL $

(☎0891-2731112; www.hotelmorya.com; Bowdara Rd; EZ/DZ ab 490/690 ₹, Zi. mit Klimaanlage 1390 ₹; ❄📶) Das ordentliche Hotel liegt nur 600 m südlich des Bahnhofs. Die Standardzimmer ohne Ventilator sind sehr klein, die besseren Zimmer mit Klimaanlage sind dagegen groß, freundlich und recht schick. Es gibt einen Aufzug, aber kein Restaurant.

Dolphin Hotel HOTEL $$

(☎0891-2567000; http://dolphinhotelsvizag.com; Dabagardens; Zi. inkl. Frühstück 2700–4800 ₹; ❄📶🏊) Das gute Hotel hat recht große, gut ausgestattete Zimmer und ein einladendes Restaurant. Der absolute Hit aber ist der 20 m lange Swimmingpool und der ausgezeichnete Fitnessraum, einer der besten in der ganzen Stadt.

★**Novotel Visakhapatnam Varun Beach** HOTEL $$$

(☎0891-2822222; www.accorhotels.com; Beach Rd; Zi./Suite inkl. Frühstück 8230/15 076 ₹; ❄@📶🏊) Das Hotel steht direkt an der Beach Road und hat makellose, gut ausgestattete Zimmer, alle mit direktem Meerblick. Das Restaurant ist erstklassig, die Bar bestens bestückt. Es gibt einen ausgezeichneten Wellnessbereich und sowohl der Swimmingpool als auch der Fitnessraum sind mit Blick auf den Golf von Bengalen. 2016 war es das Mannschaftshotel der indischen und der englischen Cricket-Spieler.

Park HOTEL $$$

(☎0891-3045678; www.theparkhotels.com; Beach Rd; EZ/DZ inkl. Frühstück ab 8450/10 880 ₹; ❄@📶🏊) Das Hotel direkt am Meer liegt inmitten eines schönen Gartens, in dem sich auch der herrliche Swimmingpool und drei der vier Hotelrestaurants befinden. Den Gästen steht auch ein eigener Strand zur Verfügung. Die Zimmer sind gemütlich und im Allgemeinen sehr gepflegt, auch wenn die Einrichtung teilweise etwas veraltet ist.

Essen & Ausgehen

★ Sea Inn ANDHRA-KÜCHE $$
(Raju Ka Dhaba; ☎9989012102; http://seainn.info; Beach Rd, Rushikonda; Hauptgerichte 220–300 ₹; ⊙Di–So 12–16 Uhr) Inhaber Devi steht selbst am Herd dieses wunderbaren Restaurants und zaubert nach den Rezepten seiner Mutter leckere Currys im Stil der Andhra-Küche. Fisch, Meeresfrüchte, Hühnchen und Vegetarisches werden auf einer einfachen, halb überdachten Terrasse mit Sitzbänken serviert. Das Restaurant ist rund 300 m nördlich der Abzweigung zum Haritha Beach Resort. Hier kann nur bar bezahlt werden.

★ Dharani INDISCH $$
(Daspalla Hotel, Nähe Town Main Rd, Suryabagh; Thalis & Hauptgerichte 175–240 ₹; ⊙12–15.30 & 19–22.30 Uhr) Das gut besuchte Familienunternehmen gilt als eines der besten vegetarischen Restaurants der Stadt. Die einfachen südindischen Thalis sind auch wirklich hervorragend. In dem Hotel gibt es noch mehrere andere Restaurants, die unter anderem nichtvegetarische Andhra-Küche und Vegetarisches aus Nordindien bieten. Den krönenden Abschluss jeder Mahlzeit sollte der echte Daspalla-Filterkaffee des Hotels bilden.

Little Italy ITALIENISCH $$
(http://littleitaly.in; 1. Stock, South Wing, ATR Towers, Vutagedda Rd, Paandurangapuram; Hauptgerichte 240–440 ₹; ⊙11.30–23 Uhr; 📶) In stilvollem Ambiente serviert das angesehene Restaurant hinter dem Ramakrishna Beach knusprige Pizza, leckere Pasta und gute Salate. Es gibt keinen Alkohol, aber sehr gute Fruchtcocktails.

Vista INTERNATIONAL $$$
(The Park, Beach Rd; Hauptgerichte 360–960 ₹; ⊙Abendessen 19.30–23 Uhr; 📶) Das wunderbare Restaurant im noblen Hotel Park befindet sich direkt am Swimmingpool. Neben der umfangreichen, weltumspannenden Speisekarte gibt es abends auch ein ausgezeichnetes All-you-can-eat-Büfett.

Moksha Restocafé CAFÉ
(www.facebook.com/moksha.restocafe; Ootagadda Rd, Daspalla Hills; ⊙12–23 Uhr; 📶) Das großartige Café mit Blick aufs Meer am Horizont ist besonders beliebt bei der hippen Jugend von Vizag. Es gibt sehr guten Kaffee und auch Espresso sowie leckere Säfte (wie z. Bsp. Zitronensaft mit Minze). Auf der Speisekarte stehen westliche, thailändische, tibetische und indische Gerichte.

Praktische Informationen

APTDC (☎0891-2788820; www.aptdc.gov.in; RTC Complex; ⊙Mo–Sa 7–21 Uhr) Im Büro der staatlichen Tourismusorganisation erhält man Infos und kann Touren und Hotelzimmer buchen.

An- & Weiterreise

AUTO

Der Englisch sprechende **Srinivasa „Srinu" Rao** (☎7382468137) ist ein freundlicher und zuverlässiger Fahrer für Ausflüge in die Umgebung. Eine Tagestour ins Araku-Tal kostet rund 3000 ₹, die Fahrt nach Sankaram und zurück 1600 ₹.

Der ebenfalls recht zuverlässige Veranstalter **Guide Tours & Travels** (☎9848265559, 0891-2754477; Shop 15, Sudarshan Plaza; ⊙7–22 Uhr) berechnet rund 3200 ₹ zuzüglich Maut für eine Tagestour mit bis zu 300 km.

BUS

Vom gut organisierten **RTC Complex** (☎0891-2746400; RTC Complex Inner Rd) in Vizag fahren Busse unter anderem in folgende Städte:

Hyderabad ohne/mit Klimaanlage 745/1290 ₹, 13 Std., von 14.30–22 Uhr praktisch stündl.

Jagdalpur ohne Klimaanlage 236 ₹, 8 Std., 2-mal tgl.

Vijayawada General/Superluxury/AC 375/448/640 ₹, 8 Std., 5–24 Uhr stündl.

FLUGZEUG

Vom Flughafen in Vizag starten täglich Direktflüge nach Bengaluru, Bhubaneswar, Chennai, Delhi, Hyderabad, Kolkata, Mumbai, Vijayawada und andere Städte. Es gibt auch internationale Verbindungen nach Dubai, Kuala Lumpur und Singapur.

SCHIFF/FÄHRE

Etwa einmal im Monat fährt ein Schiff nach Port Blair auf den Andamanen. Die genaue Abfahrtszeit ist telefonisch, per E-Mail oder auf www.andamanbeacon.com zu erfahren. Gebucht wird die Überfahrt, die 56 Std. dauert (Koje 2410 ₹, Kabine ab 4640 ₹), bei **AV Bhanojirow, Garuda Pattabhiramayya & Co** (☎0891-2565597; ops@avbgpr.com; Harbour Approach Rd, neben dem NMDC im Hafen; ⊙9–17 Uhr). Der Ticketverkauf beginnt jeweils zwei bis drei Tage vor dem Ablegen. Für die Buchung sind der Pass, zwei Kopien der Seite mit den persönlichen Daten und zwei Passbilder vorzulegen.

ZUG

Der **Bahnhof von Visakhapatnam** (Station Rd) im Westen der Stadt liegt an der wichtigen Strecke von Kolkata nach Chennai. Hier eine Auswahl der Fahrtzeiten und Preise für Sleeper/3AC/2AC zu den häufigsten Zielen:

Bhubaneswar 260/705/1055 ₹, 6 Std., 10-mal tgl.

Chennai 425/1125/1605 ₹, 13 Std., 2- bis 3-mal tgl.
Hyderabad 370/1025/1450 ₹, 11 Std., 5- bis 6-mal tgl.
Kolkata 460/1210/1725 ₹, 14 Std., 5- bis 6-mal tgl.
Tirupati 410/1070/1520 ₹, 10 Std., 3- bis 4-mal tgl.
Vijayawada 255/650/910 ₹, 6 Std., 16- bis 19-mal tgl.

Das **Railway Reservation Centre** für Buchungen (Station Approach Rd; ⏲ Mo–Sa 8–22, So 8–14 Uhr) ist 300 m südlich des Hauptbahnhofs.

Unterwegs vor Ort

Bei mehr als 2000 Uber-Taxis (und etwa ebenso vielen Ola-Taxis) in der Stadt wartet man niemals lange auf einen Wagen.

Die Fahrt zum Flughafen, 12 km westlich der Innenstadt, kostet mit den per App angeforderten Taxis oder Autorikschas rund 240 ₹. Vom RTC Complex fährt auch Bus 38 zum Flughafen (18 ₹, 30 Min.). In der Ankunftshalle des Flughafens gibt es auch einen Stand für Prepaid-Taxis.

Im Bahnhof findet man einen Stand für Prepaid-Autorikschas. Sammel-Autorikschas fahren vom Hafen im Süden der Stadt entlang der Beach Road nach Rushikonda, 10 km nördlich von Vizag, und nach Bheemunipatnam, 25 km in nördlicher Richtung. Sie verlangen dafür zwischen 5 ₹ (für eine Fahrt bis zu 1 km) und 40 ₹ (von Vizag nach Bheemunipatnam).

Rund um Visakhapatnam

Sankaram

Der beeindruckende buddhistische Klosterkomplex **Sankaram** (in der Nähe von Anakapalle; ⏲ 8–17 Uhr) GRATIS, der auch unter dem Namen seiner beiden Teile Bojjannakonda und Lingalakonda bekannt ist, steht 40 km südwestlich von Vizag auf einer ca. 300 m langen Felsnase. Der Komplex wurde vom 2. bis zum 9. Jh. n. Chr. von Mönchen genutzt, und so finden sich hier in den Fels gehauene Höhlen, Stupas, Klosterruinen und Buddha-Reliefs. Bojjannakonda, der östliche Teil, hat zwei in den Fels gehauene Schreine mit mehreren großartigen Buddhaschnitzereien. Auf dem Hügel thronen die Ruinen eines riesigen Stupas und eines Klosters. Lingalakonda, an der westlichen Seite, weist mehrere, teils riesige in den Fels gehauene Stupas auf. Von beiden Teilen hat man einen tollen Blick über die Reisfelder.

An- & Weiterreise

Die Fahrt von Vizag hierher in einem eigenen Auto kostet etwa 1600 ₹. Oder man fährt mit einem der häufig verkehrenden Züge (38 ₹, 1 Std.) oder Busse (48 ₹, 1½ Std.) vom **RTC Complex** in Vizag (S. 1029) nach Anakapalle, das 3 km entfernt liegt, und von dort weiter mit einer Autorikscha (120 ₹ hin & zurück inkl. Wartezeit).

Bavikonda & Thotlakonda

Bavikonda (⏲ 9–17 Uhr) GRATIS und **Thotlakonda** (Fußgänger/Auto 5/30 ₹; ⏲ 8–17.30 Uhr) waren einst bedeutende buddhistische Klöster mit jeweils bis zu 150 Mönchen und riesigen Regenwasserzisternen. Die Ruinen liegen malerisch auf einem Hügel nördlich von Vizag. Sie wurden erst in den 1980er- und 1990er-Jahren ausgegraben.

In ihrer Blütezeit vom 3. Jh. v. Chr. bis 3. Jh. n. Chr. verfügten die Klöster über reich verzierte Stupas, große Versammlungshallen, *chaitya-grihas, viharas* und Speisesäle. Thotlakonda bietet zwar einen tollen Blick aufs Meer, doch Bavikonda ist von besonderer Bedeutung, denn in seinem Mahachaitya-Stupa wurde ein Reliquiengefäß gefunden, in dem sich ein Knochenstück befand, das angeblich von Buddha selbst stammen soll.

An- & Weiterreise

Bavikonda und Thotlakonda sind über die Straße nach Bheemunipatnam zu erreichen, von der nach 14 bzw. 15 km hinter Vizag die jeweiligen Straßen abzweigen. Bavikonda ist von dieser Hauptverbindungsstraße 3 km entfernt, Thotlakonda nur 1,25 km. Mit einer Autorikscha oder einem Uber-Taxi kann man sich für rund 650 ₹ von Vizag zu beiden hin und zurück fahren lassen.

Bheemunipatnam

Die ehemalige niederländische Siedlung liegt 25 km nördlich von Vizag und ist die älteste Gemeinde auf dem indischen Festland. Hier gibt's bizarre Skulpturen am Strand, einen Leuchtturm von 1861, einen interessanten niederländischen Friedhof und den Bheemli Beach, an dem einheimische Kids im nicht sehr sauberen Wasser auf groben, selbstgebastelten Brettern surfen.

Araku-Tal

☎ 08936 / 975 M

Die schönste Bahnstrecke in Andhra Pradesh führt durch die üppig grünen Wälder

der Ostghats ins Araku-Tal rund um die Stadt Araku, 115 km nördlich von Visakhapatnam. Das abgelegene Gebiet, in dem noch uralte Volksstämme unberührt von der Zivilisation leben, ist bekannt für seinen köstlichen Bio-Kaffee und die wunderbare grüne Landschaft. Auf dem Weg lohnt sich ein Abstecher zur eindrucksvollen Borra-Höhle.

Sehenswertes

Borra Caves HÖHLE

(Erw./Kind 60/45 ₹, Foto/Handykamera 100/25 ₹; 10–13 & 14–17 Uhr) Die riesige, in buntes Licht getauchte Kalksteinhöhle ist Millionen von Jahre alt. Da sie nur 38 km von Araku entfernt ist, kann sie gut auf dem Weg ins Araku-Tal besucht werden. Vorsicht vor den vielen Affen! Vor dem Eingang gibt es ein paar Imbissbuden.

Museum of Habitat MUSEUM

(40 ₹; 8–13.30 & 14.30–20 Uhr) Das Museum zeigt eine umfangreiche Ausstellung über die Volksstämme im Osten von Andhra Pradesh, darunter auch Darstellungen von Jagd- und anderen Szenen sowie rituellen Zeremonien in Lebensgröße. Außerdem wird Kunsthandwerk verkauft. Auch wenn die Präsentation und Hinweistafeln besser sein könnten, lohnt sich ein Besuch des Museums durchaus. Es ist in der Nähe des Busbahnhofs und 2 km östlich des Bahnhofs.

Schlafen & Essen

Hotel Rajadhani HOTEL $

(08936-249580; www.hotelrajadhani.com; Zi. ohne/mit Klimaanlage 880/1350 ₹;) Von den mehr als 30 Zimmern des Budgethotels sind nur sieben mit Klimaanlage, aber alle mit eigenem Bad und Warmwasser. Sie könnten auch alle etwas besser gepflegt sein, doch vom Balkon der oberen Zimmer hat man zumindest einen tollen Blick ins Tal. Es gibt auch ein **hoteleigenes Restaurant** (Hauptgerichte 130–220 ₹; 7–22 Uhr).

Haritha Valley Resort HOTEL $$

(08936-249202; Zi. inkl. Frühstück 1200–2150 ₹, mit Klimaanlage 2350 ₹;) Das beste Hotel von Araku hat einen Swimmingpool und ist von einem schönen Landschaftspark umgeben. Es steht unter staatlicher Leitung und hat recht gepflegte Zimmer, doch der Service ist etwas langsam und nachlässig. Dennoch wird es gern bei Dreharbeiten der Tollywood-Filmindustrie genutzt.

Haritha Hill Resort HOTEL $$

(Mayuri; 08936-249204; Häuschen/Zi. inkl. Frühstück 945/1468–2522 ₹;) Das ganz akzeptable, staatliche Hotel ist direkt hinter dem Museum of Habitat. Die Häuschen bieten einen dem Preis angemessenen Komfort.

Star Annapurna INDISCH $

(Hauptgerichte 125–240 ₹; 7.30–22 Uhr) Das vielleicht beste Restaurant der ganzen Gegend bietet eine große Auswahl an leckeren Gerichten wie Hühnchen-Biryani, Fischgerichte und unzählige scharfe Gemüsecurrys.

Araku Valley Coffee House CAFÉ $

(Kaffee 25–100 ₹; 8.30–21 Uhr) Hier kann man die in der Gegend angebauten Kaffeesorten probieren und kaufen und dazu auch alles Mögliche mit und aus Schokolade (Brownies, mit Schokolade überzogene Kaffeebohnen etc.). Außerdem kann man das winzige **Coffee Museum** (25 ₹; 8.30–21 Uhr) besuchen.

Shoppen

Araku Aadiwasi Arts & Crafts KUNSTHANDWERK

(8–20 Uhr) Der Laden zwischen dem Coffee House und dem Busbahnhof hat eine gute Auswahl an Schmuck der Volksstämme, Jutetaschen und Zierrat aller Art.

An- & Weiterreise

Von Visakhapatnam fährt jeden Tag um 7.05 Uhr ein Zug (100 ₹, 4 Std.) nach Araku und um 16.10 Uhr wieder zurück. Allerdings muss man sehr früh am Bahnhof sein, um noch einen Platz zu bekommen. Dafür hat der Zug zurück oft Verspätung. Die Fahrt mit dem Bus, der etwa jede Stunde in Visakhapatnam abfährt, dauert etwa 4½ Std. (ab 128 ₹). Ist man den ganzen Tag mit einem Taxi unterwegs, kostet das zwischen 3000 und 4000 ₹. APTDC bietet geführte Touren inklusive der Höhle von Borra, 38 km vor Araku, an; diese Tagestouren sind aber sehr voll gepackt und hektisch.

Tirumala & Tirupati

0877 / TIRUPATI: 292 000 EW. / TIRUMALA: 7900 EW.

Der heilige Berg von Tirumala ist das ganze Jahr über eine der größten Pilgerstätten der Welt, denn alle wollen Lord Venkateshwara in seinem Heim begegnen. Rund 60 000 Pilger strömen pro Tag in die Stadt und werden mit *darshan* rund um die Uhr belohnt. Die **Tirumala Tirupathi Devasthanams** (TTD; 0877-2233333, 0877-2277777; www.tiru

mala.org; KT Rd; ⌚Mo–Fr 9–17.30, Sa 9–13 Uhr) mit ihren 20 000 Mitarbeitern hat das Ganze aber gut im Griff. Trotz der unglaublichen Massen herrscht zumeist eine ruhige, geordnete und gelassene Atmosphäre, und so wird der Besuch des Heiligen Bergs auch zu einem erhabenen Erlebnis für alle, die nicht auf Pilgerfahrt sind. Beim neuntägigen **Brahmotsavam-Festival** (⌚Sept./Okt.) können die Schlangen allerdings kilometerlang werden.

Am Fuß des Berges liegt die öde Stadt Tirupati, die wirklich nicht mehr als das Tor nach Tirumala ist.

Sehenswertes

Venkateshwara-Tempel HINDU-TEMPEL

(www.tirumala.org) Pilger strömen nach Tirumala, um Venkateshwara, die Inkarnation Vishnus, zu sehen. Zu den zahlreichen Fähigkeiten, die Venkateshwara zugesprochen werden, gehört auch die Macht, Wünsche zu erfüllen, die an dieser heiligen Stätte geäußert werden. Ein „gewöhnlicher" *darshan* erfordert zwei- bis achtstündiges Warten in klaustrophobisch engen Metallkäfigen am Tempelrand. Tickets für einen speziellen *darshan* (Audienz bei einer Gottheit, 300 ₹, online buchbar) verkürzen zwar das Stehen in der Schlange, aber die Herausforderung des Käfigs muss trotzdem gemeistert werden – aber das gehört ja irgendwie auch dazu.

Für die speziellen *darshans* gibt's gesonderte Einlasszeiten (s. Website). Am Eingang ist per Unterschrift zu bestätigen, dass man Lord Venkateshwara verehrt.

Legenden über den Hügel und seine Umgebung werden schon in den Puranas erzählt. Die Geschichte des Tempels reicht wahrscheinlich 2000 Jahre zurück. Der Haupttempel ist ein stimmungsvoller Ort, wenn man ihn erreicht, wird man sich aber zwischen den unzähligen Pilgern wie in einer Sardinendose fühlen. Im hinteren Teil des dunklen und fast magischen inneren Heiligtums spendet Venkateshwara seinen Besuchern Segen und Liebe. Hier riecht es nach Weihrauch und überall erklingen Gesänge. Man darf kurz ein Gebet sprechen und wird dann wieder nach draußen geschoben. Nicht vergessen, am Tresen einen leckeren *ladoo* à la Tirumala mitzunehmen. Die süßen Bällchen aus Kichererbsenmehl, Kardamom und Backobst sind in ganz Indien berühmt.

Aus Dankbarkeit für einen erfüllten Wunsch bringen viele Pilger ihr Haar als Opfer dar oder schwören ihrem Ego ab. Hunderte Friseure begleiten die Gläubigen – in Tirumala und Tirupati wimmelt es nur so von kahlgeschorenen Männern, Frauen und Kindern.

Schlafen

Am Wochenende ist Tirupati noch voller als sonst. Die Tirumala Tirupathi Devasthanams (TTD) betreibt riesige **Schlafsäle** (mit kostenlosen Betten) und **Pensionen** (Zi. 50–3000 ₹; ❄), die sich beim Tempel von Tirumala befinden und in erster Linie für Pilger bestimmt sind. Wer hier übernachten will, muss im Central Reception Office einchecken.

★ **Athidhi Residency** HOTEL $

(☎0877-2281222; www.facebook.com/Athidhi-Residency; Peddakapu Layout; Zi. 900–1400 ₹; ❄📶) Obwohl ziemlich teuer, ist das Hotel zu Recht sehr beliebt, denn es hat schöne Zimmer mit Flachbildfernseher, Deckenventilatoren und tollen Bädern. Vom Bahnhof ist es eine kurze Fahrt hierher; von der Bushaltestelle aus kann man es aber auch zu Fuß erreichen.

Hotel Annapurna HOTEL $

(☎0877-2250666; www.hotelannapurna.in; 349 G Car St, Tirupati; Zi. ohne/mit Klimaanlage 1180/1980 ₹; ❄📶) Die Zimmer in dem alteingesessenen Hotel sind einfach eingerichtet, aber in leuchtendem Pink gestrichen. Die vorderen Zimmer können etwas laut sein. Das **vegetarische Restaurant** (Hauptgerichte 125–220 ₹; ⌚5.30–23 Uhr; 📶) bietet leckeres Essen und frische Säfte. Ein Aufzug ist vorhanden.

Minerva Grand HOTEL $$

(☎0877-6688888; http://minervahotels.in; Renigunta Rd, Tirupati; EZ/DZ mit Klimaanlage ab 2300/2700 ₹; ❄📶) Gut geführtes Hotel mit einigen der besten Zimmern der Stadt, in denen der gemütliche Business-Stil mit Schreibtischen, dicken Kissen und guten Matratzen noch angenehmer wird. Die beiden klimatisierten Restaurants sind ebenfalls sehr gut, und es gibt auch einen kleinen Fitnessraum.

Hotel Regalia HOTEL $$

(☎0877-2238699; www.regaliahotels.com; Ramanuja Circle, Tirupati; Zi./Suite inkl. Frühstück 2999/4999 ₹; ❄📶) Das Hotel im Osten der Stadt, 1,5 km vom Bahnhof entfernt, hat schöne, einladende, moderne Zimmer mit eigenem schicken Bad. Im Preis enthalten ist ein üppiges Frühstücksbüfett. Ausgezeichnetes Preis-Leistungs-Verhältnis.

Essen & Ausgehen

In Tirupati gibt es jede Menge Restaurants. In den riesigen **Speisesälen** (kostenlos; ⏲variierende Öffnungszeiten) auf dem Berg werden täglich Tausende von Pilgern verköstigt. Ein Hauptgericht in einem vegetarischen Restaurant kostet nur rund 25 ₹.

★**Hotel Mayura** INDISCH $$
(209 TP Area; Hauptgerichte 150-280 ₹; ⏲7-22 Uhr) In dem gemütlichen Hotel mit Restaurant gegenüber dem Busbahnhof gibt es wohl die besten südindischen Thalis (220 ₹) der Stadt, und die verschiedenen Gerichte und unzähligen Chutneys werden hier sehr schön auf einem Bananenblatt angerichtet. Nordindische Gerichte sind ebenfalls zu haben.

★**Minerva Coffee Shop** INDISCH $$
(Minerva Grand, Renigunta Rd; Thalis 190–230 ₹; ⏲7–23.30 Uhr; 📶) Das rein vegetarische Restaurant serviert hervorragende Andhra-Thalis (mit ständigem Nachschlag) und super starken Filterkaffee. Das Personal ist sehr beflissen und die Atmosphäre familiär und kinderfreundlich. Auch eine gute Adresse für typisch indisches Frühstück.

Blue Fox INDISCH, CHINESISCH $$
(Minerva Grand, Renigunta Rd; Hauptgerichte 220–380 ₹; ⏲7–23.30 Uhr; 📶) In der „feinen Restaurantbar" servieren Kellner im Anzug vegetarische und nichtvegetarische indische und chinesische Gerichte; Alkohol gibt es auch.

Aroma Coffee House CAFÉ
(Tirumala Bypass; ⏲9–23 Uhr) Perfekter Kaffee, Sandwiches und Snacks werden in modernen, klimatisierten Räumen serviert.

An- & Weiterreise

Tirumala kann man in einem langen Tagesausflug von Chennai aus besuchen. Die Busse der Andhra Pradesh State Road Transport Corporation (APSRTC) fahren alle 30 Minuten vom **Busbahnhof CMBT in Chennai** (S. 1123) direkt nach Tirumala (112–303 ₹, 3–4 Std.).

BUS

Vom **Busbahnhof** (☎0877-2289900; Tirupati Rd; ⏲24 Std.) in Tirupati fahren ein- bis zweimal pro Stunde Busse unter anderem nach:

Chennai Express/Volvo 112/293 ₹, 3–4 Std.

Bengaluru Express/Volvo/Semi-Sleeper 229/323/377 ₹, 4–6 Std.

Hyderabad Superluxury/Volvo 652/1023 ₹, 9–13 Std.

Vijayawada Express/Semi-Sleeper 474/698 ₹, 7–9 Std.

FLUGZEUG

Der **Flughafen von Tirupati** (www.tirupatiairport.com; Renigunta Airport Rd) ist 14 km östlich der Stadt in Renigunta. Von hier fliegen **Air India** (☎0877-2283981, Flughafen 0877-2283992; www.airindia.in; Srinivasam Pilgrim Amenities Complex,Tirumala Bypass Rd; ⏲Mo–Sa 9.30–17.30 Uhr), SpiceJet, Air Costa und TruJet täglich nach Delhi, Hyderabad und in viele andere Städte.

ZUG

Die Züge fahren mehrmals täglich in verschiedene Richtungen ab. Das **Reservierungsbüro** (Netaji Rd; ⏲Mo–Sa 8–20, So 8–14 Uhr) ist gegenüber dem östlichen Ende des Bahnhofsgebäudes von Tirupati. Hier eine Auswahl der Fahrtzeiten und Preise für Sleeper/3AC/2AC zu den häufigsten Zielen:

Bengaluru 210/615/860 ₹, 7 Std.

Chennai 140/490/695 ₹, 3–4 Std.

Hyderabad 380/1035/1495 ₹, 12 Std.

Vijayawada 235/625/935 ₹, 7 Std.

Visakhapatnam 380/1035/1490 ₹, 15 Std.

Unterwegs vor Ort

BUS

Eine Haltestelle für Busse nach Tirumala ist gegenüber dem Bahnhof. Die Busse fahren alle paar Minuten. Die einstündige Fahrt kostet einfach/hin & zurück 48/85 ₹. Um die reizvolle Landschaft genießen zu können, sollte man sich auf der Hinfahrt auf die linke Seite setzen.

TAXIS

Vor dem östlichen Ende des Bahnhofsgebäudes befindet sich ein Stand für Prepaid-Taxis. In Tirupati fahren Ola- und Uber-Taxis.

ZU FUSS

Der von der Tirumala Tirupathi Devasthanams für die Pilger eingerichtete Fußweg ist wahrscheinlich der beste Wanderweg in ganz Indien. Der etwa 12 km lange Weg beginnt in Alipiri im Norden von Tirupati (50 ₹ mit der Autorikscha) und dauert drei bis sechs Stunden. Das Gepäck kann man in Alipiri abgeben, von wo es kostenlos zum Empfangszentrum transportiert wird. Unterwegs gibt es immer wieder schattige Rastplätze und auch einige Erfrischungsstände.

Rund um Tirumala & Tirupati

Chandragiri Fort

Dieser Fort-Komplex, 15 km westlich von Tirupati, ist 1000 Jahre alt, hatte seine Blütezeit aber am Ende des 16. Jhs., als die Herrscher des untergehenden Vijayanagar-Reichs aus Hampi flohen und hier ihre Hauptstadt errichteten. Im Herzen der von einer 1,5 km langen Mauer umgebenen Anlage unterhalb eines Felshügels befindet sich der **Palastbereich** (Inder/Ausländer 10/100 ₹; ⌚Sa–Do 9–17 Uhr) mit schönen Gärten und dem Raja Mahal. Der restaurierte Vijayanagar-Palast erinnert an Hampi-Gebäude und beherbergt ein einigermaßen interessantes **Museum** (⌚Sa–Do 9–17 Uhr) mit Bronze- und Steinskulpturen. Die obere Festung am Hang darf (leider) nicht betreten werden. Busse nach Chandragiri (10 ₹) fahren im Stundentakt in Tirupati ab. Prepaid-Taxis kosten hin & zurück 500 ₹.

ℹ An- & Weiterreise

In Tirupati fährt stündlich ein Bus nach Chandragiri (10 ₹) ab. Die Hin- und Rückfahrt mit dem Taxi kostet rund 600 ₹.

Sri Kalahasti

☎08578 / 82 521 EW.

Die heilige Stadt Sri Kalahasti, 37 km östlich von Tirupati, ist für seinen bedeutenden **Sri-Kalahasteeswara-Tempel** (www.srikalahasthitemple.com; ⌚6-21.30 Uhr) bekannt. Neben Machilipatnam in der Nähe von Vijayawada ist Sri Kalahasti auch ein Zentrum für die alte Kunst der Textilmalerei *kalamkari*. Baumwolltücher werden mit *myrabalam* (Harz) und Kuhmilch grundiert, dann werden mit einem angespitzten Bambusstock Figuren darauf gezeichnet, der immer wieder mit eingedicktem Rohrzucker und Wasser benetzt wird. Die Farben werden aus Kuhmist, gemahlenem Saatgut, Pflanzen und Blumen hergestellt. In Agraharam, 2,5 km vom Busbahnhof entfernt, kann man den Künstlern bei der Arbeit zuschauen und ihre Kunstwerke kaufen. **Sri Vijayalakshmi Fine Kalamkari Arts** (☎9441138380; Tür Nr. 15-890; ⌚nach Vereinbarung) ist ein 40 Jahre altes Familienunternehmen mit über 60 angestellten Künstlern. *Dupatta*-Schals kosten ab 1500 ₹.

Busse fahren alle zehn Minuten von Tirupati nach Sri Kalahasti (35 ₹, 1 Std.); ein Prepaid-Taxi kostet hin und zurück 900 ₹.

ℹ An- & Weiterreise

Die Busse nach Sri Kalahasti fahren alle 15 Minuten in Tirupati ab (32 ₹, 1 Std.). Die Hin- und Rückfahrt mit dem Taxi kostet inklusive Wartezeit 1400 ₹.

Kerala

Inhalt ➡

Gut essen

- Villa Maya (S. 1041)
- Dal Roti (S. 1083)
- Bait (S. 1047)
- Malabar Junction (S. 1084)
- Paragon Restaurant (S. 1092)

Schön übernachten

- Green Woods Bethlehem (S. 1079)
- Varnam Homestay (S. 1096)
- Kaiya House (S. 1050)
- Ashtamudi Villas (S. 1055)
- Reds Residency (S. 1079)

Auf nach Kerala!

Für viele Traveller ist Kerala Südindiens schönster Staat. Ein schmaler Küstenstreifen, geprägt von ganz unterschiedlichen Landschaften: der fast 600 km langen Küste mit ihren Stränden am Arabischen Meer, den trägen Backwaters und den mit Gewürz- und Teeplantagen bedeckten Hügeln der Western Ghats. Setzt man seinen Fuß in diese grüne, beruhigende Landschaft, drosselt sich das Tempo der Reise zum Spaziergang. Kerala scheint Welten entfernt von der anderswo herrschenden Hektik: als sei Indien durch den Spiegel gestiegen und urplötzlich zu einem völlig entspannten Ort geworden.

Abgesehen von seinen berühmten Backwaters, eleganten Hausbooten, Ayurveda-Anwendungen und seiner delikaten, die Geschmacksnerven kitzelnden Küche hat Kerala z. B. noch wilde Elefanten, exotische Vögel und ein paar Tiger zu bieten. Lebendige Traditionen wie das Kathakali-Tanztheater, Tempelfeste und Schlangenbootrennen bringen buntes Treiben selbst in die kleinsten Dörfer. Kein Wunder also, dass sich Kerala gern als „Gottes eigenes Land" bezeichnet.

Reisezeit

Thiruvananthapuram

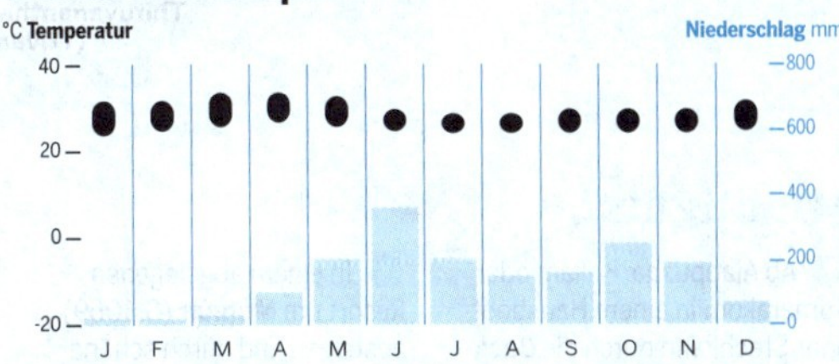

Dez.–Feb. Bestes Wetter für Strand und Backwaters. Festsaison im gesamten Bundesstaat.

April Kathakali bei den Festen in Kottayam und Kollam und Elefantenprozession in Thrissur.

Aug.–Okt. Ende der Monsunzeit: Onam Festival, Schlangenbootrennen.

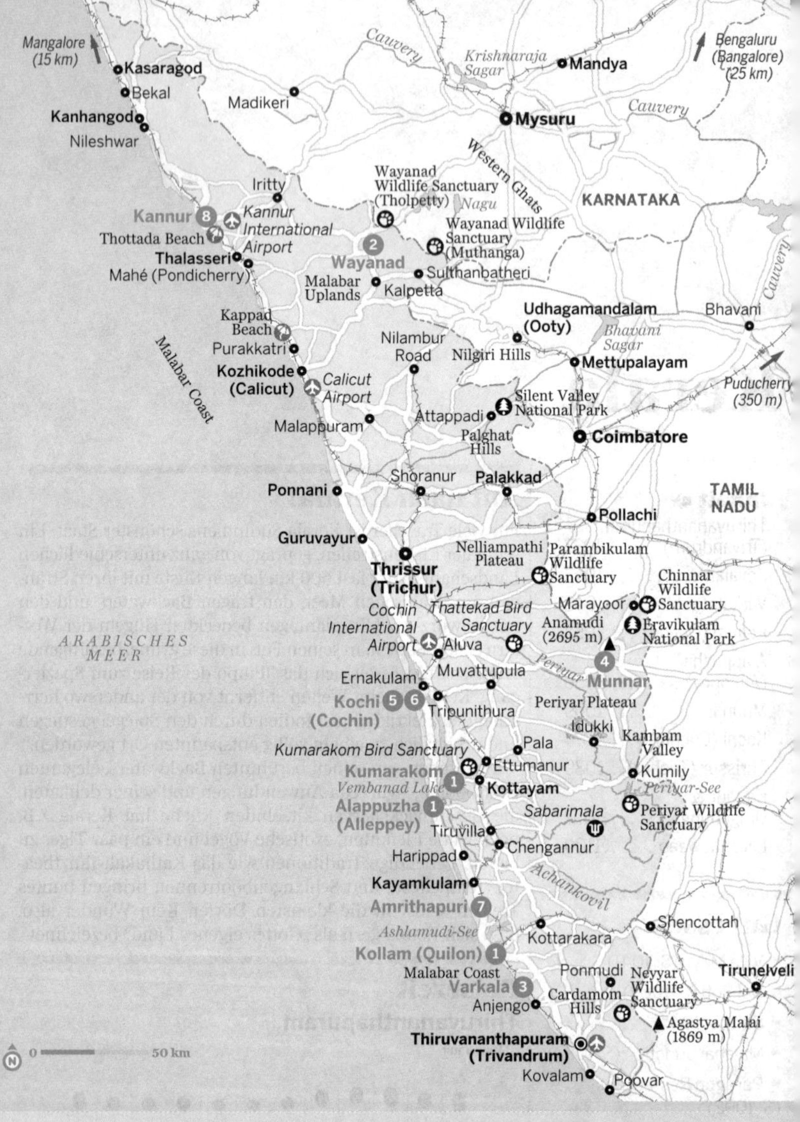

Highlights

❶ Ab Alappuzha, Kollam oder Kumarakom in einem Hausboot oder Stechkahn durch die **Backwaters** (S. 1060) dümpeln

❷ In **Wayanad** (S. 1094) wilde Elefanten erspähen, wandern und im Dschungel relaxen

❸ Im auf einer Klippe gelegenen Strandresort **Varkala** (S. 1048) die Tage dahinziehen lassen

❹ In einem abgelegenen Resort um **Munnar** (S. 1069) absteigen und durch schöne, smaragdgrüne Teeplantagen streifen

❺ Im **Fort Kochi** (S. 1074) in einem Homestay gemeinsam mit einer einheimischen Familie essen und die Geschichte auf sich wirken lassen

❻ In Kochi eine **Kathakali-**Vorstellung (S. 1089) erleben

❼ Sich in der **Matha Amrithanandamayi Mission** (S. 1056), dem Ashram der „Umarmenden Mutter" in Amrithapuri, knuddeln lassen

❽ In **Kannur** (S. 1097) im Norden unberührte Strände und *theyyam*-Rituale entdecken

Geschichte

Schon seit mehr als 3000 Jahren werden Händler vom Duft der Gewürze Keralas angezogen: Phönizier, Römer, Araber und Chinesen wussten von dieser Küste, die Umschlagplatz für Gewürze von den Molukken (östliches Indonesien) war.

Bis ins frühe Mittelalter hinein beherrschte das Königreich der Cheras einen großen Teil Keralas. Mit anderen Königreichen und kleinen Fürstentümern konkurrierte man um Territorium und Handelsanteile. Vasco da Gamas Ankunft im Jahr 1498 öffnete dem europäischen Kolonialismus die Tore. Portugiesen, Niederländer und Engländer kämpften zunächst mit arabischen Händlern und dann gegeneinander, um die Kontrolle über den lukrativen Gewürzhandel zu erlangen.

Der heutige Bundesstaat Kerala entstand 1956, als man die früheren Staaten Travancore, Kochi und Malabar zusammenlegte. Seine Tradition, die Kunst und Bildung hoch schätzt, hat dazu beigetragen, dass Kerala heute zu den fortschrittlichsten Bundesstaaten Indiens gehört – mit der höchsten Alphabetisierungsrate des Staates.

1957 hatte Kerala die erste frei gewählte kommunistische Regierung der Welt, die seither regelmäßig wiedergewählt wird – obwohl die United Democratic Front (UDF) seit 2011 die führende Partei im Kongress ist. Viele Malayalis (Sprecher der offiziellen Staatssprache Malayalam) arbeiten im Nahen Osten, und ihre Geldtransfers an die Familien nach Hause spielen eine bedeutende Rolle in Keralas Wirtschaft. Große Hoffnungen setzt der Staat in den gegenwärtigen Tourismusboom, von dem Kerala als eines der beliebtesten Reiseziele Indiens im letzten Jahrzehnt besonders profitiert hat. Laut Keralas Tourismusbehörde kamen 2015 fast 13,5 Mio. Besucher – mehr als doppelt so viele wie noch vor zehn Jahren – allerdings waren weniger als 1 Mio. davon ausländische Reisende.

SÜDLICHES KERALA

Thiruvananthapuram (Trivandrum)

☎0471 / 958 000 EW.

Thiruvananthapuram, Keralas Hauptstadt – die häufig noch mit ihrem kolonialzeitlichen Namen Trivandrum bezeichnet wird – ist eine vergleichsweise kleine, aber energiegeladene Stadt und ein lässiger Vorgeschmack auf das urbane Leben im Süden. Die meisten Traveller nutzen sie nur als Sprungbrett zu den nahegelegenen Strandresorts Kovalam und Varkala, aber Trivandrum hat selbst eine Reihe von Sehenswürdigkeiten, darunter einen Zoo und mehrere viktorianische Museen in prächtigen neo-keralesischen Gebäuden, die man sich nicht entgehen lassen sollte.

Sehenswertes

Zoologischer Garten ZOO

(☎0471-2115122; Erw./Kind 20/5 ₹, Foto/Video 50/75 ₹; ⌚Di–So 9–17.15 Uhr) Yann Martel stützte sich bei den Tieren in seinem Roman *Schiffbruch mit Tiger* auf jene, die er im Zoo von Trivandrum beobachtet hatte. Schattige Wege schlängeln sich durch waldiges Gelände und um Seen herum. Die Tiger, Makaken und Flusspferde leben in offenen Gehegen von passabler Größe.

★ **Napier Museum** MUSEUM

(Erw./Kind 10/5 ₹; ⌚Di & Do–So 10–17, Mi 13–17 Uhr) Das Museum residiert in einem Holzgebäude von 1880, das von Robert Chisholm entworfen wurde. Die kleinteilige Interpretation des volkstümlichen Architekturstils Keralas verrät dessen Begeisterung für das Kunsthandwerk der Region. Gezeigt werden

TOP-FESTIVALS

Abgesehen von den größeren staatlichen Festen gibt es in Kerala Hunderte von jährlichen Tempelfesten, *theyyam*-Ritualen, Bootregatten und Straßenumzügen. Viele von ihnen sind in *A Hundred Festivals for You* aufgelistet, einer kostenlos erhältlichen Publikation vom Tourist Desk in Kochi.

Ernakulathappan Utsavam (S. 1079) Die achttägigen Festivitäten gipfeln in Musik, Feuerwerk und einem Umzug von Elefanten.

Thrissur Pooram (S. 1090) Die Mutter aller Elefantenprozessionen.

Nehru Trophy Boat Race (S. 1057) Das populärste Bootsrennen in Kerala.

Onam (⌚Aug./Sept.) Der gesamte Bundesstaat feiert zehn Tage lang das Goldene Zeitalter des mythischen Königs Mahabali.

Thiruvananthapuram (Trivandrum)

Bronzen, buddhistische Skulpturen, Tempelwagen und Elfenbein. Schon die bunten Ausstellungsräume allein sind den Besuch wert.

★ **Museum of History & Heritage** MUSEUM
(☎ 9567019037; www.museumkeralam.org; Park View; Erw./Kind Inder 20/10 ₹, Ausländer 200/50 ₹, Kamera 25 ₹; ⊙ Di–So 10–17.30 Uhr) In einem zauberhaften Baudenkmal mitten im Touriskomplex von Kerala liegt das schön gestaltete Museum, das sich mit Keralas Geschichte und Kultur beschäftigt und sie mit fantastischen Ausstellungsstücken und interaktiven, audiovisuellen Präsentationen

Thiruvananthapuram (Trivandrum)

Highlights
1 Museum of History & Heritage C1
2 Napier Museum C1

Sehenswertes
3 Puthe Maliga Palace Museum A6
4 Shri-Padmanabhaswamy-Tempel A6
5 Zoo C1

Aktivitäten, Kurse & Touren
6 CVN Kalari Sangham B6
7 KTDC Tours B5
8 Margi Kathakali School A5

Schlafen
9 Hotel Regency B4
10 Princess Inn B4
11 Taj Vivanta D3
12 Varikatt Heritage B3
13 Vedanta Wake Up Trivandrum B4

Essen
14 Ananda Bhavan B3
15 Ariya Nivaas C5
16 Azad Restaurant B5
17 Cherries & Berries D2
18 Indian Coffee House B5

Shoppen
19 Connemara Market B2
20 SMSM Institute B4

Praktisches
21 Geldautomat State Bank of India B3
22 Tourist Facilitation Centre C1

Transport
23 Air India B1
24 Airtravel Enterprises C1
25 East-Fort-Busbahnhof B6
26 Zentraler KSRTC-Busbahnhof C5
27 Municipal-Busbahnhof B6
28 Zugreservierungsbüro B5

darstellt. Die Palette reicht von Werkzeugen aus der Eisenzeit bis hin zu Skulpturen aus Bronze und Terrakotta, Wandgemälden, *dhulichitra* (Fußbodengemälden) und Nachbildungen traditioneller Häuser Keralas.

Puthe Maliga Palace Museum MUSEUM
(Fort; Inder/Ausländer 30/100 ₹, Kamera/Video 50/250 ₹; Di–So 9.30–12.30 & 14–16.45 Uhr) Der 200 Jahre alte Palast der Maharadschas von Travancore lockt mit beschnitzten Holzdecken, Marmorskulpturen und importiertem belgischen Glas. Es gibt Bilder von Kathakali-Aufführungen, eine Waffenkammer, Porträts der Maharadschas, verzierte Throne und andere Artefakte zu sehen. Im Eintritt ist eine informative 1-stündige Führung enthalten. Man kann den ganzen Innenbereich auch auslassen und stattdessen (kostenlos) das Palastgelände besichtigen. Hier befindet sich auch das **Chitrali Museum** (50 ₹) mit vielen historischen Erinnerungsstücken, Fotografien und Porträts der Travancore-Dynastie.

Shri-Padmanabhaswamy-Tempel HINDU-TEMPEL
(Inneres Heiligtum, nur für Hindus 15.30–19.30 Uhr; nur Hindus) Der 260 Jahre alte Tempel im Fort Areal ist Thiruvananthapurams spirituelles Zentrum. Den Haupteingang bildet der 30 m hohe östliche *gopuram* (Torturm). Im inneren Heiligtum (nur Hindus) lehnt die Gottheit Padmanabha auf der heiligen Schlange. Das Bildwerk besteht aus über 10 000 *salagramam* (heiligen Steinen), die angeblich per Elefant aus Nepal gebracht wurden.

Der Tempel ist nur für Hindus zugänglich, aber vom Weg rechts neben dem Tor hat man einen tollen Blick auf den *gopuram*.

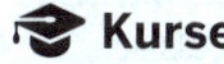

Kurse

Ayushmanbhava Ayurvedic Centre AYURVEDA, YOGA
(0471-2556060; www.ayushmanbhava.com; Pothujanam; Massage ab 900 ₹; Yogakurse 6.30 Uhr) In diesem Zentrum, ungefähr 5 km westlich der MG Rd, werden Massagen, tägliche therapeutische Yogakurse und längere ayurvedische Behandlungen angeboten. Es gibt einen Kräutergarten.

Margi Kathakali School KULTURPROGRAMM
(0471-2478806; www.margitheatre.org; Fort) Hier werden Kurse in Kathakali und *kootiattam* (traditionelles Sanskrit-Schauspiel) für Anfänger und Fortgeschrittene angebo-

PREISKATEGORIEN: SCHLAFEN

Die Preiskategorien in diesem Kapitel beziehen sich auf ein Doppelzimmer mit Bad:

$ weniger als 1200 ₹
$$ 1200–5000 ₹
$$$ mehr als 5000 ₹

ten. Für einen zweistündigen Kurs zahlt man rund 300 ₹. Besucher können bei den Übungsstunden ohne Kostüme (Mo–Fr ab 10–12 Uhr) zuschauen. Das nicht gekennzeichnete Gebäude befindet sich 200 m westlich vom Fort hinter der Fort School.

CVN Kalari Sangham KAMPFKUNST
(☎0471-2474182; www.cvnkalari.in; South Rd; 15-tägiger/1-monatiger Kurs 1000/2000 ₹) Hier werden langfristige Kurse in *kalarippayat* für ernsthaft interessierte Schüler (unter 30 Jahren) angeboten, die schon ein wenig Erfahrung in der Kampfkunst mitbringen. Besucher können beim Training zusehen, das von Montag bis Samstag zwischen 7 und 8.30 Uhr stattfindet.

Geführte Touren

KTDC Tours BUS
(☎0471-2330031; www.ktdc.com) Die KTDC veranstaltet Touren, die alle am Tourist Reception Centre am KTDC Hotel Chaithram oder der Central Station Rd starten. Die City Tour (300 ₹) beinhaltet den Zoo, Museen und andere Sehenswürdigkeiten; die Kanyakumari Day Tour (700 ₹) besucht den Padmanabhapuram-Palast, Kanyakumari in Tamil Nadu und den nahen Suchindram-Tempel. Andere Touren fahren auch zum Neyyar-Damm (400 ₹) und nach Kovalam (200 ₹).

INDIAN COFFEE HOUSE

Das Indian Coffee House wirkt, als sei hier die Zeit stehen geblieben. Die über ganz Indien verstreuten Filialen haben noch alte indische Preise, und die Kellner laufen mit gestärkten weißen Hemden und pfauenartigem Kopfschmuck herum. Die Geschichte der Kaffeehauskette beginnt Anfang der 1940er-Jahre während der britischen Kolonialzeit mit Coffee Board. In den 1950er-Jahren begann Coffee Board dann, seine Cafés überall in Indien zu schließen, wodurch die Angestellten arbeitslos wurden. Der in Kerala geborene Kommunistenführer Ayillyath Kuttiari Gopalan Nambiar stellte sich hinter die Arbeiter und gründete mit ihnen die India Coffee Board Workers' Co-operative Society. Seitdem gibt es das Coffee House – voller Flair wie eh und je und immer mit preisgünstigen Snacks wie *idli* (fermentierte Reiswaffeln) und Getränken wie indischem Filterkaffee mit Rosenmilch. Es wird noch immer von seinen Angestellten betrieben, die alle Mitglieder der Genossenschaft sind.

Schlafen

Mehrere ordentliche Budget- und Mittelklassehotels befinden sich an der Manjalikulam Rd nördlich der Central Station Rd.

Vedanta Wake Up Trivandrum HOSTEL $
(☎0471-2334351; www.vedantawakeup.com; SS Kovil Rd; B/DZ 650/1450 ₹; ❄📶) Eine gute, zentral gelegene Bleibe für Backpacker und Traveller, die allein unterwegs sind: Das Hostel hat blitzblanke, klimatisierte Schlafsäle und ein Doppelzimmer.

Princess Inn HOTEL $
(☎0471-2339150; princess_inn@yahoo.com; Manjalikulam Rd; EZ/DZ ab 600/800 ₹, mit Klimaanlage ab 1000/1200 ₹; ❄📶) Das günstige Hotel in einem Gebäude mit Glasfront liegt zentral, aber an einer Seitenstraße und verspricht so einen relativ ruhigen Schlaf. Die Zimmer sind komfortabel und haben Satelliten-TV sowie makellose Bäder; der kleine Aufpreis für ein geräumiges Deluxe-Zimmer lohnt sich.

Hotel Regency HOTEL $
(☎0471-2330377; www.hotelregency.com; Manjalikulam Cross Rd; EZ/DZ 650/800 ₹, mit Klimaanlage 1000/1600 ₹; ❄📶) Das saubere, einladende Hotel hat kleine, tadellose Zimmer mit Satelliten-TV; die Deluxe-Zimmer sind größer. Es gibt einen Dachgarten und WLAN im Foyer.

★ **Graceful Homestay** HOMESTAY $$
(☎9847249556, 0471-2444358; www.gracefulhomestay.com; Pothujanam Rd, Philip's Hill; EG EZ/DZ 1550/1800 ₹, OG & Suite EZ/DZ 2450/3000 ₹ jeweils mit Frühstück; @📶) In den grünen westlichen Vororten von Thiruvananthapuram liegt dieses schöne, ruhige Haus in Gärten, die sich über mehrere Hektar erstrecken. Die vier individuell gestalteten Zimmer sind nett möbliert und haben Zugang zur Küche, den Wohnbereichen und Balkonen. Das schönste hat eine tolle überdachte Terrasse mit Ausblick auf ein Meer von Palmen. Für eine Wegbeschreibung vorher anrufen!

Varikatt Heritage HOMESTAY $$$
(☎0471-2336057, 9895239055; www.varikattheritage.com; Punnen Rd; Zi./Suite inkl. Frühstück 5000/6000 ₹; 📶) Die charismatischste Unterkunft von Trivandrum befindet sich im 250 Jahre alten Haus von Oberst Roy Kuncheria, ein wunderbarer, indo-sarazenischer

Bungalow mit vier Zimmern mit Verandas, die zu einem hübschen Garten hinausgehen. Zu jeder Antiquität – und dem Haus an sich – gehört eine Familiengeschichte. Mittag- und Abendessen erhältlich (500 ₹).

Taj Vivanta HOTEL $$$
(☎0471-6612345; www.vivanta.tajhotelscom; Thycaud Hospital Rd; EZ/DZ inkl. Frühstück ab 8500/11000 ₹;) Das Taj hat eine größere Eingangshalle als die meisten Hotels der Stadt. Es bietet einen gewissen Wow-Faktor: Die Zimmer sind ziemlich vornehm, der Garten und der Swimmingpool werden gut in Schuss gehalten und außerdem gibt's ein Spa, ein 24-Stunden-Fitnessstudio und verschiedene gute Restaurants z.B. Smoke on the Water mit Grill am Pool.

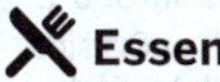

Essen

★ Ariya Nivaas SÜDINDISCH $
(Manorama Rd, Hauptgerichte 40–150 ₹, Thalis 100 ₹; ⏲6.45–22 Uhr, Mittagessen 11.30–15 Uhr) Weil der Laden die besten vegetarischen südindischen All-You-Can-Eat-Thalis in ganz Thiruvananthapuram hat, ist hier mittags immer viel los. Das Essen ist frisch und die Bedienung gewitzt.

Indian Coffee House INDIAN $
(Maveli Cafe; Central Station Rd; Snacks 10–60 ₹; ⏲7–22.30 Uhr) Diese Filiale von Indian Coffee House serviert starken Kaffee und Snacks in einem wahnwitzigen roten Backsteinturm, der wie eine Kreuzung aus Leuchtturm und Taubenschlag aussieht und in seinem spiralförmigen Inneren mit Betonbänken und -tischen ausgestattet ist. Die emsigen Kellner muss man einfach bewundern.

Azad Restaurant INDISCH $
(MG Rd; Gerichte 60–200 ₹; ⏲11–23.30 Uhr) Das bei Familien beliebte, geschäftige Lokal serviert authentische Fischgerichte aus Kerala, z.B. *molee* (Fischstücke in Kokossauce) sowie ausgezeichnete Biryanis und Tandur-Gerichte. Auf Straßenebene gibt's einen Grill für Essen zum Mitnehmen; das Restaurant befindet sich im Erdgeschoss.

Ananda Bhavan SÜDINDISCH $
(☎0471-2477646; MG Rd; Gerichte 20–80 ₹; ⏲12–15 & 18–22 Uhr) Ein typisches billiges vegetarisches Restaurant mit kleinen Snacks und Dosas.

Cherries & Berries CAFÉ $$
(☎0471-2735433; www.cherriesandberries.in; Carmel Towers, Cotton Hill; Gerichte 130–220 ₹; ⏲10–22 Uhr;) Gute Hausmannskost, eine eiskalte Klimaanlage und gut funktionierendes kostenloses WLAN gibt's bei Cherries & Berries östlich vom Zentrum. Auf der Karte stehen Waffeln, Mini-Pizzen, Hotdogs, getoastete Sandwichs, guter Kaffee und milde Schokoriegel-Milchshakes – z.B. der Kit-Kat-Shake (165 ₹).

★ Villa Maya KERALESISCH $$$
(☎0471-2578901; www.villamaya.in; 120 Airport Rd, Injakkal; Vorspeisen 200–600 ₹, Hauptgerichte 400–1500 ₹; ⏲11–23 Uhr) Die Villa Maya ist schon ein Erlebnis für sich und nicht nur ein Restaurant. Man speist entweder in der prächtigen holländischen Villa aus dem 18. Jh. oder in intimen, durch Vorhänge abgeschirmten Nischen im ruhigen Gartenhof. Die keralesischen Gerichte sind kundig zubereitet, delikat gewürzt und schön angerichtet. Mit Gerichten wie Krabben mit Hummerbutter sind Meeresfrüchte die Spezialität, es gibt aber auch einige verführerische vegetarische Angebote.

In der Zeit zwischen Mittag- und Abendessen (15–19 Uhr) kann man Snacks wie Sandwichs, Pizza oder Calzone bestellen. Das freundliche Personal führt Besucher gern kostenlos durch das historische Herrenhaus.

Shoppen

Connemara Market MARKT
(MG Rd; ⏲6–21 Uhr) Auf dem geschäftigen Markt sind Obst und Gemüse, Fisch, lebende Ziegen, Stoffe, Kleidung, Gewürze und vieles mehr im Angebot.

SMSM Institute KUNSTHANDWERK
(www.keralahandicrafts.in; YMCA Rd; ⏲Mo–Sa 9–20 Uhr) Das staatlich-keralesische Warenhaus ist eine Schatzhöhle voller Kunsthandwerk, Souvenirs und Antiquitäten zu Festpreisen.

Praktische Informationen

KIMS (Kerala Institute of Medical Sciences; ☎0471-3041400, Notfall 0471-3041144; www.kimskerala.com; Kumarapuram; ⏲24 Std.) Die beste Adresse bei medizinischen Notfällen; rund 7 km nordwestlich vom Bahnhof Thiruvananthapuram.

Tourist Facilitation Centre (☎0471-2321132; Museum Rd; ⏲24 Std.) Nahe dem Zoo; verteilt Stadtpläne und Broschüren.

Tourist Reception Centre (KTDC Hotel Chaithram; ☎0471-2330031; Central Station Rd; ⏲7–21 Uhr) Organisiert von der KTDC geleitete Touren.

An- & Weiterreise

BUS

Die staatlichen und privaten Busse nutzen Thiruvananthapurams riesigen, bogenförmigen neuen **Zentralen KSRTC-Busbahnhof** (☎0471-2462290; www.keralartc.com; Central Station Rd, Thampanoor) gegenüber dem Bahnhof.

Die Busse zum Strand von Kovalam (17 ₹, 30 Min., 6–21 Uhr alle 20 Min.) starten vom südlichen Ende des **East-Fort-Busbahnhofs** an der MG Rd.

FLUGZEUG

Vom **Trivandrum International Airport** (www.trivandrumairport.com), rund 5 km westlich der Stadt, gibt es internationale Direktflüge ab/nach Colombo auf Sri Lanka, Malé auf den Malediven und zu wichtigen Zielen am arabischen Golf wie Dubai, Shardscha, Maskat, Bahrain und Kuwait.

Im Inlandsverkehr fliegen **Air India** (☎0471-2317341; www.airindia.com; Mascot Sq; ⏲Mo–Sa 9–17 Uhr), **Jet Airways** (☎0471-2728864; www.jetairways.com; Sasthamangalam Junction; ⏲9–18 Uhr) und **IndiGo** (☎9212783838; www.indigo.in) ab/nach Mumbai (Bombay), Kochi (Cochin), Bengaluru (Bangalore), Chennai (Madras) und Delhi. **SpiceJet** (☎9871803333; www.spicejet.com; Trivandrum Airport) fliegt einmal wöchentlich nach Chennai.

Alle Flüge kann man im effizienten Reisebüro **Airtravel Enterprises** (☎0471-3011300; www.ate.travel; MG Rd, New Corporation Bldg; ⏲9–19 Uhr) buchen.

ZUG

Die Züge sind oft schnell ausgebucht, es lohnt sich also, online zu reservieren oder das **Reservierungsbüro** (☎139; ⏲Mo–Sa 8–20, So bis 14 Uhr) im Hauptbahnhof aufzusuchen. Im 1. Stock gibt's einen Schalter für ausländische Touristen. Die meisten wichtigen Züge kommen am Hauptbahnhof Traviandrum nahe beim Zentrum an, einige Expresslinien enden aber am Bahnhof Vikram Sarabhai (Kochuveli) rund 7 km nördlich der Stadt – vorab nachprüfen!

Innerhalb Keralas fahren häufig Expresszüge nach Varkala (2. Klasse/Sleeper Class/3AC 45/140/490 ₹, 1 Std.), Kollam (55/140/490 ₹, 1¼ Std.) sowie nach Ernakulam (90/165/490 ₹, 4½ Std.) entweder über Alappuzha (80/180/490 ₹, 3 Std.) oder über Kottayam (80/140/490 ₹, 3½ Std.). Es gibt auch zahlreiche tägliche Verbindungen nach Kanyakumari (2. Klasse/Sleeper Class/3AC 60/140/490 ₹, 3 Std.).

Unterwegs vor Ort

Zum Flughafen fährt der Stadtbus 14 vom **East-Fort-** und vom **Municipal-Busbahnhof** (10 ₹). Der Gutschein für die Fahrt mit einem Prepaid-Taxi vom Flughafen kostet in die Stadt 350 ₹ und ins 13 km entfernte Kovalam 500 ₹.

Das praktischste Verkehrsmittel vor Ort sind Autorikschas; eine kurze Fahrt kostet zwischen 30 und 50 ₹.

Rund um Thiruvananthapuram

Sehenswertes

Neyyar Wildlife Sanctuary NATURSCHUTZGEBIET
(☎0471-2272182; Inder/Ausländer 10/100 ₹; ⏲Di–So 9–16 Uhr) Das Schutzgebiet um einen idyllischen See, der 1964 durch den Neyyar-Staudamm 35 km nördlich von Thiruvananthapuram entstand, bietet den **Lion Safari Park** (☎9744347582, 0471-2272182; Inder/Ausländer 200/300 ₹; ⏲Di–So 9–16 Uhr), einen Hirschpark und ein (nach der australischen Legende Steve Irwin benanntes) Krokodil-Aufzuchtzentrum. In den

BUSSE AB THIRUVANANTHAPURAM (TRIVANDRUM)

ZIEL	PREIS (₹)	DAUER (STD.)	HÄUFIGKEIT
Alappuzha	132, AC 221	3½	alle 15 Min.
Chennai	AC from 850	12	tgl. 15-mal (Nachtbus)
Ernakulam (Kochi)	177, AC 291	5½	alle 15–30 Min.
Kanyakumari	70	2	tgl. 4-mal
Kollam	63, AC 111	1½	alle 15 Min.
Kumily (nach Periyar)	226	8	7.30 Uhr
Munnar	245	8	tgl. 3-mal
Neyyar Dam	35	1½	alle 40 Min.
Thrissur	224, AC 391	7½	stündl.
Varkala	65	1¼	stündl.

WICHTIGE ZÜGE AB THIRUVANANTHAPURAM (TRIVANDRUM)

ZIEL	ZUG-NR. & NAME	PREIS (₹; SLEEPER/3AC/2AC)	DAUER (STD.)	ABFAHRT (TGL.)
Bengaluru	*16525 Bangalore Exp*	415/1120/1620	18	12.45 Uhr
Chennai	*12696 Chennai Exp*	470/1240/1775	16½	17.15 Uhr
Coimbatore	*17229 Sabari Exp*	255/685/980	9¼	7.15 Uhr
Mangalura	*16604 Maveli Exp*	340/915/1320	12½	19.25 Uhr
Mumbai	*16346 Netravathi Exp*	670/1795/2645	31	9.50 Uhr

fruchtbaren Wäldern am Ufer leben Gaurs, Pferdehirsche, Lippenbären, Elefanten, Bartaffen und ein paar Tiger.

Vom KSRTC-Busbahnhof in Thiruvananthapuram fahren häufig Busse hierher (35 ₹, 1½ Std.). Die Anfahrt per Taxi (hin & zurück inkl. 2 Std. Wartezeit) kostet ungefähr 1000 ₹ ab Thiruvananthapuram oder 1400 ₹ ab Kovalam. Das KTDC-Büro in Thiruvananthapuram veranstaltet Touren zum Neyyar-Damm (400 ₹).

Sivananda Yoga Vedanta Dhanwantari Ashram YOGA

(☎0471-2273093; www.sivananda.org.in/neyyardam; B/Zelt 800 ₹, 2BZ 1000–1250 ₹, mit Klimaanlage 1850 ₹) Gleich vor dem Neyyar-Damm befindet sich in bester Lage dieser 1978 gegründete Ashram, der für Hatha-Yoga-Kurse bekannt ist. Diese beginnen immer am 1. und 16. des Monats, dauern mindestens zwei Wochen und enthalten die Unterkunft (in verschiedenen Preislagen) und die vegetarischen Mahlzeiten. In der Nebensaison (Mai–Sept.) zahlt man 100 ₹ weniger.

Kovalam

☎0471 / 25700 EW.

Einst ein ruhiges Fischerdorf an einem halbmondförmigen Strand, konkurriert Kovalam heute mit Varkala um den Titel des am stärksten erschlossenen Ferienorts in Kerala. Am touristischen Hauptabschnitt, dem **Lighthouse Beach**, ziehen sich Hotels und Restaurants das Ufer entlang, während der **Hawa Beach** im Norden in der Regel mit Tagesgästen überfüllt ist, die direkt vom Taxistand zum Strand eilen. Beide Strände kann man gewiss nicht als unberührt bezeichnen, aber mit einer Entfernung von weniger als 15 km zur Hauptstadt sind sie bequeme Orte, um etwas im Meer zu tollen, und es gibt auch anständige Wellen (und einen Surfclub), Ayurveda-Behandlungen und Yogakurse.

Rund 2 km weiter nördlich gibt's am **Samudra Beach** mehrere exklusive Resorts, Restaurants und einen friedlichen, aber steilen Strand.

Sehenswertes & Aktivitäten

Vizhinjam Lighthouse LEUCHTTURM

(Inder/Ausländer 10/25 ₹, Foto/Video 20/25 ₹; ⏲10–17 Uhr) Kovalams auffälligstes Wahrzeichen ist der immer noch in Betrieb befindliche bunt gestreifte Leuchtturm am südlichen Ende des Strands. Wer die Wendeltreppe hinaufsteigt (oder den brandneuen Fahrstuhl nimmt), genießt einen Schwindel erregenden Blick die Küste hinauf und hinunter.

Cool Divers & Bond Safari TAUCHEN

(☎9946550073; www.bondsafarikovalam.com; Einführungskurs 6000 ₹, 3-std. Ozeansafari 6000 ₹; ⏲9–19 Uhr) Der neue Tauchveranstalter bietet topmoderne Ausrüstung, PADI-Kurse und geführte Trips zu örtlichen Tauchspots. Es gibt hier auch Bond-Untersee-Gefährte, bei denen der Kopf in einem Helm steckt, der über einen Luftschlauch mit der Oberfläche verbunden ist – keine Taucherfahrung vonnöten!

Kovalam Surf Club SURFEN

(☎9847347367; www.kovalamsurfclub.com; 1½-std. Surfunterricht 1000 ₹, Surfbrettverleih ab 400 ₹) Dieser Surfshop und -club am Lighthouse Beach bietet Anfängerunterricht und „geführtes Surfen" mit Schwerpunkt auf Geselligkeit.

Ayur Kerala Ayurvedic Health Care AYURVEDA

(☎9947027226; www.ayurkerala.org; Lighthouse Beach Rd; Massage ab 1200 ₹; ⏲9–20 Uhr) Empfehlenswerte Massagen und Ayurveda-Anwendungen.

Schlafen

Kovalam ist zwar vollgepackt mit Hotels und Pensionen, aber echte Budgetunter-

Kovalam

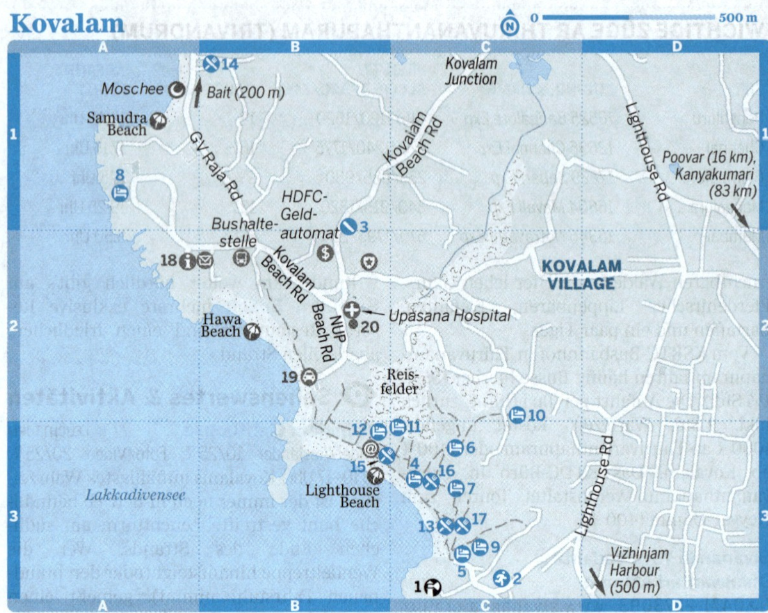

Kovalam

Sehenswertes
1 Vizhinjam Lighthouse C3

Aktivitäten, Kurse & Touren
2 Ayur Kerala Ayurvedic Health Care C3
3 Cool Divers & Bond Safari B1
Kovalam Surf Club .... (siehe 12)

Schlafen
4 Beach Hotel C3
5 Beach Hotel II C3
6 Green Valley Cottages C3
7 Hotel Greenland C3
8 Leela A1
9 Maharaju Palace C3
10 Paradesh Inn C2
Treetops .... (siehe 10)
11 Vedanta Wake Up Kovalam C3
12 Wilson Ayurvedic Resort B3

Essen
13 Beatles Cafe C3
14 Curry Leaf B1
Fusion .... (siehe 5)
15 Malabar Cafe B3
16 Suprabhatham C3
17 Varsha Restaurant C3
Waves Restaurant & German Bakery .... (siehe 4)

Praktisches
18 Tourist Facilitation Centre A2

Transport
19 Autoriksha- & Taxistand B2
20 K Tours & Travel B2

künfte sind während der Hauptsaison in der Minderheit. Die Unterkünfte am Strand sind am teuersten und begehrtesten, aber die kleineren Pensionen, die im Labyrinth der Sandwege hinter dem Lighthouse Beach zwischen Palmenhainen und Reisfeldern zu finden sind, haben im Allgemeinen ein viel besseres Preis-Leistungs-Verhältnis. Exklusive Resorts gibt's am Samudra Beach. Alle Unterkünfte bieten außerhalb der Hauptsaison (Dez.–Jan.) einen Rabatt an; für Spitzenzeiten sollte man im Voraus reservieren.

Vedanta Wake Up Kovalam HOSTEL $
(☎ 0471-2484211; www.vedantawakeup.com; hinter dem Lighthouse Beach; B/DZ 600/1800 ₹; ❄ 📶) Kovalams erstes Backpackerhostel ist ein fünfstöckiges Haus einen kurzen Spaziergang vom Lighthouse Beach entfernt. Die beiden klimatisierten Schlafsäle sind sehr sauber, die privaten Zimmer verfügen über

Fernseher und ein eigenes Bad. Das Personal ist hilfsbereit, aber im Haus fehlen Gemeinschaftsbereiche, und es wirkt unpersönlich.

Green Valley Cottages PENSION $

(☎0471-2480636; indira_ravi@hotmail.com; Zi. 800–1000 ₹) Der beschauliche Komplex unter Palmen mit Blick auf einen Seerosenteich wirkt ein wenig ältlich, ist aber ruhig und hat ein ordentliches Preis-Leistungs-Verhältnis. Die 22 Zimmer sind schlicht, aber die Zimmer oben bieten von den Vorderterrassen eine schöne Aussicht.

Hotel Greenland PENSION $

(☎0471-2486442; hotelgreenlandin@yahoo.com; Zi. 700–1400 ₹) Die freundliche, von einer Familie geführte Pension bietet aufgemöbelte Zimmer in einem mehrstöckigen Komplex gleich hinter dem Lighthouse Beach. Sie ist nicht schick, aber die Zimmer bekommen viel Sonnenlicht ab und die größeren oben haben auch Balkone.

Paradesh Inn PENSION $$

(☎9995362952; inn.paradesh@yahoo.com; Avaduthura; EZ/DZ mit Frühstück 2300/2700 ₹, Superior 3000/3400 ₹; ⏲Okt.–März; @📶) Abseits vom Lighthouse Beach und hoch über den Palmen erinnert das von Italienern geführte ruhige Paradesh Inn an ein weiß getünchtes Refugium auf den griechischen Inseln. Zu jedem der sechs Zimmer mit Ventilator gehört ein Hängestuhl. Von der Dachterrasse hat man eine schöne Aussicht, gut sind das Frühstück und das *satya*-Essen („Yoga-Essen").

Beach Hotel II HOTEL $$

(☎9400031243, 0471-2481937; www.thebeachhotel-kovalam.com; DZ 4400 ₹, mit Klimaanlage 5500 ₹; ❄📶) Die stilvolle Anlage mit schlicht-schickem Dekor liegt versteckt am südlichen Ende des Lighthouse Beach und hat zehn aufs Meer blickende Zimmer mit Balkonen und großen, durchsichtigen Schiebetüren. Hier findet sich auf der Terrasse auch das ausgezeichnete Restaurant Fusion.

Treetops PENSION $$

(☎9847912398; treetopsofkovalam@yahoo.in; DZ 1500 ₹; @📶) In den Baumwipfeln hoch über dem Lighthouse Beach bietet diese von freundlichen Ausländern bewirtschaftete Herberge friedliche Zuflucht vor dem Getümmel unten. Die drei hellen, sauberen Zimmer haben Fernseher und Terrassen mit Hängestühlen. Es gibt eine Dachterrasse und eine Gästeküche; auch Yogakurse sind im Angebot. Man kann telefonisch reservieren und sich eine Wegbeschreibung geben lassen.

Beach Hotel PENSION $$

(☎0471-2481937; www.thebeachhotel-kovalam.com; DZ 3300 ₹; 📶) Prima Lage: Die acht Zimmer mit Blick auf den Strand liegen unter dem Below Waves Restaurant & German Bakery; sie sind in Ockertönen gehalten, atmen minimalisches Flair und sind mit schicken, künstlerischen Details eingerichtet.

Maharaju Palace PENSION $$

(☎9946854270; www.maharajupalace.com; EZ/DZ mit Frühstück ab 1650/1980 ₹, Cottage 3300/3600 ₹, Sommerhaus 7150 ₹; ❄📶) Die von Niederländern geführte idyllische Herberge in einer Gasse gleich hinter dem Lighthouse Beach ist eher ein friedliches Refugium als ein Palast. Die Einrichtung zeigt mehr Charakter als in den meisten anderen Unterkünften. Es gibt Holzmöbel, auch ein paar Himmelbetten, und eine separate Hütte im Garten. Kitschige Leuchter schmücken die nette Frühstücksterrasse.

Wilson Ayurvedic Resort HOTEL $$

(☎9847363831; Lighthouse Beach; DZ 1500 ₹, mit Klimaanlage 2500 ₹; ❄📶🏊) Das Wilson bietet gleich hinter dem Lighthouse Beach saubere und recht gepflegte Zimmer rund um einen schattigen Pool. Die Anlage wirkt wie ein grünes Ferien-Resort. Es gibt auch Ayurveda-Anwendungen.

Leela HOTEL $$$

(☎0471-2480101; www.theleela.com; DZ ab 18 000 ₹, Suite ab 66 000 ₹; ❄@📶🏊) Das luxuriöse Leela liegt auf einem weitläufigen Grundstück auf der Landzunge nördlich des Hawa Beach. Es gibt hier u.a. drei Swimmingpools, ein Ayurveda-Zentrum, ein Fitnessstudio, zwei „Privatstrände" und mehrere Restaurants. Die geräumigen Zimmer zeichnen sich durch traditionelle Details,

WARNUNG: STRÖMUNGEN AM LIGHTHOUSE BEACH

An beiden Enden des Lighthouse Beach herrschen starke Strömungen, die jedes Jahr mehrere Schwimmer ins Meer hinausspülen. Man sollte daher ausschließlich in dem von Rettungsschwimmern überwachten und durch Fahnen markierten Strandabschnitt schwimmen und während der Monsunzeit überhaupt auf das Schwimmen verzichten.

ABSTECHER

PADMANABHAPURAM-PALAST

Der rund 60 km südöstlich von Kovalam gleich hinter der Grenze in Tamil Nadu gelegene **Padmanabhapuram-Palast** (S. 1176) gilt als das schönste erhaltene Beispiel traditioneller keralesischer Architektur. Hin kommt man von Kovalam oder Kanyakumari aus (über Thuckalay) per Bus oder Taxi. Ein Taxi ab Kovalam kostet 2000 ₹ (hin & zurück inkl. Wartezeit).

farbenfrohe Textilien und keralesische Kunst aus.

Vivanta By Taj Green Cove HOTEL **$$$**
(☎ 0471-6613000; vivanta.tajhotels.com; Samudra Beach; DZ ab 17 500 ₹, Suite ab 28 000 ₹;) Der Kovalam-Ableger der schicken indischen Hotelkette liegt auf einem ausgedehnten grünen Gelände und hat direkten Zugang zu einem abgeschiedenen Stück des Samudra Beach. Die strohgedeckten Cottages sind schlicht, aber geschmackvoll dekoriert; einige haben einen eigenen Garten, andere einen erstklassigen Blick aufs Meer. Es gibt mehrere Restaurants und die üblichen Annehmlichkeiten eines Spitzenklassehotels.

Essen & Ausgehen

Das wichtigste Restaurant-Zentrum ist der Lighthouse Beach mit seinen vielen Meeresfrüchtelokalen. Am Samudra Beach im Norden ist es ruhiger, aber auch hier gibt es einige lohnende Restaurants. Für ein romantisches Abendessen bieten sich die teuren, aber erstklassigen Restaurants im Leela oder Vivanta by Taj Green Cove an.

Abends bieten Dutzende Lokale an der Promenade des Lighthouse Beach den Fang des Tages an. Man sucht sich einfach einen Fisch oder Hummer aus, einigt sich auf den Preis und bestimmt die Art der Zubereitung. Die Preise variieren stark je nachdem, wie viel gefangen wurde. Zur Zeit unserer Recherche lagen sie ungefähr bei rund 400 ₹ für ein Fischfilet, bei 900 ₹ für ein halbes Kilo Riesengarnelen und bei 3500 ₹ für ein Kilo Hummer.

★ **Varsha Restaurant** SÜDINDISCH **$**
(Gerichte 100–200 ₹; ⌚8–22 Uhr;) Das kleine Restaurant gleich hinter dem Lighthouse Beach hat vegetarisches Essen, das zum Besten in Kovalam zählt, und das zu Budgetpreisen. Die Speisen sind frisch und sorgfältig zubereitet. Vor allem zum Frühstück oder Mittagessen eine tolle Wahl.

Suprabhatham KERALESISCH **$**
(Gerichte 90–250 ₹; ⌚7–23 Uhr;) Das kleine vegetarische Restaurant versteckt hinter dem Lighthouse Beach sieht nach nicht viel aus, serviert aber exzellente, günstige keralesische Gerichte, vegetarische Thalis und frische Obstsäfte in rustikalem Ambiente.

Waves Restaurant & German Bakery INTERNATIONAL **$$**
(Beach Hotel; Hauptgerichte 220–550 ₹; ⌚7.30–23 Uhr;) Mit seinem großen orangefarbenen Balkon, der stimmungsvollen Hintergrundmusik und einer vielfältigen Speisekarte ist das Waves meist ein Anziehungspunkt für ausländische Touristen. Dazu gehört auch die German Bakery, in der sich ein Frühstück mit frischem Brot, Croissants, Gebäck und ordentlichem Kaffee lohnt, während es zum Abendessen Thai Currys, deutsche Würste, Pizza und Fisch gibt. Ein kleiner Buchladen gehört ebenfalls zum Lokal. WLAN (ungewöhnlicherweise) kostet 30 ₹/halbe Std.

Fusion INTERNATIONAL **$$**
(Hauptgerichte 200–450 ₹; ⌚7.30–22.30 Uhr;) Die Restaurantterrasse im Beach Hotel II gehört mit der einfallsreichen Karte, auf der sich Orient und Okzident mit westlichen Gerichten, asiatischer Fusionküche und interessanten Seafoodgerichten, z. B. in Wodka gedämpftem Hummer, treffen, zu den besseren gastronomischen Erlebnissen am Lighthouse Beach. Es gibt auch Kaffee und Kräutertees.

Malabar Cafe INDISCH **$$**
(Hauptgerichte 110–450 ₹; ⌚8–23 Uhr;) Die gut besetzten Tische sprechen für sich. Man sitzt abends im Kerzenschein und blickt auf Planzen und donnernde Wellen und genießt schmackhaftes Essen, abends u. a. frische Meeresfrüchte, und guten Service.

Beatles Cafe INTERNATIONAL **$$**
(Lighthouse Beach; Hauptgerichte 100–400 ₹; ⌚8–23 Uhr;) Das niedliche kleine Café an der Promenade gibt's schon seit Langem und ist eine gute Adresse zum Frühstücken oder für einen Burger. Auf der Karte stehen aber u. a. auch Pizzen, *momos* (tibetische Klöße) und südindische Currys.

Curry Leaf INTERNATIONAL **$$**
(Samudra Beach; Hauptgerichte 100–380 ₹; ⌚8–20.30 Uhr) Das zweistöckige Restaurant

auf einer Hügelspitze über dem Samudra Beach prunkt mit einem unvergleichlichen Blick aufs Meer und in den Sonnenuntergang, mit engagiertem Personal und gutem Essen – die Palette reicht von frischen Meeresfrüchten über Tandur-Gerichte bis hin zu westlichen Speisen. Man muss ein Stück über Feldwege laufen bzw. vom Strand aus den Hügel erklimmen, aber die freie Lage macht gerade den besonderen Reiz aus.

★ **Bait** MEERESFRÜCHTE $$$
(Vivanta by Taj Green Cove; Hauptgerichte 300–800 ₹; ⏲12.30–15 & 18–22.30 Uhr) Das Meeresfrüchterestaurant des Vivanta (S. 1046) liegt am Samudra Beach, eine Golfbuggyfahrt vom Hotel entfernt. Es ist als nobler Strandschuppen im Freien gestaltet. Man kann in der einen Richtung auf die Wellen blicken und in der anderen den Köchen bei der Arbeit in der offenen Küche zuschauen; die Meeresfrüchte und die würzigen Gerichte sind erstklassig.

ℹ Praktische Informationen

Rund 500 m vom Lighthouse Beach den Hügel hinauf finden sich Geldautomaten von HDFC und Axis, Geldautomaten der Federal Bank und der ICICI gibt's an der Kovalam Junction.

Tourist Facilitation Centre (☎0471-2480085; Kovalam Beach Rd; ⏲Mo–Sa 9.30–17 Uhr) Die hilfreiche Touristeninformation befindet sich im Eingang des Hotels Leela nahe dem Busbahnhof.

Upasana Hospital (☎0471-2480632) Hat Englisch sprechende Ärzte, die kleinere Verletzungen versorgen können.

ℹ Anreise & Unterwegs vor Ort

BUS

Die Busse verkehren zu und von einer inoffiziellen Haltestelle an der Hauptstraße vor dem Eingang des Hotels Leela; alle Busse halten aber auch an der Kovalam Junction rund 1,5 km nördlich vom Lighthouse Beach. Zwischen 7 und 20 Uhr verkehren Busse alle 20 Minuten zwischen Kovalam und Thiruvananthapuram (17 ₹, 30 Min.).

Zur Weiterreise Richtung Norden ist es das Einfachste, einen Bus nach Thiruvananthapuram zu nehmen und dort umzusteigen, es gibt aber auch noch einen Bus nach Varkala um 15.30 Uhr (120 ₹, 2½ Std.).

Täglich fahren zwei Busse nach Kanyakumari (100 ₹, 2½ Std., 9.30 & 17.30 Uhr).

MOTORRAD

K Tours & Travel (☎9847259507; Motorroller/Enfields ab 400/600 ₹ pro Tag; ⏲9–17 Uhr)

AYURVEDA-RESORTS

Zwischen Kovalam und Poovar (16 km südöstlich) finden sich zwischen scheinbar endlosen wogenden Palmen, entspannten Dörfern und ein paar einsamen goldenen Sandstränden auch einige gehobene Ayurveda-Resorts, die lohnend sind, wenn man sich ernsthaft auf Ayurveda-Anwendungen einlassen will. Sie liegen alle zwischen 6 und 10 km südöstlich von Kovalam. Ein Taxi ab Kovalam kostet zwischen 250 und 450 ₹.

Dr. Franklin's Panchakarma Institute (☎0471-2480870; www.dr-franklin.com; Chowara; EZ/DZ Hütte 25/33 €, Zi. ab 30/40 €, mit Klimaanlage 45/66 €; @ 📶 ❄) Wer ernsthaft an einer ayurvedischen Behandlung interessiert ist, findet hier eine renommierte und günstigere Alternative zu den schickeren Resorts. Eine Tagesbehandlung mit vollem Speiseplan kostet 75 €. Die Unterkunft ist sauber und komfortabel, aber nicht so wie in einem Resort.

Niraamaya Surya Samudra (☎8589982204, 0471-2229400; www.niraamaya.in; Pulinkudi; Zi. mit Frühstück 16 800–33 000 ₹; ❄ 📶 ≋) Das Surya Samudra bietet erstklassige Abgeschiedenheit. 22 traditionelle keralesische Wohnhäuser bieten Himmelbetten und offene Bäder und stehen in einem Palmenhain über dem Meer. Es gibt einen Infinity Pool, der aus einem einzigen Granitblock gehauen ist, das Niraamaya Spa, ayurvedische Anwendungen, einen Fitnessraum und Freiluft-Plattformen für Yoga.

Bethsaida Hermitage (☎0471-2267554; www.bethsaidahermitage.com; Pulinkudi; EZ/DZ inkl. Mahlzeiten 1760/5500 ₹, mit Klimaanlage 4000/6050 ₹; ❄ 📶 ≋) Diese Wohltätigkeitsorganisation unterstützt zwei nahegelegene Waisenhäuser und andere ehrenwerte Anliegen. Zugleich ist es ein luxuriöses und einsames Strandrefugium mit einem schön gestalteten Garten, verführerischen Hängematten, Rasen, auf dem man Golf spielen könnte, jeder Menge Palmen und professionellen Ayurveda-Anwendungen und Yogakursen.

ABSTECHER

POOVAR & KERALAS BACKWATERS TIEF IM SÜDEN

Poovar liegt rund 16 km südöstlich von Kovalam fast an der Grenze zu Tamil Nadu und ist das Sprungbrett in eine Region aus Stränden, Mündungsgebieten, Dörfern und gehobenen Resorts, die die „Mini-Backwaters" in Keralas äußerstem Süden ausmachen.

Zahlreiche „Bootsclubs" und Veranstalter bieten 1½- bis zweistündige Bootsausflüge auf dem Fluss Neyyar und auf den Backwaters-Kanälen an, bei denen man den Strand, Mangrovensümpfe voller Vögel und die bewaldete Poovar Island besucht. Der Preis liegt bei 1500 bis 2500 ₹ pro Boot (und kann in der Nebensaison heruntergehandelt werden). Auch die Reiseveranstalter in Kovalam können solche Trips organisieren.

Das nur per Boot erreichbare **Poovar Island Resort** (☎0471-2212068, 9895799044; www.poovarislandresorts.com; Cottage DZ ab 11 400 ₹, schwimmendes Cottage ab 16 800 ₹; ❄📶🏊) ist beliebt für seine romantischen „schwimmenden" Cottages, die meisten Zimmer liegen aber an Land und sind im traditionellen keralesischen Stil gestaltet.

Nahverkehrsbus fahren von Kovalam Junction Richtung Süden nach Poovar, von wo man zu den Backwaters eine Autorikscha nehmen muss. Die Fahrt mit Taxi/Autorikscha von Kovalam nach Poovar kostet 1000/800 ₹; alternativ mietet man einen Motorroller.

vermietet neben dem Devi Garden Restaurant gleich oberhalb des Hawa Beach Motorroller und Enfields.

TAXI & AUTORIKSCHA

Die Fahrt zwischen Thiruvananthapuram und dem Strand von Kovalam Beach kostet per Taxi rund 500 ₹ und per Autorikscha 350 ₹. Die Fahrt von der Bushaltestelle zum nördlichen Ende des Lighthouse Beach kostet rund 50 ₹.

Der wichtigste Halteplatz der Autorikschas und Taxis befindet sich am Hawa Beach.

Varkala

☎0470 / 42 300 EW.

North Cliff, ein Teil von Varkala, ist gefährlich nahe entlang der Kante von 15 m hohen roten Laterit-Klippen gebaut worden und liegt in einer natürlichen, schönen Umgebung. Der Streifen oben an den Klippen hat sich mit der Zeit zu Keralas beliebtestem Backpackertreff entwickelt. Ein kleiner Strandstreifen schmiegt sich an die Kante der Klippen. In den Restaurants wird harmlose Weltmusik gespielt, und kleine Stände verkaufen T-Shirts, Baggyhosen und Silberschmuck. Hier herrscht viel Tourismus und die ständigen Verkaufsgespräche können ganz schön auf die Nerven gehen. Trotzdem ist Varkala immer noch ein toller Ort, um dabei zuzusehen, wie Tage langsam in Wochen übergehen. Außerdem fällt es hier leicht, den Massen zu entgehen, die sich weiter im Norden und Süden aufhalten, wo die Strände sauberer und ruhiger sind.

Trotz seiner Backpacker-Atmosphäre bezeichnet sich Varkala eigentlich als Tempelstadt. Der Hauptstrand Papanasham ist ein heiliger Ort, den die Hindus aufsuchen, um verstorbenen Geliebten Gaben zu bringen. Begleitet werden sie dabei von Priestern, die neben dem Hindustan Hotel ein Geschäft eröffnet haben. Etwa 2 km östlich ist die betriebsame Stadt Varkala.

Sehenswertes

Der sanft geschlängelte Weg setzt sich von der nördlichen Klippenspitze 7 km bis zum Kappil Beach fort. Auf dem malerischen Weg durchquert man eine sich ab und an leicht verändernde Küstenlandschaft und passiert dabei den Odayam Beach und das Fischerdorf Edava. Diese Wanderung unternimmt man am besten frühmorgens.

Janardhana-Tempel HINDU-TEMPEL

Varkala ist eine Tempelstadt, und ihre Hauptattraktion ist der 2000 Jahre alte Janardhana-Tempel, der farbenfroh über die Beach Rd aufragt. Janardana Swami ist eine Verkörperung von Vishnu. Nicht-Hindus dürfen den Tempel allerdings nicht betreten. Manchmal dürfen Besucher aber auf das Gelände, wo eine riesige Banyan-Feige sowie Schreine für Ayyappan, Hanuman und andere hinduistische Gottheiten stehen.

Sivagiri Mutt ASHRAM

(☎0470-2602807; www.sivagirimutt.org) Der Ashram ist Shri Narayana (1855–1928), dem prominentesten Guru Keralas, geweiht und beherbergt gleichzeitig die Zentrale des Shri Narayana Dharma Sanghom Trust. Das Haus ist eine beliebte Pilgerstätte, und der ansässige Swami plaudert gern mit den Besuchern.

Varkala Aquarium AQUARIUM
(Erw./Kind 30/15 ₹, Foto 10 ₹; ⌚10–19 Uhr) Varkalas neues Aquarium liegt zwischen dem Black Beach und dem Odayam Beach und besitzt große Wasserbecken, die man sich von einem spiralförmig verlaufenden Laufsteg aus ansehen kann. In ihnen leben viele exotische Meerestiere, darunter Piranhas, Seeschlangen, Skorpionfische und die in dieser Region vorkommenden Gestreiften Buntbarsche. Das Aquarium ist also eine lohnende Abwechslung vom Strandleben!

Kappil Beach STRAND
Auf dem Straßenweg rund 9 km nördlich von Varkala findet sich der schöne und bislang noch nicht erschlossene Kappil Beach. An diesem Sandstrand beginnt auch ein kleines Netz von Backwaters-Wasserläufen.

Ponnumthuruthu (Golden) Island INSEL
(Bootsfahrt für 2/3/4 Pers. 500/600/700 ₹, Insel-Zutritt 50 ₹/Pers.) Auf der Insel inmitten eines Backwater-Sees rund 10 km südlich von Varkala steht ein hinduistischer Shiva-Parvati-Tempel, der auch als der Goldene

Varkala

Sehenswertes
1 Janardhana-Tempel C3
2 Varkala Aquarium A1

Aktivitäten, Kurse & Touren
3 Can Fly B2
Cooking Class ..... (siehe 11)
Eden Garden ..... (siehe 6)
4 Haridas Yoga B2
5 Soul & Surf C3

Schlafen
6 Eden Garden C3
7 Gateway Hotel Janardhanapuram C3
8 InDa Hotel B2
9 Jicky's B2
10 Kaiya House C2
11 Kerala Bamboo House A2
12 Omsam Guesthouse C3
13 Villa Jacaranda C3
14 Wake Up Vedanta Varkala B2

Essen
15 Café del Mar B2
16 Coffee Temple B2
17 God's Own Country Kitchen B2
18 Juice Shack A2
19 Oottupura Vegetarian Restaurant B2
20 Sreepadman C3
21 Trattorias A1
22 Wait n Watch C3

Transport
23 Autoriksha-Stand C3

Tempel bezeichnet wird und nur von Hindus betreten werden darf. Der Hauptgrund für einen Besuch auf der Insel ist die malerische Hin- und Rückfahrt mit einem Stechkahn. Eine Autorikscha ab Varkala kostet 500 ₹ (inkl. Wartezeit).

Aktivitäten

Mehrere Pensionen bieten Yoga (300–400 ₹/Sitzung) an. An verschiedenen Stellen am Strand kann man Boogiebretter (100 ₹) mieten – aber Vorsicht vor starken Strömungen! Viele Resorts und Hotels an der Nordklippe offerieren Ayurveda-Anwendungen und Massagen.

Eden Garden MASSAGE
(☎ 0470-2603910; www.edengarden.in; Massagen 1000–3000 ₹) Bietet ein anspruchsvolles Ayurveda-Erlebnis, darunter Einzelanwendungen und Kombinationen.

Soul & Surf SURFEN, YOGA
(☎ 9895580106; www.soulandsurf.com; South Cliff; Surfunterricht 2300 ₹, Surfguide 1150 ₹, Surfbrettverleih halber/ganzer Tag 850/1600 ₹; ⌚ Okt.–Mai) Dieser britische Anbieter organisiert in der Saison Surftrips und Yoga-Klausuren mit Unterkunft und einem Gartenrestaurant in seiner Herberge am South Cliff. Angeboten wird auch ein 1½-stündiger Surfunterricht, und Surfbretter werden vermietet. Wer surfen kann, hat, sofern Platz frei ist, die Möglichkeit, sich einer der regelmäßigen Surftouren (1150 ₹) anzuschließen.

Can Fly GLEITSCHIRMFLIEGEN
(☎ 9048795781; canflyindia@gmail.com; Flug 3500 ₹/20 Min.) Die Tandemflüge vom Parkplatz am North Cliff hängen von den Windbedingungen ab. Der französische Betreiber veranstaltet auch Stehpaddeltouren und leitet die Budgetpension Pooja House.

Haridas Yoga YOGA
(☎ 9846374231; www.pranayogavidya.com; Hotel Green Palace; Kurse 300 ₹; ⌚ Aug.–Mai 8 & 16.30 Uhr) Empfehlenswerte 1½-stündige Hatha-Yoga-Kurse mit erfahrenen Lehrern; Interessenten können einfach hereinschauen.

Schlafen

Die meisten Unterkünfte konzentrieren sich entlang und hinter den Nordklippen, wo sich die Backpacker aufhalten. Weiter unten, an den südlichen Klippen, befinden sich aber auch noch ein paar nette Unterkünfte. Der weniger ausgebaute Odayam Beach ist eine ruhige Alternative.

So gut wie alle Unterkünfte können per Taxi oder Autorikscha über die zahlreichen Gassen erreicht werden, die zu den Klippen führen. Aber Achtung, denn betrügerische Taxifahrer sind keine Seltenheit! Also immer darauf achten, dass man auch wirklich dort rausgelassen wird, wo man hinwollte.

★ **Jicky's** PENSION $
(☎ 9846179325, 0470-2606994; www.jickys.com; EZ 600 ₹, DZ 800–1500 ₹, Hütte mit Klimaanlage 2500–3000 ₹; ❄📶) In den Palmenwäldern gleich hinter der Klippe in der Nähe des Taxistands befindet sich Jicky's, ein freundliches Gästehaus in Familienbesitz, das sich über mehrere Gebäude erstreckt und Gästen so eine große Auswahl an Unterkünften bietet. Die Zimmer im weißgestrichenen Hauptgebäude sind neu. Nebenan befinden sich zwei charmante achteckige Doppelhütten und ein paar größere Zimmer mit Klimaanlage. Gute Rabatte in der Nebensaison.

Wake Up Vedanta Varkala HOSTEL $
(☎ 0470-2051341; www.vedantawakeup.com; North Cliff; B/DZ 600/1500 ₹, Hütte 1500 ₹; ❄📶) Die große Unterkunft an der Straße zum Hubschrauberlandeplatz hat makellose Schlafsäle mit sechs Betten, gute, günstige Zimmer sowie ordentliche Bambushütten und ist eine gute Wahl für Backpacker.

★ **Kaiya House** PENSION $$
(☎ 9746126909, 9995187913; www.kaiyahouse.com; DZ mit Frühstück 2750 ₹, DZ mit Klimaanlage 3300 ₹; ❄📶) Keine für Varkala typische Unterkunft: Das Kaiya House bietet viel Charme, einen freundlichen Empfang und Entspannung pur. Jedes der fünf ist durchdacht möbliert, mit Himmelbetten und Kunst ausgestattet und einem bestimmten Thema (Afrika, Indien, China, Japan & England), verpflichtet. Es gibt eine hübsche Dachterrasse und die britische Eigentümerin Debra empfängt einen mit Tee, Tipps und kostenlosen Wanderungen. Die Klippenspitze ist zehn Gehminuten entfernt.

Eden Garden RESORT $$
(☎ 0470-2603910; www.edengarden.in; Cottages 1200–2000 ₹, Deluxe-Cottages 5500 ₹; 📶) Die stilvollen Zimmer mit hohen Holzdecken und attraktiven Möbeln liegen rund um einen üppigen Seerosenteich. Es gibt außerdem noch Bambushütten und die Deluxe-Variante in organisch geformten Bauten, die wie weiße, seltsame Pilze aussehen und mit feiner Bemalung, runden Betten und kreisrunden Mosaikbädern aufwarten. Die

Ayurveda-Anwendungen gibt's als Pauschalangebot für drei bis 30 Tage.

InDa Hotel PENSION $$
(☎7025029861; North Cliff; EZ/DZ mit Frühstück 1900/2400 ₹; 📶) Das freundliche, renommierte Hotel versteckt sich hinter den Restaurants am North Cliff und hat blitzsaubere Zimmer und Cottages in einem grünen Garten. Ein großer Pluspunkt ist das heitere Café, in dem man gesunde Snacks, z. B. Wraps und die „Buddha"-Schüssel bekommt.

Kerala Bamboo House RESORT $$
(☎9895270993; www.keralabamboohouse.com; Hütten DZ 2000 ₹, Zi. mit Klimaanlage 3000 ₹; ❄📶) Schlichtes Leben in der Bambushütte: Die beliebte Anlage auf halber Strecke am North-Cliff-Weg quetscht Dutzende balinesischer Hütten und einen gepflegten Garten auf ihr Grundstück. Angeboten werden Ayurveda-Anwendungen, Yoga und **Kochkurse** (☎9895270993; www.keralabamboohouse.com; Kerala Bamboo House; 1500 ₹/Pers.; ⏲Nov.–Mai 8–20 Uhr).

Palm Tree Heritage RESORT $$
(☎9946055036; www.palmtreeheritage.com; Odayam Beach; DZ ab 3350 ₹, mit Klimaanlage 4500–8000 ₹, Suite ab 9000 ₹; ❄📶) Die Anlage in einem hübschen Garten ist nur wenige Schritte vom ruhigen Odayam Beach entfernt und präsentiert sich als Gegenmittel zu Varkalas Backpacker-Szene. Die vielen unterschiedlichen Zimmer sind nett möbliert. Das Restaurant stellt Tische und Stühle auch draußen auf den Sand.

Omsam Guesthouse PENSION $$
(☎0470-2604455; www.omsamguesthome.com; South Cliff; DZ 2500–2900 ₹, DZ mit Klimaanlage 4200 ₹; ❄📶) Die sieben Zimmer dieser Pension im keralesischen Stil sind mit ihren Holzverzierungen und -möbeln eine wahre Freude. Gute Lage südlich vom Hauptstrand.

Maadathil Cottages PENSION $$
(☎9746113495; www.maadathilcottages.com; Odayam Beach; DZ mit Frühstück & ohne/mit Klimaanlage 4000/5000 ₹; ❄📶) Die zehn Cottages am Strand präsentieren sich im keralesischen Stil und sind mit traditionellen Möbeln und großen Betten ausgestattet. Alle bieten von großen Balkonen einen Blick aufs Meer, manche auch auf einen Seerosenteich. Ausgezeichnete Lage am ruhigen Odayam Beach!

Villa Jacaranda PENSION $$$
(☎0470-2610296; www.villa-jacaranda.biz; Temple Rd West; DZ mit Frühstück 6850–9600 ₹; ❄📶) Das zurückhaltend-elegante, romantische Refugium abseits des südlichen Strands umfasst nur vier geräumige, helle Zimmer in einem großen, zweistöckigen Haus. Alle haben einen Balkon und sind in einem schicken Mix aus minimalistisch-modernen und traditionellen Elementen dekoriert. Das wundervolle Zimmer im Oberstock hat seinen eigenen Dachgarten mit Meerblick.

Gateway Hotel Janardhanapuram HOTEL $$$
(☎0470-6673300; www.thegatewayhotels.com; DZ mit Frühstück ab 9600 ₹; ❄@📶🏊) Die geräumigen Zimmer in Varkalas schickstem Hotel, dem zur Taj-Gruppe gehörenden Gateway, prunken mit glänzender Bettwäsche und mokkafarbenen Kissen und blicken auf den Garten, die teureren haben einen Balkon und Aussicht aufs Meer. Es gibt einen fantastischen Pool mit Bar, einen Tennisplatz und das hochgeschätzte Restaurant GAD.

Essen

Die meisten Restaurants in Varkala haben ein ähnliches touristisches Angebot von indischen, asiatischen und westlichen Gerichten. Manche der „Buden" am Klippenhang sind inzwischen zu eindrucksvollen mehrstöckigen Treffs geworden, und die meisten davon haben Espresso und kostenloses WLAN. Am besten schlendert man einfach abends durch Varkala, bis das richtige Lokal gefunden ist!

Coffee Temple CAFÉ $
(Kaffee 80–110 ₹, Hauptgerichte 80–350 ₹; ⏲6–20 Uhr; 📶) Für den Morgenkaffee ist dieses Café am Beginn des North-Cliff-Wegs mit frisch gemahlenen Bohnen, frischem Brot und der Tageszeitung nahezu unschlagbar. Auf der Karte stehen auch Crêpes, Baguettes sowie mexikanische Burritos, Fajitas und Tacos.

Sreepadman SÜDINDISCH $
(Thalis 80 ₹; ⏲5–22 Uhr) In dem kleinen Laden gegenüber dem Janardhana-Tempel mit Blick auf das große Badebecken sitzt man mit Rikschafahrern und Pilgern, und nicht mit Touristen zusammen und genießt günstige und authentische keralesische Kost wie Dosas und Thalis.

Juice Shack INTERNATIONAL $
(Säfte ab 80 ₹, Hauptgerichte 80–300 ₹; ⏲7–23.30 Uhr; 📶) Das Juice Shack hat ein neues, besseres Gebäude bezogen (nachdem der alte Schuppen abgebrannt war), liefert

AYURVEDA

Das aus dem Sanskrit stammende Wort Ayurveda setzt sich aus *ayus* (Leben) und *veda* (Wissen) zusammen, bedeutet also: das Wissen oder die Wissenschaft vom Leben. Die Prinzipien der ayurvedischen Heilkunde wurden erstmals vor rund 2000 Jahren in den Veden dokumentiert, aber möglicherweise schon Jahrhunderte vorher angewendet.

Ayurveda geht davon aus, dass die Welt eine innere Ordnung und Ausgewogenheit besitzt. Laut dieser Lehre bestehen wir aus drei *doshas* (Säften): *vata* (Wind oder Luft), *pitta* (Feuer) und *kapha* (Wasser und Erde) – alle zusammen werden als *tridoshas* bezeichnet. Mangel oder Übermaß an einem der Säfte kann zu Krankheiten führen: So kann zuviel *vata* Benommenheit und Schwäche verursachen, ein Übermaß an *pitta* Fieber, Entzündungen und Infektionen. *Kapha* ist wichtig für den Wasserhaushalt des Körpers.

Die Ayurveda-Behandlung zielt darauf ab, das Gleichgewicht der Säfte und damit die Gesundheit wiederherzustellen. Prinzipiell nutzt sie dazu zwei Methoden: Panchakarma (innere Reinigung) und Kräutermassagen. Panchakarma wird zur Behandlung ernsthafter Erkrankungen angewandt und ist eine intensive Entgiftungskur. Dazu werden fünf verschiedene Therapieformen miteinander kombiniert, um den Körper von angestauten Endotoxinen zu reinigen: *vaman* – therapeutisches Erbrechen; *virechan* – Fasten; *vasti* – Einläufe; *nasya* – Ausscheiden der Toxine über die Nase und *raktamoksha* – Aderlass. Vor dem Einsatz von Panchakarma wird der Körper zunächst mehrere Tage lang mit einer Diät, Ölmassagen (*snehana*) und Kräuterdampfbädern (*swedana*) vorbereitet. Das klingt ziemlich grausam, aber bei einer Panchakarma-Entgiftung werden nur einige dieser Behandlungen eingesetzt, und nur selten kommen Aderlass oder Blutegel zum Einsatz. Dennoch ist Ayurveda kein Wellnessurlaub! Die beim Ayurveda eingesetzten Kräuter wachsen in Keralas Klima im Überfluss. Als beste Zeit für eine Behandlung gilt die Monsunzeit, weil dann weniger Staub in der Luft liegt, die Poren offen sind und der Körper am besten auf die Behandlung anspricht. Jedes Dorf hat eine eigene Ayurveda-Apotheke.

aber immer noch tolle, gesunde Säfte, Smoothies und jetzt auch richtige Gerichte, darunter gute Frühstücksangebote.

Oottupura Vegetarian Restaurant SÜDINDISCH $
(Hauptgerichte 40–180 ₹; ⌚7–22 Uhr) Das günstige Lokal nahe dem Taxistand hat eine respektable Auswahl preiswerter vegetarischer Gerichte, darunter *puttu* (Mehlspeise mit Milch, Bananen und Honig) zum Frühstück sowie ein gutes Thali (100 ₹).

God's Own Country Kitchen INTERNATIONAL $$
(North Cliff; Hauptgerichte 100–500 ₹; ⌚7–23 Uhr; 📶) Das lustige Lokal hat es eigentlich gar nicht nötig, auf Keralas touristisches Motto anzuspielen, denn sein Essen ist gut, es verfügt über eine tolle kleine Terrasse im Obergeschoss und an manchen Abenden gibt's in der Saison auch Livemusik.

Trattorias INTERNATIONAL $$
(Gerichte 100–400 ₹; ⌚8.30–23 Uhr) „Trattorias" klingt italienisch, und es gibt hier tatsächlich eine ordentliche Auswahl an Pizza und Pasta, aber genauso auch panasiatische und indische Kost. Das Essen ist beständig gut. Dies war eines der ersten Lokale mit einer italienischen Espressomaschine. Die Korbstühle und die Terrasse mit Meerblick sind wirklich gemütlich.

Café del Mar INTERNATIONAL $$
(Hauptgerichte 100–420 ₹; ⌚7–23 Uhr; 📶) Hier gibt es zwar keinen großen Balkon wie bei vielen benachbarten Läden, aber das Café del Mar hat dank effizienter Bedienung, leckerem Kaffee und verlässlich gutem Essen immer viel zu tun.

Wait n Watch INDISCH $$
(Hindustan Beach Retreat; Hauptgerichte 120–280 ₹; ⌚11–22.30 Uhr; 📶) Das Restaurant mit Bar im obersten Geschoss eines hässlichen Hotelklotzes am Strand hat schmackhafte indische Gerichte und Meeresfrüchte, der Hauptgrund, mit dem Fahrstuhl hinaufzufahren, ist aber der Blick vom Balkon (auf dem nur ein paar Tische stehen) auf das Treiben unten am Strand. Es gibt hier auch noch ein Freiluft-Restaurant unten am Pool.

ℹ Praktische Informationen

Ein **Geldautomat** (⌚24 Std.) an der Temple Junction akzeptiert Visa-Karten; weitere Geldautomaten und Banken finden sich im Ort Varkala.

GEFAHREN & ÄRGERNISSE

An den Stränden von Varkala herrschen starke Strömungen; selbst erfahrene Schwimmer wurden hier schon fortgespült. Während der Monsunzeit ist der Strand nahezu verschwunden, und die Klippen erodieren langsam. Auf dem Klippenweg ist Vorsicht geboten, vor allem abends – der Weg ist teilweise nicht abgezäunt und stellenweise schlüpfrig.

Am Hauptstrand von Varkala werden sich Frauen im Bikini oder selbst in Badeanzügen von Blicken belästigt fühlen. Einen Sarong anzulegen, wenn man aus dem Wasser gekommen ist, schützt davor und nimmt Rücksicht auf die Einstellung der Einheimischen. Im Ort Varkala sollte man nicht freizügig herumlaufen.

An- & Weiterreise

Nahverkehrs- und Expresszüge fahren häufig nach Thiruvananthapuram (2. Klasse/Sleeper/3AC 45/140/490 ₹, 1 Std.) und Kollam (45/140/490 ₹, 40 Min.) und siebenmal täglich nach Alappuzha (95/140/490 ₹, 2 Std.).

Varkala liegt abseits der Schnellstraße, und der Hauptbusbahnhof liegt mitten im Ort Varkala. Von dort fahren häufig Busse nach Thiruvananthapuram und siebenmal täglich nach Kollam. An der Temple Junction kommen täglich drei Busse nach Thiruvananthapuram (65 ₹, 1½–2 Std.) und einer nach Kollam (45 ₹, 1 Std.) vorbei.

Wer sich für eine Taxi- oder Autorikschafahrt nach Kollam (600 ₹), Thiruvananthapuram oder Kovalam (je 1300 ₹) entscheidet, sollte den Fahrer auffordern, nicht über die Schnellstraße, sondern über die malerische Küstenstraße zu fahren.

Unterwegs vor Ort

Vom Bahnhof zum Strand von Varkala sind's ungefähr 3 km; die Fahrt mit der Autorikscha zur Temple Junction kostet 80 ₹ und Richtung North Cliff 100 ₹. Taxis und Autorikschas sammeln sich am Hubschrauberlandeplatz North Cliff und einem Stand nahe beim Janardhana-Tempel. Nahverkehrsbusse sind regelmäßig zwischen dem Bahnhof und der Temple Junction unterwegs (8 ₹).

Ein paar Läden an den Klippen vermieten Motorroller/Motorräder für 350/450 ₹ pro Tag.

Kollam (Quilon)

0474 / 349 000 EW.

Kollam (Quilon) ist der südliche Zugang zu Keralas Backwaters und ein Ziel der bekannten Backwater-Bootstour nach Alappuzha. Als einer der ältesten Häfen am Arabischen Meer war es einst ein wichtiges Handelszentrum, das in Scharen römische, arabische und chinesische, später portugiesische, holländische und britische Händler anzog – alle gierig danach, Gewürze und kostbare Cashewkerne aus der Region in die Hände zu bekommen. Im Zentrum geht's hektisch zu, aber in der Umgebung findet man die ruhigen Wasserläufe des Ashtamudi-Sees, deren Ufer Kokospalmen, Cashewplantagen und traditionelle Dörfer säumen – ein toller Ort, um ohne große Menschenmassen ein Gefühl für die Backwaters zu bekommen.

Sehenswertes

Nördlich vom **Kollam Beach** gibt's einen Hafen und einen raubeinigen Fischmarkt, auf dem Kunden und Fischer über den Wert des Tagesfangs verhandeln. Kollams Strand liegt 2 km südlich der Stadt, aber es gibt schönere Sandstrände weiter südlich in Eravipuram und Mayyanad. Das nördliche Ende des Hafens markiert das **Thangassery Lighthouse** (10 ₹, Aufzug Inder/Ausländer 20/50 ₹; Di–So 10–13 & 14–18 Uhr).

Aktivitäten

★ Munroe Island Cruise BOOTSFAHRT

(www.dtpckollam.com; Tour 500 ₹/Pers.; 9–13.30 & 14–18.30 Uhr) Ausgezeichnete Bootstouren durch die Kanäle von Munroe Island organisieren die DTPC (S. 1055) und eine Reihe von Privatveranstaltern, darunter das Ashtamudi Villas und das Munroe Island Backwaters Homestay. Die entspannte, dreistündige Fahrt mit einem Stechkahn durch das Netz der Kanäle beginnt rund 15 km nördlich von Kollam.

Auf den Kanälen erhält man Einblick ins alltägliche Dorfleben, schaut beim Bau eines *kettuvallam* (Reisbarke), der Gewinnung von Toddy (Palmensaft) oder der Verarbeitung von Kokosfasern zu, sieht Garnelen- und Fischfarmen und kann bei Besuchen in Gewürzgärten auch Vögel beobachten.

Hausbootfahrten BOOTSFAHRT

(www.dtpckollam.com; Kreuzfahrt mit Übernachtung 9200 ₹, Kreuzfahrt Kollam-Alappuzha 20 000–28 000 ₹) In Kollam gibt's weit weniger Hausboote als in Alappuzha, also ist mit einem nicht so touristisch geprägten Erlebnis zu rechnen. Die DTPC hat diverse Angebote für Hausbootfahrten, und zwei private Veranstalter mit Büros am Pier bieten ebenfalls Fahrten von Kollam nach Alappuzha an.

Santhigiri Ayurveda Centre AYURVEDA

(9287242407, 0474-2763014; www.santhigiriashram.com; Asramam Rd, Kadappakada; Massage ab

Kollam (Quilon)

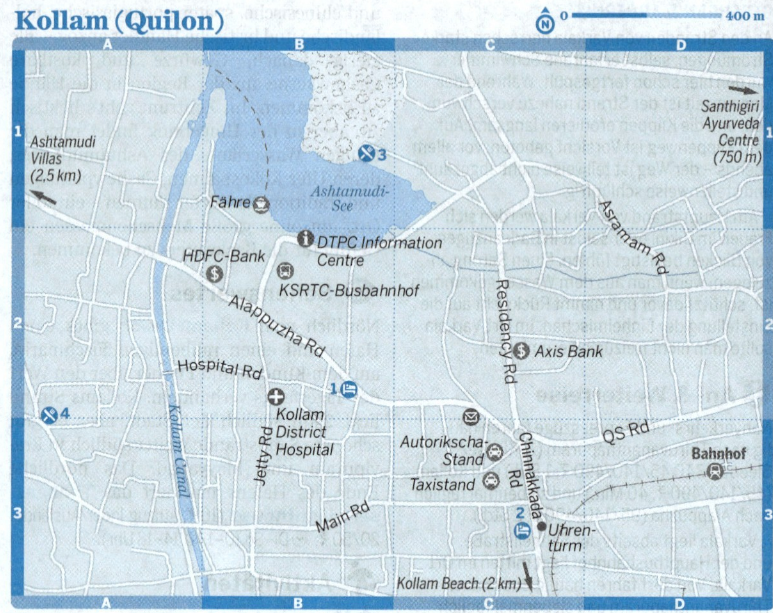

Kollam (Quilon)

Schlafen
1 Hotel Sudarsan B2
2 Nani Hotel C3

Essen
3 8 Point Art Cafe B1
Prasadam .... (siehe 2)
4 Wok & Grill A2

1200 ₹) Das Zentrum, das mehr an eine Klinik als eine Wellnessoase erinnert, ist für sieben- bis 21-tägige Anwendungen bekannt.

Feste & Events

Die Region Kollam ist Schauplatz vieler Feste und Bootsregatten – von November bis März gibt's praktisch jeden Tag irgendwo in der Gegend ein Tempelfest.

Kottamkulangara Chamaya Vilakku RELIGION
(März/April) Bei diesem ungewöhnlichen Fest im 15 km nördlich von Kollam gelegenen Chavara verkleiden sich Männer als Frauen und tragen Lichter zum Tempel.

Kollam Pooram KULTUR
(Asraman-Shri-Krishna-Swami-Tempel, Kollam; April) Bei diesem zehntägigen Fest gibt's die ganze Nacht dauernde Kathakali-Vorstellungen und einen Umzug mit 40 geschmückten Elefanten.

President's Trophy Boat Race SPORT
(1. Nov.) Die renommierteste Bootsregatta in der Region Kollam wird auf dem Ashtamudi-See ausgetragen.

Schlafen

Munroe Island Backwaters Homestay HOMESTAY $
(9048176186; Chittamula Rd, Munroe Island; DZ mit Frühstück 1200 ₹;) Die drei farbenfrohen Hütten im keralesischen Stil verstecken sich in den Backwaters auf Munroe Island, (auf dem Straßenweg) rund 25 km nördlich von Kollam. Hier können Traveller in das dörfliche Leben eintauchen. Vijeesh und seine nette Familie arrangieren auch Kanuausflüge in den Backwaters (450 ₹/Pers.).

Hotel Sudarsan BUSINESSHOTEL $
(0474-2744322; www.hotelsudarsan.com; Hospital Rd; DZ 950 ₹, mit Klimaanlage ab 1900 ₹, Suite 3500 ₹;) Das Sudarsan hat eine überraschend gute Lage nahe der Bootsanlegestelle und ein überraschend gutes Preis-Leistungs-Verhältnis. Die Zimmer liegen um einen zentralen Hof, und auf dem Gelände finden sich das Kedar Restaurant und die Bierbar Golden Tavern. Die Suiten sind sehr geräumig.

★ Ashtamudi Villas PENSION $$
(☎ 9847132449, 0474-2706090; www.ashtamudivillas.com; nahe der Kadavoor Church, Mathilil; DZ/FZ 1500/2500 ₹; 📶) Die charmanten Cottages am See sind mit Abstand die beste Wahl für einen entspannten, erschwinglichen Aufenthalt in Kollam. Gastgeber Prabhath Joseph bietet einen herzlichen Empfang und zieht mit durchdachter architektonischer Gestaltung, farbenfrohem Dekor, funkelnden Badezimmern, Hängematten am See zwischen den Palmen und einer Bibliothek mit Büchern über Kerala alle Register. Man kann kostenlos Kajaks ausleihen, und auch Kanutouren nach Munroe Island lassen sich hier organisieren.

Die Anreise erfolgt auf der Straße oder per Boot – vorher wegen einer Wegbeschreibung anrufen!

Nani Hotel HOTEL $$
(☎ 0474-2751141; www.hotelnani.com; Chinnakkada Rd; DZ mit Frühstück 1460 ₹, mit Klimaanlage 2250–3650 ₹, Suite 7800 ₹; ❄@📶) Das von einem Cashew-Magnaten erbaute Boutique-Businesshotel in Kollams turbulentem Zentrum bietet ein überraschend gutes Preis-Leistungs-Verhältnis. Die schöne Architektur verbindet traditionelle keralesische Elemente mit modernen Linien zu einem schicken Gesamtbild. Selbst die billigeren Zimmer haben Flachbildfernseher, Federkissen und aufwendige Bäder.

Essen

★ 8 Point Art Cafe CAFÉ $
(☎ 0474-2970256; Hauptgerichte 70–190 ₹; ⏲ 11.30–21 Uhr) Auf der belebten Seite des Ashtamudi-Sees ist dieses ausgezeichnete Café in einem restaurierten historischen Gebäude teils örtliche Kunstgalerie, teils ein trendiger Treff mit kostenlosen Wechselausstellungen, gutem Kaffee, Suppen, Pasta und einer kleinen Bibliothek.

Wok & Grill ASIATISCH $$
(☎ 0474-2753400; High School Junction Rd; Hauptgerichte 185–290 ₹; ⏲ 12–22.30 Uhr) Leckere Fleischgerichte gibt's in diesem modernen, sauberen Restaurants mit Gerichten der indischen, chinesischen, thailändischen, arabischen und Chettinadu-Küche. Hier gibt's z.B. *kung pao*-Hühnchen, grünes Curry, Ingwer-Knoblauch-Garnelen oder Schawarma.

Prasadam INTERNATIONAL $$
(☎ 0474-2751141; Chinnakkada Rd, Nani Hotel; Hauptgerichte 160–280 ₹, Mittags-Thali 160 ₹; ⏲ 12–14.30 & 19–22 Uhr) Das Restaurant im Nani Hotel wirkt mit seinen Stühlen mit hohen Rückenlehnen und den feinen Kupferreliefs, die Ereignisse aus der Geschichte Kollams darstellen, ziemlich formell. Die Speisen, darunter keralesische, Tandur- und chinesische Gerichte, sind gut zubereitet, und die schmackhaften Thalis, die es mittags gibt, sind gut und günstig.

ℹ Praktische Informationen

DTPC Information Centre (☎ 0474-2745625; www.dtpckollam.com; ⏲ 8–19 Uhr) Das hilfreiche Büro gegenüber dem KSRTC-Busbahnhof nahe der Bootsanlegestelle kann Backwater-Trips und Yogakurse organisieren.

ℹ An- & Weiterreise

BUS

Kollam liegt an der Busroute Thiruvananthapuram–Kollam–Alappuzha–Ernakulam. Alle 10 oder 20 Minuten fahren Busse nach Thiruvananthapuram (84 ₹, 2 Std.), Alappuzha (80 ₹, 2½ Std.) und Ernakulam (Kochi, normaler Bus/AC 122/225 ₹, 3½ Std.). Um 5 Uhr fährt ein Bus nach Kumily (125 ₹, 5 Std.), und es gibt ein paar Nahverkehrsbusse nach Varkala (40 ₹, 30 Min.), doch sind Züge zur Fahrt dorthin die bessere Option.

Die Busse starten vom **KSRTC-Busbahnhof** (☎ 0474-2752008) in bequemer Nähe zur Bootsanlegestelle.

SCHIFF/FÄHRE

Viele Traveller nehmen das staatliche Kanalboot von/nach Alappuzha (400 ₹; 8 Std.; 10.30 Uhr) – eine Reservierung ist nicht erforderlich, man sollte aber um 9.30 Uhr an der Fähranlegestelle sein. Von der Hauptbootsanlegestelle fahren häufig öffentliche Fähren über den Ashtamudi-See nach Guhanandapuram (1 Std.). Der Fahrpreis beträgt hin und zurück rund 10 ₹, eine kurze Strecke kostet 3 ₹.

ZUG

Es gibt häufige Expresszüge über Alappuzha (Sleeper/3AC 140/490 ₹, 1½ Std.) nach Ernakulam (140/490 ₹, 3 Std., tgl. 20-mal) und über Varkala (140/490 ₹, 30 Min.) nach Thiruvananthapuram (140/490 ₹, 1½ Std., tgl. 21-mal).

Rund um Kollam

Palastmuseum Krishnapuram MUSEUM
(☎ 0479-2441133; 10 ₹, Foto/Video 25/250 ₹; ⏲ Di–So 9.30–16.30 Uhr) Der restaurierte Palast liegt etwa 2 km südlich von Kayamkulam zwischen Kollam und Alappuzha und ist ein außerordentlich schönes Beispiel für

die meisterhafte Kerala-Architektur. Das Museum zeigt Gemälde, Antiquitäten, Skulpturen und ein berühmtes 3 m hohes Wandbild, das die Gajendra Moksha (die Befreiung des Elefantenkönigs Gajendra) zeigt, wie sie im Mahabharata beschrieben wird.

Alle paar Minuten fährt ein Bus (27 ₹, 1 Std.) von Kollam nach Kayamkulam. An der Bushaltestelle beim Tempeltor, 2 km vor dem Palast, heißt es: aussteigen.

Alappuzha (Alleppey)

☎ 0477 / 74 200 EW.

Alappuzha – die meisten sagen Alleppey – ist der Startpunkt für Touren auf den Backwaters von Kerala, die ein riesiges Netzwerk an Kanälen mit mehr als 1000 Hausbooten bilden. Bei einem Spaziergang durch das kleine, aber chaotische Zentrum und das Gebiet des Busbahnhofs mit seinem bescheidenen Netz an Kanälen drängt sich einem der Begriff „Venedig des Ostens" auf. Geht man aber Richtung Westen an den Strand, oder in so ziemlich alle anderen Richtungen zu den Backwaters, schon wird Alappuzha zum grazilen und grünen Städtchen, das in eine Wasserwelt voller Dörfer, Kanus, Toddy-Shops und natürlich Hausboote übergeht. Hier kann man sich einfach treiben lassen und den Blick über die saftig grünen Reisfelder, die üppig beladenen Reiskähne und die Dörfer entlang der Ufer schweifen lassen. Dies ist eines von Keralas faszinierendsten Erlebnissen, beeindruckend und entspannend zugleich.

Sehenswertes

Alleppey Beach STRAND

Der Hauptstrand von Alappuzha liegt etwa 2 km westlich vom Zentrum. Am Strand direkt gibt's keine geschützten Stellen, und wegen der starken Strömung wagt sich hier auch nicht jeder ins Wasser. Dafür sind die Sonnenuntergänge toll, und an ein paar Stellen lohnt es sich, für ein Getränk oder einen Snack – in einem guten Café – anzuhalten. Der Strand erstreckt sich nach Norden und Süden die Küste entlang.

Alleppey Lighthouse LEUCHTTURM

(Inder/Ausländer 10/25 ₹, Foto/Video 20/25 ₹; ⏲ Di–So 9–11.45 & 14–17.30 Uhr) Der bunt gestreifte Leuchtturm steht ein paar Blocks hinter dem Strand. In dem kleinen Museum befindet sich eine originale Öllampe. Eine Wendeltreppe führt auf die Spitze des

MATHA AMRITHANANDAMAYI MISSION

Die seltsam rosa angestrichene **Matha Amrithanandamayi Mission** (☎ 0476-2897578; www.amritapuri.org; Amrithapuri) ist der berühmte Ashram von Amrithanandamayi, einem der wenigen weiblichen Gurus in Indien. Sie ist auch als Amma (Mutter) oder als „die umarmende Mutter" bekannt, weil sie bei der *darshan* (Audienz) oft Tausende von Menschen in Marathon-Sessions umarmt, die die ganze Nacht dauern. Der Ashram veranstaltet täglich um 16 und 17 Uhr offizielle Führungen. Um Einzelheiten zu erfahren, geht man auf die Website oder lädt sich die Amma-App herunter.

Der riesige Komplex hat rund 3500 ständige Bewohner – Mönche, Nonnen, Studenten und Familien aus Indien und dem Ausland. Es gibt Verpflegung, Ayurveda-Anwendungen und täglich nach einem Zeitplan Yoga, Meditation und *darshan*. Amma reist den größten Teil im Jahr herum, die Umarmung ist also nicht garantiert. (Ob sie vor Ort ist, kann man ihrem Terminkalender im Netz entnehmen.) Besonders viel los ist im Ashram rund um Ammas Geburtstag am 27. September.

Besucher sollten sich nicht freizügig kleiden und den strikten Verhaltenskodex einhalten. Bei vorheriger Anmeldung – durch Online-Registrierung – kann man im Ashram übernachten (3BZ 250 ₹/Pers., EZ 500 ₹, inkl. einfacher vegetarischer Verpflegung).

Da der Ashram am Hauptkanal zwischen Kollam und Alappuzha liegt, unterbrechen hier viele Reisende die Bootsfahrt, bleiben ein, zwei Tage und fahren dann mit einem anderen Boot weiter. Alternativ kann man auch auf die andere Seite des Kanals übersetzen und eine Rikscha zum 10 km südlich gelegenen Karunagappally oder nach Kayankulam, 12 km weiter nördlich, nehmen (rund 200 ₹), wo man Anschluss an Busse und Züge hat.

Wer nicht per Boot kommen will, nimmt einen Zug nach Karunagappally oder Kayankulam und von dort eine Autorikscha (ca. 200 ₹) nach Vallickavu und überquert schließlich die Fußgängerbrücke. Wer länger bleiben will, kann online auch ein Ashram-Taxi buchen – die holen Besucher sogar aus so fernen Städten wie Kochi oder Trivandrum ab.

Turms, von wo sich ein Rundumblick auf das überraschend grüne Alappuzha bietet.

RKK Memorial Museum MUSEUM

(☎0477-2242923; www.rkkmuseum.com; NH47, nahe der Powerhouse Bridge; Inder/Ausländer 150/350 ₹; ⌚Di–So 9–17 Uhr) Hinter der prächtigen Säulenfront im Stil der griechisch-römischen Antike zeigt das Revi Karuna Karan (RKK) Memorial Museum die verschwenderische Kollektion aus Kristallwaren, Porzellan, Antiquitäten aus Kerala, Möbeln, Kunstwerken und (traurigerweise) Elfenbeinschnitzereien, die der wohlhabende Geschäftsmann Revi Karuna Karan zusammengetragen hat. Das Museum wurde nach seinem Tod im Jahr 2003 zu seinem Andenken geschaffen.

Aktivitäten

Kerala Kayaking KAJAKFAHREN

(☎9846585674, 8547487701; www.keralakayaking.com; 4-/7-/10-std. Tour 1500/3000/4500 ₹ pro Pers.) Die junge Crew des ersten und besten Kajakveranstalters in Alappuzha bietet ausgezeichnete geführte Kajaktouren durch die schmalen Kanäle der Backwaters. Die Paddeltouren in Einer- und Zweierkajaks werden von einem Gepäckboot begleitet; der Transport mit einem Motorboot zum Startpunkt ist inbegriffen. Es gibt vierstündige Trips am Morgen und am Nachmittag, außerdem sieben- und zehnstündige Tagestouren. Auch mehrtägige Touren zu den Dörfern sind möglich.

Hausboot-Dock BOOTSFAHRT

(dtpcaly@yahoo.com; ⌚Prepaid-Schalter 10–17 Uhr) Wo sich Dutzende von Hausbooten sammeln, kann man gut herumlaufen und ein paar vergleichen. Es gibt einen staatlichen Prepaid-Schalter, an dem die „offiziellen“ Preise angeschlagen sind, die mit 7000 ₹ für zwei Personen beginnen und auf bis zu 24000 ₹ für ein Boot mit fünf Kojen steigen. Aber die Preise richten sich auch nach der Nachfrage.

Shree Krishna Ayurveda Panchkarma Centre AYURVEDA

(☎9847119060; www.krishnayurveda.com; 3/5/7-tägige Anwendungen ab 275/420/590 €) Das Zentrum nahe dem Ziel der Nehru Trophy bietet ayurvedische Anwendungen; einstündige „Verjüngungsmassagen“ kosten 1200 ₹, die Spezialität sind aber Pauschalangebote (3, 5, 7 Tage) inklusive Unterkunft und Yogasitzungen. Billiger wird es, wenn sich zwei Personen die Unterkunft teilen. In der Nähe des Zielpunkts für Bootsrennen.

Geführte Touren

Alle Pensionen, Hotels, Reiseveranstalter oder die DTPC können Kanu- oder Hausboottouren durch die Backwaters organisieren.

Shikaras (überdachte Boote) nach Kaschmir-Art sammeln sich auf dem North Canal an der Straße zum Dock der Hausboote. Für eine motorisierte Fahrt über die Kanäle und durch die Backwaters nehmen sie 300 bis 400 ₹ pro Stunde. Die Fahrt in Einbäumen mit Stechpaddel geht langsamer, ist aber umweltfreundlicher. Die meisten der Einbaum-Touren kosten ab 250 ₹ pro Stunde und dauern meist vier, fünf Stunden. Auf dem Programm stehen Besuche in Dörfern, Wanderungen und eine Palmwein-Bar.

Es kann schwierig sein, einen guten Platz für das Nehru Trophy Boat Race zu bekommen, aber für den besten Platz am Ort hält man sich an Johnson's Houseboat unter www.alleppeysnakeboatrace.com.

Feste & Events

Nehru Trophy Boat Race SPORT

(www.nehrutrophy.nic.in; Tickets 50–2000 ₹; ⌚Aug.) Dies ist die bekannteste und umkämpfteste Bootsregatta in Kerala. Tausende Besucher, viele auf Hausbooten, versammeln sich am Start- und Zielpunkt am Punnamada-See in Alappuzha und schauen gebannt den Schlangenbooten mit ihren bis zu 100 Ruderern zu.

Schlafen

Auch wer sich nicht an Bord eines Hausboots begeben will, findet in Alappuzha ein paar von Keralas charmantesten und günstigsten Unterkünfte, angefangen bei den alten denkmalgeschützten Häusern und Resorts bis hin zu Privatunterkünften mit Blick aufs Wasser.

Wie überall gibt es unter den Rikschafahrern Halsabschneider, vor allem an den Bahnhöfen und Bushaltestellen. Am besten lässt man sich an einem prägnanten Punkt in der Nähe seiner Unterkunft absetzen. Wer gebucht hat, sollte im Voraus anrufen und Bescheid geben, dass er jetzt unterwegs ist – einige Unterkünfte holen einen ab.

Matthews Residency PENSION $

(☎9447667888, 0477-2235938; www.palmyresidency.com; abseits der Finishing Point Rd; Zi. 450–800 ₹) Dies ist eine der besseren Budgetoptionen in Alleppey mit sechs blitzblanken Zimmern mit italienischen Marmorböden, von denen drei Verandas zum Garten hinaus haben. Das Gästehaus liegt nördlich vom

Alappuzha (Alleppey)

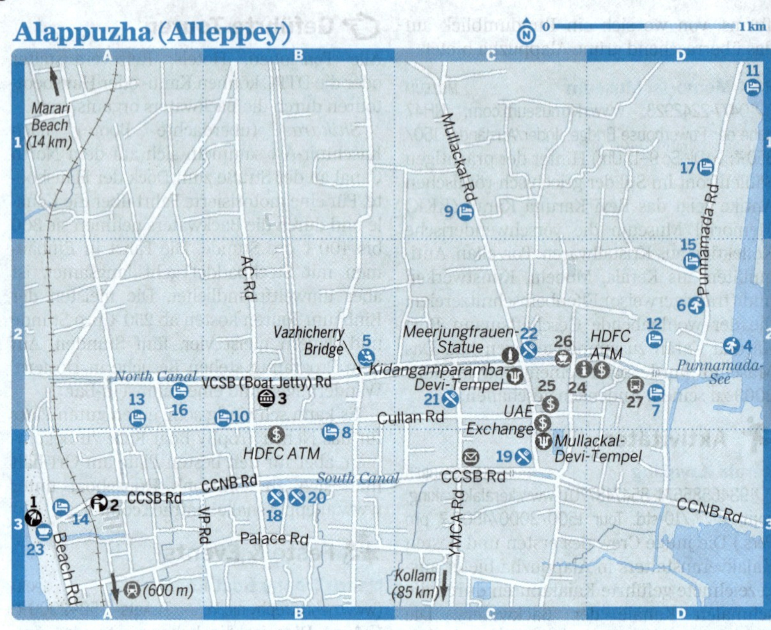

Alappuzha (Alleppey)

Sehenswertes
- 1 Alleppey Beach ... A3
- 2 Alleppey Lighthouse ... A3
- 3 RKK Memorial Museum ... B2

Aktivitäten, Kurse & Touren
- 4 Houseboat Dock ... D2
- 5 Kerala Kayaking ... B2
- 6 Shree Krishna Ayurveda Panchkarma Centre ... D2

Schlafen
- 7 Cherukara Nest ... D2
- 8 Dream Nest ... B3
- 9 Gowri Residence ... C1
- 10 Johnson's ... B2
- 11 Malayalam ... D1
- 12 Matthews Residency ... D2
- 13 Nanni Backpackers Hostel ... A2
- 14 Raheem Residency ... A3
- 15 Sona Heritage Home ... D2
- 16 Tharavad ... A2
- 17 Vedanta Wake Up! ... D1

Essen
- Chakara Restaurant ... (siehe 14)
- 18 Halais ... B3
- Harbour Restaurant ... (siehe 14)
- 19 Kream Korner Art Cafe ... C3
- 20 Mushroom ... B3
- 21 Royale Park Hotel ... C2
- 22 Thaff ... C2

Ausgehen & Nachtleben
- 23 Le Coffee Time ... A3

Praktisches
- 24 DTPC Tourist Reception Centre ... C2
- Geldautomat der Federal Bank . (siehe 21)
- 25 SBI Bank ... C2
- Touristenpolizei ... (siehe 24)

Transport
- 26 Boat Jetty ... C2
- 27 KSRTC-Busbahnhof ... D2
- Nanni Tours & Travel ... (siehe 13)

Kanal, fünf Minuten zu Fuß vom Busbahnhof entfernt, aber ein ganzes Stück abseits der Straße umgeben von saftigem Grün.

Johnson's PENSION $
(☎9846466399, 0477-2245825; www.johnsonskerala.com; DZ 800–1200 ₹, mit Klimaanlage 1850 ₹; ❄@📶) Diese seit Langem bei Backpackern beliebte Unterkunft in einem zweistöckigen Wohnhaus wird vom geselligen Johnson Gilbert geführt. In dem großen Haus gibt's nach Themen eingerichtete Zimmer mit flippigen Möbeln, Hängestühlen, Badewannen im Freien und einen Garten

mit Freiluft-Grill und einem Pferd. Johnson besitzt auch ein ausgezeichnetes „Öko-Hausboot" (www.ecohouseboat.com; 8000–13 000 ₹) – für einen Platz beim Nehru-Bootsrennen vorab reservieren!

Nanni Backpackers Hostel HOSTEL $
(☎ 9895039767; www.nannitours.com; Cullan Rd; B/DZ 250/700 ₹) Die entspannte Pension befindet sich in kurzer Gehentfernung vom Strand und 1,5 km nördlich vom Bahnhof und ist eine sehr gute und günstige Option. Es gibt zwei Schlafsäle mit sechs Betten und oben einige geräumige Privatzimmer, außerdem ein Straßencafé und eine Lounge auf dem Dach. Der junge Eigentümer Shibu hat viele Infos zur Gegend auf Lager, vermietet Motorroller und ist sehr bemüht, dass seine Gäste sich bei ihm heimisch fühlen.

Vedanta Wake Up! HOSTEL $
(☎ 0477-2231132; www.vedantawakeup.com; Punnamada Rd; B 400 ₹, DZ mit Klimaanlage ab 1400 ₹; ❄ 📶) In ruhiger Lage gleich nördlich vom Hausboot-Dock punktet dieses Hostel mit sauberen Schlafsälen mit Klimaanlage, gemütlichen Gemeinschaftsbereichen, einem Café und den üblichen Extras wie Schließfächern und WLAN. Hier kommt man gut mit anderen Travellern in Kontakt, was nützlich ist, wenn man, eine Gruppe zum Mieten eines Hausboots zusammenbekommen will.

Dream Nest PENSION $
(☎ 9895860716; www.thedreamnest.com; Cullan Rd; DZ 500–900 ₹, mit Klimaanlage 1200 ₹; ❄ 📶) Die gegen die Straße zurückgesetzten farbenfrohen Zimmer der Budget-Pension sind ein gutes Angebot. Es gibt eine Gemeinschaftslounge und eine junge Traveller-Atmosphäre.

Cherukara Nest HOMESTAY $$
(☎ 0477-2251509, 9947059628; www.cherukaranest.com; DZ/3BZ mit Frühstück 900/1200 ₹, mit Klimaanlage 1500 ₹, Cottage mit Klimaanlage 1500 ₹; ❄ @ 📶) Das hübsche historische Wohnhaus in einem gepflegten Garten besitzt eine so familiäre Atmosphäre, dass man nicht abreisen will. Im Haupthaus gibt's vier große, charaktervolle Zimmer mit hohen Decken, viel poliertem Holz und vorsintflutlichen Türen mit verzierten Schlössern. Der Eigentümer Tony vermietet auch ein gutes, günstiges Hausboot (6000/8500 ₹ für 2/4 Pers.) und organisiert Touren zu Dörfern (900 ₹).

Tharavad HOMESTAY $$
(☎ 0477-242044; www.tharavadheritageresort.com; westlich der North Police Station; DZ 2500–3500 ₹; ❄ 📶) In ruhiger Lage am Kanal zwischen Stadtzentrum und Strand findet sich dieses charmante alte Wohnhaus mit viel glänzendem Teakholz und Antiquitäten, Fensterläden, fünf schönen Zimmern und einem gepflegten Garten.

Malayalam RESORT $$
(☎ 9496829424, 0477-2234591; malayalamresorts@yahoo.com; Punnamada; Zi. 1500–2500 ₹; 📶) Die kleine, von einer Familie geführte Unterkunft besteht aus niedlichen Bambushütten und zwei geräumigen zweistöckigen Gebäuden mit je vier Zimmern am See nahe dem Startpunkt des Nehru-Trophy-Bootsrennens. Von den Zimmern mit Balkon im Obergeschoss hat man eine nette Aussicht. Wegbeschreibung: an der Rezeption des Keraleeyam Resort vorbei dem Kanal folgen!

Canoe Ville COTTAGE $$
(☎ 9895213162; http://canoeville.com; Cottage DZ inkl. Gerichte 3500 ₹) Die skurrile Anlage am Seeufer 5 km nördlich von Alappuzha besteht aus Mini-Hausboot-Cottages, die auf eigens angelegten künstlichen Kanälen schwimmen und eine Art „Hausboot-Erlebnis an Land" versprechen. Die komfortablen Doppelzimmer-Cottages haben Bäder und große Veranden. Dazu gibt's Mahlzeiten, kostenlose Hängematten und Aktivitäten wie Rafting mit Bambus-Flößen. Es gibt Pläne, günstige Safarizelte (500 ₹/Pers.) aufzustellen.

Punnamada Homestay HOMESTAY $$
(☎ 0484-2371761, 9847044688; DZ mit Frühstück & Abendessen 3000 ₹; 📶) Das attraktive Familienhaus im traditionellen Stil steht nördlich von Alappuzha in friedlicher Umgebung nahe dem Punnamada-See. Die beiden Zimmer sind ordentlich, gut möbliert und verfügen über eigene Balkone. Die Hausmannskost ist wirklich gut.

Sona Heritage Home PENSION $$
(☎ 0477-2235211; www.sonahome.com; Lakeside, Finishing Point; Zi. 900 ₹, mit Klimaanlage 1400 ₹; ❄ 📶) Das vom freundlichen Joseph geführte schöne alte Wohnhaus hat Zimmer mit hohen Decken, verblassten Blümchenvorhängen, christlichen Motiven, Himmelbetten und Ausblick auf einen gepflegten Garten.

Gowri Residence PENSION $$
(☎ 0477-2236371, 9847055371; www.gowriresidence.com; Mullackall Rd; DZ 600–1200 ₹, Cottages mit Klimaanlage 1500–2000 ₹; ❄ 📶) Der weitläufige Komplex rund 800 m nördlich vom North Canal umfasst eine Menge Zimmer

BOOTSTOUREN AUF KERALAS BACKWATERS

Das unbestrittene Highlight jeder Reise durch Kerala ist eine Fahrt durch das 900 km umfassende Netz von Wasserstraßen, die die Küste säumen und bis weit ins Landesinnere hineinreichen. Lange bevor es Straßen gab, dienten diese Wasserläufe in Kerala als Hauptverkehrswege, und viele Dorfbewohner nutzen auch heute noch überwiegend Paddelboote als Transportmittel. Bei einer Tour in den Backwaters passiert man palmengesäumte Seen, die von ausladenden Fischernetzen überspannt sind, und schmale, schattige Kanäle, wo Kokosfasern, Kopra (getrocknetes Kernfleisch von Kokosnüssen) und Cashewkerne auf Boote verladen werden. Entlang der Ufer sieht man isolierte Dörfer, in denen die bäuerliche Lebensweise seit Ewigkeiten unverändert geblieben ist.

Bootstouren für Touristen

Die beliebte Touristenbootstour zwischen Kollam und Alappuzha (400 ₹) findet von Juli bis März täglich, sonst alle zwei Tage statt. In beiden Orten starten die Boote um 10.30 Uhr und kommen um 18.30 Uhr an. Im Allgemeinen gibt's mittags einen Halt (13 Uhr) und eine kürzere Teepause am Nachmittag. Getränke, Sonnencreme, Hut und ein Buch mitnehmen!

Die achtstündige Fahrt zwischen den beiden Städten ist zwar malerisch und entspannt, führt aber nur über die größeren Kanäle, so dass man kaum einen Blick auf das Dorfleben werfen kann, worin der besondere Reiz von Backwaters-Touren aber eigentlich besteht. Eine andere Möglichkeit ist, nur die halbe Strecke zu buchen (200 ₹) und an der Matha Amrithanandamayi Mission (S. 1056) auszusteigen.

Hausboote

Wenn die Sterne günstig stehen, kann das Mieten eines wie ein *kettuvallam* (Reisbarke) gestalteten Hausboots zum Highlight der Indien-Reise werden. Das kann aber (je nach Budget) recht teuer werden, doch für ein Paar, das sich eine romantische Nacht gönnen will, oder für Reisegruppen, die sich die Kosten teilen, lohnt sich in der Regel jede Rupie. Sich durch die ruhigen, von Kokospalmen gesäumten Wasserstraßen treiben zu lassen, köstliches keralesisches Essen zu genießen, Dorfbewohner kennenzulernen und auf dem Wasser zu übernachten – das sind Erlebnisse ganz fern der in Indien üblichen Hektik.

Es gibt Hausboote für Paare (mit 1 oder 2 Doppelkabinen) und Gruppen (mit bis zu 7 Kabinen). Die Verpflegung (und ein mitreisender Koch) sind generell in dem angegebenen Preis genauso enthalten wie der Schiffsführer/Kapitän. Hausboote können bei vielen Privatanbietern in Alappuzha, Kollam und Kottayam gechartert werden. Das ist in Kerala das größte Geschäft, und die Qualität der Boote ist sehr unterschiedlich – sie reicht von in die Jahre gekommenen Booten bis hin zu schwimmenden Palästen. Man sollte versuchen, sich das Boot erst einmal anzusehen, ehe man über den Preis einig wird. Reisebüro-Schlepper versuchen, einem ein Boot aufzuschwatzen, sobald man in Kerala gelandet ist, aber besser wartet man, bis man eine Stadt in den Backwaters erreicht hat: die Auswahl ist in Alappuzha viel größer (mehr als 1000 Boote), und die Chancen stehen auch besser, den Preis

und Cottages in einem großen Garten: Im Haupthaus gibt's traditionelle, holzverkleidete Zimmer. Die Hütten sind unterschiedlich – sie bestehen aus Stein, Holz, Bambus oder Schilf. Die besten haben hohe Decken, eine Klimaanlage und Flachbild-TV. Insgesamt wirkt die Anlage ein wenig verblasst.

★ Raheem Residency HOTEL $$$
(☎ 0477-2239767; www.raheemresidency.com; Beach Rd; DZ 9600–12 500 ₹; ❄ 📶 🏊) In diesem geschmackvoll renovierten historischen Haus aus den 1860er-Jahren wohnt man gern. Die Inhaberin, das irische Original Bibi Baskin, hat den zehn Zimmern ihren alten Glanz zurückgegeben; sie prunken mit Badewannen, antiken Möbeln und alten Einbauten. Zu den Gemeinschaftsbereichen zählen Innenhöfe, ein toller Pool und ein ausgezeichnetes Restaurant.

Essen & Ausgehen

★ Mushroom ARABISCH, INDISCH $
(CCSB Rd.; Hauptgerichte 70–150 ₹; ⏲ 12–24 Uhr) Ein Freiluftrestaurant mit schmiedeeisernen Stühlen, das sich auf günstige, köstliche und scharfe Halal-Gerichte spezialisiert hat, z. B.

herunterzuhandeln, wenn man persönlich auftaucht und sich das Angebot anschaut. Die meisten Pensionen und Homestays können für ihre Gäste ebenfalls ein Hausboot buchen.

In der Hauptsaison oder während der Feiertage (z. B. an Pooja, Onam oder Diwali), wenn die Preise in die Höhe schnellen, kann man in einen Backwaters-Stau geraten – einige Traveller sind enttäuscht, dass es angesichts der vielen Boote auf dem Wasser nichts mit ungestörter Einsamkeit ist. Man kann mit dem Hausboot von Alappuzha bis Kollam oder eine Teilstrecke des Wegs nach Kochi reisen – doch bei solchen Trips verbringt man mehr Zeit auf Seen und Kanälen als in den wirklichen Backwaters, und solche Reisen dauern auch länger als viele denken. Im Budgetsektor kostet ein Boot für zwei Personen rund 6000 bis 8000 ₹ für einen Tag, ein Boot für vier Personen 10 000 bis 12 000 ₹, und für größere Boote oder Boote mit Klimaanlage muss man 15 000 bis 30 000 ₹ berappen. Man sollte sich umschauen und versuchen, Rabatte auszuhandeln – was in der Spitzensaison schwierig werden dürfte. Vom 20. Dezember bis 5. Januar verdreifachen sich die Preise.

Dorfbesuche & Kanutouren

Dorftouren – eine ausgezeichnete Möglichkeit die Backwaters tagsüber in gemächlichem Tempo zu erleben – werden in der Regel für kleine Gruppen von fünf bis sechs Teilnehmern angeboten; man fährt unter Leitung eines kundigen Führers in einem offenen Kanu oder einem überdachten *kettuvallam*. Die Touren (ab Kochi, Kollam oder Alappuzha) dauern 2½ bis 6 Stunden und kosten rund 400 bis 1000 ₹ pro Person. Man besucht Dörfer und sieht, wie Kokosfasern verarbeitet, Boote gebaut, Palmsaft gezapft und Fische gezüchtet werden. Der Munroe-Island-Trip ab Kollam ist eine tolle Tour dieser Art, und auch Tourist Desk (S. 1078) in Ernakulam organisiert empfehlenswerte Touren.

Öffentliche Fähren

Wer für wenige Rupien eine Fahrt auf den Backwaters erleben will, nimmt einfach die Fähre von State Water Transport (www.swtd.gov.in), die ab 7.30 Uhr fünfmal täglich zwischen Alappuzha und Kottayam (15 ₹, 2½ Std.) pendelt. Die Fahrt führt über den Vembanad-See und bietet eine abwechslungsreichere Landschaft als die Kreuzfahrt von Kollam nach Alappuzha. Vom Bootsanleger in Alappuzha legen noch viele andere altersschwache Boote ab, die Einheimische zu ihren Dörfern in den Backwaters bringen.

Umweltschutz

Die Verschmutzung durch Bootsmotoren nimmt proportional zur Zahl der Hausboote zu. Deshalb haben die Behörden Keralas ein umweltfreundliches, sicheres Akkreditierungssystem für Hausbootsbetreiber eingeführt. Um das „Gold Star, Silver Star oder Green Palm Certificate" zu bekommen, müssen die Betreiber u. a. Solarzellen installieren und Sanitärbehälter für die Abfallentsorgung bereitstellen. Einfach den Betreiber fragen, ob er das Zertifikat hat! Darum sollte man eigentlich statt eines Motorboots lieber einen der wenigen verbliebenen Stechkähne mieten, sie können aber nur in flachen Gewässern genutzt werden.

Kali-Mirch-Hühnchen, Fisch-Tandur und Chilipilze. Die gute Mischung an Einheimischen und Travellern sorgt für eine angenehme Atmosphäre.

Kream Korner Art Café INTERNATIONAL $

(☎0477-2260005; www.kreamkornerartcafe.com; Mullackal Rd; Gerichte 40–160 ₹; ⌚9–22 Uhr) Im buntesten Lokal der Stadt wird man unter dem Motto „Essen trifft Kunst" mit hell gestrichenen Tischen und zeitgenössischer regionaler Kunst an den Wänden empfangen. Der entspannte, luftige Laden ist sowohl bei indischen als auch ausländischen Familien für seine günstige, leckere Auswahl an indischen und chinesischen Gerichten beliebt.

Thaff INDISCH $

(VCNB Rd; Gerichte 45–120 ₹; ⌚So–Do 9–21, Sa & So 9–22 Uhr) Das beliebte Restaurant serviert leckere südindische und ein paar nordindische und chinesische Gerichte. Es gibt saftige Hähnchen vom Bratspieß, Biryanis und eiskalte Eiscreme-Shakes.

Halais INDISCH, ARABISCH $$

(☎9447053338; www.halaisrestaurant.com; Hauptgerichte 70–400 ₹, Biryani ab 170 ₹;

ABSTECHER

GREEN PALM HOMES

Nur 12 km außerhalb von Alappuzha finden sich die **Green Palm Homes** (☎ 9495557675, 0477-2724497; www.greenpalmhomes.com; Chennamkary; Zi. mit VP 3500–5000 ₹; ❄) auf einer Insel in den Backwaters. Diese Reihe von Homestays in einem malerischen Dorf wirkt weltentrückt. Man übernachtet in schlichten Zimmern in dörflichen Wohnhäusern inmitten von Reisfeldern, sofern man sich nicht für ein „Premium"-Zimmer mit angeschlossenem Bad und Klimaanlage entscheidet. Es ist hier herrlich ruhig, denn Straßen gibt es nicht. Man kann geführte Touren unternehmen, ein Fahrrad oder ein Kanu ausleihen und an Kochkursen teilnehmen.

Um hinzukommen, vorher anrufen und eine der stündlich verkehrenden Fähren von Alappuzha nach Chennamkary nehmen (10 ₹, 1¼ Std.).

⌚24 Std.) Das saubere Restaurant hinter dem Süßwarenladen vorn an der Straße ist berühmt für seine Hühnchen- und Lamm-Biryanis, aber auch für seine arabischen und jemenitischen Gerichte.

Harbour Restaurant INTERNATIONAL $$
(☎ 0484-2230767; Beach Rd; Gerichte 110–300 ₹; ⌚10–22 Uhr) Das nette Restaurant am Strand wird vom nahegelegenen Raheem Residency betrieben. Es ist zwangloser und preisgünstiger als das Hotelrestaurant und punktet mit einer Auswahl gut zubereiteter indischer, chinesischer und westlicher Speisen sowie dem kältesten Bier der Stadt.

Royale Park Hotel INDISCH $$
(YMCA Rd; Gerichte 130–310 ₹; ⌚7–22.30 Uhr, Bar ab 10 Uhr; 📶) Das klimatisierte Hotelrestaurant hat eine umfangreiche Karte, und das Essen, darunter vegetarische und Fisch-Thalis, ist stets gut. Von der gleichen Karte kann man auch in der überraschend netten Bierbar im Obergeschoss bestellen und dazu ein kaltes Kingfisher genießen.

★ **Chakara Restaurant** INTERNATIONAL $$$
(☎ 0477-2230767; Beach Rd; Mini-Kerala-Mahlzeit 500 ₹, Hauptgerichte ab 450 ₹; ⌚12.30–15 & 19–22 Uhr) Das Restaurant in der Raheem Residency ist definitiv das beste Lokal in Alappuzha. Die offene Dachterrasse, die man über eine Wendeltreppe erreicht, ist ein Juwel und bietet einen schönen Blick über den Strand. Die Speisekarte kombiniert geschickt traditionelle europäische Küche und Keralas kulinarische Besonderheiten, zudem ist das Restaurant auf frischen Fisch aus der Region spezialisiert.

Le Coffee Time CAFE
(Alleppey Beach; Kaffee & Snacks 70–150 ₹; ⌚8–21 Uhr; 📶) Das freundliche Strandlokal bietet eine echte italienische Espressomaschine, ein paar Tische im Schatten, gutes Frühstück und kostenloses WLAN.

ℹ Praktische Informationen

DTPC Tourist Reception Centre (☎ 0477-2253308; www.dtpcalappuzha.com; Boat Jetty Rd; ⌚9–17 Uhr) Das Büro befindet sich nahe dem Busbahnhof und der Bootsanlegestelle. Das Personal gibt Ratschläge zu Touren in die Umgebung.

Touristenpolizei (☎ 0477-2251161; ⌚24 Std.) Neben dem DTPC Tourist Reception Centre.

ℹ An- & Weiterreise

BUS

Vom KSRTC-Busbahnhof fahren häufig Busse nach Thiruvananthapuram (132 ₹, 3½ Std., alle 20 Min.), Kollam (73 ₹, 2½ Std.) und Ernakulam (Kochi; 55 ₹, 1½ Std.). Die Busse nach Kottayam (40 ₹, 1¼ Std., alle 30 Min.) sind viel schneller als die Fähre. Drei Busse fahren nach Kumily (126 ₹, 5½ Std., 6.40, 13.10 & 14.50 Uhr) und Munnar (132 ₹, 5 Std., 4.30, 7 & 14 Uhr). Busse nach Varkala (90 ₹, 3½ Std.) gibt's täglich um 8.15, 8.45 und 10.40 Uhr.

SCHIFF/FÄHRE

Die Fähren nach Kottayam (15 ₹) und die eine tägliche Fähre nach Kollam (400 ₹, 10 Uhr) legen an der Bootsanlegestelle an der VCSB (Boat Jetty) Rd ab.

ZUG

Zahlreiche Züge fahren täglich nach Ernakulam (2. Klasse/Sleeper/3AC 50/140/490 ₹, 1½ Std.) und über Kollam (60/140/490 ₹, 1½ Std.) nach Thiruvananthapuram (80/140/490 ₹, 3 Std.). Sechs Züge pro Tag halten in Varkala (2. Klasse/AC chair 65/260 ₹, 2 Std.). Der Bahnhof liegt 4 km südwestlich der Stadt.

ℹ Unterwegs vor Ort

Eine Autorikscha vom Bahnhof zur Bootsanlegestelle und zum KSRTC-Busbahnhof kostet rund 60 ₹. Mehrere Pensionen vor Ort verleihen Motorroller für 300 ₹pro Tag, ebenso das verlässliche **Nanni Tours & Travel** (☎ 9895039767; Cullan Rd).

Rund um Alappuzha

Kattoor Beach & Marari Beach

Die Strände bei Kattoor und Marari, 10 bzw. 14 km nördlich von Alappuzha, sind eine beliebte Strandalternative zu den Backwaters.

Der Marari Beach ist schicker: Hier gibt's ein paar exklusive Fünf-Sterne-Unterkünfte am Strand. Kattoor, der manchmal auch als der „geheime Strand" bezeichnet wird, ist eher ein Fischerdorf. Hier beschränkt sich die Erschließung auf das Mindestmaß – sandige Nebenstraßen führen hinunter zum nahezu einsamen Sandstrand.

Schlafen

★ Secret Beach Yoga Homestay HOMESTAY $
(☎ 9447786931; www.secretbeach.in; Kattoor Beach; DZ 1000–1500 ₹; 📶) Die Familienunterkunft mit drei Zimmern hat eine herrliche Lage: Eine schmale Lagune trennt das Anwesen von einem recht einsamen Abschnitt des Kattoor Beach, den man per Floßmatte oder zu Fuß durch das Dorf erreicht. Es gibt Hausmannskost zu essen. Der talentierte und freundliche junge Eigentümer Vimal ist akkreditierter Yoga- und Kalarippayat-Lehrer. Es gibt Yogakurse und kostenlose Leihfahrräder.

A Beach Symphony COTTAGES $$$
(☎ 9744297123; www.abeachsymphony.com; Cottage 14 000–17 900 ₹; ⏲ Sept.–Mai; ❄📶🏊) Die Anlage mit nur vier individuell gestalteten Cottages am Eingang zum Hauptstrand ist eines der exklusivsten Resorts am Marari Beach. Die Cottages im keralesischen Stil wirken luxuriös und intim – das Violin Cottage besitzt sogar ein Tauchbecken in seinem eigenen Garten.

Kottayam

☎ 0481 / 335 000 EW.

Die zwischen den Western Ghats und den Backwaters gelegene Stadt Kottayam ist bekannt als Zentrum von Keralas Gewürz- und Kautschukhandel, aber nicht wegen ihres ästhetischen Reizes. Für die meisten Traveller ist sie einfach ein praktischer Verkehrsknotenpunkt zwischen den Bergen und den Backwaters; viele nehmen die öffentliche Kanalfähre ab/nach Alappuzha, ehe sie ostwärts nach Kumily oder nordwärts nach Kochi weiterziehen. Kottayams unattraktive Zentrum ist vom Verkehr irrwitzig verstopft.

Schlafen

Es gibt viele Unterkünfte in Kottayam, in denen man absteigen kann, wenn von der Alappuzha-Fähre kommt. Schönere, aber auch teurere, am See hat Kumarakom zu bieten.

Ambassador Hotel HOTEL $
(☎ 0481-2563293; ambassadorhotelktm@yahoo.in; KK Rd; EZ/DZ ab 550/950 ₹, DZ mit Klimaanlage ab 1100 ₹; ❄) Das Budgethotel alter Schule ist eines der besseren im Stadtzentrum. Die Zimmer mit TV sind spartanisch, aber ziemlich sauber, geräumig und für den Preis auch ruhig. Im Haus gibt's eine Bar, ein Restaurant und ein Aquarium in Schiffsform im Foyer.

Windsor Castle & Lake Village Resort HOTEL $$
(☎ 0481-2363637; www.thewindsorcastle.net; MC Rd; EZ/DZ ab 3300/3850 ₹, Lake Village-Cottages 6600 ₹; ❄📶🏊) In dieser grandiosen weißen Box befinden sich einige der besten Hotelzimmer von Kottayam. Eindrucksvoller ist aber das Lake Village dahinter. Die luxuriösen Cottages, die sich rund um private Kanäle in gepflegten Gartenanlagen verteilen, sind erstklassig. Ein nettes Restaurant blickt auf die Wasserwege.

Essen

Thali SÜDINDISCH $
(KK Rd; Gerichte 40–175 ₹; ⏲ 8–20 Uhr) Der hübsche, sorgsam gepflegte Speisesaal im 1. Stock besitzt Lamellenjalousien. Das Thali ist die schickere Version eines typischen keralesischen Diners. Das Essen ist toll, z. B. das Malabar-Fischcurry und die Thalis.

Meenachil INTERNATIONAL $
(KK Rd; Gerichte 60–180 ₹; ⏲ 12–15 & 18–21.30 Uhr) Das beliebte Lokal hat eine freundliche, familiäre Atmosphäre. Der Speisesaal ist modern und ordentlich. Auf der großen Karte stehen indische und chinesische Gerichte.

★ Nalekattu SÜDINDISCH $$$
(MC Rd, Windsor Hotel; Gerichte 200–550 ₹; ⏲ 12–15 & 19–22 Uhr) In diesem traditionell keralesischen Restaurant im Windsor Castle blickt man auf ein paar pittoreske Wasserläufe und genießt schmackhafte Kerala-Spezialitäten wie *chemeen* (Garnelen-Curry). Am Wochenende gibt's gute und günstige Büfetts.

Praktische Informationen

Das **DTPC-Büro** (☎ 0481-2560479; www.dtpckottayam.com; ⏲ Mo–Sa 10–17 Uhr) an der Bootsanlegestelle hat Infos zum Ort und arrangiert teure Backwater-Kreuzfahrten. Private Veranstalter in der Nähe verlangen rund 4000 ₹ für eine ganztägige Bootsfahrt nach Alappuzha.

An- & Weiterreise

BUS

Vom KSRTC-Busbahnhof fahren Busse nach Thiruvananthapuram (127 ₹, 4 Std., alle 20 Min.), Alappuzha (37 ₹, 1¼ Std., stündl.), Ernakulam (Kochi; 60 ₹, 2 Std., alle 20 Min.), Kumily (zum Periyar Wildlife Sanctuary; 97 ₹, 4 Std., alle 30 Min.) und Munnar (130 ₹, 5 Std., tgl. 5-mal). Es gibt auch häufige Busse zum nahe gelegenen Kumarakom (9 ₹, 30 Min., alle 15 Min.) und nach Kollam (85 ₹, 3 Std., tgl. 4-mal), wo man nach Varkala umsteigen kann.

SCHIFF/FÄHRE

Täglich legen fünf Fähren nach Alappuzha von der Bootsanlegestelle ab (15 ₹).

ZUG

In Kottayam halten zahlreiche Züge, die zwischen Thiruvananthapuram (2. Klasse/Sleeper/3AC 80/140/490 ₹, 3½ Std.) und Ernakulam (50/140/490 ₹, 1½ Std.) unterwegs sind.

Unterwegs vor Ort

Der KSRTC-Busbahnhof liegt 1 km südlich des Zentrums, die Bootsanlegestelle noch 2 km weiter (in Kodimatha). Eine Autorikscha kostet von der Bootsanlegestelle zum KSRTC-Busbahnhof ca. 50 ₹, vom Busbahnhof zum Bahnhof 40 ₹.

Rund um Kottayam

Kumarakom

☎ 0481

Kumarakom liegt 16 km westlich von Kottayam am Ufer des riesigen Vembanad-Sees – Keralas größtem See – und ist ein gemütliches Backwater-Dorf mit einer Reihe prächtiger Spitzenklasseunterkünfte und einem bekannten Vogelschutzgebiet. Man kann auf Hausbooten auf Kumarakoms wenig befahrenen Kanälen übernachten, muss aber deutlich mehr dafür bezahlen als in Alappuzha.

Arundhati Roy, die Autorin des 1997 mit dem Booker Prize ausgezeichneten Romans *Der Gott der kleinen Dinge*, wuchs in dem nahegelegenen Dorf Aymanam auf.

Sehenswertes

Kumarakom Bird Sanctuary NATURSCHUTZGEBIET

(☎ 0481-2525864; Inder/Ausländer 50/150 ₹; ⏲ 6–17 Uhr) Das Schutzgebiet liegt auf dem 5 ha großen Gelände einer ehemaligen Kautschukplantage am Vembanad-See und bietet Stand- und Zugvögeln eine Heimat. Oktober bis Februar ist die Zeit der Zugvögel, etwa Garganey-Krickenten, Fischadler, Rohrweihen und Steppenadler, während von Mai bis Juli die heimischen Vogelarten wie Braunwangenscharben, Schopfreiher, andere Reiherarten und Schlangenhalsvögel hier brüten. Eine Führung kostet 300 ₹ für eine zweistündige Tour (400 ₹ von 6–8 Uhr).

Schlafen

Cruise 'N Lake RESORT $$

(☎ 9846036375, 0481-2525804; www.homestaykumarakom.com; Puthenpura Tourist Enclave, Cheerpunkal; DZ 1500 ₹, mit Klimaanlage 2000 ₹; ❄ 📶) Hier zählt nur die Lage. Mit Kanälen auf der einen und grünen Reisfeldern auf der anderen Seite ist dies das ideale, günstige Refugium in Kumarakom. Die Zimmer in den beiden separaten Gebäuden sind schlicht, haben aber alle Veranden mit Blick aufs Wasser. Das Resort liegt ein paar Kilometer hinter dem Schutzgebiet Richtung Cheepunkal, dann zweigt nach links eine holprige, 2 km lange Schotterpiste ab.

Tharavadu Heritage Home PENSION $$

(☎ 0481-2525230; www.tharavaduheritage.com; DZ ab 1200 ₹, mit Klimaanlage 2000–2200 ₹, Bambus-Cottage 1100 ₹; ❄ @) Die Zimmer finden sich teils in der hervorragend restaurierten Teakholz-Familienvilla aus den 1870er-Jahren oder in den freistehenden Bambus-Cottages am Bach. Alle sind komfortabel, ausgezeichnet gearbeitet und mit Kunst verziert. Die Anlage befindet sich 4 km vor dem Kumarakom Bird Sanctuary.

An- & Weiterreise

Kumarakom ist eine kurze Busfahrt von Kottayam (15 ₹, 30 Min., alle 15 Min.) entfernt.

Sri-Vallabha-Tempel

Gläubige bringen am 2 km von Tiruvilla entfernten **Sri-Vallabha-Tempel** Opfergaben in Form traditioneller Kathakali-Vorstellungen dar. Diese dauern die ganze Nacht, und jeder darf zuschauen. Rund 10 km weiter östlich findet während des Onam-Fests (Aug./Sept.)

das **Aranmula Boat Race** (nahe dem Shri-Parthasarathy-Tempel; ⌚ Aug./Sept.) statt, eines der größten Schlangenbootrennen in Kerala.

WESTERN GHATS

Periyar Wildlife Sanctuary

☎ 04869 / KUMILY 30 300 EW.

Südindiens beliebtestes Wildschutzgebiet, das **Periyar** (☎ 04869-224571; www.periyartiger reserve.org; Inder/Ausländer Erw. 33/450 ₹, Kind 5/150 ₹, Foto/Video 38/300 ₹; ⌚ 6–18 Uhr, letzter Einlass 17 Uhr), auch Thekkady genannt, umfasst 777 km² und einen 1895 von den Briten angelegten künstlichen See von 26 km². In der riesigen Region leben Gaur, Pferdehirsche, Wildschweine, Languren, 900 bis 1000 Elefanten und 35 bis 40 schwer zu erspähende Tiger. Der Park ist ein beliebtes Ziel indischer und ausländischer Touristen. Die typische Bootstour ist nicht gerade ein Urwalderlebnis, aber wenn man sich darauf einlässt und eine Wanderung mit einem Guide aus einem Stammesdorf unternimmt, lohnen die Hügel und die Dschungellandschaft durchaus einen Besuch. Warme, wasserdichte Kleidung mitbringen!

Kumily, die nächstgelegene Stadt, ist Sitz einer wachsenden Zahl von Hotels, Homestays, Gewürz- und Schokoladenläden sowie von Kaschmir-Kaufhäusern. Das 4 km von Kumily entfernte Thekkady ist das Zentrum des Schutzgebietes mit KTDC-Hotels und einer Bootsanlegestelle. Wenn Leute von dem Schutzgebiet sprechen, verwenden sie verwirrenderweise die Namen Thekkady, Kumily und Periyar, ohne zu unterscheiden.

Sehenswertes & Aktivitäten

Diverse Touren und Trips führen ins Periyar Wildlife Sanctuary; alle werden über das Ecotourism Centre organisiert. Die meisten Hotels und Homestays vor Ort arrangieren dreistündige **Safaris** (1800 ₹/Jeep) mit Jeeps; dabei wird eine rund 40 km lange Strecke auf Wegen mit Aussichtspunkten durch den Dschungel am Rand des Parks zurückgelegt – viele Traveller monieren allerdings, dass mindestens 30 km der Strecke auf asphaltierten Straßen gefahren wird.

Connemara Tea Factory TEEFABRIK
(☎ 04869-252233; Vandiperiyar; Führung 150 ₹; ⌚ Führungen stündl. 9–16 Uhr) Die rund 13 km von Kumily entfernte, 77 Jahre alte Teefabrik und -plantage veranstaltet Führungen, bei denen man etwas über die Teeverarbeitung erfährt, die Plantage besichtigt und am Ende einige Tees probiert. Die fahrplanmäßig von Kumily fahrenden Busse kommen am Eingang vorbei – dem Fahrer sagen, dass man an der Teefabrik oder in Vandiperiyar aussteigen möchte.

Ecotourism Centre OUTDOORAKTIVITÄTEN
(☎ 8547603066, 04869-224571; www.periyartiger reserve.org; Thekkady Rd; ⌚ 9–13 & 14–17 Uhr) Das von der Forstverwaltung geleitete Ecotourism Centre veranstaltet alle Touren im Park. Angeboten werden u.a. Wanderungen an der Parkgrenze (1000 ₹/Pers.), 2½-stündige Naturwanderungen (ab 800 ₹), Rafting mit Bambusflößen (1500 ₹) sowie nächtliche „Dschungelmärsche" (750 ₹), geleitet von kundigen, Stammesvölkern angehörenden Guides. Die Preise gelten pro Person. In der Regel müssen es mindestens vier Teilnehmer sein, damit eine Tour stattfindet.

Zudem im Angebot sind „Tiger Trail"-Treks (4000 ₹/Pers.) mit Übernachtung. Diese 20 bis 30 km langen Wanderungen werden von ehemaligen Wilderern geleitet, die zu Parkführern umgeschult wurden.

Periyar Lake Cruise BOOTFAHREN
(225 ₹; ⌚ Abfahrt 7.30, 9.30, 11.15, 13.45 & 15.30 Uhr) Die anderthalb Stunden dauernden Bootstrips um den See sind die beste Möglichkeit, das Schutzgebiet zu erkunden, ohne eine geführte Tour mitmachen zu müssen. Zu den Tieren, die man evtl. sieht, gehören

ABSEITS DER ÜBLICHEN PFADE

SABARIMALA

Tief in den Western Ghats befindet sich rund 20 km westlich von Gavi und etwa 50 km von Erumeli in einem Ort namens Sabarimala der Ayyappan-Tempel. Er gilt als eines der meistbesuchten Wallfahrtsziele weltweit – jedes Jahr wandern zwischen 40 und 60 Mio. Hindu-Pilger hierher. Sie glauben, dass an dieser Stelle einst der Gott Ayyappan meditierte. Nicht-Hindus können sich dem Pilgerzug anschließen, aber es gelten strikte Regeln, und Frauen zwischen 12 und 50 Jahren kommen nur bis zum Kontrollpunkt Pampa. Weitere Infos finden sich unter www.sabarimala.kerala.gov.in oder www.sabarimala.org.

Kumily & Periyar Wildlife Sanctuary

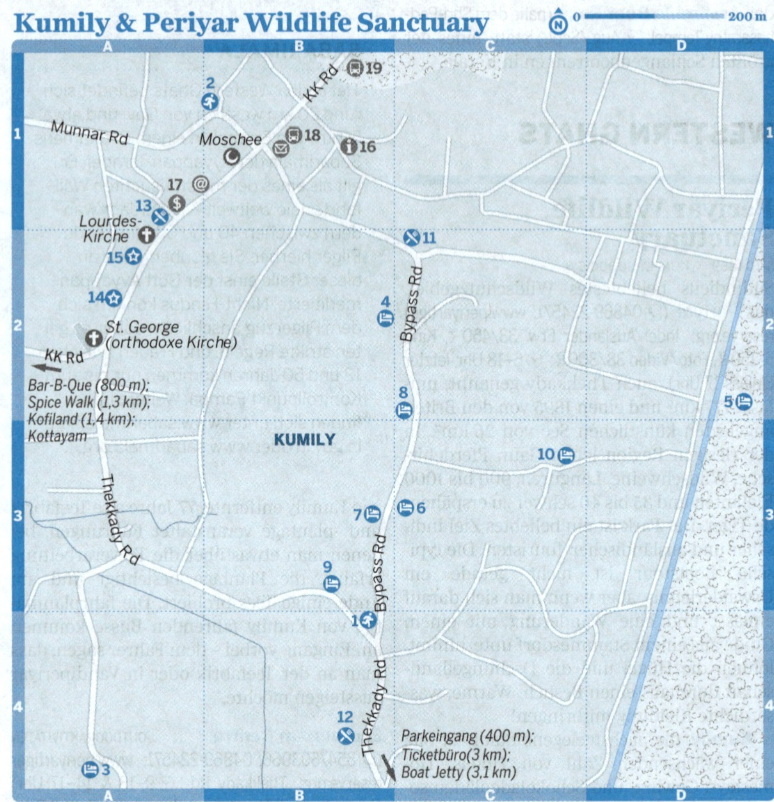

Hirsche, Wildschweine, Otter und Vögel, doch das Ganze ähnelt eher einer Vergnügungsfahrt als einer Tierbeobachtungstour. Für die Boote ist die KTDC zuständig. Das Ticket kauft man im Hauptgebäude oberhalb vom Bootsanleger, bevor man an Bord geht.

In der Hauptsaison sollte man mindestens anderthalb Stunden vor Beginn am Ticketschalter sein. Bei der ersten und der letzten Fahrt hat man die besten Chancen darauf, viele Tiere zu sehen, der beste Zeitraum ist Oktober bis März.

Santhigiri Ayurveda AYURVEDA
(☎ 8113018007, 04869-223979; www.santhigiriashram.org; Munnar Rd, Vandanmedu Junction; ⏱ 9–20 Uhr) Hier bekommt man authentisches Ayurveda, z.B. Massagen (900–1800 ₹) und längere Behandlungen (7–14 Tage).

Kochkurse

Viele örtliche Homestays veranstalten Kochkurse für ca. 400 bis 600 ₹. Zu empfehlen sind die zweistündigen Kurse im **Bar-B-Que** (☎ 9895613036; KK Rd; 500 ₹; ⏱ 18.30 Uhr), das rund 1 km vom Basar entfernt an der Straße nach Kottayam zu finden ist.

Gewürzplantagen

Mehrere Gewürzplantagen können besichtigt werden; die meisten Hotels können Touren dorthin organisieren (2–3 Std., 450/750 ₹ mit Autorikscha/Taxi).

Abraham's Spice Garden FARM
(☎ 04869-222919; www.abrahamspice.com; Spring Valley; Führung 100 ₹; ⏱ 7.30–17.30 Uhr) Die von einer Familie bewirtschaftete Farm 3 km außerhalb von Kumily existiert schon seit mehr als 50 Jahren. Bei den informativen einstündigen Führungen können Besucher sich die Gewürzgärten anschauen.

Spice Walk GEWÜRZPLANTAGE
(☎ 04869-222449; www.spicewalk.com; Churakulam Coffee Estate; 1-std. Führung 150 ₹; ⏱ 9–17 Uhr) Die zum Churakulam Coffee Estate ge-

Kumily & Periyar Wildlife Sanctuary

hörende 44 ha große Plantage erstreckt sich rund um einen kleinen See. Die informativen Wanderungen dauern rund eine Stunde, man erfährt dabei Einiges über die Verarbeitung von Kaffee und Kardamom. Man kann aber auch angeln oder bootfahren. Vorne gibt es ein kleines Café. Die Plantage ist 2 km von Kumily entfernt.

Schlafen

Im Park

Die KTDC betreibt drei recht teure Hotels im Park: Periyar House, Aranya Nivas und das große Lake Palace. Außerdem ist zu beachten, dass es in diesen Hotels eine Sperrstunde gibt. Den Gästen ist es nicht erlaubt, nach 18 Uhr durchs Schutzgebiet zu laufen.

Das Ecotourism Centre arrangiert Zelt-Übernachtungen im Park beim **Jungle Camp** (DZ inkl. Mahlzeiten 2000 ₹). Eine weitere Übernachtungsmöglichkeit ist das **Bamboo Grove** (DZ mit Frühstück 1500 ₹), ein paar einfache Hütten und Baumhäuser nicht weit von Kumily entfernt.

Lake Palace HOTEL $$$
(☎04869-223887; www.lakepalacethekkady.com; Zi. inkl. alle Mahlzeiten 24 000–30 000 ₹) Ein leichter Hauch von Adel weht durch diesen alten, restaurierten Sommerpalast, der mitten im Periyar-See liegt und nur mit einem Boot erreichbar ist. Die sechs charismatischen Zimmer sind geschmackvoll mit Antiquitäten eingerichtet. Da man hier mitten im Schutzgebiet wohnt, stehen die Chancen gut, auf der eigenen Terrasse wilden Tieren zu begegnen. Mahlzeiten, die Überfahrt mit dem Schiff und Wanderungen sind im Preis enthalten.

Kumily

Mickey Homestay PENSION $
(☎9447284160, 04869-223196; www.mickeyhomestay.com; Bypass Rd; Zi. & Hütte 750–1000 ₹; WLAN) Mickey ist eine authentische Privatunterkunft mit nur wenigen Zimmern im Haus der Familie sowie einer Hütte. Die heimeligen Details machen das Mickey Homestay zur gemütlichsten Bleibe der ganzen Stadt. Auf den Balkonen gibt es Rattanmöbel und hängende Bambussessel, und das Haus liegt wunderbar mitten im Grünen.

Tranquilou HOMESTAY $
(☎04869-223269; abseits der Bypass Rd; Zi. mit Frühstück 600–1200 ₹; WLAN) Eine der freundlichen Familien-Homestays in Kumily ist das Tranquilou. Die sieben nett eingerichteten Zimmer rund um einen angenehmen Garten haben eine ruhige Lage; die beiden Doppelzimmer, die an ein gemeinsames Wohnzimmer grenzen, eignen sich gut für Familien.

★ **Green View Homestay** HOMESTAY $$
(☎9447432008, 04869-224617; www.sureshgreenview.com; Bypass Rd; Zi. mit Frühstück 500–1750 ₹; WLAN) Das Green View ist zwar seinen bescheidenen Anfängen als Privatunterkunft entwachsen, hat sich aber dank der Betreiber Suresh und Sulekha eine persönliche, freundlich-familiäre Atmosphäre bewahrt. In den beiden Gebäuden gibt es gepflegte Zimmer unterschiedlicher Kategorien, alle mit eigenem Balkon. Am besten sind die Zimmer oben mit Blick auf den hinten gele-

genen hübschen Gewürzgarten. Es gibt tolle vegetarische Gerichte und Kochkurse (vegetarisch/nichtvegetarisch 450/600 ₹).

Claus Garden HOMESTAY $$
(☎04869-222320, 9567862421; www.homestay.in; Thekkumkadu; DZ/3BZ/FZ 1600/1800/2000 ₹; 📶) Diese von Deutschen geführte Unterkunft thront abseits vom Trubel auf einem steilen Hügel mit guter Aussicht. Das Haus hat sanft geschwungene Balkone, makellose Zimmer und eine Dachterrasse mit Blick in einen üppig grünen Garten. Das „Familienzimmer" besteht aus zwei aneinandergrenzenden Zimmern, die sich ein Bad teilen. Man bekommt auch ein Bio-Frühstück mit frisch gebackenem Brot (300 ₹).

El-Paradiso HOMESTAY $$
(☎04869-222350, 9447431950; www.goelparadiso.com; Bypass Rd; DZ 1500–2500 ₹; @📶) Diese makellose Familienunterkunft hat frische Zimmer, die teils Balkone und Hängesessel haben oder sich nach hinten zu einer Terrasse mit Blick ins Grüne öffnen. Eine Spezialität sind die Kochkurse (500 ₹).

Chrissie's Hotel PNESION $$
(☎9447601304, 04869-224155; www.chrissies.in; Bypass Rd; EZ/DZ/FZ ab 2200/2400/3900 ₹; 📶🏊) Das vierstöckige Gebäude hinter dem beliebten gleichnamigen Restaurant verschmilzt mit dem grünen Wald der Umgebung. Die schicken Zimmer sind geräumig und hell und mit freundlichen Möbeln, Lampen und farbigen Kissen eingerichtet. Yogakurse sind im Angebot, und auf dem Dach wurde während unseres Besuchs gerade ein Pool installiert. WLAN gibt's nur im Foyer.

Spice Village HOTEL $$$
(☎0484-3011711; www.cghearth.com; Thekkady Rd; Villas 18 400–30 900 ₹; 📶🏊) 🍃 Diese CGH-Earth-Unterkunft nimmt ihre grüne Stellung recht ernst und lockt mit hinreißenden, geräumigen Hütten, die adrett, wenn auch gemütlich rustikal sind und auf einem makellos in Schuss gehaltenen Grundstück stehen. Das Restaurant bietet großzügige Buffets zum Mittag- und zum Abendessen, es gibt eine Bar im Kolonialstil und das **Wildlife Interpretation Centre**, das einen einheimischen Naturforscher hat. Ein gutes Angebot außerhalb der Hauptsaison, denn dann halbieren sich die Preise!

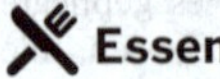

Essen

Es gibt ein paar gute preiswerte vegetarische Restaurants in Kumilys wuseligem Basarbereich sowie ein paar ordentliche, auf Traveller ausgerichtete Restaurants an der Straße zum Schutzgebiet. Die meisten Homestays bereiten auf Anfrage Gerichte zu.

Shri Krishna INDISCH $
(KK Rd; Gerichte 70–140 ₹; ⏰12–14 & 18–22 Uhr) Das bei Einheimischen beliebte Lokal im Basar serviert würzige vegetarische Gerichte, z. B. mittags mehrere Thali-Varianten.

Chrissie's Cafe INTERNATIONAL $$
(www.chrissies.in; Bypass Rd; Gerichte 120–350 ₹; ⏰8–21 Uhr) Das saubere, luftige Café nimmt den 1. Stock und die Dachterrasse ein und ist schon seit Urzeiten bei Travellern beliebt. Geboten werden Kuchen und Snacks, ausgezeichneter Kaffee, gut zubereitete westliche Speisen wie Pizza und Pasta und sogar ein nahöstlicher Meze-Teller und Falafel.

Ebony's Cafe INTERNATIONAL $$
(Bypass Rd; Gerichte 120–275 ₹; ⏰8–22.30 Uhr) Das alteingesessene, luftige Restaurant auf einer Dachterrasse mit vielen Topfpflanzen, karierten Tischdecken und travellerfreundlicher Musik serviert einfaches indisches und europäisches Essen – von Stampfkartoffeln bis hin zu schlichten Nudelgerichten sowie kaltes Bier.

French Restaurant & Bakery CAFÉ, BÄCKEREI $$
(☎9961213107; Gerichte 100–300 ₹; ⏰8–21 Uhr) Diese von der Hauptstraße zurückgesetzte, von einer Familie geführte Bude ist gut für ein Frühstück oder Mittagessen. Sehr gut sind die vor Ort gebackenen lockeren Thunfisch- oder Käsebaguettes, aber auch die Pasta. die Pizza und die Nudelgerichte sind nicht zu verachten.

Kofiland INTERNATIONAL $$$
(www.kofiland.in; Hauptgerichte 210–650 ₹; ⏰8–21 Uhr) Für ein nobles Abendessen bietet sich das riesige *palapa*-Restaurant im neuen Kofiland Resort am Stadtrand an. Hier blickt man durch deckenhohe Fenster auf den Pool und die Lagune. Auf der sehr umfangreichen Karte stehen nord- und südindische Gerichte mit einem Schwerpunkt auf keralesischer Küche.

☆ Unterhaltung

Mudra Cultural Centre KULTURVORSTELLUNGEN
(☎9061263381; www.mudraculturalcentre.com; Lake Rd; Eintritt 200 ₹, Video 200 ₹; ⏰Kathakali 17 & 19 Uhr, Kalarippayat 18 & 19.15 Uhr) Die Kathakali-Vorstellungen in diesem Kulturzentrum

ABSEITS DER ÜBLICHEN PFADE

PARAMBIKULAM TIGER RESERVE

Das 285 km² große **Parambikulam Tiger Reserve** (☎9442201690; www.parambikulam.org; Inder/Ausländer 10/150 ₹, Foto/Video 25/150 ₹; ⏲7–18 Uhr, letzter Einlass 16 Uhr) ist das wohl am besten abgeschirmte Schutzgebiet in ganz Südindien. Es versteckt sich hinter drei Staudämmen in einem Tal, um das herum andere, zu Kerala oder Tamil Nadu gehörende Schutzgebiete liegen. In dem Reservat mit seiner Dschungelbuchlandschaft, das viel weniger touristisch als Periyar ist, leben Elefanten, Wasserbüffel, Gaurs, Lippenbären, Pferdehirsche, Krokodile, Tiger, Leoparden und hier stehen einige der größten Teakbäume in ganz Asien. Während der Monsunzeit (Juni–Aug.) sollte man auf einen Besuch verzichten; im März und April ist das Schutzgebiet manchmal geschlossen.

Das Büro des Schutzgebiets in Anappady arrangiert Touren in die Pufferzonen des Parks, darunter Wanderungen ab 500 ₹ pro Person, Raftingtouren mit Bambusflößen (8800 ₹/10 Pers.) und Dschungelsafaris (8000 ₹/10 Pers.) Zu den Unterkünften des Parks zählen Hütten in den Baumwipfeln (2750–3300 ₹) und Zelte mit Schlafnischen (ab 5500 ₹) inklusive einiger Aktivitäten. Zugang zum Park hat man nur von Pollachi (40 km von Coimbatore und 49 km von Palakkad entfernt) in Tamil Nadu. Täglich sind zwei Busse zwischen Pollachi und Parambikulam über Annamalai in beiden Richtungen unterwegs (20 ₹, 1½ Std.). Die Taxifahrt kostet rund 2400 ₹.

sind sehr unterhaltsam. Das Schminken und Kostümieren beginnt eine halbe Stunde vor jeder Vorstellung; das Fotografieren ist kostenlos und erlaubt. Man sollte früh kommen, um einen guten Platz zu ergattern. Jeden Abend gibt es außerdem zwei *kalarippayat*-(Kampfkunst-)Vorführungen.

Kadathanadan Kalari & Navarasa Kathakali Centre KULTURVORSTELLUNGEN
(☎9961740868; www.kalaripayattu.co.in; Thekkady Rd; 200 ₹; ⏲Kalarippayat 18–19 Uhr, Kathakali 19–20 Uhr) Jeden Abend gibt's hier einstündige Vorführungen der aufregenden keralesischen Kampfkunst *kalarippayat* und anschließend Kathakali-Vorstellungen. Die Tickets kann man während des ganzen Tages im Kartenbüro kaufen.

Praktische Informationen

DTPC-Büro (☎04869-222620; ⏲Mo–Sa 10–17 Uhr) Hügelauf hinter dem Hauptbusbahnhof. Man kann sich hier eine Karte holen und ein Schwätzchen halten, das war's aber auch schon.

Ecotourism Centre (☎8547603066, 04869-224571; www.periyartigerreserve.org; ⏲6.30–13 & 14–20.30 Uhr) Infos, Touren und geführte Wanderungen im Park.

An- & Weiterreise

Kumilys **Busbahnhof** liegt am nordöstlichen Stadtrand. Täglich sind elf Busse zwischen Ernakulam (Kochi) und Kumily (150 ₹, 5 Std.) unterwegs. Busse fahren halbstündlich nach Kottayam (87 ₹, 4 Std.), außerdem gibt es drei Direktbusse nach Thiruvananthapuram (190 ₹, 8 Std.) und zwei nach Alappuzha (130 ₹, 5½ Std.). Private Busse nach Munnar (100 ₹, 4–5 Std.) starten ebenfalls von diesem Busbahnhof.

Vom **Tamil-Nadu-Busbahnhof** fahren alle 30 Minuten Busse nach Madurai (100 ₹, 4 Std.) gleich hinter der Grenze des Bundesstaats.

Unterwegs vor Ort

Kumilys Busbahnhof (S. 1069) ist zwar nur rund 1,5 km vom Haupteingang des Parks entfernt, aber von dort sind's weitere 3 km bis zum Periyar-See; vom Eingang kann man eine Autorikscha nehmen (ca. 70 ₹) oder zu Fuß gehen – es gibt aber keinen Fußweg, so dass man auf der Straße laufen muss. Autorikschas verlangen für kurze Fahrten in der Stadt 30 ₹.

Die Stadt Kumily ist so klein, dass man sie gut zu Fuß erkunden kann. Einige Pensionen verleihen Fahrräder (200 ₹) und die meisten können Motorroller (500 ₹) beschaffen, wenn man die Umgebung erkunden will.

Munnar

☎04865 / 68 200 EW. / 1524 M

Die Hügellandschaft rund um Munnar, Südindiens größtem Teeanbaugebiet, sind von smaragdgrünen Teeplantagen überzogen, die wie kunstvolle Hecken gehegt und in Form gebracht werden. Die Bergkulisse ist hinreißend. Oft befindet man sich oberhalb der Wolken und kann zusehen, wie sich Nebelschleier um die Berggipfel schlängeln. Die Stadt Munnar selbst ist ein ungepflegtes

Verwaltungszentrum, einer nordindischen Hill Station nicht unähnlich, mit verstopften Straßen. Aber man muss nur ein paar Kilometer aus der Stadt hinauswandern, und schon ist man von einem Meer aus tausend Grüntönen umgeben.

Einst war es als der obere Bereich von Travancore bekannt, heute ist Munnar das Geschäftszentrum eines der höchstgelegenen Teeanbaugebiete der Welt. Die Mehrheit der Plantagen ist im Besitz des Riesenkonzerns Tata, zusammen mit einigen einheimischen Genossenschaften der Kannan Devan Hills Plantation Company (KDHP).

Sehenswertes & Aktivitäten

Der Hauptgrund, Munnar zu besuchen, ist für die meisten Traveller die Erkundung der üppigen, mit Tee bepflanzten Hügel in der Umgebung. Hotels, Homestays, Reiseveranstalter, Autorikschafahrer – praktisch jeder Passant bietet sich an, eine Sightseeing-Tour zu organisieren: Man kann sich umschauen, aber die Preise sind recht einheitlich.

Tea Museum MUSEUM

(☎ 04865-230561; Erw./Kind 125/40 ₹, Foto 20 ₹; ⌚ Di–So 9–19 Uhr) Das rund 1,5 km nordwestlich der Stadt gelegene Museum ist das Vorführmodell einer echten Teefabrik, zeigt aber doch die grundlegenden Arbeitsschritte. Eine Sammlung alter Gerätschaften und Zeugnisse aus der Kolonialzeit, darunter Fotos und ein Teeblattroller von 1905, wird hier auch gezeigt. Der Weg aus der Stadt hierher und zurück folgt einer belebten Straße mit Ausblick auf Teeplantagen; eine Autoriksch vom Basar kostet 25 ₹.

★ **Nimi's Lip Smacking Classes** KOCHEN

(☎ 9745513373, 9447330773; www.nimisrecipes.com; 2000 ₹; ⌚ Mo–Fr 15, Sa & So 14 Uhr) Nimi Sunilkumar hat sich einen guten Namen als Köchin keralesischer Gerichte gemacht. Sie gibt eigene Kochbücher heraus und hat eine eigene Webseite und einen Blog dazu. Außerdem bietet sie tägliche Kochkurse in ihrem Haus in Munnar (neben dem DTPC-Büro) an. Dort erlernt man die Zubereitung traditioneller keralesischer Rezepte. Im Preis inbegriffen ist ein Exemplar ihres Buchs *Lip Smacking Dishes of Kerala*.

Trekking

Am besten erlebt man die Hügel bei einer geführten Wanderung. Im Angebot sind halbtägige „leichte Trekking"-Ausflüge rund um Teeplantagen (ab 600 ₹/Pers.) oder anspruchsvollere ganztägige Bergwanderungen (ab 800 ₹), bei denen man, wenn sich der Nebel lichtet, eine herrliche Aussicht hat. Wanderführer kann man leicht über seine Unterkunft organisieren, oder man wendet sich an die DTPC-Touristeninformation (S. 1072).

Achtung: Die Teeplantagen sind Privatbesitz; in ihnen ohne einen lizenzierten Führer herum zu marschieren, stellt unerlaubtes Betreten dar.

Geführte Touren

Die DTPC (S. 1072) veranstaltet drei ziemlich hektische, aber preiswerte Ganztagestouren zu Orten rund um Munnar. Die **Sandal Valley Tour** (400 ₹/Pers.; ⌚ Tour 9–18 Uhr) besucht das Chinnar Wildlife Sanctuary, mehrere Aussichtspunkte, Wasserfälle, Plantagen, einen Sandelholzwald und Dörfer. Die **Tea Valley Tour** (400 ₹/Pers.; ⌚ Tour 10–18 Uhr) führt zum Echo Point, zur Top Station und nach Rajamalai (zum Eravikulam National Park). Die **Village Sightseeing Tour** (400 ₹; ⌚ 9.30–18 Uhr) deckt z.B. Devikulam, den Anayirankal-Damm, Ponmudy und eine Farmbesichtigung ab. Die wichtigsten Sehenswürdigkeiten in der Region kann man mit dem Taxi für rund 1100–1500 ₹ besuchen.

Schlafen

Munnar hat viele Unterkünfte, aber in der Stadt zu übernachten, ist eigentlich eine Schande, weil die Ruhe und die schöne Aussicht draußen in den Hügeln und Tälern zu finden sind. Es gibt ein paar solide Budgetunterkünfte gleich südlich vom Zentrum; wer aber wirklich die Ruhe genießen will und dafür auch etwas zu zahlen bereit ist, ist in den Hügeln besser aufgehoben.

In der Stadt

JJ Cottage HOMESTAY $

(☎ 9447228599, 04865-230104; jjcottagemnr@gmail.com; DZ 350–800 ₹; @ 📶) Die nette Familie, die diese kleine, lilafarbene Unterkunft 2 km südlich der Stadt (aber in kurzer Gehentfernung zum Hauptbusbahnhof) betreibt, bietet diverse, unkomplizierte Zimmer mit tollem Preis-Leistungs-Verhältnis, die alle sauber, hell und mit TV und Warmwasser ausgestattet sind. Das eine Deluxe-Zimmer im obersten Stock hat ein separates Wohnzimmer und eine weite Aussicht.

Green View PENSION $

(☎ 9447825447, 04865-230940; www.greenviewmunnar.com; DZ 600–850 ₹; @ 📶) Die ordentliche Pension bietet zehn frische Budgetzimmer, eine freundliche Begrüßung und verlässliche Touren und Wanderungen. Die besten Zimmer liegen im Obergeschoss, und es gibt einen herrlichen Dachgarten, wo man 15 Teesorten probieren kann. Der junge Inhaber Deepak organisiert Wandertouren (www.munnartrekking.com) und betreibt auch das **Green Woods Anachal** (☎04865-230189; Anachal; DZ mit Frühstück 900 ₹; 📶).

Zina Cottages PENSION $

(☎04865-230349; Zi. 900–1200 ₹; 📶) Wer in die üppigen Teeplantagen eintauchen, aber nahe der Stadt wohnen will, hat mit dem Zina die richtige Budgetoption gefunden. Der ältliche, 50 Jahre alte Bungalow hat mit herrlichem Ausblick und guten Wanderwegen vor der Haustür eine interessante Lage; er mag ein wenig heruntergekommen aussehen, aber die fünf Zimmer sind sauber. Die Pension ist zwar nur ein kurzes Stück vom Busbahnhof entfernt, man sollte aber anrufen und sich den Weg beschreiben lassen.

Royal Retreat HOTEL $$

(☎8281611100, 04865-230240; www.royalretreat.co.in; DZ 3030–4230 ₹, Suite 4830 ₹; ❄@📶) Abseits vom Gewimmel findet sich südlich vom Hauptbusbahnhof dieses durchschnittliche, aber verlässliche Mittelklassehotel mit netten Zimmern im Erdgeschoss, die auf einen hübschen Garten blicken, und anderen mit Ausblick auf die Teeplantagen.

Munnar Hills

★ **Green Valley Vista** PENSION $$

(☎9447432008, 04865-263261; www.greenvalleyvista.com; Chithirapuram; DZ mit Frühstück 2200–3850 ₹; 📶) Der Blick ins Tal ist superb, der Empfang ausgesprochen freundlich und die Einrichtungen sind erstklassig. Die Zimmer verteilen sich auf drei Stockwerke, aber alle blicken ins Tal und haben eigene Balkone mit Aussicht in die traumhaft grüne Landschaft, außerdem Flachbild-TV und moderne Badezimmer. Das Personal organisiert Wanderungen, Jeepsafaris und Touren zum Dorf der wilden Elefanten. Die Anlage befindet sich rund 11 km südlich von Munnar an der Nebenstraße nach Kochi.

★ **Rose Gardens** HOMESTAY $$

(☎9447378524, 04864-278243; www.munnarhomestays.com; NH49 Rd, Karadipara; Zi. mit Frühstück 5000 ₹; @📶) Dieses echte Familien-Homestay in friedlicher Lage blickt hinaus auf die Pflanzschule und die kleine Gewürz- und Obstplantage des Inhabers Tomy. Die fünf großen, makellosen Zimmer haben Balkone mit Blick ins Tal. Die Gastgeberfamilie ist charmant. Im Preis inbegriffen sind Kochkurse, frische Kokos-Pfannkuchen zum Frühstück und delikat gewürzte keralesische Gerichte zum Abendessen.

Das Haus hat eine praktische Lage rund 10 km südlich von Munnar an der Hauptstraße nach Kochi, wo es gute Busverbindungen gibt.

Aranyaka RESORT $$

(☎9443133722, 04865-230023; www.aranyakaresorts.com; Pallivasal Tea Estate; Cottages 4800–6000 ₹; 📶) Die ordentlichen modernen Cottages stehen in einem Landschaftsgarten und bieten einen schönen Blick auf das Pallivasal Tea Estate. Die Lage im Tal mit Sicht auf Wasserfälle und den Fluss Muthirappuzhayar wirkt einsam, dabei ist das Anwesen nur 8 km von der Stadt Munnar entfernt.

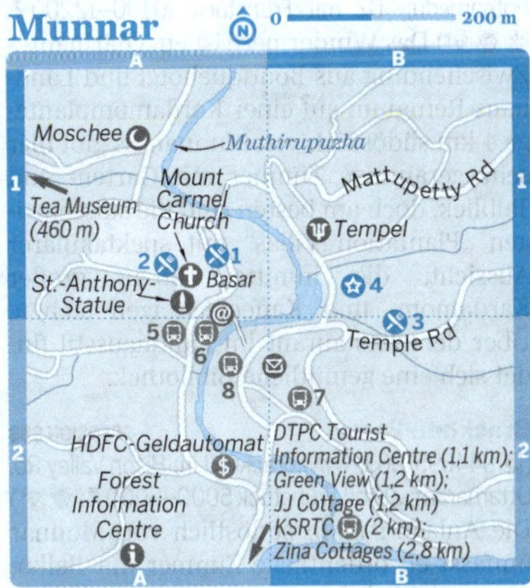

Munnar

Essen
1 Rapsy Restaurant A1
2 Saravana Bhavan A1
3 Sree Mahaveer Bhojanalaya B2

Unterhaltung
4 Thirumeny Cultural Centre B1

Transport
Autoriksch-Stand .... (siehe 8)
5 Busse nach Coimbatore A2
6 Busse nach Ernakulam & Trivandrum A2
7 Busse nach Kumily & Madurai B2
8 Busse zur Top Station A2

Anna Homestay HOMESTAY $$
(☎ 8156980088; www.annahomestay.com; DZ mit Frühstück 2800 ₹, mit Klimaanlage 5000 ₹; ❄📶) In dem einladenden Familienhaus nahe dem Dorf Anachal gibt's neun sehr ordentliche Zimmer und großzügige Gemeinschaftsbereiche auf dem Dach. Am besten sind die Eckzimmer mit Balkon; es gibt auch ein paar große Zimmer mit Klimaanlage.

British County PENSION $$
(☎ 0484-2371761; http://touristdesk.in/britishcounty.htm; DZ inkl. Gerichte 3500 ₹) Rund 11 km südöstlich von Munnar hat dieses ansprechende kleine Gästehaus vier frisch wirkende Zimmer mit Balkonen, von denen sich eine herrliche Aussicht ins Tal bietet. Stufen führen ins Tal hinunter, wo man wandern kann. Im Preis sind die Mahlzeiten inbegriffen; die Eigentümer haben auch Pauschalangebote mit Abholung aus Kochi.

Windermere Estate RESORT $$$
(☎ 04865-230512; www.windermeremunnar.com; Pothamedu; DZ mit Frühstück 10 100–12 200 ₹; ❄@📶) Das Windermere ist ein charmantes Zwischending aus Boutiquehotel und Landhaus-Refugium auf einer Kardamomplantage 4 km südöstlich von Munnar. Es gibt hier sehr geräumige Zimmer mit Garten- und Talblick, doch am besten sind die suitenartigen „Plantation Villas" mit spektakulärer Aussicht, die inmitten 26 ha großer Kardamom- und Kaffeeplantagen stehen. Über dem Restaurant im Landhausstil findet sich eine gemütliche Bibliothek.

Bracknell Forest PENSION $$$
(☎ 9446951963; www.bracknell.in; Bison Valley Rd, Ottamaram; Zi. mit Frühstück 5000–6000 ₹; @📶) Die Anlage 9,5 km südöstlich von Munnar umfasst elf ordentliche Zimmer mit Balkonen und Blick in ein üppiges Tal und eine Kardamomplantage. Rund herum liegen dichte Wälder. Von dem kleinen Restaurant hat man einen Blick in alle Himmelsrichtungen. Ein Transfer aus Munnar kostet rund 400 ₹, man sollte aber vorher anrufen und sich den Weg beschreiben lassen.

Essen

Essensstände auf dem Basar versorgen einen mit Frühstückssnacks und billigen Gerichten, das beste Essen gibt's aber in den Homestays und Resorts.

★ **Rapsy Restaurant** INDISCH $
(Basar; Gerichte 50–150 ₹; ⏱7–22 Uhr) Das blitzsaubere Refugium mit Glasfront zum Basar ist mittags rappelvoll, wenn sich Einheimische für das berühmte *paratha* (lockeres Fladenbrot) oder für Biryani anstellen. Darüber hinaus gibt's ordentliche internationale Speisen wie spanische Omeletts oder israelisches *shakshuka* (Eier mit Tomaten und Gewürzen).

Saravana Bhavan SÜDINDISCH $
(Hauptgerichte 25–110 ₹; ⏱7–21.30 Uhr) Die Filiale dieser beliebten vegetarischen südindischen Kette serviert *idlis* und *dosas*.

Taste the Brews CAFÉ $
(Getränke 30–50 ₹; ⏱8–12 & 15–20 Uhr) Das coole Café nahe dem Busbahnhof versorgt seine Gäste mit westlichem Frühstück und Kostproben regionaler Tees und Kaffees.

Sree Mahaveer Bhojanalaya NORDINDISCH $$
(Mattupetty Rd; Thalis 130–220 ₹; ⏱7.30–21.30 Uhr) Das vegetarische Restaurant im SN Annex Hotel ist wegen seines großen Thali-Angebots bei Familien unglaublich beliebt: Man findet eine riesige Auswahl vegetarischer Speisen und Gerichte aus Rajasthan, Gujarat, dem Punjab und anderen Landesteilen.

Unterhaltung

Punarjani Traditional Village KULTURVORSTELLUNGEN
(☎ 04865-216161; www.punarjanimunnar.org; 2nd Mile, Pallivasal; 200–300 ₹; ⏱Vorstellungen 17 & 18 Uhr) Die täglichen Kathakali- (17 Uhr) und *kalarippayat*-Vorstellungen (18 Uhr) sind zwar touristisch, aber unterhaltsam. Wer gegen 16 Uhr kommt, kann bei der rituellen Kostümierung der Kathakali-Darsteller zuschauen. Tickets bekommt man am Aufführungstag, für die besten Plätze reserviert man aber besser einen Tag im Voraus. Der Veranstaltungsort liegt rund 8 km südlich von Munnar.

Thirumeny Cultural Centre KULTURVORSTELLUNGEN
(☎ 9447827696; Temple Rd; Vorstellungen 300 ₹; ⏱Kathakali-Vorstellungen 17–18 & 19–20 Uhr, kalarippayat 18–19 & 20–21 Uhr) An der Straße hinter dem Hotel Eastend zeigt das kleine Theater an jedem Abend zwei einstündige Kathakali-Vorstellungen und *kalarippayat*-Kampfvorführungen.

Praktische Informationen

DTPC Tourist Information Office (☎ 04865-231516; www.dtpcidukki.com; Munnar Rd; ⏱8.30–19 Uhr) Das ansonsten wenig hilfreiche Büro veranstaltet eine Reihe von Touren und kann Wanderführer beschaffen.

ABSTECHER

THATTEKKAD BIRD SANCTUARY

Das **Thattekkad Bird Sanctuary** (☎9048355288; Inder/Ausländer 35/175 ₹, Foto/Video 38/225 ₹; ⊙6.30–17.30 Uhr) ist ein herrlicher, 25 km² großer Park in den Ausläufern der Western Ghats, in dem mehr als 320 Vogelarten, und zwar überraschenderweise überwiegend Wald-, keine Wasservögel leben, darunter Malabar-Grautokos (ein Nashornvogel), Halsband-Zwergohreulen, Dschungel-Nachtschwalben, Graudrongos, Schlangenhalsvögel und seltenere Arten wie das Ceylonfroschmaul (eine Eulenart). Außerdem finden sich hier Eisvögel, Fliegenschnäpper, Sperlingsvögel, Nektarvögel und winzige, 4 g schwere Mistelfresser. Bootstouren auf dem Fluss (250 ₹/Pers.) lassen sich im Parkbüro organisieren; die Unterkünfte bieten geführte Vogelbeobachtungstouren an.

Zu den Unterkünften im Park zählen der **Frogmouth Watchtower** (Thattekkad Bird Sanctuary; DZ 2500 ₹) und der **Hornbill View Tower** (Thattekkad Bird Sanctuary; 1000 ₹/Pers.). Bessere Budgetoptionen sind das **Jungle Bird Homestay** (☎0485-2588143, 9947506188; www.junglebirdhomestay.blogspot.com.au; Zi. inkl. Mahlzeiten 1300 ₹/Pers.; ❄📶) und das **Bird Song Homestay** (DZ inkl. Mahlzeiten 2500 ₹, mit Klimaanlage 3250 ₹; ❄📶), die sich beide innerhalb der Grenzen des Hauptparks befinden.

Etwas mehr Luxus findet man im hübschen **Soma Birds Lagoon** (☎0471-2268101, 8113876665; www.somabirdslagoon.com; Palamatton; EZ/DZ mit Frühstück 60/70 €, mit Klimaanlage ab 75/90 €; ❄📶≋). Das entspannte Ökoresort liegt auf einem großen, gepflegten Gelände an einem nur saisonal mit Wasser gefüllten See mitten zwischen den Dörfern in der Nähe von Thattekkad. Die schlichten Zimmer sind geräumig, und die ganze Anlage wirkt herrlich einsam, obwohl sie nur 16 km von Kothamangalam entfernt ist.

Das **Hornbill Camp** (☎0484-2092280; www.thehornbillcamp.com; DZ mit VP 100 US$) bietet Unterkunft in großen, permanent aufgestellten Zelten und hat eine herrlich friedliche Lage am Fluss Periyar. Kajak-, Rad- und eine Gewürzgarten-Tour sowie alle Mahlzeiten sind im Preis inbegriffen. Auf der Straße ist das Camp rund 8 km von Thattekkad entfernt.

Thattekkad liegt an der Straße von Ernakulam nach Munnar. Man nimmt einen Bus von Ernakulam (35 ₹, 2 Std.) oder Munnar (60 ₹, 3 Std.) nach Kothamangalam; von dort geht's die letzten 12 km nach Thattekkad weiter per Bus (12 ₹, 25 Min.) oder Rikscha (300 ₹).

Forest Information Centre (☎8301024187; ⊙9–15 Uhr) Reservierung von Unterkünften im Chinnar Wildlife Sanctuary und Infos zu Chinnar und zum Eravikulam National Park.

ℹ An- & Weiterreise

Die Straßen rund um Munnar sind kurvenreich und nach Regenfällen während des Monsuns oft in schlechtem Zustand, sodass sich die Fahrtzeiten von Bussen verschieben können. Der **KSRTC-Hauptbusbahnhof** (AM Rd) liegt südlich der Stadt, aber es ist einfacher, Busse von Haltestellen im Ort Munnar (wo auch die häufigeren privaten Busse abfahren) zu nehmen. Der wichtigste Halteplatz befindet sich am Basar.

Es gibt täglich etwa 18 **Busse** nach Ernakulam (Kochi; 124 ₹, 5½ Std.), sechs Busse nach Thiruvananthapuram (normaler Bus/Deluxe 251/371 ₹, 9 Std.) und zwei nach Alappuzha (168/226 ₹, 5 Std.). **Private Busse** fahren um 11.25, 12.20 und 14.25 Uhr nach Kumily (80 ₹, 4 Std.). Für die Busse nach **Top Station** und **Coimbatore** gibt's separate Haltestellen.

Ausgewählte Taxipreise: nach Ernakulam ca. 2800 ₹; nach Alappuzha 3800 ₹, nach Kumily 2400 ₹.

ℹ Unterwegs vor Ort

Gokulam Bike Hire (☎9447237165; 400–500 ₹/Tag; ⊙9–18 Uhr) vermietet im ehemaligen Busbahnhof südlich der Stadt Motorräder und Motorroller. Vorher anrufen!

Autorikschas fahren mit beeindruckender Effizienz durch die Hügellandschaft um Munnar; für eine komplette Tagestour zahlt man bis zu 850 ₹.

Rund um Munnar

Top Station

Top Station (Höhe 1880 m), hoch oben an der Grenze zwischen Kerala und Tamil Nadu, ist wegen des spektakulären Ausblicks über die Western Ghats ein beliebtes Ausflugsziel. Von Munnar aus bewältigen täglich vier Busse (40 ₹, 1½ Std., ab 7.30 Uhr) den steilen, 32 km langen Anstieg in rund einer Stunde. Ein Taxi hin und zurück kostet 1200 ₹. Auf dem Weg nach oben können einem wilde Elefanten begegnen.

ABSTECHER

CHINNAR WILDLIFE SANCTUARY

Rund 60 km nordöstlich von Munnar leben im **Chinnar Wildlife Sanctuary** (www.chinnar.org; Eintritt inkl. 3-std. Wanderung Inder/Ausländer 230/600 ₹; ⏲8–17 Uhr) Rehe, Leoparden, Elefanten und die gefährdeten Sri-Lanka-Riesenhörnchen. Man kann im Reservat wandern und in **Baumhäusern** (DZ 2600 ₹) oder **Hütten** (DZ 2600–3100 ₹) übernachten. Es gibt auch Ökotouren, darunter Flusswanderungen, Besuche bei Stammesvölkern (von welchen zwei im Reservat leben) und Wanderungen zu Wasserfällen (rund 600 ₹/Pers.). Einzelheiten erfährt man beim Forest Information Centre (S. 1073) in Munnar. Busse aus Munnar können einen in Chinnar absetzen (40 ₹, 1½ Std.), ein Taxi kostet rund 1500 ₹.

Eravikulam National Park

Eravikulam National Park NATIONALPARK
(☎04865-208255; www.eravikulam.org; Inder/Ausländer 95/360 ₹, Foto/Video 38/300 ₹; ⏲April–Jan. 7.30–16 Uhr) In diesem 13 km von Munnar entfernten Park leben die gefährdeten, aber sehr zahmen Nilgiri-Tahre (eine Art Bergschafe). Ein Safaribus bringt einen in die Rajamala-Touristenzone, wo es gute Chancen gibt, die Tiere zu sehen. Geführte Wanderungen kosten 300 ₹. Im Park liegt der Anamudi, der mit 2695 m höchste Gipfel Keralas, der allerdings zur Zeit der Recherche für Bergsteiger gesperrt war.

Von Munnar fährt man mit einer Autoriksha oder einem Taxi (hin & zurück ca. 300 bzw. 400 ₹) bis zum Kontrollpunkt, dort steigt man für die letzten 4 km in einen staatlichen Bus (40 ₹).

ZENTRALES KERALA

Kochi (Cochin)

☎0484 / 601600 EW.

Das gelassene Kochi lockt schon seit mehr als 600 Jahren Händler, Entdecker und Traveller an seine Ufer. Nirgendwo sonst in Indien findet man eine solch faszinierende Mischung: riesige Fischernetze aus China, eine 400 Jahre alte Synagoge, uralte Moscheen, portugiesische Herrenhäuser und zerfallende Überreste aus der Zeit Britisch-Indiens. Es ergibt sich ein unwirklich erscheinender, einzigartiger Mix aus mittelalterlichem Portugal, Holland und einem englischen Dorf, versetzt an die tropische Malabarküste. Das herrliche Kochi lädt dazu ein, ein bisschen zu verweilen und in den schönsten Privatunterkünften und historischen Unterkünften des Landes zu übernachten. Kochi ist auch das Kunstzentrum von Kerala und der beste Ort, um sich Kathakali und *kalarippayat* anzusehen.

Ernakulam auf dem Festland ist ein Verkehrsknotenpunkt und das kosmopolitische Zentrum von Kochi. Die idyllischen historischen Stätten Fort Cochin und Mattancherry bilden einen wunderbaren, stimmungsvollen Ausgleich – hier kann man die Vergangenheit förmlich riechen. Andere Inseln, darunter Willingdon und Vypeen, sind durch ein Netzwerk von Fähren und Brücken miteinander verbunden.

Sehenswertes

Fort Kochi (Cochin)

In Fort Cochin gibt's ein paar kleine Sandstrände, die sich eigentlich nur dazu eignen, abends Leute zu beobachten und nach ankommenden Tankschiffen zu spähen. Eine beliebte Promenade schlängelt sich vom Mahatma Gandhi Beach zu den Chinesischen Fischernetzen und dem Fischmarkt.

Am Strand sollte man nach den wenigen Überresten des Forts Manuel Ausschau halten, das die Portugiesen im 16. Jh. erbauten und nach dem das Viertel benannt ist.

Chinesische Fischernetze WAHRZEICHEN
(Karte S. 1076) Die rund ein halbes Dutzend riesigen chinesischen Auslegernetze am Nordostufer von Fort Kochi sind das viel fotografierte, inoffizielle Symbol von Keralas Backwaters. Die Netze sind eine Hinterlassenschaft chinesischer Kaufleute vom Hof Kublai Khans aus dem 13. Jh. Mindestens vier Mann sind erforderlich, um bei Flut die Gegengewichte der riesigen, spinnenartigen Auslegerkonstruktionen zu bewegen.

Moderne Fischereitechniken sorgen dafür, dass diese arbeitsintensiven Geräte immer weniger profitabel werden, aber noch kommt aus ihnen der Großteil der frischen Meeresfrüchte, die hier angeboten werden. Kleinere Fischernetze sieht man rund um die Strände des Vembanad-Sees – einige der besten nördlich des Cherai Beach auf Vypeen Island.

Indo-Portuguese Museum MUSEUM
(Karte S. 1076; ☎0484-2215400; Inder/Ausländer 10/25 ₹; ⏲Di–So 9–13 & 14–18 Uhr) Das Museum im Garten des Bischofshauses zeigt das Erbe einer der frühesten katholischen Gemeinden Indiens: Gewänder, silberne Prozessionskreuze und Altäre aus der Diözese Kochi. Der Keller birgt Relikte aus dem Fort Immanuel.

Maritime Museum MUSEUM
(Beach Rd; Erw./Kind 40/20 ₹, Kamera/Video 100/150 ₹; ⏲Di–So 10–15.30 & 16.30–17.30 Uhr) In ein paar ehemaligen Luftschutzbunkern befindet sich dieses Museum, das mit einer Reihe von Mauergemälden und Informationstafeln die Geschichte der indischen Marine zurückverfolgt, und ebenso den Seehandel, der noch auf die Portugiesen und Holländer zurückgeht. Die Besucher erwartet eine Menge Erinnerungsstücke rund um die Seefahrt, z. B. ein paar Modelle von Kampfschiffen draußen im Garten.

St. Francis Church KIRCHE
(Karte S. 1076; Church Rd; ⏲8.30–17 Uhr) Die angeblich erste von Europäern in Indien erbaute Kirche wurde 1503 von portugiesischen Franziskanermönchen errichtet. Das Gebäude, das heute hier steht, wurde Mitte des 16. Jhs. als Ersatz für die ursprüngliche Holzkonstruktion gebaut. Die sterblichen Überreste des Entdeckers Vasco da Gama, der 1524 in Kochi verstorben war, lagen 14 Jahre lang hier, bevor sie nach Lissabon überführt wurden – sein Grabstein steht immer noch.

Santa Cruz Basilica KIRCHE
(Karte S. 1076; Ecke Bastion St & KB Jacob Rd; ⏲Mo–Sa 9–13 & 14.30–17.30, So 10.30–13 Uhr) Eine erste katholische Kirche wurde 1506 an dieser Stelle errichtet, die heutige imposante Basilika stammt von 1902. Das Innere ist auffällig in Pastellfarben ausgemalt und enthält Artefakte aus den unterschiedlichen Epochen Kochis.

Dutch Cemetery FRIEDHOF
(Karte S. 1076; Beach Rd) Der holländische Friedhof nahe dem Strand wurde 1724 geweiht und enthält die verwitterten und verfallenen Gräber niederländischer Händler und Soldaten. Die Tore sind meist verschlossen, aber ein Wächter könnte einen hineinlassen. Alternativ fragt man in der St. Francis Church nach.

Mattancherry & Jüdisches Viertel

Rund 3 km südöstlich von Fort Cochin liegt Mattancherry, das alte Basarviertel und

Kochi (Cochin)

Fort Kochi (Cochin)

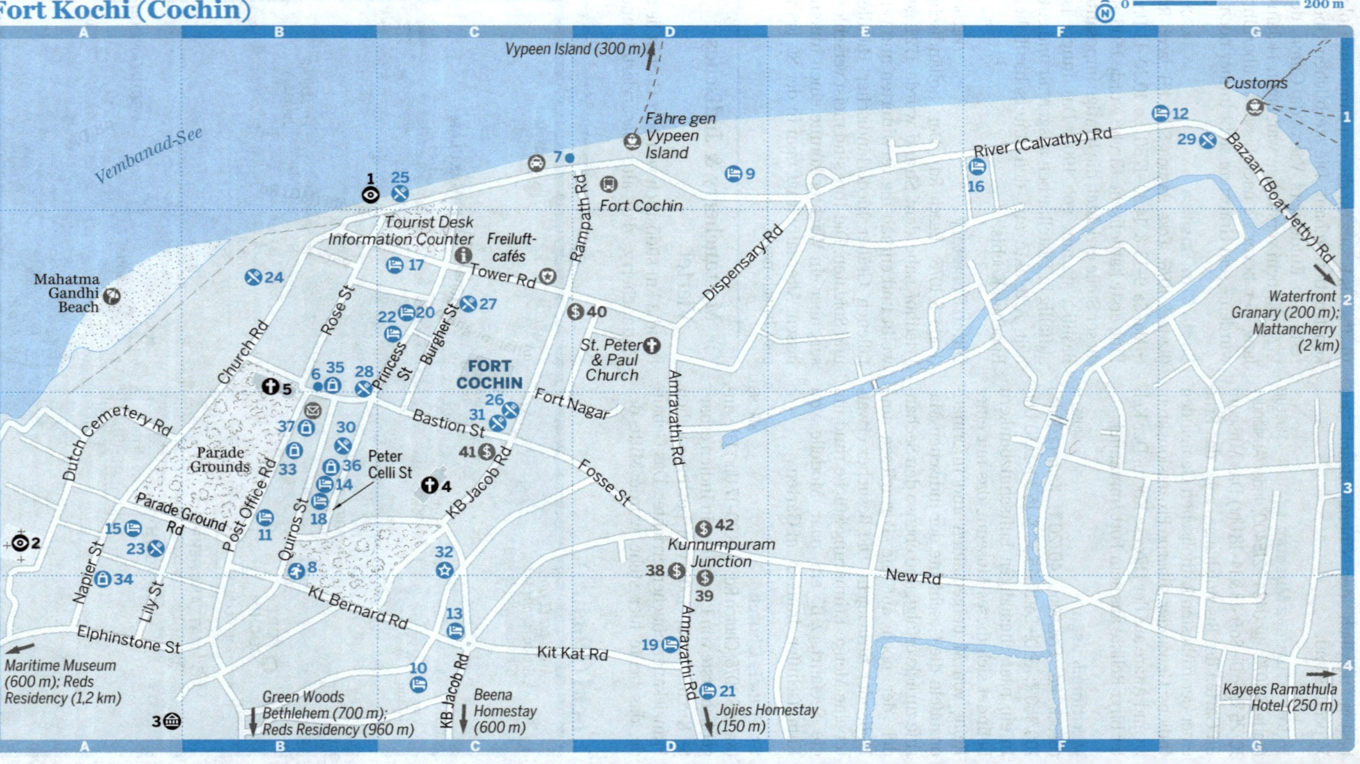

Fort Kochi (Cochin)

Sehenswertes
1 Chinese Fishing Nets ... B1
2 Dutch Cemetery ... A3
3 Indo-Portuguese Museum ... A4
4 Santa Cruz Basilica ... C3
5 St. Francis Church ... B2

Aktivitäten, Kurse & Touren
6 Art of Bicycle Trips ... B2
Cook & Eat ... (siehe 14)
7 KTDC ... C1
8 SVM Ayurveda Centre ... B3

Schlafen
9 Brunton Boatyard ... D1
10 Daffodil ... C4
11 Delight Home Stay ... B3
12 Fort House Hotel ... G1
13 Happy Camper ... C4
14 Leelu Homestay ... B3
15 Malabar House ... A3
16 Maritime ... F1
17 Old Harbour Hotel ... C2
18 Raintree Lodge ... B3
19 Saj Homestay ... D4
20 Spice Fort ... C2
21 Tea Bungalow ... D4
22 Walton's Homestay ... C2

Essen
23 Dal Roti ... A3
24 Drawing Room ... B2
25 Fishmongers ... C1
26 Fusion Bay ... C3
27 Kashi Art Cafe ... C2
28 Loafers Corner ... B2
Malabar Junction ... (siehe 15)
29 Solar Cafe ... G1
30 Teapot ... B3
31 Upstairs Italian ... C3

Unterhaltung
32 Kerala Kathakali Centre ... C3

Shoppen
33 Cinnamon ... B3
34 Fabindia ... A4
35 Idiom Bookshop ... B2
36 Niraamaya ... B3
37 Tribes India ... B3

Praktisches
38 Geldautomat Federal Bank ... D3
39 Geldautomat ICICI ... D4
40 Geldautomat SBI ... D2
41 Geldautomat South India Bank ... C3
42 UAE Exchange ... D3

Zentrum des Gewürzhandels. Heutzutage ist die Gegend voll mit Gewürzläden und teuren, von Kashmiri geführten Warenhäusern – die Autorikschafahrer überschlagen sich förmlich, Traveller dorthin zu verschleppen, weil sie von den Läden deftige Provisionen kassieren. Jede Offerte einer billigen Besichtigungstour durch das Viertel wird unweigerlich zu einigen dieser Läden führen. Mittendrin liegt das Jüdische Viertel, ein geschäftiges Hafengebiet mit einer schönen Synagoge. Zahlreiche kleine Firmen hausen dicht gedrängt in verfallenen, alten Gebäuden; in der Luft liegt der beißende Duft von Ingwer, Kardamom, Kümmel, Kurkuma und Nelken. In den Gassen rund um den Holländischen Palast und die Synagoge finden sich keine Gewürzhandlungen, sondern viele Antiquitäten- und Souvenirläden.

★ Mattancherry-Palast MUSEUM

(Holländischer Palast; Karte S. 1078; ☎0484-2226085; Palace Rd; Erw./Kind 5 ₹/frei; ⊙Sa–Do 9–17 Uhr) Der Mattancherry-Palast war einst ein großzügiges Geschenk, das dem Radscha von Kochi, Veera Kerala Varma (1537–1561) als Geste des Wohlwollens im Jahr 1555 von den Portugiesen gemacht wurde. Die Niederländer renovierten den Palast 1663. Daher stammt auch sein zweiter Name: Holländischer Palast. Zu seinen größten Attraktionen zählen die gut erhaltenen hinduistischen Wandgemälde, die Szenen aus Ramayana, Mahabharata und aus puranischen Legenden in kleinsten Details wiedergeben.

★ Pardesi Synagogue SYNAGOGE

(Karte 1078; 5 ₹; ⊙So–Do 10–13 & 15–17 Uhr, an jüdischen Feiertagen geschl.) Die ursprünglich 1568 erbaute Synagoge wurde 1662 teilweise von den Portugiesen zerstört, aber zwei Jahre später wieder aufgebaut, als die Niederländer Kochi einnahmen. Das Gotteshaus enthält eine vergoldete Kanzel und aufwendig mit Weidenmustern bemalte Fliesen aus dem chinesischen Kanton, die 1762 verlegt wurden. Das Innere ist prachtvoll mit belgischen Kandelabern und Buntglaslampen beleuchtet. Der elegante Uhrenturm wurde 1760 errichtet. Oben gibt es einen Balkon für Frauen, die nach orthodoxem Ritus während der Gottesdienste von den Männern getrennt sitzen.

Achtung: Kurze Hosen, ärmellose Tops und Taschen sind drinnen nicht gestattet!

Ernakulam

Kerala Folklore Museum MUSEUM

(☎0484-2665452; www.keralafolkloremuseum.org; Folklore Junction, Thevara; Inder/Ausländer

Mattancherry

0 — 200 m

New Rd
Waterfront Granary (400 m)
Bazaar (Boat Jetty) Rd
Vembanad-See
MATTANCHERRY
Gujarathi Rd
Moulana Azad Rd
Mattancherry Palace
JÜD. VIERTEL
Palace Rd
Moulana Azad Rd
Pardesi Synagogue
Jüdischer Friedhof
Jew Town Rd

Mattancherry

Highlights

1 Mattancherry Palace B2
2 Pardesi Synagogue B2

Schlafen

3 Caza Maria B2

Essen

4 Cafe Crafters B2
Caza Maria .... (siehe 3)
5 Ginger House B2
6 Kayees Ramathula Hotel A1

Transport

7 Fähren nach Willingdon Island B2

100/200 ₹, Foto 100 ₹; ⌚9–18 Uhr) Das Museum wurde im keralesischen Stil aus alten Tempeln und schönen alten Häusern erbaut, die der Besitzer, ein Antiquitätenhändler, zusammengetragen hat. Ausgestellt sind mehr als 4000 Artefakte, die drei Architekturstile abdecken: Malabar im Erdgeschoss, Kochi im 1. und Travancore im 2. Stock. Hier ist ein wunderschönes, mit Holz verkleidetes Theater mit einer Holzdecke aus dem 17. Jh. eingebaut. Das Museum befindet sich etwa 6 km südlich des Bahnhofs Ernakulam Junction.

Eine Rikscha ab Ernakulam sollte 90 ₹ kosten, man kann aber auch jeden Bus nach Thevara nehmen und erst dort in eine Rikscha umsteigen (25₹). Die Fahrt mit einer Autorikscha aus Fort Cochin kostet ca. 200 ₹.

Aktivitäten

Ayur Dara AYURVEDA
(☎0484-2502362, 9447721041; www.ayurdara.com; Murikkumpadam, Vypeen Island; ⌚9–17.30 Uhr) Dieses angenehme Behandlungszentrum am Wasser wird in der dritten Generation vom ayurvedischen Arzt Dr. Subhash geführt. Das Haus ist spezialisiert auf Anwendungen von einer bis zu drei Wochen (1650 ₹/Tag). Man braucht einen Termin. Es liegt 3 km vom Fährterminal nach Vypeen Island entfernt.

SVM Ayurveda Centre AYURVEDA
(Kerala Ayurveda Pharmacy Ltd; Karte S. 1076; ☎9847371667; www.svmayurveda.com; Quiros St; Massage ab 900 ₹, Verjüngungskur ab 1200 ₹; ⌚9.30–19 Uhr) Das kleine Zentrum in Fort Kochi bietet täglich therapeutische Massagesn und Hatha-Yoga-Kurse (500 ₹). Längere „Verjüngungskuren" gibt's auch.

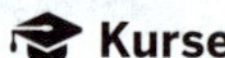

Kurse

Das Kerala Kathakali Centre (S. 1085) bietet Unterricht in klassischem Kathakali-Tanz, -Musik und -Schminken (kurze & längerfristige Kurse ab 350 ₹/Std.).

Einen Crashkurs in der Kampfkunst *kalarippayat* kann man im berühmten Trainingszentrum Ens Kalari (S. 1085) machen, das kurze Intensivkurse – von einer Woche bis zu einem Monat – anbietet.

Cook & Eat KOCHEN
(Karte S. 1076; ☎0484-2215377; www.leeluhomestay.com; Quiros St; Kurs veg./nichtveg. 700/750 ₹; ⌚16–18 Uhr) Mrs. Leelu Roy veranstaltet beliebte, zweistündige Kochkurse in ihrer großen Familienküche im Leelu Homestay (S. 1080). Dabei bringt sie fünf bis zehn Teilnehmern die Zubereitung von fünf Gerichten und ihres hausgemachten *garam masala* bei.

Geführte Touren

Tourist Desk TOUR
(Karte S. 1082; ☎0484-2371761, 9847044688; www.touristdesk.in; Ernakulam Boat Jetty; ⌚8–18 Uhr) Der ausgezeichnete private Veranstalter organisiert die beliebte ganztägige Water Valley Tour (1250 ₹, Start 8 Uhr), bei der es im Hausboot über die Backwaters und Lagunen der Region geht. Eingeschlossen sind eine Kanufahrt über kleinere Kanäle und Dorfbesuche. Angeboten werden auch eine „Sunset Dinner Cruise" (850 ₹/Pers.) per Kanu vom Dorf Narakkal auf Vypeen Island mit der Option einer Übernachtung in einer Strandhütte.

Art of Bicycle Trips RADFAHREN
(Karte S. 1076; ☎08129945707; www.artofbicycletrips.com; Bastion St; 3-std./halbtägige Tour 1450/

2500 ₹; ⌚9–18 Uhr) Der Veranstalter bietet geführte Radtouren mit hochwertigen Mountainbikes. Zur Wahl stehen u. a. eine morgendliche Fahrt durch das historische Fort-Gebiet und eine halbtägige Fahrt durch die Backwaters. Eine tolle Möglichkeit, die Region in gemächlichem Tempo kennenzulernen!

Kerala Bike Tours MOTORRADFAHREN
(☎0484-2356652, 9388476817; www.keralabiketours.com; Kirushupaly Rd, Ravipuram) Organisiert Motorradtouren durch Kerala und die Western Ghats und vermietet hochwertige Enfield Bullets (ab 155 US$/Woche) für geübte Biker mit unbegrenzter Kilometerzahl, Versicherung und der Möglichkeit kostenloser Abholung/Wartung.

KTDC BOOTSFAHRT
(Karte S. 1076; ☎0484-2353234; Marine Dr, Kochi; Backwater-Tour halber/ganzer Tag 750/1250 ₹; ⌚Mo–Sa 10–17 Uhr) Die KTDC veranstaltet halbtägige Backwater-Touren (8.30 & 14 Uhr) sowie ganztägige Ausflüge. Bei diesen besucht man örtliche Webereien, Gewürzgärten und Palmsaft-Zapfer. Außerdem gibt's Ausflugsfahrten und Stadtführungen.

Feste & Events

Ernakulathappan Utsavam RELIGIÖSES FEST
(⌚Jan./Feb.) Das achttägige Fest in Ernakulams Shiva-Tempel gipfelt im Umzug mit 15 prächtigen Elefanten, Musik und Feuerwerk.

Cochin Carnival KARNEVAL
(www.cochincarnival.org; ⌚21. Dez.) Der Cochin Carnival ist die größte Party in Fort Kochi und erreicht nach zehn Tagen am Silvesterabend ihren Höhepunkt. Umzüge, bunte Kostüme, geschmückte Elefanten (Tierschützer sind davon nicht begeistert), Musik, Volkstänze und viel Spaß gehören dazu.

Schlafen

Fort Kochi ist Indiens Homestay-Hauptstadt mit rund 200 zur Auswahl stehenden Unterkünften bei Gastfamilien. Dazu kommen noch einige der besten historischen Hotels in Kerala. Der Stadtteil wirkt zwar in der Saison etwas touristisch und überfüllt, man kann hier aber prima dem Lärm und Chaos auf dem Festland entkommen. Ernakulam ist billiger und praktischer, wenn man auf der Durchreise ist, aber das Ambiente und die Unterkünfte sind weniger ansprechend.

Im Dezember und Januar sollte man vorab reservieren. Zu anderen Zeiten kann man vielleicht einen Rabatt aushandeln.

Fort Kochi

Happy Camper HOSTEL $
(Karte S. 1076; ☎9742725668; KB Jacob Rd; B mit Frühstück 550 ₹; ❄📶) Die entspannte Unterkunft, die sich als Boutique-Hostel anpreist, hat nur drei klimatisierte Schlafsäle (einer davon nur für Frauen), eine kleine Küche, ein tolles kleines Café, eine Dachterrasse und freundliches Personal. Gute Lage gleich südlich des Haupttouristenzentrums.

Maritime HOSTEL $
(Karte S. 1076; ☎0484-6567875; www.thehostelcrowd.com; 2/227 Calvathy Rd; B 500 ₹, DZ 1200–1600 ₹; ❄📶) Die Hostelkette aus Goa hat nun eine Filiale in Kochi mit prima Lage unweit der Customs Jetty eröffnet. Das nautische Thema ist ein netter Zug, die klimatisierten Schlafsäle und Doppelzimmer sind sauber und gepflegt, und es gibt eine kleine Küche, eine Waschküche und eine Bibliothek.

Jojies Homestay HOMESTAY $
(☎9995396543; 1/1276 Chirattapallam Rd, abseits der KB Jacob Rd; DZ/3BZ 800/1200 ₹; 📶) Die saubere, freundliche und einladende Unterkunft ist bei Travellern wegen der hilfsbereiten Eigentümer und des großen Frühstücks im Dachgarten beliebt.

★ **Reds Residency** HOMESTAY $$
(☎0484-3204060, 9388643747; www.redsresidency.in; 11/372 A KJ Herschel Rd; DZ mit Frühstück 900–1200 ₹, mit Klimaanlage ab 1200 ₹, Rooftop Cottage mit Klimaanlage 1500 ₹; ❄📶) Die hübsche Homestay-Unterkunft bietet Zimmer in Hotelqualität, aber auch einen freundlich-familiären Empfang durch die kenntnisreichen Gastgeber Philip und Maryann. Die fünf Zimmer – darunter ein Dreibett- und ein Vierbettzimmer für Familien – sind modern und makellos. Auf dem Dach gibt es noch ein tolles, separates „Penthouse" mit eigener Küche. Die Herberge hat eine friedliche Lage südlich vom Stadtzentrum.

★ **Green Woods Bethlehem** HOMESTAY $$
(☎9846014924, 0484-3247791; greenwoodsbethlehem1@vsnl.net; gegenüber dem ESI Hospital; DZ mit Frühstück 1200–1400 ₹, mit Klimaanlage 1500–1800 ₹; ❄📶) Mit einem Lächeln, das müde Traveller heiter stimmt, scheint die einladende Gastgeberin Sheeba bereit, einen an Ort und Stelle zu adoptieren, sobald man durch die Eingangstür geschritten ist. Die Unterkunft, die zu den beschaulichsten in Kochi zählt, liegt in einer ruhigen Gasse, und der Garten voller Pflanzen und Palmen

ist durch eine Mauer abgeschirmt. Die Zimmer sind einfach, aber gemütlich; das Frühstück wird im fantastischen, grünen Café auf dem Dach serviert.

Raintree Lodge BOUTIQUEHOTEL **$$**
(Karte S. 1076; ☎ 9847029000, 0484-3251489; http://raintree-lodge.viewhotel.co; 1/618 Peter Celli St; Zi. 3100 ₹; ❄📶) Die intimen und eleganten Zimmer dieses historischen Hauses streben nach dem Status eines Boutiquehotels. Die fünf Zimmer bieten einen tollen Mix aus zeitgenössischem Stil und geschnitzten historischen Möbeln, und die Vorderzimmer im Obergeschoss haben prächtige, mit Weinranken bedeckte Romeo-und-Julia-Balkone. Gutes Preis-Leistungs-Verhältnis!

Delight Home Stay GUESTHOUSE **$$**
(Karte S. 1076; ☎ 9846121421, 0484-2217658; www.delightfulhomestay.com; Post Office Rd; Zi. mit Frühstück ₹2500-4500 ₹; ❄📶) Das große Haus, eines der ersten Homestays in Fort Kochi, ist außen mit weißen Holzverzierungen geschmückt, und die sechs Zimmer sind geräumig und blitzblank. Es gibt einen charmanten kleinen Garten, ein elegantes Frühstückszimmer und einen eindrucksvollen, mit Teakholz getäfelten Salon. Das Essen ist gut; in der offenen Küche werden auch Kochkurse veranstaltet.

Beena Homestay HOMESTAY **$$**
(homestaykochi.com; XI/359B KB Jacob Rd; DZ mit Frühstück & Abendessen 3000 ₹; ❄📶) Beena verpflegt und beherbergt Traveller schon so manches Jahr in diesem Familien-Homestay und sorgt für einen hohen Standard mit sechs tadellosen Zimmern mit Klimaanlage und Hausmannskost, die im Speisesaal serviert wird.

Walton's Homestay PENSION **$$**
(Karte S. 1076; ☎ 9249721935, 0484-2215309; www.waltonshomestay.com; Princess St; Zi. mit Frühstück 1600–3500 ₹; ❄📶) Der akribische Mr. Walton bietet große, mit Holzmöbeln eingerichtete Zimmer in einem hübschen alten Haus, das nautisch – weiß mit blauen Zierkanten – gestrichen ist und sich hinter einem Buchladen versteckt. Die Zimmer im Erdgeschoss öffnen sich zu einem üppigen Garten hin, die Zimmer im Obergeschoss haben einen Balkon, und es gibt ein hübsches Frühstückszimmer.

Saj Homestay HOMESTAY **$$**
(Karte S. 1076; ☎ 8086565811, 9847002182; www.sajhome.com; Amravathi Rd, nahe Kunnumpuram Junction; DZ mit Frühstück ab 2500 ₹; ❄📶) In dem einladenden, makellosen Haus des hilfsbereiten Besitzers Saj gibt es sechs Zimmer im Obergeschoss. Nach vorne gibt es etwas Straßenlärm, aber die Zimmer haben Klimaanlage und Schallschutz, und Traveller sind vom Frühstück auf dem Balkon begeistert.

Leelu Homestay HOMESTAY **$$**
(Karte S. 1076; ☎ 0484-2215377; www.leeluhomestay.com; 1/629 Quiros St; EZ/DZ mit Frühstück 1500/2500 ₹; ❄📶) Das zentrale, sehr anheimelnde Leelu hat vier Zimmer mit Klimaanlage im Obergeschoss, eine Dachterrasse (Yogasitzungen können vereinbart werden) und gesellige Loungebereiche mit altmodischen Möbeln. Die Küche ist der beliebte Treff für Leelu's Cook & Eat-Kochkurse (S. 1078).

Daffodil PENSION **$$**
(Karte S. 1076; ☎ 9895262296, 0484-2218686; www.daffodilhomestay.com; Njaliparambu Junction; DZ mit Frühstück ohne/mit Klimaanlage 1800/2500 ₹; ❄@📶) Das von einem freundlichen Ehepaar geführte Haus hat acht große, hell gestrichene, moderne Zimmer, die etwas Privatsphäre bieten. Das Highlight ist aber der mit Holzschnitzereien verzierte keralesische Balkon im Obergeschoss.

★ **Malabar House** HOTEL **$$$**
(Karte S. 1076; ☎ 0484-2216666; www.malabarhouse.com; Parade Ground Rd; Zi. 275 €, Suite mit Frühstück 300–400 €; ❄@🏊) Das Malabar, eines der vielleicht schicksten Boutiquehotels in Kerala, protzt mit einer hippen Mischung aus modernen Farben und alten Einrichtungsgegenständen. Die Suiten sind riesig und verschwenderisch eingerichtet, die Standardzimmer eher lauschig. Das preisgekrönte Restaurant und die Weinbar sind erstklassig.

★ **Brunton Boatyard** HOTEL **$$$**
(Karte S. 1076; ☎ 0484-2215461; www.cghearth.com/brunton-boatyard; River Rd; DZ ab 22 000 ₹; ❄@📶🏊) Das imposante Hotel ahmt die prächtige niederländische und portugiesische Architektur des 16. und 17. Jhs. nach. Alle Zimmer blicken hinaus auf den Hafen und haben Badewannen und Balkone mit einer erfrischenden Meeresbrise, die jeder Klimaanlage überlegen ist. Zum Hotel gehören das ausgezeichnete History Restaurant, die Armoury Bar und einige Freiluftcafés.

Spice Fort BOUTIQUEHOTEL **$$$**
(Karte S. 1076; ☎ 9364455440; www.duneecogroup.com; Princess St; Zi. 10 500–12 600 ₹;

❄📶🏊) Die schicken, rot-weiß gehaltenen und zum Thema Gewürze dekorierten Zimmer haben kühle Farbtöne, makellose Badezimmer und in die Kopfteile der Betten eingebaute TVs. Die Zimmer liegen rund um einen gegen die vielbefahrene Princess St abgeschirmten historischen Hof mit einem einladenden Pool in der Mitte. Die Lage ist toll, das Restaurant ausgezeichnet und das Personal freundlich.

Tea Bungalow HOTEL **$$$**
(Karte S. 1076; ☎0484-2216337; www.teabungalow.in; 1/1901 Kunumpuram; Zi. mit Frühstück ab 10 500 ₹; ❄@📶🏊) Das senffarbene koloniale Gebäude wurde 1912 als Zentrale einer britischen Gewürzhandelsfirma erbaut, bevor es von Brooke Bond Tea übernommen wurde. Die zehn eleganten, nach Seehäfen benannten Boutique-Zimmer sind in kräftigen Farben und mit kolonialen Schnitzmöbeln eingerichtet und haben Badezimmer mit Bassetta-Fliesen. In der Nebensaison fallen die Preise um 60 %.

Old Harbour Hotel HOTEL **$$$**
(Karte S. 1076; ☎0484-2218006; www.oldharbourhotel.com; 1/328 Tower Rd; Zi. 12 700–15 700 ₹, Suite 16 500 ₹; ❄@🏊) Das ehrwürdige Hotel residiert in einem 300 Jahre alten historischen holländisch-portugiesischen Gebäude rund um einen idyllischen Garten mit Seerosenteichen und einem kleinen Pool. Die elegante Mischung aus historischem und modernem Stil gibt der Unterkunft eine intimere Anmutung, als sie die meisten seiner prächtigeren Konkurrenten besitzen. Es gibt 13 Zimmer und Suiten. Einige blicken direkt auf den Garten, andere haben Freiluftbäder mit Pflanzenschmuck.

Fort House Hotel HOTEL **$$$**
(Karte S. 1076; ☎0484-2217103; www.hotelforthouse.com; 2/6A Calvathy Rd; Zi. mit Frühstück 6500 ₹; ❄@) Nahe der Fährstelle ist dies eines der wenigen echten Uferhotels in Fort Kochi, die 16 smarten Zimmer mit Klimaanlage liegen aber zurückgesetzt in einem üppigen Garten, das Restaurant hingegen hat eine erstklassige Uferlage.

Mattancherry & Jüdisches Viertel

Caza Maria HISTORISCHES HOTEL **$$**
(Karte S. 1078; ☎9846050901; cazamaria@rediffmail.com; Jew Town Rd, Mattancherry; Zi. mit Frühstück 5000 ₹; ❄📶) Mitten im Herzen des Jüdischen Viertels bietet diese einmalige, nicht durch ein Schild markierte Unterkunft nur zwei große historische Zimmer, die über Läden liegen und auf den Basar blicken. Die Zimmer haben hohe Decken und sind mit ihrem eigenwilligen Stil, der bunten Bemalung und der Überfülle an Antiquitäten eines Maharadschas würdig.

Waterfront Granary BOUTIQUEHOTEL **$$$**
(☎9895284700, 0484-2211177; www.thewaterfrontgranary.com; 6/641 Bazaar Rd, Mattancherry; DZ 10 200–14 400 ₹, Suite 21 600 ₹; ❄📶🏊) Das erste, was einem beim Betreten des Waterfront Granary ins Auge sticht, ist der Ford-Oldtimer von 1928 in der Lounge. Dies ist ein Museumshotel, in dem viele Stücke aus der Privatsammlung des Eigentümers zu sehen sind. Das Hauptgebäude, ein ehemaliger Getreidespeicher, stammt von 1877. Die 16 geräumigen Zimmer besitzen historisches Flair und moderne Details.

Die Lage am Seeufer ist hervorragend, von der großen Terrasse und dem kleinen Pool aus hat man einen Blick hinüber zur Willingdon Island.

Ernakulam

John's Residency HOTEL **$**
(Karte S. 1082; ☎8281321395, 0484-2355395; TG Rd; EZ/DZ ab 550/750 ₹, mit Klimaanlage 1550 ₹; ❄) Das John's ist eine echte Backpacker-Bleibe und die beste Budget-Alternative in Ernakulam, zumal wenn John selber vor Ort ist. Das Haus liegt ruhig, aber doch in bequemer Gehentfernung zur Bootsanlegestelle. Abgesehen von den größeren Deluxe-Zimmern sind die Zimmer klein, aber dank kräftiger Farbakzente wirken sie für dieses Preissegment einladend und modisch.

Boat Jetty Bungalow HOTEL **$$**
(Karte S. 1082; ☎0484-2373211; www.boatjettybungalow.com; Cannon Shed Rd, Ernakulam; EZ/DZ 650/950 ₹, mit Klimaanlage 1400/1900 ₹; ❄) Das 140 Jahre alte Haus, in dem früher der Verwalter der Bootsanlegestelle wohnte, wurde renoviert und zu einem Hotel mit 22 kompakten, sauberen Zimmern mit TV gemacht. Das Hotel liegt in kurzer Gehentfernung zu den Booten nach Fort Kochi.

Grand Hotel HOTEL **$$**
(Karte S. 1082; ☎9895721014, 0484-2382061; www.grandhotelkerala.com; MG Rd; EZ/DZ mit Frühstück ab 3500/4300 ₹, Suite 6500 ₹; ❄@📶) Das Hotel aus den 1960er-Jahren verströmt mit seinen originalen, glänzenden Art-déco-Armaturen genau jene Retro-Coolness, von

Ernakulam

Ernakulam

Aktivitäten, Kurse & Touren
1 Tourist Desk B3

Schlafen
2 Boat Jetty Bungalow B3
3 Grand Hotel C4
4 John's Residency B3

Essen
5 Chillies C4
6 Frys Village Restaurant C1
Grand Pavilion .... (siehe 3)

Unterhaltung
7 See India Foundation D5

Praktisches
8 KTDC Tourist Reception Centre B3
Tourist Desk Information Counter .... (siehe 1)
9 UAE Exchange C4
10 UAE Exchange C4

Transport
11 Air India B5
12 Reservierungsbüro D4

der moderne Hotels nur träumen können. Die geräumigen Zimmer sind mit glänzenden Parkettböden und großen modernen Badezimmern ausgestattet. Im Haus gibt es ein gutes Restaurant und Ernakulams nobelste Bar.

Rund um Kochi

Kallanchery Retreat HOMESTAY **$$**
(☎9847446683, 0484-2240564; www.kallancheryretreat.com; Kumbalanghi Village; Zi. & Cottage ohne/mit Klimaanlage 2000/2500 ₹; ❄📶) In diesem friedlichen, günstigen Refugium am Wasser, das sich im Dorf Kumbalanghi rund 15 km südlich von Fort Kochi in einer weitläufigen Gartenanlage befindet, entgeht man den Touristenmassen. Zimmer gibt's im Wohnhaus der Familie und in einem herrlichen Cottage am Seeufer. Vor der Tür sieht man chinesische Fischernetze. Es gibt hausgemachte Gerichte, und Bootsausflüge sowie Besuche in Dörfern stehen auf dem Programm.

The Bungalow HOMESTAY **$$**
(☎9846302347; www.thebungalow.in; Vypeen Island; DZ mit Frühstück 4500–5500 ₹; ❄📶) In kurzer Gehentfernung zu der Fähranlegestelle auf Vypeen Island bietet dieses schöne historische keralesische Wohnhaus nur zwei große, miteinander verbundene Zimmer mit Himmelbetten und urigen Möbeln. Die Inhaberin Neema ist eine tolle Köchin und veranstaltet Kochkurse (500 ₹).

Olavipe HOMESTAY **$$$**
(☎0478-2522255; www.olavipe.com; Olavipe; EZ/DZ inkl. Mahlzeiten 6000/10 000 ₹; 📶) Das prächtige, traditionelle, christlich-syrische Wohnhaus aus den 1890er-Jahren steht auf einer 16 ha großen, von Backwaters umgebenen Farm 28 km südlich von Kochi. Das restaurierte Herrenhaus aus Rosenholz und glänzendem Teakholz bietet mehrere große und luftige Zimmer, die schön im originalen Stil dekoriert sind.

Essen & Ausgehen

Mit das beste Essen in Fort Kochi bieten die Homestays, es gibt aber auch viele gute Restaurants und Cafés.

Fort Kochi

Hinter den Chinesischen Fischernetzen bieten **Fischhändler** (Karte S. 1076; Fort Kochi; Meeresfrüchte 400–1000 ₹; ⏲Restaurants 8–21 Uhr) den Fang des Tages feil – frischen Fisch, Garnelen, Krabben und Hummer. Nachdem man seine Wahl getroffen hat, geht man zu den einfachen, aber beliebten Restaurants an der nahegelegenen Tower Rd, die die Meeresfrüchte gegen Bezahlung zubereiten und servieren. Die Marktpreise variieren, aber wenn man herumschlendert und verhandelt, erkennt man schnell, was angemessen ist.

Loafers Corner CAFÉ **$**
(Karte S. 1076; ☎0484-2215351; Princess St; Snacks ab 60 ₹; ⏲9–21 Uhr) Wenn man einen Fensterplatz ergattert, kann man hier prima die Leute auf der Princess St beobachten. Es ist ein guter Ort für Kaffee, Lassis, ein Frühstück oder einen kleinen Snack.

Solar Cafe CAFÉ **$**
(Karte S. 1076; Calvathy Rd; Gerichte 60–240 ₹; ⏲8–18 Uhr) In einem lindgrünen Ambiente mit Bücherwand serviert dieses künstlerisch angehauchte Café im Obergeschoss gegenüber der Customs Jetty früh und mittags Bio-Gerichte, Zimtkaffee und frische Säfte.

★ **Dal Roti** INDISCH **$$**
(Karte S. 1076; ☎9746459244; 1/293 Lily St; Gerichte 150–250 ₹; ⏲Mi–Mo 12–15 & 18.30–22 Uhr) Vieles ist liebenswert am geschäftigen Dal Roti. Der freundliche und kenntnisreiche Inhaber Ramesh hilft einem bei der riesigen nordindischen Speisekarte, die sogar ein Glossar enthält, und erläutert das große Angebot der vegetarischen, Eier- und nichtvegetarischen Gerichte – von *kati*-Rollen (gefülltem heißem *paratha*) bis hin zu sieben verschiedenen Thalis. Hier geht niemand hungrig nach Hause. Kein Alkohol.

★ **Kashi Art Cafe** CAFÉ **$$**
(Karte S. 1076; Burgher St; Frühstück & Snacks 160–280 ₹; ⏲8.30–22 Uhr) In diesem sonnigen Café, einer Institution in Fort Kochi, herrscht eine zenartige, aber doch zwanglose Atmosphäre. Die soliden Holztische stehen bis in den Hof hinaus. Der Kaffee ist stark, und das tägliche westliche Frühstück ist so ausgezeichnet wie die Mittagsgerichte. In der kleinen Galerie stellen örtliche Künstler aus.

Teapot CAFÉ **$$**
(Karte S. 1076; Peter Celli St; Tee 50–120 ₹, Hauptgerichte 200–300 ₹; ⏲8.30–20.30 Uhr) Das stimmungsvolle Café ist der ideale Ort für den „High Tea". In den schicken, luftigen Räumen werden 16 Sorten Tee, Sandwichs, Kuchen und kleine Gerichte serviert. Originelle Deko-Akzente zum Thema Tee sind die vielen alten Teekannen, die Teekisten anstel-

le von Tischen und ein Glastisch mit einem Teebaum als Tischbein.

Drawing Room CAFÉ $$
(Karte S. 1076; Church Rd; Hauptgerichte 150–450 ₹; ⏲12–22.30 Uhr) Das schicke neue Restaurant im Grand Cochin Club hat eine wundervolle Lage und große Fenster, die auf das Wasser hinausblicken. Auf der kleinen Karte stehen gemischte Teller, Salate und Pasta. Abends gibt's gelegentlich Livemusik.

Fusion Bay MEERESFRÜCHTE $$
(Karte S. 1076; ☎9995105110; KB Jacob Rd; Hauptgerichte 250–400 ₹; ⏲12–22.30 Uhr) Das unscheinbare kleine Familienrestaurant im Zentrum von Fort Kochi ist berühmt für seine keralesisch-syrischen Fischspezialitäten auf *pollichathu*-Art (mit Masala gewürzt und in einem Bananenblatt gebraten) und diverse Meeresfrüchte wie würzige Fisch-*pappas* und Fisch in Mango-Curry.

★ **Malabar Junction** INTERNATIONAL $$$
(Karte S. 1076; ☎0484-2216666; Parade Ground Rd; Hauptgerichte 420–750 ₹, 5-Gänge-Verkostungsmenü 2000 ₹; ⏲12.30–15 & 19–23 Uhr) Das in einem offenen Pavillon untergebrachte Restaurant des Malabar House (S. 1080) würde mit seinen weiß eingedeckten Tischen im Hof neben dem kleinen Pool gut in einen Film passen. Die europäisch angehauchte Karte bietet hauptsächlich Seafood; die Spezialität des Hauses ist die eindrucksvolle Meeresfrüchteplatte mit gegrilltem Gemüse. Die Weinbar im Obergeschoss serviert edle Tapas und feine offene Weine.

Upstairs Italian ITALIENISCH $$$
(Karte S. 1076; ☎9745682608; Bastion St; Hauptgerichte 250–600 ₹; ⏲10–23 Uhr) Authentisch italienische Speisen – Gorgonzola, Prosciutto, Olivenöl, Parmesan – serviert dieses kleine Lokal im Obergeschoss, in dem man die besten Pizzen, Pastagerichte und Antipasti in Kochi bekommt. Das Restaurant ist teuer, aber es lohnt sich.

Mattancherry & Jüdisches Viertel

Kayees Ramathula Hotel INDISCH $
(Karte S. 1078; Kayees Junction, Mattancherry; Biryani 60–145 ₹; ⏲12–14.30 Uhr) Das Lokal gilt wegen seiner Hühnchen- und Lamm-Biryanis zur Mittagszeit als legendär – früh kommen, sonst geht man leer aus! Nicht verwechseln mit dem grünen Biryani-Lokal an der Ecke – das Kayees befindet sich daneben.

Cafe Crafters CAFÉ $$
(Karte S. 1078; ☎0484-2223345; www.crafters.in; Jew Town Rd, Mattancherry; Hauptgerichte 100–350 ₹; ⏲9.30–18.30 Uhr) Im Herzen von Mattancherrys Jüdischem Viertel tischt dieses charmante kleine Restaurant über einem Antiquitätenladen keralesische Meeresfrüchte und westliche Gerichte wie Sandwichs und Burger auf. Die besten Plätze sind die auf dem kleinen Balkon mit Blick auf die Straße.

★ **Ginger House** INDISCH $$$
(Karte S. 1078; ☎8943493648; www.gingerhousecochin.com; Jew Town Rd, Jüdisches Viertel; Hauptgerichte 200–720 ₹; ⏲9–18.30 Uhr, Dez.–Mai bis 22 Uhr) Versteckt hinter einem großen, mit Antiquitäten gefüllten *godown* (Lagerhaus) serviert dieses fantastische, abgedrehte Uferrestaurant indische Gerichte und Snacks – Ingwer-Garnelen, Ingwer-Eis, Ingwer-Lassi – klar, was hier im Mittelpunkt steht?! Zum Restaurant geht's durch den erstaunlichen Verkaufsraum von Heritage Arts, der mit bemerkenswerten Skulpturen und Antiquitäten prunkt – sehenswert ist vor allem das Schlangenboot-Kanu.

Caza Maria INTERNATIONAL $$$
(Karte S. 1078; Bazaar Rd; Hauptgerichte 200–700 ₹; ⏲9–20 Uhr) Das bezaubernde Lokal residiert im 1. Stock in einem hellblauen historischen Raum voller Antiquitäten. Zu sanfter Musik gibt's wechselnde nordindische, südindische und französische Gerichte.

Ernakulam

In Ernakulams Mega-Shoppingmalls gibt's Foodcourts. Ein interessantes neues Gebiet ist die grüne Panampilly Ave in einem Wohnviertel südlich vom Hauptbahnhof. Dort haben sich viele moderne Nobelrestaurants und Fast-Food-Lokale angesiedelt.

Frys Village Restaurant KERALESISCH $
(Karte S. 1082; Chittoor Rd; Hauptgerichte 90–180 ₹; ⏲12–15.30 & 19–22.30 Uhr) Das hell dekorierte und luftige Lokal mit gebogener Decke ist besonders für Familien zu empfehlen und serviert authentische Kerala-Gerichte, insbesondere Fisch wie *pollichathu* oder gebackene Krabben. Mittags gibt's auch Fisch- und vegetarische Thalis.

Chillies INDISCH $$
(Karte S. 1082; Layam Rd.; Gerichte 140–280 ₹, Thali 150 ₹; ⏲11.30–15.30 & 19.30–23 Uhr) Ein recht dunkles, aber emsiges Lokal im 1. Stock, das in Kochi die besten Gerichte der

würzigen Andhra-Küche auf Bananenblättern serviert. Wer auf All-you-can-eat steht, sollte die Thalis probieren.

Grand Pavilion INDISCH **$$$**

(Karte S. 1082; MG Rd; Gerichte 260–390 ₹; ⌚12–15 & 18–21 Uhr) Das Restaurant im Grand Hotel (S. 1081) ist mit cremefarbenen Möbeln und gestärkten Tischdecken ebenso elegant und im Retrostil gehalten wie das Hotel selbst. Auf der sehr umfangreichen Karte stehen westliche, nord- und südindische sowie Gerichte aus vielen asiatischen Ländern.

☆ Unterhaltung

Es gibt mehrere Orte, wo man sich Kathakali-Vorstellungen anschauen kann. Diese sind zwar auf Touristen ausgerichtet, bieten aber doch eine gute Einführung. Das Standardprogramm beginnt mit dem aufwendigen Schminken und Kostümieren der Darsteller, gefolgt von einer Demonstration der Tänze mit Erläuterung und schließlich der eigentlichen Vorstellung. Das Ganze dauert in der Regel zwei Stunden. Vorführungen der schnellen traditionellen Kampfkunst *kalarippayat* kann man auch problemlos erleben, oft in den gleichen Theatern.

Kerala Kathakali Centre KULTURVORSTELLUNG

(Karte S. 1076; ☎0484-2217552; www.kathakalicentre.com; KB Jacob Rd, Fort Kochi; Vorstellung 250–300 ₹; ⌚Schminken ab 17 Uhr, Vorstellung 18–19.30 Uhr) In dem intimen, holzgetäfelten Theater erhält man eine empfehlenswerte Einführung in Kathakali, mit einer praktischen Übersetzung der Geschichte, die am Abend aufgeführt wird. In dem Zentrum gibt es auch Konzerte mit klassischer indischer Musik (So–Fr 20–21 Uhr) und traditionellen Tanz (Sa).

See India Foundation KULTURVORSTELLUNG

(Karte S. 1082; ☎0484-2376471; devankathakali@yahoo.com; Kalathiparambil Lane, Ernakulam; Eintritt 300 ₹; ⌚Schminken 18 Uhr, Vorstellung 19–20 Uhr) Das intime Kathakali-Theater ist eines der ältesten in Kerala. Die klein dimensionierten Vorstellungen legen den Schwerpunkt auf die religiösen und philosophischen Wurzeln des Kathakali.

Ens Kalari KULTURVORSTELLUNG

(☎0484-2700810; www.enskalari.org.in; Nettoor; Eintritt gegen Spende; ⌚Vorführungen 19.15–20.15 Uhr, Training ab 17.30 Uhr) Will man einmal echte Profis bei *kalarippayat*-Übungen erleben, lohnt sich die Fahrt zu diesem berühmten *kalarippayat*-Trainingszentrum 8 km südöstlich von Ernakulam. Täglich gibt's einstündige Vorführungen (den Besuch muss man einen Tag vorher ankündigen) und täglich (außer So) ab 17.30 Uhr Tainingsrunden.

Shoppen

Der Broadway in Ernakulam ist mit den Gewürz- und Kleiderläden eine gute Adresse zum Shoppen. An der Jew Town Rd in Mattancherry finden sich von Händlern aus Gujarat geführte Läden, die Antiquitäten sowie Imitationen verkaufen. Die meisten Läden in Fort Kochi sind fast identisch; sie werden von Leuten aus Kaschmir geführt, die hier nordindisches Kunsthandwerk anbieten. Viele Läden in Fort Kochi und Mattancherry arbeiten mit Autorikschafahrern zusammen, die Provisionen (die auf den Preis, den Kunden zahlen, aufgeschlagen werden) erhalten, wenn sie Touristen vor ihrer Tür abladen.

Lulu Mall EINKAUFSZENTRUM

(☎0484-2727777; www.lulumall.in; NH47, Edapally; ⌚9–23 Uhr; 📶) Indiens größte Shoppingmall ist schon allein eine Attraktion – die Leute kommen von überall her, um zu shoppen, in den Foodcourts oder im Kino abzuhängen oder um Schlittschuh zu laufen oder zu bowlen. In dem 7 ha großen, topaktuellen und mit Klimaanlage und WLAN ausgestatteten Einkaufszentrum sind mehr als 215 Markenfilialen vertreten, von Calvin Klein bis KFC. Die Mall befindet sich in Edapally, rund 9 km von der Bootsanlegestelle in Ernakulam entfernt.

Niraamaya KLEIDUNG

(Karte S. 1076; ☎0484-3263465; www.ayurvastraonline.com; Quiros St, Fort Kochi; ⌚Mo–Sa 10–17.30 Uhr) Die in ganz Kerala populäre Kette verkauft „ayurvedische" Kleidung und Stoffe – alles besteht aus Bio-Baumwolle, die mit pflanzlichen Stoffen eingefärbt oder mit ayurvedischen Ölen getränkt wurde. Eine weitere Filiale liegt in Mattancherry.

Idiom Bookshop BÜCHER

(Karte S. 1076; Bastion St; ⌚9–20 Uhr) Viele gute neue und gebrauchte Bücher in Fort Kochi.

Cinnamon KLEIDUNG

(Karte S. 1076; ☎0484-2217124; www.cinnamonthestore.com; 1/658 Ridsdale Rd, Parade Grounds; ⌚Mo–Sa 10–19 Uhr) Verkauft tolle, in Indien gefertigte Kleidung, Schmuck und Haushaltswaren in einem schicken Verkaufsraum.

Fabindia KLEIDUNG, HAUSHALTSWAREN

(Karte S. 1076; ☎0484-2217077; www.fabindia.com; Napier St, Fort Kochi; ⌚9.30–21 Uhr) Die renommierte Kette verkauft feine indische Textilien, Stoffe, Kleidung sowie Bett- und Tischwäsche.

Tribes India KUNSTHANDWERK
(Karte S. 1076; ☎0484-2215077; Ridsdale Rd; ⊙Mo–Sa 10–18.30 Uhr) Versteckt hinter dem Postamt verkauft dieser Laden der Trifed (Tribal Cooperative Marketing Development Federation of India) Stammesartefakte, Malereien, Schals, Figürchen und mehr zu vernünftigen Festpreisen. Die Erlöse kommen den Kunsthandwerkern zugute.

ℹ Praktische Informationen

GEFAHREN & ÄRGERNISSE

Die Touristenpolizei hat Büros in **Ernakulam** (Karte S. 1082; ☎0484-2353234; Shanmugham Rd, Ernakulam; ⊙8–18 Uhr) und **Fort Kochi** (Karte S. 1076; ☎0484-2215055; Tower Rd, Fort Kochi; ⊙24 Std.).

GELD

UAE Exchange Umtausch von ausländischen Währungen und Einlösen von Reiseschecks. Hat Filialen an der **MG Road** (Karte S. 1082; ☎0484-2383317; MG Rd, Perumpillil Bldg, Ernakulam; ⊙Mo–Fr 9.30–18, Sa bis 14 Uhr) und der **PT Usha Road** (Karte S. 1082; ☎0484-3067008; Chettupuzha Towers, PT Usha Rd Junction, Ernakulam; ⊙Mo–Fr 9.30–18, Sa bis 14 Uhr) in Ernakulam sowie in **Fort Kochi** (Karte S. 1076; ☎0484-2216231; Amravathi Rd, Fort Kochi; ⊙Mo–Fr 9.30–18, Sa bis 14 Uhr).

MEDIZINISCHE VERSORGUNG

Lakeshore Hospital (☎0484-2701032; www.lakeshorehospital.com; NH Bypass, Marudu) Modernes Hospital 8 km südöstlich des Zentrums von Ernakulam.

Medical Trust (Karte S. 1082; ☎0484-2358001; www.medicaltrusthospital.com; MG Rd) Zentral gelegenes Hospital in Ernakulam.

TOURISTENINFORMATION

Es gibt einen Touristeninformationsschalter am Flughafen. An vielen Stellen ist eine kostenlose Broschüre erhältlich, die einen Stadtplan und einen Spaziergang *Historical Places in Fort Cochin* enthält.

Government of India Tourist Office (☎0484-2669125; indtourismkochi@sify.com; Willingdon Island; ⊙Mo–Fr 9–17.30, Sa bis 13 Uhr) Auf Willingdon Island.

KTDC Tourist Reception Centre (Karte S. 1082; ☎0484-2353234; Shanmugham Rd, Ernakulam; ⊙8–19 Uhr) Nahe der Hauptbootsanlegestelle in Ernakulam.

Tourist Desk Information Counter Das Personal dieses privaten Reiseveranstalters mit Büros an der **Anlegestelle von Ernakulam** (Karte S. 1082; ☎0484-2371761, 9847044688; www.touristdesk.in; Boat Jetty, Ernakulam; ⊙8–18 Uhr) und in **Fort Kochi** (Karte S. 1076; ☎0484-2216129; Fort Kochi; ⊙8–19 Uhr) ist sehr kenntnisreich und für Kochi und Umgebung sehr nützlich. Das Unternehmen veranstaltet mehrere beliebte und empfehlenswerte Touren, darunter eine Festivaltour, und veröffentlicht Infos zu Festen und Kulturereignissen.

WICHTIGE BUSSE AB ERNAKULAM (KOCHI)

Die folgenden Busse verkehren vom KSRTC-Busbahnhof und dem Vyttila Mobility Hub. Auf Langstrecken sind außerdem auch private Busse im Einsatz.

ZIEL	PREIS (₹)	DAUER (STD.)	HÄUFIGKEIT
Alappuzha	55	1½	alle 10 Min.
Bengaluru	530–890	14	tgl. 8-mal
Chennai	600	16	14 Uhr
Coimbatore	162	4½	tgl. 10-mal
Kannur	260	8	tgl. 5-mal
Kanyakumari	237	8	19 Uhr
Kollam	124	3½	alle 30 Min.
Kottayam	60	2	alle 30 Min.
Kozhikode	170	5	stündl.
Kumily (nach Periyar)	135	5	tgl. 8-mal
Mangaluru	400	12	tgl. 3-mal
Munnar	124	4½	alle 30 Min.
Thrissur	68	2	alle 15 Min.
Thiruvananthapuram	177–290	5	alle 30 Min.

WICHTIGE ZÜGE AB ERNAKULAM (KOCHI)

ZIEL	ZUG-NR. & NAME	PREIS (₹)	DAUER (STD.)	ABFAHRT (TGL.)
Bengaluru	*16525 Bangalore Exp (A)*	345/940/1345	13	18 Uhr
Chennai	*12624 Chennai Mail (A)*	395/1045/1480	12	19.25 Uhr
Delhi	*12625 Kerala Exp (B)*	885/2290/3400	46	15.45 Uhr
Goa (Madgaon)	*16346 Netravathi Exp (B)*	445/1175/1630	15	14.10 Uhr
Mumbai	*16346 Netravathi Exp (B)*	615/1645/2465	27	14.10 Uhr

Züge: (A) ab Ernakulam Junction; (B) ab Ernakulam Town
Preise: Sleeper/3AC/2AC

An- & Weiterreise

BUS

Alle Fernbusse verkehren ab Ernakulam. Vom **KSRTC-Busbahnhof** (Karte S. 1082; ☎0484-2372033; ⌚Reservierungen 6–22 Uhr) fahren noch einige Busse, die meisten staatlichen und privaten Busse nutzen aber jetzt den riesigen **Vyttila Mobility Hub** (☎0484-2306611; www.vyttilamobilityhub.com; ⌚24 Std.), einen topmodernen Busbahnhof rund 2 km östlich vom Bahnhof Ernakulam Junction. Zahlreiche private Busunternehmen fahren mit Super-Deluxe-, AC-, Video- und Volvo-Bussen zu weit entfernten Städten wie Bengaluru, Chennai, Mangaluru, Thiruvananthapuram und Coimbatore; die Preise variieren je nach Ausstattung des Busses. Reiseagenten in Ernakulam und Fort Kochi verkaufen Tickets. Private Busse nutzen auch den Kaloor-Busbahnhof 1 km nördlich der Stadt.

Eine Prepaid-Autorikscha ab Vyttila kostet 86 ₹ zur Bootsanlegestelle, 215 ₹ nach Fort Kochi und 400 ₹ zum Flughafen.

FLUGZEUG

Der **Kochi International Airport** (☎0484-2610115; http://cial.aero) befindet sich in Nedumbassery 30 km nordöstlich von Ernakulam. Er ist ein wichtiges Drehkreuz mit internationalen Flugverbindungen in die Golfstaaten, nach Sri Lanka, auf die Malediven, nach Malaysia, Bangkok und Singapur.

Im Inlandsverkehr fliegen **Jet Airways** (☎0484-2359633; www.jetairways.com; MG Rd; ⌚Mo–Sa 9–18 Uhr), **Air India** (Karte S. 1082; ☎0484-2371141; www.airindia.com; Durbar Hall Rd; ⌚Mo–Sa 9–17 Uhr), Indigo, SpiceJet und GoAir täglich direkt nach Chennai, Mumbai, Bengaluru, Hyderabad, Delhi und Thiruvananthapuram (aber nicht nach Goa). Air India fliegt täglich nach Delhi und sechsmal wöchentlich nach Agatti (Lakshadweep).

ZUG

Ernakulam hat zwei Bahnhöfe, Ernakulam Town und Ernakulam Junction. Reservierungen für beide nimmt das **Reservierungsbüro** (Karte S. 1082; ☎132; ⌚Mo–Sa 8–20, So 8–14 Uhr) im Bahnhof Ernakulam Junction vor.

Nahverkehrs- und Expresszüge fahren nach Thiruvananthapuram (2. Klasse/Sleeper/3AC 95/165/490 ₹, 4½ Std.), und zwar entweder über Alappuzha (50/140/490 ₹, 1½ Std.) oder über Kottayam (50/140/490 ₹, 1½ Std.). Züge fahren außerdem nach Thrissur (2. Klasse/AC Chair 60/260 ₹, 1½ Std.), Kozhikode (Sleeper/3AC/2AC 170/540/740 ₹, 4½ Std.) und Kannur (220/490/695 ₹, 6½ Std.).

Unterwegs vor Ort

VOM/ZUM FLUGHAFEN

AC-Volvo-Busse fahren vom Flughafen über Ernakulam nach Fort Kochi (80 ₹, 1 Std., tgl. 8-mal). Ein Taxi von/nach Ernakulam kostet rund 850 ₹ und von/nach Fort Kochi rund 1200 ₹ je nach Tages- und Nachtzeit.

NAHVERKEHR

Eine Linienbusverbindung zwischen Fort Cochin und dem Mattancherry Palace gibt es nicht, aber zu Fuß ist es ein netter, halbstündiger Spaziergang durch das geschäftige Speicherviertel an der Bazaar Rd. Fahrten mit einer Autorikscha kosten rund 80 ₹ und viel weniger, wenn man bereit ist, einen Laden zu besuchen. Kürzere Autorikscha-Fahrten rund um Ernakulam sollten eigentlich nicht viel mehr als ungefähr 50 ₹ kosten.

Um nach Betriebsschluss der Fähren (und Busse) nach Fort Cochin zu kommen, muss man ein Taxi oder eine Autorikscha nehmen – die Fahrt vom Bahnhof Ernakulam Town nach Fort Cochin sollte etwa 400 ₹ kosten, tagsüber zahlt man für eine Prepaid-Autorikscha 250 ₹.

Nahverkehrsbusse aus Ernakulam und Flughafenbusse nutzen den **Fort-Kochi-Busbahnhof** (Karte S. 1070).

Uberfahrer werden zu einer beliebten Alternative zu **Taxis** (Karte S. 1076) bei Trips rund um Kochi.

Eine Reihe von Anbietern in Fort Kochi vermietet Motorroller (300 ₹/Tag) oder Enfields (400–600 ₹/Tag).

METRO

Eine als Hochbahn geführte Metro (www.kochimetro.org) ist in Ernakulam im Bau, die erste Phase wurde Mitte 2017 fertiggestellt. Sie wird die Busbahnhöfe und Bahnhöfe sowie Vorstädte, darunter Edappally, verbinden und irgendwann dann auch den Flughafen mit der Stadt.

SCHIFF/FÄHRE

Fähren sind das schnellste und angenehmste Transportmittel zwischen Fort Kochi und dem Festland. Die Hauptanlegestelle in Fort Kochi heißt **Customs** (Karte S. 1076), eine weitere Anlegestelle ist die Mattancherry Jetty nahe der Synagoge. **Fähren** (Karte S. 1078) fahren auch von Mattancherry nach Willingdon Island. Die Anlegestelle an der Ostseite von Willingdon Island heißt Embarkation; die an der Westseite gegenüber von Mattancherry heißt Terminus. Ein einfaches Ticket kostet 4 ₹ (6 ₹zwischen **Ernakulam,** Karte S. 1082, und Mattancherry). Fähren nach Vypeen Island starten von **Ernakulam** (Karte S. 1082) und **Fort Kochi** (Karte S. 1076). Fähren nach Bolgatty Island legen an der **High Court Jetty** (Karte S. 1082) ab.

Ernakulam

Von Ernakulams Hauptanlegestelle starten zwischen 4.40 und 21.10 Uhr alle 25 bis 50 Minuten Fähren zu den Anlegestellen in Fort Cochin (Customs & Mattancherry). Alle 20 Minuten starten Fähren nach Willingdon und Vypeen Island.

Fort Cochin

Regelmäßig fahren zwischen 5 und 21.50 Uhr Fähren von der Anlegestelle Customs nach Ernakulam. 18 Fähren pro Tag setzen von Customs nach Willingdon Island über. Praktisch ununterbrochen sind Auto- und Personenfähren von Fort Cochin nach Vypeen Island im Einsatz.

Rund um Kochi

Cherai Beach

Der Cherai Beach auf Vypeen Island ist 25 km von Fort Cochin entfernt und bietet sich für einen netten Tagesausflug an, vor allem wenn man in einen Motorroller oder ein Motorrad mietet. Am Eingang zum Hauptstrand kann es hektisch werden, da aber schon ein paar hundert Meter vom Strand entfernt träge, kilometerweite Backwaters beginnen, gibt es viel zu entdecken.

Schlafen & Essen

Brighton Beach House PENSION $$

(☎9946565555; www.brightonbeachhouse.org; DZ 2400–3300 ₹; ❄📶) Die Unterkunft bietet eine handvoll einfache Zimmer in einem kleinen Gebäude nah dem Ufer. Der Strand ist zwar felsig, aber im Garten gibt es Hängematten und ein ordentliches, auf Stelzen stehendes Restaurant, wo man beim Abendessen den Sonnenuntergang genießen kann.

★ **Les 3 Elephants** RESORT $$$

(☎9349174341, 0484-2480005; www.3elephants.in; Convent St; Cottages inkl. Frühstück 6000–10 000 ₹, mit Klimaanlage 12 500 ₹; ❄📶) Das von Franzosen geführte tolle Ökoresort liegt versteckt und abseits vom Strand, aber dafür hat man die Backwaters vor der Türschwelle. Die elf schön gestalteten Luxus-Cottages sind alle unterschiedlich, doch alle bieten private Sitzbereiche draußen, kluge Gestaltungsmerkmale und einen hübschen Blick auf die Backwaters und die Chinesischen Fischernetze. Das Restaurant serviert französisch-indische Gerichte. Der Abstecher lohnt sich!

Chillout Cafe CAFÉ $$

(Hauptgerichte 180–450 ₹; ⏲Okt.–Mai Do–Di 9.30–23 Uhr) Das Café ist ein luftiger Treff am Strand mit Meerblick und entspannter Stimmung. Zu essen gibt's typische westliche Travellerkost (wie Burger, Pizza, Crêpes und Grillspeisen). Kein Alkohol!

An- & Weiterreise

Von Fort Kochi nimmt man die Autofähre nach Vypeen Island (3 ₹/Pers., 9 ₹/Zweiräder) und nimmt an der Anlegestelle eine Autorikscha (rund 400 ₹) oder einen der häufig fahrenden Busse (15 ₹, 1 Std.) bis zum Dorf Cherai, das 1 km vom Strand entfernt ist. Busse fahren auch ab Ernakulam über die Vallarpadam-Brücke.

North Paravur & Chennamangalam

Nirgends wird deutlicher, wie eng die Religionen Indiens verwoben sind als in North Paravur, 35 km nördlich von Kochi. Eine der ältesten **Synagogen** (5 ₹; ⏲Di–So 9–17 Uhr) Keralas steht in Chennamangalam, 8 km von Paravur entfernt, und wurde anspruchsvoll renoviert. In ihrem Inneren sieht man Holzreliefs in bezaubernden Farben an den Türen und Decken, während draußen einer der ältesten Grabsteine Indiens liegt – mit hebräischer Inschrift, die auf das Jahr 1269 zurückgeht. Die Jesuiten kamen 1577 zuerst in Chennamangalam an, wo heute noch eine Jesuitenkirche und die Ruinen einer nahe gelegenen Jesuitenschule vorhanden sind. Hier befinden sich auch ein Hindutempel

TRADITIONELLE KERALESISCHE KUNST

Kathakali

Die Kunstform des Kathakali entstand etwa zu jener Zeit, als Shakespeare seine Stücke schrieb. Kathakali-Vorführungen stellen eine dramatisierte Handlung dar, die meistens auf den Hindu-Epen Ramayana, Mahabharata oder auf den Puranas basiert. Dabei werden alle großen Themen des Lebens behandelt: Gut und Böse, Schwäche und Mut, Armut und Reichtum, Krieg und Frieden.

Trommler und Sänger begleiten die Schauspieler, die die Geschichte durch sehr präzise Bewegungen vermitteln, durch besondere *mudras* (Gesten) und Mimik.

Die Vorbereitungen auf die Aufführung sind langwierig und verlangen Disziplin. Mithilfe von Schminke, fantastischen Kostümen, kunstvollem Kopfschmuck und Meditation verwandeln sich die Schauspieler äußerlich und mental in die Götter, Helden und Dämonen, die sie darstellen sollen. Tänzer färben sich sogar ihre Augen mit den Samen der *chundanga*-Pflanze rot, um die dramatische Wirkung zu erhöhen.

Traditionelle Vorstellungen dauern viele Stunden. Aber in den Touristenhochburgen wie Kochi, Munnar und Kumily kann man gekürzte Fassungen erleben. Außerdem gibt es Kathakali-Schulen in Thiruvananthapuram (Trivandrum; S. 1039) und in der Nähe von Thrissur (S. 1089), die gern Besucher empfangen.

Kalarippayat

Kalarippayat (oder *kalari*) ist eine uralte Lehre von Kampfkunst und Disziplin, die noch heute überall in Kerala gelehrt wird. Manche Leute halten *kalarippayat* für den Vorläufer aller Kampfkünste, denn seine Wurzeln reichen zurück bis zu den Auseinandersetzungen zwischen Keralas kleinen Feudalstaaten im 12. Jh.

Die Meister des *kalarippayat* heißen Gurukkal. Sie lehren ihre Kunst in einer speziellen Arena, *kalari* genannt. Oft kann man *kalarippayat*-Vorführungen in den gleichen Theatern erleben, in denen auch Kathakali-Vorstellungen gezeigt werden.

Die drei Hauptschulen des *kalarippayat* lassen sich in die nördliche und zentrale, die beide im nördlichen Kerala und in der Malabar-Region praktiziert werden, und in die südliche *kalarippayat*-Tradition unterscheiden. Neben Griffen und Kämpfen mit offener Hand kommen häufig auch Waffen zum Einsatz, darunter Schwert und Schild *(valum parichayum)*, der kurze *(kurunthadi)* und der lange Stock *(neduvadi)*.

auf einem Hügel mit Blick auf den Periyar, eine Moschee aus dem 16. Jh. sowie muslimische und jüdische Grabstätten.

In der Stadt Paravur findet man ein Agraharam (Ort der Brahmanen) – eine kleine Straße, die eng mit hellen, bunten Häusern bebaut ist, die einst von den Tamil-Brahmanen bewohnt wurden.

Reiseagenturen in Fort Cochin organisieren Touren zu beiden Orten.

Thrissur (Trichur)

☎ 0487 / 315 600 EW.

Das übrige Kerala hat zwar durchaus nicht wenige Feste, aber das weniger touristische, leicht chaotische Thrissur ist mit seiner Liste von vor Leben sprühender Feste, die so lang ist wie der Rüssel eines Tempelelefanten, das Sahnehäubchen auf dem Fest-Kuchen. In Thrissur, dessen Mittelpunkt ein großer Park (der „Round“) und der hinduistische Tempelkomplex bilden, ist auch Sitz einer christlich-nestorianischen Gemeinde, deren Glaubensbekenntnis auf das 3. Jh. zurückgeht.

Sehenswertes

Thrissur ist für seinen zentralen Tempel und seine zahlreichen beeindruckenden Kirchen bekannt, darunter die riesige Kathedrale **Our Lady of Lourdes**, die gewaltige, weiß gekalkte **Puttanpalli (Neue) Kirche** und die **Chaldäische (Nestorianische) Kirche**.

Vadakkunathan-Kshetram-Tempel HINDU-TEMPEL

Der Tempel im klassischen keralesischen Architekturstil ist einer der ältesten Hindu-Tempel im Bundesstaat und krönt einen Hügel mitten in der Stadt. Nur Hindus dürfen das Innere betreten, doch hat man von dem Wallgraben, der den Tempel umgibt, einen weiten Blick, und der umliegende Park ist ein beliebter Ort zum Entspannen.

Thrissur (Trichur)

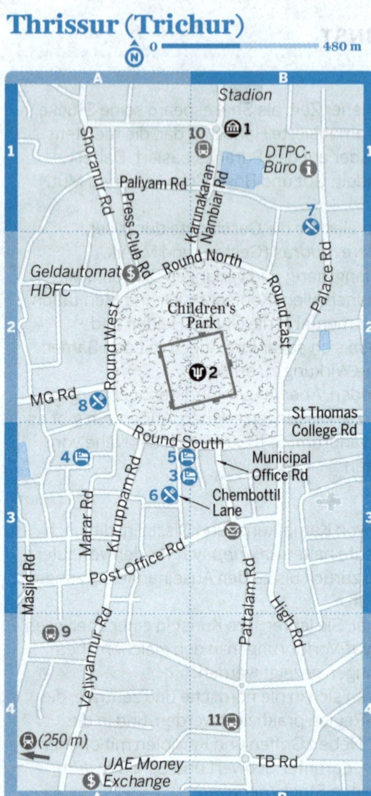

Thrissur (Trichur)

Sehenswertes
1 Archaeology Museum B1
2 Vadakkunathan-Kshetram-Tempel.... B2

Schlafen
3 Gurukripa Heritage A3
4 Hotel Luciya Palace A3
5 Pathans Hotel A3

Essen
6 Hotel Bharath A3
7 India Gate B1
8 Navaratna Restaurant A2

Transport
9 KSRTC-Busbahnhof A4
10 Busbahnhof Priyadarshini (North)..... B1
11 Busbahnhof Sakthan Thampuran B4

Archaeology Museum MUSEUM
(Erw./Kind 20/5 ₹, Foto/Video 50/250 ₹; Di–So 9.30–13 & 14–16.30 Uhr) Das neugestaltete archäologische Museum residiert im wunderbaren, 200 Jahre alten Sakthan Thampuran Palace. Zu den Exponaten gehören keralesische Bronzeskulpturen des 12. Jhs. und riesige irdene Tongefäße, Waffen, Münzen und ein schönes, geschnitztes Schachbrett. Neben dem Palast liegt ein schattiger alter Garten.

Feste & Events

Thypooya Maholsavam RELIGIÖSES FEST
(Jan./Feb.) Das Highlight des Fests ist ein *kavadiyattam*-Umzug (ein ritueller Tanz), bei dem die Tänzer große, prächtig geschmückte Konstruktionen tragen, die sogenannten *kavadis*.

Uthralikavu Pooram RELIGIÖSES FEST
(März/April) Zum Höhepunkt dieses Fests umrunden 20 Elefanten den Schrein des Uthralikavu-Tempels.

Thrissur Pooram RELIGIÖSES FEST
(April/Mai) Das Fest des Vadakkumnathan-Kshetram-Tempels ist das größte und farbenprächtigste Tempelfest Keralas. Mit Schabracken geschmückte Elefanten marschieren in Umzügen durch die Straßen.

Schlafen

Gurukripa Heritage HISTORISCHES HOTEL $
(0487-2421895; http://gurukripaheritage.in; Chembottil Lane; DZ ohne/mit Klimaanlage 930/1470 ₹, Cottage mit Klimaanlage 2800 ₹;) Das fast 100 Jahre alte, aber kürzlich renovierte Gurukripa ist ein schönes historisches Budgethotel in ausgezeichneter Lage gleich abseits des Round. Die schlichten Zimmer und Familien-Cottages sind unprätentiös, aber sauber.

Pathans Hotel HOTEL $
(0487-2425620; www.pathansresidentialhotel.in; Round South; EZ/DZ ab 600/800 ₹, mit Klimaanlage 1100/1500 ₹;) Das Hotel hat schlichte Zimmer zu niedrigen Preisen und eine praktische, wenn auch chaosträchtige Lage gleich gegenüber dem Stadtpark. Die einfachen, recht sauberen und sicheren Zimmer befinden sich im 5. und 6. Stock (zu erreichen mit einem schrecklich langsamen Aufzug) und haben TV und gelegentlich auch mal Warmwasser.

★ **Hotel Luciya Palace** HOTEL $$
(0487-2424731; www.hotelluciyapalace.com; Marar Rd; EZ/DZ mit Klimaanlage 3000/4000 ₹, Suite 7200 ₹;) In einem cremefarbenen, im Kolonialstil eingerichteten Gebäude ist dieses Mittelklassehotel eines der wenigen vor Ort mit etwas Charakter. Die geräumigen, moder-

nen Zimmer mit Klimaanlage haben ein tolles Preis-Leistungs-Verhältnis. Das Haus steht an einer Sackgasse, aber nahe am Trubel um den Vadakkunathan-Kshetram-Tempel und im Zentrum, und es hat ein ordentliches Restaurant und eine muntere Bar.

Essen

★ Hotel Bharath SÜDINDISCH $
(☎ 0487-2421720; Chembotil Lane; Hauptgerichte 85–110 ₹, Thalis 90 ₹; ⊙ 6.30–22.30 Uhr) Das klimatisierte, blitzsaubere Bharath halten die meisten Einheimischen für das beste vegetarische Restaurant der Stadt und den Ort schlechthin für ein mittägliches Thali, ein keralesisches Frühstück oder ein Curry.

India Gate INDISCH $
(Palace Rd; Gerichte 60–170 ₹; ⊙ 8–22 Uhr) Das vegetarische Restaurant im Kalliath Royal Square Building mutet altmodisch an und hat eine erstaunliche Auswahl an Dosas, darunter auch mit Marmelade, Käse oder Cashewkernen. Im selben Komplex gibt's außerdem das chinesische Restaurant China Gate und das Fastfood-Lokal Celebrations.

Navaratna Restaurant INTERNATIONAL $$
(Round West; Gerichte 100–200 ₹; ⊙ 12–21.30 Uhr) Das kühle, dunkle und intime Lokal gehört zu den eleganteren kulinarischen Erlebnissen im Zentrum. Man sitzt auf erhöhten Plattformen. Im Erdgeschoss gibt's vegetarische, im Obergeschoss nichtvegetarische Kost. Auf der Karte stehen viele nordindische Spezialitäten sowie chinesische und ein paar keralesische Gerichte.

Praktische Informationen

DTPC-Büro (☎ 0487-2320800; Palace Rd; ⊙ Mo–Sa 10–17 Uhr) In der Touristeninformation kann man sich ein paar Broschüren über die Stadt holen.

An- & Weiterreise

BUS

Staatliche Busse fahren vom **KSRTC-Busbahnhof** ungefähr alle 30 Minuten nach Thiruvananthapuram (235 ₹, 7½ Std.), Ernakulam (Kochi; 68 ₹, 2 Std.), Kozhikode (112 ₹, 3½ Std.), Palakkad (60 ₹, 1½ Std.) und Kottayam (115 ₹, 4 Std.) sowie stündlich nach Coimbatore (98 ₹, 3 Std.).

Nahverkehrsbusse tuckern nach Guruvayur (27 ₹, 1 Std.), Irinjalakuda (27 ₹, 1 Std.) und Cheruthuruthy (30, 1½ Std.). Von den beiden privaten Busbahnhöfen **Sakthan Thampuran** und **Priyadarshini (North)** fahren häufiger Busse zu diesen Zielen. Hier geht es allerdings so chaotisch zu, dass man auf diese Verbindungen besser verzichtet.

ZUG

Züge fahren regelmäßig nach Ernakulam (2. Klasse/AC Chair 60/260 ₹, 1½ Std.), Kozhikode (70/260 ₹, 3 Std.) und Coimbatore (90/305 ₹, 3 Std.).

Unterwegs vor Ort

Hunderte Autorikschas versammeln sich am Round, und die Fahrer stellen auch gerne den Taxameter an. Kurze Fahrten kosten 20 ₹.

Rund um Thrissur

In der Region um Thrissur gibt's mehrere Institutionen, die die klassischen Tanztheaterformen Keralas wieder aufleben lassen.

Kurse

Kerala Kalamandalam KULTURPROGRAMM
(☎ 0488-4262418; www.kalamandalam.org; Kurse 600 ₹/Monat; ⊙ Juni–März) Mithilfe der uralten Gurukula-Lehrmethode werden die Studenten intensiv in Kathakali, *mohiniyattam* (Tanz der Zauberin), *kootiattam*, Perkussionsinstrumente, Gesang und Geigenspiel eingeführt. Beim vormittäglichen „Day with the Masters" (1400 ₹ inkl. Mittagessen) können Besucher das Theater besichtigen, in Kurse hineinschnuppern und diverse Kunstpräsentationen erleben. Vorab per E-Mail reservieren. Die Einrichtung befindet sich 26 km nördlich von Thrissur.

Natana Kairali Research & Performing Centre for Traditional Arts KULTURVERANSTALTUNGEN
(☎ 0480-2825559; www.natanakairali.org) Diese Schule liegt 20 km südlich von Thrissur in der Nähe von Irinjalakuda und lehrt traditionelle Kunstformen, darunter seltene Arten des Puppenspiels und des Tanzes. Manchmal werden für interessierte Ausländer auch Einführungskurse von bis zu einem Monat angeboten.

Schlafen

River Retreat PENSION $$
(☎ 0488-4262244; www.riverretreat.in; Palace Rd, Cheruthuruthy; EZ/DZ ab 3600/4900 ₹, Suite 7200–9200 ₹; ❄ 📶 🏊) Das River Retreat, rund 30 km nördlich von Thrissur, ist ein ausgezeichnetes historisches Hotel und Ayurveda-Resort im früheren Sommerpalast des Maharadschas von Cochin. Neben Ayurveda-Anwendungen gibt's auch einen Pool, einen Fitnessraum und ein Businesscenter.

NÖRDLICHES KERALA

Kozhikode (Calicut)

☎ 0495 / 432100 EW.

Nord-Keralas größte Stadt, Kozhikode (allgemein bekannt als Calicut), war schon immer eine wohlhabende Handelsstadt und einst die Hauptstadt der großartigen Zamorin-Dynastie. Vasco da Gama kam hier im Jahr 1498 auf seinem Weg vorbei, einen Teil des Subkontinents für König und Vaterland (in diesem Fall Portugal) zu sichern. Heute hängt der Handel hauptsächlich vom Export indischer Arbeitskraft in den Nahen Osten ab, während Landwirtschaft und Holzindustrie die wirtschaftliche Stütze darstellen. Für Reisende ist dies hauptsächlich ein guter Ausgangspunkt in Richtung Wayanad oder für die lange Tour über die Ghats nach Mysuru (Mysore) oder Bengaluru.

Sehenswertes

Mananchira Square, ein großer, zentral gelegener Park, war einst Garten der Zamorins und nennt noch immer das originale, durch eine Quelle gespeiste Wasserbecken sein Eigen. Südlich vom Zentrum liegt die 650 Jahre alte **Kuttichira-Moschee**, ein hübsches, vierstöckiges Holzgebäude, das von beeindruckenden Holzsäulen getragen wird und in leuchtendem Türkis, Blau und Weiß gestrichen ist. Die zentrale **Church of South India** wurde 1842 von Schweizer Missionaren gegründet und besticht durch ihre einzigartige europäische Kerala-Architektur.

Etwa 1 km westlich vom Mananchira Sq liegt der Strand – gut für einen Spaziergang bei Sonnenuntergang.

Schlafen

Beach Hotel HOTEL $$
(☎ 0495-2762055, 9745062055; www.beachheritage.com; Beach Rd; Zi. mit Frühstück 3550–3850 ₹; ❄@📶) Das 1890 für den Malabar British Club erbaute Haus ist ein etwas abgenutztes, aber doch charmantes Hotel mit zehn Zimmern. Einige Zimmer haben Badewannen und private, aufs Meer blickende Veranden, andere originale, polierte Holzböden und eigene Balkone. Vor Ort gibt's ein Restaurant und eine Bar.

Hyson Heritage HOTEL $$
(☎ 0495-4081000; www.hysonheritage.com; Bank Rd; EZ/DZ mit Frühstück ab 3600/4200 ₹; ❄📶) In diesem zentral gelegenen Businesshotel gibt's etwas Schick fürs Geld. Die Zimmer sind tipptopp und von der Hauptstraße abgeschirmt. Es gibt ein gutes Restaurant und einen Fitnessraum.

Alakapuri HOTEL $$
(☎ 0495-2723451; www.hotelalakapuri.com; MM Ali Rd; EZ/DZ ab 750/1800 ₹, mit Klimaanlage ab 1350/1900 ₹; ❄📶) Die an ein Motel erinnernde Anlage erstreckt sich um einen grünen Rasen mit einem Springbrunnen und liegt von dem geschäftigen Marktareal zurückgesetzt. Die verschiedenen Zimmer sind etwas abgewetzt und schäbig, aber für den Preis durchaus annehmbar. Es gibt ein Restaurant und eine moderne Bar.

★ **Harivihar** HOMESTAY $$$
(☎ 9388676054, 0495-2765865; www.harivihar.com; Bilathikulam; EZ/DZ inkl. Mahlzeiten & Yoga 150/230 €; 📶) Der alte Familiensitz der Herrscherdynastie Kadathanadu im Norden von Kozhikode ist so idyllisch, wie man sich es vorstellt, also ein traditionelles keralesisches Familienanwesen mit unberührten Rasenflächen. Die sieben Zimmer sind groß und schön mit Antiquitäten aus dunklem Holz möbliert. In erster Linie ist das Haus aber ein Ayurveda- und Yoga-Zentrum (mit Pauschalangeboten).

Essen

Das für seine Malabar-Küche berühmte Kozhikode gilt als die kulinarische Hauptstadt des nördlichen Kerala.

Zains SÜDINDISCH $
(☎ 0495-2366311; Gerichte 40–180 ₹; ⏲ 6–22 Uhr) In dem bei Einheimischen wegen seiner Malabar-Gerichte, Biryanis und Snacks sehr beliebten Restaurant herrscht nachmittags und abends in der Regel großer Betrieb.

★ **Paragon Restaurant** INDISCH $$
(Kannur Rd; Gerichte 120–350 ₹; ⏲ 8–24 Uhr, Mittagessen ab 12 Uhr) In dem 1939 gegründeten, stets vollen Restaurant kann es schwer sein, einen Platz zu finden. Auf der überwältigenden Karte, die berühmt ist für ihre Fischgerichte (z. B. Fisch in Tamarindensauce) steht auch das legendäre Hähnchen-Biryani.

Salkaram & Hut INDISCH $$
(Beach Rd; Hauptgerichte 110–300 ₹; ⏲ 7–22.30 Uhr) Hinten im Beach Hotel gibt es zwei Restaurants mit identischer Karte: Das klimatisierte Salkaram und die kühle offene Restaurantbar „Hut". Zu essen gibt's eine große Auswahl an Fisch- und Hühnchengerichten

Kozhikode (Calicut)

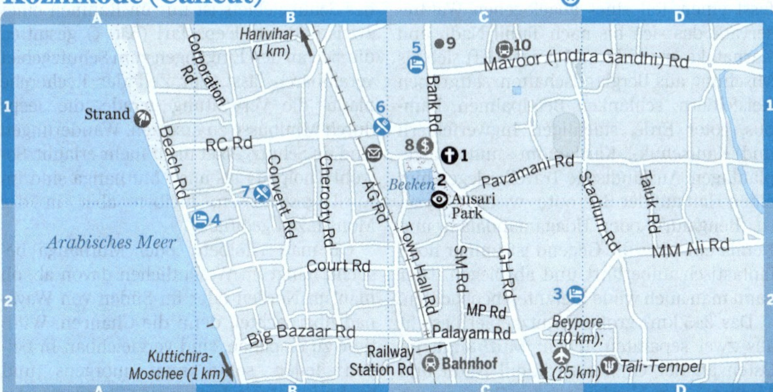

sowie malabarische Spezialitäten. Ein luftiger Ort für ein zwangloses Mittagessen oder ein kaltes Bier. Snacks werden auch draußen auf dem Vorderrasen serviert.

An- & Weiterreise

BUS

Vom neuen **KSRTC-Busbahnhof** (Mavoor Rd) fahren staatliche Busse über Mysuru (195–400 ₹, 5 Std.) nach Bengaluru (326–700 ₹, 8 Std., tgl. 14-mal), nach Mangaluru (240–340 ₹, 7 Std., tgl. 3-mal) und Udhagamandalam (130 ₹, 5½ Std., 5 & 6.45 Uhr). Busse fahren häufig nach Thrissur (112 ₹, 3½ Std.) und nach Kochi (170–280 ₹, 4 Std., tgl. 14-mal). Zum Distrikt Wayanad starten Busse alle 15 Minuten über Kalpetta (55 ₹, 2 Std.) nach Sultanbatheri (80 ₹, 3 Std.). Auch private Busse zu diversen Langstreckenzielen nutzen diesen Busbahnhof.

FLUGZEUG

Der **Kozhikode Airport** (www.kozhikodeairport.com) liegt rund 25 km südöstlich der Stadt in Karipur. Neben Flügen zu größeren Städten im Inland gibt's auch internationale Flüge zu den Golfstaaten.

SpiceJet (www.spicejet.com; Kozhikode Airport) hat die besten Inlandsverbindungen mit Direktflügen nach Mumbai, Bengaluru und Chennai. **Air India** (☎0495-2771974; 5/2521 Bank Rd, Eroth Centre; ⏲9–17 Uhr) fliegt nach Kochi und Coimbatore. **Jet Airways** (☎0495-2712375; Kozhikode Airport) hat einen täglichen Flug nach Mumbai. Die Flüge nach Goa gehen über Bengaluru oder Mumbai.

ZUG

Der Bahnhof liegt 1 km südlich des Mananchira Sq. Es gibt häufige Züge nach Kannur (2. Klasse/Sleeper/3AC 75/140/490 ₹, 2 Std.), Mangaluru (Sleeper/3AC/2AC 165/490/695 ₹, 5 Std.), Ernakulam (170/490/695 ₹, 4½ Std.) und bis nach Thiruvananthapuram (240/650/930 ₹, 11 Std.).

In südöstlicher Richtung fahren Züge über Palakkad nach Coimbatore (Sleeper/3AC/2AC 140/490/695 ₹, 4½ Std.).

Kozhikode (Calicut)

Sehenswertes
1 Church of South India C1
2 Mananchira Square C1

Schlafen
3 Alakapuri C2
4 Beach Hotel B2
5 Hyson Heritage C1

Essen
6 Paragon Restaurant B1
Salkaram & Hut .... (siehe 4)
7 Zains B1

Praktisches
8 State Bank of India C1

Transport
9 Air India C1
10 KSRTC-Busbahnhof C1

Unterwegs vor Ort

In Kozhikode gibt's viele Autorikschas, und die meisten Fahrer nutzen Taxameter. Die Fahrt vom Bahnhof zum KSRTC-Busbahnhof oder vielen Hotels kostet rund 40 ₹. Eine Autorikscha zum Flughafen kostet rund 450 ₹, ein Taxi rund 650 ₹.

Distrikt Wayanad

☎04935 & 04936 / 816 600 EW.

Viele Einwohner Keralas halten den hoch gelegenen Distrikt Wayanad für den schönsten Teil ihres Bundesstaats. Wayanad umfasst einen Teil eines abgelegenen Waldreservats, das sich bis nach Tamil Nadu und Karnataka erstreckt und präsentiert sich als Mischung aus Berglandschaften, sattgrünen Reisfeldern, schlanken Betelpalmen, Bambus, roter Erde, stachligen Ingwerfeldern und Kautschuk-, Kardamom- und Kaffeeplantagen. Ausländische Traveller legen hier einen Halt auf der Busroute zwischen Mysuru, Bengaluru oder Udagamandalam und Kerala ein, aber die Gegend ist immer noch fantastisch unberührt und abgelegen. Hier kann man auch wilde Elefanten beobachten.

Das 345 km² große Schutzgebiet besteht aus zwei separaten Teilen: **Muthanga** im Osten an der Grenze zu Tamil Nadu und **Tholpetty** im Norden an der Grenze nach Karnataka. Drei Ortschaften im Distrikt Wayanad sind gute Ausgangspunkte und Verkehrsknoten zur Erkundung des Schutzgebiets: **Kalpetta** im Süden, **Sultanbatheri** (Sultan Battery) im Osten und **Mananthavadi** im Nordwesten; die schönsten Unterkünfte liegen aber verstreut in der Region.

Sehenswertes & Aktivitäten

★ Wayanad Wildlife Sanctuary NATURSCHUTZGEBIET
(www.wayanadsanctuary.org; Eintritt je Teil Inder/Ausländer 115/300 ₹, Foto/Video 40/225 ₹; ⌚7–10 & 15–17 Uhr) Der Eintritt in beide Teile des Schutzgebiets ist nur im Rahmen einer zweistündigen Jeepsafari (650 ₹) gestattet, die sich an den Eingängen zum Schutzgebiet vereinbaren lässt. Zur Zeit der Recherche plante die Verwaltung gerade, die Jeeps durch Minibusse zu ersetzen. Wanderungen sind im Schutzgebiet nicht mehr erlaubt. Sowohl Tholpetty als auch Muthanga sind im April geschlossen, bleiben aber in der Monsunzeit geöffnet.

Ob man Tholpetty oder Muthanga besucht, hängt im Wesentlichen davon ab, ob man im Norden oder im Süden von Wayanad übernachtet, denn die Chancen, Wildtiere zu erspähen, sind vergleichbar. In beiden Teilen sollte man morgens und nachmittags mindestens eine Stunde vor der Öffnung am Eingang sein, um sich zu registrieren und ein Fahrzeug zu sichern, da in den Parkteilen nur eine begrenzte Zahl von Guides und Jeeps gleichzeitig erlaubt sind.

Thirunelly-Tempel HINDU-TEMPEL
(⌚Sonnenaufgang–Sonnenuntergang) Der 10 km von Tholpetty entfernte Tempel soll einer der ältesten in ganz Indien sein. Nicht-Hindus dürfen ihn zwar nicht betreten, aber allein der Anblick der uralten, aufwendig hergestellten Säulen beeindruckt. Hinter dem Tempel führt ein Pfad zum Fluss

Wayanad District

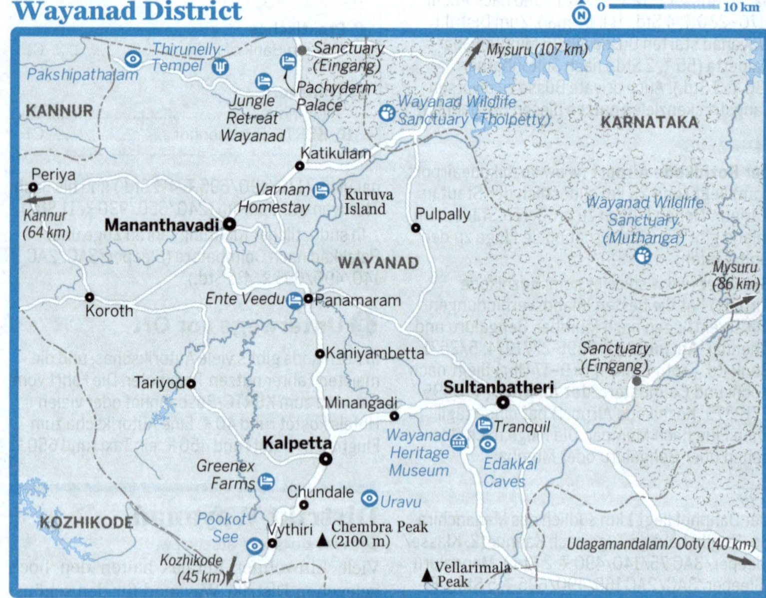

Papanasini. Die Hindus glauben, dass man dort all seine Sünden wegwaschen kann.

Edakkal Caves HÖHLE
(Erw./Kind 20/10 ₹, Foto 30 ₹; ⏲ Di–So 9–16 Uhr) Das Highlight dieser abgelegenen „Höhlen" auf einem Hügel – genauer gesagt handelt es sich um ein paar Felsspalten – sind die Petroglyphen in der obersten Höhle, die mehr als 3000 Jahre alt sein sollen. Vom Parkplatz in der Nähe von Ambalavayal führt ein steiler, 20-minütiger Marsch auf einer kurvenreichen Straße hinauf zum Ticketschalter, dann klettert man steil hinauf zur lichtdurchfluteten oberen Höhle. An klaren Tagen hat man einen tollen Blick auf den Wayanad District. An Wochenenden drängen sich an den Höhlen die Massen.

Wayanad Heritage Museum MUSEUM
(Ambalavayal; Erw./Kind 20/10 ₹, Foto/Video 20/150 ₹; ⏲ 9–17.30 Uhr) Im kleinen, rund 5 km von den Edakkal Caves entfernten Dorf Ambalavayal zeigt dieses Museum Werkzeuge, Waffen, Töpferwaren, Steinreliefs und andere Artefakte, die bis ins 14. Jh. zurückreichen und Aufschluss über die Adivasi geben, die in Wayanad einen bedeutenden Bevölkerungsanteil stellen.

Uravu KUNSTHANDWERK
(☎ 04936-231400; www.uravu.net; Thrikkaippetta; ⏲ Mo–Sa 8.30–17 Uhr) Rund 6 km südöstlich von Kalpetta stellt diese Kooperative alle möglichen Dinge aus Bambus her. Man kann die Werkstätten der Kunsthandwerker besuchen, ihnen beim Weben, Malen und Schnitzen zuschauen und ihre Arbeit durch den Kauf von Vasen, Lampenschirmen, Armreifen oder Körben unterstützen.

Kannur Ayurvedic Centre AYURVEDA
(☎ 9497872562, 9495260535; www.ayurvedawayanad.com; Kalpetta; Massage ab 1200 ₹, Yoga & Meditation 1200 ₹) Das kleine, staatlich zertifizierte und von einer Familie geführte Zentrum in einer Seitengasse in Kalpetta führt ayurvedische Wellness- und Heilbehandlungen durch. Auch Unterkunft und Yogasitzungen sind verfügbar.

Wandern & Trekken

Im Distrikt Wayanad (allerdings nicht im Schutzgebiet) gibt's ein paar gute Möglichkeiten zum Wandern. Die Gegend wird aber von der Forstverwaltung streng überwacht, und diverse Wandergebiete werden daher aus Umweltgründen mal geöffnet und mal geschlossen. Zur Zeit der Recherche waren drei Treks geöffnet: der Trek zum Chembra Peak (aber nur bis zum Punkt auf mittlerer Höhe), der Trek zu den Banasura-Hügeln im Süden und der zu den Brahmagiri-Hügeln im Norden. Genehmigungen und Guides sind vorgeschrieben; beides lässt sich über die Forstämter in South oder North Wayanad oder über die eigene Unterkunft beschaffen. Der Standardpreis für eine Genehmigung und einen Führer liegt bei 2500 ₹ und gilt für eine Gruppe von bis zu fünf Teilnehmern – man sollte versuchen, vorab eine Gruppe zusammenzubekommen.

MAHÉ

Mahé ist eine Anomalie: Die Stadt an der Malabarküste rund 10 km südlich von Thalassery ist vollständig von Kerala umgeben, gehört aber nicht zu diesem Bundesstaat, sondern zum Unionsterritorium Puducherry (Pondicherry), dem früheren Französisch-Indien. Abgesehen von ihrer Uferpromenade mit den pariserischen Straßenlaternen ähnelt die Stadt anderen Orten an der keralesischen Küste, und Malayalam und Englisch sind die vorherrschenden Sprachen. Wesentliche Unterschiede sind aber, dass der Verkauf von Alkohol hier (anders als in Kerala) keinen Einschränkungen unterliegt und der Mehrwertsteuersatz niedrig ist. Daher ist hier jedes dritte Geschäft ein Spirituosenladen mit riesigen Schildern der jeweiligen Marken.

Schlafen & Essen

In Kalpetta, Sultanbatheri und Mananthavadi, den drei Hauptorten des Wayanad District gibt's vielerlei Unterkünfte, eine tolle Option sind aber vor allem die einsamen Homestays und Resorts überall in der Region.

Kalpetta

PPS Residency HOTEL $
(☎ 04936-203431; www.ppsresidency.com; Kalpetta; EZ/DZ 400/500 ₹, mit Klimaanlage 1320/1540 ₹; ❄) Das freundliche Budgethotel im Zentrum von Kalpetta hat eine Reihe recht sauberer Zimmer in einer motelartigen Anlage, das zu Recht beliebte Restaurant Pankaj mit internationaler Küche und eine Bierbar. Das hilfreiche Management kann Touren in Wayanad organisieren.

Haritagiri HOTEL $$
(☎ 04936-203145; www.hotelharitagiri.com; Kalpetta; EZ/DZ mit Frühstück ab 1650/2100 ₹, mit Klimaanlage ab 2100/2750 ₹; ❄ 📶 🏊) Das komfortable Mittelklassehotel liegt abseits von Kalpettas wimmelnden Hauptstraßen und hat Zimmer mit Balkon sowie privatere Garten-Cottages. Einige Zimmer haben einen Balkon. Es gibt auf dem Gelände zwei gute Restaurants, einen Pool, einen Fitnessraum und ein ayurvedisches „Dorf".

Sultanbatheri

Mint Flower Residency HOTEL $$
(☎ 04936-222206, 9745222206; www.mintflowerresidency.com; Sultanbatheri; EZ/DZ 830/1375 ₹, mit Klimaanlage 1075/1670 ₹) Der Budget-Anbau des Mint Flower Hotel ist in einem prima Zustand. Er ist sonst nicht weiter interessant, aber die Zimmer sind makellos und haben TV und Warmwasser.

Issac's Hotel Regency HOTEL $$
(☎ 04936-220512; www.issacsregency.com; Sultanbatheri; B 250 ₹, EZ/DZ/3BZ ab 1150/1600/1800 ₹, mit Klimaanlage ab 1550/2000/2250 ₹; ❄ @ 📶 🏊) Dieser bemerkenswert gut ausgestattete Komplex nahe dem privaten Busbahnhof im Zentrum hat einfach alles – von einem Kino bis hin zum Swimmingpool – und das zu vernünftigen Preisen. Im klimatisierten „Schlafsaal" gibt's nur Matratzen auf dem Boden.

Wilton Restaurant INTERNATIONAL $$
(☎ 04936-226444; Kalpetta Rd; Hauptgerichte 120–440 ₹; ⏲ 7–22 Uhr) Das Wilton ist ein herausragendes Restaurant in Sultanbatheri mit einer bunt zusammengewürfelten Karte, auf der indische, arabische und asiatische Gerichte sowie Burger stehen, die oben im klimatisierten Speisesaal serviert werden. Im Erdgeschoss ist ein Snack- und Süßwarenladen mit Gebäck, getrockneten Früchten und Kaffee. Schlagfertige Bedienung!

Rund um Wayanad

★ **Varnam Homestay** HOMESTAY $$
(☎ 9745745860, 04935-215666; www.varnamhomestay.com; Kurukanmoola, Kadungamalayil House; EZ/DZ inkl. Mahlzeiten 1500/2600 ₹, Villa 1800/3000 ₹; ❄ 📶) Diese friedliche, ruhige Oase liegt wenige Kilometer von Katikulam entfernt im nördlichen Wayanad. Varghese und Beena kümmern sich in der netten Unterkunft mit Geschichten über Wayanad, Infos zur Gegend und köstlicher Hausmannskost mit frischen Bio-Zutaten um ihre Gäste. Die Zimmer befinden sich in einem traditionellen Familienhaus und in einem neueren, erhöht stehenden „Baumhaus". Dschungel und Gewürzplantagen umgeben das Anwesen.

Ente Veedu HOMESTAY $$
(☎ 9446834834, 04935-5220008; www.enteveedu.co.in; Panamaram; Zi. mit Frühstück 2500–5500 ₹, mit Klimaanlage 3500–4000 ₹; ❄ @ 📶) Einsam und in hübscher Lage über ausgedehnten Bananenplantagen und Reisfeldern ist dieses Homestay auf halber Strecke zwischen Kalpetta und Mananthavadi wirklich einen Aufenthalt wert. Es gibt mehrere große Zimmer, zwei Zimmer mit Bambuswänden und eigenem Balkon, außerdem Hängematten und Korbstühle, um die fabelhafte Aussicht zu genießen. Es gibt auch Mittag- und Abendessen. Anrufen, um die Abholung zu vereinbaren!

Greenex Farms RESORT $$
(☎ 9645091512; www.greenexfarms.com; Chundale Estate Rd, Moovatty; Zi. 2250–7800 ₹; 📶 🏊) Die Anlage liegt wunderbar einsam inmitten von Gewürz-, Kaffee- und Teeplantagen rund 8 km südwestlich von Kalpetta. Alle einzelnen Cottages sind individuell gestaltet und verfügen über separate Wohnzimmer, Bäder, Balkone und einen herrlichen Ausblick. Es gibt Restaurants, Lagerfeuer, Wanderungen und Aktivitäten.

Jungle Retreat Wayanad PENSION $$
(☎ 9742565333; www.jungleretreatwayanad.com; DZ mit Frühstück 2500 ₹; 📶) Die Lage an der Grenze zum Tholpetty Wildlife Sanctuary ist wundervoll, und die Zimmer und Cottages dieses Gästehauses im Dschungel sind komfortabel. Am besten sind die rustikalen Cottages mit Terrassen und Blick auf das Reservat. Mahlzeiten kosten 500 ₹ extra, und vieleMenge von Aktivitäten lassen sich vereinbaren.

★ **Tranquil** HOMESTAY $$$
(☎ 04936-220244; www.tranquilresort.com; Kuppamudi Estate, Kolagapara; DZ mit Frühstück 11900–16500 ₹, Baumhaus 18800 ₹, Baumvilla 19350 ₹; 📶 🏊) Das wunderbar beschauliche und exklusive Homestay liegt inmitten von 160 ha unglaublich üppiger Pfeffer-, Kaffee-, Vanille- und Kardamomplantagen. Das elegante Haus besitzt große Veranden, auf denen Pflanzen und hübsche Möbel stehen. Die beiden Baumhäuser sind die vielleicht schönsten im ganzen Bundesstaat. Ein Netz aus markierten Wanderwegen zieht sich rund um die Plantage.

Praktische Informationen

Internationale Geldautomaten gibt's in den drei Hauptorten des Wayanad.

DTPC-Büro (☎ 9446072134; www.wayanadtourism.org; Kalpetta; ⏰ Mo–Sa 9.30–17.30 Uhr) Die DTPC hat zwei nützliche Büros in Kalpetta: das eine im Ort und das andere im Obergeschoss des neuen Busbahnhofs. Hier erhält man Landkarten und Ratschläge für Wanderungen.

An- & Weiterreise

Wayanad ist zwar abgelegen, aber per Bus leicht von Kozhikode und Kannur in Kerala sowie von Mysuru (Karnataka) und Udagamandalam (Tamil Nadu) aus zu erreichen. Busse bewältigen die kurvenreichen Straßen – samt neun spektakulären Haarnadelkurven – zwischen Kozhikode und Kalpetta (65–95 ₹, 2 Std.) alle 15 Minuten; einige fahren weiter nach Sultanbatheri (80–150 ₹, 3 Std.) und andere nach Mananthavadi (87 ₹, 3 Std.). Stündlich verkehren Busse zwischen Kannur und Mananthavadi (55 ₹, 2½ Std.).

Von Sultanbatheri startet um 8 Uhr ein Bus nach Udagamandalam (100 ₹, 4 Std.), ein zweiter passiert den Ort gegen 12.45 Uhr. Ein Bus nach Udagamandalam verlässt Mananthavadi um 11.15 Uhr. Busse fahren von Kalpetta über Sultanbatheri nach Mysuru (143 ₹, 4 Std., stündl.), aber Achtung: Das Grenztor ist zwischen 19 und 6 Uhr geschlossen. Auf der alternativen nördlichen Route ab Mananthavadi, auf der die Grenze rund um die Uhr geöffnet ist, fahren täglich sechs Busse nach Mysuru (167 ₹, 3 Std.).

Unterwegs vor Ort

Wayanad ist ziemlich weitläufig, aber die Großstädte Mananthavadi, Kalpetta und Sultanbatheri werden tagsüber alle 10 bis 20 Minuten von unzähligen privaten Bussen miteinander verbunden (15–25 ₹, 45 Min.–1 Std.). Ab Mananthavadi, fahren regelmäßig Busse nach Tholpetty (15 ₹, 1 Std.). Jeeps oder Taxis für die Fahrt von einer Stadt zur nächsten kann man für 600 bis 800 ₹ pro Strecke anheuern. Wenn man ein Fahrzeug einen Tag lang mieten will, um die ganze Region zu bereisen, muss man mit 2000 ₹ rechnen.

Es gibt Unmengen an Autorikschas und Taxis für kurze Strecken innerhalb der Städte.

Kannur & Umgebung

☎ 0497 / 1,2 MIO. EW.

An der Nordküste von Kerala gibt es weniger Touristen als an der Südküste, die für viele an sich schon eine Attraktion ist. Der Hauptanziehungspunkt in dieser Küstenregion sind die schönen, unerschlossenen Strände sowie die *theyyam*-Rituale (S. 1098).

Unter den Radschas von Kolathiri galt Kannur (früher Cannanore) als bedeutender Hafenort für den internationalen Handel. Der Entdecker Marco Polo nannte die Stadt „ein großes Emporium des Gewürzhandels". Seitdem haben die üblichen kolonialen Verdächtigen, darunter die Portugiesen, Niederländer und Briten, bei der Entwicklung der Region ihre Hand im Spiel gehabt und unzählige Forts hinterlassen. Heute ist die Stadt nicht sonderlich spannend, aber ganz nett und hauptsächlich für gewebte Waren und den Handel mit Cashewnüssen bekannt.

Die Gegend ist vorwiegend muslimisch, also sollte man Rücksicht nehmen und am Strand einen Sarong über dem Bikini tragen.

Sehenswertes

Kannurs städtischer Hauptstrand ist der 4 km lange **Payyambalam Beach** (Strandpark 10 ₹, Foto/Video 25/150 ₹; ⏰ 8–20 Uhr), der rund 1,5 km östlich vom Bahnhof, gleich hinter der Armeekaserne beginnt. Im Strandpark wird es abends voll, wenn Familien und Pärchen kommen, um den Sonnenuntergang zu genießen und zu picknicken.

Arakkal Museum MUSEUM
(Inder/Ausländer 20/100 ₹, Foto 25 ₹; ⏰ Mo–Sa 9.30–17.15 Uhr) Das Museum residiert am Hafen in einem Teil des Palasts der Arakkal, einer Herrscherdynastie des 16. Jhs. in Kannur. Es zeigt Antiquitäten, Möbel, Waffen, Silberwaren und Porträts und vermittelt einen faszinierenden Einblick in das Leben von Keralas einziger muslimischer Herrscherdynastie.

Kerala Dinesh Beedi Co-Operative WORKSHOP
(☎ 0497-2701699; www.keraladinesh.com; ⏰ Mo–Sa 8–18 Uhr) GRATIS Die Region Kannur ist bekannt für die Herstellung von *beedis*, die winzigen indischen Zigaretten, deren Tabak geschickt in grüne Blätter gerollt wird. Diese Kooperative ist einer der größten und angeblich besten Hersteller. Die Fabrik steht in Thottada, 7 km südlich von Kannur und rund 4 km vom Thottada Beach entfernt. Ein geschulter Arbeiter kann bis zu 1000 Stück am Tag produzieren. Besucher können sich gerne umschauen; die Fahrt mit einer Autorikscha kostet aus Kannur hin und zurück rund 120 ₹.

Schlafen & Essen

Es gibt zwar viele Hotels in der Stadt Kannur, besser sind aber die Homestays nahe

THEYYAM

Keralas beliebteste rituelle Kunstform ist *theyyam*. Man glaubt, dass es älter als der Hinduismus ist und auf Tänze zurückgeht, die bei Erntefesten aufgeführt wurden. Das Ritual ist ortsgebunden und wird in *kavus* (heiligen Hainen) in ganz Nord-Kerala praktiziert.

Theyyam bezeichnet sowohl die Gestalt der dargestellten Gottheit bzw. des dargestellten Helden als auch das eigentliche Ritual. Es gibt rund 450 verschiedene *theyyams*, jedes mit einem speziellen Kostüm. Dieses besteht aus Gesichtsbemalung, Armreifen, Brustplatten, Röcken, Girlanden und prächtigem, kunstvollem Kopfschmuck, der manchmal bis zu 6 oder 7 m hoch ist. Während der Aufführungen verlieren die Darsteller ihre eigene körperliche Identität und nehmen die Identität der jeweiligen Gottheit, die sie darstellen, an. Sie sprechen zu den Anhängern, tanzen und segnen diese, als wären sie selbst die Gottheiten. Durch die ekstatischen Bewegungen und das wilde Trommeln entsteht eine Atmosphäre, in der sich die Gottheit, wenn sie denn will, in menschlicher Form zeigen könnte.

Jedes Jahr von November bis April finden in jedem der unzähligen *kavus* solche Rituale statt. Oft werden *theyyams* auch bei wichtigen Ereignissen wie Hochzeiten und Einweihungen als glücksverheißende Omen abgehalten. Die besten Orte, um ein *theyyam* zu besuchen, sind die Dorftempel in der Region Kannur im nördlichen Kerala. In der Spitzensaison (Dez.–Feb.) gibt es fast an jedem Abend irgendwo ein *theyyam*-Ritual.

Reisende sind zwar willkommen, dürfen aber nicht vergessen, dass es sich nicht um eine Tanzdarbietung, sondern um ein religiöses Ritual handelt und dass dieselben Verhaltensregeln wie in Tempeln gelten: Man sollte sich nicht zu freizügig kleiden, die Beteiligten und die Dorfbewohner nicht stören und den Austausch von Zärtlichkeiten unterlassen. Fotografieren ist erlaubt, aber nicht mit Blitzlicht. Um zu erfahren, wo und wann ein *theyyam* stattfindet, erkundigt man sich in seiner Pension oder wendet sich an Kurien vom Costa Malabari.

dem Strand in Thottada (8 km südlich) und in Richtung Thalassery.

Kannur Town

Hotel Meridian Palace HOTEL $

(☎9995999547, 0497-2701676; www.hotelmeridianpalace.com; Bellard Rd; EZ/DZ ab 550/700 ₹, Deluxe 935/1100 ₹, mit Klimaanlage 1425–1650 ₹; ❄) Im Marktareal gegenüber dem Bahnhof bietet dieses Hotel, das wirklich nicht als Palast bezeichnet werden kann, aber doch recht freundlich ist, viele saubere Budgetzimmer und ein Restaurant mit Punjab-Küche.

Hotel Odhen's INDISCH $

(Onden Rd; Hauptgerichte 30–100 ₹; ⊙8.30–17 Uhr) Das beliebte Lokal in Kannurs Marktviertel ist mittags in der Regel gut besucht. Die Spezialität sind Malabar-Gerichte, darunter schmackhafte Seafood-Currys und Thalis auf Bananenblättern.

Thottada Beach & Umgebung

Blue Mermaid Homestay HOMESTAY $$

(☎9497300234; www.bluemermaid.in; Thottada Beach; EZ/DZ mit Frühstück & Abendessen 2500/3500 ₹, Cottage 4000 ₹; ❄📶) Die charmante, makellose Pension hat eine erstklassige Lage unter den Palmen am Thottada Beach. Die Anlage bietet Zimmer in einem traditionellen Wohnhaus, helle Zimmer mit Klimaanlage in einem neueren Gebäude und ein witzig auf Stelzen thronendes „Flitterwöchner-Cottage". Die freundlichen jungen Inhaber bereiten feine keralesische Kost zu.

Waves Beach Resort HOMESTAY $$

(☎9495050850, 9447173889; www.wavesbeachresort.co.in; Adikadalayi, Thottada Beach; EZ/DZ inkl. Mahlzeiten 2000/3500 ₹; 📶) Die Wellen, die sich am Strand brechen, lullen einen in diesen zwei niedlichen, sechseckigen Lateritsteinhütten über einem fast privaten, halbmondförmigen kleinen Strand in den Schlaf. Die freundlichen Eigentümer Seema und Arun vermieten auch Zimmer in zwei nahegelegenen Anwesen, darunter billigere in einem alten keralesischen Haus.

Costa Malabari PENSION $$

(☎0944-7775691, Reservierungen 0484-2371761; www.touristdesk.in; Thottada Beach; DZ inkl. Mahlzeiten 3000–4000 ₹; ❄📶) Das Costa Malabari war ein Pionier des Tourismus in dieser Gegend und umfasst drei hübsche Homestay-Unterkünfte gleich hinter dem

Thottada Beach. Das Costa Malabari hat geräumige Zimmer in einer alten Weberei und zusätzliche in zwei nahegelegenen Bungalows. Die im Haus zubereiteten keralesischen Gerichte sind im Preis inbegriffen. Der Manager Kurien ist ein Experte für das *theyyam*-Ritual und kann dabei helfen, einen Besuch zu vereinbaren.

Kannur Beach House HOMESTAY $$
(☎0497-2708360, 9847184535; www.kannurbeachhouse.com; Thottada Beach; EZ/DZ 2600/3600 ₹) Das ursprüngliche Homestay am Strand in einem traditionellen keralesischen Haus mit schönen Fensterläden aus Holz hat etwas abgewohnte Zimmer. Von der Veranda oder dem Balkon aus kann man aber einen herrlichen Sonnenuntergang über dem Meer genießen. Eine schmale Lagune trennt das Haus vom Strand. Frühstück und Abendessen sind im Preis inbegriffen.

Ezhara Beach House HOMESTAY $$
(☎0497-2835022; www.ezharabeachhouse.com; 7/347 Ezhara Kadappuram; EZ/DZ inkl. Mahlzelten ab 1500/3000 ₹;) Am unberührten Strand Kizhunna Ezhara, auf halber Strecke zwischen den Bahnhöfen von Kannur und Thalassery (Entfernung je 11 km), wird das Ezhara Beach House von der netten, resoluten Hyacinth geführt. Die Zimmer sind schlicht, aber das Haus hat Charakter, und die Gäste rühmen das hiesige Essen.

Thalassery

Ayisha Manzil HOMESTAY $$$
(☎9496189296; www.ayishamanzil.com; Thalassery; DZ inkl. Mahlzeiten 15 500 ₹;) Die vier Zimmer in diesem 150 Jahre alten historischen Homestay sind riesig und voller antiker Möbel, aber die meisten Gäste kommen wegen der muslimischen Mappila-Küche und der berühmten Kochkurse (2500 ₹), die Frau Faiza Moosa leitet. Ein Besuch auf dem örtlichen Markt gehört mit zu dem kulinarischen Erlebnis. Weit im Voraus buchen!

An- & Weiterreise

BUS

Kannur hat mehrere Busbahnhöfe: vom riesigen Zentralen Busbahnhof – einem der größten in Kerala – fahren private und einige staatliche Busse, die meisten staatlichen Fernbusse nutzen aber immer noch den KSRTC-Busbahnhof nahe der Caltex Junction, 1 km nordöstlich vom Bahnhof.

Täglich fahren Busse nach Mysuru (203–298 ₹, 8 Std., tgl. 5-mal), Madikeri (85 ₹, 2½ Std., 11 Uhr) und Udagamandalam (über Wayanad; 221 ₹, 9 Std., 7.30 & 22 Uhr).

Zur Region Wayanad nimmt man vom Zentralen Busbahnhof einen der stündlich fahrenden Busse nach Mananthavadi (80 ₹, 2½ Std.).

Zum Thottada Beach nimmt man von der Plaza Junction gegenüber dem Bahnhof den Bus 22 oder 29 (9 ₹) und steigt im Dorf Adikadalayi aus.

FLUGZEUG

Der Kannur International Airport, 25 km östlich von Kannur, sollte 2017 eröffnet werden und dann der größte Flughafen in Kerala sein.

ZUG

Täglich fahren häufig Züge nach Kozhikode (2. Klasse/AC Chair 60/295 ₹, 1½ Std.), Ernakulam (Sleeper/3AC/2AC 220/540/740 ₹, 6½ Std.) und Alappuzha (215/580/830 ₹). In Richtung Norden gibt's Expresszüge nach Mangaluru (Sleeper/3AC/2AC 170/540/740 ₹, 3 Std.) und sogar nach Goa (Sleeper/3AC/2AC 350/915/1295 ₹, 8 Std.).

Bekal & Umgebung

☎0467

Bekal und das nahe Palakunnu sowie Udma ganz im Norden Keralas haben lange, weiße Sandstrände, die sich für Erkundungstouren anbieten. In dem Gebiet entstehen schrittweise immer mehr glitzernde Fünf-Sterne-Resorts, die auf frisch vom Golf kommende Millionäre ausgerichtet sind. Für Abenteurer lohnt sich der Trip trotzdem.

Sehenswertes & Aktivitäten

Das aus Lateritziegeln zwischen 1645 und 1660 erbaute **Fort Bekal** (Inder/Ausländer 15/200 ₹; 8–17 Uhr) steht auf Bekals felsiger Landzunge. Der **Bekal Beach** (5 ₹) direkt daneben umfasst einen grasbewachsenen Park und einen langen, schönen Strand, der sich am Wochenende und an Feiertagen in einen Zirkus verwandelt, wenn die einheimischen Familien hier ihre Freizeit verbringen. Der isolierte **Kappil Beach**, 6 km nördlich von Bekal, ist ein einsamer Strand mit feinem Sand und ruhigem Wasser. Achtung: Die Sandbänke verändern immer wieder ihre Position!

Schlafen & Essen

Abgesehen von den Fünf-Sterne-Hotels Vivanta Taj und Lalit gibt es eine Menge billiger, durchschnittlicher Hotels zwischen Kanhangad (12 km südlich) und Kasaragod

(10 km nördlich) sowie einige bemerkenswerte Ausnahmen.

Nirvana@Bekal COTTAGE $$
(☎ 0467-2272900, 9446463088; www.nirvanabekal.com; Bekal Fort Rd; DZ mit Frühstück 1800–4700 ₹; ❄ 📶) Die Lateritbungalows in einem Garten voller Palmen am Strand direkt unter den Wällen von Fort Bekal sind vor Ort die Unterkunft mit dem besten Preis-Leistungs-Verhältnis. Die Zimmer sind mit Klimaanlage und TV ausgestattet, es gibt ein gutes Restaurant, diverse Ayurveda-Anwendungen und sogar eine Cricketball-Wurfmaschine!

★ **Neeleshwar Hermitage** RESORT $$$
(☎ 0467-2287510; www.neeleshwarhermitage.com; Ozhinhavalappu, Neeleshwar; Cottages EZ/DZ ab 13 900/16 600 ₹; ❄ 📶 🏊) Dieses spektakuläre Ökoresort am Strand umfasst 18 schön gestaltete Cottages mit Strohdach, die dem Vorbild keralesischer Fischerhütten nachempfunden sind, aber moderne Einrichtungen wie iPod-Stationen haben und im Fünf-Sterne-Bereich angesiedelt sind. Das nach den Regeln des Kerala Vastu errichtete Resort verfügt über einen Infinity-Pool, Gärten voller Frangipanipflanzen auf fast 5 ha, erstklassige Bio-Kost, verschiedene Ayurveda-Massagen sowie Meditations- und Yoga-Angebote.

ℹ An- & Weiterreise

Ein paar Nahverkehrszüge halten am Bahnhof Fort Bekal, direkt am Strand von Bekal. Größere Bahnhöfe finden sich etwa 12 km südlich in Kanhangad und 10 km nördlich in Kasaragod. Von Bekal fahren Busse häufig sowohl nach Kanhangad als auch nach Kasaragod (rund 15 ₹, 20 Min.), wo man Züge nach Mangaluru, Goa und südwärts nach Kochi nehmen kann. Eine Autorikscha von Bekal Junction zum Kappil Beach kostet rund 80 ₹.

LAKSHADWEEP

64 500 EW.

Lakshadweep umfasst eine Kette von 36 mit Palmen bewachsenen und von wunderbar weißen Sandstränden gesäumten Koralleninseln 300 km vor der Küste von Kerala und ist ebenso eindrucksvoll wie einsam. Nur zehn der Inseln sind bewohnt, meist von muslimisch-sunnitischen Fischern, und Ausländer dürfen nur auf einigen wenigen dieser Inseln übernachten. Das örtliche Leben auf den Inseln mit den Haupteinnahmequellen Fischfang und Produktion von Kokosbast verläuft sehr traditionell, und ein Kastensystem unterteilt die Einwohner in Koya (Landbesitzer), Malmi (Seeleute) und Melachery (Bauern). Strom liefert der Generator.

ABSEITS DER ÜBLICHEN PFADE

VALIYAPARAMBA BACKWATERS

Keralas „nördliche Backwaters" sind eine lockende Alternative zu den bekannteren Wasserstraßen unten im Süden. Dieses große Gewässer wird von fünf Flüssen gespeist und ist von unglaublich grünen Palmenhainen gesäumt. Eine der nächstgelegenen Ortschaften ist **Payyanur**, 50 km nördlich von Kannur. Von Kotti kann man eine Fähre nehmen, wo der KSWTD Fähren zu den umliegenden Inseln betreibt. Die Fährstelle ist fünf Gehminuten vom Bahnhof Payyanur entfernt. Die 2½-stündige Fahrt (10 ₹) ab Kotti bringt einen zur 8 km von Payyanur entfernten Ayitti Jetty, von der auch die Fähre zur Rückfahrt ablegt.

Übernachten kann man im friedlichen **Valiyaparamba Retreat** (☎ 0484-2371761; www.touristdesk.in/valiyaparambaretreat.htm; DZ inkl. Mahlzeiten 4000 ₹), einem Homestay-Refugium mit schlichten Zimmern und auf Stelzen stehenden Bungalows 15 km nördlich von Payyanur und 3 km von der Ayitti Jetty entfernt. Tourist Desk (S. 1078) in Kochi veranstaltet Tagesausflüge auf einem traditionellen Hausboot durch die Valiyaparamba Backwaters.

Bekal Boat Stay (☎ 0467-2282633, 9447469747; www.bekalboatstay.com; Kottappuram, Nileshwar; 24-std. Kreuzfahrt 6000–8000 ₹) ist einer der wenigen Anbieter in der Gegend, der Hausboottouren mit Übernachtung (6000–8000 ₹) durch die Valiyaparamba Backwaters veranstaltet. Auch Tagestouren (4000 ₹/bis 6 Pers.) werden angeboten. Das Unternehmen hat seinen Sitz rund 22 km südlich von Bekal und rund 2 km außerhalb von Nileshwar – einfach einen der Busse zwischen Kannur und Bekal nehmen, in Nileshwar aussteigen und von dort eine Autorikscha nehmen (30 ₹).

Die wahren Attraktionen der Inseln liegen unter Wasser: Das 4200 km² große Meeresgebiet mit unberührten Archipel-Lagunen, einsamen Korallenriffen und warmem Wasser lockt Taucher und Schnorchler magisch an.

Lakshadweep kann nur im Rahmen vorab vereinbarter Pauschaltouren besucht werden. Zur Zeit der Recherche waren Resorts auf den Inseln **Kadmat**, **Minicoy**, **Kavaratti** und **Bangaram** für Touristen geöffnet – bei den meisten Besuchen auf den Inseln handelt es sich allerdings um Pauschaltouren per Boot, die eine Kreuzfahrt ab Kochi, Besuche auf den Inseln, Wassersport, Tauchen und Übernachtungen an Bord beinhalten. Zum Zeitpunkt der Recherche durften Ausländer nicht auf der Insel Agatti übernachten. Sie dürfen aber dorthin fliegen und von dort per Boot zu anderen Inseln übersetzen. Packages beinhalten Genehmigungen und Mahlzeitenund können bei SPORTS arrangiert werden.

Schlafen & Essen

Auf Minicoy, der einsamen, zweitgrößten Insel des Archipels, die den Malediven am nächsten liegt, kann man in den modernen Cottages oder dem 20-Zimmer-Gästehaus des **Minicoy Island Resort** (☎0484-2668387; www.lakshadweeptourism.com; EZ/DZ mit Klimaanlage ab 5000/7000 ₹; ❄) übernachten; gebucht wird über SPORTS (S. 1101).

Das **Kadmat Beach Resort** (☎0484-4011134; www.kadmat.com; 2 Nächte EZ/DZ inkl. Mahlzeiten ab 11 450/16 050 ₹; ❄) auf Kadmat hat 28 moderne, auf den Strand blickende Cottages. Das Resort lässt sich per Boot (mit Übernachtung) ab Kochi oder mit einer Überfahrt vom Flughafen Agatti aus erreichen.

Einfache **Cottages** (www.lakshadweeptourism.com; EZ/DZ 10 000/15 000 ₹) und das noble, kürzlich wiedereröffnete **Bangaram Island Resort** (☎0484-2397550; www.bangaram.org; EZ/DZ inkl. Mahlzeiten 11 150/16 900 ₹) stehen auf der sonst unbewohnten Insel Bangaram zur Verfügung, die man von Agatti aus per Boot erreicht.

Praktische Informationen

GENEHMIGUNGEN

Alle Besuche erfordern eine (einen Monat im Voraus zu beantragende) Sondergenehmigung, die sich aber über Tourveranstalter oder SPORTS in Kochi beschaffen lässt. Zur Zeit der Recherche durften Ausländer nur in den staatlichen Resorts auf Kadmat, Minicoy, Kavaratti und Bangaram übernachten; genauere Infos gibt's bei SPORTS.

TOURISTENINFORMATION

Mint Valley Travel (☎0484-2397550; www.mintvalley.com; Kochi) Verlässlicher privater Tourveranstalter.

SPORTS (Society for the Promotion of Recreational Tourism & Sports; ☎9495984001, 0484-2668387; www.lakshadweeptourism.com; PS Parameswaran Rd, Willingdon Island; ⏲Mo–Sa 10–17 Uhr) SPORTS (in Kochi) ist die wichtigste Organisation, die Touristen informiert und Pauschaltouren anbietet.

An- & Weiterreise

Air India fliegt täglich außer sonntags zwischen Kochi und Agatti (hin & zurück ab 9700 ₹). Der Bootstransport zwischen Agatti und Kadmat, Kavaratti und Bangaram ist in den angebotenen Pauschaltouren mit enthalten.

Sechs Passagierschiffe – die MV *Kavaratti*, die MV *Arabian Sea*, die MV *Lakshadweep Sea*, die MV *Bharat Seema*, die MV *Amindivi* und die MV *Minicoy* – sind zwischen Kochi und Lakshadweep im Einsatz; die Fahrten dauern 14 bis 20 Stunden.

Kreuzfahrt-Pauschalen beginnen mit dem Wochenendpaket (Erw./Kind 7216/6185 ₹) und reichen bis zur fünftägigen Drei-Insel-Kreuzfahrt (ab 25 000/18 000 ₹).

Weitere Infos finden sich auf der Webseite www.lakshadweeptourism.com unter der Rubrik „Packages".

TAUCHEN IN LAKSHADWEEP

Lakshadweep ist ein Traum für Taucher mit ausgezeichneter Unterwassersicht und einer unglaublichen Vielzahl von Meeresbewohnern, die in den Korallenriffen leben. Die beste Zeit zum Tauchen ist zwischen November und Mitte Mai, wenn die See ruhig ist und die Sichtweite zwischen 20 und 40 m beträgt. Tauchcenter gibt es auf Bangaram, Kadmat, Kavaratti, Minicoy und Agatti (letzteres war zum Zeitpunkt der Recherche aber für Ausländer geschlossen); SPORTS in Kochi organisiert pauschale Tauchtouren und Tauchkurse.

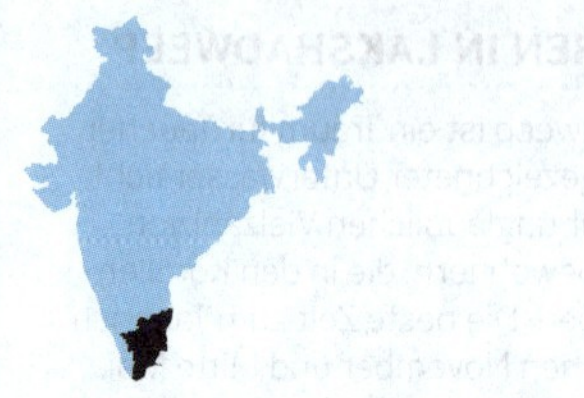

Tamil Nadu & Chennai

Inhalt ➡

Schön übernachten

- Saratha Vilas (S. 1166)
- Les Hibiscus (S. 1146)
- Bungalow on the Beach (S. 1153)
- Visalam (S. 1166)
- 180° McIver (S. 1187)

Die schönsten Tempel

- Minakshi-Amman-Tempel (S. 1167)
- Brihadishwara-Tempel (S. 1156)
- Arunachaleshwar-Tempel (S. 1138)
- Nataraja-Tempel (S. 1151)
- Sri-Ranganathaswamy-Tempel (S. 1160)

Auf nach Tamil Nadu & Chennai!

Tamil Nadu ist die Heimat einer der letzten lebendigen klassischen Zivilisationen. Sie reicht zwei Jahrtausende zurück und ist noch immer stark mit der tamilischen Sprache, dem Tanz und der Dichtung sowie dem Hinduismus verflochten.

Der dem Handel verschriebene Bundesstaat im tiefen Süden Indiens lebt aber nicht nur in den Traditionen, sondern ist zugleich sehr dynamisch. Feueranbeter, die sich eben noch ein Tika auf die Stirn gemalt haben, verschwinden kurz darauf in IT-Büros und chillen abends in den protzigen Bars der Boomtown Chennai (Madras) oder beten die Sonne im unkonventionellen Puducherry (Pondicherry) an.

Wenn die Hitze und der Trubel einen zu überwältigen drohen, flieht man an die äußerste Südspitze Indiens, wo drei Meere aufeinandertreffen, in die Landhäuser der trockenen Region Chettinadu oder hinauf in die kühlen wald- und tierreichen Western Ghats. All das versteckt sich in einem Bundesstaat, der sich stolz vom übrigen Indien abhebt und zu den freundlichsten Gegenden des gesamten Landes gehört.

Reisezeit

Chennai

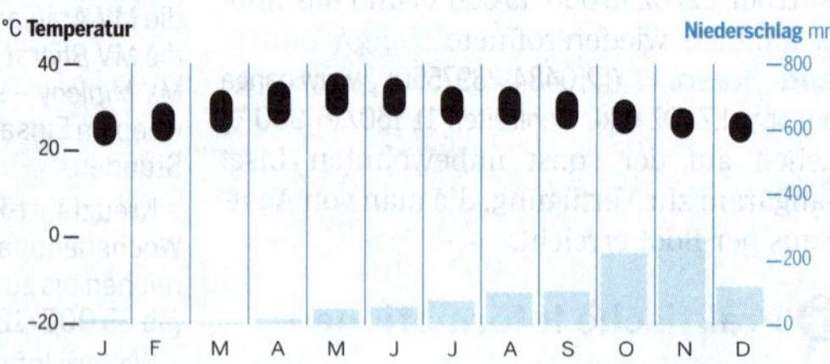

Jan.–März Nach dem Ende des Monsuns ist das Wetter (vergleichsweise) kühl.

Juli–Sept. Beste Zeit für einen Besuch der Hill Stations: der Trubel ist vorbei, das Wetter noch gut.

Nov.–Dez. Bei Vollmond wird das Lichterfest gefeiert.

Highlights

1 Das französisch-indische Flair, die lässigen Boutiquen und die muntere Yogaszene von **Puducherry** (S. 1142) erkunden

2 In den **Hill Stations** (S. 1178) Kodaikanal oder Udagamandalam der Hitze entfliehen und in kühler, nebliger Berglandschaft historische Hotels erkunden

3 Die Chola-Architektur des Brihadishvara-Tempels in **Thanjavur** (S. 1156) bewundern

4 In **Chettinadu** (S. 1164) in einer opulenten Villa nächtigen und scharfe Gerichte genießen

5 Sich in dem farbenfrohen Chaos des tamilischen Minakshi-Amman-Tempels von **Madurai** (S. 1166) verlieren

6 In der ehemaligen dänischen Hafenkolonie **Tharangambadi** (S. 1153) die Zeit vergessen

7 In der Berglandschaft des **Mudumalai Tiger Reserve** (S. 1195) nach seltenen exotischen Tieren Ausschau halten

8 Den unzähligen Facetten **Chennais** (S. 1105), der Hauptstadt Tamil Nadus, nachspüren

Geschichte

Die Tamilen betrachten sich selbst als die wichtigsten Stützen für den Erhalt der drawidischen – prä-arisch-indischen – Zivilisation. Als Drawiden werden alle Sprecher einer Sprache aus der drawidischen Sprachfamilie bezeichnet, wobei die vier wichtigsten ihre Wurzeln in Indien haben: Tamil, Malayalam (Kerala), Telugu (Telangana und Andhra Pradesh) und Kannada (Karnataka). Die südindischen Kulturen und ihre Geschichte weisen große Unterschiede zum arischen Nordindien auf, und die Tatsache, dass die Tamilen ihre Identität in einer ununterbrochenen Linie bis ins klassische Altertum zurückverfolgen können, macht sie außerordentlich stolz.

Obwohl sich die Drawiden schon vor langer Zeit im Süden ansiedelten, existierten einige Bestandteile der drawidischen Kultur – etwa der meditierende Gott im Lotussitz, die wahrscheinlich erste Darstellung eines Ur-Yogis – bereits vor 4000 Jahren in den frühen Indus-Zivilisationen im Nordwesten Indiens. Ob die drawidische Kultur vor dem Auftauchen der arischen Kulturen im Norden (2. Jt. v. Chr.) bereits in ganz Indien verbreitet war und ob sich die Drawiden nur deshalb im Süden ansiedelten, weil die Arier sie aus dem Norden vertrieben, ist noch immer Gegenstand der Diskussion. Es gibt jedoch kein Zweifel daran, dass es den Kulturen Südindiens durch die große Distanz möglich war, sich mehr als 2000 Jahre ohne große Störungen durch nördliche Einflüsse oder Invasionen zu entwickeln.

Die tamilische Sprache war in Tamil Nadu bereits im 3. Jh. v. Chr., dem ungefähren Beginn der Sangam-Zeit, gut etabliert, als tamilische Dichter die klassischen Werke jener Literatur verfassten, die heute als Sangam-Literatur bezeichnet wird. Diese Ära dauerte bis zum Ende des 3. Jhs. n. Chr. an, wobei drei große tamilische Dynastien in verschiedenen Teilen von Tamil Nadu („Land der Tamilen") aufstiegen: die frühen Cholas im Zentrum, die Cheras im Westen und die Pandyas im Süden.

Im 7. Jh. hatten die Pallavas, ebenfalls Tamilen, ihr Reich mit dem Regierungssitz in Kanchipuram etabliert. Es erstreckte sich von Tamil Nadu im Norden bis nach Andhra Pradesh. Die Pallavas errichteten nicht nur die grandiosen Felsreliefs von Mamallapuram (Mahabalipuram), sondern darüber hinaus auch die ersten frei stehenden Tempel der Region.

Später waren die mittelalterlichen Cholas (deren Verbindung zu den frühen Cholas jedoch recht unklar ist) an der Macht. Ihre Basis befand sich im Kaveri-Tal im Zentrum von Tamil Nadu. Zu ihrer Blütezeit herrschten sie aber auch über Sri Lanka und die

TOP-FESTIVALS

International Yoga Festival (S. 1145; ⏲ 4.–7. Jan., Puducherry) Vorführungen, Workshops und Wettbewerbe.

Pongal (im ganzen Bundesstaat; ⏲ Mitte Jan.) markiert das Ende der Erntezeit und zählt zu den wichtigsten Festen in Tamil Nadu. Benannt ist es nach einem Gericht mit Reis und Linsen, das in neuen Tontöpfen zubereitet wird. Tiere, insbesondere Kühe, werden für ihren Beitrag geehrt.

Thyagaraja Aradhana (S. 1158; ⏲ Jan., Thiruvaiyaru) Karnatische Musik.

Teppam Festival (Floßfest) (S. 1169; ⏲ Jan./Feb., Madurai) Die Götterbilder des Minakshi-Tempels werden in einer Prozession durch die Stadt geführt.

Natyanjali Dance Festival (S. 1152; ⏲ Feb./März, Chidambaram) Fünf Tage mit professionellem klassisch-indischem Tanz.

Chithirai Festival (S. 1170; ⏲ April/Mai, Madurai) Zweiwöchiges Fest zu Ehren der Hochzeit von Minakshi und Sundareswarar (Shiva).

Karthikai Deepam Festival (S. 1139; ⏲ Nov./Dez., im ganzen Bundesstaat) Lichterfest.

Chennai Festival of Music & Dance (S. 1114; ⏲ Mitte Dez.–Mitte Jan., Chennai) Im Mittelpunkt des großen Festivals stehen die Musik und der Tanz Südindiens.

Mamallapuram Dance Festival (S. 1129; ⏲ Dez.–Jan., Mamallapuram) Vier Wochen mit klassischen und folkloristischen Tänzen aus allen Regionen Indiens, die auf Freilichtbühnen dargeboten werden.

Malediven sowie über den Großteil Südindiens. Sie weiteten schließlich ihr Einflussgebiet bis nach Südostasien aus und verbreiteten die tamilischen Ideen von Reinkarnation, Karma und Yogi-Praktiken auch dort.

Die Cholas verhalfen der drawidischen Architektur zu neuen Höhen – etwa bei den wundervollen, mit Türmen versehenen Tempeln von Thanjavur und Gangaikondacholapuram. Außerdem bescherten sie der Kunst des Bronzegusses ihren Höhepunkt, vor allem mit ihren Darstellungen von Shiva als Nataraja, dem kosmischen Tänzer. *Gopurams*, die hohen Türme der Tempeltore, sind charakteristisch für Tamil Nadu und gehen auf die späte Chola-Zeit zurück.

Ende des 14. Jhs. stand der größte Teil Tamil Nadus unter dem Einfluss des Vijayanagar-Reichs mit Sitz in Hampi (Karnataka). Als der Staat von Vijayanagar im 16. Jh. schwächer wurde, gründeten einige der örtlichen Gouverneure, die Nayaks, starke unabhängige Königreiche; die wichtigsten waren Madurai und Thanjavur. Die Bildhauer der Vijayanagar und Nayaks schufen unglaublich detaillierte Tempelstatuen und -reliefs.

Im 16. Jh. kamen die ersten Europäer in die tamilischen Gefilde, zunächst waren es Portugiesen, die in San Thome Siedlungen errichteten. Im 17. Jh. folgten dann Niederländer, Briten, Franzosen und Dänen und schlossen Abkommen mit örtlichen Herrschern, um Handelskolonien an der Küste zu gründen. Schließlich kämpften die in Chennai (damals Madras) angesiedelten Briten gegen die Franzosen in Puducherry (damals Pondicherry). Am Ende entschieden die Briten die drei Karnatischen Kriege, die zwischen den beiden europäischen Mächten im Zeitraum zwischen 1744 und 1763 ausgetragen wurden, für sich. Gegen Ende des 18. Jhs. war die britische Herrschaft über den Löwenanteil des Landes der Tamilen schließlich gesichert.

Die Präsidentschaft Madras – also das Gebiet, das die Briten von Madras aus regierten – schloss auch Teile von Andhra Pradesh, Kerala und Karnataka ein und hatte in der Form des Bundesstaates Madras auch nach der indischen Unabhängigkeit von 1947 noch Bestand. Erst in den 1950er-Jahren wurden entsprechend der sprachlichen Grenzen die Bundesstaaten Kerala, Karnataka, Andhra Pradesh und das heutige Tamil Nadu geschaffen, das bis 1968 noch den alten Namen Madras behielt. Heute leben in dem 130 058 km² großen Bundesstaat 72,1 Mio. Einwohner.

Tamil Nadus politische Parteien werden oft von ehemaligen Filmstars geführt. Die prominenteste darunter war Jayalalithaa Jayaram, die umstrittene frühere Regierungschefin und Vorsitzende der Partei AIADMK (All India Anna Dravida Munnetra Kazhagam). Die als „Amma" (Mutter) bezeichnete Politikerin wurde im ganzen Bundesstaat bis zu ihrem Tod am 5. Dezember 2016 fast wie eine Göttin verehrt.

CHENNAI (MADRAS)

☎ 044 / 8,7 MIO. EW.

Wenn man sich die Zeit nimmt, Chennai, das frühere Madras, zu erkunden, wird einen das 400 km² große Konglomerat aus urbanen Dörfern und facettenreichen Vierteln angenehm überraschen. Zusammen bilden diese die Hauptstadt von Tamil Nadu. Zugleich ist die Stadt aber auch die Bewahrerin der künstlerischen, religiösen und kulinarischen Traditionen Südindiens.

Chennais größtes Kapital sind seine Bewohner, die eine ansteckende Begeisterung für ihre Heimatstadt versprühen und Besucher von allzu viel Chaos und Hektik verschonen. In den letzten Jahren hielt kosmopolitischer Glamour mit Luxushotels, Edelboutiquen, skurrilen Cafés, gehobenen modernen Restaurants und einer Reihe schicker Bars und Clubs in Chennai Einzug.

Mit der sengenden Hitze des Südens, dröhnendem Verkehrslärm und nur wenigen herausragenden Sehenswürdigkeiten gilt Chennai häufig als das hässliche Entlein unter den vier größten Metropolen Indiens. Doch auch wenn man hier nur auf seine Anschlussverbindung wartet, lohnt es sich, in die Museen hineinzuschauen, die Tempel zu erkunden, authentische südindische Spezialitäten zu probieren oder bei Sonnenuntergang einen Spaziergang am Marina Beach zu unternehmen.

Geschichte

Das Viertel Mylapore im Süden existierte schon lange, bevor der Rest Chennais entstand, und es gibt Indizien dafür, dass der Ort schon früh mit Römern, Chinesen und Griechen Handel trieb. 1523 gründeten die Portugiesen ihre küstennahe Siedlung San Thome. Ein weiteres Jahrhundert verging, bevor Francis Day und die Britische Ostindien-Kompanie 1639 auf der Suche nach ei-

Chennai (Madras)

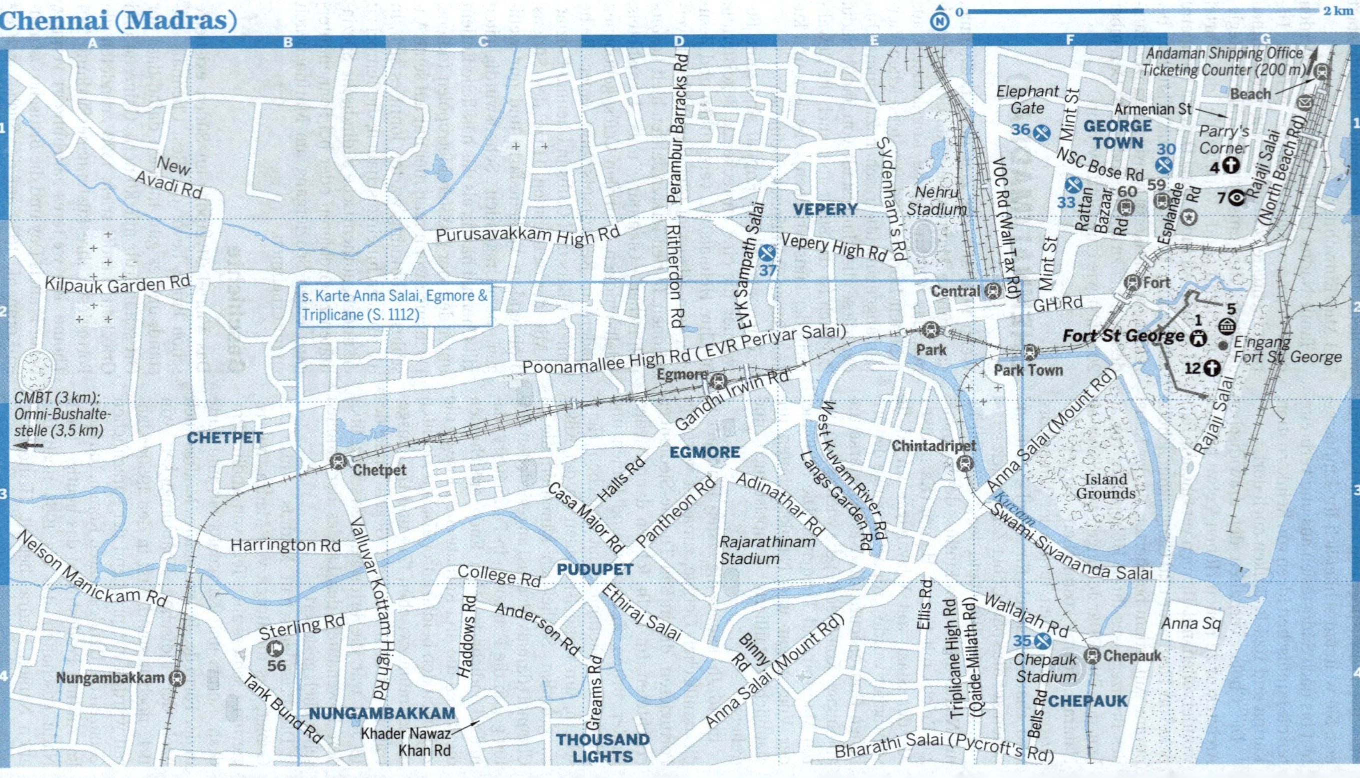

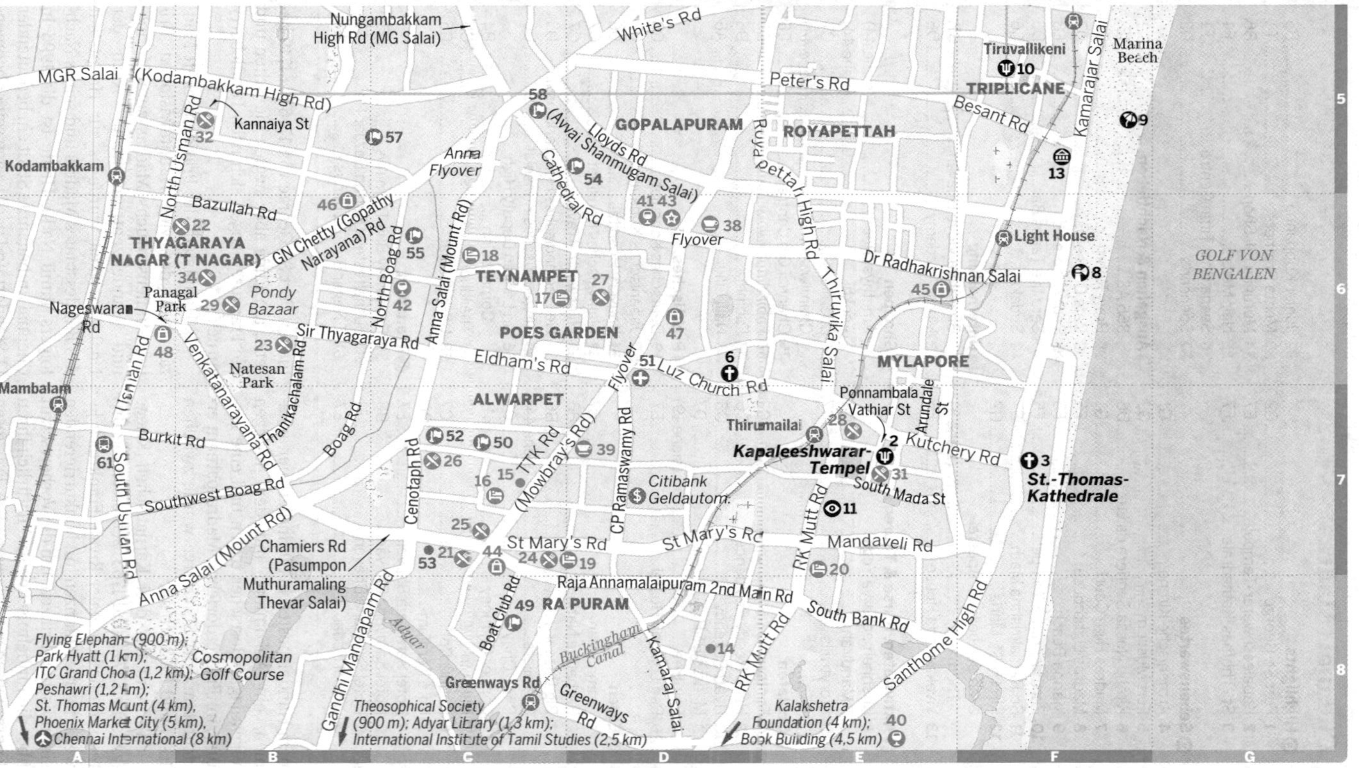
Nungambakkam High Rd (MG Salai)
White's Rd
MGR Salai (Kodambakkam High Rd)
Peter's Rd
Tiruvallikeni
TRIPLICANE
Kamarajar Salai
Marina Beach
Kannaiya St
North Usman Rd
Kodambakkam
GOPALAPURAM
ROYAPETTAH
Besant Rd
(Avvai Shanmugam Salai)
Lloyds Rd
Anna Flyover
Cathedral Rd
Royapettah High Rd
Bazullah Rd
GN Chetty (Gopathy Narayana) Rd
Flyover
Light House
THYAGARAYA NAGAR (T NAGAR)
North Boag Rd
Anna Salai (Mount Rd)
TEYNAMPET
Dr Radhakrishnan Salai
GOLF VON BENGALEN
Panagal Park
Pondy Bazaar
Nageswaran Rd
Sir Thyagaraya Rd
POES GARDEN
Thiruvika Salai
Usman Rd
Venkatanarayana Rd
Natesan Park
Thanikachalam Rd
Eldham's Rd
Luz Church Rd
MYLAPORE
Mambalam
ALWARPET
Ponnambala Vathiar St
Arundale St
Thirumailai
Burkit Rd
Boag Rd
TTK Rd (Mowbray's Rd)
CP Ramaswamy Rd
Kapaleeshwarar-Tempel
Kutchery Rd
St.-Thomas-Kathedrale
Cenotaph Rd
Citibank Geldautom.
South Mada St
South Usman Rd
Southwest Boag Rd
RK Mutt Rd
St Mary's Rd
Mandaveli Rd
Anna Salai (Mount Rd)
Chamiers Rd (Pasumpon Muthuramaling Thevar Salai)
Raja Annamalaipuram 2nd Main Rd
Boat Club Rd
RA PURAM
South Bank Rd
Santhome High Rd
Adyar
Buckingham Canal
Kamaraj Salai
Gandhi Mandapam Rd
Flying Elephant (900 m); Park Hyatt (1 km); ITC Grand Chola (1,2 km); Peshawri (1,2 km); St. Thomas Mount (4 km), Phoenix Market City (5 km), Chennai International (8 km)
Cosmopolitan Golf Course
Greenways Rd
Theosophical Society (900 m); Adyar Library (1,3 km); International Institute of Tamil Studies (2,5 km)
Kalakshetra Foundation (4 km); Book Building (4,5 km)

Chennai (Madras)

Highlights
1 Fort St. George ... G2
2 Kapaleeshwarar-Tempel ... E7
3 St.-Thomas-Kathedrale ... F7

Sehenswertes
4 Armenische Kirche ... G1
5 Fort Museum ... G2
6 Kirche Nossa Senhora da Luz ... D6
7 Madras High Court ... G1
8 Madras Lighthouse ... F6
9 Marina Beach ... F5
10 Parthasarathy-Tempel ... F5
11 Sri Ramakrishna Math ... E7
12 Kirche St. Maria ... G2
Grab des heiligen Apostel Thomas ... (siehe 3)
13 Vivekananda House ... F5

Aktivitäten, Kurse & Touren
14 Krishnamacharya Yoga Mandiram ... D8
15 Storytrails ... C7

Schlafen
16 Footprint B&B ... C7
17 Hanu Reddy Residences ... C6
18 Hyatt Regency ... C6
19 Madras B&B ... D7
Raintree ... (siehe 19)
20 Red Lollipop Hostel ... E7

Essen
21 Amma Naana ... C7
22 Barbeque Nation ... B6
23 Big Bazaar ... B6
Chamiers ... (siehe 44)
24 Chap Chay ... C7
Copper Chimney ... (siehe 41)
25 Dakshin ... C7
26 Double Roti ... C7
27 Enté Keralam ... D6
28 Hotel Saravana Bhavan ... E7
29 Hotel Saravana Bhavan ... B6
30 Hotel Saravana Bhavan ... F1
31 Jannal Kadai ... E7
32 Junior Kuppanna ... B5
33 Mehta Brothers ... F1
34 Murugan Idli Shop ... B6
35 Nair Mess ... F4
36 Seena Bhai Tiffin Centre ... F1
37 Spencer's ... D2

Ausgehen & Nachtleben
365 AS ... (siehe 18)
38 Brew Room ... D6
39 Café Coffee Day ... D7
40 Radio Room ... E8
41 Sera the Tapas Bar ... D6
42 Sudaka ... C6

Unterhaltung
Bharatiya Vidya Bhavan ... (siehe 31)
43 Music Academy ... D6

Shoppen
Amethyst Room ... (siehe 44)
Anokhi ... (siehe 44)
44 Chamiers ... C7
Chamiers for Men ... (siehe 44)
45 Chennai Citi Centre ... E6
46 Fabindia ... B6
47 Fabindia ... D6
48 Nalli Silks ... A6

Praktisches
49 Deutsches Konsulat ... C8
50 Japanisches Konsulat ... C7
51 Kauvery Hospital ... D6
52 Malaysisches Konsulat ... C7
53 Milesworth Travel ... C7
54 Neuseeländisches Honorarkonsulat ... D5
55 Singapurisches Konsulat ... C6
56 Sri Lankan Deputy High Commission ... B4
57 Thailändisches Konsulat ... C5
58 US-Konsulat ... C5

Transport
59 Broadway Bus Terminus ... F1
60 Bushaltestelle Rattan Bazaar Rd ... F1
61 T Nagar Bus Terminus ... A7

nem Handelsposten in Südindien hier ankamen, ein Abkommen mit dem hiesigen Vijayanagar-Herrscher trafen und eine Festung im Fischerdörfchen Madraspatnam errichteten: Fort St. George wurde zwischen 1640 und 1653 erbaut.

Während der drei Karnatischen Kriege (zwischen 1744 und 1763) schlossen die Briten und ihr kolonialer Rivale Frankreich jeweils diverse Allianzen mit konkurrierenden südindischen Prinzen, um die Vorherrschaft über die Einheimischen und natürlich ihren Kontrahenten zu erlangen. Die Franzosen hielten Fort St. George von 1746 bis 1749 besetzt, am Ende aber siegten die Briten und die Franzosen zogen sich nach Pondicherry zurück.

Als Hauptstadt der Präsidentschaft Madras, eine der vier Hauptdivisionen Britisch-Indiens, wuchs Madras zum Marine- und Handelszentrum heran. Nach der Unabhängigkeit wurde es zur Hauptstadt des Bundesstaates Madras und seines Nachfolgers Tamil Nadu. Heute ist die 1996 in Chennai umbenannte Stadt ein bedeutender IT-Standort und wird wegen seiner boomenden Autoindustrie oft auch das „Detroit von Indien" genannt.

Sehenswertes

Chennai-Zentrum

★ Government Museum MUSEUM

(Karte S. 1112; www.chennaimuseum.org; Pantheon Rd, Egmore; Inder/Ausländer 15/250 ₹, Foto/Video 200/500 ₹; Sa–Do 9.30–17 Uhr) Das ausgezeichnete Museum ist in dem von den Briten erbauten Pantheon-Komplex untergebracht und zweifellos das beste in Chennai. Die Hauptattraktion ist Gebäude 3, die **Bronze-Galerie** mit einer wundervollen Sammlung südindischer Bronzeplastiken von der Pallava-Ära des 7. Jhs. bis zur Moderne (Beschriftungen sind auf Englisch).

Ihren Höhepunkt erreichte die Bronzeskulptur vom 9. bis zum 13. Jh. unter der Herrschaft der Chola-Dynastie. Viele der eindrucksvollen Stücke in der Bronze-Galerie zeigen Shiva als Nataraja, den kosmischen Tänzer. Zu sehen ist hier auch eine hervorragende Chola-Bronze, die Ardhanarishvara verkörpert, die androgyne Inkarnation von Shiva und Parvati.

Die **archäologischen Hauptgalerien** (Gebäude 1) decken alle wichtigen südindischen Kunstperioden von buddhistischen Skulpturen aus dem 2. Jh. v. Chr. bis hin zu Vijayanagara-Arbeiten aus dem 16. Jh. ab; einzelne Räume sind der hinduistischen, der buddhistischen und der jainistischen Skulptur gewidmet. Das Gebäude 2 mit den **anthropologischen Galerien** schildert die Geschichte Südindiens seit prähistorischen Zeiten und zeigt Stammesartefakte aus der gesamten Region; draußen steht eine tigerköpfige Kanone, die die Engländer 1799 in Shrirangapattana (Srirangapatnam) von der Armee Tipu Sultans erbeuteten.

Dasselbe Ticket berechtigt auch zum Eintritt in die **National Art Gallery**, die **Contemporary Art Gallery** und das **Children's Museum**. Manche Abteilungen könnten wegen Renovierung geschlossen sein.

Madras High Court GEBÄUDE

(Karte S. 1106; Parry's Corner, George Town) Das imposante rote indosarazenischen Bauwerk wurde 1892 fertiggestellt und gilt als das zweitgrößte Gerichtsgebäude der Welt nach den Law Courts in London. Der zentrale Turm wurde 1912 hinzugefügt. Zum Zeitpunkt der Recherche war es Besuchern nicht erlaubt, das Gelände zu betreten. Wer schauen will, ob sich das inzwischen geändert hat, sollte auf jeden Fall seinen Pass mitnehmen.

★ Fort St. George FORT

(Karte S. 1106; Rajaji Salai; 10–17 Uhr) GRATIS Das 1653 von der Britischen Ostindien-Kompanie fertiggestellte Fort wurde im Lauf der Zeit vielfach umgebaut. Innerhalb der weitläufigen Festungsmauern – die Wälle wurden im 18. Jh. erneuert – sind heute neben vielen anderen älteren Gebäuden die Legislative Assembly und das Secretariat, also das

DER STOLZ DER DRAWIDEN

Schon vor der Unabhängigkeit Indiens im Jahr 1947 wetterten tamilische Politiker gegen das Kastenwesen, das hellhäutige Brahmanen bevorzugt, wie auch gegen die Sprache Hindi, die sie als ein Werkzeug des nordindischen Kulturimperialismus betrachteten. Die „Selbstachtungsbewegung" und die „Gerechtigkeitspartei", die vom Marxismus beeinflusst wurden, vermischten allgemeine südindische Werte mit der Rhetorik des Klassenkampfes und brachten tamilische Parteien hervor, die auch heute noch die stärksten politischen Kräfte in Tamil Nadu bilden. In den ersten Jahrzehnten nach der Unabhängigkeit bildete sich sogar eine Bewegung für eine unabhängige drawidische Nation, die die vier größten südindischen Völker vereinen sollte, jedoch bestand zwischen den verschiedenen Gruppen nur wenig Solidarität. Heute beschränkt sich die drawidische Politik größtenteils auf Tamil Nadu, wo die Parteien oft von ehemaligen Filmstars angeführt werden, die viele begeisterte Fans um sich scharen.

Während des Konflikts im nahen Sri Lanka verteidigten viele tamilische Politiker in Indien lautstark die Tamil Tigers, jene Organisation, die Rajiv Gandhi Sriperumbudur nahe Chennai 1991 getötet hatte. Auch heute noch hegen die ansonsten recht toleranten Tamilen starke Vorurteile gehen alles Singhalesische. Das offensichtlichste Zeichen für den tamilischen Nationalstolz sind das weiße Hemd und der weiße *mundu* (Sarong), die von den meisten tamilischen Politikern getragen werden.

Parlament bzw. die Regierung von Tamil Nadu, ansässig. Das **Fort Museum** (Karte S. 1106; Inder/Ausländer 15/200 ₹; ⏲ Sa–Do 9–17 Uhr) zeigt Ausstellungen zu Chennais Ursprüngen und zum Fort sowie interessante militärische Andenken und Kunst aus der Kolonialzeit. Die Porträtgalerie im ersten Stock zeigt wichtige Persönlichkeiten der Kolonialzeit, darunter einen sehr selbstbewusst dreinschauenden Robert Clive.

Ebenfalls auf dem Gelände des Forts steht die 1680 fertiggestellte **St. Mary's Church** (Karte S. 1106; ⏲ Mo–Sa 10–17 Uhr), die älteste erhaltene anglikanische Kirche in Indien, umgeben von zum Teil noch älteren Grabsteinen; Clive hat in der Kirche geheiratet. Rechts (westlich) der Kirche erhebt sich das klassizistische ehemalige **Admiralty House** (Clive's House).

Marina Beach STRAND

(Karte S. 1106) Wer am frühen Morgen oder abends am 3 km langen Hauptabschnitt des Marina Beach flaniert – zu anderen Zeiten wird man hier regelrecht gegrillt –, bekommt Kricketspieler, in der Luft schwebende Drachen, Wahrsager, Fischmärkte, Stände, an denen gerösteter Mais verkauft wird, und Familien zu sehen, die die Meeresbrise genießen. Nicht baden – die starken Strömungen sind gefährlich! Am südlichen Ende des Strandes steht das unglaublich beliebte **Madras Lighthouse** (Karte S. 1106; Erw./Kind 20/10 ₹, Foto 25 ₹; ⏲ Di–So 10–13 & 15–17 Uhr). Indiens einziger Leuchtturm mit Fahrstuhl: Der Panoramablick auf Strand und Stadt ist fabelhaft.

Parthasarathy-Tempel HINDUTEMPEL

(Karte S. 1106; Singarachari St, Triplicane; ⏲ 5.30–12 & 16–21.30 Uhr) Der im 8. Jh. unter den Pallavas erbaute Tempel ist ungewöhnlicherweise Krishna (einem Avatara Vishnus) als Parthasarathi (Wagenlenker Parthas) geweiht. Der Tempel ist einer der ältesten in Chennai; die meisten der feinen Reliefs, darunter auch die schönen Arbeiten an der Kolonnade vor dem Eingang, stammen aber erst aus der Zeit des Vijayanagar-Königreichs im 16. Jh., als der Tempel erweitert wurde. Der Tempel zeichnet sich auch dadurch aus, dass seine Schreine fünf Inkarnationen des Vishnu geweiht sind.

Vivekananda House MUSEUM

(Vivekanandar Illam, Eishaus; Karte S. 1106; www.vivekanandahouse.org; Kamarajar Salai; Erw./Kind 20/10 ₹; ⏲ Di–Sa 10–12.15 & 15–19.15 Uhr) Das hellrosa Vivekananda House ist nicht nur wegen seiner Ausstellungen über den berühmten „wandernden Mönch" Swami Vivekananda interessant, sondern auch wegen seiner halbrunden Form: Es wurde 1842 erbaut, um dort Eis zu lagern. Vivekananda hielt sich hier 1897 für kurze Zeit auf und predigte der begeisterten Menge seine asketische Hindu-Philosophie. Die Ausstellungen zeigen Fotos zum Leben des Swamis und eine 3-D-Reproduktion von Vivekanandas berühmter Ansprache vor dem Weltparlament der Religionen 1893 in Chicago. Das Zimmer, in dem er wohnte, wird heute zum Meditieren genutzt.

Südliches Chennai

★ **Kapaliswarar-Tempel** HINDUTEMPEL

(Karte S. 1106; Ponnambala Vathiar St, Mylapore; ⏲ 6–12 & 16–21.30 Uhr) Mylapore zählt zu den stimmungsvollsten und traditionsreichsten Vierteln von Chennai und ist mehrere Jahrhunderte älter als das koloniale Madras. Der Kapaliswarar-Tempel ist der eindrucksvollste und meistbesuchte in Chennai; er soll errichtet worden sein, nachdem die Portugiesen 1566 den am Meeresufer stehenden Vorgängerbau zerstört hatten. Er besitzt die architektonischen Grundelemente vieler Tempel in Tamil Nadu: einen regenbogenfarbenen *gopuram* (Torturm), *mandapas* (offene, mit Säulen versehene Vorhallen) und einen riesigen Tempelteich. Der Tempel ist Shiva gewidmet, der im Bundesstaat am höchsten verehrten Gottheit.

Eine Legende erzählt, Shiva habe bei einem Zornesausbruch seine Gemahlin Parvati in einen Pfau verwandelt und ihr befohlen, ihm hier Verehrung zu erweisen, wollte sie ihre normale Gestalt wiedererlangen. Parvati tat, wie ihr befohlen war, und zwar an einer Stelle direkt vor der nordöstlichen Ecke des zentralen Tempelgebäudes, wo ein Schrein an dieses Ereignis erinnert – daher auch der Name Mylapore, „Stadt der Pfauen". Die Legende ist am westlichen Ende des Innenhofs an der Außenfassade des Haupttheiligtums dargestellt.

Beim farbenprächtigen **Brahmotsavam-Fest** (März/April) werden die Götterbilder durch die Straßen von Mylapore geführt.

Sri Ramakrishna Math RELIGIÖSE STÄTTE

(Karte S. 1106; www.chennaimath.org; 31 RK Mutt Rd, Mylapore; ⏲ Universaler Tempel 4.30–11.45 & 15–21 Uhr, Abendgebete 18.30–19.30 Uhr) Das ruhige, blumengeschmückte Gelände des Ramakrishna Math scheint weltenweit vom

CHENNAIS ANDERE KIRCHEN

Armenische Kirche (Karte S. 1106; Armenian St, George Town; ⌚9.30–14.30 Uhr, unterschiedliche Öffnungszeiten) Die Kirche aus dem 18. Jh., ein nach Frangipani duftendes Refugium mitten in George Town, legt Zeugnis ab von der einst blühenden Gemeinde armenischer Händler in der Stadt. Auf dem Kirchhof sieht man alte Grabsteine mit armenischer Schrift.

St. Andrew's Church (St. Andrew's Kirk; Karte S. 1112; www.thekirk.in; 37 Poonamallee High Rd, Egmore; ⌚9.30–17 Uhr) Die 1821 erbaute klassizistische schottisch-presbyterianische Kirche steht auf einem grünen Gelände in Egmore und ist ganz dem Vorbild der Londoner Kirche St.-Martin-in-the-Fields verpflichtet. Sie besitzt einen feinen Säulenportikus, eine ungewöhnliche ovale Kolonnade unter der von korinthischen Säulen getragenen Deckenkuppel und einen schlanken, mehrstöckiigen Turm.

Nossa Senhora da Luz (Kirche Unserer Lieben Frau vom Licht; Karte S. 1106; www.luzchurch.org; abseits der Luz Church Rd, Mylapore; ⌚Sonnenaufgang–Sonnenuntergang) Die von Palmen gesäumte portugiesische Kirche besitzt prächtigen barocken Zierrat und ist das älteste europäische Bauwerk im heutigen Chennai.

Chaos in Mylapore entfernt. Mönche in orangefarbenen Roben schweben förmlich vorüber, und die Stimmung wirkt sehr feierlich. Der Math ist ein Mönchsorden, der den Lehren Sri Ramakrishnas, eines Hindu-Heiligen aus dem 19. Jh., folgt, der die wesensmäßige Einheit aller Religionen predigte. Der Universale Tempel ist ein hübsches modernes Gebäude in Lachsrosa, das architektonische Elemente verschiedener Religionen in sich vereint und allen zur Andacht, zum Gebet oder zur Meditation offensteht.

★St.-Thomas-Basilika KATHEDRALE

(Karte S. 1106; Santhome High Rd, Mylapore; ⌚5.30–20.30 Uhr) Die hochragende römisch-katholische Kirche, die einen Steinwurf vom Strand entfernt ist, wurde 1523 von den Portugiesen gegründet und 1896 unter britischer Herrschaft im neugotischen Stil neu erbaut. Hier soll der Apostel Thomas seine letzte Ruhestätte gefunden haben. Der „ungläubige Thomas" soll das Christentum im Jahr 52 auf den indischen Subkontinent gebracht haben und im Jahr 72 auf dem St. Thomas Mount (S. 1113) den Märtyrertod erlitten haben. Hinter der Basilika befindet sich das **Grab des Apostels Thomas** (Karte S. 1106; ⌚5.30–20.30 Uhr) GRATIS.

Der Großteil der sterblichen Überreste soll sich inzwischen zwar in Italien befinden, aber ein Kreuz an der Wand der Grabkapelle enthält einen winzigen Knochensplitter, der als „Reliquie des hl. Thomas" bezeichnet wird. Im Museum darüber sind mehrere Thomas-Artefakte zu sehen, darunter auch die Lanzenspitze, die den Apostel getötet haben soll.

Der **St. Thomas' Pole** am Strandende der Straße auf der Südseite der Kirche soll den Bau im Jahr 2004 wundersamerweise vor der Zerstörung durch einen Tsunami bewahrt haben.

Theosophical Society GARTEN

(www.ts-adyar.org; südliches Ende der Thiru Vi Ka Bridge, Adyar; ⌚Gelände Mo–Sa 8.30–10 & 14–16 Uhr) GRATIS Zwischen dem Fluss Adyar und der Küste bietet das 100 ha große Gelände der Theosophical Society einen ruhigen, grünen und autofreien Rückzugsort vor der Hektik der Stadt. Das Gelände lädt während der (begrenzten) Öffnungszeit zu Spaziergängen ein und beherbergt eine Kirche, eine Moschee, einen buddhistischen Schrein, einen zoroastrischen und einen Hindu-Tempel sowie eine große Vielfalt einheimischer und importierter Pflanzen, darunter Ableger eines 450 Jahre alten Banyanbaums, der in den 1980er-Jahren von einem Sturm stark in Mitleidenschaft gezogen wurde.

Die **Adyar Library** (www.ts-adyar.org; Theosophical Society, abseits der Besant Ave Rd, Adyar; Leseausweis 50 ₹/Jahr, Kaution 250 ₹; ⌚Di–So 9–17 Uhr) besitzt eine eindrucksvolle Sammlung von Schriften zu Religion und Philosophie, von denen einige ausgestellt sind. Die Bandbreite reicht von 1000 Jahre alten buddhistischen Schriftrollen bis hin zu handgefertigten Bibeln aus dem 19. Jh.

Kalakshetra Foundation KUNSTZENTRUM

(☎044-24521169; www.kalakshetra.in; Muthulakshmi St, Thiruvanmiyur; Inder/Ausländer inkl. Kunsthandwerkszentrum 100/500 ₹; ⌚Campus Juli–Feb. Mo–Fr 8.30–11.30 Uhr, Kunsthandwerkszentrum Mo–Sa 9–13 & 14–17 Uhr, 2. & 4. Sa im Monat beides

Anna Salai, Egmore & Triplicane

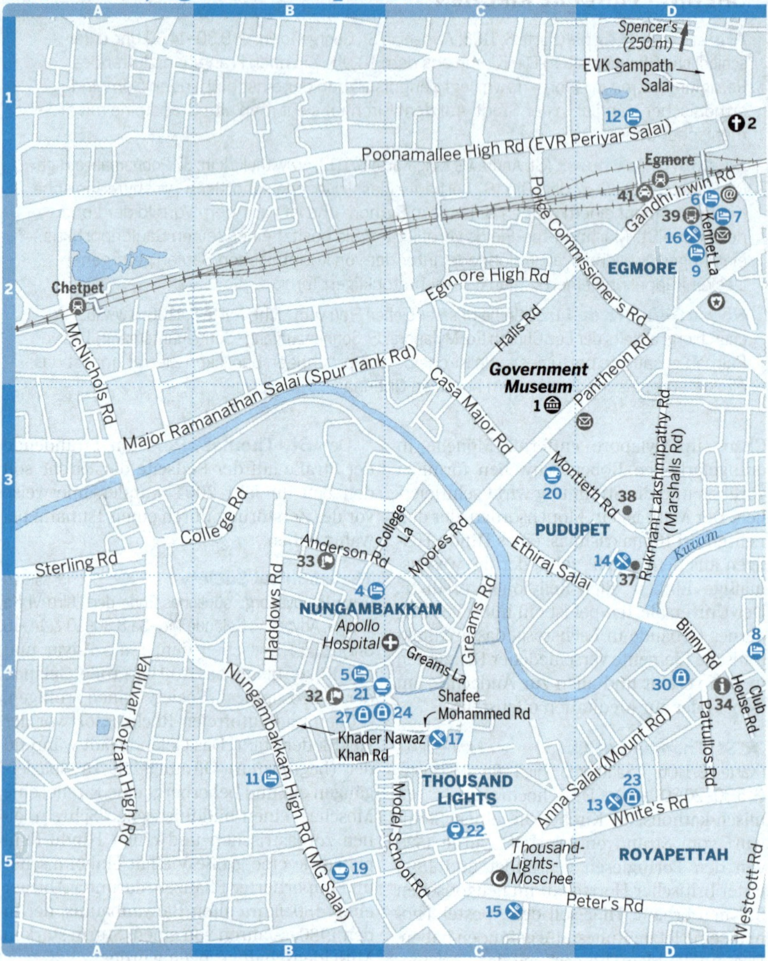

geschl.) Das Zentrum auf einem schönen, schattigen Gelände im Süden Chennais wurde 1936 gegründet und ist eine der führenden professionellen Schulen für klassischen tamilischen Tanz und Musik; sie fördert viele Studenten aus benachteiligten Verhältnissen. Während der Kurse am Vormittag können Besucher (bitte möglichst leise!) das Gelände samt dem **Rukmini Devi Museum** erkunden. Auf der anderen Straßenseite gibt es im **Kalakshetra Craft Centre** Handweberei im Kanchipuram-Stil, Textil-Blockdruck und die faszinierende, seltene Kunst des *kalamkari* (das Bemalen von Textilien von Hand mit Pflanzenfarben) zu bewundern. Aktuelle Vorstellungen sind auf der Website angekündigt.

Die Bushaltestelle von Thiruvanmiyur, Endpunkt vieler städtischer Buslinien, befindet sich 500 m südwestlich vom Eingang des Kunstzentrums.

Book Building GALERIE

(☎044-24426696; www.tarabooks.com; Plot 9, CGE Colony, Kuppam Beach Rd, Thiruvanmiyur; ⏱Mo–Sa 10–19.30 Uhr) GRATIS In diesem mit Wandmalereien verzierten Raum veranstaltet Tara Books kostenlose Ausstellungen, Gespräche mit Autoren, Workshops mit Gastkünstlern und zeigt die sehr originel-

len, von Hand gefertigten Bücher des Verlags. Bei Voranmeldung kann man sich auch die (per Auto 20 Min. entfernte) Werkstatt anschauen, in der die Bücher hergestellt werden.

St. Thomas Mount RELIGIÖSE STÄTTE
(Parangi Malai; abseits der Lawrence Rd, Guindy; ⏲6–20 Uhr) GRATIS Der Hügel, auf dem der Apostel Thomas im Jahr 72 das Martyrium erlitten haben soll, erhebt sich im Südwesten Chennais, 2,5 km nördlich des Bahnhofs und U-Bahnhofs St. Thomas Mount. Die **Church of Our Lady of Expectation** auf der Hügelspitze wurde 1523 von den Portugiesen erbaut und enthält einen Knochensplitter, der angeblich von einem Finger des Apostels stammt, sowie das „blutende Kreuz", das er geschnitzt haben soll. Vom Hügel hat man eine herrliche Sicht auf die Stadt und den Flughafen.

Aktivitäten

Krishnamacharya Yoga Mandiram YOGA, MEDITATION
(KYM; Karte S. 1106; ☎044-24937998; www.kym.org; 31 4th Cross St, RK Nagar; Kurs 30 US$; ⏲8–19 Uhr) Sehr angesehenes Institut, das professionelle zweiwöchige und einmonatige Yogakurse, Yogatherapien sowie Intensivkurse für Yogalehrer anbietet.

Kurse

Der vierstündige „Spice Trail" (2500 ₹/Pers.) von Storytrails ist eine faszinierende Einführung in die südindische Kochkunst mit praktischen Übungen in kleinen Gruppen.

Kalakshetra Foundation KUNST
(☎044-24525423; www.kalakshetra.in; Muthulakshmi St, Thiruvanmiyur; 500 ₹/Tag) Das Kunsthandwerkszentrum veranstaltet ein- oder zweimonatige Kurse (Mo–Fr 10–13 Uhr) in der komplizierten alten *kalamkari*-Kunst, die heute nur noch an wenigen Orten praktiziert wird.

International Institute of Tamil Studies SPRACHE
(☎044-22542992, 9952448862; www.ulakaththamizh.org; CIT Campus, 2nd Main Rd, Tharamani; 3-/6-monatiger Kurs 5000/10 000 ₹) Intensivkurse in tamilischer Sprache.

Geführte Touren

Storytrails STADTSPAZIERGANG
(Karte S. 1106; ☎044-45010202, 9940040215; www.storytrails.in; 21/2 1st Cross St, TTK Rd, Alwarpet; 3-stündige Tour für bis zu 4 Pers. ab 4400 ₹) Unterhaltsame Spaziergänge durch verschiedene Viertel zu Themen wie Tanz, Tempeln, Schmuck und Basaren. Veranstaltet auch beliebte kulinarische Touren durch George Town und Kochkurse im Haus.

Feste & Events

Madras Week KULTUR
(www.themadrasday.in; ⏲Aug.) Anlässlich der Gründung von Madras im Jahr 1639 gibt's auch eine Reihe interessanter historischer Stadtspaziergänge, Vorträge und Ausstellungen.

Anna Salai, Egmore & Triplicane

Highlights
1 Government Museum ... C3

Sehenswertes
2 St. Andrew's Church ... D1

Schlafen
3 Broad Lands Lodge ... F4
4 Frangi House ... B4
5 Hanu Reddy Residences ... B4
6 Hotel Chandra Park ... D2
7 Hotel Victoria ... D2
8 La Woods ... D4
9 New Lakshmi Lodge ... D2
10 Paradise Guest House ... F4
11 Taj Coromandel ... B5
12 YWCA International Guest House ... D1

Essen
13 Amethyst ... D5
14 Annalakshmi ... D3
Big Bazaar ... (siehe 25)
15 Hotel Saravana Bhavan ... C5
16 Hotel Saravana Bhavan ... D2
17 Nilgiri's ... C4
18 Ratna Café ... F5
Southern Spice ... (siehe 11)

Ausgehen & Nachtleben
19 Café Coffee Day ... B5
Café Coffee Day ... (siehe 25)
20 Café Coffee Day ... C3
21 Café Coffee Day „The Square“ ... B4
22 Plan B ... C5

Shoppen
23 Amethyst ... D5
24 Evoluzione ... B4
25 Express Avenue ... E5
26 Fabindia ... E4
Fabindia ... (siehe 25)
27 Fabindia ... B4
28 Higginbothams ... E3
Naturally Auroville ... (siehe 21)
29 Poompuhar ... E3
30 Spencer Plaza ... D4
Starmark ... (siehe 25)

Praktisches
31 Australisches Konsulat ... E4
32 Belgisches Konsulat ... B4
33 British Deputy High Commission ... B3
Citibank-Geldautomat ... (siehe 19)
34 Indiatourism ... D4
Studio ... (siehe 18)
35 Tamil Nadu Tourism Development Corporation ... F3

Transport
36 Advanced Computerised Reservation Office ... F1
37 Air India ... D3
Air India Express ... (siehe 37)
AirAsia ... (siehe 19)
38 Jet Airways ... D3
39 Parveen Travels ... D2
Passenger Reservation Office .. (siehe 41)
40 Prepaid-Taxis ... F1
41 Prepaid-Taxis ... D1

Chennai Festival of Music & Dance MUSIK, TANZ
(Madras Music & Dance Season; Mitte Dez.–Mitte Jan.) Das Festival des Tanzes und der Musik Südindiens gehört zu den weltweit größten seiner Art.

Schlafen

Die Hotels in Chennai sind teurer als anderswo in Tamil Nadu, obendrein bekommt man oft nicht sonderlich viel für sein Geld. Die Gegend um die Triplicane High Rd ist die beste Anlaufstelle für Budgetunterkünfte. In Egmore gibt's ein paar günstige Alternativen sowie einige Mittelklasseoptionen. B&Bs der gehobenen Mittelklasse sind in Nungambakkam, Poes Garden und Alwarpet zu finden. Inzwischen gibt es viele Luxushotels, vor allem in den südlichen Vierteln.

In vielen Hotels kann man rund um die Uhr auschecken und oft sind sie schon bis zur Mittagszeit wieder ausgebucht – daher besser vorab anrufen!

Egmore

New Lakshmi Lodge HOTEL $
(Karte S. 1112; ☎044-28194576, 9840900343; 16 Kennet Lane; EZ/DZ 500/900 ₹, Zi. mit Klimaanlage 1460–1580 ₹; ❄) Kleine, schlichte, aber blitzsaubere Zimmer mit pastellfarbenen Wänden, die sich auf vier Etagen um einen Hof mit Parkplätzen verteilen, machen diesen riesigen Block zu einer ordentlichen Budgetoption. Vorab reservieren, weil das Haus oft ausgebucht ist. In den oberen Etagen gibt's mehr Privatsphäre.

YWCA International Guest House PENSION $$
(Karte S. 1112; ☎044-25324234; http://ywcamadras.org/international-guest-house; 1086 Poonamallee High Rd; EZ 1760–2380 ₹, DZ 2170–2850 ₹, EZ/DZ ohne Klimaanlage 1020/1560 ₹ jeweils mit Frühstück; ❄@📶) Chennais YWCA-Herberge bietet auf einem schattigen Gelände gleich nördlich vom Bahnhof Egmore ein sehr gutes Preis-Leistungs-Verhältnis und

ein ruhiges Ambiente. Das effizient geleitete Haus mit hilfsbereitem Personal hat geräumige, blitzsaubere Zimmer, weitläufige Gemeinschaftsbereiche und ordentliche Mahlzeiten (veg./nicht veg. 225/330 ₹). WLAN gibt's nur in der Lobby (150₹/Tag).

Hotel Chandra Park HOTEL $$

(Karte S. 1112; ☎ 044-40506060; www.hotelchandrapark.com; 9 Gandhi Irwin Rd; EZ/DZ inkl. Frühstück 1580–2560/1820–3020 ₹; ❄📶) Das Chandra Park schafft es, die Preise der meisten ähnlichen Hotels zu unterbieten. Die Standardzimmer sind klein und etwas betagt, haben aber Klimaanlage, saubere Handtücher und gute weiße Bettwäsche. Höflicher Service, Checkout rund um die Uhr und kostenloses WLAN sorgen zusätzlich für ein gutes Preis-Leistungs-Verhältnis – jedenfalls nach den Maßstäben in Egmore.

Hotel Victoria HOTEL $$

(Karte S. 1112; ☎ 044-28193638; www.empeehotels.com; 3 Kennet Lane; EZ/DZ mit Frühstück 2500–4300/2800–4700 ₹; ❄📶) Die mit Abstand smarteste Wahl an der hektischen Kennet Lane: Die sauberen, ordentlichen Zimmer sind mit Wasserkessel, WLAN und Fernseher ausgestattet, wenn auch nicht so hinreißend wie das schicke Foyer und der herzliche Service.

Nungambakkam & Umgebung

Frangi House B&B $$

(Karte S. 1112; ☎ 044-43084694; www.frangihouse.com; 6B Nawab Habibullah Ave, 1st St, abseits der Anderson Rd; Zi. mit Frühstück 3940–4280 ₹; ❄📶) Das elegante, makellose Refugium versteckt sich an einer ruhigen Straße im gehobenen Viertel Nungambakkam und bietet einen grasbewachsenen Garten, komfortable Lounges und acht luftige, individuell gestaltete Zimmer. Die „Boutique"-Zimmer haben altmodische Himmelbetten und moderne Bäder mit stylish-quadratischen Waschbecken. Die „Old World"-Zimmer prunken mit Blümchenmustern und Pastelltönen; am besten ist das blau gehaltene Zimmer „Dew" mit Himmelbett und Gemeinschaftsbalkon.

Hanu Reddy Residences B&B $$

(Karte S. 1112; ☎ 9176869926, 044-43084563; www.hanureddyresidences.com; 6A/24 3rd St, Wallace Garden; EZ/DZ mit Frühstück 3600–4200/4200–4800 ₹; ❄📶) Das B & B verteilt sich auf zwei Wohngebäude im Grünen im vornehmen Viertel Wallace Garden und ist eine jener idyllisch-gemütlichen Unterkünfte, die man im Zentrum von Chennai vermisst. Die 13 unprätentiösen Zimmer verfügen über Klimaanlage, kostenloses WLAN, Tee-/Kaffeemaschine, farbenfrohe Kunst – und Mückenpatschen! Auf den Terrassen stehen Bambusstühle. Den Mitarbeitern gelingt die perfekte Balance zwischen Freundlichkeit und Professionalität. Eine zweite **Filiale** (Karte S. 1106; ☎ 044-24661021; 41/19 Poes Garden; EZ/DZ mit Frühstück 4200–5400/4800–7800 ₹; ❄📶) findet sich im exklusiven Viertel Poes Garden.

Taj Coromandel HOTEL $$$

(Karte S. 1112; ☎ 044-66002827; www.tajhotels.com; 37 Nungambakkam High Rd; Zi. ab 12 000 ₹; ❄📶🏊) Das schicke Hotel ist luxuriös, aber nicht unangenehm protzig und bietet eine ruhige Luxusbleibe in vernünftiger Nähe zum Zentrum. Die Zimmer haben einen smarten, zurückgenommenen Stil und es gibt einen hübschen, von Palmen beschatteten Pool. Im mit Marmor prunkenden Foyer bietet das Restaurant **Southern Spice** (Karte S. 1112; Hauptgerichte 550–900 ₹, Thalis 1500–2200 ₹; ⏰12.30–14.45 & 19–23 Uhr) feine südindische Küche und eine gut besuchte Cocktailbar.

Triplicane & Umgebung

Paradise Guest House PENSION $

(Karte S. 1112; ☎ 044-28594252; www.paradiseguesthouse.co.in; 17/1 Vallabha Agraharam St; EZ/DZ 600/700 ₹, mit Klimaanlage 1000/1100 ₹; ❄📶) Die Unterkunft mit besonders gutem Preis-Leistungs-Verhältnis bietet schlichte Zimmer mit sauberen Fliesen, ein luftiges Dach, freundliches Personal und heißes Wasser aus dampfenden Eimern.

Broad Lands Lodge PENSION $

(Karte S. 1112; ☎ 044-28545573; broadlandshotel@yahoo.com; 18 Vallabha Agraharam St; EZ 400–750 ₹, DZ 450–800 ₹; 📶) Das Broad Lands ist seit 1951 im Geschäft und war einst eine Hippie-Hochburg. Die entspannte koloniale Villa mit begrüntem Hof und 44 Zimmern, zu denen gewundene Treppen führen, hat immer noch ihre Fans, die sich nicht an der spartanischen, eigenwilligen Einrichtung, den feuchtkalten Bädern und den lautstarken Muezzins der Wallajah-Moschee stören. Die billigsten Zimmer teilen sich das Bad; WLAN kostet 50 ₹. In dem mit roten Geländern versehenen Block hinten sind die Zimmer luftiger.

La Woods HOTEL $$
(Karte S. 1112; ☎ 044-28608040; www.lawoodshotel.com; 1 Woods Rd; Zi. mit Frühstück 3600 ₹; ❄📶) Das freundliche und gut geführte, moderne Hotel überzeugt mit einer wunderbar eigenwilligen Farbpalette aus frischem Weiß, Limettengrün und Türkis. Die schicken, gepflegten und zeitgenössischen Zimmer sind wunderbar gemütlich und mit Kissenbergen, Wasserkocher, Föhn und internationalen Steckdosen ausgestattet.

Südliches Chennai

Red Lollipop Hostel HOSTEL $
(Karte S. 1106; ☎ 044-24629822; www.redlollipop.in; 129/68 RK Mutt Rd, Mandavelli; B 650 ₹; ❄📶) Die Rettung für Budgettraveller in Chennai: Das Red Lollipop ist ein echtes, geselliges Hostel 700 m südlich des Tempels von Mylapore. In die kräftig bunten Wände sind inspirierende Botschaften geritzt. Die makellosen Schlafsäle für sechs bis zehn Personen – einer ist Frauen vorbehalten – sind mit Schließfächern und einem eigenen Bad ausgestattet. Es gibt eine Dachterrasse, eine Gemeinschaftsküche, eine Lounge, Badetücher zum Ausleihen (30 ₹) und Tipps zu Chennai.

★ **Footprint B&B** B&B $$
(Karte S. 1106; ☎ 9840037483; www.chennaibedandbreakfast.com; Gayatri Apartments, 16 South St, Alwarpet, hinter dem Crowne Plaza Hotel; Zi. mit Frühstück 3900 ₹; ❄📶) Die wunderbar entspannende, relaxte Unterkunft umfasst drei Wohnungen an einer ruhigen Straße in einem grünen Viertel im Süden Chennais. Schalen mit Wildrosen, Bio-Seifen von Auroville und Fotos des alten Madras erwarten einen in den gemütlichen, makellos sauberen Zimmern, in denen ein großes Doppelbett oder zwei breite Einzelbetten stehen. Das im Haus zubereitete Frühstück ist üppig, der Service ausgezeichnet. Und die herzlichen Gastgeber haben viele Tipps zu Tamil Nadu parat. Im Voraus buchen!

Madras B&B B&B $$
(Karte S. 1106; ☎ 9840037483; www.madrasbedandbreakfast.com; Flat 1/3, Nandini Apartments, 72/45 1st Main Rd, RA Puram; Zi. mit Frühstück 3040 ₹; ❄📶) Die bei Yogaschülern beliebte Unterkunft hat geräumige, einfache, aber komfortabel-stilvolle Zimmer in friedlichen Privatapartments, die wie gemütliche Lodges für Selbstversorger anmuten und sich über mehrere Standorte in RA Puram und Alwarpet verteilen. Gäste finden voll ausgestattete Küchen, Waschmaschinen, kleine Bibliotheken und relaxte Gemeinschaftslounges voller Blumenschalen. Keine spontanen Vermietungen; vorab reservieren!

★ **Raintree** HOTEL $$$
(Karte S. 1106; ☎ 044-42252525; www.raintreehotels.com; 120 St Mary's Rd, Alwarpet; EZ/DZ 9590/10 790 ₹; ❄@📶🏊) 🍃 In diesem umweltbewussten Business-Hotel bestehen die Böden aus Bambus oder Kautschuk. Der sparsame Verbrauch von Wasser und Strom wird großgeschrieben und mit der Wärme der Klimaanlage wird das Waschwasser beheizt. Die schicken, frischen, minimalistisch eingerichteten Zimmer sind hell, komfortabel und stilvoll und bieten einen wundervollen Ausblick auf die Stadt. Auf dem Dach gibt es einen gleichzeitig als Isolierung dienenden Infinity-Pool mit Meerblick und ein Freiluftrestaurant mit Bar. Im Erdgeschoss befindet sich das ausgezeichnete, panasiatische Restaurant **Chap Chay** (Karte S. 1106; Hauptgerichte 500–900 ₹, Menü 1900 ₹; ⏲ 12–15 & 19–23 Uhr).

Hyatt Regency HOTEL $$$
(Karte S. 1106; ☎ 044-61001234; http://chennai.regency.hyatt.com; 365 Anna Salai, Teynampet; Zi. 9720–15 800 ₹; ❄@📶🏊) Der edle, schicke und topmoderne, dreieckige Hotelriese hat von Chennais neueren Spitzenhotels die zentralste Lage. Zeitgenössische Kunst schmückt das sonnendurchflutete Atrium, einheimische Chefköche führen drei gute Restaurants im Haus und es gibt eine unglaublich beliebte Bar (S. 1120). Die eleganten Zimmer haben Durchgangsbäder, durch riesige Panoramafenster bietet sich ein fabelhafter Blick aufs Meer und die Stadt. Blumen säumen den Pool, und es gibt ein Luxus-Spa.

ITC Grand Chola HOTEL $$$
(☎ 044-22200000; www.itchotels.in; 63 Mount Rd, Guindy; Zi. mit Frühstück ab 13 970 ₹; ❄📶🏊) 🍃 Unter allen Hotels in Chennai ist dieses überaus luxuriöse, von Tempelarchitektur inspirierte Haus mit 600 Zimmern im Südwesten der Metropole das Stadtgespräch – ein Labyrinth aus üppigen, iPad-gesteuerten Zimmern mit Badewannen und Presskaffeemaschinen, das sich hinter dem weiten, von Laternen beleuchteten Marmorfoyer erstreckt. Eine Etage ist weiblichen Gästen vorbehalten. Im Haus gibt's gleich sieben schicke Restaurants, zwei noble Bars, drei Fitnesscenter, ein Spa und fünf Pools!

Park Hyatt HOTEL **$$$**
(☎044-71771234; http://chennai.park.hyatt.com; 39 Velachery Rd, Guindy; EZ/DZ mit Frühstück ab 9720/10 940 ₹; ❄📶🏊) Das glänzende, topmoderne Park Hyatt hat schicke Zimmer in klaren Linien, die mit Nespresso-Maschinen, iPod-Anschlüssen und großen Doppelbetten ausgestattet sind. Es gibt ein herrliches Spa und auf dem Dach einen Infinity-Pool mit Blick auf den Guindy National Park. Das mehrstöckige Restaurant **Flying Elephant** (☎044-71771234; Grundpreis pro Paar 3300 ₹ inkl. 2000 ₹ für Getränke, Frauen Eintritt frei; ⏲Mo–Sa 19 Uhr–open end, So 12–15 & 19 Uhr–open end) ist zugleich eine beliebte Party-Location. Das Hotel ist recht weit vom Stadtzentrum entfernt, aber ideal, wenn man eine Luxusbleibe nahe dem Flughafen sucht.

Essen

In Chennai gibt's jede Menge preiswerter Speiselokale (*messes*), die mittags und abends Thalis (All-You-Can-Eat-Menüs) und kleine Imbissgerichte wie *idlis* (luftige, runde Klöße aus fermentiertem Reis), *vadas* (frittierte pikante Krapfen aus Urdbohnenteig) oder *dosas* (herzhafte Pfannkuchen) servieren. Die Filialen von Hotel Saravana Bhavan (S. 1117) sind immer eine gute, vegetarische Option. In dem muslimischen Viertel um die Triplicane High Rd gibt's tolle Biryanis (aromatischer, gedämpfter Reis mit Fleisch und Gemüse). Aber auch die Zahl gehobener indischer Restaurants wächst, ebenso wird die internationale Küche immer beliebter.

Zu den praktischen, gut sortierten Supermärkten zählen **Spencer's** (Karte S. 1106; 15 EVK Sampath Salai, Vepery; ⏲7.30–22 Uhr) in der Nähe der Bahnhöfe Egmore und Central, Big Bazaar in **T Nagar** (Karte S. 1106; 34 Sir Thyagaraya Rd, Pondy Bazaar, T Nagar; ⏲10.30–22 Uhr), **Express Avenue Mall** (Karte S. 1112; Express Avenue, White's Rd; ⏲Mo–Fr 10–21.30, Sa & So bis 22 Uhr), **Nilgiri's** (Karte S. 1112; 25 Shafee Mohammed Rd, Nungambakkam; ⏲7.30–22 Uhr) abseits der Khader Nawaz Khan Rd in Nungambakkam sowie **Amma Naana** (Karte S. 1106; www.ammanaana.com; 82/100 Chamiers Rd, Alwarpet; ⏲Mo–Sa 10–21 Uhr) in Alwarpet.

Egmore

★ **Hotel Saravana Bhavan** INDISCH **$**
(Karte S. 1112; ☎044-28192055; www.saravanabhavan.com; 21 Kennet Lane; Hauptgerichte 70–140 ₹; ⏲6–22.30 Uhr) Chennais berühmte vegetarische Kette serviert stets leckere, wunderbare südindische Thalis und Frühstücksgerichte (*idlis* & *vadas* 15–35 ₹, dosas 20–40 ₹), andere vegetarische indische Speisen und Filterkaffee. Diese Filiale liegt in praktischer Nähe zum Bahnhof Egmore. Weitere gibt's u. a. in **George Town** (Karte S. 1106; ☎044-25387766; 209 NSC Bose Rd; Hauptgerichte 60–100 ₹, Thalis 60–145 ₹; ⏲7–22 Uhr), **Mylapore** (Karte S. 1106; ☎044-24611177; 70 North Mada St; Hauptgerichte 60–100 ₹, Thalis 60–145 ₹; ⏲6–22.30 Uhr) und im **Pondy Bazaar** (Karte S. 1106; ☎044-281576677; 102 Sir Thyagaraya Rd; Hauptgerichte 60–100 ₹, Thalis 170–210 ₹; ⏲6–23 Uhr). Etwas gehobener ist die Filiale in **Thousand Lights** (Karte S. 1112; ☎044-28353377; 293 Peter's Rd; Hauptgerichte 100–180 ₹, Thalis 60–150 ₹; ⏲8–22.30 Uhr), wo es zudem ein Buffet für 320 ₹ gibt. Übrigens: Auch in London, Paris und New York haben Ableger der Kette eröffnet!

Annalakshmi INDISCH **$$**
(Karte S. 1112; ☎044-28525109; www.annalakshmichennai.co.in; 1. Stock, Sigapi Achi Bldg, 18/3 Rukmani Lakshmipathy Rd, Egmore; Hauptgerichte 180–280 ₹, Menüs 700–1200 ₹, Buffet werktags/Wochenende 420/470 ₹; ⏲Di–So 12–14.30 & 19–21 Uhr) Sehr gute süd- und nordindische vegetarische Gerichte sowie wunderbare frische Säfte werden in einem Hochhaus hinter dem Air-India-Gebäude in einem schönen, mit Schnitzereien und Gemälden geschmückten Speisesaal serviert. Das mittägliche und abendliche Buffet wird in einem anderen Teil des Hauses angeboten. Das Annalakshmi wird von Anhängern des Swami Shanthanand Saraswathi geführt und unterstützt medizinische Hilfsprogramme für Arme.

Nungambakkam & Umgebung

★ **Amethyst** INTERNATIONAL, CAFÉ **$$$**
(Karte S. 1112; ☎044-45991633; www.amethystchennai.com; White's Rd, Royapettah; Hauptgerichte 250–470 ₹; ⏲10–23.30 Uhr; 📶) Das Café residiert in einem schön umgebauten Lagerhaus mit umlaufender Veranda. Tische stehen auch draußen in dem üppigen Garten. Das nostalgisch-schicke Refugium ist bei Expats und gutbetuchten Einwohnern Chennais unglaublich beliebt. Zu den schmackhaften, gut zubereiteten europäischen Gerichten zählen Quiches, Pasta, Sandwichs, Pfannkuchen, einfallsreiche Salate, ganztägiges Frühstück und die nach-

NICHT VERSÄUMEN

STREET FOOD IN CHENNAI

Das Street Food in Chennai ist zwar nicht so legendär wie das in Mumbai, man findet aber durchaus einige sensationelle südindische Leckerbissen, insbesondere in Mylapore, George Town, Egmore und T Nagar sowie am Marina Beach. **Storytrails** (S. 1113) bietet **kulinarische Touren** (4000 ₹/1–2 Pers.) durch George Town an.

Mehta Brothers (Karte S. 1106; 310 Mint St, George Town; Gerichte 15–25 ₹; ⌚ Mo–Sa 7.30–21.30, So bis 14 Uhr) Der winzige Laden lockt die Massen mit den frittierten Freuden der Maharashtra-Spezialität *vada pav* – würzige Bratkartoffeln in Brötchen mit Knoblauch-Chutney.

Seena Bhai Tiffin Centre (Karte S. 1106; 111/1 NSC Bose Rd, George Town; idlis & uttapams 40 ₹; ⌚ 18–24 Uhr) In dem 37 Jahre alten Imbiss im Getümmel von George Town dreht sich alles um köstlich gebackene, vor Ghee triefende *idlis* und *uttapams*.

Jannal Kadai (Karte S. 1106; Ponnambala Vathiar St, Mylapore; Portion 20–30 ₹; ⌚ Mo–Sa 8.30–10 & 17.30–20.30 Uhr) Bei diesem winzigen, unheimlich hektischen Imbiss werden die Speisen durchs Fenster gereicht. Bekannt ist er für scharfe, knusprige *bajjis* (frittiertes Gemüse), *bondas* (Kartoffelbreiplätzchen) und *vadas*. Gleich südlich des Tempels von Mylapore einfach nach den blauen Fenstern gegenüber dem Pixel Service Ausschau halten!

mittägliche Teestunde. Man erkämpft sich einen Tisch und schaut sich dann in der **Boutique** (Karte S. 1112; ⌚ 11–19.30 Uhr) mit hervorragender indischer Mode um.

Triplicane & Umgebung

Ratna Café SÜDINDISCH $

(Karte S. 1112; 255 Triplicane High Rd, Triplicane; Gerichte 70–110 ₹; ⌚ 6–23 Uhr) Das enge, oft überfüllte Ratna ist für seine leckeren *idlis* mit reichlich *sambar* berühmt, eine Linsensuppe mit gewürfeltem Gemüse, die die Spezialität des Hauses ist. Seit 1948 lassen sich die Leute dieses Gericht (45 ₹) hier zu allen Tageszeiten schmecken. Es gibt auch nordindische Speisen. Hinten gibt's einen klimatisierten Raum.

Nair Mess SÜDINDISCH $

(Karte S. 1106; 22 Mohammed Abdullah Sahib, 2nd St, Chepauk; Gerichte 60–75 ₹; ⌚ 11.30–15 & 19–22 Uhr) Das schlichte, stets gut besuchte Speiselokal mit kahlem Ambiente serviert seit 1961 versteckt in einer Gasse gegenüber dem Chepauk-Cricketstadion hervorragende Gerichte. Spezialität sind Thalis auf einem Bananenblatt, begleitet von frittiertem Fisch.

Südliches Chennai

Murugan Idli Shop SÜDINDISCH $

(Karte S. 1106; http://muruganidlishop.com; 77 GN Chetty Rd, T Nagar; Gerichte 50–85 ₹; ⌚ 7–23.30 Uhr) Eingeweihte sind sich einig, dass es in dieser Filiale der kleinen, aus Madurai stammenden Kette mit den besten *idlis*, *dosas*, *uttapams* und anderen südindischen Gerichte in Chennai gibt.

Double Roti BURGER $$

(Karte S. 1106; ☎ 044-30853732; http://doubleroti.in; 4/27 1st St, Cenotaph Rd, Teynampet; Hauptgerichte 245–395 ₹; ⌚ 11–23 Uhr; 📶) Der Name bezieht sich auf die Burger-Brötchen. Die nach einer Seite offene Küche in diesem stets gut besuchten Café mit Industrie-Chic serviert ihre Burger mit Spaß, Flair und viel Geschmack. Die Limonaden und Milchshakes werden in Einmachgläsern, die Burger in kleinen Bratpfannen und die Masala-Fritten in Eimerchen aufgetischt. Auf die Tafeln sind witzige Sprüche geschrieben. Es gibt auch viele Angebote für Vegetarier, darunter fantastische würzige Falafel-Burger.

Junior Kuppanna SÜDINDISCH $$

(Karte S. 1106; ☎ 044-28340071; 4 Kannaiya St, North Usman Rd, T Nagar; Hauptgerichte 130–220 ₹, Thalis 200 ₹; ⌚ 12–16 & 18.30–23.30 Uhr) In der makellos sauberen Küche – Gäste dürfen sie besichtigen – werden zur Mittagszeit Unmengen an aromatischen Thalis zubereitet, die nach traditioneller Art auf Bananenblättern serviert werden. Diese für Chennai typische, hektische *mess* (Kantine) hat ein komplettes Speisenangebot. Fleischliebhaber, die nach Abwechslung von der rein vegetarischen Kost lechzen, finden hier Spezialitäten wie Schafshirn oder in der Pfanne gebratene Makrele. Der Laden mit Filialen überall in Chennai ist ungeheuer beliebt – also besser frühzeitig kommen!

Enté Keralam KERALESISCH **$$**
(Karte S. 1106; 07604915091; http://entekeralam.in; 1 Kasturi Estate, 1st St, Poes Garden; Hauptgerichte 200–565 ₹; 12–15 & 19–23 Uhr) Die vier in Orangetönen gehaltenen Räume dieses eleganten keralesischen Restaurants, in denen je drei oder vier Tische stehen, strahlen wunderbare Ruhe aus. Zum leicht gewürzten *pachakkari*-Gemüseeintopf gibt's luftig-leichte *appam* (Reispfannkuchen), Mangos sind eine wichtige Zutat im Curry à la Alappuzha. Außerdem kann man aus mehreren Fischgerichten wählen. Zum Schluss empfiehlt sich ein cremiges Kokoseis. Die Menüs (veg./nicht veg. 795/1195 ₹) bieten Kostproben von vielen Gerichten.

Barbeque Nation INDISCH, BARBECUE **$$**
(Karte S. 1106; 044-60600000; www.barbeque-nation.com; Shri Devi Park Hotel, 1 Hanumantha Rd, abseits der North Usman Rd, T Nagar; Hauptgerichte veg./nicht veg. mittags 705/780 ₹, abends 900/1050 ₹; 12.30–16.30 & 18.30–23.30 Uhr) Unglaublich gute und günstige, richtig scharfe Grillspeisen gibt's in diesem allzeit geschäftigen „All You Can Eat"-Lokal. Das Highlights sind die scharfen Grillspieße mit Fleisch, Meeresfrüchten oder als vegetarische Variante mit Panir und Ananas, die man auf dem kleinen Grill in der Tischmitte so lange brutzelt, wie es einem zusagt. Und dann folgt das volle Buffet mit Speisen aus allen Regionen Indiens.

★ **Peshawri** NORDINDISCH **$$$**
(044-22200000; www.itchotels.in; ITC Grand Chola, 63 Mount Rd, Guindy; Hauptgerichte 870–1800 ₹, Menüs 3240–4140 ₹; 12–15 & 19–23.30 Uhr) Das Aushängeschild des ITC ist die perfekte Adresse für eine Nobel-Schlemmerei. Das Restaurant hat sich auf die Cuisine der ehemaligen Northwest-Frontier-Provinz spezialisiert und serviert einfallsreiche, geschmacksintensive Kreationen in intimen Sitznischen, von denen aus man die Arbeit in der voll verglasten Küche beobachten kann. Empfehlenswert sind die großen Stücke scharf gegrillten Panirs, die meisterhaft gewürzten Kebabs und die Spezialität des Hauses, das herrlich reichhaltige *dhal bukhara,* das eine Nacht vor sich hin köcheln muss. Außerdem gibt's eine erstaunliche internationale Auswahl an Weinen und Cocktails.

★ **Copper Chimney** NORDINDISCH **$$$**
(Karte S. 1106; 044-28115770; 74 Cathedral Rd, Gopalapuram; Hauptgerichte 300–700 ₹; 12–15 & 19–23.30 Uhr) Fleischliebhaber werden begeistert sein von den leckeren nordindischen Tandur-Gerichten, die in einem stilvoll minimalistischen Ambiente serviert werden. Aber auch das vegetarische Essen ist hervorragend. Es gibt Jain-Spezialitäten, Biryanis, Hühnchen-Kebabs, über Holzkohle gegrillte Garnelen und luftiges, frisches Naan. Das *machchi tikka* (Spieße mit im Tandur gebackenem Fisch) ist herrlich, ebenso der scharf gewürzte Panir-Kebab.

Chamiers INTERNATIONAL, CAFÉ **$$$**
(Karte S. 1106; 044-42030734; www.chamiershop.com; 106 Chamiers Rd, RA Puram; Hauptgerichte 300–500 ₹; 8.30–23 Uhr;) Das quirlige Café im 1. Stock wirkt weltenweit von Chennai entfernt, die Einwohner der Stadt lieben es aber trotzdem. Hier erwarten einen Blümchentapeten, bedruckte Kissenbezüge, Korbstühle, WLAN (100 ₹/Std.), wundervoller Karottenkuchen, Croissants, Cappuccino, englisches Frühstück, amerikanische Pfannkuchen, Pastagerichte, Quiches, Quesadillas, Salate und mehr.

Dakshin SÜDINDISCH **$$$**
(Karte S. 1106; 044-24994101; www.ihg.com; Crowne Plaza, 132 TTK Rd, Alwarpet; Hauptgerichte 690–1500 ₹, Thalis 1800–2300 ₹; 12.30–14.45 & 19–23.15 Uhr) Das Dakshin hat sich auf die Küchen von Kerala, Tamil Nadu, Andhra Pradesh, Telangana und Karnataka spezialisiert. Traditionelle Skulpturen, Spiegelsäulen sowie Flöten- und Tabla-Spieler sorgen für ein tempelähnliches Ambiente. Zu empfehlen sind das Fisch-Curry aus Andhra Pradesh und dazu vielleicht der eine oder andere Tropfen von der eindrucksvollen Whisky- und Weinkarte. Zur Mittagszeit stehen die einfallsreichen Thalis im Mittelpunkt.

Ausgehen & Nachtleben

Chennais Nachtleben kann sich dank vieler quirliger neuer Lokale mittlerweile sehen lassen – wer ausgehen will, braucht aber eine gut gefüllte Brieftasche. Es gibt immer mehr Cafés westlicher Machart und auch Starbucks ist hier vertreten.

Die Bars und die Clubs in den Fünf-Sterne-Hotels servieren die ganze Woche lang rund um die Uhr Alkohol, dementsprechend konzentriert sich hier das Nachtleben. Männer ohne Begleitung („Stags") werden teilweise abgewiesen. Außerdem müssen Männer wie auch Paare in der Regel einen deftigen Eintritt bezahlen. Die Kleiderordnung ist klar: keine Shorts, keine Sandalen.

Andere Hotelbars (mit größtenteils männlicher Klientel) schließen in der Regel gegen Mitternacht. Wer alkoholische Getränke kaufen will, steuert die staatlichen „Premium"- oder „Elite"-TASMAC-Spirituosenläden in den Einkaufszentren an.

365 AS LOUNGE, CLUB

(Karte S. 1106; ☎ 044-61001234; https://chennai.regency.hyatt.com; Hyatt Regency, 365 Anna Salai, Teynampet; Getränke 400–700 ₹; ⏲ 15–2 Uhr) Im glamourösen Hyatt Regency steigen am Freitag- und Samstagabend Chennais heißeste Partys, wenn die DJs auf der Terrasse loslegen. Zu anderen Zeiten handelt es sich um eine schicke, sinnliche Lounge mit sorgfältig komponierten Cocktails und indischen und internationalen Weinen, Bieren und Spirituosen. Die Kleiderordnung ist schick-zwanglos (für Männer also lange Hosen und geschlossene Schuhe).

Sera the Tapas Bar BAR

(Karte S. 1106; ☎ 044-28111462; www.facebook.com/zaratapasbar; 71 Cathedral Rd, Gopalapuram; Cocktails 400–500 ₹, Tapas 220–330 ₹; ⏲ 12.30–23.30 Uhr) Wo sonst findet man DJs, die unter Stierkampfplakaten Clubmusik auflegen, während in Fernsehern Kricketspiele laufen? Das Sera zieht an den meisten Abenden junge, modebewusste Gäste an, die *sangría* und Cocktails trinken – am besten reserviert man vorab. An Tapas gibt's u. a. Knoblauchgarnelen und gebratene Calamari mit Auberginen-Dips; die *tortilla española* (Kartoffel-Omelette) ist authentisch und lecker.

Radio Room BAR

(Karte S. 1106; ☎ 8500005672; www.facebook.com/radioroomchennai; Somerset Greenways, 94 Sathyadev Ave, MRC Nagar, RA Puram; Cocktails 450–600 ₹, Gerichte 200–300 ₹; ⏲ Mo–Fr 18–23.30, Sa & So 16–23.30 Uhr) Ein eifriges junges Team betreibt diese unglaublich populäre Radio-Themenbar im Südosten Chennais. Das Mobiliar ist bunt zusammengewürfelt, die Theke besteht aus Lautsprechern und die einfallsreichen Cocktails und Longdrinks sind sorgsam gemixt und oft auch von südindischen Aromen inspiriert. Wie wäre es z. B. mit einem Chai-Punsch? Dazu gibt's kreative Abwandlungen von in Chennai beliebten Gerichten etwa mit Mozzarella gefüllte *bajjis* (Gemüseplätzchen), die in fahrradförmigen Körbchen aufgetischt werden.

Sudaka COCKTAILBAR

(Karte S. 1106; ☎ 044-42004355; www.facebook.com/besudaka; 37 North Boag Rd, T Nagar; Cocktails 400–500 ₹, Gerichte 200–500 ₹; ⏲ Mo–Fr 12–15 & 18–24, Sa 12–24 Uhr) Eine kecke echte Cocktailbar, in der es in der stimmungsvoll beleuchteten Lounge neben kundig gemixten Cocktails mit witzigen Namen auch raffinierte lateinamerikanische und internationale Gerichte gibt. Man braucht nur seine Lieblingsspirituose zu nennen, und schon wird etwas Besonderes daraus gezaubert.

Plan B BAR

(Karte S. 1112; https://holycowhospitality.com; 65/5 Murugesan Naicker Complex, Greams Rd; Cocktails 320–400 ₹, Gerichte 230–350 ₹; ⏲ 12–23 Uhr) Wie der studentische Namensvetter in Bengaluru (Bangalore) ist diese entspannte, industriell anmutende Bar bei jungen Leuten schwer angesagt. Die recht günstigen Cocktails, Weine und Biere (in Krügen, *mugs*, Pints oder *towers*), die Kneipenkost (Burger, Nachos, Chilli-Käsefritten) und die lauten Chart-Hits spielen dabei sicher eine gewichtige Rolle.

Brew Room CAFÉ

(Karte S. 1106; www.saverahotel.com; Savera Hotel, Dr. Radhakrishnan Salai; Kaffee 120–180 ₹, Gerichte 250–350 ₹; ⏲ 8–22.30 Uhr; 📶) Das neorustikal aufgemachte Café bietet Kaffee, wie man ihn sonst in Chennai nicht bekommt, vom doppelten Espresso über italienischen Cappuccino, Caffè Americano und französischen Presskannen-Kaffee bis hin zum „Eisberg"-Kaffee mit Eiscreme. Zu den zeitgenössisch-westlichen Gerichten zählen das ganztägige Frühstück und viele tolle vegane und vegetarische Optionen, darunter sogar Tofu.

Café Coffee Day CAFÉ

(Karte S. 1112; www.cafecoffeeday.com; Ispahani Centre, 123 Nungambakkam High Rd, Nungambakkam; Getränke 60–120 ₹; ⏲ Mo–Fr 10–22, Sa & So bis 23 Uhr) Bei der Kette gibt's stets gute warme und kalte Kaffee- und Teespezialitäten. Weitere Filialen finden sich in **Egmore** (Karte S. 1112; Alsa Mall, Montieth Rd; Getränke 60–120 ₹; ⏲ 11–21 Uhr), **Nungambakkam** (Karte S. 1112; KNK Sq, Khader Nawaz Khan Rd; Getränke 60–120 ₹; ⏲ 9–23 Uhr; 📶), in der **Express Avenue Mall** (Karte S. 1112; 1. & 3. Stock, White's Rd; Getränke 60–120 ₹; ⏲ Mo–Fr 10–21, Sa & So bis 22 Uhr), in **Alwarpet** (Karte S. 1106; Ramakrishnan Towers, TTK Rd; Getränke 60–120 ₹; ⏲ 10–22 Uhr) und in der **Phoenix Market City** (UG, Phoenix Market City, Velachery; Getränke 60–120 ₹; ⏲ 10–23 Uhr).

✩ Unterhaltung

Fast jeden Abend findet irgendwo in Chennai ein Konzert mit *bharatanatyam* (klassischem tamilischem Tanz) und/oder karnatischer Musik statt. Auflistungen finden sich in *The Hindu,* der *Times of India* oder unter www.timescity.com/chennai.

Die **Music Academy** (Karte S. 1106; ☎ 044-28112231; www.musicacademymadras.in; 168/306 TTK Rd, Royapettah) ist der beliebteste Veranstaltungsort. Viele Darbietungen, oft kostenlos, bietet auch die Kalakshetra Foundation (S. 1111) und das **Bharatiya Vidya Bhavan** (Karte S. 1106; ☎ 044-24643420; www.bhavanchennai.org; East Mada St, Mylapore).

Shoppen

In T Nagar gibt es tolle Einkaufsmöglichkeiten, vor allem auf dem Pondy Bazaar und rund um den Panagal Park. Viele der besten Seidenstoffe aus Kanchipuram gelangen nach Chennai, wo sie vor allem in den Läden in den Straßen rund um den Panagal Park verkauft – wer sich einen Sari zulegen will, sollte das hier tun!

Die Khader Nawaz Khan Rd in Nungambakkam ist eine schöne und schattige Straße, in der sich immer nobler werdende Designerboutiquen, Cafés und Galerien konzentrieren.

In Chennais Einkaufszentren sind die großen internationalen und indischen Modelabels vertreten. Zu den besten Zentren zählen die **Express Avenue** (Karte S. 1112; www.expressavenue.in; White's Rd, Royapettah; ⏲10–22 Uhr), das **Chennai Citi Centre** (Karte S. 1106; http://chennaiciticenter.com; 10 Dr. Radhakrishnan Salai, Mylapore; ⏲10–22 Uhr), das **Spencer Plaza** (Karte S. 1112; 769 Anna Salai; ⏲10–22 Uhr) und die neue glamourösere **Phoenix Market City** (www.phoenixmarketcity.com; 142 Velachery Main Rd, Velachery; ⏲11–22 Uhr) im Süden der Stadt. Das Spencer Plaza ist weniger exklusiv, lohnt sich aber wegen der kleineren Kunsthandwerks- und Souvenirläden.

Stadtzentrum von Chennai

★ Higginbothams BÜCHER
(Karte S. 1112; higginbothams@vsnl.com; 116 Anna Salai; ⏲Mo–Sa 9–20, So 10.30–19.30 Uhr) Der 1844 eröffnete Buchladen in einem imposanten weißen Gebäude gilt als älteste Buchhandlung in ganz Indien. Er hat eine exzellente Auswahl englischsprachiger Titel, darunter auch Reiseführer und Belletristik, sowie ein gutes Angebot von Landkarten.

Naturally Auroville KUNSTHANDWERK
(Karte S. 1112; http://naturallyaurovillechennai.com; 8 Khader Nawaz Khan Rd, Nungambakkam; ⏲10.15–21 Uhr) Farbenfrohes Kunsthandwerk und Wohndekor, darunter Tagesdecken, Kissen, Weihrauch, Duftkerzen sowie Notizbücher aus handgemachtem Papier. Alle Artikel stammen aus Auroville in der Nähe von Puducherry.

Poompuhar KUNSTHANDWERK
(Karte S. 1112; http://tnpoompuhar.org; 108 Anna Salai; ⏲Mo–Sa 10–20, So 11–19 Uhr) Die große Filiale der staatlichen Kunsthandwerkskette mit festen Preisen ist die richtige Anlaufstelle für alles von billigen, bunten Götterfiguren aus Gips bis zu 700 000 ₹ teuren Nataraja-Bronzefiguren.

Evoluzione KLEIDUNG
(Karte S. 1112; www.evoluzionestyle.com; 3 Khader Nawaz Khan Rd, Nungambakkam; ⏲Mo–Sa 10.30–19.30, So 11–18 Uhr) Die glitzernde Edelboutique verkauft neotraditionelle Kreationen topaktueller indischer Modeschöpfer. Das Umschauen lohnt sich, auch wenn man sich die wunderbar glamourösen Hochzeitskleider nicht leisten kann oder benötigt.

Südliches Chennai

★ Nalli Silks TEXTILIEN
(Karte S. 1106; www.nallisilks.com; 9 Nageswaran Rd, T Nagar; ⏲9.30–21.30 Uhr) Der riesige, farbenfrohe, 1928 eröffnete Pionier unter den Seidenläden Chennais verkauft leuchtende Hochzeitssaris und Kanchipuram-Seide in allen Farben des Regenbogens. Außerdem

TRADITIONELLE HÄNDLER

Auch wenn sich Chennai unermüdlich weiter nach Süden, Westen und Norden ausbreitet, ist und bleibt George Town – die Siedlung, die sich nahe dem britischen Fort St. George entwickelte – das Handelszentrum der Stadt. In vielen der engen Straßen wird bis heute wie schon vor Hunderten von Jahren jeweils nur ein einziges Handelsgut verkauft: Schmuck in der NSC Bose Road, Papierwaren in der Anderson Street. Auch wenn man nichts Bestimmtes sucht, lohnt sich ein Bummel durch die labyrinthischen Straßen, in denen Vergangenheit und Gegenwart des indischen Alltags mühelos ineinanderfließen.

können sich Männer mit Seiden-*dhotis* (lange Beinkleider) ausstaffieren.

Fabindia KLEIDUNG, KUNSTHANDWERK
(Karte S. 1106; www.fabindia.com; 2. Stock, 35 TTK Rd, Alwarpet; 10.30–20.30 Uhr) Die landesweit vertretene Fair-Trade-Kette verkauft in Dörfern hergestellte stilvolle moderne Kleidung und Kunsthandwerk. Sie ist die richtige Adresse, wenn man ein Kurta kaufen will, das über der Hose getragene Hemd ohne (oder mit kurzem) Kragen. In dieser Filiale hier gibt's auch Weihrauch, Keramik, Tisch- und Bettwäsche sowie Naturkosmetik. Weitere Filialen finden sich in der **Woods Road** (Karte S. 1106; 3 Woods Rd; 10.30–20.30 Uhr), im Einkaufszentrum **Express Avenue** (Karte S. 1112; 1. Stock, White's Rd, Royapettah; 11.30–21 Uhr), in **Nungambakkam** (Karte S. 1112; 2. Stock, 9/15 Khader Nawaz Khan Rd; 10.30–20.30 Uhr), in **T Nagar** (Karte S. 1106; 44 GN Chetty Rd; 10.30–20.30 Uhr) und **Besant Nagar** (T-25, 7th Ave, Besant Nagar; 10.30–20.30 Uhr).

Chamiers KLEIDUNG, KUNSTHANDWERK
(Karte S. 1106; http://chamiershop.com; 106 Chamiers Rd, RA Puram; 10.30–19.30 Uhr) Im Erdgeschoss des beliebten Café- und Boutique-Komplexes verkauft **Anokhi** (Karte S. 1106; www.anokhi.com; 10.30–19.30 Uhr) zu guten Preisen wundervolle Kleider, Bettwäsche, Taschen und Accessoires in fließenden Stoffen. Versehen sind diese mit Blockdruckmustern, die westliche und indische Motive verbinden. Der elegante **Amethyst Room** (Karte S. 1106; www.amethystchennai.com; 10.30–19 Uhr) nebenan bietet schöne indische Haute Couture zu entsprechenden Preisen. Männermode gibt's im Obergeschoss bei **Chamiers for Men** (Karte S. 1106; 10.30–19.30 Uhr).

Starmark BÜCHER
(Karte S. 1112; www.starmark.in; 2. Stock, Express Avenue, White's Rd, Royapettah; Mo–Fr 10.30–21.30, Sa & So 10–22 Uhr) Der smarte Buchladen hat eine ausgezeichnete Auswahl an Romanen und Sachbüchern, darunter auch Reiseliteratur zu Indien und Guides von Lonely Planet. Eine weitere Filiale findet sich in der Phoenix Market City (S. 1121).

Orientierung

Das alte britische Fort St. George und das Gewirr der engen Straßen und Basare von George Town bilden Chennais historisches Zentrum. Die beiden Hauptbahnhöfe, Egmore und Central, liegen landeinwärts (westlich) vom Fort. Der Großteil der besten Restaurants, Bars, Läden und Unterkünfte befinden sich in den grüneren Vorstädten im Süden und Südwesten, z. B. in Nungambakkam, T Nagar (Thyagaraya Nagar), Alwarpet, Guindy und Velachery. Die Anna Salai (Mount Rd) ist die hektische Verkehrsachse, die den Norden mit dem Süden der Stadt verbindet.

Praktische Informationen

GELD

Die Geldautomaten der Citibank eignen sich am besten, wenn man in Tamil Nadu mit einer ausländischen Karte größere Mengen Bargeld abheben

STAATLICHE BUSSE AB DEM CMBT

ZIEL	PREIS (₹)	DAUER (STD.)	HÄUFIGKEIT
Bengaluru	360–580	7–8	min. 40-mal tgl.
Coimbatore	40	11	11-mal tgl.
Ernakulam (Kochi)	590	12–16	15 Uhr
Hyderabad	825–1500	14	17.30, 18.30 & 19 Uhr
Kodaikanal	380	10–13	17 Uhr
Madurai	325	9–10	42-mal tgl.
Mamallapuram	40	2–2½	alle 10 Min.
Mysuru	550–900	10	19, 19.45, 20.40 & 22.05 Uhr
Puducherry	125	4	36-mal tgl.
Thanjavur	250	8½	12-mal tgl.
Thiruvananthapuram	570	14	9-mal tgl.
Tirupati	150–320	4	Alle 30 Min.
Tiruchirappalli	235	6½–7	45-mal tgl.
Udagamandalam	435	12	16.30, 17.45 &19.15 Uhr

DIREKTE INLANDSFLÜGE AB CHENNAI

ZIEL	AIRLINES	DAUER (STD.)	HÄUFIGKEIT (TGL.)
Bengaluru	AI, SG, 6E, 9W	1	19
Delhi	AI, SG, 6E, 9W	2¾–3	23
Goa	AI, SG	1¼–2	2
Hyderabad	AI, G8, SG, 6E, 9W	1–1½	23
Kochi	AI, SG, 6E	1–1½	7
Kolkata	AI, SG, 6E	2–2¾	10
Mumbai	AI, G8, SG, 6E, 9W	2	22
Port Blair	AI, G8, SG, 6E, 9W	2–2¼	6
Thiruvananthapuram	AI, 6E	1–1½	3

Airline-Codes: AI – Air India, G8 – Go Air, SG – SpiceJet, 6E – IndiGo, 9W – Jet Airways

will. Weitere Optionen sind die Geldautomaten der Axis Bank, der Canara Bank, der HDFC Bank, der ICICI Bank und der State Bank of India.

GEPÄCKAUFBEWAHRUNG

In den Bahnhöfen Egmore und Central gibt's Gepäckaufbewahrungen (sog. „Cloakrooms") für Inhaber einer Fahrkarte. Auch am Flughafen kann man sein Gepäck abgeben.

INTERNETZUGANG

Viele Cafés und Hotels haben WLAN. Internetcafés (25–30 ₹/Std.) gibt's überall; Pass erforderlich.

MEDIZINISCHE VERSORGUNG

Apollo Hospital (Karte S. 1112; ☎ 044-28290 200, Notfall 044-28293333; www.apollohospitals.com; 21 Greams Lane, Nungambakkam; ⏲ 24 Std.) Hochmodernes, teures Krankenhaus, das bei „Medizintouristen" beliebt ist.

Kauvery Hospital (Karte S. 1106; ☎ 044-40006000; www.kauveryhospital.com; 199 Luz Church Rd, Mylapore; ⏲ 24 Std.) Gutes privates Allgemeinkrankenhaus.

POST

DHL (Karte S. 1112; ☎ 044-42148886; www.dhl.com; 85 VVV Sq, Pantheon Rd, Egmore; ⏲ 9–21 Uhr) Zuverlässige internationale Paketzustellung mit Filialen überall in der Stadt.

Hauptpost (Karte S. 1106; Rajaji Salai, George Town; ⏲ Mo–Sa 8–21, So 10–16 Uhr)

REISEBÜROS

Milesworth Travel (Karte S. 1106; ☎ 044-24338664; http://milesworth.com; RM Towers, 108 Chamiers Rd, Alwarpet; ⏲ Mo–Fr 9.30–18, Sa bis 16 Uhr) Hochprofessionelles, freundliches Reisebüro, das bei allen Reiseplänen weiterhilft.

TOURISTENINFORMATION

Indiatourism (Karte S. 1112; ☎ 044-2846 0285, 044-28461459; http://incredibleindia.org; 154 Anna Salai; ⏲ Mo–Fr 9.15–17.45 Uhr) Nützliche Informationen zu Chennai und ganz Indien.

Tamil Nadu Tourism Development Corporation (TTDC; Karte S. 1112; ☎ 044-25333333; www.tamilnadutourism.org; Tamil Nadu Tourism Complex, 2 Wallajah Rd, Triplicane; ⏲ 24 Std.) Das Hauptbüro des bundesstaatlichen Tourismusamts nimmt Buchungen für die von ihm angebotenen Bustouren vor, beantwortet Fragen und verteilt Broschüren. Im selben Gebäude finden sich auch Büros der Tourismusämter anderer Bundesstaaten, die meist von 10 bis 18 Uhr geöffnet sind. Die TTDC hat auch einen Schalter im Bahnhof Egmore.

ℹ An- & Weiterreise

AUTO

Sich ein Auto mit Fahrer zu mieten, ist die bequemste Möglichkeit, von A nach B zu kommen. Die meisten Reisebüros, Mittel- und Spitzenklassehotels oder die Prepaid-Taxistände am Flughafen helfen bei der Buchung. Beispielspreise: Ein Auto ohne/mit Klimaanlage kostet 700/900 ₹ für 50 km und bis zu fünf Stunden und 1400/1800 ₹ für 100 km und bis zu zehn Stunden.

BUS

Die meisten staatlichen Busse nutzen den großen, aber überraschend gut organisierten **CMBT** (Chennai Mofussil Bus Terminus; Jawaharlal Nehru Rd, Koyambedu) 6 km westlich vom Stadtzentrum. Am bequemsten und teuersten sind die klimatisierten AC-Busse (darunter sind die Volvo-AC-Modelle die besten), gefolgt von den Bussen der DU-Klasse („Ultra Deluxe"); Busse dieser Klassen können generell vorab reserviert werden. Buchen kann man bis zu 60 Tage im Voraus im computerisierten Reservierungszentrum am linken Ende der Haupthalle sowie online (www.tnstc.in).

Der **T Nagar Bus Terminus** (Karte S. 1106; South Usman Rd, T Nagar) ist praktisch, wenn

WICHTIGE ZÜGE AB CHENNAI

ZIEL	ZUG-NR. & NAME	PREIS (₹)	DAUER (STD.)	ABFAHRT
Agra	*12615 Grand Trunk Exp*	745/1960/2865 (C)	31½	19.15 Uhr CC
Bengaluru	*12007 Shatabdi Exp**	710/1435 (A)	5	6 Uhr CC
	12609 Bangalore Exp	150/540 (B)	6½	13.35 Uhr CC
Coimbatore	*12675 Kovai Express*	180/660 (B)	7½	6.15 Uhr CC
	12671 Nilgiri Exp	315/810/1140 (C)	7¾	21.15 Uhr CC
Delhi	*12621 Tamil Nadu Exp*	780/2040/2990 (C)	33	22 Uhr CC
Goa	*17311 Vasco Exp* (nur Fr)	475/1285/1865 (C)	21	15 Uhr CC
Hyderabad	*12759 Charminar Exp*	425/1125/1605 (C)	13¾	18.10 Uhr CC
Kochi	*22639 Alleppey Exp*	395/1045/1480 (C)	11½	20.45 Uhr CC
Kolkata	*12842 Coromandel Exp*	665/1745/2540 (C)	27	8.45 Uhr CC
Madurai	*12635 Vaigai Exp*	180/660 (B)	7¾	13.30 Uhr CE
	12637 Pandian Exp	315/810/1140 (C)	8¾	21.20 Uhr CE
Mumbai	*11042 Mumbai Exp*	540/1450/2115 (C)	25¾	11.55 Uhr CC
Mysuru	*12007 Shatabdi Exp**	930/1825 (A)	7	6 Uhr CC
	16021 Kaveri Exp	315/810/1140 (C)	9¾	21 Uhr CC
Thiruvanantha-puram	*12695 Trivandrum Exp*	470/1240/1775 (C)	16	15.25 Uhr CC
Tirupati	*16053 Tirupathi Exp*	80/285 (B)	3½	14.15 Uhr CC
Tiruchirappalli	*12635 Vaigai Exp*	145/515 (B)	5	13.30 Uhr CE

Abfahrtsbahnhof: CC – Chennai Central, CE – Chennai Egmore
*Tgl. außer Mi
Preise: (A) Chair/Executive; (B) 2. Klasse /Chair Class; (C) Sleeper/3AC/2AC

man den Bus 599 nach Mamallapuram (40 ₹, 1½ Std., stündl. 5–19.30 Uhr) nehmen will.

Busse privater Unternehmen bieten generell mehr Komfort als nicht klimatisierte staatlich betriebene Busse, können aber gut und gern das Doppelte kosten. Der Hauptbusbahnhof der privaten Busse ist der **Omni Bus Stand** (abseits der Kaliamman Koil St, Koyambedu) 500 m westlich des CMBT, manche Unternehmen nutzen aber auch andere Standorte in der Stadt. Service-Infos bekommt man unter www.redbus.in; Tickets können über Reisebüros gebucht werden.

Parveen Travels (Karte S. 1112; ☎ 044-2819 2577; www.parveentravels.com; 11/5 Kennet Lane, Egmore) Die Busse nach Bengaluru, Ernakulam (Kochi; Cochin), Kodaikanal, Madurai, Udhagamandalam (Ooty), Puducherry, Trichy und Thiruvananthapuram (Trivandrum) starten vom Büro des Unternehmens in Egmore.

FLUGZEUG

Der **Chennai International Airport** (☎ 044-22560551; Tirusulam) liegt im äußersten Südwesten der Stadt. Das internationale Terminal befindet sich 500 m westlich des Terminals für Inlandsflüge; beide sind mit Gängen verbunden.

Es gibt Direktflüge zu Städten in ganz Indien, darunter innerhalb Tamil Nadus u. a. nach Tiruchirappalli (Trichy), Madurai, Coimbatore und Thoothukudi (Tuticorin). Im Auslandsverkehr bietet Chennai viele Direktflüge von/nach Colombo, Singapur und Kuala Lumpur und in die Golfstaaten. Die besten Preise ab Europa findet man oft bei Jet Airways (über Mumbai oder Delhi), Qatar Airways (über Doha), Emirates (über Dubai) oder Oman Air (über Maskat). Cathay Pacific fliegt nach Hongkong und Maldivian nach Malé.

SCHIFF/FÄHRE

Passagierschiffe fahren einmal pro Woche vom Hafen von George Town direkt nach Port Blair auf den Andamanen. Der **Andaman Shipping Office Ticketing Counter** (☎ 044-25226873; 2. Stock, Shipping Corporation of India, Jawahar Bldg, 17 Rajaji Salai, George Town; ⏲ Mo–Fr 10–16, Sa bis 12 Uhr) verkauft Tickets (2500–6420 ₹) für die 60-stündige Überfahrt. Man sollte mehrere Tage im Voraus buchen und dafür neben den Originaldokumenten je drei Kopien von den Datenseiten des Reisepasses und des Indien-Visums mitbringen. Die Bearbeitung kann ziemlich lange dauern.

ZUG

Züge in andere Bundesstaaten und Richtung Westen fahren generell vom Bahnhof Central, die

Züge Richtung Süden überwiegend vom Bahnhof Egmore ab. Das **Advanced Computerised Reservation Office** (Karte S. 1112; 1. Stock, Chennai Central Suburban Station; ⏲ Mo–Sa 8–14 & 14.15–20, So 8–14 Uhr) mit der ungemein hilfsbereiten Foreign Tourist Cell befindet sich im ersten Stock eines separaten, elfstöckigen Gebäudes gleich westlich vom Hauptgebäude des Bahnhofs Central. Fotokopien der Visa- und Fotoseiten des Passes mitbringen! Der Bahnhof Egmore hat sein eigenes **Passenger Reservation Office** (Karte S. 1112; 1. Stock, Egmore Station, Egmore; ⏲ Mo–Sa 8–14 & 14.15–20, So 8–14 Uhr).

ℹ Unterwegs vor Ort

AUTORIKSCHA

Die meisten Autorikschafahrer weigern sich, das Taxameter zu benutzen und nennen astronomische Fahrpreise. Man sollte nie im Voraus zahlen und sich vor dem Einsteigen in die Rikscha immer über den Preis geeinigt haben. Zwischen 23 und 5 Uhr steigen die Preise um bis zu 50 %.

Prepaid-Schalter für Autorikschas gibt es vor dem CMBT (125 ₹ nach Egmore). Rund um die Uhr sind außerdem die Prepaid-Stände an der Südseite des Bahnhofs Central und vor den nördlichen und südlichen Ausgängen des Bahnhofs Egmore geöffnet.

Das verlockende Angebot einer „Stadtrundfahrt" mit der Autorikscha für schlappe 50 ₹ klingt zu gut, um wahr zu sein. Und das ist es auch nicht! Man verbringt den ganzen Tag damit, von einem Laden in den nächsten geschleppt zu werden.

BUS

Es lohnt sich, sich mit Chennais städtischem Busnetz vertraut zu machen, auch wenn die Busse zu den Stoßzeiten förmlich aus allen Nähten platzen. Die Preise bewegen sich zwischen 3 und 14 ₹ (bzw. bis zum Doppelten bei Express- und Deluxe-Busssen und bis zum Fünffachen bei Volvo-AC-Verbindungen). Streckeninformationen gibt's online unter www.mtcbus.org.

VOM/ZUM FLUGHAFEN

Die billigste Option sind die Vorortzüge vom/zum Bahnhof Tirusulam gegenüber den Parkplätzen des Inlandsterminals, zu erreichen über eine ausgeschilderte Fußgängerunterführung unter der Schnellstraße. Die Züge fahren zwischen 4.53 und 23.43 Uhr ungefähr alle 15 Minuten vom/zum Bahnhof Chennai Beach (10 ₹, 40 Min.) und halten unterwegs an den Stationen Nungambakkam, Egmore, Chennai Park und Chennai Fort.

Die Prepaid-Taxi-Schalter vor dem internationalen Terminal des Flughafens verlangen 550/600 ₹ für ein Taxi ohne/mit Klimaanlage nach Egmore bzw. 450/500 ₹ nach T Nagar. Die Prepaid-Taxi-Schalter vor dem Inlandsterminal sind etwas günstiger. In beiden Terminals gibt's Taxi-Buchungsschalter von **Fast Track** (☎ 60006000).

BUSLINIEN IN CHENNAI

BUS-NR.	STRECKE
A1	Central–Anna Salai–RK Mutt Rd (Mylapore)–Theosophical Society–Thiruvanmiyur
1B	Parry's–Central–Anna Salai–Flughafen
10A	Parry's–Central–Egmore (S)–Pantheon Rd–T Nagar
11	Rattan–Central–Anna Salai–T Nagar
12	T Nagar–Pondy Bazaar–Eldham's Rd–Dr Radhakrishnan Salai–Vivekananda House
13	T Nagar–Royapettah–Triplicane
15B & 15F	Broadway–Central–CMBT
M27	CMBT–T Nagar
27B	CMBT–Egmore (S)–Bharathi Salai (Triplicane)
27D	Egmore (S)–Anna Salai–Cathedral Rd–Dr Radhakrishnan Salai–St.-Thomas-Kathedrale
32A	Central–Vivekananda House
102	Broadway–Fort St. George–Kamarajar Salai–St.-Thomas-Kathedrale–Theosophical Society

Die Strecken werden in beide Richtungen befahren.
Broadway – Broadway Bus Terminus, George Town
Central – Bahnhof Central
Egmore (S) – Bahnhof Egmore (Südseite)
Parry's – Parry's Corner
Rattan – Bushaltestelle Rattan Bazaar Rd
T Nagar – T Nagar Bus Terminus

UNTERWEGS AN FEIERTAGEN

Alle Transportmittel in, nach und aus Tamil Nadu sind rund um große Fest- und Feiertage – so z. B. Pongal, Karthikai Deepam, Gandhi Jayanti und Diwali – schon Wochen im Voraus ausgebucht. Unbedingt rechtzeitig planen!

Die Chennai Metro Rail ist ein preiswertes und unkompliziertes Verkehrsmittel, um zum Flughafen zu gelangen. Derzeit gibt es aber nur eine Verbindung zum CMBT (50 ₹; Umsteigemöglichkeit in Alandur). Die Metrostation liegt zwischen den beiden Flughafenterminals. Eine Zweigstrecke, die den Flughafen mit dem Zentrum von Chennai verbinden soll, wird frühestens 2018 fertig.

Die am CMBT startenden Stadtbusse 70 und 170 nach Tambaram halten an der Schnellstraße gegenüber vom Flughafen (12–15 ₹, 30–40 Min.).

METRO RAIL

Die Chennai Metro Rail, ein lang erhofftes und flottes Zwischending aus Hoch- und U-Bahn, nahm Ende 2016 die ersten Streckenabschnitte in Betrieb. Zum Zeitpunkt der Recherche war lediglich ein Teil der Linie 2 (Grün) vom CMBT nach Süden zum St. Thomas Mount sowie zum Flughafen in Betrieb. Fertiggestellt wird die Linie 2 über den CMBT hinaus ostwärts zu den Bahnhöfen Egmore und Central führen. Die Linie 1 (Blau), die frühestens 2018 fertiggestellt sein wird, soll vom Flughafen nach Teynampet, Thousand Lights, zum Bahnhof Central, dem High Court und Washermanpet im Norden Chennais fahren und dabei mehrere Kilometer entlang unter der Anna Salai verlaufen. Die Züge verkehren von 5 bis 22 Uhr; die Fahrkarten kosten 10 bis 50 ₹.

TAXI

Prepaid-Taxi-Stände gibt es an beiden Flughafenterminals, ferner an der Südseite des Bahnhofs **Egmore** (Karte S. 1112; Egmore Station; ⏲24 Std.) und vor dem Bahnhof **Central** (Karte S. 1112; Central Station; ⏲24 Std.); eine Fahrt von ca. 8 oder 9 km Länge, z. B. zum CMBT, kostet rund 450 ₹.

Die relativ zuverlässigen Taxis von **Fast Track** (S. 1125) kosten 100 ₹ für eine Strecke von bis zu 4 km und danach 18 ₹ pro km (zwischen 23 und 5 Uhr steigen die Tarife um 25 %); telefonisch reservieren!

Die Uber-Taxiapp bietet verlässliche, günstige Mitfahrten stadtweit. Gleiches gilt für die nahezu identische App vpn Ola Cabs (für die man jedoch eine indische Handynummer braucht).

ZUG

Effiziente und preiswerte Vorortzüge fahren von der Beach Station zu den Bahnhöfen Fort, Park (nahe Central), Egmore, Chetpet, Nungambakkam, Kodambakkam, Mambalam, Saidapet, Guindy, St. Thomas Mount, Tirusulam (Flughafen) und südwärts weiter bis Tambaram. Am Bahnhof Egmore befinden sich die Bahnsteige der Vorortzüge (Gleis 10 und 11) und der Fahrkartenschalter an der Nordseite. Eine zweite Linie zweigt hinter der Station Fort südwärts zu den Bahnhöfen Park Town, Chepauk, Tiruvallikeni (zum Marina Beach), Light House und Thirumailai (nahe dem Kapalisvarar-Tempel) ab. Die Züge fahren zwischen 4 und 24 Uhr mehrmals stündlich; die Fahrt kostet zwischen 5 und 10 ₹.

NÖRDLICHES TAMIL NADU

Südlich von Chennai

Bei der Fahrt auf der East Coast Rd (ECR) Richtung Süden lichten sich nach ungefähr einer Stunde Chennais Vorstädte. Tamil Nadu präsentiert sich nun als ein Land der roten Erde, des blauen Himmels, der Palmen und grünen Felder, gespickt mit kleinen Städten und Dörfern (oder, wenn man auf dem „IT Expressway" ins Landesinnere fährt, mit riesigen neuen Gebäuden).

Es gibt an der ECR mehrere lohnende Zwischenstopps auf der Fahrt von Chennai ins 50 km südlich gelegene Mamallapuram. Dazu gehört das entspannte ehemalige Fischer- und heutige Surfer-Dorf Kovalam. Das Baden an dieser Küste ist allerdings wegen starker Strömungen gefährlich.

Sehenswertes

Cholamandal Artists' Village KÜNSTLERKOLONIE, MUSEUM
(☎044-24490092; www.cholamandalartistvillage.com; Injambakkam; Museum Erw./Kind 20/5 ₹; ⏲Museum 9.30–18.30 Uhr) Rund um das Dorf Injambakkam, 10 km südlich des Flusses Adyar, herrscht eine Art tropisches Boheme-Flair. Die 4 ha große Künstlerkooperative ist ein entspannter Rückzugsort von der Hektik des Alltags. Gegründet wurde sie 1966 von Künstlern der Madras-Bewegung, Südindiens Pionieren in der modernen Kunst. Das zugehörige Museum zeigt sehr sehenswerte Werke. Besondere Beachtung verdienen die Arbeiten von K.C.S. Paniker, S.G. Vasudev, M. Senathipathi und S. Nandagopal.

DakshinaChitra KUNSTHANDWERKSZENTRUM

(044-27472603; www.dakshinachitra.net; East Coast Rd, Muttukadu; Inder Erw./Student 100/50 ₹, Ausländer 250/70 ₹; Mi–Mo 10–18 Uhr) Das DakshinaChitra 22 km südlich des Flusses Adyar ermöglicht einen fantastischen Einblick in Südindiens traditionelles Kunsthandwerk. Das Zentrum, eine Schatztruhe hiesiger Kunst und Architektur, präsentiert sich als eine Mischung aus Freiluftmuseum, einem erhaltenen Dorf und Kunsthandwerkerwerkstätten (von Töpfern, Seidenwebern, Korbmachern) mit Galerien inmitten echter traditioneller südindischer Wohnhäuser. Man kann Seidenwebern bei der Arbeit zuschauen, sich aufwendige Henna-Muster, sogenannte *mehndi*, auftragen lassen und sich allerlei Vorführungen anschauen.

Madras Crocodile Bank ZOO

(044-27472447; www.madrascrocodilebank.org; Vadanemmeli; Erw./Kind 40/20 ₹; Di–So 8.30–17.30 Uhr) Diese wundervolle Naturschutz- und Forschungseinrichtung nur 6 km südlich von Kovalam vermittelt einen faszinierenden Einblick in die Welt der Reptilien. Das von dem Krokodil- und Schlangenexperten Romulus Whitaker gegründete Zentrum besitzt Tausende Reptilien, darunter 17 der 23 weltweit existierenden Krokodilarten, und leistet Pionierarbeit bei der Erhaltung der genetischen Vielfalt dieser Tiere, von denen mehrere Spezies gefährdet sind. Es gibt Stellen für freiwillige Helfer, die bereit sind, sich für mindestens zwei Wochen zu verpflichten.

Tigerhöhle HINDU-STÄTTE

(Tiger Cave, Saluvankuppam; 6–18 Uhr) GRATIS Die Tigerhöhle, 5 km nördlich von Mamallapuram, ist ein unvollendeter, aber eindrucksvoller, in den Fels gehauener Schrein, der Durga, einer Inkarnation von Shivas Gemahlin Devi, gewidmet ist und wahrscheinlich aus dem 7. Jh. stammt. Das Highlight ist die „Halskette" aus elf monströsen tigerähnlichen Köpfen, die gleich neben den Reliefs von zwei Elefantenköpfen den Eingang zur zentralen Öffnung des Schreins säumen. Am nördlichen Ende des parkähnlichen Komplexes steht ein aus dem Fels gehauener **Shiva-Schrein** aus der gleichen Zeit. Jenseits der Umzäunung befindet sich der ausgegrabene **Subrahmanya-Tempel**, ein Granitschrein aus dem 8. Jh., der über einem dem Kriegsgott Subrahmanya oder Murugan geweihten Backsteintempel der Sangam-Periode errichtet wurde.

An- & Weiterreise

Um die Sehenswürdigkeiten an der ECR aufzusuchen, nimmt man einen beliebigen Bus von Chennai nach Mamallapuram und steigt an der gewünschten Stelle aus. Die **TTDC** (S. 1123) bietet eine Busrundfahrt von Chennai nach Mamallapuram (625 ₹, 10 Std.) an, die neben Mamallapuram auch mehrere der genannten Sehenswürdigkeiten besucht. Eine ganztägige Taxi-Tour ab Chennai kostet 2500 bis 3000 ₹.

Mamallapuram (Mahabalipuram)

044 / 15 170 EW.

Mamallapuram, 50 km südlich von Chennai, war der wichtigste Seehafen des antiken Pallava-Reichs, das seinen Sitz in Kanchipuram hatte. Ein Stadtspaziergang vorbei an den grandiosen, zum UNESCO-Weltkulturerbe zählenden Tempeln mit ihren herrlichen Reliefs ist inspirierend, ganz besonders bei Sonnenuntergang.

Neben antiken Monumenten gibt's salzige Meeresluft und eine schöne Küste. Traveller-Hotspots sind die Othavadai St und die Othavadai Cross St mit Restaurants, die Pasta, Pizza und Pfannkuchen auftischen, und Läden, die Krimskrams aus Tibet verkaufen. Eine weitere Attraktion vor Ort ist die wachsende und quicklebendige Surfer-Szene.

Das Städtchen ist nur eine knapp zweistündige Busfahrt von Chennai entfernt; viele Traveller kommen ohne Umwege gleich hierher. Der Ort ist klein und entspannt, sodass man die Sehenswürdigkeiten leicht zu Fuß oder mit dem Fahrrad erkunden kann.

Sehenswertes

Man kann leicht einen ganzen Tag mit der Erkundung von Mamallapurams wunderschönen Tempeln, Höhlen und Felsreliefs verbringen. Das meiste wurde im 7. Jh. in den Stein gemeißelt, während der Herrschaft des Pallava-Königs Narasimhavarman I., dessen Spitzname Mamalla (Großer Ringer) der Stadt ihren Namen gab. An den Stätten kann man einen der offiziellen Führer von Archaeological Survey of India anheuern.

★ **Küstentempel** HINDUTEMPEL

(Beach Rd; Kombi-Tagesticket mit Fünf Rathas Inder/Ausländer 30/500 ₹, Video 25 ₹; 6–18 Uhr) Als Wahrzeichen aus dem Fels gehauener Eleganz, umgeben von Gartenanlagen und

NICHT VERSÄUMEN

SURFEN & MEER: KOVALAM (COVELONG)

Das unauffällige Fischerdorf **Kovalam** (Covelong) 30 km südlich von Chennai ist in den letzten Jahren als einer der besten Surfer-Spots in Tamil Nadu ins Rampenlicht gerückt. Inzwischen ist es ein immer populärer werdender Travellertreff und Schauplatz des hochkarätigen **Covelong Point Surf & Music Festival** (www.covelongpoint.com; ⌚ Aug.–Sept.). Hier kann man alle möglichen Wassersportarten ausüben und am Strand Yoga machen.

Surfkurse gibt's in der „sozialen Surfschule" **Covelong Point** (☎9840975916; www.covelongpoint.com; 10 Pearl Beach, Ansari Nagar; Surfbrett pro Std./Surfunterricht 300/500 ₹; ⌚ unterschiedliche Zeiten) unter der Aufsicht von Murthy, Kovalams Surf-Pionier. Im Angebot sind auch Kajaktouren, Tauchen, Windsurfen und Stehpaddeln.

Das gleiche Team führt das stilvolle, surfsüchtige B & B **Surf Turf** (☎9884272572; www.surfturf.in; 10 Pearl Beach, Ansari Nagar; Zi. mit Frühstück 2810–4950 ₹; „Surf & Stay"-Paket für 2 Pers. ab 9500 ₹; ❄📶) und das zugehörige luftige Strandcafé. Die fünf geschmackvoll schlichten Zimmer haben abgespecktes modernes Dekor, blaue Bettwäsche und von den privaten Balkonen einen herrlichen Blick auf Strand und Meer; die Standardzimmer teilen sich ein Bad. Kovalams Luxus-Absteige ist das am Strand gelegene **Vivanta by Taj – Fisherman's Cove** (☎044-67413333; www.vivanta.tajhotels.com; Kovalam Beach; Zi. mit Frühstück 12 090–21 760 ₹; ❄📶🏊).

den Ruinen von Höfen, symbolisieren die beiden Türme des Küstentempels den Höhepunkt der Pallava-Architektur und den auf das Meer gerichteten Machtanspruch der Pallava-Könige. Der Tempel ist zwar klein, hat aber wundervolle Proportionen und Reliefs von überragender Qualität, die allerdings inzwischen vielfach zu impressionistisch anmutenden Verzierungen erodiert sind. Der Tempel wurde unter Narasimhavarman II. im frühen 8. Jh. errichtet und war der erste bedeutende freistehende Steintempel in Tamil Nadu.

Die beiden Türme erheben sich über Shiva-Schreinen, deren Lingams einst den Sonnenaufgang und -untergang einfingen. Zwischen den Shiva-Schreinen befindet sich ein Schrein für den schlafend dargestellten Vishnu. Reihen von Bullen, die Shivas Reitbullen Nandi darstellen, säumen den Tempelbezirk. An der Südseite des Tempels sitzt eine aus einem Felsblock gehauene Durga auf den Knien ihres Reitlöwen.

★Fünf Rathas HINDU-TEMPEL

(Pancha Ratha; Five Rathas Rd; Kombi-Tagesticket mit Küstentempel Inder/Ausländer 30/500 ₹, Video 25 ₹; ⌚ 6–18 Uhr) Am Südrand von Mamallapuram sind die Fünf Rathas versammelt. Sie wurden erstaunlicherweise alle aus einem einzigen riesigen Felsen gehauen. Jeder dieser schönen Tempel aus dem 7. Jh. wurde einer Hindu-Gottheit gewidmet und ist heute nach einem oder mehreren der Pandavas, den fünf Heldenbrüdern aus dem Epos Mahabharata, bzw. nach deren gemeinsamer Frau Draupadi benannt. Die *rathas* lagen lange Zeit unter dem Sand verborgen, bis sie vor etwa 200 Jahren von den Briten ausgegraben wurden.

Ratha ist Sanskrit für „Streitwagen" und könnte sich entweder auf die Form der Tempel oder auf ihre Funktion als „Transportmittel" der Götter beziehen. Man nimmt an, dass sie ursprünglich nicht als Stätten der Anbetung dienten, sondern als architektonische Modelle.

Der erste *ratha*, auf der linken Seite hinter dem Eingang, ist der **Draupadi Ratha** in Form einer stilisierten südindischen Hütte. Er ist der dämonenbekämpfenden Göttin Durga gewidmet, die von innen herausschaut und auf einem Lotus steht und auf der Außenwand abgebildet ist. Weibliche Wächterinnen flankieren den Eingang. Die riesige Skulptur eines Löwen, Durgas Reittier, steht draußen.

Der nächste auf dem selben Sockel ist der **Arjuna Ratha**, der „Streitwagen" des wichtigsten Pandava, der Shiva gewidmet ist. Mit seinen Pilastern, Miniaturdachschreinen und der kleinen, achteckigen Kuppel stand er Pate für viele der späteren Tempel Südindiens. Ein mächtiger Nandi steht dahinter. Shiva, der sich an der Südseite an den Nandi lehnt, und andere Götter sind an den Außenwänden des Tempels abgebildet.

Der **Bhima Ratha** mit seinem Tonnendach wurde nie fertiggestellt, was auch der fehlende Säulengang an der Nordseite bezeugt. Im Inneren befindet sich ein Schrein für Vishnu. Der **Dharmaraja Ratha**, der größte unter den Tempeln, ähnelt dem Arjuna Ratha, ist aber um eine Etage höher und mit Löwensäulen versehen. Die Reliefs auf seinen Außenmauern zeigen meist Gottheiten, u.a. den androgynen Ardhanarishvara (halb Shiva, halb Parvati) auf der Ostseite. König Narasimhavarman I. taucht am Westende der Südseite auf.

Der nach dem Pandava-Zwillingspaar benannte **Nakula-Sahadeva Ratha** steht ein wenig abseits der anderen vier und ist Indra gewidmet. Der lebensgroße Steinelefant daneben zählt zu den schönsten Elefantenskulpturen Indiens. Wenn man vom nördlichen Tor her kommt, sieht man zuerst die Rückseite, daher auch sein Spitzname Gajaprishthakara (Elefantenhintern).

★ Arjunas Buße HINDU-DENKMAL

(West Raja St; ⌚24 Std.) GRATIS Dieses gigantische Relief ist das Meisterstück unter Mamallapurams Steinarbeiten und eines der großartigsten Beispiele für antike Kunst in Indien. Das in zwei riesige Felsen gehauene Denkmal quillt vor Szenen aus hinduistischen Mythen und Bildern des südindischen Lebensalltags geradezu über. Im Zentrum steigen *nagas* (Schlangenwesen) eine Spalte hinab, die einst mit Wasser gefüllt war und den Ganges darstellen soll. Zur Linken übt sich Arjuna (Held der Mahabharata) in Selbstkasteiung – er fastet und steht auf einem Bein –, damit der vierarmige Shiva ihm seine mächtige Waffe überlässt, die göttervernichtende Pasupata. Einige Experten vertreten hingegen die Meinung, das Relief zeige eigentlich den Weisen Bagiratha, der Buße tat, um mit Shivas Hilfe den Ganges auf die Erde zu bringen.

Shiva ist von Zwergen umgeben, im oberen Bereich des Reliefs fliegen himmlische Wesen. Unter Arjuna/Bagiratha ist ein Tempel für Vishnu (dem mystischen Vorfahren der Pallava-Könige) mit Weisen, einem Hirsch und einem Löwen zu sehen. Zu den wunderschön gearbeiteten Tieren gehören auch eine kleine Elefantenherde und – etwas Humor inmitten des Heiligen – eine Katze, die vor einer anerkennenden Mäusemenge Buße tut.

Südlich von Arjunas Buße stehen entlang der Straße der **Panch Pandava Mandapa** (West Raja St; ⌚6–18 Uhr) GRATIS, ein unvollendeter Höhlentempel; der **Krishna Mandapa** (West Raja St; ⌚6–18 Uhr) GRATIS mit seinen berühmten Reliefs von Krishna (dieser hebt den Berg Govardhana an, um Bewohner und Kühe vor einem von Indra geschickten Sturm zu schützen); ein **unvollendetes Steinrelief** (West Raja St; ⌚24 Std.) GRATIS von ähnlicher Größe wie Arjunas Buße; und der **Dharmaraja-Höhlentempel** (Fünf Rathas; ⌚6–18 Uhr) GRATIS.

Aktivitäten

Strände

Der Strand am Ort wirkt nicht gerade unberührt, doch südlich des Küstentempels lockt feinerer Sand. Außerdem ist man hier ein bisschen weiter von den glotzenden Männern weg, die ihren Tag damit verbringen, Touristen anzugaffen. Wie der Großteil von Tamil Nadus Küste eignen sich auch diese Strände nicht zum Schwimmen, da die Strömungen gefährlich sind.

Surfen

Mumu Surf School SURFEN

(☎9789844191; http://mumusurfer.wixsite.com/indiasurfing; Othavadai St; 90-min. Gruppen-/Privatunterricht 750/1300 ₹; ⌚7.30–18 Uhr) Die beliebte, gut organisierte Surfschule für alle Niveaus verleiht auch Surfbretter (250–300 ₹/Std.), führt Strandreinigungsaktionen durch und betreibt das entspannte Café Sandy Bottom.

Yoga, Ayurveda & Massage

Zahlreiche Unternehmen bieten zu ähnlichen Preisen Massagen (750–1500 ₹), Yogasitzungen (300 ₹) und Ayurveda-Behandlungen an.

Geführte Touren

Travel XS RADFAHREN, VOGELBEOBACHTUNG

(☎044-27443260; www.travel-xs.com; 123 East Raja St; Radtour 500 ₹/Pers.; ⌚Mo–Fr 9.30–18, Sa bis 14 Uhr) Der Veranstalter bietet halbtägige Radausflüge (min. 2 Pers.) zu umliegenden Dörfern mit Besuchen bei Töpfern und Einblicken in Praktiken wie die *kolam-Malerei* (bei dieser, auch *rangoli* genannten Kunst handelt es sich um aufwändige Eingangsverzierungen aus Kreide, Reispaste oder farbigem Pulver). Darüber hinaus organisiert Travel XS Tagesausflüge, u.a. nach Kanchipuram und (saisonal) zum Vedanthangal Bird Sanctuary.

Feste & Events

Mamallapuram Dance Festival TANZ

(⌚Jan.-Feb.) Bei dem vierwöchigen Festival stehen klassische und folkloristische Tänze aus ganz Indien im Mittelpunkt; viele Darbietungen finden auf einer Freilichtbühne

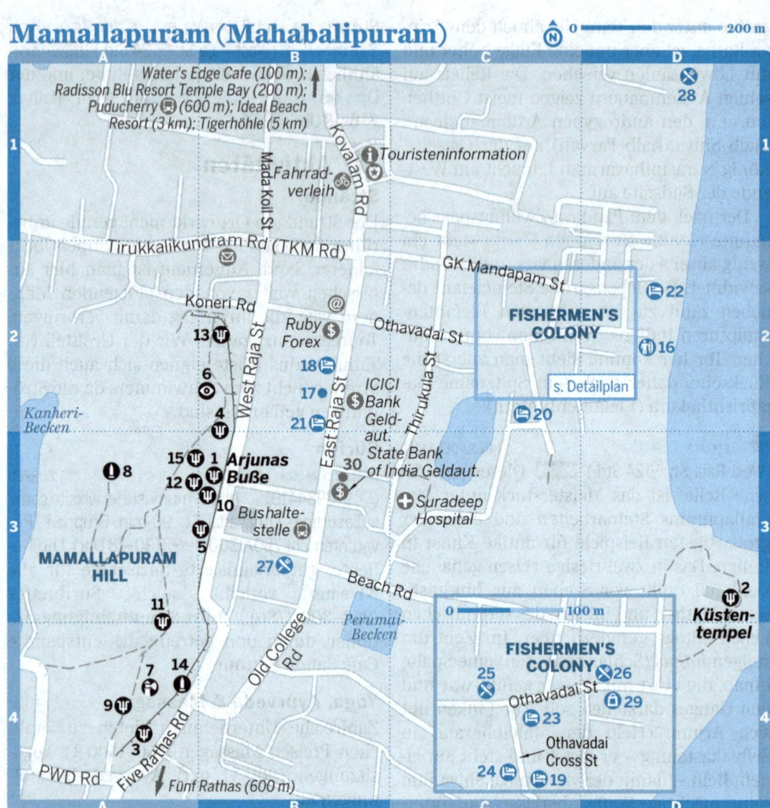

statt. Gezeigt werden u. a. *bharatanatyam* aus Tamil Nadu, Kuchipudi-Tanzdramen aus Andhra Pradesh) und Kathakali-Tanzdramen aus Kerala.

Schlafen

Sri Harul Guest House PENSION $
(☎9941070343; www.facebook.com/sriharulguesthouse; 181 Bajanai Koil St, Fishermen's Colony; Zi. 800–1200 ₹) Eine der besseren Budget-Strandunterkünfte vor Ort: Wenn man hier eines der sechs Zimmer mit Meerblick ergattert, hat man den Strand gleich unten vor seinem Balkon. Die Zimmer sind schlicht, von durchschnittlicher Größe und recht sauber.

Vinodhara Guesthouse PENSION $
(☎9444135118, 044-27442694; www.vinodhara.com; 9/4 Othavadai Cross St; EZ/DZ 600/700 ₹, Zi. mit Klimaanlage 1200–1800 ₹; ❄📶) Die Pension umfasst eine stetig wachsende Zahl unterschiedlicher, recht sauberer, schlichter Zimmer, von kleinen Einzelzimmern mit Ventilator bis hin zu geräumigen, recht modernen Doppelzimmern mit Klimaanlage. Das Management ist hilfsbereit. Vor dem Einchecken sollte man sich erst ein paar Zimmer anschauen.

Greenwoods Beach Resort PENSION $
(☎044-27442212, 9791145729; greenwoods_resort@yahoo.com; 7 Othavadai Cross St; Zi. 700–900 ₹, mit Klimaanlage 1300–1700 ₹; ❄📶) Die vielleicht stimmungsvollste Budgetunterkunft an der Othavadai Cross St, nur liegt sie eben definitiv nicht am Strand. Die engagierte Betreiberfamilie vermietet schlichte, recht saubere Zimmer (teilweise mit Balkon und/oder Außendusche), die sich etagenweise um einen grünen Hof verteilen.

Tina Blue View Lodge & Restaurant PENSION $
(☎044-27442319; 48 Othavadai St; Zi. 600–700 ₹, mit Klimaanlage 1200 ₹) Das klapprige, ältliche

Mamallapuram (Mahabalipuram)

Highlights
1 Arjunas Buße ... B3
2 Küstentempel ... D3

Sehenswertes
3 Dharmaraja-Höhlentempel ... A4
4 Ganesh Ratha ... B2
5 Krishna Mandapa ... B3
6 Krishnas Butterball ... B2
7 Leuchtturm ... A4
8 Löwenturm ... A3
9 Mahishamardini Mandapa ... A4
10 Panch Pandava Mandapa ... B3
11 Ramanuja Mandapa ... A3
12 Raya Gopura ... A3
13 Trimurti-Höhlentempel ... B2
14 Unvollendetes Steinrelief ... A4
15 Varaha Mandapa ... A3

Aktivitäten, Kurse & Touren
16 Mumu Surf School ... D2
17 Travel XS ... B2

Schlafen
18 Butterball Bed 'n Breakfast ... B2
19 Greenwoods Beach Resort ... C4
20 Hotel Daphne ... C2
21 Hotel Mamalla Heritage ... B2
22 Sri Harul Guest House ... D2
23 Tina Blue View Lodge & Restaurant ... C4
24 Vinodhara Guesthouse ... C4

Essen
Burger Shack ... (siehe 18)
25 Gecko Restaurant ... C4
26 Le Yogi ... D4
27 Mamalla Bhavan ... B3
28 Wharf ... D1

Shoppen
29 Apollo Books ... D4

Transport
30 Southern Railway Computerised Passenger Reservation Centre ... B3

Tina ist eine der ersten Unterkünfte in Mamallapuram, was man ihr auch ansieht. Gleichwohl ist sie zu Recht immer noch beliebt wegen der geweißten Wände, blauen Verzierungen, kleinen Veranden, des schattigen Gartens und des unermüdlichen Eigentümers Xavier.

Butterball Bed 'n Breakfast B&B $$
(☎9094792525; http://butterball-bnb.in; 9/26 East Raja St; EZ/DZ mit Frühstück 1700/2000 ₹; ❄📶🏊) Die recht kleinen, aber netten, weiß getünchten und makellos gepflegten Zimmer prunken mit alten englischen Stichen, Schreibtischen, großen Spiegeln und blau gefliesten Bädern. Man hat von der Dachterrasse einen tollen Blick auf den riesigen Felsbrocken, nach dem das B&B benannt ist. Außerdem gibt es eine hübsche Rasenfläche, ein Massagezentrum, einen kleinen Pool und tägliche Yogasitzungen (300 ₹). Gefrühstückt wird im angeschlossenen **Burger Shack** (☎9094792525; http://butterball-bnb.in; 9/26 East Raja St; Hauptgerichte 120–300 ₹; ⏲10–22 Uhr).

Hotel Daphne HOTEL $$
(☎9894282876; www.moonrakersrestaurants.com; 24 Othavadai Cross St; Zi. ohne/mit Klimaanlage 900/1700 ₹; ❄📶) Die Zimmer ohne Klimaanlage sind absolut akzeptabel und sauber, wenn auch schlicht. Die sieben klimatisierten Zimmer bieten jedoch ein tolles Preis-Leistungs-Verhältnis (vor allem die Zimmer 13 und 14 ganz oben); die meisten davon haben Himmelbetten, Balkone und Schaukelstühle. Weitere Trümpfe sind der schattige, von Lichterketten erhellte Hof, das herzliche Personal und kostenloses WLAN.

Hotel Mamalla Heritage HOTEL $$
(☎044-27442060; www.hotelmamallaheritage.com; 104 East Raja St; EZ/DZ mit Frühstück 2920–3160/3160–3400 ₹; ❄📶🏊) Das Hotel ist bei Reisegruppen sehr beliebt. Es bietet 43 große, komfortable, aber nicht weiter interessante Zimmer rund um den tiefblauen Pool und ein sehr gutes vegetarisches Dachrestaurant. Die „Deluxe"-Zimmer sind moderner als die Standardzimmer.

Radisson Blu Resort Temple Bay RESORT $$$
(☎044-27443636; http://radissonblu.com/hotel-mamallapuram; 57 Kovalam Rd; Zi. mit Frühstück ab 11 100 ₹; ❄@📶🏊) Die luxuriösen Chalets, Villen und Bungalows verteilen sich über ein gepflegtes Gartengelände, das sich 500 m weit bis zum Strand erstreckt. Mittendrin liegt Indiens längster Swimmingpool (220 m). Die Zimmer sind groß und größer, die teuersten verfügen über einen eigenen Pool. Im Radisson gibt's auch Mamallapurams bestes (und teuerstes) Restaurant und ein erstklassiges Ayurveda-Spa

MAMALLAPURAM HILL

Viele interessante Monumente, die meisten aus dem späten 7. und frühen 8. Jh. verteilen sich über den mit Felsbrocken übersäten Hügel westlich der Stadt. Zur Erkundung der wichtigsten braucht man zu Fuß eine Stunde. Das Areal ist von 6 bis 18 Uhr geöffnet und hat Zugänge an der West Raja St und gleich abseits der Five Rathas Rd.

Vom nördlichen Eingang an der West Raja St schnurstracks geradeaus balanciert unbeweglich, aber so, als wolle er jeden Augenblick herabrollen, der nicht zu übersehende Felsen mit dem originellen Namen **Krishna's Butterball** (Mamallapuram Hill; ⌚6–18 Uhr) GRATIS. Weiter nördlich folgt hinter den Felsen der **Trimurti-Höhlentempel** (Mamallapuram Hill; ⌚6–18 Uhr) GRATIS zu Ehren der hinduistischen Trinität: Brahma (links), Shiva (Mitte) und Vishnu (rechts) werden von Wächtern flankiert. Auf der Rückseite dieses Felsens befindet sich eine schöne Gruppe in den Stein gehauener Elefanten.

Südlich von Krishnas Butterkugel erreicht man den **Ganesh Ratha** (Mamallapuram Hill; ⌚6–18 Uhr) GRATIS, der aus einem einzigen Felsen gehauen wurde und Säulenfüße in Löwenform besitzt. Aus dem einstigen Shiva-Tempel wurde nach der Entfernung des ursprünglichen Lingams ein Schrein für Ganesha, Shivas elefantenköpfigen Sohn. Südwestlich davon beherbergt der **Varaha Mandapa** (Mamallapuram Hill; ⌚6–18 Uhr) GRATIS einige der schönsten Reliefs von Mamallapuram, darunter Säulen mit sitzenden Löwen. Das linke Feld zeigt Vishnus Eber-Avatar Varaha, der die Erde aus dem Ozean hebt. Die nach außen zeigenden Felder stellen Vishnus Gemahlin Lakshmi – sie wird von Elefanten gebadet – und Durga dar, während auf dem rechten Feld Vishnu in seiner achtarmigen Inkarnation als Riese Trivikrama zu sehen ist, der den Dämonenkönig Bali besiegt.

Geht man noch etwas weiter südwärts und dann gen Osten links hinauf, gelangt man zum aus dem 16. Jh. stammenden **Raya Gopura** (Olakkanatha-Tempel; Mamallapuram Hill; ⌚6–18 Uhr) GRATIS, der wahrscheinlich ein unvollendeter *gopuram* (Torturm) ist. Westlich den Hügel hinauf folgt der fein gearbeitete **Löwenthron** (Mamallapuram Hill; ⌚6–18 Uhr) GRATIS, den ein brüllender Löwe schmückt. Der Hauptweg setzt sich nach Süden zum **Ramanuja Mandapa** (Mamallapuram Hill; ⌚6–18 Uhr) GRATIS und bis zu Mamallapurams **Leuchtturm** (Mamallapuram Hill; Inder/Ausländer 10/25 ₹, Foto/Video 20/25 ₹; ⌚10–13 & 14–17.30 Uhr) fort. Südwestlich des Leuchtturms liegt der in den Felsen gehauene **Mahishamardini Mandapa** (Mamallapuram Hill; ⌚6–18 Uhr) GRATIS mit ausgezeichneten Szenen aus den Puranas (Sanskrit-Legenden des 5. Jhs.). Das linke Wandfeld zeigt den auf einer eingeringelten Schlange schlafenden Vishnu, das rechte Durga auf ihrem Löwen, die den Dämonenbüffel Mahisha tötet. In dem zentralen Schrein sitzt Murugan zwischen seinen Eltern Shiva und Parvati.

(Massage 2500 ₹). Die Unterkunft ist unglaublich beliebt. Die besten Preise gibt's online.

Ideal Beach Resort RESORT $$$
(☎044-27442240; www.idealresort.com; East Coast Rd; EZ/DZ mit Frühstück 6600–13 200/7200–14 400 ₹; ❄@🛜🏊) Mit ihren Blumengärten und einem eigenen Strandabschnitt ist das entspannte, 3 km nördlich der Stadt gelegene Resort bei Familien und Paaren als Wochenenddomizil beliebt. Die Anlage ist zwar schon etwas in die Jahre gekommen, dafür aber ruhig und intim. Es gibt ein nettes Restaurant am Pool und gemütliche Zimmer mit Tee-/Kaffeemaschine, Fön und teilweise auch mit Duschen im Freien. Die Tageskarte zur Nutzung von Pool und Strand kostet für Nicht-Gäste 500 ₹.

✕ Essen

Die Restaurants an der Othavadai St und der Othavadai Cross St sind nach einer Seite offen und servieren ordentliche westliche Hauptgerichte und eher langweilige indische Currys. Wer authentisches indisches Essen möchte, sollte die preiswerten vegetarischen Lokale in der Nähe des Busbahnhofs ansteuern.

Mamalla Bhavan SÜDINDISCH $
(South Mada St; Hauptgerichte 65–80 ₹, Gerichte 70–125 ₹; ⌚6–21.15 Uhr) Authentisch gutes und günstiges südindisches Essen gibt's in diesem kleinen, stets gut besuchten vegetarischen Restaurant direkt neben dem Busbahnhof. Morgens gibt's *idlis, vadas* und *dosas* sowie Filterkaffee (18 ₹), mittags Thalis im Bananenblatt.

Le Yogi INTERNATIONAL $$

(☎ 9840706340; 19 Othavadai St; Hauptgerichte 190–300 ₹; ⏲ 7.30–23 Uhr; 📶) Eine der besten westlichen Küchen in Mamallapuram. Die Pastagerichte, Pizzas, Bratlinge und *momos* (tibetische Teigtaschen) sind schmackhaft, die Portionen allerdings überschaubar. Der Service ist gut, das Ambiente (mit Bambuspfosten, Bodenteppichen und Lampen, die von dem reetgedeckten Dach baumeln) etwas romantisch angehaucht.

Gecko Restaurant INTERNATIONAL $$

(www.gecko-web.com; 37 Othavadai St; Hauptgerichte 180–320 ₹; ⏲ 9–21.30 Uhr; 📶) Zwei freundliche Brüder betreiben das nette Lokal mit blau-weißen Wänden, farbenfroher Kunst und Holzschnitzereien. Die täglichen Seafood-Angebote stehen auf der Kreidetafel angeschrieben. Die Gerichte und Preise unterscheiden sich nicht besonders von anderen touristischen Restaurants, das Essen ist aber etwas schmackhafter und mit mehr Liebe zubereitet.

Water's Edge Cafe INTERNATIONAL $$$

(☎ 044-27443636; www.radissonblu.com/hotel-mamallapuram; Radisson Blu Resort Temple Bay, 57 Kovalam Rd; Hauptgerichte 545–800 ₹; ⏲ 24 Std.) Das am Pool eingerichtete „Café" des Radisson bietet Alles, von amerikanischen Pfannkuchen über gegrilltes Tofu, vegetarische indische Gerichte und panasiatische Cuisine bis zu einem fantastischen Frühstücksbuffet (1190 ₹). Teuer, aber smart und beliebt.

Wharf INTERNATIONAL $$$

(☎ 044-27443636; www.radissonblu.com/hotel-mamallapuram; Radisson Blu Resort Temple Bay, 57 Kovalam Rd; Hauptgerichte 695–2575 ₹; ⏲ 12–15 & 19–23 Uhr) Was wie ein Strandschuppen aussieht, entpuppt sich als das internationale Feinschmeckerrestaurant des Radisson. Der Fokus liegt eindeutig auf frischen Meeresfrüchten.

Shoppen

Das Dröhnen elektrischer Steinschleifer hat in den Ateliers der Steinmetze von Mamallapuram längst das Klappern der Meißel abgelöst. Heute sind die Kunsthandwerker in der Lage, Granitfiguren (von unterschiedlichster Art und Qualität) praktisch am Fließband zu produzieren, von Anhängern für 100 ₹ bis hin zu 400 000 ₹ teuren Ganeshastatuen. Außerdem gibt's ein paar ordentliche Kunstgalerien, Schneidereien und Antiquitätenläden.

Apollo Books BÜCHER

(150 Fishermen's Colony; ⏲ 9–21.30 Uhr) Gute Auswahl an Büchern in verschiedenen Sprachen zum Kaufen und Tauschen.

ℹ Praktische Informationen

Suradeep Hospital (☎ 044-27442448; 15 Thirukula St; ⏲ 24 Std.) Von Travellern empfohlen.

Touristeninformation (☎ 044-27442232; Kovalam Rd; ⏲ Mo–Fr 10–17.45 Uhr)

ℹ An- & Weiterreise

Vom **Busbahnhof** (East Raja St) fahren der Bus 599 zum T Nagar Bus Terminus in Chennai (40 ₹, 1½ Std., 6.50–20.30 Uhr alle 30 Min.) und der Bus 118 zu Chennais CMBT (40 ₹, 2 Std., 4–20 Uhr stündl.). Zum Chennai Airport nimmt man den Bus 515 nach Tambaram (27 ₹, 1½ Std., alle 30 Min.) und von dort ein Taxi, eine Autorikscha oder einen Vorortzug. Täglich fahren auch sieben Busse nach Kanchipuram (42–45 ₹, 2 Std.). Busse nach Puducherry (90–150 ₹, 2 Std.) halten ungefähr alle 15 Minuten an der Kreuzung Kovalam Rd/Mamallapuram Bypass, 1 km nördlich vom Zentrum Mamallapurams.

Zugreservierungen nimmt das **Southern Railway Computerised Passenger Reservation Centre** (32 East Raja St, 1. Stock; ⏲ 8–14 Uhr) vor.

Taxis findet man am Busbahnhof oder bestellt sie bei Reisebüros oder in Hotels. Die Fahrt nach Chennai oder zum Flughafen kostet 1500 ₹, nach Puducherry zahlt man 2500 ₹.

ℹ Unterwegs vor Ort

Am leichtesten kommt man zu Fuß voran. Ein **Fahrradverleih** (100 ₹/Tag; ⏲ 8–20 Uhr) findet sich in der Kovalam Rd.

Kanchipuram

☎ 044 / 164 384 EW.

Kanchipuram, 80 km südwestlich von Chennai, war vom 6. bis zum 8. Jh. die Hauptstadt der Pallava-Dynastie – also in jener Zeit, in der die Pallavas die grandiosen Steinbauten von Mamallapuram schufen. Heute ist es eine hektische, moderne, typisch indische Stadt, die für ihre vielen bedeutenden und gut besuchten Tempel sowie ihre farbenfrohen Feste berühmt ist. Einige stammen aus der Pallava-, andere aus der Chola- oder Vijayanagar-Ära. Überall bekannt sind aber auch die hochwertigen Seidensaris, die von Tausenden von Familien auf Handwebrahmen in der Stadt und den umliegenden Dörfern gefertigt werden. Seiden- und Sari-Läden reihen sich in der

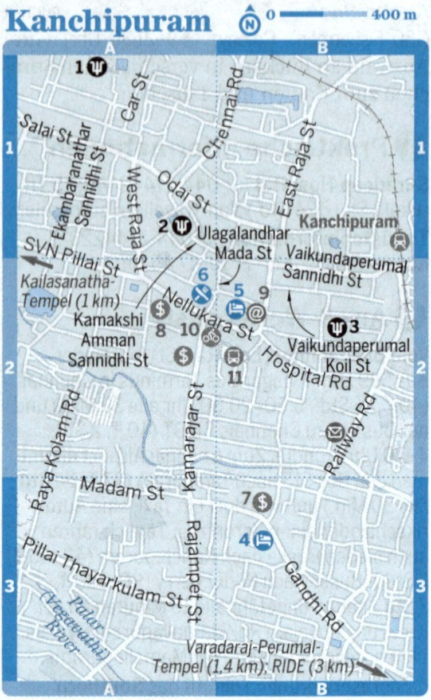

Kanchipuram

Sehenswertes
1 Ekambareshwara-Tempel.................A1
2 Kamakshi-Amman-Tempel.................A1
3 Vaikunta-Perumal-Tempel.................B2

Schlafen
4 GRT Regency.................B3
5 Sree Sakthi Residency.................B2

Essen
Dakshin.................(siehe 4)
Hotel Saravana Bhavan.................(siehe 4)
6 Hotel Saravana Bhavan.................A2
Upashana Veg Restaurant.................(siehe 5)

Praktisches
7 Axis Bank, Geldautomat.................B3
8 State Bank of India, Geldautomat.................A2
9 State Bank of India, Geldautomat.................A2

Transport
10 Fahrradverleih.................A2
11 Bushaltestelle.................B2

Gandhi Road südöstlich des Zentrums aneinander, ihre Waren sind jedoch normalerweise nicht billiger als in den Seidengeschäften von Chennai.

Kanchipuram kann man gut im Rahmen eines Tagesausflugs von Mamallapuram oder Chennai aus besuchen.

Sehenswertes

Der Eintritt ist für alle Tempel frei. Manchmal wird jedoch eine kleine Gebühr für Schuhaufpasser fällig. Auch wer seine Kamera benutzen will, muss mitunter einen kleinen Obolus entrichten. Wenn Eintritt für Nicht-Hindus verlangt wird, sollte man die Forderung einfach ignorieren.

Kailasanatha-Tempel HINDUTEMPEL
(SVN Pillai St; ⌚6–18.30 Uhr, innerer Sakralraum 6–12 & 16–18.30 Uhr) Kanchipurams ältester Tempel ist zugleich der eindrucksvollste – nicht wegen seiner Größe, sondern wegen seiner historischen Bedeutung und der hohen Qualität seiner feinen Reliefs. Als Denkmal wie als lebendiger Tempel ist er ruhiger als die anderen Tempel der Stadt. Der stark restaurierte, Shiva geweihte Sakralbau wurde im 8. Jh. unter dem Pallava-König Narasimhavarman II. (Rajasimha) errichtet, der auch den Küstentempel in Mamallapuram erbauen ließ.

Der gedrungene Sandsteinkomplex inmitten eines von Oleander bewachsenen Geländes besitzt faszinierende Reliefs, darunter viele von tierähnlichen Gottheiten, die in der frühen drawidischen Architektur in Mode waren. Die Umfassungsmauer besteht aus untergeordneten Schreinen, die von Kuppeldächern bekrönt und mit Darstellungen von Elefanten und Nandis verziert sind. Sehenswert sind besonders die sich aufbäumenden Löwen an den Außenmauern und der große Nandi, der von außen auf den Tempelbezirk blickt. Den Mittelpunkt des inneren Sakralraums bildet ein großer, 16-seitiger Lingam, den Nicht-Hindus aus einer Entfernung von rund 8 m beäugen können. Der Turm, der sich darüber erhebt, ist ein Vorläufer der großen *vimanas* der späteren Chola-Tempel.

Die Anfahrt mit der Autorikscha aus dem Zentrum von Kanchipuram kostet 50 ₹. Der Spaziergang zum Tempel ist jedoch reizvoller.

Ekambaresvara-Tempel HINDUTEMPEL
(Ekambaranatha-Tempel; Ekambaranathar Sannidhi St; Handykamera/Foto/Video 10/20/100 ₹; ⌚6–12.30 & 16–20.30 Uhr) Von den fünf Shiva-Tempeln Südindiens, die einem der fünf Elemente zugeordnet sind, ist diese 12 ha große Anlage der Tempel der Erde. Man betritt sie unter dem 59 m hohen, unbemalten *gopuram* im Süden, deren lebendige Reliefs 1509 zur Zeit des Vijayanagar-Königreichs gemeißelt wurden. Drinnen führt eine Säulenhalle nach links in den zentralen Bereich,

der rechter Hand von Nandi flankiert wird. Der innere Sakralbereich – er ist Hindus vorbehalten – birgt einen Lingam aus Erde und eine Spiegelkammer, in der sich das in der Mitte stehende Shiva-Abbild endlos widerspiegelt.

Einer Legende zufolge huldigte die Göttin Kamakshi („sie, deren Augen Begehren erwecken"; eine Inkarnation von Shivas Gemahlin Parvati) hier Shiva unter einem Mangobaum, ehe beide an gleicher Stelle verheiratet wurden. In einem Hof hinter dem inneren Sakralbereich steht ein Mangobaum, der angeblich 2500 Jahre alt ist und dessen vier Äste die vier Veden, die heiligen Schriften der Hindus, repräsentieren. Ebenfalls interessant ist der in der Nordwestecke des Tempels stehende Sahasra Lingam, der sich aus vielen Mini-Lingams zusammensetzt.

Kamakshi-Amman-Tempel HINDUTEMPEL
(Kamakshi Amman Sannidhi St; ⌚5.30–12 & 16–20 Uhr) Der imposante, Kamakshi/Parvati geweihte Tempel ist einer der wichtigsten Orte Indiens, an denen *shakti* (weibliche Energien/Gottheiten) verehrt werden. Er soll an der Stelle stehen, wo Parvatis Zwerchfell auf den Boden fiel, und schon von den Pallavas gegründet worden sein. Das gesamte Hauptgebäude, dessen Sakralraum von einem goldenen Dach bedeckt ist, dürfen nur Hindus betreten. Allerdings lohnt der kleine, aus dem 16. Jh. stammende quadratische Hochzeitssaal einen Abstecher; er befindet sich auf dem Tempelgelände, rechts des südöstlichen Eingangs, und weist prächtig verzierte Pfeiler auf. Fotografieren ist verboten!

Vaigunda-Perumal-Tempel HINDUTEMPEL
(Vaikundaperumal Koil St; ⌚6–12 & 16–20 Uhr) Der 1200 Jahre alte Vishnu-Tempel ist eine Schöpfung der Pallavas. Der Umgang um den zentralen Schrein besitzt Löwenpfeiler und viele verwitterte Wandreliefs, von denen einige historische Ereignisse darstellen. Einmalig ist der sich über drei Stockwerke erstreckende Hauptschrein. An der Außenfassade erblickt man springende *yalis* (mythische, löwenartige Kreaturen), drinnen Bilder Vishnus, stehend, sitzend, liegend und auf seinem Lieblingsreittier Garuda, das halb Adler, halb Mensch ist.

Varadaraja-Perumal-Tempel HINDUTEMPEL
(Devarajaswami-Tempel; abseits der Kanchipuram-Chengalpattu Rd, Little Kanchipuram; 100-Säulen-Halle 1 ₹, Foto/Video 5/100 ₹; ⌚7.30–12.30 & 15.30–20 Uhr) Der riesige, im 11. Jh. von den Cholas erbaute Tempel im Südosten Kanchipurams ist Vishnu geweiht. Den zentralen Innenbereich dürfen nur Hindus betreten, der künstlerische Höhepunkt ist aber ohnehin die im 16. Jh. errichtete Hochzeitshalle „der 100 Säulen", hinter dem Westeingang hinzugefügt wurde. Die großartig verzierten Säulen – tatsächlich sind es 96 – zeigen Tiere, Ungeheuer, Krieger und einige erotische Szenen. *Yalis* umrahmen die Südtreppe im Innern, und von den Ecken hängen Steinketten, die aus einem einzigen Felsen gemeißelt wurden.

Geführte Touren

RIDE KULTUR
(Rural Institute for Development Education; ☎044-27268223; www.rideindia.org; 48 Periyar Nagar, Little Kanchipuram) Kanchipurams berühmte Seidenweberei stützt sich vielerorts auf Kinderarbeit. Das RIDE, eine seit Langem bestehende NGO, hilft dabei, die Zahl der arbeitenden Kinder zu reduzieren – Schätzungen der Organisation zufolge sank sie von 40 000 im Jahr 1997 auf unter 4000 im Jahr 2007. Außerdem versucht es, Bedürftigen auf dem Land, insbesondere Frauen, neue Chancen zu eröffnen. RIDE veranstaltet interessante Touren, bei denen man einen Einblick in die Lebenssituation der Menschen erhält, die in der Seidenweberei arbeiten.

Schlafen & Essen

RIDE PENSION $
(Rural Institute for Development Education; ☎044-27268223; www.rideindia.org; 48 Periyar Nagar, Little Kanchipuram; 750–1000 ₹/Pers.; ❄) Die NGO bietet in ihrem Hauptquartier in einem Wohnviertel, 5 km südöstlich des Zentrums von Kanchipuram bzw. 1 km östlich des Varadaraja-Perumal-Tempels, schlichte, saubere Zimmer. Wenn nicht viel los ist, bringen einen die freundlichen Eigentümer in ihrem eigenen farbenfrohen Wohnhaus gleich nebenan unter. Hausgemachtes Frühstück (150 ₹), Mittag- (250 ₹) und Abendessen (250 ₹) werden ebenfalls angeboten. Man muss einen Tag im Voraus buchen; die Unterkunft ist ausgeschildert.

GRT Regency HOTEL $$
(☎044-27225250; www.grthotels.com; 487 Gandhi Rd; EZ/DZ mit Frühstück 2470–4010/4940 ₹; ❄📶) Die saubersten, komfortabelsten und stilvollsten Zimmer in Kanchi sind mit Marmorböden, Tee-/Kaffeemaschine und Du-

schen mit Glaswänden ausgestattet. Das zugehörige, recht schicke Restaurant **Dakshin** (Hauptgerichte 300–550 ₹; 7–23 Uhr;) ist überteuert, hat aber eine große internationale Karte mit Frühstücks-Omelettes, beliebten südindischen und schmackhaften Tandoori-Gerichten.

Sree Sakthi Residency HOTEL $$
(044-27233799; www.sreesakthiresidency.com; 71 Nellukara St; EZ 1820–2065 ₹, DZ 2190–2675 ₹;) Die mit Wasserkocher und schlichten Möbeln aus hellem Holz ausgestatteten „Standard"-Zimmer sind durchaus komfortabel, die neueren „Premium"-Zimmer bieten zusätzlich Fön, verglaste Duschen und eine modernere Einrichtung. Das beliebte **Upashana Veg Restaurant** (Gerichte 50–110 ₹; 7–22 Uhr) im Erdgeschoss serviert gute vegetarische Kost, darunter Thalis (90–175 ₹).

Hotel Saravana Bhavan SÜDINDISCH $$
(044-27226877; www.saravanabhavan.com; 66 Nellukara St; Hauptgerichte 60–130 ₹, Gerichte 95–125 ₹; 6–22.30 Uhr) Das stets gute vegetarische Restaurant punktet mit köstlichen *dosas*, einigen nordindischen Überraschungen, einem Speisesaal mit willkommener Klimaanlage und Thalis in der oberen Etage. Es gibt noch eine weitere (schäbigere) **Filiale** (044-27222505; www.saravanabhavan.com; 504 Gandhi Rd; Hauptgerichte 60–130 ₹, Gerichte 95–125 ₹; 6–22.30 Uhr) gleich westlich der Gandhi Rd.

An- & Weiterreise

Vorortzüge nach Kanchipuram (25 ₹, 2½ Std.) starten zwischen 4.30 und 20.30 Uhr ungefähr alle 60 Minuten vom Bahnhof Egmore (Gleis 10 oder 11) in Chennai. Eine ganztägige Taxifahrt hin und zurück nach Mamallapuram kostet 2700 ₹. Der hektische **Busbahnhof** (Kamarajar St) liegt im Stadtzentrum.

Unterwegs vor Ort

Eine halbtägige Autorikschatour zu den fünf wichtigsten Tempeln (rund 500 ₹) beinhaltet unweigerlich einen Halt bei einem Seidengeschäft.

Vellore

0416 / 185 800 EW.

Für eine staubige Basar-Stadt versprüht Vellore relativ viel kosmopolitisches Flair, dafür sorgen eine Handvoll Hochschulen und das von einer Amerikanerin gegründete Christian Medical College (CMC), eines der besten Krankenhäuser Indiens, das Medizinstudenten und Patienten aus dem ganzen Land anzieht. Vellore liegt an der Hauptverbindungsstraße zwischen Chennai und Bengaluru und ist vor allem wegen seiner mächtigen Vijayanagar-Festung und Tempel einen Abstecher wert. Viele Inder kommen zudem hierher, um den goldenen Sripuram-Tempel 10 km südwestlich der Stadt zu besuchen.

Das Zentrum von Vellore wird im Norden von der Arcot Rd (Ida Scudder Rd) begrenzt, an der sich das Krankenhaus und mehrere günstige Unterkünfte und Restaurants befinden, und im Westen von der Anna Salai (Officer's Line); das Vellore Fort liegt auf der Westseite.

Sehenswertes

Vellore Fort FORT
(abseits der Anna Salai; 24 Std.) Vellores prächtiges Fort mit seinen fast 2 km langen, von einem Graben umgebenen Wällen wurde im 16. Jh. errichtet und fiel nach den Marathen erst den Moguln und schließlich 1760 den Briten in die Hände. Heute finden sich hier u. a. der herrliche Jalakandeswarar-Tempel, zwei **Museen** (Sa–Do 9–17 Uhr) GRATIS, zwei Paradeplätze, eine **Kirche** (So 7.30–18 Uhr), Amtsstuben und eine Polizeianwärterschule. Ein Spaziergang über das Gelände ist das ruhigste Erlebnis vor Ort.

Jalakandeswarar-Tempel HINDUTEMPEL
(Vellore Fort; 6.30–13 & 15–20.30 Uhr) Der Jalakandeswarar-Tempel, ein Schmuckstück der späten Vijayanagar-Architektur, wurde um 1566 erbaut, von den Muslimen nach der Eroberung des Forts entweiht und diente

BUSSE AB KANCHIPURAM

ZIEL	PREIS (₹)	DAUER (STD.)	HÄUFIGKEIT
Chennai	47	2	3.30–22.30 Uhr alle 10 Min.
Mamallapuram	42	2	5.30–20.30 Uhr alle 2 Std.
Puducherry	68	3	5.45–21.20 Uhr alle 30 Min.
Tiruvannamalai	63–72	3	5.10–21.30 Uhr alle 30 Min.
Vellore	41	2	3.30–23 Uhr alle 10 Min.

dann als Garnisonsquartier genutzt. Sehenswert sind die kleinen, schön detaillierten Reliefs – insbesondere die springende *yalis* – an den Wänden und Säulen der **Hochzeitshalle** in der südwestlichen Ecke.

Schlafen & Essen

Vellores billige Hotels konzentrieren sich längs der Ida Scudder Rd sowie in den geschäftigen, engen Straßen gleich südlich. Viele nehmen keine Ausländer auf – und die besseren sind schnell ausgebucht.

Vimal Lodge HOTEL $
(☎9500531686; 6/83 Babu Rao St; Zi. 715 ₹, mit Klimaanlage 1090–1200 ₹; ❄) Das Hotel in dem hektischen Basarviertel südlich der Ida Scudder Rd hat schlichte, saubere Budgetzimmer, ordentliches Bettzeug und eine einigermaßen hilfsbereite Rezeption.

Darling Residency HOTEL $$
(☎0416-2213001; www.darlingresidency.com; 11/8 Anna Salai; EZ/DZ mit Frühstück 2670–2920/3040–3280 ₹; ❄@📶) Das Haus hat keine fünf Sterne, aber saubere, komfortable, wenn auch eintönige Zimmer (die nach hinten gelegenen sind ruhiger), eine freundliche Rezeption und vier Restaurants, darunter das luftige **Aaranya Roof Garden Restaurant** (Hauptgerichte 160–400 ₹; ⌚11.30–22.30 Uhr) mit internationaler Küche. Das Hotel liegt 1,5 km südlich des Eingangs zum Vellore Fort.

GRT Regency Sameera HOTEL $$$
(☎0416-2206466; www.grthotels.com; 145 Green Circle, New Bypass Rd; EZ/DZ mit Frühstück 4320–6790/5560–6790 ₹; ❄📶) Spiegelschränke, Tee-/Kaffeemaschinen und freundliche Farbtupfer verleihen den schicken, modernen Zimmern für hiesige Verhältnisse recht viel Flair. Weitere Pluspunkte sind das kostenlose WLAN, das **Gingee Restaurant** (Hauptgerichte 260–400 ₹; ⌚7–10, 12.30–15 & 19–22.30 Uhr) mit gehobener internationaler Küche und ein rund um die Uhr geöffnetes Café. Das Hotel befindet sich 1,5 km nördlich des Stadtzentrums, unmittelbar abseits der (gar nicht so lauten) Straße von Chennai nach Bengaluru.

Hotel Saravana Bhavan SÜDINDISCH $
(☎0416-2217755; www.saravanabhavan.com; Sri Siva AVM Grande Hotel, 58/2 Katpadi Rd; Gerichte 60–125 ₹, Hauptgerichte 110–150 ₹; ⌚6–23 Uhr) Tamil Nadus beliebte vegetarische Restaurantkette ist ein willkommener Neuzugang mit köstlichen schlichten *idlis, dosas*, Thalis und anderen beliebten südindischen Gerichten. Im klimatisierten Speisesaal gibt's auch nordindische Gerichte. Eine weitere **Filiale** (☎0416-2217433; www.saravanabhavan.com; 25B/25C Jeevarathnam Maaligai, Arcot Rd; Gerichte 60–140 ₹, Hauptgerichte 110–150 ₹; ⌚10–18 Uhr) befindet sich gegenüber dem Neuen Busbahnhof.

Praktische Informationen

Canara Bank (Anna Salai) Geldautomat gegenüber dem Eingang zum Vellore Fort.

An- & Weiterreise

BUS

Die Busse nutzen den **Neuen Busbahnhof** (Katpadi Rd) 1,5 km nördlich vom Stadtzentrum. Folgende Ziele werden angesteuert:

Bengaluru 156 ₹, 5 Std., alle 30 Min
Chennai AC Volvo-Busse 160 ₹, 2½ Std., 12 & 14 Uhr; andere Busse 81–105 ₹, 3 Std., alle 5 Min.
Kanchipuram 40 ₹, 2 Std., alle 10 Min.
Tiruvannamalai 37–40 ₹, 3 Std., alle 10 Min.

ZUG

Vellores Bahnhof liegt 5 km nördlich in Katpadi. Täglich fahren mindestens 22 „Superfast"- bzw. Expresszüge von/zum Bahnhof Central in Chennai (Sleeper/3AC 170/540 ₹, 2–3 Std.) und zehn vom/zum Bahnhof Bangalore City in Bengaluru (170/490 ₹, 3–5 Std.).

Die Busse 1 und 2 (4 ₹) pendeln zwischen dem Bahnhof und dem **Städtischen Busbahnhof** (Anna Salai).

Tiruvannamalai

☎04175 / 145 280 EW.

Es gibt Tempelstädte, es gibt Bergstädte und es gibt eine Tempel-Bergstadt, in der das Göttliche in einem Phallus aus Feuer erscheint – willkommen in Tiruvannamalai, einem der heiligsten Orte in Tamil Nadu.

Die Stadt liegt unterhalb des felsigen Arunachala und zählt zu den fünf „elementaren" Shiva-Städten Südindiens: Hier wird dem Gott in seiner Feuerinkarnation als Arunachaleshwar gehuldigt. Immer bei Vollmond strömen Tausende Pilger nach „Tiru" und umkreisen bei einem Reinigungsritual, dem sogenannten Girivalam, den Fuß des Berges. Aber auch zu anderen Zeiten sieht man zahlreiche Shiva-Priester, Sadhus (spirituelle Männer) und Gläubige, die sich rund um den großen Arunachaleshwar-Tempel versammeln.

TAMIL NADUS TEMPEL

Tamil Nadu ist eine Eldorado für alle, die die indische Tempelkultur entdecken möchten. Der Bundesstaat verfügt über die wohl spektakulärste Tempelarchitektur und die besten Skulpturen des Landes und seine Bewohner gehören zu den hingebungsvollsten Anhängern des hinduistischen Glaubens. In den rund 5000 Tempeln herrscht immer ein reges Treiben von Gläubigen, die zur *puja* (Opfergabe oder Gebet) strömen, und farbenfrohe Tempelfeste werden zuhauf gefeiert. Auch wenn es eine Fülle von Hindugöttern gibt, sind die meisten tamilischen Tempel Shiva geweiht. Er erscheint dabei in vielen Inkarnationen, darunter als Nataraja, der kosmische Tänzer, der in einem Ring aus Feuer tanzt, während zwei seiner vier Hände die Flamme der Zerstörung und die Trommel der Schöpfung tragen. Tamilen haben auch eine Schwäche für Shivas Sohn Murugan, der auf einem Pfau reitet, auch Kartikeya oder Skanda genannt wird und tief mit ihrer kulturellen Identität verbunden ist.

Die besondere Bedeutung vieler tamilischer Tempel macht sie zum Ziel zahlloser hinduistischer Pilger aus ganz Indien. Die Pancha Sabhai Sthalangal sind jene fünf Tempel, in denen Shiva seinen kosmischen Tanz vorgeführt haben soll (der wichtigste ist der Tempel von Chidambaram). Dann gibt's da noch die Pancha Bootha Sthalangal, die fünf Tempel, in denen Shiva als eines der fünf Elemente verehrt wird: den Arunachaleshwara-Tempel in Tiruvannamalai (Feuer; S. 1138), den Ekambaresvara-Tempel in Kanchipuram (Erde; S. 1134), den Nataraja-Tempel in Chidambaram (Raum; S. 1151), den Sri-Jambukeshwara-Tempel in Tiruchirappalli (Wasser; S. 1160) sowie – in Andhra Pradesh – den Sri-Kalahasteeswara-Tempel (Luft). Jeder der neun Navagraha-Tempel von Kumbakonam ist schließlich der Sitz einer der personifizierten Himmelskörper der hinduistischen Sternkunde – wichtige Stätten angesichts der Bedeutung der Astrologie im Hinduismus.

Typisch für tamilische Tempel sind: *gopurams*, abgestufte Eingangstürme, die oft mit bunten Skulpturen von Göttern und Dämonen geschmückt sind; *mandapas*, Vorhallen mit verzierten Säulen; *prakarams*, heilige Wasserbecken; und eine Reihe von ineinander liegenden Bereichen, in deren Innerstem das zentrale Heiligtum liegt, in dem die Hauptgottheit des Tempels residiert. Die frühesten tamilischen Tempel waren nicht mehr als kleine Schreine, die in den Felsen gehauen wurden. Die ersten frei stehenden Tempel wurden im 8. Jh. v. Chr. erbaut, *gopurams* tauchten erstmals rund ums 12. Jh. auf.

Der Eintritt zu den meisten Tempeln ist frei, aber der Zutritt zum inneren Heiligtum ist oftmals nur Hindus erlaubt. Bei einigen Tempeln wird man aber auch von den Priestern ins Innere eingeladen, und ehe man sich versieht, nimmt man an der *puja* teil, bekommt ein glückverheißendes *tilak* auf die Stirn gemalt und wird zu einer Spende gedrängt.

Man wird an den Tempeln oft von aufdringlichen Touristenjägern belästigt, es gibt aber auch viele ausgezeichnete Guides. Am besten urteilt man mit gesundem Menschenverstand und hält nach offiziellen Führern mit Abzeichen Ausschau.

A South Indian Journey von Michael Wood sowie *Southern India: A Guide to Monuments, Sites & Museums* von George Michell sind empfehlenswerte Titel, wenn man sich ausführlicher über die tamilische Tempelkultur informieren will. TempleNet (www.templenet.com) ist eine gute Quelle im Internet.

Da vor Ort sehr starke spirituelle Energien fließen sollen, sind hier viele Ashrams entstanden, die eine stetig wachsende Zahl von spirituell gesinnten Reisenden anziehen.

Sehenswertes & Aktivitäten

Yoga-, Meditations- und Ayurveda-Sitzungen werden rund um die Ashrams angeboten.

★ **Arunachaleshwara-Tempel** HINDUTEMPEL (Annamalaiyar-Tempel; www.arunachaleswarartemple.tnhrce.in; ⌚5.30–12.30 & 15.30–21.30 Uhr) Mit einem Gelände von 10 ha ist dieser Tempel einer der größten Indiens. Die ältesten Teile stammen aus dem 9. Jh., aber schon lange davor war der Ort eine Kultstätte. Vier gewaltige, unbemalte weiße *gopurams* markieren die Eingänge; das aus dem 17. Jh. stammende Haupttorgebäude im Osten besitzt 13 Stockwerke und erreicht die erstaunliche Höhe von 66 m. Darstellungen von Tänzerinnen, Zwergen und Elefanten schmücken den Durchgang. Während Festen erstrahlt der Tempel in goldenen Flammen und es riecht nach brennendem Ghee – ganz wie es der Feuer-Inkarnation Shivas, dem Zerstörer des Universums, gebührt.

Innerhalb des Komplexes befinden sich fünf weitere *gopurams,* eine 1000-Säule-Halle aus dem 17. Jh. mit eindrucksvollen Reliefs, zwei Wasserbecken und eine große Reihe von untergeordneten Tempeln und Schreinen. Ein hilfreiches Tempelmodell steht in dem zweiten *gopuram* (von Osten kommend), wo der Tempelelefant seinen Segen spendet. Um zu dem innersten Sakralraum mit dem riesigen Lingam zu gelangen, müssen die Gläubigen die fünf umliegenden *prakarams* durchqueren.

Arunachala BERG

Dieser 800 m hohe erloschene Vulkan dominiert nicht nur Tiruvannamalai, sondern auch die Vorstellung, die sich die Einheimischen vom Element Feuer machen, dessen heiliges Domizil sich angeblich im Herzen des Berges befindet. Ergebene, barfüßige Pilger nehmen besonders bei Vollmond und an Festtagen die 14 km bzw. 4 Std. lange Umrundung des Berges auf sich und halten unterwegs an acht berühmten Lingams an. Der innere Weg war zum Zeitpunkt der Recherchen gesperrt; Besucher können jedoch die Hauptstraße entlanglaufen oder die Route den Berg hinauf nehmen, vorbei an zwei Höhlen, in denen Sri Ramana Maharshi (1899–1922) lebte und meditierte.

Wer den Anstieg in der Hitze bewältigt hat, wird oben mit großartigen Ausblicken auf Tiruvannamalai belohnt. Für Hin- und Rückweg benötigt man fünf bis sechs Stunden; man sollte früh aufbrechen und ausreichend Wasser mitnehmen. Ein unbeschilderter Weg führt von der Nordwestecke des Arunachaleshwar-Tempels von der anderen Straßenseite aus bergauf, vorbei an Wohnhäusern und den Höhlen **Virupaksha** (ca. 20 Min. bergauf) und **Skandasramam** (30 Min.). Frauen sollten nicht alleine wandern!

Wer keine spirituelle Motive verfolgt, kann sich im Buchladen im Sri Ramana Ashram (S. 1139) eine Karte von Giripradakshina (15 ₹) kaufen, sich am Straßenrand gegenüber ein Fahrrad ausleihen (10/40 ₹ Std./Tag) und um den Berg radeln. Oder man heuert für die Tour eine Autorikscha an, die rund 300 ₹ kostet (zu Stoßzeiten kann gut und gern das Doppelte fällig werden).

Sri Ramana Ashram MEDITATION

(Sri Ramanasramam; ☎ 04175-237200; www.sriramanamaharshi.org; Chengam Rd; ⏲ Büro 7.30–12.30 & 14–18.30 Uhr) Der ruhige Ashram liegt 2 km südwestlich vom Stadtzentrum auf einem grünen Areal, auf dem Pfauen herumstolzieren. Er ist das Pilgerziel für Anhänger von Sri Ramana Maharshi, einem der ersten Hindu-Gurus, der auch im Ausland bekannt wurde. Er starb hier im Jahr 1950, nachdem er 50 Jahre in Kontemplation verbracht hatte. Besucher können meditieren und an den täglichen *pujas* (Gebeten) und Gesängen teilnehmen. Diese finden hauptsächlich in der **Samadhi-Halle** statt, in der die sterblichen Überreste des Gurus in einem Schrein ruhen.

Eine begrenzte Zahl kostenloser Unterkünfte (Spenden werden angenommen) stehen *nur Gläubigen zur Verfügung* und müssen per E-Mail einen Monat oder postalisch sechs Wochen im Voraus reserviert werden.

Sri Seshadri Swamigal Ashram MEDITATION

(☎ 04175-236999; www.tiruvarunaimahan.org; Chengam Rd; ⏲ 6–21.30 Uhr) Der Ashram im Südwesten der Stadt liegt nicht weit vom Sri

DER FEUER-LINGAM

Der Legende zufolge erschien Shiva als Feuer-Lingam (phallisches Abbild von Shiva) auf dem Arunachala, um das Licht wieder in die Welt zu bringen, nachdem seine Gattin Parvati seine Augen geschlossen und damit im Spiel alles in Dunkelheit getaucht hatte. Mit dem **Karthikai Deepam Festival** (im ganzen Staat; ⏲ Nov./Dez.) wird diese Legende in ganz Indien gefeiert, in Tiruvannamalai allerdings hat das Fest eine ganz besondere Bedeutung. Auf dem Gipfel des Arunachala wird in der Vollmondnacht mit einem 30 m hohen Docht, der von 3 t Ghee umhüllt ist, ein Feuer entfacht – dies ist der Startschuss für das zehntägige Festival, zu dem Hunderttausende in Tiruvannamalai einfallen. Die riesigen Menschenmengen erklimmen den Gipfel oder umrunden den Fuß des Bergs, während sie Shivas Namen singen. Die Sonne ist gnadenlos, die Felsen zerklüftet und die Reise muss barfuß unternommen werden. Doch nichts von alledem schreckt die enthusiastischen Pilger ab, die fröhlich zum Gipfel hinaufsteigen.

Ramana Ashram entfernt und ist einem Zeitgenossen und Helfer von Sri Ramana gewidmet. Er verfügt über Meditationsbereiche und ein paar Unterkünfte (gegen Spende; mindestens zwei Wochen im Voraus buchen!).

Sri Anantha Niketan MEDITATION
(☎9003480013; www.sriananthaniketan.com; Periya Paliyapattu; Eintritt gegen Spende) Dieser Komplex ist ein organisiertes Refugium, nicht der Mittelpunkt einer ständigen Gemeinde. Neben dem von Bäumen beschatteten Gelände findet man hier einen wunderbaren Ausblick auf den Arunachala und anheimelnde Zimmer. Gäste sind eingeladen, an den täglichen Gesängen in der attraktiven Meditationshalle teilzunehmen. Die Anlage liegt an der Straße nach Krishnagiri, 7 km westlich von Tiruvannamalai. Für den Zeitraum von Dezember bis Februar muss man mindestens drei Monate im Voraus buchen!

Aktivitäten

Arunachala Animal Sanctuary FREIWILLIGENARBEIT
(☎9442246108; www.arunachalasanctuary.com; Chengam Rd; ⏲9–17 Uhr) Das gemeinnützige Tierasyl am westlichen Ende des Ashram-Areals von Tiruvannamalai widmet sich der Sterilisierung, Kastration, Tollwutkontrolle und Behandlung von streunenden Hunden und Katzen. Im Asyl leben mehr als 200 verlassene und/oder verletzte Hunde sowie ein paar Katzen. Reisende können mithelfen, die Tiere zu baden, zu füttern, mit ihnen zu spielen oder Wunden zu versorgen – einfach vorbeikommen! Möglicherweise gibt's auch Plätze für Freiwillige, die sich länger verpflichten wollen.

Schlafen & Essen

Rainbow Guest House PENSION $
(☎9443886408, 04175-236408; rainbowguesthousetiru@gmail.com; 27/28 Lakshmanan Nagar, Perumbakkam Rd; EZ 450 ₹, DZ 900–1000 ₹; 📶) Die pieksaubere Unterkunft 800 m südwestlich der Chengam Rd hat ein tolles Preis-Leistungs-Verhältnis. Hinter der psychedelisch anmutenden Fassade kommt man durch geschnitzte Holztüren in schlichte, makellose Zimmer mit Ventilator, Warmwasser und gefliesten Böden. Das Personal ist nett, in den Korridoren stehen Rohrstühle und von der spartanischen Dachterrasse hat man einen fantastischen Blick auf den Arunachala.

Arunachala Ramana Home HOTEL $
(☎9626044492, 04175-236120; www.arunachalaramanahome.com; 70 Ramana Nagar; EZ/DZ 500/800 ₹, mit Klimaanlage Zi. 1300 ₹; ❄📶) Die beliebte, schlichte, saubere und freundliche Unterkunft liegt an einer Gasse südlich der Chengam Rd.

Sunshine Guest House PENSION $$
(☎04175-235335; www.sunshineguesthouseindia.com; 5 Annamalai Nagar, Perumbakkam Rd; EZ/DZ 600/800 ₹, mit Klimaanlage 1400/1970 ₹; ❄📶) Das farbenfrohe neue Gebäude mit Vorgarten liegt an einer angenehm ruhigen Stelle 1 km südwestlich des zentralen Ashram-Areals und hat ein ausgezeichnetes Preis-Leistungs-Verhältnis. Die geschmackvollen, blitzsauberen Zimmer, die jeweils einem Hindu-Gott gewidmet sind, wirken wie ein indischer Souvenirladen: Sie sind mit Blockdruck-Bettwäsche, paillettenbesetzten Stoffen, Schaukelstühlen aus Bambusrohr und Wasserfiltern ausgestattet. Der Saal im Obergeschoss ist ideal für Yogaübungen. Das Frühstück mit frischen Zutaten kostet 150 ₹.

Hotel Arunachala HOTEL $$
(Arunachala Inn; ☎04175-228300; www.hotelarunachala.com; 5 Vada Sannathi St; Zi. 990 ₹, mit Klimaanlage EZ/DZ 1125/1690 ₹, Deluxe-DZ 2250 ₹; ❄) Das Hotel direkt neben dem Osttor des Arunachaleshwara-Tempels ist sauber und ordentlich. Es hat ambitioniert luxuriöse Marmorböden, hässliche Möbel, eine engagierte Leitung und einen Fischteich im Foyer. Am besten sind die aufgemöbelten

BUSSE AB TIRUVANNAMALAI

ZIEL	PREIS (₹)	DAUER (STD.)	HÄUFIGKEIT
Chennai	120–140	5	alle 10 Min.
Kanchipuram	63	3	stündl.
Puducherry	63	3	stündl.
Tiruchirappalli	123	5	alle 45 Min.
Vellore	37–50	2½	alle 10 Min.

Deluxe-Zimmer. Im Erdgeschoss serviert das vegetarische Restaurant **Hotel Sri Arul Jothi** (Gerichte 40–80 ₹; ⌚6–22.30 Uhr) gute südindische Gerichte (Thalis 80–100 ₹).

★ Dreaming Tree CAFÉ **$$**

(☎8870057753; www.dreamingtree.in; Ramana Nagar; Hauptgerichte 150–250 ₹; ⌚8.30–22 Uhr) Das superrelaxte Dreaming Tree serviert große Portionen guter, gesundheitsbewusster vegetarischer Kost, überwiegend aus Bio-Zutaten. Gegessen wird auf einer luftigen, reetgedeckten Dachterrasse mit niedrigen Sitznischen, in denen man sich auf blauroten Kissen niederlässt. Zur Auswahl gehören tolle „Hippie-Salate" und Tofu-Brätlinge, üppiges Frühstück, viele Kuchen sowie Säfte, Lassis, Limonaden und Bio-Kaffee. Vom Sri Ramana Ashram aus weisen Schilder auf der anderen Straßenseite den Weg (500 m).

Shanti Café CAFÉ **$$**

(www.facebook.com/shanticafetiru; 115A Chengam Rd; Gerichte 60–200 ₹, Getränke 30–80 ₹; ⌚8.30–20.30 Uhr; 📶) Das beliebte, relaxte Café mit Sitzkissen liegt an einer Gasse abseits der Chengam Rd. Es wird von einem netten Team geführt und serviert wunderbare Croissants, Kuchen, Baguettes, Pfannkuchen, Säfte, Kaffees, Tees sowie gesunde Frühstücks- und indische Gerichte. Im Erdgeschoss befindet sich ein **Internetcafé** (www.shantionline.com; 25 ₹/Std.; ⌚Mo–Sa 8.30–13.30 & 15–19, So 8.30–13.30 Uhr).

Tasty Café CAFÉ **$$**

(Lakshmanan Nagar, Perumbakkam Rd; Hauptgerichte 100–210 ₹; ⌚7–22 Uhr) In einem friedlichen, schattigen Hof mit Holztischen und Plastikstühlen serviert dieses freundliche Café gut zubereitete indische und westliche Gerichte, darunter Pizza, Pasta, Pfannkuchen und Salate. Es befindet sich 700 m südwestlich der Chengam Rd.

Shoppen

Shantimalai Handicrafts Development Society KUNSTHANDWERK

(www.smhds.org; 83/1 Chengam Rd; ⌚9–19 Uhr) Dorffrauen aus der Gegend stellen die schönen Tagesdecken, Taschen, Armreifen, Schals, Karten, Öle und den Weihrauch her.

An- & Weiterreise

Der **Busbahnhof** (Polur Rd) liegt 800 m nördlich des Arunachaleshwara-Tempels; eine Autorikschafahrt vom zentralen Ashram-Bereich kostet 50 bis 60 ₹. Wer nach Chennai fahren will, nimmt am besten einen der stündlich verkehrenden Ultra-Deluxe-Busse.

Gingee (Senji)

☎04145 / 27 000 EW.

Gingee, an der Hauptstraße von Tiruvannamalai nach Puducherry gelegen, lohnt einen Besuch hauptsächlich wegen der fantastischen Ruinen des Forts am westlichen Stadtrand, das im 16. Jh. erbaut wurde.

Sehenswertes

Gingee Fort FORT

(☎04145-222072; Gingee; Inder/Ausländer 15/200 ₹; ⌚8–17 Uhr) Wie Burgen, die vom Herrn der Ringe falsch platziert wurden, ragen 37 km östlich von Tiruvannamalai die Ruinen des gewaltigen Gingee Fort aus der tamilischen Ebene. Dieses besteht aus drei separaten Hügelzitadellen und einem 6 km langen Ring aus Klippen und dicken Mauern. Die Anlage wurde größtenteils im 16. Jh. von den Vijayanagar-Königen errichtet, dann von den Marathen, den Moguln, den Franzosen und den Briten besetzt, ehe sie im 19. Jh. ihrem Schicksal überlassen wurde. Die schiere Größe, dramatische Schönheit und das heute friedliche Ambiente machen das Fort zu einem wirklich tollen Zwischenstopp.

Dennoch verirren sich nur wenige Ausländer hierher. Dafür aber ist Gingee bei indischen Touristen beliebt, nicht zuletzt, weil die Burg in diversen Filmen als Kulisse diente. Die Hauptstraße von Tiruvannamalai nach Puducherry führt unmittelbar westlich der Stadt mitten durch die Anlage. **Krishnagiri**, nördlich der Straße, ist die am leichtesten zu erreichende Zitadelle. Im Süden erheben sich die beiden anderen Zitadellen, **Rajagiri** (die höchste) und **Chakklidurg** – Letztere ist am weitesten entfernt und zugleich am uninteressantesten, zumal das Gelände nicht erklettert werden kann. Die Ticketbüros liegen zu Füßen der Zitadellen Krishnagiri und Rajagiri; hier bekommt man auch Lagepläne.

Die Überreste zahlreicher Gebäude verteilen sich in den unteren Bereichen des Komplexes. Besonders viele finden sich zu Füßen des Rajagiri im alten Palastviertel, dessen Hauptwahrzeichen die restaurierte, siebenstöckige, weiße **Kalyana Mahal** (Hochzeitshalle) ist. Unmittelbar östlich (und außerhalb) des Palastviertels befindet sich die aus dem 18. Jh. stammende **Sadat-Ullah-Khan-Moschee** und südöstlich davon der verlassene **Venkataramana-Tempel** aus dem 16. Jh.

Für den Aufstieg zur Krishnagiri-Zitadelle braucht man hin und zurück eine Stunde, für den Aufstieg zur Rajagiri-Zitadelle, die mehr als 150 m über der Ebene thront, zwei Stunden; wer beide Hügel erklettern will, muss mindestens einen halben Tag einplanen. Die meisten Besucher klettern zur Rajagiri-Zitadelle hinauf, weshalb es am Krishnagiri ruhiger ist. Man sollte früh starten und Wasser mitnehmen. Nach 15 Uhr werden keine Besucher mehr auf die Hügel gelassen.

An- & Weiterreise

Ein Taxi zwischen Tiruvannamalai und Puducherry mit einem zwei- bis dreistündigen Aufenthalt in Gingee kostet rund 3000 ₹.

Gingee liegt an der Busroute von Tiruvannamalai nach Puducherry; von Tiruvannamalai (25–35 ₹, 1 Std.) fahren alle zehn Minuten Busse. Unbedingt am Fort aussteigen, um sich den Weg aus dem Ort Gingee zu ersparen!

Puducherry (Pondicherry)

0413 / 244 380 EW.

Puducherry (früher Pondicherry und allgemein kurz Pondy genannt) ist die Hauptstadt des gleichnamigen indischen Unionsterritoriums, das bis 1954 unter französischer Kolonialherrschaft stand. Einige Menschen hier sprechen immer noch Französisch (und Englisch mit französischem Akzent). Hotels, Restaurants und Lifestyle-Läden vermarkten ein verführerisches Traumbild indofranzösischer Ästhetik, das von kreativen Typen aus Frankreich und indischen Künstlern und Designern bereichert wird. Der international berühmte Sri Aurobindo Ashram und Auroville, sein Ableger gleich nördlich der Stadt, locken große Zahlen esoterisch eingestellter Besucher an. Kurzum: Pondy präsentiert sich weniger als verblasste französische Kolonialstadt und mehr als eine bohemehaft schicke, teils esoterische, teils europäisch angehauchte Station auf der internationalen Travellerroute.

Der ältere, „französische" Stadtteil, in dem man wahrscheinlich die meiste Zeit verbringen wird, besitzt ruhige, saubere Straßen. Gesäumt werden diese von mit Bougainvilleen geschmückten kolonialen Stadthäuser, der Hausnummer fast schon logischen Gesetzen folgen. Der neuere Teil offenbart hingegen die typische Hektik Südindiens.

Reisende dürfen sich in Puducherry auf fabelhafte Einkaufsmöglichkeiten, viele Yoga- und Meditationsangebote, französisches Essen (endlich wieder Steaks!) und Bier freuen (Tschüss, Alkoholsteuer von Tamil Nadu!).

Puducherry wird von Norden nach Süden durch einen teilweise unterirdisch verlaufenden Kanal geteilt. Der französische Stadtteil liegt im Osten (zum Meer hin). Die Nehru (JN) St und die Rue Bussy (Lal Bahadur Shastri St) sind die wichtigsten Ost-West-Achsen, die Mahatma Gandhi (MG) Rd und die Mission St (Cathedral St) die wichtigsten Nord-Süd-Achsen. Viele Straßen wechseln im Verlauf ihren Namen, viele haben zudem englische, französische und tamilische Namen.

Sehenswertes

Uferpromenade UFER

(Goubert Ave) Puducherry liegt zwar am Meer, ist aber keine Strandstadt: Der Strand ist ein schmaler, schmutzig-brauner Sandstreifen, der im Meer auf eine Mauer aus zerklüfteten Felsen trifft. Nichtsdestotrotz ist die Goubert Ave (Beach Rd) eine wunderbare Uferpromenade, vor allem bei Sonnenauf- und -untergang, wenn die halbe Stadt hier einen romantischen Bummel unternimmt. In einem echten Geniestreich haben die Behörden die Straße zwischen 18 und 7.30 Uhr für den Verkehr gesperrt.

Sri Aurobindo Ashram ASHRAM

(0413-2233649; www.sriaurobindoashram.org; Marine St; 8–12 & 14–18 Uhr) GRATIS Die berühmte spirituelle Gemeinschaft, 1926 von Sri Aurobindo und einer nur als „die Mutter" bezeichneten Französin gegründet, zählt in ihren vielen Abteilungen rund 2000 Mitglieder. Aurobindos Lehren konzentrieren sich auf „integrales Yoga", bei dem die Anhänger in der Welt arbeiten und sich nicht aus ihr zurückziehen. Ein Besuch des grauen Ashrams-Hauptgebäudes vermittelt nur einen oberflächlichen Einblick: Man sieht die blumengeschmückten Grabstätten Aurobindos und der Mutter, gefolgt von einem Buchladen. Gäste, die im Ashram wohnen, gelangen auch in andere Bereiche und können an Aktivitäten teilnehmen. Die abendlichen Meditationen rund um das Samadhi stehen allen offen.

Werktags finden täglich Ashram-Führungen (50 ₹/Pers.) statt; anmelden kann man sich online (www.sriaurobindoautocare.com) oder im **Bureau Central** (☎0413-2233604; bureaucentral@sriaurobindoashram.org; Ambour Salai; ⏲6–12 & 16–18 Uhr) des Ashrams.

Manakula-Vinayagar-Tempel HINDUTEMPEL
(www.manakulavinayagartemple.com; Manakula Vinayagar Koil St; ⏲5.45–12.30 & 16–21 Uhr) In Puducherry gibt es zwar mehr Kirchen als in den meisten anderen indischen Städten, gleichwohl ist der Hinduismus die Religion der übergroßen Mehrheit der Bevölkerung. In dem jahrhundertealten, Ganesha geweihten Tempel, der rund 40 sorgfältig bemalte Friese besitzt, können sich Pilger, Touristen und Neugierige vom Tempelelefanten den Kopf tätscheln lassen.

Puducherry Museum MUSEUM
(http://art.puducherry.gov.in/museum.html; St. Louis St; Inder/Ausländer 10/50 ₹; ⏲Di–So 9–18.30 Uhr) Höhere Mächte allein wissen, wie es dem Museum in der umgebauten Villa aus dem späten 18. Jh. gelingt, dass ihm seine Exponate nicht zerbröseln – schließlich ist eine ganze Etage mit Möbeln aus der französischen Kolonialzeit vollgestopft, die der südindischen Feuchtigkeit ausgesetzt sind. Highlights im Erdgeschoss sind die Chola-, Vijayanagar- und Nayak-Bronzen sowie antike griechische und spanische Töpferwaren und Amphoren, die in Arikamedu, einem ehemaligen wichtigen Handelshafen südlich von Puducherry, geborgen wurden. Im Obergeschoss steht das Bett von Gouverneur Dupleix.

Institut Français de Pondichéry BIBLIOTHEK
(☎0413-2231616; www.ifpindia.org; 11 St. Louis St; ⏲Mo–Fr 9–13 & 14–17.30 Uhr) GRATIS Das prächtige neoklassizistische Gebäude aus dem 19. Jh. beherbergt eine florierende Forschungsinstitution, die sich der indischen Kultur, Geschichte und Ökologie widmet. Besucher können in der Bibliothek auf der Strandseite schmökern.

Französisches Viertel

Gleich hinter der Uferpromenade findet sich eine Reihe kopfsteingepflasterter, mit Bougainvilleen geschmückter Straßen, an denen weiße und senfgelbe Gebäuden in diversen Stadien romantischen Verfalls stehen. Ein historischer Rundgang in Eigenregie durch Puducherrys französisches Viertel beginnt beim französischen Konsulat nahe dem nördlichen Ende der Goubert Ave (der Uferpromenade; S. 1142). Richtung Süden geht es vorbei am 1836 erbauten **Leuchtturm** (Goubert Ave) und dann landeinwärts zum schattigen, landschaftlich gestalteten **Bharathi Park** (Compagnie St; ⏲6–19 Uhr) GRATIS. An der Nordseite des Parks liegt der **Raj Nivas** (Rangapillai St), die neoklassizistische Gouverneursresidenz. Zurück geht's zur Uferpromenade, vorbei am **Gandhi Memorial** (Goubert Ave) und dann Richtung Süden zur Kirche Notre Dame des Anges (S. 1143) und durch die „weiße Stadt" rund um die Straßen Dumas, Romain Rolland, Suffren und Labourdonnais. Nahe dem südlichen Ende der Dumas St kann man in der schönen **École Française d'Extrême-Orient** (www.efeo.fr; 16-19 Dumas St; ⏲Mo–Fr 8.30–12.30 & 14.30–17.30 Uhr) GRATIS vorbeischauen.

In dieser Gegend wird viel restauriert. Wer sich für Puducherrys architektonisches Erbe interessiert, kann sich bei INTACH Pondicherry (www.intachpondicherry.org) informieren. Auf der Webseite der Touristeninformation (S. 1150) sind historische Stadtspaziergänge detailliert beschrieben.

PUDUCHERRYS KATHEDRALEN

Puducherry besitzt dank französischer Missionarstätigkeit die größte Ansammlung prächtiger Kathedralen in Indien. Die 1791 fertiggestellte **Notre Dame de la Conception Immaculée** (Unsere Liebe Frau der unbefleckten Empfängnis; Mission St; ⏲7–12 & 15–20.30 Uhr) ist eine typische, himmelblau, leuchtend gelb und weiß gestaltete Jesuitenkirche, die in ihrem Stil an die portugiesischen Gotteshäuser von Goa erinnert. Die rot-weiße Pracht der neugotischen **Basilique du Sacré Cœur** (Heilig-Herz-Basilika; Subbaiah Salai; ⏲5.30–13 & 18–20 Uhr) zeichnet sich durch schön restaurierte Buntglasfenster und einen gotischen Sinn für Proportionen aus. Die Zwillingstürme und die Kuppel der in den 1850er-Jahren errichteten, hellrosa und gelb gehaltenen Kirche **Notre Dame des Anges** (Unsere Liebe Frau von den Engeln, Dumas St; ⏲6–10 & 16–19 Uhr) wirken im Licht des späten Nachmittags erhaben. Der Innenraum aus glatt poliertem Kalkstein wurde gefällig eierschalenfarben verputzt; auf dem gegenüberliegenden Platz steht eine Statue der Jungfrau von Orléans.

Puducherry (Pondicherry)

Aktivitäten

Sita KULTUR

(☎0413-4200718; www.pondicherry-arts.com; 22 Candappa Moudaliar St; Kurs 300–1200 ₹; ⊙9–13 & 15–19.30 Uhr) Das engagierte französisch-indische Kulturzentrum bietet eine Fülle von Aktivitäten, an denen Besucher auch nur für eine Sitzung teilnehmen können: Zum Angebot zählen Kurse in indischer Küche, *bharatanatyam* oder Bollywood-Tanz, *kolam*-Anfertigung und *mehndi* (Henna-Tattoos). Außerdem kann man Yoga-, Pilates-, Ayurveda- und Sari-Workshops besuchen und sich tollen Rad- und Fototouren anschließen.

Kallialay Surf School SURFEN

(☎9442992874; www.surfschoolindia.com; Serenity Beach, Tandriankuppam; Privatunterricht 1500 ₹/Std., Surfbrettverleih 400–600 ₹/90 Min.; ⊙wechselnde Öffnungszeiten) Surfen erfreut sich an den Küsten Tamil Nadus wachsender Beliebtheit. Diese alteingesessene, gut ausgestattete Surfschule unter spanischer Leitung liegt 5 km nördlich von Puducherry und hat ein breites Angebot von Anfängerkursen bis zu zweiwöchigen Intensivkursen.

Pondy Nautic BOOTSTOUR

(☎8220125027; www.pondynautic.com; Thengaitthittu; ab 900 ₹/Pers.; ⊙9–13 & 15–19.30 Uhr) Die

Puducherry (Pondicherry)

Sehenswertes
1 Bharathi Park D2
2 École Française D'Extrême-Orient D5
3 Gandhi Memorial D3
4 Institut Français de Pondichéry D1
5 Notre Dame des Anges D3
6 Alter Leuchtturm D2
7 Notre Dame de la Conception Immaculée B2
8 Puducherry Museum D2
9 Raj Nivas D2
10 Basilique du Sacré Cœur A5
11 Uferpromenade D4
12 Sri Aurobindo Ashram D1
13 Sri-Manakula-Vinayagar-Tempel C2

Aktivitäten, Kurse & Touren
14 Sita B3

Schlafen
15 Coloniale Heritage Guest House C5
16 Dune Mansion Calvé B1
17 Gratitude C4
18 Hotel de Pondichéry C5
19 International Guest House C2
20 Kailash Guest House C1
21 La Villa C4
22 Les Hibiscus C5
23 Nila Home Stay C4
24 Palais de Mahé D4
25 Park Guest House D5
26 Villa Helena C4
27 Villa Shanti C4

Essen
28 Baker Street B4
29 Café des Arts C3
30 Domus C5
31 Indian Coffee House B2
32 Kasha Ki Aasha C3
33 La Pasta World C1
34 Le Café D3
Le Club .... (siehe 18)
35 Nilgiri's B2
Palais de Mahé .... (siehe 24)
36 Surguru C2
37 Surguru Spot D2
Villa Helena .... (siehe 26)
Villa Shanti .... (siehe 27)

Ausgehen & Nachtleben
38 L'e-Space C4

Shoppen
39 Anokhi D3
40 Auroshikha C1
41 Fabindia C2
42 Focus B2
43 Kalki C1
44 La Boutique d'Auroville C1
45 LivingArt Lifestyles C4

Praktisches
46 Bureau Central C2
47 Französisches Konsulat D1
Shanti Travel .... (siehe 16)

einstündigen Schnellboot-Ausflüge in den Golf von Bengalen bieten die einmalige Gelegenheit, im offenen Meer zu schwimmen (ca. 30 Min.). Segeltouren führen in die Backwaters. Tickets vorab bei Sita buchen!

Yoga & Ayurveda

Im Sri Aurobindo Ashram (S. 1142) und in Auroville kann man Yoga praktizieren und studieren. Sita bietet Yogasitzungen, Ayurveda-Massagen und Ayurveda-Kurse an.

International Centre for Yoga Education & Research YOGA
(Ananda Ashram; ☎0413-2622902; www.icyer.com; 16A Mettu St, Chinnamudaliarchavady, Kottukuppam; ⏰10–14 Uhr) Sechsmonatige Kurse für Yogalehrer und Einzelunterricht für Anfänger mit zehn Sitzungen (8000 ₹), letzterer in der **Filiale im Stadtzentrum** (☎0413-2241561; 25 II Cross, Iyyanar Nagar; ⏰9–18 Uhr).

Geführte Touren

Eine wunderbare Art, Puducherry zu erkunden, sind die beliebten morgendlichen „Wake Up Pondy"-Fahrradtouren (1200 ₹/Pers.) von Sita (S. 1144), bei denen ein Frühstück inbegriffen ist.

Shanti Travel (S. 1150) veranstaltet empfehlenswerte zweistündige Stadtspaziergange (500 ₹/Pers.) mit englisch- oder französischsprachigen Führern.

Feste & Events

International Yoga Festival YOGA
(⏰4.–7. Jan.) Puducherrys Ashrams und die Yogakultur der Stadt präsentieren sich mit Workshops, Vorführungen und Wettbewerben, zu denen Experten aus dem In- und Ausland kommen.

Sturm auf die Bastille PARADE
(⏰14. Jul) Straßenumzüge, Feuerwerk und französische Pracht und Herrlichkeit sind Teil des Vergnügens am Nationalfeiertag der ehemaligen Kolonialmacht.

Schlafen

Wer etwas gespart hat, um sich mal etwas Besonderes zu leisten, sollte das hier auf den

Kopf hauen: Die Unterkünfte in Puducherry sind die besten in ganz Südindien und meist jede Rupie wert. Die hiesigen historischen Hotels verbinden Kolonialromantik mit modernem Komfort und schickem, französisch angehauchtem Stil, manche Anwesen wurden zudem liebevoll renoviert. Die meisten dieser Zimmer würden in Europa das Fünffache kosten. Für Wochenenden unbedingt vorab reservieren!

Der Sri Aurobindo Ashram (S. 1142) betreibt mehrere schlichte, aber saubere Gästehäuser. Diese sind in erster Linie für Gäste des Ashrams gedacht, aber viele nehmen auch andere Traveller auf, wenn diese sich an die Spielregeln halten (Sperrstunde 22.30 Uhr, kein Tabak, kein Alkohol, keine Drogen). Eine Liste dieser Unterkünfte hält das Bureau Central (S. 1143) des Ashrams bereit.

Park Guest House ASHRAM-GÄSTEHAUS $
(☎0413-2233644; parkgh@sriaurobindoashram.org; 1 Goubert Ave; Zi. ohne/mit Klimaanlage 900/1400 ₹; ❄) Wegen der wundervollen Lage am Ufer und den günstigsten Zimmern mit Klimaanlage weit und breit ist das Park Guest House Puducherrys beliebtestes Ashram-Gästehaus, das allerdings keine Reservierungen annimmt. Alle vorderen Zimmer blicken aufs Meer und haben eine Veranda oder einen Balkon. Es gibt einen Garten für Yoga und Meditation, ein vegetarisches Mittagsbuffet (125 ₹) und einen Fahrradverleih 50 ₹/Tag).

International Guest House ASHRAM-GÄSTEHAUS $
(INGH; ☎0413-2336699; ingh@aurosociety.org; 47 NSC Bose St; EZ 450 ₹, DZ 550–700 ₹, mit Klimaanlage EZ 750 ₹, DZ 1300–1630 ₹; ❄) Die kargen, sauberen Zimmer – der einzige Schmuck ist ein Foto der „Mutter" – haben ein gutes Preis-Leistungs-Verhältnis. Da die Unterkunft sehr beliebt ist, sollte man drei Wochen im Voraus reservieren.

Kailash Guest House PENSION $
(☎0413-2224485; http://kailashguesthouse.in; 43 Vysial St; EZ/DZ 1000/1200 ₹, mit Klimaanlage 1500 ₹; ❄) Die gute und günstige Pension hat schlichte, supersaubere Zimmer mit moskitosicheren Fenstern, eine freundliche Leitung und aus den oberen Stockwerken einen herrlichen Blick auf die Stadt. Dank ihrer gemütlichen Gemeinschaftsbereiche, Wäschetrockner und der Cafébar ist sie ganz auf die Bedürfnisse von Travellern eingestellt.

★ **Les Hibiscus** PENSION $$
(☎9442066763, 0413-2227480; www.leshibiscus.in; 49 Suffren St; EZ/DZ mit Frühstück 2725/2940 ₹; ❄@📶) Das mangogelbe Les Hibiscus steht auf unserer Liste der besten Hotels in Tamil Nadu ganz weit oben. Es hat nur ein paar fabelhafte Zimmer mit hohen Decken, antiken Betten, Kaffeemaschinen und einer Mischung aus origineller indischer Kunst und Fotos des alten Pondi – und das zu erstaunlich fairen Preisen. Die ganze Anlage ist stilvoll, das fantastische Frühstück aus frischen Zutaten zubereitet und das Management freundlich und hilfsbereit. Weit im Voraus buchen!

Gratitude PENSION $$
(☎0413-2225029; www.gratitudeheritage.in; 52 Romain Rolland St; EZ/DZ mit Frühstück 4200–6500/5000–7800 ₹; ❄📶) In dem wunderbar ruhigen Haus aus dem 19. Jh. heißt es keine Straßenschuhe, kein Fernseher, keine Kinder! Das sonnengelbe Gratitude wurde sorgsam restauriert und ist jetzt vielleicht noch schöner ist als zu seinen Anfängen. Die neun individuell gestalteten Zimmer verteilen sich auf zwei Etagen rund um einen schattigen, tropischen Hof, neben dem das köstliche Frühstück serviert wird. Es gibt eine Dachterrasse für Yoga und Massagen.

Hotel de Pondichéry HISTORISCHES HOTEL $$
(☎0413-2227409; www.hoteldepondicherry.com; 38 Dumas St; EZ/DZ mit Frühstück 2500/3000–5000 ₹; ❄📶) Das farbenfrohe historische Haus hat 14 komfortable, ruhige und luftige Zimmer im Kolonialstil, einige mit halb offenen Bädern, und setzt Akzente in Form originaler moderner Kunstwerke. Liebenswertes Personal. Im charmanten vorderen Hof residiert das ausgezeichnete Restaurant Le Club (S. 1149).

Nila Home Stay PENSION $$
(☎9994653006; www.nilahomestay.com; 18 Labourdonnais St; Zi. 1300–1800 ₹, mit Klimaanlage 2000–3000 ₹; ❄📶) Die schlichte, aber sehr stimmungsvolle und gepflegte Pension im Französischen Viertel wird von einladenden Gastgebern geführt. Es gibt eine Reihe frischer, farbenfroher Zimmer im historischen Stil (einige mit Küche und/oder Terrasse), außerdem praktische Gemeinschaftsküchen und einen relaxten Loungebereich.

Coloniale Heritage Guest House PENSION $$
(☎0413-2224720; http://colonialeheritage.com; 54 Romain Rolland St; Zi. mit Frühstück 2900–

3500 ₹; ❄📶) Das grüne Refugium aus der Kolonialzeit bietet sechs gemütliche Zimmer, von denen einige nur über eine steile Treppe zu erreichen sind. Dank der eindrucksvollen Kunstsammlung des Eigentümers, die edelsteinbesetzte Tanjore-Malereien, Lithografien von Ravi Varma und weitere südindische Werke des 19. und 20. Jhs. umfasst, ist das Coloniale Heritage ungemein stimmungsvoll. Das eine Zimmer verfügt über eine Schaukel, ein anderes über einen eigenen Balkon. Das Frühstück wird auf der Terrasse am Garten serviert.

★ Villa Shanti HISTORISCHES HOTEL $$$
(☎0413-4200028; www.lavillashanti.com; 14 Suffren St; Zi. mit Frühstück 7960–12 500 ₹; ❄📶) Das von zwei französischen Architekten umgestaltete, 100 Jahre alte Gebäude gibt dem Konzept des historischen Hotels im Französischen Viertel einen exquisiten, zeitgenössischen Dreh. Die schönen modernen Zimmer verbinden superschickes Design mit typischen tamilischen Materialien und kolonialer Eleganz: Himmelbetten treffen auf Chettinadu-Fliesen, Durchgangsbäder auf Wandmalereien mit tamilischen Inschriften. Im Hof finden sich ein sehr beliebtes Restaurant (S. 1148) und eine Bar.

Die Betreiber stehen auch hinter der superschicken Luxusunterkunft **La Villa** (☎0413-2338555; www.lavillapondicherry.com; 11 Surcouf St; Zi. mit Frühstück 15 960–19 380 ₹; ❄📶🏊).

Villa Helena HISTORISCHES HOTEL $$$
(☎0413-2226789; www.villa-helena-pondicherry.com; 13 Rue Bussy; EZ/DZ mit Frühstück 4000/5500–7000 ₹; ❄📶) Eine schicke Renovierung hat dieser prächtigen, von Franzosen geführten Villa aus dem 19. Jh. zeitgemäßen Stil verliehen. Die Zimmer, die sich an mit Pflanzen geschmückten Korridoren aneinanderreihen, sind frisch in blassen Farben modernisiert und wirken mit der gestreiften Bettwäsche, den bedruckten Kissen, antiken Möbeln und stilvollen modernen Bädern geschmackvoll minimalistisch. Das romantische **Restaurant** (☎0413-4210806; Hauptgerichte 350–520 ₹; ⏲12–15 & 19–22.30 Uhr) im Hof serviert wundervolle westliche Gerichte.

Dune Mansion Calvé HISTORISCHES HOTEL $$$
(☎0413-2656351; http://dunewellnessgroup.com; 44 Vysial St; Zi. mit Frühstück 6870–8180 ₹; ❄📶) 🍃 Im alten tamilischen Viertel gibt es fast genauso viele Villen wie im Französischen Viertel, nur werden diese von den meisten Touristen übersehen. Das 150 Jahre alte historische Anwesen an einer ruhigen, von Bäumen beschatteten Straße ist unter umweltfreundlicher Führung zu neuem Leben erwacht. Das mit Teakholzsäulen verzierte Atrium ist hoch und weiträumig, die Böden sind mit Chettinadu-Fliesen belegt und die zehn Zimmer prunken mit Eleganz, frei stehenden Badewannen und solar beheiztem Warmwasser.

Palais de Mahé HISTORISCHES HOTEL $$$
(☎0413-2345611; www.cghearth.com; 4 Rue Bussy; Zi. mit Frühstück 14 500–18 100 ₹; ❄📶🏊) Ein imposantes historisches Hotel: Auf drei mit Kolonnaden versehenen Etagen verteilen sich die schicken Zimmer mit hohen Decken, Holzmöbeln im Kolonialstil und Böden aus lackierten Beton um einen verführerischen, türkisblauen Pool. Das erstklassige **Restaurant** (☎0413-2345611; www.cghearth.com; 4 Rue Bussy; Hauptgerichte 300–600 ₹; ⏲7.30–10.30, 12.30–15 & 19–23 Uhr) auf dem Dach serviert beeindruckende, kreative Fusion-Küche, darunter auch auf Wunsch ein fertig zubereitetes Frühstück. Von Mai bis September, wenn die Preise um 30 % fallen, ist das Preis-Leistungs-Verhältnis richtig gut.

Maison Perumal HISTORISCHES HOTEL $$$
(☎0413-2227519; www.cghearth.com; 44 Perumal Koil St; Zi. mit Frühstück 8360–10 450 ₹; ❄📶) Lauschige Zimmer mit farbenfrohen Details, antiken Betten und Fotos der ursprünglichen Besitzer des Hauses umgeben zwei mit Säulen verzierte Patios in diesem renovierten 130 Jahre alten Wohnhaus, das sich in Puducherrys weniger touristischem Tamilenviertel versteckt. Im ausgezeichneten tamilisch-französischen **Restaurant** (Hauptgerichte abends 1200 ₹, mittags 350–550 ₹; ⏲12.30–15 & 19.30–21.30 Uhr) werden die Gerichte nach Gästewunsch aus marktfrischen Zutaten zubereitet. Von Mai bis September fallen die Preise um 50 %. Gäste können den Pool des Schwesterhotels Palais de Mahé benutzen.

Essen

Puducherry ist in kulinarischer Hinsicht ein Highlight in Tamil Nadu: Man bekommt tolle südindische Gerichte, gut zubereitete französische und italienische Cuisine und leckere Fusion-Küche. Wer Käse oder Croissants vermisst, ist hier genau richtig – und guten Kaffee und Crêpes gibt's im Französischen Viertel ohnehin praktisch überall.

Dazu gibt's auch noch ein paar nette, künstlerisch angehauchte Cafés.

Surguru SÜDINDISCH $
(☎ 0413-4308083; www.hotelsurguru.com; 235 Mission St; Hauptgerichte 65–140 ₹; ⏰ 7–22.40 Uhr) Einfache südindische Kost in vergleichsweise schickem Ambiente: Das Surguru ist die richtige Adresse für Thali- (nur mittags) und *dosa*-Fans, die ihr Gemüse gern unter einer starken Klimaanlage genießen. Die etwas elegantere Filiale **Surguru Spot** (☎ 0413-4308084; 12 Nehru St; Hauptgerichte 60–140 ₹; ⏰ 6.30–23 Uhr) liegt in der Nähe des Ashrams.

Baker Street CAFÉ $
(123 Rue Bussy; Gerichte 40–200 ₹; ⏰ 7–21 Uhr; 📶) Die beliebte, gehobene Bäckerei französischer Art liefert leckere Kuchen, Croissants und Biskuits. Auch die Baguettes, Brownies und Quiches sind nicht zu verachten. Man isst drinnen oder nimmt sich sein Essen mit.

Indian Coffee House SÜDINDISCH $
(125 Nehru St; Gerichte 30–55 ₹; ⏰ 6.30–21.30 Uhr) In dieser Institution labt man sich nach Herzenslust an billiger südindischer Kost wie *dosas, vadas und uttapams* sowie am Filterkaffee (20 ₹). Das ist der Ort, an dem Yann Martels Roman *Schiffbruch mit Tiger* beginnt.

Nilgiri's SUPERMARKT $
(23 Rangapillai St; ⏰ 9.30–21 Uhr) Gut sortierter, zentraler und klimatisierter Laden mit Lebensmitteln und Toilettenartikeln.

★ **Domus** CAFÉ, EUROPÄISCH $$
(☎ 0413-4210807; www.facebook.com/domus-pondicherry-708267965970400; 59 Suffren St; Gerichte 210–350 ₹; ⏰ 10–19 Uhr; 📶) Das entspannte, gesundheitsbewusste vegetarische Café versteckt sich in dem ruhigen Garten eines verrückten Design-Ladens, in dem blass türkisfarbene Säulen auf knallrote Wände stoßen. Hier gibt's gesundes Frühstücksmüsli, Sandwichs, bei denen man Brot, Belag und Sauce selber auswählt, und kreative europäische Salat-„Thalis“, die auf traditionelle Art auf Edelstahlplatten serviert werden. Ein prima Espresso, Smoothies und Säfte sind auch im Sortiment.

★ **La Pasta World** ITALIENISCH $$
(☎ 9994670282; www.facebook.com/lapastaworld; 55 Vysial St; Hauptgerichte 295–355 ₹; ⏰ Do–Sa 10–14 & 17–22, So–Mi 17–22 Uhr) Pastafans sollten im Tamilischen Viertel zu diesem kleinen Lokal mit nur ein paar kariert eingedeckten Tischen pilgern. Hier zaubert eine echte Italienerin eigene leckere, authentische Saucen und kocht in der kleinen offenen Küche perfekte Nudelgerichte. Alkohol gibt's nicht – hier dreht sich alles ums Essen!

Café des Arts CAFÉ $$
(www.facebook.com/café-des-arts-155637583166; 10 Suffren St; Gerichte 150–260 ₹; ⏰ Mi–Mo 8.30–19 Uhr; 📶) Das Bohème-Café würde gut nach Europa passen, befindet sich aber nun einmal in Puducherry – daher auch die Fahrradrikscha im Garten. Die erfrischend leichten Gerichte reichen von knackigen Salaten über Crêpes, Baguettes und Omelettes bis zu getoasteten Sandwichs. Der Kaffee und die frischen Säfte sind hervorragend. Das Ambiente in dem alten Stadthaus ist hübsch; die niedrigen Tische und Klubsessel stehen draußen vor einem Trödelladen.

Kasha Ki Aasha CAFÉ $$
(www.kkapondy.com; 23 Surcouf St; Hauptgerichte 150–250 ₹; ⏰ Do–Di 10–20 Uhr; 📶) Der Mix aus Kunsthandwerksladen und Café residiert in einem Haus aus der Kolonialzeit. Ein freundliches, nur aus Frauen bestehendes Team serviert hier auf der reetgedeckten Dachterrasse tolle Frühstückspfannkuchen, Mittagsgerichte, Kuchen und Fusionkost, so z. B. „europäische Thalis“ oder „indische Enchiladas“. Die fließenden Stoffe und Ledersandalen, die im Erdgeschoss verkauft werden, kommen direkt von den Herstellern. Am Samstagabend gibt's Livemusik.

Le Café CAFÉ $$
(☎ 0413-2334949; Goubert Ave; Gerichte 80–240 ₹; ⏰ 24 Std.) Pondis einziges Ufercafé ist eine gute Adresse, um bei einer frischen Brise am Golf von Bengalen Croissants, Kuchen, Salate, Baguettes, Frühstücksgerichte und südindischen Bio-Kaffee (heiß oder als Eiskaffee) zu genießen. Das Café ist beliebt, weshalb man sich oft einen Tisch teilen oder darauf warten muss, dass einer frei wird. Aber schließlich zählt hier nur die Lage.

★ **Villa Shanti** EUROPÄISCH, INDISCH $$$
(☎ 0413-4200028; www.lavillashanti.com; 14 Suffren St; Hauptgerichte 225–495 ₹; ⏰ 12.30–14.30 & 19–22.30 Uhr) Schicke Tische mit Kerzenbeleuchtung in einem Hof mit Palmen und Säulen, dazu eine farbenfrohe Cocktailbar – in dem stets gut besuchten und schwer angesagten Hotelrestaurant herrscht ein zwanglos-elegantes Ambiente. Das zeitge-

nössische französisch-indische Flair des Gebäudes spiegelt sich auch in den nordindischen und europäischen Gerichten wider. Die Portionen sind klein, der Geschmack ist riesig. Es gibt auch einige leckere und kreative vegetarische Optionen. Nach 19.30 Uhr keine Reservierung möglich.

Le Club EUROPÄISCH, INDISCH $$$
(0413-2227409; www.leclubraj.com; 38 Dumas St; Hauptgerichte 200–530 ₹; 11.45–15 & 18–22 Uhr) Ob Steaks (u. a. mit Blauschimmelkäsesauce oder Sauce Béarnaise), Pizzas, Pastagerichte oder Crêpes – in diesem romantisch beleuchteten Gartenrestaurant schmeckt alles erstklassig. Zu den verführerischen Gerichten mit südindischem Einschlag zählen das kreolische Garnelencurry, vegetarisches Kebab mit Panir sowie Fisch nach Malabar-Art. Dazu gibt's eine große Auswahl an Weinen, Mojitos und Margaritas.

Ausgehen & Nachtleben

Um sich ein Bier zu genehmigen, ist Puducherry sicher einer der besseren Orte in Tamil Nadu, die Sperrstunde um 23 Uhr ist dennoch unumstößlich. Trotz niedriger Alkoholsteuern gibt's wirklich billiges Bier nur in *liquor shops* (Schnapsläden) und deren düsteren Bars. Wer sich in netterer Atmosphäre ein Gläschen genehmigen will, kann dies in den Hotelrestaurants und -bars tun.

L'e-Space BAR
(2 Labourdonnais St; Cocktails 200 ₹, Gerichte 150–300 ₹; 17–23.30 Uhr) Die skurrile, halb offene Dachbar/Cafélounge ist freundlich, relaxt und gesellig und bietet gute Cocktails (wenn der Barkeeper nicht gerade spurlos verschwunden ist).

Shoppen

Angesichts all der Yoga-Yuppies, die in die Stadt strömen, hat sich Pondi auf Mode und Souvenirs der Sparte „Boutique-Chic trifft indischen Basar" spezialisiert. Tatsächlich gibt es einige schöne und originelle Stücke, die größtenteils im Sri Aurobindo Ashram oder in Auroville hergestellt werden. Die Nehru St und die MG Rd sind die Shopping-Hotspots. Und im Französischen Viertel stehen Boutiquen Spalier.

★ **Kalki** MODE & ACCESSOIRES
(www.maroma.com; 134 Mission St; 10–20.30 Uhr) Wunderschöne, edelsteinfarbene Kleidung aus Seide und Baumwolle, Accessoires, Weihrauch, Öle, Duftkerzen, Produkte aus handgeschöpftem Papier u. v. m. Das meiste wurde in Auroville hergestellt, wo sich eine weitere **Filiale** (Besucherzentrum; 9.30–18 Uhr) befindet.

Anokhi MODE & ACCESSOIRES
(www.anokhi.com; 1 Caserne St; 10–19.30 Uhr) Die raffinierte Boutique aus Jaipur ist beliebt für ihre schönen, bunten Blockdruckkleider, die dem traditionellen Stil eine moderne Note geben. Außerdem im Sortiment: prächtige, bunte Tagesdecken, Tischwäsche, Schals, Taschen, Haushaltswaren und Accessoires.

Auroshikha WEIHRAUCH
(www.auroshikha.com; 28 Marine St; Di–So 9–13 & 15–19 Uhr) Eine schier endlose Auswahl an Weihrauch, Duftkerzen, ätherischen Ölen und anderen duftenden Souvenirs, hergestellt vom Sri Aurobindo Ashram.

Fabindia KLEIDUNG, TEXTILIEN
(www.fabindia.com; 223 Mission St; 10.30–20.30 Uhr) Die Kette verkauft bezaubernde, handgemachte Fair-Trade-Produkte, die überwiegend von Dorfbewohnern in traditionellen Techniken hergestellt werden, und fördert so die Beschäftigung in ländlichen Gebieten. Diese Filiale führt wunderschöne moderne indische Kleidung aus Seide und Baumwolle, hochwertige Stoffe, Tischwäsche, Kosmetikartikel und Möbel.

La Boutique d'Auroville KUNSTHANDWERK
(www.auroville.com; 38 Nehru St; 9.30–20 Uhr) Hier findet sich eine gute Auswahl von Kunsthandwerk aus Auroville: Schmuck, Töpferwaren, Kleidung, Schals, handgemachte Karten und Kräuterkosmetik.

LivingArt Lifestyles MODE & ACCESSOIRES
(www.facebook.com/livingartlifestyles; 14 Rue Bazar St. Laurent; Di–Sa 10–14 & 15–20 Uhr) Hier findet man luftige Blockdruckkleider von lässiger Eleganz, Röcke, Hosen und bauchfreie Tops in lustigen, aber modischen geometrischen Mustern (alle in Auroville handgemacht). Auch schöne Saris aus ganz Indien sind zu haben.

Focus BÜCHER
(204 Mission St; Mo–Sa 9.30–13.30 & 15.30–21 Uhr) Gute Auswahl an Titeln mit Indien-Bezug und weiteren englischsprachigen Büchern (u. a. auch Lonely Planet-Reiseführern).

Praktische Informationen

Kliniken und Apotheken drängen sich in der Rue Bussy zwischen der Bharathi St und der MG Rd.

New Medical Centre (☎ 0413-2225287; www.nmcpondy.com; 470 MG Rd; ⏲ 24 Std.) Empfehlenswerte Privatklinik und Krankenhaus.

Shanti Travel (☎ 0413-4210401; www.shantitravel.com; 44 Vysial St; ⏲ 10–18 Uhr) Das professionelle Reisebüro organisiert Stadtspaziergänge, Tagesausflüge und Shuttles vom/zum Flughafen in Chennai.

Touristeninformation (☎ 0413-2339497; www.pondytourism.in; 40 Goubert Ave; ⏲ 10–17 Uhr)

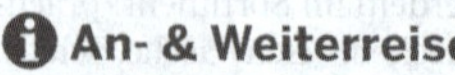

An- & Weiterreise

BUS

Der **Busbahnhof** (Maraimalai Adigal Salai) liegt 2 km westlich des Französischen Viertels. Weitere Busverbindungen starten in Villupuram (20 ₹, 1 Std., alle 15 Min.), 38 km westlich von Puducherry. Die privaten Busunternehmen, die hauptsächlich Übernachtverbindungen zu verschiedenen Zielen anbieten, haben Büros an der Maraimalai Adigal Salai westlich des Busbahnhofs. Um 23 Uhr fährt ein Bus mit Liegesitzen von **Parveen Travels** (☎ 0413-2201919; www.parveentravels.com; 288 Maraimalai Adigal Salai; ⏲ 24 Std.) nach Kodaikanal (650 ₹, 8 Std.).

FLUGZEUG

Puducherrys Flughafen liegt 6 km nordwestlich vom Stadtzentrum und war in den letzten Jahren mal in Betrieb, mal nicht. Zum Zeitpunkt der Recherche war geplant, ihn mit Flügen nach Bengaluru via Tiruchirappalli und möglicherweise auch zu anderen inländischen Zielen wieder zu eröffnen.

TAXI

Ein Taxi mit Klimaanlage vom/zum Flughafen Chennai kostet 4000 ₹.

ZUG

Im Bahnhof von Puducherry hält nur eine Handvoll Züge. Pro Tag fahren zwei Züge ohne Platzreservierung zum Bahnhof Egmore in Chennai (45–90 ₹, 4–5 Std.). In Villupuram gibt's Anschluss zu vielen weiteren Zugverbindungen. Der Bahnhof verfügt über ein computerisiertes Buchungsbüro für Züge in ganz Indien.

Unterwegs vor Ort

Pondis ebene Straßen lassen sich bestens zu Fuß erkunden. Viele Autorikschas sind im Einsatz, doch weigern sich die Fahrer meistens hartnäckig, den Taxameter einzustellen. Eine Fahrt vom Busbahnhof ins Französische Viertel kostet 60 ₹.

Puducherry und Auroville lassen sich auch gut per Fahrrad oder Motorrad erkunden. Am nördlichen Abschnitt der Mission St gibt's zwischen Nehru und Chetty St mehrere **Verleiher** (Mission St; Fahrrad 75 ₹/Tag, Motorroller oder Motorrad 250–400 ₹/Tag).

Auroville

☎ 0413 / 2570 EW.

Auroville, die „Stadt der Morgendämmerung", ist ein Ort, der Idealisten begeistert, eine internationale Gemeinschaft, die sich dem Frieden, der Nachhaltigkeit und dem „göttlichen Bewusstsein" verschrieben hat, in der Menschen aus aller Welt ungeachtet ihrer Religion, Farbe oder Nationalität am Aufbau einer universellen Stadt frei von Geld und Glauben arbeiten.

Die Meinungen von Außenstehenden über die Einwohner von Auroville reichen von Bewunderung bis zum Vorwurf der selbstsüchtigen Wirklichkeitsflucht. Der Ort besteht aus mehr als 100 kleinen, über das Land verteilten Siedlungen mit rund 2500 Bewohnern aus 52 Staaten. Fast 60 % der Bewohner sind Ausländer; die meisten neuen Mitglieder benötigen mehr Mittel, als sie den meisten Indern jemals zur Verfügung stehen. Aber die Energie, die dem Ort zugrundeliegt, ist spürbar, selbst bei einer kurzen Stippvisite.

Auroville, rund 12 km nordwestlich von Puducherry gelegen, wurde 1968 von der „Mutter", der Mitbegründerin des Sri Aurobindo Ashram in Puducherry, gegründet. Die Bewohner haben eine Vielzahl von Aktionen ins Leben gerufen, die von Schulen und IT-Projekten über Biofarmen und erneuerbare Energien bis hin zum Kunsthandwerk reichen. 4000 bis 5000 Menschen aus den umliegenden Dörfern haben dabei eine Arbeit gefunden.

Die Website von Auroville (www.auroville.org) ist eine nahezu enzyklopädische Informationsquelle.

Sehenswertes & Aktivitäten

Auroville ist nicht gerade auf Tourismus ausgerichtet – die meisten Bewohner sind genug mit ihrem Alltag beschäftigt. Dennoch verfügt es über ein gutes **Besucherzentrum** (☎ 0413-2622239; www.facebook.com/aurovillevisitorscentre; ⏲ 9.30–13 & 13.30–17 Uhr) mit Informationen, Ausstellungen und Produkten aus Auroville. Hier kann man sich ein Handbuch und einen Lageplan besorgen (20 ₹) und ein zehnminütiges Video anschauen, zudem gibt das Zentrum kostenlose Pässe aus, mit denen man sich das Matrimandir, wenn auch nur von außen, anschauen kann: Aurovilles „Seele" steht mitten im Wald und ist über einen 1 km langen Fußmarsch zu erreichen.

Besucher können das Straßen- und Wegenetz erkunden, das sich auf eine Fläche von rund 10 km² erstreckt. Dank der 2 Mio. Bäume, die seit der Gründung Aurovilles angepflanzt wurden, ist der Ort angenehm schattig.

Wer mehr über Auroville erfahren will, dem empfiehlt die Gemeinde, mindestens zehn Tage zu bleiben und an einem Einführungs- und Orientierungsprogramm teilzunehmen. Und wer gar richtig mitmachen will, muss sich als Freiwilliger für sechs oder zwölf Monate verpflichten. Infos erteilt der **Auroville Guest Service** (☎0413-2622675; guestservice@auroville.org.in; Solar Kitchen Bldg, 2 km östlich des Besucherzentrums; ⏲Mo–Fr 9.30–12.30 & 13–16, Sa 9.30–12.30 Uhr).

Matrimandir GEBÄUDE
(1 km östlich des Besucherzentrums; ⏲Passausgabe Mo–Sa 9.45–13 & 13.30–16.30, So 9.45–12.30 Uhr) GRATIS Das große, goldene, fast kugelförmige Matrimandir, Aurovilles Mittelpunkt, wird oft mit einem Golfball auf einem Bett aus Lotusblättern verglichen. Die grandiose Schlichtheit der baulichen Form inmitten eines unberührten grünen Parkgeländes mag bei dem einen oder anderen Besucher ein Gefühl jenes göttlichen Bewusstseins erwecken, welches das Gebäude repräsentieren soll. Der mit weißem Marmor ausgekleidete Hauptraum im Innern beherbergt eine große Glaskristallkugel, die das über einen Heliostaten gebündelte Sonnenlicht über den fensterlosen, der individuellen stillen Einkehr gewidmeten Raum verteilt.

Wer sich das Matrimandir nicht nur vom Garten aus anschauen, sondern drinnen meditieren will, muss dies ein bis vier Tage im Voraus in Aurovilles **Matrimandir Access Office** (☎0413-2622239, 0413-2622204; mmconcentration@auroville.org.in; Besucherzentrum; ⏲Mi–Mo 10–11 & 14–15 Uhr) anmelden.

Schlafen

Auroville besitzt mehr als 80 Gästehäuser und Gastunterkünfte von sehr unterschiedlichem Komfort und variierenden Preisen – von Schlafsaalbetten für 200 ₹ bis hin zu Cottages für zwei Personen mit eigenem Pool für 5400 ₹. Der **Guest Accommodation Service** (☎0413-2622704; www.aurovilleguesthouses.org; Besucherzentrum; ⏲9.30–12.30 & 14–17 Uhr) gibt Tipps, gebucht werden muss aber direkt bei den einzelnen Gästehäusern. In der Hauptsaison (Aug.–Sept. & Dez.–März) sollte man drei oder vier Monate im Voraus reservieren.

An- & Weiterreise

Die Hauptzufahrtsstraße nach Auroville zweigt im Dorf Periyar Mudaliarchavadi, 6 km nördlich von Puducherry, von der East Coast Rd ab. Von dort sind es noch einmal 6 km westwärts bis zum Besucherzentrum.

Die Anfahrt mit einer Autorikscha ab Puducherry kostet 270 ₹. Man kann auch von der Ambour Salai in Puducherry einen Bus nach Kottukuppam (Richtung Norden) bis zur Abzweigung nach Auroville nehmen (10–20 ₹, alle 10 Min.) und von dort das letzte Stück mit der Autorikscha (150 ₹) fahren. Vom Busbahnhof in Puducherry fahren auch direkt Busse zum Besucherzentrum von Auroville (10 ₹, 7.30, 13.45 & 16.30 Uhr, Rückfahrten 8.15, 14.20 & 17.15 Uhr).

Ansonsten kann man auch ein Fahrrad oder Motorrad in den **Läden** am nördlichen Abschnitt der Mission St in Puducherry mieten.

ZENTRALES TAMIL NADU

Chidambaram

☎04144 / 62150 EW.

Der einzige Grund für einen Besuch in Chidambaram ist die große Tempelanlage für Nataraja, die Inkarnation Shivas als „König des Tanzes". Sie ist eine der heiligsten Stätten der Shivaiten und zugleich ein Höhepunkt der drawidischen Architektur. Die Stadt lässt sich leicht im Rahmen eines Tagesausflugs aus Puducherry oder als Zwischenstation auf der Fahrt von Puducherry nach Tharangambadi oder Kumbakonam besuchen.

Die meisten Unterkünfte befinden sich in der Nähe des Tempels oder des Busbahnhofs (500 m südöstlich vom Tempel). Der Bahnhof liegt 1 km weiter südöstlich.

Sehenswertes

★**Nataraja-Tempel** HINDUTEMPEL
(East Car St; ⏲Innenbereich 6–12 & 16.30–22 Uhr) Laut einer Legende traten Shiva und Kali einst in einen Tanzwettbewerb, bei dem Vishnu als Schiedsrichter agierte. Shiva ließ einen Ohrring fallen und nahm ihn mit dem Fuß auf. Kali konnte das nicht, und so gewann Shiva den Ehrentitel Nataraja (König des Tanzes). In dieser Form wird er in dem imposanten Tempel von einem unaufhörlichen Strom von Gläubigen verehrt. Der Tempel wurde zur Zeit des Chola-Reichs errichtet (Chidambaram war eine Residenz der Chola-Könige). Die Hauptschreine rei-

chen aber wohl mindestens bis ins 6. Jh. zurück.

Der von einer Mauer umgebene, 22 ha große Komplex besitzt vier hohe *gopurams* aus dem 12. Jh., die mit drawidischen Stein- und Stuckreliefs verziert sind. Der Haupteingang erfolgt durch den östlichen, ältesten *gopuram*. In diesem Durchgang sind die 108 heiligen Stellungen des klassischen tamilischen Tanzes eingemeißelt. Rechts hinter dem Torturm liegen die aus dem 12. Jh. stammende, mit Elefantenfiguren geschmückte **Raja Sabha** (Königshalle, 1000-Säulen-Halle; nur an Festtagen geöffnet) und das große **Sivaganga-**Wasserbecken.

Von der Ostseite aus gelangt man in den zentralen Bereich (Fotografieren verboten). In seinem Südteil (links vom Eingang) steht die **Nritta Sabha** (Tanzhalle) aus dem 13. Jh., die die Form eines Wagens und 56 fein gearbeitete Säulen besitzt. Mitunter wird behauptet, dies sei der Schauplatz des göttlichen Tanzwettstreits.

Nördlich der Nritta Sabha gelangt man durch eine Tür in den Innenhof, in dem die meisten Tempelrituale zelebriert werden. Man steht nun direkt vor den zusammenhängenden hüttenartigen Gebäude der mit einem goldenen Dach versehenen **Kanaka Sabha** und der **Chit Sabha** (Halle der Weisheit). In der Chit Sabha, dem innersten Schrein, steht die zentrale Nataraja-Bronzefigur des Tempels; sie zeigt Shiva als kosmischen Tänzer, der einen Zyklus der Schöpfung beendet, einen neuen beginnt und so die Gegensätze vereint. Auch in seiner unsichtbaren Form als „Raum" wird Shiva hier verehrt.

Zu *puja*-Zeiten strömen die Gläubigen in den umliegenden Pavillon, um den Riten beizuwohnen, die die Tempelpriester vollziehen. Sie gehören der Gemeinschaft der Dikshitars an, die Brahmanen sind und das Amt in der Familie weitervererben. Um Shiva und Parvati gleichzeitig zu repräsentieren, scheren die Priester eine Seite ihres Kopfes, lassen das Haar auf der anderen lang wachsen und binden es zu einem Haarknoten.

An der Südseite der beiden inneren Schreine befindet sich der **Govindaraja-Schrein** mit einem liegenden Vishnu. Im Westen blickt der **Shivakamasundari-Schrein** auf den Tempelteich; dieser Schrein ist mit feinen Deckenmalereien in Ocker und Weiß aus der Nayak-Zeit des 17. Jhs. geschmückt.

Manchmal bieten Priester an, einen für 200 bis 300 ₹ durch die Tempelanlagen zu führen. Der prächtige Tempel wird, für Tamil Nadu ungewöhnlich, privat von den Dikshitars verwaltet und finanziert, die man mit einer solchen Führung also unterstützt. Offizielle Tempelführer gibt es keine.

Feste & Events

Chariot Festivals RELIGION
(Juni–Juli & Dez.–Jan.) Von den vielen Festen in Chidambaram sind die zehntägigen Tempelwagen-Feste die beiden größten.

Natyanjali Dance Festival TANZ
(http://natyanjalichidambaram.com; Feb.–März) Chidambarams fünftägiges Tanzfestival lockt 300 bis 400 klassische Tänzer aus ganz Indien zum Nataraja-Tempel.

Schlafen & Essen

Rund um den Tempel liegen viele billige, aber teilweise auch recht schäbige, Pilgerherbergen. Außerdem finden sich in der Nähe ein paar bessere Hotels der unteren Mittelklasse, die auch Restaurants haben.

Hotel Saradharam HOTEL $$
(04144-221336; www.hotelsaradharam.co.in; 19 VGP St; Zi. mit Frühstück 1100 ₹, mit Klimaanlage 2200 ₹;) Das geschäftige und nette Saradharam gegenüber dem Busbahnhof ist das beste Hotel vor Ort. Es ist ein bisschen verwohnt und muffig, aber einigermaßen komfortabel und eine willkommene Erholung vom Trubel der Innenstadt. Es gibt kostenloses WLAN im Foyer und drei Restaurants, zwei vegetarische und das gute, klimatisierte **Anupallavi** (Hauptgerichte 150–225 ₹; 7–10, 12–15 & 19–22 Uhr) mit internationaler Küche.

BUSSE AB CHIDAMBARAM

ZIEL	PREIS (₹)	DAUER (STD.)	HÄUFIGKEIT
Chennai	140	6	alle 10 Min.
Kumbakonam	42	3	alle 30 Min.
Puducherry	75	2	alle 10 Min.
Thanjavur	60	3–4	alle 30 Min.
Tharangambadi	75	2–3	alle 30 Min.

ABSTECHER

DAS FRIEDLICHE THARANGAMBADI (TRANQUEBAR)

Südlich von Chidambaram erstreckt sich das vielarmige Kaveri-Delta über 180 km längs der Küste und bis ins Landesinnere. Der Cauvery (Kaveri) ist die Lebensader der tamilischen Landwirtschaft, sein Tal bildete das Kernland des Chola-Reichs. Heute ist das Delta eines der zugleich schönsten, ärmsten und traditionellsten Gebiete in Tamil Nadu.

Die winzige Hafenstadt **Tharangambadi**, die man immer noch als Tranquebar kennt, ist mit Abstand der attraktivste Ort in der Gegend. Die ruhige ehemalige dänische Kolonie, die Dänemark erst 1845 an die Britische Ostindien-Kompanie verkaufte, eignet sich dank eines langen Sandstrandes voller Fischerboote und der erfrischenden Meeresbrise prima, um sich von den heißen, überfüllten Städten im Landesinneren zu erholen.

Die Altstadt hinter dem 1792 errichteten **Landporten Gate** besitzt Bauten aus der Kolonialzeit und wurde seit dem Tsunami von 2004, der hier rund 800 Todesopfer forderte, aufwendig restauriert. Bei INTACH Pondicherry (www.intachpondicherry.org) gibt's eine gute Karte zum Herunterladen. Das am Ufer errichtete, pfirsichfarbene dänische Fort, **Dansborg** (Parade Ground, King's St; Inder/Ausländer 5/50 ₹, Foto/Video 30/100 ₹; ⏲ Sa–Do 10–17.45 Uhr) stammt von 1624 und wurde 1801 von den Briten besetzt; heute befindet sich in ihm ein kleines, aber faszinierendes Museum. Zu den weiteren bemerkenswerten Gebäuden zählt die 1718 in einem indisch-europäischen Mischstil erbaute **New Jerusalem Church** (Tamil Evangelical Lutheran Church; King's St; ⏲ Sonnenaufgang–Sonnenuntergang). In ihr befindet sich das Grabmal von Bartholomäus Ziegenbalg, dem aus Deutschland stammenden ersten lutherischen Missionar in Südindien, der zudem erstmals das Neue Testament ins Tamilische übersetzte. Tranquebars **Postamt** (Post Office St; ⏲ Mo–Sa 8.30–18 Uhr) residiert seit 1884 in dem gleichen, inzwischen ziemlich verfallenen Gebäude, während der am Ufer stehende **Masilamani-Nathar-Tempel** (⏲ 6–12 & 16–20 Uhr, unterschiedliche Öffnungszeiten) aus dem 14. Jh. heute in bunten Farben erstrahlt.

Die meisten Unterkünfte in Tharangambadi werden von **Bungalow on the Beach** (☎ 04364-289036; http://neemranahotels.com; 24 King's St; Zi. mit Frühstück 6080–10 320 ₹; ❄📶🏊) betrieben, das sich in der aus dem 17. Jh. stammenden und schön restaurierten früheren Residenz des britischen Administrators befindet. Es gibt 17 schöne, europäisch anmutende Zimmer im Hauptgebäude und zwei weiteren historischen Gebäuden der Stadt – vorab reservieren! Im Hauptblock gibt es ein gutes **Restaurant** (☎ 04364-289036; http://neemranahotels.com; 24 King's St; Hauptgerichte 150–300 ₹; ⏲ 7.30–9.30, 12.30–14.30 & 19–21.30 Uhr), einen traumhaften Swimmingpool und eine fantastische umlaufende Terrasse.

Regelmäßig verbinden (überfüllte) Busse Tharangambadi mit Chidambaram (75 ₹, 2 Std., stündl.) und Karaikal (12 ₹, 30 Min., halbstündl.). In Karaikal hat man Anschluss nach Kumbakonam (26–34 ₹, 2 Std., 4–22.15 Uhr alle 2 Std.), Thanjavur (62 ₹, 3 Std., 4–22.15 Uhr alle 2 Std.) und Puducherry (85 ₹, 4 Std., 4.15–24 Uhr alle 30 Min.).

ℹ An- & Weiterreise

BUS

Die staatlichen Busse nutzen den **Busbahnhof** (VGP St). **Universal Travels** (☎ 044-9842440926; VGP St; ⏲ 9–22 Uhr) gegenüber dem Busbahnhof betreibt Volvo-AC-Busse nach Chennai (500 ₹, 5 Std., 8 & 16.30 Uhr).

ZUG

Täglich fahren mindestens drei Züge nach Tiruchirappalli (2. Klasse/3AC/2AC 80/490/695 ₹, 3½ Std.) über Kumbakonam (55/490/695 ₹, 1½ Std.) und Thanjavur (65/490/695 ₹, 2 Std.) sowie sieben zum Bahnhof Egmore in Chennai (105/490/695 ₹, 5½ Std.).

Kumbakonam

☎ 0435 / 140 160 EW.

Auf den ersten Blick ist Kumbakonam nur eine weitere chaotische indische Stadt an einem Verkehrsknotenpunkt. Aber dann entdeckt man die vielen *gopurams*, die vor den 18 Tempeln der Stadt in den Himmel ragen und daran erinnern, dass diese im Mittelalter der Sitz einer wichtigen südindischen Macht war. Ganz in der Nähe befinden sich zudem zwei Chola-Tempel, die zum Weltkulturerbe gehören (S. 1155) – ein Aufenthalt mit Übernachtung lohnt sich also auf alle Fälle.

Kumbakonam

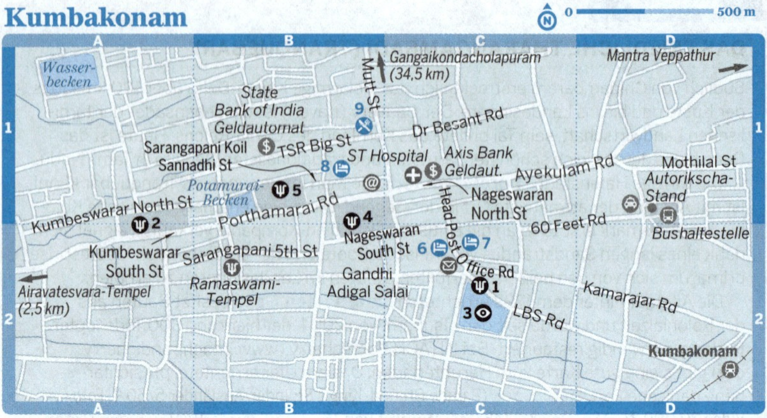

Kumbakonam

Sehenswertes

1 Kashivishvanatha-Tempel C2
2 Kumbeshwara-Tempel.......................A2
3 Mahamaham-Becken.........................C2
4 Nageshwara-Tempel..........................B1
5 Sarangapani-Tempel..........................B1

Schlafen

6 Hotel Raya's...C2
7 Hotel Raya's Annexe C2
8 Pandian Hotel B1

Essen

9 Hotel Sri Venkkatramana...................B1
Sathars Restaurant .... (siehe 6)

Sehenswertes

Nageshwara-Tempel HINDUTEMPEL
(Nageswaran Koil St; 6.30–12.30 & 16–20.30 Uhr) Der von den Cholas im Jahr 886 begründete Tempel ist der älteste in Kumbakonam und Shiva als Schlangenkönig Nagaraja geweiht. An drei Tagen im Jahr (im April oder Mai) fallen die Sonnenstrahlen auf den Lingam. Der erhöhte Schrein rechts vor dem inneren Sakralraum ist, wie für den Chola-Stil typisch, als von Pferden gezogener Wagen gestaltet; daneben stehen farbenfrohe, moderne Elefantenfiguren.

Sarangapani-Tempel HINDUTEMPEL
(Sarangapani Koil Sannadhi St; 6.30–12.30 & 16–20.30 Uhr) Kumbakonams größter Vishnutempel besitzt einen 45 m hohen östlichen *gopuram,* der als Haupttor dient; der niedrige Durchgang ist mit Reliefs geschmückt, die Tanzszenen darstellen. Hinter dem Kuhstall des Tempels – Krishna als Rinderhirte ist eine der Inkarnationen Vishnus – befinden sich ein weiterer *gopuram* und eine Säulenhalle, die zum inneren Heiligtum führt, einem als Wagen mit gemeißelten großen Elefanten, Pferden und Rädern verzierten Gebäude der Cholas aus dem 12. Jh. Im Inneren ist Fotografieren verboten.

Kumbeshwara-Tempel HINDUTEMPEL
(abseits der Kumbeswarar East St; 6.30–12.30 & 16–20.30 Uhr) Kumbakonams größten Shivatempel betritt man durch einen neunstöckigen *gopuram,* einen kleinen Basar und eine lange, offene Säulenhalle (*mandapa).* Der Tempel stammt aus dem 17. und 18. Jh. und birgt einen Lingam, den Shiva selbst aus Sand und dem Nektar der Unsterblichkeit geformt haben soll.

Mahamaham-Becken RELIGIÖSE STÄTTE
(LBS Rd) Das von 16 Pavillons umgebene Mahamaham-Becken ist eine der heiligsten Stätten in Kumbakonam. Es heißt, dass alle zwölf Jahre Wasser aus Indiens heiligsten Flüssen, darunter dem Ganges, in das Wasserbecken strömt, was dann in einem großen Fest gefeiert wird (das nächste Mal im Jahr 2028). Der an der Nordseite des Wasserbeckens stehende **Kashi-Vishwanatha-Tempel** (LBS Rd; 6.30–12.30 & 16–20.30 Uhr) birgt ein interessantes Trio von Flussgöttinnen; die mittlere Figur soll den Cauvery darstellen.

Schlafen & Essen

Pandian Hotel HOTEL $
(0435-2430397; 52 Sarangapani Koil Sannadhi St; EZ/DZ 350/660 ₹, DZ mit Klimaanlage 990 ₹;) Die recht saubere, alteingesessene Budgetunterkunft ist gewiss nicht originell, das

Preis-Leistungs-Verhältnis stimmt aber im Großen und Ganzen.

Hotel Raya's HOTEL **$$**

(☎0435-2423170; www.hotelrayas.com; 18 Head Post Office Rd; Zi. 1200 ₹, mit Klimaanlage 1560 ₹; ❄) Freundlicher Service und makellose, geräumige Zimmer machen das Raya zur besten Unterkunft vor Ort. Der neuere Anbau **Hotel Raya's Annexe** (☎0435-2423270; 19 Head Post Office Rd; Zi. 2000 ₹; ❄📶) hat die besten und hellsten Zimmer und ein mit Wandmalereien geschmücktes Foyer. Das Hotel verfügt über einen praktischen Fahrservice für Ausflüge außerhalb der Stadt. Das **Sathars Restaurant** (☎0435-2423170; Hauptgerichte 120–240 ₹; ⌚11.30–23.30 Uhr) serviert in einem sauberen Ambiente gute vegetarische und nicht vegetarische Gerichte.

NICHT VERSÄUMEN

CHOLA-TEMPEL IN DER NÄHE VON KUMBAKONAM

Zwei der drei großen Monumente des Chola-Reichs stehen in Dörfern gleich außerhalb von Kumbakonam: der Airavatesvara-Tempel in Darasuram und der Brihadishvara-Tempel in Gangaikonda Cholapuram. Anders als der zum UNESCO-Welterbe zählende Brihadishvara-Tempel in Thanjavur werden diese beiden Heiligtümer heute nur von wenigen Gläubigen (und Touristen) besucht. Sie besitzen einen schönen Gesamtaufbau, u. a. mit pyramidenförmigen Türmen im Zentrum eines ummauerten Tempelgevierts, und exquisite unbemalte Steinreliefs.

Vom Busbahnhof in Kumbakonam (S. 1156) fahren häufig Busse zu nahe gelegenen Dörfern, die einen in Darasuram absetzen können; Busse nach Gangaikonda Cholapuram (20 ₹, 1½ Std.) starten alle 15 Minuten. Eine Autorikscha nach Darasuram kostet hin und zurück ca. 150 ₹. Eine halbtägige Autotour zu beiden Tempeln bietet das zuverlässige Hotel Raya (S. 1155) in Kumbakonam für 1100 ₹ (1250 ₹ für ein Auto mit Klimaanlage) an.

Airavatesvara-Tempel (Darasuram; ⌚6–20 Uhr, Innerer Schrein 6–13 & 16–20 Uhr) Der nur 3 km westlich von Kumbakonam gelegene Shivatempel wurde in der späten Chola-Zeit unter Rajaraja II. (1146–1173) errichtet. Die Stufen der **Rajagambhira-Halle** sind mit lebendigen Reliefs geschmückt, die Wagen ziehende Pferde und Elefanten darstellen. Auch die 108 individuell gestalteten Säulen zieren detailverliebte Reliefs, die u. a. Tänzerinnen, Akrobaten und das Ungeheuer *yali* darstellen. Letzteres setzt sich aus den Körperteilen verschiedener Tiere zusammen (es hat einen Elefantenkopf, den Rumpf eines Löwen, Ziegenhörner, Schweineohren und einen Kuhhintern). In dem von Wächterfiguren flankierten **Hauptschrein** kann man den in der Mitte stehenden Lingam verehren und sich ein glücksverheißendes *tilak* auf die Stirn malen lassen. (10 ₹).

Gangaikondacholapuram-Tempel (Brihadishwara-Tempel; Gangaikondacholapuram; ⌚6–12 & 16–20 Uhr) Der Tempel in Gangaikondacholapuram („Stadt der Cholas, die den Ganges eroberten"), 35 km nördlich von Kumbakonam, ist Shiva geweiht. Er wurde im 11. Jh. von Rajendra I. erbaut, als er die Chola-Hauptstadt von Thanjavur hierher verlegte, und weist viele Ähnlichkeiten mit dem früheren Brihadishwara-Tempel in Thanjavur auf. Sein wunderschöner, 49 m hoher Turm hat im Gegensatz zum leicht konvexen Turm in Thanjavur jedoch eine leicht konkave Krümmung und gilt deswegen als dessen „weibliches" Gegenstück. Die künstlerischen Highlights der Anlage sind die wunderbar anmutigen Skulpturen rund um den Turm.

Ein massiver Nandi-Bulle (Shivas Reittier) steht gegenüber dem Tempel im ruhigen Garten, ein Löwe hält in der Nähe Wache. Der Hauptschrein unter dem Turm beherbergt einen riesigen Lingam und wird durch eine lange Halle aus dem 17. Jh. betreten. Zu den kunstvollen Schnitzereien auf der Außenseite des Turms gehören Shiva als Bettler Bikshatana (gleich links der Südtreppe), als Ardhanarishvara (halb Mann, halb Frau) und als Nataraja auf der Südseite. Zudem sind abgebildet: Shiva mit Ganga; Shiva, der aus dem Lingam erscheint; Vishnu mit Lakshmi und Bhudevi (die südlichsten drei Abbildungen auf der Westseite); und Shiva mit Parvati (die nördlichsten Abbildungen auf der Westseite). Am berühmtesten ist jedoch die meisterhafte Tafel neben der Nordtreppe, auf der Shiva einen Kranz auf den Kopf seines Anhängers Chandesvara legt.

BUSSE AB KUMBAKONAM

ZIEL	PREIS (₹)	DAUER (STD.)	HÄUFIGKEIT
Chennai (AC)	300	8	13.50 Uhr
Chidambaram	50	2½–3	alle 30 Min.
Karaikal	40	2¼	alle 15 Min.
Thanjavur	30	2	alle 5 Min.
Tiruchirappalli	60	4	alle 5 Min.

Mantra Veppathur RESORT $$$

(☎0435-2462261; www.mantraveppathur.com; 536/537 A, 1 Bagavathapuram Main Rd Extension, Srisailapathipuram; EZ/DZ mit Frühstück 8500–9720/9720–10 940 ₹;) Die Anlage von Mantra Veppathur liegt im Dschungel am Fluss, 10 km nordöstlich von Kumbakonam, und bietet eine wunderbare Zuflucht vor dem Trubel der Tempelstadt. Die komfortablen, modern-rustikalen Zimmer haben Veranden mit Schaukelstühlen, Duschen im Freien und geschnitzte Teakholztüren. Ayurveda-Anwendungen werden angeboten. Das Regenwasser wird gesammelt und die Bio-Farm versorgt das Restaurant, das vorwiegend indische Gerichte zubereitet und auf der türkis gefliesten Veranda serviert.

Hotel Sri Venkkatramana SÜDINDISCH $

(TSR Big St; Thalis 70–110 ₹; Mo–Sa 6–22 Uhr) Das bei Einheimischen sehr beliebte Restaurant serviert gute und frische vegetarische Gerichte in einem klimatisierten Speisesaal.

An- & Weiterreise

Die staatlichen Busse nutzen den **Busbahnhof** (60 Feet Rd).

Täglich fahren 13 Züge nach Thanjavur (2. Klasse/3AC/2AC 45/490/695 ₹, 30–60 Min.) und neun nach Tiruchirappalli (60/490/695 ₹, 1½–2½ Std.). Zu den fünf Zügen, die täglich vom/zum Bahnhof Egmore in Chennai fahren, zählen der Nachtzug Mannai Express (Sleeper/3AC/2AC/1AC 210/555/795/1325 ₹, 6½ Std.) und der tagsüber verkehrende Chennai Express/Trichy Express (210/555/795/1325 ₹, 6–7 Std.).

Thanjavur (Tanjore)

☎ 04362 / 222 940 EW.

Hier stehen die ockerfarbenen Zeugnisse der vielleicht eindrucksvollsten Zivilisation der drawidischen Geschichte. Von Thanjavur aus, einst Hauptstadt des mächtigen Königreichs der Cholas, gelang es, den Hinduismus auch über die Grenzen Indiens hinaus zu verbreiten. Die Bauten repräsentieren verschiedene ästhetische Stile, die sich von Madurai bis zum Mekong entfalteten. Und auch in Thanjavur selbst wurde während seiner Blütezeit ein schwindelerregendes und bedeutsames Vermächtnis geschaffen. Es mag heute nur noch eine überfüllte, hektische und moderne indische Stadt sein, ihre stolze Vergangenheit aber ist noch sehr präsent. Jeden Tag beten Tausende am grandiosen Brihadishwara-Tempel der Cholas. Und der labyrinthartige Königspalast der Stadt bewahrt die Erinnerungen an die mächtigen Dynastien von einst.

Sehenswertes

★ Brihadishwara-Tempel HINDU-TEMPEL

(Big Temple St; 6–20.30, zentraler Schrein 8.30–12.30 & 16–20.30 Uhr) Man sollte zweimal herkommen – einmal ganz früh, wenn der Granit im Sonnenlicht der Morgendämmerung honigfarben erstrahlt, und noch einmal am Abend, wenn dieses Juwel der Chola-Tempelarchitektur in eine glühende Palette aus Rot-, Orange-, Gelb- und Rosatönen getaucht wird. Der Brihadishwara-Tempel gehört zum Weltkulturerbe und wurde zwischen 1003 und 1010 unter Raja Raja I., dem König der Könige, errichtet. Die äußere Befestigungsanlage wurde von den Nayaks bzw. von den britischen Regimen errichtet, die später in Thanjavur herrschten.

Man betritt den Tempel durch ein Nayak-Tor, dem zwei originale *gopurams* mit aufwendigen Stuckskulpturen folgen. Den Tempel-Elefanten findet man oft unter einem der *gopurams*. Über das große Grasgelände der von Mauern umgebenen Tempelanlage verteilen sich mehrere Schreine. Einer von ihnen umfasst eine der größten Statuen Indiens von Nandi, Shivas heiligem Bullen: Das Nayak-Monument gegenüber dem Hauptgebäude des Tempels ist aus einem einzigen, 6 m langen Felsen gehauen, der von dünnen Säulen umgeben ist.

Eine lange Versammlungshalle mit Säulen führt zum **zentralen Schrein** mit sei-

TAMIL NADU & CHENNAI ZENTRALES TAMIL NADU

Thanjavur (Tanjore)

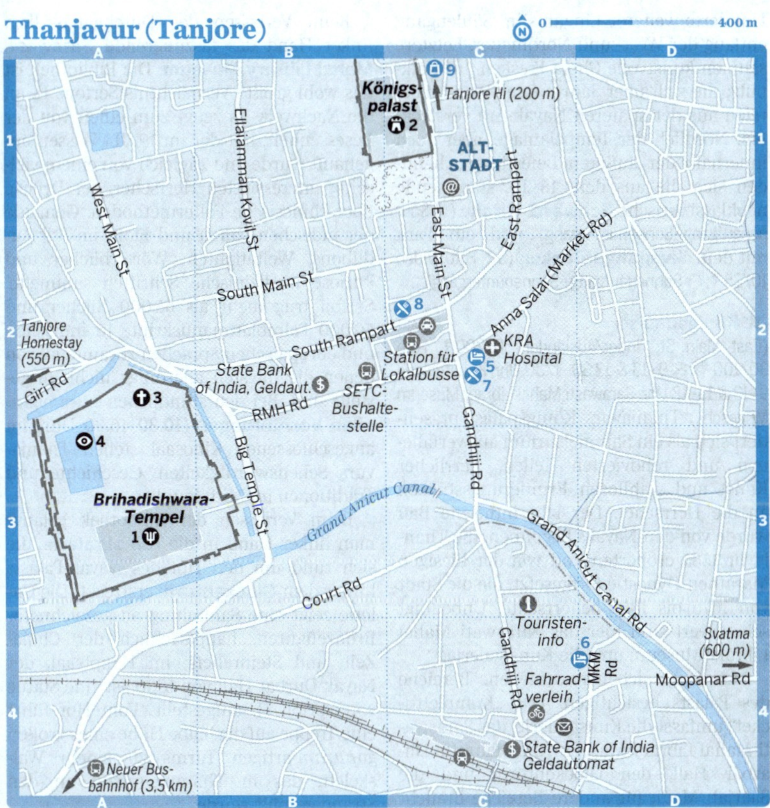

nem 4 m hohen Shiva-Lingam, der sich unter einem großartigen, 61 m hohen *vimana* (Turm) befindet. Die Südtreppe der Halle flankieren zwei riesige *dvarapalas* (Tempelwächter). In den Nischen rund um die unteren äußeren Ebenen des *vimana* sind viele anmutige Götterdarstellungen zu sehen: Shiva, der aus dem Lingam erscheint (neben der Südtreppe); Shiva als Bettler Bhikshatana (erstes Abbild, Südseite); Shiva als kosmischer Tänzer Nataraja (am Westende der Südwand); Harihara (halb Shiva, halb Vishnu) auf der Westwand; Ardhanarishvara (halb Mann, halb Frau), der sich an Nandi lehnt, an der Nordseite. Zwischen den Götterabbildungen sind weitere Bilder zu sehen, die verschiedene Tanzfiguren zeigen. Und auf der unteren Ostseite des *vimana* zeigt eine Darstellung aus der späteren Maratha-Periode Shiva zwischen drei Bögen.

Die Anlage umfasst ein interessantes Informationszentrum an der Südmauer und

Thanjavur (Tanjore)

Highlights
1 Brihadishwara-Tempel A3
2 Königspalast C1

Sehenswertes
3 Schwartz-Kirche A2
4 Sivaganga-Becken A3

Schlafen
5 Hotel Gnanam C2
6 Hotel Valli D4

Essen
Diana .... (siehe 5)
Sahana .... (siehe 5)
7 Sri Venkata Lodge C2
8 Vasanta Bhavan C2

Shoppen
9 Kandiya Heritage C1

Hunderte weiterer Lingams im Säulengang entlang der West- und Nordmauer. Letztere säumen kunstvolle Chola-Fresken auf Kalkputz, die sich über Jahre unter Wandmalereien aus der späteren Nayak-Ära versteckten. Nördlich der Tempelanlage, aber noch innerhalb der äußeren Befestigung, befinden sich die aus dem 18. Jh. stammende neoklassizistische **Schwartz-Kirche** (⌚ Sonnenaufgang–Sonnenuntergang) und ein Park mit dem **Sivaganga-Becken** (5 ₹, Foto/Video 10/25 ₹; ⌚ Sonnenaufgang–Sonnenuntergang).

★ Königspalast PALAST

(East Main St; Inder/Ausländer 50/200 ₹, Foto 30/100 ₹; ⌚ 9–13 & 13.30–17.30 Uhr, Kunstgalerie 9–13 & 15–18 Uhr, Sarawasti Mahal Library Museum Mi geschl.) Thanjavurs Königspalast präsentiert sich als ein Sammelsurium aus verfallenen und renovierten Teilen, herrlicher Kunst und wahllosen Erinnerungsstücken an die Herrscher. Der labyrinthische Bau wurde von den Nayaks begonnen, die Thanjavur 1535 eroberten und von der hiesigen Marathen-Dynastie fortgesetzt, die die Stadt von 1676 bis 1855 beherrschte. Unbedingt sehenswert sind hier das Saraswati Mahal Library Museum und die Kunstgalerie.

Man kann sieben verschiedene Bereiche des Palasts besichtigen. Das „Komplettticket" umfasst die Kunstgalerie, das Saraswati Mahal Library Museum, die Mahratta Dharbar Hall, den Glockenturm und die Saarjah Madi; für andere Bereiche braucht man besondere Eintrittstickets. Der Haupteingang liegt im Norden abseits der East Main St. Auf dem Weg hinein passiert man das Hauptticketbüro und anschließend den Palastkomplex der Marathen.

Hinter dem Ticketbüro führt ein Durchgang nach links zunächst zum **Royal Palace Museum** (2 ₹), das eine kleine zusammengewürfelte Sammlung von Skulpturen, Waffen, Elefantenglocken und Raja-Kopfbedeckungen zeigt, und dann zur **Maharaja Serfoji Memorial Hall** (4 ₹), die an den aufgeklärten Marathen-Gelehrtenkönig Serfoji II. (1798–1832) erinnert, eine feinere Sammlung zeigt und auf einen einst prächtigen, heute verfallenen Hof blickt. Als nächstes folgt die **Mahratta Dharbar Hall**, wo die Marathen-Rajas in einem prächtigen, heute verfallenen Pavillon Audienz hielten. Der Pavillon ist mit farbenfrohen Wandmalereien (die hinter dem Podium auch die Porträts der Herrscher enthalten) und gedrungenen Säulen geschmückt. Diese wiederum tragen mit Götterfiguren verzierte Bögen.

Beim Verlassen des Durchgangs liegt linker Hand das faszinierende **Sarawasti Mahal Library Museum**. Die Bibliothek ist das wohl größte Vermächtnis Serfojis II. an die Nachwelt. Es zeugt zum einen von der Besessenheit, mit der im 19. Jh. Wissen angehäuft wurde und zugleich von einem vielseitig interessierten Herrscher, der Drucke über chinesische Foltermethoden, Gemälde der indischen Fauna und Flora im Stil Audubons, Weltatlanten, Wörterbücher und kuriose medizinische Schriften sammelte. Serfoji trug mehr als 65 000 Bücher und 50 000 Palmblattmanuskripte in indischen und europäischen Sprachen zusammen, von denen die meisten allerdings nicht ausgestellt sind. Bei den stündlichen **audiovisuellen Vorführungen** (10.30–16.30 Uhr) im angeschlossenen Kinosaal stehen Thanjavurs Sehenswürdigkeiten, Geschichte und Traditionen im Mittelpunkt.

Beim Verlassen der Bibliothek gelangt man linker Hand in die **Kunstgalerie**, die sich rund um den Hof des Nayak-Palasts hinter dem **Glockenturm** erstreckt. Die Galerie zeigt eine Sammlung ausgezeichneter Bronzefiguren, hauptsächlich der Chola-Zeit, und Steinreliefs; im Hauptsaal, der Nayak Durbar Hall von 1600, ist eine Statue von Serfoji II. aufgestellt. Vom Hof führt eine Treppe auf die halbe Höhe eines großen *gopuram*-artigen Turms zu einem Walskelett, das in Tharangambadi an den Strand gespült wurde.

Den renovierten **Saarjah Madi** mit seinen prächtigen Balkonen bewundert man am besten von der East Main Rd aus.

Feste & Events

Thyagaraja Aradhana MUSIK

(⌚ Jan.) In Thiruvaiyaru, 13 km nördlich von Thanjavur, ehrt dieses wichtige fünftägige Fest der karnatischen Musik den Komponisten und Heiligen Tyagaraja.

Schlafen & Essen

Billige, nichtssagende Unterkünfte gibt's gegenüber den Haltestellen von SETC- und Lokalbussen.

Hotel Valli HOTEL $

(☎ 04362-231584; www.hotelvalli.in; 2948 MKM Rd; EZ/DZ 610/770 ₹, Zi. mit Klimaanlage 1090 ₹; ❄) Das grün getünchte Hotel nahe dem Bahnhof bietet gute und günstige, blitzsaubere Zimmer, freundliches Personal und ein einfaches Restaurant. Es liegt in einer recht ruhigen, grünen Gegend hinter einer Reihe schmutziger Hinterhofwerkstätten und einem Schnapsladen.

Hotel Gnanam HOTEL **$$**
(☎04362-278501; www.hotelgnanam.com; Anna Salai; EZ/DZ mit Frühstück 2920/3280 ₹; ❄📶) Das Haus mit dem mit Abstand besten Preis-Leistungs-Verhältnis vor Ort hat komfortable, stilvolle Zimmer (einige mit Balkon) und eine äußerst effizient arbeitende Rezeption. Das Hotel ist genau das richtige für alle, die eine Unterkunft mit modernen Annehmlichkeiten im geografischen Zentrum von Thanjavur suchen. Die Restaurants im Haus, **Diana** (Hauptgerichte 160–350 ₹; ⏰11–15 & 18.30–22.30 Uhr) und **Sahana** (Hauptgerichte 120–185 ₹; ⏰7–23 Uhr) sind beide gut. Vorab reservieren!

Tanjore Homestay PRIVATUNTERKUNFT **$$**
(☎9443157667; www.tanjorehomestay.blogspot.in; 64A Giri Rd, Srinivasa Puram; EZ/DZ mit Frühstück 1800/2300 ₹; @📶) Entspannte Unterkunft bei einem einladenden indischen Paar, das schmackhafte Hausmannskost serviert. Es gibt vier schlichte, moderne Zimmer mit einigen künstlerischen Akzenten. Das Frühstück wird im hübschen Garten serviert. Es gibt eine Dachterrasse, Warmwasser, Klimaanlage und WLAN. Die Unterkunft liegt in einem Wohnviertel, 1,5 km westlich des Haupttempels von Thanjavur; kein Schild.

Svatma HISTORISCHES HOTEL **$$$**
(☎04362-273222; www.svatma.in; 4/1116 Blake Higher Secondary School Rd, Maharnonbu Chavadi; Zi. mit Frühstück 12 150–21 870 ₹; ❄📶🏊) Der frische Luxus-Neuzugang ist eine prächtige Mischung aus Boutique- und Heritage-Hotel – elegant, übersichtlich und ausgestattet mit traditionellem Kunsthandwerk. Von den 38 Zimmern sind jene im renovierten historischen Flügel besonders stimmungsvoll. Pluspunkte sammeln die Tanzvorführungen, das Spa und der herrliche Pool. Das Hotel liegt 1,5 km südöstlich vom Zentrum.

Vasanta Bhavan INDISCH **$**
(1338 South Rampart; Hauptgerichte 70–110 ₹; ⏰6–22.45 Uhr) Das geschäftigste von mehreren vegetarischen Lokalen gegenüber dem lokalen Busbahnhof serviert Biryanis, nordindische Currys, Smoothies, Säfte und die übliche südindische Kost.

Sri Venkata Lodge SÜDINDISCH **$**
(Gandhiji Rd; Thalis 60 ₹; ⏰6.30–21 Uhr) Das freundliche, beliebte vegetarische Restaurant liegt in praktischer Nähe zu Allem und bietet nachmittags *dosas* und feine Thalis.

Tanjore Hi INTERNATIONAL **$$**
(☎04362-252111; www.duneecogroup.com; 464 East Main St; Hauptgerichte 230–360 ₹; ⏰7.30–10, 12.30–14.30 & 19.30–22.30 Uhr) 🍃 Auf der Dachterrasse eines Boutiquehotels ist dieses Restaurant mit industriellem Chic eine willkommene Überraschung im traditionellen Thanjavur. Die Gerichte aus aller Welt werden mit frischem Bio-Gemüse zubereitet, das im Schwesterhotel in Kodaikanal geerntet wird. Man isst draußen auf der Terrasse oder drinnen in dem verglasten, klimatisierten Raum.

Shoppen

Kandiya Heritage ANTIQUITÄTEN, KUNSTHANDWERK
(634 East Main St; ⏰9.30–20 Uhr) Der Laden gegenüber dem Palast verkauft Antiquitäten, Reproduktionen von Bronzeplastiken, bunt bemalte Holzpferde und Puppen, alte europäische Töpferwaren und Schmuck.

Praktische Informationen

Touristeninformation (☎04362-230984; Hotel Tamil Nadu, Gandhiji Rd; ⏰Mo–Fr 10–17.45 Uhr) Eine der besseren Touristeninformationen in Tamil Nadu.

An- & Weiterreise

BUS

Vom **SETC-Busbahnhof** (RMH Rd) in der Innenstadt fahren Expressbusse nach Chennai (265 ₹, 8¼ Std., 7.30–12.30 & 20–23 Uhr stündl.). Die Busse zu den meisten anderen Städten starten vom **Neuen Busbahnhof** (Trichy Main Rd) 5 km südwestlich vom Stadtzentrum. Viele ankommende Busse setzen Fahrgäste schon vorher im Stadtzentrum ab. Vom Neuen Busbahnhof fahren Busse u. a. nach:

Chidambaram 72 ₹, 4 Std., stündl.
Kumbakonam 29 ₹, 1½ Std., alle 5 Min.
Madurai 90 ₹, 4 Std., alle 15 Min.
Tiruchirappalli 31 ₹, 1½ Std., alle 5 Min.

ZUG

Der Bahnhof befindet sich am südlichen Ende der Gandhiji Rd. Täglich fahren fünf Züge zum Bahnhof Egmore in Chennai (7 Std.), darunter um 22.45 Uhr der Mannai Express (Sleeper/3AC/2AC/1AC 225/605/860/1445 ₹). Nach Tiruchirappalli (2. Klasse/3AC/2AC 45/490/695 ₹, 1½ Std.) fahren täglich 18 Züge, zwölf nach Kumbakonam (45/490/695 ₹, 30–75 Min.) sowie zwei nach Madurai (Sleeper/3AC/2AC 160/490/695 ₹, 4–5 Std.).

Unterwegs vor Ort

Bus 74 (6 ₹) pendelt zwischen dem Neuen Busbahnhof und dem zentral gelegenen **lokalen Busbahnhof** (South Rampart); die Fahrt mit der Autorikscha kostet 120 ₹.

Tiruchirappalli (Trichy)

0431 / 847390 EW.

Willkommen in der geografischen Mitte von Tamil Nadu. Tiruchirappalli, allgemein als Trichy oder Tiruchi bekannt, ist jedoch viel mehr als ein Knotenpunkt für Reisende: Es ist wie ein lebendiger Basar und hat einige Tempel, die man besuchen sollte. Die Stadt ist riesig, überfüllt und geschäftig – und die Tatsache, dass sich die meisten Hotels am großen Busbahnhof befinden, gilt nicht gerade als Pluspunkt. Aber Trichy hat Charakter, eine lange Geschichte und das Talent, erste Eindrücke zu revidieren.

Trichy war vielleicht schon im 3. Jh. v. Chr. eine Hauptstadt der frühen Cholas. Später dann beherrschten die Stadt die Pallavas, die mittelalterlichen Cholas, die Pandyas, das Sultanat von Delhi und die Vijayanagars, bevor die Madurai-Nayaks ihr zu Ruhm verhalfen, sie im 17. Jh. zur Hauptstadt machten und den berühmten Rock-Fort-Tempel erbauten. Unter britischer Kontrolle wurde die Stadt zu einem wichtigen Eisenbahnknotenpunkt, bekannt als Trichniopoly.

Trichy erstreckt sich recht weitläufig von Nord nach Süd. Der Großteil der Attraktionen verteilt sich auf drei Gegenden. Im Gebiet Junction/Cantonment im Süden liegen die meisten Hotels und Restaurants. Hier befinden sich auch der Hauptbusbahnhof und der Bahnhof. Der Rock-Fort-Tempel und der Main Bazaar liegen 4 km nördlich von hier. Und die anderen wichtigen Tempel befinden sich auf der Insel Srirangam, nochmals 4 km weiter nördlich hinter dem Cauvery. Glücklicherweise sind alle Gebiete durch ein gutes Busnetz verbunden.

Sehenswertes

★ Sri-Ranganathaswami-Tempel HINDUTEMPEL

(Karte S. 1161; Srirangam; Foto/Video 50/100 ₹; 6–21.30 Uhr) Der womöglich größte indische Tempel wirkt wie eine in sich abgeschlossene Stadt. Er umfasst 49 separate Vishnu-Schreine. Um – wie die meisten Gläubigen – das innerste Heiligtum von Süden aus zu erreichen, muss man sieben *gopurams* durchqueren. Der erste (südlichste), der **Rajagopuram** (Karte S. 1161), wurde 1987 hinzugefügt und ist mit 73 m einer der höchsten Tempeltürme Asiens. Nicht-Hindus müssen am sechsten *gopuram* umkehren, bekommen also das innerste Heiligtum, in dem Vishnu als Ranganatha auf einer fünfköpfigen Schlange ruht, nicht zu Gesicht.

Man passiert Straßen mit Läden, Restaurants, Motorrädern und Autos, ehe man am vierten *gopuram* den eigentlichen Tempel erreicht. Drinnen befindet sich links ein Informationsschalter; hier werden auch Tickets für den **Aussichtspunkt auf dem Dach** (20 ₹) verkauft, von dem man eine fast freie Rundumsicht hat. Die Möchtegern-Guides, die irgendwelche Geschichten erzählen, warum man sie engagieren sollte, schenkt man am besten gar keine Beachtung. In der südwestlichen Ecke erblickt man den schönen, aus dem 16. Jh. stammenden **Venugopal-Schrein**, der mit fein detaillierten Reliefs aus der Nayak-Ära geschmückt ist; diese stellen sich pflegende *gopis* (Milchmädchen) und den Flöte spielenden Krishna (Vishnus achte Inkarnation) dar.

Vor dem fünften *gopuram* biegt man rechts zu dem kleinen **Kunstmuseum** (Karte S. 1161; 5 ₹; 9–13 & 14–18 Uhr) ab, das feine Bronzen, Stoßzähne früherer Tempelelefanten und eine Sammlung exquisiter Elfenbeinfigürchen aus der Nayak-Zeit (17. Jh.) zeigt, die Götter, Dämonen, Könige und Königinnen (teilweise in erotischen Posen) darstellen. Weiter geht es links hinter dem Museum zum **Sesha Mandapa**, einer Säulenhalle des 16. Jh. mit prächtig detaillierten monolithischen Vijayanagar-Reliefs von sich aufbäumenden Schlachtrössern und den in die Säulen eingemeißelten zehn Inkarnationen Vishnus. Unmittelbar nördlich folgt die **1000-Pfeiler-Halle**. Deren kürzlich freigelegte untere Sockelzone ist mit Reliefs bedeckt, die Tanzstellungen zeigen.

Innerhalb des fünften *gopuram* befindet sich die **Garuda Mandapa** mit einem riesigen Schrein für Vishnus halb menschliches, halb adlergestaltiges Reittier und vier bemerkenswerten Skulpturen von Nayak-Stiftern (mit Dolchen an der Hüfte).

Bus 1 vom/zum Zentralen Busbahnhof bzw. dem Rock Fort hält gleich südlich vom Rajagopuram.

Sri-Jambukeshwara-Tempel HINDUTEMPEL

(Tiruvanakoil, Srirangam; 5–20 Uhr) In der Reihe der den fünf Elementen gewidmeten Shivatempeln Tamil Nadus steht dieser für Shi-

Tiruchirappalli (Trichy)

Highlights

1 Rock-Fort-Tempel B4
2 Sri-Ranganathaswamy-Tempel A1

Sehenswertes

3 Kunstmuseum A1
4 Rajagopuram A1

Schlafen

5 Home with a View A2

Essen

6 Vasanta Bhavan B5

Praktisches

7 Canara Bank, Geldautomat B5
8 ICICI Bank, Geldautomat A5
9 State Bank of India, Geldautomat B5

va, Parvati und das Element Wasser. Das Thema wird im zentralen, nur für Hindus zugänglichen Schrein mit einem Shiva-Lingam aufgegriffen, aus dem ständig Wasser tröpfelt. Im nördlichen Teil des Komplexes steht ein Schrein, der Akilandeswari, Jambukeshwaras Gemahlin, geweiht ist.

Wenn man Bus 1 nimmt, nach „Tiruvanakoil" fragen; der Tempel liegt 350 m östlich der Hauptstraße.

★ **Rock-Fort-Tempel** HINDUTEMPEL

(Karte S. 1161; NSB Rd; 5 ₹, Foto/Video 20 ₹; ⏲6–20 Uhr) Die Tempelanlage thront auf einem 83 m hohen massiven Felsvorsprung und blickt mit steinernem Hochmut auf Tiruchirappalli hinunter. Der uralte Felsen wurde zuerst von den Pallavas und Pandyas behauen, die kleine Höhlentempel an seiner Südflanke schufen, doch erst die kriegserprobten Nayaks nutzten später die natürliche Befestigungsanlage auch strategisch. Um die Spitze zu erreichen, muss man mehr als 400 in den Stein gehauene Stufen überwinden.

Von der NSB Rd auf der Südseite geht es zwischen kleinen Läden hindurch und über eine Straße, ehe man den eigentlichen Tempelbezirk erreicht, wo sich ein Schuhgestell befindet. Hier trifft man möglicherweise auf den **Tempelelefanten**. Nun folgen 180 Stufen hinauf zum links gelegenen **Thayumanavaswami-Tempel** (Eintritt nur für Hindus): Über dem innerem Sakralraum des größten Tempels auf dem Felsen erhebt sich ein Turm mit goldenem Dach. Weiter oben kommt man links an dem (meistens verschlossenen) **oberen Höhlentempel** vorbei, der im 6. Jh. von den Pallavas errichtet wurde. Im Inneren befindet sich auf der linken Seite ein berühmtes Gangadhara-Relief, das zeigt, wie Shiva mit einer einzigen Haarsträhne das Wasser des Ganges in Schach hält. Von dort sind es noch 183 weitere Stufen bis zu dem kleinen, Ganesha geweihten **Uchi-Pillayar-Tempel** auf dem Gipfel. Die Aussicht ist wunderbar: Unter einem ziehen Adler ihre Kreise, während man ganz Tiruchirappalli überblickt.

Wieder unten sollte man sich noch den im 8. Jh. von den Pandyas aus dem Fels gehauenen **unteren Höhlentempel** anschauen, der besonders schöne Säulen besitzt. Um zu ihm zu erreichen, nach dem Verlassen des

Tempelbezirks nach rechts gehen, an fünf oder sechs Häusern vorbei und wiederum nach rechts in eine kleine Gasse abbiegen!

Die Steinstufen werden in der Mittagssonne glühend heiß. Weil der Aufstieg nur barfuß erfolgen darf, sollte man das bei der Planung seines Besuchs unbedingt berücksichtigen.

Eisenbahnmuseum MUSEUM

(Railway Museum; Bharatiyar Salai; Erw./Kind 10/5 ₹, Foto/Video 20/40 ₹; ⏲ Di–So 9.30–17.30 Uhr) Trichys Eisenbahnmuseum ist ein faszinierendes Durcheinander von ausgemusterter Ausrüstung (Telefonen, Uhren, Kontrolltafeln), Fotos vom Eisenbahnbau zur Zeit der britischen Kolonialherrschaft und alten Streckenplänen (darunter einem der Indischen Eisenbahn von 1935). Selbst moderne Fahrscheine der Londoner U-Bahn sind zu sehen. Das Museum liegt 500 m östlich des Bahnhofs Tiruchirappalli Junction.

Schlafen & Essen

Die meisten Hotels liegen nahe dem Zentralen Busbahnhof (S. 1163), einen kurzen Marsch nördlich des Bahnhofs Tiruchirappalli Junction. Ein paar Optionen finden sich auch im Gebiet um den Rock Fort.

Hotel Abbirami HOTEL $

(Karte S. 1163; ☎ 0431-2415001; 10 McDonald's Rd; Zi. 770–990 ₹, mit Klimaanlage 1460–2430 ₹; ❄) Am ansprechendsten sind die renovierten Zimmer mit hellem Holz und Buntglasscheiben im 1. und 4. Stock. Die älteren Zimmer wirken etwas betagt, sind aber durchaus gepflegt. Das geschäftige Hotel hat freundliches Personal und faire Preise.

Ashby Hotel HOTEL $

(Karte S. 1163; ☎ 0431-2460652; 17A Rockins Rd; EZ/DZ 630–890/760–950 ₹, mit Klimaanlage 1100–1380/1700–1930 ₹; ❄) Eingeklemmt zwischen Bahnhof und Zentralem Busbahnhof liegt dieses alteingesessene Budgethotel in einem zwielichtigen Viertel, aber zu diesen Preisen kann man vor Ort wahrlich auch viel schlechter wohnen. Hinter der leuchtend orangefarbenen Fassade lagern sich einfache, saubere Zimmer um einen Patio.

Tranquility PENSION $$

(☎ 9443157667; www.tranquilitytrichy.com; Anakkarai, Melur, Srirangam; EZ/DZ mit Frühstück 3200/4000 ₹; ❄📶) Die charmante Pension mit rustikalem Schick liegt in einem herrlich ländlichen Ambiente 6 km westlich des Sri-Ranganathaswami-Tempels. Die schnörkellos eleganten Zimmer sind mit Terrakottapferdchen, glitzernden Kissen, recycelten Holztüren und eigens angefertigten Möbeln ausgestattet. Von den Schaukelstühlen auf der Terrasse blickt man auf ein Palmenmeer. Im Preis inbegriffen sind Leihfahrräder und ein Shuttle in die Stadt und wieder zurück. Die kundigen Eigentümer vermitteln auch ein **Gastzimmer** (Karte S. 1161; 43C Raghavendra Puram, Srirangam; Zi. mit Frühstück 2000 ₹; 📶) mit Strohdach unmittelbar südwestlich der äußersten Tempelmauer.

Ramyas Hotel HOTEL $$

(Karte S. 1163; ☎ 0431-2414646; www.ramyas.com; 13D/2 Williams Rd; EZ/DZ mit Frühstück 2240–3020/2670–3630 ₹; ❄@📶) Komfortable Zimmer, guter Service und gute Einrichtungen sorgen in diesem auf Geschäftsreisende ausgerichteten Hotel für ein klasse Preis-Leistungs-Verhältnis, wobei die als „Business-Class" bezeichneten Zimmer seltsamerweise klein sind. Im türkisfarben ausgekleideten **Meridian** (Karte S. 1163; Hauptgerichte 130–250 ₹; ⏲ 12–15.30 & 19–23.30 Uhr) gibt's schmackhafte internationale Küche, es wird ein nettes Frühstücksbuffet serviert und auch das luftige Dachgarten-Restaurant **Thendral** (Karte S. 1163; Hauptgerichte 130–245 ₹; ⏲ 19–22.30 Uhr) ist prima.

Grand Gardenia HOTEL $$

(☎ 0431-4045000; www.grandgardenia.com; 22–25 Mannarpuram Junction; EZ/DZ mit Frühstück 3020/3630–4840 ₹; ❄📶) Das glatt gebügelt wirkende Hotel, eine der schicksten Optionen vor Ort, hat elegante, moderne Zimmer mit bequemen Betten und verglasten Duschen. Im nicht vegetarischen **Kannappa** (Hauptgerichte 100–200 ₹; ⏲ 11.30–23.30 Uhr) kommt exzellente Chettinadu-Küche auf den Tisch; ein weiteres **Restaurant** (Hauptgerichte 120–240 ₹; ⏲ 7–10.30, 11.30–15 & 19–22.30 Uhr) mit internationalen Gerichten gibt's auf der Dachterrasse. Der Komfort und die Einrichtungen entschädigen für die langweilige Lage am Highway, 1 km südlich vom Tiruchirappalli Junction.

Femina Hotel HOTEL $$

(Karte S. 1163; ☎ 0431-2414501; www.feminahotel.net; 109 Williams Rd; EZ/DZ mit Frühstück 1690–4230/2240–4840 ₹; ❄📶🏊) Von außen präsentiert sich das riesige Femina im 1950er-Jahre-Look, aber Teile im Innern wurden durch Renovierungen recht zeitgemäß aufgepeppt. Die Einrichtungen sind gut, die Angestellten hilfsbereit. Die renovierten Deluxe-Zimmer sind gemütlich und mo-

Trichy Junction

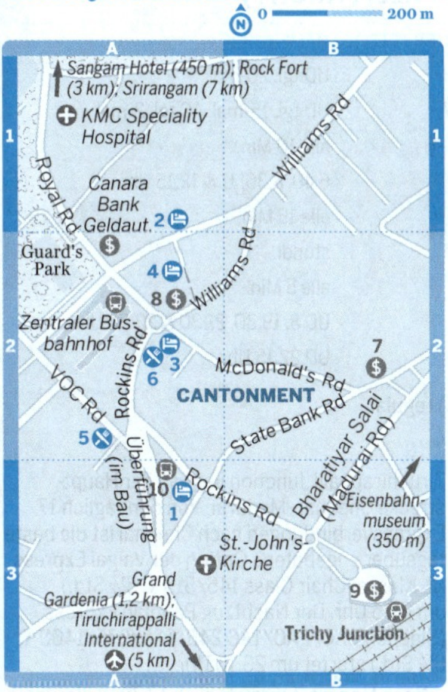

Trichy Junction

Schlafen

Essen

Praktisches

Transport

dern, die Standardzimmer abgewetzt, aber geräumig. Es gibt einen Freiluftpool, einen Foodcourt und einen Supermarkt.

Sangam Hotel HOTEL $$$
(☎0431-2414700; www.sangamhotels.com; Collector's Office Rd; EZ/DZ/Suite mit Frühstück 3950–6990/4740–7590/11 540–18 230 ₹; ❄📶🏊) Mit seinen gut ausgestatteten Zimmern, schick angezogenen Angestellten und dem Hotelgästen vorbehaltenen Pool ist das Sangam ein gutes Hotel der Spitzenklasse. In manchen Teilen wirkt es zwar etwas in die Jahre gekommen, aber der Service und die Einrichtungen – darunter ein rund um die Uhr geöffnetes Café, eine Bar und ein Restaurant mit internationaler Küche – sind gut. Am geräumigsten und stimmungsvollsten sind die Deluxe-Zimmer – aber eigentlich sind alle wirklich komfortabel.

Shri Sangeetas INDISCH $
(Karte S. 1163; www.shrisangeetas.com; 2 VOC Rd; Hauptgerichte 95–130 ₹, Thalis 85–150 ₹; ⏲5.30–0.30 Uhr) Die Adresse hinter dem Busbahnhof sollte einen nicht abschrecken, denn das sehr beliebte Restaurant mit Tischen auf einem immer gut besuchten, von Lichterketten erhellten Hof und drinnen in einem angenehm klimatisierten Speisesaal bietet eine hervorragende Auswahl vegetarischer nord- und südindischer Gerichte – alles von *idlis* und *dosas* bis zu Samosas, Thalis und Panir-Tikka.

Vasanta Bhavan INDISCH $
(Karte S. 1161; 3 NSB Rd; Hauptgerichte 40–90 ₹, Thalis 70–150 ₹; ⏲8–22 Uhr) Ein toller Ort für ein Mahl mit schöner Aussicht nahe dem Rock Fort. Von den Tischen der äußeren Galerie hat man einen Blick auf das Teppakulam-Becken, außerdem gibt es noch einen klimatisierten Speisesaal. Es werden südindische Gerichte und nordindische vegetarische Kost (mit Paneer und Naan) serviert. Besonders beliebt sind die Thalis zur Mittagszeit. Eine weitere **Filiale** (Karte S. 1163; Rockins Rd; Hauptgerichte 40–90 ₹, Thalis 70–150 ₹; ⏲6–23 Uhr) befindet sich in der Neustadt (Cantonment Area).

Praktische Informationen

Indian Panorama (☎0431-4226122; www.indianpanorama.in; 5 Annai Ave, Srirangam; ⏲10–18 Uhr) Der in Tiruchirappalli ansässige professionelle und zuverlässige Tourveranstalter mit eigenem Reisebüro wird von einem indisch-neuseeländischen Ehepaar geführt und deckt ganz Indien ab.

KMC Speciality Hospital (Kauvery Hospital; Karte S. 1163; ☎0431-4077777; www.kauveryhospital.com; 6 Royal Rd; ⏲24 Std.) Großes, gut ausgestattetes Privatkrankenhaus.

An- & Weiterreise

BUS

Die staatlichen Busse nutzen den geschäftigen, aber gut organisierten **Zentralen Busbahnhof**

STAATLICHE BUSSE AB TIRUCHIRAPPALLI (TRICHY)

ZIEL	PREIS (₹)	DAUER (STD.)	HÄUFIGKEIT
Bengaluru	380 (A)	8	UD tgl. 20-mal
Chennai	188/260/325 (B)	6–7	UD tgl. 15-mal, AC tgl. 2-mal
Coimbatore	116–155 (C)	4½–6	alle 10 Min.
Kodaikanal	116 (C)	5½	6.40, 8.30, 11 & 12.15 Uhr
Madurai	80 (C)	2½	alle 15 Min.
Rameswaram	170 (C)	6	stündl.
Thanjavur	31 (C)	1½	alle 5 Min.
Thiruvananthapuram	365 (A)	8	UD 8, 19.30, 21.30 & 22.30 Uhr
Udagamandalam	260 (A)	8½	UD 22.15 Uhr

Preise: (A) Ultra Deluxe (UD), (B) regular/UD/AC, (C) regular

(Karte S. 1163; Rockins Rd). Die besten Optionen für längere Strecken sind die UD-Busse („Ultra Deluxe"); für diese gibt's ein Buchungsbüro in der südwestlichen Ecke des Busbahnhofs. Um nach Kodaikanal zu gelangen, kann man auch einen Bus nach Dindigul (57 ₹, 2 Std., alle 15 Min.) nehmen und dort umsteigen.

Die Büros der privaten Busunternehmen liegen in der Nähe des Zentralen Busbahnhofs.

Parveen Travels (Karte S. 1163; ☎ 0431-241 9811; www.parveentravels.com; 12B Ashby Complex, Rockins Rd; ⏲ 24 Std.) hat klimatisierte Busse nach Chennai (815 ₹, 6 Std., tgl. 5-mal) und Thiruvananthapuram (1300 ₹, 7 Std., 0.30 & 1.30 Uhr) sowie nicht klimatisierte Busse mit Liegesitzen nach Puducherry (535 ₹, 4 Std., 0.15 Uhr) und Kodaikanal (510 ₹, 4½ Std., 2.15 Uhr).

FLUGZEUG

Der Flughafen von Tiruchirappalli liegt 6 km südöstlich von Tiruchirappalli Junction und vom Zentralen Busbahnhof.

AirAsia (www.airasia.com) Fliegt dreimal täglich nach Kuala Lumpur.

Air India Express (☎ 0431-2341744; www.airindiaexpress.in) Fliegt täglich nach Chennai, Dubai und Singapur.

Jet Airways (www.jetairways.com) Fliegt dreimal täglich nach Chennai und täglich nach Abu Dhabi.

SriLankan Airlines (Karte S. 1163; ☎ 0431-2460844; www.srilankan.com; 14C Williams Rd; ⏲ Mo–Sa 9–17.30, So bis 13 Uhr) Fliegt täglich nach Colombo.

Tiger Air (www.tigerair.com) Fliegt zweimal täglich nach Singapur.

TAXI

Reisebüros und Hotels vermitteln Autos mit Fahrer. **Femina Travels** (Karte S. 1163; ☎ 0431-2418532; www.feminahotel.net; 109 Williams Rd; ⏲ 6.30–21.30 Uhr) hat faire Preise: 2000 ₹ für ein Auto mit Klimaanlage (max. 8 Std. & 100 km).

ZUG

Tiruchirappalli Junction liegt an der Hauptstrecke Chennai–Madurai. Von den täglich 17 Expressverbindungen nach Chennai ist die beste tagsüber angebotene Option der Vaigai Express (2. Klasse/Chair Class 145/515 ₹, 5½ Std.) um 9.05 Uhr. Der Nachtzug Pandian Express (Sleeper/3AC/2AC/1AC 245/625/875/1460 ₹, 6¼ Std.) startet um 23.10 Uhr.

Nach Madurai fahren täglich 13 Züge, darunter der Tirunelveli Express (2. Klasse/Chair Class 95/345 ₹, 2¼ Std.) um 7.15 Uhr und der Guruvayur Express (2. Klasse /Sleeper/3AC/2AC 80/140/490/695 ₹, 2¾ Std.) um 13.20 Uhr.

Nach Thanjavur (2. Klasse/Sleeper/3AC 45/140/490 ₹, 40–90 Min.) fahren täglich 18 Züge.

ℹ Unterwegs vor Ort

Die Fahrt zwischen dem Flughafen und dem Zentralen Busbahnhof kostet mit dem Taxi 300 ₹ und mit einer Autorikscha 200 ₹. Busse, die vom Zentralen Busbahnhof nach Pudukkottai fahren, können einen am Flughafen absetzen.

Bus 1 fährt von der Rockins Rd vor dem Zentralen Busbahnhof alle paar Minuten zum Sri-Ranganathaswami-Tempel (6 ₹) und wieder zurück. Unterwegs hält er nahe dem Rock-Fort-Tempel und dem Sri-Jambukeshwara-Tempel.

Eine Autorikscha vom Zentralen Busbahnhof zum Sri-Ranganathaswami-Tempel kostet 170 ₹und zum Rock-Fort-Tempel 120 ₹.

SÜDLICHES TAMIL NADU

Chettinadu

Die Chettiars waren eine Gemeinschaft von Händlern, die um Karaikkudi (95 km südlich von Trichy) ihre Basis hatten und die im 19. Jh. als Finanziers und Unternehmer im kolonialen Sri Lanka und in Südostasien erfolgreich agierten. Sie gaben ihr Vermögen für den Bau von 10 000 (wenn nicht sogar 30 000) absurd opulenten Herrenhäusern in den 75 Städten und Dörfern ihrer trockenen, ländlichen Heimat Chettinadu aus. Bei der Suche nach den besten Materialien für die palastartigen Villen wurden weder Kosten noch Mühen gescheut, so kamen birmanisches Teakholz, italienischer Marmor, indisches Palisanderholz, englischer Stahl sowie Kunst und Skulpturen aus der ganzen Welt zum Einsatz.

Nach dem Zweiten Weltkrieg brach der Handel der Chettiars zusammen und viele Familien verließen Chettinadu. Die verlassenen Villen waren dem Verfall preisgegeben und viele wurden abgerissen oder verkauft. Das Bewusstsein für ihren Wert erwachte erst wieder mit der Wende zum 21. Jh.; seit 2014 ist Chettinadu Teil des UNESCO-Weltkulturerbes. Mittlerweile wurden viele der Häuser in wunderschöne historische Hotels verwandelt, von denen einige die besten von Tamil Nadu sind.

Sehenswertes & Aktivitäten

Hotels veranstalten Kochvorführungen oder -kurse und stellen Fahrräder oder Ochsenwagen für Ausflüge aufs Land zur Verfügung. Auf Wunsch organisieren sie Exkursionen zu Sari-Webern, Tempeln, Herrenhäusern und Schreinen der beliebten prähinduistischen Gottheit Ayyanar, zu erkennen an ihren großen Terrakotta-Reitpferden. Außerdem werden auch Handwerker besucht, die die wunderschönen Athangudi-Fliesen, wie man sie in den Chettiar-Häusern sieht, noch von Hand herstellen.

Vijayalaya-Choleeshwarar-Tempel — HINDUTEMPEL

(Narthamalai; ⏲ Sonnenaufgang–Sonnenuntergang) Der kleine, aber eindrucksvolle Tempel steht an einem einsamen Felshang 1 km südwestlich des Dorfs Narthamalai (16 km nördlich von Pudukkottai). Er erinnert an den Küstentempel in Mamallapuram, ohne aber einen ähnlichen Massenandrang ausgesetzt zu sein. Er wurde wahrscheinlich im 8. oder 9. Jh. erbaut. Zwei (oft verschlossene) in den Fels gehauene Schreine finden sich hinter ihm in der Felswand, von denen einer zwölf beeindruckende große Vishnu-Reliefs enthält. Die Straße nach Narthamalai zweigt 7 km südlich von Keeranur von der Straße von Tiruchirappalli nach Pudukkottai ab; von dort sind es noch 2 km in Richtung Westen bis Narthamalai.

Ellangudipatti — SCHREIN

(Namunasamudram; ⏲ Sonnenaufgang-Sonnenuntergang) Dieser faszinierende Dorfschrein findet sich nur 8 km südwestlich von Pudukkottai und ist dem nur in ländlichen Gebieten Tamil Nadus und Sri Lankas verehrten prähinduistischen Wächtergott Aiyanar geweiht. Hunderte von Pferden und anderen Tieren aus Terrakotta – Weihegaben hiesiger Familien – säumen den Dschungelpfad, der zu dem bescheidenen Altar führt.

Pudukkottai Museum — MUSEUM

(Thirukokarnam, Pudukkottai; Inder/Ausländer 5/100 ₹, Kamera/Video 20/100 ₹; ⏲ Sa–Do 9.30–17 Uhr) In diesem wunderbaren Museum,

CHETTINADUS HERRENHÄUSER

Lakshmi-Haus (Athangudi Periya Veedu; Athangudi Rd, Athangudi; 100 ₹; ⏲ 9–17 Uhr) Die wohl schönsten bemalten Holzschnitzdecken in Chettinadu sind der Grund dafür, dass das Lakshmi-Haus von Filmemachern gerne als Kulisse gewählt wird. Sehenswert sind aber auch die besonders feinen Materialien (belgischer Marmor, englischer Stahl), die Tafeln zur Chettiar-Geschichte, die Böden mit Schachbrettmuster und die sonderbaren Statuen britischer Kolonialbeamter und hinduistischer Figuren über dem Eingang.

CVRMCT-Haus (CVRMCT St, Kanadukathan; 50 ₹; ⏲ 9–17 Uhr) Vor der typischen Folge säulengeschmückter Innenhöfe erhebt sich die eindrucksvolle Empfangshalle dieses Doppelhauses, das sich zwei Zweige einer Familie teilen. Nicht versäumen sollte man den herrlichen Blick von der Dachterrasse auf die umliegenden Herrenhäuser.

VVRM-Haus (CVRMCT St, Kanadukathan; ⏲ 9–17 Uhr, unterschiedliche Öffnungszeiten) Das Haus zählt zu den ältesten Herrenhäusern in Chettinadu. Es wurde 1870 erbaut und zeichnet sich durch auffällige helle Stuckwände, Säulen aus birmanischem Teakholz, geflieste, gemusterte Böden und feine Holzschnitzereien aus. Eine „Spende" von 50 ₹ pro Besuchergruppe wird erwartet.

4 km nördlich des Bahnhofs von Pudukkottai, sind Relikte aus der Vergangenheit von Chettinadu ausgestellt. Die vielfältige Sammlung umfasst Musikinstrumente, Briefmarken, Schmuck, Artefakte aus Hünengräbern sowie einige bemerkenswerte Gemälde, Skulpturen und Miniaturen.

Schlafen & Essen

★ **Saratha Vilas** BOUTIQUEHOTEL $$$
(☎9884203175, 9884936158; www.sarathavilas.com; 832 Main Rd, Kothamangalam; Zi. mit Frühstück ₹7460-11.750; ❄@📶🏊) 6 km östlich von Kanadukathan versprüht diese 1910 erbaute, stilvoll renovierte Villa unter französischer Leitung ihren eigenen Chettiar-Charme. Die Zimmer verbinden Tradition und Moderne und zeigen einen ausgeprägt französischen Einschlag, das Essen besteht aus einer exquisiten Mischung aus französischer und Chettiar-Küche und es gibt einen schicken Meerwasserpool. Die meisten Möbel wurden von den kenntnisreichen Besitzern (Architekten) selber entworfen, die sich aktiv für die Erhaltung des Chettinadu-Erbes einsetzen.

Die Besitzer sind Gründer der hiesigen NGO **ArcHeS** (www.arche-s.org; 832 Main Rd, Kothamangalam), die sich aktiv für den Schutz der Kulturgüter einsetzt.

★ **Visalam** HISTORISCHES HOTEL $$$
(☎04565-273301; www.cghearth.com; Local Fund Rd, Kanadukathan; Zi. mit Frühstück 13 800–18 500 ₹; ❄@📶🏊) Das hinreißend restaurierte und von einer Hotelkette aus Kerala sehr professionell geführte Visalam ist eine relativ junge Chettiar-Villa, die im modischen Art-déco-Stil der 1930er-Jahre errichtet wurde. Sie ist immer noch mit den Fotos, Möbeln und Gemälden der ursprünglichen Besitzer eingerichtet. Jedes der 15 großen Zimmer ist stimmungsvoll, der Garten zauberhaft und der Poolbereich voller Bougainvilleen und mit einem entspannten Restaurant geradezu magisch.

★ **Bangala** HISTORISCHES HOTEL $$$
(☎04565-220221; www.thebangala.com; Devakottai Rd, Karaikkudi; Zi. mit Frühstück 7050–8600 ₹; ❄📶🏊) Chettinads erstes Heritage-Hotel ist in einem liebevoll renovierten und weiß getünchten „Bungalow" zu Hause. Dieser ist zwar keine typische Villa, versprüht mit seinen farbenfrohen Zimmern, antiken Möbeln, alten Familienfotos und dem schönen, von Fliesen eingefassten Pool aber den Charme einer solchen. Das gut geleitete Haus ist für sein Essen bekannt: die „Gerichte" auf Bananenblättern (veg./nicht veg. 850/1000 ₹) entpuppen sich als ein regelrechtes Chettiar-Hochzeitsmahl (12.30–14.30 & 20–22 Uhr; 2 Std. vorab reservieren!).

Chettinadu Mansion HISTORISCHES HOTEL $$$
(☎04565-273080; www.chettinadmansion.com; SARM House, 11 AR St, Kanadukathan; EZ/DZ mit Frühstück 6050/7950 ₹; ❄📶🏊) Dieses Haus ist etwas mehr in die Jahre gekommen als die anderen historischen Hotels in Chettinadu, aber freundlich, gut geführt und sehr stimmungsvoll. Die ursprüngliche Eigentümerfamilie besitzt das farbenfrohe, 100 Jahre alte Haus immer noch und wohnt auch selbst darin. Von den 126 Zimmern werden 12 an Gäste vermietet – diese sind alle groß, in exzentrischen Farben gehalten und haben private Balkone mit Blick auf andere Villen.

Die Eigentümer betreiben in der Nähe auch das **Chettinadu Court** (☎04565-273080; www.deshadan.com; Raja's St, Kanadukathan; EZ/DZ mit Frühstück 4250/5500 ₹; ❄📶🏊) mit acht historisch inspirierten Zimmern. Beide Unterkünfte teilen sich einen Pool außerhalb der Grundstücke.

Anreise & Unterwegs vor Ort

Das Auto ist das beste Verkehrsmittel, um Chettinadu zu erkunden. Es kostet rund 5000 ₹, in Tiruchirappalli, Thanjavur oder Madurai ein Auto mit Fahrer für zwei Tage zu mieten.

Von Tiruchirappalli fahren alle fünf bis zehn Minuten Busse nach Pudukkottai (31 ₹, 1½ Std.) und Karaikkudi (75 ₹, 2 Std.); Fahrgäste können unterwegs aus- und zusteigen. Von Madurai fahren alle 30 Minuten Busse nach Karaikkudi (80 ₹, 2 Std.). Und auch ab Thanjavur und Rameswaram gibt es Busverbindungen.

Drei Züge pro Tag verbinden den Bahnhof Egmore in Chennai mit Pudukkottai (Sleeper/2AC/3AC 265/720/1030 ₹, 6 Std.) und Karaikkudi (285/730/1025 ₹, 6¾ Std.). Ein Zug fährt außerdem von Chennai zum Bahnhof Chettinad, mit Anschluss nach Kanadukathan (275/740/1065 ₹, 9 Std.).

Madurai

☎0452 / 1,02 MIO. EW.

Chennai mag die Hauptstadt von Tamil Nadu sein, aber Madurai ist seine Seele. Madurai ist durch und durch tamilisch und eine der ältesten Städte Indiens – eine Metropole, die schon mit dem antiken Rom Handel trieb und bereits eine große Hauptstadt war, lange bevor Chennai davon auch nur hätte träumen können.

Touristen, indische wie ausländische, kommen hierher, um den berühmten Minakshi-Amman-Tempel zu besichtigen, einen labyrinthischen schillernden Bau, der zu den großartigsten Tempeln Indiens zählt. Ansonsten verkörpert Madurai viele der typischen Gegensätze Indiens – und das ist auch kein Wunder, wenn man das Alter der Stadt bedenkt. Das Zentrum wird von einem mittelalterlichen Tempel und einer zunehmend von der IT-Branche angetriebenen Wirtschaft dominiert, überall sind die Betriebsamkeit, Energie und Hektik einer indischen Großstadt zu spüren, wenn auch in kompakterer Form als im weitläufigen Chennai.

Geschichte

Der Legende nach ließ Shiva Tropfen von Nektar (*madhuram*) von seinen Locken auf die Stadt regnen. So erklärt sich der Name Madurai, „Stadt des Nektars".

Antike Dokumente belegen, dass Madurai bereits im 3. Jh. v. Chr. existierte. Gewürze spielten für die Handelsstadt eine besonders große Rolle. Einer weiteren Legende zufolge fand hier zudem das dritte *sangam* statt, eine Versammlung tamilischer Gelehrter und Dichter. Im Laufe der Jahrhunderte stand Madurai unter der Herrschaft der Cholas, Pandyas, regionaler muslimischer Sultane, hinduistischer Vijayanagar-Könige und der Nayaks, die bis 1736 regierten und die Altstadt in Lotusform anlegten. Unter Tirumalai Nayak (1623–59) entstand auch der größte Teil des Minakshi-Amman-Tempels. Madurai entwickelte sich zum Zentrum der tamilischen Kultur und spielte eine wichtige Rolle bei der Entstehung der tamilischen Sprache.

Im Jahr 1840 zerstörte die britische Ostindien-Kompanie das Fort von Madurai und füllte den Festungsgraben auf. Auf dieser Aufschüttung wurden die vier breiten Veli-Straßen gebaut, die bis heute die Grenzen der Altstadt bilden.

Sehenswertes

★ Minakshi-Amman-Tempel HINDUTEMPEL
(East Chitrai St; Inder/Ausländer 5/50 ₹, Handykamera 50 ₹; 5–12 & 16–21.30 Uhr) Der farbenfrohe Wohnsitz der dreibrüstigen Kriegsgöttin Minakshi (der „Fischäugigen" – in der klassischen tamilischen Dichtung ein Ausdruck für schöne Augen) gilt allgemein als der Höhepunkt der späten südindischen Tempelarchitektur, der für das künstlerische Erbe der Region die gleiche Bedeutung hat wie der Taj Mahal für Nordindien. Es handelt sich nicht einfach um einen Tempel aus dem 17. Jh., sondern um eine 6 ha große Anlage mit zwölf imposanten *gopurams,* die in überbordender Art und Weise mit den Figuren von Göttern, Göttinnen, Dämonen und Heroen überzogen sind – 1511 Figuren haben fleißige Menschen allein auf dem 55 m hohen südlichen *gopuram* gezählt!

Der Legende nach wurde die schöne Minakshi, eine Inkarnation Parvatis, mit drei Brüsten geboren. Ihr wurde verheißen, die dritte Brust werde verschwinden, wenn sie ihren Ehemann träfe. Die Verheißung erfüllte sich, als sie Shiva begegnete und zu seiner Gemahlin wurde. Der bestehende Tempel wurde zu großen Teilen im 17. Jh. unter der Herrschaft von Tirumalai Nayak errichtet, seine Ursprünge reichen aber rund 2000 Jahre in die Zeit zurück, als Madurai eine Hauptstadt des Pandya-Reichs war.

Die vier Straßen rund um den Tempel sind für den Verkehr gesperrt. Die Kleiderordnung und die Sicherheitsbestimmungen werden so strikt durchgesetzt wie am Flughafen: Die Kleidung muss bei beiden Geschlechtern Schultern und Beine bedecken, Taschen und Fotokameras dürfen nicht mit hineingenommen werden (wohl aber Handys mit Kamera). Nichtsdestotrotz herrscht in diesem Tempel eine fröhlichere Stimmung als in anderen, eher feierlichen Tempeln in Tamil Nadu. Dazu tragen vielleicht auch die bunten Decken- und Wandmalereien bei, mit denen der Tempel geschmückt ist. Jeden Abend um 21 Uhr tragen frenetische Gläubige in einer von Weihrauchschwaden eingehüllten Prozession das Bild des Sundareshvara (Shiva) zu Minakshis Schrein, wo es die Nacht verbringt. Besucher können den Umzug begleiten.

Vor oder nach dem Betreten des Tempels lohnt sich ein Blick auf den Pudhu Mandapa. Der Haupteingang zum Tempel befindet sich im östlichen (ältesten) *gopuram.* Zunächst kommt man rechts zur 1000-Säulen-Halle, in der heute das faszinierende Tempelkunstmuseum (S. 1168) untergebracht ist. Auf dem Weg in den Tempel kommt man dann zu einem Nandi-Schrein, der von schönen, mit Reliefs bedeckten Säulen umgeben ist. Weiter voraus liegt der Hauptschrein Shivas, der zu allen Seiten von massiven *dvarapalas* flankiert ist. Noch ein

Madurai

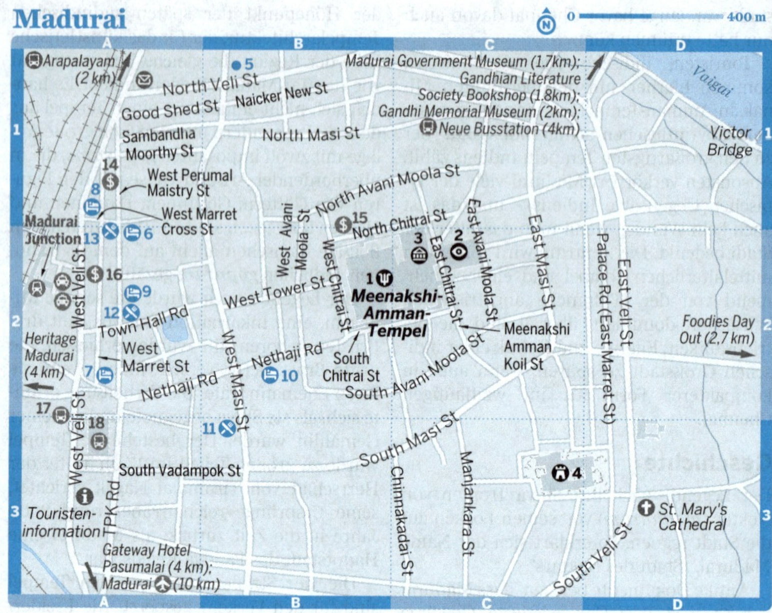

Stück weiter folgt in einer separaten Einfriedung Minakshis Hauptschrein – beide Schreine dürfen nur von Hindus betreten werden. Ein Spaziergang rund um den **Teich des goldenen Lotus** ist hingegen allen Besuchern möglich. Ein am westlichen Ende vorspringender kleiner Pavillon besitzt Deckenmalereien mit Szenen der Ehe von Sundareshvara und Minakshi. Man verlässt den Tempel nun durch eine Halle mit vielen Blumenhändlern und den **Ashta Shakti Mandapa**, dessen Decke eingewölbt ist. Diese Halle dient den meisten Gläubigen als Tempeleingang; die Wandreliefs stellen die acht Attribute der Göttin dar, während die Decke mit den vielleicht schönsten Malereien im ganzen Tempel geschmückt ist.

➡ Tempelkunstmuseum

(East Chitrai St; Inder/Ausländer 5/50 ₹, Handykamera 50 ₹; ⏲ 6–14 & 15–21 Uhr) Im östlichen *gopuram* des Minakshi-Tempels findet sich zur Rechten die aus der Nayak-Zeit stammende 1000-Säulen-Halle (tatsächlich sind es „nur" 985 Säulen). Das heutige Kunstmuseum zeigt am Ende eines Ganges mit fein gearbeiteten Säulen einen Shiva-Schrein mit einem großen Bronze-Nataraja sowie andere wundervolle Bronzeplastiken und farbenfroh bemalte Reliefs. Einige der schönsten Arbeiten, darunter Krishna mit seiner Flöte und Ganesha, der mit einer Frau auf seinem Knie tanzt, befinden sich direkt hinter dem Museumseingang.

Pudhu Mandapa GEBÄUDE

(East Chitrai St; ⏲ Sonnenaufgang–Sonnenuntergang) GRATIS Die aus dem 16. Jh. stammende Säulenhalle steht außerhalb des Minakshi-Amman-Tempels gegenüber dem östlichen *gopuram*. Sie ist voll mit bunten Textil- und Kunsthandwerksständen, Schneider sitzen zuhauf an Nähmaschinen und werkeln. Dadurch werden die wunderschönen Säulenskulpturen zwar teilweise verdeckt, die dreibrüstige Minakshi nahe der südöstlichen Ecke ist aber dennoch problemlos zu entdecken. Gegenüber sieht man Sundareshvara und innerhalb des Westeingangs ihre Hochzeit unter den Augen Vishnus. Ein schöner blassblauer Nandi (Shivas Reitbulle) steht vor dem Osteingang des *mandapa*.

Tirumalai-Nayak-Palast PALAST

(Palace Rd; Inder/Ausländer 10/50 ₹, Foto/Video 30/100 ₹; ⏲ 9–13 & 13.30–17 Uhr) Was der Minakshi-Amman-Tempel für Madurais religiöse Architektur der Nayak-Zeit bedeutet, stellt der verfallene Palast Tirumalai Nayaks für die säkulare Architektur dieser Epoche dar. Es soll nur mehr ein Viertel des gesamten Komplexes vorhanden sein, doch die imposanten Proportionen und der hyb-

Madurai

Highlights

Sehenswertes

Aktivitäten, Kurse & Touren

Schlafen

Essen

Praktisches

Transport

ride drawidisch-islamische Baustil künden immer noch von den großen Ambitionen seines Schöpfers. Vom Eingang an der Ostseite führt ein großer, von hohen, dicken Säulen mit verspielten Stuckarbeiten eingefasster Hof zu dem prächtigen Thronsaal mit seiner 25 m hohen Kuppel; zwei aus Stein gehauene Pferde flankieren den Treppenaufgang.

Hinter der nordwestlichen Ecke des Thronsaals liegt die Natakasala (Tanzhalle), in der eine kleine archäologische Sammlung untergebracht ist.

Gandhi Memorial Museum MUSEUM
(www.gandhimmm.org; Gandhi Museum Rd; Foto 50 ₹; ⌚10–13 & 14–17.45 Uhr) GRATIS Das eindrucksvolle Museum, das in einem Nayak-Königinnenpalast aus dem 17. Jh. untergebracht ist, zeigt eine bewegende und umfassende Ausstellung zu Gandhis Leben und Indiens Kampf um seine Unabhängigkeit zwischen 1757 und 1947 – die englischsprachigen Erläuterungen verzichten gegenüber den britischen Kolonialherren auf jeden Euphemismus. Zu sehen ist auch der blutverschmierte *dhoti*, den Gandhi trug, als er 1948 in Delhi ermordet wurde. Hier in Madurai hatte er 1921 erstmals ein solch traditionelles, wallendes Beinkleid als Zeichen des indischen Nationalstolzes angelegt.

Das kleine **Madurai Government Museum** (Inder/Ausländer 5/100 ₹, Foto 20 ₹; ⌚Sa–Do 9.30–17 Uhr) befindet sich gleich nebenan, dahinter folgt der **Gandhian Literature Society Bookshop** (⌚Mo–Sa 10–13 & 14.30–17.45 Uhr). Mit den Bussen 3, 66, 75 und 700 kann man vom **Periyar-Busbahnhof** (West Veli St) bis zur Haltestelle Tamukkam an der Alagarkoil Rd, 600 m westlich von dem Museum, fahren.

Aktivitäten

Sivananda Vedanta Yoga Centre YOGA
(☎0452-2521170; http://sivananda.org.in; 444 KK Nagar, East 9th St; Kurs 500 ₹; ⌚Mo–Sa 6–20.30, So 6.30–17.30 Uhr) Das Zentrum veranstaltet tägliche Yogakurse zum Vorbeikommen (6, 10, 16 & 18 Uhr; einen Tag vorher buchen) und einwöchige Kurse. Außerdem gibt es längere Intensivkurse im zugehörigen Ashram, 22 km nördlich von Madurai.

Geführte Touren

Foodies Day Out ESSEN & TRINKEN
(☎9840992340; www.foodiesdayout.com; 2. Stock, 393 Anna Nagar Main Rd; ab 2000 ₹/Pers.) Die beste Möglichkeit, die berühmte kulinarische Seite von Madurai kennenzulernen, sind die fantastischen Abendtouren, die von begeisterten Feinschmeckern begleitet werden. Es gibt auch vegetarische und vegane Varianten.

Storytrails STADTSPAZIERGANG
(☎7373675756; www.storytrails.in; 35 Krishnarayar Tank Rd; Tour für bis zu 4 Pers. 4000 ₹) Die aus Chennai stammende Organisation veranstaltet sehr empfehlenswerte Stadtspaziergänge, die sich um Geschichten ranken.

Feste & Events

Teppam (Float) Festival RELIGION
(⌚Jan./Feb.) Das populäre zwölftägige Fest findet bei Vollmond im tamilischen Monat Thai statt. Die Götter aus dem Minakshi-Amman-Tempel werden in einer prächtigen Prozession durch die Stadt getragen und auf einem hell erleuchteten „Minitempel" im riesigen **Mariamman-Teppakkulam-Becken** (Kamarajar Rd), 3 km östlich der Altstadt, zu Wasser gelassen.

Chithirai Festival RELIGION
(April/Mai) Das Highlight in Madurais vollgepacktem Festkalender ist diese zweiwöchige Feier zu Ehren der Hochzeit von Minakshi und Sundareshvara (Shiva). Die Gottheiten werden in riesigen Wagen als Teil einer langen, farbenfrohen Prozession über das Gelände des Minakshi-Amman-Tempels gefahren.

Schlafen

Die Budgethotels im Zentrum von Madurai sind überwiegend trist und lieblos, aber es gibt nahe dem Bahnhof eine große Auswahl absolut ordentlicher, nahezu identischer Mittelklassehotels an der West Perumal Maistry St. Die Hotels der Spitzenklasse liegen außerhalb des Zentrums.

YMCA International Guest House PENSION $
(0452-2346649; www.ymcamadurai.com; Main Guard Sq, Nethaji Rd; EZ/DZ 850/1110 ₹, mit Klimaanlage 1300/1450 ₹ jeweils mit Frühstück) Madurais gut geführte Pension der Young Men's Christian Association hat schlichte, saubere Zimmer zu fairen Preisen. Die Einnahmen kommen der Wohltätigkeitsarbeit der Organisation zu Gute.

TM Lodge HOTEL $
(0452-2341651; www.tmlodge.in; 50 West Perumal Maistry St; EZ/DZ 470/720 ₹, Zi. mit Klimaanlage 1300 ₹;) Die Wände sind ein bisschen schmutzig, aber die Bettwäsche ist sauber, und das Haus wird effizient geführt.

Madurai Residency HOTEL $$
(0452-4380000; www.madurairesidency.com; 15 West Marret St; EZ/DZ mit Frühstück 2640–3120/3000–3480 ₹;) Das Hotel punktet mit einem erstklassigen Service, gemütlichen, frischen Zimmern, einem praktischen Schalter zur Buchung von Verkehrsmitteln und einem der höchstgelegenen Dachrestaurants der Stadt. Es ist sehr beliebt, vor allem bei indischen Geschäftsleuten, daher sollte man mindestens einen Tag im Voraus buchen.

Berrys Boutique HOTEL $$
(0452-2340256; www.berrysboutique.in; 25 West Perumal Maistry St; EZ/DZ mit Frühstück 2130–3220/2430–3220 ₹;) Zur Zeit unserer Recherche gab es dieses Hotel gerade einmal drei Monate. Die 15 smarten, modernen, minimalistischen Zimmer, die nach Obstsorten benannt sind, sind die stilvollsten in dieser Hotelstraße. Die Atmosphäre ist ruhig und der Empfang freundlich. Im Haus gibt's ein Restaurant.

Royal Court HOTEL $$
(0452-4356666; www.royalcourtindia.com; 4 West Veli St; EZ/DZ 4110–4960/5080–5690 ₹;) Das Hotel vereint koloniale Eleganz in Form von weißer Wäsche und Hartholzböden mit Komfort, gutem Essen und einem freundlich-professionellen Service. Die Zimmer sind mit Tee-/Kaffeemaschinen ausgestattet. Eine exzellente, zentral gelegene Option, wenn man sich etwas gönnen will.

Gateway Hotel Pasumalai HISTORISCHES HOTEL $$$
(0452-6633000; www.gateway.tajhotels.com; 40 TPK Rd, Pasumalai; EZ 6260–12 710 ₹, DZ 7470–13 920 ₹;) Das zur Taj-Gruppe gehörende Hotel bietet wunderbare Erholung vom Trubel der Stadt und erstreckt sich über eine Gartenanlage auf einem Hügel 6 km südwestlich des Zentrums von Madurai. Der Ausblick, der Außenpool und die 60 hauseigenen Pfauen sind wunderbar, die Zimmer luxuriös, komfortabel und mit verglasten Duschen und Yoga-Kits klasse ausgestattet. Das zugehörige Restaurant Garden All Day (S. 1171) ist ausgezeichnet.

Heritage Madurai HISTORISCHES HOTEL $$$
(0452-3244187; www.heritagemadurai.com; 11 Melakkal Main Rd, Kochadai; EZ 4030–8820 ₹, DZ 5370–11 600 ₹;) Das grüne Refugium 4 km nordwestlich des Zentrums von Madurai war einst Sitz des alten Madurai Club. Nach einer sehr gelungenen Umgestaltung verfügt es über sehr kunstvolle Holzschnitzereien keralesischer Art, einen schönen abgesenkten Pool und luftige Deluxe-Zimmer mit Terrakottaböden. Am besten sind die „Villen" mit eigenen Tauchbecken. Vor Ort gibt's ein gutes **Restaurant** (Hauptgerichte 200–450 ₹; 7–22.30 Uhr) mit gehobener nord- und südindischer Küche, ein Spa, eine Bar und ein rund um die Uhr geöffnetes Café.

Essen

In den Dachrestaurants der Hotels an der West Perumal Maistry St kann man abends bei einer lauen Brise mit Blick auf den Tempel dinieren; fürs Frühstück und Mittagessen verfügen die meisten Hotels zusätzlich über klimatisierte Restaurants. Madurai ist bekannt für den Sommer-Drink *jigarthanda* aus abgekochter Milch, Mandelessenz, Rosensirup und Vanilleeis.

★ Murugan Idli Shop SÜDINDISCH $
(http://muruganidlishop.com; 196 West Masi St; Gerichte 15–75 ₹; ⏲7–23 Uhr) Die Kette hat zwar heute viele Filialen in Chennai, stammt aber aus Madurai. Hier kann man ihr Markenzeichen, locker-luftige *idlis* und Chutneys probieren und beliebte südindische Speisen wie *dosas*, *vadas* und *uttapams* genießen.

Sri Sabareesh INDISCH $
(49A West Perumal Maistry St; Hauptgerichte 65–90 ₹; ⏲6–23 Uhr) Das mit Fotos des alten Madurai dekorierte Sri Sabareesh ist ein beliebtes, preiswertes vegetarisches Lokal, in dem man gute südindische Thalis (80 ₹), *dosas*, *idlis*, *uttapams* und *vadas* sowie kräftige Hauptgerichte bekommt.

Surya INTERNATIONAL $
(www.hotelsupreme.in; Hotel Supreme, 110 West Perumal Maistry St; Hauptgerichte 80–160 ₹; ⏲16–24 Uhr) Das Dachrestaurant im Hotel Supreme bietet einen ausgezeichneten Service, gutes vegetarisches Essen und dazu eine herrliche Aussicht auf die Stadt und die Tempelanlage. Der Eiskaffee wirkt an einem heißen, staubigen Tag wie ein Geschenk der Götter.

Garden All Day INTERNATIONAL $$$
(☎0452-6633000; www.gateway.tajhotels.com; Gateway Hotel Pasumalai, 40 TPK Rd, Pasumalai; Hauptgerichte 300–700 ₹; ⏲6.30–23 Uhr) Die Investition lohnt sich: Das ganztägig geöffnete Panorama-Restaurant des Gateway Hotel (6 km südwestlich vom Zentrum Madurais) serviert eine erstaunliche Vielfalt köstlicher Gerichte aus aller Welt, von Chettinadu-Currys bis zu einfallsreichen Salaten, Pasta und Burgern.

Shoppen

In Madurai wimmelt es von Kleiderständen und Schneidereien, was man schon daran merkt, dass man ständig von entsprechenden Schleppern genervt wird. Die Fahrer, Fremdenführer und Schlepper sind auch darauf versessen, einen in die Kunsthandwerksläden in der North und der West Chitrai St zu führen – der Köder ist die herrliche Aussicht vom Dach auf den Tempel. Die Aussicht ist auch tatsächlich gut, das anschließende Verkaufsgespräch aber unvermeidlich.

Praktische Informationen

Touristeninformation (☎0452-2334757; 1 West Veli St; ⏲Mo–Fr 10–17.30 Uhr) Weitere Filialen am Flughafen und am Bahnhof.

An- & Weiterreise

BUS

Die meisten staatlichen Busse nutzen den **Neuen Busbahnhof** (Melur Rd) 4 km nordöstlich des Zentrums. Die Busse nach Coimbatore, Kodaikanal, Udagamandalam und Munnar fahren am **Arapalayam-Busbahnhof** (Puttuthoppu Main Rd) 2 km nordwestlich der Altstadt los. Die Reisebüros an der Südseite des **Busbahnhofs am Shopping-Komplex** (zw. West Veli St & TPK Rd) verkaufen Tickets für die teureren (und komfortableren) privaten Busse; diese fahren meistens nachts.

FLUGZEUG

Der Flughafen Madurai liegt 12 km südlich der Stadt. **SpiceJet** (www.spicejet.com) fliegt täglich nach Colombo, Dubai und Hyderabad und viermal täglich nach Chennai. **Jet Airways** (www.jetairways.com) hat täglich einen Flug nach Bengaluru und fünf nach Chennai. Und **Air**

STAATLICHE BUSSE AB MADURAI

ZIEL	PREIS (₹)	DAUER (STD.)	HÄUFIGKEIT
Bengaluru	420–730	9–10	7, 18, 20.30, 21, 21.15, 21.30, 21.35 & 21.45 Uhr
Chennai	325–420	9–10	alle 15 Min., AC 9, 20.30 & 21 Uhr
Kodaikanal	62	4	13 Busse 1.30–14.50 Uhr, 17.50 & 20.30 Uhr
Coimbatore	125	5	alle 10 Min.
Ernakulam (Kochi)	325	9½	9, 20 & 21 Uhr
Kanyakumari	200	6	alle 30 Min.
Munnar	115	6	5.55, 8 & 10.40 Uhr
Mysuru	300–430	9–12	16.35, 18, 20 & 21 Uhr
Puducherry	240-260	7½	21.05 & 21.30 Uhr
Rameswaram	150	4–5	alle 30 Min.
Tiruchirappalli	90	2¼–3	alle 5 Min.
Udagamandalam	200	8	7.30 & 21.20 Uhr

India (www.airindia.in) fliegt täglich nach Chennai und Mumbai.

ZUG

Vom Bahnhof Madurai Junction fahren täglich zwölf Züge nach Tiruchirappalli und zehn nach Chennai; der schnellste ist der Vaigai Express (Tiruchirappalli: 2. Klasse/Chair Class 95/345 ₹, 2 Std.; Chennai: 180/660 ₹, 7¾ Std.) um 7 Uhr. Ein guter Nachtzug nach Chennai ist der Pandian Express (Sleeper/3AC/2AC/1AC 315/810/1140/1930 ₹, 9 Std.) um 20.35 Uhr. Der einzige, täglich verkehrende Zug nach Kanyakumari fährt um 1.30 Uhr (Sleeper/3AC/2AC/1AC 210/540/740/1235 ₹, 5 Std.); an manchen Tagen fährt später ein weiterer Zug.

Züge fahren außerdem u. a. nach Thiruvananthapuram (tgl. 3-mal; Sleeper/3AC/2AC 205/545/775 ₹), Coimbatore (tgl. 3-mal; 235/590/825 ₹), Bengaluru (tgl. 2-mal; 1080/750/280 ₹) und Mumbai (tgl.; 2540/1730/645 ₹).

ℹ Unterwegs vor Ort

Eine Taxifahrt zwischen dem Zentrum und dem Flughafen kostet 500 ₹. Alternativ fährt der Bus 10 (13 ₹) vom/zum Busbahnhof am Shopping Complex.

Vom **Neuen Busbahnhof** (S. 1171) fahren die Busse 3, 48 und 700 in die Stadt; die Fahrt mit einer Autorikscha kostet 120 ₹.

Es gibt einen **Taxistand** (Madurai Junction) mit festen Preisen vor dem Bahnhof Madurai Junction, an dem die Preise angeschlagen sind (Fahrten in Madurai 1400–1800 ₹/Tag). Der Taxianbieter Fast Track hat hier einen **Taxi-Buchungsschalter** (☎ 0452-2888999; Madurai Junction; ⏲ 24 Std.); der Preis liegt bei 90 ₹ für die ersten 3 km und anschließend 14 bis 16 ₹ pro Kilometer.

Rameswaram

☎ 04573 / 44 860 EW.

Rameswaram war einst der südlichste Punkt des heiligen Indiens – die Überschreitung dieser Grenze bedeutete, seine Kaste aufzugeben und damit noch unter den niedrigsten Status eines Abdeckers der heiligen Kühe zu fallen. Doch dann führte Rama – der Held des Ramayana, eine Inkarnation Vishnus – eine Armee von Affen und Bären über eine von den Affen erbaute Brücke nach (Sri) Lanka, besiegte den Dämonen Ravana und rettete seine Gemahlin Sita. Anschließend erwies das Fürstenpaar hier Shiva seinen Dank. Heute strömen Millionen von Hindus zum Ramanathaswami-Tempel, um dort zu beten, wo einst ein Gott einen Gott anbetete.

Davon abgesehen ist Rameswaram eine kleine, schmuddelige Fischerstadt auf der muschelförmigen Insel Pamban, die mit dem Festland über eine 2 km lange Eisenbahn- und Straßenbrücke verbunden ist. Wenn man kein Pilger ist, lohnt der Tempel allein kaum die Anreise. Allerdings besitzt Dhanushkodi, die nur 30 km von Sri Lanka entfernte Ostspitze der Insel, eine magische

ABSTECHER

WASSERSPORT IN KATHADI

Das entspannte Wassersportzentrum **Kathadi North** (☎ 9820367412; www.quest-asia.com; Pirappan Valasai, abseits des Madurai–Rameswaram Hwy; 2-tägige-Kitesurfen-Passage inkl. Unterkunft 9250 ₹) wurde von einem Team von Abenteuersportexperten aus Mumbai ins Leben gerufen. Im Programm hat es Kitesurfen, Kajakfahren, Windsurfen, Schnorcheln, Stehpaddeln, Segeln, Camping, Strandsäuberungen und abendliche Tierbeobachtungs-Wanderungen. Es befindet sich auf dem Festland, 18 km westlich der Brücke zur Insel Pamban (die nach Rameswaram führt). Die zugehörige **Unterkunft** (☎ 9820367412; www.quest-asia.com; Pirappan Valasai, abseits des Madurai–Rameswaram Hwy; EZ/DZ mit Frühstück 3000/3500 ₹; 📶) – vier schicke Betonhütten mit Ventilator, Strohdach und Freiluftbädern – liegt gleich hinter dem strahlend weißen Sandstrand. Die umweltfreundliche Anlage sammelt Regenwasser und nutzt Solarstrom. Die Türen bestehen aus recyceltem Holz und für den Palmzaun wurden vor Ort vorhandene Materialien benutzt. In der offenen Küche gibt's Gerichte (450 ₹), die man gemeinsam verzehrt.

An der Südwestküste der Insel Pamban bietet die preiswerte Filiale **Kathadi South** (☎ 9820367412; www.quest-asia.com; abseits der Old Dhanushkodhi Rd, Pamban Island; 2-tägiges Kitesurfen-Paket inkl. Unterkunft 8250 ₹) nahezu identische Aktivitäten sowie schlichte **Hütten** (☎ 9820367412; www.quest-asia.com; abseits der Old Dhanushkodhi Rd, Pamban Island; EZ/DZ mit Frühstück 1250/1500 ₹) mit Gemeinschaftsbad und **Zelten** (EZ/DZ 650/1000 ₹).

ABSTECHER

DHANUSHKODI

Das Vorgebirge auf Pamban, das sich 22 km südöstlich von Rameswaram erstreckt, verengt sich auf halber Strecke zu einem dünnen Streifen aus Dünen. An dessen südöstlichster Spitze erhebt sich die Geisterstadt Dhanushkodi: Der einst blühende Hafen wurde 1964 von einem mächtigen Zyklon zerstört. Die Außenwände des Bahnhofs, der Kirche, des Postamts und anderer Ruinen stehen noch zwischen den Fischerhütten, während sich im Osten die Adamsbrücke (Ramas Brücke) erstreckt, eine Kette von Riffen, Sandbänken und Inseln, die eine Quasi-Verbindung zwischen Indien und Sri Lanka darstellt.

Autorikschafahrer verlangen 500 ₹ für die Fahrt (hin & zurück inkl. Wartezeit) nach Moonram Chattram, 14 km südöstlich von Rameswaram. Busse fahren von Rameswarams Busbahnhof alle 30 Minuten hierher (12 ₹). Von dort führt dann ein 4 km langer Marsch nach Dhanushkodi. Alternativ gibt's zweistündige Touren hin und zurück mit einem Truck oder Minibus (180–200 ₹, 6–18 Uhr). Die Fahrzeuge starten, sobald 16 Passagiere zusammengekommen sind; alternativ kann man auch das ganze Vehikel (hin & zurück 1500–2000 ₹) mieten. Das Baden ist eine Verlockung, man muss sich aber vor den starken Strömungen hüten.

Zum Zeitpunkt der Recherche war die neue Asphaltstraße durch die einst unberührten Dünen von Moonram Chattram nach Dhanushkodi fertiggestellt, aber noch nicht für den Verkehr freigegeben. Wenn das geschehen ist, könnten sich die Verkehrsverbindungen ändern. Allerdings gehen damit Befürchtungen einher, dass die leichte Zugänglichkeit die Idylle der Geisterstadt zerstoren könnte.

Naturschönheit, die einen Besuch in Rameswaram erheblich verführerischer macht. Außerdem finden Aktivurlauber an der Westküste der Insel ein beliebtes, entspanntes Wassersportziel.

Die meisten Hotels und Restaurants konzentrieren sich um den Ramanathaswami-Tempel, der von der North, der East, der South und der West Car St umschlossen wird.

Sehenswertes

Ramanathaswamy-Tempel HINDU-TEMPEL

(East Car St.; ⏲5–12 & 15–20.30 Uhr) Der Tempel, einer der heiligsten Schreine Indiens, beherbergt den heiligsten Sandhaufen der Welt – es handelt sich um einen Lingam, den Ramas Frau Sita erschaffen haben soll. Die Anlage stammt größtenteils aus dem 16. bis 18. Jh. und zeichnet sich durch überlange 1000-Säulen-Hallen und 22 *theerthams* (Tempelbecken) aus, in denen Pilger baden, bevor sie die Gottheit besuchen. Helfer schütten Wassereimer über den (oft vollständig bekleideten) Gläubigen aus, die dann von *theertham* zum *theertham* weitereilen.

Schlafen & Essen

Die meisten Hotels in Rameswaram sind auf Pilger ausgerichtet. Einige (meist ziemlich schäbige) Budgetunterkünfte nehmen keine Alleinreisenden auf, es gibt aber akzeptable Mittelklassehotels. Budgettraveller können sich an das **Rooms Booking Office** (East Car St; Zi. 300–500 ₹; ⏲24 Std.) wenden.

Daiwik Hotel HOTEL $$

(☎04573-223222; www.daiwikhotels.com; Madurai–Rameswaram Hwy; Zi. 4830–6040 ₹; ❄📶) Strahlend, komfortabel und einladend: „Indiens erstes Vier-Sterne-Pilgerhotel" befindet sich 200 m westlich vom Busbahnhof und ist die Unterkunft mit der meisten Klasse in Rameswaram. Die luftigen Zimmer sind schick mit großen Spiegeln und Fotos aus dem Alltag der Einheimischen eingerichtet. Es gibt ein Spa und das gute vegetarische Restaurant **Ahaan** (www.daiwikhotels.com; Daiwik Hotel, Madurai–Rameswaram Hwy; Hauptgerichte 145–270 ₹; ⏲7–22 Uhr).

Anreise & Unterwegs vor Ort

Rameswarams **Busbahnhof** (Madurai–Rameswaram Hwy) liegt 2,5 km westlich der Stadt. Busse fahren alle fünf Minuten nach Madurai (100 ₹, 4 Std.) und alle 30 Minuten nach Tiruchirappalli (115 ₹, 7 Std.). „Ultra Deluxe" (UD-) Busse fahren laut Fahrplan um 16 und 16.30 Uhr nach Chennai (435 ₹, 13 Std.), um 7.15 und 19.30 Uhr nach Kanyakumari (270 ₹, 8 Std.) und um 16.30 Uhr nach Bengaluru (580 ₹, 12 Std.). Diese Busse fahren aber nicht immer.

Es gibt auch einen klimatisierten Bus nach Chennai (565 ₹, 13 Std.) um 17 Uhr.

Der Bahnhof liegt 1,5 km südwestlich des Tempels. Für die täglich drei Züge von/nach Madurai (35 ₹, 4 Std.) gibt es keine Platzreservierung. Der Rameswaram–Chennai Express über Tiruchirappalli (Sleeper/3AC/2AC 215/535/740 ₹, 4¾ Std.) fährt täglich um 20.15 Uhr nach Chennai (360/945/1335 ₹, 11 Std.). Der Rameswaram–Kanyakumari Express startet montags, donnerstags und samstags um 20.45 Uhr und erreicht Kanyakumari (Sleeper/3AC 275/710 ₹) um 4.05 Uhr.

Der Bus 1 (5 ₹) pendelt zwischen dem Busbahnhof und der East Car St. Eine Autorikscha in die Stadt vom Bahnhof oder Busbahnhof kostet 50 ₹.

Kanyakumari (Kap Komorin)

☎ 04652 / 22 450 EW.

Ja, das ist es: Das Ende Indiens! Wenn man durch den äußersten Süden Indiens fährt, über die Spitze des „Vs" des Subkontinents, erreicht man die dramatischen Felsformationen der Westghats, die grünen Wiesen, die glitzernden Reisfelder und die sich langsam drehenden Windturbinen, und es stellt sich das Gefühl, etwas vollendet zu haben. In Kanyakumari verspürt man zudem eine leicht surreale Atmosphäre. Zu bestimmten Zeiten des Jahres kann man sehen, wie über drei Meeren – Golf von Bengalen, Arabisches Meer und Indischer Ozean – gleichzeitig die Sonne unter- und der Mond aufgeht. Der „Tempel der jungfräulichen Meeresgöttin", Swami Vivekanandas Erbe und die Symbolkraft des „Endes der Welt" locken Pilger und Touristen in Scharen nach Kanyakumari. Und dennoch ist es der Stadt bisher gelungen, ein kleiner, erfrischender Zufluchtsort abseits aller Hektik zu bleiben.

Sehenswertes

Kumari-Amman-Tempel HINDUTEMPEL

(Sannathi St; ⏲ 4.30–12 & 16–20.30 Uhr) Die Legenden berichten, dass die jungfräuliche *(kanya)* Göttin Kumari, eine Inkarnation der großen Göttin Devi, im Alleingang die Dämonen besiegte und so die Freiheit der Welt rettete. Pilger erweisen ihr ihren Dank in diesem kleinen, schön verzierten Tempel an der Spitze des Subkontinents, wo man im Dämmerschein der Ölfeuer und der vulvaförmigen Votivkerzen – eine Anspielung auf die sakrale Weiblichkeit der Göttin – der Brandung von drei Meeren lauschen kann.

Es heißt, dass die Osttür des Tempels verschlossen bleibt, damit die Schiffe durch den Schimmer des diamantenbesetzten Nasenrings der Göttin nicht fehlgeleitet werden. Am Haupttor im Norden zahlt man eine Spende von 10 ₹, um den inneren Tempelbezirk aus dem 18. Jh. zu betreten, in dem Männer ihre Hemden ablegen müssen und das Fotografieren verboten ist.

Am Ufer rund um den Tempel gibt es ein paar winzige Strände und Bade-**Ghats,** wo die Gläubigen ins Wasser tauchen, ehe sie den Tempel besuchen. Der *mandapa* gleich südlich vom Tempel ist ein beliebtes Plätzchen, um den Sonnenuntergang zu beobachten und sich tagsüber in den Schatten zu flüchten.

Vivekananda Memorial DENKMAL

(20 ₹; ⏲ 7.45–16 Uhr) 400 m vor der Küste erhebt sich der Felsen, auf dem der berühmte hinduistische Apostel Swami Vivekananda vom 25. bis zum 27. Dezember 1892 meditierte und beschloss, seine moralische Botschaft außerhalb Indiens zu verbreiten. Die zwei *mandapas* des 1970 errichteten Denkmals spiegeln Tempelarchitekturstile aus ganz Indien wider. Im unteren *mandapa* befindet sich ein angeblicher Fußabdruck der Göttin Kumari. Angesichts der ständigen Touristenströme würde Vivekananda heute wahrscheinlich lieber anderswo meditieren. Zu dem Felsen fahren Fähren (hin & zurück 34 ₹).

Thiruvalluvar-Statue DENKMAL

(⏲ 7.45–16 Uhr) GRATIS Die gigantische Statue, ein indischer Koloss von Rhodos, steht auf einem kleineren Eiland neben dem Vivekananda Memorial und stellt den antiken tamilischen Dichter Thiruvalluvar dar. Mehr als 5000 Bildhauer arbeiteten an dem im Jahr 2000 errichteten Standbild, das zu Ehren des 133 Kapitel umfassenden Thirukural eine Höhe von exakt 133 Fuß (40,5 m) hat. Bei geeignetem Tidenstand legen die Fähren zum Vivekananda Memorial (hin & zurück 34 ₹) anschließend auch hier an.

Swami Vivekananda Wandering Monk Exhibition MUSEUM

(Beach Rd; 10 ₹; ⏲ 8–12 & 16–20 Uhr) Die ausgezeichnete Ausstellung auf einem hübschen grünen Gelände beschäftigt sich mit der Weisheit, den Sprüchen und den Begegnungen Vivekanandas mit den Mächtigen und dem gemeinen Volk während seiner fünfjährigen Wanderschaft, die ihn als Mönch 1888 bis 1893 durch ganz Indien führte. Die Ti-

Kanyakumari (Kap Komorin)

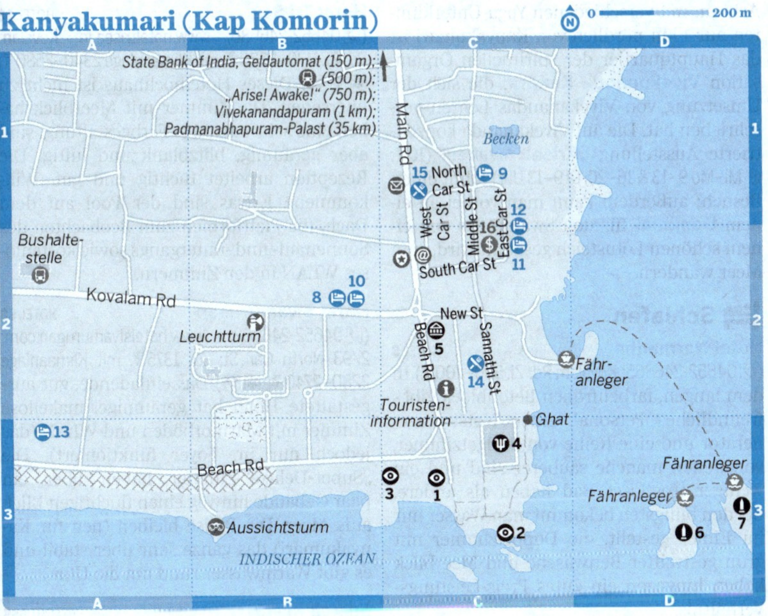

Kanyakumari (Kap Komorin)

Sehenswertes

1 Gandhi Memorial C3
2 Ghat C3
3 Kamaraj Memorial C3
4 Kumari-Amman-Tempel C3
5 Swami Vivekananda Wandering Monk Exhibition C2
6 Thiruvalluvar-Statue D3
7 Vivekananda Memorial D3

Schlafen

8 Hotel Narmadha B2
9 Hotel Sivamurugan C1
10 Hotel Tri Sea B2
11 Lakshmi Tourist Home C2
12 Seashore Hotel C2
13 Sparsa Resort A3

Essen

Auroma .... (siehe 13)
14 Hotel Anapoorna C2
15 Sangam Restaurant C1
Seashore Hotel .... (siehe 12)

Praktisches

16 South Indian Bank, Geldautomat C2

ckets gelten auch für die von Vivekananda inspirierte Ausstellung „Arise! Awake!" in Vivekanandapuram, 1 km nördlich der Stadt.

Gandhi Memorial DENKMAL

(Beach Rd; 7–19 Uhr) GRATIS Das cremefarbene Denkmal in der Form eines Tempels aus Odisha wurde von hinduistischen, christlichen und muslimischen Architekten verziert. Es erhebt sich am Ende des Landes, als dessen Vater Gandhi gelten darf. Der zentrale Sockel bezeichnet die Stelle, wo ein Teil seiner Asche verwahrt wurde, ehe man sie dem Meer übergab. Jedes Jahr fallen die Sonnenstrahlen an Gandhis Geburtstag (2. Okt.) genau auf den Stein. Der Turm ist ein beliebter Ort, um den Sonnenuntergang zu beobachten.

Kamaraj Memorial DENKMAL

(Beach Rd; 7–19 Uhr) GRATIS Das Denkmal in Ufernähe erinnert an K. Kamaraj, den „Gandhi des Südens". Als einer der mächtigsten und angesehensten Politiker im jungen unabhängigen Indien war er langjähriger Regierungschef des Bundesstaats Madras bzw. von dessen Nachfolgestaat Tamil Nadu. Die staubigen Fotos im Innern sind in Englischer Sprache erläutert.

Vivekanandapuram ASHRAM

(04652-247012; www.vivekanandakendra.org; Vivekanandapuram; 9–20 Uhr) Der friedliche

Ashram mit verschiedenen Yoga-Unterkünften nur 1 km nördlich von Kanyakumari ist das Hauptquartier der spirituellen Organisation **Vivekananda Kendra**, die sich der Umsetzung von Vivekanandas Lehren verschrieben hat. Die auf Vivekananda konzentrierte Ausstellung **„Arise! Awake!"** (10 ₹; ⌚Mi–Mo 9–13 & 16–20, Di 9–13 Uhr) lohnt einen Besuch; außerdem kann man vorbei an einem **Denkmal** für den Swami, das von einem schönen Lotusteich gesäumt wird, zum Meer wandern.

Schlafen

Hotel Narmadha HOTEL $

(☎04652-246365; Kovalam Rd; Zi. 500–700 ₹) In dem langen, farbenfrohen Betonblock gibt's freundliches Personal, einen Notstromgenerator und eine Reihe von Budgetzimmer, von denen manche sauberer sind und ein weniger trostloses Bad haben als andere. Bei den billigsten bekommt man Wasser nur im Eimer gestellt, die Doppelzimmer mit grün gestreifter Bettwäsche und Meerblick haben hingegen ein gutes Preis-Leistungs-Verhältnis.

Lakshmi Tourist Home HOTEL $

(☎04652-246333; East Car St; Zi. 1000 ₹, mit Klimaanlage 1500 ₹) Das schlichte und gepflegte, recht hilfsbereite Familienhotel ist eine ordentliche Wahl im Stadtzentrum. Die besseren (= teureren) Zimmer haben Meerblick und warmes Wasser, aber auch die meisten anderen sind ordentlich und sauber.

Hotel Tri Sea HOTEL $$

(☎04652-246586; www.hoteltrisea.in; Kovalam Rd; Zi. 1170–2220 ₹, mit Klimaanlage 2340–2580 ₹; ❄📶🏊) Dieses Hotelhochhaus ist nicht zu übersehen. Die Zimmer mit Meerblick haben eine sehr unruhige Farbgestaltung, sind aber geräumig, blitzblank und luftig. Die Rezeption arbeitet tüchtig und gut. Willkommene Extras sind der Pool auf dem Dach, die Plattformen zum Beobachten des Sonnenauf- und -untergangs sowie kostenloses WLAN in den Zimmern.

Hotel Sivamurugan HOTEL $$

(☎04652-246862; www.hotelsivamurugan.com; 2/93 North Car St; Zi. 1375 ₹, mit Klimaanlage 2280–2740 ₹; ❄📶) Das einladende, gut ausgestattete Hotel hat geräumige, makellose Zimmer mit Marmorböden und WLAN (das jedoch nur im Foyer funktioniert). Die „Super-Deluxe"-Zimmer haben über ein paar Gebäude hinweg einen flüchtigen Blick aufs Meer. Die Preise bleiben (neu für Kanyakumari) das ganze Jahr über stabil und es gibt Warmwasser rund um die Uhr.

Sparsa Resort RESORT $$$

(☎04652-247041; www.sparsaresorts.com; 6/112B Beach Rd; Zi. mit Frühstück 4800–7200 ₹; ❄📶🏊) Abseits von der Tempelhektik am Westrand der Stadt sticht das elegante Sparsa die anderen Hotels von Kanyakumari locker aus. Die frischen Zimmer wirken mit ihren orangefarbenen Wänden, niedrigen Betten aus dunklem Holz, Polstersesseln und stimmungsvoller Beleuchtung modern-

ABSEITS DER ÜBLICHEN PFADE

PALAST VON PADMANABHAPURAM

Der labyrinthische **Padmanabhapuram-Palast** (☎04651-250255; Padmanabhapuram; Inder/Ausländer 35/300 ₹, Kamera/Video 50/2000 ₹; ⌚Di–So 9–13 & 14–16.30 Uhr), 35 km nordwestlich von Kanyakumari in der Nähe der Grenze zu Kerala gelegen, gilt mit seinen kunstvoll geschnitzten Palisanderholzdecken und lackierten Teakholzbalken heute als bestes Beispiel traditioneller Kerala-Architektur. Asiens größte aus Holz gefertigte Palastanlage war einst Sitz der Herrscher von Travancore, eines recht instabilen Fürstenstaats, der Teile von Tamil Nadu und Kerala umfasste. Unter diversen eitlen Hausherren entstand ein großartiger Komplex aus Korridoren, Innenhöfen, Satteldächern und 14 Palästen. Der älteste Teil geht auf das Jahr 1550 zurück.

Vom Busbahnhof in Kanyakumari fahren um 7.30, 10.45, 13.30 und 15.20 Uhr Busse direkt hierher (25 ₹, 2 Std.); außerdem fahren alle 20 Minuten Busse von Kanyakumari nach Thuckalay (25 ₹), wo man eine Autorikscha nehmen oder zum Palast laufen kann (15 Min.). Ein Taxi ab Kanyakumari kostet hin und zurück 1200 ₹.

Von Thiruvananthapuram aus kann man jeden Bus nach Kanyakumari (70 ₹, 3 Std., tgl. 4-mal) nehmen und in Thuckalay aussteigen. Die Kerala Tourist Development Corporation (KTDC; S. 1040) veranstaltet ab Thiruvananthapuram zudem ganztägige Touren nach Kanyakumari, die auch am Palast Halt machen (700 ₹; min. 4 Pers.).

BUSSE AB KANYAKUMARI

ZIEL	PREIS (₹)	DAUER (STD.)	HÄUFIGKEIT
Bengaluru (UD)	635	12–14	16.45 Uhr, 17.30 Uhr
Chennai (UD)	530	12–14	8-mal tgl.
Kodaikanal (UD)	310	10	20.15 Uhr
Kovalam	120	3	6 & 14 Uhr
Madurai	100, UD 210	8	9-mal tgl.; UD 14 & 15 Uhr
Rameswaram	250	8	7.30 & 19 Uhr
Thiruvananthapuram	75–80	2½	9-mal tgl.

orientalisch. Es gibt einen hübschen, von Palmen umsäumten Pool und gute indische Gerichte im Restaurant **Auroma** (Hauptgerichte 150–400 ₹; ⊙7–10, 12–15 & 19–23 Uhr).

Seashore Hotel HOTEL **$$$**
(☎04652-246704; www.theseashorehotel.com; East Car St; Zi. 4140–7800 ₹; ❄📶) Das schickste Hotel im Stadtzentrum hat noble, geräumige Zimmer mit goldenen Vorhängen und Kissen, verglasten Duschen und Wasserkochern. Der einstige Glanz ist zwar verblasst, aber alle Zimmer außer den günstigsten haben einen Panoramablick aufs Meer. Das zugehörige Restaurant im 7. Stock gehört zu den besten der Stadt.

Essen

Hotel Anapoorna INDISCH **$**
(Sannathi St; Hauptgerichte 110–150 ₹, Thalis 120–180 ₹; ⊙7–21.30 Uhr) Das beliebte Budgetlokal mit Gerichten aus ganz Indien serviert in einem sauberen, freundlichen Ambiente zum Frühstück *idlis*, Filterkaffee und ansonsten südindische Thalis, Currys und Biryanis.

Seashore Hotel INTERNATIONAL **$$**
(www.theseashorehotel.com; East Car St; Hauptgerichte 210–320 ₹; ⊙7–10 & 12.30–22 Uhr) Erstaunlicherweise ist dieses Hotelrestaurant im 7. Stock das einzige in Kanyakumari mit richtigem Meerblick. Es gibt wunderbaren gegrillten Fisch und viele indische vegetarische und fleischhaltige Speisen, außerdem auch ein paar westliche Gerichte. Die Bedienung ist flink und es gibt ein gutes Frühstücksbuffet (270 ₹).

Sangam Restaurant INDISCH **$$**
(Main Rd; Hauptgerichte 95–300 ₹, Thalis 100–135 ₹; ⊙7–22.30 Uhr) Man könnte meinen, das Sangam sei in Kashmir losmarschiert, durch ganz Indien gewandert und habe schließlich hier Halt gemacht, um schmackhafte vegetarische und nicht vegetarische Kost anzubieten, deren Rezepte es unterwegs in allen Bundesstaaten aufgeschnappt hat. Also: auf einem der weichen Stühle Platz nehmen und das gute Essen genießen!

ℹ Praktische Informationen

Touristeninformation (☎04652-246276; Beach Rd; ⊙Mo–Fr 10–17.30 Uhr)

ℹ An- & Weiterreise

BUS

Kanyakumaris ruhiger **Busbahnhof** (Kovalam Rd) liegt zehn Gehminuten westlich vom Zentrum. Am bequemsten sind die „Ultra Deluxe"-(UD-) Busse.

ZUG

Der Bahnhof liegt 800 m nördlich des Ortszentrums. Täglich um 17.20 Uhr fährt ein Zug nach Norden: Der Kanyakumari Express nach Chennai (Sleeper/3AC/2AC/1AC 415/1095/1555/2630 ₹, 13½ Std.) hält außerdem auch in Madurai (210/540/740/1235 ₹, 4½ Std.) und Tiruchirappalli (275/710/995/1670 ₹, 7 Std.). Täglich zweimal, um 6.40 bzw. 10.30 Uhr, fahren Expresszüge nach Thiruvananthapuram (Sleeper/3AC/2AC 140/490/695 ₹, 2¼ Std.) und weiter nach Kollam (140/490/695 ₹, 3½ Std.) und Ernakulam (Kochi; 205/545/775 ₹, 7 Std.). Mehr Züge bedienen den Bahnhof Nagercoil Junction, 20 km nordwestlich von Kanyakumari.

Etwas für echte Eisenbahnfreaks ist der Vivek Express mit Indiens längster Zugfahrt. Er startet donnerstags in Kanyakumari zu der 4236 km langen, 80 Stunden dauernden Reise nach Dibrugarh in Assam (1085/2830/4265 ₹).

WESTERN GHATS

Willkommen in den grünen Westghats, einem der beliebtesten Zufluchtsorte vor der indischen Hitze. Die Ghats, Teil des Weltnaturerbes, ragen mit einer durchschnittlichen Höhe von 915 m wie ein undurchdringliches immergrünes Bollwerk vom Norden Mumbais bis zur Spitze von Tamil Nadu in den Himmel. Sie dienen 27 % der blühenden Pflanzen Indiens und einer unglaublichen Vielfalt von endemischen Tierarten als Heimat. In Tamil Nadu erheben sie sich in den Palani-Hügeln rund um Kodaikanal und in den Nilgiri-Bergen (Nilgiris) rund um Ooty auf über 2000 m. In den Bergen hat sich der britische Einfluss noch etwas stärker erhalten, schließlich legten die Kolonialherren ihre „Hill Stations" einst an, um den heißen Ebenen zu entfliehen. Die Hänge bepflanzten sie fein säuberlich mit Teeplantagen. Es ist jedoch nicht nur die kühle und vergleichsweise saubere Luft, die erfrischend wirkt, sondern auch eine gewisse Toleranz gegenüber Skurrilem und Exzentrischem, die sich hier oben Raum verschafft. Sichtbaren Ausdruck findet dieses z. B. in Biobauernhöfen, bärtigen Wanderführern und Ohrenschützern mit Leopardenmuster.

Kodaikanal (Kodai)

04542 / 36 500 EW. / 2100 M

Es gibt kaum ein erfrischenderes Erlebnis in Tamil Nadu, als nach den heißen Ebenen die kühle Morgen- oder Nachtluft in Kodaikanal zu genießen. Die in Nebel gehüllte Hill Station, 120 km nordwestlich von Madurai in den geschützten Palani-Bergen gelegen, ist entspannter und intimer als ihre große Schwester Udagamandalam – oder mit anderen Worten: Kodai ist die Prinzessin der Hill Stations, Ooty die Königin. Kalt ist es hier oben übrigens nicht wirklich: Tagsüber herrschen frühlingshafte, nicht winterliche Temperaturen.

Kodaikanal liegt um einen schönen sternförmigen See, eingebettet in einem hügeligen Gebiet mit immergrünen Laubbäumen wie Magnolien, Mahagonibäumen, Myrten und Rhododendren. Auch Abschnitte mit *shola* (Urwald), die für die südindischen Westghats einmalig sind, trifft man an. Eine weitere Besonderheit der Vegetation ist der *kurinji*-Strauch, dessen blaulila Blüten nur alle zwölf Jahre erscheinen (das nächste Mal im Jahr 2018).

Kodai ist beliebt bei Flitterwöchnern und Reisegruppen, die zu den spektakulären Aussichtspunkten und Wasserfällen strömen. Die angesehene Kodaikanal International School sorgt für ein wenig kosmopolitisches Flair. Wer Frieden und Ruhe sucht, kommt am besten unter der Woche.

Sehenswertes & Aktivitäten

Sacred Heart Natural Science Museum MUSEUM
(Kodaikanal Museum; Sacred Heart College, Law's Ghat Rd; Erw./Kind 20/10 ₹, Kamera 20 ₹; 9–18 Uhr) Östlich der Stadt, 4 km bergab, befindet sich dieses Museum auf dem Gelände eines ehemaligen Jesuiten-Seminars und zeigt eine faszinierende Sammlung über die hiesige Flora und Fauna, die in einem Zeitraum von über 100 Jahren von Priestern und Novizen zusammengetragen wurde. Die Ausstellung reicht von in Flaschen aufbewahrten Schlangen über menschliche Embryos (!) bis hin zu Riesenfaltern und ausgestopften Tierleichen. Außerdem kann man gepresste *kurinji*-Blüten (*Strobilanthes kunthiana*) bewundern.

Parks & Aussichtspunkte

Rund um Kodai gibt's mehrere schöne Fleckchen, die bei indischen Touristen sehr beliebt und mit Snack- und Souvenirstände übersät sind. Am besten klappert man sie mit einem Taxi ab – die Fahrer bieten dreistündige Touren mit zwölf Halten für 1500 bis 1800 ₹. An klaren Tagen hat man vom **Green Valley View** (Sonnenaufgang–Sonnenuntergang) GRATIS, 6 km vom Zentrum, von den **Pillar Rocks** (20 ₹; 9–16 Uhr) GRATIS, 7 km vom Zentrum, und vom weniger besuchten **Moir's Point** (10 ₹; 10–17 Uhr) 13 km außerhalb des Zentrums einen spektakulären Blick hinunter in die Ebenen. Diese Aussichtpunkte liegen westlich von Kodaikanal alle an der gleichen Straße.

Bryant Park PARK
(abseits der Lake Rd; Erw./Kind 30/15 ₹, Foto/Video 50/100 ₹; 9–18 Uhr) Der hübsche Bryant Park wurde von dem britischen Offizier angelegt und bepflanzt, nach dem er benannt ist. Meistens tummeln sich hier Touristen und verliebte Pärchen.

Berijam-See SEE
(9–15 Uhr) GRATIS Wenn man den von Wald umgebenen Berijam-See 21 km südwestlich von Kodaikanal besuchen will, braucht man eine Genehmigung der Forstbehörde. Taxifahrer können diese besorgen, wenn man sie einen Tag im Voraus darum bittet. Die halbtägige „Waldtour" zum See inklusive Abstechern zu diversen Aussichtspunkten kostet 1800 ₹.

Wandern

Der 5 km lange **Rundweg um den Kodaikanal-See** ist besonders schön am frühen Morgen, bevor die Massen einfallen. Eine Wanderung auf der Lower Shola Rd führt durch die **Bombay Shola**, das dem Zentrum von Kodai am nächsten liegende erhaltene *shola*-Waldstück.

Offiziell darf man in einem Umkreis von 19 km rund um Kodaikanal ungehindert wandern, nicht aber darüber hinaus. Bei der Forstbehörde kann man möglicherweise mit viel Zeit, Geduld und Glück die Genehmigung für längere Wanderungen in Schutzgebieten erhalten; wer es versuchen will, wendet sich an Kodaikanals **District Forest Office** (04542-241287; Muthaliarpuram; Mo–Fr 10–17.45 Uhr). Die Touristeninformation (S. 1182) und Pensionen wie das Greenlands Youth Hostel (S. 1179) stellen gerne den Kontakt zu hiesigen Guides her, die bei den Genehmigungen helfen und interessante Routen abseits der Straßen anbieten (600–1000 ₹/halber Tag). Die Touristeninformation gibt eine Broschüre heraus, in der 17 Wanderstrecken in der Gegend beschrieben werden.

Eine feine Wanderung – sofern man sie organisieren kann – ist der zweitägige Trek von Kodaikanal über Top Station nach Munnar in Kerala (unterwegs sind einige Bus- bzw. Rikschafahrten erforderlich). Die Führer verlangen dafür 5000 ₹ pro Person.

Coaker's Walk AUSSICHTSPUNKT
(10 ₹; 7–19 Uhr) Sofern er nicht in dichten Nebel gehüllt ist, ist die Aussicht vom asphaltierten Coaker's Walk wunderschön – sie reicht hinab bis zu den 2000 m tiefer gelegenen Ebenen. Für den Weg benötigt man fünf Minuten.

Trails & Tracks WANDERN
(9965524279; thenaturetrails@gmail.com; Tageswanderung pro Pers. & Std. 200 ₹) Der verlässliche, alteingesessene Veranstalter geführter Wanderungen wird von dem sehr erfahrenen ortsansässigen Guide Vijay Kumar geleitet. Er bietet Tageswanderungen, längere Wanderungen und Wanderungen mit Übernachtung an.

Boots- & Radtouren

Wer bollywoodmäßig verliebt ist, muss sich in Kodai unbedingt ein Tretboot, ein Ruderboot oder ein kaschmirisches *shikara* („Fitterwöchnerboot") leihen. Anbieter sind **Kodaikanal Boat & Rowing Club** (Lake Rd; per Tretboot/Ruderboot für 30 Min. 90/170 ₹, Shikara mit Bootsführer 480 ₹; 9–18 Uhr) oder **TTDC Boat House** (Lake Rd; Tretboot 180 ₹/Std., Ruderboot/Shikara mit Bootsführer 640/970 ₹; 9–17.30 Uhr).

Rund um den See verleihen diverse Stände auch Fahrräder (50 ₹/Std.).

Schlafen

Manche Hotels verlangen während der „Saison" (April–Juni) einen Aufschlag von bis zu 100 %. Es gibt einige prächtige historische Hotels und Mittelklasseunterkünfte mit gutem Preis-Leistungs-Verhältnis, wenn man auf ein koloniales Ambiente verzichten kann. In den meisten Hotels muss man in den Monaten April bis Juni spätestens um 9 oder 10 Uhr auschecken.

Greenlands Youth Hostel HOSTEL $
(04542-240899; www.greenlandskodaikanal.com; St. Mary's Rd; B 400 ₹, DZ 900–2500 ₹;) Der alteingesessene, gesellige Budgetklassiker hat einen hübschen Garten und eine wundervolle Aussicht. Die Unterkünfte sind aber sehr schlicht und warmes Wasser gibt's nur von 8 bis 10 Uhr. Schlafsaalbetten können verfügbar sein, sind aber eigentlich für Reisegruppen reserviert. Die neueren und bequemeren „Superdeluxe"-Zimmer sowie die Suiten haben Balkone und ein farbenfrohes Dekor.

Sri Vignesh Guest House PENSION $
(9094972524; umaarkrishnan@gmail.com; Lake Rd; Zi. 700–1200 ₹) Das schlichte, aber stimmungsvolle Wohnhaus aus der Kolonialzeit liegt an einer steilen Auffahrt inmitten eines Blumengartens mit Schaukel. Geführt wird es von einem freundlichen Ehepaar aus Kodai, das „ruhige" Gäste gern empfängt (Gruppen junger Männer werden normalerweise abgewiesen). Die Zimmer sind sauber und sehr schlicht, warmes Wasser gibt's bis um 12 Uhr.

Snooze Inn HOTEL $
(04542-240837; www.jayarajgroup.com; Anna Salai; B 330 ₹, Zi. 880–1045 ₹;) Die Zimmer sind zwar nicht so stimmungsvoll wie die Fassade erwarten lässt, doch das Preis-Leistungs-Verhältnis stimmt, die Bäder sind sauber und an Decken herrscht kein Mangel. Es gibt auch einen Schlafsaal mit zwölf Betten, Schließfächern und einem Gemeinschaftsbad.

Cinnabar PRIVATUNTERKUNFT $$
(9842145220; www.cinnabar.in; Chettiar Rd; Zi. mit HP 6000 ₹;) Die beiden eleganten,

Kodaikanal (Kodai)

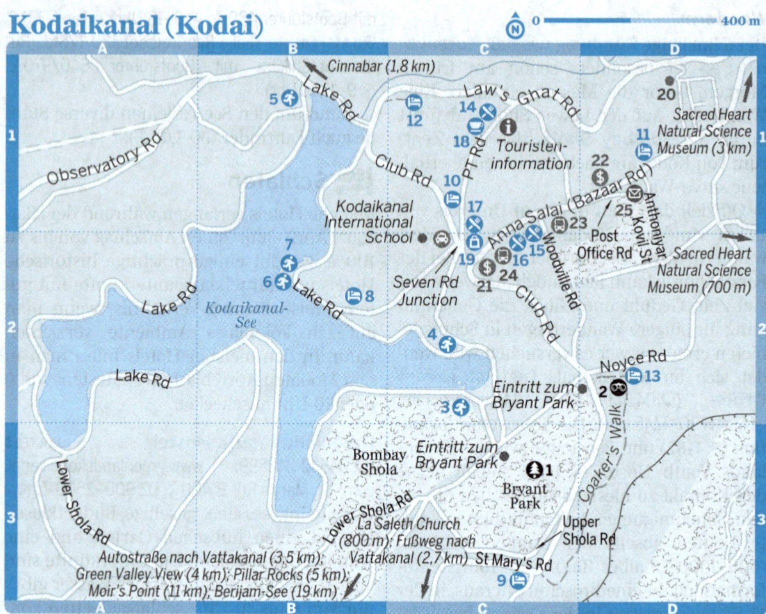

aber gemütlichen Zimmer sind eine nette Zuflucht mit warmem Wasser rund um die Uhr, Tee-/Kaffeemaschinen, verglasten Duschen und hübschen Holzböden und -decken – und das nur 2 km nördlich der Stadt. Die kundigen Eigentümer haben Tipps zu Wanderungen in der Gegend und verwöhnen einen mit hausgemachtem Käse, Brot, Müsli, Marmelade und „internationalen" Gerichten, deren Zutaten aus ihrem eigenen Bio-Obst- und Gemüsegarten direkt am Haus stammen.

Villa Retreat HOTEL $$
(☎04542-240940; www.villaretreat.com; Club Rd; Zi. mit Frühstück ₹4740-7900 ₹; 📶) Vom Frühstückstisch im Garten dieses hübschen alten Steinhauses genießt man die fantastische Aussicht des Coaker's Walk – das Anwesen liegt am nördlichen Ende dieses Spazierwegs. Das freundliche Hotel hat gemütliche, ziemlich große Zimmer; bei kaltem Wetter brennt im Speisesaal im Kamin das Feuer. Hohe Preise, aufmerksamer Service.

Hilltop Towers HOTEL $$
(☎04542-240413; www.hilltopgroup.in; Club Rd; Zi. mit Frühstück 2860–3440 ₹; 📶) Dieses Mittelklassehotel ist von außen nichtssagend, rustikale Details wie polierte Teakholzböden sowie das aufmerksame Personal, Tee-/Kaffeemaschinen in den Zimmer und die zentrale Lage sorgen aber für ein gutes Preis-Leistungs-Verhältnis.

★ **Carlton** HISTORISCHES HOTEL $$$
(☎04542-240056; www.carlton-kodaikanal.com; Lake Rd; EZ/DZ/Cottage mit HP 10 350–/11 820–12 880/17 430 ₹; 📶) Die wunderschöne Fünf-Sterne-Villa aus der Kolonialzeit mit Seeblick ist das beste Haus am Platz. Die Zimmer sind geräumig und haben sehr bequeme Betten, einige auch einen großen eigenen Balkon. Die Anlage und die Gemeinschaftsbereiche versprühen klassisches Hill-Station-Flair mit durchbrochenen Steinmauern, Billardtischen, Bingo am Abend, Kaminen, einem Whirlpool und einer Bar, an der man einfach gleich einen Scotch bestellen muss.

Vattakanal

Das kleine Dorf Vattakanal („Vatta") 4,5 km südwestlich von Kodaikanal ist ein wundervoll ländliches Refugium für Budgettraveller. Das Dorf ist sehr beliebt, besonders bei indischen und israelischen Reisegruppen; zur Hochsaison herrscht hier entspannte Partystimmung.

Altaf's Cafe PENSION $
(☎9487120846; www.altafscafe.com; Vattakanal; Zi. 1200–2000 ₹) Das beliebte kleine nahöst-

Kodaikanal (Kodai)

lich-italienische Altaf's Cafe vermietet ein paar recht große Doppel- und Dreibettzimmer für sechs Personen (manchmal mehr!) mit eigenem Bad, die sich über den Hügelhang hinter Vattakanal verteilen.

Kodai Heaven PENSION $$
(☎9865207207; www.kodaiheaven.com; 6 Dolphin's Nose Rd, Vattakanal; Zi. 2000–3200 ₹; 📶) Vielleicht nicht gerade der Himmel auf Erden, doch die schlichten Mehrbettzimmer (2–6 Pers.) am Hügelhang mit Farbtupfern und fabelhaftem Blick in die Berge sind sicher keine schlechte Wahl.

Essen & Ausgehen

Die PT Rd ist die beste Adresse für Restaurants. Viele Lokale in Kodai haben Bio- und/oder internationale Gerichte, sodass man hier mit Käse und Brot aus der Region, Kaffee und Avocados rechnen darf.

Pastry Corner BÄCKEREI $
(3 Maratta Shopping Complex, Anna Salai; ⏲10.30–14 & 15–17.30 Uhr) In der beliebten Bäckerei holt man sich frische Muffins, Croissants, Kuchen, Zimtringe oder Sandwichs oder quetscht sich mit einer Tasse Tee an eine der Bänke.

Tava INDISCH $
(PT Rd; Hauptgerichte 70–140 ₹; ⏲Do–Di 11.30–20.45 Uhr) Das preiswerte, saubere und flinke vegetarische Restaurant serviert Gerichte aus ganz Indien. Zu empfehlen sind das würzige, mit Blumenkohl gefüllte *gobi paratha* oder das *sev puri* (knuspriges, lockeres gebratenes Brot mit Kartoffeln und Chutney).

Ten Degrees INTERNATIONAL $$
(PT Rd; Hauptgerichte 200–360 ₹; ⏲12–22 Uhr) Honigfarbenes Holz und Schwarz-Weiß-Fotos von Kodai bilden in diesem munteren Neuzugang an der PT Rd die Kulisse für schmackhafte, elegant zubereitete indische und westliche Gerichte. Es gibt zarte, würzige Wraps, Sandwichs mit hausgemachtem Brot, Burger, Salate, Pfannengerichte, Eierfrühstück und Drinks in Einmachgläsern.

Altaf's Cafe INTERNATIONAL $$
(☎9487120846; www.altafscafe.com; Vattakanal; Gerichte 70–200 ₹; ⏲8–20.30 Uhr) Das nach einer Seite offene Café in Vattakanal serviert hungrigen Travellern italienische, indische und nahöstliche Gerichte, darunter Frühstück und *sabich* (israelische Sandwichs mit Auberginen und Eiern). Dazu gibt es Tee, Kaffee, Säfte und Lassis.

Hotel Astoria INDISCH $$
(Anna Salai; Hauptgerichte 110–150 ₹, Thalis 115–155 ₹; ⏲7–22 Uhr) Das vegetarische Restaurant ist stets gut gefüllt mit Einheimischen und Touristen, besonders mittags, wenn es fantastische „All You Can Eat"-Thalis gibt.

Cloud Street INTERNATIONAL $$$
(www.cloudstreetcafe.com; PT Rd; Hauptgerichte 260–550 ₹; ⏲Mi–Mo 12.30–21 Uhr; 📶) Ja, das ist tatsächlich ein echter Pizzaofen mit Holzfeuerung, wie man ihn aus Italien kennt. Auf

ABSTECHER

WANDERUNG ZUR DOLPHIN'S NOSE

Diese reizende Wanderung (einfache Strecke 4,5 km) startet im Zentrum von Kodai und führt durch Vattakanal, bis man schließlich Dolphin's Nose erreicht, einen tollen Aussichtspunkt auf einem schmalen Felsvorsprung in schwindelerregender Höhe. Unterwegs erspäht man im Wald mit etwas Glück Gaure (Bisons) oder Rieseneichhörnchen.

Zunächst folgt man der St. Mary's Rd westwärts und geht dann vom Südende des Coaker's Walk nach Südwesten, bis man nach 1,2 km die Kirche La Saleth aus dem 19. Jh. passiert. An einer Gabelung hinter der Kirche geht's links einen Weg bergauf, der bald nicht mehr befestigt ist und durch das Waldstück Pambar Shola. Nach 450 m stößt man auf eine Brücke oberhalb eines Wasserfalls. Auf der anderen Seite der Brücke gibt es ein paar Stände, die Obst, Tee, Kaffee, Brot-Omelett und gegrillten Mais mit Limette und Masala verkaufen. Von hier aus folgt man der Straße über 1 km lang bergab, während sich allmählich das Panorama des Dorfes Vattakanal entfaltet. Wenn man von hier aus den steilen Pfad bergab geht, vorbei am Altaf's Cafe, erreicht man nach ca. 15 Minuten die Dolphin's Nose.

der Karte stehen außerdem Hummus und Falafel, im Ofen überbackene Pastagerichte und hausgemachte Kuchen. Das tolle Essen genießt man in einem schlichten, aber relaxten und familiären Ambiente mit Kerzen und einem knisternden Kaminfeuer an kalten Abenden. Jeden zweiten Samstag gibt's Livemusik.

Carlton INTERNATIONAL $$$
(Lake Rd; Buffet 950 ₹; ⌚7.30–10.30, 13–15 & 19.30–22.30 Uhr) Wer sich abends ein ausgiebiges Buffet gönnen will, findet hier eine große Auswahl ausgezeichneter indischer und westlicher Gerichte in unerschöpflicher Fülle. Das Mittagessen ist à la carte.

★ **Cafe Cariappa** CAFÉ
(www.facebook.com/cafecariappa; PT Rd; Kaffee 80–100 ₹; ⌚Di–So 10.30–18.30 Uhr; 📶) Ein Traum für Koffeinjunkies: Das rustikalschicke, holzgetäfelte kleine Café braut fantastischen Kaffee aus eigenem Bio-Anbau. Darüber hinaus gibt's hausgemachten Karottenkuchen, Crêpes, Sandwichs und frische Säfte. In Kodai hergestellter Käse wird auch verkauft.

Shoppen

Läden und Stände überall in der Stadt verkaufen hausgemachte Pralinen, Gewürze, natürliche Öle und Kunsthandwerksprodukte. Einige Händler setzen sich unaufgeregt, aber nachhaltig für soziale Gerechtigkeit ein.

Re Shop KUNSTHANDWERK
(www.facebook.com/bluemangotrust; Seven Rd Junction; ⌚Mo–Sa 10–19 Uhr) 🍃 Der Laden verkauft stilvollen Schmuck, Stoffe, Papiere und mehr zu fairen Preisen. Alle Waren stammen von benachteiligten Dorfbewohnerinnen aus ganz Tamil Nadu.

Praktische Informationen

Touristeninformation (☎04542-241675; PT Rd; ⌚Mo–Fr 10–17.30 Uhr) Sieht nicht gerade vielversprechend aus, ist aber doch recht hilfreich.

An- & Weiterreise

BUS

Zu den meisten Zielen nimmt man am besten einen Bus von Kodaikanals **Busbahnhof** (Anna Salai).

Raja's Tours & Travels (http://rajastours.com; Anna Salai; ⌚8–21 Uhr) Fährt mit Minibussen (20 Pers.) mit Liegesitzen nach Udagamandalam (500 ₹, 8 Std., 19.30 Uhr). Weitere klimatisierte Sleeper-Busse und Busse mit Liegesitzen steuern Chennai (650–950 ₹, 12 Std., 18 & 18.30 Uhr) und Bengaluru (650–850 ₹, 12 Std., 18.30 Uhr) an.

ZUG

Der nächstgelegene Bahnhof ist Kodai Road, 80 km östlich von Kodaikanal unten in der Ebene. Vom/zum Bahnhof Egmore in Chennai fahren täglich vier Züge, darunter der Nachtzug Pandian Express (Sleeper/3AC/2AC/1AC 295/765/1075/1815 ₹, 7½ Std.), der in Chennai um 21.20 Uhr und in Kodai Road Richtung Norden um 21.10 Uhr abfährt. In Kodaikanals Postamt gibt's ein **Zugbuchungsbüro** (Post, Post Office Rd; ⌚Mo–Fr 9–16, Sa bis 14 Uhr).

Direktbusse von Kodaikanal zur Station Kodai Road starten täglich um 10.20 und 16.25 Uhr (55 ₹, 3 Std.); es sind auch zahlreiche Busse zwischen dem Bahnhof und Batlagundu (an der

STAATLICHE BUSSE AB KODAIKANAL (KODAI)

ZIEL	PREIS (₹)	DAUER (STD.)	HÄUFIGKEIT
Bengaluru	560–760	12	17.30 & 18 Uhr
Chennai	480	12	18.30 Uhr
Coimbatore	130	6	8.30 & 16.30 Uhr
Madurai	65	4	15-mal tgl.
Tiruchirappalli	120	6	13.30, 15.30, 17.40 & 18 Uhr

Busroute Kodai–Madurai) unterwegs. Ein Taxi vom/zum Bahnhof kostet 1200 ₹.

Unterwegs vor Ort

Das Zentrum von Kodaikanal ist kompakt und leicht zu Fuß zu erkunden. Autorikschas gibt es nicht (unglaublich, aber wahr!), dafür aber viele Taxis. Der Mindestpreis liegt bei 150 ₹ für bis zu 3 km; die Fahrt von/nach Vattakanal kostet 300 ₹.

Rund um Kodaikanal

In den **Palani-Hügeln** unterhalb von Kodaikanal gibt's ein paar großartige ländliche Unterkünfte.

Elephant Valley FARMUNTERKUNFT $$
(☎7867004398; www.duneecogroup.com; Ganesh Puram; Pethupari; Zi. inkl. Frühstück 4010–8750 ₹; 📶) 🍃 Tief im Tal, 22 km nordöstlich von Kodaikanal und abseits der Kodaikanal-Palani Rd, erstreckt sich diese umweltfreundliche Anlage unter französischer Leitung auf einem 48 ha großen Landstrich aus Bergwald und Biofarm, auf dem sich auch Elefanten, Pfauen und Bisons blicken lassen. Es vermietet gemütliche Cottages aus hiesigen Materialien an beiden Seiten des Flusses sowie ein Baumhaus. Das französisch-indische Restaurant bereitet wunderbare Gerichte mit gartenfrischem Gemüse sowie Kaffee aus eigenem Anbau zu.

Coimbatore

☎0422 / 1,05 MIO. EW.

Tamil Nadus zweitgrößte Stadt ist Geschäftsmetropole und wichtiger Verkehrsknotenpunkt und wird aufgrund der hier ansässigen Textilindustrie oft als das Manchester Indiens bezeichnet. Sie wirkt recht freundlich und hat zunehmend kosmopolitisches Flair, wegen des Mangels an interessanten Sehenswürdigkeiten passieren die meisten Besucher sie jedoch lediglich als Durchgangsstation auf dem Weg nach Ooty oder Kerala. Wer über Nacht bleiben möchte, kann zwischen vielen Unterkünften und Restaurants wählen.

Schlafen

Sree Subbu HOTEL $
(☎0422-2300006; Geetha Hall Rd; EZ/DZ 550/660 ₹) Wer keine Klimaanlage braucht und sparen muss, ist in dieser recht sauberen Unterkunft gut aufgehoben.

Corner Stay PENSION $$
(☎9842220742; www.cornerstay.in; 4/1 Abdul Rahim Rd, abseits der Racecourse Rd; Zi. 2000–3000 ₹; ❄📶) Die gemütliche Pension an einer ruhigen Gasse in der Umgebung der Rennbahn hat drei makellose, geschmackvoll eingerichtete Zimmer mit einer Gemeinschaftslounge und einem Balkon. Zwei Zimmer teilen sich eine Küche, das dritte hat eine eigene. Zu essen gibt's Hausmannskost. Die Unterkunft liegt 2 km nordöstlich des Bahnhofs.

Legend's Inn HOTEL $$
(☎0422-4350000; www.legendsinn.com; Geetha Hall Rd; Zi. 1460 ₹, EZ/DZ mit Klimaanlage 1820/2070 ₹; ❄) Das Mittelklassehotel mit gutem Preis-Leistungs-Verhältnis ist eine von mindestens zehn Unterkünften in dieser Gasse gegenüber dem Bahnhof. Es bietet geräumige, saubere und komfortable Zimmer und eine hilfsbereite Rezeption; man kann rund um die Uhr auschecken. Vorab buchen, denn der Andrang ist groß!

Residency Towers HOTEL $$$
(☎0422-2241414; www.theresidency.com; 1076 Avinashi Rd; EZ/DZ mit Frühstück ab 6800/7600 ₹; ❄@📶🏊) Die beste Adresse vor Ort. Das Residency mit seinem hohen Foyer hat professionelles Personal, gut ausgestattete Zimmer, einen Swimmingpool und ausgezeichnete Restaurants und Bars. Buffets mit tollem Preis-Leistungs-Verhältnis gibt's im **Pavilion** (www.theresidency.com; Residency Towers, 1076 Avinashi Rd; Buffet früh/mittags/abends 475/820/930 ₹; ⏲7–10, 12.30–15 & 19–24 Uhr). Auf der Website nach Rabatt schauen!

Coimbatore

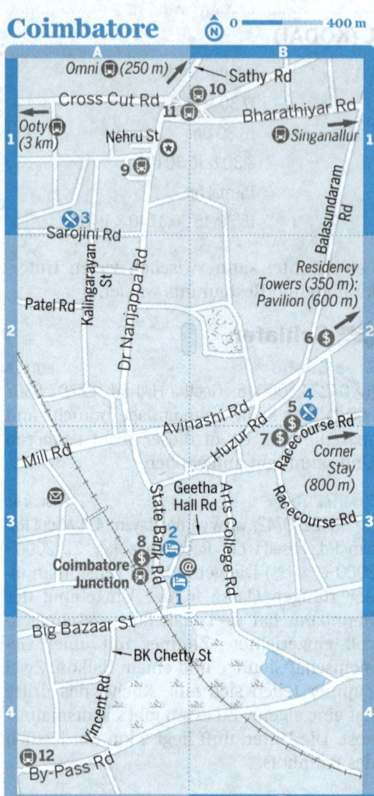

Coimbatore

Schlafen
- 1 Legend's Inn A3
- 2 Sree Subbu A3

Essen
- 3 Junior Kuppanna A1
- 4 On The Go B2

Praktisches
- 5 HSBC, Geldautomat B2
- 6 State Bank of India, Geldautomat B2
- 7 State Bank of India, Geldautomat B3
- 8 State Bank of India, Geldautomat A3

Transport
- 9 Central Bus Stand A1
- 10 SETC Bus Stand B1
- 11 Town Bus Stand A1
- 12 Ukkadam Bus Stand A4

Essen

Junior Kuppanna SÜDINDISCH **$$**

(☎0422-235773; www.hoteljuniorkuppanna.com; 177 Sarojini Rd, Ram Nagar; Hauptgerichte 160–200 ₹, Thalis 170 ₹; ⏲12–16 & 18.30–23 Uhr) Hier gibt's leckere, traditionelle, südindische Thalis auf Bananenblättern. Hungrige Fleischliebhaber freuen sich über die große Auswahl nicht vegetarischer südindischer Spezialitäten. Alles wird in einer makellos sauberen Küche zubereitet. Das Restaurant hat drei Filialen in der Stadt.

On The Go INTERNATIONAL **$$$**

(☎0422-4520116; www.onthegocbe.com; 167 Racecourse Rd; Hauptgerichte 275–575 ₹; ⏲12.30–14.45 & 19–22.30 Uhr) Das farbenfrohe, moderne Lokal voller Cartoons und türkisfarbener Sofas serviert schmackhafte, wenn auch teure Gerichte aus aller Welt – von Italien über den Nahen Osten bis nach Nordindien und Sri Lanka.

An- & Weiterreise

BUS

Vom **Ooty Bus Stand** (Neuer Busahnhof; Mettupalayam (MTP) Rd) 5 km nordwestlich des Bahnhofs fahren alle zehn Minuten Busse über Mettupalayam (14–18 ₹, 1 Std.) und Coonoor (40 ₹, 3 Std.) nach Udagamandalam (53 ₹, 4 Std.) sowie halbstündlich nach Kotagiri (30 ₹, 3 Std.). Täglich gibt es 28 Busse nach Mysuru (160–400 ₹, 6 Std.) und elf nach Bengaluru (400–650 ₹, 9 Std.).

Vom **Singanallur Bus Stand** (Kamaraj Rd) 6 km östlich des Zentrums fahren alle zehn Minuten Busse nach Tiruchirappalli (116 ₹, 5 Std.), Thanjavur (180 ₹, 7¼ Std.) und Madurai (125 ₹, 5 Std.). Der Bus 140 (11 ₹) pendelt zwischen hier und dem **Town Bus Stand** (Ecke Dr. Nanjappa Rd & Bharathiyar Rd), nicht zu verwechseln mit dem **Central Bus Stand** (Central Vus Stand; Dr. Nanjappa Rd).

Vom **Ukkadam Bus Stand** (NH Rd) 1,5 km südwestlich vom Bahnhof fahren Busse zu Zielen Richtung Süden, darunter nach Pollachi (17–23 ₹, 1¼ Std., alle 5 Min.), Kodaikanal (180 ₹, 6 Std., 10 Uhr) und Munnar (180 ₹, 6½ Std., 8.15 Uhr).

Staatliche Express- oder Superfast-AC- und Volvo-Busse nutzen den **SETC Bus Stand** (Thiruvalluvar Bus Stand; Bharathiyar Rd). Ziele:

Bengaluru 375–700 ₹, 9 Std., tgl. 12-mal

Chennai 400–460 ₹, 11 Std., 8 Busse zw. 17.30 und 22.30 Uhr

Ernakulam 170 ₹, 5½ Std., tgl. 8-mal

Mysuru 160–400 ₹, 6 Std., tgl. 27-mal

Thiruvananthapuram 322 ₹, 10½ Std., tgl. 7-mal

Private Busse zu Zielen wie Bengaluru, Chennai, Ernakulam, Puducherry, Tiruchirappalli und Thiruvananthapuram starten vom **Omni Bus**

Stand (Sathy Rd) 500 m nördlich vom Städtischen Busbahnhof bzw. vor den Ticketbüros in der Sathy Rd.

FLUGZEUG

Der Flughafen liegt 10 km östlich der Stadt. **Air India** (www.airindia.in), **IndiGo** (www.goindigo.in), **Jet Airways** (www.jetairways.com) oder **SpiceJet** (www.spicejet.com) fliegen täglich direkt zu inländischen Zielen wie Bengaluru, Chennai, Delhi, Hyderabad oder Mumbai. **SilkAir** (www.silkair.com) fliegt viermal pro Woche von/nach Singapur.

TAXI

Ein Taxi hinauf nach Udagamandalam (3 Std.) kostet 2500 ₹; die Busse dorthin sind oft so überfüllt, dass die Investition durchaus eine Überlegung wert ist.

ZUG

Der Bahnhof Coimbatore Junction liegt an der Hauptstrecke von Chennai nach Ernakulam (Kochi, Kerala); täglich verkehren mindestens 13 Züge in beide Richtungen. Der Nilgiri Express um 5.15 Uhr nach Mettupalayam (Sleeper/2AC/3AC 170/535/740 ₹, 1 Std.) hat Anschluss an die Schmalspurbahn von Mettupalayam nach Udagamandalam um 7.10 Uhr. Die gesamte Fahrt nach Udagamandalam dauert sieben Stunden (Verbindungen s. S. 1186).

Unterwegs vor Ort

Die Busse 20A, 40, 41D und 44 (11 ₹) vom **Städtischen Busbahnhof** (S. 1184) setzen Fahrgäste 1 km vom Flughafen entfernt ab. Ein Taxi aus dem Zentrum kostet 300 bis 400 ₹.

Viele Busse pendeln zwischen dem Bahnhof und dem **Städtischen Busbahnhof** (S. 1184). Autorikschafahrer verlangen vom Bahnhof 60 ₹ zum **Ukkadam Bus Stand** (S. 1184), 80 ₹ zum **SETC** (S. 1184) oder zum **Town Bus Stand** (S. 1184) und 150 ₹ zum **Ooty Bus Stand** (S. 1184).

Die Taxi-Apps von Uber und Ola Cabs funktionieren hier gut.

Rund um Coimbatore

Die Handelsstadt **Mettupalayam** 40 km nördlich von Coimbatore ist der Ausgangspunkt für den um 7.10 Uhr fahrenden Schmalspurzug nach Udagamandalam. Falls man in Mettupalayam übernachten muss, hat man eine große Auswahl an Unterkünften.

ABSEITS DER ÜBLICHEN PFADE

ANAMALAI TIGER RESERVE

Das **Anamalai Tiger Reserve** (Indira Gandhi Wildlife Sanctuary & National Park; 30 ₹, Foto/Video 80/200 ₹; ⌚6–12 & 15–17 Uhr) ist ein 950 km² großes Schutzgebiet aus tropischem Dschungel, *shola*-Wald und Savannen, das eine Höhe von bis zu 2400 m erreicht und sich über die Westghats zwischen Kodaikanal und Coimbatore bis nach Kerala hinein erstreckt. Das Gebiet ist seit 2007 ein Tigerreservat und bietet darüber hinaus Lebensraum für alle möglichen einheimischen Wildtiere, darunter seltene und bedrohte Arten. Man findet hier Leoparden und rund 30 scheue Tiger, außerdem Bartaffen, Pfauen, Languren, Krokodile, Axishirsche und Elefanten.

Das **Reception & Interpretation Centre** (☎04259-238360; Topslip; ⌚7–18 Uhr) des Reservats in Topslip (35 km südwestlich von Pollachi) veranstaltet offizielle 45-minütige **Minibussafaris** (Topslip; ab 130 ₹/Pers.; ⌚7–10 & 15–17 Uhr) und **geführte Wanderungen** (Topslip; 2 Std. 500 ₹/Pers.; ⌚7–14 Uhr). In Topslip gibt's schlichte **Unterkünfte des Forstamts** (☎Reservierungen 04259-238360; Topslip; Zi. 1500–4000 ₹), die man vorab beim **District Forest Office** (☎04259-225356; www.forests.tn.nic.in; 365/1 Meenkarai Rd, Pollachi; ⌚Mo–Fr 10–17.45 Uhr) in Pollachi bucht.

Das winzige Teeplantagen-Städtchen **Valparai**, 65 km südlich von Pollachi am Rand des Reservats, ist allerdings ein viel bequemeres Standquartier. Der wunderbare **Sinna Dorai's Bungalow** (☎7094739309; www.sinnadorai.com; Valparai; EZ/DZ mit HP 7650–8650/9750–11 000 ₹; 📶) hat eine herrliche Lage auf einer weitläufigen Teeplantage und vermietet sechs großzügige Zimmer voller Lokalgeschichte des frühen 20. Jhs. Überdies organisieren die Betreiber geführte Wanderungen und nächtliche Wildbeobachtungstouren im Auto und servieren hausgemachte Gerichte.

Busse verbinden Pollachi mit Topslip (35 ₹, 2 Std., stündl.) und Valparai (30 ₹, 3 Std., alle 30 Min.). Vom Ukkadam Bus Stand in Coimbatore fahren Busse nach Pollachi (17–23 ₹, 1 Std., alle 5 Min.) und täglich ein Bus nach Valparai (65 ₹, 4 Std., 15 Uhr). Von Kodaikanal fahren ebenfalls täglich Busse nach Pollachi (110 ₹, 6 Std., 8.30 & 16.30 Uhr).

WICHTIGE ZÜGE AB COIMBATORE

ZIEL	ZUG-NR. & NAME	PREIS (₹)	DAUER (STD.)	ABFAHRT
Bengaluru	*16525 Bangalore Exp*	260/695/995 (B)	8½	22.55 Uhr
Chennai Central	*12676 Kovai Exp*	180/660 (A)	7½	14.55 Uhr
	22640 Chennai Exp	315/810/1140 (B)	7½	22.15 Uhr
Ernakulam (Kochi)	*12677 Ernakulam Exp*	105/390 (A)	3¾	13.10 Uhr
Madurai	*16610 Nagercoil Exp*	205/545 (C)	5½	20.30 Uhr
Thiruvananthapuram	*12695 Trivandrum Exp*	285/730/1025 (B)	8½	23.10 Uhr

Preise: (A) 2. Klasse/AC Chair Class; (B) Sleeper/3AC/2AC; (C) Sleeper/3AC

Coonoor

☎0423 / 45 490 EW. / 1720 M

Coonoor ist – neben Udagamandalam und Kotagiri – eine der drei Hill Stations, die hoch über den Ebenen im Süden in den Nilgiris liegen. Coonoor ist dabei kleiner und ruhiger als das 20 km nordwestlich gelegene Udagamandalam und besitzt einige fantastische historische Hotels und Pensionen. Ansonsten kann man hier genau das gleiche tun wie im größeren und geschäftigeren Udagamandalam: wandern, Teeplantagen besuchen und die Aussicht in die Berglandschaft genießen. Vom Ortsteil Upper Coonoor, der 1 bis 3 km nordöstlich (bergauf) vom Stadtzentrum in Lower Coonoor liegt, blickt man über ein Meer von roten Ziegeldächern auf die Hügel dahinter und genießt die kühle Luft, das ruhige Ambiente und die zauberhafte Landschaft. Im Stadtzentrum selbst gibt's hingegen nur Hektik und Verkehrslärm.

Sehenswertes

Die Sehenswürdigkeiten außerhalb von Coonoor besucht man am besten im Rahmen einer Tour mit Autorikscha (600 ₹) oder Taxi (800 ₹).

Sim's Park PARK

(Upper Coonoor; Erw./Kind 30/15 ₹, Foto/Video 50/100 ₹; ⏲7–18.30 Uhr) Der 12 ha große Park in Upper Coonoor von 1874 ist eine friedliche Oase mit gepflegten Rasenhängen und mehr als 1000 Pflanzenarten von verschiedenen Kontinenten; u. a. wachsen und gedeihen hier Magnolien, Baumfarne, Rosen und Kamelien. Busse nach Kotagiri können einen am Park absetzen.

Highfield Tea Estate PLANTAGE

(Walker's Hill Rd; ⏲8–21 Uhr) GRATIS Die 50 Jahre alte Teeplantage (2 km nordöstlich von Upper Coonoor) gehört zu den wenigen, noch bewirtschafteten Teeplantagen in den Nilgiris, die besucht werden können. Guides sind schnell zur Stelle, aber man kann sich den ganzen Prozess der Teeproduktion auch gern auf eigene Faust anschauen. Und natürlich kann man den Tee auch probieren und kaufen.

Lamb's Rock AUSSICHTSPUNKT

(Dolphin's Nose Rd; 10 ₹, Foto/Video 20/50 ₹; ⏲8.30–18.30 Uhr) Von dem beliebten Picknickplatz in einem Waldstück voller Affen hat man eine unglaubliche Aussicht über schimmernde Tee- und Kaffeeplantagen hinunter in die dunstigen Ebenen. Die Stelle befindet sich 5 km östlich von Upper Coonoor – ist also, wenn man will, auch zu Fuß erreichbar.

Dolphin's Nose AUSSICHTSPUNKT

(Dolphin's Nose Rd; 10 ₹, Foto/Video 20/50 ₹; ⏲8.30–18.30 Uhr) Der beliebte Aussichtspunkt liegt rund 10 km westlich der Stadt und bietet einen weiten Panoramablick bis zu den Catherine Falls (S. 1189) auf der anderen Seite des Tals.

Schlafen & Essen

Um Coonoors beste Unterkünfte zu erreichen, braucht man eine Autorikscha, ein Auto oder trainierte Beine. Preiswerte südindische Restaurants konzentrieren sich um den Busbahnhof.

YWCA Wyoming Guesthouse HISTORISCHE PENSION $

(☎0423-2234426; http://ywcaagooty.com; Bedford; B 220 ₹, EZ 600–720 ₹, DZ 1300 ₹) Das etwas marode, 150 Jahre alte Schmuckstück ist zugig und knarrt, versprüht aber mit seinen Holzterrassen und dem schönen Blick über Baumkronen hinweg auf die Stadt kolonialen Charme. Das Preis-Leistungs-Verhältnis passt: Die Zimmer sind ordentlich

DIE NILGIRI-BERGE & IHRE VÖLKER

Die bewaldeten, von Wasserfällen durchzogenen Nilgiris (Blauen Berge) ragen völlig unvermittelt aus den umliegenden Ebenen zwischen den Ortschaften Mettupalayam (Südosten) und Gudalur (Nordwesten) empor und werden von gewundenen Ghat-Straßen und der berühmten Nilgiri Mountain Railway erklommen. Das Hochland, in dem sich Täler und Hügel fleißig abwechseln, besitzt mehr als 20 Gipfeln über 2000 m Höhe und ist der Traum eines jeden Botanikers: Hier wachsen 2300 blühende Pflanzenarten, auch wenn der Großteil des heimischen *shola*-Waldes und des Graslands durch Monokulturen mit Tee, Kaffee, Eukalyptus und Viehweiden ersetzt wurde.

Das UNESCO Nilgiri Biosphere Reserve ist ein 5520 km² umfassendes Gebiet, zu dem auch Teile von Kerala und Karnataka gehören. Es beherbergt mehrere wichtige Tigerreservate, Nationalparks und Schutzgebiete und nennt eine der größten Artenvielfalten weltweit sein Eigen.

Die Bergstämme der Nilgiris wurden bis zur Ankunft der Briten vor 200 Jahren weitgehend unbehelligt gelassen. Heute haben die Auswirkungen von Kolonialismus und Migrationsbewegungen viele Stammeskulturen an den Rand des Untergangs gebracht. Andere haben sich so sehr assimiliert, dass sie praktisch in der sonstigen Bevölkerung aufgegangen sind. Nichtsdestotrotz pflegen noch einige wenige Bergstämme einen halbwegs traditionellen Lebensstil.

Wegen ihrer Nähe zu Udagamandalam sind die Toda (rund 1500 Pers.) das bekannteste dieser Völker. Manche bewohnen noch immer winzige Dörfer *(munds)* mit traditionellen, fassförmigen Hütten, die aus Bambus, Schilfrohr und Gras gebaut sind. Die Toda-Frauen tragen ihr Haar in schulterlangen Locken; beide Geschlechter tragen auffällige, schwarz und rot verzierte Schals. Der Milch und Ghee liefernde Wasserbüffel steht im Zentrum des Lebens der Toda. Traditionell töten die strikt vegetarisch lebenden Toda nur bei Beerdigungen einen Büffel, damit dieser den Verstorbenen begleitet.

Der rund 200 000 Personen zählende Stamm der Badaga soll gegen 1600 aus Karnataka in die Nilgiris eingewandert sein. Das traditionelle Kostüm der Stammesangehörigen besteht aus weißem Stoff mit schmalen, bunten Borten. Sie beten die Muttergöttin Hetti Amman an, der das Hettai Habba Festival (Dez./Jan.) geweiht ist.

Die Kota, traditionelle Kunsthandwerker, leben in sieben Siedlungen im Gebiet um Kotagiri. Sie haben sich recht gut an das moderne Leben angepasst; viele von ihnen arbeiten im Staatsdienst.

Die traditionell als Zauberer bekannten Kurumba leben als Sammler (vor allem von Wildhonig) in den dichten Wäldern des Südens; viele sind heute allerdings in der Landwirtschaft beschäftigt. Die Irula sind ebenfalls auf das Sammeln von Nahrungsmitteln spezialisiert und kennen sich ausgezeichnet mit Pflanzen aus.

Wer sich für die Bergvölker der Nilgiris interessiert, sollte sich das **Tribal Research Centre Museum** (Muthorai Palada; Inder/Ausländer 5/100 ₹; ⌚Mo–Fr 10–13 & 14–17 Uhr, unterschiedliche Öffnungszeiten) nicht entgehen lassen; es befindet sich 10 km südwestlich von Udagamandalam. Organisationen wie die **Keystone Foundation** (S. 1189) in Kotagiri fördern Aktivitäten und das traditionelle Kunsthandwerk.

und sauber und mit Durchlauferhitzer ausgestattet. Einfache Gerichte sind auf Anfrage erhältlich.

★180° McIver HISTORISCHES HOTEL **$$**
(☎0423-2233323; http://serendipityo.com; Orange Grove Rd, Upper Coonoor; Zi. mit Frühstück 4560–7300 ₹; 📶) Der typische britische Bungalow vom Anfang des 20. Jhs. steht am oberen Ende der Stadt und wurde zu etwas ganz Besonderem verwandelt. Die sechs schönen und luftigen Zimmer prunken mit alten Möbeln, benutzbaren Kaminen und großen, frischen Bädern. Das europäische und indische Essen des im Haus befindlichen Restaurants **La Belle Vie** (Hauptgerichte 260–500 ₹; ⌚12.30–15.30 & 19.30–22.30 Uhr) lockt Gäste aus einem kilometerweiten Umkreis an. Von der Rasenfläche rund um das Haus, auf der man auch dinieren kann, hat man einen sagenhaften Panorama-Ausblick.

Acres Wild FARMUNTERKUNFT **$$**
(☎9443232621; www.acres-wild.com; 571 Upper Meanjee Estate, Kanni Mariamman Kovil St; Zi. mit

Nilgiri-Berge

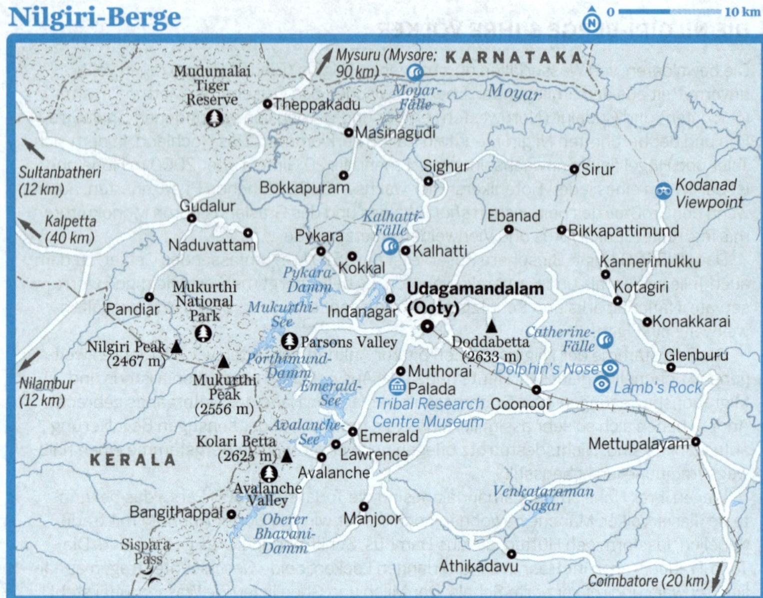

Frühstück 3650–5460 ₹; (📶) 🍃 Die Farm hat eine schöne Lage am südöstlichen Rand von Coonoor und wird nachhaltig mit Solarstrom und Regenwassernutzung geführt. Der Käse aus Milch von eigenen Kühen sucht in Indien seinesgleichen. Die fünf großen, stilvollen Zimmer, die sich auf drei Cottages verteilen, verfügen über eigene Küchen und Kamine. Die freundlichen, aus Mumbai stammenden Eigentümer haben viele Tipps für Aktivitäten abseits der Touristenströme parat. Vorab reservieren!

Gateway HISTORISCHES HOTEL $$$
(☎0423-2225400; https://gateway.tajhotels.com; Church Rd, Upper Coonoor; EZ/DZ mit Frühstück 7120–14 930/7800–16 280 ₹; 📶) Das ehemalige Kloster aus der Kolonialzeit wurde in ein prächtiges historisches Hotel der Taj-Gruppe umgewandelt. Die gemütlichen, cremefarbenen Zimmer sind von viel Grün umgeben: Die meisten haben einen Kamin, der auch genutzt werden kann; und von den nach hinten blickenden hat man eine schöne Aussicht in die Berge. Abends werden Lagerfeuer auf dem Rasen entzündet. Das gute Restaurant **Gateway All Day** (Hauptgerichte 400–600 ₹; ⏲7.30–10.30, 12.30–15 & 19.30–22.30 Uhr) blickt über die Gartenanlagen. Es gibt kostenlose Yoga-Sitzungen und keralesische Ayurveda-Massagen.

Shoppen

Green Shop KUNSTHANDWERK, ESSEN
(www.lastforest.in; Jograj Bldg, Bedford Circle; ⏲Mo–Sa 9.30–19.30 Uhr) 🍃 Der Laden hat schönes Fair-Trade-Kunsthandwerk von hiesigen Stammesvölkern, z. B. Kleidung, Stoffe und Notizbücher, ferner Bio-Wildhonig, Nüsse, Schokolade, Seifen und Tees.

An- & Weiterreise

Von Coonoors **Bushaltestelle** (Lower Coonoor) fahren alle zehn Minuten Busse von/nach Udagamandalam (10 ₹, 1 Std.). Busse nach Kotagiri (12 ₹, 50 Min.) und Coimbatore (35 ₹, 3 Std.) fahren halbstündlich.

Coonoor liegt an der Schmalspurbahn, die Mettupalayam (1./2. Klasse 185/25 ₹, 2¼–3¼ Std.) mit Udagamandalam (150/25 ₹, 1¼ Std.) verbindet. Täglich fahren drei Züge lediglich von/nach Udagamandalam, außerdem fährt täglich ein Zug die gesamte Strecke Mettupalayam–Udagamandalam und wieder zurück.

Ein Taxi von/nach Udagamandalam kostet 900 ₹.

Kotagiri

☎04266 / 28 200 EW. / 1800 M

Kotagiri, die älteste und kleinste der drei Hill Stations in den Nilgiri-Bergen, liegt 30 km östlich von Udagamandalam hinter einem der höchsten Gebirgspässe in Tamil Nadu. Es ist ein ruhiger, bescheidener Ort mit einem nicht sonderlich interessanten Zentrum – den Reiz machen vielmehr die aus roter Erde bestehenden Wege in die Kiefernwälder, der blaue Himmel und die hohen grünen Hänge der Nilgiri-Berge aus.

Sehenswertes

Für eine halbtägige Taxirundfahrt u. a. zu den **Catherine Falls** (Kotagiri–Mettupalayam Rd) und zum **Kodanad Viewpoint** (Kodanad; Sonnenaufgang–Sonnenuntergang) sollten etwa rund 1200 ₹ fällig werden.

Sullivan Memorial MUSEUM
(9488771571; Kannerimukku; Erw./Kind 20/10 ₹; Fr–Mi 10–17 Uhr) Nur 2 km nördlich von Kotagiris Zentrum liegt das Haus, das 1819 von Udagamandalams Gründer John Sullivan errichtet wurde. Das leuchtend rot renovierte Gebäude beheimatet heute ein Museum mit faszinierenden Fotos, Zeitungsausschnitten und Artefakten zu den Stammesgruppen aus der Region, zur europäischen Besiedlung und zu Wahrzeichen wie der Schmalspurbahn. Hier befindet sich außerdem das **Nilgiri Documentation Centre** (www.nilgiridocumentation.com), das sich der Aufgabe verschrieben hat, die Schönheit und das Erbe der Region zu erhalten.

Freiwilligenarbeit

Keystone Foundation FREIWILLIGENARBEIT
(04266-272277; http://keystone-foundation.org; Groves Hill Rd) Die NGO aus Kotagiri setzt sich für den Umweltschutz in den Nilgiris und für die Verbesserung der Lebensbedingungen indigener Gemeinschaften ein. Gelegentlich gibt es Stellen für freiwillige Helfer.

Schlafen & Essen

La Maison HISTORISCHES HOTEL $$$
(9585857732; www.lamaison.in; Hadatharai; EZ 5630–7430 ₹, DZ 6750–8910 ₹;) Das mit Blumen geschmückte und unter französischer Leitung stehende La Maison ist ein schön renovierter schottischer Bungalow aus den 1890er-Jahren. Er steht in herrlicher Lage auf einem von Teeplantagen umgebenen Hügel, 5 km südwestlich von Kotagiri. Das originelle, französisch-schicke Design prunkt mit alten Möbeln, Kunsthandwerk von Stammesvölkern und alten Gemälden von Udagamandalam. Man kann zu nahen Wasserfällen wandern, Stammesdörfer besuchen, hausgemachte Gerichte genießen (800 ₹) und im Whirlpool mit Blick aufs Tal relaxen.

Shoppen

Green Shop ESSEN, KUNSTHANDWERK
(http://lastforest.in; Johnstone Sq; 9.30–19 Uhr) Im Laden der Umweltorganisation Keystone Foundation gibt's Picknickzutaten (Pralinen, Wildhonig) sowie schönes Kunsthandwerk von indigenen Völkern.

An- & Weiterreise

Busse fahren halbstündlich von/nach Udagamandalam (15 ₹, 1½ Std.), alle 15 Minuten von/nach Coonoor (11 ₹, 1 Std.) und Mettupalayam (16 ₹, 1½ Std.) sowie alle 45 Minuten nach Coimbatore (34 ₹, 2½ Std.). Ein Taxi von/nach Udagamandalam kostet 900 ₹.

Udagamandalam (Ooty)

0423 / 88 430 EW. / 2240M

Udagamandalam, kurz Ooty, mag etwas hektisch anmuten, insbesondere das chaotische Zentrum. Doch keine Sorgen: Wenn es zu viel wird, entkommt man im Handumdrehen in ruhigere, grünere Gefilde, wo hohe Kiefern fast englisch wirkende Landstraßen säumen. Die „Königin der Hill Stations" verbindet Hindu-Tempel und indischen Trubel mit hübschen Gärten, einer internationalen Schule und Bungalows aus der englischen Kolonialzeit (in denen man die stimmungsvollsten Unterkünfte findet).

„Snooty Ooty" („hochnäsiges Ooty"), so der leicht zu merkende Spitzname, wurde von den Briten im frühen 19. Jh. als Sommersitz der britischen Kolonialregierung der Provinz Madras gegründet. Vor einigen Jahrzehnten hielt der Bauboom Einzug, aber an manchen Stellen hat das alte Ooty noch dem Zahn der Zeit getrotzt – man muss nur etwas weiter an den Rand der Stadt gehen, um es zu finden.

Die Anfahrt mit dem berühmten Schmalspurzug ist romantisch und die Landschaft atemberaubend. Selbst die Zufahrtsstraße ist eindrucksvoll. In der Saison (April–Juni) ist Udagamandalam eine willkommene Zuflucht aus der glühend heißen Ebene. Zwischen Oktober und März fallen die Temperaturen nachts gelegentlich bis auf den Gefrierpunkt.

Der Bahnhof und der Busbahnhof liegen am westlichen Ende von Ootys Rennbahn, im nahezu niedrigsten Teil der Stadt. Westlich von ihnen befindet sich der Ooty-See, wäh-

Udagamandalam (Ooty)

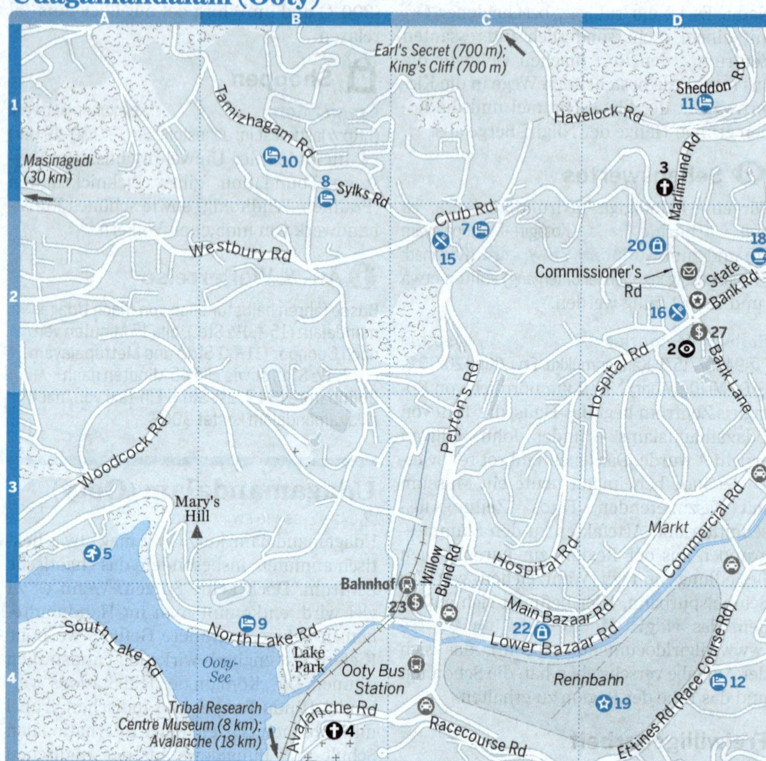

rend die umliegenden Straßen in Kurven bergauf führen. Vom Busbahnhof sind es 20 Gehminuten ostwärts bis zu Udagamandalams kommerziellem Zentrum Charing Cross.

Sehenswertes

Botanischer Garten GARTEN

(Garden Rd; Erw./Kind 30/15 ₹, Foto/Video 50/100 ₹; ⏲7–18.30 Uhr) Der hübsche, 22 ha große Garten wurde 1848 angelegt und ist ein lebendes Museum der endemischen Flora der Nilgiri-Berge. Hier findet man ein typisches *mund* (Dorf) der Toda, einen versteinerten Baumstamm, der 20 Mio. Jahre alt sein soll, und an geschäftigen Tagen viele indische Touristen.

St. Stephen's Church KIRCHE

(Church Hill Rd; ⏲10–18 Uhr) Hoch über dem Zentrum von Ooty thront die makellose, blassgelbe Kirche von 1829, das älteste christliche Gotteshaus in den Nilgiri-Bergen. Sie besitzt hübsches Buntglas, große Holzbalken, die von Elefanten aus dem 120 km entfernten Palast von Tipu Sultan herangeschleppt wurden, sowie Tafeln und Plaketten, die in der Kolonialzeit von Kirchgängern gespendet wurden. Grabsteine auf dem überwucherten **Friedhof** erinnern an viele Briten, die einst in Ooty lebten, darunter die Frau und die Tochter von John Sullivan, dem Gründer der Stadt.

Nilgiri Library BIBLIOTHEK

(☎0423-2441699; Hospital Rd; ⏲10–13 & 14.30–18 Uhr) Die idyllische kleine Bibliothek in einem verfallenen, rostroten Gebäude von 1867 umfasst mehr als 30 000 Bücher, darunter seltene Werke über die Nilgiris und die Hügelvölker sowie britische Tagebücher aus dem 19. Jh. Besucher können – eine einmonatige Mitgliedschaft (500 ₹) vorausgesetzt – in den Bänden schmökern. Im Obergeschoss hängt ein Porträt von Königin Victoria, das Ooty 1887 anlässlich ihres 50-jährigen Thronjubiläums übergeben wurde.

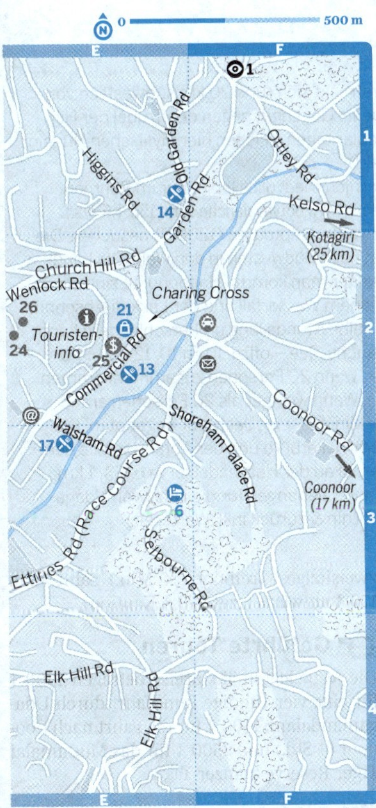

Udagamandalam (Ooty)

Sehenswertes
1 Botanischer Garten ... F1
2 Nilgiri Library ... D2
3 St. Stephen's Church ... D1
4 St. Thomas' Church ... B4

Aktivitäten, Kurse & Touren
5 Bootshaus ... A3

Schlafen
6 Fortune Sullivan Court ... E3
7 Hotel Welbeck Residency ... C2
8 Lymond House ... B1
9 Reflections Guest House ... B4
10 Savoy ... B1
11 Wyoming ... D1
12 YWCA Anandagiri ... D4

Essen
13 Adyar Ananda Bhavan ... E2
14 Modern Stores ... E1
15 Place to Bee ... C2
Savoy ... (siehe 10)
16 Shinkow's Chinese Restaurant ... D2
17 Willy's Coffee Pub ... E3

Ausgehen & Nachtleben
18 Café Coffee Day ... D2
Café Coffee Day ... (siehe 14)

Unterhaltung
19 Ooty Racecourse ... D4

Shoppen
Green Shop ... (siehe 15)
20 Higginbothams ... D2
21 Higginbothams ... E2
22 K Mahaveer Chand ... C4

Praktisches
23 Canara Bank, Geldautomat ... C4
24 District Forest Office Nilgiris North Division ... E2
District Forest Office Nilgiris South Division ... (siehe 24)
25 Indian Overseas Bank, Geldautomat ... E2
26 Nilgiri Wildlife & Environment Association ... E2
Office of the Field Director ... (siehe 26)
27 State Bank of India, Geldautomat ... D2

Im Jahr 2016 war die Bibliothek Gastgeber des ersten **Ooty Literary Festival** (www.ootylitfest.com).

Doddabetta AUSSICHTSPUNKT
(Ooty-Kotagiri Rd; 6 ₹, Foto/Video 10/50 ₹; ⌚8–17 Uhr) Doddabetta, rund 7 km östlich von Udagamandalam, ist mit 2633 m der höchste Punkt in den Nilgiri-Bergen. An klaren Tagen ist dieser zugleich einer der besten Aussichtspunkte in der Gegend – wer früh kommt, hat bessere Chancen auf nebelfreie Sicht. Busse nach Kotagiri setzen einen an der Abzweigung nach Doddabetta ab; von dort marschiert man 3 km steil bergauf oder steigt einfach in einen Jeep um. Eine Taxifahrt ab Charing Cross kostet hin und zurück 700 ₹

Aktivitäten

Wandern

Der eigentliche Reiz von Ooty liegt draußen in den schönen **Nilgiri-Bergen**. Die meisten Hotels können ihren Gästen ortsansässige Führer vermitteln, die halbtägige geführte Wanderungen für rund 500 ₹ pro Person anbieten. Normalerweise fährt man dazu aus der Stadt heraus und wandert dann durch die Berglandschaft, zu Stammesdörfern und Teeplantagen.

Für ausgedehntere Wandertouren in den schönsten tierreichen Waldgebieten benötigt man eine Genehmigung der Forstbehör-

ABSEITS DER ÜBLICHEN PFADE

AVALANCHE-TAL

Das ruhige und geschützte **Avalanche-Tal** erstreckt sich rund 20 km südwestlich von Udagamandalam bis nach Kerala. Es ist das ideale Gegengift gegen den Trubel der Hill Station. Hügliges Ackerland und funkelnde Teeplantagen weichen hier idyllischen Hügeln mit Orchideen und endemischem *shola* (Urwald).

Der Zugang ist beschränkt. Man kann das herrlich friedvolle Gebiet nur im Rahmen offizieller zweistündiger **Minibus-„Ökotouren“** (www.ootyavalanche.com; 150 ₹/Pers.; 9.30–15 Uhr) der Forstverwaltung oder mit privaten Jeeptouren (1200 ₹) besuchen. Die robusten Minibusse tuckern auf Behelfsstraßen nach Südwesten in den Wald. Die Landschaft wird dabei wilder und spektakulärer, je weiter man kommt. Haltepunkte sind ein *shola*-Aussichtspunkt, ein Lakshmi-Tempel an einem Wasserfall und der Lakkidi-Abschnitt des Upper-Bhavani-Staudamms, wo man eine halbe Stunde lang umherschlendern kann.

Die Minibusse starten am Südufer des Avalanche-See – offiziell um 10, 12 und 14 Uhr, tatsächlich aber meist nach Nachfrage und nur, wenn 20 Personen zusammenkommen (einfach eine halbe Stunde vorher vor Ort sein). Wenn weniger als 20 Personen am Startpunkt erscheinen, wird eventuell statt der Minibus- eine Jeeptour angeboten. Die Abzweigung zu dem Kontrollpunkt im Wald, dem Ticketbüro und der Abfahrtsstelle der Minibusse befindet sich südlich des Dorfs Emerald an der Haarnadelkurve 6/34, 1 km. Von dort sind es noch 5 km nach Westen. Taxifahrer verlangen für die Fahrt von Udagamandalam zum Startpunkt der Ökotour 1600 ₹ (hin & zurück inkl. Wartezeit).

de von Tamil Nadu; das gilt beispielsweise für Abschnitte hinter Avalanche im Südwesten, im Parsons Valley im Westen und im Mukurthi National Park oder für Ausflüge nach Walakkad und Sairandhri in Keralas Silent Valley National Park. Zum Zeitpunkt der Recherchen stellte das **Büro des Field Director** (0423-2444098, Buchung von Unterkünften in Mudumalai 0423-2445971; fdmtr@tn.nic.in; Mount Stuart Hill; Mo–Fr 10–17.45 Uhr) wegen wachsender Probleme zwischen Mensch und Tier keine Genehmigungen aus: In den letzten Jahren kamen mehrere Ausländer durch Elefanten zu Tode, zudem wurden öfters Dorfbewohner von Tigern angegriffen (und einige getötet). Wer trotzdem sein Glück versuchen will, wendet sich vorab an das Büro des Field Director.

Aktuelle Infos und Ratschläge zum Wandern erhält man bei der **Nilgiri Wildlife & Environment Association** (0423-2447167; www.nwea.org.in; Mount Stuart Hill; Mo–Fr 10–13.30 & 14–17, Sa 10–13.30 Uhr), der **District Forest Office Nilgiris South Division** (0423-2444083; www.ootyavalanche.com; Mount Stuart Hill; Mo–Fr 10–17.45 Uhr) und der **District Forest Office Nilgiris North Division** (0423-2443968; dfonorth_ooty@yahoo.co.in; Mount Stuart Hill; Mo–Fr 10–17.45 Uhr).

Bootsfahrten

Im **Bootshaus** (North Lake Rd; 12 ₹, Foto/Video 25/145 ₹; 9–18 Uhr) am Ooty-See kann man Ruder- und Tretboote ausleihen; für ein zweisitziges Tretboot (30 Min.) zahlt man 170 ₹ aufwärts (zzgl. 170 ₹ Kaution).

Geführte Touren

Die festgelegten Taxipreise betragen 1300 ₹ für eine vierstündige Rundfahrt durch Udagamandalam, 1400 ₹ für die Fahrt nach Coonoor (4 Std.) und 2500 ₹ für das Mudumalai Tiger Reserve (ganzer Tag).

Schlafen

Udagamandalam verfügt über einige prächtige Kolonialhäuser im oberen Preissegment und ein paar anständige Backpacker-Unterkünfte. In der unteren Mittelklasse ist das Angebot hingegen sehr überschaubar. In der Saison (1. April–15. Juni) erhöhen die Hotels ihre Preise und Gäste müssen am Abreisetag oft bis 9 Uhr auschecken. Für Feiertage sollte man weit im Voraus reservieren.

YWCA Anandagiri PENSION $
(0423-2444262; www.ywcaagooty.com; Ettines Rd; B 250 ₹, EZ 400–2240 ₹, DZ 800–2240 ₹) Die ehemalige Brauerei ist heute eine weitläufige Anlage mit Cottages inmitten von Blumengärten. Dank sauberer, stimmungsvoller, frisch gestrichener Zimmer, hilfreichem Personal, geräumigen Gemeinschaftsbereichen und einem guten Restaurant (reservieren!) hat diese Unterkunft ein ausgezeichnetes Preis-Leistungs-Verhältnis. Die billigsten Zimmer haben eigene Bäder im Korridor. Wegen der hohen Decken kann es nachts

kalt werden – am besten fragt man nach zusätzlichen Decken.

Reflections Guest House PENSION $

(☎0423-2443834; reflectionsin@yahoo.co.in; 1B North Lake Rd; Zi. 800–1200 ₹; 📶) Die alteingesessene Budgetunterkunft an der Seestraße wurde kürzlich teilweise renoviert. Die meisten der zwölf blitzblanken Zimmer haben Seeblick, die besten zudem frisch renovierte Bäder. Die aufmerksamen Inhaber servieren auf Anfrage Snacks und können geführte Wanderungen organisieren. Warmes Wasser gibt's einmal am Tag.

★ **Lymond House** HISTORISCHES HOTEL $$

(☎9843149490; www.serendipityo.com; Sylks Rd; Zi. mit Frühstück 4200–5470 ₹; 📶) Warum ist dieser britische Bungalow von 1855 der Konkurrenz eine Nasenspitze voraus? Liegt es an der gemütlichen Cottage-Atmosphäre mit frischen Blumen, Himmelbetten, funktionstüchtigen Kaminen und Loungebereichen voller Antiquitäten? Oder an der Mischung aus moderner Ausstattung und elegantem Kolonialstil in den geräumigen, eindrucksvollen Zimmern? Oder vielleicht doch an der guten internationalen Küche und dem wunderschönen Garten? Vermutlich liegt es an all diesen Gründen wie auch an der zwanglosen, aber emsigen Geschäftsführung.

Wyoming HISTORISCHES HOTEL $$

(☎0423-2452008; www.wyoming.in; 46 Sheddon Rd; Zi. mit Frühstück 3150–3680 ₹) In dem schönen, sonnengelben Haus hoch über Udagamandalam gibt's sechs schlichte, wunderbar geräumige und kolonial anmutende Zimmer mit dem klassischen Panoramaausblick in die Nilgiris. In allen Zimmern gibt es Wasserkocher, in Flaschen abgefülltes Wasser und schöne Dielenböden. Das gut geführte Haus hat freundliche Betreiber. Gefrühstückt wird draußen im Garten.

Hotel Welbeck Residency HOTEL $$

(☎0423-2223300; www.welbeck.in; Welbeck Circle, Club Rd; Zi. 3650–5040 ₹; 📶) Das attraktive ältere Gebäude wurde gründlich renoviert und verfügt nun über komfortable Zimmer und einen Hauch kolonialer Klasse – neben der Vordertür steht eine Austin-Limousine von 1920! Ordentliches Restaurant und sehr aufmerksames Personal.

★ **Savoy** HISTORISCHES HOTEL $$$

(☎0423-2225500; www.gateway.tajhotels.com; 77 Sylks Rd; Zi. mit Frühstück ab 7500 ₹; 📶) Das Savoy ist eines der ältesten Hotels in Ooty, manche Teile stammen noch von 1829. Die Cottages und Schaukelstühle verteilen sich über die charmante Rasenfläche und den Garten. Die Zimmer in einem zurückhaltenden Kolonialstil haben große, mit Marmor verkleidete Bäder, Kamine, Erkerfenster und Flaschen mit warmem Wasser. Nette Extras sind u. a. die Cocktailbar, das Ayurveda-Center und eine ausgezeichnete internationale Küche. Von April bis Juni muss man Halbpension buchen.

King's Cliff HISTORISCHES HOTEL $$$

(☎0423-2244000; www.littlearth.in; Havelock Rd; Zi. mit Frühstück 4200–9410 ₹; 📶) Auf dem Strawberry Hill über Ooty versteckt sich dieses klassische, koloniale Haus mit Holztäfelung, antiken Möbeln, einer gemütlichen Lounge und guter indischer und westlicher Küche im Restaurant **Earl's Secret** (☎0423-2452888; Hauptgerichte 340–600 ₹; ⏲8–10, 12–15 & 19–22 Uhr; 📶), das das verglaste Gewächshaus mit einbezieht. Die günstigeren Zimmer haben weniger kolonialen Charme als die teureren.

Fortune Sullivan Court HOTEL $$$

(☎0423-2441415; www.fortunehotels.in; 123 Selbourne Rd; EZ/DZ mit Frühstück 6000–7200/6600–7800 ₹; 📶) Das Fortune in ruhiger Lage am südlichen Stadtrand ist zwar keine koloniale Villa, dafür führen Wendeltreppen vom prächtigen Foyer zu komfortablen, farbenfrohen Zimmern mit großen Betten, Schreibtischen und einer Einrichtung aus hellem Holz. Formvollendeter Service! Außerdem besitzt das Hotel eine Bar, ein Spa, einen kleinen Fitnessraum und ein internationales Restaurant.

Essen & Ausgehen

Adyar Ananda Bhavan INDISCH $

(www.aabsweets.in; 58 Commercial Rd; Hauptgerichte 130–200 ₹, Thalis 100–200 ₹; ⏲7.30–11.30, 12–15.30 & 18–22.30 Uhr) Das funkelnagelneue Lieblingslokal ist ständig voller Einheimischer und Touristen, die sich hier an köstlichen, flink servierten südindischen Speisen (*dosas, vadas, idlis*), nordindischen Klassiker (z. B. *paneer tikka*), frischen Säften und Thalis auf gelben Plastiktabletts laben.

Willy's Coffee Pub CAFÉ $

(KCR Arcade, Walcham Rd; Gerichte 40–90 ₹, ⏲10–21.30 Uhr; 📶) Eine Treppe führt hinauf zu diesem Café, das mit Brettspielen, WLAN, einer Leihbücherei und günstigen Pizzas, Fritten, Toasts, Kuchen und Keksen Ootys internationale Studentengemeinde anlockt.

Modern Stores SUPERMARKT $

(144 Garden Rd; ⌚9.40–21 Uhr) Der Laden verkauft alle möglichen westlichen Lebensmittel, darunter Müsli und Marmelade, sowie besonders gute Produkte aus den Westghats wie Brot, Käse und Schokolade.

Place to Bee ITALIENISCH $$

(☎0423-2449464; www.facebook.com/placet0bee; 176A Club Rd; Hauptgerichte 200–400 ₹; ⌚Mi–Mo 12.30–15 & 18.30–21.30 Uhr) In dem künstlerisch angehauchten, mit Lichterketten erhellten Restaurant im kleinen Bienenmuseum der Keystone Foundation (S. 1189) kann man sich beim Essen auch noch über die Bienen in den Nilgiris kundig machen. Das Konzept klingt skurril, aber es funktioniert: Die Zutaten stammen aus der Region, und die herrlich frischen Gerichte – viele mit Wildhonig – wissen zu überzeugen. Auf der Karte stehen kundig zubereitete Pastagerichte, mediterrane Salate und echte Holzofenpizza mit Belag nach Kundenwunsch.

Shinkow's Chinese Restaurant CHINESISCH $$

(38/83 Commissioner's Rd; Hauptgerichte 100–250 ₹; ⌚12–15.45 & 18.30–21.45 Uhr) Das Shinkow's ist eine hiesige Institution. Die schlichten, aber schmackhaften Gerichte mit Hühnchen, Schwein, Rind, Meeresfrüchten, Nudeln und Reis sind stets gut und werden flink auf die kariert eingedeckten Tische serviert. Auch Vegetarier kommen nicht zu kurz.

Savoy INTERNATIONAL $$$

(☎0423-2225500; www.gateway.tajhotels.com; 77 Sylks Rd; Hauptgerichte 260–650 ₹; ⌚7.30–10, 12.30–15 & 19.30–22.30 Uhr) Holztäfelung, intime Beleuchtung, Klaviermusik live und schicker orangeroter Samt: Im Speisesaal des Savoy (S. 1193) werden abends im Kerzenschein fabelhafte moderne westliche, indische und panasiatische Gerichte serviert, außerdem den ganzen Tag Frühstück sowie leckere Salate, Pastagerichte, Kebabs und auch einige einmalige, von der Küche der Bergvölker inspirierte Speisen.

Café Coffee Day CAFÉ

(www.cafecoffeeday.com; Garden Rd; Getränke 60–120 ₹; ⌚9–22 Uhr) Kaffee, Tee und Kuchen sind hier verlässlich gut. Es gibt noch eine weitere Filiale (Getränke 70–110 ₹; ⌚9–22 Uhr) an der Church Hill Rd.

Shoppen

K. Mahaveer Chand SCHMUCK

(291 Main Bazaar Rd; ⌚10–20 Uhr) Der Laden verkauft seit 15 Jahren besonders schönen Stammesschmuck der Toda sowie Silberschmuck.

Green Shop KUNSTHANDWERK, ESSEN

(www.lastforest.in; Sargan Villa, abseits der Club Rd; ⌚10–19 Uhr) Der von der Keystone Foundation (S. 1189) aus Kotagiri geführte Fair-Trade- und Ökoladen verkauft prächtiges Kunsthandwerk und Kleidung von Stammesvölkern (darunter Stickereien der Toda). Außerdem gibt es hier Wildhonig, der von indigenen Bauern gesammelt wurde.

Higginbothams BÜCHER

(Commercial Rd; ⌚9–13 & 15.30–19.30 Uhr) Die beliebte Filiale hat eine gute Auswahl englischsprachiger Bücher. Eine weitere Filiale (Commissioner's Rd; ⌚Mo–Sa 9–13 & 14–18 Uhr) liegt den Hügel hinauf.

Praktische Informationen

Touristeninformation (☎0423-2443977; Wenlock Rd; ⌚10–17 Uhr)

An- & Weiterreise

Am unterhaltsamsten ist die Anreise nach Udagamandalam mit dem Schmalspurzug aus Mettupalayam. Aber auch Busse aus ganz Tamil Nadu, aus Kerala sowie aus Mysuru und Bengaluru in Karnataka steuern regelmäßig die Hill Station an.

BUS

Die staatliche Busgesellschaften von Tamil Nadu und Karnataka unterhalten Reservierungsbüros in Udagamandalams geschäftigem **Busbahnhof**. Nach Kochi nimmt man einen Bus nach Palakkad (96 ₹, 6 Std., 7, 8 & 14 Uhr) und steigt dort um.

TAXI

Taxis warten an Ständen überall im Stadtgebiet. Der Festpreis für eine einfache Fahrt beträgt nach Coonoor 900 ₹, nach Kotagiri 900 ₹, nach Coimbatore 2000 ₹ und zum Mudumalai Tiger Reserve 1300 ₹.

ZUG

Die Schmalspurbahn („Toy Train") von Mettupalayam nach Ooty gehört zu den Bergbahnen Indiens, die es auf die Weltkulturerbeliste der UNESCO geschafft haben. Sie ist ganz klar die beste Art der Anreise. Die Nilgiri Mountain Railway hat spezielle Zahnräder an der Lokomotive, die in eine dritte Schiene auf dem Boden greifen, um die unglaublich steilen Steigungen zu bewältigen. Während der Fahrt bieten sich tolle Blicke auf Wälder, Wasserfälle, Bergpanoramen und Teeplantagen. Auf dem Abschnitt zwischen Mettupalayam und Coonoor kommen Dampfloks zum Einsatz, die den Zug mehr den Berg hinaufschieben als ziehen.

BUSSE AB UDAGAMANDALAM (OOTY)

ZIEL	PREIS (₹)	DAUER (STD.)	HÄUFIGKEIT
Bengaluru	250–670	8	Volvo 10, 11.15, 17.45 & 22.30 Uhr
Chennai	450	14	16.30, 17.45 & 18.30 Uhr
Coimbatore	53	4	5.50–20.40 Uhr alle 20 Min.
Coonoor	10	1	5.30–22 Uhr alle 10 Min.
Kotagiri	15	1½	6.30–19 Uhr alle 20 Min., 19.40 & 20.20 Uhr
Mysuru	136–420	5	Volvo 10, 11.15 & 17.45 Uhr

Während der Hauptsaison sollte man mehrere Wochen im Voraus reservieren, ansonsten sollten (wenn überhaupt nötig) ein paar Tage Vorlauf genügen. Der Zug nach Udagamandalam startet täglich um 7.10 Uhr in Mettupalayam (1./2. Klasse 205/30 ₹, 4¾ Std.). In umgekehrter Richtung fährt der Zug um 14 Uhr in Udagamandalam nach Mettupalayam (3½ Std.) los. Es gibt außerdem täglich drei Züge in beide Richtungen, die nur zwischen Udagamandalam und Coonoor (150/25 ₹, 1¼ Std.) pendeln. Die Ankunfts- und Abfahrtszeiten in Mettupalayam sind auf den Nilgiri Express vom/zum Bahnhof Central in Chennai (Sleeper/2AC/3AC 340/890/1250 ₹, 9¼ Std.) abgestimmt.

In den Zugfahrplänen wird die Stadt üblicherweise als Udagamandalam, manchmal aber auch noch als Ooty bezeichnet.

Unterwegs vor Ort

Autorikschas und Taxis gibt's überall. Die Taxipreise sind in Charing Cross und vor dem Busbahnhof angeschlagen, die Autorikschapreise vor dem Busbahnhof, vor dem Botanischen Garten und anderswo. Eine Autoriksha vom Bahnhof oder Busbahnhof nach Charing Cross kostet 60 ₹.

Es gibt Jeeptaxistände nahe dem **Busbahnhof** (Avalanche Rd) und dem **Markt** (Hobert Park Cross Rd). Dort zahlt man ungefähr das Anderthalbfache der Preise an den Taxiständen.

Mudumalai Tiger Reserve

☎ 0423

Das 321 km² große **Mudumalai Tiger Reserve** (www.mudumalaitigerreserve.com; ⏲ April, Mai oder Juni manchmal geschl.) in den Ausläufern der Niligiri-Berge wirkt wie ein zum Leben erwachtes klassisches indisches Landschaftsgemälde: Zwischen dünnen, spindelförmigen Bäumen und unter einem aufgelockerten Blätterdickicht verstecken sich Axishirsche und grunzende Wildschweine – und rund 50 Tiger, womit das Schutzgebiet die höchste Tigerdichte in ganz Indien aufweist. Trotzdem braucht man eine gute Portion Glück, um auch nur eine der Großkatzen zu erspähen. Insgesamt aber ist das Reservat der beste Ort in Tamil Nadu, um Wildtiere zu beobachten. Es gibt gute Chancen, Hirsche, Pfauen, Wildschweine, Languren, Goldschakale, Königsriesenhörnchen, wilde Elefanten (im Park leben mehrere Hundert Dickhäuter) sowie Gaur (indischer Büffel) zu sichten.

Zusammen mit den Nationalparks Bandipur und Nagarhole in Karnataka, Wayanad in Kerala und dem Sathyamangalam Tiger Reserve in Tamil Nadu bildet das Mudumalai Tiger Reserve eine zusammenhängende Fläche von Schutzgebieten, die einen wichtigen Rückzugsraum für ungefähr 570 Tigern darstellt. Diese bilden die größte Tigerpopulation weltweit.

Mudumalai kann im April, Mai oder Juni wegen Waldbrandgefahr gesperrt sein. Die regenreichen Monate Juli und August eignen sich am wenigsten für einen Besuch.

Das **Empfangszentrum** (☎ 0423-2526235; Theppakadu; ⏲ 6.30–18 Uhr) des Schutzgebiets und ein paar vom Reservat verwaltete Unterkünfte finden sich in Theppakadu an der Hauptstraße zwischen Udagamandalam und Mysuru. Das Dorf, das Theppakadu am nächsten liegt, ist Masinagudi, 7 km weiter östlich.

Sehenswertes & Aktivitäten

Wandern ist im Reservat verboten. Überdies dürfen private Fahrzeuge nur die Hauptstraße Udagamandalam–Gudalur–Theppakadu–Mysuru sowie die Straßen von Theppakadu nach Masinagudi und von Masinagudi nach Moyar (am gleichnamigen Fluss) benutzen. Offizielle „Minibus"-Safaris sind die einzige Möglichkeit, ins Schutzgebiet zu gelangen.

Manche Veranstalter bieten eventuell Wanderungen in der Pufferzone rund um das Reservat an, die Reservatsverwaltung rät jedoch dringend davon ab: Touristen kamen bei diesen illegal veranstalteten Touren bereits ums Leben, weil sie wilden Elefanten zu nahe kamen. Von besseren Resorts organisierte Jeepsafaris unter kundiger Leitung sind eine sicherere Alternative.

Elefantencamp WAHRZEICHEN
(Theppakadu; 15 ₹; ⌚8.30–9 & 17.30–18 Uhr) Morgens und abends kann man zuschauen, wie die Arbeitselefanten des Reservats im Elefantencamp unmittelbar östlich vom Empfangszentrum in Theppakadu (S. 1195; dort gibt's auch die erforderlichen Tickets) gefüttert werden. Die meisten eingesetzten Elefanten wurden gerettet oder sind alte Tiere, die früher in der Holzindustrie eingesetzt wurden und nicht mehr ausgewildert werden können.

Minibus-Safaris WILDTIERBEOBACHTUNG
(135 ₹/Pers.; ⌚stündl. 6–10 & 14–18 Uhr) Die einzige Möglichkeit, in das Reservat zu gelangen, bieten die offiziellen einstündigen Safaris mit in Tarnfarben angemalten Minibussen für 20 bis 30 Passagiere, die eine 15 km lange Schleife drehen. Die Chancen stehen gut, dass man dabei einige Wildtiere sieht, eine Garantie gibt es dafür jedoch nicht. Die Tour bucht man einige Stunden vorab im Empfangszentrum in Theppakadu (S. 1195).

Schlafen & Essen

Das Reservat betreibt ein paar einfache Unterkünfte an einem Fußweg oberhalb des Moyar in Theppakadu. Bessere Quartiere bieten jedoch die vielen Lodges und Waldresorts außerhalb des Parkgeländes. Viele davon sind Familienbetriebe mit viel Herzlichkeit und höherem Standard. Den Großteil der besten Unterkünfte findet man im Dorf Bokkapuram, 5 km südlich von Masinagudi am Fuß der Berge.

Theppakadu

Die vom Reservat verwalteten Unterkünfte müssen reserviert werden; mitunter geht das auch online. Die übrigen bucht man vorab telefonisch oder persönlich im Büro des Field Director (S. 1192) in Udagamandalam. Das Empfangszentrum akzeptiert auch unangemeldete Übernachtungsgäste, sofern Plätze frei sind.

Hotel Tamil Nadu LODGE $
(☎Reservierung 0423-2445971; www.mudumalaitigerreserve.com; Theppakadu; B 2620 ₹) Die staatlich verwaltete Lodge bietet einfache, saubere, neu gebaute Schlafsäle (8–10 Pers.) mit Bad und einfache Gerichte (80 ₹).

Theppakadu Log House LODGE $$
(☎Reservierung 0423-2445971; Theppakadu; DZ 2510 ₹) Die beste unter den reservatseigenen Unterkünften in Theppakadu hat gepflegte Zimmer, private Bäder und Gerichte für 70 ₹.

Bokkapuram & Umgebung

Wilds at Northernhay LODGE $$
(☎9843149490; http://serendipityo.com; Singara; Zi. mit Frühstück 4800–5400 ₹; ❄📶) Die wunderbare Lodge ist 8 km südwestlich von Masinagudi in einem umgebauten Lagerhaus für Kaffee untergebracht, das sich auf einer bewirtschafteten Kaffeeplantage mit hohen Bäumen befinden. Hier meint man, mitten im Wald zu übernachten. Die sieben Zimmer – eines oben in den Bäumen, ein weiteres in einer von Stammesbauten inspirierten Lehmhütte – sind gemütlich, das Essen ist ausgezeichnet und bei den angebotenen Jeepsafaris, Naturwanderungen und Vogelbeobachtungstouren hat man gute Chancen, eine Menge Wildtiere zu sehen.

Bamboo Banks Farm LODGE $$
(☎0423-2526211; www.bamboobanks.com; Masinagudi; DZ mit VP 7870 ₹; ❄📶🏊) Die von einer Familie geführte Lodge verfügt über sieben schlichte, gemütliche Cottages in einem privaten verwilderten Dschungelstück 2 km südlich von Masinagudi, über das Gänse watscheln. Es gibt einen grasbewachsenen Poolbereich mit Hängematten, Schaukelstühlen und einer Aussichtsplattform in den Baumwipfeln. Gegen den Hunger helfen feine indische Buffets. Und die gut organisierten Besitzer veranstalten Rad- und Reitausflüge.

★ **Jungle Retreat** RESORT $$$
(☎0423-2526469; www.jungleretreat.com; Bokkapuram; B 3800 ₹, Zi. 5470–12 150 ₹; 📶🏊) Das wohl stilvollste Resort am Mudumalai Tiger Reserve besteht aus schönen Steinhütten, zwei Baumhäusern und einem Schlafsaal (min. 4 Pers.), die so über das Gelände verteilt sind, dass maximale Privatsphäre gewährleistet ist. Die Bar, die Lounge und das Restaurant (tgl. 3 Mahlzeiten 2000 ₹) sind ideal, um mit anderen Travellern ins Gespräch zu kommen. Kundiges Personal und Pool in toller Lage – oft schauen Leoparden und Elefanten auf einen Drink vorbei.

Jungle Hut RESORT $$$
(☎0423-2526463; www.junglehut.in; Bokkapuram; Zi. mit VP 7310–9730 ₹; ❄📶🏊) 🌿 Die 30 Jahre alte Jungle Hut zeichnet sich durch Umweltfreundlichkeit (Solarstrom, Regenwassergewinnung),

eine gesellige Lounge und das wohl beste Essen in Bokkapuram aus – wer aus einem anderen Resort zum Essen kommt, sollte nachts nicht allein nach Hause gehen! Die geräumigen Zimmer – die hübschesten sind Zelthütten im Safari-Look – verteilen sich über ein großes Areal, auf dem um die 200 Axishirsche grasen. Jeepsafaris, Wanderungen und Vogelbeobachtungstouren lassen sich vereinbaren.

Anreise & Unterwegs vor Ort

Ein Tagesausflug per Taxi von Udagamandalam zum Mudumalai Tiger Reserve führt üblicherweise über die alternative Sighur-Ghat-Bergstraße mit ihren 36 spektakulären Haarnadelkurven und kostet 2000 ₹. Für die einfache Fahrt mit dem Taxi von Udagamandalam nach Theppakadu werden 1300 ₹ fällig.

Kleine Busse, die die Sighur-Ghat-Straße nutzen können, fahren von Udagamandalam nach Masinagudi (17 ₹, 1½ Std., tgl. 12-mal zw. 6.50 und 19.30 Uhr), von wo täglich ein paar langsame Lokalbusse nach Theppakadu fahren (5 ₹).

Zwischen Masinagudi und Theppakadu sind auch Sammeljeeps im Einsatz (10 ₹/Pers. bzw. 120 ₹/Fahrzeug). Der Preis ist ähnlich wie für einen Jeep von Masinagudi nach Bokkapuram.

Andamanen

Inhalt ➡

Beste Strände

- Radhanagar (S. 1208)
- Merk Bay (S. 1216)
- Ross & Smith Islands (S. 1216)
- Butler Bay (S. 1218)
- Lalaji Bay (S. 1214)

Schön übernachten

- Barefoot at Havelock (S. 1210)
- Silversand (S. 1210)
- Pristine Beach Resort (S. 1217)
- Hotel Sinclairs Bayview (S. 1205)
- Blue View (S. 1218)

Auf zu den Andamanen!

Die Andamanen bieten für jeden etwas: eine atemberaubende Küste mit Stränden zum Faulenzen, dichte Wälder im Landesinneren für Trekkingtouren, fantastische Tauchgebiete für Sportliche und völlige Abgeschiedenheit zum Abschalten.

Wilder Dschungel und Mangrovenwälder reichen bis an das smaragdgrüne Wasser heran, und die weißen Strände scheinen im Feuer der blutroten Sonnenuntergänge zu schmelzen. Die Bevölkerung ist eine freundliche Mischung aus Süd- und Südostasiaten sowie dunkelhäutigen Ethnien, deren Herkunft den Anthropologen immer noch ein Rätsel ist. Dazu kommt noch die einsame Lage mit 1370 km Entfernung zum indischen Festland, sodass die Inseln geografisch eher zu Südostasien gehören – schließlich sind sie nur 150 km von Indonesien und 190 km von Myanmar entfernt.

Von den 572 Inseln sind nur gut ein Dutzend für Reisende zugänglich. Am beliebtesten ist Havelock mit seinen wunderbaren Stränden und Tauchspots; die Nikobaren und die Stammesgebiete sind dagegen für Besucher absolut tabu.

Reisezeit

Port Blair

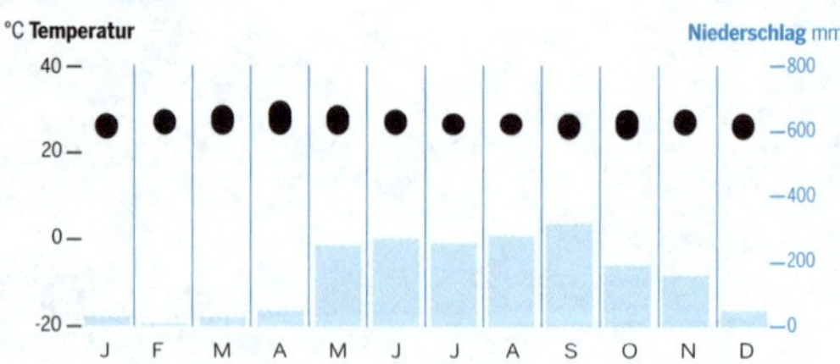

Dez.–März Warm und sonnig, optimale Tauchbedingungen und Brutzeit der Meeresschildkröten.

Okt.–Dez. & März–Mitte Mai Wechselhaftes Wetter, weniger Reisende und günstigere Preise.

Feb.–Aug. Auf Little Andaman stellen sich erfahrene Surfer den mächtigen Wellen.

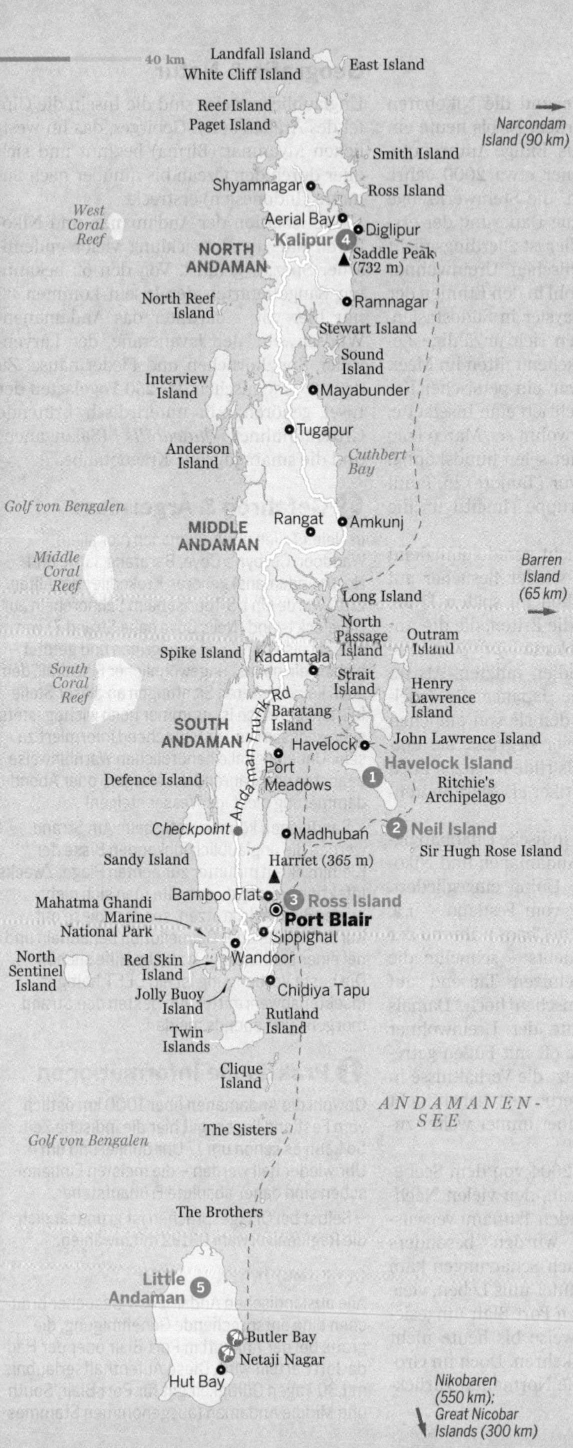

Highlights

1. Auf der idyllischen Insel **Havelock** (S. 1208) schnorcheln, tauchen und Kontakte schließen
2. Auf **Neil Island** (S. 1212) einen Gang herunterschalten
3. Auf **Ross Island** (S. 1204) alles über die koloniale Vergangenheit von Port Blair erfahren
4. Auf **Kalipur** (S. 1216) die Wildnis von North Andaman erleben und beim Inselhopping unberührte Strände und Korallenriffe entdecken
5. Auf **Little Andaman** (S. 1217) in der Butler Bay ein kleines Stück Paradies finden

Geschichte

Wann die Andamanen und die Nikobaren erstmals besiedelt wurden, ist bis heute ein ungelüftetes Geheimnis. Einige Anthropologen vermuten, dass hier etwa 2000 Jahre lang Menschen lebten, die Steinwerkzeuge herstellten. Eine genaue Datierung der ersten menschlichen Siedler ist allerdings nicht möglich. Die einheimischen Ureinwohner haben ihre Wurzeln wohl in den Ethnien der Negritos und der Malaysier in Südostasien. Darüber hinaus ranken sich unzählige Legenden um diese Fleckchen mitten im Meer.

Buzurg Ibn Shahriyar, ein persischer Kapitän des 10. Jhs., beschrieb eine Inselkette, die von Kannibalen bewohnt sei, Marco Polo fügte an, die Einwohner seien hundsköpfig. Auf Tafeln in Thanjavur (Tanjore) in Tamil Nadu heißt die Inselgruppe Timaittivu: „die unreinen Inseln".

Obwohl das alles nicht gerade einladend klingt, kamen immer wieder Besucher auf die Inseln: die Marathen im späten 17. Jh. und 200 Jahre später die Briten, die die Andamanen als Strafkolonie für politische Strafgefangene aus Indien nutzten. Als im Zweiten Weltkrieg die Japaner die Inselgruppe besetzten, wurden sie von manchen Einwohnern als Befreier begrüßt; sie entpuppten sich jedoch als rüde Besatzer, auch wenn sie indische Politiker als Marionettenregierung einsetzten.

Im Anschluss an die indische Unabhängigkeit 1947 wurden die Andamanen und Nikobaren in die Indische Union eingegliedert. Mit der Zuwanderung vom Festland – u.a. flohen Bengalen vor dem Chaos während der Teilung des Subkontinents – schnellte die Einwohnerzahl von einigen Tausend auf mehr als 350 000 Menschen hoch. Damals wurden die Landrechte der Ureinwohner und der Umweltschutz oft mit Füßen getreten; auch wenn sich jetzt die Verhältnisse in manchen Bereichen verbessert haben, geht die Zahl der Ureinwohner immer weiter zurück.

Die Inseln wurden 2004 von dem Seebeben im Indischen Ozean, den vielen Nachbeben und dem folgenden Tsunami verwüstet. Die Nikobaren wurden besonders schlimm getroffen: Nach Schätzungen kam ein Fünftel der Einwohner ums Leben, viele Menschen wurden nach Port Blair umgesiedelt und können teilweise bis heute nicht auf ihre Inseln zurückkehren. Doch im Großen und Ganzen ist die Normalität zurückgekehrt.

Geografie & Natur

Unglaublicherweise sind die Inseln die Gipfel des Arakan-Joma-Gebirges, das im westlichen Myanmar (Birma) beginnt und sich quer durch den Ozean bis hinüber nach Sumatra (Indonesien) erstreckt.

Die Isolation der Andamanen und Nikobaren hat zur Entwicklung vieler endemischer Spezies geführt. Von den 62 bekannten Säugetierarten der Inseln kommen 32 nur hier vor – darunter das Andamanen-Wildschwein, der Javaneraffe, der Larvenroller, Spitzhörnchen und Fledermäuse. Zu den 18 endemischen der 250 Vogelarten der Insel gehören z.B. unterirdisch brütende Großfußhühner, *hawabills* (Salanganen) und die smaragdgrüne Kragentaube.

ℹ Gefahren & Ärgernisse

In vielen Teilen der Andamanen (vor allem Wandoor, Corbyn's Cove, Baratang, Little und North Andamans) gehören Krokodile zum Alltag. 2010 wurde ein US-Tourist beim Schnorcheln auf Havelock Island (Neils Cove nahe Strand 7) von einem Leistenkrokodil angegriffen und getötet – bislang ein höchst ungewöhnlicher Einzelfall, dem auch keine weiteren Sichtungen an dieser Stelle folgten. Dennoch ist es immer noch wichtig, stets sehr wachsam und entsprechend informiert zu sein. Unbedingt alle behördlichen Warnhinweise beachten und während der Morgen- oder Abenddämmerung nicht ins Wasser steigen!

Sandfliegen können lästig sein: Am Strand werden die unglaublich juckenden Bisse der Kleininsekten mitunter zur echten Plage. Zwecks Infektionsvermeidung sollte man sich nicht an der Bissstelle kratzen, sondern diese mit Kortisonsalbe oder Galmeilotion behandeln und bei einer Entzündung ärztliche Hilfe suchen. Die beste Vorbeugung ist ein DEET-haltiges Insektenabwehrmittel. Am besten den Strand morgens und abends meiden.

ℹ Praktische Informationen

Obwohl die Andamanen über 1000 km östlich vom Festland liegen, gilt hier die indische Zeit. So kann es schon um 17 Uhr dunkel und um 4 Uhr wieder hell werden – die meisten Einheimischen sind daher absolute Frühaufsteher.

Selbst bei Ortsgesprächen ist grundsätzlich die Regionalvorwahl 03192 mitzuwählen.

GENEHMIGUNGEN

Alle ausländischen Andamanen-Besucher brauchen eine entsprechende Genehmigung, die gratis bei der Ankunft in Port Blair oder der Haddo Jetty erteilt wird. Diese Aufenthaltserlaubnis mit 30 Tagen Gültigkeit gilt für Port Blair, South und Middle Andaman (ausgenommen Stammesgebiete), North Andaman (Diglipur), Long Island, North Passage, Little Andaman (ausgenommen Stammesgebiete), Havelock und Neil Island. Beim **Einwanderungsbüro** (Immigration Office; Kamaraj Rd; ☎ 03192-239247; ⌚ Mo–Fr 8.30–13 & 14–17.30, Sa 8.30–13 Uhr) in Port Blair sowie bei allen regionalen Polizeiwachen lässt sie sich um 15 Tage verlängern (dies ist keine Routine, also sollte man nicht darauf vertrauen, dass man eine Verlängerung bekommt).

Seine Genehmigung muss man stets mit sich führen – ohne sie kommt man nicht weit. Die Polizei kann einen auffordern, sie vorzuzeigen, insbesondere wenn man auf einer der anderen Inseln an Land geht, und die Hotels benötigen die darauf vermerkten Angaben. Auch bei der Ausreise von den Andamanen muss man die Genehmigung vorlegen.

Die Genehmigung erlaubt auch Tagesausflüge zu den Inseln Jolly Buoy, South Cinque, Red Skin, Ross, Narkondam, Interview und Rutland sowie zu den Brothers- und Sisters-Inseln. Die meisten Tagesgenehmigungen kosten nicht viel Zeit, aber Geld. Für Gebiete wie den Mahatma Gandhi Marine National Park oder Ross und Smith Island bei Diglipur zahlen Ausländer 500 ₹ und Inder 50 ₹. Für Studierende mit gültigem Studentenausweis ist die Genehmigung wesentlich günstiger, man sollte diesen daher unbedingt mitbringen.

Die Nikobaren sind nur für Inder zugänglich, die im Regierungsauftrag, zu genehmigten Forschungszwecken oder aus geschäftlichen Gründen dorthin reisen.

KOPIEN DER AUFENTHALTSGENEHMIGUNG

Beim Kauf von Fährtickets ist eine Kopie der Aufenthaltsgenehmigung vorzulegen. Auch wenn man sie nicht ständig vorlegen muss, sollte man sie mehrmals kopieren, bevor man ins Fährbüro von Port Blair geht. So vermeidet man auf jeden Fall das erneute Anstellen und hat sie im weiteren Verlauf der Reise gleich zur Hand.

An- & Weiterreise

FLUGZEUG

Nach Port Blair gehen fast täglich Flüge von Delhi, Kolkata, Bengaluru, Mumbai und Chennai. Dies sind vor allem Flüge von **Jet Airways** (☎ 03192-230545, 1800225522; www.jetairways.com), **Air India** (☎ 03192-233108; www.airindia.in), **SpiceJet** (☎ 0987-1803333; www.spicejet.com) und **GoAir** (☎ Reservierung: 092-23222111; www.goair.in). Die Preise sind davon abhängig, wie weit man im Voraus bucht. Und es dürfen nur 15 kg Gepäck mitgenommen werden. Von und nach Port Blair gibt es keine internationalen Flüge.

SCHIFF/FÄHRE

Die berühmt-berüchtigten Fähren nach Port Blair sind entweder „die einzig wahre Art, zu den Andamanen zu gelangen" oder eine echte Tortur – je nachdem, wen man gerade fragt. Die Wahrheit liegt irgendwo in der Mitte. Normalerweise fahren pro Monat drei bis vier Schiffe zwischen Port Blair und Chennai (3 Tage) oder Kolkata (4–5 Tage), hinzu kommt noch eine monatliche Verbindung nach Visakhapatnam (4 Tage). Alle legen am Haddo Jetty an.

Die angegebenen Fahrtzeiten sind mit Vorsicht zu genießen: Traveller haben im Hafen von Kolkata schon bis zu 12 Stunden festgesessen, manchmal verzögerte sich das Anlegen bei Port Blair um mehrere Stunden. Durch solche Verzögerungen, schlechtes Wetter und raue See, kann die Überfahrt auch einmal ein oder zwei Tage länger dauern.

Die Schiffe von **Andaman Shipping Office** (☎ 044-25226873; 2. St., Jawahar Bldg, 17 Rajaji Salai George Town, Chennai; ⌚ Mo–Fr 10–16, Sa 10–12 Uhr) legen in Chennai ab, die der **Shipping Corporation of India** (☎ 033-22482354; www.shipindia.com; Strand Rd, Kolkata; ⌚ Mo–Fr 10–13 & 14–16 Uhr) in Kolkata und die Schiffe von **AV Bhanojirow, Garuda Pattabhiramayya & Co** (☎ 0891-2565597; ops@avbgpr.com; Harbour Approach Rd, neben dem NMDC, Port Area, Visakhapatnam; ⌚ 9–17 Uhr) fahren von Visakhapatnam nach Port Blair.

Die Tickets für Hin- und Rückfahrt gibt's beim **Ferry Booking Office** (S. 1206) in Phoenix Bay. Mitzubringen sind drei Passbilder und eine Kopie der Aufenthaltsgenehmigung für die Inseln. Aktuelle Fahrpläne und Preise sind auf www.andamans.gov.in und www.shipindia.com zu finden. Ansonsten kann man sich auch im Infobüro in Phoenix Bay erkundigen.

Je nach Schiff und Gesellschaft variieren die Preisklassen ein wenig: am billigsten ist eine einfache Koje (2500 ₹), gefolgt von der 2. Klasse (6 Betten, 6420 ₹), der 1. Klasse (4 Betten, 8080 ₹) und den Deluxe-Kabinen (2 Betten, 9750 ₹). Damit kostet die Überfahrt in einer der oberen Preisklassen so viel oder sogar noch mehr als ein Flug. Kojenpassagiere müssen sich auf wenig bis gar keine Privatsphäre einstellen und auf Toiletten, die nach drei Tagen auf See recht unangenehm sein können.

Essen (Gabelfrühstück, Thalis zum Mittag- und Abendessen) kostet 150/200 ₹ pro Tag für alle Passagiere, doch selbst das sollte auf jeden Fall mit eigener Verpflegung (vor allem Obst) ergänzt werden. Bettzeug ist teilweise vorhanden, doch wer nur eine Koje gebucht hat, sollte unbedingt ein Laken mitbringen. Manche Passagiere spannen auch eine Hängematte an Deck auf.

AUSFALL VON FÄHREN

Bei schlechtem Wetter kann der Zeitplan schnell komplett durcheinander geraten, wenn Fähren wegen zu rauer See nicht fahren. Man sollte deshalb immer einige Tage als Puffer einplanen, damit man nicht irgendwo festsitzt und den Rückflug verpasst.

Von Port Blair nach Thailand gibt es keine Fährverbindung, doch private Boote und Jachten werden in der Regel durchgelassen. Es ist auch nicht möglich, auf dem Seeweg von den Andamanen legal in Myanmar einzureisen. Wer es trotzdem versucht, muss mit der Verhaftung durch die indische oder burmesische Marine oder Schlimmerem rechnen.

Unterwegs vor Ort

AUTO & MOTORRAD

Mietwagen mit Fahrer kosten 550 ₹ pro 35 km; die Fahrt von Port Blair nach Diglipur schlägt hin und zurück (mit Zwischenstops unterwegs) mit rund 10 000 ₹ zu Buche. Motorräder kann man in Port Blair und auf allen Inseln ab ca. 300 bis 400 ₹ pro Tag mieten. Wegen der Reisebeschränkungen in Stammesgebieten dürfen Ausländer keine Autos nach North und Middle Andaman einführen.

BUS

Alle Straßen- und Schiffsverbindungen führen nach Port Blair. Um die Weiterreise zu organisieren, verbringt man dort zwangsläufig ein bis zwei Tage. Straßen, Fähren und Brücken verbinden die drei Hauptinseln (South, Middle und North Andaman). Busse fahren ab Port Blair südwärts nach Wandoor; die Nordroute verläuft über Baratang, Rangat, Mayabunder und schließlich Diglipur.

FLUGZEUG

Zur Zeit der Recherche verkehrten keine Wasserflugzeuge mehr zwischen den Inseln, und es war auch nicht klar, ob sie den Betrieb je wieder aufnehmen würden.

Obwohl bei den Hubschrauberflügen zwischen den Inseln generell keine Traveller mitfliegen dürfen, kann man sein Glück versuchen und einen Tag vorher einen Antrag beim **Directorate of Civil Aviation Office** (✆ 03192-233601; Port Blair Helipad, VIP Rd) auf dem Hubschrauberlandeplatz beim Flughafen stellen. Und auch die Begrenzung auf 5 kg Gepäck hält die meisten Besucher von dieser Art der Weiterreise ab.

SCHIFF/FÄHRE

Die meisten Inseln sind nur auf dem Wasserweg zu erreichen. Auch wenn das sehr romantisch klingt, so herrscht in den Verkaufsbüros der Fährgesellschaften das blanke Chaos: lange Warteschlangen in glühender Hitze, lahmes Personal, Leute, die sich vordrängeln, und handfeste Rangeleien vor dem Ticketschalter. Deshalb jederzeit den Pass (mit dem Lichtbild), die Aufenthaltsgenehmigung und das Ticket parat haben. Um den Platz in der Schlange zu behaupten und irgendwann ans Ziel zu kommen, muss man schon etwas robuster auftreten (aber bitte nicht zu aggressiv) oder eine Frau sein, denn die separaten Warteschlangen für Frauen sind ein wahrer Segen, aber leider nur in Port Blair vorhanden. Die Tickets kann man bis eine Stunde vor dem Ablegen direkt am Bootsanleger kaufen, was aber sehr riskant ist. Besser ist es, das Ticket ein bis zwei Tage im Voraus zu kaufen. Man kann die Fahrkarten auch direkt bei der Ankunft auf den Andamanen vorreservieren, bis man die Aufenthaltsgenehmigung für die Inseln (S. 1200) erhalten hat. In der Regel kann man Fährtickets auch über das Hotel buchen.

An den Bootsanlegern stehen auch Träger bereit, die etwa 50 ₹ für ein durchschnittlich großes Gepäckstück verlangen. Wenn das Gepäck aber nicht allzu schwer ist, kann man es gut das kurze Stück vom oder zum Anleger selber tragen.

Von Port Blair nach Havelock und Neil Island gibt es regelmäßige Fährverbindungen (3- bis 4-mal pro Tag), außerdem auch nach Rangat, Mayabunder, Diglipur und Little Andaman. Den Fahrplan für diese Fähren findet man auf www.andamans.gov.in.

Zudem fahren auch einige private Fährgesellschaften von Port Blair nach Havelock und Neil Island.

Port Blair

108 060 EW.

Die aufgeweckte Provinzhauptstadt der Andamanen ist von tropischen Wäldern und schroffen Küstenlinien umgeben. Der lebhafte Einwohnermix (Bengalen, Tamilen, Telugus, Nikobaresen und Birmanen) stammt aus Ländern am Indischen Ozean. Die meisten Traveller verbringen hier nicht mehr Zeit als nötig – in der Regel ein bis zwei Tage. Aber „PB“ garantiert dank faszinierender Geschichte ausgedehnte Erkundungen.

Sehenswertes

★ **Cellular Jail National Memorial** HISTORISCHES GEBÄUDE

(GB Pant Rd; 30 ₹, Foto/Video gratis/200 ₹, Sound-and-Light-Show Erw./Kind 50/25 ₹; ⏲ 8.45–12.30 & 13.30–16.15 Uhr) Das ehemalige britische Ge-

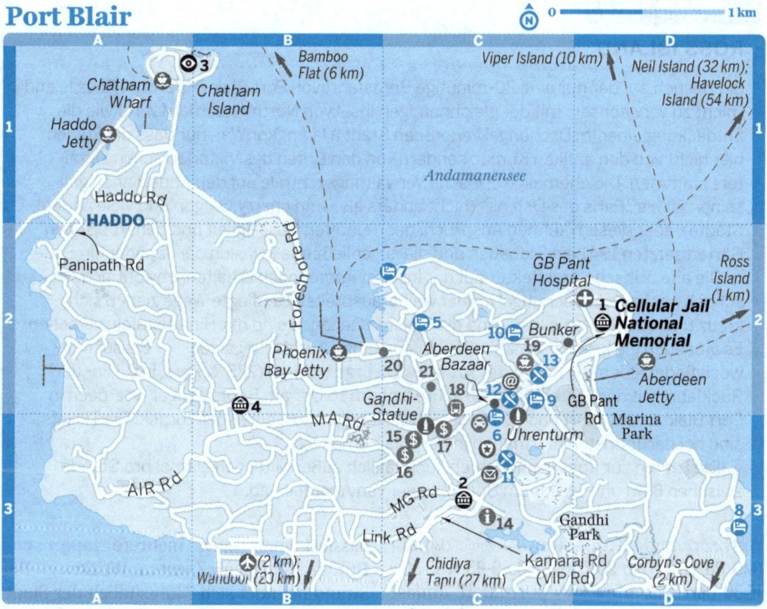

Port Blair

Highlights
1 Cellular Jail National Memorial D2

Sehenswertes
2 Anthropological Museum C3
3 Chatham Saw Mill A1
4 Samudrika Naval Marine Museum B2

Schlafen
5 Aashiaanaa Rest Home C2
Amina Lodge .... (siehe 6)
6 Azad Lodge C3
7 Fortune Resort – Bay Island C2
8 Hotel Sinclairs Bayview D3
9 J Hotel C2
10 Lalaji Bay View Hotel C2

Essen
11 Annapurna C3
Bayview .... (siehe 8)
Excel Restaurant .... (siehe 10)
12 Gagan Restaurant C2
13 Lighthouse Residency C2

Ausgehen & Nachtleben
Nico Bar .... (siehe 7)

Praktisches
14 Andaman & Nicobar Tourism C3
Axis Bank Geldautomat .... (siehe 9)
15 Axis Bank Geldautomat C3
E-Cafe .... (siehe 12)
16 ICICI Geldautomat C3
Immigration Office .... (siehe 14)
Island Travels .... (siehe 13)
17 State Bank of India C3

Transport
18 Busbahnhof C2
19 Coastal Cruise C2
20 Directorate of Shipping Information Office C2
Ferry Booking Office .... (siehe 20)
21 Saro Tours & Travels C2

fängnis ist heute ein Nationaldenkmal für die einst hier eingekerkerten Gegner der Kolonialherrschaft. Mit dem Bau wurde 1896 begonnen, fertiggestellt war es 1906. Die ursprünglich sieben Flügel (mehrere wurden von den Japanern während des Zweiten Weltkriegs zerstört) rund um einen Wachtturm umfassten 698 Zellen. Wie viele derartige Einrichtungen wurde auch das „Zellengefängnis" zu einer Art „Universität" der in ihr inhaftierten politischen Gefangenen, die trotz Mauern und Wärtern miteinander diskutierten und Bücher und Ideen austauschten.

NICHT VERSÄUMEN

ROSS ISLAND

Ein Besuch auf der nur eine 20-minütige Bootsfahrt von Port Blair entfernten Ross Island (nicht zu verwechseln mit der gleichnamigen Insel von North Andaman) wirkt wie die Entdeckung einer im Dschungel verlorenen Stadt à la Angkor Wat, nur dass die Ruinen hier nicht von den antiken Khmer, sondern von den Briten des Viktorianischen Zeitalters stammen. Die ehemalige britische Verwaltungszentrale auf den Andamanen galt seinerzeit als „Paris des Ostens" (nicht anders als Pondicherry, Saigon und viele andere Städte), aber diesem kühnen Anspruch, der munteren Geselligkeit und den tropischen Gärten setzten 1941 ein Erdbeben und die anschließende Invasion der Japaner ein Ende.

Die alte britische Architektur auf der Insel ist immer noch erhalten, obwohl sich der schnell wachsende Dschungel immer weiter ausbreitet. Gepflegte Wege ziehen sich kreuz und quer über die Insel, und die meisten Gebäude sind mit Hinweistafeln versehen. Es gibt auch ein kleines **Museum** mit historischen Ausstellungsstücken. Bis auf Mittwoch findet jeden Tag eine gute **Sound-and-Light-Show** (275 ₹/Pers. inkl. Hin- und Rückfahrt mit der Fähre) statt. Die Fähre legt um 16 Uhr am Bootsanleger Aberdeen in Port Blair ab und fährt nach Ende der Vorstellung um 19 Uhr wieder zurück. Die Tickets sind bei der Touristeninformation in Port Blair erhältlich.

Die Fähren zur Ross Island fahren auch täglich außer Mittwoch einmal pro Stunde zwischen 8.30 und 14 Uhr am Bootsanleger von Aberdeen ab.

Anthropological Museum MUSEUM
(MG Rd; 10 ₹, Foto 20 ₹; ⏲Di–So 9–13 & 13.30–16.30 Uhr) Das **Museum** porträtiert umfassend und wohlwollend die Ureinwohner der Inseln. Die Schaukästen mögen etwas altmodisch daher kommen, wirken aber im Vergleich zu ihrem Inhalt geradezu hypermodern: Sie präsentieren beispielsweise einen Brustschutz der Jarawa mit eingravierten geometrischen Mustern, einen Totenschädel, der in einer Sentinelesen-Hütte gefunden wurde, und Schamanenskulpturen von den Nikobaren, die totemistische Geister verkörpern.

Samudrika Naval Marine Museum MUSEUM
(Haddo Rd; Erw./Kind 50/25 ₹, Foto/Video 20/50 ₹; ⏲Di–So 9–13 & 14–17 Uhr) Das von der indischen Marine betriebene Museum bietet eine beeindruckende Zahl an interessanten Exponaten über das Ökosystem der Inseln, die indigenen Völker und die Tiere und Pflanzen zu Lande und im Wasser (inklusive eines kleinen Aquariums). Vor dem Museum ist das eindrucksvolle Skelett eines jungen Blauwals aufgestellt, der vor einiger Zeit auf der Nikobareninsel an den Strand gespült wurde.

Corbyn's Cove STRAND
Zwar kommt niemand des Strandes wegen nach Port Blair, wer jedoch etwas Erholung von der Stadt braucht, findet an der Corbyn's Cove einen kleinen, sichelförmigen Sandstrand mit Palmen. Die hierher führende Küstenstraße ist malerisch; unterwegs passiert man auch mehrere **japanische Bunker** aus dem Zweiten Weltkrieg. Der Strand befindet sich 7 km südlich der Stadt, zu erreichen per Motorrad oder mit einer Autorikscha (150 ₹). Gelegentlich lassen sich in diesem Gebiet auch Krokodile blicken.

Aktivitäten

Infinity Scuba TAUCHEN
(☎03192-281183; www.infinityscubandamans.wordpress.com) Ein ehemaliger Marinekapitän, der die Tauchgebiete wie kein anderer kennt, organisiert neben Tauchausflügen auch andere Aktivitäten wie etwa Angeltouren.

Schlafen

Gastfamilien sind eine günstige Alternative zu den üblichen Unterkünften. Bei der Touristeninformation gibt's eine Liste der zuverlässigen Gastfamilien (DZ 1000–2000 ₹).

Aashiaanaa Rest Home PENSION $
(☎09474217008; shads_maria@hotmail.com; Marine Hill; Zi. ohne Bad 600 ₹, Zi. 750 ₹, mit Klimaanlage ab 1300 ₹; ❄📶) Die gute Budgetunterkunft hat gemütliche Zimmer in günstiger Lage oberhalb des Bootsanlegers von Phoenix Bay. Die teureren Zimmer sind mit Balkon und Klimaanlage. WLAN kostet 60 ₹ pro Stunde.

Amina Lodge PENSION $
(☎9933258703; aminalodge@ymail.com; MA Rd, Aberdeen Bazaar; EZ/DZ 550/700 ₹; 📶) Die beliebte Budgetunterkunft hat gute Zimmer mit Fernseher. Die Lage im Aberdeen Bazaar

ist zwar praktisch, aber manchmal auch recht laut. Im Haus wird kein Essen serviert. Kostenloses WLAN.

Azad Lodge PENSION $
(☎ 03192-242646; MA Rd, Aberdeen Bazaar; EZ/DZ ohne Bad 400/500 ₹, DZ 700 ₹, mit Klimaanlage 900 ₹; ❄) Die Zimmer der Pension in zentraler Lage sind einfach, aber angemessen, und teilweise sehr farbenfroh gestrichen.

Lalaji Bay View Hotel PENSION $$
(☎ 9476005820, 03192-233322; www.lalajibay-view.com; RP Rd; DZ ab 800 ₹, mit Klimaanlage ab 1200 ₹; ❄📶) Das bei Backpackern sehr beliebte Hotel hat gute Zimmer, aber das Beste ist das gemütliche Dachrestaurant mit Bar.

★ **Hotel Sinclairs Bayview** HOTEL $$$
(☎ 03192-227824; www.sinclairshotels.com/portblair; South Point; Zi. inkl. Frühstück ab 12 000 ₹; ❄📶🏊) Das Hotel an der Straße nach Corbyn's Cove, 2 km außerhalb der Stadt, hat große, moderne Zimmer, die direkt aufs Wasser hinausgehen. Es gibt einen schönen Garten am Meer, ein Restaurant mit guter internationaler Küche und auch einen japanischen Bunker aus dem Zweiten Weltkrieg auf dem Gelände.

Fortune Resort – Bay Island HOTEL $$$
(☎ 03192-234101; www.fortunehotels.in; Marine Hill; DZ inkl. Frühstück ab 9000 ₹; ❄📶🏊) Dies ist eines der besten Hotels in Port Blair. Es bietet einen Rundumblick auf die Bucht, einen schönen Garten und moderne Zimmer mit glänzend polierten Fußböden, teilweise auch mit Blick aufs Meer.

J Hotel HOTEL $$$
(☎ 03192-246000; www.jhotel.in; Zi. inkl. Frühstück ab 5000 ₹; ❄📶) Das schicke Designerhotel mitten im Aberdeen Bazaar hat moderne Zimmer und ein internationales Restaurant auf dem Dach.

Essen & Ausgehen

★ **Excel Restaurant** INTERNATIONAL, INDISCH $
(Lalaji Bay View Hotel, RP Rd; Hauptgerichte ab 100 ₹; ⏰ 7–23 Uhr) Das stimmungsvolle Restaurant mit Bambusmatten auf dem Dach des Lalaji Bay View Hotel bietet typische „Havelock-Küche" mit gegrilltem Fisch, Burgern und mehr. Auch ideal, um nur ein kaltes Bier zu trinken.

Gagan Restaurant INDISCH $
(Uhrturm, Aberdeen Bazaar; Hauptgerichte ab 100–200 ₹; ⏰ 7–22 Uhr) Das winzige bengalische Restaurant ist sehr beliebt bei den Einheimischen, denn es serviert tolles Essen wie Fisch von den Nikobaren, Krabbencurrys und Kokoshühnchen zu vernünftigen Preisen.

Annapurna INDISCH $
(MG Rd; Hauptgerichte 100–160 ₹; ⏰ 6.30–22.30 Uhr) Das gute vegetarische Restaurant sieht zwar eher aus wie die Cafeteria einer Schule, serviert aber köstliche Dosas und üppige nordindische Currys.

Lighthouse Residency SEAFOOD $$
(MA Rd; Hauptgerichte 150–800 ₹; ⏰ 11–23 Uhr) Zuerst wählt man aus der Auslage roten Schnapper, Krabben, Riesengarnelen oder ein Grillgericht (mit Reis und Pommes) und geht dann auf die Dachterrasse, um dort ein kaltes Kingfisher-Bier zu trinken.

Bayview INTERNATIONAL $$$
(Hotel Sinclairs Bayview, South Point; Hauptgerichte 300–550 ₹; ⏰ 11–23 Uhr) In dem Restaurant direkt am Wasser kann man ganz entspannt ein gemütliches Essen mit Blick aufs Meer genießen. Es bietet eine gute Auswahl an internationalen Gerichten.

Nico Bar BAR
(Marine Hill; ⏰ 11–23 Uhr) Die luftige Bar des Fortune Bay Hotel ist so reizvoll gelegen, dass sie auf dem 20- ₹-Schein abgebildet ist. Ideal, um mit einem eisgekühlten Cocktail einen faulen Nachmittag oder lauen Sommerabend zu genießen.

ℹ Praktische Informationen

Port Blair ist der einzige Ort auf den Andamanen, wo man Bargeld tauschen, Reiseschecks einlösen und genügend Geldautomaten finden kann. Überall in der Stadt gibt es Geldautomaten von verschiedenen Banken, darunter von der Axis Bank im **Aberdeen Bazaar** (Netaji Rd) und in der **MG Rd**, von der **ICICI** (Ecke Foreshore Rd & MA Rd) und bei der **State Bank of India** (MA Rd; ⏰ Mo–Sa 9–12 & 13–15, Sa 10–12 Uhr, jeden 2. und 4. Sa des Monats geschl.), wo auch Geld getauscht werden kann.

Andaman & Nicobar Tourism (☎ 03192-232694; www.andamans.gov.in; Kamaraj Rd; ⏰ 8.30–13 & 14–17 Uhr) Das Hauptbüro der Touristeninformation für die Inseln hält Broschüren bereit und nimmt Anträge für Aufenthaltsgenehmigung in den Regionen um Port Blair entgegen.

GB Pant Hospital (☎ 03192-233473, Notruf 03192-232102; GB Pant Rd) Das beste staatliche Krankenhaus auf den Andamanen.

Island Travels (☎ 03192-233358; www.islandtravelsandaman.com; MA Rd, Aberdeen

Bazaar; ⌚ Mo–Sa 10–13 & 14–16 Uhr) In dem Reisebüro kann man Flüge, Bootstouren und Tourführer buchen.

Hauptpost (MG Rd; ⌚ Mo–Sa 9–17 Uhr)

An- & Weiterreise

BUS

Den ganzen Tag über fahren die staatlichen Busse vom **Busbahnhof** (MA Rd) beim Aberdeen Bazaar nach Wandoor (20 ₹, 1 Std.) und Chidiya Tapu (20 ₹, 1 Std.). Die Busse nach Diglipur starten um 4 (nach Aerial Bay) und 7 Uhr (270 ₹, 12 Std.), um 9.30 Uhr fährt ein Bus nach Mayabunder (200 ₹, 10 Std.). Alle Busse fahren über Rangat (160 ₹, 6 Std.) und Baratang (190 ₹, 3 Std.). Die Tickets für die bequemeren, aber teureren Busse (rund 50–100 ₹) der privaten Gesellschaften werden von den „Büros"(Männer mit Ticketblocks) gegenüber der Haupthaltestelle verkauft.

SCHIFF/FÄHRE

Die meisten Fähren zwischen den Inseln legen am Phoenix Bay Jetty axb. Tickets verkauft das dortige **Ferry Booking Office** (⌚ Mo–Fr 9–13 & 14–16, Sa bis 12 Uhr). Reservierungen sind bis zu drei Tage im Voraus möglich. Sind bereits alle Plätze vergeben, kann man eine Stunde vor Abfahrt vor dem Büro versuchen, ein Last-Minute-Ticket zu ergattern. Es gibt außerdem ein **Fährinformationsbüro** (☎ 03192-245555; Phoenix Bay Jetty; ⌚ 5.30–18.30 Uhr) vor dem Buchungsbüro.

Die Fähre nach Havelock (195 ₹, 2½ Std.) startet täglich um 6.20, 11, 13 und 14 Uhr, wobei einige über Neil Island fahren und alle immer schnell ausgebucht sind. Ansonsten gibt es noch die Fähren der privaten Gesellschaften, die aber teurer sind. Die Fähren von **Makruzz** (☎ 03192-212355; www.makruzz.com) fahren täglich um 6.15 und 14 Uhr nach Havelock (900–1250 ₹, 2 Std.), wobei letztere weiter nach Neil Island fährt (700–1000 ₹, 1½ Std.). Die Fähre von **Coastal Cruise** (☎ 03192-230777; 13 RP Rd, Aberdeen Bazaar) legt um 7.30 Uhr ab und fährt über Havelock (700–1000 ₹) nach Neil Island (800–1100 ₹).

Weitere Fähren schippern täglich nach Little Andaman, sind jedoch regelmäßig ausverkauft. Außerdem gibt es noch Schiffe, die einmal pro Woche nach Diglipur und Long Island fahren.

Neuankömmlinge sollten unbedingt zuerst am Bootsanleger ihre Tickets buchen. Wer Zeit sparen will, lässt das Hotel die Fahrkarten bestellen.

> **ABSTECHER**
>
> **CINQUE ISLAND**
>
> Die unbewohnte Nord- und Südinsel von Cinque sind durch eine Sandbank miteinander verbunden und gehören zum Naturschutzgebiet südlich von Wandoor. Die von Korallenriffen umgebenen Inseln zählen zu den schönsten der Andamanen. Sie sind 2 Stunden mit dem Schiff von Chidiya Tapu und 3½ Stunden von Wandoor entfernt.
>
> Die Inseln dürfen nur für jeweils einen Tag besucht werden. Wer nicht an einer der gelegentlich von Reisebüros veranstalteten Touren teilnimmt, muss zuvor die Genehmigung beim Oberaufseher des Naturschutzgebietes einholen. Hierfür muss die Aufenthaltsgenehmigung für den Mahatma Gandhi Marine National Park (S. 1206) gekauft werden.

Unterwegs vor Ort

AUTORIKSCHA

Die Fahrt mit der **Autorikscha** vom Aberdeen Bazaar zum Bootsanleger von Phoenix Bay kostet etwa 30 ₹, zum Bootsanleger von Haddo 50 ₹.

VOM/ZUM FLUGHAFEN

Die 4 km lange Fahrt vom Flughafen zum Aberdeen Bazaar kostet mit dem Taxi oder der Autorikscha etwa 100 ₹. Es gibt auch mehrere Busse (10 ₹), die stündlich zwischen dem Flughafen (100 m vom Gebäude entfernt) und der Hauptbushaltestelle verkehren.

MOTORRAD

Mehrere Firmen in Port Blair verleihen Motorräder für rund 400 ₹ pro Tag, so z. Bsp. **Saro Tours & Travels** (☎ 9933291466; www.rentabikeandaman.com; Marine Rd, Aberdeen Bazaar).

Rund um Port Blair

Wandoor

Wandoor, ein winziges Dorf 29 km südwestlich von Port Blair, ist ein guter Ort, um das Inselinnere kennenzulernen. Am bekanntesten ist das Dorf als Sprungbrett für das Schnorcheln im Mahatma Gandhi Marine National Park.

Aktivitäten

Wandoor besitzt einen schönen Strand, das Baden war allerdings zum Zeitpunkt der Recherche wegen Krokodilen verboten.

Mahatma Gandhi Marine National Park SCHNORCHELN

(Genehmigung Inder/Ausländer 50/500 ₹; Foto/Video 25/500 ₹; ⌚ Di–So) Die halbtägigen Schnorchelausflüge in den Mahatma Gandhi

Marine National Park sind eine gute Möglichkeit, schon in Port Blair die Unterwasserwelt kennenzulernen. Der Park umfasst 15 Inseln mit Mangrovenbächen, tropischem Regenwald und Riffen, in denen 50 Korallenarten und viele bunte Fische leben. Die Boote starten um 9 und 10.30 Uhr vom Wandoor Jetty; die Fahrt kostet 750 ₹ zuzüglich zur Genehmigung (500 ₹), die man sich vorab in der Touristeninformation in Port Blair beschaffen muss.

Je nach Jahreszeit wird entweder bei Jolly Buoy oder bei Red Skin geschnorchelt, sodass sich die Stellen zwischenzeitlich regenerieren können.

ANET FREIWILLIGENARBEIT
(Andaman & Nicobar Environmental Team; ☎ 03192-280081; www.anetindia.org; North Wandoor) Das mitreißende Team indischer Ökologen kümmert sich um die Wildnis auf den Andamanen und den Erhalt der Mangrovenwälder, Gezeitenzonen, Schlangen, Krokodile und vieles mehr. Weitere Infos gibt's per Telefon.

Schlafen

Sea Princess Beach Resort RESORT $$$
(☎ 03192-280002; www.seaprincessandaman.com; New Wandoor Beach; Zi. inkl. Frühstück 7000 ₹;) Das Hotel ist nur einen Katzensprung vom Strand entfernt und hat schöne Zimmer, die in angenehmen Holztönen gehalten sind. Von den vielen Kategorien sind die Suiten am Strand die besten.

Anugama Resort RESORT $$$
(☎ 03192-280068; www.anugamaresort.com; Zi. inkl. Frühstück ab 3400 ₹;) Die einfachen, aber recht gemütlichen Häuschen des Resorts stehen in ländlicher Umgebung zwischen Wald und Sumpfebenen.

An- & Weiterreise

Von Port Blair nach Wandoor kann man mit dem Bus (20 ₹, 1 Std.) oder mit einer Autorikscha (200 ₹) fahren.

Chidiya Tapu

Das winzige Dorf 30 km südlich von Port Blair ist von Stränden und Mangovenwäldern umgeben und berühmt für seine traumhaften Sonnenuntergänge. Außerdem befindet sich hier der herrliche Naturstrand **Munda Pahar Beach**, der bei Tagesausflügler sehr beliebt ist und wo man dank des felsigen Meeresgrundes gut im kühlen Wasser schwimmen kann.

PREISKATEGORIEN: SCHLAFEN

Die folgenden Preisklassen beziehen sich auf ein Doppelzimmer mit Bad in der Hauptsaison (Dez.–März).

$ unter 800 ₹

$$ 800–2500 ₹

$$$ über 2500 ₹

Sehenswertes & Aktivitäten

Die Tauchschulen in Chidiya Tapu organisieren Ausflüge zu den Inseln Cinque und Rutland, deren Gewässer für ihren Fischreichtum, farbenfrohe Weichkorallen und ausgezeichnete Sicht bekannt sind.

Chidiya Tapu Biological Park ZOO
(Inder/Ausländer 20/50 ₹; Di–So 9–16 Uhr) Der schöne Zoo ist eine bewaldete Anlage mit naturbelassenen Gehegen für heimische Arten wie Javaneraffen, Bindenschweine und Leistenkrokodile.

Lacadives TAUCHEN
(☎ 03192-281013; www.lacadives.com; Okt.–Mai) Alteingesessene Tauchschule.

Reef Watch Marine Conservation FREIWILLIGENARBEIT
(☎ 9867437640; www.reefwatchindia.org; Lacadives) Die private Organisation hat sich dem Schutz des Meeres verschrieben. Freiwillige können helfen, die Strände zu reinigen, den Fischbestand zu überwachen und vieles mehr. Am besten nimmt man direkt Kontakt zu der Organisation auf, um eine Arbeit zu finden, die zu den eigenen Fähigkeiten passt.

Schlafen & Essen

Wild Grass Resort RESORT $$$
(☎ 011-65660202; www.wild-grass-resort-port-blair.hotelsgds.com; Zi. inkl. Frühstück 4250 ₹;) Die einfachen, zweistöckigen Häuschen stehen inmitten des üppig grünen Dschungels und vermitteln eine sehr entspannte Atmosphäre. Zum Resort gehört außerdem ein stimmungsvolles Restaurant mit Bambusmöbeln, das sich auch gut für Tagesausflügler eignet.

An- & Weiterreise

Von Port Blair startet jede Stunde ein Bus nach Chidiya Tapu (20 ₹, 1 Std.), der letzte Bus fährt um 18 Uhr zurück.

Havelock Island

5500 EW.

Mit samtweichen Stränden, seichtem türkisgrünem Wasser und einigen der besten Tauchgebiete in Südostasien gilt Havelock zu Recht als das Urlaubsparadies schlechthin. Für viele ist Havelock sogar gleichbedeutend mit den Andamanen und so bleiben viele Traveller, die den Golf von Bengalen bereisen, die ganze Zeit nur auf dieser Insel.

Sehenswertes & Aktivitäten

Strände

Radhanagar STRAND
(Beach 7) Dieser Sandstrand ist einer der schönsten und berühmtesten in ganz Indien. Vor unberührtem Urwald erstreckt sich der halbkreisförmige, strahlend weiße Strand, an dem sich perfekte Wellen brechen. Er befindet sich im Nordwesten der Insel, rund 12 km vom Bootsanleger entfernt.

Besonders schön ist er am späten Nachmittag, wenn es nicht mehr so heiß und voll ist und die Sonne langsam untergeht. Je weiter man sich vom Hauptzugang entfernt, desto einsamer wird es.

Neils Cove STRAND
Die traumhafte „Lagune" mit geschütztem Sandstrand und kristallklarem Wasser ist nordwestlich von Radhanagar. Bei Sonnenaufgang und Sonnenuntergang ist Schwimmen verboten, und man sollte auch die Warnungen vor Krokodilen unbedingt beachten.

Beach 5 STRAND
Der palmengesäumte Strand an der Nordostküste ist schon eher der typische Tropenstrand und hat zudem einige schattige Stellen und deutlich weniger Sandfliegen. Allerdings wird das Wasser bei Ebbe so flach, dass Schwimmen praktisch unmöglich ist. Hier befinden sich auch die meisten Unterkünfte der Insel.

Kalapathar STRAND
Dieser weitgehend unberührte Strand liegt etwas versteckt 5 km südlich von Beach 5. Dennoch haben ihn auch schon die Pauschaltouristen entdeckt.

Schnorcheln & Tauchen

Havelock verfügt über die besten Tauchgebiete der Andamanen. Im glasklaren Wasser leben Tiefseekorallen und die verschiedensten Meeresbewohner, darunter auch Meeresschildkröten. Hier kommen Taucher aller Leistungsklassen auf ihre Kosten.

Die Hauptsaison zum Tauchen ist von November bis April, aber Tauchausflüge werden das ganze Jahr über angeboten.

Die Tauchtouren werden von Booten mit voller Ausrüstung durchgeführt, die Preise richten sich nach dem Tauchgebiet, der Teilnehmeranzahl und der Dauer des Kurses. Die Preise für einen Tauchgang mit zwei Flaschen fangen bei etwa 5000 bis 6000 ₹ an. Daneben gibt es Kurse für PADI-Taucher (2 Tauchgänge 18 000 ₹), Open Water (4 Tauchgänge 24 000 ₹) und für Fortgeschrittene (5 Tauchgänge 19 500 ₹).

Obwohl die Korallenbleiche seit 2010 größere Probleme macht (es wird vermutet, dass sie mit dem El Niño zusammenhängt), sind hier die Tauchmöglichkeiten immer noch Weltklasse. In den Flachwasserzonen gibt es vielleicht keine besonders leuchtenden Korallen mehr, aber die bunten Fische sind noch da. Und unter 16 m Tiefe sind die Korallen so lebendig wie eh und je. Die Andamanen erholten sich schon 1998 von einer ähnliche Korallenbleiche, und auch heute scheinen sich die Korallen langsam zu regenerieren.

Beliebte Tauchspots sind **Dixon's Pinnacle** und das **Pilot Reef** mit bunten Weichkorallen, **South Button** für Makrotauchen (zur Beobachtung von Kleinlebewesen) und zur Erkundung von Felsformationen, **Jackson Bar** oder **Johnny's Gorge** für tiefer führende Tauchgänge mit Schulen von Schnappern, Haien, Rochen und Meeresschildkröten sowie **Minerva's Delight**, wo es von allem etwas gibt. Man kann auch zum **Wrack** der *SS Incheket* tauchen, einem Frachtschiff aus den 1950er-Jahren. Ausschau halten sollte man auch nach Ausflügen zu weiter entfernten Zielen wie **Barren Island** – dort erzeugt die Asche von Indiens einzigem aktiven Vulkan ein gespenstisches Unterwasserspektakel.

Die Tauchschulen organisieren auch **Schnorcheltouren**, doch ist es manchmal günstiger, ein Boot über das Hotel oder die Pension zu buchen. Schnorchelausrüstungen sind zwar überall erhältlich, jedoch meist nur von mäßiger Qualität. Wer viel und gut schnorcheln möchte, sollte sich deshalb besser seine eigene Ausrüstung mitbringen.

Die meisten Schnorcheltouren führen zum **Elephant Beach**, der auch in 40 Minuten zu Fuß über einen schlammigen Pfad der Arbeitselefanten zu erreichen ist. Der Pfad ist ab der quer über die Insel verlaufenden Straße gut markiert, wird aber bei Regen fast unpassierbar. Auch bei Flut ist der Strand nicht zugänglich. Auskünfte erteilen die Einheimischen. Aufgrund der vielen Schnorcheltouren kann es hier schon mal hoch hergehen. Wer das Wasser für sich alleine haben will, muss morgens um 6 Uhr hier sein.

Da die Preise für die Schnorcheltouren recht einheitlich sind, sollte man sich für den Veranstalter entscheiden, bei dem man sich am wohlsten fühlt.

Ocean Tribe TAUCHEN
(☎03192-282255; www.ocean-tribe.com; No 3 Village) Die Tauchschule wird von legendären Tauchern der örtlichen Ethnie Karen, wie Dixon und Jackson, geleitet, nach denen schon viele Tauchgebiete benannt wurden.

Dive India TAUCHEN
(☎03192-214247; www.diveindia.com; zw. No 3 & 5 Village; 1/2 Tauchgänge 4500/6000 ₹) Sie war die erste PADI-Tauchschule auf Havelock und ist immer noch eine der besten.

Barefoot Scuba TAUCHEN
(☎9566088560; www.diveandamans.com; No 3 Village) Die alteingesessene Tauchschule bietet Komplettpakete aus Tauchen und Unterkunft, die sehr beliebt sind.

Andaman Bubbles TAUCHEN
(☎03192-282140; www.andamanbubbles.com; No 5 Village; 1 Std. Tauchen 4500 ₹, 2 Tage mit 4 Tauchgängen 10 500 ₹) Erstklassiger Veranstalter mit professionellem, freundlichem Personal.

Weitere Aktivitäten

Einige Resorts organisieren **Dschungeltreks** für leidenschaftliche Wanderer oder Vogelbeobachter. Allerdings verwandelt sich der Dschungelboden nach Regen in einen schlammigen Morast. Der Regenwald im Inneren erscheint wie eine spektakuläre, smaragdgrüne Höhle, in der man besonders gut **Vögel beobachten** kann (vor allem am Waldrand). So sind hier blauschwarze Flaggendongros und goldgelbe Pirole zu entdecken.

In der Hochsaison werden im Flying Elephant (S. 1211) Yogakurse angeboten (1½ Std. 300–500 ₹).

Andaman Kayak Tours KAJAKFAHRTEN
(☎9933269653; www.andamanhomestay.com/kayak-and-snorkel; 2½ Std. mit mind. 2 Pers. 2500 ₹) Sofern es das Wetter zulässt, werden die Mangrovenwälder mit dem Seekajak erkundet; bei unvergesslichen Nachttouren gleitet man über lumineszierendes Wasser.

Schlafen

Pellicon Beach Resort BUNGALOWS $
(☎9932081673; www.pelliconbeachresort.com; Beach 5; Hütte ab 700 ₹; 📶) Die hübschen Strandbungalows und Hütten im Stil der Nikobaren mit eigener Veranda stehen auf einem friedlichen Stück Land beim Strand.

Coconut Grove Beach Resort PENSION $
(☎9531835592; www.coconutgrovebeachresort.com; Beach 5; Hütte 600 ₹, ohne Bad 300 ₹; 🍴) Die reizvolle Anlage mit den kreisförmig angeordneten Hütten ist besonders bei israelischen Besuchern sehr beliebt, denn es herrscht eine sehr entspannte Gemeinschaftsatmosphäre.

DIE MEERESBEWOHNER SCHÜTZEN

Beim Tauchen oder Schnorcheln sollte man unbedingt darauf achten, das empfindliche Ökosystem der Gewässer um die Andamanen zu schützen. Deshalb nur bei Flut schnorcheln, denn bei Ebbe tritt man leicht auf Korallen oder Schwämme und kann sie für immer zerstören. Im seichten Wasser über Riffen nicht mit Flossen schwimmen, denn selbst durch einen leichten Flossenschlag können Korallen, die in Jahrzehnten gewachsen sind, schwer beschädigt werden. Taucher sollten besonders vorsichtig bei Abhängen in der Nähe von Riffen sein. Das Auftreffen mit hoher Geschwindigkeit und voller Ausrüstung kann für das Riff katastrophale Folgen haben. Bei der Auswahl der Tauchschule unbedingt auf ihr Verantwortungsbewusstsein gegenüber der Umwelt achten.

Meeresbewohner und auch Korallen niemals anfassen. Für diese Lebewesen bedeutet das enormen Stress und es kann sie auch krank machen: Manche Organismen haben eine Schutzschicht, die durch die Berührung abgerieben wird, sodass sie leichter zu verletzen und anfälliger für Parasiten und Krankheiten sind. Abgesehen davon können sie auch giftig sein.

Schließlich sollte man den im Meer schwimmenden Müll einsammeln und keinesfalls Muscheln oder Korallen aus dem Meer mitnehmen. Das ist nicht nur umweltschädlich, sondern möglicherweise auch verboten.

Havelock Island

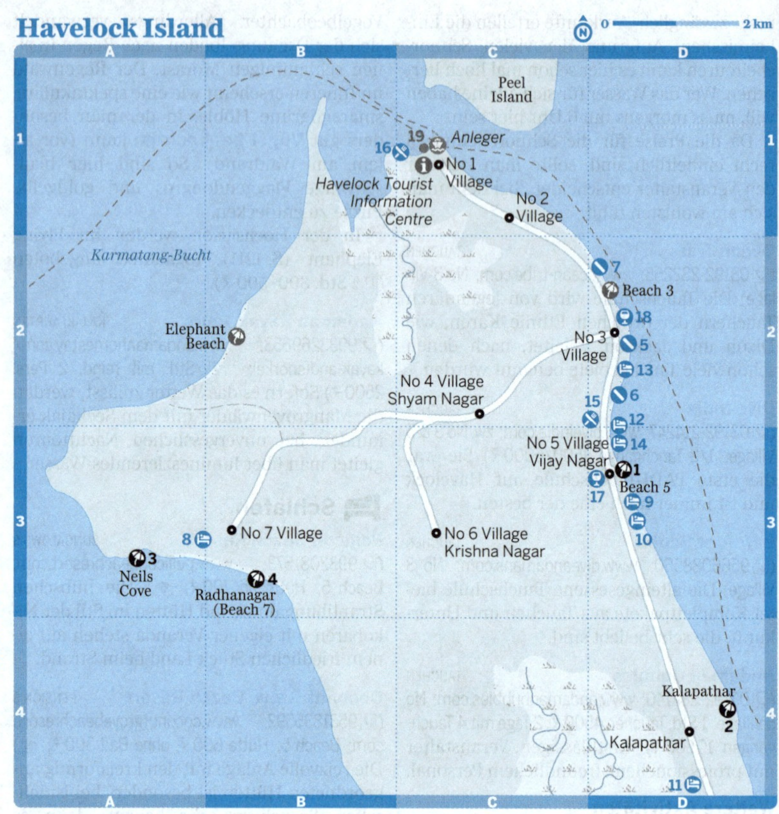

Sunrise Beach Resort BUNGALOWS $
(☎ 9474206183; Beach 5; Zi. 600–1000 ₹, mit Klimaanlage 5100 ₹) Die Anlage hat die gleichen strohgedeckten Bungalows wie die meisten Anlagen, doch hier gibt's auch günstige Hütten mit Spitzgiebel und Blick aufs Wasser.

Emerald Gecko BUNGALOWS $$
(☎ 9474286953; www.emerald-gecko.com; Beach 5; Hütte 1500–3000 ₹) Die zweistöckigen Bungalows stehen zum Wasser hin, während die teureren Zimmer eine stimmungsvolle Beleuchtung und Außenbäder haben, die aus angespülten Bambusflößen aus Myanmar gebaut wurden.

Orient Legend Resort PENSION $$
(☎ 9434291008; www.havelockbeachresort.in; Beach 5; Hütte ohne Bad 500 ₹, Zi. 1200 ₹, mit Klimaanlage 2500 ₹) Die beliebte Pension am Beach 5 deckt die meisten Budgets ab: von kleinen Hütten über Zimmer mit Betonwänden bis zu zweistöckigen Cottages, die einen flüchtigen Blick aufs Meer erlauben.

Sea View Beach Resort BUNGALOWS $$
(☎ 943429877; Beach 3; Zi. 800–1000 ₹) Die lässig entspannten Strandbungalows stehen, etwas abseits von den Massen, hinter der Tauchschule Ocean Tribe (S. 1209).

★ **Barefoot at Havelock** RESORT $$$
(☎ 03192-214534; www.barefootindia.com; Beach 7; Häuschen mit Zeltdach inkl. Frühstück 9500 ₹, Nikobarenhütte 13 500 ₹; ❄) Die eleganten, aber gemütlichen Holzhütten mit Bambusdach der gut geplanten, umweltbewussten Anlage stehen direkt hinter dem berühmten Radhanagar-Strand.

★ **Silversand** RESORT $$$
(☎ 03192-211073; www.silversandhavelock.com; Beach 5; Zi. inkl. Frühstück 12 000 ₹; ❄ 📶 🏊) Das beste an diesem Hotel ist die Lage an einem schönen Strandabschnitt, weit weg von den Massen. Die Zimmer sind gemütlich, und je näher sie am Meer sind, desto teurer sind sie. Es gibt eine gute Bar und ein Restaurant.

Havelock Island

Sehenswertes
1 Beach 5 ... D3
2 Kalapathar ... D4
3 Neils Cove ... A3
4 Radhanagar ... B3

Aktivitäten, Kurse & Touren
Andaman Bubbles ... (siehe 14)
5 Barefoot Scuba ... D2
6 Dive India ... D2
7 Ocean Tribe ... D2

Schlafen
8 Barefoot at Havelock ... A3
9 Coconut Grove Beach Resort ... D3
10 Emerald Gecko ... D3
11 Flying Elephant ... D4
12 Orient Legend Resort ... D2
13 Pellicon Beach Resort ... D2
Sea View Beach Resort ... (siehe 7)
Silversand ... (siehe 10)
Sunrise Beach Resort ... (siehe 12)
14 Wild Orchid ... D3

Essen
15 Anju-coco Resto ... D2
16 B3 – Barefoot Bayside & Brasserie ... C1
Dakshin ... (siehe 16)
Fat Martin's ... (siehe 14)
Full Moon Cafe ... (siehe 6)
Red Snapper ... (siehe 14)

Ausgehen & Nachtleben
17 Cicada ... D3
18 Wine Shop ... D2

Transport
19 Ferry Ticket Office ... C1

Flying Elephant BUNGALOWS $$$
(☎9474250821; www.flying-elephant.in; Kalapathar; Zi. 4000 ₹) Die ruhige Anlage liegt etwas versteckt zwischen Reisfeldern und Betelpalmen am Strand von Kalapathar. Die einfachen Doppelbungalows aus Lehm und Bambus haben Außenbäder in einem schönen Steingarten.

Wild Orchid RESORT $$$
(☎03192-282472; www.wildorchidandaman.com; Beach 5; Zi. inkl. Frühstück ab 6125 ₹; ❄📶) Die modernen Häuschen im Stil der Andamenen rund um einen tropischen Garten sind nur einen Katzensprung vom Strand entfernt.

Essen & Ausgehen

Die meisten Besucher essen in ihrem Hotel oder in der Nähe davon. Dabei gibt es beim Bootsanleger einige *dhabas* (Snackbars) sowie kleine einheimische Restaurants auf dem Hauptbasar (No 3 Village).

Alkohol wird in einem **Laden** (Beach 3; ⏲9–12 & 15–20 Uhr) neben dem Geldautomaten in No 3 Village verkauft.

Fat Martin's INDISCH $
(Beach 5; Hauptgerichte 70–140 ₹; ⏲7.30–22 Uhr) Das beliebte Café im Freien hat eine gute Auswahl an indischen Gerichten sowie einige besonders bemerkenswerte Dosas mit Panir Tikka und Nutella.

Anju-coco Resto INDISCH $$
(Beach 5; Hauptgerichte 200–800 ₹; ⏲8–22.30 Uhr) Das bodenständige Lokal ist sehr beliebt und hat eine breit gefächerte Auswahl, darunter herzhaftes Frühstück, leckere Grillgerichte und gemischte Platten.

★ **Red Snapper** SEAFOOD $$$
(Wild Orchid Resort, Beach 5; Hauptgerichte 250–850 ₹; ⏲7.30–10, 12–14.30 & 18–21.30 Uhr) Das ansprechende Restaurant mit Strohdach und glänzend poliertem Bambus strahlt eine romantische Inselatmosphäre aus. Auf der Speisekarte stehen leckere Meeresfrüchteplatten, Thunfisch mit Pfefferkruste und selbst gemachte Nudeln. Auf der Terrasse lässt sich ein kühles Bier genießen.

Full Moon Cafe INTERNATIONAL $$$
(Dive India, Beach 5; Hauptgerichte 200–490 ₹) Das von einem indisch-irischen Paar geführte Restaurant mit Strohdach steht auf dem gleichen Gelände wie Dive India am Beach 5. Zu fantastischen Meeresfrüchten und Salaten gibt es erfrischende Honig-Ingwer-Limonade. Wasser wird kostenlos nachgeschenkt.

B3 – Barefoot Bayside & Brasserie INTERNATIONAL $$$
(Village No 1; Hauptgerichte 350–500 ₹; ⏲12–21.30 Uhr) Hier gibt es die beste Pizza auf ganz Havelock und leckere, selbst gemachte Pasta. Und erst das Eis! Auf der luftigen Terrasse mit Meerblick lässt es sich gut auf die Fähre warten. Im Untergeschoss hat sich das **Dakshin** (Hauptgerichte 80–270 ₹; ⏲6.30–10 & 12–15.30 Uhr) auf südindische Küche spezialisiert.

Cicada LIVEMUSIK
(Beach 5; ⏲wechselnde Öffnungszeiten) Die lässige Musikkneipe, die zum Emerald Gecko gehört, befindet sich mitten im Dschungel

am Ende eines kleinen Weges, der von der Hauptstraße gegenüber Beach 5 abzweigtt.

Praktische Informationen

Das per Satellit empfangene Internet ist wahnsinnig langsam und mit rund 300 ₹ pro Stunde auch recht teuer.

Havelock Tourist Information Centre (☎03192-282117; neben dem Bootsanleger, Village No 1; ⏲8–16.30 Uhr) Das Büro der staatlichen Touisteninformation hält Brochüren und Infos bereit, bucht jedoch keine Touren.

An- & Weiterreise

Die statlichen Fähren fahren jeden Tag um 9, 14.45 und 16.30 Uhr (420 ₹, 2½ Std.) vom **Bootsanleger** in No 1 Village auf Havelock nach Port Blair. Die Tickets reserviert man am besten zwei Tage im Voraus beim **Ferry Ticket Office** (⏲Mo–Fr 9.15–12 & 14–16, Sa 9.15–12 Uhr) oder lässt sie von einem der Hotels gegen eine geringe Gebühr reservieren. Von Havelock nach Neil Island fahren ein bis zwei Fähren pro Tag (335 ₹, 1¼ Std.), während vier Fähren pro Woche (Mo, Mi, Fr und Sa jeweils um 9.30 Uhr) über Long Island (335 ₹, 2 Std.) nach Rangat fahren.

Die (bequemeren) Fähren der privaten Unternehmen wie **Makruzz** (S. 1206) und **Coastal Cruise** (S. 1206) fahren täglich über Neil Island nach Port Blair.

Unterwegs vor Ort

Von 10 bis 17.30 Uhr fährt ein Stadtbus (10 ₹, 40 Min.) in etwa einer Stunde die Route vom Bootsanleger zu den Dörfern und nach Radhanagar ab. Alternativ kann man einen Roller (ab etwa 490 ₹ für 24 Std.) oder ein Fahrrad (100 ₹/Tag) leihen. Oft können das die Hotels/Pensionen organisieren oder aber einen Verleih empfehlen.

Eine Autorikscha vom Bootsanleger nach No 3 Village kostet 50 ₹, nach No 5 90 ₹ und nach No 7 500 ₹.

Neil Island

Auch wenn die Strände hier nicht so überwältigend sind wie auf der Nachbarinsel Havelock, hat die ruhige Insel doch ihren ganz eigenen Charme. Hier geht das Leben noch seinen gemächlichen Gang und so zeigt sich der einzigartige Charakter der Insel am besten beim Radeln durch die pittoresken kleinen Dörfer. Der heimelige Hauptbasar wird am frühen Abend zum beliebten Treffpunkt. Auf Neil Island ist man etwa 40 km von Port Blair entfernt, eine kurze Fahrt mit der Fähre von Havelock und Welten vom hektischen Leben zu Hause entfernt.

Sehenswertes & Aktivitäten

Strände

Von den fünf Stränden hier (Nummer 1 bis 5) ist keiner wie der andere, doch aufgrund des flachen, felsigen Meeresbodens eignet sich auch keiner wirklich zum Schwimmen.

Strand 1 STRAND
(Laxmanpur) Der lange, von Mangroven gesäumte Sandstrand liegt ca. 40 Gehminuten westlich von der Anlagestelle und dem Dorf. Eine schöne Stelle lädt zur Beobachtung des Sonnenuntergangs ein, erreichbar über das Pearl Park Beach Resort (S. 1213). Manchmal kann man hier auch Dugongs erspähen.

Strand 2 STRAND
Am nördlichen Inselrand befindet sich eine Felsformation namens Natural Bridge, die nur bei Ebbe zu Fuß um die Bucht zugänglich ist. Um hierher zu radeln, nimmt man die Nebenstraße durch den Basar und biegt an der Weggabelung links ab.

Strand 3 STRAND
(Ram Nagar) Strand 3 ist eine einsame, pulverige und steinige Bucht mit guten Schnorchelmöglichkeiten.

Strand 4 STRAND
(Bharatpur) Der beste Badestrand von Neil Island. Minuspunkte sind die Nähe zur Anlegestelle und rüpelhafte Tagesausflügler, die in Motorbooten einfallen.

Strand 5 STRAND
(Sitapur) Dieser rauere Strand am Ostufer der Insel 5 km vom Dorf entfernt, bietet sich für Strandwanderungen an. Bei Ebbe sind dabei auch kleine Kalksteinhöhlen zugänglich.

Schnorcheln & Tauchen

Vor Neil Island gibt es einige grandiose Tauchgebiete, in denen sich bunte Fische, große Schwärme von Grashechten, Meeresschildkröten, Rochen, Weich- und Hartkorallen tummeln. Mehrere Tauchschulen auf der Insel bieten auch Open-Water-Kurse an.

Das beste Schnorchelgebiet der Insel ist das Korallenriff am äußersten (westlichen) Ende von Beach 1 bei Flut, wo man mit etwas Glück sogar einen Dugong entdeckt. Auch am Beach 3 kann man gut schnorcheln. Leihausrüstungen kosten rund 200 ₹ und sind bei vielen Pensionen erhältlich.

India Scuba Explorers TAUCHEN
(☎9933271450; www.indiascubaexplorers.com; Beach 1; 1 Tauchgang 4500 ₹) Die älteste Tauchschule der Insel wurde von einem Ehepaar

gegründet und ist wegen ihres individuellen Services immer noch sehr beliebt.

Dive India TAUCHEN
(☎ 8001122205; www.diveindia.com; 1/2 Tauchgänge 4500/6000 ₹) Die auf Havelock ansässige, professionelle Tauchschule hat auch hier eine Filiale, die sich beim Bootsanleger befindet.

Schlafen

Beach 1

Sunset Garden Guesthouse BUNGALOWS $
(☎ 9933294573; Hütte 800 ₹, ohne Bad 300 ₹) Nach einem 15-minütigen Fußmarsch durch Reisfelder erreicht man die einfachen Bambushütten auf einem abgeschiedenen Gelände, die ideal sind für alle, die endlich weg von allem Trubel sein wollen.

Seashell RESORT $$$
(☎ 9933239625; www.seashellhotels.net; Häuschen inkl. Frühstück 9000 ₹; ❄) Die modernen, gut ausgestatteten Cottages stehen bis zum Mangroven gesäumten Strand hinunter. Die Zimmer haben Fernseher und Tee- und Kaffeekocher.

Pearl Park Beach Resort BUNGALOWS $$$
(☎ 9434260132; www.andamanpearlpark.com; Zi. inkl. Frühstück mit Ventilator ab 3500 ₹, mit Klimaanlage ab 5500 ₹; ❄📶) Die gemütlichen Bambushütten stehen um einen Blumengarten.

Beach 3

★ **Kalapani** BUNGALOWS $
(☎ 9474274991; Hütte 600 ₹, ohne Bad 300 ₹) In der lässigen Anlage mit einfachen Bungalows werden Motorräder, Fahrräder und Schnorchelausrüstungen verliehen, und die Eigentümer geben viele Tipps für Unternehmungen.

Breakwater Beach Resort BUNGALOWS $
(☎ 9933292654; Hütte 500–1000 ₹, ohne Bad 300 ₹) Lockere Stimmung, ordentliche Zimmer, ein schöner Garten und leckeres Essen.

Beach 5

Sunrise Beach Resort BUNGALOWS $
(☎ 9933266900; Zi. 400 ₹, ohne Bad 300 ₹) Die einfachen, strohgedeckten Bungalows sind nur einen kurzen Fußmarsch vom Strand entfernt. Es gibt ein nettes kleines Restaurant, in dem zwischen unzähligen Blumen leckere Gerichte wie Fisch-Masala mit Kokos (150 ₹) serviert werden.

Emerald Gecko BUNGALOWS $$
(☎ 9474286953; www.emerald-gecko.com; Zi. 2000–4000 ₹) Die einfachen, umweltfreundlichen Bungalows mit Deckenventilatoren und Moskitonetzen stehen in einer Kokosplantage.

Neil Kendra

Silversand RESORT $$$
(☎ 03192-244914; www.silversandneil.com; Zi. inkl. Frühstück ab 12 000 ₹; ❄🏊) Die recht noble Anlage besteht aus modernen, gemütlichen Häuschen unter schattigen Palmen, die nur ein paar Schritte vom Wasser entfernt sind.

Essen

Garden View Restaurant INDISCH $
(Beach 5; 50–130 ₹; ⏰ 6–22 Uhr) In dem schönen Garten kann man ganz entspannt ein Kingfisher-Bier (170 ₹/Flasche) oder ein Papaya-Lassi (60 ₹) genießen und dazu Fischcurry, Reis mit gebratenen Garnelen und vieles mehr essen.

Blue Sea SEAFOOD, INDISCH $$
(Beach 3; Hauptgerichte 120–300 ₹; ⏰ 6–23 Uhr) In der kleinen, abgefahrenen Strandhütte stehen Tische und Stühle direkt auf dem Sand, überall baumelt Stranddeko und mittendrin liegt der Schädel eines Blauwals. Zu essen gibt es Leckeres aus Indien und einige europäische Gerichte. Ein Fußweg führt zum vermutlich besten Strand auf Neil Island. Das Lokal lohnt sich wegen der schlichten, entspannten Atmosphäre und dem nahe gelegenen Strand.

Moonshine INDISCH, INTERNATIONAL $$
(Beach 1; Hauptgerichte 100–400 ₹; ⏰ 8–11, 12–13, 16–21.30 Uhr) Das Lieblingslokal der Backpacker an der Straße zum Beach 1 serviert sättigende, selbst gemachte Pasta und Fisch-Thalis. Kaltes Bier kann organisiert werden.

Praktische Informationen

Da es auf Neil Island weder Geldautomaten noch Wechselstuben gibt, sollte man ausreichend Geld mitbringen.

WLAN gibt es im **Pearl Park Beach Resort** (S. 1213) am Beach 1 (200 ₹ für 2 Std.).

Anreise & Unterwegs vor Ort

Eine Fähre fährt zwei- oder dreimal täglich nach Port Blair (400 ₹, 2 Std.). Darüber hinaus gibt es eine oder zwei Fähren täglich nach Havelock (400 ₹, 1 Std.) sowie drei Fähren pro Woche nach Long Island (400 ₹, 5 Std.). **Mak-**

ruzz (S. 1206) und **Coastal Cruise** (S. 1206) betreiben ebenfalls Fähren von/nach Port Blair (ab 875 ₹, 1 Std.) und Havelock (ab 710 ₹).

Um auf der Insel herumzukommen, mietet man am besten auf dem Basar oder in einer Pension ein Fahrrad (ab 100 ₹/Tag); die Straßen sind eben und die Entfernungen kurz. Die Fahrt mit der Autorikscha vom Anleger zu Strand 1 oder 3 kostet 75 bis 100 ₹.

Middle & North Andaman

Die Andamanen bestehen nicht nur aus Sonne und Sand. Es gibt hier auch einen Dschungel wie aus dem Jurazeitalter, ein grünes Urwaldgewirr, das wirkt, als ob es direkt den Träumen von Mutter Natur entsprungen wäre. Diese wilde, vorzeitliche Seite der Inseln erlebt man bei einer langen, geschwungenen Busfahrt auf der Andaman Trunk Rd (ATR), bei der man auf RoRo-Fähren rötlich gefärbte Flüsse überquert, in denen Leistenkrokodile lauern.

Die ATR hat aber auch eine Schattenseite: Sie führt mitten durch die Heimat der Jarawa (S. 1215), sodass dieses Volk nun einem ständigen Kontakt mit der Außenwelt ausgesetzt ist. Eine Koexistenz zwischen dem modernen Indien und dem Stammesleben scheint unmöglich: Jeder Kontakt zwischen den Jarawa und Siedlern führte bisher zu Missverständnissen, aus denen Spannungen, Verwirrung und schlimmstenfalls Gewalttaten und Morde resultierten. Indische Anthropologen und Gruppen wie Survival International, die sich für die Rechte indigener Bevölkerungen einsetzen, fordern deshalb eine Schließung der ATR – und daher wird geprüft, wie es mit der Straße weitergehen soll. Derzeit dürfen Fahrzeuge die Straße nur in Konvois zwischen 6 und 15 Uhr benutzen. Das Fotografieren ist strikt untersagt, ebenso das Anhalten und jede Kontaktaufnahme zu den Jarawa, die zunehmend von „Geschenken" der Vorbeifahrenden abhängig werden.

Die erste interessante Stelle nördlich von Port Blair sind die **Kalksteinhöhlen** (Baratang; ⏲ Di–So) bei Baratang. Man erreicht sie vom Anleger in einer 45-minütigen, malerischen Bootsfahrt (450 ₹) durch den Mangrovenwald. Die erforderliche Genehmigung gibt's an der Anlegestelle.

Rangat & Umgebung

Fährt man auf der Andaman Trunk Road in Richtung Norden, so ist Rangat nach Baratang Island die erste größere Stadt auf Middle Andaman. Rangat ist in erster Linie ein Verkehrsknotenpunkt und für Reisende nicht weiter interessant. Die bekannteste Sehenswürdigkeit ist hier die **Dhaninallah Mangrove**, wo die Meeresschildkröten von Mitte Dezember bis April am frühen Abend an Land kommen, um ihre Eier abzulegen. Dieses Ereignis kann man ganz gut von dem etwa 1 km langen Plankenweg beobachten, der 45 Autominuten von Rangat entfernt ist.

An- & Weiterreise

Vom Bootsanleger in Yeratta, 8 km von Rangat entfernt (und mit dem Stadtbus zu erreichen), legt um 9 und 15 Uhr die Fähre nach Long Island (11 ₹) ab. Von Rangat Bay, 5 km außerhalb der Stadt, fahren Fähren nach Port Blair (378 ₹, 6 Std.) und Havelock (378 ₹, 2 Std.). Ein Bus fährt einmal täglich nach Port Blair (145 ₹, 7 Std.) und Diglipur (65 ₹, 4 Std.).

Long Island

Mit freundlichen Insulanern und angenehm geruhsamem Lebensstil ist Long Island ideal für all jene Traveller, die noch etwas intensiver entspannen wollen. Bis auf ein paar wenige Motorräder gibt es hier nämlich keine Kraftfahrzeuge; mitunter ist man an manchen Tagen sogar der einzige Besucher vor Ort.

Sehenswertes & Aktivitäten

Strände

In der Nähe des Blue Planet (S. 1216), 15-Gehminuten vom Bootsanleger entfernt, befindet sich ein schöner Strand.

Wandert oder joggt man 1½ Stunden durch den Dschungel gelangt man zur abgelegenen **Lalaji Bay**. An diesem schönen weißen Sandstrand kann man gut schwimmen und schnorcheln. Der Weg ist mit roten Pfeilen vom Bootsanleger bis hierher markiert. Oder man mietet ein Boot (hin & zurück 2500 ₹ für 2 Pers.). Allerdings benötigt man die (kostenlose) Aufenthaltsgenehmigung des Forest Office beim Bootsanleger, um herzukommen.

Schnorcheln & Tauchen

Das Blue Planet betreibt eine Tauchschule (Dez.–März) und verleiht auch Schnorchelausrüstungen für rund 100 ₹. Die Touren führen nach Campbell Shoal, um die Schwärme von Stachelmakrelen und Barrakuda zu beobachten.

DIE INDIGENEN VÖLKER DER INSELN

Die indigenen Völker der Andamanen und Nikobaren machen 12 % der Gesamtbevölkerung aus, und die Zahl der Mitglieder der meisten Ethnien nimmt stetig ab. Die Onge, Sentinelesen, Andamanesen und Jarawa werden als Negritos bezeichnet und erinnern stark an kleinwüchsige afrikanische Völker. Tragischerweise sind im letzten Jahrhundert zahlreiche Ethnien erloschen. Als im Februar 2010 Boa Senior starb, die letzte, die noch die angestammte Sprache der Bo sprach, starben mit ihr eine Kultur und eine Sprache, die vor 65 000 Jahren ihre Ursprünge hatte.

Achtung: Die Gebiete, in denen diese Völker leben, sind zu ihrem Schutz und ihrer Würde für Ausländer gesperrt. Wer dieses Verbot missachtet und diese Regionen aufsucht, nimmt eine Gefängnisstrafe in Kauf.

Jarawa

Die rund 300 verbliebenen Jarawa bewohnen ein 639 km² großes Reservat auf Middle und North Andaman (S. 1214). 1953 ließ der militärische Befehlshaber Jarawa-Siedlungen von einem Wasserflugzeug bombardieren. Das Siedlungsgebiet wird von der Andaman Trunk Rd durchtrennt und ist durch Abholzung und das Eindringen von Siedlern und Touristen bedroht. 2012 verbreitete sich ein Video, das einen Austausch zwischen den Jarawa und Touristen zeigte, wie ein Virus, wobei ein Polizist die Jarawa aufforderte, für Essen zu tanzen. Das Ereignis führte zu einer staatlichen Untersuchung und bedeutete das Ende der sogenannten *human safari*-Tour.

Nikobaresen

Die 30 000 Nikobaresen sind das einzige indigene Volk, dessen Zahl nicht abnimmt. Mehrheitlich sind sie Christen und haben sich teilweise an die moderne indische Gesellschaft angepasst. Sie leben in Dorfgemeinschaften unter der Leitung eines Dorfvorstehers, züchten Schweine und bauen Kokosnüsse, Yams und Bananen an. Die Vorfahren der Nikobaresen kamen wahrscheinlich aus Malaysia und Myanmar. Heute bewohnen sie eine Reihe von Inseln der Nikobarengruppe rund um die Insel Car Nicobar, die von dem Tsunami im Jahr 2004 besonders schlimm verwüstet wurde.

Onge

Zwei Drittel von Little Andaman, auf der die Onge leben, wurden 1977 von der Forstverwaltung übernommen und zur Besiedlung freigegeben. Die rund 100 verbliebenen Angehörigen des Volkes der Onge leben in einem 25 km² großen Reservat, das Dugong Creek und South Bay umfasst. Anthropologen führen den starken Rückgang der Zahl der Onge auf die Demoralisierung durch den Verlust ihres angestammten Territoriums zurück.

Sentinelesen

Im Gegensatz zu anderen Völker auf den Inseln verweigern die Sentinelesen jeden Kontakt zur Außenwelt. Über Jahre landeten immer wieder Kontaktsucher an den Stränden von North Sentinel Island, der letzten Redoute der Sentinelesen. Sie brachten Geschenke – Kokosnüsse, Bananen, Schweine und rote Plastikeimer –, wurden aber meist mit einem Pfeilhagel empfangen. Nur selten verliefen Begegnungen etwas weniger feindselig. Heute leben noch ca. 150 Sentinelesen.

Andamanesen

Mitte des 19. Jhs. gab es noch rund 7000 Andamanesen, doch ihr freundlicher Umgang mit den Siedlern wurde ihnen zum Verhängnis. 1971 war ihre Zahl auf 19 gesunken, der größte Teil des Volkes war von den Masern, der Syphilis und Grippeepidemien dahingerafft worden. Die Andamanesen zählen heute nur mehr rund 50 Personen und sie wurden auf die kleine Strait Island umgesiedelt.

Shompen

Nur noch rund 250 Shompen leben in den Wäldern von Great Nicobar. Die halbnomadischen Jäger und Sammler halten sich vor allem an den Flussufern auf. Sie trotzen Integrationsversuchen und vermeiden Gebiete, die von indischen Einwanderern besetzt sind.

Oder man fährt mit dem Boot (3500 ₹ für 2 Pers.) nach North Passage Island und schnorchelt in der sagenhaften **Merk Bay**.

Toll **Schnorcheln** kann man auch direkt vor den Rasthütten der Lalaji Bay, wo es herrliche Korallen zu sehen gibt, und am Strand bei der Pension Blue Planet, direkt vor dem blauen Hindu-Tempel. Die Korallen sind jenseits des Seegrases an der Küste.

Schlafen & Essen

★ Blue Planet PENSION $$

(☎ 9474212180; www.blueplanetandamans.com; Zi. ab 1500 ₹, ohne Bad ab 500 ₹; @) Hängematten und Zimmer mit Bambusdecken sind rund um einen Padauk-Baum angeordnet. Das Essen ist lecker, und das Wasser wird gefiltert. Die Pension ist 15 Gehminuten vom Bootsanleger entfernt. An einem anderen Standort in der Nähe werden auch Bambushäuschen (ab 3200 ₹) vermietet.

An- & Weiterreise

Viermal pro Woche fährt eine Fähre nach Havelock, Neil Island und Port Blair (195 ₹). Wer die Fähre in Port Blair verpasst, kann mit dem Bus nach Rangat fahren und dort die Fähre in Yeratta, 8 km von Rangat entfernt, nehmen. Von dort fährt jeden Tag um 9 und 15.30 Uhr eine Fähre nach Long Island (11 ₹, 1 Std.).

Diglipur & Umgebung

Wer es so weit nach Norden schafft, wird mit einigen eindrucksvollen Attraktionen belohnt. Die Gegend ist ein Outdoor-Tummelplatz für Naturfreunde. Hier gibt es einen weltberühmten Schildkrötenbrutplatz, den höchsten Gipfel der Andamanen, ein System von Höhlen, weiße Sandstrände und Schnorchelstellen, die zu den besten auf den Andamanen gehören.

Allerdings sollte man von Diglipur, der zweitgrößten Stadt der Andamanen (70 000 Ew.), nicht viel erwarten: Es ist nur eine zersiedelte, schmuddelige Marktstadt. Am besten fährt man gleich ins ruhige Küstendorf **Kalipur** weiter.

Aktivitäten

Die meisten Besucher kommen während der Brutsaison, um sich die Schildkröten anzuschauen.

★ Ross & Smith Islands STRAND, SCHNORCHELN

Wie zwei hübsche tropische Gegengewichte sind die beiden Schwesterinseln Smith und Ross über eine schmale, blendend weiße Sandbank miteinander verbunden und bieten mit die besten Bade- und Schnorchelstellen auf den Andamanen.

Für Smith Island – zu erreichen per Boot (2500 ₹/pro Boot für 5 Pers.) von der Aerial Bay aus – braucht man keine Genehmigung, für Ross Island theoretisch schon (500 ₹). Da man aber von Smith Island zu Fuß hinüberkommt, wird in der Regel nicht nach der Genehmigung gefragt. Weitere Infos erhält man im Pristine Resort.

Saddle Peak TREKKING

(Inder/Ausländer 25/250 ₹) Mit 732 m ist der Saddle Peak der höchste Gipfel auf den Andamanen. Von Kalipur aus kann man in sechs bis sieben Stunden durch subtropischen Wald bis auf den Gipfel und zurück wandern – von oben bietet sich ein atemberaubender Blick auf den Archipel. Die Wanderung ist anstrengend – man sollte unbedingt viel Trinkwasser (ca. 4 l) mitnehmen. Man braucht eine Genehmigung (250 ₹) vom Forstamt (6–14 Uhr) am Startpunkt des Trails. Ein örtlicher Führer (300 ₹) sorgt dafür, dass man sich nicht verläuft, man kann sich aber auch einfach an den roten Pfeilmarkierungen an den Bäumen orientieren.

Craggy Island SCHNORCHELN

Die kleine Insel vor Kalipur ist ein guter Ort zum Schnorcheln. Gute Schwimmer kommen mit Muskelkraft hinüber (Schwimmflossen sind zu empfehlen), ansonsten nimmt man ein motorisiertes Boot (hin & zurück 3000 ₹).

NICHT VERSÄUMEN

SCHILDKRÖTENEIABLAGE IN KALIPUR

Kalipur gilt als der einzige Ort weltweit, an dem Lederschildkröten, Echte Karettschildkröten, Oliv-Bastardschildkröten und Suppenschildkröten ihre Eier am gleichen Strand ablegen und ist daher ein ausgezeichneter Platz, um von Mitte Dezember bis April dieses abendliche Schauspiel zu erleben. Schildkröten sieht man in den meisten Nächten, und man kann eventuell beim Einsammeln der Eier oder beim Freisetzen der Jungschildkröten helfen. Für mehr Informationen wendet man sich an das Pristine Beach Resort.

ABSEITS DER ÜBLICHEN PFADE

MAYABUNDER & UMGEBUNG

Mayabunder im „oberen" Teil von Middle Andaman ist vor allem für die Dörfer bekannt, in denen Karen, Angehörige eines birmanischen Bergvolks, leben, deren Vorväter in der britischen Kolonialzeit hierher umgesiedelt wurden. Mayabunder ist ein entspanntes Ziel fern von Menschenmassen.

Angeboten werden eine Reihe von Tagesausflügen. Das Highlight ist die Dschungelwanderung auf der unheimlichen **Interview Island** (Boot 3000 ₹, bis zu 6 Pers.), auf der rund 35 verwilderte Elefanten leben, die nach der Schließung eines Forstunternehmens in den 1950er-Jahren auf der Insel zurückgelassen wurden. Bewaffnete Wächter begleiten den Trek, um für eine Begegnung mit Elefanten gewappnet zu sein. Für den Besuch der Insel braucht man eine Genehmigung (500 ₹), die man am bequemsten erhält, wenn man per E-Mail eine Kopie seiner Einreisegenehmigung auf die Andamanen an die Pension Sea'n'Sand schickt. Weitere Ausflugsziele sind der **Schildkrötenbrutplatz** beim Dhaninallah Mangrove Walkway (Dez.–März); die **Forty One Caves**, wo *hawabills* (Salanganen) ihre teuer bezahlten essbaren Nester produzieren, und **Avis Island** (Boot 1500 ₹), vor der es gute Schnorchelstellen gibt.

Das **Sea'n'Sand** (☎03192-273454; titusinseansand@yahoo.com; Zi. ab 850 ₹; ❄) ist zweifellos die beste Unterkunft. Die Inhaber Titus und Elizabeth (und ihre weitläufige Karen-Familie) wissen alles über Mayabunder, und das Essen ist ein Vergnügen.

Mayabunder liegt 71 km nördlich von Rangat (75 ₹, 2 Std.). Hierher fahren täglich Busse aus Port Blair (200 ₹, 10 Std.) und Diglipur (60 ₹, 2 Std.) und dreimal wöchentlich Fähren.

Excelsior Island SCHNORCHELN

Die Excelsior Island hat schöne Strände, gute Schnorchelmöglichkeiten und eine Herde Axishirsche. Man braucht zum Besuch eine Genehmigung (500 ₹); die Überfahrt mit dem Boot, in dem sieben Personen Platz finden, kostet 4500 ₹.

Schlafen & Essen

★ **Pristine Beach Resort** PENSION $$$

(☎9474286787; www.andamanpristineresorts.com; Kalipur Beach; Hütte 1500 ₹, Zi. 3500–4500 ₹; ❄@) Die entspannte Anlage, die unter Palmen zwischen Reisfeldern und Strand liegt, hat einfache Bambushütten und hochwertigere Zimmer. Im Restaurant mit Bar gibt's köstlichen Fisch nach Art der Nikobaren.

Sion INDISCH $

(Kalipur Beach; Hauptgerichte 60–150 ₹; ⏲10–22 Uhr) Das Restaurant auf dem Dach serviert überragend leckere Meeresfrüchte.

An- & Weiterreise

Von Diglipur, 80 km nördlich von Mayabunder, fährt um 5 und 7 Uhr sowie um 22.40 Uhr ein Bus nach Port Blair (265 ₹, 12 Std.). Außerdem fahren Busse nach Mayabunder (55 ₹, 2½ Std.) und Rangat (100 ₹, 4½ Std.).

Die Fähren nach Port Blair (Sitz/Koje 110/350 ₹, 9 Std.) fahren dreimal pro Woche (Di, Do, Sa).

Unterwegs vor Ort

Die Fähren und einige Busse fahren auch nach Aerial Bay, 11 km von Diglipur in der einen Richtung und 8 km von Kalipur in der anderen Richtung entfernt.

Von Diglipur nach Kalipur fahren die Busse (15 ₹, 30 Min.) alle 45 Minuten. Eine Autorikscha kostet 200 ₹.

Little Andaman

Little Andaman ist die südlichste der Inseln – hier fühlt man sich wie am Ende der Welt. Prächtige Mangroven, blaugrüner Dschungel und tolle Strände lassen verstehen, warum viele Traveller sie für den schönsten Flecken auf den Andamanen halten.

Von den schweren Schäden durch den Tsunami im Jahr 2004 erholt sich Little Andaman langsam wieder. Die Hauptsiedlung **Hut Bay** liegt rund 120 km südlich von Port Blair und ist ein netter kleiner Ort.

Sehenswertes & Aktivitäten

Little Andaman Lighthouse LEUCHTTURM

Der rund 14 km östlich von Hut Bay stehende Leuchtturm ist ein lohnendes Ausflugsziel. Auf 41 m Höhe winden sich 200 Stufen hinauf zu einer herrlichen Aussicht auf Küste und Wald. Am leichtesten erreicht man den Leuchtturm mit dem Motorrad – per Fahrrad wird die Fahrt zu einer schweißtreibenden Anstrengung. Alternativ kann man auch eine Autoriksha bis zum Ende der befahrbaren Straße nehmen und von dort aus den wunderbar einsamen Strand entlangwandern (1 Std.).

Strände

Hier wimmelt es von Sandfliegen und auch Krokodilen (die Einheimischen fragen, wo die Krokodile gerade lauern).

Netaji Nagar STRAND
Der weite, stark zerklüftete Strand ist 8 km lang und liegt 12 km nördlich der Hut Bay. Hier befinden sich die meisten Unterkünfte.

Butler Bay STRAND
(20 ₹) Der beste Strand auf Little Andaman ist dieser spektakulär geschwungene Strand mit Rettungsschwimmern und guten Surfwellen. Er befindet sich bei Kilometer 14.

Kalapathar STRAND
Vor Butler Bay liegt die beliebte Lagune von Kalapathar, ein umschlossener Badebereich mit schattigen Plätzchen auf dem Sand. Man kann durch eine Höhle in der Klippenwand klettern und genießt dann einen traumhaften Blick aufs Meer. Man erreicht die Lagune über eine Nebenstraße, die an modernen, nach dem Tsunami von 2004 errichteten Wohnhäusern vorbeiführt.

Surfen

Seit sich Little Andaman vor einigen Jahren Ausländern geöffnet hat, handeln waghalsige Surftouristen die Insel als Geheimtipp. Die Riffwellen sind legendär, aber wirklich nur für sehr erfahrene Surfer geeignet. Am besten zugänglich ist die linke Riffwelle am **Jarawa Point**, am nördlichen Ende der Butler Bay. Anfänger sollten sich auf die Strandwellen zwischen Kilometer 8 und 11 konzentrieren. Von Februar bis April sind die Wellen allgemein am besten.

Surfing Little Andaman SURFEN
(☎9531877287; www.surfinglittleandaman.com; Hut Bay; 2 Std. Kurs 1000 ₹) Hier werden Bretter verliehen, Kurse durchgeführt und es gibt umfangreiche Infos übers Surfen auf Little Andaman.

Wasserfälle

Wenn das Faulenzen am Strand anfängt, langweilig zu werden, versprechen die Wasserfälle **White Surf** und **Whisper Wave** ein Dschungelerlebnis im Binnenland. Zu letzteren muss man 4 km durch den Wald wandern, wofür ein Führer dringend anzuraten ist. Die Wasserfälle sind schön und die Felsbecken reizen zu einem Bad, doch muss man sich dabei vor Krokodilen hüten.

Schlafen & Essen

In Hut Bay kann man preiswert und gut Thalis essen.

Blue View BUNGALOWS $
(☎9734480840; Km 11,5, Netaji Nagar; Zi. ohne Bad ab 300 ₹; ⊙Okt.–Mai) Die einfachen, strohgedeckten Bungalows sind nicht zuletzt wegen der entspannten Atmosphäre und der herzlichen Gastfreundschaft ihrer Besitzer so beliebt. Es werden Surfbretter, Fahrräder und Motorräder verliehen.

Aastha Eco Resort BUNGALOWS $
(Km 10, Netaji Nagar; Zi. 600 ₹) Die stimmungsvollen Nikobaren-Hütten und strohgedeckten Häuschen stehen inmitten von Betel- und Kokospalmen.

Hawva Beach Resort BUNGALOWS $
(☎9775181290; Km 8, Netaji Nagar; Zi. ab 400 ₹) Das entspannte Familienunternehmen hat nur eine Handvoll einfache Häuschen. Dafür bekommen die Gäste leckeres, selbst gekochtes Essen.

Palm Groove INDISCH $
(Hut Bay; Hauptgerichte 60–140 ₹; ⊙7–21 Uhr) In einem alten Wohnhaus mit Gartenpavillon werden leckere Biryanis und Currys serviert.

Praktische Informationen

Es gibt einen Geldautomaten in Hut Bay und im Dorf bei Kilometer 16.

Anreise & Unterwegs vor Ort

Die Fähren legen am Hut Bay Jetty an. Die Busse (10 ₹, stündl.) nach Netaji Nagar warten in der Regel auf die Ankunft der Fähre, sind aber oft abgefahren, ehe die Einreiseformalitäten erledigt sind, sodass als Alternative nur teurere Jeeps (100 ₹/Pers.) bleiben. Eine Autoriksha von der Anlagestelle nach Netaji Nagar kostet rund 250 ₹ in die Stadt Hut Bay 80 ₹. Als Fortbewegungsmittel vor Ort sind Motorräder und Fahrräder beliebt, die man in den meisten Unterkünften mieten kann. Ansonsten sind Sammel-Jeeps (25 ₹) und Busse eine sehr praktische Alternative.

Bei der täglichen Schiffsverbindung nach Port Blair (mal nachmittags, mal abends) reicht das Spektrum von großen Fähren (Kabine mit 4/2 Betten 240/330 ₹, 6–8½ Std.) bis zu schnelleren staatlichen Booten (35 ₹, 5½ Std.); alle Fähren haben Klimaanlagen. Das Fährbüro ist sonntags geschlossen.

Indien verstehen

Indien aktuell

Trotz der vielen, teils sehr unterschiedlichen Bundesstaaten, Sprachen, Religionen, Traditionen, Meinungen und Menschen, die um Raum und Aufmerksamkeit ringen, fallen an Indien nicht dessen Probleme auf, sondern wie gut die Dinge unter Berücksichtigung dieser vielen Hindernisse laufen. Trotz der Herausforderungen, die von Armut und Gewalt gegen Frauen bis hin zu religiösen Spannungen und militärischen Streitigkeiten mit den Nachbarn reichen, gedeiht mit Indien die erfolgreichste Nation in Südasien und die größte Demokratie der Welt auch weiterhin.

Top-Filme

Fire – Wenn die Liebe Feuer fängt (1996), **Earth** (1998) und **Water** (2005) Trilogie von Deepa Metha

Apus Weg ins Leben: Auf der Straße (1955) Bewegendes Meisterwerk von Satyajit Ray.

Pyaasa – Ewiger Durst (1957) und **Kaagaz Ke Phool** (1959) Für Nostalgiker.

Gandhi (1982) Der Klassiker.

Lagaan – Es war einmal in Indien (2001) Von Ashutosh Gowariker.

Top-Bücher

Mitternachtskinder Salman Rushdies Allegorie auf die Unabhängigkeit und die Teilung des Subkontinents.

Das Gleichgewicht der Welt von Rohinton Mistry. Wunderschön geschriebene, tragische Geschichte, die in Mumbai spielt.

Der weiße Tiger Mit dem Man-Booker-Preis ausgezeichneter Roman von Aravind Adiga über Klassenprobleme im globalisierten Indien.

Eine gute Partie Vikram Seth erzählt in diesem umfangreichen Roman von Liebe, Kummer, Familiengeheimnissen und politischen Intrigen.

Shantaram Gregory David Roberts berichtet aus seinem aufregenden Erlebnissen in Indien. Bei Travellern außerordentlich beliebt!

Die politische Landschaft

Indiens Politik ist durch die Führung des Premierministers Narendra Modi geprägt -- und in vielen Fällen erschüttert –, seit dieser 2014 dank des Erdrutschsiegs seiner Bharatiya-Janata-Partei über den Nationalkongress und dessen Führer Rahul Gandhi, Urenkel von Indiens erstem Premierminister Jawaharlal Nehru, an die Macht kam. Während des Wahlkampfs wurde Modi von seinen Gegnern als religiöser Fundamentalist und Falke dargestellt (u.a. wegen der Vorwürfe bezüglich seiner Rolle bei gewaltsamen Auseinandersetzung zwischen Hindus und Moslems in Gujarat im Jahr 2002), doch seine Amtszeit verlief bislang versöhnlicher als viele befürchtet hatten.

Obwohl einige seiner Hardliner-Anliegen umgesetzt wurden – etwa seine Ablehnung der Kuhschlachtung, was zu Verkaufsverboten für Rindfleisch und Angriffen auf Menschen geführt hat, denen Kuhtötung vorgeworfen wurde –, wird Modis Fokus auf eine neoliberale Wirtschaftspolitik sowie das sogenannte Gujarat-Entwicklungsmodell von weiten Teilen der indischen Bevölkerung unterstützt, unabhängig vom der jeweiligen Religion. In den ersten Jahren seiner Regierung fuhr Modi die Sozialausgaben zurück, senkte aber auch die Steuern, entschlackte die Bürokratie und förderte eine Ausweitung der Investitionen durch ausländische Unternehmen, was zu mehr Chancen für Indiens Mittelschicht führte.

Am 8. November 2016 zog die Regierung ohne Vorwarnung die 500- und 1000 ₹-Banknoten aus dem Verkehr, um Steuervermeidern, korrupten Beamten und dem Terror den Boden zu entziehen – womöglich Modis bislang gewagtestes Manöver. Trotz der Kritik vieler, auch des Internationalen Währungsfonds, der seine Wachstumsprognose für Indien senkte, und trotz der langen Schlangen vor den Banken und der Auswirkungen auf den Alltag blieben die befürchteten Unruhen aus. Neue Banknoten mit niedrigerem Nennwert wurden in Umlauf gebracht.

Im sozialen Bereich sind Modis Fortschritte weniger dynamisch. Gewalt gegen Frauen ist nach wie vor ein Thema. Vergewaltigungen, Morde und Angriffe größerer Gruppen auf Frauen während der Neujahrsfeiern in Bengaluru 2017 entsetzen die Öffentlichkeit und trüben Indiens Ruf. Infolge der Banknotenabschaffung verloren viele Frauen die Kontrolle über ihr eigenes Geld, da sie gezwungen waren, ihre Ersparnisse zu deklarieren und deren Verwaltung an männliche Verwandte abzutreten. Es gibt aber auch erfreuliche Entwicklungen. So erwägt Modis Regierung die Einführung einer 33%-Frauenquote im öffentlichen Dienst sowie ein Verbot des *talaq* – diese Praxis erlaubt es muslimischen Männern, sich von ihren Frauen zu scheiden, indem sie das Wort *talaq* dreimal sprechen.

Viele Menschen & schwierige Nachbarn

Einst Knecht des Britischen Imperiums, entwickelt sich Indien inzwischen zu einer Supermacht, die es mit Europa und den USA aufnehmen kann. Gleichzeitig ist Indiens größter Reichtum – die 1,27 Mrd. Menschen – wohl auch seine größte Herausforderung. Indien gilt als die am schnellsten wachsende Wirtschaft der Welt, trotzdem lebt fast ein Viertel der Bevölkerung unterhalb der Armutsgrenze und muss mit weniger als 1,90 US$ Kaufkraftparität pro Tag auskommen. Bei einem Bevölkerungswachstum von 1,2% – jedes Jahr 12,7 Mio. Menschen – steht Indien vor der großen Herausforderung, dafür zu sorgen, dass der wirtschaftliche Nutzen des Wachstums auch Normalbürger erreicht.

Indiens Stärke und Bedeutung bringt es zunehmend in Konflikt mit seinen Nachbarn. Die Trennlinie zwischen China und Indien – der einst unüberwindbare Himalaja – wird durchlässiger, da China seinen Einfluss in Nepal und Pakistan ausdehnt, um so den Indiens in der Region zu kontrollieren. Pläne, von Tibet aus eine Eisenbahnverbindung direkt über das Dach der Welt zu bauen, mögen sich positiv auf den Handel auswirken, doch Chinas Annäherungsversuche gegenüber dem Land oft feindlich gesonnener Staaten lassen bei vielen Indern ein Gefühl der Bedrohung aufkommen.

Zusätzlich kompliziert werden die indisch-chinesischen Beziehungen durch den Status des Dalai Lama, des spirituellen Oberhaupts des tibetischen Buddhismus, der mit den Mitgliedern der tibetischen Regierung von vor 1959 in McLeod Ganj bei Dharamsala im Exil lebt. Dass Indien tibetische Flüchtlinge aufnimmt, sorgt für Spannungen mit China. Letzteres betrachtet zudem Teile des indischen Staatsgebiets in Arunachal Pradesh und Aksai Chin in Kaschmir wegen seines Anspruchs auf Tibet als Teil Chinas. Chinesische und indische Truppen manövrierten sich 2013 in Aksai Chin in eine brenzligen Situation, bis es Politikern gelang, diese aufzulösen. Allerdings haben Grenzverletzungen chinesischer Streitkräfte in Arunachal Pradesh im Jahr 2016 die Befürchtungen wiederbelebt, China erhebe Anspruch auf die Region, die es als Südtibet bezeichnet.

BEVÖLKERUNG: **1,27 MRD.**

BIP: **2,3 BIL. US$ (2016)**

ARBEITSLOSENRATE: **5% (2016)**

ALPHABETISIERUNGSRATE: **74,04% (FRAUEN/MÄNNER 65/82%)**

GESCHLECHTERVERHÄLTNIS: **940/1000 (FRAUEN/MÄNNER)**

Gäbe es nur 100 Inder, sprächen ...

55 eine von 21 anderen offiziellen Sprachen
41 Hindi
4 eine von 400 weiteren offiziellen Sprachen

Religion

(% der Bevölkerung)

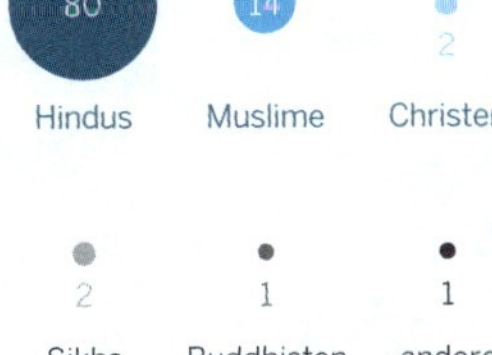

Einwohner pro km²

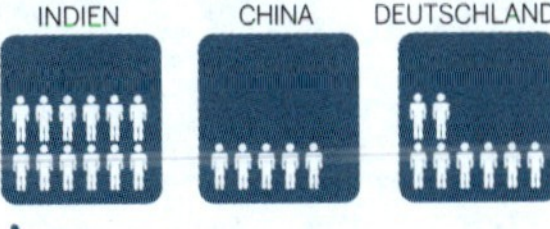

Etikette

Sich angemessen kleiden Wer auf enge Kleidung verzichtet sowie Schultern und Knie bedeckt, vermeidet, angestarrt zu werden.
Schuhe Vor dem Betreten von Privatwohnungen und heiligen Stätten Schuhe ausziehen!
Fotos Vor dem Fotografieren von Personen, Zeremonien oder heiligen Stätten immer um Erlaubnis bitten!
Schlechtes Karma Man sollte darauf achten, dass die Fußsohlen niemals in Richtung von Menschen oder Gottheiten zeigen und dass man niemals jemanden mit den Füßen berührt.

Feinheiten

Namaste Die Hände in Gebetshaltung zusammenzunehmen und *namaste* zu sagen, ist eine traditionelle, respektvolle Begrüßung unter Hindus.
Umarmungen Händeschütteln ist in Ordnung, Umarmungen sind zwischen Fremden hingegen unüblich.
Mit dem Kopf wackeln Kann „ja" bedeuteten oder „vielleicht" – oder die höfliche Art sein, zu verstehen zu geben, dass man keine Ahnung hat.
Reine Hände Zum Essen und Händeschütteln nur die rechte Hand benutzen; die linke Hand gilt als unsaubere „Toilettenhand".

Die stetige Versorgung Pakistans mit militärischer Ausrüstung – einschließlich Kerntechnik – ist ein weiterer Streitpunkt. Im Jahr 2015 begann China, seinen Pakistan-China-Economic-Corridor-Plan umzusetzen, ein Netz aus Straßen und Schienen sowie Gas- und Ölpipelines, das durch den Karakorum bis zur pakistanischen Küste führen soll und in Indien das Gefühl verstärkt, sein nördlicher Nachbarn wolle das Land einengen.

Der Kaschmirkonflikt

Ein Ende der Grenzstreitigkeiten zwischen Indien und Pakistan um das umstrittene Territorium von Kaschmir ist nicht in Sicht. So kam es 2016 zu erneuten Gewaltausbrüchen, nachdem der militante Kashmiri-Kommandant Burhan Wani von indischen Truppen getötet worden war. Bei anschließenden Protesten starben 85 Menschen, zudem gab es 13 000 Verletzte, auch durch Schussverletzungen, als die Polizei versuchte, die Demonstrationen zu unterbinden. Der Streit um Kaschmir belastet die indisch-pakistanischen Beziehungen seit der Teilung im Jahre 1947. Bis heute beanspruchen beide Staaten das Kaschmir-Tal für sich. Gleichzeitig fordern viele Kaschmiri einen unabhängigen Staat Kaschmir.

Der Streit hat zu drei Kriegen zwischen Indien und Pakistan geführt – 1947, 1965 und 1971 – sowie zu einer Reihe von Grenzzwischenfällen, auch solchen, bei denen Waffen zum Einsatz kamen. Zehntausende Zivilisten auf beiden Seiten starben. Der Konflikt gilt auch als Hintergrund für den Großteil der von islamistischen Militanten verübten Terroranschläge in Indien. Die Regierung Pakistans bietet bewaffneten Gruppen Schutz und, so behauptet Indien, finanzielle, militärische und technische Unterstützung. Solche Gruppen verübten u.a. Überfälle auf Kasernen der indischen Armee nahe der Grenze 2016.

Während einer Phase der Annäherung 2008 kam es zu Gesprächen, die eine autonome Region zum Ergebnis gehabt haben könnten. Doch die Konsultationen wurden eingestellt, als Militante über drei Tage hinweg mit koordinierten Bombenanschlägen und Schießereien in Mumbai (Bombay) mindestens 163 Menschen töteten. Einer der Heckenschützen wurde gefasst; es handelte sich um einen Pakistani mit Verbindung zur Laschkar-e-Taiba (Armee der Reinen), einer islamistischen Terrororganisation, die in den 1990ern zur Unterstützung der pakistanischen Armee in Kaschmir geschaffen wurde, und die in Dutzende Angriffe in Indien verwickelt war.

Trotz kurzer Treffen zwischen Modi und dem pakistanischen Premierminister Nawaz Sharif 2014 und 2015 hielten die Spannungen an. Tatsächlich verschlechterte sich die Beziehung nach „chirurgischen" Angriffen durch die indische Armee gegen Militante im von Pakistan kontrollierten Kaschmir im Jahr 2016. Seitdem kam es an der Line of Control (LoC) immer wieder zu Zwischenfällen, bei den u.a. 10 000 Menschen ihre Häuser in Schussweite zur Grenze verlassen mussten. Die Zukunft Kaschmirs könnte vom US-Präsidenten Donald Trump ebenso abhängen wie von Positionsänderungen der Regierungen von Indien oder Pakistan.

Geschichte

In Tausenden von Jahren mit immer neuen Kulturen, Invasionen, Religionen und zahllosen Katastrophen hat Indien bewiesen, dass es „eine kulturelle Einheit inmitten von Vielfalt, ein Bündel von Widersprüchen, zusammengehalten von starken, unsichtbaren Fäden" ist – wie es der erste indische Premierminister Jawaharlal Nehru ausdrückte. Die Geschichte Indiens ist nicht allein die eines einzigen Volkes, sondern die vieler verschiedener Gemeinschaften und Kulturen, die nach von Zank und Unfrieden geprägten Jahrhunderten gelernt haben, dass sie gemeinsam viel stärker sind als getrennt. Das Ergebnis ist eine lebhafte und abwechslungsreiche Nation, entstanden aus den Ideen und Traditionen einiger der größen Zivilisationen Asiens.

Die Indus-Kultur

Das Indus-Tal, das parallel zur heutigen Grenze zwischen Indien und Pakistan verläuft, ist die Wiege der Zivilisation auf dem indischen Subkontinent. Die ersten Bewohner waren Nomaden, die das Land kultivierten und Tiere hielten. Über die Jahrtausende begann sich aus diesen Stämmen eine städtische Kultur herauszubilden, vor allem seit 3500 v. Chr. Um 2500 v. Chr. gab es bereits große Städte, die ersten Zentren der späteren Harappa-Kultur, die über 1000 Jahre lang gedeihen sollte.

Die wichtigsten Städte der späten Harappa-Periode waren Moenjodaro und Harappa im heutigen Pakistan, aber der Stadt Lothal (S. 768) bei Ahmedabad kann noch immer besucht werden und dank des sorgfältig angelegten Straßenverlaufs bekommt man noch heute ein Gefühl für diese hoch entwickelte Zivilisation, die vor 4500 Jahren blühte. Obwohl sie sich über enorme Flächen erstreckten, waren die Städte der Harappa erstaunlich einheitlich aufgebaut. Selbst Mauerwerk und Straßen hatten eine Standard-Größe. Sie besaßen meist eine separate Akropolis, vermutlich für religiöse Zwecke, große Becken dienten wahrscheinlich rituellen Bädern. Die wichtigsten Harappa-Städte erreichten beachtliche Ausmaße – Schätzungen zufolge hatte Moenjodaro etwa 50 000 Einwohner zu seiner besten Zeit.

Bis Mitte des 3. Jts. v. Chr. konnte sich die Kultur des Indus-Tals wohl durchaus mit anderen jungen Hochkulturen der damaligen Zeit messen.

Mehr über die Indus-Kultur erfährt man unter www.harappa.com. Hier erhält man einen leicht verständlichen, aber wissenschaftlich fundierten multimedialen Überblick über Harappa.

ZEITLEISTE

10 000 v. Chr.

Die ältesten heute noch erhaltenen Felsmalereien der Steinzeit entstehen unter den Felsvorsprüngen von Bhimbeetka im heutigen Madhya Pradesh. Siedlungen gab es wohl bereits auf dem ganzen Subkontinent.

2600–1700 v. Chr.

Blütezeit der Zivilisation im Indus-Tal: Sie umfasste Teile von Rajasthan und Gujarat sowie der Sindh-Provinz im heutigen Pakistan. Sie entstand rund um die Großstädte Harappa und Moenjodaro.

1500 v. Chr.

Die indo-arische Zivilisation fasst in den fruchtbaren Becken von Indus und Ganges Fuß. Die Siedler sprechen eine Frühform des Sanskrit, woraus sich später zahlreiche Sprachen wie das Hindi entwickeln.

R.K. Narayans 1973 erschienenes Buch Ramayana ist eine gekürzte, novellistisch aufbereitete Nacherzählung des klassischen Epos aus dem 3. Jh. v.Chr. Der angesehene Romancier brachte 1978 auch eine Version des Mahabharata heraus.

Die Harappa handelten mit Mesopotamien, hatten ein Gewichts- und Maßsystem und Kunst mit Terrakotta- und Bronzefiguren. Funde wie Modelle von Ochsenkarren und Schmuck sind erste Zeugnisse einer unverkennbar indischen Kultur. Tatsächlich wurden viele Elemente der Harappa-Kultur später im Hinduismus adaptiert. Lehmfigürchen, die man an in Harappan fand, deuten auf die Verehrung einer Muttergöttin (später personifiziert als Kali) und eines männlichen dreigesichtigen Gottes im Lotussitz (der historische Shiva?) in Begleitung von vier Tieren hin. Schwarze Steinsäulen, die man mit Lingams assoziiert, und Tierfiguren (die berühmteste ein Zebu, später Shivas Reittier Nandi) wurden ebenfalls entdeckt. Das „Tanzende Mädchen", eine kleine Bronze eines jungen Mädchens, dessen unbekümmerter Blick wohl über 4500 Jahre alt ist, kann im National Museum (S. 78) in Delhi betrachtet werden und es spiegelt eine hoch entwickelte Gesellschaft wieder, die sowohl in Form der angewandten Fertigkeiten, aber auch wegen der Darstellung einer Freizeitaktivität fasziniert.

Frühe Invasionen & Geburt der Religionen

Mahavira und Buddha waren Zeitgenossen, und ihre Lehren überlappten sich. Buddha erläuterte die Unterschiede (und seine Kritik) in der Sankha Sutta und der Devadaha Sutta, in denen Mahavira als Nigantha („der Fesselfreie") Nataputta bezeichnet wird. Nachlesen kann man die Sutren unter www.accesstoinsight.com, einer Website zum Theravada-Buddhismus.

Die Harappa-Kultur zerfiel zu Beginn des 2. Jts. v.Chr. Einige Historiker führen den Untergang des Reiches auf Überflutungen oder eine Trockenperiode zurück, welche die Landwirtschaft in den Grundfesten bedrohten. Eine sich hartnäckig haltende, wenn auch sehr umstrittene Theorie beinhaltet eine Invasion von Ariern (Sprechern indoiranischer Sprachen), die die Kultur zerstörten, hierfür gibt es aber nur wenige archäologische Hinweise oder Belege in alten indischen Schriften. Andere Historiker wiederum behaupten, dass die Arier – die Bezeichnung leitet sich vom Sanskrit-Begriff für „adelig" ab – die eigentlichen Ureinwohner Indiens waren. Es gibt keine eindeutigen Beweise, dass die Arier von anderswo gekommen sind. Tatsächlich ist sogar fraglich, ob die Arier eine eigene Ethnie waren. Entsprechend könnte diese „Invasion" auch einfach eine Invasion neuer Ideen aus benachbarten Kulturen gewesen sein.

Den Verfechtern der traditionellen Invasionstheorie zufolge drangen ab etwa 1500 v.Chr. arische Stämme aus Afghanistan und Zentralasien nach und nach in den Nordwesten Indiens ein. Trotz ihrer militärischen Überlegenheit kamen sie nur langsam voran, wobei die Stämme untereinander um die Gebiete kämpften und die Neuankömmlinge immer weiter nach Osten in die Ganges-Ebene eindrangen. Im Lauf der Zeit kontrollierten diese Stämme den Norden Indiens bis zum Vindha-Gebirge. Viele Drawiden, die Ureinwohner des Nordens, wurden, so die Theorie, nach Süden vertrieben.

Sicher ist, dass die Arier für die große literarische Tradition des Sanskrit verantwortlich sind. Die heiligen Schriften der Hindus, die Veden, entstanden während dieser Übergangsperiode (1500–1200 v.Chr.);

1500–1200 v. Chr.	599–528 v. Chr.	563–483 v. Chr.	400–321 v. Chr.
Der Rigveda, der älteste der kanonischen hinduistischen Texte (Veden), wird verfasst; drei weitere Bücher folgen. Die frühesten Formen der brahmanischen Priesterschaft des Hinduismus entwickeln sich.	Mahavir, der 24. und letzte *tirthankara* (erleuchtete Lehrer) begründet den Jainismus. Wie Buddha predigt er Barmherzigkeit und den Weg zur Erleuchtung für alle Kasten.	Der Prinz Siddhartha Gautama wird im heutigen Nepal geboren und erlangt die Erleuchtung unter einem Bodhi-Baum in Bodhagaya (Bihar). Er wird dadurch zu Buddha (dem Erleuchteten).	Von der reichen Region Magadha (etwa dem heutigen Bihar) aus entwickelt sich die Nanda-Dynastie. Sie umfasst eine riesige Region vom heutigen Bengalen bis zum Punjab und fällt 321 v. Chr. an die Maurya.

auch das Kastenwesen nahm damals konkrete Züge an, was im Hinblick auf die indische Spiritualität und Geschichte von grundlegender Bedeutung ist.

Als sich die arischen Stämme Ende des 7. Jhs. v. Chr. jenseits der Ganges-Ebene ausbreiteten, wurden die meisten von ihnen einem von 16 bedeutenden Königreichen zugeschlagen, die ihrerseits zu vier großen Staaten verschmolzen. Aus ihnen ging die Nanda-Dynastie hervor, die 364 v. Chr. begründet wurde und über weite Teile Nordindiens herrschte.

In dieser Periode entging das Kernland Indiens zwei Invasionen aus dem Westen nur knapp, die, wenn sie erfolgreich gewesen wären, den Lauf der Geschichte Indiens hätten drastisch verändern können. Zunächst war es der persische König Dareios I. (reg. 521–486 v. Chr.), der den Punjab und Sindh annektierte (beiderseits der heutigen Grenze von Indien und Pakistan). 326 v. Chr. drang dann Alexander der Große aus Griechenland gen Indien vor, was schon an sich eine Leistung ist. Allerdings machte er im Punjab wieder kehrt, ohne je seine Macht auf Indien selbst ausgedehnt zu haben.

In diesen Zeitraum fällt auch die Entstehung zweier wichtiger Religionen: des Buddhismus und des Jainismus, die um etwa 500 v. Chr in den nördlichen Ebenen entstanden sind. Allerdings stellten beide die Veden infrage und verurteilten das Kastensystem, womit sie viele Anhänger aus den unteren Kasten anzogen.

Erhaltene Stätten der Maurya-Dynastie

- *Junagadh (Gujarat)*
- *Allahabad Fort (Uttar Pradesh)*
- *Sarnath (Uttar Pradesh)*
- *Sanchi (Madhya Pradesh)*
- *Bodhgaya (Bihar)*
- *Vaishali (Bihar)*
- *Amaravathi (Andhra Pradesh)*

Das Maurya-Reich & die Folgen

Die Harappa-Kultur war die Wiege der indischen Zivilisation. Ein Großreich auf dem Subkontinent, von Bengalen bis Afghanistan und Gujarat, gründete aber erst Chandragupta Maurya, der 321 v. Chr. die Macht erlangte, indem er die Nanda-Herrscher vom Thron stieß und sich auch des zuvor von Alexander dem Großen eroberten Indus-Tals bemächtigte.

Von ihrer an Palästen reichen Hauptstadt Pataliputra (dem heutigen Patna) aus herrschte die Maurya-Dynastie über weite Teile Nordindiens; nach Süden erstreckte sich ihre Macht bis zum heutigen Karnataka. Belege für diese Periode finden sich in jainistischen und buddhistischen Texten, aber auch in der detaillierten Darstellung der indischen Staatskunst in dem als Arthasastra bekannten Werk. Seine Blüte erlangte das Reich unter Kaiser Ashoka, der zum Buddhismus konvertierte und seinen neuen Glauben über den gesamten Subkontinent verbreitete. Ashokas Führungsqualitäten waren so groß, dass sich nach seinem Tod im Jahr 232 v Chr. niemand fand, der die unvereinbaren Kräfte des Maurya-Reiches zusammenhalten konnte. Das Reich zerfiel schnell und brach 184 v. Chr. ganz zusammen.

Kaiser Ashokas Macht wurde auch dank eines stehenden Heeres mit ungefähr 9000 Elefanten, 30 000 Kavalleristen und 600 000 Infanteristen gesichert.

Keines der Reiche der unmittelbaren Folgezeit konnte es an Stabilität und nachhaltiger historischer Bedeutung mit dem Maurya-Reich

326 v. Chr.
Alexander der Große dringt nach Indien vor. Er besiegt König Poros im Punjab und betritt den Subkontinent, aber eine Rebellion seiner Armee hindert ihn daran, weiter zu kommen.

321–185 v. Chr.
Herrschaft der Maurya-Könige: Das gesamtindische Reich wurde von Chandragupta Maurya begründet. Unter der Herrschaft Kaiser Ashokas wurde der Buddhismus für kurze Zeit zur Staatsreligion.

ca. 300 v. Chr.
Mönche verbreiten im Auftrag Ashokas den Buddhismus auf dem Subkontinent und darüber hinaus nach Sri Lanka und in andere Regionen Südostasiens. Amaravathi, Sanchi und andere Stupas werden gebaut.

ca. 300 v. Chr.
Im Hinduismus entsteht die Bhakti-Bewegung. Sie betont die Hingabe des Einzelnen sowie die Vereinigung mit dem Göttlichen und fordert damit die traditionelle Hierarchie der Brahmanen heraus.

EIN ERLEUCHTETER KAISER

Abgesehen von den Moguln und den Briten Jahrhunderte später kontrollierte keine andere Macht einen so großen Teil Indiens wie die Mauryas. Daher verwundert es nicht, dass Indien ihnen eine seiner historischen Persönlichkeiten verdankt.

Kaiser Ashokas Herrschaft war eine Zeit florierender Kunst und Bildhauerei. Sein Ruf als Philosophenkönig wurde durch in Felsen gemeißelte Edikte unterstrichen, die sowohl der Belehrung seiner Untertanen und der Klage über menschliches Leid als auch der Demonstration der Größe seines Reiches dienten. Einige dieser moralischen Lehren sind bis heute erhalten, vor allem die Edikte Ashokas (S. 788) in Junagadh (Gujarat). Die meisten von ihnen erwähnen und definieren den Begriff *dharma* u. a. als gutes Verhalten, Gehorsam, Großzügigkeit und Güte.

Die Zeit der Herrschaft Ashokas war auch ein unbestrittener Höhepunkt des Buddhismus. Bereitwillig konvertierte der Herrscher 262 v. Chr. zum Buddhismus und erklärte seinen neuen Glauben zur Staatsreligion; gleichzeitig versetzte er damit der Spiritualität und dem gesellschaftlichen Kern des Hinduismus einen Schlag. Die noch vorhandenen großartigen Überreste des buddhistischen Indiens Ashokas können in Sarnath (S. 429) in Uttar Pradesh besichtigt werden – dort, wo Buddha seine erste Predigt hielt und den Edlen Achtfachen bzw. Mittleren Pfad zur Erkenntnis darlegte. Ferner sind die Stupas zu erwähnen, die der Kaiser in Sanchi (S. 716) in Madhya Pradesh errichten ließ. Darüber hinaus sandte Ashoka Missionare ins Ausland; so verehrt man ihn auf Sri Lanka, weil er seinen Sohn und seine Tochter auf die Insel schickte, um dort die Lehren Buddhas einzuführen.

Nach seinem Tod und dem Zerfall seines Imperiums blieb seine Vision erhalten, wenn auch mehr in Form einer Hoffnung als in der Realität. Eines der vielen Vermächtnisse des Kaisers ist die indische Nationalflagge, die in der Mitte das Chakra Ashokas zeigt, ein Rad mit 24 Speichen.

Man geht davon aus, dass die Zahlbegriffe Null und Unendlich während der Gupta-Dynastie von bedeutenden indischen Mathematikern eingeführt wurden.

aufnehmen, doch trat in der Ära nach Ashoka zumindest eine Dynastie hervor, der es gelang, durch die Erhaltung eines relativ hohen gesellschaftlichen Zusammenhalts und durch Kunstförderung eine bedeutende Stellung zu erlangen. Die Shatavahana beherrschten schließlich ganz Maharashtra, Madhya Pradesh, Chhattisgarh, Karnataka und Andhra Pradesh. Unter ihrer Regierung (230 v. Chr.–200 n. Chr.) standen die Kunst, die Literatur und die Philosophie in Blüte, die Lehren Buddhas verbreiteten sich, und der Subkontinent erlebte eine Epoche beträchtlichen Wohlstands. Südindien besaß zwar nicht so ausgedehnte fruchtbare Anbauflächen, wie sie in den Ebenen Nordindiens zu finden sind. Dies kompensierte man jedoch mit dem Aufbau wichtiger Handelsverbindungen, die sich über den Indischen Ozean erstreckten und auf dem Landweg bis ins Römische Reich und ostwärts bis nach China reichten.

ca. 235 v. Chr.

Beginn der Chola-Herrschaft im Süden. Ob diese schon Teil der späteren Chola-Dynastie waren, weiß man nicht genau.

230 v. Chr.–220 n. Chr.

Das Satavahana-Reich hat seinen Ursprung in Andhra und umfasst ein riesiges Gebiet in Zentralindien. Es beeinflusste die künstlerische Entwicklung sowohl vor Ort als auch in ganz Südostasien.

52 n. Chr.

Mögliche Ankunft des Apostels Thomas an der Küste von Kerala: Nach frühchristlicher Überlieferung hält das Christentum mit Thomas' Tätigkeit als Missionar in Kerala und Tamil Nadu Einzug in Indien.

1. Jh. n. Chr.

Der internationale Handel blüht: Die Netzwerke des Überlandhandels haben Anschluss an die Häfen der Überseerouten. Der Handel mit Afrika, der Golfregion, Sokotra, Südostasien, China und sogar Rom floriert.

Das goldene Zeitalter der Guptas

Die Imperien, die auf die Maurya-Ära folgten, beanspruchten zwar große Teile des indischen Territoriums für sich, viele sicherten sich aber nur die Oberherrschaft über ihr Reich. Über den ganzen Subkontinent hinweg kontrollierten in Wirklichkeit kleine Stämme und Königreiche die Territorien und regelten die lokalen Angelegenheiten.

319 erlangte Chandragupta I., der dritte König der bis dahin kaum bekannten Guptas, Berühmtheit, indem er eine Tochter eines der mächtigsten Stämme des Nordens, der Licchavis, heiratete. Das Gupta-Königreich wuchs schnell und erreichte unter Chandragupta II. (reg. 375–413) seine größte Ausdehnung. Der chinesische Pilger Fahsien, der Indien zu jener Zeit besuchte, beschrieb ein Volk, das „reich und zufrieden" unter der Herrschaft aufgeklärter und gerechter Könige lebe.

Lyrik, Literatur, Astronomie, Medizin und Kunst florierten – einige der eindrucksvollsten Werke entstanden in Ajanta, Ellora, Sanchi und Sarnath. Die Guptas unterstützten sogar die Praktiken und Künste der Buddhisten. Am Ende der Gupta-Periode hatte sich der Hinduismus als dominierende Tradition des Subkontinents etabliert und Jainismus und Buddhismus verdrängt; vor allem der Buddhismus geriet ins Hintertreffen und konnte nie mehr eine bestimmende Rolle in Indien einnehmen.

Die Invasion der Hephthaliten („weiße Hunnen") läutete Anfang des 6. Jhs. das Ende dieser Ära ein. Im Jahr 510 unterlag das Gupta-Heer dem Hephthaliten Toramana. Fortan verteilte sich die Macht im Norden Indiens wieder auf mehrere separate Hindu-Königreiche.

Der hinduistische Süden

Südindien hatte seit jeher seine eigene einzigartige Geschichte. Weit entfernt von den politischen Entwicklungen im Norden entstanden hier einige einflussreiche Königreiche, darunter das der Shatavahanas. Obwohl sie vorwiegend Hindus waren, förderten sie die buddhistische Kunst in Amaravathi und Sanchi. Weitere bedeutsame Reiche errichteten die Herrscher Kalingas und die Vakatakas, doch waren es vor allem die Stammesgebiete in den Küstenebenen, in denen die größten Reiche des Südens entstanden: die der Cholas, Pandyas, Chalukyas, Cheras und Pallavas.

Die Chalukyas regierten den Dekkan in Zentralindien, auch wenn sie ihre Fühler gelegentlich nach Süden ausstreckten. Im äußersten Süden ebneten die Pallavas den Weg für die drawidische Architektur mit ihrem überladenen, barock anmutenden Stil. Die erhaltenen architektonischen Glanzstücke der Pallava-Herrschaft sind in ganz Tamil Nadu anzutreffen, z. B. in der ehemaligen Hauptstadt der Pallava in Kanchipuram (S. 1133).

Architektur der Dekkan-Sultanate

Zitadelle, Gol Gumbaz, Ibrahim Rouza, Jama Masjid (Bijapur)

Fort, Grabmäler der Bahmani-Sultane (Bidar)

Fort Golkonda, Grabmäler der Qutb-Shahi-Dynastie, Charminar (Hyderabad)

A History of South India from Prehistoric Times to the Fall of Vijayanagar von K. A. Nilakanta Sastri ist möglicherweise der umfassendste (wenn auch schwer lesbare) geschichtliche Überblick über diese Region.

50–320

Kushana-Reich: Kanishka errichtet im 1. Jh im Nordwesten ein Reich mit buddhistischem Glauben. Sein Staat wird zur Geburtsstätte der Synthese von indischen und griechischen Kunstvorstellungen.

319–510

Goldene Ära der Gupta-Dynastie, die nach den Maurya das zweite Großreich in Indien beherrscht. Die Zeit ist durch eine kreative Schaffensperiode in Kunst und Literatur gekennzeichnet.

4.–9. Jh.

Die für ihre Tempelarchitektur berühmten Pallavas erscheinen auf der politischen Bühne Südindiens und dominieren von ihrer Basis in Kanchipuram aus Andhra Pradesh und den Norden Tamil Nadus.

500–600

Die Rajputen fassen in Rajasthan Fuß: Sie stammen von drei Hauptstämmen mit angeblich himmlischem Ursprung ab. 36 Clans verteilen sich zur Sicherung ihrer Königreiche über die Region.

Der Wohlstand des Südens basierte auf seit Langem bestehenden Handelsbeziehungen mit anderen Hochkulturen, u.a. den Ägyptern und den Römern. Im Tausch gegen Gewürze, Perlen, Elfenbein und Seide erhielten die Inder römisches Gold. Die indischen Händler dehnten ihren Einfluss auch nach Südostasien aus. Im Jahr 850 kamen die Cholas an die Macht und lösten die Pallavas ab. Sie machten sich bald daran, die weitreichenden Handelsbeziehungen des Südens in territoriale Eroberungen umzusetzen. Unter der Herrschaft Raja Raja Cholas I. (reg. 985–1014) kontrollierten sie fast ganz Südindien, den Dekkan, Sri Lanka, Teile der Malaiischen Halbinsel und das in Sumatra gelegene Srivijaya-Königreich.

Pallava-Architektur Tamil Nadus

Strandtempel, Mamallapuram

Fünf Rathas, Mamallapuram

Tempel, Kanchipuram

Rock-Fort-Tempel, Trichy (Tiruchirappalli)

Doch die Aufmerksamkeit galt nicht nur den Überseegebieten. Die Cholas hinterließen auch einige der schönsten Zeugnisse drawidischer Architektur wie den majestätischen Brihadishwara-Tempel (S. 1156) in Thanjavur und Chidambarams überwältigenden Nataraja-Tempel (S. 1151).

Die ganze Zeit während dieser Phase blieb der Hinduismus der Grundstein der südindischen Kultur.

Der muslimische Norden

Die ersten Muslime, die Indien erreichten, waren Kaufleute, Neukonvertiten, die das Arabische Meer im frühen 7. Jh. überquert und in einigen südlichen Häfen Gemeinden gegründet hatten. Hinzu kamen im Jahr 663 aus dem Norden einige kleinere arabische Gruppen. In den folgenden Jahrhunderten kam es zu sporadischen Scharmützeln, aber größere Auseinandersetzungen gab's bis Ende des 10. Jhs. keine. Dann aber wurde der Norden wieder und wieder angegriffen und bedrängt.

Einer der Vorreiter der muslimischen Expansion war Mahmud von Ghazni. Zu Beginn des 11. Jhs. verwandelte Mahmud Ghazni (im heutigen Afghanistan) in eine der glorreichsten Hauptstädte der Welt. Dies finanzierte er, indem er benachbarte Gebiete plünderte. Zwischen 1001 und 1025 unternahm Mahmud 17 Feldzüge in Indien, der verheerendste führte zum berühmten Shiva-Tempel von Somnath (S. 782) in Gujarat. Die aus 70 000 Mann bestehenden hinduistischen Truppen wurden beim Versuch, die Angriffe auf den Tempel abzuwehren, komplett aufgerieben. Anfang 1026 war der Tempel schließlich erobert. Im Anschluss an seinen Sieg transportierte Mahmud eine gewaltige Menge Gold und sonstige Beute in seine Hauptstadt zurück. Doch seine Raubzüge erschütterten die Machtverhältnisse in Nordindien so stark, dass nachfolgende Invasoren leichtes Spiel hatten, das Territorium für sich zu beanspruchen.

In seiner 800-jährigen Geschichte wurde das Qutb Minar durch zwei Blitzschläge und ein Erdbeben beschädigt; im Lauf der Zeit wurde es von vier Sultanen, einem britischen Major und einem Generalgouverneur wieder repariert oder neu erbaut.

Wenige Jahre nach Mahmuds Tod 1030 wurde Ghazni von den Seldschuken eingenommen und fiel dann den Ghuriden aus Westafghanistan zu, die ein Auge auf den großen indischen „Kuchen" geworfen hat-

610

Der Prophet Mohammed begründet den Islam. Bald bekehrt er die Bewohner von Mekka zum neuen Glauben und den Gesetzen Allahs. Seinem Ruf wird mit Eifer gefolgt.

850

Die mittelalterlichen Cholas, eine tamilische Dynastie, weitet zwischen dem 9. und 13. Jh. ihre Macht über Südindien, Sri Lanka und die Malediven aus.

12.–19. Jh.

Als Teil des Handels mit den Anrainern des Persischen Golfs werden Afrikaner an die Küste von Konkan verschifft; aus Sklaven werden Diener, Dockarbeiter und Soldaten. Sie sind als Siddis oder Habshis bekannt.

1192

Prithviraj Chauhan verliert Delhi an Mohammed von Ghur. Die Niederlage beendet nachhaltig die Oberherrschaft der Hindus in der Region und läutet eine muslimische Ära ein.

ten. 1191 rückte Mohammed von Ghur auf brutale Weise nach Indien vor. Selbst von einer Niederlage gegen ein Bündnis hinduistischer Herrscher ließ er sich nicht abschrecken. Nur ein Jahr später erschien er abermals auf der Bildfläche und drängte die Feinde zurück. Einer seiner Generäle, Qutb-ud-din Aibak, nahm Delhi ein und wurde zum Statthalter ernannt. Während seiner Herrschaft wurde das großartige Wahrzeichen Delhis, der Qutb-Minar-Komplex (hier steht auch Indiens erste Moschee), erbaut. Ein weiteres muslimisches Reich wurde in Bengalen gegründet und bald stand fast ganz Nordindien unter muslimischer Herrschaft.

Nach Mohammeds Tod 1206 wurde Qutb-ud-din Aibak der erste Sultan von Delhi. Sein Nachfolger, Iltutmish, brachte Bengalen zurück unter zentrale Kontrolle und verteidigte das Reich gegen einen Invasionsversuch der Mongolen. Ala-ud-din Khilji kam 1296 an die Macht und erweiterte die Grenzen des Reiches unaufhaltsam südwärts, während er gleichzeitig weitere Angriffe der Mongolen abwehrte.

Persisch war die offizielle Sprache mehrerer Reiche – unter Mahmud von Ghazni, dem Sultanat von Delhi, bis zu den Moguln. Urdu, das Persisch, Arabisch und indigene Sprachen vereint, entwickelte sich im Laufe von Hunderten von Jahren immer weiter und kam schließlich während der Herrschaft der Moguln zu voller Blüte.

Nord trifft auf Süd

Nach dem Tod Ala-ud-dins 1320 errang die Tughluk-Dynastie die Macht. 1328 nahm Mohammed bin Tughluk die südlichen Stützpunkte des Haysala-Reichs ein, dessen Zentren bei Belur, Halebid und Somnathpur lagen. Aber während das Reich der prämogulischen Muslime unter Tughluks Herrschaft seine größte Ausdehnung erreichte, schuf er durch überzogenen Ehrgeiz auch die Grundlage für den späteren Zerfall. Im Gegensatz zu seinen Vorgängern wollte Tughluk Südindien nicht nur indirekt beherrschen, sondern es als Bestandteil seines Reiches sehen.

Nach einer Reihe erfolgreicher Feldzüge beschloss Tughluk, die Hauptstadt von Delhi an einen zentraleren Ort zu verlagern. Die neue Hauptstadt hieß Daulatabad und lag bei Aurangabad in Maharashtra. Tughluk versuchte, die neue Stadt zu besiedeln, indem er die gesamte Bevölkerung Delhis zu einem 1100 km langen Marsch gen Süden zwang, bei dem viele Menschen starben. Bald wurde ihm jedoch klar, dass dadurch der Norden ungeschützt war, sodass er die Hauptstadt wieder nach Norden verlegte. Die prächtige, auf einem Hügel errichtete Festung von Daulatabad (S. 860) ist das einzige Überbleibsel seines Größenwahns.

Die Tage der Dynastie Tughluks waren gezählt. Der letzte der großen Sultane von Delhi, Tughluks Vetter Firoz Shah, starb 1388. Das Schicksal des Sultanats war endgültig besiegelt, als Timur Lenk, besser bekannt als Tamerlan, 1398 von Samarkand (in Zentralasien) aus einen verheerenden Raubzug nach Indien unternahm. Timurs Plünderung Delhis war erbarmungslos – Berichten zufolge sollen seine Soldaten jeden hinduistischen Bewohner ermordet haben. Tughluks Erben kontrollierten fortan nur noch Delhis unmittelbare Umgebung, bis die Dynastie 1413 erlosch.

Lesenswerte Bücher zur Geschichte

A Traveller's History of India, von SinhaRaja Tammita-Delgoda

„Empires of the Indus" von Alice Albinia

„India: a History" von John Keay

1206	13. Jh.	1321	1336
Auf seiner Rückkehr von Lahore nach Ghazni wird Mohammed während eines Gebets ermordet. Da ein Erbe fehlt, wird das Königreich von seinen Generälen beschlagnahmt. Das Sultanat von Delhi ist geboren.	Die ins 6. Jh. zurückreichende Tamilen-Dynastie der Pandys ergreift die Kontrolle über das Chola-Reich und erweitert es von Madurai aus bis nach Andhra Pradesh, Kalinga (Odisha) und Sri Lanka.	Mohammed bin Tughluk weitet das Sultanat von Delhi aus und wird für seinen Größenwahnsinn berühmt: die Hauptstadt nach Daulatabad zu verlegen und eine für Fälschungen anfällige Währung zu erschaffen.	Gründung des mächtigen Vijayanagar-Reiches: Es wurde nach seiner Hauptstadt benannt, deren Ruinen man noch heute in der Nähe von Hampi (im heutigen Karnataka) besichtigen kann.

Schon zuvor war das Reich nach Tughluks Rückzug aus dem Süden in mehrere Königreiche zersplittert. Die zwei bedeutendsten waren das muslimische Bahmani-Sultanat, das 1345 mit der Haupstadt bei Gulbarga und später Bidar entstand, und das hinduistische Vijayanagar-Reich, das 1336 mit der Residenz Hampi gegründet wurde. Die Schlachten zwischen den beiden Reichen gehören zu den blutigsten in Indiens Geschichte – und im Lauf zweier Jahrhunderte brachten sie nicht einmal ein Ergebnis.

DER KAMPF UM DIE SEELE INDIENS

Gegründet als Allianz hinduistischer Königreiche, die sich zusammengetan hatten, um der Bedrohung durch die Muslime entgegenzutreten, wurde das Vijayanagar-Reich schnell zu einem der wohlhabendsten und größten Hindu-Reiche Indiens. Unter Bukka I. (reg. 1343–1379) brachte es den größten Teil Südindiens unter seine Kontrolle.

Zwischen den Vijayanagars und dem Bahmani-Sultanat, die sich in Südiniden gegenüberstanden, herrschte ein Patt. Das Vijayanagar-Heer hatte gelegentlich die Oberhand, aber meist unterlag es den Bahmani. Die Gräuel, die von beiden Seiten begangen wurden, liegen jenseits aller Vorstellungskraft. 1366 rächte sich Bukka I. für eine vermeintliche Beleidigung, indem er den muslimischen Stützpunkt in Mudkal einnahm und alle Bewohner abschlachten ließ – bis auf einen. Dieser konnte fliehen und überbrachte Sultan Mohammad Shah die Schreckensbotschaft. Mohammad schwor, dass er keine Ruhe geben würde, bis er 100 000 Hindus umgebracht hätte. Doch es kam noch schlimmer: Glaubt man dem muslimischen Historiker Firishtah, verloren im nächsten Feldzug 500 000 „Ungläubige" ihr Leben.

Irgendwie gelang es dem Vijayanagar-Reich, zu bestehen. 1484 zerfiel das Bahmani-Sultanat und fünf separate Königreiche entstanden, basierend auf den größten Städten: Berar, Ahmednagar, Bidar, Bijapur und Golconda. Von diesen Städten sind in Bijapur und Bidar bis heute die einnehmendsten Spuren muslimischer Herrschaft zu finden. Doch insgesamt erlebte das Hindu-Reich, dem wenig Widerstand aus dem Norden entgegengesetzt wurde, eine goldene Ära mit einer nahezu unangefochtenen Herrschaft über den Süden. 1520 nahm der Vijayanagar-König Krishnadevaraya sogar Bijapur ein.

Wie im Fall des Bahmani-Sultanats offenbarten sich aber auch im Reich der Vijayanagars Bruchstellen. Eine Serie von Aufständen spaltete das Königreich exakt zu der Zeit, als die muslimischen Sultanate den Grundstein für eine neue Allianz gelegt hatten. 1565 wurde Hampi zerstört. Zwar gelang dem letzten Vijayanagar-Herrscher die Flucht und die Dynastie konnte noch Jahre weiterbestehen, doch die eigentliche Macht fiel regionalen muslimischen Herrschern oder hinduistischen Führern zu, die früher loyal zu den Vijayanagar-Königen gehalten hatten. Diese Epoche aber, die zu den blutigsten der indischen Geschichte gehört, fand erst ein Ende, als die Bahmani-Köngreiche an die Moguln gingen.

1345 Im Dekkan wird nach einer Revolte gegen die Tughluks von Dehli das Bahmani-Sultanat errichtet. Die Hauptstadt wird in Gulbarga gegründet, im heutigen Norden von Karnataka, und später nach Bidar verlegt.

1398 Timur Lenk (Tamerlan) erobert unter dem Vorwand, die Sultane von Delhi gingen zu tolerant mit ihren hinduistischen Untertanen um, Delhi. Vor der Schlacht von Delhi lässt er Zehntausende Hindus hinrichten.

1469 Guru Nanak, der Begründer des Sikhismus, der bis heute in und außerhalb von Indien Millionen von Anhängern hat, wird in einem Dorf in der Nähe von Lahore (im heutigen Pakistan) geboren.

1484 Als Folge einer Unabhängigkeitsbewegung beginnt das Bahmani-Sultanat zu zerfallen; als Erstes rebelliert Berar. 1518 gibt es fünf Sultanate im Dekkan: Berar, Ahmadnagar, Bidar, Bijapur und Golconda.

Die Moguln

Bereits während der letzten Tage der Vijayanagar-Herrschaft begann sich das nächste indische Reich herauszubilden. Das riesige Mogulreich sollte während seiner Blütezeit fast den ganzen Subkontinent einnehmen. Doch seine Bedeutung beruhte nicht nur auf seiner Größe. Die Großmoguln herrschten in einem goldenen Zeitalter der Kunst und Dichtung; als leidenschaftliche Baumeister gaben sie einige der eindrucksvollsten Bauwerke in Auftrag, darunter das einzigartige Taj Mahal (S. 388).

Der Gründer der Moguldynastie, Babur (reg. 1526–1530), stammte sowohl von Dschingis Khan als auch von Timur Lenk ab. Ausgerüstet mit diesem eindrucksvollen Stammbaum drang er 1525 aus seiner Hauptstadt bei Kabul im Punjab ein. Seine technische Überlegenheit durch den Einsatz von Schusswaffen und das Geschick, Artillerie und Kavallerie gleichzeitig ins Feld zu schicken, ermöglichten es Babur, die größeren Heere des Sultans von Delhi in der Schlacht von Panipat 1526 zu schlagen.

Trotz dieses erfolgreichen Auftakts unterlag Baburs Sohn Humayun (reg. 1530–1556) 1539 einem mächtigen Herrscher Ostindiens, Sher Shah. Nach dem Tod Sher Shahs 1545 kehrte Humayun zurück, um Anspruch auf dessen Königreich zu erheben und schließlich 1555 Delhi zu erstürmen. Doch schon ein Jahr später starb er; ihm folgte sein junger Sohn Akbar (reg. 1556–1605) auf den Thron, der während seiner Herrschaft das Imperium so erweiterte und festigte, dass er am Ende über ein Gebiet kolossalen Ausmaßes regierte.

Als ob er seinem Namen gerecht werden müsse – Akbar bedeutet auf Arabisch „groß“ –, wurde aus Akbar vielleicht der Größte der Moguln. Er hatte nicht nur die militärischen Fähigkeiten, die ein Herrscher seiner Zeit brauchte, sondern war zudem gerecht, weise und kultiviert. Im Gegensatz zu früheren muslimischen Herrschern erkannte er, dass zu viele Hindus in Indien lebten, um sie zu unterjochen. Stattdessen integrierte er sie erfolgreich in sein Reich und setzte sie auch als Berater, Generäle und Verwalter ein. Überhaupt hatte Akbar ein großes Interesse an religiösen Dingen, viel Zeit verbrachte er bei Gesprächen mit Experten aller Glaubensrichtungen – auch mit Christen und Parsen. Trotz alledem war Akbars Toleranz anderen Kulturen gegenüber auch begrenzt – Massaker an den Hindus und anderen Minderheiten waren während seiner Herrschaft ebenfalls an der Tagesordnung.

Nach Akbars Tod bestieg Jehangir (reg. 1605–1627) den Thron und bewahrte das Imperium seines Vaters, obwohl dessen Autorität mehrfach herausgefordert wurde. In ruhigen Zeiten verbrachte er viel Zeit in seinem geliebten Kaschmir; 1627 starb er auf einer Reise dorthin. Nachfolger wurde sein Sohn Shah Jahan (reg. 1627–1658), der seine Position

Amar Chitra Katha, eine sehr populäre Reihe von Comic-Büchern zur indischen Folklore, Mythologie und Geschichte, bietet mehrere Titel über Shivaji, darunter *Shivaji – The Great Maratha, Tales of Shivaji* und *Tanaji, the Maratha Lion*, ein Buch über Shivajis engen Freund und Kampfgenossen.

Plain Tales from the Raj, herausgegeben von Charles Allen, enthält eine faszinierende Reihe von Interviews mit Personen, die im britisch beherrschten Indien auf der einen oder anderen Seite des Verhandlungstischs eine wichtige Rolle spielten.

1498

Der portugiesische Seefahrer Vasco da Gama entdeckt die Seeroute von Europa nach Indien. Als erster Europäer, der Indien über den Seeweg erreichte, engagiert er sich im Handel mit dem dortigen Adel.

1510

Unter der Führung von Alfonso de Albuquerque erobern die Portugiesen Goa. Sein erster Versuch war noch von Sultan Adil Shah von Bijapur vereitelt worden. Nach dem Tod des Shahs ist er erfolgreich.

1526

Nachdem er Delhi erobert hat, wird Babur der erste Großmogul. Bei seinen Siegen in Rajasthan profitiert die zahlenmäßig massiv unterlegene Armee von der Einführung von Luntenschloss-Musketen.

1542–1545

Erste Missionsreise des hl. Francisco de Xavier nach Indien: Er predigt in Goa, Tamil Nadu und Sri Lanka den Katholizismus und kehrt 1548/49 und 1552 zwischen Reisen in den Fernen Osten zurück.

sicherte, indem er alle männlichen Verwandten, die ihm im Weg standen, hinrichten ließ. Während seiner Herrschaft entstanden einige der prächtigsten Bauwerke der Mogulära: Er gab das Taj Mahal und das gewaltige Red Fort (S. 64) in Delhi in Auftrag und ließ das Red Fort (S. 392) in Agra in einen Palast umwandeln, der später sein Gefängnis werden sollte.

White Mughals von William Dalrymple erzählt die wahre Geschichte eines Soldaten der Britischen Ostindien-Kompanie, der eine indisch-muslimische Prinzessin heiratete – eine tragische Liebesgeschichte voller Haremspolitik, Intrigen und Spionageaktionen.

Denn der letzte Großmogul, Aurangzeb (reg. 1658–1707), ein religiöser Fanatiker, ließ seinen Vater (Shah Jahan) inhaftieren und trat nach einem zweijährigen Kampf gegen seine Brüder die Thronfolge an. Aurangzeb vergrößerte das Königreich und machte dabei denselben Fehler wie Mohammed Tughluk etwa 300 Jahre zuvor: Die Kombination aus dekadentem Leben am Hof, dem Unmut der hinduistischen Bevölkerung über die überzogenen Steuern und religiöser Intoleranz schwächte die Macht der Moguln.

Außerdem wurde das Reich durch die Marathen in Zentralindien und durch die Briten in Bengalen ernsthaft bedroht. Nach Aurangzebs Tod 1707 ging es mit dem Reich schnell bergab, und 1739 wurde Delhi von dem Perser Nadir Schah geplündert. Die Mogul-„Herrscher" blieben zwar bis zum Indischen Aufstand 1857 an der Macht, doch waren sie Herrscher ohne Reich.

Die Rajputen & die Marathen

Auch in der Mogulära gab es weiterhin starke hinduistische Mächte, vor allem die Rajputen. Die Rajputen, die Thronerben Rajasthans, waren eine Kaste stolzer Krieger, die sich streng an ritterliche Gebote hielten, sowohl im Kampf als auch bei der Staatsführung. Sie wehrten alle ausländischen Eindringlinge auf ihrem Territorium ab, waren jedoch nie geschlossen genug. Wenn sie gerade nicht gegen Angreifer in die Schlacht zogen, waren sie damit beschäftigt, sich gegenseitig zu bekämpfen – was letztlich dazu führte, dass sie zu Vasallen des Mogulreichs wurden. Ihr Geschick im Kampf war jedoch unbestritten: Einige der besten Soldaten in den Heeren der Großmoguln waren Rajputen.

Die Marathen waren weniger ritterlich, letztlich aber erfolgreicher. Sie traten erstmals unter ihrem großen Anführer Shivaji, auch Chhatrapati Shivaji Maharaj genannt, in Erscheinung, dessen große Popularität darauf beruhte, dass er sich gegenüber muslimischen Herrschern für die Belange der Hindus einsetzte. Zwischen 1646 und 1680 glänzte Shivaji durch heldenhafte Kämpfe gegen die Moguln in großen Teilen Zentralindiens. Einmal wurde Shivaji von den Moguln gefangen genommen und nach Agra gebracht. Dort jedoch gelang es ihm – natürlich – zu flüchten und seine Abenteuer fortzusetzen. Wandernde Geschichtenerzähler berichten heute noch gern über seine sagenhaften Heldentaten. Vor allem in Maharashtra, dem Schauplatz vieler seiner wilden Abenteuer, wird er

1556

Nach dem Tod Humayuns erobert Hemu, ein Hindugeneral in Adil Shah Suris Armee, die Stadt Delhi. Er regiert kaum einen Monat. Dann verliert er in der 2. Schlacht von Panipat gegen Akbar.

1556–1605

Unter Akbar erlebt das Mogulreich seine glanzvollste Zeit. Er erschafft ein Großreich, respektiert hinduistische Glaubensvorstellungen und prägt einen aufgeklärten Herrschaftsstil.

1560–1812

Portugiesische Inquisition in Goa: Hindus und Muslime, die sich dem neuen Glauben widersetzen, werden angeklagt und hingerichtet. Abgeschafft wurde die Einrichtung erst im Jahr 1812.

1600

Die britische Königin Elisabeth I. verleiht der Ostindischen Kompanie den ersten Handelsfreibrief. Die Jungfernfahrt findet 1601 unter dem Kommando von Sir James Lancaster statt.

als Held gefeiert (man findet den Namen Shivaji heute überall in Mumbai). Man verehrt ihn auch deshalb, weil er als Angehöriger der niederen Shudra-Kaste bewies, dass große Krieger nicht unbedingt der Kshatriya-Kaste, der Soldatenkaste, entstammen müssen.

Shivajis Sohn wurde von Aurangzeb gefangen genommen, geblendet und hingerichtet. Auch sein Enkel war nicht aus demselben Holz geschnitzt, und so fiel das Reich der Marathen unter die Herrschaft der Peshwas, der Familie des Ersten Ministers, dessen Amt erblich geworden war. Sie übernahm die eigentliche Macht und gewann allmählich auch immer mehr Einfluss auf das geschwächte Mogulreich.

1761 wurde der Ausdehnung der Macht der Marathen bei Panipat schlagartig ein Ende breitet. An der Stelle, an der Babur mit einem glorreichen Sieg vor 200 Jahren das Mogulreich begründet hatte, unterlagen nun die Marathen Ahmad Shah Durrani aus Afghanistan. Die Ausdehnung der Marathen nach Westen wurde damit gestoppt. Und obwohl sie die Kontrolle über Zentralindien festigen konnten, unterlagen sie am Ende der letzten Großmacht Indiens: den Briten.

Europa „entdeckt" Indien für sich

Im 15. Jh. machten sich die Portugiesen an die Suche nach einem Seeweg gen Osten, um ihren Gewürzhandel ohne Zwischenhändler betreiben zu können. Zudem hofften sie, das Reich eines legendären christlichen Herrschers, des Priesterkönigs Johannes, zu finden und, über ihn, den sagenumwobene Jungbrunnen. Stattdessen aber fanden sie lukrative Geschäfte an der Indischen Küste und eine prosperierende Syrisch-Christliche Gemeinde.

1498 landete Vasco da Gama nach seiner Umseglung des Kaps der Guten Hoffnung an der Küste des heutigen Kerala. Da die Portugiesen diese Route als erste entdeckten, sicherten sie sich ein 100-jähriges Monopol im Handel Europas mit Indien und dem fernen Osten. 1510 eroberten sie Goa, im Jahr 1531 dann Diu. Goa war die letzte noch in europäischer Hand verbliebene Kolonie auf indischem Boden – bis schließlich 1961 die indische Armee einmarschierte und auch hier die Macht übernahm. In seiner Hochzeit soll der Warenstrom, der durch das „Goldene Goa" floss, den von Lissabon übertroffen haben. Die Portugiesen verfügten aber nicht über die Ressourcen, um ein Weltreich zu erhalten, sodass sie nach Ankunft der Briten und Franzosen rasch ins Abseits gerieten.

Im Jahr 1600 stellte Königin Elisabeth I. einer Londoner Handelsgesellschaft einen Freibrief aus, der dieser das Monopol des britischen Handels mit Indien sicherte. 1613 gründeten Vertreter der Ostindischen Kompanie ihr erstes Handelskontor bei Surat in Gujarat. Weitere britische Handelsniederlassungen, die von Vertretern der Gesellschaft geleitet wurden, errichtete man 1639 in Madras (Chennai), 1661 in Bombay

Die Briten brachten vieles nach Indien, doch so manches beschritt auch den umgekehrten Weg, darunter Dutzende von Lehnwörtern: Pyjama, Shampoo, *bandanna*, *dinghi* (Jolle), *bangle* (Armreif), Bungalow und viele weitere Begriffe haben in Hindi oder Urdu ihren Ursprung.

1631

Nachdem Shah Jahan, von der Trauer über den Tod seiner Frau Mumtaz Mahal überwältigt, geschworen hat, das schönste Mausoleum der Welt zu bauen, beginnen die Arbeiten am Taj Mahal.

1673

Die Compagnie française des Indes orientales (Französische Ostindische Kompanie) errichtet in Pondicherry einen Außenposten, um den sich die Franzosen, Niederländer und Briten streiten.

1674

Shivaji begründet das Marathen-Königreich, das Westindien, Teile der Dekkan Region und Nordindien umfasst. Er nimmt den Herrschaftstitel Chhatrapati (Großer Beschützer) an.

1707

Der Tod von Aurangzeb, der letzten großen Herrscherpersönlichkeit des Mogulreichs, läutet dessen schleichenden Untergang ein. Es herrscht zunehmend Anarchie.

(Mumbai) und 1690 in Kalkutta (Kolkata). Knapp 250 Jahre lang wurde Britisch-Indien also von einer Handelsgesellschaft „regiert" – die britische Regierung blieb außen vor.

Bis 1672 hatten sich die Franzosen in Pondicherry (Puducherry) angesiedelt – einer Enklave, die auch nach dem Rückzug der Briten bestehen blieb und in der noch heute unverkennbare architektonische Spuren der französischen Ära zu sehen sind. Damit begann die über ein Jahrhundert andauernde Rivalität zwischen den Briten und den Franzosen, bei der es nicht zuletzt um die Kontrolle des Handels mit Indien ging. Einmal

DER INDISCHE AUFSTAND (SEPOY-AUFSTAND)

1857, ein halbes Jahrhundert nachdem die Briten Indien fest unter ihre Kontrolle gebracht hatten, erlitten sie einen herben Rückschlag. Bis heute werden die Gründe für den Aufstand – damals als Indische Meuterei und später von nationalistischen Historikern als Unabhängigkeitskrieg bezeichnet – diskutiert. Zu den Hauptursachen gehörten die Einfuhr von Billiggütern wie Textilien aus England, wodurch die Lebensgrundlage vieler Inder zerstört wurde, aber auch die Enteignung der Territorien zahlreicher Herrscher und die Steuern, die von Landbesitzern erhoben wurden.

Das Ereignis, das man allgemein für den Auslöser hält, fand am 10. Mai 1857 in einer Kaserne in Meerut in Uttar Pradesh statt. Es verbreitete sich das Gerücht, dass eine neue Art von Gewehrpatronen mit Fett geölt würde, von dem die Hindus behaupteten, es sei Kuhfett; die Muslime dagegen waren der Überzeugung, es stamme von Schweinen. Das Problem dabei: Zum Laden eines Gewehres musste man das Ende der eingefetteten Patrone abbeißen. Schweine werden jedoch von den Muslimen als unrein angesehen, Kühe sind dagegen den Hindus heilig. Kein Wunder also, dass es durch die Gerüchte zu erheblichen Unruhen kam.

In Meerut ging man das Problem mit einem einzigartigen Mangel an Urteilsvermögen an. Der kommandierende Offizier ließ seine Soldaten antreten und befahl ihnen, das Ende der ausgegebenen Patronen abzubeißen. Wer sich weigerte, wurde sofort ins Gefängnis gesteckt. Am nächsten Morgen rebellierten die Soldaten der Garnison. Sie erschossen ihre Offiziere und marschierten nach Delhi. Von den 74 indischen Bataillonen der Bengalen-Armee blieben sieben (eine davon Gurkhas) loyal, 20 wurden entwaffnet, die übrigen 47 meuterten. Die Soldaten und Bauern sammelten sich um den alternden Großmogul in Delhi. Delhi konnten sie einige Monate halten und die britische Residenz in Lucknow fünf Monate lang belagern, bevor der Aufstand schließlich niedergeschlagen wurde. Der Zwischenfall hinterließ tiefe Wunden auf beiden Seiten.

Die Ostindische Kompanie wurde fast unverzüglich aufgelöst, woraufhin die britische Regierung selbst die direkte Kontrolle über das Land übernahm. Die restlichen Gebiete gehörten zu Fürstentümern, den sogenannten Princely States, deren Herrscher unterstützt wurden und die ihre Angelegenheiten größtenteils selbst regeln sollten, solange sie den Briten gegenüber loyal blieben.

1757

Die Ostindische Kompanie verzeichnet ihren ersten militärischen Erfolg auf indischem Boden. In der Schlacht von Plassey schlägt Robert Clive den Nawab von Bengalen, Siraj-du-Daulah.

1801

Ranjit Singh wird Maharadscha (Großer König) der gerade geeinten Sikhs und schmiedet von seiner Hauptstadt in Lahore (im heutigen Pakistan) aus ein mächtiges neues Königreich.

1830er-Jahre

Englisch löst Persisch als offizielle Amtssprache ab. Dennoch gelingt es den Briten kaum, eine einheitliche, geordnete Verwaltung aufzubauen.

1828–1858

Lakshmibai, Rani von Jhansi: Die Königin des Marathen-Staates führt ihre Armeen gegen die Briten, die Jhansi nach dem Tod ihres Ehemannes 1853 erobern. Sie stirbt in der Schlacht.

schien es gar, als hätten die Franzosen die Oberhand, spätestens nach dem Siebenjährigen Krieg (1756–1763) sollten sie jedoch keine große Rolle mehr spielen. Die französischen Ambitionen ebbten 1750 ohnehin ab, als die Direktoren der Französischen Ostindien-Kompanie meinten, ihre Vertreter befassten sich zu viel mit Politik und zu wenig mit Handel. Leitende Mitarbeiter wurden gefeuert, und mit den Briten traf man ein Abkommen. Die Entscheidung sorgte letztlich dafür, dass Frankreich als einflussreicher Faktor vom Subkontinent verschwand.

Englands Aufstieg zur Macht

Die Verwandlung der Briten von Händlern zu Gouverneuren begann eher beiläufig. Nachdem sie von den Moguln die Erlaubnis erhalten hatten, in Bengalen Handel zu treiben und zudem 1690 bei Kalkutta ein neues Handelskontor errichtet hatten, belebte sich das Geschäft rasant. Unter dem kritischen Blick des Nawabs (eines lokalen Machthabers) nahmen die britischen Handelsaktivitäten immer mehr zu und die „Faktoreien" bekamen ein immer festungsähnlicheres Aussehen.

Schließlich entschied der Nawab, dass die Macht der Briten zu große Ausmaße angenommen habe. Im Juni 1756 griff er Kalkutta an, nahm die Stadt ein und ließ die britischen Gefangenen in eine winzige Zelle sperren. Der Raum war so eng und stickig, dass viele den nächsten Morgen nicht mehr erlebten.

Sechs Monate später führte Robert Clive, der im Militärdienst der Ostindischen Kompanie stand, eine Expedition zur Rückeroberung Kalkuttas an. Er vereinbarte mit einem der Generäle Nawabs, Letzteren zu stürzen. Dies sollte ihm 1757 in der Schlacht von Plassey (heute Palashi) auch gelingen – und der General, der ihn dabei unterstützt hatte, wurde auf den Thron gesetzt. Die Briten hatten nun die tatsächliche Kontrolle über Bengalen. In der folgenden Zeit begann unter den Vertretern der Kompanie eine Periode skrupelloser Geschäftemacherei. Als einer der nachfolgenden Nawabs schließlich den Kampf aufnahm, um seine eigenen Interessen zu schützen, wurde er in der Schlacht von Baksar 1764 geschlagen – ein Sieg, der die Vormacht der Briten in Ostindien festigte.

1771 wurde Warren Hastings Gouverneur von Bengalen. In seiner Amtszeit weitete die Kompanie ihre Kontrolle massiv aus. Er profitierte davon, dass nach dem Zerfall des Mogulreichs in Indien ein Machtvakuum entstanden war. Die Marathen, die als einzige diese Lücke hätten ausfüllen können, waren untereinander gespalten. Hastings nutzte dies aus und schloss eine Reihe von Verträgen mit lokalen Statthaltern, darunter auch mit dem führenden Herrscher der Marathen. Ab 1784 übernahm die britische Regierung in London eine direktere Rolle bei der Aufsicht über die Angelegenheiten in Indien, auch wenn das Territorium bis 1858 offiziell weiterhin von der Ostindischen Kompanie verwaltet wurde.

Kolonialzeitliche Architektur

Der Colaba und Kala Ghoda, Mumbai (britisch)

BBD Bagh und Umgebung, Kolkata (britisch)

Altstadt von Goa und Panjim, Goa (portugiesisch)

Puducherry, Tamil Nadu (französisch)

1857

Indischer Aufstand: Da ein nationaler Anführer fehlt, überreden die Freiheitskämpfer den Mogul Bahadur Shah Zafar dazu, sich zum Kaiser von Indien auszurufen.

1858

Die britische Regierung ergreift die Kontrolle über Indien – wobei die Macht offiziell von der Ostindischen Kompanie auf die Krone übertragen wird. Damit beginnt die Zeit Britisch-Indiens (British Raj).

1869

Die Eröffnung des Sueskanals fördert den Handel aus Europa und macht Bombay zu Indiens wichtigstem Hafen. Die wirtschaftliche Bedeutung von Bombay nimmt drastisch zu.

1885

Der Indische Nationalkongress, die erste politische Organisation Indiens, wird gegründet. Sie ist eine Plattform für gebildete Inder und wird beim langen Kampf um Indiens Freiheit eine Schlüsselrolle einnehmen.

Im Süden herrschte aufgrund der britisch-französischen Rivalität ein ziemliches Durcheinander – ein Herrscher wurde gegen den anderen ausgespielt. Dies zeigte sich am deutlichsten während der Mysore-Kriege, bei denen Hyder Ali und sein Sohn Tipu Sultan, die beiden letzten Könige Mysores, gegen die Briten kämpften. Im 4. Mysore-Krieg (1789–1799) wurde Tipu Sultan bei Srirangapatnam getötet und die Macht der Briten wuchs wieder etwas. Der lange Kampf gegen die Marathen endete schließlich einige Jahre später, nur der von den Sikhs beherrschte Punjab entkam vorläufig noch der Kontrolle der Briten. Doch 1849 wurde nach den beiden Sikh-Kriegen auch der Punjab erobert.

Zu Beginn des 19. Jhs. stand Indien faktisch unter britischer Kontrolle. Trotzdem blieb ein Flickenteppich von Staaten erhalten, viele nominell unabhängig und regiert von eigenen Herrschern – den Maharadschas (oder Fürsten mit ähnlichem Titel) und den Nawabs. Zwar verwalteten diese „Fürstenstaaten" ihre Territorien selbst, doch wurde ihnen noch ein System zentraler Verwaltung übergestülpt. In der indischen Regierung und im öffentlichen Dienst wurden dazu britische Bürokratiemodelle kopiert – ein Erbe, das bis heute erhalten geblieben ist. Der am Profit orientierte Handel stand weiterhin im Zentrum der britischen Herrschaft in Indien, was weitreichende Veränderungen mit sich brachte. Eisenerz- und Kohlebergbau wurden aufgebaut, Tee, Kaffee und Baumwolle wurden die wichtigsten landwirtschaftlichen Produkte. Man begann, das riesige Schienennetz zu errichten, das heute noch in Betrieb ist, und Bewässerungsprojekte wurden gestartet. Außerdem förderte man das zamindar-(Grundbesitzer-)System, was aber zur Entstehung eines verarmten und landlosen Kleinbauernstandes erheblich beitrug.

The Proudest Day – India's Long Road to Independence von Anthony Read und David Fisher ist eine fesselnde Beschreibung von Indiens Zeit vor der Unabhängigkeit.

Die Briten führten zusätzlich Englisch als Amtssprache ein. Das erschien ihnen entscheidend in einem Land mit so vielen verschiedenen Sprachen, sorgte aber gleichzeitig zwischen den neuen Herrschern und der Bevölkerung für Distanz.

Der lange Weg in die Unabhängigkeit

Anfang des 20. Jhs. nahm der Widerstand gegen die Briten allmählich zu, angeführt vor allem vom Indischen Nationalkongress (Indian National Congress, INC), der ältesten politischen Partei des Landes, die auch als Kongresspartei oder einfach als Kongress bekannt ist.

Die 1885 gegründete Partei begann rasch, sich mehr und mehr für eine Beteiligung an der Regierung Indiens einzusetzen. 1905 löste der höchst unpopuläre Versuch, Bengalen zu teilen, Massendemonstrationen aus und erregte den massiven Widerstand der Hindus. Dies wiederum hatte zur Folge, dass die Muslime eine eigene Partei bildeten, die Muslimliga, die für die Wahrung ihrer Rechte bei allen künftigen politischen Entscheidungen eintrat. Während sich die Situation zuspitzte,

1891
Bhimrao Ramji Ambedkar, Aktivist, Ökonom, Anwalt und Autor, wird in eine arme, kastenlose Familie geboren. Er erringt mehrere höhere akademische Grade, wird Buddhist und verteidigt engagiert die Rechte der Dalits.

1919
Massaker vom 13. April an unbewaffneten indischen Demonstranten in Jallianwala Bagh in Amritsar (Punjab). Gandhi reagiert mit seinem Programm des zivilen (gewaltfreien) Ungehorsams gegen die Briten.

1930
Mit dem Salzmarsch demonstriert Gandhi gegen das britische Salzmonopol. Mit 78 Anhängern marschiert er vom Sabarmati-Ashram zum Arabischen Meer und fordert seine Mitmenschen zum Gewaltverzicht auf.

1940
Die Muslimliga nimmt ihre Lahore-Resolution an. Sie tritt für eine umfassendere Autonomie der Muslime in Indien ein. Es folgen Kampagnen für die Errichtung eines eigenen islamischen Staates.

bildeten sich zudem zwei hinduistische Lager, eine gemäßigte und eine radikale Fraktion, wobei die letztgenannte ihre Ziele mittels Gewalt verwirklichen wollte.

Als der Erste Weltkrieg ausbrach, entspannte sich die politische Situation. Indien beteiligte sich in großem Maße am Krieg (über 1 Mio. Inder meldeten sich freiwillig zur Armee und wurden ins Ausland entsendet, über 100 000 starben). Die Führer der Kongresspartei hofften, der Blutzoll mache sich bezahlt. Als die Belohnung jedoch ausblieb, machte sich bald Unmut breit. Vor allem im Punjab kam es zu Tumulten. Im April 1919 entsandte die britische Armee ein Truppenkontingent in die Region, um die Unruhen in Amritsar niederzuschlagen: Soldaten schossen in eine Menge unbewaffneter Demonstranten im Jallianwala Bagh (S. 231). Die Nachricht über das Massaker verbreitete sich in Indien in Windeseile und machte zahllose bisher unpolitische Inder zu Anhängern und Gefolgsleuten der Kongresspartei.

Zu diesem Zeitpunkt fand die Kongress-Bewegung in Mohandas Gandhi einen neuen Führer. Der in Großbritannien ausgebildete Anwalt schlug einen gänzlich neuen Weg zur Indischen Selbstverwaltung namens *ahimsa* ein und organisierte den gewaltfreien Widerstand gegen die britische Herrschaft. Nicht alle, die am Freiheitskampf beteiligt waren, teilten Gandhis Meinung und folgten seiner Politik der Gewaltlosigkeit, dennoch standen die Kongresspartei und Gandhi beim Weg in die Unabhängigkeit an vorderster Front.

Als eine Teilung der Macht immer wahrscheinlicher wurde und die von Gandhi angeführte Massenbewegung an Schwung gewann, beschlossen die Muslime, ihr Schicksal in die eigene Hand zu nehmen. Die große muslimische Minderheit hatte Sorge, dass ein unabhängiges Indien von den Hindus dominiert werden würde und trotz des unvoreingenommenen Ansatzes Gandhis andere in der Kongresspartei nicht bereit wären, die Macht mit den Muslimen zu teilen. Ab den 1930er-Jahren erwogen die Muslime daher einen eigenen muslimischen Staat.

Der Ausbruch des Zweiten Weltkriegs brachte eine Zäsur in den politischen Ereignissen. Viele Anhänger der Kongresspartei wurden inhaftiert, damit sie die Kriegsbemühungen nicht behindern konnten.

Mahatma Gandhi

Mohandas Karamchand Gandhi, eine der bedeutendsten Persönlichkeiten des 20. Jhs., wurde am 2. Oktober 1869 in Porbandar, Gujarat, als Sohn eines Ministers geboren. Nach seinem Studium in London (1888–1891) arbeitete er als Rechtsanwalt in Südafrika. Hier begann sich der junge Gandhi für Politik zu interessieren und sich über die Diskriminierungen, deren Zeuge er wurde, zu empören. Rasch nahm er die Rolle als Sprachrohr der indischen Gemeinschaft an und trat für die Gleichheit aller ein.

Der Filmklassiker *Gandhi* unter der Regie von Richard Attenborough ist einer der wenigen Filme, der auf angemessene Weise ein Panorama von Indien und dem steinigen Weg zur Unabhängigkeit des Landes entwirft.

1942
Mahatma Gandhi beginnt seine Quit-India-Kampagne und fordert die Briten dazu auf, Indien zu räumen und das Land in die politische Unabhängigkeit zu entlassen.

1947
Am 14. August wird Pakistan gegründet, Indien einen Tag später unabhängig. Es folgen Massenmigrationen, da Hindus und Muslime in ihre jeweilige religiöse Heimat umsiedeln.

1947/48
Zum ersten Krieg zwischen Indien und Pakistan kommt es, als der Maharadscha von Kaschmir die Beitrittsurkunde unterzeichnet, mit der sein Fürstentum indisch wird.

30. Jan. 1948
Mahatma Gandhi wird in New Delhi vom hinduistischen Fanatiker Nathuram Godse ermordet. Godse und sein Mittäter Narayan Apte werden später angeklagt, verurteilt und am Galgen hingerichtet.

1915 kehrte Gandhi nach Indien zurück, wobei die Doktrin der *ahimsa* (Gewaltfreiheit) im Mittelpunkt seiner politischen Pläne stand. Gandhi verschrieb sich einem einfachen, disziplinierten Lebensstil. Er gründete den Sabarmati-Ashram in Ahmedabad, der als Erster auch Unberührbare zuließ.

Innerhalb eines Jahres hatte Gandhi seinen ersten Sieg errungen, als er sich gegen die Ausbeutung von Bauern in Bihar einsetzte. Bereits damals soll ihm ein Bewunderer – oft ist vom bengalischen Dichter Rabindranath Tagore die Rede – den Titel „Mahatma" (Große Seele) verliehen haben. Das Inkrafttreten der diskriminierenden Rowlatt Acts, denen zufolge bestimmte politische Fälle ohne Geschworene verhandelt werden konnten, spornten ihn 1919 zu weiteren Aktionen an – nun organisierte er einen nationalen Protest. In den Tagen nach seinem hartal (Streik) luden sich die Emotionen im Land auf. Nach dem Massaker an unbewaffneten Demonstranten in Amritsar fing Gandhi mit seinem Programm des gewaltfreien zivilen Ungehorsams gegen die Briten an.

Bis 1920 war Gandhi eine Schlüsselfigur im Indischen Nationalkongress, er koordinierte eine landesweite Kampagne der Nicht-Kooperation bzw. des satyagraha (passiven Widerstands), um sich gegen die Herrschaft der Briten aufzulehnen. Damit schürte er einerseits nationalistische Gefühle und machte sich andererseits die Briten zu Feinden. Anfang 1930 zog Gandhi die Aufmerksamkeit des Landes und der Welt auf sich, als er den Salzmarsch von Ahmedabad nach Dandi an der Küste von Gujarat anführte. Dort angekommen, hob Gandhi symbolisch etwas durch Verdunstung des Meerwassers entstandenes Salz auf, um so öffentlich gegen die verhasste Salzsteuer zu protestieren. Dafür inhaftiert – übrigens nicht zum ersten Mal – und 1931 wieder entlassen, vertrat er den Indischen Nationalkongress bei der zweiten Round Table Conference in London. Dabei gelang es ihm zwar, die Herzen des britischen Volkes zu erobern, echte Zugeständnisse der Regierung erreichte er aber nicht.

Desillusioniert von der Politik trat er 1934 den Vorsitz der Kongresspartei ab. Erst 1942 erschien er mit der Kampagne Quit India (Raus aus Indien!) erneut auf der politischen Bühne. Sie sollte die Briten unmissverständlich dazu auffordern, Indien sofort zu verlassen. Seine Aktionen wurden als subversiv eingestuft; zusammen mit den meisten Führungsmitgliedern der Kongresspartei musste er erneut den Gang ins Gefängnis antreten.

Von den turbulenten Verhandlungen nach dem Krieg blieb Gandhi weitgehend ausgeschlossen; hilflos musste er mit ansehen, wie Pläne zur Teilung des Landes geschmiedet wurden – in seinen Augen eine Tragödie. Gandhi führte den Kampf um Toleranz und die Erhaltung eines ungeteilten Indiens fast alleine. Mit seiner Arbeit im Namen der Angehörigen aller Glaubensgemeinschaften zog er unweigerlich den Unmut

Gandhi-Stätten

- *Raj Ghat, Delhi*
- *Gandhi Smriti, Delhi*
- *Anand Bhavan, Allahabad*
- *Sabarmati-Ashram, Ahmedabad*
- *Kaba Gandhi No Delo, Rajkot*
- *Mani Bhavan, Mumbai*
- *Gandhi National Memorial, Pune*

17. Sept. 1948
Asaf Jah VII., der letzte Nizam von Hyderabad, unterwirft sich der indischen Regierung. Die muslimische Dynastie war von Pakistan unterstützt worden, hatte sich aber geweigert, einem der neuen Staaten beizutreten.

1948–1956
Rajasthan nimmt Form an, als die Fürstenstaaten die Beitrittsurkunde unterzeichnen und ihre Territorien aufgeben. Sie werden in die neu geschaffene Republik Indien eingebunden.

1949
Die Verfassung Indiens, die ein 308-köpfiger Stab erarbeitet hat, wird verabschiedet. Den Vorsitz über das auch aus Menschen unterer Kasten zusammengesetzte Verfassungskomitee hat B. R. Ambedkar.

26. Jan. 1950
Indien wird eine Republik. Das Datum erinnert an die Purna Swaraj Declaration (Unabhängigkeitserklärung), die vom Indischen Nationalkongress 1930 verkündet wurde.

fanatischer Hindus auf sich. Auf seinem Weg zu einem Gebetstreffen in Delhi am 30. Januar 1948 wurde Gandhi von dem hinduistischen Fanatiker Nathuram Godse ermordet.

Unabhängigkeit & Teilung Indiens

Der Sieg der Labour Party bei den Wahlen in Großbritannien im Juli 1945 veränderte die politische Landschaft dramatisch. Erstmals wurde die Unabhängigkeit Indiens als rechtmäßiges Ziel anerkannt. Die Londoner Regierung hatte jedoch noch keine Lösung für das Problem, wie man mit den widersprüchlichen Forderungen der zwei großen indischen Parteien umgehen solle. Mohammed Ali Jinnah, Vorsitzender der Muslimliga, wollte einen separaten muslimischen Staat, während sich die Kongresspartei unter der Führung von Jawaharlal Nehru für ein unabhängiges, größeres Indien stark machte.

Anfang 1946 scheiterte ein Versuch der Briten, die beiden Seiten zusammenzubringen – tatsächlich gab es Hinweise, dass die Briten gezielt Ressentiments auf beiden Seiten gefördert hatten, um einen einheitlichen Widerstand zu entmutigen – das Land schlitterte einem Bürgerkrieg entgegen. Als die Muslimliga im August 1946 den „Direct Action Day" ausrief, eskalierte dies in der Ermordung von Hindus in Kalkutta, was wiederum Vergeltungsmaßnahmen gegen die Muslime hervorrief. Im Februar 1947 traf die nervöse britische Regierung die folgenschwere Entscheidung, Indien im Juni 1948 in die Unabhängigkeit zu entlassen. Außerdem wurde Vizekönig Lord Wavell durch Lord Louis Mountbatten ersetzt.

Der neue Vizekönig versuchte, die Konfliktparteien auf ein geeintes Indien einzuschwören – ohne Erfolg. Das Land ging auf eine Teilung zu, was nur von Gandhi vehement abgelehnt wurde. Und angesichts zunehmender Unruhen traf Mountbatten die voreilige Entscheidung, die Unabhängigkeit auf den 15. August 1947 vorzuverlegen.

Die Entscheidung für eine Zwei-Staaten-Lösung wog schon schwer genug, den Verlauf der Trennlinie festzulegen, war jedoch fast unmöglich. Einige Regionen waren eindeutig hinduistisch oder muslimisch, in anderen aber lebten zu gleichen Teilen Muslime und Hindus – und dann gab es noch Gebiete, in denen wie auf Inseln religiöse Minderheiten mit anderen Glaubensrichtungen dominierten. Zudem befanden sich die beiden überwiegend muslimischen Regionen an gegenüberliegenden Ecken des Landes, was zwangsläufig dazu führte, dass Pakistan in eine östliche und westliche Hälfte aufgeteilt werden musste, getrennt durch ein feindlich gesinntes Indien. Die Instabilität dieser Konstruktion war offensichtlich, doch es sollte weitere 25 Jahre dauern, bis es zur vorhersehbaren Trennung kam und Ostpakistan sich schließlich als Bangladesch vom Westen löste.

Das Wort Pakistan war ursprünglich ein Akronym, das von einer Gruppe von Cambridge-Muslimen erdacht wurde, um ein Heimatland zu definieren: P(unjab), A(fghania), K(ashmir), I(ran), S(indh), T(urkharistan), A(fghanistan) und (Belutschie) N. Es verschmilzt auch die Begriffe Pak, ein persisches Wort für „rein/ sauber" und Sthana, ein indoarischer Begriff für „Ort".

1961

Indische Truppen übernehmen Goa in einer nur 48 Stunden dauernden Aktion. Die Ära des europäischen Kolonialismus in Indien ist vorbei.

1962

Indisch-Chinesischer Grenzkrieg über das Nordöstliche Grenzterritorium und Ladakh: China besetzt die umstrittenen Gebiete und beendet den Krieg mit einem einseitigen Waffenstillstand.

1965

Geplänkel in Kaschmir und im Rann von Kachchh (Gujarat) lösen den Zweiten Indisch-Pakistanischen Krieg aus, die größten Schlachten seit dem Zweiten Weltkrieg. Sie enden mit einem überwachten Waffenstillstand.

1966

Indira Gandhi, die Tochter Jawaharlal Nehrus, die wegen ihres energischen Regierungsstils bis heute unvergessen ist, wird zur Ministerpräsidentin.

Ein unabhängiger britischer Schlichter wurde mit der leidigen Aufgabe betraut, die Grenzlinie zu ziehen, wohl wissend, dass die Folgen für unzählige Menschen katastrophal sein würden. Die Entscheidungen

DER KASCHMIR-KONFLIKT

Kaschmir ist das Symbol der ungestümen Teilung Indiens. Auf dem Weg in die Unabhängigkeit wurde die heikle Aufgabe, eine indisch-pakistanische Grenze zu ziehen, dadurch erschwert, dass die Fürstenstaaten Britisch-Indiens nominell unabhängig waren. Deren Herrscher wurden daher befragt, zu welchem Land sie gehören wollten. Kaschmir war ein vorwiegend muslimischer Staat, hatte jedoch einen hinduistischen Mahardscha namens Hari Singh, der die Entscheidung hinauszuschieben versuchte. Eine Paschtunen-Armee überquerte die Grenze, um nach Srinagar vorzudringen und Kaschmir für Pakistan zu annektieren. Von deren Vormarsch in Angst versetzt, bat der Maharadscha Indien um bewaffnete Unterstützung. Die indischen Truppen trafen gerade noch rechtzeitig ein, um den Fall Srinagars zu verhindern. Der Maharadscha entschied sich für Indien und unterzeichnete im Oktober 1947 die Beitrittsurkunde, die von Pakistan postwendend angefochten wurde. Und nur zwei Monate, nachdem sie ihre Unabhängigkeit erlangt hatten, führten die beiden jungen Nationen gegeneinander Krieg.

1948 forderte der neu gegründete UN-Sicherheitsrat ein Referendum (bis heute ein Grundpfeiler pakistanischer Politik), das über den Status Kaschmirs entscheiden sollte. 1949 erreichte eine von den Vereinten Nationen vermittelte Waffenruhe zwar, dass die beiden Länder auf ihrer Seite der Demarkationslinie, der sogenannten Waffenstillstandslinie, blieben (später wurde daraus die Line of Control – LOC). Der Konflikt war damit allerdings keinesfalls aus der Welt geschafft. Zwei Drittel von Kaschmir befinden sich auf der indischen Seite der LOC, die bis heute die Grenze darstellt, auch wenn nach wie vor beide Konfliktparteien Anspruch auf ganz Kaschmir erheben.

Der indische Bundesstaat Jammu & Kaschmir, wie er seit damals besteht, umfasst Ladakh (eine Region mit buddhistischer Mehrheit und muslimischer Minderheit), Jammu (mit hinduistischer Mehrheit) und das 130 km lange und 55 km breite Kaschmirtal, das mit seiner muslimischen Bevölkerungsmehrheit die meisten Einwohner des Bundesstaats beheimatet. Auf pakistanischer Seite leben über 3 Mio. Kaschmiri in Azad Kaschmir (Freies Kaschmir), das von Indiens Staatsführung freilich als Pakistan Occupied Kaschmir (POK) bezeichnet wird. Seit die Grenze gezogen wurde, kommt es mit einer gefährlichen Regelmäßigkeit zu Übergriffen.

Zwischen 1989 und 1990 floh die Mehrheit der Kaschmiri Pandits (Pandit bedeutet Gelehrter; in der Regel Angehörige einer bestimmten Hindu-Gemeinschaft von Brahmanen) vor Verfolgung und Ermordung durch Extremisten unter der muslimischen Mehrheit. Bis zu 170 000 haben ihr Zuhause verlassen, viele leben in Flüchtlingslagern rund um Jammu. Als Präsident Mukherjee 2014 den Fünfjahresplan der Modi-Regierung umriss, versprach er den Pandits dabei zu helfen, „in das Land ihrer Vorfahren in Würde, Sicherheit und mit gesicherter Lebensgrundlage" zurückzukehren.

1971

Ostpakistan strebt nach der Unabhängigkeit von Westpakistan. Indien mischt sich ein; der Dritte Indisch-Pakistanische Krieg bricht aus. Die Westpakistanen Truppen kapitulieren; aus Ostpakistan wird Bangladesch.

1972

Mit dem Shimla-Abkommen versuchen Indien und Pakistan, ihre Beziehungen zu normalisieren. Die Waffenstillstandslinie in Kaschmir wird festgeschrieben: Bis heute ist die „Line of Control" de facto die Grenze.

1975

Ministerpräsidentin Indira Gandhi ruft in Reaktion auf die zunehmenden Unruhen und den politischen Widerstand unter Berufung auf Artikel 352 der indischen Verfassung den Ausnahmezustand aus.

1984

Unter Indira Gandhi startet die indische Armee die Operation „Blue Star" gegen Sikhs, die den Goldenen Tempel in Amritsar besetzen. Vier Monate später wird sie von einem ihrer Leibwächter, einem Sikh, ermordet.

brachten viele unlösbare Dilemmas mit sich: Kalkutta mit seiner Hindumehrheit, seinen Hafenanlagen und Jutemühlen wurde vom muslimischen Ostbengalen getrennt, das eine große Juteproduktion aufwies, aber weder Mühlen noch Hafenanlagen besaß. Rund 1 Mio. Bengalen wurden nach einer Massenwanderung über die neu festgesetzte Grenze zu Flüchtlingen.

Noch brenzliger war die Situation im Punjab, wo die Feindseligkeiten zwischen den Völkergruppen bereits den Siedepunkt erreicht hatten. Hier, in einer der fruchtbarsten und reichsten Regionen des Landes, lebten große Gruppen von Muslimen, Hindus und Sikhs. Die Sikhs, die bereits erfolglos für einen eigenen Staat eingetreten waren, fanden sich nun in einer Heimat wieder, die in der Mitte geteilt war. Die neue Grenze verlief genau zwischen den beiden größten Städten des Punjab – Lahore und Amritsar. Vor der Unabhängigkeit lebten in Lahore 1,2 Mio. Menschen, darunter etwa 500 000 Hindus und 100 000 Sikhs. Als sich die Wogen schließlich geglättet hatten, blieben gerade 1000 Hindus und Sikhs zurück.

Es war offensichtlich, dass der Punjab alle Voraussetzungen für eine Katastrophe unglaubliches Ausmaßes erfüllte – doch die Massenwanderungen und das Blutvergießen übertrafen alle Befürchtungen noch. Mit Muslimen vollgestopfte Züge wurden auf der Flucht nach Westen gestoppt und die Insassen von Hindus und Sikhs ermordet, während nach Osten fliehende Hindus und Sikhs dasselbe Schicksal durch Muslime erlitten. Die Armee, die eigentlich für Ruhe sorgen sollte, war nicht nur völlig hilflos, sondern beteiligte sich häufig sogar an dem Gemetzel. Die traurige Bilanz des Chaos im Punjab: 10 Mio. Menschen mussten ihre alte Heimat verlassen, mindestens 500 000 verloren ihr Leben.

Indien und Pakistan wurden unter der Oberhoheit des Britischen Commonwealth im August 1947 wie geplant unabhängig. Die Gewalt, Wanderungen und Integration einiger Bundesstaaten, besonders von Kaschmir, dauern jedoch zum Teil bis heute an. Die Verfassung von Indien wurde im November 1949 schließlich verabschiedet und trat am 26. Januar 1950 in Kraft und das unabhängige Indien wurde schließlich die größte Demokratie der Erde.

Our Moon has Blood Clots von Rahul Pandita, *Lost Rebellion* von Manoj Joshi und *Curfewed Nights* von Basharat Peer sind drei ausgezeichnete Bücher, die den Kaschmir-Konflikt aus der Sicht von Insidern schildern.

Unabhängiges Indien

Jawaharlal Nehru versuchte, Indien auf eine Politik der Blockfreiheit auszurichten, indem er freundschaftliche Beziehungen zu Großbritannien aufbaute und die Mitgliedschaft im Commonwealth beibehielt, aber gleichzeitig die Öffnung gegenüber der damaligen UdSSR vorantrieb. Letztere war hauptsächlich den Konflikten mit der Volksrepublik China und der US-amerikanischen Unterstützung für den Erzfeind Pakistan geschuldet.

1997

Mit K. R. Narayanan tritt am 25. Juli der erste Angehörige der Kaste der Unberührbaren das Amt des Staatspräsidenten an. Er setzt sich für die Abschaffung des Kastensystems ein.

2004

Am 26. Dezember bebt der Meeresgrund vor Sumatra. Dem dadurch ausgelösten Tsunami fallen in Südostindien mehr als 12 000 Menschen zum Ofer.

2008

Eine Serie von Bombenanschlägen in verschiedenen indischen Städten erschüttert das Land: So verlieren etwa in Bangalore, Ahmedabad und Mumbai mehrere Hundert Menschen ihr Leben..

Juli 2011

In den Kellergewölben des Sri-Padmanabhaswamy-Tempel in Thiruvananthapuram (Kerala) wird ein sagenhafter Schatz gefunden. Experten schätzen dessen Wert auf mindestens 15 Mrd. €.

China beansprucht noch immer Gebiete Indiens als Teil seines historischen Anspruchs auf alle Länder, die einst von Tibet beherrscht worden sind. Dazu gehören Aksai Chin in Kaschmir, das westliche Arunachal Pradesh und einen winzigen Landabschnitt im nördlichen Sikkim, der als „Finger" bekannt ist.

Laut Volkszählung von 2011 ist Indiens Bevölkerung innerhalb von 10 Jahren um 181 Millionen Menschen gewachsen.

Die 1960er- und 1970er-Jahre waren Zeiten des Umbruchs für Indien. Ein Grenzkrieg mit China im Bereich des damaligen nordöstlichen Grenzgebiets (North-East Frontier Area, NEFA, die heutigen nordöstlichen Bundesstaaten) sowie in Ladakh endete mit dem Verlust von Teilen von Aksai Chin (Ladakh) und kleineren Gebieten des nordöstlichen Grenzterritoriums. Kriege mit Pakistan in den Jahren 1965 (wegen Kaschmir) und 1971 (wegen Bangladesch) trugen zusätzlich zu dem bei vielen Indern verbreiteten Gefühl bei, auf allen Seiten von Feinden umzingelt zu sein.

Inmitten all dieser Schwierigkeiten starb 1964 der sehr beliebte Ministerpräsident Nehru, und seine Tochter Indira Gandhi (die nicht mit Mahatma Gandhi verwandt war) wurde 1966 zur Ministerpräsidentin gewählt. Wie ihr Vater dominierte auch Indira Gandhi das von ihr regierte Land, doch anders als er war sie stets umstritten. Noch immer hat sich keine einhellige Ansicht über ihr historisches Erbe herausgebildet.

Angesichts von Unruhen und ernsthaftem Widerstand rief sie 1975 den Ausnahmezustand aus. Aller parlamentarischen Beschränkungen ledig, konnte sie nun die Wirtschaft ankurbeln, die Inflation bemerkenswert gut in den Griff bekommen und die Effizienz der Verwaltung deutlich verbessern. Andererseits landeten politische Gegner schnell im Gefängnis, die indische Justiz verwandelte sich in ein Marionettentheater, und die Pressefreiheit wurde mit Füßen getreten.

1977 wurde Indira Gandhis Regierung abgewählt, doch die Wahl 1980 brachte sie wieder an die Macht – mit einer größeren Mehrheit als je zuvor. Damit war der Grundstein für die Nehru-Gandhi-Familien-Dynastie gelegt, die die indische Politik über Jahrzehnte hinweg dominieren sollte. Nach ihrer Entscheidung, den Goldenen Tempel angreifen zu lassen, der von dem fundamentalistischen Sikh-Prediger Sant Jarnail Singh Bhindranwale besetzt worden war, wurde Indira Gandhi 1984 von einem ihrer Sikh-Leibwächter ermordet. Ihr Sohn Rajiv übernahm das Amt; 1991 kam auch er bei einem Selbstmordanschlag ums Leben. Seine Witwe Sonia wurde später Präsidentin, Manmohan Singh Premierminister. Allerdings verlor mit dem erlahmenden Wirtschaftswachstum die Kongresspartei an Beliebtheit, die anhaltenden Vorwürfe von Vetternwirtschaft und Korruption taten ihr übriges.

Unter Indiras Enkel Rahul Gandhi erlitt die unpopuläre Kongresspartei bei den Parlamentswahlen 2014 eine demütigende Niederlage. Überflügelt wurde sie von der rechtskonservativen und hindu-nationalistischen Indischen Volkspartei (Bharatiya Janata Party, BJP) unter Narendra Modi, der mit dem Versprechen angetreten war, die indische Politik grundlegend durchzurütteln und eine neue Ära neoliberaler Wirtschaftspolitik einzuleiten. Zuvor hatte Modi das Amt des Ministerpräsidenten von Gujarat innegehabt und den Bundesstaat im äußersten Westen zu

2014

Narendra Modi, Sohn eines Lebensmittelhändlers aus Gujarati, erreicht einen historischen Erdrutschsieg für die BJP – und entzieht der Kongresspartei die Macht.

2014

Im Juni wird die seit Jahrzehnten laufende Neuordnung der Bundesstaaten Indiens mit der Gründung des 29. Staates, Telangana (mit der Hauptstadt Hyderabad), fortgesetzt.

2015

Indien macht nach einer Mondmission und seiner Marssonde weitere Fortschritte in der Raumfahrt: Das erste indische Weltraumobservatorium soll im All fünf Jahre lang Daten sammeln.

2016

Die Modi-Regierung zieht die 500 ₹- und 1000 ₹-Scheine aus dem Verkehr, um gegen Steuerhinterziehung und Korruption vorzugehen, und löst so ein Chaos vor den Banken des Landes aus.

einer Wirtschaftsmacht umgemodelt. Sein kraftvoller, charismatischer Stil kam gut an, nicht nur bei Wirtschaftsführern und hindu-nationalistischen Traditionalisten der BJP, sondern auch beim „einfachen Mann auf der Straße".

Dennoch blieben Fragen unbeantwortet, die Modis Rolle bei den tödlichen Ausschreitungen in Gujarat im Jahr 2002 betreffen. Damals waren fast 1000 Menschen ums Leben gekommen, die meisten von ihnen Muslime. Trotz einer offiziellen Untersuchung 2014, die den damaligen Ministerpräsidenten von jedem Fehlverhalten freisprach, halten sich hartnäckig Vorwürfe, die Regierung von Gujarat trage eine Mitschuld an der Gewalt, die durch einen tödlichen Brandanschlag auf einen Zug mit hinduistischen Pilgern aus Ayodhya ausgelöst worden war.

Dank seiner säkular geprägten und von Hoffnungen und Visionen getragenen Politik konnte Modi als Premierminister bislang viele seiner Kritiker besänftigen. Trotz der Umsetzung vieler hindu-nationalistischer Anliegen – u. a. wurde in vielen Bundestaaten das Verbot der Schlachtung von Rindern durchgesetzt – hat Modi bisher eine breite, integrative Agenda verfolgt, die sich eher auf die wirtschaftliche Lage als auf religiöse Rivalitäten konzentriert und die bemüht ist, Bürokratie abzubauen und damit Investitionen zu erleichtern.

Narendra Modis Entwertung der 500- und 1000-Rupien-Banknoten im November 2016 ist lediglich die aktuellste Wendung in der langen Geschichte der Rupie. Der Name Rupie ist von den als Rupa bekannten Silbermünzen abgeleitet, die erstmals im 6. Jh. v. Chr. in Sanskrit-Schriften erwähnt werden.

Lebensart

Spiritualität und Familie bilden das Herz der indischen Gesellschaft, tatsächlich sind beide oft in Zeremonien miteinander verflochten, die die prägenden Wendepunkte des Lebens kennzeichnen. Trotz der wachsenden Zahl von Kleinfamilien vor allem in eher kosmopolitischen Metropolen wie Mumbai (Bombay), Bengaluru (Bangalore) und Delhi bleibt die Großfamilie ein Eckpfeiler des städtischen und ländlichen Indiens. Dabei gelten die Männer – die in der Regel das Geld verdienen – als die Oberhäupter.

Heirat, Geburt & Tod

Zu verschiedenen Religionen gehören unterschiedliche Bräuche, aber in allen Gemeinschaften sind Heirat, Geburt und Tod wichtige Ereignisse, die mit Zeremonien verbunden sind, die der jeweiligen religiösen Tradition entsprechen. Hindus stellen in Indien die Bevölkerungsmehrheit. Etwa 15% der Bevölkerung sind Muslime (mit ca. 180 Mio. leben in Indien fast genauso viele Muslime wie im islamischen Pakistan).

Heiraten ist für die Inder ein besonders glücksverheißendes Ereignis, denn die meisten finden es unerträglich, als Mittdreißiger unverheiratet zu sein. Obwohl die Zahl der Liebesheiraten in jüngerer Zeit (vor allem in den Städten) zugenommen hat, werden die meisten indischen Ehen immer noch arrangiert, egal ob es sich um eine hinduistische, muslimische, buddhistische, jainistische oder Sikh-Familie handelt. Man holt diskrete Erkundigungen innerhalb seiner Gemeinde ein. Falls kein geeigneter Kandidat bzw. keine geeignete Kandidatin zu finden ist, wird vielleicht ein professioneller Heiratsvermittler hinzugezogen, oder in Zeitungen und/oder auf Ehe-Websites werden Anzeigen geschaltet. Bei hinduistischen Familien werden die Horoskope der beiden potenziellen Ehepartner geprüft, und wenn die Sterne günstig stehen, wird ein Treffen der beiden Familien vereinbart.

The Wonder That Was India (A.L. Basham; 1954) beschreibt die Zivilisationen, großen Religionen und sozialen Bräuche Indiens – ein guter thematischer Ansatz, um die verschiedenen Aspekte zu verstehen.

Die Mitgift ist zwar illegal, spielt aber bei vielen arrangierten Ehen immer noch die Schlüsselrolle (vor allem in konservativen Gemeinden). Manch eine Familie stürzt sich in Schulden, um die erforderlichen Geldsummen und Gegenstände (von Autos und Computern bis zu Kühlschränken und Fernsehern) zusammenzubringen. Gesundheitsexperten behaupten, dass die hohe Abtreibungsrate bei weiblichen Föten (medizinische Tests zur Geschlechtsbestimmung des Kindes sind in Indien zwar verboten, werden aber in einigen Kliniken immer noch unter der Hand vorgenommen) vor allem der finanziellen Belastung durch die später aufzubringende Mitgift geschuldet ist. Bei den Muslimen muss wiederum der Bräutigam der Braut eine sogenannte *mehr* leisten.

Die hinduistische Trauungszeremonie wird von einem Priester geleitet. Die Ehe gilt als geschlossen, wenn Braut und Bräutigam sieben Mal ein heiliges Feuer umschritten haben. Bei muslimischen Trauungen wird aus dem Koran gelesen, und Braut und Bräutigam beäugen sich einem Brauch gemäß mittels Spiegeln. Obwohl es mittlerweile Kleinfamilien gibt, ist es immer noch die Regel, dass die Frau, sobald sie verheiratet ist, bei der Familie ihres Mannes lebt und die Haushaltspflichten übernimmt, die ihre Schwiegermutter ihr vorschreibt. Das Verhältnis zwischen Müttern und Schwiegermüttern kann sich sehr schwierig gestalten – ein Stoff für zahllose indische Seifenopern.

Scheidungen und Wiederverheiratungen werden zwar häufiger (vor allem in größeren Städten), aber Scheidungen sind vor Gericht immer noch keine Formsache und werden auch von der Gesellschaft nicht gern gesehen. Bei den höheren Kasten wird in traditionelleren Gebieten von Witwen immer noch erwartet, dass sie nicht wieder heiraten, sondern weiße Kleidung anlegen und ein zurückhaltendes, zölibatäres Leben führen. Muslimische Männer haben in Indien immer noch das Recht, sich gemäß der Scharia von ihren Frauen zu scheiden (indem sie einfach das Wort *talaq*, „Scheidung", dreimal hintereinander aussprechen); jedoch verlangen Mitglieder der Regierung und der Bürgergesellschaft, dies abzuschaffen, um alle indischen Bürger einem gemeinsamen Gesetz zu unterstellen.

Die Geburt eines Kindes ist ein weiteres bedeutsames Ereignis; ihm folgen zu bestimmten, glücksverheißenden Terminen im Kleinkindalter besondere Zeremonien. Für Hindus gehören dazu das Stellen des ersten Horoskops, die Namensgebung, die erste Aufnahme fester Nahrung und der erste Haarschnitt.

Hindus verbrennen ihre Toten, und die Begräbniszeremonien sollen dazu dienen, die Lebenden und die Toten zu reinigen und zu trösten. Ein wichtiger Bestandteil der Feierlichkeiten ist die *sharadda*, die Opferung von Wasser und Reiskuchen, mit der man den Vorfahren Respekt erweist. Dieser Brauch wird jährlich am Todestag des Verstorbenen wiederholt. Nach der Verbrennung wird die Asche des Toten eingesammelt und 13 Tage nach seinem Tod (wenn die Blutsverwandten wieder als rituell rein gelten) von einem Familienmitglied in einen heiligen Fluss wie den Ganges oder ins Meer gestreut. Ähnlich waschen die Sikhs ihre Toten und verbrennen sie dann. Auch die Muslime machen ihre Toten sorgfältig zurecht, begraben sie aber anschließend. Die kleine Minderheit der zoroastrischen Parsen platziert ihre Toten auf „Türmen des Schweigens" (Steintürmen), wo die Leichen von Aas fressenden Vögeln zerrissen werden.

Das Heiratsvermittlungsgewerbe ist auch ins Internet eingezogen mit Seiten wie www.shaadi.com, www.bharatmatrimony.com oder – auch ein Zeichen der Zeit – mit www.secondshaadi.com (für Geschiedene).

Das Kastensystem

Obwohl die indische Verfassung das Kastensystem nicht berücksichtigt, hat es noch immer einen beachtlichen Einfluss. Besonders im ländlichen

INDISCHE KLEIDUNG

Der bei indischen Frauen verbreitete elegante Sari besteht aus einem einzigen Stück Stoff von 5 bis 9 m Länge und 1 m Breite. Es wird so raffiniert geschlungen und gesteckt, dass es ohne Nadeln oder Knöpfe hält. Mit dem Sari werden ein Choli (enge Bluse) und ein Unterrock mit Zugband getragen. *Palloo* heißt der Teil des Saris, der über die Schulter drapiert wird. Viel getragen wird auch der *salwar kameez*, eine traditionelle kleidartige Kombination aus Tunika und Hose, die von einer *dupatta* (langer Schal) ergänzt wird. Saris und *salwar kameez* gibt es in einer wunderbaren Auswahl von Stoffen, Farben und Mustern.

Zur traditionellen Kleidung der Männer gehören der *dhoti* und in Südindien der *lungi* und der *mundu*. Der *dhoti* ist ein weites, langes Lendentuch, das hosenartig um die Beine geschlungen wird. Der *lungi* ähnelt eher einem Sarong und ist am Ende meist röhrenförmig zusammengenäht. Der *mundu* gleicht einem *lungi*, ist aber stets weiß. Die *kurta* ist ein meist von Männern getragenes knielanges und in der Regel kragenloses Hemd. *Kurta*-Pyjamas bestehen aus einem Baumwollhemd und einer Baumwollhose, die als Hauskleidung oder als Schlafanzug getragen werden. *Churidar* heißt eine enge Hose, die oft unter der *kurta* getragen wird. Ein *sherwani* ist ein langer, von Männern getragener Mantel, entstanden als Zwischending aus *salwar kameez* und britischem Gehrock.

Bei der Kleidung gibt es in Indien regionale und religiöse Unterschiede – so sieht man auch muslimische Frauen in der den ganzen Körper verhüllenden Burka.

Indien bestimmt die Kaste, in die man hineingeboren wird, immer noch über den sozialen Rang des Einzelnen in der Gesellschaft. Sie kann auch die Berufs- und Heiratschancen beeinflussen. Das Kastensystem ist weiter unterteilt in Tausende *jati* („Familiengruppen"; soziale Gemeinschaften), die oft, wenn auch nicht immer, mit einer bestimmten beruflichen Laufbahn verbunden sind. Konservative Hindus heiraten ausschließlich jemanden aus derselben *jati*, und oft ist die Kaste das ausschlaggebende Kriterium für die Eheschließung: „Mahar sucht Mahar", usw. In einigen traditionsreichen Gegenden wurden schon junge Männer und Frauen ermordet, weil sie sich in jemanden außerhalb ihrer Kaste verliebt haben.

Traditionell ist die Kaste die grundlegende soziale Struktur der hinduistischen Gesellschaft. Wer ein rechtschaffenes Leben führt und seine *dharma* (moralische Pflicht) erfüllt, hat größere Chancen, in einer höheren Kaste und damit in besseren Lebensumständen wiedergeboren zu werden. Hindus werden in eine von vier *varnas* (Kasten) hineingeboren: Sie sind Brahmanen (Priester und Gelehrte), Kshatriyas (Soldaten und Verwalter), Vaishyas (Kaufleute) oder Shudras (Arbeiter). Die Brahmanen sollen im Augenblick der Schöpfung aus dem Mund des Gottes Brahma geschaffen worden sein, die Kshatriyas aus seinen Armen, die Vaishyas aus seinen Oberschenkeln und die Shudras aus seinen Füßen. Unterhalb der vier Kasten stehen die Dalits (früher „die Unberührbaren" genannt), die niedere Tätigkeiten verrichten und z. B. als Straßenkehrer oder Latrinenputzer arbeiten. Viele von Indiens komplexen Regel für die Reinheitsrituale wurden aufgestellt, um den Körperkontakt zwischen Personen aus einer höheren Kaste und den Dalits zu verhindern. Ein etwas gemäßigteres System findet man bei den islamischen Gemeinden in Indien, hier ist die Gesellschaft aufgeteilt in *ashraf* (hoher Stand), *ajlaf* (niederer Stand) und *arzal* (ähnlich wie die Dalits).

Wer mehr über das indische Kastenwesen erfahren will, findet gute Informationen in den Büchern *Interrogating Caste* von Dipankar Gupta und *Translating Caste*, herausgegeben von Tapan Basu.

Man nennt Letztere auch „Paria", abgeleitet vom Namen einer tamilischen Dalit-Gruppe, den Paraiyars. Einige Dalit-Führer, etwa der berühmte Dr. B. R. Ambedkar (1891–1956), versuchten durch den Übertritt zu anderen Religionen – in Ambedkars Fall zum Buddhismus – ihren Status als Kastenlose zu verbessern. Ganz unten in der Gesellschaft sind schließlich die Denotified Tribes. Sie waren bis 1952 unter der Bezeichnung Criminal Tribes bekannt, dann gab es eine Gesetzesreform, und 198 Stämme und Kasten wurden offiziell anerkannt. Viele leben als Nomaden oder Halbnomaden, an den Rand der Gesellschaft gedrängt.

Um die Lage der Dalits zu verbessern, reserviert ihnen die Regierung ein Kontingent an Arbeitsplätzen im öffentlichen Bereich, Parlamentssitze und Universitätsplätze. Unter die Quotenregelung fallen heute fast 25 % der Jobs im Staatsdienst und der Studienplätze. Die Situation variiert allerdings von Region zu Region, da verschiedene Politiker auf Stimmenfang gehen, indem sie Quoten versprechen. Das Reservierungssystem wird im Allgemeinen gelobt. Aber auch Kritik wird laut, da auf diese Art manche Menschen mit guten Leistungen keinen Studien- oder

RANGOLIS

Als auffällig kunstvolle Muster aus Kreide, Reismehlpaste oder Farbpulver (dann auch *kolams genannt)* zieren *rangolis* vor allem südindische Türschwellen. Sie haben sowohl glückbringende als auch symbolische Bedeutung und werden traditionell zu Sonnenaufgang angefertigt – teilweise aus Reismehlpaste, die manchmal von Kleintieren gefressen wird. Dies steht für die Ehrfurcht auch noch vor dem kleinsten Lebewesen. Schöne *rangolis* sollen Gottheiten anziehen und können Sadhus (Asketen) außerdem signalisieren, dass in einem bestimmten Haus etwas zu essen wartet. Manchen Gläubigen zufolge schützen *rangolis* zudem vor dem bösen Blick.

ADIVASI

Indiens Adivasi (Stammesvölker; Adivasi bedeutet auf Sanskrit „Ureinwohner") leben vermutlich schon länger in Indien als die vedischen Indo-Arier und die Draviden Südindiens. Die Adivasi-Völker reichen von den Gond in Zentralindien bis zu animistischen Stämmen in den nordöstlichen Bundesstaaten. Heute machen sie weniger als 10 % der Gesamtbevölkerung aus und umfassen mehr als 300 verschiedene Stammesgruppen. Die Alphabetisierungsrate der Adivasi liegt beträchtlich unter dem landesweiten Durchschnitt.

Geschichtlich gesehen führte der Kontakt zwischen Adivasi und hinduistischen Dorfbewohnern in den Ebenen kaum zu Spannungen, da es zwischen ihnen praktisch keine Konkurrenz um Ressourcen oder Land gab. In den letzten Jahrzehnten wurden aber immer mehr Adivasi von ihrem angestammten Land vertrieben und zu verarmten Landarbeitern. Obwohl sie dank des parlamentarischen Quotensystems immer noch politisch repräsentiert sind, geschah die Enteignung und Ausbeutung der Adivasi offenbar manchmal mit stillschweigender Billigung der Behörden.

Die Regierung von Narendra Modi hat inzwischen erkannt, dass mehr für den Schutz der Adivasi getan werden muss. Sie hat sich verpflichtet, mit Projekten und Programmen die soziale Situation der Betroffenen zu verbessern, vor allem in den Bereichen Entwicklung, Bildung und Gesundheit. Modi hat versprochen, dass unter seiner Regierung nur moderne Technik eingesetzt würde (z. B. im Untertagebergbau), um die Auswirkungen auf Siedlungen von Ureinwohnern zu verringern. Zudem will Modi, dass man sich insbesondere auch dem Problem der Sichelzellenanämie annimmt: 10 % der Adivisi leiden unter dieser erblichen Erkrankung, vor allem in Jharkhand und Chhattisgarh leben sehr viele Betroffene. Die Zeit wird zeigen, ob die Initiativen der Regierung tatsächlich die Situation der Stammesvölker verbessert.

Lesenswerte Bücher über die Adivasi sind *Archaeology and History: Early Settlements in the Andaman Islands* von Zarine Cooper, *The Tribals of India* von Sunil Janah und *Tribes of India: The Struggle for Survival* von Christoph von Fürer-Haimendorf.

Arbeitsplatz bekommen. Noch immer findet man Beispiele für die Diskriminierung der Dalits im täglichen Leben – z. B. verweigern Mitglieder von höheren Kasten ihnen den Zutritt zu bestimmten Tempeln.

Pilgerfahrten

Von frommen Hindus wird erwartet, dass sie mindestens einmal im Jahr eine *yatra* (Pilgerfahrt) unternehmen. Pilgerfahrten werden durchgeführt, um von Göttern oder Göttinnen die Gewährung eines Wunschs zu erbitten, um die Asche eines verstorbenen Verwandten zu einem heiligen Fluss zu bringen oder um spirituelle Verdienste zu erlangen. Indien hat Tausende heiliger Stätten, die Pilgerziele sind – die Alten machen oft Varanasi zum Endpunkt ihrer letzten Pilgerreise, weil man glaubt, dass der Tod in der heiligen Stadt Gläubige vom Kreislauf der Wiedergeburten befreit. Tausende Muslime pilgern zu Sufischreinen anlässlich bestimmter heiliger Tage, z. B. dem Geburtstag eines Sufiheiligen, und viele Muslime treten auch die Hadsch nach Mekka in Saudi-Arabien an.

Indien hat laut einem UN-Bericht von 2015 mit 16 Mio. Menschen die größte Diasporagemeinde der Welt.

Die meisten indischen Feste haben religiöse Wurzeln und ziehen daher ganze Pilgerschwärme an. Man darf nicht vergessen, dass die meisten Feste spirituelle Ereignisse sind, auch wenn sie karnevalesk erscheinen mögen. Entsprechend wichtig ist es für Traveller, sich respektvoll zu verhalten. Jedes Jahr kommen in Indien bei Festen Menschen durch Massenpaniken zu Tode – Vorsicht und Umsicht sind also bei einem Besuch solcher Veranstaltungen geboten!

Kumbh Mela

Wer sich bei Menschenmassen unwohl fühlt, der sollte um die Kumbh Mela einen Bogen machen – und zwar einen großen. Denn dieses religiöse Fest ist gewaltig. Es wird alle 12 Jahre viermal an vier verschiedenen Orten in Zentral- und Nordindien abgehalten und gilt als größte Glaubensversammlung auf der Erde, mit Dutzenden von Millionen Hindu-Pilgern, darunter auch *nagas* (Sadhus, die in völliger Nackheit leben, oder heilige Männer) aus verschiedenen hinduistischen Klosterorden. Die Kumbh Mela gehört keiner bestimmten Kaste oder einem Glaubensbekenntnis. Anhänger aller Zweige des Hinduismus kommen zusammen, um das elektrisierende Empfinden dieser Massenwallfahrt zu erleben und in den heiligen Flüssen Ganges, Shipra oder Godavari ein zeremonielles Bad zu nehmen.

Unter www.tribal.nic.in liefert das indische Ministerium für Stammesangelegenheiten weitere Details zu den Stammesgruppen des Landes.

Die Ursprünge des Fests gehen zurück auf den Kampf um die Vorherrschaft zwischen Gut und Böse. In den Hindu-Schöpfungsmythen lieferten sich die Götter und Dämonen eine gewaltige Schlacht um einen *kumbh* (Krug), der den Nektar der Unsterblichkeit enthielt. Vishnu ergriff das Gefäß und flog davon. Doch während des Fluges fielen vier Tropfen auf die Erde – bei Allahabad, Haridwar, Nasik und Ujjain. In jeder dieser Städte dauern die Feierlichkeiten etwa sechs Wochen, konzentrieren sich aber im Wesentlichen um eine Handvoll günstiger Badetage, in der Regel sechs. Das Fest in Allahabad, bekannt als Maha (große) Kumbh Mela, ist noch größer, mit noch mehr Gläubigen. Jeder Ort hält auch eine Ardh (halb) Mela, die alle sechs Jahre stattfindet, und eine kleinere, jährliche Magh Mela ab.

Frauen in Indien

Dem letzten Zensus (2011) nach leben 586 Mio. Frauen in Indien, wovon schätzungsweise 68 % (meistens als Arbeiterinnen) im landwirschaftlichen Sektor beschäftigt sind. Frauen dürfen in Indien wählen und Eigentum besitzen. Obwohl der Prozentsatz der Frauen in der Politik in den letzten Jahren gestiegen ist, sind sie im Nationalparlament mit einem Anteil von ca. 11 % noch immer deutlich unterrepräsentiert.

Auch wenn die Berufswelt von Männern dominiert wird, so stoßen Frauen vor allem in den Städten immer weiter in Männerdomänen vor. Kerala war der erste Bundesstaat Indiens, der die gesellschaftlichen Normen brach und im Jahr 1938 weibliche Polizeibeamte einstellte. Auch wurde dort die erste rein weibliche Polizeiwache gegründet (1973). Die Frauen in den Dörfern haben es weitaus schwerer, sich durchzusetzen. Aber Gruppen wie die Self-Employed Women's Association (SEWA) in Gujarat haben gezeigt, was möglich ist. Sie haben Verbände für gesellschaftlich benachteiligte Frauen organisiert und bieten Mikrokredite an.

Der ergreifende Film *Chokher Bali* (Regie: Rituparno Ghosh; 2003) nach dem gleichnamigen Roman von Rabindranath Tagore handelt von einer jungen bengalischen Witwe, die Anfang des 20. Jhs. die „Regeln der Witwenschaft" infrage stellt – damals undenkbar.

In einkommensschwachen Familien werden vor allem Mädchen als finanzielle Last empfunden, weil von ihnen bei der Heirat eine Mitgift verlangt werden könnte. Stadtbewohnerinnen der Mittelschicht haben materiell normalerweise ein deutlich komfortableres Leben, doch auch sie müssen sich bestimmten Zwängen unterwerfen. Im Großen und Ganzen ist es zwar wahrscheinlicher, dass eine Frau in der Stadt in den Genuss einer Hochschulausbildung kommt, aber sobald sie verheiratet ist, wird auch von ihr häufig erwartet, dass sie sich an das Leben ihrer Schwiegereltern „anpasst" und in erster Linie Hausfrau ist. Wenn sie den Erwartungen nicht entspricht – sei es auch nur, weil sie keinen Enkel auf die Welt bringt – kann das für sie genau wie für die Frauen in den Dörfern katastrophale Folgen haben, z. B. die „Brautverbrennung", bei der Frauen mit einer brennbaren Flüssigkeit übergossen und angezündet werden. Laut eines Gutachtens aus dem Jahr 2015 kam es wegen Mitgiftmordes in den vorangegangenen drei Jahren zu 24 771 Todesopfern, die meisten in Uttar Pradesh (7048), gefolgt von Bihar (3830) und Madhya Pradesh (2252).

Indiens Verfassung erlaubt geschiedenen (und verwitweten) Frauen eine neue Heirat. Berichten zufolge wird diese Möglichkeit aber nur recht selten genutzt. Und zwar einfach deshalb, weil Geschiedene, vor allem außerhalb von Großstädten, traditionell als gesellschaftliche Parias gelten. Indiens Scheidungsquote gehört zu den niedrigsten der Welt (ca. 13 pro 1000 Ehen), auch wenn sie steigt. Scheidungen finden zumeist in Großstädten statt und sind in höheren Gesellschaftsschichten generell weniger stark geächtet.

Nach mehreren Frauenrechtskampagnen erließ das indische Parlament im Oktober 2006 ein bahnbrechendes Ergänzungsgesetz, das Opfern von häuslicher Gewalt mehr Schutz und Rechte verleiht. Zuvor konnten Frauen zwar ihre gewalttätigen Männer anzeigen, hatten aber nicht automatisch Anspruch auf einen Anteil des gemeinsamen Eigentums oder weitere finanzielle Unterstützung. Kritiker weisen jedoch darauf hin, dass viele Frauen den rechtlichen Schutz aus Angst vor sozialer Diskriminierung nicht in Anspruch nehmen (vor allem außerhalb der Großstädte).

Die indische Gesellschaft ist nach wie vor konservativ, ganz anders als es das sexualisierte Frauenbild der Bollywood-Streifen (bei denen allerdings längere Kussszenen selten sind) vermuten lässt. Bei vielen traditionell eingestellten Menschen gilt eine Frau schon als leichtlebig, wenn sie nach Einbruch der Dunkelheit aus dem Haus geht oder sich nicht sittsam kleidet.

Laut Angaben des indischen Amts für Kriminalitätsstatistik (National Crime Records Bureau, NCRB) ist die Zahl der angezeigten Vergewaltigungen in den letzten zehn Jahren um mehr als 50 % gestiegen, man glaubt aber, dass ein großer Teil der sexuellen Übergriffe gar nicht gemeldet wird, und zwar hauptsächlich aufgrund von Druck seitens der Familie und/oder aus Scham des Opfers. Das gilt insbesondere dann, wenn der Vergewaltiger der Familie bekannt ist (was in vielen Fällen zutrifft).

Nach der in den Medien stark thematisierten Gruppenvergewaltigung und Ermordung einer 23-jährigen indischen Physiotherapiestudentin in Delhi im Dezember 2012 demonstrierten Zehntausende in der Hauptstadt und auch anderswo und verlangten von der Regierung ein schnelles Eingreifen, um die ausufernde frauenfeindliche Gewalt einzudämmen. Es dauerte ein Jahr, bis die bestehenden Gesetze gegen sexuelle Tätlichkeiten verändert wurden, jetzt sehen sie härtere Strafen wie lebenslängliche Gefängnisaufenthalte und sogar die Todesstrafe vor. Trotzdem ist die sexuelle Gewalt gegen Frauen immer noch ein großes Problem.

HIJRAS

Indiens auffälligste nichtheterosexuelle Gruppe sind die *hijras*, eine Kaste von Transvestiten und Eunuchen, die Frauenkleidung tragen. Einige von ihnen sind schwul, andere Intersexe, und wieder andere traf das Schicksal, entführt und kastriert zu werden. *Hijras* haben seit Langem einen Platz in der indischen Kultur, und 2014 erkannte Indiens Oberster Gerichtshof die *hijras* als ein drittes Geschlecht und als eine Klasse an, der bei Ausbildung und Arbeitsplätzen eine bestimmte Quote zuzuerkennen sei. Andererseits wurden homosexuelle Handlungen 2013 für ungesetzlich erklärt (die 2009 legalisiert worden waren). Nach Paragraph 377 des indischen Strafgesetzbuchs, das auf 1861 zurückgeht, ist homosexueller Geschlechtsverkehr rechtlich strafbar.

Hijras arbeiten hauptsächlich als uneingeladene Unterhalter bei Hochzeiten und Geburtsfeiern männlicher Kinder sowie als Prostitutierte. 2014 wurde Padmini Prakash zu Indiens erster dieser Gruppe angehörender Nachrichtenmoderatorin im Fernsehen, was ein Hinweis auf ein neues Ausmaß an Akzeptanz ist.

Infos zu den *hijras* finden sich in den Büchern *The Invisibles* von Zia Jaffrey und *Ardhanarishvara the Androgyne* von Dr. Alka Pande.

Im Jahr 2015 berichtete der NCRB von 34 651 Vergewaltigung in Indien, wobei Frauen im Alter zwischen 18 und 30 am häufigsten betroffen waren. Die Statistik zeigte einen Rückgang der gemeldeten Vergewaltigungsfälle von 5,7% (von 36 735 Fällen im Jahr 2014) an; auch Vergewaltigungen durch Gruppen von Männern gingen von 2346 im Jahr 2014 auf 2113 im Jahr 2015 zurück. Trotz der marginalen Abnahme der Vergewaltigungsfälle berichtete der NCRB von einer leichten Zunahme (2,5%) anderer sexueller Straftaten. Im Jahr 2015 wurden insgesamt 84 222 Fällen gemeldet (2014: 82 235 Fälle). Delhi ist nicht nur die Hauptstadt des Landes, sondern mit 17 104 Fällen im Jahr 2015 auch die Hauptstadt des Verbrechens an Frauen.

In ihrem Bemühen, das Problem der sexuellen Übergriffe anzugehen, unternimmt die Regierung eine Reihe von Maßnahmen. Ab 2017 ist für alle in Indien verkauften Handy eine Notfall-Taste (*panic button*) zwingend vorgeschrieben. Zusätzlich sollen mehr weibliche Polizeibeamte eingestellt und in den kommenden Jahren 660 Häuser für Frauen eingerichtet werden, die Opfer von Vergewaltigung oder anderen Misshandlungen geworden sind. Ebenso wurden diverse Sensibilisierungsprogramme beschlossen. Obwohl all dies Schritte in die richtige Richtung sind, hat Indien in dieser Frage noch einen sehr langen Weg vor sich.

Sport

Cricket begeistert die Nation seit Langem: Das erste Spiel, von dem wir wissen, fand 1721 statt, und 1952 errang Indien bei einem Testspiel in Chennai (Madras) den ersten Sieg gegen England. Beim Cricket geht es nicht nur um Sportbegeisterung, sondern auch um Nationalstolz, was besonders bei Länderspielen gegen Pakistan deutlich wird. Wenn die beiden südasiatischen Staaten – die seit ihrer Gründung eine gespannte Beziehung zueinander haben – im Cricket aufeinander treffen, kochen die Emotionen besonders hoch, und die Spieler beider Seiten stehen unter besonderem Druck, ihrer Heimat Ehre zu machen. Der gefeiertste indische Cricketspieler der letzten Jahre ist Sachin Tendulkar – Spitzname „Little Master" –, der 2012 als weltweit erster Spieler 100 Centurys bei internationalen Begegnungen erzielte und nach diesem Erfolg im folgenden Jahr seinen Rückzug verkündete. Cricket – insbesondere Twenty20-Cricket (www.cricket20.com) – ist in Indien ein großes Geschäft, in dem lukrative Sponsorenverträge winken und Spieler zu Berühmtheiten werden. Der Sport hat aber auch eine schmutzige Seite – in den letzten Jahren waren einige indische Spieler in Wettskandale verwickelt. Länderspiele werden in verschiedenen Zentren ausgetragen – aus indischen Zeitungen oder im Internet erfährt man, welche Spiele während des eigenen Aufenthalts in Indien stattfinden. Wer im Cricket auf dem Laufenden sein will, sollte bei www.espncricinfo.com (von vielen Cricketfans besonders geschätzt) oder bei www.cricbuzz.com hineinschauen.

Cricketfans sind von den Büchern *The Illustrated History of Indian Cricket* von Boria Majumdar und von *The States of Indian Cricket* von Ramachandra Guha bestimmt begeistert.

Der Start der Indian Super League (ISL; www.indiansuperleague.com) im Jahr 2013 hat sein Ziel erreicht, Fußball als großen, einnahmeträchtigen Massensport zu etablieren. Mit Spielen, die große Zuschauermassen und Spieler aus dem Ausland anlocken – etwa den legendären Juventus-Star Alessandro del Piero (der 2014 für Delhi Dynamos verpflichtet wurde) oder Marco Materazzi (bekannt wegen Zidanes Kopfstoß in der Weltmeisterschaft von 2006), der als Trainer von Chennai arbeitet –, wurde die ISL zum internationalen Gesprächsstoff. In der ersten Spielwoche 2014 hatte die ISL 170 Mio. Zuschauer – die Indian Premier League im Cricket brachte es auf 184 Mio., was verdeutlicht, wie sehr der Fußball an Popularität gewonnen hat. Die I-League ist die schon länger bestehende indische Fußballliga, konnte aber nie so viel Medienaufmerksamkeit und Finanzmittel bekommen.

Das Land ist auch für seine historische Verbindung zum Polo bekannt. Bis zur Unabhängigkeit florierte dieser Sport auf dem Subkontinent immer wieder (vor allem in Adelskreisen), danach ging die Gönnerschaft wegen schwindender Geldmittel aber stark zurück. Dank verstärktem Sponsoring ist Polo inzwischen wieder interessant geworden. Obwohl immer noch elitär, erfährt es heute zunehmend Aufmerksamkeit von Indiens aufstrebender oberer Mittelschicht. Die Wurzeln des Polospiels liegen etwas im Dunkeln – angeblich wurde der Sport vor ca. 2000 Jahren in Persien und China erfunden. Auf dem Subkontinent soll er erstmals in Baltistan (gehört heute zu Pakistan) ausgeübt worden sein. Mutmaßlich gab der indische Großmogul Akbar (reg. 1556–1605) dem Spiel erstmals Regeln. Die heutige Spielvariante wurde aber möglicherweise stark von einem britischen Kavallerieregiment beeinflusst, das während der 1870er-Jahre in Indien stationiert war. Nach dem Ersten Weltkrieg führte man dann eine Reihe internationaler Regeln ein. Der Calcutta Polo Club (gegr. 1862; www.calcuttapolo.com) in Kolkata ist der älteste aktive Poloclub der Welt. Während der kühleren Wintermonate wird Polo in Großstädten wie Delhi, Jaipur, Mumbai oder Kolkata gespielt (mitunter auch in Ladakh und Manipur).

Infos zur indischen Hockeyszene findet man unter Indian Hockey (www.indianhockey.com) sowie unter Indian Field Hockey (www.bharatiyahockey.org).

Offiziell ist Feldhockey zwar der Nationalsport, erregt aber nicht mehr die gleiche Begeisterung wie früher. In der goldenen Ära des Sports gewann Indien von 1928 bis 1956 sechsmal in Folge olympisches Gold im Hockey; später kamen noch zwei weitere olympische Goldmedaillen hinzu (1964 & 1980). Jüngere Versuche, neues Interesse für diesen Sport zu entfachen, fanden ein gemischtes Echo.

Kabaddi ist ein weiterer recht beliebter Mannschaftssport in der Region. Zwei Mannschaften besetzen die beiden Seiten eines Spielfelds. Ein Raider (Räuber) dringt in die gegnerische Hälfte ein, holt tief Luft und versucht, möglichst viele Gegenspieler abzuschlagen. Dabei hat er den Atem anzuhalten, was er durch den unausgesetzten Ruf *„kabaddi"* beweisen muss. Erst in der eigenen Hälfte darf er wieder Atem schöpfen.

Weitere Sportarten, die in Indien an Boden gewinnen, sind u. a. Tennis (die Stars heißen Sania Mirza, Leander Paes und Mahesh Bhupathi – weitere Infos zum indischen Tennis sind unter www.aitatennis.com zu finden) und Pferderennen, die in Metropolen wie Mumbai, Delhi, Kolkata und Bengaluru sehr beliebt sind.

Bei den Olympischen Spielen in Rio 2016 war Indien mit einer Rekordzahl von 118 Athleten vertreten. Leider war die Ausbeute eher enttäuschend – die Mannschaft fuhr mit je nur einer Silber- und einer Bronzemedaille wieder nach Hause und landete im Medaillenspiegel am Ende nur auf Platz 67. Bei den Spielen gewann Sakshi Malik als erste Ringerin Indiens eine Olympia-Medaille (Bronze beim Freistilringen der Frauen in der 58-kg-Kategorie); P.V. Sindhu (Badminton der Frauen) gewann als erste Inderin olympisches Silber.

Spirituelles Indien

Von kunstvollen Stadttempeln bis zu schlichten Dorfschreinen – Spiritualität durchdringt fast jeden Aspekt des indischen Lebens. Dem Hinduismus, der Hauptglaubensrichtung in Indien, gehören etwa 80 % der Bevölkerung an. Wie Buddhismus, Jainismus und Zoroastrianismus gehört er zu den ältesten bestehenden Religionen der Welt; seine Wurzeln reichen bis um 1000 v. Chr. zurück. Tatsächlich ist in diesem Land, dem das Heilige lange innewohnte, das spirituelle Indien überall ein ständiger Begleiter.

Hinduismus

Der Hinduismus hat keinen Begründer, keine zentrale Figur und ist auch keine bekehrende Religion. Im Wesentlichen glauben Hindus an Brahman, das ewig, unerschaffen und unendlich ist; alles, was existiert, geht von Brahman aus und kehrt schließlich dorthin zurück. Bei der Vielzahl der Götter und Göttinnen handelt es sich lediglich um Erscheinungsformen, also um erfassbare Aspekte dieses unbestimmten Phänomens.

Hindus glauben, dass das irdische Leben ein Kreislauf ist; man wird immer wiedergeboren (ein Prozess, der als *samsara* bezeichnet wird). In welche Lebensumstände man wiedergeboren wird, hängt ab vom Karma (Verhalten oder Handeln) in früheren Leben. Wer rechtschaffen lebt und seine *dharma* (Moralkodex; gesellschaftliche Pflicht) erfüllt, verbessert die Chancen, in eine höhere Kaste und damit in ein besseres Leben hineingeboren zu werden. Wer zu viel schlechtes Karma angesammelt hat, kann auch als Tier wiedergeboren werden. Doch nur Menschen sind in der Lage, genügend Selbsterkenntnis zu erwerben, um sich dem Kreislauf der Wiedergeburt zu entziehen und *moksha* (Erlösung vom Samsara) zu erlangen.

Götter & Göttinnen

Alle hinduistischen Gottheiten werden als Erscheinungsformen Brahmans angesehen, der sich in Gestalt der Trimurti, der drei Hauptgottheiten Brahma, Vishnu und Shiva, zu erkennen gibt.

Die Grundsätze der hinduistischen Lehre werden in zwei Publikationen entschlüsselt: *Hinduism: An Introduction* von Shakunthala Jagannathan und *Hinduism: An Introduction* von Dharam Vir Singh.

Brahman

Das Eine; die endgültige Wirklichkeit. Brahman ist formlos, ewig und die Quelle allen Lebens. Brahman ist *nirguna* (eigenschaftslos) im Gegensatz zu allen anderen Göttern und Göttinnen, die Erscheinungsformen von Brahman sind und deshalb als *saguna* (mit Eigenschaften versehen) gelten.

Brahma

Brahma spielt nur während der Erschaffung des Universums eine aktive Rolle. Ansonsten meditiert er. Seine Gemahlin ist Saraswati, die Göttin der Gelehrsamkeit, und sein Reittier ist ein Schwan. Manche Darstellungen zeigen ihn auf einer Lotusblume sitzend, die aus Vishnus Nabel emporsteigt – ein Symbol für die wechselseitige Abhängigkeit der Götter. Brahma wird meist mit vier Köpfen dargestellt (bekrönt und bärtig), von denen jeder in eine andere Himmelsrichtung blickt. Die Verehrung von

Brahma wurde vom Aufstieg der Shiva- und Vishnu-Gruppen überschattet. Heute gibt es nur noch wenige Brahma-Tempel in Indien.

Vishnu

Vishnu, der Bewahrer oder Erhalter, ist mit „rechtem Handeln" verbunden. Er beschützt und bewahrt alles Gute in der Welt. Er ist meist vierarmig dargestellt, in den Händen hält er eine Lotusblüte, eine Muschel (sie kann wie eine Trompete geblasen werden; dabei symbolisiert sie die kosmische Schwingung, aus der das Dasein entspringt), einen Diskus und eine Keule. Seine Gemahlin ist Lakshmi, die Göttin des Reichtums, und sein Reittier Garuda, eine Kreatur halb Vogel, halb Mensch. Aus seinen Füßen, so heißt es, entströmt der Ganges.

Shiva

Shiva ist der Zerstörer um der Erlösung willen, ohne den die Schöpfung nicht möglich wäre. Shivas Schöpferkraft wird versinnbildlicht durch ein Phallussymbol, den Lingam. Shiva hat 1008 Namen und tritt in vielen Gestalten auf, etwa als Nataraja, König des *tandava* (des kosmischen Siegestanzes), der die Schöpfung und die Zerstörung des Kosmos abschreitet.

Manchmal ist Shiva mit Schlangen um den Hals und einem Dreizack (Symbol für die Trimurti) als Waffe abgebildet, während er auf seinem Bullen Nandi reitet. Nandi symbolisiert Macht und Stärke, Gerechtigkeit und die moralische Ordnung. Auch Shivas Gefährtin Parvati kann verschiedene Gestalten annehmen.

Shiva wird manchmal als Gott des Yoga beschrieben, ein im Himalaja hausender Asket mit verfilztem Haar, ascheverschmiertem Körper, und einer Vorliebe für *chillum*, sowie einem dritten Auge, das Weisheit symbolisiert.

Weitere wichtige Gottheiten

Ganesha mit dem Elefantenkopf ist der Gott des Glücks, der Hindernisse aus dem Weg räumt, und der Schutzherr der Schriftgelehrten (der abgebrochene Stoßzahn, den er in der Hand hält, wurde für die Niederschrift einiger Teile des Mahabharata verwendet). Sein Tiergefährte ist Mooshak (eine rattenähnliche Kreatur). Wie Ganesha zu seinem Elefantenkopf kam, darum ranken sich viele Geschichten. Eine Legende besagt, dass Ganesha in der Abwesenheit seines Vaters Shiva von Parvati geboren wurde und ohne Vater aufwuchs. Eines Tages hielt Ganesha Wache, während seine Mutter badete. Shiva kam und forderte ihn auf, ihn einzulassen. Doch Ganesha, der seinen Vater ja nicht erkannte, verweigerte dies. Darüber geriet Shiva so in Rage, dass er Ganesha den Kopf abschlug. Kurze Zeit später musste er erschüttert feststellen, dass er seinen eigenen Sohn gemeuchelt hatte. Er schwor, Ganeshas Kopf durch den des ersten Geschöpfs zu ersetzen, das ihm über den Weg laufen würde. Und das war ein Elefant.

Eine andere berühmte Gottheit, Krishna, ist eine Reinkarnation Vishnus, und wurde auf die Erde gesandt, um sich für das Gute einzusetzen und gegen das Böse zu kämpfen. Seine Verhältnisse zu den *gopis* (Hirten-

Wer hätte gedacht, dass die blutdürstige Kali eine andere Form der milchgebenden Gauri ist? *Myth = Mithya: A Handbook of Hindu Mythology* von Devdutt Pattanaik wirft ein Licht auf diesen und andere Aspekte des faszinierenden hinduistischen Brauchtums.

DIE HEILIGE SIEBEN

Der Zahl Sieben kommt im Hinduismus eine ganz besondere Bedeutung zu. Es gibt sieben heilige Städte in Indien, und jede von ihnen ist ein wichtiges Pilgerzentrum: Varanasi, das mit Shiva assoziiert wird, Haridwar, wo der Ganges vom Himalaja in die Ebenen eintritt, Ayodhya, Geburtsstätte von Rama, Dwarka mit der legendären Hauptstadt Krishnas, die vor der Küste von Gujarat vermutet wird, Mathura, Geburtsstätte von Krishna, Kanchipuram, Stätte historischer Shiva-Tempel, und schließlich Ujjain, wo alle zwölf Jahre die Kumbh Mela stattfindet.

Außerdem fließen in Indien sieben heilige Flüsse: Ganges (Ganga), Saraswati (der unter der Erde vermutet wird), Yamuna, Indus, Narmada, Godavari und Kaveri.

mädchen) und seine Liebe zu Radha waren Inspirationsquelle für unzählige Gemälde und Lieder. Auf Bildern wird Krishna mit blauer Haut dargestellt und ist oft Flöte spielend zu sehen.

Hanuman ist der Held des Ramayana und getreuer Gefolgsmann Ramas; er verkörpert das Prinzip der *bhakti* (Hingabe). Er ist der Gott der Affen, kann aber auch andere Gestalten annehmen.

Unter den Shaiviten (Anhänger der Shiva-Bewegung) wird Shakti, die göttliche, schöpferische Kraft der Frauen verehrt. Die Vorstellung von Shakti ist in der Göttin Devi (Göttermutter) verkörpert, die sich als Durga manifestiert, und in Kali, einer kämpferischeren, das Böse vernichtenden Inkarnation. Andere weithin verehrte Göttinnen sind Lakshmi, die Göttin des Wohlstands, und Saraswati, die Göttin der Gelehrsamkeit.

Heilige Schriften

Die heiligen Schriften der Hindus werden in zwei Kategorien unterteilt: diejenigen, die als Wort Gottes gelten (*shruti* = Gehörtes), und diejenigen, die von Menschen geschaffen wurden (*smirti* = Erinnertes). Die Veden gelten als *shruti*-Wissen und werden als Basis des Hinduismus betrachtet. Die älteste der vedischen Schriften, der Rigveda, wurde vor mehr als 3000 Jahren verfasst. Die 1028 Verse beinhalten Gebete für Wohlstand und Langlebigkeit sowie eine Erläuterung der Ursprünge des Universums. Die Upanishaden, die letzten Teile der Veden, befassen sich mit dem Mysterium des Todes und unterstreichen die Einzigartigkeit des Universums. Die ältesten der vedischen Texte sind im vedischen Sanskrit (verwandt mit dem Altpersischen) geschrieben. Spätere Texte wurden im klassischen Sanskrit verfasst; viele sind in die Volkssprachen übersetzt worden.

Dem hinduistischen Pantheon werden unglaubliche 330 Mio. Gottheiten zugerechnet. Welche man anbetet, ist eine Frage der persönlichen Vorliebe oder Tradition.

Die *smirti*-Schriften sind eine Literatursammlung, die Jahrhunderte umfasst. Darin wird erläutert, wie Zeremonien zu Hause richtig ausgeführt werden, und auch, wie man gut regiert, wirtschaftet und religiöse Gesetze durchsetzt. Zu den bekannten Werken gehören das Ramayana und das Mahabharata, ebenso wie die Puranas. Diese erzählen die Göttergeschichten ausführlicher und preisen die Idee der Trimurti. Anders als es bei den Veden der Fall ist, ist das Lesen der Puranas nicht auf eingeweihte Männer der höheren Kasten beschränkt.

Das Mahabharata

Das Mahabharata ist wohl um 1000 v.Chr. verfasst worden. Die Schrift konzentriert sich auf die Heldentaten Krishnas. Bis 500 v.Chr. hatte es sich zu einem weitaus komplexeren Werk mit wichtigen Ergänzungen entwickelt, z.B. mit der Bhagavad Gita (in der Krishna Arjuna vor der Schlacht seinen Rat anbietet).

Die Geschichte dreht sich hauptsächlich um Kämpfe zwischen den heldenhaften Göttern (Pandavas) und den Dämonen (Kauravas). Krishna, der menschliche Gestalt angenommen hat, verfolgt die Ereignisse und fungiert als Wagenlenker für den Pandavahelden Arjuna, der schließlich in einer großen Schlacht gegen die Kauravas triumphiert.

Das Ramayana

Das im 3. oder 2. Jh. v.Chr. verfasste Ramayana gilt größtenteils als Werk einer einzelnen Person: des Dichters Valmiki. Wie auch das Mahabharata konzentriert es sich auf den Konflikt zwischen den Göttern und den Dämonen.

Die Geschichte ist folgende: Dasharatha, der kinderlose König von Ayodhya, bat die Götter, ihm einen Sohn zu bescheren. Sein sehnlicher Wunsch wurde erhört, und seine Frau gebar bald darauf tatsächlich einen Sohn. Aber dieses Kind, Rama genannt, war in Wirklichkeit eine Inkarnation Vishnus. Der Gott hatte diese menschliche Gestalt ange-

ETHNISCHE KONFLIKTE

Religiös motivierte Konflikte sind blutiger Teil der Geschichte Indiens. Die Teilung des Landes nach der Unabhängigkeit in das hinduistische Indien und das muslimische Pakistan führte zu schrecklichem Gemetzel und Vertreibung und Migration von epischem Ausmaß.

Die gewalttätigen Auseinandersetzungen zwischen Hindus und Sikhs im Jahre 1984, die zur Ermordung der damaligen Premierministerin Indira Gandhi führten, sowie der von Politikern angefachte Ayodhya-Konflikt im Jahre 1992, der Ausschreitungen und Übergriffe zwischen Hindus und Moslems verursachte, haben ebenfalls einen religiösen Hintergrund.

Gleiches gilt für den anhaltenden Streit zwischen Indien und Pakistan wegen Kaschmir. Seit der Teilung (1947) haben Indien und Pakistan zwei große Kriege um Kaschmir geführt, sich mehrfache Artilleriescharmützel geliefert und wären im Jahr 1999 beinahe erneut wegen des umstrittenen Bundesstaates in den Krieg gezogen. Der Konflikt ist bis heute Quelle von Auseinandersetzungen zwischen Hindus und Muslimen auf beiden Seiten der Grenze.

nommen, um den Dämonenkönig von Lanka (heute Sri Lanka), Ravana, zu besiegen.

Als Rama erwachsen war, er seine Nebenbuhler übertrumpft und um die Hand der Prinzessin Sita angehalten hatte, wurde er von seinem Vater als Erbe seines Königreichs auserkoren. In letzter Minute schritt jedoch Ramas Stiefmutter dagegen ein und forderte, dass ihr eigener Sohn, Barathan, an Ramas Stelle trete. Rama, Sita und Ramas Bruder, Lakshmana, wurden daraufhin des Landes verwiesen und zogen in die Wälder, wo Rama und Lakshmana gegen Dämonen und andere dunkle Mächte kämpften. Ravanas Schwester versuchte nun, Rama zu verführen, aber sie wurde von ihm zurückgewiesen. Aus Rache nahm Ravana Sita gefangen und verbannte sie durch Zauberkraft in sein Schloss in Lanka.

Unterstützt von einer Armee von Affen unter der Führung des loyalen Affenkönigs Hanuman fand Rama das Schloss schließlich, tötete Ravana und befreite Sita. Siegreich kehrten alle zurück nach Ayodhya, wo Rama empfangen und nun auch endlich zum König gekrönt wurde.

Heilige Natur

Tiere, vor allem Schlangen und Kühe, werden in Indien schon seit sehr langer Zeit verehrt. Für Hindus symbolisiert die Kuh Fruchtbarkeit und Nahrung, während die Schlange (vor allem die Kobra) mit Fruchtbarkeit und Wohlstand in Verbindung gebracht wird. Naga-Steine (Schlangensteine) sollen die Menschen vor Schlangen schützen und gleichzeitig die Schlangengötter besänftigen.

Aber auch mit Pflanzen wird Heiliges assoziiert. Die Banyan-Feige symbolisiert die Trimurti, Mangobäume stehen für die Liebe – Shiva soll einst mit Parvati unter einem solchen die Ehe geschlossen haben. Außerdem sagt man von der Lotusblüte, sie sei aus den Urgewässern herausgewachsen und über ihren Stiel mit dem mythischen Zentrum der Erde verbunden. Die Lotusblume ist in den schmutzigsten Gewässern zu finden und hat die bemerkenswerte Fähigkeit, dennoch wunderbare, reine Blüten zu treiben. Das Innere der Lotusblüte steht für das Zentrum des Universums, den Nabel der Welt, und alles wird zusammengehalten durch den Stiel und die ewigen Gewässer. Die zarte, aber doch widerstandsfähige Lotusblüte ist ein Inbegriff von Schönheit und Stärke und soll die Hindus daran erinnern, wie ihr eigenes Leben auszusehen hat. Der Lotus wird so sehr verehrt, dass er heute Indiens Nationalblume ist. Es heißt, der Rudraksha-Baum (Rudraksha = „Shivas Auge") wuchs aus Shivas Tränen, und seine Samen werden als Gebetsperlen benutzt.

Ein Sadhu ist eine Person, die alle materiellen Besitztümer aufgegeben hat, um sich durch Meditation, das Studium heiliger Schriften, Selbstkasteiung und Pilgerreisen der Suche nach Spiritualität zu widmen. Mehr dazu findet sich im Band *Sadhus: India's Mystic Holy Men* von Dolf Hartsuiker.

Anbetung

Andachten und Rituale spielen eine große Rolle im Hinduismus. In den Wohnungen von Hindus gibt es oft einen gesonderten Bereich für die Andacht, wo die Menschen zu den Göttern ihrer Wahl beten. Wenn sie es nicht im eigenen Haus tun, gehen Hindus zum Beten in einen Tempel. Die wichtigste Form der Verehrung ist die *puja*, die in Form von stillen Gebeten, aber auch in aufwendigen Zeremonien durchgeführt werden kann. Die Gläubigen verlassen den Tempel mit einer Handvoll *prasad* (gesegnete Speisen), die dann mit anderen geteilt werden. Weitere Formen der Verehrung sind *aarti* (das Anzünden von Lampen oder Kerzen, das Glück bringt) und das Singen von Bhajans (spirituelle Lieder).

Islam

Der Islam ist Indiens größte Minderheitenreligion; etwa 13,4% der Bevölkerung gehören ihr an. Man glaubt, dass der Islam von muslimischen Eroberern nach Nordindien eingeführt (im 16. und 17. Jh. kontrollierten die Moguln große Teile Nordindiens) und von arabischen Händlern weiter nach Süden getragen wurde.

Der Islam wurde im 7. Jh. n. Chr. in Arabien vom Propheten Mohammed begründet. Der arabische Begriff *islam* bedeutet „sich hingeben"; die Gläubigen (Muslime) verpflichten sich, dem Willen Allahs (Gottes) ergeben zu sein. Dieser Wille ist in den Schriften, dem Koran, offenbart. Der Islam ist eine monotheistische Religion. Gottes Wort wird über Propheten (Gesandte) vermittelt, von denen Mohammed der letzte war.

Nach Mohammeds Tod erschütterte der Streit um die Nachfolge die Bewegung – die Folge war die Aufteilung der Gläubigen in Sunniten und

RELIGIÖSE ETIKETTE

Wenn man eine religiöse Stätte in Indien besucht, sollte man sich respektvoll kleiden und verhalten – Shorts oder ärmellose Tops sind unangebracht (dies gilt für Männer und Frauen). Gleiches gilt für das Rauchen. Lautes, aufdringliches Benehmen ist unerwünscht, ebenso wie öffentliche Zuneigungsbekundungen oder Herumalbern.

Bevor man einen heiligen Ort betritt, sind die Schuhe auszuziehen (der Schuh-Aufpasser sollte ein paar Rupien erhalten). Außerdem muss man sich vergewissern, dass Fotografieren erlaubt ist. An den meisten Orten der Anbetung ist das Tragen von Socken gestattet – und während der wärmeren Monate wegen der heißen Böden oft notwendig.

Die religiöse Etikette verbietet es, Einheimische am Kopf zu berühren bzw. einer Person, einem Schrein oder dem Bild einer Gottheit die Fußsohlen zuzuwenden. Außerdem sollte man Menschen nicht mit den Füßen oder das Relief einer Gottheit überhaupt in irgendeiner Form berühren.

An manchen Orten der Anbetung sind Kopfbedeckungen (für Frauen und manchmal auch Männer) erforderlich – besonders in *gurdwaras* (Sikh-Tempeln) und Moscheen – also empfiehlt es sich, ein Tuch dabei zu haben, um auf der sicheren Seite zu sein. An einigen Stätten sind keine Frauen zugelassen, andere verbieten Personen, die keine Anhänger ihres Glaubens sind, den Zutritt – am besten vorab erkundigen! Frauen müssen teilweise getrennt von den Männern sitzen. Jainistische Tempel verlangen das Ablegen sämtlicher Lederkleidung und -accessoires, und möglicherweise richten sie an Frauen, die gerade menstruieren, die Bitte, von einem Besuch abzusehen. Wenn man um irgendeine heilige buddhistische Stätte läuft (Chorten, Stupa, Tempel, Gompa) immer rechtsherum gehen und sie niemals mit der linken Hand berühren! Gebetsräder werden mit der rechten Hand im Uhrzeigersinn gedreht.

Das Fotografieren in einem Schrein, bei einem Begräbnis, während einer religiösen Zeremonie oder von Personen, die ein heiliges Bad nehmen, kann als Beleidigung empfunden werden – immer vorher fragen! Fotografieren mit Blitz kann in bestimmten Bereichen, manchmal auch im gesamten Schrein, verboten sein.

OM

Das Wort „Om" hat in verschiedenen Religionen eine große Bedeutung, und es ist eines der meistverehrten Symbole des Hinduismus. Es wird wie „ohm" ausgesprochen und ist ein äußerst Glück verheißendes Mantra (heiliges Wort oder Silbe). Die Dreier-Form des Symbols steht für die Schöpfung, Erhaltung und Zerstörung des Universums (und damit die heilige Trimurti). Das umgedrehte *chandra* (Halbmond) steht für den weitschweifigen Geist, das *bindu* (Punkt) darin für Brahman.

Buddhisten glauben, dass das Mantra zu einem Zustand glückseliger Leere führen kann, wenn ‚Om' nur oft genug mit absoluter Konzentration wiederholt wird.

Schiiten. Die meisten indischen Muslime sind Sunniten. Die Sunniten vertreten die althergebrachten Traditionen oder die orthodoxe Richtung. Die Schiiten hingegen glauben, dass nur die Imams (vorbildliche Führer) in der Lage sind, die wahre Bedeutung des Korans zu entschlüsseln und offenzulegen. Indien kann außerdem auf eine lange Tradition des Sufismus zurückblicken, einer mystischen Interpretation des Islam, die sich bis zur Entstehung der Religion zurückverfolgen lässt.

Allen Muslimen gemein ist der Glaube an die fünf Säulen des Islam: die *shahada* (Glaubensbekenntnis: „Es gibt keinen Gott außer Allah; und Mohammed ist sein Prophet"), das Gebet (idealerweise fünfmal täglich), die *zakat* (Almosensteuer) in Form von Spenden für wohltätige Zwecke, das Fasten (während des Ramadan) für alle außer Kranke, Kleinkinder, Schwangere, ältere Menschen und jenen, die anstrengende Reisen unternehmen, sowie die Haddsch (Pilgerfahrt) nach Mekka, die jeder Muslim mindestens einmal im Leben unternehmen sollte.

Sikhismus

Der Sikhismus wurde im 15. Jh. von Guru Nanak im Punjab als Reaktion gegen das Kastensystem und die brahmanische Dominanz beim Ritual begründet. Sikhs glauben an einen einzigen Gott, und obwohl sie die Bilderverehrung ablehnen, haben für einige die Darstellungen der zehn Gurus eine große Bedeutung. Die heilige Schrift der Sikhs, der Sri Guru Granth Sahib, enthält u. a. die Lehren der zehn Sikh-Gurus, von denen mehrere von den Moguln hingerichtet wurden. Wie Hindus und Buddhisten glauben auch Sikhs an Wiedergeburt und Karma. Im Sikhismus gibt es jedoch keine asketische oder klösterliche Tradition, die den Kreislauf der Wiedergeburten beenden kann. Etwa 2 % der Bevölkerung Indiens sind Sikhs, von denen die meisten im Bundesstaat Punjab leben.

Um die Komplexität des Sikhismus zu verstehen, empfiehlt sich die Lektüre von Khushwant Singhs *A History of the Sikhs*, Band 1 (1469–1839) bzw. Band 2 (1839–2004).

Der im heutigen Pakistan geborene Guru Nanak (1469–1539) lehnte sich vor allem gegen die muslimischen und hinduistischen religiösen Praktiken auf. Er glaubte an das Familienleben und den Wert harter Arbeit – er war verheiratet, hatte zwei Söhne und arbeitete als Bauer, wenn er nicht durchs Land zog, predigte und zusammen mit Mardana, seinem muslimischen Musiker, selbst komponierte *kirtan* (Andachtslieder der Sikhs) sang. Er soll auch Wunder vollbracht haben und vertrat die Ansicht, Meditation zu Gottes Namen sei ein erster Schritt auf dem Weg zur Erleuchtung.

Nanak glaubte an die Gleichheit aller Menschen, bereits Jahrhunderte bevor dies zur Modeerscheinung wurde, und bekämpfte das Kastensystem. Er war ein pragmatischer Guru: „ein Mensch, der seinen Unterhalt ehrlich verdient und sein Einkommen mit jenen teilt, die den Weg zu Gott erkennen". Er ernannte seinen fähigsten Schüler zu seinem Nachfolger und nicht einen seiner Söhne. Seine *kirtan* werden immer noch in *gurdwaras* (Sikh-Tempeln) gesungen, und sein Bild hängt in Millionen von Häusern auf dem Subkontinent und darüber hinaus.

Sikhs versuchen der spirituellen Führung der Khalsa zu folgen, der fünf Sikh-Krieger, die von Guru Gobind Singh als vollkommene Verkörperung der Glaubenssätze des Sikhismus gesalbt wurden. Das Tragen eines *dastar* (eines Turbans) ist für alle getauften Sikh-Männer Pflicht. Strenggläubige Sikhs befolgen die „fünf Ks": *kesh* (das Tragen ungeschnittener Haare), *kanga* (Tragen eines hölzernen Kammes), *kara* (Tragen eines Stahlarmreifs), *kacchera* (Tragen einer Baumwollshorts) und *kirpan* (Tragen eines Dolches oder Schwertes).

Buddhismus

Weniger als 1% der Einwohner des Landes gehören dem Buddhismus an. Bodhgaya (Bihar) – hier erlangte Buddha seine Erleuchtung – ist eine der heiligsten buddhistischen Stätten und zieht Pilger aus aller Welt an.

Die spirituelle Ikone des Buddhismus, der 14. Dalai Lama, lebt in Indien, wie auch der 17. Karmapa (der Kopf der Karma-Kagyu-Sekte des tibetischen Buddhismus)..

Gelehrte beschreiben in der Regel zwei vorherrschende Zweige des heutigen Buddhismus: Theravada (die Lehre der Ältesten) und Mahayana (das große Fahrzeug). Im Großen und Ganzen folgen die Anhänger von Theravada den Glauben, dass die Erlangung der Erleuchtung – und damit die Befreiung von dem Zyklus der Geburt und des Todes – erreicht werden kann, wenn man dem Edlen Achtfachen Pfad (manchmal auch als „Der Mittlere Weg" bezeichnet) folgt. Der Theravada konzentriert sich auf die Prämisse, dass Eigenanstrengung der Weg zur Erleuchtung ist, wobei die Meditation eine Schlüsselrolle einnimmt. Die Anhänger von Mahayana hingegen glauben, dass die Buddhaschaft (die spirituelle Erleuchtung nach buddhistischen Lehren) über die Praktizierung des Bodhisattva-Weges erreicht werden kann – ein Zustand, in dem man bewusst im Zyklus der Wiedergeburt bleibt, um anderen zu helfen, einen Zustand des Erwachens zu erreichen. Bodhisattvas sind erleuchtete Wesen.

Eine weitere Lehrtradition des Buddhismus in Indien ist der tibetische Buddhismus, der seine Ursprünge im 8. Jh. n. Chr. hat. Er enthält

ANATOMIE EINER GOMPA

Einige Teile Indiens, z. B. Sikkim und Ladakh, sind für ihre farbenfrohen Gompas (buddhistische Klöster im tibetischen Stil) bekannt. Der Mittelpunkt einer Gompa ist die *dukhang* (Gebetshalle), in der sich die Mönche versammeln, um Passagen aus den heiligen Schriften zu singen. Die Atmosphäre während der Morgengebete ist besonders schön und macht diese Zeit zur besten für den Besuch einer Gompa. Manchmal sind die Wände mit bunten Wandgemälden oder *thangkas* (Stoffgemälde) von *bodhisattvas* (erleuchtete Wesen) und *dharmapalas* (Schutzgötter) bedeckt. Am Eingang in die *dukhang* befindet sich normalerweise ein Wandgemälde des Lebensrads, eine grafische Darstellung der Kernelemente der buddhistischen Philosophie (s. www.buddhanet.net/wheel1.htm für eine interaktive Beschreibung des Lebensrads).

Die meisten Gompas halten während der wichtigen Festivals *chaam*-Tänze ab (rituelle Maskentänze, mit denen der Sieg des Guten über das Böse gefeiert wird). Bei Tänzen, die das Böse vertreiben sollen, werden Masken von Mahakala, dem Großen Beschützer, getragen, die in der Regel mit einem Kopfschmuck aus menschlichen Schädeln versehen sind. Zum Durdag-Tanz gehören Schädelmasken, welche die Götter des Verbrennungsplatzes zeigen, während Shawa-Tänzer Masken von Hirschen mit wilden Augen tragen. Diese Figuren werden oft mit einem dritten Auge in der Mitte ihrer Stirn dargestellt, das die Notwendigkeit innerer Einkehr symbolisiert.

Eine weitere interessante Aktivität in buddhistischen Klöstern ist die Herstellung von Butterskulpturen – aufwendigen Statuen aus gefärbter Butter und Teig. Die Skulpturen werden absichtlich aus verderblichem Material geformt und stehen für die Unbeständigkeit der menschlichen Existenz. Viele Gompas schaffen außerdem wunderschöne Mandalas – geometrische Muster, die aus farbigem Sand gestreut und dann wieder zerstört werden, um die Vergeblichkeit der physischen Ebene zu symbolisieren.

STAMMESRELIGIONEN

Stammesreligionen sind so mit dem Hinduismus und anderen großen Glaubensrichtungen verschmolzen, dass sich heute nur noch sehr wenige genau abgrenzen lassen. Einige Glaubenssätze des Hinduismus sollen aus der Stammeskultur hervorgegangen sein.

Eine erhebliche Anzahl ethnischer Gruppen in Indien sind Animisten. Sie glauben, dass bestimmte Gegenstände, Tiere oder Orte beseelt sind. Die religiösen Vorstellungen sind eng mit der Natur verknüpft – ein Stein, ein Fluss, ein Baum, ein Berg usw. kann eine eigene Seele haben. Ein Beispiel hierfür sind die Mizos in Nordostindien, die mit großen Steinen herumlaufen und von denen sie glauben, sie seien die Wohnstätte spiritueller Kräfte. Die Naga-Stämme Nordostindiens dagegen glauben, die Erde sei aus Wasser infolge einer Reihe von Beben entstanden, die von einem Erdbebengott ausgelöst wurden; die Söhne des Erdbebengottes wachen seither über die Welt und bestrafen jene, die Unrecht tun. Ebenfalls im Nordosten leben Volksgruppen, die Donyi-Polo folgen (übersetzt „Sonne-Mond"), ein Glaube, von dem es heißt, er sei aus Tibets vorbuddhistischer Bön-Religion hervorgegangen. Die Sonne und der Mond repräsentieren jeweils weibliche und männliche Energien – vergleichbar dem Konzept des Yin und Yang. Die Anhänger dieser Religion glauben an die Einheit aller Lebewesen.

sowohl Lehren des Mahayana wie auch eine Reihe von Ritualen und spirituellen Praktiken (wie spezielle Mantras), die aus indigenen tibetischen religiösen Überzeugungen abgeleitet sind. Übernatürliche Wesen sind ein wichtiger Teil des tibetischen Buddhismus, manche wohlwollend, andere zornig. In Indien existieren bemerkenswerte tibetische buddhistische Gemeinschaften, darunter die in Dharamsala (Himachal Pradesh), Tawang (Arunachal Pradesh), Rumtek (Sikkim) und Leh (Ladakh).

Der Buddhismus entstand im 6. Jh. v. Chr. als Gegenbewegung zu den Einschränkungen des brahmanischen Hinduismus. Buddha (der Erleuchtete) soll von 563 bis 483 v. Chr. gelebt haben. Einst ein Prinz (Siddhartha Gautama) aus den Ebenen Nepals, begann er im Alter von 29 Jahren, nach einem Weg zur Befreiung aus der Welt des Leidens zu suchen. Mit 35 Jahren erlangte er bei Bodhgaya das Nirvana (den Zustand vollen Bewusstseins). Buddha, der dem Kastensystem und der blinden Götterverehrung gegenüber kritisch war, hielt seine Schüler an, die Wahrheit innerhalb der eigenen Erfahrungswelt zu suchen.

Buddha lehrte, dass das Dasein auf den Vier Edlen Wahrheiten beruht: Leben wurzelt im Leid; Leiden wird durch das Verlangen verursacht; Erlösung vom Leid erlangt man, indem man das Verlangen besiegt; der Weg zur Überwindung des Verlangens führt über die Einhaltung des Edlen Achtfachen Pfads. Dieser Pfad besteht in rechtem Verständnis, rechten Absichten, rechter Sprache, rechtem Handeln, rechter Lebensführung, rechter Anstrengung, rechtem Bewusstsein und rechter Konzentration. Wer all dem nachkommt, kann das Nirvana erlangen.

Der Buddhismus war um 1900 in Teilen Indiens verschwunden. Aber in den 1950er-Jahren erlebte er unter Intellektuellen und Dalits, die vom hinduistischen Kastensystem enttäuscht waren, ein Revival. Die Zahl der Anhänger hat durch den Zustrom von Flüchtlingen aus Tibet weiter zugenommen.

Jainismus

Der Jainismus entstand im 6. Jh. v. Chr. als Reaktion auf die Kastenbeschränkungen und auf die Rituale des Hinduismus. Er wurde von Mahavira, einem Zeitgenossen Buddhas, begründet.

Die Jains glauben daran, dass Erlösung durch die völlige Reinheit des Geistes erreicht werden kann. Reinheit bedeutet das Abschütteln allen *karmans*, einer Materie, die durch die eigenen Handlungen entsteht und sich an die Seele heftet. Indem man verschiedene asketische Übungen durchführt (z. B. Fasten und Meditation), befreit man sich vom *karman* und reinigt den Geist. Rechtschaffenheit ist im Jainismus von großer Bedeutung, und grundlegend dafür ist *ahimsa* (Gewaltlosigkeit) gegenüber allem Lebenden im Denken und Handeln.

Die religiösen Pflichten eines Anhängers sind weniger streng als die der Mönche (einige jainistische Mönche laufen sogar nackt herum). Etwas weniger asketische Gläubige behalten nur ein Minimum an Besitztümern, darunter einen Besen, mit dem sie den Weg vor sich kehren, um nicht auf ein Lebewesen zu treten, und ein Stück Tuch, das über den Mund gebunden wird, um ja nicht versehentlich ein Insekt einzuatmen.

Heute sind rund 0,4 % der Einwohner Indiens Jains; die Mehrheit von ihnen lebt in Gujarat und Mumbai. Bekannte heilige Stätten der Jains sind z. B. Sravanabelagola, Palitana, Ranakpur und die jainistischen Tempel des Mt. Abu.

Christentum

Es gibt verschiedene Theorien darüber, wie das Christentum auf den indischen Subkontinent gelangt ist. Einige glauben beispielsweise, dass Jesus seine „verlorenen Jahre" in Indien verbracht hat. Andere wiederum sagen, dass der Apostel Thomas das Christentum in Südindien einführte, ehe er im 1. Jh. n. Chr. angeblich in Chennai starb. Viele Wissenschaftler halten es aber für wahrscheinlicher, dass das Christentum um das 4. Jh. herum von dem syrischen Kaufmann Thomas Cana ins Land gebracht wurde, der damals mit rund 400 Familien nach Kerala aufbrach. Heute sind etwa 2,3 % der Gesamtbevölkerung Indiens Christen; die meisten leben in Südindien.

Nach Vasco da Gamas Besuch im Jahre 1498 erstarkte der Katholizismus in Südindien. In der Region waren einige Orden aktiv, die nicht immer willkommen waren, u. a. Dominikaner, Franziskaner und Jesuiten. Evangelische Missionare sollen ab dem 18. Jh. eingetroffen sein, mit der Absicht, die Bevölkerung zu bekehren, insbesondere die Menschen in Indiens Stammesregionen.

Zoroastrianismus

Der Zoroastrianismus, im 6. Jh. v. Chr. von Zoroaster (Zarathustra) in Persien gegründet, basiert auf dem Konzept des Dualismus, bei dem Gut und Böse in einem andauernden Kampf miteinander verbunden sind. Der Zoroastrianismus ist nicht völlig monotheistisch: Gute und böse Mächte existieren nebeneinander, auch wenn die Anhänger angehalten sind, nur die guten zu ehren. Körper und Seele sind in diesem Kampf von Gut gegen Böse vereint. Obwohl die Menschheit sterblich ist, verfügt sie auch über Zeitloses, z. B. die Seele. Am Tag des Jüngsten Gerichts wird die Seele nicht zur Rechenschaft gezogen – aber ein angenehmes Leben nach dem Tod hängt von den Taten, Worten und Gedanken jedes Einzelnen während seines irdischen Daseins ab.

Der Zoroastrianismus wurde in Persien durch die Ausbreitung des Islams im 7. Jh. in den Hintergrund gedrängt, und seine Anhänger, von denen viele den Islam offen ablehnten, hatten unter Verfolgung zu leiden. Im Lauf der nachfolgenden Jahrhunderte wanderten einige von ihnen nach Indien aus, wo sie Parsen genannt wurden. Ursprünglich siedelten die Parsen in Gujarat und wurden zu Ackerbauern. Während der britischen Herrschaft wandten sie sich dem Handel zu und gründeten in Mumbai eine wohlhabende Gemeinde.

In den letzten Jahrzehnten nahm die Zahl der Parsen beständig ab; heute leben in Indien schätzungsweise weniger als 70 000 Parsen, die meisten davon in Mumbai.

Köstliches Indien

Die Küche Indiens ist so wunderbar facettenreich. Ob zeitgenössische Fusionsgerichte oder traditionelles Street Food – die Palette an Speisen ist so unglaublich breit, dass eine Reise durch das Land immer auch zu einer großartigen kulinarischen Entdeckungsfahrt wird. Vegetarier werden sich im Paradies wähnen, doch auch für Fleischliebhaber hat Indien viel zu bieten, von Currys, die sich an die herzhafte mogulische Küche anlehnen, bis zu reichhaltigen Tandur-Platten. Der üppige indische Speiseplan wird durch die vielen regionalen Varianten bereichert, die auf einheimische Zutaten setzen, seien es nun exotische Gewürze oder frische Kräuter.

Ein kulinarischer Karneval

Die kulinarische Geschichte Indiens ist eine ausgesprochen alte. Die heutige Küche bildet jahrtausendealte regionale und globale Einflüsse ab.

Land der Gewürze

Als Kolumbus über Amerika stolperte, war er eigentlich auf der Suche nach dem berühmten schwarzen Pfeffer der Malabarküste Keralas. In dieser Gegend wächst noch immer die feinste Qualität des beliebten Gewürzes, das Grundlage der schmackhaftesten indischen Gerichte ist.

Kurkuma gilt als Essenz nahezu aller indischen Currygerichte, wohingegen der Samen des Korianders das am häufigsten gebrauchte Gewürz ist und eigentlich allen Gerichten Aroma und Gehalt verleiht. Die meisten indischen Saucengerichte – die im Westen allgemein als Curry bekannt sind – beginnen mit in Öl brutzelndem Kreuzkümmel. Für den säuerlichen Geschmack vieler südindischer Gerichte ist dagegen meist die Tamarinde, die indische Dattel, verantwortlich. Der grüne Kardamom aus den Western Ghats Keralas gilt vielen als der beste der Welt – man findet ihn in Currys, Süßspeisen und wärmendem Chai (Tee). Safran, der aus getrockneten Stempelfäden der Krokusblüte besteht, wird in Kaschmir angebaut. Für 1 g Safran müssen über 1500 Blüten von Hand gepflückt werden.

Finest Rice Recipes von Sabina Sehgal Saikia stellt das bescheidene Getreide in den Mittelpunkt und zeigt, wie wandlungsfähig es ist. Zu den vorgestellten Kreationen gehören z. B. Krabbenküchlein mit Reiskruste.

Reisparadies

Reis ist ein Grundnahrungsmittel, besonders in Südindien. Weit verbreitet sind die weißen Langkornsorten, die zu fast jedem Essen kochend heiß und mit viel Sauce auf dem Teller landen. Zwischen Assams Klebreis im Nordosten und dem roten Reis von Kerala im äußersten Süden finden sich zahllose Varianten, die in den jeweiligen Regionen als die beste Sorte des Landes gelten – auch wenn diese Ehre normalerweise dem Basmati zukommt, dem duftenden Langkornreis, der in die ganze Welt exportiert wird. Normalerweise wird Reis nach dem *roti* (Brot) serviert, oft zusammen mit Quark, der die Mischung bereichern soll.

Verdammt tolles Brot

Was dem Süden der Reis, ist dem Norden der Weizen. *Roti* (oder *chapati*) ist der allgemeine Begriff für indisches Brot und steht für die häufigste Variante, ein unwiderstehliches ungesäuertes Fladenbrot aus

SÜDLICHE GENÜSSE

Würzige *dosas* (auch *dosai*), große papierdünne Reismehlpfannkuchen, normalerweise mit einer Schüssel heißem *sambar* (eine dünne Linsensuppe mit gewürfeltem Gemüse) und einer weiteren Schüssel mit kühlendem Kokosnuss-*chatni* (Chutney) serviert, sind eine südindische Spezialität, die zu jeder Tageszeit gegessen wird. Die beliebteste Variante ist der Masala Dosa (mit gewürzten Kartoffelscheiben gefüllt), aber es gibt auch noch viele andere fantastische Dosas – etwa den *rava* Dosa (aus Grieß), den Mysuru Dosa (ähnelt dem Masala Dosa, enthält aber mehr Gemüse und Chili) und den *pessarettu*-Dosa (aus Mungbohnen-Dhal) aus Andhra Pradesh. Dosas sind heute weit über den Süden hinaus verbreitet, von Tamil Nadu bis zum Himalaya.

Vollkornmehl, das in einer *tawa* (gusseisernen Pfanne) gebacken wird. Manchmal wird es in *ghee* (geklärte Butter) oder Öl getunkt. Mancherorts können *rotis* größer und dicker ausfallen als *chapatis* und eventuell in einem Tandur gebacken werden. *Paratha* ist ein in der Pfanne gebratenes Fladenbrot aus mehreren dünnen Schichten, das auch gefüllt werden kann und dann ein herzhaftes und beliebtes Frühstück abgibt. Mit einem *puri* – ein wie ein Ballon aufgeblähtes Teigtäschchen – kann man ganz wunderbar Saucen auftunken. Das *naan* ist größer und dicker, in einem Tandur gebacken und wird gewöhnlich zu fleischhaltigen Saucen und Kebabs gereicht. Im Punjab lockt das *naan*-ähnliche *kulcha*, das mit Kräutern und Gewürzen gebacken wird.

Dhal-ikat!

Das ganze Land ist sich einig in seiner Leidenschaft für *dhal* (geschälte Linsen oder Hülsenfrüchte). Es gibt bis zu 60 Sorten; die häufigsten sind *channa* (Kichererbsen), die kleinen ovalen Mungbohnen von gelber oder grüner Farbe, *moong* genannt, lachsfarbene *masoors* (rote Linsen), der ockerfarbene Favorit des Südens, *tuvar* (gelbe Linsen, auch *arhar* genannt), *rajmas* (Kidneybohnen), *urads* (Urdbohnen) und *lobhias* (Schwarzaugenbohnen).

Fleischgenuss

Zwar gibt es in Indien wahrscheinlich mehr Vegetarier als im Rest der Welt zusammen, doch bietet es auch ein ausgedehntes Repertoire an Fleischgerichten, hauptsächlich Geflügel, Lamm und Schaf (manchmal auch Ziege). Aus religiösen Gründen ist Rindfleisch für gläubige Hindus und Schweinefleisch für Muslime tabu.

The Anger of Aubergines: Stories of Women and Food von Bulbul Sharma ist eine amüsante kulinarische Analyse sozialer Beziehungen, vermischt mit anregenden Kochrezepten.

Im Norden findet man die von Fleisch dominierte mogulische Küche, die reichhaltige Currys, Kebabs, *koftas* (gehackte Fleisch- oder Gemüsebällchen) und Biryanis (vor dem Garen angebratener Reis mit Fleisch und Gemüse) beinhaltet. Die Ursprünge dieser würzigen Küche gehen auf das (islamische) Mogul-Imperium zurück, das einst in Indien herrschte. Der Süden wartet in Tamil Nadu mit der fleischhaltigen Chettinadu-Küche auf, deren Gerichte wundervoll würzig, aber nicht zu feurig sind.

Im Norden ebenfalls sehr beliebt sind Tandur-Gerichte, die ihren Namen von dem Tonofen (*tandoor*; Tandur) haben, in dem das marinierte Fleisch gegart wird.

Köstlichkeiten aus dem Meer

Bei etwa 7500 km Küstenlinie kann es nicht überraschen, dass Meeresfrüchte in Indien ein wichtiges Nahrungsmittel sind, vor allem an der Westküste von Mumbai (Bombay) bis hinunter nach Kerala. In Kerala wird der meiste Fisch gefangen, während Goa besonders stolz auf seine üppigen Garnelengerichte und feurigen Fischcurrys ist. Dazwischen liegt die Konkanküste, deren vom Fischfang lebenden Gemeinden für ihre Meeresfrüchte-Rezepte gerühmt werden. Nur wenige Hauptmahlzeiten in Odisha (Orissa) enthalten keinen Fisch, und auch in Westbengalen, das übersät ist mit Teichen und Seen, ist Fisch Trumpf. Auch auf der langgezogenen Kette der Andamanen werden Fischliebhaber vom Fang des Tages nicht enttäuscht sein, der sich auf vielen Speisekarten manifestiert.

Gemüse & Obst von Mutter Natur

Gemüse wird in ganz Indien normalerweise zu jeder Hauptmahlzeit serviert, und das Wort *sabzi* (Gemüse) versteht man in jedem indischen Dialekt. Es wird entweder *sukhi* (trocken) oder *tari* (in einer Sauce) zubereitet, kann aber auch gebraten, geröstet, in Curry oder als Füllung verarbeitet, gebacken, zerkleinert und vermischt (für *koftas*) oder in Teig aus Kichererbsenmehl getunkt werden, um *pakora* daraus zu machen.

Kartoffeln sind überall erhältlich und werden gern mit verschiedenen Masalas gekocht, mit anderen Gemüsearten gemischt oder zerstampft und gebraten als Straßensnack *aloo tikki* (Kartoffelküchlein) verkauft. Zwiebeln werden mit anderem Gemüse gebraten, zu einer Paste für Fleischgerichte verarbeitet oder roh als Relish serviert (Jains essen keine Zwiebeln). Blumenkohl wird gewöhnlich allein gegart, zusammen mit Kartoffeln für *aloo gobi* (Kartoffel-Blumenkohlcurry) verwendet, oder mit anderem Gemüse wie Karotten und Bohnen gekocht. Frische grüne Erbsen werden mit weiterem Gemüse im Wok zu Pilaus und Biryanis verarbeitet oder sind wesentlicher Bestandteil des wichtigsten nordindischen Gerichts, dem wunderbaren *mattar paneer* (unvergorener Käse und Erbsen-Curry). *Baigan* (Aubergine) kommt als Curry oder frittiert in Scheiben auf den Tisch. Ebenfalls beliebt ist *saag* (allgemeine Bezeichnung für Blattgemüse), wozu auch Senfblätter, Spinat und Bockshornklee gehören. Etwas ungewöhnlicher ist die *karela* (Bittermelone) mit der zerfurchten Schale, die ebenso wie die köstliche *bhindi* (Okra) meist ohne Flüssigkeit und mit Gewürzen zubereitet wird.

Indiens Obstkorb ist ebenfalls prall gefüllt. Die südliche Küste lockt mit wohlschmeckenden tropischen Früchten wie Ananas und Papaya. Mangos sind im Sommer (besonders April und Mai) im Überfluss vorhanden; Indien kann mehr als 500 Varietäten vorweisen – der Gipfel dieser Köstlichkeiten aber ist die süße Alphonso. Viel angebaut werden Zitrusfrüchte wie Orangen (die in Indien eher gelb-grün sind), Mandarinen, rote und weiße Grapefruits, Kumquats und süße Limonen. Himachal Pradesh erntet im Herbst knackige Äpfel, und im Sommer sind

Der *Penguin Food Guide to India* von Charmaine O'Brien ist eine fesselnde und anregende Lektüre.

Eigentlich gibt es so etwas wie ein indisches „Curry" nicht – die Bezeichnung ist eine anglisierte Ableitung des Tamil-Wortes *kari* (Sauce) und wurde von den Briten für jede Art von gewürzter Speise verwendet.

PAAN

Mahlzeiten werden häufig mit *paan* abgerundet, einer duftenden Mischung aus Betelnüssen (auch Arekanüsse genannt), Limettenpaste, Gewürzen und Aromen, die in ein essbares seidiges *paan*-Blatt gewickelt wird. Angepriesen von *paan*-Händlern, die strategisch günstig vor gut besuchten Restaurants stehen, gelten *paans* als verdauungsfördernd und sorgen für frischen Atem. Die Betelnuss ist ein schwaches Narkotikum, und manche Fans konsumieren *paan* ähnlich wie schwere Raucher Zigaretten – über die Jahre hinweg verfärben sich die Zähne dadurch allerdings rot-schwarz. Üblicherweise wird der klebrige rote Saft ausgespuckt, was nicht immer ein angenehmer Anblick ist.

Paan gibt es in zwei Ausführungen: *mitha* (süß) und *saadha* (mit Tabak, was die gleichen gesundheitlichen Risiken birgt wie andere Formen des Tabakkonsums). Ein Päckchen *mitha paan* ist bestens geeignet, eine gelungene Mahlzeit abzuschließen. Man schiebt sich das ganze Päckchen in den Mund und kaut langsam, damit sich die Wirkung entfalten kann.

Erdbeeren in Kaschmir besonders saftig. Früchte werden erfindungsreich zu *chatnis* (Chutneys) oder Pickles verarbeitet und bereichern auch *lassi*, *kulfi* (aromatisiertes, cremiges Eis) mit und andere Süßigkeiten.

The Book of Indian Sweets von Satarupa Banerjee stellt zahlreiche regionale süße Leckereien vor, von bengalischen *rasgullas* bis zu *bebinca aus Goa*.

Vegetarier & Veganer

Die vegetarische Küche Indiens ist unübertroffen. Für Veganismus gibt es weniger Verständnis („rein vegetarisch" bedeutet ohne Eier), und tierische Produkte wie Milch, Butter, Ghee und Quark sind in den meisten Gerichten enthalten. Das für einen Veganer wahrscheinlich größte Problem ist, dem Küchenchef seine Bedürfnisse begreiflich zu machen – auch wenn die großen Hotels und größeren Städte inzwischen besser auf Veganer eingestellt sind.

Weitere Informationen findet man im Internet – etwa auf den Seiten von Indian Vegan (www.indianvegan.com) und dem Vegan World Network (www.vegansworldnetwork.org).

Pickles, Chutneys & Relishes

Pickles, Chutneys oder Relishes geben Speisen das gewisse Etwas. Ein Relish kann eigentlich so ziemlich alles sein – von einer kleinen eingelegten Zwiebel bis hin zu einer köstlichen Zusammenstellung aus Früchten, Nüssen und Gewürzen. Eine der beliebtesten Beilagen ist *raita* auf Joghurtbasis, ein sehr willkommener, die Zunge kühlender Gegenpart zum würzigen Essen. *Chatnis* gibt es in unzähligen Varianten (süß oder herzhaft), und sie können aus vielen verschiedenen Gemüsearten, Früchten, Kräutern und Gewürzen zubereitet werden.

Ausgesprochen süß

Indien ist berühmt für sein Kaleidoskop von oftmals klebrigen und matschigen *mithais* (indische Süßigkeiten), und die meisten sind sündhaft süß. Die bekanntesten davon sind *barfis* (eine Art Toffee auf Milchbasis), weiche *halwas* (aus Gemüse, Getreide, Linsen, Nüssen oder Früchten), *ladoos* (süße Kugeln aus Erbsenmehl und Grieß) und süße Bällchen aus *chhana* (nicht gepresster Paneer) sowie *rasgullas*. Es gibt zudem noch einfachere – aber genauso leckere – Angebote wie knusprige *jalebis* (frittierte Teigkringel in Zuckersirup; heiß serviert), die man im ganzen Land findet.

Kheer (im Süden *payasam* genannt) ist eine der beliebtesten Nachspeisen überhaupt. Es handelt sich dabei um einen cremigen Reispudding mit leichtem, einfach köstlichem Aroma, angereichert mit Kardamom, Safran, Pistazien, Mandelblättchen, gehackten Cashewnüssen oder geschnittenen Trockenfrüchten. Ebenfalls beliebt sind heiße *gulab jamuns* (frittierte Teigstückchen, getränkt in Sirup mit Rosenaroma) und erfrischendes *kulfi*.

Jedes Jahr werden ungefähr 14 t reines Silber in jene essbare Folie verwandelt, die viele indische Süßigkeiten ziert, vor allem während des Diwali-Festes.

Wenn man Butter schmilzt und das Wasser und die festen Milchbestandteile entfernt, erhält man geklärte Butter – Ghee. Es lässt sich besser als Butter stark erhitzen und hält länger.

WUNDERBARE MILCHPRODUKTE

Milch und Milchprodukte sind aus der indischen Küche nicht wegzudenken. *Dahi* (Quark bzw. Joghurt) wird häufig zu den Mahlzeiten serviert und mildert die Schärfe vieler Speisen. Der Frischkäse Panir (in Indien meist *paneer* geschrieben) ist ein Segen für die vegetarische Mehrheit der Inder. Beliebt sind auch die Joghurtgetränke namens Lassi, das nur eines von vielen süßen und pikanten Getränken ist. Ghee ist das traditionelle, reine indische Speisefett, vergleichbar mit Butterschmalz. Und einige der besten *mithai* (indische Süßigkeiten) werden mit Milch hergestellt

STREET FOOD: TIPPS

Straßensnacks sind ein Highlight jeder Indienreise – man muss aber vorsichtig sein, dass man keine Bauchschmerzen davon bekommt.

➡ Man sollte sich ein paar Tage Zeit lassen, um sich an die örtliche Küche zu gewöhnen, besonders wenn man scharfes Essen nicht gewohnt ist.

➡ Wenn die Einheimischen um einen bestimmten Stand einen Bogen machen, sollte man das ebenfalls tun. Auch ein Blick auf die Kundschaft hilft weiter: Stände, an denen Familien essen, sind in der Regel die besten.

➡ Hinschauen, wie und wo der Straßenhändler die Kochgeräte reinigt und wie und wo das Essen gelagert wird. Wenn der Verkäufer mit Öl brutzelt, lässt sich schnell erkennen, ob dieses sauber ist. Sind die Töpfe und Arbeitsflächen schmutzig, kleben Essensreste daran und schwirren zu viele Fliegen ums Essen, ist ein sofortiger Rückzug die richtige Entscheidung.

➡ Keinen Anstoß daran nehmen, wenn man einen gebratenen Snack bestellt und der Koch die Ware wieder in den Wok befördert: Es ist gängige Praxis, die Snacks vorzugaren und sie erst bei Bestellung fertig zuzubereiten. Das nochmalige heiße Frittieren ist außerdem nur gut, weil es Keime abtötet.

➡ Fleisch sollte man nur an Ständen essen, die einen guten Ruf und viele Kunden haben.

➡ Die Hygiene an Saftständen ist unterschiedlich, daher ist Vorsicht geraten. Den Verkäufer sollte man dazu anhalten, den Saft direkt vor einem frisch zu pressen. Keine Säfte trinken, die in Krügen gelagert oder in einem Glas serviert werden – außer man hat sich davon überzeugt, dass die Gläser hygienisch gereinigt werden.

➡ Finger weg von glänzenden aufgeschnittenen Melonen oder anderen Früchten: Die behalten die verlockende Farbe nur, weil sie ständig mit (oftmals ungefiltertem) Wasser übergossen werden.

Wohin zum Essen?

Man kann in Indien überall gut essen, sei es an den heruntergekommenen Imbissbuden am Straßenrand oder in den vornehmen Restaurants der Fünf-Sterne-Hotels. In den meisten Mittelklasserestaurants kann man zwischen mehreren Richtungen wählen: südindisch (d.h. normalerweise die Vegi-Küche Tamil Nadus und Karnatakas) und nordindisch (überwiegend die Punjab-/mogulische Küche); häufig gibt es auch noch die indische Interpretation chinesischer Gerichte. Auch Gerichte benachbarter Regionen und Bundesstaaten finden sich auf der Speisekarte – viele Inder verschlägt es auf der Suche nach Arbeit in alle Himmelsrichtungen und die Restaurants bieten ihnen deshalb gern auch Essen aus der Heimat an.

Nicht zu verwechseln mit Burger- und Pizzabuden sind jene Restaurants im Süden, die zwar mit „Fast Food" werben, tatsächlich jedoch zu Indiens besten Adressen gehören. Sie bieten sämtliche *tiffin*-Köstlichkeiten (Snacks) an und haben häufig Extratheken für Süßes. Zu vielen Luxushotels gehören hervorragende Restaurants, die meist Gerichte aus ganz Indien kredenzen – eine gute Gelegenheit, die verschiedenen regionalen Spezialitäten zu probieren. In größeren Städten serviert eine aufblühende unabhängige Gastroszene mexikanische, mediterrane, japanische oder italienische Küche.

Dhabas (schlichte Snackbars) sind Oasen für Millionen Trucker, Buspassagiere und Traveller, die sich durch Indien treiben lassen. Die ursprünglichen *dhabas* pflastern ganz Nordindien, aber auch im restlichen Land sollte man fündig werden. Das herzhafte Essen aus einfachen Zutaten, das diese gastfreundlichen Buden servieren, hat inzwischen einen eigenen Namen erhalten: „*dhaba* Food".

Heißhunger? *Street Foods of India* von Vimla und Deb Kumar Mukerji liefert Rezepte für einige der beliebtesten indischen Snacks, von *samosas* und *bhelpuri* bis zu *jalebis* und *kulfi*.

INDISCHE TISCHMANIEREN

Die meisten Menschen in Indien essen mit der rechten Hand. Im Süden verwenden sie so viel Hand wie nötig, andernorts nur die Fingerspitzen. Die linke Hand ist für „unreine" Tätigkeiten wie das Ausziehen von Schuhen reserviert. Mit links kann man aber auch Getränke halten oder sich aus einer gemeinsamen Schüssel mit Essen bedienen, jedoch sollte man nie mit der linken Hand Essen zum Mund führen. Es gehört außerdem zum guten Ton, sich vor und nach den Mahlzeiten die Hände zu waschen.

Das frisch servierte Gericht wird mit den Fingern vermengt. Hat man *dhal* und *sabzi* (Gemüse) bestellt, mischt man nur das *dhal* unter den Reis, während das *sabzi* mit jedem Bissen extra genommen wird. Bei Fleisch- oder Fischcurrys mischt man die Sauce mit dem Reis. Die Stücke werden in die Mischung getunkt und mit dem Daumen in den Mund geschoben – dabei zeigen die Fingerknöchel immer zur Schüssel.

Street Food

Egal zu welcher Tageszeit: die Straßenverkäufer braten, kochen, rösten, schälen, sieden, mischen, machen Saft oder backen, um hungrige und durstige Passanten mit irgendeiner Art von Speis und Trank anzulocken. Kleine Stände bieten meist den ganzen Tag nur eine einzige Spezialität an, andere Verkäufer haben unterschiedliche Gerichte für Frühstück, Mittag- und Abendessen. Die Mahlzeiten unterscheiden sich je nach Stadtteilen, Städten und Regionen. Manches ist so einfach wie gepuffter Reis oder in heißem Sand geröstete Erdnüsse, manches so komplex wie eine Mischung ganz unterschiedlicher Geschmacksrichtungen, die man bei *chaat* (herzhafte Snacks) vorfindet. Fantastisch schmecken etwa *chole bhature* (gepufftes Brot mit würzigen Kichererbsen, das in eine duftende Sauce getunkt wird) in Nordindien, *aloo tikki* (würzige Kartoffelplätzchen), berühmt in Lucknow, *gol gappa/panipuri/gup chup* (gepuffte Brotstücke mit würziger Füllung), in ganz Indien erhältlich, und *idli sambar* (Reisküchlein, serviert mit leckerer Sauce und Chutney) in Chennai und im Süden.

Thali bedeutet „Platte" auf Hindi und steht für eine komplette Mahlzeit, eine Auswahl an Gerichten in kleinen Metallschüsseln, die auf einem größeren Metallteller serviert werden, dazu gibt es Brot, Reis, Chutneys und Nachtisch. Unbegrenztes Thali bedeutet, es gibt Nachschlag.

Großer Bahnhof für Snacks

Eine Zugfahrt in Indien erhält ihren Reiz allein schon durch den kulinarischen Zirkus, der Reisende an nahezu jedem Bahnhof erwartet. Fliegende Händler empfangen die ankommenden Züge, schreien und hetzen in den Wagen umher. Früchte, *namkin* (würzige Häppchen), Omelettes, Nüsse und Süßigkeiten werden durch die Fenstergitter gereicht. Auf dem Bahnsteig versuchen Köche, die Reisenden mit brutzelnden Köstlichkeiten wie *samosas* aus dem Zug zu locken. Regelmäßige Zugfahrer wissen, welcher Bahnhof berühmt für welches Essen ist: Der Bahnhof Lonavla in Maharashtra etwa ist bekannt für *chikki* (ein steinhartes Karamell-Konfekt), Agra für *peitha* (gesüßte Kürbiswürfel, oft mit Rosenwasser, Kokosnuss oder Safran aromatisiert) und Dhaund bei Delhi für Biryani.

Essen, das zunächst in den Tempeln den Göttern dargeboten und anschließend unter die Gläubigen verteilt wird, bezeichnet man als *prasad*.

Esskultur

Drei Hauptmahlzeiten am Tag sind die Regel. Das Frühstück ist leicht: es besteht im Süden oft aus *idlis* (schwammigen runden fermentierten Reiskuchen) und *sambar* sowie aus *parathas* im Norden. Das Mittagessen kann recht gehaltvoll sein (etwa die örtliche Variante eines Thalis) oder aber eher leicht, gerade bei Büromenschen mit wenig Zeit. Das Abendessen ist normalerweise die Hauptmahlzeit des Tages. Meistens handelt es sich dabei um mehrere Gerichte – einige Gemüse- oder auch Fleischcurrys und Dal mit Reis und/oder *chapatis*. Alle Gerichte werden auf einmal serviert, nicht nach Gängen getrennt. Nachspeisen gibt es auf Wunsch, sie sind aber eher bei Festen oder anderen besonderen Gelegenheiten üblich. Früchte schließen die Mahlzeit ab. In vielen indischen Familien wird spät gegessen (nach 21 Uhr), je nach persönlichen Vorlieben und abhängig von den Jahreszeiten (während der wärmeren Monate wird später gegessen). Restaurants füllen sich in den Großstädten erst ab 21 Uhr, in kleineren Städten auch schon früher.

Essen & Religion

Viele Menschen in Indien betrachten Essen als ebenso ausschlaggebend für das Wohlbefinden der Seele wie für die Versorgung des Körpers. Grob gesagt vermeiden Hindus traditionell Nahrungsmittel, die als hinderlich für die physische und geistige Entwicklung gelten, obgleich es in dieser Hinsicht nur wenige Patentrezepte gibt. Das Rindfleisch-Tabu (die Kuh ist Hindus heilig) ist die strengste Einschränkung. Jains meiden Speisen wie Knoblauch und Zwiebeln, weil sie glauben, dass diese das Blut erhitzen und sexuelles Begehren entfachen (mal ganz abgesehen davon, dass bei der Ernte Insekten verletzt werden könnten). Es gibt vegetarische Restaurants, die aus diesem Grund auf das Fehlen von Knoblauch und Zwiebeln in ihren Gerichten besonders hinweisen. Strenggläubige Hindus verzichten ebenfalls darauf, und auch aus den meisten Ashrams sind sie verbannt.

Einige Lebensmittel, z. B. Milchprodukte, gelten als von Natur aus rein und werden gegessen, um Körper, Geist und Seele zu reinigen. Auch Ayurveda, die alte Wissenschaft von Leben, Gesundheit und Langlebigkeit, beeinflusst die Essgewohnheiten.

Schweinefleisch ist für Muslime tabu und Stimulanzien wie Alkohol werden von den meisten Strenggläubigen gemieden. *Halal* ist der Begriff für alle zulässigen Nahrungsmittel, *haram* heißen die verbotenen. Fasten wird vor allem als Gelegenheit gesehen, Allahs Zustimmung zu erlangen, die Sünden abzuwaschen und das Leiden der Armen zu verstehen.

Buddhisten haben sich der Philosophie der *ahimsa* (Gewaltlosigkeit) verschrieben und sind daher überwiegend Vegetarier. Das zentrale Dogma des Jainismus ist ein strikter Vegetarismus und es gibt strenge Beschränkungen, um jede Verletzung eines lebenden Wesens zu vermeiden. Gemüse, das unter der Erde wächst, wird als *ananthaky* betrachtet – ein Körper beherbergt viele Leben: Die meisten Jains verzichten auf dessen Verzehr, da bei Anbau oder Ernte Insekten zu Schaden kommen könnten.

In den indischen Sikh-, Christen- und Parsigemeinden gibt es wenige Einschränkungen des Essverhaltens.

Ein Gläschen gefällig?

Gujarat, Nagaland und Lakshadweep sind die einzigen Bundesstaaten Indiens, in denen Alkohol verboten ist. Im ganzen Land gibt es jedoch Alkoholgesetze und in jedem Bundesstaat kann es regelmäßig „trockene" Tage geben, an denen der Verkauf von Alkohol in Spirituosenläden verboten ist. Kerala, wo der Alkoholkonsum doppelt so hoch war wie im nationalen Durchschnitt, wird bis 2024 ein komplettes Verbot einführen, was für Hunderte von Bars die Schließung bedeutete; Alkohol ist derzeit offiziell nur noch in Fünf-Sterne-Hotels erhältlich. In Goa, das noch stark europäisch beeinflusst ist, sind die Alkoholsteuern niedriger und die Trinkkultur weniger eingeschränkt. An Gandhis Geburtstag (2. Okt.) bekommt man nahezu nirgendwo ein alkoholisches Getränk.

Die meisten größeren Städte wie Mumbai, Bengaluru (Indiens Hauptstadt der Kleinbrauereien), Kolkata (Kalkutta) und Delhi haben klasse Kneipen, die Alkohol ausschenken und an den Wochenenden am belebtesten sind. Die nobleren Bars bieten eine beeindruckende Auswahl an heimischen und importierten Getränken und Bier vom Fass. Viele Bars verwandeln sich nach 20 Uhr in dröhnende Musikkneipen, doch in den

Kritiken und Empfehlungen für Restaurants in ganz Indien liefert die ausgezeichnete Seite Zomato (zomato.com).

Die Weinproduktion des Subkontinents entwickelt sich stets weiter – auf www.indianwines.info kann man sich einen Cyberschluck genehmigen.

Indische Rezepte im Internet

www.recipesindian.com

www.thokalath.com/cuisine

www.indianfoodforever.com

www.indien-rezepte.de

meisten Großstädten gibt's auch ruhige Lounges. In kleineren Städten kann die Barszene eine ziemlich zwielichtige, männerdominierte Angelegenheit sein – durstige Frauen sollten diese Szene nicht unbedingt allein erforschen.

Wein ist stetig auf dem Vormarsch, auch wenn die heimische Weinproduktion immer noch relativ neu ist. Die günstigen Klima- und Bodenbedingungen in bestimmten Gebieten – etwa in Teilen von Maharasthra und Karnataka – haben einige gute Weingüter hervorgebracht, darunter Grover und Sula Vineyards.

Strenge Lizenzrechte verhindern den Alkoholausschank in einigen Restaurants, doch wer auf die Rupien der Touristen angewiesen ist, serviert vielleicht unter der Hand Bier in Teekannen und getarnten Gläsern – aber wer keinen Ärger riskieren will, sollte sich besser auf nichts einlassen.

Nur sehr wenige vegetarische Restaurants schenken Alkohol aus.

Alkoholfreie Getränke

Chai (Tee), das vielgeliebte Nationalgetränk, wird mit sehr viel Milch und Zucker gereicht. Ein Glas dampfender, schaumiger Chai ist der beste Trost gegen die Unbilden des Lebens auf Indiens Straßen. Und die körperlose, dröhnende Stimme, die „*garam* chai, *garam* chai" (heißen Tee, heißen Tee) anpreist, klingt schon bald vertraut und angenehm in den Ohren jedes Indienreisenden. Ein Masala-Chai enthält noch Kardamom, Ingwer und andere Gewürze.

Obwohl Chai das Lieblingsgetränk der meisten Inder ist, bleiben die Südinder schon lange auch dem Kaffee treu. In den letzten Jahren ist jedoch auch der Kaffeekonsum in Nordindien rapide angestiegen; Kaffeehausketten breiten sich immer mehr aus.

Masala soda ist die indische Limo schlechthin. Frisch geöffnet wird das sprudelnde Getränk mit Limette, Gewürzen, Salz und Zucker aufgepeppt. Oder man entscheidet sich für eine schlichtere Variante der Zitronenlimo mit frischer Limette und je nach Wunsch (mit Zucker) gesüßt oder gesalzen. Ebenfalls sehr belebend ist *jal jeera* (aus Limettensaft, Kreuzkümmel, Minze und Steinsalz). Süße und salzige Lassis, Getränke auf Joghurtbasis, sind im ganzen Land populär und ungemein erfrischend.

Falooda ist ein mit Rosenaroma verfeinertes Getränk aus Milch, Sahne, Nüssen und Fadennudeln. Heiße oder kalte *badam*-Milch wird mit Mandeln und Safran aromatisiert.

Akte Alkohol

Geschätzte drei Viertel aller Inder, die Alkohol konsumieren, stürzen Schnäpse (*country liquor*) wie den berüchtigten Arrak des Südens hinunter (er wird aus Palmzuckersaft, Kartoffeln oder Reis destilliert). Dieser Fusel ist weithin als Getränk der armen Leute bekannt und Millionen sind nach dem Zeug süchtig. Jedes Jahr werden außerdem viele Menschen vom Methanol in illegal gebranntem oder gepanschtem Arrak blind oder sterben sogar.

Ein interessantes regionales Getränk ist die klare Spirituose *mahua*, destilliert aus der Blüte des *mahua*-Baums (indischer Butterbrotbaum). Während der Baumblüte im März und April entsteht *mahua* überall in Zentralindien in provisorischen Hütten. *Mahua* kann bedenkenlos getrunken werden, wenn er aus vertrauenswürdiger Herstellung stammt. Es sind jedoch auch schon Menschen erblindet, nachdem sie mit Methanol gepanschten *mahua* getrunken hatten.

Reisbier wird überall im Osten und Nordosten Indiens gebraut. Im Himalaja gibt es einen Getreideschnaps namens *raksi*, der – stark und mit zartem Kohlenaroma – entfernt an schottischen Whisky erinnert.

Der aus Palmsaft gewonnene Toddy wird in den Küstenregionen, besonders in Kerala getrunken. Der bekannteste indische Schnaps ist aber der Feni, eine geschützte Marke aus dem entspannten Goa. Kokos-Feni ist leicht und eher unspektakulär, wohingegen der beliebtere Cashew-Feni – aus den Früchten des Cashew-Baums – allemal einen Versuch wert ist.

Wer Lust hat, sich ein Schlückchen blaublütigen Getränks zu gönnen, bekommt inzwischen in einigen Alkoholgeschäften in Delhi und Jaipur traditionsreiche königliche Liköre aus Rajasthan (die einst jedoch dem privaten Konsum des Adels vorbehalten waren). Die Zutaten reichen von Anis, Kardamom und Safran bis hin zu Rose, Datteln und Minze.

Küchenglossar

achar	Pickles
aloo	Kartoffel; auch *alu*
aloo tikki	Puffer aus Kartoffelbrei
appam	südindischer Reispfannkuchen
arak	Schnaps (Arrak), destilliert aus Kokosmilch, Kartoffeln oder Reis
baigan	Aubergine; auch *brinjal*
barfi	toffeeähnliche Süßigkeit aus Milch
bebinca	16-schichtiger Kuchen aus Goa
besan	Kichererbsenmehl
betel	Nuss des Betelbaums; auch Arekanuss genannt
bhajia	Gemüsekrapfen
bhang lassi	Mix aus Lassi und *bhang* (ein Marihuana-Derivat)
bhelpuri	dünne, runde gebratene Teigküchlein mit Reis, Linsen, Zitronensaft, Zwiebeln, Kräutern und Chutney
bhindi	Okra
biryani	aromatisch gewürzter, gedämpfter Reis mit Fleisch oder Gemüse
bonda	Kartoffelpuffer
chaat	pikanter Snack, manchmal mit *chaat masala* gewürzt
chach	Buttermilchgetränk
chai	Tee
channa	gewürzte Kichererbsen
chapati	rundes, ungesäuertes indisches Brot, auch *roti* genannt
chawal	Reis
cheiku	kleine, süße, braune Frucht
dahi	Quark/Joghurt
dhal	gewürztes Linsengericht
dhal makhani	schwarze Linsen und rote Kidneybohnen mit Sahne und Butter
dhansak	Gericht der Parsen; Fleisch, meistens Huhn oder Lamm, mit gewürzten Linsen, (Flaschen-)Kürbis und Reis
dosa	großer, pikanter südindischer Pfannkuchen
falooda	mit Rosenaroma verfeinertes Getränk mit Milch, Sahne, Nüssen und Fadennudeln
faluda	lange Nudeln aus Kichererbsenmehl
feni	Spirituose aus Goa, destilliert aus Kokosmilch oder Cashewfrüchten
ghee	geklärte Butter
gobi	Blumenkohl

gulab jamun	frittierte Teigbällchen in mit Rosenaroma angereichertem Sirup
halwa	weiche Süßigkeit aus Gemüse, Linsen, Nüssen oder Früchten
idli	schwammige, runde, fermentierte Reiskuchen aus Südindien
imli	Tamarinde
jaggery	hartes, braunes, zuckerartiges Süßungsmittel aus Palmensaft
jalebi	orangefarbene frittierte Teigringe, in Zuckersirup getunkt und heiß serviert
karela	bitterer Flaschenkürbis
keema	gewürztes Hackfleisch
kheer	cremiger Reispudding
khichdi	Mischung aus leicht gewürztem Reis und Linsen, auch *khichri* genannt
kofta	Hackfleisch- oder Gemüsebällchen, meistens rund
korma	geschmortes Currygericht
kulcha	leicht gesäuertes indisches Brot
kulfi	(oft mit Pistazien) aromatisiertes Eis von fester Konsistenz
ladoo	süße Bällchen aus Erbsenmehl und Grieß; auch *ladu* genannt
lassi	Eisgekühltes Joghurtgetränk
malai kofta	Panir, gekocht in einer cremigen Soße aus Cashewnüssen und Tomaten
masala dosa	großer, pikanter südindischer Pfannkuchen (*dosa*), gefüllt mit gewürzten Kartoffeln
mattar paneer	Curry aus Erbsen und Panir
methi	Bockshornklee
mishti doi	bengalische Süßigkeit, mit Palmzucker gesüßter Quark
mithai	Sammelbegriff für indische Süßigkeiten
momo	pikante tibetische Klößchen
naan	im Tandur gebackenes flaches Brot
namak	Salz
namkin	pikante Knabbereien
noon chai	salziger Tee aus Kaschmir
pakora	panierte Gemüsehäppchen
palak paneer	Panirstücke in pürierter Spinatsoße
paneer	auch Panir genannt; weicher, unfermentierter Frischkäse
pani	Wasser
pappadam	dünne, knusprige runde Waffeln aus Linsen- oder Kirchererbsenmehl, auch *pappad* genannt
paratha/parantha	blättriges Fladenbrot (dicker als *chapati*); oft gefüllt
phulka	ein *chapati*, das über einer offenen Flamme aufgeht
pilau	in gewürzter Brühe gekochter Reis; auch *pulau*, *pilao* oder *pilaf* genannt
pudina	Minze
puri	flacher, pikanter Teigfladen, der beim Frittieren aufgeht; auch *poori* genannt
raita	mild gewürzter Joghurt, oft mit Gurken- oder Ananasstückchen
rasam	Brühe auf *dhal*-Basis mit Tamarinde
rasgulla	Frischkäsebällchen, mit Rosenwasser aromatisiert
rogan josh	reichhaltiges, scharfes Lammcurry
saag	Blattgemüse
sabzi	Gemüse
sambar	südindisches suppenartiges Linsengericht mit Gemüsewürfeln

samosa	dreieckige frittierte Pasteten, die mit gewürztem Gemüse (manchmal auch Fleisch) gefüllt sind
sonf	Anissamen; werden gekaut, um die Verdauung anzuregen und den Atem zu erfrischen; auch *saunf* genannt
tandoor	Tandur; Lehmofen
tawa	flache, heiße Platte oder Eisenpfanne
thali	„All you can eat"-Mahlzeit; unterteilte Edelstahlplatte (manchmal aus Silber)
thukpa	tibetische Nudelsuppe
tiffin	Snack; bezeichnet auch Essensbehälter, oft aus Edelstahl
tikka	gewürzte, oft marinierte Stücke Huhn, Panir etc.
toddy	alkoholisches Getränk aus gegorenem Palmensaft
tsampa	tibetisches Grundnahrungsmittel aus geröstetem Gerstenmehl
upma	*rava* (Grieß), gekocht mit Zwiebeln, Gewürzen, Chilis und Kokosnuss
uttapam	dicker, pikanter südindischer Reispfannkuchen mit fein gehackten Zwiebeln, grünen Chilis, Koriander und Kokosnuss
vada	südindisches ringförmiges pikantes Linsengebäck
vindaloo	Gericht aus Goa; feuriges Curry in einer Essig-Knoblauch-Marinade
wazwan	traditionelles Festessen in Kaschmir

Der großartige indische Basar

Auf den Basaren Indiens werden alle möglichen Kostbarkeiten verkauft: Von feinen Holzarbeiten bis zu traumhafter Seide, von Stammesschmuck bis zu fein bestickten Schals, von funkelnden Edelsteinen bis zu rustikalem Dorfhandwerk. Die Bandbreite an Kunst und Handwerk ist groß, und jede Region – manchmal sogar jedes Dorf – hat eigene, oft uralte Traditionen. Jeder Reisende sollte sich darauf gefasst machen, auf einige spektakuläre Dinge zu stoßen – und sie mit nach Hause nehmen zu wollen. Die Einkaufsmöglichkeiten in Indien sind so faszinierend und facettenreich wie das Land selbst.

Bronzefiguren, Keramik, Steinmetzarbeiten & Terrakotta

In Südindien und Teilen des Himalaja werden kleine Götterbildnisse in der uralten Feingusstechnik hergestellt. Eine Wachsfigur wird geformt, dann mit einer Gussform umgeben; das Wachs wird geschmolzen, ausgegossen und dann durch geschmolzenes Metall ersetzt. Nun wird die Gussform aufgebrochen und die Figur im Inneren entnommen. Die beliebtesten sind Figuren von Shiva als tanzender Nataraja, man findet aber auch Buddhafiguren und viele Gottheiten aus dem Hindu-Pantheon.

Auch die Westbengalen verwenden die Feingusstechnik für Skulpturen der Stammesglocken der Dokra. In der Region Bastar in Chhattisgarh praktizieren die Ghadwa eine reizvolle Variante des Verfahrens, indem sie die metallene Gussform mit einem feinen Wachsfaden auskleiden, der dem fertigen Produkt ein netzartiges Design verpasst.

In den buddhistischen Gegenden findet man eindrucksvolle Bronzestatuen von Buddha und den tantrischen Gottheiten, komplett mit fein polierten und bemalten Gesichtern.

In Mamallapuram (Tamil Nadu) verwenden Künstler einheimischen Granit und Speckstein und lassen damit die uralte Kunst der Pallava-Bildhauer wieder aufleben. Die Souvenirs reichen von winzigen Steinelefanten bis zu enormen Götterstatuen, die eine halbe Tonne wiegen. Tamil Nadu ist auch bekannt für seine Bronzen aus Thanjavur und Trichy (Tiruchirappalli).

Vielerorts werden hübsche Terrakottaformen hergestellt, von Schüsseln und dekorativen Blumentöpfen bis zu Götterbildern und Spielzeug.

Vor den Tempeln in ganz Indien kann man oft kleine Ton- oder Gipsbildnisse der Hindu-Gottheiten kaufen.

Teppiche, Teppiche, Teppiche!

Teppichknüpfen ist in Indien ein sehr lebendiges Kunsthandwerk. Werkstätten im ganzen Land stellen erstklassige Woll- und Seidenteppiche her. Die schönsten Stücke kommen aus Kaschmir, Ladakh, Himachal Pradesh, Sikkim und Westbengalen. Das Teppichknüpfen ist auch eine Haupteinnahmequelle für tibetische Flüchtlinge. In den meisten Flüchtlingssiedlungen gibt es Kooperativen mit Teppichwerkstätten. Man findet auch Reproduktionen traditioneller turkmenischer und afghanischer Muster in Bundesstaaten wie Uttar Pradesh. Sogenannte „antike" Teppiche sind meist keine – es sei denn, man bezieht sie von einem international angesehenen Händler. Ansonsten hält man sich besser an „neue" Ware.

In Kaschmir und Rajasthan findet man grob gewebte *numdas* (oder *namdas*) aus Wolle, die sehr viel günstiger sind als Knüpfteppiche. In Regionen wie Kaschmir, Himachal Pradesh, Rajasthan und Uttar Pradesh werden *dhurries* (kilimartige Baumwollvorleger) in spezieller Flachwebtechnik hergestellt. In Kaschmir fertigt man auch tolle *gabbas* (Vorleger mit Applikationen) aus gekettelter Wolle oder Seide.

Kinder werden in Indien seit Jahrhunderten als Teppichweber beschäftigt. Kinderarbeit verursacht einen Teufelskreis aus Armut: Die Löhne für Erwachsene sinken, es gibt weniger Arbeitsplätze für Erwachsene, und Kinder können nicht zur Schule gehen. Die Teppiche der tibetischen Flüchtlingskooperativen werden fast ausschließlich von Erwachsenen hergestellt. Wer sichergehen will, kauft in staatlichen Warenhäusern oder bei gemeinnützigen Kooperativen.

In ganz Indien findet man fein verarbeitete Ringe, Fußketten, Ohrringe, Zehenringe, Ketten und Armreifen aus Gold und Silber. Die Stücke kann man oft nach Maß anfertigen lassen.

Preise & Versand

Der Preis eines Teppichs richtet sich nach der Anzahl und der Größe der handgeknüpften Knoten, der Farbvielfalt, der Komplexität des Designs und dem Material. Seidenteppiche sind teurer und sehen luxuriöser aus, aber Wollteppiche halten meist länger. Für einen Wollteppich in guter Qualität und einer Größe von 90x150 cm (oder 90x180 cm, je nach Region) zahlt man mindestens 220 € aufwärts und etwa das Zehnfache für einen Seidenteppich gleicher Größe. Tibetische Teppiche sind schlichter und daher billiger. Viele Flüchtlingskooperativen verkaufen Teppiche in der genannten Größe für etwa 90 €.

Es gibt Menschen, die Teppiche in dem Glauben kaufen, sie zu Hause gewinnbringend verhökern zu können. Doch wer sich mit dem Metier nicht wirklich gut auskennt, ist besser dran, wenn er einen Teppich ein-

DIE KUNST DES FEILSCHENS

Staatliche Warenhäuser, Fair-Trade-Kooperativen, Kaufhäuser und moderne Einkaufszentren bieten ihre Waren in der Regel zu Festpreisen an. Anderswo muss man feilschen weil die Preise oft völlig überhöht sind. Die Ladeninhaber in vielen touristischen Zentren sind an Kunden gewöhnt, die viel Geld und wenig Zeit haben. Insofern muss man damit rechnen, dass man am Ende für die Ware den doppelten oder dreifachen Preis bezahlt.

Die erste „Regel" beim Feilschen lautet, nie zu großes Interesse für die Ware, die man kaufen will, zu zeigen. Die zweite Regel ist, nicht gleich das Erste zu kaufen, was einem gefällt. Zunächst sollte man sich in verschiedenen Läden umschauen und Preise vergleichen, dabei aber nicht zu auffällig sein. Kehrt man dann in den ersten Laden zurück, wird der Verkäufer wissen, dass er der billigste Anbieter ist (und weniger Spielraum fürs Feilschen lassen).

Man sollte für sich entscheiden, wie viel Geld man auszugeben bereit ist und dann beiläufig Interesse für die auserkorene Ware zeigen. Hat man absolut keine Ahnung vom gängigen Marktpreis, beginnt man beim Feilschen meistens damit, die Hälfte des genannten Verkaufspreises anzubieten. Der Verkäufer wird dann vermutlich bestürzt dreinschauen, aber man hat jetzt eine Grundlage, um mit dem Preis in kleinen Schritten rauf- oder runterzugehen, bis man sich einig geworden ist. Es kommt auch nicht selten vor, dass ein Ladeninhaber mit seinem vermeintlich „letzten" Angebot noch einmal runtergeht, wenn man sagt, dass man noch mal darüber nachdenken müsse, und sich zum Gehen anschickt.

Das Feilschen ist eine Lebensart in Indien und sollte nicht in ein schmutziges Wortgefecht ausarten. Dabei sollte man immer den Wechselkurs der Rupie vor Augen haben und wie viel die Ware zu Hause kosten würde. Wer das nicht weiß, sollte danach gehen, was das Stück einem wert ist. Hat man den Eindruck, der Händler nennt einen viel zu hohen Preis, sollte man sich anderswo umschauen.

fach nur kauft, weil er ihn schön findet. Viele Läden verschiffen Teppiche gegen Gebühr in die Heimat, doch wenn man den Versand selbst organisiert, ist man auf der sicheren Seite und fällt nicht auf Abzocke herein. Teppiche können beim Heimflug auch im Frachtraum transportiert werden (ein Teppich von 90x150 cm wiegt 5–10 kg – Gepäckbestimmungen beachten!). Der Versand eines Teppichs in der Größe nach Europa kostet ca. 4000 ₹.

Bidri ist eine Methode der Damaszierung von Silber in Gusszinnbronze (ein Zinkgemisch), wobei es mit Erde aus Bidar, Karnataka, abgerieben wird, um Schmuck, Kästchen und Verzierungen herzustellen.

Schmuck

Nahezu jede indische Stadt hat zumindest einen Laden, der Armreifen verkauft. Das riesige Angebot reicht von farbenfrohen Plastik- und Glasvarianten bis zu edleren Exemplaren aus Messing und Silber.

Schwerer Folklore-Silberschmuck wird vor allem in Rajasthan verkauft – Jaipur, Udaipur und Pushkar sind gute Adressen für nach westlichem Geschmack gestalteten Silberschmuck. Jaipur ist zudem für Edel- und Halbedelsteine bekannt – und für Betrüger. In ganz Indien ist schwerer tibetischer Gold- oder Weißmetallschmuck mit Halbedelsteinbesatz erhältlich. Viele dieser Stücke zieren buddhistische Bilder und tibetische Texte, darunter auch das berühmte *Om Mani Padme Hum*. In tibetischen Zentren wie McLeod Ganj oder Leh wird manchmal echter alter Schmuck angeboten, doch Vorsicht: In Indien, Nepal und China lebt eine ganze Industrie von künstlich auf alt getrimmten Reproduktionen. Wer selbst kreativ sein möchte, kann sich vielerorts Achate, Türkise, Karneole und Silberstücke zulegen. Auch buddhistische Meditationsketten aus Schmucksteinen oder Holz sind nette Mitbringsel.

Perlen werden in den meisten Küsten-Bundesstaaten gezüchtet, sind jedoch eine Spezialität Hyderabads. Sie werden in fast allen staatlichen Warenhäusern verkauft. Die Preise hängen von Form und Farbe ab – reinweiße Perlen oder solche in seltenen Farben wie schwarz sind teurer. Ebenso zahlt man für vollkommen runde Perlen in der Regel mehr als für verformte oder längliche. Einreihige Zuchtperlenketten kosten oft nur 500 ₹, für höherwertige zahlt man mehr als 1200 ₹.

Lederwaren

Da Kühe in Indien als heilig gelten, wird nur die Haut von Büffeln, Kamelen, Ziegen oder anderen Tieren zu Leder verarbeitet. Kanpur in Uttar Pradesh ist das Herz der indischen Lederindustrie.

Cuttack in Odisha (Orissa) ist berühmt für seine spitzenartigen Silberfiligranornamente, auch bekannt als *tarakasi*. Zuerst wird ein Silberrahmen hergestellt, der dann mit feinen Kringeln und Bändchen aus Silber aufgefüllt wird.

Die meisten Großstädte bieten eine tolle Auswahl an äußerst günstigen, modernen Lederschuhen an. Manche davon sind mit zahllosen glitzernden Pailletten bestickt.

Der Punjab und Rajasthan (vor allem Jaipur) sind für ihre *jootis* bekannt, die traditionellen, häufig spitz zulaufenden Schlüpfschuhe.

Landesweit werden *chappals* verkauft. Besonders schöne Varianten dieser herrlichen Ledersandalen mit Zehenriemen kommen aus Kolhapur, Pune und Matheran in Maharashta.

In Bikaner (Rajasthan) verkleiden Kunsthandwerker wunderschöne Spiegelrahmen, Schachteln und Flaschen mit vergoldeter Kamelhaut. Die Meister von Indore (Madhya Pradesh) beziehen Draht- oder Leinenkerne mit Leder und stellen so niedliche Spielzeugtiere her.

Metall & Marmor

Gegenstände aus Kupfer oder Messing sind in Indien überall zu finden. Besonders gern gekauft werden Kerzenständer, Tabletts, Schüsseln, Krüge, Statuetten und Aschenbecher. In Rajasthan und Uttar Pradesh wird das Messing oft mit exquisiten Mustern aus rotem, grünem und blauem Emaille verziert.

Viele tibetische religiöse Objekte werden aus Kupfer gefertigt und mit Silberintarsien verziert. Gebetsräder, Zeremonienhörner und traditionelle Dokumentenschachteln sind günstig zu erwerben. *Kanglings* (tibetische Hörner) und *kapalas* (Zeremonienschüsseln) sollte man dagegen besser nicht kaufen – sie bestehen aus menschlichen Knochen bzw. Schädeln und sind verboten!

Überall in Indien bekommt man *kadhai* (oder *balti*, indische Woks) und andere Küchengeräte für unglaublich wenig Geld. Handgehämmerte Messingtöpfe gehören dabei zu den besonders reizvollen Gegenständen, aber auch Gefäße und *thali*-Tabletts aus Stahl und Bratpfannen mit Kupferböden sind beliebte Mitbringsel. Am besten man fragt nach, ob man den eigenen Namen darauf eingravieren lassen kann (normalerweise kostenlos!).

Die Einwohner von Bastar (Chhattisgarh) entdeckten bereits vor rund 35000 Jahren eine spezielle Methode zum Schmelzen von Eisen. Ähnliche Techniken kommen noch heute bei der Produktion abstrakter Tier- und Menschenfiguren zum Einsatz, die oft als Lampen- oder Garderobenständer Verwendung finden.

In Agra ist eine ansehnliche Heimarbeitsindustrie entstanden, die Souvenirs im Stil der uralten Mogul-Kunstform *pietra dura* (Marmor mit Halbedelstein-Intarsien) herstellt.

Vorsicht beim Kauf von Waren, die international versandt werden. Meiden sollte man Schlepper, die einen in die Läden lotsen wollen. Sonst muss man sich eigentlich keine Sorgen machen – außer wegen des Platzes im Koffer...

Musikinstrumente

Die besten indischen Musikinstrumente bekommt man in größeren Städten, etwa Kolkata, Varanasi und Delhi. Die Preise hängen von Qualität und Klang ab.

Anständige *tabla* Trommeln kosten mindestens 5000 ₹. Sie bestehen aus einer hölzernen *tabla* (stimmbar, höherer Klang) und einer metallenen *dugi oder bayan* (Basstrommeln, tieferer Klang). Günstigere Sets sind meist schwerer und klingen oft grausig.

Für Sitars muss man 5000 bis 25000 ₹ oder mehr hinblättern. Da der Klang einer Sitar vom verwendeten Holz und der Form des Klangkörpers abhängt, steht vor dem Kauf der Test. Achtung: Günstigere Sitars können sich bei starken Temperaturschwankungen verziehen! Alle Saiten sollten frei schwingen, der Klangkörper darf nicht beschädigt sein. Ersatzsaiten, Sitarplektren und einen aufschraubbaren Zweitklangkörper als Verstärker packt man am besten gleich mit ein.

Auch *shehnai* (indische Flöte), *sarod* (indische Laute), Harmonium und *esraj* (eine Art senkrechte Violine) sind beliebt. Herkömmliche Violinen sind hier Schnäppchen, man bekommt sie schon für etwa 3500 ₹. Kolkata ist für hochwertige und günstige Akustikgitarren (ab 2500 ₹) bekannt.

In Andhra Pradesh stellen kompliziert gezeichnete plastische Tuchmalereien namens *kalamkari* Gottheiten und historische Ereignisse dar.

Malerei

Indien ist ein wichtiges Zentrum für zeitgenössische Kunst, und in den größeren Städten gibt es jede Menge unabhängige Kunstgalerien. Die besten Orte für einen Bummel durch Läden und Galerien mit zeitgenössischen Gemälden einheimischer Künstler sind Delhi, Mumbai und Kolkata.

Miniaturen

Reproduktionen von indischen Miniaturgemälden sind zwar überall erhältlich, aber von unterschiedlicher Qualität. Günstigere Varianten zeigen weniger Details und bestehen oft aus minderwertigen Materialien. In Udaipur und Bikaner in Rajasthan gibt es besonders gute Spezialläden mit modernen Reproduktionen auf Papier und Seide. Eine Alternative dazu sind die staatlichen Kaufhäuser in Delhi.

In Gegenden wie Kerala und Tamil Nadu findet man getrocknete Blätter mit Miniaturmalereien, die häusliche und ländliche Szenen und Gottheiten zeigen.

Volkskunst

Die *cheriyal*-Bilder in Andhra Pradesh, die in bunten Primärfarben gehalten sind, waren einst als Gedächtnisstützen für umherziehende Märchenerzähler gedacht.

Nahe Puri (Odisha) betreibt die Künstlerkolonie von Raghurajpur bis heute die uralte *patachitra*-(Kleider-)Malerei. Die Künstler präparieren dabei Baumwolltücher oder *tassar* (Seidenstoffe) mit einer Gummi-Kreide-Mischung. Das Ganze wird poliert und mithilfe von extrem feinen Pinseln mit Gottheiten oder Szenen aus der hinduistischen Mythologie verziert. Odisha ist zudem für seine *chitra pothi* bekannt. Diese Bilder werden mittels dünner Griffel in getrocknete Palmblätter radiert.

Mithila-Malereien sind charakteristisch für Bihars Folklorekunst. Diese uralte Kunstform wird auch *madhubani* genannt und von den Frauen der gleichnamigen Stadt bewahrt. Die fesselnden Bilder lassen sich am leichtesten in Patna auftreiben, sind aber auch in Kaufhäusern großer Städte erhältlich.

Thangkas

Wo tibetische Buddhisten leben (z.B. in Sikkim, Teilen Himachal Pradeshs und Ladakhs), gibt es *thangkas* (rechteckige tibetische Stoffmalereien) mit Gottheiten des Tantra-Buddhismus und zeremoniellen Mandalas. Einige sind perfekte Reproduktionen der Wandbilder in Indiens mittelalterlichen *gompas* (buddhistischen Klöstern), andere einfacher. Die Preise variieren zwar, aber anständige *thangkas* im DIN-A3-Format kosten mindestens 4000 ₹. Größere und komplexere Varianten sind deutlich teurer (bis zu 35 000 ₹). Der Verkauf von antiken *thangkas* ist verboten, aber man stößt wahrscheinlich sowieso nur auf Fälschungen.

Der Erwerb von *shahtoosh*-Schals ist illegal, da für die Wolle seltene, tibetische Antilopen geschlachtet werden. Wer auf jemanden trifft, der diese Schals verkauft, sollte sofort die hiesigen Behörden benachrichtigen.

Textilien

Schals

Indische Schals sind federleicht und oft wärmer als die besten Daunenjacken. Bei Busfahrten in kühlen Nächten kann man sie auch prima als Decke verwenden. Die Schals werden aus allen möglichen Wollarten gefertigt und oft mit aufwendigen Mustern bestickt.

Das Kullu-Tal in Himachal Pradesh ist Indiens unangefochtenes Zentrum der Schalproduktion. Dutzende Frauenkooperativen stellen dort Wollprodukte vom Allerfeinsten her – aus Wolle (die günstigesten ab 700 ₹), Angora (Mohair, Haare vom Angora-Kaninchen) oder *pashmina* (dem weichen Fell der Pashmina-Ziege).

Pashmina-Schals werden vor allem in Ladakh und Kaschmir gefertigt. Echte Stücke kosten mindestens 6000 ₹ – doch Vorsicht: Viele ver-

GANDHIS TUCH

Vor mehr als 80 Jahren forderte Mahatma Gandhi die Inder auf, die Freiheitsbewegung zu unterstützen, indem sie sich von fremder Kleidung lossagen und sich stattdessen *khadi* – dem selbstgesponnen Tuch – zuwenden. *Khadi* wurde zum Symbol der indischen Unabhängigkeit, und der Stoff ist auch heute noch sehr eng mit der Politik verbunden. Die staatlich geführte, gemeinnützige Khadi & Village Industries Commission (www.kvic.org.in) dient der Förderung von *khadi*-Stoff – in der Regel Baumwolle, aber auch andere Wolle oder Seide.

Khadi-Filialen sind einfache, schlichte Orte, überall im Land, wo man echte indische Kleidung wie *kurta*-Pyjamas, Kopftücher, Saris und, in einigen Niederlassungen, auch Kunsthandwerk kaufen kann. Die Preise sind vernünftig und werden oft in der Zeit um Gandhis Geburtstag (2. Okt.) heruntergesetzt. In einer Reihe von Verkaufsstellen gibt's sogar Schneider, die einem das Kleidungsstück anpassen.

VERANTWORTUNGSBEWUSST SHOPPEN

Der Tourismus bringt zwar Geld nach Indien, aber die Landbevölkerung bekommt davon relativ wenig ab. Traveller können daher etwas Positives bewirken, wenn sie bei kommunalen Kooperativen einkaufen. Diese bewahren und fördern die traditionelle Heimarbeit und sorgen damit für Bildung, Ausbildung und eine nachhaltige Lebensgrundlage an der Basis. Viele dieser Projekte widmen sich Flüchtlingen, Frauen unterer Kasten, Stammesangehörigen und anderen sozialen Außenseitern.

Kooperativen bieten ihre hochwertigen Produkte in der Regel zu Festpreisen an, Feilschen ist deshalb unnötig. Ein Teil der Profite fließt direkt an Sozialprojekte wie Schulen, Gesundheits- und Ausbildungsmaßnahmen bzw. andere Hilfsprogramme für benachteiligte Gruppen. Wer in einer Filiale des landesweiten Warenhausnetzes Khadi & Village Industries einkauft, unterstützt ebenfalls Gemeinden im ländlichen Raum.

Man sollte also in ganz Indien nach Fair-Trade-Kooperativen Ausschau halten.

meintliche *pashminas* bestehen in Wirklichkeit aus einer Mischung aus Wolle und Seide, sind aber oft genauso schön und viel preiswerter (rund 1200 ₹). Schals aus den Nordoststaaten sind herrlich warm und haben bunte geometrische Muster. In Sikkim und Westbengalen findet man auch nette bhutanische Schals mit hübschen Stickereien. Die charakteristischen Wollschals der Region Kutch in Gujarat sind mit raffinierten Mustern und Pailletten bestickt. Handgewebte Schals und Tweedstoffe bekommt man auch in Ranikhet und Almora in Uttarakhand.

Saris

Saris sind äußerst beliebte Souvenirs – vor allem weil sie sich beliebig zweckentfremden lassen (z. B. als Kissenbezüge oder Röcke). Echte Seidensaris sind am teuersten und müssen erst einmal gewaschen werden, damit sie weich werden. Kanchipuram (Tamil Nadu) ist Indiens „Seidenhauptstadt" (man findet Kanchipuram-Seide allerdings auch in Chennai), aber schöne Seidensaris (und günstige Schals) kommen auch aus Zentren wie Varanasi, Mysuru und Kolkata. Assam ist bekannt für seine *muga-, endi-* und *pat*-Seidenstoffe (die Fäden werden von verschiedenen Raupenarten produziert), die in ganz Guwahati verkauft werden. Hochwertige bestickte Seidensaris kosten mindestens 3000 ₹.

Patan (Gujarat) ist das Zentrum des uralten *patola*-Handwerks: Dabei werden einzelne Seidenfäden aufwendig von Hand gefärbt und danach zu wunderschönen Saris mit Echtgoldbordüren verwoben. Etwas schlichter sind die Saris aus Rajkot. Goldfäden werden auch bei den berühmten *kota-doria*-Saris aus Kota (Rajasthan) verarbeitet.

Aurangabad (Maharashtra) ist ein traditionelles Produktionszentrum von *himroo*-Schals, -Tüchern und -Saris, für die Baumwoll-, Seiden- und Silberfäden kombiniert werden. Wegen ihrer Seiden- und Goldfäden gehören Saris aus Paithan bei Aurangabad zu den edelsten Indiens – sie kosten denn auch zwischen 7000 und schwindelerregenden 300 000 ₹. Berühmt sind zudem *maheshwari*-Baumwollsaris aus Maheshwar (Madhya Pradesh), *chanderi*-Seidensaris aus Chanderi und *baluchari*-Saris aus Bishnupur (Westbengalen), die in traditioneller Webtechnik aus ungesponnenen Seidenfäden hergestellt werden.

In dem Buch *Indian Textiles* von John Gillow und Nicholas Barnard werden die wunderschönen, regionalen Stoffe Indiens beschrieben, und es gibt Kapitel über Knüpfbatik-Technik, Weben, Perlenstickerei und sogar über Kamelgurte.

Khadi & Stickereien

Die Textilherstellung ist Indiens größter Wirtschaftszweig. Rund 40 % der Textilien werden in Heimarbeit auf dem Land hergestellt und deshalb *khadi* (hausgemachte Bekleidung) genannt – daher die staatlich geförderten *khadi*-Kaufhäuser im ganzen Land. Das vielfältige Sortiment dieser günstigen Großkaufhäuser umfasst alle möglichen *khadi*-Waren, darunter auch die beliebten Nehru-Jacken und *kurta*-Schlafanzüge (langärmelige Hemden und weite Hosen). Der Gewinn aus dem Verkauf kommt ländlichen Gemeinden zugute. In letzter Zeit kommt *khadi* mehr und mehr wieder in Mode, und indische Modeschöpfer nehmen diese Stoffe in ihre Kollektionen auf.

Die Vielfalt der indischen Web- und Sticktechniken ist wirklich unglaublich. In Touristenzentren wie Goa, Rajasthan und Himachal Pradesh werden Stoffe zu beliebten Waren wie Handtaschen, Kissenbezügen, Kleidungsstücken u. v. m. verarbeitet. In Gujarat und Rajasthan besticken Adivasi Stoffe mit kleinen Spiegelstücken und nähen daraus tolle Taschen, Wandteppiche, Kissenbezüge, Tagesdecken, Kleider und vieles mehr. Die Region Kutch ist besonders berühmt für Stickereien.

Applikationen, Batiken und Blockdrucke

Applikationen haben in Indien eine lange Tradition. Je nach Region gibt es ganz unterschiedliche Versionen, oft mit abstrakten oder figürlichen Mustern. Die traditionellen Lampenschirme und *pandals* (Zelte) für Hochzeiten und Feste werden normalerweise mit diesem Verfahren hergestellt.

Gujarat hat eine Vielzahl von Textiltraditionen: Jamnagar ist bekannt für seine kunterbunten *bandhani* (Batiken), aus denen u. a. Saris und Tücher genäht werden, Vadodara für seine Blockdruck-Stoffe für Tagesdecken und Kleidungsstücke. Ahmedabad ist ein guter Ort zum Shoppen von Textilien aus Gujarat.

Im ganzen Land verkaufen Stoffgeschäfte handbedruckte Webtextilien. Jede Region hat dabei ihre eigene Spezialität. Die landesweit vertretenen Kaufhausketten Fabindia (www.fabindia.com) und Anokhi (www.anokhi.com) bemühen sich um die Erhaltung traditioneller Muster und Stoffe, die man hier auf Deko-Artikeln und auch auf Kleidungsstücken im indischen oder westlichen Stil findet. Das Anokhi betreibt auch das Anokhi Museum of Hand Printing (S. 136), das sich diesem Kunsthandwerk widmet.

Odisha ist für seine bunten Applikationen und *ikat* (bei dieser südostasiatischen Technik wird das Garn vor dem Weben gefärbt) bekannt. Aus Pipli (zwischen Bhubaneswar und Puri) kommen schöne Applikationsarbeiten. Die mit der uralten *kalamkari*-Technik bemalten Stoffe aus Andhra Pradesh (vor allem aus Sri Kalahasti) und Gujarat kommen auch bei hübschen Wandbehängen und Lampenschirmen zum Einsatz.

Holzschnitzereien

Kunsthandwerk ist nicht unbedingt auf seine Ursprungsregion begrenzt. Die Künstler ziehen woanders hin und werden oft von regionaler Ästhetik beeinflusst. Daraus ergeben sich nicht selten interessante stilistische Kombinationen. So findet man z. B. eine Gemeinde von Töpfern aus Rajasthan am Stadtrand von Delhi.

Holzschnitzereien werden in Indien schon seit Urzeiten hergestellt. In Kaschmir lassen sich die Künstler vom dekorativen Zierrat der Hausboote inspirieren und verwenden das Holz des Walnussbaums für fein geschnitzte Raumteiler, Tische, Schmuckkästchen und Tabletts. Cricketschläger aus Weidenholz sind eine weitere Spezialität des Bundesstaats.

Einlegearbeiten haben in Bihar eine lange Tradition – man findet dort hölzerne Wandbehänge, Tischplatten, Tabletts und mit Metall- und Knochenelementen verzierte Schachteln.

In Karnataka versteht man sich auf Schnitzereien von Hindu-Göttern aus Sandelholz, aber für echte Stücke blättert man ein Vermögen hin – eine 10 cm hohe Ganesh-Statue kostet in Sandelholz etwa 3000 ₹, die Ausführung in Kadamb-Holz nur ein Zehntel davon. Dafür behält Sandelholz seinen Duft jahrelang.

In Udaipur (Rajasthan) kann man sich bunt bemalte Hindu-Götter aus Mangoholz zulegen. In vielen Regionen Rajasthans gibt es außerdem Teakholzblöcke, die zum Bedrucken von Stoffen dienen.

Buddhistische Holzschnitzereien sind eine Spezialität in Sikkim, Ladakh, Arunachal Pradesh und allen tibetischen Flüchtlingsregionen. Dort findet man Wandtafeln mit den „acht glücklichen Zeichen“, Drachen und *chaam*-Masken für rituelle Tänze. Die meisten dieser Masken sind billige Kopien, aber manchmal findet man auch Originale aus leichtem Weißholz oder Pappmaché (ab 3000 ₹ und mehr).

Noch mehr schöne Sachen

Es ist keine große Überraschung, dass Traveller gern indische Gewürze kaufen. In praktisch allen Städten bieten Läden und Basare heimische Gewürze für wenig Geld an. Aus Karnataka, Kerala, Uttar Pradesh, Rajasthan und Tamil Nadu stammt der Großteil der Zutaten für *garam-masala*-Mischungen, die indischen Gerichten ihre Schärfe verleihen. Die Nordoststaaten und Sikkim sind dagegen für schwarzen Kardamom und Zimtrinde bekannt.

Läden im ganzen Land verkaufen *attar* (ätherische Öle, die hauptsächlich aus Blumen gewonnen werden). Mysuru ist für Sandelholzöl bekannt, während Mumbai ein wichtiges Handelszentrum für traditionelle Duftessenzen wie das kostbare *oud* ist. Diese Substanz basiert auf einem seltenen Schimmelpilz, der die Rinde des Agarbaums besiedelt. Ooty und Kodaikanal in Tamil Nadu produzieren Aroma- und Heilöle aus Blumen, Kräutern oder Eukalyptus.

Indischer Weihrauch wird in alle Welt exportiert. Er stammt vor allem aus Bengaluru und Mysuru (Karnataka). Weihrauch aus Auroville (Tamil Nadu) ist ebenfalls bekannt.

Eine Spezialität aus Goa ist der Feni. Dieser kräftige Schnaps aus Kokosmilch oder Cashews wird oft in dekorativen Flaschen verkauft.

Guter indischer Tee kommt aus Darjeeling und Kalimpong (in Westbengalen), Assam und Sikkim sowie aus Teilen Südindiens wie Munnar in Kerala und der Region um Ooty in den Western Ghats von Tamil Nadu. Hervorragende Teehändler gibt's auch in Delhi und anderen Großstädten.

In Bhopal in Madhya Pradesh sind bunte, mit Perlen bestickte *jari*-Schultertaschen eine Spezialität. Auch in den Bundesstaaten im Nordosten des Landes gibt es schöne Tragebehältnisse – etwa wunderschöne handgeflochtene Korbwaren in individuellen Stammesdesigns.

Jodhpur in Rajasthan ist neben anderen Orten für seine Antiquitäten berühmt (allerdings ist die Ausfuhr von Antiquitäten verboten).

Seit Jahrhunderten fertigen Künstler in Jammu und Kaschmir Werke aus lackiertem Pappmaché – Schüsseln, Kästen, Briefhalter, Untersetzer, Aschenbecher und Weihnachtsdeko –, die in ganz Indien verkauft werden und sich prima als preiswerte und trotzdem schöne Geschenke (aufwendigere Stücke sind natürlich teurer) eignen. In Rajasthan sollte man sich nach Pappmaché-Marionetten umschauen, die meist in Paaren verkauft werden und oft Ehemann und Ehefrau darstellen. Daneben findet man auch hübsche kleine Tempel aus Mangoholz, die bunt mit religiösen Legenden bemalt sind.

Hochwertiges handgeschöpftes Papier – oft in Form von Karten, Schachteln oder Notizbüchern – lohnen ebenfalls den Kauf. Puducherry in Tamil Nadu, Delhi, Jaipur oder Mumbai sind gute Orte, um danach zu fahnden.

Beliebte Souvenirs sind auch Kopfbedeckungen: Die Bewohner Assams machen dekorierte Sonnenhüte aus Schilfrohr und tibetische Flüchtlinge Mützen, Handschuhe und Schals aus Wolle, die überall im Land verkauft werden. Traditionelle Kappen, die von Männern und Frauen indischer Himalaja-Stämme getragen werden, bekommt man in vielen Ortschaften in Himachal Pradesh.

Indien hat ein phänomenales Bücherangebot und das zu konkurrenzlos günstigen Preisen (auch Titel im Ledereinband). Die Buchläden in den großen Städten bieten die größte Auswahl an.

Rajasthan ist eine Fundgrube für Kunsthandwerk. Seine Hauptstadt Jaipur ist bekannt für den Blockdruck und blau glasierte Töpferwaren mit hübschen Blumenmustern und geometrischen Motiven.

Sakralarchitektur

Indien besitzt eine bemerkenswerte Anzahl historischer und zeitgenössischer Tempel, die von einer Reihe religiöser Glaubensgemeinschaften inspiriert wurde. Zwar haben nur wenige der frühen, aus Holz oder gelegentlich Ziegel errichteten Gebäude dem Zahn der Zeit getrotzt, doch mit der Ankunft der Guptas (4.–6. Jh.) in Nordindien entstand auch ein neuer Typ von Sakralbauten. Die Konstruktion dieser Tempel hielt den Elementen besser stand und setzte jahrhundertelang den Standard.

Für Hindus ist das Quadrat die perfekte Form. Komplexe Regeln, die auf Numerologie, Astrologie, Astronomie und religiösen Prinzipien beruhen, bestimmen Ort, Design und Bau jedes Tempels. Grundsätzlich bildet ein Tempel eine Karte des Universums ab. Im Zentrum befindet sich ein schmuckloser Raum, das *garbhagriha* (innere Heiligtum), ein Symbol

Sri-Minakshi-Tempel

Minakshi-Schrein
Inneres Heiligtum, in dem das Bild der Göttin aufbewahrt wird.

Kilikattu Mandapam
Säulenhalle gemäß der drawidischen Tradition.

Golden-Lotus-Becken
Hier baden die Gläubigen.

für das sogenannte „Schoßhaus", aus dem sich nach hinduistischem Glauben das Universum entwickelt hat. Dieser Raum ist die Wohnstätte der Gottheit, für die der Tempel errichtet wurde.

Über dem Schrein eines Hindutempels erhebt sich in der Regel ein Turm, der in Südindien *vimana*, im Norden *sikhara* genannt wird. Auf dem gekrümmten *sikhara* befindet sich eine gerippte Scheibe, die von einem vasenartigen Finial gekrönt wird, während der stufenförmige *vimana* anstelle der Scheibe eine feste Kuppel hat. Bei einigen Tempeln ist das Allerheiligste auch durch Gänge mit einer *mandapa* (Tempelhalle) verbunden. Auch die *mandapa* kann *vimanas* oder *sikharas* tragen.

Ein *gopuram* ist der kühn geschwungene, pyramidenförmige Torturm eines drawidischen Tempels. Die hoch aufragenden *gopurams* verschiedener südindischer Tempelkomplexe, etwa die neun Stockwerke des Sri-Minakshi-Tempels (Minakshi-Amman-Tempel) in Madurai, hoben Ornamentik und Monumentalbau auf eine neue Stufe.

Die Wasserbecken eines Tempels standen lange im Zentrum der Aktivitäten. Sie wurden für rituelle Bäder und religiöse Zeremonien genutzt und trugen wesentlich zur Ästhetik der Anlage bei. Die oft ausgedehnten, eckigen, technisch ausgereiften Wasserreservoirs wurden teils vom Regen, teils – über ein kompliziertes Bewässerungssystem – von Flüssen gespeist und dienten sowohl religiösen als auch säkularen Zwecken. Manchen Tempelbädern schrieb man heilende Kräfte zu, andere sollten die Macht haben, von Sünden reinzuwaschen. Gläubige (und natürlich

Weitere Informationen zu Indiens vielfältiger Tempelarchitektur (sowie zu vielem anderen, was mit den Tempeln im Zusammenhang steht) präsentiert das Temple Net (www.templenet.com)

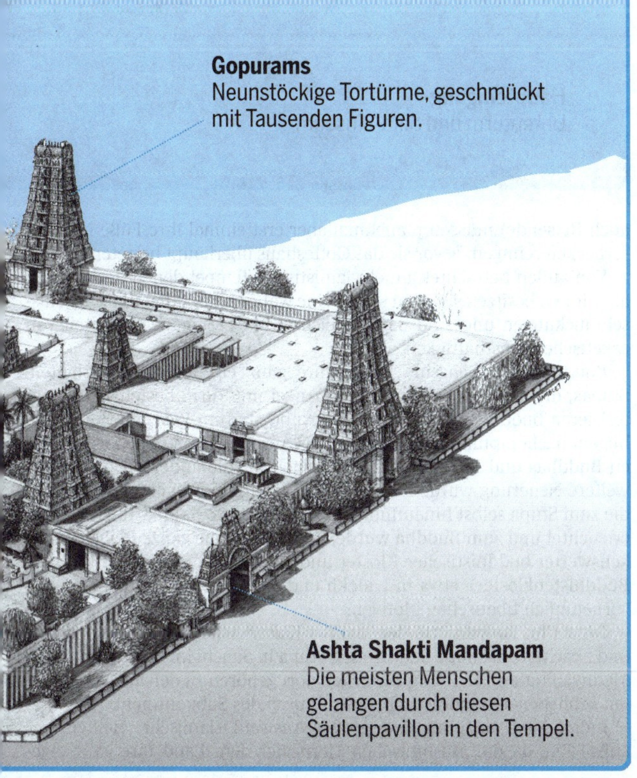
Gopurams
Neunstöckige Tortürme, geschmückt mit Tausenden Figuren.
Ashta Shakti Mandapam
Die meisten Menschen gelangen durch diesen Säulenpavillon in den Tempel.

Goldener Tempel

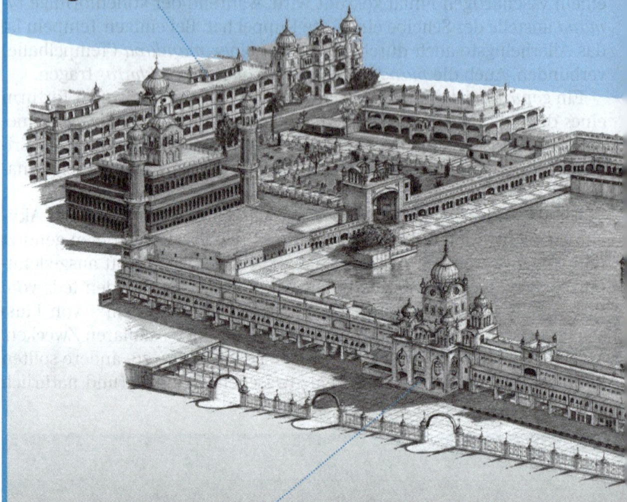

Pilgerunterkünfte

Haupteingang
Uhrenturm und Sikh-Museum.

auch Reisende) müssen manchmal aber erst einmal ihre Füße im Wasserbecken reinigen, bevor sie das Gotteshaus überhaupt betreten dürfen.

Von außen betrachtet ähneln jainistische Tempel denen der Hindus, aber innen besitzen sie nicht selten eine wahre Flut bildhauerischer Ausschmückungen und sind damit gleichzeitig das genaue Gegenteil von asketischer Ernsthaftigkeit.

Buddhistische Schreine haben ihre ganz eigenen Besonderheiten. Stupas, die aus einer massiven Halbkugel mit Turm bestehen, charakterisieren buddhistische Gotteshäuser und sind im Wesentlichen Grabhügeln nachempfunden. Sie dienten als Aufbewahrungsorte für Reliquien Buddhas und in späteren Jahren auch für die anderer Heiliger. Als weitere Neuerung wurde die *chaitya* (Versammlungshalle) hinzugefügt, die zum Stupa selbst hinaufführt. In Bodhgaya, wo Siddhartha Gautama erleuchtet und zum Buddha wurde, findet man eine ganze Reihe bemerkenswerter buddhistischer Klöster und Tempel. Die Gompas (tibetische Buddhistenklöster), etwa in Ladakh und Sikkim, erkennt man an ihren vornehmlich tibetischen Motiven.

262 v.Chr. konvertierte der Maurya-Kaiser Ashoka zum Buddhismus und errichtete als Buße den Großen Stupa in Sanchi im zentralindischen Madhya Pradesh. Die Tempelanlagen dort gehören zu den ältesten erhaltenen gebliebenen buddhistischen Strukturen des Subkontinents.

Indien kann auch mit einer großen Auswahl islamischer Heiligtümer aufwarten, da die muslimischen Herrscher dem Land ihre ganz eige-

Masterpieces of Traditional Indian Architecture von Satish Grover und *The History of Architecture in India* von Christopher Tadgell vermitteln interessante Einblicke in die Tempelarchitektur.

nen architektonischen Konventionen hinterlassen haben – etwa Bogen und Gewölbe. Die Moguln verschmolzen auf einzigartige Weise persische, indische und provinzielle Stile. Berühmt sind beispielsweise das Humayun-Grabmal in Delhi, das Fort in Agra und die alte Festungsstadt Fatehpur Sikri. Kaiser Shah Jahan war für einige der spektakulärsten Architekturschöpfungen Indiens verantwortlich, allen voran natürlich der Taj Mahal.

Hari Mandir Sahib
Das Heiligtum des Tempelkomplexes ist mit einer goldverkleideten Kuppel und mit Halbedelsteinen verzierten Wänden geschmückt.
Guru-Brücke
Pilger gehen über diese Brücke zum Hari Mandir Sahib.
Akal Takhat
Hier tritt traditionell das Sikh-Parlament zusammen.

Islamische Kunst verzichtet auf jede Andeutung von Götzendienst oder Abbildungen Gottes und kann daher auf ein umfangreiches Erbe kalligrafischer und dekorativer Muster zurückgreifen. Die Architektur einer Moschee beruht weltweit auf ähnlichen Grundelementen. Eine große Halle dient dem gemeinsamen Gebet, und innerhalb der Halle zeigt ein *mihrab* (Nische) die Richtung an, in der sich Mekka befindet. Die Gläubigen werden von den Minaretten aus, die in allen vier Himmelsrichtungen liegen, zum Gebet gerufen. Die eindrucksvolle Jama Masjid in Delhi stammt aus dem 17. Jh. und bietet in ihrem Hof Platz für etwa 25 000 Menschen.

Den Mittelpunkt der Gompas bildet die Gebetshalle *(dukhang)*, in der sich die Mönche versammeln, um Abschnitte aus heiligen Schriften zu rezitieren.

Die Religion der Sikh wurde im 15. Jh. von Guru Nanak gegründet, dem ersten von zehn Gurus. Sikh-Tempel, *gurdwaras* genannt, erkennt man normalerweise an ihren knospenähnlichen *gumbads* (Kuppel) und einem *nishan sahib* (einem Fahnenmast, an dem die dreieckige Flagge mit den Sikh-Insignien weht). Der atemberaubende Goldene Tempel von Amritsar ist das größte Heiligtum der Sikhs.

Jama Masjid

Minarett
Turm, von dem aus der Muezzin die Gläubigen zum Gebet ruft.

Zentraler Hof
Beim Freitagsgebet finden hier bis zu 25 000 Menschen Platz.

Südtor
Haupteingang (oder durchs Nordtor).

Osttor
Ursprünglich nur für den Kaiser vorgesehen. Freitags und an Feiertagen geöffnet.

Sanchi

Großer Stupa
Von Kaiser Ashoka im 2. Jh. v. Chr. erbaut, um Reliquien Buddhas aufzubewahren.

Klosterruinen
Die Unterkünfte waren um einen zentralen Hof gruppiert.

Stupa 3
Enthielt die Reliquien zweier bedeutender Buddha-Schüler.

Prozessionspfad
Pilger umrunden des Stupa auf diesem Pfad.

Kunst

Im Lauf der Jahrtausende haben die vielen Ethnien Indiens ein reiches künstlerisches Erbe geschaffen – heute begegnet man erhabener und Alltagskunst praktisch an jeder Ecke: An bemalten Trucks auf staubigen Straßen, in Form von Gesang, der aus einem alten Tempel dringt, und Händen, die mit *mehndi* (Henna) bemalt sind. Die kreative Vielfalt ist ein Highlight jeder Indienreise. Heutige Künstler verschmelzen traditionelle und moderne Einflüsse, um in bildender Kunst, Tanz, Literatur und Musik Ausdrucksvolles zu schaffen.

Tanz

Der Tanz ist eine uralte indische Kunstform, die mit der Mythologie und der klassischen Literatur verbunden ist. Der Tanz lässt sich in zwei Hauptformen unterteilen: in den klassischen Tanz und den Volkstanz. Der klassische Tanz basiert auf mehreren, klar unterscheidbaren Gattungen. Zu den klassischen Tanzstilen gehören u.a. die folgenden:

- **Bharatanatyam** (auch Bharata Natyam geschrieben), eine Tanzform aus Tamil Nadu, die sich über ganz Indien verbreitet hat.
- **Kathak** ist ein hinduistisch und islamisch beeinflusster Tanzstil, der besonders bei den Moguln beliebt war. Später bekam er einen anrüchigen Ruf, als er von den Höfen in Etablissements zog, in denen Tänzerinnen (*nautch*) das Publikum mit ihren Interpretationen der Liebesgeschichte zwischen Krishna und Radha betörten. Anfang des letzten Jahrhunderts wurde der Kathak wieder zu einer seriösen Kunstform.
- Der aus Kerala stammende **Kathakali** wird manchmal als Tanz bezeichnet, ist aber eher ein auf mythologischen Themen basierendes Schauspiel.
- **Kuchipudi** ist ein im 17. Jh. in dem gleichnamigen Dorf in Andhra Pradesh entstandenes Tanzdrama, das hauptsächlich von Krishnas neidischer Frau handelt.
- **Odissi** aus Odisha (Orissa) gilt als der älteste klassische Tanzstil Indiens. Der ursprüngliche Tempeltanz wurde später auch an den Herrscherhöfen vorgeführt.
- **Manipuri** ist ein eher feiner und lyrischer Tanzstil, der aus Maniput stammt. Er gewann in den 1920er-Jahren ein größeres Publikum, als der berühmte bengalische Dichter Rabindranath Tagore einen der angesehensten Tänzer dazu einlud, den Tanz in Shantiniketan (Westbengalen) zu lehren.

Indiens zweite wichtige Tanzform, der Volkstanz, ist weit verbreitet und vielgestaltig. Vom temperamentvollen *bhangra* aus dem Punjab über die schauspielerischen *Dummy horse*-Tänze aus Karnataka und Tamil Nadu bis hin zu den anmutigen Fischertänzen aus Odisha ist alles Mögliche dabei. In Gujarat wird während Navratri (einem hinduistischen Fest im Sept. oder Okt.) der Gruppentanz *garba* aufgeführt.

Zu den Pionieren des modernen Tanzes in Indien gehört Uday Shankar (der ältere Bruder des verstorbenen Sitar-Meisters Ravi), der einst zusammen mit der russischen Ballerina Anna Pavlova auftrat. Rabindranath Tagore war ein weiterer Erneuerer: 1901 gründete er eine Schule in Shantiniketan (Westbengalen) zur Förderung der Künste, u.a. auch der Tanzkunst.

Auf Art India (www.artindia.net) stellen sich Indiens Talente aus dem Bereich Darstellende Künste (besonders klassischer Tanz und Musik) vor.

Indian Classical Dance von Leela Venkataraman und Avinash Pasricha ist ein reich illustrierter Band, in dem diverse indische Tanzformen vorgestellt werden, darunter Bharata Natyam, Odissi, Kuchipudi und Kathakali.

Am häufigsten sieht man Tänze jedoch vermutlich im indischen Film, wo sie seit der Entstehung des Tonfilms eine wichtige Rolle spielen. Bei diesen Tänzen sind oft traditionelle, folkloristische und zeitgenössische Choreografien kombiniert.

Musik

Die Wurzeln der klassischen indischen Musik reichen bis in die vedische Zeit zurück, als von Priestern skandierte religiöse Gedichte zum ersten Mal in einer Anthologie, dem Rigveda, gesammelt wurden. Über die Jahrtausende formten viele Einflüsse die klassische Musik und herausgebildet haben sich zwei Hauptrichtungen: die karnatische Musik (typisch für Südindien) und die Hindustani-Musik (der klassische Stil Nordindiens). Wegen ihrer gemeinsamen Wurzeln haben die Formen auch einige Merkmale gemein. Beide besitzen den *raga* (die melodische Struktur der Musik) und den *tala* (das rhythmische Maß, festgelegt durch die Anzahl der Schläge); der *tintal* hat z.B. einen *tala* von 16 Schlägen. Das Publikum folgt dem *tala*, indem es passend dazu im Takt klatscht: beim *tintal* beim ersten, fünften und 13. Schlag. Beim neunten Schlag, dem *khali* (Pause), wird nicht geklatscht; er wird durch einen Wink angedeutet. *Raga* und *tala* werden bei der Komposition und der Improvisation als Basis benutzt.

Nād: Understanding Raga Music von Sandeep Bagchee stimmt gut auf die melodische Welt der Hindustani- (nordindischen) Musik ein und enthält auch ein Glossar der musikalischen Termini.

Sowohl die karnatische als auch die Hindustani-Musik werden von kleinen Ensembles gespielt, die in der Regel aus drei bis sechs Musikern bestehen, und mit Instrumenten, von denen viele für beide Musikrichtungen benutzt werden. Es gibt keine festgelegten Tonfolgen, aber zwischen den beiden Hauptrichtungen bestehen durchaus Unterschiede: Hindustani ist viel mehr von den musikalischen Traditionen Persiens beeinflusst – eine Folge der Mogulherrschaft. Die karnatische Musik, wie sie sich in Südindien entwickelt hat, hält mehr an der Theorie fest. Ohren, die nicht mit der klassischen indischen Musik vertraut sind, nehmen aber als markantesten Unterschied wahr, dass in der karnatischen Musik viel mehr gesungen wird.

Empfehlenswerte Bücher zu Indiens bildender Kunst sind *Indian Art* von Roy C. Craven, *Contemporary Indian Art: Other Realities*, von Yashodhara Dalmia (Hrsg.) sowie *Indian Miniature Painting* von Dr. Daljeet und Professor P.C. Jain.

Eines der bekanntesten Instrumente Indiens ist die Sitar (großes Saiteninstrument), auf der der Solist den *raga* vorträgt. Weitere Saiteninstrumente sind der *sarod*, der gezupft wird, und die *sarangi* (Streichinstrument mit Bogen). Auch die *tabla* (Doppeltrommel) ist weit verbreitet – mit ihr wird der *tala* geschlagen. Das Bassdröhnen, das in zwei Grundtönen erklingt, wird von der oboenähnlichen *shenai* oder dem Streichinstrument *tampura* (auch *tamboura*) erzeugt. Und das von Hand per Blasebalg angetriebene Keyboard-Harmonium wird als untergeordnetes Melodie-Instrument in der Vokalmusik eingesetzt.

Indiens regionale Folklore ist weit verbreitet und vielseitig. Umherziehende Musikanten, Zauberkünstler, Schlangenbeschwörer und Geschichtenerzähler nutzen den Gesang, um ihr Publikum zu unterhalten; meist trägt ein Geschichtenerzähler die großen Heldengedichte singend vor.

In Nordindien hört man oft *qawwali* (eine Liedform der Sufis), die in Moscheen und Konzerten zum Besten gegeben wird. *Qawwali*-Konzerte sind oft eine *mehfil* (Zusammenkunft), bei welcher der Hauptsänger, ein zweiter Sänger, Harmonium- und *tabla*-Spieler sowie ein gewaltiger Chor von jungen Sängern und Klatschenden im Schneidersitz auf dem Boden sitzen. Der Sänger bringt die Zuhörer mit beliebten Gedichten, dramatischen Gesten und religiösen Ausrufen in Fahrt. Begleitet wird er vom zweiten Sänger, der ihn stimmlich mal unterstützt, mal eigene Wege geht. Gemeinsam erzeugen sie so einen improvisierten, wogenden Klang. Auf ein Zeichen hin setzt der Chor mit einem hypnotischen, rhythmischen Refrain ein. Im Publikum fangen dann meist einige an, sich zur Musik zu wiegen und vor Begeisterung zu schreien.

MEHNDI

Mehndi ist die traditionelle Kunst, die Hände (und manchmal auch Füße) einer Frau anlässlich wichtiger Zeremonien, z. B. der Heirat, mit komplexen Mustern zu bemalen. Dafür wird Henna verwendet; wenn dieses hochwertig ist, bleibt das orange-braune Muster bis zu einem Monat erhalten.

In touristischen Gebieten sind *mehndi*-Künstler darauf aus, Arme, Beine oder den unteren Rücken ihrer Kunden mit Henna-Bandtattoos zu verzieren. Wer sich darauf einlässt, sollte für die Arbeit und das erforderliche Trocknen ein paar Stunden Zeit mitbringen (dabei darf man die mit Henna bemalten Hände nicht bewegen).

Man sollte immer darauf bestehen, dass der Künstler zunächst einen „Testfleck" auf den Arm appliziert, denn manche Farben enthalten chemische Zusätze, die allergische Reaktionen hervorrufen können. (Finger weg von „schwarzem Henna", das mit Chemikalien gemixt ist, die gesundheitsschädlich sein können!) Wird hochwertiges Henna verwendet, sollte man während und nach der Applikation keinerlei Schmerz verspüren.

Ein ganz anderes Genre bildet die Filmmusik (*filmi music*): moderne (langsamere) Liebeslieder oder meist wilde Dancesongs.

Malerei

Vor ca. 1500 Jahren bemalten Künstler die Wände und Decken der Höhlen von Ajanta (Maharashtra) mit Szenen aus Buddhas Leben. Die Leichtigkeit und Anmut der Figuren steht im Kontrast zur nächsten großen Kunstrichtung, die während des 11. Jhs. in diesem Landesteil entstand.

Die Glaubensgemeinschaft der indischen Jains schuf eine besonders opulente Tempelkunst. Nach der Eroberung Gujarats durch den Sultan von Delhi (1299) konzentrierten sich die Jains jedoch auf bebilderte Handschriften, die sich auch gut verstecken ließen. Diese Manuskripte repräsentieren die einzige bekannte Form indischer Malerei, die die islamische Eroberung Nordindiens überdauert hat.

Der indo-persische Stil zeichnet sich durch geometrische Strukturen mit fließenden Formen aus. Er entstand an islamischen Königshöfen – auch wenn die Darstellung des „verlängerten Auges" wohl eine Tradition mit einheimischen Wurzeln ist. Der persische Einfluss erreichte seine volle Blüte, als Kunsthandwerker im Jahr 1507 infolge des usbekischen Angriffs auf Herat (heutiges Afghanistan) nach Indien flohen. Einen weiteren Beitrag leistete der Handel bzw. Geschenkaustausch zwischen Sultanen indischer Provinzen und der persischen Stadt Schiras, einem bekannten Produktionszentrum von Miniaturen.

Mit Baburs Sieg in der Schlacht von Panipat (1526) begann Indiens Mogulära. Doch obwohl Babur und dessen Sohn Humayun die Künste förderten, wird die Entwicklung des typischen Mogulstils allgemein Humayuns Sohn Akbar zugeschrieben. Dieser Malstil thematisiert vor allem Architektonisches sowie Natur-, Schlacht-, Jagd- und Hofszenen – oft in farbenfrohen Miniaturen, die durch detailreiche Porträts ergänzt werden. Akbar engagierte Künstler aus aller Welt. Deren Schaffen konzentrierte sich zunächst auf die Herstellung bebilderter Handschriften und deckte dabei Themen von Geschichte bis Mythologie ab. Später kamen noch die Porträtmalerei und die künstlerische Verherrlichung von Alltagsereignissen dazu. Manche Maler ließen sich von europäischen Einflüssen inspirieren, was Experimente mit Motiven und Perspektiven nach sich zog.

Akbars Sohn Jehangir unterstützte die Malerei ebenfalls, bevorzugte aber Porträts. Seiner naturwissenschaftlichen Begeisterung verdankt die Nachwelt außerdem farbenfrohe Blumen- und Tierbilder. Unter Jehangirs Sohn Shah Jahan wurde der Mogulstil statischer: Trotz intensiver Farbgestaltung wirkten die Bilder nun weniger lebendig als früher.

Die Miniaturmalerei blühte zuerst im 16. Jh. an den Mogulhöfen und in den Dekkan-Sultanaten (Golconda, Bijapur, Bidar usw.). Als die Macht und der Reichtum der Moguln abnahmen, zogen viele Künstler nach Rajasthan. Dort entwickelte sich im späten 17. Jh. die Rajasthan-Schule. Später zogen Künstler aus Rajasthan in die Ausläufer des Himalajas, nach Punjab, Himachal Pradesh und Uttarakhand, wo die Schule von Pahari (d.h. „Hügelland") im 18. und frühen 19. Jh. blühte. Das Themenspektrum reichte von königlichen Umzügen bis hin zu *shikhars* (Jagdausflügen). Viele Künstler orientierten sich dabei am Mogulstil. Die satten Farben – noch heute auf Miniaturen und Fresken in manchen indischen Palästen zu bewundern – wurden oft aus zerstoßenen Halbedelsteinen gewonnen. Die Gold- und Silbertöne basieren dagegen auf fein zerriebenem Blattgold bzw. -silber.

Zu Beginn des 19. Jhs. war die nordindische Malerei deutlich von westlichen Stilen (vor allem der englischen Aquarellmalerei) beeinflusst. Dies führte auch zur Entstehung der sogenannten Company School mit Zentrum in Delhi. Unterdessen malte der Maler Ravi Varma im Süden kitschige mythologische Szenen und Frauenporträts, die ungeheuer beliebt waren und indischen Themen eine westliche Note verliehen. Es lohnt sich auch, nach den stilisierten Werken von Jamini Roy Ausschau zu halten, die das Leben und die Kultur in den Dörfern darstellen.

Die Madras-Bewegung bereitete in den 1960er-Jahren den Weg für die moderne Kunst in Südindien und im Indien des 21. Jhs. Heute werden Rekordmengen von modernen und zeitgenössischen indischen Gemälden weltweit zu Spitzenpreisen verkauft. Ein sehr erfolgreiches Online-Auktionshaus ist Saffronart (www.saffronart.com). Die größeren Städte, insbesondere Delhi und Mumbai sind Indiens Kunstzentren, wenn es um zeitgenössische Kunst geht. Mit einer großen Bandbreite an Galerien, in denen man Kunst bewundern und auch kaufen kann.

Literatur

Die Sanskritliteratur hat in Indien eine lange Tradition, aber auch Werke in den Sprachen der verschiedenen Regionen haben viel zum großen literarischen Erbe des Landes beigetragen. Es wird behauptet, es gäbe genauso viele literarische Traditionen wie geschriebene Sprachen.

Der Dichter und Künstler Rabindranath Tagore erhielt 1913 für *Gitanjali* den Literaturnobelpreis. Für einen Eindruck von seinen Fähigkeiten lohnt es sich seine Kurzgeschichten zu lesen.

Einige der berühmtesten literarischen Werke Indiens haben wohl die Bengalen hervorgebracht. Die Blütezeit, oft als Indische oder Bengalische Renaissance bezeichnet, begann im 19. Jh. mit Werken von Bankim Chandra Chatterjee. Der Bengale Bengali Rabindranath Tagore ist jedoch der Mann, der bis heute dafür gefeiert wird, den kulturellen Reichtum des Landes weltbekannt gemacht zu haben. Zu seinen Werken gehören *Gitanjali* (Sangesopfer), *Gora* und *Ghare-Baire* (Das Heim und die Welt).

R.K. Narayan war einer der ersten indischen Autoren, die auf Englisch schrieben und in den 1930er-Jahren ein internationals Publikum fanden. Seine scheinbar einfachen Schilderungen des indischen Kleinstadtlebens besitzen eine subtile Komik. Kamala Das (alias Kamala Suraiyya) aus Kerala schrieb Lyrik (z.B. Sommer in Kalkutta) auf Englisch und ihre Autobiografie (Meine Geschichte) auf Malayalam, die sie später ins Englische übersetzte. Ihr offener Umgang mit Liebe und Sexualität in den 1960er- und 1970er Jahren war bahnbrechend für die von Frauen verfasste Literatur Indiens.

Indien ist stolz, international angesehene Literaten hervorgebracht zu haben. Zu den herausragenden Schriftstellern gehören Vikram Seth, der für seinen Roman *Eine gute Partie* bekannt ist, und Amitav Ghosh, der mehrere Auszeichnungen bekommen hat. Sein Roman *Das mohnrote Meer* wurde 2008 für den Man Booker Prize vorgeschlagen. In den letzten Jahren haben mehrere in Indien geborene Schriftsteller diesen angesehenen Preis gewonnen. Als Letzter bekam ihn 2008 Aravind Adiga für seinen Erstling *Der weiße Tiger*. 2006 erhielt Kiran Desai diesen Preis für ihr Werk *Erbin des verlorenen Landes*; Kiran Desai ist die Tochter der preisgekrönten Schriftstellerin Anita Desai, die dreimal für den Booker Prize nominiert war. 1997 gewann Arundhati Roy den Booker Prize für den Roman *Der Gott der kleinen Dinge*, und Salman Rushdie (geb. in Mumbai) nahm den begehrten Preis 1981 für sein Werk *Mitternachtskinder* entgegen.

Beim Jaipur Literature Festival (www.jaipurliteraturefestival.org), dem größten Literatur-Event Asiens, das Ende Januar in Jaipur (Rajasthan) stattfindet, kommt man mit gefeierten regionalen und internationalen Größen der Literaturszene in Kontakt.

Kino

Das indische Kino wurde im späten 19. Jh. geboren – der erste größere Film, *Panorama of Calcutta*, wurde 1899 vorgeführt. Der erste indische Spielfilm, *Raja Harishchandra*, wurde 1913 noch in der Stummfilmära gedreht und begründete eine Kinotradition.

Heute ist Indiens Filmindustrie die größte der Welt – doppelt so groß wie Hollywood. Mumbai, alias Bollywood(S. 840), die Kapitale des indischen Filmes, ist am größten, aber auch andere große Standorte wie Chennai („Kollywood"), Hyderabad („Tollywood") und Bengaluru („Sandalwood") bringen beachtliche Mengen an Filmen auf den Markt. Es gibt noch eine Reihe weiterer Zentren, in denen Streifen in den Sprachen der jeweiligen Region gedreht werden. Hoch budgetierte Filme werden oft teilweise oder ganz im Ausland gedreht – einige Länder buhlen geradezu um indische Produktionsgesellschaften, weil sie sich von den Filmen positive Effekte auf ihre eigene Tourismusindustrie versprechen.

Hunderte Spielfilme werden jährlich in Indien gedreht. Abgesehen von Hunderten Millionen heimischer Bolly-, Tolly- und Kollywood-Fans finden die Filme auch bei Non-Resident Indians (NRIs), also im Ausland lebenden Indern, einen Millionenpublikum, das dabei half, das indische Kino auf die internationale Bühne zu katapultieren.

Grob lassen sich zwei Kategorien des indischen Filmes unterscheiden. Am bekanntesten sind die Mainstream-Filme, auch „Masala-Streifen" genannt, weil sie eine Art Würzmischung aus verschiedenen Elementen darstellen. Diese Filme sollen der ganzen Familie etwas bieten, und so gibt es hier meist einen Mix aus Liebeshandlung, Action, Slapstick und erhobenem Zeigefinger. Die oft mehr als dreistündigen Blockbuster sind häufig tränenlastig und warten mit dramatischen Wendungen auf, hinzu kommen zahlreiche Gesangs- und Tanzeinlagen. Bei indischen Filmen, die für den heimischen Markt produziert werden, sind explizite Sexszenen und auch ein Übermaß an Küssen tabu (allerdings schleichen sich immer wieder Schmusereien in Bollywood-Filme ein); das wird allerdings häufig dadurch wettgemacht, dass sich die Schauspielerinnen in knappen, hautengen Fetzen präsentieren, dass intensiv geflirtet und an eindeutigen Anspielungen nicht gespart wird.

Der bengalische Regisseur Satyajit Ray (1921–1992) gilt als Vater des indischen Kunstfilms. Er gewann viele Auszeichnungen für seine Filme, z. B. für *Apus Weg ins Leben – Teil 1* und *2*.

Die zweite Kategorie sind die künstlerisch anspruchsvollen Filme, die sich der indischen „Realität" widmen und meist gesellschaftlich und politisch relevant sind. Diese Filme werden in aller Regel mit einem viel kleineren Budget gedreht als die Kommerzproduktionen, und sie sind es, die auf den Filmfestivals in aller Welt Würdigungen und Auszeichnungen einheimsen. Ein Beispiel ist der Film *Lunchbox* (Buch und Regie: Ritesh Batra), eine romantische Komödie jenseits des üblichen Bollywood-Stils, der bei den Internationalen Filmfestspielen von Cannes im Jahr 2013 den Publikumspreis Grand Rail d'Or gewann.

Indische Filme, die in der Kategorie bester fremdsprachlicher Film für einen Oscar nominiert wurden: Mother India (Regie: Mehboob Khan, 1957), *Salaam Bombay!* (Regie: Mira Nair, 1988) sowie *Lagaan – Es war einmal in Indien* (Regie: Ashutosh Gowariker, 2001).

Indiens Pflanzen, Tiere & Parks

Indiens Fauna ist ein faszinierender Schmelztiegel von Arten aus Europa, Asien und dem Urkontinent Gondwanaland. Diese Spezies tummeln sich in einem beeindruckend vielfältigen Lebensraum, der von feuchtwarmen Mangroven- und Urwäldern bis hin zu Sandwüsten und frostigen Berghöhen reicht. Indien ist berühmt für große, kraftvolle Tiere wie Tiger, Elefanten, Nashörner, Leoparden und Bären. Doch da wartet noch weitaus mehr – z. B. eine schwindelerregende Vielfalt bunter Vögel und einige seltene, interessante Spezies wie der Gangesdelfin und der Asiatische Löwe.

Typische Arten

Müsste man Indiens charakteristischste Tiere benennen, so würden auf der Liste zweifellos Tiger, Elefanten und Nashörner stehen – allesamt sind sie selten und stark schutzbedürftig.

Tiger (Nationalsäugetier), Pfau (Nationalvogel) und Lotus (Nationalpflanze) repräsentieren Indien. Das Nationalwappen ist ein Säulenkapitell aus drei Asiatischen Löwen.

Asiatische Elefanten unterscheiden sich deutlich von ihren größeren afrikanischen Artgenossen und gelten bei den Hindus als heilig. Sie wurden domestiziert und als Arbeitstiere verwendet. Glücklicherweise wurden sie nicht ausgerottet (wie es im Nachbarland China der Fall ist), und viele leben noch in freier Wildbahn. Da sie bei der Futtersuche lange Entfernungen zurücklegen, benötigen die bis zu 3 t schweren Tiere riesige Parks. Entlang ihrer traditionellen Futterrouten treffen die Herden heute mitunter auf Dörfer oder Farmen – Konflikte sind da programmiert. Zu den besten Revieren für Beobachtungen zählen das Corbett Tiger Reserve (S. 483) in Uttarakhand und der Nagarhole National Park (S. 966) in Karnataka.

Die Anzahl der verbliebenen Panzernashörner ist weitaus geringer. Zwei Drittel (2401 Exemplare laut einer Zählung von 2015) der weltweiten Gesamtpopulation leben im Kaziranga National Park (S. 626), wo sie über die Schwemmlandsavanne zu Füßen des Himalaja ziehen. Achtung: Obwohl Nashörner so behäbig wirken, sind sie unberechenbar und gefährlich. Sie haben einen rammbockartigen Körperbau mit gepanzerter Haut und bohren ihre Zähne beim Angriff in das Fleisch des Opfers. Es ist also am sichersten, Rhinos nur aus der Ferne zu beobachten.

Und dann wäre da noch der Tiger. Diese beeindruckende, ikonische Raubkatze ist stark gefährdet, mit etwas Glück kann man sie aber in Tigerreservaten im ganzen Land zu Gesicht bekommen. In Madhya Pradesh sind die Chancen dafür am größten.

In Indien gibt es 270 Schlangenarten; 60 davon sind giftig. Unter den verschiedenen Kobraarten ist die Königskobra, die größte Giftschlange der Welt. Sie wird bis zu 5 m lang.

Tourismus & Tierschutz

Tierbeobachtungen gehören mittlerweile zu den wichtigsten touristischen Aktivitäten in Indien, und es gibt Hunderte Nationalparks und Tierschutzgebiete, in denen man seltene und ungewöhnliche Kreaturen erspähen kann. Besucher können helfen, der Regierung und der lokalen Bevölkerung klar zu machen, dass der Schutz gefährdeter Spezies und fragiler Ökosysteme wichtig ist und auch einen wirtschaftlichen Mehrwert mit sich bringt. Es lohnt also in vielerlei Hinsicht, im Rahmen einer Safari Ausschau nach einem Nashorn oder einem Tiger zu halten.

PROJECT TIGER

Als der Naturforscher Jim Corbett in den 1930er-Jahren als Erster Alarm schlug, glaubte niemand daran, dass der Tiger jemals bedroht sein könnte. Damals ging man von 40 000 in Indien lebenden Exemplaren aus, auch wenn nie eine Zählung durchgeführt worden war. Mit dem Unabhängigkeitskampf gelangten Schusswaffen in die Hände von Dorfbewohnern, die auf der Jagd nach den höchst einträglichen Tigerfellen in zuvor nicht zugängliche Gebiete vordrangen. Bei einer offiziellen Zählung im Jahr 1972 wurden nur noch 1800 Tiger registriert. Internationale Proteste veranlassten Indira Gandhi dazu, das Tier zum Nationalsymbol Indiens zu erklären und **Project Tiger** (National Tiger Conservation Authority; http://projecttiger.nic.in) ins Leben zu rufen. Seitdem wurden 47 Tigerreservate geschaffen, die insgesamt über 68 676 km² umfassen, und in denen nicht nur das Raubtier selbst, sondern auch alle anderen dort heimischen Arten geschützt sind. Nach einigen Erfolgsmeldungen ist die Zahl der Tiger dennoch wegen erbarmungsloser Wilderei von 3600 im Jahr 2002 kontinuierlich auf ein neues Tief von 1706 im Jahr 2011 gefallen. Trotz der zahllosen Rupien und neuester Hightech-Ausrüstung, die dem Erhalt dieser majestätischen Tiere gewidmet werden, starb 2013 nur einer der insgesamt 63 toten Tiger an Altersschwäche, während der Tod von 48 Tieren auf Wilderer zurückzuführen war. Erfreulicherweise zeigt die aktuellste Tigerzählung vom Januar 2015 einen ermutigenden Anstieg von Indiens Tigerpopulation auf 226 Tiere. Die Erhebung ergab, dass die meisten Tiger in der Altersgruppe eineinhalb Jahre und älter – genau 408 Tiere – in Karnataka leben. Uttarakhand folgt mit 340 Tigern. Weitere Bundesstaaten mit jeweils mehr als 100 Tigern sind Madhya Pradesh, Tamil Nadu, Maharashtra, Assam, Kerala und Uttar Pradesh.

Katzen & Hunde

Indien ist besonders berühmt für seine Tiger, hier leben aber auch noch 14 andere wunderbare Katzenarten.

Der Asiatische Löwe ist eng mit seinem bekannteren Artgenossen aus Afrika verwandt und wird in Indien mittlerweile erfolgreich geschützt, nachdem es vor 100 Jahren weltweit nur noch 20 Exemplare gab. Laut einer Zählung vom Mai 2015 gedeiht die Population im Sasan Gir National Park (Gujarat) ganz gut; es werden mittlerweile 523 Tiere gezählt.

Über 750 Schneeleoparden leben heute in den alpinen Höhen von Ladakh, Sikkim, Uttarakhand, Arunachal Pradesh und Himachal Pradesh – wo er das offizielle Tier des Bundesstaats ist. Diese viel beachtete Großkatze ist ein echter Meister der Tarnung und mancher Einheimische ist davon überzeugt, dass sie sich ganz nach Belieben sichtbar und unsichtbar machen kann. Traveller haben eher geringe Chancen, eines der geisterhaften Tiere zu Gesicht zu bekommen. Wer sein Glück dennoch versuchen möchte, macht sich am besten in der Spiti-Region auf die Suche.

Weitere Wildkatzen sind etwa der Nebelparder und seine kleinere Cousine, die Marmorkatze. Beide leben in den Dschungelregionen im Nordosten Indiens und tarnen sich im düsteren Licht der Regenwälder durch Fellrosetten und -ringe, die der Farbe und Struktur von Marmor verblüffend ähneln.

Im Land leben außerdem etwa 1300 wilde Indische Wölfe, die man am besten im Blackbuck National Park (Gujarat) beobachten kann. Schakale, Füchse und Rothunde können in verschiedenen Schutzgebieten im ganzen Land beobachtet werden. Die seltene und älteste Wolfsart – der Himalaja-Wolf – lebt im Spiti Tal.

Infos im Internet

www.sanctuary asia.com – Infos über Flora, Fauna, Naturschutz und Programme zur Förderung des Umweltbewusstseins

www.wti.org.in – Aktuelles vom Wildlife Trust of India

www.birding. in – super Infos für Vogelbeobachter (inkl. Fotogalerien).

Für einzigartige Tieraufnahmen ist eine Kamera mit großem Objektiv (min. 300 mm) unerlässlich.

Säugetiere in Indien

Die zahlenmäßig stärksten Tierpopulationen Indiens sind Hirsche (neun Arten), Antilopen (sechs Arten), Ziegen und Schafe (zehn Arten) sowie Primaten (15 Arten). Auf den weitläufigen Wiesen vieler Parks weiden

ANGRIFFE DURCH TIERE

Der Lebensraum für Tiere schwindet, die Siedlungen der Menschen breiten sich aus – kein Wunder, dass die Konflikte zwischen Mensch und Tier in Indien stetig zunehmen.

Immer wieder wird von Tigern berichtet, die ihr Revier in von Menschen bewohnte Gebiete verlegt haben, womit sie es den Leoparden gleichtun, die sich schon seit einiger Zeit vermehrt Dörfer und größere Städte auserkoren haben. Interessanterweise werden die Neuankömmlinge von Einheimischen häufig toleriert – als eine Art biologische Schädlingsbekämpfung. Es ist seit Langem bekannt, dass Tigerangriffe auf Menschen vor allem von älteren Tigern ausgehen, die nicht mehr die Kraft haben, ihre üblichen Beutetiere – Wildschwein, Hirsch sowie weitere Wildtiere – zu erlegen. Eine gewisse Symbiose ist auffällig: Menschen ziehen Pflanzen, die Eber anlocken, die wiederum die Ernte beschädigen, bis ein Tiger mit seinem Erscheinen das natürliche Gleichgewicht wiederherstellt. Gleichzeitig kann die Anwesenheit von Menschen männliche Tiger davon abschrecken, die Jungtiere weiblicher Artgenossen anzugreifen.

Trotzdem raten die Behörden weiterhin zur Vorsicht – jährlich werden etwa 100 Menschen von wildlebenden Großkatzen getötet oder verletzt. Solche Vorfälle sind ein gefundenes Fressen für die Medien, die dann große Panik verbreiten, doch es sterben jedes Jahr etwa 46 000 Inder infolge von Schlangenbissen und 20 000 nach Bissen durch tollwütige Hunde. Tiger werden nur sehr selten zu echten Menschenfressern, und wenn, dann handelt es sich meist um alte oder verletzte Tiere (oder beides).

Bücher über die Tierwelt

Mammals of India (Vivek Menon)

Treasures of Indian Wildlife (A. S. Kothari & B. F. Chappgar)

Menschenfresser sowie Leoparden, die Mörder im Dschungel (Jim Corbett)

die gedrungene Nilgauantilope, Indiens größte Antilopenart, sowie die Hirschziegenantilope mit ihrem eleganten Geweih. Im Himalaja sollte man nach Blauschafen mit ihren teils geschwungenen Hörnern sowie dem seltenen, in Ladakh heimischen Argali mit seinem komplett eingedrehten Geweih Ausschau halten. In den Wüsten von Rajasthan und Gujarat leben an die harschen Bedingungen angepasste Spezies wie Chinkaras (Indische Gazellen). In den Mangrovensümpfen des Sundarban-Deltas sind Chitals (Axishirsche) heimisch, die in dieser salzigen Umgebung leben können, weil sie Salz durch Nasendrüsen ausscheiden. Chitals sind in den Tigerreservaten in Zentralindien das am zahlreichsten vorkommende Wild.

Indiens Primatenvielfalt reicht von den extrem seltenen, im Nordosten heimischen Weißbrauengibbons und Goldlanguren bis hin zu Arten, die fast schon zur Plage geworden sind, z. B. dem gedrungenen, recht aggressiven Rhesusaffen und den Languren. Bei den frechen Tierchen, die die Tempel und Touristenstätten im Süden unsicher machen, handelt es sich um Indische Hutaffen.

Vom Aussterben bedrohte Arten

Auch wenn Indien wunderbar artenreich ist, verursacht das extreme Bevölkerungswachstum hier immer größere Probleme: Flora und Fauna sind stark durch Wilderer und den Verlust ihrer Lebensräume bedroht. Laut einer Zählung gelten landesweit über 500 Spezies als bedroht – u. a. 247 Pflanzen-, 53 Säugetier-, 78 Vogel-, 22 Reptilien-, 68 Amphibien-, 35 Fisch- und 22 wirbellose Arten. Im Jahr 2012 veröffentlichte die International Union for Conservation of Nature eine Liste mit den 100 am stärksten gefährdeten Spezies. Vier davon leben in Indien: eine Spinne, eine Schildkröte und zwei Vögel (Hindutrappe, Kaiserreiher).

Sogar die mit viel Geld finanzierten Schutzprojekte, etwa das Project Tiger, sind ständig mit Schwierigkeiten konfrontiert. Zudem scheint auf jede gute Nachricht eine Geschichte über Wilderer oder Tiger- bzw. Leopardenangriffe zu folgen. Ob Schneeleopard, Panther oder Rohrkatze: Allen indischen Wildkatzen droht aufgrund des Verlusts ihres Lebensraums und der Wilderei – der Handel mit Häuten und Körperteilen für die chinesische Medizin ist äußerst lukrativ (ein ganzer Tigerkadaver bringt 43 000 € und mehr ein) – die Ausrottung. Dennoch tragen die Bemühungen zum Schutz der Tiere auch Früchte, wie etwa an der wachsenden Tigerpopulation des Landes deutlich wird.

Sogar die streng geschützten Nashörner werden für den illegalen Arzneimittelhandel gewildert: Das Elfenbein ihrer Hörner ist in China als Aphrodisiakum und in der Golfregion als Material für Dolchgriffe heiß begehrt.

Die illegale Jagd auf Elefanten ist weiterhin sehr verbreitet. Obwohl zuverlässige Statistiken kaum aufzutreiben sind (Wilderei ist illegal, da liegt das in der Natur der Sache), ist die Elfenbein-Wilderei in drei indischen Regionen schon immer für 44 bis 68% aller Tode von männlichen Elefanten verantwortlich. Der Kauf von Souvenirs aus Elfenbein ist selbstverständlich indiskutabel.

Verschiedene Hirscharten leiden stark unter den Jägern, die auf Fleisch oder Trophäen aus sind. Die Tibetantilope (Tschiru) ist inzwischen fast ausgestorben, weil Haare aus ihrem Fell für die Herstellung teurer Shahtoosh-Schals in Wolle eingewebt werden.

Auch Indiens Bärenarten sind weiterhin vom Aussterben bedroht. Das offizielle Ende der Tanzbärenbranche hat den Lippenbären jedoch zumindest eine Gnadenfrist verschafft. In den Flüssen haben Indiens berühmte Süßwasserdelfine heftig mit Wasserverschmutzung, Lebensraumveränderungen und der direkten Konkurrenz durch den Menschen zu kämpfen. Die an der Küste Odishas brütenden Meeresschildkröten sind infolge von Umweltproblemen ebenfalls gefährdet.

Bedrohte Primaten wie der Bartaffe oder der glänzend schwarze Nilgiri-Langur sind auf die Regenwälder des Südens angewiesen. Gleiches gilt für die schlanken Faulaffen (Loris), geschickte Insektenjäger mit riesigen Augen, die sie bei der nächtlichen Jagd nach Beute einsetzen.

Fast genau in der Mitte des Landes ist der Bandhavgarh National Park ein dynamisches Beispiel dafür, wie Indien ursprünglich ausgesehen haben könnte. Auf der spannenden Suche nach Tigern, Leoparden und anderen großen Tieren kann man hier Wiesen, Wälder und Gebirgskämme erkunden.

Vögel

Über 1000 Arten machen Indien zum Paradies für Vogelbeobachter. Viele Federträger verteilen sich in jeweils nur kleinen Populationen über das riesige Land. Doch wo immer wichtiger Lebensraum erhalten geblieben ist, tummeln sich mitunter eindrucksvolle Schwärme an einem Ort. Der

PARKS & MENSCHEN

Nationalparks und Naturschutzgebiete haben eine entscheidende Rolle beim Schutz des Lebensraums gefährdeter Tiere gespielt, doch hatte ihre Gründung auch in anderer Hinsicht weitreichende Folgen. Als Konsequenz des Gesetzes zum Schutz der Tier- und Pflanzenwelt von 1972, das besagte, dass Menschen nicht in den Parks leben dürfen, mussten etwa 1,6 Mio. Adivasi und andere im Wald lebende Volksgruppen ihre traditionellen Lebensräume verlassen. Viele wurden in Dörfer umgesiedelt und gezwungen, ihre jahrhundertealten Lebensweisen aufzugeben, was zu großem persönlichen Leid und dem unwiederbringlichen Verlust kultureller Traditionen führte. Heute verbietet das indische Forstgesetz von 2006 die Verdrängung von Waldbewohnern aus Nationalparks (außer in sogenannten „kritischen Lebensräumen wilder Tiere") und schützt so die etwa 4 Mio. Menschen, die noch immer in diesen Gebieten leben. Es ist noch zu früh, um den Erfolg des Gesetzes, das den Stämmen erlaubt, weiterhin in den Parks zu leben, zu bewerten, – und auch, um vorauszusagen, wie ihre Präsenz den fragilen Lebensraum der Tiere beeinträchtigt.

Nähere Infos zum Forstgesetz (Forest Rights Act) und den Problemen, die sich durch im Park lebende Menschen ergeben, finden sich auf www.forestrightsact.com. Auch die Webseite des Traditional Cultures Project (www.traditionalculturesproject.org) ist interessant.

Winter ist die beste Jahreszeit für Beobachtungen: Auf ihrem Rückweg in die warmen, vegetationsreichen subtropischen Gefilde der indischen Halbinsel bevölkern dann Zugvögel aus dem Norden viele Feuchtgebiete im ganzen Land. Ganzjährig kann und sollte man landesweit nach bunten Eis- und Bartvögeln, Honigsaugern, Sittichen, Elstern oder strahlend blauen Hinduracken Ausschau halten. Im Himalaja halten echte Vogelfreaks gezielt nach dem geheimnisvollen Ibisschnabel Ausschau, der in Indien und weltweit zu den begehrtesten Beobachtungsobjekten der Szene zählt.

Die saisonal überfluteten Sümpfe von Keoladeo galten zur Zeit des britischen Empires als bestes Entenjagdrevier – königliche Jagdgesellschaften schossen damals bis zu 4000 Tiere an einem einzigen Tag. Das inzwischen relativ kleine Gebiet inmitten zahlloser Dörfer und Felder wurde 1982 zum Nationalpark erklärt, und der ist für seine Zugvögel zu Recht berühmt. Bis heute zählt er zu den weltbesten Revieren für Vogelbeobachter. Obendrein sind Keoladeo Ghana und seine facettenreiche Vogelwelt spielend leicht zu erkunden: einfach am Eingangstor ein Fahrrad schnappen und dann den ebenen Wegen folgen, die sich zwischen den klar erkennbaren Teichen und Sümpfen des Parks hindurchschlängeln!

Pflanzen

Vor langer Zeit war Indien fast vollständig von Wäldern bedeckt. Heute wird der Anteil der Waldfläche auf etwa 22 % geschätzt. Trotz der weitläufigen Rodung lokaler Lebensräume wachsen in Indien 49 219 verschiedene Pflanzenarten, von denen etwa 5200 endemisch sind. Auf der südlichen Halbinsel beheimatete Spezies weisen malaysische Merkmale auf, Wüstenpflanzen in Rajasthan haben ihre Ursprünge im Nahen Osten, und die Nadelwälder im Himalaja sind europäischer und sibirischer Herkunft. Der Forest Survey of India hat sich das optimistische Ziel gesetzt, wieder eine Bewaldung von 33 % der Gesamtfläche zu erreichen.

Die Wälder außerhalb der Bergregion des Himalajas im indischen Tiefland sind meist tropisch, wobei die hiesigen Salwälder die Basis der Holzindustrie bilden. Manche dieser tropischen Wälder sind immergrüne Regenwälder wie in den Western Ghats und den Staaten im Nordosten. Doch die meisten Waldgebiete bestehen aus Laubbäumen, die während der Trockenmonate April und Mai größtenteils ihre vertrockneten Blätter und damit ihr Blätterdach verlieren. Dies ist jedoch oft die beste Zeit für Tierbeobachtungen, da die Vegetation dann dünner ist und die Tiere sich an den wenigen Wasserlöchern sammeln.

In Indien finden sich mehr als 16 000 Arten von Bedecktsamern (Blütenpflanzen), die rund 6,5 % aller Pflanzenarten der Welt ausmachen.

Kostbare Baumarten wie das Schwarze Rosenholz, der Malabarkino und der Teakbaum sind aus den Western Ghats mittlerweile fast völlig verschwunden. Sandelholz wird im ganzen Land illegal abgeholzt, denn es wird für die Herstellung von Räucherstäbchen und Schnitzarbeiten verwendet. Viele landlose Bauern fällen Bäume, um Brennholz zu gewinnen – doch das ist eine starke Bedrohung für die Waldgebiete.

Viele Baumarten haben in Indien religiöse Bedeutung, z. B. der Seidenwollbaum, ein großer Baum mit stacheliger Rinde und großen, roten Blüten, unter dem sich Pitamaha (Brahma), der Erschaffer der Welt, nach getaner Arbeit niedergelassen haben soll. Zwei bekannte Feigenarten, der Banyan- und der Pepulbaum, erreichen gewaltige Höhen. Die Bäume bilden Luftwurzeln, sodass bizarre, verschlungene Gebilde aus Stämmen und Wurzeln entstehen. Buddha soll seine Erleuchtung gehabt haben, während er unter einem Pepulbaum (Bodhi-Baum) saß.

An den Ausläufern und Hängen des Himalajas wachsen für Bergregionen typische Arten wie Tränenkiefer und Himalaja-Zeder, außerdem Laubbäume, z. B. Apfel-, Kastanien-, Zwetschgen- und Zimtbäume

GROSS & KLEIN

Das größte zusammenhängende Schutzgebiet Indiens ist das 2237 km² große Nanda Devi Biosphere Reserve in Uttarakhand. Hier liegen auch der zweithöchste Gipfel des Landes (Nanda Devi, 7817 m) sowie das berühmte Valley of Flowers. Der kleinste Nationalpark Indiens ist die South Button Island der Andamanen mit weniger als 5 km².

sowie Birken. Über der Schneegrenze blühen und gedeihen widerstandsfähigere Pflanzen wie Anemonen, Edelweiß und Enziane. Diese Blumen blühen in ihrer ganzen Pracht im Valley of the Flowers National Park in Uttarakhand.

In Indiens heißen Wüsten gedeiht eine ganz eigene Flora. Hier wachsen Khejribäume und diverse Akazienarten. Der zähe Sanddorn ist eine der wenigen Pflanzen in den Wüsten des Himalajas, der Früchte trägt.

Nationalparks & Naturschutzgebiete

Vor 1972 besaß Indien nur fünf Nationalparks. Im selben Jahr wurde der Wildlife Protection Act eingeführt, um diverse Gebiete zu schützen und der Schädigung der Tiere und Pflanzen Einhalt zu gebieten. Danach folgten noch weitere ähnliche Gesetze – die Ambitionen waren groß, aber wirklich verfolgt wurden Missachtungen nicht.

Mittlerweile hat Indien 166 Nationalparks und 515 Schutzgebiete, die zusammen immerhin ca. 5 % der Landesfläche ausmachen. Auf dem Papier gibt es weitere Parks, aber an der Umsetzung des Schutzes hapert es noch. Zudem sind da 14 Biosphärenreservate, deren Flächen sich mit denen vieler Nationalparks und Schutzgebiete überschneiden. Mit ihnen sind wichtige Wanderungsschneisen für Tiere geschützt; zudem ermöglichen sie Wissenschaftlern die Beobachtung vieler Arten.

Immer mehr Indienreisende besuchen zumindest einen Nationalpark oder ein Reservat, um wenigsten einmal ganz nah an einen Wildelefanten, ein Nashorn oder einen Tiger heranzukommen – und das sind wirklich prägende Erlebnisse! Außerdem hilft es, Einrichtungen zu besuchen, die Indiens Natur zu schützen versuchen. Die Reservate liegen oft ein wenig ab vom Schuss und haben eine eingeschränkte Infrastruktur – deshalb ist es ratsam, Reise und Unterkunft im Vorfeld zu buchen und sich rechtzeitig über Öffnungszeiten, Genehmigungen und Eintrittsgelder zu informieren. Viele Parks schließen in der Nebensaison zur Tierzählung, und der Monsun kann Wege unpassierbar machen.

Fast alle Parks organisieren Jeep- oder Vantouren – näher ran kommt man bei geführten Treks, Bootstouren oder Elefantensafaris. Allerdings raten viele Tierschutzorganisationen davon ab, auf Elefanten zu reiten, zum einen wegen der gesundheitlichen Auswirkungen auf die Elefanten, und zum anderen wegen der Techniken, die beim Abrichten der Tiere angewandt werden, damit sie Menschen transportieren. Seit 2012 verbieten neue Bestimmungen sogenannte Tigershows, für die früher ruhende Tiger ausgespäht wurden: Die Touristen wurden dann per Funk und Jeep herbeigeholt, damit sie sich dem wahrscheinlich ziemlich verstörten Tiger auf Elefanten nähern konnten. Zudem finden mittlerweile in vielen Naturschutzgebieten immer weniger Fahrzeugsafaris statt, andere Tigerreservate legen einen besucherfreien Tag pro Woche ein. Da sich diese neuen Bestimmungen ständig ändern, ist vor Safaribuchungen stets eine Recherche zum aktuellen Stand ratsam.

Top-Parks (Nordindien)

Corbett Tiger Reserve

Kaziranga National Park

Keoladeo National Park

Ranthambhore National Park

Top-Parks (Zentralindien)

Bandhavgarh National Park

Kanha National Park

Panna National Park

Sunderbans Tiger Reserve

Top-Parks (Südindien)

Mahatma Gandhi Marine National Park

Nagarhole National Park

Periyar Wildlife Sanctuary

Natur & Umwelt

Die unglaubliche geografische Vielfalt Indiens reicht von feucht-schwülen Urwäldern, trockenen Wüsten bis hin zu eisigen Gipfeln. Indien (3287263 km²) ist nach China das zweitgrößte Land Asiens und bildet den größten Anteil des südasiatischen Subkontinents. Wie ein Rettungsboot trug diese uralte Landmasse einst viele einzigartige Pflanzen- und Tierarten durch einen prähistorischen Ozean, bevor sie vor ca. 40 Mio. Jahren auf Asien stieß.

Geografie

Heute hat das Land drei geografische Hauptzonen: Die Gipfel und Hügel des Himalaja im äußersten Norden, die Überschwemmungsebenen von Indus und Ganges etwas weiter südlich sowie das Dekkan-Hochplateau im Herzen von Indiens einem Dreieck ähnelnder Südhalbinsel.

Der Himalaja

Das Online-Magazin *Down to Earth* (www.downtoearth.org.in) liefert Insider-Infos zu Indiens Umweltproblemen und vertieft Themen, die oft von den Massenmedien ignoriert werden.

Als höchstes Gebirge der Welt bildet der Himalaja eine fast unüberwindbare Hürde zwischen Indien (höchster Gipfel ist der Khangchendzönga mit 8598 m) und dessen Nachbarstaaten im Norden. Er entstand, als sich der indische Subkontinent von Gondwana löste – einem Superkontinent auf der Südhalbkugel, der einst Afrika, Australien, Südamerika und die Antarktis umfasste. Indien driftete anschließend nach Norden und prallte vor ca. 40 Mio. Jahren langsam, aber mit immenser Kraft auf den eurasischen Kontinent. Der uralte Meeresboden wurde dadurch in die Höhe gedrückt; so bildete er den Himalaja und viele kleinere Faltengebirge, die sich über 2500 km von Afghanistan bis Myanmar (Birma) erstrecken.

Als der Himalaja im Pleistozän (vor weniger als 150000 Jahren) seine gewaltigen Höhen erreichte, veränderte und blockierte er die Wettersysteme. Infolgedessen entstanden das heute in Indien vorherrschende Monsunklima und die trockenen Regenschattenzonen im Norden.

Obwohl er auf der Landkarte wie ein einziger Gebirgszug wirkt, ist der Himalaja eigentlich eine Aneinanderreihung von Gebirgskämmen, die von zahllosen Tälern durchbrochen sind. Bevor es möglich war, Straßen durch den Himalaja zu bauen, waren die Täler oft nahezu von der Außenwelt abgeschnitten und bewahrten dadurch eine Vielfalt von Bergkulturen.

Die Lärmbelästigung in den Großstädten liegt meist bei über 90 dB – mehr als eineinhalbmal höher als die allgemein anerkannte „Unschädlichkeitsgrenze".

Die Gangesebene

Nordindien besteht größtenteils aus den weiten Schwemmlandebenen des Ganges, die zwischen Delhi und dem wasserreichen Marschland Westbengalens um gerade mal 200 m abfallen. In Westbengalen vereinigt sich der Fluss mit dem Brahmaputra aus dem Nordosten Indiens und erreicht in Bangladesch schließlich das Meer. Riesige erodierte Sedimentmengen aus den angrenzenden Bergregionen häufen sich in den Ebenen bis zu 2 km tief an und bilden fruchtbares, gut bewässertes Agrarland. Die heute stark besiedelte Region war einst von dichten, tierreichen Wäldern bedeckt.

Der Rann von Kachchh trennt Gujarat (äußerstes Westindien) von Sindh (Pakistan). In der Regenzeit wird dieses brackige Sumpfgebiet zum gewaltigen Binnensee. Wenn das Wasser in der Trockenzeit weicht, lässt es einsame Inseln auf einer weiten Ebene zurück.

Das Dekkan-Plateau

Südlich der Gangesebene im Norden steigt das Land zum Dekkan-Plateau an, das Nordindiens ehemalige mogulische Hauptregionen von den dravidischen Völkern des Südens trennt. Der Dekkan wird auf beiden Seiten von den Western bzw. Eastern Ghats begrenzt, deren jeweilige Südausläufer zusammen die Nilgiri Hills in Tamil Nadu bilden.

Am Westrand des Dekkan fallen die Western Ghats über Steilhänge mit üppigen Regenwäldern zu einer schmalen Küstenebene hin ab.

Die Andamaren und Nikobaren bestehen aus 572 Inseln, den Gipfeln einer ausgedehnten unterseeischen Bergkette, die sich auf fast 1000 km Länge zwischen Myanmar (Birma) und Sumatra erstreckt.

Die Inseln

Vor der Küste liegen Inselgruppen, die politisch zu Indien, geografisch aber zur Landmasse von Südostasien und den Inseln des Indischen Ozeans gehören. Die Andamanen und Nikobaren liegen weit vor der Küste im Golf von Bengalen. Die nur 32 km^2 großen Korallenatolle von Lakshadweep, 300 km westlich von Kerala, sind eine Fortsetzung der Malediven.

Umweltprobleme

Weit über 1 Mrd. Einwohner, fortschreitende Verstädterung und Industrialisierung sowie wachsender Chemieeinsatz in der Landwirtschaft setzen Indiens Umwelt enorm zu. Geschätzte 65 % des Landes sind in irgendeiner Form schwer geschädigt. Die jeweiligen Regierungen bleiben immer wieder hinter ihren selbst gesteckten Umweltschutzzielen zurück. Viele heutige Probleme resultieren aus der Grünen Revolution, die die Landwirtschaftserträge in den 1960er-Jahren mithilfe von Kunstdünger und Pestiziden massiv steigerte. Der Preis dafür waren enorme Umweltschäden.

Die Weltgesundheitsorganisation (WHO) berichtete 2016, dass vier indische Städte zu den 10 am meisten verschmutzten der Welt gehören. Unter den Top 20 liegen 10 in Indien.

Obwohl viele neue Umweltschutzgesetze erlassen wurden, treibt Korruption die Umweltzerstörung immer weiter voran. Ein Beispiel sind einige Firmen in den Bereichen Wasserkraft und Bergbau, die Umweltschutzbestimmungen skrupellos missachten. Hiervon am stärksten betroffen sind meist Adivasi (Stammesangehörige) und Bauern niedriger

SPAGAT IN SACHEN UMWELTSCHUTZ

Indien kämpft mit einem großen Problem: Das Land soll sich weiterentwickeln und modernisieren, und das Wirtschaftswachstum soll angekurbelt werden, ohne dass dabei zerstört wird, was von seiner Ökologie noch übrig ist, und ohne die weltweiten Klimaprobleme noch zu verstärken. Die Regierung sendet dabei gemischte Signale zu ihren Prioritäten und ist entsprechend unter Kritik geraten. Einerseits hat es Premierminister Modi zur Chefsache erklärt, den Ganges bis 2019 zu einem sauberen Fluss zu machen; er hat unter großer öffentlicher Anteilnahme die Swachh-Bharat-Kampagne gestartet, um das Müllproblem des Landes in den Griff zu bekommen, und er unterstützt die großflächige Energiegewinnung durch Solaranlagen. Angeblich plant seine Regierung die Solarpanel-Industrie des Landes mit 3 Mrd. US-Dollar zu fördern und hat sich das Ziel gesetzt, bis 2011 den Anteil erneuerbarer Energie an der Stromproduktion auf rund 175 Gigawatt zu erhöhen. Trotzdem steht Modis Regierung vor Herausforderungen was den heimischen Kohlebergbau angeht (eine wichtige Ursache für Treibhausgasemissionen). Indien ist zwar der weltweit drittgrößte Kohleproduzent, doch trotz der Ausweitung der inländischen Produktion in den zurückliegenden Jahrzehnten kann der Anstieg der Nachfrage für die Stromproduktion nicht gedeckt werden. Indien ist also zunehmend auf importierte Kohle angewiesen.

Kasten. Diese Gruppen haben nur sehr begrenzten politischen Einfluss und auch kaum Ressourcen, um gegen Großkonzerne vorzugehen.

Überbewirtschaftung, zunehmende Versalzung, Waldrodung und mangelnde Bewässerung haben die Bodenqualität inzwischen verschlechtert – und damit die landwirtschaftlichen Erträge reduziert. Die Konsequenzen sind herzzerreißend. Hinter all dem verbirgt sich eine einfache Malthus'sche Wahrheit: Indien muss viel zu viele Menschen versorgen.

Wie überall balanciert der Tourismus auch hier zwischen Anreizen für Veränderungen und weiterer Problemverschlimmerung. Beispiel: Viele Umweltsorgen Goas resultieren direkt aus verantwortungsloser Tourismusentwicklung. Deshalb sollten Traveller immer sorgfältig bedenken, wie sich ihre Anwesenheit auf Indiens Umwelt auswirken kann.

Zwischen 2013 und 2015 erhöhte sich laut dem India State Forest Report Indiens Waldbedeckung um 5081 km², wobei der Bundesstaat Mizoram mit 88,9 % seiner Fläche in Sachen Bäume ganz vorne liegt.

Klimawandel

Veränderte Klimaverhältnisse aufgrund von CO_2-Emissionen weltweit haben in Teilen Indiens zu extrem besorgniserregenden Wetterphänomenen geführt. Obgleich das Land in puncto CO_2-Ausstoß pro Kopf noch weit hinter den USA, Australien und Europa liegt, ist es aufgrund der schieren Größe seiner Bevölkerungszahl ein großer Umweltsünder.

Man vermutet, dass die Intensität von Überflutungen und Dürren in Indien bis 2030 um 30 % zunehmen werden. In Ladakhs Bergwüsten verändern die vermehrten Niederschläge althergebrachte Landwirtschaftsmethoden, zugleich schmelzen Gletscher auf benachbarten Bergen alarmierend schnell. 2013 wurde Uttarakhand von einem zerstörerischen Hochwasser heimgesucht – (unbestätigten) Schätzungen zufolge gab es zwischen 6000 und 50 000 Tote im Verlauf weniger Tage. Das Kaschmirtal wurde 2014 von heftigen Überschwemmungen getroffen, die Srinagar überfluteten, großflächig Schaden anrichteten und ebenfalls Menschenleben forderten. Im Gegenzug dazu leiden andere Gebiete wegen schwindender Regenmengen unter Dürren und gewaltsamen Streitigkeiten um Wasserressourcen. Inseln der Lakshadweep-Gruppe und die tiefliegenden Ebenen des Gangesdeltas wiederum werden infolge des steigenden Meeresspiegels überschwemmt.

Laut einer UN-Studie wird Indien China bis 2022 überholen und die bevölkerungsreichste Nation der Welt sein. 2016 lebten geschätze 1,34 Mrd. Menschen in dem Land.

Abholzung

Seit Erlangung der Unabhängigkeit wurden über 50 000 km² indischen Waldes durch Abholzung, Landwirtschaft, Stadtwachstum, Industrialisierung, Berg- und Staudammbau vernichtet. Sogar in den streng geschützten Parks des Project Tiger hat sich die als „geschädigt" geltende Waldfläche durch illegales Abholzen verdreifacht. Seit den 1990er-Jahren sind die Mangrovenwälder um 50 % zurückgegangen. Dies hat auch die Laichplätze der Fische im Indischen Ozean und im Golf von Bengalen reduziert.

Indiens erster Fünfjahresplan von 1951 erkannte die Bedeutung des Waldes für den Bodenschutz an. Seitdem sind diverse, teils auch erfolgreiche politische Maßnahmen zur Aufforstung ergriffen worden. Viele Bestimmungen werden allerdings umgangen – von Beamten, Kriminellen und ganz normalen Menschen, die den Wald für die Gewinnung von Feuerholz oder Weideland roden. Daher sollten Traveller möglichst selten Holzöfen benutzen. Man kann auch gemeinnützige Organisationen unterstützen, die ländliche Gemeinden zum Bäumepflanzen ermutigen.

Wasserressourcen

Das wohl größte Gesundheitsproblem Indiens besteht im unzureichenden Zugang zu Trinkwasser und hygienischen Sanitäranlagen. Mit dem Anstieg der Bevölkerung ist damit zu rechnen, dass der landwirtschaftliche, industrielle und private Wasserverbrauch trotz Gegenmaßnahmen weiter heftig ansteigt. Die Weltgesundheitsorganisation (WHO) vermutet, dass von ca. 3000 indischen Groß- und Kleinstädten weniger als ein Dutzend ausreichende Kläranlagen haben. Vielerorts landen Abwasser und die Asche Verstorbener direkt in den Flüssen. Zudem ist es eine Tatsache, dass das „große Geschäft" in den meisten ländlichen (und vielen städtischen) Gebieten oft öffentlich verrichtet wird.

Indiens Flüsse leiden zudem unter Oberflächenabfluss, Industrieabfällen und anderen Verschmutzungsfaktoren. So gehören der Sabarmati, die Yamuna und der Ganges zu den verseuchtesten Strömen der Welt. Mindestes 70 % der Süßwasserressourcen sind in irgendeiner Form verunreinigt. Die letzten Dürren hatten in einigen Gebieten schlimme Auswirkungen (vor allem in Rajasthan bzw. Gujarat) und führten zu verstärkter Landflucht.

Auch die Wasserverteilung ist ein brisantes Thema. Seit 1947 wurden etwa 35 Mio. Inder zwecks Errichtung großer Staudämme umgesiedelt. Durch die Dämme wird Strom erzeugt, um den Energiehunger der Nation zu stillen. Diese Methode ist zwar recht umweltfreundlich, aber Indien opfert dem Bau von neuen Wasserkraftwerken landesweit Täler, während die Umgesiedelten kaum angemessen entschädigt werden.

In Indien drängen sich 18 % der Weltbevölkerung auf 2,5 % der weltweiten Landfläche – das Land ist damit eines der am dichtesten besiedelten der bevölkerungsreichsten Länder der Erde.

Praktische Informationen

Abzocke

Leider verdient Indien seinen Ruf für Abzocke – und das gilt sowohl für herkömmliche als auch für neue Varianten. Mit etwas gesundem Menschenverstand und einer Portion Vorsicht kann man sich aber davor schützen. Abzocke ist eher ein Problem in Großstädten (z. B. Delhi oder Mumbai) oder in sehr touristischen Gegenden (z. B. Rajasthan). In Goa und Kerala ist Abzocke relativ selten. In Gesprächen mit anderen Travellern kann man sich über die neuesten Gaunereien auf dem Laufenden halten. Nützlich ist auch ein Blick in das Lonely Planet Forum Thorn Tree Travel (www.lonelyplanet.com/thorntree), wo Traveller unter dem Stichwort India oft sehr zeitnah von den Problemen berichten, auf die sie unterwegs gestoßen sind.

Abzocke in Verkehrsmitteln

- Wer im Vorfeld keine Abholung organisiert hat, sollte bei der Ankunft an Bahnhöfen und Flughäfen ein Uber-Fahrzeug bestellen oder zu einem der Schalter für Funktaxis, Prepaid-Taxis und Flughafen-Shuttles gehen. Auf gar keinen Fall und ganz besonders nicht nachts in eines der herumstehenden Taxis steigen, die eine billige Fahrt in die Stadt versprechen!
- Wer eine mehrtägige Sightseeingtour buchen möchte, sollte sich seine eigene Reisroute heraussuchen und auch daran halten. Große Vorsicht ist geboten, wenn jemand in Delhi eine Hausboottour nach Kaschmir verkaufen will – im Laufe der Jahre haben wir viele Beschwerden über krumme Geschäfte erhalten.
- Beim Kauf eines Bus-, Zug- oder Flugtickets in einem Büro, das nicht zu einem registrierten Transportunternehmen gehört, immer darauf achten, dass auf dem Ticket auch wirklich die Klasse steht, für die man bezahlt hat! Wenn möglich, am besten über offizielle Websites buchen.
- Einige Betrüger an Bahnhöfen (selbst die, die mit Uniform oder „offiziellem" Ausweis ausgestattet sind) behaupten vielleicht, dass der gebuchte Zug storniert wurde, unter Wasser steht oder kaputt ist oder dass die Fahrkarte ungültig ist oder dass man für die Bestätigung seines e-Tickets eine Gebühr bezahlen muss. Annäherungsversuche von solchen Mitarbeitern sollte man ignorieren.

HAUPTSACHE SICHER

- Eine gute Reiseversicherung ist ein absolutes Muss.
- Man sollte sich Kopien des Reisepasses, des Visums und der Flugtickets an die eigene Adresse mailen und außerdem Kopien dabei haben.
- Geld und Reisepass sind in einem Geldgürtel oder Brustbeutel unter der Kleidung am sichersten.
- Es ist ratsam, mindestens 100 US$ getrennt vom Rest der Reisekasse aufzubewahren.
- In der Öffentlichkeit nicht mit dicken Geldbündeln herumwedeln, z. B. wenn man eine Dienstleistung bezahlt oder in einem Hotel eincheckt.
- In billigeren Hotels sollte man sein eigenes Vorhängeschloss benutzen.
- Wenn sich ein Hotelzimmer von innen nicht sicher abschließen lässt, sollte man sich eine andere Bleibe suchen.

Betäubungsmittel

Hin und wieder werden Touristen (insbesondere

Alleinreisende) unter Drogen gesetzt und ausgeraubt oder auch angegriffen. Meistens werden die Opfer ins Land der Träume befördert, indem man ihnen Schokolade, Tee von einem an dem Trick mitwirkenden Verkäufer, „hausgemachtes" indisches Essen oder sogar in Flaschen abgefülltes Wasser anbietet.

Diebstahl

➡ Wie überall besteht auch in Indien immer das Risiko, bestohlen zu werden. In Bussen und Zügen das Gepäck immer abschließen und anketten! Achtung vor allem bei Abfahrt des Zuges, damit einem nicht noch in letzter Minute etwas geklaut wird und man die Verfolgung quer über den Bahnhof nicht mehr aufnehmen kann!

➡ Besondere Vorsicht ist in Schlafsälen geboten. Wertsachen niemals unbeaufsichtigt lassen.

➡ Nicht vergessen, nachts die Tür abzuschließen. Diebe schrecken nicht davor zurück, Sachen aus Hotelzimmern zu stehlen, während die Hotelgäste schlafen.

Edelsteinabzocke

Gewiefte Betrüger die einem versprechen, verdammt schnell und sicher an ein kleines Vermögen zu kommen, können oft unglaublich schlüssig klingende Geschichten erzählen – man muss also sehr genau aufpassen. Bei dieser Abzocke werden die Traveller gebeten, Edelsteine mit nach Hause zu nehmen oder nach Hause zu schicken und sie dort an die (nicht vorhandenen) Abnehmer des Auftraggebers mit Gewinn zu verkaufen. Diese Waren sind – wenn sie überhaupt ankommen – ausnahmslos nur einen Bruchteil des Einkaufspreises wert. Und der sogenannte „Abnehmer" tritt natürlich nie in Erscheinung.

ANDERE FORMEN DER ABZOCKE

➡ Plötzlich hat man Dreck (Schmutz, Farbe, Fäkalien) an den Schuhen, und wie von Zauberhand erscheint ein Schuhputzer, der einem – gegen Bezahlung natürlich – die Schuhe putzen will.

➡ Einige Läden verkaufen überteuerte SIM-Karten und aktivieren sie nicht. SIM-Karten am besten in einem offiziellen Geschäft kaufen und vor der Weiterreise prüfen (die Aktivierung kann bis zu 24 Stunden dauern).

➡ Geschäfte, Restaurants und Tourguides tragen den gleichen oder einen ähnlichen Namen wie ihre erfolgreichere und beliebtere Konkurrenz.

➡ Schlepper behaupten, „staatlich geprüfte" Guides oder Tourveranstalter zu sein und leiern einem viel Geld aus den Rippen. Am besten erkundigt man sich in der örtlichen Touristeninformation nach lizenzierten Guides und lässt sich von ihnen ihre Lizenzen zeigen.

➡ Fragwürdige Tourveranstalter posieren als offizielle Touristeninformationen und verkaufen überteuerte Touren, Tickets und Touristendienste.

Auf keinen Fall sollte man die rührseligen Geschichten glauben, dass es nahezu unmöglich sei, eine Exportlizenz zu erhalten. Auch die Empfehlungsschreiben von anderen Reisenden sollte man nicht ernst nehmen – sie sind alle gefälscht. Die Gauner versuchen ihr Glück u. a. in Agra, Delhi und Jaisalmer, aber hauptsächlich in Jaipur. Es geht dabei allerdings nicht immer nur um Edelsteine – Teppiche, Kuriositäten und Pashmina-Wollwaren sind ebenfalls recht beliebt.

Fotografieren

Wer Personen fotografieren will, sollte seinem Gefühl vertrauen (oder besser noch, um Erlaubnis fragen). Wer nicht um Erlaubnis gebeten hat, wird danach möglicherweise aufgefordert, einen Obolus zu zahlen.

Kreditkartenabzocke

Vorsicht bei der Bezahlung von Souvenirs mit Kreditkarte! Staatliche Geschäfte sind im Allgemeinen seriös. Private Souvenirshops haben in der Vergangenheit Kreditkartenbelege heimlich mehrmals ausgedruckt und später für faule Transaktionen benutzt. Besucher sollten immer darauf bestehen, dass sie dabei zusehen können, wie die Karte durch das Gerät gezogen wird. Eine gute Idee, um Kreditkartenmissbrauch zu verhindern, ist, die CVV-/CVC2-Nummer auswendig zu lernen und sie von der Karte zu kratzen. In einigen Restaurants fragen Kellner nach dem PIN, um dann die Kreditkarte zur Maschine mitzunehmen. Man sollte nie den PIN preisgeben und immer darauf bestehen, beim Bedienen der Geräte dabei zu sein.

Schlepper & Provisionshaie

➡ Taxi- und Autorikschafahrer wollen einen oft partout zu einem ganz bestimmten Hotel bringen, damit sie danach von den Leuten an der Hotelrezeption eine Provision erhalten (die allerdings auf den Zimmerpreis aufgeschlagen wird).

➡ Wann immer möglich, sollte man im Vorfeld ein Hotel buchen (sei es auch nur für die erste Nacht) und sich vom Hotel abholen lassen. Oft bekommt man auch zu hören, dass das Hotel, das man sich ausgesucht hat, „ausgebucht" oder „geschlossen" sei – selbst nachprüfen und die Buchung einen Tag vor Anreise prüfen und bestätigen lassen!

➡ Skepsis ist angesagt bei Aussagen wie „mein Bruder hat einen Laden" oder „bei einem Freund erhalten Sie Sonderpreise". Es gibt viele Betrüger, die mit Souvenirläden zusammenarbeiten.

➡ Vorsicht auch vor vermeintlich freundlichen Menschen und „Beamten", die einem an Busbahnhöfen oder Bahnhöfen unaufgefordert Hilfe anbieten und dann zu einem Tourveranstalter mitnehmen, von dem sie Provision kassieren. Am besten selbstbewusst auftreten, und falls jemand fragt, ob man das erste Mal in Indien ist, antworten, dass man schon mehrfach da gewesen sei. Manche Schlepper geben auf, wenn man ihnen sagt, dass man bereits im Vorfeld einen Transfer, eine Tour oder eine Weiterfahrt organisiert und bezahlt hat.

Verunreinigte Speisen & Getränke

➡ Ende der 1990er-Jahre sind in Nordindien einige Traveller nach dem Konsum von mit gefährlichen Bakterien verseuchtem Essen in Restaurants mit Verbindung zu zwielichtigen Kliniken gestorben. Uns liegen keine neuen Berichte vor, aber die Betrügerei kann jederzeit wieder aufleben. In anderen Fällen wurden in einigen Kliniken die Behandlungskosten unnötig in die Höhe getrieben, um mehr Geld von den Versicherungen einzuheimsen.

➡ Wasser in abgefüllten Flaschen ist in der Regel unbedenklich. Unbedingt darauf achten, dass die Versiegelung der Flasche nicht beschädigt ist und auch der Boden der Flasche nicht manipuliert wurde! Wer unterwegs ist, sollte möglichst abgepacktes Essen dabei haben. Sollte man an einem Busbahnhof oder Bahnhof etwas essen müssen, ist es am besten der Menschenmenge zu folgen und Essen in stark frequentierten Lokalen zu kaufen.

Wucherpreise

Immer zuerst den Preis aushandeln, bevor man einen Dienst ohne feste Preisregelung in Anspruch nimmt! Dabei kann es sich um einen freundlichen Guide aus der Nachbarschaft handeln, eine Snackbar an einem touristischen Ort, eine Autorikscha oder ein Taxi ohne Taxameter.

Frauen & Alleinreisende

Frauen unterwegs

Trotz härterer Strafen, die nach der berüchtigten Gruppenvergewaltigung und der Ermordung einer Frau im Jahr 2012 verabschiedet wurden, gingen die Zahlen der gemeldeten Fälle gewalttätiger sexueller Übergriffe auf Frauen und Mädchen in Indien in letzter Zeit nach oben. In den vergangenen Jahren wurden auch vermehrt Touristinnen zum Opfer von sexueller Strattaten und Nötigungen, wobei natürlich anzumerken ist, dass die überwiegende Mehrheit der Besuche problemlos verläuft.

Unerwünschte Aufmerksamkeit

Unerwünschte Aufmerksamkeit von Männern ist ein häufiges Problem.

- Frauen müssen damit rechnen, angestarrt zu werden. Damit muss frau leben und sollte es sich nicht zu Herzen nehmen.
- Frauen sollten Blicke von Männern nicht erwidern. Das könnte als Aufforderung verstanden werden.
- Dunkle Sonnenbrillen, Handys, Bücher oder Tablet-PCs helfen dabei, unerwünschte Gespräche zu verhindern.
- Manche Frauen tragen einen Ehering oder erwähnen in Gesprächen frühzeitig, sie seien verheiratet und mit ihrem Ehemann verabredet sind (unabhängig vom Wahrheitsgehalt). Das hilft, unerwünschte Annäherungsversuche abzuwehren.

Kleidung

- Obwohl sich in Delhi, Mumbai und Chennai die Frauen der Ober- und Mittelschicht so kleiden, wie man es aus New York, London oder München kennt, sind andernorts die Frauen traditionell gekleidet. Traveller, die auf für die hiesige Kultur angemessene Kleidung achten, reduzieren unerwünschte Aufmerksamkeit Dritter.
- Ärmellose Tops, Shorts und kurze Röcke meiden (knöchellange Röcke sind ratsam) sowie alles, was knapp, durchsichtig oder eng anliegend ist bzw. zu viel Haut unbedeckt lässt.
- Kleidung im indischen Stil zu tragen, wird auch bei Gästen gern gesehen.
- Einen *dupatta* (langer Schal) über dem T-Shirt zu tragen, ist eine weitere Möglichkeit, neugierige Blicke zu vermeiden – es ist einfach ein Zeichen für Anstand und auch sehr praktisch, wenn frau einen Schrein besucht und eventuell den Kopf verhüllen muss.
- Wer einen *salwar kameez* (traditionelle kleidartige Tunika und Hose) trägt, macht sich unauffälliger; eine schicke Alternative ist ein *kurta* (langes Hemd), das über Jeans oder Hosen getragen wird.
- Frau sollte sich nicht mit einer *choli* (Sari-Bluse) oder einem Sari-Unterrock (den manche Ausländerinnen fälschlich für einen Rock halten) in der Öffentlichkeit sehen lassen. Das würde nämlich wirken, als wäre sie nur halb bekleidet.
- Die meisten indischen Frauen tragen lange Shorts und ein T-Shirt, wenn sie in der Öffentlichkeit schwimmen gehen, außer an Pools. Es ist angebracht, auf dem Weg vom Strand zum Hotel einen Sarong zu tragen.

Sexuelle Belästigung

- Viele Frauen haben nach ihrer Indienreise von sexueller Belästigung berichtet, meistens anzügliche Bemerkungen und Grapschen.
- Andere Frauen wurden außerdem mit provokativen Gesten und Gejohle, „versehentlichem" Anrempeln auf offener Straße und Verfolgungen konfrontiert.
- Zwischenfälle ereignen sich besonders häufig bei ausgelassenen (und überfüllten) öffentlichen Veranstaltungen, z. B. beim Holi-Fest. Frauen sollten generell größere Menschenansammlungen meiden oder einen sicheren Zuschauerplatz ergattern, um Händen auf Wanderschaft zu entgehen.
- Frauen, die in männlicher Begleitung reisen, werden in der Regel nicht so häufig belästigt.

Sicher reisen

Folgende Tipps haben sich auf Reisen als hilfreich erwiesen, um unbehagliche oder gefährliche Situationen zu vermeiden:

➡ Frauen sollten sich ihrer Umgebung immer bewusst sein. Fühlt sich etwas ungut an, sollte frau auf ihre Instinkte vertrauen. Es empfiehlt sich, Vorsicht walten zu lassen, aber weder ängstlich noch waghalsig zu sein.

➡ Gespräche mit unbekannten Männern auf das Nötigste beschränken – Smalltalk mit Unbekannten kann schnell falsch verstanden werden.

➡ Wenn frau das Gefühl hat, dass ein Typ ihr zu nahe kommt, ist das meistens auch so. Die deutliche Aufforderung, auf Abstand zu bleiben, schafft meist Abhilfe, vor allem bei einem lauten und barschen Tonfall, der die Aufmerksamkeit Umstehender erregt. Aber auch völlige Nichtbeachtung kann zum gewünschten Ergebnis führen.

➡ Wie die Inderinnen aufs Händeschütteln verzichten und stattdessen den traditionellen, respektvollen Hindugruß entbieten – *namaste!*

➡ Keinen teuer aussehenden Schmuck anlegen und keine auffälligen Accessoires tragen.

➡ Weibliche Kinogänger ziehen in Begleitung weniger Aufmerksamkeit auf sich und reduzieren das Risiko, belästigt zu werden.

➡ Die Zimmertür im Hotel sollte immer abgeschlossen sein, da das Personal (besonders in preisgünstigen und mittelteuren Unterkünften) gern klopft und eintritt, ohne auf Erlaubnis zu warten. Unbekannte bzw. Leute, die man eben erst kennengelernt hat, sollte man nicht ins Hotelzimmer lassen, auch wenn es sich um einen Mitarbeiter des Reiseveranstalters handelt, mit dem man unterwegs ist – Reisepläne oder ähnliches stets an öffentlichen Räumen besprechen!

➡ Frauen sollten auch tagsüber nicht alleine in einsamen Gegenden unterwegs sein, und *gallis* (enge Gassen), verlassene Straßen, Strände und Ruinen möglichst meiden.

➡ In der Öffentlichkeit sollten Frauen sich selbstsicher bewegen. Es ist besser, schon im Hotel (oder Restaurant) die Route zu planen als auf der Straße in die Karte zu starren und dadurch verloren (und verletzlich) zu wirken.

Taxis & Öffentlicher Nahverkehr

Eine Frau zu sein, bringt in Indien auch manch praktischen Vorteil mit sich: Frauen dürfen sich beim Einsteigen in Busse und Züge ungestraft vordrängeln, in Zügen gibt es gar ausgewiesene Frauenabteile. An einigen Bahnhöfen existieren außerdem getrennte Warteräume für Frauen.

➡ Besonders bei nächtlicher Ankunft den Transfer vom Flughafen ins Hotel im Voraus arrangieren – eigentlich ist dies jedoch für jede Tageszeit empfehlenswert.

➡ Spät in der Nacht sollte frau nicht allein in ein Taxi steigen und niemals akzeptieren, dass mehr als ein Mann (der Fahrer) im Auto sitzt. Behauptungen wie „das ist nur mein Bruder" ignorieren!

➡ In Delhi und einigen anderen Städten gibt es zugelassene Anbieter von Prepaid-Funktaxis wie Easycabs – die Taxis sind teurer als die regulären, werben aber mit ihrer Sicherheit und mit Fahrern, die vor ihrer Einstellung überprüft wurden.

➡ Wagen von Uber und Ola bieten den Vorteil, dass man im Voraus sowohl den Preis kennt als auch das Kennzeichen des Wagens, von dem man abgeholt wird. Es lässt sich also überprüfen, ob es sich bei dem Wagen auch um den bestellten handelt. Zudem können – so man ganz sicher gehen will – Freunde entsprechend detailliert informiert werden.

➡ Wer alleine mit einer Rikscha unterwegs ist, sollte jemanden anrufen oder simsen oder zumindest so tun, als wüsste jemand, wo man sich aufhält.

➡ Die Reise sollte so organisiert werden, dass man nicht länger als nötig Zeit in Busterminals und Bahnhöfen verbringt und auch nicht spät in der Nacht bzw. nach Anbruch der Dunkelheit dort ankommt.

➡ Alleinreisende Frauen berichten, dass Belästigungen in den teureren Zugklassen seltener vorkommen.

➡ Für Nachtfahrten in einem Liegewagen ist die beste Option die obere äußere Koje in einem 2AC-Abteil. Die Distanz zu möglichen Grapschern ist größer, außerdem ist man von vielen anderen Leuten umgeben. In einem 1AC-Abteil für vier Personen ist man hingegen womöglich mit nur einem einzigen weiteren Mitreisenden „eingesperrt".

➡ In öffentlichen Verkehrsmitteln sollte frau ruhig jegliche umherirrende Gliedmaßen wegschieben, Gepäckstücke zwischen sich und andere Mitfahrer stellen, laut werden – d. h., in der Öffentlichkeit Aufmerksamkeit erregen und damit den Kerl beschämen – oder sich einfach einen neuen Platz suchen.

Gesundheit & Hygiene

➡ Binden sind überall erhältlich, Tampons hingegen üblicherweise nur in Apotheken.

Infos im Internet

Unter www.journeywoman.com und www.wanderlustandlipstick.com teilen weibliche Reisende ihre persönlichen (und lesenswerten) Erfahrungen. Blogs wie

Breathe, Dream, Go (breathe dreamgo.com) und *Hippie in Heels* (Hippie-inheels.com) halten ebenfalls jede Menge Tipps bereit.

Alleinreisende

Solotrips durch Indien können großartig sein, oftmals begegnet man sehr freundlichen, hilfsbereiten und wissbegierigen Menschen. Schnell geschieht es, dass man von Familien nahezu „adoptiert" wird. Vor allem während gemeinsam erlebter langer Zugreisen ist dies eine tolle Möglichkeit, neue Freunde kennenzulernen und tiefer in die indische Kultur einzutauchen. Touristenhochburgen wie Delhi, Goa, Rajasthan, Kerala, Manali, McLeod Ganj, Leh, Agra und Varanasi sind hervorragende Reviere für alle, die sich gern anderen Travellern anschließen möchten. Reisegefährten lassen sich eventuell auch über das englischsprachige Thorn-Tree-Forum von Lonely Planet (www.lonelyplanet.com/thorntree) auftreiben.

Kosten

Das größte Problem für Alleinreisende sind die Kosten.

- Einzelzimmer sind manchmal nicht viel billiger als Doppelzimmer.
- Manche Mittelklasse- und Luxusunterkünfte bieten gar keine Einzelzimmertarife an.
- Es ist immer einen Versuch wert, über einen niedrigeren Preis für die Einzelbelegung zu verhandeln.

Sicher reisen

Alleinreisende berichten nicht über nennenswerte Probleme in Indien, aber es ist wie überall klug, in unbekannten Umgebungen auf der Hut zu sein.

- Einige wenig ehrenhafte Gesellen (Einheimische wie Traveller) betrachten Habseligkeiten alleinreisender Touristen als leichte Beute oder belästigen Alleinreisende sexuell.
- Männer, die allein in einsamen Gegenden unterwegs waren, wurden schon ausgeraubt, selbst tagsüber.

Transport

- Man spart Geld, wenn man sich Taxis oder Autorikschas mit anderen teilt oder auch gemeinsam ein Auto für längere Fahrten mietet.
- Alleinreisende können im Bus vielleicht den Sitz des „Co-Piloten" (neben dem Fahrer) ergattern. Sie haben dann nicht nur eine gute Aussicht, sondern auch mehr Platz für Gepäck.

Allgemeine Informationen

Botschaften & Konsulate

Die meisten ausländischen diplomatischen Vertretungen haben ihre Sitze in Delhi, es gibt aber auch diverse (Honorar-)Konsulate in anderen indischen Städten.

Bangladesch: **Delhi** (Karte S. 76; ☎011-24121394; www.bdhcdelhi.org; EP39 Dr. Radakrishnan Marg, Chanakyapuri; Ⓜ Chanakyapuri), **Kolkata** (☎033-40127500; 9 Circus Ave; ⏲Visa Mo–Fr 9–11 Uhr)

Bhutan: **Delhi** (Karte S. 76; ☎011-26889230; www.bhutan.gov.bt; Chandragupta Marg, Chanakyapuri; Ⓜ Chanakyapuri), **Kolkata** (Tivoli Court, Ballygunge Circular Rd; ⏲Mo–Fr 10–16 Uhr)

China: **Delhi** (Karte S. 76; ☎011-26112345; in.china-embassy.org; 50-D Shantipath, Chanakyapuri; Ⓜ Chanakyapuri)

Deutschland: **Delhi** (Karte S. 76; ☎011-44199199; www.new-delhi.diplo.de; 6/50G Shantipath, Chanakyapuri; Ⓜ Chanakyapuri), **Kolkata** (☎033-24791141; 1 Hastings Park Rd, Alipore), **Mumbai** (☎022-22832422; www.india.diplo.de; 10. Stock, Hoechst House, Nariman Point, Mumbai), **Chennai** (Karte S. 1106; ☎044-24301600; www.india.diplo.de; 9 Boat Club Rd, RA Puram; ⏲Mo–Do 7.30–15.30, Fr bis 13.30 Uhr)

Malaysia: **Delhi** (Karte S. 76; ☎011-24159300; www.kln.gov.my/web/ind_new-delhi/home; 50M Satya Marg, Chanakyapuri; ⏲Mo–Fr 8.30–16.30 Uhr), **Mumbai** (☎022-26455751; www.kln.gov.my/web/ind_mumbai/home; 5. Stock, Notan Classic Bldg, abseits der Turner Rd, Bandra West, Mumbai), **Chennai** (Karte S. 1106; ☎044-24334434; www.kln.gov.my; 7 1st St, Cenotaph Rd, Teynampet; ⏲Mo–Fr 9–17 Uhr)

Myanmar: **Delhi** (Karte S. 76; ☎011-24678822; http://myanmedelhi.com; 3/50F Nyaya Marg; ⏲Mo–Fr 9.30–16.30 Uhr), **Kolkata** (☎033-24851658; mcgkolcg@gmail.com; 57K Ballygunge Circular Rd; ⏲Visa Mo–Fr 9–12 Uhr)

Nepal: **Delhi** (Karte S. 76; ☎011-23476200; www.nepalembassy.in; Mandi House, Barakhamba Rd; ⏲9–13 & 14–17 Uhr), **Kolkata** (☎033-24561224; 1 National Library Ave, Alipore)

Österreich Delhi (☎011-24192700; EP-13, Chandragupta Marg, Chanakyapuri; www.aussenministerium.at/newdelhi), **Mumbai** (☎022-22851734; 2. Stock, 26 Maker Chambers VI, Nariman Point)

Pakistan: **Delhi** (Karte S. 76; ☎011-26110601; pakhcnewdelhi.org.pk; 2/50G Shantipath, Chanakyapuri; ⏲Mo–Fr 9–11 Uhr)

Schweiz Delhi (☎011-49959520; Nyaya Marg, Chanakyapuri; www.eda.admin.ch); **Mumbai** (☎022-22884563/64/65; 10. Stock, 102 Maker Chambers IV, 222 Jamnalal Bajaj Marg, Nariman Point)

Sri Lanka: **Delhi** (Karte S. 76; ☎011-23010201; 27 Kautilya Marg, Chanakyapuri; ⏲Mo–Fr 8.45–17 Uhr), **Mumbai** (☎022-22045861; www.mumbai.mission.gov.lk; Mulla House, 34 Homi Modi St, Fort, Mumbai), **Chennai** (Karte S. 1106; ☎044-28241896; www.sldhcchennai.org; 56 Sterling Rd, Nungambakkam; ⏲9–17.15 Uhr)

Feiertage & Ferien

Mit dem Tag der Republik, dem Unabhängigkeitstag und Gandhis Geburtstag (Gandhi Jayanti) hat Indien drei offizielle Nationalfeiertage. Zudem werden landesweit und regional noch zahlreiche weitere Feiertage begangen. Viele davon ehren bedeutende Anlässe verschiedener religiöser Glaubensrichtungen und finden jedes Jahr zu anderen Terminen statt. Allgemein am wichtigsten sind die 18 *gazetted holidays* (öffentliche Feiertage; s. unten), die von übergeordneten Behörden der Bundesregierung in ganz Indien wahrgenommen werden. An diesen Tagen haben die meisten Geschäfte bzw. Einrichtungen (Banken, Büros, Läden usw.) und Sehenswürdigkeiten geschlossen. Öffentliche Verkehrsmittel fahren aber normalerweise trotzdem. Wichtig: Wer eine Stadt während religiöser Großveranstaltungen besuchen will, sollte sich unbedingt rechtzeitig um die Anreise und die Hotelreservierung kümmern.

Tag der Republik 26. Januar

Holi Februar/März

Ram Navami März/April

Mahavir Jayanti März/April

Karfreitag März/April

Geburtstag des Dr. B.R. Ambedkar 14. April

Mahavir Jayanti März/April

Buddha Purnima Mai

Eid al-Fitr Juni

Unabhängigkeitstag 15. August

Janmastami August/September

Eid al-Adha August/September

Dussehra September/Oktober

Gandhi Jayanti 2. Oktober

Muharram September/Oktober

Diwali Oktober/November

Guru Nanak Jayanti November

Eid-Milad-un-Nabi Novermber/Dezember

Weihnachten 25. Dezember

STAATLICHE REISEINFORMATIONEN

Die Reisehinweise der Außenministerium enthalten u. a. Infos zur Ein- und Ausreise und aktuelle Sicherheitshinweise:

Deutschland (www.auswaertiges-amt.de)

Österreich (www.bmeia.gv.at)

Schweiz (www.eda.admin.ch)

Gefahren & Ärgernisse

In Indiens Großstädten sollte man sich vor Betrügern und Kleinkriminellen in Acht nehmen. Mit etwas gesundem Menschenverstand und entsprechender Vorsicht lassen sich viele Probleme jedoch vermeiden. Berichte über sexuelle Übergriffe haben in den letzten Jahren zugenommen, Frauen sollten deshalb möglichen Gefahrensituationen aus dem Weg gehen (s. S. 1305).

Im Indien-Bereich des **Forums Thorn Tree** (www.www.lonelyplanet.de/thorntree) auf der englischsprachigen Website von Lonely Planet berichten Traveller oft von Schwierigkeiten, mit denen sie gerade vor Ort zu kämpfen hatten. Auch aktuelle Reisewarnungen des eigenen Außenministeriums sollten unbedingt beachtet werden!

Separatistische Gewalt

In Indien kämpfen diverse Separatistengruppen (teils auch bewaffnet) für die Unabhängig von Indien. In der Vergangenheit haben sie auch nicht vor terroristischen Anschlägen auf Regierungseinrichtungen, öffentliche Verkehrsmittel, religiöse Zentren, Märkte und Touristenziele zurückgeschreckt. Außerdem kommt es in manchen Regionen immer wieder zu gewaltsamen Aufständen. Wachsamkeit ist vor allem angeraten für Kaschmir, einige Nordoststaaten (z. B. Assam, Manipur, Nagaland) und entlegene Stammesgebiete in Bihar, Jharkhand oder Chhattisgarh. Ebenfalls (wenn auch seltener) sind Teile Westbengalens von Unruhen betroffen. Generell gilt in allen genannten Regionen, wachsam zu bleiben, insbesondere beim Besuch von Märkten, öffentlichen Plätzen und Festen.

Unruhen bedeuten in Kaschmir oder Assam für Traveller zumelst nur ein lästiges Ärgernis – Streiks und Ausgangssperren können den Straßenverkehr mitunter tagelang lahmlegen (auch Banken, Geschäfte usw.). Im ländlichen Bihar kann's dagegen lebensgefährlich werden. Es ist daher sehr wichtig, stets alle aktuellen Reisewarnungen des eigenen Außenministeriums zu beachten und zusätzlich die örtliche Sicherheitslage sorgfältig zu checken (vor allem vor dem Aufbruch in potenzielle Risikogebiete).

Allgemein gilt jedoch: Auch in Europa und den USA kann man zum Terroropfer werden. Nicht zuletzt deswegen gibt's keinen Grund, um Indien generell einen großen Bogen zu machen.

BHANG-LASSIS – FINGER WEG!

Obwohl sie selten auf gedruckten Getränkekarten stehen, mixen manche Restaurants in beliebten Touristenzentren im Verborgenen „Bhang-Lassis", eine Mix aus Joghurt und Eiswasser, die mit Cannabis (und gelegentlich auch anderen Rauschmitteln) versetzt ist. Die meistens „Spezial-Lassis" genannten Gebräue sind oft sehr stark und können Rauschzustände verschiedener Stärke, anhaltende Delirien, Halluzinationen, Übelkeit und Verfolgungswahn auslösen. Manch Traveller lag schon mehrere Tage lang krank im Bett oder wurde ausgeraubt oder verletzt, nachdem er das fragwürdige Zeug konsumiert hatten. In einigen wenigen Orten gibt es legale und kontrollierte Bhang-Verkaufsstellen. Diese legalen Bhang-Händler verkaufen ihr Elixier gern auch an Ausländer, eigentlich aber ist das Rauschmittel für eine rituell-religiöse Verwendung gedacht. Der Kauf in einem legalen Bhang-Laden schützt Touristen deshalb keineswegs vor einer Verhaftung wegen Rauschmittelbesitzes!

PRAKTISCH & KONKRET

Fernsehen

Der staatliche Fernsehsender heißt Doordarshan. Beliebter sind jedoch Satelliten- oder Kabelfernsehen mit englischsprachigen Kanälen, z. B. BBC, CNN, Star World, HBO , National Geographic und Discovery.

Maße & Gewichte

Offiziell benutzt Indien das metrische System. Üblich sind zudem die Zähleinheiten *lakhs* (1 *lakh* = 100 000) und *crores* (1 *crore* = 10 Mio.).

Radio

Als staatlicher Sender mit über 220 Stationen strahlt All India Radio (AIR) landesweit lokale und internationale Nachrichten aus. Hinzu kommen private Kurzwellensender mit Musik, Reportagen, Talk und mehr sowie der Kurzwellensender Mirchi.

Zeitungen & Zeitschriften

Zu den größten englischsprachigen Tageszeitungen zählen *Hindustan Times, Times of India, Indian Express, Hindu, Statesman, Telegraph, Daily News & Analysis* (DNA) und *Economic Times*.

Magazine wie *Frontline, India Today, Week, Open, Tehelka, Outlook* oder Motherland berichten übers aktuelle Tagesgeschehen.

Geld

Geldautomaten gibt's in den meisten Städten; man sollte aber für alle Fälle immer etwas Bargeld dabeihaben. Mastercard und Visa sind die am weitesten akzeptierten Kreditkarten.

Bargeld

- Wichtige Währungen wie US-Dollar und Euro lassen sich in Indien überall leicht umtauschen.
- Einige Banken akzeptieren auch Währungen wie den Schweizer Franken.
- Private Wechselstuben tauschen deutlich mehr Fremdwährungen um. Fernab der Grenzen lässt sich jedoch Geld aus Pakistan, Nepal oder Bangladesch nur schwer umtauschen.
- Abseits der Standardrouten empfiehlt sich daher stets ein ausreichender Rupienvorrat.
- Bei jedem Geldumtausch und bei erhaltenem Wechselgeld unbedingt alle Scheine einzeln kontrollieren: Verschmutzte oder beschädigte Banknoten sollte man ablehnen, da diese eventuell nicht akzeptiert werden!
- Weil es bisweilen Probleme mit dem Wechselgeld gibt, ist ein entsprechender Vorrat an kleinen Scheinen, vor allem zu 10, 20 und 50 ₹, sinnvoll.
- Am Flughafen lässt sich indisches Restgeld am leichtesten in Fremdwährungen zurücktauschen. Manche Banken verlangen dafür die Vorlage von Reisepass und Flugticket sowie Wechselbescheinigungen, Kreditkarten- oder Automatenquittungen.

Geldautomaten & Debitkarten

- Geldautomaten sind weithin verbreitet.
- Visa, MasterCard, Cirrus, und Maestro sind die Karten mit der größten Akzeptanz in Indien.
- Die Geldautomaten der Axis Bank, der Citibank, der HDFC, der HSBC, der ICICI und der State Bank of India akzeptieren ausländische Karten, andere Banken vielleicht zumindest Karten der größten Systeme (Visa, Mastercard etc.).
- Das Limit für eine einzelne Abhebung variiert: Im Extremfall beträgt es nur 2000 ₹, üblich sind jedoch 10 000 ₹. Je höher der Einzelbetrag ist, desto geringer sind die Gebühren. Die Geldautomaten der Citibank eignen sich am besten, will man höhere Beträge auf einmal abheben.
- Vor dem Start sollte man sich bei der eigenen Bank nach anfallenden Gebühren und den Möglichkeiten zur verlässlichen Kartenbenutzung vor Ort erkundigen.
- Zudem ist es sinnvoll, der eigenen Bank den genauen Zeitraum des Indientrips mitzuteilen. Andernfalls wird die Karte eventuell wegen Missbrauchverdachts gesperrt. Daher für alle Fälle unbedingt die Telefonnummer der eigenen Bank mitnehmen!
- Wichtig: Die Notrufnummern für das Sperren verlorener oder gestohlener Bank- bzw. Kreditkarten sollte man stets sicher an einem separaten Ort verwahren. Für Deutschland gibt es einen zentralen Sperrnotruf: ☎ +49-116116. Verlust oder Diebstahl unbedingt sofort melden!
- Außerhalb größerer Städte sind stets genügend Bargeld und möglichst auch noch Reiseschecks als Reserve ratsam.

Internationale Geldanweisungen

Wenn das Geld zur Neige geht, kann man sich über **Western Union** (www.westernunion.com) aus der Heimat Nachschub zu den jeweiligen offiziellen Wechselstuben schicken lassen. Es wird eine Zusatzgebühr fällig.

Für die Auszahlungen benötigt man den eigenen Reisepass sowie den Namen und die Referenznummer der anweisenden Person.

Kreditkarten

- Immer mehr Geschäfte, gehobene Restaurants sowie Mittel- und Spitzenklassehotels akzeptieren Kreditkarten, mit denen man in der Regel auch Flug- und Zugtickets bezahlen kann.
- Zudem sind bei manchen Banken gegen Vorlage bekannter Kreditkarten Bargeldauszahlungen möglich.
- MasterCard und Visa werden am häufigsten akzeptiert.

Schwarzmarkt

Auch in Indien gibt's illegale Geldwechsler. Wegen der vielen offiziellen Wechselstuben ist es aber unnötig, auf sie zurückzugreifen – es sei denn, ein Grenzübertritt auf dem Landweg erfordert direkt vor Ort einen kleinen Barbetrag. Allgemein gilt: Wenn Passanten ungefragt anbieten, Geld umzutauschen, steckt dahinter wohl irgendeine miese Masche.

Trinkgeld

- In Touristenhotels oder -restaurants enthält die Rechnung meist schon eine Servicegebühr – in diesen Fällen ist das Trinkgeld optional. Anderswo wird es aber erwartet.
- Gepäckträger in Bahnhöfen, Flughäfen und Hotels rechnen mit ca. 50 ₹. Hotelpersonal bekommt pro Zusatzdienst etwa dasselbe.
- Trinkgeld für Taxi- oder Rikschafahrer ist dagegen kein Muss. Ehrliche Chauffeure verdienen dennoch einen Obolus.
- Wer ein Auto mit Fahrer mietet, sollte sich bei gutem Service ebenfalls erkenntlich zeigen.
- Der recht breit gefächerte Begriff Bakschisch reicht von Almosen für Bettler bis hin zu Schmiergeldern.

PREISKATEGORIEN ESSEN

Wenn nicht anders angegeben, gelten die Preise in diesem Buch für ein durchschnittliches Hauptgericht. Die Auflistung richtet sich nach den folgenden Preiskategorien und in diesen nach den Präferenzen der Autoren.

$ günstig weniger als 150 ₹

$$ mittelteuer 150–300 ₹

$$$ teuer mehr als 300 ₹

- Viele Inder beknien Touristen, Kindern keine Süßigkeiten, Stifte oder Geld zu geben, um sie nicht im Betteln zu bestärken. Sinnvoller und nachhaltiger sind stattdessen Spenden an renommierte Schulen oder karitative Organisationen.
- Geschäfte mit Festpreisen (z. B. staatliche Kaufhäuser oder Fair-Trade-Kooperativen) ausgenommen, wird überall gefeilscht.

Währung

Eine indische Rupie (₹) besteht aus 100 Paise; aber nur die 50-Paise-Münzen sind ein gesetzliches Zahlungsmittel, die aber immer seltener werden. Geldstücke gibt's im Wert von 1, 2, 5 und 10 ₹ (die Einer und Zweier sehen fast gleich aus). Parallel sind Scheine zu 5, 10, 20, 50, 100, 500 und 2000 ₹ im Umlauf.

Letztere sind praktisch bei großen Rechnungen, verursachen beim Begleichen kleinerer Rechnungen aber oft Wechselgeldprobleme. Der Rupienkurs ist an den Kurs anderer Währungen gekoppelt und schwankte in den letzten Jahren mehrmals.

Wechselbescheinigungen

- Es ist gesetzlich vorgeschrieben, dass sämtliche Fremdwährungen in Indien ausschließlich bei Banken oder offiziellen Wechselstuben umgetauscht werden dürfen.
- Nach jeder (legalen) Transaktion bekommt man eine Wechselbescheinigung (einen Beleg), mithilfe derer sich Rupien bei der Abreise wieder in Euro oder Schweizer Franken zurücktauschen lassen.
- Der Betrag, der zurückgetauscht werden soll, darf die Summe der vorgelegten Belege nicht überschreiten.
- Alternativ akzeptieren viele Banken auch Automatenquittungen als Nachweise für internationale Transaktionen.

Wechselstuben

Private Wechselstuben gibt's in Indien fast überall. Sie haben meist länger geöffnet als Banken und fungieren oft auch als Reisebüros oder Internetcafés.

Manche Hotels tauschen ebenfalls Bares um – in der Regel aber zu schlechteren Konditionen als Banken oder Wechselstuben.

Internetzugang

Es gibt angesichts der weiten Verbreitung von WLAN/3G/4G-Zugang kaum noch Internetcafés; WLAN-Hotspots stehen meistens kostenlos zur Verfügung, in einigen Unterkünften wird aber auch eine Gebühr verlangt. Viele Restaurants und Cafés bieten ihren Gästen WLAN, darunter die Filialen von Cafe Coffee Day.

Praktisch & Konkret

- Wenn Gebühren für einen Internetzugang verlangt werden, variieren diese regional und liegen zwischen 15 und 100 ₹ pro Stunde (in Fünf-Sterne-Hotels werden gar bis zu 500 ₹ fällig); oft werden mindestens 15 oder 30 Minuten berechnet.

➡ Die Datenübertragungsraten sind in der Regel frühmorgens und am frühen Nachmittag am schlechtesten.

➡ Manche Internetcafés fragen möglicherweise nach dem Pass.

Sicherheit

Sensible persönliche Daten (vor allem rund ums liebe Geld) sollten niemals von öffentlichen bzw. ungesicherten Rechnern aus verschickt werden. Falls dies dennoch unbedingt nötig werden sollte, ist es höchst ratsam, alle persönlichen Passwörter bzw. Codes (z. B. für E-Mail, Online-Banking, Kreditkarte) bei nächster Möglichkeit zu ändern.

Laptops

➡ Der einfachste Weg, sich mit dem Internet zu verbinden, wenn kein WLAN verfügbar ist, besteht darin, sein Smartphone als persönlichen WLAN-Hotspot zu nutzen (mit einer örtlichen SIM-Karte vermeidet man Roaming-Kosten).

➡ Alternativ gibt es Unternehmen, die Prepaid-3G/4G-Surfsticks anbieten, darunter Reliance, Airtel, Tata Docomo und Vodafone. Um so einen Stick zu nutzen, muss man einen Identitätsnachweis vorlegen und seine Adresse in Indien angeben; die Aktivierung kann bis zu 24 Stunden dauern. Bei Vodafone z. B. kostet ein solcher Stick 1500 ₹ zzgl. 549 ₹ für die SIM-Karte. Einen Datenvolumen von 20 GB kostet rund 1999 Rupien. Nützlich sind auch kleine tragbare WLAN-Router („Portables"), die locker in die Tasche passen und bis zu zehn Personen mit dem Internet verbinden. Das Gerät kostet 2399 ₹ zzgl. 549 ₹ für die SIM-Karte; für das Aufladen gelten die gleichen Gebühren.

➡ Unbedingt darüber informieren, ob der Netzbetreiber das gewünschte Reiseziel abdeckt!

➡ Um ein Durchbrennen der Computerplatine durch Überspannung zu verhindern, empfiehlt sich der Kauf eines Universal-Wechselstromadapters mit Überspannschutz.

➡ Steckeradapter sind weithin verfügbar, man sollte von zu Hause aber ein paar Sicherungen als Ersatz mitnehmen.

Karten & Stadtpläne

Die innerhalb Indiens erhältlichen Karten und Stadtpläne sind von unterschiedlicher Qualität. Überall in Indien haben die meisten staatlichen Touristeninformationen einfache Karten der jeweiligen Region. In den bevölkerten Zentren funktionieren Online-Kartendienste gut, ansonsten werden Offline-Karten benötigt. Hier einige der besseren Kartenproduzenten:

Eicher Karten zu verschiedenen Bundesstaaten mit eingezeichneten Bahn- und Straßenverbindungen.

Leomann Maps Nützliche Wanderkarten zu Jammu & Kaschmir, Himachal Pradesh und Uttarakhand.

Nelles (www.nelles-verlag.de)

Nest & Wings (www.nestwings.in)

Survey of India (www.surveyofindia.gov.in)

TTK (www.ttkmaps.com)

Öffnungszeiten

Für Banken, Büros und Restaurants gelten das ganze Jahr über dieselben Öffnungszeiten. Viele Sehenswürdigkeiten haben im Sommer und Winter hingegen unterschiedliche Öffnungszeiten, manche sind in der Nebensaison auch geschlossen.

Banken (staatliche) Mo–Fr 10–14/16, Sa bis 12/13/16 Uhr; am 2. & 4. des Monats geschl.

Restaurants 8–22 Uhr oder mittags 12–15, abends 19–22/23 Uhr

Bars & Clubs 12–0.30 Uhr

Läden 10–19/20 Uhr, manche So geschl.

Märkte 10–19 Uhr in den größeren Städten, in der Regel mit einem Schließtag; ländliche Märkte können auch nur einmal wöchentlich stattfinden und dauern dann vom frühen Morgen bis gegen Mittag

Post Mo–Sa 9.30–17 Uhr

Post

Mit über 150 000 Filialen ist die Post Indiens in nahezu jedem Winkel des Landes vertreten. Ihre Dienstleistungen (auch für postlagernde Sendungen) sind recht gut. Das Zustelltempo hängt aber von der jeweiligen Filiale ab. Luftpost ist schneller und verlässlicher als der Versand auf dem Seeweg. Wertsachen verschickt man besser mit Kurierdiensten wie DHL und TNT, die für Sendungen nach Europa ca. 3500 ₹ pro Kilogramm verlangen. Kleinere private Paketdienste sind zwar oft günstiger, packen aber Artikel aus Kostengründen teils in größere Behälter um. Dabei geht schon mal was verloren.

Post versenden

BRIEFE

➡ Luftpostbriefe/Luftpostleichtbriefe nach Übersee kosten 25/15 ₹.

➡ Postkarten gehen für ca. 12 ₹ in alle Welt.

➡ Sie sollten erst *nach* dem Frankieren beschrieben werden: Manche Postfilialen geben einem bis zu vier Briefmarken für eine einzige Karte.

➡ Aufpreis für internationale Einschreiben: 50 ₹.

PÄCKCHEN & PAKETE

➡ (Unversicherte) Luftpostpäckchen (bis zu 250 g) kosten 400 bis 850 ₹ und weitere 50 bis 150 ₹ für jeweils

250 g zusätzlich bis zu einem Maximalgewicht von 2000 g. Bei noch schweren Päckchen gelten andere Tarife.

➡ Bei Paketen liegt das Maximalgewicht bei 20 bis 30 kg.

➡ Die Versendung als Luftfracht dauert zwei bis drei Wochen, als Schiffsfracht zwei bis vier Monate und als kombinierte Schiffs- und Luftfracht (SAL) einen Monat.

➡ Expresspost (Express Mail Service; EMS; Auslieferung innerhalb von drei Tagen) ist rund 30 % teurer als normale Luftpost.

➡ Alle Pakete müssen in weißes Leinen vernäht und die Nähte mit Wachs versiegelt werden. In der Regel bieten Mitarbeiter vor den Filialen diesen Service an.

➡ Die Zolldeklaration muss auf dem Paket festgeheftet oder -geklebt werden. Geschenke in einem Wert von unter 1000 ₹ sind zollfrei.

➡ Einen wasserfesten Stift mitnehmen, falls das Personal verlangt, dass zusätzliche Angaben auf das Paket geschrieben werden.

➡ Bücher und andere Drucksachen können auf dem Land- und Seeweg in einem „Bulk Bag" für 350 ₹ (max. 5 kg, jedes weitere Kilogramm 100 ₹ zusätzlich) versendet werden. Das Paket muss für eine Zollinspektion geöffnet werden können.

Post empfangen

➡ Zum Abholen braucht man den Reisepass.

➡ Auf Briefen nach Indien sollte der Nachname des Adressaten in Großbuchstaben vermerkt und unterstrichen werden. Darunter folgen: „Poste Restante" (postlagernde Sendung), „GPO" (General Post Office; Hauptpost) und der Ort.

➡ Da viele „verschwundene" Briefe nur versehentlich unter dem Vornamen des Empfängers einsortiert wurden, sollte man immer beide Möglichkeiten prüfen lassen.

Der Absender sollte seine Adresse angeben, damit nicht abgeholte Post zurückgeschickt werden kann. Dies geschieht im Allgemeinen nach vier bis acht Wochen.

➡ Pakete lässt man sich am besten per Einschreiben schicken.

Rechtsfragen

Wer mit dem indischen Gesetz in Konflikt gerät, sollte sofort die eigene Botschaft kontaktieren. Diese kann aber oft nur die Haftbedingungen überwachen und einen Rechtsbeistand vermitteln. In Indien liegt die Beweislast nicht selten beim Angeklagten, der zudem mit Untersuchungshaft bis zum Zeitpunkt des Prozesses rechnen muss.

Drogen

➡ Der Besitz sämtlicher illegaler Betäubungsmittel gilt als Straftat und wird mit einer Haftstrafe geahndet. Der Besitz für den Eigenkonsum kann bis zu 10 Jahre hinter Gitter bedeuten. Eine Einstufung als Dealer oder Schmuggler bedeutet jedoch zehn bis 20 Jahre Gefängnis. Obendrein wird meist noch eine saftige Geldstrafe fällig.

➡ Bis zur Gerichtsverhandlung können Monate oder sogar Jahre vergehen. Unterdessen bleibt der Angeklagte potenziell in Haft.

➡ Achtung: In Backpacker-Zentren wie Manali oder Goa ermittelt die Polizei regelmäßig verdeckt gegen Touristen!

➡ Obwohl Marihuana wild in verschiedenen Regionen wächst, ist der Konsum überall strengstens verboten. Einen Sonderstatus haben nur Städte, in denen *bhang* legal für religiöse Rituale verkauft wird.

➡ Die Polizei geht besonders rigoros gegen ausländische Drogenkonsumenten vor – dieses Risiko sollten Traveller auf gar keinen Fall unterschätzen!

➡ Manche Medikamente, die im eigenen Land nicht bzw. nur sehr eingeschränkt erhältlich sind, bekommt man in Indien eventuell verschreibungsfrei oder auf Rezept. Doch Vorsicht: Die eigenmächtige Einnahme ohne professionelle medizinische Betreuung kann sehr gefährlich sein!

Polizei

Der Reisepass sollte stets in Griffweite sein: Personenkontrollen durch die indische Polizei sind jederzeit und überall möglich.

AUSFUHRVERBOTE

Um Indiens Kulturerbe zu bewahren, ist die Ausfuhr bestimmter Antiquitäten verboten (vor allem von solchen, die nachweislich über 100 Jahre alt sind). Seriöse Antiquitätenhändler kennen die aktuellen Bestimmungen und besorgen Exportfreigaben für Altes, das legal ausgeführt werden darf. Die Webseite des Archaological Survey of India (ASI; http://asi.nic.in) informiert detailliert über verbotene Gegenstände.

Der Indian Wildlife Protection Act verbietet jegliche Form des Wildtierhandels. Bitte niemals Produkte kaufen, die den Bestand bedrohter Arten oder Habitate gefährden! Dazu zählen z. B. *shahtoosh*-Schals aus dem Unterfell der seltenen Chiru (Tibetantilope), Elfenbein und alle Artikel aus Fell, Haut, Hörnern oder Panzern bedrohter Spezies. Bei Verstößen drohen hohe Geldstrafen oder sogar Gefängnis. Produkte aus bestimmten seltenen Pflanzen sind ebenfalls illegal.

Wer wegen eines angeblichen Vergehens verhaftet und zur Schmiergeldzahlung aufgefordert wird, sollte wissen: Schmiergelder sind in Indien illegal. Viele Traveller berappen die zu entrichtenden Bußgelder aber lieber sofort und kommentarlos, um eine willkürliche Erhöhung der Beträge zu verhindern. Wegen der wild wuchernden Korruption hat man mit Indiens Polizei am besten so wenig wie möglich zu tun und vermeidet potenziell riskante Situationen daher idealerweise von vornherein.

Verhalten in der Öffentlichkeit

- Das gesetzliche Rauchverbot in öffentlich zugänglichen Einrichtungen (z. B. Restaurants, Bars, Hotels, Flughäfen, Bahnhöfe) wird von den indischen Behörden nur in seltenen Fällen durchgesetzt. Und falls doch, beträgt das Bußgeld „nur" 200 ₹ (geplant ist eine Erhöhung auf 1000 ₹).
- In Privaträumen und auf den meisten Freiflächen (z. B. Straßen) darf gequalmt werden – vorausgesetzt, dort befinden sich keine Verbotsschilder.
- Bestimmungen zum Rauchen von E-Zigaretten sind derzeit im Entstehen. Aktuell sind sie in Karnataka verboten. Verkaufsverbote gibt es in Maharashtra und im Punjab.
- In manchen Städten ist es verboten, auf den Boden zu spucken oder Abfall zu werfen. Die Verbote werden aber nicht konsequent durchgesetzt werden.

Reisen mit Behinderung

Für Touristen mit Handicap kann das Reisen in Indien mit zusätzlichen Problemen verbunden sein. Bei stark eingeschränkter Mobilität ist das Reisen mit einer Begleitperson unbedingt ratsam.

Ein Vorteil, den das Reisen in Indien bietet, ist der Zugang zu bezahlten Helfern – um herumzukommen kann man sich z. B. problemlos einen Helfer oder einen Wagen mit Fahrer mieten.

Unterkunft Rollstuhlgerechte Hotels finden sich fast ausschließlich im Spitzenklasse-Segment. Man sollte sich vor Reiseantritt informieren und in Hotels, die keine entsprechenden Einrichtungen haben, Zimmer nur im Erdgeschoss nehmen.

Zugänglichkeit Manche Restaurants und Büros haben Rampen, bei den meisten muss man aber mindestens eine Stufe meistern. Die Treppen sind oft steil; Aufzüge halten oft im Zwischengeschoss zwischen den Etagen.

Bürgersteige & Fußwege Wo Gehwege existieren, sind diese oft von Schlaglöchern, Abfall und Passanten übersät. Wer Krücken und andere Gehhilfen benutzt, sollte ein paar Ersatz-Endkappen aus Gummi mitnehmen.

Verkehrsmittel & -wege Ein Mietwagen mit Fahrer kann das Erkunden des Landes wesentlich erleichtern; Rollstuhlfahrer sollten sicherstellen, dass die Verleihfirma ein adäquates Fahrzeug zur Verfügung stellt.

Weitere Infos kann man bei folgenden Organisationen erhalten:

Accessible Journeys (www.disabilitytravel.com)

Access-Able Travel Source (www.access-able.com)

Enable Holidays (www.enable-holidays.com)

Global Access News (www.globalaccessnews.com)

MyHandicap Deutschland (www.myhandicap.de)

MyHandicap Schweiz (www.myhandicap.ch)

Nationale Koordinierungsstelle Tourismus für Alle e. V. (Natko; www.natko.de)

Lonely Planet's kostenlosen Führer *Accessible Travel* kann man unter http://lptravel.to/AccessibleTravel herunterladen.

Schwule & Lesben

Homosexualität steht – nach einer kurzen Zeitspanne der Legalisierung von 2009 bis 2013 – in Indien heute wieder unter Strafe. Transsexuellen erging es besser: In einer Gerichtsentscheidung von 2014 wurde die Existenz eines dritten Geschlechts anerkannt – ein Schritt zur stärkeren Akzeptanz der großen, aber marginalisierten Bevölkerungsgruppe der Transsexuellen (Hijras).

Schwule und Lesben sollten sich in diesem konservativen Land diskret verhalten. Der öffentliche Austausch von Zärtlichkeiten ist ganz allgemein, auch bei heterosexuellen Paaren, verpönt.

Trotz der Kriminalisierung gibt es Schwulenszenen (und Gay-Pride-Paraden) in einer Reihe von Städten, darunter in Mumbai, Delhi, Kolkata, Chennai und Bengaluru, sowie eine schwul-lesbische Urlauberszene in Goa.

Infos im Internet & Publikationen

Bombay Dost (http://bombay-dost.co.in) Seit 1990 erscheinendes jährliche Magazin der indischen LGBTQ-Gemeinde.

Gaysi Zine (http://gaysifamily.com) Interessantes Monatsmagazin mit Website; widmet sich Literatur und Themen aus der Szene.

Indja Pink (www.indjapink.co.in) Indiens erste „schwule Reise-Boutique", gegründet von einem bekannten indischen Modeschöpfer.

Pink Pages (https://pink-pages.co.in) Seit fast zehn Jahren existierendes landesweites Schwulenmagazin.

Queer Azaadi Mumbai (http://queerazaadi.wordpress.com) Schwulen-Blog aus Mumbai.

Queer Ink (www.queer-ink.com) Online-Buchladen für schwul-lesbische Bücher aus Indien.

Salvation Star Eine Facebook-Community in Mumbai, die schwule Events und Partys organisiert und bekannt macht.

Orinam (orinam.net) Hat hilfreiche aktuelle Infos zur Hilfe für Schwule, Lesben und Transsexuelle, zu Events, Pride-Marches u. Ä.. in Chennai und Tamil Nadu.

Unterstützergruppen

Gay Bombay (www.gaybombay.org) Hilfe, Tipps und schwuler Veranstaltungskalender.

Gay Delhi (www.gaydelhi.org) LGBT-Selbsthilfegruppe, die auch gesellige Events in Delhi organisiert.

Indian Dost (www.indiandost.com/gay.php) News und Infos (u. a. Adressen von indischen Kontaktgruppen).

Sprachkurse

Es gibt eine Reihe von Sprachkursen in ganz Indien. Bei manchen muss man sich auf eine bestimmte Mindestzeit verpflichten.

Delhi Hindi-Kurse gibt's im **Central Hindi Directorate** (Karte S. 82; ☎011-26178454; http://hindinideshalaya.nic.in/english; West Block VII, RK Puram, Vivekanand Marg; Grundkurs 60 Std. 6000 ₹), Hindi-, Urdu- und Sanskritkurse bei **Zabaan** (http://zabaan.com/).

Himachal Pradesh In der **Library of Tibetan Works & Archives** (Karte S. 350; ☎9218422467; www.ltwa.net; Gangchen Kyishong; ⊙Mo–Sa 9–13 & 14–17 Uhr, am 2. & 4. Sa des Monats geschl.), in McLeod Ganj werden dreimonatige Tibetisch-Kurse angeboten. Mehrere andere Anbieter in McLeod Ganj veranstalten Kurse in Tibetisch und Hindi.

Mumbai (Bombay) Anfängerkurse in Hindi, Marathi und Sanskrit gibt's bei **Bharatiya Vidya Bhavan** (Karte S. 820; ☎022-23631261; www.bhavans.info; 2. Stock, Ecke KM Munshi Marg & Ramabai Rd, Girgaum; Sprachkurse 500 ₹/Std., Musikkurse 900 ₹/Monat; ⊙16–20 Uhr).

Tamil Nadu Tamil-Kurse veranstaltet das **International Institute of Tamil Studies** (☎044-22542992, 9952448862; www.ulakaththamizh.org; CIT Campus, 2nd Main Rd, Tharamani; Kurs 3/6 Monate 5000/10 000 ₹) in Chennai.

Uttar Pradesh Hindi-Kurse gibt's bei **Pragati Hindi** (Karte S. 420; ☎9335376488; www.pragatihindi.com; B-7/176 Harar Bagh) in Varanasi.

Uttarakhand Hindi-Kurse bietet die **Landour Language School** (☎0135-2631487; www.landourlanguageschool.com; Landour; Gruppen-/Einzelunterricht 350/575 ₹ pro Std.; ⊙Feb.–Dez.) in Masuri.

Westbengalen Tibetisch-Kurse gibt's im **Manjushree Centre of Tibetan Culture** (Karte S. 548; ☎0354-2252977; www.manjushreetibcentre.org; 12 Gandhi Rd; Unterricht 200 ₹/Std.; ⊙Mitte März–Mitte Dez.) in Darjeeling.

Strom

Aus indischen Steckdosen kommt Wechselstrom mit 230 V und 50 Hz. Die Stecker haben zwei (oder seltener auch drei) runde Anschlussstifte (sie Illustration rechts und auf S. 1316).

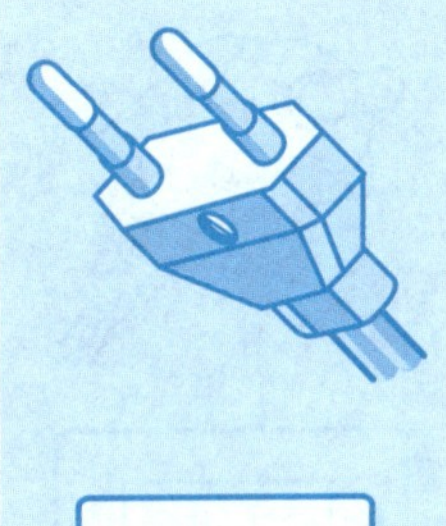

Type C
230V/50Hz

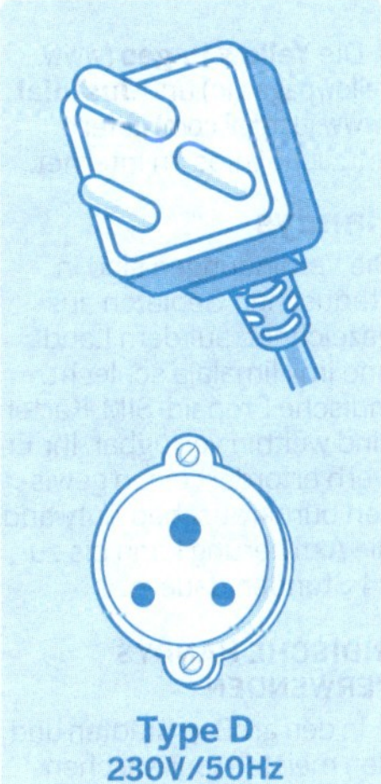

Type D
230V/50Hz

Telefon

- Außer an Flughäfen existieren in Indien nur wenige öffentliche Telefone. Dafür findet man überall private Telefonbuden (STD/ISD/PCO), von wo Ortsgespräche sowie landesweite und internationale Telefonate günstiger sind als vom Hotelzimmer aus.
- Digitale Gebührenzähler sorgen dabei für Kostenkontrolle; nach dem Auflegen wird meist eine Quittung ausgedruckt.
- Die Tarife variieren je nach Anbieter und Entfernung. Pro Minute werden zwischen 1 ₹ (Ortsgespräche) und etwa 10 ₹ (Auslandsgespräche) fällig.
- Manche Telefonbuden bieten auch einen R-Gespräch-Service an: Man klingelt zu Hause an, gibt die Nummer der Bude durch und wartet auf den Rückruf. Das kostet dann den ersten Anruf plus 20 ₹.
- In entlegenen ländlichen Regionen oder in den Bergen sind die Telefonverbindungen teilweise wirklich mangelhaft. Ein Besetztzeichen kann bedeuten, dass das Netz überlastet oder defekt ist – einfach weiter versuchen!

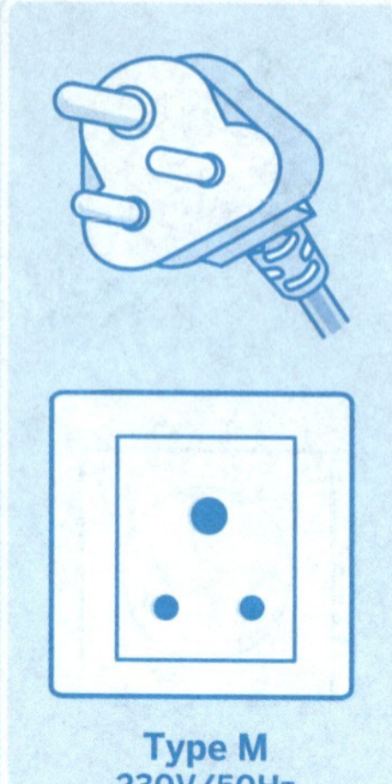

➡ Die **Yellow Pages** (www.yellowpages.in) und **Justdial** (www.justdial.com) liefern nützliche Infos im Internet.

Handys

Die Verbindungen sind in städtischen Gebieten ausgezeichnet, auf dem Land und im Himalaja schlecht. Indische Prepaid-SIM-Karten sind weithin verfügbar. Ihr Erwerb erfordert einen gewissen bürokratischen Aufwand; die Aktivierung kann bis zu 24 Stunden dauern.

INDISCHE HANDYS VERWENDEN

➡ In den großen Städten und den meisten touristischen Gebieten sind Verbindungen billig und problemlos. Es empfiehlt sich, bei der Ankunft mit dem Flugzeug in einer Großstadt gleich eine indische SIM-Karte zu kaufen.

➡ Eine SIM-Karte oder ein ISD-Paket gilt in der Regel nur für eine bestimmte Region. Sobald man diese verlassen hat, wird die Karte vielleicht zwar funktionieren, es werden aber meist geringe Roaming-Gebühren fällig (eine Minute kostet dann z. B. 1 ₹ statt 0,10 ₹). Für Internet-Datenpakete gibt es keine Roaming-Gebühren.

➡ Eine ISD-Paket (ISD = International Subscriber Dialling) kann sich bei Ferngesprächen lohnen.

➡ Ausländer benötigen für den Erwerb einer SIM-Karte ein bis fünf Passfotos sowie Kopien der Daten- und der Visaseite des Reisepasses. Normalerweise übernehmen dies die Mobilfunk-Läden. Am besten kauft man die SIM-Karte in touristischen Orten und Großstädten, da sich das Prozedere in vielen anderen Regionen – z. B. in Tamil Nadu, Andhra Pradesh, Telangana und dem größten Teil von Himachal Pradesh – weit umständlicher gestaltet.

➡ In vielen Fällen muss man eine Aufenthaltsadresse nennen, wobei auch die Anschrift eines Hotels akzeptiert wird. Sofern diese verlangt wird, wird das Telefonunternehmen im Verlauf der nächsten 24 Stunden dort anrufen, um sich bestätigen zu lassen, dass man dort wohnt – seinem Hotel sollte man also diesbezüglich Bescheid geben! Mitunter wird auch eine andere Handynummer verlangt.

➡ Es empfiehlt sich, die SIM-Karte in einem Ort zu kaufen, wo man sich einen oder zwei Tage aufhält, sodass man sich an den Händler wenden kann, falls es Probleme gibt. Um Abzocke zu vermeiden, sollte man die SIM-Karte nur in offiziellen Läden der Telefonunternehmen kaufen.

➡ Prepaid-Handy-Pakete (inkl. SIM-Karte, Telefonnummer und einem Startguthaben für Anrufe und Textnachrichten) gibt es in den meisten Städten für 200 bis 500 ₹ in Telefonläden, an örtlichen STD/ISD/PCO-Buden oder in Lebensmittelläden.

➡ Weitere Guthaben werden als „Direct Credit" beim Händler gekauft und direkt dem eigenen Konto gutgeschrieben (abzüglich Steuern und einer Servicegebühr).

GESPRÄCHSGEBÜHREN

➡ Gespräche innerhalb des Bundesstaats oder der Stadt, in der die SIM-Karte erworben wurde, kosten etwa 0,10 ₹/Min.). Eine Auslandsminute kostet teilweise weniger als 10 ₹.

➡ Eine SMS ins Ausland beläuft sich auf 5 ₹. Eingehende Anrufe und SMS sind gratis.

➡ Unzuverlässige Sendesignale und Probleme beim internationalen SMS-Versand sind nicht unüblich. So werden Nachrichten mitunter erst verspätet oder gar nicht verschickt bzw. empfangen.

➡ Die führenden Mobilfunkanbieter sind Airtel, Vodafone, Reliance, Idea und BSNL. Die Netzabdeckung variiert je nach Region (bei Airtel allgemein am besten). In entlegenen Ecken Himachals funktioniert jedoch ausschließlich das Netz von BSNL.

JAMMU & KASCHMIR UND ASSAM

➡ Wegen anhaltender terroristischer Bedrohungen wird der Einsatz von Handys in Jammu & Kaschmir sowie in Assam strenger kontrolliert.

➡ Das Roaming mit ausländischen Handys funktioniert in Jammu & Kaschmir nicht, genauso wenig wie SIM-Karten, die anderswo in Indien gekauft wurden. Von allen Netzen funktioniert BSNL hier am besten. In Ladakh und Kaschmir ist die Netzabdeckung außerhalb der größeren Städte sehr lückenhaft.

➡ AirTel und AirCell bieten hier Prepaid-SIM-Karten an. Zum Kauf benötigt man vier oder fünf Fotos, seinen Pass und die Adresse (seines Hotels); die Freischaltung dauert mindestens 48 Stunden.

➡ Roaming mit ausländischen Handy funktioniert in Assam nicht. Indische SIM-Karten sind hier – Guwahati ausgenommen – zudem schwer zu bekommen; es können jedoch SIM-Karten genutzt werden, die anderswo in Indien gekauft wurden. Die Netze von Airtel und BSNL funktionieren hier, das Netz von Vodaphone hat in Sikkim die beste Abdeckung.

Ortsgespräche

- Indische Handynummern sind normalerweise zehnstellig und beginnen meist mit ☎9 (manchmal aber auch mit ☎7 oder ☎8).
- In den meisten größeren und großen Städten ist Roaming problemlos mit gängigen GSM-Handys möglich.
- Bei eingehenden Anrufen sind die Roaming-Kosten oft am höchsten. Es kann sich daher lohnen, eine indische SIM-Karte zu kaufen.
- Achtung: Handys aus der Heimat sind mitunter an bestimmte Netze (Netlock) oder SIM-Karten (SIM-Lock) gebunden! Zum Benutzen indischer SIM-Karten muss man dann die Sperre aufheben lassen oder in Indien ein Handy (ab 2000 ₹) kaufen.

Telefonkarten

- Um aus dem Ausland nach Indien zu telefonieren, wählt man zuerst den internationalen Zugangscode des jeweiligen Ausgangslands. Dann folgen Indiens Ländercode 91, Ortsvorwahl (ohne erste Null) und die eigentliche Anschlussnummer. Wer auf einem Handy anruft, kann die Ortsvorwahl inklusive Null am Anfang weglassen.
- Auslandsgespräche aus Indien starten mit dem internationalen Zugangscode 00 und der Landesvorwahl (z.B. Deutschland ☎0049, Österreich ☎0043, Schweiz ☎0041). Danach sind die Ortsvorwahl ohne erste Null und die Anschlussnummer zu wählen.
- Indische Festnetznummern bestehen aus einer Ortsvorwahl und bis zu acht weiteren Ziffern.
- Gebührenfreie Nummern beginnen mit 1800.
- Wenn ein Handy in einem anderen Bundesstaat angerufen werden soll, muss der zehnstelligen Zahlenfolge noch eine Null vorausgehen.
- Um vom Handy aus ins Festnetz zu telefonieren, hat man die Ortsvorwahl inklusive Null am Anfang einzugeben. Dies ist auch beim Kontaktieren mancher Callcenter erforderlich (z.B. wenn man von Karnataka aus beim Buchungsservice einer Fluglinie in Delhi anruft).
- Per Home Country Direct (HCD) hat man Verbindung zu einer internationalen Vermittlung in der Heimat. HCD-Nummen bestehen aus ☎000, dem Ländercode des Ziellandes und der 17 (z.B. Deutschland 0004917, Österreich 0004317, Schweiz 0004117).
- Alternativ ist unter 000127 eine internationale Vermittlung erreichbar, die auch R-Gespräche arrangiert.

Toiletten

Öffentliche Toiletten gibt's am ehesten in Großstädten und Touristenzentren. Die saubersten Klos (oft kann man zwischen Sitz- und Hockvariante wählen) haben in der Regel die modernen Restaurants, Einkaufszentren und Kinos.

Abseits städtischer Zentren findet man meist nur Hocktoiletten vor. Dort ist mitunter auch eine spezielle Form der Toilettenhygiene üblich: Dabei wird das Hinterteil mittels eines kleinen Wasserbehälters und der linken Hand gereinigt. Es ist also stets ratsam, Toilettenpapier und Desinfektionsmittel dabeizuhaben.

Touristeninformation

Neben den Vertretungen des indischen Tourismusministeriums (alias India Tourism) gibt es im ganzen Land auch Infobüros, die vom jeweiligen Bundesstaat betrieben werden. Deren Qualität ist sehr unterschiedlich: Manche werden von sehr hilfsbereiten Enthusiasten betrieben, während andere sehr lustlos wirken und fast nur als Verkaufsstellen für geführte Touren der jeweiligen State Tourism Development Corporation fungieren.

Incredible India (www.incredibleindia.de) ist das deutschsprachige Onlineportal des indischen Tourismusministeriums.

Unterkunft

Indiens Unterkunftspalette reicht von neuen, stilvollen Hostels mit Ladestationen und weichen Kissen bis zu opulenten Palästen mit eigenem Minipool, von schäbigen Absteigen mit Eimern zum Duschen bis zu Gästehäusern mit wundervoller Hausmannskost. Die Beschreibungen von Unterkünften sind in diesem Führer zunächst nach dem Preis und in den einzelnen Kategorien nach den Präferenzen des jeweiligen Autors sortiert.

Kategorien

Das Budgetsegment ($) deckt das Spektrum von Hostels, Hotels und Pensionen in Stadtgebieten bis hin zu Gastfamilien in den Dörfern ab. Mittelklassehotels ($$) bieten in der Regel Extras wie Kabel- oder Satelliten-TV und Klimaanlage. In der Spitzenklasse ($$$) verwöhnen luxuriöse Fünf-Sterne-Ketten oder tolle historische Paläste ihre Gäste.

Preise

Weil es landesweit extreme Unterschiede in allen Preissegmenten gibt, verzichten wir an dieser Stelle auf „allgemeingültige" Angaben. In Großstädten (z.B. Delhi, Mumbai) bezahlt man am meisten, in ländlichen Regionen (z.B. Bihar, Andhra Pradesh) am wenigsten. Zudem sind die Preise stark von der Jahreszeit abhängig und können außerhalb der Hauptsaison um 20 bis 50 % sinken. Achtung: Da die meisten Unterkünfte ihre Tarife jährlich erhöhen, sind manche Angaben in diesem Buch eventuell schon veraltet, wenn es erscheint! In Regionen wie Ladakh, Kashmir und Sikkim bekommt man vor Ort günstigere Preise als wenn man im Voraus bucht.

Preiskategorien

Sofern nicht anderweitig vermerkt, gelten die Lonely Planet Preisangaben bzw. -symbole jeweils für ein Doppelzimmer mit eigenem Bad.

Reisezeit

- Die genannte Preise gelten in der Hauptsaison und enthalten keine Ermäßigungen. Hauptsaison ist in den Bergen im Frühling und Herbst (März–Mai & Sept.–Nov.), im Tiefland klettern die Preise in den kühleren Monaten (ca. Nov.–Mitte Feb.).
- In Touristenhochburgen ist für die Spitzenzeit um Weihnachten und Neujahr rechtzeitiges Buchen dringend notwendig.
- Außerhalb dieser Zeiten sind kräftige Rabatte möglich: Wenn in einer Unterkunft wenig los ist, kann es nie schaden, nach einer Ermäßigung zu fragen.
- In bestimmten Regionen (z. B. Goa) haben manche Hotels während des Monsuns geschlossen. Einige Hill Stations wie Manali werden dagegen im Winter geschlossen.
- Große Festivals und Wallfahrten bescheren vielen Tempelstädten zusätzliche Besucherscharen.

Reservierungen

- Besonders bei Reisen zu beliebten Zielen ist es ratsam, vorab zu buchen. Manche Hotels verlangen beim Buchen eine Anzahlung per Kreditkarte.
- Man kann Hotels über die in Indien ansässigen Portale Goibibo (www.goibibo.com) oder Oyo Rooms (www.oyorooms.com) buchen, die für bei ihnen gelistete Mittel- und Spitzenklassehotels große Preisnachlässe anbieten. Die Zimmer können allerdings von unterschiedlicher Qualität sein.
- Mancherorts wird beim Einchecken eine Anzahlung verlangt, für die man grundsätzlich eine Quittung fordern sollte. Niemals einen Blanko-Kreditkartenbeleg unterschreiben! Falls das Hotel darauf besteht, ist Barzahlung ratsam.
- Beim Einchecken immer die Zeit für den Checkout ermitteln!
- Hotels bieten verschiedene Pauschalleistungen an: „European Plan" (EP; nur das Zimmer), „Continental Plan" (CP; Zimmer mit Frühstück), „Modified American Plan" (MAP; Halbpension mit Frühstück und Mittag-/Abendessen), „American Plan" (AP; Vollpension mit Frühstück, Mittag- & Abendessen) und schließlich noch den in einigen Dschungel-Lodges angebotenen „Jungle Plan" (Vollpension inkl. einiger Safaris).

Steuern & Servicegebühren

- Die Bundesstaaten schlagen diverse Steuern auf Hotelunterkünfte auf, die zu dem Preis des Zimmers hinzukommen (davon ausgenommen sind Budgethotels, die für ein Zimmer weniger als ca. 1000 Rupien verlangen).
- Die Steuern unterscheiden sich von Bundesstaat zu Bundesstaat. Selbst innerhalb eines Bundesstaats kann es Unterschiede geben, wenn etwa für teurere Hotels ein höherer Steuersatz gilt.
- In der Regel gibt es eine sogenannte Luxussteuer von ca. 10 bis 15 %.
- Viele gehobene Hotels schlagen zudem eine „Servicegebühr" (üblicherweise rund 10 %) auf den Preis auf.
- Hinzu kommen noch sehr geringe Beiträge (je 0,05 %) für Krishi Kalyan Cess (eine indische Landwirtschaftsinitiative) und Swaccha Bharat Abhiyan Cess (eine indische Initiative zur Förderung von Kanalisation und Infrastruktur).
- Die in diesem Reiseführer genannten Preise beinhalten die Steuern und Abgaben.
- Achtung: Indiens neue Goods & Service Tax (GST), die 2017 in Kraft treten sollte, wird landesweit Auswirkungen auf die hier beschriebenen Steuern und Abgaben haben.

Budget- & Mittelklassehotels

- Gemeinschaftsbäder (oft mit Hocktoiletten) sind in der Regel nur in den billigsten Absteigen zu finden.
- In einer Budgetunterkunft sollte man sein eigenes Bettlaken oder einen Hüttenschlafsack, Handtuch und Seife mitbringen.
- Insektenschutzmittel, eine Taschenlampe und ein Vorhängeschloss sind in vielen Budgethotels ein notwendiges Accessoire.
- Die Lärmbelästigung kann (zumal in städtischen Ballungszentren) erheblich sein. Daher Ohrstöpsel mitnehmen und ein Zimmer verlangen, dass nicht an einer viel befahrenen Hauptstraße liegt!
- Es empfiehlt sich, die Zimmertür immer verschlossen zu halten, da einige Hotelangestellte (besonders in Budgethotels) klopfen und eintreten, ohne auf ein „Herein!" zu warten.
- Man sollte beachten, dass einige Hotels ihre Türen nachts verschließen. Daher im Hotel vorher Bescheid sagen, falls man spät in der Nacht ankommt oder am Morgen sehr früh abreisen will.
- Außerhalb von touristischen Gebieten weisen billigere Hotels gelegentlich

Ausländer ab, weil sie nicht über die nötigen Registrierungsformulare verfügen.

Camping & Ferienparks

In Indien gibt es kaum offizielle Campingplätze. Bei längeren Treks bleibt einem oft nur Zelten in der Wildnis übrig.

In manchen Berg- oder Wüstenregionen gibt's auch reine Sommerlager, die aus „Schweizer Zelten" mit festen Fundamenten und eigenen Bädern bestehen.

Hostels

Es gibt in ganz Indien, vor allem aber in Delhi, Varanasi, Goa und Kerala, eine stetig wachsende Reihe ausgezeichneter Backpackerhostels, die alle klimatisierte Schlafsäle, Cafés oder Bars, Schließfächer und kostenloses WLAN haben und sehr beliebt bei Travellern sind, die Anschluss an Gleichgesinnte suchen. In den meisten Fällen haben sie neben gemischten Schafsälen auch einen, der Frauen vorbehalten ist. Zu den eindrucksvollen Ketten mit Filialen in ganz Indien zählen **Stops** (www.gostops.com), **Backpacker Panda** (www.backpackerpanda.com), **Vedanta Wake Up!** (www.vedantawakeup.com), **Moustache** (http://www.moustachehostel.com) und **Zostel** (www.zostel.com).

Auch einige Hotels haben günstige Schlafsäle, die aber nicht immer nach Geschlechtern getrennt sind und außerhalb von Touristenzonen zudem oft viele, nicht selten betrunkene Männer beherbergen – nicht gerade ideal für weibliche Traveller. Touristenfreundlicher sind da die wenigen, mitunter etwas steiferen Hostels von YMCA, YWCA, Heilsarmee, HI oder YHAI (Youth Hostels Association of India).

Privatunterkünfte

Familiengeführte Gästehäuser (alias Homestays oder B&Bs) sind toll für alle, die heimelige, kleine Unterkünfte mit hausgemachtem Essen schätzen.

Das Angebot reicht von lehmverputzten Steinhütten mit Hocktoiletten bis hin zu komfortablen Wohnhäusern der Mittelschicht in der Stadt.

In Ladakh und Kerala sind Homestays die naheliegende Unterkunftsoption, wenngleich die Standards oft ziemlich schlicht und die Preise teilweise recht hoch sind.

Manche Hotels vermarkten sich als Homestays, werden aber tatsächlich als Hotels mit wenig (oder keinem) Kontakt zu der Betreiberfamilie geführt – am besten informiert man sich vorab über die Unterkunft seiner Wahl, um herauszufinden, ob es sich wirklich um eine richtige Privatunterkunft handelt.

Eine vollständige Liste der teilnehmenden Familien haben die örtlichen Touristeninformationen.

Ruheräume in Bahnhöfen

Die meisten Großbahnhöfe haben einfache Ruheräume (Railway Retiring Rooms) für Reisende mit Indrail Pass oder Anschlussticket. Diese mal schäbigen, mal netten Quartiere sind oft bahnhofslärmgeplagt.

Bei frühmorgendlichen Zugverbindungen sind sie aber sehr praktisch. Je nach gewählter Zugklasse stehen normalerweise Schlafsäle oder separate Zimmer (Checkout rund um die Uhr möglich) zur Verfügung.

Einige kleinere Bahnhöfe besitzen nur Warteräume (ebenfalls in Klassen unterteilt).

Spitzenklassehotels & historische Hotels

Indiens Hotels der Spitzenklasse sind über alle Maßen fabelhaft und bilden eine echte Oase gegenüber der Außenwelt – die Palette reicht von eindrucksvollen Fünf-Sterne-Kettenhotels bis zu historischen Palästen. In Bundesstaaten wie Gujarat und Odisha gibt es eine stetig wachsende Zahl umgebauter historischer Anwesen.

Die einzelnen Mitglieder der Indian Heritage Hotels Association kann man sich auf der Website **Incredible India** (www.incredibleindia.org), der Tourismusbehörde anschauen.

Staatliche Herbergen & Touristenbungalows

Der indische Staat unterhält für reisende Beamte und Angestellte im öffentlichen Dienst ein Netz aus Gästehäusern, die unter den unterschiedlichsten Namen firmieren: Rest Houses, Dak Bungalows, Circuit Houses, PWD (Public Works Department) Bungalows oder Forest Rest Houses. Wenn dort die Zimmer nicht gerade von indischen Beamten belegt sind, werden teils auch ausländische Reisende aufgenommen – manchmal aber nur mit Genehmigung der örtlichen Behörden.

Die Regierungen der Bundesstaaten betreiben meist mittelteure „Touristenbungalows", die bisweilen auch günstige Schlafsäle haben. Sauberkeit und Service variieren hier jedoch sehr stark.

Einige Regierungen unterhalten auch teurere Kettenhotels (teilweise sehr schön und historisch). Infos dazu bekommt man bei der staatlichen Touristeninformation vor Ort.

UNTERKUNFTSPREISE

KATEGORIE	MUMBAI	RAJASTHAN	SIKKIM
$ Budget	< 2500 ₹	< 1500 ₹	< 1500 ₹
$$ Mittelklasse	2500–6000 ₹	1500–5000 ₹	1500–5000 ₹
$$$ Spitzenklasse	> 6000 ₹	> 5000 ₹	> 5000 ₹

Tempel- & Pilgerherbergen

Gegen eine Spende oder eine kleine Gebühr können Traveller manchmal in Ashrams (spirituellen Kommunen bzw. Meditationszentren), Gurdwaras (Sikh-Tempeln) oder *dharamsalas* (Pilgerherbergen) übernachten. In den Refektorien gibt's auch vegetarisches Essen.

Da solche Unterkünfte aber für Pilger und Gläubige vorgesehen sind, sollte man gut überlegen, ob ein Aufenthalt hier angemessen ist, und sich stets strikt an die Hausordnung halten. Rauchen und Alkohol sind in den Räumlichkeiten tabu.

Versicherung

- Dringend empfohlen wird eine umfassende Reiseversicherung, die Diebstahl, Verlust, medizinische Behandlungen und Notfallflüge in die Heimat abdeckt.
- Manche Verträge schließen Folgekosten bei Risikosportarten (z. B. Tauchen, Ski- und Motorradfahren, Gleitschirmfliegen oder sogar Trekking) grundsätzlich aus – daher sollte man unbedingt das Kleingedruckte sorgfältig lesen!
- Manche Trekkinganbieter akzeptieren nur Kunden, deren Versicherung für Rettungsflüge per Hubschrauber aufkommt.
- Wer in Indien ein Motorrad mieten möchte, sollte sich vergewissern, dass der Mietvertrag zumindest einen Haftpflichtschutz umfasst.
- Vorab sollte auch ermittelt werden, ob der Versicherer direkt mit medizinischen Einrichtungen im Ausland abrechnet. Andernfalls muss man in Vorleistung gehen. In diesem Fall alle erforderlichen Dokumente unbedingt sorgfältig aufbewahren!
- Bei Diebstählen in Indien sind Polizeiprotokolle ein absolutes Muss. Ansonsten verweigert der Versicherer wahrscheinlich den Schadenersatz.
- Auch wenn man schon unterwegs ist, kann eine weltweit gültige Reiseversicherung unter www.www.lonelyplanet.de/bookings jederzeit online abgeschlossen, erweitert und in Anspruch genommen werden.

Visa

Angehörige fast aller Staaten benötigen vor der Einreise nach Indien ein Visum. Bürger von mehr als 150 Ländern (darunter auch Deutschland, Österreich und die Schweiz) können online ein sogenanntes e-Tourist-Visum (Visa on Arrival) beantragen, das vom Tag der Einreise für 60 Tage gilt. Für längere Reisen benötigt man ein sechs Monate gültiges Touristenvisum – dieses gilt ab dem Tag der Ausstellung, nicht der Ankunft in Indien.

Einreise

Visa erhält man in den indischen Botschaften und Konsulaten weltweit, in vielen Ländern werden die Anträge aber von einem separaten Privatunternehmen bearbeitet.

- Visa für Studenten und Geschäftsleute sind an strikte Bedingungen geknüpft – Einzelheiten erfährt man bei der indischen Botschaft.
- Ein 180 Tage gültiges Standard-Touristenvisum berechtigt bei Angehörigen der meisten Nationen zur mehrfachen Einreise.
- Gegenwärtig muss man seinem Visumsantrag zwei digitale Passfotos hinzufügen; die Datei muss im jpeg-Format gespeichert und 10 bis 300 kB groß sein.
- Bei manchen Visa ist die Vorlage eines Rück- oder Anschlussflugtickets erforderlich, worauf jedoch nicht immer bestanden wird (vorab informieren).
- Die Preise für Visa sind in der jeweiligen Landeswährung angegeben und können eine zusätzliche Bearbeitungsgebühr enthalten.
- Menschen indischer Herkunft mit einer anderen Staatsangehörigkeit, die dauerhaft im Ausland leben, können verlängerte Visa erhalten.
- Inhaber von Visa, die länger als sechs Monate gültig sind, müssen sich beim **Foreigners' Regional Registration Office** (FRRO; Karte S. 82; ☎011-26711443; frrodil@nic.in; Level 2, East Block 8, Sector 1, Rama Krishna Puram, Delhi; ⏲Mo–Fr 9.30–15 Uhr; Ⓜ Green Park) in Delhi innerhalb von 14 Tagen nach der Ankunft in Indien registrieren; wegen dieser Sonderregelung sollte man bei der Beantragung seines Visums nachfragen.
- Weitere Auskünfte zu aktuellen oder abweichenden Regelungen erteilt die zuständige indische Botschaft (S. 1308).

Wiedereinreise

Die meisten Touristen sind berechtigt, frei zwischen Indien und benachbarten Ländern zu reisen; mit einem e-Touristen-Visum darf man derzeit jedoch nur einmal aus- und wieder einreisen. Wer einen Flug aus Indien heraus nimmt und noch kein Visum für die Wiedereinreise nach Indien besitzt, muss in Kathmandu mit viel Aufwand zum Erhalt dieses Visums rechnen.

E-Tourist-Visa

Bürger aus mehr als 150 Ländern können online unter indianvisaonline.gov.in ein derzeit 60 Tage gültiges e-Tourist-Visum beantragen und zwar mindestens vier und höchstens 30 Tage vor dem Reisetermin.

Die Gebühr beträgt 50 US$. Bei der Beantragung müssen ein Foto (jpeg-Format) und ein Scan der Datenseite des Reisepasses (pdf-Format) hochgeladen werden. Der Pass muss mindestens noch sechs Monate gültig sein und zwei freie Seiten enthalten. Die Einreise mit einem e-Visum ist an insgesamt 24 Flughäfen möglich, u. a. in Delhi, Mumbai, Bengaluru, Chennai, Kochi, Goa, Hyderabad, Kolkata und Thiruvanathapuram; die Ausreise ist hingegen über jeden Flughafen möglich. Man sollte auch über ein Rück- oder Anschlussflugticket verfügen, was aber in der Regel nicht überprüft wird.

Sobald der Antrag genehmigt ist, erhält man eine E-Mail mit Anhang, den man ausdruckt und zum Flughafen mitbringt. Dort wird das e-Tourist-Visum dann in den Pass gestempelt (deshalb wird dieses auch als „Visa on Arrival" bezeichnet, obwohl es im Voraus beantragt werden muss). Es gilt ab dem Tag der Ankunft.

Visum verlängern

Indien verfährt bei Visumsverlängerungen ausgesprochen restriktiv. Zum Zeitpunkt der Recherche wurden Verlängerungen nur bei zwingenden Gründen, z. B. medizinischen Notfällen oder bei Diebstahl des Passes kurz vor der geplanten Ausreise (bzw. Ablauf des Visums) gewährt.

Wer sein Visum aufgrund eines solchen zwingenden Grunds verlängern muss, wendet sich an das **Foreigners' Regional Registration Office** (FRRO; Karte S. 82; ✆011-26711443; frrodil@nic.in; Level 2, East Block 8, Sector 1, Rama Krishna Puram, Delhi; ⌚Mo–Fr 9.30–15 Uhr; Ⓜ Green Park) in Delhi. An dieses Büro wendet man sich auch wegen eines Ersatzvisums und wenn ein Ersatz des abhandengekommenen Passes erforderlich ist (der Reisepass wird für die Ausreise benötigt). Die regionalen FRROs sind bei der Gewährung von Verlängerungen eher noch restriktiver.

Wer die strengen Bedingungen erfüllt, erhält vom FRRO eine Visumsverlängerung von 14 Tagen (die für die Bürger der meisten Staaten kostenlos ist – bei der Antragstellung nachfragen!). Man muss ein Passfoto mitbringen (lieber zwei, um sicherzugehen), seinen Pass (oder, bei Verlust des Originals, das Ersatzdokument) und bei einem medizinischen Notfall ein Schreiben des Krankenhauses, in dem man behandelt wird. Das ganze System dient einzig dazu, einen mit den korrekten Stempeln schnell außer Landes zu bringen und nicht dazu, einem zwei zusätzliche Wochen Reise- und Freizeit zu verschaffen.

Travel Permits

Der Zugang zu bestimmten Teilen Indiens – meist sind dies umstrittene Grenzgebiete – wird durch ein System von Genehmigungen („Permits") geregelt. Das jeweilige Prozedere zur Erlangung einer solchen Genehmigung unterscheidet sich bei Indern und Ausländern ein wenig.

Eine Inner-Line Permit (ILP) oder Restricted Area Permit (RAP) braucht man zum Besuch von Arunachal Pradesh, Sikkim und einige Regionen von Himachal Pradesh, Ladakh und Uttarakhand, die nahe der umstrittenen Grenze zu China/Tibet liegen. Permits sind ebenso erforderlich für Reisen zu den Andamanen und zu den Lakshadweep-Inseln sowie in einigen Gebieten von Kachchh in Gujarat.

Einen ILP/RAP zu erhalten, ist in der Regel eine Formalität, obwohl für bestimmte Gebiete, darunter viele Trekking-Routen in der Nähe einer Grenze, Reiseveranstalter eingeschaltet werden müssen.

Permits werden von den örtlichen Behörden und der Bezirksverwaltung (District Commissioner) ausgestellt – entweder direkt an die Reisenden (kostenlos) oder über einen Reiseveranstalter (gegen eine Gebühr). Mancherorts muss man auch eine Umweltabgabe in Höhe von 300 ₹ bezahlen – die Quittung unbedingt aufbewahren!

In Odisha benötigt man zum Besuch von Stammesregionen inzwischen keine Genehmigung mehr – nichts hindert einen also daran, per Bus oder Taxi regionale Märkte zu besuchen. Einige Dörfer sind aber (wegen möglicher Aktivitäten maoistischer Gruppen) für Besucher gesperrt – man sollte also vor Ort aktuelle Informationen einholen, ehe man aufbricht.

Vor einem Aufbruch in eines der genannten Gebiete sollte man bei den offiziellen Tourismusämtern genau nachfragen, ob sich die Bedingungen für die Genehmigungen irgendwie geändert haben.

Zeit

Indische Standardzeit (Indian Standard Time = MEZ +4½ Std.)

Zollbestimmungen

Offiziell ist man verpflichtet, bei der Ankunft die Einfuhr von Beträgen über 10 000 ₹, 5000 US$ oder von anderen Fremdwährungen in einem Wert von mehr als 10 000 US$ beim Zoll anzumelden.

Man darf nur ein Laptop, höchstens 2 l Alkohol, 100 Zigaretten oder eine entsprechende Menge anderer Tabakwaren sowie Geschenke und Souvenirs in einem Wert von bis zu 8000 ₹ zollfrei einführen.

Verkehrsmittel & -wege

AN- & WEITERREISE

Viele internationale Fluglinien bedienen Indien; zudem sind alle Überlandrouten nach bzw. ab Nepal, Bangladesch und Bhutan momentan offen. Tickets und Touren können unter www.lonelyplanet.com/bookings gebucht werden.

Einreise

Standardisierte Einreise- und Zollformalitäten machen die Einreise nach Indien auf dem Luft- oder Landweg unkompliziert. Zudem entfällt die Sperrfrist für die Wiedereinreise (vormals 2 Monate ab der letzten Ausreise). So lässt sich ein Indientrip jetzt mit Abstechern in Nachbarländer kombinieren.

Reisepass

Für die Einreise nach Indien benötigt man einen gültigen Pass, ein Anschluss- bzw. Rückflugticket und ein Visum. Achtung: Der Pass muss bei Ende des Aufenthalts in Indien mindestens noch sechs Monate gültig sein und mindestens noch zwei leere Seiten enthalten!

Bei Verlust oder Diebstahl des Passes müssen Traveller umgehend Kontakt zur Vertretung ihres Landes aufnehmen. Für den Notfall sollte man über Fotokopien des Flugtickets und der Personen- und Visaseiten seines Passes verfügen. Noch besser ist es, diese Dokumente einzuscannen und sie sich selbst als E-Mail zu schicken.

Flugzeug

Ausreisesteuer

Die Ausreisesteuer und andere Gebühren sind im

REISEN & KLIMAWANDEL

Der Klimawandel stellt eine ernste Bedrohung für unsere Ökosysteme dar. Zu diesem Problem tragen Flugreisen immer stärker bei. Lonely Planet sieht im Reisen grundsätzlich einen Gewinn, ist sich aber der Tatsache bewusst, dass jeder seinen Teil dazu beitragen muss, die globale Erwärmung zu verringern.

Fast jede Art der motorisierten Fortbewegung erzeugt CO_2 (die Hauptursache für die globale Erwärmung), doch Flugzeuge sind mit Abstand die schlimmsten Klimakiller – nicht nur wegen der großen Entfernungen und der entsprechend großen CO_2-Mengen, sondern auch, weil sie diese Treibhausgase direkt in hohen Schichten der Atmosphäre freisetzen. Die Zahlen sind erschreckend: Zwei Personen, die von Europa in die USA und wieder zurück fliegen, erhöhen den Treibhauseffekt in demselben Maße wie ein durchschnittlicher Haushalt in einem ganzen Jahr.

Die englische Website www.climatecare.org und die deutsche Internetseite www.atmosfair.de bieten sogenannte CO_2-Rechner. Damit kann jeder ermitteln, wie viele Treibhausgase seine Reise produziert. Das Programm errechnet den zum Ausgleich erforderlichen Betrag, mit dem der Reisende nachhaltige Projekte zur Reduzierung der globalen Erwärmung unterstützen kann, beispielsweise Projekte in Indien, Honduras, Kasachstan und Uganda.

Lonely Planet unterstützt gemeinsam mit Rough Guides und anderen Partnern aus der Reisebranche das CO_2-Ausgleichs-Programm von climatecare.org. Alle Reisen von Mitarbeitern und Autoren von Lonely Planet werden ausgeglichen. Weitere Informationen gibt's auf www.lonelyplanet.com.

Flugpreis enthalten. Bei allen Flügen hat man nur Zutritt zum Flughafen, wenn man eine Kopie des Tickets oder der Reiseroute vorlegt.

Flughäfen & Fluglinien

Indien verfügt über sechs wichtige Auslandsflughäfen; internationale Flüge gibt's aber auch ab den Flughäfen anderer Städte, z. B. ab Goa, Kochi (Cochin), Lucknow, Thiruvananthapuram und Kunnar.

Indiens nationale Fluglinie **Air India** (☎1800-1801407; www.airindia.com) betreibt internationale und Inlandsflüge. Flugreisen waren in Indien in den letzten Jahren durchgängig recht sicher.

Zu den wichtigsten internationalen Flughäfen zählen:

Bengaluru (☎18004254425; www.bengaluruairport.com)

Chennai (☎044-22560551; Tirusulam)

Delhi (☎01243376000; www.newdelhiairport.in)

Hyderabad (☎040-66546370; http://hyderabad.aero; Shamshabad)

Kolkata (NSCBIA (CCU); ☎033-25118036)

Mumbai (Karte S. 824; ☎022-66851010; www.csia.in)

Kerala (☎0484-2610115; http://cial.aero)

Auf dem Landweg

Obwohl die meisten Touristen mit dem Flugzeug ankommen, sind auch Überlandreisen zwischen Indien und Bangladesch, Bhutan, Nepal (am beliebtesten), Pakistan und Myanmar möglich. Weitere Infos zu diesen Routen liefern das Lonely Planet **Forum Thorntree** (www.lonelyplanet.com/thorntree) oder die Website www.seat61.com/India.htm unter „Europe to India overland".

Grenzübergänge

Bei der Einreise per Bus oder Zug muss man an der Grenze aussteigen, um die üblichen Einreise- und Zollformalitäten zu erledigen.

Da an der Grenze keine Visa ausgestellt werden, muss man sich vorab ein Visum für Indien besorgen.

Wer sein Auto oder Motorrad mitbringen will, braucht die jeweiligen Zulassungspapiere, den Nachweis einer Haftpflichtversicherung, den nationalen Führerschein und ergänzend eine internationale Fahrerlaubnis (International Driving Permit; IDP). Ebenfalls notwendig für die Einfuhr ist eine zeitlich begrenzte Einfuhrgenehmigung *(Carnet de Passage en Douane)*.

Wer von Indien aus Tibet besuchen will, kann lediglich nach Nepal ausreisen und dann den Grenzübergang Kodari als Teilnehmer einer organisierten Tour überqueren. Die Alternative ist ein Flug von Kathmandu nach Lhasa.

Automobilclubs im Heimatland informieren über aktuelle Formalitäten und geben Selbstfahrern weitere wichtige Tipps.

BANGLADESCH

Ausländer können vier Grenzübergänge nach Bangladesch benutzen, die sich alle in Westbengalen oder den Nordoststaaten befinden.

GRENZÜBERGÄNGE VON/NACH BANGLADESCH

ROUTE/GRENZORTE	TRANSPORT	VISUM	MEHR INFOS
Kolkata–Dhaka/Petrapole (Indien) & Benapole (Bangladesch)	Linienbusse Kolkata–Dhaka (tgl.); Züge über den Grenzübergang (2-mal wöchentl.).	Vorab besorgen. Für den Kauf eines Zugtickets muss „Darsana" im Visum für Bangladesch stehen.	S. 527
Siliguri–Chengrabandha/Chengrabandha (Indien) & Burimari (Bangladesch)	Regelmäßige Direktbusse Siliguri–Chengrabandha; dann per Bus weiter nach Rangpur, Bogra & Dhaka.	Vorab besorgen	S. 543
Shillong–Sylhet/Dawki (Indien) & Tamabil (Bangladesch)	Jeeps von Shillong nach Dawki; ab dort laufen (1,5 km) oder ein Taxi zum Busbahnhof Tamabil mit Busverbindung nach Sylhet (regelm.) nehmen.	Vorab besorgen	S. 653
Agartala–Dhaka/Agartala, 3 km bis zur Grenze auf der Akhaura Rd (Indien) & Akhaura, 5 km hinter der Grenze (Bangladesch)	Akhaura liegt an der Bahnstrecke Dhaka–Comilla. Züge auf der Strecke Dhaka–Sylhet starten vom Bahnhof Ajampur, 3 km weiter nördlich.	Vorab besorgen	S. 647

GRENZÜBERGÄNGE VON/NACH BHUTAN

ROUTE/GRENZORTE	TRANSPORT	VISUM	MENR INFOS
Shiliguri–Kolkata–Phuentsholing/Jaigon (Indien) & Phuentsholing (Bhutan)	Direktbusse ab Kolkata (19 Uhr, 3-mal wöchentl.). Ab Shiliguri Busse (tgl.) und evtl. Sammeljeeps nach Jaigon/Phuentsholing.	Für Nichtinder Visum- & Tourbuchungspflicht bei einem lizenzierten Veranstalter	S. 527, S. 543

Bei Reisen von Bangladesch nach Indien ist die Ausreisesteuer bei der Sonali Bank zu entrichten – entweder kann das in Dhaka bzw. einer anderen Großstadt oder bei einer grenznahen Filiale geschehen.

Überlandtrips ab Bangladesch bedeuten jede Menge Bürokratie: Wer in das Land fliegt und danach nach Indien fahren möchte, benötigt eine Genehmigung *(road permit)* bzw. eine spezielle Erlaubnis, um seine Reiseroute ändern zu dürfen *(change of route permit)*.

Für Visumsverlängerungen und *change of route permits* ist das **Immigration and Passport Office** (☎01733393323; Agargaon Rd; Dhaka, Bangladesh; ⏲Sa–Do) in Dhaka zuständig.

Beim Verlassen des Staates Bangladesch auf dem Landweg gab's auch schon Probleme mit Visa, die bei Ankunft am Flughafen Dhaka ausgestellt worden waren!

BHUTAN

Phuentsholing ist der wichtigste Grenzübergang zwischen Indien und Bhutan. Man kann aber auch den östlichen Grenzübergang in Samdrup Jongkhar nehmen (eventuell nur für indische Staatsangehörige möglich).

Da die Einreiseformalitäten eine gewisse Planung erfordern und sich jederzeit ändern können, sollte der aktuelle Stand bei Reisebüros oder bhutanischen Botschaften erfragt werden. Traveller müssen die Tour mit einem bhutanischen Reiseunternehmen organisieren und eine festgelegte Tagespauschale bezahlen um ein bhutanisches Visum zu bekommen. Das Internet (www.tourism.gov.bt) und der englischsprachige Lonely Planet Band *Bhutan* liefern weitere Infos.

NEPAL

Je nach Wetter und politischer Situation stehen zwischen Indien und Nepal insgesamt fünf Grenzübergänge zur Auswahl. Vor dem Grenzübertritt unbedingt die aktuelle Sicherheitslage checken! Hierbei helfen Lokalzeitungen und das Internet.

Visa mit mehrfacher Einreisemöglichkeit (Gültigkeit 15/30/90 Tage 25/40/100 US$) gibt's direkt an der nepalesischen Grenze. Voraussetzungen hierfür sind zwei aktuelle Passfotos und Barzahlung in US-Dollar (Rupien werden nicht akzeptiert). Alternativ empfiehlt sich die zeitsparende Beantragung im Netz (http://online.nepalimmigration.gov.np/tourist-visa). Die dann erhaltene Bezahlbestätigung ist spätestens 15 Tage nach Antragsstellung an der Grenze vorzulegen und umfasst Hinweise zur Einreise.

Achtung: In Sunauli wurden angeblich schon einige Traveller bei der Einreise nach Indien schikaniert. Zudem mussten sie überteuerte Bus- und Zugtickets kaufen. Somit empfiehlt sich ein Taxi nach Gorakpur, wo ebenfalls Bus- und Bahnanschluss besteht.

PAKISTAN

Die Bedingungen für Grenzübertritte zwischen Indien

GRENZÜBERGÄNGE VON/NACH PAKISTAN

Wenn die Grenze geöffnet ist, fährt der Bus des Lahore Bus Service von Delhi (tgl. 6 Uhr, 2400 ₹) nach Lahore. Die Fahrt mit vier Zwischenstopps dauert zwölf Stunden und muss unbedingt vorab gebucht werden.

Gegenwärtig gibt es eine staatliche Reisewarnung: Ausländer sollten aus Sicherheitsgründen auf Zugfahrten innerhalb Pakistans verzichten. Zweimal pro Woche fahren Züge zwischen Lahore und Attari (auf der indischen Seite der Grenze), wo sich die Einreisestelle und die Zollkontrolle befinden. Zwischen Amritsar und Attari verkehren Busse. Vor der Abfahrt sollte man checken, ob die Grenze geöffnet ist (normale Öffnungszeiten: Mitte April–Mitte Okt. 8.30–14.30 Uhr, Mitte Okt.–Mitte April 9.30–15 Uhr); man muss mindestens eine Stunde vor der Schließung an der Grenze sein. Von Wagah fahren Busse und Taxis nach Lahore.

Der Thar-Express von Jodhpur nach Karatschi fährt jeden Samstag um 1 Uhr (und jeden Freitag in umgekehrter Richtung). Plätze müssen vorab gebucht werden; es ist keine Online-Buchung möglich. Die Zoll- und Einreisestelle befindet sich in Munabao (auf der indischen Seite), hier steigt man in einen anderen Zug um. Die Sicherheitskontrollen sind hier extrem penibel.

und Pakistan hängen vom aktuellen Kältegrad der stets frostigen Beziehungen zwischen den beiden Ländern ab – daher direkt vor Ort nachfragen!

Bei offenen Grenzübergängen fahren Busse bzw. Züge ab Delhi, Amritsar (Punjab) und Rajasthan nach Pakistan. Die „Karvan-e-Aman"-(Friedenskarawane-) Busreisen von Srinagar in den pakistanisch verwalteten Teil Kaschmirs sind nur für indische Staatsbürger möglich.

Das obligatorische Visum für die Einreise nach Pakistan bekommen Traveller am leichtesten bei einer pakistanischen Auslandsvertretung in der eigenen Heimat. Zum Recherchezeitpunkt erteilte die **pakistanische Botschaft** (☎011-26110601; www.mofa.gov.pk; 2/50G Shantipath, Chanakyapuri) in Delhi keine Touristenvisa an die meisten Nationalitäten. Dies könnte sich aber irgendwann wieder ändern.

Übers Meer

Passagierschiffe steuern einmal wöchentlich von Chennai aus Port Blair auf den Andamanen an (2500–6420 ₹; 60 Std.).

UNTERWEGS VOR ORT

Öffentliche Verkehrsmittel fahren in Indien häufig und sind billig, allerdings sind sie häufig überfüllt und/oder verspätet. Fast überall sind tagsüber und nachts Züge, Busse und Sammeljeeps im Einsatz – bei der Ankunft am Ziel die Zeit aufzuholen, die man wegen Verspätungen, Staus und technischen Problemen der Fahrzeuge verlo-

GRENZÜBERGÄNGE VON/NACH NEPAL

GRENZORTE	TRANSPORT	VISUM	MEHR INFOS
Sunauli (Indien)–Bhairawa/Siddharthanagar (Nepal)	Züge von Delhi nach Gorakhpur, von dort Busse zur Grenze (halbstündl.). Es gibt jetzt klimatisierte Direktbusse von Varanasi nach Kathmandu (über Sunauli, Abfahrt tgl. 22 Uhr, 1370 NRs). Busse & Jeeps fahren von Bhairawa (Siddharthanagar) nach Pokhara, Kathmandu und ins zentrale Nepal.	Visa für Nepal gibt's nur an der Grenze (6–22 Uhr)	S. 434
Raxaul Bazaar (Indien)–Birganj (Nepal)	Busse von Patna & Kolkata nach Raxaul Bazaar (tgl.). Mithila Express-Zug ab Kolkata (tgl.). Tagsüber und nachts regelmäßig Busse von Birganj nach Kathmandu & Pokhara.	wie oben (6–18 Uhr)	S. 576
Panitanki (Indien)–Kakarbhitta (Nepal)	Jeeps fahren von Shiliguri, Darjeeling & Kalimpong nach Panitanki. Von Kakarbhitta fahren regelmäßig Busse nach Kathmandu (17 Std.) & zu weiteren Zielen. Vom 23 km entfernten Flughafen Bhadrapur gibt's Flüge nach Kathmandu.	wie oben (7–19 Uhr)	S. 543
Rupaidiha Bazaar/Jamunaha (Indien) –Nepalganj (Nepal)	Langsame Busse von Lucknow nach Rupaidha Bazaar, von dort Rikscha nach Jamunaha. Ab Nepalganj gibt's Busse nach Kathmandu & Pokhara sowie Flüge nach Kathmandu.	wie oben	
Banbassa (Indien)–Bhimdatta/Mahendranangar (Nepal)	Busse von Haldwani & Pithoragarh nach Banbassa, von dort Rikscha zur Grenze. Von Bhimdatta (Mahendranagar) fahren täglich Busse nach Kathmadu und ein Bus täglich nach Pokhara.	wie oben (6–18 Uhr)	S. 491
Gauriphanta (Indien)–Dhangadhi (Nepal)	Busse von Lucknow nach Gauriphanta (tgl.). Nach Dhangadi gibt's Busse und Flüge ab Kathmandu.	wie oben (8–17 Uhr)	

ren hat, dürfte aber schwierig werden. Um Zeit zu sparen, sind Inlandsflüge eine echte Alternative zu Fernzügen und Fernbussen. In den Städten sind Verkehrsmittel billig und zahlreich vorhanden, und man hat nirgendwo Mühe, ein Taxi, eine Rikscha oder eine Autorikscha zu finden.

DIE POETISCHEN SCHILDER DER BRO

In Ladakh, Himachal Pradesh, Arunachal Pradesh und Sikkim baut die Border Roads Organisation (BRO) „Straßen im Himmel" und betreut u. a. einen der höchsten von Autos nutzbaren Pässe weltweit. Die BRO, deren Arbeiter Leib und Leben riskieren, um die Straßen offen zu halten, entwickelt bei ihren Straßenschildern und Hinweisen beträchtliche poetische Qualitäten, wie folgende Beispiele zeigen:

- *Life is short, don't make it shorter.* (Das Leben ist kurz, verkürzt es nicht!)
- *It is not a rally, enjoy the valley.* (Das ist keine Rennstrecke, genießt das Tal.)
- *After whisky, driving risky.* (Nach dem Whisky ist Autofahren riskant.)
- *Be gentle on my curves.* (Sei nett zu meinen Kurven.)
- *Better to be late than to be the late Mr.* (Besser zu spät kommen, als der verstorbene XY zu sein.)

Auto

Nur wenige Traveller tun sich den Stress an und steuern selbst einen Mietwagen. Das liegt nicht nur an der haarsträubenden Verkehrssituation: Indische Mietwagen mit Chauffeur sind meist günstig – vor allem, wenn sich mehrköpfige Gruppen die Kosten teilen. In Indien sind auch einige internationale Autovermieter wie **Hertz** (www.hertz.com) vertreten.

Auto mit Fahrer mieten

In den meisten Städten lassen sich kürzere wie längere Touren über Taxistände oder Autovermieter arrangieren.

Nicht alle Mietwagen dürfen außerhalb des Bundesstaats genutzt werden, in dem sie ausgeliehen wurden. Falls doch, erhöhen staatliche Steuern den Mietpreis.

Auto und Chauffeur sollten vor dem Bezahlen möglichst genau begutachtet werden. Am besten ist ein Fahrer, der etwas Englisch spricht und die gewählte Gegend kennt.

Heute dienen viele verschiedene Autotypen als Taxis. Vom proletarischen Tata-Indica-Fließheckmodell bis hin zum bequemen SUV (z. B. Toyota Innova) gibt's Vehikel für jeden Geldbeutel.

Der Preis für mehrtägige Trips beinhaltet Unterkunft und Verpflegung des Fahrers (von diesem aber jeweils selbst zu arrangieren).

Wichtig: Um späteren Ärger zu vermeiden, müssen von Anfang an gewisse Grundregeln gelten. So sollte der Chauffeur stets vorab erfahren, wer das Sagen hat – höflich, aber unmissverständlich.

Preise

Mietwagenpreise hängen von Entfernung und Region ab; kostensteigernd wirkt z. B. der zusätzliche Spritverbrauch auf Bergstrecken.

Die einfache Strecke kostet meist so viel ein Trip mit Hin- und Rückfahrt, da die Benzin- und Fahrerkosten für den Rücktransport des Autos gedeckt werden müssen.

Die Miettarife variieren je nach Bundesstaat und Fahrzeugtyp bzw. -hersteller: Manche Taxigewerkschaften geben ein Zeit- oder Kilometerlimit für Tagesausflüge vor; bei Überschreitungen wird's entsprechend teurer.

Um Missverständnisse zu vermeiden, sollte alles Vereinbarte *schriftlich* festgehalten werden – u. a. alle gewählten Ziele bzw. Sehenswürdigkeiten sowie die Benzin-, Unterkunfts- und Verpflegungskosten des Fahrers. Falls Letzterer unterwegs aus Bargeldmangel um Spritgeld bittet, sollte man zwecks späterer Rückforderung immer eine Quittung verlangen. Bei Bezahlung pro Kilometer heißt's vor dem Start den Stand des Kilometerzählers ablesen, um spätere Probleme auszuschließen.

Bei Sightseeing-Tagestrips durch eine einzige Stadt kostet ein Auto ohne bzw. mit Klimaanlage mindestens 1400 bzw. 1800 ₹ (max. 8 Std. & 80 km, Sonderleistungen extra bei längeren Touren). Bei mehrtägigen Touren gilt meist ein Tageslimit von 250 km; Überschreitung bedeutet Aufpreis (ohne/mit Klimaanlage pro km ca. 8/10 ₹).

Ein Trinkgeld am Ausflugsende (fair sind 150–200 ₹/Tag) ist üblich.

Bus

Schnelle Busse bedienen regelmäßig und zu relativ günstigen Preisen fast ganz Indien. Oft sind sie auch das einzige Verkehrsmittel, mit dem sich Bergregionen erkunden lassen.

Trotzdem besteht stets ein gewisses Unfallrisiko – vor allem auf den Bergstraßen oder kurvenreichen Strecken – durch die oft extrem wagemutigen Busfahrer.

Nachtbusse sollte man möglichst meiden: alkoholisierte oder übermüdete Fahrer machen die Routen bei Dunkelheit noch gefährlicher.

Alle Busse legen mehr oder weniger häufig Snack- und Pinkelpausen ein. Das ist zwar erholsam, kann die Reisezeit aber um Stunden verlängern.

In vielen Bergregionen werden Busverbindungen durch Sammeljeeps ergänzt.

Gepäck

Das Gepäck landet entweder in Staufächern unter dem Bus (manchmal gegen eine geringe Gebühr) oder auf dem Dach.

Es ist ratsam, spätestens eine Stunde vor der Abfahrt zu erscheinen: Manchmal wird das Dachgepäck mit einer Plane abgedeckt, was ein Verstauen in letzter Minute unpraktisch bzw. unmöglich macht.

Taschen auf dem Dach sollten stets gut verschlossen und sicher am metallenen Gepäckträger befestigt werden, damit auf Holperstrecken nichts heraus- oder herunterfallen kann.

Aufgrund des (geringen) Diebstahlsrisikos sollte man das Gepäck bei Imbiss- oder Toilettenpausen immer gut im Auge behalten. Außerdem niemals Handgepäck oder Wertsachen unbeaufsichtigt im Bus zurücklassen!

Klassen

Die Bustypen staatlicher wie privater Gesellschaften fallen grob in die Kategorien Normal *(ordinary)*, Semi-Deluxe, Deluxe und Super Deluxe. Weil dabei meist keine einheitlichen Standards gelten, kann der konkret gebotene Komfort einer Klasse individuell variieren.

Ordinary-Busse sind oft betagte Klapperkisten. Im Deluxe-Bereich reicht die Palette von weniger klapprigen Normalvarianten bis hin zu schicken, klimatisierten Volvo-Bussen mit Liegesitzen.

Staatliche Gesellschaften sind in der Regel zuverlässiger: Bei Pannen werden Ersatzfahrzeuge geschickt. Zudem lassen sich Plätze normalerweise bis zu einem Monat im Voraus buchen. Viele indische Bundesstaaten betreiben mittlerweile auch Super-Deluxe-Busse.

In vielen Touristenzentren vermitteln Reisebüros relativ teure Plätze in Privatbussen mit Zweiersitzreihen, die meist Haltestellen in praktischer Zentrumsnähe benutzen.

Schlaglochstöße sind im vorderen Busbereich immer am schwächsten und direkt über den Achsen am stärksten spürbar. Für Fernverbindungen sind Ohrenstöpsel dringend zu empfehlen.

Preise

Staatliche Normalbusse sind am günstigsten, wobei die Preise je nach Bundesstaat variieren.

Deluxe-Tickets kosten etwa 50 % mehr, eine Klimaanlage verdoppelt den Normaltarif. Für Super Deluxe mit Zweiersitzreihen bezahlt man drei- bis viermal so viel.

Rajasthan Roadways bietet Rabatte für weibliche Passagiere an.

Reservierungen

Am Busbahnhof, bei Reisebüros oder online auf Portalen wie **Cleartrip** (www.cleartrip.com), **Makemytrip** (www.makemytrip.com) und **Redbus** (www.redbus.in) lassen sich Deluxe-Tickets im Voraus buchen.

Bei normalen Bussen sind Reservierungen kaum möglich. So hat schon manch ein Traveller das heiße Rennen um einen Platz verloren.

Um die Chancen auf einen Sitz deutlich zu steigern, kann man z. B. den Reisepartner zum Platzfreihalten vorschicken oder ein Buch bzw. Kleidungsstück durchs offene Fenster auf einen freien Sitz werfen.

Wer jedoch irgendwo unterwegs zusteigt, muss oft so lange stehen, bis ein Platz frei wird.

Viele Busse starten erst, wenn sie voll besetzt sind. Manchmal wechseln Passagiere daher spontan in ein Fahrzeug, wenn sie sehen, das ein anderes wahrscheinlich früher aufbricht.

An zahlreichen Busbahnhöfen gibt's separate Warteschlangen für Frauen, die, weil die Schilder auf Hindi sind und Männer in der Reihe stehen, aber nicht immer als solche zu erkennen sind. Aber Damen haben auch das unausgesprochene Recht, sich überall direkt zum Bus vorzudrängeln. So sollten auch Europäerinnen diesbezüglich nicht schüchtern sein.

Fahrrad

Die Einfuhr von Drahteseln unterliegt keinerlei Beschränkungen. Wenn man das eigene Bike auf dem Seeweg transportiert, wird es eventuell erst nach ein paar Wochen vom Zoll freigegeben, deshalb schickt man Fahrräder besser mit dem Flieger nach Indien. Günstiger und stressfreier ist es wohl aber, ein Fahrrad vor Ort zu kaufen oder auszuleihen. Vor dem Start empfiehlt es sich, etwas zum Thema zu lesen. Ein guter Einstieg sind z. B. *Fahrradtouren* (Bicycle Books, 1987) von Rob Van Der Plas und Stephen Lords *Adventure Cycle-Touring Handbook* (Trailblazer Publications, 2006) und Laura Stones *Himalaya by Bike* (2008). Die **Cycling Federation of India** (☎011-23753528; www.cyclingfederationofindia.org) erteilt Lokal- und Regionalinfos.

Kaufen

- Der **Jhandewalan Cycle Market** (Karte S. 68; ⌚ca. 10–20 Uhr) in Delhi hat importierte und indische Drahtesel bzw. Ersatzteile, sowohl neu als auch gebraucht.
- Mountainbikes von renommierten Herstellern wie Hero oder Atlas sind ab einem Preis von ungefähr 6000 ₹ aufwärts zu haben.
- Der Wiederverkauf ist meist recht einfach, etwa

über örtliche Fahrradshops oder Schwarze Bretter, die oft speziell für Traveller eingerichtet sind. Neu erworbene Bikes in gutem Zustand sollten noch ca. 50% ihres Originalpreises einbringen.

Mieten

➡ In Touristenzentren und anderen Traveller-Treffs lassen sich Leihfahrräder am leichtesten auftreiben – vor Ort umhören!

➡ Der Tagestarif für verkehrstaugliche indische Modelle liegt bei etwa 40 bis 150 ₹. Mountainbikes (falls vorhanden) gibt's in der Regel für 400 bis 800 ₹ pro Tag.

➡ Manche Verleiher wollen Bares als Sicherheit. Auf keinen Fall den Reisepass oder das Flugticket hinterlegen!

Praktisch & Konkret

➡ Für Indiens Holperstraßen eignen sich am besten Mountainbikes mit Stollenreifen.

➡ Trotz vieler Fahrradwerkstätten am Straßenrand sollte man unbedingt genügend Ersatzreifen, Bremszüge, Schmiermittel, Flickzeug und ein Kettenreparaturset dabeihaben.

➡ Öffentliche Busse nehmen Bikes oft gratis oder gegen geringe Gebühr auf dem Dach mit – praktisch, wenn es mal bergauf geht!

➡ Die gewählte Fluglinie informiert über den Fahrradtransport. Zollformalitäten erklärt am besten das Zollamt in der Heimat.

Transport per Zug

Bei Langstrecken kann es sich lohnen, sein Fahrrad oder Motorrad ein Stück weit im Zug zu transportieren. Hierzu kauft man ein normales Bahnticket für die Strecke und bringt das Bike samt Reisepass, Führerschein, Zulassungs- und Versicherungspapieren zum Paketschalter des Bahnhofs. Wer ein Motorrad transportieren möchte, muss davor den Tank leeren. Dort hüllen Angestellte das gute Stück in schützendes Sackleinen (100–200 ₹). Zudem muss man diverse Formulare ausfüllen und die Frachtgebühr entrichten (variiert je nach Route und Zugtyp) – ebenso eine Versicherungsgebühr (1% des aktuellen Zeitwerts). Dieselben Dokumente sind dem Ausgabeschalter am Zielort vorzulegen. Wenn das Bike dort nicht innerhalb von 24 Stunden abgeholt wird, fallen Lagerkosten an (ca. 100 ₹/Tag).

Verkehrsregeln

➡ Abgesehen vom Linksfahrgebot gibt's in Indien quasi keine Verkehrsregeln.

➡ Da Städte und nationale Highways potenziell gefährlich sind, sollten Radler möglichst die Nebenstrecken nutzen.

➡ In puncto Distanzen sollte man die eigene Verfassung und Leistungsfähigkeit realistisch einschätzen: Erfahrene Biker schaffen pro Tag ca. 60 bis 100 km im Flachland, 40 bis 60 km auf asphaltierten Bergstraßen und maximal 40 km auf unbefestigten Pisten.

Flugzeug

Fluglinien in Indien

Indien besitzt einen von starker Konkurrenz geprägten Inlandsflugmarkt, der jährlich gewaltige Mengen Passagiere befördert. Zu den wichtigen Fluglinien zählen Air India, IndiGo, Spice Jet und Jet Airways.

Außer über die Websites der Fluglinien kann man Inlandsflüge auch über Portale wie **Cleartrip** (www.cleartrip.com), **Make My Trip** (www.makemytrip.com) und **Yatra** (www.yatra.com) buchen.

Die Sicherheitsbestimmungen erfordern, dass man beim Betreten des Flughafens seinen Pass und sein Flugticket vorzeigt. Jedes einzelne Stück Handgepäck muss etikettiert werden. Man erhält die Etiketten am Eincheck-Schalter; sie werden im Rahmen der Sicherheitskontrolle abgestempelt. Bei Flügen zu Zielen mit besonderen Sicherheitsrisiken wie Srinagar oder Ladakh gelten verschärfte Sicherheitsbestimmungen. Hier wird das Handgepäck noch direkt vor dem Besteigen des Flugzeugs auf der Rollbahn einem Sicherheitscheck unterzogen.

Die empfohlene Check-in-Zeit für Inlandsflüge ist zwei Stunden vor dem Abflug, wobei man bei der Anfahrt in Spitzenzeiten staubedingte Verspätungen einrechnen muss. Die Deadline beträgt 45 Minuten vor Abflug. Das zulässige Höchstgewicht in der Economy-Klasse beträgt üblicherweise 20 kg, in kleineren Maschinen 10 kg.

Motorrad

Lange Motorradtouren sind in Indien sehr beliebt. Dennoch können Motorradtrips durch Indien eine echte Herausforderung sein. Wer diese nicht allein meistern möchte oder kann, bucht am besten eine der beliebten Touren.

Delhi sowie Manali sind bevorzugte Ausgangspunkte für Motorradtouren. Populäre Ziele sind z. B. Rajasthan, Südindien und Ladakh. Das Wetter ist für Biker sehr wichtig – man sollte sich vorab nach der besten Reisezeit erkundigen. Aktuelle Formalitäten und Bestimmungen bezüglich der Einreise aus Nachbarländern sollten rechtzeitig bei den zuständigen diplomatischen Vertretungen erfragt werden.

Benzin, Ersatzteile & Zubehör

Benzin und Motoröl sind im Flachland überall zu bekommen, aber im Gebirge sind Tankstellen weiter verstreut. Wer in abgelegene Regionen aufbricht, sollte sich immer vorab über die Tankmöglichkeiten informieren und genügend Treibstoff mitnehmen.

Zum Zeitpunkt der Recherche kostete der Liter Benzin in Delhi rund 67 ₹, in anderen Regionen kann der Preis aber bis zu dreimal so hoch sein.

Insbesondere bei älteren Motorrädern ist es ratsam, sie regelmäßig zu überprüfen: Durch Indiens Straßen und durch die Motorvibrationen kann sich recht schnell etwas lockern.

Auch der Motor- und der Getriebeölstand sollten regelmäßig (mindestens alle 500 km) geprüft werden. Der Ölfilter verdient alle paar Tausend Kilometer eine Reinigung.

Angesichts des Straßenzustands ist es sehr wahrscheinlich, dass man dem Reifenpannen-*wallah* mehr als einen Besuch abstatten wird. Allgemein sollte die Tour am besten mit neuen Reifen und Werkzeug für eigenhändige Radwechsel beginnen.

Eigene Schutzbekleidung bzw. -ausrüstung (Motorradjacke, Handschuhe usw.) ist ebenfalls sehr sinnvoll.

Führerschein

Um in Indien ein Motorrad zu mieten, braucht man offiziell den eigenen (nationalen) Führerschein und eine gültige internationale Fahrerlaubnis (International Driving Permit; IDP). In Touristenzentren verzichten manche Verleiher eventuell auf die Vorlage dieser Dokumente. Doch Vorsicht: Man ist dann bei Unfällen nicht versichert und muss zudem mit Bußgeld rechnen!

Geführte Touren

Dutzende Unternehmen überall in Indien veranstalten geführte Motorradtouren mit Begleitfahrzeug, Mechaniker und Führer. Hier ein paar renommierte Veranstalter:

Lalli Singh Tours (www.lallisingh.com)

Blazing Trails (☎05603-666788; www.blazingtrailstours.com)

World on Wheels (www.worldonwheels.tours)

H-C Travel (www.hctravel.com)

Himalayan Roadrunners (www.ridehigh.com)

Indian Motorcycle Adventure (www.indianmotorcycleadventures.com)

Moto Discovery (www.motodiscovery.com)

Royal Expeditions (☎011-26238545; http://royalexpeditions.com)

Kaufen

Für längere Touren hört es sich zunächst einmal verführerisch an, ein neues Motorrad zu kaufen. Der Verkauf von motorisierten Fahrzeugen an Ausländer ist in Indien aber mit komplizierten Formalitäten verbunden, Ausländer können Fahrzeuge nicht auf ihren eigenen Namen registrieren, und vielfach ist der Kauf eines Motorrads überhaupt nicht realistisch machbar.

Maschinen aus zweiter Hand sind aber weithin verfügbar, und der Papierkrieg ist geringer als beim Kauf eines neuen Motorrads. Alle privaten Motorfahrzeuge, die älter als 15 Jahre sind, dürfen in den Straßen von Delhi nicht fahren.

Um ein gebrauchtes Motorrad zu finden, schaut man auf Schwarze Bretter für Traveller und erkundigt sich bei Motorradmechanikern und anderen Bikern.

Eine gut gewartete, gebrauchte 350-cm³-Enfield kostet 65 000 bis 115 000 ₹. Eine 500-cm³-Enfield mit UCI-Motor bekommt man für 95 000 bis 140 000 ₹. Zusätzlich muss man noch für die Versicherung zahlen.

PAPIERE & ZULASSUNG

Der Erwerb eines Motorrads ist mit viel Papierkram verbunden. Der Vorgang ist kompliziert und zeitaufwendig; am besten lässt man sich von dem Händler beraten, der einem das Motorrad verkauft.

Beim Erstverkauf werden die Fahrzeugpapiere von der jeweiligen Zulassungsstelle ausgefertigt; Käufer gebrauchter Motorräder brauchen diese Dokumente.

Ausländer können den Nameneintrag in den Zulassungspapieren nicht abändern, müssen aber die Formulare für den Eigentümer- und Versicherungswechsel ausfüllen.

Eine Erstzulassung ist 15 Jahre gültig, danach kann sie für 5000 ₹ auf fünf Jahre erneuert werden. Beim Kauf unbedingt überprüfen, dass die einwandfreie Verkehrssicherheit *(road-worthiness)* bestätigt ist und die Maschine weder mit Schulden belastet noch Gegenstand von Ermittlungen oder Gerichtsverfahren ist. Die jeweils zuständige Zulassungsstelle verfügt über diese Informationen.

Mieten

Der Klassiker für eine Motorradtour durch Indien ist eine Royal Enfield, die heute als klassische und moderne Version produziert wird. Diese Bikes sind komplett mechanisch aufgebaut und daher sehr reparaturfreundlich – Ersatzteile bekommt man in Indien überall. Andererseits sind Enfields oft anfälliger als viele neuere Maschinen aus Japan.

Viele Läden verleihen Motorräder für Lokaltrips und längere Touren. Japanische und indische Bikes mit 100 bis 150 cm³ sind günstiger als große Enfields mit 350 bis 500 cm³.

Als Kaution ist eine große Barpauschale (unbedingt einen schriftlichen Beleg mit Rückerstattungssumme verlangen!), das Flugticket oder der Reisepass zu hinterlegen. Doch vor allem Letzteren sollte man niemals aushändigen, da er für jeden Hotel-Check-in vonnöten ist und bei Polizeikontrollen vorgezeigt werden muss.

Eine 500-cm³-Enfield für drei Monate zu mieten, kostet zwischen 25 000 und 28 000 ₹; für eine 350-cm³-Maschine werden zwischen 18 000 und 22 000 ₹ fällig.

Im Preis inbegriffen sind Zubehör, Ersatzteile, für die Reise erforderliche Mautgebühren und eine unschätzbare kostenlose Einweisung in die Wartung.

Helme gibt's für 1000 bis 5500 ₹; die beste indische Marke „Studs" hat viele verschiedene Modelle zu bieten. Zubehör (Gepäcktaschen, Gepäckständer, Schutzbügel, Rückspiegel, verriegelbarer Tankdeckel, Benzinfilter, Zusatzwerkzeug) sind ebenfalls leicht zu finden.

Die folgenden Anbieter sind zu empfehlen:

Lalli Motorbike Exports (Karte S. 68; ☎011-28750869; www.lallisingh.com; 1740-A/55 Hari Singh Nalwa St, Abdul Aziz Rd; ⊙Di–So 10–19 Uhr; Ⓜ Karol Bagh) Das von dem kundigen Lalli Singh geführte Unternehmen in Delhi verkauft und vermietet Enfields und Ersatzteile. Käufer bekommen einen Crashkurs im Fahren und Warten dieser liebenswerten, aber launischen Maschinen. Lalli kann auch andere verlässliche Anbieter in der Gegend empfehlen.

Anu Auto Works (Royal Moto Touring; Karte S. 340; ☎9816163378; www.royalmototouring.com; Vashisht Rd; ⊙Büro ca. Juni–Sept. 9–21 Uhr) Der in Manali ansässige Veranstalter vermietet Enfields und bietet von Juni bis September Touren über Hochhimalaya-Pässe nach Ladakh und Spiti. Typische Enfield-Mietpreise pro Tag sind 1400 bis 1500 ₹ für eine 500-cm^3- und 1200 bis 1300 ₹ für eine 350-cm^3-Maschine. Preisnachlässe gibt's in der Regel, wenn man die Maschine für 18 Tage oder länger mietet.

Allibhai Premji Tyrewalla (Karte S. 820; ☎022-23099417, 022-23099313; www.premjis.com; 205/20 Dr. D. Bhadkamkar (Lamington) Rd; ⊙Mo–Sa 10–19 Uhr) In Mumbai; verkauft neue und gebrauchte Motorräder mit einer Rückkaufoption.

Rajasthan Auto Centre (Karte S. 116; ☎0141-2568074, 9829188064; www.royalenfieldsalim.com; Sanganeri Gate, Sanjay Bazaar; ⊙Mo–Sa 10–20, So ab 14 Uhr) Der empfehlenswerte Laden in Jaipur vermietet, repariert und verkauft Motorräder.

Kerala Bike Tours (☎0484-2356652, 9388476817; www.keralabiketours.com; Kirushupaly Rd, Ravipuram) Das Unternehmen organisiert geführte Motorradtouren in Kerala und den Western Ghats und vermietet an Motorradprofis Enfield Bullets (ab 155 US$/Woche) von Touring-Qualität mit unbegrenzter Kilometerzahl, Vollkaskoversicherung und der Option auf kostenlose Abholung und Wartung.

Versicherung

Biker sollten ausschließlich haftpflichtversicherte Fahrzeuge mieten, um ernste finanzielle Folgen bei Sach- oder Personenschäden zu vermeiden. Die Verträge seriöser Firmen beinhalten eine Haftpflichtversicherung. Von allen anderen lässt man am besten die Finger.

Motorradkäufer brauchen ebenfalls eine Versicherung, die sich normalerweise über den jeweiligen Verkäufer organisieren lässt.

Vollkaskoschutz für eine neue Royal Enfield kostet zwischen 4000 und 5000 ₹ pro Jahr. Die Versicherung für eine gebrauchte Royal Enfield kostet zwischen 800 und 4000 ₹, je nach Alter des Fahrzeugs.

Straßenzustand

Die unterschiedlichen Straßenverhältnisse Indiens können für Fahranfänger eine echte Herausforderung sein. Die Gefahren reichen von Hühnern, Kühen und Fußgängern auf der Straße bis hin zu liegengebliebenen Lastwagen, ungeregeltem Verkehr, unbeschilderten Fahrbahnschwellen und den allgegenwärtigen Schlaglöchern. Manchmal liegt Getreide auf den Straßen ländlicher Gegenden herum – es soll durch drüberrollende Fahrzeuge gedroschen werden –, was das Rutschrisiko für Biker beträchtlich erhöht.

Motorradfahrer sollten sich nicht zu viel für einen Tag vornehmen und möglichst nicht bei Dunkelheit unterwegs sein, denn viele indische Verkehrsteilnehmer fahren einfach ohne Licht. Zudem ist der dynamobetriebene Scheinwerfer des Bikes wirkungslos, wenn Schlaglöcher langsam bzw. mit geringer Drehzahl umfahren werden.

Ohne Pausen schafft man auf verkehrsreichen Bundesstraßen durchschnittlich 40 bis 50 km/h, auf kurvigen Nebenstrecken und unbefestigten Pisten manchmal nur 10 km/h.

Nahverkehr

Im Bereich indischer Städte sind Busse, Taxis, Boote, Stadtbahnen und Fahrrad- bzw. Autorikschas unterwegs.

Die Nahverkehrsfahrpreise variieren von Ort zu Ort.

Bei allen Nahverkehrsmitteln ohne Fixpreise sollte man grundsätzlich *vor* Fahrtantritt einen Preis aushandeln, der den Transport aller Passagiere und Gepäckstücke beinhaltet.

Eventuell werden vorhandene Gebührenzähler (Taxameter) zugunsten höherer „Festpreise" absichtlich nicht benutzt; dann gilt es, unnachgiebig zu verhandeln. Der Nachtzuschlag kann bis zu 100 % betragen. Auch Gepäck schlägt manchmal mit ein paar Rupien mehr zu Buche.

Da Autorikscha- und Taxifahrer nur selten Wechselgeld mitführen, sollte man, wenn solche Trips geplant sind, genügend kleine Scheine dabeihaben.

Achtung: Manche Autorikscha- und Taxifahrer stecken tief im Provisionssumpf.

Apps wie Uber und Ola Cabs haben den Nahverkehrsmarkt verändert. Mit einem Smartphone kann man ein Taxi oder eine Autorikscha bestellen, und der Preis wird elektronisch berechnet.

TAXAMETER

Eine Fahrt mit Taxameter ist nur der halbe Sieg: Da die Geräte fast immer veraltet sind, basiert der finale Fahrpreis auf einer Kombination aus Zählerstand und komplizierter Umrechnungstabelle *(Fare Adjustment Card)*. Da dies natürlich zu Missbrauch einlädt, empfiehlt sich zwecks grober Preiseinschätzung vorab ein Blick auf www.taxiautofare.com.

ohne dass Preisstreitereien möglich oder nötig sind.

Autorikscha, Tempo & Vikram

AUTORIKSCHA

Ähnlich wie bei den *túk-túks* in Südostasien handelt es sich bei den indischen Autorikschas um dreirädrige motorisierte Gefährte mit einer Blech- oder Leinwandverkleidung von Dach und Seiten und Platz für zwei Passagiere (obwohl sich oft viel mehr Personen hineinquetschen) und ein wenig Gepäck.

Diese Gefährte werden auch als „Autos", „Scooters" oder „Riks" bezeichnet.

Autorikschas sind überwiegend billiger als Taxis und haben meist auch Taxameter, doch kann es einiges Durchsetzungsvermögen erfordern, den Fahrer dazu zu bewegen, das Ding auch anzustellen. Autorikschas kann man über die Ola-Taxi-and-Auto-App (www.olacabs.com) bestellen, die am Ziel der Fahrt elektronisch den Fahrpreis berechnet – Feilschen überflüssig! Der Preis beim Einsteigen liegt bei rund 25 ₹, danach bezahlt man pro Kilometer zusätzlich 8 bis 14 ₹.

Die Fahrt mit einer Autorikscha kann sehr lustig, aber wegen der offenen Fenster auch mit Lärm und Hitze (oder großer Kälte!) verbunden sein.

In manchen Städten gibt es größere elektrische Rikschas, die als Sammel-Rikschas fahren und daher billiger sind – man muss aber in derselben Richtung unterwegs sein wie die anderen Passagiere.

TEMPO & VIKRAM

Bei Tempos und *vikrams* (großen Tempos) handelt es sich um überdimensionierte Autorikschas für mehr Passagiere, die festen Routen zu Fixpreisen folgen.

Im ländlichen Raum sind manchmal auch furchteinflößende „Dreiräder" unterwegs – primitive Tempos mit frei beweglichen Frontgabeln, die an Traktoren erinnern. Hinzu kommen mitunter niedliche Magic-Minivans für bis zu zwölf Passagiere.

Bus

Manche Stadtbusse sind mechanische Monster, die stinkend und überfüllt mit halsbrecherischem Tempo dahinrasen. Andere rollen dagegen klimatisiert, sauber, komfortabel und weniger holpernd durch die Gegend. Generell sind Autorikschas oder Taxis aber weitaus praktischer, da schneller und zahlreicher vorhanden.

Fahrradrikscha

Eine Fahrradrikscha ist ein Drahtesel mit zwei Hinterrädern, über denen sich eine Sitzbank für Passagiere befindet. Meist gibt's auch ein Verdeck, das bei schlechtem Wetter hoch- und bei Übergepäck heruntergeklappt werden kann.

Der Preis ist vorab auszuhandeln. Um faire Tarife für bestimmte Strecken einschätzen zu können, fragt man am besten vorher bei Einheimischen nach.

Kolkata ist die letzte Bastion der handbetriebenen Tana-Rikschas. Diese zweirädrigen Karren werden direkt von *wallahs* gezogen.

Schiff/Fähre

Das vielfältige Spektrum der Wasserfahrzeuge auf indischen Flüssen reicht von großen Autofähren bis zu Holzkanus und Ruderbooten aus Weidengeflecht. Die meisten größeren Kähne transportieren gegen Gebühr Fahr- und Motorräder.

Taxi

In den meisten Städten gibt's Taxis – normalerweise mit Gebührenzählern, die von manchen Fahrern aber nur sehr widerwillig benutzt werden. Per Prepaid-Variante umgeht man Abzocke immer am besten. In größeren Städten sind Optionen wie Uber und Ola oder Funktaxis am praktischsten.

PREPAID-TAXIS

Indiens Großflughäfen und -bahnhöfe haben Stände für Prepaid- oder Funktaxis. Wer dort eine Fahrt für längere Strecken zum Fixpreis (inkl. Gepäckbeförderung) bucht, vermeidet Provisionsabzocke. Dennoch ist es ratsam, die Quittung zwecks Zahlungsnachweis sorgfältig bis zum Ziel aufzuheben.

Funktaxis sind nur geringfügig teurer als die Prepaid-Variante, aber klimatisiert und mit Fahrern der jeweiligen Firma besetzt. Zudem verfügen sie über elektronische Taxameter mit Belegdruckfunktion und sind mit GPS-Sender ausgerüstet. So kann das Unternehmen die Bewegungen seiner Fahrzeuge überall überwachen. Dies minimiert das Risiko von absichtlichen Umwegen oder unverschämten Nachforderungen im Nachhinein.

An kleineren Flughäfen und Bahnhöfen warten statt Taxis eventuell Prepaid-Autorikschas.

Sonstiger Nahverkehr

Tongas (einachsige Pferdekutschen) und *victorias* (zweiachsige Pferdekutschen) sind Verkehrsmittel, die man in Indien ebenfalls ab und zu antrifft. In Delhi (und Bengaluru ist dabei, sich anzuschließen) starten wie in anderen Großstädten (z.B. Mumbai, Kolkata oder Chennai) zusätzlich Vorortzüge an normalen Bahnhöfen.

Sammeljeeps

In Bergregionen ergänzen Sammeljeeps das Busnetz zu ähnlichen Festpreisen.

Obwohl sie für fünf bis sechs Personen ausgelegt sind, transportieren die meisten Jeeps weitaus mehr Passagiere. Die Plätze neben und direkt hinter dem Fahrer sind begehrter und teurer als die auf der überfüllten Rückbank.

Die Jeeps starten erst, wenn sie voll sind. Deshalb steigen die Insassen halbleerer Fahrzeuge oft spontan in vollere und daher früher abfahrende Jeeps um. Wenn man für alle freien Plätze bezahlt oder ein Fahrzeug ganz für sich „reserviert", brechen die Chauffeure aber sofort auf.

Einheimische können einem den Weg zu Jeepständen bzw. „Passagierstationen" an wichtigen Verkehrsknotenpunkten weisen.

In Anlehnung an das beliebte Allradfahrzeug Tata Sumo heißen Fahrzeuge in manchen Bundesstaaten auch Sumos.

Achtung: Vor allem auf kurvigen Bergstrecken müssen Fensterplätze manchmal schleunigst für Passagiere mit akuter Reiseübelkeit geräumt werden.

Schiff/Fähre

Linienfähren verbinden Chennai, Kolkata und Visakhapatnam auf dem indischen Festland mit Port Blair auf den Andamanen (Details unter www.andamans.gov.in).

Hinzu kommen Pauschalkreuzfahrten von Kochi (Kerala) zu den Lakshadweep-Inseln (Okt.–Mai). Beliebt sind außerdem Tagestrips mit Kanalfähren zwischen Kollam und Alleppey.

Außerdem gibt es diverse Bootsausflüge und kürzere Passagen mit Flussfähren, deren Spektrum von Pontonketten bis hin zu lederbezogenen Ruderbooten aus Weidengeflecht reicht.

Trampen

Trampen ist nie ganz ungefährlich, und wir empfehlen es nicht. Traveller, die trampen, sollten sich stets bewusst sein, dass sie damit immer ein kleines, aber möglicherweise ernstes Risiko eingehen. Zu verhandelbaren Preisen ergänzen Lastwagen das Busnetz in einigen entlegenen Regionen. Da die Fahrer aber kaum Englisch sprechen, gestalten sich die Zielbeschreibung und die Preisfindung zuweilen schwierig. Achtung: Indische Trucker haben den Ruf, öfter unter Alkoholeinfluss zu fahren. Frauen sollten hier nicht trampen. Immer gesunden Menschenverstand walten lassen!

Zug

Eine Bahnreise ist ein typisch indisches Erlebnis. Zugfahrten sind weniger holperig als Bustrips und empfehlen sich vor allem für Fernstrecken mit Übernachtung an Bord.

Mit fast 7000 Bahnhöfen im ganzen Land gehört Indiens Gleisnetz zu den längsten und betriebsamsten der Welt. Rund 1,5 Mio. Angestellte machen Indian Railways zum größten öffentlichen Arbeitgeber des Planeten.

Neben den genannten nützlichen Bahnverbindungen in diesem Buch fahren noch zahllose weitere Züge. Die besten aktuellen Infos liefern relevante Websites wie die von **Indian Railways** (rbs.indianrail.gov.in) oder das hervorragende Portal **India Rail Info** (http://indiarail info.com) mit extra Offline-Suchmaschine, sowie das benutzerfreundliche Portal **Erail** (erail.in). Viele Bahnhofsbuchhändler und bessere Buch- oder Zeitschriftenläden verkaufen zudem *Trains at a Glance* (45 ₹). Dieser Gesamtfahrplan für alle Hauptstrecken erscheint aber nur einmal pro Jahr und ist daher weniger aktuell als Websites.

Buchung in Indien

Buchen kann man über einen Reiseveranstalter, das Hotel (gegen eine Gebühr) oder persönlich im Bahnhof. Ebenfalls recht unkompliziert ist die Online-Buchung über **IRCTC** (www.irctc.co.in; akzeptiert Mastercard & Visa), das e-Ticketbüro von Indian Railways; Portale wie **Cleartrip** (www.cleartrip.com), **Make My Trip** (www.make

FAHRPREISE VON EXPRESSZÜGEN (IN RUPIEN)

ENTFERNUNG (KM)	1AC	2AC	3AC	1. KLASSE	CHAIR CAR (CC)	ZWEITE KLASSE (II)
100	1047	613	428	262	205	48
200	1047	613	428	412	282	73
300	1047	613	561	558	378	103
400	1460	843	591	690	467	128
500	1794	1058	733	843	577	151
1000	2940	1708	1352	1371	931	258
1500	3787	2188	1487	1753	1189	334
2000	4620	2659	1797	2127	1443	412

PREISRECHERCHE

Wer unter www.indiarailinfo.com oder www.erail.in seinen Start- und Zielpunkt eingibt, erhält sofort eine Liste mit allen Zügen auf der jeweiligen Strecke (inkl. Zugnummer und -name, Ankunft/Abfahrt, Reisedetails und Preisangaben für alle verfügbaren Klassen).

mytrip.com), **Yatra** (www.yatra.com) und **Redbus** (nur für Busse; www.redbus.com) sind auch nützlich, allerdings braucht man in der Regel eine indische Handynummer. Es kann aber funktionieren, irgendeine beliebige Nummer einzugeben und dann eine E-Mail-Adresse zu verwenden. **The Man in Seat 61** (www.seat61.com) bietet eine Menge guter Infos und erklärt detailliert, wie man einen IRCTC-Account anlegt, wenn man keine indische Handynummer hat.

Die Online-Buchung von Zugtickets hat aber ihre Fallstricke – Traveller berichten von Problemen bei der Registrierung und dem Einsatz von Kreditkarten bei einigen Portalen. An großen Bahnhöfen gibt's oft Englisch sprechendes Personal, das bei Reservierungen helfen kann. In kleineren Bahnhöfen verstehen normalerweise zumindest der Bahnhofsvorsteher und sein Stellvertreter Englisch. Wenn man Hilfe braucht, kann es sich auch lohnen, sich an das Personal der Touristeninformation zu wenden.

Pro Monat kann man nur sechs Zugtickets online buchen, danach muss man das persönlich am Bahnhof tun. Wenn man online bucht und ein Ticket für die Warteliste akzeptiert, erhält man eine Rückgutschrift auf seine Kreditkarte, wenn das Ticket nicht vor Abfahrt des Zuges bestätigt wurde.

AM BAHNHOF

Der Infoschalter verteilt Reservierungsformulare, in die Start- und Zielbahnhof plus Zugklasse, -name und -nummer einzutragen sind. Dann muss man lange am Fahrkartenschalter anstehen, wo das Ticket ausgedruckt wird. Frauen sollten die separate Warteschlange für Damen (falls vorhanden) nutzen und ansonsten einfach direkt nach vorn marschieren.

TOURISTENKONTINGENT

In größeren Städten und wichtigen Touristenzentren gibt es International Tourist Bureaus, die für bestimmte Zugklasse Plätze aus dem Touristenkontingent verkaufen. Hier kann man seine Tickets mit weniger Hektik buchen.

Preise

Die Fahrpreise basieren auf Entfernung und Zugklasse. Bei den etwas teureren *Rajdhani*- und *Shatabdi*-Zügen beinhaltet der Preis die Verpflegung. In den meisten klimatisierten Waggons serviert ein Catering-Service das Essen direkt am Platz. Passagiere ohne Reservierung haben am besten ein paar praktische Snacks dabei. Senioren/Senorinnen (ab 60/58 Jahren) erhalten 40/50 % Rabatt in allen Klassen und sämtlichen Zügen. Kinder unter sechs Jahren fahren gratis mit, zwischen sechs und zwölf Jahren zum halben Preis (bis zu 300 km).

Reservierungen

Die obligatorischen Reservierungen für die Klassen 1AC, 2AC, 3AC, Chair Class, Executive Chair-Car und Sleeper Class können bis zu 120 Tage im Voraus vorgenommen werden. Für die 2. Klasse muss nicht reserviert werden. Sobald der Zug am Bahnhof hält, müssen Fahrgäste sich auf ihre Plätze setzen.

Da indische Züge eigentlich immer stark gebucht sind, sollte man sich vor allem Tickets für nächtliche Reisen so früh wie möglich sichern. Dies gilt selbst wenn während großer Festivals zusätzliche Bahnverbindungen zu bestimmten Zielen eingerichtet werden.

Auf Fahrkarten mit Reservierung sind Sitzplatz- bzw. Liegen- und Wagennummer vermerkt. Letztere ist jeweils seitlich am Waggon angebracht (wenn nötig das Bahnhofspersonal fragen!). An jedem reservierungspflichtigen Wagen hängt zudem eine Liste mit Namen und Liegen- bzw. Platznummern.

Sogar nach der Abfahrt können Tickets noch gebührenpflichtig zurückgegeben werden. Die komplizierten Bestimmungen hierfür ermittelt man besser bereits beim Buchen.

Achtung: Da Fahrtverzögerungen jederzeit vorkommen können, sollte der eigene Reiseplan nie zu eng gestrickt sein – so vermeidet man Stress.

RAC (RESERVATION AGAINST CANCELLATION)

Selbst bei komplett ausgebuchten Zügen greift in allen Klassen die limitierte Option „Reservation Against Cancellation" (RAC): Inhaber von RAC-Tickets erhalten die Plätze bzw. Liegen von Passagieren, die vor dem Abfahrtstag storniert haben. An diesem Tag heißt es daher, die Reservierungsliste am Bahnhof checken, um einen festen Platz/Schlafplatz zu ermitteln. Doch selbst wenn niemand storniert hat, darf man mit einem RAC-Ticket stets an Bord gehen und (stehend) mitfahren.

TAKTAL-TICKETS

Für wichtige Verbindungen hält Indian Railways eine sehr kleine Menge von Last-Minute-Tickets (Taktal) zurück, die einen Tag vor Abfahrt um 10 Uhr freigegeben wird (Aufpreis 10–500 ₹/Ticket). Die Klasse 1AC ist hiervon ausgeschlossen.

TOURISTENKONTINGENT

Auf beliebten Strecken gibt's ein separates, kleines Kontingent für ausländische Touristen *(tourist quota)*. Solche Tickets kann man aber nur gegen Vorlage von Reisepass und Visum bei bestimmten Reservierungsbüros in Großstädten buchen. Sie lassen sich in Rupien (manche Büros verlangen bei Rupienzahlung einen Wechselbeleg – Geldautomatenquittung genügt) bezahlen.

WARTELISTE

Falls auch die RAC-Quote ausgeschöpft ist, bekommt man ein Ticket für die Warteliste (*waitlist*; WL). Das bedeutet: Bei genügend Stornierungen besteht die Möglichkeit, in der Liste immer weiter nach oben zu rücken und schließlich einen bestätigten Schlafwagenplatz oder zumindest einen RAC-Sitzplatz zu ergattern. Das Ticketbüro hilft dabei, die Chancen darauf realistisch einzuschätzen. Unter rbs.indianrail.gov.in/pnr_Enq.html kann der eigene Buchungsstatus mittels Eingabe der PNR-Nummer (Passenger Name Record; auf dem Ticket vermerkt) eingesehen werden. Inhaber eines Wartelisten-Tickets dürfen zwar nicht an Bord gehen, haben aber Anspruch auf Rückerstattung.

Gesundheit

Indien ist geografisch sehr vielfältig, sodass in verschiedenen Regionen Gesundheitsprobleme durch Hitze, Kälte oder die Höhe ausgelöst werden können. Der Hygienestandard ist niedrig, sodass Krankheiten durch infizierte Lebensmittel oder Wasser häufig auftreten. Zudem übertragen einige Insekten allerhand Krankheiten, besonders in den tropischen Gebieten. Die medizinische Ausstattung ist in verschiedenen Gegenden unzureichend (besonders außerhalb der Großstädte), man sollte sich also gut vorbereiten.

Für die meisten lebensbedrohlichen Probleme sind ein von vornherein schlechter Gesundheitszustand oder Verletzungen durch Unfälle (besonders Verkehrsunfälle) verantwortlich. Während der Reise einmal krank zu werden, ist dagegen durchaus üblich. Die meisten Krankheiten kann man aber durch den Einsatz des gesunden Menschenverstandes vermeiden oder mithilfe einer gut ausgestatteten Reiseapotheke behandeln. Allerdings sollte man auch nicht zögern, im Ernstfall einen Arzt aufzusuchen – sonst könnte es gefährlich werden.

BEVOR ES LOSGEHT

In Indien kann man viele Medikamente rezeptfrei kaufen, aber es kann schwierig sein, bestimmte neuere Arzneimittel, insbesondere Antidepressiva, Blutdruckmedikamente und Verhütungsmittel aufzutreiben. Vorsicht vor Selbstmedikation: Schon mancher Traveller ist zu Tode gekommen, weil er die falschen Mittel zusammenmixte oder sie zu hoch dosierte! Folgendes sollte man mitnehmen:

- Medikamente in ihrer beschrifteten Originalverpackung
- Ein unterzeichnetes, datiertes Schreiben eines Arztes, in dem der Gesundheitszustand und die einzunehmenden Medikamente einschließlich ihrer generischen Namen beschrieben werden
- Einen Brief des Arztes, der die medizinische Notwendigkeit der Spritzen bestätigt, die eventuell mitgenommen werden
- Wer ein Herzleiden hat, nimmt die Kopie eines EKGs mit, das vor der Abreise gemacht wurde
- Sämtliche Arzneimittel, die man regelmäßig einnehmen muss (am besten in doppelter Menge)

Versicherung

Nie ohne Krankenversicherung reisen! Ein Rücktransport im Notfall ist teuer. Bei der Wahl der richtigen Versicherung sind mehrere Faktoren zu beachten. Unbedingt auch das Kleingedruckte gründlich lesen!

- Möglicherweise muss man eine Zusatzversicherung für Abenteueraktivitäten wie Klettern oder Sporttauchen abschließen.
- In Indien müssen Ärzte normalerweise gleich in bar bezahlt werden. Die Versicherung bezahlt die jeweiligen Stellen entweder direkt oder erstattet das Geld anschließend zurück. Wenn man seine Ansprüche später geltend machen muss, ist immer sicherzustellen, dass alle relevanten Unterlagen aufbewahrt werden.
- Einige Versicherungen verlangen, dass man eine Zentrale im Heimatland anruft (R-Gespräch), die sich um das Problem kümmert.

Impfungen

Auf Reisemedizin spezialisierte Kliniken sind die beste Quelle für aktuelle Informationen. Sie haben alle verfügbaren Impfstoffe vorrätig und können spezifische Empfehlungen für eine Reise aussprechen. Die meisten Impfstoffe verleihen frühestens zwei Wochen nach Verabreichung Immunität, deshalb sollte man am besten vier bis acht Wochen vor der Abreise einen Arzt aufsuchen. Man sollte den eigenen Arzt um ein internationales Impfzertifikat (manchmal auch als „gelbes Heft" bekannt) bitten, in dem alle Impfungen aufgelistet sind, die man erhalten hat.

Reiseapotheke

Für die persönliche Reiseapotheke empfehlen wir:

- Antibakterielle Salbe, z.B. Bactroban
- Antibiotika gegen Hautinfektionen, z.B. Amoxicillin/Clavulanat oder Cephalexin
- Antihistaminika – z.B. Cetirizin für tagsüber und Promethazin für die Nächte
- Antiseptikum, z.B. Betaisodona
- Antispasmikum gegen Magenkrämpfe, z.B. Buscopan
- Abschwellende Mittel, z.B. Pseudoephedrin
- DEET-haltiges Insektenschutzmittel

ERFORDERLICHE & EMPFOHLENE IMPFUNGEN

Die einzige Impfung, die nach internationalen Vorschriften verpflichtend ist, ist die gegen **Gelbfieber**. Ein Nachweis der Impfung wird nur verlangt, wenn man sechs Tage vor der Einreise nach Indien ein Land im Gelbfiebergebiet besucht hat. Wenn man aus Afrika oder Südamerika nach Indien einreist, sollte man sich vorab informieren, ob ein Impfnachweis erforderlich ist.

Die Weltgesundheitsorganisation (WHO) empfiehlt für Reisen nach Indien jedoch folgende Impfungen (daneben auch einen Impfschutz gegen Masern, Mumps und Röteln):

Diphterie & Tetanus Die Auffrischungsimpfung wird empfohlen, wenn die letzte Impfung zehn Jahre oder länger zurückliegt. Nebenwirkungen sind Entzündungen an der Impfstelle und Fieber.

Hepatitis A Bietet nahezu 100 %-igen Schutz für ein Jahr, eine Auffrischungsimpfung nach zwölf Monaten bewirkt einen mindestens 20 Jahre anhaltenden Schutz. Harmlose Nebenwirkungen wie Kopfschmerzen und Entzündungen der Impfstelle treten bei 5 bis 10 % der Behandelten auf.

Hepatitis B Gilt inzwischen als Routineimpfung für die meisten Traveller. Wird als dreimalige Impfung über sechs Monate gegeben. Es gibt auch eine Schnellversion, die in Kombination mit der Hepatitis-A-Impfung durchgeführt wird. Nebenwirkungen sind harmlos und eher selten, es handelt sich dann meist um Kopfschmerzen und Entzündungen der Impfstelle. 95 % der Behandelten haben danach lebenslangen Impfschutz.

Polio Eine Impfung reicht für den lebenslangen Schutz eines Erwachsenen aus. Der inaktive Polioimpfstoff gilt auch bei Schwangerschaften als unbedenklich.

Typhus Die Impfung gegen Typhus wird prinzipiell für alle Indien-Traveller empfohlen, auch wenn nur der Besuch städtischer Gebiete geplant ist. Die einmalige Impfung bietet 70 %-igen Schutz und hält zwei bis drei Jahre an. Sie kann auch mit Tabletten durchgeführt werden, doch wegen der geringeren Nebenwirkungen wird die Injektion empfohlen. Entzündungen der Impfstelle und Fieber können auftreten.

Windpocken Wer keinen Impfschutz gegen Windpocken hat, sollte eine mögliche Impfung mit seinem Arzt besprechen.

Diese Impfungen werden für Traveller empfohlen, die länger als einen Monat im Land bleiben wollen und für alle, die ein erhöhtes Risiko haben (am besten beim Arzt nachfragen!):

Japanische Enzephalitis Wird in drei Teilimpfungen gegeben. Eine Auffrischung nach zwei Jahren wird empfohlen. Selten tritt eine allergische Reaktion mit Nesselausschlag und Schwellungen auf – und zwar ungefähr zehn Tage nach einer Teilimpfung.

Meningitis Eine Injektion. Es gibt zwei Arten der Impfung: Der Vierfach-Impfstoff gibt zwei bis drei Jahre Schutz; der Meningitis-Gruppe-C-Impfstoff hält zehn Jahre lang. Wird für Backpacker unter 25 Jahren empfohlen.

Tollwut Insgesamt drei Impfungen. Eine Auffrischung nach einem Jahr gibt zehnjährigen Schutz. Nebenwirkungen sind selten – gelegentlich Kopfschmerzen und Entzündungen der Impfstelle.

Tuberkulose (TBC) Ein komplexes Thema. Erwachsenen Travellern, die länger in Indien waren, wird normalerweise eher ein TBC-Hauttest vor und nach der Reise als eine Impfung empfohlen. Eine Impfung hält ein Leben lang.

- Erste-Hilfe-Bedarf wie Schere, Pflaster, Bandagen, Mullbinden, Fieberthermometer (keines mit Quecksilber!), sterile Nadeln und Spritzen, Sicherheitsnadeln, Wunddesinfektionsmittel, Pinzette und Rettungsdecke
- Fungizidsalbe, z.B. Clotrimazol
- Halstabletten
- Ibuprofen oder andere entzündungshemmende Mittel
- Jodtabletten zur Trinkwasserreinigung (außer bei Schwangerschaft oder Schilddrüsenproblemen)
- Medikamente gegen Blasenentzündung, falls man dafür anfällig ist
- Medikamente gegen Durchfallerkrankungen – etwa Rehydrationslösungen, Durchfall-„Bremsen" (z.B. Loperamid), Mittel gegen Übelkeit (z.B. Metoclopramid) und Antibiotika gegen Durchfall (z.B. Ciprofloxacin), bakterielle Diarrhöe (z.B. Azithromycin) und Giardiasis oder Amöbendisenterie (z.B. Tinidazol).
- Medikamente gegen Soor (vaginaler Pilzbefall), z.B. Clotrimazol-Pessare oder Diflucan-Tabletten
- Migränemittel, falls man an Migräne leidet
- Paracetamol
- Pyrethrin zum Imprägnieren von Kleidung und Moskitonetzen
- Sonnencreme mit hohem Lichtschutzfaktor
- Steroidsalbe gegen allergische oder juckende Ausschläge, z.B. Hydrocortison
- Verhütungsmittel

Infos im Internet

Im Internet gibt's jede Menge Reisetipps rund um das Thema Gesundheit; www.lonelyplanet.com ist eine gute erste Anlaufstelle dafür. Weitere lohnende Websites:

Fit for travel – Reisemedizinischer Gesundheitsservice (www.fit-for-travel.de) Gute allgemeine Informationen zum Thema Reisemedizin.

MD Travel Health (www.mdtravelhealth.com) Bietet täglich aktualisierte Infos zu Gesundheitsfragen für Traveller zu allen Ländern.

World Health Organization (WHO; www.who.int/ith) Das hervorragende Buch *International Travel & Health* wird jährlich aktualisiert und ist online erhältlich

Weiterführende Lektüre

Zu den empfehlenswerten Büchern gehören *Travellers' Health* von Dr. Richard Dawood und *Travelling Well* von Dr. Deborah Mills, das inzwischen auch als App erhältlich ist; auch ein Blick auf die Website (www.travellingwell.com.au) lohnt sich.

IN INDIEN

Medizinische Versorgung & Kosten

Die medizinische Versorgung in Indien ist ziemlich unterschiedlich. In einigen Städten gibt's inzwischen Kliniken, die sich speziell an Reisende und im Land lebende Ausländer richten. Diese Kliniken sind in der Regel teurer als andere medizinische Einrichtungen vor Ort, bieten aber höhere Behandlungsstandards. Darüber hinaus kennen sie das örtliche System und damit auch seriöse lokale Krankenhäuser und Spezialisten. Außerdem können sie sich mit der Versicherung in Verbindung setzen, sollte man einen Rücktransport benötigen. In ländlichen Gebieten ist es in der Regel jedoch schwierig, zuverlässige medizinische Versorgung zu finden.

Eine Selbstbehandlung kann angemessen sein, wenn nur ein kleineres Problem vorliegt (z.B. Reisedurchfall), man die nötigen Medikamente dabei hat und keine der empfohlenen Kliniken erreichbar ist. Wenn man aber vermutet, schwerer erkrankt zu sein, besonders an Malaria, muss man sich umgehend in die nächste medizinische Einrichtung begeben.

Bevor man Medikamente kauft, immer auf das Haltbarkeitsdatum schauen und sich vergewissern, dass die Packung versiegelt ist und vernünftig gelagert wurde (also z.B. nicht der direkten Sonne ausgesetzt war)!

Infektionskrankheiten

Malaria

Malaria ist eine ernste und möglicherweise sogar tödliche Krankheit. Vor der Abreise sollte man den Rat eines Fachmannes zur geplanten Reiseroute (ländliche Gebiete sind besonders gefährlich) sowie zu Medikamenten und deren Nebenwirkungen einholen.

Malaria wird von einem Parasiten ausgelöst, der durch den Biss eines infizierten Moskitos übertragen wird. Das Hauptsymptom der

REISEHINWEISE

Vor der Abreise lohnt sich immer ein Blick auf die medizinischen Hinweise von offizieller Seite für die einzelnen Regionen Indiens:

Deutschland (www.auswaertiges-amt.de)

Schweiz (www.eda.admin.ch)

Österreich (http://www.bmeia.gv.at)

Erkrankung ist Fieber, es gibt aber auch andere allgemein verbreitete Symptome wie Kopfschmerzen, Durchfall, Husten oder Kältegefühl, die auftreten können. Eine sichere Diagnose kann nur durch eine Blutprobe gestellt werden.

Zwei Strategien sollten kombiniert werden, um eine Malaria-Infektion zu vermeiden: Moskitos vom Körper fernhalten und Malariamedikamente einnehmen. Die meisten Menschen, die sich mit Malaria infiziert haben, nahmen unwirksame oder keine Medikamente.

Moskitostiche lassen sich durch folgende Vorsichtsmaßnahmen vermeiden:

- Auf unbedeckte Hautstellen DEET-basierende Moskitoschutzmittel auftragen. Wer in einem garantiert moskitofreien Raum schläft, etwa unter einem Moskitonetz, kann das DEET nachts abwaschen. Natürliche Moskitoschutzmittel mit Zitronengras können effektiv sein, müssen aber öfter aufgetragen werden als DEET-haltige Mittel.
- Unter einem mit Pyrethrin imprägnierten Moskitonetz schlafen.
- Unterkunft mit Fensterscheiben und ordentlichen Ventilatoren wählen (wenn es keine Klimaanlage gibt).
- In Gebieten mit hohem Risiko Kleidung mit Pyrethrin imprägnieren.
- Helle Kleidung mit langen Ärmeln und Hosenbeinen bevorzugen.
- Mückenspiralen benutzen.
- Insektenspray einsetzen, bevor man das Zimmer zum Abendessen verlässt.

Es gibt eine Vielzahl von Medikamenten:

Chloroquin- & Paludrine-Kombination Eingeschränkte Wirkung in vielen Teilen Südasiens. Zu den häufigen Nebenwirkungen gehören Übelkeit (40 % der Betroffenen) und Mundgeschwüre.

Doxycyclin (täglich eine Tablette) Ein Breitbandantibiotikum, das der Prävention einer Vielzahl von Tropenkrankheiten dient, darunter Leptospirose, durch Zecken übertragene Krankheiten und Typhus. Mögliche Nebenwirkungen sind Photosensibilität (erhöhtes Sonnenbrandrisiko), Soor (bei Frauen), Verdauungsstörungen, Sodbrennen, Übelkeit und eine Wirkungshemmung bei Antibabypillen. Zu den schwereren Nebenwirkungen gehören auch Geschwürbildungen in der Speiseröhre – die Tablette sollte zu einer Mahlzeit mit einem großen Glas Wasser eingenommen werden. Innerhalb der ersten halben Stunde nach Einnahme sollte man sich keinesfalls hinlegen. Das Medikament muss nach Verlassen des Risikogebiets vier Wochen lang eingenommen werden.

Lariam (Mefloquin) Diese wöchentlich einzunehmende Tablette ist für viele Menschen am besten verträglich. Schwere Nebenwirkungen sind selten, schließen aber Depressionen, Angstzustände, Psychosen und Anfälle ein. Personen, die von Depressionen, Angstzuständen, anderen psychischen Störungen oder Epilepsie betroffen waren oder sind, sollten Lariam nicht einnehmen. Es gilt im zweiten und dritten Trimester einer Schwangerschaft als sicher. Die Tabletten müssen nach Verlassen des Risikogebiets vier Wochen lang eingenommen werden.

Malarone Kombinationspräparat aus Atovaquone und Proguanil. Nebenwirkungen sind selten und leicht und treten meist in Form von Übelkeit und Kopfschmerzen auf. Dies ist das beste Medikament für Taucher und alle, die Ausflüge in Hochrisikogebiete machen. Die Tabletten müssen nach Verlassen des Risikogebietes noch eine Woche lang eingenommen werden.

Weitere Krankheiten

Cholera Gelegentlich kommt es zu Cholera-Epidemien in Indien. Die Magen und Darm befallende akute Infektionskrankheit wird durch verunreinigtes Wasser und verunreinigte Nahrungsmittel übertragen, zu denen Fisch und Meeresfrüchte gehören, die roh oder zu kurz gegart verzehrt werden. Traveller sind selten betroffen, wer aber in Gebiete reist, die gerade von Cholera betroffen sind, sollte sich von seinem Hausarzt wegen einer Impfung beraten lassen.

Denguefieber Diese durch Moskitos übertragene Krankheit entwickelt sich zu einem immer größeren Problem, besonders in den Städten. Da kein Impfstoff vorhanden ist, kann ihr nur vorgebeugt werden, indem man Moskitostiche so gut wie möglich vermeidet. Zu den Symptomen gehören hohes Fieber, starke Kopf- und Gliederschmerzen und manchmal Ausschlag oder Durchfall. Die Behandlung besteht aus Ruhe und Paracetamol – kein Aspirin oder Ibuprofen einnehmen, da es die Wahrscheinlichkeit von Blutungen erhöht! Zur Diagnose und Beobachtung sollte man auf jeden Fall einen Arzt aufsuchen.

Grippe In den Tropen ist die Grippe (Influenza) das ganze Jahr über präsent. Zu ihren Symptomen gehören Fieber, Muskelschmerzen, eine laufende Nase, Husten und Halsschmerzen. Bei Menschen über 65 oder mit Vorerkrankungen wie Herzleiden oder Diabetes kann sie einen schweren Verlauf nehmen – für diese Personen wird eine Impfung empfohlen. Es gibt keine spezifische Behandlung, nur Ruhe und Paracetamol.

Hepatitis A Dieses Virus wird durch Lebensmittel oder Wasser übertragen, befällt die Leber und verursacht Gelbsucht (gelbe Haut und Augen), Übelkeit und Lethargie. Für Hepatitis A gibt's keine spezifische Behandlung, man muss der Leber einfach Zeit geben, wieder zu heilen. Alle Indienreisenden sollten sich vorher rechtzeitig gegen Hepatitis A impfen lassen.

Hepatitis B Diese Krankheit wird durch sexuellen Kontakt und den Austausch von Körperflüssigkeiten übertragen und kann durch Impfung vermieden werden. Die Langzeitfolgen der Erkrankung können Leberkrebs oder auch eine Leberzirrhose einschließen.

Hepatitis E Die Symptome der durch Lebensmittel und Wasser übertragenen Hepatitis E ähneln denen der Hepatitis A, aber die E-Variante ist deutlich seltener. Für Schwangere ist sie sehr problematisch und kann zum Tod von Mutter und Kind führen. Es gibt keinen kommerziell verfügbaren Impfstoff, aber eine Ansteckung kann vermieden werden, wenn man die üblichen Sicherheitsmaßnahmen beim Essen und Trinken beachtet.

HIV Wird durch den Austausch von Körperflüssigkeiten übertragen. Am besten vermeidet man ungeschützten Sex, nicht sterile Nadeln (auch in medizinischen Einrichtungen), Tätowierungen und ähnliche Unternehmungen. Die Wachstumsrate der HIV-Infektionen in Indien ist eine der höchsten weltweit.

Japanische Enzephalitis Diese Viruserkrankung wird durch Moskitos übertragen und ist bei Reisenden selten. Die meisten Fälle treten in ländlichen Gegenden auf, und Impfungen werden für alle empfohlen, die mehr als einen Monat außerhalb der größeren Städte verbringen. Es gibt keine Therapie, und die Erkrankung kann zu dauerhaften Hirnschäden oder zum Tod führen. Den eigenen Arzt nach näheren Einzelheiten fragen!

Tollwut Diese meist tödlich verlaufende Krankheit wird übertragen, wenn man von einem infizierten Tier (in erster Linie Hunde oder Affen) gebissen oder auch nur abgeschleckt wird. Sofort nach einem Biss einen Arzt aufsuchen, der mit der Nachbehandlung beginnt – eine Impfung vor der Reise macht die Nachbehandlung sehr viel einfacher! Wird ein Traveller von einem Wildtier gebissen, sollte die Wunde vorsichtig mit Wasser und Seife ausgewaschen und ein jodbasiertes Antiseptikum aufgetragen werden. Wer nicht gegen Tollwut geimpft ist, muss dann schnellstens Tollwutantikörper bekommen – in großen Teilen Indiens wird das aber sehr schwierig sein.

Tuberkulose Während TBC unter Travellern selten ist, sollten Personen mit engem Kontakt zur einheimischen Bevölkerung (wie medizinisches Personal, Aids-Helfer und Langzeittraveller) entsprechende Vorsichtsmaßnahmen treffen. Geimpft werden normalerweise nur Kinder unter fünf Jahren, aber bei gefährdeten Erwachsenen wird ein TBC-Test vor und nach der Reise empfohlen. Die häufigsten Symptome von Tuberkulose sind Fieber, Husten, Gewichtsverlust, Nachtschweiß und Müdigkeit.

Typhus Diese ernste bakterielle Infektion verbreitet sich auch über Essen und Wasser. Symptome sind langsam ansteigendes und hohes Fieber sowie Kopfschmerzen, eventuell begleitet von trockenem Husten und Magenschmerzen. Typhus wird über Bluttests nachgewiesen und mit Antibiotika behandelt. Die Impfung wird allen Travellern empfohlen, die länger als eine Woche in Indien bleiben wollen. Achtung: Die Impfung gewährt keinen 100 %-igen Schutz, also auf jeden Fall vorsichtig sein beim Essen und Trinken!

Vogelgrippe Die Vogelgrippe, auch Influenza A (H5N1), ist ein Subtyp des Influenza-A-Virus. Kontakt mit toten oder erkrankten Vögeln ist die Hauptansteckungsquelle, aber eine Übertragung von Vogel zu Mensch ist recht selten. Zu den Symptomen gehören hohes Fieber und grippeähnliche Symptome mit rapider Verschlechterung des Zustands, die in vielen Fällen zum Versagen der Atmung und zum Tod führen. Wenn Verdacht auf Vogelgrippe besteht, sollte sofort eine medizinische Versorgung erfolgen. Näheres gibt's unter www.who.int/en/.

KOHLENMONOXIDVERGIFTUNGEN

In manchen Gebirgsgegenden wird mit Kohleöfen geheizt. Aufgrund der hohen Gefahr einer Kohlenmonoxidvergiftung sollte man da aber sehr vorsichtig sein. Die Decken, die in vielen Gebirgsgegenden genutzt werden, sind oft fast so dick wie Matratzen und halten einen kuschelig warm, wenn man erst einmal darunter gekrochen ist. Wer trotzdem noch friert, sollte sich mit einer improvisierten Wärmflasche behelfen – einfach kochendes Wasser in eine Trinkwasserflasche schütten und die Flasche in eine Socke stecken!

Reisedurchfall

Reisedurchfall ist mit Abstand das häufigste Problem, von dem Indienreisende betroffen sind – zwischen 30 und 70 % aller Traveller leiden in den ersten zwei Wochen nach Antritt der Reise darunter. Normalerweise wird der Durchfall durch Bakterien ausgelöst, sodass Antibiotika sehr schnell helfen.

Als Reisedurchfall werden mehr als drei wässrige Entleerungen innerhalb von 24 Stunden bezeichnet, zu denen mindestens ein Symptom wie Fieber, Krämpfe, Übelkeit, Erbrechen oder Unwohlsein kommt.

Die Behandlung besteht darin, eine Dehydration zu vermeiden – Rehydrationslösungen sind am besten geeignet. Antibiotika wie Ciprofloxacin oder Azithromycin sollten die Bakterien schnell abtöten. Umgehend medizinische Hilfe suchen, wenn die Reaktion auf das Antibiotikum ausbleibt!

Loperamid wirkt nur wie eine „Bremse" und packt das Problem nicht bei der Wurzel, kann aber trotzdem hilfreich sein (z. B. wenn man eine lange Busfahrt vor sich hat). Loperamid sollte man nicht einnehmen, wenn man Fieber oder Blut im Stuhl hat.

Amöbenruhr Die Amöbenruhr kommt bei Travellern selten vor, wird aber von weniger guten Labors oft fälschlicherweise diagnostiziert. Die Symptome (Fieber, blutiger Stuhl und Unwohlsein) ähneln denen des bakteriell verursachten Durchfalls. Bei Blut im Stuhl sollte sofort ein Arzt aufgesucht werden. Behandelt wird mit zwei Medikamenten: Tinidazol oder Metronidazol töten die Parasiten im Darm ab und ein zweites Medikament vernichtet die Zysten. Bleibt die Krankheit unbehandelt, können Leber- oder Darmabszesse die Folge sein.

Giardiasis *Giardia lamblia* ist ein Parasit, der bei Travellern relativ häufig vorkommt. Symptome sind Übelkeit, Aufgedunsenheit, schlimme Blähungen, Müdikeit und zeitweilig auftretender Durchfall. Der Parasit verlässt den Körper eventuell ohne Behandlung, aber das kann Monate dauern. Übliches Behandlungsmittel ist Tinidazol, Metronidazol ist auch eine Möglichkeit.

TRINKWASSER

- Niemals Leitungswasser trinken!
- Wasser in Flaschen ist in der Regel sicher – beim Kauf sicherstellen, dass das Siegel intakt ist!
- Eis vermeiden, wenn man nicht genau weiß, dass es hygienisch hergestellt wurde!
- Vorsichtig sein mit frischen Säften, die vor allem an Straßenständen verkauft werden – möglicherweise werden sie mit Wasser verdünnt oder in unhygienischen Bechern/Gläsern serviert!
- Wasser abzukochen, ist normalerweise die wirkungsvollste Reinigungsmethode.
- Das beste chemische Reinigungsmittel ist Jod. Es sollte aber nicht von Schwangeren oder Menschen mit Schilddrüsenerkrankungen eingenommen werden.
- Wasserfilter sollten auch die meisten Viren herausfiltern. Man sollte sich vergewissern, dass der Filter eine chemische Barriere, z. B. Jod, und eine kleine Porengröße (weniger als 4 µm) hat.

Umweltrisiken

Essen

Das Essen auswärts birgt immer die Gefahr, an Durchfall zu erkranken. Deshalb Folgendes beachten:

- Nur frisch zubereitete Speisen zu sich nehmen!
- Schalentiere und Büfetts meiden!
- Obst schälen!
- Gemüse nicht roh verzehren!
- Salat mindestens 20 Minuten lang in Jodwasser tauchen!
- Nur in gut besuchten Restaurants mit viel Fluktuation essen gehen!

Hautprobleme

Ausschläge durch Pilzbefall

Reisende können von zweierlei Ausschlägen durch Pilzbefall betroffen sein. Der eine tritt an eher feuchten Körperstellen auf, z. B. im Schritt, in den Achselhöhlen und zwischen den Zehen. Er beginnt mit roten Flecken, die sich langsam ausbreiten und normalerweise auch jucken. Zur Behandlung sollte man die Haut trocken halten, Reibung vermeiden und eine Salbe gegen Pilzinfektionen (wie Clotrimazol oder Lamisil) auftragen. Der andere Pilz, *Pityriasis versicolor*, verursacht helle Flecken, hauptsächlich auf dem Rücken, der Brust und den Schultern. Einen Arzt aufsuchen!

Schnitte & Kratzer Diese entzünden sich in feuchtem Klima leicht. Alle Wunden müssen umgehend mit sauberem Wasser ausgewaschen werden. Anschließend ein Antiseptikum auftragen. Wenn Anzeichen einer Infektion beobachtet werden (zunehmende Schmerzen und Rötungen), sollte man einen Arzt aufsuchen.

Hitze

In vielen Teilen Indiens, besonders im Süden, ist es das ganze Jahr über heiß und feucht. Die meisten Besucher brauchen etwa zwei Wochen, um sich an das Klima zu gewöhnen. Füße und Knöchel können anschwellen und es kann wegen des vielen Schwitzens zu Muskelkrämpfen kommen. Ratsam ist es, einer Dehydrierung vorzubeugen und sich nicht zu viel in der Hitze zu bewegen. Salztabletten einzunehmen, ist nicht empfehlenswert, weil sie den Darm angreifen. Rehydrationsflüssigkeiten trinken oder salzig essen ist besser. Krämpfe lösen sich meist schnell, wenn man eine Ruhepause einlegt, doppelt konzentrierte Rehydrationslösung trinkt und wenn der Muskel sanft gedehnt wird.

Dehydration ist der häufigste Grund für Hitzeschäden. Meist erholt man sich schnell wieder, aber es ist auch nicht ungewöhnlich, sich noch mehrere Tage im Anschluss an die „Trockenphase" schlapp zu fühlen. Zu den Symptomen gehören:

- Schwächegefühl
- Kopfschmerzen
- Reizbarkeit
- Übelkeit oder Erbrechen
- schweißnasse Haut
- schneller, schwacher Puls
- normale oder leicht erhöhte Körpertemperatur

Behandlung:

- aus der Hitze gehen
- Luft zufächeln
- kühle, feuchte Kleidung auf die Haut legen
- den Betroffenen flach hinlegen und die Beine anheben
- mit Wasser und einem Viertelteelöffel Salz pro Liter rehydrieren

Ein **Hitzschlag** ist ein ernstzunehmender medizinischer Notfall. Zu den Symptomen gehören:

- Schwäche
- Übelkeit
- heißer, ausgetrockneter Körper
- Körpertemperatur über 41 °C
- Schwindelgefühl
- Verwirrung
- Koordinationsverlust
- Anfälle
- eventuell Kollaps

Behandlung:

- aus der Hitze gehen
- dem Betroffenen Luft zufächeln
- kühle, nasse Kleidung auf die Haut oder Eis auf den Körper legen, besonders in den Schritt und in die Achselhöhlen

Hitzebläschen sind in den Tropen ein oft auftretender Ausschlag, der entsteht, wenn sich Schweiß unter der Haut ansammelt. Er kann behandelt werden, indem man die Hitze für einige Stunden meidet oder kalt duscht. Salben und Lotionen verschließen die Haut und sollten nicht benutzt werden. Vor Ort erhältliches Hitzebläschen-Pulver kann helfen.

Höhenkrankheit

Für alle, die sich in Höhen von über 3000 m begeben, könnte die Höhenkrankheit zum Problem werden. Der größte Risikofaktor ist es, zu schnell auf zu große Höhen zu steigen – man sollte dem schonenderen Akklimatisierungsplan folgen, der in allen guten Wanderführern zu finden ist, und sich nie in noch größere Höhe begeben, wenn sich bereits Symptome zeigen, die mit der Höhenkrankheit in Zusammenhang stehen könnten. Es ist unmöglich, vorauszusagen, wen die Höhenkrankheit erwischt, und oft sind es gerade die jüngeren, fitteren Mitglieder einer Gruppe, die darunter leiden.

Die Symptome entwickeln sich in der Regel in den ersten 24 Stunden in der Höhe, können aber auch bis zu drei Tage auf sich warten lassen. Mildere Symptome sind:

- Kopfschmerzen
- Lethargie
- Schwindelgefühl
- Schlafstörungen
- Appetitverlust

Die Höhenkrankheit kann sich ohne Vorwarnung auch verschlimmern und sogar tödlich verlaufen. Schwerere Symptomen sind u. a.:

- Kurzatmigkeit
- trockener Reizhusten (evtl. mit rosafarbenem, schaumigem Auswurf)
- starke Kopfschmerzen
- Koordinations- und Gleichgewichtsverlust
- Verwirrung
- Gereiztheit
- Erbrechen
- Benommenheit
- Bewusstlosigkeit

Leichte Symptome kann man behandeln, indem man auf derselben Höhe bleibt und sich ausruht, bis man sich wieder erholt hat, was meist ein bis zwei Tage dauert. Gegen die Kopfschmerzen kann Paracetamol oder Aspirin eingenommen werden. Wenn die Symptome andauern oder schlimmer werden, muss man sich sofort auf eine geringere Höhe begeben, auch 500 m tiefer können schon ausreichen. Man sollte nie Medikamente einnehmen, nur weil man einen Abstieg vermeiden oder gar noch höher aufsteigen möchte.

Einige Ärzte empfehlen Acetazolamid und Dexamethason zur Vorbeugung der Höhenkrankheit, ihre Anwendung ist jedoch umstritten. Die Medikamente können die Symptome zwar mildern, Warnzeichen jedoch auch verschleiern. Schwere und tödliche Fälle der Höhenkrankheit sind auch schon bei Menschen aufgetreten, die diese Medikamente eingenommen haben.

Maßnahmen, um die Höhenkrankheit zu vermeiden:

- Langsam aufsteigen – am besten gönnt man sich regelmäßig Ruhetage und pausiert zwei oder drei Nächte nach jedem Aufstieg um 1000 m!
- Wenn möglich, auf geringerer Höhe schlafen als der des höchsten Punktes, den man am jeweiligen Tag erreicht hat! Über 3000 m sollte die Schlafhöhe täglich um nicht mehr als 300 m erhöht werden.
- Mehr trinken als normal!
- Auf eine leichte und kohlenhydratreiche Ernährung achten.
- Alkohol und Beruhigungsmittel vermeiden!

Insektenbisse & -stiche

Bienen- und Wespenstiche

Jeder, der unter einer schweren Bienen- oder Wespenstichallergie leidet, sollte eine Adrenalinspritze (z. B. einen EpiPen) mitführen.

Blutegel gibt's in feuchten Regenwaldregionen. Sie übertragen keine Krankheiten, aber ihre Bisse jucken, und das oft wochenlang, und noch dazu können sie sich leicht entzünden. Ein Antiseptikum auf Jodbasis auf Blutegelbisse auftragen, um Infektionen vorzubeugen!

Läuse treten meist auf dem Kopf oder im Schambereich auf. Vermutlich muss man ein Läuseshampoo (z. B. Pyrethrin) zur vollständigen Bekämpfung mehrmals anwenden.

Wanzen übertragen zwar keine Krankheiten, aber ihre Bisse können jucken. Gegen den Juckreiz helfen Antihistaminika.

Zecken holt man sich beim Wandern in ländlichen Gegenden, und oft findet man sie hinter den Ohren, am Bauch und unter den Achseln. Wer von einer Zecke gebissen wurde und an der Biss-

oder einer anderen Stelle einen Ausschlag oder Fieber bzw. Muskelschmerzen bekommt, sollte einen Arzt aufsuchen. Doxycyclin beugt von Zecken übertragenen Krankheiten vor.

Luftverschmutzung

Luftverschmutzung, insbesondere durch Fahrzeugabgase, ist in den meisten städtischen Ballungsgebieten Indiens ein wachsendes Problem. Wer unter schweren Atemwegsbeschwerden leidet, sollte vor einer Indien-Reise seinen behandelnden Arzt konsultieren. Alle Traveller sollten die Hinweise zur Luftverschmutzung in der Presse und seitens staatlicher Stellen beachten (wenn der Luftverschmutzungsindex in einer der acht Verschmutzungskategorien einen Wert von 100 oder höher enthält, ist das ein schlechter Wert). Wer von der Luftqualität beeinträchtigt wird, sollte im Zweifel zu einer Einwegs-Gesichtsmaske greifen.

Sonnenbrand

Selbst an bewölkten Tagen kann man sich schnell einen Sonnenbrand zuziehen.

- Beim Baden vor und nach dem Schwimmen eine starke Sonnencreme (Lichtschutzfaktor 50+) auftragen!
- Sonnenbrille und einen Hut mit breiter Krempe tragen!
- Während der heißesten Stunden (10–14 Uhr) sollte man sich nicht in die Sonne legen.
- Besondere Vorsicht ist in Höhen über 3000 m geboten: In dieser Höhe holt man sich sehr leicht einen Sonnenbrand. Hat man sich verbrannt, sollte man bis zur Genesung im Schatten bleiben und, wenn nötig, Schmerzmittel nehmen. Hilfreich ist, zweimal täglich eine Creme mit einem Prozent Hydrocortison auf die betroffenen Hautpartien aufzutragen.

Tauchen & Surfen

Taucher und Surfer sollten vor der Reise den Rat eines Spezialisten einholen, um sicherzustellen, dass ihre Reiseapotheke mit allem Nötigen für Schnitte durch Korallen sowie tropische Ohreninfektionen ausgestattet ist. Taucher sollten sich vergewissern, dass ihre Versicherung auch die Dekompressionskrankheit abdeckt – bei Organisationen wie **Divers Alert Network** (www.danasiapacific.org) gibt's spezielle Taucherversicherungen. Bestimmte Erkrankungen sind nicht mit dem Tauchen vereinbar; Details kennt der Arzt.

Frauen & Gesundheit

Bei gynäkologischen Beschwerden sollte frau eine Ärztin aufsuchen.

Harnwegsinfektionen können durch Dehydrierung oder lange Busreisen ohne Toilettenpausen ausgelöst werden. Man sollte ein entsprechendes Antibiotikum mitnehmen.

Hygieneartikel Binden, selten auch Tampons, sind überall im Land in vielen Geschäften erhältlich.

Soor Hitze, Feuchtigkeit und Antibiotika können eine Soor-Erkrankung begünstigen. Die Behandlung erfolgt durch eine Salbe gegen Pilzinfektionen und Pessare, beispielsweise Clotrimazol. Eine praktische Alternative dazu ist eine einzige Tablette Fluconazol (Diflucan).

Verhütung Ein ausreichender Vorrat des persönlichen Verhütungsmittels gehört ins Reisegepäck.

Sprache

Die große Menge der in Indien benutzten Sprachen erklärt, warum in weiten Teilen des Landes zusätzlich Englisch gesprochen wird. Auch bei offiziellen Angelegenheiten wird das Englische verwendet. Weitere 22 Sprachen sind in der Verfassung anerkannt – aber insgesamt werden über 1600 Sprachen gesprochen!

Es gab große Anstrengungen, Hindi als Nationalsprache zu etablieren und das Englische allmählich in den Hintergrund zu drängen. Aber Englisch ist und bleibt populär, auch wenn Hindi im Norden vorherrscht – es hat kaum Ähnlichkeiten mit den drawidischen Sprachen im Süden. So sprechen auch nur wenige Menschen im Süden Hindi.

Viele gebildete Inder sprechen Englisch praktisch wie ihre Muttersprache. Für viele ist es die zweitwichtigste Sprache. Obwohl es sehr leicht ist, in Südindien mit Englisch durchzukommen, kann es nicht schaden, ein paar Brocken der jeweiligen lokalen Sprache zu kennen.

HINDI

Hindi wird weltweit von etwa 600 Mio. Menschen gesprochen, 180 Mio. von ihnen leben in Indien. Die Sprache hat sich aus dem klassischen Sanskrit entwickelt und wird in der Devanagari-Schrift geschrieben. 1947 wurde es neben Englisch zur offiziellen Landessprache ernannt.

Die meisten Hindi-Laute sind ihren englischen Gegenstücken recht ähnlich. Der Hauptunterschied besteht darin, dass es im Hindi sowohl „aspirierte" Konsonanten (die mit einem Luftstoß ausgesprochen werden, so als würde man ein „h" an den Laut anhängen) als auch nicht aspirierte und sowohl „retroflexe" (mit nach hinten geklappter Zunge ausgesprochene) als auch nicht retroflexe Konsonanten gibt. Unsere vereinfachte Aussprachehilfe vernachlässigt diese Unterschiede. Am besten einfach so vorlesen, als sei es Deutsch – das reicht aus, um verstanden zu werden!

Die richtige Aussprache der Vokale ist jedoch bedeutsam, besonders ihre Länge (z. B. a vs. aa). Die Konsonantenkombination ng nach einem Vokal verlangt eine Nasalisierung (d. h. der Vokal wird „durch die Nase" ausgesprochen).

Im Hindi werden die Wörter nur sehr leicht betont; im Folgenden sind die betonten Silben kursiv gedruckt.

NOCH MEHR GEFÄLLIG?

Noch besser kommt man mit dem *Sprachführer Hindi, Urdu & Bengali* und dem *India Phrasebook*, beide von Lonely Planet, durch Indien. Man findet die Titel unter **http://shop.lonelyplanet.de** und im Buchhandel.

Konversation & Nützliches

Im Hindi werden die Verben in der Form an das Geschlecht des Sprechers (oder an das Subjekt des Satzes) angepasst – es sind also die Verben, nicht die Pronomen „er" oder „sie"(wie etwa im Deutschen), die zeigen, ob das Subjekt eines Satzes männlich oder weiblich ist. In unseren Beispielen sind die Formen für männliche und weibliche Sprecher angegeben und mit „m." bzw. „w." gekennzeichnet.

Hallo./Tschüss.	नमस्ते।	na·ma·*ste*
Ja.	जी हाँ।	dschie haang
Nein.	जी नहीश्च।	dschie na·*hieng*
Entschuldigen Sie bitte.	सुनिये।	sa·ni·*je*
Es tut mir leid.	माफ कीजिये।	maaf *kie*·dschi·je
Bitte ...	कृपया ...	kri·pa·*jaa* ...

Danke.	थैश्वक्यू।	*sajn*·kyuu
Gern geschehen.	कोई बात नहीश्च।	*ko*·ie baat na·*hieng*

Wie geht's?
आप कैसे/कैसीहै? — aap *kej*·se/ *kej* sie hayng (m./w.)

Gut, und selbst?
मै ठीक हूँ। — mäjng tiek
अाप सुनाइये। — huung aap sa·*naa*·ai·je

Wie heißen Sie?
आप का नाम क्या है? — aap kaa naam kjaa hej

Ich heiße …
मेरा नाम … है। — *mi*·raa naam … hej

Sprechen Sie englisch?
क्या आपको अश्वग्रेज़ी आती है? — kjaa aap ko en·*gre*·sie *aa*·tie hej

Ich verstehe nicht.
मैश्न नहीश्च समझा/समझी। — mayng na·*hieng* *sem*·dschaa/*sem*·dschie (m./w.)

Essen & Trinken

Können Sie mir etwas empfehlen?
आपके ख्याल मे क्या अच्छा होगा? — aap ki kjaal meng kjaa *etsch*·tschaa *ho*·gaa

Haben Sie auch vegetarisches Essen?
क्या आप का खाना शाकाहारी है? — kjaa aap kaa *kaa*·naa schaa·kaa·*haa*·rie hej

Ich esse kein (Fleisch).
मैश्न (गोश्त) नहीश्च खाता/खाती। — mejng (goscht) na·*hieng* *kaa*·taa/*kaa*·tie (m./w.)

Ich hätte gerne …
मुझे … दीजिये। — mu·*dschi* … *die*·dschi·je

Das ist köstlich.
बहुत मज़ेदार हुआ। — ba·*hat* ma·si·*daar* hu·*aa*

Bringen Sie mir bitte die Speisekarte/Rechnung.
मेन्यू/बिल लाइये। — *men*·juu/bil *laa*·ai·je

Wichtige Begriffe

Abendessen	रात का खाना	raat kaa *kaa*·naa
Dessert	मीठा	*mie*·taa
Essen	खाना	*kaa*·naa
Flasche	बोतल	*bo*·tel
Frühstück	नाश्ता	*naasch*·taa
Gabel	काँटा	*kaan*·taa
Getränke	पीने की चीज़ेश्व	*pie*·ne kie *tschie*·seng
Glas	गिलास	glaas
Löffel	चम्मच	*tschem*·metsch
Lokal	ढाबा	*daa*·baa
Markt	बाज़ार	*baa*·saar
Menü	थाली	*taa*·lie
Messer	चाकू	*tschaa*·kuu
Mittagessen	दिन का खाना	din kaa *kaa*·naa
Restaurant	रेस्टोरेश्वट	*res*·to·rent
Schüssel	कटोरी	ka·*tu*·rie
Snack	नाश्ता	*naasch*·taa
Teller	प्लेट	plet

Fleisch & Fisch

Ente	बतख़	ba·*tek*
Fisch	मछली	*metsch*·lie
Fleisch	गोश्त	goscht
Fleischbällchen	कोफ़्ता	*kof*·taa
Hühnchen	मुर्ग़ी	*mur*·dschie
Hummer	बड़ी झीश्वगा	ba·*rie* *dschieng*·gaa
Krabben	झींगी मछली	*dschieng*·dschie *metsch*·lie
Meeresfrüchte	मछली	*metsch*·lie
Rind	गाय का गोश्त	gaai kaa goscht
Schwein	सुअर का गोश्त	*su*·ar kaa goscht
Ziege	बकरा	*bek*·raa

Getränke

Bier	बियर	bai·*jar*
Fruchtgetränk	शरबत	*schar*·bet
Joghurt	लस्सी	*las*·sie
Kaffee	काईफ़ी	*kaa*·fie
Milch	दूध	duud
Rotwein	लाल शराब	laal scha·*raab*
Rübensaft	गन्ने का रस	*gen*·ni kaa res
(Zuckerrohr-) Saft	(गन्ने का) रस	(*gan*·nie kaa) res
Tee	चाय	tschaaj
Wasser	पानी	*paa*·nie
Weißwein	सफ़ेद शराब	sa·*fed* scha·*raab*

Obst & Gemüse

Ananas	अनन्नास	ei·*nen*·naas
Apfel	सेब	seb
Aprikose	खुबानी	ka·*baa*·nie
Aubergine	बैगन	*bejng*·gen

Banane	केला	*ki*·laa
Blumenkohl	फूल गोभी	puul go·*bie*
Dattel	खजूर	ka·*dschuur*
Erbsen	मटर	ma·*tar*
Gemüse	सब्ज़ी	*seb*·sie
Grapefruit	चकोतरा	tscha·*kot*·raa
Gurke	ककड़ी	*kek*·rie
Karotte	गाजर	*gaa*·dschar
Kartoffel	आलू	*aa*·luu
Knoblauch	लहसुन	*leh*·san
Kürbis	कद्दू	*ked*·duu
Linsen	दाल	daal
Mais	मक्का	*mek*·kaa
Mandarine	संतरा	*sen*·ta·raa
Mango	आम	aam
Nüsse	मेवे	*mi*·wi
Obst	फल	pel
Orange	नारंगी	naa·*ren*·gschie
Papaya	पपीता	pa·*pie*·taa
Paprika	मिर्च	mörtsch
Pfirsich	आड़ू	*aa*·ruu
Pilz	खुम्बी	*kam*·bie
Spinat	पालक	*paa*·lek
Traube	अंगूर	*en*·guur
Wassermelone	तरबूज़	*tar*·buus
Zitrone	निम्बू	*nim*·buu

Sonstiges

Brot	चपाती/नान/रोटी	tscha·*paa*·tie/naan/*ro*·tie
Butter	मक्खन	*mek*·ken
Chili	मिर्च	mörtsch
Chutney	चटनी	*tschet*·nie
Ei	अंडे	*en*·di
Eis	बर्फ़	barf
Eiscreme	कुल्फ़ी	*kal*·fie
Gewürze	मिर्च मसाला	mörtsch ma·*saa*·laa
Honig	मधु	*ma*·dhu
Papadams	पपड़	pa·*par*
Pfeffer	काली मिर्च	*kaa*·lie mörtsch
Relish	अचार	ei·*tschaar*
Reis	चावल	*tschaa*·wel
Salz	नमक	na·*mek*
Tofu	टोफू	to·*fuu*
Zucker	चीनी	*tschie*·nie

Notfälle

Hilfe!
मदद कीजिये! — ma·*ded kie*·dschie·yie

Lassen Sie mich in Ruhe!
जाओ! — *dschaa*·o

Ich habe mich verlaufen.
मैं रास्ता भूल गया/गयी हूँ। — meing *raas*·taa bul ga·*jaa*/ga·*jee* hung (m./f.)

Rufen Sie einen Arzt!
डॉक्टर को बुलाओ! — *daak*·tar ku bju·*laa*·o

Rufen Sie die Polizei!
पुलिस को बुलाओ! — pu·*lis* ka bju·*laa*·o

Ich bin krank.
मैं बीमार हूँ। — meing *bie*·maar huung

Wo ist die Toilette?
टॉयलेट कहाँ है? — taa·ei·let ka·*heng* hej

Shoppen & Service

Ich möchte ... kaufen.
मुझे ... चाहिये। — mju·*dschi* ... *tschaa*·hai·ji

Ich schaue mich nur um.
सिर्फ़ देखने आया/आयी हूँ। — sörf *dek*·ni *aa*·jaa/*aa*·jie huung (m./w.)

Darf ich mir das mal anschauen?
दिखाइये। — dai *kaa*·ai·ji

Wie viel kostet das?
कितने का है? — *kit*·ni kaa hej

Das ist zu teuer.
यह बहुत महंगा/महंगी है। — jeh ba·*hat* ma·*haen*·gaa/ma·*hen*·dschie hej (m./w.)

Da ist ein Fehler auf der Rechnung.
बिल में गलती है। — bil meng *gel*·tie hej

Bank	बैंक	bejnk
Post	डाक ख़ाना	daak *kaa*·naa
Telefon	सार्वजनिक फ़ोन	*saar*·wa·dscha·nik fon
Touristen-information	पर्यटन ऑफ़िस	*par*·ja·ten *aa*·fis

Uhrzeit & Datum

Wie spät ist es?
टाइम क्या है? — *taa*·im kjaa hej

Es ist (zehn) Uhr.
(दस) बजे हैं। — (des) ba·*dschi* hejng

Halb (elf).
साढ़े (दस)। — *saa*·ri (des)

Morgen	सुबह	su·bah
Nachmittag	दोपहर	du·pa·har
Abend	शाम	schaam

Montag	सोमवार	som·waar
Dienstag	मश्वगलवार	men·gel·waar
Mittwoch	बुधवार	bad·waar
Donnerstag	गुरुवार	ga·ra·waar
Freitag	शुक्रवार	schak·ra·waar
Samstag	शनिवार	sha·ni·waar
Sonntag	रविवार	re·vi·waar

Unterkunft

Wo ist ein(e) ...?	... कहाँ है?	... ka·haang hej
Hostel	यूथ हास्टल	juut haas·tel
Hotel	होटल	ho·tel
Pension	गेस्ट हाउस	gest haa·us

Haben Sie ein ...?	क्या ... कमरा है?	kija ... kamra hej
Einzelzimmer	सिश्वगल	sin·gel
Doppelzimmer	डबल	da·bel

Wie viel kostet es pro ...?	... के लिय कितने पैसे लगते हैश्व?	... ke lai·je kit·ne pej·se leg·te hejng
Nacht	एक रात	ek raat
Person	हर व्यक्ति	har wjek·ti

Bad	बाथळम	baat·ruum
Fenster	खिड़की	kir·kie
Klimaanlage	ए० सी०	e sie
Moskitonetz	मसहरी	mes·ha·rie
Warmwasser	गर्म पानी	garm paa·nie
Wäscheservice	धोबी	du·bie

Verkehrsmittel & -wege

Wann fährt der ... (Bus)?	... (बस) कब जाती है?	... (bas) keb dschaa·tie hej
erste	पहली	pih·lie
letzte	आख़िरी	aa·kei·rie

Boot	जहाज़	dschaa·haas
Bus	बस	bas
Fahrrad-rikscha	साइकिल रिक्शा	saa·ai·kil rik·schaa
Flugzeug	हवाई जहाज़	ha·waa·ie dscha·haas
Zug	ट्रेन	tren

ein ... Ticket	के लिये ... टिकट दीजिये।	kie lei·ji ... ti·ket die·dschie·ji
einfaches	एक तरफ़ा	ek te·ra·fa
Hin- & Rück-	आने जाने का	aa·nie dschaa kaa

Bahnhof	स्टेशन	sti·schen
Bushaltestelle	बस स्टॉप	bas is·taap
Fahrkarten-verkauf	टिकटघर	ti· ket ·dscher
Fahrplan	समय सारणी	sei· mai saa ·ra·nie

Hält er in/bei ...?
क्या ... मेश्व रुकती है? — kjaa ... meng rak·tie hej

Sagen Sie mir bitte Bescheid, wenn wir in ... sind.
... जब ... आता है, मुझे बताइये। — Dschab ... a ·taa hej mju· dschie bej· taa ·ai·ji

Bitte fahren Sie direkt zu dieser Adresse.
इसी जगह को फ़ौरन जाइए। — is·ei dscha ·gah ko fau·ren dschaa·ei·jie

Bitte halten Sie hier.
यहाँ रुकिये। — ja·haang ru·ki·ji

ZAHLEN – HINDI

1	१	एक	ek
2	२	दो	du
3	३	तीन	tien
4	४	चार	tschaar
5	५	पाँच	paantsch
6	६	छह	tschej
7	७	सात	saat
8	८	आठ	aat
9	९	नौ	nau
10	१०	दस	des
20	२०	बीस	bies
30	३०	तीस	ties
40	४०	चालीस	tschaa·lies
50	५०	पचास	pa·tschaas
60	६०	साठ	saat
70	७०	सत्तर	set·tar
80	८०	अस्सी	es·sie
90	९०	नब्बे	neb·bi
100	१००	सौ	sau
1000	१०००	एक हज़ार	ek

Wegbeschreibungen

Wo ist …?
…कहाँ है? — … ka·*haang* hej

Wie weit ist das?
वह कितनी दूर है? — woh *kit*·nie door hej

Wie ist die Adresse?
पता क्या है? — pa·*taa* kjaa hej

Können Sie es mir zeigen (auf der Karte)?
(नक्शे मे) दिखा सकते हैं? — (*nek*·schi meng) dai·*kaa sek*·ti hejng

Biegen Sie links/rechts ab.
लेफ़्ट/राइट मुड़िये। — left/*raa*·it mu·ri·*je*

an der Ampel	सिगनल पर	*sig*·nal par
an der Ecke	कोने पर	*ko*·ne par
gegenüber	के सामने	ke *saam*·ne
geradeaus	सीधे	*sie*·di
hinter	के पीछे	ki *pie*·tsche
in der Nähe von	के पास	ki paas
vor	के सामने	ki *saam*·ni

TAMIL

Tamil ist die offizielle Sprache Tamil Nadus und eine der wichtigsten drawidischen Sprachen Südindiens. Sie existiert seit über 2000 Jahren. In Indien gibt es etwa 62 Mio. Sprecher.

Auch das tamilische Lautsystem hat eine Reihe „retroflexer" Konsonanten. Anders als im Hindi gibt's im Tamil aber keine „aspirierten" Laute. Unsere vereinfachte Aussprachehilfe unterscheidet die retroflexen Konsonanten nicht von ihren nicht retroflexen Gegenstücken. Die Lautkombination aw klingt so wie im englischen *law*. Betonte Silben sind kursiv.

Konversation & Nützliches

Hallo.	வணக்கம்.	wa·nak·kam
Tschüss.	போய் வருகிறேன்.	po·i wa·ru·ki·rejn
Ja.	ஆமாம்.	aa·maam
Nein.	ல்லை.	il·lai
Entschuldigung.	தயவு செய்து.	ta·ja·wu sej·du
Tut mir leid.	மன்னிக்கவும.	men·nik·ka·wam
Bitte.	தயவு செய்து.	ta·ja·wu tschi·tu
Danke.	நன்றி.	nan·dri

Sprechen Sie englisch?
நீங்கள் ஆங்கிலம் பேசுவீர்களா? — nieng·kel aang·ki·lem pej·tschu·wier·ka·la

Ich verstehe nicht.
எனக்கு விளங்கவில்லை. — e·nek·ku wi·leng·ka·wil·lai

Essen & Trinken

Können Sie mir ein(e) … empfehlen?
நீங்கள் ஒரு… பரிந்துரைக்க முடியுமா? — *nieng*·kel o·*ru* … pa·rin tu·*raik* ka mu ti·*ju*·maa

Bar	பார்	paar
Gericht	உணவு வகை	ju·na·wu wa·kai
Restaurant	உணவகம்	ju·na·wa·hem

Ich möchte ein(e)/die/das …, bitte.
எனக்கு தயவுசெய்து … கொடுங்கள். — i·nek·ku ta·ja·wu tschej tu … ko·tung·kal

Rechnung	விலைச்சீட்டு	laitsch·tschiet·tu
Speisekarte	உணவுப்–பட்டியல்	ju·na·wap·pct·ti·jal
Gericht	அந்த உணவு வகை	an·ta ju·na·wu wa·hai

Haben Sie auch vegetarisches Essen?
உங்களிடம சைவ உணவு உள்ளதா? — ang·ka·li·tem tschai·wa ju·na·wual·la·taa

Ich bin allergisch gegen (Nüsse).
எனக்கு (பருப்பு வகை) உணவு சேராது. — i·nek·ku (pa·rap·pu wa·kai) ju·na·wutschej·raa·tu

Notfälle

Hilfe!	உதவ!	ju·ta·*wi*
Gehen Sie weg!	போய் வீடு!	pau·ai wi·tu

Rufen Sie einen Arzt!
ஐ அழைக்கவும் ஒரு மருத்துவர்! — ai ei·sai·ka·vam o·ru ma·rat·tu·war

Rufen Sie die Polizei!
ஐ அழைக்கவும் போலிஸ! — ai ei·sai·ka·vam pau·lies

Ich habe mich verirrt.
நான் வழி தவறி போய்விட்டேன். — naan wa·si ta·wa·ri pau·ai·wit·tin

Wo sind die Toiletten?
கழிவறைகள் எங்கே? — ka·si·wa·rai·kal eng·ki

ZAHLEN – TAMIL

1	ஒன்று	on·*dru*
2	இரண்டு	i·*ran*·tu
3	மூன்று	*moon*·dru
4	நான்கு	naan·*ku*
5	ஐந்து	ain·*tu*
6	ஆறு	*aa*·ru
7	ஏழு	*ey*·zu
8	எட்டு	et·*tu*
9	ஒன்பது	on·pa·*tu*
10	பத்து	pat·*tu*
20	இருபது	i·ru·pa·*tu*
30	முப்பது	mup·pa·*tu*
40	நாற்பது	naar·pa·*tu*
50	ஐம்பது	aim·pa·*tu*
60	அறுபது	a·ru·pa·*tu*
70	எழுபது	e·zu·pa·*tu*
80	எண்பது	en·pa·*tu*
90	தொன்னூறு	ton·noo·*ru*
100	நூறு	noo·*ru*
1000	ஓராயிரம்	*aw*·raa·yi·ram

Shoppen & Service

Wo ist der Markt?
எங்கே சந்தை இருக்கிறது? eng·ki tschan·tai ai·rak·ki·ra·tu

Darf ich mir das mal anschauen?
நான் இதைப் பார்க்கலாமா? naan ai·taip paark·ka·laa·maa

Wie viel kostet das?
இது என்ன விலை? ai·tu en·na wi·lai

Das ist zu teuer.
அது அதிக விலையாக இருக்கிறது. ei·tu ei·ti·ka wi·lai·jaa·kaai·rak·ki·ra·tu

Bank	வங்கி	wang·ki
Internet	இணையம்	ai·nai·jam
Post	தபால் நிலையம்	ta·paal ni·lai·yam
Touristen-information	சுற்றுப்பயண அலுவலகம்	tschat·rap·pa·ja·na ei·lu·wa·la·kem

Uhrzeit & Datum

Wie spät ist es?
மணி என்ன? ma·ni en·na

Es ist (zwei) Uhr.
மணி (இரண்டு). ma·ni (ai·ren·tu)

Halb (zwei).
(இரண்டு) முப்பது. (ai·ren·tu) map·pa·tu

gestern	நேற்று	nit·tru
heute	இன்று	in·dru
morgen	நாளை	naa·lai
Morgen	காலை	kaa·lai
Abend	மாலை	maa·lai
Nacht	இரவு	ai·ra·vu
Montag	திங்கள்	ting·kal
Dienstag	செவ்வாய்	tschef·wai
Mittwoch	புதன்	pu·ten
Donnerstag	வியாழன்	wi·jaa·san
Freitag	வெள்ளி	wel·li
Samstag	சனி	tscha·ni
Sonntag	ஞாயிறு	nijaa·ji·ru

Unterkunft

Wo ist ein(e) … in der Nähe?
அருகே ஒரு … எங்கே உள்ளது? ej·ru·ke o·ru …eng·ke al·la·tu

Pension	விருந்தினர் இல்லம்	wi·ran·ti·nar il·lem
Hotel	ஹோட்டல	hot·tel

Haben Sie ein …?
உங்களிடம் ஓர் … அறை உள்ளதா? ang·ka·li·tem awr… ej·rai al·la·taa ta·ni

Einzel-zimmer	தன	ta·ni
Doppel-zimmer	இரட்டை	ai·rat·tai

Wie viel kostet es pro …?
ஓர் … என்னவிலை? awr …en·na·wi·lai

Nacht	இரவுக்கு	ai·ra·wuk·ku
Person	ஒருவருக்கு	o·ru·wa·ruk·ku

Bad	குளியலறை	ku·li·ja·la·rai
Bett	படுக்கை	pa·tuk·kai
Fenster	சன்னல	tschan·nal
klimatisiert	குளிர்சாதன வசதியுடையது	ku·lir·tschaa·ta·na wa·tscha·ti·ju tai·ja·tu

Verkehrsmittel & -wege

Wo befindet sich ...?
... எங்கேஇருக்கிறது? *...ing*·kie ai·*rak*·kei·ra·tju

Wie lautet die Adresse?
விலாசம் என்ன? wai· *laa* ·tscham *in* ·nei

Können Sie es mir (auf der Karte) zeigen?
எனக்கு (வரைபடத்தில்) காட்ட முடியுமா? i· *nek* ·kju (va· *rai* ·pa· *tet*· til) *kaat* ·ta mju· tai·ju· *maa*

Ist dies ... nach (Neu-Delhi)?	இது தானா (புது–டில்லிக்குப்) புறப்படும்...?	ai·*tju* taa·*naa* (pju· *tju* til·lik· *kap*) pju· *rep*·pa· tum ...
der Bus	பஸ்	pas
der Zug	இரயில்	ai·ra· dsch*il*
das Flugzeug	விமானம்	vi· *maa*·nam
Ein ... Ticket (nach Madurai), bitte.	(மதுரைக்கு) தயவு செய்து ... டிக்கட் கொடுங்கள்.	(ma·tu·raik· *ku*) ta·ya· *vu* chey· *tu* ... tik·*kat* ko·tung·*kal*
einfaches	ஒரு வழிப்பயண	o·*ru* va·*zip*· pa·ya·na
Hin- & Rück-	இரு வழிப்பயண	i·*ru* va·*zip* · pa·ya·na
Bahnhof	நிலையம்	ni·*lai*·yam
Boot	படகு	pa·ta·*ku*
Bushaltestelle	பஸ் நிறுத்தும்	pas ni· *rut* ·tum
Economy class	சிக்கன வகுப்பு	*chik* ·ka·na va· *kup* ·pu
Erste Klasse	முதல் வகுப்பு	mu·*tal* va·*kup*·pu
Fahrrad	சைக்கிள்	*tschaik*·kil
Motorrad	மோட்டார் சைக்கிள்	*mowt*·taar *tschaik*·kil

Wann fährt der erste/letzte Bus?
எத்தனை மணிக்கு முதல்/,றுதி பஸ் வரும்? *et* ·ta·nai ma· *nik*·ku mu· *tal/* i·ru· *ti* pas va· *rum*

Wie lange dauert die Fahrt?
பயணம் எவ்வளவு நேரம் எடுக்கும்? pa·ya·*nam* ev·va·la·vu ney·*ram* e· *tuk*·kum

GLOSSAR

Adivasi – indigene Völker

Ardhanarishvara – Shivas halb männliche, halb weibliche Form

Arjuna – Mahabharata-Held und militärischer Führer; ihm überreichte Krishna die Bhagavad-Gita

Aryan – Sanskrit für „edel"; jene, die aus Persien auswanderten und sich in Nordindien niederließen

Ashram – spirituelle Gemeinschaft oder Rückzugsort

ASI – Archaeological Survey of India; Organisation, die sich um Denkmalschutz und -pflege bemüht

Autorikscha – lautes, motorisiertes Dreirad, das zum Transport von Personen, Vieh usw. über kurze Strecken benutzt wird; überall im Land zu finden und billiger als ein Taxi

Avalokitesvara – im Mahayana-Buddhismus der Bodhisattva des Mitgefühls

Avatar – Inkarnation, normalerweise die einer Gottheit

Ayurveda – alte, komplexe Wissenschaft der indischen Kräutermedizin und ganzheitlichen Heilung

azad – Urdu für „frei", wie in „Azad Kaschmir"

Baba – religiöser Meister oder Vater; Ausdruck des Respekts

bagh – Garten

bahadur – tapfer oder ritterlich; ein Ehrentitel

Bakschisch – Trinkgeld, Spende (Almosen) oder Bestechungsgeld

Banyan – indischer Feigenbaum; für viele Inder von spiritueller Bedeutung

baoli – s. *baori*

baori – Brunnen, insbesondere steile Stufenbrunnen mit Absätzen und Galerien; in Gujarat werden sie üblicherweise *baoli* genannt

barasingha –Hirsch

basti – Slum

bearer – wie ein Butler

Bhagavad-Gita – Hindu-Lied des Göttlichen; Krishnas Lehren für Arjuna, die sich hauptsächlich auf die Philosophie des *bhakti* stützen; Teil des Mahabharata

bhajan – Andachtslied

bhakti – Hingabe an die Götter; Glaube, Anbetung

bhang – getrocknete Blätter und Blütenknospen der Marihuanapflanze

Bhangra – rhythmische Punjabi-Musik/Tanz

Bharat – Hindi für „Indien"

bhavan – Haus, Gebäude; auch *bhawan* geschrieben

Bhima – Mahabharata-Held; Bruder von Hanuman, Ehemann von Hadimba, Vater von Ghatotkach; für seine große Stärke bekannt

bindi –Stirnzeichen (oft ein Punkt) aus *kumkum*, von Frauen getragen

BJP – Bharatiya Janata Party

Bodhi-Baum – Baum, unter dem Buddha saß, als er Erleuchtung erlangte

Bodhisattva – erleuchtete Wesen

Bollywood – Indiens Antwort auf Hollywood; die Filmindustrie von Mumbai (Bombay)

Brahma – Hindu-Gott; wird als Schöpfer in der Trimurti verehrt

Brahmanismus – frühe Form des Hindusimus, der sich aus dem Vedismus (s. auch *Veden*) entwickelte; nach den Brahmanen-Priestern und Brahma benannt

Brahmane – Angehöriger der Priester-/Gelehrtenkaste, der höchsten hinduistischen Kaste

Buddha – der Erleuchtete; Gründer des Buddhismus; wird von Hindus außerdem als neunte Inkarnation Vishnus betrachtet

Buddhismus – s. *früher Buddhismus*

Cantonment – städtischer Verwaltungs- und Militärbereich zur Kolonialzeit

chaam – ritueller Maskentanz, der von einigen buddhistischen Mönchen in den Gompas aufgeführt wird, um den Sieg des Guten über das Böse und des Buddhismus über die zuvor bestehenden Religionen zu feiern

chaitya – Gebetsraum; Versammlungshalle

Chakra – Mittelpunkt der spirituellen Kraft des Einzelnen; scheibenartige Waffe Vishnus

Chamunda – Inkarnation von Durga; mit Krummsäbel, Schlinge und Keule bewaffnet und in Elefantenhaut gekleidet; ihr Auftrag war es, die Dämonen Chanda und Munda zu töten

Chandra – Mond bzw. der Mond als Gott

Chandragupta – Indischer Herrscher im 3. Jh. v. Chr.

Chappals – Sandalen oder Flip-Flops aus Leder

char dham – die vier Pilgerstätten Badrinath, Kedarnath, Yamunotri und Gangotri

charas – Harz der Marihuanapflanze, auch Haschisch genannt

charbagh – persischer Ziergarten, in Viertel unterteilt (wörtlich: „vier Gärten")

chedi – s. chaitya

chhatri – Ehrenmal (wörtlich: „Schirm") oder Pavillon

chikan – besticktes Tuch (typisch für Lucknow)

chillum – Wasserpfeife; bezeichnet normalerweise die Pfeifen, mit denen *ganja* geraucht wird (Marihuana)

chinkara – Gazelle

chital – Axishirsch

chogyal – König

choli – Sari-Bluse

chorten – tibetisch für „Stupa"

choultry – Unterkunft für Pilger; auch „dharamsala"

chowk – Marktplatz oder Kreuzung

Cong (I) – Congress Party of India; auch Congress (I) genannt

coracle – ein kleines, traditionsgemäß kielloses Boot, oftmals mit runder oder ovaler Form sowied einem Flechtwerk, das mit Stoff oder Fell überzogen ist

dagoba – s. *Stupa*
Dalit – bevorzugter Ausdruck für Indiens Kaste der Unberührbaren; s. auch *Harijan*
dargah – Schrein oder Begräbnisstätte eines muslimischen Heiligen
darshan – Opfergabe oder Audienz bei einer Gottheit
deul – Heiligtum des Tempels
Devi – Shivas Frau; Göttin
dhaba – schlichtes Restaurant oder Imbiss
dham – heiligste Pilgerstätten Indiens
dharamsala – Unterkunft für Pilger
dharma – für Hindus: moralischer Verhaltenskodex oder soziale Pflichten; für Buddhisten: Den Naturgesetzen oder dem Pfad folgen, den Buddha lehrt
dhobi – Kleiderwäscher; meist *dhobi-wallah* genannt
dhobi-Ghat – Ort, an dem Kleider gewaschen werden
dhoti – langes, von Männern getragenes Leinengewand; wie ein *lungi*, aber das knöchellange Tuch wird zwischen den Beinen hochgezogen
Digambara – „die das Himmelkleid tragen"; Gruppe von Anhängern des Jainismus, deren Mitglieder ihre Verachtung für weltliche Güter beweisen, indem sie stets nackt gehen
diwan – Erster Offizier in einem Prinzenstaat; königlicher Hof oder Rat
Diwan-i-Am – Halle für öffentliche Audienzen
Diwan-i-Khas – Halle für Privataudienzen
Draupadi – Ehefrau der fünf Pandava-Prinzen im Mahabharata
Drawidisch – allgemeine Bezeichnung für die Kulturen und Sprachen im tiefen Süden Indiens, u. a. Tamil, Malayalam, Telugu und Kannada
Dschihad – heiliger Krieg (Islam)
dukhang – tibetische Gebetshalle
dun – Tal
dupatta – langer Schal für Frauen, der oft zusammen mit dem *salwar kameez* getragen wird
durbar – Königshof; auch Regierung
Durga – die Unnahbare; Inkarnation von Shivas Frau Devi; schöne, zornige Frau, die auf einem Tiger/Löwen reitet; eine der Hauptgöttinnen des Shakti-Ordens

früher Buddhismus – alle Schulen des Buddhismus, die nach Buddhas Tod und vor dem Aufkommen des Mahayana entstanden; eine moderne Form ist der Theravada (Schule der Ältesten), der in Sri Lanka und Südostasien praktiziert wird; der frühe Buddhismus unterschied sich vom Mahayana, weil er nicht das *bodhisattva*-Ideal lehrte

gabba – Kaschmirteppich mit Applikationen
gali – Gasse oder Durchgang
Ganesh – Hindu-Gott des Glücks; elefantenköpfiger Sohn von Shiva und Parvati, der auch als Ganpati bekannt ist; sein Reittier ist Mooshak (ein rattenartiges Wesen)
Ganga – Hindu-Göttin, die den heiligen Fluss Ganges verkörpert; er soll aus Vishnus Zeh fließen
ganj – Markt
gaon – Dorf
garh – Festung
Garuda – Mensch-Vogel-Reittier Vishnus
Gaur – indischer Büffel
Gayatri – heilige Verse des Rigveda, die von Brahmanen zweimal täglich im Geiste wiederholt werden
geyser – Heißwasserboiler, in vielen Badezimmern zu finden
Ghat – Stufen zu einem Fluss oder Hügeln; Straße bergauf
giri – Hügel
Gompa – tibetisches buddhistisches Kloster
Gopala – s. *Govinda*
gopi – Hirtenmädchen; Krishna war ihnen besonders zugetan
gopuram – hoher Pyramidenturm am Tor drawidischer Tempel
Govinda – Krishna als Kuhhirte; auch nur Kuhhirte
gumbad – Kuppel eines islamischen Grabs oder einer Moschee
gurdwara – Sikh-Tempel
Guru – heiliger Lehrer; abgeleitet von Sanskrit „goe" (Dunkelheit) und „roe" (vertreiben)
Guru Granth Sahib – heiliges Buch der Sikh

haat – Dorfmarkt
Hadsch – Pilgerreise der Muslime nach Mekka
Hadschi – Muslim, der die Hadsch gemacht hat
Hamam – türkisches Bad; öffentliche Badeanstalt
Hanuman – hinduistischer Affengott; wichtig im Ramayana; Anhänger Ramas
Hari – anderer Name für Vishnu
Harijan – (nicht mehr als akzeptabel geltender) Name, den Mahatma Gandhi Indiens Kaste der Unberührbaren gab; bedeutet „Kinder Gottes"
Haschisch – s. *charas*
hathi – Elefant
Haveli – traditionelle, oft aufwendig verzierte Wohnhäuser; besonders in Rajasthan und Gujarat zu finden
hijab – von muslimischen Frauen getragenes Kopftuch
hijra – Eunuch, Transvestit
hookah – Wasserpfeife, mit der Marihuana oder starker Tabak geraucht wird
howdah – Sitz für Elefantenritte

ikat – Stoff, der aus Knüpfbatik-Fäden gewebt wird
Imam – muslimischer religiöser Anführer
imambara – Grabmal, das einem heiligen schiitischen Muslim gewidmet ist
indo-sarazenisch – Stil der Kolonialarchitektur, die westliche Muster mit islamischen, hinduistischen und jainistischen Einflüssen vereint
Indra – bedeutender, angesehener vedischer Gott; Gott des Regens, des Donners, des Blitzes und des Krieges

jagamohan – Versammlungshalle
Jagannath – Herrscher des Universums; Inkarnation von Krishna

jali – geschnitztes Gitter (oft aus Marmor); bezeichnet auch die Löcher oder Lücken, die beim künstlerischen Bearbeiten von Holz oder Stein entstehen

Jataka –Erzählung der verschiedenen Leben Buddhas

jauhar – ritueller Massenselbstmord durch Opferung, der während Zeiten militärischer Niederlagen traditionell von Rajputen-Frauen vollführt wurde, um zu verhindern, dass sie von ihren Fängern geschändet wurden

jhula – Brücke

ji – Endung, die als Zeichen des Respekts an fast alles angehängt werden kann, z.B. bei „Babaji" oder „Gandhiji"

jooti – traditionelle, oft spitz zulaufende Slipper; vor allem in Nordindien zu finden

juggernaut – riesiger, überbordend dekorierter Tempel-„Wagen", der während bestimmter Hindu-Feste durch die Straßen gezogen wird

jyoti linga – natürlich entstandener Lingam, der Shakti-Ströme ableiten soll

kabaddi – traditionelles Spiel (ähnlich wie Fangen)

Kailasa – heiliger Berg im Himalaja; Zuhause von Shiva

Kali – bedrohlich aussehende Inkarnation von Devi, die das Böse zerstört; normalerweise mit dunkler Haut, von der Blut tropft, und einer Kette aus Schädeln dargestellt

Kama – hinduistischer Gott der Liebe

Kamasutra –antiker Sanskrit-Text, der hauptsächlich die Themen Liebe und Sexualität abdeckt

kameez – hemdartige Tunika für Frauen; s. auch *salwar kameez*

Karma – hinduistisches, buddhistisches und sikhistisches Prinzip der ausgleichenden Gerechtigkeit für begangene Taten

karnatische Musik – klassische Musik Südindiens

Kaste – die ererbte Lebensstation (soziale Stellung) eines Hindus; es gibt vier Hauptkasten: Brahman, Kshatriya, Vaishya und Shudra

khadi – handgesponnener Stoff; Mahatma Gandhi ermutigte die Menschen, ihre Kleidung selbst zu weben, statt englische zu kaufen

Khalsa – Bruderschaft der Sikh

Khan – muslimischer Ehrentitel

khur – asiatischer Wildesel

kirtan – Andachtsgesang der Sikh

koil – Hindu-Tempel

kolam – s. *rangoli*

Koran – heiliges Buch des Islam

kot – Festung

kothi – Residenz oder Villa

kotwali – Polizeiwache

Krishna – Vishnus achte Inkarnation, oft mit blauer Haut dargestellt; er enthüllte Arjuna die Bhagavad-Gita

kumkum – gefärbtes Pulver, das für *bindi*-Punkte verwendet wird

kund – See oder Wasserbecken; Toda-Dorf

kurta – langes Hemd, mit kurzem oder ganz ohne Kragen

Lakshmana – Halbbruder und Gehilfe von Rama im Ramayana

Lakshmi – Vishnus Gefährtin; hinduistische Göttin des Wohlstands; sie entsprang mit einer Lotusblüte in der Hand dem Ozean

lama – tibetischer buddhistischer Priester oder Mönch

Laxmi – s. Lakshmi

Lingam – Phallussymbol; Glück verheißendes Symbol für Shiva; Plural: „Linga"

lok – Menschen

Lok Sabha – Unterhaus im indischen Parlament (House of the People; „Haus des Volkes")

Losar – tibetisches Neujahr

lungi – von Männern getragenes, weites, buntes Gewand (ähnlich dem Sari); wird in der Taille gefaltet, damit es passt

madrasa – islamisches Seminar

maha – Vorsilbe, bedeutet „groß"

Mahabharata – großes, vedisches Hindu-Gedichtepos der Bharata-Dynastie; umfasst etwa 10 000 Verse, die die Schlacht zwischen den Pandavas und den Kauravas beschreiben

Mahakala – Große Zeit; Shiva und außerdem einer der zwölf *jyoti linga (heilige Schreine)*

mahal – Haus oder Palast

Maharadscha – wörtlich „großer König", Prinzenherrscher (auch: „Maharaja")

maharana – s. *Maharadscha*

Maharani – Ehefrau eines Prinzenherrschers oder selbst eine Herrscherin

maharao – s. *Maharadscha*

maharawal – s. *Maharadscha*

mahatma – wörtlich „große Seele"

Mahavir – letzter *tirthankar*

Mahayana – das „große Fahrzeug" des Buddhismus; eine spätere Adaption der Lehren, deren Schwerpunkt auf dem *bodhisattva*-Ideal liegt und die den Verzicht auf das Nirwana lehrt, um anderen Wesen so auf dem Weg der Erleuchtung zu helfen

maidan – offene (oft mit Gras bewachsene) Fläche; Paradeplatz

Maitreya – zukünftiger Buddha

mandal – Schrein

Mandala – Kreis; Symbol in der hinduistischen und buddhistischen Kunst, das das Universum symbolisiert

mandapa – Säulenpavillon, Tempelvorkammer

mandi – Markt

Mandir – Tempel

Mani-Mauer – tibetische Steinmauern mit heiligen Inschriften

Mani-Stein – Stein, der mit dem tibetischen Mantra „om mani padme hum" („gelobt sei das Juwel des Lotus") geschnitzt wurde

Mantra – heiliges Wort oder Silbe, von Buddhisten und Hindus als Konzentrationshilfe genutzt; metrische Psalmen der Anbetung in den Veden

Marathen – Volk in Zentralindien, das zu verschiedenen Zeiten über große Teile Indiens herrschte und gegen die Moguln und Rajputen kämpfte

marg – Straße

masjid – Moschee

mata – Mutter
math – Kloster
maya – Illusion
mehndi – Henna; aufwendige Muster an den Händen (oft auch Füßen) von Frauen, traditionell bei bestimmten Festen oder Zeremonien (z. B. Hochzeiten)
mela – Fest oder Festival
Mitgift – Geld und/oder Güter, das/die von den Eltern der Braut an die Familie ihres Schwiegersohns überreicht wird/werden; das ist zwar illegal, wird bei arrangierten Ehen aber praktiziert
mithuna –Männer- oder Frauenpaare; oft in Tempelskulpturen zu sehen
Moguln – muslimische Dynastie auf dem Subkontinent; von Babur bis Aurangzeb
Monsun – Regenzeit
Muezzin – ruft die Muslime zum Gebet; traditionell vom Minarett einer Moschee
Mumbaikar – Einwohner von Mumbai (Bombay)

namaste – Hindu-Gruß („Hallo" oder „Auf Wiedersehen"), oft von einer kleinen, respektvollen Verbeugung begleitet, bei der die Hände über der Brust oder auf Kopfhöhe gefaltet sind
Nanda – Kuhhirte, der Krishna aufzog
Nandi – Stier, Reittier von Shiva
Narayan – Inkarnation von Vishnu, dem Schöpfer
Nataraja – Shiva als kosmischer Tänzer
nawab – muslimischer Prinzenherrscher; mächtiger Landbesitzer
Naxalites – ultra-linke politische Bewegung in Westbengalen, die als Bauernaufstand begann; sehr gewalttätig
nilgai – Antilope
Nirwana – ultimatives Ziel der Buddhisten und die letzte Befreiung aus dem Kreislauf der Existenz
niwas – Haus, Gebäude
nizam – Erbtitel der Herrscher von Hyderabad
nullah – Bach oder kleiner Strom

Om – heilige Anrufung, die das Wesentliche des göttlichen Prinzips repräsentiert; für Buddhisten führt es, wenn es oft genug und mit voller Konzentration wiederholt wird, zu einem Zustand der Leere
Osho – der verstorbene Bhagwan Shree Rajneesh, er war ein ebenso beliebter wie kritisierter Guru

paan –Mischung aus Betelnüssen und -blättern zum Kauen
padma – Lotus; anderer Name für die Hindu-Göttin Lakshmi
Pagode – s. *Stupa*
Paise – eine indische Rupie besteht aus 100 Paise
palanquin – kastenartige Sänfte, die von vier Trägern auf den Schultern getragen wird
Pali – mit dem Sanskrit verwandte Sprache, in der die buddhistischen heiligen Schriften aufgezeichnet wurden; Gelehrte beziehen sich noch immer auf die Originaltexte in Pali
pandal – Vordach; Tempelschrein
Parsen – Anhänger des zoroastrischen Glaubens
Parvati – Devi in anderer Gestalt
Pashmina – feiner Wollschal
PCO – Public Call Office; von hier kann man Orts-, nationale und internationale Telefongespräche führen
peepul – Feigenbaum, Pappelfeige; vor allem Bodhi-Baum
peon – Angesteller niedrigsten Ranges
Pietra dura – Marmorintarsien; charakteristisch für den Taj Mahal
pradesh – Staat
pranayama – Lehre von der kontrollierten Atmung; Meditationspraxis
prasad – Opferspeisen im Tempel
puja – wörtlich „Respekt"; Opfergabe oder Gebete
pukka – echt; Begriff aus der Zeit der britischen Herrschaft
punka – Stoffventilator; dreht sich durch Ziehen einer Schnur
Puranas – Enzyklopädie von 18 Sanskrit-Geschichten, in Versen verfasst, die von den drei Göttern handeln und aus dem 5. Jh. stammen
purdah – Sitte konservativer Muslime, ihre Frauen aus der Öffentlichkeit fernzuhalten (auch von einigen Hindus übernommen, besonders von den Rajputen); verschleiert
Purnima – Vollmond; gilt als Glück verheißende Zeit

qawwali – islamischer Andachtsgesang
qila – Festung

Radha – Krishnas Gefährtin und die am meisten verehrte Kuhhirtin
raga – konventionelle Melodien und Rhythmen, die die Grundlage für die freie Interpretation von Kompositionen bilden
Raj – Herrschaft oder Staatsgewalt; „British Raj" (manchmal auch nur „Raj") bezieht sich auf die britische Herrschaft
Raja – Radscha; König; manchmal auch *rana*
rajkumar – Prinz
Rajputen – hinduistische Kriegerkaste; ehemalige Herrscher von Nordwestindien
rakhi – Amulett
Rama – siebente Inkarnation Vishnus
Ramadan – heiliger Monat im Islam, in dem von Sonnenaufgang bis Sonnenuntergang gefastet wird (es darf nicht gegessen, getrunken oder geraucht werden); auch „Ramazan"
Ramayana – Geschichte von Rama und Sita, in der es um ihren Streit mit Ravana geht; eines der bekanntesten indischen Epen
Rana – König; auch *Raja*
rangoli – kunstvolle Muster aus Kreide, Reispaste oder gefärbtem Puder; auch als *kolam* bekannt
Rani – weiblicher Herrscher oder Ehefrau eines Königs
Ranns – Wüsten
rath – Tempelwagen, der bei religiösen Festen zum Einsatz kommt
rathas – aus Stein gehauene drawidische Tempel
Ravana – Dämonenkönig von Lanka, der Sita entführte; die

Schlacht zwischen ihm und Rama wird im Ramayana erzählt
Rigveda – ursprüngliche und längste der vier Hauptveden
Rikscha – kleines Passagierfahrzeug mit zwei oder drei Rädern
rishi – Dichter, Philosoph, Heiliger oder Held; ursprünglich ein Held, dem die Hymnen der Veden enthüllt wurden
Road – Siedlung an einer Bahnlinie, die als Verkehrsknotenpunkt einer größeren Stadt abseits der Linie dient, z. B. Mt. Abu und Abu Road
Rukmani – Ehefrau Krishnas; starb auf seinem Scheiterhaufen

sadar – „Haupt-"
Sadhu – asketische, heilige Person, die versucht, Erleuchtung zu erlangen; oft mit „swamiji" oder „babaji" angesprochen
sagar – See, Wasserreservoir
Sahib – respektvolle Anrede für einen Herrn
salai –Straße
salwar – Hosen, die normalerweise mit einem *kameez* getragen werden
salwar kameez – traditionelle, kleidähnliche Tunika-Hosen-Kombination für Frauen
samadhi – im Hindusimus: ekstatischer Zustand, der als „Ekstase, Trance, Verbundenheit mit Gott" beschrieben wird; im Buddhismus: Konzentration; Ort, an dem ein heiliger Mann eingeäschert/begraben wurde und normalerweise mit einem Schrein geehrt wird
sambar – Hirsch
samsara – buddhistische, hinduistische und sikhistische Überzeugung, dass das irdische Leben einem Kreislauf unterliegt; man wird immer wieder aufs Neue geboren, die Art der Wiedergeburten hängt vom Karma in früheren Leben ab
sangha – Gemeinschaft von buddhistischen Mönchen und Nonnen
Sankara – Shiva als Schöpfer
sanyasin – wie ein *sadhu*; wandernder Asket, der als Teil des *ashrama*-Systems allen irdischen Besitztümern abgeschworen hat
Saraswati – Ehefrau von Brahma; Göttin des Lernens; sitzt auf einem weißen Schwan und hält eine *veena* (eine Art Saiteninstrument)
Sat Sri Akal – Begrüßung der Sikh
Sati – Ehefrau von Shiva; wurde eine *sati* („ehrbare Frau"), indem sie sich selbst opferte; obwohl er bereits vor über einem Jahrhundert verboten wurde, wird der „ehrenvolle" Akt der rituellen Verbrennung auch heute noch gelegentlich vollzogen
satra – hinduistisches Vaishnavaite-Kloster und Kunstzentrum
satyagraha – gewaltloser Protest mit Hungerstreik, durch Mahatma Gandhi berühmt geworden; aus dem Sanskrit, wörtlich: „Beharren auf Wahrheit"
Scheduled Castes – offizielle englische Bezeichnung für die Kaste der Unberührbaren oder Dalit-Kaste
Shivaismus – Anbetung von Shiva
Shivaiten – Anhänger Shivas
Shakti – kreative Energien, die als weibliche Gottheiten wahrgenommen werden; Anhänger folgen dem Shaktismus
sheesha – s. *hookah*
shikara – gondelartiges Boot, das auf den Seen in Srinagar (Kaschmir) benutzt wird
shikhar – Jagdexpedition
Shiva – Zerstörer; auch der Schöpfer, als der er im Lingam verehrt wird
shola – Urwald
shree – s. *shri*
shri – ehrenvolle Bezeichnung für Männer; Vorsilbe; indische Entsprechung von „ehrenwerter Herr"
Shudra – Arbeiterkaste
Sikhara – Hindu-Tempel oder -Turm
Singh – wörtlich „Löwe"; von vielen Sikh angenommener Nachname
Sita – Hindu-Göttin der Landwirtschaft; häufiger mit dem Ramayana assoziiert
sitar – indisches Saiteninstrument
Siva – s. *Shiva*
sree – s. *shri*
sri – s. *shri*
Stupa – buddhistisches religiöses Denkmal, das aus einer soliden Halbkugel besteht, die von einem Turm gekrönt wird und Reliquien Buddhas enthält; auch „Dagoba" oder „Pagode"
Subhadra – Krishnas inzestuöse Schwester
Sufi – muslimischer Mystiker
Sufismus – islamischer Mystizismus
Surya – die Sonne; eine Hauptgöttin der Veden
sutra – Faden; Regeln in Versform
Svarga –Indras Himmel
swami – respektvoller Titel, der „Herr seiner selbst" bedeutet und initiierten hinduistischen Mönchen verliehen wird

tabla – Doppeltrommel
tal – See
tantrischer Buddhismus – tibetischer Buddhismus mit starker sexueller und okkulter Ausrichtung
Teilung – formale Teilung von Britisch-Indien im Jahr 1947 in zwei separate Staaten, Indien und Pakistan
Tempelbrunnen – Wasserreservoir; Teich oder Auffangbecken für heiliges Wasser, das in einigen Tempeln zu finden ist
Tempo – lautes, dreirädriges öffentliches Transportmittel, größer als eine Autorikscha; s. *vikram*
thakur – Edelmann
thangka – tibetische Stoffmalerei
theertham – Tempelbrunnen
Theravada – orthodoxe Form des Buddhismus, die in Sri Lanka und Südostasien praktiziert wird und sich dadurch auszeichnet, dass sie dem Pali-Kanon anhängt; wörtlich: „Behausung"
tikka – Zeichen, das Hindus auf ihre Stirn malen
tirthankars – die 24 großen jainistischen Lehrer
tonga – Pferde- oder Ponykutsche mit zwei Rädern
torana – Türsturz über einem Tempeleingang
Trekker – Jeeps; Wanderer

Trimurti – Dreier-Form oder Dreigesichtigkeit; die hinduistische Trias von Brahma, Shiva und Vishnu

Unberührbare – niederste Kaste oder „Kastenlose", die die niedersten Dienste verrichten; der Name geht auf den Glauben zurück, dass die Angehörigen höherer Kasten sich beschmutzen könnten, wenn sie einen Kastenlosen berühren; früher Harijan, heute Dalit genannt

Upanischaden – esoterische Doktrin; alte Texte, die einen Teil der Veden bilden; behandeln gewichtige Themen wie das Wesen des Universums oder der Seele

urs – Todestag eines verehrten Muslims; großes Fest zu Ehren eines muslimischen Heiligen

Valmiki – Autor des Ramayana

Veden – heiliges Buch der Hindus; Sammlung von Hymnen, die im 2. Jt. v. Chr. in vorklassischem Sanskrit gedichtet wurden und in vier Bücher unterteilt sind: Rigveda, Yajurveda, Samaveda und Atharvaveda

vihara – buddhistisches Kloster, normalerweise mit zentralem Innenhof oder Halle, von der Wohnzellen abgehen, üblicherweise mit einem buddhistischen Schrein an einem Ende; Ruheort

Vikram – Tempo oder größere Version des Standard-Tempo

vimana – Hauptteil eines Hindu-Tempels; Turm über dem Heiligtum

vipassana – in sich gekehrte Meditationstechnik des Theravada-Buddhismus, bei der Körper und Geist als veränderliche Phänomene genau betrachtet werden

Vishnu – Teil der Trimurti; Vishnu ist der Erhalter und Erneuerer, der bis jetzt neun Avatare hat: den Fisch Matsya, die Schildkröte Kurma, das Wildschwein Naraha, Narasimha, Vamana, Parasurama, Rama, Krishna und Buddha

Wallah – Mann; lässt sich an so gut wie alle Wörter anhängen: *dhobi-wallah*, *chai-wallah*, Taxi-*wallah*

yakshi – Jungfrau

yali – mythisches Löwenwesen

yatra – Pilgerreise

yatri – Pilger

yogini – Dienerinnen weiblicher Gottheiten

yoni – weibliches Fruchtbarkeitssymbol; Bezeichnung für die weiblichen Genitalien

zenana – Bereich eines Hauses der Oberschicht, in dem die Frauen sich aufhalten; Frauenunterkunft

Hinter den Kulissen

WIR FREUEN UNS ÜBER EIN FEEDBACK

Post von Travellern zu bekommen, ist für uns ungemein hilfreich – Kritik und Anregungen halten uns auf dem Laufenden und helfen, unsere Bücher zu verbessern. Unser reiseerfahrenes Team liest alle Zuschriften ganz genau, um zu erfahren, was an unseren Reiseführern gut und was schlecht ist. Wir können solche Post zwar nicht individuell beantworten, aber jedes Feedback wird garantiert schnurstracks an die jeweiligen Autoren weitergeleitet, rechtzeitig vor der nächsten Nachauflage.

Wer Ideen, Erfahrungen und Korrekturhinweise zum Reiseführer mitteilen möchte, hat die Möglichkeit dazu auf **www.lonelyplanet.com/contact/guidebook_feedback/new**. Anmerkungen speziell zur deutschen Ausgabe erreichen uns über **www.lonelyplanet.de/kontakt**.

Hinweis: Da wir Beiträge möglicherweise in Lonely Planet Produkten (Reiseführer, Websites, digitale Medien) veröffentlichen, ggf. auch in gekürzter Form, bitten wir um Mitteilung, falls ein Kommentar nicht veröffentlicht oder ein Name nicht genannt werden soll. Wer Näheres über unsere Datenschutzpolitik wissen will, erfährt das unter www.lonelyplanet.com/privacy.

DANK VON LONELY PLANET

Vielen Dank den Reisenden, die uns nach der letzten Auflage des Reiseführers zahlreiche hilfreiche Hinweise, nützliche Ratschläge und interessante Anekdoten schickten:

A Adeline Bouchery, Amanda Larson-Mekler, Amber Richardson, Andy Foster, Ansuya Patel-Yorke, Anthony Naylon, Arpita Singh **B** Bernd Scholz, Borja Ramirez, Brett Leighton **C** Callum McQueen, Carolina Echenique, Chimmy Vyas, Chris Vaughan, Cindy Gray **D** Daniel Scott, David Wilson, Deanna D'Onofrio, Deep Grewal **E** Emanuela Milo, Erica Wijarnako **G** Gabriele Marangon, Gail Bruk-Jackson, Glenn Riddell, Grant Szuveges **H** Harry Smith, Henk Hilkmann, Hugh Connolly **I** Igor De Ruitz, Isabel Barrientos **J** James Freeborn, James Gannon, James Huxley, Jane McNab, Jessica Killaspy, Joe Morley, Josée Arsenault, Julian Trummer **K** Kai Xue, Katya Burns, Kevin Pomplun, Kirit Mehta **L** Les Sutherland, Lidor Cohen, Lisa Worthington, Lorenzo Facinelli, Lucas Almendra, Lynnell Mickelsen **M** Manish Jain, Marie Grif, Mario Tarallo, Martin Davis, Michael Bridger, Michael Hornsby, Michael Yon, Mrinal Kamat **N** Nasreen Singh, Nicholas cooper, Nick Brock, Nikola Smith, Nina Bee **O** Ofelia Diaz **P** Patricia Keith, Paul Wiegmann, Pratibha Sahu **R** Rachel Ross, Rolf Wrelf, Ronin Pierre, Rosemary O'Donnell, Roz Green **S** Sam Ewalt, Samantha Spiro, Santosh Mohanty, Sean McHugh, Shane Hussey, Stephen Grinter, Steve Hughes **T** Thomas Janssens, Tom Stuart, Tony Wheeler, Tricia Bergman **V** Van Cauwenberghe, Vanessa Bulhões, Víctor Castro, Vincent Robitaille **Z** Zachary Nowak, Zoe Evans

DANK DER AUTOREN

Abigail Blasi

Ich danke allen, die mir in Delhi geholfen haben, darunter meiner Delhi-Familie Jyoti und Niranjan Desai, sowie Danish Abbas, Nicholas Thompson, Sarah Fotheringham, Toby Sinclair und Mayank Austen Soofi, meinen Mann vor Ort. Besten Dank an Joe Bindloss und an alle anderen Autoren des Indien-Bandes für ihre Hilfe und ihr Wissen. Riesigen Dank an meine Mama, Ant & Luca, weil sie zuhause die Stellung gehalten haben.

Lindsay Brown

Ich bin sehr dankbar für die Hilfe und Anregungen von Satinder, Karan & Ritu und Dicky & Kavita in Jaipur, Anoop in Pushkhar, Usha in Ranthambhore, Harsh in Bikaner, Siddharth in Jaisalmer, Ramesh Jangid in Nawalgarh, Laxmi Kant Jangid in Jhunjhunu und den vielen, vielen anderen, die mir unterwegs geholfen haben. Last but not least, danke Jenny.

Anirban Mahapatra

Mein herzliches Dankeschön all den wunderbaren Leute im Punjab, in Haryana, Kolkata, Westbengalen und den Nordoststaaten für ihre wunderbare Wärme und Gastfreundschaft. Danke Raja, Gina, Ashish, Samita, Joyita, Krishno, Sukanya, Jone, Rajib, Mamli, Oken, Summe, Richard, Kanno, Omak, Souvik, Madhuparna, George, Sheila, Mahesh, Vikas, John, Tatu, Punyo und vielen weiteren guten Seelen, dafür, dass sie ihr Wissen und ihrer Erfahrungen mit mir geteilt, mich in ihre Häuser eingeladen, mir ihre Autoschlüssel überlassen und mir ein paar leckere Mahlzeiten gekocht haben. Danke allen bei Lonely Planet, die die Arbeit an diesem Band zu einem Vergnügen gemacht haben!

Isabella Noble

Vielen Dank allen in Tamil Nadu, Ashish und Rucha Gupta und Shoshana Treichel in Chennai, Bernard Dragon und Michel Adment in Chettinadu, Raja Balasubramanian in Trichy, Junaid Sait und Team in Ooty, Vijay Kumar in Kodai und Mr. Krishnamurthi vom *Kanyakumari-Puducherry Express*. Vielen Dank Belinda Wright und Saptarishi Saigal in Madhya Pradesh. Dank dem Indien-Co-Autoren-Dream-Team, vor allem John Noble für gute Laune, Tipps und Tiger-Safaris. Zuhause gilt mein ganz besonderer Dank Jack, Andrew und Sarah.

John Noble

So viele fantastische Leute waren mir in Indien eine Hilfe, schenkten mir ihr Lächeln und ihre Kameradschaft! Mein ganz besonders besonderer Dank gilt Balvinder, Shubhda Chaturvedi, der Familie Dhami, Mark Elliott, Gilbert Gillou und Familie, Nitesh Jaiswal, Puneetinder Kaur Sidhu, Kristina Lauer, Vaneet Rana, Saptarishi Saigal, Sagnik Sengupta, Reggie Singh, Ankit Sood, Panki Sood, Praveen Sood, Sumit Raj Vashisht und Belinda Wright. Danke, Joe Bindloss, dafür die Sache hier so fachmännisch durchgeführt zu haben – und vor allem Isabella Noble, mit der ich diese Erfahrung teilen durften!

Kevin Raub

Ich danke meiner Frau Adriana Schmidt Raub, Joe Bindloss, Sarina Singh, John Noble, Izzy Noble, Paul Harding und allen meinen Mitverschwörern bei Lonely Planet. Danke, Anil Wadwa, Amit Arora, Dhanya Pilo, Sarita Hedge Roy, Tanvi Maidkaker, Roshnee Desai, Greg Kroitzsh, Rishupreet Oberoi, Bindu Panicker, Aditya Dhanwatay, Ashok T. Kadam, Abha Lambah, Karina Aggarwal und Pankil Shah, die mir unterwegs geholfen haben.

Michael Benanav

Herzlichen Dank an Michael Schmid von der Brown Bread Bakery in Varanasi, für die unglaubliche Unterstützung so vieler Traveller – mich eingeschlossen, als mich die „2016er-Bargeld-Krise" traf. Ebenfalls bedanken möchte ich mich bei Shikha Tripathi, Sindhu Shah, Mukti Datta, John Noble, Monika Agarwal, Karan Singh, Praveen Kaushal und Mohan Rayal. Wie immer bin ich dankbar, dass sich Kelly und Luke um die Tiere gekümmert haben – und um einander, während ich unterwegs war.

Mark Elliott

Ein riesiges Dankeschön an Rouf John & Familie, Tundup & Gurmet, Mikka, Darren Clarkson-King, Najum, Meraj, Shubham & Pranav, Manon, Maunil Vora, Abhishek & Pranav, Wasil Nawaz Khan, Namgyal & Sani, Christina & Tashi, Peter & Wendy, Veena & Maruti, Nittish & Sri, Tashi Tsering, Thinley, Sonam, Jamie McG, Yanin & Mushtaq, Linda, Marie & Claire. In Sikkim möchte ich mich bei Smriti und Sartaj, Nukul, Rinjong, O.T. Lepcha, Karma Dorje & Minla Zaymu, Wangdi, Sonam Bhutia, Pema im Mama's, Tom, Kheli & Gili, Anuj & Sonali, Edu, Jacky, Monika & Stina, Chundip, Champala & Thendup bei Gangyak, Passang, Guus, Pala, Farid Belhadj und Michael bedanken.

Paul Harding

Ich möchte mich bei all meine lieben Freunden in Goa und Kerala bedanken, die mir Gesellschaft, Rat und Freundschaft gegeben haben – ihr alle wisst, wer gemeint ist. Danke auch all den Menschen, Travellern und Einheimische, die ich auf dieser Reise kennenlernen durfte. Mein grösster Dank geht an Hannah und meine coole junge Tochter Layla für die Begleitung auf zumindest einem Teil des Weges – und dafür, mir meine Abwesenheiten nicht zu übel zu nehmen.

Anna Kaminski

Danke Joe, dass Du mir Gujarat und Odisha anvertraut hast. Danke auch all jenen, die mich unterwegs unterstützt haben, darunter: Abigail, Michael, Kevin, Iain (Schreibgefährten), Abhay, Rajiv, Saiyed, Mohammed und Anil in Ahmedabad, Jehan, Katie und Salim in Bhuj, die Singhs in Wankaner, Mustak in Jamnagar, den lieben Menschen von Desia und Chandoori Sai im ländlichen Odisha, Bubu in Puri; auch Debjit, Sangarmitha, dem Radscha von Aul und allen, die mir in jenen Tagen geholfen haben, als plötzlich die großen Geldscheine aus dem Verkehr gezogen wurden.

Bradley Mayhew

Danke Norden und Thinley bei Holumba Haven für die vielen Tipps; danke Jigme Tshering und Bunty, dass ihr mir Kalimpong gezeigt habt. *Tashi delek* Norbu und Sangay-la in Darjeeling. Schließlich vielen Dank, Mithun Das in Madarihat und Gatty in Darjeeling.

Sarina Singh

Vielen Dank allen, die an dieser Ausgabe mitgearbeitet haben – mit besonderem Dank an Joe, weil er so ein fabelhafter Projektredakteur ist. Meine

Dankbarkeit gilt auch den vielen Lesern, die sich die Zeit genommen haben, ihre Rückmeldungen und Reiseerfahrungen zu schicken; was sehr hilfreich ist. Schließlich möchte ich mich bei meinen klugen und wunderbaren Eltern herzlich bedanken, die mich immer ermutigt haben, meinen eigenen Weg zu gehen.

Iain Stewart

Danke, Trent Holden und John Noble für Tipps und Kontakte. Dank an Joe Bindloss und die LP-Teams in London und Melbourne. Unterwegs wurde mir von Jonty in Hyderabad, Poornima Dasharathi in Bengaluru, den Teams des Golden Mist in Kodagu und Uramma in Hampi, Prakash in Vijapura, Oliver dem Yogi in Gokarna und Vijay in Vizag geholfen.

QUELLENNACHWEIS

Die Klimakarten stammen von Peel MC, Finlayson BL & McMahon TA (2007), *Updated World Map of the Köppen-Geiger Climate Classification*, erschienen in der Zeitschrift *Hydrology and Earth System Sciences*, Ausgabe 11, 1633–1644, und wurden angepasst.

Illustrationen: S. 1280–1281, S. 1282–1283, S. 1284 von Kelli Hamblet; S. 410–411, S. 956–957 von Michael Weldon; S. 66–67, S. 390–391, S. 704–705 von Javier Zarracina.

Titelfoto: Mit bunten *gulal* (Puder) bedeckte Frau, die Holi feiert/THEPALMER/Getty Images©

ÜBER DIESES BUCH

Dies ist die 7. deutsche Auflage von *Indien*, basierend auf der 17. englischen Auflage von *India* – betreut von Abigail Blasi, Lindsay Brown, Anirban Mahapatra, Isabella Noble, John Noble und Kevin Raub, die auch recherchierten und mitschrieben, genauso wie Michael Benanav, Mark Elliott, Paul Harding, Anna Kaminski, Bradley Mayhew, Sarina Singh und Iain Stewart.

Dieser Reiseführer wurde von folgenden Personen betreut:

Projektredakteur Joe Bindloss

Redaktion Kathryn Rowan

Kartografie Lonely Planet Kartografie

Layoutdesign Michael Buick

Redaktionsassistenz Sarah Bailey, Judith Bamber, Imogen Bannister, Bridget Blair, Nigel Chin, Melanie Dankel, Sam Forge, Carly Hall, Helen Koehne, Kellie Langdon, Ali Lemer, Anne Mulvaney, Rosie Nicholson, Lauren O'Connell, Kristin Odijk, Ross Taylor, Saralinda Turner

Umschlagrecherche Naomi Parker

Dank an Will Allen, Michelle Bennett, Hannah Cartmel, Kate Chapman, Joel Cotterell, Sasha Drew, Daniel Fahey, Gemma Graham, Shona Gray, Liz Heynes, Kate Kiely, Virginia Moreno, Catherine Naghten, Martine Power, Kirsten Rawlings, Alison Ridgway, Wibowo Rusli, Tom Stainer, Tracy Whitmey

Register

C

Verweise auf Karten **000**
Verweise auf Fotos **000**

Verweise auf Karten **000**
Verweise auf Fotos **000**

Verweise auf Karten **000**
Verweise auf Fotos 000

Verweise auf Karten **000**
Verweise auf Fotos 000

O

P

Verweise auf Karten **000**
Verweise auf Fotos **000**

Verweise auf Karten **000**
Verweise auf Fotos **000**

T

U

V

Verweise auf Karten **000**
Verweise auf Fotos **000**

Kartenlegende

Sehenswertes

- Strand
- Vogelschutzgebiet
- buddhistisch
- Schloss/Palast
- christlich
- konfuzianisch
- hinduistisch
- islamisch
- jainistisch
- jüdisch
- Denkmal
- Museum/Galerie/historisches Gebäude
- Ruine
- Sento-Bad/Onsen
- schintoistisch
- sikhistisch
- taoistisch
- Weingut/Weinberg
- Zoo/Tierschutzgebiet
- andere Sehenswürdigkeit

Aktivitäten, Kurse & Touren

- bodysurfen
- tauchen
- Kanu/Kajak fahren
- Kurs/Tour
- Ski fahren
- schnorcheln
- surfen
- Schwimmbecken
- wandern
- windsurfen
- andere Aktivität

Schlafen

- Unterkunft
- Camping

Essen

- Lokal

Ausgehen & Nachtleben

- Bar/Kneipe
- Café

Unterhaltung

- Unterhaltung

Shoppen

- Shoppen

Praktisches

- Bank
- Botschaft/Konsulat
- Krankenhaus/Arzt
- Internetzugang
- Polizei
- Post
- Telefon
- Toilette
- Touristeninformation
- andere Einrichtung

Geografisches

- Strand
- Hütte/Unterstand
- Leuchtturm
- Aussichtspunkt
- Berg/Vulkan
- Oase
- Park
- Pass
- Picknickplatz
- Wasserfall

Städte

- Hauptstadt (Staat)
- Hauptstadt (Bundesland/Provinz)
- Großstadt
- Kleinstadt/Ort

Verkehrsmittel

- Flughafen
- BART-Station
- Grenzübergang
- T-Station (Boston)
- Bus
- Seilbahn/Gondelbahn
- Fahrrad
- Fähre
- Metro/Muni-Station
- Einschienenbahn
- Parkplatz
- Tankstelle
- U-Bahn/SkyTrain-Station
- Taxi
- Bahnhof/Zug
- Straßenbahn
- U-Bahnhof
- anderes Verkehrsmittel

Achtung: Nicht alle der abgebildeten Symbole werden auf den Karten im Buch verwendet

Verkehrswege

- Mautstraße
- Autobahn
- Hauptstraße
- Landstraße
- Verbindungsstraße
- sonstige Straße
- unbefestigte Straße
- Straße im Bau
- Platz/Promenade
- Treppe
- Tunnel
- Fußgänger-Überführung
- Stadtspaziergang
- Abstecher (Stadtspaziergang)
- Pfad/Wanderweg

Grenzen

- Internationale Grenze
- Bundesstaat/Provinz
- umstrittene Grenze
- Region/Vorort
- Meerespark
- Klippen
- Mauer

Gewässer

- Fluss/Bach
- periodischer Fluss
- Kanal
- Wasser
- Trocken-/Salz-/ periodischer See
- Riff

Gebietsformen

- Flughafen/Startbahn
- Strand/Wüste
- Friedhof (christlich)
- Friedhof
- Gletscher
- Watt
- Park/Wald
- Sehenswürdigkeit (Gebäude)
- Sportgelände
- Sumpf/Mangrove

DIE AUTOREN

Abigail Blasi

Delhi, Reiseplanung & Praktische Informationen Abigail arbeitet als freie Reiseautorin und hat in London, Rom, Hongkong und Kopenhagen gelebt und gearbeitet. Lonely Planet hat sie nach Indien, Ägypten, Tunesien, Mauretanien, Mali, Italien, Portugal, Malta und Großbritannien geschickt. Sie schreibt für Medien wie *The Independent*, *The Telegraph* und den *Lonely Planet Traveller*. Oft begleiten ihre drei Kinder Abigail auf der Reise. Ihr Twitter- und Instagram-Account: @abiwhere.

Lindsay Brown

Rajasthan Seine ersten Reisen führten den jungen Wanderer durch den australischen Busch in den Blue Mountains westlich von Sydney. Dann erforschte er als Meeresbiologe die Küsten- und Inselgewässer von Südostaustralien. Auch als Lindsay Redakteur und Verlagsleiter bei Lonely Planet wurde, nutze er jede Reisegelegenheit. Als freier Schriftsteller und Fotograf arbeitete er an mehr als 30 Bänden über Australien, Bhutan, Indien, Nepal, Pakistan und Papua-Neuguinea mit.

Anirban Mahapatra

Punjab & Haryana, Kolkata, Westbengalen & Darjeeling, Nordoststaaten Seit er 2009 seine Anstellung als Journalist aufgegeben hat, bereist Anirban Mahapatra ganz Indien und erfüllt Aufträge als Reiseautor und Dokumentarfilmer. Seit 2007 arbeitet er als Autor für Lonely Planet und hat bisher an fünf aufeinanderfolgenden Ausgaben von *Indien* mitgewirkt, wobei Ost- und Nordostindien seine Spezialität sind. Wenn er sich nicht gerade in Meghalaya bei Reisbier mit Stammesoberhäuptern anfreundet oder auf Dschungelpfaden das urtümliche Arunachal Pradesh erkundet, kühlt er sich in seinem Atelier in Kolkata ab, ganz in der Nähe einiger der schönsten Kneipen und Restaurants der Stadt.

Isabella Noble

Tamil Nadu Eigentlich ist Isabella englisch-australisch, im Herzen aber ist sie Spanierin. Seit ihrem ersten Lebensjahr bereist sie die Welt. Zwar ist sie zwischen weiß gekalkten Häuser in einem andalusischen Dorf aufgewachsen, sodass Spanien ihr Spezialgebiet ist, sie hat aber für Lonely Planet auch über viele andere Regionen geschrieben. Neben Artikeln für *The Telegraph* hat Isabella für Lonely Planet die Bände *Spanien* und *Andalusien* sowie *Pocket Phuket* verfasst und an den Reiseführern *Indien*, *Indien Süden & Kerala*, *Thailand*, *Thailand Inseln & Strände*, *Südostasien für wenig Geld* und *Great Britain* mitgewirkt. Twitter und Instagram: @isabellamnoble.

John Noble

Himachal Pradesh, Madhya Pradesh & Chattisgarh John ist unterwegs, seit er ein Teenager war, und reist seit den 1980er-Jahren als Lonely Planet Autor. Die Zahl der LP-Titel, die er geschrieben oder zu denen er beigetragen hat, ist inzwischen locker dreistellig und betrifft Länder überall auf der Welt, vorwiegend allerdings solche, in denen Spanisch, Russisch oder Englisch gesprochen wird (meist neben diversen Landessprachen). John ist immer noch aufgeregt, wenn er zu ungewohnten Abenteuern, Menschen und Destinationen aufbricht, vor allem wenn seine Reisen ihn jenseits ausgetretener Pfade führen. John liebt Berge – die im englischen Lake District genauso wie den Himalaja. Auf Instagram teilt er unter @ johnnoble11 seine Bilder.

Kevin Raub

Mumbai, Maharashtra Kevin Raub ist in Atlanta aufgewachsen und begann seine Karriere als Musikjournalist in New York, wo er für Magazine wie *Men's Journal* und *Rolling Stone* arbeitete. Als Freund eines guten Hopfentropfens fiel es ihm nicht schwer, das klassische Kingfisher gegen all die Biere einzutauschen, die er bei seinen Touren durch Mumbais aus dem Boden schießende Craft-Bier-Szene für diese Ausgabe von *Indien* entdecken durfte. Dies ist Kevins 40. Lonely Planet Reiseührer. Auf Twitter und Instagram lässt er sich unter @RaubOnTheRoad verfolgen. Weitere Infos über Kevin gibt's hier: www.lonelyplanet.com/members/kraub.

Sarina Singh

Andamanen, Reiseplanung & Indien verstehen Nachdem Sarina in ihrer Heimatstadt Melbourne ihren Abschluss in BWL gemacht hatte, reiste sie nach Indien, absolvierte ein Praktikum und arbeitete dann als Journalistin. Fünf Jahre später kehrte sie nach Australien zurück, beendete ihr Journalistik-Aufbaustudium und war Autorin der ersten Auflage des Bandes *Rajasthan* von Lonely Planet. Sie hat seither zahlreiche Bücher für Lonely Planet verfasst, für Zeitungen und Zeitschriften geschrieben und arbeitet als Drehbuchautorin und Kolumnistin. Sarina ist auch Autorin zweier bekannter Bücher: *Polo in India* und *India: Essential Encounters*. Ihr Dokumentarfilm bekam einen Preis beim Melbourne International Film Festival und wurde weltweit gezeigt.

Michael Benanav

Uttar Pradesh, Uttarakhand Michaels Vater beging den Fehler, seinem Sohn eine Biographie über Lawrence von Arabien und Abenteuerromane wie *In 80 Tagen um die Welt* in die Hand zu drücken. Der junge Bücherwurm identifizierte sich mit den Hauptfiguren dieser Geschichten offensichtlich mehr als erwartet, denn aus ihm ist er ein Traveller, Schriftsteller und Fotograf geworden, der es liebt, Orte zu entdecken, die weit von ausgetretenen Touristenpfaden entfernt liegen. Michael hat drei Sachbücher (über drei verschiedene Kontinente) verfasst und schreibt und fotografiert für bedeutende Publikationen. Er gründete zudem das Traditional Cultures Project, das indigene Kulturen auf der ganzen Welt dokumentiert. Mehr über seine Arbeit: www.michaelbenanav.com.

Mark Elliott

Jammu & Kaschmir (inkl. Ladakh), Sikkim Der gebürtige Brite Mark Elliott ist Reiseschriftssteller und hat mittlerweile auf fünf Kontinenten gelebt und gearbeitet und mehr als 60 Bücher entweder allein oder als Co-Autor geschrieben. Den Subkontinent bereist Mark seit 1982 regelmäßig, sein Magen ist also inzwischen für alle Eventualitäten gerüstet. Zwar erfreut er sich am bunten Reigen all der indischen Kulturen, doch die kühle Luft, die herrlichen Berge und die spirituelle Wärme des Himalajas haben es ihm besonders angetan. Hier kann er in Srinagar Sufi-Geheimnisse teilen, in Ladakh Mantras murmeln und sich von den riesigen Tempeln und Statuen Sikkims beeindrucken lassen.

Paul Harding

Goa, Kerala Seit fast zwei Jahrzehnten bereist Paul als Autor und Fotograf den Globus mit großem Interesse an abgelegenen und unkonventionellen Orten und Kulturen. Als Allein- oder Co-Autor hat er an mehr als 50 Lonely Planet Bänden zu den unterschiedlichsten Ländern und Regionen mitgewirkt, darunter Indien, Island, Belize, Vanuatu, Iran, Indonesien, Neuseeland, Finnland und – seine Heimat – Australien.

Anna Kaminski

Odisha, Gujarat Anna bereist Indien nun schon wirklich lange, und nach wie vor ist sie von dem Land ebenso verzaubert wie verärgert. Aber niemals gelangweilt. Diese Reise war keine Ausnahme. Ärgernisse? Die Probleme, die sich ergaben, als die großen Banknoten aus dem Verkehr gezogen wurden. Highlights? Die Erkundung zweier sehr verschiedener Ecken des Landes. Zu den Höhepunkten gehörten die uralte Architektur von Ahmedabad, die Zeit in traditionellen Dörfern in Odisha, eine Löwen-Safari im Sasan-Gir-Nationalpark und das Kennenlernen der jahrhundertealten Handwerkskunst in den Dörfern von Kachchh.

Bradley Mayhew

Bihar & Jharkhand, Westbengalen & Darjeeling Bradley schreibt seit 20 Jahren Reiseführer. Noch während er an der Oxford Univerity Chinesisch studierte, machte er sich auf, die Welt zu erkunden. Seitdem sind China, Tibet, der Himalaja und Zentralasien zu seinen Spezialgebieten geworden. Als Co-Autor hat er an den Lonely Planet Bänden *Tibet*, *Nepal*, *Trekking in the Nepal Himalayas*, *Bhutan*, *Central Asia* und vielen anderen mitgewirkt. Außerdem hat sich Bradley für zwei Fernsehserien für Arte und den SWR auf Reisen begeben. Bei der einen folgt er Marco Polos Weg über die Türkei, den Iran, Afghanistan und Zentralasien nach China, bei der anderen stellt er den Zuschauern die zehn malerischsten Fernwanderstrecken Europas vor.

DIE LONELY PLANET STORY

Ein ziemlich mitgenommenes, altes Auto, ein paar Dollar in der Tasche und eine Vorliebe für Abenteuer – 1972 war das alles, was Tony und Maureen Wheeler für die Reise ihres Lebens brauchten, die sie durch Europa und Asien bis nach Australien führte. Die Tour dauerte einige Monate, und am Ende saßen die beiden – pleite, aber voller Inspiration – an ihrem Küchentisch und schrieben ihren ersten Reiseführer *Across Asia on the Cheap*. Innerhalb einer Woche hatten sie 1500 Exemplare verkauft. Lonely Planet war geboren.

Heute hat der Verlag Büros in Melbourne, London und Oakland und mehr als 600 Mitarbeiter und Autoren. Und alle teilen Tonys Überzeugung: „Ein guter Reiseführer sollte drei Dinge tun: informieren, bilden und unterhalten."

Iain Stewart

Karnataka, Telangana & Andhra Pradesh Der ausgebildete Journalist arbeitete in den 1990er-Jahren als Reporter und Restaurantkritiker in London. 1997 begann er Reiseführer zu schreiben und hat seitdem mehr als 60 Titel über Orte verfasst, die so unterschiedlich sind wie Ibiza und Kambodscha. Für Lonely Planet arbeitete Iain u. a. an den Bänden zu Mexiko, Indonesien, Kroatien, Vietnam, Indien, Sri Lanka und Zentralamerika mit. Zu seinen Leidenschaften gehören Tennis, Tauchen und Freitauchen. Solange es vor Ort eine oder zwei Palmen und einen zumindest überwiegend sandigen Strand gibt, wird er erwägen, dort seiner Arbeit nachzugehen. Zuhause ist er im britischen Brighton, mit Blick Richtung Süden. Er twittert unter @iaintravel.

Weitere Autoren: Joe Bindloss hat die Kapitel *Geschichte* und *Indien aktuell* geschrieben.

Lonely Planet Global Limited

Unit E, Digital Court,
The Digital Hub,
Rainsford Street,
Dublin 8,
Ireland

Verlag der deutschen Ausgabe:
MAIRDUMONT, Marco-Polo-Str. 1, 73760 Ostfildern,
www.lonelyplanet.de, www.mairdumont.com
lonelyplanet-online@mairdumont.com

Chefredakteurin deutsche Ausgabe: Birgit Borowski

Übersetzung: Berna Ercan, Tobias Ewert, Derek Frey, Marion Gref-Timm, Stefanie Gross, Gabriela Huber Martins, Christina Kagerer, Laura Leibold, Britt Maaß, Marion Matthäus, Dr. Christian Rochow, Erwin Tivig

An früheren Auflagen haben außerdem mitgewirkt: Julie Bacher, Dorothee Büttgen, Anne Cappel, Agnes Dubberke, Imke Früh, Karen Gerwig, Monika Grabow, Marion Gref-Timm, Gabriela Huber-Martins, Christina Jacobs, Lidija Jungfleisch, Anna Kranz, Jürgen Kucklinski, Ute Perchtold, Annika Plank, Hauke Reich, Claudia Riefert, Andrea Schleipen, Martin Schreck, Dr. Frauke Sonnabend, Katja Weber

Redaktion: Annegret Gellweiler, Frank J. Müller, Olaf Rappold, Julia Wilhelm, Stephanie Ziegler (red.sign, Stuttgart)

Redaktionsassistenz: Helin Dag, Annika Häfner, Sara Kimmich, Sylvia Scheider-Schopf (red.sign, Stuttgart)

Satz: Gerhard Junker, Sylvia Scheider-Schopf (red.sign, Stuttgart)

Indien

7. deutsche Auflage Januar 2018, übersetzt von *India, 17th edition*, Oktober 2017, Lonely Planet Global Limited

Printed in Poland

MIX
Papier aus verantwortungsvollen Quellen
FSC® C018236